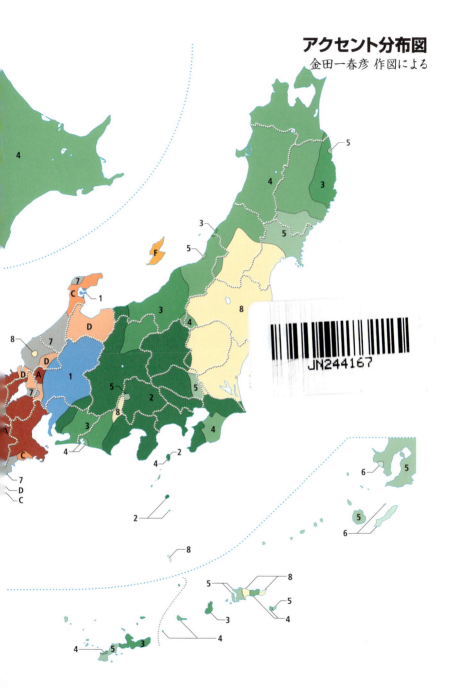

目　次

序　……*3*

この辞書を使う人のために　……*7*

解説　……*16*

ア…… 1	**イ**…… 32	**ウ**…… 68	**エ**…… 87	**オ**…… 98
カ……135	**キ**……196	**ク**……237	**ケ**……259	**コ**……280
サ……326	**シ**……357	**ス**……448	**セ**……469	**ソ**……495
タ……514	**チ**……552	**ツ**……573	**テ**……588	**ト**……610
ナ……647	**ニ**……668	**ヌ**……683	**ネ**……686	**ノ**……693
ハ……702	**ヒ**……744	**フ**……774	**ヘ**……809	**ホ**……820
マ……844	**ミ**……863	**ム**……880	**メ**……889	**モ**……898
ヤ……911		**ユ**……925		**ヨ**……936
ラ……953	**リ**……958	**ル**……970	**レ**……972	**ロ**……978
ワ……986				**ヲ**……994
ン……994				

付録　……(1) 〜 (125)
　　　　東京アクセントの法則について　　音韻とアクセントとの関係の法則
　　　　東京アクセントの習得法則
　　　　資料　結合名詞の後部 一覧

あとがき　……(126) 〜 (128)

監修者・編者紹介　……(129)

金田一春彦［監修］
秋永一枝［編］

新明解
日本語
アクセント
辞典

第2版
新装版

三省堂

本文イラスト

脇田悦朗

地図製作

ジェイ・マップ

装丁

三省堂デザイン室

組版

株式会社アイワード

©Sanseido Co., Ltd. 2025 Printed in Japan

第2版新装版の刊行にあたって

　第2版の新装版を刊行するにあたり，次のことを行いました。

　　○用紙・装丁をあらため，辞書の軽量化を図りました。

　　○読者の方々からご指摘・ご質問をいただいた箇所について見直しを図り，

　　　一部に修正を加えました。

　　○別冊の「アクセント習得法則 代表例」の音声を，三省堂のウェブサイト

　　　から，スマートフォンやパソコンで聞いていただけるようにしました。

　内容の修正については，日本女子大学教授 坂本清恵先生にご協力いただきました。この場をお借りして感謝申しあげます。

　この辞書が，これまで以上に読者の皆さまにご活用いただけましたら幸いです。

　　2024年12月20日

三省堂編修所

序

　二十一世紀の始まる年に『新明解日本語アクセント辞典』を世に出した。それは，いわば二十世紀末までのアクセントを記録したものだった。その後，十余年の間に，インターネットの普及をはじめ日本語を取り巻く環境は大きく変わった。その中で日々新たな言葉が生まれ，アクセントにも新しい傾向がみられるようになった。

　今回の第2版に向けての改訂作業も，この間の日本語の変化に単純に従うのではなく，これまで序文や解説で記してきた記述の方針によって進めた。新収録の言葉を選ぶに際しては，これまで収録することができなかったものや，新たに幅広い世代で日常的に使われるようになった言葉を中心に選ぶようにした。また，東京近郊の地名などの固有名詞や，読者の方々からお問い合わせの多かった言葉も加えた。そして，新しい傾向として一定の定着をみたと考えられるアクセントについては，それを追記した。あわせて《新は》《古は》《強は》といったアクセントの移り変わりについての注記も，時代を考慮し一部を改めた。その結果，収録語数は約1,600語増え，約76,600語となった。

　さらに，この間のアクセント研究の進展や，読者の方々からのご質問を踏まえ，「解説」と「アクセント習得法則」も見直した。基本的な考え方は変えていないが，理解の助けとなるよう説明の仕方を一部改め，資料も増やした。

　こうして，日本語の変化を取り込みつつ新たな版となったこの辞典だが，この間の最大の変化は，五十年にわたって辞典作りを導き，この序文を書き続けてくださっていた金田一春彦先生を2004（平成16）年に失ったことである。今回も，収録語の収集・アクセント調査は秋永が中心に行ったが，金田一先生が支えてくださった考え方は変えずに作業を進めたことから，引き続き監修者としてお名前を挙げさせていただくこととした。

　この辞典が，これまで以上に読者の方々に広くご活用いただき，その中でお気づきになったことをお寄せいただけるならば，この上ない喜びである。

　　2014（平成26）年1月15日

　　　　　　　　　　　　　　　　　　　　　　　　　　秋　永　一　枝

『新明解日本語アクセント辞典』初版の序

　私は，昭和三十三年に『明解日本語アクセント辞典』の序文を書いたが，今その本の三訂版にあたる序を書きながら，アクセントに対する考え方が，昔と今とで随分違っているのに気づいて驚く。

　初版の序文を書いた頃は，見返しの地図に記したアクセントの区別のない地域の小学校の子供に，「箸」と「橋」，「雨」と「飴」の区別を尋ねても，全く答えてはくれなかった。その後注意してみると，アクセントの区別のない地域にも東京アクセントをかなり自由に使いこなせる人がおり，現在ではそういう若い人たちが次第に多くなりつつあることを知った。これは，テレビ・ラジオの普及によるところが大きいに違いない。とすると，そのような地域の人にとっても標準アクセントの辞典は必要であることがわかった。それならば，標準アクセントの法則などは大いに有効であろうと思い，今度の版では編者の秋永君に標準アクセントの法則の欄を，より詳しいものにしてもらった。勿論，アクセントの区別のある方たちが，標準アクセントをマスターする際にも，大いに役立つものと思う。

　今回，再訂版よりも更に収録語数を増やし，本文のみで約7万5000語とした。この中には新語や固有名詞もかなり含まれている。また，若い人たちの使うアクセントも大幅に取り入れてあり，私どもの年代では全く使わないような外来語の平板型も，《新は》として記載してある。同時に，高年層の使用する古めかしいアクセントも，《古は》《もとは》として記してあり，その点一般の読者ばかりでなく研究者にも利用されるに違いない。

　この辞典の語彙の収集・アクセントの調査は，初版，第二版と同じく，秋永一枝君が全面的にその任にあたった。永年，早稲田大学文学部の教授を勤めた秋永個人の著書とお考えいただきたい。

　今回は，『新明解日本語アクセント辞典』と書名を改めたが，私どもの基本とする考え方は，初版，第二版の序に記したとおりである。新しい世紀に向けてこのようなアクセント辞典を世に送ることができるのは真に喜ばしい。読者の方がたが，それぞれの年代に応じて本書を利用してくださることを望んでやまない。

　終りにあたり，本書の成るについて協力を惜しまれなかった多くの方がたに感謝の意を表する。

　平成十三年一月十五日

金田一春彦

『明解日本語アクセント辞典』第二版の序

　この辞典も，初版を世に送ってから二十二年余りになる。暖かく迎えて下さった御愛用の各位には慎んで御礼申し上げる。二十二年も経るうちには，日常使っている日本語の語彙も出入りし，中にはアクセントそのものが変化したものもある。ここに採録語数をふやし，第二版をお届けする次第である。

　日本語のアクセント辞典としては，これとは別にNHKの『日本語発音アクセント辞典』というものがある。一つあればいいではないか，それに辞典によって単語のアクセントがちがうものがある，それはどうしたのだ，という声が聞える。が，そういうものではない。アクセント採録の目的にちょっとしたちがいがあるのだ。

NHKの辞典は，一口に言うと全国共通語の発音とアクセントの辞典だ。ということは，必ずしも東京という土地の発音とアクセントを収めたということではない。語形や発音の方で，オッコチルとかシャジ（匙）というのは，東京人の使う言葉であり，東京なまりであるが，そのようなものはNHKのアクセント辞典には採用していない。それに応じて，アクセントの面で東京なまりと判断されるようなものは，省いてある。

一方，この私どもの『明解日本語アクセント辞典』は，純粋の東京の発音，東京のアクセントと見られるものに焦点をあて，俗語や東京なまりの類までとりあげた。そのために資料としたのは，すべて純東京人と見られる人であり，中には，現在では老人層でないとほとんど使われていない形もあげてある。これも特別の用途があるだろうとの考えによるもので，意図するところを諒承されたい。

なお，この辞典の初版は，秋永一枝君が原稿を書き，私が通覧して意見を述べたものだった。が，今回は秋永君の書いたものをほとんどそのまま活字にした。秋永個人の著書と考えて頂いてよい。一言お断りしておく。

終りに際し，この本の成るについて，協力を惜しまれなかった各位に感謝の意を表する。

昭和五十六年四月三日

金田一春彦

『明解日本語アクセント辞典』初版の序

全国の日本語の中で，特に東京の言葉だけが正しい言葉で，ほかの地方の言葉はまちがった言葉だという行き方に私は反対である。東京語は決してそのような意図をもって作られた言葉でもないし，それよりも東京生れの人だけが得意げにふるまい，ほかの地方の人の言葉を見くだす態度はおよそ不愉快である。

しかし一方，日本語の乱れが人人の口にのぼって来久しい。ラジオやテレビから流れる日本語は，ヨーロッパあたりへ持って行ったら，数か国語が代る代る聞えるようなものである。日本語を学ぶ外国人は，日本語を教えてくれる日本人ごとに，語彙表現が異なり発音が異なることをしきりに訴える。特にアクセントに至っては，関東の人と関西の人では高低を全く逆に発音し，また地方によってはアクセントが全然ないところさえある。代表的な日本語，規格にあった日本語を望む声は内外を通じて高まりつつある。

現代の日本人は，この要望にこたえる日本語を作り上げる責務をもつ。理想的な標準日本語は必ず生れなければならぬ。それは恐らく全国各地の方言から粋を集めた，豊かな，しかも洗練された言語体系であろう。そのような言語の基盤になるものは，やはり現実に日本全国に共通語として通用している，現在の東京語をおいてほかにない。この際，すべての日本人が，日常の生活言語のほかに東京語をも一応自分のものにすることが望まれる。

東京語のアクセントを記載した辞典はすでに世上に何冊か出ている。特にNHK編の"日本語アクセント辞典"は，良心的な編修態度を反映して，標準的なものとして名を得ている。しかし，この種の辞典にあげられた語彙の数は残念ながら少なく，例えば固有名詞の条を欠き，また助詞・助動詞の類や動詞の変化の類にはほとんど触れていない。これらは要するに，東京アクセントに相当通じた人にしてはじめて使いこなせる辞典だった。

本書編纂の意図は，これらの点を考慮し，どんな人でも使用できることをモットーとした。特に東京アクセントになじみの薄い人から一番要望されているのは，一体どういう言葉はどういうアクセントをもつかという，一般法則の呈示である。この辞典で一番力を注いだのはこの

点だと言っていい。

　なお，個個の語については，アクセントのみならず，ガ行鼻音や，母音の無声化の有無など発音上注意すべき点を注記して，アクセント辞典であると同時に，日本語発音辞典としても役立つよう意を用いた。

　ところで，この辞典は私が手をくだして作ったものではない。編修者は，現在早大国文学科の副手である秋永一枝君である。

　四・五年前のこと，三省堂編修所では，同社から発行する一般諸辞典のための資料として，東京アクセントを記載した厖大なカードを作っていた。この仕事に直接あたったのは，当時同編修所員であった秋永君であり，この辞典の編修は，そのカードを基礎にしてはじめられたものである。同君はその後世に出ているすべての東京アクセントの文献を渉猟する一方，個個の専門語については，一一その道の専門家で，しかも東京生れ，東京育ちという条件を具えた人の門をたたいて，そのアクセントを確かめるという慎重ぶりだった。

　なおそのほかに，寸暇をさいては東京各地および近郊を駆け回ってアクセントを調査して歩き万全を期したというのだから，その骨折りは驚嘆にあたいする。私はただ全体のでき上りを通覧し，巻末の法則のまとめ方について多少の知恵を貸したに過ぎない。これは，私の責任のがれを意味するのではない。ほとんど口出しをする余地がなかったのである。

　この辞典が成るに至るまでには多くの方方の御好意と御協力をいただいたが，中でも有益な教示と便宜を与えられたNHK放送文化研究所・国立国語研究所の方方，土岐善麿博士，楳垣実氏，鈴木幸夫氏，貴重な時間を割いて一一の語を発音して下さった次の諸氏に厚くお礼申し上げる。

芥川也寸志，安倍季厳，安藤更生，飯島小平，飯島正，池田理英，石川光春，伊藤康安，岩本堅一，緒方規雄，小沼丹，加藤光次郎，加藤誠平，神尾明正，川合幸晴，岸野知雄，倉橋健，後藤真，斉藤直芳，佐口卓，鈴木孝夫，関根吉郎，高木純一，高島春雄，高山英華，滝口宏，辻光之助，坪井誠太郎，戸塚文子，中能島欣一，中村芝鶴，中村吉三郎，中村守純，仁戸田六三郎，野口弥吉，野村保，野村万蔵，林健太郎，檜山義夫，古川晴男，古川晴風，宝生弥一，宮川曼魚，武者金吉，山辺知行，山村宗謙，亘理俊次，渡辺辰之助（敬称略）

　今この辞典を世に送り出すに際し，読者各位が当事者の意のあるところを汲んで，この辞典を活用してくださることを望んでやまない。そして，更にこの辞典の不備の点についても卒直な御意見をお寄せ下さり，将来の改訂のために資することができるならば，これに越した喜びはない。

　昭和三十三年五月五日

金田一春彦

この辞典を使う人のために

1 総記

　この辞典は，日常多く用いられる語を中心として，固有名詞を含む約76,600語を選び，その"標準的な東京アクセント"と合わせて"発音"を示したものである。

　アクセントは単語ばかりでなく，助詞・助動詞・接辞・造語成分など，複合する語によってアクセントの定まるものにも記載して，実際の会話の便を計った。

　なお，巻末に"アクセント習得に必要な法則"をあげて，標準アクセントをマスターする一助とした。この習得法則の目次を本文だけでなく，巻末見返しにも収めて利用しやすくした。

　以下ここで**東京**というのは東京都及びいわゆる東京式アクセントの地域をさすのではなく，東京旧市内でその語に馴染みのある人のアクセントを**東京アクセント**として取り上げてある。

　下にこの辞典の項目の例を掲げる。それぞれ当該箇所を参照していただきたい。

◀────見出し語────▶	◀─解説　　[習得法則番号]─▶
ニホンゴ, ニッポンゴ	日本語　　　　　→14
ジテン,《古は **ジテン**》	字典,辞典,事典　→8
アクセント	accent　　　　　→9

2 見出し語について

a. 表記法
（1）発音の表記法

①見出しの部分に，**カタカナアンチック**体を用いて発音を表わし，高く発音する部分に ￣ を用いてアクセントを表わした。

②表音式をとった。現代仮名遣いとは必ずしも一致しない。

　（イ）引き音は ― で示した。**イ，ウ** のうち引き音にも発音するものは小さい★の印をつけて，**イ★，ウ★** のように表わした。　　　　　　―解説*24*ページ参照―

　（ロ）促音は，小文字の **ッ** で示した。

　（ハ）**ジ・ヂ，ズ・ヅ** は，**シジミ**（蜆），**チジミ**（縮），**スズミ**（涼），**ツズミ**（鼓）のようにすべて **ジ，ズ** で表わした。

③**ガ**行鼻音は，**ガ・ギ・グ・ゲ・ゴ** のように半濁音符をつけて示した。

　　　　　　　　　　　　　　　　　　　　　　　　　　　　―解説*23*ページ参照―

④母音の無声化は，**フク**（吹く）のフ，**アキカゼ**（秋風）のキのように細字によって

| | この辞典を使う人のために | 8 |

示した。　　　　　　　　　　　　　　　　　　　　　　　―解説25ページ参照―

⑤**ウマ**（馬），**ウマレル**（生れる），**シラウメ**（白梅），**ウモレギ**（埋れ木）のような，
自然の発音で［m］の音になるものは，**ウマ，ンマ　　ウマレル，ンマレル**
シラウメ，シランメ　　ウモレギ，ンモレギ　　のように併記した。但し，**ウモー**
（羽毛）のように，**ウ**の次に意義の切れめがあって［m］の音にならないものは**ウ**
のまま記した。

⑥はねる音（撥音^{はつ}^{おん}）は**ン**で表記したが，**ン**は後続する音の有無やその違いによって
異なる。後続する音がなければ［N］だが，後続する音が唇音であれば［m］，歯
音であれば［n］，軟口蓋音であれば［ŋ］，摩擦音や母音であれば鼻母音になるなど具
体的な音声はさまざまである。

⑦外来語の発音は原則として一般の慣用に従って表記した。例えば外来語にみられる
［kwa］は**クヮ**，［di］は**ディ**などのように，**クヮ，シェ，ジェ，チェ，ツェ，ツォ，**
ティ，ディ，デュ，ファ，フィ，フェ，フォの表記も用いた。

　　　　　　　　　　　　　　　　　　　　　　　　　　　　　―解説27ページ参照―

⑧助詞・助動詞・接辞・造語成分などは，複合する単語の部分を……で代表させ，
……ガ，……ワ，……テ，……ラレル，……ケン（…県）のように表わし，各法則番
号のアクセント習得法則を参照させた。但し，複合する語によってアクセントや発
音が変るために見出し語ではアクセントを示しにくいものはひらがな見出しとし，
各法則番号のアクセント習得法則を参照させた。

　　　……ワ；**……ʼワ**；**……ワ**　…は〘助〙（**トリワ**　鳥～，**ハナワ**　花～，
　　　アメワ　雨～）→71
　　　……けん　…軒〘数〙→34，35
　　　ご……　御…〘接頭〙→92

（2）アクセントの表記法
　　　　　　　　　　　　　　　　　　　　　　　　―解説16ページ参照―

①高く発音する部分は ̄ で示した。但し，次が低く発音される場合には ̄｜ を付し
た。**イヌ**のように，語の末尾につく ̄｜ は，その語の後に「が」「は」などの助詞
がつく場合に助詞が低く発音されることを示している。

キジ	雉	**イヌ**	犬	**サル**	猿	**モモタロー**	桃太郎
キジガ	雉が	**イヌガ**	犬が	**サルガ**	猿が	**モモタローガ**	桃太郎が
キジワ	雉は	**イヌワ**	犬は	**サルワ**	猿は	**モモタローワ**	桃太郎は

　二拍めから上がる語で，第二拍が引き音や撥音，二重母音副音の場合，無造作な発
音の折や個人によって第一拍から高くなる。例えば，**トーキョー**を**トーキョー**，**シ**
ンブンシャを**シンブンシャ**，**カイシャ**を**カイシャ**のように。また，具体的発音で
は，促音はその前の拍と同じ高さを保とうとする。例えば**ゲッキュー**を**ゲッ**
キュー，**ハッキリ**を**ハッキリ**，**イッサイ**は**イッサイ**のように。本書ではアクセン

ト体系から考えて，以上の表示はすべて割愛してある。

②連語などアクセントに切れめがある場合には，そこに・を置き，区切りを示した。

$\overline{ア}$キノ・$\overline{ナナ}$クサ　秋の七草　　　$\overline{ネ}$コモ・$\overline{シャ}$クシモ　猫も杓子も

③アクセントの切れめの有無によって，複合語の後部のアクセントが変化する場合があるが，スペースの節約上次のように表わした。

（イ）次のような場合，複合して切れめがなくなると，間の低い拍が高く平らに変化する。即ち ``` の部分は切れめがある時は低く，切れめがなくなると高く発音される。

$\overline{セ}$ンザイ（・）$\ddot{イ}$$\overline{チ}$グー　千載一遇　$\left\{ \begin{array}{l} \overline{セ}ンザイ・イ\overline{チ}グー \\ \overline{セ}ンザイイ\overline{チ}グー \end{array} \right.$

$\overline{ミ}$ナモトノ（・）$\ddot{ヨ}$シヅネ　源義経　$\left\{ \begin{array}{l} \overline{ミ}ナモトノ・ヨ\overline{シ}ヅネ \\ \overline{ミ}ナモトノヨ\overline{シ}ヅネ \end{array} \right.$

（ロ）次のような場合，複合して切れめがなくなると，後部の高い拍が，低く平らに変化する。即ち ``` の部分は切れめがある時は高く，切れめがなくなると低く発音される。

$\overline{ジ}$ガ（・）$\overline{ジ}$サン　自画自賛　$\left\{ \begin{array}{l} \overline{ジ}ガ・\overline{ジ}サン \\ \overline{ジ}ガジサン \end{array} \right.$

$\overline{ニ}$ジュー（・）$\overline{イ}$チ　二十一　$\left\{ \begin{array}{l} \overline{ニ}ジュー・イ\overline{チ} \\ \overline{ニ}ジューイチ \end{array} \right.$

（ハ）次のような場合は，切れめがある時も複合して切れめがなくなる時も，常にアクセントが変化しない。

$\overline{ゼ}$ンナン（・）$\overline{ゼ}$ンニョ　善男善女　$\left\{ \begin{array}{l} \overline{ゼ}ンナン・\overline{ゼ}ンニョ \\ \overline{ゼ}ンナン\overline{ゼ}ンニョ \end{array} \right.$

$\overline{ヤ}$マダ（・）$\overline{ハ}$ナコ　　山田花子　$\left\{ \begin{array}{l} \overline{ヤ}マダ・\overline{ハ}ナコ \\ \overline{ヤ}マダ\overline{ハ}ナコ \end{array} \right.$

b. 配列

（1）見出しがなの配列

発音式五十音順によるが，同じ**カナ**のことばがつづく時は，次の方針によった。

①拍数の少ないもの（**ャ，ュ，ョ** などのつく拗音 及び外来語における **ァ，ィ，ェ，ォ** などの小文字を含むもの）や，引き音（ー）及び促音（ッ）を含むものは，直音の前に置いた。なお，**シャ，シュ，ショ** や **ファ，フィ，フェ，フォ** の類，及び引き音や促音はそれぞれ一拍と数える。

$\overline{イ}$$\overline{シャ}$　医者　　$\overline{イ}$$\overline{シヤ}$　石屋

この辞典を使う人のために　　　10

②いわゆる清濁は，清音，濁音，半濁音の順に配列した。

　　　ハハ　母　　　**ハバ**　幅　　　**ババ**　婆，祖母　　　**パパ**　papa

③助詞・助動詞・接辞・造語成分など，…… のつくものは，…… のつかないものの
　後に置いた。

　　　テ　手　　　　　……**テ**〖助〗
　　　オ　尾，緒　　　……**オ**　…を〖助〗　　　**お**……　御…〖接頭〗

④人名及び活用形に限り，姓及び終止形の見出し内に収めた。

　　　アシ**カガ**　足利〖地・姓〗
　　　～・タガウジ，**アシカガタガ**ウジ　～尊氏
　　　サク　咲く　**サカ**ナイ，**サコ**ー，**サキ**マス，**サイ**テ，**サケ**バ，**サケ**
　　　アオイ　青い　**ア**オカッタ，**ア**オク，**ア**オクテ，《新は **ア**オクテ》，
　　　アオケレバ，**ア**オシ

⑤東京都区内で現実に行われていても，標準アクセントとしては望ましくないものや，
　現実には行われていないが標準アクセントとしては望ましいものに限り，《　》内に
　それぞれ次のような注を付した。

　　　アネ，《**ア**ネ　は避けたい》　姉　　　**ク**ワ，《**ク**ワ　は避けたい》　鍬
　　　クモ，《**ク**モ　も許容》　雲　　　　**オ**ル，《**オ**ル　も許容》　織る

（2）発音及びアクセントの配列
①発音及びアクセントの同じ語は，原則として同じ見出しのもとに入れた。但し，
　……を伴う助詞・助動詞・接辞・造語成分の類は別項をたてた。

②発音が同じで，アクセントの異なるものは，原則として平板式，起伏式の順に配列
　した。

　　　カキ　柿　　　**カ**キ　牡蠣　　　**カキ**　垣

③同じ語彙で類似の発音をもつものは，慣用及び標準音として望ましいものに重点を
　置いて配列した。
　（イ）それぞれの項をたてて，併記した。

　　　ハイ，**ハ**エ　蠅　　　　　　**ハ**エ，**ハ**イ　蠅

　（ロ）それぞれの項をたて，望ましくない方の見出しにのみ望ましい形を併記した。

　　　サケ　鮭　　　　　　**シャ**ケ，**サ**ケ　鮭
　　　アナタ　貴方　　　　**ア**ンタ，**アナ**タ　貴方

（ハ）慣用または，望ましい方の見出しに併記した。

　　　$\overline{ジ}ッ\overline{ポン}$, $\overline{ジ}ュッ\overline{ポン}$　十本　　　　$\overline{セ}ピア$, $\overline{セ}ピヤ$　sepia

（ニ）誤用または望ましくない発音の場合は，⇒ で正しい発音を参照させた。

　　　$シャ\overline{ジ}$,《新は $シャ\overline{ジ}$》　匙　⇒$サ\overline{ジ}$

（ホ）清濁のみ異なるような語の類は，慣用または望ましい方を先にして同一項目
　　に併記した。その場合，望ましくない方を（ ）に入れる場合もある。

　　　$ハ\overline{ンドバッ}グ$,（$ハ\overline{ンドバッ}ク$）　handbag

④二通り以上のアクセントや発音があるものは，標準アクセントとして望ましいと思
　われる方を先にして併記した。また年代的に新しいアクセントや，伝統的で古めかし
　しいアクセントの層の目立つものに限り，《新は…》，《古は…》，《もと…》のように
　示した。但し，これはあくまでも相対的な異なりで，一定の年代を示すものではな
　い。また，高年層にはふつうに用いられるが，中年層以下には強めの際にのみ用い
　られるようなものは，《強は…》のように示した。

　　　　ス,《新は $\overline{ス}$》　巣
　　　　ス$\overline{ジ}$,《新は $\overline{ス}シ$》　鮨
　　　　ノ$\overline{ゾ}ム$,《新は ノ$\overline{ゾ}ム$》　望む，臨む
　　　　カ$\overline{キコ}ム$,《新は カ$\overline{キコ}ム$》　書き込む
　　　　タ$\overline{ガ}イ$　高い　……，$\overline{ダ}\overline{ガ}クテ$,《新は タ$\overline{ガ}クテ$》，……
　　　　オ$\overline{ト}メ$,《古は オ$\overline{トメ}$》　乙女
　　　　ア$\overline{カトンボ}$,《古は $\overline{ア}カトンボ$》　赤蜻蛉
　　　　$\overline{カ}ミ$,《もと カ$\overline{ミ}$》　神
　　　　オ$\overline{モイキ}ル$, オ$\overline{モイキ}ル$,《古・強は オ$\overline{モイキ}ル$》　思い切る
　　　　$ナ\overline{マヤサシイ}_{*}$, ナ$\overline{マヤサシイ}_{*}$,《古・強は $\overline{ナ}マヤサシイ_{*}$》　生易しい

⑤使用度の高い動詞・形容詞の単純語にはその活用形（形容詞には文語終止形も）を示
　した。他の語は習得法則の活用表を参照し，本文中の終止形からそれぞれ類推して
　いただきたい。

3　解説の部分について

a．表記法

　原則として，漢字・平仮名交じりとし，（ ）内に用例・補助解説を，〖 〗《 》内
に略語・補注などを示した。

(1)漢字

①常用漢字を重視したが，必要により常用漢字以外の漢字も用いた。

②常用漢字による書きかえのうち，意味のとりにくいものなどは，もとの字を（　）に入れて示した。但し，複合語以外は併記した。

> 日食(蝕)　　包(庖)丁　　炎,焔　　切る,斬る,伐る

③あて字は慣用のものに限り使用した。

> ス<u>テキ</u>　素敵　　　<u>タバコ</u>　煙草

(2)現代仮名遣いを用いた。送り仮名は，誤読のおそれのない範囲にとどめた。

(3)外来語

①直接日本語に影響した言語のスペルを入れ，〔　〕内に国籍を表示するのを原則とした。但し，英語は原則として表示しない。

> <u>パン</u>　pão〔葡〕　　　<u>ガラス</u>　glas〔蘭〕
> <u>ジャム</u>　jam　　　　　<u>クリーム</u>　cream

②日本語と外来語との複合語は，原則として日本語と原語のスペルをつづけて記し，英語以外は最後に国籍を示した。

> <u>マドガラス</u>　窓 glas〔蘭〕　　　<u>ナマクリーム</u>　生 cream
> <u>クリームイロ</u>　cream 色　　　　<u>パンヤ</u>　pão 屋〔葡〕

③国籍の異なる外来語と外来語との複合した和製語はプラスの印で結び，各のスペルのあとに国籍を示した。但し，同一の国籍のものは〔和〕とし，＋ を省略した。

> <u>ジャムパン</u>　jam〔英〕+pão〔葡〕
> <u>コーヒーポット</u>　koffie〔蘭〕+pot〔英〕
> <u>ゲームセット</u>　game set〔和〕

b. 配列

　同じ見出しが二語以上の語を示す場合は，コンマ「，」或は中黒「・」を用い，以下を考慮して併記することを原則とした。

(1)和語，漢語，外来語の順

> <u>ダイ</u>　鯛…　体,対,帯,隊,態…　他意…　泰〚国〛…　tie

(2)感動詞・副詞の類，動詞，形容詞，一般名詞，数詞，固有名詞，省略語の順

(3)複合度の強いものから，弱いものへの順

C. アクセント習得法則

　それぞれの解説の末尾には，→ のあとに巻末のアクセント習得法則の法則番号が

示してある。これは東京アクセントの法則を **0** から **99** のグループ別に収めたものである。音韻によってアクセントや発音が更に変化するものには，そのあとに **a b c d** を付した。単純語はむずかしいが，転成語や複合語のアクセントを覚えるには，それらの法則を習得することが近道である。但し，語源や語構成に諸説あるものなどは法則番号を省略してある。

4 記号一覧

， 見出し語では，二通り以上のアクセント及び発音がある場合に用いた。

　　カミナリ，カミナリ 雷
　　カナシミ，カナシミ，カナシミ 悲しみ

解説にあたる部分では，二つ以上の同音語がある場合に用いた。

　　ジシン 自信,地震,磁針

・ 見出し語では，アクセントの切れめを示した。

　　サンジュー・サンカショ 三十三箇所

解説にあたる部分では「及び」，「や」，「と」の意味を表わすのに用いた。

　　アオキ 青木〖植・姓〗
　　ジョーシンエツ 上信越＜上野ﾂﾞｹ・信濃ﾉﾐ・越後ﾞｺ

； 助詞・助動詞・接辞・造語成分など，……を伴って表わされる見出し語のうち，前部の語のアクセントや音韻の性格により，複合語のアクセントが変化する場合に用いた。

　　……ガ；……ガ；……ガ …が〖助〗(**トリガ** 鳥～,
　　ハナガ 花～ **アメガ** 雨～)

： 助詞・助動詞・接辞・造語成分など，……を伴って表わされる見出し語のうち，前部の語の拍数により，複合語のアクセントが変化する場合に用いた。

　　……マル：……マル …丸(**キクマル** 菊～, **ランマル** 蘭～,
　　ヒヨシマル 日吉～, ヒ**カワマル** 氷川～)

。 解説中，連続する語が同格でなく，そこで文が切れるような場合に用いた。

　　シゴ 四五(=四か五。年は～)
　　コーコ，コーコー 香香(=漬物。**オコーコ** 御～)

★	イ，ウ のうち普通の発音では引き音に発音されるものは，イ⋆，ウ⋆ のように示した。

テイ⋆ネイ⋆ 丁寧　　ウレシイ⋆ 嬉しい　　グウ⋆ 食う

＝	説明及び言いかえを示す場合に用いた。

オカガミ 御鏡(=鏡餅)　　オッパイ (=乳.)

〜	アクセントの区切りのある語で，二通り以上のアクセントがある場合，アクセントの変らない部分の省略に用いた。

アトノ(・)マツリ，〜(・)マツリ 後の祭

人名が姓の見出しに追いこまれていて，姓にあたる部分のアクセントが変らない場合，見出し語の部分の省略に用いた。

ダテ 伊達〖姓〗
〜(・)マザムネ 〜政宗

〜	用例中で，見出し語及び見出し語にあてた漢字仮名交じりの部分の省略に用いた。

ハナ 端(=最初。〜から)　　ハナ 花(オハナ 御〜)

＜	省略される以前の形や，外来語で著しく発音の変化した場合などに用いた。

コーコー 高校＜高等学校　　デパート ＜department store

＋	外来語が複合した和製語であることを示す。

ジャムパン jam〔英〕+pão〔葡〕
クレパス，クレパス ＜crayon+pastel

↔	反対語・対照的な語を表す。

オーテ 大手(↔からめて)　　オツ 乙(↔甲)

⇒	他項を参照させる意を表す。

ウタマロ 歌麿〖人〗⇒キタガワ〜 (姓名全形を参照させたい)
ウデル 茹でる ⇒ユデル (望ましい発音を参照させたい)

→	巻末のアクセント習得法則番号の参照に用いた。

トーキョート 東京都 →14a　　チヨダク 千代田区 →14

《 》 アクセントに関しての注を示す。

アカト‾ンボ,《古は ‾アカトンボ》 赤蜻蛉
モ‾ミ,《‾モミ は避けたい》 籾
ア‾シ‾ダ,《副詞的には ア‾シダ》 明日
ヤマダ 山田《姓も》

( ) 見出し語では，発音上の言いかえに用いた。

‾フジュー,(‾フジュー) 不自由   シュッタ‾イ,(シュ‾ツラ‾イ) 出来
‾ア‾オバ‾エ, アオバエ (エはイとも) 青蠅
‾アイディ‾ア, アイディア (ディはデとも) idea

特に外来語などでは，望ましくはないが慣用となっている形に用いた。

‾ベッド,(‾ベット) bed   ‾ファ‾ン,(‾ファ‾ン) fan

解説にあたる部分では，用例及び補助解説などに用いた。
〔 〕 品詞，固有名詞，百科項目などの指示及び補助解説などに用いた。
[ ] 外来語の国籍を示した。

[主 要 略 語 表]

品　　詞		位 相 語		外 来 語	
〔名〕	名　　　詞	〔医〕	医　　　学	[伊]	イタリア語
〔数〕	数　　　詞	〔衣〕	衣　　　服	[蘭]	オランダ語
〔副〕	副　　　詞	〔映〕	映　　　画	[希]	ギリシャ語
〔連体〕	連 体 詞	〔演〕	演　　　劇	[西]	スペイン語
〔代〕	代 名 詞	〔化〕	化　　　学	[華]	現代中国語
〔接〕	接 続 詞	〔軍〕	軍　　　事	[独]	ド イ ツ 語
〔感〕	感 動 詞	〔経〕	経　　　済	[仏]	フランス語
〔助〕	助　　　詞	〔建〕	建　　　築	[葡]	ポルトガル語
〔助動〕	助 動 詞	〔国〕	国名・旧国名	[梵]	サンスクリッ
〔接頭〕	接 頭 辞	〔児〕	児童語・幼児語		ト語
〔接尾〕	接 尾 辞	〔宗〕	宗　　　教	[拉]	ラ テ ン 語
		〔書〕	書　　　名	[露]	ロ シ ア 語
活　　用		〔食〕	食　　　物	[和]	和 製 語
		〔植〕	植 物 名		
〔四活〕	四 段 活 用	〔人〕	人　　　名	(英語は特記しない)	
〔五活〕	五 段 活 用	〔生〕	生　　　物		
〔上一活〕	上一段活用	〔俗〕	俗語・方言		
〔下一活〕	下一段活用	〔動〕	動 物 名		

解説―アクセントについて　　　16

解説

1　アクセントについて

　現在"アクセント"ということばは，さまざまに使われているが，"日本語のアクセント"という時の標準的な使い方としては，**"個個の語について定まっている高低の配置"**という意味である。

　"語"というのは，ほとんど文法でいう単語と同じとみていただいてよい。例えば，「橋」の時は**シ**を高くいう，「箸」の時は**シ**を低くいう，というようなのが日本語のアクセントである。これは既に御承知のことと思う。但しここでちょっと注意してほしいことは，ある語を発音した時の声の上がり下がり，それがそのままアクセントだとはいえないことである。

　例えば，同じ「箸」という単語でも，「箸？」というように相手に問いかけの気持でいう時は，$\overline{ハシ}$ といったあとで，$\overline{ハシィ}$↗ のように語尾を上げて発音する。この場合の語尾の高まりは，アクセントではなくイントネーションとよばれるものである。なぜならば，これは特定の語について決まっているのではなく，"問いかけ"つまり返事がほしいという，一般的な心理によって決まるからである。こういう声の上げ下げは，大体，日本語を通じて全国共通の現象であるから，特に骨を折って覚える必要はない。ところがアクセントは，その"語"について決まっているもので，それも地方によって異なるから，特に東京共通語を使おうとする場合には"学習"が必要である。

　人によると，アクセントは単語によって決まっているというが，「箸」と「箸箱」では，「箸」のアクセントが違って変だと思われるかもしれない。しかし，これはそれでよい。なぜなら，「箸箱」は一つの**"複合語"**であって，「箸」とは別の単語だからである。複合語は，アクセントの法則に従って変化をする。つまり，基本的な語と複合の型とを覚えれば，どうにか使いこなせるものである。そこで，この辞典では，巻末に**アクセント習得法則**をもうけ，本文の単語から参照できるようにした。

　助詞や接尾辞などもやはり単語だが，それだけを切り離して発音することがない。そこで，この辞典では，名詞や動詞などについた時のアクセントの型を示してある。

　もう一度くり返せば，日本語のアクセントは，**"語による高低の配置のきまり"**である。ここで高低の配置といっても，その高い部分と低い部分との開きが，音楽で4度だとか5度だとかいうような，そんなやかましいものではない。ただ上がっているか，下がっているか程度のごく大まかなものである。つまり，すべての語は，低い部分と高い部分に分けられる。従って，**"アクセントの型"**というのもごく少数しかなく，東京アクセントでは一拍語ないし六拍語は，*18, 19*ページの第1表の型のどれかに含ま

17　　解説ーアクセントについて

れてしまう。この表は，型の一覧表であると同時に，この辞典における標準アクセントの発音法をも簡単に示している。例えば，第1表の「鳥が」は**ト**が低く，**リ**が高く，助詞「が」などがつけば，**トリガ** のようにそれも高く発音することを表わす。「花が」は**ハ**を低く，**ナ**を高く，助詞「が」などがつけば，**ハナガ** のように次の拍を低く下げて発音する。つまり，この辞典で線のある部分を高く，ない部分を低く発音すれば，とにかく東京式アクセントで話すことができる。￢ の部分は ￣ と同じく高い部分だが，次が低いことを表わす。

　　ここに拍というのは，大体カナ一字で書かれる音をさす。例えば「鳥」は二拍，「桜」は三拍と数える。引き音（ー），撥音_{はつおん}（ン），促音（ッ）も一拍に数える。拗音_{ようおん}は例外で，**キャ，キュ，キョ** などはそれぞれ一文字分の長さで発音されるので，カナ二字で一拍と数える，従って，「天」は二拍，「両親」は四拍となる。

　以上のように，日本語のアクセントは，高低の変化である。これに対して，日本語のアクセントを強弱変化だと主張する人があるが，これは違う。英語やドイツ語などでは，一つ一つの単語について，どの単語は，どこを強めて発音するか，ということが決まっている。「命令」という意味の名詞 'dictate' は**ディ**のあたりを強く発音し，「書きとらせる」「命令する」という意味の動詞は，**テ**のあたりを強く発音する。これは，その時の話し手の気持にはかかわらない。これが英語のアクセントである。これに対して日本語では，日常の発音で，ある部分を強くいうことはあるが，それは感情をこめていうような場合である。つまり，その時の臨時的な傾向で，各の単語について強めのきまりがあるわけではない。英語では強めが単語に備わっているのに対し，日本語で単語に決まっているのは高低である。その関係は全く平行的である。だから，英語の単語における強めのきまりをアクセントと呼び，日本語では高低のきまりをアクセントと呼ぶ。英語のは**"強弱アクセント"**であり，日本語のは**"高低アクセント"**である。

　この日本語のアクセントについてまず注意しなければならないことは，地方によって違いが激しいということである。標準アクセントの問題がやかましいのも原因はそこにある。

　第2表（20ページ）の「**各地アクセント一覧表**」を御覧いただきたい。表中で「類別」というのは，平安末の京都アクセントと現代諸方言アクセントから，古くは同じアクセント型だったと思われる語彙をまとめたものだが，ここに示すように，日本語のアクセントは複雑極まりない。例えば第三類の「花」というアクセントは，東京・名古屋・広島などでは**ハ**を低く，京都・大阪・高知などでは**ハ**を高く発音する。反対に第五類の「秋」というアクセントは，東京・名古屋・広島などでは**ア**を高く，京都・大阪・高知などでは**ア**を低く発音する。このほか，見返しの地図に示すように，仙台・水戸・宮崎などでは，語によるアクセントの区別をもたない。全国どこへ行っても，

解説―名詞の型一覧表　　　　*18*

名　詞　の　型

第1表

型の種類 ＼ 拍数		一拍の語	二拍の語	三拍の語
平板式	平板型	ヒ（ガ） 日（が）	ハナ（ガ） 鼻（が）	サクラ（ガ） 桜（が）
起伏式	尾高型		ハナ（ガ） 花（が）	オトコ（ガ） 男（が）
	中高型			ココロ（ガ） 心（が）
	頭高型	ヒ（ガ） 火（が）	アメ（ガ） 雨（が）	イノチ（ガ） 命（が）

一　覧　表

四拍の語	五拍の語	六拍の語
トモダチ（ガ） 友達（が）	トナリムラ（ガ） 隣村（が）	ムラサキイロ（ガ） 紫色（が）
イモート（ガ） 妹（が）	オショーガツ（ガ） お正月（が）	ジューイチガツ（ガ） 十一月（が）
ミズウミ（ガ） 湖（が）	ワタシブネ（ガ） 渡し船（が）	アイアイガサ（ガ） 相合傘（が）
ウグイス（ガ） 鶯（が）	ナツヤスミ（ガ） 夏休み（が）	コドモゴコロ（ガ） 子供心（が）
	オナイドシ（ガ） 同い年（が）	シンカンセン（ガ） 新幹線（が）
		オマワリサン（ガ） お巡りさん（が）
フジサン（ガ） 富士山（が）	アクセント（ガ） accent（が）	サイクリング（ガ） cycling（が）

注　●は名詞の一拍を，▽は助詞の一拍を表わす。

第2表　各地アクセント一覧表　（二拍名詞＋ガ・ワ）

地方名	第一類		第二類		第三類		第四類		第五類	
	庭・竹	水・鳥	歌・音	夏・石	犬・髪	花・色	笠・船	松・箸	春・秋	雨・窓
高知							○● ○●▼		○● ○●▽	
徳島	●●			●○					○●〜○◖ ○●▽	
大阪	●●▼			●○▽			●● ○○▼		○◖ ○◖▽〜 ○●▽	
京都										
秋田	○○ ○○▽				○◖ ○●▽					○◖ ○●▼
函館	○● ○○▼									○● ○●▽
富山			○● ○●▽	●○ ●○▽			○● ○●▼			
高田			○● ○●▽・○●▼							
松本	○● ○●▼									
東京			○●				●○			
名古屋			○●▽				●○▽			
広島	○●(○○) ○●▼(○○▽)									
福岡										
長崎	●○				○●					
鹿児島	○●▽				○○▼					

注　○，▽は低い拍を表す。　●，▼は高い拍を表す。　▽，▼は助詞　ガ，ワを表わす。

◖は一拍が長くなり，降り拍（さがりはく）であることを示す。

類別の代表語「庭・竹，歌・音，花・色，笠・船，雨・窓」は広い母音(a, e, o)で終る語を，「水・鳥，夏・石，犬・髪，松・箸，春・秋」は狭い母音(i, u)で終る語を示す。

「〜」は同じ類，同じ語でも話者によってゆれることを，「・」は同じ類でも語によって異なることを，（　）内は研究者によって認定の異なることを示す。

地方名はそれぞれ市(旧市)の中心部のアクセントを示す。なお「高田」は現上越市。

アクセントが変らないというような語は全くない状態である。但し，この中にも一定の類型があって，大きく次の四つのグループに分けることができる。この四つの区別については，あとになってまた述べる。読者の中で，自分のアクセントがどのグループに属するか迷われる方は，前見返しの「**アクセント分布図**」を参照していただきたい。

(1) 東京式アクセント　　{ 秋，雨，箸，笠……初めを高く発音する
　　　　　　　　　　　　{ 髪，花，石，音……初めを低く発音する

(2) 京阪式アクセント　　{ 髪，花，石，音……初めを高く発音する
　　　　　　　　　　　　{ 秋，雨，箸，笠……初めを低く発音する

(3) Ｎ型アクセント　　　{ アクセントの型の種類が一定のもの

(4) 無型アクセント　　　{ 語ごとのアクセントが定まらない

　アクセント分布図のうち，(3)にあたるのは，九州・沖縄地方や隠岐の 5，6 及び 8' の地域などで，(4)にあたるのは 8 の地域である。

　以上のような日本語のアクセントは，一体どういう役目を果すのだろうか。第一に，日本語には同音異義語が実に多い。漢語となるとなおさらである。その場合，語によってアクセントが異なれば，語の "意義の違い" を区分するのに便利である。

　例えば，「火にあたるより日にあたれ」は東京式では ヒニアタルヨリ・ヒニアタレ という。この「火」と「日」が同じアクセントであったら，どちらにあたるのをすすめているのか分からなくなってしまう。「亀と瓶」，「箸と橋」，「鶴と弦」，「牡蠣と柿」なども，前後の関連がなくとも，アクセントで聞きわけることができる。

　京阪式方言でも，具体的高低の姿こそ違え，一つ一つを高低変化で区別する点では同じである。例えば「火にあたるより……」は ヒニアタルヨリ・ヒニアタレ と区別して発音する。

　アクセントは，以上のほかに，"語と語の切れめを示す" という働きをもつ。東京式アクセントでは，原則として "高く発音される部分は，一語のうち一箇所にかたまっている。つづけて二拍以上が高くなることはあるが，一語のうちで高く発音される拍が，離れた場所にあることはない"[1]。このことは，"この語が一語であって二語ではない" ことを表わしている。

　東京式アクセントにはまた，"語の第一拍と第二拍とは高さが異なる" という性質がある。すなわち，"第一拍が高ければ，第二拍が低く，第一拍が低ければ第二拍は高い"。このことは **"ここが語の始まりだ"** ということを示している。これらは，次のような文例にあうとき，一層判然とするであろう。[2]

二羽鶏がいる	ニワ・ニワトリガイル
庭には鳥がいる	ニワニワ・トリガイル
庭には鶏がいる	ニワニワ・ニワトリガイル
庭には二羽鳥がいる	ニワニワ・ニワ・トリガイル
二羽庭には鳥がいる	ニワ・ニワニワ・トリガイル

※1　例外となる場合もある。アクセント習得法則35の注意⑦，法則36のⅡ(2)，法則37注意を参照。
※2　例外となる場合もある。アクセント習得法則 c 末尾の「注意」を参照。

庭には二羽鶏がいる　　ニワニワ・ニワ・ニワトリガイル
二羽庭には鶏がいる　　ニワ・ニワニワ・ニワトリガイル

　ところで，現在日本語のアクセントの中で，東京のアクセントが**“標準アクセント”**とみなされてきている。

　これについては，地方の人からいろいろ反対意見が出された。全国のアクセントはまちまちで統一できるものではないとか，伝統的なことばをもつ京阪式アクセントが望ましいとか……。しかし，東京式アクセントには，標準アクセントとして待遇していい長所がある。見返しの地図をみられたい。東京に似たアクセントの地方は，関東の中央部から中部地方の大部分，中国地方の全体と九州の入口あたりまで及び，およそ日本の半分以上の地方に東京風のアクセントが広まっている。もちろん，地方によって少しずつ違いがある。しかし，日本人の総人口の半数以上は，ちょっとした心づかいをすれば，東京アクセントを話せるようになる。それにくらべると，京阪式のアクセントは誇るべき伝統をもっているが，分布範囲が狭く，使用者の数も少ない。

　その他，東京が日本最大の文化の中心であり，東京語というものがいわゆる標準語とされていることや，前述のようにアクセントの機能をよく発揮していること，及びアクセントの法則が比較的はっきりしていて，覚えやすいことなどからも，東京式アクセントは標準アクセントとしてふさわしい。

　これは京阪式アクセントを使用される人には，不本意なことかもしれない。しかし，京阪式アクセントとは対照的にできているから，自分たちのもっているアクセントと東京式のアクセントとの間にみられる**“対応の法則”**を知ることによって，東京アクセントを比較的楽にマスターすることができよう。これについては，巻末の**“アクセント習得法則”**を利用していただきたい。

　他方，仙台・水戸などのアクセントの型の区別のない地方の人たちは，基礎になるアクセント感をもたれないために，東京アクセントの習得は少なからず困難であるが，全体のことばの調子を改め，「橋と箸」「着ると切る」など，同音異義語に注意すれば，徐徐に効果をあげることができよう。

　この辞典では，見出し語のすべてに現在東京で広く行われているアクセントを注記した。現在，東京で幾通りものアクセントが行われている場合は，なるべく現状に即して載せるようにしたが，スペースの関係上，省略した場合も多い。これらアクセントの選定に当たっては，**その語に馴染みのある人のアクセントを重用**した。

　また，比較的高年層でのみ多く使われている古く伝統的なアクセント，若い層でこのごろ盛んに使われだした新しいアクセントは，特に注記して参考に供した。これから東京アクセントを覚えようとする方方は，《古は…》，《もと…》，《新は…》，《強は…》という注記のないものに，まず注意していただきたい。

　なお，地方の固有名詞などには，各地のアクセントもあわせて注記したかったが，

スペースの都合上割愛せざるを得なかった。また，「雲と蜘蛛」，「織ると折る」の
ような東京式アクセントでは区別できず，方言に区別がみられるようなものについ
ては，見出し語のいちいちにその旨を注記した。

2　ガ行鼻音（ガ・ギ・グ・ゲ・ゴ）について

　語中語尾の**ガ**行音は地方によりさまざまで，あるいは鼻にかからない**ガ・ギ・グ・
ゲ・ゴ**〔g〕で，あるいは，鼻にかかる**ガ・ギ・グ・ゲ・ゴ**〔ŋ〕で，あるいは，〔g〕の
前に軽い鼻音が入る**ンガ・ンギ・ング・ンゲ・ンゴ**〔ⁿg〕で発音される。

　東京・大阪などは混乱地帯で，中年層・若年層では**ガ・ギ・グ・ゲ・ゴ**に発音す
る傾向が盛んになりつつあるが，いわゆる東京共通語では次のような法則のもとに，
鼻音の**ガ・ギ・グ・ゲ・ゴ**を使うことになっている。

Ⅰ　語頭の**ガ**行音は鼻音化しない。但し，助詞「が」「ぐらい」，助動詞「ごとし」な
　どは鼻音化する。

　　　　ガ̄イ̄コ̄ク　（外国）　　**ギ̄ン̄コ̄ー**　（銀行）　　**グ̄ア̄イ**　（具合）
　　　　ゲ̄タ　（下駄）　　　　**ゴ̄ム**　（gom）　　　**ハ̄ル̄ガ**　（春が）

Ⅱ（1）語中・語尾の**ガ**行音は鼻音化するのを原則とする。

　　　　ハ̄ル̄ガ̄ス̄ミ　（春霞）　　**ヤ̄ナ̄ギ**　（柳）　　**ウ̄グ̄イ̄ス**　（鶯）
　　　　ツ̄ゲ̄ル　（告げる）　　　**ヒ̄ル̄ゴ̄ロ**　（昼頃）

（2）但し，次のような場合は鼻音化しない。
　①擬声・擬態語その他同音のくり返し

　　　　ガ̄ン̄ガ̄ン　**ギ̄ラ̄ギ̄ラ**　**グ̄ズ̄グ̄ズ**　**ゲ̄ラ̄ゲ̄ラ**　**ゴ̄ロ̄ゴ̄ロ**
　　　　ゴ̄ー̄ゴ̄ー，ゴ̄ー̄ゴ̄ー　（轟轟，囂囂）

　②数詞の五

　　　　ジ̄ュ̄ー̄ゴ　（十五）　　**ゴ̄ヒ̄ャ̄ク̄ゴ̄ジ̄ュ̄ー**　（五百五十）

　　但し，数詞としての意義が薄れた熟語は鼻音化する。

　　　　シ̄チ̄ゴ̄チ̄ョ̄ー　（七五調）　　**シ̄ゴ̄ニ̄ジ̄ュ̄ー**　（四五二十）
　　　　ジ̄ュ̄ー̄ゴ̄ヤ　（十五夜）　　**キ̄ク̄ゴ̄ロ̄ー**　（菊五郎）

　③軽い接頭辞の次にくる場合

　　　　オ̄ギ̄ョ̄ー̄ギ　（御行儀）　　**オ̄ゲ̄ン̄キ**　（御元気）

　　但し，敬語以外のものは両様の発音がみられることが多い。

解説—引き音について　　　24

　　　　　ヒゴーリ，ヒゴーリ　（非合理）
　　　　　フゴーカク，フゴーカク　（不合格）

④後部が**ガ**行音ではじまる複合語で，複合の度合の弱いもの

　　　　　コートーガッコー　（高等学校）　　ニホンギンコー　（日本銀行）
　　　　　マドガラス　（窓 glas）　　ケシゴム　（消し gom）

　　但し，複合の度合の強いものは鼻音化する。

　　　　　チューガッコー　（中学校）　　シンゴー　（信号）

　　なお，後部が**カ**行音ではじまる複合語で連濁するものは鼻音化する。

　　　　　カブシキガイシャ　（株式会社）　　ヨコギル　（横切る）
　　　　　クニグニ　（国国）　　クチゲンカ　（口喧嘩）　　ムスメゴコロ　（娘心）

⑤外来語のうち，原音が既に鼻音のもの（**キング** king　　**ボクシング** box-
ing），及び古くから入った語（**オルガン** organ　　**イギリス** Ingrez）は，**ガ**
行鼻音で発音されることが多い。それ以外のものは，人により語により，**ガ**行
音であったり，**ガ**行鼻音であったりする。東京の中・高年層は，和語・漢語と
同様にこれらも**ガ**行鼻音で発音する傾向が高いが，英語教育の普及した現在，
和語・漢語よりも早く語頭以外の**ガ**行鼻音が衰退しつつある。そこで，上記以
外の外来語は原則として**ガ**行音で表記することにした。

　　　　　ハンドバッグ　（handbag）　　アスパラガス　（asparagus）
　　　　　リーグセン　（league 戦）

3　引き音について

　「おかあさん（お母さん）」の「あ」，「きいて（聞いて）」の「い」，「つうち（通知）」
の「う」，「テエマ（Thema）」の「エ」，「こおり（氷）」の「お」などは，引き音として
発音される。一般に日本語では，あ列音の拍の次の「あ」，い列音の拍の次の「い」な
どは引き音に発音される。この辞書では引き音として ― を用いた。
　但し，次のような場合に注意。
（1）その「あ」「い」「う」「え」「お」の直前に意義の切れめのあるもの，及びそこに
　　アクセントの高さの切れめがあるものは，少しでも丁寧に発音すると引き音には
　　ならない。

　　　　　ハアリ　（羽蟻）　　キイロ　（黄色）　　イキイキ　（生き生き）
　　　　　カゲエ　（影絵）　　サトオヤ　（里親）　　オオイ　（多い）

25 　　　解説—母音の無声化について

(2)「楽しい」の「い」，「食う」の「う」のような形容詞・動詞の語尾の「い」，「う」は，"**イ**""**ウ**"とも発音されるという意味をもたせて，小さい★の印をつけて，**タノシイ★**，**クウ★** と表記した。

(3)「きれい（綺麗）」，「せんせい（先生）」の「い」のような，え列音の拍の次の「い」は，丁寧に発音した場合，仮名表記にひかれて"**エイ**"の音が出る人もあるが，普通の発音では"**エー**"と引き音で発音される。この辞典では小さい★の印をつけて，**エイ★** と表記し，両様の発音を代表させた。

$$ \overline{キ}レー，\overline{キ}レイ → \overline{キ}レイ★ \quad （綺麗） $$

但し，次のようなものは例外である。

(i)「けいと（毛糸）」，「たていた（立て板）」のように「い」「う」の直前に意義の切れめのあるものは，少しでも丁寧に発音すると引き音にはならない。

(ii)「\overline{テ}ープ（tape）」などの外来語は引き音のみを原則とするが，**イ**の音が相当慣用となっている場合に限り，**メイン**，**メーン**（main）のように併記した。

4　母音の無声化について

　東京をはじめ多くの地方で，キ，ク，シ，ス，チ，ツ，ヒ，フ，ピ，プ，シュ 等の音は，場合によって口構えだけの発音になることがある。これを"母音の無声化"という。

　この辞典では，東京語で普通に無声化する部分を細字で表わした。これは一拍ずつ丁寧に発音する場合には起きないが，自然の発音では普通に見られるもので，地方によって，傾向・度合は異なるが，東京語では軽快な感じを与え，歯切れの良さの要素ともなっている。しかし，あまりに無声化し過ぎるものは，聞き取りにくくなるうらみがあるので，表記は最小限度にとどめた。

　元来，東京語では次のような無声化の法則がある。但し，Ⅱ，Ⅲ の無声化のうち，形容詞の文語終止形の類，及び，挨拶語の末尾以外はこの辞典に表記していない。

Ⅰ(1)キ，ク，シ，ス，チ，ツ，ヒ，フ，ピ，プ，シュ 等(無声子音に i, u のような狭い母音がつづいたもの) の音が **カ，サ，タ，ハ，パ** 行の直前（促音を隔てた時も同様）にきた場合，無声化がおこる。

キ\overline{ク}（菊）	\overline{バ}クフ（幕府）	ス\overline{スム}（進む）
チ\overline{カラ}（力）	ヒ\overline{ト}リ（一人）	ピ\overline{ク}ピク
\overline{ゲ}シュク（下宿）	\overline{キ}ップ（切符）	\overline{シ}ッカリ（確り）

(2)①但し，無声化する拍が，アクセントの高さの切れめにきた場合，無声化しない場合がある。

解説―母音の無声化について　　26

　　シ͞シ　（獅子，四肢）　　チ͞ッソ　（窒素）　　ザ͞ッ͞ジシャ　（雑誌社）

②但し，無声化する拍がつづく場合，発音の不明確を避けるため，無声化の度
合の弱い方を無声化させない場合がある。

　　キ͞キチガイ　（聞き違い）　　チ͞キ　（知識）
　　ニュー͞ガク͞シキ　（入学式）

なお，無声化の度合が同等であったり，無声化によってアクセントが移動した
りする場合は，併記するのを原則とした。

　　キ͞シツ，キ͞シツ　（気質）　　フ͞ヒ͞ヅ͞ヨー，フ͞ヒツ͞ヨー　（不必要）
　　フ͞グ，フ͞ク　（吹く）　　カ͞グス，カ͞クス　（隠す）

Ⅱ　息の段落の直前にきて，しかもアクセントの関係で低く発音される場合，無声化
がおこる。

　　ア͞キ　（秋）　　カ͞ラス　（烏）　　ソ͞ーデス　　ア͞オシ　（青し）

　但し，形容詞の文語終止形以外は，更に拍がつづくと無声化しなくなる場合が多
い。

　　ア͞キノヒ　（秋の日）　　カ͞ラスワ　（烏は）　　ソ͞ーデスガ

Ⅲ（1）カ，コ がアクセントの関係で低く発音され，次の拍が同音の場合，無声化がお
　　　こる。

　　　　カ͞ガナイ　（書かない）　　コ͞コ͞ロ　（心）

（2）ハ，ホ がアクセントの関係で低く発音され，次の拍の母音が同じである場合，
　　　無声化がおこる。

　　　　ハ͞ガ　（墓）　　ホ͞コ͞リ　（埃）　　ホ͞ソイ　（細い）

　“無声化によるアクセントの変化” については，**習得法則 c.**（巻末「アクセント習得
法則」(8)ページ）を参照していただきたい。
　東京と似たアクセントをもつ地方でも，無声化する地方と，しない地方とでは，同
じ語のアクセントが異なることがある。例えば東京旧市内では，チ͞チ（父），キ͞シャ
（汽車），フ͞グ（吹く），フ͞ッタ（降った），シ͞グシク のように発音されるが，甲府・松
本などでは無声化が行われず，チ͞チ，キ͞シャ，フ͞ク，フ͞ッタ，シ͞クシク のように発音
する。このように東京語では，無声化する拍には，アクセントの高さの切れめが来な
い傾向がある。
　但し，近年外来者の多い周辺地域や東京都区内の若い人たちの間では，無声化して

もアクセントの高さの切れめがずれないで，シ￣ク￣シク のように発音する傾向があらわれてきた。そこでこれらを併記するのを原則とし，場合により《新は…》と示すこととした。

> フ￣ク，フ￣ク　吹く
> キ￣シャ，《新は キ￣シャ》　汽車
> シ￣ク￣シク，《新は シ￣ク￣シク》
> ピ￣カ￣ピ￣カ，《新は ピ￣カ￣ピ￣カ》

5　外来語について

　外来語の発音は慣用に従って次のように表記した。
（1）**チェ，ツェ，ツォ，ティ，ディ，デュ，ファ，フィ，フェ** など，原音の意識の強いものは，その慣用の発音に従った。

チェック	（check）
コンツェルン	（Konzern〔独〕）
カンツォーネ	（cazone〔伊〕）
パーティー	（party）
コンディション	（condition）
デュエット	（duetto〔伊〕）
ファッション	（fashion）
フィート	（feet）
フェンシング	（fencing）

（2）日本語化した発音の固定しているものはその慣用の発音に従った。
　①古くから発音及び表記の固定化しているもの。

チップ	（tip, chip）
チーム	（team）
ジュラルミン	（duralumin）
ラジオ	（radio）
グローブ	（glove）

　②原音が唇歯音の **ヴァ，ヴィ，ヴ，ヴェ，ヴォ** は両唇音の **バ，ビ，ブ，ベ，ボ** で発音されるのが普通のため，原則として **バ** 行で表記した。

バイオリン	（violin）
ビタミン	（vitamin）
サーブ	（serve）

ベランダ	（veranda《h》）
ボリューム	（volume）

［特例］ **ビーナス，ヴィーナス** （Venus） など。

（3）日本語化した発音と，原音の意識の強い発音の両様が行われているものは，その両様の発音を，それぞれの項，もしくは望ましい方の見出しに併記した。

①	**クヮ，カ**	**クヮルテット，カルテット**	（quartetto〔伊〕）
	ジェ，ゼ	**ジェスチャー，ゼスチャー**	（gesture）
	フォ，ホ	**フォーク，ホーク**	（fork）

②原音の発音が使われることの少ない場合は，（ ）内に入れて併記した。

ウイ,（ウィ）	**ウイルス，（ウィールス）**	（Virus）
ウオ,（ウォ）	**ウオーターシュート,（ウォーターシュート）**	（water chute）

③古くから行われている発音でも，望ましくない場合には，（ ）内に入れて併記した。

ベッド,（ベット）	（bed）
ハンドバッグ,（ハンドバック）	（handbag）
ブロマイド,（プロマイド）	（bromide）

④ -ia は慣用に従って **ア，ヤ** のいずれか一方，もしくは両様を併記した。なお，拗音^{ようおん}の慣用が固定しているものはその形で表記した。

アリア （aria〔伊〕）	**ギリシャ，ギリシア** （Greacia〔拉〕）
アジア，アジヤ （Asia）	**アカシア，アカシヤ** （acacia）

⑤原音では〔ei〕と発音される次のようなものは，慣用に従っていずれか一方，もしくは引き音と **イ** の両様を併記した。

フレー （hurray）	**ブレーキ** （brake）
プレー，プレイ （play）	**メイン，メーン** （main）

⑥元素名の語尾の -ium は **…ューム，…ウム** のように併記した。

ナトリューム，ナトリウム （Natrium〔独〕）

⑦語頭以外の **ガ**行音は中・高年層では **ガ**行鼻音（**ガ・ギ・グ・ゲ・ゴ**）で発音することが多い。これについては23ページ「**ガ**行鼻音について」Ⅱ⑤ を参照していただきたい。

アー (〜言う,〜した) →61

アー (〜は行かない,〜だこうだ) →76, 86a 〖感〗(〜驚いた) →66

アーカイブ, **アーカイブ** archive →9

アークトー arc 灯 →14

アーケード, **アーケード** arcade →9

アース earth →9

アーチ arch →9

アーチェリー archery →9

アーティスト, **アーティスト** artist (**ティ**は**チ**とも) →9

アート art →9

アートシ art 紙 →14

アートフラワー art flower〔和〕 →16

アーム, **アーム** arm →9

アーメン, **アーメン** amen〔ヘブライ〕 →9

アーモンド, **アーモンド** almond →9

アイ 藍 →1　間,合 →2　愛 →6

アイアイ, **アイアイ** 藹藹(和気〜) →58

アイアイガサ 相合傘 →12

アイアン,《新は**アイアン**》 iron〖ゴルフ〗 →9

アイイク 愛育 →8

アイ(·)イレナイ 相容れない →91, 97, 98

アイイロ 藍色 →4

アイイン 合印,愛飲 →8

アイウエオ →17

アイウエオジュン あいうえお順 →14

アイウチ 相打ち,相討ち →5

アイ(·)ウツ 相搏つ →91, 97, 98

アイエイチ, **アイエッチ** IH＜Induction Heating →16

アイエムエフ IMF＜International Monetary Fund →16

アイエルオー ILO＜International Labor Organization →16

アイエンカ 愛煙家 →14

アイエンキエン 合縁奇縁 →99

アイオイ 相生 →5

アイカギ,《古は**アイカギ**, もと**アイカギ**》 合鍵 →5b

アイカタ,《古は**アイカタ**,**アイガタ**》 合方,相方 →5

アイガモ 合鴨 →5

アイカワラズ 相変らず →67

アイカン 哀感,哀歓 →8

アイガン 哀願,愛玩 →8

アイキ 愛機,愛器 →7

アイギ, **アイギ** 合着 →5

アイキドー 合気道 →14

アイキャク 相客 →8

アイキュー IQ＜intelligence quotient →16

アイキョー 愛敬 →8

アイキョーゲン 間狂言 →15

アイキョーシン 愛郷心 →14a

アイキョーモノ, **アイキョーモノ**, **アイキョーモノ** 愛敬者 →12

アイクチ, **アイクチ**,《古は**アイクチ**, **アイクチ**》 合口〖刀〗 →5b

アイクルシイ★ 愛くるしい →54

アイケン 愛犬 →8

アイコ, **アイコ** 相子(**オアイコ** 御〜) →5, 92

アイコ 愛顧 →7　愛子〖女名〗 →25

アイゴ 愛護 →7

アイコー 愛好 →8

アイコーシャ 愛好者 →14a

アイコーシン 愛校心 →14a

アイコク 愛国 →8

アイコクシャ, **アイコクシャ** 愛国者 →14c

アイコクシン, **アイコクシン** 愛国心

*ガギグゲゴ*は鼻濁音　カタカナ細字は母音の無声化　★は長音にもなる符号

アイコト──アイテカ　2

→14c

アイコトバ　合言葉　→12
アイゴマ　間駒〔将棋〕　→4
アイコン　icon　→9
アイサイ　愛妻　→8
アイサイカ　愛妻家　→14
アイサツ　挨拶　→8
アイシ　間紙　→7
アイシ　哀史　→7
アイジ　愛児　→7
アイシー　IC<integrated circuit(集積回路), <interchange　→16
アイシーカード　IC card　→16
アイシャ　愛車　→7
アイジャク, アイチャク　愛着　→8
アイシャドー　eye shadow　→16
アイシュー　哀愁　→8
アイショー　愛唱, 愛誦, 愛称, 愛妾, 哀傷　→8
アイショー　相性(~が良い)　→8
アイジョー　愛情, 愛嬢　→8
アイショーカ　愛唱歌　→14a
アイジルシ　合印　→12
アイジン　愛人　→8
アイス　愛す　→44　ice　→9
アイズ,《新は **アイズ**》　会津〔地〕　→21
アイズ　合図　→7
アイスキャンデー　ice candy〔和〕　→16
アイスクリーム　ice cream　→16
アイスコーヒー, アイスコーヒー　ice〔英〕+koffie〔蘭〕　→16
アイススケート　ice-skate　→16
アイズチ, アイズチ, アイズチ,《もと **アイズチ**》　相槌　→5
アイスバーン　Eisbahn〔独〕　→16
アイスボックス　icebox　→16
アイスホッケー　ice hockey　→16
アイ(・)スマヌ, アイスマヌ　相済まぬ　→91, 97, 98, 99

アイズ(・)ヤイチ　会津八一　→22, 25, 27
アイスランド　Iceland〔国〕　→21
アイスル　愛する　→48
アイズワカマツ　会津若松〔地〕　→21
アイセキ　相席, 哀惜, 愛惜　→8
アイセツ　哀切　→8
アイセン　相先〔碁・将棋〕　→8
アイゼン　<Steigeisen〔独〕　→9
アイソ　哀訴　→7
アイソ, アイソー　愛想(**アイソモ・コソモ** ~もこそも)　→8d, 97
アイゾー　愛蔵　→8　愛憎　→18
アイソク　愛息　→8
アイソズカシ　愛想尽かし　→13
アイソトープ　isotope　→9
アイソワライ　愛想笑い　→13
アイソン　愛孫　→8
アイダ　間　→1
アイタイ, アイタイ　相対(~で)　→91
アイタイズク, アイタイズク　相対尽　→95
アイ(・)タイスル　相対する　→91, 97, 98
アイダガラ　間柄　→95
アイダグイ　間食い　→13
アイタシュギ　愛他主義　→15
アイダマ　藍玉　→4
アイチ　愛知〔地〕　→21
アイチケン　愛知県　→14
アイチャク, アイジャク　愛着　→8
アイチョー　哀調, 愛鳥　→8
アイチョーシューカン　愛鳥週間　→15
アイツ　彼奴(**アイツラ** ~等)　→64, 94
アイツグ　相次ぐ(~悲報)　→91, 98
アイテ　相手(**オアイテ** 御~)　→5, 92
アイディア, アイディア(ディは**デ**とも)　idea　→9
アイティー　IT<information technology　→16
アイテカタ　相手方　→95

‾は高い部分　˙˙˙と‥は高低が変る部分　⌐は次が下がる符号　→は法則番号参照

アイテコク 相手国 →14	**アイベン** 合弁＜合いの子弁当 →10
アイデシ 相弟子 →15	**アイボ** 愛慕 →7
アイテシダイ 相手次第 →95	**アイボー, アイボー** 相棒 →8
アイテドル 相手取る →46	**アイボシ** 相星 →5
アイテム item →9	**アイボリー** ivory →9
アイテヤク 相手役 →14	**アイマ, アイマ** 合間(〜に) →5
アイトー 哀悼 →8	**アイマイ** 曖昧 →58
アイドク 愛読 →8	**アイマイヤ** 曖昧屋 →94
アイドクシャ, アイドクシャ 愛読者 →14c	**アイ(·)マッテ** 相俟って →91, 97, 98
アイトモニ 相共に →91, 98	**アイミタガイ** 相身互い →91, 98
アイドル idol →9	**アイモ(·)カワラヌ** 相も変らぬ →97, 98
アイ・ナカバスル, 〜・ナカバスル 相半ばする →91, 97	**アイモチ** 相持ち →5
アイナメ 鮎魚女〚魚〛	**アイヤク** 相役 →8
アイナル 相成る →91, 98	**アイヤド, アイヤド** 相宿 →5
アイニク 生憎(〜と) →61	**アイヨー** 愛用 →8
アイヌ Ainu〚ｱｲ〛〚人種〛 →21	**アイヨーシャ** 愛用車, 愛用者 →14a
アイヌジン Ainu 人〚ｱｲ〛 →14	**アイヨク,《古は アイヨク》** 愛欲 →8
アイネズ, アイネズミ 藍鼠 →4, 12	**アイヨツ** 相四つ〚相撲〛 →39
アイノコ 合の子 →19	**アイライン** eye line →16
アイノコベントー 合の子弁当 →15	**アイラシイ★** 愛らしい →96
アイノス 愛の巣 →19	**アイリス** iris →9
アイノテ 合の手(〜を入れる) →19	**アイルランド** Ireland〚国〛 →21
アイノリ 相乗り →5	**アイロ** 隘路 →7
アイバ 愛馬 →7	**アイロニー** irony →9
アイハン 合判・相判(〜を押す) →8	**アイロン** iron →9
アイバン 相判・間判〚寸法〛 →8	**アイロンカケ** iron 掛け →13a
アイバンク eye bank →16	**アイワ, アイワ** 哀話 →7
アイビー ivy〚植〛, ＜ivy style〚和〛 →9	**アインシュタイン** Einstein〚独〛〚人〛 →22
アイビキ 相引, 逢引, 合挽き →5	**アウ** 合う, 会う, 逢う, 遇う **アワナイ, アオー, アイマス, アッテ, アエバ, アエ** →43
アイビョー 愛猫 →8	
アイフ 合い符 →7	
アイブ 愛撫 →7	**アウシュビッツ** Auschwitz〚独〛〚地〛 →21
アイフク 合服 →8	
アイフダ,《古は アイフダ》 合札 →5	**アウト** out →9
アイベツ 哀別 →8	**アウトサイダー** outsider →16
アイベツリク 愛別離苦 →14	**アウトサイド** outside →16
アイベヤ 相部屋 →12	**アウトシュート** outshoot〚野球〛 →16

ガギグゲゴは鼻濁音　カタカナ細字は母音の無声化　★は長音にもなる符号

アウトド──アオダケ

アウトドア outdoor →16
アウトバーン Autobahn〔独〕→16
アウトプット output →16
アウトライン outline →16
アウン, アウン 阿吽(〜の呼吸) →18
アエギ 喘ぎ →2
アエグ 喘ぐ →43
アエテ 敢て →67
アエナイ, アエナイ 敢無い(〜最期) →54
アエナク 敢無く(〜なる, 〜も) →52
アエモノ, アエモノ, アエモノ 和え物 →5
アエル 和える →43
アエン, アエン 亜鉛 →8
アオ 青 →3
アオアオ 青青(〜した, 〜と) →57
アオアザ 青痣 →5
アオアラシ 青嵐 →12
アオイ 葵 →1
アオイ 青い **アオカッタ, アオク, アオクテ,** 《新は **アオクテ**》, **アオケレバ, アオシ** →52
アオイキトイキ, 《古は **アオイキ(・)トイキ**》 青息吐息 →99, 98, 97
アオイトリ 青い鳥〔書〕→19
アオイマツリ 葵祭 →12
アオイロ 青色 →5
アオイロシンコク 青色申告 →15
アオウナバラ, アオウナバラ 青海原 →12
アオウメ, アオンメ, アオウメ, アオンメ 青梅 →5
アオエンドー 青豌豆 →15
アオオニ 青鬼 →5
アオガイ, アオガイ 青貝 →5
アオガエル 青蛙 →12
アオカビ 青黴 →5
アオガリ 青刈り →5

アオキ 青木〔植・姓〕→5, 22
アオキ(・)コンヨー, 《古は (・)**コンヨー**》 〜昆陽 →24, 27
アオギナコ, 《古は **アオギナコ**》 青黄粉 →12
アオギミル 仰ぎ見る →45
アオギリ, アオギリ 青桐 →5
アオグ 仰ぐ, 扇ぐ **アオガナイ, アオゴー, アオギマス, アオイデ, アオゲバ, アオゲ** →43
アオクサ 青草 →5
アオクサイ 青臭い →54
アオクビダイコン 青首大根 →15
アオグロイ, アオグロイ 青黒い →54
アオゲ 青毛(〜の馬) →5
アオコ, アオコ 青粉 →5
アオゴケ 青苔 →5
アオサ 石蓴〔植〕
アオサ 青さ →93
アオザカナ 青魚 →12
アオザムライ 青侍 →12
アオザメル 青ざめる →46
アオジ 青地 →7
アオジソ 青紫蘇 →15
アオジャシン 青写真 →15
アオジル 青汁 →15
アオジロイ, アオジロイ 青白い →54
アオシンゴー 青信号 →15
アオスジ 青筋(〜をたてる) →5
アオスダレ 青簾 →12
アオゾラ 青空 →5
アオゾライチバ 青空市場 →12
アオタ 青田 →5
アオダイショー, 《古は **アオダイショー, アオダイショー**》 青大将 →15
アオタウリ 青田売り →13
アオタガイ 青田買い →13
アオダケ, アオダケ 青竹 →5
アオダケイロ 青竹色 →12

‾は高い部分　⋯と⋯は高低が変る部分　「は次が下がる符号　→は法則番号参照

| アカギ 赤城<**アカギサン**, **アカギヤマ** 赤城山 →21, 14, 12 | アカズキン 赤頭巾〚書〛→15 |

アカギ──アガノガ

アカギ 赤城<**アカギサン**, **アカギヤマ** 赤城山 →21, 14, 12

アガキ, アガキ 足掻き(〜が悪い) →2

アカギレ 皹, 皸 →5

アガク 足掻く →46

アカグツ 赤靴 →5

アカグロイ, アカグロイ 赤黒い →54

アカゲ 赤毛 →5

アカゲット 赤毛布 →16

アカゴ 赤子 →5

アカコーノー 赤行嚢 →15

アカサ 赤さ →93

アカザ 藜〚植〛→1

アガサカ 赤坂〚地〛→21

アカサカミツケ 赤坂見附〚地〛→12

アカサカリキュー 赤坂離宮 →15

アガサ・クリスティー, アガサクリスティー Agatha Christie〚人〛→22, 23, 27

アカザトー 赤砂糖 →15

アカサビ 赤錆 →5

アカザラ 赤ざら〚ざらめ〛→10

アカサンゴ 赤珊瑚 →15

アカシ 証, 證 →2 灯, 燈 →3

アカシ 明石〚地・織物〛→21

アカジ 赤字, 赤地 →7

アカシア, アカシヤ acacia〚植〛→9

アカシオ 赤潮 →5

アカジザイセイ★ 赤字財政 →15

アカシチジミ 明石縮 →12

アカジミル 垢染みる →46

アカシンゴー 赤信号 →15

アカシンブン 赤新聞 →15

アカス 明かす(夜を〜, 鼻を〜) →44

アカス, アガス 証す →44

アガス 飽かす(金に〜) →44

アカズ 開かず(〜の踏切) →89

アカズ, 《新は**アガズ**》 飽かず(〜眺める) →89

アカズキン 赤頭巾〚書〛→15

アカスリ, アカスリ, アカスリ 垢磨り →5

アカセン 赤線 →8

アカダイコン 赤大根 →15

アカダシ 赤出汁 →5

アカダマッチ 赤玉土 →12

アカチャケル, アカッチャケル 赤(っ)茶ける →44d

アカチャン 赤ちゃん →94

アカチョーチン, アカジョーチン 赤提灯 →15

アカチン 赤チン〚薬〛(=マーキュロ) →10

アカツキ 暁 →5

アガッタリ, アガッタリ 上がったり →83, 3

アカツチ 赤土 →5

アカデミー, アカデミー academy →9

アカデミーショー Academy賞 →14a

アカデミズム academism →9

アカデミック academic →9

アカテン 赤点 →8

アカデン 赤電<**アカデンシャ** 赤電車 →10, 15

アカデンワ 赤電話 →15

アカトンボ, 《古は**アカトンボ**》 赤蜻蛉 →12

アガナイ, アガナイ 贖い →2b

アガナウ 購う, 贖う →43

アカナス, アカナス 赤茄子 →5

アカヌケ, アカヌケ, アカヌケ 垢抜け →5

アカヌケル 垢抜ける →46

アカネ 茜 →5

アカネイロ 茜色 →12

アカネコ 赤猫 →5

アカネゾメ 茜染め →13

アガノガワ 阿賀野川 →12

──― は高い部分 ˙˙˙ と ··· は高低が変る部分 ⌐ は次が下がる符号 → は法則番号参照

アオダタミ 青畳 →12
アオダチ 青立ち →5
アオタバイバイ 青田売買 →15
アオッパナ，アオッパナ 青っ洟 →5d
アオテンジョー，《古は アオテンジョー，アオテンジョー》 青天井 →15
アオデンワ 青電話 →15
アオドーシン 青道心 →15
アオナ，アオナ，アオナ 青菜（〜に塩）→5
アオニサイ 青二才 →39
アオノケ 仰のけ（〜に倒れる）→5
アオノリ，《新は アオノリ》 青海苔 →5
アオバ，《古は アオバ》 青葉 →5
アオバエ，アオバエ（エはイとも）青蝿 →5
アオバナ，アオバナ 青洟 →5
アオビカリ，アオビカリ 青光り →13
アオヒョー 青票 →8
アオビョータン 青瓢箪 →15
アオブクレ，アオブクレ 青脹れ →13
アオブサ 青房 →5
アオボーズ 青坊主 →15
アオマメ 青豆 →5
アオミ 青味 →93
アオミドリ 青緑 →12
アオミドロ 青みどろ →12
アオム 青む →44
アオムキ 仰向き →2
アオムク，アオムク 仰向く →46
アオムケ 仰向け →2
アオムケル，アオムケル 仰向ける →46
アオムシ 青虫 →5
アオモノ 青物 →5
アオモノイチ 青物市 →12
アオモノイチバ 青物市場 →12
アオモノヤ，アオモノヤ 青物屋 →94

アオモリ 青森〖地〗→21
アオモリケン 青森県 →14
アオモリシ 青森市 →14
アオヤキ 青焼 →5
アオヤギ 青柳 →5
アオヤマ 青山〖地・姓・大学〗→21, 22, 29
アオリ 煽り（〜を食う）→2
アオリタテル，アオリタテル 煽りたてる →45
アオル 煽る →43
アカ 赤, 銅（〜の銅壺ど°）→3
アカ 垢, 淦（〜をくみ出す）→1
アカアカ 赤赤・明明（〜と）→57
アカアザ 赤痣 →5
アカアリ 赤蟻 →5
アカイ 赤い アカカッタ，アカク，アカクテ，アカケレバ，アカシ →52c
アカイエカ 赤家蚊 →12
アカイシ，《山・姓は アカイシ》 赤石 →5, 21, 22
アカイシダケ 赤石岳 →12
アカイヌ 赤犬 →5
アカイハネ 赤い羽根 →19
アカイロ 赤色 →5
アカイワシ 赤鰯（刀も）→12
アカエイ 赤鱏〖魚〗→5
アカエボシ 赤烏帽子 →15
アカオニ 赤鬼 →5
アカガイ 赤貝 →5
アカガエル 赤蛙 →12
アカガシ，アカガシ 赤樫 →5
アカガネ 銅 →5
アカガネイロ 銅色 →12
アカカブ 赤蕪 →5
アカガミ 赤紙 →5
アカガワ 赤皮, 赤革 →5
アカガワラ 赤瓦 →12

ガギグゲゴは鼻濁音　カタカナ細字は母音の無声化　★は長音にも

アカノゴ──アキ

アカノゴハン　赤の御飯 →19	アガリオリ　上がり下り →18
アカノ(・)タニン　赤の他人 →97, 98	アガリガマチ　上がり框 →12
アカノマンマ　赤の飯〖植〗 →19	アガリグチ, アガリグチ(グはクとも)　上がり口 →12
アカハジ, アカッパジ　赤(っ)恥(〜をかく) →5d	アガリコム　上がり込む →45
アカハタ　赤旗 →5	アガリサガリ, アガリサガリ, アガリサガリ　上がり下がり →18
アカハダ　赤肌 →5	
アカハダカ　赤裸 →12	アカリサキ　明り先 →12
アカハナ, アカバナ, アカッパナ　赤(っ)鼻 →5d	アカリショージ　明り障子 →15
アカバネ　赤羽〖地〗 →21	アガリダカ, アガリダカ　上がり高 →12
アカハラ　赤腹〖鳥・魚〗 →5	アガリダン　上がり段 →14
アカビカリ　垢光り →13	アカリトリ　明り取り →13
アカヒゲ　赤髭 →5	アガリバ　上がり場 →12
アカブサ　赤房 →5	アガリハナ　上がり端(=上がり口) →12
アカフダ　赤札 →5	アガリバナ　上がり花(=お茶) →12
アカペラ　a cappella〖伊〗 →9	アカリマド　明り窓 →12
アカボー　赤帽 →8	アガリメ　上がり目(株が〜だ) →95
アカホン　赤本 →8	アガリメ, アガリメ　上がり目〖目〗 →12
アカマイシ　赤間石 →12	アガリモノ　上がり物 →12
アカマツ, アカマツ, 《姓は アカマツ》　赤松 →5, 22	アガリユ, アガリユ　上がり湯 →12
アカミ　赤身 →5　赤味 →93	アガル　上がる, 揚がる　アガラナイ, アガロー, アガリマス, アガッテ, アガレバ, アガレ →44
アカミソ　赤味噌 →15	
アカムケ　赤剝け →5	アカルイ　明るい　アカルカッタ, アカルク, アカルクテ, アカルケレバ, アカルシ →53c
アカメ　赤目 →5	
アカメル, アカメル　赤める →44	アカルミ　明るみ →93
アガメル　崇める →43	アカレンガ　赤練(煉)瓦 →15
アカモン　赤門 →8	アカワイン　赤 wine →16
アカラガオ, アカラガオ　赤ら顔 →12	アカン　阿寒〖地・湖〗 →21
アカラサマ, アカラサマ →12	アカンコ　阿寒湖 →14a
アカラム, アカラム　赤らむ →44	アカンタイ, アガンタイ　亜寒帯 →15
アカラメル, アカラメル　赤らめる →44	アカンベ, アカンベ, アカンベー, アカンベー, アッカンベー →d
アカリ　明り, 灯 →2	アカンボー, アカンボ　赤ん坊 →94d
アガリ　上がり, 揚がり →2	アキ　明き, 空き →2
……アガリ　…上がり(ヤクニンアガリ 役人〜, ショーバイアガリ 商売〜) →95	アキ　秋 →1　安芸(〜の国) →21

ガギグゲゴは鼻濁音　カタカナ細字は母音の無声化　★は長音にもなる符号

アキ──アキレハ　8

アキ 飽き（〜が来る）→2	アキナウ 商う →46
アキアキ 飽き飽き（〜する，〜と）→57	アキナス，アキナス 秋茄子 →4
アキウエ 秋植え →5	アキナリ 秋生り（〜のなす）→5
アキオ 昭夫・明男〖男名〗→25	アキナリ 秋成〖人〗⇒ウエダ〜
アキオチ 秋落ち →5	アキノ・ソラ 秋の空 →97
アキカゼ，《新は アキカゼ》 秋風 →4c	アキノ・ナナクサ 秋の七草 →97
アキガラ 空殻 →5	アキバコ 空箱 →5
アキカン 空缶 →16	アキバショ 秋場所 →15
アキクサ，アキクサ 秋草 →4	アキハバラ，《古は アキバノハラ，アキバハラ，アキバッパラ》 秋葉原〖地〗→12d, 19
アキグチ 秋口 →4	
アキグルマ 空車 →12	アキバレ 秋晴れ →5
アキコ 昭子・明子・章子〖女名〗→25	アキビヨリ 秋日和 →12
アキゴ，アキゴ 秋蚕 →4	アキビン 空瓶 →8
アキサク 秋作 →8	アキベヤ 空部屋 →12
アキサメ 秋雨 →4	アキマ 空間 →5
アキサメゼンセン 秋雨前線 →15	アキマキ 秋蒔き →5
アキジカン 空時間 →15	アキマツリ 秋祭 →12
アキシツ 空室 →8	アキミセ 空店 →5
アキショー 飽き性 →8	アキメク 秋めく →96
アキス 空巣 →5	アキメクラ 明盲 →12
アキスネライ 空巣狙い →13	アキモノ，アキモノ 秋物 →4
アキゾラ 秋空 →4	アキヤ 空家 →5
アキタ 秋田〖地〗→21	アキヤスミ 秋休み →12
アキタイヌ，アキタイヌ，アキタケン 秋田犬 →12, 14	アキヤマ，《姓は アキヤマ》 秋山 →4, 22
アキタケン 秋田県 →14	アギョー あ行 →8
アキタシ 秋田市 →14	アキラ 明・昭・章〖男名〗→23
アキタスギ 秋田杉 →12	アキラカ 明らか →55
アキダナ 空店 →5	アキラメ，アキラメ，アキラメ 諦め →2
アキタリナイ，アキタリナイ 飽き足りない →83	アキラメル 諦める →44
アキダル 空樽 →5	アキル 飽きる, 厭きる アキナイ, アキョー, アキマス, アキテ, アキレバ, アキロ →43
アキチ 空地 →7	
アキツシマ 秋津島 →12	アキレカエル 呆れ返る →45
アキッポイ 飽きっぽい →96	アキレスケン，アキレスケン Achilles 腱〖拉〗→14c
アキナイ，アキナイ 商い →2b	
アキナイモノ，アキナイモノ 商い物 →12	アキレハテル 呆れ果てる →45

￣は高い部分　…と…は高低が変る部分　「は次が下がる符号　→は法則番号参照

アキレル 呆れる →43	サリ，アクセサリ accessory →9
アキンド 商人 →4d	アクセス，アクセス access →9
アク 明く，開く，空く アカナイ，ア	アクセル ＜accelerator →9
コー，アキマス，アイテ，アケバ，	アクセン 悪戦(〜苦闘) →8
アケ →43 灰汁(〜が強い) →1	アクセン，アクセン 悪銭 →8
アク 悪 →6	アクセンデン 悪宣伝 →15
アクアライ 灰汁洗い →13	アクセント accent →9

アク 明く，開く，空く アカナイ，アコー，アキマス，アイテ，アケバ，アケ →43 灰汁(〜が強い) →1

アク 悪 →6

アクアライ 灰汁洗い →13

アクアライン ＜東京湾 aqua line〔和〕 →16

アクアラング aqualung〖商標〗 →16

アクイ，《古は アグイ》 悪意 →7

アクウン，《古は アグウン》 悪運 →8

アクエイ★キョー 悪影響 →15

アクエキ 悪疫 →8

アクエン，《古は アグエン》 悪縁 →8

アクガンジョー 悪感情 →15

アクギャク 悪逆(〜無道) →8

アクギョー，アグギョー 悪行 →8

アクサイ 悪妻 →8

アクジ 悪事(〜千里) →7

アクジキ 悪食 →8

アクシツ 悪質，悪疾 →8

アクシデント accident →9

アクシュ 握手 →7

アクシュー 悪臭，悪習 →8

アクシュミ 悪趣味 →15

アクジュンカン 悪循環 →15

アクショ，アクショ 悪所 →7

アクジョ 悪女(〜の深情) →7

アクショー，アクショー 悪性 →8

アクジョーケン 悪条件 →15

アクショガヨイ 悪所通い →13

アクション action →9

アクシン，アクジン 悪心 →8

アクセイ★ 悪性，悪声，悪政 →8

アクゼイ★ 悪税 →8

アクセイ★シュヨー 悪性腫瘍 →15

アクセク 齷齪(〜する，〜と) →57

アクセサリー，アクセサリー，アクセ

サリ，アクセサリ accessory →9

アクセス，アクセス access →9

アクセル ＜accelerator →9

アクセン 悪戦(〜苦闘) →8

アクセン，アクセン 悪銭 →8

アクセンデン 悪宣伝 →15

アクセント accent →9

アクソー，アクソー 悪相，悪僧 →8

アクタ，アクタ 芥 →1

アクタイ，アクタイ 悪態(〜をつく) →8

アクタガワショー 芥川賞 →14

アクタガワ(・)リューノスケ 芥川龍之介 →22, 26, 27

アクダマ 悪玉 →4

アクタレ，《古は アクタレ，アクタレ》 悪たれ →2

アクタレコゾー 悪たれ小僧 →15

アクダロー 悪太郎 →26

アクテンコー 悪天候 →15

アクドイ →53

アクトー 悪投(〜する) →8

アクトー 悪党 →8

アクドー 悪童 →8

アグドー 悪道 →8

アクトク 悪徳 →8

アクトクギョーシャ 悪徳業者 →15

アクヌキ，アクヌキ，アクヌキ 灰汁抜き →5

アグネル，アグネル 倦ねる →43

アクバ 悪罵(〜を浴びせる)，悪婆 →7

アクビ 欠伸 →2

アクビ，アクビ 悪日 →4

アクヒツ 悪筆 →8

アクヒョー 悪評 →8

アクビョードー 悪平等 →15

アクフー 悪風 →8

アクブン 悪文 →8

ガギグゲゴは鼻濁音　カタカナ細字は母音の無声化　★は長音にもなる符号

アクヘイ， 悪弊 →8	アゲカジ， アゲカジ 上げ舵 →5
アクヘキ 悪癖 →8	アケガタ 明け方 →95
アクホー 悪法 →8	アケガラス 明け烏 →12
アクマ 悪魔 →7	アゲク 挙句(〜の果て) →7
アクマシュギ 悪魔主義 →15	アケクレ， アケクレ 明け暮れ →18
アクマデ， アクマデ 飽く迄(〜も) →67	アケクレル 明け暮れる →45
アクミョー， アクミョー 悪名 →8	アゲサゲ 上げ下げ(〜する) →18
アクム 悪夢 →7	アゲシオ 上げ潮 →5
アグム 倦む →43	アケシメ 開け閉め →18
アクメイ， アクメイ 悪名 →8	アケスケ，《古は アケスケ》 (〜に言う) →18
アクヤク 悪役 →8	アゲゼン 上げ膳(〜据え膳) →8
アクユー 悪友 →8	アゲセンベイ 揚げ煎餅 →15
アクヨー 悪用 →8	アゲゾコ 上げ底 →5
アグラ 胡座(坐)(〜をかく) →1	アケソメル 明け初める →96
アクラツ 悪辣 →8	アゲダイ， アゲダイ 揚げ代(=玉代) →8
アグラバナ， アグラバナ， アグラッパナ あぐら(っ)鼻 →12d	アゲダシ 揚げ出し →5
アグリアミ， アグリアミ 揚繰網 →12	アゲダシドーフ 揚げ出し豆腐 →15
アグリョー， アクリョー 悪霊 →8	アケタテ 開け閉て →18
アグリョク 握力 →8	アゲダマ 揚げ玉 →5
アクリル， アクリル Acryl[独] →9	アケチ(・)ミツヒデ 明智光秀 →22, 24, 27
アクルアサ 明くる朝 →19	アケッパナシ 開けっ放し →13d
アクルトシ，《新は アクルトシ》 明くる年 →19	アケッピロゲ 開けっ広げ →13d
アクルヒ，《副詞的には アクルヒ》 明くる日 →19, 62	アゲツライ 論い →2
アクレイ 悪例 →8	アゲツラウ 論う →45
アグレマン agrément[仏] →9	アケテ 明けて(〜十九) →67
アクロ 悪路 →7	アゲテ 挙げて(国を〜) →67
アクロバット acrobat →9	アケテモ・クレテモ 明けても暮れても →97
アケ 朱(〜に染まる) →1 明け →2	アゲド， アゲド 揚げ戸 →5
アゲ 上げ、揚げ →2	アゲナベ 揚げ鍋 →5
アゲアシ 揚げ足(〜をとる) →5	アケニ 明荷 →5
アゲアシトリ， アゲアシトリ 揚げ足取り →13c	アケノカネ 明けの鐘 →19
アゲアブラ 揚げ油 →12	アケノコル 明け残る →45
アゲイタ 揚げ板 →5	アケノミョージョー， アケノミョージョー 明けの明星 →19
アゲオロシ 上げ下し、揚げ卸し →18	アゲハ 揚げ羽 →5

￣は高い部分　゛と゜は高低が変る部分　￣｜は次が下がる符号　→は法則番号参照

アゲハチョー, アゲハチョー　揚げ羽蝶 →14	アコガレル　憧れる →43
アケハナシ　開け放し →13	アコギ, アコギ　阿漕(〜なこと)
アケハナス　開け放す →45	アゴヒゲ, アゴヒゲ　顎髭 →4
アケハナツ　開け放つ →45	アゴヒモ, アゴヒモ　顎紐 →4
アケハナレル　明け離れる →45	アコヤガイ　阿古屋貝 →12
アゲハノチョー　揚げ羽の蝶 →19	アサ　朝 →1
アゲハバ　上げ幅 →5	アサ　麻 →1
アケハラウ　明け払う, 開け払う →45	アザ　字 →1
アケビ　木通〚植〛→1	アザ　痣 →1
アゲヒバリ　揚げ雲雀 →12	アサアケ　朝明け →5
アケヒロゲ　開け広げ →13	アサイ　浅い　アサカッタ, アサク,
アゲブタ　上げ蓋 →5	アサクテ, アサケレバ, アザシ
アケボノ　曙 →5	→52c　浅井〚姓〛→22
アゲマキ　揚げ巻, 総角 →5	アザイチ, アサイチ　朝市 →4
アゲマク, アゲマク　揚げ幕〚能・歌舞伎〛→8	アサイト　麻糸 →4
アケムツ　明け六つ →39	アサウラ　麻裏 →4
アゲモチ, アゲモチ, アゲモチ　揚げ餅 →5	アサウラゾーリ　麻裏草履 →15
アゲモノ　揚げ物 →5	アサオキ　朝起き →5
アゲヤ　揚げ屋 →94	アサオリ　麻織 →5
アケユク　明け行く →45	アサガエリ　朝帰り →13
アケル　明ける, 開ける　アケナイ, アケヨー, アケマス, アケテ, アケレバ, アケロ →44	アサガオ　朝顔 →4
	アサガケ　朝駆け →5
	アサガスミ　朝霞 →12
アゲル　上げる, 揚げる, 挙げる　アゲナイ, アゲヨー, アゲマス, アゲテ, アゲレバ, アゲロ →43	アザカゼ　朝風 →4
	アサガタ　朝型 →4
	アサガタ, アサガタ　朝方 →95
アケワタシ　明け渡し →13	アサガミシモ　麻裃 →12
アケワタス　明け渡す →45	アサガヤ　阿佐ヶ谷〚地〛→19
アケワタル　明け渡る →45	アサギ　浅葱, 浅黄 →5
アゴ　顎 →1	アサギウラ　浅葱裏 →12
アコーダイ　赤魚鯛 →12a	アサギマク　浅葱幕 →14
アコーデオン, アコーデオン(デはディとも)　accordion →9	アザギリ　朝霧 →4
	アサクサ　浅草〚地〛→21
アコーデオンプリーツ　accordion pleats →16	アサクサガミ　浅草紙 →12
	アサクサコーエン　浅草公園 →15
	アサクサセン　浅草線 →14
	アサクサノリ　浅草海苔 →12
アコガレ　憧れ(〜のまと) →2	アサクサバシ　浅草橋〚橋・地〛→12
	アサグモリ, アサグモリ　朝曇り →13

ガギグゲゴ は鼻濁音　カタカナ細字は母音の無声化　★は長音にもなる符号

アサグロ──アシカ　12

アサグロイ, アサグロイ　浅黒い →54
アサゲ　朝餉 →4
アザケリ, アザケリ, アザケリ　嘲り →2
アザケル　嘲る →43
アサゴハン　朝御飯 →15
アサザケ, 《新は アサザケ》　朝酒 →4
アサジエ　浅知恵 →15
アサジガハラ　浅茅が原 →19
アサズケ　浅漬 →5
アサズミ, アサツミ　朝摘み →5
アサセ　浅瀬(〜を渡る) →5
アサダチ　朝立ち →5
アサツキ　浅葱 →19
アサッテ　明後日 →1
アサッパラ, アサッパラ　朝っ腹(〜から) →4d
アサツユ, アサツユ, アサツユ　朝露 →4
アサデ　浅手,浅傷 →5
アザナ　字 →1
アサナ(·)アサナ, アサナアサナ　朝な朝な →69
アザナウ　糾う →43
アサナギ　朝凪 →4
アサナユーナ, アサナユーナ　朝な夕な →69
アサナワ　麻縄 →4
アサヌノ　麻布 →4
アサネ　朝寝 →5
アサネボー　朝寝坊 →14
アサノ　浅野〖姓〗 →22
アサノウチ　朝の内 →19
アサノハ　麻の葉〖模様〗 →19

麻の葉

アサノミ　麻の実 →19
アサハカ　浅はか

→55
アサハン　朝飯 →8
アサバン　朝晩 →18
アサヒ, 《もと アサヒ》　朝日《新聞も》 →4, 29
アサヒカワ　旭川〖地〗 →12
アサヒシンブン　朝日新聞 →15
アザブ　麻布〖地〗 →21
アザブジューバン　麻布十番〖地〗 →15
アサブロ, アサブロ　朝風呂 →4
アサマ　浅間<アサマヤマ 浅間山 →21, 12
アサマシイ　浅ましい →53
アサマダキ　朝まだき →12
アザミ　薊 →1
アサミドリ　浅緑 →12
アザムク　欺く →43
アサメシ　朝飯 →4
アサメシマエ　朝飯前 →12
アサモヤ, アサモヤ　朝靄 →4
アザヤカ　鮮か →55
アサヤケ　朝焼け →5
アサユ　朝湯 →4
アサユー　朝夕 →18
アザラシ　海豹
アサリ　浅蜊〖貝〗 →1
アサル, アサル　漁る →43
アザレア, アザレヤ　azalea〖植〗 →9
アサレン　朝練<朝練習 →10
アザワラウ　嘲笑う →46
アシ　葦 →1
アシ　足,脚 →1
アジ　味 →1
アジ　鰺 →1 <agitation →10
アジア, アジヤ　Asia〖地〗 →21
アシアト　足跡 →4
アシオト, アシオト, アシオト　足音 →4
アシカ　海驢〖動〗

 ̄は高い部分　¨と¨は高低が変る部分　 ̄は次が下がる符号　→は法則番号参照

アシカガ 足利〖地・姓〗→21, 22
　〜・タカウジ, アシカガタカウジ 〜尊氏 →24, 27
　〜・ヨシマサ, アシカガヨシマサ 〜義政 →24, 27
　〜・ヨシミツ, アシカガヨシミツ 〜義満 →24, 27
アシカガジダイ 足利時代 →15
アシカガバクフ 足利幕府 →15
アシガカリ 足掛かり →12
アシカケ 足掛け(〜五年) →5
アジカゲン 味加減 →15
アシカセ, アシカセ 足枷 →4
アシガタ 足形, 足型 →4
アシガタメ 足固め →13
アシカラズ 悪しからず →67
アシガラミ 足搦み →13
アシガラヤマ 足柄山 →12
アシガル 足軽 →5
アシキナイ 味気無い →54
アシキリ, アシキリ, アシキリ 足切り〖試験〗→5
アシクセ, アシクセ, アシクセ 足癖 →4
アシクビ, アシクビ 足首 →4c
アシゲ 葦毛 →4
アシゲ, アシゲ 足蹴(〜にする) →5
アシゲイ★, アシゲイ★ 足芸 →8
アジケナイ 味気無い →54
アシコシ, アシコシ 足腰 →18c
アシゴシラエ 足拵え →13
アジサイ, アジサイ 紫陽花
アシサキ, アシサキ, アシサキ 足先 →4
アシサバキ 足捌き →13
アシザマニ 悪様に(〜言う) →67
アジシオ 味塩 →4
アシシゲク, アシシゲク 足繁く(〜通う) →69

アジスタント assistant →9
アシズリ, アシズリ, アシズリ 足摺り →5
アシズリミサキ 足摺岬 →12
アシタ 朝(〜に道を聞かば) →1
アシタ, 《副詞的には アシタ》明日 →1, 62
アシダ 足駄 →4d
アシダイ, アシダイ 足代 →8
アシダマリ, アシダマリ 足溜り →13
アシチン, アシチン 足賃 →8c
アシツイデ 足序 →12
アシツキ, アシツキ, アシツキ 足付 →4
アシツギ, アシツギ 足継ぎ →5
アジツケ, アジツケ 味付け →5
アジツケノリ 味付海苔 →12
アジテーション agitation →9
アジテーター agitator →9
アシテマトイ, アシデマトイ 足手纏い →13
アジト, 《新は アジト》 ＜agitating point →10
アシドー 足遠 →5
アシドメ, アシドメ, アシドメ 足留め →5
アシドリ, アシドリ, アシドリ 足取り →5
アシナエ 蹇 →5
アシナミ, アシナミ 足並み →4
アシナラシ 足馴らし →13
アシノウラ, アシノウラ 足の裏 →19
アシノコ 芦ノ湖 →19
アジノモト 味の素〖商標〗→19
アシバ 足場 →4
アシハコビ 足運び →13
アシバヤ 足早(〜に歩く) →5
アシビ, アシビ(シはセとも) 馬酔木 →1d

ガギグゲゴは鼻濁音　カタカナ細字は母音の無声化　★は長音にもなる符号

アシビョーシ 足拍子 →15

アジビラ <agitation 片 →10

アシフキ, アシフキ 足拭き →5

アシブミ, アシブミ, アシブミ 足踏み →5

アシヘン 足偏(=𧾷) →8

アシマカセ 足任せ →13

アシマメ 足忠実 →4

アジミ, アジミ 味見(~をする) →5

アシモト, アシモト 足元,足下 →4

アシヤ 芦屋〖地〗 →21

アシヤスメ 足休め →13

アジャリ, アジャリ 阿闍梨

アシユ, アシユ 足湯 →4

アシュラ, アシュラ 阿修羅

アシヨワ 足弱 →5

アシライ, アシライ （人・色の~） →2b

アシラウ （鼻で~） →43

アジル アジる〖俗〗(=agitation をする) →44

アジロ 網代 →4

網代

アジワイ, アジワイ 味わい →2b

アジワウ, アジワウ 味わう →44

アシワザ 足技 →4

アス, 《副詞的には アス》 明日 →1,62

アスアサッテ 明日明後日 →18

アスカ 飛鳥〖地・時代〗 →21

アスカジダイ 飛鳥時代 →15

アスカヤマ 飛鳥山〖地〗 →12

アズカリ, アズカリ, アズカリ 預かり →2

アズカリキン 預かり金 →14

アズカリショー, アズカリショー 預り証 →14

アズカリモノ, アズカリモノ, アズカリモノ 預り物 →12

アズカル 預かる,与る →44

アズキ 小豆 →1

アズキアイス 小豆 ice →16

アズキイロ 小豆色 →12

アズキガユ 小豆粥 →12

アズケ 預け(オアズケ 御~) →2,92

アズケイレ 預け入れ →13

アズケイレル, アズケイレル 預け入れる →45

アズケサキ 預け先 →12

アズケヌシ 預け主 →12

アズケモノ, アズケモノ, アズケモノ 預け物 →12

アズケル 預ける アズケナイ, アズケヨー, アズケマス, アズケテ, アズケレバ, アズケロ →43

アスコ, アソコ 彼処 →64d

アズサ, アズサ 梓 →1

アズサユミ 梓弓 →12

アスター aster〖植〗 →9

アズチ・モモヤマジダイ, 《古は アズチ(・)モモヤマジダイ》 安土桃山時代 →97,98

アストラカン astrakhan →9

アストリンゼント <astringent lotion →9

アスナロ 翌檜〖植〗

アスパラ <アスパラガス, アスパラガス asparagus →10,9

アスピリン, アスピリン Aspirin〖独〗 →9

アスファルト asphalt →9

アスベスト asbestos →9

アズマ 東《姓も》 →1,22

アズマウタ 東歌 →12

アズマエビス 東夷 →12

アズマオトコ 東男(~に京女) →12

‾は高い部分　‥と⁝は高低が変る部分　⌐は次が下がる符号　→は法則番号参照

アズマオ━━アダ ／ ア

アズマオドリ 東踊り →12
アズマカガミ 東鑑・吾妻鏡〖書〗 →12
アズマクダリ 東下り →13
アズマゲタ, アズマゲタ 東下駄 →12
アズマコート 東 coat →16
アズマジ, アズマジ 東路 →12
アズマヤ 四阿, 東屋 →12
アスレチック ＜field athletic →9
アセ 汗 →1
アゼ 畦 →1
アセアン ASEAN →9
アセオサエ 汗押さえ →13
アゼオリ 畦織 →5
アセカキ, アセッカキ 汗(っ)掻き →5d
アセクサイ 汗臭い →54
アゼクラ 校倉 →4
アセジバン, アセジュバン 汗襦袢 →16
アセジミ, アセジミ, アセジミ 汗染み →4
アセジミル 汗染みる →46
アセシラズ 汗知らず →13
アセスメント assessment →9
アセスル 汗する(ひたいに〜) →48
アセダク 汗だく(〜で働く) →59
アセチレン acetylene →9
アセテート acetate →9
アセドメ, アセドメ 汗止め →5
アセトリ, アセトリ, アセトリ 汗取り →5
アセバム 汗ばむ →96
アセビ, アセビ(セはシとも) 馬酔木 →1d
アセフキ, アセフキ 汗拭き →5
アセマミレ 汗まみれ →95
アセミズ, アゼミズ 汗水(〜流して) →18
アセミズク, アセミズク 汗みずく

→95
アゼミチ 畦道 →4
アセミドロ, アセミドロ 汗みどろ →95
アセモ 汗疹 →4d
アセリ 焦り →2
アセル 焦る **アセラナイ, アセロー, アセリマス, アセッテ, アセレバ, アセレ** →43
アセル 褪せる **アセナイ, アセヨー, アセマス, アセテ, アセレバ, アセロ** →43
アゼン 啞然(〜とする) →56
アソ 阿蘇＜**アソザン** 阿蘇山 →21, 14
アソコ 彼処 →64
アソシエーション association →9
アソバス 遊ばす →44
アソバセコトバ 遊ばせ言葉 →12
アソバセル 遊ばせる →83
アソビ 遊び →2
アソビアイテ 遊び相手 →12
アソビグセ 遊び癖(〜がつく) →12
アソビクラス 遊び暮す →45
アソビゴト 遊び事 →12
アソビジカン 遊び時間 →15
アソビシゴト 遊び仕事 →12
アソビズキ 遊び好き →13
アソビドーグ 遊び道具 →15
アソビトモダチ 遊び友達 →12
アソビニン 遊び人 →14
アソビバ 遊び場 →12
アソビハンブン 遊び半分 →95
アソビホーケル 遊び惚ける →45
アソビメ 遊び女 →12
アソブ 遊ぶ **アソバナイ, アソボー, アソビマス, アソンデ, アソベバ, アソベ** →43
アソン 朝臣 →d
アダ 婀娜(〜な女)

ガギグゲゴは鼻濁音　カタカナ細字は母音の無声化　★は長音にもなる符号

アダ──アタル 16

ア

アダ 徒,仇 →1	アタマゴナシ 頭ごなし →95
アダージョ, アダジオ adagio〖伊〗→9	アタマデッカチ 頭でっかち →12
アタイ 私〖俗〗→64d 価(〜千金) →2	アタマワリ 頭割 →13
アタイスル 価する →48	アタミ 熱海〖地〗→21
アダウチ, アダウチ, アダウチ 仇討 →5	アダム Adam〖人〗(〜と Eve) →23
アタエ 与え(天の〜) →2	アダメク 婀娜めく →96
アタエル 与える →43	アタラ 可惜 →55
アダオロソカ 徒疎か →59	アタラシイ 新しい →53
アタカ 安宅〖地・能〗→21	アタラシガル 新しがる →96
アタカモ, アタカモ 恰も →67	アタラシサ 新しさ →93c
アタクシ, ワタクシ 私 →64d	アタラシミ, アタラシミ, アタラシミ 新し味 →93
アタシ, ワタシ 私 →64d	アタラズサワラズ 当らず障らず →98
アタタカ, アタタカ 暖か →55	アタラナイ 当らない(驚くには〜) →83
アタタカイ 暖かい →53	アタリ 当り →2
アタタカサ, アタタカサ 暖かさ →93	アタリ 辺り(〜かまわず) →1
アタタカミ, アタタカミ 暖か味 →93	……アタリ …辺り(オーサカアタリ 大阪〜) →95 …当り(ヒトリアタリ 一人〜) →38
アタタマル 暖まる →44	アタリキョーゲン 当り狂言 →15
アタタメル 暖める →44	アタリクジ, アタリクジ 当り籤 →12
アダチ 足立〖地・姓〗→21,22	アタリゲイ, アタリゲイ (ゲはゲとも) 当り芸 →14
アダチク 足立区 →14	アタリサワリ 当り障り →18
アタック attack →9	アタリチラス 当り散らす →45
アタッシェケース (俗に アタッシュケース) attaché〖仏〗+case〖英〗→16	アタリドコロ 当り所 →12
アダッポイ 婀娜っぽい →96	アタリドシ, アタリドシ 当り年 →12
アダナ 渾名 →4	アタリバコ 当り箱(=すずり箱) →12
アダナサケ 仇情 →12	アタリハズレ 当り外れ(〜が無い) →18
アダバナ 徒花 →4	アタリバチ, 《新は アタリバチ》 当り鉢(=すり鉢) →14
アタフタ (〜と) →57	アタリボー 当り棒(=すりこ木) →14
アダプター, アダプター adapter →9	アタリマエ 当り前 →12
アタマ, 《地域的に アタマ》 頭 →1	アタリメ 当りめ(=するめ) →12
アタマウチ, アタマウチ 頭打ち →13	アタリヤ 当り屋 →94
アタマカズ, アタマカズ, アタマカズ 頭数 →12	アタリヤク 当り役 →14
アタマカブ 頭株 →12	アタル 当る,中る アタラナイ, アタ
アタマカラ, アタマッカラ 頭(っ)から →67d	
アタマキン 頭金 →14	
アタマゴシ 頭越し →95	

‾ は高い部分　…と‥は高低が変る部分　⌐ は次が下がる符号　→ は法則番号参照

ア

ロー, アタリマス, アタッテ, アタレバ, アタレ →44	アツゲショー 厚化粧 →15
アダルト adult →9	アッケナイ 呆気ない →54
アタン 亜炭 →8	アッケラカント, アッケラカント
アチーブメント achievement →9	〖俗〗(～する) →67
アチーブメントテスト achievement test →16	アッコー, アッコー 悪口 →8
アチコチ, アチコチ 彼方此方 →68c	アツゴーリ 厚氷 →12
アチャラカ 〖俗〗(～をする)	アツサ 厚さ →93
アチャラズケ ＜achar 漬〔葡〕 →13	アツサ, アツサ 暑さ(=夏季・暑気。～に向かう, ～にあたる) →93
アチラ 彼方 →64	アツサ 暑さ(～寒さも彼岸まで), 熱さ →93
アチラコチラ, アチラコチラ 彼方此方 →68	アツサアタリ 暑さ中り →13
アツアゲ 厚揚げ(=なまあげ) →5	アッサク 圧搾 →8
アツアツ 熱熱(～だ) →57	アッサククーキ 圧搾空気 →15
アツイ 厚い, 篤い アツカッタ, アツク, アツクテ, アツケレバ, アツシ →52c	アツサシノギ 暑さ凌ぎ →13
アツイ 暑い・熱い(オアツイ 御～) アツカッタ, アツク, アツクテ, アツケレバ, アツシ →52,92	アッサツ 圧殺 →8
	アツサヨケ 暑さ避け →13
アツイタ 厚板 →5	アッサリ (～した,～と) →55
アツエン 圧延 →8	アッシ 圧死 →7
アッカ 悪化 →7	アッシ 厚司〔織物〕
アッカ 悪貨 →7	アツジ 厚地 →7
アツカイ 扱い →2	アッシュク 圧縮 →8
アツカウ 扱う →43	アッショー 圧勝 →8
アツカマシイ★ 厚かましい →54	アッスル, 《新は アッスル》 圧する →48
アツガミ 厚紙 →5	
アツガリ, アツガリ 暑がり →2	アッセイ★ 圧制,圧政 →8
アツガル 暑がる, 熱がる →96	アッセン 斡旋 →8
アッカン 圧巻,悪感,悪漢 →8	アツゾコ 厚底 →5
アツカン 熱燗 →8	アッタカ 暖か →55d
アッキ 悪鬼 →7	アッタカイ 暖かい →53d
アツギ 厚着 →5 厚木〔地〕 →21	アッタカサ, アッタカサ 暖かさ →93d
アツギリ 厚切り →5	アッタカミ, アッタカミ 暖か味 →93d
アツクルシイ★, アツックルシイ★ 暑(っ)苦しい →54d	アッタジングー, アッタジングー 熱田神宮 →15
アッケ, アッケ 呆気(～にとられる)	アッタマル 暖まる →44d
	アッタメル 暖める →44d
	アッタラ, アタラ 可惜 →55d

ガギグゲゴは鼻濁音　カタカナ細字は母音の無声化　★は長音にもなる符号

アッチ──アデノイ　18

アッチ 彼方 →64	→12
アッチコッチ, アッチコッチ 彼方此方 →68	アツラエル, アツラエル 誂える →43b
アツデ 厚手 →5	アツリョク 圧力 →8
アット, アット (～いう間に) →55	アツリョクガマ 圧力釜 →12
アットー 圧倒 →8	アツリョクケイ 圧力計 →14
アットーテキ 圧倒的 →95	アツリョクダンタイ 圧力団体 →15
アットホーム at home →16	アツレキ 軋轢(～がある) →8
アッパー upper →9	アテ 当て(～にする) →2
アッパーカット uppercut →16	……アテ …宛(カイシャアテ 会社～, ヒトリアテ 一人～) →95, 38
アッパク 圧迫 →8	アテウマ, アテンマ 当て馬 →5
アッパッパ (～を着る) →3	アテガイ 宛行い →2
アッパレ, アッパレ, アッパレ 天晴れ →66, 3	アテガイブチ 宛行扶持 →15
アップ up →9	アテガウ, アテガウ 宛行う →45
アップアップ, アップアップ (～する, ～と) →59	アテコスリ 当て擦り →13
アップダウン <ups and downs →16	アテコスル 当て擦る →45
アップライト upright →16	アテコト, アテゴト 当て言, 当て事 →5
アップリケ, アップリケ appliqué[仏] →9	アテコミ 当て込み →5
アップルパイ, アップルパイ apple pie →16	アテコム 当て込む →45
アツボッタイ, アツボッタイ 厚ぼったい →54	アテサキ 宛先 →5
アツマリ, アツマリ, アツマリ 集り →2	アテジ 当て字 →7
アツマル 集まる →44	アテズイリョー 当て推量 →15
アツミ 厚み →93	アデスガタ 艶姿 →12
アツメル 集める アツメナイ, アツメヨー, アツメマス, アツメテ, アツメレバ, アツメロ →43	アテズッポー, アテズッポー, 《古はアテズッポー》(ポーはポとも) →94d
アツモノ 羹 →5	アテチガイ 当て違い →13
アツヤキ 厚焼き →5	アテツケ 当て付け →5
アツユ, アツユ 熱湯 →5	アテツケル 当て付ける →45
アツラエ, アツラエ, アツラエ 誂え →2b	アテッコ 当てっこ →94
アツラエムキ 誂え向き →13	アテド 当て所(～も無く) →5
アツラエモノ, アツラエモノ 誂え物	アテナ 宛名 →5
	アテナ Athena[拉]〖神〗→23
	アテナコーコク 宛名広告 →15
	アテナシ 当て無し →5
	アテニゲ 当て逃げ →5
	アテネ Athene[希]〖神・地〗→23
	アデノイド Adenoid[独] →9

￣は高い部分　` と ´は高低が変る部分　┐は次が下がる符号　→ は法則番号参照

アテ﹅ハズレ 当て外れ →13	**ア﹅トズケ** 後付 →5
アテ﹅ハマル 当て嵌る →45	**ア﹅トズサリ** 後退り →13
アテ﹅ハメル 当て嵌める →45	**ア﹅トゾメ** 後染め →5
アテ﹅ミ 当て身 →5	**ア﹅トチ, アト﹅チ** 跡地 →7
アテ﹅モノ 当て物 →5	**ア﹅トツギ** 跡継 →5
アデ﹅ヤカ 艶やか →55	**ア﹅トトリ** 跡取り →5
アテ﹅ラレル 当てられる →83	**ア﹅トトリ﹅ムスコ** 跡取り息子 →12
アテ﹅ル 当てる **アテ﹅ナイ, アテ﹅ヨー,**	**ア﹅トノ(・)マ﹅ツリ, 〜(・)マ﹅ツリ﹅** 後の祭
アテ﹅マス, アテ﹅テ, アテ﹅レバ, アテ﹅	→19
ロ﹅ →43	**ア﹅トバ** 後歯 →4
ア﹅ト 跡,迹,後 →1	**アド﹅バイザー** adviser →9
ア﹅ド 〘狂言〙→3	**アド﹅バイス, ア﹅ドバイス** advice →9
ア﹅トアシ 後足 →4	**ア﹅トバラ** 後腹(〜が病める) →4
ア﹅トアジ, アト﹅アジ 後味 →4	**ア﹅トバライ** 後払い →13
ア﹅トアト 後後 →11	**ア﹅ドバルーン, ア﹅ドバルン** ad-balloon
ア﹅トオイ 後追い →5	〔和〕→16
ア﹅トオシ 後押し →5	**ア﹅トピー** atopy →9
ア﹅トガキ 後書き →5	**アド﹅ベンチャー** adventure →9
ア﹅トカタ 跡形(〜もなく) →4	**ア﹅トボー** 後棒(〜をかつぐ) →8
アト﹅カタ﹅ズケ, アトカタ﹅ズケ 後片付	**ア﹅トマワシ** 後回し →13
け →13	**ア﹅トミック** atomic →9
ア﹅トガネ 後金 →4	**ア﹅トム** atom →9
ア﹅トガマ, アト﹅ガマ 後釜(〜にすわる)	**ア﹅トメ, アト﹅メ** 跡目 →4
→4	**ア﹅トメソーゾク** 跡目相続 →15
ア﹅トキン, アト﹅キン 後金 →8	**ア﹅トモドリ** 後戻り →13
ア﹅トクサレ, アト﹅クサレ, アド﹅クサレ,	**ア﹅トヤク, アト﹅ヤク** 後厄 →8
アト﹅グサレ 後腐れ →13c	**ア﹅トヤマ** 後山 →4
ア﹅トクチ, アト﹅クチ 後口 →4	**アト﹅ラクション** attraction →9
ア﹅トゲツ 後月 →8	**アト﹅ランダム, ア﹅ットランダム** at
アド﹅ケナ﹅イ →54	random →16
ア﹅トサキ, アト﹅サキ 後先(〜になる,	**アト﹅リエ, ア﹅トリエ** atelier〔仏〕→9
〜見ずに) →18	**アド﹅リブ** ad lib →16
アト﹅サキ﹅ミズ 後先見ず(彼は〜だ)	**ア﹅ドルム** Adorm〔独〕〘商標〙→9
→13	**ア﹅ドレス, ア﹅ドレス** address →9
ア﹅トサク, アト﹅サク 後作 →8	**アド﹅レナリン, ア﹅ドレナリン**
ア﹅トザン 後産 →8	Adrenalin〔独〕→9
ア﹅トジサリ 後退り →13	**ア﹅ナ** ＜announcer, ＜anarchist →10
ア﹅トジマイ 後仕舞 →13	**ア﹅ナ﹅** 穴,孔 →1
ア﹅トシマツ 後始末 →15	**アナ﹅ーキスト, アナ﹅キスト** anarchist

ガギグゲゴは鼻濁音　カタカナ細字は母音の無声化　★は長音にもなる符号

アナーキ──アバラ　20

→9

アナーキズム, アナキズム anarchism →9

アナイト 穴糸 →4

アナウマ, アナンマ 穴馬 →4

アナウメ, アナンメ, アナウメ, アナンメ 穴埋め →5

アナウンサー announcer →9

アナウンス, アナウンス announce →9

アナカガリ 穴かがり →13

アナガチ 強ち →61

アナグマ 穴熊 →4

アナグラ 穴蔵 →4

アナクロ <**アナクロニズム** anach-ronism →10,9

アナゴ 穴子〖魚〗→4

アナサガシ 穴捜し →13

アナズリ 穴釣り →5

アナタ, アナタ 彼方(山の〜) →64

アナタ 貴方(〜様) →64

アナタガタ, アナタガタ 貴方方 →94

アナタマカセ 貴方任せ →13

アナドリ, アナドリ, アナドリ 侮り →2

アナドル 侮る →43

アナナス, アナナス ananas〔蘭〕〖植〗→9

アナバ 穴場 →4

アナボコ, アナボコ 穴ぼこ →94

アナホリ, アナホリ 穴掘り →5

アナヤ (〜という間に) →67

アナログ analog →9

アニ 豈 →61　兄 →1

アニイ 兄い →1d

アニウエ 兄上 →94

アニキ 兄貴 →94

アニサン 兄さん →94

アニデシ 兄弟子 →15

アニ(·)ハカランヤ 豈図らんや →97, 98

アニブン 兄分 →8

アニメ, アニメ <**アニメーション** animation →10,9

アニヨメ 嫂, 兄嫁 →4

アネ, 《アネ は避けたい》 姉(**アネサマ** 〜様) →1, 94

アネウエ 姉上 →94

アネゴ 姉御(=女親分) →94

アネゴ, アネゴ 姉御(=姉の敬称) →94

アネサマニンギョー 姉様人形 →15

アネサン 姉さん →94

アネサンカブリ 姉さん被り →13

アネサンニョーボー 姉さん女房 →15

アネッタイ, アネッタイ 亜熱帯 →15

アネニョーボー 姉女房 →15

アネムコ 姉婿 →4

アネムスメ 姉娘 →12

アネモネ anemone〖植〗→9

アノ 彼の(〜山) →64

アノカタ, アノカタ 彼の方(=彼の人) →19

アノクライ 彼の位 →19,61

アノコ 彼の子(〜にこの子) →19

アノコロ 彼の頃 →19

アノトーリ 彼の通り →19

アノトキ, アノトキ 彼の時 →19

アノヒト, アノヒト 彼の人 →19

アノヨ 彼の世 →19

アノラック anorak →9

アパート <apartment house →9

アバク 暴く, 発く →43

アバシリ 網走〖地〗→21

アバズレ 阿婆擦れ →5

アバタ 痘痕(〜もえくぼ)

アバタズラ 痘痕面 →12

アバヨ 〖俗〗(=さよなら) →66

アバラ 肋 →3

‾ は高い部分　··· と ··· は高低が変る部分　⌐ は次が下がる符号　→ は法則番号参照

アバラボネ, アバラボネ　肋骨 →12
アバラヤ　荒屋 →12
アバレウマ, アバレンマ　暴れ馬 →12
アバレコム　暴れ込む →45
アバレダス　暴れ出す →45
アバレマワル　暴れ回る →45
アバレモノ　暴れ者 →12
アバレル　暴れる →43
アバレンボー, アバレンボ　暴れん坊 →94d
アバンギャルド　avant-garde〔仏〕 →16
アバンゲール　avant-guerre〔仏〕 →16
アバンチュール　aventure〔仏〕 →9
アピール, アッピール　appeal →9
アビ(･)キョーカン　阿鼻叫喚 →97, 98
アヒサン, アヒサン　亜砒酸 →15
アビセカケル　浴びせ掛ける →45
アビセル　浴びせる →83
アヒル　家鴨
アビル　浴びる　アビナイ, アビヨー, アビマス, アビテ, アビレバ, アビロ →43
アブ　虻 →1
アフガニスタン　Afghanistan〔国〕 →21
アブク　泡
アブクゼニ　泡銭 →12
アブクマガワ　阿武隈川 →12
アブサン　absinthe〔仏〕 →9
アブストラクト　abstract →9
アフターケア　aftercare →16
アフターサービス　after service〔和〕 →16
アフタヌーン　afternoon, ＜afternoon dress →16
アブダビ　Abu Dhabi〔ラ〕〔地〕 →21
アブチャン　＜アブラヤサン　油屋さん(=前掛け) →94
アブトシキ　Abt 式 →95
アブナイ,《新は アブナイ》　危ない

アブナカッタ, アブナク, アブナクテ, アブナケレバ, アブナシ →52c
アブナガル　危ながる →96
アブナゲ, アブナゲ, アブナッケ　危な(っ)気 →93
アブナゲナイ　危な気無い →54
アブナッカシイ★, アブナッカシイ★　危なっかしい →53d
アブノーマル　abnormal →9
アブハチトラズ　虻蜂取らず →99
アブミ　鐙 →5
アブラ　油, 脂, 膏 →1
アブラアゲ　油揚げ →13
アブラアシ　脂足 →12
アブラアセ, アブラアセ　脂汗 →12
アブライタメ　油炒め →13
アブラエ　油絵 →14
アブラエノグ　油絵の具 →17
アブラカス　油粕 →12
アブラガミ, アブラッカミ　油(っ)紙 →12d
アブラギリ　油桐 →12
アブラギル　脂ぎる →46
アブラグスリ　油薬 →12
アブラケ, アブラッケ　油(っ)気, 脂(っ)気 →93d
アブラゲ, アブラアゲ　油揚げ →13d
アブラサシ　油差し →13
アブラジミル　油染みる →96
アブラショー, アブラショー　脂性 →14
アブラショージ　油障子 →15
アブラズケ　油漬 →13
アブラズミ　油墨 →12
アブラゼミ　油蟬 →12
アブラッコイ, アブラコイ　脂(っ)濃い →96d
アブラツボ　油壺《地も》 →12, 21
アブラデ, アブラデ, アブラッテ　脂

ガギグゲゴは鼻濁音　カタカナ細字は母音の無声化　★は長音にもなる符号

アブラデ──アマグモ　22

ア

(っ)手 →12d

アブラデリ　油照り →13
アブラトリ　脂取り →13
アブラナ　油菜 →12
アブラニク　脂肉 →14
アブラマミレ　油まみれ →95
アブラミ　脂身 →12
アブラムシ　油虫 →12
アブラモレ　油漏れ →13
アブラヤ　油屋 →94
アプリ　<application →10
アフリカ　Africa〘地〙→21
アプリケ, アプリケ　appliqué〔仏〕→9
アプリコット　apricot →9
アブリダシ　炙り出し →13
アブル　炙る, 焙る →43
アブレ　〘俗〙(今日も～だ) →2
アプレ, アプレ　<アプレゲール
　après-guerre〔仏〕→9, 16
アフレコ　<after recording〔和〕→10
アフレル　溢れる →43
アブレル　(仕事に～) →43
アプローチ　approach →9
アベ　安倍・安部・阿部〘姓〙→22
　アベノ(·)ナカマロ　阿倍仲麻呂
　→25, 27
アベカワ　安倍川《餅も》→12
アベカワモチ　安倍川餅 →12
アベコベ　(～になる) →57
アベック　avec〔仏〕→9
アベマリア　Ave Maria〔拉〕→16
アベレージ, アベレッジ　average →9
アヘン, アヘン　阿片 →8
アヘンクツ　阿片窟 →14a
アヘンセンソー　阿片戦争 →15
アポ, アポイント　<アポイントメン
　ト　appointment →10, 9
アホー, アホー　阿呆, 阿房 →8
アホードリ　信天翁〘鳥〙→12a

アボカド　avocado →9
アホダラキョー　阿呆陀羅経 →14
アポロ　Apollo〔拉〕〘神〙→23
アマ　尼, 海人, 海女 →1　亜麻 →7　阿
　媽 →9　<amateur →10
アマアイ, アマアイ　雨間 →4
アマアシ, アマアシ　雨脚 →4
アマイ　甘い　アマカッタ, アマク,
　アマクテ, アマケレバ, アマシ
　→52c
アマエ　甘え →2
アマエビ　甘海老 →5
アマエル, アマエル　甘える →44
アマエンボー, アマエンボ　甘えん坊
　→94d
アマオーイ　雨覆い →13
アマオチ, アマオチ　雨落ち →5
アマオト, アマオト　雨音 →4
アマガイトー　雨外套 →15
アマガエル　雨蛙 →12
アマガキ, アマガキ　甘柿 →5
アマガサ　雨傘 →4
アマガサキ　尼崎〘地〙→19
アマガッパ　雨合羽 →16
アマカラ　甘辛 →5
アマカライ　甘辛い →54
アマカワ　甘皮 →5
アマギ　天城<アマギサン　天城山
　→21, 14
アマギ, 《新は アマギ》雨着 →5
アマグ　雨具 →7
アマクサ, アマクサ　天草〘島〙→21
　～·ジロー　～四郎(～時貞) →25
アマクサジマ　天草島 →12
アマクサショトー　天草諸島 →15
アマクダリ　天降り →13
アマクチ　甘口 →5
アマグツ　雨靴 →4
アマグモ, アマグモ　雨雲 →4

￣ は高い部分　‥ と ‥ は高低が変る部分　┐は次が下がる符号　→は法則番号参照

アマグモリ, アマグモリ 雨曇り →13
アマグリ, アマグリ 甘栗 →5
アマケ, アマケ 雨気 →93
アマゴイ, アマゴイ 雨乞い →5
アマサ 甘さ →93
アマザケ 甘酒 →5
アマザラシ 雨曝し →13
アマサン 尼さん →94
アマジオ 甘塩 →5
アマジタク 雨支度 →15
アマジミ, アマジミ, アマジミ 雨染
み →4
アマショーグン,《古は アマショーグ
ン》 尼将軍 →15
アマショク 甘食 →8
アマス 余す →44
アマズ 甘酢 →5
アマズッパイ, アマズッパイ 甘酸っ
ぱい →54
アマゾラ, アマゾラ 雨空 →4
アマゾンガワ Amazon 川 →12a
アマタ 数多 →61
アマダイ, アマダイ 甘鯛 →5
アマダレ 雨垂れ →5
アマダレオチ 雨垂落ち →13
アマチャ 甘茶 →7
アマチュア, アマチュア amateur →9
アマツサエ,《新は アマツサエ, アマ
ツサエ》 剰え →67d
アマッタルイ, アマッタルイ 甘った
るい →54d
アマッタレ 甘ったれ →5d
アマッタレッコ 甘ったれっ子 →12d
アマッタレル 甘ったれる →46d
アマッチョロイ, アマッチョロイ
甘っちょろい →54d
アマツブ, アマツブ 雨粒 →4
アマデラ, アマデラ 尼寺 →4
アマテラス・オーミカミ 天照大御神

→27
アマド 雨戸 →4
アマドイ 雨樋 →4
アマトー 甘党 →8
アマナツ 甘夏＜甘夏柑 →10
アマナットー 甘納豆 →15
アマニユ, アマニユ 亜麻仁油 →14
アマネク, アマネク 普く →61
アマノ(・)イワト 天の岩戸 →97, 98
アマノガワ 天の川 →19
アマノジャク 天の邪鬼 →19
アマノ(・)ハシダテ 天の橋立〖地〗
→97, 98
アマノハラ 天の原 →19
アマボシ 甘干し →5
アマミ 甘味 →93
アマミ 奄美〖地〗 →21
アマミオーシマ 奄美大島 →12
アマミショトー 奄美諸島 →15
アマミズ 雨水 →4
アマミソ 甘味噌 →15
アマモヨイ 雨催 →13
アマモヨー 雨模様 →15
アマモリ 雨漏り →5
アマヤカス, アマヤカス 甘やかす
→44
アマヤドリ 雨宿り →13
アマヤミ, アマヤミ, アマヤミ 雨止
み →5
アマヨ 雨夜 →4
アマヨケ, アマヨケ, アマヨケ 雨避
け →5
アマリ, アンマリ 余り(〜ひどい)
→61d
アマリ 余り(=残り) →2
……アマリ …余り(トーカアマリ 十
日〜, ニジカンアマリ 二時間〜)
→38
アマリアル, アマリアル 余り有る(惜

ガギグゲゴは鼻濁音　カタカナ細字は母音の無声化　★は長音にもなる符号

アマリニ──アメリカ 24

しんでも~) →49

アマリニ, アマリニ 余りに →67

アマリモノ, アマリモノ, アマリモノ 余り物 →12

アマリリス amaryllis〖植〗 →9

アマル 余る **アマラナイ, アマリマス, アマッテ, アマレバ** →43

アマルガム, アマルガム amalgam →9

アマンジル, アマンジル 甘んじる →47

アマンズル, アマンズル 甘んずる →47

アミ 醬蝦〖動・食品〗 →1 網 →2

……アミ …阿彌(**ソーアミ** 相~, **モクアミ** 黙~) →26

アミアゲ 編上げ →5

アミアゲグツ 編上げ靴 →12

アミアゲル, アミアゲル 編み上げる →45

アミウチ, アミウチ, アミウチ 網打ち →5

アミガサ 編笠 →5

アミキ 編み機 →7

アミジャクシ 網杓子 →15

アミジュバン, アミジバン 網襦袢 →16

アミダ 阿弥陀

アミダクジ, アミダクジ 阿弥陀籤 →12

アミダス, 《新は アミダス》 編み出す →45

アミダナ 網棚 →4

アミダニョライ 阿弥陀如来 →15

アミダブツ 阿弥陀仏 →14

アミド 網戸 →4 編戸 →5

アミノサン amino酸 →14

アミノメ, アミノメ 網の目 →19

アミバリ, アミバリ 編針 →5

アミブネ, アミブネ 網船 →4

アミボー 編棒 →8

アミメ, アミメ 網目 →4 編目 →5

アミモト, アミモト 網元 →4

アミモノ, 《新は アミモノ》 編物 →5

アミヤキ 網焼き →5

アム 編む **アマナイ, アモー, アミマス, アンデ, アメバ, アメ** →43

アムステルダム Amsterdam〖地〗 →21

アメ 飴 →1

アメ 天,雨 →1

アメアガリ, アマアガリ 雨上がり →13

アメアラレ 雨霰(~と降る) →18

アメイロ 飴色 →4

アメウリ, アメウリ, アメウリ 飴売り →5

アメーバ Amöbe〖独〗 →9

アメオトコ 雨男 →12

アメオンナ 雨女 →12

アメガシタ 天が下 →19

アメカゼ 雨風(~強く) →18

アメガチ 雨勝ち →95

アメザイク 飴細工 →15

アメダス AMeDAS〖気象〗 →9

アメダマ 飴玉 →4

アメツズキ 雨続き →13

アメッチ 天地 →18

アメツユ 雨露(~しのぐ) →18

アメニ 飴煮 →5

アメニティ amenity →9

アメフト <**アメリカンフットボール** American football →10, 16

アメフリ 雨降り →5

アメモヨイ 雨催 →13

アメモヨー 雨模様 →15

アメヤ 飴屋(~さん) →94

アメヨコ アメ横〖地〗 →10

アメリカ America〖地・国〗 →21

アメリカインディアン <American

 ̄は高い部分 ̈と…は高低が変る部分 ⌐は次が下がる符号 →は法則番号参照

Indian →16

アメリカガッシューコク America 合衆国 →17

アメリカシロヒトリ America 白火取り〖蛾〗 →17

アメリカジン America 人 →14

アメリカナイズ Americanize →9

アメリカニズム Americanism →9

アメンボ, アメンボー 水黽〖昆虫〗 →94d

アメンボー 飴ん棒 →19d

アヤ, 《女名は **アヤ**》 文, 綾 →1, 23

アヤウイ, アヤウイ 危い →52

アヤウク 危く →61

アヤオリ 綾織 →5

アヤオリモノ, アヤオリモノ 綾織物 →17

アヤカリモノ, アヤカリモノ, アヤカリモノ 肖り物 →12

アヤギヌ, アヤギヌ 綾絹 →4

アヤシイ★ 怪しい **アヤシカッタ, アヤシク, アヤシクテ,** 《新は **アヤシクテ**》**, アヤシケレバ, アヤシ** →52c

アヤシゲ, アヤシゲ 怪しげ(~な男) →93

アヤシム 怪しむ →44

アヤス (赤ん坊を~) →43

アヤツリ, アヤヅリ, アヤツリ 操り →2

アヤツリニンギョー 操り人形 →15

アヤツル 操る →43

アヤトリ, アヤトリ 綾取り →5

アヤニシキ 綾錦 →18

アヤブム 危ぶむ →44

アヤフヤ (~だ・な・に) →57

アヤマチ, アヤマチ, アヤマチ 過ち →2

アヤマツ 過つ →43

アヤマリ, アヤマリ, アヤマリ 誤り, 謝り →2

アヤマル 誤る, 謝る **アヤマラナイ, アヤマロー, アヤマリマス アヤマッテ, アヤマレバ, アヤマレ** →43

アヤメ 菖蒲 →1

アヤメ, アヤメ 文目(~もわかぬ) →4

アヤメル 殺める →43

アユ 鮎 →1 阿諛 →7

アユミ 歩み →2

アユミアイ 歩み合い →13

アユミアウ, アユミアウ 歩み合う →45

アユミイタ 歩み板 →12

アユミヨリ 歩み寄り →13

アユミヨル, アユミヨル 歩み寄る →45

アユム 歩む →43

アラ, アラ 〖感〗→66

アラ 粗(=欠点。魚の~) →1

アラー, アッラー Allah〖神〗→9

アラーム alarm →9

アラアラシイ★ 荒荒しい →53

アライ 荒い, 粗い **アラカッタ, アラク, アラクテ, アラケレバ, アラシ** →52c 洗い, 洗膾(鯉の~) →2

アライ 荒井・新井〖姓〗→22
　~(・)バクセキ 新井白石 →23, 27

アライアゲル 洗い上げる →45

アライオケ, アライオケ 洗い桶 →12b

アライオトス 洗い落す →45

アライガエ 洗い替え →13

アライガミ 洗い髪 →12

アライグマ, アライグマ 洗熊 →12b

アライコ 洗粉 →12

アライザライ, アライザライ, アライザライ 洗い浚い →68b

アライザラシ 洗い晒し →13

ガギグゲゴは鼻濁音　カタカナ細字は母音の無声化　★は長音にもなる符号

アライシュ 洗い朱 →14	→13
アライソ, アリソ 荒磯 →5d	アラサガシ 粗捜し →13
アライダシ 洗い出し →13	アラシ 嵐《姓も》→1, 22
アライダス 洗い出す →45	アラジオ 粗塩 →5
アライタテル 洗い立てる →45	アラシゴト 荒仕事 →12
アライナオス 洗い直す →45	アラシヤマ, アラジヤマ, ランザン
アライナガス 洗い流す →45	嵐山 →12, 8
アライバ 洗い場 →12	アラジン Aladdin〔人〕→23
アライハリ, 《新は アライハリ》 洗張り →18b	アラス 荒す →44
アライモノ 洗い物 →12	アラズ 非ず(さに~) →89
アラウ 洗う アラワナイ, アラオー, アライマス, アラッテ, アラエバ, アラエ →43	アラスカ Alaska〔地〕→21
	アラズクリ 粗造り →13
	アラスジ 粗筋 →5
アラウマ, アランマ 荒馬 →5	アラズモガナ, アラズモガナ 非ずもがな →78
アラウミ, 《新は アラウミ》 荒海 →5	アラセイトー 〔植〕
アラオリ 粗織 →5	アラソイ, アラソイ 争い →2b
アラガウ 争う, 抗う →43	アラソウ 争う アラソワナイ, アラソオー, アラソイマス, アラソッテ, アラソエバ, アラソエ →43
アラカジメ 予め →61	
アラカセギ, アラカセギ 荒稼ぎ →13	
アラカタ 粗方(~すんだ) →61	アラソエナイ 争えない(血は~) →83
アラカベ 粗壁 →5	アラソワレナイ 争われない →83
アラカルト à la carte〔仏〕→17	アラタ 新た(~に)
アラカワ 粗皮 →5 荒川〔川・地・姓〕 →12, 21, 22	アラタカ 灼か(霊験が~) →55
	アラダテル 荒立てる →46
アラカワク 荒川区 →14	アラタマル 改まる, 更まる, 革まる →44
アラカワセン 荒川線 →14	
アラキ, 《姓は アラキ》 荒木 →5, 22	アラタメ, アラタメ 改め →2
アラキダ 荒木田<荒木田土 →10	アラタメテ 改めて →67
アラギモ 荒肝 →5	アラタメル 改める, 革める →44
アラギョー, アラギョー 荒行 →8	アラッポイ, アラッポイ 荒っぽい →96
アラクレ 荒くれ →5	
アラクレオトコ 荒くれ男 →12	アラテ 新手 →5
アラクレモノ 荒くれ者 →12	アラト 粗砥 →5
アラケズリ, アラケズリ 荒削り →13	アラナミ 荒波(世の~) →5
アラゴト, アラゴト 荒事〔歌舞伎〕 →5	アラナワ 荒縄 →5
	アラニ, アラニ 粗煮 →5
アラゴトシ 荒事師 →14	アラヌ (~こと, ~うわさ) →63
アラゴナシ, アラゴナシ 荒ごなし	アラヌリ 粗塗り →5

‾は高い部分　⁀と⁀は高低が変る部分　⌐は次が下がる符号　→は法則番号参照

アラネツ, アラ̄ネツ 粗熱(〜を取る) →8	アラワレ, アラワレ, アラワレ 現われ →2
アラビア, アラビヤ Arabia〖地〗 →21	アラワレル 現われる,表われる →44
アラビアゴム, アラビヤゴム Arabia〔英〕+gom〔蘭〕→16	アランカギリ, アランカギリ 有らん限り →98,99
アラビアスージ, アラビヤスージ Arabia 数字 →15	アリ 蟻 →1
アラビアノリ, アラビヤノリ Arabia 糊 →12	アリ 有り,在り →42
アラビキ 粗碾 →5	アリア aria〔伊〕→9
アラブ Arab〖人種・馬〗→21	アリアケ 有明(〜の月) →5
アラブレンゴー Arab 連合 →15	アリアケカイ 有明海 →14
アラベスク arabesque →9	アリアマル, アリアマル 有り余る →45
アラボーシ 荒法師 →15	アリアリ (〜と見る) →57
アラボン 新盆 →8	アリアワセ 有合せ →13
アラマキ, アラ̄マキ 新巻〖鮭〗→5	アリウル 有り得る(アリウベキ 有り得べき) →45,89
アラマシ (=おおよそ) →3,61	アリカ, 《古は アリカ》在処 →5
アラムシャ, アラムシャ 荒武者 →15	アリカタ, アリカタ 在り方 →95
アラメ, アラメ 荒布 →5	アリガタイ 有難い →54
アラモード à la mode〔仏〕→17	アリガタガル 有難がる →96
アラモノ, 《新は アラモノ》荒物 →5	アリガタナミダ 有難涙 →12
アラモノヤ, アラモノヤ, アラモノヤ 荒物屋 →94	アリガタミ, アリガタミ, アリガタミ 有難味 →93
アラユ 新湯 →5	アリガタメ★ワク 有難迷惑 →15
アラユル (〜手段) →63	アリガチ 有勝ち →95
アララギ 〖植・雑誌〗	アリガトー, アリガト 有難う →66d
アララゲル 荒らげる →44	アリガトー(・)ゴザイマシタ 有難うございました →97,98
アラリョージ, 《古は アラリョージ》荒療治 →15	アリガトーゴザイマス 有難うございます →98
アラレ 霰 →1	アリガネ 有金(〜残らず) →5
アラレモナイ, アラレモナイ (〜姿) →54	アリキタリ 在り来たり →13
アラワ, アラワ 露(〜に) →55	アリギレ 有り切れ →5
アラワザ 荒技,荒業 →5	アリクイ, アリクイ 蟻喰 →5
アラワシ 荒鷲 →5	アリサマ, アリサマ 有様 →5
アラワス 表わす,現わす,著わす アラワサナイ, アラワソー, アラワシマス, アラワシテ, アラワセバ, アラワセ →44	アリシ 在りし(〜日,〜昔) →63
	アリジゴク 蟻地獄 →15
	アリシマ(・)ダケオ 有島武郎 →22,25,27

ガギグゲゴは鼻濁音　カタカナ細字は母音の無声化　★は長音にもなる符号

アリズカ —— アルファ   28

アリズカ 蟻塚 →4

アリストテレス Aristoteles〔希〕《人》 →23

アリソ, アライソ 荒磯 →5d

アリダカ, アリダカ 有高 →5

アリタケ 有り丈 →61

アリタヤキ 有田焼 →13

アリツク,《新は アリツク》 有り付く →45

アリッタケ 有りっ丈 →61d

アリテイ★,《古は アリテイ★, アリテイ★》 有体(~に) →8

アリト(·)アラユル 有りとあらゆる →97, 98

アリナシ, アリナシ 有無し →18

アリナミン Alinamin《商標》 →9

アリノママ 有りの儘《名》(~を話す) →19

アリノママ 有りの儘《副》(~話す) →61

アリノミ 有りの実(=梨) →19

アリバイ, アリバイ alibi →9

アリバショ, アリバショ 在り場所 →15

アリフレル 有り触れる(**アリフレタ, アリフレタ**) →45, 83

アリマ 有馬《地》→21

アリマキ 蟻巻《動》→5

アリマス,(アリマシタ, アリマショー, アリマセン) →83, 89

アリュー 亜流 →8

アリューサン 亜硫酸 →15

アリューサンガス 亜硫酸 gas〔蘭〕 →16

アリヨー 有様 →8

アリワラノ(·)ナリヒラ 在原業平 →22, 24, 27

アル 或(~日, ~人) →63 有る, 在る **アロー, アリマス, アッテ, アレバ,**

アレ →43

アルイワ 或は →67

アルカギリ, アルカギリ 有る限り →67

アルカリ alkali〔蘭〕→9

アルカリセイ★ alkali 性〔蘭〕→14

アルカリセン, アルカリセン alkali 泉〔蘭〕→14

アルカロイド alkaloid →9

アルキ 歩き(~で行く) →2

アルキゾメ 歩き初め →95

アルキメデス Archimedes〔希〕《人》 →23

アルク 歩く **アルカナイ, アルコー, アルキマス, アルイテ, アルケバ, アルケ**→43

アルコール alcohol〔蘭〕→9

アルコールズケ alcohol 漬〔蘭〕→13

アルコールブン alcohol 分〔蘭〕→14

アルジ 主 →1

アルジェリア, アルジェリヤ Algeria《国》→21

アルゼンチン Argentine《国》→21

アルチュー <**アルコールチュードク** alcohol 中毒〔蘭〕→10, 15

アルツハイマー <Alzheimer 病〔独〕 →22

アルト alto〔伊〕→9

アルトキ 或時 →19

アルトキショーブ 有る時勝負 →15

アルトキバライ 有る時払い →13

アルナシ 有無し →18

アルバイト Arbeit〔独〕→9

アルパカ alpaca →9

アルバム,《古は アルバム》 album →9

アルヒ 或日 →19

アルピニスト alpinist →9

アルファ, アルファー alpha, A, α

￣ は高い部分　…̇ と …̈ は高低が変る部分　￢ は次が下がる符号　→ は法則番号参照

アルファ ── アワタテ

→9	アレハテル 荒れ果てる →45
アルファベット alphabet →9	アレホド 彼程 →76, 67
アルプス, アルプス Alps →21	アレモヨー 荒れ模様 →15
アルヘイ★ 有平＜alféloa〔葡〕〖菓子〗→9	アレヨ(･)アレヨ (～とばかり) →97, 98
アルヘイ･トー 有平糖 →14	
アルベキ 有るべき →63	アレル 荒れる アレナイ, アレヨー, アレマス, アレテ, アレレバ, アレロ →43
アルマイト Alumite〔和〕〖商標〗→9	
アルマジキ 有るまじき(～行為) →89	
アルマジロ armadillo〖動〗→9	アレルギー, アレルギー Allergie〔独〕→9
アルミ ＜アルミニューム, アルミニウム aluminium →10, 9	
	アレルギーハンノー Allergie 反応〔独〕→15
アルミサッシ ＜aluminium sash →16	
アルミハク アルミ箔＜aluminium 箔 →14	アレンジ arrange →9
	アロエ, アロエ aloë〔蘭〕〖植〗→9
アルミホイル ＜aluminium foil →16	アロハ, アロハ aloha＜アロハシャツ aloha shirts →9, 16
アレ 彼 →64 荒れ →2	
アレ, アレ 〖感〗→66	アワ 粟 →1 安房・阿波(～の国) →21
アレイ★, アレイ 亜(啞)鈴 →8	アワ 泡(～を食う) →1
アレカラ 彼から(～見ない) →76, 67	アワイ 淡い →52
アレキサンダーダイオー, アレクサンダーダイオー Alexander 大王 →94	アワイ, アワイ 間
	アワオコシ, アワオコシ 粟おこし →12
アレキリ, アレギリ 彼限り(～会わない) →61	
	アワサル 合わさる →44
アレクライ, アレグライ 彼位 →19, 61	アワジ 淡路〖島〗→21
	アワジシマ 淡路島 →12
アレクルウ★ 荒れ狂う →45	アワジチョー 淡路町〖地〗→14
アレグロ, アレグロ allegro〔伊〕→9	アワス 合わす, 会わす →89, 44 酔す →44
アレコレ 彼是 →68	
アレシキ, アレシキ 彼式(～のこと) →95	アワセ 合わせ, 袷 →2
	アワセカガミ 合わせ鏡 →12
アレショー, アレショー, アレショー 荒れ性 →8	アワセズ 合わせ酢 →12
	アワセテ 併せて →67
アレダケ 彼丈(～言っても) →61	アワセバオリ 袷羽織 →12
アレチ 荒れ地 →7	アワセメ, アワセメ 合わせ目 →12
アレッキリ 彼っ限り(～見ない) →61d	アワセル 合わせる, 会わせる →83
アレデ 彼で →67	アワタダシイ★ 慌しい →52
アレデモ 彼でも →67	アワダチ, アワダチ 泡立ち →5
アレノ, アラノ 荒野 →5	アワダツ 泡立つ, 粟立つ →46
アレハダ 荒れ肌 →5	アワタテキ, アワダテキ 泡立器 →14

ガギグゲゴは鼻濁音　カタカナ細字は母音の無声化　★は長音にもなる符号

アワダテ──アンシツ　　30

ア

アワダテル　泡立てる →46
アワツブ　粟粒, 泡粒 →4
アワテフタメク　慌てふためく →45
アワテモノ　慌て者 →12
アワテル　慌てる →43
アワテンボー, アワテンボ　慌てん坊 →94d
アワビ　鮑 →1
アワメシ　粟飯 →4
アワモチ　粟餅 →4
アワモリ, アワモリ　泡盛 →5
アワヤ　(～と思う間に, ～墜落) →67
アワユキ　淡雪 →5　泡雪 →4
アワヨクバ, アワヨクバ →67
アワレ　哀れ →66, 3
アワレミ, アワレミ, アワレミ　哀れみ, 憐れみ →2
アワレム　哀れむ, 憐れむ →44
アン　案, 庵, 餡 →6
……アン　…庵(バショーアン 芭蕉～, チョージュアン 長寿～) →14a
アンアン　暗暗(～のうちに) →11
アンアンリ　暗暗裏 →14a
アンイ, アンイ　安易 →7
アンイツ　安逸 →8
アンウツ　暗鬱 →8
アンウン　暗雲 →8
アンエイ　暗影 →8
アンカ　行火 →7
アンカ　安価, 案下 →7
アンカー　anchor →9
アンガイ, アンガイ　案外 →8
アンカケ, アンカケ, アンカケ　餡掛け →5
アンカッショク　暗褐色 →15
アンカレジ, アンカレッジ　Anchorage〖地〗→21
アンカン　安閑 →58
アンキ　暗記 →7

アンキ　安気 →7　安危 →18
アンキモ　鮟肝＜鮟鱇の肝 →10
アンギャ, アンギャ　行脚 →7
アンキョ　暗渠 →7
アンキリョク　暗記力 →14
アング　暗愚 →7
アングラ　＜underground →10
アングリ　(口を～と) →55
アングル　angle →9
アングロサクソン　Anglo-Saxon〖人種〗→21
アンケート, アンケート　enquête〔仏〕→9
アンケン　案件 →8
アンケンサツ　暗剣殺 →14a
アンコ　餡こ →94
アンコー　鮟鱇 →8
アンゴー　暗合, 暗号 →8
アンゴーブン, アンゴーブン　暗号文 →14a
アンコール　encore〔仏〕→9
アンコールワット　Angkor Vat〔カンボジア〕〖遺跡〗→21
アンコク　暗黒 →8
アンコクジダイ　暗黒時代 →15
アンコクタイリク　暗黒大陸 →15
アンコクメン　暗黒面 →14
アンゴラ　Angora →9
アンゴラウサギ　Angora兎 →12
アンコロ　餡ころ →94
アンコロモチ　餡ころ餅 →12
アンサツ　暗殺 →8
アンザン　暗算 →8
アンザン　安産 →8
アンザンガン　安山岩 →14a
アンサンブル　ensemble〔仏〕→9
アンジ　暗示 →7
アンジショク　暗紫色 →14
アンシツ　暗室 →8

──は高い部分　˙˙˙と˙˙˙は高低が変る部分　˥は次が下がる符号　→は法則番号参照

アンシツ, アンジツ 庵室 →8	アンソロジー anthology →9
アンジュ,《新は アンシュ》庵主 →7	アンタ, アナタ 貴方 →64da
アンジュ 安寿<アンジュヒメ ～姫 →24, 12	アンダ, アンダ 安打 →7
アンジュー 安住 →8	アンダーウエア underwear →16
アンシュツ 案出 →8	アンダーシャツ undershirt →16
アンショー 暗唱(誦),暗礁,暗証 →8	アンダーライン underline →16
アンジョー 鞍上(～人無く) →8	アンタイ 安泰 →8
アンショーキゴー 暗証記号 →15	アンタン 暗澹(～たる) →58
アンショーバンゴー 暗証番号 →15	アンダンテ andante〔伊〕→9
アンショク 暗色 →8	アンチ, アンチ 安置 →7
アンジル, アンジル 案じる →47	アンチック antique〔仏〕→9
アンシン 安心(～立命) →8	アンチテーゼ Antithese〔独〕→16
アンシンカン 安心感 →14a	アンチモン Antimon〔独〕→9
アンズ 杏 →7	アンチャク 安着 →8
アンズル, アンズル 案ずる →47	アンチャン 兄ちゃん →94
アンズルニ 案ずるに →67	アンチューモサク, アンチューモサク
アンセイ★ 安静,安政〔年号〕→8	暗中模索 →98, 99
アンゼン 暗(黯)然 →56 安全 →8	アンチョク 安直 →8
アンゼンカミソリ 安全剃刀 →12	アンチョコ 《俗》(=虎の巻) →8d
アンゼンガラス 安全 glas〔蘭〕→16	アンチョビー anchovy →9
アンゼンキ 安全器 →14a	アンチン(・)キヨヒメ 安珍清姫 →24, 12, 27
アンゼンサク 安全策 →14a	
アンゼンシューカン 安全週間 →15	アンツーカー en-tout-cas〔仏〕→17
アンゼンセイ★ 安全性 →14	アンテイ★ 安定 →8
アンゼンソーチ 安全装置 →15	アンティーク antique〔仏〕→9
アンゼンチタイ, アンゼンチタイ 安全地帯 →15	アンテイ★カン 安定感 →14b
アンゼントー 安全灯 →14	アンテイ★ショ, アンテイ★ショ(ショは ジョとも) 安定所 →14
アンゼンピン, アンゼンピン 安全 pin →16a	アンテイ★セイ★ 安定性 →14
	アンテイ★セイ★チョー 安定成長 →15
アンゼンベルト 安全 belt →16	アンテイ★セイ★リョク 安定勢力 →15
アンゼンベン, アンゼンベン 安全弁 →14a	アンテイ★ツーカ 安定通貨 →15
	アンテイ★ド 安定度 →14b
アンゼンボー 安全帽 →14a	アンデス Andes〔山脈〕→21
アンゼンホショー 安全保障 →15	アンテナ antenna →9
アンソク 安息 →8	アンテナショップ antenna shop →16
アンソクコー 安息香 →14	アンデパンダン Indépendants〔仏〕→28
アンソクビ 安息日 →12	アンデルセン, アンデルセン

ガギグゲゴは鼻濁音　カタカナ細字は母音の無声化　★は長音にもなる符号

アンテン──イ

イ

Andersen〖人〗→23
アンテン 暗転 →8
アンド 安堵 →7
アントー 暗闘 →8
アンドー 安藤〖姓〗→22
　～(·)ヒロシゲ,《新は ～·ヒロシゲ》
　～広重 →24, 27
アンドン 行灯 →8
アンドンクラゲ 行灯水母 →12
アンドンバカマ 行灯袴 →12
アンドンベヤ 行灯部屋 →12
アンナ (～人, ～に) →63
アンナイ 案内(ゴアンナイ 御～)
　→8, 92
アンナイガカリ 案内係 →12
アンナイキ 案内記 →14b
アンナイシャ 案内者 →14b
アンナイショ, アンナイショ, アンナイショ 案内書 →14b
アンナイジョ, アンナイジョ 案内所 →14
アンナイジョー 案内状 →14b
アンナイジョー 案内嬢 →14b
アンナイズ 案内図 →14b
アンナイニン 案内人 →14
アンニ 暗に →67
アンニンドーフ, キョーニンドーフ
　杏仁豆腐 →15
アンネイ 安寧(～秩序) →8
アンノジョー 案の定 →69
アンノン 安穏(～に) →8
アンバ 鞍馬〖体操〗→7
アンバイ, アンバイ 按排, 塩梅 →8
アンパイア, アンパイア umpire →9
アンバコ 暗箱 →4
アンバランス, アンバランス unbalance →9
アンパン, アンパン 餡 pão〖葡〗→16
アンピ 安否 →18

アンブ 暗部, 鞍部 →7
アンプ 暗譜 →7
アンプ,《新は アンプ》 amp＜amplifier →10
アンプル ampoule →9
アンブン 案(按)分, 案文 →8
アンブンヒレイ 案(按)分比例 →15
アンペア, アンペヤ ampere →9
アンペラ amparo〖葡〗〖植·むしろ〗→9
アンポ 安保＜日米安全保障条約 →10
アンポジョーヤク 安保条約 →15
アンポンタン 安本丹〖俗〗→15
アンマ 按摩 →7
アンマク 暗幕 →8
アンマリ, アマリ (～ひどい) →61d
アンマリ, アンマリ (～だ·な) →86
アンマン 餡饅＜餡饅頭 →10
アンミツ 餡蜜＜餡蜜豆 →10
アンミン 安眠(～妨害) →8
アンモク 暗黙(～のうちに) →8
アンモチ 餡餅 →4
アンモニア, アンモニヤ ammonia →9
アンモノ, アンモノ 餡物 →4
アンヤ 暗夜 →7
アンヤク 暗躍 →8
アンヤコーロ 暗夜行路〖書〗→15
アンヨ (～はお上手ジョーズ) →2
アンラク, アンラク 安楽 →8
アンラクイス 安楽椅子 →15
アンラクシ, アンラクシ 安楽死
　→14c
アンリュー 暗流 →8
アンルイ 暗涙(～にむせぶ) →8

イ 胃 →6
イ,《新は イ》亥〖十二支〗(イノトシ

──は高い部分　⋯と⋮は高低が変る部分　⌐は次が下がる符号　→は法則番号参照

イ ――イイダク

～の歳）→1, 19

イ 井, 藺 →1 医（～は仁術）, 易 →6

イ, 《古は ゐ》 威, 意, 異 →6

……い …位〖数〗→34, 35

イアイ 居合い →5 遺愛 →8

イアイヌキ 居合抜き →13

イアツ 威圧 →8

イアツテキ 威圧的 →95

イアワス 居合わす →45

イアワセル 居合わせる →45

イアン 慰安 →8

イアンカイ 慰安会 →14a

イアンリョコー 慰安旅行 →15

イイ, ヨイ 良い, 好い, 善い →52d

イーアイ 言い合い →5

イーアウ 言い合う →45

イーアテル 言い当てる →45

イーアヤマリ 言い誤り →13

イーアヤマル 言い誤る →45

イーアラソイ 言い争い →13

イーアラソウ 言い争う →45

イーアラワス 言い表わす →45

イーアワス 言い合わす →45

イーアワセル 言い合わせる →45

イーエ 否 →66

イーオク 言い置く →45

イーオトシ 言い落し →13

イーオトス 言い落す →45

イーガイ 言い甲斐（～が無い）→5

イーカエ 言い変え →5

イーカエス 言い返す →45

イーカエル, イーカエル 言い変える →45b

イーカオ 好い顔 →19

イーガカリ 言い掛かり →13

イーカケ 言い掛け →5, 95

イーカケル 言い掛ける →45

イーカゲン 好い加減（～だ・な・に, ～疲れた）→19, 62

イーカタ 言い方 →95

イーカネル 言い兼ねる →45

イーカワス 言い交す →45

イーキ 好い気（～なもんだ）→19

イーキカセル 言い聞かせる →45

イーキミ 好い気味 →19

イーキル 言い切る →45

イーグサ 言い種 →5

イークラス 言い暮す →45

イークルメル 言い包める →45

イーケス 言い消す →45

イーコ 好い子（～になる）→19

イーコメル 言い籠める →45

イーサス 言い差す →45

イージー EC＜European Community（欧州共同体）→16

イージー easy →9

イージーオーダー easy order〔和〕→16

イージーゴーイング easygoing →16

イージスカン Aegis 艦 →14

イーシブル 言い渋る →45

イージョー 言い条（…とは～）→8

イーシレヌ, イーシレヌ 言い知れぬ（～不安）→83

イースギ 言い過ぎ →5

イースギル 言い過ぎる →45

イースゴシ 言い過ごし →13

イースター Easter →9

イーステ 言い捨て →5

イーステル 言い捨てる →45

イースト, 《新は イースト》 yeast →9

イーゼル easel →9

イーソエル 言い添える →45

イーソコナイ 言い損い →13

イーソコナウ 言い損う →45

イーソビレル 言いそびれる →45

イーソヤス 言いそやす →45

イーダ 飯田〖地・姓〗→21, 22

イイ(・)ダクダク 唯唯諾諾 →59

ガギグゲゴは鼻濁音　カタカナ細字は母音の無声化　★は長音にもなる符号

イーダコ──イインカ　34

イーダコ　飯蛸　→4	イーヌケル　言い抜ける　→45
イーダシ　言い出し　→5	イーネ　言い値　→5
イーダシッペ, イーダシッペ, イーダシペ　言い出し(っ)屁〖俗〗　→12d	イーノガレ　言い逃れ　→13
イーダス　言い出す　→45	イーノガレル　言い逃れる　→45
イーダテル　言い立てる　→45	イーノコシ　言い残し　→13
イーダバシ　飯田橋〖橋・地〗　→12	イーノコス　言い残す　→45
イーチガイ　言い違い　→13	イーハジメル　言い始める　→45
イーチガエ　言い違え　→13	イーハナツ　言い放つ　→45
イーチガエル, イーチガエル　言い違える　→45b	イーハヤス　言い囃す　→45
イーチラス　言い散らす　→45	イーハル　言い張る　→45
イーツカル　言い付かる　→45	イーヒト　好い人　→19
イーツギ　言い継ぎ　→5	イーヒラキ　言い開き　→13
イーツグ　言い継ぐ　→45	イーヒラク　言い開く　→45
イーツクス　言い尽す　→45	イーヒロメル　言い広める　→45
イーツクロウ　言い繕う　→45	イーフクメル　言い含める　→45
イーツケ　言い付け　→5	イーフラス　言い触らす　→45
イーツケグチ　言付け口　→12	イーブリ, イーップリ　言い(っ)振り　→95d
イーツケル　言い付ける　→45	イーフルス　言い古す, 言い旧す　→45
イーツタエ　言い伝え　→13	イーブン,《古は イーブン, イイブン》言い分　→8
イーツタエル, イーツタエル　言い伝える　→45b	イーマカス　言い負かす　→45
イーツノル　言い募る　→45	イーマクル　言い捲る　→45
イーッパナシ　言いっ放し　→95	イーマワシ　言い回し　→13
イートース　言い通す　→45	イーメール　E-mail　→16
イーナオシ　言い直し　→13	イーモノ　良い物(〜上げる)　→19
イーナオス　言い直す　→45	イーモラス　言い漏らす　→45
イイ・ナオスケ　井伊直弼　→22, 25	イーヤ　否　→66
イーナカ　好い仲　→19	イーヤスイ　言い易い　→54
イーナズケ　許嫁　→2	イーユー　EU<European Union(欧州連合)　→16
イーナラワシ　言い習わし　→13	イーヨー　言い様(〜がない)　→8
イーナラワス　言い習わす　→45	イーヨル　言い寄る　→45
イーナリ　言い成り(〜になる)　→95	イーワケ　言い訳　→5
イーナリジダイ　言い成り次第　→95	イーワタ, ユイワタ　結綿　→5d
イーナリホーダイ　言い成り放題　→95	イーワタシ　言い渡し　→13
イーナレル　言い馴れる　→45	イーワタス　言い渡す　→45
イーニクイ　言い悪い　→54	イイン　医員, 委員, 医院　→8
イーヌケ　言い抜け　→5	イインカイ　委員会　→14a

──は高い部分　˙˙と˙˙は高低が変る部分　｢は次が下がる符号　→は法則番号参照

35　　イインチ──イカサシ

イ

イ￣ンチョー　委員長 →14a	イエ￣ローカード　yellow card →16
いう　言う ⇒ユー	イ￣エン　胃炎 →8
イ￣エ　家(オ￣イエ 御~) →1, 92	イオ￣ー, ユオ￣ー　硫黄 →8d
イエ￣イ.　遺影 →8	イオ￣ーカ, ユオ￣ーカ　硫黄華 →14
イエ￣イエ　家家 →11	イオ￣ージマ, イオ￣ートー　硫黄島 →12, 14
イエ￣ガマエ　家構え →12	イオ￣ーセン, ユオ￣ーセン　硫黄泉 →14
イエガラ, イエ￣ガラ　家柄 →4	イオ￣トス, イオ￣トス　射落す →45
イエ￣キ　胃液 →8	イ￣オリ　庵 →2
イエ￣ゴト, イエゴ￣ト　家毎(~に) →71	イオ￣リカンバン　庵看板 →15
イエ￣サガシ　家捜し →13	イオ￣リテン　庵点 →14
イエ￣ジ, イエ￣ジ　家路 →4	イ￣オン　ion →9
イエ￣ス　yes(~かノーか) →9	イ￣オンビン　イ音便 →15
イエ￣ス, イ￣エス　Jesus[拉](~キリスト) →9	イ￣カ　烏賊 →1
イエ￣スジ, イエ￣スジ, イエ￣スジ　家筋 →4	イ￣カ　医科, 医家 →7　以下(千円~) →38, 7
イエ￣スマン　yes man →16	イ￣ガ　伊賀(~の国) →21
イエ￣ダニ　家壁蝨[動] →4	イ￣ガ　毬 →1
イエ￣ツキ　家付き(~の娘) →5	イ￣カイ　位階(~勲等) →18
イエ￣ツヅキ　家続き →12	イ￣ガイ　遺骸 →8
イエ￣デ,《古は イエ￣デ》　家出 →5	イガ￣イ, イ￣ガイ　意外 →8
イエ￣デニン　家出人 →14	イ￣ガイ　以外 →8
イエ￣ドモ　雖も(当らずと~) →73	イ￣カイヨー　胃潰瘍 →15
イエ￣ナシ　家無し[名] →5	イ￣カガ　如何(~ですか) →67
イエ￣ナミ　家並み →4	イ￣カガワシイ.　如何わしい →53
イエ￣ヌシ　家主 →4	イ￣カク　威嚇 →8
イエ￣ノコ, イエノ￣コ　家の子(~郎等) →19	イ￣ガク　医学 →8
イエ￣バエ, イエバ￣エ(ハエはハイとも)　家蠅 →4	イ￣ガクシ, イガ￣クシ　医学士 →17
イエ￣バト　家鳩 →4	イ￣ガクチョー　胃拡張 →15
イエ￣メン　Yemen[国] →21	イ￣ガクハクシ, イ￣ガクハカセ　医学博士 →15
イエ￣モチ, イエ￣モチ, イエモ￣チ　家持ち →5	イ￣ガクブ　医学部 →17
イエ￣モト, イエモ￣ト　家元 →4	イ￣ガグリ, イガ￣グリ　毬栗 →4
イエヤ￣シキ, イエヤ￣シキ　家屋敷 →18	イ￣ガグリアタマ　毬栗頭 →12
イ￣エル　言える →44	イ￣カケ　鋳掛け →5
イエ￣ル　癒える →43	イ￣カケヤ　鋳掛屋 →94
イエ￣ロー　yellow →9	イ￣カサシ　烏賊刺し →10

ガギグゲゴは鼻濁音　カタカナ細字は母音の無声化　★は長音にもなる符号

イカサマ――イギ 36

イカサマ 如何様〖名〗(～に掛かる) →3

イカ̄サマ 如何様〖副〗(=いかにも・なるほど) →67

イカサマシ 如何様師 →14

イカサマモノ 如何様物 →12

イカ̄ス 〖俗〗<行かす(=なかなかいい) →44

イガ̄ス 生かす,活かす イカサナイ, イカソー, イカシマ̄ス, イガ̄シテ, イカセバ, イガ̄セ →44

イガ̄スイ 胃下垂 →15

イガ̄ズゴケ 行かず後家 →15

イカ̄ズチ 雷 →17

イカ̄スミ 烏賊墨〖料理〗 →4

イガ̄ゾク 遺家族 →15

イカ̄ダ 筏 →1

イガ̄タ 鋳型 →5

イカダ̄シ 筏師 →14

イカダナ̄ガシ 筏流し →13

イガ̄タル 胃 Catarre〔蘭〕 →16

イカ̄ツ 威喝 →8

イカ̄ツイ 厳い →52

イカ̄ナ 如何な →63

イカ̄ナゴ 玉筋魚〖魚〗

イガ̄ナル 如何なる →63

イガ̄ニ 如何に →67

イカ̄ニモ 如何にも →67

イカ̄バカリ, イカ̄バカリ 如何許り →67

イカ̄ホ, イカオ 伊香保〖地〗 →21

イカ̄ホド 如何程 →67

イガ̄ミアイ 啀み合い →13

イガ̄ミアウ, イガ̄ミアウ 啀み合う →45

イガ̄ム 啀む →43

イカメ̄シ 厳しい →53

イガ̄メラ 胃 camera →16

イカ̄モノ 如何物 →5

イカモノ̄グイ, イカモノ̄グイ 如何物

食い →13

イカヨー 如何様(～に,～にも) →8

イガ̄ラシ 五十嵐〖姓〗 →22

イカ̄ラス, イカ̄ラス 怒らす →44

イカ̄ラセル, イカ̄ラセル 怒らせる →83

イガ̄ラッポイ, エガ̄ラッポイ →96

イカ̄リ 碇,錨 →1

イカ̄リ, イカ̄リ 怒り →2

イカ̄リガタ, イカ̄リガタ 怒り肩 →12

イカ̄リクルウ 怒り狂う →45

イカ̄リヅナ 碇綱 →12

イカ̄リソー 錨草 →14

イカ̄ル 斑鳩 →1

イカ̄ル, イカ̄ル 怒る(肩が～) →43

イガ̄ル 怒る →43 生かる,活かる,埋かる →44

イカ̄ルガ 斑鳩〖鳥・地〗 →21

イカ̄レル 〖俗〗<行かれる(=正常ではない,不良じみる) →83

イカ̄ン 遺憾,移管,偉観 →8

イ̄カン 尉官 →8 衣冠(～束帯) →18

イガ̄ン 如何 →67d, 3

イガ̄ン, イ̄ガン 胃癌 →8

イカ̄ンセン, イカ̄ンセン 如何せん →69

イガ̄ンタイショク, イ̄ガンタイショク 依願退職 →15, 98

イカ̄ントモ, イカ̄ントモ 如何とも(～しがたい) →67

イカ̄ンナク 遺憾なく →69

イ̄ガン(・)メンカン 依願免官 →97, 98

イ̄キ 生き(～が良い) →2 粋 →7

イ̄キ, ユ̄キ 行き →2

行き～の イキ̄～ は ユキ̄～ とも

イ̄キ 息 →1 域 →6 遺棄,位記,意気(～揚揚) →7 壱岐〖島〗 →21

イ̄キ, イ̄キ 生き(↔死) →2

イ̄ギ 威儀,意義,異義,異議 →7

―は高い部分 `··`と`··`は高低が変る部分 ⌐は次が下がる符号 →は法則番号参照

イキアウ──イキナリ

イキアウ　行き合う →45
イキアタリバッタリ, イキアタリバッタリ　行き当りばったり →59
イキアタル　行き当る →45
イキイキ　生き生き →57
イキウオ　生き魚 →5
イキウッシ, イキウッシ　生き写し →13
イキウマ, イキンマ,《古は イキウマ, イキンマ》　生き馬(〜の目を抜く) →5
イキウメ, イキンメ, イキウメ, イキンメ　生き埋め →5
イキエ, イキエ　生き餌 →5
イキオイ　勢い →2b
イキオイコム,《古・強は イキオイコム》　勢い込む →45
イキガイ, イキガイ, イキガイ　生き甲斐 →5
イキカエリ　行き返り,行き帰り →18
イキカエル, イキカエル　生き返る →45
イキガカリ　行き掛かり →13
イキガケ　行き掛け →95
イキカタ　行き方 →95
イキカタ, イキカタ　生き方 →95
イキガミサマ　生神様 →12
イキガル　粋がる →96
イキキ, イキキ, イキキ　行き来 →18c
イキギモ, イキギモ　生き肝 →5
イキギレ, イキギレ, イキギレ　息切れ →5
イキグミ, イキグミ, イキグミ　意気組み →5
イキグルシイ★　息苦しい →54
イキゴノミ　粋好み →13
イキゴミ, イキゴミ, イキゴミ　意気込み →5
イキゴム　意気込む →46

イキサキ　行き先 →5
イキサツ　経緯
イキザマ　生き様 →5
イキジ　意気地 →14
イキジゴク　生き地獄 →15
イキシナ　行きしな →95
イキシニ, イキシニ, イキシニ　生き死に →18c
イキジビキ　生き字引 →12
イキズエ　息杖 →4
イキズカイ　息遣い →13
イキスギ　行過ぎ →5
イキスギル　行き過ぎる →45
イキズク　息衝く →46
イキズクリ　生き作り(鯛の〜) →13
イキスジ, イキスジ, イキスジ　粋筋 →12
イキズマリ　行き詰まり →13
イキズマル　行き詰まる →45　息詰まる →46
イキセキ(・)ギル　息急き切る →97, 98
イキダオレ　行き倒れ →13
イギタナイ　寝穢い →54
イキチ, イキチ　生き血 →5
イキチガイ　行き違い →13
イキチガウ　行き違う →45
イキツギ, イキツギ, イキツギ　息継ぎ →5
イキツク, イキツク　行き着く →45
イキツケ　行き付け →5
イキ(・)トーゴー　意気投合 →97, 98
イキドーリ, イキドーリ　憤り →2
イキドール　憤る →46a
イキトドク　行き届く →45
イキドマリ　行き止まり →13
イキドマル　行き止まる →44
イキナガラエル, イキナガラエル, イキナガラエル　生き長らえる →45b
イキナリ　行き成り →61

ガギグゲゴは鼻濁音　カタカナ細字は母音の無声化　★は長音にもなる符号

イキニン──イクニン 38

イキニンギョー 生き人形 →15

イキヌキ, イキヌキ, イキヌキ 息抜き →5

イキヌク,《新は イキヌク》 生き抜く →45

イキヌケ 行き抜け →5

イキノコリ 生き残り →13

イキノコル, イキノコル 生き残る →45

イキノネ 息の根 →19

イキノビル, イキノビル 生き延びる →45

イキバ 行き場 →5

イキハジ, イキハジ 生き恥 →5

イキバル 息張る →46

イキボトケ 生き仏 →12

イキマク 息巻く →46

イキミ, イキミ 生き身 →5

イキム, イキム 息む →44

イキモドリ 行き戻り →18

イキモノ, イキモノ 生き物 →5

イキヤスメ 息休め →13

イキョー 異教, 異境, 異郷 →8

イギョー 異形 →8

イギョー, イギョー 偉業, 遺業 →8

イキョート 異教徒 →17

イキョク, イキョク 医局, 委曲 →8

イギリス Inglez〔葡〕〔国〕→21

イギリスジン Inglez 人〔葡〕→14

イキリタツ,《古・強は イキリタツ》 いきり立つ →45

イキリョー,《古は イキリョー》 生き霊 →8

イキル 生きる イキナイ, イキョー, イキマス, イキテ, イキレバ, イキロ →43

イキレ, イキレ (=熱気。～に堪える) →2

イキワカレ 生き別れ →13

イキワタル 行き渡る →45

イク, ユク 行く イカナイ, イコー, イキマス, イッテ, イケバ, イケ(イはユとも) →43

イク…… 幾…(イクタビ ～度, イクニン ～人) →38

イグアナ iguana〔動〕→9

イグイ 居食い →5

イクエ 幾重(～にも) →38

イクエイ 育英 →8

イクエイカイ 育英会 →14b

イクサ,《新は イクサ》 軍, 戦 →1

イグサ, イグサ 藺草 →4

イクサゴッコ 軍ごっこ →95

イクジ 育児 →7 意気地 →14d 幾時 →38

イクジキューカ 育児休暇 →15

イクジキューギョー 育児休業 →15

イクジショク 育児食 →14

イクジナシ 意気地無し →13

イクジホー 育児法 →14

イクシュ 育種 →7

イグスリ 胃薬 →12

イクセイ 育成 →8

イクセン 幾千 →38

イクタ 幾多 →38

イクタビ 幾度 →38

イクタリ 幾人 →38

イクタリュー 生田流 →14

イクダン 幾段 →38

イクツ 幾つ(～も) →64

イクツキ 幾月 →38

イクツメ, イクツメ 幾つ目 →38

イクテ, イクテ 行く手 →5

イクド 幾度 →38

イク(・)ドーオン 異口同音 →97,98

イクトセ 幾年 →38

イクニチ 幾日 →38

イクニン 幾人 →38

￣は高い部分 ¨と˙は高低が変る部分 ⌐は次が下がる符号 →は法則番号参照

イクネン 幾年 →38
イクバク 幾許(〜も無く) →38
イクビ 猪首 →4
イクヒサシク, イクヒサシク 幾久しく →69
イクブン 幾分 →61
イクモー 育毛 →8
イクヨ 幾夜 →38
イクラ ikra[露]〖食品〗 →9
イクラ 幾ら →64
イクラカ, イクラカ, イクラカ 幾らか →67
イクラグライ 幾ら位 →76
イクラモ, イクラモ 幾らも →67
イクン 遺訓, 偉勲 →8
イケ,《姓は イケ》 池 →1, 22
　　イケ・タイガ, イケノ・〜 〜大雅 →24
イケアライ 生洗い〖和服〗 →13
イケイ★ 畏敬 →8
イケイ,レン 胃痙攣 →15
イケウオ, イケウオ 生け魚 →5
イケガキ, イケガキ 生垣 →5
イケガミ 池上〖地〗 →21
イケガミセン 池上線 →14
イケコミ 生け込 →5
イケシャーシャー, イケシャーシャー 〖俗〗(〜としている) →91
イケス, イケス 生簀 →5
イケズーズーシイ★ いけ図図しい〖俗〗 →91
イケスカナイ,《新は イケスカナイ》 いけ好かない〖俗〗 →91
イケズクリ 生け作り(鯉の〜) →13
イケズミ 埋け炭 →5
イケゾンザイ 〖俗〗 →91
イケダ 池田〖地・姓〗 →21, 22
イケタ,《新は イゲタ》 井桁(模様・紋所も)》 →4

イケドリ, イケドリ, イケドリ 生け捕り →5
井桁
イケドル, イケドル 生け捕る →44
イケナイ (=悪い・駄目だ・許されない) →83
イケニエ, イケニエ 生贄 →5
イケノボー 池坊 →19
イケバナ 生花 →5
イケビ 埋け火 →5
イケブクロ 池袋〖地〗 →21
イケブネ 生け槽 →5
イケル 行ける(五分で〜, 〜口だ) →44
イケル 生ける, 活ける, 埋ける →44
　　生ける(〜屍しかばね) →63
イケン 異見, 違憲 →8
イケン 意見 →8
イゲン 威厳 →8
イケンガマシイ★ 意見がましい →96
イケンショ, イケンショ 意見書 →14
イゴ 囲碁 →7 以後(三時〜, 〜よろしく) →38, 7
イコイ, イコイ 憩(しばしの〜) →2b
イコウ 憩う →43
イコー 移行, 移項, 衣桁, 威光, 意向, 偉功, 遺稿, 遺構 →8
イコー 以降 →38
イコール equal →9
イコク, イコク 異国 →8
イコクジョーチョ 異国情緒 →15
イコクジン 異国人 →14
イコクフー 異国風 →95
イゴコチ, イゴコチ, イゴコチ 居心地 →12
イコジ, エコジ 依怙地 →14d
イコツ 遺骨 →8
イコミ 鋳込み, 射込み →5

ガギグゲゴは鼻濁音　カタカナ細字は母音の無声化　★は長音にもなる符号

イコム, イコム 鋳込む →45

イコロス,《新は イコロス》 射殺す →45

イコン,《新は イコン》 遺恨 →8

イゴン 遺言〖法律〗→8

イザ (~鎌倉,~さらば) →66

イサイ 異才,偉才,異彩 →8

イサイ 委細(~承知) →8

イザイソク 居催促 →15

イサオ 功,勲 →1

イサオシ 功,勲 →3

イサカイ, イサカイ 諍い →2b

イサカウ 諍う →43

イザカヤ, イザカヤ 居酒屋 →12

イサキ, イサキ 〖魚〗→1

イサギヨイ 潔い →54

イサギヨシ 潔し(~としない) →51

イサク 遺作 →8

イサゴ 砂 →1

イザコザ (~が絶えない) →3

イザサカ,《新は イササカ》 聊か →55

イザシラズ いざ知らず →98

イザナイ, イザナイ 誘い →2b

イザナウ 誘う →46

イサマジ★ 勇ましい →53

イサミ 勇み →2

イサミアシ, イサミアシ 勇み足 →12

イサミタツ 勇み立つ →45

イサミハダ 勇み肌 →12

イサム,《新は イサム》 勇む,諫む →43

イサム 勇〖男名〗→23

イサメ, イサメ 諫め →2

イサメル, イサメル 諫める →44

イザヨイ 十六夜(人も) →2,23

イザヨイニッキ 十六夜日記 →15

イザリ 蹙 →2

イサリビ, イサリビ 漁り火 →12

イサリブネ 漁り船 →12

イザル, イザル 蹙る →45

イサン 違算,胃散,胃酸,遺産 →8

イサンカタ 胃酸過多 →15

イサンソーゾク 遺産相続 →15

イシ 縊死,医師,意思,意志,遺子 →7

イシ 石 →1

イジ 維持,遺児 →7

イジ 意地 →7

イシアタマ 石頭 →12

イシイ 石井〖姓〗→22

イシウス, イシウス 石臼 →4

イシカイ, イシカイ 医師会 →14c

イシガキ 石垣 →4

イシガキジマ 石垣島 →12

イシガケ 石崖 →4

イシガッセン 石合戦 →15

イシガメ 石亀(~のじだんだ) →4

イシカリ 石狩〖地〗→21

イシカリガワ 石狩川 →12

イシカワ 石川〖地・姓〗→21,22

　~(・)ゴエモン ~五右衛門 →26,27

　~(・)タクボク ~啄木 →24,27

イシカワケン 石川県 →14

イシキ 意識(~不明) →8

イシキアテ 居敷当て〖着物〗→13

イジキタナイ 意地汚い →54

イシキテキ 意識的 →95

イシキ(・)フメイ★ 意識不明 →15

イシク 石工 →7

イシグミ, イシグミ 石組み →5

イジグル 弄くる →44

イシクレ, イシクレ 石塊 →4

イシケリ, イシケリ 石蹴り →5

イジケル →44

イジゲン 異次元 →15

イシコ, イシコ 石粉 →4

イシコロ, イシッコロ 石(っ)塊 →94d

イシゴロモ 石衣〖菓子〗→12	イジメッコ 苛めっ子 →12d
イシジゾー 石地蔵 →15	イジメル 苛める →43
イシズエ, イシズエ 礎 →5	イシモチ, イシモチ, イシモチ 石持〖魚〗→5
イシズキ 石突き →5	イシャ 医者(〜の不養生) →7
イジズク, イジズク 意地尽 →95	イシャ 慰謝(藉) →7
イシズクリ 石造り →13	イシヤ 石屋 →94
イシズリ 石摺り →5	イシヤキイモ 石焼き芋 →12
イシダ 石田〖姓〗→22	イジャク 胃弱 →8
〜(·)ミツナリ 〜三成 →24, 27	イシヤマ 石山〖姓も〗→4, 22
イシダイ, イジダイ 石鯛 →4	イシヤマデラ 石山寺 →12
イシダタミ, 《古は イシダタミ》 石畳 →12	イシャリョー 慰謝(藉)料 →14
イシダン 石段 →8	イシュ 異種, 意趣 →7
イシツ 異質, 遺失 →8	イシュー 蝟集(〜する), 異臭 →8
イシッコロ, イシコロ 石(っ)塊 →94d	イジュー 移住 →8
イジッパリ, イジッパリ 意地っ張り →13d	イジューシャ 移住者 →14a
イシツブツ 遺失物 →14	イジューミン 移住民 →14a
イシドーマル 石童丸〖人〗→25a	イシュガエシ 意趣返し →13
イシドーロー, 《古は イシドーロー》 石灯籠 →15	イシュク 畏縮, 萎縮 →8
イシナゲ, イシナゲ, イシナゲ 石投げ →5	イシュクジン 萎縮腎 →14
イシニワ 石庭 →4	イシュツ 移出 →8
イジネンキン 遺児年金 →15	イジュツ 医術 →8
イシノマキ 石巻〖地〗→19	イシュバラシ 意趣晴らし →13
イジバイ, イシバイ 石灰 →4	イショ 医書, 遺書 →7
イシバシ 石橋〖姓も〗→4, 22	イショー 異称 →8
イジバル 意地張る →46	イショー, イショー 意匠 →8
イジヒ 維持費 →14	イショー 衣装(裳) →8
イシヒョージ 意思表示 →15	イジョー 異常, 委譲, 移譲, 異状 →8
イシブミ 碑 →4	イジョー 以上(百円〜) →38, 8
イシベ(·)キンキチ, 〜(·)キンキチ, 〜(·)キンキチ 石部金吉 →22, 25, 27	イショーアワセ 衣装(裳)合せ →13
イシヘン 石偏(=石) →8	イジョーカンソーチューイホー 異常乾燥注意報 →17
イシボトケ 石仏 →12	イジョーキショー 異常気象 →15
イジミチ 石道 →4	イショーゴノミ 衣装(裳)好み →13
イシムロ 石室 →4	イジョージンカク 異常人格 →15
イジメ 苛め →2	イジョージンリ 異常心理 →15
	イショートーロク 意匠登録 →15
	イショーバコ 衣装(裳)箱 →12a
	イショーブ 衣装(裳)部 →14a

イジョー──イセタン

イジョーフ 偉丈夫 →15	イスパニア, イスパニア(アはヤとも) España〖西〗〖国〗→21
イショーモチ 衣装(裳)持ち →13a	イズハントー 伊豆半島 →15
イショク 委嘱, 移植, 異色 →8	イズマイ, イズマイ 居住まい →12
イショク 衣食 →18	イズミ,《古は イズミ, イズミ》 泉 →1
イジョク 居職 →8	イズミ 和泉(〜の国) →21
イショクゴテ 移植鏝 →12	イズミ・キョーカ,《古は 〜(·)キョーカ》, イズミキョーカ 泉鏡花 →22, 24, 27
イショクサク, イショクサク 異色作 →14c	
イショクジュー, イショクジュー 衣食住 →17	イズミシキブ 和泉式部〖人〗→15
イショクシュジュツ 移植手術 →15	イズミシキブニッキ 和泉式部日記 →15
イショク(·)ドーゲン 医食同源 →97, 98	イズミネツ 泉熱 →14
イジラジィ★ →52	イズミリュー 和泉流 →14
イジル 弄る →43	イズム ism →9
イシワタ 石綿 →4	イズモ 出雲(〜の国, 〜の神) →21
イジワル, イジワル 意地悪 →5	イズモダイシャ 出雲大社 →15
イジワルイ 意地悪い →54	イズモフドキ 出雲風土記 →17
イシン 威信 →8	イスラエル Israel〖地·国〗→21
イシン 維新 →8	イスラムキョー Islam教 →14
イジン 異人(〜さん), 偉人 →8	イズレ 何れ(〜も·は, 〜行く) →64, 61
イシン(·)デンシン 以心伝心 →97,98	イスワリ 居座(坐)り →13
イス 椅子 →7	イスワル 居座(坐)る →45
イズ,《古は イズ とも》 伊豆(〜の国) →21	イセ 伊勢〖地·姓〗→21, 22
イズ 出ず〖文語〗→42, 89	イセイ★ 異性, 異姓, 威勢 →8
イスー, イスー 異数 →8	イセイ★ 以西(東京〜) →8
イスカ 鶍(イスカノハシ 〜の嘴) →1,99	イセイカツ 衣生活 →15
イズク, イズク 何処 →64	イセイシャ 為政者 →14b
イスクマル 居竦まる →45	イセエビ, イセエビ 伊勢海老 →4
イスクメル, イスクメル 射竦める →45	イセオンド 伊勢音頭 →15
イズクンゾ 焉んぞ →67	イセキ 移籍, 遺跡 →8
イズコ, イズコ 何処 →64	イセコミ いせ込み〖裁縫〗→5
イズシチトー 伊豆七島 →39	イセサキ, イセザキ 伊勢崎〖地·織物〗→21
イスセキ, イスセキ 椅子席 →14	イセサキセン 伊勢崎線 →14
イスタンブール Istanbul〖地〗→21	イセジングー, イセジングー 伊勢神宮 →15
イズツ,《古は イズツ》 井筒 →4	イセタン 伊勢丹〖デパート〗→28

― は高い部分　 ˙˙˙ と ˙˙˙ は高低が変る部分　˥ は次が下がる符号　→ は法則番号参照

イセツ──イタシカ

イセツ 異説 →8	イソベ 磯辺 →4
イセマイリ 伊勢参り(オイセマイリ 御〜) →13, 92	イソベマキ 磯辺巻 →13
イセモノガタリ 伊勢物語 →12	イソン, イゾン 依存 →8
イセン 医専<イガク・センモンガッコー, イガクセンモンガッコー 医学専門学校 →10, 97, 99	イゾン 異存 →8
イセン, イセン 緯線 →8	イタ 板 →1
イゼン 依然(〜として) →56	イタイ 異体, 遺体 →8
イゼン 以前(十日〜, 〜のことで) →38, 8	イタイ 痛い イタカッタ, イタク, イタクテ, 《新は イタクテ》, イタケレバ, イタシ →52
イゼンケイ★ 已然形 →14	イダイ 偉大 →8 医大<イカダイガク 医科大学 →10, 15
イソ 磯 →1	イタイイタイビョー 痛い痛い病 →14
イソイソ (〜する, 〜と) →57	イタイケ, イタイケ 幼気(〜な) →93
イソー 位相 →8	イタイジ, イタイジ 異体字 →14
イゾー 遺贈 →8	イタイタシイ★ 痛痛しい →53
イソーガイ 意想外 →14a	イタウラ 板裏<イタウラゾーリ 板裏草履 →4, 15
イソーロー, 《新は イソーロー》 居候 →2	イタガキ・ダイスケ 板垣退助 →22, 25
イソガシイ★ 忙しい →53	イタガコイ 板囲い →13
イソガス 急がす →44	イタガネ 板金 →4
イソガセル 急がせる →83	イタカベ, イタカベ 板壁 →4
イソギ 急ぎ(オイソギ 御〜) →2, 92	イタガミ 板紙 →4
イソギアシ 急ぎ足 →12	イタガラス 板 glas〔蘭〕 →16
イソギモノ, イソギモノ, イソギモノ 急ぎ物 →12	イタガル 痛がる →96
イソギンチャク 磯巾着〚動〛 →15	イタキレ 板切れ →4
イソグ 急ぐ イソガナイ, イソゴー, イソギマス, イソイデ, イソゲバ, イソゲ →43	イタク 委託, 依託 →8
	イタク 痛く・甚く(=非常に) →61
イゾク 遺族 →8	イダク 抱く, 懐く →43
イソクサイ 磯臭い →54	イタクカコー 委託加工 →15
イソジ, イソジ, 《古は イソジ》 五十路 →33	イタクシャ, イダクシャ 委託者 →14c
イソシム 勤しむ →44	イタクハンバイ 委託販売 →15
イソズタイ 磯伝い →13	イタケダカ, イタケダカ 居丈高(〜に) →13
イソズリ 磯釣り →5	イタゴ 板子(〜一枚下) →4
イソチドリ 磯千鳥 →12	イタサ 痛さ →93
イソップ Aesop〚人〛 →23	イタザイ, イタザイ 板材 →8
	イタシカタ 致し方(〜無い) →95

ガギグゲゴは鼻濁音　カタカナ細字は母音の無声化　★は長音にもなる符号

イタシカ——イタリー　44

イタシカユシ, イタシ・カユシ　痛し
　痒し(～で) →99, 97
イタジキ　板敷 →5
イタジキリ　板仕切り →13
イタス, イタス　致す →44
イダス　出だす →44
イタズラ　徒(～に) →55　悪戯 →3
イタズラガキ　悪戯書き →13
イタズラコゾー　悪戯小僧 →15
イタズラザカリ　悪戯盛り →12
イタズラッコ　悪戯っ児 →12d
イタズラデンワ　悪戯電話 →15
イタズラボーズ　悪戯坊主 →15
イタズラモノ　悪戯者 →12
イタゾーリ　板草履 →15
イタダキ　頂 →2
イタダキモノ　戴き物 →12
イタダク　頂く, 戴く　イタダカナイ,
　イタダコー, イタダキマス, イタダ
　イテ, イタダケバ, イタダケ →43
イタダケル　戴ける(これは～。イタダ
　ケナイ　戴けない) →44, 83
イタタマラナイ, イタタマレナイ
　→83
イタチ,《古は イタチ》 鼬 →1
イタチゴッコ　鼬ごっこ →95
イタチノミチ　鼬の道 →19
イタチョコ　<板 chocolate →10
イタッキ, イタズキ　労 →2d
イタツキ　板付き〖歌舞伎〗 →5
イタッテ, イタッテ　至って(～丈夫)
　→67
イタデ　痛手 →5
イダテン　韋駄天<イダテンバシリ
　韋駄天走り →10, 13
イタド　板戸 →4
イタドリ, イタドリ　虎杖〖植〗
イタノマ　板の間 →19
イタノマカセギ　板の間稼ぎ →13

イタバ　板場 →4
イタバサミ　板挟み →13
イタバシ　板橋〖地〗 →21
イタバシク, イタバシク　板橋区
　→14c
イタバリ　板張り →5
イタビサシ　板庇 →12
イタブキ　板葺き →5
イタブキヤネ　板葺屋根 →12
イタベイ, イタベイ　板塀 →8
イタマエ　板前(～さん) →4
イタマシイ　痛ましい →53
イタマル　炒まる〖新語〗 →44
イタミ　伊丹〖地〗 →21
イタミ　痛み, 傷み →2
イタミイル, イタミイル,《古・強は イ
　ダミイル》 痛み入る →45
イタミドメ　痛み止め →13
イタム　痛む, 傷む, 悼む　イタマナ
　イ, イタモー, イタミマス, イタン
　デ, イタメバ, イタメ →44
イタメ　板目 →4
イタメガミ　板目紙 →12
イタメツケル, イタメツケル,《古・強
　は イタメツケル》 痛め付ける →45
イタメモノ, イタメモノ　炒め物 →12
イタメル　痛める, 傷める, 炒める, 撓め
　る　イタメナイ, イタメヨー, イタ
　メマス, イタメテ, イタメレバ, イ
　タメロ →44
イタヤネ, イタヤネ　板屋根 →12
イタラヌ, イタラヌ　至らぬ(～子)
　→42
イタリ, イタリ　至り(若気の～) →2
イタリア, イタリヤ　Italia〖伊〗〖国〗
　→21
イタリアゴ, イタリヤゴ　Italia 語〖伊〗
　→14
イタリー　Italy〖国〗 →21

￣ は高い部分　¨ と ¨ は高低が変る部分　｢は次が下がる符号　→は法則番号参照

イタリッ──イチゴー

イタリック italic →9
イ**タ**ル, イ**タ**ル 至る,到る →43
イ**タ**ルトコロ, イ**タ**ルトコロ 至る所 →19
イ**タ**レリ・ツクセリ, イ**タ**レリツクセリ 至れり尽くせり →97,99
イ**タ**ワサ 板山葵 →10
イ**タ**ワジィ★ 労しい →53
イ**タ**ワリ, イ**タ**ワリ, イ**タ**ワリ 労り →2
イ**タ**ワル 労る →44
イ**タ**ン 異端 →8
イ**ダ**ンシャ 異端者 →14a
イチ 市 →1 位置 →7
イチ 一,壱 →30
……いち …一…市〖男名〗→25
イ**チ**アン 一案(それも〜だ) →34
イ**チ**アン 一案(=第一の案) →34
イ**チ**イ 一意(〜専心),一位,一尉〖階級〗→34
イ**チ**イタイスイ 一衣帯水 →98
イ**チ**イチ 一一 →39,68
イ**チ**イン, イ**チ**イン 一因,一員 →34
イ**チ**インセイ★ 一院制 →14
イ**チ**ウ 一宇 →34
イ**チ**エン 一円(〜・二円) →34
イ**チ**エン, イ**チ**エン 一円(村〜に) →8
イ**チ**エンダマ 一円玉 →12
イ**チ**オー 一応 →62
イ**チ**オク 一億 →31
イ**チ**ガイニ, イ**チ**ガイニ 一概に →67
イ**チ**ガツ, 《副詞的には イ**チ**ガツ》一月 →34,62
イ**チ**カ(・)バ**チ**カ 一か八か →97,98
イ**チ**ガヤ, 《古は イ**チ**ガヤ》市ヶ谷〖地〗→19
イ**チ**カワ 市川〖地・姓〗→21,22c
 〜・エ**ビ**ゾー 〜海老蔵 →25
 〜(・)エ**ン**ノスケ 〜猿之助 →26,27

 〜・サ**ダ**ンジ 〜左団次 →25a
 〜(・)**ダ**ンジューロー 〜団十郎 →26,27
イ**チ**ガン 一丸(〜となって) →34
イ**チ**ガンレフ <一眼 reflex →16
イ**チ**ギ 一義,一議 →34
イ**チ**ギョー, イ**チ**ギョー 一行〖名詞的〗(〜に書く) →34
イ**チ**ギョー, イ**チ**ギョー 一行〖副詞的〗(〜書く) →62
イ**チ**ク 移築 →8
イ**チ**グー, イ**チ**グー 一隅 →34
イ**チ**クミ, イ**チ**グミ 一組 →33c
イ**チ**グン, イ**チ**グン 一軍《野球は イ**チ**グン》,一群 →34
イ**チ**ゲイ★, イ**チ**ゲイ★ 一芸 →34
イ**チ**ゲキ 一撃 →34
イ**チ**ゲン 一元,一言(〜を呈する),一見(〜の客) →34
イ**チ**ゲンイック, イ**チ**ゴンイック 一言一句 →39
イ**チ**ゲンカ, イ**チ**ゲンカ 一元化 →95a
イ**チ**ゲンキン, イ**チ**ゲンキン 一弦(絃)琴 →14a
イ**チ**ゲンコジ 一言居士 →15
イ**チ**ゲンシキ 一見識 →36
イ**チ**ゲンロン 一元論 →14a
イ**チ**ゴ, 《イ**チ**ゴ も許容》苺 →1
イ**チ**ゴ 一期,一語 →34
イ**チ**ゴ(・)イ**チ**エ, イ**チ**ゴイ**チ**エ 一期一会 →39
イ**チ**コー, イッコー 一高<第一高等学校 →10
イ**チ**ゴー 一号 →34
イ**チ**ゴー, 《新は イ**チ**ゴー》一合〖名詞的〗(〜を買う) →34
イ**チ**ゴー 一合〖副詞的〗(〜買う) →62
イ**チ**ゴーマス 一合升(枡) →12a

ガギグゲゴは鼻濁音　カタカナ細字は母音の無声化　★は長音にもなる符号

イチゴガ──イチニカ　46

イチゴガリ　苺狩 →13	**イチジン, イチジン**　一陣(**イチジンノカゼ** 〜の風) →34, 98
イチゴミルク　苺 milk →16	**イチジンブツ**　一人物 →36
イチコロ　一ころ〘俗〙(〜だ) →10	**イチズ**　一途(〜に) →34
イチゴン, イチゴン　一言 →34	**イチズケ, イチズケ**　位置付け →5
イチゴンイック　一言一句 →39	**イチズケル**　位置付ける →46
イチゴンハンク　一言半句 →39	**イチゼン**　一膳 →34
イチザ　一座 →34	**イチゼンメシ**　一膳飯 →12a
イチジ　一字, 一次, 一事, 一時 →34	**イチゼンメシヤ**　一膳飯屋 →94
イチジアズカリ　一時預り →13	**イチゾク**　一族 →34
イチジアズケ　一時預け →13	**イチゾン, イチゾン**　一存 →34
イチジイック　一字一句 →39	**イチダ**　一打 →31
イチジカン　一時間 →36	**イチダイ**　一代, 一台 →34
イチジカンメ　一時間目 →38	**イチダイキ**　一代記 →14b
イチジキ　一時期 →36	**イチダイジ**　一大事 →15
イチジキン, イチジキン　一時金 →14	**イチダイハッケン**　一大発見 →15
イチジク　無花果	**イチダン**　一段〘副〙(=一層。〜と) →62
イチジシケン　一次試験 →15	**イチダン, イチダン**　一団 →34
イチジシノギ　一時凌ぎ →13	**イチダン, イチダン**　一段〘数〙(〜・二段) →34
イチジダイ　一時代 →36	**イチダンラク**　一段落 →36
イチシチニチ　七日(=初七日) →39	**イチド**　一度〘温度・角度・経緯度など〙(熱が〜高い) →34
イチジツ　一日〘名詞的〙(〜に行く) →34	**イチド**　一度〘名詞的〙(=一回。〜で読む) →34
イチジツ　一日〘副詞的〙(〜行く) →62	**イチド**　一度〘副詞的〙(=一回。〜読む) →62
イチジテキ　一時的 →95	**イチドー, イチドー**　一堂(〜に会する), 一道 →34
イチジニ　一時に(〜笑う) →67	**イチドー, イチドー**　一同(家内〜) →34
イチジノガレ　一時逃れ →13	**イチドキニ**　一時に →67
イチジバライ　一時払い →13	**イチドク**　一読 →34
イチジュ　一樹(〜の陰) →34	**イチドナラズ, イチドナラズ**　一度ならず(〜二度までも) →98, 99
イチジュー(・)イッサイ, イチジューイッサイ　一汁一菜 →39	**イチドニ**　一度に →67
イチジュン　一巡, 一旬 →34	**イチドモ**　一度も →67
イチジョ　一助, 一女 →34	**イチナン**　一難, 一男 →34
イチジョー, イチジョー　一城, 一場 →34	**イチニ, イチニ**　一二(〜を争う) →39
イチジョー　一丈 →34　一条〘地・姓も〙→34, 21, 22	**イチニカイ**　一二回 →39
イチジョー, 《新は イチジョー》　一畳, 一帖 →34	
イチジルシイ★　著しい →54	

‾は高い部分　…と…は高低が変る部分　⌐は次が下がる符号　→は法則番号参照

47　　　　　　　　　　　　　　　イチニカ ── イチブン

イチニカゲツ　一二箇月 →39
イチニサツ　一二冊 →39
イチニジカン　一二時間 →39
イチニチ　一日〖名詞的〗(〜がたつ)
　→34
イチニチ　一日〖副詞的〗(〜たつ) →62
イチニチイチヤ　一日一夜 →39
イチニチオキ, イチニチオキ　一日置
　き(〜に) →38
イチニチシゴト　一日仕事 →12
イチニチ(・)センシュー, イチジツ(・)セ
　ンシュー　一日千秋 →39
イチニチノバシ　一日延ばし →13
イチニチマシ, イチニチマシ　一日増
　し(〜に) →38
イチニド　一二度 →39
イチニネン　一二年 →39
イチニヘン　一二遍 →39
イチニホン　一二本 →39
イチニン　一任 →34
イチニン　一人 →34
イチニンシャ　一人者 →14a
イチニンショー　一人称 →14a
イチニンマエ　一人前(〜だ) →38
イチネン　一年 →34
イチネン, イチネン　一念 →34
イチネンジュー　一年中 →95
イチネンセイ★　一年生〖植物〗 →14
イチネンセイ★　一年生(中学の〜)
　→14a
イチネンセイ★ソーホン　一年生草本
　→15
イチネンソー　一年草〖植物〗 →14
イチネンブリ, イチネンブリ　一年振
　り →38
イチネンボーズ　一年坊主 →15
イチネンホッキ, イチネンホッキ　一
　念発起 →98,99
イチネンメ　一年目 →38

イチノー　一能 →34
イチノゼン　一の膳 →19
イチノタニ　一ノ谷〖地〗 →19
イチノトリ,《新は イチノトリ, イチ
　ノトリ》　一の酉 →19
イチノトリイ　一の鳥居 →19
イチノミヤ　一宮《地も》 →19
イチバ, イチバ　市場 →4
イチバイ　一倍 →34
イチハツ　一八・鳶尾〖植〗
イチハヤク　逸速く →67
イチハラ, イチハラ　市原〖地〗 →21c
イチバン　一番〖副〗(=最も。〜強い)
　→62　一番<一番列(電)車 →10
イチバン　一番(碁を〜, 謡曲, 結びの
　〜, 成績が〜) →34　一番〖副〗(=試み
　に。〜当ってみる) →62
イチバンクビ　一番首 →12a
イチバンダイコ　一番太鼓 →15
イチバンダシ　一番出汁 →12a
イチバンチャ　一番茶 →14a
イチバンデシ　一番弟子 →15a
イチバンデンシャ　一番電車 →15
イチバンドリ　一番鶏 →12a
イチバンノリ　一番乗り →13a
イチバンボシ　一番星 →12a
イチバンメ　一番目 →38
イチバンヤリ　一番槍 →12a
イチヒメ(・)ニタロー　一姫二太郎 →39
イチビョー, イチビョー　一病(〜息災)
　→34
イチビョー　一秒 →34
イチブ　一分<一分金・一分銀 →10
イチブ　一分, 一部 →34
イチブイチリン　一分一厘 →39
イチブシジュー　一部始終 →15
イチブブン　一部分 →36
イチブン, イチブン　一分(〜が立たぬ)
　→8

ガギグゲゴは鼻濁音　カタカナ細字は母音の無声化　★は長音にもなる符号

イチベツ──イチリツ　48

イチベツ 一瞥 →34
イチベツイライ 一別以来 →38
イチボー 一望 →34
イチボク 一木(〜一草) →34
イチマイ 一枚 →34
イチマイカンバン 一枚看板 →15
イチマイズリ 一枚刷り →13
イチマツ 市松 →3 一抹 →34
イチマツモヨー 市松模様 →15
イチマニンギョー, イチマツニンギョー 市松人形 →15
イチマン 一万 →31
イチマンエン 一万円 →35
イチマンエンサツ 一万円札 →14a
イチマンニン 一万人 →35
イチミ 一味(〜徒党) →34
イチミャク 一脈(〜通じる) →34
イチムラ 市村〚姓〛 →22
　〜・ウザエモン 〜羽左衛門 →22, 26
イチムラザ 市村座 →14
イチメイ 一名(〜・二名) →34
イチメイ, イチメイ 一名(=別名), 一命 →34
イチメガサ 市女笠 →12
イチメン 一面(空〜に, 〜の真理, 〜火の海) →34, 62
イチメン, イチメン 一面(〜では, 鏡〜) →34
イチメンシキ 一面識 →36
イチモー 一毛(九牛の〜) →34
イチモーサク 一毛作 →14a
イチモーダジン, イチモー(・)ダジン 一網打尽 →98, 97
イチモク, イチモク 一目(〜置く) →34
イチモクサン 一目散 →14c
イチモクリョーゼン, イチモク(・)リョーゼン 一目瞭然 →98, 97
イチモツ 逸物 →8 一物(腹に〜)

→34
イチモン 一文, 一門 →34
イチモン, イチモン 一問 →34
イチモン(・)イットー, イチモンイットー 一問一答 →39
イチモンオシミ 一文惜しみ →13
イチモンジ, イチモンジ 一文字 →36
イチモンセン 一文銭 →14
イチモンナシ 一文無し →13a
イチモンメ 一匁〚名詞的〛(〜を買う) →33
イチモンメ 一匁〚副詞的〛(〜買う) →62
イチヤ 一夜 →34
イチヤク, イチヤク 一躍 →34
イチヤコジキ 一夜乞食 →15
イチヤヅケ 一夜漬 →13
イチャック 〚俗〛 →96
イチャモン 〚俗〛(〜をつける) →10
イチュー, イチュー 意中(〜の人) →8
イチョ 遺著 →7
イチョー 胃腸 →18 銀杏 →7
イチョー イ調, 医長 →8
イチヨー 一様 →34
イチヨー, イチヨー, 《人は イチヨー》 一葉 →34, 23
イチョーガエシ 銀杏返し〚髪〛 →13
イチョービョー 胃腸病 →14
イチョーヤク 胃腸薬 →14a
イチヨーライフク, イチヨー(・)ライフク 一陽来復 →98, 97
イチヨク 一翼(〜をになう) →34
イチラン 一覧 →34
イチランセイ 一卵性 →14
イチランヒョー 一覧表 →14
イチリ 一利(〜一害), 一理, 一里 →34
イチリズカ 一里塚 →12
イチリツ 市立 →8 一律 →34

￣は高い部分　‥と…は高低が変る部分　﹁は次が下がる符号　→は法則番号参照

イチリュー 一流 →34	**イツー** 胃痛 →8
イチリョー 一両(輛)〖車〗 →34	**イッカ** 一過,一家,一荷 →34
イチリョー, イチリョー 一両〖名詞的〗(～で買う) →34	**イツカ** 何時か(～は) →67
イチリョー, イチリョー 一両〖副詞的〗(～買う) →62	**イツカ, イツカ** 五日〖名詞的〗(～に行く) →33
イチリョージツ 一両日 →39	**イツカ** 五日〖副詞的〗(～行く) →62
イチリョーネン 一両年 →39	**イッカイ** 一回〖名詞的〗(～で終る) →34
イチリン 一輪,一厘 →34	**イッカイ** 一回〖副詞的〗(～終る) →62 一介,一塊,一階 →34
イチリンザシ 一輪挿し →13	**イッカイセン** 一回戦 →14b
イチリンシャ 一輪車 →14a	**イッカイブン, イッカイブン** 一回分 →38b
イチル 一縷(～の望み) →34	**イッカク, イッカク** 一角,一画,一郭 →34
イチルイ 一類 →34	**イッカクジュー** 一角獣 →14
イチルイ, イチルイ 一塁 →34	**イッカク(・)センキン,《新は イッカクセンキン》** 一攫千金 →39
イチルイシュ 一塁手 →14b	**イッカゲツ** 一箇月 →39
イチレイ★ 一礼,一例 →34	**イッカゲン** 一家言 →14
イチレツ, イチレツ,《新は イチレツ》 一列 →34	**イッカジュー** 一家中 →14
イチレン 一連(聯)(～の詩) →34	**イッカショ** 一箇所 →39
イチレン 一連(紙～) →34	**イッカシンジュー** 一家心中 →15
イチレンタクショー, イチレン(・)タクショー 一蓮托生 →97,98	**イッカ(・)ダンラン** 一家団欒 →97,98
イチレンバンゴー 一連番号 →15	**イッカツ** 一括,一喝 →34
イチロ 一路 →34	**イッカネン** 一箇年 →39
イチロー 一浪<一年浪人 →10	**イッカン, イッカン** 一管(笛～),一環 →34
イチロー, イチロー 一郎・市郎〖男名〗 →25	**イッカン** 一巻(第～),一貫〖名詞的〗(～を買う) →34
……イチロー, ……イチロー …一郎・…市郎(**ジュンイチロー, ジュンイチロー** 潤一郎) →26	**イッカン** 一貫〖副詞的〗(～買う) →62
イチロクギンコー 一六銀行 →15	**イッカンキョーイク** 一貫教育 →15
イチロクショーブ 一六勝負 →15	**イッカンサギョー** 一貫作業 →15
イチワ 一羽 →33	**イッカンスル** 一貫する →48
イチワリ 一割 →33	**イッカンセイ★** 一貫性 →14
イチニチ 一日〖名詞的〗(～がたつ) →34d	**イッカンバリ** 一閑張 →13
イチニチ 一日〖副詞的〗(～たつ) →62d	**イッキ** 一揆,一季,一基(墓～),一期,一騎,一気(～に) →34
イツ 何時 →64 五つ(～・むう) →30	**イッキ(・)イチユー** 一喜一憂 →39
イツ, イツ 一・壱(～に, ～は…) →30	

ガギグゲゴは鼻濁音　カタカナ細字は母音の無声化　★は長音にもなる符号

イッキウ──イツザイ　　50

イッキウチ 一騎討ち →13	イッケン 一見,一件(=例の件),一犬(〜虚にほえ) →34
イッキ(・)カセイ* 一気呵成 →97,98	イッケン, イッケン 一間 →34
イッキク 一掬(〜の涙) →34	イッケン 一件・一軒・一県〚数〛 →34
イッキ(・)トーセン 一騎当千 →39	イッケンシキ, イチケンシキ 一見識 →36
イッキャク 一脚〚名詞的〛(〜を買う) →34	イッケンマエ 一軒前 →38
イッキャク 一脚〚副詞的〛(〜買う) →62	イッケンヤ 一軒家 →12a
イッキュー 一級 →34	イッコ 一己,一顧,一戸,一個 →34
イッキュー 一休〚人〛 →24	イッコー 一考,一校(=初校) →34　一向(〜に) →62
イッキューシュ, イッキューシュ 一級酒 →14a	イッコー, イチコー 一高<第一高等学校> →10
イッキューヒン, イッキューヒン 一級品 →14a	イッコー, イッコー 一校〚学校〛 →34
イッキョ 一挙(〜に) →34	イッコー, イッコー 一行 →34
イッキョ(・)イチドー 一挙一動 →39	イッコーシュー 一向宗 →14a
イッキョー 一驚,一興 →34	イッコク, イッコク 一刻(〜を争う,彼は〜だ),一国 →34
イッキョク 一曲・一局〚名詞的〛(〜を楽しむ) →34	イッコク 一石〚名詞的〛(〜を買う) →34
イッキョク 一曲・一局〚副詞的〛(〜楽しむ) →62	イッコク 一石〚副詞的〛(〜買う) →62
イッキョクシューチュー 一極集中 →98	イッコク(・)イチジョー, イッコクイチジョー 一国一城 →39
イッキョシュ・イットーソク 一挙手一投足 →39	イッコク(・)ゼンキン,《新は イッコクゼンキン》 一刻千金 →39
イッキョ(・)リョートク 一挙両得 →39	イッコクモノ, イッコクモノ 一刻者 →12
イッキン 一斤 →34	イッコジン 一個人 →36
イック 一区,一句 →34	イッコダテ 一戸建て →14
イック,《古は イック》 一九〚人〛 ⇨ジッペンシャ〜	イツゴロ 何時頃 →4
イツク, イツク, イツク 居着く →45c	イッコン 一献(〜差し上げる) →34
イツクシマ 厳島 →12	イッサ 一佐〚階級〛 →34
イツクシマジンジャ 厳島神社 →15	イッサ,《古は イッサ》 一茶〚人〛⇨コバヤシ〜
イツクシミ,《古は イツクシミ》 慈しみ →2	イッサイ 一菜,一再(〜ならず) →34
イツクシム 慈しむ →44	イッサイ 一歳 →34
イッケ 一家 →34	イッサイ,《古は イッサイ》 一切 →34
イッケイ* 一系,一計 →34	イツザイ 逸材 →8
イッケツ 溢血 →8　一決 →34	

￣は高い部分　…と…は高低が変る部分　「は次が下がる符号　→法則番号参照

イ<u>ッサイ</u>ガッサイ　一切合切　→68	イ<u>ッショ</u>　一書　→34　逸書　→7
イ<u>ッサイ</u>キョー　一切経　→14	イ<u>ッショー</u>　一笑, 一生, 一勝, 一将(～功
イ<u>ッサク</u>　一昨(～十日)　→63	成って)　→34
イ<u>ッサク</u>, イ<u>ッサク</u>　一策　→34	イ<u>ッショー</u>　一升　→34
イ<u>ッサク</u>ジツ　一昨日　→14	イ<u>ッショー</u>ガイ　一升買い　→13a　一
イ<u>ッサク</u>ネン, イ<u>ッサク</u>ネン　一昨年	生涯　→15
→14	イ<u>ッショー</u>ケンメイ★　一生懸命　→15,
イ<u>ッサク</u>バン　一昨晩　→14	62
イ<u>ッサク</u>ヤ, イ<u>ッサク</u>ヤ　一昨夜　→14	イ<u>ッショー</u>ザケ　一升酒　→12a
イ<u>ッサツ</u>　一冊・一札〚名詞的〛(～を入れ	イ<u>ッショー</u>ビン　一升瓶　→14a
る)　→34	イ<u>ッショー</u>マス　一升枡　→12a
イ<u>ッサツ</u>　一冊・一札〚副詞的〛(～入れ	イ<u>ッショク</u>　一色・一食〚名詞的〛(～にす
る)　→62	る)　→34
イ<u>ッサン</u>　一山(～の大衆_{だいしゅ})　→34	イ<u>ッショク</u>　一色・一食〚副詞的〛(～抜
イ<u>ッザン</u>　一散(～に)　→8	く)　→62
イ<u>ッサン</u>カダンソ　一酸化炭素　→15	イ<u>ッショク</u>(·)ヅクハツ　一触即発
イ<u>ッサン</u>バシリ　一散走り　→13	→97, 98
イ<u>ッシ</u>　一矢(～を報いる), 一糸, 一死,	イ<u>ッショク</u>タ　一緒くた〚俗〛　→95
一指, 一枝, 一子, 一士〚階級〛　→34	イ<u>ッショ</u>ケンメイ★　一所懸命　→15, 62
イ<u>ツ</u>シカ　何時しか　→67	イ<u>ッシン</u>　一新, 一審　→34
イ<u>ッシキ</u>, イ<u>ッシキ</u>　一式　→34	イ<u>ッジン</u>　一心, 一身　→34
イ<u>ッシ</u>(·)ソーデン　一子相伝　→97, 98	イ<u>ッシン</u>(·)イッタイ, イ<u>ッシン</u>イッタ
イ<u>ッシツ</u>, イ<u>ッシツ</u>　一室　→34	イ　一進一退　→39
イ<u>ッシ</u>(·)ドージン　一視同仁　→97, 98	イ<u>ッシン</u>キョー　一神教　→14
イ<u>ッシャク</u>　一尺・一勺〚名詞的〛(～を買	イ<u>ッシン</u>ジョー　一身上　→14
う)　→34	イ<u>ッシン</u>タスケ, イ<u>ッシン</u>(·)タスケ
イ<u>ッシャク</u>　一尺・一勺〚副詞的〛(～買	一心太助　→34, 25, 27
う)　→62	イ<u>ッジン</u>トー　一親等　→17
イ<u>ッシャ</u>・センリ, イ<u>ッシャ</u>センリ	イ<u>ッジン</u>(·)ドータイ　一心同体　→97,
一瀉千里　→39	98
イ<u>ッシュ</u>　一種, 一首(歌～)　→34	イ<u>ッシン</u>フラン　一心不乱　→98
イ<u>ッシュー</u>　一週, 一周, 一蹴　→34	イ<u>ッスイ</u>　一睡(～もしない)　→34
イ<u>ッシュー</u>カン　一週間　→17	イ<u>ツ</u>ズケ　居続け　→13
イ<u>ッシュー</u>キ　一周忌　→17	イ<u>ッスル</u>, イ<u>ッスル</u>　逸する　→48
イ<u>ッシュー</u>ネン　一周年　→17	イ<u>ッスン</u>　一寸〚名詞的〛(～に切る)
イ<u>ッシュク</u>(·)イッパン　一宿一飯　→39	→34
イ<u>ッシュン</u>　一瞬(～に)　→34	イ<u>ッスン</u>　一寸〚副詞的〛(～切る)　→62
イ<u>ッシュン</u>カン　一瞬間　→14a	イ<u>ッスン</u>サキ, イ<u>ッスン</u>サキ　一寸先
イ<u>ッショ</u>　一緒　→7	(～は闇_{やみ})　→12a

ガギグゲゴは鼻濁音　　カタカナ細字は母音の無声化　　★は長音にもなる符号

イッスン──イツツ　　　52

イッスンノガレ　一寸逃れ →13	イッソク　一足〘副詞的〙(〜買う) →62
イッスンボーシ，《新は イッスンボーシ，古は イッスンボシ》　一寸法師 →15	逸足 →8
	イッソクトビ，イッソクトビ　一足飛び →13c
イッセ，《新は イッセ》　一世(親子は〜) →34	イッソノコト　いっその事 →69
イッセ　一畝 →33	イツヤ　何時ぞや →67
イッセイ↓　一声 →34　一斉 →62	イッタイ　一帯，一隊 →34　一体 →34, 62
イッセイ↓，イッセイ↓　一世(〜を風靡（ふうび）) →34	イッタイカン　一体感 →14b
イッセイ↓，《新は イッセイ↓》　一世(〜・二世) →34	イッタイゼンタイ，イッタイゼンタイ　一体全体 →68
イッセイキ　一世紀 →36	イツダツ　逸脱 →8
イッセイ↓シャゲキ　一斉射撃 →15	イッタン　一旦 →62
イッセ(・)イチダイ，《新は イッセ・イチダイ》　一世一代 →39	イッタン　一反，一段 →34
	イッタン，イッタン　一端 →34
イッセキ　一石・一勺・一隻・一席〘名詞的〙(〜になる) →34	イッチ　一致 →7
	イッチ(・)ダンケツ　一致団結 →97, 98
イッセキ　一石・一勺・一隻・一席〘副詞的〙(〜ある)，一夕(〜宴を設ける) →62	イッチテン　一致点 →14
	イッチ(・)ハンカイ，イッチハンカイ　一知半解 →39
イッセキニチョー，イッセキニチョー　一石二鳥 →39	イッチャク　一着〘名詞的〙(〜になる，〜を買う) →34
イッセツ，イッセツ　一節，一説 →34	イッチャク　一着〘副詞的〙(〜買う) →62
イッセツナ　一刹那 →36	イッチュー　一中＜第一中学校 →10
イッセン，イッセン　一線 →34	イッチュー　一中＜イッチューブシ　一中節 →24, 12
イッセン　一千 →31　一銭〘名詞的〙(〜で買う) →34	イッチューヤ　一昼夜 →36
イッセン　一銭〘副詞的〙(〜買う) →62　一閃，一戦，一煎 →34	イッチョー　一朝(〜にして) →34
イッセンマン　一千万 →32	イッチョー，イッチョー　一調〘邦楽〙
イッソ　(〜死んでしまえば) →61	イッチョー　一丁，一町，一挺 →34
イッソー　一層(〜良い) →62　一掃，一双(〜の屏風（びょう）) →34	イッチョー，イッチョー　一兆 →31
	イッチョー(・)イッセキ　一朝一夕 →39
イッソー，イッソー　一層(〜・二層) →34	イッチョー(・)イッタン　一長一短 →39
イッソー　一艘，一曹〘階級〙 →34	イッチョーメ，イッチョーメ　一丁目 →38
イッソク　一足〘名詞的〙(〜を買う) →34	イッチョーラ　一張羅 →14a
	イッチョクセン　一直線 →36
	イツツ，イツツ　五つ →30

̄は高い部分　˙˙˙と˙˙˙は高低が変る部分　「は次が下がる符号　→は法則番号参照

イ

イッツイ　一対 →34	り →13

イッツイ　一対 →34
イッツー　一通〖名詞的〗(〜を書く) →34
イッツー　一通〖副詞的〗(〜書く) →62
イヅツキ　五月 →33
イツツゴ　五つ児 →33
イツツムッツ, イツツムッツ　五つ六つ →39
イツツモン　五つ紋 →34
イッテ　一手〖碁・将棋〗→33
イッテ, イッテ　一手(〜に引き受ける) →33
イッテイ★　一定 →34
イッテイジ　一丁字(目に〜ない) →14b
イッテイラッシャイ　行っていらっしゃい →49,66
イッテキ　一滴〖名詞的〗(〜を落す) →34
イッテキ　一滴〖副詞的〗(〜もらさず) →62　一擲 →34
イッテコイ　行ってこい →49
イッテツ, イッテツ　一徹 →8
イッテハンバイ　一手販売 →15
イッテマイリマス　行って参ります →49,66
イツデモ, イツデモ　何時でも →67
イッテラッシャイ　行ってらっしゃい〖俗〗→49,66d
イッテン　一転 →34
イッテン　一点〖点数。名詞的〗(〜を入れる) →34
イッテン　一点〖点数。副詞的〗(〜入れる) →62
イッテン, イッテン　一点(〜を見る, 紅〜) →34
イッテン, イッテン　一天 →34
イッテンキ　一転機 →36
イッテンバリ, イッテンバリ　一点張

イット　一兎, 一斗, 一途 →34　it(〜がある) →9
イットー　一灯, 一統, 一党 →34　一等(〜良い) →62
イットー, イットー　一等(〜・二等), 一刀 →34
イットーキカンシ　一等機関士 →17
イットーコク　一等国 →14a
イットーシャ　一等車 →14a
イットーショー　一等賞 →14a
イットーシン　一等親 →17
イットーセイ★　一等星 →14a
イットーソツ　一等卒 →14a
イットーチ　一頭地(〜を抜く) →94a
イットーヘイ★　一等兵 →14a
イットーボリ　一刀彫 →13
イットーリュー　一刀流 →14
イットー(・)リョーダン, イットー(・)リョーダン　一刀両断 →39
イットキ, イットキ, イットキ　一時〖名詞的〗(〜がたつ) →33
イットキ　一時〖副詞的〗(〜たつ) →62
イットキノガレ　一時逃れ →13
イットク, イットク　一得 →34
イットクイッシツ　一得一失 →39
イツトセ, イットセ　五年 →33c
イットダル　一斗樽 →12
イツナンドキ, イツナンドキ　何時何時 →68
イツニ, イツニ　一に →67
イツニナク, イツニナク　何時に無く →69
イツノマニカ, イツノマニカ, イツノマニカ　何時の間にか →67
イッパ　一羽 →33　一派 →34
イッパイ　一杯(=十分・限度の意。人が〜居る, 腹が〜だ) →62　一敗 →34
イッパイ　一杯(〜・二杯, 烏賊〜, 〜

ガギグゲゴは鼻濁音　カタカナ細字は母音の無声化　★は長音にもなる符号

イッパイ──イッポン　54

ひっかける、~食わせる）→34

……イッパイ　─杯（コンゲツイッパイ　今月~）→39

イッパイイッパイ　一杯一杯 →39

イッパイキゲン　一杯機嫌 →15

イッパイメシ　一杯飯 →12b

イッパイヤ　一杯屋 →94b

イッパク, イッパク　一白〖九星〗→34

イッパク　一泊〖名詞的〗→34

イッパク　一泊〖副詞的〗→62

イッパシ　（~の口をきく）→61

イッパツ　一発〖名詞的〗（~を打つ）→34

イッパツ　一発〖副詞的〗（~打つ）→62

イッパン　一飯 →34　一般（~に）→8

イッパン, イッパン　一班 →34

イッパン, イッパン　一半, 一斑 →34

イッパンウケ　一般受け →13

イッパンカイケイ　一般会計 →15

イッパンキョーイク　一般教育 →15

イッパンキョーヨー　一般教養 →15

イッパンシツモン, イッパンシツモン　一般質問 →15c

イッパンショク　一般職 →14a

イッパンジン, イッパンジン　一般人 →14a

イッパンテキ　一般的 →95

イッパントーヒョー　一般投票 →15

イッパンムキ　一般向き →13

イッパンロン　一般論 →14a

イッピ　一臂（~の力）→34

イッピキ　一匹・一疋 〖名詞的〗（~を買う）→33

イッピキ　一匹・一疋〖副詞的〗（~買う）→62

イッピキオーカミ　一匹狼 →12

イッピツ　一筆〖名詞的〗（~に書く）→34

イッピツ　一筆〖副詞的〗（~書く）→62

イッピョー　一俵 →34

イッピョー, イッピョー　一票 →34

イッピン　逸品 →8　一品 →34

イッピンリョーリ　一品料理 →15

イップイップ　一夫一婦 →39

イップー, イップー　一封（金~）, 一風（~変っている）→34

イップク　一服・一幅・一腹〖名詞的〗→34

イップク　一服・一幅・一腹〖副詞的〗→62

イツブス, 《新は イツブス》　鋳潰す →45

イップ(・)タサイ　一夫多妻 →97,98

イツブン　逸文, 逸聞 →8

イップン　一分（~・二分）→34

イッペイ　一兵 →8

イッペン, イッペン　一遍（=一通り・それだけの意。~の挨拶あいさつ）→34

イッペン　一辺, 一遍〖名詞的〗（=一度。~で読む）→34

イッペン　一遍〖副詞的〗（=一度。~読む）→62　一変（~する）→34

イッペン　一遍（イッペンショーニン ~上人）〖人〗→24, 94

イッペン, イッペン　一片, 一編（篇）→34

イッペントー　一辺倒 →14a

イッペンニ　一遍に →67

イッポ　一歩 →34

イッポイッポ　一歩一歩 →39

イッポー　一報, 一法 →34

イッポー　一方 →34

イッポーグチ, イッポーグチ　一方口 →12a

イッポーツーコー　一方通行 →15

イッポーテキ　一方的 →95

イッポン　一本（~に日おく。↔半玉）→34

￣は高い部分　˙˙˙と˙˙˙は高低が変る部分　￢は次が下がる符号　→は法則番号参照

イッポン　一本（〜・二本, 〜参る）→34	イテン　移転 →8
イッポンアシ　一本足 →12a	イデン　遺伝 →8
イッポンカ, イッポンカ　一本化 →95a	イテンサキ　移転先 →12
イッポンギ　一本気 →14a	イデンシ　遺伝子 →14a
イッポンザシ　一本差し（↔二本差し）→13	イデンシクミカエ　遺伝子組換え →98
イッポンジメ　一本締め →13	イデンシコーガク　遺伝子工学 →15
イッポンジョーシ, イッポンチョーシ　一本調子 →15	イデンシツ　遺伝質 →14a
イッポンショーブ　一本勝負 →15	イデンセイ　遺伝性 →14
イッポンスギ　一本杉 →12a	イデンビョー　遺伝病 →14
イッポンズリ　一本釣り →13	イト　糸 →1　意図 →7
イッポンダチ　一本立ち →13	イド　井戸 →4　緯度 →7
イッポンバ　一本歯 →12a	イトアヤツリ　糸操り →12
イッポンバシ　一本橋 →12a	イトウ　厭う →43
イッポンマツ　一本松 →12a	イトー　伊東〚地・姓〛→21, 22
イッポンミチ　一本道 →12a	イトー　伊藤〚姓〛→22
イッポンヤリ　一本槍 →12a	〜（・）ジンサイ　〜仁斎 →25, 27
イツマデ　何時迄（〜も）→76	〜（・）ヒロブミ　〜博文 →24, 27
イツモ　何時も →67	イトー　以東（大阪〜）→8
イツモナガラ, イツモナガラ　何時もながら →77	イドー　異動, 移動, 異同 →8
イツモノ　何時もの（〜通り）→77	イドーエンゲキ　移動演劇 →15
イツワ　逸話 →7	イドーケイサツ　移動警察 →15
イツワリ, イツワリ, イツワリ　偽り →2	イドーサツエイ　移動撮影 →15
イツワリゴト, イツワリゴト　偽り言 →12	イトーシイ　愛おしい →53
イツワル　偽る →43	イトーシム　愛おしむ →44
イデア, イデー　idea[希] →9	イドーシンコク　移動申告 →15
イデオロギー, イデオロギー　Ideologie[独] →9	イトース, イトース　射通す →45
イデタチ　出で立ち（=身なり）→5	イドーセイコーキアツ　移動性高気圧 →17
イデタツ, イデタツ　出で立つ →45	イトーヨーカドー　〚スーパーストア〛→14
イテツク,《新は イテツク》　凍てつく →45	イトオリ　糸織 →5
	イドガエ　井戸替え →5
イデユ, イデユ　出で湯 →5	イドガワ　井戸側 →4
イテル　凍てる →43	イトキリバ, イトキリバ　糸切歯 →12
	イトク　遺徳 →8
	イトク, イトク　威徳 →8
	イトクズ, イトクズ　糸屑 →4
	イトグチ　糸口（話の〜）→4
	イトクリ　糸繰り →5

ガギグゲゴは鼻濁音　カタカナ細字は母音の無声化　★は長音にもなる符号

イトグルマ　糸車　→12
イトケナイ　幼い　→54
イトコ　従兄弟,従姉妹　→4
イトコドーシ　従兄弟同士,従姉妹同士　→15
イトコニ　従兄弟煮　→13
イドコロ, イドコロ　居所　→12
イトコンニャク, イトコンニャク　糸蒟蒻　→15
イトサバキ　糸捌き　→13
イドサラエ　井戸浚え　→13
イドシ　亥年　→4
イトシイ★　愛しい　→53
イトシゴ　愛し子　→19
イトジルシ　糸印　→12
イトスギ　糸杉　→4
イトズクリ　糸作り〖料理〗　→13
イトスジ　糸筋　→4
イトズメ　糸爪　→4
イトゾコ　糸底　→4
イトタケ, イトタケ　糸竹(〜の道)　→18
イトテキ　意図的　→95
イトトリ, イトトリ　糸取り　→5
イトナミ, イトナミ, イトナミ　営み　→2
イトナム　営む　→43
イトノコ　糸鋸<糸のこぎり　→10
イドバタ　井戸端　→12
イドバタカイギ　井戸端会議　→15
イドベイ★, イドベイ★　井戸塀　→18
イトヘン　糸偏(=糸)　→8
イドホリ, イドホリ　井戸掘り　→5
イトマ, イトマ　暇　→1
イトマキ,《新は イトマキ》糸巻　→5
イトマゴイ, イトマゴイ　暇乞い　→13
イドミズ　井戸水　→12
イトミチ　糸道(〜があく)　→4
イトミミズ　糸みみず　→12

イドム　挑む　→43
イトメ, イトメ　糸目(金に〜をつけぬ)　→4
イトメル,《新は イトメル》射止める　→45
イトモ　最も　→67
イトモノ　糸物　→4
イトヤ,《新は イトヤ》糸屋　→94
イトヤナギ　糸柳　→12
イトユー　糸遊　→8
イトヨージ　糸楊枝　→15
イトワク　糸枠　→4
イトワシイ★　厭わしい　→53
イナ　鯔〖魚〗　→1
イナ　否　→66,3
イナイ　以内(トーカイナイ 十日〜)　→38
イナオリ　居直り　→13
イナオリゴートー　居直り強盗　→15
イナオル　居直る　→45
イナカ　田舎　→1
イナカクサイ, イナカックサイ　田舎(っ)臭い　→96d
イナカコトバ　田舎言葉　→12
イナカザムライ　田舎侍　→12
イナカジバイ　田舎芝居　→12
イナカジミル　田舎染みる　→96
イナカジルコ　田舎汁粉　→12
イナカズマイ　田舎住まい　→13
イナカソダチ　田舎育ち　→13
イナカッコ, イナカッコ　田舎っ子　→12d
イナカッペー, イナカッペ　田舎っぺ(い)　→94d
イナカナマリ　田舎訛り　→12
イナカビル　田舎びる　→96
イナカフー　田舎風　→95
イナカベン　田舎弁　→14
イナカマ　田舎間　→12

イナカマワリ	田舎回り →13
イナカマンジュー	田舎饅頭 →15
イナカミソ	田舎味噌 →15
イナカミチ	田舎道 →12
イナカムスメ	田舎娘 →12
イナカモノ	田舎者 →12
イナカヤ	田舎家 →12
イナガラ	居ながら(～にして) →73
イナカリョーリ	田舎料理 →15
イナゴ	蝗 →4
イナコト	異な事(～を承る) →19
イナサク	稲作 →8
イナス, イナス	往なす(軽く～) →44
イナズマ,《古は イナズマ》	稲妻 →4
イナセ	(～な兄い) →4
イナダ	稲田 →4 〖魚〗(=ぶりの若魚)
イナナキ, イナナキ, イナナキ	嘶き →2
イナナク, イナナク	嘶く →46
イナバ	因幡(～の国) →21
イナビカリ	稲光 →12
イナブシ	伊那節 →12
イナホ	稲穂 →4
イナム	否む →44
イナメナイ	否めない →83
イナモノ	異な物(縁は～) →19
イナヤ	否や(～を言う, 見るや～) →71
イナラブ	居並ぶ →45
イナリ	稲荷(お～さん)
イナリズシ	稲荷鮨 →12
イナリチョー	稲荷町〖地〗 →14
イナワシロコ, イナワジロコ	猪苗代湖 →14
イナン	以南(九州～) →8
イニシアチブ, イニシアチブ(シアはシャとも)	initiative →9
イニシエ	古 →3
イニシャル, イニシャル	initial →9
イニュー	移入 →8

イニョー	遺尿, 囲繞 →8
イニン	委任 →8
イニング	inning →9
イニンジョー, イニンジョー	委任状 →14a
イニントーチ, イニントージ	委任統治 →15
イヌ	犬, 戌〖十二支〗 →1
イヌイ, イヌイ	戌亥・乾〖方位〗 →4
イヌイット	Inuit〖人種〗 →9
イヌカキ, イヌカキ, イヌッカキ, イヌッカキ	犬(っ)掻き →5d
イヌキ	居抜き(～で買う) →5
イヌク, イヌク	射貫く →45
イヌクギ	犬釘 →4
イヌクボー	犬公方(=徳川綱吉) →15
イヌゴヤ	犬小屋 →12
イヌコロ, イヌコロ, イヌッコロ	犬(っ)ころ →94d
イヌコロシ	犬殺し →13
イヌザムライ	犬侍 →12
イヌジニ, イヌジニ, イヌジニ	犬死 →5
イヌズキ	犬好き →5
イヌチクショー	犬畜生 →15
イヌドシ	戌年 →4
イヌネコ, イヌネコ	犬猫(～にも劣る) →18
イヌネコビョーイン	犬猫病院 →15
イヌノコ	犬の子 →19
イヌノヒ	戌の日 →19
イヌハリコ	犬張子 →12
イヌボーザキ, イヌボーサキ	犬吠埼 →12a
イネ	稲 →1
イネカリ	稲刈り →5
イネコキ	稲扱き →5
イネムリ, イネムリ	居眠り →13
イネムリウンテン	居眠り運転 →15

ガギグゲゴは鼻濁音　カタカナ細字は母音の無声化　★は長音にもなる符号

イネムル　居眠る →45
イノ・イチバン　いの一番 →39
イノウエ　井上〚姓〛→22
　〜(・)ヤスシ　〜靖 →23
イノウエリュー　井上流 →14
イノー・タダタカ　伊能忠敬 →22, 24
イノカシラコーエン　井の頭公園＜井の頭恩賜公園 →15
イノカシラセン　井ノ頭線 →14
イノコズチ　牛膝〚植〛
イノコリ　居残り →13
イノコル　居残る →45
イノシカチョー　猪鹿蝶〚花札〛→17
イノシシ　猪 →19
イノシシムシャ　猪武者 →15
イノチ　命 →1
イノチガケ, イノチガケ　命懸け →13
イノチ(・)カラガラ　命辛辛 →59
イノチゲ　命毛(筆の〜) →12
イノチゴイ, イノチゴイ　命乞い →13
イノチシラズ　命知らず →13
イノチズナ, イノチズナ　命綱 →12
イノチトリ, イノチトリ　命取り →13
イノチビロイ　命拾い →13
イノチミョーガ　命冥加 →15
イノナカノ(・)カワズ　井の中の蛙
　→97, 98
イノフ　胃の腑 →19
イノブタ　猪豚 →10
イノベーション　innovation →9
イノリ　祈り(オイノリ 御〜) →2, 92
イノル　祈る　イノラナイ, イノロー,
　イノリマス, イノッテ, イノレバ,
　イノレ →43
イハイ　違背, 位牌 →8
イバショ, イバショ　居場所 →15
イバシンエン　意馬心猿 →98
イハツ　遺髪 →8
イハツ, イハツ, エハツ, エハツ　衣

鉢 →18
イバラ, 《古は イバラ》　茨, 薔薇 →1
イバラキ, 《古は イバラギ も》　茨城
〚地〛→21
イバラキケン, イバラキケン, (イバラギケン)　茨城県 →14c
イハラ・サイカク, イハラサイカク
井原西鶴 →22, 24, 27
イバリチラス, イバリチラス, 《古・強は イバリチラス》　威張り散らす
→45
イバル　威張る →46
イハン　違反, 違犯 →8
イハンシャ　違反者, 違犯者 →14a
イビキ　鼾(〜をかく) →2
イビツ　歪 →4d
イヒョー　意表(〜に出る) →8
イビョー　胃病 →8
イビリダス, イビリダス, 《古・強は イビリダス》　いびり出す →45
イビル　(嫁を〜) →43
イヒン　遺品 →8
イフ　畏怖 →7
イブ　慰撫, 威武 →7　Eve〚人〛→23
　＜Christmas Eve →10
イフー, イフー　異風, 遺風 →8
イフー　威風(〜堂堂) →8
イブカシ★　訝しい →52
イブカシゲ　訝しげ →93
イブカシム　訝しむ →44
イブカル　訝る →44
イブキ　息吹 →5
イブキヤマ　伊吹山 →12
イフク　異腹 →8
イフク　衣服 →18
イブクロ, イブクロ　胃袋 →12
イブシ, イブシ　燻し →2
イブシギン, イブシギン　燻し銀 →14
イブス　燻す →44

イプセン──イマワ

イ

イプセン Ibsen〖人〗 →22
イブツ 遺物 →8
イブツ, イブツ 異物 →8
イブニング evening, <イブニングドレス evening dress →9, 16
イブル 燻る →43
イブン 異文,遺文,異聞 →8
イブンシ 異分子 →15
イヘキ 胃壁 →8
イペリット Yperit〖独〗 →9
イヘン, 《古は イヘン》 異変 →8
イベント event →9
イボ 疣 →1
イボイボ 疣疣 →11
イホー 違法,異邦,彙報 →8
イホーコーイ 違法行為 →15
イホージン 異邦人 →14a
イホーチューシャ 違法駐車 →15
イボガエル 疣蛙 →12
イホク 以北(東京〜) →8
イボク 遺墨 →8
イボケイ★ 異母兄 →14
イボジ 疣痔 →7
イボタ <イボタノキ いぼたの木, <イボタロー いぼた蠟 →19, 14
イボテイ★ 異母弟 →14
イボマイ 異母妹 →14
イホン 異本 →8
イマ 今(〜が〜) →1, 61
イマ, イマ 居間 →5
イマイ 今井〖姓〗 →22
イマイチ 今市〖地〗 →21 今一〖俗〗 →8
イマイチド, イマイチド 今一度 →39
イマイマシイ★ 忌忌しい →53
イマウラシマ 今浦島 →27
イマガワ(・)ヨシモト 今川義元 →22, 24, 27
イマガワヤキ 今川焼 →13

イマゴロ 今頃(〜は半七さん) →4
イマサラ, 《古は イマサラ》 今更 →61
イマサラナガラ, イマサラナガラ 今更ながら →76
イマシガタ, イマシガタ 今し方 →95
イマジネーション imagination →9
イマジブン 今時分 →15
イマシメ, イマシメ 戒め,誡め,警め →2
イマシメル, イマシメル 戒める,誡める,警める →43
イマス 在す,座(坐)す →43 居ます →83
イマスコシ 今少し →67
イマダ, 《新は イマダ》 未だ →61
イマダシ 未だし(〜の感) →51
イマダニ 未だに →67
イマチ 居待<イマチノツキ 居待の月 →5, 19
イマデキ 今出来(〜の品) →12
イマドキ 今時 →4
イマドヤキ 今戸焼 →13
イマニ 今に →67
イマニシテ 今にして(〜思えば) →67
イマニモ 今にも →67
イマノウチ 今の内(〜に) →19
イマノトコロ 今の所 →19
イマヒトツ 今一つ →39
イマフー 今風 →95
イマママデ 今迄(〜は) →71
イママデドーリ 今迄通り →95
イマメカシイ★ 今めかしい →96
イマモッテ 今以て →67
イマヤ 今や →67
イマヨー 今様 →95
イマリ 伊万里〖地〗<イマリヤキ 伊万里焼 →13
イマワ 今際(〜のきわ) →3

ガギグゲゴは鼻濁音　カタカナ細字は母音の無声化　★は長音にもなる符号

イ

イマワシ──イヤク　60

イマワジイ． 忌わしい →53
イマワリ，《古は イマワリ》 居回り →12
イミ 意味(～深長) →7
イミ 忌 →2
イミアイ, イミアイ 意味合い →12
イミアケ, イミアケ 忌明け →5
イミコトバ 忌詞 →12
イミジクモ, イミジクモ →67
イミシン 意味深<イミ・シンチョー 意味深長 →10,97
イミズケ 意味付け →2
イミズケル 意味付ける →46
イミテーション imitation →9
イミナ, イミナ 諱 →5
イミョー 異名 →8
イミン 移民 →8
イミンゾク 異民族 →15
イミンホー 移民法 →14
イム 忌む →43 医務 →7
イムシツ 医務室 →14
イメイ． 異名 →8
イメイ．, イメイ． 遺命 →8
イメージ, イメージ image →9
イメージアップ image up[和] →16
イメージダウン image down[和] →16
イモ 芋・薯・藷(オイモ 御～) →1,92
イモアン 芋餡 →8
イモート 妹 →1
イモートゴ 妹御 →94
イモートブン 妹分 →14
イモートムコ 妹婿 →12
イモガユ 芋粥 →4
イモガラ 芋幹 →4
イモザシ, イモザシ 芋刺し →5
イモジョーチュー, イモショーチュー 芋焼酎 →15
イモズル 芋蔓 →4
イモズルシキ 芋蔓式 →95

イモセ, イモセ 妹背(～の契り) →18
イモセヤマ 妹背山《浄瑠璃・歌舞伎も》 →12
イモチ 稲熱<イモチビョー 稲熱病 →14
イモデンガク 芋田楽 →15
イモノ 鋳物 →5
イモバン 芋版 →8
イモホリ, イモホリ 芋掘り →5
イモムシ 芋虫 →4
イモメイゲツ 芋名月 →15
イモヤ 芋屋 →94
イモヨーカン 芋羊羹 →15
イモリ 井守(～の黒焼) →5
イモン 慰問 →8
イモンジョー, イモンジョー 慰問状 →14
イモンダン 慰問団 →14a
イモンヒン, イモンヒン 慰問品 →14a
イモンブクロ 慰問袋 →12
イヤ 否(～違う,日本～世界に) →66
イヤ 嫌(～だ・な・に,～よ) →3
イヤイヤ 否否(～行く,～ながら) →68
イヤイヤ 否否(～違う) →68
イヤイヤ 否否(坊やが～をする) →11
イヤオー, イヤオー, イヤオー 否応 →18
イヤオーナシ, イヤオーナシ 否応無し(～に) →99,98
イヤガ・ウエニ, イヤガウエニ 弥が上に →97,99
イヤガ・オーデモ, イヤガオーデモ 否が応でも →97,99
イヤガラセ 嫌がらせ(～を言う) →2
イヤガル 嫌がる →96
イヤキ 嫌気(～がさす) →7
イヤク 意訳,違約 →8
イヤク 医薬 →18,8

── は高い部分　 と は高低が変る部分　 は次が下がる符号　→は法則番号参照

61　　イヤクヒ──イリツケ

イ

イヤクヒン, イヤクヒン　医薬品 →17
イヤク(･)ブンギョー　医薬分業 →97, 98
イヤケ　嫌気 →93
イヤサ　否さ(〜お富) →67
イヤサ, イヤサ　嫌さ →93
イヤシ, イヤシ　癒し →2
イヤシイ★, イヤシイ★　卑しい, 賤しい →52
イヤシクモ, イヤシクモ　苟も →67c
イヤシム, イヤシム　卑しむ →44
イヤシメル　卑しめる →44
イヤシンボー, イヤシンボ, イヤシンボー, イヤシンボ　卑しん坊 →94d
イヤス　癒す →44
イヤデモオーデモ, イヤデモ・オーデモ　否でも応でも →99, 97
イヤニ　(=変に・妙に) →67
イヤハヤ　(〜驚いた) →68
イヤホーン, イヤホン　earphone →16
イヤマーク　earmark →16
イヤマサル, イヤマサル　弥増さる →46
イヤマス, イヤマス　弥増す →46
イヤミ, イヤミ　嫌味(〜を言う) →93
イヤラシイ★　嫌らしい →96
イヤラシサ　嫌らしさ →93c
イヤリング　earring →16
イユー　畏友 →8
イヨ　伊予(〜の国) →21
イヨイヨ　愈愈 →68
イヨー　異様, 威容, 偉容 →8
イヨガスリ　伊予絣 →12
イヨカン　伊予柑 →8
イヨク　意欲 →8
イヨスダレ　伊予簾 →12
イライ　依頼 →8
イライ　以来(正月〜, 〜慎め) →38, 8
イライジョー, イライジョー　依頼状

→14b
イライシン　依頼心 →14b
イライラ　苛苛(〜がつのる) →3
イライラ　苛苛(〜する, 〜と) →57
イラカ　甍 →1
イラク　Iraq〖国〗→21
イラクサ, イラクサ　刺草 →4
イラスト, イラスト　<illustration →10
イラストレーター　illustrator →9
イラダタシイ★　苛立たしい →53
イラダチ　苛立ち →5
イラダツ　苛立つ →46
イラダテル　苛立てる →46
イラッシャイ　<イラッシャイマセ, イラッシャイマシ →66, 89
イラッシャル　→88d
イラン　Iran〖国〗→21
イリ　入り(〜が良い, 彼岸の〜) →2
イリ　炒り, 煎り →2
イリアイ　入会, 入相(〜の鐘) →5
イリアイケン　入会権 →14b
イリウミ　入海 →5
イリエ　入江 →5
イリガタ　入り方(日の〜) →95
イリカワリ　入り代り →13
イリカワリ(･)ダチカワリ　入り代り立ち代り →97, 98
イリカワル　入り代る →45
イリクチ, イリグチ　入口 →5
イリクム　入り組む →45
イリコ, イリコ　(干しなまこ・煮ぼし・米粉の〜) →5
イリコム　入り込む →45
イリジューム, イリジウム　iridium →9
イリタマゴ, イリタマゴ　煎玉子 →12
イリツク　煎り付く →45
イリツケル, イリツケル　煎り付ける →45

ガギグゲゴは鼻濁音　カタカナ細字は母音の無声化　★は長音にもなる符号

イリドー──イレル　62

イリドーフ　煎豆腐 →15
イリトリ　煎鳥 →5
イリヒ　入日 →5
イリビタリ　入り浸り →13
イリビタル　入り浸る →45
イリフネ　入船(↔出船) →5
イリマジル　入り交じる →45
イリマメ　炒豆(〜に花が咲く) →5
イリミダレル　入り乱れる →45
イリムギ　炒麦 →5
イリムコ, イリムコ　入婿 →5
イリメ　入り目 →5
イリモヤ　入母屋 →12
イリモヤズクリ　入母屋造り →13
イリヤ　入谷〖地〗→21
イリヤマガタ　入山形　入山形 →12
イリュー　遺留,慰留 →8
イリューヒン, イリューヒン　遺留品 →14a
イリューブン, イリューブン　遺留分 →14a
イリョー, イリョー　医療 →8
イリョー　衣料 →8
イリョー　入用 →8
イリョーキカイ, イリョーキカイ　医療器械 →15c
イリョーキグ　医療器具 →15
イリョーヒ　衣料費,医療費 →14a
イリョーヒン, イリョーヒン　衣料品,医療品 →14a
イリョク　威力,意力 →8
イル　入る,要る　イラナイ, イリマス, イッテ, イレバ →43
イル　居る　イナイ, イヨー, イマス, イテ, イレバ, イロ →43
イル　炒る,煎る　イラナイ, イロー,

イリマス, イッテ, イレバ, イレ →43
イル　射る,鋳る　イナイ, イヨー, イマス, イテ, イレバ, イロ →43
イルイ　衣類 →8
イルカ　海豚
イルス, イルス　居留守 →15
イルマガワ　入間川〖川・地・狂言〗→12
イルミネーション　illumination →9
イレアゲル　入れ揚げる →45
イレイ　威令,異例,違例,慰霊 →8
イレイサイ　慰霊祭 →14b
イレイトー　慰霊塔 →14
イレカエ　入れ替え →5
イレカエル, イレカエル　入れ替える →45b
イレガミ　入れ髪 →5
イレカワリ　入れ代り →13
イレカワリ(・)ダチカワリ　入れ代り立ち代り →97,98
イレカワル　入れ代る →45
イレギュラー　irregular →9
イレゲ　入れ毛 →5
イレコ　入れ子 →5
イレコミ, イレゴミ　入れ込み →5
イレコム　入れ込む →45
イレジエ　入れ知恵 →15
イレズミ　入れ墨 →5
イレチガイ　入れ違い →13
イレチガウ　入れ違う →45
イレバ　入れ歯 →5
イレバナ　入れ花〖茶〗→5
イレフダ　入れ札 →5
イレボクロ　入れ黒子 →12
イレメ　入れ目 →5
イレモノ　入れ物 →5
イレル　入れる,容れる　イレナイ, イレヨー, イレマス, イレテ, イレレバ, イレロ →44

￣は高い部分　…と‥は高低が変る部分　￢は次が下がる符号　→は法則番号参照

イ<u>レ</u>ル 炒れる,煎れる →44
イ<u>ロ</u> 色 →1
……イ<u>ロ</u> …色(**サクライ<u>ロ</u>** 桜〜)
　→12
イ<u>ロ</u>アイ, イ<u>ロ</u>アイ 色合い →4
イ<u>ロ</u>アク 色悪[歌舞伎] →8
イ<u>ロ</u>アゲ, イ<u>ロ</u>アゲ 色揚げ →5
イ<u>ロ</u>アザヤカ 色鮮やか →59
イ<u>ロ</u>アセル 色褪せる →46
イ<u>ロ</u>アワセ 色合せ →13
イ<u>ロ</u>イト 色糸 →4
イ<u>ロ</u>イ<u>ロ</u> 色色(〜ある,〜だ) →57
イ<u>ロ</u>エ 色絵 →7
イ<u>ロ</u>エンピツ 色鉛筆 →15
イ<u>ロ</u>ー 慰労,遺漏 →8
イ<u>ロ</u>ーカイ 慰労会 →14a
イ<u>ロ</u>ーキューカ 慰労休暇 →15
イ<u>ロ</u>ーキン, イ<u>ロ</u>ーキン 慰労金
　→14a
イ<u>ロ</u>オチ, イ<u>ロ</u>オチ 色落ち →5
イ<u>ロ</u>オトコ 色男 →12
イ<u>ロ</u>オンナ 色女 →12
イ<u>ロ</u>カ 色香(〜に迷う) →18
イ<u>ロ</u>ガミ 色紙 →4
イ<u>ロ</u>ガラス 色glas[蘭] →16
イ<u>ロ</u>ガワリ 色変り →13
イ<u>ロ</u>キチガイ, イ<u>ロ</u>キチガイ 色気違
　い →12c
イ<u>ロ</u>グロ 色黒 →5
イ<u>ロ</u>ケ 色気 →93
イ<u>ロ</u>ケシ, イ<u>ロ</u>ケシ, イ<u>ロ</u>ケシ 色消
　し →5
イ<u>ロ</u>ケズク 色気付く →46
イ<u>ロ</u>コイ 色恋(〜の沙汰) →18
イ<u>ロ</u>ゴト, イ<u>ロ</u>ゴト 色事 →4
イ<u>ロ</u>ゴトシ 色事師 →14
イ<u>ロ</u>ゴノミ 色好み →13
イ<u>ロ</u>ザト 色里 →4
イ<u>ロ</u>ジカケ 色仕掛け →13

イ<u>ロ</u>シューーサ 色収差 →15
イ<u>ロ</u>ジロ 色白 →5
イ<u>ロ</u>ズク 色付く →46
イ<u>ロ</u>ズケ, イ<u>ロ</u>ズケ, イ<u>ロ</u>ズケ 色付
　け →5
イ<u>ロ</u>ズケル 色付ける →46
イ<u>ロ</u>ズリ, イ<u>ロ</u>ズリ, イ<u>ロ</u>ズリ 色刷
　り →5
イ<u>ロ</u>チガイ 色違い →13
イ<u>ロ</u>チョーク 色 chalk →16
イ<u>ロ</u>ツキ 色付き →5
イ<u>ロ</u>ッポイ 色っぽい →96
イ<u>ロ</u>ツヤ 色艶 →18
イ<u>ロ</u>ドメ, イ<u>ロ</u>ドメ, イ<u>ロ</u>ドメ 色止
　め →5
イ<u>ロ</u>トメソデ 色留袖 →12
イ<u>ロ</u>ドリ, イ<u>ロ</u>ドリ, イ<u>ロ</u>ドリ 色取
　り,彩り →5
イ<u>ロ</u>ドル 色取る,彩る →46
イ<u>ロ</u>ナオシ 色直し(**オイ<u>ロ</u>ナオシ** 御
　〜) →13,92
イ<u>ロ</u>ヌキ, イ<u>ロ</u>ヌキ, イ<u>ロ</u>ヌキ 色抜
　き →5
イ<u>ロ</u>ハ 伊呂波 →17
イ<u>ロ</u>ハウタ 伊呂波歌 →12
イ<u>ロ</u>ハガルタ 伊呂波歌留多 →16
イ<u>ロ</u>ハジュン 伊呂波順 →14
イ<u>ロ</u>マチ 色町 →4
イ<u>ロ</u>ムラ 色斑 →4
イ<u>ロ</u>メ 色目(=秋波。〜を使う) →4
イ<u>ロ</u>メ 色目(=色合い。〜が良い) →4
イ<u>ロ</u>メガネ 色眼鏡 →12
イ<u>ロ</u>メク 色めく →96
イ<u>ロ</u>モノ 色物 →4
イ<u>ロ</u>モヨー 色模様 →15
イ<u>ロ</u>ヤケ, イ<u>ロ</u>ヤケ 色焼け →5
イ<u>ロ</u>ヨイ 色好い(〜返事) →54
イ<u>ロ</u>リ 囲炉裏
イ<u>ロ</u>リバタ 囲炉裏端 →12

ガギグゲゴは鼻濁音　カタカナ細字は母音の無声化　★は長音にもなる符号

イロリビ──イン

イロリビ 囲炉裏火 →12
イロワケ, イロワケ, イロワケ 色分け →5
イロン 異論 →8
イロンナ 色んな →63d
イワ 岩 →1
イワアナ 岩穴 →4
イワイ 祝(**オイワイ** 御～) →2b, 92
イワイウタ, イワイウタ 祝い歌 →12b
イワイギ, イワイギ 祝い着 →13b
イワイキン 祝い金 →14
イワイゴト, イワイゴト 祝い言, 祝い事 →12
イワイザケ, イワイザケ 祝い酒 →12b
イワイバシ 祝い箸 →12
イワイビ, イワイビ 祝い日(**オイワイビ** 御～) →12b, 92
イワイモノ, イワイモノ 祝い物(**オイワイモノ** 御～) →12, 92
イワウ 祝う **イワワナイ, イワオー, イワイマス, イワッテ, イワエバ, イワエ** →43
イワエノグ 岩絵の具 →17
イワオ 巌(男名も) →1, 23
イワカゲ, イワカゲ 岩陰 →4
イワカド, イワカド 岩角 →4
イワカン 違和感 →14
イワキ 磐城〖地〗 →21
イワク, イワク 曰く(～がある) →3
イワク 曰く(～言い難し, 彼～) →93
イワクツキ 曰く付き →13
イワクラ・トモミ, イワクラトモミ 岩倉具視 →22, 24, 27
イワケナイ (=幼い) →54
イワシ 鰯 →1
イワシグモ 鰯雲 →12
イワシミズ 石清水(神社も) →12

イワシロ, 《古は **イワシロ**》 岩代〖地〗 →21
イワズモガナ, イワズモガナ, イワズモガナ 言わずもがな →78
イワセル 言わせる →83
イワタオビ 岩田帯 →12
イワテ 岩手〖地〗 →21
イワテケン 岩手県 →14
イワデモ, イワデモ 言わでも(～のこと) →73
イワト 岩戸 →4
イワトカグラ 岩戸神楽 →12
イワトケイキ 岩戸景気 →15
イワナ 岩魚 →4
イワナミ 岩波(姓も) →4, 22
イワヌガ(・)ハナ, イワヌガハナ 言わぬが花 →97, 98, 99
イワノボリ 岩登り →13
イワバ 岩場 →4
イワバ, イワバ, イワバ 言わば →67
イワハダ 岩肌 →4
イワブロ 岩風呂 →4
イワマ 岩間 →4
イワミ 石見(～の国) →21
イワミギンザン 石見銀山 →15
イワムロ 岩室 →4
イワモト 岩本・巌本〖姓〗 →22
イワモトチョー 岩本町〖地〗 →14
イワヤ 岩屋 →4 巌谷〖姓〗 →22
イワヤマ 岩山 →4
イワユル, イワユル 所謂 →63
イワレ 謂 →2
イワレインネン 謂因縁 →18
イワンヤ 況や →67
イン 韻(～を踏む) →6
イン 因, 印, 員, 院, 陰, 淫 →6
……**イン** …院(**シューギイン** 衆議～, **ダイガクイン** 大学～),…員(**カイシャイン** 会社～) →14

― は高い部分 ‥ と ∴ は高低が変る部分 ⌐は次が下がる符号 →は法則番号参照

65　インイオ──インジュ

イ'ンイオン　陰ion →16	イ'ングランド　England〖地〗→21
イ'ンイン, インイ'ン　陰陰, 殷殷 →58	インケイ★　陰茎 →8
イ'ンウ　陰雨 →7	イ'ンケン　陰険, 引見 →8
イ'ンウツ　陰鬱(～な) →8	イ'ンゲン　隠元〖人・豆〗→24, 3
インエイ★　印影, 陰影 →8	インゲンマメ　隠元豆 →12a
イ'ンカ　引火 →7	イ'ンコ　鸚哥〖鳥〗→7
イ'ンカ　印可, 陰火 →7　Inca〖国〗→21	イ'ンゴ　隠語 →7
イ'ンガ　印画, 陰画 →7	インコー　咽喉 →8
イ'ンガ　因果 →18	インゴー, インゴー　院号 →8
イ'ンガイ　院外 →8	インゴー, イ'ンゴー　因業 →8
インガイダン　院外団 →14b	イ'ンコース　＜in course〖和〗→16
イ'ンガ(･)オーホー　因果応報 →97, 98	インコク　印刻 →8
インガカンケイ★　因果関係 →15	インザイ　印材 →8
インガシ　印画紙 →14	インザイダー　insider →9
インカショクブツ　隠花植物 →15	インサツ　印刷 →8
インカテン　引火点 →14	インサッキ, インサツキ　印刷機 →14c
イ'ンガリツ　因果律 →14	インサツギョー　印刷業 →14
インカン, インカン　印鑑 →8	インサツコー, インサツコー, インサツコー　印刷工 →14c
インカンショーメイ★　印鑑証明 →15	インサツジュツ　印刷術 →14
イ'ンキ　陰気 →7	インサツジョ, インサツジョ　印刷所 →14
イ'ンギ　院議 →7	インサツブツ　印刷物 →14
インキクサイ　陰気臭い →96	インサツヤ　印刷屋 →94
インキョ　隠居(ゴインキョ 御～, ゴインキョサマ, ゴインキョサマ 御～様) →7, 92, 94	イ'ンサン　陰惨 →8
インギョー, インギョー　印形 →8	イ'ンシ　印紙 →7
インキョク　陰極 →8	イ'ンシ　因子, 陰子, 隠士 →7
インキョシゴト　隠居仕事 →12	イ'ンジ　印字, 韻字 →7
インキョジョ　隠居所 →14	インジキ　印字機 →14
インギン, インギン　慇懃 →8	イ'ンシツ　陰湿 →8
インギンブレイ★　慇懃無礼 →98	イ'ンジャ　隠者 →7
イ'ンク, インク, イ'ンキ, インキ　ink →9	イ'ンシュ　飲酒 →7
インクケシ, (イ'ンキケシ)　ink消し →13	イ'ンシュ　院主(病院・学院の～) →7
インクスタンド, (イ'ンキスタンド)　inkstand →16	イ'ンジュ　院主(寺の～) →7
インクツボ, (イ'ンキツボ)　ink壺 →12	イ'ンジュ　印綬, 陰樹 →7
	インシュー　因襲(～打破) →8
	インシュウンテン　飲酒運転 →15
	インジュン　因循 →8

ガギグゲゴは鼻濁音　カタカナ細字は母音の無声化　★は長音にもなる符号

インジュンコソク 因循姑息 →98	→14c
インショー 引証,印章,印象 →8	インター ＜インターチェンジ interchange →9, 16
インショーシュギ 印象主義 →15	インターナショナル international →16
インショーズケル 印象付ける →46	インターネット internet →9
インショーテキ 印象的 →95	インターフェース interface →9
インショーハ 印象派 →14	インターフォン, インターホン, インタホン interphone →16
インショク 飲食 →18	インターン intern →9
インショクテン, インショクテン 飲食店 →14c	インタイ 引退,隠退 →8
インショクブツ 飲食物 →14	インタイズモー 引退相撲 →12
インシン 殷賑(～を極める) →8	インタイゾー 隠退蔵 →10
インシンフツー, インシンフツー 音信不通 ⇒オンシンフツー	インタビュー, インタビュー interview →16
インスー 因数 →8	インチ inch →9
インズー 員数 →8	インチ, インチ 引致 →7
インスーブンカイ 因数分解 →15	……インチ …inch(イチインチ 一～, ゴインチ 五～) →37
インスタント, インスタント instant →9	インチキ, インチキ 〖俗〗
インスタントショクヒン instant食品 →15	インチョー 院長 →8
インスタントラーメン instant老麺 [華] →16	インディアペーパー, (インディアンペーパー) India paper →16
インストール install →9	インディアン, インディアン Indian 〖人種〗 →21
インストラクター instructor →9	インディオ Indio[西]〖人種〗 →9
インスピレーション inspiration →9	インテツ 隕鉄 →8
インスリン, インシュリン insulin →9	インデックス index →9
インスル 印する,淫する →48	インテリ ＜インテリゲンチャ intelligentsiya[露] →10, 9
インセイ 隠棲,院政,院生,陰性 →8	インテリア interior →9
インゼイ 印税 →8	インテリジェンス intelligence →9
インセイジダイ 院政時代 →15	インテルサット INTELSAT →16
インセキ 引責,姻戚 →8	インテン 院展＜日本美術院展覧会 →10
インセキ, インセキ 隕石 →8	インデン 陰電,印伝(=印伝革) →8
インセキカンケイ 姻戚関係 →15	インデンキ 陰電気 →15
インセキジショク 引責辞職 →15	インド 印度＜India〖地・国〗 →21
インセツ 引接 →8	インドア, インドア indoor →9
インゼン 隠然 →56 院宣 →8	イントー 淫蕩,咽頭 →8
インソツ 引率 →8	
インソッシャ, インソッシャ 引率者	

 ̄は高い部分　 ̈と ̈は高低が変る部分　⌐は次が下がる符号　→は法則番号参照

インドー, インドー 引導 →8
イントク 隠匿, 陰徳 →8
イントクザイ, イントクザイ 隠匿罪 →14
イントクブッシ 隠匿物資 →15
インドサラサ, インドサラサ(…ザラサとも) 印度更紗 →16
インドシナ 印度支那〖地〗→21
インドジン 印度人 →14
インドテツガク, インドテツガク 印度哲学 →15
イントネーション intonation →9
インドネシア, インドネシヤ Indonesia〖地・国〗→21
インドヨー 印度洋 →14
イントロ ＜introduction →10
イントン 隠遁 →8
イントンセイカツ 隠遁生活 →15
インナー, インナー inner →9
インナイ 院内 →8
インナイカンセン 院内感染 →15
インニク 印肉 →8
インニン 隠忍(〜自重) →8
インネン, インネン 因縁 →8
インネンズク, インネンズク 因縁尽(〜で) →95
インバイ 淫売 →8
インバイクツ 淫売窟 →14b
インバイフ 淫売婦 →14b
インパクト impact →9
インバコ 印箱 →4
インバヌマ 印旛沼 →12
インバネス, インバネス inverness →9
インバン 印判, 印板 →8
インバンヤ 印判屋 →94
インビ 淫靡 →7
インブ 陰部 →7
インフェリオリティーコンプレックス

inferiority complex →16
インフォーマル informal →16
インフォームドコンセント informed consent →16
インフォメーション, インフォメーション information →9
インプット input →16
インフラ ＜infrastructure →10
インプラント, インプラント implant →9
インフルエンザ influenza →9
インフレ ＜インフレーション inflation →10, 9
インプレッション impression →9
インブン 韻文 →8
インペイ★ 隠蔽 →8
インボー 陰謀 →8
インボーダン 陰謀団 →14a
インポート import →9
インポテンツ Impotenz〖独〗→9
インポン 淫奔, 院本 →8
インメツ 堙滅(証拠〜) →8
インメン 印綿＜Indian 綿 →10
インモー 陰毛 →8
インユ, インユ 引喩, 隠喩 →7
インヨー 引用, 飲用 →8
インヨー 陰陽 →18
インヨーショ, インヨーショ 引用書 →14
インヨースイ 飲用水 →14a
インラン, 《新は インラン》 淫乱 →8
インリツ 韻律 →8
インリョー 飲料 →8
インリョースイ 飲料水 →14a
インリョク 引力 →8
インレイ★ 引例 →8
インレキ 陰暦 →8
インロー 印籠 →8
インワイ 淫猥 →8

ガギグゲゴは鼻濁音　カタカナ細字は母音の無声化　★は長音にもなる符号

ウ

ウ 卯〖十二支〗(**ウノトシ** ～の歳) →1, 19

ウ 鵜 →1

……う 〖助動〗⇨……**オ**

ウイークエンド weekend →16

ウイークデー, ウイークデー weekday →16

ウイークポイント weak point →16

ウイークリー weekly →9

ウィーン, ウイーン Wien〖独〗〖地〗 →21

ウイウイシイ 初初しい →53

ウイゴ 初子 →4

ウイザン, ウイザン 初産 →8b

ウイジン 初陣 →8

ウイスキー, ウイスキー, ウイスキー whisky →9

ウイット wit →9

ウイ(・)テンペン 有為転変 →97, 98

ウイマゴ, ウイマゴ 初孫 →4b

ウイリアムテル William Tell〖人〗 →27

ウイルス, (ウィールス), ビールス Virus〖独〗 →9

ウイロー, ウイロー 外郎 →3

ウインカー, 《新は ウインカー》 winker →9

ウインク wink →9

ウイング wing →9

ウインター winter →9

ウインタースポーツ winter sports →16

ウインチ winch →9

ウインド, ウインドー, ウインドー window →9

ウインドーショッピング, ウインドショッピング window-shopping →16

ウインドブレーカー windbreaker →16

ウインナ, ウインナー Wiener〖独〗 →9

ウインナコーヒー, ウインナコーヒー Wiener〖独〗+koffie〖蘭〗 →16

ウインナソーセージ Wiener〖独〗+sausage〖英〗 →16

ウースターソース Worcester sauce →16

ウーステッド worsted →9

ウーマンリブ woman lib〖和〗 →16

ウーリーナイロン woolly nylon →16

ウール wool →9

ウールマーク wool mark →16

ウーロンチャ 烏竜茶〖華〗 →14a

ウエ 上 →1

ウエ 上(…の～ のように修飾語がつく場合。その～に置く,水の～は) →19, 99

ウエ, 《古は ウエ も》 飢え, 餓え →2b

ウエイター, ウエーター waiter →9

ウエイトレス, ウエートレス waitress →9

ウエート, 《古は ウエート》 weight →9

ウエートリフティング weight lifting →16

ウエーブ wave →9

ウエカエ 植替え →5

ウエカエル, ウエカエル 植え替える →45b

ウエキ, 《姓は ウエキ》 植木 →5, 22

ウエキバチ 植木鉢 →14

ウエキヤ 植木屋(～さん) →94

ウエコミ 植込み →5

ウエコム 植え込む →45

ウエサマ, ウエサマ, 《勘定書の宛名は ウエサマ》 上様 →94

ウエシタ 上下 →18

ウエジニ, ウエジニ, ウエジニ 飢え

￣ は高い部分　 ⁐ と ⁀ は高低が変る部分　￢ は次が下がる符号　→ は法則番号参照

死 →5

ウエスギ・ケンシン, 《古は ～(・)ケンシン》, **ウエスギケンシン** 上杉謙信 →22, 24, 27

ウエスタン western →9

ウエスト, **ウエスト** waist →9

ウエストミンスター, **ウェストミンスター** Westminster〖地・寺院〗→21

ウエダ 上田〖地・姓〗→21, 22
　～(・)アキナリ ～秋成 →24, 27

ウエツガタ, **ウエツカタ** 上つ方 →19

ウエツケ 植付け →5

ウエツケル 植え付ける →45

ウエット wet →9

ウエットスーツ wet suit →16

ウエディングケーキ wedding cake →16

ウエディングドレス wedding dress →16

ウエノ 上野〖地〗→21

ウエノ 上野〖姓〗→22

ウエノエキ 上野駅 →14

ウエノコーエン 上野公園 →15

ウエノドーブツエン 上野動物園 →17

ウェブ, **ウエブ** Web〖インターネット〗→9

ウエファース, **ウエファース**(ファはハとも) wafers →9

ウエボーソー 植え疱瘡 →15

ウエル 植える **ウエナイ, ウエヨー, ウエマス, ウエテ, ウエレバ, ウエロ** →43

ウエル 飢える, 餓える **ウエナイ, ウエヨー, ウエマス, ウエテ, ウエレバ, ウエロ** →43

ウエン 迂遠, 有縁 →8

ウオ 魚 →1

ウオイチ, **ウオイチ** 魚市 →4

ウオイチバ 魚市場 →12

ウオーキング walking →9

ウオークマン, **ウオークマン** Walkman〖商標〗→16

ウオーサオー, **ウオー・サオー**(サはザとも) 右往左往 →99, 97

ウオーターシュート, (**ウォーターシュート**) water chute →16

ウオーターポロ, (**ウォーターポロ**) water polo →16

ウオーミングアップ, (**ウォーミングアップ**) warming-up →16

ウオームアップ, (**ウォームアップ**) warm-up →16

ウォールガイ, **ウオールガイ** Wall 街 →14

ウオガシ 魚河岸 →12

ウオカス 魚滓 →4

ウオゴコロ(・)アレバ・ミズゴコロ 魚心あれば水心 →97, 98

ウオッカ, **ウオッカ** vodka〔露〕→9

ウオッチング watching →9

ウオノメ, **ウオノメ** 魚の目 →19

ウオンビン う音便 →15

ウカ 羽化, 雨下 →7

ウカイ 迂回 →8

ウカイ, 《新は **ウカイ**》 鵜飼い →5

ウガイ 嗽 →1

ウガイグスリ 嗽薬 →12

ウカウカ (～する, ～と) →57

ウカガイ 伺(～をたてる) →2

ウカガウ 伺う, 窺う →43

ウカサレル 浮かされる(熱に～) →83

ウカシ 浮かし →2

ウカス 浮かす →44

ウカセル 浮かせる →83

ウカツ 迂闊(～な) →8

ウガツ 穿つ →43

ウカ(・)トーセン 羽化登仙 →97, 98

ウカヌカオ 浮かぬ顔 →19

ガギグゲゴは鼻濁音　カタカナ細字は母音の無声化　★は長音にもなる符号

ウカバレ —— ウケイ 70

ウカバレル 浮ばれる（**ウカバレナイ**）→83

ウカビアガル 浮び上がる →45

ウカブ 浮ぶ **ウカバナイ, ウカボー, ウカビマス, ウカンデ, ウカベバ, ウカベ** →44

ウカブセ, ウカブセ 浮ぶ瀬（〜もあれ）→19

ウカベル 浮べる **ウカベナイ, ウカベヨー, ウカベマス, ウカベテ, ウカベレバ, ウカベロ** →44

ウカル 受かる（試験に〜）→44

ウカレダス 浮れ出す →45

ウカレデル 浮れ出る →45

ウカレル 浮れる →44

ウガン, ウガン 右岸,右眼 →8

ウガンダ Uganda〖国〗→21

ウガンムリ ウ冠（=宀）→12

ウキ 浮き,浮子 →2

ウキ 雨季,雨期 →7

ウキアガル 浮き上がる →45

ウキアシ 浮き足 →5

ウキアシダツ 浮き足立つ →46

ウキウキ, ウキウキ 浮き浮き（〜と）→57

ウキガシ 浮貸し →5

ウキクサ 浮き草 →5

ウキクサカギョー 浮き草稼業 →15

ウキグモ, ウキグモ 浮雲 →5

ウキゴシ 浮き腰 →5

ウキシズミ, ウキジズミ 浮き沈み →18

ウキシマ 浮き島 →5

ウキス 浮き巣 →5

ウキダシ 浮き出し →5

ウキダス 浮き出す →45

ウキダツ 浮き立つ →45

ウキデル 浮き出る →45

ウキドック 浮きdok〖蘭〗→16

ウキナ, ウキナ,《古は **ウキナ**》浮名 →5

ウキニ 浮き荷 →5

ウキブクロ 浮袋 →12

ウキフネ 浮舟（人も）→5, 23

ウキボリ 浮彫り →5

ウキミ 浮身〖水泳〗,浮き実 →5

ウキミ,《新は **ウキミ**》憂き身（〜をやつす）→19

ウキメ,《新は **ウキメ**》憂き目（〜をみる）→19

ウキヨ, ウキヨ,《新は **ウキヨ**》憂き世 →19

ウキヨ, ウキヨ 浮世 →5

ウキヨエ, ウキヨエ 浮世絵 →14

ウキョク 迂曲 →8

ウキヨゾーシ 浮世草子 →15

ウキヨドコ, ウキヨドコ 浮世床〖書〗→12

ウキヨバナシ 浮世話 →12

ウキヨブロ, ウキヨブロ 浮世風呂〖書〗→12

ウキワ 浮き輪 →5

ウク 浮く **ウカナイ, ウコー, ウキマス, ウイテ, ウケバ, ウケ** →43

ウグイ 石斑魚

ウグイス 鶯 →1

ウグイスイロ 鶯色 →12

ウグイスダニ 鶯谷〖地〗→12

ウグイスバリ 鶯張り →13

ウグイスマメ 鶯豆 →12

ウグイスモチ 鶯餅 →12

ウクライナ Ukraina〖国〗→21

ウクレレ ukulele →9

ウケ, ウケ 有卦（〜に入る）→7

ウケ 受け（〜が良い）,請け →2

ウケアイ 請合い →5

ウケアウ 請け合う →45

ウケイ 右傾 →8

￣は高い部分　˝と˵は高低が変る部分　「は次が下がる符号　→は法則番号参照

71　　　　　　　　　　　　　　　　ウケイレ──ウサンク

ウケイレ　受入れ →5
ウケイレタイセイ★　受け入れ態勢 →15
ウケイレル, ウケイレル　受け入れる →45
ウケウリ　受売り →5
ウケオイ, ウケオイ　請負 →5b
ウケオイシ, ウケオイシ　請負師 →14b
ウケオウ　請け負う →45
ウケグチ, ウケグチ　受け口 →5
ウケコタエ　受け答え →13
ウケザラ, ウケザラ　受け皿 →5
ウケショ, ウケショ　請書 →7
ウケダス,《新は ウケダス》　請け出す →45
ウケダチ, ウケダチ　受け太刀 →5
ウケタマワリ　承り →13
ウケタマワル, ウケタマワル　承る →45
ウケツギ　受継ぎ →5
ウケツグ,《新は ウケツグ》　受け継ぐ →45
ウケツケ　受付 →5
ウケツケル, ウケツケル　受け付ける →45
ウゲツモノガタリ　雨月物語 →12
ウケテ, ウケテ　受け手 →5
ウケトメル, ウケトメル　受け止める →45
ウケトリ　受取 →5
ウケトリショ, ウケトリショ　受取書 →14
ウケトリニン, ウケトリニン　受取人 →14
ウケトル,《新は ウケトル》　受け取る →45
ウケナガシ　受け流し →13
ウケナガス, ウケナガス　受け流す →45

ウケニン　請人 →8
ウケハライ　受け払い →18
ウケミ, ウケミ　受身 →5
ウケモチ　受け持ち →5
ウケモツ,《新は ウケモツ》　受け持つ →45
ウケモドシ　請け戻し →13
ウケモドス　請け戻す →45
ウケル　受ける,請ける　**ウケナイ, ウケヨー, ウケマス, ウケテ, ウケレバ, ウケロ** →43
ウケワタシ　受渡し →18
ウゲン, ウゲン　右舷 →8
ウゴ　雨後 →7　羽後〖地〗 →21
ウゴーノシュー　烏合の衆 →19
ウゴカス　動かす →44
ウゴキ　動き(～がとれない) →2
ウゴキダス, ウゴキダス　動き出す →45
ウゴキマワル, ウゴキマワル　動き回る →45
ウゴク　動く　**ウゴカナイ, ウゴコー, ウゴキマス, ウゴイテ, ウゴケバ, ウゴケ** →43
ウゴケル　動ける →44
ウコサベン　右顧左眄 →98
ウゴメカス　蠢かす(鼻を～) →44
ウゴメク　蠢く →96
ウコン　鬱金〖植・色〗 →8d
ウコン　右近(**ウコンノ・タチバナ, ウコンノタチバナ** ～の橘) →8, 97, 99
ウサ　憂さ(～を晴らす) →93
ウサギ　兎 →1
ウサギゴヤ　兎小屋 →12
ウサギトビ, ウサギトビ　兎跳び →13
ウサハチマン　宇佐八幡 →15
ウサバラシ　憂さ晴らし →13
ウサン　胡散(～なやつ) →8
ウサンクサイ　胡散臭い →96

ガギグゲゴは鼻濁音　カタカナ細字は母音の無声化　★は長音にもなる符号

ウシ──ウスアジ　72

ウシ 牛, 丑〖十二支〗→1	ウジヤマダ, ウジヤマダ 宇治山田〖地〗 →21
ウシ 大人(鈴の屋の～) →1 齲歯 →7	
ウジ 氏 →1 宇治〖地〗→21	ウショー, ウショー, ウジョー, ウジョー 鵜匠 →8
ウジ 蛆 →1	
……ウジ; ……ウジ …氏〖敬称〗(タナカウジ 田中～, クロダウジ, クロダウジ 黒田～) →94	ウシロ 後ろ →1
	ウシロアカリ 後ろ明り →12
ウジウジ (～する, ～と) →57	ウシロアシ, ウシロアシ 後ろ足 →12
ウシオ 潮 →1	ウシロカゲ, ウシロカゲ 後ろ影 →12
ウシオイ, ウシオイ 牛追い →5	ウシロガッコー 後ろ格(恰)好 →15
ウシオジル 潮汁 →12	ウシロガミ, ウシロガミ 後ろ髪 →12
ウシオニ 潮煮 →13	ウシロガワ 後ろ側 →12
ウシカイ, ウシカイ 牛飼い →5	ウシログライ, ウシログライ 後ろ暗い →54
ウシカタ 牛方 →4	
ウジガミ, ウジガミ, ウジガミ 氏神 →4	ウシロサガリ 後ろ下がり →13
	ウシロスガタ 後ろ姿 →12
ウジガミサマ, ウジガミサマ 氏神様 →94	ウシロダテ, ウシロダテ 後ろ楯 →12
	ウシロデ, 《古は ウシロデ》 後ろ手 →12
ウジガワ 宇治川 →12	
ウシグルマ 牛車 →12	ウシロハチマキ 後鉢巻 →12
ウジコ 氏子 →4	ウシロハバ 後ろ幅 →12
ウジコジュー 氏子中(=氏子仲間) →14	ウシロマエ 後ろ前(～に着る) →18
	ウシロマク, ウシロマク 後ろ幕 →14
ウシゴメ 牛込〖地〗→21	ウシロミ 後ろ身 →12 後ろ見 →13
ウシゴヤ 牛小屋 →12	ウシロミゴロ 後身頃 →12
ウジシューイ 宇治拾遺<ウジシューイモノガタリ 宇治拾遺物語 →15, 12	ウシロムキ 後ろ向き →13
	ウシロメタイ 後ろめたい →54
ウジスジョー 氏素姓 →18	ウシロユビ, ウシロユビ 後ろ指 →12
ウシドシ 丑年 →4	ウシワカマル 牛若丸〖人〗→25
ウシトラ 丑寅・艮〖方位〗→4	ウス 臼 →1
ウシナウ 失う →43	……ウス …薄(キノリウス 気乗り～, ノゾミウス 望み～) →13
ウシノトキマイリ 丑の時参り →13	
ウシノヒ, 《新は ウシノヒ》 丑の日(土用の～) →19	ウズ 渦 →1
	ウスアオ 薄青 →5
ウシミツ 丑三つ, 丑満 →39	ウスアオイ, ウスアオイ 薄青い →54
ウシミツドキ, ウシミツドキ 丑三つ時 →12	ウスアカ 薄赤 →5
	ウスアカイ, ウスアカイ 薄赤い →54
ウジムシ 蛆虫 →4	ウスアカリ, ウスアカリ 薄明り →12
ウジャウジャ (～いる, ～と) →57	ウスアゲ 薄揚げ(=油あげ) →5
	ウスアジ 薄味 →5

￣は高い部分 ‥と∵は高低が変る部分 ﹁は次が下がる符号 →は法則番号参照

ウスイ──ウスユキ

ウスイ　薄い　ウスカッタ, ウスク, ウスクテ, ウスケレバ, ウスシ →52c

ウスイ　雨水 →8　碓水〖地〗 →21

ウスイタ　薄板 →5

ウスイトーゲ　碓氷峠 →12

ウスイロ　薄色 →5

ウスウス　薄薄(〜知っている) →68

ウズウズ　(〜する, 〜と) →57

ウスガスミ　薄霞 →12

ウスガミ　薄紙(〜をはぐよう) →5

ウスカワ　薄皮 →5

ウスギ　薄着 →5

ウズキ　卯月(〜八日) →4

ウズキ　疼き(〜にたえる) →2

ウスギタナイ, ウスギタナイ　薄汚い →54

ウスギヌ, ウスギヌ　薄絹,薄衣 →5

ウスキミワルイ, ウスッキミワルイ　薄(っ)気味悪い →54

ウスギリ　薄切り →5

ウズク　疼く(傷が〜) →43

ウスクチ　薄口 →5

ウスクチジョーユ, ウスクチショーユ　薄口醬油 →15

ウズクマル　蹲る →43

ウスグモ, ウスグモ　薄雲 →5

ウスグモリ, ウスグモリ　薄曇り →13

ウスグモル　薄曇る →46

ウスグライ, ウスグライ　薄暗い →54

ウスクラガリ, ウスクラガリ　薄暗がり →12

ウスゲショー　薄化粧 →15

ウスゴーリ　薄氷 →12

ウスサ　薄さ →93

ウスジ　薄地 →7

ウスジオ　薄塩 →5

ウスジオ, ウズシオ　渦潮 →4

ウスジモ　薄霜 →5

ウスズクリ　薄作り〖料理〗 →13

ウスズミ　薄墨 →5

ウスズミイロ　薄墨色 →12

ウスターソース　Worcester sauce →16

ウズタカイ　堆い →54

ウスチャ　薄茶 →7

ウスッペラ　薄っぺら →59

ウスデ　薄手 →5

ウスドキ, ウストキ　薄溶き(〜の片栗粉) →5

ウスドリ, ウスドリ　臼取り →5

ウスニク　薄肉 →8

ウスネズ ＜ウスネズミ, ウスネズミ　薄鼠 →10, 12

ウスノリ　薄糊 →5

ウスノロ　薄鈍 →59

ウスバ　薄刃 →5

ウスバカ　薄馬鹿 →95

ウスバカゲロー　薄羽蜉蝣 →12

ウスビ　薄日(〜がさす) →5

ウスベッタイ　薄べったい →54d

ウスベニ　薄紅 →5

ウスベリ　薄縁 →5

ウズマキ　渦巻 →5

ウズマク　渦巻く →46

ウスマル　薄まる →44

ウズマル　埋まる →44

ウスミドリ　薄緑 →12

ウズミビ　埋み火 →12

ウスムラサキ　薄紫 →12

ウスメ　薄目 →5, 93

ウスメル, ウスメル　薄める →44

ウズメル　埋める →43

ウスモノ　薄物 →5

ウスモモイロ　薄桃色 →12

ウズモレル, ウズモレル　埋もれる →44

ウスヤキ　薄焼き →5

ウスユキ　薄雪 →5

ガギグゲゴは鼻濁音　カタカナ細字は母音の無声化　★は長音にもなる符号

ウスヨー── ウタマロ　　　　74

ウスヨー　薄様 →8	ウタイテ　歌い手 →12
ウスヨゴレル, ウスヨゴレル　薄汚れる →46	ウタイメ　歌い女 →12
ウズラ　鶉 →1	ウタイモノ　謡物 →12
ウスラアカリ　薄ら明り →12	ウタイモンク　謳い文句 →15
ウスライ, ウスライ　薄氷 →12	ウタウ　歌う　ウタワナイ, ウタオー, ウタイマス, ウタッテ, ウタエバ, ウタエ →44
ウスラグ, ウスラグ　薄らぐ →44	ウタウタイ　歌唄い →13
ウスラサムイ, ウスラサムイ　薄ら寒い →54	ウタカイ, ウダカイ　歌会 →8
ウスラビ, ウスラビ　薄ら日 →12	ウタガイ　疑い →2
ウズラマメ　鶉豆 →12	ウタカイハジメ　歌会始め →13
ウスレル, ウスレル　薄れる →44	ウタガイブカイ　疑い深い →54
ウスワライ, ウスワライ　薄笑い →13	ウタガウ　疑う →43
ウセツ　右折 →8	ウタカタ　泡沫
ウセモノ　失せ物 →5	ウタガルタ　歌歌留多 →16
ウセル, ウセル　失せる →43	ウタガワシイ, ウタガワシイ　疑わしい →53
ウゼン　羽前〖地〗→21	ウタガワ(・)トヨクニ, 《古は ～(・)トヨクニ》　歌川豊国 →22,24,27
ウソ　嘘,獺,鷽 →1	ウタグチ, ウタグチ　歌口 →4
ウゾームゾー, ウゾームゾー, 《古はウゾームゾー》　有象無象 →99,98	ウタクラベ　歌競べ →13
ウソサムイ, ウソサムイ　うそ寒い →54	ウタグリ　疑り →2
ウソジ, ウソジ　嘘字 →7	ウタグリッポイ　疑りっぽい →96
ウソツキ　嘘吐き →5	ウタグリブカイ　疑り深い →54
ウソッパチ, ウソッパチ, ウソッパチ　嘘っぱち →25d	ウタグル　疑る →44
ウソナキ　嘘泣き →5	ウタゲ　宴 →1
ウソノカワ　嘘の皮 →19	ウタゴエ, ウタゴエ　歌声 →4
ウソ・ハッケンキ　嘘発見器 →19	ウタゴコロ　歌心 →12
ウソ(・)ハッピャク　嘘八百 →39	ウタザイモン　歌祭文 →15
ウソブク　嘯く →46	ウタザワ　歌沢<ウタザワブシ 歌沢節 →22,12
ウソンコ　嘘んこ〖俗〗→94	ウタタ, ウタタ　転た →57
ウタ　歌・唄(オウタ 御～)→1,92	ウタタネ　転た寝 →13
ウタアワセ　歌合せ →13	ウダツ, ウダツ　梲(～が上がらない)→1
ウタイ　謡(オウタイ 御～)→2,92	ウタビト, ウタビト　歌人 →4
ウタイゴエ　歌い声 →12	ウタヒメ, ウタヒメ　歌姫 →4
ウダイショー　右大将 →15	ウタマクラ　歌枕 →12
ウダイジン　右大臣 →15	ウタマロ　歌麿〖人〗⇒キタガワ～
ウタイゾメ　歌い初め →95	

￣は高い部分　⋯と⁝は高低が変る部分　┐は次が下がる符号　→は法則番号参照

ウタヨミ — ウチジニ

ウ

ウタヨ˥ミ, ウタヨミ, ウ˥タヨ˥ミ　歌詠
み →5

ウ˥ダル　茹る →44d

ウチ　内,中,家 →1

ウチ˥　家(…の～ のように修飾語がつく
場合。あの～に行く,兄の～へ) →19

ウチアイ　打合い →5

ウチアウ,《新は ウチア˥ウ》打ち合う
→45

ウチアゲ　打ち上げ →5

ウチアケバナシ　打明け話 →12

ウチアゲハナビ　打上げ花火 →12

ウチアケル, ウチア˥ケル　打ち明ける
→45

ウチアゲル, ウチア˥ゲル　打ち上げる
→45

ウチアテル, ウチア˥テル　打ち当てる
→45

ウチアミ　打網 →5

ウチアワス, ウチア˥ワス　打ち合わす
→45

ウチアワセ　打合せ →13

ウチアワセル, ウチア˥ワセル　打ち合
わせる →45

ウチイリ　内入り,討入り →5

ウチイ˥ワイ　内祝 →12

ウチウチ, ウ˥チウチ　内内(～の話)
→11

ウチウ˥ミ, ウ˥チウミ　内海 →4

ウチオトス, ウチオ˥トス　打ち落す
→45

ウチオロス, ウチオ˥ロス　打ち下す
→45

ウチカエシ　打返し →13

ウチカエス, ウチカ˥エス　打ち返す
→45

ウチカ˥クシ　内隠し →12

ウチカケ　打掛,裲襠 →5

ウチカケ　内掛け〖相撲〗→5

ウチカザリ　内飾り →13

ウチガ˥シ　打ち菓子 →15

ウチカタ　内方(オ˥ウチカタ 御～)
→4, 92

ウチカタ˥, ウチカ˥タ　打ち方 →95

ウチカツ,《新は ウチカ˥ツ》打ち勝つ
→45

ウチガマ　内釜 →4

ウチカブト　内兜 →12

ウチガリ　内借り →5

ウチガワ　内側 →4

ウチキ　内気(～な) →7

ウチキ, ウチ˥キ　桂 →5

ウチキズ, ウチ˥キズ, ウ˥チキズ　打ち
傷 →5

ウチ˥キリ　打ち切り →5

ウチキル,《新は ウチキ˥ル》打ち切る
→45

ウチキン, ウチ˥キン　内金,打ち金 →8

ウチクダク, ウチク˥ダク　打ち砕く
→45

ウチク˥ビ, ウチ˥クビ　打ち首 →5c

ウチゲ˥イコ　内稽古 →15

ウチ˥ケシ　打ち消し →5

ウチケス,《新は ウチケ˥ス》打ち消す
→45

ウチゲ˥バ　＜内 Gewalt〔独〕→10

ウチゲ˥ンカン　内玄関 →15

ウチコ　打ち粉 →5

ウチ˥コミ　打込み →5

ウチコム,《新は ウチコ˥ム》打ち込
む,撃ち込む →45

ウチコロス, ウチコ˥ロス　打ち殺す
→45

ウチ˥コワシ　打ち壊し →13

ウチコワス, ウチコ˥ワス　打ち壊す
→45

ウチサイワ˥イチョー　内幸町〖地〗→15

ウチジニ　討死 →5

ガギグゲゴは鼻濁音　カタカナ細字は母音の無声化　★は長音にもなる符号

ウチジュ──ウチュー 76

ウ￣チジュー 家中 →8	ウ￣チノメス, ウチ￣ノメ￣ス 打ちのめす →45
ウ￣チスエル, ウチ￣スエ￣ル 打ち据える →45	ウ￣チノモ￣ノ 内の者 →19
ウ￣チズラ 内面(～が良い) →4	ウ￣チノリ 内法 →4
ウ￣チゼイ., ウチ￣ゼイ. 内税 →8	ウ￣チノル, 《新は ウチ￣ノ￣ル》 打ち乗る →45
ウ￣チソ￣ト 内外 →18c	ウ￣チバ 内端 →4
ウ￣チダ 内田〘姓〙 →22	ウ￣チハタス, ウチ￣ハタ￣ス 討ち果す →45
ウ￣チタオス, ウチ￣タオ￣ス 打ち倒す →45	ウ￣チバライ 内払い →13
ウ￣チダシ 打ち出し →5	ウ￣チハラウ, ウチ￣ハラ￣ウ 打ち払う →45
ウ￣チダス, 《新は ウチ￣ダ￣ス》 打ち出す →45	ウ￣チヒモ 打紐 →5
ウ￣チタテル, ウチ￣タテ￣ル 打ち立てる,打ち建てる →45	ウ￣チビラキ 内開き →13
ウ￣チツケル, ウチ￣ツケ￣ル 打ち付ける →45	ウ￣チブ￣トコロ 内懐 →12
ウ￣チツズク, ウチ￣ツズ￣ク 打ち続く →45	ウ￣チブロ 内風呂 →4
ウ￣チツレル, ウチ￣ツレ￣ル 打ち連れる →45	ウ￣チベリ 内耗,内減 →4
ウ￣チテ 打ち手 →5	ウ￣チベンケイ. 内弁慶 →27
ウ￣チデシ 内弟子 →15	ウ￣チポケ￣ット, ウチ￣ポケ￣ット 内pocket →16
ウ￣チデノコ￣ズチ 打出の小槌 →19	ウ￣チボリ 内堀 →4
ウ￣チトケル, ウチ￣トケ￣ル 打ち解ける →45	ウ￣チマク 内幕 →8
ウ￣チド￣コロ, ウチ￣ド￣コロ 打ち所 →12	ウ￣チマゴ 内孫 →4
ウ￣チドメ 打止め,打留め →5	ウ￣チマタ 内股(～に歩く) →4
ウ￣チトメル, ウチ￣トメ￣ル 討ち止める,撃ち止める →45	ウ￣チマワ￣リ 内回り →13,12
ウ￣チトル, 《新は ウチ￣ト￣ル》 討ち取る,撃ち取る →45	ウ￣チミ, ウチ￣ミ 打ち身 →5
ウ￣チナオシ 打直し →13	ウ￣チミズ 打ち水 →5
ウ￣チナオス, ウチ￣ナオ￣ス 打ち直す →45	ウ￣チムキ 内向き →5
ウ￣チニワ 内庭 →4	ウ￣チモノ 打ち物 →5
ウ￣チヌキ 打抜き →5	ウ￣チモモ, ウチ￣モ￣モ 内股 →4
ウ￣チヌク, 《新は ウチ￣ヌ￣ク》 打ち抜く →45	ウ￣チモラス, ウチ￣モラ￣ス 討ち漏らす →45
ウ￣チノヒ￣ト 内の人 →19	ウ￣チヤブル, ウチ￣ヤブ￣ル 打ち破る →45
	ウ￣チユ 内湯 →4
	ウ￣チュー 宇宙 →8
	ウ￣チューイ￣ガク 宇宙医学 →15
	ウ￣チューガイ￣ハツ 宇宙開発 →15
	ウ￣チューカ￣ガク 宇宙科学 →15

￣は高い部分 ‥と∵は高低が変る部分 ￣┐は次が下がる符号 →は法則番号参照

ウチュー——ウツムキ

ウチュージン 宇宙人, 宇宙塵 →14a
ウチューステーション 宇宙 station →16
ウチュ゚ーセン 宇宙船, 宇宙線 →14
ウチュ゚ーヒコーシ 宇宙飛行士 →17
ウチュ゚ーフク 宇宙服 →14a
ウチュ゚ーユーエイ★ 宇宙遊泳 →15
ウチュ゚ーリョコー 宇宙旅行 →15
ウチョ゚ーテン 有頂天 →14a
ウチヨセル, ウチヨセル 打ち寄せる →45
ウチワ 内輪 →4
ウチ゚ワ 団扇 →5
ウチワク 内枠 →4
ウチワケ 内訳 →4
ウチワゲンカ 内輪喧嘩 →15
ウチワタ 打ち綿 →5
ウチワダイコ 団扇太鼓 →15
ウチワタシ, ウチワタシ 内渡し →13
ウチワバナシ 内輪話 →12
ウチワモメ 内輪揉め →13
ウチワル,《新は ウチワル》 打ち割る →45
ウ゚ツ 打つ, 討つ, 撃つ **ウダ゚ナイ, ウ
ト゚ー, ウチマス, ウ゚ッテ, ウテバ,
ウテ** →43
ウツウツ 鬱鬱(~として) →58
ウッカリ (~する, ~と) →55
ウツギ, ウツギ 空木〔植〕 →4
ウックシイ★ 美しい →52
ウックシガハラ 美ヶ原 →19
ウツ゚クシサ 美しさ →93c
ウックツ 鬱屈 →8
ウッケツ 鬱血 →8
ウ゚ツシ 写し, 移し →2
ウツシエ 写し絵 →14
ウツシトル, ウツシトル 写し取る →45
ウ゚ツス, ウ゚ツス 写す, 映す, 移す **ウ**

**ツサナイ, ウッソー, ウ゚ッシマス,
ウ゚シテ, ウ゚ッセバ, ウ゚セ** →44c
ウッスラ 薄ら(~と) →55
ウッスリ 薄り(~と) →55
ウッセキ 鬱積 →8
ウッソー 鬱蒼(~と茂る) →58
ウッタエ, ウッタエ 訴え →2b
ウッタエル, ウッタエル, ウッタエル
訴える →43b
ウッチャラカス, ウッチャラカス
打っ遣らかす〔俗〕 →44
ウッチャリ 打っ遣り(~を食う) →2
ウッチャル,《新は ウッチャル》 打っ
遣る〔俗〕 →45d
ウ゚ッツ, ウ゚ッツ 現(夢か~か) →57, 3
ウ゚ッテ, ウ゚ッテ 討手 →5
ウ゚ッテカカル 打って掛かる →49
ウ゚ッテカワル 打って変る →49
ウッテツケ 打って付け →2
ウ゚ッテデル 打って出る →49
ウ゚ッド,《新は ウ゚ッド》 wood →9
ウットーシイ★ 鬱陶しい →53
ウット゚リ (~する, ~と) →55
ウツノミヤ 宇都宮〔地〕 →19
ウツノミヤシ 宇都宮市 →14
ウツビョー 鬱病 →8
ウツブシ 俯し(~になる) →2
**ウツブス, ウツブス, ウップス, ウッ゚プ
ス** 俯す →46d
ウツブセ 俯せ(~になる) →2
ウップン 鬱憤 →8
ウップンバラシ 鬱憤晴らし →13
ウツボ 靫, 空穂, 鱓〔魚〕 →1
ウツボカズラ 靫蔓〔植〕 →12
ウツボザル 靫猿〔狂言・邦楽〕 →12
ウツボツ 鬱勃(~として) →58
ウツボモノガタリ 宇津保物語 →12
ウツムキ 俯き →2
ウツムキカゲン 俯き加減 →95

*ガギグゲゴ*は鼻濁音　カタカナ細字は母音の無声化　★は長音にもなる符号

ウツムク──ウナデン　78

ウツムク, ウツムク 俯く →46
ウツムケ 俯け →2
ウツムケル, ウツムケル 俯ける →46
ウツラウツラ, ウツラウツラ →59
ウツリ 映り(〜が良い), 移り →2
ウツリガ, ウツリガ 移り香 →12
ウツリカワリ 移り変り →13
ウツリカワル, ウツリカワル 移り変る →45
ウツリギ, ウツリギ 移り気 →14
ウツリバシ 移り箸 →12
ウツリミ, ウツリミ 移り身(〜が早い) →12
ウツリユキ 移り行き →13
ウツル 写る,映る,移る　**ウツラナイ, ウツロー, ウツリマス, ウツッテ, ウツレバ, ウツレ** →43
ウツロ 空ろ,虚ろ →55,3
ウツワ 器(〜が小さい) →1
ウツワモノ 器物 →12
ウデ 腕 →1
ウデギ, ウデギ 腕木 →4
ウデキキ, ウデキキ 腕利き →5
ウデグミ, ウデグミ, ウデグミ 腕組み →5
ウデクラベ 腕比べ →13
ウデズク, ウデズク 腕尽く →95
ウデズモー 腕相撲 →12
ウデゾロイ 腕揃い →13
ウデタテフセ, ウデタテフセ 腕立て伏せ →99,98
ウデタマゴ, ウデタマゴ 茹玉子 ⇒**ユデタマゴ**
ウデダメシ 腕試し →13
ウデッコキ, ウデッコキ 腕っ扱き →5d
ウデップシ, ウデップシ 腕っ節 →4d
ウデドケイ★ 腕時計 →15
ウテナ, ウテナ 台(蓮花の〜) →1

ウデナミ, ウデナミ 腕並 →4
ウデマエ, ウデマエ, ウデマエ 腕前 →4
ウデマクラ 腕枕 →12
ウデマクリ 腕捲り →13
ウデマワリ 腕回り →12
ウデル 茹でる ⇒**ユデル**
ウデワ 腕輪 →4
ウテン 雨天 →8
ウテン(・)ジュンエン 雨天順延 →97, 98
ウド 独活〚植〛(〜の大木) →1
ウトイ 疎い →52
ウトウト (〜する,〜と) →57
ウトク, ウトク 有徳(〜の人) →8
ウドシ 卯年 →4
ウトマシイ★ 疎ましい →53
ウトム 疎む →44
ウドン 饂飩(**オウドン** 御〜) →8,92
ウドンゲ, 《新は **ウドンゲ**》 優曇華 →14a
ウドンコ 饂飩粉 →12
ウトンジル 疎んじる →47
ウドンヤ 饂飩屋 →94
ウナ (=至急電報) →10
ウナガス, ウナガス 促す →43
ウナギ 鰻(**オウナ** 御〜) →1,92
ウナギドンブリ 鰻丼 →12
ウナギノボリ 鰻登り →13
ウナギメシ 鰻飯 →12
ウナギヤ 鰻屋 →94
ウナサレル, ウナサレル 魘される →83
ウナジ 項 →1
ウナジュー 鰻重 →10
ウナズク, ウナズク 頷く →46
ウナダレル, ウナダレル 項垂れる →46
ウナデン ウナ電 →10

───

‾は高い部分　``と``は高低が変る部分　⌐は次が下がる符号　→は法則番号参照

ウナドン 鰻丼 →10
ウナバラ, ウナバラ 海原 →4
ウナリ 唸り →2
ウナリゴエ 唸り声 →12
ウナル 唸る →46
ウニ 海胆,雲丹 →1
ウヌボレ 自惚れ(～が強い) →5
ウヌボレル, ウヌボレル 自惚れる →44
ウネ 畝 →1
ウネウネ (道が～する,～と) →57
ウネリ (波の～) →2
ウネル (波が～) →44
ウノケ 兎の毛(～で突いたほど) →19
ウノハナ 卯の花〖植〗→19
ウノハナ, ウノハナ 卯の花(=おから) →19
ウノミ, ウノミ 鵜呑み(～にする) →5
ウノメ(･)タカノメ 鵜の目鷹の目 →97,98
ウハ 右派 →7
ウバ 姥,乳母 →1
ウバイアイ 奪い合い →13
ウバイアウ, ウバイアウ 奪い合う →45
ウバイカエス, ウバイカエス 奪い返す →45
ウバイトル, ウバイトル,《古・強は ウバイトル》奪い取る →45
ウバウ 奪う ウバワナイ, ウバオー, ウバイマス, ウバッテ, ウバエバ, ウバエ →43
ウバグルマ 乳母車 →12
ウバザクラ 姥桜 →12
ウバステ 姥捨て →5
ウブ 初(～な娘) →1
ウブギ, ウブギ 産衣 →5
ウブゲ 産毛 →4
ウブゴエ, ウブゴエ 産声 →4

ウブスナ 産土(ウブスナサマ, ウブスナサマ ～様) →4,94
ウブスナガミ 産土神 →12
ウブユ, ウブユ 産湯(～を使う) →4
ウヘン 右辺 →8
ウホー 右方 →8
ウマ, ンマ 馬,午〖十二支〗→1
ウマイ, ンマイ 甘い,旨い ウマカッタ, ウマク, ウマクテ,《新は ウマクテ》, ウマケレバ, ウマシ(ウはンとも) →52
ウマイチ, ンマイチ, ウマイチ, ンマイチ 馬市 →4
ウマウマ, ンマンマ 〖児〗(=食べ物) →11
ウマウマ, ンマンマ, ウマウマ, ンマンマ 甘甘(=まんまと) →57
ウマオイ, ンマオイ, ウマオイ, ンマオイ 馬追《虫も》→5
ウマオイムシ, ンマオイムシ 馬追虫 →12b
ウマガエシ, ンマガエシ 馬返し →13
ウマカタ, ンマカタ, ウマカタ, ンマカタ 馬方 →4
ウマクチ, ンマクチ 甘口(=巧言) →5
ウマゴヤ, ンマゴヤ 馬小屋 →12
ウマゴヤシ, ンマゴヤシ 馬肥やし →13
ウマサ, ンマサ 旨さ →93
ウマジルシ, ンマジルシ 馬印 →12
ウマズメ, ンマズメ 産まず女,石女 →19
ウマズラ, ンマズラ 馬面 →4
ウマドシ, ンマドシ 午年 →4
ウマトビ, ンマトビ, ウマトビ, ンマトビ 馬飛び,馬跳び →5
ウマニ, ンマニ, ウマニ, ンマニ 旨煮 →5
ウマヌシ, ンマヌシ 馬主 →4

ガギグゲゴは鼻濁音 カタカナ細字は母音の無声化 ★は長音にもなる符号

ウマヌスビト, ンマヌスビト　馬盗人 →12

ウマノアシ, ンマノアシ　馬の脚 →19

ウマノホネ, ンマノホネ　馬の骨 →19

ウマノリ, ウマノリ, ウマノリ(ウはンとも)　馬乗り →5

ウマバエ, ンマバエ(エはイとも)　馬蝿 →4

ウママワリ, ンママワリ　馬回り →12

ウマミ, ンマミ, ウマミ, ンマミ　旨味 →93

ウマヤ, ンマヤ　厩 →4

ウマル, ンマル　埋まる →44

ウマレ, ンマレ　生れ →2

ウマレオチル, ンマレオチル　生れ落ちる →45

ウマレカワリ, ウマレガワリ(ウはンとも)　生れ変り →13

ウマレカワル, ンマレカワル　生れ変る →45

ウマレコキョー, ンマレコキョー　生れ故郷 →15

ウマレズキ, ンマレズキ, ウマレズキ, ンマレズキ　生れ月 →12

ウマレゾコナイ, ンマレゾコナイ　生れ損い →13

ウマレソダツ, ンマレソダツ　生れ育つ →45

ウマレタテ, ンマレタテ　生れ立て →95

ウマレツキ, ンマレツキ　生れ付き →13

ウマレドシ, ンマレドシ, ウマレドシ, ンマレドシ　生れ年 →12

ウマレナガラ, ウマレナガラ(ウはンとも)　生れながら(~に) →73

ウマレモツカヌ, ウマレモツカヌ(ウはンとも)　生れもつかぬ →98,99

ウマレル, ンマレル　生れる　ウマレナイ, ウマレヨー, ウマレマス, ウマレテ, ウマレレバ, ウマレロ(ウはンとも) →44

ウミ　生み・産み(~の母) →2

ウミ　海 →1

ウミ　膿 →2

ウミオトス　生み落す, 産み落す →45

ウミカゼ　海風 →4

ウミガメ　海亀 →4

ウミガワ　海側 →4

ウミジ, ウミジ　海路 →4

ウミズキ, ウミズキ　産み月 →5

ウミズリ　海釣り →5

ウミセンヤマセン, ウミセンヤマセン　海千山千 →39

ウミダス　生み出す →45

ウミタテ　生み立て(~の卵) →95

ウミツケル　生み付ける, 産み付ける →45

ウミドリ　海鳥 →4

ウミナリ, ウミナリ　海鳴り →5

ウミネコ　海猫 →4

ウミノイエ　海の家 →19

ウミノオヤ　生みの親 →19

ウミノコ　生みの子 →19

ウミノサチ　海の幸 →19

ウミビラキ　海開き →13

ウミベ, ウミベ　海辺 →4

ウミヘビ　海蛇 →4

ウミボーズ,《古は ウミボーズ》　海坊主 →15

ウミホーズキ　海酸漿 →12

ウミホタル　海蛍 →12

ウミヤマ　海山(~の恩) →18

ウミヨリ　海寄り →5

ウミワケル　生み分ける →45

ウム　生む, 産む　ウマナイ, ンマナイ, ウモー, ンモー, ウミマス, ウンデ, ウメバ, ンメバ, ウメ, ンメ

ウム 倦む, 膿む, 熟む, 績む ウマナイ, ンマナイ, ウミマス, ウンデ, ウメバ, ンメバ, ウメ, ンメ →43
有無 →18

ウメ, ンメ 梅 →1

ウメ, ンメ 梅〚女名〛(オウメ, オンメ, オンメ お〜) →23a, 92

ウメアワス, ンメアワス 埋め合わす →45

ウメアワセ, ンメアワセ 埋合せ →13

ウメアワセル, ンメアワセル 埋め合わせる →45

ウメガエ, ンメガエ 梅が枝 →19

ウメガワ(・)チューベー, ンメガワ(・)〜 梅川忠兵衛 →24, 25, 27

ウメキ, ンメキ 埋木 →5

ウメキ, ンメキ 呻き →2

ウメキゴエ, ンメキゴエ 呻き声 →12

ウメキザイク, ンメキザイク 埋木細工 →15

ウメク, ンメク 呻く →43

ウメクサ, ンメクサ 埋草 →5

ウメコ, ンメコ 梅子〚女名〛 →25

ウメコム, ンメコム 埋め込む →45

ウメゴヨミ, ンメゴヨミ 梅暦 →12

ウメシュ, ンメシュ 梅酒 →7

ウメズ, ンメズ 梅酢 →4

ウメズケ, ンメズケ 梅漬 →5

ウメダ, ンメダ 梅田〚地〛 →21

ウメタテ, ンメタテ 埋立て →5

ウメタテチ, ンメタテチ 埋立地 →14

ウメタテル, ンメタテル 埋め立てる →45

ウメックス, ンメツクス 埋め尽す →45

ウメッチ, ンメッチ 埋め土 →5

ウメノキ, ンメノキ

梅鉢

梅の木 →19

ウメバチ, ンメバチ 梅鉢〚紋所〛 →8

ウメビシオ, ンメビシオ 梅醤 →12

ウメボシ, ンメボシ 梅干 →5

ウメボシアメ, ンメボシアメ 梅干飴 →12

ウメボシババー, ンメボシババー 梅干婆 →12

ウメミ, ンメミ, ウメミ, ンメミ 梅見 →5

ウメモドキ, ンメモドキ 梅擬き〚植〛 →95

ウメモドシ, ンメモドシ 埋め戻し →13

ウメル, ンメル 埋める ウメナイ, ウメヨー, ウメマス, ウメテ, ウメレバ, ウメロ(ウはンとも) →43

ウメワカ, ンメワカ 梅若〚能〛 →22
〜(・)ミノル 〜実 →23, 27

ウメワガマル, ンメワガマル 梅若丸〚人〛 →25

ウメワカリュー, ンメワカリュー 梅若流 →14

ウメワリ, ンメワリ 梅割り →5

ウモー, ウモー 羽毛 →8

ウモーブトン 羽毛蒲団 →15

ウモレギ, ンモレギ, ウモレギ, ンモレギ 埋もれ木 →12

ウモレル, ンモレル 埋もれる →44

ウヤウヤシイ★ 恭しい →53

ウヤマイ, ウヤマイ 敬い →2b

ウヤマウ 敬う →46

ウヤムヤ 有耶無耶(〜に) →57

ウユー 烏有(〜に帰す) →8

ウヨウヨ (〜する, 〜と) →57

ウヨ(・)キョクセツ 紆余曲折 →97, 98

ウヨク 右翼 →8

ウヨクダンタイ 右翼団体 →15

ウラ 裏, 浦 →1

ガギグゲゴは鼻濁音　カタカナ細字は母音の無声化　★は長音にもなる符号

ウラ──ウラミゴ　　　　82

…‾ウラ …浦(ヒガシ‾ウラ 東~, ワ カノ‾ウラ 和歌~, フタミガ‾ウラ 二 見ヶ~) →12, 19	しい →54

ウラ‾アミ 裏編 →5
ウラ‾ウチ, ウラウチ, ウラ‾ウチ 裏打 ち →5
ウラ‾ウメ, ウランメ 裏梅 →4
‾ウラ‾ウラ (~と) →57
ウラ‾エリ 裏襟 →4
ウラ‾オモテ 裏表 →18
ウラ‾ガ, ウラガ 浦賀〖地〗→21
ウラガ‾イドー 裏街道 →15
ウラガ‾エシ 裏返し →13
ウラガ‾エス 裏返す →46
ウラガ‾エル 裏返る →46
ウラ‾ガキ, ウラガキ 裏書き →5
ウラガ‾スイドー 浦賀水道 →15
ウラ‾カタ 裏方 →4
ウラガ‾ナシイ, ウラガナ‾シイ うら悲 しい →54
ウラ‾ガネ 裏金 →4
ウラ‾ガレル, ウラガレル 末枯れる →46
ウラ‾ガワ 裏皮,裏側 →4
ウラ‾キド 裏木戸 →12
ウラ‾キモン 裏鬼門 →15
ウラ‾ギリ, ウラギリ, ウラ‾ギリ 裏切 り →2
ウラ‾ギリモノ, ウラギリ‾モノ 裏切者 →12
ウラ‾ギル 裏切る →46
ウラ‾グチ 裏口 →4
ウラグチエイ‾ギョー 裏口営業 →15
ウラ‾ゴエ, ウラ‾ゴエ 裏声 →4
ウラ‾ゴシ, ウラ‾ゴシ, ウラ‾ゴシ 裏漉 し →5
ウラ‾サク 裏作 →8
ウラ‾ザシキ 裏座敷 →12
ウラ‾サビシイ, ウラサ‾ビシイ うら淋

ウラ‾ジ 裏地 →7
ウラ‾シマ 浦島 →21
　~・‾タロー, ウラシマ‾タロー ~太 郎 →25, 27
ウラ‾ジョーメン 裏正面 →15
ウラ‾ジロ 裏白《植も》→5
ウラ‾ズケ, ウラズケ, ウラ‾ズケ 裏付 け(=保証) →5
ウラ‾ズケル 裏付ける →46
ウラ‾センケ 裏千家 →27
ウラ‾ダナ 裏店 →4
ウラ‾テ, ウラ‾テ 裏手 →4
ウラ‾ドーリ 裏通り →12
ウラ‾トリヒキ, ウラ‾トリヒキ 裏取引 →12
ウラ‾ナイ, 《新は ウラ‾ナイ》 占い →2b
ウラ‾ナイシ, ウラナ‾イシ 占い師 →14b
ウラ‾ナイシャ, ウラナ‾イシャ 占い者 →14b
ウラ‾ナウ 占う →46
ウラ‾ナガヤ 裏長屋 →12
ウラ‾ナリ 末成り,末生り →5
ウラ‾ニホン 裏日本 →15
ウラ‾ニューム, ウラ‾ニウム uranium →9
ウラ‾ニワ 裏庭 →4
ウラ‾バナシ 裏話 →12
ウラ‾ハラ 裏腹(~を言う) →18
ウラ‾バングミ 裏番組 →12
ウラ‾ブレル, ウラブレル →46
ウラ‾ボン, ウラ‾ボン 盂蘭盆 →8
ウラ‾ボンエ 盂蘭盆会 →14a
ウラ‾マチ, ウラ‾マチ 裏町 →4
ウラ‾ミ 恨み,怨み,憾み →2
ウラミガ‾マシイ 恨みがましい →96
ウラ‾ミゴト, ウラミ‾ゴト 恨み言,恨み

‾は高い部分　⋯と⋯は高低が変る部分　⌐は次が下がる符号　→は法則番号参照

事 →12	ウリイソギ 売り急ぎ →13
ウラミゴロ 裏身頃〚衣〛 →12	ウリオシミ 売り惜しみ →13
ウラミジニ 恨み死 →13	ウリカイ 売り買い →18
ウラミチ, ウラミチ 裏道 →4	ウリカケ 売掛け →5
ウラミッコ 恨みっこ(〜なし) →94	ウリカケキン, ウリカケキン 売掛金 →14
ウラミツラミ 恨み辛み(〜を言う) →18	ウリカタ 売り方 →5, 95
ウラム 恨む, 怨む ウラマナイ, ウラモー, ウラミマス, ウランデ, ウラメバ, ウラメ →43	ウリキル 売り切る →45
	ウリキレ 売り切れ →5
ウラメ, ウラメ 裏目(〜に出る) →4	ウリキレル 売り切れる →45
ウラメシイ★ 恨めしい →53	ウリグイ 売り食い →5
ウラメン 裏面 →8	ウリクチ 売り口 →5
ウラモン 裏門 →8	ウリコ 売り子 →5
ウラモン, ウラモン 裏紋 →8	ウリゴエ, ウリゴエ 売り声 →5
ウラヤス 浦安〚地〛 →21	ウリコトバ 売り言葉(〜に買い言葉) →12
ウラヤマ 裏山 →4	ウリコミ 売込み →5
ウラヤマシイ★ 羨ましい →53	ウリコム 売り込む →45
ウラヤム 羨む →46	ウリサキ 売り先 →5
ウラヨミ 裏読み →5	ウリザネガオ, ウリザネガオ 瓜核顔, 瓜実顔 →12
ウララ 麗ら →57	ウリサバク 売り捌く →45
ウララカ 麗らか →55	ウリシブル 売り渋る →45
ウラル Ural〚山脈〛 →21	ウリゾメ 売初め →95
ウラワ, ウラワ 浦和〚地〛 →21	ウリダシ 売出し →5
ウラワカイ うら若い →54	ウリダス 売り出す →45
ウラワザ 裏技 →4	ウリタタク 売り叩く →45
ウラワシ 浦和市 →14	ウリタテ 売立て →5
ウラン Uran〔独〕 →9	ウリダメ 売溜め →5
ウランカナ 売らん哉 →78	ウリチ 売地 →7
ウリ 売り →2	ウリツケル 売り付ける →45
ウリ 瓜 →1	ウリツナギ 売繋ぎ →13
ウリアゲ 売上げ →5	ウリテ 売手 →5
ウリアゲカンジョー 売上勘定 →15	ウリテジョー 売手市場 →15
ウリアゲキン, ウリアゲキン 売上金 →14	ウリトバス 売り飛ばす →45
ウリアゲダカ 売上高 →12	ウリドメ 売止め →5
ウリアゲル 売り上げる →45	ウリヌシ, ウリヌシ 売り主 →5
ウリアルク 売り歩く →45	ウリネ 売値 →5
ウリイエ 売家 →5	ウリバ 売場 →5

ガギグゲゴは鼻濁音　カタカナ細字は母音の無声化　★は長音にもなる符号

ウリハラ──ウロコガ

ウリハラウ　売り払う →45
ウリフタツ　瓜二つ →39
ウリモノ　売物 →5
ウリヤ　売家 →5
ウリョー　雨量 →8
ウリョーケイ　雨量計 →14
ウリワタシ　売渡し →13
ウリワタス　売り渡す →45
ウル　売る　ウラナイ, ウロー, ウリマス, ウッテ, ウレバ, ウレ →43
ウル　得る →43
ウルー　《古は ウルー》　閏(～二月) →1
ウルーズキ　閏月 →12a
ウルードシ　閏年 →12a
ウルービョー　閏秒 →14a
ウルオイ, ウルオイ　潤い →2b
ウルオウ　潤う →43
ウルオス　潤す →44
ウルカ　鱁〖食品〗
ウルグアイ, ウルグアイ　Uruguay〖国〗 →21
ウルサイ　煩い →52
ウルサガタ　うるさ型 →12
ウルサガル　煩がる →96
ウルシ　漆 →1
ウルシエ, ウルシエ　漆絵 →14
ウルシカブレ　漆かぶれ →13
ウルシヌリ　漆塗り →13
ウルシマケ, ウルシマケ　漆負け →13
ウルチ　粳 →1
ウルトラ　ultra →9
ウルトラマン　Ultraman〖和〗 →27
ウルマス　潤ます →44
ウルム　潤む →44
ウルメ　<ウルメイワシ　潤目鰯 →5, 12
ウルワシイ　麗しい →52
ウレ　売れ(～が早い) →2

ウレアシ　売れ足 →5
ウレイ, ウレイ　憂い, 愁い →2b
ウレイゴト, ウレイゴト　憂い事 →12
ウレウ, ウリョー　憂う, 愁う →42
ウレー, ウレー　憂え, 愁え →2a
ウレエル　憂える →43
ウレカタ　売れ方 →95
ウレキレ, ウリキレ　売切れ →5
ウレクチ　売れ口 →5
ウレサキ　売れ先 →5
ウレシイ　嬉しい　ウレシカッタ, ウレシク, ウレシクテ, ウレシケレバ, ウレシ →52
ウレシガラセ　嬉しがらせ →2
ウレシガル　嬉しがる →96
ウレシゲ　嬉しげ →93
ウレシサ　嬉しさ →93c
ウレシナキ　嬉し泣き →13
ウレシナミダ　嬉し涙 →12
ウレスジ　売れ筋 →5
ウレダカ, ウレダカ　売れ高 →5
ウレダス　売れ出す →45
ウレタン, ウレタン　Urethan〖独〗 →9
ウレッコ　売れっ子 →5d
ウレノコリ　売れ残り →13
ウレノコル　売れ残る →45
ウレユキ　売れ行き →5
ウレル　売れる　ウレナイ, ウレヨー, ウレマス, ウレテ, ウレレバ, ウレロ →44
ウレル　熟れる →43
ウロ　虚・空(木の～) →1
ウロ　迂路 →7　雨露, 烏鷺 →18
ウロウロ　(～する, ～と) →57
ウロオボエ, ウロオボエ　うろ覚え →13
ウロコ, ウロコ, 《古は ウロコ》　鱗 →1
ウロコガタ　鱗形 →95

￣ は高い部分　˙˙˙ と ˙˙˙ は高低が変る部分　￣ は次が下がる符号　→ は法則番号参照

ウ**ロコグ**モ 鱗雲 →12	ウワスベリ, ウワスベリ 上滑り →13
ウロタエル,《新はウロタエル, ウロタエル》狼狽える →46b	ウワズミ 上澄み, 上積み →5
	ウワズル 上擦る(声が～) →46
	ウワゼー 上背(～がある) →4
	ウワゾーリ 上草履 →15
ウロチョロ (～するな) →57	ウワチョーシ, ウワチョーシ 上調子 →15
	ウワッカワ 上っ皮, 上っ側 →4d
ウロツク (あちこちと～) →96	ウワツク 上付く →96
ウロヌキ, ウロヌキ, ウロヌキ 疎抜き →5	ウワッチョーシ, ウワッチョーシ 上っ調子 →15d
ウロヌク 疎抜く →46	ウワッツラ, ウワツラ 上(っ)面 →4d
ウロン 胡乱(～なやつ) →8	ウワッパリ 上っ張り →5d
ウワアゴ 上顎 →4	ウワテ 上手 →4
ウワエ 上絵 →7	ウワテナゲ 上手投げ →13
ウワエダ 上枝 →4	ウワヌリ 上塗り →5
ウワエリ 上襟 →4	ウワネ 上値 →4
ウワオーイ, ウワオオイ 上覆い →13	ウワノセ 上乗せ →5
ウワオキ 上置き →5	ウワノゾラ 上の空 →19
ウワガキ 上書き →5	ウワノリ 上乗り →5
ウワガケ 上掛け →5	ウワバ 上葉, 上歯 →4
ウワガミ 上紙 →4	ウワバキ 上履き →5
ウワカワ 上皮, 上側 →4	ウワバミ 蟒, 蟒蛇
ウワキ 浮気 →7	ウワバリ 上張り →5
ウワギ 上着 →5	ウワビョーシ, ウワビョーシ 上表紙 →15
ウワキモノ 浮気者 →12	
ウワグスリ, ウワグスリ 上薬, 釉 →12	ウワベ 上辺 →4
	ウワマエ, ウワマイ 上前・上米(～をはねる) →8d
ウワクチビル, ウワクチビル 上唇 →12c	
	ウワマエ, ウワンマエ 上(ん)前〖着物〗 →4d
ウワグツ 上靴 →4	
ウワゴト 譫言 →4	ウワマブタ 上瞼 →12
ウワサ 噂 →1	ウワマワル, ウワマワル 上回る →46
ウワサバナシ 噂話 →12	ウワムキ 上向き →5
ウワザヤ 上鞘 →4	ウワムク, ウワムク 上向く →46
ウワシキ 上敷き →5	ウワメ 上目 →4
ウワジョーシ, ウワジョーシ 上調子 →15	ウワメズカイ 上目遣い →13
	ウワモノ 上物 →4
ウワズツミ 上包み →12	ウワヤ 上屋 →4

鱗形

ガギグゲゴは鼻濁音　カタカナ細字は母音の無声化　★は長音にもなる符号

ウ

ウワヤク 上役 →8
ウワル 植わる →44
ウン 〖感〗(〜分かった) →66 運 →6
ウンエイ 運営 →8
ウンカ 雲霞(〜の如く) →18 浮塵子〖昆虫〗
ウンガ 運河 →7
ウンカイ 雲海 →8
ウンキ 雲気, 運気, 温気 →7
ウンキュー 運休<運転休止 →10
ウンケイ★ 運慶〖人〗→24
ウンコ 〖俗〗(=大便) →94
ウンコー 運行, 運航 →8
ウンザ 運座 →7
ウンザリ (〜する, 〜と) →55
ウンザン 運算 →8
ウンサン(・)ムショー 雲散霧消 →97, 98
ウンシュー 雲州・温州〖地〗→8
ウンシューミカン 温州蜜柑 →15
ウンジョー 雲上 →8
ウンジョービト 雲上人 →12a
ウンシン 運針 →8
ウンスイ 雲水 →18, 3
ウンセイ★ 運勢 →8
ウンゼン 雲仙〖山〗→21
ウンソー 運送, 運漕 →8
ウンソーギョー 運送業 →14a
ウンソーセン 運送船 →14
ウンソーテン 運送店 →14a
ウンソーヤ 運送屋 →94
ウンダメシ 運試し →13
ウンチ 〖俗〗(=大便)
ウンチク 蘊蓄(〜を傾ける) →8
ウンチャン 運ちゃん(=運転手さん) →94
ウンチン 運賃 →8
ウンテイ★ 雲梯 →8
ウンデイ★ 雲泥(〜の差) →18

ウンテン 運転 →8
ウンテンシ 運転士 →14a
ウンテンシキン, ウンテンシキン 運転資金 →15c
ウンテンシホン 運転資本 →15
ウンテンシュ 運転手 →14a
ウンテンセキ 運転席 →14a
ウンテンダイ 運転台 →14
ウンテンメンキョ 運転免許 →15
ウント, ウント (=たくさん) →55
ウンドー 運動 →8
ウンドーイン 運動員 →14a
ウンドーカ 運動家 →14
ウンドーカイ 運動会 →14a
ウンドーギ 運動着 →13a
ウンドーキョーギ 運動競技 →15
ウンドーグツ 運動靴 →12a
ウンドーシキン, ウンドーシキン 運動資金 →15c
ウンドーシャツ 運動 shirt →16
ウンドージョー 運動場 →14
ウンドーシンケイ★ 運動神経 →15
ウンドーセンシュ 運動選手 →15
ウンドーバ 運動場 →12
ウンドーヒ 運動費 →14a
ウンドーブ 運動部 →14a
ウンドーフク 運動服 →14a
ウンドーブソク, ウンドーブソク 運動不足 →98, 99
ウンドーリョー 運動量 →14a
ウントコショ →66
ウントモ・スントモ (〜言わない) →97
ウンナン 雲南〖地〗→21
ウンヌン 云云 →11
ウンノー, ウンオー 蘊奥 →8
ウンノ(・)ツキ 運の尽き →97, 98
ウンパン 運搬, 運版 →8
ウンピツ 運筆 →8

──は高い部分 ･･･と˙˙˙は高低が変る部分 ┐は次が下がる符号 →は法則番号参照

ウンピョー 雲表 →8	エイ 鱏〘魚〙 →1
ウンプテンプ 運否天賦 →99	エイ★ 栄, 詠, 嬰, 纓, 英<英吉利 →6
ウンマカセ 運任せ →13	エイ★イ 鋭意, 栄位, 営為 →7
ウンメイ★ 運命 →8	エイ★エイ★ 営営(~として) →58
ウンメイ★ロン 運命論 →14b	エイ★エン 永遠 →8
ウンメイ★ロンシャ 運命論者 →14a	エイ★カ 詠歌(ゴエイ★カ 御~) →7, 92
ウンモ, ウンボ 雲母 →7	エイ★ガ 栄華 →7
ウンユ, ウンユ 運輸 →7	エイ★ガ, 《新は エイ★ガ》 映画 →7
ウンユアンゼンイインカイ 運輸安全委員会 →17	エイ★カイワ 英会話 →15
ウンユショー 運輸省 →14	エイ★ガカ, エイ★ガカ 映画化 →95
ウンヨー 運用 →8	エイ★ガカン 映画館 →14
ウンリョー, ウンリョー 雲量 →8	エイ★ガカントク 映画監督 →15
	エイ★カク 鋭角 →8
	エイ★ガゲイ★ジュツ 映画芸術 →15
	エイ★ガジョユー 映画女優 →15

エ 柄 →1	エイ★ガジン 映画人 →14
エ 餌 →1 絵 →6	エイ★ガスター 映画 star →16
……エ …江 …枝(ミツエ 光江, シズエ 静枝) →25	エイ★ガハイユー 映画俳優 →15
……エ; ……エ; ……エ …へ〘助〙(トリエ 鳥~, ハナエ 花~, ウミエ 海~) →71	エイ★ガモノガタリ 栄華物語 →12
	エイ★カン 栄冠 →8
エア air →9	エイ★キ 英気, 鋭気 →7
エア~ は エヤ~ とも	エイ★キュー 永久 →8
エアカーテン air curtain →16	エイ★キューシ 永久歯 →14a
エアコン <air conditioner →10	エイ★キューセイ★ 永久性 →14
エアゾール aerosol →9	エイ★キョー 影響 →8
エアターミナル air terminal →16	エイ★ギョー 営業 →8
エアバス airbus →16	エイ★ギョーアンナイ 営業案内 →15
エアバッグ air bag →16	エイ★ギョーシャ 営業者, 営業車 →14a
エアブレーキ air brake →16	エイ★ギョーショ, エイ★ギョーショ (ショはジョとも) 営業所 →14
エアポート airport →16	エイ★ギョーテイ★シ 営業停止 →98
エアポケット, エアポケット air pocket →16	エイ★ギョーヌシ 営業主 →12a
エアメール airmail →16	エイ★ギョーヒ 営業費 →14a
エアロビクス aerobics →9	エイ★ギョーブ 営業部 →14a
エアワセ 絵合せ →13	エイ★ギョーヨー 営業用 →14
	エイ★キョーリョク 影響力 →14a
	エイ★ケツ 英傑, 永訣 →8
	エイ★ケン 英検<実用英語技能検定 →10

エイコ──エイブン　88

エイ⋆コ　栄枯(〜盛衰) →18　英子・栄子〖女名〗→25	エイ⋆セイ⋆ジョー　衛生上 →14
エイ⋆ゴ　英語 →7	エイ⋆セイ⋆チューケイ　衛星中継 →15
エイ⋆コー　曳航, 栄光 →8	エイ⋆セイ⋆チューリツ, エイ⋆セイ⋆チューリツ　永世中立 →98, 99
エイ⋆ゴー　永劫 →8	
エイ⋆コーダン, エイ⋆ゴーダン　曳光弾 →14a	エイ⋆セイ⋆チューリツコク, エイ⋆セイ⋆チューリツコク　永世中立国 →17
エイ⋆コク　英国 →8	エイ⋆セイ⋆テキ　衛生的 →95
エイ⋆コクジン　英国人 →14	エイ⋆セイ⋆トシ　衛星都市 →15
エイ⋆コクフー　英国風 →95	エイ⋆セイ⋆ヘイ　衛生兵 →14b
エイ⋆サイ　英才 →8	エイ⋆セイ⋆ホーソー　衛星放送 →15
エイ⋆サイ, ヨーサイ　栄西〖人〗→24	エイ⋆ゼン　営繕 →8
エイ⋆サク　英作<エイ⋆サクブン　英作文 →10, 15	エイ⋆ゼンヒ　営繕費 →14a
	エイ⋆ソー　営巣, 営倉, 詠草 →8
エイ⋆ザン　叡山<比叡山 →10	エイ⋆ゾー　営造, 映像, 影像 →8
エイ⋆シ　英姿, 衛視 →7	エイ⋆ゾーブツ　営造物 →14a
エイ⋆ジ　英字 →7	エイ⋆ゾク　永続 →8
エイ⋆ジ　嬰児 →7　英次・栄二〖男名〗→25	エイ⋆ゾクセイ　永続性 →14
エイ⋆ジシンブン　英字新聞 →15	エイ⋆タイ, 《新は エイ⋆タイ》　永代 →8
エイ⋆ジハッポー　永字八法 →39	エイ⋆タイキョー　永代経 →14
エイ⋆シャ　映写 →7	エイ⋆タイクヨー　永代供養 →15
エイ⋆シャ　営舎 →7	エイ⋆タイバシ　永代橋 →12b
エイ⋆シャキ　映写機 →14	エイ⋆タツ　栄達 →8
エイ⋆シャマク　映写幕 →14	エイ⋆タン　詠嘆(歎) →8
エイ⋆シュ　英主 →7	エイ⋆ダン　英断, 営団 →8
エイ⋆ジュー　永住 →8	エイ⋆ダンチカテツ　営団地下鉄 →17c
エイ⋆ジューケン　永住権 →14a	エイ⋆チ　英知, 叡智 →7
エイ⋆ショー　詠唱 →8	エイチアイブイ　HIV<Human Immunodeficiency Virus →16
エイ⋆ジル, エイ⋆ジル　映じる, 詠じる →47	
	エイ⋆テイ⋆　営庭 →8
エイ⋆シン　栄進, 詠進 →8	エイ⋆テン　栄転, 栄典 →8
エイズ　AIDS →16	エイト, エート　eight〖運動〗→9
エイ⋆ズル, エイ⋆ズル　映ずる, 詠ずる →47	エイ⋆ネン　永年 →8
	エイ⋆ネンキンゾク　永年勤続 →15
エイ⋆セイ　永世, 衛生, 衛星 →8	エイ⋆ノー　営農 →8
エイ⋆セイ⋆ガク　衛生学 →14b	エイ⋆ビン　鋭敏 →8
エイ⋆セイ⋆コク　衛星国 →14b	エイ⋆ブン　英文 →8, 10
エイ⋆セイ⋆シソー　衛生思想 →15	エイ⋆ブンカ　英文科 →14
	エイ⋆ブンガク　英文学 →17
	エイ⋆ブンタイプ　<英文 typewriter

￣は高い部分　⋯と⋯は高低が変る部分　⌐は次が下がる符号　→は法則番号参照

→16	エイ★レイ★　英霊 →8
エイ★ブンポー　英文法 →17	エイ★ワ　英和＜英和辞典(↔和英) →10
エイ★ヘイ★　衛兵 →8	エイ★ワジショ　英和辞書 →15
エイ★ベイ★, エイベイ★　英米＜英吉利・亜米利加 →29	エイ★ワジテン　英和辞典 →15
エイ★ヘイ★ジ　永平寺 →14	エーイーディー　AED＜Automated External Defibrillator →16
エイ★ベツ　永別 →8	エーオー　AO＜Admissions Office 入試 →16
エイ★ホー　泳法,鋭鋒 →8　英法＜英吉利法学 →10	エーカー　acre →9
エイ★マイ　英邁 →8	エーキュー　A級 →8
エイ★ミン　永眠 →8	エークラス　A class →16
エイ★メイ★　英明,英名 →8	エーゲカイ　Aege海 →14
エイ★モン　営門 →8	エージェント　agent →9
エイ★ヤク　英訳 →8	エース　ace →9
エイ★ユー　英雄 →8	エーティーエム　ATM＜Automatic teller machine →16
エイ★ヨ　栄誉 →7	エーテル, エーテル　ether[蘭] →9
エイ★ヨー　栄養 →8	エーデルワイス　Edelweiss[独]〖植〗 →9
エイ★ヨー, エヨー　栄耀 →8d	エーバン　A判 →8
エイ★ヨーエイ★ガ　栄耀栄華 →98	エービーシー, エイビーシー　ABC →16
エイ★ヨーカ　栄養価 →14a	エープリルフール　April fool →16
エイ★ヨーガッコー　栄養学校 →15	エーメン, エーメン　A面 →8
エイ★ヨーシ　栄養士 →14a	エール　yell(～を送る) →9
エイ★ヨーシッチョー　栄養失調 →15	エガオ, エガオ　笑顔 →5
エイ★ヨーショーガイ　栄養障害 →15	エカキ　絵描き →5
エイ★ヨーショク　栄養食 →14a	エカキウタ　絵描き歌 →12
エイ★ヨーソ　栄養素 →14a	エガキダス, エガキダス　描き出す →45
エイ★ヨーフソク, エイ★ヨーブソク　栄養不足 →98, 99	エガク　描く →46
エイ★ヨーフリョー　栄養不良 →15	エガタイ　得難い(～人物) →54
エイ★ヨーブン　栄養分 →14a	エガラ　絵柄 →4
エイ★ヨレイ★　栄誉礼 →14	エガラッポイ →96
エイリ, エイリ★　絵入り →5	エカンバン　絵看板 →15
エイ★リ　鋭利,営利 →7	エキ　易 →6
エイ★リガイシャ　営利会社 →15	エキ　《新は エキ》 益 →6
エイ★リジギョー　営利事業 →15	エキ　役(後三年の～),液,駅 →6
エイ★リョー　英領 →8	……エキ　…駅(テイ★シャエキ 停車～,
エイ★リン　営林 →8	
エイ★リンショ, エイ★リンショ　営林署 →14	

ガギグゲゴは鼻濁音　カタカナ細字は母音の無声化　★は長音にもなる符号

エキイン──エシ　90

キョートエキ 京都~) →14	エキマエ, エキマエ 駅前 →4
エキイン, エキイン 駅員 →8	エキマエヒロバ 駅前広場 →12
エキウリ 駅売り →5	エキマチ 駅待ち →5
エキカ 液化 →7	エキメイ 駅名 →8
エキガク 易学,疫学 →8	エキリ, 《古は エキリ》 疫痢 →7
エキキン 益金(↔損金) →8	エキロ 駅路 →7
エキザイ 液剤 →8	エキワタシ 駅渡し →13
エキサイティング exciting →9	エクアドル Ecuador〖国〗→21
エキサイト, エキサイト excite →9	エグイ, エゴイ 蘞い →52d
エキシャ 駅舎 →7	エクスプレス, エキスプレス express
エキシャ 易者 →7	→9
エキショー 液晶 →8	エグゼクティブ executive →9
エキジョー 液状 →8	エクボ 靨 →5
エキジョーカゲンショー 液状化現象	エグリダス, エグリダス 抉り出す
→15	→45
エキス ＜extract〖蘭〗→10	エグル 抉る,剔る →43
エキストラ, エキストラ, エキストラ	エクレア éclair〖仏〗→9
extra →9	エゲツナイ 〖俗〗→54
エキスパート expert →9	エコ 依怙(~の沙汰) →7 eco＜ecol-
エキスパンダー expander →9	ogy →9
エキスル 役する,益する →48	エゴ, エゴ ego〖拉〗→9
エキセントリック eccentric →9	エゴイスト egoist →9
エキゾチシズム exoticism →9	エゴイズム egoism →9
エキゾチック exotic →9	エコー 回向 →8 echo →9
エキタイ 液体 →8	エコーイン, 《古は エコーイン》 回向
エキタイガス 液体 gas〖蘭〗→16	院 →14a
エキタイクーキ 液体空気 →15	エゴコロ 絵心 →12
エキチュー 益虫 →8	エコジ, イコジ 依怙地 →14d
エキチョー 益鳥,駅長 →8	エコトバ 絵詞 →12
エキデン 駅伝 →8	エコノミー economy →9
エキデンキョーソー 駅伝競走 →15	エコノミークラス economy class →16
エキトー 駅頭 →8	エコノミスト economist →9
エキドメ 駅止め →5	エコバッグ ecobag →16
エキバシャ 駅馬車 →15	エコヒーキ 依怙贔屓 →12
エキヒ, エキヒ 液肥 →7	エゴヨミ 絵暦 →12
エキビョー, エキビョー 疫病 →8	エコロジー ecology →9
エキビル ＜駅 building →16	エサ, エサ 餌 →1
エキベン 駅弁 →10	エサガシ 絵捜し →13
エキベンダイガク 駅弁大学 →15	エシ 壊死,絵師 →7

￣は高い部分 ⸌と⸍は高低が変る部分 ⸀は次が下がる符号 →は法則番号参照

エジキ, エジキ 餌食 →8

エジソン Edison〖人〗→22

エジプト Egypt〖国〗→21

エシャク 会釈 →8

エシャロット, エシャロット échalote〖仏〗→9

エシン 恵信(**エシンソーズ, エシンソーズ** ～僧都) →24, 94

エス S, ＜sister →9 Jesus〖拉〗(～様)

エズ 絵図 →7

エスエフ SF＜science fiction →16

エスエル SL＜steam locomotive →16

エスオーエス, エスオーエス SOS →16

エスガタ 絵姿 →12

エスカルゴ escargot〖仏〗→9

エスカレーター escalator →9

エスカレート escalate →9

エスキモー Eskimo〖人種〗→21

エズク 餌付く →46

エズケ, エズケ 餌付け →5

エスケープ escape →9

エスコート escort →9

エスサイズ S size〖和〗→16

エステ ＜**エステティックサロン** esthétique〖仏〗+salon〖英〗→10, 16

エスニック ethnic →9

エスバン S判 →8

エスピー SP＜standard playing record, ＜Security Police →16

エスプリ esprit〖仏〗→9

エスプレッソ espresso〖伊〗→9

エスペラント Esperanto〖言語〗→9

エズメン 絵図面 →15

エソ 壊疽 →7

エゾ 蝦夷〖人種・地〗→21

エゾー 絵像 →8

エゾーシ 絵双紙 →15

エゾギク 蝦夷菊 →8

エゾマツ 蝦夷松 →4

エソラゴト, エソラゴト 絵空事 →12

エダ 枝 →1

エタイ 得体(～が知れぬ) →8

エダウチ, エダウチ 枝打ち →5

エダウツリ 枝移り →13

エダガワ 枝川 →4

エダガワリ 枝変り →13

エダゲ 枝毛 →4

エダコ 絵凧 →4

エダジマ, 《地元では エタジマ》 江田島 →12

エダズミ 枝炭 →4

エタノール ethanol →9

エダハ 枝葉 →18

エダブリ 枝振り(～が良い) →95

エダマメ 枝豆 →4

エダミチ 枝道 →4

エタリガオ, エタリガオ 得たり顔 →12

エタリ・カシコシ 得たり賢し →97

エダワカレ 枝分れ →13

エチオピア, エチオピア(ア は ヤ とも) Ethiopia〖国〗→21

エチケット, エチケット étiquette〖仏〗→9

エチゴ, エチゴ, 《古は エチゴ》 越後(～の国) →21

エチゴジシ 越後獅子 →15

エチゼン 越前(～の国) →21

エチュード, エチュード étude〖仏〗→9

エチルアルコール Äthylalkohol〖独〗→16

エチレン Äthylen〖独〗→9

エツ 閲(～を乞こう), 謁(～を賜う) →6

エツ, エツ 悦(～に入る) →6

エッキョー 越境 →8

エッキョーニューガク 越境入学 →15

ガギグゲゴは鼻濁音　カタカナ細字は母音の無声化　★は長音にもなる符号

エックス──エヌピー　　92

エックス, エッキス X →9	エテシテ, エテシテ 得てして →69
エックスセン X線 →14	エデホン 絵手本 →15
エッケン 謁見, 越権 →8	エデン Eden〔ⓈⓏ〕(～の園) →21
エッジ,《新は エッジ》 edge →9	エテンラク 越天楽〖雅楽〗→14a
エッスル, エッスル 謁する →48	エト 干支 →18
エッセイスト, エッセイスト essayist →9	エド 江戸〖地・時代〗(オエド 御～) →21, 92
エッセー essay →9	エドオモテ 江戸表 →12
エッセンス essence →9	エドガワ 江戸川〖川・地〗→12, 21
エッチ H〖俗〗(～の鉛筆, ～な人) →9	エドガワク 江戸川区 →14
エッチビー HB →16	エドガワバシ 江戸川橋〖橋・地〗→12
エッチュー,《新は エッチュー》 越中 (～の国) →21	エドガワ(・)ランポ 江戸川乱歩 →22, 24, 27
エッチュー 越中<エッチューフンド シ 越中褌 →10, 12	エトキ 絵解き →5
エッチュージマ 越中島〖地〗→12	エドキリコ 江戸切子 →12
エッチラ・オッチラ →59	エトク, エトク 会得 →8
エッチング, エッチング etching →9	エドジダイ 江戸時代 →15
エットー 越冬 →8	エドジョー 江戸城 →8
エットーシキン, エットーシキン 越 冬資金 →15c	エドズマ 江戸褄〖模様〗→4
エツドク 閲読 →8	エトセトラ et cetera〔拉〕→9
エツネン 越年 →8	エドセンケ 江戸千家 →27
エツネンシキン, エツネンシキン 越 年資金 →15c	エドゾメ 江戸染め →5
エッフェルトー Eiffel塔〔仏〕→14	エドッコ 江戸っ児, 江戸っ子 →4d
エッペイ 閲兵 →8	エドバクフ 江戸幕府 →15
エッペイシキ 閲兵式 →14b	エドブンガク 江戸文学 →15
エツボ 笑壺(～に入る) →5	エドマエ 江戸前 →4
エツラク 悦楽 →8	エドムラサキ 江戸紫 →12
エツラン 閲覧 →8	エトランジェ, エトランゼ étranger 〔仏〕→9
エツランシツ 閲覧室 →14a	エナ, エナ 胞衣 →1
エツランシャ 閲覧者 →14a	エナメル enamel →9
エテ 得手(=猿) →3	エニシ 縁 →3
エテ, エテ 得て(=得てして) →67	エニシダ, エニシダ <hiniesta〔西〕〖植〗 →9
エテ 得手(～だ, ～に帆) →5	エヌエイチケイ, (エヌエッチケー) NHK →16
エディター editor →9	エヌジー NG<no good →16
エテカッテ 得手勝手 →12	エヌティーティー NTT →16
エテコー えて公(=猿) →94	エヌピーオー NPO<Nonprofit

‾は高い部分　⁝と⁝は高低が変る部分　˥は次が下がる符号　→は法則番号参照

Organization →16

エネルギー, エ ネ ル ギー Energie〔独〕
→9

エネルギッシュ, エ ネ ル ギッシュ
energisch〔独〕→9

エ ノ キ 榎 →19

エ ノ キ ダ ケ 榎茸 →12

エ ノ グ 絵の具 →19

エ ノ グ バ コ 絵の具箱 →12

エ ノ コ ロ グ サ 狗児草 →12

エ ノ シ マ, エ ノ シ マ 江ノ島 →19

エ バ 絵羽〔和服〕→4

エ ハ ガ キ 絵葉書 →12

エ ハ ツ, エ ハ ツ, イ ハ ツ, イ ハ ツ 衣
鉢 →8

エ バ ミ ル ク ＜evaporated milk →16

エ バ モ ヨ ー 絵羽模様 →15

エ バ ラ 荏原〔地〕→21

エ ビ 蝦, 海老 →1

エ ヒ ガ サ, エ ヒ ガ サ 絵日傘 →12

エ ビ ガ ニ 海老蟹 →4

エ ピ キ ュ リ ア ン epicurean →9

エ ビ ジョー 海老錠 →8

エ ビ ス 恵比須(**エ ビ ス サ マ, エ ビ ス サ**
マ ～様) →94

エ ビ ス, エ ビ ス 夷 →1

エ ビ ス 恵比寿〔地〕→21

エ ビ ス ガ オ, エ ビ ス ガ オ 恵比須顔
→12

エ ビ ス コ ー, エ ビ ス コ ー 恵比須講
→14c

エ ピ ソ ー ド, エ ピ ソ ー ド episode →9

エ ビ チ ャ 葡萄茶 →7

エ ピ ッ ク, エ ピ ッ ク epic →9

エ ビ フ ラ イ 海老 fry →16

エ ヒ メ 愛媛〔地〕→21

エ ヒ メ ケ ン 愛媛県 →14

エ ビ ラ, エ ビ ラ 箙 →1

エ ピ ロ ー グ epilogue →9

エ フ 会符, 衛府 →7

エ フ エ ム FM＜frequency modulation
→16

エ フ ダ 絵札 →4

エ フ デ 絵筆 →4

エ フ ビ ー ア イ FBI＜Federal Bureau of
Investigation →16

エ プ ロ ン, エ プ ロ ン apron →9

エ プ ロ ン ス テ ー ジ apron stage →16

エ プ ロ ン ド レ ス apron dress〔和〕→16

エ フ ワ ン F1＜Formula One →16

エ ベ レ ス ト Everest〔山〕→21

エ ヘ ン (～・オ ホ ン) →66, 69

エ ホ ー 恵方 →8

エ ホ ー マ イ リ 恵方参り →13

エ ボ シ, エ ボ シ 烏帽子 →15d

エ ポ ッ ク, エ ポ ッ ク epoch →9

エ ポ ッ ク メ ー キ ン グ epoch-making
→16

エ ボ ナ イ ト ebonite →9

エ ホ バ Jehovah〔神〕→23

エ ホ ン 絵本 →8

エ マ 絵馬 →7

エ マ キ 絵巻 →5

エ マ キ モ ノ, エ マ キ モ ノ, エ マ キ モ ノ
絵巻物 →17

エ マ ド ー 絵馬堂 →14

エ ミ, エ ミ 笑み →2

エ ミ シ 蝦夷

エ ム 笑む →43 M →9

エ ム サ イ ズ M size〔和〕→16

エ ム バ ン M判 →8

エ ム ピ ー MP＜Military Police →16

エ ム ボ タ ン M〔英〕＋botão〔葡〕→16

エ メ ラ ル ド emerald →9

エ モ イ ワ レ ヌ 得も言われぬ →98

エ モ ジ, エ モ ジ 絵文字 →15

エ モ ノ, エ モ ノ 得物, 獲物 →5

エ モ ノ ガ タ リ 絵物語 →12

ガギグゲゴは鼻濁音 カタカナ細字は母音の無声化 ★は長音にもなる符号

エモン──エレキギ　　94

エモン　衣紋（〜を抜く）→8
……えもん　…右衛門〖男名〗→26
エモンカケ　衣紋掛け →13a
エモンザオ　衣紋竿 →12a
エモンダケ　衣紋竹 →12a
エヤ〜　は エア〜 とも
エヨー　栄耀 →8d
エヨーエイガ　栄耀栄華 →98
エラ　鰓 →1
エラー　error →9
エラアナ　鰓穴 →4
エライ　偉い　エラカッタ, エラク, エラクテ, 《新は エラクテ》, エラケレバ, エラシ →52
エラガタ　偉方（オエラガタ 御〜）→5, 92
エラガル　偉がる →96
エラサ　偉さ →93
エラビダス, エラビダス　選び出す →45
エラブ　選ぶ,択ぶ　エラバナイ, エラボー, エラビマス, エランデ, エラベバ, エラベ →44
エラブタ　鰓蓋 →4
エラブツ　豪物 →8
エラブル　偉ぶる →96
エラモノ　偉物,豪者 →5
エリ　衿,襟 →1
エリア　area →9
エリアカ, エリアカ, エリアカ　襟垢 →4
エリアシ, エリアシ, 《古は エリアシ》　襟足 →4
エリート　élite〖仏〗→9
エリートコース　élite〖仏〗+course〖英〗→16
エリオシロイ　襟白粉 →12
エリガザリ　襟飾り →12
エリカタ　襟肩 →4

エリカタアキ　襟肩明 →12
エリガミ, 《新は エリガミ》　襟髪 →4
エリクビ, エリックビ　襟(っ)首(頸) →4d
エリグリ　襟刳り →4
エリゴノミ　選り好み →13
エリショー　襟章 →8
エリシン　襟芯 →8
エリタケ　襟丈 →4
エリツケ, エリツケ　襟付け →5
エリドメ, エリドメ, エリドメ　襟止め →5
エリヌキ　選り抜き →5
エリヌク, 《新は エリヌク》　選り抜く →45
エリハバ　襟幅 →4
エリマキ　襟巻 →5
エリモト, エリモト, エリモト　襟元 →4
エリワケル, エリワケル　選り分ける →45
エリンギ　eryngi〖伊〗→9
エル　得る,彫る →43　L →9
エル, ヨル　選る →43
エルエル　LL<language laboratory →16
エルサイズ　L size〖和〗→16
エルサルバドル　El Salvador〖国〗→21
エルサレム　Jerusalem〖地〗→21
エルディーケー　LDK<Living, Dining, Kitchen →16
エルニーニョ　El Niño〖西〗→16
エルバン　L判 →8
エルピー　LP<long playing record →16
エルピーバン　LP盤 →14
エレガンス　elegance →9
エレガント　elegant →9
エレキ　<エレキテル electriciteit〖蘭〗, electric guitar →10, 9
エレキギター　<electric guitar →16

 ̄は高い部分　˙と˙は高低が変る部分　⌐は次が下がる符号　→は法則番号参照

エレクトーン　Electone〔和〕〚商標〛→9
エレクトロニクス　electronics →9
エレクトロン, エレクトロン　electron →9
エレジー　elegy →9
エレベーター　elevator →9
エレメント　element →9
エロ　<エロチック, エロティック erotic →10, 9
エロキューション　elocution →9
エロス　Eros →23
エロチシズム, エロティシズム　eroticism →9
エン　艶,円,塩,宴,縁,園 →6
……エン　…園(ヨーチエン 幼稚~, コーラクエン 後楽~) →14
……エン, ……エン　…炎(ロクマクエン, ロクマクエン 肋膜~) →14
……えん　…円〚数〛→34, 35
エンイン　延引,援引,遠因 →8
エンウ　煙雨 →7
エンエイ★　遠泳 →8
エンエキ　演繹 →8
エンエキホー, エンエキホー　演繹法 →14
エンエン　炎炎,奄奄,蜿蜒(~長蛇) →58
エンオー　鴛鴦(~の契り) →8
エンカ　塩化 →7
エンカ, エンカ, エンゲ, エンゲ　嚥下 →7
エンカ　円価,円貨,演歌 →7
エンカイ　沿海,遠海,宴会 →8
エンガイ　塩害,煙害 →8　円買い →5
エンカイギョ　遠海魚 →14b
エンカイギョギョー　沿海漁業 →15
エンカイコーロ　沿海航路 →15
エンカク　遠隔,沿革 →8
エンカクシ, エンカクシ　沿革史 →14c

エンガクジ　円覚寺 →14
エンカクセイギョ　遠隔制御 →15
エンカクソーサ　遠隔操作 →15
エンカシ　演歌師 →14
エンカツ　円滑 →8
エンカナトリューム, エンカナトリウム　塩化 Natrium〔独〕→16
エンカビニール　塩化 vinyl →16
エンカブツ　塩化物 →14
エンガワ　縁側 →4
エンカワセ　円為替 →12
エンカン　鉛管 →8
エンガン　沿岸 →8
エンガンキョー　遠眼鏡 →14
エンガンギョギョー　沿岸漁業 →15
エンガンセン　沿岸線 →14
エンキ　延期 →7
エンキ, エンキ　塩基 →7
エンキ, オンキ　遠忌〚仏教〛→7
エンギ　縁起(~が良い) →7
エンギ　演技 →7
エンギシャ　演技者 →14
エンギジョー　演技場 →14
エンギショーバイ　縁起商売 →15
エンキセイ★　塩基性 →14
エンギダナ, エンギダナ　縁起棚 →12
エンギナオシ　縁起直し →13
エンギハ　演技派 →14
エンギモノ　縁起物 →12
エンキョク　婉曲(~に),宴曲 →8
エンキョリ　遠距離 →15
エンキリ, エンキリ, エンキリ　縁切り →5
エンキリデラ　縁切り寺 →12
エンギリョク　演技力 →14
エンキン　遠近 →18
エンキンカン　遠近感 →14a
エンキンホー, エンキンホー　遠近法

ガギグゲゴは鼻濁音　カタカナ細字は母音の無声化　★は長音にもなる符号

エンキン──エンズル　　96

→14a

エンキン(・)リョーヨー　遠近両用 →97, 98

エングミ, エングミ, エングミ　縁組み →5

エングン　援軍 →8

エンゲ, エンゲ, エンカ, エンカ　嚥下 →7

エンケイ☆　円形, 遠景 →8

エンゲイ☆　園芸, 演芸 →8

エンゲイ☆カイ　演芸会 →14b

エンゲイジョー　演芸場 →14

エンゲージ　engage →9

エンゲージリング　＜engagement ring →16

エンゲキ　演劇 →8

エンゲルケイ☆スー, エンゲルケイ☆スー　Engel 係数〔独〕→15

エンゲルス　Engels〔独〕〖人〗→22

エンゲン, エンゲン　淵源, 怨言 →8

エンコ　縁故, 円弧 →7　(車が～する) →94

エンゴ　援護, 掩護 →7

エンコーキンコー　遠交近攻 →98

エンゴク, エンゴク　遠国 →8

エンコシャ　縁故者 →14

エンゴシャゲキ　掩護射撃 →15

エンコン, 《古は エンコン》　怨恨 →8

エンサ　怨嗟(～の声) →7

エンザ　円座, 縁座 →7

エンザイ　冤罪 →8

エンサイクロペディア　encyclopedia →9

エンサキ, エンサキ, エンサキ　縁先 →4

エンサダメ　縁定め →13

エンサン　塩酸 →8

エンザン　演算 →8

エンザン　遠山 →8

エンジ　遠視 →7

エンジ　臙脂, 衍字 →7

エンジ　園児 →7

エンシガン　遠視眼 →14

エンジニア, エンジニヤ　engineer →9

エンジャ, 《古は エンジャ》　縁者 →7

エンシャッカン　円借款 →15

エンシュ　園主 →7

エンジュ　槐〖植〗

エンシュー　演習, 円周 →8

エンシュー　遠州(=遠江) →8

エンシューナダ　遠州灘 →12a

エンシューリツ　円周率 →14a

エンシューリュー　遠州流 →14

エンジュク　円熟 →8

エンシュツ　演出 →8

エンシュツカ　演出家 →14

エンシュツシャ　演出者 →14

エンショ　炎暑, 艶書 →7

エンジョ　援助 →7

エンジョイ　enjoy(～する) →9

エンショー　延焼, 炎症, 遠称, 煙硝 →8

エンジョー　炎上 →8

エンジル, エンジル　演じる, 怨じる →47

エンシン　遠心 →8

エンジン　円陣, 猿人 →8

エンジン　engine →9

エンシンブンリキ　遠心分離機 →17

エンジンリョク　遠心力 →14a

エンスイ　円錐 →8

エンスイ, エンスイ　塩水 →8

エンズイ　延髄 →8

エンスイケイ☆　円錐形 →14

エンズク　縁付く →46

エンズケル　縁付ける →46

エンスト　＜engine＋stop →10

エンズル, エンズル　演ずる, 怨ずる →47

￣は高い部分　＂と＂は高低が変る部分　￣は次が下がる符号　→は法則番号参照

エンセイ★ 遠征, 延性, 厭世 →8
エンセイカ 厭世家 →14
エンセイテキ 厭世的 →95
エンセキ 宴席, 縁石, 縁戚, 遠戚 →8
エンゼツ 演説 →8
エンゼツカイ, エンゼッカイ 演説会 →14c
エンゼル, エンジェル angel →9
エンゼルフィッシュ angelfish →16
エンセン 沿線, 塩泉, 厭戦 →8
エンゼン 婉然, 嫣然, 艶然 →56
エンソ 怨訴, 塩素, 遠祖 →7
エンソー 演奏 →8
エンゾー 塩蔵 →8
エンソーカ 演奏家 →14
エンソーカイ 演奏会 →14a
エンソーシツ 演奏室 →14a
エンソーシャ 演奏者 →14a
エンソーバ 円相場 →15
エンソク 遠足 →8
エンターテイナー entertainer →9
エンターテイメント entertainment →9
エンタイ 延滞 →8
エンダイ 遠大, 演題, 縁台 →8
エンタイリシ 延滞利子 →15
エンタイリソク 延滞利息 →15
エンダカ 円高 →5
エンダカサエキ 円高差益 →15
エンタク 円卓 →8　円タク<一円 taxi →10
エンタクカイギ 円卓会議 →15
エンダテ 円建て →5
エンダン 演壇, 縁談 →8
エンチャク 延着 →8
エンチュー 円柱 →8
エンチョー 延長 →8
エンチョー 園長(~先生) →8
エンチョーセン, エンチョーセン 延長戦, 延長線 →14a

エンチョク 鉛直 →8
エンヅズキ 縁続き →12
エンテイ★ 園丁, 堰堤 →8
エンディング, 《新は エンディング》 ending →9
エンテン 円転 →8
エンテン, エンテン 炎天 →8
エンデン 塩田 →8
エンテンカ 炎天下 →14a
エンテン(･)カツダツ 円転滑脱 →97, 98
エンド end →9
エントー 煙筒, 円筒, 円墳, 遠島, 遠投 →8
エンドー 沿道 →8
エンドー 豌豆 →8　遠藤〖姓〗 →22
エンドーイ, エンドオイ 縁遠い →54a
エントーケイ★ 円筒形 →14
エンドーマメ 豌豆豆 →12a
エンドク, エンドク 鉛毒, 煙毒 →8
エントツ 煙突 →8
エントリー entry →9
エンドレス endless →16
エンナイ 円内, 園内 →8
エンニチ 縁日(ゴエンニチ 御~) →8, 92
エンネツ, エンネツ 炎熱 →8
エンネンノマイ 延年舞 →19
エンノー 延納, 演能 →8
エンノギョージャ, エンノギョージャ 役の行者 →19
エンノシタ, エンノシタ 縁の下(~の力持ち) →19
エンバン 円盤, 鉛版 →8
エンバンナゲ 円盤投げ →13
エンピ 円匙, 猿臂(~を伸ばす) →7
エンピツ 鉛筆 →8
エンピツケズリ 鉛筆削り →13

ガギグゲゴは鼻濁音　カタカナ細字は母音の無声化　★は長音にもなる符号

エンビフ──オイエ　　　　98

オ

エンビフク　燕尾服 →14	エンルイ　塩類 →8
エンブ　円舞,演舞 →7	エンルイセン, エンルイセン　塩類泉 →14b
エンブキョク　円舞曲 →14	エンレイ*　艶麗 →8
エンプクカ　艶福家 →14	エンレート　円 rate →16
エンブジョー　演舞場 →14	エンロ　遠路(~はるばる) →7
エンブン　艶文,艶聞 →8	
エンブン　塩分 →8	

オ　尾,緒 →1
……オ　…夫……男…雄(カズオ 一夫, シズオ 静男) →25
……オ; ……オ　…を〖助〗(ナクオ 泣く~, ヨムオ 読む~) →72
……オ; ……オ; ……オ　…を〖助〗(トリオ 鳥~, ハナオ 花~, アメオ 雨~) →71
……オ　…う〖助動〗(ナコー 泣こ~, ヨモー 読も~, アカカロー 赤かろ~, シロカロー 白かろ~) →83, 84
お……　御…〖接頭〗 →92, 48, 94
オアイソ, オアイソー　御愛想 →92
オアイニクサマ　御生憎様 →94
オアカシ　御灯 →92
オアシ　御足(=金) →92
オアシス, オアシス　oasis →9
オアズケ　御預け →92
オアツラエ　御誂え →92
オアツラエムキ　御誂え向き →92
オアマリ　御余り →92
オイ　甥 →1
オイ, オイ,《古は オイ》　老い(~も若きも) →2b
オイ　〖感〗(~こら) →66
オイ, オイ　笈 →2b
オイアゲル　追い上げる →45
オイウチ　追討ち →5
オイエ　御家(~の大事) →92

エンプン　円墳 →8
エンペイ*　掩蔽 →8
エンペイ**, エンペイ*　援兵 →8
エンペラ　(=いかの耳)
エンペン, エンペン　縁辺 →8
エンボー　遠望,遠謀 →8
エンポー, エンポー　遠方 →8
エンポン　円本 →10
エンマ　閻魔(エンマサマ ~様) →94
エンマク　煙幕(~をはる) →8
エンマコーロギ　閻魔蟋蟀 →12
エンマ(・)ダイオー, エンマダイオー　閻魔大王 →94
エンマチョー　閻魔帳 →14
エンマドー　閻魔堂 →14
エンマン　円満 →8
エンム　煙霧 →7
エンムスビ　縁結び →13
エンメイ*,《古は エンメイ*》　延命 →8
エンモク　演目 →8
エンヤス　円安 →5
エンユーカイ　園遊会 →14a
エンヨー　援用,遠洋 →8
エンヨーギョギョー　遠洋漁業 →15
エンヨーコーカイ　遠洋航海 →15
エンライ　遠来,遠雷 →8
エンリャクジ, エンリャクジ　延暦寺 →14
エンリョ　遠慮(~がある。ゴエンリョ 御~) →7
エンリョ　遠慮(深謀~) →7
エンリョブカイ　遠慮深い →54

──は高い部分　 ̈ と ̇ は高低が変る部分　⌐は次が下がる符号　→は法則番号参照

オイエゲイ★, **オイエゲイ**★　御家芸 →14

オイエソードー　御家騒動 →15

オイエリュー　御家流 →14

オイオイ　〘感〙→68　(～泣く, ～と) →57

オイオイ, **オイオイ**　追追(～に) →57

オイオトス　追い落す →45

オイカエス　追い返す →45

オイカケル　追い掛ける →45

オイカゼ, **オイカゼ**　追風 →5

オイガツオ　追い鰹 →12

オイキ　老い木(～に花) →5

オイクツ　御幾つ →92

オイクラ　御幾ら →92

オイゴ　甥御(～さん) →94

オイゴエ　追い肥 →5

オイコシ　追越し →5

オイコス　追い越す →45

オイコミ　追込み →5

オイコム,《新は **オイコム**》老い込む →45

オイコム　追い込む →45

オイサキ　生い先, 老い先 →5

オイサラバエル　老いさらばえる →45

オイシイ★　美味しい →52

オイシゲル, **オイシゲル**　生い茂る →45

オイスガル　追い縋る →45

オイスター　oyster →9

オイセサマ　お伊勢様 →94

オイセサン　お伊勢さん →94

オイセン,《新は **オイセン**》追銭 →8

オイソガシイ★　御忙しい →92

オイソレト　(～はできない) →67

オイタ, **オイタ**　〘児〙(=いたずら) →92b

オイダキ　追炊き →5

オイダシ　追出し →5

オイダシコンパ　＜追い出し company

→16

オイダス　追い出す →45

オイタチ　生立ち →5

オイタテ　追立て(～を食う) →5

オイタテル　追い立てる →45

オイチラス　追い散らす →45

オイツ・オワレツ, **オイツ・～**　追いつ 追われつ →73b

オイツク　追い付く →45

オイッコ　甥っ子〘俗〙→4d

オイツメル　追い詰める →45

オイテ　措いて(=以外に。彼を～ほかに ない) →73　追い風 →5

オイテ, **オイテ**　於て(我が国に～) →73

オイデ　御出で(～を待つ) →92

オイデオイデ　御出で御出で(～をする) →11

オイテケボリ, **オイテキボリ**　置いて け(き)ぼり〘俗〙(～をくう) →12d

オイトマ　御暇(～を頂く) →92

オイトマゴイ　御暇乞い →13

オイナリサマ,《古は **オイナリサマ**》 御稲荷様 →94b

オイナリサン,《古は **オイナリサン**》 御稲荷さん《いなりずしも》→94b

オイヌキ　追い抜き →5

オイヌク　追い抜く →45

オイハギ　追剝ぎ →5

オイバネ,《古く **オヨバネ** も》追羽 根 →5d

オイバラ　追腹(～を切る) →5

オイハラウ　追い払う →45

オイボレ　老い耄れ →5

オイボレル, **オイボレル**　老い耄れる →45

オイマクル　追い捲る →45

オイマツ　老松《能・長唄も》→5b

オイマワス　追い回す →45

ガギグゲゴは鼻濁音　カタカナ細字は母音の無声化　★は長音にもなる符号

オイメ──オーイマ 100

オイメ 負い目 →5	オーアタマ 大頭 →12
オイモトメル 追い求める →45	オーアタリ 大当り →13
オイヤル 追い遣る →45	オーアナ 大穴(〜をあける) →5
オイラ 俺等 →94b	オーアバレ 大暴れ →13
オイラク 老いらく(〜の恋) →3	オーアマ 大甘 →5
オイラン 花魁	オーアメ 大雨 →5
オイル oil →9	オーアメケィホー 大雨警報 →15
オイル 老いる →43	オーアメチューイホー 大雨注意報 →17
オイルショック oil shock →16	オーアラシ 大嵐 →12
オイルヤキ oil 焼き →13	オーアリ 大有り(〜だ) →5
オイワ お岩〖人〗(〜さん) →92	オーアレ, オーアレ 大荒れ →5
オイワケ 追分《唄・地も》 →5	オーアワテ 大慌て →13
オイワケブシ 追分節 →12	オーイ, オオイ, オーイ 被い, 覆い →2a
オウ 追う オワナイ, オオー, オイマス, オッテ, オエバ, オエ →43	オーイ 王位, 王威 →7
オウ, 《古は オウ》 負う(オータコ 負うた子) →43, 19	オオイ, 《新は オーイ》 多い オーカッタ, オーク, オークテ, 《新は オオクテ》, オーケレバ, オーシ →52a
オウシ, オウシ 牡牛 →4	オーイーシーディー OECD<
オウス 御薄(=薄茶) →92	Organization for Economic Cooperation and Development
オウタドコロ 御歌所 →12	オーイカクス 覆い隠す →45
オウチ 御家 →92	オーイガワ 大井川 →12
オウツリ 御移り(=返礼) →92	オーイシ(・)クラノスケ 大石内蔵助 →22, 26, 27
オウマ, オンマ 御馬 →92	オーイズミガクエン 大泉学園 →15
オエカキ 御絵描き〖児〗 →92	オーイソガシ 大忙し →13
オエシキ, オエシキ 御会式 →92	オーイソギ 大急ぎ(〜で) →13
オエツ 嗚咽 →8	オーイタ, オーイタ 大分〖地〗 →21
オエド 御江戸(〜日本橋) →92	オーイタケン 大分県 →14
オエラガタ 御偉方 →94	オーイタシ 大分市 →14
オエル 終える →44	オーイチバン 大一番 →15
オー 王, 翁 →6, 94 〖感〗(〜そうだ) →66	オーイチョー 大銀杏《髪型も》 →12
オーアキナイ 大商い →12	オーイツ 横溢 →8
オーアクビ 大欠伸 →12	オーイニ 大いに(〜賛成) →67
オーアグラ 大胡座(坐) →12	オーイバリ 大威張り →13
オーアザ 大字 →5	オーイビキ 大鼾 →12
オーアシ, オーアシ 大足(馬鹿の〜) →91	オーイマチ 大井町〖地〗 →12
オーアジ, オーアジ, オーアジ 大味 →5	
オーアセ 大汗 →5	

― は高い部分 ̈ と ̈ は高低が変る部分 ⌐は次が下がる符号 →は法則番号参照

オーイマチセン　大井町線 →14
オーイリ, オーイリ　大入り →5
オーイリブクロ　大入袋 →12
オーイリマンイン　大入り満員 →98
オーイン　押印,押韻 →8
オーウ　奥羽〖地〗 →21
オオウ,《新は オーウ》　被う,覆う →43
オーウケ, オーウケ　大受け →5
オーウソ, オーウソ　大嘘 →5
オーウチホー, オーウチホー　奥羽地方 →15c
オーウチヤマ, オーウチヤマ　大内山 →12
オーウッシ　大写し →13
オーウナバラ, オーウナバラ　大海原 →12
オーウミ　大海 →5
オーウリダシ　大売出し →13
オーエド　大江戸(〜八百八町) →5
オーエドセン　大江戸線 →14
オーエヤマ　大江山 →12
オーエル, オーエル　OL＜office＋lady →16
オーエン　応援 →8
オーエンエンゼツ　応援演説 →15
オーエンカ　応援歌 →14a
オーエンダン　応援団 →14a
オーオー　往往 →68　快快 →58
オーオカサバキ　大岡裁き →13
オーオカ・タダスケ　大岡忠相 →22, 25
オーオク, オーオク　大奥 →5
オーオクサマ　大奥様 →12
オーオジ　大伯父,大叔父 →12
オーオトコ　大男 →12
オーオバ　大伯母,大叔母 →12
オーオヤブン　大親分 →15
オーオンナ　大女 →12

オーカ　欧化 →7
オーカ　謳歌,桜花 →7
オーガ, オーガ　横臥 →7
オーカガミ　大鏡〖書〗 →12
オーガカリ　大掛かり →13
オーガキ　大垣〖地〗 →21
オーガクマク, オーガクマク　横隔膜 →17
オーカジ　大火事 →15
オーカゼ, オーカゼ, オーカゼ　大風 →5
オーカタ　大方 →5, 61
オーガタ　大形,大型 →5
オーガタシャ　大型車 →14
オーガタバス　大型 bus →16
オーガニック　organic →9
オーガネ, オーガネ　大金 →5
オーガネモーケ　大金儲け →13
オーガネモチ, オーガネモチ　大金持 →17
オーカブキ　大歌舞伎 →12
オーカミ　狼 →5
オーガラ　大辛〖唐がらし〗 →5
オーガラ, オーガラ　大柄 →5
オーカレ,《新は オーカレ》　多かれ(幸〜と祈る) →51
オーカレ・スクナカレ,《新は オーカレ・スクナカレ》, オーカレスクナカレ　多かれ少なかれ →51, 97, 98
オーカワ　大鼓 →5
オーカワ　大川《姓も》 →5, 22
オーカワバタ, オーカワバタ　大川端 →12
オーカン　王冠 →8　往還 →18
オーガンジー　organdy →9
オーギ　奥義 →7
オーギ　扇(オーギノマト 〜の的) →2, 19
オーキイ★　大きい　オーキカッタ, オ

ガギグゲゴは鼻濁音　カタカナ細字は母音の無声化　★は長音にもなる符号

ーキク, オーキクテ,《新は オーキクテ》, オーキケレバ →52a	オーケー, オーケー　OK〚感・名〛 →9
オーギガタ　扇形 →95	オーケガ　大怪我 →15
オーキサ　大きさ →93	オーケサ　大袈裟(〜に言う) →15
オーギシ　王羲之〚人〛 →27	オーケストラ　orchestra →9
オーキド　大木戸(=都市の入口の関。四谷の〜) →12	オーケン　王権 →8
オーキナ　大きな →63	オーゲンカ　大喧嘩 →15
オーキミ, オーキミ, オーギミ, オーギミ　大君 →5	オーコ　往古 →7
	オーゴエ, オーゴエ　大声 →5
オーキメ　大きめ →93	オーコー　横行, 往航 →8　王侯 →18
オーキャク　O脚 →8	オーコーキゾク　王侯貴族 →18
オーキュー　王宮, 応急 →8	オーコク　王国 →8
オーキューショチ　応急処置 →15	オーゴショ, オーゴショ　大御所 →15
オーキューテアテ　応急手当 →12	オーゴト, オーゴト, オーゴト　大事 →5
オーギョー, オーギョー　大形(〜に) →8	オーゴン　黄金 →8
オーギョク　黄玉 →8	オーゴンジダイ　黄金時代 →15
オーギリ　大切り《歌舞伎・寄席も》 →5	オーゴンブンカツ　黄金分割 →15
オーク　多く〚副〛 →61　oak →9	オーザ　王座 →7
オーグイ,《新は オーグイ》　大食い →91	オーサカ　大阪〚地〛, 逢坂(〜の関) →21
オークション　auction →9	オーサカシ　大阪市 →14
オークス　Oaks →9	オーサカジョー　大坂城 →14
オーグチ　大口(↔小口。〜の注文) →5	オーサカズシ　大阪鮨 →12
オーグチ,《新は オーグチ》　大口(〜をあく, 〜をたたく) →91	オーサカフ　大阪府 →14
	オーサカワン　大阪湾 →14
オークニヌシノミコト　大国主命 →98	オーサキ　大崎〚地〛 →21
オークボ　大久保〚地・姓〛 →21, 22	オーザケ, オーザケ　大酒 →5
〜(・)トシミチ　〜利通 →24, 27	オーザケノミ, オーザケノミ　大酒飲み →13
〜(・)ヒコザエモン,《新は 〜(・)ヒコザエモン》　〜彦左衛門 →26, 27	オーサジ　大匙 →15
	オーザッパ　大雑把 →59
オークマ(・)シゲノブ　大隈重信 →22, 24, 27	オーザツマ　大薩摩〚邦楽〛 →12
	オーサマ　王様 →94
オークラジカン　大蔵次官 →15	オーザラ　大皿 →5
オークラショー　大蔵省 →14	オーサワギ　大騒ぎ →13
オークラダイジン　大蔵大臣 →15	オーサンザイ　大散財 →15
オークラリュー　大倉流, 大蔵流 →14	オーシ　横死 →7　啞 ⇒オシ →1d
オーケ　王家 →7	オージ　王子〚地〛 →21
	オージ　大路 →5　王子, 皇子, 王事, 往事, 往時 →7

￣は高い部分　…と…は高低が変る部分　┐は次が下がる符号　→は法則番号参照

オオシイ★ 雄雄しい →53

オーシオ，《新は オーシオ》 大潮 →5

オージカケ 大仕掛け →13

オーシケ 大時化 →5

オージゴト 大仕事 →12

オージシン 大地震 →15

オージダイ 大時代 →15

オーシツ 王室 →8

オージヌシ 大地主 →12

オージバイ 大芝居 →12

オーシマ 大島〖姓〗 →22

オーシマ 大島(=伊豆七島の一・大島紬。但し江東区の地名は **オージマ**) →5

オーシマツムギ 大島紬 →12

オージャ，オーシャ 王者 →7

オージュ 応需 →7

オーシュー 応酬，押収 →8

オーシュー 欧州・奥州〖地〗 →8

オーシューカイドー 奥州街道 →15

オージュホーショー 黄綬褒章 →15

オージョ 王女，皇女 →7

オーショー 応召，王将 →8

オージョー 王城 →8

オージョー 往生 →8

オージョーギワ 往生際(~が悪い) →12

オージョーヨーシュー 往生要集〖書〗 →15

オーショクジンシュ 黄色人種 →15

オージョタイ 大所帯 →15

オージル，オージル 応じる →47

オーシン 往診，往信 →8

オーシンリョー 往診料 →14a

オーズカミ 大摑み →13

オースギル，オースギル 多過ぎる →46

オースジ 大筋 →5

オーズツ 大筒 →5

オーストラリア，オーストラリヤ Australia〖地・国〗 →21

オーストリア，オーストリヤ Austria〖国〗 →21

オーズナ 大綱 →5

オースミ 大隅(~の国) →21

オーズメ，オーズメ 大詰 →5

オーズモー 大相撲 →12

オーズル，オーズル 応ずる →47

オーセ 仰せ(~の通り) →2

オーセ 逢瀬(たまの~) →19

オーセイ★ 旺盛，王政 →8

オーゼイ★，《副詞的には オーゼイ★》 大勢 →8,62

オーゼイサマ 大勢様 →94

オーゼキ 大関 →5

オーセツ 応接 →8

オーセツカル 仰せ付かる →45

オーセツケル 仰せ付ける →45

オーセツシツ 応接室 →14

オーセツマ 応接間 →12

オーセン 応戦，横線 →8

オーセンコギッテ 横線小切手 →17

オーソージ 大掃除 →15

オーソードー 大騒動 →15

オーソーバ 大相場 →12

オーゾク 王族 →8

オーゾコ 大底〖経〗 →4

オーソトガリ 大外刈〖柔道〗 →17

オーソドックス orthodox →9

オーゾラ 大空 →5

オーソリティー authority →9

オーゾン，オーゾン 大損 →8

オータ 大田〖地・姓〗，太田〖地・姓〗 →21,22

～(·)ドーカン 太田道灌 →24,27

オーダ 殴打 →7

オーダー，《新は オーダー》 order →9

オーダーメード order made〖和〗 →16

ガギグゲゴは鼻濁音　カタカナ細字は母音の無声化　★は長音にもなる符号

オータイ──オートミ　104

オ

オータイ　応対 →8	オーッピラ　大っぴら(~にする) →5d
オーダイ　大台〔経〕→8	オーツブ　大粒 →5
オーダイコ　大太鼓 →15	オーテ　王手〔将棋〕→4　大手(↔からめて) →5
オータイホルモン　黄体 Hormon〔独〕→16	オーデ, オーデ　大手(~を振って) →5
オータク　大田区 →14	オーディション　audition →9
オーダク　応諾 →8	オーディオ, オーディオ　audio →9
オーダスカリ　大助かり →13	オーテキ　横笛 →8
オーダチ　大裁〔和服〕→5	オーデキ　大出来 →12
オータチマワリ, オータチマワリ(タはダとも)　大立回り →13	オーデコロン, オードコロン　eau de Cologne〔仏〕→17
オーダテ　大館〔地〕→21	オーテスジ　大手筋 →12
オーダテモノ, オーダテモノ, オーダテモノ　大立者 →12	オーテマチ　大手町〔地〕→12
オーダナ　大店 →5	オーテモン　大手門 →14
オータニ　大谷〔姓〕→22	オーテン　横転 →8
オータバ, オーダバ　大束 →5	オート　嘔吐 →7　auto →9
オーダマ　大玉 →5	オード　王土, 黄土 →7
オーダン　横断, 黄疸 →8	オード,《新は オード》　大戸(~をおろす) →5
オーダンナ　大旦那(~様) →15	オードイロ　黄土色 →12
オーダンヒコー, オーダンピコー　横断飛行 →15c	オートー　応答, 王統, 桜桃, 黄桃 →8
オーダンホドー　横断歩道 →15	オードー　王道, 黄銅 →8
オーダンマク　横断幕 →14a	オードーグ　大道具 →15
オーダンメン　横断面 →14a	オードーリ　大通り →12
オーチガイ　大違い →13	オートクチュール　haute couture〔仏〕→16
オーチャク, オーチャク　横着 →8	オードコロ, オードコ　大所 →12,5
オーチャクモノ, オーチャクモノ　横着者 →12	オートサンリン　<auto 三輪車 →10
オーチョー　王朝 →8	オードシマ　大年増 →12
オーチョージダイ　王朝時代 →15	オートジャイロ　autogyro →9
オーツ　大津〔地〕→21	オートチャージ　auto charge〔和〕→16
オーツエ　大津絵 →14	オートツ　凹凸 →18
オーツカ　大塚〔地・姓〕→21,22	オートバイ　<autobike →10
オーツゴモリ, オーツゴモリ　大晦 →12	オードブル, オードブル　hors-d'oeuvre〔仏〕→16
オーツシ　大津市 →14	オートマ　<automatic →10
オーツズミ　大鼓 →12	オートマチック, オートマチック　automatic →9
オーツナミ　大津波 →12	オートミール　oatmeal →16

￣は高い部分　と は高低が変る部分　￢は次が下がる符号　→は法則番号参照

オートメ <**オートメーション** automation →10, 9

オートモ 大友・大伴〖氏〗→22

　オートモノ(·)タビト 大伴旅人 →24, 27

　オートモノ(·)ヤカモチ 大伴家持 →24, 27

オートラ 大虎(～になる) →5

オートリイ 大鳥居 →12

オートレース auto race →16

オートロ 大とろ →5

オーナ 嫗 →1d

オーナー owner →9

オーナードライバー owner-driver →16

オーナキ 大泣き →13

オーナギナタ, オーナギナタ 大薙刀 →12

オーナタ 大鉈(～を振るう) →5

オーナダイ 大名題 →15

オーナツ 押捺(指紋の～) →8

オーナミ 大波 →5

オーニュードー 大入道 →15

オーニン 応仁〖年号〗(～の乱) →8

オーニンズー 大人数 →15

オーヌサ 大幣 →5

オーネ 大根(=根本) →5

オーネン 往年 →8

オーノ 大野〖姓も〗→5, 22

オーノ(·)ヤスマロ 太安万侶 →25, 27

オーノー 懊悩 →8

オーノコギリ, オーノコギリ 大鋸 →12

オーバ 大葉(=青じその葉) →5

オーバー over, <**オーバーコート** overcoat →9, 16

オーバーオール overall →16

オーバーシューズ overshoes →16

オーバータイム overtime →16

オーバードクター over doctor〖和〗 →16

オーバーヒート overheat →16

オーバーホール overhaul →16

オーバーラップ overlap →16

オーバーワーク overwork →16

オーバカ, オーバカ, 《古は **オーバカ**》 大馬鹿 →91

オーバクシュー, オーバクシュー 黄檗宗 →14c

オーバコ 車前草・大葉子〖植〗→4

オーハシ, 《姓は **オーハシ**》 大橋 →5, 22

オーバショ 大場所 →15

オーハナビ 大花火 →12

オーハバ, オーハバ 大幅 →5

オーハヤリ 大流行 →13

オーハラエ, オーハライ 大祓 →12

オーバン 大判 →8

オーバントー 大番頭 →15

オーバンブルマイ 大盤振舞 →13

オーヒ 王妃 →7

オービー OB<old boy〖和〗→16

オービケ 大引〖株〗→5

オービャクショー 大百姓 →15

オーヒョーバン 大評判 →15

オーヒロマ 大広間 →12

オービン 大瓶 →8

オーフー 大風(～な口をきく) →8

オーフク 往復 →18

オーフクギップ, オーフクキップ 往復切符 →15

オーフクハガキ 往復葉書 →12

オーブタイ 大舞台 →15

オーフナ 大船〖地〗→21

オープニング, 《新は **オープニング**》 opening →9

オーブネ 大船 →5

オーブリ 大降り, 大振り, 大風(=大形)

ガギグゲゴは鼻濁音　カタカナ細字は母音の無声化　★は長音にもなる符号

オ

→5	オーミソカ 大晦日 →39
オーブロシキ 大風呂敷 →12	オーミハッケイ 近江八景 →39
オーブン 応分(〜の寄付),欧文 →8	オーミヤ, オーミヤ 大宮〚地〛 →21
オーブン oven →9	オーミヤビト 大宮人 →12
オープン open →9	オーミヨ 大御代 →12
オープンカー, オープンカー open car〔和〕 →16	オーム 鸚鵡 →7
オープンサンド ＜open sandwich →16	オーム Ohm(Ω)〚独〛 →9
オープンシャツ open shirt →16	オームイシ 鸚鵡石 →12
オープンショップ open shop →16	オームガイ 鸚鵡貝 →12
オープンスペース open space →16	オームガエシ 鸚鵡返し →13
オープンセン open戦 →14	オームカシ 大昔 →12
オーブントースター oven toaster →16	オームギ, オームギ 大麦 →5
オーヘイ 横柄(〜な人だ) →8	オームコー 大向う →12
オーベイ, オーベイ 欧米＜欧羅巴・亜米利加 →29	オームセキ 鸚鵡石 →14
オーベヤ 大部屋 →12	オームネ 概ね →61
オーヘンマイ 黄変米 →14	オーメ 大目(〜に見る) →5
オーボ, オーボ 応募 →7	オーメ 青梅〚地〛 →21
オーボエ, オーボエ oboe →9	オーメ, オーメ 多目(↔少な目。〜に) →93
オオボエ 御覚え(〜が良い) →92	オーメガイドー 青梅街道 →15
オーホー 応報(因果〜),王法 →8	オーメシ, オーメシ 大飯 →91
オーボー 横暴 →8	オーメダマ 大目玉 →12
オーボーズ 大坊主 →15	オーメツケ 大目付 →12
オーボシャ 応募者 →14	オーメワタ 青梅綿 →12
オーマカ 大まか →59	オーメン 凹面 →8
オーマケ, オーマケ 大負け →5	オーメンキョー 凹面鏡 →14
オーマジメ 大真面目 →12	オーモーケ 大儲け →13
オーマタ 大股 →5	オーモジ 大文字 →15
オーマチガイ 大間違い →12	オーモテ, オーモテ 大持て(〜だ) →5
オーマワリ 大回り →13	オーモト, オーモト 大本 →5
オーマンドコロ 大政所 →12	オーモトキョー 大本教 →14
オーミ 大身(〜の槍) →5	オーモノ 大物 →5
オーミ 近江(〜の国) →21	オーモリ 大盛り →5
オーミエ, オーミエ 大見得 →5	オーモリ,《古は オーモリ》 大森〚地・姓〛 →21, 22
オーミキリ 大見切り →13	オーモン 大門 →8
オーミショーニン 近江商人 →15	オーヤ 大屋,大家 →5
オーミズ, オーミズ, オーミズ 大水 →5	オーヤイシ 大谷石 →12

‾は高い部分　``と``は高低が変る部分　⌐は次が下がる符号　→は法則番号参照

オーヤケ 公 →5	**オーワライ** 大笑い →13
オーヤケザタ 公沙汰 →15	**オーワラワ** 大童 →12
オーヤケド 大火傷 →12	**オーワリビキ** 大割引 →12
オーヤスウリ, オーヤスウリ 大安売り →12	**オカ** 丘, 岡, 陸 →1
オーヤネ 大屋根 →12	**オカ** 岡・丘《姓》→22
オーヤマ 大山《姓も》→5, 22	**オカーサマ** 御母様 →94
オーユキ, オーユキ 大雪 →5	**オカーサン** 御母さん →94
オーヨー 応用 →8	**オカーチャン** 御母ちゃん →94
オーヨー, オーヨー 大様, 鷹揚 →8	**オカイアゲ** 御買上げ →92
オーヨーカガク 応用化学 →15	**オカイコ** 御蚕 →92
オーヨーモンダイ 応用問題 →15	**オカイコグルミ** 御蚕包み →95
オーヨソ 大凡 →5, 61	**オカイセキ** 御懐石 →92
オーヨロコビ 大喜び →13	**オカエシ** 御返し →92
オーラ aura →9	**オカエリ** 御帰り →92
オーライ 往来 →8	**オカエリナサイ** お帰りなさい →49
オーライ <all right →10	**オカエンナサイ** お帰んなさい →49d
オーライドメ 往来止め →13	**オカカ** 〔俗〕(=かつお節) →92
オーライバタ 往来端 →12	**オカカエ** 御抱え →92
オオラカ →55	**オカガミ** 御鏡(=鏡餅) →92
オーリョー 横領 →8	**オカキ** 御欠き(=欠き餅) →92
オーリョーザイ, オーリョーザイ 横領罪 →14a	**オガクズ, オガックズ** 大鋸(っ)屑 →4d
オーリョッコー 鴨緑江 →14a	**オカクラ, オカクラ** 岡倉《姓》→22
オーリン 黄燐 →8	**～・テンシン,《古は ～(・)テンシン》, オカクラテンシン** 岡倉天心 →22, 24, 27
オール oar →9	
オールド old →9	**オカグラ** 御神楽 →92
オールドミス old miss〔和〕→16	**オカクレ** 御隠れ(～になる) →92
オールナイト all-night →16	**オカゲ** 御蔭(～で) →92
オールバック all back〔和〕→16	**オカゲサマ** 御蔭様 →94
オールマイティー almighty →9	**オカゲン** 御加減(～はいかが) →92
オールラウンド all-round →16	**オカザキ** 岡崎《地》→21
オールリ 大瑠璃《鳥》→15	**オカザリ** 御飾り(=しめ飾りなど) →92
オーレンズ 凹 lens →16	**オガサワラ** 小笠原《島・姓》→21, 22
オーロ 往路 →7	**オガサワラショトー** 小笠原諸島 →15
オーロラ aurora →9	**オガサワラリュー** 小笠原流 →14
オーワク 大枠 →8	**オカシ** 御菓子 →92
オーワザ 大業, 大技 →5	**オカシイ★** 可笑しい →52
オーワズライ 大煩い →13	**オカシガタイ** 犯し難い →54

ガギグゲゴは鼻濁音　カタカナ細字は母音の無声化　★は長音にもなる符号

オカシサ──オキアガ 108

オ

オカシサ 可笑しさ →93c	オガミマス, オガンデ, オガメバ, オガメ →43
オカシナ 可笑しな(〜人だ) →63	オカメ 傍目・岡目(オカメハチモク, オカメハチモク 〜八目) →4, 39
オカシミ, オカシミ 可笑味 →93	オガメ お亀(=おたふく。〜さん) →92
オカショーキ 陸蒸気(=汽車) →15	オカメソバ お亀蕎麦 →12
オカシラ 尾頭 →18 御頭 →92	オカモチ 岡持 →5
オカシラツキ,《新は オカシラツキ》尾頭付き →13	オカモト 岡本〘姓〙 →22
オカシワ 御柏(=柏餅) →92	〜・(・)キドー 〜綺堂 →24, 27
オガス, オカス 犯す,侵す,冒す →43	オカヤキ, オカヤキ 傍焼き,岡焼き →5
オカズ 御数(=副食物) →92	オカヤマ 岡山〘地〙 →21
オカズリ 陸釣り →5	オカヤマケン 岡山県 →14
オカタ 御方 →92	オカヤマシ 岡山市 →14
オカダ 岡田〘姓〙 →22	オカユ 陸湯 →4 御粥 →92
オガタ 尾形・緒方〘姓〙 →22	オカラ (豆腐の〜) →92
〜・コーリン,《古は 〜(・)コーリン》尾形光琳 →24, 27	オガラ 麻幹 →4
オカチマチ 御徒町〘地〙 →12	オカリナ ocarina〘伊〙 →9
オガチン 〘児〙(=餅ﾟ) →92	オカル(・)カンペイ お軽勘平 →92, 25, 27
オカッパ 御河童〘髪〙 →92	オカルト, オカルト occult →9
オカッピキ 岡っ引 →5d	オカワ 御厠(=おまる) →92
オカドチガイ 御門違い →13	オガワ 小川〘姓も〙 →5, 22
オカネ 御金 →92	オガワマチ 小川町〘地〙 →12
オカバショ 岡場所 →15	オカワリ 御変り(〜なく) →92
オガハントー 男鹿半島 →15	オカワリ 御代り(もう一杯〜) →92
オカブ 御株(〜をとられる) →92	オカン 悪寒 →8 御燗 →92
オカブ 雄株 →4	オカンバン 御燗番 →14
オカボ 陸稲 →4	オカンムリ 御冠(〜を曲げる) →92
オカボレ 傍惚れ,岡惚れ →5	オキ 置き,燠 →2
オカマ 御釜 →92	オキ,《姓は オキ》沖 →1, 22
オカマイ 御構い(〜なく,江戸〜) →92	オキ 隠岐〘島〙 →21
オカミ 御上,女将 →92	オギ 荻,男木(↔女木) →1
オガミ 拝み →2	オキアイ 沖合 →4
オガミウチ, オガミウチ 拝み撃ち →13	オキアイギョギョー 沖合漁業 →15
オカミサン 御上さん,内儀さん →94	オキアガリコボシ, オキャガリコボシ 起上り小法師 →17d
オガミタオス, オガミタオス 拝み倒す →45	オキアガル, オキアガル 起き上がる →45
オガミヤ 拝み屋 →94	
オガム 拝む オガマナイ, オガモー,	

￣は高い部分 ˙˙と˙˙は高低が変る部分 ｢は次が下がる符号 →は法則番号参照

109　オキイシ──オクゲン

オ

オキイシ　置き石　→5
オギエ　荻江＜**オギエブシ**　荻江節　→22, 12
オキカエ　置換え　→5
オキカエル, オキカエル　置換える　→45b
オキガサ, オキガサ　置き傘　→5
オギクボ　荻窪〖地〗→21
オキゴ, オキゴ　置碁　→7
オキゴタツ　置き炬燵　→15
オキサキ, オキサキ　御后, 御妃　→92c
オキザリ　置去り　→5
オキシダント　oxidant　→9
オキシフル　oxyful　→9
オキズリ　沖釣り　→5
オキッパナシ　置きっ放し　→95
オキテ　掟　→2
オキテガミ　置き手紙　→12
オキドケイ★　置時計　→15
オキドコ　置床　→5
オキドコロ　置き所　→12
オキナ,《新は **オキナ**。能は **オキナ**》翁　→1
オキナアメ　翁飴　→12
オギナイ, オギナイ　補い　→2b
オギナウ　補う　→43
オキナオル, オキナオル　起き直る　→45
オキナカシ　沖仲仕　→12
オキナワ　沖縄〖地〗→21
オキナワケン　沖縄県　→14
オキナワジマ, オキナワトー　沖縄島　→12, 14
オキナワショトー　沖縄諸島　→15
オキニイリ　御気に入り　→92
オキヌケ　起抜け(～に)　→5
オキノドク　御気の毒　→92
オキノドクサマ　御気の毒様　→94
オキバ　置場　→5

オキバショ　置場所　→15
オキビ　燠火　→4
オキビキ　置引　→5
オキフシ, オキフシ　起き伏し　→18
オキブタイ　置舞台　→15
オキマリ　御極り(～になる)　→92
オキマリ　御極り(=定例)　→92
オキミヤゲ　置き土産　→12
オキモノ　置物　→5
オキヤ　置屋　→94
オキャク　御客(**オキャクサマ**, **オキャクサマ** ～様)　→92, 94
オキャクサン　御客さん　→94
オキャン　御侠(=おてんば)　→92
オキュー　御灸　→92
オギュー(･)ソライ　荻生徂徠　→22, 24, 27
オキョー　御経　→92
オギョー, ゴギョー, ゴギョー　御形(=母子草)　→92
オキョーリョー, オキョーリョー　御経料　→92
オキル　起きる　オキナイ, オキヨー, オキマス, オキテ, オキレバ, オキロ　→43
オキワスレ　置き忘れ　→13
オキワスレル　置き忘れる　→45
オキワタシ　沖渡し　→13
オク　置く, 措く(～能わず), 擱く(筆を～)　オカナイ, オコー, オキマス, オイテ, オケバ, オケ　→43
オク　奥(～に入る, ～の細道, 彼女は～だ)　→1　屋　→6　億　→30
……おく　…億〖数〗→34, 35
オクガイ　屋外　→8
オクガキ, オクガキ　奥書　→5
オクガタ　奥方　→4
オクギ, オクギ　奥義　→7
オクゲンカン　奥玄関　→15

ガギグゲゴは鼻濁音　カタカナ細字は母音の無声化　★は長音にもなる符号

オクゴテ —— オグラヤ 110

オ

オクゴテン 奥御殿 →15
オクザシキ 奥座敷 →12
オクサマ 奥様 →94
オクサン 奥さん →94
オグシ 御髪 →92
オグシアゲ 御髪上げ →13
オクジョイン 奥書院 →15
オクジョー 屋上 →8
オクジョーテイエン 屋上庭園 →15
オクジョチュー 奥女中 →15
オクズケ, オクズケ 奥付 →5
オクスリ 御薬 →92c
オクスル 臆する →48
オクセツ 憶(臆)説 →8
オクソク 憶(臆)測 →8
オクソコ 奥底 →4
オクターブ octave →9
オクタマ 奥多摩 →21
オクダン 憶(臆)断 →8
オクタンカ octane 価 →14a
オクチ, オクチ 奥地 →7
オクチヨゴシ 御口汚し →13
オクテ, オクテ 晩稲 →4
オクデン 奥伝 →8
オクドショリ 奥年寄 →12
オクナイ 屋内 →8
オクニ 御国 →92
オグニ お国〖女名〗, 阿国〖人〗(出雲いずもの ～) →92
オクニイリ 御国入り →13
オクニカイ 奥二階 →39
オクニカブキ 阿国歌舞伎 →12
オクニコトバ 御国言葉 →12
オクニジマン 御国自慢 →15
オクニナマリ 御国訛り →12
オクニフー 御国風 →95
オクニブリ 御国風 →95
オクノイン 奥の院 →19
オクノテ 奥の手 →19

オクノ・ホソミチ 奥の細道〖書〗 →97
オクノマ, オクノマ 奥の間 →19
オクバ 奥歯 →4
オクビ 噯気(～が出る)
オクビョー 臆病 →8
オクビョーカゼ 臆病風 →12a
オクビョーガミ, オクビョーガミ 臆病神 →12a
オクビョーモノ, オクビョーモノ, オクビョーモノ 臆病者 →12
オクフカイ, オクブカイ 奥深い →54
オクマル 奥まる →44
オクマン 億万 →31
オクマンチョージャ 億万長者 →15
オクミ 衽〖着物〗 →1
オクミサガリ 衽下がり〖着物〗 →12
オクムキ 奥向き →4
オクメン 臆面(～もなく) →8
オクモツ 御供物 →92
オクヤマ, 《古く オクヤマ も》 奥山(= 深山) →4
オクヤマ 奥山〖地〗(浅草の～) →21
オグヤマ 奥山〖姓〗 →22
オクヤミ 御悔み →92
オクユカシイ 奥床しい →54
オクユキ, オクユキ, オクユキ 奥行 →5
オクユルシ 奥許し →13
オクラ 御蔵(=千秋楽。～になる) →92
okra〖野菜〗 →9
オグラ 小倉〖地・姓・食品〗 →21, 22
オグラアイス 小倉 ice →16
オグラアン, オグラアン 小倉餡 →14
オクライリ 御蔵入り →13
オグラジルコ 小倉汁粉 →12
オクラセル 遅らせる, 後らせる →44
オグラヒャクニンイッシュ 小倉百人一首〖書〗 →39
オグラヤマ 小倉山 →12

‾ は高い部分 ‥ と ‥ は高低が変る部分 ⌐ は次が下がる符号 → は法則番号参照

111　　オクリ──オゴノリ

オクリ　送り →2
オクリオーカミ　送り狼 →12
オクリカエス　送り返す →45
オクリガナ, オクリガナ　送り仮名
　→12
オクリコム　送り込む →45
オクリサキ　送り先 →12
オクリジョー, オクリジョー　送り状
　→14
オクリダス　送り出す →45
オクリツケル　送り付ける →45
オクリテ　送り手 →12
オクリトドケル　送り届ける →45
オクリナ, オクリナ　贈り名 →12
オクリヌシ　送り主 →12
オクリビ, オクリビ　送り火 →12
オクリムカエ, オクリムカエ　送り迎
　え →18
オクリモノ　贈り物 →12
オクル　送る, 贈る　**オクラナイ, オク
　ロー, オクリマス, オクッテ, オク
　レバ, オクレ** →43
オグルマ　御車 →92
オグルミ　御包み〖衣〗 →92
オクレ　後れ(～を取る), 遅れ →2
オクレゲ　後れ毛 →12
オクレザキ　後れ咲き →13
オクレバセ　後れ馳せ →13
オクレル　後れる, 遅れる　**オクレナ
　イ, オクレヨー, オクレマス, オク
　レテ, オクレレバ, オクレロ** →43
オケ　桶 →1
オケガ　御怪我 →92
オケサ　＜**オケサブシ**　おけさ節
　→92, 12
オケハザマ　桶狭間〖地〗(～の戦い)
　→21
オケヤ, 《新は**オケヤ**》　桶屋 →94
オケラ　朮〖植〗→1　螻蛄〖動〗(=けら・

無一物。～になる) →92
オケル, オケル　於ける(…に～) →63
オコ　烏滸(～のさた) →1
オコエガカリ　御声掛かり →13
オコーコ, オコーコー　御香香 →92d
オコガマシイ　烏滸がましい →96
オコゲ　御焦げ(～の御飯) →92
オコゴト　御小言 →92
オココロズケ　御心付け →92
オコサマ　御子様 →94
オコサマ　御蚕様 →94
オコザラ　御小皿 →92
オコサン　御子さん →94
オコシ　御越し・御腰〖敬語〗→92
オコシ　御腰(=腰巻) →92　粔籹〖菓子〗
オコシイレ　御輿入れ →92
オコショー　御小姓 →92
オコス　起す, 興す　**オコサナイ, オコ
　ソー, オコシマス, オコシテ, オコ
　セバ, オコセ** →44
オコゼ　鰧〖魚〗
オゴソカ　厳か(～に) →55
オコソズキン　御高祖頭巾 →15
オコタ　＜**オコタツ**　御炬燵 →92
オコタエ　御答 →92
オコタリ　怠り →2
オコタル, オコタル　怠る →43
オコツ　御骨 →92
オコツアゲ　御骨揚げ →92
オコトズケ　御言付け →92
オコトバ　御言葉 →92
**オコドモシュー, オコドモシュー, オ
　コドモシュ**　御子供衆 →92d
オコトワリ　御断わり →92
オコナイ　行ない →2
オコナウ　行なう →43
オコナワレル　行なわれる →44
オコノミヤキ　御好み焼 →13
オゴノリ　海髪海苔 →4

ガギグゲゴは鼻濁音　カタカナ細字は母音の無声化　★は長音にもなる符号

オコボレ──オサメル　112

オコボレ　御零れ →92
オコメ　御米 →92
オコメヤ　御米屋(～さん) →94
オコモ　御薦(=こじき) →92
オコモリ　御籠り →92
オコリ　起り,瘧 →2
オゴリ　奢り,驕り →2
オコリジョーゴ　怒り上戸 →15
オコリッポイ　怒りっぽい →96
オコリンボー, オコリンボ　怒りん坊 →94d
オコル　怒る,起る,興る,熾る　**オコラナイ, オコロー, オコリマス, オコッテ, オコレバ, オコレ** →43
オゴル　奢る,驕る →43
オコワ　御強(=強飯) →92
オサ　長,筬 →1
オザ　御座(～がさめる) →92
オサイ　御菜 →92
オサイセン　御賽銭 →92
オサエ, オサエ　押え,抑え →2b
オサエツケル, オサエツケル,《古・強は **オサエツケル**》押え付ける →45
オサエル, オサエル　押える,抑える →43b
オサオサ, オサオサ　(用意～怠りなし) →68
オサカキ　御榊 →92
オサガリ　御下がり(兄の～) →92
オサキ　御先(～に) →92
オザキ　尾崎〖姓〗 →22
　～・ゴーヨー,《古は **～(・)コーヨー》, オザキコーヨー**　～紅葉 →23, 27
　～(・)ユキオ　～行雄 →25, 27
オサキバシリ, オサキッパシリ　御先(っ)走り →92d
オサキボー　御先棒(～をかつぐ) →92
オサキマックラ　御先真暗 →12
オサゲ　御下げ〖髪〗 →92

オサジ　御匙 →92
オザシキ　御座敷(～がかかる) →92
オサシツカエ　御差支え →92
オサシミ　御刺身 →92
オサダマリ　御定まり →92
オサツ　御札 →92
オサツ　御薩(=薩摩芋) →92
オサト　御里(～が知れる) →92
オサトー　御砂糖 →92
オサト・サワイチ, ～(・)サワイチ, ～(・)サワイチ　お里沢市 →92, 25
オサナイ　幼い →54
オサナイ(・)カオル　小山内薫 →22, 23, 27
オサナガオ, オサナガオ　幼顔 →12
オサナゴ　幼児 →12
オサナゴコロ　幼心 →12
オサナトモダチ　幼友達 →12
オサナナジミ　幼馴染み →12
オザナリ　御座成り →5
オサマリ, オサマリ, オサマリ　収まり,納まり,治まり →2
オサマリッコ　納まりっこ(～ない) →94
オサマル　収まる,納まる,治まる,修まる　**オサマラナイ, オサマリマス, オサマッテ, オサマレバ, オサマレ** →44
オサム　修・治〖男名〗 →23
オサム　収む,納む,治む,修む →42
オサムイ　御寒い(～福祉) →92
オサメ　納め →2
オサメドキ　納め時(年貢の～) →12
オサメモノ, オサメモノ, オサメモノ　納め物 →12
オサメル　収める,納める,治める,修める　**オサメナイ, オサメヨー, オサメマス, オサメテ, オサメレバ, オサメロ** →43

￣は高い部分　˙˙と˙˙は高低が変る部分　「は次が下がる符号　→は法則番号参照

113　　　　　　　　　　　　　　　　オサライ──オシショ

オ

オサライ　御浚い, 復習 →92
オサライカイ　御浚い会 →14b
オサラバ, オサラバ →92
オサン　御産 →92
オサンジ　御三時 →92
オサンドン　〚俗〛(=台所仕事の女中) →94
オシ　啞 →1　圧し,押し →2
オジ　伯父・叔父 →1
オシアイ　押合い →5
オシアイ(·)ヘシアイ　押合い圧合い →97,98
オシアウ　押し合う →45
オシアゲ　押上〚地〛 →5
オシアゲセン　押上線 →14
オシアケル　押し開ける →45
オシアゲル　押し上げる →45
オシアテル　押し当てる →45
オシアライ　押し洗い →13
オシイ★　惜しい　**オシカッタ, オシク, オシクテ,《新は オシクテ》, オシケレバ, オシ** →52
オジーサマ　御祖父様, 御爺様 →94
オジーサン　御祖父さん, 御爺さん →94
オシイタ　押板 →5
オシイタダク　押し戴く →45
オジーチャン　御祖父ちゃん, 御爺ちゃん →94
オシイリ　押入り →5
オシイル　押し入る →45
オシイレ　押入れ →5
オシイレダンス　押入れ簞笥 →15
オシウリ　押売り →5
オシエ　教え →2　押絵 →7
オシエゴ, オシエゴ　教え子 →12
オシエコム　教え込む →45
オシエザイク　押絵細工 →15
オシエル　教える　**オシエナイ, オシエヨー, オシエマス, オシエテ, オ**

シエレバ, オシエロ →43
オジオイ　伯父甥・叔父甥(~の中で) →18
オシオキ　御仕置 →92
オジオジ　怖じ怖じ(~する, ~と) →57
オジカ, オジカ　牡鹿 →4
オシカエス　押し返す →45
オシカケニョーボー　押掛け女房 →15
オシカケル　押し掛ける →45
オシガタ　押型 →5
オシカハントー, オジカハントー　牡鹿半島 →15
オシガリ　押借り →5
オシガル　惜しがる →96
オジキ　伯父貴,叔父貴 →94
オジギ　御辞儀 →92
オシキセ　御仕着せ →92
オジギソー　御辞儀草〚植〛 →14
オシキリ　押切り →5
オシキル　押し切る →45
オシクモ　惜しくも →67
オシクラマンジュー　押競饅頭 →15
オシゲ, オシゲ　惜し気(~もなく) →93
オジケ　怖気(~をふるって) →93
オジケズク　怖気付く →96
オジケダツ　怖気立つ →46
オジケル　怖気る →44
オシゴト　御仕事 →92
オシコミ　押込み →5　御仕込み(~がいい) →92
オシコミゴートー　押込み強盗 →15
オシコム　押し込む →45
オシコメル　押し込める →45
オシコロス　押し殺す(声を~) →45
オジサマ　小父様,伯父様,叔父様 →94
オジサン　小父さん,伯父さん,叔父さん →94
オシショーサン　御師匠さん →94

ガギグゲゴは鼻濁音　カタカナ細字は母音の無声化　★は長音にもなる符号

オシズシ──オジュー 114

オ

オシズシ, オシズシ 押鮨 →5	オシヒロメル 推し広める →45
オシススメル 押し進める,推し進める →45	オシピン 押し pin →16
オシセマル 押し迫る →45	オシフセル 押し伏せる →45
オシタオシ 押倒し →13	オシブチ 押し縁 →5
オシタオス 押し倒す →45	オシベ 雄蘂 →4
オシタジ 御下地(=醬油しょう) →92	オシボタン 押し botão〔葡〕 →16
オシダシ 押出し →5	オシボリ 御絞り →92
オシダス 押し出す →45	オシマイ 御仕舞(=終り) →92
オシタテケン 御仕立券 →14	オシマイ 御仕舞(=能楽の仕舞・化粧) →92
オシタテル 押し立てる →45	オシミナク 惜しみ無く →54
オシダマル 押し黙る →45	オシム 惜しむ(オシムラク ~らく) →44,93
オシチヤ,《新は オシチヤ》 御七夜 →92	オシムギ, オシムギ 押し麦 →5
オジチャン 小父ちゃん,伯父ちゃん,叔父ちゃん →94	オシメ 押し目 →5
オシッケガマシイ 押付けがましい →96	オシメ 襁褓 →92
オシッケル 押し付ける →45	オジメ, オジメ 緒締め →5
オジッコ (=小便) →92	オシメガイ 押目買い〖経〗 →13
オシツブス 押し潰す →45	オシメリ 御湿り(良い~だ) →92
オシツマル 押し詰まる →45	オシモ 御下(~の世話まで) →92
オシテ 押して(=無理に) →67	オシモドシ 押戻し《歌舞伎も》 →13
オシデ 押手 →5	オシモドス 押し戻す →45
オシテシルベシ 推して知るべし →98	オシモンドー 押し問答 →15
オシトース 押し通す →45	オジヤ (=雑炊) →92
オシトドメル 押し止める →45	オシャカ 〖俗〗(~になる) →92
オシドリ 鴛鴦 →4	オジャガ (=じゃがいも) →92
オシナガス 押し流す →45	オシャカサマ, オシャカサマ 御釈迦様 →94
オシナベテ 押し並べて →67	オシャク 御酌(~をする,~さん) →92
オシノケル 押し退ける →45	オジヤチジミ 小千谷縮 →12
オシノビ 御忍び(~で) →92	オシャブリ 〖玩具〗(赤ん坊の~) →92
オシバ,《新は オシバ》 押し葉 →5	オシャベリ 御喋り →92
オシバイ 御芝居 →92	オシャマ (~な子だ) →92
オシハカル 推し測る,推し量る →45	オシャモジ 御杓文字 →92
オシバナ,《新は オシバナ》 押し花 →5	オシヤル 押しやる →45
オシヒラク 押し開く →45	オシャレ 御洒落 →92
オシヒロゲル 推し広げる →45	オジャン 〖俗〗(~になる) →92
	オジュー 御重(=重箱) →92
	オジューヤ 御十夜 →92

￢は高い部分 ‥と‥は高低が変る部分 ┐は次が下がる符号 →は法則番号参照

オショー 和尚(オショーサン, オショサン ～さん) →8, 94d

オショーガツ 御正月《副詞的には オショーガツ》 →92, 62

オジョーサマ 御嬢様 →94

オジョーサン 御嬢さん →94

オジョーズ 御上手 →92

オショーバン 御相伴 →92

オジョーヒン 御上品 →92

オショク 汚職 →8 御職＜御職女郎 →92

オジョク 汚辱 →8

オショサン, オッショサン 御師匠さん →94d

オショヨセル 押し寄せる →45

オシラス 御白州 →92

オシリ 御尻 →92

オジル 怖じる →43

オシルコ 御汁粉 →92

オシルシ 御印(ほんの～) →92

オシロイ 白粉 →3

オシロイクサイ 白粉臭い →54

オシロイシタ 白粉下 →12

オシロイバナ 白粉花〖植〗→12b

オシロイヤケ 白粉焼け →13

オシログラフ oscillograph →16

オシロスコープ oscilloscope →16

オシワケル 押し分ける →45

オシワリ 押割り →5

オシワリムギ 押割り麦 →12

オジン 〖俗〗(↔おばん) →10

オシンコ 御糝粉, 御新香 →92

オス 押す, 推す, 圧す オサナイ, オソー, オシマス, オシテ, オセバ, オセ →43 御酢 →92

オス 雄, 牡 →1

オスイ 汚水 →8

オズオズ 怖ず怖ず(～する, ～と) →57

オスシ 御鮨 →92

オスソワケ 御裾分け →92

オスナ(·)オスナ 押すな押すな(～の盛況) →97, 98

オスベラカシ, オスベラカシ 御垂髪 →92

オスベリ 御滑り(=滑り台) →92

オスマシ 御澄まし →92

オスミツキ, オスミツキ 御墨付 →92

オスモジ 御酢文字(=鮨) →92

オスロ Oslo〖地〗→21

オスワリ 御座り〖児·犬〗→92

オゼ 尾瀬〖地〗→21

オセアニア, オセアニア Oceania〖地〗→21

オセイボ 御歳暮 →92

オセオセ 押せ押せ(～になる) →57

オセキハン 御赤飯 →92

オセジ 御世辞 →92

オセチ, 《新は オセチ》 ＜オセチリョーリ 御節料理 →92, 15

オセッカイ 御節介 →92

オセッキョー 御説教 →92

オセック 御節句 →92

オセナ ＜御背中(～を流す) →92

オゼヌマ 尾瀬沼 →12

オセロ Othello →9

オセワ 御世話(オセワサマ ～様) →92, 94

オセン 汚染 →8

オセン 御煎(=せんべい) →92

オゼン 御膳 →92

オセンコー, オセンコ 御線香 →92d

オゼンダテ 御膳立て →92

オセンベイ, オセンベ 御煎餅 →92d

オセンベツ 御餞別 →92

オソアシ 遅足 →5

オソイ, 《新は オソイ》 遅い オソカッタ, オソク, オソクテ, オソケレバ, オソシ →52c

ガギグゲゴは鼻濁音　カタカナ細字は母音の無声化　★は長音にもなる符号

オソイカ──オタカラ　　116

オ

オソイカカル　襲い掛かる →45	オソルベキ　恐るべき(〜事) →89
オソイクル　襲い来る →45	オソレ　恐れ →2
オソウ, オゾウ　襲う →43	オゾレイル　恐れ入る(オゾレイリマ
オソウマレ, オソンマレ　遅生れ →13	ス　恐れ入ります) →45, 83
オソーザイ　御総菜 →92	オソレオオイ, オソレオーイ　恐れ多
オソージ　御掃除 →92	い →54a
オソーソーサマ, オソーソーサマ, オ	オソレナガラ, オソレナガラ　恐れ乍
ソーソサマ, オソーソサマ　御草草	ら →73
様 →94d	オソレル　恐れる　オソレナイ, オソ
オゾーニ　御雑煮 →92	レヨー, オソレマス, オソレテ, オ
オソカリシ・ユラノスケ　遅かりし由	ソレレバ, オソレロ →43
良之助 →51	オソロイ　御揃い →92
オソカレハヤカレ, オソカレハヤカレ	オソロシイ＊　恐ろしい →53
遅かれ早かれ →99	オソロシサ　恐ろしさ →93c
オソキ　遅き(〜に失する) →51	オソワル　教わる →44
オソクトモ　遅くとも →67	オソワレル, オソワレル　襲われる, 魔
オソクモ　遅くも →67	われる →83
オソザキ　遅咲き →5	オソン　汚損 →8
オソジエ　遅知恵 →15	オゾン　ozone →9
オソシサマ, オソシサマ, オソッサマ,	オゾンソー　ozone 層 →14a
オソッサマ　御祖師様 →94d	オゾンホール　ozone hole →16
オソジモ　晩霜 →5	オダ　小田・織田〖姓〗 →22
オソデ　遅出 →5	〜(･)ノブナガ, 《古は 〜(･)ノブナガ》
オソナエ　御供え →92	織田信長 →24, 27
オソナエモノ　御供え物 →92	オタイコ　御太鼓＜オタイコムスビ
オソナワル　遅なわる →44	御太鼓結び →92, 13
オソバ　御側 →92	オダイシ　御大師(〜様) →92
オソバ　御蕎麦 →92	オダイジ　御大事(〜に) →92
オソバズカエ　御側仕え →13	オダイジン　御大尽 →92
オソバズキ　御側付き →13	オダイバ　御台場 →92
オソバヤ　御蕎麦屋(〜さん) →94	オダイミョー　御大名 →92
オソバン　遅番 →8	オダイモク　御題目 →92
オソマキ　遅蒔き(〜の種, 〜ながら)	オタイラ　御平ら(どうぞ〜に) →92
→5	オタオタ　〖俗〗(〜する) →57
オソマツ　お粗末 →92	オタガイ　御互い(〜に) →92
オソマツサマ　御粗末様 →94	オタガイサマ　御互い様 →94
オソメ・ヒサマツ　お染久松 →92, 25	オタカク　御高く(〜とまる) →92
オソラク　恐らく(〜は) →61	オタカラ　御宝 →92
オソルオソル　恐る恐る →68	

‾ は高い部分　 ‥ と ‥ は高低が変る部分　 ⌐ は次が下がる符号　 → は法則番号参照

オダキ 雄滝 →4
オタキアゲ 御焚き上げ →92
オダキュー 小田急<小田急電鉄〖デパート・電鉄〗→28
オダキューセン 小田急線 →14
オタク 御宅 →92
オダク 汚濁(〜にみちた) →8
オダケ 雄竹 →4
オタケビ 雄叫び →13
オタズネ 御尋ね →92
オタズネモノ 御尋ね者 →12
オタチ 御立ち(〜になる) →92
オタチアイ 御立会い(さあ〜) →92
オダチン, オダチン 御駄賃 →92
オタッシ 御達し(きつい〜) →92
オタッシャ 御達者(〜で) →92
オダテ 煽て(〜に乗る) →2
オダテル 煽てる →43
オタナ 御店 →92
オタナモノ 御店者 →12
オタノシミ 御楽しみ →92
オタノミ 御頼み →92
オタバコボン 御煙草盆〖髪型〗→92
オタビショ, オタビショ 御旅所 →92
オダフク 阿多福 →92
オタフクカゼ 阿多福風邪 →12
オタフクマメ 阿多福豆 →12
オダブツ 御陀仏 →92
オダマ 御玉(=お玉じゃくし・玉子) →92
オダマキ 苧環 →12
オダマキムシ 苧環蒸し →13
オタマジャクシ 御玉杓子 →92
オタマヤ 御霊屋 →92
オタメ 御為 →92
オタメゴカシ 御為ごかし →95
オダヤカ 穏やか →55
オタル 小樽〖地〗→21
オダワラ, オダワラ 小田原〖地〗→21

オダワラジョーチン 小田原提灯 →15
オダワラセン 小田原線 →14
オダワラヒョージョー 小田原評定 →15
オダンギ, オダンギ 御談義 →92
オタンジョー 御誕生 →92
オタンジョービ 御誕生日 →92
オチ 落ち →2
オチアイ 落合い →5
オチアイ, 《新は オチアイ》 落合〖地・姓〗→21, 22
オチアウ, 《新は オチアウ》 落ち合う →45
オチアユ, オチアユ 落ち鮎 →5
オチイル, オチイル 落ち入る,陥る →45
オチウオ 落ち魚 →5
オチオチ, オチオチ 落ち落ち →57
オチカズキ 御近付き →92
オチカラオトシ 御力落し →13
オチグチ 落ち口 →5
オチクボム, オチクボム 落ち窪む(目が〜) →45
オチグリ 落ち栗 →5
オチゴ 御稚児(〜さん) →92
オチコチ 遠近 →18c
オチコボレ 落ち零れ →13
オチコボレル, オチコボレル 落ち零れる →45
オチコム, 《新は オチコム》 落ち込む →45
オチツキ 落ち着き →5
オチツキサキ 落着き先 →12
オチツキハラウ 落着き払う →45
オチツク 落ち着く →45
オチツケル 落ち着ける →45
オチド, オチド 落度 →7
オチノヒト, オチノヒト 御乳の人 →19

ガギグゲゴは鼻濁音　カタカナ細字は母音の無声化　★は長音にもなる符号

オチノビ──オッコト　　118

オチノビル, オチノビル　落ち延びる →45	オチョーシモノ　御調子者 →12
オチバ,《古は オチバ》　落ち葉 →5	オチョーズ　御手水 →92
オチブレル, オチブレル　落魄れる →45	オチョー・メチョー　雄蝶雌蝶 →97
オチボ, オチボ,《古は オチボ》　落ち穂 →5	オチョコ　御猪口(=杯。傘が～になる) →92
オチボヒロイ　落ち穂拾い →13	オチョボグチ　御ちょぼ口 →12
オチムシャ, オチムシャ　落ち武者 →15	オヂル　落ちる　オヂナイ, オチョー, オチマス, オヂテ, オチレバ, オチロ →43
オチメ, オチメ　落ち目(～になる) →5	オツ　乙(～な味,～に澄ます) →6
オチャ　御茶 →92	オツ　乙(↔甲) →6
オチャウケ,《訛って オチャオケ》　御茶請け →5d	オツイショー　御追従 →92
オチャガシ　御茶菓子 →15	オツイタチ　御朔日,御一日 →92
オチャクミ, オチャクミ　御茶汲み →5	オツカイ　御使い →92
オチャズケ　御茶漬 →92	オツカイチン　御使い賃 →14b
オチャダイ　御茶代 →92	オツカイモノ　御遣い物 →92
オチャッピー　【俗】(～な子) →92	オッカケ　追っ掛け →5d
オチャノコ　御茶の子(オチャノコサイサイ, オチャノコサイサイ ～さいさい) →19,59	オッカケル　追っ掛ける →45d
	オッカサン　御母さん →94
オチャノミズ　お茶の水〖地・大学〗 →19,29	オッカナイ　【俗】(=恐い) →52
オチャボーズ　御茶坊主 →15	オッカナビックリ →59
オチャヤ　御茶屋(=葉茶屋。オチャヤサン ～さん) →92,94	オッカブセル　押っ被せる【俗】 →45d
オチャヤ　御茶屋(=料理屋。オチャヤサン ～さん) →92,94	オツカレサマ, オツカレサマ　御疲れ様 →94
オチャラカス　【俗】(=ひやかす・ちゃかす) →44	オツキ　御付(～の者) →92
	オツギ　御次 →92
オチューゲン　御中元 →92	オツキアイ　御付合い →92
オチュード　落人 →5	オッキイ　大きい【俗】⇒オーキイ
オチューニチ　御中日 →92	オツキサマ,《新は オツキサマ》　御月様 →94c
オチユク, オチユク　落ち行く(～先は) →45	オックー　億劫 →8
	オックスフォード　Oxford〖地・大学〗 →21
オチョー　雄蝶 →8	オツクリ　御作り →92
オチョーシ　御調子,御銚子 →92	オツケ　御付(=味噌汁) →92
	オツゲ　御告げ →92
	オツゲブミ　御告げ文 →12
	オッコチル　【俗】(=落ちる) →43d
	オッコトス　【俗】(=落す) →44d

─は高い部分　⋯と⋯は高低が変る部分　⌐は次が下がる符号　→は法則番号参照

オッシャル 仰る →d	**オテアライ** 御手洗い →92
オッシュ 乙種 →7	**オテウエ** 御手植(〜の松)→92
オッショーサン, オッショサン, オショ	**オテウチ** 御手討 →92
サン 御師匠さん ⇨オシショーサン	**オテガミ** 御手紙 →92
オッタテル 追っ立てる,押っ立てる	**オテガラ** 御手柄 →92
→45d	**オデキ** 御出来(=出来物)→92
オッチョコチョイ 〚俗〛(〜だ)→59	**オデコ** 御凸 →92
オッツカッツ, オッヅカッツ (〜の成	**オデシ** 御弟子 →92
績)→18	**オテショ** 御手塩(=手塩皿)→92d
オッツク 追っ付く →45d	**オテダマ** 御手玉 →92
オッツケ 追っ付け →61	**オテツキ, オテツケ** 御手付(殿の〜)
オッツケル 押っ付ける →45d	→5d
オッテ 追而(〜通知する)→67 追手	**オテツキ, オテツキ, オテツケ, オテ**
→5	**ツケ** 御手付〚かるた遊び〛→5d
オッテガキ 追而書き →13	**オテツダイ** 御手伝い →92
オット 夫 →1	**オテツダイサン** 御手伝いさん →94
オット 〚感〛(〜大変)→66	**オテテ** 御手手(〜つないで)→92
オットセイ★ 膃肭臍〚動〛→14	**オデデコシバイ** おででこ芝居 →12
オツトメ 御勤め(朝夕の〜)→92	**オテナミ** 御手並(〜拝見)→92
オットリ (〜している,〜と)→55	**オテノウチ** 御手の内 →19
オットリガタナ 押っ取り刀 →12	**オテノモノ, オテノモノ** 御手の物
オットル 押っ取る →45d	→19
オツネン, エツネン 越年 →8	**オテフキ** 御手拭き →92
オッパイ (=乳)→92d	**オテマエ** 御手前,御点前 →92
オッパナス 押っ放す〚俗〛→45d	**オデマシ** 御出座(〜になる)→92
オッパラウ 追っ払う →45d	**オテモト** 御手許〚箸も〛→92
オッペショル 〚俗〛→45d	**オテモリ** 御手盛り(〜の予算)→92
オッポ 尾っぽ →4d	**オテヤワラカ, オテヤワラカ** 御手柔
オッポリダス,《古・強は オッポリダ	らか(〜に)→59
ス》 押っ放り出す →45d	**オテラ** 御寺(**オテラサマ, オテラサ**
オツマミ 御撮み →92	**マ** 〜様)→92, 94
オツマミモノ 御撮み物 →92	**オテラマイリ** 御寺参り →13
オツム 御頭(〜てんてん)→92	**オテン** 汚点 →8
オツモリ 御積り(その〜で,酒が〜だ)	**オデン** 御田〚料理〛(**オデンヤ** 〜屋)
→92	→92, 94
オツヤ 御通夜 →92	**オテンキ** 御天気 →92
オツユ 御汁 →92	**オテンキヤ** 御天気屋 →94
オツリ 御釣(=つり銭)→92	**オテントサマ** 御天道様 →94d
オテアゲ 御手上げ →92	**オテンバ** 御転婆

ガギグゲゴは鼻濁音　カタカナ細字は母音の無声化　★は長音にもなる符号

オテンバムスメ 御転婆娘 →12	オトコクサイ 男臭い →54
オト 音 →1	オトコグルイ 男狂い →13
オドー 御堂 →92	オトコゴコロ 男心 →12
オトーサマ 御父様 →94	オトコザカ 男坂 →12
オトーサン 御父さん →94	オトコザカリ 男盛り →12
オトーシ 御通し →92	オトコシュ, オトコシュー 男衆 →14d
オトーチャン 御父ちゃん →94	
オトート 弟 →1	オトコジョタイ 男所帯 →15
オドオド 怖怖(〜する、〜と) →57	オトコズキ, オトコズキ 男好き →13
オトートゴ 弟御 →94	オトコズレ 男連れ,男擦れ →13
オトートデシ 弟弟子 →15	オトコダテ 男伊達 →13
オトートブン 弟分 →14	オトコッケ, オトコケ 男(っ)気(〜が無い) →93d
オトーフ 御豆腐 →92	
オトーミョー 御灯明 →92	オトコップリ, オトコップリ 男っ振り →95d
オトーリ 御通り →92	
オトガイ 頤	オトコッポイ 男っぽい →96
オドカシ 嚇かし →2	オトコデ 男手 →12
オドカシモンク 嚇かし文句 →15	オトコトモダチ 男友達 →12
オドカス 嚇かす,脅かす →44	オトコナキ, オトコナキ 男泣き →13
オトキ 御斎 →92	オトコナマエ 男名前 →12
オトギ, オトギ 御伽(〜をする) →92	オトコノコ 男の子 →19
オトギゾーシ 御伽草子 →15	オトコブリ, オトコブリ 男振り →95
オトギバナシ 御伽噺 →12	オトコマエ 男前 →12
オトクイ 御得意(〜様) →92	オトコマサリ 男勝り →13
オドケ 戯け →2	オトコミョーリ 男冥利(〜につきる) →15
オドケモノ 戯け者 →12	
オドケル 戯ける →43	オトコムスビ 男結び →13
オトコ 男 →1	オトコメカケ 男妾 →12
オトコイッピキ 男一匹 →39	オトコモチ 男持ち →13
オトコウン 男運(〜が悪い) →14	オトコモノ 男物 →12
オトコエシ 男郎花	オトコヤク 男役 →14
オトコオビ 男帯 →12	オトコヤモメ 男鰥 →12
オトコオヤ 男親 →12	オトコユ 男湯 →12
オトコオンナ 男女 →12	オトコラシイ 男らしい →96
オトコガタ 男形 →12	オトコラシサ 男らしさ →93c
オトコギ, オトコギ, オトコギ 男気 →14	オトサタ, オトサタ 音沙汰(〜がない) →15
オトコキョーダイ 男兄弟 →15	オトシ 御年 →92
オトコギライ 男嫌い →13	オトシ 落し →2

￣は高い部分　‥と‥は高低が変る部分　｢は次が下がる符号　→は法則番号参照

オ<u>ド</u>シ　脅し, 威し, 縅　→2
オ<u>ト</u>シアナ　落し穴　→12
オ<u>ト</u>シイレル, オ<u>ト</u>シイレル　陥れる
　→45
オ<u>ト</u>シ<u>ガ</u>ミ　落し紙　→12
オ<u>ト</u>シゴ　落し子　→12
オ<u>ト</u>シザシ　落し差し〖刀〗→13
オ<u>ト</u>シ<u>ダ</u>ネ　落し胤　→12
オ<u>ト</u>シ<u>ダ</u>マ　御年玉　→92
オ<u>ド</u>シッケル　脅し付ける　→45
オ<u>ト</u>シ<u>ヌ</u>シ, オ<u>ト</u>シ<u>ヌ</u>シ　落し主　→12
オ<u>ト</u>シバナシ　落し噺　→12
オ<u>ト</u>シ<u>ブ</u>タ　落し蓋　→12
オ<u>ト</u>シ<u>ブ</u>ミ　落し文《昆虫も》→12
オ<u>ト</u>シマク　落し幕　→14
オ<u>ト</u>シメル　貶める　→44
オ<u>ト</u>シ<u>モ</u>ノ, オ<u>ト</u>シモ<u>ノ</u>, オ<u>ト</u>シモ<u>ノ</u>
　落し物　→12
オ<u>ド</u>シ<u>モ</u>ンク　脅し文句　→15
オ<u>ト</u>シヤク　御年役　→92
オ<u>ト</u>シ<u>ヨ</u>リ　御年寄　→92
オ<u>ト</u>ス　落す, 貶す　オ<u>ト</u>サナイ, オ<u>ト</u>
　<u>ソ</u>ー, オ<u>ト</u>シマス, オ<u>ト</u>シテ, オ<u>ト</u>
　セバ, オ<u>ト</u>セ　→44
オ<u>ド</u>ス　脅す, 威す, 縅す　→43
オ<u>ト</u>ズレ, オ<u>ト</u>ズレ　訪れ　→2
オ<u>ト</u>ズレル, オ<u>ト</u>ズレル　訪れる　→43
オ<u>ト</u>ッ<u>ツ</u>ァン　御父っつぁん　→92d
オ<u>ト</u>ド　大臣　→1
オ<u>ト</u>トイ, オ<u>ト</u>ツイ,《副詞的には　オ<u>ト</u>
　<u>ト</u>イ, オ<u>ト</u>ツイ》　一昨日　→19, 62
オ<u>ト</u>トシ　一昨年　→5
オ<u>ト</u>ナ　大人　→1
オ<u>ト</u>ナ　(=おとなしくする意)　→10
オ<u>ト</u>ナウ　訪う　→46
オ<u>ト</u>ナ<u>ゲ</u>ナイ　大人気無い　→54
オ<u>ト</u>ナジィ★　大人しい　→53
オ<u>ト</u>ナ<u>ビ</u>ル　大人びる　→96
オ<u>ト</u>ヒメ　乙姫(~様)→12

オ<u>ド</u>ミ, オ<u>ド</u>ミ　澱み　→2
オ<u>ド</u>ム, オ<u>ド</u>ム　澱む　→43
オ<u>ト</u>ムライ, オ<u>ト</u>モライ　御弔い
　→92d
オ<u>ト</u>メ,《古は　オ<u>ト</u>メ》　乙女　→4
オ<u>ト</u>メゴ　乙女子　→12
オ<u>ト</u>メゴ<u>コ</u>ロ　乙女心　→12
オ<u>ト</u>モ　御供　→92
オ<u>ド</u>ラス　躍らす(心~)→44
オ<u>ト</u>リ　囮
オ<u>ト</u>リ, オ<u>ト</u>リ　劣り　→2
オ<u>ド</u>リ　踊り　→2
オ<u>ド</u>リアガル　躍り上がる　→45
オ<u>ド</u>リ<u>カ</u>カル　躍り懸る　→45
オ<u>ド</u>リ<u>グ</u>イ　踊り食い(白魚の~)→13
オ<u>ド</u>リコ, オ<u>ド</u>リッコ　踊り(っ)子
　→12d
オ<u>ド</u>リコム　躍り込む　→45
オ<u>ト</u>リサマ, オ<u>ト</u>リサマ　御酉様　→94
オ<u>ド</u>リジ, オ<u>ド</u>リジ　踊り字　→14
オ<u>ト</u>リ<u>ソ</u>ーサ　囮捜査　→15
オ<u>ド</u>リ<u>ダ</u>ス　踊り出す　→45
オ<u>ト</u>リタテ　御取立て　→92
オ<u>ド</u>リテ　踊り手　→12
オ<u>ド</u>リデル　躍り出る　→45
オ<u>ド</u>リバ　踊場　→12
オ<u>ト</u>リ<u>バ</u>シ　御取り箸　→12
オ<u>ド</u>リ<u>ヤ</u>タイ　踊り屋台　→15
オ<u>ト</u>ル, オ<u>ト</u>ル　劣る　→43
オ<u>ド</u>ル　踊る　オ<u>ド</u>ラナイ, オ<u>ド</u>ロー,
　オ<u>ド</u>リマス, オ<u>ド</u>ッテ, オ<u>ド</u>レバ,
　オ<u>ド</u>レ　→43
オ<u>ド</u>ロ　棘(~に)→55
オ<u>ト</u>ロエ, オ<u>ト</u>ロエ, オ<u>ト</u>ロエ　衰え
　→2b
オ<u>ト</u>ロエル, オ<u>ト</u>ロエル　衰える
　→43b
オ<u>ド</u>ロ<u>カ</u>ス　驚かす　→44
オ<u>ド</u>ロキ, オ<u>ド</u>ロキ, オ<u>ド</u>ロキ　驚き

ガギグゲゴは鼻濁音　カタカナ細字は母音の無声化　★は長音にもなる符号

オドロキ──オネンガ 122

→2

オドロキイル,《古・強は **オドロキイル**》 驚き入る →45

オドロク 驚く **オドロカナイ, オドロコー, オドロキマス, オドロイテ, オドロケバ, オドロケ** →43

オトワヤ 音羽屋〔歌舞伎〕 →94

オナイギ 御内儀 →92

オナイドシ 同い年 →19b

オナカ 御腹＜御中 →92

オナガ 尾長〔鳥〕 →5

オナガザル 尾長猿 →12

オナガドリ 尾長鶏 →12

オナガレ 御流れ(～頂戴) →92

オナグサミ 御慰み →92

オナゴ 女子 →4

オナゴシュ, オナゴシュー 女子衆 →14d

オナゴリ 御名残 →92

オナサケ 御情け →92

オナジ 同じ →51, 61, 3

オナジイ, オナジイ 同じい →52

オナジク 同じく →65

オナジクライ, オナジクライ(クはグとも) 同じ位 →74

オナジミ 御馴染(～さん) →92

オナツ(・)セイジューロー お夏清十郎 →92, 26, 27

オナベ,《新は **オナベ**》 御鍋 →92

オナベ 阿鍋(～さん) →92

オナマ 御生(=生意気) →92

オナミ 男波・男浪(↔女波) →4

オナミダチョーダイ 御涙頂戴 →98

オナラ 屁 →92

オナリ 御成り(殿様の～) →92

オナリ 御形(～がいい) →92

オナリモン 御成門 →14

オナンド 御納戸 →92

オナンドイロ 御納戸色 →12

オニ 鬼 →1

オニアザミ 鬼薊 →12

オニーサマ 御兄様 →94

オニーサン 御兄さん →94

オニオン onion →9

オニカイ 御二階 →92

オニガシマ,《もと **オニガシマ**》 鬼ヶ島 →19

オニガミ, オニガミ 鬼神 →4

オニガラヤキ 鬼殻焼 →13

オニガワラ,《古は **オニガワラ**》 鬼瓦 →12

オニギリ 御握り(=握り飯) →92

オニゴッコ 鬼ごっこ →95

オニシメ 御煮染 →92

オニセイバツ 鬼征伐 →15

オニタイジ 鬼退治 →15

オニッコ, オニコ 鬼(っ)子 →4d

オニニ(・)カナボー 鬼に金棒 →97, 98

オニバ 鬼歯 →4

オニババ,《古は **オニババ**, 新は **オニババー**》 鬼婆 →4, 91

オニババー,《古は **オニババー**, 新は **オニババー**》 鬼婆 →12, 91

オニビ,《新は **オニビ**》 鬼火 →4

オニヤライ 鬼遣らい, 追儺 →13

オニユリ 鬼百合 →4

オニワソト・フクワウチ 鬼は外福は内 →97

オヌシ 御主〔代〕 →92

オネ, オネ 尾根 →4

オネーサマ 御姉様 →94

オネーサン 御姉さん →94

オネジ 雄螺子 →4

オネショ (=寝小便) →92

オネダリ (～する) →92

オネバ 御粘 →92

オネリ 御邌り →92

オネンガ 御年賀 →92

‾は高い部分 ¨と¨は高低が変る部分 ⌐は次が下がる符号 →は法則番号参照

123　　オノ —— オビイワ

オ￣ノ　小野〔姓〕→22
　オノ￣ノ(・)イ￣モコ　～妹子 →25, 27
　オノ￣ノコ￣マチ　～小町 →24, 27
　オノ￣ノ(・)ド￣ーフ￣ー, オノノト￣ーフ￣ー
　～道風 →24, 27
オ￣ノ　斧 →1
オノ￣エ　尾上〔姓〕→22
　～(・)キ￣クゴロ￣ー　～菊五郎 →26, 27
　～(・)シ￣ョーロ￣ク　～松緑 →24, 27
　～(・)バ￣イコ￣ー　～梅幸 →24, 27
オ￣ノオノ　各 →11, 68
オ￣ノコ　男 →19
オノ￣ズカラ　自ずから →67
オノ￣ズト　自ずと →67
オノ￣ノク　戦く →43
オ￣ノボリ　御上り＜オ￣ノボリサン 御上りさん →92, 94
オ￣ノミチ　尾道〔地〕→19
オ￣ノレ　己れ →1, 64
オノ￣ロケ　御惚気 →92
オ￣ハ, オハ￣　尾羽(～打ち枯らす) →18
オ￣バ　伯母, 叔母 →1
オバ￣ーサマ　御祖母様, 御婆様 →94
オバ￣ーサン　御祖母さん, 御婆さん →94
オバ￣ーサンコ　御祖母さん子 →12a
オバ￣ーチャン　御祖母ちゃん, 御婆ちゃん →94
オ￣パール　opal →9
オ￣ハギ　御萩＜萩の餅 →92
オ￣ハグルマ　御羽車 →92
オ￣ハグロ　御歯黒, 鉄漿 →92
オ￣ハグロトンボ　御歯黒蜻蛉 →12
オ￣バケ　御化け →92
オ￣ハコ　(=十八番・癖) →92
オ￣ハコビ　御運び(～を頂く) →92
オ￣ハコビ　御運び(=運ぶ人。オ￣ハコビサン ～さん) →92, 94
オ￣バサマ　小母様, 伯母様, 叔母様 →94
オ￣バサン　小母さん, 伯母さん, 叔母さん →94

オ￣ハジキ　御弾き →92
オ￣ハショリ　御端折り〔和服〕→92
オ￣ハズケ　御葉漬 →5
オバステ￣ヤマ　姨捨山 →12
オ￣ハチ　御鉢 →92
オ￣ハチイレ　御鉢入れ →13
オ￣バチャン　小母ちゃん, 伯母ちゃん, 叔母ちゃん →94
オ￣ハツ　御初(=初対面・初物) →92
オ￣ハツ　お初〔女名〕(～徳兵衛) →92
オ￣ハナ　御花 →92
オ￣バナ　尾花, 雄花 →4
オ￣ハナシ　御話 →92
オ￣ハナバタケ　御花畑 →92
オ￣ハネ　御跳ね(～さん) →92
オ￣ハヤシ　御囃子 →92
オ￣ハヤバヤ, オ￣ハヤバヤ　御早早(～と) →92
オ￣ハヨー　御早う〔感〕(↔今晩は) →66
オ￣ハヨーゴザイマ￣ス　御早うございます →98
オ￣ハライ　御払い, 御祓 →92
オ￣ハライバコ, オ￣ハライバコ　御払い箱(～になる) →12b
オ￣ハライモノ　御払い物 →12
オ￣ハラ・ショ￣ースケ　小原庄助 →22, 25
オ￣ハラブシ　おはら節 →12
オ￣ハラメ　大原女 →12
オ￣ハリ, 《新は オ￣ハリ》　御針 →92
オ￣ハリコ　御針子(～さん) →12
オ￣バン　〔俗〕(↔おじん) →10
オ￣ハン・チョ￣ーエモン　お半長右衛門 →92, 26
オ￣ビ　帯 →2
オ￣ビアゲ, オビア￣ゲ　帯揚げ →5
オ￣ピーサマ　御姫様 →94
オ￣ビイワイ　帯祝 →12

ガギグゲゴは鼻濁音　カタカナ細字は母音の無声化　★は長音にもなる符号

オビエル──オブラー　124

オ

オビエル　怯える →43	オヒャクソー　御百草〚薬〛 →92
オビガネ　帯金 →4	オヒャクド　御百度(～を踏む) →92
オビガミ　帯紙 →4	オヒャクドマイリ　御百度参り →92
オヒガラ　御日柄(～もよく) →92	オヒョー　〚魚・植〛
オビカワ　帯皮,帯側 →4	オヒラ　御平(～の長芋) →92
オヒガン　御彼岸 →92	オヒラキ　御開き(=散会) →92
オビキダス, オビキダス,《古・強は	オヒル　御昼 →92
オビキダス》誘き出す →45	オビル　帯びる →43
オビキヨセル, オビキヨセル,《古・強	オヒルスギ, オヒルスギ　御昼過ぎ
は オビキヨセル》誘き寄せる →45	→38
オヒザオクリ, オヒザオクリ　御膝送	オヒレ　尾鰭(～をつける) →18
り →92	オビレ, オビレ　尾鰭 →4
オヒサマ　御日様 →94	オヒロイ　御拾い(=歩行の敬語) →92
オヒザモト　御膝下 →92	オヒロメ　御披露目 →92
オビジ　帯地 →7	オビンズル　御賓頭盧(～様) →92
オビシタ　帯下 →4	オフ　off →9
オビジメ, オビジメ　帯締め →5	オフィス　office →9
オビジョー　帯状 →8	オフィスガイ　office 街 →14
オビシロハダカ　帯代裸 →12	オブイヒモ, オブイヒモ　負ぶい紐
オビシン　帯芯 →8	→12b
オヒタシ,《オシタシ は避けたい》御	オブー, オブ　(=湯) →92d
浸し →92c	オブウ　負ぶう →44
オビタダシイ★　夥しい →52	オフクロ　御袋(=母親) →92
オヒツ　御櫃 →92	オフクワケ　御福分け →92
オヒト　御人 →92	オブザーバー　observer →9
オビドメ, オビドメ　帯留 →5	オフサイド　offside →16
オヒトヨシ, オヒトヨシ　御人好し	オブサル　負ぶさる →44
→13	オフシーズン　off-season →16
オヒトリ, オヒトリ　御一人 →92	オブジェ　objet〚仏〛 →9
オビナ　男雛 →4	オプション　option →9
オビナサマ　御雛様 →94	オフセ　御布施 →92
オビネリ, オビネリ　御捻り →92	オフセット　offset →9
オビノコ　帯鋸 →4	オフダ　御札 →92
オビヒロ, オビヒロ　帯広〚地〛 →21	オフタカタ　御二方 →92
オビフー　帯封 →8	オプチミスト　optimist →9
オヒメサマ　御姫様 →94	オブツ, オブツ　汚物 →8
オヒヤ　御冷や →92	オフデサキ　御筆先 →92
オビヤカス　脅かす →44	オフトン　御蒲団 →92c
	オブラート　oblaat〚蘭〛 →9

‾ は高い部分　゛と゛は高低が変る部分　「は次が下がる符号　→は法則番号参照

オフル──オマンジ

オ

オフル 御古 →92	→45
オフレ 御触れ →92	**オボツカナイ，オボツカナイ，オボツ**
オフレコ ＜off the record →10	**カナイ** 覚束無い →54
オフロ 御風呂，御風炉 →92	**オボッチャン** 御坊ちゃん →94
オフロード off-road →16	**オホリバタ** 御堀端 →92
オフロヤ 御風呂屋(～さん) →94	**オボレジニ** 溺れ死 →13
オペ ＜operation〔英〕，＜Operation〔独〕 →9	**オボレル** 溺れる →43
オベッカ (=追従ついしょう) →92	**オボロ** 朧(月も～に) →55 〖食品〗 →3
オペック，オペック OPEC＜ Organization of Petroleum Exporting Countries →16	**オボロゲ** 朧気 →93
	オボロコンブ 朧昆布
オベベ 〖児〗(=着物) →92	**オボロズキ** 朧月 →12
オヘヤ 御部屋(**オヘヤサマ，オヘヤサマ** ～様) →92，94	**オボロズキヨ，オボロズキヨ** 朧月夜 →12
オペラ opera →9	**オボロヨ** 朧夜 →12
オペラグラス opera glass(es) →16	**オボン** 御盆(=盆の敬語) →92
オペラハウス opera house →16	**オボン** 御盆(=うら盆) →92
オペレーション operation →9	**オマイリ** 御参り →92
オペレーター operator →9	**オマエ** 御前〖代〗(**オマエサン** ～さん) →64，94
オペレッタ operetta〔伊〕 →9	
オベンチャラ (～を言う) →92	**オマエ，ミマエ** 御前(神の～) →92
オベントー 御弁当 →92	**オマエザキ** 御前崎 →12b
オヘンロ 御遍路(～さん) →92	**オマケ** 御負け →92
オボエ，オボエ 覚え →2b	**オマケニ** 御負けに〖接〗 →67
オボエガキ 覚え書 →13	**オマジナイ** 御呪い →92
オボエズ 覚えず →67	**オマジリ** 御混じり〖重湯〗 →92
オボエチガイ，オボエチガイ 覚え違い →13	**オマセ** (～な子供) →92
	オマタセ 御待たせ →92
オボエチョー 覚え帳 →14	**オマチカネ** 御待ち兼ね →92
オボエル 覚える →43	**オマチドー** 御待遠 →92
オボーサン 御坊さん →94	**オマチドーサマ** 御待遠様 →94
オボーシ 御帽子 →92	**オマツ** 雄松 →4
オホーツクカイ Okhotsk 海〔露〕 →14	**オマツリ** 御祭 →92
オボコ 未通女，〖魚〗	**オマツリサワギ** 御祭騒ぎ →13
オボコムスメ おぼこ娘 →12	**オマモリ** 御守 →92
オボジイ★ 思しい →53	**オマル，オマル** 御虎子(=便器) →92
オボシメシ 思召 →13	**オマワリ** 御巡り(**オマワリサン** ～さん) →92，94
オボシメス，オボシメス 思し召す	**オマンジュー** 御饅頭 →92

ガギグゲゴは鼻濁音　カタカナ細字は母音の無声化　★は長音にもなる符号

オマンマ　御飯〚俗〛→92	オメザ　御目覚　→92
オミアシ　おみ足　→92	オメザメ　御目覚め(～になる)　→92
オミオーキイ，オミオーキイ　おみ大きい　→92	オメシ　御召し(～になる)　→92
オミオツケ　おみ御付(=味噌汁)→92	オメシ　御召＜御召縮緬ﾁﾘﾒﾝ　→92
オミカギリ　御見限り　→92	オメシカエ，オメシカエ　御召替え　→13c
オミキ　御神酒　→92	オメシモノ　御召物　→12
オミキドックリ　御神酒徳利　→15	オメズ・オクセズ　怖めず臆せず　→97
オミクジ　御神籤　→92	オメダマ，オメダマ　御目玉　→92
オミコサン　御巫女さん　→94	オメデタ　御目出度　→92

オマンマ　御飯〚俗〛→92
オミアシ　おみ足　→92
オミオーキイ、，オミオーキイ、　おみ大きい　→92
オミオツケ　おみ御付(=味噌汁)→92
オミカギリ　御見限り　→92
オミキ　御神酒　→92
オミキドックリ　御神酒徳利　→15
オミクジ　御神籤　→92
オミコサン　御巫女さん　→94
オミコシ　御神輿　→92
オミシリオキ　御見知り置き　→92
オミズトリ　御水取り　→13
オミソレ　御見逸れ(～致しました)　→92
オミット　omit　→9
オミナエシ　女郎花
オミヤ　御宮　→92
オミヤ　御土産，お宮〚人〛(貫一と～)　→92
オミヤゲ　御土産　→92
オミヤマイリ　御宮参り　→92
オムカイ，オムコー　御向い(う)　→92
オムカエ，オムカイ　御迎え(い)(～がくる)　→92
オムカエビ，オムカエビ　御迎え火　→12b
オムスビ　御結び(=握り飯)　→92
オムツ　御襁褓　→92
オムニバス，オムニバス　omnibus　→9
オムライス　＜omelet rice〔和〕→16
オムレツ　omelet(te)　→9
オメ　御目(～にかかる)　→92
オメイ、，《古は オメイ、》汚名　→8
オメオメ　(～帰れない，～と)　→57
オメガ　omega，Ω，ω〔希〕→9
オメカシ　(=お洒落ﾅ)　→92
オメガネ，オメガネ　御眼鏡(～にかなう)　→92

オメザ　御目覚　→92
オメザメ　御目覚め(～になる)　→92
オメシ　御召し(～になる)　→92
オメシ　御召＜御召縮緬ﾁﾘﾒﾝ　→92
オメシカエ，オメシカエ　御召替え　→13c
オメシモノ　御召物　→12
オメズ・オクセズ　怖めず臆せず　→97
オメダマ，オメダマ　御目玉　→92
オメデタ　御目出度　→92
オメデタイ　御目出度い　→92
オメデトー　御目出度う→66　御目出糖　→14
オメドーリ，オメドーリ　御目通り　→92
オメミエ　御目見得　→92
オメメ　御目目(～をつぶって)　→92
オメモジ　御目文字(～の折に)　→92
オモ　主(～だ・な・に)，面　→1
オモイ　重い　オモカッタ，オモク，オモクテ，オモケレバ，オモシ　→52c
オモイ　思い　→2b
オモイアガル，オモイアガル，《古・強は オモイアガル》思い上がる　→45
オモイアタル，オモイアタル，《古・強は オモイアタル》思い当る　→45
オモイアマル，オモイアマル，《古・強は オモイアマル》思い余る　→45
オモイアワセル，オモイアワセル，《古・強は オモイアワセル》思い合わせる　→45
オモイイレ　思い入れ　→13
オモイオコス，オモイオコス，《古・強は オモイオコス》思い起す　→45
オモイオモイニ，オモイオモイニ　思い思いに　→67
オモイカエス，オモイカエス，《古・強は オモイカエス》思い返す　→45

― は高い部分　… と ¨ は高低が変る部分　┐は次が下がる符号　→は法則番号参照

オモイガ──オモザシ

オ

オモイガケズ，オモイガケズ 思い掛
けず →67

オモイガケナイ，オモイガケナイ 思
い掛けない →54

オモイキッテ，オモイキッテ 思い
切って →67

オモイキヤ 思いきや(行ったと～)
→89

オモイキリ 思い切り(～が良い) →13

オモイキリ，《古・強は オモイキリ》
思い切り(～遊ぶ) →61

オモイキル，オモイキル，《古・強は オ
モイキル》 思い切る →45

オモイコム，オモイコム，《古・強は オ
モイコム》 思い込む →45

オモイザシ 思い差し →13

オモイジニ 思い死 →13

オモイシル，オモイシル，《古・強は オ
モイシル》 思い知る →45

オモイスゴシ 思い過ごし →13

オモイスゴス，オモイスゴス，《古・強
は オモイスゴス》 思い過ごす →45

オモイダシワライ 思い出し笑い →13

オモイダス，オモイダス，《古・強は オ
モイダス》 思い出す →45

オモイタツ，オモイタツ，《古・強は オ
モイタツ》 思い立つ →45

オモイチガイ 思い違い →13

オモイツキ 思い付き →13

オモイツク，オモイツク，《古・強は オ
モイツク》 思い付く →45

オモイツメル，オモイツメル，《古・強
は オモイツメル》 思い詰める →45

オモイデ 思い出 →13

オモイデバナシ 思い出話 →12

オモイドーリ 思い通り →95

オモイトマル，オモイトマル，《古・強
は オモイトマル》 思い止まる →45

オモイナオス，オモイナオス，《古・強

は オモイナオス》 思い直す →45

オモイナシ 思い做し(～か元気がない)
→13

オモイノコシ 思い残し →13

オモイノコス，オモイノコス，《古・強
は オモイノコス》 思い残す →45

オモイノホカ，オモイノホカ，《古・強
は オモイノホカ》 思いの外 →69

オモイノママ，オモイノママ 思いの
儘 →19

オモイモノ，オモイモノ 思い者 →12

オモイモヨラズ 思いも寄らず →98

オモイヤリ 思い遣り →13

オモイヤル，オモイヤル，《古・強は オ
モイヤル》 思い遣る →45

オモウ 思う,想う オモワナイ，オモ
オー，オモイマス，オモッテ，オモ
エバ，オモエ →43

オモウサマ，オモーサマ 思う様 →69

オモウゾンブン，オモーゾンブン 思
う存分 →69

オモウツボ，オモーツボ 思う壺 →19

オモウニ，オモーニ 思うに,惟うに
→72

オモウママ，オモーママ 思う儘
→19，69

オモエル 思える →44

オモオモシイ★ 重重しい →53

オモカゲ，《新は オモカゲ，古は オモ
カゲ》 面影 →4

オモカゲバシ 面影橋〖地〗 →12

オモカジ，《新は オモカジ》 面舵 →4

オモガワリ 面変り →13

オモキ，オモキ 重き(～を置く) →51

オモクルシイ★，オモックルシイ★ 重
(っ)苦しい →54d

オモサ 重さ →93

オモザシ，オモザシ，《古は オモザシ》
面差し →95

ガギグゲゴは鼻濁音　カタカナ細字は母音の無声化　★は長音にもなる符号

オモシ──オモンジ　128

オ

オモシ　重石 →3	オモテサンドー　表参道〖地〗 →15
オモシロイ　面白い →54	オモテセンケ　表千家 →27
オモシロオカシイ．　面白可笑しい →54	オモテダツ　表立つ →46
オモシロガル　面白がる →96	オモテツキ　表付き〖履物〗 →13
オモシロサ，オモシロサ　面白さ →93	オモテドーリ　表通り →12
オモシロズク，オモシロズク　面白尽	オモテニホン　表日本 →15
（〜で）→95	オモテヌノ　表布 →12
オモシロハンブン　面白半分 →95	オモテムキ　表向き →13
オモシロミ，オモシロミ，オモシロミ	オモテモン　表門 →14
面白味 →93	オモト　万年青 →1
オモズカイ　主遣い〖文楽〗 →13	オモナ，《古は オモナガ》　主な →67
オモタイ　重たい →53	オモナガ，《古は オモナガ》面長 →5
オモダカ　沢瀉〖植・紋所〗 →5	オモニ　重荷 →5
オモダカヤ　沢瀉屋〖歌舞伎〗 →94	オモニ　主に →67
オモタセ　御持たせ（〜ですが）→92	オモネル　阿る →46
オモダチ，オモダチ，《古は オモダチ》	オモハユイ　面映い →54
面立ち →4	オモミ　重み →93
オモダツ　重立つ・主立つ（オモダッタ）	オモムキ，オモムキ，オモムキ　趣
→46	→5
オモチャ　玩具 →92	オモムク　赴く →46
オモチャウリバ　玩具売場 →12	オモムロニ　徐に →67
オモチャバコ　玩具箱 →12	オモモチ，オモモチ，《古は オモモチ》
オモチャヤ　玩具屋（〜さん）→94	面持 →5
オモックルシイ．　重っ苦しい →54d	オモヤ　母屋 →4
オモテ　表，面 →1	オモヤツレ　面窶れ →13
オモテアミ　表編み →13	オモユ　重湯 →5
オモテガエ，オモテガエ　表替え（畳の	オモライ　御貰い（＝こじき）→92
〜）→13	オモラシ　御漏らし →92
オモテガキ　表書き →13	オモリ　錘 →2　御守 →92
オモテカタ　表方 →12	オモル　重る（病が〜）→44
オモテガマエ　表構え →12	オモワク，《古は オモワク》思惑 →3
オモテガワ　表皮，表側 →12	オモワクガイ　思惑買い →13
オモテカンバン　表看板 →15	オモワクチガイ　思惑違い →13
オモテグチ　表口 →12	オモワクドーリ　思惑通り →95
オモテゲイ．，オモテゲイ．　表芸 →14	オモワシイ．　思わしい →53
オモテゲンカン　表玄関 →15	オモワズ　思わず →67
オモテサク，オモテサク　表作 →14	オモワセブリ　思わせ振り →95
オモテザシキ　表座敷 →12	オモンジル，オモンジル　重んじる
オモテザタ　表沙汰（〜になる）→15	→47

￣は高い部分　…と…は高低が変る部分　￣は次が下がる符号　→は法則番号参照

オモンズ──オユワリ

オ

オモンズ̄ル，オモンズル　重んずる →47	オヤスイ　御安い(〜御用)→92
オモンパカリ　慮り →13d	オヤスクナイ　御安くない →54
オモンパカル　慮る →45d	オヤスミ　御休み →92
オモンミル　惟る(つらつら〜に)→45d	オヤスミナサイ　御休みなさい →49
オヤ　〘感〙(〜大変)→66	オヤダイダイ　親代代 →15
オヤ　親 →1	オヤダケ　親竹 →4
オヤイヌ　親犬 →4	オヤタチ　親達 →94
オヤイモ　親芋 →4	オヤダマ　親玉 →4
オヤオモイ　親思い →13	オヤツ　御八つ →92
オヤオヤ　〘感〙→68	オヤドリ，オヤドリ　親鳥 →4
オヤガイシャ　親会社 →15	オヤナシ　親無し →5
オヤガカリ　親掛かり →13	オヤナシゴ　親無し子 →12
オヤカゼ，オヤカゼ　親風(〜をふかす) →4	オヤネコ　親猫 →4
オヤカタ　御館，御形 →92	オヤノヒカリ　親の光(〜は七光)→19
オヤカタ，オヤカタ　親方 →4	オヤバカ　親馬鹿
オヤカタヒノマル，オヤカタヒノマル 親方日の丸 →98	オヤバシラ　親柱 →12
オヤカブ，オヤカブ　親株 →4	オヤバナレ　親離れ →13
オヤカマシュー　御喧しゅう →92	オヤヒトリ・コヒトリ　親一人子一人 →97
オヤガメ　親亀 →4	オヤフコー　親不孝 →15
オヤガワリ　親代り →12	オヤフネ，オヤブネ　親船 →4
オヤキ　親木 →4	オヤブン　親分(=仮親)→8
オヤキ　御焼き〘食品〙→92	オヤブン，オヤブン　親分(↔子分) →8
オヤキョーダイ　親兄弟 →18	
オヤクショシゴト　御役所仕事 →12	オヤブンコブン　親分子分 →18
オヤコ　親子 →18	オヤブンハダ　親分肌 →12a
オヤゴ　親御(〜さん)→94	オヤボネ　親骨 →4
オヤコーコー　親孝行 →15	オヤマ　女形
オヤコゲンカ　親子喧嘩 →15	オヤマサリ　親勝り →13
オヤゴコロ　親心 →12	オヤマノダイショー　御山の大将 →98
オヤコズレ　親子連れ →13	オヤミ　小止み(〜なく)→91
オヤコドンブリ　親子丼 →12	オヤモト，オヤモト　親許 →4
オヤジ，《新は オヤジ》　親父(オヤジ サン)→4,94	オヤユズリ　親譲り →13
	オヤユビ　親指 →4
オヤシオ　親潮 →4	オヤユビヒメ　親指姫 →12
オヤシキマチ　御屋敷町 →12	オユ　御湯 →92
	オユズリ　御譲り(兄さんの〜)→92
オヤジラズ　親知らず，親不知〘地〙→13	オユヤ，オユーヤ　御湯屋 →94d
	オユワリ　御湯割り →5

ガギグゲゴは鼻濁音　カタカナ細字は母音の無声化　★は長音にもなる符号

オヨガセ──オリシモ　130

オヨガセル　泳がせる →83
オヨギ　泳ぎ →2
オヨギマワル, オヨギマワル,《古・強は **オヨギマワル**》泳ぎ回る →45
オヨグ　泳ぐ　**オヨガナイ, オヨゴー, オヨギマス, オヨイデ, オヨゲバ, オヨゲ** →43
オヨソ　凡そ →5, 61d
オヨバズナガラ, オヨバズナガラ　及ばず乍ら →78
オヨバナイ　及ばない(それには～) →83
オヨバレ　御呼ばれ →92
オヨビ, オヨビ　及び〔接〕→65
オヨビゴシ　及び腰 →12
オヨビタテ　御呼立て(～して) →92
オヨブ　及ぶ　**オヨバナイ, オヨボー, オヨビマス, オヨンデ, オヨベバ, オヨベ** →43
オヨボス, オヨボス　及ぼす →44
オラ　俺 →1
オランウータン　orang-utan〔？〕→16
オランダ, オランダ　Olanda〔葡〕〔国〕→21
オランダゴ　Olanda 語〔葡〕→14
オランダジン　Olanda 人〔葡〕→14
オリ　澱 →1
オリ　檻 →1　折(～をみて, 菓子の～), 織 →2
オリアイ　折り合い →5
オリアウ,《新は **オリアウ**》折り合う →45
オリアシク　折悪しく →67
オリイッテ, オリイッテ　折入って →67
オリイト　織糸 →5
オリーブ　olive →9
オリーブイロ　olive 色 →12
オリーブユ, オリーブユ　olive 油

→14
オリイロ　織色 →5
オリエボシ　折烏帽子 →15
オリエリ　折り襟 →5
オリエンタル　oriental →9
オリエンテーション　orientation →9
オリエント, オリエント　Orient →9
オリオリ, オリオリ　折折 →11, 68
オリカエシ　折返し →13
オリカエシテン　折返し点 →14
オリカエシウンテン　折返し運転 →15
オリカエス, オリカエス　折り返す →45
オリカガミ　折屈み(～が良い) →13
オリカサナル, オリカサナル　折り重なる →45
オリカタ, オリカタ　折り方, 織り方 →95
オリカバン　折り鞄 →16
オリガミ, オリガミ,《遊びは **オリガミ**》折り紙 →5
オリガミザイク　折り紙細工 →15
オリガミツキ, オリガミツキ　折紙付き →13
オリガラ　折柄 →67
オリキ　織り機 →7
オリクチ, オリグチ　降り口, 下り口 →5
オリクチ(・)シノブ　折口信夫 →22, 23, 27
オリゴトー　oligos 糖〔希〕→14
オリコミ　折り込み →5
オリコム,《新は **オリコム**》折り込む, 織り込む →45
オリザニン　Oryzanin〔独〕→9
オリジ　織地 →7
オリジナリティー　originality →9
オリジナル　original →9
オリシモ　折しも →67

──は高い部分　˷と˄は高低が変る部分　￣｜は次が下がる符号　→は法則番号参照

オリジワ 折り皺 →5	バ, オリロ →43
オリスケ 折助 →25	オリンピア Olympia〔地〕→21
オリズメ, オリズメ, オリズメ 折詰 →5	オリンピック Olympic →9
オリズル, オリズル, オリズル 折り鶴 →5	オリンピックキョーギ Olympic 競技 →15
オリダス,《新は オリダス》 織り出す →45	オル 折る オラナイ, オロー, オリマス, オッテ, オレバ, オレ 居る (オリマス, オリマセン) →43
オリタタミ 折り畳み →13	オル,《オル も許容》 織る →43
オリタタミシキ 折畳み式 →95	オルガン organ →9
オリタタム, オリタダム 折り畳む →45	オルグ <organize, organizer →10
オリタツ,《新は オリタツ》 下り立つ,降り立つ →45	オルゴール, オルゴール orgel〔蘭〕→9
オリド 折戸 →5	オルスバン 御留守番 →92
オリナス, オリナス 織り成す →45	オレ 俺,己 →64
オリノリ 降り乗り →18	オレ 折れ →2
オリバコ, オリバコ 折箱 →4	オレアウ,《新は オレアウ》 折れ合う →45
オリヒメ, オリヒメ 織姫 →5	オレイ★ 御礼 →92
オリフシ 折節 →4	オレイ★ガエシ 御礼返し →13
オリベ 織部(人・織部焼) →24	オレイ★ボーコー 御礼奉公 →15
オリホン 折本 →8	オレイ★マイリ 御礼参り →13
オリマゲル, オリマゲル 折り曲げる →45	オレイ★マワリ 御礼回り →13
オリマゼル, オリマゼル 織り交ぜる →45	オレキレキ 御歴歴 →92
オリムラ 織り斑 →5	オレクギ 折れ釘 →5
オリメ, オリメ 織目 →5	オレクギリュー 折れ釘流 →14
オリメ 折り目 →5	オレクチ 折れ口 →5
オリメタダシイ★ 折り目正しい →54	オレコム,《新は オレコム》 折れ込む →45
オリモト, オリモト 織元 →5	オレサマ 俺様 →94
オリモノ, オリモノ 下り物 →5	オレマガル, オレマガル 折れ曲る →45
オリモノ, オリモノ, オリモノ 織物 →5	オレメ 折れ目 →5
オリモヨー 織り模様 →15	オレル 折れる オレナイ, オレヨー, オレマス, オレテ, オレバ, オレロ →44
オリヤマ 折山 →5	オレンジ orange →9
オリヨク, オリヨク 折良く →67	オレンジイロ orange 色 →12
オリル 降りる,下りる オリナイ, オリヨー, オリマス, オリテ, オリレ	オレンジジュース orange juice →16

ガギグゲゴは鼻濁音　カタカナ細字は母音の無声化　★は長音にもなる符号

オロオロ──オンサ　132

オロオロ　（～する，～と）→57	おん……　御…〖接頭〗→92
オロカ　愚か，疎か（百点は～）→55	オンアイ，オンナイ　恩愛 →8d
オロカシイ＊　愚かしい →53	オンアンポー　温罨法 →15
オロカモノ　愚か者 →12	オンイキ　音域 →8
オロシ　下ろし →2	オンイン　音韻 →8
オロシ，オロシ　卸 →2	オンガ　温雅（～な）→7
オロシウリ，オロシウリ　卸売 →13	オンカイ　音階 →8
オロシウリジョー　卸売市場 →15	オンガエシ　恩返し →13
オロシガネ，オロシガネ　下ろし金 →12	オンガク，オンガク　音楽 →8
オロシショー　卸商 →14	オンガクカ　音楽家 →14
オロシダイコン　下ろし大根 →15	オンガクカイ，オンガクカイ，オンガッカイ　音楽会 →14c
オロシドンヤ　卸問屋 →12	オンガクガッコー　音楽学校 →15
オロシネ　卸値 →12	オンガクタイ　音楽隊 →14
オロシネダン　卸値段 →15	オンガクドー　音楽堂 →14
オロス　下ろす，卸す，降ろす　オロサナイ，オロソー，オロシマス，オロシテ，オロセバ，オロセ →44	オンカタ　御方 →92
オロソカ　疎か（～に）→55	オンカン　音感 →8
オロチ　大蛇 →1	オンガン　温顔 →8
オワイ　汚穢 →8	オンカンキョーイク　音感教育 →15
オワイヤ　汚穢屋（～さん）→94	オンキ　遠忌〖仏教〗→7
オワシマス　御座す →45	オンギ，オンギ　恩義 →7
オワライ　御笑い（＝落語・お笑い草）→92	オンキセガマシイ＊　恩着せがましい →96
オワライグサ，オワライグサ　御笑い草（とんだ～だ）→12b	オンキュー　恩給，温灸 →8
オワリ　終り →2	オンキョー　音響 →8
オワリ，《古は オワリ》　尾張（～の国）→21	オンキョーガク　音響学 →14a
オワリダイコン　尾張大根 →15	オンキョーコーカ　音響効果 →15
オワリチョー　尾張町〖地〗→14	オンギョク，《古は オンギョク》　音曲 →8
オワリネ　終り値 →12	オンクン　音訓 →18
オワル　終る　オワラナイ，オワロー，オワリマス，オワッテ，オワレバ，オワレ →43	オンケイ＊　恩恵 →8
オン　on →9	オンケツ　温血 →8
オン　音 →6	オンケツドーブツ　温血動物 →15
オン　恩（ゴオン 御～）→6,92	オンケン　穏健 →8
	オンゲン　音源 →8
	オンコ　恩顧 →7
	オンコー　温厚（～篤実）→8
	オンコ(・)チシン　温故知新 →97,98
	オンサ　音叉 →7

￣は高い部分　¨と…は高低が変る部分　「は次が下がる符号　→は法則番号参照

オンザロック ＜on the rocks →16

オンシ 恩師, 恩賜 →7

オンシショー 恩賜賞 →14

オンシツ 音質, 恩室 →8

オンシャ 恩赦 →7

オンジャク 温石 →8

オンシュー 温習, 恩讐 →8

オンシューカイ 温習会 →14a

オンジュン 温順 →8

オンショー 恩賞, 温床 →8

オンジョー 恩情, 温情 →8

オンジョーシュギ 温情主義 →15

オンショク 音色, 温色 →8

オンシラズ 恩知らず →13

オンシン, 《古は オンシン》 音信 →8

オンジン, オンジン 恩人 →8

オンシンフツー, オンシンフツー 音信不通 →98

オンス ons[蘭] →9

……オンス …ons[蘭](イチオンス ー～, ゴオンス 五～) →37

オンスイ 温水 →8

オンスイプール 温水 pool →16

オンセイ 音声 →8

オンセイガク 音声学 →14b

オンセツ 音節 →8

オンセン 温泉 →8

……オンセン …温泉(クサツオンセン 草津～) →15

オンセンバ 温泉場 →12

オンセンマーク 温泉 mark →16

オンセンヤド 温泉宿 →12

オンソ 音素 →7

オンゾーシ 御曹司 →92

オンソク 音速 →8

オンゾン 温存 →8

オンタイ 温帯 →8

オンタイ, オンタイ 御大 →92

オンタイテイキアツ 温帯低気圧 →17

オンタク, 《古は オンタク》 恩沢 →8

オンタケ 御嶽(オンタケサン, オンタケサン ～山) →92, 14

オンダン 温暖 →8

オンダンゼンセン 温暖前線 →15

オンチ 音痴 →7 御地 →92

オンチュー, 《新は オンチュー》 御中 →92

オンチョー 音調, 恩寵 →8

オンテイ 音程 →8

オンテキ(･)タイサン 怨敵退散 →97, 98

オンテン 恩典 →8

オンド 音頭, 温度 →7

オントー, オントー 穏当 →8

オンドク 音読 →8

オンドケイ, オンドケイ 温度計 →14

オントシ 御年(～八歳) →92

オンドトリ 音頭取り →13

オンドリ 雄鳥 →4

オンドル 温突[朝鮮] →9

オント(･)ローロー 音吐朗朗 →59

オンナ 女 →1

オンナウン 女運 →14

オンナオビ 女帯 →12

オンナオヤ 女親 →12

オンナガタ 女形, 女方 →12

オンナカブキ 女歌舞伎 →12

オンナギライ 女嫌い →13

オンナグセ 女癖 →12

オンナグルイ 女狂い →13

オンナケ, オンナッケ 女(っ)気 →93d

オンナケイズ 婦系図〖書･新派〗 →15

オンナゴコロ 女心 →12

オンナコトバ 女言葉 →12

オンナコドモ, オンナコドモ 女子供 (～の知ることか) →18, 98

オンナザカ 女坂 →12

オンナザカリ 女盛り →12

ガギグゲゴは鼻濁音　カタカナ細字は母音の無声化　★は長音にもなる符号

オンナジ——オンリョ　134

オ

オンナジ, オンナシ　同じ(し) ⇒オナジ

オンナジムイン　女事務員 →17

オンナジョタイ　女所帯 →15

オンナズキ, オンナズキ　女好き →13

オンナズモー　女相撲 →12

オンナズレ　女連れ, 女擦れ →13

オンナダイガク　女大学〚書〛 →15

オンナダテラニ　女だてらに →67

オンナダラシ　女誑し →13

オンナッケ, オンナケ　女(っ)気 →93d

オンナップリ, オンナップリ　女っ振り →95d

オンナデ　女手 →12

オンナテイキン　女庭訓〚書〛 →15

オンナデイリ　女出入り →12

オンナデンカ　女天下 →15

オンナドーラク　女道楽 →15

オンナトモダチ　女友達 →12

オンナナマエ　女名前 →12

オンナノコ　女の子 →19

オンナバラ　女腹 →12

オンナビデリ　女早り →13

オンナブリ, オンナブリ　女振り →95

オンナムスビ　女結び →13

オンナモジ　女文字 →15

オンナモチ　女持ち →13

オンナモノ　女物 →12

オンナヤク　女役 →14

オンナユ　女湯 →12

オンナヨー　女用 →14

オンナラシイ　女らしい →96

オンナラシサ　女らしさ →93c

オンナワラベ　女童 →12

オンネン, オンネン　怨念 →8

オンノジ　御の字(～だ) →19

オンバ　乳母(～さん) →92d

オンパ　音波 →7

オンバヒガサ　乳母日傘 →12

オンパレード　on parade →16

オンバン　音盤 →8

オンビキ　音引き →5

オンピョーモジ　音標文字 →15

オンビン　穏便(～に), 音便 →8

オンブ　負〚児〛(～する) →2

オンプ　音符, 音譜 →7

オンプー　温風 →8

オンプーキ　温風器 →14a

オンブズマン, オンブズマン　om-budsman[スウェー/デン] →16

オンボー　隠坊, 隠亡 →8

オンホージ　恩報じ →13

オンボロ　(～だ・な・に) →59

オンマエ　御前(～に) →92

オンミ, オンミ　御身〚代〛(=あなた) →64

オンミ　御身(=おからだ) →92

オンミツ　隠密 →8

オンメイ　音名 →8

オンメイ, オンメイ　恩命 →8

オンモト　御許〚手紙〛 →92

オンモン, オンムン　諺文[朝鮮](=ハングル) →9

オンヤク　音訳 →8

オンヨー　音容, 温容 →8

オンヨー, オンヨー, オンミョー　陰陽 →18d

オンヨードー, オンミョードー　陰陽道 →14ad

オンヨク　温浴 →8

オンヨミ　音読み →5

オンライン　on-line →16

オンリ　下り〚児〛(さあ～して) →2

オンリー　only(仕事～だ) →9

オンリツ　音律 →8

オンリョー　温良 →8

オンリョー, 《古は オンリョー》　怨霊 →8

‾は高い部分　¨と…は高低が変る部分　⌐は次が下がる符号　→は法則番号参照

オンリョー――カーボン

オンリョー, **オンリョー** 音量 →8	**ガータアミ**, **ガーターアミ** garter 編 →13
オンワ 温和, 穏和 →7	**カーチャン** 母ちゃん →94
	カアツ 加圧 →8

力

カ 蚊 →1	**ガーディガン**, **カーディガン** cardigan →9
カ 可, 佳(〜なり), 価, 科, 課 →6	**ガーデニング** gardening →9
カ, **カ** 香 →1	**カーテン** curtain →9
……**カ** …家(**セイ★ジカ** 政治〜), …課 (**ジンジカ** 人事〜) →14	**ガーデン** garden →9
……**カ** …下(**カンジカ** 監視〜, **センジカ** 戦時〜) →14	**カーテンコール** curtain call →16
	ガーデンパーティー garden party →16
……**カ**, ……**カ** …化(**カンイカ**, **カンイカ** 簡易〜) →95	**カーテンレール** curtain rail[和] →16
……**カ**; ……**カ** 〘助〙(**ナクカ** 泣く〜, **ヨムカ** 読む〜, **アカイカ** 赤い〜, **シロイカ** 白い〜) →72, 74b	**カート** cart →9
	カード card →9
	ガード,《新は **ガード**》 guard →9 ＜girder (bridge) →10
……**カ**; ……**カ**; ……**カ** 〘助〙(**トリカ** 鳥〜, **ハナカ** 花〜, **アメカ** 雨〜) →71	**カードケース** card case →16
	ガードマン guard man[和] →16
ガ 我(〜が強い), 蛾 →6	**カートリッジ**, **カートリッジ** cartridge →9
ガ 賀(〜を祝う) →6	**ガードル** girdle →9
……**ガ** …画(**ニホンガ** 日本〜, **ビジンガ** 美人〜) →14	**ガードレール** guardrail →16
……**ガ**; ……**ガ** …が〘助〙(**ナクガ** 泣く〜, **ヨムガ** 読む〜, **アカイガ** 赤い〜, **シロイガ** 白い〜) →72, 74b	**カートン** carton →9
	ガーナ Ghana〘国〙 →21
	カーナビ ＜**カーナビゲーション** car navigation →10, 16
……**ガ**; ……**ガ**; ……**ガ** …が〘助〙 (**トリガ** 鳥〜, **ハナガ** 花〜, **アメガ** 雨〜) →71	**カーニバル**, **カーニバル** carnival →9
	カーネーション carnation →9
カーキイロ khaki 色 →12	**カーネギーホール** Carnegie Hall →16
カーサマ 母様 →94	**ガーネット** garnet →9
カーサン 母さん →94	**カーバイド**,（**カーバイト**） carbide →9
カーステレオ car stereo →16	**カービンジュー** carbine 銃 →14a
カースト, **カースト** caste →9	**カーブ** curve →9
ガーゼ Gaze[独] →9	**カーフェリー** car ferry →16
カーソル cursor →9	**カーペット**, **カーペット** carpet →9
ガーター garter →9	**ガーベラ** gerbera →9
	カーボン carbon →9
	カーボンシ carbon 紙 →14a

ガギグゲゴは鼻濁音　カタカナ細字は母音の無声化　★は長音にもなる符号

ガーリッ──ガイカサ　136

力

ガーリック　garlic →9	カイイントドケ　改印届 →13
カール　curl →9	カイウケル　買い受ける →45
ガール　girl →9	カイウン　海運 →8
ガールスカウト　Girl Scouts →16	カイウン,《古はガイウン》開運 →8
ガールフレンド　girlfriend →16	カイウンギョー　海運業 →14a
カイ　甲斐(～がない) →1　買い →2	カイエキ,《古はガイエキ》改易 →8
ガイ　貝 →1b　權 →1　会,戒,快,怪,	カイエン　開園,開演 →8
界,開,解 →6　下位,下意,歌意 →7	ガイエン　外延,外苑 →8
甲斐(～の国) →21	カイオーセイ,カイオーセイ　海王星 →14

……カイ　…会(シシャカイ 試写～),
　…界(エイガカイ 映画～),…海(アリ
　アケカイ 有明～) →14

……カイ;……カイ　〖助〗(ナクカイ
　泣く～,ヨムカイ 読む～,アカイカイ
　赤い～,シロイカイ 白い～)→72,74b

……ガイ;……ガイ;……カイ　〖助〗
　(トリガイ 鳥～,ハナガイ 花～,アメ
　ガイ 雨～)→71

……かい　…階…回〖数〗→34,35,62

ガイ　害 →6　我意 →7

……ガイ　…外(ハンイガイ 範囲～),
　…街(トンヤガイ 問屋～) →14

カイアク　改悪 →8	カイオキ　買置き →5
ガイアク,ガイアク　害悪 →8	カイカ,ガイカ　開花,怪火 →7
カイアゲ　買上げ →5	ガイカ　開化,階下 →7
カイアゲル　買い上げる →45	ガイガ　絵画 →7
カイアサル　買い漁る →45	ガイカ　外貨,凱歌 →7
ガイアツ　外圧 →8	ガイガーカウンター,ガイガーカウン
ガイイ　魁偉(容貌～),怪異 →7	ター　Geiger〔独〕+counter〔英〕→16
カイイ,カユイ　痒い →52d	カイカイ　開会 →8
カイイキ　海域 →8	ガイカイ　海外 →8
ガイイヌ,《新はガイイヌ》飼犬	ガイガイ　外界,外海 →8
→5b	ガイガイ　皚皚(白～)→58
カイイレ　買入れ →5	カイガイシイ　甲斐甲斐しい →53
カイイレル　買い入れる →45	カイカイシキ　開会式 →14b
カイイン　改印,開院,会員,海員 →8	ガイガイトーシ　海外投資 →15
ガイイン　外因 →8	カイカイノジ　開会の辞 →98
カイインケン　会員権 →14a	カイガイハヘイ,ガイガイハヘイ　海
カイインシキ　開院式 →14a	外派兵 →99,98

	カイガイビ　開会日 →12b
	ガイガイボーエキ　海外貿易 →15
	ガイガイホーソー　海外放送 →15
	カイカエ　買い替 →13
	カイカエル　買替える →45
	カイガカン　絵画館 →14
	カイカク　改革 →8
	ガイカク　外角,外郭,外殻 →8
	ガイカクダンタイ　外郭団体 →15
	カイガク　開学 →8
	カイカケ　買掛け →5
	ガイカサイ　外貨債 →14

￣は高い部分　…と…は高低が変る部分　⌐は次が下がる符号　→は法則番号参照

137　　ガイカジ──カイケイ

ガイカジュンビダカ　外貨準備高　→17	カイキューイシキ　階級意識　→15
カイカゼンセン　開花前線　→15	カイキューセイ　階級性　→14
カイカタ　買い方　→5, 95	カイキューセイド　階級制度　→15
カイカツ　快活, 快闊　→8	カイキューダン　懐旧談　→14a
ガイカツ　概括　→8	カイキュートーソー　階級闘争　→15
カイカブリ　買被り　→13	ガイキョ　快挙　→7
カイカブル　買い被る　→45	カイキョー　海峡, 懐郷　→8
カイガラ, カイガラ　貝殻　→4	カイキョー, ガイキョー　回教　→8
カイガラザイク　貝殻細工　→15	……ガイキョー　…海峡(ツガルカイキョー　津軽~)　→15
カイガラボネ　貝殻骨　→12	カイギョー　開業, 改行　→8
カイガラムシ　貝殻虫　→12	ガイキョー　概況　→8
カイカン　開巻, 開館, 会館, 快感, 怪漢, 海関　→8	カイギョーイ　開業医　→14a
……ガイカン　…会館(トーキョーガイカン　東京~)　→15	カイキョク　開局　→8
カイガン　開眼, 海岸　→8	ガイキョク　外局　→8
ガイカン　外観, 概観, 外患　→8	カイキリ　買切り　→5
カイガンセン　海岸線　→14	カイキル　買い切る　→45
カイガンゾイ　海岸沿い　→13	カイギロク　会議録　→14
カイキ　買気　→7　甲斐絹　→4	カイキン　皆勤, 解禁, 開襟　→8
ガイキ　怪奇, 開基, 会規, 会期　→7	ガイキン　外勤　→8
ガイキ, カイキ　回帰, 回忌　→7	カイキンシャツ　開襟 shirt　→16
ガイキ　懐疑　→7	カイキンショー　皆勤賞　→14a
ガイギ,《新は ガイギ》会議　→7	カイク　海区　→7
ガイキ　外気　→7	カイグイ　買い食い　→5
カイキイワイ　快気祝　→13	カイグスリ　買い薬　→12
カイキエン　怪気炎　→15	カイグリ　掻繰り〖遊び〗　→3
カイギシツ　会議室　→14	ガイグン　海軍　→8
カイギショ, カイギショ　会議所　→14	カイグンシカン, カイグンシカン　海軍士官　→15
カイギジョー　会議場　→14	
カイキショーセツ　怪奇小説　→15	カイグンショー　海軍省　→14a
カイキショク　皆既食(蝕)　→14	カイグンダイジン　海軍大臣　→15
カイキセン, カイキセン　回帰線　→14	ガイグン・ヘイガッコー(パはガとも)　海軍兵学校　→97
カイキチュー　会期中　→14	
カイキネツ　回帰熱　→14	カイケイ　会計, 塊茎　→8
カイギハ　懐旧派　→14	ガイケイ　外形, 概形　→8
カイギャク　諧謔　→8	カイケイガンサ　会計監査　→15
カイキュー　懐旧(~の念), 階級　→8	カイケイケンサイン　会計検査院　→17
カイキュー　海牛　→8	カイケイシ　会計士　→14b
	カイケイネンド　会計年度　→15

ガギグゲゴは鼻濁音　カタカナ細字は母音の無声化　★は長音にもなる符号

カイケツ 解決,怪傑 →8	ガイコクコーロ 外国航路 →15
カイケツサク, カイケッサク 解決策 →14c	ガイコクサイ, ガイコクサイ 外国債 →14c
カイケツビョー 壊血病 →14	ガイコクサン 外国産 →14
カイケン 会見,懐剣 →8	ガイコクジン 外国人 →14
カイゲン 改元 →8	ガイコクセン 外国船 →14
カイゲン,《古は ガイゲン》 開眼 →8	ガイコクボーエキ 外国貿易 →15
ガイケン 外見,概見 →8	カイゴサービス 介護 service →16
ガイゲン 概言(〜すれば) →8	カイコシ 買越し →5
カイゲンクヨー 開眼供養 →15	カイゴシ 介護士 →14
カイゲンレイ 戒厳令 →14a	カイコス 買い越す →45
ガイコ 蚕 →5 回顧,解雇,懐古 →7	カイコダン 懐古談 →14
カイゴ 介護,悔悟 →7	ガイコツ 骸骨 →8
ガイゴ 外語<外国語・外国語学校 →10	カイコトバ 買い言葉(売り言葉に〜) →12
カイコー 回航,改稿,開口,開校,開講,開港,海港,海溝,邂逅 →8	カイゴフクシシ 介護福祉士 →17
カイゴー 会合,改号 →8	カイゴホケン 介護保険 →15
ガイコー 外交,外寇,外港 →8	カイコム 買い込む →45
カイコーイチバン 開口一番 →39	カイコロク 回顧録 →14
ガイコーイン 外交員 →14a	カイゴロシ 飼い殺し →13
ガイコーカ 外交家 →14	カイコン 悔恨,開墾,塊根 →8
ガイコーカン 外交官 →14a	カイコンチ 開墾地 →14a
ガイコーシセツ, ガイコーシセツ 外交使節 →15	カイサイ 皆済,開催,快哉 →8
ガイコージレイ 外交辞令 →15	カイザイ 介在 →8
ガイコースジ 外交筋 →12a	ガイサイ 外債 →8
ガイコーセイ 外向性 →14	カイザイク 貝細工 →15
ガイコーセイサク 外交政策 →15	カイサク 改作,快作,開削(鑿) →8
ガイコーダン 外交団 →14a	カイササエ 買い支え →13
ガイコーテキ 外向的 →95	カイサツ 改札,開札 →8
ガイコーハンバイ 外交販売 →15	カイサツグチ, カイサツグチ 改札口 →12
カイコク 戒告,開国 →8	カイサン 解散,海産 →8
カイコク,《古は ガイコク》 回国,海国 →8	カイサン 開山(ゴカイサン 御〜) →8,92
ガイコク 外国 →8	カイザン 改竄 →8
ガイコクエイガ 外国映画 →15	ガイサン 概算 →8
ガイコクガワセ, ガイコクカワセ 外国為替 →12	カイサンブツ 海産物 →17
ガイコクゴ 外国語 →14	カイシ 怪死,開始,懐紙 →7
	カイジ, カイジ 開示 →7

カイジ 快事,怪事 →7	商,海将,海嘯,回章 →8
ガイシ 外史,外紙,外資(～導入) →7	カイショー, カイショー 甲斐性 →8
ガイジ 外字 →7	カイジョー 開城,開場,会場,回状,塊状,海上,階上 →8
ガイジ 外耳,外事 →7	
ガイジエン 外耳炎 →14	ガイショー 外相,外商,外傷,街娼 →8
カイジケン 怪事件 →15	ガイジョー 街上 →8
ガイジシンブン 外字新聞 →15	カイジョーキンム 海上勤務 →15
カイシツ 開室 →8	カイジョーケン 海上権 →14a
ガイシテ 概して →67	カイジョージエイ,タイ 海上自衛隊 →17
ガイシ(・)ドーニュー 外資導入 →97, 98	カイショーナシ 甲斐性無し →13a
カイシメ 買占 →5	カイジョーホアンチョー 海上保安庁 →17
カイシメル 買い占める →45	
カイシャ,《もと カイシャ》 会社 →7	カイジョーホケン 海上保険 →15
カイシャ 膾炙(人口に～する) →18	カイショク 会食,解職,海食(蝕) →8
ガイシャ 外車 →7	ガイショク 外食 →8
……ガイシャ …会社(ホケンガイシャ 保険～) →15	ガイショクケン, ガイショクケン 外食券 →14c
カイシャイン 会社員 →14	ガイショクサンギョー 外食産業 →15
カイシャク 解釈,介錯 →8	カイシン 回診,改新,戒心,会心,快心 →8
カイシャコーセイ,ホー, カイシャコーセイ,ホー 会社更生法 →17	ガイシン 改心 →8
カイシャヅトメ 会社勤め →13	カイジン 怪人,海神,灰燼(～に帰する) →18
カイシュ, ガイシュ 会主 →7	ガイシン 外信,害心 →8
ガイジュ, ガイジュ 外需 →7	ガイジン 外人 →8
カイシュー 回収,改宗,改修,会衆 →8	カイシントー 改進党 →14
カイジュー 晦渋,懐柔,怪獣,海獣 →8	カイジンブツ 怪人物 →15
ガイシュー 外周 →8	ガイジンボチ 外人墓地 →15
ガイシュー(・)イッショク 鎧袖一触 →97, 98	カイズ, ガイズ 海図 →7
ガイシュツ 外出 →8	カイスイ 海水 →8
ガイシュツサキ 外出先 →12	カイスイギ 海水着 →13b
ガイジューナイゴー 外柔内剛 →98	カイスイパンツ 海水 pants →16
カイシュン 回春 →8 買春 →14	カイスイボー 海水帽 →14b
カイシュン, ガイシュン 改悛,悔悛 →8	カイスイヨク 海水浴 →14b
	カイスイヨクジョー 海水浴場 →17
カイショ 楷書 →7	カイスー 回数 →8
カイジョ 解除,介助 →7	ガイスー, ガイスー 概数 →8
カイショー 改称,快勝,解消,会商,海	カイスーケン 回数券 →14a

ガギグゲゴは鼻濁音　カタカナ細字は母音の無声化　★は長音にもなる符号

カイズカ──カイチュ　140

カイズカ, ガイズカ　貝塚 →4	ガイダ　快打 →7
カイスル　介する, 会する, 解する →48	カイタイ　解体, 懐胎, 拐帯 →8
ガイスル　害する →48	カイダイ　改題, 開題, 解題 →8
カイセイ　回生, 改正, 改姓, 快晴 →8	ガイダイ　海内 (〜無双) →8
ガイセイ　外征 →8	ガイダイ, ガイゴダイ　外(語)大 < ガイコクゴダイガク　外国語大学 →10, 15
カイセキ　会席, 解析, 懐石 →8	
ガイセキ　外戚 →8	カイタク　開拓 →8
カイセキリョーリ　会席料理, 懐石料理 →15	カイダク　快諾 →8
カイセツ　回折, 開設, 解説 →8	カイタクシ, カイタクシ　開拓使 →14c
ガイセツ　概説 →8	カイタクシャ, カイタクシャ　開拓者 →14c
カイセツシャ, カイセッシャ　解説者 →14c	カイタクダン　開拓団 →14
カイセン　回旋, 会戦, 開戦, 海戦, 改選, 回(廻)船, 怪船, 疥癬 →8	カイタクチ, カイタクチ　開拓地 →14c
カイゼン　改善 →8	カイタシ　買足し →5
ガイセン　外線, 凱旋 →8	カイダシ　買出し →5
ガイゼン　慨然, 蓋然 →8	カイタス　買い足す →45
ガイセンモン　凱旋門 →14a	カイダス　買い出す →45
ガイソ　改組, 開祖 →7	カイダス, カイダス　掻い出す →45
カイゾエ　介添え →5	カイタタク　買い叩く →45
カイゾエニン, カイゾエニン　介添人 →14	カイタテル　買い立てる →45
カイソー　会葬, 改葬, 改装, 階層, 回想, 回漕, 回送, 快走, 潰走, 海草, 海藻 →8	カイダメ　買溜め →5
カイゾー　改造 →8	ガイタメ　外為 < 外国為替 →10
ガイソー　外装, 外層 →8	カイダン　会談, 怪談, 戒壇, 階段 →8
カイソーギョー　回漕業 →14a	ガイタン　慨嘆, 骸炭 (=コークス) →8
カイソーシャ　回送車, 会葬者 →14a	カイダンイン　戒壇院 →14a
カイソーロク　回想録 →14a	カイダンキョーシツ　階段教室 →15
カイソク　快速, 快足, 会則 →8	カイダンシ　快男子 →15
カイゾク　海賊 →8	カイダンジ　快男児 →15
カイゾクセン　海賊船 →14	ガイダンス　guidance →9
カイゾクバン　海賊版 →14	カイダンバナシ　怪談噺 →12
ガイソフ　外祖父 →15	ガイチ　外地 →7
ガイソボ　外祖母 →15	カイチク　改築 →8
カイゾメ　買初め →95	カイチュー　改鋳, 海中, 懐中, 回虫 →8
カイソン　海損 →8	ガイチュー　外注, 害虫 →8
ガイソン　外孫 →8	ガイチュークジョ　害虫駆除 →15
	カイチューコーエン　海中公園 →15

￣は高い部分　…と…は高低が変る部分　「は次が下がる符号　→は法則番号参照

カイチュージルコ 懐中汁粉 →12

カイチューデントー 懐中電灯 →15

カイチュードケイ★ 懐中時計 →15

カイチューモノ 懐中物 →12

カイチューモン 買い注文 →15

カイチョー 快調, 諧調, 開庁, 開帳, 会長, 海鳥 →8

ガイチョー 回腸 →8

ガイチョー 害鳥 →8

カイチン 開陳 →8

カイツー 開通 →8

カイツケ 買付け, 飼付け →5

カイツケル 買い付ける →45

カイツナギ 買繋ぎ →13

カイツブリ 鸊鷉〖水鳥〗

カイツマンデ, カイツマンデ 搔い摘まんで →67

カイテ 買い手 →5

カイテイ★ 改定, 改訂, 開廷, 海底, 階梯 →8

カイテイ★**カザン** 海底火山 →15

カイテイ★**ジシン** 海底地震 →15

カイテイ★**デンシン** 海底電信 →15

カイテイ★**デンセン** 海底電線 →15

カイテイ★**バン** 改訂版 →14

カイテキ 快適 →8

ガイテキ 外敵 →8 外的 →95

カイテジョー 買い手市場 →15

カイテン 回転, 開店, 回天(〜の力) →8

カイデン 皆伝(免許〜) →8

ガイデン 外伝(義士〜) →8 外電＜外国電報 →10

カイテンイス 回転椅子 →15a

カイテンウンドー 回転運動 →15

カイテンキューギョー 開店休業 →98

カイテンシキン, カイテンシキン 回転資金, 開店資金 →15c

カイテンジク 回転軸 →14a

カイテンズシ 回転寿司 →12a

カイテントビラ 回転扉 →12

カイテンマド 回転窓 →12

カイテンモクバ 回転木馬 →15

カイテンリツ 回転率 →14a

ガイド guide →9

カイトー 回答, 解答, 解凍, 快刀, 快投, 会頭, 怪盗 →8

カイドー 会同, 会堂, 海道, 怪童 →8

カイドー, カイドー 街道 →8

ガイドー 海棠 →8

……ガイドー …街道(**コーシューカイドー** 甲州〜) →15

ガイトー 該当, 外套, 外灯, 街灯, 街頭 →8

カイドーイチ, カイドーイチ 海道一 →39a

ガイトーコーコク 街頭広告 →15

カイトーシャ 解答者 →14a

ガイトーシャ 該当者 →14a

ガイトーシャシン 街頭写真 →15

ガイトーボキン 街頭募金 →15

ガイトーロクオン 街頭録音 →15

カイドキ 買い時 →5

カイドク 会読, 回読, 解読, 買得 →8

ガイドク, ガイドク 害毒 →18

カイトトノエル, カイトトノエル 買い調える →45b

ガイドブック guidebook →16

ガイドライン guideline →16

カイトリ 買取り →5

カイドリ 搔取り(**オカイドリ** 御〜) →5, 92

ガイドリ, ガイドリ 飼い鳥 →5b

カイトル 買い取る →45

カイナ, カイナ 腕 →1

カイナラス, カイナラス 飼い馴らす →45

カイナン 海難 →8

カイナントー 海南島 →14

---

*ガギグゲゴ*は鼻濁音　カタカナ細字は母音の無声化　★は長音にもなる符号

カイニュー 介入 →8	ガイフ 開府(江戸～) →7
カイニン 解任,懐妊 →8	ガイブ 外部 →7
カイニンキ 買い人気 →15	カイフー 開封 →8
カイヌシ, カイヌシ 買い主 →5	カイフー, カイフー 海風 →8
ガイヌシ, ガイヌシ 飼い主 →5b	カイフーソー 懐風藻〖書〗 →14a
カイネ 買い値 →5	カイフク 回(恢)復,開腹 →8
ガイネコ, カイネコ, カイネコ 飼い猫 →5b	カイフクシュジュツ 開腹手術 →15
ガイネン 概念 →8	カイブシ, カイブシ 蚊燻し →13
カイノクチ, カイノクチ 貝の口〖帯〗 →19	カイブツ 怪物 →8
ガイハ 会派 →7	カイブン 回文 →8
カイバ 飼葉 →5	ガイブン 灰分 →8
ガイバ 海馬〖動・脳〗 →7	ガイブン 外聞(～が悪い) →8
カイハイ 改廃 →18	カイブンショ 怪文書 →15
カイバオケ, カイバオケ 飼葉桶 →12	カイヘイ 開平〖数学〗,海兵,皆兵 →8 開閉 →18
ガイハク 該博,外泊 →8	カイヘイタイ 海兵隊 →14
カイバシラ 貝柱 →12	ガイヘキ 外壁 →8
カイハツ 開発 →8	カイヘン 改変,改編,海辺,貝偏(=貝) →8
カイバツ 海抜 →8	カイベン 快便 →8
カイハットジョーコク 開発途上国 →17	カイビャク 開闢(～以来) →8
ガイバラ(・)エキケン 貝原益軒〖人〗 →22, 24, 27	カイホー 開放,解放,快方,快報,回報,会報 →8
カイハン 改版 →8	ガイホー 介抱 →8
ガイハンボシ 外反拇趾 →15	カイボー 解剖,海防 →8
カイヒ 会費 →7	ガイホー 外報,外方 →8
ガイヒ, カイヒ 回避 →7	ガイボー 外貌 →8
ガイヒ 外皮 →7	カイホーウンドー 解放運動 →15
カイヒセイ 会費制 →14	カイボーガク 解剖学 →14a
カイビャク 開闢(～以来) →8	カイホーカン 解放感 →14a
カイヒョー 開票,海水,解水 →8	カイボーカン, カイボーカン 海防艦 →14a
ガイヒョー 概評 →8	カイホーグン 解放軍 →14a
カイヒン 海浜 →8	カイボーズ 解剖図 →14a
ガイヒン 外賓 →8	カイホーセイ 開放性 →14
カイヒンコーエン 海浜公園 →15	カイホーテキ 開放的 →95
カイフ, ガイフ 回付 →7	カイボリ 搔掘り →5
	カイマイ 回米 →8
	ガイマイ 外米 <ガイコクマイ 外国米 →10, 14

貝の口(男結び)

カイマキ──カイロー

カイマキ 掻巻 →5	カイヨー, ガイヨー 潰瘍 →8
カイマク 開幕 →8	ガイヨー 外用, 外洋, 概要, 概容 →8
カイマミル 垣間見る →46	カイヨーキショーダイ 海洋気象台 →17
ガイミョー 戒名 →8	カイヨーセイ★ 海洋性 →14
カイミン 快眠 →8	ガイヨーヤク 外用薬 →14a
ガイム 皆無 →7	カイライ 傀儡 →8
ガイム 外務 →7	ガイライ 外来 →8
ガイムジカン 外務次官 →15	ガイライゴ 外来語 →14
ガイムショー 外務省 →14	カイライシ 傀儡師 →14b
ガイムダイジン 外務大臣 →15	ガイライシソー 外来思想 →15
カイメイ★ 改名,会名,解明,開明,晦冥 →8	ガイライシュ 外来種 →14b
カイメツ 壊滅 →8	カイライセイケン 傀儡政権 →15
カイメツテキ 壊滅的 →95	ガイラク, カイラク 快楽 →8
カイメン 海綿 →8	カイラクエン 偕楽園 →14
カイメン, カイメン 海面 →8	カイラン 回覧,解纜,壊乱 →8
ガイメン, ガイメン 外面 →8	カイランバン 回覧板 →14
ガイメンテキ 外面的 →95	ガイリ 乖離,海里,浬 →7
カイメンドーブツ 海綿動物 →15	ガイリ, カイリ 解離 →7
カイモク 皆目(〜分からない) →61	カイリキ,《古は ガイリキ》怪力 →8
カイモドシ 買戻し →13	ガイリク 海陸 →18
カイモドス 買い戻す →45	カイリツ, ガイリツ 戒律 →8
カイモトメル 買い求める →45	ガイリャク 概略 →8
カイモノ 買物 →5	カイリュー 回流,海流,開立〖数学〗→8
カイモノカゴ 買物籠 →12	カイリョー 改良 →8
カイモノキャク 買物客 →14	カイリョーバンシ 改良半紙 →15
カイモノブクロ 買物袋 →12	カイリョク, ガイリョク 怪力 →8
カイモン 開門 →8	ガイリョク 外力 →8
ガイヤ 外野 →7	ガイリン 外輪 →8
カイヤク 改訳,解約 →8	ガイリンザン 外輪山 →14a
ガイヤシュ 外野手 →14	ガイルイ 貝類 →8
ガイユ, カイユ 快癒 →7	カイレイ★ 回礼 →8
カイユー 回遊,廻游 →8	カイレキ 改暦 →8
ガイユー 外遊 →8	ガイロ 回路,海路,懐炉 →7 Cairo 〖地〗→21
カイユーギョ 回遊魚 →14a	ガイロ 街路 →7
ガイユーセイ★, ガイユーセイ★ 外遊星 →15	カイロー 回廊 →8
カイヨー 海洋 →8 海容(ゴカイヨー 御〜) →8,92	カイロードーケツ,《海綿は カイロードーケツ》偕老同穴 →98,99

ガギグゲゴは鼻濁音　カタカナ細字は母音の無声化　★は長音にもなる符号

ガイロジ──カエルオ　　144

ガイロジュ　街路樹 →14	カエズボン　替え jupon〔仏〕 →16
カイロバイ　懐炉灰 →12	カエダマ　替え玉(～をつかう) →5
ガイロン　概論 →8	カエチ　替え地 →7
カイワ　会話 →7	カエッテ　却って(～説く) →67
カイワイ　界隈(銀座～) →8	カエデ　楓 →1　替手〖邦楽〗(↔本手) →5
ガイワクセイ　外惑星 →15	カエナ　替名 →5
カイワリョク　会話力 →14	カエバ　替え刃 →5
カイワレ　貝割れ〖食品〗 →5	カエリ　返り,反り,帰り →2
カイワレダイコン　貝割れ大根 →15	カエリウチ　返り討ち →13
カイワン　怪腕 →8	カエリガケ　帰り掛け →95
カイン, カイン　下院 →8	カエリギワ　帰り際 →12
カイン　Cain(～の末裔) →23	カエリグルマ　帰り車 →12
カインギイン　下院議員 →15	カエリザキ　返り咲き →13
カウ　買う　カワナイ, カオー, カイ	カエリザク, カエリザク(ザはサとも)
マス, カッテ, カエバ, カエ →43	返り咲く →45
カウ　飼う　カワナイ, カオー, カイ	カエリジタク　帰り支度 →15
マス, カッテ, カエバ, カエ →43	カエリシナ, カエリシナ　帰りしな(～
カウボーイ　cowboy →16	に) →95
カウン, カウン　家運 →8	カエリショニチ　返り初日 →15
ガウン　gown →9	カエリジンザン　帰り新参 →15
カウンセラー, カウンセラー　counse-	カエリチ, カエリチ　返り血(～を浴び
lor →9	る) →12
カウンセリング, カウンセリング,《新	カエリチュー　返り忠 →14
は カウンセリング》counseling →9	カエリツク, カエリツク　帰り着く
カウンター　counter →9	→45
カウント, カウント　count →9	カエリテン　返り点 →14
カウントダウン　countdown →16	カエリニューマク　返り入幕〖相撲〗
カエ　代え,替え,換え →2	→15
カエウタ　替歌 →5	カエリミチ　帰り道 →12
カエギ　替着 →5	カエリミル　省みる,顧みる →45
カエシ　返し(オカエシ 御～) →2, 92	カエル　蛙 →1　代える,換える,替え
カエシヌイ, カエシヌイ　返し縫 →13	る,変える　カエナイ, カエヨー, カ
カエシバリ　返し針 →12	エマス, カエテ, カエレバ, カエロ
カエシマク　返し幕〖歌舞伎〗 →14	→43　買える →44
カエシン　替え芯 →8	カエル　返る,反る,帰る,孵る　カエラ
カエス　返す,反す,帰す,孵す　カエサ	ナイ, カエロー, カエリマス, カエッ
ナイ, カエソー, カエシマス, カエ	テ, カエレバ, カエレ →43b
シテ, カエセバ, カエセ →44b	カエルオヨギ　蛙泳ぎ →13
カエスガエス　返す返す(～も) →68	

￣ は高い部分　˙˙ と ˙˙ は高低が変る部分　� は次が下がる符号　→ は法則番号参照

カエルト —— カガクシ

カエルトビ, カエルトビ　蛙跳び →13	→58
カエルマタ　蛙股,蟇股 →12	ガガ　加賀(〜の国) →21
カエン　火炎(焔) →8	ガカ　画家 →7
ガエンジル　肯んじる →47	ガカ, ガカ　画架 →7
ガエンズル　肯んずる →47	ガガ　雅歌 →7
カエンダイコ　火炎(焔)太鼓 →15	ガガ, ガガ　峨峨(〜たる) →58
カエンビン, カエンビン　火炎(焔)瓶	カガー　噂 →1d
→14a	カガーデンカ　噂天下 →15
カエンホーシャキ　火炎放射器 →17	カガイ　歌会 →8
カオ　顔(オカオ 御〜) →1,92	カガイ　加害 →8
カオアワセ, カオアワセ　顔合せ →13	カガイ, ガガイ　課外 →8
カオイロ　顔色 →4	カガイ　花街 →8
ガオー, カオー　花押 →8	ガカイ　瓦解,画会 →8
カオカタチ, カオガタチ　顔形,顔貌	カガイカツドー　課外活動 →15
→18,12	カガイコーギ　課外講義 →15
カオガワリ, カオガワリ　顔変り →13	カガイシャ　加害者 →14b
ガオク　家屋 →8	カカエ　抱え(オカカエ 御〜) →2,92
カオクゼイ★　家屋税 →14	カカエコム　抱え込む →45
カオジャシン　顔写真 →15	カカエダス　抱え出す →45
ガオス　khaos[希] →9	カカエテ　抱え手 →12
カオゾロイ　顔揃い →13	カカエヌシ, カガエヌシ　抱え主
カオダシ　顔出し →5	→12b
カオダチ　顔立 →4	カカエル　抱える →43
カオツキ　顔付 →4	ガカオ　cacao →9
カオツナギ, カオツナギ　顔繋ぎ →13	カカク, ガカク　価格 →8
カオナジミ, カオナジミ　顔馴染 →12	ガガク　化学,科学,家学,歌学 →8
カオパス　顔 pass →16	ガガク, カガク　価額 →8
カオブレ　顔触れ →5	ガガク　雅楽 →8
カオマケ　顔負け →5	カガクエイ★セイ★　科学衛星 →15
カオミシリ, カオミシリ　顔見知り	カガクキゴー　化学記号 →15
→13	カガクギジュツチョー, カガクギジュ
カオミセ　顔見世 →5	ツチョー　科学技術庁 →14c
カオミセキョーゲン　顔見世狂言 →15	カガクゲンソ　化学元素 →15
カオムケ　顔向け →5	カガクコーギョー　化学工業 →15
カオヤク　顔役 →8	カガクサヨー　化学作用 →15
カオヨセ　顔寄せ →5	ガガクシキ　化学式 →14
カオリ　薫 →2	カガクシャ, カガクシャ　化学者,科学
カオル　薫る →43　薫〔男女名〕→23	者 →17
ガガ　母(〜様) →1　呵呵(〜大笑)	カガクショーセツ　科学小説 →15

ガギグゲゴは鼻濁音　カタカナ細字は母音の無声化　★は長音にもなる符号

カガクシ──カガン　146

カガクショリ　化学処理 →15	カガヤカシイ　輝かしい →53
カガクスイジュン　価格水準 →15	カガヤカス　輝かす →44
カガクセン　化学戦,科学戦 →14	カガヤキ, カガヤキ, カガヤキ　輝き →2
カガクセンイ　化学繊維 →15	カガヤク　輝く →43
カカクタイケイ　価格体系 →15	カカリ　係,掛り,懸り →2
カガクチョーミリョー　化学調味料 →17	カカリ　掛り(電話の～が悪い) →2
カガクテキ　科学的 →95	カガリ　篝 →1
カカクハカイ　価格破壊 →15	……ガカリ　…掛かり(=…ついで。トーリガカリ 通り～) →13
カガクハクブツカン, カガクハクブツカン　科学博物館 →17	……ガカリ　…掛かり(シバイガカリ 芝居～, オヤガカリ 親～, ミッカガカリ 三日～) →95,13,38
カガクハンノー　化学反応 →15	カカリアイ　掛け合い →13
カガクヒリョー　化学肥料 →15	カカリアウ, カカリアウ　掛かり合う →45
カガクブッシツ　化学物質 →15	カカリイン　係員 →14
カガクヘイキ　化学兵器,科学兵器 →15	カカリカン　係官 →14
カガクヘンカ　化学変化 →15	カカリキリ　掛り切り →13
カガクホーテイシキ　化学方程式 →17	カカリチョー　係長 →14
カガクリョーホー　化学療法 →15	カカリツケ　掛り付け →13
カカゲル, カカゲル　掲げる →43	カガリビ　篝火 →12
カカサン　母さん →94	カカリムスビ　係結び →13
カカシ　案山子 →1	カカル　斯かる(～不都合を) →63 係る,掛かる,懸る,罹る,架る　カカラナイ, カカロー, カカリマス, カカッテ, カカレバ, カカレ →44
カカス　欠かす(～事ができない。カカサズ) →44,83	カガル　縢る(穴を～) →43
カカズラウ　(小事に～)	……ガカル　…掛かる(シバイガカル 芝居～, アオミガカル 青味～) →96
カガスリ　蚊絣 →12	カガワ　香川〖地〗 →21
カカト　踵 →1	カガワケン　香川県 →14
カガマル　屈まる →44	カカワラズ　拘らず(晴雨に～) →89
カガミ　鏡,鑑(武士の～) →1	カカワリ　係わり,関わり →2
カガミイタ　鏡板(能も》 →12	カカワル, カカワル　係わる,関わる,拘る →43
カガミジシ　鏡獅子〖歌舞伎〗 →15	カカン　果敢 →8
カガミタテ　鏡立て →13	カカン, カカン　花冠 →8
カガミノマ　鏡の間 →19	カガン　河岸 →8
カガミバリ　鏡張り →13	
カガミビラキ　鏡開き →13	
カガミモチ　鏡餅 →12	
カガミワリ　鏡割り →13	
カガム　屈む →43	
カガメル　屈める →44	

‾は高い部分　···と˙˙˙は高低が変る部分　‾は次が下がる符号　→法則番号参照

カキ 柿 →1	き落す →45
カキ 牡蠣 →1 下記,火気,火器,花器, 花卉,花期,夏期,夏季 →7	カキオロシ 書下ろし →13
カキ 垣 →2	カキオワル, カキオワル 書き終る →45
カギ 鉤,鍵 →1	カキカエ 書替え →5
ガキ 餓鬼 →7	カキカエル, カキカエル, カキカエル 書き替える →45b
カキアゲ 掻揚げ(いかの～) →5	カキカタ, カキカタ 書き方 →95
カキアゲル, カキアゲル 書き上げる, 掻き揚げる →45	カギガッコ 鉤括弧 →15
カキアツメル, カキアツメル 書き集 める,掻き集める →45	カキキューカ 夏期休暇 →15
カギアテル 嗅ぎ当てる →45	カキキル,《新は カキキル》 掻き切る →45
カギアナ 鍵穴 →4	カキクダス, カキクダス 書き下す →45
カギアミ 鉤編 →5	
カキアヤマリ 書き誤り →13	カキクドク, カキクドク 掻き口説く →45
カキアラワス, カキアラワス 書き表 わす →45	カキクモル, カキクモル 掻き曇る →45
カキアワセル, カキアワセル 掻き合 わせる →45	カキクレル, カキクレル 掻き暮れる (涙に～) →45
カキイダク, カキイダク 掻き抱く →45	カキケス,《新は カキケス》 書き消 す,掻き消す →45
カキイレ 書入れ →5	カキゴーシュー 夏期講習 →15
カキイレドキ, カキイレドキ 書入れ 時 →12	カキゴーリ 欠き氷 →12
カキイレビ 書入れ日 →12	カキコトバ 書き言葉 →12
カキイレル, カキイレル 書き入れる →45	カキコミ 書込み →5
カキイロ 柿色 →4	カキコム,《新は カキコム》 書き込 む,掻き込む →45
カキウツス, カキウツス 書き写す →45	カキコワス, カキコワス 掻き毀す →45
カキエモン,《古は カキエモン》 柿右 衛門〘人〙(名工～) →26	カギザキ, カギザキ, カギザキ 鉤裂 き →5
カキオキ 書置 →5	カキザラサ, カキザラサ 描き更紗 →16
カギオクミ 鉤衽〘着物〙 →12	
カキオクル, カキオクル 書き送る →45	カキシブ 柿渋 →4
	カキジュン 書き順 →8
カキオコス, カキオコス 書き起す,掻 き起す →45	カキシルス, カキシルス 書き記す →45
カキオトス, カキオトス 書き落す,掻	カキステ 書捨て,掻捨て(旅の恥は～)

ガギグゲゴは鼻濁音 カタカナ細字は母音の無声化 ★は長音にもなる符号

カキステ──カキノケ　148

→5

カキステル, カキステル　書き捨てる →45

カキソエル, カキソエル　書き添える →45

カキソコナイ　書損い →13

カキソコナウ, カキソコナウ　書き損う →45

カキゾメ　書初め（オカキゾメ　御～）→95, 92

カキソンジ　書損じ →13

カキソンジル, カキソンジル　書き損じる →45

カキダイガク　夏期大学 →15

ガキダイショー　餓鬼大将 →15

カキタシ　書足し →5

カキダシ　書出し →5

カキタス,《新は カキタス》書き足す →45

カキダス,《新は カキダス》書き出す,掻き出す →45

カギダス　嗅ぎ出す →45

カキタテル, カキタテル　書き立てる,掻き立てる →45

カギタバコ　嗅ぎ煙草 →16

カキタマ　掻き玉＜掻き玉子 →10

カキチガイ　書違い →13

カキチガエ　書違え →13

カキチガエル, カキチガエル, カキチガエル　書き違える →45b

カキチラス, カキチラス　書き散らす →45

カキツケ　書付け →5

カキツケル, カキツケル　書き付ける →45

カギツケル　嗅ぎ付ける →45

カギッコ　鍵っ子 →4d

カキツズケル, カキツズケル　書き続ける →45

カキツタエ　書伝え →13

カキツタエル, カキツタエル, カキツタエル　書き伝える →45b

カキツバタ　杜若 →19

カキテ　書き手 →5

ガキドー　餓鬼道 →14

カキトドメル, カキトドメル　書き留める →45

カキトメ　書留 →5

カキトメコズツミ　書留小包 →12

カキトメユービン　書留郵便 →15

カキトメル, カキトメル　書き留める →45

カキトリ　書取 →5

カキトル,《新は カキトル》書き取る,掻き取る →45

カキトル　欠き取る →45

カギトル　嗅ぎ取る →45

カキナオシ　書直し →13

カキナオス, カキナオス　書き直す →45

カキナガス, カキナガス　書き流す →45

カキナグル, カキナグル　書きなぐる →45

カキナマス　柿膾〔料理〕 →12

カキナラス, カキナラス　掻き鳴らす →45

カキナレル, カキナレル　書き馴れる →45

カキニクイ　書き悪い →54

カキヌキ　書抜き →5

カキヌク,《新は カキヌク》書き抜く →45

カキネ　垣根 →4

カキネゴシ　垣根越し →95

カキノキ　柿の木 →19

カキノケル, カキノケル　掻き退ける →45

￣は高い部分　…と…は高低が変る部分　┐は次が下がる符号　→は法則番号参照

カキノコ──カグ

カキノコス, カキノコス　書き残す →45	カキューカンリ　下級官吏 →15
カキノシ　書熨斗 →5	カキューセイ★　下級生 →14a
カキノゾキ　垣覗き →13	カキューテキ　可及的(～すみやかに) →95
カキノタネ　柿の種《菓子も》→19	カキョー　架橋, 歌境, 佳境(～に入る) →8
カギノテ　鉤の手 →19	カキョー　家郷, 華僑 →8
カキノモトノ(・)ヒトマロ　柿本人麿 →22, 25, 27	カギョー　か行, 家業, 稼業, 課業 →8
カキハジメル, カキハジメル　書き始める →45	カキョク　歌曲 →8
カギバナ, カギバナ,《日本画の描法はヒメ・カギハナ》鉤鼻 →4	カキョクシュー, カキョクシュー　歌曲集 →14c
カギバリ, カギバリ　鉤針 →4	カキヨセル, カキヨセル　掻き寄せる →45
カキハン, カキハン, カキハン　書き判 →8c	カギリ, カギリ　限り →2
カキフライ　牡蠣 fry →16	……カギリ　…限り(コノバカギリ 此の場～) →95
カキブリ, カキブリ　書振り →95	カギリナイ　限り無い →54
カギホック　鉤 hook →16	カギル　限る　カギラナイ, カギロー, カギリマス, カギッテ, カギレバ, カギレ →43
カキマゼル, カキマゼル　掻き混ぜる →45	カキワケル, カキワケル　書き分ける, 掻き分ける →45
カキマワス, カキマワス　掻き回す →45	カギワケル　嗅ぎ分ける →45
カキミダス, カキミダス　掻き乱す →45	カキワリ　書割(舞台の～) →5
カキムシル, カキムシル　掻き毟る →45	カキン　家禽, 過勤, 瑕瑾 →8
カキモチ　欠き餅 →5	カク　欠く　カカナイ, カコー, カキマス, カイテ, カケバ, カケ →43　格(～が上だ) →6
カキモノ　書き物 →5	カク, カク　画(=字画) →6
カキモラシ　書漏らし →13	カク　斯く →61　各(～個人) →63　書く, 昇く, 掻く(恥・いびき・べそを～)　カカナイ, カコー, カキマス, カイテ, カケバ, カケ →43　核 →6
カキモラス, カキモラス　書き漏らす →45	カク, カク　角〖数学〗→6
カキモン　書き紋 →8	カク, カク　角〖将棋〗→6
カギヤ　鍵屋〖花火〗→94	カク　角(=かど・四角) →6
カキャクセン　貨客船 →14	……カク　…閣(テンシュカク 天守～, ニホンカク 日本～) →14a
カギャクハンノー　可逆反応 →15	カグ　嗅ぐ　カガナイ, カゴー, カギ
カキュー　火急, 加給, 下級 →8	

ガギグゲゴは鼻濁音　カタカナ細字は母音の無声化　★は長音にもなる符号

カグ──ガクサン　150

「マス，カイデ，カゲバ，カゲ →43
カグ　家具 →7
ガク　額(書画の～) →6
ガク，ガク　学(ガクガアル ～がある，ガクオ・オサメ ～を修め，ガクノドクリツ ～の独立) →6
ガク，《古は ガグ》　楽 →6
ガク，《新は ガグ》　蕚 →6
ガク　額(=金額) →6
……ガク　…学(シンリガク 心理～) →14
カクアゲ　格上げ →5
ガクイ　各位 →7
ガクイ，カクイ　隔意(～なく) →7
ガクイ，ガクイ　学位 →7
カクイツ　画一(～に) →8
カクイツテキ　画一的 →95
ガクイロンブン　学位論文 →15
カクイン　角印,客員,閣員 →8
ガクイン　各員 →8
ガクイン　学院,楽員 →8
……ガクイン　…学院(ブンカガクイン 文化～) →15
カクー　架空 →8
カグー　仮寓 →8
カクエキ，カクエキ　各駅 →8
カクエキテイシャ　各駅停車 →15
カクエネルギー，カクエネルギー　核 Energie〔独〕→16
カクエリ　角襟 →4
ガクエン　学園 →8
……ガクエン　…学園(ジユーガクエン 自由～) →15
ガクエントシ　学園都市 →15
カクオチ　角落ち〖将棋〗→5
カクオビ　角帯 →4
ガクオン　楽音 →8
ガクカ，ガッカ　各科,各課 →7
カクカイ，カッカイ　角界＜角力界

→8
カクカイ，カクカイ(クはッとも)　各界 →8
カクガイ　格外,閣外 →8
ガクガイ　学外 →8
カクカク，カクカク　斯く斯く(～の次第) →68
ガクガク　諤諤(侃侃かんかん～) →58
ガクガク　(歯が～する,～と) →57
カクカクサン　核拡散 →15
カクカゾク　核家族 →15
カクガタ　角形 →95
カクガリ　角刈り →5
ガクギ　閣議 →7
ガクギョー，ガクギョー　学業 →8
カクグンシュク　核軍縮 →15
ガクゲイ，ガクゲイ　学芸 →18
ガクゲイイン　学芸員 →14b
ガクゲイカイ　学芸会 →14b
ガクゲイダイガク　学芸大学 →15
ガクゲキ　楽劇 →8
カクゲツ，カクゲツ　隔月 →8
カクゲツ　各月 →8
カクケン　各県 →8
カクゲン，カクゲン　格言 →8
ガクコ，ガッコ　各戸,各個 →7
カクゴ，カクゴ　覚悟 →7
ガクコー　各校,各項 →8
カクサ，カクサ　格差 →7
カクザイ，カクザイ　角材 →8
ガクサイ　学才,楽才,学際,学債,学祭 →8
カクサク　画策 →8
カクサゲ，カクサゲ　格下げ →5
カクザトー　角砂糖 →15
カクザラ　角皿 →4
ガクザラ　額皿 →4
カクサン　拡散,核酸 →8
ガクサン　学参＜学習参考書 →10

‾は高い部分　⁝と⁝は高低が変る部分　˥は次が下がる符号　→は法則番号参照

カクシ──ガクセイ

カクシ 客死 →7	ガクシュー 学修,学習 →8
カクシ 隠し(=ポケット) →2	ガクシューイン 学習院 →14a
ガクジ 各自 →7	ガクシューシドーヨーリョー 学習指導要領 →17
ガクシ 学資 →7	ガクシュージュク 学習塾 →14a
ガクシ 楽士,楽師 →7	カクシュガッコー 各種学校 →15
ガクシ,《古は ガクシ》 学士 →7	ガクジュツ, ガクジュツ 学術 →8
ガクジ 学事 →7	ガクジュツカイギ 学術会議<日本学術会議 →15
カクシアジ 隠し味 →12	ガクジュツゴ 学術語 →14
ガクシイン 学士院 →14	ガクジュツヨーゴ 学術用語 →15
カクシオンナ 隠し女 →12	カクショ 各所 →7
カクシキ 格式 →8	カクショー 確証 →8
ガクシキ 学識 →8	カクショー 各省 →8
ガクシキケイケンシャ 学識経験者 →17	カクジョー 各条 →8
カクシキバル 格式張る →96	ガクショー 学匠,楽匠,楽章 →8
カクシゲイ, カクシゲイ 隠し芸 →14	ガクショク 学殖 →8 学食<学生食堂 →10
カクシゴ 隠し子 →12	カクシン 革新,確信,核心,隔心 →8
ガクシゴー 学士号 →14	カクジン 各人 →8
カクシゴト, カクシゴト 隠し事 →12	ガクジン 楽人 →8
カクシダテ 隠し立て →95	カクシンテキ 革新的 →95
カクシツ 確執,角質,革質 →8	カクシンハン 確信犯 →14a
ガクシツ 各室 →8	カクス, カクス 隠す カクサナイ, カクソー, カクシマス, カグシテ, カグセバ, カグセ →44c 画す,劃す →48c
カクジツ 確実,隔日 →8	カクスー 画数 →8
カクジッケン 核実験 →15	カクズケ 格付け →5
カクジッセイ 確実性 →14	カクスル 画する,劃する →48
カクシテ 斯くして →65	カクセイ 覚醒,隔世(~の感) →8
カクシドリ 隠し撮り →13	ガクセイ 学生,学制,楽聖 →8
カクシボーチョー 隠し包(庖)丁 →15	カクセイイデン 隔世遺伝 →15
カクシボタン 隠し botão〔葡〕 →16	ガクセイウンドー 学生運動 →15
カクシモツ 隠し持つ →45	カクセイキ 拡声器 →14b
ガクシャ 各社 →7	カクセイザイ, カクセイザイ 覚醒剤 →14b
ガクシャ 学者 →7	ガクセイショー 学生証 →14b
ガクシャ 学舎 →7	ガクセイシンブン 学生新聞 →15
カクシャク 矍鑠(~と) →58	
ガクシャハダ 学者肌 →12	
ガクシャブル 学者ぶる →96	
ガクシュ 確守,鶴首,馘首,各種 →7	
カクシュー 隔週 →8	
カクジュー 拡充 →8	

ガギグゲゴは鼻濁音　カタカナ細字は母音の無声化　★は長音にもなる符号

ガクセイフク　学生服　→14b	カクテル　cocktail　→9
ガクセイボー　学生帽　→14b	カクテルドレス　cocktail dress　→16
ガクセキ　学籍　→8	カクテルパーティー　cocktail party　→16
ガクセキボ　学籍簿　→14	ガクテン　楽典　→8
カクセツ　各説　→8	ガクデン　楽殿　→8
カクゼツ　隔絶　→8	カクド　角度　→7
ガクセツ　学説, 楽節　→8	ガクト　学徒　→7
カクゼン　画然, 確然　→56	カクトー　格闘, 確答, 角灯, 角塘(=角柱)
ガクゼン　愕然　→56	→8
カクセンソー　核戦争　→15	ガクドー　学童　→8
カクソー　各層　→8	カクトーギ　格闘技　→14a
ガクソー　学窓, 学僧　→8	ガクドーソカイ　学童疎開　→15
ガクソク　学則　→8	ガクドーホイク　学童保育　→15
ガクソツ　学卒<学校卒業者・学部卒業	カクトク　獲得　→8
者　→10	ガクトク　学徳　→8
カクソデ, カクソデ　角袖　→4	ガクトシュツジン　学徒出陣　→98
カクダイ　拡大　→8	カクナイ　閣内　→8
ガクタイ　楽隊　→8	ガクナイ　学内　→8
カクダイキョー　拡大鏡　→14	カクニ, カクニ　角煮　→5
カクダイサイセイサン　拡大再生産	カクニン　確認　→8
→17	ガクニン, ガクジン　楽人　→8
カクタル　確たる　→63	カクヌキ　核抜き　→5
カクタン　喀痰　→8	カクネン　隔年　→8
カクダン　格段　→8, 61	ガクネン　学年　→8
ガクダン　楽団, 楽壇　→8	ガクネンシケン, ガクネンシケン　学
カクダントー　核弾頭　→15	年試験　→15c
カクチ　各地　→7	カクネンリョー　核燃料　→15
カクチク　角逐　→8	カクノー　格納　→8
カクチュー　角柱　→8	カクノーコ　格納庫　→14a
カクチョー　拡張, 格調　→8	カクノゴトシ　斯くの如し　→89
カクチョー　各庁　→8	カクハ　各派　→7
ガクチョー　学長, 楽長, 楽調　→8	ガクハ, ガクハ　学派　→7
カクチョーシ　拡張子　→14a	カクバクハツ　核爆発　→15
カクツー　角通<角力通　→8	カクバシラ　角柱　→12
カクツー　各通(書類~)　→8	ガクバツ　学閥　→8
カクテ　斯くて　→67	カクバル　角張る　→96
カクテイ　確定, 画定　→8	カクハン　撹拌　→8
カクテイシンコク　確定申告　→15	カクハン, カクハン　各般　→8
カクテイテキ　確定的　→95	カクハンノー　核反応　→15

ガク**ヒ** 学費 →7	**ガクメンワレ** 額面割れ →13
カク**ビキ** 画引き →5	**ガ**ク**モ** 斯くも →67
カク**ヒツ** 擱筆 →8	**ガクモン** 学問(〜のすすめ) →8
カク**ビン** 角瓶 →8	**ガクモンジョー** 学問上 →14
ガク**ブ** 各部 →7	**ガクモンテキ** 学問的 →95
ガク**フ** 楽譜 →7	**カグヤ** 家具屋 →94
ガク**フ** 岳父, 学府 →7	**ガクヤ** 楽屋 →4
ガク**ブ**, **ガ**ク**ブ** 学部 →7	**ガクヤイリ** 楽屋入り →13
ガク**ブ** 楽部 →7	**ガクヤウラ** 楽屋裏 →12
カク**フー** 角封<角封筒 →10	**ガクヤオチ** 楽屋落ち →13
ガク**フー** 学風 →8	**カクヤク** 確約 →8
カク**フク** 拡幅 →8	**カクヤス** 格安 →5
カク**ブソー** 核武装 →15	**ガクヤスズメ** 楽屋雀 →12
ガク**ブチ** 額縁 →4	**ガクヤバナシ** 楽屋話 →12
ガク**ブチョー** 学部長 →14	**カグヤヒメ** 赫夜姫 →12
カク**ブンレツ** 核分裂 →15	**ガクユー** 学友 →8
カク**ヘイキ** 核兵器 →15	**カクユーゴー** 核融合 →15
カク**ベージシ**, **カクベジシ** 角兵衛獅	**ガ**ク**ヨー** 各様(各人〜) →8
子 →15d	**ガクヨーヒン**, **ガクヨーヒン** 学用品
カク**ヘキ** 隔壁 →8	→14a
カク**ベツ** 格別 →8, 61	**カ**グ**ラ** 神楽 →1
カク**ヘンカ** 核変化 →15	**カ**グ**ラウタ** 神楽歌 →12
ガク**ホ** 確保 →7	**カ**グ**ラザカ** 神楽坂〖地〗 →12
カク**ホー** 確報 →8	**カ**グ**ラダイコ** 神楽太鼓 →15
カク**ボー** 角帽, 角棒 →8	**カ**グ**ラデン** 神楽殿 →14
ガク**ホー** 学報 →8	**カクラン**, **コーラン** 攪乱 →8
ガク**ボー** 学帽 →8	**カクラン**, 《新は **カクラン**》 霍乱(鬼
カク**マウ** 匿う →44	の〜) →8
カク**マク** 角膜, 隔膜 →8	**ガクラン** 学ラン〖俗〗<学 Olanda〖葡〗
カクマクイショク 角膜移植 →15	→10
カクミサイル 核 missile →16	**カクリ**, **ガクリ** 隔離 →7
ガク**ム** 学務 →7	**ガ**ク**リ** 学理 →7
カクメイ 革命 →8	**カクリツ** 確立, 格率, 確率 →8
ガクメイ 学名 →8	**カクリビョートー** 隔離病棟 →15
カクメイカ 革命家 →14	**カクリョー** 閣僚 →8
カクメイカ 革命歌 →14b	**ガ**ク**リョー** 学寮 →8
カクメイグン, **カクメイグン** 革命軍	**ガ**ク**リョク**, **ガ**ク**リョク** 学力 →8
→14b	**ガクリョクケンサ** 学力検査 →15
ガクメン 額面 →8	**ガクリョクシケン**, **ガクリョクシケン**

ガギグゲゴは鼻濁音　カタカナ細字は母音の無声化　★は長音にもなる符号

| ガクリョ ── カケコト 154 | |

学力試験 →15c	カケアガル, カケアガル　駆け上がる →45
ガクリョクテスト　学力 test →16	カケアシ　駆け足 →5
カクレ　隠れ(〜もない) →2	カケアワス, カケアワス　掛け合わす →45
カクレイ★　格例,閣令 →8	カケアワセル, カケアワセル　掛け合わせる →45
ガクレイ★　学齢 →8	
カクレオニ　隠れ鬼 →12	カケイ　筧 →5d
カクレガ　隠れ処 →12	カケイ★　火刑,家兄,家系,家計 →8
ガクレキ　学歴 →8	カケイ★ヒ　家計費 →14b
カクレザト　隠れ里 →12	カケイ★ボ　家計簿 →14b
ガクレキシャカイ　学歴社会 →15	カゲウタ　陰唄 →4
カクレバショ, カクレバショ　隠れ場所 →15	カケウドン　掛け饂飩 →15
カクレミノ　隠れ蓑 →12	カケウリ　掛売り →5
カクレル　隠れる　カクレナイ, カクレヨー, カクレマス, カクレテ, カクレバ, カクレロ →43	カゲエ　影絵 →7
	カケエリ, カケエリ　掛け襟 →5
カクレンボー, カクレンボ　隠れん坊 →94d	カケオ　懸緒 →5
カクロー　閣老 →8	カケオチ　駆落ち →5
カクロン　各論,確論 →8	カケオリル, カケオリル　駆け下りる →45
カグワシイ★　馨しい →54	カケガイ　掛買い →5
ガクワリ　学割<学生割引 →10	カケガエ　掛替え →5
カクン, ガクン　家訓 →8	カケカエル, カケカエル, カケカエル　掛け替える →45b
ガグン　(〜とする) →55	
カケ　欠け(茶わんの〜) →2	カゲカタチ　影形 →18
カケ　掛け(〜で買う,そばの〜,帯の〜),賭け →2	カケガネ, 《古は カケガネ》　掛け金(=錠・鍵) →5
……カケ　…掛け(ヨミカケ 読み〜, タベカケ 食べ〜) →95	カケガミ, カケガミ　懸紙 →5
カゲ　陰,蔭,影 →1　鹿毛 →4	カゲキ　過激 →8
ガケ　崖 →1	カゲキ　歌劇 →8
……ガケ　…掛け(タスキガケ 襷〜, ユキガケ 行き〜) →13,95	カゲキハ　過激派 →14
	カケキン, カケキン　掛金 →8
カケアイ　掛合い →5	ガケクズレ　崖崩れ →13
カケアイバナシ　掛合話 →12	カゲグチ　陰口 →4
カケアイマンザイ　掛合万歳,掛合漫才 →15	カケクラベ　駆競べ →13
カケゴ　賭碁 →7	
カケアウ, 《新は カケアウ》　掛け合う →45	カケゴエ, カケゴエ　掛け声 →5
	カケゴト　賭事 →5
	カケコトバ　掛詞,懸詞 →12

￣は高い部分　…と…は高低が変る部分　「は次が下がる符号　→は法則番号参照

155　　　　　　　　　　**カケコミ――カケル**

カケコミ　駆込み →5

カケコミデラ　駆込み寺 →12

カケコム，《新は **カケゴム**》　駆け込む →45

カケゴヤ，**カケゴヤ**　掛け小屋 →12

カケザン　掛算 →8

カケジ　掛字(=掛物) →7

カケジク　掛軸 →8

カケジャヤ　掛茶屋 →12

カケジョーユ　掛け醬油 →15

カケス　懸巣〖鳥〗 →5

カケズ　掛図 →7

カケステ　掛け捨て →5

カケズリマワル，**カケズリマワル**，《古・強は **カケズリマワル**》　駆けずり回る →45

カゲゼン　陰膳 →8

カケソバ　掛け蕎麦 →5

カケダシ　駆出し(=新参) →5

カケダス，《新は **カケダス**》　駆け出す →45

カケチガウ，**カケチガウ**　掛け違う →45

カケツ　可決 →8

カケックラ，**カケクラ**　駆け(っ)競 →95d

カケツケサンバイ　駆付け三杯 →39

カケツケル，**カケツケル**　駆け付ける →45

カケッコ　駆けっこ →94

ガケップチ　崖っ縁 →4d

カケドケイ★　掛け時計 →15

カケトリ，**カケトリ**，**カケトリ**　掛取り →5

カゲナガラ，**ガゲナガラ**，**カゲナガラ**　陰乍ら →71

カケヌケル，**カケヌケル**　駆け抜ける →45

カケネ　掛け値 →5

カケハギ　掛矧ぎ →5

カケハシ　掛け橋,懸け橋 →5

カケハズシ　掛外し →18

カケハナレル，**カケハナレル**　掛け離れる →45

カケバリ，**カケバリ**　掛け針 →5

カケヒ，**カケイ**　筧,懸樋 →5d

カケヒキ，**カケヒキ**　駆引き →18

カゲヒナタ　陰日向(～なく) →18

カケブトン　掛蒲団 →15

カケヘダタル，**カケヘダタル**　懸け隔たる →45

カゲベンケイ★　陰弁慶 →27

カゲボーシ，《古は **カゲボーシ**，**カゲボシ**》　影法師 →15d

カゲボシ，**カゲボシ**，《古は **カゲボシ**》　陰干し →5

カゲマツリ　陰祭(↔本祭) →12

カケマモリ　掛け守 →12

カケマワル，**カケマワル**　駆け回る →45

ガゲミ　影身(～に添う) →4

ガゲミチ，**ガゲミチ**　崖路 →4

カゲムシャ，**カゲムシャ**　影武者 →15

カケメ　欠け目 →5

カケメ　掛け目 →5

カケメグル，**カケメグル**　駆け巡る →45

カケモチ　掛持ち →5

カケモツ，《新は **カケモツ**》　掛け持つ →45

カケモノ　掛物,賭物 →5

カゲモン　陰紋 →8

カケヤ　掛矢 →5

カケヨル，《新は **カケヨル**》　駆け寄る →45

カケラ　欠片 →94

カゲリ　陰り,翳り(～をみせる) →2

カケル　欠ける　**カケナイ**，**カケヨー**，

ガギグゲゴは鼻濁音　カタカナ細字は母音の無声化　★は長音にもなる符号

カケマス, カケテ, カケレバ, カケロ →44

カケル 掛ける, 架ける, 懸ける, 駆ける, 賭ける〘下一活〙 カケナイ, カケヨー, カケマス, カケテ, カケレバ, カケロ →43 翔る〘五活〙→44

カゲル 陰る(日が～) →44

カゲロー 陽炎, 蜉蝣〘昆虫〙

カゲローニッキ 蜻蛉日記 →15

カケワスレ 掛け忘れ →13

カケワスレル, カケワスレル 掛け忘れる →45

カケワタス, カケワタス 掛け渡す →45

カケン 家憲, 可見 →8

カゲン 下限, 加減(陽気の～, ～が悪い, ～する), 過言 →8

カゲン, ガゲン 下弦(～の月) →8 加減〘数学〙→18

……カゲン …加減(シオカゲン 塩～, ウツムキカゲン 俯き～) →15, 95

カコ 水夫 →4 過去 →7

カゴ 籠, 駕籠 →1

ガゴ 加護(神仏の～), 過誤, 訛語, 歌語 →7

カコイ 囲い →2

カコイモノ 囲い者 →12

カコウ 囲う カコワナイ, カコオー, カコイマス, カコッテ, カコエバ, カコエ →44

カゴウッシ 籠写し →13

カコー 下降, 加工, 火口, 河口, 河港, 歌稿 →8

カコー 化合 →8

ガコー 画工, 画稿 →8

ガゴー 雅号 →8

カコーガン 花崗岩 →14a

カコーギョー 加工業 →14a

カコーコ 火口湖 →14a

カコーセン 下降線(～をたどる) →14

カコーチン 加工賃 →14a

カコーニュー 加工乳 →14a

カコーヒン, カコーヒン 加工品 →14a

カゴーブツ 化合物 →14a

カコーヘキ 火口壁 →14a

カゴカキ, カゴカキ 駕籠昇き →5

カコク 苛酷 →8

カコケイ★ 過去形 →14

カゴシマ 鹿児島〘地〙→21

カゴシマケン 鹿児島県 →14

カゴシマシ 鹿児島市 →14

カコチョー 過去帳 →14

カコツ 託つ →43

カコツケ 託け →2

カコツケル, カコツケル 託ける →44

カゴヌケ 籠抜け →5

カゴヌケサギ 籠抜け詐欺 →15

カゴノトリ 籠の鳥 →19

カコブンシ 過去分詞 →15

カコミ 囲み →2

カコム 囲む カコマナイ, カコモー, カコミマス, カコンデ, カコメバ, カコメ →43

カゴメ 籠目 →4

カゴヤ 駕籠屋 →94

カコン 禍根(～を残す) →8

カゴン 過言(～ではない) →8

カサ 瘡 →1

カサ 笠(～に着る), 傘, 量 →1

カサ, 《～にかかるは カサ, カサ》 嵩 →1

カサアゲ 嵩上げ →5

カザアナ 風穴 →4

カサイ 火災, 花菜, 果菜 →8 家裁＜家庭裁判所 →10

カサイ 葛西〘地〙→21

カザイ 花材, 歌材 →8

￣は高い部分 ‥と‥は高低が変る部分 ￣は次が下がる符号 →は法則番号参照

カザイ 家財 →8	カサネアワセル 重ね合せる →45
ガザイ 画材 →8	カサネガサネ 重ね重ね →68
カサイケイホー 火災警報 →15	カサネギ 重ね着 →13
カザイドーグ 家財道具 →15	カサネル 重ねる カサネナイ, カサネヨー, カサネマス, カサネテ, カサネレバ, カサネロ →44
カサイホーチキ 火災報知器 →17	
カサイホケン 火災保険 →15	カザハナ, カザバナ 風花 →4
カサイリュー 火砕流 →14b	カサバル 嵩張る →46
カサカサ (手が〜だ、〜・に)→57	カサブタ 瘡蓋 →4
ガサカサ (〜する、〜と)→57	カザマド, カザマド 風窓 →4
ガサガサ (手が〜だ、〜・に)→57	カザミ 風見 →5
ガサガサ (〜する、〜と)→57	カザミドリ 風見鶏 →12
カザカミ 風上 →4	カサム, カサム 嵩む(費用が〜)→44
カサギヤマ 笠置山 →12	カザムキ 風向き →4
カサク 寡作,仮作,佳作,家作 →8	カサヤ 傘屋 →94
カザグスリ,《古は カザグスリ》 風邪薬 →12	カザヨケ, カザヨケ, カゼヨケ, カゼヨケ 風除け →5
カザグチ 風口 →4	カザリ 飾り(オカザリ 御〜)→2, 92
カザグモ 風雲 →4	ガサリ, ガサリ (〜と)→55
カザグルマ 風車《植も》→12	カザリケ, カザリッケ 飾り(っ)気 →93d
カザケ, カゼケ 風邪気 →93	カザリショク 飾り職,錺職 →14
カサゴ 笠子《魚》→4	カザリタテル 飾り立てる →45
カザゴエ, カザゴエ 風邪声 →4	カザリツケ 飾付け →13
カササギ 鵲	カザリツケル 飾り付ける →45
カザシ 挿頭 →2	カザリマド 飾り窓 →12
カザシモ 風下 →4	カザリモノ 飾り物 →12
カザス 翳す,挿頭す →43	カザリヤ 飾り屋,錺屋 →94
カサダカ 嵩高 →5	カザル 飾る カザラナイ, カザロー, カザリマス, カザッテ, カザレバ, カザレ →43
カサタテ 傘立て →5	
ガサツ (〜な人)→55	カサン 加算 →8
カサッカキ,カサッカキ 瘡っ掻き →5d	カサン, ガサン 家産 →8
カザック kazak[露]《人種》→21	カザン 火山 →8
カザトーシ, カザトーシ 風通し →12	ガサン 画賛(讃)→8
カザナミ 風波 →4	カサンカスイソ 過酸化水素 →15
カサナリ 重なり →2	カザンガン 火山岩 →14a
カサナリアウ 重なり合う →45	カサンゼイ★ 加算税 →14a
カサナル 重なる カサナラナイ, カサナロー, カサナリマス, カサナッテ, カサナレバ, カサナレ →44	カザンセイ★ 火山性 →14
カサネ 重ね,襲 →2 累《人》→23	

ガギグゲゴは鼻濁音　カタカナ細字は母音の無声化　★は長音にもなる符号

カザンタイ　火山帯　→14

カザンダン　火山弾　→14a

カザンバイ　火山灰　→12a

カザンバイチ　火山灰地　→14b

カザンミャク　火山脈　→14a

カシ　貸し　→2　河岸

カシ　樫　→1　下賜,仮死,華氏,菓子,歌詞,下肢,可視　→7

カジ　梶,舵,楫　→1　加持,火事,家事　→7　鍛冶

ガシ　餓死　→7

カシイショー　貸衣装(裳)　→15

カシイレ　菓子入れ　→5

カシウリ　貸売り　→5

カシオリ, カシオリ　菓子折　→12

カジカ　鰍,河鹿

カジカガエル　河鹿蛙　→12

カシカタ　貸方　→5,95

カジカム　(手が〜)　→43

カシカリ, カシガリ　貸し借り　→18c

カシカン　下士官　→14c

カシキ, カシキ　菓子器　→14c

カジキ　舵木〖魚〗　→4

カシキリ　貸切　→5

カシキリシャ　貸切車　→14

カシキリバス　貸切 bus　→16

カシキリフダ　貸切札　→12

カシキル　貸し切る　→45

カシキン, カシキン, カシキン　貸金　→8c

カシキンコ　貸金庫　→15

カジグ　炊ぐ,傾ぐ　→43

カシクダサレ　貸し下され　→13

カシゲル　傾げる(首を〜)　→44

カシコ　彼処　→64

カシコ, カシク　畏〖手紙〗　→51d

カシコイ　賢い　→52

カシコサ　賢さ,畏さ　→93

カシコシ　貸越　→5

カシコス　貸し越す　→45

カシコドコロ　賢所　→12

カシコマル　畏まる　→44

カシコム　畏む　→44

カシサキ　貸先　→5

カシザシキ　貸座敷　→12

カシザラ　菓子皿　→12

カシジテンシャ　貸自転車　→17

カシシブリ　貸し渋り　→13

カシシツ　貸室　→8

カシジムショ　貸事務所　→17

カシズク　傅く　→43

カシセキ　貸席　→8

カシダオレ　貸倒れ　→13

カシダシ　貸出し　→5

カシダシキン　貸出金　→14

カシダス　貸し出す　→45

カシチ　貸地　→7

カシチン, カシチン　貸賃　→8c

カシツ　過失　→8

ガジツ　過日,果実　→8

ガシツ　画室,画質　→8

カシツケ, カシツケ　貸付　→5

カシツケキン　貸付金　→14

カシツケシンタク　貸付信託　→15

カシツケリョー　貸付料　→14

カシツケル　貸し付ける　→45

カジッシュ, カジッシュ　果実酒　→14

カシツチシ　過失致死　→15

カシツチシザイ　過失致死罪　→14

カシップチ　河岸っ縁　→4d

カシテ　貸し手　→5

カシテン　菓子店　→14

カシドーリ　河岸通り　→12

カジトリ, カジトリ　舵取　→5

カジドロ　火事泥<火事場泥棒　→10

カシヌシ, カシヌシ　貸し主　→5

カジノ　casino〖伊〗　→9

カジバ, カジバ　火事場　→12

カシバコ 菓子箱 →12	カシュー 加州(=加賀・カリフォルニア州) →8 cashew •9
カシバチ 菓子鉢 →12	カジュー 過重,加重,荷重,果汁 →8
カジバドロボー 火事場泥棒 →15	ガシュー 我執,画集 →8
カシパン 菓子pão[葡] →16	カシューナッツ cashew nuts →16
カシビル 貸ビル<貸building →10	カジュエン 果樹園 →14
カシブクロ 菓子袋 →12	ガジュマル, ガジマル 榕樹[沖縄方言]
カシブトン 貸蒲団 →15	ガショ 箇所,歌書 →7
カシブネ 貸舟 →5	ガジョ 加除 →18
カジボー, カジボー 梶棒 →8	カショー 過小,過少,火傷,仮称,仮象,過賞,歌唱,河床 →8
カシボート 貸boat →16	カジョー 過剰,下情,河上,箇条 →8
カシホン 貸本 →8	ガショー 臥床,画商 →8
カシボン 菓子盆 →14	ガショー, ガショー 賀正 →8
カシホンヤ 貸本屋 →94	ガジョー 画帖,賀状,牙城 →8
カシマ 貸間 →5	カジョーガキ 箇条書き →13
カシマ 鹿島[地] →21	カショーヒョーカ 過小評価 →15
カシマジイ★ 囂しい,姦しい →52	カジョーボーエイ★ 過剰防衛 →15
カシマダチ, カシマダチ 鹿島立ち →13	カジョーマイ 過剰米 →14
カシマナダ 鹿島灘 →12	カショク 過食,仮植 →8
カシミール Kashmir[地] →21	カショク, ガショク 貨殖,家職,華燭 →8
カシミセ 貸店 →5	カショクショー, ガショクショー 過食症 →14c
カジミマイ 火事見舞(金時の〜) →12	カシラ 頭(オカシラ 御〜) →1,92
カシミヤ, カシミア cashmere →9	……カシラ; ……カシラ [助](ナクカシラ 泣く〜, ヨムカシラ 読む〜, アカイカシラ 赤い〜, シロイカシラ 白い〜) →72,74b
カジムキ 家事向き →12	……ガシラ; ……ガシラ; ……カシラ [助](トリガシラ 鳥〜, ハナガシラ 花〜, アメガシラ 雨〜) →71
カシモト 貸元 →5	
ガシャ 貨車,仮借 →7	
カシヤ 貸家 →5	カシラジ 頭字 →14
カシヤ 菓子屋 →94	カシラダツ 頭立つ →46
カジヤ 鍛冶屋 →94	カシラブン 頭分 →14
カシャク 仮借 →8	カシラモジ 頭文字 →15
カシャク,《古はガシャク》 呵責 →8	カジリツク, カジリツク, カジリツク 齧り付く →45
カシヤブシン 貸家普請 →15	カジリョー 菓子料 →14
カシヤフダ 貸家札 →12	
カシュ 火酒,歌手 →7	
カジュ 果樹 →7	
ガシュ, ガシュ 雅趣 →7	
ガジュアル casual →9	
カシュー,《古はガシュー》 家集,歌集 →8	

ガギグゲゴは鼻濁音　カタカナ細字は母音の無声化　★は長音にもなる符号

カジル──カスム　160

カジル 噛む,齧る →43
カジロードー 家事労働 →15
カシワ 柏,黄鶏 →1
カシワデ, カシワデ 柏手,拍手 →12
カシワモチ 柏餅 →12
カシワラジングー, カシワラジングー
　(ワはハとも) 橿原神宮 →15
カシン 花心,花信,過信,嘉辰 →8
カシン 家臣 →8
カジン 家人 →8
カジン, カジン 歌人,佳人(〜薄命)
　→8
ガシン(·)ショータン 臥薪嘗胆 →97,
　98
カス 貸す,仮す(時を〜) カサナイ,
　カソー, カシマス, カシテ, カセバ,
　カセ →43
ガス 化す,科す,課す,嫁す →48 粕,
　滓 →1
カズ 数 →1 下図 →7
ガス gas〔蘭〕 →9
カスイ 下垂,仮睡 →8
ガスイ 河水 →8
ガスイト gas 糸 →4
カスイブンカイ 加水分解 →15
カズエ 一枝・和江〘女名〙→25
カズオ 一夫・和夫・和男〘男名〙→25
ガスオリ gas 織 →5
ガスカ 幽か(〜に) →55
ガスガ 春日〘地〙→21
カスガイ, カスガイ 鎹
ガスガイシャ gas 会社 →15
カスガジンジャ 春日神社 →15
カスカス (時間が〜だ,〜に) →57
ガスカス (〜する,〜と) →57
ガズカズ 数数(〜の) →11, 68
カスガドーロー 春日灯(燈)籠 →15
ガスガノツボネ 春日局〘人〙→27
ガスガマ gas 釜 →4

ガスカン gas 管 →8
カズキ, カズキ, カツギ, カツギ 被
　衣 →2d
ガスキグ gas 器具 →15
カズク 被く →43
ガスケツ gas 欠 →8
カズケル 被ける →44
ガズコ 一子・和子〘女名〙→25
ガスコンロ gas 焜炉 →15
カズサ, 《古は カズサ》 上総(〜の国)
　→21
カスジル, カスジル 粕汁 →4
カスズケ, カスズケ 粕漬 →5
ガスストーブ gas stove →16
ガスセン gas 栓 →8
カスター caster →9
カスタード custard →9
カスタードプリン custard プリン<
　custard pudding →16
ガスタービン gas turbine →16
ガスダイ gas 台 →4
カスタネット castanets →9
カスタム custom →9
ガスタンク gas tank →16
ガスチュードク gas 中毒 →15
カステラ Castella〔葡〕 →9
ガストー gas 灯 →8
カストリ 粕取り →5
ガスヌキ gas 抜き →5
カズノコ 数の子 →19
ガスバクハツ gas 爆発 →15
ガスブロ gas 風呂 →4
ガスボンベ gas〔英〕+Bombe〔独〕 →16
ガスマスク gas mask →16
カスミ 霞 →2
カスミアミ, カスミアミ 霞網 →12
カスミガウラ 霞ヶ浦 →19
カスミガセキ 霞ヶ関〘地〙→19
カスム 霞む,翳む(目が〜) →43

￣ は高い部分 ̈ と ̈ は高低が変る部分 ⌐ は次が下がる符号 → は法則番号参照

カ̅ス̅メ̅ト̅ル 掠め取る →45	カ̅セ̅ギ̅テ, カ̅セ̅ギ̅テ̅ 稼ぎ手 →12
カ̅ス̅メ̅ル, カ̅ス̅メ̅ル 掠める →44	カ̅セ̅ギ̅ニ̅ン, カ̅セ̅ギ̅ニ̅ン 稼ぎ人 →14
カ̅ズ̅モ̅ノ 数物 →4	カ̅ゼ̅ギ̅ミ 風邪気味 →95
ガ̅ス̅モ̅レ gas 漏れ →5	カ̅セ̅グ 稼ぐ カ̅セ̅ガ̅ナ̅イ, カ̅セ̅ゴ̅ー,
カ̅ズ̅ヨ 和代・和世〈女名〉 →25	カ̅セ̅ギ̅マ̅ス, カ̅セ̅イ̅デ, カ̅セ̅ゲ̅バ,
カ̅ズ̅ラ 葛,鬘〈能〉 →1	カ̅セ̅ゲ →43
カ̅ズ̅ラ̅オ̅ケ 鬘桶〈能〉 →12	カ̅ゼ̅グ̅ス̅リ,《古は カ̅ゼ̅グ̅ス̅リ》 風邪
カ̅ズ̅ラ̅オ̅ビ 鬘帯〈能〉 →12	薬 →12
カ̅ズ̅ラ̅モ̅ノ 鬘物〈能〉 →12	カ̅ゼ̅ケ, カ̅ザ̅ケ 風邪気 →93
カ̅ス̅リ 掠り →2	カ̅セ̅ツ 仮設,架設,仮説 →8
カ̅ス̅リ,《新は カ̅ス̅リ》 絣 →2	ガ̅セ̅ツ, カ̅セ̅ツ 佳節 →8
カ̅ス̅リ̅キ̅ズ 掠り傷 →12	カ̅セ̅ツ̅ジ̅ュ̅ー̅タ̅ク 仮設住宅 →15
カ̅ス̅リ̅モ̅ヨ̅ー 絣模様 →15	カ̅セ̅ッ̅ト cassette →9
カ̅ス̅ル 掠る →43 化する,科する,嫁	カ̅セ̅ッ̅ト̅テ̅ー̅プ cassette tape →16
する,課する,架する →48	カ̅ゼ̅ト̅ー̅シ, カ̅ゼ̅ト̅ー̅シ 風通し →13
ガ̅ス̅レ̅イ̅ゾ̅ー̅コ gas 冷蔵庫 →17	カ̅ゼ̅ヌ̅キ 風抜き →5
カ̅ス̅レ̅ル 掠れる →44	カ̅ゼ̅ノ̅カ̅ミ 風の神 →19
ガ̅ス̅レ̅ン̅ジ gas range →16	カ̅ゼ̅ノ̅コ 風の子 →19
カ̅セ 枷,桛,綛 →1	カ̅ゼ̅ノ̅タ̅ヨ̅リ 風の便り →19
カ̅ゼ 風,風邪 →1	カ̅ゼ̅ヒ̅キ, カ̅ゼ̅ヒ̅キ 風邪引き →5
カ̅ゼ̅ア̅タ̅リ, カ̅ゼ̅ア̅タ̅リ 風当り →12	カ̅ゼ̅ム̅キ, カ̅ザ̅ム̅キ 風向き →4
カ̅セ̅イ̅ 化成,加勢,火勢,火星,仮性,家	カ̅ゼ̅ヨ̅ケ, カ̅ザ̅ヨ̅ケ 風除け →5
政,苛政,歌聖 →8 化政(=文化・文政)	カ̅セ̅ル 痂せる(=乾く。傷が〜) →43
〈年号〉 →10	カ̅セ̅ン 架線 →8 化繊<化学繊維
カ̅セ̅イ̅ 河清(百年〜を待つ) →8	→10
カ̅ゼ̅イ̅ 課税,苛税 →8	カ̅セ̅ン 河船 →8 河川 →18
ガ̅セ̅イ̅ 画聖 →8	カ̅ゼ̅ン 果然 →56
カ̅セ̅イ̅カ 家政科 →14	ガ̅ゼ̅ン 俄然 →56
カ̅セ̅イ̅ガ̅ン 火成岩 →14b	ガ̅ゼ̅ン̅シ 画仙紙 →14a
カ̅セ̅イ̅キ̅ン̅シ 仮性近視 →15	カ̅セ̅ン̅シ̅キ, カ̅セ̅ン̅ジ̅キ 河川敷
カ̅セ̅イ̅ジ̅ン 火星人 →14b	→13a
カ̅ゼ̅イ̅ソ̅ー̅ダ 苛性 soda〔蘭〕 →16	カ̅ソ 過疎 →7
カ̅ゼ̅イ̅フ 家政婦 →14b	ガ̅ソ 画素 →7
カ̅ゼ̅イ̅ン casein →9	カ̅ゾ̅エ, カ̅ゾ̅エ 数え(=数え年) →2b
カ̅セ̅キ 化石 →8	カ̅ゾ̅エ̅ア̅ゲ̅ル, カ̅ゾ̅エ̅ア̅ゲ̅ル 数え上
カ̅セ̅ギ, カ̅セ̅ギ 稼ぎ(〜がない) →2	げる →45
カ̅セ̅キ̅サ̅イ 過積載 →15	カ̅ゾ̅エ̅ウ̅タ 数え歌 →12
カ̅セ̅ギ̅ダ̅ス, カ̅セ̅ギ̅ダ̅ス 稼ぎ出す	カ̅ゾ̅エ̅キ̅レ̅ナ̅イ, カ̅ゾ̅エ̅キ̅レ̅ナ̅イ 数
→45	え切れない(〜程) →83

ガギグゲゴは鼻濁音　カタカナ細字は母音の無声化　★は長音にもなる符号

カゾエタ──カタガタ

カゾエタ──カタガタ

カゾエタテル, カゾエタテル 数え立てる →45

カゾエドシ, カゾエドシ 数え年 →12b

カゾエビ 数え日 →12

カゾエル 数える **カゾエナイ, カゾエヨー, カゾエマス, カゾエテ, カゾエレバ, カゾエロ** →44

カソー 火葬,仮装,仮想,下層 →8

カソー, カソー 家相(~が悪い) →8

カゾー 加増,家蔵 →8

ガゾー, ガゾー 画像 →8

カソーカイキュー 下層階級 →15

カソーギョーレツ 仮装行列 →15

カソーシャカイ 下層社会 →15

カソーバ 火葬場 →12

カソク 加速 →8

カゾク 家族,華族 →8

ガゾク 雅俗 →18

カゾクアワセ 家族合せ →13

カゾクカンケイ＊ 家族関係 →15

カゾクグルミ 家族包み →95

カゾクケイカク 家族計画 →15

カゾクシュギ 家族主義 →15

カゾクズレ 家族連れ →13

カゾクセイド 家族制度 →15

カソクソーチ 加速装置 →15

カゾクテアテ 家族手当 →12

カソクド, カソクド 加速度 →17

カゾクブロ, カゾクブロ 家族風呂 →12

カソザイ, カソザイ 可塑剤 →14

カソチ 過疎地 →14

ガソリン gasoline →9

ガソリンスタンド gasoline stand〔和〕 →16

カタ 肩 →1 過多 →7

カタ 方,形,型,潟 →1

……かた …方 →94,95

……ガタ …型(**ジユーガタ** 自由~),…形(**タマゴガタ** 卵~) →12

……がた …方 →94,95,38

カタアゲ, カタアゲ 肩上げ →5

カタアシ 片足 →4

カタアテ, カタアテ 肩当て →5

カタイ 堅い,固い,硬い,難い **カタカッタ, カタク, カタクテ, カタケレバ, カタシ** →52c 下腿,過怠 →8

カダイ 過大,歌題,課題,仮題 →8

ガダイ 画題 →8

カタイキ, カタイキ 片息 →4

カタイジ, カタイジ 片意地 →15

カダイシ 過大視 →14b

カタイタ 形板,型板 →4

カタイッポー, カタイッポ 片一方〔俗〕 →39d

カタイト, カタイト 片糸 →4

カタイナカ 片田舎 →12

カダイヒョーカ 過大評価 →15

カダイリョー 過怠料 →14b

カタイレ, カタイレ 肩入れ →5

カタウデ, カタウデ 片腕 →4

カタエ, カタエ 片方 →4

カタエクボ 片靨 →12

カタエダ 片枝 →4

カタオカ 片岡〔姓〕 →22

　～・ニザエモン ～仁左衛門 →26

ガタオチ がた落ち →5

カタオモイ 片思い →13

カタオヤ 片親 →4

カタガキ, カタガキ 肩書 →5

カタガキツキ, カタガキツキ 肩書付き →13

カタカケ 肩掛け →5

カタカゲ 片陰 →4

カタガタ 方方 →11,68 旁(~以て) →68

……カタガタ …旁(**シゴトカタガタ**

̄は高い部分　＂と＂＇は高低が変る部分　⌐は次が下がる符号　→は法則番号参照

ガタガタ――カタテオ

163

仕事～) →95

ガタガタ （～だ・な，～になる） →57

ガタガタ （～する，～と）→57

カタカナ, カタカナ 片仮名 →12

カタカマヤリ 片鎌槍 →12

カタガミ 型紙 →4

カタガワ, カタッカワ 片(っ)側 →4d

カタカワマチ, カタガワマチ 片側町
　→12

カタガワリ 肩代り →13

カタキ 敵 →1

カタギ 気質,堅気 →7

……ガタキ …敵(ゴガタキ 碁～)
　→12

カタキウチ 敵討 →13

カタキドーシ 敵同士 →15

カタギヌ,《古は カタギヌ》 肩衣 →4

カタキヤク 敵役 →14

カタク 仮託,家宅,火宅 →8

カタクズレ 型崩れ →13

カタクソーサク 家宅捜索 →15

カタクチ, カタクチ 片口〖食器〗→4

カタクチイワシ 片口鰯 →12

カタグチ 肩口 →4

カタクナ 頑な →55

カタクリ 片栗 →4

カタクリコ, カタクリコ 片栗粉 →12

カタクルシイ⋆, カタックルシイ⋆ 堅
　(っ)苦しい →54d

カタグルマ,《古は ガタグルマ》 肩車
　→12

カタゲル 傾げる →44

カタコイ 片恋 →4

カタコシ 肩腰(～が痛む) →18

カタゴシ 肩越 →95

カタコト, カタコト 片言 →4

カタコトマジリ 片言交じり →13

カタコリ 肩凝り →5

カタサキ, カタサキ, カタサキ 肩先

→4

カタシキ 型式 →8

カタジケナイ 辱ない →54

カタシロ, カタシロ 形代 →4

カタジン 堅人 →8

カタズ,《古は カタズ》 固唾 →5

カタスカシ, カタスカシ 肩透かし
　→13c

カタズク 片付く →46

カタズケモノ, カタズケモノ, カタズ
　ケモノ 片付物 →12

カタズケル 片付ける →46

カタストロフィー, カタストロフィー
　catastrophe →9

カタスベリ 肩辷り〖衣〗→13

カタスミ, カタスミ 片隅 →4

カタズミ 堅炭 →5

カタゾー 堅蔵(彼は～だ) →25

カタソデ, カタソデ 片袖 →4

カタゾメ, カタゾメ 型染め →5

カタダイ, カタダイ 肩台 →8

カタタタキ 肩叩き →13

カタダヨリ 片便り →12

カタパット, カタパッド 肩pad →16d

カタチ 形 →1

カタチズクル 形作る →46

カタチバカリ 形許り →71

カタチンバ 片跛 →12

カタツキ 肩付 →4

カタツキ, カタツキ 型付き →5

ガタツク →96

カタツケ 型付け →5

カタッパシ, カタッパシ 片っ端 →4d

カタッポ, カタッポー 片っ方〖俗〗
　→8d

カタツムリ 蝸牛 →12

カタツンボ 片聾 →12

カタテ, カタテ 片手 →4

カタテオチ 片手落ち →13

ガギグゲゴは鼻濁音　カタカナ細字は母音の無声化　**★**は長音にもなる符号

カタテナ──カタライ　164

カタテナベ　片手鍋 →12	ガタベリ　がた減り〖俗〗 →5
カタテマ, カタテマ　片手間 →12	カタホー, カタホ　片頬 →4d
カタドーリ　型通り →95	カタホー　片方 →8
カタトキ, カタトキ　片時(〜も) →4	カタボー　片棒(〜をかつぐ) →8
カタドル　象る →46	カタボーエキ　片貿易 →15
カタナ, 《地域的に カタナ》　刀 →1	カタホトリ　片辺り →12
カタナカケ　刀掛け →13	カタマリ　固まり, 塊 →2
カタナカジ　刀鍛冶 →12	カタマル　固まる　カタマラナイ, カタマロー, カタマリマス, カタマッテ, カタマレバ, カタマレ →44
カタナガレ　片流れ〖屋根〗 →13	
カタナキズ　刀傷 →12	
カタナシ　形無し(〜だ) →5	カタミ　片身 →4　形見 →5
カタニ　片荷 →4	ガタミ　肩身(〜が狭い) →18
カタヌキ, カタヌキ　型抜き →5	カタミゴロ　片身頃 →12
カタヌギ, カタヌギ　肩脱ぎ →5	カタミチ　片道 →4
カタヌキテ, カタヌキデ　片抜手 →12	カタミワケ　形見分け →13
カタヌグ　肩脱ぐ →46	カタムキ, カタムキ, カタムキ　傾き →2
カタネリ　固練(煉)り →5	
カタハ, カタバ　片刃 →4	カタムク　傾く →46
カタハイ　片肺 →8	カタムケル　傾ける →46
カタハイヒコー　片肺飛行 →15	カタムスビ　片結び, 固結び →13
カタバカリ, カタバカリ　形許り →71	カタメ　固め(〜の杯, 〜にゆでる) →2, 93　片目 →4
カタハシ, カタハシ　片端 →4	
カタハズレ　型外れ →13	カタメル　固める　カタメナイ, カタメヨー, カタメマス, カタメテ, カタメレバ, カタメロ →44
カタハダ　片肌(〜脱ぐ) →4	
カタハバ　肩幅 →4	
カタバミ　酢漿草〖植・紋所〗	カタメン　片面 →8
カタハライタイ　片腹痛い →54	カタモチ, カタモチ, カタモチ　堅餅 →5
カタパルト　catapult →9	
カタパン　堅pão〖葡〗 →16	カタヤ　片屋(=片屋根) →4
カタヒザ, カタヒザ　片膝(〜をたてて) →4	ガタヤ, カタヤ　片や(〜双葉山) →71
カタビサシ　片庇 →12	カタヤキ　堅焼 →5
カタヒジ　片肘 →4	カタヤブリ　型破り →13
カタヒジ　肩肘(〜はって) →18	カタヤマ　肩山〖洋裁〗 →4
ガタピシ　(〜する, 〜と) →57	カタユデ　固茹で →5
カタビラ, カタビラ, カタビラ　帷子 →4	カタヨセル　片寄せる →46
カタブツ　堅物 →8	カタヨリ, カタヨリ, カタヨリ　片寄り →5
カタブトリ, カタブトリ　固太り →13	カタヨル　片寄る →46
	カタライ, カタライ　語らい →2b

￣は高い部分　…と…は高低が変る部分　￣|は次が下がる符号　→は法則番号参照

165 カタラウ —— カチマモ

カタラ￣ウ 語らう →44

カタ￣リ 語り, 騙り →2

カタリア￣ウ 語り合う →45

カタリアカ￣ス 語り明かす →45

カタリグ￣サ, カタリグ￣サ 語り種 →12

カタリ￣クチ, カタリ￣クチ 語り口 →12

カタリツ￣グ 語り継ぐ →45

カタリ￣テ 語り手 →12

カタリ￣ベ 語り部 →12

カタリモ￣ノ 語り物 →12

カタ￣ル 語る, 騙る カタラ￣ナイ, カタ￣ロー, カタリマ￣ス, カタッ￣テ, カタ￣レバ, カタ￣レ →43

ガ￣タル catarre[蘭] →9

カタ￣ルシス, カタ￣ルシス katharsis[希] →9

カタ￣ログ catalog, 型録 →9

カタ￣ワ 片端(=不具) →4

カタワ￣キ, カタワ￣キ 片脇 →4

カタワ￣ク 型枠 →4

カタワモ￣ノ, カタワモ￣ノ 片端者 →12

カタワ￣ラ, カタワ￣ラ 傍 →4

カタワ￣レ, カタワ￣レ 片割れ →5

カタワレ￣ヅキ 片割れ月 →12

カタ￣ン 荷担, 下端 →8

カ￣ダン 果断, 下段 →8

ガ￣ダン 花壇 →8

ガ￣ダン, カ￣ダン 歌壇 →8

ガ￣ダン 画壇 →8

カタ￣ンイト, カタ￣ンイト cotton 糸 →12a

ガ￣チ 徒歩 →1 価値 →7

カ￣チ 勝 →2

ガ￣チ 雅致 →7

……ガ￣チ …勝ち(クロメガ￣チ 黒目~) →95

カチア￣ウ, カチア￣ウ 搗ち合う →45

カチイ￣クサ 勝ち軍 →12

カチイ￣ロ 褐色 →4 勝ち色 →5

カチウ￣マ, カチウ￣マ(ウはンとも) 勝ち馬 →5

カチエ￣ル 勝ち得る →45

カ￣チカチ (頭が~だ, ~な・に) →57

ガ￣チカチ (~する, ~と) →57

ガ￣チガチ (~だ・な・に) →57

ガ￣チガチ (歯が~する, ~と) →57

カ￣チカチヤマ かちかち山 →12

カチガ￣ン, カチガ￣ン 価値観 →14c

カチ￣キ, カチ￣キ 勝ち気 →7

カ￣チク 家畜 →8

カチグ￣リ 搗栗 →5

カチコ￣シ 勝越し →5

カチコ￣ス, 《新は カチコ￣ス》 勝ち越す →45

カチッパナ￣シ 勝ちっぱなし →95

カチテ￣ン, カチテ￣ン, カチテ￣ン 勝ち点 →5c

カチト￣ーシュ 勝ち投手 →15

カチド￣キ 勝どき[地] →5

カチド￣キ, カチド￣キ, カチド￣キ 勝鬨 →5

カチド￣キバシ 勝鬨橋 →12

カチト￣ル, 《新は カチト￣ル》 勝ち取る, 克ち取る →45c

カチナ￣ノリ 勝ち名乗り →12

カチ￣ニゲ 勝逃げ →5

カチ￣ヌキ 勝抜き →5

カチヌ￣ク, 《新は カチヌ￣ク》 勝ち抜く →45

カチノコ￣ル, カチノコ￣ル 勝ち残る →45

カチ￣ハダシ 徒跣 →12

カチハ￣ンダン 価値判断 →15

カチホコ￣ル, カチホコ￣ル 勝ち誇る →45

カチ￣ボシ 勝ち星 →5

カ￣チマケ, カチ￣マケ 勝負け →18

カチマ￣モリ 勝ち守 →12

ガギグゲゴは鼻濁音　カタカナ細字は母音の無声化　★は長音にもなる符号

カチメ──ガッコー

カチメ, カチメ 勝ち目 →5	カッキ 客気, 活気 →7
ガチャガチャ (~する, ~と) →57	カツギ, カツギ, カズキ, カズキ 被衣 →2d
ガチャガチャ, ガチャガチャ (=くつわ虫) →3	ガッキ 学期, 楽器 →7
カチュー, カチュー 火中, 渦中 →8	カツギコム, カツギコム, 《古・強は カツギコム》 担ぎ込む →45
カチュー 家中 →8 華中〖地〗 →21	カッキズク 活気付く →96
カチョー 家長, 課長 →8	カツギダス, カツギダス, 《古・強は カツギダス》 担ぎ出す →45
カチョー, カチョー 花鳥 →18	カッキテキ 画期的 →95
ガチョー 画帖, 鵞鳥 →8	ガッキマツ 学期末 →14
カチョーキン 課徴金 →14	カツギヤ 担ぎ屋 →94
カチョーフーゲツ, カチョー・フーゲツ 花鳥風月 →99, 97	ガッキュー 学究, 学級 →8
カチロン 価値論 →14	ガッキョ 割拠(群雄~) →7
カツ 且つ →61, 65 勝つ, 克つ カタナイ, カトー, カチマス, カッテ, カテバ, カテ →43 活(~を入れる), 渇(~をいやす) →6 喝〖仏教〗 →66 <カツレツ cutlet →10, 9	ガツギョ 活魚 →7
	カッキョー 活況 →8
	ガッキョク 楽曲 →8
	カッキリ (~千円) →38
カツアイ 割愛 →8	カッキル, カッキル 掻っ切る(腹~) →45d
カツエジニ 餓え死 →13	カッキン 恪勤(精励~) →8
カツエル 飢える, 餓える →43	カツグ 担ぐ →43
カツオ 鰹 →1	ガック, ガック 学区 →7
カツオギ 鰹木 →12	カックー 滑空 →8
カツオブシ 鰹節 →12	ガッグリ (~する, ~と) →55
ガッカ (~する, ~と) →57 閣下, 各科, 各課 →7	カッケ 脚気 →7
ガッカ 学科, 学課 →7	ガッケイ 学兄 →8
カッカイ, カクカイ 角界 →8	カツゲキ 活劇 →8
ガッカイ, カッカイ 各界 →8	カッケショーシン 脚気衝心 →15
ガッカイ 学会, 学界 →8	カッケツ 喀血 →8
カツ・ガイシュー 勝海舟 →22, 24	カッコ 確乎, 確固 →56 括弧, 各戸, 各個 →7 〖児〗(=下駄) →94
カッカク 赫赫(~たる) →58	カッコ, 《雅楽部では カッコ》 羯鼓 →7
カッカザン 活火山 →15	
ガッカ(・)ソーヨー 隔靴掻痒 →97, 98	カッコイー 格(恰)好良い〖俗〗 →54d
ガツガツ (~する, ~と) →57	カッコー 格(恰)好, 滑降, 角行 →8
ガッカリ (~する, ~と) →55	カッコー 郭公, 各校 →8
カッカン, キャッカン 客観 →8	カツゴー 渇仰 →8
カツガン 活眼 →8	ガッコー 学校 →8
ガッカン 学監 →8	

￣は高い部分 ⁀と ⁀は高低が変る部分 ⌐は次が下がる符号 →は法則番号参照

ガッコー ── カッティ

……**ガッ**コー …学校(**ハナヨメガッ**
　コー 花嫁～) →15

ガッコーイ 学校医 →17

ガッコーエィ.セィ. 学校衛生 →15

ガッコーキューショク 学校給食 →15

ガッコーキョーイク 学校教育 →15

ガッコーグン 学校群 →14a

ガッコーケィ.エィ. 学校経営 →15

ガッコーチョー 学校長 →17

ガッコーデ 学校出 →12

ガッコーホーソー 学校放送 →15

カッコク, **カッコ**ク 各国 →8

カッコム,《新は **カッコ**ム》 掻っ込む
　→45

カッサイ 喝采 →8

ガッサイブクロ 合切袋 →12

ガッサク 合作 →8

ガッサツ 合冊 →8

カッサツジザイ, **カッサツジザ**イ 活
　殺自在 →98, 99

ガッサン 合算 →8

ガッサン 月山 →8

カツサンド <cutlet+sandwich →10

カツジ 活字 →7

カツシカ,《古は **カツシ**カ》 葛飾〔地〕
　→21

カツシカク 葛飾区 →14

カツシカ(·)**ホク**サイ, **～·ホクサ**イ,
　《新は **～·ホクサ**イ》, **カツシカホク**
　サイ 葛飾北斎 →22, 25, 27

カツジバン 活字版 →14

カツジボン 活字本 →14

ガッシャ, **ガッ**シャ 滑車, 活写 →7

ガッシューコク 合衆国 →14a

ガッシュク 合宿 →8

カッショー 滑翔 →8

カツジョー 割譲 →8

ガッショー 合唱 →8

ガッショー,《建築では **ガッショ**ー》

　合掌 →8

ガッショータイ 合唱隊 →14

ガッショーダン 合唱団 →14a

カッショク 褐色 →8

ガッシリ (～している, ～と) →55

カツジンガ 活人画 →14

カッスイ 渇水 →8

カッスイキ 渇水期 →14b

カッスル, **カッス**ル 渇する →48

ガッスル, **ガッス**ル 合する →48

カッセィ. 活性 →8

カッセィ.タン 活性炭 →14

カッセキ 滑石 →8

カッセン,《古は **ガッセ**ン》 合戦 →8

カツゼン 豁然, 夏然 →56

カッソー 滑走 →8

ガッソー 合奏, 合葬 →8

カッソーダイ, **カッソーダ**イ 滑走台
　→14a

カッソーロ 滑走路 →14a

カッター cutter →9

カッターシャツ cutter shirt〔和〕→16

ガッタイ 合体 →8

カッタツ 闊達 →8

カツダツ 滑脱 →8

カッタン, **カッ**タン 褐炭 →8

カツダンソー 活断層 →15

ガッチ 合致 →7

カッチャク 活着 →8

カッチュー, **カッチュ**ー 甲冑 →18

ガッチリ (十時～) →38

ガッチリ (～している, ～と) →55

ガッツ guts(～がある) →9

ガッツク 〔俗〕(=がつがつする) →96

カッテ 勝手(～な人, **オカッテ** 御～)
　→5, 92

カッテ, **カッ**テ 曽て →67d

カッティング, **カッティ**ング cutting
　→9

ガギグゲゴは鼻濁音　カタカナ細字は母音の無声化　★は長音にもなる符号

カッテキ──カツラシ　168

カッテキママ　勝手気儘　→98	カッパンジョ, カッパンジョ　活版所　→14
カッテグチ, カッテグチ　勝手口　→12	カッパンズリ　活版刷り　→13
カッテシダイ　勝手次第　→95	カッパンヤ　活版屋　→94
カッテドーグ　勝手道具　→15	ガッピ　月日　→4
カッテムキ　勝手向き　→12	ガッピョー　合評　→8
カッテモト　勝手元　→12	カップ, ワップ　割賦　→7
ガッテン　合点(=点の合算など)　→8	カップ　cup　→9
ガッテン　合点(=承知。～だ)　→8	カップク　割腹,恰幅　→8
カット　cut　→9	カップケーキ　cupcake　→16
カット, カット　(～なる,～見開く)　→55	カツブシ　＜カツオブシ　鰹節　→12d
ガット　gut　→9　GATT＜General Agreement on Tariffs and Trade(関税および貿易に関する一般協定)　→16	カップハンバイ　割賦販売　→15
カットー　葛藤　→8	カップメン　cup 麺　→14
カツドー　活動《活動写真も》　→8	カップル　couple　→9
カツドーイン　活動員　→14a	ガッペイ★　合併　→8
カツドーカ　活動家　→14	ガッペイ★ショー, ガッペイ★ショー　合併症　→14b
カツドーシキン, カツドーシキン　活動資金　→15c	カツベン　活弁＜活動弁士　→10
カツドーシャシン　活動写真　→15	ガッポ　闊歩(～する)　→7
カツドーテキ　活動的　→95	カツボー　渇望　→8
カツドーヒ　活動費　→14a	カッポー　割烹　→8
カツドーリョク　活動力　→14a	カッポーギ　割烹着　→13a
カットグラス　cut glass　→16	カッポーテン　割烹店　→14a
カットソー　＜cut and sewn　→16	カッポーリョカン　割烹旅館　→15
カットバス, カットバス　かっ飛ばす〚俗〛　→45d	カッポレ　〚芸能〛(甘茶で～)　→3
カットメン　cut 綿　→14	ガッポン　合本　→8
カツドン　カツ丼＜cutlet 丼　→10	カツマタ　且つ又　→67
カッパ　河童　→1　合羽　→9	カツモク　刮目(～して待つ)　→8
カッパ　喝破(～する)　→7	カツヤク　活躍　→8
カッパツ　活発(溌)　→8	カツヤクキン, カツヤクキン, カツヤクキン　括約筋　→14c
カッパマキ　河童巻　→13	カツヨー　活用　→8
カッパライ　掻っ払い　→13	カツヨージュ　闊葉樹　→14a
カッパラウ, カッパラウ　掻っ払う　→45d	カツラ　桂,鬘　→1
カッパン　活版　→8	カツラ　桂〚姓〛　→22
カッパンインサツ　活版印刷　→15	～・ブンラク　～文楽　→24
	カツラアワセ　鬘合せ　→13
	カツラク　滑落　→8
	カツラシタ　鬘下　→12

ー は高い部分　··· と ··· は高低が変る部分　┐は次が下がる符号　→は法則番号参照

カツラ⌣ジタジ, カツラ⌣ジタジ 鬘下地 →15c	⇨フー⌣シカデン
カツラヤ 鬘屋 →94	カデンツァ cadenza〔伊〕 →9
カツラリキュー 桂離宮 →15	ガデンノ(·)クツ, カデンノクツ 瓜田 の履 →97, 98
カツリョク, カツリョク 活力 →8	
カツレイ 割礼 →8	ガト 過渡, 家兎 →7
カツレキモノ 活歴物 →12	ガド 門, 角, 廉 →1 過度 →7
カツレツ ＜cutlet →9	カトー 下等 →8
カツロ 活路(〜を求む) →7	カトー, カトー 果糖 →8
カツワ 且つは →67	ガトー 河東＜河東節 →3
カテ, ガテ 糧 →1 糅 →2	ガトー 加藤〔姓〕 →22
カテイ 仮定, 河底, 家庭, 過程, 課程 →8	〜(·)キヨマサ 〜清正 →24, 27
カテイカ 家庭科 →14	カドー 稼働, 可動 →8
カテイギ, カテイギ 家庭着 →13b	ガドー 花道, 華道, 歌道 →8
カテイキョーイク 家庭教育 →15	ガドー 画道 →8
カテイキョーシ 家庭教師 →15	カドーキョー 可動橋 →14
カテイケイ 仮定形 →14	カトーキョーソー 過当競争 →15
カテイサイエン 家庭菜園 →15	カトーグチ 瓦燈口, 火燈口 →12a
カテイサイバンショ, カテイサイバンショ 家庭裁判所 →17	カトーショクブツ 下等植物 →15
	カトーセイジ 寡頭政治 →15
カテイジン 家庭人 →14b	カトードーブツ 下等動物 →15
カテイセイカツ 家庭生活 →15	カトーブシ 河東節 →12a
カテイソーギ 家庭争議 →15	カドーリツ 稼働率 →14a
カテイテキ 家庭的 →95	カドカドシイ 角角しい →53
カテイムキ 家庭向き →13	カトキ 過渡期 →14
カテイヨー 家庭用 →14	カトク, ガトク 家督 →8
カテイラン 家庭欄 →14b	カトクソーゾク 家督相続 →15
カテーテル katheter〔蘭〕 →9	カドグチ 門口 →4
カテゴリー Kategorie〔独〕 →9	カドサキ, カドサキ 門先 →4
ガテテクワエテ 糅てて加えて →98	カドズケ, カドズケ 門付け →5
カテドラル cathédrale〔仏〕 →9	カドダツ 角立つ →46
……ガテラ (アソビガテラ 遊び〜) →95	カドダテル 角立てる →46
	カドチ, カドチ 角地 →7
カデン 荷電, 家伝 →8 家電＜家庭電気製品 →10	カドチガイ 門違い →13
	カドデ, カドデ 門出 →5
ガテン, ガテン, ガテン 合点 →8d	カドナミ 門並み →4
ガデン(·)インスイ, ガデンインスイ 我田引水 →97, 98	カドバル 角張る →96
	カドバン 角番〔相撲など〕 →8
カデンショ, カデンショ 花伝書〔書〕	カドビ 門火 →4
	カドマツ 門松 →4

ガギグゲゴは鼻濁音　カタカナ細字は母音の無声化　★は長音にもなる符号

カドミセ──カナシミ　170

カドミセ, カドミセ　角店 →4

カドミューム, カドミウム　cadmium →9

カトリセンコー　蚊取線香 →15

カトリック　katholiek〔蘭〕→9

カトレア, カトレヤ　cattleya〔植〕→9

カドワカシ　勾引, 誘拐 →2

カドワカス　勾引す →44

カトン　火遁(〜の術) →8

カトンボ,《古は カトンボ》蚊蜻蛉 →12

カナ　仮名 →4

……カナ; ……カナ　…哉〔感動を表わす助詞〕(ナクカナ 泣く〜, ヨムカナ 読む〜) →72

……カナ　…哉〔感動を表わす助詞〕(カナシ―カナ 悲しい〜, タノシ―カナ 楽しい〜) →74

……ガナ; ……ガナ　…哉〔感動を表わす助詞〕(トリガナ 鳥〜, ハナガナ 花〜, アメガナ 雨〜) →71

……カナ; ……カナ　〔疑問を表わす助詞〕(ナクカナ 泣く〜, ヨムカナ 読む〜, アガイカナ 赤い〜, シロイカナ 白い〜) →72, 74b

……ガナ; ……ガナ; ……カナ　〔疑問を表わす助詞〕(トリガナ 鳥〜, ハナガナ 花〜, アメガナ 雨〜) →71

カナアミ　金網 →4

ガナイ　家内 →8

カナイコーギョー　家内工業 →15

カナイジュー　家内中 →14

カナイロ　金色 →4

カナイロードー　家内労働 →15

カナウ　適う・叶う・敵う(カナワナイ) →43, 83

カナエ　鼎(〜の軽重を問う) →4

カナエル, カナエル　適える, 叶える →44b

ガナカ　Kanaka〔ハワ〕〔人種〕→21

カナガキ　仮名書き →5

カナガキ・ロブン, カナガキロブン　仮名垣魯文 →22, 24, 27

カナガシラ, カナガシラ　金頭〔魚〕→12

カナカナ, カナガナ　(=ひぐらし) →3

カナガワ　神奈川〔地〕→21

カナガワケン　神奈川県 →14

カナキリゴエ　金切声 →12

カナキン, カネキン　canequim〔葡〕→9

カナグ　金具 →7

カナクギ,《古は カナクギ》金釘 →4

カナクギリュー　金釘流 →14

カナクサイ　金臭い →54

カナグシ　金串 →4

カナクズ, カナクズ　金屑 →4

カナグツワ　金轡(〜をはめる) →12

カナグリ, カネグリ　金繰り →5

カナグリステル,《古・強は カナグリステル》かなぐり捨てる →45

カナケ　金気, 鉄気 →93

カナサビ　金錆 →4

カナザワ　金沢〔地〕→21

カナザワシ　金沢市 →14

カナザワハッケイ　金沢八景 →15

カナザワブンコ　金沢文庫 →15

カナシイ　悲しい　カナシカッタ, カナシク, カナシクテ,《新は カナシクテ》, カナシケレバ, カナシ →52c

カナシガル　悲しがる →96

カナシキ　鉄敷 →5

カナシゲ, カナシゲ　悲しげ →93

カナシサ, カナシサ　悲しさ →93c

カナシバリ, カナシバリ, カナシバリ　金縛り →13

カナシブ　鉄渋 →4

カナシミ, カナシミ, カナシミ　悲しみ →2

‾は高い部分　…と…は高低が変る部分　⌐は次が下がる符号　→は法則番号参照

171　　　　　　　　　　　　　　　　　**カナシム──カネコ**

カナシム　悲しむ →44

カナジャクシ　金杓子 →15

カナズカイ　仮名遣い →13

カナズチ, カナヅチ　金槌 →4

カナゾーシ　仮名草子 →15

カナタ,《古は カナタ》　彼方 →64

カナダ　Canada〖国〗 →21

カナダライ　金盥 →12

カナッペ　canapé〔仏〕 →9

カナツボマナコ　金壺眼 →12

カナツンボ　金聾 →12

カナテコ　鉄梃 →4

カナデホン(·)チューシングラ　仮名手
本忠臣蔵〖浄瑠璃・歌舞伎〗 →97, 98

カナデル　奏でる →43

カナトコ　鉄床 →4

カナニューリョク　仮名入力 →15

カナバサミ　金鋏 →12

カナビバシ　金火箸 →12

カナブツ　金仏(木仏~石仏) →8

カナブン, カナブン, カナブン　金ぶ
ん〖昆虫〗 →5

カナヘビ　金蛇 →4

カナボー　鉄棒(鬼に~) →8

カナボーヒキ　金棒引き →13a

カナボン　仮名本 →14

カナマイシン　Kanamycin →16

カナマジリ, カナマジリ　仮名交じり
→13

カナメ　要 →4

カナメチョー　要町〖地〗 →14

カナメモチ　要黐〖植〗 →12

カナモジ　仮名文字 →15

カナモノ　金物 →4

カナモノヤ　金物屋(~さん) →94

カナヤマ　金山 →4

カナラズ　必ず →61

カナラズシモ　必ずしも →67

カナラズヤ, カナラズヤ　必ずや →67

ガナリ　可なり(死すとも~) →89　可
成(~強い, ~の出来) →67

カナリア, カナリヤ　canaria〔西〕 →9

ガナル　〖俗〗(=どなる) →46

カナワ　鉄輪 →4

カナン　火難(~の相) →8

カナン　華南〖地〗 →21

カニ　蟹 →1

カニカン　蟹缶 →16

カニク, ガニク　果肉 →8

カニコーセン, カニコーセン　蟹工船
→15

カニタマ　蟹玉<蟹玉子 →10

カニババ　蟹屎 →4

ガニマタ　蟹股 →4

カニュー　加入 →8

カニューシャ　加入者 →14a

カヌー　canoe →9

カヌマッチ　鹿沼土 →12

カネ　金, 矩(=矩尺), 鐘, 鉦, 鉄漿 →1

カネ　兼・かね〖女名〗 →23

……カネ; ……カネ　〖助〗(ナクカネ
泣く~, ヨムカネ 読む~, アガイカネ
赤い~, シロイカネ 白い~) →72, 74b

……カネ; ……カネ; ……カネ　〖助〗
(トリカネ 鳥~, ハナカネ 花~, アメ
カネ 雨~) →71

カネアイ　兼合い →5

カネアツメ　金集め →13

カネイレ, カネイレ　金入れ →5

カネカシ, カネカシ,《新は カネカシ》
金貸し →5

カネガネ, カネガネ　予予 →68

カネカリ　金借り →5

カネカンジョー　金勘定 →15

カネクイムシ　金食い虫 →12b

カネグラ　金蔵 →4

カネグリ　金繰り →5

カネコ　金子〖姓〗 →22

ガギグゲゴは鼻濁音　カタカナ細字は母音の無声化　★は長音にもなる符号

カネザシ──カハン　172

カネザシ　矩差　→5	カノ　彼の（～人，～有名なる）→64
カネサンダン　金算段　→15	ガノイワイ　賀の祝　→19
カネジャク　矩尺　→8	カノエ　庚〘十干〙→19
カネショー　金性（あの人は～だ）→8	カノー　可能，化膿，嘉納　→8
カネズカイ　金遣い　→13	カノー　狩野〘姓〙→22
カネズク，カネズク　金尽　→95	～(·)エイ·トク，《古は ～(·)エイ·トク》
カネズツミ　金包　→13	～永徳　→24, 27
カネズマリ，カネズマリ，《古は カネ	～(·)タンユー，《古は ～(·)タンユー》
ズマリ》　金詰まり　→13	～探幽　→24, 27
カネズル　金蔓（～をつかむ）→4	カノーキン，カノーキン　化膿菌
カネソナエル，カネソナエル　兼備え	→14a
る　→45	カノーセイ　可能性　→14
カネダカ　金高　→4	カノーハ　狩野派　→14
カネタタキ，《古は カネタタキ》　鉦叩	カノコ，《古は カノコ》　鹿の子　→19
き《昆虫も》→13	カノコジボリ　鹿の子絞り　→12
カネツ　加熱，過熱　→8	カノコマダラ　鹿の子斑　→12
カネツ，カネツ　火熱　→8	カノコモチ　鹿の子餅　→12
カネツキ，カネツキ　加熱器　→14c	カノジョ，《カノジョ は避けたい》　彼
カネツキ，カネツキ　鐘撞き　→5	女　→19
カネツキドー　鐘撞堂　→14	カノト　辛〘十干〙→19
カネテ　予て　→67	カノン　canon　→9
カネドコロ，カネドコロ　金所　→12	カバ　樺　→1　河馬　→7
カネバコ　金箱　→4	カバー　cover　→9
カネバナレ，カネバナレ，《古は カネ	カバーガール　cover girl　→16
バナレ》　金離れ　→13	カハイ　加配　→8
カネビラ　金片（～を切る）→4	カバイダテ　庇い立て　→95
カネヘン　金偏（＝釒）→8	カバイロ　樺色　→4
カネマワリ，カネマワリ，《古は カネ	カバウ　庇う　→43
マワリ》　金回り　→12	カハク　仮泊　→8
カネメ　金目　→4	カハク，カハク　下膊　→8
カネモーケ，カネモーケ，《古は カネ	ガハク，ガハク　画伯　→8
モーケ》　金儲け　→13	カバシラ，カバシラ，《古は カバシラ》
カネモチ，カネモチ　金持　→5	蚊柱　→12
カネモト　金元　→4	カバネ　姓，屍　→1
カネル　兼ねる　→43	カバヤキ　蒲焼　→5
カネンゴミ　可燃ごみ　→12a	カバライ　過払い　→13
カネンセイ　可燃性　→14	カバリ　蚊鉤　→4
カネンド　過年度　→15	カハン　下半　→8
カネンブツ　可燃物　→14a	カハン，カハン　河畔，過半　→8

￣は高い部分　˵と˶は高低が変る部分　⌐は次が下がる符号　→は法則番号参照

カ͡ハン 過般 →8, 61	カブキシ͡バイ 歌舞伎芝居 →12
カ͡バン 下番 →8 鞄 →9	カブキ(・)ジュー͡ハチ͡バン 歌舞伎十八
ガ͡バン 画板 →8	番 →39
カ͡ハン͡シン 下半身 →15	カブキ͡ハイユー 歌舞伎俳優 →15
カ͡バンスー, カ͡ハンスー 過半数 →17	カブキ͡モン 冠木門 →14
カ͡バンモチ 鞄持ち →13a	カブキヤ͡クシャ 歌舞伎役者 →15
カ͡ヒ 下婢, 歌碑 →7 可否 →18	カ͡ブキュー, カ͡フキュー 過不及
カ͡ビ 黴 →2	→18c
カ͡ビ 華美 →7	カブ͡キン, カブ͡キン 株金 →8
カ͡ビク͡サイ 黴臭い →54	ガ͡フク 禍福 →18
カ͡ピ͡タン capitão〔葡〕 →9	ガ͡フク, ガ͡フク 画幅 →8
カ͡ヒツ 加筆 →8	カ͡フク͡ブ 下腹部 →14
ガ͡ヒツ 画筆 →8	カブ͡ケン, カブ͡ケン 株券 →8
ガ͡ビョー 画鋲 →8	カブ͡サル 被さる →44
カ͡ビル 黴びる →43	カブ͡シキ 株式 →8
カ͡ヒン 佳品 →8	カブ͡シキガ͡イシャ 株式会社 →15
カ͡ビン 過敏, 花瓶 →8	カブ͡シキジ͡ョー 株式市場 →15
カ͡ビンショー, カ͡ビンショー 過敏症	カ͡フス cuffs →9
→14	カ͡フスボタン cuffs〔英〕＋botão〔葡〕
カ͡フ 下付, 火夫, 家父, 家扶, 寡婦 →7	→16
カ͡ブ 蕪, 株 →1	カブ͡セル 被せる →44
カ͡ブ 下部 →7 歌舞(～音曲) →18	カ͡プセル Kapsel〔独〕 →9
ガ͡フ, ガ͡フ 画布 →7	カ͡プセルホテル kapsel hotel〔和〕 →16
カ͡フー 下風(～に立つ), 歌風 →8	カ͡フソク, カ͡フソク 過不足 →18c
カ͡フー, カ͡フー 家風 →8	カプ͡チーノ cappuccino〔伊〕 →9
ガ͡フー 画風 →8	カ͡フチョー͡セイ★ 家父長制 →14
カ͡フェ͡イン Kaffeine〔独〕 →9	カ͡ブト 兜, 冑 →1
カ͡フェー, カ͡フェ, 《古く カ͡フエ》	カブ͡トガニ 兜蟹 →12
café〔仏〕 →9	カブ͡トクビ 兜首 →12
カ͡フェオレ, カ͡フェオレ ＜café au lait	カブ͡トチョー 兜町〖地〗 →14
〔仏〕 →16	カブ͡トニンギョー 兜人形 →15
カ͡フェテラス café terrace〔和〕 →16	カブ͡トムシ 甲虫 →12
カ͡フェテリア, カ͡フェテリヤ cafete-	カブ͡ヌシ, カブ͡ヌシ 株主 →4
ria →9	カブ͡ヌシゾー͡カイ 株主総会 →15
カブ͡カ, カブ͡カ 株価 →7	カ͡フネン͡キン 寡婦年金 →15
ガブ͡ガブ (腹が～だ, ～な・に) →57	ガブ͡ノミ がぶ飲み〖俗〗 →5
ガブ͡ガブ (～飲む, ～する, ～と) →57	カブ͡マ 株間 →4
カブ͡キ 歌舞伎 →2	カブ͡ヤ 株屋 →94
カブ͡キザ 歌舞伎座 →14	カブ͡ラ 蕪, 鏑 →1

ガギグゲゴは鼻濁音　カタカナ細字は母音の無声化　★は長音にもなる符号

カブラナ──ガマガエ　174

カブラナ, カブラナ 蕪菜 →12	**カベドナリ** 壁隣 →12
カブラヤ 鏑矢 →12	**カベヌリ, カベヌリ** 壁塗り →5
カブリ, カブリ,《新は **カブリ**》 頭(~を振る) →1	**カベヒトエ** 壁一重 →39
カブリ 被り →2	**カヘン** カ変＜カ行変格活用 →10
カブリツキ 齧付き →13	**カベン, カベン** 花弁 →8
カブリツク, カブリツク,《古・強は **カブリツク**》 齧り付く →45	**カヘンシホン** 可変資本 →15
カブリモノ, カブリモノ, カブリモノ 被り物 →12	**カホー** 加俸 →8
カブル 被る **カブラナイ, カブロー, カブリマス, カブッテ, カブレバ, カブレ** →43	**カホー, カホー** 家宝 →8
	カホー, カホー 下方 →8
カブレ 気触れ →2	**カホー** 果報(~は寝て待て) →18
カブレル 気触れる →43	**カホー, カホー** 火砲, 加法〖数学〗 →8
カブワケ, カブワケ 株分け →5	**ガホー, ガホー** 画法, 画報 →8
カフン 花粉 →8	**カホーマケ, カホーマケ** 果報負け →13
カブン 過分(~に), 寡聞(~にして) →8	**カホーモノ, カホーモノ** 果報者 →12
カフンショー, カフンショー 花粉症 →14a	**カホク** 華北〖地〗 →21
カベ 壁 →1	**カボク** 花木, 家僕 →8
カヘイ 貨幣 →8	**カホゴ** 過保護 →15
カヘイ, カヘイ 寡兵 →8	**カボソイ, カボソイ** か細い →91
ガベイ 画餅(~に帰する) →8	**カボチャ** 南瓜 →9d
カヘイカチ 貨幣価値 →15	**カポック, カポック** kapok →9
カヘイケイザイ 貨幣経済 →15	**ガボット** gavotte〔仏〕 →9
カヘイセイド 貨幣制度 →15	**カホド** 斯程 →76, 67
カベイタ 壁板 →4	**カホンカ** 禾本科 →14
カベカケ, カベカケ, カベカケ 壁掛 →5	**カマ** 釜, 窯, 竈, 罐 →1
カベガミ 壁紙 →4	**カマ** 鎌(~をかける)(魚の~) →1
カベギワ 壁際 →4	**ガマ,**《新は **ガマ**》 蒲 →1
カベゴシ 壁越し →95	**ガマ, ガマ** 蝦蟇 →1
カベシタジ, カベシタジ 壁下地 →15c	**カマアゲウドン** 釜揚げ饂飩 →15
カベシンブン 壁新聞 →15	**カマイタチ,**《古は **ガマイタチ**》 鎌鼬 →12
カベソショー 壁訴訟 →15	**カマイテ, カマイテ** 構い手 →12
カベッチ 壁土 →4	**カマウ** 構う **カマワナイ, カマオー, カマイマス, カマッテ, カマエバ, カマエ** →43
	カマウデ, カマユデ 釜茹で →5
	カマエ, カマエ 構え →2b
	カマエル, カマエル 構える →44b
	ガマガエル 蝦蟇 →12

‾は高い部分　˙˙と˙˙は高低が変る部分　‾は次が下がる符号　→は法則番号参照

カマキリ　蟷螂〖昆虫〗→5	カミアライ　髪洗い →13
ガマグチ　蝦蟇口 →4	カミアライコ　髪洗粉 →12
カマクビ,《古は カマクビ》　鎌首 →4	カミアワス, カミアワス　噛み合わす →45
カマクラ, カマクラ　鎌倉〖地・時代〗→21	カミアワセ　噛合せ →13
カマクラジダイ　鎌倉時代 →15	カミアワセル, カミアワセル　噛み合わせる →45
カマクラバクフ　鎌倉幕府 →15	カミイー, カミユイ　髪結 →5db
カマクラボリ　鎌倉彫 →13	カミーサン　髪結さん →94d
カマケル, カマケル　(仕事に～)→43	カミードコ　髪結床 →12d
……ガマシイ★ (ミレンガマシイ★ 未練～, ウラミガマシイ★ 恨み～)→96	カミイレ, カミイレ　紙入 →5
カマシキ, カマシキ, カマシキ　釜敷 →5	カミオシロイ　紙白粉 →12
カマス, カマス　魳〖魚〗→1	カミオムツ　紙御襁褓 →12
カマス　噛ます(一発～)→44	カミガカリ　神憑り,上掛〖能〗→13
カマス, カマス　叺 →4	カミガキ　神垣 →4
カマタ　蒲田〖地〗→21	カミガクシ, カミガクシ　神隠し →13
カマタキ, カマタキ　罐焚き →5	カミガケテ, カミガケテ　神掛けて →67
カマチ,《古は カマチ》　框 →1	カミガザリ　髪飾り →12
カマド　竈 →4	カミカゼ　神風 →4
カマトト　〖俗〗(あいつは～だ)→4	カミガタ　髪型 →4
ガマノアブラ　蝦蟇の油 →19	カミガタ, カミガタ　上方〖地〗→95
カマバ　釜場 →4	カミガタゼーロク, カミガタゼーロク　上方贅六 →15d
カマビスシイ★　囂しい →54	カミガタチ, カミカタチ　髪容 →18
カマボコ　蒲鉾 →4	カミガタチ, カミカタチ, カミカタチ　髪形 →12,98
カマボコガタ　蒲鉾形 →95	カミガタフー　上方風 →95
カマメシ　釜飯 →4	カミガタマイ　上方舞(=地唄舞)→12
カマモト　窯元 →4	カミガタラクゴ　上方落語 →15
カマユデ　釜茹で →5	カミガミ　神神 →11
ガマン　我慢 →8	ガミガミ　(～怒る,～と)→57
ガマンズヨイ　我慢強い →54	カミキ　上期 →7
カマンベール　camembert〖仏〗→9	カミキリ, カミキリ　紙切り →5
カミ　上 →1 加味 →7	カミキリムシ　髪切虫 →12
カミ,《もと カミ》　神 →1	カミキル,《新は カミキル》　噛み切る →45
カミ　紙,髪 →1	カミキレ, カミキレ, カミッキレ　紙(っ)切れ →4d
カミアイ　噛合い →5	
カミアウ,《新は カミアウ》　噛み合う →45	
カミアブラ　髪油 →12	

ガギグゲゴは鼻濁音　カタカナ細字は母音の無声化　★は長音にもなる符号

カミクズ──カミヒモ　176

カミクズ, カミックズ　紙(っ)屑 →4d	カミタバコ　噛み煙草 →16
カミクズカイ　紙屑買い →13	カミツ　過密 →8
カミクズカゴ　紙屑籠 →12	カミツク, 《新は カミツク》　噛み付く →45
カミクズヒロイ　紙屑拾い →13	カミツダイヤ　過密ダイヤ<過密 diagram →16
カミクセ, カミクセ, カミグセ　髪癖 →4	カミッチイキ　過密地域 →15
カミクダク, カミクダク　噛み砕く →45	カミットシ　過密都市 →15
カミコ　紙衣 →4	カミツブス, カミツブス　噛み潰す →45
カミコーチ　上高地〖地〗→15	カミツブテ　紙礫 →12
カミコップ　紙 kop〖蘭〗→16	カミテ, 《新は カミテ》　上手 →4
カミコナス, カミコナス　噛みこなす →45	カミテープ　紙 tape →16
カミコロス, カミコロス　噛み殺す →45	カミデッポー　紙鉄砲 →15
カミザ　上座 →7	カミドコ　髪床<髪結床 →12d
カミザイク　紙細工 →15	カミドコヤ　髪床屋 →94
ガミサマ, 《もと カミサマ》　神様 →94	カミナズキ, カンナズキ　神無月 →12d
カミサン　上さん・内儀さん(オカミサン 御~) →94, 92	カミナプキン　紙 napkin →16
カミシバイ　紙芝居 →12	カミナリ, カミナリ　雷 →5
カミシメル, カミシメル　噛み締める →45	カミナリオコシ, カミナリオコシ　雷おこし〖菓子〗→12
カミシモ　裃 →4	カミナリオヤジ　雷親父 →12
ガミシモ　上下(=上と下。あんま~三百文) →18	カミナリサマ, カミナリサマ　雷様 →94
カミジンジン, カミシンジン　神信心 →15	カミナリゾク　雷族 →14
カミスキ, カミスキ, カミスキ　紙漉き, 髪梳き →5c	カミナリモン　雷門〖地〗→14
カミズツミ　紙包 →12	カミナリヨケ　雷除け →13
カミセイ　紙製 →8	カミニンギョー　紙人形 →15
カミセイヒン　紙製品 →17	カミネンド　紙粘土 →15
カミセキ　上席〖寄席〗→4	カミノク, ガミノク　上の句 →19
カミソリ, カミゾリ　剃刀 →5	カミノケ　髪の毛 →19
カミソリマケ　剃刀負け →13	カミバコ, カミバコ　紙箱 →4
カミダナ　神棚 →4	カミバサミ　紙鋏 →12　紙挟み →13
カミダノミ　神頼み →13	カミハンキ　上半期 →15
	カミヒコーキ　紙飛行機 →17
	カミヒトエ　紙一重 →39
	カミビナ　紙雛 →4
	カミヒモ　紙紐 →4

̄は高い部分　̈と̈は高低が変る部分　⌐は次が下がる符号　→は法則番号参照

カミビョーシ,《古は カミビョーシ》
　紙表紙 →15
カミブーセン 紙風船 →15
カミブクロ 紙袋 →12
カミフブキ 紙吹雪 →12
カミホトケ, カミホトケ 神仏 →18
カミマイリ 神参り →13
カミマキ 紙巻き →5
カミモーデ 神詣で →13
カミヤ 紙屋 →94
カミヤクニン 上役人 →15
カミヤシキ 上屋敷 →12
カミヤスリ 紙鑢 →12
カミヤチョー 神谷町〖地〗→14
カミユイ, カミイー 髪結 →5db
カミユイドコ, カミードコ 髪結床
　→12d
カミヨ, カミヨ 神代 →4
カミワケル, カミワケル 噛み分ける
　→45
カミワザ, カミワザ 神業 →4
カミワル, カミワル 噛み割る →45
カミン 仮眠 →8
カム 攫む(漬物を~) →43
カム 噛む カマナイ, カモー, カミ
マス, ガンデ, ガメバ, ガメ →43
ガム <chewing gum →9
ガムシャラ 我武者羅 →55
カムチャッカ, カムチャツカ
　Kamchatka〖地〗→21
ガムテープ gum tape〔和〕→16
カムバック, ガムバック(ムはンとも)
　comeback →16
カムフラージュ, カモフラージュ
　camouflage〔仏〕→9
ガムラン, ガメラン gamelan〔インドネシア〕→9
カムリ, カンムリ 冠 →2d
カムリヅケ 冠付け →13
カムル 冠る →43

カムロ 禿 →1d
カメ 亀〈女名も〉→1, 23
カメ 瓶, 甕 →1
カメイ 加盟, 仮名 →8
カメイ 家名 →8
カメイ, カメイ 下命 →8
カメイコク 加盟国 →14b
カメイダンタイ 加盟団体 →15
カメイド 亀戸〖地〗→21
ガメオ cameo →9
ガメツイ, ガメツイ →54
カメノコ 亀の子 →19
カメノコー, ガメノ・コー 亀の甲(~
　より年の功) →19, 97
カメノコダワシ 亀の子束子 →12
カメブシ 亀節 →4
ガメラ, キャメラ camera →9
カメラアイ camera-eye →16
カメラアングル camera angle →16
カメラマン cameraman →16
カメラヤ camera屋 →94
カメレオン chameleon →9
カメン 仮面(~をかぶる) →8
ガメン, カメン 下面 →8
ガメン, ガメン 画面 →8
カモ 鴨〈姓も〉→1, 22 賀茂〖地・姓〗
　→21, 22
カモノ・チョーメイ, カモノチョー
　メイ 鴨長明 →24, 27
カモノ・マブチ, カモノマブチ 賀
　茂真淵 →24, 27
カモイ, カモイ 鴨居 →5
カモガワ 賀茂川, 鴨川 →12
カモク 寡黙, 科目, 課目 →8
カモジ 髢 →94
カモシカ 羚羊 →4
カモシダス, カモシダス 醸し出す
　→45
カモジンジャ 賀茂神社 →15

ガギグゲゴは鼻濁音　カタカナ細字は母音の無声化　★は長音にもなる符号

力

カモス 醸す(酒を～) →44	カヨウ 通う カヨワナイ, カヨオー, カヨイマス, カヨッテ, カヨエバ, カヨエ →43

カモス 醸す(酒を～) →44
カモツ 貨物 →8
カモツジドーシャ 貨物自動車 →17
カモツセン 貨物船 →14
カモツレッシャ 貨物列車 →15
カモナン 鴨南<**カモナンバン** 鴨南蛮 →10, 15
カモノハシ, カモノハシ 鴨の嘴〚動〛 →19
カモフラージュ, カムフラージュ camouflage〔仏〕→9
カモマツリ, カモノマツリ 賀茂祭 →12, 19
カモメ 鴎 →1
カモリョー 鴨猟 →8
カモン 下問, 渦紋, 家紋 →8
カモン 家門 →8
カヤ 蚊帳 →4
カヤ 茅, 萱, 榧 →1
ガヤガヤ (～している, ～と) →57
カヤク 火薬, 加薬 →8
カヤクコ, カヤクコ, カヤッコ, カヤッコ 火薬庫 →14
カヤバチョー 茅場町〚地〛→14
カヤブキ 茅葺き →5
カヤブキヤネ 茅葺屋根 →12
カヤリ 蚊遣り →5
カヤリセンコー 蚊遣線香 →15
カヤリビ 蚊遣火 →12
カユ 粥(オカユ 御～) →1, 92
カユイ, カイイ 痒い →52d
カユバラ 粥腹 →4
カユミ 痒み →93
カユミドメ 痒み止め →13
カヨイ 通い →2
カヨイグチ, カヨイグチ 通い口 →12
カヨイジ, カヨイジ 通路 →12
カヨイチョー 通い帳 →14
カヨイツメル 通い詰める →45

カヨウ 通う **カヨワナイ, カヨオー, カヨイマス, カヨッテ, カヨエバ, カヨエ** →43
カヨー 斯様, 歌謡 →8
カヨー, 《古は **カヨー**》 火曜 →8
カヨーキョク 歌謡曲 →14a
ガヨーシ 画用紙 →15
カヨーセイ 可溶性 →14
カヨービ 火曜日 →12a
カヨク, ガヨク 寡欲 →8
ガヨク, ガヨク 我欲 →8
カヨケ, カヨケ 蚊除け →5
カヨワイ か弱い →91
カヨワス 通わす →44
カヨワセル 通わせる →83
カラ 〚副〛(～だめだ) →61 唐, 韓 →21
カラ 空, 殻 →1
……カラ; ……カラ 〚助〛(**ナクカラ** 泣く～, **ヨムカラ** 読む～, **アカイカラ** 赤い～, **シロイカラ** 白い～) →72, 74b
……カラ; ……カラ; ……カラ 〚助〛(**トリカラ** 鳥～, **ハナカラ** 花～, **アメカラ** 雨～) →71
ガラ 柄(～が悪い, 着物の～) →1
ガラ 〚コークス・鶏骨〛, 瓦落 →3
……ガラ …柄(**バショガラ** 場所～, **ヤクメガラ** 役目～) →95
カラー collar(=衿), colour, color →9
ガラアキ 空明き →5
カラアゲ 空揚げ, 唐揚げ →5
カラーコピー color copy →16
カラーシャシン color 写真 →15
カラーテレビ <color television →10
カラーフィルム color film →16
カラーリング coloring →9
カライ 辛い **カラカッタ, カラク, カラクテ**, 《新は **カラクテ**》, **カラケレバ, カラシ** →52

￣は高い部分　⁀と⁀は高低が変る部分　￣は次が下がる符号　→は法則番号参照

カライバ――カラスナ

カラ'イバリ 空威張り →13	**カラクリニンギョー** 絡繰人形 →15
カラ'イリ 乾煎り →5	**カラグル** 絡繰 →46
カラ'ウス 唐臼 →4	**カラグ'ルマ** 空車 →12
カラ'ウマ, カラ'ンマ 空馬 →4	**カラクレナイ, カラクレナイ,《新は カラクレナイ》** 韓紅,唐紅 →12
カラ'ウリ 空売り →5	
カラ'エ 唐絵 →7	**カラゲ'イキ** 空景気 →15
カラオケ 空オケ<空 orchestra →10	**カラゲ'ル** 紮げる →43
ガラオチ 瓦落落ち →5	**カラゲ'ンキ** 空元気 →15
カラ'オリ 唐織 →5	**カラ'コ, カラ'コ,《新は カラコ》** 唐子 →4
カラ'ガイ 空買い →5	
カラカイハンブン からかい半分 →95	**カラコニンギョー** 唐子人形 →15
カラカ'ウ (子供を～) →43	**カラコ'ルム** Karakorum〔地〕 →21
カラ'ガサ 傘,唐傘 →4	**カ'ラサ** 辛さ →93
カラ'カネ, カラ'カネ 唐金 →4	**カラサワギ** 空騒ぎ →13
カラ'カミ 唐紙 →4	**カラ'シ** 芥子 →3
カラ'カラ (のどが～だ,～な・に) →57	**カラシイロ** 芥子色 →12
カ'ラカラ (～笑う,～と) →57	**カラ'ジシ, カラ'ジシ** 唐獅子 →15
カラ'ガラ 辛辛(命～) →57	**カラシジョーユ** 芥子醬油 →15
ガラガ'ラ (～だ・な・に) →57	**カラシズケ** 芥子漬 →13
ガ'ラガラ (～鳴る,～する,～と) →57	**カラシナ** 芥子菜 →12
ガラガ'ラ, ガラガラ 〔玩具〕 →3	**カラス** 枯らす,涸らす,嗄らす →44
ガラガラヘビ, ガラガラベビ がらがら蛇 →12	**カ'ラス** 烏 →1
	ガラス glas〔蘭〕 →9
カラ'キ 唐木 →4	**カラスウリ** 烏瓜 →12
カラ'キザイク 唐木細工 →15	**ガラスエ, ガラスエ** glas 絵〔蘭〕 →14
カラギ'ヌ, カラギ'ヌ, カラギ'ヌ 唐衣 →4	**カラスガネ** 烏金 →12
	ガラス(・)カンザエモン, ～(・)カンザエモン 烏勘左衛門 →1, 26, 27
カラ'クサ 唐草 〔模様〕 →4	**カラスキ, カラ'スキ** 唐鋤 →4
	ガラスキ がら空き(電車が～だ) →5
カラクサモヨー 唐草模様 →15	**ガラスキ** glas 器〔蘭〕 →14
	ガラスキリ glas 切り〔蘭〕 →13
カラ'クジ, カラ'クジ, カラクジ 空籤 →4	**カラスグチ** 烏口 →12
	ガラスショージ glas 障子〔蘭〕 →15
ガラクタ <**ガラクタモノ** がらくた物 →59, 12	**ガラスセンイ** glas 繊維〔蘭〕 →15
	カラステング 烏天狗 →15
カラ'クチ 辛口 →5	**ガラスド, ガラスド** glas 戸〔蘭〕 →12
カ'ラクモ 辛くも →67	**ガラストダナ** glas 戸棚〔蘭〕 →12
カラ'クリ, カラ'クリ 絡繰 →2	**カラスナキ** 烏鳴き →13

唐草

ガギグゲゴは鼻濁音　カタカナ細字は母音の無声化　★は長音にもなる符号

ガラスバ――カラヨー　180

ガラスバチ　glas 鉢〔蘭〕→14	カラネンブツ　空念仏 →15
ガラスバリ　glas 張り〔蘭〕→13	カラバコ　空箱 →4
ガラスビン　glas 瓶〔蘭〕→14	カラハフ　唐破風 →15
ガラスマド　glas 窓〔蘭〕→12	カラビツ, カラビツ　唐櫃 →4
カラスミ　鱲子〔食品〕→4	カラブキ　乾拭き →5
カラスムギ, カラスムギ　烏麦, 燕麦 →12	カラフト　樺太〔地〕→21
カラスモリ　烏森〔地〕→12	カラフネ, カラブネ　空船 →4
カラセキ　乾咳 →4	カラブリ　空振り →5
カラセジ　空世辞 →15	ガラフル　colorful →9
カラソーバ　空相場 →12	ガラボー　がら紡 →8
カラダ　体(オカラダ 御~) →1,92	カラボリ　空堀 →4
カラダキ　空焚き →5	カラマス　絡ます →44
カラタケ, カラタケ　幹竹, 唐竹 →4	カラマセル　絡ませる →83
カラタケワリ　幹竹割り →13	カラマツ, カラマツ　落葉松 →4
カラタチ　枳殻〔植〕	カラマリ　絡まり →2
カラダツキ, カラダツキ　体付 →12	カラマル　絡まる →44
カラチャ, カラチャ　空茶 →4	カラマワリ　空回り →13
カラッカゼ, カラッカゼ, カラッカゼ 乾っ風 →4d	カラミ　空身(~で行く) →4
カラッキシ, カラキシ, 《新は カラッキシ, カラキシ》〔俗〕→91d	カラミ　絡み →2　辛味 →93
カラッケツ, カラケツ　空(っ)穴〔俗〕→8d	……ガラミ　…搦み(ゴジューガラミ 五十~) →38
カラッチャ　空っ茶 →7d	カラミアウ, カラミアウ　絡み合う →45
カラット　(~揚がる, ~した人) →55　carat →9	カラミソ　辛味噌 →15
ガラッパチ, ガラッパチ　〔俗〕(~だ) →25d	カラミツク, カラミツク, 《古・強は カラミツク》　絡み付く →45
カラッポ →94	ガラミホン　柄見本 →15
カラツヤキ　唐津焼 →13	カラム　絡む →43
カラツユ　空梅雨 →4	カラムシ, カラムシ　苧麻〔植〕
カラテ　空手(~で行く), 唐手 →4	カラメ, カラメ　辛目 →93
カラテガタ　空手形 →12	カラメテ　搦手(大手~) →12
カラテジュツ　唐手術 →14	カラメトル, カラメトル, 《古・強は カラメトル》　搦め捕る →45
カラテチョップ　唐手 chop →16	カラメル　搦める →43
カラデッポー　空鉄砲 →15	ガラモノ　柄物 →4
カラド　唐戸 →4	カラモン, カラモン　唐門 →8
カラトー　辛党 →8	カラヤクソク　空約束 →15
	ガラユキ　柄行 →4
	カラヨー　唐様 →95

― は高い部分　… と … は高低が変る部分　 は次が下がる符号　→は法則番号参照

181　　　　　　　　　　　　　　**カラリ──カリトジ**

カ 力

カラリ, カラリ （～と晴れる）→55	**カリギヌ, カリギヌ** 狩衣 →4
ガラリ, ガラリ （～と変る）→55	**ガリキュラム, カリキュラム, カリキュ**
ガラリド がらり戸 →12	**ラム** curriculum →9
カラン kraan〔蘭〕(水道の～) →9	**カリキル** 借り切る →45
ガラン, ガラン 伽藍 →8	**カリゲィ★ヤク** 仮契約 →15
ガランドー, ガランド 伽藍洞 →14d	**カリケツギ** 仮決議 →15
カリ 仮(～に, ～にも), 借り →2	**カリコシ** 借越し →5
ガリ 雁 →1 狩 →2 kali〔蘭〕→9	**カリコシキン** 借越金 →14
ガリ 我利 →7	**カリゴシラエ** 仮拵え →13
カリアゲ 刈上げ, 借上げ →5	**カリコミ** 刈込み, 狩込み →5
カリアゲル 刈り上げる, 借り上げる →45	**カリコム** 刈り込む →45
カリアツメル 借り集める, 駆り集める →45	**カリゴヤ** 仮小屋 →12
カリイショー 借衣装(裳) →15	**カリジッコー** 仮執行 →15
カリイレ 刈入れ, 借入れ →5	**カリジムショ** 仮事務所 →17
カリイレキン, カリイレキン 借入れ金 →14	**カリシャクホー** 仮釈放 →15
カリイレル 刈り入れる, 借り入れる →45	**カリシュツゴク, カリシュツゴク** 仮出獄 →15c
カリウエ 仮植え →5	**カリシュッショ** 仮出所 →15
カリウケル 借り受ける →45	**カリショーゾク** 狩装束 →15
ガリエス Karies〔独〕→9	**カリジョーヤク** 仮条約 →15
カリオヤ 仮親 →4	**カリショブン** 仮処分 →15
カリカシ 借り貸し(～無しだ) →18	**カリスマ** Charisma〔独〕→9
カリカタ 借方 →5, 95	**カリズマイ** 仮住まい →13
カリカチュア caricature →9	**カリセィ★フ** 仮政府 →15
カリガネ 雁音・雁・雁金〖鳥・紋様〗 →19,4	**カリソメ** 仮初め(～の病, ～にも) →5
ガリガネ 雁が音(=雁の鳴き声) →98	**カリタオス** 借り倒す →45
カリカブ 刈り株, 借り株〖経〗 →5	**カリダサレル** 駆り出される →83
カリカリ （～だ・な・に）→57	**カリダス** 借り出す →45
ガリカリ （～する, ～と）→57	**カリダス, カリダス** 駆り出す →45
ガリガリ 我利我利(～だ・な・に) →57	**カリタテル, カリタテル** 駆り立てる →45
ガリガリ （～する, ～と）→57	**カリチ** 借地 →7
ガリガリモージャ 我利我利亡者 →15	**カリチョーイン** 仮調印 →15
カリギ 借着 →5	**カリチン** 借賃 →8
	カリッパナシ 借りっ放し →95
	カリツヤ, カリツヤ 仮通夜 →15
	カリテ 刈り手, 借り手 →5
	カリトーキ 仮登記 →15
	カリトジ 仮綴じ →5

雁金(結び雁金)

ガギグゲゴは鼻濁音　カタカナ細字は母音の無声化　★は長音にもなる符号

カリトル──カルタト　182

カリトル　刈り取る →45
カリニ　仮に →67
カリヌイ　仮縫 →5
カリヌシ, カリヌシ　借り主 →5
カリネ　仮寝 →5
カリノコス　刈り残す →45
カリノヨ, カリノヨ　仮の世 →19
カリバ, カリバ　狩場 →4
カリバシ　仮橋 →4
カリバライ　仮払い →13
ガリバン　がり版 →8
ガリバンズリ　がり版刷 →13
カリヒリョー　kali 肥料〖蘭〗 →15
カリフォルニア, カリホルニヤ
　California〖地〗 →21
カリブカイ　Carib 海 →14
カリブシン　仮普請 →15
カリプソ　calypso →9
カリフラワー　cauliflower →16
ガリベン　がり勉〖俗〗<がりがり勉強
　→10
カリホ　刈り穂 →5
カリマイソー　仮埋葬 →15
カリマタ　雁股 →4
カリミヤ　仮宮 →4
カリメン　<カリメンキョ　仮免許
　→10, 15
カリモノ　借り物 →5
カリヤ　仮屋 →4　借家 →5
カリヤクソク　仮約束 →15
カリュー　下流, 河流, 花柳(〜のちまた)
　→8
ガリュー　我流 →8
カリューカイ　花柳界 →14a
ガリュード, 《新は　カリュード》　狩人
　→4d
カリュービョー　花柳病 →14
カリューム, カリウム　kalium〖蘭〗 →9
カリョー　佳良, 加療, 下僚, 料理, 過料
　→8
ガリョー　雅量 →8
ガリョー(・)テンセイ(リョはリュとも)
　画竜点睛 →97, 98
カリョク, ガリョク　火力 →8
カリョクハツデン　火力発電 →15
カリル　借りる　カリナイ, カリョー,
　カリマス, カリテ, カリレバ, カリ
　ロ →43
ガリレオ　Galileo〖伊〗〖人〗 →23
カリワタシ, カリワタシ　仮渡し →13
カリン　花梨〖植〗 →8
カリントー, カリント　花林糖 →14d
カル　刈る →43
カル, カル　狩る, 駆る →43
……ガル　(イヤガル 嫌〜, カナシガ
　ル 悲し〜) →96
カルイ　軽い　カルカッタ, カルク,
　カルクテ, カルケレバ, カルシ
　→52c
カルイザワ, カルイザワ　軽井沢〖地〗
　→12b
カルイシ　軽石 →5
カルカッタ　Calcutta〖地〗 →21
カルカヤ, 《新は　カルカヤ》　刈萱 →5
カルガル　軽軽(〜と) →57
カルガルシイ　軽軽しい →53
カルカン　軽羹 →8
カルキ　kalk〖蘭〗 →9
カルクチ　軽口 →5
カルクチバナシ　軽口話 →12
カルケット　CALCUITS〖和〗〖商標〗 →9
カルサ　軽さ →93
カルサン　軽衫<calção〖葡〗 →9
カルシューム, カルシウム　calcium
　〖蘭〗 →9
カルタ　歌留多・骨牌<carta〖葡〗 →9
カルタカイ　歌留多会 →14
カルタトリ　歌留多取り →13

￣は高い部分　…と…は高低が変る部分　￣は次が下がる符号　→は法則番号参照

カルチャ──ガロン

カルチャー culture →9

カルチャーショック culture shock →16

カルチャーセンター culture center〔和〕 →16

カルテ Karte〔独〕 →9

カルテット, クヮルテット quartetto〔伊〕 →9

カルデラ caldera →9

カルデラコ caldera 湖 →14

カルテル Kartel〔独〕 →9

カルト cult →9

カルハズミ, カルハズミ 軽はずみ →13

カルパッチョ carpaccio〔伊〕 →9

カルビ gal-bi〔朝鮮〕〖料理〗 →9

カルボナーラ carbonara〔伊〕 →9

カルミ 軽み →93

カルメ 軽め →93

カルメヤキ カルメ焼<caramelo 焼〔葡〕 →13

カルメラ <caramelo〔葡〕 →9

カルメン Carmen〔仏〕〖歌劇〗 →23

カルヤカ 軽やか(~に) →55

カルヤキ 軽焼 →5

カルワザ 軽業 →5

カルワザシ 軽業師 →14

カレ 彼 →64

カレイ★ 佳麗, 華麗, 加齢, 家令, 嘉例 →8

ガレイ★ 鰈 →1

カレイロ 枯れ色 →5

カレー curry →9

カレーコ curry 粉 →12

ガレージ, ガレージ garage →9

カレエダ 枯れ枝 →5

カレーパン curry pão〔葡〕 →16a

カレーライス <curry and rice〔和〕 →16

カレオバナ 枯れ尾花 →12

カレキ 枯れ木(~に花) →5

ガレキ 瓦礫 →18

カレクサ 枯れ草 →5

カレゴエ, カレゴエ 嗄れ声 →5

カレコレ 彼此(~言う) →68

カレザンスイ 枯れ山水 →15

ガレシ, 《カレシ は避けたい》 彼氏 →94

カレスゝキ 枯れ薄 →12

カレツ 苛烈 →8

ガレッジ college →9

カレノ 枯野 →5

カレハ 枯れ葉 →5

カレハテル 枯れ果てる →45

ガレラ 彼等 →94

カレル 枯れる, 涸れる, 嗄れる カレ ナイ, カレヨー, カレマス, カレテ, カレレバ, カレロ →43

カレン 可憐 →8

カレンダー calendar →9

ガレン(・)チューキュー 苛斂誅求 →97, 98

カレントトピックス, カレントトピックス current topics →16

カロー 過労, 家老 →8

ガロー 画廊 →8

カローシ 過労死 →14a

カロージテ, カロージテ, カロージテ 辛うじて →67

カロード, カロート 唐櫃 →d

カロガロシイ★ 軽軽しい →53

ガロチン Karotin〔独〕 →9

ガロ(・)トーセン 夏炉冬扇 →97, 98

カロヤカ 軽やか →55

カロリー calorie〔仏〕 →9

カロリーケイ★サン calorie 計算〔仏〕 →15

カロン, ガロン 歌論 →8

ガロン gallon →9

---

*ガギグゲゴ*は鼻濁音　カタカナ細字は母音の無声化　★は長音にもなる符号

ガロン──カワセミ　184

……ガロン …gallon(イチガロン 一~, ゴガロン 五~) →37
カロンジル 軽んじる →47
カロンズル 軽んずる →47
カワ 佳話 →7
カワ 川, 河, 皮, 革, 側 →1
ガワ 側(~の者が, 時計の~) →1
……ガワ …側(ヒダリガワ 左~, ガッコーガワ 学校~) →12
……ガワ: ……ガワ …川(ヨドガワ 淀~, スミダガワ 隅田~) →12
カワアカリ 川明り →12
カワアソビ 川遊び →13
カワイ 河合・河井・川井〘姓〙→22
カワイイ★ 可愛い →52
カワイガル 可愛がる →96
カワイゲ, カワイゲ 可愛げ →93
カワイサ, カワイサ 可愛さ →93b
カワイソー 可哀そう →84
カワイラシイ★ 可愛らしい →96
カワウオ, カワウオ 川魚 →4
カワウオリョーリ 川魚料理 →15
カワウソ 川獺, 獺 →4
カワオト 川音 →4
カワオドシ 革縅 →13
カワオビ, カワオビ 革帯 →4
カワガス 乾かす →44
カワカゼ, カワカゼ 川風 →4
カワカミ 川上・河上〘姓も〙→4,22
　～(・)オトジロー 川上音二郎 →26, 27
　～(・)サダヤッコ 川上貞奴 →24, 27
カワガリ 川狩り →5
カワキ 乾き →2
カワギシ 川岸 →4
カワキリ, カワキリ, カワギリ 皮切り →5
カワギリ, カワギリ 川霧 →4
カワク 乾く, 渇く カワガナイ, カワ

コー, カワキマス, カワイテ, カワケバ, カワケ →43
カワグ 革具 →7
カワクダリ 川下り →13
カワグチ 川口, 河口 →4
カワグチ 川口〘地・姓〙→21, 22
カワグチコ, カワグチコ 河口湖 →14c
カワグツ 皮靴, 革靴 →4
カワゴエ 川越〘地〙→21
カワゴシ 川越し(~に見る) →95
カワゴシ, カワゴシ 川越し(~をする) →5
カワザイク 皮細工 →15
カワザカナ 川魚 →12
カワサキ 川崎〘地・姓〙→21, 22
カワザラエ 川浚え →13
カワザンヨー 皮算用(取らぬ狸の~) →15
カワシモ 川下 →4
カワジャン 皮ジャン〘俗〙<皮 jumper →10
カワジョーキ 川蒸気 →15
カワジリ 川尻 →4
カワス 交す, 躱す(身を~) →44
カワズ 蛙 →1
カワスジ 川筋 →4
カワスズミ 川涼み →13
カワズタイ 川伝い →13
カワズラ 川面 →4
カワセ 為替 →2 川瀬 →4
カワセイ★ 革製 →8
カワセイヒン 革製品 →15
カワセガキ 川施餓鬼 →15
カワセカンリ 為替管理 →15
カワセシジョー 為替市場 →15
カワセソーバ 為替相場 →12
カワセテガタ 為替手形 →12
カワセミ 翡翠〘鳥〙→4

￣は高い部分　¨と¨は高低が変る部分　￢は次が下がる符号　→は法則番号参照

カ̄ワ̄セレ̄ート	為替rate →16	カ̄ワ̄ブ̄ネ, カ̄ワ̄ブネ	川船 →4
カ̄ワゾ̄イ	川沿い →5	カ̄ワ̄ベ, カ̄ワベ	川辺 →4
カ̄ワソ̄ー	革装 →8	カ̄ワベ̄リ	川縁 →4
カ̄ワゾ̄ーリ	皮草履,革草履 →15	カ̄ワ̄ミ̄ズ	川水 →4
カ̄ワゾ̄コ, カ̄ワ̄ソコ	川底,革底 →4	カ̄ワム̄キ, カ̄ワムキ	皮剥き →5
カ̄ワ̄タケ, カ̄ワ̄タケ	川竹・河竹《植・姓も》→4, 22	カ̄ワム̄コー	川向う →12
カ̄ワ̄タケ(・)モ̄ク̄ア̄ミ, カ̄ワ̄タケ(・)モクア̄ミ, カ̄ワ̄タケモ̄ク̄アミ 河竹黙阿彌 →25, 27		カ̄ワ̄ムラ	川村・河村《姓》 →22
		～(・)ズ̄イ̄ケン	河村瑞賢 →24, 27
カ̄ワタ̄ビ	革足袋 →4	カ̄ワ̄モ	川面 →4
カ̄ワ̄タレ̄ド̄キ, カ̄ワ̄タレ̄ドキ 彼誰時 →12		カ̄ワヤ	厠 →4
		カ̄ワ̄ヤ	皮屋 →94
カ̄ワ̄タロ̄ー	河太郎(河童がっ～) →26	カ̄ワヤ̄ナギ	川柳 →12
カ̄ワチ	河内(～の国) →21	カ̄ワ̄ラ	瓦 →1 河原 →4
カ̄ワチ̄ド̄リ	川千鳥 →12	カ̄ワラケ	土器 →12
カ̄ワ̄ツキ, カ̄ワ̄ツキ	皮付き →5	カ̄ワラ̄ゴ̄ジキ	河原乞食 →15
カ̄ワト	革砥 →4	カ̄ワ̄ラ̄セ̄ンベ̄イ★	瓦煎餅 →15
カ̄ワ̄ドコ, カ̄ワ̄トコ	川床 →4	カ̄ワラ̄ナデ̄シコ	河原撫子 →12
カ̄ワ̄トジ	革綴じ →5	カ̄ワ̄ラ̄バン	瓦版 →14
カ̄ワ̄ド̄メ, カ̄ワ̄ドメ	川止め →5	カ̄ワ̄ラ̄ブキ	瓦葺き(～の家) →13
カ̄ワ̄ナカ	川中 →4	カ̄ワ̄ラ̄モノ	河原者 →12
カ̄ワ̄ナ̄カジマ	川中島 →12	カ̄ワ̄ラ̄ヤネ	瓦屋根 →12
カ̄ワ̄ナ̄ガレ, カ̄ワ̄ナ̄ガレ 川流れ(河童がっの～) →13		カ̄ワ̄リ	代り,替り,変り →2
		カ̄ワリ̄ア̄ウ	代り合う →45
カ̄ワ̄ナミ, カ̄ワ̄ナミ	川波 →4	カ̄ワ̄リ̄ガ̄ワリ	代り代り →68
カ̄ワ̄ノジ	川の字(～に寝る) →19	カ̄ワ̄リ̄キョ̄ーゲン	替り狂言 →15
カ̄ワバ̄カマ	革袴 →12	カ̄ワ̄リ̄ダ̄ネ, カ̄ワ̄リ̄ダネ 変り種 →12
カ̄ワ̄ハギ	皮剥ぎ《魚》 →5	カ̄ワ̄リ̄ダ̄マ 変り玉《菓子》 →12
カ̄ワ̄バタ	川端《姓も》 →4, 22	カ̄ワ̄リ̄バエ 代り映え →13
～(・)ヤ̄スナリ, ～(・)ゴ̄ーセイ★ ～康成 →24, 27		カ̄ワ̄リ̄ハテル 変り果てる →45
		カ̄ワ̄リ̄バン, カ̄ワ̄リ̄バン 代り番 →14
カ̄ワ̄ハバ, カ̄ワ̄ハバ	川幅 →4	カ̄ワ̄リ̄バンコ 代り番こ →94
カ̄ワ̄バリ	革張り →5	カ̄ワ̄リ̄ビナ 変り雛 →12
カ̄ワ̄ヒモ	革紐 →4	カ̄ワ̄リ̄ミ 変り身(～が早い) →12
カ̄ワ̄ビ̄ラキ	川開き(両国の～) →13	カ̄ワ̄リ̄メ 変り目 →12
カ̄ワ̄ブクロ	革袋 →12	カ̄ワ̄リ̄モノ 変り者 →12
カ̄ワ̄ブシン	川普請 →15	カ̄ワ̄リ̄ヤク 代り役 →14
カ̄ワ̄ブチ, カ̄ワ̄ップ̄チ	川(っ)縁 →4d	カ̄ワ̄リ̄ヤ̄スイ 変り易い →54
		カ̄ワ̄リョ̄ー 川猟,川漁 →8
		カ̄ワ̄ル 代る,替る,変る カ̄ワ̄ラナ

ガギグゲゴは鼻濁音　カタカナ細字は母音の無声化　★は長音にもなる符号

イ，**カワロー**，**カワリマス**，**カワッテ**，**カワレバ**，**カワレ** →44

カワルガワル 代る代る →68

カン 勘,疳,癇,甲〖音楽〗→6

カン，《古は **ガン**》燗(**オカン** 御〜) →6,92

ガン 刊,完,官,寒,間,閑,感,管,歓,観,巻,冠,貫,棺,款,環,鐶,奸,緘,艦 →6 漢・韓〖国〗→21 缶＜kan〖蘭〗→9

……**カン** …感(**キョムカン** 虚無〜)，…館(**エイガカン** 映画〜)→14 …間(**ナラ・キョートカン** 奈良京都〜，**ミッカカン** 三日〜)→97,38

……**カン** …艦(**センスイカン** 潜水〜)→14

……**かん** …巻…貫〖数〗→34,35,62

ガン 願,眼,雁,癌 →6 gun →9

ガン，**ガン** 頑(〜として)→6

……**ガン**，……**ガン** …眼(**シンビガン**，**シンビガン** 審美〜)→14

カンアケ，**カンアケ** 寒明け →5

ガンアツ 眼圧 →8

カンアミ，**カンナミ** 観阿彌〖人〗→25d

カンアン 勘案 →8

ガンイ 官位 →18,7

ガンイ，**カンイ** 簡易 →7

カンイガキトメ 簡易書留 →12

カンイサイバンショ，**カンイサイバンショ** 簡易裁判所 →17

カンイジュータク 簡易住宅 →15

カンイショクドー 簡易食堂 →15

カンイスイドー 簡易水道 →15

カンイセイカツ 簡易生活 →15

カンイチ，**カンイチ**，**カンイチ** 貫一〖人〗(〜・お宮)→25

ガン(・)**イッパツ** 間一髪 →97,98

カンイホケン 簡易保険 →15

カンイリ 缶入り →5

カンイリョカン 簡易旅館 →15

カンイン 姦淫,官印,官員,館員 →8

ガンウ 寒雨 →7 関羽〖人・歌舞伎〗→27

カンエイ 官営,寛永〖年号〗→8

カンエイジ 寛永寺 →14

カンエイツーホー 寛永通宝 →15

カンエツ 観閲 →8 関越＜関越自動車道 →10

ガンエン 肝炎 →8

ガンエン，**ガンエン** 岩塩 →8

カンオー 観桜 →8

カンオー，**カンノー** 感応 →8

カンオーカイ 観桜会 →14a

カンオケ 棺桶 →4

カンオン，**ガンオン** 漢音 →8

ガンカ 看過,閑暇,管下 →7 干戈 →18

ガンカ，**カンカ** 感化 →7

ガンガ 閑雅,官衙 →7

ガンカ，**ガンカ** 眼科 →7

ガンカ 眼下,眼窩 →7

カンカイ 官界,感懐 →8

カンガイ 灌漑,干(旱)害,寒害,感慨 →8

ガンガイ 管外,館外 →8

ガンカイ 眼界 →8

ガンガイ 眼科医 →14

カンガイ(・)**ムリョー**，**カンガイムリョー** 感慨無量 →97,98,99

カンガイン 感化院 →14

カンガエ 考え →2b

カンガエゴト，**カンガエゴト**，**カンガエゴト** 考え事 →12

カンガエコム，**カンガエコム** 考え込む →45

カンガエダス，**カンガエダス** 考え出す →45

カンガエチガイ 考え違い →13

カンガエ──カンギョ

カンガエツク, カンガエヅク 考えつく →45	カンカンセッタイ 官官接待 →15
カンガエナオス, カンガエナオス 考え直す →45	ガンガンボー かんかん帽 →14a
カンガエブカイ 考え深い →54	カンキ, ガンキ 換気 →7
カンガエモノ, カンガエモノ, カンガエモノ 考え物 →12	ガンキ 歓喜,官紀,官記,勘気,寒気,乾季 →7
カンガエル, カンガエル 考える →43b	カンキ, カンキ 喚起 →7
カンカク 看客,観客,間隔,感覚 →8	ガンギ, ガンギ 雁木 →4
カンガク 官学,漢学,勧学 →8	ガンギク 寒菊 →8
カンガクイン 勧学院(~の雀ずずは…) →14	ガンギク, カンギク 観菊 →8
カンカクキ, カンガクキ 感覚器 →14c	カンギクカイ, カンギクカイ 観菊会 →14c
カンカクキカン, カンカクキカン 感覚器官 →15	カンキセン, カンキセン 換気扇 →14
カンガクシャ, カンガクシャ 漢学者 →17	カンキダン 寒気団 →14
カンカクシンケイ★ 感覚神経 →15	カンキツルイ 柑橘類 →14
カンカクチュースー 感覚中枢 →15	カンギテン 歓喜天 →14
ガンガケ, ガンガケ 願掛け →5	カンギノー 肝機能 →15
カンカツ 寛闊,管轄 →8	カンキャク 閑却,観客 →8
カンガッキ 管楽器 →15	カンキャクセキ, カンキャクセキ 観客席 →14c
カンカツクイキ 管轄区域 →15	カンキャクソー, カンキャクソー 観客層 →14c
カンガミル 鑑みる →44d	カンキュー 官給,感泣 →8
カンガラ, カンガラ 〖俗〗(=空缶)	カンキュー, ガンキュー 緩急 →18
カンガラス 寒烏 →12	ガンキュー 眼球 →8
カンガルー kangaroo →9	カンキューヒン, カンキューヒン 官給品 →14a
カンカン (~だ・な・に) →57 漢奸 →8	ガンキョ 官許,閑居 →7
カンカン, カンカン 閑閑 →58	ガンギョ 還御 →7
カンカン (火が~おこる, ~と照る) →57 〖児〗(=髪・かんざし) →11	カンキョー 感興,環境,艦橋 →8
カンガン 看貫(=台秤) →8 <かんかん帽 →10	カンギョー 官業,勧業 →8
カンガン 汗顔(~の至り),宦官 →8	ガンギョー, 《新は カンギョー》 寒行 →8
ガンガン (耳が~する, ~と) →57	ガンギョー 頑強(~に),眼鏡 →8
カンカン(・)ガクガク 侃侃諤諤 →59	カンキョーアセスメント 環境assessment →16
	カンキョーエイセイ★ 環境衛生 →15
	カンキョーオセン 環境汚染 →15
	カンキョーキジュン 環境基準 →15
	カンギョーギンコー 勧業銀行 →15

ガギグゲゴは鼻濁音　カタカナ細字は母音の無声化　★は長音にもなる符号

カンキョ —— カンコー　188

カンキョーショー 環境省 →14a	**カンゲン** 換言, 諫言, 甘言, 還元 →8
カンキョーチョー 環境庁 →14a	寛厳 →18
カンキョーハカイ 環境破壊 →15	**カンゲン**,《雅楽部は **カンゲン**》 管弦
カンキリ, カンキリ 缶切り →5	（絃）→18
カンキン 看経, 監禁, 換金, 官金 →8	**ガンケン** 頑健, 眼瞼 →8
カンギン, カンギン 勧銀＜勧業銀行	**カンゲンガク** 管弦（絃）楽 →14a
→10	**カンゲンガクダン, カンゲンガクダン**
カンギン 閑吟, 感吟 →8	管弦（絃）楽団 →17
ガンキン 元金 →8	**カンゲンギューニュー** 還元牛乳 →15
カンキンサクモツ 換金作物 →15	**カンコ** 歓呼, 鹹湖 →7
ガンク 寒苦, 艱苦, 管区 →7 甘苦	**カンゴ** 漢語 →7
→18	**カンゴ** 看護, 監護 →7
ガング 頑愚, 玩具 →7	**ガンコ** 頑固 →56
ガンクツ 巌窟 →8	**カンゴエ**,《古は **ガンゴエ**》 寒肥 →4
ガンクツオー 巌窟王〔書〕→94	**カンゴエ, カンゴエ** 寒声 →4
ガンクビ, ガンクビ 雁首（〜をそろえ	**カンコー** 刊行, 敢行, 慣行, 緩行, 還幸,
る）→4	勘考, 感光, 観光 →8
カングリ, カングリ 勘繰り →5	**カンコー** 漢江 →8 菅公（＝菅原道真
カングル 勘繰る →46	公）→94
カングン 官軍 →8	**ガンコー** 雁行, 眼孔 →8
カンケイ 簡勁, 関係, 奸計, 艦型 →8	**ガンコー**,《古は **ガンコー**》 眼光 →8
カンゲイ 歓迎 →8	**カンコーキャク** 観光客 →14a
カンゲイカイ 歓迎会 →14b	**カンコーザイ, カンコーザイ** 感光剤
カンケイカンチョー 関係官庁 →15	→14a
カンゲイコ 寒稽古 →15	**カンコーシ** 感光紙 →14a
カンケイシャ 関係者 →14b	**カンコーショ** 官公署 →17
カンケイズケル 関係付ける →46	**カンコーセイ** 感光性 →14
カンゲキ 感激, 観劇, 間隙 →8	**カンコーセン** 観光船 →14
カンゲザイ, カンゲザイ 緩下剤 →14	**カンコーダン** 観光団 →14a
カンケツ 簡潔, 完結, 間欠（歇）→8	**カンコーチ** 観光地 →14a
カンゲツ, ガンゲツ 観月 →8	**カンコーチョー** 官公庁 →17 観光庁
ガンゲツ 寒月 →8	→14a
カンゲツカイ, カンゲツカイ 観月会	**カンコード** 感光度 →14a
→14c	**カンコートシ** 観光都市 →15
カンケツセン, カンケツセン, カンケ	**カンコーバ, カンコーバ** 勧工場 →12
ツセン 間欠（歇）泉 →14c	**カンコーバイ** 寒紅梅 →15
カンケツテキ 間欠（歇）的 →95	**カンコーバス** 観光 bus →16
カンケン 官権, 官憲, 管見（〜によれば）	**カンコーバン** 感光板 →14
→8	**カンコーヒー, カンコーヒー** 缶 kof-

‾ は高い部分　゜と゜ は高低が変る部分　‾| は次が下がる符号　→ は法則番号参照

189　カンコー───カンジチ

fie〔蘭〕→16

カンコービザ　観光 visa →16
カンコーブツ　刊行物 →14a
カンコーヘン　肝硬変 →15
カンコーホテル　観光 hotel →16
カンコーマク　感光膜 →14a
カンコーリ　官公吏 →17
カンコーリョコー　観光旅行 →15
カンコーレイ★　箝口令 →14a
カンゴガッコー　看護学校 →15
カンコク　勧告 →8
ガンコク　寒国, 韓国 →8
カンゴク　監獄 →8
カンコクアン　勧告案 →14
カンコクショ, カンコクショ′　勧告書
　→14
カンコクジン　韓国人 →14
カンゴクベヤ　監獄部屋 →12
カンゴシ　看護士 →14
ガンコツ　顴骨 →8
ガンコツ(·)ダッタイ　換骨奪胎 →97,
　98
カンゴドリ　閑古鳥 →12
カンゴニン, カンゴニン　看護人 →14
カンゴフ　看護婦 →14
カンゴフカイ, カンゴフカイ　看護婦
　会 →14c
カンゴヘイ★　看護兵 →14
カンゴリ, カンゴリ　寒垢離 →15
カンコンソーサイ　冠婚葬祭 →98
カンサ　監査, 鑑査 →7
カンサイ　完済, 艦載 →8
ガンサイ　《古は カンサイ も》　関西
　〖地〗→21
カンザイ　管財 →8
カンサイキ　艦載機 →14b
カンサイジン　関西人 →14b
カンサイチホー, カンサイチホー　関
　西地方 →15c

カンザイニン　管財人 →14
カンサイベン　関西弁 →14
ガンサイボー　癌細胞 →15
カンサイン　監査員, 鑑査員 →14
カンサカン　監査官, 鑑査官 →14
カンサク　間作, 奸策 →8
ガンサク　贋作 →8
カンザクラ　寒桜 →12
カンザケ, カンザケ　燗酒 →4
カンザシ　簪 →5
カンサツ　監察, 観察, 鑑札 →8
ガンサツ　贋札 →8
カンサツカン, カンサッカン　監察官
　→14c
カンサツガン　観察眼 →14
カンサツリョク　観察力 →14
カンザマシ, カンザマシ　燗冷し →13
カンサヤク, カンサヤク　監査役 →14
カンザラシ, カンザラシ　寒晒し →13
カンサン　閑散, 換算 →8
ガンザン(·)ジットク, 〜(·)ジュットク
　寒山拾得 →24d, 27
カンシ　監視, 諫止, 諫死, 冠詞, 漢詩 →7
カンシ　鉗子 →7　干支, 官私 →18
カンシ, カンシ　環視(衆人〜) →7
カンジ　感じ →2　漢字 →7
ガンジ　莞爾 →56　幹事, 監事 →7
ガンジー　Gandhi〖人〗→22
カンジイル　感じ入る →45
カンジイン　監視員 →14
ガンジガラミ　雁字搦み →13
ガンジガラメ　雁字搦め →13
カンシキ　鑑識 →8
カンジキ　樏(〜を履はく)
ガンシキ　眼識 →8
カンジク　巻軸 →8
ガンジスガワ　Ganges 川 →12
カンシセン　監視船 →14
カンジチョー　幹事長 →14

ガギグゲゴは鼻濁音　カタカナ細字は母音の無声化　★は長音にもなる符号

ガンシツ──カンシン　190

ガンシツ	眼疾 →8
ガンジツ	元日 →8
カンジツゲツ	閑日月 →15
カンジトル	感じ取る →45
カンシモー	監視網 →14
カンシャ, カンシャ	感謝,官舎 →7
カンシャ, カンショ	甘蔗 →7
カンジャ	患者,間者 →7
カンジャ, カジャ	冠者 →7d
カンシャク	癇癪 →8
カンシャク	官爵 →18
カンジャク	閑寂 →8
カンシャクダマ	癇癪玉 →12

カンシャクモチ,《古は **カンシャクモチ**, 新は **カンシャクモチ**》 癇癪持ち →13

カンシャサイ	感謝祭 →14

カンシャジョー, カンシャジョー 感謝状 →14

カンジヤスイ	感じ易い →54
カンシュ	艦首 →7
カンシュ, カンシュ	看取,看守 →7
カンジュ	甘受,官需 →7
カンジュ, カンジュ	感受 →7
ガンシュ	願主 →7
カンシュー	監修,慣習,観衆 →8
ガンシュー	含羞 →8
カンジュース	缶 juice →16

カンシューホー, カンシューホー 慣習法 →14a

カンジュク	完熟 →8
カンジュセイ	感受性 →14
カンショ	漢書(=漢籍) →7
ガンショ	官署,甘藷 →7 寒暑 →18
カンショ, ガンシャ	甘蔗 →7
ガンジョ	漢書〚書〛 →7
ガンジョ	寛恕,官女 →7
ガンショ	願書 →7

カンショー 干渉,完勝,感傷,勧奨,勧賞,感賞,観賞,鑑賞,管掌,緩衝,観照,環礁,奸商 →8

カンショー	癇性 →8
カンジョー	感状,環状,感情,艦上,灌頂 →8
カンジョー	勘定 →8
ガンショー	岩床,岩礁,岩漿 →8
ガンジョー	頑丈・岩乗(〜な人) →8
カンジョーカ	感情家 →14
カンジョーガキ	勘定書 →13
カンジョーキ	艦上機 →14a
カンショーコク	緩衝国 →14a
カンショーシュギ	感傷主義 →15

カンジョーズク, カンジョーズク 勘定尽(〜で) →95

カンジョーセン	環状線 →14
カンジョーダカイ	勘定高い →54
カンジョーチガイ	勘定違い →13

カンショーチタイ, カンショーチタイ 緩衝地帯 →15

カンショーテキ	感傷的 →95
カンジョーテキ	感情的 →95
カンジョートリ	勘定取り →13a
カンジョーブギョー	勘定奉行 →15
カンショーヨー	観賞用 →14
カンジョーロン	感情論 →14a
カンショク	間食,完食,間色,寒色,閑職,感触 →8
カンショク	官職 →18,8
ガンショク	顔色(〜無しだ) →8
カンジル	感じる →47
カンシン	寒心,感心,関心,甘心,歓心,奸臣 →8
カンシン, カンシン	韓信〚人〛 →27
カンジン	肝心,寛仁,勧進,閑人 →8
ガンジン	鑑真〚人〛 →24

カンジンカナメ, カンジンカナメ 肝心要 →98,99

カンジンジ	関心事 →14a

￣は高い部分　¨と¨は高低が変る部分　「は次が下がる符号　→は法則番号参照

191　　カンジン──カンソー

カンジンズモー　勧進相撲 →12	カンセツショーメイ★　間接照明 →15
カンジンチョー　勧進帳〖歌舞伎・長唄〗 　→14a	カンセツゼイ★　間接税 →14
	カンセツセンキョ　間接選挙 →15
カンジンノー　勧進能 →14a	カンセツテキ　間接的 →95
カンジンモト　勧進元 →12	ガンゼナイ　頑是無い →54
カンジンヨリ, カンジンヨリ　⇒カン ゼヨリ	カンゼヨリ, カンゼヨリ　観世縒り 　→13
カンスイ　完遂, 冠水, 灌水, 鹹水 →8	カンゼリュー　観世流 →14
ガンスイタンソ　含水炭素 →15	カンセン　感染, 観戦, 官選, 幹線, 汗腺 　→8
カンスー　巻数, 関(函)数 →8	
カンスージ　漢数字 →15	カンセン, カンセン　艦船 →18
カンズク　感付く →46	カンゼン　敢然, 間然 →56　完全 →8
カンスズメ　寒雀 →12	ガンゼン, ガンゼン　眼前 →8
カンスボン　巻子本 →14	カンゼンカンゴ　完全看護 →15
カンズメ, カンズメ　缶詰 →5	カンゼンキューショク　完全給食 →15
カンスル　冠する, 関する, 緘する →48	カンセンゲン　感染源 →14a
カンズル　感ずる, 観ずる →47	カンゼンコヨー　完全雇用 →15
カンゼ　観世〖能〗 →22	カンゼンジアイ, カンゼンジアイ　完 全試合 →12
カンセイ★　完成, 管制, 官制, 官製, 喚声, 歓声, 喊声, 乾性, 慣性, 陥穽, 寛政〖年 号〗 →8	ガンセンター　癌 center →16
	カンゼンチョーアク　勧善懲悪 →98
カンセイ★　感性, 閑静(〜な) →8	カンゼンネンショー　完全燃焼 →15
カンゼイ★　関税 →8	カンゼンハンザイ　完全犯罪 →15
カンセイ★トー　管制塔 →14	カンセンベンゴニン, カンセンベンゴ ニン　官選弁護人 →17
ガンセイ★ヒロー　眼精疲労 →15	
カンセイ★ヒン　完成品 →14	カンゼンムケツ, カンゼンムケツ　完 全無欠 →98, 99
カンゼイ★ホー, カンゼイ★ホー　関税法 　→14b	
カンゼイ★リツ　関税率 →14b	ガンソ　簡素 →7
カンゼオン　観世音	ガンソ　元祖 →7
カンゼオンボサツ　観世音菩薩 →15	カンソー　完走, 乾燥, 感想, 観相 →8
カンセキ, ガンセキ　漢籍 →8	カンゾー　肝臓 →8
ガンセキ　岩石 →8	ガンゾー　甘草 →8
カンセツ　間接, 官設, 冠雪, 関節, 環節 　→8	ガンゾー　贋造 →8
	カンソーイモ, カンソイモ　乾燥芋 　→12ad
カンゼツ　冠絶 →8	
カンセツエン, カンセツエン　関節炎 　→14	カンソーカイ　歓送会 →14a
	カンゾーガン　肝臓癌 →14a
カンセツサツエイ★　間接撮影 →15	カンソーキ　乾燥機 →14a
	カンソーキョク　間奏曲 →14a

ガギグゲゴは鼻濁音　カタカナ細字は母音の無声化　★は長音にもなる符号

カンソーゲイ★ 歓送迎 →17	カンダッコ 神田っ児 →12d
カンゾージストマ 肝臓 Distoma〔独〕 →16	カンタマゴ, カンダマゴ 寒卵 →12
カンソーシツ 乾燥室 →14a	カンダマツリ 神田祭 →12
ガンゾーシヘイ★ 贋造紙幣 →15	カンダミョージン 神田明神 →15
カンソーチ 乾燥地 →14a	ガンタル 冠たる(世界に～) →63
カンゾービョー 肝臓病 →14	ガンダレ 雁垂(=厂) →5
カンソーブン, カンソーブン 感想文 →14a	カンタン 簡単, 感嘆(歎) →8
カンソカ, カンゾカ 簡素化 →95	カンタン, カンタン 肝胆 →18
カンソク 観測 →8	カンタン 邯鄲〔地・能・昆虫〕 →21, 3
カンゾク 奸賊 →8	カンダン 歓談, 閑談, 間断 →8 寒暖 →18
ガンゾク 漢族 →8	ガンタン 元旦 →8
カンソクキ, カンゾクキ 観測機 →14c	カンダンケイ★, カンダンケイ★ 寒暖計 →14a
カンソクキキュー 観測気球 →15	カンダンシ 感嘆詞 →14a
カンソクジョ, カンソクジョ 観測所 →14	カンダンフ 感嘆符 →14a
カンソクスジ, カンゾクスジ 観測筋 →12c	カンタンフク 簡単服 →14a
カンソクセン 観測船 →14	カンチ 換地 →7
カンソン 寒村 →8	ガンチ 奸智 →7
カンソンミンピ 官尊民卑 →98	ガンチ, カンチ 感知, 関知 →7
カンダ 神田〔地・姓〕 →21, 22	カンチガイ 勘違い →13
カンタータ cantata〔伊〕 →9	ガンチク 寒竹 →8
ガンダーラ Gandhāra〔梵〕〔地〕 →21	ガンチク 含蓄 →8
カンタイ 歓待, 寒帯, 緩怠 →8	カンチュー 寒中 →8
カンタイ, ガンタイ 艦隊 →8	ガンチュー 眼中 →8
カンダイ 寛大 →8	カンチュースイエイ★ 寒中水泳 →15
ガンタイ 眼帯 →8	カンチューミマイ 寒中見舞 →12
カンタイジ 簡体字 →14b	カンチョー 灌腸, 干潮, 間諜 →8
ガン・タイヘイ★ヨー, カンタイヘイ★ヨー 環太平洋 →97, 99	カンチョー, ガンチョー 貫長, 管長, 館長, 艦長 →8
カンタイリン, カンタイリン 寒帯林 →14b	ガンチョー 官庁 →8
カンダカイ 甲高い →54	ガンチョー 元朝 →8
カンタク 干拓, 官宅 →8	カンツー 貫通, 姦通 →8
カンタクチ, カンダクチ 干拓地 →14c	カンツージューソー 貫通銃創 →15
	カンツォーネ canzone〔伊〕 →9
	カンツバキ 寒椿 →12
	カンテイ★ 鑑定, 官邸, 艦艇 →8
	ガンテイ★ 眼底 →8
	ガンテイ★シュッケツ 眼底出血 →15

￣は高い部分 ˙˙と˙˙は高低が変る部分 ¬は次が下がる符号 →は法則番号参照

カンテイ★ショ, カンテイ★ショ　鑑定書 →14	→14c
カンテイ★ニン, カンテイ★ニン　鑑定人 →14b	カントクカンチョー　監督官庁 →15
カンテイ★リュー　勘亭流 →14	カンドコロ, カンドコロ　勘所 →12
カンテツ　貫徹 →8	ガントシテ, ガントシテ　頑として →69
カンテラ　kandelaar〔蘭〕 →9	カンドック　乾 dok〔蘭〕 →16
カンテン　官展 →10	カンドックリ, カンドクリ　燗徳利 →15
カンテン, カンテン　干(旱)天, 寒天 →8	ガントリー　country →9
カンテン, ガンテン　観点 →8	カントリークラブ　country club →16
カンデン　感電, 乾田 →8	カントン　広東〔地〕 →21
カンデンチ　乾電池 →15	カントンリョーリ　広東料理 →15
ガント　官途 →7　Kant〔独〕〔人〕 →23	ガンナ　canna〔植〕 →9
ガンド　感度, 漢土 →7	カンナ　鉋 →1
カントー　完投, 敢闘, 官等, 巻頭, 関頭 →8	ガンナイ　管内, 館内, 艦内 →8
ガントー　関東〔地〕 →21	カンナガラ, カンナガラ　惟神(〜の道) →67
カンドー　勘当, 感動 →8	カンナクズ, カンナックズ　鉋(っ)屑 →12d
カンドー, 《織物は ガンドー》　間道 →8	カンナズキ　神無月 →12
ガントー　岸頭, 岩(巌)頭 →8	カンナメサイ, カンナメサイ　神嘗祭 →14
ガンドー　龕燈 →8	ガンナン　艱難 →8
カントーゲン　巻頭言 →14a	カンニン　堪忍 →8
カントーシ　間投詞 →14a	ガンニン　願人 →8
カンドーシ　感動詞 →14a	カンニング, カンニング　cunning →9
カントーシュー　関東州〔地〕 →14a	カンニンブクロ　堪忍袋 →12
カントーショー　敢闘賞 →14a	ガンニンボーズ　願人坊主 →15
ガントー・ダイジンサイ　関東大震災 →97	カンヌキ, カンヌキ, カンヌキ　閂 →5
カントーチホー, カントーチホー　関東地方 →15c	ガンヌシ　神主 →4
カントーヘイヤ　関東平野 →15	カンネッシ, カンネッシ　感熱紙 →14c
カンドーミャク　冠動脈 →15	カンネブツ, カンネンブツ　寒念仏 →15d
ガントー・ロームソー, カントーロームソー　関東 loam 層 →97,99	カンネン　刊年 →8
カントーロンブン　巻頭論文 →15	ガンネン　観念 →8
カントク　感得, 監督 →8	ガンネン　元年(平成〜) →8
カントクカン, カントクカン　監督官	カンネンテキ　観念的 →95

ガギグゲゴは鼻濁音　カタカナ細字は母音の無声化　★は長音にもなる符号

カンネン──カンプン　194

カンネンロン 観念論 →14a	ガンバレ 頑張れ →41
カンノイリ 寒の入り →19	カンバン 看板,燗番 →8
カンノウチ 寒の内 →19	カンパン, カンパン 甲板,乾板 →8
カンノー 完納,感応,官能 →8	乾 pão〔葡〕→16
カンノーテキ 官能的 →95	ガンバン 岩盤 →8
カンノムシ 疳の虫 →19	カンバンダオレ 看板倒れ →13
カンノモドリ 寒の戻り →19	カンバンムスメ 看板娘 →12
カンノン 観音 →8	カンビ 甘美,完備,巻尾,艦尾 →7
カンノンギョー 観音経 →14	カンピ 官費 →7
カンノンザキ 観音崎 →12a	ガンピ 雁皮 →7
カンノンサマ, カンノンサマ 観音様	カンビール 缶 bier〔蘭〕→16
→94	ガンピシ 雁皮紙 →14
カンノンチク 観音竹 →14a	カンビョー 看病 →8
カンノンドー 観音堂 →14	カンピョー, カンピョー 干瓢 →8
カンノンビラキ 観音開き →13	ガンビョー 眼病 →8
カンバ 汗馬(〜の労),悍馬 →7	カンビョーニン 看病人 →14a
カンパ 寒波 →7　＜kampaniya〔露〕	カンブ 患部,幹部 →7　官武(〜一途
→10	いっと) →18
カンパ, カンパ 看破 →7	ガンプ 還付,完膚,姦夫,姦婦,奸婦,悍
カンバイ 寒梅,観梅,完売 →8	婦 →7
カンパイ 完配,完敗,乾杯 →8	カンプー 完封 →8
カンパク, 《古は カンパク》 関白 →8	カンプー, カンプー 寒風 →8
カンバシイ 芳しい →53	カンプキン 還付金 →14
カンバシル 甲走る →46	カンプク 感服,官服 →8
カンバス, キャンバス canvas →9	ガンプク 眼福 →8
カンバセ 顔ばせ(花の〜) →5d	カンブクロ, 《古は カンブクロ, カン
カンパチ, カンパチ 間八〔魚〕	ブクロ》 紙袋 →12d
カンバツ 間伐,簡抜,干(早)魃 →8	カンブツ 官物,乾物,換物,奸物,灌仏
カンパツ 渙発,煥発 →8	→8
カンバック, カンバック(ンはムとも)	ガンブツ 贋物 →8
comeback →16	カンブツエ, カンブツエ 灌仏会 →14
カン・ハツオイレズ 間髪を入れず	カンブツヤ 乾物屋 →94
→97	カンブナ, カンブナ 寒鮒 →4
カン(・)ハッシュー 関八州 →39	カンプマサツ 乾布摩擦 →15
カンパニー company →9	カンフル kamfer〔蘭〕→9
ガンバリ, ガンバリ, ガンバリ 頑張	カンフルチューシャ kamfer 注射〔蘭〕
り →2	→15
ガンバリヤ 頑張り屋 →94	カンブン 漢文 →8
ガンバル 頑張る →46	カンプン 感奮 →8

￣は高い部分　⋮と⋰は高低が変る部分　˥は次が下がる符号　→は法則番号参照

195　　カンブン──ガンユー

カンブンガク 漢文学 →17	カンマツ 巻末 →8
カンペイ★ 観兵 →8 勘平〚人〛→25	カンマン 緩慢 →8 干満 →18
カンペイ★シキ 観兵式 →14b	ガンミ 甘味, 鹹味 →7
カンペイ★タイシャ 官幣大社 →15	ガンミ, ガンミ 玩味 →7
カンペキ 完璧 →8	ガンミャク 岩脈 →8
カンペキ, カンペキ 癇癖 →8	カンミリョー 甘味料 →14
ガンペキ 岸壁 →8	カンミン, カンミン 官民 →18
カンベツ 鑑別 →8	カンミンゾク 漢民族 →15
カンベッショ, カンベッショ 鑑別所 →14	ガンムテンノー 桓武天皇 →94
カンベニ 寒紅 →4	カンムリ 冠 →1
カンベン 簡便 →8	ガン(·)ムリョー 感無量 →97, 98
ガンベン 勘弁(ゴガンベン 御〜) →8, 92	カンメ 貫目 →4
カンペン, ガンペン 官辺 →8	カンメイ★ 簡明, 感銘, 官名, 漢名, 官命 →8
カンペンスジ 官辺筋 →12a	ガンメイ★ 頑迷, 頑冥 →8
ガンポ 簡保＜簡易保険・簡易生命保険 →10	カンメン, ガンメン 乾麺 →8
カンボー 観望, 官房, 監房, 感冒 →8	ガンメン, ガンメン 顔面 →8
ガンボー 官報, 艦砲 →8	ガンメンシンケイ★ 顔面神経 →15
カンボー, 《古は カンポー》 漢方 →8	ガンメンシンケイ★ツー, ガンメンシンケイ★ツー 顔面神経痛 →17
ガンボー, ガンモー 願望 →8	ガンモ ＜ガンモドキ 雁擬き〚食品〛 →10, 95
カンポーイ 漢方医 →14a	ガンモー 願望 →8
カンポーシャゲキ 艦砲射撃 →15	ガンモク 眼目 →8
カンポーチョーカン 官房長官 →15	カンモチ, 《新は カンモチ》 寒餅 →4
カンポーヤク 漢方薬 →14a	カンモン 喚問, 関門 →8
カンボク 灌木 →8	ガンモン, ガンモン 願文 →8
カンボジア, カンボジヤ Cambodia 〚国〛→21	カンモンカイキョー 関門海峡 →15
カンボタン 寒牡丹 →15	カンモンジ, カンモジ 閑文字 →15
カンボツ 陥没 →8	カンモントンネル 関門 tunnel →16
ガンボドキ 願解き →13	ガンヤ 寒夜 →7
カンポン 完本 →8	カンヤク 簡約, 完訳 →8
ガンポン, カンポン 刊本 →8	ガンヤク 丸薬 →8
ガンポン 元本 →8	カンユ 肝油 →7
ガンマ gamma, γ〔希〕→9	カンユー 官有, 勧誘 →8
カンマイリ 寒参り →13	ガンユー 含有 →8
ガンマセン, ガンマーセン γ線〔希〕 →14	カンユーイン 勧誘員 →14a
	カンユーチ 官有地 →14a
	ガンユーリョー 含有量 →14a

ガギグゲゴは鼻濁音　カタカナ細字は母音の無声化　★は長音にもなる符号

カンユーリン, カンユーリン 官有林 →14a	**カンレイ*チ** 寒冷地 →14b
ガンヨ 干与,関与 →7	**カンレキ** 官歴,還暦 →8
カンヨー 肝要,寛容,涵養,慣用 →8	**カンレツ** 寒烈,艦列 →8
カンヨーク 慣用句 →14a	**カンレン** 関連 →8
カンヨーショクブツ 観葉植物 →15	**カンレンシツモン, カンレンシツモン** 関連質問 →15c
ガンライ 元来 →8, 61	**カンレンセイ*** 関連性 →14
カンラク 陥落,乾酪 →8	**カンロ** 甘露,寒露 →7
カンラク, ガンラク 歓楽 →8	**ガンロー** 玩弄 →8
カンラクガイ 歓楽街 →14	**ガンローブツ** 玩弄物 →14a
カンラン 観覧,甘藍 →8	**カンロク**,《古は **ガンロク** も》 貫禄 →8
カンラン, ガンラン 橄欖 →8	**カンロニ** 甘露煮 →13
カンランシャ 観覧者,観覧車 →14a	**カンワ** 緩和 →7 漢和<**カンワジテン** 漢和辞典 →10, 15
カンランセキ 観覧席,橄欖石 →14a	**カンワ, ガンワ** 官話 →7
カンランリョー 観覧料 →14a	**カンワ** 閑話 →7 漢和(=漢と和) →18
カンリ 管理,官吏 →7	**カンワ(・)キューダイ** 閑話休題 →97, 98
ガンリ 元利 →7	
ガンリキ, ガンリキ, ガンリキ 眼力 →8	
カンリシャカイ 管理社会 →15	
カンリショク 管理職 →14	
カンリツ 官立 →8	
カンリニン, カンリニン 管理人 →14	**キ** 気(〜は心,〜に入る,〜を回す,〜の抜けたビール) →6
カンリホー 管理法 →14	**キ, キ** 黄 →1
カンリャク 簡略 →8	**キ** 木,樹,柝,生(〜で飲む) →1 忌,奇,季,期,記,器,機,軌 →6 気(〜は世をおおう,山の〜を吸う,浩然ぜんの〜を養う) →6, 19
カンリュー 乾留(溜),貫流,還流,寒流,緩流 →8	
カンリョー 完了,官僚 →8	
ガンリョー 顔料 →8	**……キ** …鬼(**サツジンキ** 殺人〜),…記(**リョコーキ** 旅行〜),…期(**ケンダイキ** 倦怠〜),…器(**ショーカキ** 消火〜),…機(**デンワキ** 電話〜) →14ab
カンリョーケイ* 完了形 →14	
カンリョーシュギ 官僚主義 →15	
カンリョーセイ*ジ 官僚政治 →15	
カンリョーテキ 官僚的 →95	
カンリンイン 翰林院 →14a	**ギ** 技,妓 →6 魏〖国〗 →21
カンルイ 感涙(〜にむせぶ) →8	**ギ**,《古は **ギ**》 義,議,儀 →6
カンレイ* 寒冷,慣例,艦齢 →8	**キアイ** 気合い →4
カンレイ*, カンリョー 管領 →8	**キアイジュツ** 気合術 →14b
カンレイ*シャ 寒冷紗 →14b	**キアイマケ** 気合負け →13
カンレイ*ゼンセン 寒冷前線 →15	

ギアク 偽悪 →8	キウケ 気受け →5
キアケ, キアケ 忌明け →5	キウツ 気鬱 →8
キアツ 気圧 →8	キウツリ, キウツリ 気移り →13
キアッケイ★ 気圧計 →14	キウン, キウン 機運 →8
キアツノタニ 気圧の谷 →19	キエ 帰依 →7
キアツハイチ 気圧配置 →15	キエイ★ 気鋭,帰営,機影 →8
キアワセル, キアワセル 来合わせる →45	キエイル 消え入る →45
キアン 起案 →8	キエウセル 消え失せる →45
ギアン 議案 →8	キエギエ 消え消え →57
キー 紀伊(~の国) →21 key →9	キエザル 消え去る →45
キイ 奇異,貴意,貴諱(~に触れる) →7	キエツ, キエツ 喜悦 →8
キーキ, キーキ 〖俗・児〗(=病気)	キエノコル 消え残る →45
キーキー (~叫ぶ,~と) →57	キエハテル 消え果てる →45
ギーギー (~鳴る) →57	キエル 消える キエナイ, キエヨー, キエマス, キエテ, キエレバ, キエロ →43
キーキーゴエ きいきい声 →12	キエン 気炎 →8
キースイドー 紀伊水道 →15	キエン, キエン 奇縁,機縁 →8
キータフー 利いた風(~な) →19	ギエン 義捐,義援 →8
キイチゴ 木苺 →12	ギエンキン, ギエンキン 義捐金 →14a
キイツ, キイツ 帰一 →8	キエンサン, キエンサン 希(稀)塩酸 →15
キイッポン 生一本 →91	キオイ, キオイ 競い,気負い →2b
キイト 生糸 →4	キオイタツ,《古・強は キオイタツ》 気負い立つ →45
キーパンチャー keypuncher →16	キオウ 気負う →43
キーハントー 紀伊半島 →15	キオー 既往 →8
キープ keep →9	キオーショー, キオーショー 既往症 →14a
キーポイント key point →16	キオク 記憶 →8
キーボード keyboard →16	キオクソーシツ, キオクソーシツ 記憶喪失 →98, 99
キーホルダー key holder〔和〕→16	キオクチガイ 記憶違い →13
キイロ 黄色 →4	キオクリョク 記憶力 →14
キイロイ 黄色い →53	キオクレ, キオクレ,《古は キオクレ》 気後れ →13
キーワード key word →16	キオスク kiosk →9
キイン 起因,気韻(~生動) →8	キオチ 気落ち(~がする) →5
ギイン 棋院 →8	
ギイン 偽印 →8	
ギイン 議員,議院 →8	
ギインダン 議員団 →14a	
ギインリッポー 議員立法 →15	
キウ 気宇(~壮大) →7	
キウイ 〖果実〗<kiwi fruit →9	

ガギグゲゴは鼻濁音　カタカナ細字は母音の無声化　★は長音にもなる符号

キオツケ──キカンシ　198

キ キオツケ	気を付け(号令) →99

キオツケ　気を付け(号令) →99
キオモ　気重 →5
キオン　気温,基音 →8
ギオン　擬音 →8　祇園《地も》→8, 21
ギオンエ, ギオンエ　祇園会 →14a
ギオンショージャ　祇園精舎 →15
ギオンマツリ　祇園祭 →12
キカ, キカ　気化,帰化,奇貨,奇禍,机下,麾下,貴下,貴家,幾何 →7c
キガ　帰臥,飢餓 →7　起臥 →18
ギガ　戯画 →7
キカイ　器械,機械 →8c
キカイ, キカイ　奇怪,機会 →8c
キガイ　気概 →8
ギガイ, キガイ　危害 →8
ギガイ, ギカイ　議会 →8
キカイアブラ　機械油 →12
キカイアミ　機械編 →13
キカイカ　機械化 →95
キカイガシマ, キカイガシマ　鬼界ヶ島 →19
キカイ(・)キントー　機会均等 →97,98
キカイコーガク　機械工学 →15
キカイコーギョー　機械工業 →15
キカイジカケ　機械仕掛け →13
キカイシツ　機械室 →14b
ギカイセイジ　議会政治 →15
キカイダイソー　器械体操 →15
キカイテキ　機械的 →95
キカイホンヤク　機械翻訳 →15
キガエ　着替え →5
キカエル, キガエル,《新は キガエル, キガエル》　着替える →45b, 44b
キガガク　幾何学 →14
キガカリ, キガカリ, キガカリ　気掛かり →13
キカガル, キカガル　来かかる →45
キカク　企画,規格 →8　其角《人》→24
ギガク　器楽 →8

ギガク　伎楽 →8
キカクバン　規格判 →14
キカクヒン, キカクヒン　規格品 →14
キガケ　来掛け →95
キガゲキ　喜歌劇 →15
キカザル　着飾る →45
キカショクブツ　帰化植物 →15
キカジン　帰化人 →14
キカス　聞かす,利かす(わさびを~) →44
キカセル　聞かせる,利かせる →83
キカタ　着方 →95
キカタ, キカタ　来方(~が遅い) →95
キガタ　木型 →4
キカツ　飢渇 →8
キガッキョク　器楽曲 →14a
キカヌキ　利かぬ気 →19
キガネ　気兼ね →5
キガネツ　気化熱 →14
キガマエ, キガマエ, キガマエ　気構え →13
キガミ　生紙 →5
キガラチャ　黄枯茶(~の御飯) →14
キガル　気軽(~に) →5
キガルイ　気軽い →54
キカン　既刊,季刊,帰館,帰還,帰艦,奇観,気管 →8
キカン, キカン　旗艦,亀鑑 →8c
キカン, キカン　汽罐,貴翰 →8c
キカン, キカン,《新は キカン》　器官,軌間,期間,機関 →8c
キガン　祈願,帰雁 →8
ギカン, ギカン　技官 →8
ギガン　義眼 →8
キカンキ　利かん気 →19d
キカンク　機関区 →14a
キカンシ　気管支,機関紙,季刊誌 →14a
キカンシエン, キカンシエン　気管支炎 →14

‾ は高い部分　¨ と ˙˙ は高低が変る部分　˥ は次が下がる符号　→ は法則番号参照

キカ́ンシャ　帰還者,機関車　→14a
キカンジュー　機関銃　→14
キガ́ンヘ́イ.　帰還兵　→14a
キガ́ンホー　機関砲　→14a
キカンボー, キカンボ　利かん坊　→94d
キ́キ　聞き,利き(〜が良い)　→2
キ́キ, キキ́　奇奇,嬉嬉(〜として)　→58c　危機,鬼気,既記,忌諱　→7c　機器,器機　→18c　記紀<古事記・日本書紀　→10c
キ́ギ　木木　→11　機宜,嬉戯　→7
ギ́ギ　疑義　→7
キ́キアキ́ル　聞き飽きる　→45
キ́キアシ　利き足　→5
キ́キアヤマリ　聞き誤り　→13
キ́キアヤマ́ル　聞き誤る　→45
キ́キアワ́ス　聞き合わす　→45
キ́キアワセ　聞き合せ　→13
キ́キアワセ́ル　聞き合わせる　→45
キ́キイ́イ., キキ́ヨイ　聞き良い　→54
キ́キ(·)イッパ́ツ, キキ́(·)〜　危機一髪　→97,98
キ́キイ́ル　聞き入る　→45
キ́キイレ́ル　聞き入れる　→45
キ́キウデ　利き腕　→5
キ́キオク　聞き置く　→45
キ́キオサメ　聞き納め　→13
キ́キオトシ　聞き落し　→13
キ́キオト́ス　聞き落す　→45
キ́キオボエ　聞き覚え　→13
キ́キオボエ́ル, キキ́オボエル　聞き覚える　→45b
キ́キオヨ́ブ　聞き及ぶ　→45
キ́キ(·)カ́イカイ, キキ́(·)〜　奇奇怪怪　→59
キ́キカエ́ス　聞き返す　→45
キ́キガキ　聞き書　→5
キ́キカジリ　聞き噛り　→13

キ́キカジ́ル　聞き噛る　→45
キ́キカタ　聞き方　→5,95
キ́キ́カン　危機感　→14
ギ́ギク, キギ́ク　黄菊　→8
キ́キグルジ́イ.　聞き苦しい　→54
キ́キゴマ　利駒〖将棋〗　→5
キ́キコミ　聞き込み　→5
キ́キコ́ム　聞き込む　→45
キ́キザケ　利酒　→5
キ́キジョ́ーズ　聞き上手　→15
キ́キスゴ́ス　聞き過ごす　→45
キ́キステ　聞き捨て　→5
キ́キステ́ル　聞き捨てる　→45
キ́キスマ́ス　聞き澄ます　→45
キ́キズ́ライ, キキ́ズライ　聞き辛い　→54
キ́キソコ́ナイ　聞き損い　→13
キ́キソコ́ナウ　聞き損う　→45
キ́キゾン　聞き損　→8
キ́キダ́ス　聞き出す　→45
キ́キタダ́ス　聞き質す　→45
キ́キチガイ　聞き違い　→13
キ́キチガ́ウ　聞き違う　→45
キ́キチガエ　聞き違え　→13
キ́キチガエ́ル, キキ́チガエル　聞き違える　→45b
キ́キツケ́ル　聞き付ける　→45
キ́キツタエ́ル, キキ́ツタエル　聞き伝える　→45b
キ́キテ　聞き手　→5
キ́キデ　利き手　→5
キ́キトガメ́ル　聞き咎める　→45
キ́キドク　聞き得　→8
キ́キドコロ, キキ́ドコ　聞き所,利き所　→12,5
キ́キトドケ́ル　聞き届ける　→45
キ́キトメ́ル　聞き留める　→45
キ́キトリ　聞き取り　→5
キ́キト́ル　聞き取る　→45

ガギグゲゴは鼻濁音　カタカナ細字は母音の無声化　★は長音にもなる符号

キキナオス 聞き直す →45
キキナガス 聞き流す →45
キキナレル 聞き馴れる →45
キキニクイ 聞き悪い →54
キギヌ 生絹 →4
キキノコス 聞き残す →45
キキハジメル 聞き始める →45
キキバラ 聞き腹(聞けば〜) →5
キキベタ 聞き下手 →5
キキホレル 聞き惚れる →45
キキミミ 聞き耳(〜を立てる) →5
キキメ 利き目 →5
キキモノ 聞き物 →5
キキモラス 聞き漏らす →45
キキャク 棄却 →8
キキヤク 聞き役 →8
キキュー 危急,企及,帰休,気球 →8
キキョ, キキョ 起居 →7c
ギキョ 義挙 →7
キキョイ, キキイイ 聞き良い →54
キキョー 奇矯,帰京,帰郷,気胸 →8
　桔梗 →8d
キキョー 聞き様 →8
キギョー 企業 →8
キギョー, キギョー 機業,起業 →8
ギキョー 義侠 →8
キギョーカ 起業家,企業家 →14
キギョーケンキン 企業献金 →15
ギキョーシン 義侠心 →14a
ギキョーダイ 義兄弟 →15
キギョーネンキン 企業年金 →15
キキョク, キキョク 危局 →8c
ギキョク 戯曲 →8
キキレ, キキレ 木切れ →4
キキワケ 聞き分け(〜が悪い) →5
キキワケル 聞き分ける →45
キキワスレル 聞き忘れる →45
キキン, キキン 基金,寄金,飢饉 →8c
ギキン 義金 →8

キキンゾク 貴金属 →15
キク 聞く,聴く,利く　キカナイ, キコー, キキマス, キーテ, キケバ, キケ →43
キグ 菊 →6
キク, 《新は キク》 菊・喜久〘女名〙 →23c
キグ 危惧,木具,器具,機具 →7
キグイムシ 木食虫 →12b
キグー 奇遇,寄寓 →8
キクエ 菊江・喜久枝〘女名〙 →25
キクカ, キクカ, キッカ, キッカ 菊花 →7
キグギ, キグギ 木釘 →4c
ギクギク (〜する,〜と) →57
キクコ, 《新は キクコ》 菊子・喜久子〘女名〙 →25c
ギクシャク (〜する,〜と) →57
キグズ, キクズ 木屑 →4
キグスイ 菊水〘紋所〙 →8
キグズクリ 菊作り →13
キグスリ 生薬 →91
キグスリヤ, キグスリヤ 生薬屋 →94
キクズレ, キクズレ, キクズレ 着崩れ →13
キクチ 菊池・菊地〘姓〙 →22
キクチ(・)ガン 菊池寛 →23, 27
キグチ, キグチ 木口 →4
キグツ 木沓 →4
キクニンギョー 菊人形 →15
キクノエン 菊の宴 →19
キクノセック 菊の節句 →98
キグバリ 気配り →13
キクバン 菊判 →8
キクビヨリ 菊日和 →12
キクミ 菊見 →5
キグミ 気組み →5
キグミ, キグミ 木組み →5
キグライ 気位(〜が高い) →12

￣は高い部分　¨と˙は高低が変る部分　˥は次が下がる符号　→は法則番号参照

キクラゲ　木耳　→12	キコー　貴校, 貴公　→8c
キグロー　気苦労　→15	キコー　揮毫, 記号　→8
キクン, キクン　貴君　→8c	ギコー　技工, 技巧　→8
ギグン, ギグン　義軍　→8	キコーシ　貴公子　→15
キケイ　奇警, 奇形, 畸形, 奇計, 詭計　→8	ギコーシ　技工士　→14a
キケイ★, キケイ★　貴兄　→8c	キコーシキ　起工式　→14
ギケイ★　義兄　→8	ギコーテキ　技巧的　→95
ギゲイ★　技芸, 伎芸　→8	ギコーハ　技巧派　→14
キケイ★ジ　畸形児　→14b	キコーブン, キコーブン　紀行文　→14a
キゲキ　喜劇　→8	キコーボン　希(稀)覯本　→14
キケツ　既決, 帰結, 奇傑　→8	キコーロン　記号論　→14a
ギケツ　議決　→8	キコク　帰国, 鬼哭(～啾啾しゅうしゅう)　→8
キケモノ　利け者　→5	キコク　貴国　→8c
キケン　危険, 棄権　→8	ギコク　疑獄　→8
キケン　貴顕, 貴県　→8c	ギコクジケン　疑獄事件　→15
キゲン　機嫌(ゴキゲン　御～)　→8, 92	キコクシジョ　帰国子女　→15
キゲン　紀元, 起源, 期限　→8	キココチ, キココチ　着心地　→12
キゲンカイ　機嫌買い　→13a	キココロ, キココロ　気心　→12
キケンシャ　棄権者　→14a	キコシメス　聞こし召す　→45
キケンシンゴー　危険信号　→15	ギコチナイ, ギコチナイ　→54
キケンセイ★　危険性　→14	キコツ　気骨(～がある)　→8
キゲンセツ　紀元節　→14a	キコナシ　着こなし　→13
キゲンゼン, キゲンゼン　紀元前　→14a	キコナス　着こなす　→45
キケンチタイ, キケンチタイ　危険地帯　→15	ギコブン, ギコブン　擬古文　→14
キゲンブツ　危険物　→14a	キコム　着込む　→45
キケンブンシ　危険分子　→15	キコリ, 《古は キコリ》　樵　→2
キゲンリツ　危険率, 棄権率　→14a	キコン　気根, 既婚　→8
キコ, キコ　騎虎(～の勢い)　→7c	キコンシャ　既婚者　→14a
キコ　季語, 綺語　→7	キザ　起座(坐), 跪座(坐)　→7
キコエ　聞え(～が良い)　→2	キザ, 《古は キザ》　気障(～な)　→10
キコエヨガシ　聞えよがし　→77	キサイ　記載, 既済, 起債, 奇才, 鬼才, 機才, 奇祭　→8
キコエル　聞える　キコエナイ, キコエマス, キコエテ, キコエレバ, キコエロ　→44	キサイ, キザイ　后　→1d
キコー　希(稀)観, 起工, 起稿, 寄稿, 帰校, 帰航, 寄航, 帰港, 気孔, 気功, 気候, 季候, 奇功, 奇効, 奇行, 紀行, 機構　→8	キザイ　木材, 器材, 機材, 器財　→8
	キサイシジョー　起債市場　→15
	キサキ, キサキ　后　→1c
	ギザギザ　(～だ・な・に, ～がある)　→57, 3

ガギグゲゴは鼻濁音　カタカナ細字は母音の無声化　★は長音にもなる符号

ギザギザ （〜する, 〜と）→57	キジク 機軸 →8
キサク 気さく（〜な人）→59 奇策 →8	キシツ, キシツ 気質 →8
ギサク 偽作 →8	キジツ, キジツ 忌日 →8
キザケ 生酒 →91	キジツ 期日 →8
キサゴ, キシャゴ 〚貝〛→1d	キシドー 騎士道 →14
キザシ 兆 →2	ギジドー 議事堂 →14
キザス, キザス 兆す →43	キシナ 来しな（〜に）→95
キザッポイ 気障っぽい →96	ギジニッテイ｡ 議事日程 →15
キザハシ, キザハシ 階 →4	キジバト 雉鳩 →4
キサマ 貴様 →64	ギジバリ, ギジバリ 擬餌鉤 →12
キザミ 刻み《煙草も》→2	キシベ, キシベ 岸辺 →4

キザミアシ, キザミアシ 刻み足 →12
キザミコム 刻み込む →45
キザミタバコ 刻み煙草 →16
キザミツケル 刻み付ける →45
キザミメ 刻み目 →12
キザム 刻む **キザマナイ, キザモー, キザミマス, キザンデ, キザメバ, キザメ** →43
キザラ 黄ざら〚ざらめ〛→10
キザラ 木皿 →4
キサラギ 如月
キサラズ 木更津〚地〛→21
キザワリ, キザワリ 気障り →13
キサン 起算, 帰山, 帰参 →8
キサンジ, キサンジ 気散じ →13
キシ, キシ 奇士, 棋士, 騎士, 起死（〜回生）, 旗幟（〜鮮明）, 貴紙, 貴誌 →7c
キシ, 《姓は キシ, キシ》 岸 →1, 22c
キジ 雉 →1
キジ 木地, 生地, 素地, 記事 →7
ギシ 技師, 義士, 義子, 義姉 →7
ギシ, ギシ 義歯, 義肢 →7
ギジ 議事 →7
ギジ, ギジ 疑似, 擬餌 →7
ギジエ 擬似餌 →4
ギシキ 儀式 →8
ギシキバル 儀式張る →96

ギジ(・)ボーガイ, ギジボーガイ 議事妨害 →98, 99
キシミ, キシミ 軋み →2
キシム 軋む →44
キシメク 軋めく →96
キシメン, キシメン 某子麺, 碁子麺 →14
キシモジン, キシボジン 鬼子母神（〜様）→14
キシャ, 《新は キシャ》 喜捨, 騎射, 汽車, 記者, 貴社 →7c
キシャガイケン 記者会見 →15
キシャク 希(稀)釈 →8
キジャク 着尺 →8
キシャクラブ 記者 club →16
キシャゴ, キサゴ 〚貝〛→1d
キシャダン 記者団 →14
キシャチン 汽車賃 →14
キシャポッポ 汽車ぽっぽ →59
キシュ, 《新は キシュ》 旗手, 騎手, 機首, 機種 →7c
キジュ 喜寿（〜の祝）→7　　喜寿
ギシュ 技手 →7
ギシュ, ギシュ 義手 →7
キシュー 奇襲, 奇習 →8

̄は高い部分　˙˙と˙˙は高低が変る部分　⌐は次が下がる符号　→は法則番号参照

キ**シュー** 紀州(=紀伊) →8c	→14a
キ**ジュー** 機銃 →8	キ**ショーダイ** 気象台 →14
キ**ジューキ** 起重機 →14a	キ**ショーチョー** 気象庁 →14a
キ**ジューソーシャ** 機銃掃射 →15	キ**ショーツーホー** 気象通報 →15
キ**シュク** 寄宿,書宿 →8	キ**ショーテンケツ**, キ**ショー**(・)**テンケツ** 起承転結 →98, 97
ギジュク 義塾 →8	
キ**シュク**シャ, キ**シュク**シャ 寄宿舎 →14c	キ**ジョーブ** 気丈夫 →15
キ**ジュツ** 記述 →8	**ギジョーヘイ** 儀仗兵 →14a
キ**ジュツ** 奇術 →8	キ**ショーモン** 起請文 →14a
ギジュツ 技術 →8	キ**ジョーユ** 生醤油 →91
ギジュツカ 技術家 →14	キ**ショーヨホーシ** 気象予報士 →17
ギジュツカクシン 技術革新 →15	キ**ショク** 寄食,気色(～が悪い) →8
キ**ジュツ**シ, キ**ジュ**ッシ 奇術師 →14c	キ**ショク**, キ**ショク** 喜色 →8c
ギジュツシャ, **ギジュ**ッシャ 技術者 →14c	キ**シル** 軋る →44
ギジュツヤ 技術屋 →94	キ**ジルシ** キ印 →12
キ**ジュン** 帰順,基準,規準 →8	**ギジロク** 議事録 →14
キ**ジュンカカク** 基準価格 →15	**ギシ・ワジンデン** 魏志倭人伝〖書〗 →97
キ**ジュンテン** 基準点 →14a	
キ**ジュンホー**, キ**ジュン**ホー 基準法 →14a	キ**シン**, キ**シン** 寄進,鬼神,帰心 →8c
キ**ジュンリョー** 基準量 →14a	キ**ジン** 帰陣 →8
キ**ショ**,《新は キ**ショ**》 寄書,奇書,希(稀)書,貴書,貴所 →7c	キ**ジン**, **キジン** 奇人,貴人 →8
キジョ 鬼女,貴女 →7	**キジン**, キ**ジン** 鬼神 →8
ギショ, **ギショ** 偽書 →7	**ギシン**, **ギシン** 疑心 →8
ギジョ 妓女 →7	**ギシン** 義心 →8
キ**ショー** 希(稀)少,起床,毀傷,気性,気象,奇勝,起請,記章,徽章 →8	**ギジン** 擬人 →8
キ**ジョー** 気丈,騎乗,帰城,机上,機上,軌条 →8	**ギジン**, **ギジン** 義人 →8
ギショー 偽称,偽証 →8	**ギシン**(・)**アンキ**, **ギシン・アンキ** 疑心暗鬼 →97, 98
ギジョー 議定,議場,儀仗 →8	**ギジンホー**, **ギジン**ホー 擬人法 →14a
キ**ショーエイ**セイ 気象衛星 →15	**キス**, キ**ス** 期す,帰す →48c kiss →9
キ**ショーガチ** 希(稀)少価値 →15	キ**ス**, キ**ス** 鱚 →1
キ**ショーカンソク** 気象観測 →15	**キズ** 傷,疵 →1
ギジョーザイ, **ギジョー**ザイ 偽証罪	**キズ** 生酢 →91
	ギス 擬す →48
	キ**ズアト** 傷跡 →4
	キ**スイ** 既遂(↔未遂) →8
	キズイキママ, **キズイ**(・)**キママ** 気随気儘 →98, 97

ガギグゲゴは鼻濁音　カタカナ細字は母音の無声化　★は長音にもなる符号

キスイコ 汽水湖 →14b	キセイチュー 寄生虫 →14
キズイセン 黄水仙 →15	ギセイテキ 犠牲的 →95
キスー 帰趨 →8	ギセイドーフ 擬製豆腐 →15
キスー 奇数,基数 →8	キセイドーメイ 期成同盟 →15
キズカイ 気遣い →13	ギセイバント 犠牲 bunt →16
キズカウ 気遣う →46	キセイヒン, キセイヒン 既製品 →14b
キズカレ, キズカレ, キズカレ 気疲れ →13	キセイフク 既製服 →14b
キズカワシイ 気遣わしい →53	ギセイフライ 犠牲 fly →16
キズキアゲル, キズキアゲル 築き上げる →45	キセイラッシュ 帰省 rush →16
ギスギス (〜する, 〜と) →57	キセカエ 着せ替え →5
キズク 築く, 気付く →46	キセカエニンギョー 着せ替え人形 →15
キズグスリ, 《古は キズグスリ》 傷薬 →12	キセカエル, キセカエル 着せ替える →45b
キズグチ 傷口 →4	キセキ 軌跡 →8
キズケ, キツケ 気付(何何社〜) →5	キセキ, キセキ 奇跡, 鬼籍, 輝石 →8c
キズタ 木蔦 →4	ギセキ 議席 →8
キズチ 木槌 →4	キセキテキ 奇跡的 →95
キズツク 傷付く →46	キセズシテ 期せずして →69
キズツケル 傷付ける →46	キセツ 既設 →8
キズトガメ 傷咎め →13	キセツ, 《新は キセツ》 季節 →8c
キズナ, キズナ 絆(恩愛の〜) →4	キゼツ 気絶 →8
キズマ 気褄 →4	ギゼツ 義絶 →8
キズマリ, キズマリ 気詰まり →13	キセッカン 季節感 →14c
キズモノ 傷物 →4	キセツフー, キセツフー 季節風 →14
キズヨイ, キズヨイ 気強い →54	キセル 着せる →44 煙管 →9
キスル 記する, 期する, 帰する →48	キゼワ 生世話 →91
ギスル 議する, 擬する →48	キゼワシイ 気忙しい →54
キセ 被〚和裁〛 →2	キセワタ 着せ綿・被せ綿(菊の〜) →5
キセイ 寄生,帰省,規正,規制,規整,奇声,気勢,既成 →8	キセン 汽船,帰船,機船,機先 →8 喜撰〚人〛(キセンボーシ 〜法師) →24, 15
ギセイ 擬制,擬製,擬勢,犠牲 →8	キセン, キセン 貴賤 →18c
キセイガンワ 規制緩和 →15	キゼン 毅然 →56
キセイジジツ 既成事実 →15	ギゼン 巍然 →56 偽善 →8
ギセイシホン 擬制資本 →15	ギゼンシャ 偽善者 →14a
ギセイシャ 犠牲者 →14b	キソ, キソ 木曽〚地〛 →21c
キセイセイトー 既成政党 →15	キソ, 《新は キソ》 起訴,基礎 →7c
ギセイダ 犠牲打 →14b	

￣は高い部分 …と゛…は高低が変る部分 ￢は次が下がる符号 →は法則番号参照

キソウ──キタス

キソウ 競う →43	ギダ 犠打 →7
キソー 起草,奇想,基層,帰巣 →8	ギター guitar →9
キゾー, キソー 寄贈 →8	キタアメリカ, キタアメリカ 北 America〖地〗 →16
ギソー 偽装,艤装 →8	キタアルプス 北 Alps →16
ギゾー 偽造 →8	キタイ 期待,気体,機体,危殆 →8
キソーキョク 綺想曲 →14a	キタイ 奇態(~な) →8c
キゾーシャ, キゾーシャ 寄贈者 →14a	キダイ 季題 →8
キソー(・)テンガイ, キソー(・)テンガイ, キソーテンガイ 奇想天外 →97, 98, 99	キダイ, キダイ 希(稀)代 →8c
	ギタイ 擬態 →8
キソガワ 木曽川 →12	ギダイ 議題 →8
キソク, 《新は ギソク》 気息,規則,貴息 →8c	キタイウス 期待薄 →13
	キタイハズレ 期待外れ →13
キゾク 帰属 →8	キタエアゲル, キタエアゲル 鍛え上げる →45
キゾク 貴族 →8	キタエル 鍛える →43
ギゾク 義足,偽足 →8	キダオレ, キダオレ 着倒れ(京の~) →13
ギゾク, ギゾク 義賊 →8	キタカゼ, キタカゼ, キタカゼ 北風 →4
キゾクイン 貴族院 →14	
キソク(・)エンエン, 《新は ギソク(・)エンエン》 気息奄奄 →59	キタカミガワ 北上川 →12
	キタガワ 北側 →4
キソクショ, キソクショ, キソクショ 規則書 →14c	キタガワ(・)ウタマロ 喜多川歌麿 →22, 25, 27
キソクタダシイ 規則正しい →54	キタキツネ 北狐 →12
キソクテキ 規則的 →95	キタキューシュー 北九州 →15
キゾクテキ 貴族的 →95	キタキューシューシ 北九州市 →14a
キソコージ 基礎工事 →15	キタキリ, キタキリ 着た切り →5
キソコージョ 基礎控除 →15	キタキリスズメ 着た切り雀 →12
キソジョー, キソジョー 起訴状 →14	キタク 帰宅,寄託 →8
キソタイシャ 基礎代謝 →15	キタク 北区 →14
キソチシキ 基礎知識 →15	キタグチ 北口 →4
キソバ, キゾバ 生蕎麦 →91	キタクナンミン 帰宅難民 →15
キソブシ 木曽節 →12	キタグニ 北国 →4
キゾメ 着初め →95	キタケ, キタケ 着丈 →5c
キソユーヨ 起訴猶予 →15	キタザト(・)シバサブロー 北里柴三郎 →22, 26, 27
キソネンキン 基礎年金 →15	
キソン 既存,帰村,毀損 →8	キタサンドー 北参道〖地〗 →15
キタ, 《新は キタ》 北 →1	
キタ 喜多〖能〗 →22c	キタス, キタス 来たす →44

ガギグゲゴは鼻濁音　カタカナ細字は母音の無声化　★は長音にもなる符号

キタダケ 北岳 →12	キチガイ 気違い →13
キタタマ 北多摩〖地〗 →21	キチガイアツカイ 気違い扱い →13
キダチ 木太刀 →4	キチガイアメ 気違い雨 →12
キタチョーセン 北朝鮮 →15	キチガイザタ 気違い沙汰 →15
キダテ 気立て →5	キチガイジミル 気違い染みる →96
キタナイ 汚い, 穢い →52	キチガイビョーイン 気違い病院 →15
キタナラシイ* 汚らしい →53	キチガイミズ 気違い水(=酒) →12b
キタニホン 北日本 →15	キチキチ (~だ・な・に, 三時~) →57, 38
キタノカタ 北の方(=夫人) →19	キチキチ, 《新は キチキチ》 (~払う, ~と) →57c
キタノマルコーエン 北の丸公園 →15	キチク 鬼畜 →18
キタバタケ・チカフサ, キタバタケチカフサ 北畠親房 →22, 24, 27	キチジ 吉事 →7
キダハチ, キダハチ, キダハチ(ダはタとも) 喜多八〖人〗 →25	キチジツ 吉日 →8
キタハラ・ハクシュー, 《古は ~(・)ハクシュー》, キタハラハクシュー 北原白秋 →22, 24, 27	キチジョー 吉上, 吉祥 →8
キタハンキュー 北半球 →15	キチジョージ 吉祥寺〖寺〗(駒込の~) →14
キタマクラ 北枕 →12	キチジョージ, キチジョージ 吉祥寺〖地〗 →21
キタマド 北窓 →4	キチスー, キチスー 既知数 →14c
キタマワリ 北回り〖航路〗 →13	キチニチ, キチニチ 吉日 →8
キタムキ 北向き →5	キチャク 帰着 →8
キタムラ 北村・喜多村〖姓〗 →22	キチュー 忌中 →8
~(・)ロクロー, ~(・)ロクロー 喜多村緑郎 →25, 27	キチョー 貴重, 記帳, 几帳, 帰朝, 基調 →8
キタヤマ 北山(京都の~, 腹が~) →4	キチョー, 《新は キチョー》 機長 →8c
ギダユー 義太夫 →26, 3	ギチョー 議長 →8
ギダユーガタリ 義太夫語り →13	ギチョーサイテイ* 議長裁定 →15
ギダユーブシ 義太夫節 →12	キチョーヒン 貴重品 →14
キタリュー 喜多流 →14	キチョーメン, キチョーメン 几帳面(~な人) →14
キタル 来たる(東より~, ~十日) →45, 38	キチョーメン 几帳面〖建〗 →14a
キタン, キタン 忌憚 →8c	キチレイ* 吉例 →8
キダン 奇談, 綺談 →8	キチン, キチン 木賃 →8c
キダン, キダン 気団〖気象〗 →8	キチン (~とした) →55
キチ, 《新は キチ》 吉(↔凶) →6 奇知(智), 機知(智), 既知, 危地, 基地, 貴地 →7c	キチンヤド 木賃宿 →12
……きち …吉〖男名〗 →25	キツイ (~人, 服が~) →52
	キツエン 喫煙 →8

 ̄は高い部分 ┈と┈は高低が変る部分 ⌐は次が下がる符号 →は法則番号参照

キツエン──キデン

キツエンシツ 喫煙室 →14a	ギッチラコ （お舟が~）→94
キツエンセキ 喫煙席 →14a	キッチリ （~する, ~と, ~一時）→55, 38
キッカ, キッカ, キクカ, キクカ 菊花 →7	キッチン, キチン kitchen →9
キッカイ 奇っ怪 →8d	キッチンペーパー kitchen paper〔和〕 →16
キッカケ 切っ掛け(~をつくる) →5	キツツキ 啄木鳥 →13
キッカリ (~と, 十時~) →55, 38	キッテ, キッテ 切手 →5
キッキュージョ 鞠躬如(~と) →56a	キット (~来る, ~雨だ) →55
キッキョー, キッキョー 吉凶 →18	キット, キット (~にらむ, ~なる) →55
キック kick →9	キッド kid →9
キックオフ kickoff →16	キツネ 狐 →1
ギックリ (~する, ~と) →55	キツネイロ 狐色 →12
ギックリゴシ ぎっくり腰 →12	キツネウドン 狐饂飩 →15
キツケ 来付, 気付(某方~), 着付 →5	キツネケン 狐拳 →14
キツケ, キツケ 気付〘薬〙 →5	キツネゴーシ 狐格子 →15
キツケグスリ 気付薬 →12	キツネツキ 狐憑き →13
キッコー 拮抗 →8	キツネノヨメイリ, キツネノヨメイリ
キッコー, キッコー 亀甲 →8	狐の嫁入り →98
キッサ, キッサ 喫茶 →7	キツネビ 狐火 →12
キッサキ, キッサキ, キッサキ 切っ先 →5	キッパリ (~断わる, ~と) →55
キッサシツ 喫茶室 →14	キップ 切符 →7 気っ風(~が良い) →8d
キッサテン, キッサテン 喫茶店 →14	キップウリバ 切符売場 →12
キツジツ, キチジツ 吉日 →8	キップセイ★ 切符制 →14
ギッシャ 牛車 →7	キッポー 吉報 →8
キッショー 吉祥 →8	キツモン 詰問 →8
キッショーテン 吉祥天 →14a	キツリツ 屹立 →8
ギッシリ (~つまる, ~と) →55	キテ 着手(服の~がない) →5
キッス, キス, キス kiss →9	キテ 来手(嫁に~がない) →5
キッスイ 生粋, 喫(吃)水 →8	ギテ, ギテ, ギシュ 技手 →4, 7
キッスル, キッスル 喫する →48	キテイ★ 規定, 既定, 規程, 基底, 汽艇 →8
キッセキ 詰責 →8	ギテイ★ 議定, 義弟 →8
キツゼン 屹然 →56	ギテイ★ショ, ギテイ★ショ 議定書 →14
キッソー 吉左右, 吉相 →8	キテキ 汽笛 →8
キッタテ 切り立て →5	キテレツ (奇妙~) →8
キッチャ 喫茶 ⇒キッサ	キテン 機転(~がきく), 起点, 基点 →8
ギッチョ (=左利き) →94 (=きりぎりす) →3	キデン 貴殿〘代〙 →8
キッチョー, キッチョー 吉兆 →8	

ガギグゲゴは鼻濁音　カタカナ細字は母音の無声化　★は長音にもなる符号

ギテン 疑点 →8

キト, 《新は キト》 企図, 帰途 →7c

キド 木戸 →4 輝度 →7 喜怒(〜哀楽) →18

キド, 《新は キド》 木戸〖姓〗 →22
  〜・タカヨシ, キドタカヨシ, キドコーイン 〜孝允 →24, 27

キトー 祈禱, 起倒, 既倒, 気筒, 亀頭 →8

キドー 起動, 機動, 気道, 軌道 →8

キドーシ 祈禱師 →14a

キドーシ 着通し →13

キドーシャ 気動車 →14a

キドース 着通す →45

キドーセイ 機動性 →14

キドータイ 機動隊 →14

キドーブタイ 機動部隊 →15

キドーラク 着道楽 →15

キドーリョク 機動力 →14a

キトク 奇特, 危篤, 既得 →8

キトクケン, キトクケン 既得権 →14c

キドグチ 木戸口 →12

キドゴメン 木戸御免 →98

キドセン, キドセン 木戸銭 →14

キドバン, キドバン 木戸番 →14

キドリ 気取り →2

キドリ, キドリ 木取り →2

キドリヤ 気取屋(〜さん) →94

キドル 気取る →46

キドル 木取る →46

キナ kina〖蘭〗 →9

キナイ 機内, 畿内〖地〗 →8

キナイショク 機内食 →14b

キナオス 着直す →45

キナガ 気長 →5

キナガシ 着流し →13

キナクサイ 焦臭い →54

キナコ, 《もと キナコ》 黄粉 →19

キナリ 生成り(〜の服) →91

キナン 危難 →8

ギニア Guinea〖国〗 →21

キニーネ kinine〖蘭〗 →9

キニイリ 気に入り →19

キニチ, キニチ 忌日 →8

キニュー 記入 →8

ギニョール guignol〖仏〗 →9

キニン 帰任 →8

キヌ 絹, 衣 →1

キヌイト 絹糸 →4

キヌオリ 絹織 →5

キヌオリモノ, キヌオリモノ 絹織物 →17

キヌカツギ 衣被ぎ〖料理〗 →13

キヌガワ 鬼怒川 →12

キヌギヌ, キヌギヌ 後朝 →11

キヌケ 気抜け →5

キヌゴシ 絹漉し＜キヌゴシドーフ 絹漉し豆腐 →5, 15

キヌコマチ 絹小町〖米〗 →12

キヌサヤ 絹莢＜絹莢豌豆 →10

キヌジ 絹地 →7

キヌズレ, キヌズレ 衣擦れ →5

キヌタ 砧《能・菓子も》

キヌバリ 絹張り →5

キヌバリ, キヌバリ 絹針 →4

キヌモノ 絹物 →4

キヌワタ 絹綿 →4

キネ 杵 →1

キネズカ, キネズカ 杵柄(昔取った〜) →4

キネマ kinema →9

キネヤ 杵屋・稀音家〖長唄〗 →94

キネン 記念 →8

キネン 祈念 →8

ギネン 疑念 →8

キネンカン 記念館 →14a

キネンサイ, キネンサイ 祈年祭, 記念祭 →14a

キネンヒ　記念碑 →14a

キネンビ　記念日 →12a

キネンヒン, キネンヒン　記念品 →14a

キネンブツ　記念物 →14a

キノイワイ　喜の祝 →19

キノエ　甲〖十干〗 →19

キノエネ　甲子 →19

キノー　帰納, 帰農, 気嚢 →8

キノー,《副詞的には キノー》昨日 →1, 62

キノー, キノー　機能 →8

ギノー, ギノー　技能 →8

キノーキョー　昨日今日 →18

ギノーシ　技能士 →14a

ギノーシャ　技能者 →14a

ギノーショー　技能賞 →14a

キノーショーガイ　機能障害 →15

キノーテキ　機能的, 帰納的 →95

キノーホー, キノーホー　帰納法 →14a

キノカ　木の香 →19

キノカワ　紀ノ川 →19

キノクニ　紀国 →19

キノクニヤ　紀伊国屋〖歌舞伎〗 →94

キノクニヤ(・)ブンザエモン,《新は ～ (・)ブンザエモン》紀国屋文左衛門 →94, 26, 27

キノコ　菌, 茸, 蕈 →19

キノコトリ　蕈取り →13

キノジ　喜の字(～の祝), きの字(=気違い) →19

キノシタ　木下〖姓〗 →22

　～・トーキチロー　～藤吉郎 →26

キノ・ツラユキ, キノツラユキ　紀貫之 →22, 24, 27

キノト　乙〖十干〗 →19

キノドク, キノドク　気の毒 →19

キノボリ　木登り →13

キノミ, コノミ　木の実 →19

キノミ(・)キノママ, キノミ(・)キノママ, キノミ(・)キノママ　着の身着の儘 →97, 98

キノメ　木の芽 →19

キノメデンガク　木の芽田楽 →15

キノメドキ　木の芽時 →12

キノヤマイ　気の病 →19

キノリ　気乗り →5

キノリウス　気乗り薄 →13

キバ　牙 →1　騎馬 →7

キバ　木場〖地も〗 →4

キハイ, キハイ　気配 →8c

キバイ　木灰 →4

キバエ　着映え(～がしない) →5

キハク　希(稀)薄, 気魄 →8

キバクザイ, キバクザイ　起爆剤 →14

キバコ　木箱 →4

キバサミ　木鋏 →12

キハズカシイ★, キハズカシイ★　気恥ずかしい →54

キバセン　騎馬戦 →14

キハダ　木肌 →4

キハダ, キワダ　黄肌〖魚〗, 黄蘗〖植・色〗 →4d

キハダマグロ, キワダマグロ　黄肌鮪 →12

キバタラキ,《古は キバタラキ》気働き →13

キバチ　木鉢 →8

キハチジョー, キハチジョー　黄八丈 →15

キハツ　揮発 →8

キバツ　奇抜 →8

キハツセイ★　揮発性 →14

キハツユ, キハツユ　揮発油 →14

キバミンゾク　騎馬民族 →15

キバム, キバム　黄ばむ →96

キバヤ　気早 →5

ガギグゲゴは鼻濁音　カタカナ細字は母音の無声化　★は長音にもなる符号

キバヤイ ── キボーシ　210

キバヤイ, キバヤイ 気早い →54	キブク 忌服 →8
キバラシ, キバラシ 気晴らし →13	キブクレ, キブクレ 着脹れ →13
キバル 気張る →46	キブクレル 着脹れる →45
キハン 帰帆,規範,軌範,羈絆 →8	ギフケン, ギフケン 岐阜県 →14c
キバン 基盤 →8	キフコーイ 寄付行為 →15
キバンシ 生半紙 →91	ギフシ 岐阜市 →14
キハンセン 機帆船 →14	ギフジョーチン 岐阜提燈 →15
キヒ, キヒ 忌避 →7c	キフジン 貴婦人 →15
キビ 黍 →1 機微,驥尾 →7	ギプス, ギプス Gips〔独〕 →9
キビ 気味(〜が悪い) ⇒キミ	キブツ 木仏,器物 →8 kibbutz〔英〕 →9
キビガラザイク 黍稈細工 →15	ギブツ 偽物 →8
キビキ 忌引 →5	キブッセイ 気塞ぎ →13d
キビキビ (〜した人,〜と) →57	ギフト gift →9
キビシイ 厳しい →52	ギフトカード gift card〔和〕 →16
キビショ, キビショ 急須	ギフトケン gift券 →14
キビス 踵(〜を返す)	キブトリ 着太り →13
キビダンゴ 黍団子 →12	キフルシ 着古し →13
キヒツ 起筆 →8	キフルス 着古す →45
ギヒツ 偽筆 →8	キプロス, キプロス Kypros〔希〕〖国〗 →21
キビョー, キビョー 奇病 →8	キブン 気分 →8
ギヒョー 儀表,戯評 →8	ギフン 義憤 →8
キビョーシ 黄表紙 →15	キブンテンカン 気分転換 →15
キビラ 生平〖織物〗 →10	キブンヤ 気分屋 →94
キヒン 気品,気稟,貴賓 →8	キヘイ 騎兵 →8
キビン 機敏 →8	ギヘイ 義兵 →8
キヒンシツ 貴賓室 →14a	キヘイタイ 騎兵隊,奇兵隊 →14
キヒンセキ 貴賓席 →14a	キヘキ 奇癖 →8
キフ, キフ 棋譜 →7	キヘン 木偏(=木) →8
キフ, キフ 寄付 →7c	キベン 詭弁 →8
キブ 基部 →7	キボ 規模 →7
ギフ 岐阜〖地〗 →21	ギボ 義母 →7
ギフ 義父 →7	キホー 既報,気泡,気胞,機鋒 →8
ギブアップ give up →16	キボー 希望 →8
ギブアンドテーク give-and-take →17	ギホー 技法 →8
キフー, キフー 気風 →8c	ギボーシ, ギボーシ, ギボシ 擬宝珠
キフキン, キフキン,《新は キフキン》 寄付金 →14c	《植も》 →15d
キフク 帰服 →8	キボーシャ 希望者 →14a
キフク, キフク 起伏 →18	

 ̄は高い部分　 ̈と…は高低が変る部分　「は次が下がる符号　→法則番号参照

キボーテキ 希望的 →95
キボーホー 喜望峰 →14a
ギボク, キボク 亀卜 →8
ギボシ 擬宝珠《植も》→15d
キボトケ 木仏 →12
キボネ 気骨(〜が折れる) →4
キボリ, キボリ 木彫り →5
キホン 基本 →8
キホンキュー, キホンキュー 基本給 →14a
キホンキン, キホンキン 基本金 →14a
キホンテキ 基本的 →95
キホンテキジンケン 基本的人権 →98
キホンホー, キホンホー 基本法 →14a
ギマイ 義妹 →8
キマエ 気前 →4
キマカセ, キマカセ, キマカセ 気任せ →13
キマクラ 木枕 →12
キマグレ, キマグレ, キマグレ 気紛れ →13
キマグレモノ, キマグレモノ 気紛れ者 →12
キマケ 気負け →5
キマジメ 生真面目 →91
キマズイ, キマズイ 気不味い →54
キマツ 期末, 季末 →8
キマツシケン, キマツシケン 期末試験 →15c
キマッテアテ 期末手当 →12
キマッテスト 期末test →16
キママ 気儘 →4
キマヨイ, キマヨイ 気迷い →13
キマリ 決まり, 極り →2
キマリキッタ, 《古・強は キマリキッタ》決まり切った(〜話) →45
キマリテ 決まり手 →12

キマリモンク 決まり文句 →15
キマリワルイ 決まり悪い →54
キマル 決まる, 極る キマラナイ, キマロー, キマリマス, キマッテ, キマレバ, キマレ →44
キマワシ 着回し《衣》→13
ギマン 欺瞞 →8
キミ 黄身 →4 黄味 →93
キミ, 《女名は キミ》君 →1, 64, 23
キミ 気味(〜が悪い) →93
キミ, キミ 気味(=傾向。慢心の〜) →93
……ギミ …気味(カゼギミ 風邪〜, アガリギミ 上がり〜) →95
キミアイ, キミアイ 気味合い →12
キミエ 君枝・喜美江《女名》→25
キミガヨ 君が代 →19
キミコ 君子・喜美子《女名》→25
キミジカ 気短 →13
キミズ, キミス 黄身酢 →12
キミタチ 君達 →94
キミツ 気密, 機密 →8
キミッショルイ 機密書類 →15
キミッヒ 機密費 →14
キミドリ 黄緑 →12
キミャク, キミャク 気脈(〜を通じる) →8
キミョー 奇妙 →8
キミラ 君等 →94
キミワルイ, キミワルイ 気味悪い →54
ギミン, ギミン 義民 →8
ギム 義務 →7
ギムキョーイク 義務教育 →15
キムズカシイ★, キムズカシイ★ 気難しい →54
キムズカシヤ 気難し屋 →94
キムスメ 生娘 →91
キムチ gimci(沈菜)〔朝鮮〕→9

ガギグゲゴは鼻濁音 カタカナ細字は母音の無声化 ★は長音にもなる符号

ギムテキ──キャクセ　212

ギムテキ 義務的 →95	キャクアツカイ 客扱い →13
キムラ 木村〖姓〗→22	キャクイン 客員,脚韻 →8
キメ 決め,極め →2	キャクウケ 客受け →5
キメ 木目・肌理(〜が細かい) →4	キャクエン 客演 →8
キメイ 記名 →8	ギャクエン, ギャグエン 逆縁 →8
ギメイ 偽名 →8	ギャクガッテ 逆勝手 →12
キメイトーヒョー 記名投票 →15	ギャクコーカ, ギャッコーカ 逆効果 →15
キメコミ 極込み →5	ギャクコース, ギャッコース 逆course →16
キメコミニンギョー 極込み人形 →15	ギャクコーセン, ギャッコーセン 逆光線 →15
キメコム 極め込む →45	キャクザシキ 客座敷 →12
キメッケル 極め付ける →45	ギャクサツ 虐殺 →8
キメテ 極手 →5	ギャクザヤ 逆鞘 →4
キメドコロ 極め所 →12	ギャクサン 逆算 →8
キメル 決める,極める キメナイ, キメヨー, キメマス, キメテ, キメレバ, キメロ →43	キャクシ 客死 →7
キメン, キメン 鬼面 →8	キャクシツ 客室 →8
キモ 肝・胆(〜をつぶす) →1	ギャクジメイ 逆指名 →15
キモイリ, キモイリ, キモイリ 肝煎り →5	キャクシャ 客車 →7
キモー 起毛 →8	ギャクシュー 逆襲 →8
キモスイ, キモスイ 肝吸い〖料理〗→5	ギャクジュン 逆順 →8
キモダメシ 肝試し →13	ギャクジョー 逆上 →8
キモチ 気持 →5	キャクショーバイ 客商売 →15
キモッタマ, キモッタマ 肝っ魂 →4d	キャクショク 脚色 →8
キモノ 着物(オキモノ 御〜) →5, 92	キャクジン 客人 →8
キモノジ 着物地 →14	ギャクシン 逆心,逆臣 →8
キモン 鬼門 →8	ギャクスー 逆数 →8
ギモン 疑問 →8	キャクスジ, キャクスジ 客筋 →4
ギモンテン 疑問点 →14a	キャクズトメ 客勤め →13
ギモンフ 疑問符 →14a	ギャクセイ 虐政 →8
ギヤ, ギア gear →9	ギャクセイセッケン 逆性石鹸 →15
キャク 客(オキャク 御〜) →6, 92	キャクセキ 客席 →8
キヤク 規約 →8	ギャクセツ 逆説 →8
ギャク 逆 →6	ギャクセツテキ 逆説的 →95
ギャグ, ギャグ gag →9	キャクセン 客船 →8
キャクアシ 客足(〜が減る) →4	キャクゼン 客膳 →8
キャクアシライ 客あしらい →13	ギャクセンデン 逆宣伝 →15
	キャクセンビ 脚線美 →14a

￣は高い部分　⋯と⋯は高低が変る部分　｢は次が下がる符号　→法則番号参照

キャ<u>クソー</u> 客層, 客僧 →8	キャ<u>スティング</u>, 《新は **キャ<u>スティン</u>** **グ**》 casting →9
ギャ<u>クソー</u> 逆走 →8	キャ<u>スティングボート</u> casting vote →16
ギャ<u>クゾク</u> 逆賊 →8	
キャ<u>クタイ</u> 客体 →8	<u>キャ</u>スト cast →9
ギャ<u>クタイ</u> 虐待 →8	キヤスメ, キヤスメ 気安め →13
キャ<u>クダネ</u> 客種(〜が悪い) →4	キヤセ 着痩せ →5
ギャ<u>クタンチ</u> 逆探知 →15	キャ<u>タツ</u> 脚立 →8
キャ<u>クチュー</u> 脚注 →8	キャ<u>タピラ</u> caterpillar →9
ギャ<u>クテ</u> 逆手 →4	<u>キャ</u>ツ 彼奴(**キャ<u>ツラ</u>** 〜等) →64, 94
ギャ<u>クテン</u> 逆転 →8	<u>キャ</u>ッカ 脚下 →7
<u>キャ</u>クド 客土 →7	<u>キャ</u>ッカ, キャ<u>ッカ</u> 却下 →7
<u>ギャ</u>クト 逆徒 →7	キャ<u>ッカン</u> 客観 →8
キャ<u>クドメ</u> 客止め →5	キャ<u>ッカンセイ</u>, 客観性 →14
キャ<u>クヒキ</u>, キャ<u>クヒキ</u> 客引き →5	キャ<u>ッカンテキ</u> 客観的 →95
ギャ<u>クビキ</u> 逆引き →5	ギャ<u>ッキョー</u> 逆境 →8
ギャ<u>クヒレイ</u>, 逆比例 →15	キャ<u>ッコー</u> 脚光 →8
ギャ<u>クフー</u> 逆風, 逆封 →8	ギャ<u>ッコー</u> 逆行, 逆光 →8
キャ<u>クブトン</u> 客蒲団 →15	ギャ<u>ッコーカ</u>, ギャ<u>クコーカ</u> 逆効果 →15
キャ<u>クブン</u>, キャ<u>クブン</u> 客分 →8	
キャ<u>クホン</u> 脚本 →8	ギャ<u>ッコース</u>, ギャ<u>クコース</u> 逆 course →16
キャ<u>クホンカ</u> 脚本家 →14	
キャ<u>クマ</u> 客間 →4	ギャ<u>ッコーセン</u>, ギャ<u>クコーセン</u> 逆 光線 →15
キャ<u>クマチ</u> 客待ち →5	
ギャ<u>クモドリ</u>, ギャ<u>クモドリ</u> 逆戻り →13	<u>キャ</u>ッシュ cash →9
	キャ<u>ッシュカード</u> cash card〔和〕→16
ギャ<u>クユシュツ</u> 逆輸出 →15	<u>キャ</u>ッシュレス cashless →9
ギャ<u>クユニュー</u> 逆輸入 →15	<u>キャ</u>ッチ catch →9
キャ<u>クヨー</u> 客用 →8	キャ<u>ッチフレーズ</u>, キャ<u>ッチフレーズ</u>
ギャ<u>クヨー</u> 逆用 →8	catchphrase →16
キャ<u>クヨセ</u> 客寄せ →5	キャ<u>ッチボール</u> catch ball〔和〕→16
キャ<u>クライ</u> 客来 →8	キャ<u>ッチホン</u> catch phone〔和〕→16
ギャ<u>クリュー</u> 逆流 →8	キャ<u>ッチャー</u> catcher →9
ギャ<u>クリョーホー</u> 逆療法 →15	キャ<u>ッチャーボート</u> catcher boat →16
キャ<u>クリョク</u>, キャ<u>クリョク</u> 脚力 →8	<u>キャ</u>ップ, 《新は **キャ<u>ップ</u>**》 cap →9 <captain →10
<u>ギャ</u>ザー gathers →9	
キャ<u>シャ</u> 華奢 →7	<u>ギャ</u>ップ, 《新は **ギャ<u>ップ</u>**》 gap(〜が ある) →9
キヤスイ, キヤスイ 気安い →54	
キャ<u>スター</u> caster →9	<u>キャ</u>ディー caddie →9

ガギグゲゴは鼻濁音　カタカナ細字は母音の無声化　★は長音にもなる符号

キャパシティー capacity →9	キャンデー, キャンディー candy →9
ギャバジン gabardine →9	キャンドル candle →9
キャバレー cabaret[仏] →9	キャンバス, カンバス canvas →9
キャハン 脚絆(手甲き〜) →8	キャンパス campus →9
キャビア caviar →9	キャンピングカー, キャンピングカー camping car →16
キャピタル capital →9	キャンプ camp →9
キャビネ, キャビネ cabinet[仏] →9	キャンプファイア, キャンプファイヤ campfire →16
キャビネット, キャビネット cabinet →9	ギャンブル gamble →9
キャビン, ケビン cabin →9	キャンペーン campaign →9
キャプション caption →9	キャンベラ Canberra[地] →21
キャプテン captain →9	キュー 急(〜に) →6 灸(オキュー 御〜) →6, 92
ギャフン (〜とする) →55	キュー 旧,級,球,柩,笈 →6 九 →30 cue →9
キャベツ cabbage →9	‥‥‥キュー …級(ショキュー 初〜) →8 …級(イッキュー 一〜, ゴキュー 五〜) →34, 35
キャベツマキ cabbage 巻 →13	きゅう‥‥‥ 九 ⇒く‥‥‥
ギヤマン <diamant[蘭] →9	キュー, キュー 杞憂 →8
キヤミ 気病み →5	ギュー 牛 →6 妓夫(=牛太郎)
キャミソール, キャミソール camisole →9	ギュー 義勇 →8
キャラ, キャラ 伽羅 →7	キューアイ 求愛 →8
ギャラ, ギャラ <guarantee →10	キューアク 旧悪(〜露見) →8
キャラクター, キャラクター character →9	キューイ 球威,級位 →7
キャラコ calico →9	キューイン 吸引,吸飲 →8
キャラバン caravan →9	ギューイン(·)バショク 牛飲馬食 →97, 98
キャラブキ 伽羅蕗 →12	キューインリョク 吸引力 →14a
キャラメル caramel →9	キューエン 休演,休園,救援,求縁,旧縁,旧怨 →8
ギャラリー gallery →9	キューエン 九円 →34
キヤリ, 《古は キヤリ》 木遣り →5	キューエンブッシ 救援物資 →15
キャリア career, carrier →9	キューエンマイ 救援米 →14
キャリアウーマン career woman →16	キューオン 旧恩,吸音 →8
キヤリウタ 木遣り歌 →12	キューカ 休暇 →7
キヤリオンド 木遣り音頭 →15	キューカ 旧家 →7
ギャル gal[俗](=girl) →9	キューガーブ 急curve →16
ギャルソン garçon[仏] →9	
ギャロップ, ガロップ gallop →9	
キャン 侠(オキャン 御〜) →92	
ギャング gang →9	
キャンセル cancel →9	

キューカイ 休会, 球界, 旧懐 →8 九階 →34

キューカイ 九回 →34

キューカイアケ 休会明け →13

キューカク 嗅覚 →8

キューガク 休学 →8

キューガゲツ, クガゲツ 九箇月 →39

キューガザン 休火山 →15

キューカツ 久闊(〜を叙する) →8

キューカナ 旧仮名＜**キューカナズカイ** 旧仮名遣い →10, 17

キューガネン, クガネン 九箇年 →39

キューカブ 旧株 →4

キューカムラ 休暇村 →12

キューカン 休刊, 旧刊, 旧館, 休館, 休閑, 旧慣, 旧観, 急患, 嗅感 →8

キューカンチ 休閑地 →14a

キューカンチョー 九官鳥 →14

キューギ 球技, 球戯, 旧誼 →7

キューキュー (〜だ・な・に) →57 汲汲 →58 救急 →8

キューキュー (〜する, 〜と) →57

ギューギュー (〜だ・な・に) →57

ギューギュー (〜する, 〜と) →57

キューキューシャ 救急車 →14a

キューギューノ(·)イチモー 九牛の一毛 →39

キューキューバコ 救急箱 →12a

キューキュービョーイン 救急病院 →15

キューキョ 旧居, 急遽(〜帰郷する) →7

キューキョー 窮境, 究竟 →8

キューキョー 旧教 →8

キューギョー 休業 →8

キューギョービ 休業日 →12a

キューキョク 究極 →8

キューキン 給金(お〜) →8

キューキンナオシ 給金直し〖相撲〗

キュークツ 窮屈 →8

ギューグン, ギューグン 義勇軍 →14a

キューケイ★ 休憩, 求刑, 宮刑, 弓形, 球形, 球茎 →8

キューケイ★ジカン 休憩時間 →15

キューケイ★シツ 休憩室 →14b

キューケイ★ジョ, キューケイ★ジョ 休憩所 →14

キューゲキ 旧劇, 急激 →8

キューケツ 給血, 吸血 →8

キューケツキ, キューケツキ 吸血鬼 →14c

キューゲン 給源 →8

キューゴ 救護 →7

キューコー 休校, 休講, 休耕, 休航, 急行, 旧交, 旧稿 →8

キューゴー 糾合 →8

キューコーカ 急降下 →15

キューコーケン 急行券 →14a

キューコーデン 休耕田 →14a

キューコーデンシャ 急行電車 →15

キューコーレッシャ 急行列車 →15

キューコク 告告, 救国, 旧国 →8

キューゴシラエ 急拵え →13

キューゴハン 救護班 →14

キューコン 求婚, 球根 →8

キューサイ 救済, 休載, 旧債 →8

キューサイ 九歳 →34

キューサイジギョー 救済事業 →15

キューサク 旧作, 窮策 →8

キューシ 休止, 急死 →7

キューシ, キューシ 急使 →7

キューシ 旧師, 旧址, 臼歯, 球史 →7 九死, 九紫〖九星〗 →34

キュージ 旧時, 給仕, 球児 →7

ギューシ 牛脂 →7

ギュージ 牛耳(〜をとる) →7

ガギグゲゴは鼻濁音　カタカナ細字は母音の無声化　★は長音にもなる符号

キューシキ　旧識 →8　旧式 →95
キュージタイ　旧字体 →15
キュージツ　休日 →8
キュージッサイ, キュージュッサイ, 《新は キュージッサイ, キュージュッサイ》 九十歳 →35da
キューシツセイ　吸湿性 →14
キュージニン, キュージニン　給仕人 →14
キュージフ　休止符 →14
キューシャ　柩車, 鳩舎, 厩舎 →7
ギューシャ　牛車, 牛舎 →7
キューシャク　九尺, 九勺 →34
キューシャメン　急斜面 →15
キューシュ　鳩首, 旧主 →7
キューシュー　吸収, 急襲, 旧習 →8
キューシュー　九州〖地〗→21
キュージュー, クジュー　九十 →31
キュージューエン, 《新は キュージューエン》九十円 →35a
キューシューチホー, キューシューチホー　九州地方 →15c
キュージュード, 《新は キュージュード》九十度 →35a
キュージューニチ, 《新は キュージューニチ》九十日 →35a
キュージューニン, 《新は キュージューニン》九十人 →35a
キュージューネン, 《新は キュージューネン》九十年 →35a
キューシューベン　九州弁 →14
キュージューマン, キュージューマン, 《新は キュージューマン》九十万 →32a
キューシューリョク　吸収力 →14a
キューシュツ　救出 →8
キュージュツ　救恤 →8
キュージュツ, キュージュツ　弓術 →8

キューシュン　急峻 →8
キューショ, キューショ　急所 →7
キュージョ　救助 →7
キューショー　旧称 →8
キュージョー　休場, 球場, 球状, 窮状, 旧情, 宮城 →8
キューショーガツ　旧正月 →15
キュージョーショー　急上昇 →15
キューショク　休職, 求職, 給食 →8
キューショクセンター　給食 center →16
キュージョサギョー　救助作業 →15
キュージョセン　救助船 →14
キュージョタイ　救助隊 →14
ギュージル　牛耳る →44
キューシン　休心, 休診, 急診, 急進, 急伸, 急信, 旧臣, 球審 →8
キュージン　旧人, 求人, 吸塵 →8　九仞（～の功）→34
キュージンコーコク　求人広告 →15
キューシンテキ　急進的 →95
キューシンハ　急進派 →14
キューシンリョク　求心力 →14a
キュース　急須 →7
キュース　休す(万事～) →48
キュースイ　給水 →8
キュースイシャ　給水車 →14b
キュースイセイゲン　給水制限 →15
キュースー　級数 →8
キュースケ　久助(煎餅などの傷物) →25
ギューズメ　ぎゅう詰め →5
キュースル　休する, 給する, 窮する →48
キュースン, クスン　九寸 →34
キューセイ　急逝, 旧姓, 旧制, 急性, 救世 →8　九星 →34
キューセイグン, キューセイグン　救世軍 →14b

キューセ──キューバ

キューセイ，シュ 救世主 →14b	キューツイ 急追，窮追 →8
キューセイ，ハイエン 急性肺炎 →15	キューテイ 休廷，宮廷 →8
キューセカイ 旧世界 →15	キューテイ，シャ 急停車 →15
キューセキ，《古は キューセキ》 旧跡 →8	キューテキ 旧敵，仇敵 →8
キューセツ 急設，旧説 →8	キューテン 急転，灸点 →8
キューセッキジダイ 旧石器時代 →17	キューデン 休電，給電，急電，宮殿 →8
キューセン 休戦，弓箭 →8	キューテンチョッカ 急転直下 →98
キューセン 九千 →31	キュート 旧都 →7 cute →9
キューセンエン 九千円 →35	キュード，グド 九度 →34
キューセンキョーテイ★ 休戦協定 →15	キュートー 急騰，旧冬，旧套，給湯 →8
キューセンニン 九千人 →35	キュードー 旧道，求道 →8
キューセンポー 急先鋒 →15	キュードー 弓道 →8
キューセンラッパ 休戦喇叭 →16	ギュートー 牛刀，牛痘 →8
キューソ 窮鼠(～猫をかむ) →7	ギュードン 牛ドン＜牛肉丼 →10
キューソー 急送 →8	ギューナベ 牛鍋 →4
キューゾー 急造，急増 →8	キューナン 救難，急難 →8
キューソク 急速，球速 →8	キューニ 急に →67
キューソク，《古は キューソク》 休息 →8	ギューニク 牛肉 →8
キューゾク 九族(罪～に及ぶ) →34	ギューニクヤ 牛肉屋 →94
キューソツ 旧卒(↔新卒) →8	キューニュー 吸入 →8
キュータイ 旧態，球体 →8	ギューニュー 牛乳 →8
キューダイ 及第 →8 九大＜キューシューダイガク 九州大学 →10,15	キューニューキ 吸入器 →14a
キューダイセイ★ 旧体制 →15	ギューニューハイタツ 牛乳配達 →15
キューダイテン 及第点 →14b	ギューニューヤ 牛乳屋(～さん) →94
キューダイリク 旧大陸 →15	キューニン，クニン 九人 →34
キュータク 旧宅 →8	キューネン 旧年 →8
キューダン 糾弾，急談，球団 →8	キューネン，クネン 九年 →34
ギユーダン 義勇団 →14a	キューハ 旧派 →7
キューチ 旧知，窮地 →7	キューハ，キューハ 急派 →7
キューチャク 吸着 →8	キューハイスイ 給排水 →17
キューチュー，キューチュー 宮中 →8	キューバ 急場 →4
キューチョー 級長，窮鳥，急調 →8	キューバ 弓馬(～の家) →18 Cuba 〖国〗→21
キューチョーメ，キューチョーメ 九丁目 →38	ギューバ 牛馬 →18
	キューハイ 九拝(三拝～) →34 休配 →8
	キューバイ，クバイ 九倍 →34
	キューハク 急迫，窮迫，休泊 →8
	キューバク 旧幕＜旧幕府 →10

ガギグゲゴは鼻濁音　カタカナ細字は母音の無声化　★は長音にもなる符号

キューハ──キューリ　218

キューハン　旧版,旧藩,急坂　→8	キューホー　急報,旧法　→8
キューバン　吸盤　→8	キューホー　臼砲　→8
キューバン, クバン　九番　→34	キューボー　窮乏　→8
キュービ, キューヒ　給費　→7	キューポラ, キューポラ　cupola　→9
キューヒ　厩肥　→7	キューホン　九本　→34
ギューヒ　牛皮(=牛の皮),求肥　→7	キューボン　旧盆　→8
キューピー, キューピー　Kewpie〖商標〗→9	キューマイ, クマイ　九枚　→34
キューヒセイ★　給費生　→14	キューマン, クマン　九万　→31
キューヒツ　休筆　→8	キューミン　休眠,救民,窮民　→8
キューピッチ　急pitch　→16	キューム　急務　→7
キューピッド, キューピッド(ドはトとも)　Cupid　→23d	キューメイ★　救命,旧名　→8
キューヒャク　九百　→31	キューメイ,《古は キューメイ★》究明,糾明,窮命　→8
キューヒャクエン,《新は キューヒャクエン》九百円　→35	キューメイグ　救命具　→14b
キューヒャクニン,《新は キューヒャクニン》九百人　→35	キューメイテイ　救命艇　→14
キューヒャクネン,《新は キューヒャクネン》九百年　→35	キューメイドーイ　救命胴衣　→15
キューヒャクマン,《新は キューヒャクマン》九百万　→32	ギューメシ　牛飯　→4
キュービョー　急病　→8	キューメン, キューメン　球面　→8
キュービョー　九秒　→34	キューモン　糾問　→8
キュービョーニン, キュービョーニン　急病人　→14a	キューモン, クモン　九文　→34
キュービン　急便　→8	ギューヤ　牛屋　→94
キューフ　休符　→8	キューヤク　旧約,旧訳　→8
キューフ, キューフ　給付　→7	キューヤクセイ★ショ　旧約聖書　→15
キューブ　休部　→7	キューユ　給油　→7
キューブレーキ　急brake　→16	キューユー　旧遊,旧友,級友　→8
キューフン　九分　→34	キューヨ　給与,窮余(~の一策)　→7
キューブン　旧聞　→8	キューヨー　休養,給養,急用　→8
ギューフン　牛糞　→8	キューヨショトク　給与所得　→15
キューヘイ★　旧弊　→8	キューヨタイケイ★　給与体系　→15
ギューヘイ★　義勇兵　→14a	キューライ　旧来　→8
キューヘン　急変　→8	キューラク　急落　→8
キューボ, キューボ　急募　→7	キューラク, キューラク　及落　→18
ギューホ　牛歩　→7	キューリ　胡瓜　→4　旧離,窮理　→7
	キューリモミ, キューリモミ,《古は キューリモミ》胡瓜揉み　→13
	キューリュー　急流　→8
	キューリョー　丘陵,旧領　→8
	キューリョー　給料(お~)　→8
	キューリョートリ　給料取り　→13a

￣は高い部分　˙˙と˙˙は高低が変る部分　｢は次が下がる符号　→は法則番号参照

キューリョービ 給料日 →12a	キョーアス, キョーアス 今日明日 →18
キューリョーブクロ 給料袋 →12	キョーアツ 強圧 →8
キューレイ★ 旧例, 急冷 →8	キョーアン 教案 →8
キューレキ 旧暦 →8	ギョーアン 暁闇 →8
キューロー 旧臘 →8	キョーイ 脅威, 驚異, 胸囲 →7
キュプラ cupra〖布〗 →9	キョーイキ 境域 →8
キュリー, キューリー Curie〔仏〕〖人〗 →22	キョーイク 教育 →8
キュロット, キュロット culotte〔仏〕 →9	キョーイクイイン 教育委員 →15
キョ 居, 虚(～をつく), 挙 →6	キョーイクイインカイ 教育委員会 →17
キヨ 寄与 →7 毀誉 →18 清〖女名〗 →23	キョーイクエイガ 教育映画 →15
キョアク 巨悪 →8	キョーイクカ 教育家 →14
キヨイ 清い キヨカッタ, キヨク, キヨクテ, 《新は キヨクテ》, キヨケレバ, キヨシ →52	キョーイクガクブ, キョーイクガクブ 教育学部 →17
ギョイ, ギョイ 御意(～に召す) →92	キョーイクカテイ★ 教育課程 →15
ギョウ 御宇 →92	キョーイクキホンホー 教育基本法 →17
キョエイ 虚栄 →8	キョーイクシャ, キョーイクシャ 教育者 →14c
ギョエイ★ 魚影 →8	キョーイクジョー 教育上 →14
ギョエイ★, ギョエイ★ 御詠 →92	キョーイクダイ 教育大<キョーイクダイガク 教育大学 →10, 15
キョエイ★シン 虚栄心 →14b	キョーイクチョー, キョーイクチョー 教育長, 教育庁 →14c
ギョエン, ギョエン 御宴, 御苑 →92	キョーイクテレビ 教育テレビ<教育 television →16
キョー 経, 興(～に乗る) →6	キョーイン, 《古は キョーイン》 教員 →8
キョー, キョー 香〖将棋〗 →6	キョーウン 強運 →8
キョー 今日 →1 凶, 兇, 狂, 強, 郷, 境, 卿, 京 →6	キョーエイ★ 競泳, 競映, 共栄 →8
……キョー …鏡(サンメンキョー 三面～), …経(ホケキョー 法華～), …教(テンリキョー 天理～) →14	キョーエキ 共益 →8
キョー 起用, 紀要 →8	キョーエキヒ, キョーエキヒ 共益費 →14c
キョー 器用 →8	キョーエツ 恐悦(～至極) →8
キョー 来様(～がおそい) →8	キョーエン 共演, 競演, 饗宴 →8
ギョー 行, 業 →6	キョーオー 供(饗)応 →8
……ギョー …業(インサツギョー 印刷～, オロシギョー 卸～) →14	キョーオチ 香落ち〖将棋〗 →5
キョーアイ 狭隘 →8	キョーオンナ 京女 →12
キョーアク 凶(兇)悪 →8	

ガギグゲゴは鼻濁音　カタカナ細字は母音の無声化　★は長音にもなる符号

キョーカ──キョーコ　220

キョーカ　教化, 狂歌, 教科, 橋架 →7
キョーカ, キョーカ　強化 →7
ギョーガ　仰臥 →7
キョーカイ　教戒(誨), 協会, 教会, 胸懐, 境界 →8
キョーガイ, キョーガイ　境涯 →8
ギョーカイ　業界 →8
キョーガイシ　教戒(誨)師 →14b
ギョーカイシ　業界紙 →14b
キョーカイセン　境界線 →14
キョーカイドー　教会堂 →14
キョーカガッシュク　強化合宿 →15
キョーカク　胸郭, 侠客 →8
キョーガク　共学, 驚愕, 教学 →8
ギョーカク　行革＜行政改革 →10
キョーガクセイ　共学制 →14
キョーカショ　教科書 →14
キョーガジンネン　恭賀新年 →15
キョーカタビラ　経帷子 →12
キョーカツ　恐喝 →8
キョーガノコ　京鹿の子〖模様・菓子・植〗→17
キョーガル　興がる →96
キョーカン　共感, 叫喚, 凶(兇)漢, 教官, 胸間, 経巻, 郷関 →8
ギョーカン　行間 →8
キョーキ　狂喜, 驚喜, 凶(兇)器, 狂気, 侠気, 狭軌, 強記 →7
キョーギ　競技, 狭義, 教義 →7
キョーギ, キョーギ　協議 →7
キョーギ, キョーギ　経木 →4
ギョーキ　行基〖人〗(僧～) →24
ギョーギ　行儀 →7
キョーギカイ　協議会, 競技会 →14
キョーギジョー　競技場 →14
ギョーギミナライ　行儀見習い →12
キョーキャク　橋脚 →8
キョーキュー　供給 →8
キョーキューシャ　供給者 →14a

キョーギュービョー　狂牛病 →14
キョーギョー　協業 →8
ギョーギョージイ　仰仰しい →53
キョーキン　胸襟(～を開く) →8
キョーク　狂句, 教区, 恐懼 →7
キョーグ　教具 →7
キョーグー, キョーグー　境遇 →8
キョークン　教訓 →8
キョーゲ　教化 →7
ギョーケイ　行啓 →8
キョーゲキ　挟撃, 京劇 →8
キョーケツ　供血 →8
ギョーケツ　凝結, 凝血 →8
キョーケン　恭倹, 恭謙, 狂犬, 強堅, 強健, 強肩, 強権, 教権 →8
キョーゲン　狂言 →8
キョーゲンカタ　狂言方 →12
キョーゲンキゴ　狂言綺語 →15
キョーゲンサクシャ　狂言作者 →15
キョーゲンシ　狂言師 →14a
キョーケンハッドー　強権発動 →98
キョーケンビョー　狂犬病 →14
キョーゲンマワシ　狂言回し →13
キョーコ　強固, 鞏固 →56　京子・恭子〖女名〗→25
キョーゴ　教護 →7
ギョーコ, ギョーコ　凝固 →7
キョーゴイン　教護院 →14
キョーコー　強硬, 強攻, 強行, 凶(兇)行, 恐慌, 恐惶, 胸腔 →8
キョーコー, キョーオー　教皇 →8
キョーゴー　競合, 校合, 強豪 →8
ギョーコー　行幸, 僥倖(幸) →8
キョーコーキンゲン　恐惶謹言 →98
キョーコーグン　強行軍 →15
キョーコーサイケツ　強行採決 →15
キョーコーサク　強攻策, 強硬策 →14a
キョーコートッパ　強行突破 →15
キョーコク　峡谷 →8

￣は高い部分　˙˙と˙˙は高低が変る部分　˥は次が下がる符号　→は法則番号参照

キョーコ──キョーシ

キョーコク, キョーコク 強国 →8
キョーコツ 胸骨 →8
キョーゴトバ 京言葉 →12
キョーコノコロ 今日此の頃 →98
キョーサ 教唆 →7
ギョーザ 餃子〔華〕 →9
キョーサイ 共済,共催,恐妻 →8
キョーザイ 教材 →8
キョーサイカ 恐妻家 →14
キョーサイカイ 共済会 →14b
キョーサイクミアイ 共済組合 →12
キョーサク 競作,凶作,狭窄 →8
キョーザツブツ 夾雑物 →14
キョーザメ 興醒め →5
キョーザメル 興醒める →46
キョーサン 協賛,共産 →8
キョーサンケン 共産圏 →14a
キョーサンシュギ 共産主義 →15
キョーサントー 共産党 →14
キョーシ 狂死 →7
キョーシ 教旨,教師 →7
キョージ 教示,経師 →7
キョージ 凶事,矜持,驕児 →7
ギョーシ 仰視,凝視 →7
ギョージ, ギョージ 行事 →7
ギョージ, ギョージ 行司 →7
キョーシキョク 狂詩曲 →14
キョーシツ 教室 →8
キョージツ 凶日 →8
キョーシャ 香車〖将棋〗 →7
キョーシャ 狂者,強者,狭斜,驕奢 →7
キョージヤ 経師屋 →94
ギョーシャ 業者 →7
ギョージャ 行者 →7
キョージャク, キョージャク 強弱 →18
キョーシュ 拱手,凶(兇)手,教主,興趣 →7
キョージュ, キョージュ 教授 →7

キョージュ 享受 →7
ギョーシュ 業主,業種 →7
キョーシュー 強襲,教習,郷愁,嬌羞 →8
ギョーシュー 凝集 →8
ギョージューザガ 行住座(坐)臥 →99
キョーシュージョ, キョーシュージョ 教習所 →14
キョージュカイ 教授会 →14
キョーシュク 恐縮 →8
ギョーシュク 凝縮 →8
キョーシュツ 供出 →8
キョージュツ 供述 →8
ギョーシュベツ 業種別 →14
キョージュン 恭順 →8
キョーショ 教書(ミギョーショ 御～) →7,92
キョージョ 共助,狂女 →7
ギョーショ 行書 →7
キョーショー 狭小,嬌笑,協商,胸章 →8
キョージョー, キョージョー 凶(兇)状,教場,教条 →8
ギョーショー 行商,暁鐘 →8
ギョージョー, ギョージョー 行状 →8
ギョージョーキ 行状記 →14a
ギョーショーニン 行商人 →14
キョージョーモチ, キョージョーモチ, キョージョーモチ 凶(兇)状持ち →13a
キョーショク 教職 →8
キョーショクイン, キョーショクイン 教職員 →17
キョージル, キョージル 興じる →47
キョーシン 狂信,強震 →8
キョージン 強靱,凶(兇)刃,狂人 →8
キョーシンカイ 共進会 →14a
キョーシンザイ, キョーシンザイ 強

ガギグゲゴは鼻濁音　カタカナ細字は母音の無声化　★は長音にもなる符号

キョーシ──ギョーチ　222

心剤 →14a

キョーシンショー, キョーシンショー
狭心症 →14a

キョーシンテキ 狂信的 →95

ギョーズイ 行水 →8

キョースイビョー 恐水病 →14

キョーズクエ 経机 →12

キョーズズメ 京雀 →12

キョーズル 供する, 饗する →48

キョーズル, キョーズル 興ずる →47

キョーセイ 共生(棲), 匡正, 矯正, 強制, 強請, 教生, 嬌声 →8

ギョーセイ 行政, 暁星 →8

ギョーセイ 擬陽性 →15

ギョーセイガイカク 行政改革 →15

ギョーセイカン 行政官 →14b

ギョーセイキカン, ギョーセイキカン
行政機関 →15

ギョーセイクカク, ギョーセイクカク
行政区画(劃) →15c

ギョーセイケン 行政権 →14b

キョーセイシッコー 強制執行 →15

ギョーセイシドー 行政指導 →15

キョーセイショブン 強制処分 →15

ギョーセイショブン 行政処分 →15

ギョーセイセイリ 行政整理 →15

キョーセイソーカン 強制送還 →15

キョーセイソカイ 強制疎開 →15

ギョーセイソショー 行政訴訟 →15

キョーセイテキ 強制的 →95

ギョーセイホー, ギョーセイホー 行政法 →14b

ギョーセイメイレイ 行政命令 →15

キョーセイリョク 強制力 →14b

ギョーセキ 行跡, 業績 →8

キョーセン 胸腺 →8 教宣＜教育・宣伝 →10

ギョーゼン 凝然 →56

キョーソ 教祖 →7 教組＜教員組合

→10

キョーソー 強壮, 競争, 競走, 競漕 →8

キョーゾー 胸像, 経蔵 →8

ギョーソー, ギョーソー 形相 →8

キョーソーイシキ 競争意識 →15

キョーソーキョク 狂想曲, 協奏曲 →14a

キョーソーザイ, キョーソーザイ 強壮剤 →14a

キョーソーシケン, キョーソーシケン
競争試験 →15c

キョーソーシン 競争心 →14a

キョーソーバ 競走馬 →14a

キョーソーリツ 競争率 →14a

キョーソク 教則, 脇息 →8

キョーゾク 凶(兇)賊 →8

キョーソクボン 教則本 →14

キョーゾメ 京染め →5

キョーソン, キョーゾン 共存(～共栄)
→8

キョーダ 怯懦, 強打 →7

キョータイ 狂態, 嬌態 →8

キョーダイ 強大, 鏡台 →8 京大＜
キョートダイガク 京都大学 →10, 15

キョーダイ 兄弟 →18

ギョータイ 業態, 凝滞 →8

キョーダイゲンカ 兄弟喧嘩 →15

キョーダイブン 兄弟分 →14b

キョータク 供託, 教卓 →8

キョータクキン, キョータクキン, キョータクキン 供託金 →14c

キョーダシャ 強打者 →15

キョータン 驚嘆(歎) →8

キョーダン 凶(兇)弾, 教団, 教壇 →8

キョーチ 境地 →7

キョーチクトー 夾竹桃 →14

キョーチュー, キョーチュー 胸中
→8

ギョーチュー 蟯虫 →8

‾ は高い部分　‥ と ∵ は高低が変る部分　ﾌ は次が下がる符号　→ は法則番号参照

キョーチ──キョーフ

キョーチョ, キョーチョ　共著 →7	通信社 →15
キョーチョー　協調,強調,凶兆 →8	キョードーハンバイ　共同販売 →15
キョーツイ　胸椎 →8	キョードーベンジョ　共同便所 →15
キョーツー　共通,胸痛 →8	キョートーホ　橋頭堡 →14a
キョーツーゴ　共通語 →14	キョードーボーギ　共同謀議 →15
キョーツーコー　共通項 →14	キョードーボキン　共同募金 →15
キョーツーセイ★　共通性 →14	キョードーボチ　共同墓地 →15
キョーツーテン　共通点 →14a	キョードゲイ★ジュツ　郷土芸術 →15
キョーテイ★　協定,胸底,教程,競艇 →8	キョードゲイ★ノー　郷土芸能 →15
キョーテキ　強敵 →8	キョードシ　京都市 →14
キョーテン　教典,経典 →8	キョードシ　郷土史 →14
キョーデン　京伝〚人〛⇒サントー～	キョードショク　郷土色 →14
ギョーテン　暁天(～の星) →8	キョードフ　京都府 →14
ギョーテン, ギョーテン　仰天 →8	キョーナ　京菜 →4
キョーテンドーチ　驚天動地 →99	キョーニンギョー　京人形 →15
キョート　凶(兇)徒,教徒 →7　京都〚地〛→21	ギョーニンベン　行人偏(=イ) →15
キョード　強度,郷土 →7　匈奴〚民族〛→21	キョーネツ　強熱 →8
キョードアイ　郷土愛 →14	キョーネン　凶年,享年 →8
キョートー　共闘,驚倒,教頭,橋頭,郷党 →8	ギョーネン　行年 →8
キョードー　共同,協同,教導,嚮導,経堂〚地〛→8	キョーハ　教派 →7
キョードーイッチ, キョードーイッチ　協同一致,共同一致 →98,99	キョーバイ　競売 →8
キョードーカンリ　共同管理 →15	キョーハク　強迫,脅迫 →8
キョードーグミアイ　協同組合 →12	キョーハクカンネン　強迫観念 →15
キョードーケイ★エイ★　共同経営 →15	キョーハクザイ, キョーハクザイ　脅迫罪 →14
キョードーサギョー　共同作業 →15	キョーハクジョー, キョーハクジョー　脅迫状 →14
キョードーシャカイ　共同社会 →15	キョーバシ　京橋〚橋・地〛→12
キョードーシュッカ　共同出荷 →15	キョーハン　共犯,共販,教範 →8
キョードースイジ　共同炊事 →15	キョーハンシャ　共犯者 →14a
キョードーセイ★カツ　共同生活 →15	キョービ　今日日(=今どき) →18
キョードーセイ★ハン　共同正犯 →15	キョービンボー　器用貧乏 →15
キョードーセンゲン　共同宣言 →15	キョーフ　教父 →7
キョードーセンセン　共同戦線 →15	キョーフ, キョーフ　恐怖,驚怖 →7
キョードータイ　共同体,協同体 →14	キョーブ　胸部 →7
キョードーツーシン　共同通信＜共同	キョーフー, キョーフー　強風 →8　京風 →95
	キョーフーカイ　矯風会 →14a
	キョーフーチューイホー　強風注意報

ガギグゲゴは鼻濁音　カタカナ細字は母音の無声化　★は長音にもなる符号

キョーフ──キョカシ　224

→17

キョーフショー, キョーフショー　恐怖症 →14

キョーフシン　恐怖心 →14

キョーブン　狂文 →8

キョーヘイ　強兵 →8

キョーヘキ　胸壁 →8

キョーヘン　凶(兇)変, 共編 →8

キョーベン　強弁, 教鞭 →8

キョーホ　競歩 →7

キョーホー　凶報, 教法 →8

キョーホー, キョーホ　享保〔年号〕 →8

キョーボー　凶(兇)暴, 狂暴, 強暴, 共謀 →8

キョーボク　梟木, 喬木 →8

キョーホン　狂奔, 教本 →8

キョーマ　京間 →4

キョーマイ　供米 →8　京舞 →4

キョーマク　胸膜, 鞏膜 →8

キョーマン　驕慢 →8

キョーミ, キョーミ　興味 →7

キョーミ(・)シンシン　興味津津 →59

キョーミホンイ　興味本位 →15

キョーム　教務 →7

ギョーム　業務 →7

キョームカ　教務課 →14

ギョームカンリ　業務管理 →15

ギョームヨー　業務用 →14

キョーメイ　共鳴, 嬌名 →8

キョーモン　経文, 教門 →8

キョーヤク　共訳, 協約, 共役(軛) →8

キョーユ, キョーユ　教諭 →7

キョーユー　共有, 享有 →8

キョーユーチ　共有地 →14a

キョーヨ　供与 →7

キョーヨー　共用, 供用, 強要, 教養 →8

キョーヨーガクブ, キョーヨーガクブ　教養学部 →17

キョーヨーザイ, キョーヨーザイ　強要罪 →14a

キョーヨーバングミ　教養番組 →15

キョーラク　享楽, 競落 →8

キョーラクシュギ　享楽主義 →15

キョーラクテキ　享楽的 →95

キョーラン　供覧, 狂乱, 狂瀾 →8

キョーランドトー　狂瀾怒濤 →98

キョーリ　教理, 胸裏, 郷里 →7

キョーリキコ, キョーリキコ　強力粉 →14

キョーリツ　共立《学校も》 →8, 29

キョーリュー　恐竜 →8

キョーリョー　狭量, 橋梁 →8

キョーリョー, キョーリョー　経料 →8

キョーリョク　強力, 協力 →8

キョーリョクシャ, キョーリョクシャ　協力者 →14c

キョーレツ　強烈 →8

ギョーレツ　行列 →8

キョーレン　狂恋 →8

キョーレン　教練 →8

キョーワ　共和, 協和 →7

キョーワオン　協和音 →14

キョーワコク　共和国 →14

キョーワセイ　共和制 →14

キョーワセイジ　共和政治 →15

キョーワトー　共和党 →14

キョーワラベ　京童 →12

キョカ　許可 →7

ギョカ　漁火 →7

キョカイ　巨魁 →8

ギョカイ　魚介 →18

ギョカイルイ　魚介類 →14b

キョガク　巨額 →8

ギョカク　漁獲 →8

ギョカクダカ　漁獲高 →12

キョカショ　許可書 →14

￣は高い部分　゛と゜は高低が変る部分　｜は次が下がる符号　→は法則番号参照

キョ¯カショー, キョ¯カショー　許可証 →14	→48
キョ¯カン　巨漢,巨艦 →8	キョ¯クゴマ　曲独楽 →4
キョ¯ガン　巨岩 →8	キョ¯クサ, キョ¯クサ　極左 →7
ギョ¯ガンレンズ　魚眼 lens →16	ギョ¯クザ　玉座 →7
キョ¯ギ　虚偽 →7	ギョ¯クサイ　玉砕 →8
ギョ¯キ　漁期 →7	キョ¯クジツ　旭日 →8
キョ¯ギョー　虚業 →8	キョ¯クシャホー, キョ¯クシャ¯ホー　曲射砲 →14
ギョ¯キョー　漁況 →8　漁協<漁業協同組合 →10	キョ¯クショ　局所,極所 →7
ギョ¯ギョー,《古は ギョ¯ギョー》　漁業 →8	キョ¯クショー　極小,極少 →8
ギョ¯ギョーケン　漁業権 →14a	ギョ¯クショー　玉将,玉章 →8
キョ¯キョ(･)ジツジツ　虚虚実実 →97, 98	ギョ¯クセキ　玉石(～混淆⟨こう⟩) →18
キョ¯キン　醵金 →8	キョ¯クセツ　曲折,曲節 →8
キョ¯ク　曲(=面白み。～が無い) →6	キョ¯クセン　曲線 →8
キョ¯ク　曲(↔直),局,極 →6	キョ¯クセンビ　曲線美 →14a
キョ¯ク, キョ¯ク　曲(=楽曲) →6	キョ¯クソー　曲想 →8
……キョ¯ク　…局(ケンジ¯キョク 検事～, ユービン¯キョク 郵便～) →14a	キョ¯クダイ　極大 →8
ギョ¯ク　玉(=卵・玉代) →6	ギョ¯クダイ, ギョ¯グダイ　玉代 →8
ギョ¯ク, ギョ¯ク　玉(=宝玉) →6	キョ¯クダン　極端 →8c
ギョ¯ク　玉〖将棋・株〗 →6　漁区 →7	キョ¯クチ　局地 →7
ギョ¯グ　漁具 →7	キョ¯クチ, キョ¯クチ　極地,極致 →7
キョ¯クイン, キョ¯クイン　局員 →8	キョ¯クチセンソー　局地戦争 →15
キョ¯クウ, キョ¯クウ　極右 →7	キョ¯クチョー　曲調,局長 →8
キョ¯クウチ　曲打ち →5	キョ¯クチョク　曲直(～をただす) →18
ギョ¯クオン　玉音 →8	キョ¯クテン, キョ¯クテン　極点 →8c
キョ¯グガイ　局外 →8	キョ¯クド　極度 →7
キョ¯クガイチューリツ　局外中立 →15	キョ¯クトー　極東〖地〗 →21
キョ¯クガク(･)アセイ★　曲学阿世 →97, 98	キョ¯クドメ　局留め →5
キョ¯クギ　曲技 →7	キョ¯グナイ　局内 →8
キョ¯クゲイ★, キョ¯クゲイ★　曲芸 →8	キョ¯クノリ　曲乗り →5
キョ¯クゲイ★シ　曲芸師 →14b	キョ¯クバ　曲馬 →7
キョ¯クゲン, キョ¯クゲン, キョ¯クゲン　局限,極限 →8	ギョ¯クハイ　玉杯 →8
キョ¯クゲンスル　局限する,極言する	キョ¯クバダン　曲馬団 →14
	キョ¯クバン　局番 →8
	キョ¯クビ　極微 →7
	キョ¯クビキ　曲弾き →5
	キョ¯クヒツ　曲筆 →8
	キョ¯クブ　局部 →7
	キョ¯クブテキ　局部的 →95

ガギグゲゴは鼻濁音　カタカナ細字は母音の無声化　★は長音にもなる符号

キョクブ──キョソ　226

キョクブマスイ 局部麻酔 →15	**ギョシヤスイ** 御し易い →54
キョクホー 局方,局報 →8	**ギョシャダイ, ギョシャダイ** 御者台 →14
キョクホーヤク 局方薬 →14a	**キョシュ** 挙手 →7
キョクホク 極北(〜の地) →8	**キョシュー, キョシュー** 去就 →18
キョクマチ 局待ち<局待ち電報 →10	**キョジュー** 居住 →8
キョクメン 局面〚碁・将棋〛 →8	**キョジューケン** 居住権 →14a
キョクメン, キョクメン, キョクメン 局面(=なりゆき・形勢) →8	**キョジューシャ** 居住者 →14a
キョクメン, キョクメン 曲面 →8	**キョジューチ** 居住地 →14a
キョクモク 曲目 →8	**キョシュツ** 醸出 →8
キョクリョー, キョクリョー 極量 →8	**キョショ** 居所 →7
キョクリョク, キョクリョク 極力 →8	**キョショー** 挙証,巨匠 →8
ギョクロ 玉露〚煎茶〛 →7	**キョジョー, キョジョー** 居城 →8
キョクロン 曲論,極論 →8	**ギョショー** 魚礁 →8
ギョグン 魚群 →8	**ギョジョー** 漁場 →8
ギョグンタンチキ 魚群探知機 →17	**キョショク** 虚飾,拒食 →8
キョゲイ 巨鯨 →8	**ギョショク** 漁色 →8
ギョケイ 魚形 →8	**キョショクショー, キョショクショー** 拒食症 →14c
ギョケイ, ギョケイ 御慶(新年の〜) →92	**キョシン, キョシン** 虚心 →8
キョゲツ 去月 →8	**キョジン, 《球団名は キョジン》** 巨人 →8, 28
キョゲン 虚言 →8	**ギョシン** 魚信 →8
キヨコ 清・喜代子〚女名〛 →25	**キョシンタンカイ, キョシンタンカイ** 虚心坦懐 →98
キョコー 挙行,虚構 →8	**ギョス** 御す →48
ギョコー 漁港 →8	**キョスー** 虚数 →8
キョコク 挙国(〜一致) →8	**キヨスミテイエン** 清澄庭園 →15
ギョザ 御座 →92	**ギョスル** 御する →48
キョザイ 巨財 →8	**キヨセ** 季寄せ →5
キョシ 挙止,鋸歯 →7	**キョセイ** 去勢,虚勢,巨星 →8
ギョシ 清・潔〚男名〛 →23	**ギョセイ** 御製 →92
キョシキ, キョシキ 挙式 →8	**キョセキ** 巨石 →8
キョシツ 居室 →8	**キョゼツ** 拒絶 →8
キョジツ, キョジツ 虚実 →18	**キョゼツハンノー** 拒絶反応 →15
キョシテキ 巨視的 →95	**キョセン** 巨船 →8
ギョシャ, ギョシャ 御(馭)者 →7	**ギョセン** 漁船 →8 御選,御撰 →92
キョジャク 虚弱 →8	**ギョセンイン** 漁船員 →17
キョジャクジドー 虚弱児童 →15	**キョソ** 挙措(〜を失う) →7

￣は高い部分　･･と･･は高低が変る部分　｢は次が下がる符号　→は法則番号参照

227　　　　　　　キョゾー──キョレイ

キョゾー　巨像,虚像,巨象 →8	キョヘイ　挙兵 →8
ギョゾク　魚族 →8	キョホ　巨歩 →7
ギョソン　漁村 →8	キョホー　虚報,巨砲,巨峰〖ぶどう〗 →8
キョタイ　巨体 →8	ギョホー　漁法 →8
キョダイ　巨大 →8	キョ(・)ホーヘン　毀誉褒貶 →97,98
ギョタイ　魚体 →8	キョボク　巨木 →8
ギョダイ　御題 →92	キョマン,《古は キョマン》　巨万(~の富) →8
キョダク　許諾 →8	
ギョタク　魚拓 →8	キヨミズ　清水〖地〗(~の舞台から) →21
キョダツ　虚脱 →8	
キョダン　巨弾 →8	キヨミズデラ　清水寺 →12
ギョタン　魚探<魚群探知機 →10	キヨミズヤキ　清水焼 →13
ギョチョー　魚鳥(~を捕る) →18	ギョミン, ギョミン　漁民 →8
キョッカイ　曲解 →8	キョム　虚無 →7
キョッケイ　極刑 →8	キョムシュギ　虚無主義 →15
キョッコー　極光,旭光 →8	キヨメ　清め(キヨメノシオ ~の塩,オキヨメ 御~) →2,92
ギョッコー　玉稿 →8	
ギョット　(~する) →55	キョメイ　虚名 →8
キョテン　拠点 →8	キヨメル　清める →44
ギョデン　魚田<魚田楽 →10	キョモー　虚妄 →8
キョトー　巨頭,巨塔,挙党 →8	ギョモー　魚網,漁網 →8
キョドー　挙動 →8	キヨモト　清元 →22
キョトキョト　(~する,~と) →57	~・エンジュダユー　~延寿太夫 →26
キョトン　(~とする) →55	
ギョニク　魚肉 →8	キヨモトブシ　清元節 →12
キョネン　去年 →8	ギョユ, ギョユ　魚油 →7
ギョバ, ギョバ　漁場 →4	キョヨー　挙用,許容 →8
ギョバン　魚板 →8	キョライ, キョライ,《人は キョライ》　去来 →18,24
キョヒ　拒否,巨費 →7　許否 →18	
キョヒケン, キョヒケン　拒否権 →14c	ギョライ　魚雷<魚形水雷 →10
キョヒハンノー　拒否反応 →15	キヨラカ　清らか →55
ギョフ　漁夫 →7	キョリ　巨利,距離 →7
キヨブキ　清拭き →5	キョリュー　居留 →8
ギョフク　魚腹 →8	キョリューチ　居留地 →14a
ギョブツ, ギョブツ　御物 →92	キョリューミン　居留民 →14a
ギョフノリ, ギョフノリ　漁夫の利 →19	ギョリョー　漁猟 →8
	ギョリン　魚鱗 →8
ギョフン　魚粉 →8	ギョルイ　魚類 →8
	キョレイ　虚礼,挙例 →8

ガギグゲゴは鼻濁音　カタカナ細字は母音の無声化　★は長音にもなる符号

キョレイ──キリキザ　　228

- キョレイ,ハイシ　虚礼廃止　→98
- ギョロー　魚蠟, 漁労(撈)　→8
- キョロキョロ　(～する, ～と)　→57
- ギョロギョロ　(～した目, ～と)　→57
- ギョロメ　ぎょろ目　→5
- キヨワ　気弱　→5
- キラ　綺羅(～を飾る)　→18
- キライ　嫌い →2　機雷＜機械水雷 →10
- キライ, ギライ　帰来　→8
- ……ギライ　…嫌い(ヒトギライ 人～) →13
- キラウ　嫌う　キラワナイ, キラオー, キライマス, キラッテ, キラエバ, キラエ →43
- キラキラ　(～する, ～と)　→57
- ギラギラ　(～する, ～と)　→57
- キラク　気楽, 帰洛　→8
- キラス　切らす　→44
- キラズ　雪花菜(=おから)　→3
- キラビヤカ　煌びやか　→55
- キラボシ, キラボシ　煌星　→5
- キラ・ホシノゴトク　綺羅星の如く →97
- キラメカス　煌めかす　→44
- キラメク　煌めく　→96
- キララ　雲母　→3
- キラリ, キラリ　(～と)　→55
- キラレヨサ　切られ与三〖歌舞伎〗 →27
- キラワレモノ　嫌われ者　→12
- キリ　桐 →1　霧 →2
- ギリ　錐 →1
- キリ　切り →2　(ぴんから～まで)
- ……キリ; ……キリ　〖助〗(ナクキリ 泣く～, ヨムキリ 読む～)　→72
- ……キリ; ……キリ; ……キリ　〖助〗(トリキリ 鳥～, ハナキリ 花～, アメキリ 雨～)　→71
- ギリ　義理(オギリ, オギリ 御～)
  →7, 92
- キリアイ　切(斬)合い　→5
- ギリアイ, ギリアイ　義理合い　→12
- キリアウ, 《新は キリアウ》　切(斬)り合う　→45
- キリアゲ　切り上げ　→5
- キリアゲル, キリアゲル　切り上げる →45
- キリアメ, キリサメ　霧雨　→4
- キリイル, 《新は キリイル》　切(斬)り入る　→45
- キリウリ　切り売り　→5
- キリエ　切り絵　→5
- キリオトシ　切り落し　→13
- キリオトス, キリオトス　切り落す, 斬り落す　→45
- キリオロス, キリオロス　切り下す, 斬り下す　→45
- キリカエ　切替え　→5
- キリカエシ　切り返し　→13
- キリカエス, キリカエス　切り返す →45
- キリカエル, キリカエル, キリカエル　切り替える　→45b
- キリガクレ　霧隠　→13
- キリカケル, キリカケル　切り掛ける, 斬り掛ける　→45
- キリカタ, キリカタ　切り方 →95
- ギリガタイ　義理堅い　→54
- キリカブ, キリカブ　切り株　→5
- キリカミ　切り紙〖免許・秘伝など〗, 切り髪　→5
- キリガミ, キリガミ　切り紙〖細工〗 →5
- キリガミザイク　切り紙細工　→15
- キリガミネ　霧ヶ峰　→19
- キリカワル, キリカワル　切り替る →45
- キリキザム, キリキザム　切り刻む

￣は高い部分　⁀と⁀は高低が変る部分　⌐は次が下がる符号　→は法則番号参照

→45

キリギシ, キリギシ 切り岸 →5

キリキズ 切り傷 →5

キリキョーゲン 切り狂言 →15

キリキリ （～だ・な・に）→57

ギリキリ （～痛む、～と）→57

ギリギリ 限界(～決着, ～だ・な・に) →57

キリギリス 螽蟖〔昆虫〕

キリキリマイ きりきり舞 →13

キリクギ 切り釘 →5

キリクズ, キリクズ 切り屑 →5

キリクズシ 切り崩し →13

キリクズス, キリクズス 切り崩す →45

キリクチ 切り口 →5

キリクミ 切り組 →5

キリコ, キリコ, キリコ 切子 →5

キリコージョー 切り口上 →15

キリコガラス 切り子glas〔蘭〕→16

キリゴタツ 切り炬燵 →15

キリコマザク, キリコマザク 切り細裂く →45

キリコミ 切込み →5

キリコム, 《新は キリコム》 切り込む, 斬り込む →45

キリコロス, キリコロス 切(斬)り殺す →45

キリサゲ 切下げ →5

キリサゲガミ 切下げ髪 →12

キリサゲル, キリサゲル 切り下げる →45

キリサメ 霧雨 →4

キリザンショー, キリザンショー, キリザンショ, キリザンショ 切り山椒 →15

キリシタン, キリシタン 切支丹<Christão〔葡〕→9

キリジニ 切(斬)り死 →5

キリシマ 霧島〔山・植〕→12

ギリシャ, ギリシア Graecia〔拉〕〔国〕 →21

ギリシャゴ Graecia語〔拉〕→14

ギリシャジンワ Graecia神話〔拉〕 →15

ギリジラズ 義理知らず →13

キリステ 切捨て, 斬捨て →5

キリステゴメン 切(斬)捨御免 →98

キリステル, キリステル 切り捨てる, 斬り捨てる →45

キリスト Christo〔葡〕

キリストキョー Christo教〔葡〕→14

キリズマ, 《新は キリズマ》 切妻 →5

キリズミ 切り炭 →5

キリタオス, キリタオス 切り倒す, 斬り倒す →45

キリダシ 切出し →5

キリダス, 《新は キリダス》 切り出す →45

キリタツ, 《新は キリタツ》 切り立つ →45

キリタテ 切り立て →5, 95

ギリダテ, ギリダテ 義理立て →95

キリダメ 切溜め〔器〕→5

キリダンス 桐箪笥 →15

キリツ 起立, 規律 →8

キリツギ 切接ぎ, 切継ぎ →5

キリツケル, キリツケル 切り付ける, 斬り付ける →45

キリット （～した）→55

キリツメル, キリツメル 切り詰める →45

キリド 切戸 →5

キリドーシ 切通し →13

キリトリ 切り取り →5

キリトリセン 切取線 →14

キリトル, 《新は キリトル》 切り取る →45

ガギグゲゴは鼻濁音　カタカナ細字は母音の無声化　★は長音にもなる符号

ギリニン──キレアガ　　230

ギリニンジョー　義理人情 →18	キリモミ　錐揉み(飛行機の~) →5
キリヌキ　切抜き →5	キリモリ, キリモリ　切り盛り →18
キリヌク,《新は キリヌク》切り抜く →45	ギリャク, キリャク　機略 →8
キリヌケル, キリヌケル　切り抜ける →45	キリュー　寄留, 気流 →8
	ギリュー　桐生〘地〙 →21
キリノー　切能 →8	キリューサン, キリューサン　希(稀)硫酸 →15
キリノキ　桐の木 →19	
キリノレン　切り暖簾 →15	キリューズナ　桐生砂 →12a
キリバナ　切り花 →5	キリューチ　寄留地 →14a
キリハナス, キリハナス　切り放す →45	キリュートドケ　寄留届 →13
	ギリョ　羈旅, 貴慮 →7
キリハラウ, キリハラウ　切り払う →45	ギリョー　器量(ゴギリョー 御~) →8, 92
キリバリ　切り張り →5	ギリョー, ギリョー　技量(伎倆) →8
キリビ　切り火 →5	キリョーゴノミ　器量好み →13
キリヒトハ　桐一葉〘歌舞伎〙 →12	キリョージマン　器量自慢 →15
キリヒラク, キリヒラク　切り開く →45	キリョージン　器量人 →14a
	キリョーマケ, キリョーマケ　器量負け →13
キリフキ　霧吹き →5	
キリフセル, キリフセル　切(斬)り伏せる →45	キリョーヨシ　器量好し →13a
	ギリョク, キリョク　気力 →8
キリフダ　切り札(最後の~) →5	キリリ, キリリ　(~と) →55
キリボシ　切干し →5	キリワリ　切り割り →5
キリボシダイコン　切干し大根 →15	キリン　麒麟, 騏驎 →8
キリマク　切り幕 →8	キリンジ　麒麟児 →14a
キリマクル, キリマクル　切(斬)り捲る →45	キル　着る　キナイ, キヨー, キマス, キテ, キレバ, キロ →43
キリマド, キリマド　切窓 →5	キル　切る, 斬る, 伐る　キラナイ, キロー, キリマス, キッテ, キッテ, キレバ, キレ →43c
キリマワシ　切回し →13	
キリマワス, キリマワス　切り回す →45	キルイ　着類 →8
	キルク, コルク　kurk〘蘭〙 →9
キリマンジャロ　Kilimanjaro〘山〙 →21	キルティング,《新は キルティング》quilting →9
キリミ　切り身 →5	
キリミズ　切り水 →5	キルト　quilt, kilt →9
キリムスブ, キリムスブ　切(斬)り結ぶ →45	ギルド　guild →9
	キレ　切れ, 布 →2
キリメ　切り目 →5	……きれ　…切れ〘数〙 →33, 62
キリモチ　切り餅 →5	キレアガル, キレアガル　切れ上がる

‾ は高い部分　゜゜と゜゜は高低が変る部分　¬は次が下がる符号　→ は法則番号参照

(小股_{また}が〜) →45	キロクヤブリ　記録破り →13

(小股_{また}が〜) →45

キレアジ, キレアジ　切れ味 →5

キレイ　綺麗 →8

ギレイ　儀礼 →8

キレイゴト, キレイゴト　綺麗事 →12

キレイ(・)サッパリ　綺麗さっぱり →59

キレイズキ, キレイズキ　綺麗好き →13b

ギレイテキ　儀礼的 →95

キレイドコロ, キレイドコロ, キレイドコ　綺麗所 →12

キレギレ　切れ切れ(〜になる) →57

キレクチ　切れ口 →5

キレコミ　切れ込み →5

キレコム,《新は キレコム》　切れ込む →45

キレジ　切れ地 →7

キレジ　裂痔 →7

キレジ, キレジ　切れ字 →7

キレツ　亀裂 →8

ギレツ, ギレツ　義烈 →8

キレナガ　切れ長(〜の目) →5

キレハシ, キレハシ, キレッパシ, キレッパシ　切れ(っ)端 →5d

キレマ　切れ間(雲の〜) →5

キレメ　切れ目(金の〜が縁の〜) →5

キレモノ, キレモノ　切れ者 →5

キレモノ　切れ物 →5

キレル　切れる　キレナイ, キレヨー, キレマス, キレテ, キレレバ, キレロ →44

キロ　岐路, 帰路 →7　＜kilometre〔仏〕, ＜kilogramme〔仏〕 →10

……きろ　…kilo〔仏〕〔数〕 →37

ギロー　妓楼 →8

キロク　記録 →8

キロクエイガ　記録映画 →15

キロクテキ　記録的 →95

キロクブンガク　記録文学 →15

キロクヤブリ　記録破り →13

キログラム, キログラム　kilogramme〔仏〕 →9

キロスー, キロスー　kilo 数〔仏〕 →14

ギロチン　guillotine〔仏〕 →9

キロメートル　kilomètre〔仏〕 →9

キロワット　kilowatt〔仏〕 →9

ギロン　議論(〜百出) →8

キワ　際 →1

ギワク　疑惑 →8

キワダ, キハダ　黄肌〚魚〛, 黄蘗〚植・色〛 →4d

キワダイロ, キハダイロ　黄蘗色 →12

キワダツ　際立つ →46

キワダマグロ, キハダマグロ　黄肌鮪 →12

キワドイ　際疾い →54

キワマリ　窮り, 極り →2

キワマリナイ　極り無い →54

キワマル　窮まる, 極まる →44

キワミ　極み →2

キワメ　極め →2

キワメガキ　極め書 →13

キワメツキ,《新は キワメツキ。歌舞伎は キワメツキ》　極め付き →13

キワメテ　極めて(〜美しい) →67

キワメル　窮める, 極める →43

キワモノ　際物 →4

キワモノシ　際物師 →14

キワヤカ　際やか →55

キン　菌, 琴, 筋, 禁, 斤 →6　金(〜千円) →6, 38

キン, キン　金〚将棋〛 →6

……キン, ……キン　…金(ケンリキン, ケンリキン 権利〜) →14

……きん　…斤〚数〛 →34, 35

ギン　吟, 銀 →6

ギン, ギン　銀〚将棋〛 →6

キンアツ　禁圧 →8

ガギグゲゴは鼻濁音　カタカナ細字は母音の無声化　★は長音にもなる符号

キンイツ──キンキョ　232

キンイツ　均一 →8	ギンガワ　銀側 →4
キン(・)イップー　金一封 →38	キンガワドケイ*　金側時計 →15
キンイロ　金色 →4	ギンガワドケイ*　銀側時計 →15
ギンイロ　銀色 →4	キンカン　近刊, 金冠, 金管, 金環 →8
キンイン　近因, 金印, 金員 →8	金簪 →10
キンウン　金運 →8	キンカン, キンカン　金柑, 金冠〔歯〕
キンエイ*　近詠, 近影, 禁衛 →8	→8
ギンエイ*　吟詠 →8	キンガン　近眼 →8
キンエン　禁煙, 禁苑, 近縁 →8	ギンカン　銀簪 →10
キンカ　近火 →7	キンカンガッキ　金管楽器 →15
ギンカ　金貨, 槿花(〜一朝の夢) →7	キンガンキョー　近眼鏡 →14
キンガ　謹賀 →7	キンカンショク　金環食(蝕) →14a
ギンカ　銀貨 →7	キンカンバン　金看板 →15
ギンガ　銀河 →7	キンキ　欣喜, 禁忌, 錦旗 →7　近畿〔地〕
キンカイ　欣快, 近海, 金塊 →8	→21
ギンカイ　銀塊 →8	ギンキ　銀器 →7
キンカイギョ　近海魚 →14b	キンキ(・)ジャクヤク　欣喜雀躍 →97,
キンカイギョギョー　近海漁業 →15	98
ギンカイキン, キンガイキン　金解禁	キンキセ　金着せ →5
→98, 99	ギンキセ　銀着せ →5
キンカイシュー　金槐集 →14b	ギンギセル　銀煙管 →16
キンカイモノ　近海物 →12	キンキチホー, キンキチホー　近畿地
ギンガウチュー　銀河宇宙 →15	方 →15c
キンカ(・)ギョクジョー　金科玉条	ギンギツネ　銀狐 →12
→97, 98	キンキュー　緊急 →8
ギンカク　金閣 →8	キンキュージタイ　緊急事態 →15
キンガク　金額 →8	キンキュータイホ　緊急逮捕 →15
ギンカク　銀閣 →8	キンキュードーギ　緊急動議 →15
キンガクシ　金隠し →13	キンキューヒナン　緊急避難 →15
ギンカクジ　金閣寺 →14	ギンギョ　金魚 →7
ギンカクジ　銀閣寺 →14	キンキョー　近況 →8
ギンガケイ*　銀河系 →14	キンキョク　琴曲 →8
キンガザン, キンガサン　金華山 →14	キンギョクトー　金玉糖 →14
キンガシンネン　謹賀新年 →15	キンギョスクイ　金魚掬い →13
ギンガミ　金紙 →4	キンギョソー　金魚草 →14
ギンガミ　銀紙 →4	キンギョバチ　金魚鉢 →14
キンカミマイ　近火見舞 →12	キンギョモ　金魚藻 →12
ギンガム　gingham →9	キンギョヤ　金魚屋(〜さん) →94
キンガワ　金側 →4	キンキョリ　近距離 →15

￣は高い部分　　と　は高低が変る部分　￣は次が下がる符号　→は法則番号参照

キンキラ<u>キン</u>, キンキラ<u>キン</u> 〖俗〗(~	<u>ギ</u>ンサ 僅差 →7
に飾りたてる) →59	<u>ギ</u>ンザ 銀座〖地〗 →21
キン<u>ギレ</u>, キン<u>ギレ</u> 錦切れ《官軍も》	キン<u>ザイ</u> 近在 →8
→4	キン<u>サク</u> 金策, 近作 →8
キン<u>キン</u> 近近, 欣欣, 僅僅 →58	<u>ギ</u>ンザ<u>セン</u> 銀座線 →14
<u>ギ</u>ン<u>ギン</u>, <u>ギ</u>ン<u>ギン</u> 金銀 →18	キン<u>サツ</u> 禁札 →8
<u>ギ</u>ン<u>ギ</u>ンカ, <u>ギ</u>ン<u>ギ</u>ンカ 金銀貨 →17	<u>ギ</u>ンザ<u>ドー</u>リ 銀座通り →12
<u>キ</u>ンク 禁句 →7	<u>キ</u>ンザン 金山 →8
<u>キ</u>ング king →9	<u>ギ</u>ンザン 銀山 →8
キング<u>コング</u> King-Kong〖映画〗 →16	キンザンジ<u>ミ</u>ソ 金山寺味噌 →15
キング<u>サー</u>モン king salmon →16	キン<u>シ</u> 禁止, 近視 →7
キング<u>サイズ</u> king-size →16	キン<u>シ</u>, <u>キ</u>ンシ 金糸 →7
キング<u>サ</u>リ 金鎖 →12	<u>キ</u>ンシ 菌糸 →7
<u>ギ</u>ング<u>サ</u>リ 銀鎖 →12	キン<u>ジ</u> 金字, 金地 →7
キング<u>チ</u> 金口 →4	キン<u>ジ</u>, <u>キ</u>ンジ 近似 →7
<u>キ</u>ンケ<u>イ</u> 近景, 錦鶏 →8	<u>キ</u>ンジ 近時, 矜持 →7
<u>キ</u>ンケ<u>イ</u>★, <u>キ</u>ンケ<u>イ</u>★ 謹啓 →8	<u>ギ</u>ン<u>シ</u>, <u>ギ</u>ンシ 銀糸 →7
キン<u>ケツ</u>ビョー 金欠病〖俗〗 →14	<u>ギ</u>ンジ 銀字, 銀地 →7
キン<u>ケン</u> 近県, 金券, 金権, 勤倹 →8	キン<u>シガン</u> 近視眼 →14
キン<u>ゲン</u> 謹厳, 金言, 謹言 →8	キン<u>ジキ</u> 禁色 →8
<u>ギ</u>ンコ 禁固(錮), 近古, 金庫 →7	<u>ギ</u>ンシ(・)<u>ギ</u>ョクヨー 金枝玉葉 →97,
キン<u>コー</u> 均衡, 近郊, 金工, 金坑, 金鉱	98
→8	キン<u>シ</u>ク<u>ン</u>ショー 金鵄勲章 →15
キン<u>ゴー</u> 近郷 →8	キン<u>ジ</u>チ 近似値 →14
<u>ギ</u>ン<u>コー</u> 銀行, 銀坑, 銀鉱, 吟行 →8	キン<u>シ</u>チョー 錦糸町〖地〗 →14
……<u>ギ</u>ン<u>コー</u> …銀行(<u>ニ</u>ホン<u>ギ</u>ンコ	キン<u>シツ</u> 均質 →8
ー 日本~) →15	キン<u>シツ</u>, <u>キ</u>ン<u>シツ</u> 琴瑟(~相和す)
<u>ギ</u>ン<u>コー</u>イン 銀行員 →14a	→18
<u>ギ</u>ン<u>コー</u>カ 銀行家 →14	キン<u>ジツ</u>, <u>キ</u>ン<u>ジツ</u> 近日 →8
<u>ギ</u>ン<u>コー</u>ケン 銀行券 →14a	キン<u>ジテ</u>, キン<u>ジテ</u> 禁じ手 →12
<u>ギ</u>ン<u>コー</u>ヨ<u>キ</u>ン 銀行預金 →15	キン<u>ジ</u>トー 金字塔 →14
キン<u>コク</u> 謹告 →8	キン<u>シ</u>ホー, キン<u>シ</u>ホー 禁止法 →14
<u>キ</u>ンコ<u>ク</u>, キン<u>ゴク</u> 近国 →8	<u>キ</u>ンシャ 金(錦)紗, 禽舎 →7
<u>キ</u>ンコ<u>ツ</u> 筋骨(~隆隆) →18	キン<u>シャ</u>チリメン 金(錦)紗縮緬 →15
キン<u>コ</u>バン 金庫番 →14	<u>ギ</u>ン<u>シャ</u>リ 銀舎利 →15
キン<u>コ</u>ヤ<u>ブ</u>リ 金庫破り →13	キン<u>シュ</u> 禁酒, 金主, 筋腫 →7
キン<u>コン</u> 緊褌(~一番) →8	キン<u>ジュ</u>, キン<u>ジュー</u> 近習 →8d
キン<u>ゴ</u>ン<u>シ</u>キ 金婚式 →14a	キン<u>ジュー</u> 禽獣 →18
<u>ギ</u>ン<u>ゴ</u>ン<u>シ</u>キ 銀婚式 →14a	キン<u>シュク</u> 緊縮 →8

ガギグゲゴは鼻濁音　カタカナ細字は母音の無声化　★は長音にもなる符号

キンシュ──キンタマ　234

キンシュクザイセイ. 緊縮財政 →15
キンシュクセイ.サク 緊縮政策 →15
キンショ 謹書, 禁書 →7
キンジョ 近所(ゴキンジョ 御〜) →7,92
キンショー 僅少, 近称, 金将, 金賞 →8
キンジョー 錦上, 今上, 近状 →8
ギンショー 吟唱(誦), 銀将, 銀賞 →8
ギンジョー 吟醸 →8
ギンジョーシュ 吟醸酒 →14
キンジョーテッペキ 金城鉄壁 →98
キンジョートーチ 金城湯池 →98
ギンショク 銀燭 →8
キンジョズキアイ 近所付合 →12
キンジョマワリ 近所回り →13
キンジョメイ.ワク 近所迷惑 →15
キンジル, キンジル 禁じる →47
ギンジル, ギンジル 吟じる →47
キンシン 謹慎, 近臣, 近信, 近親 →8
キンシンカン 近親感 →14a
キンシンケッコン 近親結婚 →15
キンシンシャ 近親者 →14a
キンス 金子 →7
ギンス 銀子 →7
キンスジ 金筋 →4
ギンスジ 銀筋 →4
キンスナゴ 金砂子 →12
ギンスナゴ 銀砂子 →12
キンズル, キンズル 禁ずる →47
ギンズル, ギンズル 吟ずる →47
キンセイ. 禁制, 均整, 均斉, 謹製, 金製, 金星 →8
キンセイ. 近世 →8
ギンセイ. 銀製 →8
キンセイ.ヒン, キンセイ.ヒン 禁制品 →14b
キンセイ.ヒン 金製品 →17
ギンセカイ 銀世界 →15
キンセキ 金石 →18

キンセキブン 金石文 →14
キンセツ 近接 →8
ギンセツ 銀雪 →8
キンセン 謹選, 金扇, 金線, 琴線 →8
キンセン 金銭 →18
キンゼン 欣然 →56
ギンセン 銀線, 銀扇 →8
キンセンカ 金盞花 →14a
キンセンシンタク 金銭信託 →15
キンセンズク, キンセンズク 金銭尽 →95
キンソーバ 金相場 →12
キンソク 禁足 →8
キンゾク 勤続 →8
キンゾク 金属 →8
キンゾクゲンソ 金属元素 →15
キンゾクコータク 金属光沢 →15
キンゾクシャ, キンゾクシャ 勤続者 →14c
キンゾクセイ. 金属性 →14
キンゾクテアテ 勤続手当 →12
キンゾクヒロー 金属疲労 →15
キンソン 近村 →8
キンダイ 金台(〜の指輪) →8
キンダイ 近代 →8
ギンダイ 銀台 →8
キンダイオンガク 近代音楽 →15
キンダイゲキ 近代劇 →14b
キンダイゴシュ 近代五種 →39
キンダイコッカ 近代国家 →15
キンタイシュツ 禁帯出 →98
キンダイジン 近代人 →14b
キンダイテキ 近代的 →95
キンダイビジュツカン, キンダイビジュッカン 近代美術館 →17
キンダイブンガク 近代文学 →15
キンダカ, キンダカ 金高 →4
ギンダチ 公達 →94d
キンタマ, キンタマ 金玉 →4

￣は高い部分　̈と̈は高低が変る部分　┐は次が下がる符号　→は法則番号参照

ギンダラ	銀鱈 →4	キンニク	筋肉 →8
キンタロー	金太郎〖人〗→26	キンニクロードー	筋肉労働 →15
キンタローアメ	金太郎飴 →12a	ギンネズ, ギンネズミ	銀鼠 →4, 12
キンダン	金談, 禁断 →8	キンネン	近年 →8
キンダンショージョー	禁断症状 →15	キンノー	金納(↔物納), 勤皇 →8
キンチサン, キンジサン	禁治産 →15	キンノージョーイ	勤皇攘夷 →98
キンチサンシャ, キンジサンシャ 禁治産者 →14a	キンバ	金歯 →4
キンチャ, キンチャ	金茶〖色〗→7	キンパ	金波 →7
キンチャク	近着 →8	ギンパ	銀波 →7
キンチャク, キンチャク	巾着 →8	キンパイ	金杯, 金牌 →8
キンチャクキリ, キンチャッキリ 巾着切り →13cd	ギンパイ	銀杯, 銀牌 →8
ギンチュー	禁中 →8	ギンバエ, ギンバイ	金蠅 →4
ギンチョ, キンチョ	近著 →7	ギンバエ, ギンバイ	銀蠅 →4
キンチョー	緊張, 謹聴, 金打, 禁鳥 →8	キンパク	緊迫, 金箔 →8
キンチョク	謹直 →8	ギンパク	銀箔 →8
キンツバ	金鍔〖菓子〗→4	ギンハクショク, ギンパクショク 銀白色 →14c
キンテイ★	謹呈, 欽定, 禁廷 →8	キンパクツキ, キンパクツキ, キンパクツキ 金箔付き →13c
キンデイ	金泥 →8	キンパツ	金髪 →8
ギンデイ	銀泥 →8	ギンパツ	銀髪 →8
キンテイケンポー	欽定憲法 →15	キンバリ	金張り →5
キンテキ	金的(～を射とめる) →8	キンバン	勤番 →8
キンテツ	近鉄〖鉄道・デパート〗→10	ギンバン	銀盤(～の女王) →8
キンテツ, キンテツ	金鉄(～の如し) →18	ギンピ	金肥 →7
キンデン(・)ギョクロー	金殿玉楼 →97, 98	キンピカ	金ぴか →59
キンデンズ	筋電図 →14a	キンピョー	勤評<勤務評定 →10
キンド	襟度 →7	キンビョーブ	金屏風 →15
キントー	均等 →8 近東〖地〗→21	キンピラ	金平〖人・料理〗→3, 24
キントーワリ	均等割 →13	キンピラゴボー	金平牛蒡 →15
キントキ	金時〖人・食品〗→24, 3	キンピン, キンピン	金品 →18
キンドケイ★	金時計 →15	キンブスマ	金襖 →12
ギンドケイ★	銀時計 →15	キンブセン	金峰山 →14
キントレ	筋トレ<筋肉+training →10	キンブチ	金縁 →4
キントン	金団(栗🥜の～) →8	ギンブチ	銀縁 →4
ギンナガシ	銀流し →13	キンプラ	金麸羅〖料理・めっき〗→10
ギンナン	銀杏 →8	ギンブラ	銀ぶら →59
		キンブン	均分 →8
		キンプン	金粉 →8

ガギグゲゴは鼻濁音　カタカナ細字は母音の無声化　★は長音にもなる符号

ギンプン 銀粉 →8
キンブンソーゾク 均分相続 →15
キンベン 勤勉 →8
キンペン 金 pen →16
ギンペン 近辺 →8
キンベンカ 勤勉家 →14
キンボー 近傍 →8
キンポーゲ 金鳳花 →14a
キンボタン 金 botão〔葡〕 →16
ギンボシ 金星〔相撲など〕 →4
ギンボシ 銀星 →4
キンホンイ 金本位 →15
ギンホンイ 銀本位 →15
ギンマク 銀幕(〜の女王) →8
キンマンカ 金満家 →14
ギンミ, ギンミ 吟味 →7
キンミズヒキ 金水引《植も》 →12
キンミツ 緊密 →8
キンミャク 金脈 →8
キンミライ 近未来 →15
キンム 勤務 →7
キンムク 金無垢 →15
キンムサキ 勤務先 →12
キンムジカン 勤務時間 →15
キンムネンゲン 勤務年限 →15
キンムヒョーテイ 勤務評定 →15
キンメ 斤目 →4
キンメダイ 金目鯛 →12
キンメダル 金 medal →16
ギンメダル 銀 medal →16
キンメッキ 金鍍金 →15
ギンメッキ 銀鍍金 →15
キンモール 金 moor〔蘭〕 →16
ギンモール 銀 moor〔蘭〕 →16
キンモクセイ 金木犀 →15
キンモジ 金文字 →15
キンモツ 禁物 →8
キンモン 禁門 →8
ギンモン, キンモン 金紋 →8

キンユー 金融 →8
キンユーカイ 金融界 →14a
キンユーキカン, キンユーキカン 金融機関 →15
キンユーギョー 金融業 →14a
キンユーキョーコー 金融恐慌 →15
キンユーコーコ 金融公庫 →15
ギンユージジン 吟遊詩人 →15
キンユーシホン 金融資本 →15
キンユーチョー 金融庁 →14a
キンヨー 緊要 →8 金葉<キンヨーシュー 金葉集 →10, 14a
キンヨー,《古は キンヨー》 金曜 →8
キンヨービ 金曜日 →12a
キンヨク 禁欲 →8
ギンヨク 銀翼 →8
キンヨクシュギ 禁欲主義 →15
キンヨクセイカツ 禁欲生活 →15
ギンライ 近来 →8
ギンラン 金蘭, 金襴 →8
キンランドンス 金襴緞子 →18
キンリ, ギンリ 金利 →7
ギンリ 禁裏(〜様) →7
キンリューザン 金龍山(〜浅草寺) →14a
キンリョー 禁猟, 禁漁 →8
キンリョー 斤量 →8
キンリョーク 禁猟区, 禁漁区 →14a
ギンリョク 金力, 筋力 →8
キンリン 近隣 →8
ギンリン 銀輪, 銀鱗 →8
ギンルイ 菌類 →8
キンレイ 禁令 →8
ギンレイ 銀鈴, 銀嶺 →8
キンロー 勤労 →8
キンローガイキュー 勤労階級 →15
キンローカンシャノ(・)ヒ 勤労感謝の日 →97, 98
キンローシャ 勤労者 →14a

― は高い部分 … と … は高低が変る部分 ⌐ は次が下がる符号 → は法則番号参照

237　　　　キンロー──クイチガ

キンローショトク　勤労所得 →15
キンローホーシ　勤労奉仕 →15

ク　区,句,苦 →6
ク,《古は **ク**》　九 →30
……**ク**　…区(**チヨダク** 千代田〜, **セン
　キョク** 選挙〜) →14
……**く**　…区〖数〗 →34, 35
く……　九 ⇒**きゅう**……
グ,《新は **グ**》　愚(〜の骨頂, 〜にも
　つかない) →6
グ　具〖料理〗(散らしずしの〜, 〜を入れ
　る) →6
グ　具(=道具・伴うこと) →6
グアイ,(**グワイ**)　具合,工合 →4d
グアテマラ, **グァテマラ**　Guatemala
　〖国〗 →21
クアハウス　Kurhaus〖独〗 →16
グアム, **グアム**　Guam〖島〗 →21
グイ　代,杭 →1b 句意 →7
クイ, **クイ**　悔い →2b
グイ, **グイ**　(〜とひく) →55
クイアイ　食い合い →5
クイアウ,《新は **クイアウ**》　食い合う
　→45
クイアキル, **クイアキル**　食い飽きる
　→45
クイアゲ　食い上げ(飯の〜だ) →5
クイアマシ　食い余し →13
クイアマリ　食い余り →13
クイアラス, **クイアラス**　食い荒す
　→45
クイアラタメル, **グイ・アラタメル**
　悔い改める →45, 97
クイアワセ　食い合せ →13
クイイジ　食い意地 →15

クイイル,《新は **クイイル**》　食い入る
　→45
クイーン, **クイン**　queen →9
クイウチ, **クイウチ**　杭打ち →5
クイオキ　食い置き →5
クイカケ　食い掛け →95
クイキ　区域 →8
クイキナイ　区域内 →14
クイキル,《新は **クイキル**》　食い切る
　→45
グイグイ　(〜飲む, 〜と) →57
クイケ　食気(色気より〜) →93
クイコミ　食い込み →5
クイコム,《新は **クイコム**》　食い込む
　→45
クイゴロ, **クイゴロ**　食い頃 →5
クイコロス, **クイコロス**　食い殺す
　→45
クイサガル, **クイサガル**　食い下がる
　→45
クイシバル, **クイシバル**　食い縛る(歯
　を〜) →45
クイシンボー, **クイシンボ**,《古は **グ
　イシンボー**, **グイシンボ**》　食いしん
　坊 →94d
グイズ　quiz →9
クイスギ　食い過ぎ →5
クイスギル, **クイスギル**　食い過ぎる
　→45
クイズバングミ　quiz 番組 →12
クイゾメ　食初め(**オクイゾメ** 御〜)
　→95, 92
クイタオス, **クイタオス**　食い倒す
　→45
クイダオレ　食い倒れ(大阪の〜) →13
クイダメ　食い溜め →5
クイタリナイ　食い足りない →83
クイチガイ　食い違い →13
クイチガウ, **クイチガウ**　食い違う

ガギグゲゴは鼻濁音　カタカナ細字は母音の無声化　★は長音にもなる符号

クイチラ──グージ　238

→45
クイチラス, クイチラス　食い散らす →45
クイツキ　食い付き →5
クイック　quick →9
クイック,《新は クイツク》食い付く →45
クイックス, クイックス　食い尽す →45
クイツナグ, クイツナグ　食いつなぐ →45
クイツブシ　食い潰し →13
クイツブス, クイツブス　食い潰す →45
クイツメ　食い詰め →5
クイツメモノ　食詰者 →12
クイツメル, クイツメル　食い詰める →45
クイテ　食い手 →5
クイデ　食い出(~がない) →5
クイドーラク　食い道楽 →15
クイトメル, クイトメル　食い止める →45
クイナ　水鶏〘鳥〙 →1
クイニゲ　食い逃げ →5
クイノバシ　食い延ばし →13
クイノバス, クイノバス　食い延ばす →45
グイノミ　ぐい飲み →5
クイハグレ, クイッパグレ　食い(っ)逸れ →13d
クイブチ, クイブチ, グイブチ　食い扶持 →15b
クイブン, グイブン　食い分 →8b
クイホーダイ　食い放題 →95
クイモノ, クイモノ　食い物 →5
クイモノヤ, クイモノヤ　食物屋 →94
クイヤブル, クイヤブル　食い破る →45

クイリョー, クイリョー　食い料 →8
クイル　悔いる →43
クインテット　quintetto〔伊〕→9
クー　空(~なうわさ, ~な話) →6
クー　空(=空間。~をつかむ) →6
クウ　食う　クワナイ, クオー, クイマス, クッテ, クッテ, クエバ, クエ →43c
グー　〘じゃんけん〙→1　偶, 寓(山田~) →6
グーイ　空位 →7
グーイ, グーイ　寓意 →7
クウェート, クウェート　Kuwait〘国〙→21
グーカイ　空海〘人〙(僧~) →24
クーカン　空間 →8
グーカン　偶感 →8
クーカンチ　空閑地 →14a
クーキ　空気 →7
クーキイレ　空気入れ →13
クーキジュー　空気銃 →14
クーキチョーセツ　空気調節 →15
クーキデンセン　空気伝染 →15
クーキヌキ, クーキヌキ　空気抜き →13
クーキマクラ　空気枕 →12
グーキョ　空虚 →7
グーキョ　寓居 →7
グーグー　(~鳴る, ~と) →57
クークー(・)バクバク, クークー(・)バクバク　空空漠漠 →59
クーグン　空軍 →8
クーケイ　空閨 →8
クーゲキ　空隙 →8
クーケン　空拳 →8
クーゲン, クーゲン　空言 →8
クーコー　空港 →8
クーコーセン　空港線 →14
グージ　宮司 →7

￣は高い部分　¨と¨は高低が変る部分　｢は次が下がる符号　→は法則番号参照

クーシツ 空室 →8
クーシャ 空車 →7
クーシュー 空襲 →8
クーシューケイ★ホー 空襲警報 →15
クーショ 空所 →7
クーショー 空将〖階級〗→8
グースー 偶数 →8
グースル 遇する,寓する →48
クーセキ 空席 →8
クーゼン 空前 →8
グーゼン 偶然 →56
クーゼンゼツゴ 空前絶後 →98
グーソ 空疎 →7
クーソー 空想 →8
グーゾー 偶像 →8
クーソーカ 空想家 →14
グーゾースーハイ, グーゾースーハイ 偶像崇拝 →99, 98
クーソーテキ 空想的 →95
グーゾーハカイ, グーゾーハカイ 偶像破壊 →99, 98
グータラ 〖俗〗(あの人は~だ) →55
クーチ 空地 →7
クーチュー 空中 →8
クーチューシャシン 空中写真 →15
クーチューセン 空中戦 →14
クーチューブンカイ 空中分解 →15
クーチューローカク, クーチューローカク 空中楼閣 →99, 98
クーチョー 空調<空気調節 →10
クーデター coup d'État〖仏〗→17
クーテン 空転 →8
クードー 空洞 →8
グーニャン 姑娘〖華〗→9
グーノネ ぐうの音(~も出ない) →19
クーハク 空白 →8
クーバク 空漠 →58 空爆<空中爆撃 →10
グーハツ 偶発 →8

グーハツテキ 偶発的 →95
クーヒ 空費 →7
クーフク 空腹 →8
クーブン 空文 →8
クーペ coupé〖仏〗→9
クーボ 空母<航空母艦 →10
クーホー 空包,空砲 →8
クーポン coupon〖仏〗→9
クーヤ 空也〖人〗(クーヤネンブツ ~念仏) →24, 15
クーヤ・クワズ, クーヤクワズ 食うや食わず →97, 99
クーユ 空輸<空中輸送 →10
クーラー cooler →9
クーラーボックス cooler box →16
クーリ 空理(~空論) →7
クーリー, グリー 苦力〖華〗→9
クーリク 空陸 →18
クーリングオフ cooling-off →16
クール cool →9
クールビズ cool + biz〖和〗→16
クールビン cool +便 →14
クーレイ★ 空冷<空気冷却 →10
クーレイ★シキ 空冷式 →95
クーロ 空路 →7
クーロン 空論(机上の~) →8
グーワ 寓話 →7
クエーカー Quaker →9
クエキ, クエキ 苦役 →8
クエスチョンマーク question mark →16
クエナイ 食えない →83
クエル 食える →44
クエンサン 枸櫞酸 →14
クオーター, クォーター quarter →9
クオーツ, クォーツ quartz →9
クオリティー quality →9
クオン, グオン 久遠 →8
クガ 陸 →1

ガギグゲゴは鼻濁音　カタカナ細字は母音の無声化　★は長音にもなる符号

ク**カイ** 句会 →8	ク**グリ**ド 潜り戸 →12
⎺**グガイ** 苦界 →8	ク**グリヌケ**ル, ク**グリヌケ**ル 潜り抜ける →45
ク**カイギイン** 区会議員 →15	
ク**カク** 区画(劃) →8	ク**グリマクラ** 括り枕 →12
⎺**グガク** 苦学(~力行) →8	ク**グ**ル 括る →43
ク**ガ**ク**セイ**⸚, ク**ガ**ク**セイ**★ 苦学生 →17	ク**グ**ル 潜る →43
ク**カク****セイ**⸚リ 区画(劃)整理 →15	ク**ケ** 紵け →2
ク**ガ**ケツ, キュー⎺**ガケツ** 九箇月 →39	ク**ケ** 公家・公卿(**オクゲサン** 御~さん) →7, 92
⎺**グガツ** 九月 →34	
ク**ガ**ネン, キュー⎺**ガネン** 九箇年 →39	ク**ケイ**★ 矩形(=長方形) →8
ク**ガ**ン, 《新は ク**カ**ン》 区間 →8c	**グケイ**★ 愚兄, 愚計 →8
グガン 具眼(~の士) →8	ク**ケガゾク** 公家華族 →15
ク**キ** 茎 →1	ク**ケダイ**, 《新は ク**ケダイ**》 紵台 →8
ク**ギ** 釘(~をさす) →1	ク**ケヌイ**, 《新は ク**ケヌイ**》 紵縫 →5
⎺**グキ**, ⎺**グギ** 区議<区議会議員 →10	ク**ケバリ**, ク**ケバリ** 紵針 →5
ク**ギ**カイ, ク**ギ**カイ 区議会 →15	ク**ケ**ル 紵ける →43
ク**ギ**カクシ 釘隠し →13	ク**ケン** 苦言 →8
ク**ギザキ**, ク**ギザキ**, ク**ギザキ** 釘裂き →5	⎺**グケン** 苦患 →8
	グケン 愚見 →8
ク**ギズケ** 釘付け →5	**グゲン** 具現 →8
ク**ギヌキ**, ク**ギヌキ**, ク**ギヌキ** 釘抜き →5	ク**コ** 枸杞 →7c
	⎺**グゴ** 供御 →7 篋筬 →7d
ク**ギバコ** 釘箱 →4	**グコー** 愚行, 愚考 →8
⎺**グキョ** 愚挙 →7	ク**サ** 草, 瘡 →1
ク**キョー** 苦境 →8	……**グサ** …種(**カタリグサ** 語り~, ワ⎺**ライグサ** 笑い~) →12
⎺**グギョー** 公卿 →8	
⎺**グギョー**, 《新は ク**ギョー**》 苦行 →8	ク**サイ** 臭い ク**サカッタ**, ク**サク**, ク**サクテ**, ク**サケレバ**, ク**サ**シ →52c
ク**ギリ**, ク**ギリ** 句切り, 区切り →5	
ク**ギ**ル 句切る, 区切る →46	**グサイ** 愚妻 →8
ク**ギン** 苦吟 →8	**グザイ** 具材 →8
ク**グ**, 《新は ⎺**グク**》 九九(~を習う) →39c 区区 →11c	ク**サイキレ** 草いきれ →12
	ク**サイチ**, ク**サイチ** 草市 →4
⎺**ググツ**, ク**グツ** 傀儡	ク**サイロ** 草色 →4
ク**グモ**ル →43	ク**サカゲ** 草蔭 →4
ク**グリ** 括り →2	ク**サカゲロー**, ク**サカゲロー** 草蜻蛉 →12
ク**グリ** 潜り →2	
ク**グリアゲ**ル 括り上げる →45	ク**サカリ**, ク**サカリ** 草刈り →5
ク**グリザ**ル 括り猿 →12	ク**サカリガマ**, ク**サカリガマ** 草刈鎌
ク**グリッケ**ル 括り付ける →45	

⎺ は高い部分　⸚ と ⸚ は高低が変る部分　⎤ は次が下がる符号　→ は法則番号参照

241　　クサカン──クシザシ

→12	ク**サミ** 臭味(～がある) →93
ク**サカ**ンムリ 草冠(=艹) →12	ク**サム**シリ 草毟り →13
ク**サキ** 草木(～もなびく) →18	ク**サムラ** 叢 →4
ク**サキ**ゾメ 草木染め →13	ク**サ**モチ 草餅 →4
ク**サク** 句作 →8	ク**サ**モノ 草物 →4
グ**サク** 愚作, 愚策 →8	ク**サ**モミジ 草紅葉 →12
ク**サ**クサ,《新は ク**サ**クサ》(気が～する, ～と) →57c	ク**サヤ** 〖干物〗
ク**サ**グサ 種種(～の品) →11	ク**サヤ**キュー 草野球 →15
ク**サケ**イ★バ 草競馬 →15	ク**サヤ**ネ, ク**サヤ**ネ 草屋根 →12
ク**サス**, ク**サ**ス 腐す →44	ク**サヤ**ブ 草藪 →4
ク**サズ**モー 草相撲 →12	ク**サラ**ス 腐らす →44
ク**サズ**リ, ク**サズ**リ, ク**サズ**リ 草摺 →5	ク**サリ** 鎖 →1
ク**サゾ**ーシ 草双紙 →15	ク**サリ** 腐り(～が早い) →2
ク**サ**タケ, ク**サ**タケ 草丈 →4	グ**サリ**, グ**サリ** (～とささる) →55
ク**サ**ダンゴ 草団子 →12	ク**サリ**アミ 鎖編 →13
ク**サ**チ, ク**サ**チ 草地 →7	ク**サリ**カタビラ 鎖帷子 →12
ク**サ**ツ 草津〖地〗 →21	ク**サリ**ガマ, ク**サリ**ガマ 鎖鎌 →12
ク**サ**ッパラ 草っ原 →4d	ク**サル** 腐る ク**サ**ラナイ, ク**サ**リマス, ク**サ**ッテ, ク**サ**レバ, ク**サ**レ →43
ク**サ**ツブシ 草津節 →12	
ク**サ**トリ, ク**サ**トリ 草取り →5	ク**サレ** 腐れ →2
ク**サ**ナギ**ノ**ツルギ 草薙剣 →98	ク**サレ**エン, ク**サレ**エン 腐れ縁 →14
ク**サ**ノネ 草の根(～を分けても) →19	ク**サワ**ケ, ク**サワ**ケ 草分け →5
ク**サ**ノネ**ウ**ンドー 草の根運動 →15	ク**サワ**ラ,《古は ク**サワ**ラ》草原 →4
ク**サ**ノミ 草の実, 草の身 →19	**ク**シ, ク**シ** 駆使 →7c
ク**サバ**, ク**サ**バ 草葉(～の陰) →4	ク**シ** 串, 櫛 →1 ⇒**オ**グシ
ク**サ**バナ,《古は ク**サ**バナ, **サ**バナ》草花 →4	**グ**シ 籤 →1 公事 →7 九字, 九時 →34
ク**サ**ハラ,《古は ク**サ**ハラ》草原 →4	ク**シア**ゲ 串揚げ →5
ク**サ**ビ 楔 →1	**グ**ジウン 籤運 →8
ク**サ**ビ**バリ 草雲雀 →12	ク**ジ**ガキ 串柿 →4
ク**サブ**エ, ク**サブ**エ, ク**サブ**エ 草笛 →4	ク**シ**ガタ 櫛形 →95
ク**サブ**カイ 草深い →54	ク**シ**カツ 串カツ<串 cutlet →10
ク**サブ**キ 草葺き →5	ク**ジ**カン 九時間 →36
ク**サブ**キヤネ 草葺屋根 →12	**グ**ジク 挫く →43
ク**サボ**ーキ 草箒 →12	**グ**シクモ 奇しくも →67
ク**サ**マクラ 草枕《書も》 →12	ク**シ**ケズル, ク**シ**ケズル 梳る →46
	ク**ジ**ケル 挫ける →44
	ク**シ**ザシ, ク**シ**ザシ 串刺し →5

ガギグゲゴは鼻濁音　カタカナ細字は母音の無声化　★は長音にもなる符号

242

クシドーグ　櫛道具 →15	クジラニク　鯨肉 →14
グシヌイ　具し縫い →5	クジラマク　鯨幕 →14
クジノガレ　籤逃れ →13	クジリ　抉り →2
クシバコ　櫛箱 →4	クジル　抉る →43
クジビキ, クジビキ, クジビキ　籤引き →5	クシロ　釧 →1　釧路〔地〕 →21
クシマキ　櫛巻き →5	クジン, 《新は グシン》　苦心 →8c
クシメ, クシメ　櫛目 →4	グシン　具申 →8
クシモトブシ　串本節 →12	グジン　愚人 →8
グシャ　愚者 →7	クス, グス　樟 →1c
クシヤキ　串焼 →5	グズ　屑, 葛 →1
クジャク　孔雀 →8	グス　具す →48
クシャクシャ　(〜だ・な・に) →57	グズ　愚図
クシャクシャ, 《新は クシャクシャ》　(〜する, 〜と) →57c	クズアン, クズアン　葛餡 →8
グシャグシャ　(〜だ・な・に) →57	クズイト　屑糸 →4
グシャグシャ　(〜する, 〜と) →57	クズイレ, クズイレ, クズイレ　屑入れ →5
クシャクニケン　九尺二間 →39	クズオレル　頽れる →43
クシャミ, クサメ　嚔 →dc	クズカゴ　屑籠 →4
グジュ　口授 →7	クズキリ　葛切り →5
クシュー　句集 →8	クスクス, 《新は グスクス》　(〜笑う, 〜と) →57c
クジュー　苦渋, 苦汁 →8	グスグス　(鼻が〜する) →57
クジュー, キュージュー　九十 →31	グズグズ　(包が〜だ, 〜な・に) →57
クジューク　九十九(お前百までわしゃ〜まで) →32	グズグズ　愚図愚図(〜言う, 〜と) →57
クジュークリハマ, クジュークリハマ　九十九里浜 →12	クスグッタイ, クスグッタイ　擽ったい →53
グジョ　駆除(害虫〜) →7	クスグリ　擽り →2
クショー　苦笑 →8	クスグル　擽る →43
クジョー　苦情 →8	クズコ, クズコ, 《古は クズコ》　葛粉 →4
グジョー　九条〔地・姓も〕 →34, 21, 22	クズザクラ　葛桜 →12
グショー　具象 →8	クズシ　崩し →2
クジョーショリ　苦情処理 →15	クズシガキ　崩し書き →13
グショーテキ　具象的 →95	クズシジ　崩し字 →14
クジョザイ, クジョザイ　駆除剤 →14	クズス　崩す　クズサナイ, クズソー, クズシマス, クズシテ, クズセバ, クズセ →44
グショヌレ, グチョヌレ →5	クスダマ　薬玉 →4
クジラ　鯨 →1	グズツク, 《新は グズツク》　愚図つく
クジラザシ　鯨差 →12	
クジラジャク　鯨尺 →14	

‾は高い部分　… と …は高低が変る部分　‾は次が下がる符号　→は法則番号参照

→96
クズテツ 屑鉄 →8
クズネリ, クズネリ 葛練(煉)り →5
クズネル, クズネル →43
クスノキ, グスノキ 樟,楠 →19
クスノキ(・)マサシゲ 楠木正成 →22, 24, 27
グズノハ 葛の葉《浄瑠璃も》→19
クズヒロイ 屑拾い →13
クスブル 燻る →44
クスベル 燻べる →43
クスボル 燻ぼる →44
クズマイ 屑米 →8
クズマユ, クズマユ 屑繭 →4
クズマンジュー 葛饅頭 →15
クスム (色が~) →43
グズメ 苦爪(~楽髪らくがみ) →4
クズモチ 葛餅 →4
クズモノ 屑物 →4
クズヤ 屑屋(~さん) →94
クズユ 葛湯 →4
クズヨーカン 葛羊羹 →15
クスリ 薬(オクスリ 御~) →1, 92c
クスリウリ 薬売り →13
クスリクソーバイ 薬九層倍 →99
クスリズケ 薬漬け →13
クスリダイ, クスリダイ 薬代 →14
クスリトリ 薬取り →13
クスリバコ 薬箱 →12
クスリビン 薬瓶 →14
クスリヤ 薬屋(~さん) →94
クスリユ 薬湯 →12
クスリユビ 薬指 →12
グズル 愚図る →44
クズレ 崩れ →2
クズレオチル, クズレオチル 崩れ落ちる →45
クズレカカル, クズレカカル 崩れ掛かる →45

クズレル 崩れる クズレナイ, クズレヨー, クズレマス, クズレテ, クズレレバ, クズレロ →43
クスンゴブ 九寸五分(=短刀) →39
クセ 癖,曲 →1
クセイ 区政 →8
クセゲ, クセゲ, クセッケ 癖(っ)毛 →4d
クセツ, クセツ 苦節(~十年) →8c
クゼツ, グゼツ 口舌,口説 →8
クセナオシ 癖直し →13
クセマイ, クセマイ 曲舞 →4
クセモノ 曲者 →4
クセン, クセン 苦戦 →8c
クソ 糞 →1, 66
グソー 愚僧 →8, 64
クソオチツキ, クソオチツキ 糞落着き《俗》→91c
グソク, グソク 具足,愚息 →8
グソクニ 具足煮 →13
クソクラエ 糞食らえ →98
クソジカラ 糞力 →91
クソタレ, クソタレ, クソッタレ, クソッタレ 糞(っ)垂れ →5d
クソドキョー 糞度胸 →91
クソババー 糞婆 →91
クソベンキョー 糞勉強 →91
クソマジメ 糞真面目 →91
クソミソ 糞味噌(~に言う) →3
クソミソ 糞味噌(~いっしょにする) →18
グダ 管(~を巻く) →1
クダイ 句題 →8
グタイカ, グタイカ 具体化 →95b
グタイサク 具体策 →14b
グタイテキ 具体的 →95
クダク 砕く クダカナイ, クダコー, クダキマス, クダイテ, クダケバ, クダケ →43

ガギグゲゴは鼻濁音　カタカナ細字は母音の無声化　★は長音にもなる符号

クタクタ──クチゴー　244

クタクタ （〜だ・な・に） →57	の如し →98, 99
クダクダ （〜言う、〜と）→57	クチ 口 →1
クダクダシ＊ →53	グチ 愚痴(〜をこぼす)→7
クダケル 砕ける →44	……グチ, ……グチ …口(ジョーシャグチ, ジョーシャグチ 乗車〜)→12
クダサイ 下さい →41	クチアイ 口合い →4
クダサル 下さる →44	クチアケ, クチアケ 口開け →5
クダサレモノ 下され物 →12	クチアタリ, クチアタリ, クチアタリ 口当り →13
クダシ 下し →2	クチイ＊ 〖俗〗(腹が〜)→52
クダシグスリ 下し薬 →12	クチイレ, クチイレ 口入れ →5
クダス 下す,降す →44	クチイレヤ 口入屋 →94
クタニ 九谷＜クタニヤキ 九谷焼 →3c, 13	クチウツシ, クチウツシ 口移し →13
クタバリゾコナイ くたばり損ない →13	クチウラ 口占,口裏 →4
クタバル,（クタバッテシマエ）〖俗〗→43	クチウルサイ, クチウルサイ 口煩い →54
クタビレ, クタビレ 草臥れ →2	クチエ 口絵 →7
クタビレモーケ 草臥儲け →13	クチオシ＊ 口惜しい →54
クタビレル 草臥れる →43	クチガキ 口書 →5
クダモノ 果物 →4	クチカズ 口数 →4
クダモノナイフ 果物 knife →16	クチガタイ, クチガタイ 口堅い →54
クダモノヤ, クダモノヤ 果物屋 →94	クチガネ 口金 →4
グダラ 百済〖国〗→21	クチガル 口軽 →5
クダラナイ 下らない(=つまらない)→83	クチガルイ, クチガルイ 口軽い →54
クダラヌ 下らぬ(〜事)→83	クチガワリ 口代り →13
クダリ 下り,降り,行,件 →2	クチキ 朽ち木 →5
クダリアユ 下り鮎 →12	クチキキ 口利き →5
クダリザカ 下り坂 →12	クチギタナイ 口穢い →54
クダリセン 下り線 →14	クチキリ, クチキリ 口切り →5
クダリバラ 下り腹 →12	クチギレイ＊ 口綺麗 →15
クダリレッシャ 下り列車 →15	クチク 駆逐 →8
クダル 下る,降る クダラナイ, クダロー, クダリマス, クダッテ, クダレバ, クダレ →43	クチクカン, クチクカン 駆逐艦 →14
クダン 九段〖数〗→34	クチグセ 口癖 →4
グダン 件(〜の)→2d 九段〖地〗→21	クチグチ, クチグチ 口口(〜に)→11
クダンシタ 九段下〖地〗→21	クチグルマ, クチグルマ,《古は クチグルマ》 口車(〜に乗る)→12
グダンノゴトシ, クダンノゴトシ 件	クチゲンカ 口喧嘩 →15
	クチゴーシャ, クチコーシャ 口巧者 →15

￣は高い部分　‥と‥は高低が変る部分　⌐は次が下がる符号　→は法則番号参照

クチゴタエ, クチゴタエ　口答え →13	クチナワ　蛇 →5
クチコトバ　口言葉 →12	クチノハ, クチノハ　口の端(～にのぼる) →19
クチコミ　口コミ＜口 communication →10	クチバ,《古は クチバ》　朽ち葉 →5
クチゴモル　口籠る →46	クチバイロ　朽葉色 →12
クチサガナイ　口さがない →54	クチバシ　嘴 →4
クチサキ　口先 →4	クチバシル　口走る →46
クチサビシイ★, クチザミシイ★　口寂しい,口淋しい →54d	クチバッチョー　口八丁 →39
クチザワリ, クチザワリ　口触り →13	クチハテル, クチハテル　朽ち果てる →45
クチシノギ　口凌ぎ →13	クチハバッタイ, クチハバッタイ　口幅ったい →54
クチジャ　口茶 →7	
クチジャミセン　口三味線 →17	クチバヤ　口速(～に) →5
クチジョーズ　口上手 →15	クチビ　口火(～を切る) →4
クチズカラ, クチズカラ　口ずから →67	クチヒゲ, クチヒゲ　口髭 →4
クチスギ　口過ぎ(=生計) →5	クチビョーシ, クチビョーシ,《古は クチビョーシ》　口拍子 →15
クチズケ　口付け →5	
クチズケル　口付ける →46	クチビル　唇 →4
クチズサミ, クチズサミ　口遊み →13	クチフージ, クチフージ　口封じ →13
クチズサム　口遊む →46	クチブエ, クチブエ　口笛 →4
クチズタエ, クチズタエ　口伝え →13	クチフサギ, クチフサギ　口塞ぎ →13
クチズッパク　口酸っぱく(～言う) →67	クチブチョーホー　口不調法 →17
クチズテ　口伝 →5	クチブリ　口振り →95
クチゾエ　口添え →5	クチベタ　口下手 →4
クチダシ　口出し →5	クチベニ　口紅 →4
クチダッシャ　口達者 →15	クチベラシ, クチベラシ　口減らし →13
クチツキ　口付(～が良い) →4	
グチッポイ　愚痴っぽい →96	クチヘン　口偏(=口) →8
クチドメ, クチドメ　口止め →5	クチヘントー, クチヘントー　口返答 →15
クチトリ, クチトリ　口取り〖料理〗 →5	クチマエ　口前(～がうまい) →4
クチナオシ, クチナオシ,《古は クチナオシ》　口直し(オクチナオシ 御～) →13,92	クチマカセ, クチマカセ　口任せ →13
	クチマネ　口真似 →4
	クチマメ　口忠実 →4
クチナシ　梔子〖植〗 →5	クチモト　口許 →4
クチナメズリ　口舐めずり →13	クチモハッチョー・テモ(・)ハッチョー　口も八丁手も八丁 →97,98
クチナラシ　口慣し →13	クチヤカマシイ★, クチヤカマシイ★　口喧しい →54

ガギグゲゴは鼻濁音　カタカナ細字は母音の無声化　★は長音にもなる符号

クチヤク──クツロギ　　246

クチヤクソク 口約束 →15
クチャクチャ (〜だ・な・に) →57
クチャクチャ,《新は クチャクチャ》(〜と) →57c
グチャグチャ (〜だ・な・に) →57
グチャグチャ (〜言う, 〜と) →57
クチュー, クチュー 苦衷 →8c
クチューザイ, クチューザイ 駆虫剤 →14a
クチョー 口調 →8
クチョー 区長 →8c
グチョク 愚直 →8
クチヨゴシ, クチヨゴシ,《古は クチヨゴシ。オクチヨゴシ 御〜》 口汚し →13, 92
クチヨセ, クチヨセ 口寄せ →5
クチル, クチル 朽ちる →43
グチル, グチル 愚痴る〘俗〙 →44
クチワル 口悪 →5
グチン 具陳 →8
クツ 靴・沓(オクツ 御〜) →1, 92c
クツー, クツー 苦痛 →8c
クツオト, クツオト, クツオト 靴音 →4
クツガエス 覆す →44
クツガエル 覆る →46
クッキー cookie →9
クッキョー 屈強 →8 究竟 →8d
クッキョク 屈曲 →8
クッキリ (〜する, 〜と) →55
クッキング cooking →9
クッキングスクール cooking school →16
クッキングペーパー cooking paper →16
クツクツ,《新は クツクツ》(〜笑う) →57c
グツグツ (〜煮る, 〜と) →57
クツクリーム 靴 cream →16

クッサク 掘削(鑿) →8
グッシ, クッシ 屈指 →7
クツシタ, クツシタ 靴下 →4
クツシタドメ 靴下留め →13
クツジュー 屈従 →8
クツジョク 屈辱 →8
グッショリ (〜ぬれる, 〜と) →55
グッション cushion →9
クッシン 屈伸 →18
グッズ goods →9
クツズミ,《新は クツズミ》 靴墨 →4
グッスリ (〜眠る, 〜と) →55
クッスル, クッスル 屈する →48
クツズレ, クツズレ 靴擦れ →5
クッセツ 屈折 →8
クツゾコ 靴底 →4
クッタク 屈託(〜がない) →8
グッタリ (〜する, 〜と) →55
クッツク →46
クッツケル →44
グッテカカル, クッテカカル 食ってかかる →49c
グット, グット (〜のみこむ, 〜引き立つ) →55
グッドバイ, (グットバイ) good-bye →16d
クツナオシ 靴直し →13
クツヌギ, クツヌギ, クツヌギ 沓脱 →5
クツヌギイシ 沓脱石 →12
クツバコ, クツバコ 靴箱 →4
グッピー guppy →9
クツヒモ, クツヒモ 靴紐 →4
クップク 屈伏 →8
クツベラ, クツベラ 靴篦 →4
クツミガキ 靴磨き →13
クツヤ 靴屋(〜さん) →94
クツロギ, クツロギ, クツロギ 寛ぎ →2

￣は高い部分 ¨と¨は高低が変る部分 ⌐は次が下がる符号 →は法則番号参照

247　　クツログ───クヒ

ク**ツロ**グ　寛ぐ →43
ク**ツワ**　轡 →1
ク**ツワ**ガタ　轡形 →12
ク**ツワ**ムシ　轡虫 →12
グ**テイ**　愚弟 →8
ク**テン**　句点 →8
ク**デン**　口伝 →8
グ**デン**グ**デン**　(〜に酔う) →59
クド　九度〖温度・角度・経緯度など〗
　→34
ク**ド**イ　諄い →52
ク**トー**　苦闘 →8　句読 →18
ク**ドー**　駆動 →8
グドー　工藤〖姓〗→22
グ**トー**　愚答(愚問〜) →8
グ**ドー**　求道 →8
ク**トー**テン　句読点 →14a
ク**ド**キ　口説き →2
ク**ド**キオトス, ク**ド**キオト**ス**,《古・強
　は ク**ド**キオトス》口説き落す →45
ク**ド**キモンク　口説き文句 →15
グドク　功徳 →8
ク**ド**ク　口説く →44
ク**ド**クド　(〜言う, 〜と) →57
ク**ド**セッカイ　苦土石灰 →15
グ**ドン**　愚鈍 →8
グナイ　区内 →8
ク**ナ**イショー　宮内省 →14b
ク**ナ**イチョー　宮内庁 →14b
ク**ナン**, ク**ナン**　苦難 →8
ク**ニ**　国・邦(**オ**ク**ニ** 御〜) →1, 92
グニ　国・邦〖女名〗(**オ**グ**ニ** お〜) →23,
　92
ク**ニ**イリ, ク**ニ**イリ　国入り →5
ク**ニ**オ　国男・邦夫〖男名〗→25
ク**ニオ**モテ　国表 →12
ク**ニ**ガエ　国替え →5
ク**ニ**ガラ　国柄 →4
ク**ニ**ガロー　国家老 →15

ク**ニ**キダ(・)**ド**ッポ,《古は 〜・ドッポ》
　国木田独歩 →22, 23, 27
クニク, ク**ニク**　苦肉(〜の策) →8
ク**ニ**グニ　国国 →11
グニコ　国子・邦子〖女名〗→25
ク**ニ**ゴトバ　国言葉 →12
ク**ニ**ザカイ　国境 →12
ク**ニ**サダ(・)**チ**ュージ　国定忠次 →21,
　25, 27
ク**ニ**ザムライ　国侍 →12
ク**ニ**ジマン　国自慢 →15
ク**ニ**ジュー　国中 →8
ク**ニ**ズクシ　国尽し →95
ク**ニ**ズメ　国詰め →5
ク**ニ**タチ　国立〖地〗→21
ク**ニ**タミ, ク**ニ**タミ　国民 →4
ク**ニ**ツズキ　国続き →12
ク**ニ**ナマリ　国訛り →12
ク**ニ**ブリ　国風 →95
ク**ニ**ベツ　国別 →8
ク**ニ**モチ, ク**ニ**モチ　国持ち →5
ク**ニ**モト　国許 →4
グ**ニ**ャグ**ニ**ャ　(〜だ・な・に) →57
グ**ニ**ャグ**ニ**ャ　(〜する, 〜と) →57
ク**ニ**ン　九人〖名詞的〗(〜が行く) →34
ク**ニ**ン　九人〖副詞的〗(〜行く) →62
ク**ヌ**ギ, ク**ヌ**ギ　櫟 →1
クネクネ　(〜した, 〜と) →57
クネツ, ク**ネツ**　苦熱 →8
ク**ネ**ル　捏る →44
ク**ネン**, **キュー**ネン　九年 →34
ク**ネ**ンボ　九年母〖植〗
クノー, ク**ノー**　苦悩 →8
ク**ハ**イ　苦杯 →8
ク**バ**ル　配る　ク**バ**ラナイ, ク**バ**ロー,
　ク**バ**リマス, ク**バ**ッテ, ク**バ**レバ,
　ク**バ**レ →43
ク**バン**, **キュー**バン　九番 →34
クヒ　句碑 →7

ガギグゲゴは鼻濁音　カタカナ細字は母音の無声化　★は長音にもなる符号

クビ — クマノ

クビ　首,頸　→1	クブン, クブン　区分　→8
グビ　具備　→7	グベツ　区別　→8
クビオケ, クビオケ　首桶　→4	クベル, クベル　焼べる　→43
クビカザリ　首飾　→12	クボ, クボ　窪　→1
クビカセ, クビッカセ　首(頸)(っ)枷　→4d	クボ, クボ　久保・窪〖姓〗　→22
クビガリ　首狩　→5	クボー　公方(～様)　→8
クビキ　軛　→4	クボタ　久保田・窪田〖姓〗　→22
クビキリ, クビキリ, クビキリ　首切り　→5	～(･)ウツボ　窪田空穂　→23, 27
クビキル　首切る　→46	～(･)マンタロー　久保田万太郎　→26, 27
クビククリ, クビククリ　首縊り　→13	クボチ　窪地　→7
クビジッケン　首実検　→15	クボマル　窪まる　→44
グビジンソー　虞美人草　→14	クボミ　窪み　→2
クビス　踵(～を返す)　→1	クボム　窪む　→44
クビズカ　首塚　→4	クボメル　窪める　→44
クビスジ　首(頸)筋　→4	クマ　隅,暈　→1
クビッタケ, クビタケ　首(頸)(っ)丈　→4d	クマ, 《新および名前は クマ》　熊　→1, 23
クビッタマ, クビッタマ　首(頸)っ玉　→4d	クマイ　供米　→8
クビッピキ　首(頸)っ引き　→5d	クマイ, キューマイ　九枚　→34
クビツリ, クビツリ　首吊り　→5	グマイ　愚昧,愚妹　→8
クビナゲ　首投げ〖相撲など〗　→5	クマガイ　熊谷〖姓〗　→22
クビネッコ, クビネッコ, 《古は クビネッコ》　首根っこ　→12	クマガヤ, クマガイ　熊谷〖地〗　→19
クビノザ, クビノザ　首の座　→19	クマガリ　熊狩　→5
クビマキ, クビマキ, クビマキ　首(頸)巻　→5	クマガワ　球磨川　→12
クビマワリ　首(頸)回り　→12	クマコー・ハチコー　熊公八公　→94, 97
クビル, クビル　縊る　→44	クマサカ(･)チョーハン, クマサカチョーハン　熊坂長範　→22, 24, 27
クビレル, クビレル　括れる,縊れる　→44	クマザサ, 《新は クマザサ》　隈笹　→4
クビワ　首(頸)輪　→4	クマザワ(･)バンザン　熊沢蕃山　→22, 24, 27
グブ　供奉　→7	クマソ　熊襲〖部族〗　→21
クフー　工夫　→8	クマタカ　熊鷹　→4
クブグリン　九分九厘　→39	クマデ, クマデ　熊手　→4
グブツ　愚物　→8	クマドリ, クマドリ, クマドリ　隈取り　→5
クブドーリ　九分通り　→95	クマドル　隈取る　→46
	クマナク, クマナク　隈無く　→67
	クマノ, 《古は クマノ》　熊野〖地〗　→21

￣ は高い部分　˙˙ と ˙˙ は高低が変る部分　｜ は次が下がる符号　→ は法則番号参照

クマ↗ノイ 熊の胆 →19	**クミ̄ウタ** 組唄 →4
クマ↗ノガワ 熊野川 →12	**クミ̄ウチ** 組討ち →5
クマノゴ↗ンゲン 熊野権現 →15	**クミ̄オキ** 汲み置き →5
クマノジ↗ンジャ 熊野神社 →15	**クミ̄オ↗ドリ** 組踊り →12
クマ↗ナダ 熊野灘 →12	**クミ̄カエ** 汲替え, 組替え →5
クマ↗バチ, クマ↗ンバチ 熊(ん)蜂 →4d	**クミ̄カエル, クミカエル, クミ̄カエル**
クマ↗マツリ 熊祭 →12	組み替える →45b
クマ↗モト 熊本〚地〛 →21	**クミ̄ガ↗シラ** 組頭 →12
クマモ↗トケン 熊本県 →14	**クミ̄カワス** 酌み交す →45
クマモ↗トシ 熊本市 →14	**クミ̄キョク** 組曲 →8
クマモ↗トジョー 熊本城 →14	**グミ̄コ** 久美子〚女名〛 →25
クマ↗ンバチ 熊ん蜂 →4d	**クミ̄コ** 組子 →4
クミ̄ 組 →2	**クミ̄コム,《新は クミ̄コム》** 組み込む
……くみ …組〚数〛 →33, 62	→45
……グミ …組(**ミ̄ホングミ** 見本～, **シ**	**クミ̄コム** 汲み込む →45
ミズグミ 清水～) →12	**クミ̄シク,《新は クミ̄シク》** 組み敷く
グミ̄ 茱萸〚植〛 →1	→45
クミ̄アイ 組合 →5	**クミ̄シタ** 組下 →4
……グミアイ …組合(**ロードーグミ**	**クミ̄シャシン** 組み写真 →15
アイ 労働～) →12	**クミ̄シヤ↗スシ** 与し易し →51
クミアイ↗イン 組合員 →14b	**クミ̄シュ↗ニン** 組主任 →15
クミアイ↗カツドー 組合活動 →15	**クミ̄スル** 与する →48
クミアイ↗チョー 組合長 →14b	**クミ̄ダシ** 汲み出し →5
クミアイ↗ヒ 組合費 →14b	**クミ̄ダス** 汲み出す →45
クミ̄アウ,《新は クミ̄アウ》 組み合う	**クミ̄タテ** 組立 →5 汲立て →95
→45	**クミタテジュー↗タク** 組立住宅 →15
クミ̄アゲル, クミアゲル 組み上げる	**クミ̄タテル, クミタテル** 組み立てる
→45	→45
クミ̄アゲル 汲み上げる →45	**クミ̄チョー** 組長 →8
クミ̄アワス, クミアワス 組み合わす	**クミ̄ツク,《新は クミ̄ツク》** 組み付く
→45	→45
クミ̄アワセ 組合せ →13	**クミ̄テ** 組み手 →5
クミ̄アワセル, クミアワセル 組み合	**クミ̄トリ** 汲み取り →5
わせる →45	**クミ̄トリグチ, クミトリグチ** 汲取口
クミ̄イト, クミ̄イト 組糸 →5	→12
クミ̄イレル, クミイレル 組み入れる	**クミ̄トル** 汲み取る →45
→45	**クミ̄ハン, クミ̄ハン** 組版 →8
クミ̄イレル 汲み入れる →45	**クミ̄ヒモ** 組紐 →4
クミ̄イン 組員 →8	**クミ̄フセル, クミフセル** 組み伏せる

ガギグゲゴは鼻濁音　カタカナ細字は母音の無声化　★は長音にもなる符号

クミモノ──クライ　250

→45
クミモノ　組物 →4
クミワケ　組分け →5
グミン　区民 →8
グミン　愚民 →8
クム　汲む,酌む　クマナイ, クモー, クミマス, クンデ, クメバ, クメ →43
クム　組む　クマナイ, クモー, クミマス, クンデ, クメバ, クメ →43
クメウタ　久米歌 →4
クメノセンニン　久米の仙人 →98
クメマイ　久米舞 →4
クメン, グメン　工面 →8
クモ　蜘蛛 →1
クモ,《クモ も許容》雲 →1
クモアイ, クモアイ　雲合 →4
クモアシ, クモアシ　雲脚 →4
クモイ　雲居,雲井 →5
クモガクレ　雲隠れ →13
クモガタ　雲形 →95
クモスケ　雲助 →25
クモスケコンジョー　雲助根性 →15
グモツ　供物(お~) →8
クモノウエ　雲の上 →19
クモノス　蜘蛛の巣 →19
クモノミネ　雲の峰 →98
クモマ, クモマ　雲間 →4
クモマッカシュッケツ　蜘蛛膜下出血 →15
クモユキ, クモユキ　雲行き →5
クモラス　曇らす →44
クモリ　曇り →2
クモリガチ　曇り勝ち →95
クモリガラス　曇り glas〔蘭〕 →16
クモリゾラ　曇り空 →12
クモル　曇る　クモラナイ, クモロー, クモリマス, クモッテ, クモレバ, クモレ →44

クモン　苦悶 →8
グモン　愚問(~愚答) →8
クヤクショ　区役所 →15
クヤシイ*　悔しい　クヤシカッタ, クヤシク, クヤシクテ, クヤシケレバ, クヤシ →52
クヤシガル　悔しがる →96
クヤシサ　悔しさ →93c
クヤシナキ, クヤシナキ　悔し泣き →13
クヤシナミダ　悔し涙 →12
クヤシマギレ　悔し紛れ →13
クヤミ　悔み(オクヤミ 御~) →2,92
クヤミジョー, クヤミジョー　悔状 →14
クヤム　悔む　クヤマナイ, クヤモー, クヤミマス, クヤンデ, クヤメバ, クヤメ →43
グユー　具有 →8
クユラス　燻らす →44
クユラセル　燻らせる →44
クユル　燻る →43
グヨー　供養(ゴクヨー 御~) →8,92
クヨートー　供養塔 →14
クヨクヨ　(~する,~と) →57
クラ　倉・蔵・鞍(オクラ 御~) →1,92
クライ　暗い　クラカッタ, クラク, クラクテ, クラケレバ, クラシ →52c 位 →1
……グライ; ……クライ, ……クライ …位〔助〕(カウグライ 買う~, ヨムクライ, ヨムグライ 読む~, アカイグライ 赤い~, シロイクライ, シロイグライ 白い~)(クはグとも) →72, 74
……グライ; ……クライ, ……クライ; ……クライ, ……グライ …位〔助〕(トリグライ 鳥~, ハナクライ, ハナグライ 花~, アメクライ, アメグライ 雨~)(クはグとも) →71

 ̄は高い部分　̈と˙は高低が変る部分　⌐は次が下がる符号　→は法則番号参照

251　　クライコ──クラマテ

クライコム，クライコム　食らい込む
→45

クライスル　位する →48

グライダー　glider →9

クライツク，クライツク　食らい付く
→45

クライドリ　位取り →13

クライマー　climber →9

クライマケ　位負け →13

クライマックス　climax →9

クライミング　climbing →9

クライリ，クライリ　蔵入り →5

クライレ，クライレ　蔵入れ →5

クラウ，クラウ　食らう →44

クラウド　cloud＜cloud computing →9

グラウンド，《新は**グラウンド**》
ground →9

クラガエ　鞍替え →5

クラガリ　暗がり →2

グラク　苦楽 →18

クラクション　klaxon →9

グラクラ　（〜する，〜と）→57

グラグラ　（〜だ・な・に）→57

グラグラ　（〜する，〜と）→57

クラゲ，《古は**クラゲ**》　水母 →1

クラザラエ　蔵浚え →13

クラシ　暮し →2

グラジオラス　gladiolus〔植〕 →9

クラシキ　倉敷〔地〕→21

クラシキリョー　倉敷料 →14

クラシック，クラシック　classic →9

クラシブリ　暮しぶり →95

クラシムキ　暮し向き →12

クラス　暮す　**クラサナイ，クラソー，
クラシマス，クラシテ，クラセバ，
クラセ**　→44

グラス　class →9

グラス，《新は**グラス**》　glass →9

クラスカイ　class 会 →14

グラスファイバー　glass fiber →16

クラスメート　classmate →16

クラダシ　蔵出し（〜の酒）→5

グラタン，グラタン　gratin〔仏〕→9

クラッカー　cracker →9

グラック　→96

クラッチ　clutch →9

グラデーション　gradation →9

グラニュートー　グラニュー糖＜granu-
lated 糖 →14

クラバライ　蔵払い →13

グラビヤ，グラビア　gravure →9

クラビラキ　蔵開き →13

クラブ　club →9

グラフ，《新は**グラフ**》　graph →9

グラブ，グローブ　glove →9

グラフィック，グラフィック　graphic
→9

グラフィックデザイン　graphic design
→16

クラブカツドー　club 活動 →15

クラフト　craft →9

クラフトシ　Kraft 紙〔独〕→14

クラブハウス　clubhouse →16

クラベ　比べ，較べ，競べ →2

クラベモノ　比べ物 →12

クラベル　比べる，較べる，競べる　**ク
ラベナイ，クラベヨー，クラベマス，
クラベテ，クラベレバ，クラベロ**
→43

クラマ　鞍馬＜**クラマヤマ**　鞍馬山
→21, 12

グラマー　grammar(＝文法), glamor(彼女
は〜だ) →9

クラマイ　蔵米 →8

クラマエ　蔵前〔地〕→21

クラマス，クラマス　暗ます，晦ます
→44

クラマテング　鞍馬天狗《能・書も》

ガギグゲゴは鼻濁音　カタカナ細字は母音の無声化　★は長音にもなる符号

クラマヤ──クリカラ 252

→15

クラマヤマ 鞍馬山 →12

クラム 眩む(目が~) →44

グラム gramme〔仏〕 →9

……グラム, ……グラム …gramme
〔仏〕(イチグラム 一~, ゴグラム 五
~) →37

クラモト 蔵元 →4

クラヤシキ 蔵屋敷 →12

クラヤミ 暗闇 →5

クラリネット clarinet →9

クラワス, クラワス 食らわす →44

クラワセル, クラワセル 食らわせる
→83

クラワタシ 倉渡し →13

クランク crank →9

クランクイン, クランクイン crank in
〔和〕 →16

クランド, クロード 蔵人 →4d

グランド ground →9 ⇒グラウンド

グランドオペラ grand opera →16

グランドピアノ grand piano →16

グランプリ, グランプリ grand prix
〔仏〕 →16

クリ 庫裏 →7

クリ 栗 →1 繰り, 刳り →2

クリアー, クリア clear →9

クリアガル, クリアガル 繰り上がる
→45

クリアゲ 繰上げ →5

クリアゲル, クリアゲル 繰り上げる
→45

クリアランス clearance →9

クリアランスセール clearance sale
→16

クリアワス, クリアワス 繰り合わす
→45

クリアワセ 繰合せ →13

クリアワセル, クリアワセル 繰り合

わせる →45

クリーク creek →9

グリース, グリス grease →9

クリーナー cleaner →9

クリーニング, クリーニング clean-
ing →9

クリーミー creamy →9

クリーム cream →9

クリームイロ cream色 →12

クリームサンデー ice-cream sundae
→16

クリームソーダ ＜ice-cream soda →16

クリームチーズ cream cheese →16

クリームパン, クリームパン cream
〔英〕＋pão〔葡〕 →16

クリイレ 繰入れ →5

クリイレル, クリイレル 繰り入れる
→45

クリイロ 栗色 →4

クリーン clean →9

グリーン, グリン green →9

グリーンアスパラ ＜green asparagus
→16

クリーンアップ cleanup →9

グリーンシャ, グリーンシャ green車
→14a

グリーンピース, グリンピース green
peas →16

クリーンヒット clean hit →16

グリーンベルト greenbelt →16

クリエーター creator →9

クリエート create →9

クリカエ 繰替え →5

クリカエシ 繰返し →13

クリカエス, クリカエス 繰り返す
→45

クリカエル, クリカエル, クリカエル
繰り替える →45b

クリカラモンモン, クリカラモンモン

¯は高い部分 ¨と¨は高低が変る部分 ⌐は次が下がる符号 →は法則番号参照

253　　　　　　　　　　クリキン──クル

倶梨伽羅紋紋 →98

クリキントン 栗金団 →15

クリクリ (頭を~にそる) →57

グリクリ (~した目, ~と) →57

グリグリ, グリグリ (~がある) →3

グリグリ (~する, ~と) →57

クリクリボーズ くりくり坊主 →15

クリゲ 栗毛 →4

クリケット, クリケット cricket →9

グリコーゲン Glykogen〔独〕→9

クリコシ 繰越し →5

クリコシキン 繰越金 →14

クリコス,《新は **クリコス**》繰り越す →45

クリゴト,《古は **クリゴト**》繰り言 →5

クリゴハン 栗御飯 →15

クリコミ 繰込み →5

クリコム,《新は **クリコム**》繰り込む →45

クリサゲ 繰下げ →5

クリサゲル, クリサゲル 繰り下げる →45

クリスタル crystal →9

クリスタルグラス crystal glass →16

クリスチャン Christian →9

クリスト, キリスト Christo〔葡〕

クリスマス Christmas, Xmas →9

クリスマスイブ Christmas Eve →16

クリスマスカード Christmas card →16

クリスマスキャロル Christmas carol →16

クリスマスケーキ Christmas cake →16

クリスマスツリー Christmas tree →16

クリスマスプレゼント Christmas present →16

グリセリン glycerin →9

クリゼンザイ 栗善哉 →15

クリダス,《新は **クリダス**》繰り出す

→45

クリック click →9

クリップ clip →9

グリップ grip →9

クリド 繰り戸 →5

クリニック, クリニック clinic →9

グリニッジヒョージュンジ Greenwich 標準時 →17

クリヌク,《新は **クリヌク**》刳り貫く →45

クリノキ 栗の木 →19

クリノベ 繰延べ →5

クリノベル, クリノベル 繰り延べる →45

クリヒロイ 栗拾い →13

クリヒロゲル, クリヒロゲル 繰り広げる →45

クリマワシ 繰回し →13

クリマワス, クリマワス 繰り回す →45

クリマン 栗饅<**クリマンジュー** 栗饅頭 →10, 15

グリム, グリム Grimm〔独〕〔人〕→22

クリムシ 栗蒸し<栗蒸し羊羹 →10

クリメイゲツ 栗名月 →15

クリメシ 栗飯 →4

クリヤ 厨 →4

グリョ 苦慮 →7

クリヨーカン 栗羊羹 →15

クリヨセル, クリヨセル 繰り寄せる →45

グリル grill →9

クリワタ 繰り綿 →5

クリン 九輪〔塔〕→34

クル 来る **コナイ, コヨー, キマス, キテ, キテ, クレバ, コイ** →43c

クル 繰る, 刳る **クラナイ, クロー, クリマス, クッテ, クッテ, クレバ, クレ** →43c 佝僂 →7

ガギグゲゴは鼻濁音　カタカナ細字は母音の無声化　★は長音にもなる符号

グル──グレープ　254

グル （〜になる） →1
クルイ, クルイ 狂い →2b
……グルイ …狂い（ヤクシャグルイ 役者〜, オトコグルイ 男〜） →13
クルイザキ 狂い咲き →13
クルイジニ 狂い死に →13
クルー crew →9
クルーザー,《新は クルーザー》 cruiser →9
クルウ★ 狂う クルワナイ, クルオー, クルイマス, クルッテ, クルエバ, クルエ →43
クルージング,《新は クルージング》 cruising →9
クルーズ cruise →9
グループ group →9
クルオシイ★ 狂おしい →53
クルクル （〜回る, 〜と） →57
グルグル （〜巻く, 〜と） →57
グルコース glucose →9
クルシイ★ 苦しい クルシカッタ, クルシク, クルシクテ, クルシケレバ, クルシ →52c
クルシガル 苦しがる →96
クルシサ 苦しさ →93c
クルシマギレ 苦し紛れ →13
クルシミ, クルシミ, クルシミ 苦しみ →2
クルシム 苦しむ クルシマナイ, クルシモー, クルシミマス, クルシンデ, クルシメバ, クルシメ →44
クルシメル 苦しめる →44
グルテン Gluten〔独〕 →9
グルット （〜回る） →55
クルビョー 佝僂病 →14
クルブシ 踝 →4
クルマ 車（オクルマ 御〜） →1, 92
クルマイス 車椅子 →15
クルマイド 車井戸 →12

クルマエビ 車海老 →12
クルマザ 車座 →14
クルマダイ, クルマダイ 車代 →14
クルマチン, クルマチン 車賃 →14
クルマドメ 車止め →13
クルマヒキ 車引き（=車夫） →13
クルマビキ 車引〔浄瑠璃・歌舞伎〕 →13
クルマヘン 車偏（=車） →14
クルマヤ 車屋（〜さん） →94
クルマヨセ 車寄 →13
クルマル 包まる →44
クルミ, クルミ 胡桃 →1
……グルミ …包み（マチグルミ 町〜, カゾクグルミ 家族〜） →95
クルミボタン 包み botão〔葡〕 →16
クルム 包む →43
グルメ 久留米〔地・絣〕 →21
グルメ gourmet〔仏〕 →9
クルメガスリ 久留米絣 →12
クルメク 眩く →96
クルリ, クルリ （〜と回す） →55
グルリ, グルリ, グルリ 周（=周囲） →3
グルリ, グルリ （〜と回す） →55
クルワ 郭, 廓 →1
クルワシイ★ 狂わしい →53
クルワス 狂わす →44
クルワセル 狂わせる →44
クレ 暮れ →2
クレ 呉〔地〕 →21
クレー clay →9
グレー gray, grey →9
クレージー crazy →9
クレーター crater →9
グレード,《新は グレード》 grade →9
グレーハウンド greyhound〔犬〕 →16
クレープ crêpe〔仏〕〔布地・食物〕 →9
グレープ grape →9
グレープジュース grape juice →16

￣は高い部分　…と…は高低が変る部分　￣は次が下がる符号　→は法則番号参照

255　　　　　　　　　　　　クレープ——クロガネ

クレープデシン　crêpe de Chine[仏]　→17	クレンザー　cleanser　→9
グレープフルーツ　grapefruit　→16	クレンジングクリーム　cleansing cream　→16
クレーム,《新は クレーム》　claim(～がつく)　→9	グレンタイ　愚連隊[俗]　→14
クレーン　crane　→9	クロ　黒　→3
クレーンシャ, クレーンシャ　crane車　→14a	クロ　畔　→1
クレオソート　creosot[蘭]　→9	グロ　<グロテスク grotesque[仏]　→10,9
クレオパトラ　Cleopatra[人]　→22	クロイ　黒い　グロカッタ, グロク, グロクテ,《新は クロクテ》, グロケレバ, グロシ　→52
クレカカル　暮れ掛かる　→45	クロイタベイ★　黒板塀　→17
クレガタ　暮れ方　→95	クロイト　黒糸　→5
クレグレ　暮れ暮れ　→11	クロエリ　黒襟　→5
クレグレ, クレグレ　呉呉(～も)　→68	グロー　苦労　→8　九郎[男名]　→25
クレジット　credit　→9	……クロー;……クロー　…九郎 (サダクロー 定～, トークロー 藤～, ゲンクロー 源～)　→26
クレジットカード　credit card　→16	グロー　愚弄,愚老　→8
クレゾール　cresol　→9	クローク　<cloakroom　→9
クレソン　cresson[仏][植]　→9	クローショー, クローショー,《古は クローショー》　苦労性　→14a
クレタケ　呉竹　→4	クロース　cloth　→9
グレツ　愚劣　→8	クローズアップ　close-up　→16
クレテ　呉れ手(～がない)　→5	クローゼット, クロゼット　closet　→9
クレナイ,《古は クレナイ, クレナイ》　紅　→4	グロート,《新は クロート》, グロト　玄人　→5d
クレナズム　暮れ泥む　→45	クロード, クランド　蔵人　→4d
クレノコル　暮れ残る　→45	クローニン, クローニン　苦労人　→14a
クレバス　crevasse　→9	クローバー, クローバ　clover　→9
クレパス, クレパス　<crayon＋pastel[商標]　→10	クローバナシ　苦労話　→12
クレハテル　暮れ果てる　→45	グローバル　global　→9
クレマチス　clematis[植]　→9	グローブ　glove　→9
クレムツ　暮れ六つ　→39	クロール　crawl　→9
クレムリン　Kremlin[露]　→9	クローン　clone　→9
クレユク　暮れ行く　→45	クロオビ　黒帯　→5
クレヨン, クレオン　crayon[仏]　→9	クロガキ　黒柿　→5
クレル　暮れる,呉れる　クレナイ, クレヨー, クレマス, クレテ, クレレバ, クレロ　→43	クロガネ　鉄　→5
グレル　(少年が～)　→43	
グレン, グレン　紅蓮(～の炎)　→8	

ガギグゲゴは鼻濁音　カタカナ細字は母音の無声化　★は長音にもなる符号

クロカミ──クロメ　　256

クロカミ, 《新は クロカミ。曲名は クロカミ》 黒髪 →5
クログツ 黒靴 →5
クログマ 黒熊 →5
クロクモ 黒雲 →5
クログロ 黒黒(〜する, 〜と) →57
クロケムリ 黒煙 →12
クロゴ 黒子〚歌舞伎〛 →5
クロコゲ 黒焦げ →5
クロコショー 黒胡椒 →15
クロゴマ 黒胡麻 →15
クロサ 黒さ →93
クロザトー 黒砂糖 →15
クロサワ(・)アキラ 黒沢明 →22, 23, 27
クロジ 黒字, 黒地 →7
クロシオ 黒潮 →5
クロジュス 黒繻子 →15
クロショーゾク 黒装束 →15
クロシロ 黒白〚映画〛 →10
クロシロ 黒白(〜を明らかにする) →18
クロス, クロス cross →9
クロズ 黒酢 →4
グロス, グロス gross →9
クロズイショー 黒水晶 →15
クロスオーバー crossover →9
クロスカントリー cross-country →16
クロスカントリーレース cross-country race →17
クロズクリ 黒作り →13
クロスゲーム close game →16
クロスステッチ cross-stitch →16
クロズム 黒ずむ →44
クロスワード <crossword puzzle →9
クロゼット closet →9
クロソコヒ 黒内障 →12
グロダ 黒田〚姓〛 →22
　〜・キヨテル, 《古は 〜(・)キヨテル》 〜清輝 →24, 27

クロダイ 黒鯛 →5
クロダイヤ 黒ダイヤ<黒 diamond →16
クロタビ 黒足袋 →5
クロダブシ 黒田節 →12
クロチリメン, 《新は クロチリメン》 黒縮緬 →15
クロッカス crocus〚植〛 →9
クロッキー croquis〚仏〛 →9
グロッキー <groggy →9d
クロッチ 黒土 →5
クロッポイ 黒っぽい →96
グロテスク grotesque〚仏〛 →9
クロヌリ 黒塗り →5
クロネコ 黒猫 →5
クロネズミ 黒鼠 →12
クロハブタエ 黒羽二重 →12
クロパン 黒 pão〚葡〛 →16
クロビール 黒 bier〚蘭〛 →16
クロビカリ 黒光り →13
クロブサ 黒房 →5
クロフネ 黒船 →5
グロベ 黒部〚地〛 →21
クロベイ, クロベイ 黒塀 →8
クロホ, クロボ 黒穂 →5
クロボシ 黒星 →5
クロマイ <クロロマイセチン Chloromycetin〚商標〛 →10, 16
クロマク 黒幕 →8
クロマツ, クロマツ 黒松 →5
クロマメ 黒豆 →5
クロマル 黒丸 →5
クロミ 黒味 →93
クロミガカル 黒味掛かる →96
クロミス 黒御簾 →5
クロミズヒキ 黒水引 →12
クロミツ 黒蜜 →8
クロム 黒む →44
クロメ, グロメ 黒目(↔白目) →5

257 **クロメガ──クンコク**

クロメガチ 黒目勝ち →95	**クワリ** 区割り →5
クロメガネ 黒眼鏡 →12	**クヮルテット，カルテット** quartetto
クロモジ 黒文字〔植・ようじ〕 →15	〔伊〕 →9
クロモン 黒門 →8	**クワレル** 食われる →83
クロヤキ 黒焼 →5	**クワワル，クワヮル** 加わる →44
クロヤマ 黒山（〜の人） →5	**クン** 訓 →6
クロユリ，クロユリ 黒百合 →5	**……クン，……クン；……クン** …君
クロレラ chlorella →9	（**ヤマダクン，ヤマダクン** 山田〜，
クロロフォルム，クロロホルム	**サトークン** 佐藤〜） →94
Chloroform〔独〕 →16	**グン** 軍,郡,群 →6
クロワク 黒枠 →5	**……グン** …郡（**ニシタマグン** 西多摩
クロワッサン croissant〔仏〕 →9	〜，**アワグン** 安房〜）（**グ**は**グ**とも）
グロン 愚論 →8	→14
クロンボー，クロンボ 黒ん坊 →94d	**クンイ** 勲位 →7
クワ，《グワ は避けたい》 鍬 →1	**グンイ** 軍医 →7
グワ 桑 →1	**クンイク** 訓育 →8
クワイ 慈姑〔植〕 →1	**グンエイ** 軍営 →8
クワイレ，クワイレ 鍬入れ →5	**グンカ** 郡下,軍歌,軍靴 →7
クワエコム 銜え込む →45	**クンカイ** 訓戒 →8
クワエザン 加え算 →14	**グンカク** 軍拡＜軍備拡張 →10
クワエタバコ 銜え煙草 →16	**グンガク** 軍楽 →8
クワエヨージ 銜え楊子 →15	**グンガク，グンガク** 軍学 →8
クワエル 銜える →43	**グンガクシャ，グンガクシャ** 軍学者
クワエル，クワエル 加える →43	→17
クワガタ 鍬形 →4	**グンガクタイ** 軍楽隊 →14
クワガタムシ 鍬形虫 →12	**グンカン** 軍艦 →8
クワケ，クワケ 区分け →5	**グンカンキ** 軍艦旗 →14a
クワジイ 詳しい,委しい →52	**クンキ** 勲記 →7
クワス 食わす →44	**グンキ** 軍紀,軍記,軍旗,軍機 →7
クワズギライ 食わず嫌い →19	**グンキモノ** 軍記物 →12
クワセモノ，クワセモノ，クワセモノ	**グンキモノガタリ** 軍記物語 →12
食わせ物 →12	**グンキョ** 群居 →7
クワセル 食わせる →83	**クンクン** （〜ならす，〜と）→57
クワダテ，クワダテ 企て →2	**グングン** （〜ひっぱる，〜と）→57
クワダテル 企てる →46	**グンケン** 軍犬 →8
グワナ 桑名〔地〕 →21	**クンコー** 勲功,薫香 →8
クワバタケ 桑畑 →12	**グンコー** 軍功,軍港 →8
クワバラ，グワバラ 桑原（〜・〜）	**クンコク** 訓告 →8
→66	**クンコク，グンコク** 君国 →8

ガギグゲゴは鼻濁音　カタカナ細字は母音の無声化　★は長音にもなる符号

グンコク, **グンコク** 軍国 →8
グンコクシュギ 軍国主義 →15
グンシ 君子 →7
クンジ 訓示, 訓辞 →7
グンシ 軍使, 軍師, 軍資, 郡史 →7
グンジ 軍事 →7
グンジエイセイ 軍事衛星 →15
グンジキチ, **グンジキチ** 軍事基地 →15
グンシキン, **グンシキン** 軍資金 →14
クンシコク 君子国 →14
グンジサイバン 軍事裁判 →15
クンシジン 君子人 →14
グンジトシ 軍事都市 →15
グンジヒ 軍事費 →14
クンシュ 君主 →7 葷酒 →18
グンジュ, **グンジュ** 軍需 →7
グンシュー 群集, 群衆 →8
グンシューシンリ 群集心理 →15
グンシュク 軍縮<軍備縮小 →10
グンシュクカイギ 軍縮会議 →15
グンジュコージョー 軍需工場 →15
クンシュコク 君主国 →14
クンシュセイ 君主制 →14
グンジュヒン, **グンジュヒン** 軍需品 →14
グンショ 軍書 →7
クンショー 勲章 →8
クンジョー 燻蒸 →8
グンショー 群小 →8
グンジョー 群青 →8
グンジヨサン 軍事予算 →15
グンショルイジュー 群書類従〖書〗 →15
クンシラン 君子蘭 →14
グンジリョク 軍事力 →14
グンシレイブ 軍司令部 →17
クンシン, **クンシン** 君臣 →18
グンシン 軍神, 群臣 →8
グンジン 軍人, 軍陣 →8
クンズケ, **クンズケ** 君付け →5
クンズ・ホグレツ 組んず解れつ →73
クンズル, **クンズル** 薫ずる →47
クンセイ 燻製 →8
グンセイ 群生, 群棲, 軍制, 軍政 →8
グンゼイ, **グンゼイ** 軍勢 →8
グンセイチ 群生地 →14b
グンセキ 軍籍 →8
グンセン 軍扇, 軍船 →8
グンソー 軍装 →8
グンソー 軍曹 →8
グンゾー 群像 →8
クンソク, **クンソク** 君側(～の奸(かん)) →8
グンソク 軍足 →8
グンゾク, **グンゾク** 軍属 →8
グンタイ 軍隊 →8
グンダイ 郡代 →8
グンタイセイカツ 軍隊生活 →15
……グンダリ …下り〖俗〗(**ナンキョクグンダリマデ** 南極～まで) →95
グンダン, 《古は **グンダン**》 軍団, 軍談 →8
グンチ, **クニチ** 九日 →34d
グンテ 軍手 →4
クンテン 訓点 →8
グント (～良い) →55
クントー 薫陶, 勲等 →8
クンドー 訓導 →8
グントー 軍刀, 群島, 群盗 →8
……グントー …群島(**ヤエヤマグントー** 八重山～) →15
クンドク 訓読 →8
グンドク 群読 →8
グンニャリ (～と, ～する) →55
グンバ 軍馬 →7
グンバイ, **グンバイ** 軍配<**グンバイウチワ**, **グンバイウチワ** 軍配団扇

→8, 12
グンバツ 軍閥 →8
グンパツ 群発 →8
グンパツジシン 群発地震 →15
グンビ 軍備 →7
グンピ 軍費 →7
グンピョー 軍票 →8
クンプ 君父 →18
グンブ 群舞,軍部,郡部 →7
クンプー, クンプー 薫風 →8
グンプク 軍服 →8
グンボー 軍帽 →8
グンポー 軍法 →8
グンポーカイギ 軍法会議 →15
グンマ 群馬〖地〗→21
グンマケン 群馬県 →14
グンム 軍務 →7
クンメイ, クンメイ 君命 →8
グンモー 群盲(~象をなでる) →8
グンモン 軍門 →8
クンユ, クンユ 訓諭 →7
グンユー 群雄 →8
グンユーカッキョ 群雄割拠 →98
グンヨー 軍用 →8
グンヨーキ 軍用機 →14a
グンヨーキン, グンヨーキン 軍用金 →14a
グンヨーケン 軍用犬 →14
グンヨーバト 軍用鳩 →12
グンヨーヒン, グンヨーヒン 軍用品 →14a
グンヨーレッシャ 軍用列車 →15
クンヨミ 訓読み(↔音読み) →5
グンラク, グンラク 群落 →8
グンリツ, グンリツ 軍律 →8
グンリャク, グンリャク 軍略 →8
グンリャクカ 軍略家 →14
クンリン 君臨 →8
クンレイ 訓令 →8

グンレイ 軍令 →8
グンレン 訓練 →8
クンワ 訓話 →7

ケ

ケ 毛 →1
ケ, ケ 気 →6
ケ 卦 →6
……ケ, 《新は ……ケ》 …家(トクガワケ, トクガワケ 徳川~) →14
ゲ, ゲ 偈 →6
ゲ, 《古は ゲ》 下 →6
ケア care →9
ケアイ 蹴合い →5
ケアウ, 《新は ケアウ》 蹴合う →45
ケアガリ 蹴上がり →13
ケアゲル, 《新は ケアゲル》 蹴上げる →45
ケアシ 毛脚 →4
ケアナ 毛穴 →4
ケアプラン care plan →16
ケアレスミス <careless mistake →16
ケイ, ケイ 桂〖将棋〗→6
ケイ 兄,刑,系,径,計,啓,景,慶,卿,罫 →6
……ケイ, ……ケイ …計(オンドケイ, オンドケイ 温度~) →14
ゲイ gay →9
ゲイ 芸 →6
ケイアイ 敬愛 →8
ケイアン 桂庵 →3
ケイイ 敬意 →7 経緯 →18
ゲイイキ 芸域 →8
ケイイン 契印 →8
ゲイイン 鯨飲 →8
ケイエイ 経営,警衛 →8
ケイエイ, ケイエイ 形影 →18

ガギグゲゴは鼻濁音　カタカナ細字は母音の無声化　★は長音にもなる符号

ケイエイ──ケイコク　260

ケイエイガンリ　経営管理　→15	ケイキズケ　景気付け　→13
ケイエイサンカ　経営参加　→15	ケイキナオシ　景気直し　→13
ケイエイシャ　経営者　→14b	ケイキヘイ　軽騎兵　→15
ケイエイナン　経営難　→14b	ケイキヘンドー, ケイキヘンドー　景気変動　→98
ケイエン　敬遠　→8	ケイキュー　京急　→28, 29
ゲイエン　芸苑　→8	ケイキューセン　京急線　→14
ケイエンゲキ　軽演劇　→15	ケイキョ　軽挙(～妄動)　→7
ケイオー　慶応〖年号・大学〗→8, 29 京王〖電鉄・デパート〗→28	ケイキョー　景況　→8
ケイオーセン　京王線＜京王帝都電鉄 →14	ケイキンゾク　軽金属　→15
ケイオンガク　軽音楽　→15	ケイク, ケイク　警句　→7
ケイカ　経過　→7	ゲイグ　敬具〖手紙〗→7
ケイガ　慶賀　→7	ケイグン　鶏群(～の一鶴)　→8
ゲイカ　猊下　→7	ケイケイ, ケイケイ　軽軽, 炯炯　→58
ケイカイ　軽快, 警戒　→8	ゲイゲキ　迎撃　→8
ケイガイ　形骸, 謦咳(～に接す)　→8	ケイケン　敬虔, 経験　→8
ゲイカイ　芸界　→8	ケイゲン　軽減　→8
ケイカイショク　警戒色　→14b	ケイケンシャ　経験者　→14a
ケイカイシン　警戒心　→14b	ケイケンシュギ　経験主義　→15
ケイカイセン　警戒線　→14	ケイケンダン　経験談　→14a
ケイカイモー　警戒網　→14b	ケイケンフソク, ケイケンブソク　経 験不足　→98, 99
ケイカク　計画, 圭角　→8	ケイケンロン　経験論　→14a
ケイカクケイザイ　計画経済　→15	ケイコ　稽古(お～)　→7　啓子・恵子・敬 子・慶子〖女名〗→25
ケイカクテキ　計画的　→95	ケイゴ　敬語　→7
ケイカソチ　経過措置　→15	ケイゴ　警固, 警護　→7
ケイカホーコク　経過報告　→15	ゲイコ　芸子　→4
ケイカン　掛冠, 桂冠, 鶏冠, 景観, 警官, 渓間　→8	ケイコー　景仰, 携行, 傾向, 経口, 鶏口, 蛍光, 径行(直情～)　→8
ケイガン　炯眼, 慧眼　→8	ゲイゴー　迎合　→8
ケイカンタイ　警官隊　→14	ケイコーギョー　軽工業　→15
ケイキ　景気(～が良い)　→7	ケイゴーキン　軽合金　→15
ケイキ　継起, 刑期, 計器, 契機, 京畿　→7 軽機＜軽機関銃　→10	ケイコーセンリョー　蛍光染料　→15
ゲイギ　芸妓　→7	ケイコートー　蛍光灯　→14
ケイキカンジュー　軽機関銃　→17	ケイコートリョー　蛍光塗料　→15
ケイキキュー, ケイキキュー　軽気球 →15	ケイコーヤク　経口薬　→14a
	ケイコギ　稽古着　→13
ケイキコータイ　景気後退　→98	ケイコク　警告, 経国, 傾国, 渓谷　→8

￣は高い部分　⌣と⌢は高低が変る部分　⌐は次が下がる符号　→は法則番号参照

ケイ★コゴト, ケイ★コゴト　稽古事 →12
ケイ★コジョ, ケイ★コジョ　稽古所 →14
ケイ★コダイ　稽古台 →14
ゲイ★コツ　頸骨 →8
ゲイ★ゴト, ゲイ★ゴト, ゲイ★ゴト　芸事 →4
ケイ★コバ　稽古場 →12
ケイ★コビ　稽古日 →12
ケイ★コボン　稽古本 →14
ケイ★サイ　掲載, 荊妻 →8
ゲイ★ザイ　経済 →8
ケイ★ザイエンジョ　経済援助 →15
ケイ★ザイカイ　経済界 →14b
ケイ★ザイガク　経済学 →14b
ケイ★ザイガクブ, ケイ★ザイガクブ　経済学部 →17
ケイ★ザイガンネン　経済観念 →15
ケイ★ザイキカクチョー, ケイ★ザイキカクチョー　経済企画庁 →17
ケイ★ザイキョーコー　経済恐慌 →15
ケイ★ザイキョーリョク　経済協力 →15
ケイ★ザイサンギョーショー　経済産業省 →17
ケイ★ザイシ　経済史 →14b
ケイ★ザイジン　経済人 →14b
ケイ★ザイセイサク　経済政策 →15
ケイ★ザイセイチョー　経済成長 →15
ケイ★ザイタイコク　経済大国 →15
ケイ★ザイテキ　経済的 →95
ケイ★ザイトーソー　経済闘争 →15
ケイ★ザイハクショ　経済白書 →15
ケイ★ザイメン　経済面 →14b
ケイ★ザイリョク　経済力 →14b
ケイ★サツ　警察 →8
ケイ★サッカン, ケイ★サッカン　警察官 →14c
ケイ★サッケン　警察犬 →14
ケイ★サッケン, ケイ★サッケン　警察権
→14c
ケイ★サッショ, ケイ★サッショ　警察署 →14
ケイ★サッチョー, ケイ★サッチョー　警察庁 →14c
ケイ★サン　計算, 珪酸 →8
ケイ★サンキ　計算器 →14a
ケイ★サンジャク, ケイ★サンジャク　計算尺 →14a
ケイ★サンショ, ケイ★サンショ　計算書 →14
ケイ★サンショー　経産省＜経済産業省 →14a
ケイ★シ　刑死 →7
ケイ★シ, ケイ★シ　軽視 →7
ケイ★シ　警視, 罫紙 →7
ケイ★ジ　掲示 →7
ケイ★ジ, ケイ★シ　啓示 →7
ケイ★ジ　兄事, 刑事, 慶事 →7
ケイ★ジカ, ケイ★ジカ　形而下 →14
ケイ★シキ　形式 →8
ケイ★シキシュギ　形式主義 →15
ケイ★シキテキ　形式的 →95
ケイ★ジサイバン　刑事裁判 →15
ケイ★ジジケン　刑事事件 →15
ケイ★ジジョー　形而上, 掲示場 →14
ケイ★ジジョーガク　形而上学 →14a
ケイ★シソーカン　警視総監 →15
ケイ★ジソショー　刑事訴訟 →15
ケイ★シチョー　警視庁 →14
ケイ★シツ　形質 →8
ケイ★ジドーシャ　軽自動車 →17
ケイ★ジバ　掲示場 →12
ケイ★ジバン　掲示板 →14
ケイ★ジホショー　刑事補償 →15
ケイ★シャ　傾斜 →7
ケイ★シャ　鶏舎 →7
ゲイ★シャ　迎車, 芸者 →7
ゲイ★シャアガリ　芸者上がり →95

ガギグゲゴは鼻濁音　カタカナ細字は母音の無声化　★は長音にもなる符号

ケイシャ──ケイチョ　262

ケイ╲シャチ　傾斜地　→14	→28, 15, 29

ケイ╲シャチ　傾斜地　→14
ゲイ╲シャヤ　芸者屋　→94
ゲイ╲シュ　警手　→7
ケイ╲シュー　閨秀　→8
ケイ╲ジュー　軽重　→18
ゲイ╲シュー　芸州(=安芸)　→8
ケイ╲シューザッカ　閨秀作家　→15
ケイ╲シュク　慶祝　→8
ゲイ╲ジュツ,《古は ゲイ╲ジュツ》芸術　→8
ゲイ╲ジュツイン　芸術院　→14
ゲイ╲ジュツインショー　芸術院賞　→14a
ゲイ╲ジュツカ　芸術家　→14
ゲイ╲ジュツサイ, ゲイ╲ジュツサイ　芸術祭　→14c
ゲイ╲ジュツセイ　芸術性　→14
ゲイ╲ジュツセンショー　芸術選奨　→15
ゲイ╲ジュツテキ　芸術的　→95
ゲイ╲ジュツヒン　芸術品　→14
ゲイ╲シュン　迎春　→8
ケイ╲ショー　軽少, 継承, 形象, 形勝, 景勝, 軽症, 軽傷, 敬称, 警鐘　→8
ケイ╲ジョー　計上, 啓上, 刑場, 形状, 警乗, 敬譲　→8　京城〖地〗→21
ケイ╲ショーシャ　継承者, 軽傷者　→14a
ケイ╲ジョーヒ　経常費　→14a
ケイ╲ショク　軽食　→8
ケイ╲ショク　景色　→8
ケイ╲シン　軽信, 軽震, 敬神　→8
ケイ╲ズ　系図　→7
ケイ╲スイ　軽水　→8
ケイ╲スイロ　軽水炉　→14b
ケイ╲スー　計数, 係数　→8
ケイ╲ズカイ　系図(窩主)買い　→13
ケイ╲セイ　形成, 警醒, 形勢, 経世(～済民), 警世, 傾城　→8　京成〖鉄道・デパート〗<ケイ╲セイ╲デンテツ 京成電鉄

ケイ╲セイ╲ゲカ　形成外科　→15
ケイ╲セキ　形跡　→8
ケイ╲セツ　蛍雪　→18
ケイ╲セン　係(繋)船　→8
ケイ╲セン, ゲイ╲セン　罫線, 経線　→8
ゲイ╲ソ　珪素　→7
ケイ╲ソー　軽躁, 係争, 軽装, 継走, 珪藻　→8
ケイ╲ゾー　恵贈, 形像　→8
ケイ╲ソード　珪藻土　→14a
ケイ╲ソク　計測　→8
ケイ╲ゾク　係(繋)属, 継続　→8
ケイ╲ゾクシンサ　継続審査　→15
ケイ╲ゾクテキ　継続的　→95
ケイ╲ゾクヒ, ケイ╲ゾクヒ　継続費　→14c
ケイ╲ソツ　軽率　→8
ケイ╲ソン, ケイ╲ゾン　恵存　→8
ケイ╲タイ　携帯, 形態　→8
ケイ╲ダイ　慶大<ケイ╲オーギジュク, ケイ╲オーギジュクダイガク 慶応義塾(大学)　→10, 15
ケイ╲ダイ　境内　→8
ゲイ╲ダイ　芸大<トーキョー(・)ゲイ╲ジュツダイガク 東京芸術大学　→10, 97, 98
ケイ╲タイガク　形態学　→14b
ケイ╲タイデンワ　携帯電話　→15
ケイ╲タイヒン, ケイ╲タイヒン　携帯品　→14b
ゲイ╲ダッシャ　芸達者　→15
ゲイ╲ダン　芸談　→8
ケイ╲ダンレン　経団連<経済団体連合会　→10
ケイ╲チツ　啓蟄　→8
ケイ╲チュー　傾注　→8
ケイ╲チュー　契沖〖人〗→24
ケイ╲チョー　軽佻(～浮薄), 傾聴, 敬弔,

慶長〖年号〗 →8　軽重, 慶弔 →18	ケイ★ヒ　経費, 桂皮 →7
ケイ★ツイ　頸椎 →8	ケイ★ビ　軽微, 警備 →7
ケイ★テイ　兄弟 →18	ケイ★ビイン　警備員 →14
ケイ★テキ　警笛 →8	ケイ★ヒツ　警蹕 →8
ケイ★テン　経典 →8	ケイ★ビホショー　警備保障 →15
ケイト　毛糸 →4	ケイ★ヒン　景品 →8
ゲイ★ド　経度, 軽度, 傾度 →7	ケイ★ヒン, ゲイ★ヒン　京浜<東京・横浜 →29
ケイ★トー　恵投, 傾倒, 系統, 鶏頭 →8	ゲイ★ヒンカン　迎賓館 →14a
ゲイ★トー　芸当 →8	ケイ★ヒンキューコー　京浜急行<京浜急行電鉄 →15
ゲイ★ドー,《新は ゲイ★ドー》 芸道 →8	ケイ★ヒントーホクセン　京浜東北線 →14
ケイ★トーテキ　系統的 →95	ケイ★フ　系譜 →7
ケイ★トーベツ　系統別 →14	ゲイ★フ, ケイ★フ　継父 →7
ケイ★ドーミャク　頸動脈 →15	ゲイ★ブ　軽侮, 頸部, 警部 →7
ゲイ★ドコロ, ゲイ★ドコロ　芸所 →12	ゲイ★フー, ゲイ★フー　芸風 →8
ゲイ★ナシ　芸無し →5	ケイ★フク　敬服 →8
ゲイ★ナシザル　芸無し猿 →12	ケイ★ブツ　景物 →8
ケイ★ニク　鶏肉 →8	ケイ★フボ　継父母 →17
ゲイ★ニク　鯨肉 →8	ケイ★ブホ　警部補 →14
ゲイ★ニン　芸人 →8	ケイ★フン　鶏糞 →8
ゲイ★ノー,《新は ゲイ★ノー》 芸能 →8	ケイ★ベツ　軽蔑 →8
ゲイ★ノーカイ　芸能界 →14a	ケイ★ベン　軽便 →8
ゲイ★ノージン　芸能人 →14a	ケイ★ベンテツドー　軽便鉄道 →15
ゲイ★ノムシ　芸の虫 →19	ゲイ★ボ　敬慕 →7
ケイ★バ　競馬 →7	ゲイ★ボ, ケイ★ボ　継母 →7
ケイ★ハイ　軽輩, 珪肺 →8	ケイ★ホー, ケイ★ホー　警報 →8
ケイ★ハク　軽薄 →8	ゲイ★ホー　刑法 →8
ケイ★ハク, ケイ★ハク　敬白 →8	ケイ★ボー　警防, 警棒, 閨房 →8
ケイ★バク　軽爆<ケイ★バクゲキキ, ケイ★バクゲキキ 軽爆撃機 →10, 17	ケイ★ホーキ　警報機 →14a
ケイ★バジョー　競馬場 →14	ケイ★マ　桂馬〖将棋〗 →7
ケイ★ハツ　啓発 →8	ケイ★ミョー　軽妙(~洒脱だつ) →8
ゲイ★バツ　刑罰 →18	ゲイ★ム　刑務, 警務 →7
ケイ★ハン, ケイ★ハン　京阪<京都・大阪 →29	ケイ★ムショ, ケイ★ムショ, ケイ★ムショ　刑務所 →14
ケイ★ハンザイ　軽犯罪 →15	ケイ★メイ★　鶏鳴 →8
ケイ★ハンザイホー, ケイ★ハンザイホー　軽犯罪法 →14b	ゲイ★メイ★　芸名 →8
ケイ★ハンシン　京阪神<京都・大阪・神戸 →29	ケイ★モー　啓蒙 →8

ガギグゲゴは鼻濁音　カタカナ細字は母音の無声化　★は長音にもなる符号

ケイモー──ケカエス　264

ケイ.モーウンドー　啓蒙運動 →15	ケイ.ローノヒ　敬老の日 →19
ケイ.ヤク　契約 →8	ゲインズ　Keynes〖人〗→22
ケイ.ヤクキン, ケイ.ヤクキン　契約金 →14	ケウ　希有(～だ) →7
ケイ.ヤクシャイン　契約社員 →15	ケウラ　毛裏 →4
ケイ.ユ　軽油 →7	ケーキ　cake →9
ケイ.ユ, ゲイ.ユ　経由 →7	ゲージ, ゲージ　gauge →9
ゲイ.ユ　鯨油 →7	ケース　case →9
ケイ.ヨ　恵与,刑余 →7	ケーススタディー　case study →16
ケイ.ヨー　形容,揚揚 →8	ケースバイケース　case by case →17
ケイ.ヨーシ　形容詞 →14a	ケースワーカー　caseworker →16
ケイ.ヨーセン　京葉線 →14	ゲーセン　〖俗〗＜game center〖和〗→10
ケイ.ヨードーシ　形容動詞 →15	ケータリング　catering →9
ケイ.ヨシャ　刑余者 →14	ゲーテ　Goethe〖独〗〖人〗→22
ケイ.ヨンリン　軽四輪 →15	ゲート　gate →9
ケイ.ラ　警邏 →7	ゲートボール　gate ball〖和〗→16
ケイ.ラン　鶏卵 →8	ゲートル　guêtres〖仏〗→9
ケイ.リ　経理 →7	ケープ　cape →9
ケイ.リシ　計理士 →14	ケープタウン　Cape Town〖地〗→21
ケイ.リャク, ケイ.リャク　計略 →8	ケーブル　cable →9
ケイ.リュー　係(繋)留,渓流 →8	ケーブルカー, ケーブルカー　cable car →16
ケイ.リョー　軽量 →8	ケーブルテレビ　＜cable television →10
ケイ.リョー, ケイ.リョー　計量 →8	ゲーム　game →9
ケイ.リョーカップ　計量cup →16	ゲームキ　game機 →14
ケイ.リョーキ　計量器 →14a	ゲームセット　game set〖和〗→16
ケイ.リン　競輪,経綸 →8	ゲームセンター　game center〖和〗→16
ケイ.リン　桂林〖地〗→21	ケオサレル, ケオサレル　気圧される →46
ケイ.リンジョー　競輪場 →14	
ケイ.ルイ　係累 →8	ケオトス,《新は ケオトス》　蹴落す →45
ケイ.レイ.　敬礼 →8	
ケイ.レキ　経歴 →8	ケオリ　毛織り →5
ゲイ.レキ　芸歴 →8	ケオリモノ, ケオリモノ, ケオリモノ　毛織物 →17
ケイ.レツ　系列 →8	
ケイ.レン　痙攣 →8	ケガ　怪我(ケガノコーミョー　～の功名) →7, 98
ケイロ　毛色 →4	
ケイ.ロ　経路 →7	ゲカ　外科 →7
ケイ.ロー　敬老 →8	ゲカイ, ゲカイ　下界 →8
ケイ.ローカイ　敬老会 →14a	ゲカイ　外科医 →14
ケイ.ロードー　軽労働 →15	ケカエス,《新は ケカエス》　蹴返す

̄ は高い部分　˙˙ と ˙˙˙ は高低が変る部分　⌐ は次が下がる符号　→ は法則番号参照

265　　　　　　　　　　　　　　　　ケガキ──ゲコクジ

→45

ケガキ　毛描き, 罫描き →5

ケガス　穢す →44

ケガニ　毛蟹 →4

ケガニン　怪我人 →14

ケガマケ　怪我負け →5

ケガラワシイ★　穢らわしい →53

ケガレ　穢れ, 汚れ →2

ケガレル　穢れる, 汚れる →43

ケガワ　毛皮 →4

ゲキ　劇, 檄(〜を飛ばす) →6

ゲキエイガ　劇映画 →15

ゲキエツ　激越 →8

ゲキカ, ゲキカ　劇化, 激化 →7

ゲキガ　劇画 →7

ゲキカイ　劇界 →8

ゲキカラ　激辛 →5

ゲキゲン　激減 →8

ゲキコー, ゲッコー　激昂 →8

ゲキサイ　撃砕 →8

ゲキサク　劇作 →8

ゲキサクカ, ゲキサッカ　劇作家 →14

ゲキシ　劇詩 →7

ゲキショ　激暑 →7

ゲキショー　激賞, 劇症 →8

ゲキジョー　劇場, 激情 →8

……ゲキジョー　…劇場(コクリツゲ
　キジョー　国立〜) →15

ゲキショーカンエン　劇症肝炎 →15

ゲキショク　劇職 →8

ゲキシン　激震 →8

ゲキジン　劇甚 →8

ゲキスル　激する →48

ゲキセン　激戦 →8

ゲキセンチ　激戦地 →14a

ゲキゾー　激増 →8

ゲキタイ　撃退 →8

ゲキダン　劇団, 劇談, 劇壇 →8

ゲキチュー　劇中 →8

ゲキチューゲキ, ゲキチューゲキ　劇
　中劇 →14a

ゲキチン　撃沈 →8

ゲキツイ　撃墜 →8

ゲキツー　劇通, 劇痛 →8

ゲキテキ　劇的 →95

ゲキド　激怒 →7

ゲキトー　激闘 →8

ゲキドー　激動 →8

ゲキドーキ　激動期 →14a

ゲキドク　劇毒 →8

ゲキトツ　激突 →8

ゲキハ　撃破 →7

ゲキハツ　激発 →8

ゲキヒョー　劇評 →8

ゲキヒョーカ　劇評家 →14

ゲキブシ　外記節 →12

ゲキブツ　劇物 →8

ゲキブン　檄文 →8

ゲキヘン　激変, 劇変 →8

ゲキム　劇務 →7

ゲキメツ　撃滅 →8

ゲキヤク　劇薬 →8

ケギライ　毛嫌い →13

ゲキリュー　激流 →8

ゲキリン　逆鱗(〜に触れる) →8

ゲキレイ★　激励 →8

ゲキレツ　激烈 →8

ゲキロー　激浪 →8

ゲキロン　激論 →8

ゲクー, ゲクー　外宮 →8

ゲゲ　下下(〜の下だ) →11

ゲケツ　下血 →8

ケゲン　怪訝(〜な顔) →8

ゲコ　下戸 →7

ゲコー　下校 →8

ゲコー, ゲコー　下向 →8

ゲゴク　下獄 →8

ゲコクジョー, ゲコクジョー　下克

ガギグゲゴは鼻濁音　カタカナ細字は母音の無声化　★は長音にもなる符号

ケコミ──ケス　　266

(剋)上 →17
ケコミ　蹴込み →5
ケコロス,《新は ケコロス》　蹴殺す →45
ケゴン　華厳 →8
ケゴンギョー　華厳経 →14
ケゴンシュー　華厳宗 →14a
ケゴンノタキ　華厳の滝 →98
ケサ　袈裟
ケサ　今朝 →1
ゲザ　下座 →7
ゲザイ　下剤 →8
ゲザウタ　下座唄 →12
ゲザオンガク　下座音楽 →15
ケサガケ　袈裟懸け →5
ケサガタ, ケサガタ　今朝方 →95
ゲサク　戯作 →8
ゲサクシャ, ゲサクシャ　戯作者 →14c
ケサホド　今朝程 →4
ゲザン, ゲサン　下山 →8
ケシ　芥子,罌粟 →7
ゲシ,《古は ゲシ》　夏至 →7
ゲジ　下知 →7
ケシイン　消印 →8
ケシカケル, ケシカケル　嗾ける →46
ケシカラン　怪しからん →89
ゲシキ　気色,景色 →8
ケシキバム　気色ばむ →96
ケシグチ　消口(～を取る) →5
ゲジゲジ, ゲジゲジ,《古は ゲジゲジ》　蚰蜒 →11
ゲジゲジマユ　げじげじ眉 →12
ケシゴム　消し gom[蘭] →16
ケシサル　消し去る →45
ケシズミ　消炭 →5
ケシツブ, ケシツブ　芥子粒 →12
ケシツボ, ケシツボ　消壺 →5
ケシテ　(=決して) →67d

ケシトブ　消し飛ぶ →45
ケシトメル　消し止める →45
ケシボーズ　芥子坊主 →15
ケジメ, ケジメ　(～をつける) →1
ゲシャ, ゲシャ　下車 →7
ゲシャエキ　下車駅 →14
ゲシュク　下宿 →8
ゲシュクニン　下宿人 →14
ゲシュクヤ　下宿屋 →94
ケジュス　毛繻子 →15
ゲシュタポ　Gestapo＜Geheime Staatspolizei[独] →10
ゲシュニン, ゲシュニン　下手人 →14
ゲジュン, ゲジュン　下旬 →8
ゲジョ　下女 →7
ケショー　化生(～の者) →8
ケショー　化粧(オケショー 御～) →8,92
ゲジョー　下乗 →8
ケショーガミ　化粧紙 →12a
ケショーシタ, ケショーシタ　化粧下 →12
ケショーシツ　化粧室 →14a
ケショースイ　化粧水 →14a
ケショーセッケン　化粧石鹸 →15
ケショーダイ　化粧台 →14
ケショードーグ　化粧道具 →15
ケショーナオシ　化粧直し →13
ケショーバコ　化粧箱 →12a
ケショーヒン　化粧品 →14
ケショーベヤ　化粧部屋 →12
ケショーマク　化粧幕 →14a
ケショーマワシ　化粧回し →12
ケショーリョー　化粧料 →14a
ケジラミ　毛虱 →12
ケシワスレ　消し忘れ →13
ケシン,《古は ケシン》　化身 →8
ケス　消す　ケサナイ, ケソー, ケシマス, ケシテ, ケセバ, ケセ →44

 ̄は高い部分　 ̈と ̇は高低が変る部分　 ̄は次が下がる符号　→は法則番号参照

ゲス 下種,下司(～の知恵) →7
ゲスイ 下水 →8
ゲスイコー, ゲスイコー 下水溝 →14b
ゲスイコージ 下水工事 →15
ゲスイドー, ゲスイドー 下水道 →14b
ケズクロイ 毛繕い →13
ケスジ 毛筋(櫛も) →4
ケスジタテ 毛筋立〖櫛〗 →13
ゲスト guest →9
ケズネ 毛臑 →4
ゲスバル 下種張る →96
ケズメ,《古は ケズメ》 蹴爪 →5
ケズリ 削り →2
ケズリトル 削り取る →45
ケズリブシ 削り節 →12
ケズル 削る,梳る ケズラナイ, ケズ ロー, ケズリマス, ケズッテ, ケズ レバ, ケズレ →43
ケズレル 削れる →44
ゲセナイ 解せない →83
ゲセル 解せる →44
ゲセワ 下世話 →15
ゲセン 下賤,下船 →8
ゲソ 〖俗〗(=いかの足) →10
ケソー, ケソー 懸想 →8
ゲソク 下足 →8
ゲソクバン, ゲソクバン 下足番 →14
ゲソクフダ 下足札 →12
ケゾメ 毛染め →5
ケタ 桁(～がちがう) →1
ゲタ 下駄
ケタイ, ケダイ 懈怠 →8
ゲダイ 外題 →8
ケタオス,《新は ケタオス》 蹴倒す →45
ケダカイ 気高い →54
ケタグリ 蹴手繰り〖相撲〗 →13

ケダシ 蹴出し〖和服〗 →5
ケダシ 蓋し →61
ケダス,《新は ケダス》 蹴出す →45
ケタタマシィ →52
ケタチガイ 桁違い →13
ゲダツ,《古は ゲダツ》 解脱 →8
ケタテル,《新は ケタテル》 蹴立てる →45
ゲタバキ 下駄履き →5
ゲタバキジュータク 下駄履き住宅 →15
ゲタバコ 下駄箱 →12
ケタハズレ 桁外れ →13
ケダマ 毛玉 →4
ケダモノ 獣 →19
ゲタヤ 下駄屋 →94
ケダルイ, ケダルイ 気怠い →54
ゲダン, ゲダン 下段 →8
ケチ (～がつく,～をつける),吝嗇 →1
ケチガン, ケチガン 結願〖仏教〗 →8
ケチクサイ 吝嗇臭い →54
ケチケチ (～する,～と) →57
ケチャップ ketchup →9
ケチラカス 蹴散らかす →45
ケチラス,《新は ケチラス》 蹴散らす →45
ケチンボー,《新は ケチンボー》, ケチ ンボ 吝嗇ん坊 →94d
ケツ 穴(=尻・最後) →6
ケツ 欠,決 →6
ケツアツ 血圧 →8
ケツアツケイ 血圧計 →14
ケツイ, ケツイ 決意 →7
ケツイン 欠員 →8
ゲツエイ 月影 →8
ケツエキ, ケツエキ 血液 →8
ケツエキガタ 血液型 →12
ケツエキギンコー 血液銀行 →15
ケツエキセイザイ 血液製剤 →15

ガギグゲゴは鼻濁音 カタカナ細字は母音の無声化 ★は長音にもなる符号

ケツエキ──ケッショ　268

ケツエキセンター　血液 center →16	ケッキン　欠勤 →8
ケツエン, ケチエン　血縁, 結縁 →8	ゲッキン　月琴 →8
ケッカ　欠課, 結果 →7	ケック　結句〘名〙(詩歌の～) →7
ケッカ　決河(～の勢い) →7	ケック　結句〘副〙(=結局・むしろ) →61
ゲッカ, ゲッカ, ゲキカ, ゲキカ　激化 →7	ゲッケイ　月計, 月経, 月桂 →8
ゲッカ　月下 →7	ゲッケイカン　月桂冠 →14b
ケッカイ　決壊, 決潰, 血塊 →8	ゲッケイジュ　月桂樹 →14b
ケッカイ　結界〘仏教〙 →8	ゲッケン　撃剣 →8
ケッカク　結核 →8	ケッコー　欠航, 決行, 血行 →8
ゲツガク　月額 →8	ケッコー, ケッコー　結構(=くみたて・くわだて) →8
ケッカクキン, ケッカクキン, ケッカクキン　結核菌 →14c	ケッコー　結構(大変～です, ～な品, もう～だ, ～使える) →8, 61
ゲッカビジン　月下美人〘植〙 →15	ケツゴー　結合 →8
ゲッカヒョージン, ゲッカヒョージン　月下氷人 →98, 99	ゲッコー　月光(～の曲) →8
ケッカ・フザ, ケッカフザ　結跏趺座(坐)〘仏教〙 →97, 99	ゲッコー, ゲキコー　激昂 →8
ケッカロン　結果論 →14	ケッコン　結婚, 血痕 →8
ケッカン　欠陥, 血管 →8	ケッコンサギ　結婚詐欺 →15
ゲッカン　月刊, 月間 →8	ケッコンシキ　結婚式 →14a
ゲッカンシ　月刊誌 →14a	ケッコンセイカツ　結婚生活 →15
ケッカンシャ　欠陥車 →14a	ケッコンヒロー　結婚披露 →15
ケッキ　決起, 蹶起 →7	ケッサイ　決済, 決裁, 潔斎 →8
ケッキ, ケッキ　血気 →7	ケッサク　傑作 →8
ケツギ, ケツギ　決議 →7	ケッサン　決算 →8
ケツギアン　決議案 →14	ゲッサン　月産 →8
ケッキザカリ　血気盛り →12	ケッサンホーコク　決算報告 →15
ケツギブン, ケツギブン　決議文 →14	ケッシ, ケッシ　決死 →7
ケッキュー　血球 →8	ケツジ　欠字 →7
ゲッキュー　月給 →8	ケッシタイ　決死隊 →14
ゲッキューデン　月宮殿 →14a	ケツジツ　結実 →8
ゲッキュートリ　月給取り →13a	ケッシテ　決して →67
ゲッキュービ　月給日 →12a	ケッシャ　結社 →7
ゲッキューブクロ　月給袋 →12	ゲッシャ　月謝 →7
ケッキョ, ケッキョ　穴居 →7	ケッシュー　結集 →8
ケッキョク, ケッキョク　結局〘名〙(～は負けだ) →8	ゲッシュー　月収 →8
	ケッシュツ　傑出 →8
ケッキョク　結局〘副〙(～勝った) →61	ケッショ, ケッショ　血書 →7
	ケツジョ　欠如 →7
	ケッショー　結晶, 決勝, 血漿 →8

‾ は高い部分　… と ⋯ は高低が変る部分　‾| は次が下がる符号　→ は法則番号参照

269　　　　ケツジョ ── ケツベン

ケツジョー 欠場, 決定, 楔状 →8	**ケッチン** 血沈＜赤血球沈降速度 →10
ゲッショー 月商 →8	**ケッテイ★** 決定 →8
ケッショーセン, ケッショーセン 決勝戦 →14a	**ケッテイケン** 決定権 →14b
	ケッテイダ 決定打 →14b
ケッショーテン 決勝点 →14a	**ケッテイテキ** 決定的 →95
ケッショーバン 血小板 →15	**ケッテイバン** 決定版 →14
ケッショク 欠食, 血色 →8	**ケッテン** 欠点(↔美点) →8
ゲッショク 月食(蝕) →8	**ケット** ＜blanket →10
ケッショクジドー 欠食児童 →15	**ゲット** get →9
ケッシン 結審 →8	**ケットー** 決闘, 結党, 血統, 血糖 →8
ゲッシン 決心 →8	**ケットーショ, ケットーショ** 血統書 →14
ケツジン 傑人 →8	
ケッスル, ケッスル 決する →48	**ケットーチ** 血糖値 →14a
ケッセイ★ 結成, 血清 →8	**ケットバス, ケットバス** 蹴っ飛ばす →45d
ケツゼイ★ 血税 →8	
ケッセイ★カンエン 血清肝炎 →15	**ケツニク** 血肉 →18
ゲッセカイ 月世界 →15	**ケツニョー** 血尿 →8
ケッセキ 欠席, 結石 →8	**ケッパイ** 欠配 →8
ケッセキサイバン 欠席裁判 →15	**ゲッパー, ケーパー** caper〖植〗→9
ケッセキシャ, ケッセキシャ 欠席者 →14c	**ケッパク** 潔白 →8
	ケッパツ 結髪 →8
ケッセツ 結節 →8	**ケツバン** 欠番 →8
ケッセン 血戦, 決戦, 決選, 血栓 →8	**ケッパン, ゲッパン** 血判 →8
ケツゼン 決然, 蹶然 →56	**ケッパンジョー, ケッパンジョー** 血判状 →14a
ケッセントーヒョー 決選投票 →15	
ケッソー 血相(～を変える) →8	**ケッピョー** 結氷 →8
ケッソク 結束 →8	**ゲッピョー** 月表, 月評 →8
ケツゾク, ケツゾク 血族 →8	**ケッピョーキ** 結氷期 →14a
ケツゾクケッコン 血族結婚 →15	**ケツビン** 欠便 →8
ゲッソリ (～する, ～と) →55	**ゲップ** 月賦 →7
ゲッソン, ケッソン 欠損 →8	**ゲップ, ゲップ, ゲップ** (=おくび) →3
ケッタイ 結滞(脈が～する) →8	
ケッタク 結託 →8	**ケツブツ** 傑物 →8
ケッタン 血痰 →8	**ゲップバライ** 月賦払い →13
ケツダン 決断, 結団 →8	**ゲップハンバイ** 月賦販売 →15
ゲッタン 月旦 →8	**ゲッペイ** 月餅 →8
ケツダンリョク 決断力 →14a	**ケッペキ** 潔癖 →8
ケッチャク 決着 →8	**ケツベツ** 決(訣)別 →8
ゲッチョー 結腸 →8	**ケツベン** 血便 →8

ガギグゲゴは鼻濁音　カタカナ細字は母音の無声化　★は長音にもなる符号

ケツボー──ケブリ　　270

ケツボー　欠乏 →8	ケトル, ケットル　kettle(=湯わかし) →9
ゲッポー　月報, 月俸 →8	ケドル, ケドル　気取る →46
ケツボーショー, ケツボーショー　欠乏症 →14a	ケナゲ, ケナゲ　健気 →93
ケッポン　欠本 →8	ケナス　貶す →43
ケツマク, ケツマク　結膜 →8	ケナミ　毛並み →4
ケツマクエン, ケツマクエン　結膜炎 →14	ゲナン　下男 →8
ケツマズク, ケツマズク, ケッツマズク　蹴(っ)躓く →45d	ゲニ　実に〚副〛→67
ケツマツ　結末 →8	ケニア, ケニヤ　Kenya〚国〛 →21
ゲツマツ　月末 →8	ケニン, ケニン　家人 →8
ケツミャク　血脈 →8	ゲニン　下人 →8
ケツメイ.　血盟, 結盟 →8	ケヌキ, ケヌキ　毛抜き →5
ゲツメイ.　月明 →8	ケヌキアワセ　毛抜き合せ →13
ゲツメン, ゲツメン　月面 →8	ゲネツ　解熱 →8
ケツユービョー　血友病 →14	ゲネツザイ, ゲネツザイ　解熱剤 →14
ゲツヨ　月余 →7	ケネディ　Kennedy〚人〛 →22
ゲツヨー,《古は ゲツヨー》　月曜 →8	ケネン, ケネン　懸念 →8
ゲツヨービ　月曜日 →12a	ケバ　毛羽 →4
ゲツライ　月来 →8, 61	ゲバ　下馬 →7
ケツラク　欠落 →8	ケハイ, ケハイ　気配 →d
ゲツリ　月利 →7	ケハエグスリ　毛生薬 →12
ケツリュー　血流 →8	ケバケバシイ. →53
ケツルイ　血涙 →8	ケバダツ　毛羽立つ →46
ケツレイ.　欠礼 →8	ゲバヒョー, ゲバヒョー　下馬評 →14
ゲツレイ.　月例, 月齢 →8	ケバリ　毛鉤 →4
ケツレツ　決裂 →8	ゲバルト,《新は ゲバルト》　Gewalt〔独〕 →9
ケツロ　血路, 結露 →7	ゲハン　下阪, 下版 →8
ケツロン　結論 →8	ケビイシ　検非違使 →14a
ゲテモノ　下手物 →12	ケビョー　仮病 →8
ゲド　〚接〛⇒ケレド	ゲビル　下卑る →44
……けど　〚助〛⇒……ケレド	ケビン, キャビン　cabin →9
ケトー　毛唐<毛唐人 →10	ケピン　毛 pin →16
ゲドー　外道〚仏教〛 →8	ゲヒン　下品 →8
ゲドク　解毒 →8	ケブ, ケム　煙(~にまく) →1d
ゲドクザイ, ゲドクザイ　解毒剤 →14	ケブイ, ケムイ　煙い →53d
ケトバス,《新は ケトバス》　蹴飛ばす →45	ケブカイ, ケブカイ　毛深い →54
	ケブタイ, ケムタイ　煙たい →53d
	ケブリ, ケムリ　煙 →2d

￣ は高い部分　‥と‥ は高低が変る部分　￣ は次が下がる符号　→ は法則番号参照

ケブリ──ゲン

ケブリ 気振り →95	**ゲリドメ** 下痢止め →5
ケブル, **ケムル** 煙る →43d	**ゲリャク** 下略 →8
ゲボク, **ゲボク** 下僕 →8	**ゲリラ** guérilla〔仏〕 →9
ケホド 毛程(〜も) →71	**ゲリラセン** guérilla戦〔仏〕 →14
ケボリ 毛彫 →5	**ケル** 蹴る →43
ケマリ, **ケマリ** 蹴鞠 →5	**ゲルマン** Germane〔独〕〖人種〗 →21
ケマン 華鬘 →8	**ケルン** cairn →9 Köln〔独〕〖地〗 →21
ケミカル chemical →9	**ゲレツ** 下劣 →8
ケミスル, **ケミスル** 閲する →48	**ケレド** 〔接〕 →67
ケム 煙(〜にまく) →1d	……**ケレド**; ……**ケレド** 〔助〕(**キル**ケレド 着る〜, **ヨム**ケレド 読む〜, **アカイ**ケレド 赤い〜, **シロイ**ケレド 白い〜) →72,74b
ケムイ 煙い →53	
ケムクジャラ, **ケモクジャラ** →59d	**ケレドモ** 〔接〕 →67
ケムシ, 《新は **ケムシ**》 毛虫 →4	……**ケレドモ**; ……**ケレドモ** 〔助〕(**キル**ケレドモ 着る〜, **ヨム**ケレドモ 読む〜, **アカイ**ケレドモ 赤い〜, **シロイ**ケレドモ 白い〜) →72,74b
ケムタイ 煙たい →53	
ケムタガル 煙たがる →96	
ケムダシ 煙出し →5	**ケレン** 〖歌舞伎〗(〜がある) →8
ケムッタイ 煙ったい →53d	**ゲレンデ** Gelände〔独〕 →9
ケムリ 煙 →2	**ゲロ** 〔俗〕(〜を吐く) →3
ケムル 煙る →43	**ケロイド**, **ケロイド** Keloid〔独〕 →9
ケモノ 獣 →4	**ゲロー** 下郎 →8
ゲモノ 下物 →4	**ケロリト**, **ケロリト** (〜忘れる) →55
ケモノヘン 獣偏(=犭) →14	**ケワイ**, **ケワイ** 化粧, 気配
ケモノミチ 獣道 →12	**ケワジイ★** 険しい →52
ゲヤ 下野 →7	**ケン** 件,見,券,県,兼,剣,険,圏,権,賢,験,妍,拳,腱,鍵 →6 謙・賢・健〖男名〗 →23
ケヤキ 欅 →1	
ケヤブル, 《新は **ケヤブル**》 蹴破る →45	……**ケン** …犬(**モードーケン** 盲導〜, **アキタケン** 秋田〜) →14
ケヤリ 毛槍 →4	……**ケン** …券(**ジョーシャケン** 乗車〜),…圏(**トーゼンケン** 当選〜),…権(**シャクチケン** 借地〜),…軒(**セイ★ヨーケン** 精養〜, **トーチューケン** 桃中〜),…県(**ナガノケン** 長野〜) →14a
ケラ 螻蛄, 啄木鳥 →1	
ゲラ <galley →9	
ゲライ 家来 →8	
ゲラク 下落 →8	
ゲラケラ (〜笑う, 〜と) →57	
ゲラゲラ (〜笑う, 〜と) →57	
ゲラズリ ゲラ刷<galley 刷 →5	……**けん** …軒〖数〗 →34,35
ケリ (〜がつく) →3	**ゲン** 験(〜がない) →6
ゲリ 下痢 →7	
ケリダス, 《新は **ケリダス**》 蹴り出す →45	

ガギグゲゴは鼻濁音　カタカナ細字は母音の無声化　★は長音にもなる符号

ゲン 現(〜首相) →63 言,玄,弦,絃, 舷,減,源,厳,儼 →6 元〖国〗→21	ゲンカ 言下,現下,原価,現価,弦(絃)歌 →7
ケンアク 険悪 →8	ゲンガ 原画 →7
ゲンアツ 減圧 →8	ケンカイ 狷介,見解,県会,県界 →8
ケンアン 検案,懸案 →8	ケンガイ 懸崖 →8
ゲンアン 原案 →8	ゲンカイ, ゲンガイ 県外,圏外 →8
ケンイ 権威 →7	ゲンカイ 幻怪,厳戒,限界 →8
ケンイキ 県域 →8	ゲンガイ, ゲンガイ 言外,限外 →8
ケンイザイ, ケンイザイ 健胃剤 →14	ケンカイギイン 県会議員 →15
ケンイジョー 健胃錠 →14	ケンガイズクリ 懸崖作り →13
ケンイスジ 権威筋 →12	ゲンカイタイセイ★ 厳戒態勢 →15
ケンイチ, ケンイチ, ケンイチ 健一・賢一〖男名〗→25	ゲンガイナダ 玄界灘 →12b
ケンイン 検印,牽引 →8	ケンカク 懸隔,剣客 →8
ゲンイン 原因,現員,減員 →8	ケンガク 見学,研学,兼学 →8
ケンインシャ 牽引車 →14a	ゲンカク 厳格,幻覚 →8
ゲンインフメイ★ 原因不明 →98	ゲンガク 減額,弦(絃)楽,衒学 →8
ケンインリョク 牽引力 →14a	ケンガクシャ, ケンガクシャ 見学者 →14c
ケンウン 巻雲 →8	
ケンエイ★ 献詠,兼営,県営 →8	ゲンカケイサン 原価計算 →15
ゲンエイ★ 幻影 →8	ケンカゴシ 喧嘩腰 →12
ケンエキ, ケンエキ 権益(〜を守る) →18	ゲンカショーキャク 減価償却 →15
ゲンエキ 現役,減益 →8	ケンカショクブツ 顕花植物 →15
ゲンエキ, ゲンエキ 原液 →8	ケンガッキ 鍵楽器 →15
ケンエツ 検閲 →8	ゲンガッキ 弦(絃)楽器 →15
ケンエン 嫌煙 →8 犬猿(〜の仲) →18	ケンカバヤイ, ケンカッパヤイ 喧嘩(っ)早い →54d
ゲンエン 減塩 →8	ケンガミネ 剣が峰 →19
ケンエンケン 嫌煙権 →14a	ケンカヨツ, ケンカヨツ 喧嘩四つ〖相撲〗→12
ゲンオ 嫌悪 →7	ケンカリョーセイバイ★ 喧嘩両成敗 →17
ゲンオー 玄奥 →8	
ケンオン 検温 →8	ケンカワカレ 喧嘩別れ →13
ゲンオン, ゲンオン 原音 →8	ケンカン 兼官,権官,顕官 →8
ケンオンキ 検温器 →14a	ケンガン 検眼 →8
ケンカ 喧嘩 →7	ゲンカン 厳寒 →8
ゲンカ 県下,県花,県歌 →7	ゲンカン 玄関 →8
ゲンカ, ゲンカ 献花 →7	ゲンガングチ, ゲンガングチ 玄関口 →12a
	ゲンカンサキ 玄関先 →12

￣ は高い部分　⁀と⁀ は高低が変る部分　⌐は次が下がる符号　→は法則番号参照

273　　　　　　　　　　　　　　　　　ゲンカン──ケンコー

ゲンカンバライ 玄関払い →13

ゲンカンバン 玄関番 →14a

ケンギ, ケンギ 県議＜県議会議員 →10

ケンギ, ケンギ 建議, 嫌疑 →7

ゲンキ 元気(**オゲンキ** 御～) →7, 92

ケンギカイ, ケンギカイ 県議会 →15

ゲンキズケル 元気付ける →46

ケンキャク 健脚 →8

ケンキャク, ケンカク 剣客 →8

ケンキャクカ 健脚家 →14

ケンキュー 研究 →8

ケンギュー 牽牛 →8

ゲンキュー 言及, 減給 →8

ケンキューイン 研究員 →14a

ケンキューカ 研究科, 研究家 →14

ケンキューカイ 研究会 →14a

ケンキューシツ 研究室 →14a

ケンキューシャ 研究者 →14a

ケンキュージョ, ケンキュージョ 研究所 →14

ケンキューセイ★ 研究生 →14a

ケンキューヒ 研究費 →14a

ゲンキョ 謙虚, 検挙 →7

ケンキョー 検鏡, 剣俠, 牽強 →8

ケンギョー 建業, 兼業 →8

ケンギョー, ケンギョー 検校 →8

ゲンキョー 元凶(兇), 現況 →8

ゲンギョー 現業 →8

ゲンギョーイン 現業員 →14a

ケンギョーノーカ 兼業農家 →15

ケンキョーフカイ 牽強附会 →98

ゲンキョク 限局, 原曲 →8

ケンキン 献金 →8

ゲンキン 厳禁 →8

ゲンキン 現金 →8

ゲンキンウリ 現金売り →13

ゲンキンガキトメ 現金書留 →12

ゲンキントリヒキ, ゲンキントリヒキ

現金取引 →12

ゲンキンバライ 現金払い →13

ケング 賢愚 →18

ゲンクン 元勲 →8

ゲンゲ, レンゲ 紫雲英〔植〕→d

ケンケイ★ 県警＜県警察 →10

ゲンケイ★ 減刑, 厳刑, 原形, 原型, 現形 →8

ゲンケイ★シツ 原形質 →14b

ケンゲキ 剣劇, 剣戟(～の響き) →8

ケンケツ 献血 →8

ゲンゲツ 限月 →8

ゲンゲツ 弦月(=弓張月) →8

ケンケン 〖俗〗(=片足とび) →11

ケンゲン 顕現 →8

ケンゲン, ケンゲン 建言, 献言 →8

ケンゲン 権限 →8

ゲンケン 原研＜原子力研究所 →10

ゲンゲン 言言(～句句), 舷舷 →11

ケンケンゴーゴー, ケンケンゴーゴー

喧喧囂囂 →59

ケンケン(·)フクヨー 拳拳服膺 →97, 98

ケンゴ 堅固 →7

ゲンコ 拳固 →7

ゲンゴ 原語 →7

ゲンゴ 言語 →7

ケンコー 軒昂(意気～), 兼行, 健康 →8

ケンコー 兼好〖人〗(**ケンコーホーシ** ～法師) →24, 15

ケンゴー 剣豪 →8

ゲンコー 現行, 原稿, 原鉱, 元寇, 元弘 〖年号〗(～の変) →8 言行 →18

ゲンゴー 元号, 減号(=マイナス) →8

ケンコーコツ 肩胛骨 →14a

ケンコーショク 健康食 →14a

ケンコーシンダン 健康診断 →15

ケンコータイ 健康体 →14

ケンコーテキ 健康的 →95

ガギグゲゴは鼻濁音　カタカナ細字は母音の無声化　★は長音にもなる符号

ゲンコー──ケンジセ　274

ゲンコーハン　現行犯 →14a	ケンサズミ　検査済 →13

ゲンコーハン　現行犯 →14a
ケンコービ　健康美 →14a
ゲンコーホー, ゲンゴーホー　現行法 →14a
ケンコーホケン　健康保険 →15
ゲンコーヨーシ　原稿用紙 →15
ゲンゴーリョー　原稿料 →14a
ゲンゴガク　言語学 →14
ケンコク　建国 →8
ゲンコク　原告 →8
ケンコクキネンノ(・)ビ, ケンコクキネンノビ　建国記念の日 →97,98
ケンコクキネンビ　建国記念日 →17
ゲンコツ　拳骨 →8
ゲンゴロー　源五郎〖昆虫・魚〗→26
ケンコン, ケンコン　乾坤(～一擲てき) →18
ゲンコン　現今 →8
ケンサ　検査 →7
ケンサイ　賢才, 賢妻 →8
ケンザイ　健在, 顕在, 建材, 砕材 →8
ゲンサイ　減殺 →8
ゲンザイ　原罪 →8
ゲンザイ　現在 →8
ゲンザイチ　現在地 →14b
ゲンザイリョー　原材料 →15　現在量 →14b
ケンザカイ　県境 →12
ケンザカン　検査官 →14
ケンサキ　検査器 →14
ケンサキ, ケンサキ, ケンサキ　剣先 →4
ケンサク　建策, 献策, 検索 →8
ゲンサク　原作, 減作 →8
ゲンサクシャ, ゲンサクシャ　原作者 →14c
ケンサシツ　検査室 →14
ケンサショー, ケンサショー　検査証 →14

ケンサズミ　検査済 →13
ケンサツ　検札, 検察, 賢察 →8
ゲンサツ　減殺 ⇒ゲンサイ
ケンサツカン, ケンサッカン　検察官 →14c
ケンサツチョー, ケンサッチョー　検察庁 →14c
ケンサホー, ケンサホー　検査法 →14
ケンサヤク　検査役 →14
ケンサン　研鑽 →8
ケンザン　験算, 検算 →8
ケンザン　剣山〖生花〗→8
ゲンサン　減産, 原産 →8
ゲンザン, ゲンサン　減算 →8
ゲンザン, 《新は ゲンザン》　見参 →8
ゲンサンチ　原産地 →17
ケンシ　検視, 検屍, 検使 →7
ケンシ　犬歯, 県史, 剣士, 絹糸 →7
ケンジ　検字, 献辞, 顕示 →7
ケンジ　堅持, 健児, 検事 →7　健二・謙次・賢治〖男名〗→25
ゲンシ　減資, 幻視, 原詩, 原紙〖謄写版〗→7
ゲンシ　原子, 原始 →7
ゲンジ　源氏
ゲンジ　現時, 言辞 →7
ゲンシカ　原子価 →14
ゲンシカク　原子核 →14
ゲンシカクハンノー　原子核反応 →15
ケンシキ　見識 →8
ケンシキバル　見識張る →96
ゲンシ(・)キョーサンセイ, ゲンシキョーサンセイ　原始共産制 →97,98
ケンジキョク　検事局 →14
ゲンジグルマ　源氏車 →12
ゲンジコー　源氏香 →14
ゲンシジダイ　原始時代 →15
ゲンジジン　原始人 →14
ケンジセイ　検事正 →14

￣は高い部分　…と…は高低が変る部分　⌐は次が下がる符号　→法則番号参照

ケンジソーチョー 検事総長 →15

ゲンジダナ, ゲンジダナ 源氏店 『歌舞伎』 →12

源氏香

浮舟　須磨　若紫

ケンジツ 堅実 →8

ゲンシツ, ゲンチ, ゲンチ 言質 →8,7

ゲンジツ 現実 →8

ゲンジツシュギ 現実主義 →15

ゲンジツセイ★ 現実性 →14

ゲンジツテキ 現実的 →95

ゲンジツバナレ 現実離れ →13

ゲンシテキ 原始的 →95

ゲン(･)ジテン 現時点 →63

ゲンジナ 源氏名 →12

ゲンシネンリョー 原子燃料 →15

ゲンシバクダン 原子爆弾 →15

ゲンシバンゴー 原子番号 →15

ゲンジボタル 源氏蛍 →12

ゲンジモノガタリ 源氏物語 →12

ケンシャ 検車 →7

ケンシャ, ゲンジャ 賢者 →7

ゲンシャク 現尺 →8

ゲンシュ 原種,原酒 →7

ゲンシュ 元首 →7

ゲンシュ, ゲンシュ 厳守 →7

ケンシュー 研修,兼修,献酬 →8

ケンジュー 拳銃 →8

ゲンシュー 減収 →8

ゲンジュー 厳重,現住,原住 →8

ケンシューカイ 研修会 →14a

ケンシュージョ, ケンシュージョ 研修所 →14

ゲンジューショ 現住所 →17

ケンシューセイ★ 研修生 →14a

ゲンジューチ 現住地 →17

ゲンジューミン 原住民,現住民 →17

ケンジュガクハ 犬儒学派 →15

ゲンシュク 厳粛 →8

ケンシュツ 検出 →8

ケンジュツ 剣術 →8

ゲンシュツ 現出 →8

ゲンジュツ, ゲンジュツ 幻術 →8

ケンジュツツカイ, ケンジュツツカイ 剣術使い →13c

ケンシュン 険峻 →8

ケンショ, ケンジョ 見所『能』 →7

ケンジョ 賢女 →7

ゲンショ, ゲンショ 原書 →7

ゲンショ 原初 →7

ケンショー 健勝,検証,謙称,顕彰,肩章,憲章,懸賞 →8

ケンジョー 謙譲,献上((帯も)),健常 →8

ゲンショー 減少,現象 →8

ゲンジョー 原状,現状,現場 →8

ゲンジョー 玄奘『人』 →24

ゲンジョーイジ 現状維持 →15

ケンショーエン, ケンショーエン 腱鞘炎 →14a

ケンショーキン, ケンショーキン 懸賞金 →14a

ケンショーコーコク 懸賞広告 →15

ケンジョーシャ 健常者 →14a

ケンジョーハカタ 献上博多 →12

ゲンジョーラク 還城楽『雅楽』 →14a

ゲンショーロン 現象論 →14a

ケンショク 兼職,顕職 →8

ゲンショク 減食,原色,現職 →8

ゲンショクバン 原色版 →14

ゲンシリョー 原子量 →14

ゲンシリョク 原子力 →14

ゲンシリョクセン 原子力船 →14

ゲンシリョクセンスイカン, ゲンシリョクセンスイカン 原子力潜水艦 →17

ゲンシリ —— ゲンソン　276

ゲンシリョクハツデン　原子力発電 →15

ゲンシリン　原始林 →14

ケンジル, ケンジル　献じる →47

ゲンジル, ゲンジル　減じる →47

ゲンシロ　原子炉 →14

ケンシン　検針,検診,献身 →8　健診<健康診断 →10

ケンジン　堅陣 →8

ケンジン, ケンジン　県人,賢人 →8

ゲンジン　原人 →8

ケンジンカイ　県人会 →14a

ケンシンテキ　献身的 →95

ゲンズ　原図 →7

ケンスイ　懸垂,建水(=水こぼし) →8

ゲンスイ　減水 →8

ゲンスイ　元帥 →8

ゲンスイバク　原水爆 →17

ゲンスイリョー　減水量 →14b

ケンスー　件数,軒数,間数 →8

ゲンスー　現数,減数 →8

ケンズル　検する,験する →48

ケンズル, ケンズル　献ずる →47

ゲンズル, ゲンズル　減ずる →47

ゲンスン　原寸 →8

ゲンスンダイ　原寸大 →95

ゲンセ, ゲンセ(セはゼとも)　現世 →7

ケンセイ　牽制 →8

ケンセイ, ゲンセイ　権勢,県政,憲政 →8

ケンゼイ　県税 →8

ゲンセイ　厳正,原生,現制,現勢 →8

ゲンセイ, ゲンセイ　現世 →8

ゲンゼイ　減税 →8

ゲンセイドーブツ　原生動物 →15

ゲンセイリン　原生林 →14b

ケンセキ　譴責 →8

ゲンセキ, ゲンセキ　原石,原籍 →8

ケンセキウン, ケンセキウン　巻積雲 →14

ケンセキショブン　譴責処分 →15

ケンセツ　建設 →8

ゲンセツ　言説 →8

ケンセツギョー　建設業 →14

ケンセツショー, ケンセッショー　建設省 →14c

ケンセツテキ　建設的 →95

ケンセツヒ, ケンセッヒ　建設費 →14c

ケンゼン　顕然 →56　健全 →8

ゲンセン　厳選,源泉 →8　原潜<原子力潜水艦 →10

ゲンゼン　厳然 →56　現前 →8

ゲンセンカケナガシ　源泉掛け流し →98

ゲンセンカゼイ　源泉課税 →15

ケンゼンザイセイ　健全財政 →15

ゲンセンチョーシュー　源泉徴収 →15

ケンソ　険阻 →7

ゲンソ　元素,原素 →7

ケンソー　喧噪 →8

ケンソー　険相(~な顔) →8

ケンゾー　建造 →8

ゲンソー　現送,幻想,舷窓 →8　玄宗〖人〗

ゲンゾー　現像,幻像 →8

ケンソーウン　巻層雲 →14a

ゲンゾーエキ　現像液 →14a

ゲンソーキョク　幻想曲 →14a

ケンゾーブツ　建造物 →14a

ケンソク　検束 →8

ゲンゾク　眷属(族) →8

ゲンソク　原則,舷側,減速 →8

ゲンゾク, 《古は ゲンゾク》　還俗 →8

ケンソン　謙遜 →8

ゲンソン　厳存,減損,玄孫 →8

ゲンソン, ゲンゾン　現存 →8

￣ は高い部分　⌢ と ⌣ は高低が変る部分　「は次が下がる符号　→は法則番号参照

ケンタイ 兼帯, 倦怠, 献体, 検体 →8	ケンチュー 繭紬〖織物〗 →8
ケンダイ 兼題 →8	ゲンチュー 原注, 原虫 →8
ケンダイ 見台〖芸能〗 →8	ケンチョ 顕著 →7
ゲンタイ 減退 →8	ゲンチョ, ゲンチョ 原著 →7
ゲンタイ, ゲンタイ 原隊 →8	ケンチョー 県庁 →8
ゲンダイ 原題 →8	ゲンチョー 幻聴 →8
ゲンダイ 現代 →8	ケンチョージ 建長寺 →14
ゲンダイカナズカイ 現代仮名遣い →17	ケンチョーショザイチ, ケンチョー・ショザイチ 県庁所在地 →99, 97
ケンタイキ 倦怠期 →14b	ケンチン 巻繊〖料理〗 →8
ゲンダイゴ 現代語 →14	ケンチンジル 巻繊汁 →12
ゲンダイシキ 現代式 →95	ゲンツキ 原付<原動機付 →10
ゲンダイジン 現代人 →14b	ケンツク 剣突〖俗〗(～を食わす) →94
ゲンダイッコ, ゲンダイッコ 現代っ子 →12d	ケンテイ★ 検定, 献呈, 賢弟 →8
ゲンダイテキ 現代的 →95	ゲンテイ★ 限定, 舷梯 →8
ゲンダイバン 現代版 →14	ケンテイズミ 検定済 →13
ゲンダイブン 現代文 →14b	ゲンテイバン 限定版 →14
ケンダカ 権高 →5	ケンテイリョー 検定料 →14b
ゲンダカ, ゲンダカ 現高 →4	ケンテツ, ケンテツ 賢哲 →18
ケンダマ 剣玉〖遊び〗 →4	ケンテン, ケンテン 圏点 →8
ケンタン 健啖, 検痰 →8	ケンデン 喧伝 →8
ゲンタン 減反, 厳探 →8	ゲンテン 減点 →8
ケンタンカ 健啖家 →14	ゲンテン, ゲンテン 原典 →8
ゲンダンカイ, ゲンダンカイ 現段階 →63	ゲンテン, ゲンテン 原点 →8
ケンチ, ケンチ 検地, 検知 →7	ケント 建都 →7
ケンチ 見地 →7	ゲンド 限度 →7
ゲンチ 現地 →7	ケントー 検討, 健投, 健闘, 拳闘, 軒灯, 献灯, 賢答 →8
ゲンチ, ゲンチ 言質(～を取る) →7	ケントー 見当 →8
ケンチク 建築 →8	……ケントー …見当(センエンケントー 千円～, シジューケントー 四十～) →38
ケンチクカ 建築家 →14	
ケンチクギョー 建築業 →14	ケンドー 県道 →8
ケンチクシ 建築士 →14	ケンドー 剣道 →8
ケンチクブツ 建築物 →14	ゲントー 幻灯, 原頭, 厳冬 →8
ケンチジ 県知事 →15	ゲンドー 原動 →8 言動 →18
ゲンチジン 現地人 →14	ゲンドーキ 原動機 →14a
ゲンチホーコク 現地報告 →15	ケントーシ 遣唐使 →14a
ケンチャ 献茶 →7	ケントーチガイ 見当違い →13

ガギグゲゴは鼻濁音　カタカナ細字は母音の無声化　★は長音にもなる符号

ケントー──ケンペイ　　278

ケントーハズレ　見当外れ →13	ゲンバン　原版, 原盤 →8
ゲンドーリョク　原動力 →14a	ゲンバン, ゲンパン　原板 →8
ゲンドガク　限度額 →14	ゲンハンケツ　原判決 →15
ケントシ　Kent 紙 →14	ケンビ　兼備(才色〜) →7
ケンドジューライ　捲土重来 →98	ケンピ　建碑 →7
ケンドン　倹飩〖箱・戸棚〗 →8	ケンピ　県費 →7
ケンドン　慳貪(〜だ・な・に) →8	ゲンピ　厳秘, 原皮 →7
ケンナイ　県内, 圏内 →8	ケンビキョー　顕微鏡 →14
ゲンナマ　現生〖俗〗(=現金) →4	ケンビシ　剣菱〖紋所・酒〗 →4
ゲンナリ　〖俗〗(〜する, 〜と) →55	ケンピシキ　建碑式 →14
ケンナン　険難, 剣難(〜の相) →8	ケンピツ　健筆 →8
ゲンニ　現に, 厳に →67	ゲンピョー　原票 →8
ケンニョー　検尿 →8	ゲンピン, ゲンピン　原品 →8
ケンニン　兼任, 堅忍(〜不抜) →8	ゲンピン, ゲンピン　現品 →8
ゲンニン　現任 →8	ケンブ　剣舞 →7
ケンニンジ　建仁寺 →14	ケンプ　絹布 →7
ケンニンジガキ　建仁寺垣 →12	ゲンプ　厳父 →7
ゲンネンド　現年度 →15	ゲンプー　厳封 →8
ケンノー　献納, 権能 →8	ゲンブガン　玄武岩 →14
ゲンノー　玄翁〖金づち〗 →3	ゲンブク, 《新は ゲンプク》　元服 →8
ゲンノショーコ　現の証拠〖植〗 →19	ケンプジン　賢夫人 →15
ケンノン　険呑 →8	ケンブツ　見物 →8
ケンバ　犬馬(〜の労) →18	ゲンブツ　原物, 現物 →8
ゲンバ　現場 →4	ケンブツキャク, ケンブツキャク　見
ケンパイ　献杯, 勧杯 →8	物客 →14c
ゲンパイ　減配 →8	ゲンブツキューヨ　現物給与 →15
ケンバイキ　券売機 →7b	ケンブツセキ, ケンブツセキ　見物席
ゲンバカントク　現場監督 →15	→14c
ケンパク　建白 →8	ゲンブツトリヒキ, ゲンブツトリヒキ
ゲンバク　原爆<原子爆弾 →10	現物取引 →12
ケンパクショ, ケンパクショ, ケンパ	ケンブツニン, ケンブツニン　見物人
クショ　建白書 →14	→14
ゲンバクショー, ゲンバクショー　原	ケンブリッジ, ケンブリッジ
爆症 →14	Cambridge〖地・大学〗 →21
ゲンバケンショー　現場検証 →15	ケンブン　見聞, 検分 →8
ゲンバツ　厳罰 →8	ゲンブン　原文 →8　言文 →18
ゲンパツ　原発(病気の〜) →8　原発<	ゲンブンイッチ, ゲンブンイッチ　言
原子力発電(所) →10	文一致 →99, 98
ケンバン　見番, 検番, 鍵盤 →8	ケンペイ　権柄(〜に言う) →8

　̄ は高い部分　̈ と ⃛ は高低が変る部分　⌐ は次が下がる符号　→ は法則番号参照

279　　　　　　　　　　　　　　　ケンペイ──ゲンリョ

ケンペイ★　憲兵　→8	ケンマク　剣幕(えらい～で)　→8
ゲンペイ★　源平　→29	ゲンマン　拳万〖児〗(=指切り)　→8
ゲンペイ★ジョースイキ，ゲンペイ★セ	ゲンミツ　厳密　→8
イ★スイキ　源平盛衰記〖書〗→17	ゲンミョー　玄妙　→8
ケンペイ★ズク，ケンペイズク　権柄尽	ケンミン　県民　→8
→95	ゲンム　兼務，建武〖年号〗→7
ケンペイ★リツ　建蔽率　→14b	ケンメイ★　賢明，懸命，県名，件名　→8
ケンベツ　県別，軒別　→8	ゲンメイ★　言明，厳命，原名　→8
ケンベン　検便　→8	ゲンメツ　幻滅　→8
ケンボ　賢母(良妻～)　→7	ゲンメン　減免，原綿(棉)　→8
ケンポ　兼補　→7　健保＜健康保険	ゲンモー　減耗，原毛　→8
→10	ケンモツ　献物　→8
ゲンボ，ゲンボ　原簿　→7	ケンモ(･)ホロロ　(～の挨拶あい)　→97,
ケンボー　健忘，健棒(～を振るう)，権謀	98
→8　絹紡＜絹糸紡績　→10	ケンモン　検問，権門　→8
ケンポー　憲法，剣法，拳法　→8	ゲンモン　舷門　→8
ゲンポー　減俸，現俸　→8	ゲンヤ　原野　→7
ゲンポー，ゲンポー　減法〖数学〗→8	ケンヤク　倹約　→8
ケンポーイハン，ケンポー(･)イハン	ゲンユ　原油　→7
憲法違反　→99, 98, 97	ケンユー　兼有，県有　→8
ケンポー(･)カイセイ★　憲法改正　→97,	ゲンユー　現有　→8
98	ケンユーシャ　硯友社　→14a
ケンポーキネンビ　憲法記念日　→17	ケンユーリン　県有林　→14a
ケンボージュッスー　権謀術数　→98	ケンヨー　兼用，顕揚　→8
ケンボーショー，ケンボーショー　健	ゲンヨー　幻妖　→8
忘症　→14a	ケンヨースイ　懸壅垂　→14a
ケンポー(･)ハップ，ケンポーハップ	ケンラン　絢爛　→58　検卵　→8
憲法発布　→97, 98, 99	ケンリ　権利　→7
ゲンボク　原木　→8	ゲンリ　原理　→7
ケンポン　献本　→8	ケンリカブ　権利株　→12
ケンポン，ケンポン　絹本　→8	ケンリキン，ケンリキン　権利金　→14
ゲンポン，ゲンポン　原本　→8	ケンリツ　県立　→8
ケンマ　研磨　→7	ケンリツコーコー　県立高校　→15
ゲンマ　減摩　→7	ケンリツダイガク　県立大学　→15
ゲンマイ　玄米　→8	ゲンリュー　源流　→8
ゲンマイショク　玄米食　→14b	ケンリョ　賢慮　→7
ゲンマイチャ　玄米茶　→14b	ケンリョー，ケンリョー　見料　→8
ゲンマイパン　玄米pão〔葡〕→16b	ゲンリョー　減量　→8
ケンマキ　研磨機　→14	ゲンリョー　原料　→8

ガギグゲゴは鼻濁音　カタカナ細字は母音の無声化　★は長音にもなる符号

ケンリョ──コイシイ　280

ケンリョク　権力 →8
ケンリョクアラソイ　権力争い →13
ケンリョクシャ, ケンリョクシャ　権力者 →14c
ケンリョクトーソー　権力闘争 →15
ケンルイ　堅塁 →8
ケンレイ　県令 →8
ケンレイモン　建礼門 →14b
ケンロ　険路 →7
ケンロー　堅牢 →8
ゲンロー　元老 →8
ゲンローイン　元老院 →14a
ゲンロク　元禄〖年号・袖・模様〗 →8
ケンロクエン　兼六園 →14
ゲンロクジダイ　元禄時代 →15
ゲンロクソデ, ゲンロクソデ　元禄袖 →12c
ゲンロクモヨー　元禄模様 →15
ゲンロン, 《古は ゲンロン》　言論 →8
ゲンワク　眩惑 →8

コ

コ　子,児 →1　小〖接頭〗 →91,4
コ　故(~山田一郎) →63　是(~はいかに) →64　粉 →1　戸,弧 →6
……コ　…湖(トワダコ 十和田~) →14
……コ: ……コ　…子(サチコ 幸~, マサコ 正~, サクラコ 桜~) →25
……こ　…個〖数〗 →34,35
ゴ　後(~になる) →6
ゴ　語 →6　呉〖国〗 →21
ゴ, 《古は ゴ》　五 →30
ゴ, 《新は ゴ》　碁 →6
……ゴ　…語(ガイコクゴ 外国~) →14
……ゴ　…吾(ショーゴ 正~, ソーゴ

宗~, ゲンゴ 源~) →25
ご 期 ⇒コノゴ
ご……　御…〖接頭〗 →92
コア　core →9
ゴアイサツ　御挨拶 →92
コアガリ　小上がり(~に座る) →13
コアキナイ, コアキナイ　小商い →12
コアキンド　小商人 →12
コアザ　小字 →4
コアジ　小鯵 →4　小味(~だ) →91
コアタリ　小当り →91
コアラ　koala →9
コイ　濃い　コカッタ, コク, コクテ, コケレバ, コシ →52　鯉 →1　恋 →2b　古意,故意 →7
コイ, コイ　請い(~を入れる) →2b
ゴイ　語意,語彙 →7　五位 →34
コイウタ, コイウタ, 《新は コイウタ》　恋歌 →4b
コイカ　恋歌 →7
コイカゼ, コイカゼ　恋風 →4b
コイガタキ　恋敵 →12
コイキ, コイキ　小意気,小粋 →91
コイクチ　濃い口(↔薄口) →5
コイグチ, コイグチ, 《古は コイグチ》　鯉口 →4
コイクチジョーユ, コイクチショーユ　濃い口醤油 →15
ゴイケンバン　御意見番 →14
コイコガレル, コイコガレル, 《古・強は コイコガレル》　恋い焦れる →45
コイコク　鯉濃汁<鯉濃漿こく> →10
コイゴコロ　恋心 →12
ゴイサギ, ゴイサギ, 《古は ゴイサギ》　五位鷺 →12
コイシ　小石 →4
コイジ, コイジ　恋路(~の闇) →4
ゴイシ　碁石 →4
コイシイ　恋しい →53

‾ は高い部分　˙˙ と ˙˙ は高低が変る部分　「 は次が下がる符号　→ は法則番号参照

281　コイシカ──コエル

コイシカワ 小石川〖地〗→21	コインロッカー coin locker[和] →16
コイシタウ, コイシタウ,《古・強は コイシタウ》 恋い慕う →45	コウ 恋う, 請う →43
コイズミ,《古は コイズミ》 小泉〖姓〗→22	……ごう …号…・合〖数〗→34, 35, 62
～・ヤクモ, コイズミヤクモ ～八雲 →24, 27	コウシ 小牛, 犢 →4
コイスル, コイスル 恋する →48	コウタ 小唄, 小歌 →4
コイソギ 小急ぎ →91	コウタイ 小謡 →12
コイチジカン,《古・強は コイチジカン》 小一時間 →91	ゴウチ 碁打 →5
コイチャ, コイチャ 濃茶(オコイチャ 御～) →7, 92	コウマ, コンマ 小馬 →4
コイチリ,《古・強は コイチリ》 小一里 →91	コウメ, コンメ,《地も。植物の新は コウメ》 小梅 →4, 21
コイツ 此奴(コイヅラ ～等) →64, 94	コウリ 小売 →5
ゴイッシン 御一新 →92	コウリショー, コウリショー 小売商 →14
コイナカ, コイナカ,《古は コイナカ》 恋仲 →4	コウリテン, コウリテン 小売店 →14
コイニョーボー 恋女房 →15	コウリネ 小売値 →12
コイヌ 小犬, 子犬 →4	コウルサイ, コウルサイ,《古・強は コウルサイ》 小煩い →91
コイネガウ, コイネガウ, コイネゴー, コイネゴー 冀う →45	コエ 声 →1
コイネガワクワ, コイネガワクワ 冀くは, 庶幾くは →67	コエ 肥 →2
コイノボリ 鯉幟 →12	コエイ★,《新は コエイ★》 孤影(～悄然 しょうぜん) →8
コイノ(・)ヤミ 恋の闇 →19	ゴエイ★ 護衛 →8
コイビト 恋人 →4	ゴエイ★カ 御詠歌 →92
コイブミ, コイブミ,《古は コイブミ》 恋文 →4	コエガカリ 声掛かり(オコエガカリ 御～) →13, 92
コイメ 濃い目(～にいれる) →93	コエガラ 声柄 →4
コイモ 子芋 →4	コエガワリ 声変り →13
ゴイル coil →9	コエゴエ, コエゴエ 声声(～に) →11
コイワ 小岩〖地〗→21	コエジマン 声自慢 →15
コイワズライ 恋煩い →13	コエダ 小枝 →4
ゴイン 雇員 →8 coin →9	コエタゴ 肥桶 →4
ゴイン 誤飲 →8	コエダメ 肥溜め →5
コインパーキング coin parking →16	コエツキ, コエツキ 声付 →4
コインランドリー coin laundry →16	ゴエツ(・)ドーシュー 呉越同舟 →97, 98
	コエビ 小海老 →4
	ゴエモンブロ, ゴエモンブロ 五右衛門風呂 →12
	コエル 越える コエナイ, コエヨー,

ガギグゲゴは鼻濁音　カタカナ細字は母音の無声化　★は長音にもなる符号

コエル──コーエン 282

コエマス, コエテ, コエレバ, コエ
　ロ →43
コエル 肥える コエナイ, コエヨー,
　コエマス, コエテ, コエレバ, コエ
　ロ →43
ゴエン 誤嚥 →8
ゴエン 五円 →34
ゴエン 御縁 →92
コー 斯う(～言う, ～して) →61
コー, コー 劫〖碁〗 →6
コー 斯う(～は行かない, ～だ) →76,
　86a 工, 公, 甲, 巧, 功, 考, 行, 交(春夏の
　～), 孝, 更, 劫(～を経た), 効, 幸(～不
　幸を), 香, 侯, 候(春暖の～), 高, 校, 降,
　項, 硬, 綱, 鋼, 稿, 講 →6
……コー …校〖学校〗(シュッシンコ
　ー 出身～), …江(ヨースコー 揚子
　～), …港(ヨコハマコー 横浜～)
　→14a
……ゴー …公〖親称・蔑称〗(クマゴー
　熊～, ハチゴー 八～) →94
……コー …校〖校正〗(ショコー 初～,
　サンコー 三～) →34
ゴー 号, 合, 剛, 郷, 業, 濠, 壕, 毫 →6
……ゴー …号(ゴガツゴー 五月～, ソ
　ーガンゴー 創刊～, アサマゴー あさ
　ま～) →14a
コーアツ 高圧 →8
コーアツガマ, コーアツガマ 高圧釜
　→12
コーアッセン 高圧線 →14
コーアツテキ 高圧的 →95
コーアン 考案, 公安, 弘安〖年号〗 →8
コーアンイイン 公安委員 →15
コーアンイインカイ 公安委員会 →17
コーアンシャ 考案者 →14a
コーアンジョーレイ 公安条例 →15
コーアンチョーサチョー 公安調査庁
　→17

コーイ 好意, 厚意, 行為, 更衣, 皇位, 高
　位, 校医, 校異 →7
ゴーイ, 《新は ゴーイ》 合意(～の上)
　→7
コーイキ 広域 →8
コーイシツ 更衣室 →14
コーイショー, コーイショー 後遺症
　→14
コーイチ 高一<高校一年 →10
コーイチ, コーイチ, コーイチ 幸一・
　孝一〖男名〗 →25
コーイツ 後逸 →8
ゴーイツ 合一 →8
コー(・)イッツイ 好一対 →39
コー(・)イッテン, ～(・)イッテン 紅一
　点 →39
コーイン 拘引, 工員, 行員, 光陰(～矢の
　如し), 後胤 →8
ゴーイン 強引 →8
コーインジョー, コーインジョー 拘
　引状 →14a
ゴーウ 降雨 →7 項羽〖人〗 →27
ゴーウ 豪雨 →7
コーウリョー 降雨量 →14
コーウン 幸運, 耕耘, 行雲(～流水) →8
コーウンキ 耕耘機 →14a
コーウンジ 幸運児 →14a
コーエイ 公営, 高詠, 光栄, 後衛, 後裔
　→8
コーエイジュータク 公営住宅 →15
コーエイヘイ 紅衛兵 →14b
コーエキ 交易, 公益 →8
コーエキジギョー 公益事業 →15
コーエキホージン 公益法人 →15
コーエツ 校閲 →8
コーエン 高遠, 宏遠, 口演, 公演, 好演,
　講演, 後援, 公園, 公苑, 香煙, 講筵 →8
……コーエン …公園(ヒビヤコーエ
　ン 日比谷～) →15

￣は高い部分　`‥`と`‥`は高低が変る部分　￢は次が下がる符号　→は法則番号参照

コーエン──コーガン

コーエンカイ　後援会, 講演会　→14a
コーエンジ　高円寺〖地〗　→21
コーエンシャ　後援者, 講演者　→14a
コーオ　好悪　→18
コオー　呼応　→8
ゴオー　五黄〖九星〗　→34
コーオツ　甲乙(～をつけがたい)　→18
コーオン　厚恩, 高恩, 鴻恩, 高音, 高温　→8
ゴーオン　号音, 轟音　→8
コーオンブ　高音部　→14a
コーカ　高価, 降嫁, 高歌, 校歌, 工科, 公価, 公課, 考課, 効果, 後架, 高架, 硬貨　→7　功過　→18
コーカ, コーカ　降下, 硬化　→7
コーガ　高雅, 黄河　→7
ゴーカ　豪華, 業火, 劫火　→7
ゴーガート　go-cart　→16
コーカイ　狡獪, 公開, 更改, 公海, 降灰　→8
コーカイ　後悔, 紅海・黄海〖海名〗　→8
コーカイ, コーカイ　航海　→8
コーガイ　公害, 光害, 慷慨, 口蓋, 梗概　→8
コーガイ, 《古は コーガイ》　口外　→8
コーガイ, 《古は コーガイ》　郊外　→8
コーガイ　校外, 港外, 構外　→8
コーガイ　笄　→5d
ゴーカイ　豪快　→8
ゴーガイ　号外　→8
コーカイコーザ　公開講座　→15
コーカイジョー, コーガイジョー　公開状　→14b
コーガイスイ　口蓋垂　→14b
コーカイソーサ　公開捜査　→15
コーガイデンシャ　郊外電車　→15
コーカイドー　公会堂　→14
コーガイトドー・チョーセイ☆イインカイ　公害等調整委員会　→17

ゴーガイヤ　号外屋　→94
コーカガク　光化学　→15
コーカガクスモッグ　光化学 smog　→16
コーカク　口角(～泡を飛ばす), 広角, 高閣, 甲殻, 降格(↔昇格)　→8
コーガク　向学, 好学, 後学, 高額　→8
コーガク, コーガク　工学, 光学　→8
ゴーカク　合格　→8
コーガクキカイ, コーガクキカイ　光学器械　→15c
コーガクシ, コーガクシ　工学士　→17
ゴーカクシャ, ゴーカクシャ　合格者　→14c
コーガクシン, コーガクシン　向学心　→14c
ゴーカクテン, ゴーガクテン　合格点　→14c
コーガクネン, コーガクネン(ガはガとも)　高学年　→17
コーガクハクシ, コーガクハカセ　工学博士　→15
コーガクブ, コーガクブ　工学部　→17
ゴーカクリツ　合格率　→14
コーカクルイ　甲殻類　→14
コーカクレンズ　広角 lens　→16
コーカサス　Caucasus〖地〗　→21
コーカジョー, コーカジョー　考課状　→14
コーカセン　高架線　→14
ゴーカセン　豪華船　→14
コーカツ　広闊, 狡猾　→8
コーカテキ　効果的　→95
コーカテツドー　高架鉄道　→15
ゴーカバン　豪華版　→14
コーカン　浩瀚, 交換, 交歓, 交感, 好感, 公館, 公刊, 向寒, 好漢, 巷間, 後患, 高官, 鋼管　→8
コーガン　厚顔, 紅顔, 睾丸　→8

ガギグゲゴは鼻濁音　カタカナ細字は母音の無声化　★は長音にもなる符号

ゴーカン　強姦, 合歓 →8
ゴーガン　傲岸 →8
コーガンキョク　交換局 →14a
コーガンザイ, コーガンザイ　抗癌剤 →14a
コーカンシュ　交換手 →14a
コーカンジョーケン　交換条件 →15
コーカンシンケイ　交感神経 →15
コーカンセン　交換船 →14
コーカンダイ　交換台 →14
コーカンパン　後甲板 →15
コーキ　高貴, 好奇, 口気, 香気, 公器, 工期, 好期, 後期, 皇紀, 校紀, 綱紀(～粛正), 広軌, 好機, 光輝, 後記, 校規, 校旗, 興起 →7
コーギ　公儀, 広義, 交誼, 好誼, 厚誼, 高誼 →7
コーギ, コーギ　抗議 →7
コーギ, コーギ, 《古は コーギ》　講義 →7
ゴーキ　剛毅, 豪気 →7
ゴーギ　強気(こいつは～だ), 合議 →7
コーキアツ　高気圧 →15
コーキ(・)コーレイシャ　後期高齢者 →98
コーキジテン　康熙字典 →15
コーキシン　好奇心 →14
ゴーギセイ　合議制 →14
コーキュー　高級, 考究, 講究, 購求, 公休, 恒久, 後宮, 高給, 降給, 硬球 →8
ゴーキュー　号泣, 剛球, 強弓 →8
コーキューシャ　高級車, 高給者 →14a
コーキューセンイン　高級船員 →15
コーキューテキ　恒久的 →95
コーキューテン　高級店 →14a
コーキュービ　公休日 →12a
コーキューヒン, コーキューヒン　高級品 →14a
コーキョ　公許, 薨去, 皇居 →7

コーキョー　口供, 公共, 好況 →8　広狭 →18
コーギョー　功業, 興業 →8
コーギョー, 《新は コーギョー》　興行 →8
コーギョー, 《古は コーギョー》　工業, 鉱業 →8
コーキョーガク　交響楽 →14a
コーキョーガクダン, コーキョーガクダン　交響楽団 →17
コーキョーキギョータイ　公共企業体 →17
コーキョーキョク　交響曲 →14a
コーギョーギンコー　興業銀行＜日本興業銀行 →15
コーギョーコーコー　工業高校 →15
コーキョーシ　交響詩 →14a
コーギョーシ　興行師 →14a
コーキョージギョー　公共事業 →15
コーキョーシセツ, コーキョーシセツ　公共施設 →15
コーキョーショ　口供書 →14
コーキョーシン　公共心 →14a
コーキョーセイ　公共性 →14
コーキョーダンタイ　公共団体 →15
コーギョーチタイ, コーギョーチタイ　工業地帯 →15
コーキョートーシ　公共投資 →15
コーギョートシ　工業都市 →15
コーギョーヌシ　興行主 →12a
コーキョーホーソー　公共放送 →15
コーギョーモノ　興行物 →12
コーギョーヨー　工業用 →14
コーキョーリョーキン　公共料金 →15
コーキョ(・)ガイエン　皇居外苑 →97, 98
コーギョク　紅玉, 硬玉, 鋼玉 →8
コーギロク　好記録 →15
コーギロク　講義録 →14

285 コーキン──ゴーゴー

コーキン 拘禁, 公金(〜費消), 抗菌 →8
コーギン 口吟, 高吟 →8
ゴーキン 合金 →8
コーク 鉱区 →7
コーグ 工具, 香具, 校具, 耕具 →7
ゴーク 業苦 →7
コークー 航空, 高空 →8
コーグー 厚遇 →8
コーグー, コーグー 皇宮 →8
コークーキ 航空機 →14a
コーグーケイサツ 皇宮警察 →15
コークーケン 航空券 →14a
コークーシ 航空士 →14a
コークージエイタイ 航空自衛隊 →17
コークータイ 航空隊 →14
コークービン, コーグービン 航空便 →14a
コークーヘイ 航空兵 →14a
コークーボカン 航空母艦 →15
コークーロ 航空路 →14a
コークス Koks〔独〕 →9
コーグツ 後屈 →8
コーグリ 高句麗〔国〕 →21
ゴーグル, 《新は ゴーグル》 goggles →9
コーグン 行軍, 皇軍 →8
コーゲ 高下, 香華 →18
コーケイ 口径, 後継, 絞刑, 肯綮 →8
コーケイ, コーケイ 光景 →8
コーゲイ, コーゲイ 工芸 →8
ゴーケイ 合計 →8
コーケイキ 好景気 →15
コーケイシャ 後継者 →14b
コーケイナイカク 後継内閣 →15
コーゲイビジュツ 工芸美術 →15
コーゲイヒン, コーゲイヒン 工芸品 →14b
コーゲキ 攻撃 →8
コーケチ 纐纈〔染色〕 →8

コーケツ 高潔 →8 膏血(〜を絞る) →18
ゴーケツ 豪傑 →8
コーケツアツ, コーケツアツ 高血圧 →15
コーケッカ 好結果 →15
コーケン 貢献, 公権, 効験, 高見 →8
コーケン, コーケン, 《芸能は コーケン》 後見 →8
コーゲン 抗原, 高原 →8
コーゲン, コーゲン 公言, 広言, 高言, 巧言(〜令色), 光源 →8
‥‥‥コーゲン …高原(シガコーゲン 志賀〜, タテシナコーゲン 蓼科〜) →15
ゴーケン 剛健, 合憲 →8
コーゲンガク 考現学 →14a
コーケンド 貢献度 →14a
コーケンニン 後見人 →14
コーゲンビョー 膠原病 →14
コーケンヤク 後見役 →14
コーゲンヤサイ 高原野菜 →15
コーゲン・レイショク 巧言令色 →98
コーコ, コーコー 香香(=漬物。オコーコ 御〜) →11d
コーコ 好個, 公庫, 好古, 曠古, 後顧(〜の憂い) →7 江湖 →18
コーゴ 口語 →7
コーゴ 向後, 交互 →7
ゴーゴ 豪語 →7
コーコー 皓皓, 煌煌 →58 航行, 後攻, 口腔, 港口, 鉱坑 →8 高校<高等学校 →10
コーコー, 《コーモー は読み誤り》 膏肓(病〜に入る) →8d
コーコー 孝行 →8 斯う斯う →68
コーゴー 交合 →8
コーゴー 皇后, 香合 →8
ゴーゴー, ゴーゴー 轟轟, 囂囂 →58

ガギグゲゴは鼻濁音　カタカナ細字は母音の無声化　★は長音にもなる符号

ゴーゴー──コーシキ　286

ゴーゴー　（いびきが～・風が～）→57	る）→18
ゴーゴー　<go-go →16	コーサイカ　交際家 →14
コーコーガイ　硬口蓋 →15	コーサイヒ　交際費 →14b
コーコーシイ　神神しい →53	コーサイリクリ　光彩陸離 →59
コーコーセイ　高校生 →14a	コーザイリョー　好材料 →15
コーゴーセイ　光合成 →15	ゴーサイン　go sign〔和〕→16
コーコーヘイカ　皇后陛下 →15	コーサク　工作,耕作,交錯,高作 →8
コーコーヤ　好好爺 →14a	コーサクイン　工作員 →14
コーコガク　考古学 →14	コーサクキカイ, コーサクキカイ　工作機械 →15
コーコガクシャ　考古学者 →17	コーサツ　考察,高察,絞殺,高札 →8
コーコク　公告,広告,抗告,興国,皇国 →8	コーザツ　交雑 →8
コーコクギョー　広告業 →14	コーサテン, コーサテン　交差(叉)点 →14
コーコクシャシン　広告写真 →15	ゴーサラシ　業曝し →13
コーコクダイリテン　広告代理店 →17	コーサン　降参,公算,恒産,鉱産 →8 高三 <高校三年 →10
コーコクトー　広告塔,広告灯 →14	ゴーザン　高山,鉱山 →8
コーコクヌシ　広告主 →12	コーザンギョー　鉱山業 →14a
コーコクブン, コーコクブン　広告文 →14	コーザンショクブツ　高山植物 →15
コーコクヤ　広告屋 →94	コーザンビョー　高山病 →14
コーコクラン　広告欄 →14	コーシ　格子 →7 孔子〖人〗→94
コーゴサヨー　交互作用 →15	コーシ　行使,公使,公子,孝子,厚志,高士,講師,後肢,皓歯,嚆矢 →7 公私 →18 高師 <高等師範学校 →10
コーゴタイ　口語体 →14	コージ　麹 →1 柑子 →7
コーコツ　恍惚 →58 硬骨 →8	コージ, コージ　公示 →7
コーコツカン, コーコツカン　硬骨漢 →14c	コージ　小路 →4 工事,公事,好事,後事,高次,好餌,講師〖歌会・法会など〗→7 浩二・孝次・光治〖男名〗→25
コーコツモジ　甲骨文字 →15	ゴーシ　合資 →7
コーゴブン, コーゴブン　口語文 →14	ゴーシ, ゴーシ　合祀 →7
コーゴホー, コーゴホー　口語法 →14	ゴーシ　郷士 →7
ゴーコン　合コン <合同 company →10	ゴージ　合字 →7
コーサ, コーサ　交差(叉) →7	コーシエン　甲子園 →14
コーサ　公差,黄砂 →7	ゴーシガイシャ　合資会社 →15
コーサ, コーサ　考査 →7	コージカン　公使館 →14
コーザ　口座,講座 →7	コーシキ　公式 →8,95 硬式 →95
コーザ, 《新は コーザ》　高座 →7	コーシキキロク　公式記録 →15
コーサイ　交際,公債,光彩,虹彩 →8 高裁 <高等裁判所 →10	
コーザイ　絞罪,鋼材 →8	
コーザイ, ゴーザイ　功罪（～相半ばす	

￣は高い部分　¨ と ¨ は高低が変る部分　┐は次が下がる符号　→は法則番号参照

287 　コーシキ──コージョ

コーシキセン　公式戦 →14
コージゲンバ　工事現場 →12
コーシ(・)コンドー　公私混同 →97, 98
コーシジマ　格子縞 →12
コーシズクリ　格子造り →13
コージセイ　高姿勢 →15
コーシツ　後室,皇室,公室,硬質,膠質, 高湿 →8
コージツ　口実,好日(日日是～) →8
コージツセイ　向日性 →14
コーシツテンパン　皇室典範 →15
コーシテ　斯うして →69
コーシド　格子戸 →12
コージバ　工事場 →12
コージヒ　工事費 →14
コージマチ　麹町〖地〗 →12
コーシマド　格子窓 →12
コーシャ　後者,校舎,公舎,公社 →7
コーシャ, コーシャ　巧者,降車,後車 →7
ゴーシャ　豪奢,郷社 →7
コーシャク,《古は コーシャク》 公爵,侯爵 →8
コーシャク, コーシャク　講釈 →8
コーシャクシ, コーシャクシ　講釈師 →14c
コーシャグチ, コーシャグチ　降車口 →12
コーシャサイ　公社債 →14
ゴージャス　gorgeous →9
コーシャホー, コーシャホー　高射砲 →14
コーシャリン　後車輪 →15
コーシュ　好守,拱手,工手,巧手,好手, 公主,校主,甲種 →7 攻守 →18
コージュ, コージュ　口授 →7
コーシュー　講習,口臭,公衆 →8
コーシュー　甲州(=甲斐) →8
コージュー　講中 →8

ゴーシュー　豪(濠)州〖地〗 →8
コーシューエイセイ　公衆衛生 →15
コーシューカイ　講習会 →14a
コーシューカイドー　甲州街道 →15
コーシュージョ, コーシュージョ　講習所 →14
コーシューデンワ　公衆電話 →15
コーシューハ　高周波 →15
コーシューブドー　甲州葡萄 →15
コーシューベンジョ　公衆便所 →15
コーシューヨクジョー　公衆浴場 →15
コーシュケイ, コーシュケイ　絞首刑 →14
コーシュダイ, コーシュダイ　絞首台 →14
コーシュツ　後出 →8
コージュツ　口述,後述 →8
コージュツシケン, コージュツシケン　口述試験 →15c
コージュツニン, コージュツニン　公述人 →14
コージュツヒッキ　口述筆記 →15
コージュホーショー　紅綬褒章 →15
コーショ　公署,向暑,高所,高書 →7
コージョ　控除,孝女(～白菊),皇女,公序 →7 高女<高等女学校 →10
コーショー　高尚,口承,口誦,公称,交渉,哄笑,高唱,校章,考証,口証,公証,工匠,工廠,公傷,公娼,行賞,鉱床,厚相 →8 高商<高等商業学校 →10
コージョー　向上,交情,厚情,恒常,荒城(～の月) →8
コージョー, コージョー　口上 →8
コージョー, コージョー　工場 →8
ゴーショー　豪商 →8
ゴージョー　強情 →8
コージョーイー　口上言い →13a
コーショーガイ　公生涯,高障害 →15
コージョーガキ　口上書 →13

ガギグゲゴは鼻濁音　カタカナ細字は母音の無声化　★は長音にもなる符号

コージョ──コーセイ　288

コージョーケン　好条件　→15
コージョーシン　向上心　→14a
コージョーセン　甲状腺　→14
コージョーチョー　工場長　→14a
コージョーテキ　恒常的　→95
コーショーニン　公証人　→14
コージョーヘイ☆サ　工場閉鎖　→15
ゴージョーモノ　強情者　→12
コーショーヤクバ　公証役場　→15
コーショク　公職, 交織, 好色, 紅色, 黄色
　→8
コーショク(･)イチダイオトコ　好色一
　代男〖書〗→97, 98
コーショク(･)イチダイオンナ　好色一
　代女〖書〗→97, 98
コーショクジンシュ, オーショクジン
　シュ　黄色人種　→15
コーショクセンキョホー, コーショク
　センキョホー　公職選挙法　→17
コーショクボン　好色本　→14
ゴージョッパリ　強情っ張り　→13d
コージル, コージル　高じる, 講じる,
　困じる　→47
コーシン　更新, 亢進, 行進, 後進, 口唇,
　紅唇, 功臣, 恒心, 後身, 庚申　→8
コーシン, コーシン　孝心　→8
コージン　公人, 行人, 後人, 幸甚, 後陣,
　後塵(～を拝する), 黄塵(～万丈)　→8
コージン　荒神(～様)　→8
コーシンエツ　甲信越　→29
コーシンキョク　行進曲　→14a
コーシンコク　後進国　→14a
コーシンジョ, コーシンジョ　興信所
　→14
コーシンズカ　庚申塚　→12
コージンブツ　好人物　→15
コーシンマチ　庚申待ち　→13
コーシンリョー　香辛料　→14a
コーシンロク　興信録　→14a

コース　course　→9
コーズ　構図　→7
コースイ　香水, 降水, 硬水, 鉱水　→8
コースイ　幸水〖梨〗→8
コーズイ, 《新は コーズイ》　洪水　→8
コースイカクリツ　降水確率　→15
コーズイリョー　降水量　→14b
ゴースー　号数　→8
コーズカ　好事家　→14
コーズケ　上野(～の国)　→21
コースター　coaster　→9
ゴースト　ghost　→9
ゴーストタウン　ghost town　→16
ゴーストトップ　go stop〔和〕→18
コースル　抗する, 航する　→48
コーズル, コーズル　高ずる, 講ずる,
　薨ずる　→47
ゴースル　号する　→48
コーセイ☆　公正, 更正, 校正, 更生, 厚生,
　構成, 攻勢, 好晴, 恒星, 高声, 鋼製　→8
コーセイ☆　後世, 後生(～畏るべし)
　→8
ゴーセイ☆　合成, 剛性　→8
ゴーセイ☆　豪勢　→8
コーセイ☆ケッテイ☆　更正決定　→15
ゴーセイ☆ゴ　合成語　→7
ゴーセイ☆ゴム　合成 gom〔蘭〕→16
ゴーセイ☆シュ, ゴーセイ☆シュ　合成酒
　→14b
ゴーセイ☆ジュシ　合成樹脂　→15
コーセイ☆ショー　厚生省　→14b
コーセイ☆ショーショ　公正証書　→15
コーセイ☆ズリ　校正刷り　→13
コーセイ☆セキ　好成績　→15
ゴーセイ☆センイ　合成繊維　→15
ゴーセイ☆センザイ　合成洗剤　→15
コーセイ☆ダイジン　厚生大臣　→15
コーセイ☆トリヒキイインカイ　公正取
　引委員会　→17

⎺は高い部分　…と‥は高低が変る部分　⌐は次が下がる符号　→は法則番号参照

289 　　コーセイ —— ゴーダツ

コーセイ*ネン　好青年 →15
コーセイ*ネンキン　厚生年金 →15
コーセイ*ノー　高性能 →15
コーセイ*ハクショ　厚生白書 →15
ゴーセイ*ヒカク　合成皮革 →15
ゴーセイ*ブツ　合成物 →14b
コーセイ*ブッシツ　抗生物質 →15
コーセイ*ロードーショー　厚生労働省
　→17
コーセキ　口跡, 功績, 鉱石, 航跡 →8
コーセキウン, コーセキウン　高積雲
　→15
コーセキセイ*, コーセキセイ*　洪積世
　→15
コーセキソー, コーセキソー　洪積層
　→15
コーセツ　交接, 講説, 高説, 巷説, 公設,
　降雪 →8
コーセツ, コーセツ　巧拙 →18
コーゼツ　口舌（〜の徒）→18
ゴーセツ　豪雪 →8
コーセツイチバ, コーセッジョー
　公設市場 →12, 15
ゴーセットー　強窃盗 →17
コーセン　公選, 交戦, 好戦, 抗戦, 黄泉,
　鉱泉, 光線, 鋼線 →8　高専＜高等専門
　学校 →10
コーセン　口銭 →8
コーセン, コーセン　香煎 →8
コーゼン　公然, 昂然, 浩然（〜の気）
　→56　紅轟 →8
ゴーセン　合繊＜合成繊維 →10
ゴーゼン　傲然, 轟然 →56
コーセンコク　交戦国, 好戦国 →14a
コーセンチュー　交戦中 →14
コーソ, ゴーソ　高祖（漢の〜）→7
コーソ　公訴, 控訴, 酵素, 皇祚 →7
コーゾ　楮 →1
コーソー　広(宏)壮, 高燥, 抗争, 後送, 航

送, 構想, 公葬, 校葬, 高層, 高僧, 降霜,
香草, 紅藻 →8
コーゾー　構造 →8
ゴーソー　豪壮 →8
コーソーウン　高層雲 →14a
コーソーケンチク　高層建築 →15
コーゾーシュギ　構造主義 →15
コーソービル　高層ビル＜高層 building
　→16
コーゾーブツ　構造物 →14a
コーソク　拘束, 梗塞, 校則, 高速 →8
コーゾク　後続, 皇族 →8
ゴーゾク　豪族 →8
コーソクジカン　拘束時間 →15
コーソクド　高速度 →15
コーソクドー　高速道 →14
コーソクドーロ　高速道路 →15
コーソクリョク　拘束力 →14
コーゾクリョク　航続力 →14
コーソシン　控訴審 →14
コーソツ　高卒＜高校卒業 →10
コーソン　皇孫 →8
コーダ　好打 →7
コータイ　交替, 後退, 抗体 →8
コーダイ　高大 →8　工大＜**コーギョ
　ーダイガク** 工業大学 →10, 15
コーダイ,《古は **コーダイ**》　広(宏)大
　（〜無辺）→8
コーダイ　後代 →8
コータイゴー, コータイゴー　皇太后
　→15
コータイシ　皇太子 →15
コータイシヒ　皇太子妃 →14
コータイジングー, コータイジングー
　皇大神宮 →17
コーダカ　甲高〚足〛 →5
コータク　光沢 →8
コータツ　口達 →8
ゴーダツ　強奪 →8

ガギグゲゴは鼻濁音　カタカナ細字は母音の無声化　★は長音にもなる符号

コーダロ──コーテキ 290

コーダ(・)ロハン　幸田露伴 →22, 24, 27	コーツーアンゼン, コーツーアンゼン　交通安全 →98, 99

コーダ(・)ロハン　幸田露伴 →22, 24, 27
コータン　降誕, 後端 →8
コーダン　高談, 講談, 巷談, 降壇, 講壇, 公団, 後段, 高段 →8
ゴータン, ゴータン　豪胆 →8
ゴーダン　強談 →8
ゴーダンエ　降誕会 →14a
コーダンサイ　降誕祭 →14a
コーダンシ　好男子 →15　講談師 →14a
コーダンシャ　高段者 →14a
コーダンジュータク　公団住宅 →15
コーダンボン　講談本 →14
コーチ　巧緻, 巧遅, 荒地, 耕地, 高地, 狡智 →7　高知〖地〗 →21　coach →9
コーチ, コーチ　拘置 →7
コーチク　構築 →8
コーチクブツ　構築物 →14
コーチケン　高知県 →14
コーチシ　高知市 →14
コーチショ, コーチショ　拘置所 →14
コーチャ　紅茶 →7
コーチャー　coacher →9
コーチャク　降着, 膠着 →8
コーチャジャワン　紅茶茶碗 →15
コーチヤマ　河内山〖人・歌舞伎〗→22
コーチュー　甲虫 →8
コーチュー, コーチュー　口中 →8
コーチューヤク　口中薬 →14a
コーチョ　高著 →7
コーチョー　好調, 紅潮, 高潮, 高調, 硬調, 校長, 候鳥 →8
コーチョーカイ　公聴会 →14a
コーチョーセンセイ　校長先生 →94
コーチョク　硬直 →8
ゴーチョク　剛直 →8
ゴーチン　工賃 →8
ゴーチン　轟沈 →8
コーツー　交通 →8

コーツーアンゼン, コーツーアンゼン　交通安全 →98, 99
コーツーイハン　交通違反 →15
コーツーカ　交通禍 →14a
コーツーキカン, コーツーキカン　交通機関 →15
コーツーキセイ　交通規制 →15
コーツーコーシャ　交通公社 →15
コーツージコ　交通事故 →15
コーツージゴク　交通地獄 →15
コーツージュータイ, コーツージュータイ　交通渋滞 →15
コーツージュンサ　交通巡査 →15
コーツーセイリ　交通整理 →15
コーツードートク　交通道徳 →15
コーツードメ　交通止め →13
コーツーナン　交通難 →14a
コーツーヒ　交通費 →14a
コーツーモー　交通網 →14a
コーツーリョー　交通量 →14a
ゴーックバリ, ゴーックバリ　強突張り, 業突張り →13
コーツゴー　好都合 →15
コーテイ　公定, 肯定, 校定, 考訂, 更訂, 校訂, 工程, 行程, 航程, 高弟, 公邸, 校庭, 皇帝 →8　高低 →18　黄帝 →25
コーテイ　拘泥 →8
ゴーテイ　豪邸 →8
コーテイエキ　口蹄疫 →b
コーテイカカク　公定価格 →15
コーディネーター　coordinator →9
コーディネート　coordinate →9
コーテイブアイ　公定歩合 →12
コーティング　coating →9
コーテキ　好適, 公敵, 抗敵 →8　公的 →95
ゴーテキ　号笛 →8　豪的 →95
コーテキシュ, コーテキシュ　好敵手 →17

──は高い部分　…と…は高低が変る部分　「は次が下がる符号　→は法則番号参照

コーテキ──コーナン

コーテキネンキン 公的年金 →15	ンサツチョー 高等検察庁 →17
コーテツ 更迭, 鋼鉄 →8	コートーサイバンショ, コートーサイ
コーテツセイ★ 鋼鉄製 →14	バンショ 高等裁判所 →17
コーデュロイ, コーデュロイ cordu-	コートーシモン 口頭試問 →15
roy →9	コートーショーガッコー 高等小学校
コーテン 公転, 好転, 後天, 高点 →8	→17
コーテン, コーテン 好天, 荒天, 高天	コートージョガッコー 高等女学校
→8	→17
コーテン, コーテン 交点, 光点 →8	コードータイ 行動隊 →14
コーデン 公電, 香典 →8	コードーテキ 行動的 →95
コーデンガエシ 香典返し →13	コードーハンケイ★ 行動半径 →15
コーデンカン, コーデンカン 光電管	コートーブ 後頭部 →17 高等部
→14a	→14a
コーテンキ 好天気 →15	コートーベンロン 口頭弁論 →15
ゴーテンジョー 格天井 →15	コートームケイ★ 荒唐無稽 →98
コーテンセイ★ 後天性 →14	コードーリョク 行動力 →14a
コーテンテキ 後天的 →95	コートク 公徳, 高徳 →8
コート 斯うと →67 後図 →7 coat,	コードク 講読, 購読, 鉱毒 →8
court →9	コードクシャ, コードクシャ 購読者
コード 光度, 高度, 硬度, 黄土, 耕土 →7	→14c
cord, code →9	コートクシン, コートクシン 公徳心
コートー 高等, 荒唐, 好投, 高(昂)騰, 叩	→14c
頭, 口頭, 後頭, 喉頭, 口答, 公党, 紅灯,	コードクリョー 購読料 →14
高踏, 降等 →8 江東〖地〗→21	コオトコ 小男 →12
コードー 行動, 公道, 坑道, 黄道, 講堂	コードサ 高度差 →14
→8	コードセイ★チョー 高度成長 →15
コードー, 《古は コードー》 孝道, 香	コオドリ 小躍り →91
道 →8	コートリクミ 好取組 →12
ゴートー 強盗 →8	コードレス cordless →9
ゴードー 合同 →8	コーナー corner →9
コートーカ 高等科 →14	コーナイ 口内, 坑内, 校内, 港内, 構内
コートーガッコー 高等学校 →15	→8
コートーカン 高等官 →14a	コーナイエン, コーナイエン 口内炎
コードーカン 講道館 →14a	→14b
コードーキチニチ, コードーキチニチ	コーナイボーリョク 校内暴力 →15
黄道吉日 →98	コーナゴ 小女子〖魚〗
コートーク 江東区 →14a	コーナリング cornering →9
コートーケッカク 喉頭結核 →15	コーナン 後難 →8
コートーケンサツチョー, コートーケ	ゴーナン 硬軟 →18

ガギグゲゴは鼻濁音　カタカナ細字は母音の無声化　★は長音にもなる符号

コーニ──ゴービョー　　292

コーニ　高二＜高校二年　→10
コオニ　小鬼　→4
コーニチ　抗日　→8
コーニュー　購入　→8
コーニン　公認, 後任　→8
コーニンカイケイシ　公認会計士　→17
コーネツ　高熱, 光熱　→8
ゴーネツ, コーネツ　口熱　→8
コーネツヒ, コーネツヒ　光熱費　→14c
コーネン, ギョーネン　行年　→8
コーネン　高年　→8
コーネン, コーネン　光年, 後年　→8
コーネンキ　更年期　→14a
コーネンキショーガイ　更年期障害　→15
コーネンシャ　高年者　→14a
コーネンソー　高年層　→14a
コーノイケ, 《古は コーノイケ》　鴻池　〖姓〗　→22
　～・ゼンエモン, 《新は ～・ゼンエモン》　～善右衛門　→26
コーノー　行嚢, 効能, 後納　→8
ゴーノー　豪農　→8
コーノーガキ　効能書　→13
コーノトリ, ゴーノトリ　鸛　→19
コーノモノ, コーノモノ, コーノモノ　香の物　→19
ゴーノモノ, ゴーノモノ, ゴーノモノ　剛の者　→19
ゴーハ　光波, 硬派　→7
コーバ　工場　→4
コーハイ　光背, 荒廃, 交配, 好配, 高配, 後輩　→8　降灰　→4　興廃(皇国の～), 向背　→18
コーバイ　公売, 購買, 紅梅　→8
コーバイ, コーバイ　勾配　→8
コーバイクミアイ　購買組合　→12
コーバイスー　公倍数　→15

コーハイチ　後背地　→14b
コーバイリョク　購買力　→14b
コーハク　紅白, 黄白, 厚薄　→18
コーバク　広漠, 荒漠　→8
コーハクジアイ　紅白試合　→12
コーバコ　香箱(～をつくる)　→4
コーバジイ, コーバシイ　香ばしい　→53
コーハツ　後発　→8
ゴーバナ, ゴーゲ　香華　→18
ゴーハラ, ゴーハラ　業腹　→4
コーハン　広範(汎), 公判, 後半, 孔版　→8
コーバン　交番, 降板　→8
コーバン, コーハン　鋼板　→8
ゴーハン, ゴーバン　合板　→8
コーハンイ　広範囲　→15
コーハンキ　後半期　→17
コーハンセイ　後半生　→17
コーハンセン, コーハンセン　後半戦　→17
コーヒ, コーヒ　口碑　→7
コーヒ　工費, 公費, 校費　→7
コービ, コービ　交尾　→7
コービ　後尾, 後備　→7
ゴーヒ　合否　→18
コーヒー　koffie〔蘭〕　→9
コーヒーギューニュー　koffie 牛乳〔蘭〕　→15
コーヒージャワン　koffie 茶碗〔蘭〕　→15
コーヒーテン　koffie 店〔蘭〕　→14a
コーヒーポット　koffie〔蘭〕＋pot〔英〕　→16
コーヒーメーカー　coffee maker　→16
コーヒツ　硬筆　→8
コーヒョー　公表, 講評, 好評, 高評, 降雹　→8
ゴービョー　業病　→8

‾ は高い部分　… と … は高低が変る部分　｢ は次が下がる符号　→ は法則番号参照

293　コーヒン──コームイ

コーヒン　公賓 →8
コービン　幸便, 後便 →8
コーヒンイ　高品位 →15
コーフ　甲府〖地〗 →21
コーフ　工夫, 坑夫, 鉱夫 →7
コーフ, コーフ　公布, 交付 →7
コーブ　後部 →7　公武(〜合体) →18
コープ　co-op(=消費生活協同組合) →16
コーフー, コーフー　校風 →8
コーフーセイゲツ　光風霽月 →98
コーフキン　交付金 →14
コーフク　幸福, 降伏, 校服 →8
ゴーフク, ゴーフク　剛腹 →8
コーフクジ　興福寺 →14
コーフシ　甲府市 →14
コーフゼイ★　交付税 →14
ゴーブツ　好物, 鉱物 →8
コーブッカ　高物価 →15
コーフボンチ　甲府盆地 →15
コーフン　興奮, 公憤, 口吻 →8
コーブン　公文, 行文, 構文 →8　高文<高等文官試験 →10
コーブンシカゴーブツ　高分子化合物 →17
コーブンショ　公文書 →17
コーベ　神戸〖地〗 →21
コーベ, ゴーベ　首 →1
コーヘイ★　公平(〜無私) →8
コーヘイ★　工兵 →8
コーベシ　神戸市 →14
コーヘン　口辺 →8
コーヘン, ゴーヘン　後編(篇) →8
コーベン, ゴーベン　抗弁 →8
ゴーベン　合弁(瓣・辨) →8
ゴーベンカ　合弁(瓣)花 →14a
ゴーベンガイシャ　合弁会社 →15
コーホ　候補 →7
コーボ　酵母 →7

コーボ, コーボ　公募 →8
コーポ　<cooperative house〔和〕 →10
コーホー　後報, 後方, 高峰 →8
コーホー, ゴーホー　広(弘)報, 公報, 公法, 航法 →8
コーボー　工房, 光芒 →8　攻防, 興亡 →18　弘法<コーボーダイシ　弘法大師 →24, 15
ゴーホー　豪放, 合法, 号俸, 号砲, 業報 →8
コーホーキンム　後方勤務 →15
ゴーホーテキ　合法的 →95
コーボキン, ゴーボキン　酵母菌 →14
コーボク　公僕, 校僕, 坑木, 香木, 高木 →8
コーホシャ　候補者 →14
コーホネ　河骨〖植・紋所〗 →4
コーホン, ゴーホン　校本, 稿本 →8
ゴーマ　降魔(〜の利剣) →7
コーマイ　高邁 →8
ゴーマツ　毫末(〜も) →8
ゴーマン, コーマン　高慢 →8
ゴーマン,《古は ゴーマン》　傲慢 →8
コーマンチキ, コーマンチキ　高慢ちき →94a
コーミ, コーミ　香味 →18, 93
コーミャク　鉱脈 →8
コーミョー　光明 →8
コーミョー, ゴーミョー　巧妙, 功名, 高名 →8
コーミョーコーゴー, コーミョーゴーゴー　光明皇后 →15
コーミョーシン　功名心 →14a
コーミリョー　香味料 →14
コーミン　公民 →8
コーミンカン　公民館 →14a
コーミンケン　公民権 →14a
コーム　工務, 公務, 校務 →7
コームイン　公務員 →14

ガギグゲゴは鼻濁音　カタカナ細字は母音の無声化　★は長音にもなる符号

コーム・シッコーボーガイ 公務執行妨害 →97	ゴーユー 剛勇, 豪勇, 豪遊 →8
コームテン 工務店 →14	コーユーカイ 校友会 →14a
コームル 被る →44	コーユーチ 公有地 →14a
コーメイ 公明, 校名 →8	コーヨー 孝養, 紅葉, 高(昂)揚, 公用, 行用, 効用 →8
コーメイ, コーメイ 高名 →8	
ゴーメイ 合名 →8	コーヨーゴ 公用語 →14
ゴーメイガイシャ 合名会社 →15	コーヨージュ 広葉樹 →14a
コーメイセイダイ 公明正大 →98	コーヨーブン, コーヨーブン 公用文 →14a
コーメイトー 公明党 →14	ゴーヨク, ゴーヨク 強欲 →8
ゴーモ 毫も(~疑わず) →67	コーラ 甲羅 →94
コーモー 紅毛, 鴻毛 →8 孔孟<孔子・孟子 →29 膏盲(膏肓ﾓﾓの誤読) ⇒コーコー	コーラ cola →9
	コーライ 光来 →8 高麗〖国〗 →21
ゴーモー 剛毛 →8	コーライベリ 高麗縁 →12
コーモク 項目, 綱目 →8	コーライヤ 高麗屋〖歌舞伎〗 →94
ゴーモクテキ 合目的 →15	コーラク 行楽 →8
コオモテ 小面 →12	コーラクエン 後楽園 →14
コーモリ 蝙蝠〖動・傘〗 →5	コーラクチ, コーラクチ 行楽地 →14c
コーモリガサ 蝙蝠傘 →12	コーラス chorus →9
コーモン 後門, 校門, 肛門, 閘門, 黄門《人も》 →8	コーラボシ 甲羅干し →13
	コーラン 攪乱, 高覧, 高欄, 勾欄 →8
ゴーモン 拷問 →8	コーラン Koran〖書〗 →9
コーヤ 広(曠)野, 荒野 →7 高野〖地〗 →21	コーリ 氷 →2
	コーリ 公吏, 公理, 公利, 高利 →7 功利 →18
コーヤ, コンヤ 紺屋(~のあさって) →94d	
ゴーヤ, ゴーヤー (=苦瓜。沖縄方言から)	コーリ, コリ 行李 →7d
	ゴーリ 合理 →7
コーヤク 口約, 公約, 膏薬 →8	コーリアズキ 氷小豆 →12
コーヤクスー 公約数 →15	ゴーリカ, ゴーリカ 合理化 →95
コーヤサイ 後夜祭 →14	コーリカシ 高利貸 →13
コーヤサン 高野山 →14	コーリガシ 氷菓子 →15
コーヤドーフ 高野豆腐 →15	ゴーリキ, ゴーリキ 合力, 強力 →8
コーヤノシロバカマ, コーヤノシラバカマ 紺屋の白袴 →98	ゴーリキー Gorikii〖露〗〖人〗 →22
	コーリザトー 氷砂糖 →15
コーヤビジリ 高野聖《書も》 →12	コーリシュギ 功利主義 →15
コーユ 香油, 鉱油 →7	ゴーリシュギ 合理主義 →15
コーユー 公有, 交遊, 交友, 校友 →8	コーリジルコ 氷汁粉 →12
	コーリスイ 氷水 →14

￣は高い部分　̈と̇は高低が変る部分　「は次が下がる符号　→は法則番号参照

コーリズ ── コーワ

コーリヅケ 氷漬け →13	**コールタール** coal tar →16
コーリツ 高率, 公立, 効率 →8	**コールテン** コール天＜corded velveteen →10
コーリツガッコー 公立学校 →15	
コーリヅク 凍り付く →45	**ゴールデンアワー** golden hour〔和〕→16
コーリテキ 功利的 →95	
ゴーリテキ 合理的 →95	**ゴールデンウイーク** golden week〔和〕→16
コーリドーフ 凍り豆腐 →15	
コーリブクロ 氷袋 →12	**コールド** ＜コールドクリーム cold cream →9, 16
コーリマクラ 氷枕 →12	
コーリミズ 氷水 →12	**ゴールド** gold →9
コーリヤ 氷屋 →94	**コールドゲーム** called game →16
コーリャク 攻略 →8	**コールドチェーン** cold chain〔和〕→16
ゴーリャク, コーリャク 後略 →8	**コールドパーマ** ＜cold permanent wave →16
コーリヤマ 郡山〖地〗→21	
コーリャン, ゴーリャン 高粱〔華〕→9	**コーレイ** 好例, 恒例, 高齢 →8
コーリュー 交流, 拘留, 勾留, 興隆 →8　幸流〖能〗→14	**ゴーレイ** 号令 →8
	コーレイカ, コーレイカ 高齢化 →95b
ゴーリュー 合流 →8	
ゴーリューテン 合流点 →14a	**コーレイシャ** 高齢者 →14b
コーリョ 考慮, 高慮 →7	**コーレイチ** 高冷地 →14b
コーリョー 荒涼, 広(宏)量, 考量, 校了, 綱領 →8	**コーレツ** 後列 →8
	コーロ 香炉 →7
コーリョー, ゴーリョー 香料, 稿料 →8	**ゴーロ** 公路, 行路, 航路, 高炉 →7
コーリョク 光力, 抗力, 効力 →8	**コーロー** 功労, 高楼 →8
ゴーリョク, ゴーリョク 合力 →8	**コーローイ** 公労委＜公共企業体等労働委員会 →10
コーリン 降臨, 後輪, 黄燐 →8	
コーリン, 《模様は コーリン》 光琳〖人〗⇒**オガタ～**	**コーローキョー** 公労協＜公共企業体等労働組合協議会 →10
コール 凍る, 冱る →43	**コーローシャ** 功労者 →14a
コール call, ＜call money, ＜call loan →9	**コーローム** 紅楼夢〖書〗→14a
	コーロギ 蟋蟀〖昆虫〗
ゴール goal →9	**コーロク, 《古は コーロク》** 高禄(～をはむ) →8
コールイ 紅涙 →8	
ゴールイン goal in〔和〕→16	**コーロヒョーシキ** 航路標識 →15
ゴールキーパー goalkeeper →16	**コーロビョーシャ** 行路病者 →15
ゴールキック goal kick →16	**コーロン** 公論, 高論 →8
コールサイン call sign →16	**コーロン, コーロン** 口論 →8
	コーロンオツバク 甲論乙駁 →98
	コーワ 講和, 講話 →7

ガギグゲゴは鼻濁音　カタカナ細字は母音の無声化　★は長音にもなる符号

コーワカ──コガワセ　296

コーワカイギ 講和会議 →15	**コガシ** 焦がし →2
コーワカマイ 幸若舞 →12	**……ゴカシ** (**オタメゴカシ** 御為～, **シンセツゴカシ** 親切～) →95
コーワジョーヤク 講和条約 →15	**ゴカジョー** 五箇条(～の御誓文) →39
コーワン 港湾 →8	**コガシラ** 小頭 →12
ゴーワン 剛腕 →8	**コガス** 焦がす **コガサナイ**, **コガソー**, **コガシマス**, **コガシテ**, **コガセバ**, **コガセ** →44
コーン corn →9	
ゴオン, ゴオン 呉音, 語音 →8	
コーンスターチ cornstarch →16	**コカタ** 子方 →4
コーンフレーク cornflakes →16	**コガタ** 小形, 小型 →4
コオンナ 小女 →12	**ゴガタキ** 碁敵 →12
コカ 古歌 →7 coca →9	**コガタシャ** 小型車 →14
コガ 古賀〖姓〗→22	**コガタナ, コガタナ,** 《新は **コガタナ**》小刀 →12
コガ 古雅, 古画 →7	
コガイ 小買い, 子飼い →5	**コガタナザイク** 小刀細工 →15
コガイ, コガイ 戸外 →8	**コカツ** 枯渇 →8
ゴカイ 五回〖名詞的〗(～で終る) →34	**ゴガツ** 五月 →34
ゴカイ 五回〖副詞的〗(～終る) →62	**コガツオ** 小鰹 →12
五戒, 五階 →34 誤解, 碁会 →8 沙蚕〖動〗	**ゴガッケイ** 五角形 →14a
コガイシャ 子会社 →15	**ゴガツニンギョー** 五月人形 →15
ゴカイショ, ゴカイショ 碁会所 →17	**ゴガツビョー** 五月病 →14
ゴカイチョー 御開帳 →92	**コガネ, コガネ** 小金 →91
ゴカイドー 五街道 →15	**コガネ,** 《古は **コガネ**》黄金 →4
コカイン Kokain〖独〗→9	**コガネイ** 小金井〖地〗→21
コガオ 小顔 →4	**コガネイロ** 黄金色 →12
コガキ 小書 →5	**コガネムシ** 黄金虫 →12
コカク, コキャク 顧客 →8	**ゴカネン** 五箇年 →39
コガク 古学, 古楽 →8	**コカブ** 子株(↔親株) →4
ゴカク, ゴカク 互角 →8	**コカブ** 小蕪 →4
ゴガク 五角 →34	**コカベ** 小壁 →4
ゴガク, ゴガク 語学 →8	**ゴカボー** 五家宝〖菓子〗→14
ゴガクケイ, ゴガクケイ, ゴガッケイ 五角形 →14ca	**コガモ** 小鴨 →4
ゴガクシャ, ゴガクシャ 語学者 →17	**コガラ** 小柄, 子柄 →4 小辛(↔大辛) →5
コガクレ 木隠れ →13	**コガラ, コガラ** 小雀 →4
コカゲ 小陰, 木陰 →4	**コガラシ** 木枯らし →13
ゴガゲツ 五箇月 →39	**コガレジニ** 焦れ死 →13
コカコーラ Coca-Cola〖商標〗→16	**コガレル** 焦がれる →44
コガシ 小貸し →5	**コガワセ** 小為替 →12

￣は高い部分　 ‥ と ˙˙ は高低が変る部分　￢は次が下がる符号　→は法則番号参照

297　　　　　　　　　　　　　　　コカン──コクイッ

コカン　股間　→8	コキュー　呼吸　→8
コガン　湖岸　→8	コキュー　故旧, 故宮　→8
ゴカン　語感, 語間, 語幹　→8　五官, 五感　→34	コキュー, コキュー　胡弓　→8
ゴガン　護岸　→8	コキューウンドー　呼吸運動　→15
ゴガンコージ　護岸工事　→15	コキューキ　呼吸器　→14a
ゴカンセイ★　互換性　→14	コキューコンナン　呼吸困難　→15
コキ　古希(稀), 呼気, 子機　→7	コキョー　故郷　→8
コキ　狐疑, 古義　→7	コギョー　小器用　→91
ゴキ, ゴキ　誤記, 語気　→7	ゴキョー　五教, 五経(四書・~)　→34
ゴギ　語義　→7	ゴギョー, ゴギョー, オギョー　御形〖植〗　→92
コキール　coquille〔仏〕　→9	ゴギョー, ゴギョー　五行〖学説〗　→34
コキオロス, コキオロス　扱き下す　→45	コキョク　古曲　→8
コギク, コギク　小菊(=小さい菊)　→8	コギヨセル, コギヨセル　漕ぎ寄せる　→45
コギク　小菊<コギクガミ　小菊紙　→8, 12	コギル, コギル　小切る　→46
ゴキゲン　御機嫌　→92	コギレ　小切れ　→4
ゴキゲンヨー　御機嫌好う　→66	コギレイ, 《古はコギレイ》　小綺麗　→91
コキザミ　小刻み　→13	コキン, コキン　古今<コキンワカシュー　古今和歌集　→10, 17
コギダス, 《新はコギダス》　漕ぎ出す　→45	コキンシュー　古今集　→14a
コギタナイ, コギタナイ, 《古・強はコギタナイ》　小汚い　→91	コク　扱く, 放く〖俗〗(うそを~)　→43　石, 刻　→6　古句　→7
コキツカウ, コキツカウ, 《古・強はコキツカウ》　扱き使う　→45	コク, コク　酷(~だ)　→6
コギツケル, コギツケル　漕ぎ着ける　→45	コク, コク　濃(~がある)
コギッテ　小切手　→12	コグ　扱ぐ, 漕ぐ　コガナイ, コゴー, コギマス, コイデ, コゲバ, コゲ　→43
コギッテチョー　小切手帳　→14	ゴク　極く　→61　獄　→6　語句　→7
コギツネ　小狐, 子狐　→12	ゴクアク　極悪　→8
ゴキナイ　五畿内〖地〗　→36	ゴクアクニン, ゴクアクニン　極悪人　→14
ゴキブリ　(=油虫)	ゴクアクヒドー, ゴクアクヒドー　極悪非道　→98
コキマゼル, コキマゼル　扱き混ぜる　→45	コクイ, コクイ　国威, 黒衣　→7
コキミ, コキミ, コキビ, コキビ　小気味(~が良い)　→91d	ゴクイ, ゴクイ　極意　→7
コキャク, コカク　顧客　→8	コク(・)イッコク, ~(・)イッコク　刻一刻　→39

ガギグゲゴは鼻濁音　カタカナ細字は母音の無声化　★は長音にもなる符号

コクイン──ゴクシャ　298

コクイン　刻印 →8	コクサイカン　国際間 →14b
ゴクイン, コクイン　極印 →8	コクサイクーコー　国際空港 →15
コクー,《古は コクー, コクー》　虚空 →8	コクサイゲキジョー　国際劇場 →15
ゴクウ　穀雨 →7	コクサイケッコン　国際結婚 →15
コクウン　国運,黒雲 →8	ゴクサイシキ, ゴクザイシキ　極彩色 →15
コクエ, ゴクエ, コクイ, コクイ　黒衣 →7	コクサイシューシ　国際収支 →15
コクエイ∗　国営,黒影,黒翳 →8	コクサイジョーヤク　国際条約 →15
コクエキ　国益 →8	コクサイショク　国際色 →14b
コクエン　黒煙 →8	コクサイジン　国際人 →14b
コクオー　国王 →8	コクサイセイ∗　国際性 →14
コクガイ　国外 →8	コクサイセン　国際線 →14
コクガカイ　国画会 →14	コクサイツーカキン, コクサイツーカキン　国際通貨基金 →17
コクガク　国学 →8	コクサイテキ　国際的 →95
コクガクイン　国学院＜コクガクインダイガク　国学院大学 →14,15	コクサイデンワ　国際電話 →15
コクガクシャ, コクガクシャ　国学者 →17	コクサイトシ　国際都市 →15
コクギ, コクギ　国技 →7	コクサイホー, コクサイホー　国際法 →14b
コクギカン,《地域的に コクギカン》　国技館 →14	コクサイモンダイ　国際問題 →15
コクグラ　穀倉 →4	コクサイレンゴー　国際連合 →15
コクグン　国軍 →8	コクサク　国策 →8
コクゲキ　国劇 →8	コクサン　国産 →8
ゴクゲツ, ゴクゲツ　極月 →8	コクサンシャ　国産車 →14a
コクゲン, コクゲン　刻限 →8	コクサンヒン, コクサンヒン　国産品 →14a
コクゴ　国語 →7	コクシ,《新は コクシ》　国史 →7
コクゴー　国号 →8	コクシ　国士,国師 →7
コクゴカ　国語科 →14	コクシ, コクシ　酷使,国司 →7
コクゴガク　国語学 →14	……コクシ　…国師(ダイトーコクシ 大燈〜, ムソーコクシ 夢窓〜) →15
ゴクゴク, ゴクゴク　極極 →68	コクジ　告示,告辞,国字 →7
ゴクゴク　(〜飲む,〜と) →57	コクジ, コクジ　酷似 →7
コクゴジテン　国語辞典 →15	コクジ　国事,国璽 →7
コクゴシンギカイ　国語審議会 →17	ゴクシ　獄死 →7
コクサイ　国債,国際 →8	コクジコーイ　国事行為 →15
コクサイカ, コクサイカ　国際化 →95b	コクジハン　国事犯 →14
	コクジバン　告示板 →14
コクサイカイギ　国際会議 →15	ゴクシャ, ゴクシャ　獄舎 →7

￣は高い部分　˙˙と˙˙は高低が変る部分　「は次が下がる符号　→は法則番号参照

299　　　　　　　　　　　　　　　　　　　　コクシュ──ゴクヌス

コクシュ　国手, 国主, 国守 →7
コクショ　国初, 国書, 酷暑 →7
ゴクショ　極暑 →7
コクジョー　国情 →8
ゴクショー　極小 →8
ゴクジョー　極上 →8
コクショク　黒色 →8
コクジョク　国辱 →8
コクショクジンシュ　黒色人種 →15
コクジン　国人, 黒人 →8
コクジンレイ★カ　黒人霊歌 →15
コクスイ　国粋 →8
コクスイシュギ　国粋主義 →15
コグスリ, コナグスリ　粉薬 →12
コクスル　刻する, 哭する →48
コクゼ, コクゼ　国是 →7
コクセイ★　国政, 国勢 →8
コクゼイ★　国税, 酷税 →8
コクゼイ★チョー　国税庁 →14b
コクセイ★チョーサ　国勢調査 →15
コクセキ　国籍 →8
コクセン　黒線, 国選 →8
コクセンベンゴニン, コクセンベンゴニン　国選弁護人 →17
コクセンヤ　国性爺<コクセンヤカッセン　国性爺合戦〖浄瑠璃・歌舞伎〗 →15
コクソ, 《古は コクソ》　告訴 →7
コクソー　国葬, 国喪, 穀倉 →8
コクゾー, コクゾー　穀象〖昆虫〗 →8
ゴクソー　獄窓 →8
コクソーチ★ダイ, コクソーチ★タイ　穀倉地帯 →15
コクゾームシ　穀象虫 →12a
コクゾク　国賊 →8
ゴクソツ　獄卒 →8
コクタイ　国体(〜の護持) →8　国体<国民体育大会 →10
コクダカ, コクダカ, コクダカ　石高

→4
コクダチ, コクダチ　穀断ち →5
コクタン　黒炭, 黒檀 →8
コクチ, コクチ　告知 →7
コグチ　小口(↔大口) →4
コグチ　木口〖建〗 →4
コグチアツカイ　小口扱い →13
コグチギリ　小口切り →13
コクチバン　告知板 →14
ゴクチュー　獄中 →8
コクチョー　国鳥, 黒鳥 →8
ゴクツブシ　穀潰し →13
コクテイ★　国定 →8
コクテイ★キョーカショ　国定教科書 →17
コクテイ★コーエン　国定公園 →15
コクテツ　国鉄<ニホン・コクユーテツドー　日本国有鉄道 →10,97
コクテン, コクテン　黒点 →8
コクデン　国電<国鉄電車 →10
コクド　国土, 黒土 →7
コクドー　国道 →8
ゴクドー　極道 →8
コクドコーツーショー　国土交通省 →17
コクドチョー　国土庁 →14
コクドチリイン　国土地理院 →17
コクナイ　国内 →8
ゴクナイ　獄内 →8
コクナイガイ　国内外〖新語〗<国内国外 →17
コクナイサン　国内産 →14
コクナイセン　国内線 →14
コクナイソーセイ★サン　国内総生産 →17
コクナイホー, コクナイホー　国内法 →14b
コクナン, コクナン　国難 →8
ゴクヌスビト　穀盗人 →12

ガギグゲゴは鼻濁音　カタカナ細字は母音の無声化　★は長音にもなる符号

コクネツ──ゴクラク 300

コクネツ 酷熱 →8
コクハク 酷薄,告白 →8
コクハツ 告発 →8
コクバン 黒板 →8
コクバンフキ 黒板拭き →13a
コクヒ, コクヒ 国費 →7
コクビ, コクビ 小首(～をかしげる) →91
ゴクヒ, ゴクヒ 極秘 →7
コクビャク 黒白 →18
コクヒョー 酷評,黒表 →8
コクヒン 国賓 →8
ゴクヒン 極貧 →8
コクフ 国父,国富,国府(～の跡) →7
　国府<中華民国国民政府 →10
コクブ 国分〖煙草〗 →7
コクフー 国風 →8
コクフク 克服,克復 →8
ゴクブト 極太 →5
コクブン 告文 →8　国文 →8,10
コクブンカ 国文科 →14
コクブンガク 国文学 →17
コクブンジ, コクブンジ 国分寺〖寺・地〗 →14,21
コクブンポー 国文法 →17
コクベツ 告別 →8
コクベツシキ 告別式 →14
コクホ 国保<国民健康保険 →10
コクボ 国母 →7
コクホー 国法,国宝 →8
コクボー 国防 →8
コクボーショク 国防色 →14a
ゴクボソ 極細 →5
コグマ 小熊,子熊 →4
コクミン 国民 →8
コクミンエイヨショー 国民栄誉賞 →17
コクミンガッコー 国民学校 →15
コクミンキューカムラ 国民休暇村

→17
コクミンキンユーコーコ 国民金融公庫 →17
コクミンケンコーホケン 国民健康保険 →17
コクミンシュクシャ 国民宿舎 →15
コクミンショトク 国民所得 →15
コクミンセイ 国民性 →14
コクミンセイシン 国民精神 →15
コクミンソー 国民葬 →14a
コクミンソーセイサン 国民総生産 →17
コクミントーヒョー 国民投票 →15
コクミンネンキン 国民年金 →15
コクム, コクム 国務 →7
コクムショー 国務相,国務省 →14
コクムダイジン 国務大臣 →15
コクムチョーカン 国務長官 →15
コクメイ 国名 →8
コクメイ, コクメイ 克明 →8
コクモツ 穀物 →8
ゴクモン 獄門 →8
ゴクヤ 獄屋 →4
コクヤク 国訳(～大蔵経) →8
ゴクヤス 極安 →5
コクユ, コクユ 告諭 →7
コクユー 国有 →8
コクユーザイサン 国有財産 →15
コクユーチ 国有地 →14a
コクユーリン 国有林 →14a
コクヨーセキ 黒曜石 →14a
コクラ 小倉〖地・織物〗 →21
コクラオリ 小倉織 →13
コクラガリ, コクラガリ 小暗がり →91
コグラカル, コグラカル →44
ゴクラク, ゴクラク 極楽 →8
ゴクラクオージョー 極楽往生 →15
ゴクラクジョード 極楽浄土 →15

￣は高い部分　⋯と⋯は高低が変る部分　｢は次が下がる符号　→は法則番号参照

301　　　　　　　ゴクラク――コゴエツ

| コクラク**チョー** 極楽鳥 →14 | コ**ケオドシ**, コ**ケオドシ** 虚仮威し →13 |

ゴクラクチョー 極楽鳥 →14

コクラン 国乱 →8

ゴクリ 獄吏 →7

コクリツ 国立 →8

コクリツエンゲイ★ジョー 国立演芸場 →17

コクリッキョーギジョー 国立競技場 →17

コクリツゲキジョー 国立劇場 →15

コクリッコーエン 国立公園 →15

コクリッコーセン 国立工専＜国立工業専門学校 →15

コクリツダイガク 国立大学 →15

コクリットショカン 国立図書館 →17

コクリッハクブツカン, コクリッハクブッカン 国立博物館 →17

コクリツビョーイン 国立病院 →15

コクリューコー 黒竜江 →14a

コクリョク, コクリョク 国力 →8

コクルイ 穀類 →8

コクレン 国連＜国際連合 →10

コクレングン, コクレングン 国連軍 →14a

コクレンダイガク 国連大学 →15

ゴクロー 御苦労 →92

ゴクローサマ 御苦労様 →94

コクロン 国論 →8

コグン(・)フントー 孤軍奮闘 →97, 98

コケ 苔, 蘇, 鱗 →1　虚仮(**コケノイッシン** ～の一心) →7, 98

コゲ 焦げ(**オコゲ** 御～) →2, 92

ゴケ 後家(**ゴケサン** ～さん) →7, 94

ゴケ 碁笥 →4

コケイ★ 固形, 孤閨 →8

ゴケイ★ 互恵, 語形 →8

ゴケイ★ジョーヤク 互恵条約 →15

コケイ★ショク 固形食 →14b

コケイ★ネンリョー 固形燃料 →15

コケイ★ブツ 固形物 →14b

コケオドシ, コケオドシ 虚仮威し →13

コゲクサイ 焦げ臭い →54

コケシ ＜コケシニンギョー こけし人形 →15

コゲチャ, 《新は コゲチャ》 焦茶 →7

コゲチャイロ 焦茶色 →12

コケツ, コケツ 虎穴(～に入らずんば) →8

コゲツキ 焦付き →5

コゲツク, 《新は コゲツク》 焦げ付く →45

コケティッシュ coquettish →9

ゴケニン 御家人 →92

コゲメ, コゲメ 焦げ目 →93

コケラ 柿, 鱗 →1

コケラオトシ 柿落し →13

コケラブキ 柿葺き →13

コケル 倒ける, 痩せる(頬<ほお>が～) →44

コゲル 焦げる **コゲナイ, コゲヨー, コゲマス, コゲテ, コゲレバ, コゲロ** →43

コケン 沽券(～にかかわる) →8

コゲン, コゲン 古言 →8

ゴケン 護憲 →8

ゴゲン 語源 →8

ココ 此処 →64

ココ 呱呱(～の声) →58　個個, 戸戸 →11

コゴ 古語 →7

ゴゴ 午後 →7

ココア, ココア cocoa →9

ココイチバン 此処一番 →15

ココイラ 此処いら →94b

コゴエ 小声 →4

コゴエジニ 凍え死 →13

コゴエジヌ 凍え死ぬ →45

コゴエツク, コゴエツク 凍え付く →45c

ガギグゲゴは鼻濁音　カタカナ細字は母音の無声化　★は長音にもなる符号

コゴエル──ココロジ　302

コゴエル, コゴエル　凍える →43	コゴメ　小米 →4
ココー　戸口 →8	コゴメル　屈める →44
ココー, ゴコー　孤高, 枯槁, 虎口, 糊口 →8　股肱(～の臣) →18	ココヤシ, ココヤシ　coco椰子 →15
コゴー　呼号, 古豪 →8	ココラ　此処ら →94
ゴコー　小督〖人・能・筝〗 →24	コゴリ　凝り →2
ゴゴー　後光 →8	コゴル　凝る →43
ゴゴー　五合〖名詞的〗(～を買う) →34	ココロ, 《地域的に ココロ》　心(オコロ, オコゴロ, ミココロ 御～) →1, 92
ゴゴー　五合〖副詞的〗(～買う) →62	
ココーチョーサ　戸口調査 →15	ココロアタタマル　心暖まる(～思い) →49
ココカシコ　此処彼処 →68	ココロアタリ　心当り →13
ゴコク　故国 →8	ココロイキ, 《新は ココロイキ》　心意気 →15
ゴコク　護国 →8　五穀(～豊穣) →34	
ゴコク, ゴゴク　後刻 →8	ココロイレ　心入れ →13
ゴコクジ　護国寺 →14	ココロイワイ　心祝 →12
コゴシ　小腰(～をかがめる) →91	ココロエ, ココロエ　心得 →13
ココジン　個個人 →14	ココロエガオ　心得顔 →12
ココチ　心地	ココロエチガイ　心得違い →13
ココチヨイ　心地好い →54	ココロエル　心得る →46
コゴト　小言(オコゴト 御～) →4, 92	ココロオキナク, ココロオキナク　心置き無く →69
ゴゴト, コゴト　戸毎 →71	
コゴトコーベー　小言幸兵衛 →27	ココロオボエ　心覚え →13
ココナッツ, ゴコナッツ, ゴコナツ　coconut →16	ココロガカリ　心掛かり →13
	ココロガケ, ココロガケ　心掛け →13
ココニ　此に・是に〖副〗 →67	ココロガケル　心掛ける →46
ココノエ　九重 →33	ココロガマエ　心構え →13
ココノカ, ココヌカ　九日〖名詞的〗(～に行く) →33	ココロガラ, ココロガラ　心柄 →95
ココノカ, ココヌカ　九日〖副詞的〗(～行く) →62	ココロガワリ　心変り →13
	ココロクバリ　心配り →13
ココノツ　九つ →30	ココログミ, ココログミ　心組み →13
ココノツキ　九月 →33	ココログルシイ　心苦しい →54
ココノトコロ, ココントコ, ココントコ　此処の(ん)所 →69d	ココロザシ, 《古は ココロザシ》　志 →2
ココノモン　九文〖足袋〗 →34	ココロザス　志す →46
ゴコ(・)ベツベツ　個個別別 →97, 98	ココロシズカ　心静か(～に) →59
ココマイ, ココマイ　古古米 →15	ココロシテ, ココロシテ　心して(～行け) →67
ココマデ　此処まで →76	
コゴム　屈む →43	ココロジョーブ　心丈夫 →15

‾ は高い部分　¨ と ¨ は高低が変る部分　⌐は次が下がる符号　→ は法則番号参照

ココロズカイ　心遣い →13	→17
ココロズク　心付く →46	ココンテイ★(･)ジンショー　古今亭志ん
ココロズクシ　心尽し →13	生 →14, 24, 27
ココロズケ, ココロズケ　心付け →13	ゴコン(･)ミゾウ, ～(･)ミゾー　古今未
ココロズモリ　心積り →13	曾有 →97, 98
ココロズヨイ　心強い →54	コサ　濃さ →93
ココロスル　心する →48	ゴサ　誤差 →7
ココロゾエ　心添え →13	ゴザ　後座 →7　御座 →92
ココロダテ, ココロダテ　心立て →13	ゴザ　莫蓙 →92
ココロダノミ　心頼み →13	コサージュ　corsage →9
ココロナイ　心無い →54	コサイ, コサイ　小才(～が利く) →91
ココロナラズモ　心ならずも →67	ゴサイ　後妻 →8　五彩, 五菜(二汁～)
ココロニクイ　心憎い →54	→34
ココロネ, ココロネ　心根 →12	ゴサイ　五歳 →34
ココロノコリ　心残り →13	ゴザイ　御座い(酒屋で～)＜ゴザイマ
ココロバエ　心ばえ →13	ス　御座います →83
ココロバカリ　心許り(～の品) →71	コザイク　小細工 →91
ココロボソイ　心細い →54	コサイン　cosine〖数学〗 →9
ココロマカセ　心任せ →13	コサエル　拵える →43d
ココロマチ, ココロマチ　心待ち →13	コザカシイ★　小賢しい →91
ココロミ, ココロミ, ココロミ　試み	コザカナ, 《古は コザカナ》　小魚
→2	→12
ココロミル　試みる →46	コサク　小作 →8
ココロモチ, ココロモチ　心持〖名〗(～	コサクソーギ　小作争議 →15
が悪い) →13	コサクニン　小作人 →14
ココロモチ　心持〖副〗(～大きい) →61	コサクノー　小作農 →14
ココロモトナイ　心許無い →54	コザクラ　小桜 →12
ココロヤス　心安(～に) →13	コサクリョー　小作料 →14
ココロヤスイ　心安い →54	コサジ　小匙 →15
ココロヤスダテ　心安立て →95	コザシキ　小座敷 →12
ココロヤリ, ココロヤリ　心遣り →13	ゴザショ　御座所 →92
ココロユクマデ, ココロユクマデ　心	コサツ, コセツ　古刹 →8
行くまで →72	コザック, コザック　Cossack〖人種〗
ココロヨイ　快い →54	→21
ゴコン　古今 →18	コザッパリ, 《古・強は コザッパリ》
ゴコン　語根 →8	→91
ゴゴン, ゴゴン　五言 →34	ゴサドー　誤作動 →15
ゴゴンゼック　五言絶句 →15	コザトヘン　阜偏(＝阝) →14
ココンチョモンジュー　古今著聞集	コサメ　小雨 →4

ガギグゲゴは鼻濁音　カタカナ細字は母音の無声化　★は長音にもなる符号

コザラ, コザラ 小皿(オコザラ 御~) →4, 92

ゴザリマス 御座ります →83

コザル 小笊, 小猿, 子猿 →4

ゴザル 御座る →46

コサン 古参 →8

コザン 故山 →8

ゴサン 誤算, 午餐 →8

ゴサン, ゴザン 五山 →34

ゴサンカイ 午餐会 →14a

ゴサンケ 御三家 →92

ゴザンス 御座んす →83d

コサンヘイ 古参兵 →14

コシ 腰 →1

コシ 層, 輿 →1 枯死, 故紙, 古紙, 古詩, 古址, 古祠 →7 越(~の国) →21

コジ 固持, 固辞, 誇示, 古寺, 居士, 故事, 孤児, 虎児(~を得ず) →7

ゴシ 五指 →34

……ゴシ …越し(カベゴシ 壁~, カキネゴシ 垣根~) →95

……ゴシ, ……ゴシ …越し(サンネンゴシ, サンネンゴシ 三年~) →38a

ゴジ, ゴジ 誤字 →7

ゴジ 護持 →7 五時 →34

コシアゲ, コシアゲ 腰上げ →5

コジアケル, コジアケル 抉じ開ける →45

コシアテ, コシアテ 腰当て →5

コシアン 漉餡 →8

コシイタ 腰板 →4

コシイレ, コシイレ 輿入れ →5

コジイン 孤児院 →14

コシオ 小潮(↔大潮) →4

コシオビ, コシオビ 腰帯 →4

コシオレ, コシオレ 腰折れ →5

コシカケ, コシカケ 腰掛 →5

コシカケシゴト 腰掛仕事 →12

コシカケル 腰掛ける →46

コシカタ 来し方(~行く末) →19

コシガヤ, 《古は コシガヤ》 越谷〖地〗 →21

ゴジカン 五時間 →36

コシキ, コシキ 古式 →8

コジキ, 《古は コジキ》 古事記〖書〗 →14

コジキ 乞食 →8

ゴシキ, ゴシキ 五色 →34

コジキデン 古事記伝〖書〗 →14

コジキボーズ 乞食坊主 →15

ゴシキマメ 五色豆 →12

コシギンチャク 腰巾着 →15

コシクダケ, コシクダケ 腰砕け →13

ゴシゴシ (~こする, ~と) →55

コシジ, コシジ 越路 →4

コジシ 小獅子 →15

コシショージ 腰障子 →15

ゴジセイ 御時世 →92

コシダカ 腰高 →5

コシダカショージ 腰高障子 →15

コシ(・)タンタン 虎視眈眈 →59

ゴシチチョー 五七調 →39

ゴシチニチ, ゴシチニチ 五七日 →39

コシツ 固執, 個室, 痼疾 →8

コジツ, 《古は コジツ》 故実 →8

ゴジツ, ゴジツ 後日 →8

コシツキ 腰付 →4

ゴシック, ゴシック, ゴチック, ゴチック Gothic →9

コジツケ (~がうまい) →2

コジツケル, コジツケル →46

ゴジッサイ, ゴジュッサイ 五十歳 →35da

ゴジッシューネン, ゴジュッシューネン 五十周年 →17d

ゴジッセン, ゴジュッセン 五十銭 →35da

ゴジツダン 後日談, 後日譚 →14

305　　　　　ゴシップ──コジョー

ゴシッ**プ**, **ゴ**シップ gossip →9

ゴジッ**プン**, **ゴジュッ**プン 五十分 →35da

ゴジッポヒャッポ, **ゴジュッポヒャッポ** 五十歩百歩 →39d

コシナゲ 腰投げ →5

コシナワ 腰縄 →4

コシヌケ, **コシヌケ** 腰抜け →5

コシノモノ 腰の物 →19

コシバメ 腰羽目 →12

コシバリ 腰張り →5

コシヒカリ (越光)〖米〗 →12

コシヒモ 腰紐 →4

コシベン 腰弁<**コシベントー** 腰弁当 →10, 15

コシボネ, **コシッポネ** 腰(っ)骨 →4d

コジマ 小島 →4 小島・児島・古島〖姓〗 →22

コシマキ 腰巻 →5

コシマワリ 腰回り →12

コシミノ, **コシミノ** 腰蓑 →4

コシモト 腰元 →4

ゴシャ, **ゴシャ** 誤射, 誤写 →7

コシャク, **コシャク** 小癪 →91

ゴシャク 五尺・五勺〖名詞的〗(〜を買う) →34

ゴシャク 五尺・五勺〖副詞的〗(〜買う) →62 語釈 →8

コジャリ 小砂利 →15

コシュ 固守, 戸主, 故主, 古酒, 鼓手 →7

コシユ 腰湯 →4

ゴシュ 御酒 →92

ゴシュインセン 御朱印船 →14

コシュー, **コシツ** 固執 →8

コジュー 扈従 →8

ゴジュー 五十〖名詞的〗(〜はある) →31

ゴジュー 五十〖副詞的〗(〜ある) →62 五重 →34 後住 →8

ゴシューイ 後拾遺<**ゴシューイシュー** 後拾遺集 →10, 14

ゴジューエン 五十円 →35a

ゴジューオン 五十音 →35a

ゴジューオンジュン 五十音順 →14

ゴジューオンズ 五十音図 →14a

ゴジューカタ 五十肩 →33a

ゴシューギ 御祝儀 →92

ゴジューサンツギ 五十三次 →33a

ゴシューショーサマ 御愁傷様 →94

ゴジューヅラ 五十面(〜さげて) →33

ゴジューソー 五重奏 →17

ゴジューダイ 五十代, 五十台 →35a

コジュート, **コジュート**, 《古は **コジュート**》 小舅 →12

コジュートメ, **コジュートメ** 小姑 →12

ゴジューニチ, **ゴジューニチ**, 《新は **ゴジューニチ**》 五十日 →35a

ゴジューニン 五十人 →35a

ゴシューネン 五周年 →17

ゴジューネン 五十年 →35a

ゴジューノトー, **ゴジューノトー** 五重の塔 →19

ゴジュービョー 五十秒 →35a

ゴジューマン, 《新は **ゴジューマン**》 五十万 →32

ゴシュキョーギ 五種競技 →15

コジュケイ★ 小綬鶏 →15

ゴジュン 語順 →8

コショ 古書 →7

ゴショ 御所 →92

ゴジョ 互助 →7

コショー 古称, 呼称, 誇称, 故障, 扈従 →8 湖沼 →18

コショー 胡椒 →8

コショー, **コショー** 小姓 →8

コジョー 弧状, 湖上 →8

コジョー 孤城 →8

ガギグゲゴは鼻濁音　カタカナ細字は母音の無声化　★は長音にもなる符号

コジョー──コズカイ　306

コジョー, コジョー　古城　→8	ゴジン　吾人　→64
ゴショー　誤称　→8	ゴジン, ゴジン　御仁　→92
ゴショー　後生(～が良い, ～だから)　→8	コジンエイ·ギョー　個人営業　→15
ゴジョー　互讓　→8	ゴジンカ　御神火　→92
ゴジョー, ゴジョー　御諚　→92	コジンガイシャ　個人会社　→15
ゴショー(·)イッショー　後生一生　→39	コジンキョージュ　個人教授　→15
コショーガツ　小正月　→15	コジンケイ·エイ　個人経営　→15
コショージ　小障子　→15	コジンサ　個人差　→14a
ゴショー(·)ダイジ　後生大事　→97, 98	コジンシュギ　個人主義　→15
コショーニン　小商人　→15	ゴジンジュツ　護身術　→14a
ゴショーラク　後生楽　→14a	コジンジョーホー　個人情報　→15
コジョールリ　古浄瑠璃　→15	コジンショトク　個人所得　→15
ゴジョカイ　互助会　→14	コジンセン　個人戦　→14
ゴショガキ　御所柿　→12	ゴジンゾ, ゴジンゾー, ゴシンゾ, ゴシンゾー　御新造(～さん)　→92d
コショク　個食　→8	ゴジンタイ, ゴシンタイ　御神体　→92
コショク　古色(～蒼然ぜん)　→8	コジンタクシー　個人 taxi　→16
ゴショク　誤植　→8	コジンテキ　個人的　→95
ゴショグルマ　御所車　→12	ゴシントー, ゴジントー　御神灯　→92
ゴショトキ　御所解き＜ゴショトキモヨー　御所解模様　→5, 15	ゴシンプ　御親父(～様)　→92
ゴショニンギョー　御所人形　→15	コジンプレー　個人 play　→16
コシヨワ　腰弱　→5	コジンマリ　(～した, ～と)　→59
ゴジラ　〖映画〗→23	コジンメイ　個人名　→14a
コジ(·)ライレキ　故事来歴　→97, 98	ゴシンヨー　護身用　→14
コシラエ　拵え　→2	コス　越す, 漉す　コサナイ, コソー, コシマス, コシテ, コセバ, コセ　→43
コシラエモノ　拵え物　→12	
コシラエル　拵える　→43	ゴス　期す, 伍す　→48
コジラス　拗らす(かぜを～)　→44	ゴズ　牛頭(～馬頭ず)　→7
コジラセル　拗らせる　→44	コスイ　鼓吹, 湖水　→8
コジリ, コジリ　鐺　→4	コスイ　狡い　→52
コジル　抉る　→43	ゴスイ　午睡　→8
ゴジル　呉汁　→4	コスー　戸数, 個数　→8
コジレル　拗れる　→43	ゴスー　語数　→8
コジロ　小城　→4	コスーワリ　戸数割　→13
コジワ　小皺　→4	コズエ　梢(女名も)　→4, 23
コジン　古人, 故人, 個人　→8	コズカ　小柄　→4
ゴシン　誤信, 誤診, 誤審, 護身　→8	コズカイ　小使(～さん), 小遣　→91
ゴジン　後陣　→8	コズカイカセギ　小遣稼ぎ　→13

⌐は高い部分　¨と…は高低が変る部分　⌐は次が下がる符号　→は法則番号参照

307 コズカイ──ゴセンシ

コズガイシツ 小使室 →14b
コズガイセン, コズカイセン 小遣銭 →14b
コズカイチョー 小遣帳 →14
コズガイトリ 小遣取り →14b
コスカライ, コスッカライ 狡(っ)辛い →54d
コズキマワス, コズキマワス, 《古・強は コズキマワス》 小突き回す →45
コズク 小突く →46
コズクリ, コズクリ 小作り →13
コスズ 小鈴 →4
コズチ 小槌 →4
コスチューム, ゴスチューム costume →9
コズツミ 小包 →12
コズツミユービン 小包郵便 →15
コスト cost →9
コストダウン cost down〔和〕→16
コスプレ <costume play →10
コズマ, 《新は コズマ》 小褄(～をとる) →91
コズミ 粉炭 →4
コスメ <cosmetics →10
コズメ, 《新は コズメ》 小爪 →4
ゴズメ 後詰 →5
ゴズメズ 牛頭馬頭 →18
コスモス, コスモス cosmos →9
コスモポリタン cosmopolitan →9
コズラニクイ 小面憎い →54
コスリッケル, コスリッケル, 《古・強は コスリッケル》 擦り付ける →45
コスル 擦る →43
ゴスル 期する, 伍する →48
コズレ 子連れ →5
コスレル 擦れる →44
ゴスン 五寸〖名詞的〗(～に切る) →34
ゴスン 五寸〖副詞的〗(～切る) →62
ゴスンクギ 五寸釘 →12a

ゴセ 後世 →7
ゴゼ 瞽女 →3
コセイ★ 個性 →8
コゼイ★ 小勢 →8
ゴセイ★ 互生, 語勢 →8
コセイ★ブツ 古生物 →15
ゴセイ★モン 御誓文(五箇条の～) →92
コゼガレ 小伜 →91
コセキ 戸籍 →8
コセキ, コセキ 古跡 →8
コセキショーホン 戸籍抄本 →15
コセキシラベ 戸籍調べ →13
コセキトーホン 戸籍謄本 →15
コセキボ 戸籍簿 →14
コセコセ (～した人, ～と) →57
コセック →96
ゴゼック 五節句 →36
ゴゼッケ 五摂家 →36
コゼニ 小銭 →4
コゼニイレ 小銭入れ →13
コゼリアイ 小競合い →91
コゼワシイ★ 小忙しい →91
コセン 古銭 →8
ゴゼン 五千 →31 五銭〖名詞的〗(～で買う) →34
ゴゼン 五銭〖副詞的〗(～上がる) →62 五線 →34 互選 →8 後撰<ゴゼンシュー 後撰集 →10, 14a
ゴゼン, ゴゼン 御前 →92,64
ゴゼン 午前 →8 御膳(=食事・飯) →92
……ゴゼン …御前(シズカゴゼン 静～, ホトケゴゼン 仏～) →15
ゴゼンエン 五千円 →35
ゴゼンエンサツ 五千円札 →14a
ゴゼンカイギ 御前会議 →15
ゴゼンサマ, ゴゼンサマ 御前様, 午前様 →94
ゴゼンシ 五線紙 →14a

ガギグゲゴは鼻濁音 カタカナ細字は母音の無声化 ★は長音にもなる符号

ゴゼンジ──コダマ　　　　　308

ゴゼンジアイ　御前試合 →12	ゴダイゴテンノー　後醍醐天皇 →94
コセンジョー　古戦場 →15	コダイサラサ，コダイサラサ(…ザラサとも)　古代更紗 →16
ゴゼンジルコ　御膳汁粉 →12	
ゴゼンソバ　御膳蕎麦 →12	コダイシャカイ　古代社会 →15
ゴゼンチュー　午前中 →14	ゴダイシュー　五大州(洲) →17
ゴセンニン　五千人 →35	コダイジン　古代人 →14b
ゴセンフ　五線譜 →14a	ゴタイソー　御大葬 →92
コセンリュー　古川柳 →15	ゴダイソー　御大層(～な) →92
ゴセンワカシュー　後撰和歌集 →17	コタイネンリョー　固体燃料 →15
……コソ; ……コソ; ……コソ　〖助〗 (トリコソ 鳥～, ハナコソ 花～, アメコソ 雨～) →71	コダイムラサキ　古代紫 →12
	コダイモーソー　誇大妄想 →15
コゾ　去年 →1	コダイモーソーキョー　誇大妄想狂 →14
コゾー　小僧(コゾーサン ～さん) →8, 94	
	コダイラ　小平〖地・姓〗 →21, 22
ゴソー　護送 →8	ゴダイリク　五大陸 →17
ゴゾー，ゴゾー　五臓 →34	コタエ，コタエ　答, 応 →2b
ゴソーシャ　護送車 →14a	コタエル，コタエル　答える, 応える, 堪える →43b
ゴゾーロップ　五臓六腑 →39	
コソク　姑息 →8	コダカイ　小高い →91
ゴソクロー，ゴソクロー　御足労 →92	コダカラ，コダカラ　子宝 →12
コソゲル，コソゲル　刮げる →44	ゴタク　御託(～を並べる) →92
コソコソ　(～する, ～と) →57	コダクサン　子沢山 →15
ゴソゴソ　(～する, ～と) →57	ゴタクセン　御託宣 →92
コソダテ　子育て →13	ゴタゴタ　(～だ・な・に, ～が起る) →57, 3
コゾッコ　小僧っ子 →12d	
コゾッテ　挙って →67	ゴタゴタ　(～する, ～と) →57
コソデ，コソデ　小袖 →4	コダシ　小出し(～に) →5
コソドロ　こそ泥＜こそこそ泥棒 →10	コダチ　小裁(↔本裁) →5
コソバユイ　→54	コダチ　小太刀 →4
コゾル　挙る →43	コダチ，コダチ　木立 →5
ゴゾンジ　御存じ(～より) →92	コタツ　炬燵 →8
ゴゾンメイ，ゴゾンメイ　御尊名 →92	ゴタック　(家の中が～) →96
コタイ　古体, 固体, 個体 →8	コタツブトン　炬燵蒲団 →15
コダイ　小鯛 →4　誇大 →8	コダヌキ　小狸 →12
コダイ　古代 →8	コダネ　子種 →4
ゴタイ，ゴタイ　五体 →34	コタビ　此度 →4
コダイコ　小太鼓 →15	ゴタビ　五度 →33
コダイコーコク　誇大広告 →15	ゴタブン　御多分(～にもれず) →92
	コダマ　木霊, こだま〖新幹線〗 →4　児

‾ は高い部分　˙˙と˙˙˙は高低が変る部分　「は次が下がる符号　→ は法則番号参照

コダマゴ──コックリ

玉〖姓〗→22

コダマゴー　こだま号　→14

ゴタマゼ　ごた混ぜ〖俗〗(〜にする)→5

コダワリ, コダワリ, コダワリ　(=拘泥)→2

コダワル, コダワル　→43

コタン　枯淡　→8

ゴダン　五段　→34

ゴタンダ　五反田〖地〗→21

コダンナ　小旦那　→15

ゴタンビャクショー　五反百姓　→15

コチ, コチ　鯒〖魚〗→1

コチ　東風　→1　故智　→7

コチ, コチ　此方(〜の人)→64

ゴチ　<ゴチック, ゴチック　Gotik〔独〕→10, 9

コチコチ　(頭が〜だ, 〜な・に)→57

コチコチ　(〜鳴る, 〜と)→57

ゴチソー　御馳走　→92

ゴチソーサマ, ゴチソーサマ　御馳走様　→94

ゴチソーゼメ　御馳走攻め　→13

コチトラ, コチトラ　此方人等〖俗〗→94

ゴチャ　粉茶　→7

コチャク　固着　→8

ゴチャゴチャ　(〜だ・な・に)→57

ゴチャゴチャ　(〜する, 〜と)→57

ゴチャマゼ　ごちゃ混ぜ〖俗〗(〜だ)→5

コチュー　湖中　→8

コチョー　誇張　→8

コチョー　戸長, 胡蝶　→8

ゴチョー　語調　→8

ゴチョー　伍長　→8

ゴチョーメ, ゴチョーメ　五丁目　→38

コチョーラン　胡蝶蘭　→14a

コチラ　此方　→64

コツ　呼吸(〜が分かる)→6

コツ　骨(オコツ　御〜)→6, 92

コツアゲ, コツアゲ, コツアゲ　骨揚げ →5

ゴツイ　(〜人)→53

コッカ　刻下, 国家　→7

コッカ, コッカ　国花, 国華, 国歌　→7

コッカイ　国会　→8

コッカイ　黒海〖海名〗→8

コッカイギイン　国会議員　→15

コッカイギジドー, コッカイギジドー　国会議事堂　→17

コッカイトーロンカイ　国会討論会 →17

コッカイトショカン　国会図書館 →17

コッカク　骨格　→8

コッカケンリョク　国家権力　→15

コッカ・コーアンイインカイ　国家公安委員会　→97

コッカコームイン　国家公務員 →17

コッカシケン, コッカシケン　国家試験 →15c

コッカシュギ　国家主義　→15

コツガラ　骨柄(人品〜)→4

コッカン　骨幹, 酷寒　→8　国漢<国語・漢文 →10

ゴッカン　極寒　→8

コッキ　国旗(〜掲揚)→7

コッキ　克己　→7

コッキシン　克己心　→14

コッキョー　国教, 国境　→8

コッキョーセン　国境線　→14

コッキョーチタイ, コッキョーチタイ　国境地帯 →15

……ゴッキリ　(イッペンゴッキリ 一遍〜)→38

コッキン　国禁　→8

コック　刻苦(〜精励)→7　kok〔蘭〕(〜さん), cock →9

コックリ　(頭を〜する, 〜さん)→55, 3

コッグリ　〖色・味など〗(〜した色, 〜と)

ガギグゲゴは鼻濁音　カタカナ細字は母音の無声化　★は長音にもなる符号

→55

ゴックリ （～飲む, ～と） →55

コックン 国訓 →8

コッケイ 滑稽, 酷刑 →8 国警＜国家警察 →10

コッケイ★ボン 滑稽本 →14

コッケン 国権, 国憲 →8

コッコ 国庫 →7

……ゴッコ （オニゴッコ 鬼～） →95

コッコー 国交（～断絶） →8

ゴツゴーシュギ 御都合主義 →15

コッコーショー 国交省＜国土交通省 →14a

コッコーリツ 国公立 →17

コッコク 刻刻（～と変る） →68

コツコツ （～勉強する, ～と） →57

ゴツゴツ （～だ・な・に） →57

ゴツゴツ （～する, ～と） →57

コツザイ, コツザイ 骨材 →8

コッシ 骨子 →7

コツズイ 骨髄（=心底。恨み～） →8

コツズイ 骨髄〔生〕 →8

コツズイイショク 骨髄移植 →15

コツズイバンク 骨髄 bank →16

コツズミ 小鼓 →12

コッセツ 骨折 →8

コツゼン 忽然 →56

コッソー, コッソー 骨相 →8

コッソーガク 骨相学 →14a

コツソショーショー, ゴッソショーショー 骨粗鬆症 →17

コッソリ （～する, ～と） →55

ゴッソリ （～やられた, ～と） →55

ゴッタ （～だ・な・に） →55

ゴッタガエス, ゴッタガエス →46

ゴッタニ ごった煮 →13

コッチ 此方 →64

ゴッチャ （～だ・な・に） →55

コッチョー, コッチョー 骨頂（愚の～だ） →8

コッツボ, コッツボ, コッツボ 骨壺 →4c

コッテリ （～塗る, ～と） →55

コットー 骨董 →8

コットーヒン 骨董品 →14a

コットーモノ 骨董物 →12

コットーヤ 骨董屋 →94

コットン cotton →9

コツニク 骨肉（～相食む） →18

コッパ, コッパ 木っ端 →4d

コツバコ, コツバコ 骨箱 →4

コッパ(・)ミジン 木っ端微塵 →97, 98

コッパヤクニン 木っ端役人 →15

コツバン 骨盤 →8

コッピドイ こっ酷い〔俗〕 →91

コツブ 小粒 →4

コップ kop〔蘭〕 →9

コップザケ kop 酒〔蘭〕 →12

コッペ coupé〔仏〕 →9

コッペパン, コッペパン coupé〔仏〕＋pão〔葡〕 →16

コッヘル Kocher〔独〕 →9

ゴツボ 小壺 →4

ゴッホ Gogh〔蘭〕〔人〕 →22

コッポー, コッポー 骨法 →8

コツマク, コツマク 骨膜 →8

コツマクエン, コツマクエン 骨膜炎 →14

コツユ 骨湯 →4

コテ 鏝 →1 籠手 →4 小手（～をかざす） →91

ゴテ, 《古は ゴテ》 後手 →4

コテイ★ 固定, 湖底 →8

コテイ★, コテイ★ 小体 →91

コテイ★キュー 固定給 →14b

コテイ★シサン 固定資産 →15

コテイ★シサンゼイ★ 固定資産税 →17

コテイ★シホン 固定資本 →15

ゴテイ˙シュ　御亭主　→92
コテージ, コッテージ　cottage →9
コテキ　鼓笛 →8
コテキタイ　鼓笛隊 →14
コテコテ　(~だ・な・に) →57
コテコテ　(~塗る, ~と) →57
コテサキ　小手先 →12
コテジラベ　小手調べ →13
ゴテック　〖俗〗→96
ゴテドク　ごて得〖俗〗→8
コテナゲ　小手投げ →5
コデマリ　小手毬〖植〗→12
ゴテル　〖俗〗→44
コテン　古典, 個展 →8
ゴテン　御殿 →92
ゴデン　誤伝, 誤電 →8
ゴテンイ　御殿医 →14a
コテンゲイ˙ノー　古典芸能 →15
コテンゲキ　古典劇 →14a
コテンコテン　(~だ・な・に) →57
コテンシュギ　古典主義 →15
ゴテンジョチュー　御殿女中 →15
コテンテキ　古典的 →95
コテンパン　〖俗〗(~にやっつける) →59
コテンブヨー　古典舞踊 →15
コテンブンガク　古典文学 →15
コデンマチョー　小伝馬町〖地〗→14
コテンラクゴ　古典落語 →15
コト　琴(オコト 御~) →1, 92　糊塗, 古都 →7
コト　異(~にする), 言, 事 →1
……ゴト; ……ゴト　…毎〖助〗(=…のたびに。キルゴトニ 着る~に, ヨムゴトニ 読む~に) →72
……ゴト; ……ゴト; ……ゴト, ……ゴト　…毎〖助〗(=…のたびに…のどれも。カゼゴトニ 風~に, ハナゴトニ, ハナゴトニ 花~に, ア

メゴトニ, アメゴトニ 雨~に) →71
……ゴト　…毎(=…といっしょに・…ぐるみ。サイフゴト 財布~, カワゴト 皮~) →95
ゴド　五度〖温度・角度・経緯度など〗→34
コトアゲ, コトアゲ, コトアゲ　言挙 →5
コトアタラシイ˙　事新しい →54
コトイト　琴糸 →4
コトウタ　琴歌 →4
コトー, コトー　古刀, 孤島 →8
ゴドー　古道 →8
コドー　鼓動 →8
ゴトー　誤答, 語頭, 梧桐 →8　後藤〖姓〗→22　五島<五島列島 →10
コドーキョー　跨道橋 →14
コドーグ　小道具 →15
ゴトーチ　御当地 →92
ゴトービ　五十日(=月のうち五と十で終る日) →12a
ゴトーレットー　五島列島 →15
コトカク, コトカク　事欠く(~始末) →49
コトガラ, コトガラ, コトガラ　事柄 →4
コトキレル　事切れる →46
コドク　孤独 →8
ゴトク　五徳(火鉢の~) →3
ゴドク　誤読 →8
コトゴト　事事 →11
コトゴトク　悉く →61
コトゴトニ, コトゴトニ　事毎に →67
コトコマカ, コトコマカ　事細か(~に話す) →59
コトサラ, コトサラ　殊更(~に) →61
コトシ　今年 →5
コトジ, コトジ　琴柱 →4
……ごとし　…如し〖助動〗→89

ガギグゲゴは鼻濁音　カタカナ細字は母音の無声化　★は長音にもなる符号

コトズカル 言付かる,託かる →44
コトズケ, コトズケ, コトズケ 言付け,託け →5
コトズケル 言付ける,託ける →46
コトズテ, コトズテ, コトズテ 言伝 →5
コトズメ, コトズメ 琴爪 →4
コトダマ 言霊 →4
コトタリル, コトタリル 事足りる →49
コトナカレシュギ 事勿れ主義 →15
コトナル 異なる →46
コトニ 殊に →67
コトニスル, コトニスル 異にする →49
コトニヨルト 事に依ると →69
コトノツイデ 事の序(〜に) →98
コトノハ, コトノハ 言の葉 →19
コトノホカ, コトノホカ 殊の外 →69
コトバ 言葉,詞 →4
コトバアソビ 言葉遊び →12
コトバガキ 詞書 →13
コトバカズ, コトバカズ 言葉数 →12
コトバジメ 事始め →13
コトバジリ 言葉尻 →12
コトバズカイ 言葉遣い →13
コトバゾエ 言葉添え →13
コトバタクミニ, コトバタクミニ 言葉巧みに →98,99
コトバツキ, コトバツキ 言葉付 →12
コトブキ 寿
コトホグ 言祝ぐ →46
コドモ 子供 →4
コドモアツカイ 子供扱い →13
コドモギンコー 子供銀行 →15
コドモゴコロ 子供心(〜に) →12
コドモシバイ 子供芝居 →12
コドモジミル 子供染みる →96
コドモシュー, コドモシュ 子供衆

→14d
コドモズキ 子供好き →13
コドモズレ 子供連れ →13
コドモタチ 子供達 →94
コドモダマシ 子供騙し →13
コドモッポイ 子供っぽい →96
コドモテアテ 子供手当 →12
コドモノクニ こどもの国 →19
コドモノヒ 子供の日 →19
コドモフク 子供服 →14
コドモベヤ 子供部屋 →12
コドモムキ 子供向き →13
コドモラシイ 子供らしい →96
コトリ 小鳥 →4
コトリヤ 小鳥屋 →94
コトワザ, コトワザ 諺 →4
コトワリ, コトワリ, コトワリ 断わり →2
コトワリ, コトワリ, コトワリ 理 →2
コトワリガキ 断わり書 →13
コトワリジョー, コトワリジョー 断わり状 →14
コトワル 断わる コトワラナイ, コトワロー, コトワリマス, コトワッテ, コトワレバ, コトワレ →43
コトン →55
ゴトン →55
コナ 粉(オコナ 御〜) →1,92
コナイダ 此間〖名・俗〗(〜は失礼) →19d
コナイダ 此間〖副・俗〗(〜会った) →61d
コナオシロイ 粉白粉 →12
コナカ 子中(〜をなす) →4
コナグスリ 粉薬 →12
コナゴナ 粉粉(〜だ・な・に) →57
コナシ (身の〜) →2
コナス (食物を〜,一日で〜) →44

─は高い部分 ˙˙と˙˙は高低が変る部分 ⌐は次が下がる符号 →は法則番号参照

コナズミ──コノツギ

コナズミ　粉炭　→4	コネドリ, コネドリ　捏取り　→5
コナセッケン　粉石鹸　→15	コネマワス, コネマワス　捏ね回す →45
コナタ,《古は コナタ》 此方 →64	コネル　捏ねる　→43
コナチャ, コチャ　粉茶　→7	ゴネル　〖俗〗(=死ぬ・文句を言う) →44
コナフルイ　粉篩　→12	ゴネン　五年　→34
コナマイキ, コナマイキ,《古・強は コナマイキ》 小生意気 →91	ゴネン　御念(~の入った) →92
コナミ　小波(↔大波) →4	ゴネンシ　御年始　→92
コナミジン, コナミジン　粉微塵 →15	ゴネンセイ★　五年生　→14a
コナミルク　粉 milk →16	コノ　此の　→64
コナヤ　粉屋(~さん) →94	コノ　九(~・とお) →30
コナユキ　粉雪　→4	コノアイダ　此の間〖名〗(~は失礼) →19
コナレ　熟れ(~が良い) →2	コノアイダ　此の間〖副〗(~会った) →61
コナレル　熟れる　→43	コノウエ　此の上〖副〗→61
ゴナン　御難(それは~でした) →92	コノエ,《古は コノエ》 近衛《姓も》 →7,22
ゴナンツヅキ　御難続き →13	コノエリュー　近衛流〖書道〗→14
コナンドイル　Conan Doyle〖人〗→27	コノカタ　此の方〖名〗(去年より~) →19
コニクラシイ★, コニクラシイ★,《古・強は コニクラシイ★》 小憎らしい →91	コノカタ, コノカタ　此の方〖代〗(=此の人) →19
コニシ　小西〖姓〗→22	コノカン　此の間 →19
ゴニチ, ゴニチ　後日(~の菊) →8	コノクライ　此の位 →19,61
コニモツ　小荷物 →15	コノコ　此の子 →19
コニャック　cognac〖仏〗→9	コノゴ, コノゴ　此の期(~に及んで) →19
ゴニン　五人〖名詞的〗(~が行く) →34	コノゴロ　此の頃 →19
ゴニン　五人〖副詞的〗(~行く) →62	コノサイ　此の際 →19
誤認 →8	コノサキ　此の先 →19
ゴニングミ　五人組 →12	コノシタカゲ, コノシタカゲ　木の下陰 →12
コニンズ, コニンズー　小人数 →15d	コノシタヤミ　木の下闇 →12
ゴニンバヤシ　五人囃子〖雛飾〗→12	コノジナリ　コの字形 →95
ゴニンバリ　五人張り〖弓〗→13	コノシロ, コノシロ　鰶〖魚〗
コヌカ　小糠(~三合持ったら) →4	コノセツ　此の節 →19
コヌカアメ　小糠雨 →12	コノタビ　此の度 →19
コネ　(~をつける)<コネクション connection →10,9	コノツギ, コノツギ　此の次 →19
コネカエス, コネカエス　捏ね返す →45	
コネクル　捏ねくる →44	
コネコ　小猫,子猫 →4	
コネズミ　子鼠 →12	

ガギグゲゴは鼻濁音　カタカナ細字は母音の無声化　★は長音にもなる符号

コノトー──ゴバンジ　　　　314

コノトーリ　此の通り →19
コノトキ, コノトキ　此の時 →19
コノトコロ　此の所〖副〗(〜良い) →67
コノハ　木の葉 →19
コノハズク　木の葉木菟 →12
コノハチョー　木の葉蝶 →14
コノヒト, コノヒト　此の人 →19
コノブン　此の分(〜では) →19
コノヘン　此の辺(〜で) →19
コノホー, コノホー　此の方 →19
コノホカ　此の外 →19
コノホド　此の程 →19
コノマ　木の間 →19
コノマエ　此の前 →19
コノマガクレ　木の間隠れ →13
コノマシイ☆　好ましい →53
コノママ　此の儘〖名〗(〜に, 〜では)
　→19
コノママ　此の儘〖副〗(〜帰る) →61
コノミ　木の実 →19
コノミ, 《新は コノミ》　好み(オコノ
　ミ　御〜) →2, 92
コノミシダイ　好み次第 →95
コノム　好む　コノマナイ, コノモー,
　コノミマス, コノンデ, コノメバ,
　コノメ →43
コノメ　木の芽 →19
コノメヅキ　木の芽月 →12
コノメドキ　木の芽時 →12
コノモシイ☆　好もしい →53
コノヤ, コノヤ　此の家 →19
コノヨ, コノヨ　此の世 →19
コノワタ　海鼠腸 →19
コノンデ　好んで〖副〗 →67
ゴバ　後場 →4
コバイ　故買 →8
ゴハイ　誤配 →8
ゴバイ　五倍 →34
コバカニスル, コバカニスル, 《古・強

は コバカニスル》　小馬鹿にする
　→91
コハク　琥珀 →8
ゴバク　誤爆 →8
ゴハサン　御破算 →92
コバシリ　小走り →91
コハゼ　鞐(足袋の〜) →4
コハダ　小鰭〖魚〗 →4
コバタ　小旗 →4
コバチ　小鉢 →8
ゴハット, ゴハット　御法度 →92
コバト, コバト　小鳩 →4
コバナ, 《新は コバナ》　小鼻(〜をうご
　めかす) →4
コバナシ　小話, 小咄 →12
コバナレ　子離れ →13
コハバ　小幅 →4
コハマチリメン　小浜縮緬 →15
コバム　拒む →43
コバヤ　小早(〜に歩く) →5
コバヤシ　小林〖姓〗 →22
　〜(・)イッサ, 《古は 〜(・)イッサ》　〜
　一茶 →24, 27
コバラ　小腹(〜がへる) →91
コハル　小春 →91
コハル(・)ジヘー　小春治兵衛 →23, 25,
　27
コバルト, コバルト　cobalt →9
コハルビヨリ　小春日和 →12
コハン, 《古は コハン》　湖畔 →8
コバン　小判〖紙〗 →8
コバン　小判〖金貨〗(猫に〜) →8
ゴハン　誤判 →8
ゴハン　御飯 →92
ゴハン　御判 →92
ゴバン　碁盤 →8　五番 →34
コバンザメ　小判鮫 →12a
コハンジカン　小半時間 →91
ゴバンジマ　碁盤縞 →12

‾は高い部分　˙˙˙と˙˙˙は高低が変る部分　˥は次が下がる符号　→は法則番号参照

ゴハンタ──コブツシ

ゴハンタキ　御飯炊き →13a	コヒル　小昼 →4
ゴハンツブ　御飯粒 →12	コビル　媚びる →43
コハントキ, コハントキ　小半時 →91	コビン　小瓶 →8
ゴハンドキ　御飯時 →12	コビン, コビン　小鬢 →91
コバンナリ　小判形 →95	コブ　鼓舞 →7
コハンニチ, コハンニチ　小半日 →91	コブ, ゴンブ　昆布 →d
ゴハンムシ　御飯蒸し →13a	コブ　瘤 →1
ゴハンモノ　御飯物 →12	ゴフ, ゴフー　護符 →7d
ゴバンワリ　碁盤割り →13	ゴブ　五分(〜の魂) →34
コビ, コビ　媚(〜を売る) →2	コフー　古風 →8
ゴビ　Gobi〖砂漠〗 →21	コブガイ　木深い →54
ゴビ, ゴビ　語尾 →7	ゴブガリ　五分刈り →5
コピー　copy →9	ゴフク　呉服 →8
コピーライター　copywriter →16	コブクシャ, コブクシャ　子福者 →14c
コビキ, コビキ　木挽き →5	ゴフクショー　呉服商 →14
コビキウタ　木挽歌 →12	ゴフクテン, ゴフクテン　呉服店 →14
コヒキダシ, コビキダシ　小引出し →12c	ゴフクモノ, ゴフクモノ　呉服物 →12
コヒザ　小膝(〜を打つ) →91	ゴフクヤ　呉服屋(〜さん) →94
コヒツ　古筆 →8	ゴブゴブ　五分五分 →39
コヒツギレ　古筆切れ →12	ゴブサタ　御無沙汰 →92
コヒツジ, コビツジ　小羊 →12c	コブシ　小節(〜をきかせる) →4
コビト　小人 →4	コブシ, コブシ　辛夷〖植〗 →1
コビ・ヘツラウ　媚び諂う →49	コブシ, コブシ, 《古は コブシ》　拳 →1
ゴビヘンカ　語尾変化 →15	コブシ, コブシ　古武士 →15
ゴヒャク　五百〖名詞的〗(〜もある) →31	コブシダイ　拳大(〜の石) →95
ゴヒャク　五百〖副詞的〗(〜ある) →62	コブジメ　昆布締め →5
ゴヒャクエン　五百円 →35	ゴフジョー　御不浄 →92
コビャクショー　小百姓 →15	ゴフジン　御婦人 →92
ゴヒャクニン　五百人 →35	コブシン　小普請 →15
ゴヒャクネン　五百年 →35	コブタ　子豚 →4
ゴヒャクマン　五百万 →32	コブダシ, コブダシ　昆布出し →4
ゴヒャクラカン　五百羅漢 →36	コブチャ　昆布茶 →7
ゴビュー　誤謬 →8	コブツ, コブツ　古物 →8
コヒョー　小兵 →8	コブツキ, コブツキ, コブツキ　瘤付き →5
ゴビョー　五秒 →34	コブッショー, コブッショー　古物商 →14c
コビリック, 《古・強は コビリック》 →45	

ガギグゲゴは鼻濁音　カタカナ細字は母音の無声化　★は長音にもなる符号

ゴブツゼ──コマイ　316

ゴブツゼン　御仏前 →92	ゴボーヌキ　牛蒡抜き →13
コブトリ　小肥り →91	ゴボーマキ　牛蒡巻 →13
コブトリ, コブトリ　瘤取り →5	コボク, コボク　古木, 枯木 →8
コブトリジーサン　瘤取り爺さん →12	コボシ　零し, 翻し, 建水(=水こぼし) →2
ゴフナイ　御府内〖地〗 →92	
コブネ　小船 →4	コボス　零す(水を〜, ぐちを〜) →44
コブマキ　昆布巻 →5	コボトケトーゲ　小仏峠 →12
コブユ　昆布湯 →4	コボネ　小骨(〜が多い, 〜を折る) →4, 91
コブラ　cobra〖蛇〗 →9	
コプラ　copra〖植〗 →9	コボリ・エンシュー, コボリエンシュー　小堀遠州 →22, 23, 27
ゴブランオリ　Gobelins 織〖仏〗 →13	
コブリ　小振り, 子振り →4　小降り →5	コボレ　零れ(オコボレ 御〜) →2, 92
	コボレオチル, コボレオチル　零れ落ちる →45
コフン　古墳 →8	コボレダネ　零れ種 →12
コブン　子分, 古文 →8	コボレバナシ　零れ話 →12
ゴフン　胡粉 →8	コボレル　零れる, 溢れる →43
ゴブン　五分 →34	コホン　古本 →8
ゴブン　誤聞 →8	ゴホン　五本 →34
コフンジダイ　古墳時代 →15	ゴホン　(=咳) →55　御本 →92
コヘイ　古兵(↔新兵) →8	ゴホンゾン　御本尊 →92
ゴヘイ　語弊(〜がある) →8	ゴホンタイ　御本体 →92
ゴヘイ　御幣(〜をかつぐ) →92	コボンノー, コボンノー　子煩悩 →15
ゴヘイカツギ　御幣担ぎ →13	コマ　駒(三味線などの〜) →1
コベツ　戸別, 個別 →8	コマ, コマ　駒(将棋の〜), 齣〖映画・講義〗 →1
コベツホーモン　戸別訪問 →15	
コベツワリ　戸別割 →13	コマ, コマ　駒(=馬) →1
コベヤ　小部屋 →12	コマ　独楽 →1　小間 →4　高麗〖国〗, 駒<駒ヶ岳 →21
コペルニクス　Copernicus〖拉〗〖人〗 →22	
	ゴマ　胡麻 →7
コペンハーゲン　Copenhagen〖地〗 →21	ゴマ　護摩 →7
ゴホー　誤報, 語法, 護法 →8　御報 →92	ゴマアエ, ゴマアエ　胡麻和え →5
	コマーシャル　commercial →9
ゴボー　牛蒡 →8	コマーシャルソング　commercial song →16
ゴボー　御坊 →92	
ゴホージ　御法事 →92	ゴマアブラ　胡麻油 →12
ゴホーシャ　御報謝(巡礼に〜) →92	コマアミ　細編 →5
コホーショ　小奉書 →15	コマイ　小舞, 木舞 →4
コボーズ　小坊主 →15	コマイ, コマイ　古米 →8
ゴホーゼン　御宝前 →92	

──は高い部分　 `‥` と `⋯` は高低が変る部分　 `｢` は次が下がる符号　 → は法則番号参照

317　　ゴマイ──ゴミ

ゴ￣マイ	五枚 →34	ゴ￣マツブ, ゴマ￣ツブ	胡麻粒 →4

ゴ￣マイ　五枚 →34

コ￣マイヌ　狛犬 →4

コマオチ　駒落ち →5

コ￣マカ, コマカ, 《古は コ￣マカ》　細か(～に) →55

コ￣マカイ　細かい →53

ゴ￣マカシ, ゴマ￣カシ, ゴマカ￣シ　誤魔化し →2

ゴ￣マガス　誤魔化す →43

コマガ￣タケ　駒ヶ岳 →19

コ￣マギレ　細切れ →5

コ￣マク　鼓膜 →8

コ￣マグミ　駒組 →5

コマゲ￣タ, コマゲ￣タ, コマゲ￣タ　駒下駄

コマゴ￣マ　細細(～した, ～と) →57

コマゴ￣メ　駒込〖地〗 →21

コマザ￣ワ　駒沢〖地・大学〗 →21, 29

ゴマ￣シオ　胡麻塩 →12

ゴマシオア￣タマ　胡麻塩頭 →12

コマシャ￣クレル, コマッチャ￣クレル →43d

コマズ￣カイ　小間使 →13

ゴ￣マスリ, ゴマ￣スリ, ゴマス￣リ　胡麻擂り →5

コマ￣タ　小股 →4, 91

コマタス￣クイ, コマタス￣クイ　小股掬い →13c

ゴマ￣ダレ　胡麻垂れ →4

ゴ￣マダン, ゴマ￣ダン　護摩壇 →14

コ￣マチ, コマチ　小町 →3

……コマ￣チ　…小町(フ カガワコマ￣チ 深川～) →12

コマチイ￣ト　小町糸 →12

コマチバ￣リ　小町針 →12

コマチム￣スメ　小町娘 →12

コマ￣ツ, コマツ　小松 →4

ゴマ￣ツ　語末 →8

コマツ￣ナ　小松菜 →12

ゴ￣マツブ, ゴマ￣ツブ　胡麻粒 →4

コマ￣ド　小窓 →4

コマ￣ドリ　駒鳥 →4

コマ￣ヌク, コマ￣ネク　拱く(手を～) →43

コマネ￣ズミ　独楽鼠 →12

ゴマノ￣ハイ　護摩の灰 →19

コマ￣バ　駒場〖地〗 →21

コママ￣ワシ　独楽回し →13

ゴマ￣ミソ　胡麻味噌 →15

コマム￣スビ　小間結び →13

コ￣マメ　小忠実(～に働く) →91

ゴ￣マメ　鱓(=田作り。～の歯ぎしり)

コ￣マモノ, コマモ￣ノ　小間物 →12

コマモノ￣ミセ　小間物店 →12

コマモノ￣ヤ, コマモノ￣ヤ, 《新は コマ￣モノヤ》　小間物屋 →94

コ￣マヤカ　細やか →55

ゴマヨ￣ゴシ, ゴマヨ￣ゴシ　胡麻汚し →13

コマリ￣キル, コマリ￣キル, 《古・強は コ￣マリキル》　困り切る →45

コマリ￣ヌク, コマリ￣ヌク, 《古・強は コ￣マリヌク》　困り抜く →45

コマリハ￣テル, コマリハ￣テル, 《古・強は コ￣マリハテル》　困り果てる →45

コマリ￣モノ, コマリ￣モノ, コマリモ￣ノ　困り者 →12

コマ￣ル　困る　コマラ￣ナイ, コマリマ￣ス, コマ￣ッテ, コマ￣レバ, コマ￣レ →43

コマワ￣リ　小回り(～がきく) →13, 91

ゴマ￣ン　五万 →31

コマ￣ンド, 《新は コマ￣ンド》　command →9

ゴマ￣ント　五万と(～ある) →67

コ￣ミ　込み →2

ゴ￣ミ　五味 →34

ゴ￣ミ　芥, 塵 →1

ガギグゲゴは鼻濁音　　カタカナ細字は母音の無声化　　★は長音にもなる符号

コミアウ——コメ　　318

コミアウ，《新は コミアウ》 込み合う →45
コミアゲル，コミアゲル 込み上げる →45
コミイル，《新は コミイル》 込み入る →45
ゴミイレ，ゴミイレ，ゴミイレ 芥入れ →5
ゴミカル comical →9
ゴミゴミ （～する，～と）→57
ゴミサライ 芥浚い →13
ゴミステバ，ゴミステバ 芥捨場 →12
コミダシ 小見出し →12
ゴミタメ 芥溜め →5
ゴミダラケ 芥だらけ →95
コミチ，コミチ 小道 →4
コミック，コミック comic →9
コミッショナー commissioner →9
コミッション commission →9
ゴミトリ，ゴミトリ 芥取り →5
ゴミバコ，《新は ゴミバコ》 芥箱 →4
コミミ 小耳（～にはさむ）→91
ゴミヤ 芥屋（～さん）→94
コミューン commune〔仏〕→9
コミュニケ，コミニケ communiqué〔仏〕→9
コミュニケーション，コミニケーション communication →9
コミュニケート communicate →9
コミュニスト，コミニスト communist →9
コミュニズム，コミニズム communism →9
コミュニティー community →9
コミンテルン，コミンテルン Komintern〔露〕→9
コミンフォルム Kominform〔露〕→9
コム 込む コマナイ，コモー，コミマス，コンデ，コメバ，コメ →43

ゴム gom〔蘭〕→9
ゴムアミ gom編〔蘭〕→5
ゴムイン gom印〔蘭〕→8
ゴムカン gom管〔蘭〕→8
コムギ，《新は コムギ》 小麦 →4
コムギイロ 小麦色 →12
コムギコ 小麦粉 →12
ゴムグツ gom靴〔蘭〕→4
ゴムケシ，ゴムケシ gom消し〔蘭〕→5
コムズカシイ，コムズカシイ，《古・強は コムズカシイ》 小難しい →91
コムスビ 小結 →12
コムスメ 小娘 →12
コムソー 虚無僧 →14
ゴムゾコ gom底〔蘭〕→4
ゴムテープ gom〔蘭〕+tape〔英〕→16
ゴムトビ，ゴムトビ gom跳び〔蘭〕→5
ゴムナガ ゴム長＜gom長靴〔蘭〕→10
ゴムニンギョー gom人形〔蘭〕→15
ゴムノキ gomの木〔蘭〕→19
ゴムノリ gom糊〔蘭〕→4
ゴムバン gom判〔蘭〕→8
ゴムビキ gom引き〔蘭〕→5
ゴムヒモ gom紐〔蘭〕→4
ゴムフーセン gom風船〔蘭〕→15
ゴムホース gom〔蘭〕+hose〔英〕→16
ゴムボート gom〔蘭〕+boat〔英〕→16
ゴムマリ gom毬〔蘭〕→4
ゴムヨー，ゴムヨー 御無用 →92
コムラ，コムラ 腓（～がかえる）→1
コムラガエリ 腓返り →13
コムラサキ 濃紫，小紫〖植・蝶・人〗→12
ゴムリ・ゴモットモ 御無理御尤も →97
ゴムワ gom輪〔蘭〕→4
コメ 米（コメノメシ ～の飯，オコメ 御～）→1, 19, 92

コメイ──コヤスガ

コメイ., コメイ. 古名 →8	コモ 薦,菰(=まこも) →1
ゴメイ.サン, ゴメイ.サン 御明算 →92	コモカブリ 薦被り →13
コメカミ 顳顬 →5	コモク 小目〚碁〛 →8
コメクイムシ 米食い虫 →12b	ゴモク 五目〚料理〛 →10
コメグラ 米蔵 →4	ゴモクズシ 五目鮨 →12
コメソードー 米騒動 →15	ゴモクナラベ 五目並べ →13
コメソーバ 米相場 →12	ゴモクメシ, ゴモクメシ 五目飯 →12
コメダイ, コメダイ 米代 →8	コモゴモ, コモゴモ 交(悲喜~) →68
コメダワラ 米俵 →12	コモジ 小文字 →15
コメツキ, コメツキ, コメツキ 米搗き →5	コモズツミ 薦包 →12
コメツキバッタ 米搗き飛蝗 →12	コモチ 子持ち →5
コメツキムシ 米搗き虫 →12	ゴモットモ 御尤も →92
コメツブ 米粒 →4	コモノ 小者,小物 →4
コメディアン, コメディヤン comedian →9	コモリ 子守 →4
コメディー comedy →9	コモリ 籠り →2
コメトギ, コメトギ 米磨ぎ →5	コモリウタ 子守歌 →12
コメドコロ, コメドコロ 米所 →12	コモリオンナ 子守女 →12
コメヌカ 米糠 →4	コモル 籠る コモラナイ, コモロー, コモリマス, コモッテ, コモレバ, コモレ →44
コメノムシ 米の虫 →19	コモレビ 木漏れ日 →12
コメビツ 米櫃 →4	コモン 顧問 →8
コメヘン 米偏(=米) →8	コモン, 《新は コモン》 小紋 →8
コメヤ 米屋(~さん) →94	ゴモン 御門,御紋 →92
コメル 込める,籠める コメナイ, コメヨー, コメマス, コメテ, コメレバ, コメロ →44	コモンジョ, コモンジョ 古文書 →15
コメン, コメン 湖面 →8	ゴモンゼキ 御門跡 →92
ゴメン 御免 →92,66	コモンセンス common sense →16
ゴメンアソバセ 御免遊ばせ →49	コヤ, 《新は コヤ》 小屋 →4
ゴメンクダサイ 御免下さい →49	コヤガケ 小屋掛け →5
ゴメンコームル 御免蒙る →49	コヤカマシイ., コヤカマシイ., 《古・強は コヤカマシイ.》 小喧しい →91
ゴメンソー 御面相 →92	コヤギ, コヤギ 小山羊 →4
コメンテーター commentator →9	コヤク 子役 →8
コメント, 《新は コメント》 comment (~をつける) →9	ゴヤク 誤訳 →8
	コヤクニン 小役人 →91
コメンドー, 《古・強は コメンドー》 小面倒 →91	コヤグミ 小屋組 →5
	コヤシ 肥し →2
ゴメンナサイ 御免なさい →49	コヤス 肥やす →44
	コヤスガイ 子安貝 →12

ガギグゲゴは鼻濁音　カタカナ細字は母音の無声化　★は長音にもなる符号

コヤスジゾー 子安地蔵 →15	コラ 〖感〗(おい〜) →66　子等 →94
コヤダイ, コヤダイ 小屋代 →14	コラーゲン collagen →9
コヤツ, コヤツ 此奴 →64	コライ 古来 →8, 61
コヤヌシ, コヤヌシ 小屋主 →12	ゴライコー, ゴライコー 御来光 →92
コヤネ 小屋根 →12	ゴライゴー, ゴライゴー 御来迎 →92
コヤマ,《姓は コヤマ》 小山 →4, 22	コラエショー, コラエショー 堪え性 →14
コヤミ 小止み →5	コラエル, コラエル 堪える →43b
コヤモノ 小屋者 →12	ゴラク 娯楽 →8
コユー 固有 →8	ゴラクイン 御落胤 →92
コユーメイシ 固有名詞 →15	ゴラクキカン, ゴラクキカン 娯楽機関 →15
コユキ 小雪 →4	ゴラクシツ 娯楽室 →14
コユキ, コナユキ 粉雪 →4	ゴラクジョー 娯楽場 →14
コユビ 小指 →4	コラシメ, コラシメ 懲らしめ →2
コヨイ 今宵 →5	コラシメル 懲らしめる →44
コヨー 雇用, 小用(〜を足す) →8	コラス 凝らす, 懲らす →44
ゴヨー 誤用 →8　五葉(〜の松) →34	コラム column(=かこみ欄) →9
ゴヨー 御用 →92	コラムニスト columnist →9
ゴヨーオサメ 御用納め →13	ゴラン 御覧(〜になる, 書いて〜) →92
ゴヨーガカリ 御用掛 →12	ゴランナサイ 御覧なさい →49
ゴヨーガクシャ, ゴヨーガクシャ 御用学者 →15	コリ 垢離 →7　狐狸 →18
ゴヨーキキ 御用聞き →13a	コリ, コーリ 行李 →7d
ゴヨーキン, ゴヨーキン 御用金 →14a	コリ 凝り(肩の〜) →2
コヨージ 小楊枝 →15	ゴリオシ ごり押し〖俗〗 →5
ゴヨーシ 御養子 →92	コリカタマル, コリカタマル 凝り固まる →45
コヨーシャ 雇用者 →14a	コリクツ,《古・強は コリクツ》 小理屈(窟) →91
ゴヨージョーチン 御用提灯 →15	コリコー,《古は コリコー》 小利口 →91
ゴヨーショーニン 御用商人 →15	コリゴリ, コリゴリ 懲り懲り →57
ゴヨータシ 御用達(=御用商人) →13a	コリショー, コリショー 凝り性 →8
ゴヨーテイ 御用邸 →14	ゴリショー 御利生 →92
コヨーヌシ 雇用主 →12a	コリツ 孤立 →8
ゴヨーハジメ 御用始め →13	コリツムエン, コリツムエン 孤立無援 →98
コヨーホケン 雇用保険 →15	ゴリムチュー 五里霧中 →98
ゴヨーマツ 五葉松 →12a	コリヤ 凝り屋 →94
コヨナク (〜愛する) →51	
コヨミ 暦 →5	
コヨリ 紙縒 →5	

321　　ゴリヤク──ゴロージ

ゴリヤク　御利益 →92

ゴリュー　古流 →8

ゴリョ　顧慮 →7

ゴリョー　御陵,御寮 →92　五両 →34

ゴリョー, ゴリョー　御料 →92

ゴリョーショ　御両所 →92

ゴリョーシン　御両親 →92

ゴリョーチ　御料地 →14a

ゴリョーニン　御寮人 →14a　御両人 →92

コリョーリ　小料理 →15

コリョーリテン　小料理店 →14

コリョーリヤ　小料理屋 →94

ゴリラ　gorilla →9

コリル　懲りる →43

ゴリン　五輪(〜の塔) →34

ゴリン, ゴリン　五輪〚オリンピック〛 →34

ゴリンキ　五輪旗 →14a

コル　凝る,樵る →43　梱る →44d

コルイ, コルイ　孤塁 →8

コルク　cork →9

コルセット, コルセット　corset →9

コルネット　cornet →9

ゴルフ　golf →9

ゴルファー　golfer →9

ゴルフジョー　golf場 →14

コルホーズ　kolkhoz〚露〛 →9

コレ　之・此・是〚代〛(〜が良い,〜を下さい,〜です) →64

コレ, コレ　是〚代〛(=この人) →64

コレ　是〚感〛(〜坊や) →66　惟(時〜,我朝は〜) →61

ゴレイ　語例 →8

ゴレイゼン　御霊前 →92

コレカギリ　此限り →67

コレカラ　此から(〜行く) →76,67

コレキリ, コレキリ　此限り(〜無い) →61

コレクション　collection →9

コレクター　collector →9

コレクトコール　collect call →16

コレクライ, コレグライ　此位 →19

コレコレ　〚感〛(〜待て) →68

コレコレ　此此〚代〛(〜しかじか) →68

コレシキ, コレシキ　是式 →95

コレステロール　cholesterol →9

コレダケ　此丈(〜言っても) →61

コレッキリ　此っ限り(〜無い) →61d

コレッパカシ　此っ許し(〜も) →76d

コレッパカリ　此っ許り(〜も) →76d

コレナラ　此なら →76,67

コレニワ　此には →77,67

コレバカリ　此許り →76,67

コレホド　是程 →76,67

コレマデ　是迄(もはや〜) →76,67

コレミヨガシ　此見よがし →77

コレラ　cholera〚蘭〛 →9

コレラ　此等 →94

コレワコレワ　此は此は →68

コレワシダリ　此は為たり →98

ゴレンジュー　御連中 →92

ゴレンチュー　御簾中 →92

コロ　転(〜で移す) →3　頃 →1

ゴロ　語呂(〜が悪い) →7

ゴロ　<ゴロツキ →10,2　呉絽<呉絽服連 →10　〚野球〛<grounder →10

コロアイ, コロアイ　頃合 →4

ゴロアワセ　語呂合せ →13

コロイド, コロイド　colloid →9

コロー　固陋,故老 →8

ゴロー　五郎〚男名〛(〜・十郎) →25

…ゴロー: ……ゴロー; ……ゴロー; ……ゴロー　…五郎(ヨゴロー 与〜, ハチゴロー 八〜, ソーゴロー 宗〜, ゲンゴロー 源〜) →26

コロオイ, コロオイ　頃おい →2

ゴロージル　御覧じる(ゴロージロ 御

ガギグゲゴは鼻濁音　カタカナ細字は母音の無声化　★は長音にもなる符号

コロガキ──コワカレ　322

覧じろ）→49d
コロガキ　枯露柿 →5
コロガス　転がす →44
コロガリコム,《古・強は コロガリコム》 転がり込む →45
コロガル　転がる →44
ゴロク　五六(=五か六。年は～) →39
ゴロク, ゴロク　語録 →8
ゴロクサツ　五六冊 →39
ゴロクジカン,《古は ゴロクジカン》 五六時間 →39
ゴロクド　五六度 →39
ゴロクニチ,《新は ゴロクニチ, ゴロクニチ》 五六日 →39
ゴロクネン　五六年 →39
ゴロクンチ,《新は ゴロクンチ, ゴロクンチ》 五六日 →39d
コロゲオチル　転げ落ちる →45
コロゲコム　転げ込む →45
コロゲデル　転げ出る →45
コロゲマワル,《古・強は コロゲマワル》 転げ回る →45
コロゲル　転げる →44
ゴロゴロ　（～笑う, ～する, ～と） →57
ゴロゴロ　（～鳴る, ～と） →57
ゴロゴロ　（=雷。ゴロゴロサマ, ゴロゴロサマ ～様） →3, 94
コロシ　殺し →2
コロシバ　殺し場 →12
コロシモンク　殺し文句 →15
コロシヤ　殺し屋 →94
コロス　殺す コロサナイ, コロソー, コロシマス, コロシテ, コロセバ, コロセ →43
コロタイプ　collotype →9
ゴロッカイ　五六回 →39
ゴロッカゲツ　五六箇月 →39
ゴロツキ　破落戸 →2
ゴロック →96

コロッケ, コロッケ　croquette〔仏〕→9
ゴロット　（～寝る）→55
ゴロッペン　五六遍 →39
ゴロッポン　五六本 →39
コロナ　corona →9
コロニー　colony →9
ゴロネ　転寝 →5
コロバス　転ばす →44
ゴロハチジャワン　五郎八茶碗 →15
コロビ　転び →2
コロブ　転ぶ コロバナイ, コロボー, コロビマス, コロンデ, コロベバ, コロベ →43
コロモ　衣 →1
コロモガエ, コロモガエ　衣替え, 更衣 →13
コロモガワ　衣川（～の関）→12
コロモヘン　衣偏(=ネ) →14
コロリ, コロリ　（～と倒れる）→55
ゴロリ, ゴロリ　（～と寝る）→55
ゴロン　colon, : →9
コロンビア, コロンビヤ　Colombia〔国〕, Columbia〔地〕→21
コロンブス　Columbus〔人〕（～の卵）→22
コロンボ　Colombo〔地〕→21
コワ　是は, 此は（～いかに）→67
コワイ　怖い, 恐い, 強い コワカッタ, コワク, コワクテ,《新は コワクテ》, コワケレバ, コワシ →52
コワイケン　強意見 →15
コワイモノミタサ　怖い物見たさ →99
コワイロ　声色 →4
コワイロツカイ, コワイロツカイ　声色遣い →13c
コワイロヤ　声色屋 →94
コワガリ, コワガリ　怖がり →2
コワガル　怖がる →96
コワカレ　子別れ →13

￣は高い部分　…と…は高低が変る部分　｜は次が下がる符号　→は法則番号参照

コワキ, コワキ 小脇(〜にかかえる) →91	コンカツ 婚活<結婚活動 →10
コワケ 小分け →5	コンガラカル, コンガラカル →43d
コワゴワ 怖怖(〜歩く, 〜と) →57	コンガリ (〜焼く, 〜と) →55
ゴワゴワ (〜だ・な, 〜になる) →57	コンカン 根幹 →18
ゴワゴワ (〜する, 〜と) →57	コンガン 懇願 →8
コワサ 怖さ →93	コンキ 根気 →7
コワザ 小技, 小業 →4	コンキ 婚期, 根基, 今季, 今期 →7
コワス 毀す, 壊す コワサナイ, コワソー, コワシマス, コワシテ, コワセバ, コワセ →44	コンギ 婚儀 →7
	コンキマケ 根気負け →13
	コンキャク 困却 →8
コワズカイ 声遣い →13	コンキュー 困窮 →8
コワダカ 声高(〜に話す) →5	コンキューシャ 困窮者 →14a
コワタリ 古渡り →13	コンキョ 根拠 →7
コワダンパン 強談判 →15	コンギョー 今暁 →8
コワッパ 小童 →12	ゴンギョー, ゴンギョー 勤行 →8
コワネ, コワネ 声音 →4	コンキョチ 根拠地 →14
コワバル 強張る →96	コンク 困苦(〜欠乏) →7
コワメシ 強飯 →5	ゴング 欣求(〜浄土) →7 gong →9
コワモテ 恐持 →5 強面<こわおもて →10	コンクール concours〖仏〗 →9
	コングラカル, コングラカル →43d
ゴワリ 五割 →33	コングラベ 根競べ →13
コワレ 毀れ →2	コンクリート, コンクリ concrete →9, 10
コワレモノ, コワレモノ, コワレモノ 毀れ物 →12	
	ゴンゲ 権化 →7
コワレル 毀れる コワレナイ, コワレマス, コワレテ, コワレレバ, コワレロ →43	コンケイ 根茎 →8
	コンケツ 混血 →8
	コンゲツ 今月 →8
コン 根(=根気。〜が良い) →6	コンケツジ, コンケツジ 混血児 →14
コン 今(〜段階) →6,63 婚(〜を結ぶ), 紺, 坤, 根〖仏教・数学・化〗 →6	コンゲツブン 今月分 →14
	コンゲン, コンゲン 根源 →8
コンイ 懇意 →7	ゴンゲン 権現(〜様) →8
コンイロ 紺色 →4	……ゴンゲン …権現(ハコネゴンゲン 箱根〜) →15
コンイン 婚姻 →8	
コンイントドケ 婚姻届 →13	ゴンゲンズクリ 権現造り →13
コンカ 婚家 →7	ゴンゲンドー 権現堂 →14
コンカイ 今回 →8	コンゴ Congo〖国・川〗 →21
コンガギリ 根限り →13	コンゴ, コンゴ 今後 →7
コンガスリ 紺絣 →12	コンコー 混交(淆) →8
	コンゴー 混合, 金剛 →8

ガギグゲゴは鼻濁音　カタカナ細字は母音の無声化　★は長音にもなる符号

コンゴー　金剛〖能〗→22	コンサルタント　consultant →9
〜(･)イワオ　〜巌 →23, 27	コンジ　紺地 →7
ゴンゴー, ゴゴー　五合〖名詞的〗(〜を買う) →34d	コンジ, コンジ　根治 →7
ゴンゴー, ゴゴー　五合〖副詞的〗(〜買う) →62d	コンジ　恨事, 今次 →7
コンコーキョー　金光教 →14	コンジキ　金色 →8
コンゴーサン　金剛山 →14a	コンジキドー　金色堂 →14
コンゴーシャ　金剛砂 →14a	コンジキヤシャ　金色夜叉〖書〗→15
コンゴーシュ, コンゴーシュ　混合酒 →14a	コンジゴト　根仕事 →12
コンゴーシン　金剛心 →14a	コンシ(･)コンデイ　紺紙金泥 →97,98
コンゴース, コンコース　concourse →9	コンジャク　今昔(〜の感) →18
コンゴーズエ　金剛杖 →12	コンジャクモノガタリ　今昔物語 →12
コンゴーセキ　金剛石 →14a	コンシュー　今秋, 今週 →8
コンゴーブジ, コンゴーブジ　金剛峯寺 →14	コンシューチュー　今週中 →14
コンゴーブツ　混合物 →14a	コンジュホーショー　紺綬褒章 →15
コンゴーヤク　混合薬 →14a	コンシュン　今春 →8
コンゴーリキ, コンゴーリキ　金剛力 →14a	コンジョー　今生, 紺青, 懇情 →8
コンゴーリキシ　金剛力士 →15	コンジョー　根性 →8
コンゴーリュー　金剛流 →14	ゴンジョー　言上 →8
ゴンゴ(･)ドーダン　言語道断 →97,98	コンショク　混色, 混食 →8
コンコン　懇懇, 昏昏, 滾滾 →58	コンジル, コンジル　混じる →47
コンコン　(〜降る, 雪が〜と) →57	コンシン　混信, 懇親, 渾身 →8
コンコンチキ　(大有りの〜) →94a	コンシンカイ　懇親会 →14a
コンサージ　紺 serge →16	コンスイ　昏睡 →8
コンサート, コンサート　concert →9	コンスイジョータイ　昏睡状態 →15
コンサートマスター　concertmaster →16	ゴンスケ　権助 →25
コンサイ　根菜 →8	コンスターチ　cornstarch →16
コンザイ　混在 →8	コンスタント　constant →9
ゴンサイ　権妻 →8	コンストラクション　construction →9
コンサイス, コンサイス　concise〖商標〗→9	コンズル, コンズル　混ずる →47
コンザイルイ　根菜類 →14b	コンセイ　混成, 懇請, 混声 →8
コンザツ　混雑 →8	コンセイガッショー　混声合唱 →15
	コンセイキ　今世紀 →15
	コンセイトーゲ　金精峠 →12
	コンセキ　痕跡 →8
	コンセキ　今夕 →8
	コンセツ, コンセツ　懇切 →8
	コンゼツ　根絶 →8
	コンセツテイネイ　懇切丁寧 →99
	コンセプト　concept →9

￢は高い部分　･･･と‥は高低が変る部分　￢は次が下がる符号　→は法則番号参照

325　　コンセン――コンパク

コンセン　混戦, 混線 →8

コンゼン　渾然 →56　婚前 →8

コンセンサス　consensus →9

コンセント, コンセント　＜concentricplug〔和〕→10

コンソメ　consommé〔仏〕→9

コンゾメ　紺染め →5

コンダク　混濁 →8

コンダクター　conductor →9

コンタクト, コンタクト　contact →9

コンタクトレンズ　contact lens →16

コンダテ, コンダテ, コンダテ　献立 →5

コンダテヒョー　献立表 →14

コンタビ　紺足袋 →4

コンタン, コンタン　魂胆 →18

コンダン　懇談 →8

コンダンカイ　懇談会 →14a

コンチ　今日 ⇒コンニチ

ゴンチ　五日 →34d

コンチェルト　concerto〔伊〕→9

コンチクショー, コンチキショー　此畜生 →19, 66

コンチネンタル　continental →9

コンチュー　昆虫 →8

コンチューズカン　昆虫図鑑 →15

コンチョー　今朝 →8

コンチワ, コンニチワ　今日は〖感〗(↔さよなら) →66d

コンツェルン　Konzern〔独〕→9

コンテ　conté〔仏〕→9

コンテイ★　根底(柢) →8

コンデイ★　金泥 →8

コンディショナー　conditionar →9

コンディション　condition →9

コンテスト　contest →9

コンテナー, コンテナー, コンテナ, 《新は コンテナ》container →9

コンデンサー　condenser →9

コンデンスミルク　＜condensed milk →16

コント　conte〔仏〕→9

コンド　今度 →7

コントー　昏倒 →8

コンドー　混同, 金銅 →8　近藤〖姓〗 →22

コンドー, コンドー　金堂 →8

コンドーム　condom〔仏〕→9

コントク　懇篤 →8

ゴンドラ　gondola〔伊〕→9

コントラスト, コントラスト　contrast →9

コントラバス　Kontrabass〔独〕→16

ゴンドル　condor →9

コントロール　control →9

コントロールタワー　control tower →16

コントン, コントン　混沌 →58

コンナ　(～事) →63

コンナン　困難 →8

コンニチ　今日(～様) →8

コンニチワ　今日は〖感〗(↔さようなら) →66

コンニャク, コンニャク　蒟蒻 →8

コンニャクダマ　蒟蒻玉 →12

コンニャクバン　蒟蒻版 →14

コンニュー　混入 →8

コンニューブツ　混入物 →14a

コンネン　今年 →8

コンネンド　今年度 →17

ゴンパ　＜コンパニー　company →10, 9

コンパートメント　compartment →9

コンパイ　困憊 →8

コンバイン　combine →9

コンパク　魂魄 →18

コンパクト, コンパクト　compact →9

コンパクトディスク　compact disk

ガギグゲゴは鼻濁音　カタカナ細字は母音の無声化　★は長音にもなる符号

→16
コンパス kompas〔蘭〕 →9
コンパニオン companion →9
コンパル, コンパル 金春〖能〗 →22
　～・ゼンチク ～禅竹 →24
コンパルリュー 金春流 →14
コンバン 今晩 →8
コンパン 今般 →8
コンバンワ 今晩は〖感〗(↔お早う) →66
コンビ <コンビネーション combination →10, 9
コンビーフ corn beef →16
コンビナート kombinat〔露〕 →9
コンビニ <convenience store →10
コンピューター, コンピュータ computer →9
コンピラ 金毘羅(コンピラサマ, コンピラサマ ～様) →94
コンブ, コブ 昆布 →d
コンプレックス complex →9
コンプレッサー compressor →9
コンペ <competition →10
コンペイトー 金米糖 →14
ゴンベー 権兵衛(～が種まきゃ) →25
コンペキ 紺碧(～の空) →8
コンベヤー, コンベヤ conveyer →9
ゴンベン 言偏(=言) →8
ゴンボ combo →9
ゴンポ <component →10
コンボー 混紡, 棍棒 →8
コンポー 梱包 →8
コンポート compote →9
コンポジション composition →9
コンポスト, コンポスト compost →9
コンポン, コンポン 根本 →8
コンポンテキ 根本的 →95
コンポンモンダイ 根本問題 →15
ゴンマ, ガンマ comma →9

コンマイカ comma 以下 →38
コンマケ, コンマケ 根負け →5
コンミョーニチ 今明日 →17
コンミョーニチジュー, コンミョーニチチュー 今明日中 →14
コンメイ* 混迷, 昏迷, 懇命 →8
コンモー 懇望, 根毛, 混毛 →8
コンモリ (～した, ～と) →55
コンヤ 今夜 →7
コンヤ, コーヤ 紺屋 →94
コンヤク 婚約 →8
コンヤクシャ, コンヤクシャ 婚約者 →14c
コンユー 今夕 →4
コンヨー 混用 →8
コンヨク 混浴 →8
コンラン 混乱 →8
コンリュー 建立 →8
コンリンザイ 金輪際 →14a
コンレイ* 婚礼 →8
ゴンロ 焜炉 →7
コンワ 混和, 懇話 →7
コンワカイ 懇話会 →14
コンワク 困惑 →8

サ

サ 差 →6
サ 然〖副〗(～のみ) →64　左(～の通り) →6
……サ; ……サ 〖助〗(ナクサ 泣く～, ヨムサ 読む～, アガイサ 赤い～, シロイサ 白い～) →72, 74b
……サ; ……サ; ……サ 〖助〗(トリサ 鳥～, ハナサ 花~, アメサ 雨~) →71
ザ, ザ 座 →6
……ザ …座(カブキザ 歌舞伎~)

	サー──ザイガク

左段

→14

サー 〖感〗(～行こう) →66 sir →9

サーカス circus →9

サーキット circuit →9

サークル,《新は サークル》 circle →9

ザーザー (雨が～降る、～と) →57

ザーザーブリ ざあざあ降り →13

ザーサイ 搾菜〖華〗 →9

サージ serge →9

サーズ SARS →16

サーズウイルス SARS ウイルス →16

サーチライト searchlight →16

サード third →9

サーバー,《新は サーバー》 server →9

サービス service →9

サービスエリア service area →16

サービスギョー サービス業 →14

サービスリョー service 料 →14

サーブ serve →9

サーファー,《新は サーファー》 surfer →9

サーフィン surfing →9

サーフボード surfboard →16

サーベル sabel〖蘭〗 →9

ザーマスコトバ ざあます言葉 →12

サーモスタット thermostat →9

サーモン salmon →9

サーモンピンク salmon-pink →16

サーロイン sirloin →9

サーロインステーキ sirloin steak →16

サイ 菜(オサイ 御～) →6,92

サイ 才、妻、際、采(=采配)、犀、賽(=さいころ) →6 差異、差違 →7

……さい …歳〖数〗→34,35 …斎〖男名〗→25

ザイ 在、材、財 →6

……ザイ, ……ザイ …剤(ショーカザイ, ショーカザイ 消化～) →14

右段

……ザイ, ……ザイ …罪(サツジンザイ, サツジンザイ 殺人～) →14a

サイアイ 最愛 →8

サイアク 最悪 →8

ザイアク 罪悪 →8

ザイイ 在位 →7

サイイキ, セイイキ 西域〖地〗→8

サイウ 細雨 →7

サイウヨク 最右翼 →15

ザイエキ 在役 →8

サイエン 再演、再縁、菜園、才媛 →8

ザイエン 在園 →8

サイエンス science →9

サイエンスフィクション science fiction →16

ザイオー 在欧(～五年) →8

サイオーテ 最大手 →12

サイカ, サイカ 採火 →7

サイカ 西下、再嫁、裁可、災禍 →7

ザイカ 財貨、罪科、罪過 →7

サイカイ 再会、際会、再開、斎戒、西海 →8

サイカイ 最下位 →17

サイガイ 災害 →8

ザイカイ 財界 →8

ザイガイ 在外 →8

ザイガイコーカン 在外公館 →15

ザイカイジン 財界人 →14b

サイガイチ 災害地 →14b

サイカイドー 西海道 →17

ザイガイトーヒョー 在外投票 →15

サイカイハツ 再開発 →15

ザイガイホージン 在外邦人 →15

サイガイホショー 災害補償 →15

サイカイモクヨク 斎戒沐浴 →98

サイカク, サイカク 才覚、犀角 →8

サイカク 西鶴〖人〗⇒イハラ～

ザイガク 在学 →8

ザイガクセイ, ザイガクセイ 在学生

ガギグゲゴは鼻濁音　カタカナ細字は母音の無声化　★は長音にもなる符号

→17
ザイガクチュー 在学中 →14
サイカクニン 再確認 →15
ザイカタ, ザイカタ 在方 →4
サイカチ 皀莢〔植〕
サイカトー 最下等 →17
サイカン 再刊, 才幹, 彩管 →8
ザイカン 在官 →8
サイキ 再起, 再帰, 才気, 祭器, 債鬼 →7
サイギ 猜疑, 祭儀 →7
サイキカンパツ 才気煥発 →97
サイギシン 猜疑心 →14
サイキドー 再起動 →15
サイキョ 再挙, 裁許 →7
サイキョー 最強, 西京 →8
サイギョー 西行〔人〕 →24
ザイキョー 在京, 在郷 →8
サイキョーイク 再教育 →15
サイキョーズケ 西京漬 →13
サイキョーセン 埼京線 →14
サイキン 最近, 再勤, 細菌 →8
ザイキン 在勤 →8
ザイキンチュー 在勤中 →14
サイキンペイキ 細菌兵器 →15
サイギンミ 再吟味 →15
サイク,《新は サイク》 細工 →7
サイグー 斎宮 →8
サイクツ 採掘 →8
サイクニン, サイクニン 細工人 →14
サイクバ, サイクバ 細工場 →12
サイクモノ, サイクモノ 細工物 →12
サイクリング cycling →9
サイクル cycle →9
サイクロトロン cyclotron →16
サイクロン cyclone →9
サイクン 細君 →94
サイグンビ 再軍備 →15
ザイケ 在家 →7
サイケイ 歳計 →8

サイゲイ 才芸 →18
ザイケイ 財形<(勤労者)財産形成(制度) →10
サイケイコク 最恵国 →14b
ザイケイチョチク 財形貯蓄<財産形成貯蓄 →15
サイケイレイ 最敬礼 →15
サイケツ 採血 →8
サイケツ, ザイケツ 採決, 裁決 →8
サイゲツ 歳月 →18
サイケン 再建, 再検, 細見, 債券, 債権 →8
サイゲン, サイゲン 再現 →8
サイゲン 際限(~がない) →8
ザイゲン, ザイゲン 財源 →8
サイケンサ 再検査 →15
サイケンシャ 債権者 →14a
サイケントー 再検討 →15
サイコ 最古 →7
サイゴ 最後, 最期 →7
ザイコ 在庫 →7
サイコー 再考, 再校, 再構, 再興, 採光, 砕鉱, 採鉱, 最高 →8
ザイコー 在校 →8
ザイゴー 在郷 →8
ザイゴー, ザイゴー 罪業 →8
サイコーガクフ 最高学府 →15
サイコーキオン 最高気温 →15
サイコーキュー 最高級 →17
ザイゴーグンジン 在郷軍人 →15
サイコーケンサツチョー, サイコーケンサッチョー 最高検察庁 →17
サイコーサイ 最高裁<サイコーサイバンショ, サイコーサイバンショ 最高裁判所 →10, 17
サイコーシレイカン 最高司令官 →17
サイコーシレイブ 最高司令部 →17
ザイコーセイ 在校生 →14a
サイゴー・タカモリ, サイゴータカモ

リ 西郷隆盛 →22, 24, 27	サイシューセイ★ 再修正 →15
サイコーチョー 最高潮 →17	サイシュービ 最終日 →12a
サイコーテン 最高点 →17	ザイシュク 在宿 →8
サイコービ 最後尾 →15	サイシュツ 歳出 →8
サイコーホー 最高峰 →17	サイシュツニュー, サイシュツニュー
サイコク 催告 →8	歳出入 →17
サイコク,《新は サイゴク》西国 →8	サイシュッパツ 再出発 →15
ザイコク 在国 →8	サイショ 最初, 細書 →7
サイゴツーチョー 最後通牒 →15	サイジョ 才女, 妻女 →7
サイゴノスケ 最後之助 →26	サイショ, ザイショ 在所 →7
ザイコヒン, ザイコヒン 在庫品 →14	サイショー 再勝, 最小, 細小, 最少, 宰相
サイコロ 賽子 →94	→8 妻妾 →18
サイコロジー psychology →9	サイジョー 最上, 祭場, 斎場 →8
サイコン 再婚, 再建 →8	ザイショー, ザイショー 罪障 →8
サイゴン Saigon〖地〗→21	ザイジョー, ザイジョー 罪状 →8
サイサイ 再再 →68 歳歳 →11	サイジョーキュー 最上級 →17
サイサキ, サイサキ 幸先 →4	サイショーゲン 最小限 →17
サイサン 採算 →8 再三 →38	サイショーチ 最小値 →14a
ザイサン, ザイサン 財産 →8	サイショーゲンド 最小限度 →15
ザイサンカ 財産家 →14	サイショーコーバイスー 最小公倍数
サイサンサイシ 再三再四 →39	→17
ザイサンゼイ★ 財産税 →14a	サイジョートー 最上等 →17
サイシ 才子, 祭司, 祭祀 →7 妻子	サイショク 菜食 →8
→18	サイショク, サイショク 才色(〜兼備)
サイジ 細字 →7	→18
サイジ 細事, 祭事 →7	ザイショク 在職 →8
サイシアイ 再試合 →15	サイショクケンビ 才色兼備 →15
サイシキ 彩色, 祭式 →8	ザイショクチュー 在職中 →14
サイジキ 歳時記 →14	ザイショクネンゲン 在職年限 →15
サイシケン 再試験 →15	サイショリ 再処理 →15
サイジジョー 催事場 →14	サイシリョー 祭祀料 →14
サイジツ 祭日 →8	サイシン 細心, 再審, 再診, 砕身, 最新
ザイシツ 在室, 材質 →8	→8
ザイシャ 在社 →7	サイジン 才人, 祭神 →8
サイシュ 祭主 →7	サイシンガタ 最新型 →12
サイシュ, サイシュ 採取 →7	サイジンサ 再審査 →15
サイシュー 採集, 最終 →8	サイシンシキ 最新式 →14
ザイジュー 在住 →8	サイシンリューコー, サイシンリュー
サイシューカイ 最終回 →17	コー 最新流行 →98, 99

ガギグゲゴは鼻濁音　カタカナ細字は母音の無声化　★は長音にもなる符号

サイズ──サイテイ　330

サイズ　size →9	→18
ザイス　座(坐)椅子 →15	サイダイ, サイタマダイ　埼(玉)大<
サイズチ, サイズチ, サイズチ　才槌 →4	サイタマダイガク　埼玉大学 →10, 15
サイズチアタマ　才槌頭 →12	サイダイキュー　最大級 →17
サイズル　際する →48	サイダイゲン　最大限 →17
サイスン　採寸 →8	サイダイゲンド　最大限度 →15
ザイセ, ザイセ　在世 →7	サイダイコーヤクスー　最大公約数 →17
サイセイ　再生,再製 →8	ザイダイジ　西大寺 →14
ザイセイ　在世,財政 →8	サイダイシャ　妻帯者 →14b
サイセイイッチ, サイセイイッチ　祭政一致 →98,99	サイダイチ　最大値 →17
サイセイキ　最盛期 →17	サイダイフーソク　最大風速 →15
サイセイサン　再生産 →15	サイタカネ, サイタカネ　最高値 →12
サイセイシ　再生紙 →14a	サイタク　採択 →8
ザイセイトーユーシ　財政投融資 →17	ザイタク　在宅 →8
ザイセイナン　財政難 →14a	ザイタクカイゴ　在宅介護 →15
サイセキ　砕石,採石 →8	ザイタクキンム　在宅勤務 →15
ザイセキ　在席,在籍,罪責,罪跡 →8	サイタスー, サイタスー　最多数 →17
サイセツ　再説,細説 →8	サイタマ,《古は サイタマ》　埼玉〚地〛 →21
サイセン　再選 →8　賽銭(オサイセン 御~) →8,92	サイタマケン　埼玉県 →14
サイゼン　最前,最善 →8	サイタマシ　さいたま市 →14
サイセンキョ　再選挙 →15	サイタル　最たる(…の~ものだ) →63
サイゼンセン　最前線 →17	サイタン　最短,採炭,歳旦 →8
サイセンタン　最先端,最尖端 →17	サイダン　裁断,祭壇 →8
サイセンドロボー　賽銭泥棒 →15	サイダン　財団 →8
サイセンバコ　賽銭箱 →12a	サイタンキョリ　最短距離 →15
サイゼンブ　最前部 →17	ザイダンホージン　財団法人 →15
サイゼンレツ　最前列 →17	ザイチ　細緻 →7　才知 →18
サイソー　再送,才藻,採草 →8	サイチク　再築 →8
サイゾー, サイゾー　才蔵(万歳の~) →25	サイチュー　最中 →8
サイソク　細則 →8	ザイチュー　在中 →8
ザイソク　催促 →8	サイチョー　最長,再調 →8
サイタ　最多 →7	サイチョー　最澄〚人〛 →24
サイダー　cider →9	ザイチョー　在庁,在朝 →8
サイタイ　妻帯,臍帯 →8	サイチョーサ　再調査 →15
サイダイ　最大 →8　細大(~もらさず)	サイテイ　最低,再訂,裁定 →8
	サイテイキオン　最低気温 →15
	サイテイゲン　最低限 →17

￣は高い部分　¨と¨は高低が変る部分　「は次が下がる符号　→は法則番号参照

サイテイ――サイヒ

サイテイゲンド 最低限度 →15	サイネリア,《新は サイネリア》〖植〗
サイテイジョーケン 最低条件 →15	<cineraria →9
サイテイチンギン 最低賃金 →15	サイネン 再燃 →8
サイテキ 最適 →8	サイネンショー 最年少 →15
ザイテク 財テク<財 technology →10	サイネンチョー 最年長 →15
サイデス 〖俗〗<左様です →10	サイノー,《古は ザイノー》 才能
サイテン 再転,採点,祭典 →8	→18
サイデン 祭殿 →8	ザイノー 財嚢 →8
ザイテン 在天 →8	ザイノカワラ 賽の河原 →98
サイテンケン 再点検 →15	サイノメ, サイノメ 賽の目(~に切る)
サイド 再度,済度 →7 side →9	→19
サイドアウト side out →16	サイノロ 妻鈍〖俗〗 →5
サイトー 斎藤〖姓〗→22	ザイバー cyber →9
～(・)モキチ ～茂吉 →25, 27	サイバーコーゲキ cyber 攻撃 →15
サイドー 細動(心房の～) →8	サイハイ 再拝 →8
サイドオーダー side order →16	サイハイ,《古は サイハイ》 采配 →8
サイドーヒョー 再投票 →15	サイバイ 栽培 →8
サイドカー, サイドカー sidecar →16	サイバシ 菜箸 →4
サイドク 再読 →8	サイハジケル 才弾ける →46
サイドテーブル side table →16	サイバシル 才走る →46
サイドビジネス side business →16	サイハツ 再発 →8
サイドブレーキ side brake〔和〕→16	ザイバツ 財閥 →8
サイドボード sideboard →16	サイハッケン 再発見 →15
サイドミラー side mirror →16	サイハッコー 再発行 →15
サイドライン sideline →16	サイハテ 最果て(～の地) →4
サイトリ, サイトリ 才取 →5	ザイバラ, サイバラ,《雅楽部では サ
サイドワーク side work〔和〕→16	イバラ》 催馬楽
サイナム 苦む →46d	サイハン 再版,再犯 →8 再販<再販
サイナン 災難 →8	売(価格維持契約) →10
サイナンヨケ 災難除け →13	サイバン 歳晩 →8
ザイニチ 在日 →8	ザイバン 裁判 →8
サイニュー 歳入 →8	ザイパン Saipan〖地〗→21
サイニューガク 再入学 →15	サイバンイン 裁判員 →14a
サイニン 再任,再認 →8	サイバンカン 裁判官 →14a
ザイニン 在任 →8	サイバンザタ 裁判沙汰 →15
ザイニン, ザイニン,《古は ザイニン	サイバンショ, サイバンショ 裁判所
も》 罪人 →8	→14
サイニンシキ 再認識 →15	サイバンチョー 裁判長 →14a
ザイニンチュー 在任中 →14	サイヒ 歳費 →7 採否 →18

ガギグゲゴは鼻濁音　カタカナ細字は母音の無声化　★は長音にもなる符号

サイヒツ —— サイレン　332

サイ⌐ヒツ 才筆, 細筆 →8	**サイ⌐ムシャ** 債務者 →14
サイ⌐ヒョー 砕氷, 採氷, 細評 →8	**ザイ⌐ムショー** 財務省 →14
サイ⌐ヒョーカ 再評価 →15	**ザイメイ.** 在銘, 罪名 →8
サイ⌐ヒョーセン 砕氷船 →14	**サイ⌐モク** 細目 →8
サイフ 採譜, 財布 →7	**ザイ⌐モク** 材木 →8
サイブ 細部 →7	**ザイ⌐モクヤ** 材木屋 →94
サイ⌐フク 祭服 →8	**サイ⌐モン, サイモン** 祭文 →8
サイ⌐ブツ 才物 →8	**サイ⌐モン** 祭文＜祭文節・祭文語り →8
ザイ⌐ブツ, ザイ⌐ブツ 財物 →8	**サイモン⌐カタリ** 祭文語り →13
サイ⌐ブン 細分 →8	**ザイ⌐ヤ, ザイヤ** 在野 →7
サイ⌐ブン, サイ⌐モン,《古及び歌祭文	**サイ⌐ヤク** 災厄 →8
うた ざいもんは **サイ⌐モン》** 祭文 →8	**サイ⌐ヤスネ** 最安値 →12
サイ⌐ブンカ, サイ⌐ブンカ 細分化	**サイユ** 採油 →7
→95a	**サイ⌐ユーキ** 西遊記〚書〛 →14a
ザイベイ. 在米 →8	**サイ⌐ユーセン** 最優先 →15
サイ⌐ヘン 再変, 再編, 砕片, 細片 →8	**サイ⌐ユシュツ** 再輸出 →15
サイ⌐ヘンセイ. 再編成 →15	**サイ⌐ユニュー** 再輸入 →15
サイ⌐ホー 裁縫, 西方, 再訪 →8	**サイ⌐ヨー** 採用 →8
サイ⌐ボー, サイ⌐ホー 細胞 →8	**サイ⌐ライ** 再来 →8
ザイ⌐ホー 財宝 →18	**ザイ⌐ライ, ザイ⌐ライ** 在来 →8
サイ⌐ボーグ cyborg →9	**ザイライ⌐セン** 在来線 →14
サイ⌐ホージョード 西方浄土 →15	**ザイリ** 犀利 →7
サイ⌐ホーソー 再放送 →15	**ザイ⌐リャク, サイ⌐リャク** 才略 →18
サイ⌐ボーブンレツ 細胞分裂 →15	**ザイ⌐リュー** 在留 →8
サイ⌐ホク 最北 →8	**ザイ⌐リューホージン** 在留邦人 →15
サイ⌐ホクタン 最北端 →17	**ザイ⌐リューミン** 在留民 →14a
サイ⌐ホッソク 再発足 →15	**サイ⌐リョー** 最良 →8
ザイ⌐ホン, ザイ⌐フォン siphon →9	**サイ⌐リョー, サイ⌐リョー** 裁量 →8
サイ⌐マツ 歳末 →8	**サイ⌐リョー, ザイ⌐リョー** 宰領 →8
サイ⌐ミツ 細密 →8	**ザイ⌐リョー** 材料 →8
サイ⌐ミン 細民, 催眠 →8	**ザイ⌐リョーヒ** 材料費 →14a
ザイ⌐ミン 在民 →8	**ザイ⌐リョク** 才力 →8
サイ⌐ミンクツ 細民窟 →14a	**ザイ⌐リョク** 財力 →8
サイ⌐ミンザイ 催眠剤 →14a	**サイ⌐リン** 再臨 →8
サイ⌐ミンジュツ 催眠術 →14a	**ザイ⌐ル** Seil〔独〕 →9
サイ⌐ミンヤク 催眠薬 →8a	**サイ⌐ルイガス** 催涙 gas〔蘭〕 →16
ザイ⌐ム 債務 →7	**サイ⌐ルイダン** 催涙弾 →14b
ザイ⌐ム 財務 →7	**サイレイ.** 祭礼 →8
ザイ⌐ムカン 財務官 →14	**ザイ⌐レン** siren →9

￣ は高い部分　゛と゜は高低が変る部分　⌐は次が下がる符号　→は法則番号参照

サイレント silent →9	サエル 冴える(サエナイ) →43
サイロ silo →9	サエワタル, サエワタル 冴え渡る →45
サイロク 採録,載録,再録 →8	サオ 竿,棹 →1
サイロン 再論,細論 →8	ザオー 蔵王<ザオーサン, ザオーザン 〜山 →21, 14a
サイワイ 幸(〜に) →2d	ザオーゴンゲン 蔵王権現 →15
サイワリ 再割 →10	サオサス, サオサス 棹差す →49
サイワリビキ 再割引 →12	サオズリ, サオズリ 竿釣り →5
サイワン 才腕 →8	サオダケ,《古は サオダケ》 竿竹 →4
サイン sign, sine〚数学〛 →9	サオダケウリ 竿竹売り →13
ザイン, ザイン 座員 →8	サオダチ 竿立ち(馬が〜になる) →5
サインカイ sign 会 →14a	サオトメ 早乙女 →12
サインゼメ sign 攻め →13	サオバカリ 竿秤 →12
サインチョー sign 帳 →14	サオヒメ, サオヒメ 佐保姫 →12
サインニンショー sign 認証 →15	サオブチ 竿縁 →4
サインブック sign book〔和〕 →16	サオモノ, サオモノ 棹物〚菓子〛 →4
サインペン sign pen〔和〕 →16	サカ 茶菓 →18
サウジアラビア, サウジアラビヤ Saudi Arabia〚国〛 →21	サカ,《地域的に サカ》 坂 →1
サウスポー southpaw →16	サガ 性 →1　佐賀・嵯峨〚地〛 →21
サウナ sauna〔ラテン〕 →9	……ザカ: ……ザカ, ……ザカ …坂
サウンド,《新は サウンド》 sound →9	(キクザカ 菊〜, ノボリザカ 上り〜,
サウンドトラック sound track →16	登り〜, カグラザカ 神楽〜) →12
サウンドボックス sound box →16	ザガ 座(坐)臥 →18
サエ 冴え(腕の〜) →2	サカアガリ 逆上がり →13
……サエ, ……サエ; ……サエ 〚助〛	サカイ 堺〚地〛 →21　酒井〚姓〛 →22
(ナクサエ,ナクサエ 泣く〜, ヨムサエ 読む〜) →72	〜・ホーイツ,《古は 〜(・)ホーイツ》 酒井抱一 →24, 27
……サエ; ……サエ; ……サエ 〚助〛	サカイ 境 →2b
(トリサエ 鳥〜,ハナサエ 花〜, アメサエ 雨〜) →71	サカイメ, サカイメ 境目 →12
サエカエル, サエガエル 冴え返る →45	サカウラミ, サカウラミ 逆恨み →13
サエキ 差益 →8	サカエ, サガエ 栄 →2b
サエギル 遮る →46	サカエル, サガエル 栄える →43b
サエザエ 冴え冴え(〜と) →57	サカオトシ, サカオトシ 逆落し →13
サエズリ, サエズリ 囀り →2	サカガメ 酒甕 →4
サエズル 囀る →43	サカキ 榊 →4
サエツ 査閲 →8	サガク 差額 →8
……ざえもん …左衛門〚男名〛 →26	ザガク 座学 →8
	サガクベッド, (サガクベット) 差額

ガギグゲゴは鼻濁音　カタカナ細字は母音の無声化　★は長音にもなる符号

サカグラ──サカヤキ　334

bed →16
サカグラ　酒蔵 →4
サカゲ　逆毛(〜をたてる) →4
サガケン　佐賀県 →14
サカゴ　逆児 →4
サカゴモ　酒薦 →4
サカサ　逆さ →4d
サカサビョーブ　逆さ屏風 →15
サカサフジ　逆さ富士 →15
サカサマ　逆様 →4
サカサマゴト　逆様事 →12
サカサマツゲ　逆さ睫 →12
サガシ　佐賀市 →14
サガシアテル　捜し当てる →45
サカシイ　賢しい →52
サカシオ　逆潮,酒塩 →4
サガシダス　捜し出す →45
サカシマ　逆しま →4d
サガシマワル，《古・強は サガシマワル》捜し回る →45
サガシモノ　捜し物 →12
サカシラ　賢しら →93
ザガシラ　座頭 →12
サカシロ　酒代 →4
サガス　捜す,探す　サガサナイ,サガソー,サガシマス,サガシテ,サガセバ,サガセ →44
サカズキ，《新は サカズキ》杯,盃 →4
サカズキゴト，サカズキゴト　杯事 →12
サカセル　咲かせる(一花〜) →83
サカゾリ　逆剃り →5
サカタ　酒田〖地〗→21　坂田〖姓〗→22
　〜(・)トージューロー　坂田藤十郎 →26,27
　サカタノ・キントキ　坂田金時 →24
サカダイ　酒代 →8
サカダチ　逆立ち →2

サカダツ　逆立つ →46
サカダテル　逆立てる →46
サカダル　酒樽 →4
サカツボ　酒壺 →4
サカテ　逆手,酒手 →4
サガテンノー，《新は サガテンノー》嵯峨天皇 →94
サカトンボ　逆蜻蛉(〜を切る) →12
サカナ　魚・肴(オサカナ 御〜) →1,92
サカナツリ　魚釣り →13
サカナデ　逆撫で →5
サカナミ　逆浪 →4
サカナヤ　魚屋(〜さん)→94
サガニシキ　佐賀錦 →12
ザガネ　座金 →4
サカネジ　逆捩(〜を食わせる) →5
サカノウエノ・タムラマロ　坂上田村麻呂 →22,25
サカノボル　溯る,遡る →46
サカバ，サカバ　酒場 →4
サカブトリ，サカブトリ，サカブトリ　酒太り →13
サカブネ　酒槽 →4
サカマク　逆巻く →46
サガミ　相模(〜の国) →21
サガミガワ　相模川 →12
サガミチ　坂道 →4
サガミナダ　相模灘 →12
サガミハラ　相模原〖地〗→21
サガミハラセン　相模原線 →14
サガミワン　相模湾 →14
サカムケ　逆剝け →5
サカムシ　酒蒸 →5
サカメ　逆目 →4
サカモト　坂本〖地・姓〗→21,22
　〜(・)リョーマ　〜龍馬 →24,27
サカモリ，サカモリ　酒盛り →5
サカヤ　酒屋《浄瑠璃・歌舞伎も》→94
サカヤキ　月代 →5

￣ は高い部分　˙˙ と ˙˙ は高低が変る部分　「は次が下がる符号　→ は法則番号参照

サカヤケ 酒焼け →5	サキコボレル 咲き溢れる →45
サカユメ 逆夢 →4	サキゴロ, サキゴロ 咲き頃 →5
サカラウ 逆らう →44	サキゴロ, サキゴロ 先頃 →4
サカリ 盛り →2	サキザキ 先先 →11
サガリ 下がり〖相撲・和服〗→2	サキサマ 先様 →94
サガリ 下がり(オサガリ 御~) →2, 92	サギシ 詐欺師 →14
サカリバ 盛り場 →12	サキズケ 先付け →5
サガリフジ 下がり藤 →12	サキゼメ 先攻め →5
サガリメ 下がり目(株が~だ) →95	サキゾナエ 先備え →13
サガリメ, サガリメ 下がり目〖目〗 →12	サキソホン, サクソフォン saxophone →9
サカル 盛る →43	サキゾメ 先染め →5
サガル 下がる サガラナイ, サガロー, サガリマス, サガッテ, サガレバ, サガレ →44	サキソメル 咲き初める →45
	サキソロウ 咲き揃う →45
サカン 盛ん →2d 左官 →8	サキダカ 先高 →5
サカン 佐官 →8	サキダス 咲き出す →45
サカン, サカン 左岸,左眼,砂岩 →8	サキダチ 先立 →5
サカンヤ 左官屋 →94	サキダツ 先立つ →46
サキ 先(~へ行く) →1 咲き →2	サキダテル 先立てる →46
サキ 前(=以前。~の関白),崎 →1 左記 →7	サギチョー 左義長 →14
	サキチル 咲き散る →45
サギ 鷺 →1	サキツズク 咲き続く →45
サギ 詐欺 →7	サキッポ 先っ方〖俗〗→8d
サキイカ 裂き烏賊 →5	サキテ 先手 →4
サキオクリ, サキオクリ 先送り →13	サキデル 咲き出る →45
サキオトトイ, サキオトツイ,《副詞的には サキオトトイ, サキオトツイ》一昨昨日 →12, 62	サキドナリ, サキドナリ 先隣 →12
	サキドリ 先取り →5
	サキニ 先に(~行く, ~帰る) →71
サキオトトシ 一昨昨年 →12	サキニ, サキニ 先に・前に(=以前に) →67
サキガイ 先買い →5	サキニオウ 咲き匂う →45
サキガケ 先駆 →5	サキノコル 咲き残る →45
サキガケル 先駆ける →46	サキノバシ 先延ばし →13
サキガシ 先貸し →5	サキノリ 先乗り →5
サキガチ 先勝ち《陰陽道も》→5	サキハジメル 咲き始める →45
サキガリ 先借り →5	サキバシリ, サキバシリ 先走り →13
サキギリ 先限 →4	サキバシル 先走る →46
サキクグリ 先潜り(~して言う) →13	サキバライ 先払い →13
	サキブト 先太 →5

ガギグゲゴは鼻濁音　カタカナ細字は母音の無声化　★は長音にもなる符号

サキブレ──サクズ　336

サキブレ 先触れ →5	**サキマス, サイテ, サケバ, サケ** →43　朔 →6 （まぐろの〜を買う）
サキボー 先棒（〜をかつぐ。**オサキボー** 御〜）→8,92	**サク, サク** 昨（〜三十年）→38
サキホコル 咲き誇る →45	**サク, サク** 策 →6
サキボソ 先細 →5	**サク, サク** 柵 →6
サキボソリ 先細り →13	**サク, サク, サク** 作(=作品・製作) →6
サキホド 先程 →4	**サク, サク** 作(=作柄) →6
サキマワリ, サキマワリ 先回り →13	…**サク**: ……**サク**, ……**サク**, ……**サク** …作〖人名〗（**ヨサク** 与〜, **ケンサク, ケンサク, ケンサク** 謙〜）→25
サキミダレル 咲き乱れる →45	**ザク** 〖料理〗
サキミツ 咲き満つ →45	**サクアタリ** 作当り →12
サキムスメ 鷺娘〖長唄・舞踊〗→12	**サクイ, サクイ** 作為,作意 →7
サキモノ 先物 →4	**サグイ** （〜人だ）→52
サキモノカイ, サキモノガイ 先物買い →13	**サクイン** 索引 →8
サキモノトリヒキ, サキモノトリヒキ 先物取引 →12	**サクオトコ** 作男 →12
サキモリ 防人 →4	**サクガ** 作画 →7
サキヤマ 先山 →4	**サクガラ** 作柄 →4
サキュー 砂丘 →8	**サクギョー** 昨暁 →8
サキユキ, サキイキ 先行 →5	**ザクギリ** ざく切り〖料理〗→5
サギョー 作業,さ行 →8	**サクゲン** 削減,遡源 →8
ザキョー 座興 →8	**サクゴ, サクゴ** 錯誤 →7
ザギョー 座(坐)業 →8	**サクサク** 嘖嘖(好評〜) →58
サギョーイ 作業衣 →14a	**サクサク** →57
サギョーイン 作業員 →14a	**ザクザク** →57
サギョーチ 作業地 →14a	**サクザツ** 錯雑 →8
サギョーフク 作業服 →14a	**サクサン, サクサン** 酢(醋)酸 →8
サギョーリョーホー 作業療法 →15	**サクシ** 作詞,作詩 →7
サギリ, ザギリ 狭霧 →91	**サクシ** 策士 →7
サギリュー 鷺流 →14	**サクジツ** 昨日 →8
サキワケ 咲き分け →5	**サクジバ** 作事場 →12
サキワタシ, サキワタシ 先渡し →13	**サクシャ,《古は サクシャ》** 作者 →7
サキン 差金 →8	**サクシュ, サクシュ** 搾取 →7
サキン, シャキン 砂金 →8	**サクシュー** 昨秋,昨週 →8
サキンジル 先んじる →47	**サクシュン** 昨春 →8
サキンズル 先んずる →47	**サクジョ** 削除 →7
サク 咲く **サカナイ, サコー, サキマス, サイテ, サケバ, サケ** →43	**サクス, サクス,《古は サクス》** 策す →48c
サク 裂く,割く **サカナイ, サコー,**	**サクズ** 作図 →7

￣は高い部分　¨と¨は高低が変る部分　￣|は次が下がる符号　→は法則番号参照

337 サクズケ──サケカス

サクズケ, **サクズケ** 作付 →5	→12
サクセイ★ 作成, 作製, 鑿井 →8	**サク**ラギチョー 桜木町〖地〗→14
サクセス, **サクセス** success →9	**サク**ラジマ 桜島 →12
サクセン 作戦 →8	**サク**ラズケ 桜漬 →13
サクセンケイ★カク 作戦計画 →15	**サク**ラズミ 佐倉炭 →12
サクソー 錯綜 →8	**サク**ラゼンセン 桜前線 →15
サクチョー 昨朝 →8	**サク**ラソー 桜草 →14
サクッケ, **サクッケ** 作付 →5	**サク**ラダイ 桜鯛 →12
サクテイ★ 策定 →8	**サク**ラダモン 桜田門 →14
サクトー 昨冬 →8	**サク**ラニク 桜肉 →14
サクドー 策動, 索道 →8	**サク**ラバナ 桜花 →12
サクニュー 搾乳 →8	**サク**ラフブキ 桜吹雪 →12
サクネン 昨年 →8	**サク**ラメント, **サク**ラメント sacrament →9
サクネンド 昨年度 →17	
サクバク 索漠 →58	**サク**ラモチ 桜餅 →12
サクバン 昨晩 →8	**サク**ラユ 桜湯 →12
サクヒン 作品 →8	**サク**ラン 錯乱 →8
サクフー 作風 →8	**サク**ランボ, **サクランボー** 桜桃 →94d
サクブツ 作物 →8	
サクブン 作文 →8	**サグ**リ, **サグリ** 探り →2
サクボー 策謀 →8	**サグ**リアイ 探り合い →13
サクマ 佐久間〖姓〗→22	**サグ**リアシ, **サグリアシ** 探り足 →12
サグモツ 作物 →8	**サグ**リアテル 探り当てる →45
サクヤ, 《古は **サクヤ**》昨夜 →7	**サグ**リダス 探り出す →45
サクユー 昨夕 →4	**サグ**リャク, **サクリャク** 策略 →8
サクラ 桜, さくら〖俗〗(=仲間) →1	**サグ**ル 探る →43
サクラ 佐倉〖地・姓〗→21	**サク**レイ★ 作例 →8
～・**ソー**ゴ, **サク**ラソーゴ ～宗吾	**サク**レツ 炸裂 →8
→25, 27	**ザク**ロ 石榴〖植〗→1
～・**ソー**ゴロー, **サク**ラソーゴロー	**ザク**ログチ 石榴口 →12
～宗五郎 →26, 27	**ザク**ロバナ 石榴鼻 →12
サクライ, 《古は **サク**ライ》桜井〖姓〗	**サ**ケ 酒(**オ**サケ 御～) →1, 92
→22	**サ**ケ 鮭 →1
サクライロ 桜色 →12	**サ**ゲ 下げ →2
サクラエビ 桜海老 →12	**サ**ケイ★ 左傾 →8
サクラガイ 桜貝 →12	**サゲ**オ, **サゲ**オ, 《古は **サゲオ**》下げ緒 →5
サクラガミ 桜紙 →12	
サクラガリ, **サクラガリ** 桜狩 →13	**サゲ**カジ 下げ舵 →5
サクラギ, **サクラギ** 桜木(花は～)	**サ**ケカス, **サケ**ガス 酒粕 →4

ガギグゲゴは鼻濁音　カタカナ細字は母音の無声化　★は長音にもなる符号

サゲガミ 下げ髪 →5	**ザコ** 雑魚
サケカン 鮭缶 →16	**ザコウベン** 左顧右眄 →98
サケクサイ 酒臭い →54	**ザコー** 座(坐)高 →8
サケクセ, サケグセ 酒癖 →4	**サコク** 鎖国 →8
サケサカナ 酒肴 →18	**サゴジョー, サゴジョー** 沙悟浄 →27
サゲシマダ 下げ島田 →12	**サコツ, ザコツ** 鎖骨 →8
サゲジュー 提げ重 →8	**ザコツ** 座(坐)骨 →8
サケズキ, サケズキ 酒好き →5	**ザコツシンケイツー, ザコツシンケイツー** 座(坐)骨神経痛 →17
サゲスミ, サゲスミ 蔑み →2	
サゲスム, サゲスム 蔑む →44	**ザコネ** 雑魚寝 →5
サゲゼン 下げ膳(上げ膳~) →5	**ザコン** 左近(**ザコンノサクラ, サコンノサクラ** ~の桜) →8, 98
サケツクリ, サケツクリ 酒造り →13c	**ササ** 酒,笹 →1
サゲドマリ 下げ止り →13	**ササ** 些些(~たる) →58
サゲドマル, サゲドマル 下げ止まる →45	**ササアメ, ササアメ** 笹飴 →4
サケノミ, サケノミ 酒飲み →5	**ササイ** 些細(~な) →8
サゲハバ 下げ幅 →5	**ササエ, ササエ, ササエ** 支え →2b
サケビ 叫び →2	**ササエ, ザザエ** 栄螺〖貝〗→1d
サケビゴエ 叫び声 →12	**ササエル, ササエル** 支える →43
サケビタリ, サケビタリ 酒浸り →13	**ササガキ** 笹掻き(ごぼうの~) →5
サケブ 叫ぶ **サケバナイ, サケボー, サケビマス, サケンデ, サケベバ, サケベ** →43	**ササキ** 佐々木〖姓〗→22
	ササクレ (指の~) →2
サケブトリ, サケブトリ 酒太り →13	**ササクレダツ** ささくれ立つ →46
サゲフリ, サゲフリ 下げ振り →5	**ササクレル** →46
サケマスリョー 鮭鱒漁 →14	**ササゲ, (ササギ)** 大角豆 →1d
サケメ 裂け目 →5	**ササゲツツ** 捧げ銃 →19
サゲモノ, サゲモノ 提げ物 →5	**ササゲモツ** 捧げ持つ →45
サケヨイウンテン 酒酔い運転 →15	**ササゲモノ** 捧げ物 →12
サケル 避ける、裂ける **サケナイ, サケヨー, サケマス, サケテ, サケレバ, サケロ** →43	**ササゲル** 捧げる →43
	ササズカ 笹塚〖地〗→21
サゲル 下げる、提げる **サゲナイ, サゲヨー, サゲマス, サゲテ, サゲレバ, サゲロ** →43	**ササツ** 査察 →8
	ササッパ 笹っ葉 →4d
	ササナキ 笹鳴き(鶯の~) →5
サケルイ 酒類 →8	**サザナミ** 小波,漣 →5
サゲワタシ 下げ渡し →13	**ササニシキ** (笹錦)〖米〗→12
サゲン, サゲン 左舷 →8	**ササノハ** 笹の葉 →19
	ササハラ 笹原 →4
	ササブネ 笹舟 →4
	ササミ 笹身〖鶏肉〗→4

‾は高い部分　⁀と⁀は高低が変る部分　⌐は次が下がる符号　→は法則番号参照

サザメク →96

ササメユキ 細雪 →12

ササヤカ 細やか →55

ササヤキ, ササヤキ 囁き →2

ササヤク 囁く →43

ササヤブ 笹藪 →4

ササラ, 《古は ササラ》 簓 →3

ササル 刺さる →44

ササレイシ 細石 →12

ササワラ, ササハラ 笹原 →4

サザンカ 山茶花 →14a

サシ 刺し,尺,差し(〜で飲む),〖能〗 →2

……サシ …止し(イーサシ 言い〜, ヨミサシ 読み〜) →95

サジ 瑣事 →7

サジ, 《新は サジ》 匙(オサジ 御〜) →7,92

ザシ 座(坐)視 →7

サシアイ 差合い →5

サシアゲル, サシアゲル 差し上げる →45

サシアシ 差し足(抜き足〜) →5

サシアタリ 差当り →61

サシアブラ 差し油 →12

サシアミ 刺し網 →5

サシイレ 差入れ →5

サシイレモノ 差入れ物 →12

サシイレル, サシイレル 差し入れる →45

サジエ, サシエ 挿絵 →7

サシオク, 《新は サシオク》 差し置く →45

サシオサエ 差押え →13

サシオサエル, サシオサエル, サシオサエル 差し押さえる →45

サシカエ 差換え →5

サシカエル, サシカエル, サシカエル 差し替える →45b

サシカカル, サシカカル 差し掛かる →45

サシカケ 差掛け →5 指掛け →95

サシカケル, サシカケル 差し掛ける →45

サジカゲン 匙加減 →15

サシカザス, サシカザス 差し翳す →45

サシガネ, サシガネ 差し金 →5

サシキ, 《新は サシキ》 挿し木 →5

サジキ 桟敷 →5

ザシキ 座敷 →5

サシキズ 刺し傷 →5

ザシキボーキ 座敷箒 →12

サシキル, 《新は サシキル》 指し切る →45

ザシキロー 座敷牢 →14

サシグシ 挿し櫛 →5

サシグスリ 差し薬 →12

サシグム, 《新は サシグム》 差し含む →45

サシクル, 《新は サシクル》 差し繰る →45

サシコ 刺子 →5

サシコミ 差込み →5

サシコム, 《新は サシコム》 差し込む,射し込む →45

サシコロス, サシコロス 刺し殺す →45

サシサワリ 差障り →13

サシサワル, サシサワル 差し障る →45

サシシメス, サシシメス 指し示す →45

サシズ 指図 →7

サシズメ 差詰 →5,61

サシズヤク, サシズヤク 指図役 →14

サシセマル, サシセマル 差し迫る →45

ガギグゲゴは鼻濁音　カタカナ細字は母音の無声化　★は長音にもなる符号

サシゾエ ── サシワケ

サシゾエ　差添え →5	サシヒキ, サシヒキ　差引 →5
サシダシニン, サシダシニン　差出人 →14	サシヒキカンジョー　差引勘定 →15
サシダス,《新は サシダス》 差し出す →45	サシヒク,《新は サシヒク》 差し引く →45
サシタル　然たる(〜事) →67	サシヒビク, サシヒビク　差し響く →45
サシチガエ　差違え, 刺違え →13	サシマネク, サシマネク　差し招く, 麾く →45
サシチガエル, サシチガエル, サシチガエル　差し違える, 刺し違える →45b	サシマワシ　差回し →13
サシツカエ　差支え →13	サシマワス, サシマワス　差し回す →45
サシツカエル, サシツカエル, サシツカエル　差し支える →45	サシミ　刺身(サシミノツマ 〜のつま) →5, 98
サシツ・ササレツ　差しつ差されつ →73	サシミコンニャク　刺身蒟蒻 →15
サシテ　〖副〗(=さほど) →67	サシミズ　差し水 →5
サシテ　差手〖相撲〗, 指手〖将棋〗 →5	サシミボーチョー　刺身包丁 →15
サシデガマシイ, サシデガマシイ　差し出がましい →96	サシムカイ　差向かい →12
サシデグチ, サシデグチ　差出口 →12	サシムキ　差向き →61
サシデモノ　差出者 →12	サシムケル, サシムケル　差し向ける →45
サシデル,《新は サシデル》 差し出る →45	サシモ, サシモ　〖副〗(〜の勇者も) →67
サシトース, サシトース　刺し通す →45	サシモドシ　差戻し →13
サシトメ　差止め →5	サシモドス, サシモドス　差し戻す →45
サシトメル, サシトメル　差し止める →45	サシモノ　指物 →5
サシヌイ, サシヌイ　刺縫 →5	サシモノシ　指物師 →14
サシヌキ　指貫 →5	サシモノヤ　指物屋 →94
サシネ　指値 →5	サシュ　詐取 →7
サシノベル, サシノベル　差し伸べる →45	サシユ　差し湯 →4
サシノボル, サシノボル　差し登る →45	サシュー　査収 →8
サシバ　差し歯 →5	サジュツ　詐術 →8
サシハサム, サシハサム　挟む →45	サショー　些少, 査証, 詐称 →8
サシヒカエル, サシヒカエル, サシヒカエル　差し控える →45	サジョー　砂上 →8
	ザショー　座(坐)礁, 挫傷 →8
	ザジョー　座(坐)乗, 座上 →8
	ザショク　座(坐)食, 座(坐)職 →8
	サジリョー　差料 →8
	サシワケ　指分け →5

― は高い部分　¨ と ¨ は高低が変る部分　⌐ は次が下がる符号　→ は法則番号参照

341 サシワタ──ザツ

サシワタシ 差渡し →13	**サ**ソイミズ, **サ**ソイミズ, **サ**ソイミズ 誘い水 →12b
サジン 砂塵 →8	**サ**ソウ 誘う **サ**ソワナイ, **サ**ソオー,
サス 砂州(洲) →4	**サ**ソイマス, **サ**ソッテ, **サ**ソエバ,
サス 刺す,差す,注す,指す,挿す,鎖す	**サ**ソエ →43
ササナイ, **サ**ソー, **サ**シマス, **サ**シ	**ザ**ゾー, **ザ**ゾー 座(坐)像 →8
テ, **サ**セバ, **サ**セ →43	**サ**ゾカシ 嘸かし →67
サズ 左図 →7	**サ**ソクツーコー 左側通行 →15
ザス 座(坐)す →48 座主 →7	**サ**ゾヤ 嘸や →67
サスガ 流石(~に) →61	**サ**ソリ,《古は **サ**ソリ も》 蠍 →1
サズカリモノ, **サ**ズカリモノ 授かり	**サ**タ, **サ**タ 沙汰(**ゴ**サタ 御~) →7, 92
物 →12	**サ**ダイジン 左大臣 →15
サズカル 授かる →44	**サ**ダオ 定男・貞夫《男名》 →25
サズケル 授ける →43	**サ**ダカ 定か(~ならず) →55
サステ(・)ヒクテ 差す手引く手 →97, 98	**ザ**タク 座(坐)卓 →8
サスペンス, **サ**スペンス suspense →9	**サ**ダコ 貞子・定子《女名》 →25
サスペンダー suspenders →9	**サ**ダマリ, **サ**ダマリ 定まり(**オ**サダマ
サスマタ 刺股 →5	リ 御~) →2, 92
サスライ, **サ**スライ 流離 →2	**サ**ダマル 定まる →44
サスラウ 流離う →43	**サ**ダメ 定め →2
サスリ 摩り(**オ**サスリ 御~) →2, 92	**サ**ダメシ 定めし →67
サスル 摩る →43	**サ**ダメテ 定めて →67
ザスル 座(坐)する →48	**サ**ダメル 定める **サ**ダメナイ, **サ**ダ
ザセキ 座席 →8	メヨー, **サ**ダメマス, **サ**ダメテ, **サ**
サセツ 左折 →8	ダメレバ, **サ**ダメロ →43
ザセツ 挫折 →8	**サ**タヤミ 沙汰止み →5
サセボ, **サ**セホ 佐世保《地》 →21	**サ**タン,《古は **サ**タン》 嗟嘆(歎),左袒 →8
サセル (仕事を~) →83, 44	
サセル 然せる(=然したる) →63	**サ**タン Satan →9
…**サ**セル; …**サ**セル 〚助動〛(キ**サ**セ	**ザ**ダン 座談 →8
ル 着~, ミ**サ**セル 見~) →83	**ザ**ダンカイ 座談会 →14a
サセン 左遷 →8	**サ**チ 幸《女名も》 →1, 23
ザゼン,《新は **ザ**ゼン》 座(坐)禅 →8	**サ**チコ 幸子《女名》 →25
サゾ 嘸 →67	**ザ**チュー, **ザ**チュー 座中 →8
サソイ 誘い →2	**ザ**チョー 座長 →8
サソイアワセル 誘い合わせる →45	**サ**ツ 札(**オ**サツ 御~) →6, 92
サソイカケル 誘い掛ける →45	……**さつ** …冊《数》 →34, 35
サソイコム 誘い込む →45	**サ**ツ 〚俗〛<警察 →10
サソイダス 誘い出す →45	**ザ**ツ 雑(=粗雑。~な仕事) →6

ガギグゲゴは鼻濁音　カタカナ細字は母音の無声化　★は長音にもなる符号

ザツ 雑(=まじること) →6
サツイ, サツイ 殺意 →7
サツイレ, サツイレ 札入れ →5
サツエイ★ 撮影 →8
ザツエイ★ 雑詠 →8
サツエイ★キ 撮影機 →14b
サツエイ★ジョ, サツエイ★ジョ 撮影所 →14
ザツエキ 雑役 →8
ザツエキフ 雑役夫, 雑役婦 →14
ザツオン 雑音 →8
サッカ 作歌, 擦過 →7
サッカ, 《古は **サッカ**》 作家 →7
ザッカ 雑貨 →7
サッカー soccer, ＜seersucker →9
サツガイ 殺害 →8
サッカク 錯覚 →8
ザツガク 雑学 →8
ザッカケナイ →54
サッカショー, 《新は **サッカショー**》 擦過傷 →14
ザッカショー 雑貨商 →14
ザツカブ, ザッカブ 雑株 →4
ザッカヤ 雑貨屋 →94
サッカリン saccharin(e) →9
サッカン 錯簡 →8
ザッカン 雑感 →8
サツカンジョー 札勘定 →15
サッキ, サッキ 殺気 →7
サッキ 先(～帰った) →1d
サツキ 五月, 皐月 →4
ザッキ 雑記 →7
ザツキ, ザツキ 座付 →5
ザツキサクシャ 座付作者 →15
サッキダツ 殺気立つ →46
ザッキチョー 雑記帳 →14
サツキバレ 五月晴れ →13
サツキヤミ 五月闇 →12
サッキュー 早急 →8
ザッキョ 雑居 →7
サッキョー 作況〘農〙 →8
サッキョク 作曲 →8
サッキョクカ 作曲家 →14
ザッキョビル 雑居ビル＜雑居 building →16
サッキン 殺菌 →8
ザッキン 雑菌 →8
サッキンザイ, サッキンザイ 殺菌剤 →14a
サック sack →9
ザック Sack〔独〕(=リュックサック) →9
サックコート sack coat →16
サックス sax →9
ザックバラン (～に話す) →59
サックリ →57
ザックリ →57
ザツゲイ★ 雑芸 →8
ザッケン 雑件 →8
ザッコク 雑穀 →8
サッコン 昨今 →18
ザッコン 雑婚 →8
サッサト (～歩け) →57
サッシ 察し(～が良い) →2
サッシ, サッシ 冊子 →7
ザッシ 雑誌 →7
ザツジ, ザツジ 雑事 →7
ザッシシャ 雑誌社 →14
サッシュ, サッシ sash →9
ザッシュ 雑種 →7
サッシュー 薩州(=薩摩さつま) →8
ザッシューニュー 雑収入 →15
サッショー 殺傷 →8
ザッショク 雑食 →8
サッシン 刷新 →8
サツジン 殺人 →8
サツジンキ 殺人鬼 →14a
サツジンザイ, サツジンザイ 殺人罪

サツジン──サド

→14a	ザッポー　雑報 →8
サツジンテキ　殺人的 →95	ザツボク　雑木 →8
サツジンハン　殺人犯 →14a	サッポロ　札幌〖地〗 →21
サッスイ　撒水 →8	サッポロシ　札幌市 →14
サッスイシャ　撒水車 →14b	サツマ,《古は サツマ》　薩摩(〜の国) →21
サッスー　冊数 →8	サツマアゲ　薩摩揚げ →13
サッスル, サッスル　察する →48	サツマイモ　薩摩芋 →12
ザツゼイ★　雑税 →8	サツマガスリ　薩摩絣 →12
ザツゼン　雑然 →56	サツマジル　薩摩汁 →12
サッソー　颯爽 →8	サツマッポ, サツマッポ　薩摩っぽ →94
ザッソー　雑草 →8	サツマノカミ, サツマノカミ　薩摩守 →19
サッソク　早速 →8	サツマビワ　薩摩琵琶 →15
ザッソン　雑損 →8	ザツム　雑務 →7
ザッタ　雑多 →7	ザツヨー　雑用 →8
ザツダイ　雑題 →8	サツリク　殺戮 →8
サツタバ, サツタバ　札束 →4	ザツロク　雑録 →8
ザツダン　雑談 →8	ザツワ　雑話 →7
サッチ, サッチ　察知 →7	サテ　扨て →65
サッチューザイ, サッチューザイ　殺虫剤 →14a	サデ　叉手 →4
サッチョー　薩長<薩摩まつ・長門なが> →29	サテイ★　査定 →8
サット, サット　颯と(〜吹く) →55	サテサテ →68
ザット　(〜見る) →55	サテツ　蹉跌, 砂鉄 →8
サットー　殺到 →8	サテマタ　扨又 →67
ザットー　雑踏(沓) →8	サテモ　扨も →67
ザツネン, ザツネン　雑念 →8	サテライト　satellite →9
ザツノー　雑嚢 →8	サテワ　〖接・感〗 →67, 66
ザッパイ　雑俳 →8	サテン　satijn〖蘭〗 →9
ザッパク　雑駁 →8	サト　里(オサト 御〜) →1, 92
サツバツ　殺伐 →8	サド　佐渡〖島〗 →21　<サディスト sadist, <サディズム sadism →10, 9
サッパリ　(〜する、〜と) →55	サトイ　聡い →52
ザッピ　雑費 →7	サトイモ　里芋 →4
サッピク, サッピク　差っ引く →45d	サトー　左党, 差等 →8
サツビラ　札片(〜を切る)	サトー　佐藤〖姓〗 →22
ザッピン　雑品 →8	サトー　砂糖(オサトー 御〜) →8, 92
ザップ, サップ　撒布 →7	サドー　作動 →8
サップーケイ★　殺風景 →15	
ザツブツ　雑物 →8	
ザツブン　雑文 →8	

ガギグゲゴは鼻濁音　カタカナ細字は母音の無声化　★は長音にもなる符号

サドー──サビル

サドー 茶道 →8	サヌキ, 《古は サヌキ》 讃岐(〜の国) →21
ザトー 座頭 →8	サネ 実, 核 →1
サトーキビ, サトーキビ 砂糖黍 →12a	サノ 佐野《地・姓》 →21, 22
サドオケサ, サドオケサ 佐渡おけさ →12	サノー 砂嚢 →8
サトーズケ 砂糖漬 →13	サノサブシ さのさ節 →12
サトーダイコン 砂糖大根 →15	サノミ (〜欲しくない) →67
サトーミズ 砂糖水 →12a	サハ 左派 →7
サトオヤ 里親 →4	サバ 鯖《魚》(〜を読む) →1
サトオヤセイド 里親制度 →15	サハイ, 《古は サハイ》 差配 →8
サトガエリ 里帰り →13	サハイニン, サハイニン 差配人 →14b
サトカグラ 里神楽 →12	サバイバル survival →9
サドガシマ 佐渡ヶ島 →19	サバオリ 鯖折《相撲》 →5
サトカタ 里方 →95	サバキ, サバキ 裁き, 捌き →2
サトゴ 里子 →4	サバク 佐幕 →8
サトゴコロ 里心 →12	サバク 裁く, 捌く →43
サトシ 諭し →2	サバク, ザバク 砂(沙)漠 →8
サトス, サトス 諭す →43	サバケグチ, サバケグチ 捌け口 →12
サトッコ 里っ子 →4d	サバケル 捌ける →44
サトバラ 里腹(〜三日) →4	サバサバ, サバサバ (〜する, 〜と) →57
サトビト 里人 →4	サバヨミ, サバヨミ 鯖読み →5
サトヤマ 里山 →4	サハラ Sahara《砂漠》 →21
サトリ 悟り, 覚り →2	サハリン Sakhalin〔露〕《地》 →21
サトル, 《新は サトル》 悟る, 覚る →43	サハンジ 茶飯事 →14a
サドル saddle →9	サバンナ savanna →9
サナエ 早苗《女名も》 →4, 23	サビ 寂, 錆 →2
サナカ 最中(〜に) →4	サビイロ 錆色 →4
サナガラ 宛ら →61	ザビエル Xavier《西》《人》 →22
サナギ 蛹 →1	サビシイ 寂しい サビシカッタ, サビシク, サビシクテ, サビシケレバ, サビシ →53
サナキダニ, サナキダニ →67	サビシガル 寂しがる →96
サナダ 真田《姓・紐など》 →22, 10	サビック, 《新は サビック》 錆び付く →45
〜(・)ユキムラ 〜幸村 →24, 27	サビドメ, サビドメ 錆止め →5
サナダヒモ 真田紐 →12	ザヒョー 座標 →8
サナダムシ 真田虫 →12	サビル 錆びる →43
サナトリューム, サナトリウム sanatorium →9	
サニーレタス sunny lettuce →16	

￣は高い部分　⁝と⁝は高低が変る部分　⌐は次が下がる符号　→は法則番号参照

サビレル──サムサ

サビレル, サビレル 荒びれる →44	小母~, ヤマダサマ 山田~, オトーサマ 御父~, サトーサマ 佐藤~) →94
サブ sub →9	ザマ 様(その~は, ~をみろ) →1
サファイア, サファイヤ sapphire →9	サマー summer →9
サファリ safari →9	サマーコート summer coat →16
サファリパーク safari park →16	サマースクール summer school →16
ザブザブ (~洗う) →57	サマータイム summer time →16
サブタイトル subtitle →16	サマガワリ 様変り →13
ザブトン 座蒲団 →15	……サマサマ; ……・サマサマ …様様(カイシャサマサマ 会社~, ショーバイ・サマサマ 商売~) →95
サプライズ surprize →9	サマザマ, サマザマ 様様 →11
サフラン, サフラン saffraan〔蘭〕→9	サマス 冷ます, 覚ます サマサナイ, サマソー, サマシマス, サマシテ, サマセバ, サマセ →44
サプリメント supplement →9	サマタゲ, サマタゲ, サマタゲ 妨げ →2
サブロー, サブロー 三郎〖男名〗→25	サマタゲル, サマタゲル 妨げる →43
……サブロー …三郎(ヨサブロー 与~, マゴサブロー 孫~) →26	サマツ 瑣末 →8
……ザブロー …三郎(ショーザブロー 庄~, カンザブロー 勘~) →26	サマデ 然迄 →67
サベツ 差別 →8	サマヨウ さ迷う, 彷徨う →91
サベツタイグー 差別待遇 →15	サマリー summary →9
サヘン 左辺 →8 サ変<サ行変格活用 →10	サミ 三味<三味線 ⇒シャミ
サボ <サボタージュ sabotage〔仏〕→10, 9	サミシイ★, サムシイ★ 寂しい ⇒サビシイ★
サホー 左方, 作法 →8	サミセン 三味線 ⇒シャミセン
サボー 茶房, 砂防 →8	サミダレ 五月雨 →2
サボーコージ 砂防工事 →15	サミット summit →9
サポーター, サポーター supporter(=サッカーファン) →9	サミドリ さ緑 →12
サポーター supporter〖保護器具〗→9	サムイ 寒い(オサムイ 御~) サムカッタ, サムク, サムクテ,《新は サムクテ》, サムケレバ, サムシ →52, 92
サポート support →9	サムエ, サムエ 作務衣 →4
サボス 乾す(着物を~) →43	サムガリ, サムガリ 寒がり →2
サボタージュ sabotage〔仏〕→9	サムガル 寒がる →96
サボテン, シャボテン 仙人掌 →9	サムケ 寒気 →93
サホド 然程 →76, 67	サムサ 寒さ(暑さ~も彼岸まで。オサムサ 御~) →93, 92
サボル サボる〖俗〗(=サボタージュをする) →44	
ザボン, ザボン zamboa〔葡〕→9	
サマ 様〖名〗(~が悪い, ~を変える) →1	
……サマ; ……サマ …様(オバサマ	

ガギグゲゴは鼻濁音　カタカナ細字は母音の無声化　★は長音にもなる符号

サムサ──ザラザラ　346

サムサ, サムサ　寒さ(=冬季。〜に向かう)→93	92
サムサシノギ　寒さ凌ぎ →13	ザユー　左右(〜相称)→18
サムザム　寒寒(〜した,〜と)→57	ザユー　座右(〜の銘)→8
サムザムシイ　寒寒しい →53	サユリ, サユリ　小百合《女名も》→91, 23
サムゾラ　寒空 →5	サヨ　小夜《女名も》→91, 23
サムライ　侍 →2	サヨー　然様 →8, 66
サムライダイショー　侍大将 →15	サヨー　作用 →8
サメ　鮫 →1	サヨーシカラバ　然様然らば →99
サメザメ, サメザメ　(〜と泣く)→57	サヨーナラ, サヨーナラ　左様なら →66 〚感〛(↔こんにちは)→66
サメハダ　鮫肌 →4	サヨキョク　小夜曲 →14
サメル　冷める,覚める,醒める,褪める	ザヨク　左翼 →8
サメナイ, サメヨー, サメマス, サメテ, サメレバ, サメロ →43	ザヨク　座(坐)浴 →8
サモ　然も(〜ありなん)→67	サヨナラ, サヨナラ　〚感〛(↔こんにちは)→66d
サモシイ　(〜根性)→52	サヨリ,《新は サヨリ》　細魚〔魚〕
ザモチ, ザモチ　座持ち →5	サラ　皿(オサラ 御〜)→1, 92
ザモト, ザモト　座元 →4	ザラ　新〚俗〛(この服は〜だ)
サモナイト　然も無いと →69	ザラ　(そんな事は〜だ,〜にない)
サモワール　samovar〔露〕→9	ザラ　<ざら紙 →10
サモン　査問 →8	サラアライ　皿洗い →13
サヤ　莢,鞘 →1　紗綾 →4d	サライ　渫い,復習,竹杷 →2
サヤアテ,《新は サヤアテ。歌舞伎は サヤアテ》　鞘当て →5	サライゲツ,《新は サライゲツ も》再来月 →17
サヤインゲン　莢隠元 →15	サライシュー　再来週 →17
サヤエンドー　莢豌豆 →15	サライネン　再来年 →17
サヤカ　《女名も》(〜に)→55, 23	サラウ　渫う,攫う,復習う →43
サヤガタ　紗綾形 →12	サラエ　竹杷 →2
ザヤク　座(坐)薬 →8	サラエル　渫える,復習える →44
サヤサヤ　(〜とゆれる)→57	ザラガミ　ざら紙 →5
サヤトリ, サヤトリ　鞘取 →5	サラキン　サラ金<salaried man 金融 →10
サヤバシル　鞘走る →46	サラケダス　曝け出す →45
サヤマキ　鞘巻 →5	サラサ, ザラサ　更紗 →9
サヤマセン　狭山線 →14	サラサゾメ　更紗染め →13
ザユ, サユ　白湯(オサユ 御〜)→91,	サラサラ, ザラサラ　更更 →68
	ザラサラ　(〜する,〜と)→57
	ザラザラ　(〜だ・な・に)→57

紗綾形

￣は高い部分　¨と˙は高低が変る部分　⌐は次が下がる符号　→は法則番号参照

347　　ザラザラ──サルメン

ザラザラ　（〜する，〜と）→57
サラシ　晒 →2
サラシアメ　晒し飴 →12
サラシアン，サラシアン　晒し餡 →14
サラシクジラ　晒し鯨 →12
サラシクビ　晒し首 →12
サラシコ　晒し粉 →12
サラシナ　更科〖地・蕎麦〗→21
サラシナソバ　更科蕎麦 →12
サラシナニッキ　更級日記 →15
サラシモノ　晒し者 →12
サラシモメン　晒し木綿 →15
サラス　晒す →44
サラソージュ　沙羅双樹 →15
サラダ　salad →9
サラダオイル　salad oil →16
サラダナ，サラダナ　salad 菜 →12
サラダユ，サラダユ　salad 油 →14
サラチ　新地 →7
ザラック　→96
サラニ　更に →67
ザラニ　（〜ある）→67
サラバ　然らば〖接・感〗→67, 66
ザラバ　ざら場 →5
サラブレッド　thoroughbred〖馬〗→16
サラマワシ　皿回し →13
サラミ，《新は サラミ》　salami〖伊〗
　→9
ザラメ　粗目〖砂糖〗→5
サラモリ　皿盛り →5
サラユ　新湯 →4
サラリー　salary →9
サラリーマン　＜salaried man →16
サランラップ　Saranwrap〖商標〗→16
ザリ　砂利 ⇨ジャリ
サリー　sari〖衣〗→9
サリガタイ　去り難い →54
ザリガニ　蝲蛄〖動〗→5
サリゲナイ　然り気無い →54

サリジョー，サリジョー　去り状 →8
ザリトテ　→67
サリドマイド　thalidomide →9
ザリトワ　（〜つらいね）→67
ザリナガラ，サリナガラ　然りながら
　→73
サリユク　去り行く →45
サリョー，チャリョー　茶寮 →8
サリン　sarin →9
ザル　去る〖動詞〗→43　去る〖連体〗（〜
　十日）→38　然る〖連体〗（〜所）→63
　猿, 申〖十二支〗→1
ザル　笊 →1
……ザル　〖助動連体〗（シラザル 知ら
　〜，オモワザル 思わ〜）→89
サルガク，サルガク　猿楽 →8
サルカニガッセン，サルカニガッセン
　猿蟹合戦 →15
サルグツワ　猿轡 →12
ザルゴ　笊碁 →7
サルサワノイケ　猿沢の池 →98
サルジエ　猿知恵 →15
サルジバイ　猿芝居 →12
サルスベリ　百日紅〖植〗→13
ザルソバ　笊蕎麦 →4
サルタン　sultan →9
サルドシ　申年 →4
サルトビ(・)サスケ，サルトビサスケ
　猿飛佐助 →22, 25, 27
ザルトル　Sartre〖仏〗〖人〗→22
サルビア　salvia〖植〗→9
サルヒキ　猿曳き →5
サルファザイ，サルファザイ　sulfa 剤
　→14
サルベージ　salvage →9
サルマタ　猿股 →4
サルマネ　猿真似 →4
サルマワシ　猿回し →13
サルメンカンジャ　猿面冠者 →15

ガギグゲゴは鼻濁音　カタカナ細字は母音の無声化　★は長音にもなる符号

サルモネ──サンカイ　348

サルモネラキン，サルモネラ￣キン　salmonella菌　→14	**サワ￣ヤカ**　爽やか　→55
サ￣ルモノ　然る者(敵も〜)　→19	**サ￣ワラ**　椹〖植〗，鰆〖魚〗　→1
サ￣ルワカ　猿若〖歌舞伎〗　→5, 22	**サワ￣ラビ**　早蕨　→91
サ￣レキ　砂礫　→18	**サ￣ワリ**　触り，障り　→2
サ￣レコーベ，《古は サ￣レコーベ》　髑髏　→12	**サワリ￣モンク**　触り文句　→15
ザ￣レゴト　戯れ言　→5	**サ￣ワル**　触る，障る　**サワラ￣ナイ，サワ￣ロー，サワリ￣マス，サワ￣ッテ，サワ￣レバ，サワ￣レ**　→43
サ￣レバ　然れば　→67	**サ￣ワン**　左腕　→8
サ￣レル　為れる　→83d	**サン**　産(=出産)　→6　三　→30
ザ￣レル　戯れる　→43	**サ￣ン**　燦(〜たる)，参，算，産(=出生地・財産)，賛，惨，讃，酸，桟　→6
サ￣ロン　salon〔仏〕, sarong〔蘭〕〖衣〗　→9	……**サン**　…山(**コーヤサン** 高野〜，**ミョーギサン** 妙義〜)　→14
サ￣ワ　茶話　→7	……**サン；**……**サン**（**オジサン** 小父〜，**ヤマダサン** 山田〜，**カーサン** 母〜，**サトーサン** 佐藤〜)　→94
サ￣ワ　沢　→1	
サワークリーム　sour cream　→16	**ザ￣ン**　残(=残高)，斬，讒　→6
サワ￣カイ　茶話会　→14	……**ザン**　…山(**ヒエイザン** 比叡〜，**キンリューザン** 金龍〜)　→14ba
サワガシ￣イ★　騒がしい　→53	**サンアイ**　三愛〖デパート〗　→28
サワ￣ガス　騒がす　→44	**サンアク**　三悪　→34
サワ￣ガニ　沢蟹　→4	**サ￣ンイ**　賛意　→7　三位，三尉〖階級〗　→34
サワ￣ガレル　騒がれる　→83	**サンイツ**　散逸　→8
サ￣ワギ　騒ぎ　→2	**サンイン**　産院，山陰《道・地も》　→8　参院<参議院　→10
サワギダス，サワギ￣ダス　騒ぎ出す　→45	**サンインセン**　山陰線　→14
サワギタテル，サワギ￣タテル　騒ぎ立てる　→45	**サンイ￣ンドー**　山陰道　→17
サ￣ワグ　騒ぐ　**サワガ￣ナイ，サワゴー，サワギ￣マス，サワ￣イデ，サワ￣ゲバ，サワ￣ゲ**　→43	**サ￣ンウ**　山雨　→7
ザ￣ワザワ　(〜する，〜と)　→57	**サンエン**　三猿，三円　→34
サワス，サ￣ワス　醂す　→43	**サンエンシュギ**　三猿主義　→15
ザワ￣ック　→96	**サンカ**　酸化，産科　→7
サワノ￣ボリ　沢登り　→13	**サンカ，サ￣ンカ**　参加　→7
サワムラ　沢村〖姓〗　→22	**サ￣ンカ**　賛(讃)歌，惨禍，山窩，傘下　→7
〜(・)**ソージューロー**　〜宗十郎　→26, 27	**サンカ，サ￣ンガ**　山河　→18
〜(・)**ダ￣ノスケ**　〜田之助　→26, 27	**サ￣ンガ**　参賀　→7
ザワメキ，ザワ￣メキ，ザワメ￣キ　騒めき　→2	**サンカイ**　産科医　→14　三回〖名詞的〗(〜で終る)　→34
ザワ￣メク　騒めく　→96	

￣は高い部分　⸚と⸛は高低が変る部分　￢は次が下がる符号　→は法則番号参照

サンカイ 三回〖副詞的〗(〜終る) →62 参会, 散会, 散開, 山塊 →8 山海(〜の 珍味) →18	**サンカン** 参観, 山間 →8 三冠 →34
サンガイ 惨害 →8 三階, 三界 →34	**サンカン, サンカン** 三韓 →34
ザンガイ 残害, 残骸 →8	**サンカンオー, サンカンオー** 三冠王 →94a
サンガイキ 三回忌 →17	**サンカンシオン** 三寒四温 →39
サンカイシャ 参会者 →14b	**サンカンブ** 山間部 →14a
サンカイセン 三回戦 →14b	**サンキ** 山気, 酸基 →7 三期 →34
サンガイブシ 三階節 →12	**サンギ** 参議 →7
サンカク 参画 →8	**サンギ, サンギ** 算木 →4
サンカク 三角 →34	**ザンキ** 慙愧 →7
サンガク 山岳, 産額 →8	**サンギイン, サンギイン** 参議院 →14
サンガク 産学＜産業界・大学(〜協同) →18	**ザンギク** 残菊 →8
ザンガク 残額 →8	**サンキャク** 三脚〖写真〗 →34
サンカクカンケイ★ 三角関係 →15	**ザンギャク** 残虐 →8
サンカクカンスー, サンカクカンスー 三角関(函)数 →15	**サンキュー** 産休＜出産休暇 →10
サンガク(・)キョードー 産学協同 →98	**ザンキュー** thank you →16
サンカクケイ★, サンカクケイ★, サンガッケイ★ 三角形 →14ca	**サンキョ** 山居 →7
サンカクジョーギ 三角定規 →15	**サンキョー** 山峡 →8
サンガクシンコー 山岳信仰 →15	**サンギョー** 産業, 蚕業 →8 三業 →34
サンカクス, サンガクス 三角州(洲) →14c	**サンギョー, サンコー** 賛(續・讚)仰 →8
サンカクテン, サンガクテン 三角点 →14c	**ザンキョー** 残響 →8
サンカクナミ 三角波 →12	**ザンギョー** 残業 →8
サンカゲツ 三箇月 →39	**サンギョーイ** 産業医 →14a
サンカシャ 参加者 →14	**サンギョーカイ** 産業界 →14a
サンガシュー 山家集 →14	**サンギョーカクメイ★** 産業革命 →15
ザンガツ 三月 →34	**サンギョーグミアイ** 産業組合 →12
サンガッキン, サンカクキン, サンガクキン 三角巾 →14ac	**サンギョーコーコク** 三行広告 →15
サンガッケイ★ 三角形 →14a	**サンギョーチ** 三業地 →14a
サンガツドー 三月堂 →14	**ザンギョーテアテ** 残業手当 →12
サンガニチ, サンガニチ 三箇日 →39	**サンギョーハイキブツ** 産業廃棄物 →17
サンガネン, サンガネン 三箇年 →39	**サンギョーヨーロボット** 産業用 robot →16
サンカブツ 酸化物 →14	**サンキョク** 三曲〖邦楽〗 →34
	ザンギリ, ザンギリ 散切り →5
	ザンギリアタマ 散切頭 →12
	ザンギリモノ 散切物 →12
	サンキン 参勤(觀), 産金 →8

ガギグゲゴは鼻濁音　カタカナ細字は母音の無声化　★は長音にもなる符号

ザンキン　残金　→8	サンコーショ，サンコーショ　参考書　→14
サンキンコータイ，サンキンコータイ　参勤(覲)交代　→98, 99	サンコーニン　参考人　→14
ザンク　惨苦　→7	サンゴカイ　珊瑚海　→14
サングー，サングー　参宮　→8	サンゴク　三国(～伝来)→34
サングーバシ　参宮橋〖橋・地〗→12	ザンコク　残酷　→8
サングラス　sunglasses →16	サンゴクイチ，サンゴクイチ　三国一(～の花嫁)→39
サングン　三軍　→34	
サンケ　産気(～がつく)→93	サンゴクシ，サンゴクシ　三国志〖書〗→14c
サンゲ　散華　→7	サンゴクジダイ　三国時代　→15
ザンゲ，《新はザンゲ》懺悔　→7	サンゴクドーメイ　三国同盟　→15
サンケイ　参詣, 山系, 山形　→8　三景→34　産経＜サンケイ・シンブン　産経新聞　→10, 15	サンゴジュ　珊瑚珠, 珊瑚樹　→14
	サンゴショー　珊瑚礁　→14
	サンゴチュー　珊瑚虫　→14
サンケイ・ニン　参詣人　→14	サンコツ　散骨　→8
サンゲキ　惨劇　→8	サンゴトー　珊瑚島　→14
サンケズク　産気付く　→46	サンコン　三献　→34
サンケツ　酸欠＜酸素欠乏　→10	サンサイ　山妻, 山菜, 山塞　→8　三才(天地人の～), 三彩　→34
ザンゲツ　残月　→8	
サンケン　散見　→8	ザンサイ　三歳　→34
サンケン，ザンケン　三権(～分立)→34	サンザイ　散在, 散財(～する)→8
	ザンザイ　斬罪　→8
サンゲン　三弦(絃)→34	サンサガリ，サンサガリ　三下り〖三味線〗→13
ザンゲン，ザンゲン　讒言　→8	
サンゲンジャヤ　三軒茶屋〖地〗→19	サンサク　散策　→8
サンゲンショク，サンゲンショク　三原色　→15	サンザシ　山査子〖植〗
	サンサシグレ　さんさ時雨　→12
サンゴ　産後　→7	ザンサツ　三冊　→34
サンゴ　珊瑚　→7　三五(～の月)→39	ザンサツ　残殺, 惨殺, 斬殺　→8
サンコー　参向, 参考, 山行　→8　三更, 三校〖校正〗→34	サンザッパラ　〖俗〗(～待った)→59
	サンザメク，サザメク　→96d
サンゴー　三号　→34	サンザロ　三叉路　→14
サンゴー　山号(寺の～)→8	サンサン，サンサン　潺潺, 燦燦　→58
サンゴー，サンゴー　三合〖名詞的〗(～を買う)→34	サンザン　散散(～待った)→58
サンゴー，サンゴー　三合〖副詞的〗(～買う)→62	サンザン，サンザン　散散(～だ・な・に)→58
ザンコー　残光　→8	サンサンクド　三三九度　→39
ザンゴー　塹壕　→8	サンサンゴゴ　三三五五　→39

￣は高い部分　…と…は高低が変る部分　「は次が下がる符号　→は法則番号参照

351　サンシ──サンジュ

サンシ　蚕糸 →7　三四(=三か四。年は～) →39	サンシャク　参酌 →8
サンジ　産児,参事,惨事 →7　三時,三次 →34	サンジャク　三尺,三勺 →34
サンジ, サンジ　賛(讃)辞 →7	サンジャク, サンジャク,《新はサンジャク》　三尺〖帯〗→3
ザンシ　惨死,悪死 →7	サンジャマツリ　三社祭 →12
ザンシ　残滓 →7	サンシュ　蚕種 →7　三種(～混合) →34
ザンジ　暫時 →7	サンジュ　傘寿(=八十の祝) →7
サンシカイ　三四回 →39	ザンシュ, ザンシュ　斬首 →7
サンシカゲツ　三四箇月 →39	サンシュー　参集 →8　三秋 →34
サンジカリスム(スはズとも)　syndicalisme[仏] →9	サンジュー　三重《節ㇳの名も》→34
サンジカン　参事官 →14　三時間 →36	サンジュー　三十 →31
サンジカンメ　三時間目 →38	サンジュー(·)イチニチ, ～(·)イチニチ　三十一日〖名詞的〗(～に行く) →35d
サンシキ　算式 →8	サンジュー(·)イチニチ, ～(·)イチニチ　三十一日〖副詞的〗(～行く) →62d
サンシキスミレ　三色菫 →12	サンジューエン,《新はサンジューエン》　三十円 →35a
サンジギョー　蚕糸業 →14	サンシューキ　三周忌 →17
サンジゲン　三次元 →36	サンジューク　三重苦 →14a
サンシサツ　三四冊 →39	サンジューゴニチ, サンジューゴンチ　三十五日(=五七日) →35d
サンシ(·)スイメイ　山紫水明 →97,98	サンジュー・ゴミリ　35milli[仏] →37
サンジセイゲン　産児制限 →15	サンジュー・サンカイキ　三十三回忌 →39
サンシタ, サンシタ　三下<サンシタヤッコ　三下奴 →10,12	サンジュー・サンカショ　三十三箇所 →39
サンシチニチ, サンシチニチ　三七日 →39	サンジュー(·)サンゲンドー　三十三間堂 →97,98
サンシツ　蚕室,産室 →8	サンジュー・サンショ　三十三所 →35
サンジッコクブネ, サンジュッコクブネ　三十石船 →12	サンジューシ　三銃士〖小説〗→15
サンジッサイ, サンジュッサイ,《新はサンジッサイ, サンジュッサイ》　三十歳 →35da	サンジューショー　三重唱 →17
サンジッシューネン, サンジュッシューネン　三十周年 →17d	サンジューソー　三重奏 →17
サンジップン, サンジュップン,《新はサンジップン, サンジュップン》　三十分 →35da	サンジューダイ,《新はサンジューダイ》　三十台 →35a
サンシヘン　三四遍 →39	
サンシホン　三四本 →39	
サンシャ　三舎(～を避ける),三者 →34	

傘寿

ガギグゲゴは鼻濁音　カタカナ細字は母音の無声化　★は長音にもなる符号

サンジュ──サンゼ　352

サンジューダイ　三十代・三十台〚年代〛→35a	サンショーウオ　山椒魚　→12a
サンジュード,《新は サンジュード》三十度(〜の暑さ)→35a	サンショーダユー　山椒太夫, 山荘太夫　→26
サンジューニチ,《新は サンジューニチ》三十日　→35a	サンショク　蚕食, 山色　→8
	サンショク　三色, 三食　→34
サンジューニン,《新は サンジューニン》三十人　→35a	サンジョク　産褥　→8
サンシューネン　三周年　→17	サンショクスミレ　三色菫　→12
サンジューネン,《新は サンジューネン》三十年　→35a	サンショクツキ, サンショクツキ　三食付き　→13
サンジュー(・)ハチドセン　三十八度線　→97, 98	サンジョクネツ　産褥熱　→14
	サンショクバン　三色版　→14
サンジュービョー,《新は サンジュービョー》三十秒　→35a	ザンショミマイ　残暑見舞い　→12
サンジューマン, サンジューマン,《新は サンジューマン》三十万　→32	サンジル, サンジル　参じる, 散じる　→47
	サンシン　参進, 三線〚楽器〛→8　三振　→34
サンジュー・ロッカセン　三十六歌仙　→36	サンジン, サンジン　山人, 散人, 山神　→8
サンジュー(・)ロッケイ,　三十六計(〜逃ぐるにしかず)→97, 98	ザンシン　斬新　→8
サンシュツ　産出, 算出　→8	サンジントー　三親等　→17
サンジュツ　算術　→8	サンスイ　散水　→8
サンシュツダカ　産出高　→12	サンスイ　山水　→18
サンシュツリョー　産出量　→14	サンズイ　三水(=氵)　→8
サンシュノジンギ　三種の神器　→99	サンスイガ　山水画　→14
サンショ, サンショー　山椒　→8d	サンスイシャ　散水車　→14b
サンジョ, サンジョ　産所　→7	サンスー　算数　→8
サンジョ　賛助　→7　三女　→34	サンズクミ, サンスクミ,《古は サンスクミ》三竦み　→33
ザンショ,《古は ザンショ》残暑　→7	サンスクリット　Sanskrit　→9
サンジョイン　賛助員　→14	サンスケ　三助(湯屋の〜)　→25
サンショー　参照　→8　三唱, 三勝　→34	サンズケ, サンズケ　さん付け　→5
サンショー, サンショ　山椒　→8d	サンズノカワ, サンズノカワ　三途の川　→98
サンジョー　参上, 山上, 惨状　→8　三乗　→34	サンズル　産する, 算する, 賛する　→48
サンジョー　三条〚地・姓も〛→34, 21, 22	サンズル, サンズル　参ずる, 散ずる　→47
サンジョー,《新は サンジョー》三畳　→34	サンズン　三寸(舌〜)　→34
	サンズンクギ　三寸釘　→12a
ザンショー　残照　→8	サンゼ, サンゼ　三世(主従は〜)　→34

￣は高い部分　⌢と⌣は高低が変る部分　⌐は次が下がる符号　→は法則番号参照

353　　サンセイ──サンテン

サンセイ★　賛成, 参政, 酸性 →8　産制 ＜産児制限 →10	**サンタクロース**　Santa Claus →27
サンセイ★**ウ**　酸性雨 →14b	**サンダツ**　簒奪 →8
サンセイ★**ケン**　参政権 →14b	**サンダユー**, 《新は **サンダユー**》　三太夫 →26
サンセイ★**シャ**　賛成者 →14b	**サンダラボッチ**　桟俵法師 →15
サンセイ★**ドジョー**　酸性土壌 →15	**サンダル**, **サンダル**　sandal →9
サンセキ　山積 →8	**サンタロー**　三太郎 →26
ザンセキ, **サンセキ**　三蹟 →34	**サンダワラ**　桟俵 →12
サンゼソー, 《新は **サンゼソー**。歌舞伎は **サンゼソー**》　三世相 →14	**サンタン**　賛(讃)嘆 →8　惨憺(～たる) →58
ザンセツ　残雪 →8	**サンダン**　散弾, 霰弾 →8　三段 →34
サンセン　参戦 →8　三遷 →34	**サンダン**, **サンダン**　算段(～する) →8
サンゼン　燦然 →56　参禅, 産前 →8	**サンダンガマエ**　三段構え →13
サンゼン　三千 →31	**サンダンジュー**　散弾銃 →14a
サンゼンエン　三千円 →35	**サンダントビ**, **サンダントビ**　三段跳 →13a
サンゼンセカイ, **サンゼンセカイ**　三千世界 →36	**サンダンメ**　三段目 →38
サンセンソーモク　山川草木 →98	**サンダンロンポー**　三段論法 →15
サンゼンニン　三千人 →35	**サンチ**　山地, 産地 →7
ザンソ　酸素 →7	**サンチ**　三日〖名詞的〗(～に行く) →34d
ザンソ　讒訴 →7	**サンチ**　三日〖副詞的〗(～行く) →62d
サンソー　山荘, 山草, 山僧 →8	**サンチャンノーギョー**　三ちゃん農業 →15
ザンゾー　残像 →8	**サンチュー**　山中 →8
サンゾーホーシ　三蔵法師 →15	**サンチョー**　山頂 →8
サンソキューニュー　酸素吸入 →15	**サンチョーメ**, **サンチョーメ**　三丁目 →38
サンゾク　山賊 →8	**サンチョク**　産直 ＜産地直送 →10
サンソボンベ　酸素 Bombe〔独〕 →16	**サンテイ**★　算定 →8
サンソマスク　酸素 mask →16	**ザンテイ**★　暫定 →8
サンソン　山村 →8	**サンディーケー**　3DK ＜3＋dining kitchen〔和〕 →16
ザンソン, (**ザンゾン**)　残存 →8	**ザンテイ**★**テキ**　暫定的 →95
ザンタ　＜Santa Claus →10	**ザンテイ**★**ヨサン**　暫定予算 →15
サンダイ　参内 →8	**サンデー**　sundae, Sunday →9
ザンダイ　三代, 三台 →34	**ザンテキ**　残敵 →8
サンダイシュー　三代集 →14b	**サンデン**　参殿 →8
サンダイ(・)**ソーオン**　三代相恩 →97, 98	**サンテンセット**　三点 set →16
サンダイバナシ　三題噺 →12	
サンダイメ, **サンダイメ**　三代目 →38	
ザンダカ, 《新は **ザンダカ**》　残高 →4	

ガギグゲゴは鼻濁音　カタカナ細字は母音の無声化　★は長音にもなる符号

サント──サンハン 354

サント 三都 →34

サンド 酸度 →7 三度 →34

ザンド 残土 →7

サンドイッチ sandwich →9

サンドイッチマン, サンドイッチマン sandwich man →16

サントー, サントー 三等 →34

サンドー 賛同,山道,参道,産道,桟道 →8

ザントー 残党 →8

サントー(·)キョーデン, サントーキョーデン 山東京伝 →22, 24, 27

サントージューヤク 三等重役 →15

サントーシン 三等親 →17

サントーナ, サントーナ 山東菜 →12a

サンドガサ 三度笠 →12

サントニン, サントニン santonin →9

サンドペーパー sandpaper →16

サントメ 桟留<サントメジマ 桟留縞 →9, 12

サンドメ, サンドメ 三度目 →38

ザンナイ 山内 →8

サンナン 三男 →34

サンニュー 参入,算入 →8

サンニン 三人〖名詞的〗(~が行く) →34

サンニン 三人〖副詞的〗(~行く) →62

ザンニン 残忍 →8

サンニンガケ 三人掛け →13

サンニンカタワ, サンニンカタワ 三人片輪〖狂言・歌舞伎〗 →12

サンニンカンジョ 三人官女〖雛飾〗 →15

サンニンキチサ, 《古は サンニンキチサ》 三人吉三〖歌舞伎〗 →27

サンニンショー 三人称 →14a

サンニンズカイ 三人遣い〖文楽〗 →13

サンネン 三年 →34

ザンネン 残念 →8

サンネンキ 三年忌 →14a

ザンネンショー 残念賞 →14a

サンネンセイ 三年生 →14a

サンネンメ 三年目 →38

サンノー 山王(~様) →8

サンノキリ 三の切〖浄瑠璃・歌舞伎〗 →19

サンノゼン, サンノゼン 三の膳 →19

サンノトリ, 《新は サンノトリ》 三の酉 →19

サンノマル 三の丸 →19

サンバ 産婆(オサンバ 御~) →7, 92 三番<三番叟 →10 三馬〖人〗⇒シキティ~

サンバ 三羽 →33 samba →9

サンバイ 三倍 →34 三杯<三杯酢 →10

サンバイ 三杯(一杯・二杯・~) →34

サンパイ 参拝,酸敗 →8 産廃<産業廃棄物 →10 三拝 →34

ザンパイ, サンパイ 惨敗 →8

サンパイキューハイ 三拝九拝 →39

サンパイシャ 参拝者 →14b

サンパイズ 三杯酢 →12b

サンパイニン 参拝人 →14

サンパイメ 三杯目 →38

サンバガラス 三羽烏 →12

サンパクガン 三白眼 →14

サンバシ 桟橋 →4

サンバソー 三番叟 →14

サンパツ 散発,散髪 →8

サンパツヤ 散髪屋 →94

サンバヤク, サンバヤク 産婆役 →14

ザンバラガミ, ザンバラガミ ざんばら髪 →12

サンバン 三番 →34

ザンパン, ザンパン 残飯 →8

サンハンキカン, サンハンキカン 三

──は高い部分 ···と···は高低が変る部分 ⌐は次が下がる符号 →は法則番号参照

半規管 →15

サンバンメ 三番目 →38

サンビ 贊(讃)美, 酸鼻(〜の極) →7

サンピ 贊否(〜両論) →18

サンビカ 贊(讃)美歌 →14

サンピツ, サンピツ 三筆 →34

サンビャク 三百 →31

サンビャクエン, 《新は サンビャクエン》 三百円 →35

サンビャクダイゲン 三百代言 →36

サンビャクニン, 《新は サンビャクニン》 三百人 →35

サンビャクネン, 《新は サンビャクネン》 三百年 →35

サンビャクマン, 《新は サンビャクマン》 三百万 →32

サンビョー 三秒 →34

サンピョー 散票 →8

サンビョーシ 三拍子(〜そろった) →36

サンピン 産品＜生産品 →10

サンピン 三一＜三一侍

ザンピン, ザンピン 残品 →8

サンブ 三部 →34

サンプ, サンプ 散布, 産婦 →7

ザンブ 残部 →7

サンブガッショー 三部合唱 →15

サンブガッソー 三部合奏 →15

サンブキョク 三部曲 →14

サンプク 山腹 →8 三伏(〜の候) →34

サンプクツイ, サンプクツイ 三幅対 →14c

サンブサク 三部作 →14

サンフジンカ 産婦人科 →17

サンブツ 産物 →8

ザンブツ 残物 →8

サンブツエ, サンブツエ 贊(讃)仏会 →14

サンプラ ＜Sanplatinum〖商標〗→10

サンフランシスコ San Francisco〖地〗 →21

サンプリング, 《新は サンプリング》 sampling →9

サンプル sample →9

サンブン 散文 →8 三分(〜する) →34

サンプン 三分 →34

サンブンシ 散文詩 →14a

サンブンテキ 散文的 →95

サンブンノイチ 三分の一 →39

サンブンノニ 三分の二 →39

ザンペキ 三碧〖九星〗→34

サンベツ 産別＜全日本産業別労働組合会議 →10

ザンペン 残片 →8

サンポ 散歩 →7

サンボー 山房, 参謀 →8 三宝, 三方〖台〗→34

サンポー, 《新は サンポー》 三方〖方角〗→34

ザンポー 山砲 →8

サンボーカン, サンポーカン(ボはポとも) 三宝柑 →14a

サンボーソーチョー 参謀総長 →15

サンボーチョー 参謀長 →14a

サンボーホンブ 参謀本部 →15

サンポミチ 散歩道 →12

サンボン 三盆〖砂糖〗→34

サンボン 三本 →34

サンボンアシ 三本足 →12a

サンボンジメ 三本締め →13

サンボンジロ, サンボンジロ 三盆白 →12a

サンマ 秋刀魚 →1

サンマイ 産米, 散米 →8 三枚〖料理〗(〜におろす), 三昧 →34

サンマイ 三枚(一枚・二枚・〜) →34

ガギグゲゴは鼻濁音　カタカナ細字は母音の無声化　★は長音にもなる符号

サンマイ──サンロー 356

サンマイキョー　三昧境 →14

サンマイニク　三枚肉 →14b

サンマイメ　三枚目 →38

サンマン　散漫 →8

サンマン　三万 →31

サンミ　三位 →34

サンミ，サンミ　酸味 →7

サンミ(・)イッタイ　三位一体 →97, 98

サンミャク　山脈 →8

……サンミャク　…山脈（スズカサン
　ミャク 鈴鹿~) →15

サンミンシュギ　三民主義 →15

ザンム　残務, 残夢 →7

ザンムセイリ　残務整理 →15

サンメイ　山名 →8

サンメイ　三名 →34

サンメン，サンメン　三面 →34

サンメンキジ　三面記事 →15

サンメンキョー　三面鏡 →14

サンメンロッピ　三面六臂 →39

サンモーサク　三毛作 →14a

サンモン　山門 →8

サンモン　三文 →34

サンモンショーセツ　三文小説 →15

サンモンバン，サンモンバン　三文判
　→14a

サンモンブンシ　三文文士 →15

サンヤ　山野 →18

サンヤク　散薬 →8　三役 →34

サンユーカン　三遊間 →14

サンユーテイ(・)エンチョー　三遊亭円
　朝 →14, 24, 27

サンユコク　産油国 →14

ザンヨ　参与 →7

ザンヨ　残余 →7

サンヨー　山容, 山陽《道・地も》→8

サンヨー，サンヨー　算用 →8

サンヨーシンカンセン　山陽新幹線
　→17

サンヨースージ　算用数字 →15

サンヨーセン　山陽線 →14

サンヨードー　山陽道 →17

サンヨカン　参与官 →14

サンヨジカン　三四時間 →39

サンヨッカ　三四日 →39

サンヨド　三四度 →39

サンヨネン　三四年 →39

サンライ　三礼 →34

サンラク　惨落（↔急騰）→8

サンラン　燦爛 →58　産卵, 蚕卵, 散乱
　→8

サンランキ　産卵期 →14a

サンリ　三里（~の灸）→3

サンリ　三里（一里・二里・~）→34

サンリク　三陸《地》→21

サンリュー　三流（~の芸者）→34

サンリュー　三流（=三つの流派）→34

ザンリュー　残留 →8

ザンリューコジ　残留孤児 →15

サンリョー　山陵, 山稜 →8

ザンリョー　残量 →8

サンリン　山林 →8

サンリンシャ　三輪車 →14a

サンリンボー　三隣亡 →14a

ザンルイ　酸類 →8

ザンルイ，サンルイ　三塁 →34

ザンルイ　残塁 →8

サンルイシュ　三塁手 →14b

サンルイダ　三塁打 →14b

サンルーフ　sunroof →16

サンルーム　sunroom →16

サンレイ　山霊, 山嶺 →8

サンレツ　参列 →8

サンレツ　三列 →34

サンレツシャ，サンレツシャ　参列者
　→14c

サンレンショー　三連勝 →17

サンロー　参籠 →8

‾ は高い部分　˝ と ˝ は高低が変る部分　⌐ は次が下がる符号　→ は法則番号参照

357　　　　サンロク──シイク

サンロク 山麓 →8

サンワリ 三割 →33

シ 詩 →6

ジ 士, 子, 氏, 史, 市, 死, 志, 私, 使, 刺, 師, 資 →6　四 →30

……**シ** …士(**ケイ★リ**シ 計理~), …師(**サシモノ**シ 指物~), …址(**ジューキョ**シ 住居~), …紙(**シンブン**シ 新聞~), …誌(**キガン**シ 機関~), …市(**キョート**シ 京都~), …氏〖氏を表わす〗(**サトミ**シ 里見~, **トクガワ**シ 徳川~) →14a

……**シ**; ……**シ** …氏〖敬称〗(**ヤマダ**シ 山田~, **サトー**シ 佐藤~, **トクガワ**シ 徳川~) →94

……**シ**; ……**シ** 〖助〗(**ナク**シ 泣く~, **ヨム**シ 読む~, **アカイ**シ 赤い~, **シロイ**シ 白い~) →72, 74b

し…… 四…→**よ**……, **よん**……

ジ 痔 →6　柱(=琴柱) →1

ジ 字, 持, 辞 →6

ジ, **ジ** 地(大地・地面・囲碁の「地」は **ジ**。地で行く・地が出る・地の色・地の文・地を弾くの「地」は **ジ**)→6

……**ジ** …児(**ハンギャク**ジ 反逆~, **コーウン**ジ 幸運~) →14a

……**ジ**; ……**ジ** …寺(**コクブン**ジ 国分~, **コーフク**ジ 興福~, **センソー**ジ 浅草~) →14

……**ジ**; ……**ジ** …二・…次・…治(**コージ** 孝二, **ケンジ** 賢治, **サダンジ** 左団次)→25a

……**じ** …時〖数〗→34, 35

シアイ 試合, 仕合 →5

ジアイ,《古は **ジアイ**》慈愛 →8　自愛(**ゴジアイ** 御~)→8, 92

ジアイ, **ジアイ** 地合 →4

シアウ 為合う →45

シアガリ 仕上がり →13

シアガル 仕上がる →45

シアゲ 仕上げ →5

ジアゲ 地上げ →5

シアゲル 仕上げる →45

シアサッテ 明明後日 →12

ジアスターゼ Diastase〖独〗→9

シアター theater →9

シアツ 指圧 →8

シアツリョーホー 指圧療法 →15

ジアマリ 字余り →13

ジアメ 地雨 →4

シアワセ 仕合せ →13

シアワセモノ 仕合せ者 →12

シアン 私案, 試案 →8

ジアン 思案(~にくれる) →8

ジアン 事案 →8

シアンガオ 思案顔 →12

ジアン・ナゲクビ 思案投首 →97

シー 椎 →1

ジイ 思惟, 私意, 恣意・紫衣・緇衣〖仏教〗→7　四囲 →34

ジー 爺, 祖父 →1

ジイ 自慰, 示威, 次位, 侍医, 辞意 →7

ジーアイ GI<government issue →16

シーアイエー CIA<Central Intelligence Agency →16

シーイーオー CEO<Chief Executive Officer →16

ジイウンドー 示威運動 →15

ジーヌヌピー GNP<gross national product →16

シーエム, **シーエム** CM<commercial message →16

シーカ 詩歌 →7d

シイク 飼育 →8

ガギグゲゴは鼻濁音　カタカナ細字は母音の無声化　★は長音にもなる符号

シークレット　secret →9	ジーヤ，《新は ジーヤ》爺や →94
シーザー　Caesar〚人〛→22	シーラカンス　coelacanth →9
シーザーサラダ　Caesar salad →16	シーリング，《新は シーリング》 ceiling →9
シーサイド　seaside →16	シール　seal →9
ジーサン　爺さん・祖父さん(オジーサン 御~)→94, 92	シールド，《新は シールド》 shield →9
シーシー　CC＜Carbon Copy, cc〚単位〛→16	シイル　強いる, 誣いる →43
シージー　CG＜Computer Graphics →16	シイレ　仕入れ →5
ジイシキ　自意識 →15	シイレチョー　仕入帳 →14
シーズン　season →9	シイレネダン　仕入値段 →15
シーズンオフ　season off〔和〕→16	シイレル　仕入れる →45
ジーゼルエンジン, ディーゼルエンジン diesel engine →16	ジイロ　地色 →4
シーソー　seesaw →9	シーン　scene →9
シーソーゲーム　seesaw game →16	シイン　試飲, 子音, 死因, 私印 →8
シータケ　椎茸 →4	ジイン　寺院 →8
シータゲル　虐げる →43	ジーンズ　jeans →9
シーツ　sheet →9	ジウ　慈雨 →7
シーテ　強いて →67	ジウス　地薄 →5
シーディー　CD＜compact disk →16	ジウタ　地唄 →4
シーディーロム　CD-ROM＜compact disk read-only memory →16	ジウタイ　地謡 →12
シート　seat, sheet →9	ジウタマイ　地唄舞 →12
シートベルト　seat belt →16	シウチ　仕打ち →5
シーナ　粃 →1	シウン, シウン　紫雲 →8
シーノキ　椎の木 →19	ジウン　時運 →8
シーノミ　椎の実 →19	シウンテン　試運転 →15
ジーパン　＜jeans pants〔和〕→10	ジエ, ジイ　紫衣・緇衣〚仏教〛→7
ジーピーエス　GPS＜Global Positioning System →16	シェア　share →9
ジープ　jeep〚商標〛→9	シエイ　市営, 私営 →8
シーフード　seafood →16	ジエイ　自営, 自衛 →8
シーベルト　Sievert →9	ジエイカン　自衛官 →14b
シーボルト, シーボルト　Siebold〔独〕〚人〛→22	ジエイカン, ジエイカン　自衛艦 →14b
ジームレス　seamless →9	ジエイケン　自衛権 →14b
ジーメン　G-men＜Government men →16	ジエイサク　自衛策 →14b
	シエイジュータク　市営住宅 →15
	ジエイタイ　自衛隊 →14
	シェイプアップ　shape up →16
	ジェーアール　JR →16
	シェーカー　shaker →9

￣は高い部分　¨と¨は高低が変る部分　｢は次が下がる符号　→は法則番号参照

359 シェーク──シオニ

シェークスピア, シェイクスピア Shakespeare〖人〗→22	シオガマ 塩釜・塩竈〖地・菓子〗→21
シェード, シェード shade →9	シオカラ, シオカラ,《新は シオカラ》 塩辛 →5
シェーバー shaver →9	シオカライ 塩辛い →54
シェープアップ shape up →16	シオカラトンボ 塩辛蜻蛉 →12
ジェーリーグ J league →16	シオキ 仕置 →5
シエキ, シエキ 私益, 使役 →8	シオキバ 仕置場 →12
ジェスチャー, ゼスチャー gesture →9	シオクミ 汐汲〖長唄・舞踊〗→5
ジェット jet →9	シオクリ 仕送り →13
ジェットキ jet機 →14	シオクル 仕送る →45
ジェットキリュー jet気流 →15	シオケ 塩気, 潮気 →93
ジェットコースター jet coaster〔和〕→16	シオケムリ 塩煙, 潮煙 →12
ジェネレーション generation →9	シオコショー, シオコショー 塩胡椒 →18
シェパード, シェパード shepherd →9	シオサイ, シオサイ 潮騒 →5
シェフ chef〔仏〕→9	シオザカイ 潮境 →12
ジェラシー jealousy →9	シオザカナ 塩肴 →12
シェリー sherry →9	シオサキ, シオサキ, シオサキ 潮先 →4
シェルター shelter →9	シオザケ, シオジャケ 塩鮭 →4
シェルパ Sherpa →9	シオサバ, シオサバ 塩鯖 →4
シエン 試演, 私演, 私怨 →8	シオサメ 仕納め →13
シエン, ジエン 紫煙, 支援 →8	シオザワ 塩沢〖地・織物〗→22,4
ジエン 自演 →8	シオジ, シオジ 潮路 →4
ジェンダー gender →9	ジオシオ, シオジオ 悄悄(〜と) →57
ジェントルマン gentleman →16	シオズケ, シオズケ 塩漬 →5
シオ 塩(オシオ 御〜), 潮・汐(=うしお・機会) →1, 92	シオゼ 塩瀬〖織物〗→4
シオアイ, シオアイ 潮合 →4	シオセンベイ, シオセンベ 塩煎餅 →15
シオアジ 塩味 →4	シオダシ, シオダシ, シオダシ 塩出し →5
シオアン, シオアン 塩餡 →8	シオダチ, シオダチ, シオダチ 塩断ち →5
シオアンバイ 塩塩梅 →15	シオダマリ 潮溜り →13
シオイリ, シオイリ 潮入り →5	シオタレル, シオタレル 潮垂れる →46
シオエル 為終える →45	シオドキ, シオドキ 潮時 →4
シオオシ, シオオシ, シオオシ 塩圧し →5	シオナリ 潮鳴り →5
シオーセル 為果せる →45	シオニ 塩煮 →5
シオカゲン 塩加減 →15	
シオカゼ 潮風 →4	

ガギグゲゴは鼻濁音　カタカナ細字は母音の無声化　★は長音にもなる符号

シオノミ── シカガワ　360

シオノミサキ　潮岬 →19
シオバナ, シオバナ　塩花 →4
シオバラ　塩原〖地〗 →21
　～(・)タスケ　塩原多助 →25, 27
シオヒ　潮干 →5
シオヒガリ　潮干狩 →13
シオビキ, シオビキ　塩引き(鮭の～) →5
シオフキ, シオフキ　潮吹き →5
シオフキガイ　潮吹き貝 →12
シオマチ, シオマチ　潮待ち →5
シオマネキ　潮招き〖かに〗 →13
シオマメ　塩豆 →4
シオミズ　塩水, 潮水 →4
シオメ　潮目 →4
シオモノ　塩物 →4
シオモミ, シオモミ, 《新は シオモミ》　塩揉み →5
シオヤキ, シオヤキ, 《新は シオヤキ》　塩焼 →5
シオユ　塩湯, 潮湯 →4
シオラジイ　→96
ジオラマ　diorama〔仏〕 →9
シオリ　枝折, 栞 →2
シオリド　枝折戸 →12
シオリモン　枝折門 →14
シオレル　萎れる →43
シオン　子音 ⇒シイン
ジオン　師恩 →8 四恩 →34
ジオン, シオン　紫苑 →8
ジオン　字音 →8
ジオンゴ　字音語 →7
シカ　詞花<シカシュー 詞花集 →10c, 14
シカ, 《新は シカ》　鹿 →1
シカ, ジカ　史家, 私家, 師家, 市価, 糸価, 紙価, 歯科 →7c
……シカ, ……シカ; ……シカ 〖助〗(ナクシカ, ナクシカ 泣く～, ヨム

シカ　読む～) →72
……シカ, ……シカ; ……シカ, ……シカ 〖助〗(トリシカ, トリシカ 鳥～, ハナシカ 花～, アメシカ 雨～) →71
シガ, ジガ　志賀〖姓〗 →22
シガ(・)ナオヤ, シガ(・)ナオヤ　～直哉 →25, 27
ジガ　歯牙 →18 滋賀〖地〗 →21
ジカ, ジカ　自火 →7
ジカ　直(～に) →1 自家, 時価, 磁化, 時下 →7
ジガ　自我 →7
シガー　cigar →9
シカイ　司会 →8
シカイ, シカイ　視界, 市会 →8c
シカイ　歯科医 →14 四海(～波静か) →34c
シカイ, シカイ　斯界, 死海〖湖〗 →8c
シガイ　死骸 →8
ジガイ　市外, 市街 →8
ジカイ　自戒, 持戒, 自壊, 字解, 磁界 →8
ジカイ, ジカイ　次回 →8
ジガイ　自害 →8
シガイカクイキ　市街化区域 →15
シカイギイン　市会議員 →15
シカイシャ　司会者 →14b
シガイセン　紫外線, 市街戦 →14
シガイチ　市街地 →14b
シガイツーワ　市外通話 →15
シガイデンワ　市外電話 →15
シガイナミ　四海波〖謡〗 →12b
シカエイセイシ　歯科衛生士 →17
シカエシ　仕返し →13
シカエス, シカエス　仕返す →45b
シカエル, シカエル　仕替える →45b
ジガオ　地顔 →4
シカガル　仕掛かる →45
シカガワ　鹿革 →4

￣は高い部分　と は高低が変る部分　┐は次が下がる符号　→は法則番号参照

シカク　死角,視角,刺客,視覚,資格 →8	ジカタ　地方(↔立方) →4
シカク　四角 →34	ジカダイガク　歯科大学 →15
シガク　史学,私学,視学,斯学,詩学 →8	シカタナイ　仕方無い →54
ジカク　自覚,寺格,字画,耳殻,痔核 →8	シカタバナシ　仕方咄 →12
シカクイ, シカクイ　四角い →53	ジカタビ, チカタビ　地下足袋 →4
シカクケイ, シカクケイ, シガッケイ　四角形 →14ca	ジガタメ　地固め →13
シカクシケン, シカクシケン　資格試験 →15c	ジカダンパン　直談判 →15
ジガク(·)ジシュー　自学自習 →97,98	シガチ　仕勝ち(欠席を~だ) →95
シカクジメン　四角四面 →39	ジカチュードク　自家中毒 →15
ジカクショージョー　自覚症状 →15	シカツ　死活 →18
シガクジョセイ　私学助成 →15	シガツ, 《副詞的には シガツ》　四月 →34,62
シカクバル　四角張る →96	ジカツ　自活 →8
シガクブ　歯学部 →17	シガッケイ　四角形 →14a
シカケ　仕掛け →5	シガツバカ　四月馬鹿
シカケハナビ　仕掛花火 →12	シカツメラシイ　鹿爪らしい →96
シカケル　仕掛ける →45	シカツモンダイ　死活問題 →15
シガケン　滋賀県 →14	シガト　確と →67
シカゴ　Chicago〖地〗 →21	ジカドーチャク　自家撞着 →15
シガコーゲン　志賀高原 →15	シガナイ　(~暮し) →54
シガザン　死火山 →15	ジカニ　直に →67
シカシ　併し,然し →65	ジガネ　地金(~を出す) →4
シカジカ　然然(これこれ~) →57	ジカネル　仕兼ねる →45
ジガ(·)ジサン　自画自賛 →97,98	ジカバキ　直履き →5
シカシテ　然して,而して →67	ジガバチ　似我蜂 →4
シカシナガラ　併し乍ら →76	ジカハツデン　自家発電 →15
シカシュー　私家集,詞華集,詞花集 →14	シカバネ　屍 →12
ジカジュセイ　自家受精 →15	シカバン　私家版 →14
ジカジュフン　自家受粉 →15	ジカビ, ジカビ　直火 →4
ジカジョーホー　時価情報 →15	シカブエ, シカブエ　鹿笛 →4
シカズ　如かず(逃ぐるに~) →89	ジカマキ　直蒔き →5
ジカズ, ジカズ　字数 →4	シカミ　顰 →2 獅噛<シカミヒバチ 獅噛火鉢 →5,15
ジカセイ　自家製 →14	ジガミ　地紙,地髪 →4
ジカセン, ジカセン　耳下腺 →14	シガミツク, シガミツク, 《古·強は シガミツク》 →45
ジカセンエン　耳下腺炎 →14a	シカメッツラ　顰めっ面 →12d
ジガゾー, ジガゾー　自画像 →14	シカメル, 《新は シカメル》　顰める →43
シカタ　仕方(~がない) →95	

ガギグゲゴは鼻濁音　カタカナ細字は母音の無声化　★は長音にもなる符号

シカモ──シキケン　362

シカモ　然も →67	ジカンタイ　時間帯 →14
ジカヤキ　直焼き →5	ジカンヒョー　時間表 →14
シガヤマリュー　志賀山流 →14	シカンブラシ　歯間 brush →16
ジカヨー　自家用 →14	シガンヘイ　志願兵 →14a
ジカヨーシャ　自家用車 →14a	ジカンワリ　時間割 →13
シカラズンバ　然らずんば →67	シキ　敷 →2
シカラバ　然らば →67	シキ　敷(=敷金) →10c　式,識 →6
シガラミ　柵 →1	シキ, ジキ　士気,志気,死期,指揮,私記,史記『書』→7c　四季 →34c
シカリ　叱り(オシカリ 御~) →2,92	……シキ　…式(=儀式・数式。ニューガクシキ 入学~, ホーテイシキ 方程~)→14b
シカリ　然り →42	……シキ　…式(=方式・型。ジドーシキ 自動~, フンリューシキ 噴流~, ゲンダイシキ 現代~)→95
シカリツケル,《古・強は シカリツケル》 叱り付ける →45	シギ　鴫 →1　仕儀,私議 →7　市議<市議会議員 →10
シカリトバス,《古・強は シカリトバス》 叱り飛ばす →45	ジキ　直(~に)→1,61
シカル　叱る　シカラナイ, シカロー, シカリマス, シカッテ, シカレバ, シカレ →43	ジキ　自記,自棄(自暴~),次期,時期,時機,磁気,磁器 →7
シカルニ　然るに →67	……ジキ　…敷(タタミジキ 畳~, ヒャクジョージキ 百畳~)→13,38
シカルベキ　然る可き(~ところ,相談があって~だ) →67	ジギ, ジギ　辞儀(オジギ 御~)→7,92
シカルベク　然る可く(~扱う) →67	ジギ　字義,児戯,時宜 →7
シガレット, シガレット　cigarette →9	ジキアラシ　磁気嵐 →12
シカレドモ　然れども →67	シキイ　敷居 →5
シカン　弛緩,屍姦 →8	シキイゴシ　敷居越し →95
シカン, ジカン　仕官,士官 →8c	シキイシ　敷石 →5
シカン, シカン　子癇,史観 →8c	シキイタ　敷板 →5
ジガン　志願 →8	シキウツシ　敷き写し →13
ジカン,《古は ジカン》 時間(オジカン 御~) →8,92	ジキカード　磁気 card →16
ジカン　次官 →8	シギカイ, シギカイ　市議会 →15
……ジカン　…時間(イチジカン 一~) →36	シキカク　色覚 →8
ジカンガイ, ジカンガイ　時間外 →14a	シキガミ　敷紙 →5
シカンガッコー　士官学校 →15	シキガワ　敷皮,敷革 →5
ジカンキュー, ジカンキュー　時間給 →14a	シキカン　色感 →8
ジカンギレ　時間切れ →13	シキカン　指揮官 →14
シガンシャ　志願者 →14a	シキキン　敷金 →8
	シキケン　識見 →8

￣は高い部分　⁝と⁝は高低が変る部分　˥は次が下がる符号　→は法則番号参照

シキケン 指揮権 →14
シキケンハツドー 指揮権発動 →98
シキサイ 色彩 →8
シキザキ 四季咲き →5
ジキサン 直参 →8
シキサンバ 式三番 →15
シキシ 色紙 →7
シキジ 式次,式事,式辞,識字 →7
ジキジキ 直直 →68
シキジダイ 式次第 →15
シキジツ 式日 →8
シキシマ 敷島(シキシマノ ～の) →5, 71
シキシャ 識者 →7 指揮者 →14
シキジャク 色弱 →8
シキジョー 式場,色情 →8
シキジョーキョー 色情狂 →14
シキセ 仕着せ(オシキセ 御～) →5, 92
シキソ 色素 →7
ジキソ,ジキソ 直訴 →7
ジキソー 直奏 →8
シキソクゼクー 色即是空 →99
シキダイ 式台 →8
シキダタミ 敷畳 →12
シキタリ 仕来り →13
ジギタリス digitalis〔蘭〕 →9
ジキダン 直談 →8
シキチ 敷地 →7
シキチョー 色調 →8
シキツメル 敷き詰める →45
シキテイ(・)サンバ 式亭三馬 →14, 24, 27
ジキディスク 磁気 disk →16
ジキテープ 磁気 tape →16
ジキデシ 直弟子 →15
シキテン 式典 →8
ジキデン 直伝 →8
シキトー 指揮刀 →14

シキドー, シキドー 色道 →8
ジキトー 直答 →8
ジキトリヒキ 直取引 →12
シキノー 式能 →8
ジキノー 直納 →8
シキノシ 敷き伸し →5
ジキハズレ 時季外れ →13
ジキヒツ 直筆 →8
シキフ 敷布 →7
シキブ 式部 →7
シキフク 式服 →8
シキブトン 敷蒲団 →15
シキベツ 識別 →8
シキボー, シキボー 指揮棒 →14
シキマ 色魔 →7
ジキマキ, ジカマキ 直蒔き →5
シキミ, シキミ 樒〔植〕 →1
シキモー 色盲 →8
シキモク 式目 →8
シキモノ 敷物 →5
ジキモン 直門 →8
シギヤキ 鴫焼 →5
シキャク 刺客 →8
ジギャク 自虐 →8
シギャクセイ 嗜虐性 →14
シキュー 支給,子宮,死球,始球,至急 →8 四球 →34
ジキュー 自給,時給,持久 →8
シキューガン 子宮癌 →14a
シキューキンシュ 子宮筋腫 →15
シキューコークツ 子宮後屈 →15
シキューシキ 始球式 →14a
ジキュージソク 自給自足 →98
ジキューセン 持久戦 →14
ジキューソー, ジキューソー 持久走 →14a
シキューデンポー 至急電報 →15
シキュービョー 子宮病 →14
シキュービン, シキュービン 至急便

ガギグゲゴは鼻濁音　カタカナ細字は母音の無声化　★は長音にもなる符号

シキュー──ジクモノ

→14a
シキューホー, シキューホー　至急報 →14a
ジキューリツ　自給率 →14a
ジキューリョク　持久力 →14a
シキョ, シキョ　死去 →7c
ジキョ　辞去 →7
シキョー　示教,指教,市況,詩興,試供 →8
シキョー, シキョー　詩経〖書〗 →8c
シキョー, ジキョー　司教 →8c
シギョー　始業 →8
ジキョー　自供,持経 →8
ジギョー　地形 →8
ジギョー　次行,事業 →8
ジギョーカ　事業家 →14
シギョーシキ　始業式 →14a
ジギョージュツ　自彊術 →14a
ジギョーショ, ジギョーショ　事業所 →14
ジギョーシワケ　事業仕分け →12
ジギョーヌシ　事業主 →12a
シキョーヒン　試供品 →14
シキョク, シキョク　支局 →8c
シキョク, シキョク　色欲 →8
ジキョク, ジキョク　磁極 →8
ジキョク　時局 →8
ジキラン　直覧 →8
シキリ　頼り →2　仕切り →5
シキリガキ　仕切書 →13
シキリショ, シキリショ　仕切書 →14
シキリジョー　仕切状 →14
シキリチョー　仕切帳 →14
シキリナオシ, シキリナオシ　仕切直し →13
シキリニ　頻りに →67
シキリヤ　仕切り屋 →94
シキル　仕切る →45
ジキワ　直話 →7

シキワラ　敷藁 →5
シキン　至近 →8
ジキン　資金,賜金 →8c
シギン　詩吟,歯齦 →8
シキンキョリ　至近距離 →15
シキングリ　資金繰り →13
シキンセキ　試金石 →14a
シキンナン　資金難 →14a
シキンリョク　資金力 →8a
シク　如く(シカズ 如かず) →42,89　敷く シカナイ, シコー, シキマス, シーテ, シケバ, シケ →43
シク, ジク　市区,詩句 →7c　四苦 →34c
ジク　字句 →18
ジク　軸 →6
ジクアシ　軸足 →4
ジクー, ジクー　時空 →18
ジクウケ, ジクウケ　軸受 →5
ジクギ, ジクギ, ジクギ　軸木 →4
シグサ, シグサ　仕種 →5
ジグザグ, ジグザグ　zigzag →9
ジクジ　忸怩(~たる) →58
シクシク, 《新は シクシク》 (~泣く, ~と) →57c
シクジリ, シクジリ, シクジリ →2
シクジル →43
ジグズレ　地崩れ →13
ジグソーパズル　jigsaw puzzle →16
ジグチ　地口 →4
シクツ　試掘 →8
シグナル, シグナル　signal →9
シクハック　四苦八苦 →39
ジクバリ　字配り →13
シグマ　sigma, Σ〔希〕 →9
シクミ　仕組 →5
シグム　仕組む →45
ジグモ, ジグモ　地蜘蛛 →4
ジクモノ, ジクモノ　軸物 →4

￣は高い部分　˝と˚は高低が変る部分　⌐は次が下がる符号　→は法則番号参照

シクラメン cyclamen →9
シグレ 時雨 →1
シグレニ 時雨煮 →13
シグレハマグリ 時雨蛤 →12
シグレル, シグレル 時雨れる →44
シクンシ 士君子,使君子 →15　四君子 →36
シケ 時化 →2
ジゲ 地毛 →4
ジゲ 地下 →7
シケイ 紙型,詩形 →8
シケイ 死刑,私刑 →8c
シケイ, ジゲイ 至芸 →8
ジケイ 自警,次兄,字形 →8
シケイザイ 私経済 →15
シケイシュー 死刑囚 →14b
ジケイダン 自警団 →14b
シゲオ 茂夫・繁男〖男名〗→25
シゲキ 刺激 →8
シゲキ 史劇,詩劇 →8
シゲキザイ, シゲキザイ 刺激剤 →14
シゲキセイ 刺激性 →14
シゲキブツ 刺激物 →14
ジゲク 繁く(足〜) →61
ジゲコ 茂子・繁子〖女名〗→25
シケコム (吉原に〜) →45
ジゲシゲ, シゲシゲ 繁繁(〜と) →57
シケツ 止血 →8
ジケツ 自決 →8
シケツザイ, シケツザイ 止血剤 →14
シゲミ, シゲミ 茂み →93
シゲリ 茂り →2
シゲリアウ, シゲリアウ 茂り合う →45
シゲル, シケル 湿気る,時化る →44
シゲル 茂・滋・繁〖男名〗→23
シゲル 茂る,繁る　シゲラナイ, シゲロー, シゲリマス, シゲッテ, シゲレバ, シゲレ →43

シケン 私見 →8
シケン, シケン 私権 →8c
シケン, ジケン 試験 →8c
シゲン 至言 →8
ジゲン 資源 →8
ジケン 事件 →8
ジゲン 示現,字源 →8
ジゲン, ジゲン 次元 →8
ジゲン, ジゲン 時限 →8
……ジゲン …時限(イチジゲン イチ〜) →36
シゲンエネルギーチョー 資源エネルギー庁 →17
シケンカン, シケンカン 試験管 →14a
シケンカン 試験官 →14a
ジケンキシャ, ジケンキシャ 事件記者 →15
シケンジゴク 試験地獄 →15
シケンジョ, シケンジョ 試験所 →14
シケンジョー 試験場 →14
ジゲンスト, ジゲンスト 時限スト<時限 strike →16
シケンズミ 試験済 →13
シケンダイ 試験台 →14
シケンテキ 試験的 →95
ジゲンバクダン 時限爆弾 →15
シケンビ 試験日 →12a
シケンベンキョー 試験勉強 →15
シケンモンダイ 試験問題 →15
シケンヤスミ 試験休 →12
シコ 醜(〜の御楯),四股(〜をふむ) →1
シコ, ジコ 指顧,指呼(〜の間) →7c　四顧 →34c
ジゴ 死後,死期,死語,私語 →7　四五(=四か五。年は〜) →39
ジコ 自己,事故 →7
ジゴ 耳語,持碁,事後,爾後 →7

ジコアン──ジコマン 366

ジコアンジ 自己暗示 →15
シコイワシ しこ鰯 →12
ジゴエ 地声 →4
シコー 私考,思考,志向,指向,伺候,施工,嗜好,施行,私行,私交,至高,至孝,詩稿,歯垢 →8
ジコー 時好,時効,時候 →8
ジコー 事項,自校 →8
ジゴー 次号,寺号 →8
シコーキソク 施行規則 →15
シコーサクゴ 試行錯誤 →15
シコーシテ 而して →67
ジコー(・)ジトク, ジコージトク, ジゴージトク 自業自得 →97,98,99
シコーセイ 指向性 →14
シコーテイ, シコーテイ 始皇帝 →15
シコービ 施行日 →14a
シコーヒン, シコーヒン 嗜好品 →14a
シゴービン 四合瓶 →14a
シゴカイ 四五回 →39
ジコカイハツ 自己開発 →15
ジコカゲツ 四五箇月 →39
ジコカンケツ 自己完結 →15
シゴキ 扱き<シゴキオビ 扱き帯 →10,12
シゴキ, シゴキ 扱き →2
シコク 四国〔地〕 →21c
シゴク, シゴク 至極 →8,61
シゴク 扱く →43
ジコク 時刻 →8 二黒〔九星〕 →34
ジコク, ジゴク 自国 →8
ジゴク 地獄 →8
シコクチホー, シコクチホー 四国地方 →15c
ジコクヒョー 時刻表 →14
シコクヘンロ 四国遍路 →15
ジゴクミミ, ジゴクミミ 地獄耳 →12
ジコケンオ 自己嫌悪 →15

ジコケンジ 自己顕示 →15
シゴコーチョク 死後硬直 →15
シゴサツ 四五冊 →39
ジゴシ 事故死 →14
シゴジカン, ジゴジカン 四五時間 →39
シゴシコ,《新は シゴシコ》(~した,~と) →57c
ジコジホン 自己資本 →15
ジコシュチョー 自己主張 →15
ジコショーカイ 自己紹介 →15
ジゴショーダク 事後承諾 →15
シゴセン, シゴセン 子午線 →14
ジコゼンデン 自己宣伝 →15
シコタマ 〘俗〙(~もうける) →61
シコツコ, シコツコ 支笏湖 →14c
シゴト 仕事(オシゴト 御~) →5,92
シゴトギ, シゴトギ 仕事着 →13
シゴトシ 仕事師 →14
シゴトップリ, シゴトブリ 仕事(っ)振り →95d
シゴトバ 仕事場 →12
シゴトハジメ 仕事始め →13
シゴトベヤ 仕事部屋 →12
シゴトリョー 仕事量 →14
シコナ, シコナ 醜名・四股名〔相撲〕 →4
シコナシ (~が良い) →13
シコナス →45
シゴニチ, シゴニチ,《新は シゴニチ》四五日 →39
シゴネン 四五年 →39
ジコハサン 自己破産 →15
ジコヒハン 自己批判 →15
ジコブンセキ 自己分析 →15
シゴヘン 四五遍 →39
ジコベンゴ 自己弁護 →15
シゴホン 四五本 →39
ジコマンゾク 自己満足 →15

‾は高い部分 ˝と˵は高低が変る部分 ⌐は次が下がる符号 →は法則番号参照

シコミ　仕込み →5	シザマ　為様 →5
シコミズエ　仕込杖 →12	シサル　退る →43
シコム　仕込む →45	シサン　試算, 四散 →8
ジコムジュン　自己矛盾 →15	シサン, シサン　資産 →8
シコメ　醜女 →4	シザン, シザン　死産 →8
ジコメンエキ　自己免疫 →15	ジサン　自賛(讃), 持参 →8
シコリ　(肩に～ができた、～が残る) →2	シサンカ　資産家 →14
ジコリュー　自己流 →14	ジサンキン　持参金 →14
シコル, シコル　(肩が～) →43	シサンコーカイ　資産公開 →15
ジコル　事故る〖俗〗→44	ジサンニン, ジサンニン　持参人 →14a
シコロ　錏 →1	シシ　孜孜(～として) →58　猪 →1　志士, 刺史, 詩史, 師資(～相承), 嗣子, 獅子, 死屍 →7　四肢 →34
シコン　紫紺, 紫根, 歯根 →8	シジ　支持, 指示, 師事, 私事, 指事, 死児 →7
ジコン　自今 →8, 61	シジ, シージ　四時 →34d
ジゴンチ, 《新は シゴンチ》 四五日 →39d	シジ　次子, 侍史, 自死 →7
ジサ　示唆, 視差 →7	ジジ　時事 →7　事事 →11
ジサ　時差 →7	ジジ, ジジ　爺, 祖父 →1
シサイ　市債, 詩才 →8	ジジー　爺, 祖父 →1d
シサイ, ジサイ, 《古は シサイ》 子細, 司祭 →8c	シシーデン, シシンデン　紫宸殿 →14a
ジザイ　死罪 →8	シシオー　獅子王 →94
ジザイ, シザイ　私財, 資財, 資材 →8	シシオドシ　鹿威し →13
ジサイ　自裁 →8	シシガシラ　獅子頭 →12
ジザイ, ジザイ　自在 →8	シシク　獅子吼 →14
ジザイカギ　自在鉤 →12b	ジジクサイ　爺臭い →96
ジザカイ　地境 →12	ジジ(・)コッコク　時時刻刻 →97,98
ジザカナ　地魚 →12	シジシャ　支持者 →14
シサク　思索, 試作, 詩作, 施策 →8	シシ(・)シンチューノムシ　獅子身中の虫 →97,98
ジサク　自作(～自演) →8	シジソー　支持層 →14
ジサクノー　自作農 →14	シシ(・)ソンソン　子子孫孫 →97,98
ジザケ　地酒 →4	シシツ　私室, 紙質, 脂質 →8
ジサシュッキン　時差出勤 →15	シシツ, ジシツ　資質 →8
シサツ　刺殺, 視察 →8	シジツ, シジツ　史実 →8
ジサツ　自殺 →8	ジシツ　自失, 自室, 地質, 痔疾 →8
ジサツツーキン　時差通勤 →15	ジジツ　事実 →8　時日 →18
ジサツコーイ　自殺行為 →15	
シサツダン　視察団 →14	
ジサボケ　時差惚け →5	

ガギグゲゴは鼻濁音　カタカナ細字は母音の無声化　★は長音にもなる符号

ジジツー──ジシュト　　368

ジジツーシン　時事通信＜時事通信社 →15

ジジツジョー　事実上 →14

ジジツダン　事実談 →14

シジッパナ, シジバナ　獅子(っ)鼻 →12d

ジジツ(・)ムコン　事実無根 →97, 98

シシトー　獅子唐＜獅子唐辛子 →10

ジジババ, ジジババ　祖父祖母 →18

シジヒョー　支持票 →14

ジシ(・)フンジン　獅子奮迅 →97, 98

シジマ　無言 →1

シジマイ, 《新は シジマイ》　獅子舞 →12

シジミ　蜆 →1

シジミガイ　蜆貝 →12

シジミジル　蜆汁 →12

ジジムサイ　爺むさい →54

ジジモンダイ　時事問題 →15

シシャ, シシャ　試写, 試射 →7

ジシャ, シシャ, 《古は シシャ》　使者 →7c

ジシャ, シシャ　支社, 死者 →7c

ジシャ　侍者, 自社 →7　寺社 →18

シシャカイ, 《新は シシャカイ》　試写会 →14

ジシャカブ　自社株 →12

ジシャク　子爵 →8

シジヤク　指示薬 →14

ジシャク　磁石 →8

ジジャク　自若 →56　示寂 →8

ジシャ(・)ゴニュー　四捨五入 →97, 98

ジシャブギョー　寺社奉行 →15

シシャモ　susham(柳葉魚)[ズイ]

ジシュ　死守, 旨趣, 詩趣 →7

ジシュ, ジシュ　自首 →7

ジシュ　自主(～独立) →7

シシュー　刺繍, 詩集 →8　四周 →34

ジジュー　始終 →18, 61

シジュー　四十〚名詞的〛(～もある) →31

シジュー　四十〚副詞的〛(～ある) →62

ジシュー　自修, 自習 →8

ジシュー, ジシュー　次週 →8

ジシュー　時宗 →8

ジジュー　侍従 →8

シジューカタ　四十肩 →33a

シジューカラ　四十雀 →33a

シジュークニチ, シジュークンチ, 《新は シジュークニチ, シジュークンチ》　四十九日 →35d

シジューシチシ　四十七士 →35

シジューショー　四重唱 →17

シジューソー　四重奏 →17

シジューダイ　四十代, 四十台 →35a

ジジューチョー　侍従長 →14a

シジュード　四十度 →35a

シジューニチ, シジューニチ, 《新は シジューニチ》　四十日 →35a

シジューニン　四十人 →35a

シジューネン　四十年 →35a

シジューハッテ　四十八手 →33a

シシュービョー　歯周病 →14

シジュービョー　四十秒 →35a

ジシュキセイ★　自主規制 →15

シシュク, シシュク　止宿, 私淑 →8

シジュク, ジジュク　私塾 →8

ジシュク　自粛(～自戒) →8

ジシュケン, ジシュケン　自主権 →14c

ジシュコーエン　自主公演 →15

ジシュセイ★　自主性 →14

シシュツ, シシュツ　支出 →8

シシュツダカ, シシュツダカ　支出高 →12

ジシュテキ　自主的 →95

ジシュトレ　自主トレ〚俗〛＜自主 training →10

＿は高い部分　˙˙と˙˙は高低が変る部分　¬は次が下がる符号　→は法則番号参照

シジュホ──システム

シジュホーショー 紫綬褒章 →15	シジン 私人,詩人 →8
シジュン 至純 →8	ジジン 士人 →8 四神 →34
ジジュン 耳順 →8	ジシン 自信,地震,磁針,時針 →8
シシュンキ 思春期 →14a	ジシン, ジシン 侍臣 →8
ジショ 支署,支所,死所,史書,司書,私書 →7 詩書 →18,7 四書 →34	ジシン 自身 →8
ジジョ 子女 →18	ジジン 自刃,自尽 →8
ジショ 地所,字書,辞書 →7	ジジン 時人 →8
ジショ, ジショ 自書,自署 →7	シジンケイ★ 視神経 →15
ジジョ 次女,侍女,自序,自助,自叙 →7 児女 →18	ジシンケイ★ 地震計 →14
シショー 私消,支障,私娼,詩抄,刺傷 →8 死傷 →18	ジシンコク 地震国 →14a
ジショー, シショー 師匠(オシショーサン 御~さん) →8c,92,94	シジンデン, シシーデン 紫宸殿 →14a
シジョー 試乗,至上,史上,市上,紙上,誌上,至情,私情,詩情,市場 →8	ジシンバン 自身番 →14
ジショー 自称,自証 →8	シズ 賤(~が伏屋) →1 静〖女名〗→23
ジショー, ジショー 事象 →8	ジス 辞す →48 JIS<Japanese Industrial Standard →16
ジショー 次章 →8	シズイ 止水 →8
ジジョー 自乗,治定,事情,磁場,自浄 →8	ジズイ 雌蕊,歯髄 →8
シジョーカカク 市場価格 →15	ジスイ 自炊 →8
シショークツ 私娼窟 →14a	シスー 指数,紙数 →8
シジョーゲンリ 市場原理 →15	ジスー 次数,字数 →8
ジジョーサヨー 自浄作用 →15	シズエ 下枝 →4 静枝〖女名〗→25
ジジョー(・)ジバク, ジジョージバク 自縄自縛 →97,98,99	シズオカ 静岡〖地〗→21
シショーシャ 死傷者 →17	シズオカケン 静岡県 →14
シショーセツ 私小説 →15	シズオカシ 静岡市 →14
シジョーチョーサ 市場調査 →15	シズカ 静か(~だ・な・に) →55 静〖人〗→23
シジョーメイレイ★ 至上命令 →15	シズカゴゼン 静御前 →15
シショク 試食 →8	シズガタケ 賤ヶ岳 →19
ジショク 辞職 →8	シズク 雫 →1
ジショクネガイ 辞職願 →12	シズケサ 静けさ →93
ジジョデン 自叙伝 →14	シズコ 静子・志津子〖女名〗→25
シショバコ 私書箱 →12	シスゴス 為過ごす →45
シジリツ 支持率 →14	シズシズ 静静(~歩く,~と) →57
シシン 私心,私信,使臣,指針 →8	シスター sister →9
	システマチック systematic →9
	システム system →9
	システムエラー system error →16

ガギグゲゴは鼻濁音　カタカナ細字は母音の無声化　★は長音にもなる符号

システム——シゼンス

シ̄ス̄テ̱ム̱キ̄ッ̱チ̱ン̱, **シ̄ス̄テ̱ム̱キ̄チ̱ン̱** system kitchen[和] →16	**シセイ̱ジ** 私生児 →14b
シ̄ス̄テ̱ム̱ショ̄ー̱ガ̱イ̱ system障害 →15	**ジセイ̱シン** 自制心 →14b
ジ̄ス̱テ̱ン̱パ̱ー̱ distemper →9	**シセイ̱チ** 自生地 →14b
ジ̄ス̱ト̱マ̱ Distoma[独] →9	**シセイ̱ハガキ** 私製葉書 →12
シ̄ズ̱ベ̱リ̱ 地辷り →13	**シセイ̱ホーシン** 施政方針 →15
ジ̄ス̱マ̱ー̱ク̱ JIS mark →16	**ジセイ̱リョク** 自制力 →14b
シ̄ズ̄マ̄リ̄カ̄エ̱ル̱, 《古・強は **シ̄ズ̄マ̄リ̄カ̄エ̱ル̱**》 静まり返る →45	**シ̄セ̱キ̱** 歯石 →8
	シ̄セ̱キ̱, **ジ̄セ̱キ̱** 史跡 →8
	ジ̄セ̱キ̱ 次席, 自席, 自責 →8
	ジ̄セ̱キ̱, **ジセ̱キ̱** 事跡, 事績 →8
シ̄ズ̄マ̱ル̱ 静まる, 鎮まる →44	**ジセ̱ダイ** 次世代 →15
シ̄ズ̱ミ̱ 沈み →2	**シ̄セ̱ツ̱** 私設 →8
シ̄ズ̱ミ̱コ̱ム̱ 沈み込む →45	**シ̄セ̱ツ̱**, **シセ̱ツ̱** 使節, 施設 →8c
シ̄ズ̱ム̱ 沈む **シ̄ズ̱マ̱ナ̱イ̱**, **シ̄ズ̱モ̱ー̱**, **シ̄ズ̱ミ̱マ̱ス̱**, **シ̄ズ̱ン̱デ̱**, **シ̄ズ̱メ̱バ̱**, **シ̄ズ̱メ̱** →43	**ジ̄セ̱ツ̱** 自説, 持説 →8
	ジ̄セ̱ツ̱ 時節(**ゴ̄ジ̄セ̱ツ̱** 御〜) →8, 92
	ジセ̱ツガラ 時節柄 →95
	シ̄セ̱ツ̱シ̱ショ̱バ̱コ̱ 私設私書箱 →17
シ̄ズ̱メ̱, **シ̄ズ̱メ̱** 鎮め →2	**シ̄セ̱ツ̱ダン** 使節団 →14
シ̄ズ̱メ̱ル̱ 沈める →44	**シ̄セ̱ル̱** 死せる →42
シ̄ズ̱メ̱ル̱ 鎮める →44	**シ̄セ̱ン̱** 私選, 私撰, 支線, 死線, 視線, 死戦 →8
ジ̄ズ̱ラ̱ 字面 →4	
シ̄ス̱ル̱ 死する, 資する →48	**シセ̱ン** 四川[地] →21
ジ̄ス̱ル̱ 侍する, 治する, 持する, 辞する →48	**シ̄ゼ̱ン̱** 自然 →56 至善 →8
シセイ̱ 市制, 市政, 司政, 施政, 私製, 姿勢, 詩聖 →8	**ジ̄セ̱ン̱** 自選, 自撰, 自薦 →8
	ジ̄ゼ̱ン̱ 事前, 次善, 慈善 →8
ジセイ̱ 資性 →8 死生 →18	**シ̄ゼ̱ン̱イサン** 自然遺産 →15
ジセイ̱, **シセイ̱** 市井, 至誠 →8 四声, 四姓 →34	**ジ̄ゼ̱ン̱ウンドー** 事前運動 →15
	ジ̄ゼ̱ン̱カ 慈善家 →14
ジゼイ̱, **シゼイ̱** 市税 →8	**シ̄ゼ̱ン̱カイ** 自然界 →14a
ジセイ̱ 自生, 自制, 自省, 自製, 辞世, 時制, 磁性 →8	**シ̄ゼ̱ン̱カガク** 自然科学 →15
	ジ̄ゼ̱ン̱キョーギ 事前協議 →15
ジセイ̱, **ジセイ̱** 時勢・時世(**ゴ̄ジ̄セ̱イ̱** 御〜) →8, 92	**ジ̄ゼ̱ン̱コーギョー** 慈善興行 →15
	シ̄ゼ̱ン̱シ 自然死 →14a
シセイ̱エンゼツ 施政演説 →15	**シ̄ゼ̱ン̱ジ** 自然児 →14a
シセイ̱カツ 私生活 →15	**ジ̄ゼ̱ン̱ジギョー** 慈善事業 →15
シセイ̱カン 司政官 →14b	**シ̄ゼ̱ン̱シュギ** 自然主義 →15
シセイ̱ケン 施政権 →14b	**シ̄ゼ̱ン̱ジン** 自然人 →14a
	シ̄ゼ̱ン̱スー 自然数 →14a
	シ̄ゼ̱ン̱スーハイ 自然崇拝 →15

JISマーク

‾は高い部分　 ̇ ̇と ̈は高低が変る部分　 ⌐は次が下がる符号　 → は法則番号参照

371　　　　　　　　　　　　　　シゼンタ──ジダイゲ

シゼンタイ　自然体　→14	シソコナイ　為損ない　→13
ジゼンダンタイ　慈善団体　→15	シソコナウ　為損なう　→45
シゼントータ　自然淘汰　→15	シソツ, シソツ　士卒　→18c
ジゼンナベ　慈善鍋　→12	シソマキ　紫蘇巻　→5
シゼンハッカ　自然発火　→15	シソン　子孫　→18
シゼンビ　自然美　→14a	ジソン　自尊, 自存, 自損　→8
シゼンビョーシャ　自然描写　→15	シソンジ　為損じ　→13
シゼンブツ　自然物　→14a	シソンジル　為損じる　→45
シゼンホー　自然法　→14	ジソンシン　自尊心　→14a
シゼンホゴ　自然保護　→15	シタ　下　→1
シゼンホドー　自然歩道　→15	シタ　舌, 簧〖楽器〗　→1　下(…の~ の
シゼンリョク　自然力　→14a	ように修飾語がつく場合。その~に置
シソ　紫蘇　→7	く, 柳の~に)　→19, 99
シソ　始祖　→7	シダ　羊歯
シソー　指嗾, 試走, 市葬, 志操, 思想, 詩	ジタ　自他　→18
想, 詩宗, 詞藻, 詩藻, 詩草, 歯槽　→8	ジダ　耳朶　→7
シソー, シソー　死相　→8	シタアゴ　下顎　→4
シゾー　死蔵, 私蔵　→8	シタアジ　下味　→4
ジソー, ジゾー　寺僧　→8	シタアライ　下洗い　→13
ジゾー, ジゾー　地蔵(オジゾーサマ,	シタイ　為たい　→83　死体, 屍体　→8
オジゾーサマ　御~様)　→8, 94	シタイ, シタイ　支隊, 姿態　→8c　肢体
シソーカ　思想家　→14	→18c
シソーカイ　思想界　→14a	シダイ　次第　→8　私大<私立大学
ジゾーガオ　地蔵顔(借りる時の~)	→10
→12	……シダイ　…次第(カネシダイ　金~,
シソーダンタイ　思想団体　→15	デキシダイ　出来~)　→95
シソートーソー　思想闘争　→15	ジタイ　字体　→8
シソーノーロー　歯槽膿漏　→15	ジタイ, 《新は ジタイ》　自体(=元来)
シソーハン　思想犯　→14a	→61
ジゾーボサツ　地蔵菩薩　→15	ジタイ　辞退, 事態, 自体(=自身)　→8
シソーラス　thesaurus　→9	ジダイ　事大, 時代　→8
シソク　四則, 四足　→34	ジダイ, 《新は ジダイ》　次代, 地代　→8
シソク, シソク　子息(ゴシソク, ゴシ	……ジダイ　…時代(ムスメジダイ　娘
ソク　御~)　→8, 92	~, トクガワジダイ　徳川~)　→15
シソク, シソク　紙燭　→8	ジダイオクレ　時代後れ　→13
シゾク　士族(~の商法), 氏族　→8	ジダイガカル　時代がかる　→96
ジソク　自足　→8	シダイガキ　次第書　→13
ジソク, ジソク　時速　→8	ジダイカンカク　時代感覚　→15
ジゾク　持続　→8	ジダイゲキ　時代劇　→14b

ガギグゲゴは鼻濁音　カタカナ細字は母音の無声化　★は長音にもなる符号

ジダイサ──シタタラ　372

ジダイサクゴ　時代錯誤　→15	シタクサ，シタグサ　下草　→4
シダイシダイ，シダイシダイ　次第次第(〜に)　→68	シタクチビル，シタクチビル　下唇　→12c
ジダイシュギ　事大主義　→15	シタグツ　下沓　→4
ジダイショーセツ　時代小説　→15	シタクベヤ　支度部屋　→12
ジダイショク　時代色　→14b	シタゲイコ　下稽古　→15
ジダイソー　時代相　→14b	シタケンブン　下検分　→15
シダイニ　次第に　→67	ジダコ　字凧　→4
ジダイマツリ　時代祭　→12	シタゴコロ　下心　→12
ジダイモノ　時代物　→12	シタゴシラエ　下拵え　→13
シタウ，シタウ　慕う　→43	シタサキ　舌先　→4
シタウケ　下請け　→5	シタサク　下作　→8
シタウケオイ　下請負　→13	シタザライ　下復習　→13
シタウケコージ　下請け工事　→15	シタザワリ，シタザワリ　舌触り　→13
シタウチ，シタウチ，シタウチ　舌打ち　→5	シタジ　下地　→7　醤油(オシタジ 御〜)　→7,92
シタウチアワセ，シタウチアワセ　下打合せ　→13	シダシ　仕出し　→5
シタエ　下絵　→7	シタシイ　親しい　→52
シタエダ　下枝　→4	シタジキ　下敷　→5
シタオシ　下押し　→5	シタシク　親しく　→61
シタオビ　下帯　→4	シタシゴト　下仕事　→12
シタガウ，《新は シタガウ》　従う　→43	シタシミ，シタシミ，シタシミ　親しみ　→2
シタガエル，シタガエル，シタガエル　従える　→44b	シタシム　親しむ　→44
シタガキ　下書　→5	シタジメ　下締め　→5
シタカゲ，シタカゲ　下陰　→4	シダシヤ　仕出屋　→94
シタガサネ，シタガサネ　下襲　→12	シタジュンビ　下準備　→15
シタカタ　下方　→4	シタジョク　下職　→8
シタガッテ，シタガッテ　従って　→67	シタシラベ，シタシラベ　下調べ　→13
シタガネ　下金　→4	シタズ　下図　→7
シタガリ　下刈り　→5	シダス　仕出す　→45
シタギ　下着　→5	シタズミ　下積み　→5
シタギキ　下聞き　→5	シタソーダン　下相談　→15
シタキリスズメ　舌切雀　→12	シタダイ　舌代　→8
シタク　支度,私宅　→8	シタタカ，シタタカ　健か　→55
ジタク　自宅　→8	シタタカモノ，シタタカモノ　健か者　→12
シタクキン，シタクキン　仕度金　→14	シタタメル　認める　→43
	シタタラス　滴らす　→44

￣は高い部分　…と…は高低が変る部分　「は次が下がる符号　→は法則番号参照

シ **タタ**ラズ　舌足らず →13

シ**タタ**リ，シ**タタ**リ，シ**タタ**リ　滴り
　→2

シ**タタ**ル　滴る →46

ジタツ，シ**タツ**　示達 →8

シ**タヅ**ズミ，《シ**タズ**ツミ は避けたい》
　舌鼓 →12d

シ**タッ**ダラズ　舌っ足らず →13d

シ**タッ**タル**イ**，シ**タッ**タル**イ**　舌った
　るい →54d

シ**タッ**パ　下っ端 →4d

シ**タッ**パラ　下っ腹 →4d

シ**タツ**ユ，シ**タツ**ユ，《古は シ**タツ**ユ》
　下露 →4

シ**タテ**　仕立 →5

シ**タテ**，シ**タデ**　下手（～に出る）→4

シ**タテ**アガリ　仕立て上がり →13

シ**タテ**アゲル，シ**タテ**アゲル　仕立て
　上げる →45

シ**タテ**オロシ，シ**タテ**オ**ロ**シ　仕立下
　し →13

シ**タテ**ナオシ，シ**タテ**ナオシ　仕立直
　し →13

シ**タテ**ナゲ　下手投げ →13

シ**タテ**モノ　仕立物 →12

シ**タテ**ヤ　仕立屋（～さん）→94

シ**タテ**ル　仕立てる →45

シ**タド**リ　下取り →5

シ**タ**ナガ　舌長 →5

シ**タ**ナメズリ，シ**タ**ナメズリ　舌舐め
　ずり →13

シ**タ**ニ　下荷 →4　下煮 →5

シ**タ**ヌイ　下縫い →5

シ**タ**ヌリ　下塗り →5

シ**タ**ネ　下値 →4

シ**タ**ノ**ネ**　舌の根（～の乾かぬうち）
　→19

シ**タ**バ　下歯，下葉 →4

シ**タ**バエ　下生え →5

シ**タ**バキ　下穿き，下履き →5

ジタバタ　（～するな，～と）→57

シ**タ**バタラキ　下働き →13

シ**タ**ハラ　下腹 →4

シ**タ**バリ　下張り →5

シ**タ**ビ　下火 →4

シ**タ**ビラメ　舌平目 →12

ジタマ　<**ジタマ**ゴ，**ジタマ**ゴ　地卵
　→10, 12

シ**タ**マエ，シ**タ**ンマエ　下（ん）前〖着物〗
　→4d

シ**タ**マチ　下町 →4

シ**タ**マチフー　下町風 →95

シ**タ**マブタ　下瞼 →12

シ**タ**マワリ，シ**タ**マワリ　下回り →13

シ**タ**マワル，シ**タ**マワル　下回る →46

シ**タ**ミ　下見（＝下検分）→5

シ**タ**ミ　下見<下見板・下見ばり →5

シ**タ**ムキ　下向き →5

シ**タ**メ　下目 →4

シ**タ**ヤ　下谷〖地〗→21

シ**タ**ヤク　下役 →8

シ**タ**ユデ　下茹で →5

シ**タ**ヨミ　下読み →5

ジダラク，**ジダ**ラク　自堕落 →15

シ**タ**リガオ　したり顔 →12

シダレ　垂れ，枝垂れ →2

シダレザクラ　枝垂桜 →12

シダレヤナギ　枝垂柳 →12

シダレル　垂れる →43

シ**タ**ワシ**イ**★，シ**タ**ワシイ★　慕わしい
　→53

シ**タ**ン，**ジ**タン　紫檀 →8c

シダン　指弾 →8

シダン，**ジダン**　詩壇，史談 →8

ジダン　師団 →8

ジタン　時短<（労働）時間短縮 →10

ジダン，**ジダン**　示談 →8

ジダンダ　地団太（～ふむ）→12d

ガギグゲゴは鼻濁音　カタカナ細字は母音の無声化　★は長音にもなる符号

シダンチョー　師団長　→14a
シチ　質　→6　七　→30
シチ, ジチ　死地　→7c
……しち　…七〘男名〙　→25
しち……　七…　⇒なな……
ジチ　自治　→7
シチイレ, シチイレ, シチイレ　質入れ　→5
シチウケ, シチウケ　質受け　→5
シチエン　七円　→34
シチカイ　七回〘名詞的〙(〜で終る)　→34
シチカイ　七回〘副詞的〙(〜終る)　→62
　七階　→34
ジチカイ, ジチカイ　自治会　→14c
シチカイキ　七回忌　→17
シチカゲツ　七箇月　→39
シチガツ,《副詞的には シチガツ》七月　→34, 62
シチカネン　七箇年　→39
シチグサ, シチグサ　質種　→4
シチクドイ, シチックドイ　→91d
シチケン　質権　→8
ジチケン　自治権　→14
シチゴサン, シチゴサン　七五三〘祝〙　→39
シチゴチョー　七五調　→39
シチゴン, シチゴン　七言　→34
シチゴンゼック　七言絶句　→15
シチサイ　七歳　→34
シチサン　七三(〜に分ける,花道の〜)　→39
シチジ　七時　→34
シチジカン　七時間　→36
シチシチニチ, シチシチニチ, シチシチニチ　七七日　→39
シチジッサイ, シチジュッサイ　七十歳　→35da
シチジュー　七十〘名詞的〙(〜もある)
→31
シチジュー　七十〘副詞的〙(〜ある)　→62
シチジューエン　七十円　→35a
シチシューキ　七周忌　→17
シチジューゴニチ, シチジューゴンチ　七十五日　→35d
シチジューニチ, シチジューニチ,《新は シチジューニチ》七十日　→35a
シチジューニン　七十人　→35a
シチジューネン　七十年　→35a
シチジューマン,《新は シチジューマン》七十万　→32
シチショー, シチショー　七生　→34
シチショー　質商　→8
ジチショー　自治省,自治相　→14
シチショク　七色　→34
ジチセイ　自治制　→14
シチセキ, シチセキ　七赤〘九星〙　→34
シチセン　七千　→31
シチセンニン　七千人　→35
ジチタイ　自治体　→14
シチダン　七段　→34
ジチダンタイ　自治団体　→15
シチテン　質店　→8
シチテンハッキ　七転(顚)八起　→39
シチテン(・)バットー, シチテンバットー(チはッとも)　七転(顚)八倒　→39
シチド　七度　→34
シチドー　七堂,七道　→34
シチドーガラン, シチドーガラン　七堂伽藍　→99, 98
シチナガレ　質流れ　→13
シチナン　七難(〜隠す)　→34
シチニン　七人　→34
シチネン　七年　→34
シチネンキ　七年忌　→14a
シチハチ　七八(=七か八。年は〜)　→39
シチバン　七番　→34

￣は高い部分　¨と¨は高低が変る部分　┐は次が下がる符号　→は法則番号参照

シチヒャクニン 七百人 →35	シ**チ**ヨー 七曜 →34
シ**チ**ヒャクマン, シ**チ**ヒャクマン 七百万 →32	ジ**チ**ョー 自重,自嘲 →8
シ**チ**ビョー 七秒 →34	ジ**チ**ョー, ジ**チ**ョー 次長 →8
シ**チ**ブ 七分 →34	シ**チ**ョーカク 視聴覚 →17
シチフ**ク**ジン 七福神 →36	シ**チ**ョーカク**キョ**ーイク 視聴覚教育 →15
シ**チ**ブサンブ 七分三分 →39	シ**チ**ョーシャ 視聴者,市庁舎 →14
シ**チ**ブズキ 七分搗き →13	シ**チ**ョーソン 市町村 →17
シ**チ**ブソデ 七分袖 →12	シ**チ**ョーリツ 視聴率 →14a
シ**チ**フダ 質札 →4	シ**チ**ョク, シ**チ**ョク 司直 →8c
シ**チ**フン 七分 →34	シ**チ**リガハマ,《古は シ**チ**リガハマ》 七里ヶ浜 →19
シ**チ**ヘンゲ 七変化 →36	ジ**チ**リョー 自治領 →14
シ**チ**ホー, シッ**ポ**ー 七宝 →34	シ**チ**リン 七厘〚こんろ〛 →3
シ**チ**ホン 七本 →34	シ**チ**ロー, シ**チ**ロー 七郎〚男名〛→25
シ**チ**マイ 七枚 →34	……シ**チ**ロー, ……シ**チ**ロー …七郎
シ**チ**マン 七万 →31	(**チョ**ーシ**チ**ロー, **チョ**ーシ**チ**ロー
シ**チ**ミ 七味 →33	長~) →26
シ**チ**ミセ, シ**チ**ミセ 質店 →4	ジ**チ**ロー 自治労<全日本自治体労働組
シ**チ**ムズカシ**イ**★, シ**チ**ムズカシ**イ**★ し	合 →10
ち難しい →91	ジ**チ**ンサイ 地鎮祭 →14a
シ**チ**メンチョー 七面鳥 →14	シ**チ**ンチ 七日〚名詞的〛(~に行く)
シ**チ**メンドー 七面倒 →91	→34d
シ**チ**モツ, シ**チ**モツ 質物 →8	シ**チ**ンチ 七日〚副詞的〛(~行く) →62d
シ**チ**ヤ, シ**チ**ヤ 七夜(**オ**シ**チ**ヤ 御~)	シ**ツ** 質 →6
→34, 92	シ**ツ** 失,室,湿 →6
シ**チ**ヤ 質屋 →94	ジ**ツ** 実 →6
シ**チ**ャク 試着 →8	ジ**ツ**アク 実悪〚歌舞伎〛 →8
シ**チ**ャクシツ 試着室 →14	シ**ツ**イ, シ**ツ**イ 失意 →7c
シ**チ**ュー 支柱 →8	ジ**ツ**イ, ジ**ツ**イ 実意 →7
シ**チ**ュー, シ**チ**ュー 死中 →8c	ジ**ツ**イン 実印 →8
シ**チ**ュー 市中 →8c	シ**ツ**オン 室温 →8
シ**チ**ュー, シ**チ**ュー stew →9	シ**ツ**ー 私通,歯痛 →8
シ**チ**ューギンコー 市中銀行 →15	シ**ツ**ー(・)ハッタツ, シ**ツ**ーハッタツ
シ**チ**ュエーション situation →9	四通八達 →39
ジ**チ**ョ 自著 →7	ジ**ツ**エキ 実益 →8
シ**チ**ョー 試聴,思潮,紙帳,征〚碁〛→8	ジ**ツ**エン 実演 →8
弛張, 視聴 →18	シッ**カ** 失火 →7
シ**チ**ョー 支庁,市庁,市長,師長,輜重	ジッ**カ** 膝下 →7
→8c	

ガギグゲゴは鼻濁音　カタカナ細字は母音の無声化　★は長音にもなる符号

ジッカ──シッコー　376

ジッカ　実科, 実家 →7	ジツギョー　実業 →8
シッカイ, シッカイ　悉皆 →61	ジツギョーカ　実業家 →14
シツガイ　室外 →8	ジツギョーカイ　実業界 →14a
ジッカイ, ジュッカイ　十回〚名詞的〛（〜で終る）→34d	シツギョーシャ　失業者 →14a
ジッカイ, ジュッカイ　十回〚副詞的〛（〜終る）→62d　十戒, 十誡, 十階 →34d	シツギョーダイサク　失業対策 →15
	ジッキョーホーソー　実況放送 →15
	シツギョーホケン　失業保険 →15
ジツガイ　実害 →8	シツギョーリツ　失業率 →14a
シッカク　失格 →8	シッキン　失禁 →8
ジツガク　実学 →8	ジック　疾駆 →7　chic〔仏〕→9
ジッカゲツ, ジュッカゲツ　十箇月 →39d	シックイ　漆喰 →8
ジッカタ　実方 →4	シツクス, シックス　為尽す →45
シッカト　確と →67d	シックリ　（〜ゆく, 〜と）→55
ジッカネン, ジュッカネン　十箇年 →39d	ジックリ　（〜考える, 〜と）→55
ジツカブ　実株 →4	シッケ, シッキ,《古は シッケ, シッキ》湿気 →7
シッカリ　確り（〜しろ, 〜と）→55	シツケ　仕付, 躾 →5
シッカリモノ, シッカリモノ　確り者 →12	シッケイ　失敬 →8, 66
シッカロール　Siccarol〚商標〛→9	シツゲイ　漆芸 →8
ジツカワ(・)エンジャク　実川延若 →22c, 24, 27	ジッケイ　実兄, 実刑, 実景 →8
	シツケイト　仕付糸 →12
シッカン　疾患 →8	シッケツ　失血 →8
シツカン　質感 →8	ジツゲツ, ジツゲツ　日月 →18
ジッカン　実感 →8	シツケバリ　仕付針 →12
ジッカン, ジッカン, ジュッカン, ジュッカン　十干 →34d	シッケル, シッケル　湿ける →44
	シツケル　仕付ける →45
シッキ　漆器 →7	シッケン　失権, 執権, 識見 →8
シッキ, シッケ,《古は シッキ, シッケ》湿気 →7	シツゲン　失言, 湿原 →8
シツギ　質疑 →7	ジッケン　実見, 実検, 実験, 実権 →8
ジッキ, ジツキ　地付き →5	ジツゲン　実現 →8
ジツギ　実技 →7	ジッケンゲキジョー　実験劇場 →15
シツギ(・)オートー　質疑応答 →97, 98	ジッケンシツ　実験室 →14a
シッキャク　失脚 →8	ジッケンショーセツ　実験小説 →15
シツギョー　失業 →8	ジッケンダイ　実験台 →14
ジッキョー　実況 →8	ジッケンヨー　実験用 →14
	シッコ　尿〚俗〛（お〜）→94
	シツゴ　失語 →7
	シツコイ, シツッコイ　→52d
	シッコー　失効, 執行, 膝行 →8

‾は高い部分　`´`と`˝`は高低が変る部分　˥は次が下がる符号　→は法則番号参照

377　　　　ジッコー──ジツゾン

ジッコー 実行, 実効 →8	**ジッシューネン, ジュッシューネン** 十周年 →17d
シッコーイイン 執行委員 →15	**ジッシュキョーギ, ジュッシュキョーギ** 十種競技 →15d
シッコーイインカイ 執行委員会 →17	**シツジュン** 湿潤 →8
ジッコーカ 実行家 →14	**シッショー** 失笑 →8
シッコーキカン, シッコーキカン 執行機関 →15	**ジッショー** 実証 →8
シッコーテイ★シ 執行停止 →98	**ジツジョー** 実情 →8
シッコーブ 執行部 →14a	**ジッショーシュギ** 実証主義 →15
シッコーユーヨ 執行猶予 →15	**ジッショーテキ** 実証的 →95
ジッコーリョク 実行力 →14a	**シッショク** 失職 →8
シッコク 漆黒, 桎梏 →8	**シッシン** 失神, 湿疹 →8
ジッコクトーゲ, ジュッコクトーゲ 十国峠 →12d	**ジッシンホー, ジッシンホー, ジュッシンホー, ジュッシンホー** 十進法 →14ad
シツゴショー, シツゴショー 失語症 →14	**ジッスー** 実数 →8
ジツゴト 実事〚歌舞伎〛 →4	**ジツヅキ** 地続 →12
ジツゴトシ 実事師 →14	**シッスル, シッスル** 失する →48
ジッコン 昵懇 →8	**シッセイ★** 叱正, 失政, 執政 →8
ジッサイ 実際 →8	**ジッセイ★** 実勢 →8
ジッサイ, ジュッサイ 十歳 →34d	**ジッセイ★カツ** 実生活 →15
ジツザイ 実在 →8	**シッセイ★ショクブツ** 湿生植物 →15
ジッサイテキ 実際的 →95	**シッセキ** 叱責 →8
ジツザイロン 実在論 →14b	**ジッセキ** 実績 →8
シッサク 失策 →8	**ジッセツ** 実説 →8
ジッサク 実作 →8	**シツゼツ** 湿舌 →8
ジッシ, シッシ 嫉視 →7	**ジッセン** 実践, 実線, 実戦 →8
シツジ, シツジ 執事 →7	**ジッセン, ジュッセン** 十銭〚名詞的〛(~で買う) →34d
ジッシ 実施, 実子, 実姉 →7	**ジッセン, ジュッセン** 十銭〚副詞的〛(~買う) →62d
ジッシ, ジュッシ 十指(~に余る) →34d	**ジッセンキューコー** 実践躬行 →98
シツジツ 質実 →8	**ジッソ** 質素 →7
ジッシツ 実質 →8	**シッソー** 失踪, 疾走 →8
ジッシツチンギン 実質賃金 →15	**ジッソー, ジッソー** 実相 →8
ジッシツテキ 実質的 →95	**ジツゾー** 実像 →8
ジッシャ 実写, 実射 →7	**シッソク** 失速 →8
ジッシャカイ 実社会 →15	**ジッソク** 実測 →8
ジッシュー 実習, 実収 →8	**ジツゾン** 実存 →8
ジッシューセイ★ 実習生 →14a	
ジッシューニュー 実収入 →15	

ガギグゲゴは鼻濁音　カタカナ細字は母音の無声化　★は長音にもなる符号

ジツゾン──ジツボ　378

ジ**ツゾンシュ**ギ　実存主義 →15	**ジ**ツ**ド**ー　実働 →8
シ`ッタ`, シ`ッタ`　叱咤 →7c	**ジ**ツ**ド**ージ**カ**ン　実働時間 →15
シ**ッタイ**　失態(~を演じる) →8	**ジッ**ト**ク**, **ジッ**ト**ク**, **ジュッ**ト**ク**,
ジ**ッタイ**　実体, 実態 →8	**ジュッ**ト**ク**　十徳〖衣〗→3d
ジ**ッタイチョ**ーサ　実態調査 →15	シ**ツ**ド**ケ**イ．, シ**ツ**ド**ケ**イ★　湿度計 →14
シ**ッタカ**ブリ, シ**ッタカ**ブリ`　知った	シッ**ト**シン　嫉妬心 →14
か振り →95	ジ**ッ**ト**リ**　(~する, ~と) →55
シ**ッタツ**　執達 →8	ジ**ッ**ト**リ**　(~する, ~と) →55
シ**ッタヅ**リ, シ**ッタヅ**リ`　執達吏 →14	シ**ツ**ナイ　室内 →8
シ**ッタ`ン**　悉曇	シ**ツ**ナイ**ガ**ク　室内楽 →14b
ジ**ッダ`ン**　実弾 →8	ジ**ツ**ニ　実に →67
ジ**ツダンシャゲ**キ　実弾射撃 →15	シ**ツ**ネン　失念 →8
シ**ッチ**　湿地 →7	ジ**ツ**ネン　実年 →8
シ**ッチ**, `シッチ`　失地(~回復) →7	**ジッ**パー　zipper →9
ジ**ッチ**　実地 →7	シ**ッ**パイ　失敗 →8
ジ**ッチケ`ン**ショー　実地検証 →15	**ジッ**パ・ヒ`ト**カラゲ**, **ジュッ**パ・~
シ**ッチ**タイ　湿地帯 →14	十把一からげ →39d
ジ**ッチューハッ**ク, ジ**ュッチューハッ**	シ**ッピ**　失費 →7
ク　十中八九 →39d	ジ**ッピ**　実費 →7
シ**ッチョ**ー　失調 →8	**ジッピ**, **ジッピ**　実否 →18
シ**ツ**チョー, シ**ヅ**チョー　室長 →8	シ**ッピツ**　執筆 →8
ジ**ッチョ`ク**　実直 →8	シ**ッ**プ　湿布 →7
シ**ッツイ**　失墜 →8	ジ**ッ**プ　実父 →7
シ**ツッコ**イ, シ**ツコ**イ　→52d	シ**ッ**プー, シ**ッ**プー　疾風(~迅雷)
ジ**ッテ**, ジ**ッテ`**, ジ**ュッテ**, ジ**ュッテ`**	→8
十手〖道具〗→4d	ジ**ツブツ**　実物 →8
ジ**ッテ**イ★　実弟 →8	ジ**ツブツダ**イ　実物大 →14
ジ**ッテ**イ★, ジ**ッテ**イ★　実体(~な人)	ジ**ツブッ**ト**リ**ヒキ, ジ**ツブツトリ**ヒキ
→8	実物取引 →12
シ**ツテ`キ**　質的 →95	**ジップン**, **ジュップン**　十分 →34d
シ**ッテン**　失点 →8	シ**ッ**ペ, シ**ッ**ペイ★　竹箆〖遊び〗→8d
シ**ツデン**　湿田 →8	シ**ッ**ペイ★　疾病 →8
シ**ッテ`ン**(・)バット**ー**, シ**ッテンバット**	シ**ッ**ペ**ガ**エシ, シ**ッ**ペイ．**ガ**エシ　竹箆
ー(シッはシチとも)　七転(顚)八倒	返し(~を受ける) →13
→39	**ジッペンシャ**・イ**ッ**ク, 《古は ~・イ**ッ**
シ`ット, シ`ット`　嫉妬 →7	ク》　十返舎一九 →14a, 24
シ**ヅ**ド　湿度 →7	シ**ッ**ポ　尻尾(~を出す) →4d
ジ**ッ**ト　熟と(~我慢する, ~見る) →55	**ジ**ツ**ボ**, **ジ**ツ**ボ`**　実母 →7
シ**ット**ー　執刀 →8	**ジ**ツ**ボ`**　地坪 →4

　は高い部分　　　と　は高低が変る部分　　は次が下がる符号　→は法則番号参照

シツボー　失望　→8	ジツリョクシャ, ジツリョクシャ　実力者　→14c
シッポー　七宝　→34	
ジッポー　実包　→8	ジツリョクシュギ　実力主義　→15
ジッポー, ジュッポー　十方　→34d	シツレイ★　失礼　→8, 66
シッポーヤキ　七宝焼　→13	ジツレイ★　実例　→8
シッポク　質朴　→8	シツレン　失恋　→8
シッポク　卓袱〚料理〛　→8	ジツロク　実録　→8
ジツボサン　実母散　→14	ジツワ　実話　→7
シッポクリョーリ　卓袱料理　→15	ジツワ　実は　→67
シッポリ　(〜ぬれる、〜と)　→55	シテ　(=そして・それで)　→67　仕手(=する人。〜がない)　→5
ジッポン, ジュッポン　十本　→34d	
ジツマイ　実妹　→8	シデ　シテ〚能〛(↔ワキ)　→5
ジツミョー, ジツミョー　実名　→8	ジデ　死出(〜の旅、〜の山)　→5
シヅム　執務　→7	シデ, ジデ　四手・垂 (〜をかける)　→2
ジヅム, ジヅム　実務　→7	
シヅムジカン　執務時間　→15	シテイ★　指定, 私邸　→8
シツメイ★　失明　→8	シテイ★, ジテイ★　子弟, 師弟　→18c
ジツメイ★　実名　→8	
シツメイ★シ　失名氏　→14b	ジテイ★　自邸　→8
シツモン　質問　→8	シティー　city　→9
シツモンゼメ　質問攻め　→13	シティーマラソン　city marathon　→16
シツヨー　執拗　→8	シテイ★セキ　指定席　→14b
ジツヨー　実用　→8	シデカス　仕出かす　→45
ジツヨーシュギ　実用主義　→15	シテカブ, シテカブ　仕手株　→12
ジツヨージンアン　実用新案　→15	シテキ　指摘　→8　史的, 私的, 詩的　→95
ジツヨーテキ　実用的　→95	
ジツヨーヒン　実用品　→14	ジテキ　自適　→8
ジツヨームキ　実用向き　→13	シテズレ　シテツレ〚能〛　→4
シツライ, シツライ　(部屋の〜)　→2b	シテツ　私鉄<私設鉄道　→10
シツラエル, シツラエル　設える　→44b	シテバシラ　仕手柱〚能〛　→12
シツラクエン, シツラクエン　失楽園〚書〛　→14, 15	シテミルト　して見ると　→67
	シテヤル　為て遣る(シテヤラレル)　→49, 83
ジツリ　実利, 実理　→7	シテン　支店, 支点, 視点, 始点　→8
シツリョー　室料, 質料　→8　質量(〜共に)　→18	シデン　史伝, 師伝　→8　市電<市営電車　→10
ジツリョク　実力　→8	ジテン　自転, 次点　→8
ジツリョクコーシ　実力行使　→15	ジテン,《古は ジテン》　字典, 辞典, 事

四手

ガギグゲゴは鼻濁音　カタカナ細字は母音の無声化　★は長音にもなる符号

典 →8
ジテン, ジテン 時点 →8
ジデン 自伝 →8
ジテンシャ, 《新は ジテンシャ》 自転車 →14a
シテンチョー 支店長 →14a
シテンノー 四天王 →94
シテンノージ 四天王寺 →14a
シト, ジト 使徒,使途 →7c
シトー 至当,死闘,私闘,私党 →8
シドー 始動,指導,市道,私道 →8
シドー 士道,師道,斯道 →8
ジトー 自党,地頭(泣く子と～には勝てぬ) →8
ジドー 自動 →8
ジドー 児童 →8
ジドーイン 指導員 →14a
ジドーガ 児童画 →14
ジドーカイサツ 自動改札 →15
ジドーカン 児童館 →14a
ジドークラブ 児童 club →16
ジドーゲキ 児童劇 →14a
ジドーケンショー 児童憲章 →15
ジドーシ 自動詞 →17
シドーシャ 指導者 →14a
ジドーシャ, 《新は ジドーシャ》 自動車 →14a
ジドーショージュー 自動小銃 →15
ジドーセイギョ 自動制御 →15
ジドーテアテ 児童手当 →12
ジドーテキ 自動的 →95
ジドーハンバイキ 自動販売機 →17
ジドーフクシホー, ジドーフクシホー 児童福祉法 →17
ジドーフリコミ 自動振込 →12
ジドーブンガク 児童文学 →15

シドーホーシン 指導方針 →15
シドーヨーリョー 指導要領 →15
シドーリョク 指導力 →14a
シドケナイ (～姿) →54
シトゲル 為遂げる →45
シドコロ, シドコロ 為所(我慢の～) →12
シトシト, シトシト (～降る,～と) →57c
ジトジト (～する,～と) →57
シトダル 四斗樽 →12
シトド (～にぬれる) →57
シドニー Sydney〖地〗 →21
シトネ 褥 →1
シトミ 蔀 →1
シトメル 仕留める →45
シトヤカ 淑やか →55
シトリ 湿り →2
ジドリ 地鳥,地鶏 →4
ジドリ, ジドリ 地取り →5
シトル 湿る →43
シドロモドロ, シドロモドロ →59
シトロン citron〖仏〗 →9
シナ 品(～が良い) →1
シナ, シナ 科(～をつくる) →1
シナ 支那〖地〗 →21
……シナ (ネシナ 寝～, カエリシナ 帰り～) →95
シナイ 市内 →8
シナイ, 《古は シナイ》 竹刀 →2b
ジナイ 寺内,地内 →8
シナイツーワ 市内通話 →15
シナイハントー Sinai 半島 →15
シナウ 撓う →43
シナウス 品薄 →5
シナオシ 為直し →13
シナオス 為直す →45
シナガキ 品書 →5
シナカズ, シナカズ 品数 →4

─ は高い部分 ¨ と ¨ は高低が変る部分 ⌐は次が下がる符号 →は法則番号参照

381　　　　シナガラ —— シニバシ

シナガラ, シナガラ　品柄 →4
シナガワ　品川〘地・姓〙 →21, 22
シナガワク　品川区 →14
ジナキ　地鳴き →5
シナギレ　品切 →5
シナゴ　支那語 →7
シナサダメ　品定め →13
シナジーコーカ　synergy 効果 →15
シナジナ　品品 →11
シナシラベ　品調べ →13
シナス　死なす →44
シナソバ　支那蕎麦 →4
シナゾロエ　品揃え →13
シナダマ　品玉 →4
シナダレカカル　撓垂れ掛かる →45
シナダレル, シナダレル　撓垂れる
　→46
シナチク　支那竹〘料理〙 →8
シナナベ　支那鍋 →4
ジナノ,《古は シナノ》　信濃(〜の国)
　→21
シナノガワ　信濃川 →12
シナノマチ　信濃町〘地〙 →12
シナビル　萎びる →43
シナモノ　品物 →4
ジナモン　cinnamon →9
シナモンロール　cinnamon roll →16
シナヤカ　嫋やか →55
ジナラシ　地均し →13
ジナリ, ジナリ　地鳴り →5
シナリオ　scenario →9
シナリオライター　scenario writer →16
シナリョーリ　支那料理 →15
シナワケ　品別け →5
ジナン　指南 →8
ジナン, シナン　至難(〜の業) →8
ジナン　次男 →8
シナンジョ, シナンジョ　指南所 →14
シナンバン　指南番 →14a

シナンヤク, シナンヤク　指南役
　→14a
ジニア　senior →9
シニアト　死後 →5
シニイソグ　死に急ぐ →45
シニオクレ　死に後れ →13
シニオクレル　死に後れる →45
シニガオ　死顔 →5
シニカカル　死に掛かる →45
シニガクモン, シニガクモン　死学問
　→15
シニカケル　死に掛ける →45
シニカタ　死方 →95
シニガネ　死金 →5
シニガミ　死神 →5
ジニカル　cynical →9
シニカワル　死に変る →45
シニキレナイ　死に切れない(死んでも
　〜) →83
シニギワ　死際 →5
シニク　死肉 →8
シニクイ　為悪い →54
シニクエン, シニグエン　歯肉炎 →14
シニゲショー　死に化粧 →15
シニザマ　死様 →5
シニショーゾク　死装束 →15
シニセ　老舗
シニゾコナイ, シニソコナイ　死に損
　ない →13
シニソコナウ　死に損なう →45
シニタイ　死に体〘相撲〙 →8
シニタエル, シニタエル　死に絶える
　→45b
ジニック　cynic →9
シニドキ　死時 →5
シニドコ, シニドコロ　死所 →5, 12
シニバ　死場 →5
シニハジ　死恥 →5
シニバショ　死場所 →15

ガギグゲゴは鼻濁音　カタカナ細字は母音の無声化　★は長音にもなる符号

シニハテ――ジバ　382

シニハテル　死に果てる →45
シニバナ　死花(～を咲かせる) →5
シニミ　死身 →5
シニミズ　死水(～を取る) →5
シニメ　死目(～にあう) →5
シニモノグルイ　死物狂い →13
シニワカレ　死別れ →13
シニワカレル　死に別れる →45
シニン，《古は シニン》　死人 →8
ジニン　自任,辞任,自認 →8
シヌ　死ぬ　シナナイ，シノー，シニマス，シンデ，シネバ，シネ →43
ジヌシ　地主 →4
シヌモノビンボー　死ぬ者貧乏 →15
ジネズミ　地鼠 →12
ジネツ　地熱 →8 ⇨チネツ
ジネマ　cinéma〔仏〕 →9
シネマスコープ　CinemaScope〔映・商標〕 →16
シネラマ　Cinerama〔映・商標〕 →9
シネラリア，《新は シネラリア》　cineraria〔植〕 →9
ジネンジョ　自然薯 →14
ジネンド　次年度 →17
ジノ　篠〔植〕(～突く雨),志野〔焼き物〕 →1
シノー　詩嚢 →8
ジノーコーショー　士農工商 →98
ジノギ，《新は シノギ》　凌ぎ(～がつかない),鎬(～を削る) →2
シノギヨイ　凌ぎ良い →54
シノギリ　四の切〔浄瑠璃・歌舞伎〕 →19
シノグ　凌ぐ →43
シノコシ　為残し →13
シノコス　為残す →45
ジノゴノ　四の五の(～言わずに) →98
ジノジ，ジノシ　地伸し →5
シノゼン，ヨノゼン　四の膳 →19
シノダケ　篠竹 →4

シノダズシ　信田鮨 →12
シノダマキ　信田巻 →13
シノノメ　東雲 →19
ジノハイ　死の灰 →19
シノバズ　不忍〔地〕 →21
シノバズノイケ　不忍池 →19
シノバセル，シノバセル　忍ばせる →44
シノビ　忍び(オシノビ 御～) →2,92
シノビアイ　忍び逢い →13
シノビアシ　忍び足(抜き足 差し足 ～) →12
シノビアルキ　忍び歩き →13
シノビイル　忍び入る →45
シノビガエシ　忍び返し →13
シノビガタイ　忍び難い →54
シノビゴエ　忍び声 →12
シノビゴト　忍び事 →12
シノビコム　忍び込む →45
シノビデル　忍び出る →45
シノビナイ　忍びない →54
シノビナキ　忍び泣き →13
シノビネ，シノビネ　忍び音 →12
シノビノモノ　忍びの者 →19
シノビヤカ　忍びやか →55
シノビヨル，シノビヨル　忍び寄る →45
シノビワライ　忍び笑い →13
シノブ，《新は シノブ》　忍ぶ,偲ぶ →43
シノブ　忍〔女名〕 →23
シノブ，シノブ　忍〔植〕
シノブエ，シノブエ　篠笛 →4
シノブグサ　忍草,偲ぶ草 →12
シバ　芝,柴 →1
ジバ　死馬 →7　芝〔地〕 →21
ジバ，シバ　芝〔姓〕 →22
ジバ，ジバ　磁場 →4
ジバ，ジバ　地場 →4

￣は高い部分　˙˙と˙˙は高低が変る部分　⌐は次が下がる符号　→は法則番号参照

383　シハイ──ジハンキ

ジハイ, シハイ　紙背(〜に徹す), 賜杯 →8	ジハダ, ジハダ　地肌 →4
ジハイ, シハイ　支配 →8c	シバタタク　屢叩く, 瞬く →46
シバイ　芝居 →5	シバチ　芝地 →7
シハイカ　支配下 →14b	シハツ　始発 →8
シハイガイキュー　支配階級 →15	ジハツ　自発 →8
シバイギ, シバイッケ　芝居(っ)気 →14d	ジハツテキ　自発的 →95
シバイゴヤ　芝居小屋 →12	シバハラ　芝原 →4
シハイシャ　支配者 →14b	シバフ　芝生 →4
シバイジャヤ　芝居茶屋 →12b	シバブエ, シバブエ　柴笛 →4
ジバイセキ　自賠責<自動車損害賠償責任保険 →10b	シバマタ　柴又〚地〛 →21
シハイニン　支配人 →14b	シバヤマ　柴山 →4
シバイヌ　柴犬, 芝犬 →4	ジバラ　自腹(〜を切る), 地腹 →4
シハイソー　支配層 →14b	シハライ　支払, 仕払 →13
シバイバナシ　芝居噺 →12	シハライテガタ　支払手形 →12
シバイモノ　芝居者 →12	シハライニン　支払人 →14
シバウラ　芝浦〚地〛 →21	シハライビ, シハライビ　支払日 →12b
シバエビ, シバエビ　芝海老 →4	シハラウ　支払う →45
シバガキ　柴垣 →4	シバラク　暫く →61　暫〚歌舞伎〛 →3
シバカリ, シバカリ, シバカリ　柴刈り, 芝刈り →5	シバラクブリ, シバラクブリ　暫く振り →95
ジハク　自白 →8	シバリアゲル, シバリアゲル, 《古・強はシバリアゲル》縛り上げる →45
ジバク　自縛, 自爆 →8	シバリクビ　縛り首 →12
シバクサ　芝草 →4	シバリツケル, シバリツケル, 《古・強はシバリツケル》縛り付ける →45
シバグリ　柴栗 →4	シバ(・)リョータロー　司馬遼太郎 →22, 26, 27
シバコーエン　芝公園 →15	シバル　縛る　シバラナイ, シバロー, シバリマス, シバッテ, シバレバ, シバレ →43
シバザクラ　芝桜 →12	ジバレ　地腫れ →5
ジバサンギョー　地場産業 →15	シハン　市販, 私版, 死斑, 紫斑 →8
ジバシ　暫し →61	ジハン　師範 →8
ジバシバ　屢 →68	ジバン, ジュバン　襦袢 →9d
シバシパ　(目が〜する, 〜と) →57c	ジバン, ジバン　地盤 →8
シハジメル　為始める →45	シハンガッコー　師範学校 →15
シハス, シワス　師走 →d	シハンキ　四半期 →35a
シバス　市 bus, 私 bus →9	ジハンキ　自販機<自動販売機 →10a
シバセン　司馬遷〚人〛 →27	
ジバタ　柴田〚姓〛 →22	
〜・カツイエ　〜勝家 →24	

ガギグゲゴは鼻濁音　カタカナ細字は母音の無声化　★は長音にもなる符号

シハンギ──シフト　　384

シハンギン 四半斤 →35a	シビン 溲瓶,尿瓶 →8

シハンギン　四半斤　→35a

シハンセイキ　四半世紀　→15

シハンダイ，シハンダイ　師範代　→14a

ジバンチンカ　地盤沈下　→15

シハンビョー　紫斑病　→14

シハンブン，シハンブン　四半分　→35a

ジヒ　詩碑　→7

ジヒ，シヒ　私費　→7

ジビ　鮪〔魚〕→1　鴟尾　→7

ジビ，ジヒ　自費,慈悲　→7

ジビ　耳鼻　→18

ジビア，シビア　severe　→9

ジビール　地bier〔蘭〕→16

ジビインコーカ　耳鼻咽喉科　→17

ジビカ　耳鼻科　→14

ジビキ　字引　→5

ジビキ，ジビキ　地引き　→5

ジビキアミ，ジビキアミ　地引き網　→12

ジヒシュッパン　自費出版　→15

ジヒシン　慈悲心　→14

ジヒシンチョー　慈悲心鳥　→14

シヒツ　試筆　→8

シヒツ　紙筆(〜に尽くせない)　→18

ジヒツ　自筆　→8

シビト　死人　→4

ジヒビキ　地響き　→13

ジヒブカイ　慈悲深い　→54

シヒャクシビョー　四百四病　→35

シヒョー　指標,師表　→8

シビョー，ジビョー　死病　→8

ジヒョー　時評,辞表　→8

ジビョー，《新は ジビョー》　持病　→8

シビョーシ　四拍子　→36

シビレ　痺れ(〜をきらす)　→2

シビレグスリ　痺れ薬　→12

シビレル　痺れる　→43

シビン　溲瓶,尿瓶　→8

ジフ　師父　→18,7

ジブ　支部,市部　→7　四分,四部　→34

シブ　渋　→1

ジフ　慈父　→7

ジフ，ジフ　自負　→7

シブイ　渋い　シブカッタ，シブク，シブクテ，《新は シブクテ》，シブケレバ，シブシ　→53

シブイタ　四分板　→12

シブウチワ，シブウチワ　渋団扇　→12

シフォンケーキ　chiffon cake　→16

シブオンプ　四分音符　→15

シブガキ，シブッカキ　渋(っ)柿　→5d

シブガッショー　四部合唱　→15

シブカミ，シブカミ，シブガミ　渋紙　→4

シブカワ　渋皮(〜がむける)　→5

シブキ，シブキ　飛沫　→2

シフク　雌伏,至福,私服,私腹　→8

シフク，ジフク　紙幅　→8

ジフク　仕覆(=茶入れ袋。オジフク 御〜)　→8,92

シブク　繁吹く　→43

ジフク　時服　→8

ジブクロ，ジブクロ　地袋　→12

シブゴノミ　渋好み　→13

ジプシー　gypsy　→9

シブシブ，シブシブ　渋渋(〜と)　→57

ジフシン，ジフジン　自負心　→14

シブチャ，シブチャ　渋茶　→7

シブチョー　支部長　→14

シブツ　死物,私物　→8

ジブツ　持仏　→8　事物　→18

シブッカ，シブツカ　私物化　→95

ジブツドー　持仏堂　→14

ジフテリア，ジフテリヤ　diphtheria　→9

ジフト　shift　→9

──　は高い部分　…と…は高低が変る部分　⌐は次が下がる符号　→は法則番号参照

シブトイ →52

シブヌキ, シブヌキ, シブヌキ 渋抜き →5

ジフブキ 地吹雪 →12

シブミ 渋味 →93

シブヤ 渋谷〔地〕→21

シブヤ 渋谷〔姓〕→22

シブヤク 渋谷区 →14

シブル 渋る →44

シブロク 四分六(=四分六分) →39

シフン 私憤 →8

シフン, ジフン 脂粉 →18

ジフン 四分 →34

シブン 四分(〜する) →34

シブン, ジブン 詩文 →18

ジブン 士分 →8

ジブン 自分(ゴジブン 御〜) →8,92

ジブン, ジブン 時分 →8

ジブンガッテ, ジブンガッテ 自分勝手 →12

ジブンガラ 時分柄 →12

シブンゴレツ 四分五裂 →39

ジブンシ 自分史 →14a

ジブンジシン 自分自身 →98

シブンショ 私文書 →15

ジブンタチ 自分達 →94a

ジブンドキ 時分時(=食事時) →12

ジブンモチ 自分持ち →13

ジベ 薬 →1

ジヘイ, 《古は シヘイ》 紙幣 →8

ジヘイショー, ジヘイショー 自閉症 →14b

ジベタ 地べた →4

シベツ 死別 →8

シベリア, シベリヤ Siberia〔地〕→21

ジヘン 四辺 →34

ジヘン, シヘン 紙片,詩編(篇) →8

シベン 支弁,思弁,至便 →8

ジヘン 事変 →8

ジベン 自弁 →8

シヘンケイ 四辺形 →14a

シホ 試補 →7

シボ 皺 →1 思慕 →7

ジボ 字母,慈母 →7

シホー 仕法,私法,詩法,至宝,私報 →8

シホー, シホー 司法 →8

シホー, ジホー 四方 →34

シボー 死亡,志望,子房,脂肪 →8

ジホー 時報,時法,寺宝 →8

シホーカン 司法官 →14a

シボーカン 脂肪肝 →14a

シホーケン 司法権 →14a

シボーコー 志望校 →14a

シボーコーコク 死亡広告 →15

ジボー(・)ジキ 自暴自棄 →97,98

シホーシケン, シホーシケン 司法試験 →15c

シボーシツ 脂肪質 →14a

シボーシャ 死亡者,志望者 →14a

シホーショー 司法省 →14a

シホーショシ 司法書士 →15

シホージン 私法人 →17

シホーセイド 司法制度 →15

シボートドケ 死亡届 →13

シホーハイ 四方拝 →14a

シホー・ハッポー, シホー・〜 四方八方 →39

シボーブトリ 脂肪太り →13

シボーブン 脂肪分 →14

シボーリツ 死亡率 →14a

シボツ 死没(歿) →8

シボム 萎む →43

シボリ 絞り,搾り →2

シボリアゲル, シボリアゲル, 《古・強は シボリアゲル》 絞り上げる →45

シボリカス 搾り滓 →12

シボリコム, シボリコム 絞り込む →45

ガギグゲゴは鼻濁音　カタカナ細字は母音の無声化　★は長音にもなる符号

シボリゾメ 絞り染め →13	シマカ 縞蚊 →4
シボリダシ 搾り出し →13	シマカゲ, シマカゲ 島陰,島影 →4
シボリダス, シボリダス 搾り出す →45	シマガラ, シマガラ 縞柄 →4
シボリタテ 搾り立て →95	ジマク 字幕 →8
シボリトル, シボリトル, 《古・強はシボリトル》 搾り取る →45	シマグニ 島国 →4
シボル 絞る,搾る シボラナイ, シボロー, シボリマス, シボッテ, シボレバ, シボレ →43	シマグニコンジョー 島国根性 →15
	シマザキ・トーソン, シマザキトーソン 島崎藤村 →22, 24, 27
シホン 資本 →8	シマジマ 島島 →11
シホンカ 資本家 →14	ジマズ 島津〚姓〛 →22
シホンキン 資本金 →14a	～・ナリアキラ ～斉彬 →24
シホンシュギ 資本主義 →15	シマズタイ 島伝い →13
シホンバシラ 四本柱 →12	シマズボン 縞ズボン<縞 jupon〔仏〕 →16
シホンロン 資本論〚書〛 →14a	
ジマ 死魔 →7 志摩〚地〛 →21 島〚姓〛 →22	シマソダチ 島育ち →13
シマ 島,縞 →1	シマダ, シマダ 島田〚姓〛 →22
……シマ …島(イツクシマ 厳～, サドガシマ 佐渡ヶ～) →12,19	シマダ 島田<シマダマゲ 島田髷 →10,12
……ジマ …島(サクラジマ 桜～),…縞(コーシジマ 格子～) →12	シマダイ 島台 →8
シマアイ, シマアイ 縞合い →4	シマダクズシ 島田崩し →13
シマアジ 縞鰺 →4	シマツ 始末 →18
シマイ 仕舞(=終り。オシマイ 御～) →2,92	シマツショ, シマツショ, シマツショ 始末書 →14
ジマイ 仕舞〚能〛(オシマイ 御～) →5,92 姉妹 →18	シマッタ →66
ジマイ 地米 →8	シマツヤ 始末屋 →94
シマイコム 仕舞い込む →45	シマナガシ 島流し →13
シマイトシ 姉妹都市 →15	シマヌケ, シマヌケ 島抜け →5
シマイユ 仕舞湯 →12	シマネ 島根〚地〛 →21
シマウ 仕舞う →45	シマネケン 島根県 →14
シマウマ, シマンマ, シマウマ, シマンマ 縞馬 →4	シマバラ 島原〚地〛 →21
ジマエ 自前 →4	シマバラハントー 島原半島 →15
ジマ(・)オクソク 揣摩臆測 →97,98	シマハントー 志摩半島 →15
シマオリモノ, シマオリモノ 縞織物 →17	シマビト, シマビト 島人 →4
	シマヘビ 縞蛇 →4
	ジママ 自儘 →4
	シマムラ(・)ホーゲツ 島村抱月 →22, 24,27
	シマメ 縞目 →4
	シマメグリ 島巡り →13

387 シマモノ──シメアゲ

シマモノ 縞物 →4	き →5
シマモメン 縞木綿 →15	シミュレーション simulation →9
シマモヨー 縞模様 →15	シミル 染みる,凍みる →43
シマモリ 島守 →4	……ジミル …染みる(キチガイジミル 気違い〜)→96
シマヤブリ 島破り →13	シミワタル 染み渡る →45
シマリ 締り(〜がない) →2	ジミン 市民 →8 士民 →18 四民 →34
シマリヤ 締り屋 →94	シミンウンドー 市民運動 →15
シマル 締まる,閉まる シマラナイ, シマロー, シマリマス, シマッテ, シマレバ, シマレ →44	シミンガイキュー 市民階級 →15
ジマワリ 地回り →12,13	シミンケン 市民権 →14a
ジマン 自慢 →8	シミンシャカイ 市民社会 →15
ジマンタラシイ★ 自慢たらしい →96	シミンゼイ★ 市民税 →14a
ジマンバナシ 自慢話 →12	ジミントー 自民党<ジユー(・)ミンシュトー 自由民主党 →14,97,98
シマンロクセンニチ, シマンロクセンニチ 四万六千日 →39a	シミンノーエン 市民農園 →15
シミ 衣魚・紙魚〖昆虫〗→1 染み(酒の〜,皮膚の〜),凍み →2	シミンビョーイン 市民病院 →15
ジミ 滋味 →7	ジム 寺務,事務,時務 →7 gym →9
ジミ 地味(↔はで)	ジムイン 事務員 →14
シミーズ, シュミーズ chemise〖仏〗→9	ジムカ 事務家 →14
シミイル 染み入る →45	ジムカン 事務官 →14
シミコム 染み込む →45	ジムキョク 事務局 →14
シミジミ (〜考える,〜と) →57	シムケ 仕向け →5
シミズ 清水 →1	ジムケイトー 事務系統 →15
シミズ 清水〖地・姓〗→21,22	シムケル 仕向ける →45
シミズノ(・)ジロチョー 〜次郎長 →29,27	ジムシ, ジムシ 地虫 →4
シミズトンネル 清水tunnel →16	ジムジカン 事務次官 →15
シミダス 染み出す →45	ジムシツ 事務室 →14
ジミチ 地道(〜に働く) →4	ジムショ 事務所 →14
シミツク 染み着く →45	ジムチョー 事務長 →14
シミッタレ →5d	ジムテキ 事務的 →95
シミッタレル, シミッタレル →44	ジムヒ 事務費 →14
シミデル 染み出る →45	ジムフク 事務服 →14
シミドーフ 凍豆腐 →15	ジムヤ 事務屋 →94
シミトール 染み透る →45	ジムヨー 事務用 →14
シミヌキ, シミヌキ, シミヌキ 染抜	ジムヨーヒン 事務用品 →15
	シメ 締め,〆,注連 →2
	シメアゲル, シメアゲル 締め上げる →45

ガギグゲゴは鼻濁音　カタカナ細字は母音の無声化　★は長音にもなる符号

シメイ──シモキタ　　388

シメイ　指名,指名,市名 →8
シメイ　使命 →8　死命,氏名 →18
ジメイ　自明 →8
シメイカン　使命感 →14b
シメイケン　指名権 →14b
シメイテハイ　指名手配 →15
シメイトーヒョー　指名投票 →15
シメカザリ　注連飾り →12
シメガネ, シメガネ　締金 →5
シメギ　搾木 →5
シメキリ　締切 →5
シメキリジコク　締切時刻 →15
シメキリビ　締切日 →12
シメキル,《新は シメキル》　締め切る →45
シメククリ　締括り →13
シメククル, シメククル　締め括る →45
シメコミ　締込〔相撲〕 →5
シメコム,《新は シメコム》　締め込む →45
シメコロス, シメコロス　締め殺す →45
シメサバ　締め鯖 →5
シメシ, シメジ　示し →2
シメジ, ジメジ　湿地〔きのこ〕 →7
シメシアワセル, シメシアワセル　示し合わせる →45
ジメジメ　(~した, ~と) →57
シメス　湿す →44
シメス,《新は シメス》　示す →43
シメスヘン　示偏(=ネ・示) →14
ジメタ →66
シメダイコ　締太鼓 →15
シメダカ, シメダカ, シメダカ　締高 →5
シメダシ　締出し →5
シメダス,《新は シメダス》　締め出す →45

シメツ　死滅 →8
ジメツ　自滅 →8
シメツケ　締付け →2
シメツケル, シメツケル　締め付ける →45
シメッポイ, シメッポイ →96
シメテ　締めて・〆て(~千円) →67
シメナワ, シメナワ　注連縄 →5
シメヤカ　(~に) →55
シメラス　湿らす →44
シメリ　湿り(オシメリ 御~) →2,92
シメリケ　湿り気 →93
シメル　湿る →43
シメル　占める,締める,閉める　シメナイ, シメヨー, シメマス, ジメテ, シメレバ, シメロ →43
……シメル　〔助動〕(カワシメル 買わ~, ヨマシメル 読ま~) →83,89
シメン　死面 →8
ジメン　紙面 →8　四面 →34
ジメン　字面,地面 →8
ジメン・ソカ, シメンソカ　四面楚歌 →97,99
シメンタイ　四面体 →14
シモ　下,霜 →1
……ジモ; ……シモ; ……シモ　〔助〕(コレシモ 此~, オリシモ 折~, ダレシモ 誰~) →71,76
シモーサ,《古は シモーサ, シモーサ》　下総(~の国) →21
シモガカリ　下掛〔能〕 →13
シモガカル　下掛かる →96
シモガレ　霜枯れ →5
シモガレドキ, シモガレドキ　霜枯時 →12
シモガレル, シモガレル　霜枯れる →46
シモキ　下期<下半期 →7
シモキタハントー　下北半島 →15

 ̄は高い部分　̈と…は高低が変る部分　⌐は次が下がる符号　→は法則番号参照

ジモク 耳目(〜を集める) →18	シャ 紗, 斜(〜に構える) →6
シモゲル (野菜が〜) →44	シャ 社 →6
シモゴエ 下肥 →4	……シャ …社(ザッシシャ 雑誌〜), …車(サンリンシャ 三輪〜), …者(ヘンシューシャ 編集〜) →14a
シモザ 下座 →7	
シモザマ, シモザマ 下様(=下下) →4	
シモジモ 下下 →11	シヤ 視野 →7
シモセキ 下席〔寄席〕 →8	ジャ 邪, 蛇(〜の道はへび) →6
シモダ 下田〔地・姓〕 →21, 22	ジャー 〚接〛(〜さよなら, 〜やめた) →65 jar(〜に入れる) →9
シモタカイド 下高井戸〔地〕 →21	
シモタヤ しもた屋 →94	ジャアク, ジャアク 邪悪 →8
シモダライ 下盥 →12	ジャージー, ジャージ jersey →9
シモツキ 霜月 →4	シャーシャー (水が〜) →57
シモツケ 下野〔地・植〕 →21, 3	シャーシャー (〜した顔, 〜と) →57
シモテ, シモテ 下手 →4	ジャージャー (水が〜) →57
シモト, シモト 笞 →1	ジャーナリスティック journalistic →9
ジモト, ジモト 地元 →4	ジャーナリスト journalist →9
シモドケ, シモドケ 霜解け →5	ジャーナリズム journalism →9
シモトリ, シモトリ, シモトリ 霜取り →5	シャープ sharp →9
シモノク 下の句 →19	シャープペンシル sharp pencil〔和〕 →16
シモノセキ 下関〔地〕 →19	
シモバシラ 霜柱 →12	シャーベット sherbet →9
シモハンキ 下半期 →15	シャーマニズム shamanism →9
シモブクレ, シモブクレ, シモブクレ 下脹れ →13	シャーマン shaman →9
	シャーレ Schale〔独〕 →9
シモフリ, シモフリ, シモフリ 霜降り →5	シャーロックホームズ Sherlock Holmes〔人〕 →27
シモベ, シモベ 僕 →4	シャイ 謝意 →7 shy(〜な人) →9
シモヤケ 霜焼け →5	ジャイアンツ Giants〔野球〕 →28
シモヤシキ 下屋敷 →12	ジャイアント giant →9
シモユ 下湯 →4	シャイン 社印 →8
シモヨ, シモヨ 霜夜(〜の鐘) →4	シャイン 社員 →8
シモヨケ, シモヨケ, シモヨケ 霜除け →5	ジャイン 邪淫 →8
	シャウン, シャウン 社運 →8
シモン 試問, 諮問, 指紋 →8	シャオク 社屋 →8
ジモン 地紋 →8	シャオン 謝恩, 遮音 →8
ジモン, ジモン 自門, 自問 →8	シャオンカイ 謝恩会 →14a
ジモンジトー, ジモンジトー 自問自答 →98	シャオンセール 謝恩 sale →16
	シャカ, シャカ 釈迦
	シャカ 社歌 →7

ガギグゲゴは鼻濁音　カタカナ細字は母音の無声化　★は長音にもなる符号

シャガ 射干〔植〕	ジャガイモ じゃが芋(馬鈴薯)＜Jacatra 芋〔蘭〕(オジャガ 御じゃが) →12, 92
ジャガー jaguar →9	シャカイモンダイ 社会問題 →15
ジャカード, ジャガード jacquard →9	シャカク 社格 →8
シャカイ 社会 →8	ジャカゴ, ジャカゴ 蛇籠 →4
シャガイ 社外, 車外 →8	シャカサンゾン 釈迦三尊 →15
シャカイアク 社会悪 →14b	ジャカスカ 〚俗〛→57
シャカイウンドー 社会運動 →15	ジャガタラ ＜Jacatra〔蘭〕→21
シャカイカ 社会科 →14	シャガッコー 斜滑降 →15
シャカイカガク 社会科学 →15	シャカニョライ 釈迦如来 →15
シャカイガク 社会学 →14b	シャガミコム しゃがみ込む →45
シャカイキョーイク 社会教育 →15	シャガム (=うずくまる) →43
シャカイゲンショー 社会現象 →15	シャカムニ, シャカムニ 釈迦牟尼
シャカイジギョー 社会事業 →15	シャカムニブツ 釈迦牟尼仏 →14
シャカイシュギ 社会主義 →15	シャカリキ 釈迦力 →14
シャカイジョーセイ 社会情勢 →15	ジャカルタ Djakarta〔地〕→21
シャカイジン 社会人 →14b	シャガレゴエ, シャガレゴエ 嗄れ声 →12
シャカイシンリガク 社会心理学 →17	シャガレル 嗄れる →46d
シャカイセイ 社会性 →14	シャカン 車間 →8
シャカイセイカツ 社会生活 →15	シャカン, サカン 左官 →8
シャカイセイド 社会制度 →15	シャカン, シャカン 舎監 →8
シャカイソー 社会層 →14b	シャカンキョリ 車間距離 →15
シャカイタイセイ 社会体制 →15	シャキ 社旗 →7
シャカイタンボー 社会探訪 →15	ジャキ, ジャキ 邪気(～のない人) →7
シャカイチツジョ, シャカイチツジョ 社会秩序 →15	シャキシャキ (～した人, ～と) →57
シャカイツーネン 社会通念 →15	シャキット (～する) →55
シャカイテキ 社会的 →95	シャキョー 写経 →8
シャカイトー 社会党 →14	ジャキョー, ジャキョー 邪教 →8
シャカイナベ 社会鍋 →12	シャギリ, シャギリ 〚歌舞伎〛
シャガイブ 社会部 →14b	シャキン 謝金 →8
シャカイフクシ, シャカイフクシ 社会福祉 →15	シャキン, サキン 砂金 →8
シャカイフッキ 社会復帰 →15	シャク 酌, 癪 →6
シャカイホーシ 社会奉仕 →15	シャク 勺, 釈(～空海), 爵, 杓 →6
シャカイホケン 社会保険 →15	シャク, シャク 笏 →6
シャカイホショー 社会保障 →15	シャク 尺(～が足りない, ～を取る) →6
シャカイミンシュシュギ 社会民主主義 →17	……しゃく …尺〚数〛→34, 62
シャガイメン 社会面 →14b	シヤク, ジヤク 試薬 →8

391　　ジャク──ジャケッ

ジャ⌐ク 寂(~として),弱 →6	**シャ⌐クネツ** 灼熱 →8
ジヤ⌐ク 持薬 →8	**ジャ⌐クネン** 若年 →8
シャ⌐クイ 爵位 →7	**シャ⌐クノ⌐ダネ** 癪の種 →19
シャクウ⌐ 杓う →43d	**ジャ⌐クハイ** 若輩 →8
ジャ⌐クサ JAXA＜Japan Aerospace eXploration Agency →16	**シャ⌐クハチ** 尺八 →3
	シャ⌐クフ, シャ⌐クフ 酌婦 →7
シャ⌐クザイ, シャ⌐クザイ 借財 →8	**シャ⌐クブク** 折伏(~する) →8
シャ⌐クシ 杓子 →7	**シャ⌐クホー** 釈放 →8
ジャ⌐クシ, ジャ⌐クシ 弱視 →7	**シャ⌐クマ** 借間 →4
シャ⌐クジイコーエン 石神井公園 →15	**シャ⌐グマ** 赤熊〖毛〗 →4
シャ⌐クシジョーギ 杓子定規 →15	**シャ⌐クメイ** 釈明 →8
ジャ⌐クシャ 弱者 →7	**ジャ⌐クメツ** 寂滅 →8
シャ⌐クシャク 綽綽(余裕~) →58	**ジャ⌐クメツイ⌐ラク** 寂滅為楽 →98
シヤ⌐クショ 市役所 →15	**シャ⌐クヤ** 借家 →4
シャ⌐クジョー, シャ⌐クジョー 錫杖 →8	**シャ⌐クヤク** 芍薬 →8
	ジャ⌐クヤク 雀躍 →8
ジャ⌐クショー 弱小 →8	**シャ⌐クヤズ⌐マイ** 借家住まい →13
ジャ⌐クシン 弱震 →8	**シャ⌐クヨー** 借用 →8
シャ⌐クセン, シャ⌐クセン 借銭 →8c	**シャ⌐クヨーショ, シャ⌐クヨーショ⌐** 借用書 →14
シャ⌐クゼン 釈然(~としない),綽然 →56	**ジャ⌐クラ** 雀羅(門前~を張る) →7
ジャ⌐クソツ 弱卒 →8	**シャ⌐クラン** 借覧 →8
シャ⌐クソン, シャ⌐クソン 釈尊 →8	**シャ⌐クリアゲ⌐ル** 噦り上げる →45
ジャ⌐クタイ 弱体 →8	**シャ⌐クリナキ** 噦り泣き →13
シャ⌐クチ 借地 →7	**シャ⌐クリョー** 酌量 →8
ジャ⌐グチ 蛇口 →4	**シャ⌐グリョー, シャ⌐クリョー** 借料 →8
シャ⌐クチケン, シャ⌐クチケン 借地権 →14	**シャ⌐クル** 杓る →43d
ジャ⌐クテン, ジャ⌐クテン 弱点 →8	**シャ⌐グル** 噦る →43
ジャ⌐クデン 弱電(↔強電) →8	**シャ⌐クレル** (あごが~) →44
シャ⌐クド 尺度 →7	**シャ⌐クン** 社訓 →8
シャ⌐クドー,《古は シャ⌐クドー》 赤銅 →8	**シャ⌐ケ** 社家 →7
	シャ⌐ケ, サ⌐ケ 鮭 →1d
シャ⌐クドーイロ 赤銅色 →12	**シャ⌐ケイ** 舎兄 →8
シャ⌐クトリムシ 尺取虫 →12	**シャ⌐ゲキ** 射撃 →8
シャ⌐クナゲ 石南花〖植〗	**シャ⌐ケツ** 瀉血 →8
ジャ⌐クニクキョーショク 弱肉強食 →98	**ジャ⌐ケツ** ＜jacket →9
シャ⌐クニュー 借入 →8	**ジャ⌐ケット, ジャ⌐ケット,《新は ジャ⌐ケット》** jacket〖衣・レコード〗 →9

ガギグゲゴは鼻濁音　カタカナ細字は母音の無声化　★は長音にもなる符号

シャケン──ジャタイ　392

シャケン　車券 →8　車検＜車両検査 →10	シャショク,《業界では シャチョク が多い》写植＜シャシンショクジ 写真植字 →10, 15
ジャケン　邪慳 →8	シャシン　写真 →8
シャコ　硨磲〖貝〗,蝦蛄〖甲殻類〗,車庫 →7	ジャシン　邪心,邪神,蛇身 →8
シャコー　射光,遮光,斜光,社交,車高 →8	シャシンウツリ　写真写り(～がいい) →13
ジャコー　麝香 →8	シャシンカ　写真家 →14
シャコーカ　社交家 →14	シャシンガオ　写真顔 →12
シャコーカイ　社交界 →14a	シャシンキ　写真機 →14a
シャコーキッサ　社交喫茶 →15	シャシンチョー　写真帳 →14
シャコージレイ★　社交辞令 →15	シャシンバン　写真版 →14
シャコーシン　射幸(倖)心 →14a	シャシンヤ　写真屋(～さん) →94
シャコーセイ★　社交性 →14	ジャス　JAS＜Japanese Agricultural Standard →9
シャコーダンス　社交 dance →16	ジャズ　jazz →9
シャコーテキ　社交的 →95	ジャスイ　邪推 →8
シャコク　社告 →8	ジャスダック　JASDAQ＜Japan Association of Securities Dealers Automated Quotations →16
シャコショーメイ★　車庫証明 →15	ジャスト　just →9
シャサイ　社債 →8	ジャズバンド　jazz band →16
シャザイ　謝罪 →8	ジャスマーク　JAS mark →16
シャサツ　射殺 →8	ジャスミン　jasmine →9
シャサン　社参 →8	ジャスミンチャ　jasmine 茶 →14a
シャシ　社司,斜視,奢侈,社史 →7	シャスル　謝する →48
シャジ　謝辞 →7　社寺 →18	シャゼ　社是 →7
シャジ,《新は シャジ》匙 ⇨サジ	シャセイ★　写生,射精 →8
シャジク　車軸(～を流す) →8	シャセツ　社説 →8
シャジツ　写実 →8	シャゼツ　謝絶 →8
シャジツシュギ　写実主義 →15	シャセン　社線,車線,斜線 →8
シャジツテキ　写実的 →95	シャソー　車窓,社葬 →8
ジャジャウマ, ジャジャンマ じゃじゃ馬 →12	シャソク　社則 →8
シャシャリデル　しゃしゃり出る →49	シャタイ　写体,車体 →8
シャシュ　社主,射手,車種 →7	シャダイ　車台 →8
ジャシュー　邪宗 →8	ジャタイ　蛇体 →8
ジャシューモン　邪宗門 →14a	
シャシュツ　射出 →8	
シャショー　捨象,社章,車掌 →8	
シャジョー　車上,赦状,謝状 →8	
シャジョーアラシ　車上荒らし →13	

JASマーク

JAS

‾は高い部分　¨と¨は高低が変る部分　˥は次が下がる符号　→は法則番号参照

393　　シャタク――ジャビセ

シャタク　社宅 →8	ジャッコー　寂光, 弱行(薄志～) →8
シャダツ　洒脱 →8	シャッター　shutter →9
シャダン　遮断 →8	シャッチョコダチ　鯱立ち ⇨シャチホコダチ
シャダン, シャダン　社団 →8	シャッチョコバル　鯱張る ⇨シャチホコバル
シャダンキ　遮断機 →14a	
シャダンホージン　社団法人 →15	シャットアウト　shutout →16
シャチ　鯱 →1	シャッポ　chapeau〔仏〕(～を脱ぐ) →9
シャチコバル, シャチバル　鯱張る →96d	シャテイ★　射程, 舎弟 →8
シャチホコ　鯱(金の～) →4	シャテキ　射的 →8
シャチホコダチ, シャッチョコダチ　鯱立ち →13d	シャデン, シャデン　社殿 →8
シャチホコバル, シャッチョコバル　鯱張る →96d	シャトー　社頭, 斜塔 →8
シャチュー, シャチュー　社中, 車中 →8	シャトー　château〔仏〕 →9
シャチューダン　車中談 →14a	シャドー　車道 →8
シャチューハク　車中泊 →14a	シャドー　shadow →9
シャチョー　社長 →8	ジャドー　邪道 →8
シャツ　shirt →9	シャトル　shuttle(shuttlecock も) →9
シャッカ　借家 →7	シャナイ　車内, 社内 →8
ジャッカ　弱化 →7	シャナイデンワ　社内電話 →15
シャッカニン　借家人 →14	シャナイホー　社内報 →14b
シャッカン　借款 →8	シャナイヨキン　社内預金 →15
ジャッカン　弱冠 →8　若干 →8,61	シャナリ(・)ジャナリ, シャナリ(・)シャナリ →59
シャッカンホー, シャッカンホー　尺貫法 →14a	シャニクサイ, シャニクサイ　謝肉祭 →14c
ジャッカンメイ★, ジャッカンメイ★　若干名 →14a	シャニムニ, シャニムニ　遮二無二 →68
ジャッキ, ジャッキ　惹起 →7	ジャネン, ジャネン　邪念 →8
ジャッキ　jack →9	ジャノメ　蛇の目 →19
シャッキョー　石橋〔能・歌舞伎〕 →8	ジャノメガサ　蛇の目傘 →12
シャッキリ　(～する, ～と) →55	シャバ　娑婆
シャッキン　借金 →8	シャバ　車馬 →18
シャッキントリ　借金取り →13a	シャバケ, シャバッケ　娑婆(っ)気 →14d
ジャック　Jack〔男名・トランプ〕 →23	ジャパニーズ　Japanese →9
ジャックナイフ　jackknife →16	ジャバラ　蛇腹 →4
シャックリ　吃逆 →2d	ジャパン　Japan〔国〕 →21
	シャヒ　社費 →7
シャッケイ★　借景 →8	ジャビセン　蛇皮線 →14

ガギグゲゴは鼻濁音　カタカナ細字は母音の無声化　★は長音にもなる符号

シャフ──シャレツ　394

シャフ 写譜 →7	ジャムパン jam〔英〕+pão〔葡〕 →16
シャフ 車夫 →7	シャメイ 社名,社命 →8
ジャブ jab →9	シャメール 写メール →16
シャフー 社風 →8	シャメン 赦免 →8
シャフク, シャハバ 車幅 →8, 4	シャメン, シャメン 斜面 →8
シャブシャブ 〖料〗 →3	シャモ 軍鶏 →9d
ジャブジャブ (〜する、〜と) →57	シャモジ 杓文字(オシャモジ 御〜) →94, 92
シャフツ 煮沸 →8	シャモン 沙門 →8
シャフト shaft →9	シャユー 社友 →8
シャブリック, シャブリック しゃぶり付く →45	シャヨー 社用,斜陽 →8
シャブル (飴ぁを〜) →43	シャヨーサンギョー 斜陽産業 →15
シャヘイ 遮蔽 →8	シャヨーゾク 社用族,斜陽族 →14a
シャベクル 喋くる →44	シャラク 洒落(オシャラク 御〜) →8, 92
シャベリテ, シャベリテ 喋り手 →12	シャラク 写楽〖人〗 ⇒トーシューサイ〜
シャベル shovel →9	シャラクサイ 洒落臭い →96
シャベル 喋る →43	ジャラジャラ (〜鳴る、〜と) →57
シャヘン 斜辺 →8	ジャラス (ねこを〜) →44
シャホー 社報 →8	シャラソージュ, サラソージュ 沙羅双樹 →15
シャボテン, サボテン 仙人掌 →9	シャリ, 《米は シャリ, シャリ》 舎利 →7
シャホン 写本 →8	ジャリ 砂利
シャボン sabão〔葡〕(=石鹸) →9	シャリキ 車力 →8
シャボンダマ sabão 玉〔葡〕 →12	シャリコーベ, サレコーベ, 《古は シャリコーベ, サレコーベ》 髑髏 →12d
ジャマ 邪魔(オジャマ 御〜) →7, 92	ジャリミチ 砂利道 →4
ジャマイカ Jamaica〖島・国〗 →21	シャリョー 車両(輛) →8
ジャマダテ 邪魔立て →95	シャリン 車輪 →8
ジャマッケ 邪魔っ気 →93d	シャレ 洒落 →2
ジャマモノ 邪魔物,邪魔者 →12	シャレイ 謝礼 →8
ジャマモノアツカイ 邪魔物扱い →13	シャレケ, シャレッケ 洒落(っ)気 →14d
シャミ 沙弥 →7 三味<三味線 →10	シャレコーベ, サレコーベ, 《古は シャレコーベ, サレコーベ》 髑髏 →12d
ジャミ jam ⇒ジャム	シャレコム 洒落込む →46
シャミセン 三味線 →14	シャレツ 車列 →8
シャミセンヒキ 三味線弾き →13a	
シャミントー 社民党<社会民主党 →14	
シャム 社務 →7 Siam〖国〗 →21	
ジャム jam →9	
シャムショ, シャムショ 社務所 →14	
シャムネコ Siam 猫 →4	

‾は高い部分　‥と‥は高低が変る部分　⌐は次が下がる符号　→は法則番号参照

395　　　　シャレノ──ジューイ

シャレノメス 洒落のめす →46	**シュ** 主,種 →6
シャレボン 洒落本 →14	**……シュ** …手(**ウンテンシュ** 運転~) →14a
シャレモノ 洒落者 →12	
シャレル 洒落る →43	**……しゅ** …首〖数〗→34, 35
ジャレル 戯れる →43	**ジュ** 寿,儒,呪,綬 →6
ジャワ, ジャバ Java〖地〗→21	**シュイ** 主位,首位,主意,趣意 →7
シャワー shower →9	**シュイショ, シュイショ** 趣意書 →14
シャン Schön〔独〕(あの子は~だ) →9	**シュイロ** 朱色 →4
ジャンク 戎克〔華〕,junk →9	**シュイン** 主因,朱印,手淫 →8
ジャングル jungle →9	**シュインセン** 朱印船 →14
ジャングルジム jungle gym →16	**シュー** 主,囚,州,洲,秀,宗,集,週,衆,醜 →6　周〘国も〙→6, 21
ジャンケン, ジャンケン じゃん拳 →8	
ジャンケンポン, ジャンケンポン, ジャンケンポン →59	**……シュー** …宗(**ジョードシュー** 浄土~),…集(**シューイシュー** 拾遺~),…州(**タイヨーシュー** 大洋~) →14a
シャンシャン (~鳴る,~と) →57	
ジャンジャン (~鳴る,~と) →57	**……シュー** …周…週(**イッシュー** 一~, **ゴシュー** 五~) →34, 35
シャンソン, シャンソン chanson〔仏〕→9	**シュー** 私有,市有,詩友 →8
シャンツェ Schanze〔独〕→9	**ジュー** 雌雄(~を争う),師友 →18
シャンデリア, シャンデリヤ chandelier〔仏〕→9	**ジュー** 住,従,柔,銃 →6　十,拾 →30　重(**オジュー** 御~)<重箱 →10, 92　Jew →9
ジャンヌダルク Jeanne d'Arc〔仏〕〖人〗→27	**……ジュー** …中(**セカイジュー** 世界~) →14　…重(**シチジュー** 七~, **ゴジュー** 五~) →34
ジャンパー, (ジャンバー) jumper →9	
ジャンパースカート jumper skirt〔和〕→16	**ジュー, ジュー** 事由 →8
シャンハイ, シャンハイ 上海〔華〕〖地〗→21	**ジュー** 自由(**ゴジューニ** 御~に) →8, 92
シャンパン, シャンペン champagne〔仏〕→9	**シューアク** 醜悪 →8
	ジューアク, ジューアク 十悪 →34
ジャンプ jump →9	**シューアケ** 週明け →5
シャンプー, シャンプ shampoo →9	**ジューアツ** 重圧 →8
ジャンボ jumbo →9	**シューイ** 周囲 →7　拾遺〘書も〙→7, 10
ジャンボキ jumbo 機 →14	
ジャンボジェット Jumbo Jet →16	**ジューイ** 重囲,獣医,戎衣 →7
ジャンル genre〔仏〕→9	**ジューイシ** 自由意志 →15
シュ 朱(~に交われば赤くなる) →6	**シューイシュー** 拾遺集 →14
	ジューイチ 十一〖名詞的〗(~もある)

ガギグゲゴは鼻濁音　カタカナ細字は母音の無声化　★は長音にもなる符号

ジューイ──シューキ 396

→31	ジューガキ 重火器 →15
ジューイチ 十一〖副詞的〗(〜ある) →62	シューカク 収穫, 臭覚 →8
	シューガク 修学, 就学 →8
ジューイチガツ,《副詞的には ジューイチガツ》 十一月 →35, 62	シューガクリツ 就学率 →14
	シューガクリョコー 修学旅行 →15
ジューイチジ 十一時 →35	ジューカサンゼイ 重加算税 →17
ジューイチニチ, ジューイチンチ 十一日〖名詞的〗(〜に行く) →35d	ジューカゼイ 従価税 →14
	ジユーガタ 自由型, 自由形 →12
ジューイチニチ, ジューイチンチ 十一日〖副詞的〗(〜行く) →62d	シューカツ 就活<就職活動 →10
	ジューガツ,《副詞的には ジューガツ》 十月 →34, 62
ジューイチネン 十一年 →35	
ジューイチメンカンノン 十一面観音 →15	シューカン 習慣, 週刊, 終刊, 週間, 収監 →8
シューイツ 秀逸 →8	ジューカン 縦貫, 重患 →8
ジューイッカゲツ 十一箇月 →39	ジューガン 銃眼, 銃丸 →8
ジューイッサイ 十一歳 →35a	シューカンシ 週刊誌 →14a
シューイン 衆院<衆議院 →10	シューキ 周忌, 周期, 週期, 終期, 秋季, 秋気, 臭気 →7
シューウ 秋雨, 驟雨 →7	
ジューエイソー 重営倉 →15	シューギ 宗義, 祝儀, 衆議(〜一決) →7
シューエキ 就役, 囚役 →8	ジューキ 銃器, 什器 →7
シューエキ, シューエキ 収益 →8	シューギイン 衆議院 →14
シューエン 終演, 終焉, 周縁 →8	シューギインギイン 衆議院議員 →15
ジューエン 重縁 →8 十円 →34	シューキドメ 臭気止め →13
ジューオー, ジューオー 縦横 →18	シューギブクロ 祝儀袋 →12
ジューオー(·)ムジン, ジューオームジン, ジューオームジン 縦横無尽 →97, 98, 99	シューキュー 週休, 週給, 蹴球 →8
	ジューキュー 十九 →31
	ジューキューサイ 十九歳 →35a
ジューオク 十億 →31	ジューキューネン, ジュークネン 十九年 →35a
シューオンライ 周恩来〖人〗→27	
シューカ 集荷 →7	ジューキョ 住居 →7
シューカ 集貨, 秀歌 →7 衆寡 →18	ジューキョアト 住居跡 →12
シューカ 銃火, 住家 →7	シューキョー 宗教 →8
ジューカ 自由化 →95	シューギョー 修業, 終業, 就業, 醜業 →8
ジューガ 自由画 →14	
シューカイ 集会 →8	ジューギョー 従業 →8
シューカイジョー 集会場 →14	ジューギョー 自由業 →14a
シューガイドー,《古は シューガイドー》 秋海棠 →15	ジューギョーイン 従業員 →14a
	シューキョーカ 宗教家 →14
ジューガオカ 自由が丘〖地〗→19	シューキョーガ 宗教画 →14

￣は高い部分 ‥と˙˙は高低が変る部分 ⌐は次が下がる符号 →は法則番号参照

シュ￢ーキョーガイカク 宗教改革 →15	**シュ￢ーゲキ** 襲撃 →8
シューキョ￢ーガク 宗教学 →14a	**ジュ￢ゲキ** 銃撃 →8
シュ￢ーギョキソク, シュ￢ーギョー￢キ	**シュ￢ーケツ** 終決, 終結, 集結 →8
ソク 就業規則 →15	**ジュ￢ーケツ** 充血 →8
シュ￢ーキョーゲキ 宗教劇 →14a	**シュ￢ーゲン** 祝言 →8
シュ￢ーギョーシエン 就業支援 →15	**ジュ￢ーケン** 銃剣 →8
シュ￢ーギョ￢ーシキ 修業式, 終業式	**ジュ￢ーケンキュー** 自由研究 →15
→14a	**シュ￢ーゲンノー** 祝言能 →14a
ジュ￢ーギョ￢ーシャ 従業者 →14a	**ジュ￢ーゴ** 十五 →31
シュ￢ーキョーセンソー 宗教戦争 →15	**ジュ￢ーゴ** 銃後 →7
ジュ￢ーキョ￢ーソー 自由競争 →15	**シュ￢ーコー** 修好, 集光, 舟行, 周航, 就
シュ￢ーキョーダンタイ 宗教団体 →15	航, 醜行 →8
シュ￢ーギョーネンゲン 修業年限 →15	**シュ￢ーゴー** 習合, 集合, 秋毫(～も…な
シュ￢ーキョーホージン 宗教法人 →15	い) →8
シュ￢ーキョク 終局, 終極, 終曲, 褶曲	**ジュ￢ーコー** 重厚, 銃口, 獣行 →8
→8	**ジュ￢ーコー** 自由港 →14a
ジュ￢ーキョ￢シ 住居址 →14	**ジュ￢ーゴー** 重合 →8
シュ￢ーギョトー 集魚灯 →14	**ジュ￢ーコーギョー** 重工業 →15
シュ￢ーキョ￢ヒ 住居費 →14	**シュ￢ーゴージュタク** 集合住宅 →15
ジュ￢ーキョヒョージ 住居表示 →15	**ジュ￢ーコーゾー** 柔構造 →15
シュ￢ーギリツ 周期律 →14	**シュ￢ーゴータイ** 集合体 →14
シュ￢ーキン 集金 →8	**ジュ￢ーコードー** 自由行動 →15
ジュ￢ーキ￢ンゾク 重金属 →15	**シュ￢ーゴーロン** 集合論 →14a
シュ￢ーク 秀句 →7	**ジュ￢ーゴサイ,《新は ジュ￢ーゴサイ》**
シュ￢ーグ 衆愚 →7	十五歳 →35
ジュ￢ーク 十九 →31	**ジュ￢ーゴニチ,《新は ジュ￢ーゴニチ》,**
ジュ￢ークニチ,《新は ジュ￢ークニチ》,	**ジュ￢ーゴンチ** 十五日 →35d
ジュ￢ークンチ 十九日 →35d	**ジュ￢ーゴニチガユ, ジュ￢ーゴンチガユ**
ジュ￢ークネン,《新は ジュ￢ークネン》,	十五日粥 →12
ジュ￢ーキュ￢ーネン 十九年 →35a	**ジュ￢ーゴネン,《新は ジュ￢ーゴネン》**
ジュ￢ークボックス jukebox →16	十五年 →35
シュ￢ークリーム ＜chou à la crème〔仏〕	**ジュ￢ーゴヤ** 十五夜(～の月) →3
→16	**シュ￢ーゴロシ** 主殺し →13
ジュ￢ーグン 従軍 →8	**ジュ￢ーコン** 重婚 →8
シュ￢ーケイ★ 集計 →8	**シュ￢ーサ** 収差 →7
ジュ￢ーケイ★ 重刑, 銃刑 →8	**ジュ￢ーサー** juicer →9
ジュ￢ーケイ★ 重慶〔地〕→21	**シュ￢ーサイ** 秀才 →8
ジュ￢ーケイ★ザイ 自由経済 →15	**ジュ￢ーザイ** 重罪 →8
ジュ￢ーケ￢イ★ショー 重軽傷 →17	**シュ￢ーザイサン** 私有財産 →15

ガギグゲゴは鼻濁音　カタカナ細字は母音の無声化　★は長音にもなる符号

シューサ──シュージ　　398

シューサク　習作, 秀作 →8	→14

シューサク　習作, 秀作 →8
ジューサツ　重刷, 重殺〖野球〗, 銃殺 →8
シューサツガカリ　集札係 →12
シューサン　集散, 蓚酸 →8
ジューサン　十三 →31
ジューサンカイキ　十三回忌 →17
シューサンキ　周産期 →14a
ジューサンサイ　十三歳 →35a
シューサンチ　集散地 →14a
ジューサンニチ,《新は ジューサンニチ》, ジューサンチ　十三日 →35ad
ジューサンネン　十三年 →35a
ジューサンヤ,《新は ジューサンヤ》　十三夜(~の月) →3a
ジューサンリ　十三里(栗よりうまい~) →35a
シューシ　宗旨 →7
シューシ, シューシ　終止 →7
シューシ　修士, 修史, 秋思 →7　終始, 収支 →18
シュージ　修辞 →7　習字(オシュージ 御~) →7, 92
ジューシ　十四〖名詞的〗(~もある) →31
ジューシ　十四〖副詞的〗(~ある) →62
ジューシ, ジューシ　重視 →7
ジユーシ　自由市, 自由詩 →14a
ジュージ　従事, 住持 →7　十時 →34
ジュージ, ジュージ　十字(=十文字・十字架) →3
ジューシー　juicy →9
シューシ(・)イッカン　終始一貫 →97, 98
ジュージカ　十字架 →14
シューシガエ　宗旨変え →13
シュージガク　修辞学 →14
ジュージカン　十時間 →36
ジユージカン　自由時間 →15
ジュージグン, ジュージグン　十字軍

→14
シューシケイ★　終止形 →14
ジュージケイ★　十字形 →14
ジユー(・)ジザイ, ジュージザイ　自由自在 →97, 98, 99
ジユーシソー　自由思想 →15
ジューシチ　十七〖名詞的〗(~もある) →31
ジューシチ　十七〖副詞的〗(~ある) →62
ジューシチカイキ　十七回忌 →17
ジューシチサイ　十七歳 →35
ジューシチニチ,《新は ジューシチニチ》, ジューシチンチ　十七日〖名詞的〗(~に行く) →35d
ジューシチニチ,《新は ジューシチニチ》, ジューシチンチ　十七日〖副詞的〗(~行く) →62d
ジューシチネン　十七年 →35
ジューシチモジ　十七文字(=俳句) →36
シュージツ　終日, 秋日, 週日 →8
ジュージツ　充実 →8
シューシフ　終止符(~を打つ) →14
シュージホー　修辞法 →14
ジュージマツ　十姉妹〖鳥〗 →15
シューシャ　終車 →8
ジューシャ　従者 →7
シュージャク, シューチャク,《古は シュージャク》　執着 →8
シューシュー　啾啾(鬼哭きく~) →58　収拾, 収集, 蒐集 →8
シュージュー　主従 →18
ジュージュー, ジュージュー　重重 →68
シューシューカ　蒐集家 →14
ジユーシュギ　自由主義 →15
シューシュク　収縮 →8
シュージュク　習熟 →8

‾は高い部分　…と‥は高低が変る部分　‾|は次が下がる符号　→は法則番号参照

ジュージュツ, ジュージュツ　柔術 →8	ジューシン　重心, 獣心, 重臣, 銃身, 獣身 →8
ジュージュン　柔順, 従順 →8	ジユージン　自由人 →14a
シュージョ　醜女 →7	シュージンカンシ　衆人環視 →15
ジュージョ　住所 →7	シューシンケイ★　終身刑 →14a
シューショー　周章, 就床, 愁傷 →8	シューシンコヨー　終身雇用 →15
シュージョー　醜状(〜をさらす) →8	ジユージンリョー　自由診療 →15
ジューショー　重唱, 重症, 重傷, 銃床 →8	シューズ　shoes →9
ジュージョー　十条《地も》 →34, 21	ジュース　deuce〔運動〕, juice〔飲料〕 →9
ジュージョー, 《新は ジュージョー》十畳 →34	ジュースイ　重水 →8
ジューショーシキ　重勝式〔競馬〕 →95	ジュースイソ　重水素 →15
ジューショーシャ　重傷者 →14a	シュースジ, シュースジ　主筋 →4
シューショーローバイ　周章狼狽 →98	ジューズメ, ジューズメ　重詰 →5
シューショク　修飾, 就職, 愁色 →8	シューセイ★　修正, 修整, 集成, 習性 →8
シューショク, 《古は シューショク》秋色 →8	シューセイ★　終生 →8
シュージョク　就褥 →8	シューゼイ★　収税 →8
ジューショク　重職 →8	ジューセイ★　銃声, 獣性 →8
ジューショク　住職 →8	ジューゼイ★　重税 →8
シューショクウンドー　就職運動 →15	シューセイ★シュギ　修正主義 →15
ジューショクギョー　自由職業 →15	シューゼイ★リ　収税吏 →14b
シューショクグチ, シューショクグチ　就職口 →12	シューセキ　集積 →8
シューショクゴ　修飾語 →14	ジューセキ　重責 →8
シューショクサキ　就職先 →12	ジューセキ　自由席 →14a
シューショクナン　就職難 →14	シューセキカイロ　集積回路 →15
ジューショ(・)フテイ★　住所不定 →97, 98	シューセキジョー　集積場 →14
ジューショロク　住所録 →14	シューセン　周旋, 終戦 →8
ジュージロ　十字路 →14	シューゼン　修繕 →8
シューシロンブン　修士論文 →15	ジューゼン　従前 →8　十全, 十善(〜の君) →34
シューシン　就寝, 終審 →8	シューゼンギョー　周旋業 →14a
シューシン, シューシン　終身 →8	シューセンニン　周旋人 →14
シューシン　修身 →8	シューゼンヒ　修繕費 →14a
シューシン, シューシン　執心(ゴシューシン 御〜) →8, 92	シューセンヤ　周旋屋 →94
	シューセンリョー　周旋料 →14a
シュージン　囚人, 衆人, 集塵 →8	シューソ　宗祖, 愁訴, 臭素 →7
	シューソー　秋霜(〜烈日) →8
	ジューソ, チョーソ　重祚 →7
	シューゾー　収蔵 →8
	ジューソー　縦走, 重奏, 重層, 銃創 →8

ガギグゲゴは鼻濁音　カタカナ細字は母音の無声化　★は長音にもなる符号

シューゾ──ジュート　400

重曹<重炭酸 soda[蘭] →10
シューゾーコ 収蔵庫 →14a
シューソク 収束, 終息(熄) →8
シューゾク, シューゾク 習俗 →8
ジューソク 充足 →8
ジューゾク 従属 →8
ジューソツ 従卒 →8
シュータイ 醜態 →8
ジュータイ 渋滞, 重態, 縦隊 →8
ジューダイ 重大 →8
ジューダイ 重代(~の家宝) →8　十代, 十台 →34
ジューダイシ 重大視 →14b
シューダイセイ 集大成 →15
ジューダイセイ 重大性 →14
ジュータク 住宅 →8
ジュータクガイ 住宅街 →14
ジュータクキンユーコーコ 住宅金融公庫 →17
ジュータクチ, ジュータクチ 住宅地 →14c
ジュータクナン 住宅難 →14
ジュータクローン 住宅 loan →16
シュダツ 収奪 →8
シュータン,《古は シュータン》 愁嘆(歎) →8
シューダン 集団 →8
ジュータン 絨毯 →8
ジューダン 縦断, 銃弾 →8
ジューダン 十段 →34
シューダンケンシン 集団検診 →15
シューダンジサツ 集団自殺 →15
シューダンシドー 集団指導 →15
シューダンシューショク 集団就職 →15
シューダンソカイ 集団疎開 →15
シューダントーコー 集団登校 →15
シューダンバ 愁嘆(歎)場 →12
ジューダンメン 縦断面 →14a

シューダンメンセツ 集団面接 →15
シューチ 周知, 衆知, 衆智, 羞恥 →7
シユーチ 私有地 →14a
シューチク 修築 →8
シューチシン 羞恥心 →14
シューチャク 収着, 祝着, 終着 →8
シューチャク, シュージャク,《古は シュージャク》 執着 →8
シューチャクエキ 終着駅 →14
シューチュー 集中, 集注 →8
シューチューゴーウ 集中豪雨 →15
シューチューチリョーシツ 集中治療室 →17
シューチューテキ 集中的 →95
ジューチューハック, ジッチューハック 十中八九 →39d
シューチューホーカ 集中砲火 →15
シューチューリョク 集中力 →14a
シューチョー 州庁, 酋長 →8
ジューチン 重鎮 →8
シューチンボン 袖珍本 →14
シューテイ 修訂, 舟艇 →8
シューテン 終点 →8
シューデン 終電<終電車 →10
ジューテン 充填, 縦転 →8
ジューテン, ジューテン 重点 →8
ジューデン 充電 →8
ジューデンキ 重電機 →15
シューデンシャ 終電車 →15
ジューデンチ 充電池 →15
ジューテンテキ 重点的 →95
シュート 姑・舅(オシュートサン 御~さん) →1, 94
シュート 囚徒, 宗徒, 衆徒, 州都 →7 shoot →9
ジュード 重度 →7 十度 →34
シュートー 周到 →8
ジュートー 充当 →8
ジュートー 自由党<日本自由党 →14

￣は高い部分　…と…は高低が変る部分　┐は次が下がる符号　→は法則番号参照

401　　ジュード──ジューハ

ジュードー　柔道 →8	ジューニブン　十二分(～に頂く) →14
シュードーイン　修道院 →14a	シューニュー　収入 →8
ジュードーギ　柔道着 →13a	シューニューインシ　収入印紙 →15
シュードーシ　修道士 →14a	シューニューヤク, シューニューヤク
シュードージョ　修道女 →14a	収入役 →14a
シュードーニ　修道尼 →14a	ジューニリツ　十二律 →35
ジュートーホー, ジュートーホー　銃	シューニン　就任 →8
刀法 →14a	ジューニン　住人,重任 →8
シュートク　拾得,修得,習得 →8	ジューニン　十人 →34
ジュートク　重篤 →8	シューニンシキ　就任式 →14a
シュートクブツ　拾得物 →14	ジューニン・トイロ　十人十色 →39
シュートメ　姑 →12	ジューニンナミ　十人並 →95
ジューナナ　十七 →31	ジューニンリキ　十人力 →14
ジューナナサイ　十七歳 →35	シューネン　執念 →8
ジューナン　柔軟 →8	ジューネン　十年 →34
ジューナンセイ★　柔軟性 →14	ジューネンセンシュ　十年選手 →15
ジューナンダイソー　柔軟体操 →15	シューネンブカイ　執念深い →54
ジューニ　十二〖名詞的〗(～もある)	ジューネンメ　十年目 →38
→31	シューノー　収納,就農 →8
ジューニ　十二〖副詞的〗(～ある) →62	ジューノー　十能〖器具〗→3
ジューニカイ　十二階 →35	シューハ　周波,秋波(～を送る),宗派
ジューニカゲツ　十二箇月 →39	→7
ジューニガツ,《副詞的には ジューニ	シューハイ　集配 →8
ガツ》　十二月 →35,62	ジューバイ　十倍 →34
ジューニキュー　十二宮 →35	シューハイニン　集配人 →14
ジューニク　獣肉 →8	ジューバク　重爆<ジューバクゲキ
ジューニサイ　十二歳 →35	キ, ジューバクゲキキ　重爆撃機
ジューニシ　十二支 →35	→10, 17
ジューニジ　十二時 →35	ジューバコ　重箱 →4
ジューニシチョー　十二指腸 →14	ジューバコヨミ　重箱読み →13
ジューニショク　十二色 →35	シューバス　終bus →16
ジューニシンホー, ジューニシンホー	シューハスー　周波数 →14
十二進法 →14a	ジューハチ　十八〖名詞的〗(～もある)
ジューニニチ, ジューニンチ　十二日	→31
〖名詞的〗(～に行く) →35d	ジューハチ　十八〖副詞的〗(～ある)
ジューニニチ, ジューニンチ　十二日	→62
〖副詞的〗(～行く) →62d	ジューハチキン, ジューハチキン,《新
ジューニネン　十二年 →35	は ジューハチキン》　十八金 →35c
ジューニヒトエ　十二単 →33	ジューハチニチ,《新は ジューハチニ

ガギグゲゴは鼻濁音　カタカナ細字は母音の無声化　★は長音にもなる符号

ジューハ──ジューモ　402

チ》, ジューハチンチ 十八日〖名詞的〗(～に行く) →35d

ジューハチニチ, 《新は ジューハチニチ》, ジューハチンチ 十八日〖副詞的〗(～行く) →62d

ジューハチネン 十八年 →35

ジューハチバン 十八番〖歌舞伎〗→35

シューハツ 終発 →8

シューバツ 秀抜 →8

ジューバツ 重罰 →8

ジューハッサイ 十八歳 →35a

ジューハッパン 十八般(武芸～) →35a

シューバン 終盤,週番 →8

ジューハン 重版,重犯,従犯 →8

ジューバン 十番 →34

シューバンセン 終盤戦 →14

シュービ 愁眉(～を開く) →7

ジューヒ 獣皮 →7

シューヒョー 衆評,集票,週評 →8

ジュービョー 重病 →8

ジュービョー 十秒 →34

ジュービョーニン, ジュービョーニン 重病人 →14a

シューフク 修復 →8

ジューフク, チョーフク 重複 →8

シューブン 秋分,醜聞 →8

ジューブン 十分・充分(～だ・な・に) →8

ジューブンノイチ 十分の一 →39

シューブンノヒ 秋分の日 →99

シューヘキ 習癖 →8

シューベルト, シューベルト Schubert〖独〗〖人〗→22

シューヘン 周辺 →8

ジューボイン 重母音 →15

シューホー, シューホー 週報,州法 →8

シューボー 衆望 →8

ジューホー, 《古は ジューホー》 重宝,什宝 →8

ジューホー 重砲 →8

ジューホー, ジューホー 銃砲 →18

ジユーボーエキ 自由貿易 →15

ジユーホーニン 自由放任 →98

ジューボク 従僕 →8

シューマイ 焼売[華] →9

ジューマイ 十枚 →34

ジユーマイ 自由米 →14

シューマク 終幕 →8

シューマツ 終末,週末 →8

シューマツイリョー 終末医療 →15

シューマツリョコー 週末旅行 →15

シューマン Schumann〖独〗〖人〗→22

ジューマン 充満 →8

ジューマン 十万 →31

ジューマンオクド 十万億土 →35

ジューマンニン 十万人 →35

シューミ, シューミ 臭味 →93

シューミン 就眠 →8

ジューミン, ジューミン 住民 →8

ジューミンウンドー 住民運動 →15

ジユー・ミンケンウンドー 自由民権運動 →97

ジューミンゼイ★ 住民税 →14a

ジューミントーヒョー 住民投票 →15

ジューミントーロク 住民登録 →15

ジューミンヒョー 住民票 →14

シューメイ★, シューメイ★ 主命 →8

シューメイ★, 《古は シューメイ★》 襲名 →8

シューメイ★ヒロー 襲名披露 →15

ジューメン, ジューメン 渋面 →8

ジューモー 絨毛,獣毛 →8

シューモク 衆目 →8

ジューモク 十目(～の見る所) →34

シューモチ, シューモチ 主持ち →5

ジューモツ 什物 →8

￣ は高い部分　¨ と ¨ は高低が変る部分　「は次が下がる符号　→ は法則番号参照

シューモ──ジューロ

シューモン, シューモン 宗門 →8
ジューモンジ 十文字 →15
シューヤ 終夜 →7
ジューヤ 十夜〖法要〗(オジューヤ 御～) →34, 92
シューヤク 集約 →8
ジューヤク 重役, 重訳 →8
シューヤクノーギョー 集約農業 →15
シューヤトー 終夜灯 →14
ジューユ 重油 →7
シューユー 舟遊, 周遊 →8
シューユーケン 周遊券 →14a
シューヨー 収容, 収用, 修養 →8
ジューヨー 重要, 重用 →8
ジューヨーシ 重要視 →14a
シューヨージョ, シューヨージョ 収容所 →14
ジューヨーセイ★ 重要性 →14
ジューヨーブンカザイ 重要文化財 →17
ジューヨク, ジューヨク 獣欲 →8
ジューヨッカ 十四日 →33
ジューヨネン 十四年 →35
ジューヨン 十四 →31
ジューヨンサイ 十四歳 →35a
シューライ 襲来 →8
ジューライ 従来 →8
シューラク, シューラク 集(聚)落 →8
ジューラン 縦覧 →8
シューリ 修理 →7
ジューリ 十里 →34
シューリツ 州立 →8
シューリョー 修了, 終了 →8
シューリョー 収量 →8
ジューリョー 銃猟 →8
ジューリョー 重量 →8 十両 →34
ジューリョーアゲ 重量挙げ →13
ジューリョーカン 重量感 →14a

ジューリョーゼイ★ 従量税 →14a
ジューリョク 重力 →8
シューリン 秋霖 →8
シユーリン 私有林 →14a
ジューリン 蹂躙 →8
ジュールイ 獣類 →8
シュールレアリスム surréalisme〔仏〕 →16
シューレイ★ 秀麗, 秋冷 →8
ジューレツ 縦列 →8
シューレッシャ 終列車 →15
シューレン 収斂 →8
シューレン 修練 →8
シューレンザイ, シューレンザイ 収斂剤 →14a
シューロー 就労 →8
ジューロー, ジューロー 十郎〖男名〗 →25
……ジューロー …十郎(セイ★ジューロー 清~, ダンジューロー 団~) →26
ジューロードー 重労働 →15
シューロク 収録, 集録 →8
ジューロク 十六〖名詞的〗(～もある) →31
ジューロク 十六〖副詞的〗(～ある) →62
ジューロクサイ, ジューロクサイ 十六歳 →35c
ジューロクニチ, 《新は ジューロクニチ》, ジューロクンチ 十六日〖名詞的〗(～に行く) →35d
ジューロクニチ, 《新は ジューロクニチ》, ジューロクンチ 十六日〖副詞的〗(～行く) →62d
ジューロクネン 十六年 →35
ジューロクミリ 16 milli〔仏〕 →37
ジューロクムサシ 十六六指 →36
ジューロクヤ, 《新は ジューロクヤ》

ガギグゲゴは鼻濁音　カタカナ細字は母音の無声化　★は長音にもなる符号

ジューロ──ジュクシ　404

十六夜(=いざよい) →3

ジューロクラカン 十六羅漢 →36
シューロン 修論＜修士論文 →10
シューロン,《古は シューロン》 宗論, 衆論 →8
シューロン 宗論〔狂言〕
シューワイ 収賄 →8
シューワイザイ, シューワイザイ 収賄罪 →14b
ジューワリ 十割 →33
ジューンブライド June bride →16
シュエイ 守衛 →8
ジュエキ 樹液 →8
ジュエキシャ, ジュエキシャ 受益者 →14c
ジュエリー jewelry →9
シュエン 主演, 酒宴 →8
シュオン 主音 →8
シュカ, シュカ 主家, 酒家 →7c
ジュカ 樹下, 儒家 →7
シュガー sugar →9
シュガーレスガム sugarless gum →16
シュカイ 首魁 →8
ジュカイ 樹海 →8
シュガキ 朱書き →5
シュカク 主格, 酒客 →8
シュカク, シュカク, シュキャク, シュキャク 主客(~転倒) →18c
ジュガク 儒学 →8
シュガクイン, シューガクイン 修学院 →14d
シュカン 主管, 主幹, 主観, 手簡 →8
シュガン, シュガン 主眼 →8
ジュカン 樹幹, 樹間 →8
シュカンセイ 主観性 →14
シュカンテキ 主観的 →95
シュキ, シュキ 手記, 酒気 →7c
シュギ 主義 →7
……シュギ …主義(キョーサンシュ

ギ 共産~, リコシュギ 利己~) →15
シュキオビウンテン 酒気帯び運転 →15
シュギシャ 主義者 →14
シュキュー 首級 →8
ジュキュー 受給 →8 需給 →18
シュキョー 酒狂, 酒興 →8
シュギョー 修行, 修業 →8
ジュキョー, ズキョー 誦経 →8
ジュキョー 儒教 →8
ジュギョー 授業 →8
ジュギョージカン 授業時間 →15
シュギョーシャ, シュギョージャ 修行者 →14a
ジュギョーリョー 授業料 →14a
シュギョク, シュギョク 珠玉 →18
シュグ 粛(~として), 宿 →6
ジュク 塾 →6
シュクア 宿痾 →7c
シュクイ 祝意 →7c
シュグー 殊遇 →8
シュクエイ 宿営, 宿衛 →8
シュクエキ 宿駅 →8
シュクエン 祝宴, 宿縁, 宿怨 →8
シュクガ, シュクガ 祝賀 →7c
シュクガカイ 祝賀会 →14
シュクガン 宿願 →8
ジュクギ 熟議 →7
シュクゲン 縮減 →8
ジュクゴ 熟語 →7
シュクゴー 宿業, 縮合 →8
シュクサイ 祝祭 →8
シュクサイジツ 祝祭日 →17
シュクサツ 縮刷, 粛殺 →8
シュクサツバン 縮刷版 →14
シュクシ, シュクシ 祝詞 →7c
シュクシ 宿志 →7c
シュクジ 祝辞 →7
ジュクシ, ジュクシ 熟柿 →7

￣は高い部分　⏞と⏞は高低が変る部分　˥は次が下がる符号　→は法則番号参照

ジュ￣クシ　熟思, 熟視 →7

ジュ￣クジ　熟字 →7

ジュ￣クシキル, ジュ￣クシキル　熟し切る →45

ジュ￣クシク￣サイ　熟柿臭い →54

シュ￣クジツ　祝日 →8

シュ￣クシャ　縮写 →7

シュ￣クシャ　宿舎 →7c

シュ￣クシャク　縮尺 →8

シュ￣クシュ　宿主 →7c

シュ￣クシュク　粛粛 →58

シュ￣クショ　宿所 →7c

シュ￣クジョ　淑女 →7c

シュ￣クショー　縮小, 祝勝, 宿将 →8

シュ￣クス　祝す, 宿す →48

シュ￣クズ　縮図 →7

ジュ￣グス, ジュ￣グス, ジュ￣グス　熟す →48c

ジュ￣クスイ　熟睡 →8

シュ￣クスル　祝する →48

ジュ￣クスル　熟する →48

シュ￣クセ, シュ￣クセ　宿世 →7c

シュ￣クセイ　粛正, 粛清 →8

ジュ￣クセイ　熟成, 塾生 →8

シュ￣クゼン　粛然 →56　宿善 →8

シュ￣クダイ　宿題 →8

ジュ￣クタツ　熟達 →8

ジュ￣クチ　熟知 →7

ジュ￣クチョー　塾長 →8

シュ￣クチョク　宿直 →8

シュ￣クチョクシツ　宿直室 →14

シュ￣クツギ, シュ￣クツギ　宿継ぎ →5

シュ￣クテキ　宿敵 →8

シュ￣クテン　祝典 →8

シュ￣クデン　祝電 →8

シュ￣クトー　祝禱, 粛党 →8

ジュ￣クトー　塾頭 →8

ジュ￣クドク　熟読 →8

ジュ￣クネン　熟年 →8

シュ￣クバ, シュ￣クバ　宿場 →4

シュ￣クハイ　祝杯 →8

シュ￣クハク　宿泊 →8

シュ￣クハクジョ, シュ￣クハクジョ　宿泊所 →14

シュ￣クハクニン　宿泊人 →14

シュ￣クハクリョー　宿泊料 →14

シュ￣クバジョロー　宿場女郎 →15

シュ￣クハズレ　宿外れ →12

シュ￣クバマチ　宿場町 →12

シュ￣クフク　祝福 →8

シュ￣クベン　宿便 →8

シュ￣クホー　祝砲 →8

シュ￣クボー　宿坊, 宿望 →8

シュ￣クメイ★　宿命 →8

シュ￣クメイ★ロン　宿命論 →14b

シュ￣クモー　縮毛 →8

ジュ￣クリョ　熟慮(〜断行) →7

ジュ￣クレン　熟練 →8

ジュ￣クレンコー, ジュ￣クレンコー　熟練工 →14a

ジュ￣クレンシャ　熟練者 →14a

シュ￣クロー　宿老 →8

シュ￣クン, シュ￣クン　主君 →94c

シュ￣クン, シュ￣クン　殊勲 →8c

ジュ￣クン　受勲 →8

シュ￣クンショー　殊勲賞 →14a

シュ￣ケイ★, シュ￣ケイ★　主計 →8c

シュ￣ケイ★, 《新は シュ￣ケイ★》 手芸 →8

ジュ￣ケイ★　受刑, 樹形 →8

ジュ￣ケイ★シャ　受刑者 →14b

シュ￣ケン, シュ￣ケン　主権 →8c

シュ￣ゲン　修験 →8

ジュ￣ケン　受験 →8

シュ￣ケン(・)ザイミン, シュ￣ケン(・)ザイミン　主権在民 →97, 98

ジュ￣ケンジゴク　受験地獄 →15

シュ￣ゲンシャ　主権者 →14a

シュ￣ゲンジャ, 《もと シュ￣ゲンジャ》

ガギグゲゴは鼻濁音　カタカナ細字は母音の無声化　★は長音にもなる符号

修験者 →14a	シュシショクブツ　種子植物 →15
ジュケンシャ　受験者 →14a	シュシセツメイ。　趣旨説明 →15
ジュケンジュンビ　受験準備 →15	シュシャ　手写 →7　取捨(~選択) →18
ジュケンセイ。　受験生 →14a	ジュシャ　儒者 →7
シュゲンドー　修験道 →14a	シュジュ　侏儒 →7　種種 →11, 68
ジュケンヒョー　受験票 →14	ジュジュ　授受 →18
ジュケンベンキョー　受験勉強 →15	シュジュー, シュージュー　主従 →18
ジュゲンリョー　受験料 →14a	シュジュ(・)ザッタ　種種雑多 →97, 98
シュゴ　守護, 主語 →7	シュジュソー　種種相 →14
シュコー　手交, 首肯, 手工 →8　酒肴 →18	シュジュツ　手術 →8
シュコー, 《古は シュコー》　趣向 →8c	ジュジュツ　呪術 →8
シュゴー　酒豪 →8	シュジュツシツ　手術室 →14
ジュコー　受講 →8	シュショー　殊勝, 主唱, 首唱, 主将, 首将, 首相 →8
シュコーギョー　手工業 →15	シュジョー　主上, 衆生 →8
シュコーゲイ。　手工芸 →15	ジュショー　受賞, 授賞, 受章, 授章 →8
シュコーリョー　酒肴料 →14a	ジュジョー　樹上 →8
シュゴジン, シュゴシン　守護神 →14	シュショーカンテイ。, シュショーカンテイ。　首相官邸 →15
シュゴダイ　守護代 →14	シュジョーサイド　衆生済度 →15
ジュゴン　dugong →9	ジュショーシキ　授賞式, 授章式 →14a
シュサ, シュサ　主査 →7c	シュショーシャ　首唱者 →14a
シュサイ　主宰, 主催, 主祭, 主菜 →8	ジュショーシャ　受賞者, 受章者 →14a
シュザイ　取材 →8	シュショク　主色, 主食 →8
シュサイシャ　主宰者, 主催者 →14b	シュショク, シュショク　酒色, 酒食 →18
シュザヤ　朱鞘 →4	シュショクブツ　主食物 →17
シュザン　珠算 →8	シュシン　主神, 主審, 朱唇 →8
ジュサン　授産 →8	シュジン　主人(ゴシュジン 御~) →8, 92
ジュサンジョ, ジュサンジョ　授産所 →14	ジュシン　受信, 受診 →8
シュサンチ　主産地 →17	ジュシンキ　受信機 →14a
シュシ　主旨, 趣旨, 種子 →7　朱子〖人〗 →94	シュジンコー　主人公 →14a
シュジ　主事 →7	ジュシンバコ　受信箱 →12
ジュシ　樹脂 →7	ジュシンリョー　受信料 →14a
シュジイ　主治医 →14	シュス　繻子 →7
シュシガク　朱子学 →14	ジュズ　数珠 →7
ジュシカコー　樹脂加工 →15	シュスイ　取水 →8
シュジク, シュジク　主軸 →8	

￣は高い部分　¨と¨は高低が変る部分　⌐は次が下がる符号　→は法則番号参照

407　　　　ジュスイ──シュッコ

ジュスイ　入水 →8	シュダン　手段 →8
シュスイコー, シュスイコー　取水口 →14b	シュチュー　手中, 主柱 →8
	ジュチュー　受注 →8
ジュズゴダマ　数珠子玉 →12	シュチョー　主張, 腫脹, 主調, 主潮 →8
ジュズダマ　数珠玉 →12	シュチョー, シュチョー　首長 →8c
ジュズツナギ　数珠繋ぎ →13	シュチョーコク　首長国 →14a
シュズミ　朱墨 →4	シュチン, シチン　繻珍 →8d
シュセイ★　守成, 守勢, 酒精 →8	シュツ　出 →6
シュゼイ★　酒税 →8	ジュツ　術 →6
ジュセイ★　受精, 授精 →8	ジュツ, ジュツ　述 →6
シュセイブン　主成分 →15	じゅっ……　十… ⇨じっ……
ジュセイラン　受精卵 →14b	シュツエン　出演, 出捐 →8
シュセキ　手跡, 主席, 首席, 酒席 →8	シュツエンシャ　出演者 →14a
シュセキサン, シュセキサン　酒石酸 →14c	シュツエンリョー　出演料 →14a
	シュッカ　出火, 出荷 →7
シュセン　主戦, 朱線, 酒仙 →8	シュツガ, シュツガ　出芽 →7
ジュセン　受洗 →8	ジュッカイ　述懐 →8
シュゼンジ　修禅寺〔寺〕 →14	シュッカン　出棺 →8
シュゼンジ, シュゼンジ　修善寺〔地〕 →21	シュツガン　出願 →8
	シュツガンシャ　出願者 →14a
シュゼンジモノガタリ　修禅寺物語 →12	シュツギョ　出御 →7
シュセンド　守銭奴 →14a	シュッキョー　出京, 出郷 →8
シュセンロン　主戦論 →14a	シュッキン　出金, 出勤 →8
ジュソ　呪詛 →7	シュッキンシャ　出勤者 →14a
シュゾー　酒造 →8	シュッキンボ　出勤簿 →14a
ジュゾー　受贈, 受像, 寿像 →8	シュッケ　出家 →7
シュゾーカ　酒造家 →14	シュツゲキ　出撃 →8
シュゾク　種族 →8	シュッケツ　出血 →8　出欠 →18
シュタイ　主体 →8	シュッケツサービス　出血 service →16
シュダイ　主題 →8	シュツゲン　出現 →8
ジュタイ　受胎, 樹帯 →8	シュッコ　出庫 →7
ジュダイ　入内 →8	ジュツゴ　述語, 術語 →7
シュダイカ　主題歌 →14b	ジュツゴ, ジュツゴ　術後 →7
シュダイキョク　主題曲 →14b	シュッコー　出向, 出校, 出航, 出港, 出講 →8
シュタイセイ★　主体性 →14	
ジュタク　受託 →8	ジュッコー　熟考 →8
ジュダク　受諾 →8	シュッコク　出国 →8
シュタル, シュタル　主たる →63c	シュツゴク　出獄 →8
	シュッコンソー　宿根草 →14

ガギグゲゴは鼻濁音　カタカナ細字は母音の無声化　★は長音にもなる符号

ジュッサ──シュツル　　　408

ジュッサク　述作, 術策 →8
シュッサツ　出札 →8
シュッサツガカリ　出札係 →12
シュッサツグチ　出札口 →12
シュッサツジョ, シュッサツジョ　出札所 →14
シュッサン　出産 →8
シュッシ　出仕, 出資 →7
シュヅジ　出自 →7
シュッシシャ　出資者 →14
シュッシャ　出社 →7
シュッショ, シュッショ　出所 →7
シュッショー　出生 →8
シュッジョー　出場 →8
シュッジョーコー　出場校 →14a
シュッジョーシャ　出場者 →14a
シュッショーチ　出生地 →14a
シュッショードドケ　出生届け →13
シュッショーリツ　出生率 →14ab
シュッショク　出色 →8
シュッシン　出身 →8
シュッジン　出陣 →8
シュッシンガッコー　出身学校 →15
シュッジンコー　出身校 →14a
シュッジンシャ　出身者 →14a
シュッジンチ　出身地 →14a
シュッスイ　出水 →8
シュッセ　出世 →7
シュッセイ　出征 →8　出生 ⇒シュッショー
シュッセイグンジン　出征軍人 →15
シュッセウオ　出世魚 →12
シュッセガシラ　出世頭 →12
シュッセキ　出席 →8
シュッセキシャ, シュッセキシャ　出席者 →14c
シュッセキボ　出席簿 →14
シュッセサク　出世作 →14
シュッセバライ　出世払 →13

シュッソー　出走 →8
シュッタイ, (シュツライ)　出来 →8
シュッダイ　出題 →8
シュッタツ　出立 →5
シュッタン　出炭 →8
ジュッチュー　術中(~に陥る) →8
シュッチョー　出張, 出超(↔入超) →8
シュッチョージョ, シュッチョージョ　出張所 →14
シュッテイ　出廷 →8
シュッテン　出典, 出展, 出店 →8
シュツド　出土 →7
シュットー　出頭 →8
シュツドー　出動 →8
シュツドヒン, シュツドヒン　出土品 →14
シュツニュー　出入 →18
シュツニューコク　出入国 →17
シュツバ　出馬 →7
シュッパツ　出発 →8
シュッパツテン, シュッパツテン　出発点 →14c
シュッパン　出帆, 出版 →8
シュッパンギョー　出版業 →14a
シュッパンキョーカイ　出版協会 →15
シュッパンシャ　出版社 →14a
シュッパンヒ　出版費 →14a
シュッパンブツ　出版物 →14a
シュッパンヤ　出版屋 →94
シュッピ　出費 →7
シュッピン　出品 →8
シュッペイ　出兵 →8
シュツボツ　出没 →18
シュッポン　出奔 →8
シュツラン　出藍(~の誉) →8
シュツリ　出離 →7
シュツリョー　出猟, 出漁 →8
シュツリョク　出力 →8
シュツルイ　出塁 →8

‾ は高い部分　˙˙ と ˙˙ は高低が変る部分　⌐は次が下がる符号　→ は法則番号参照

シュ**テン** 主点 →8	シュ**ハン** 主犯, 首班 →8
ジュ**デン** 受電 →8	ジュ**バン**, ジ**バン** 襦袢 →9d
シュ**テンドージ** 酒顚童子, 酒呑童子 →15	シュ**ヒ** 種皮 →7
シュ**ト**, シュ**ト** 首都, 首途, 衆徒 →7c	シュ**ビ** 首尾(~がよい, 上上の~) →7
シュ**トー** 種痘 →8	シュ**ビ** 守備 →7 首尾(~一貫, ~照応) →18
シュ**ドー** 手動, 主動, 主導 →8	ジュ**ヒ** 樹皮 →7
ジュ**ドー** 受動 →8	シュ**ビキ** 朱引 →5
シュ**ドーケン** 主導権 →14a	シュ**ヒギム** 守秘義務 →15
ジュ**ドーテキ** 受動的 →95	ジュ**ピター** Jupiter〔神〕 →23
シュ**トク** 取得 →8	シュ**ビタイ** 守備隊 →14
シュ**ドク**, シュ**ドク** 酒毒 →8	シュ**ヒツ** 主筆, 朱筆 →8
シュ**トケン** 首都圏 →14	シュ**ビハンイ** 守備範囲 →15
シュ**トコー**, シュ**トコーソク** 首都高(速)<首都高速道路 →15	シュ**ビヘイ** 守備兵 →14
シュ**トシテ**, シュ**トシテ** 主として →69c	シュ**ビョー** 種苗 →8
ジュ**ナン** 受難 →8	ジュ**ヒョー** 樹氷 →8
ジュ**ニア**, ジュ**ニアー** junior →9	シュ**ビヨク**, シュ**ビョク**, シュ**ビヨク** 首尾よく →67
シュ**ニク** 朱肉 →8	シュ**ヒン** 主賓 →8
シュ**ニク** 酒肉 →18	シュ**ビン**, シ**ビン** 溲瓶 →8d
ジュ**ニュー** 授乳 →8	シュ**フ** 主婦, 首府 →7
ジュ**ニューキ** 授乳期 →14a	シュ**ブ** 主部 →7
シュ**ニン** 主任 →8	シュ**プレヒコール** Sprechchor〔独〕 →16
シュ**ヌリ** 朱塗り →5	シュ**フレン**, シュ**フレン** 主婦連<主婦連合会 →10
ジュ**ネーブ** Genève〔仏〕〔地〕 →21	シュ**ブン** 主文 →8
シュ**ノー** 首脳 →8	ジュ**フン** 受粉 →8
ジュ**ノー** 受納 →8	シュ**ヘイ** 手兵, 守兵 →8
シュ**ノーカイダン** 首脳会談 →15	シュ**ヘキ** 酒癖 →8
シュ**ノーケル**, ス**ノーケル** Schnörkel〔独〕 →9	シュ**ベツ** 種別 →8
シュ**ノーシャ** 首脳者 →14a	シュ**ホ** 酒保 →7
シュ**ノーブ** 首脳部 →14a	シュ**ホー** 主砲, 主峰, 修法, 手法 →8
シュ**バ** 種馬 →7	シュ**ボー** 首謀 →8
シュ**ハイ** 酒杯 →8	シュ**ボーシャ** 首謀者 →14a
ジュ**ハイ** 受配 →8	シュ**ボン** 朱盆 →8
シュ**バイツァー** Schweitzer〔独〕〔人〕 →22	シュ**ミ** 趣味 →7
ジュ**バク** 呪縛 →8	シュ**ミーズ**, シ**ミーズ** chemise〔仏〕 →9

ガギグゲゴは鼻濁音　カタカナ細字は母音の無声化　★は長音にもなる符号

シュミセ──ジュンエ

シュミセン 須弥山 →14	シュリュー 主流 →8
シュミダン, シュミダン 須弥壇 →14	シュリューダン, テリューダン 手榴弾 →15
シュミャク 主脈 →8	シュリョー 狩猟,首領,酒量 →8
ジュミョー 寿命 →8	ジュリョー 受領 →8
シュム 主務 →7	シュリョク, シュリョク 主力 →8
シュメイ, シュメイ 主命 →8	シュリョクカブ, シュリョクカブ 主力株 →12c
シュモク,《古は シュモク》 撞木 →8	シュリョクカン, シュリョクカン 主力艦 →14
シュモク, シュモク 種目 →8	ジュリン 樹林 →8
ジュモク 樹木 →8	シュルイ 種類,酒類 →8
ジュモクイ 樹木医 →14	シュルイワケ 種類分け →13
シュモクズエ 撞木杖 →12	ジュレ gelée〔仏〕 →9
シュモツ 腫物 →8	ジュレイ 樹齢 →8
ジュモン 呪文 →8	シュレッダー shredder →9
シュヤク 主役 →8	シュレン, シュレン 手練 →8
シュユ 須臾(〜にして) →7	シュロ 棕櫚〖植〗 →7
ジュヨ 授与 →7	ジュロー 入牢 →8
シュヨー 主要,須要,主用,腫瘍 →8	ジュロージン 寿老人 →17
ジュヨー 需要,受容 →8	シュロチク 棕櫚竹 →14
ジュヨーシャ 需要者 →14a	シュロナワ 棕櫚縄 →12
シュヨク, シュヨク 主翼 →8	シュロボーキ 棕櫚箒 →12
ジュヨシキ 授与式 →14	シュワ 手話 →7
シュラ 修羅(〜のちまた)	ジュワキ 受話器 →14
ジュライ 入来(ゴジュライ 御〜) →8, 92	シュワン, シュワン 手腕 →8
ジュラク 入洛 →8	シュワンカ 手腕家 →14
ジュラクダイ 聚楽第 →14	シュン 旬(さんまの〜) →6
シュラジョー, シュラジョー 修羅場 →14	ジュン 順 →6
シュラドー, シュラドー 修羅道 →14	ジュン 純(〜日本的),準 →6,91 醇, 旬 →6 純・淳・順〖男名〗→23
シュラバ, シュラバ 修羅場 →12	ジュンアイ 純愛 →8
シュラモノ, シュラモノ 修羅物〖能〗 →12	ジュンイ 准尉〖階級〗,順位 →7
ジュラルミン duralumin →9	ジュンイチ, ジュンイチ, ジュンイチ 純一・順一〖男名〗→25
シュラン,《新は シュラン》 酒乱 →8	ジュンイツ 純一 →8
シュリ 首里〖地〗 →21	シュンエイ 俊英 →8
ジュリ 受理 →7	ジュンエキ, ジュンエキ 純益 →8
シュリケン, (シリケン) 手裏剣 →14d	ジュンエン 順延,巡演 →8
ジュリツ 樹立 →8	

￣ は高い部分　‥ と ⋯ は高低が変る部分　⌐ は次が下がる符号　→ は法則番号参照

ジュンオクリ 順送り →13	シュンケン 峻険 →8
シュンガ 春画 →7	シュンゲン 峻厳 →8
ジュンカ, ジュンカ 純化,醇化 →7	ジュンケン 巡見,巡検,純絹 →8
ジュンカイ 巡回 →8	ジュンコ 醇乎 →56 純子・淳子・順子
シュンカ(・)シュートー 春夏秋冬 →97, 98	〖女名〗→25
ジュンカツユ, ジュンカツユ 潤滑油 →14	シュンコー 竣功,春光 →8
シュンカン 瞬間 →8	シュンゴー 俊豪 →8
シュンカン 俊寛〖人・能〗→24	ジュンコー 巡幸,巡航,巡行,順行 →8
ジュンカン 循環,旬刊 →8 准看<	ジュンコク 純黒,殉国 →8
ジュンカンゴフ 准看護婦 →10, 17	ジュンサ, ジュンサ 巡査 →7
ジュンカンキ 循環器 →14a	シュンサイ 俊才 →8
ジュンカンゴシ 准看護師 →17	シュンサイ 蓴菜〖植〗→8
シュンキ 春季,春期,春機 →7	ジュンサツ 巡察 →8
シュンギク, シュンギク 春菊 →8	シュンジ 瞬時 →7
ジュンキッサ 純喫茶 →15	ジュンシ 巡視,殉死 →7
ジュンギャク, ジュンギャク 順逆 →18	ジュンシ 荀子〖人・書〗→94
ジュンキュー 準急<準急行 →10	ジュンジ 順次 →7
シュンキョ 峻拒 →7	ジュンシセン, ジュンシセン 巡視船 →14
ジュンキョ 準拠 →7	シュンジツ 春日 →8
シュンギョー 春暁 →8	ジュンジツ 旬日 →8
ジュンキョー 殉教,順境 →8	ジュンシテイ 巡視艇 →14
ジュンギョー 巡業 →8	ジュンシャイン 準社員 →15
ジュンキョーシャ 殉教者 →14a	ジュンシュ 遵守,順守 →7
ジュンキョージュ 准教授 →15	シュンシュー 俊秀,春愁 →8
ジュンキン 純金 →8	シュンジュー, シュンジュー 春秋
ジュンギン, ジュンギン 純銀 →8	《書・時代も》→18
ジュンキンチサン, ジュンキンジサン	シュンジュージダイ 春秋時代 →15
準禁治産 →17	シュンジュン 逡巡 →8
ジュングリ 順繰り →5	ジュンジュン 諄諄(~と説く) →58
シュンケイ 春慶<シュンケイヌリ	ジュンジュン 順順(~に) →58
春慶塗 →3, 13	ジュンジョ 順序(~不同) →7
ジュンケイ 純系 →8	シュンショー 春宵(~一刻直千金)
ジュンケツ 純潔,純血 →8	→8
ジュンゲツ, ジュンゲツ 旬月 →18	シュンジョー 春情 →8
ジュンケツキョーイク 純潔教育 →15	ジュンショー 准将〖階級〗→8
ジュンゲッショー 準決勝 →15	ジュンジョー 純情 →8
	シュンショク,《新はシュンショク》
	春色 →8

ガギグゲゴは鼻濁音　カタカナ細字は母音の無声化　★は長音にもなる符号

ジュンショク 殉職, 潤色 →8	→14
シュンショク・ウメゴヨミ, シュンショ	ジュンビタイソー 準備体操 →15
クウメゴヨミ(ウはンとも) 春色梅	シュンビン 俊敏 →8
児誉美〘書〙→97	シュンプー 春風 →8
ジュンショトク 純所得 →15	ジュンプー 順風(～満帆ホホ) →8
ジュンジル, ジュンジル 殉じる, 準じ	ジュンプービゾク 淳風美俗 →98
る →47	ジュンフドー 順不同 →98
ジュンシン 純真 →8	シュンブン 春分 →8
シュンスイ 春水 ⇒タメナガ～	ジュンブン 純分 →8
ジュンスイ 純粋 →8	ジュンブンガク 純文学 →15
ジュンズル, ジュンズル 殉ずる, 準ず	シュンブンノヒ 春分の日 →99
る →47	シュンベツ 峻別 →8
ジュンセイ 純正 →8	ジュンポー 遵奉, 遵法, 旬報 →8
シュンセツ 浚渫, 春雪, 春節 →8	ジュンポートーソー 遵法闘争 →15
ジュンゼン 純然 →56	ジュンボク 淳朴 →8
シュンソー 春草 →8	シュンポン 春本 →8
シュンソク 駿足 →8	ジュンマイ 純米 →8
ジュンソク 準則 →8	ジュンマイシュ 純米酒 →14b
ジュンタク 潤沢 →8	シュンミン 春眠(～暁を覚えず) →8
シュンダン 春暖(～の候) →8	シュンメ 駿馬 →7
ジュンチョー 順調 →8	ジュンメン 純綿 →8
シュンデイ 春泥 →8	ジュンモー 純毛 →8
ジュンド 純度 →7	ジュンユーショー 準優勝 →15
シュントー 春闘＜春季闘争 →10	ジュンヨ 旬余 →7
シュンドー 蠢動 →8	ジュンヨー 準用, 遵用 →8
ジュントー 順当 →8	ジュンヨーカン 巡洋艦 →14
ジュンナン 殉難 →8	シュンライ 春雷 →8
ジュンニ 順に →61	シュンラン 春蘭 →8
ジュンノー 順応 →8	ジュンラン 巡覧 →8
ジュンノーセイ 順応性 →14	ジュンリ 純利, 純理 →7
シュンノーデン 春鶯囀〘雅楽〙→14a	ジュンリョー 純良, 順良 →8
シュンバ 駿馬 →7	ジュンレイ 巡礼 →8
ジュンパイ 巡拝 →8	ジュンレキ 巡歴 →8
ジュンパク 純白 →8	シュンレツ 峻烈 →8
シュンパツリョク 瞬発力 →14	ジュンレツ 順列 →8
ジュンバン 順番 →8	ジュンレックミアワセ 順列組合せ
ジュンビ 準備 →7	〘数学〙→98
ジュンビウンドー 準備運動 →15	ジュンロ 順路 →7
ジュンビキン, ジュンビキン 準備金	ショ 書(＝文字・筆跡) →6

⎺は高い部分　⋯と⋰は高低が変る部分　⌐は次が下がる符号　→は法則番号参照

413　　　　　　　　　　　　　　　　　ショ──ショーイ

ショ｜　書(=書物・手紙), 暑, 署, 緒　→6
‥‥‥ショ, ‥‥‥ショ　…所(カイギ ショ, カイギショ　会議~)　→14
‥‥‥ショ, ‥‥‥ショ　…書(モーシコ ミショ, モーシコミショ　申込~)　→14
ジョ｜　序(ジョノクチ　~の口)　→6, 19
ジョ｜　女　→6
‥‥‥ジョ　…女(シジョ　紫~, ツル ジョ　鶴~, チヨジョ　千代~)　→94
‥‥‥ジョ, ‥‥‥ジョ　…所(ケンキュー ジョ, ケンキュージョ　研究~)　→14
ジョ｜　自余　→7
ショアク　諸悪(~の根源)　→8
ジョイ　叙位　→7
ジョイ, ジョイ　女医(~さん)　→7
ショイアゲ　背負上げ『和服』　→13
ショイコミ　背負込み　→13
ショイコム　背負い込む　→45
ショイチネン, ショイチネン　初一念　→39
ショイナゲ　背負投げ　→13
ショイン, ショイン　書院　→8
ショイン, 《古はショイン》　書淫　→8
ショイン　署員　→8
ショイン, ショイン　所員　→8
ショインズクリ　書院造り　→13
ジョイント　joint　→9
ショウ　背負う　→46d
‥‥‥しょう　…章…‥升『数』　→34, 35
ショエン　初演(本邦~), 所縁　→8
ジョエン　助演　→8
ショー　小, 少, 升, 生, 抄, 性(~が抜ける), 省, 荘, 称, 将, 章, 商, 証, 詔, 衝, 賞, 鐘, 鉦, 妾, 頌　→6　正(~八時)　→6, 38　show　→9　Shaw『人』　→22
ショー, 《雅楽部ではショー》　笙　→6
‥‥‥ショー　…商(ザッカショー　雑貨 ~), …省(ガイムショー　外務~), …

抄(チエコ ショー　智恵子~)　→14
‥‥‥ショー　…勝(フセンショー　不戦 ~)　→14　…勝(イッショー　一~, サンショー　三~)　→34
ショー｜　止揚, 飼養, 使用, 試用, 私用, 子葉, 仕様(~がない)　→8
ショー, ショー　枝葉(~末節)　→18
ジョー　情, 錠(~をかける), 丈(=反物等の長さ。~が有る)　→6
ジョー, ジョー　状, 帖　→6
ジョー　上, 丈, 条, 定, 場, 嬢, 丞, 尉(~と姥ᵇᵇ)　→6
‥‥‥ジョー　…上(イッシンジョー　一身~), …場(トクバイジョー　特売~), …状『状態』(ウロコジョー　鱗~)　→14
‥‥‥ジョー, ‥‥‥ジョー　…状『手紙・文書』(コーカイジョー, コーカイ ジョー　公開~)　→14b
‥‥‥ジョー　…城(オーサカジョー　大坂~), …丈(キチエモンジョー　吉右衛門~), …嬢(コーカンジョー　交換 ~, タナカジョー　田中~, ミチコ ジョー　道子~)　→14a
ジョー　滋養　→8
ショーアイ　鍾愛　→8
ジョーアイ　情合　→4　情愛　→8
ショーアク　掌握　→8
ショーアジア, ショーアジヤ　小Asia『地』　→16
ショーイ　小異, 少尉, 焼夷, 傷痍　→7
ジョーイ　譲位, 上位, 上衣, 上意(~下達), 攘夷(勤皇~)　→7　情意　→18
ショーイインカイ　小委員会　→17
ショーイグンジン　傷痍軍人　→15
ショーイダン　焼夷弾　→14
ショーイチ, ショーイチ, ショーイチ　正一・昭一『男名』　→25
ショーイチイ　正一位　→38

ガギグゲゴは鼻濁音　カタカナ細字は母音の無声化　★は長音にもなる符号

ジョーイ──ショーガ　414

ジョーイロン　攘夷論 →14	→8
ショーイン　承引,証印,松韻,勝因 →8	ショーカイ, ショーカイ　商会,商界 →8
ジョーイン　上院,乗員,冗員 →8	ショーガイ　傷害,障害,渉外 →8
ジョーインギイン　上院議員 →15	ショーガイ　生害,生涯 →8
ショーウ　小雨 →7	ジョーカイ　常会 →8
ショーウィンドー, ショーウインドー　show window →16	ジョーガイ　城外,場外 →8
ジョーウチ　常打ち →5	ショーガイキョーイク　生涯教育 →15
ショーウチュー　小宇宙 →15	ショーガイザイ, ショーガイザイ　傷害罪 →14b
ショーウン　商運,勝運 →8	ショーカイシャ　紹介者 →14b

小雨 →7
省エネ＜省 Energie［独］ →10

ショーエイ　照影 →8
ジョーエイ　上映 →8
ショーエキ　小駅 →8
ジョーエツ　上越＜上野…・越後…＞ →29
ジョーエツセン　上越線 →14
ショーエネ　省エネ＜省 Energie［独］ →10
ショーエン　小宴,招宴,荘園,硝煙 →8
ジョーエン　上演,情炎 →8
ショーエン(・)ダンウ　硝煙弾雨 →97,98
ショーエンハンノー　硝煙反応 →15
ジョーエンリョー　上演料 →14a
ジョオー,《ジョーオー は避けたい》　女王 →8
ショーオー　照応 →8
ジョオーバチ　女王蜂 →12a
ショーオン　消音 →8
ジョーオン　常温 →8
ショーカ　昇華,消化,消火,消(銷)夏 →7
ショーカ　小過,唱歌,頌歌,商科,商家,娼家,漿果 →7　上下 →18
ショーガ　生薑
ショーガ　小我 →7
ジョーカ, ジョーカ　浄化,城下 →7
ジョーカ　浄火,情火,情歌 →7
ジョーカー　joker →9
ショーカイ　紹介,照会,詳解,哨戒,小会

ショーガイシャ　障害者 →14b
ショーカイジョ, ショーカイジョ　紹介所 →14
ショーカイジョー, ショーカイジョー　紹介状 →14b
ショーカイセキ　蔣介石〖人〗 →27
ショーガイチシ　傷害致死 →15
ショーカイハ　小会派 →14b
ショーガイブ　渉外部 →14b
ショーガイフクシネンキン　障害福祉年金 →17
ショーガイブツ　障害物 →14b
ショーガイブツキョーソー　障害物競走 →15
ショーガイホケン　傷害保険 →15
ショーカエキ　消化液 →14
ショーカカン, ショーカカン　消化管 →14
ショーカキ　消化器,消火器 →14
ショーカク　昇格 →8
ショーガク　小学,奨学,少額 →8
ショーガク　商学 →8
ジョーカク　城郭,城閣 →8
ジョーガク　上顎 →8
ショーガクイン　奨学院 →14
ショーガクキン, ショーガクキン　奨学金 →14
ショーガクシ, ショーガクシ　商学士

￣は高い部分　…と…は高低が変る部分　「は次が下がる符号　→は法則番号参照

ショーガ──ジョーキ

→17

ショーガクシキン, ショーガクシキン 奨学資金 →15

ショーガクショーカ 小学唱歌 →15

ショーガクセイ, ショーガクセイ★ 小学生, 奨学生 →17

ショーガクハクシ, ショーガクハカセ 商学博士 →15

ショーガクブ, ショーガクブ 商学部 →17

ショーガクボー 正覚坊〖亀〗 →14

ショーカザイ, ショーカザイ 消化剤, 消火剤 →14

ジョーガシ 上菓子 →15

ジョーガシマ, 《古は ジョーガシマ》 城ヶ島 →19

ショーカセン, ショーカセン 消火栓, 消化腺 →14

ジョーガソー 浄化槽 →14

ショーカゾク 小家族 →15

ショーガツ, 《副詞的には ショーガツ》 正月 →8, 62

ショーガッコー 小学校 →17

ショーガナイ 仕様が無い〖俗〗 →54d

ショーカフリョー 消化不良 →15

ショーカホー 消(銷)夏法 →14

ジョーガマチ 城下町 →12

ショーガヤキ 生姜焼き →13

ショーカン 召喚, 召還, 償還, 昇官, 少閑, 商館 →8

ショーカン, ショーカン 将官 →8

ショーカン, 《古は ショーカン》 小寒 →8

ショーガン 賞翫 →8

ジョーカン 乗艦, 上官, 上巻, 情感 →8

ジョーカン, ジョーカン 上燗 →8

ショーカンジョー, ショーカンジョー 召喚状 →14a

ショーカンゼオン 聖観世音 →17

ショーガンノン 聖観音 →15

ジョーガンパン 上甲板 →15

ショーキ 小器, 将器, 商機 →7 鍾馗(〜様)

ショーキ, ショーキ 詳記, 正気 →7

ショーギ 将棋 →7

ショーギ 商議, 省議, 娼妓 →7

ショーギ, ショーギ 床几(机) →7

ジョーキ 上気(〜する) →7

ジョーキ 上記, 条規, 常軌, 蒸気 →7

ジョーギ 定規, 情誼 →7 情義 →18

ショーギイン 商議員 →14

ジョーキキカンシャ 蒸気機関車 →17

ショーキギョー 小企業 →15

ジョーキゲン 上機嫌 →15

ショーギサシ 将棋指し →13

ショーキズク 正気付く →46

ジョーキセン, ジョーキセン 蒸気船 →14

ショーギタイ 彰義隊 →14

ショーギダオシ 将棋倒し →13

ショーキチ, ショーキチ 小吉 →8

ショーギバン 将棋盤 →14

ショーギボ 小規模 →15

ジョーキポンプ 蒸気 pomp〖蘭〗 →16

ショーキャク 消却, 焼却, 償却, 正客 →8

ジョーキャク 上客, 乗客, 常客 →8

ショーキャクロ 焼却炉 →14

ショーキュー 小休, 昇級, 昇給 →8

ジョーキュー 上級, 承久〖年号〗 →8

ショーキューシ 小休止, 小臼歯 →15

ジョーキューセイ★ 上級生 →14a

ショーキョ 消去 →7

ショーキョー 商況 →8

ショーギョー, 《古は ショーギョー》 商業 →8

ジョーキョー 上京, 状況, 情況, 常況, 場況 →8

ガギグゲゴは鼻濁音　カタカナ細字は母音の無声化　★は長音にもなる符号

ショーギ──ショーコ　　416

ショーギョーカ　商業科 →14	ショーケツ　猖獗(~をきわめる) →8
ショーギョージョー　商業上 →14	ジョーゲドー　上下動 →14
ジョーキョーショーコ　状況証拠, 情況証拠〖法律〗 →15	ショーケン　小見, 正絹, 商権 →8
ショーギョーセイサク　商業政策 →15	ショーケン, ショーケン　証券 →8
ショーキョート　小京都 →15	ショーゲン, ショーゲン　証言 →8
ショーギョードートク　商業道徳 →15	ジョーケン, ジョーケン　条件 →8
ショーギョートシ　商業都市 →15	ジョーゲン　上弦(~の月) →8
ショーギョービジュツ　商業美術 →15	ジョーゲン, ジョーゲン　上限 →8
ショーキョク　小曲, 消極 →8	ショーケンガイシャ　証券会社 →15
ショーキョクテキ　消極的 →95	ジョーケンツキ, ジョーケンツキ　条件付き →13a
ショーキョホー, ショーキョホー　消去法 →14	ショーケントリヒキジョ, ショーケントリヒキジョ　証券取引所 →17
ショーキン　正金, 奨金, 賞金, 償金 →8	ジョーケンハンシャ　条件反射 →15
ジョーキン　常勤 →8	ショーコ　証拠 →7
ショーク　章句 →18	ショーコ　称呼, 尚古, 鉦鼓 →7
ショオク　書屋 →8	ショーゴ　正午 →7
ジョーク　joke →9	ジョーコ　上古 →7
ジョークー　上空 →8	ジョーゴ　冗語, 畳語 →7
ショークートー　照空灯 →14	ジョーゴ　上戸, 漏斗 →7
ショーグブン　小区分 →15	ショーゴイン　聖護院〖寺・大根〗 →14
ショーグン　将軍 →8	ショーゴインダイコン　聖護院大根 →15
ショーグンケ, 《新は ショーグンケ》　将軍家 →14a	ショーコー　焼香, 小康, 小稿, 症候, 商港 →8　昇降 →18
ジョーゲ　上下 →18	ショーコー, ショーモー　消耗 →8
ショーケイ★　少憩, 承継, 憧憬, 小径, 小計, 小景, 象形 →8	ショーコー, ショーコー　商工 →18
ジョーケイ★　情景, 場景 →8	ショーコー　昇汞, 将校 →8
ジョーケイキ　上景気 →15	ショーゴー　照合 →8
ショーケイモジ, ショーケイモジ　象形文字 →15	ショーゴー, ショーゴー　称号, 商号 →8
ショーケース　showcase →16	ジョーコー　条項, 情交 →8　乗降 →18
ショーゲキ　衝撃, 小隙, 笑劇 →8	ジョーコー, ジョーコー　上皇 →8
ショーゲキジョー, ショーゲキジョー　小劇場 →15	ショーコーイ　商行為 →15
ショーゲキハ, ショーゲキハ　衝撃波 →14c	ショーコーカイギショ, ショーコーカイギショ　商工会議所 →17
ジョーゲスイドー　上下水道 →17	ショーコーキ　昇降機 →14a
	ジョーコーキャク　乗降客 →14a
	ショーコーギョー　商工業 →17

￣は高い部分　ﾞと ﾟは高低が変る部分　「は次が下がる符号　→は法則番号参照

ショーコーグチ 昇降口 →12a

ショーコーグン 症候群 →14a

ショーコーシュ, ショーコーシュ 紹興酒 →14a

ショーコージョータイ 小康状態 →15

ショーコースイ 昇汞水 →14a

ショーコーネツ 猩紅熱 →14a

ショーコキン, ショーコキン 証拠金 →14

ショーコク 小国 →8

ショーゴク, ショーゴク(ゴはコとも) 生国 →8

ジョーコク 上告 →8

ショーコクミン 少国民 →15

ショーコショルイ 証拠書類 →15

ショーコダテル 証拠立てる →46

ショーコト 為う事(~なしに) →19

ショーコブッケン 証拠物件 →15

ジョーゴヤ 定小屋 →12

ショーコリ, ショーコリ, ショーコリ 性懲り(~もなく) →5

ショーコン 招魂, 商魂, 性根, 傷痕 →8

ショーコンサイ 招魂祭 →14a

ショーコンシャ 招魂社 →14a

ショーサ 少佐 →7

ショーサ 小差, 証左 →7

ジョーザ 上座, 常座 →7

ショーサイ 詳細, 小才, 商才, 小祭 →8

ジョーサイ 城塞 →8

ジョーザイ 浄財, 浄罪, 錠剤 →8

ジョーザイ, ジョーザイ 滋養剤 →14a

ショーサク 小策 →8

ジョーサク 上作, 上策 →8

ジョーサシ, ジョーサシ 状差し →5

ショーサツ 笑殺, 小冊 →8

ショーサッシ 小冊子 →15

ジョーサマ, ウエサマ 上様(=勘定書の宛名) →94

ショーサン 消散, 賞賛(讃), 硝酸, 勝算 →8

ジョーサン 蒸散 →8

ショーサンエン 硝酸塩 →14a

ショーシ 焼死 →7

ショーシ 笑止, 小史, 小誌, 証紙 →7 将士 →18

ショージ 小字, 障子 →7

ショージ, ショーシ 生死 →18

ショージ 小事, 商事, 少時, 賞辞, 尚侍 →7

ジョーシ 情死 →7

ジョーシ 上司, 上使, 上巳, 上肢, 城市, 城址 →7

ジョーシ, ジョージ 上梓, 情史 →7

ジョージ 畳字 →7

ジョージ 常時, 常事, 情事 →7 George 〖男名〗 →23

ショーシカ, ショーシカ 少子化 →95

ショージガイシャ 商事会社 →15

ショージガミ 障子紙 →12

ショージキ, ショージキ 正直 →8

ジョーシキ 常式, 常識 →8

ジョーシキジン 常識人 →14

ジョーシキテキ 常識的 →95

ジョーシキマク 定式幕 →14

ショージキモノ, ショージキモノ 正直者 →12

ジョーシグン, ジョーシグン 娘子軍 →14

ショーシシャ 焼死者 →14

ショーシ・センバン 笑止千万 →97

ショーシタイ 焼死体 →14

ショーシツ 消失, 焼失 →8

ジョーシツ 上質 →8

ジョージツ 情実 →8

ショージミン 小市民 →15

ショーシャ 照射 →7

ショーシャ 瀟洒, 小社, 商社, 勝者, 傷

ショーシ──ショーシ　418

者,哨舎,廠舎 →7
シヨーシャ 使用者 →14a
ショーシャ 生者(~必滅),精舎 →7
ジョーシャ 浄写,乗車 →7
ジョーシャエキ 乗車駅 →14
ショーシャク 焼灼,照尺 →8
ジョーシャグチ, ジョーシャグチ 乗車口 →12
ジョーシャケン 乗車券 →14
ジョーシャヒッスイ 盛者必衰 →98
ショーシャマン 商社man →16
ジョーシャリツ 乗車率 →14
ジョーシュ 上酒 →7
ジョーシュ 城主 →7
ジョーシュ, ジョーシュ 情趣 →7
ジョージュ 成就 →7
ショーシュー 召集,招集,消臭 →8
ショージュー 小銃 →8
ジョーシュー 常習 →8
ジョーシュー 上州(=上野[しもつけ]) →8
ジョージュー, ジョージュー 常住 →8
ショーシューザイ, ショーシューザイ 消臭剤 →14a
ジョージューザガ 常住坐(坐)臥 →98
ジョーシューシャ 常習者 →14a
ジョーシューハン 常習犯 →14a
ショーシューレイ 召集令 →14a
ショーシューレイジョー 召集令状 →15
ショーシュツ 抄出,妾出 →8
ショージュツ 詳述 →8
ジョージュツ 上述 →8
ジョーシュビ 上首尾 →15
ショージュン 照準 →8
ジョージュン 上旬 →8
ショーショ 詔書,証書 →7
ショーショ 小暑 →7
シヨーショ, シヨーショ 仕様書 →14

ショージョ 少女,昇叙 →7
ジョーショ 上書,浄書 →7
ジョーショ, ジョーチョ 情緒 →7
ジョージョ 乗除 →18
ショーショー 商相 →8 蕭蕭(雨~) →58
ショーショー 少少 →68 少将 →8
ショージョー 蕭条 →58 小乗,掌上 →8
ショーショー, ショージョー 賞状,清浄 →8
ショーショー, ショージョー, ショージョー, 《能・歌舞伎は ショージョー》猩猩 →11
ショージョー, ショージョー 症状 →8
ジョーショー 上昇,常勝 →8
ジョージョー 嫋嫋 →58 上乗,上場,情状 →8 常常 →11
ジョージョー, ジョージョー 上上 →11
ジョージョー, ジョージョー 条条 →11
ジョージョーカブ 上場株 →12a
ジョージョーキチ, ジョージョーキツ 上上吉 →14a
ジョーショーキリュー 上昇気流 →15
ジョーショーグン, ジョーショーグン 常勝軍 →14a
ジョージョーシャクリョー 情状酌量 →98
ショージョーバエ, ショージョーバイ 猩猩蠅 →12a
ショージョーヒ 猩猩緋 →14a
ショージョーブッキョー 小乗仏教 →15
ジョージョーリツ 上昇率 →14a
ショージョカゲキ 少女歌劇 →15
ショーショク 少食 →8

─は高い部分　…と…は高低が変る部分　⌐は次が下がる符号　→は法則番号参照

419 　ジョーシ──ショーソ

ジョーショク 常食 →8	**ジョースイドー** 上水道 →14b
ショーショメン 証書面 →14	**ショースー** 小数, 少数 →8
ショージル, ショージル 生じる, 請じる, 招じる →47	**ジョースー** 乗数, 常数 →8
ジョージル, ジョージル 乗じる →47	**ショースーイケン** 少数意見 →15
ショーシン 昇進, 焦心, 傷心, 衝心, 小身, 焼身 →8	**ショースーテン** 小数点 →14a
	ショースートー 少数党 →14
ショーシン, ショージン 小心(～翼翼) →8	**ショースーハ** 少数派 →14
ショージン 小人 →8	**ショースーミンゾク** 少数民族 →15
ショージン 精進(お～) →8	**シヨーズミ** 使用済み →13
ジョーシン 上申 →8	**ショースル** 称する, 証する, 賞する, 誦する, 請する →48
ジョージン 常人, 情人 →8	
ショージンアケ 精進明け →13	**ショーズル, ショーズル** 生ずる, 請ずる →47
ショージンアゲ 精進揚げ →13a	
ジョーシンエツ 上信越<上野ミッ・信濃しな・越後ミッ →29	**ジョーズル, ジョーズル** 乗ずる →47
	ショーセイ★ 招請, 小成, 笑声, 将星, 照星, 勝勢 →8
ショージンオチ 精進落ち →13	
ショージンケッサイ, ショージン・ケッサイ 精進潔斎 →99, 97	**ショーセイ★** 小生 →8, 64
	ジョーセイ★ 醸成, 上製, 情勢 →8
ジョーシンコ 上糝粉 →12	**ショーセキ, ショーセキ** 硝石 →8
ショーシンジサツ 焼身自殺 →15	**ジョーセキ** 上席, 定席, 定石, 定跡 →8
ジョーシンショ, ジョーシンショ 上申書 →14a	**ショーセツ** 詳説, 小説, 小節, 章節 →8
	ジョーセツ 常設 →8
ショーシンショーメイ★, ショーシンショーメイ★ 正真正銘 →98, 99	**ジョーゼツ** 饒舌 →8
	ショーセツカ 小説家 →14
ショージンブツ 小人物 →15	**ショーセッカイ** 消石灰 →15
ショーシンモノ, ショーシンモノ 小心者 →12	**ジョーセツカン, ジョーセッカン** 常設館 →14c
ショージンリョーリ 精進料理 →15	**ショーセツシンズイ** 小説神髄〖書〗 →15
ジョーズ 上図 →7	
ジョーズ 上手(**オジョーズ** 御～) →7, 92	**ジョーゼット, ジョーゼット** Georgette〔仏〕 →9
ショースイ 憔悴, 小水, 将帥 →8	**ショーセン** 省線, 商船, 商戦 →8
ショーズイ 祥瑞 →8	**ショーゼン** 悄然, 蕭然 →56 承前 →8
ジョースイ 浄水 →8	**ジョーセン** 上船, 乗船 →8 情宣<情報宣伝 →10
ジョースイ, ジョースイ 上水 →8	
ジョースイキ 浄水器 →14b	**ショーセンガッコー** 商船学校 →15
ジョースイチ 浄水池 →14b	**ショーセンキョー** 昇仙峡 →14
	ショーセンキョク 小選挙区 →17
	ショーソ 勝訴 →7

ガギグゲゴは鼻濁音　カタカナ細字は母音の無声化　★は長音にもなる符号

ジョーソ──ショーチ　　420

ジョーソ, ジョーソ　上訴 →7	招待日 →12b

ジョーソ, ジョーソ　上訴 →7

ショーソー　少壮,焦燥(躁),尚早 →8

ショーゾー　肖像 →8

ジョーソー　上奏,上層,情操 →8

ジョーゾー　醸造 →8

ショーソーイン, ショーソーイン　正倉院 →14a

ジョーゾーガ　肖像画 →14

ジョーソーガイキュー　上層階級 →15

ジョーソーキョーイク　情操教育 →15

ジョーゾーケン　肖像権 →14a

ジョーゾーシュ, ジョーゾーシュ　醸造酒 →14a

ショーソク　消息 →8

ショーゾク,《古は ショーゾク》　装束 →8

ショーソクスジ, ショーソクスジ, ショーゾクスジ　消息筋 →12c

ショーソクツー, ショーソクツー, ショーゾクツー　消息通 →14c

ショーソクフメイ　消息不明 →98

ショータイ　小隊 →8

ショータイ,《古は ショーダイ》　招待 →8

ショータイ,《古は ショーダイ》　正体 →8

ショーダイ　商大<ショーカダイガク 商科大学 →10,15

ジョータイ　上体,上腿,状態,情態,常態 →8

ジョーダイ　上代 →8

ジョーダイ, ジョーダイ　城代 →8

ジョーダイガロー　城代家老 →15

ショーダイケン,《古は ショーダイケン》　招待券 →14b

ショーダイジョー,《古は ショーダイジョー》　招待状 →14b

ショーダイチョー　小隊長 →17

ショーダイビ,《古は ショーダイビ》

招待日 →12b

ショータク　妾宅 →8　沼沢 →18

ショーダク　承諾 →8

ジョータツ　上達 →8

ショーダテ　章立て →5

ジョーダマ　上玉 →4

ショータン　傷嘆(歎),賞嘆(歎) →8

ショータン, ショータン　小胆 →8

ショーダン　昇段,商談 →8

ジョータン　上端 →8

ジョーダン　上段 →8

ジョーダン　冗談 →8

ジョーダングチ　冗談口 →12a

ジョーダンノマ　上段の間 →19

ショーチ　承知 →7

ショーチ　召致,招致,小知(智),勝地 →7

ジョーチ　情痴 →7　上智<ジョーチダイガク 上智大学 →29,15

ジョーチ, ジョーチ　常置 →7

ショーチク　松竹《社名も》 →18

ショーチクバイ　松竹梅 →17

ショーチノスケ　承知之助(おっと合点,～) →26

ジョーチャン　嬢ちゃん(お～) →94

ショーチュー,《古は ショーチュー》　掌中(～の玉) →8

ショーチュー　焼酎 →8

ショーチュー　常駐,条(條)虫 →8

ショーチュービ　焼酎火 →12a

ショーチョ　小著 →7

ジョーチョ, ジョーショ　情緒 →7

ショーチョー　象徴 →8　消長 →18

ショーチョー　小腸 →8　省庁 →18

ジョーチョー　冗長,上長,情調 →8

ジョーチョー　場長 →8　定朝〖人〗 →24

ショーチョーシ　象徴詩 →14a

ショーチョーテキ　象徴的 →95

＿は高い部分　‥と‥は高低が変る部分　「は次が下がる符号　→は法則番号参照

421　ショーチ──ショーニ

ショーチョーハ　象徴派　→14	ジョートーヘイ★　上等兵　→14a
ショーチョク　詔勅　→8	ショートカット　short cut〖和〗〖髪型〗, 〖英〗〖コンピュータ〗　→16
ショーチン　消(銷)沈　→8	ジョードキョー　浄土教　→14
ショーツ　shorts　→9	ショートク　生得, 頌徳　→8
ショーツキ, ショーツキ　祥月　→4	ショードク　消毒　→8
ショーツキメイニチ　祥月命日　→15	ジョートクイ, ジョートクイ　上得意, 常得意　→15
ジョーテイ★　上程, 上帝　→8	ショードクエキ　消毒液　→14
ショーテキ　小敵　→8	ショートクタイシ　聖徳太子　→15
ジョーデキ　上出来　→12	ショードクヤク　消毒薬　→14
ジョーテモノ　上手物(↔下手物げてもの)　→12	ショートケーキ　shortcake　→16
ショーテン　昇天　→8	ショートシ　小都市　→15
ショーテン　小店(=自分の店), 商店, 声点　→8	ショードシマ　小豆島　→12
ショーテン, ショーテン　焦点　→8	ジョードシュー　浄土宗　→14
ショーデン　昇殿, 招電, 小伝, 詳伝　→8	ジョードシンシュー　浄土真宗　→15
ショーデン　聖天(=歓喜天。~様)　→8	ショートステイ　short stay　→16
ショーテンイン　小店員　→15　商店員　→17	ショートツ　衝突　→8
ショーテンガイ　商店街　→14a	ショートパンツ　short pants　→16
ジョーテンキ　上天気　→15	ショートリヒキ, ショートリヒキ　商取引　→12
ショーテンキョリ　焦点距離　→15	ジョーナイ　城内, 場内　→8
ショーデンチ　小天地　→15	ショーナゴン　少納言　→15
ショート　商都, 省都　→7　short　→9	ジョーナシ　情無し　→5
ショード　焦土(~と化す), 照度　→7	ショーナン　湘南〖地〗　→21
ジョート　譲渡　→7	ショーナン, ショーナン　小難(↔大難)　→8
ジョード, ジョード　浄土　→7	ショーナン・ジンジュクライン　湘南新宿ライン　→97
ショートー　消灯, 小党, 檣頭　→8	ショーナンデンシャ　湘南電車　→15
ショートー, ショートー　小刀　→8	ショーニ　小児　→7
ショードー　唱道, 唱導, 衝動, 聳動　→8	ショーニカ　小児科　→14
ジョートー　上等, 上棟, 常套　→8　城東〖地〗　→21	ショーニク　正肉　→8
ジョードー　成道, 常道　→8	ジョーニク　上肉　→8
ショードーガイ　衝動買い　→13	ショーニケッカク　小児結核　→15
ジョートーク　常套句　→14a	ショーニビョー　小児病　→14
ジョートーシキ　上棟式　→14a	ショーニマヒ　小児麻痺　→15
ジョートーシュダン　常套手段　→15	ショーニューセキ　鍾乳石　→14a
ショードーテキ　衝動的　→95	ショーニュードー, ショーニュードー
ジョートーヒン　上等品　→14	

ガギグゲゴは鼻濁音　カタカナ細字は母音の無声化　★は長音にもなる符号

ショーニ──ショービ　　422

鍾乳洞 →14a	

シ

ショーニン 承認, 証人, 小人, 昇任 →8
ショーニン 上人, 聖人, 商人 →8
……**ショーニン**; ……**ショーニン** …
　上人(**ユギョーショーニン** 遊行~,
　ホーネンショーニン 法然~) →94
ショーニン 使用人 →14
ジョーニン 常任 →8
ジョーニン, **ジョージン** 情人 →8
ジョーニンイイン 常任委員 →15
ショーニンカンモン 証人喚問 →15
ショーニンズー, **ショーニンズ** 少人
　数 →15d
ショーニンセキ 証人席 →14a
ジョーニンリジ 常任理事 →15
ショーネ, **ショーネ** 性根 →4
ショーネツ 焦熱 →4
ジョーネツ, 《古は **ジョーネツ**》 情熱
　→8
ジョーネツカ 情熱家 →14
ショーネツジゴク 焦熱地獄 →15
ジョーネツテキ 情熱的 →95
ショーネン 少年 →8
ショーネン, **ショーネン** 生年, 正念
　→8
ジョーネン, **ジョーネン** 情念 →8
ショーネンイン 少年院 →14a
ショーネンキ 少年期 →14a
ショーネンジダイ 少年時代 →15
ショーネンダン 少年団 →14a
ショーネンバ 正念場 →12
ショーノー 小農 →8 笑納(**ゴショー
　ノークダサイ** 御~下さい) →8,92
ショーノー, **ショーノー** 小脳 →8
ショーノー 樟脳 →8
ジョーノー 上納 →8
ショーノーユ, **ショーノーユ** 樟脳油
　→14a
ショーノツキ 小の月 →19

ショーノフエ, **ショーノフエ** 笙の笛
　→19
ショーノムシ 小の虫 →19
ショーハ 小破, 小派 →7
ジョーバ, **ジョーバ** 乗馬 →7
ショーハイ 賞杯, 賞牌 →8 勝敗 →18
ショーバイ 商売 →8
ショーバイオーライ 商売往来 →15
ショーバイオンナ 商売女 →12
ショーバイガエ, **ショーバイガエ** 商
　売替え →13b
ショーバイガタキ 商売敵 →12
ショーバイガラ 商売柄 →95
ショーバイギ, **ショーバイギ** 商売気
　→14
ショーバイケ, **ショーバイッケ** 商売
　(っ)気 →14d
ショーバイショーバイ 商売商売 →11
ショーバイドーグ 商売道具 →15
ショーバイニン 商売人 →14
ショーバイヤ 商売屋 →94b
ショーハク 松柏 →18
ジョーバコ 状箱 →4
ジョーバズボン 乗馬ずぼん<~jupon
　〔仏〕 →16
ショーバツ 賞罰(~なし) →18
ジョーハツ 蒸発 →8
ジョーバフク 乗馬服 →14
ジョーハリ 浄玻璃(~の鏡) →15
ショーハン 小藩 →8
ショーバン 相伴(**オショーバン** 御
　~) →8,92
ジョーバン 上番(↔下番かばん) →8 常磐
　<常陸ひた・磐城いわ →29
ジョーバンシン 上半身 →15
ジョーバンセン 常磐線 →14
ジョーバンタンデン 常磐炭田 →15
ショーヒ 消費 →7
ショービ 賞美, 焦眉(~の急), 薔薇 →7

￣は高い部分　…と…は高低が変る部分　￣は次が下がる符号　→は法則番号参照

423　　ジョーヒ──ジョーホ

ジョーヒ　上皮, 冗費 →7	ブゴト　勝負事 →12
ジョービ　常備 →7	ショーブシ　勝負師 →14
ショーヒクミアイ　消費組合 →12	ショーブズヨイ　勝負強い →54
ジョービグン, ジョービグン　常備軍 →14	ショーフダ, ショーフダ　正札 →4
ショーヒザイ　消費財 →14	ショーフダツキ, ショーフダツキ　正札付き →13
ショーヒシャ　消費者 →14	ジョーブツ　成仏 →8
ショーヒシャカイ　消費社会 →15	ショーブナシ, ショーブナシ　勝負無し →13
ショーヒシャチョー　消費者庁 →14	ショーブブン　小部分 →15
ショーヒゼイ★　消費税 →14	ショーブユ　菖蒲湯 →12
ジョービタキ　尉鶲〖鳥〗→12	ショーブン　小文 →8
ジョービヤク　常備薬 →14	ショーブン, ショーブン　性分 →8
ショーヒョー　商標, 証票 →8	ジョーブン　上聞, 上文, 冗文, 条文 →8
ショービョー　傷病 →8	ジョーブン　滋養分 →14a
ショービョーシャ　傷病者 →17	ジョーブンベツ　上分別 →15
ショービョーヘイ★　傷病兵 →17	ショーヘイ★　招聘, 傷兵 →8
ショーヒン　小品, 賞品 →8	ショーヘイ★, ショーヘイ★　将兵 →18
ショーヒン,《古は ショーヒン》　商品 →8	ジョーヘイ★　城兵 →8
ジョーヒン　上品 →8	ショーヘイガ　障屏画 →14
ショーヒンギッテ, ショーヒンキッテ　商品切手 →12	ショーヘキ　障壁, 牆壁 →8
ショーヒンケン　商品券 →14a	ジョーヘキ　城壁 →8
ショーヒンシキョー　商品市況 →15	ショーヘン　小片, 小変, 小編(篇) →8
ショーヒンメイ★　商品名 →14a	ショーベン　小便 →8
ショーフ　生麩 →7	ジョーベン　上弁〖俗〗＜上弁当 →10
ショーフ　娼婦 →7	ショーペンハウエル, ショーペンハウアー　Schopenhauer〖独〗〖人〗→22
ショーブ　尚武, 菖蒲 →7　勝負 →18	ジョーホ　譲歩, 常歩 →7
ジョーフ　丈夫(=ますらお), 情夫, 情婦, 上布〖麻布〗→7	ショーホー　詳報, 勝報 →8
ジョーブ　丈夫(=壮健・強固) →7	ショーホー　商法 →8
ジョーブ　上部 →7	シヨーホー　使用法 →14
ショーフー, ショーフー　蕉風〖俳諧〗→8	ショーボー　焼亡, 正法, 消防 →8
ショーフク　承服, 懾伏, 妾腹 →8	ジョーホー　定法, 常法, 情報 →8
ジョーフク　浄福 →8	ジョーホー, ジョーホー　上方 →8
ジョーブクロ, ジョーブクロ　状袋 →12	ジョーホー, ジョーホー　乗法 →8
ショーブゴト, ショーブゴト, ショー	ジョーホーカ　情報科 →14
	ジョーホーカイジ　情報開示 →15
	ジョーホーカシャカイ　情報化社会 →17

ガギグゲゴは鼻濁音　カタカナ細字は母音の無声化　★は長音にもなる符号

ショーボ──ジョーヤ 424

ショーボーゲンゾー　正法眼蔵〖書〗
→15

ジョーホーコーカイ　情報公開 →15

ショーボーシ　消防士 →14a

ジョーホーシ　情報誌 →14a

ショーボージドーシャ　消防自動車
→17

ショーボーシャ　消防車 →14a

ショーボーシュ　消防手 →14a

ショーボーショ, ショーボーショ　消
防署 →14

ショーボータイ　消防隊 →14

ショーボーダン　消防団 →14a

ショーボーチョー　消防庁 →14a

ショーボーフ　消防夫 →14a

ショーボーポンプ　消防 pomp〔蘭〕
→16

ジョーホーモー　情報網 →14a

ショーホン　正本, 抄本, 証本 →8

ショーマイ　正米 →8

ジョーマイ　上米 →8

ジョーマエ　錠前 →4

ショーマキョー　照魔鏡 →14

ジョー(・)マッセツ, ショーマッセツ
枝葉末節 →97

ショーマン　小満 →8

ジョーマン　冗漫 →8

ショーミ　賞味, 正味 →7　笑味(ゴショー
ミ 御~) →7, 92

ジョーミ　上巳 ⇒ジョーシ

ジョーミ, ジョーミ, ジョーミ　情味
→93

ショーミキカン, ショーミキカン　賞
味期間 →15c

ショーミキゲン　賞味期限 →15

ジョーミセ　上店 →5

ジョーミャク, ジョーミャク　静脈
→8

ジョーミャクチューシャ　静脈注射

→15

ジョーミャクリュー　静脈瘤 →14

ショーミョー, ショーミョー　称名
→8

ショーミョー　声明〖仏教音楽〗 →8

ショーミョー　小名(↔大名) →8

ジョーム　常務 →7

ジョームイン　乗務員, 常務員 →14

ショームテンノー　聖武天皇 →94

ジョーム(・)トリシマリヤク, ~(・)トリ
シマリヤク　常務取締役 →97, 98

ショーメイ　証明, 照明 →8

ショーメイキグ　照明器具 →15

ショーメイショ, ショーメイショ　証
明書 →14

ショーメイダン, ショーメイダン　照
明弾 →14b

ショーメツ　消滅 →8

ショーメン　正面 →8

ジョーメン, ジョーメン　上面 →8

ショーメンゲンカン　正面玄関 →15

ショーメンショートツ　正面衝突 →15

ショーメンズ　正面図 →14a

ショーモー　消耗 →8

ショーモーヒン, ショーモーヒン　消
耗品 →14a

ジョーモノ　上物 →4

ショーモン　証文, 蕉門(~の十哲) →8

ジョーモン　定紋, 城門, 縄文 →8

ジョーモンシキ　縄文式 →14

ジョーモンシキドキ　縄文式土器 →15

ジョーモンジダイ　縄文時代 →15

ジョーモンスギ　縄文杉 →12a

ショーヤ, ショーヤ　庄屋 →4

ショーヤク　抄訳 →8

ショーヤク　生薬 →8

ジョーヤク　条約 →8

ジョーヤド, ジョーヤド　上宿, 定宿,
常宿 →4

￣は高い部分　˙˙˙と˙˙˙は高低が変る部分　￣｜は次が下がる符号　→は法則番号参照

ジョーヤトイ　常雇 →13
ジョーヤトー　常夜灯 →14
ショーユ　醬油 →7
ショーユー　小勇 →8
ショーユーセイ★　小遊星 →15
ショーヨ　賞与 →7
ジョーヨ　譲与, 丈余, 剰余 →7
ショーヨー　従容, 称揚, 賞揚, 逍遥, 慫慂, 賞用, 小用, 商用 →8
ジョーヨー　乗用, 常用 →8
ジョーヨーカンジ　常用漢字 →15
ジョーヨーシャ　乗用車, 常用者 →14a
ジョーヨキン, ジョーヨキン　剰余金 →14
ショーヨク　少欲 →8
ジョーヨク, ジョーヨク　情欲 →8
ショーライ　招来, 将来(=持ち来ること。～する), 請来, 松籟 →8
ショーライ　将来(=未来) →8
ショーライセイ★　将来性 →14
ジョーラク　上洛 →8
ショーラン　笑覧, 照覧 →8
ジョーラン　上覧, 擾乱 →8
ショーリ　勝利, 掌理, 小吏, 小利 →7
ジョーリ　条理, 常理, 情理, 場裡 →7
ジョーリク　上陸 →8
ショーリツ　勝率, 聳立 →8
ショーリトーシュ　勝利投手 →15
ショーリャク　省略, 商略 →8
ジョーリャク, ジョーリャク　上略 →8
ジョーリュー　上流, 蒸留(溜) →8
ジョーリューカイキュー　上流階級 →15
ジョーリューシャカイ　上流社会 →15
ジョーリューシュ, ジョーリューシュ　蒸留(溜)酒 →14a
ジョーリュースイ　蒸留(溜)水 →14a
ショーリョ　焦慮 →7

ショーリョー　商量, 渉猟, 将領 →8
ショーリョー　精霊(オショーリョーサマ 御～様) →8, 94
ショーリョー, ショーリョー　小量, 少量 →8
ショーリョー　使用料, 使用量 →14a
ショーリョーエ　精霊会 →14a
ショーリョーダナ, ショーリョーダナ　精霊棚 →12a
ショーリョーナガシ　精霊流し →13
ショーリョーマツリ　精霊祭 →12
ショーリョク　省力 →8
ジョーリョク　常緑 →8
ショーリョクカ　省力化 →95
ジョーリョクジュ　常緑樹 →14
ショーリン　小輪 →8
ショール　shawl →9
ショールイ　生類 →8
ショールーム　showroom →16
ジョールリ　浄瑠璃 →3
ジョールリブシ　浄瑠璃節 →12
ジョールリボン　浄瑠璃本 →14
ショーレイ★　奨励, 省令, 症例 →8
ジョーレイ★　条令, 条例, 定例 →8
ショーレイ★キン　奨励金 →14
ジョーレン　定連, 常連 →8
ショーロ　松露 →7
ジョーロ　如雨露 →9
ジョーロ, ジョロー　女郎 →8d
ショーロー　鐘楼 →8
ジョーロー, ジョーロー　上﨟 →8
ショーロービョーシ　生老病死 →94
ショーロク　抄録, 詳録, 小禄 →8
ジョーロク, ジョーロク　丈六(～の仏) →39
ショーロン　小論, 詳論 →8
ショーワ　小話, 笑話 →7
ショーワ, ショーワ　唱和, 昭和〖年号〗 →7

ガギグゲゴは鼻濁音　カタカナ細字は母音の無声化　★は長音にもなる符号

ジョーワ──ショクエ　　　　426

ジョーワ　情話　→7	ショキカ　初期化　→95
ショーワキチ, ショーワキチ　昭和基地　→15	ショキカン, ショキカン　書記官　→14c
ショーワクセイ☆　小惑星　→15	ショキカンチョー　書記官長　→14a
ショーワテンノー　昭和天皇　→94	ショキキョク, ショキキョク　書記局　→14c
ショーワル　性悪　→5	ショキチョー, ショキチョー　書記長　→14c
ジョーワン　上腕　→8	ショキバライ　暑気払い　→13
ショカ　書家　→7	ショキュー　初級,初球　→8
ショカ　初夏,書架,諸家　→7	ジョキュー　女給　→8
ショガ　書画　→18	ジョキョ　除去　→7
ジョガー　jogger　→9	ショキョー　書経〖書〗　→8
ショカイ　初回,初会,所懐　→8	ショギョー, ショギョー　所業　→8
ジョガイ　除外　→8	ショギョー　諸行(〜無常)　→8
ショガイコク, ショガイコク　諸外国　→15	ジョキョー　助教　→8
ジョガイレイ☆　除外例　→14b	ジョキョージュ　助教授　→15
ショガカリ　諸掛り　→12	ジョキョク　序曲　→8
ショガク　初学,諸学　→8	ジョキン　除菌　→8
ジョガクイン, ジョガクイン　女学院　→17	ジョギング　jogging　→9
ショガクシャ　初学者　→17	ショク　食(〜が進む,〜が細い),職　→6
ジョガクセイ☆　女学生　→17	ショク　食(蝕)〖天文〗,燭　→6　初句 →7　蜀〖地・国〗 →21
ショガジョー, ショガチョー　書画帖　→14	……ショク　…色(チューカンショク 中間〜, チホーショク 地方〜),…職(タタミショク 畳〜)　→14a
ショカツ　所轄　→8	
ジョガッコー　女学校　→17	
ショカツ(・)コーメイ☆, ショカツコーメイ☆　諸葛孔明〖人〗　→22, 24, 27	ジョク, ジョク　私欲　→8
ショカン　初刊,初感,初巻,所感,所管,書巻,書簡　→8	ショクアタリ, ショクアタリ, 《古はショクアタリ》　食中り　→13
ジョカン　女官　→8	ショクアン　職安〈職業安定所　→10
ショカンセン　書簡箋　→14	ショクイキ, ショクイキ　職域　→8
ショガンセン　初感染　→15	ショクイク　食育　→8
ショカンチョー　所管庁　→14a	ショクイン　職員　→8
ジョガントク　助監督　→15	ショクインクミアイ　職員組合　→12
ショキ　所期,初期　→7　書紀〈日本書紀 →10	ショクインロク　職員録　→14a
	ショグー　処遇　→8
ショキ, ショキ　書記,暑気　→7	ショクエン　食塩　→8
ショキアタリ　暑気中り　→13	ショクエンスイ　食塩水　→14a
	ショクエンチューシャ　食塩注射　→15

￣は高い部分　¨と˙は高低が変る部分　｢は次が下がる符号　→は法則番号参照

ショク**クオヤ** 職親 →4

ショク**クガイ** 食(蝕)害 →8

ショク**ギョー** 職業 →8

ショク**ギョーアンテイ★ジョ**, ショク**ギョーアンテイ ジョ** 職業安定所＜公共職業安定所 →17

ショク**ギョーイ シキ** 職業意識 →15

ショク**ギョーキョーイク** 職業教育 →15

ショク**ギョーテキ** 職業的 →95

ショク**ギョービョー** 職業病 →14

ショク**ギョーフジン** 職業婦人 →15

ショク**ギョーベツ** 職業別 →14

ショク**ギョーヤキュー** 職業野球 →15

ショク**ゲン** 食言 →8

ショク**ゴ** 食後 →7

ショク**サイ** 植栽 →8

ショク**ザイ** 贖罪, 食材 →8

ショク**サガシ** 職探し →13

ショク**サン** 殖産 →8

ショク**サンジン**, ショク**サンジン** 蜀山人〖人〗→26

ショク**シ** 食思, 食指 →7

ショク**ジ** 植字, 食餌, 食事 →7

ショク**ジコー**, ショク**ジコー** 植字工 →14

ショク**ジセイ★ゲン** 食事制限 →15

ショク**シュ**, ショク**シュ** 触手, 職種 →7

ショク**ジュ** 植樹 →7

ショク**シューカン** 食習慣 →15

ショク**ジュサイ** 植樹祭 →14

ショク**ジョ** 織女 →7

ショク**ショー** 食傷, 職掌 →8

ショク**ショーガラ** 職掌柄 →95

ショク**ショーギミ** 食傷気味 →95

ショク**ジリョーホー** 食餌療法 →15

ショク**シン** 触診 →8

ショク**ジン** 食尽(蝕甚) →8

ショク**ジンシュ** 食人種 →17

ショク**ズ** 食酢 →4

ショク**スル** 食する, 嘱する →48

ショク**セイ** 食性, 植生, 職制 →8

ショク**セイ★カツ** 食生活 →15

ショク**セキ** 職責 →8

ショク**ゼン** 食前, 食膳 →8

ショク**センキ** 食洗機 →14

ショク**ゼンシュ**, ショク**ゼンシュ** 食前酒 →14a

ショク**ソ** 職組＜職員組合 →10

ショク**ダイ**, 《古は ショク**ダイ**》燭台 →8

ショク**タク** 嘱託, 食卓 →8

ショク**タクエン** 食卓塩 →14

ショク**タクサツジン** 嘱託殺人 →15

ショク**チューショクブツ** 食虫植物 →15

ショク**チュードク** 食中毒 →15

ショク**チョー**, ショク**チョー** 職長 →8c

ショク**ツー** 食通 →8

ショク**ドー** 食堂, 食道 →8

ショク**ドーガン** 食道癌 →14a

ショク**ドーシャ** 食堂車 →14a

ショク**ドーラク**, **クイドーラク** 食道楽 →15

ショク**ニク** 食肉 →8

ショク**ニン** 職人 →8

ショク**ニンカタギ** 職人気質 →12

ショク**ニンゲイ★** 職人芸 →14a

ショク**ニンハダ** 職人肌 →12a

ショク**ノー**, ショク**ノー** 職能 →8

ショク**ノーキュー** 職能給 →14a

ショク**バ**, ショク**バ** 職場 →4

ショク**バイ** 触媒 →8

ショク**バケッコン** 職場結婚 →15

ショク**バハツ** 触発 →8

ショク**バトーソー** 職場闘争 →15

ガギグゲゴは鼻濁音　カタカナ細字は母音の無声化　★は長音にもなる符号

ショクパ──ショサ　　428

ショク**パ**ン，ショク**パ**ン　食 pão〔葡〕
　→16
ショク**ヒ**　植皮,食費 →7
ショク**ヒ**ン　食品 →8
ショク**ヒ**ンテンカ**ブ**ツ　食品添加物
　→17
ショク**ブ**ツ　植物 →8
ショク**ブ**ツエン　植物園 →14
ショク**ブ**ツカイ，ショク**ブ**ツカイ　植
　物界 →14c
ショク**ブ**ツガク　植物学 →14
ショク**ブ**ツシツ　植物質 →14
ショク**ブ**ツセイ　植物性 →14
ショク**ブ**ツニンゲン　植物人間 →15
ショク**ブ**ツユ　植物油 →14
ショク**ブ**ン　食(蝕)分 →8
ショク**ブ**ン　職分 →8
ショク**ベ**ニ　食紅 →4
ショク**ボ**ー　属望,嘱望 →8
ショク**ミ**ン　植民 →8
ショク**ミ**ンセイサク　植民政策 →15
ショク**ミ**ンチ　植民地 →14a
ショク**ム**，ショク**ム**　職務 →7
ショク**ム**キュー　職務給 →14
ショク**ム**シツモン，ショク**ム**シツモン
　職務質問 →15c
ショク**メ**イ，ショク**メ**イ　職名 →8
ショク**モ**ー　植毛 →8
ショク**モ**ク　属目,嘱目(〜の的) →8
ショク**モ**タレ，ショク**モ**タレ，ショク
　モタレ　食靠れ →13
ショク**モ**ツ　食物 →8
ショク**モ**ツアレルギー　食物アレルギ
　ー →16
ショク**モ**ツセンイ　食物繊維 →15
ショク**モ**ツレンサ　食物連鎖 →15
ショク**ヤ**スミ　食休み →13
ショク**ヨ**ー　食用 →8
ショク**ヨ**ーアブラ　食用油 →12

ショク**ヨ**ーガエル　食用蛙 →12
ショク**ヨ**ーギク　食用菊 →14a
ショク**ヨ**ク，ショク**ヨ**ク　食欲 →8
ショク**リ**ョー　食料,食糧 →8
ショク**リ**ョーチョー　食糧庁 →14a
ショク**リ**ョーナン　食糧難 →14a
ショク**リ**ョーヒン，ショク**リ**ョーヒン
　食料品 →14a
ショク**リ**ン　植林 →8
ショク**リ**ンチ　植林地 →14a
ショク**レ**キ　職歴 →8
ショ**ク**ン　諸君 →8
ジョ**ク**ン　叙勲 →8
ショ**ケ**　所化〚仏教〛→7
ショ**ケ**イ　処刑,初経,書契,書痙 →8
ショ**ケ**イ　諸兄 →8
ショ**ゲ**イ　諸芸 →8
ジョ**ケ**イ　女系,叙景 →8
ジョ**ケ**イカゾク　女系家族 →15
ショ**ゲ**イシ　諸兄姉 →17
ショ**ゲ**カエル，ショ**ゲ**カエル →45
ショ**ゲ**コム，ショ**ゲ**コム →45
ジョ**ケ**ツ　女傑 →8
ショ**ゲ**ル　〚俗〛→43
ショ**ケ**ン　書見,初見,所見 →8
ショ**ケ**ン　諸賢 →8
ジョ**ケ**ン　女権(〜拡張) →8
ジョ**ゲ**ン　助言,序言 →8
ショ**コ**　書庫 →7
ショ**コ**ー　曙光,初更,初校 →8
ショ**コ**ー　諸公,諸侯 →8
ジョ**コ**ー　徐行,女工 →8
ジョ**コ**ーエキ　除光液 →14a
ショ**ゴ**ーカツジ　初号活字 →15
ショ**コ**ク　諸国 →8
ショ**コ**ラ　chocolat〔仏〕→9
ショ**コ**ン　初婚 →8
ジョ**ゴ**ン，ジョ**ゲ**ン　助言 →8
ショ**サ**，ショ**サ**《所作事の意は ショ**サ**》

 ̄は高い部分　˙˙と˙˙は高低が変る部分　⌐は次が下がる符号　→は法則番号参照

所作 →7
ショサイ 所載, 書斎 →8
ショザイ 所在 →8
ジョサイ 如才, 助祭 →8
ジョザイ 助剤 →8
ショザイチ 所在地 →14b
ショザイナイ 所在無い →54
ジョサイナイ 如才無い →54
ジョサイヤ 定斎屋 →94
ショサゴト 所作事(=踊り) →12
ショザッピ 諸雑費 →15
ショサン 所産 →8
ショザン, ショサン 初産 →8
ジョサンシ 助産師 →14a
ショサンプ 初産婦 →14a
ジョサンプ 助産婦 →14a
ショシ 初志, 所司, 所思, 書誌, 書肆, 庶子, 諸子, 諸氏, 諸姉 →7
ショジ 所持, 諸事 →7
ジョシ 序詩, 序詞, 助詞 →7
ジョシ 女子, 女史 →7
ジョジ 助字, 助辞, 叙事 →7
ジョジ 女児 →7
ジョシカイ 女子会 →14
ショシガク 書誌学 →14
ショシ(・)カンテツ 初志貫徹 →95
ショシキ 書式 →8
ショシキ, 《新は ショシキ》 諸式(~が上がる) →8
ショジキン, ショジキン 所持金 →14
ジョジシ 叙事詩 →14
ショジシャ 所持者 →14
ジョシシャイン 女子社員 →15
ショシダイ, ショシダイ 所司代 →14
ジョシダイ 女子大<ジョシダイガク 女子大学 →10,15
ジョシダイセイ★ 女子大生 →14a
ショシチニチ, ショシチニチ 初七日 →39

ジョシツ 除湿 →8
ジョシツキ 除湿器 →14
ショジヒン, ショジヒン 所持品 →14
ジョシブ 女子部 →14
ジョジブン, ジョジブン 叙事文 →14
ショシャ 書写, 諸車(~通行止) →7
ショシュ 諸種 →7
ジョシュ 助手 →7
ショシュー 初秋, 所収 →8
ショシュー 諸宗 →8
ジョシュー 女囚 →8
ジョシュセキ, ジョシュセキ 助手席 →14
ショシュツ 初出, 所出, 庶出 →8
ジョジュツ 叙述 →8
ショシュン 初春 →8
ショジュン, ショジュン 初旬 →8
ショショ 諸処(所), 処署 →7 処処, 所所(~方方) →11
ショジョ 処女 →7
ジョジョ 徐徐(~に) →58
ショショー 書証 →8
ショショー, 《古は ショジョー》 書状 →8
ジョショー 女将, 序章 →8
ジョジョー 叙(抒)情, 如上 →8
ジョジョーシ 叙(抒)情詩 →14a
ジョジョーフ 女丈夫 →15
ジョショク 女色 →8
ショジョコーカイ 処女航海 →15
ショジョサク 処女作 →14
ショジョチ 処女地 →14
ショシン 初心, 初診, 初審, 所信, 書信 →8
ショシンシャ 初心者 →14a
ショシンリョー 初診料 →14a
ショス 処す, 書す →48
ジョス 叙す, 恕す →48
ジョスー 除数 →8

ガギグゲゴは鼻濁音　カタカナ細字は母音の無声化　★は長音にもなる符号

ジョスー──ショッキ　430

ジョスーシ　序数詞,助数詞 →17	ジョソーロ　助走路 →14a
ショズクエ　書机 →12	ショゾク　所属 →8
ジョズル　処する,書する,署する →48	ショゾクキカン, ショゾクキカン　所属機関 →15
ジョズル　叙する,除する,恕する →48	ショゾン, ショゾン　所存 →8
ショセイ　処世,初生,書生 →8	ジョソンダンピ　女尊男卑 →98
ショセイ　庶政 →8	ショタイ　書体 →8
ジョセイ　助成,助勢,女声,女性,女婿 →8	ショタイ　《新は ショタイ》 所帯 →8
ショセイカタギ　書生気質 →12	ショダイ, ショダイ　初代 →8
ジョセイガッショー　女声合唱 →15	ジョタイ　除隊,女体 →8
ジョセイキン　助成金 →14	ショタイケン　初体験 →15
ショセイクン　処世訓 →14b	ショタイジミル　所帯染みる →96
ショセイジ　初生児 →14b	ショタイドーグ　所帯道具 →15
ショセイジュツ　処世術 →14b	ショタイヌシ　所帯主 →12b
ジョセイテキ　女性的 →95	ショタイメン　初対面 →15
ジョセイト　女生徒 →15	ショタイモチ, ショタイモチ, ショタイモチ　所帯持ち →13b
ジョセイビ　女性美 →14b	ショタイヤツレ　所帯窶れ →13
ジョセイホルモン　女性 Hormon〔独〕 →16	ショダナ　書棚 →4
ショセキ, ショセキ　書籍 →8	ショダン　処断,初段 →8
ジョセキ　除籍 →8	ショチ　処置 →7
ショセツ　所説 →8	ショチュー　暑中 →8
ショセツ　諸説(〜紛紛) →8	ショチュー, ショチュー　書中 →8
ジョセツ　除雪,叙説,序説 →8	ジョチュー　女中(〜さん) →8
ジョセツシャ, ジョセッシャ　除雪車 →14c	ジョチューギク　除虫菊 →14a
ショセッポ, ショセッポ, ショセイッポ, ショセイッポ　書生っ坊 →94d	ショチューキューカ　暑中休暇 →15
ショセン　所詮 →61　初戦 →8	ジョチューベヤ　女中部屋 →12
ショセン, チョセン　緒戦 →8	ジョチューボーコー　女中奉公 →15
ジョセン　女専<女子専門学校 →10	ショチューミマイ　暑中見舞 →12
ショゾー　所蔵 →8	ショチョー　所長,署長,初潮 →8
ジョソー　女装,序奏,助奏,助走,除草 →8	ジョチョー　助長 →8
ジョソーキョク　序奏曲 →14a	ショッカイ　職階 →8
ジョソーザイ, ジョソーザイ　除草剤 →14a	ショッカイセイ　職階制 →14
ショゾーシャ　所蔵者 →14a	ショッカク　食客,触角,触覚 →8
	ショッカン　食間,食感,触感 →8
	ショッキ　食器 →7
	ジョッキ　<jug →9
	ジョッキー　jockey →9
	ショッキダナ　食器棚 →12

￣は高い部分　┈と┈は高低が変る部分　┐は次が下がる符号　→は法則番号参照

431　ショッキ──ショホ

ショッキ┌ト┐ダナ	食器戸棚 →12
ショッキュー	職給 →8
ショッ┌キング┐	shocking →9
ショッ┐ク	shock →9
ショック┐シ	shock 死 →14
ショッ┐ケン	食券, 職権 →8
ショッケンランヨー	職権濫用 →98
ショッコー	職工, 燭光 →8
ショッコーノ┌ニ┐シキ	蜀江の錦 →98
ショッ┌チュー┐	始終 →68
ショッテタツ	背負って立つ →98
ショッ┐テル	背負ってる →49d
ショッ┐ト	shot →9
ショッ┐パイ	〖俗〗(〜味, 〜顔) →53
ショッ┐パナ	初っ端 →4d
ショッ┐ピング┐	shopping →9
ショッピングセンター	shopping center →16
ショッ┐プ,《新は ショッ┐プ》	shop →9
ショ┐テ	初手(〜から) →4
ショテ┐イ★	所定 →8
ジョテ┐イ★	女帝 →8
ショ┌テン┐, ショ┐テン	書店 →8
ショ┐デン	初伝, 所伝 →8
ジョ┌テンイン┐	女店員 →15
ショ┌ト┐ー	初冬, 初等, 初頭 →8
ショ┌ト┐ー, ショ┐トー	蔗糖 →8
……ショ┐トー	…諸島(イズショ┐トー 伊豆〜) →15
ショ┐ド┐ー	書道 →8
ショ┌ト┐ーカ	初等科 →14
ショ┌ト┐ーキョ┐ーイク	初等教育 →15
ショ┌ド┐ーグ	諸道具 →15
ジョ┌ド┐ーシ	助動詞 →17
ショ┌ト┐ク, ショ┐トク	所得 →8
ショ┌ト┐クガク	所得額 →14
ショ┌ト┐クコージョ	所得控除 →15
ショ┌ト┐クスイジュン	所得水準 →15
ショ┌ト┐クゼイ★	所得税 →14

ショ┌ナイ┐	所内, 署内 →8
ショ┌ナ┐ヌカ, ショ┌ナ┐ノカ	初七日 →39
ジョ┌ナン┐	女難 →8
ジョ┌ニ┐ダン	序二段〖相撲〗 →39
ショ┌ニ┐チ	初日 →8
ショ┌ニュー┐	初乳 →8
ショ┌ニン┐	初任 →8
ショ┌ニン┐	諸人 →8
ジョ┌ニン┐	叙任 →8
ショ┌ニ┐ンキュー	初任給 →14a
ショ┌ネツ┐, ショ┌ネツ┐	暑熱 →8
ショ┌ネン┐	初年 →8
ショ┌ネ┐ンド	初年度 →15
ショ┌ネ┐ンヘイ★	初年兵 →14a
ジョ┌ノ┐クチ	序の口 →19
ショ┐ハ	諸派 →7
ジョ┌ハ┐キュー	序破急 →17
ショ┌バツ┐, ショ┐バツ	処罰 →8
ショ┌ハン┐	初犯, 初版 →8
ショ┐ハン	諸般(〜の事情) →8
ショ┐パン	Chopin〔仏〕〖人〗 →22
ジョ┌バン┐	序盤 →8
ジョ┌バンセン┐	序盤戦 →14
ショ┐ヒ	諸費 →7
ショ┌ビ┐ク, ショッ┌ピ┐ク	〖俗〗 →46d
ショ┌ヒツ┐	初筆 →8
ショ┌ヒョー┐	書評 →8
ショ┌ビョー┐	諸病 →8
ジョ┌ビ┐ラキ,《古は ジョ┌ビ┐ラキ》	序開き →13
ジョ┐ブ	job →9
ショ┌フー┐	書風 →8
ショ┌フク┐	書幅 →8
ショ┌ブン┐	処分 →8
ジョ┌ブン┐	序文 →8
ショ┌ベル┐カ┐ー, ショ┌ベ┐ルカー	shovel car〔和〕 →16
ショ┌ヘン┐	初編 →8
ショ┐ホ	初歩 →7

ガギグゲゴは鼻濁音　カタカナ細字は母音の無声化　★は長音にもなる符号

ショボイ── シライト　432

ショボイ　〘俗〙→53

ショホー　処方 →8

ショホー, ショホー　書法 →8

ショホー　諸方,諸法 →8

ジョホー, ジョホー　除法 →8

ショホーセン　処方箋 →14

ショボクレル, ショボクレル　〘俗〙
　→46

ショボショボ　(~する,~と) →57

ショボタレル, ショボタレル　〘俗〙
　→46

ショホテキ　初歩的 →95

ショホン　諸本 →8

ジョマク　序幕,除幕 →8

ジョマクシキ　除幕式 →14

ショミン　庶民 →8

ショミンカイキュー　庶民階級 →15

ショミンギンコー　庶民銀行《質屋も》
　→15

ショミンテキ　庶民的 →95

ショム　処務,庶務 →7

ショメイ*　署名,書名 →8

ジョメイ*　助命,除名 →8

ショメイ*ウンドー　署名運動 →15

ジョメイ*ショブン　除名処分 →15

ショメン, ショメン　書面 →8

ショモー,《古は ショモー》 所望 →8

ショモク　書目 →8

ショモツ　書物 →8

ショモンダイ　諸問題 →15

ショヤ　初夜 →7

ジョヤ　除夜《~の鐘》 →7

ショヤク　初訳 →8

ジョヤク　助役 →8

ショユー　所有 →8

ジョユー　女優 →8

ショユーケン　所有権 →14a

ショユーシャ　所有者 →14a

ショユーチ　所有地 →14a

ショユーブツ　所有物 →14a

ショヨー　所用,所要 →8

ショリ　処理 →7

ジョリュー　女流 →8

ジョリューサッカ　女流作家 →15

ジョリューブンガク　女流文学 →15

ショリョー,《新は ショリョー》 所領
　→8

ジョリョク, ジョリョク　助力 →8

ショルイ, ショルイ　書類 →8

ショルイシンサ　書類審査 →15

ショルイソーケン　書類送検 →15

ショルダー　shoulder →9

ショルダーバッグ,《ショルダーバッ
　ク》 shoulder bag →16

ジョレツ　序列 →8

ジョレン　鋤簾〘道具〙 →8

ショロー　初老,所労 →8

ジョロー　女郎 →8

ジョローカイ, ジョロカイ　女郎買い
　→13a, 5d

ジョローグモ　女郎蜘蛛 →12

ジョローヤ　女郎屋 →94

ショロン　所論 →8

ショロン, ショロン(ショはチョとも)
　緒論 →8

ジョロン　序論 →8

ショワケ　諸訳 →4

ジョン　John〘男名〙 →23

ションボリ　(~する,~と) →55

ジラ　白(~を切る) →1

シラアエ, シラアエ　白和え →5

シライ　白井〘姓〙 →22
　~(·)ゴンパチ, ~(·)ゴンパチ, ~(·)
　ゴンパチ　~権八 →25, 27

ジライ　地雷 →8

ジライ　爾来 →8, 61

ジライカ　地雷火 →14b

シライト, シライト　白糸 →5

⎺は高い部分　‥と‥は高低が変る部分　⌐は次が下がる符号　→は法則番号参照

433　シライト──シラビョ

シライトノタキ　白糸滝　→98	ジラス　焦らす　→44
シラウオ　白魚　→5	シラズジラズ, シラズシラズ　知らず識らず　→68
シラウメ, シランメ　白梅　→5	シラスナ　白砂　→5
シラガ　白髪　→5	シラスボシ, シラスボシ　白子乾し　→13
シラガアタマ　白髪頭　→12	シラセ　知らせ(オシラセ 御~)　→2, 92
シラガクビ　白髪首　→12	
シラガゾメ　白髪染め　→13	シラセル　知らせる　→83
シラガネギ　白髪葱　→12	シラタキ　白滝(~を煮る)　→5
シラカバ, シラカンバ　白樺　→5, 12	シラタマ　白玉〚玉・食品・椿〛　→5
シラカババ　白樺派　→14	シラタマコ, シラタマコ　白玉粉　→12
シラカベ, シラカベ　白壁　→5	シラチャ　白茶〚色〛　→7
シラカベズクリ　白壁造り　→13	シラチャケル　白茶ける　→44
シラガマジリ　白髪交じり　→13	シラッチ, シラッチ　白土　→5
シラカミ　白紙　→5	シラッパクレル, シラバクレル　→46d
シラカユ　白粥　→5	シラツユ, シラツユ　白露　→5
シラカワ　白河〚地〛(~の関)　→21	シラナミ,《古は シラナミ》白波,白浪　→5
シラカワ(・)ヨブネ,《新は シラカワヨフネ》白河夜船　→97, 98, 99	シラナミゴニンオトコ　白浪五人男〚歌舞伎〛　→99
シラキ　白木　→5	シラニ　白煮　→5
シラギ　新羅〚国〛　→21	シラヌイ, シラヌイ　不知火　→19
シラギク　白菊　→8	シラヌカオ　知らぬ顔(~の半兵衛)　→19
シラキズクリ　白木造り　→13	シラヌガホトケ, シラヌガホトケ　知らぬが仏　→98, 99
シラクモ,《古は シラクモ》白雲,白癬　→5	ジラネ　白根<シラネサン 白根山　→21, 14
シラケル　白ける　→44	シラハ, シラハ　白羽,白刃　→5
シラゲル　精げる　→44	シラバクレル, シラバックレル　→46d
シラコ, シラッコ　白(っ)子〚皮膚〛　→5d	ジラバス　syllabus　→9
シラコ, シラコ　白子〚魚〛　→5	シラハタ,《古は シラハタ》白旗(源氏の~)　→5
シラサギ　白鷺　→5	シラハマ　白浜〚地〛　→21
シラサヤ　白鞘　→5	シラハリ　白張り　→5
シラシメユ　白絞油　→12	シラハリジョーチン　白張提灯　→15
シラジラ　白白(~と)　→57	シラヒゲ　白鬚《神社・橋も》　→5
シラシラアケ　白白明け　→13	シラビョーシ　白拍子　→15
シラジラシイ　白白しい　→53	
シラス, ジラス　白子〚魚〛　→7	
ジラス　白州(洲)(オジラス 御~)　→4, 92	
シラズ　知らず(余人は~)　→89	

ガギグゲゴは鼻濁音　カタカナ細字は母音の無声化　★は長音にもなる符号

シラフ――シリビト　434

シラフ　白斑 →5	し →5
ジラフ　素面 →5	シリオモ　尻重 →5
ジラフ　giraffe(=きりん) →9	シリガイ, シリガイ　鞦 →5d
ジラブル　syllable →9	シリガクシ　尻隠し →13
シラベ　調べ(オシラベ 御~) →2, 92	シリガゲル　silica gel →16
シラベアゲル, シラベアゲル　調べ上げる →45	シリガラゲ　尻絡げ →13
シラベガワ, シラベガワ　調革 →12	シリガル　尻軽 →5
シラベモノ, シラベモノ　調べ物 →12	ジリキ　自力, 地力 →8
シラベル　調べる →43	ジリキコーセイ　自力更生 →98
シラホ　白帆 →5	シリキリバンテン, シリキレバンテン　尻切半纏 →15
シラミ　虱 →1	シリキレ, シリキレ　尻切れ →5
シラミツブシ　虱潰し(~に調べる) →13	シリキレトンボ　尻切れ蜻蛉 →12
シラム　白む(東が~) →44	シリクセ　尻癖(~が悪い) →4
シラヤキ, シラヤキ　白焼き →5	シリコダマ　尻子玉 →12
シラユキ　白雪 →5	シリゴミ, シリゴミ, シリゴミ　後込み →5
シラユキヒメ　白雪姫 →12	シリゴム　後込む →46
シラユリ　白百合 →5	ジリコン　silicon, silicone →9
シランカオ　知らん顔 →19d	シリコンバレー　Silicon Valley →16
シランプリ　知らんぷり〚俗〛 →19d	シリサガリ　尻下がり →13
ジリ　私利 →7	ジリジリ　(~する, ~と) →57
シリ　尻, 後 →1	シリゾク　退く →46
ジリ　自利, 事理 →7	シリゾケル　退ける →46
シリア, シリヤ　Syria〚地・国〛 →21	ジリダカ　じり高 →5
シリアイ　知り合い →5	ジリツ　市立, 私立 →8
シリアウ　知り合う →45	ジリツ　自立, 侍立, 自律 →8
シリアガリ　尻上がり →13	シリツガッコー　私立学校 →15
ジリアス　serious →9	ジリツシンケイ　自律神経 →15
シリアテ, シリアテ　尻当て →5	シリツダイガク　私立大学 →15
ジリアル　cereal〚食〛, serial＜serial number →9	シリッパショリ, シリハショリ　尻(っ)端折り →13d
シリアルナンバー　serial number →16	シリッポ　尻っ方, 尻っ尾 →4d
シリアルバンゴー　serial 番号 →15	シリトリ, シリトリ　尻取り →5
ジリーズ, シリーズ　series →9	シリヌク　知り抜く →45
シリウマ, シリンマ　尻馬(~に乗る) →4	シリヌグイ　尻拭い →13
シリエ, シリエ　後方 →4	シリヌケ, シリヌケ, シリヌケ　尻抜け →5
シリオシ, シリオシ, シリオシ　尻押	シリビト　知り人 →5

‾は高い部分　‥と‥は高低が変る部分　‾は次が下がる符号　→は法則番号参照

435 シリビレ──シロイト

シリビレ 尻鰭 →4	シルシバンテン 印半纏 →15
ジリヒン じり貧 →8	シルス 印す, 記す, 誌す シルサナイ, シルゾー, シルシマス, シルシテ, シルセバ, シルセ →43
シリフリ, シリフリ, シリフリ 尻振り →5	
シリメ, シリメ 後目 →4	ジルバ <jitterbug →9
ジリ(·)メッツレツ 支離滅裂 →59	ジルバー silver →9
シリモチ, シリモチ 尻餅(〜をつく) →4	シルバーシート silver seat[和] →16
ジリヤス じり安 →5	シルベ, シルベ 知辺, 導 →19
シリュー 支流 →8	シルモノ 汁物 →4
ジリュー 自流, 時流 →8	シルワン, シルワン 汁椀 →8
ジリョ 思慮 →7	シレイ 司令, 指令 →8
シリョー 私領, 思料, 思量 →8	ジレイ 事例, 辞令 →8
シリョー, ジリョー 死霊 →8	シレイカン 司令官 →14b
ジリョー 史料, 試料, 資料, 飼料 →8	シレイチョーカン 司令長官 →15
ジリョー, ジリョー 寺領 →8	シレイトー 司令塔 →14
ジリョク 死力, 視力, 資力 →8	シレイブ 司令部 →14b
ジリョク 磁力 →8	ジレー gilet[仏] →9
ジリン 四隣 →34	シレゴト 痴言 →5
ジリン 字林, 辞林 →8	シレツ 熾烈 →8
シリンダー, シリンダー cylinder →9	シレツ, ジレツ 歯列 →8
シル 知る シラナイ, シロー, シリマス, シッテ, シレバ, シレ →43	ジレッタイ 焦れったい →53
ジル 汁 →1	ジレッタント, ディレッタント dilettante →9
ジルエット, シルエット silhouette[仏] →9	シレモノ 痴者 →5
ジルク silk →9	シレル 知れる(お里が〜) →44
シルクスクリーン silkscreen →16	ジレル 焦れる →43
シルクハット silk hat →16	シレワタル 知れ渡る →45
シルクロード Silk Road[地] →16	ジレン, シレン 試練(煉) →8
シルケ 汁気 →7	ジレンマ dilemma →9
シルコ, シルコ 汁粉(オシルコ 御〜) →4,92	シロ 城(オシロ 御〜) →1,92
シルコヤ 汁粉屋 →94	ジロ 白 →3
シルシ 印, 首, 徴, 標, 験 →2	ジロ 代 →1
……ジルシ …印(ホシジルシ 星〜) →12	シロアト 城跡 →4
シルシバカリ 印許り →71,67	シロアリ, シロアリ 白蟻 →5
シルシバリ 標針 →12	シロアン 白餡 →8
	シロイ 白い ジロカッタ, ジロク, ジロクテ, 《新は シロクテ》, ジロケレバ, ジロシ →52
	シロイト 白糸 →5

ガギグゲゴは鼻濁音　カタカナ細字は母音の無声化　★は長音にもなる符号

シロイメ──シロネリ　436

シロイメ　白い目(〜で見る) →19	シロカネダイ　白金台〖地〗→14
シロウオ　白魚 →5	シロキジ　白生地 →15
シロウサギ　白兎(いなばの〜) →12	シロギツネ　白狐 →12
シロウマ, シロンマ　白馬 →5 代馬 →4　シロウマダケ, シロンマダケ　白馬岳 →21, 12	シロギヌ, シロギヌ　白絹 →5
シロウリ　白瓜 →5	シロク　四緑〖九星〗→34
シロエリ　白襟 →5	シロクジチュー　四六時中 →14
シロー　屍蠟 →8	シロクバン　四六判 →14
ジロー　四郎・土郎・司郎〖男名〗→25	シロクマ　白熊 →5
…シロー: ……シロー; ……シロー　…四郎(ヨシロー 与〜, ヒコシロー 彦〜, コーシロー 幸〜) →26	シロクロ　白黒〖写真・映画〗→18
ジロー　耳漏, 痔瘻 →8	シロクロ　白黒(〜をつける, 目を〜する) →18
ジロー　二郎・次郎〖男名〗→25	シロケムリ　白煙 →12
…ジロー: ……ジロー; ……ジロー　…二郎……次郎(ヨジロー 与次郎, オトジロー 音二郎, ケンジロー 健次郎) →26	シロゴマ　白胡麻 →15
ジローガキ　次郎柿 →12a	シロサ　白さ →93
シロート, 《新は シロート》, シロト　素人 →5d	シロザケ　白酒 →5
シロートオンナ　素人女 →12	シロザトー　白砂糖 →15
シロートクサイ　素人臭い →96	シロザラ　白ざら〖ざらめ〗→10
シロートゲイ*, シロートゲイ*　素人芸 →14	シロジ　白地 →7
シロートゲシュク　素人下宿 →15	シロシタ　白下〖砂糖〗→5
シロートジバイ　素人芝居 →12	シロシメス　知ろし食す →45
シロートバナレ　素人離れ →13	シロショーゾク　白装束 →15
シロートメ, シロートメ, シロートメ　素人目 →12	シロジロ　白白(〜と) →57
シロートヤ　素人屋 →94	ジロジロ　(〜見る, 〜と) →57
シロオビ　白帯(↔黒帯) →5	シロズミ, シロズミ　白炭 →5
シロカキ, シロカキ, シロカキ　代掻き →5	シロソース　白sauce →16
シロガスリ　白絣 →12	シロタエ, シロタエ　白妙(〜の) →5
シロガネ, 《新は シロガネ》　白金〖地〗→21	シロタビ　白足袋 →5
シロガネ　銀 →5	シロチリメン, 《新は シロチリメン》　白縮緬 →15
	シロップ, シロップ　siroop〖蘭〗→9
	シロッポイ　白っぽい →96
	シロツメクサ　白詰草 →12
	シロナマズ　白癜 →12
	シロナンバー　白number〖車〗→16
	シロヌキ　白抜き →5
	シロヌノ　白布 →5
	シロヌリ　白塗り →5
	シロネズミ　白鼠 →12
	シロネリ　白練 →5

￣は高い部分　〝と〞は高低が変る部分　⌐は次が下がる符号　→は法則番号参照

シロバイ 白バイ＜白 motorbike →10	シワケチョー 仕訳帳 →14
シロハタ 白旗 →5	シワケル 仕分ける →45
シロハチマキ 白鉢巻 →12	シワザ 仕業 →5
シロハブタエ 白羽二重 →12	ジワジワ （～暑い、～と）→57
シロビカリ 白光り →13	シワス, シハス 師走 →d
シロブサ 白房 →5	シワダラケ, シワダラケ 皺だらけ
シロブチ 白斑 →5	→95
シロボシ 白星 →5	シワノバシ, シワノバシ 皺伸ばし
ジロホン, ジロフォン Xylophon〔独〕	→13
→9	シワバラ 皺腹（～を切る）→4
シロマメ 白豆 →5	シワブキ, シワブキ 咳き →5
シロミ, シロミ 白味 →93	シワブク 咳く →46
ジロミ, シロミ 白身 →5	シワヨセ 皺寄せ →5
シロミズ 白水 →5	ジワリ, ジワリ 地割り →5
シロミソ 白味噌 →15	ジワリ, ジワリ （～と）→55
シロミツ 白蜜 →8	ジワリジワリ, ジワリジワリ →59
シロム 白む →44	ジワレ, ジワレ 地割れ →5
シロムク, シロムク 白無垢 →15	ジワンボー, シワンボー 吝ん坊 →94
シロムクテッカ 白無垢鉄火 →15	ジン 心、芯、臣、辛、信、神、真、寝、新、親
シロメ, ジロメ 白目〔眼球〕→5	（～は泣き寄り）→6 秦・晋・清〔国〕
シロモノ 代物 →4	→21
シロモノカデン 白物家電 →15	……シン …心（ハイタシン 排他～,
シロモメン 白木綿 →15	コーキシン 好奇～）→14
シロヤマ 城山 →12	ジン 仁、陣、賢 →6 gin〔酒〕→9
ジロリ, ジロリ （～と見る）→55	……ジン …人（エイガジン 映画～,
シロワイン 白 wine →16	アメリカジン America ～)《ニホンジ
シロン 史論、私論、詩論、試論 →8	ン 日本～ などは例外》→14
ジロン 持論、時論 →8	シンアイ 親愛 →8
シワ 皺 →1	ジンアイ 仁愛 →8 塵埃 →18
ジワ 詩話、史話 →7	シンアン 新案 →8
シワイ 吝い →52	シンアントッキョ 新案特許 →15
ジワイン 地 wine →16	ジンイ 心意、真意、深意、神意、神威 →7
シワウデ 皺腕 →4	ジンイ 人為 →7
シワガレゴエ, シャガレゴエ 嗄れ声	シンイキ 神域、震域 →8
→12d	シンイチ, シンイチ, シンイチ 信一・
シワガレル, シワガレル, シャガレル	真一・新市〔男名〕→25
嗄れる →46d	ジンイテキ 人為的 →95
シワクチャ 皺苦茶 →59	ジンイトータ 人為淘汰 →15
シワケ 仕分け、仕訳 →5	シンイリ 新入り →5

ガギグゲゴは鼻濁音　カタカナ細字は母音の無声化　★は長音にもなる符号

シンイン――シンギ　438

シンイン　神韻, 心因, 真因　→8	シンカク　神格　→8
ジンイン　人員　→8	シンガク　進学, 心学, 神学　→8
シンインセイ　心因性　→14	ジンカク　人格　→8
ジンインセイリ　人員整理　→15	シンガクイワイ　進学祝　→12
ジンウエン　腎盂炎　→14	ジンカクカ，ジンカクカ　人格化　→95
ジンウチ，《新は シンウチ》　真打ち〖寄席〗→5	シンガクシドー　進学指導　→15
シンエイ　新鋭, 親衛　→8　真影(ゴシンエイ　御~)　→8, 92	ジンカクシャ，ジンカクシャ　人格者　→14c
ジンエイ　陣営　→8	シンガクリツ　進学率　→14
シンエイタイ　親衛隊　→14	シンカゲリュー　神陰流, 真陰流, 新陰流　→14
シンエツ　親閲　→8　信越<シンエツセン　信越線　→29, 14	ジンガサ，ジンガサ，《古は ジンガサ》　陣笠　→4
ジンエツ　信越(=信濃と越後。~二州)　→29	ジンガサレン，ジンガサレン　陣笠連　→14
シンエン　深遠, 神苑, 深淵, 新円, 心猿(意馬~)　→8	シンガタ　新型　→4
ジンエン　人煙(~まれな)　→8	シンガッキ　新学期　→15
ジンエン　腎炎　→8	シンガッコー　神学校　→17
シンオー　深奥, 震央　→8	シンカナ　新仮名　→10
シンオークボ　新大久保〖地〗→21	シンカナズカイ　新仮名遣　→17
シンオン　心音　→8	ジンカブ　新株　→4
ジンカ　深化, 進化, 心火, 臣下, 真価　→7	シンカブキ　新歌舞伎　→12
ジンカ，ジンカ　神火(ゴジンカ　御~)　→7, 92	ジンカベ　真壁　→4
ジンカ，《古は ジンカ》　人家　→7	シンガポール　Singapore〖地・国〗→21
ジンガー　singer　→9	ジンカラ　心から(~好き)　→71, 67
シンカイ，ジンカイ　深海　→8	シンガラ，シンガラ　新柄　→4
シンガイ　侵害, 震駭　→8	ジンガリ　殿り　→5d
シンガイ，《古・強は ジンガイ》　心外　→8	シンカロン　進化論　→14
ジンカイ　人界, 塵界　→8　塵芥　→18	シンカン　深閑　→58　震撼, 信管, 新刊, 新館, 宸翰　→8　心肝　→18
ジンガイ　塵外　→8	ジンカン，シンカン　神官　→8
シンカイギョ　深海魚　→14b	シンガン　心眼, 真贋　→8
ジンカイサクセン　人海作戦　→15	シンガン，ジンガン　心願　→8
ジンカイセンジュツ　人海戦術　→15	シンカンショ，シンカンショ　新刊書　→14a
シンカイチ　新開地　→14b	シンカンセン　新幹線　→15
シンガオ　新顔　→4	ジンキ　辛気, 新奇, 新規, 振起, 心気, 神気, 心機, 心悸(~亢進)　→7
ジンカキ　真書き〖筆〗→5	ジンギ　心木　→4　審議, 真義, 神技　→7

￣は高い部分　…と…は高低が変る部分　「は次が下がる符号　→は法則番号参照

信義, 信疑, 真偽, 心技 →18

ジンキ 人気(～が良い) →7

ジンギ 神祇, 仁義 →18

ジンギ, ジンキ 神器 →7

ジンキ(・)イッテン 心機一転 →97, 98

シンギカイ 審議会 →14

シンキゲン 新紀元 →15

シンキジク 新機軸 →15

ジンギスカン, ジンギスカン 成吉思汗〚人〛→27c

ジンキ(・)マキナオシ 新規蒔直し →97, 98

ジンギ(・)ミリョー 審議未了 →97, 98

シンキュー 進級, 審級 →8　鍼灸 →18

シンキュー 新旧, 親旧 →18

シンキョ 新居 →7

シンキョー 心境, 進境, 神橋, 神鏡 →8

シンキョー 新教 →8

シンキョー, シンキョー 信教(～の自由) →8

シンギョー 心経<般若心経 →8

シンキョー, ニンキョー 仁侠, 任侠 →8

ジン・ギョー・ソー, シンギョーソー 真行草 →97, 17

シンキョーチ 新境地 →15

シンキョート 新教徒 →15

シンキョク 神曲〚書〛→8

シンキョク, 《邦楽の新曲浦島などはジンキョク》 新曲 →8

シンキロー 蜃気楼 →14

シンキロク 新記録 →15

シンキン 親近, 心筋, 宸襟 →8　信金<信用金庫 →10

シンギン 呻吟 →8

シンキンカン 親近感 →14a

シンキンコーソク 心筋梗塞 →15

ジンク 真紅, 深紅 →7　辛苦 →18　sink →9

ジング 寝具 →7

ジンク 甚句 →7

シンクー 真空 →8

シングー, シングー 新宮 →8

ジングー 神宮 →8

……ジングー, ……ジングー …神宮 (**イセジングー, イセジングー** 伊勢～) →15

シンクーカン 真空管 →14

ジングーコーゴー, ジングーコーゴー 神功皇后 →94

ジングージ 神宮寺 →14

シンクーパック 真空pack →16

ジンクス jinx →9

シングミ 新組 →5

シングル single →9

シングルス singles〚運動〛→9

ジングルベル Jingle Bells →16

シングルマザー single mother →16

シンクロ <synchronize →10

ジンクン 神君 →94

シングン 進軍 →8

ジンクン 仁君 →8

シンケイ 神経 →8

ジンケイ 仁恵, 陣形 →8

シンケイカ 神経家, 神経科 →14

シンケイ(・)カビン, シンケイカビン 神経過敏 →97, 98, 99

シンケイケイトー 神経系統 →15

シンケイコー 新傾向 →15

シンケイシツ 神経質 →14b

シンケイショー, シンケイショー 神経症 →14b

シンケイスイジャク 神経衰弱 →15

シンケイセン 神経戦 →14

シンケイツー, シンケイツー 神経痛 →14b

シンゲキ 進撃, 新劇 →8

シンゲキハイユー 新劇俳優 →15

*ガギグゲゴ*は鼻濁音　カタカナ細字は母音の無声化　★は長音にもなる符号

シンケツ──ジンサイ　440

シンケツ, シンケツ　心血(〜をそそぐ) →18	ジンコーコキュー　人工呼吸 →15
シンゲツ　新月 →8	シンコーコク　新興国 →14a
シンケツ　人傑 →8	ジンコーシバ　人工芝 →12a
シンケン　真剣, 神剣, 神権, 親権, 新券 →8	シンコーシューキョー　新興宗教 →15
シンゲン　森厳, 進言, 箴言 →8	ジンコージュセイ　人工授精 →15
シンゲン, シンゲン　震源 →8	ジンコーシンパイ　人工心肺 →15
ジンケン　人権 →8　人絹 →10	ジンコーズノー　人工頭脳 →15
シンケンザイ　新建材 →15	ジンコーチノー　人工知能 →15
シンケンシャ　親権者 →14a	ジンコーテキ　人工的 →95
ジンケンジューリン　人権蹂躙 →98	ジンコードーセキ　人工透析 →15
シンケンショーブ　真剣勝負 →15	ジンコーフカ, ジンコーフカ　人工孵化 →15
シンゲンチ　震源地 →14a	シンゴーマチ　信号待ち →13
ジンケンヒ　人件費 →14a	ジンコーミツド　人口密度 →15
シンゲンブクロ　信玄袋 →12	シンコキュー　深呼吸 →15
シンケンポー　新憲法 →15	シンコキン　新古今<シンコキンワカシュー　新古今和歌集 →10, 17
ジンケンヨーゴ　人権擁護 →15	シンコキンシュー　新古今集 →17
シンコ　新子, 糝粉 →4　新香(オシンコ 御〜) →8d, 92	シンコク　深刻, 申告, 親告, 新穀 →8
ジンコ　真個(〜の男子) →56　新古 →18	シンコク　神国 →8
シンゴ　新語 →7	シンコクゲキ　新国劇〖劇団〗 →15
ジンゴ　人後, 人語 →7	シンコクショ, シンコクショ　申告書 →14
シンコー　深厚, 信仰, 進行, 進攻, 進航, 進講, 新講, 振興, 新興, 深更, 深紅, 新稿, 親交 →8	シンコクリツゲキジョー　新国立劇場 →17
シンコー, シンコ　新香 →8d	シンコザイク　糝粉細工 →15
シンゴー　信号 →8	ジンゴジ　神護寺 →14
ジンコー　人工, 人口 →8	ジンコツ　人骨 →8
ジンコー, ジンコ　沈香(〜もたかず) →8d	ジンコッキ　人国記 →14a
ジンコーエイセイ　人工衛星 →15	シンコッチョー　真骨頂 →15
ジンコーエイヨー　人工栄養 →15	シンコン　新婚 →8
シンコーガイキュー　新興階級 →15	シンコン, ジンコン　心根 →8　心魂, 身魂 →18
シンコーガカリ　進行係 →12	シンゴン　真言 →8
シンゴーキ　信号旗, 信号機 →14a	シンゴンシュー　真言宗 →14a
ジンコーキキョー　人工気胸 →15	シンコンリョコー　新婚旅行 →15
シンコーケイ　進行形 →14	シンサ　審査 →7
	シンサイ　親裁, 親祭, 神祭, 震災 →8
	ジンサイ　人才, 人災 →8

￣は高い部分　¨と¨は高低が変る部分　「は次が下がる符号　→ は法則番号参照

ジンザイ　人材(〜登用) →8	シンジコ　宍道湖 →14
ジンザイギンコー　人材銀行 →15	ジンジソショー　人事訴訟 →15
ジンザイハケンギョー　人材派遣業 →17	シンジタイ　新字体,新事態 →15
シンサイン　審査員 →14	シンジダイ　新時代 →15
シンサカン　審査官 →14	シンシツ　心室,寝室 →8
シンサク　振作,新作,真作 →8	ジンジツ, シンジツ　真実,信実 →8
シンサクモノ　新作物 →12	シンシテキ　紳士的 →95
シンサツ　診察,新札 →8	シンジドー　紳士道 →14
シンサツケン　診察券 →14	シンジノー　神事能 →14
シンサツシツ　診察室 →14	シンシバリ　伸子張り →13
シンサツジョ, シンサツジョ　診察所 →14	ジンジブ　人事部 →14
シンサツビ　診察日 →12	シンジフク　紳士服 →14
シンサヨク　新左翼 →15	ジンジ(・)フセイ　人事不省 →97,98
シンサン　心算,神算 →8　辛酸 →18	シンシャ　新車 →7
シンザン,《古は ジンザン》　新参 →8	シンシャ　深謝,親炙 →7
ジンザン　神山,深山(〜幽谷) →8	ジンシャ　信者 →7
シンザンモノ　新参者 →12	ジンシャ　人車,仁者 →7
シンシ　伸子(〜で張る) →7	ジンジャ　神社 →7
シンシ　真摯,振子,紳士 →8　臣子,親子 →18	……ジンジャ　…神社(ヤスクニジンジャ　靖国〜) →15
シンジ　新字,芯地 →7	ジンジャー　ginger →9
シンジ　臣事,心事,神事,心耳,信士 →7	ジンジャーエール　ginger ale →16
ジンシ　人士 →7	シンシャク　新釈 →8
ジンジ　人事,仁慈 →7	シンシャク　斟酌 →8
シンジアウ, シンジアウ　信じ合う →45	ジンジャ(・)ブッカク　神社仏閣 →97,98
シンジイケ　心字池 →12	シンシュ　新酒,新種 →7
ジンジイドー　人事異動 →15	シンシュ　神主,進取 →7
ジンジイン　人事院 →14	シンジュ　真珠 →7
ジンジインカンコク, ジンジインカンコク　人事院勧告 →99,98	ジンシュ　人種 →7
ジンジカ　人事課 →14	シンシュー　新修,新秋 →8
シンシキ　神式 →8　新式 →95	シンシュー, ジンシュー　真宗 →8
シンシキョーテイ　紳士協定 →15	シンシュー　神州,信州(=信濃) →8
シンジク　新宿〚地〛⇒シンジュク	シンジュー　心中 →8
シンジケート　syndicate →9	シンジューダテ　心中立て →95
ジンジケン　人事権 →14	シンジュー(・)テンノアミジマ　心中天網島〚浄瑠璃・歌舞伎〛→97,98
	シンジューモノ　心中物 →12
	シンジュガイ　真珠貝 →12

ガギグゲゴは鼻濁音　カタカナ細字は母音の無声化　★は長音にもなる符号

シンシュク 伸縮 →18	シンショク 神色, 神職 →8　寝食 →18
シンジュク 新宿〖地〗 →21	シンジョタイ 新所帯 →15
シンジュクギョエン 新宿御苑 →15	シンショバン 新書版 →14
シンジュグク, シンジュクク 新宿区 →14c	シンジル, シンジル 信じる →47
シンシュクジザイ, シンシュクジザイ 伸縮自在 →98, 99	シンシロク 紳士録 →14
シンジュクセン 新宿線 →14	シンシン 深深, 津津 →58　新進 →8
ジンシュサベツ 人種差別 →15	シンシン, ジンシン 心神 →8
シンシュツ 浸出, 進出, 滲出, 新出 →8	シンシン, シンシン 心身 →18
ジンジュツ 仁術(医は〜) →8	シンジン 深甚, 新人 →8
シンシュツキボツ, ジンシュツキボツ 神出鬼没 →98	シンジン 信心 →8
シンジュワン 真珠湾 →14	ジンシン 人心, 人臣, 人身 →8
シンシュン 新春 →8	シンジンオー 新人王 →14a
シンジュン 浸潤 →8	シンジンカ 信心家 →14
シンジョ, シンジョ, 《新書判は シンジョ》 新書 →7	シンシンキエイ 新進気鋭 →98
シンジョ 親署, 親書, 信書, 心緒 →7	ジンシンコーゲキ 人身攻撃 →15
ジンジョ 神助, 糝薯〖料理〗 →7	ジンシンジコ 人身事故 →15
シンジョ, ジンジョ 寝所(ゴシンジョ 御〜) →7, 92	シンシンショー, シンシンショー 心身症 →14a
ジンジョ 陣所 →7	ジンシンソーシツ, シンシンソーシツ 心神喪失 →15
シンショー 辛勝, 心証, 真症, 紳商 →8　身障<身体障害 →10	ジンシンバイバイ 人身売買 →15
ジンショー 身上(=財産) →8	ジンジンバショリ 〖着物〗→13
シンジョー 進上, 心情, 真情, 身上(=一身上), 信条 →8	シンジンルイ 新人類 →15
ジンジョー 身上(=とりえ) →8	シンスイ 心酔, 浸水, 進水 →8
ジンジョー 尋常(〜一様) →8	シンスイ, ジンスイ 薪水(〜の労) →18
ジンジョーカ 尋常科 →14	シンズイ, ジンズイ 心髄, 真髄, 神髄 →8
シンショーシャ 身障者 →14a	ジンスイ 尽瘁 →8
ジンジョーショーガッコー 尋常小学校 →17	シンスイカオク 浸水家屋 →15
シンショー(·)ボーダイ 針小棒大 →97, 98	シンスイシキ 進水式 →14b
シンショーモチ, シンショーモチ, シンショーモチ 身上持ち →13a	ジンズー 神通 →8
シンショク 侵食(蝕), 浸食(蝕) →8	ジンズーガワ 神通川 →12a
	ジンズーリキ, ジンツーリキ 神通力 →14a
	シンズケ 新漬 →5
	シンズル, シンズル 信ずる →47
	ジンズル 陣する →48
	シンセイ 神聖, 真正, 申請, 新生, 新製,

ジンセイ──ジンタイ

心性,神性,真性,新政,親政,新声,新制,新星 →8

ジンセイ 仁政,靭性 →8

ジンセイ 人生,人世 →8

シンセイカツ 新生活 →15

ジンセイカン 人生観 →14b

ジンセイクン 人生訓 →14b

ジンセイケイケン 人生経験 →15

シンセイケン 新政権 →15

シンセイジ 新生児 →14b

シンセイシャ 申請者 →14b

シンセイショ, シンセイショ 申請書 →14

シンセイダイガク 新制大学 →15

ジンセイテツガク, ジンセイテツガク 人生哲学 →15

シンセイド 新制度 →15

シンセイヒン 新製品 →15

シンセイフ 新政府 →15

シンセイメン 新生面 →17

ジンセイロン 人生論 →14b

シンセカイ 新世界 →15

シンセキ 臣籍,真跡,親戚 →8

ジンセキ, ジンセキ 人跡(～未踏) →8

シンセサイザー synthesizer →9

シンセツ 新設,新雪,新説,臣節 →8

ジンセツ 親切(ゴシンセツ 御～, ゴシンセツサマ 御～様) →8,92,94

シンセツギ, シンセツギ, シンセツギ 親切気 →14

シンセツゴカシ 親切ごかし →95

シンセツナダレ 新雪雪崩 →12

シンゼル, シンゼル 進ぜる →47

シンセン 新鮮,神仙,神饌,新撰,新選 →8 深浅 →18

シンゼン 浸染,神前,親善 →8

ジンセン 人選 →8

シンセングミ 新撰組 →12

シンゼンケッコン 神前結婚 →15

シンゼンタイシ 親善大使 →15

シンゼンビ 真善美 →17

ジンソ 親疎 →18

シンゾ, シンゾー 新造(ゴシンゾ 御～) →8d,92

シンソー 新装,真相,深窓,深層 →8

シンゾー 新造,心像,心臓 →8

ジンゾー 人造,腎臓 →8

シンゾーイショク 心臓移植 →15

ジンゾーエン, ジンゾーエン 腎臓炎 →14a

ジンゾーケッセキ 腎臓結石 →15

シンゾーゴ 新造語 →14

ジンゾーコ 人造湖 →14a

シンソーシンリガク 深層心理学 →17

シンソースイ 深層水 →14a

ジンゾーセキ 人造石 →14a

ジンゾーニンゲン 人造人間 →15

シンゾービョー 心臓病 →14

ジンゾービョー 腎臓病 →14

シンゾーブ 心臓部 →14a

シンゾーマヒ 心臓麻痺 →15

シンソク 神速(兵は～を尊ぶ) →8

ジンゾク, シンゾク 親族 →8

ジンソク 迅速 →8

シンゾクカイギ 親族会議 →15

シンソコ, シンソコ 心底,真底 →4

シンソザイ 新素材 →15

シンソツ 真率,新卒 →8

ジンタ 【楽隊】

シンタイ 新体 →8

シンタイ, ジンタイ 神体(ゴシンタイ 御～) →8,92

ジンタイ 進退,身体 →18

シンダイ 寝台 →8

ジンダイ 身代 →8

ジンタイ 靱帯 →8

ジンタイ 人体 →8

*ガギグゲゴ*は鼻濁音　カタカナ細字は母音の無声化　★は長音にもなる符号

ジンダイ──シンデン　　444

ジンダイ　甚大　→8	シンチク　新築　→8
ジンダイ, ジンダイ　神代　→8	シンチク, ジンチク　人畜　→18
シンタイウカガイ　進退伺　→13	シンチクイワイ　新築祝　→12
シンダイカギリ　身代限　→13	シンチシキ　新知識　→15
ジンダイカグラ　神代神楽　→12	シンチャ　新茶　→7
シンダイケン　寝台券　→14b	シンチャク　新着　→8
シンタイケンサ　身体検査　→15	シンチュー　進駐, 真鍮, 新注　→8
ジンダイコ, 《古は ジンダイコ》　陣太鼓　→15	シンチュー　心中　→8
シンダイシ　新体詩　→14b	ジンチュー, シンチュー　身中　→8
ジンダイジ　深大寺　→14	ジンチュー　陣中　→8
シンダイシャ　寝台車　→14b	シンチューグン, シンチューグン　進駐軍　→14a
シンタイショーガイシャ　身体障害者　→17	ジンチューミマイ　陣中見舞　→12
ジンダイショクブツエン　神代植物園＜神代植物公園　→17	シンチョ　新著, 心緒　→7
ジンダイスギ　神代杉　→12b	シンチョー　深長(意味～), 慎重, 新調, 伸張, 伸長, 身長, 新潮〖雑誌〗→8
シンダイソー　新体操　→15	シンチョー　清朝　→8
ジンタイ・ハップ, ～(・)ハップ　身体髪膚　→97, 98	ジンチョーゲ　沈丁花　→14a
シンダイヤ　新ダイヤ＜新 diamond, ＜新 diagram　→16	シンチョーケイ　身長計　→14
シンダイリク　新大陸　→15	シンチョーロン　慎重論　→14a
シンタク　信託, 神託, 新宅　→8	シンチョク　進捗, 神勅　→8
シンタクガイシャ　信託会社　→15	シンチンダイシャ　新陳代謝　→15
シンタクギンコー　信託銀行　→15	シンツー　心痛　→8
シンタクトーチ　信託統治　→15	ジンツー　陣痛　→8
シンタツ　申達, 進達　→8	ジンツーリキ, ジンズーリキ　神通力　→14a
ジンダテ, ジンダテ, ジンダテ　陣立　→5	シンテ　新手　→4
シンタマガワセン　新玉川線　→17	シンテイ　進呈, 新定, 新訂, 新邸　→8
シンタン, ジンタン　心胆, 薪炭　→18	ジンテイ, シンテイ, 《新は シンテイ》　心底　→8
シンダン　診断　→8	シンテキ　心的　→95
ジンタン　仁丹〖商標〗→8	ジンテキ　人的　→95
シンダンカイ　新段階　→15	シンデシ　新弟子　→15
シンダンショ, シンダンショ　診断書　→14	シンデレラ, シンデレラ　Cinderella〖人〗→23
シンチ　新地〖遊郭など〗→7	シンテン　進転, 伸展, 進展, 親展　→8
ジンチ　人知, 陣地　→7	シンデン　神田, 新田, 新殿, 神殿, 寝殿, 親電　→8
	シンデンズ　心電図　→14a

― は高い部分　¨ と ¨ は高低が変る部分　˥ は次が下がる符号　→ は法則番号参照

445 　シンデン──ジンバオ

シンデンズクリ 寝殿造り →13	シンニチカ 親日家 →14
シンテンチ 新天地 →15	シンニチハ 親日派 →14
シント 信徒, 神都, 新都 →7	シンニホンオンガク 新日本音楽 →17
ジンド 伸度, 深度, 進度, 震度 →7	シンニホンガミ 新日本髪 →17
シントー 震盪, 浸(滲)透, 神灯, 新刀, 親等, 心頭(怒り～に発する) →8	シンニュー 侵入, 進入, 新入 →8
ジントー 新党, 神道 →8	シンニュー, シンニョー 之繞(=辶・辶) →8
ジントー, シントー 心頭(～滅却すれば) →8	シンニューセイ★ 新入生 →14a
シンドー 振動, 震動, 新道 →8	シンニューマク 新入幕 →15
シンドー, ジンドー 神童 →8	ジンニョ 信女, 真如(～の月) →7
ジントー 人頭, 陣頭, 陣刀 →8	シンニン 信任, 新任, 親任 →8
ジンドー 人道(↔車道) →8	シンニンシキ 新任式, 親任式 →14a
ジンドー, ジンドー 人道〖道徳〗 →8	シンニンジョー, シンニンジョー 信任状 →14a
シントーアツ 浸透圧 →14a	シンニントーヒョー 信任投票 →15
シントーキョーコクサイクーコー 新東京国際空港 →17	シンネコ 〖俗〗(～でいる)
ジントーシキ, ジントーシキ 陣頭指揮 →15c	シンネリムッツリ, シンネリムッツリ 〖俗〗(～した人, ～と) →59
ジンドーシュギ 人道主義 →15	ジンネン 信念, 新年 →8
ジンドーゼイ★, ニントーゼイ★ 人頭税 →14a	シンネンエンカイ 新年宴会 →15
	シンネンカイ 新年会 →14a
ジンドーテキ 人道的 →95	シンネンド 新年度 →15
シントク 神徳 →8	シンノー 親王 →8
ジントク 人徳 →8	ジンノーショートーキ 神皇正統記 〖書〗 →17
ジントク, ジントク 仁徳 →8	ジンノヤミ 真の闇 →19
シントミザ 新富座 →14	シンノリ 新海苔 →4
シントミチョー 新富町〖地〗 →14	ジンバ 新馬 →7
ジントリ, ジントリ 陣取り →5	ジンパ 新派《劇団も》 →7, 28 ＜sympathizer →10
ジンドル 陣取る →46	
ジンナー thinner →9	ジンバ 人馬 →18
シンナーアソビ thinner 遊び →13	シンパイ 心配 →8
シンナイ 新内＜シンナイブシ 新内節 →3, 12	シンパイ 塵肺 →8
	シンパイゴト, シンパイゴト 心配事 →12
シンナリ (～する) →55	
ジンニ 真に →67	シンパイショー, シンパイショー 心配性 →14b
ジンニ, ジンイ 瞋恚(～のほむら) →7	
ジンニク 人肉 →8	ジンバオリ,《古は ジンバオリ》 陣羽織 →12
シンニチ 親日 →8	

ガギグゲゴは鼻濁音　カタカナ細字は母音の無声化　★は長音にもなる符号

シンパク──ジンボー　446

シンパク　心拍 →8
シンパクスー, シンパクスー　心拍数 →14c
シンパゲキ　新派劇 →14
ジンバシ　新橋〖橋・地〗→12
ジンバシ(・)エンブジョー　新橋演舞場 →97, 98
ジンバツ　神罰 →8
シンパツ　進発 →8
シンパビゲキ　新派悲劇 →15
シンバリ　心張<シンバリボー, シンバリボー　心張棒 →5, 14
ジンバル　cymbals →9
シンパン　新版《歌舞伎外題の新版歌祭文などは ジンパン》, 侵犯 →8
シンパン, ジンパン　審判, 親藩 →8　信販<信用販売 →10
シンパンイン　審判員 →14a
シンパンカン　審判官 →14a
シンハンニン　真犯人 →15
ジンピ　神秘, 真皮 →7　真否 →18
シンビガン, シンビガン　審美眼 →14
シンビジューム, シンビジウム　cymbidium〔拉〕〖植〗→9
シンピシュギ　神秘主義 →15
シンピツ　真筆, 親筆, 宸筆 →8
シンピテキ　神秘的 →95
シンピョー　信憑 →8
シンピョーセイ★　信憑性 →14
シンピン　神品, 新品 →8
ジンピン　人品(〜卑しからず) →8
シンプ　新譜 →7
ジンプ　神符, 神父, 親父, 新婦 →7
シンプー　新風 →8
ジンフォニー, ジンホニー　symphony →9
シンプク　心服, 信服, 振幅, 震幅 →8
シンフゼン　心不全 →15
ジンブツ　神仏 →18

ジンブツ　人物 →8
ジンブツ(・)コンコー　神仏混淆 →97, 98
シンブヨー　新舞踊 →15
シンプル　simple →9
シンブン　新聞 →8
……ジンブン　…新聞(アサヒジンブン　朝日〜) →15
ジンブン　人文 →8
ジンプン　人糞 →8
ジンブンカガク　人文科学 →15
シンブンガミ　新聞紙 →12
シンブンキジ　新聞記事 →15
シンブンキシャ, シンブンキシャ　新聞記者 →15c
シンブンコーコク　新聞広告 →15
シンブンシ　新聞紙 →14a
シンブンシャ　新聞社 →14a
シンブンショーセツ　新聞小説 →15
シンブンダイ　新聞代 →14
シンブンダネ, シンブンダネ　新聞種 →12
ジンブンチリ　人文地理 →15
シンブンハイタツ　新聞配達 →15
シンブンヤ　新聞屋(〜さん) →94
ジンベ, ジンベイ★　甚平〖衣〗→3d
ジンペイ★　新兵(〜さん) →8
シンペイミン　新平民 →15
シンペン　新編 →8
ジンペン, シンペン　身辺, 神変 →8
ジンポ　進歩, 親補 →7
シンボー　信望, 神謀, 深謀(〜遠慮), 心房 →8
ジンボー　辛抱, 心棒 →8
シンポー　信奉, 新法, 新報 →8
ジンボー　人望 →8
シンポーシャ　信奉者 →14a
シンボーズヨイ　辛抱強い →54
ジンボーチョー　神保町〖地〗→14a

￣は高い部分　＂と＂は高低が変る部分　￢は次が下がる符号　→は法則番号参照

447　　シンボー──シンヨー

シンボーニン 辛抱人 →14	誓う) →8　身命 →18
シンボク 親睦 →8	ジンメイ★ 人名, 人命 →8
ジンボク, シンボク 神木 →8	ジンメイキュージョ 人命救助 →15
シンボクカイ, シンボクカイ 親睦会 →14c	ジンメイボ 人名簿 →14b
シンポジューム, シンポジウム symposium →9	ジンメイロク 人名録 →14b
ジンボチ 新発意 →15	シンメトリー symmetry →9
ジンボツ 陣没(歿) →8	ジンメン, ジンメン 人面(～獣心) →8
シンポテキ 進歩的 →95	シンメンモク, シンメンボク 真面目 →15
シンボトケ 新仏 →12	シンモス 新モス＜新 muslin →10
ジンボル symbol →9	シンモツ 進物(ゴシンモツ 御～) →8, 92
シンボルマーク symbol mark〔和〕 →16	シンモン 審問 →8
シンポン 新本 →8	ジンモン 尋問, 訊問, 人文 →8
シンマイ 神米, 新米(～を食べる, あの 人は～だ) →8	シンヤ 新家 →4
ジンマク 陣幕 →8	ジンヤ 深夜 →7
ジンマシン 蕁麻疹 →14	ジンヤ 陣屋 →4
ジンミ 親身 →4　辛味 →7	シンヤエイギョー 深夜営業 →15
ジンミ, シンミ 新味 →93	シンヤキッサ 深夜喫茶 →15
シンミセ 新店 →4	シンヤギョー 深夜業 →14
シンミチ, ジンミチ 新道 →4	シンヤク 新訳, 新約, 新役 →8
シンミツ 親密 →8	シンヤク, ジンヤク 新薬 →8
ジンミャク 人脈 →8	シンヤクシジ 新薬師寺 →17
シンミョー, 《古は ジンミョー》 神妙 →8	シンヤクセイショ 新約聖書 →15
シンミリ (～する, ～と) →55	シンヤスネ, シンヤスネ 新安値 →12
シンミン 臣民 →8	シンヤバス 深夜 bus →16
ジンミン 人民 →8	シンヤビン 深夜便 →14
ジンミンコーシャ 人民公社 →15	シンヤホーソー 深夜放送 →15
ジンミンサイバン 人民裁判 →15	シンヤリョーキン 深夜料金 →15
ジンミンゼンセン 人民戦線 →15	シンユ 新湯 →4
ジンムケイキ 神武景気 →15	シンユー 真勇, 親友 →8
ジンムテンノー, 《新は ジンムテンノー》 神武天皇 →94	ジンヨ 神輿 →7
シンメ 新芽 →4	シンヨー 信用, 針葉 →8
ジンメ, ジンメ 神馬 →7	ジンヨー 陣容 →8
シンメイ★ 神名, 神明(～様) →8	シンヨーガイ 信用買い →13
シンメイ★, ジンメイ★ 神明(=神。～に	シンヨーガシ 信用貸し →13
	シンヨーキンコ 信用金庫 →15
	シンヨークミアイ 信用組合 →12

ガギグゲゴは鼻濁音　カタカナ細字は母音の無声化　★は長音にもなる符号

シンヨー──ズアンカ　　　　448

シンヨージュ　針葉樹 →14a
シンヨージュリン　針葉樹林 →14
シンヨージョー, シンヨージョー　信用状 →14a
シンヨーテガタ　信用手形 →12
シンヨートリヒキ, シンヨートリヒキ　信用取引 →12
シンライ　信頼, 新来 →8
ジンライ　迅雷(疾風〜) →8
シンラツ　辛辣 →8
ジンラ(・)バンショー　森羅万象 →97, 98
ジンラン　親鸞〖人〗(〜上人) →24
ジンリ　審理, 心理, 真理, 心裏 →7
シンリガク　心理学 →14
ジンリキ　人力<ジンリキシャ, ジンリキシャ　人力車 →10, 14c
シンリショーセツ　心理小説 →15
シンリテキ　心理的 →95
シンリビョーシャ　心理描写 →15
シンリャク　侵略, 侵掠 →8
シンリャクシュギ　侵略主義 →15
シンリャクセンソー　侵略戦争 →15
ジンリョ　心慮, 神慮, 深慮(〜遠謀) →7
シンリョー　診療, 新涼 →8
シンリョージョ, シンリョージョ　診療所 →14
シンリョーナイカ　心療内科 →15
シンリョク　新緑, 深緑 →8
ジンリョク　心力, 神力 →8
ジンリョク　人力 →8
ジンリョク, ジンリョク　尽力 →8
シンリリョーホー　心理療法 →15
シンリン　親臨, 森林 →8
ジンリン　人倫 →8
シンリンコーエン　森林公園 →15
シンリンヨク　森林浴 →14a
シンルイ　進塁 →8
ジンルイ, 《新は シンルイ》　親類 →8

ジンルイ　人類 →8
シンルイガキ　親類書 →13
ジンルイガク　人類学 →14b
シンルイズキアイ　親類付合 →13
シンレイ★　心霊, 神霊, 振鈴, 浸礼, 新令, 新例 →8
シンレイ★ジュツ　心霊術 →14b
シンレキ　新暦 →8
ジンレツ　陣列 →8
ジンロ　針路, 進路 →7
シンロー　心労, 辛労, 新郎 →8
シンロー(・)シンプ　新郎新婦 →97, 98
シンロク, シンロク　神鹿 →8
ジンロク, ジンロク, ジンロク　甚六(総領の〜) →25
シンロジドー　進路指導 →15
シンロセン　新路線 →15
シンロン　新論 →8
シンワ　親和, 神話 →7
シンワリョク　親和力 →14

ス

ス, 《新は ス》　巣, 簀, 鬆(大根の〜), 州, 洲 →1
ズ　酢(オズ 御〜) →1, 92　素(=ありのまま。邦楽・踊りも), 馬尾 →1
ズ　図(〜に乗る), 頭(〜が高い) →6
……ズ; ……ズ　〖助動〗(ナカズ 泣か〜, ヨマズ 読ま〜) →89
スアエ, スアエ　酢和え(オスアエ 御〜) →5, 92
ズアシ　素足 →91
スアナ　巣穴 →4
スアマ　素甘(洲浜からか)〖菓子〗
スアワセ　素袷 →91
ズアン　図案 →8
ズアンカ　図案家 →14

￣は高い部分　˙˙と˙˙は高低が変る部分　￢は次が下がる符号　→は法則番号参照

449　　　　　　　　　　　　　　　　　スイ──スイコー

ズイ 酸い →53　粋, 水(=氷水・水曜), 錐 →6	スイガイ 水害 →8
ズイ 蘂,髄(骨の～まで, よしの～から) →6　隋〖国〗 →21	スイガイチ 水害地 →14b
スイアゲ 吸い上げ →5	スイカズラ 忍冬〖植〗 →12
スイアゲポンプ 吸い上げ pomp〔蘭〕 →16	スイガラ 吸い殻 →5
スイアゲル 吸い上げる →45	スイガライレ 吸い殻入れ →13
スイアツ 水圧 →8	スイカン 水干, 水管, 吹管, 酔漢 →8
ズイイ 推移, 水位 →7	スイガン 酔顔, 酔眼(～朦朧) →8
ズイイ, ズイイ 随意 →7	ズイカン 随感 →8
ズイイカ 随意科 →14	スイキ 水気(=むくみ。～がとれる) →7
ズイイカモク 随意科目 →15	スイキ 水気(=みずけ・水蒸気) →7
スイイキ 水域 →8	ズイキ 芋茎
ズイイキン, ズイイキン 随意筋 →14	ズイキ, ズイキ 随喜(～の涙) →7
ズイイチ 随一 →8	ズイキ 瑞気 →7
スイーツ sweets →9	スイキャク 酔客 →8
スイートピー, スイートピー, (スイトピー) sweet pea →16d	スイキュー 水球 →8
スイキュー 水球 →8	スイギュー 水牛 →8
スイートホーム sweet home →16	スイキョ 推挙 →7
スイートポテト sweet potato →16	スイギョ 水魚(～の交わり) →18
スイートメロン sweet melon →16	スイキョー, スイゴー 水郷 →8
スイイレル 吸い入れる →45	スイキョー 酔狂(=ものずき) →8
ズイイン 随員 →8	スイキン 水禽 →8
スイウン 水運, 衰運 →8	スイギン 水銀 →8
ズイウン 瑞雲 →8	スイギンカンダンケイ 水銀寒暖計 →17
スイエイ 水泳 →8	スイギントー 水銀灯 →14
スイエイギ 水泳着 →13b	スイクチ 吸い口《料理も》 →5
スイエイジョー 水泳場 →14	スイクン 垂訓(山上の～) →8
スイエイパンツ 水泳 pants →16	スイグン 水軍 →8
スイエキ 膵液 →8	スイケイ 水系, 推計 →8
スイエン 水煙, 炊煙 →8	スイゲツ 水月 →18
スイエン, スイゼン 垂涎(～の的) →8	スイゲン, スイゲン 水源 →8
スイエン 膵炎 →8	スイゲンチ 水源地 →14a
スイオン 水温 →8	スイコー 推敲, 推考, 水耕, 遂行 →8
スイカ 西瓜 →7	スイゴー 水郷 →8
ズイカ 誰何, 水禍 →7　水火(～も辞せず) →18	ズイコー 随行 →8
	ズイコーイン 随行員 →14a
	スイコーサイバイ 水耕栽培 →15
	スイコーホー, スイゴーホー 水耕法

ガギグゲゴは鼻濁音　カタカナ細字は母音の無声化　★は長音にもなる符号

スイコジ──ズイソー　　　450

→14a

スイコジダイ　推古時代 →15

スイコデン　水滸伝〔書〕 →14

スイコテンノー　推古天皇 →94

スイコミ　吸い込み →5

スイコム　吸い込む →45

スイサイ　水彩 →8

スイサイエノグ　水彩絵の具 →17

スイサイガ　水彩画 →14

スイサツ　推察 →8

スイサン　推算,炊爨,水産 →8

スイサン,《古は スイサン》　推参 →8

スイサンガク　水産学 →14a

スイサンガッコー　水産学校 →15

スイサンカブツ　水酸化物 →14

スイサンキ　水酸基 →14a

スイサンギョー　水産業 →14a

スイサングミアイ　水産組合 →12

スイサンシケンジョー　水産試験場 →17

スイサンチョー　水産庁 →14a

スイサンブツ　水産物 →17

スイシ　水死,垂死,衰死 →7

スイシ　出師(〜の表) →7

スイジ　炊事 →7

ズイジ　随時 →7

スイシタイ　水死体 →14

スイシツ　水質 →8

スイシニン　水死人 →14

スイジバ　炊事場 →12

スイジフ　炊事婦 →14

スイシャ, スイシャ　水車 →7

スイジャク　衰弱,垂迹 →8

スイシャゴヤ　水車小屋 →12

スイシュ　水腫 →7

ズイジュー　随従 →8

スイジュン　水準 →8

ズイショ　随所 →7

スイショー　推奨,推賞 →8

スイショー　水晶 →8

スイジョー　水上 →8

ズイショー　瑞祥 →8

スイジョーキ　水上機 →14a　水蒸気 →15

スイジョーキョーギ　水上競技 →15

スイジョーケイサツ　水上警察 →15

スイジョーセイカツ　水上生活 →15

スイショータイ　水晶体 →14

スイジョーヒコーキ　水上飛行機 →17

スイショク　水食(蝕) →8

スイショク, スイショク　水色 →8

スイシン　推進,水深 →8

スイジン　粋人 →8

スイジン,《地は スイジン, スイジン》　水神 →8,21b

ズイジン, ズイシン　随身 →8

スイシンリョク　推進力 →14a

ズイス　Suisse〔仏〕〔国〕 →21

ズイスイ　(〜飛ぶ,風が〜と) →57

ズイズイズッコロバシ →98

スイセイ　水生,水棲,水声,水星,彗星,水勢,衰勢 →8

スイセイガン　水成岩 →14b

スイセイショクブツ　水生植物 →15

スイセイドーブツ　水生(棲)動物 →15

スイセイトリョー　水性塗料 →15

スイセイムシ　酔生夢死 →97,98

スイセン　水洗,推薦,水仙,水線 →8

スイセン　垂線 →8

スイセンシキ　水洗式 →95

スイセンジョー, スイセンジョー　推薦状 →14a

スイセンニューガク　推薦入学 →15

スイセンベンジョ　水洗便所 →15

スイソ　水素 →7

スイソー　水葬,吹奏,水草,水槽 →8

スイゾー　膵臓 →8

ズイソー　随想 →8

 ̄は高い部分　`と´は高低が変る部分　 ̄」は次が下がる符号　→は法則番号参照

451　　　　ズイソー──スイヘイ

ズイソー, ズイゾー　瑞相 →8	スイドー　水道, 隧道 →8
スイソーガク　吹奏楽 →14a	スイトーガカリ　出納係 →12
スイゾーガン　膵臓癌 →14a	スイドーカン　水道管 →14
ズイゾーロク　随想録 →14a	スイドーキョク　水道局 →14a
スイソク　推測 →8	スイドーコージ　水道工事 →15
スイゾクカン, スイゾクカン, スイゾッカン　水族館 →14ca	スイドーバシ　水道橋〖橋・地〗 →12
	スイトーボ　出納簿 →14a
スイソバクダン　水素爆弾 →15	ズイトクジ, ズイトクジ　随徳寺(一目山~, ~をきめる) →14
スイソン　水村, 水損 →8	
スイタイ　衰退, 衰頽, 推戴, 酔態 →8	スイトリ　吸い取り →5
スイダシ　吸い出し →5	スイトリガミ, スイトリシ　吸取紙 →12, 14
スイダシゴーヤク　吸出し膏薬 →15	
スイダス　吸い出す →45	スイトル　吸い取る →45
スイタドーシ　好いた同士 →19	スイトン　水団〖料理〗 →8
スイダマ　吸い玉〖医〗 →5	スイナン　水難 →8
スイダン　推断 →8	スイノー　水嚢 →8
スイチ　推知 →7	スイノミ　吸い飲み →5
スイチュー　水中, 水柱 →8	スイバク　水爆<水素爆弾 →10
スイチューカ　水中花 →14a	スイバクジッケン　水爆実験 →15
スイチューメガネ　水中眼鏡 →12	スイハン　垂範, 炊飯 →8
スイチューヨクセン　水中翼船 →14c	スイバン　推輓, 水盤 →8
スイチョー　水鳥 →8	ズイハン　随伴 →8
ズイチョー　瑞兆 →8	スイハンキ　炊飯器 →14a
スイチョク　垂直 →8	スイヒ　水肥 →7
スイチョクセン, スイチョクセン　垂直線 →14c	ズイビ　衰微 →7
	ズイヒツ　随筆 →8
スイツキ　吸い付き →5	ズイヒツカ　随筆家 →14
スイツク　吸い付く →45	ズイフ　水夫, 炊夫, 炊婦, 水府《地も》 →7
スイツケタバコ　吸付け煙草 →16	
スイツケル　吸い付ける →45	スイフク　推服 →8
スイッチ　switch →9	スイフリュー　水府流〖水泳〗 →14
スイッチバック　switchback →16	ズイブン　水分 →8
スイッチョ　(=馬追虫) →3	ズイブン　随分 →8, 61
スイテイ★　推定, 水底 →8	スイヘイ★　水平 →8
スイテキ　水滴 →8	ズイヘイ★　水兵(~さん) →8
スイデン　水田 →8	スイヘイ★セン, スイヘイ★セン　水平線 →14b
スイテングー　水天宮 →14a	
スイトー　水筒, 水痘, 水稲 →8　出納 →18	スイヘイ★ドー　水平動 →14b
	スイヘイ★フク　水兵服 →14b

ガギグゲゴは鼻濁音　カタカナ細字は母音の無声化　★は長音にもなる符号

スイヘイ──スーギョ　452

スイヘイボー　水兵帽　→14b	スイライテイ　水雷艇　→14
スイヘイメン　水平面　→14b	スイリ　巣入り, 鬆入り　→5
スイヘン　水辺　→8	スイリ　推理, 水利　→7
スイホー　水泡(〜に帰す), 水疱　→8	スイリ　酢煎り　→5
スイボー　衰亡, 水防　→8	ズイリ　図入り　→5
スイボク　水墨 < スイボクガ　水墨画　→10, 14	スイリク　水陸(〜両用)　→18
スイボツ　水没　→8	スイリケン　水利権　→14
スイマ　睡魔(〜に襲われる)　→7	スイリショーセツ　推理小説　→15
スイミツ　水蜜 < スイミットー　水蜜桃　→8, 14	スイリュー　水流　→8
スイミャク　水脈　→8	スイリョー, スイリョー　推量, 水量　→8
スイミン　睡眠　→8	スイリョク　水力, 推力　→8
スイミング　swimming　→9	スイリョクデンキ　水力電気　→15
スイミングクラブ　swimming club　→16	スイリョクハツデン　水力発電　→15
スイミングスクール　swimming school　→16	スイレイ　水冷　→8
スイミンザイ, スイミンザイ　睡眠剤　→14a	スイレイシキ　水冷式　→95
スイミンジカン　睡眠時間　→15	スイレン　睡蓮　→8
スイミンブソク, スイミンフソク　睡眠不足　→99, 98	スイレン, 《古は スイレン》　水練　→8
スイミンヤク　睡眠薬　→14a	スイロ　水路　→7
ズイムシ　蟓虫　→4	スイロブ　水路部　→14
スイメイ　水明　→8	スイロン　推論　→8
スイメツ　衰滅　→8	スイング, (スウィング)　swing　→9
スイメン, スイメン　水面　→8	スー　数　→6
スイメンカ　水面下　→14a	スウ　吸う　スワナイ, スオー, スイマス, スッテ, スエバ, スエ　→43
スイモノ　吸物　→5	スウェーデン, スエーデン　Sweden 《国》→21
スイモノワン　吸物椀　→14	スウェットスーツ　sweat suits　→16
スイモン　水門　→8	スーカイ, 《新は スーカイ》　数回　→38
スイヤク　水薬　→8	スーガク　数学　→8
スイヨー, 《古は スイヨー》　水曜　→8	スーガクシャ, スーガクシャ　数学者　→17
スイヨーエキ　水様液, 水溶液　→14a	スーカゲツ　数箇月　→39
スイヨーセイ　水溶性　→14	スーカネン　数箇年　→39
スイヨービ　水曜日　→12a	スーキ　数奇, 枢機　→7
スイヨク　水浴　→8	スーキキョー　枢機卿　→14
スイヨセル　吸い寄せる　→45	スーギョー, スーコー, 《新は スーギョー》　数行　→38
スイライ　水雷　→8	

‾ は高い部分　˙˙˙ と ˙˙˙ は高低が変る部分　⌐ は次が下がる符号　→ は法則番号参照

スーコ 数個 →38

スーコー 崇高, 趨向 →8

スーコク 数刻 →38

スーシ 数詞 →7

スージ 数字 →7

スージ 数次 →38

スージカン 数時間 →38

スーシキ 数式 →8

スージク 枢軸 →8

スージツ 数日 →38

スージツライ 数日来 →14

スーシュ 数首, 数種 →38

スージュー,《もと **スジュー** も》 数十 →38

スーシューカン 数週間 →38a

スージューニン, スージューニン 数十人 →38a

スーシュルイ 数種類 →38

スースー (〜寝る, 〜と) →57

ズーズーシイ★ 図図しい →53

ズーズーベン ずうずう弁 →14

スーセイ★ 趨性, 趨勢 →8

スーセン,《もと **スセン** も》 数千 →38

スーセンエン 数千円 →38

スーセンニン 数千人 →38

スータ 数多 →38

スウタイ 素謡 →91

ズータイ 図体 →8d

スーダン Sudan〘国〙 →21

スーチ 数値 →7

スーツ suit →9

スーツケース suitcase →16

スード 数度 →38

スートー 数等〘副〙(〜まさる) →61

スウドン 素饂飩 →91

スーニン 数人 →38

スーネン 数年 →38

スーパー super＜superimpose, ＜

superheterodyne, ＜supermarket →9

スーパーコンピューター super computer →16

スーパーストア superstore →16

スーパーバイザー supervisor →9

スーパーマーケット supermarket →16

スーパーマン superman →16

スーパーリンドー super 林道 →15

スーハイ 崇拝 →8

スーバイ 数倍 →38

スーハイシャ 崇拝者 →14b

スーヒャク,《もと **スヒャク** も》 数百 →38

スーヒャクエン, スーヒャクエン 数百円 →38

スーヒャクニン, スーヒャクニン 数百人 →38

スープ soup →9

スーフン 数分 →38

スーマイ 数枚 →38

スーマン,《もと **スマン** も》 数万 →38

スーマンエン 数万円 →38

スーマンニン 数万人 →38

スーミツイン 枢密院 →14

スーミツコモンカン 枢密顧問官 →17

ズーム zoom →9

ズームレンズ zoom lens →16

スーヨー 枢要 →8

スーリ 数理 →7

スーリョー 数量 →8

スーレツ 数列〘数学〙 →8

スエ 末 →1

ズエ 図絵, 図会 →7

スエイシ 据え石 →5

スエーデン, スウェーデン Sweden 〘国〙 →21

スエード suède〘仏〙〘皮〙 →9

スエオキ 据え置き →5

ガギグゲゴは鼻濁音　カタカナ細字は母音の無声化　★は長音にもなる符号

スエオク ── スカンジ　　　454

スエオク 据え置く →45	スカウト scout →9
スエオソロシイ 末恐ろしい →54	スガオ 素顔 →91
スエゴロ 末頃 →4	スガガキ 清掻〖邦楽〗→5
スエジジュー 末始終 →15	スガキ 素描き →5
スエズ Suez〖地〗→21	スガキ 酢牡蠣 →4
スエズウンガ Suez運河 →15	スカサズ 透かさず(〜答えた) →89
スエズエ 末末 →11, 68	スカシ 透かし →2
スエゼン 据え膳 →8	スカシオリ 透かし織 →13
スエツケ 据え付け →5	スカシボリ 透かし彫 →13
スエツケル 据え付ける →45	スカス (=気取る),透かす,隙かす,賺す →44
スエッコ, スエコ 末(っ)子 →4d	ズカズカ (〜上がる,〜と) →57
スエノヨ, スエノヨ 末の世 →19	スガスガシイ 清清しい →53
スエヒロ 末広〖姓・寄席も〗→5	スガタ 姿(オスガタ 御〜) →1, 92
スエヒロガリ, スエヒロガリ, スエヒロガリ 末広がり〖狂言は スエヒロガリ, 歌舞伎は スエヒロガリ〗→13	スガタエ 姿絵 →14
スエヒロチョー 末広町〖地〗→14	スガタカタチ 姿形 →18
スエブロ 据え風呂 →5	スガタミ, スガタミ 姿見 →13
スエムスメ 末娘 →12	スガタヤキ 姿焼 →13
スエモノ 据え物 →5	スガタリ 素語り〖邦楽〗→91
スエモノギリ 据物切(斬)り →13	スガッシュ, スガッシ squash →9
スエル 据える →43	スガット (〜する) →55
スエル 饐える →43	スガメ,《新は スガメ》 眇 →5
スオー 周防(〜の国) →21	スガモ 巣鴨〖地〗→21
スオー 素襖,蘇芳 →8	ズガラ 図柄 →4
スオーオトシ 素襖落〖狂言・歌舞伎〗→13	スカラシップ scholarship →16
スオーナダ 周防灘 →12a	スガリツク,《古・強は スガリツク》 縋り付く →45
スオドリ 素踊り →91	スカル, スカール scull〖ボート〗→9
ズオモ 頭重 →5	スガル 箝る(鼻緒が〜) →44
ズガ 図画 →7	スガル,《新は スガル》 縋る →43
スカート skirt →9	スガワラデンジュ 菅原伝授<〜・テナライカガミ 菅原伝授手習鑑〖浄瑠璃・歌舞伎〗→15, 97
スカーフ scarf →9	スガワラノ(・)ミチザネ 菅原道真 →22, 24, 27
スガイ 酢貝 →4	ズカン 図鑑 →8
ズカイ 図解 →8	スカンク skunk →9
ズガイコツ 頭蓋骨 →14b	スカンジナビア, スカンジナビヤ Scandinavia〖半島〗→21
スカイダイビング skydiving →16	
スガイト 菅糸 →4	
スカイライン skyline →16	

￣は高い部分　¨と¨は高低が変る部分　┐は次が下がる符号　→は法則番号参照

ズカン(・)ソクネツ　頭寒足熱 →97, 98
スカンピン　素寒貧 →91
スカンポ　酸模〖植〗 →94
スキ　透き, 剝き, 梳き, 漉き, 隙, 犂, 鋤
　→2
スキ　好き, 数寄(〜を凝らす) →2
スギ, 《姓は スギ》　杉 →1, 22
……スギ　…過ぎ(＝度を越したこと。イ
　ースギ 言い〜, ツカイスギ 使い〜)
　→5, 13
……スギ　…過ぎ(＝過ぎたこと。シジュ
　ースギ 四十〜, サンジスギ 三時〜)
　→38
スキアウ, スキアウ　好き合う →45
スキアブラ　梳き油 →12
スギアヤ　杉綾 →4
スキー　ski →9
スギイタ, スギイタ　杉板 →4
スキーグツ　ski 靴 →12a
スキージョー　ski 場 →14
スキーヤー　skier →9
スキーリフト　ski lift →16
スキイレガミ　漉入紙 →12
スキイロ　透色 →5
スキウツシ　透き写し →13
スキオコス　鋤き起す →45
スキオリ　透き織 →5
スギオリ　杉折 →4　杉織 →5
スキカエシ, 《古は スキガエシ》　漉き
　返し →13
スキガエス　鋤き返す, 漉き返す →45
スギガキ, スギガキ　杉垣 →4
スキカッテ, 《新は スキカッテ》　好き
　勝手 →18
スギカワ, スギッカワ　杉(っ)皮 →4d
スギカワブキ　杉皮葺き →13
スキキライ, 《新は スキキライ》　好き
　嫌い →18
スキグシ　梳き櫛 →5

スキクワ, スキクワ　鋤鍬 →18
スキゲ　梳き毛 →5
スギゲタ, スギゲタ　杉下駄 →12
スギゴケ　杉苔 →4
スキゴコロ　好心 →12
スキコノミ　好き好み →18
スキコノム　好き好む →45
スキコノンデ, 《古・強は スキコノン
　デ》　好き好んで →73
スキコミ　漉き込み →5
スキコム　漉き込む →45
スギザイ　杉材 →8
スギサル, 《新は スギサル》　過ぎ去る
　→45
スキシャ　好者 →7
スキズキ　好き好き →11
ズキズキ　(〜する, 〜と) →57
スギタ・ゲンパク　杉田玄白 →22, 24
スキッパラ, スキハラ　空(っ)腹 →5d
スキップ　skip →9
スキテ　梳き手 →5
スギド, スギド　杉戸 →4
スキトール　透き徹る →45
スギナ　杉菜 →4
スキナベ　鋤鍋 →4
スギナミ　杉並〖地〗 →21
スギナミキ　杉並木 →12
スギナミク　杉並区 →14
スギノキ　杉の木 →19
スギバシ　杉箸 →4
スギバヤシ　杉林 →12
スキハラ, スキッパラ　空(っ)腹 →5d
スギハラガミ　杉原紙 →12
スキブスキ, スキブスキ　好き不好き
　→18
スキホーダイ　好き放題 →95
スキマ　透間 →5
スキマカゼ　透間風 →12
スキミ　透見, 剝身 →5

ガギグゲゴは鼻濁音　カタカナ細字は母音の無声化　★は長音にもなる符号

スギムラ──スクナク　456

スギムラ 杉叢 →4
スギムラ 杉村〖姓〗→22
　～・ハルコ, スギムラハルコ ～春子 →25, 27
スキモノ 好者 →5
スキヤ,《古はスギヤ》 数寄屋 →4 透綾 →5d
スキヤキ 鋤焼 →5
スキヤヅクリ 数寄屋造り →13
スキャナー,《新はスキャナー》 scanner →9
スキヤバシ 数寄屋橋〖橋・地〗→12
スキヤブシン 数寄屋普請 →15
スキヤボーズ 数寄屋坊主 →15
スギヤマ 杉山《姓も》→4, 22
スキャンダル scandal →9
スキューバダイビング scuba diving →16
スギユク,《新はスギユク》 過ぎ行く →45
ズキョー 誦経 →8
スキル skill →9
スギル 過ぎる **スギナイ, スギヨー, スギマス, スギテ, スギレバ, スギロ** →43
スキルアップ skill up →16
スギワイ, スギワイ 生業
ズキン 頭巾 →8
スキンシップ skin ship〔和〕→16
ズキンズキン (～する, ～と) →59
スキンミルク, スキムミルク skim milk →16
スク 透く, 空く, 剝く, 梳く, 結く, 漉く, 鋤く **スカナイ, スコー, スキマス, スイテ, スケバ, スケ** →43
ズク, スク 好く →43c
スグ 直ぐ →61
……ズク …付く (**チョーシズク** 調子～, **オジケズク** 怖気～) →46, 96

……ズク, ……ズク …尽(チ**カラズク**, チ**カラズク** 力～) →95
スクイ 救い, 掬い →2
スクイアゲル 救い上げる, 掬い上げる →45
スクイアミ, スクイアミ 掬い網 →12
スクイズ ＜squeeze play →9
スクイダス 救い出す →45
スクイナゲ 掬い投げ →13
スクイヌシ, スクイヌシ 救い主 →12b
スクウ 救う, 掬う **スクワナイ, スクオー, スクイマス, スクッテ, スクエバ, スクエ** →43
スクウ 巣くう →46
スクーター,《新はスクーター》 scooter →9
スクープ scoop →9
スクーリング,《新はスクーリング》 schooling →9
スクール school →9
スクールカラー school color〔和〕→16
スクールゾーン school zone〔和〕→16
スクールバス school bus →16
スクエア square →9
スクエアダンス square dance →16
スグキ 酸茎 →5
スグサマ 直ぐ様 →67
……ズクシ …尽し(**ココロズクシ** 心～, **クニズクシ** 国～) →13, 95
スクスク,《新はスクスク》 (～伸びる, ～と) →57c
スクセ, スクセ 宿世 →7d
スクナイ 少ない →52
スクナカラズ 少なからず →89
スクナクトモ, スクナクトモ 少なくとも →74, 67
スクナクモ, スクナクモ 少なくも →74, 67

‾は高い部分　 ̈と ̇は高低が変る部分　「は次が下がる符号　→は法則番号参照

スクナメ　少なめ →93
スグニ　直ぐに →67
スクネ　宿禰
スクミアガル　竦み上がる →45
スクム,《新は スグム》 竦む →43
……ズクメ　…尽くめ(キヌズクメ 絹～, クロズクメ 黒～) →95
スクメル,《新は スクメル》 竦める →44
スクヨカ　健か →55
スクラップ　scrap →9
スクラップブック　scrapbook →16
スクラム,《新は スクラム》 scrum →9
スクランブル　scramble →9
……ズクリ　…作り(コガネズクリ 黄金～),…造り(シンデンズクリ 寝殿～) →13
スクリーン　screen →9
スクリーンセーバー　screen saver →16
スクリプター　scripter →9
スクリプト　script →9
スクリュー　screw →9
スグル　選る →43　過ぐる〖連体〗(～三月) →38
スグレテ　勝れて →67
スグレモノ　勝れ物 →12
スグレル　勝れる →43
スケ　助(～を頼む、～に出る) →2
スケ　次官 →2c
……すけ　…助・…介・…輔〖男名〗 →25
スゲ　菅 →1
……ズケ　…漬(イチヤズケ 一夜～) →13　…付(ミッカズケ 三日～) →38
ズケイ★　図形 →8
スケーター,《新は スケーター》 skater →9
スケーティング,《新は スケーティング》 skating →9

スケート, スケート　skate →9
スケートジョー　skate場 →14
スケートボード,(スケボー) skateboard →16, 10
スケートリンク　<skating rink →16
スケール　scale →9
スゲカエ　箝げ替え →5
スゲカエル, スゲガエル　箝げ替える →45b
スゲガサ　菅笠 →4
スケジュール, スケジュール　schedule →9
ズケズケ　(～言う、～と) →57
スケソーダラ, スケソーダラ　助宗鱈〖魚〗→12a
スケダチ　助太刀 →5
スケッチ　sketch →9
スケッチブック　sketchbook →16
スケット　助っ人〖俗〗→5d
スケテ　助手 →5
スケデッポー　助鉄砲 →15
スケトーダラ, スケトーダラ　介党鱈〖魚〗→12a
スゲナイ　(～返事) →54
スゲナク,《新は スゲナク》→61
スケベー, スケベ　助兵衛・助平〖俗〗→25cd
スケベーコンジョー　助平根性 →15
スケル　助ける →43　透ける →44
スゲル　箝げる(鼻緒を～) →43
スケルツォ　scherzo →9
スケルトン　skeleton →9
スケロク　助六〖歌舞伎〗→25
スコア　score →9
スコアブック　scorebook →16
スコアボード, スコアボード　scoreboard →16
スコアラー　scorer →9
スゴイ　凄い　スゴカッタ, スゴク,

ガギグゲゴは鼻濁音　カタカナ細字は母音の無声化　★は長音にもなる符号

ズコー──スジョー　458

スゴクテ，《新は スゴクテ》，スゴケ
レバ，スゴシ →52
ズコー　図工 →18
スゴウデ，スゴウデ　凄腕 →5
スコープ　scope →9
スコール　squall →9
スコーン　scone →9
ズゴク　凄く →61
スコシ　少し →61
スコシグライ　少し位 →71
スコシズツ，スコジズツ　少し宛 →38
スコシデモ　少しでも →67
スコシバカリ　少し許り →71, 67
スコシモ，スコシモ　少しも →67
スゴス　過ごす　スゴサナイ，スゴソ
ー，スゴシマス，スゴシテ，スゴセ
バ，スゴセ →44
スゴスゴ，スゴスゴ　悄悄（〜帰る，〜
と）→57
スコッチ　Scotch →9
スコットランド　Scotland〖地〗→21
スコップ　schop〖蘭〗→9
スコブル　頗る →61
スコブルツキ，スコブルツキ　頗る付
き →13
スゴミ　凄味 →93
スゴム　凄む →44
スゴモリ　巣籠り（鶴の〜）→13
スゴモル　巣籠る →46
スゴモンク　凄文句 →15
スコヤカ　健やか →55
スゴロク，スゴログ　双六 →8
スサ，スサ　笹 →1
スザキ，《新は スサキ》　洲崎〖江東区の
地名〗→21
スザクオージ　朱雀大路 →12
スザグモン　朱雀門 →14
スサノーノミコト　素戔嗚尊 →98
スサビ　荒び，遊び →2

スサブ　荒ぶ →43
スサマジイ．　凄まじい →53
スサム　荒む →43
スサル，スサル　退る →43
ズサン　杜撰 →8
スジ，《新は スシ》　鮨・寿司（オスシ 御
〜）→3, 92
スジ　筋 →1
ズシ　図示，厨子 →7　逗子〖地〗→21
スジアイ，スジアイ　筋合い →4
ズシオー　厨子王〖人〗→94
スジカイ，スジカイ　筋違 →5
スジガキ，スジガキ　筋書 →5
スジガネ　筋金 →4
スジガネイリ　筋金入り →13
ズシキ　図式 →8
スジグマ　筋隈 →4
スジコ，スジコ　筋子 →4
スシズメ　鮨詰め →5
スジダテ，スジダテ　筋立て（劇の〜）
→5
スシダネ，スシダネ　鮨種 →4
スジチガイ　筋違い →13
スジッポイ　筋っぽい →96
スジバル　筋張る →46
スジボネ　筋骨 →4
スシマイ　鮨米 →8
スジミチ，《古は スジミチ》　筋道 →4
スジムカイ　筋向かい（〜の家）→12
スジムコー　筋向こう →12
スジメ　筋目 →4
スシメシ　鮨飯 →4
スジモミ，スジモミ，スジモミ　筋揉
み →5
スシヤ　鮨屋（オスシヤ 御〜）→94, 92
スジョー　素姓 →8
ズジョー　図上，頭上 →8
スジョーユ　酢醤油 →15
スジョールリ　素浄瑠璃 →91

￣ は高い部分　˙˙˙ と ˙˙˙ は高低が変る部分　┐は次が下がる符号　→ は法則番号参照

ズショリョー 図書寮 →14	スズミマス, スズンデ, スズメバ, スズメ →44
ズシリ, ズシリ （〜と重い）→55	スズムシ 鈴虫 →4
ズジン （〜と）→55	ススメ 勧め →2
スス 煤 →1	スズメ 雀 →1
スズ,《女名は スズ》鈴 →1,23	スズメオドリ 雀踊り →12
スズ 錫 →1	スズメズシ 雀鮨 →12
ズズ, ジュズ 数珠 →7d	スズメノナミダ 雀の涙 →19
ススイロ 煤色 →4	スズメバチ 雀蜂 →12
スズカ 鈴鹿〖地〗→21	スズメヤキ 雀焼 →13
スズカケ 篠懸,鈴掛 →5	ススメル 進める,勧める,奨める ススメナイ, ススメヨー, ススメマス, ススメテ, ススメレバ, ススメロ →44
スズカケノキ 篠懸の木 →19	
スズカゼ 涼風 →5	
スズカトーゲ 鈴鹿峠 →12	
スズガモリ 鈴ヶ森〖地〗→19	スズモト 鈴本〖寄席〗→22
ススキ, ススキ 薄 →1	スズヤカ 涼やか →55
ススギ 濯ぎ →2	スズラン 鈴蘭 →8
スズキ 鱸〖魚〗→1 鈴木〖姓〗→22	スズリ 硯 →1
ススグ 漱ぐ,濯ぐ →43	ススリアゲル 啜り上げる →45
スズケ, スズケ 酢漬 →5	スズリイシ 硯石 →12
ススケル, ススケル 煤ける →44	ススリコム 啜り込む →45
スズシ 生絹 →1	ススリナキ 啜り泣き →13
スズシイ★ 涼しい スズシカッタ, スズシク, スズシクテ, スズシケレバ, スズシ →52	ススリナク 啜り泣く →45
	スズリバコ 硯箱 →12
	スズリブタ 硯蓋 →12
スズシロ, スズシロ 清白(=大根) →5	ススル 啜る →43
ススダケ 煤竹 →4	ズセツ 図説 →8
ススダケイロ 煤竹色 →12	スソ 裾 →1
スズナ 菘〖植〗→4	スソウラ 裾裏 →4
スズナリ 鈴生り →5	スソグケ 裾絎 →5
ススハキ, ススハキ 煤掃き →5c	スソゴ 裾濃〖染めなど〗→5
ススハライ 煤払い →13	スソサバキ 裾捌き →13
ススミ 進み →2	スソノ 裾野 →4
スズミ 涼み →2	スソマワシ, スソマワシ, スソマワシ 裾回し〖着物〗→13
スズミダイ 涼み台 →14	
ススミデル 進み出る →45	スソミジカ 裾短 →13
ススム 進む ススマナイ, ススモー, ススミマス, ススンデ, ススメバ, ススメ →43 進・晋〖男名〗→23	スソモヨー 裾模様 →15
	スソヨケ, スソヨケ 裾除け →5
スズム 涼む スズマナイ, スズモー,	スソワケ 裾分け(オスソワケ 御〜)

ガギグゲゴは鼻濁音　カタカナ細字は母音の無声化　★は長音にもなる符号

スソワタ──スックト　460

→5, 92
スソワタ 裾綿 →4
ズダ 頭陀〚仏教〛→7
スター star →9
スタージシステム star system →16
スターター starter →9
スターダスト star dust →16
スターダム stardom →9
スタート，《新は スタート》 start →9
スタートライン start line〔和〕→16
スターリン Stalin〔露〕〚人〛→22
スタイリスト stylist →9
スタイル style →9
スタイルブック stylebook →16
スタウト stout →9
スダク 集く(草間に～) →43
スダコ 酢蛸 →4
スタコラ 〚俗〛(～逃げる) →57c
スタジアム stadium →9
スタジオ studio →9
スタスタ，《新は ズタスタ》(～歩く，～と) →57c
ズタズタ (～だ・な・に) →57
ズタズタ (～切る，～と) →57
スダチ 酢橘
スダチ，スダチ 巣立ち →5
スダツ 巣立つ →46
スタッカート staccato〔伊〕→9
スタッフ staff, stuff →9
スダテ，スダテ 簀立て →5
スダテル 巣立てる →46
ズダブクロ 頭陀袋 →12
スダマ 魑魅 →4
スタミナ stamina →9
スタリ 廃り(～がない) →2
スタリモノ 廃り物，廃り者 →12
スタル 廃る →43
スタレ 廃れ →2
スダレ 簾 →5

スダレゴシ 簾越し →95
スタレモノ 廃れ物 →12
スタレル 廃れる →44
スタンガン stun gun →16
スタンス stance →9
スタンダード standard →9
スタンド stand →9
スタンドイン stand-in →16
スタンドプレー，スタンドプレイ ＜ grandstand play →16
スタントマン，スタントマン stunt man →16
スタンバイ standby →16
スタンプ stamp →9
スタンプインク，スタンプインキ stamp ink →16
スチーマー steamer
スチーム steam →9
スチームアイロン steam iron →16
スチール steal, steel →9
スチール，スチル still →9
スチュワーデス stewardess →9
スチュワード steward →9
スチョーニン 素町人 →91
スチロール Styrol〔独〕→9
……ズツ，……ズツ …宛(スコシズツ，スコシズツ 少し～，ヒトツズツ，ヒトツズツ 一つ～) →38
ズツー 頭痛 →8
ズツーコー 頭痛膏 →14
ズツーモチ，ズツーモチ，ズツーモチ 頭痛持ち →13a
スツール stool →9
スッカラカン 〚俗〛(～になる) →59
スッカリ (～忘れた，～と) →55
ズッキーニ zucchini〔伊〕→9
スッキリ (～する，～と) →55
ズック doek〔蘭〕→9
スックト (～立つ) →55c

‾は高い部分　…と…は高低が変る部分　⌐は次が下がる符号　→は法則番号参照

461　　　　　　　　　　　　　　　　　　ズッコケ──ストーブ

ズッコケル 〘俗〙→45d

ズッシリ （～重い，～と）→55

スッタモンダ，《新は スッタモンダ》
　擦った揉んだ →59

スッテンコロリ，スッテンコロリン
　→59

スッテンテン 〘俗〙（～になる）→59

ズット （～違う，～良い）→55

スットブ すっ飛ぶ〘俗〙→44

スットボケル 素っ惚ける〘俗〙→91d

スットンキョー 素っ頓狂〘俗〙→91d

スッパイ 酸っぱい →53

スッパダカ，スハダカ 素(っ)裸 →91d

スッパヌキ 素っ破抜き →13

スッパヌク 素っ破抜く →46

スッパミ 酸っぱ味 →93

スッパリ （～手を切る，～と）→55

スッピン 素っぴん〘俗〙→91

スッポカシ （～を食う）→2

スッポカス 〘俗〙→91d

スッポヌケル すっぽ抜ける〘俗〙→46

スッポリ （～かぶる，～と）→55

スッポン 〘亀・歌舞伎〙→3

スッポンポン 素っぽんぽん〘俗〙→59

スデ，スデ 素手 →91

ステイ stay →9

ステイシ 捨て石 →5

ステイヌ 捨て犬 →5

ステイン 捨て印 →8

ステウリ 捨て売り →5

ステーキ steak →9

ステージ stage →9

ステーション，ステーション station
　→9

ステータス status →9

ステートメント statement →9

ステオク，ステオク 捨て置く →45

ステオブネ 捨て小舟 →12

ステガナ 捨て仮名 →12

ステガネ 捨て金，捨て鐘 →5

ステキ 素敵 →95

ステゴ 捨て子 →5

ステコトバ 捨て言葉 →12

ステザル 捨て去る →45

ステゼリフ，ステゼリフ 捨て台詞
　→12

ステッカー sticker →9

ステッキ stick →9

ステッチ stitch →9

ステップ step, steppe →9

ステテコ 〘衣〙《「すててこ踊り」は ス
　テテコ》→2

ステドコロ，ステドコロ 捨て所 →12

スデニ 既に →67

ステネ 捨て値 →5

ステバ 捨て場 →5

ステバチ 捨鉢 →8

ステフダ，ステフダ 捨て札 →5

ステブチ 捨て扶持 →15

ステミ 捨て身 →5

ステモノ 捨て物 →5

ステル 捨てる ステナイ，ステヨー，
　ステマス，ステテ，ステレバ，ステ
　ロ →43

ステレオ stereo →9

ステレオタイプ stereotype →16

ステロイド steroid →9

ステンドグラス stained glass →16

ステンレス ＜stainless steel →9

スト，スト ＜ストライキ strike
　→10c, 9

ストア store →9

ストイック stoic →9

スドー 須藤〘姓〙→22

ストーカー，《新は ストーカー》
　stalker →9

スドーシ，スドーシ 素通し →91

ストーブ stove →9

ガギグゲゴは鼻濁音　カタカナ細字は母音の無声化　★は長音にもなる符号

スドーフ──スノーモ　　462

スドーフ 酢豆腐(=半可通) →15	スナカブリ 砂被り〔相撲〕→13
ストーム storm →9	スナカベ 砂壁 →4
スドーリ, スドーリ 素通り →91	スナギモ 砂肝 →4
ストーリー story →9	スナケムリ 砂煙 →12
ストール stole →9	スナゴ 砂子 →4
ストケン スト権＜strike権 →8	スナジ 砂地 →7
ストッキング stockings →9	スナック snack →9
ストック stock →9	スナックバー snack bar →16
ストックホルム Stockholm〔地〕→21	スナップ snap →9
ストッパー stopper →9	スナップエンドー snap豌豆 →15
ストップ stop →9	スナップシャシン snap写真 →15
ストップウオッチ stopwatch →16	スナドケイ★ 砂時計 →15
ストマイ ＜ストレプトマイシン	スナドリ, スナドリ 漁り →5
streptomycin →10, 16	スナドル 漁る →46
スドマリ 素泊り →91	スナバ 砂場 →4
ストヤブリ スト破り＜strike破り →13	スナハマ 砂浜 →4
ストライキ strike(～にふみ切る) →9	スナハラ 砂原 →4
ストライク strike〔球技〕→9	スナブクロ 砂袋 →12
ストライプ stripe →9	スナブロ 砂風呂 →4
ズドリ, ズドリ 図取り →5	スナボコリ, スナボコリ 砂埃 →12
ストリート street →9	スナヤマ 砂山 →4
ストリッパー stripper →9	スナワチ 則ち →61 即ち →65
ストリップ strip →9	スニ 酢煮 →5
ストリップショー strip show〔和〕→16	スニーカー, 《新はスニーカー》
ストレート straight →9	sneakers →9
ストレス stress →9	スヌーピー Snoopy →23
ストレッチ stretch →9	ズヌケル 図抜ける →91
ストレッチャー stretcher →9	スネ 臑・脛(～をかじる) →1
ストロー straw →9	スネアテ, スネアテ 臑当て →5
ストローク stroke →9	スネカジリ, スネッカジリ 臑(っ)嚙り
ストロベリー strawberry →16	→13d
ストロボ strobe〔写真〕→9	スネル 拗ねる →43
ストロンチューム, ストロンチウム	ズノー 図囊 →8
strontium →9	ズノー, 《古はズノー》 頭脳 →8
スナ 砂 →1	スノーケル snorkel →9
スナアソビ 砂遊び →13	スノータイヤ snow tire →16
スナアラシ 砂嵐 →12	スノーボート snow boat →16
スナエ 砂絵 →7	スノーボード snowboard →16
スナオ 素直 →5	スノーモービル snowmobile →16

￣は高い部分　＂と＂は高低が変る部分　｢は次が下がる符号　→は法則番号参照

スノーロードー 頭脳労働 →15	スピードアップ speedup →16
スノコ, スノコ, スノコ 簀の子 →19	スピードイハン speed違反 →15
スノモノ 酢の物(オスノモノ 御〜) →19, 92	スピードジダイ speed時代 →15
スパーク spark →9	スビキ, スビキ 巣引き →5 素引き →91
スパイ, スパイ spy →9	ズヒキ, ズヒキ 図引き →5
スパイク spike →9	スビツ 炭櫃 →4
スパイクタイヤ spike tire[和] →16	スピッツ spitz →9
スパイス spice →9	ズヒョー 図表 →8
スパイラル spiral →9	スピリット spirit →9
スパゲッティ spaghetti[伊] →9	スピン spin →9
スバコ, スバコ 巣箱 →4	スフ <staple fiber →10
スバシコイ, スバシッコイ →91	ズフ 図譜 →7
スパスパ, スパスパ (〜吸う, 〜と) →57c	ズブ (〜のしろうと) →1
ズバズバ (〜言う, 〜と) →57	スフィンクス Sphinx →9
スハダ 素肌 →91	スプートニク, スプートニク Sputnik [露] →9
スハダカ, スッパダカ 素(っ)裸 →91d	スプーン, スプン spoon →9
スパッツ spats →9	ズブズブ (〜だ・な・に) →57
スパナ spanner →9	ズブズブ (〜入る, 〜と) →57
スバナシ 素話 →91	スブタ 酢豚 →4
スバナレ 巣離れ →13	ズブトイ 図太い →91
ズバヌケル ずば抜ける →91	ズブヌレ ずぶ濡れ →5
スハマ 州(洲)浜 →4	スブリ 素振り →5
スハマダイ 州(洲)浜台 →14	スプリング, スプリング spring(=ばね・コート) →9
スパムメール spam mail →16	スプリングコート spring coat →16
スバヤイ 素早い →91	スプリングボード springboard →16
スバラシイ★ 素晴らしい →91	スプリンクラー sprinkler →9
スバル, 《古は スバル》 昴 →1	スプリンター sprinter →9
スパルタ Sparta<スパルタシキ Sparta式 →10, 95	ズフレ soufflé[仏] →9
スパルタキョーイク Sparta教育 →15	スプレー, スプレー spray →9
スパン span →9	スベ, スベ 術 →1
ズハン 図版 →8	スペア, スペヤ spare →9
スパンコール <spangle →9	スペアタイヤ spare tire →16
スピーカー speaker →9	スペアリブ sparerib →16
スピーチ speech →9	スペイン Spain〖国〗 →21
スピーディー speedy →9	スペインカゼ Spain風邪 →12a
スピード speed →9	スペインゴ Spain語 →14

ガギグゲゴは鼻濁音　カタカナ細字は母音の無声化　★は長音にもなる符号

スペース──スマウ　464

スペース space →9
スペースシャトル space shuttle →16
スペード spade →9
スベガラク 須らく →61
スペクタクル spectacle →9
スペクトル spectre〔仏〕→9
ズベコー すべ公〔俗〕→94
スペシャリスト specialist →9
スペシャル special →9
スベスベ （～だ・な・に）→57
スベスベ （～する、～と）→57
スベタ 〔俗〕（この～奴め）
スベッコイ 滑っこい →96
スベテ 凡て、総て、全て →67, 3
スベラス 滑らす →44
スベリ，《肩滑りは スベリ》 滑り →2
スベリオチル, スベリオチル,《古・強は スベリオチル》 滑り落ちる →45
スベリコミ 滑り込み →13
スベリコム, スベリコム,《古・強は スベリコム》 滑り込む →45
スベリダイ 滑り台 →14
スベリダシ 滑り出し →13
スベリダス, スベリダス,《古・強は スベリダス》 滑り出す →45
スベリデル, スベリデル,《古・強は スベリデル》 滑り出る →45
スベリドメ 滑り止め →13
スペリング spelling →9
スベル 滑る、辷る〔五活〕 スベラナイ, スベロー, スベリマス, スベッテ, スベレバ, スベレ 統べる〔下一活〕→43
スペル spell →9
スポイト spuit〔蘭〕→9
スポイル spoil →9
ズホー 図法 →8
スポークスマン, スポークスマン spokesman →16

スポーツ sports →9
スポーツウエア sports wear →16
スポーツカー, スポーツカー sports car →16
スポーツキャスター sports caster〔和〕→16
スポーツシャツ sports shirt →16
スポーツセンター sports center →16
スポーツマン sportsman →16
スポーツマンシップ sportsmanship →16
スポーツヨーヒン sports 用品 →15
スポーティー sporty →9
スボシ, スボシ 素乾し →91
ズボシ, ズボシ 図星 →4
スポット spot →9
スポットライト spotlight →16
スボマル,《新は スボマル》 窄まる →44
スボム,《新は スボム》 窄む →43
スボメル,《新は スボメル》 窄める →44
ズボラ （～な人）→55
スボリ 素掘 →5
ズボン, ズボン <jupon〔仏〕→9
スポンサー,《新は スポンサー》 sponsor →9
スポンジ sponge →9
スポンジケーキ sponge cake →16
ズボンシタ, ズボンシタ ズボン下< jupon 下〔仏〕→12a
ズボンツリ ズボン吊り<jupon 吊り〔仏〕→13a
スマ 須磨〔地〕（～の浦）→21
スマート smart →9
スマイ, スマイ 住居・住まい（オスマイ 御～）→2b, 92
スマイル smile →9
スマウ 住まう →44

￣は高い部分 ``と``は高低が変る部分 ￢は次が下がる符号 →は法則番号参照

465　スマキ──スミヨシ

スマキ 簀巻 →5

スマシ 澄し（**オスマシ** 御～）→2, 92

スマシジル 澄し汁 →12

スマシヤ 澄し屋（～さん）→94

スマス 済ます，澄ます，清す　**スマサ
ナイ，スマソー，スマシマス，スマ
シテ，スマセバ，スマセ** →44

スマセル 住ませる，済ませる，澄ませる
→83

スマック smack →9

スマッシュ smash →9

スマトラ Sumatra〖地〗→21

ズミ 角，隅 →1　澄〖女名〗→23

スミ 炭，墨 →1　済み →2

スミ，ズミ 酸味 →7

……ズミ …済（シ**ケンズミ** 試験～）
→13

スミイト 墨糸 →4

スミイレ，スミイレ 炭入れ →5

スミイロ 墨色 →4

スミウチ，スミウチ 墨打ち →5

スミエ，《新は スミエ》 墨絵 →7

ズミカ，《古は スミカ》 住処 →5

スミカエ 住替え →5

スミカエル，スミカエル，スミカエル
住み替える →45b

スミカキ，スミカキ 炭掻 →5

スミガキ，スミガキ 墨書き →5

スミカゴ 炭籠 →4

スミガマ，スミガマ 炭竈 →4

スミキル，《新は スミキル》 澄み切る
→45

ズミコ 澄子〖女名〗→25

スミゴコチ，スミゴコチ 住心地 →12

スミコミ 住込み →5

スミコム，《新は スミコム》 住み込む
→45

ズミス Smith〖姓〗→22

ズミズミ，スミズミ 隅隅 →11

スミソ 酢味噌 →15

スミゾメ 墨染（～の衣）→5

スミダ 墨田〖地〗→21

スミダガワ 隅田川 →12

スミダク 墨田区 →14

スミダナ，スミダナ 隅棚 →4

スミダワラ 炭俵 →12

スミツキ，スミツキ 墨付き（=墨の付
き具合）→5

スミツキ，スミツキ 墨付（=お墨付）
→5

スミツギ，スミツギ 墨継ぎ →5

スミツク，《新は スミツク》 住み着く
→45

ズミッコ，《新は スミッコ》 隅っこ
→94

スミツボ，《新は スミツボ》 炭壺，墨
壺 →4

スミデマエ，スミテマエ 炭手前 →12

スミトモ 住友〖財閥〗→22

スミトリ，スミトリ 炭取 →5

スミナガシ 墨流し →13

スミナレル，スミナレル 住み慣れる
→45

スミナワ，スミナワ 墨縄 →4

スミニクイ 住み悪い →54

スミノエ 住吉〖地〗→19

スミビ，スミビ 炭火 →4

スミマセン 済みません →88

スミヤ 炭屋（～さん）→94

スミヤカ 速やか →55

スミヤキ，スミヤキ，スミヤキ 炭焼
→5

スミヤキガマ 炭焼竈 →12

スミヤキゴヤ 炭焼小屋 →12

スミヨシ 住吉〖地〗→21

スミヨシジンジャ 住吉神社 →15

スミヨシズクリ 住吉造り →13

スミヨシニンギョー 住吉人形 →15

ガギグゲゴは鼻濁音　カタカナ細字は母音の無声化　★は長音にもなる符号

スミレ 菫 →1

スミレイロ 菫色 →12

スミワタル, スミワタル 澄み渡る →45

スム 住む, 棲む, 済む, 澄む **スマナイ, スモー, スミマス, スンデ, スメバ, スメ** →43

スムーズ, スムース smooth →9d

……ズメ …詰(**オーサカズメ** 大阪～, **リクツズメ** 理屈～) →13, 95

スメラギ, スベラギ 皇

スメン,《新は **スメン**》素面 →91

ズメン 図面 →8

スモー 相撲, 角力 →2

スモーク smoke →9

スモークサーモン ＜smoked salmon →16

スモージャヤ 相撲茶屋 →12a

スモージンク 相撲甚句 →15

スモートリ,《新は **スモートリ**, 古は **スモートリ**》相撲取 →13a

スモグリ 素潜り →13

スモジ す文字(=鮨。**オスモジ** 御～) →94, 92

スモック smock →9

スモッグ smog →9

スモモ 李 →5

スモン SMON＜subacute myelo-optico-neuropathy →16

スモンビョー SMON病 →14

スヤキ, スヤキ 素焼 →5

スヤスヤ (～眠る, ～と) →57

スヨミ 素読み →5

……ズラ …面(**オカメズラ** お亀～, **シジューズラ** 四十～) →12

スライス slice →9

スライダー,《新は **スライダー**》 slider →9

スライディング,《新は **スライディング**》 sliding →9

スライド slide →9

スライドセイ★ slide制 →14

ズラカル, ズラカル 〚俗〛 →43

ズラス (机を～) →44

スラスラ (～読む, ～と) →57

スラックス slacks →9

スラブ Slav〚人種〛 →21

スラム slum →9

スラムガイ slum街 →14

スラリ, スラリ (～とした人) →55

ズラリ, ズラリ (～と並ぶ) →55

スラング slang →9

スランプ slump →9

スリ 掏摸 →2

スリ 刷り →2

スリアガリ 刷上がり →13

スリアガル, スリアガル 刷り上がる →45

ズリアガル, ズリアガル ずり上がる →45

スリアゲ 刷上げ →5

スリアゲル, スリアゲル 刷り上げる →45

スリアシ 摺り足 →5

スリー three →9

スリーディー 3D →16

スリーバント three bunt〔和〕→16

スリーピース three-piece →16

スリーブ sleeve →9

スリエ, スリエ 擂餌 →5

ズリオチル, ズリオチル ずり落ちる →45

スリカエル, スリカエル, スリカエル 掏り替える →45b

スリガネ, スリガネ 擦鉦 →5

スリガラス 磨りglas〔蘭〕→16

スリキズ 擦り傷 →5

スリキリ 摩切り →5

467　スリキル――スレアウ

スリキル，《新は **スリキル**》　摩り切る
　→45

スリキレル，スリキレル　摩り切れる
　→45

スリコギ，スリコギ　擂り粉木　→12

スリゴマ　磨り胡麻　→15

スリコミ　刷り込み　→5

スリコム，《新は **スリコム**》　刷り込
　む，摩り込む　→45

ズリサガル，ズリサガル　ずり下がる
　→45

スリダシ　磨出し　→5

スリッケル，スリッケル　摩り付ける
　→45

スリット　slit　→9

スリッパ，スリッパ　slipper　→9

スリップ，スリップ　slip　→9

スリツブス，スリツブス　磨り潰す
　→45

スリヌケル，スリヌケル　擦り抜ける
　→45

スリバチ　擂鉢　→8

スリバチジョー　擂鉢状　→14

スリバン　擂半＜擂半鐘ばんしょう　→10

スリヒザ　擦り膝　→5

スリヘラス，スリヘラス　磨り減らす
　→45

スリヘル，《新は **スリヘル**》　磨り減る
　→45

スリホン　刷り本　→8

スリミ　擂身　→5

スリム　slim　→9

スリムキ　擦剥き　→5

スリムク　擦り剥く　→45

スリムケル　擦り剥ける　→45

スリモノ　刷り物　→5

ズリョー　受領　→8

スリヨセル，スリヨセル　摩り寄せる
　→45

スリヨル，《新は **スリヨル**》　摩り寄る
　→45

スリラー　thriller　→9

スリラーショーセツ　thriller 小説　→15

スリリング　thrilling　→9

スリル　thrill　→9

スル　為る　シナイ，ショー，シマス，
　シテ，スレバ，シロ　→43, 48

スル　刷る，摺る，剃る，掏る，摩る，磨る，
　擦る　スラナイ，スロー，スリマス，
　スッテ，スッテ，スレバ，スレ　→43c

ズル　ずる（＝ずれる・ひきずる）→43
　狡（～をする）→3

ズルイ　狡い　→52

ズルガ，《古は **スルガ**》　駿河（～の国）
　→21

ズルガシコイ　ずる賢い　→54

スルガダイ　駿河台〔地〕　→14

スルガワン　駿河湾　→14

ズルケル，ズルケル　（学校を～）→44

スルコトナスコト　為ること為すこと
　→99

ズルスル　（～と）→57

ズルズル　（～だ・な・に）→57

ズルズル　（～する，～と）→57

ズルズルベッタリ　〖俗〗→59

ズルチン，《新は **ズルチン**》　Dulcin
　〔独〕→9

ズルッコケル，ズルッコケル　〖俗〗
　→44d

スルト　（＝そうすると）→65

スルドイ　鋭い　→52

スルメ　鯣　→1

スルメイカ　鯣烏賊　→12

ズルヤスミ　ずる休み　→13

ズレ　（時間の～がある）→2

……ズレ　…連れ（コドモズレ　子供～，
　フタリズレ　二人～）→13

スレアウ，《新は **スレアウ**》　擦れ合う

ガギグゲゴは鼻濁音　カタカナ細字は母音の無声化　★は長音にもなる符号

スレート━━ズンベラ　468

→45

スレート slate →9

スレートブキ slate葺き →13

ズレコム，《新は **ズレコム**》 ずれ込む〘俗〙→45

スレスレ 擦れ擦れ(時間～に) →57

スレチガイ 擦違い →13

スレチガウ，**スレチガウ** 擦れ違う →45

スレッカラシ，**スレカラシ** 擦れ(っ)枯らし〘俗〙→13d

スレル 摩れる，磨れる，擦れる　**スレナイ**，**スレヨー**，**スレマス**，**スレテ**，**スレバ**，**スレロ** →44

ズレル (印刷が～，話が～) →44

スロー slow →9

ズロー 杜漏 →8

スローイング，《新は **スローイング**》 throwing →9

スローガン，**スローガン** slogan →9

ズロース drawers →9

スローダウン slowdown →16

スローニン 素浪人 →91

スロープ slope →9

スローフード slow food →16

スローモー ＜**スローモーション** slow motion →10, 16

スローライフ slow life〔和〕→16

ズロク 図録 →8

スワ 驚破(～一大事) →66

スワ，**スワ** 諏訪〘地〙→21

ズワイガニ，**ズワイガニ** ずわい蟹 →12b

スワコ 諏訪湖 →14

スワリ 座(坐)り(～が良い) →2

スワリコミ 座(坐)り込み →13

スワリコム 座(坐)り込む →45

スワリズクエ 座(坐)り机 →12

スワリダコ 座(坐)り胼胝 →12

スワル 座(坐)る　**スワラナイ**，**スワロー**，**スワリマス**，**スワッテ**，**スワレバ**，**スワレ** →43

スワン swan →9

スン 寸(～が詰まる) →6

……すん …寸〘数〙→34, 62

スンイン 寸陰(～を惜しむ) →8

スンカ 寸暇(～をさく) →7

スンカン 寸感 →8

ズングリ (～した人，～と) →55

ズングリムックリ 〘俗〙→59

スンゲキ 寸隙，寸劇 →8

スンゲン，**スンゲン** 寸言 →8

スンゴー 寸毫 →8

スンコク 寸刻 →8

スンシ 寸志 →7

スンジ 寸時(～を惜しむ) →7

スンシャク 寸借 →8

スンシャク，**スンシャク** 寸尺 →18

スンシャクサギ 寸借詐欺 →15

スンズマリ，**スンズマリ**，**スンズマリ** 寸詰まり →13

スンゼン，**スンゼン** 寸前 →8

スンゼンシャクマ 寸善尺魔 →98

スンタラズ 寸足らず →13

スンダン 寸断 →8

スンテツ，**スンテツ** 寸鉄(～人を殺す) →8

スンデノコト，**スンデノコト** 既の事(～に) →19

ズンド 寸土 →7

ズンドー，**ズンド** 寸胴 →8d

ズンドギリ 寸胴切り →13

スンナリ (～した人，～と) →55

スンビョー 寸描，寸秒(～を争う) →8

スンピョー 寸評 →8

スンプ 駿府〘地〙→7

スンブン 寸分(～違わない) →10

ズンベラボー 〘俗〙→94

⎺は高い部分　‥と˙˙は高低が変る部分　⌐は次が下がる符号　→は法則番号参照

スンポー 寸法 →8

セ 瀬 →1
セ,《新は **セ**》 背(=背中・後・裏。~を向ける) →1
セ 背(=背丈),畝,兄 →1
ゼ,《古は **ゼ**》 是(~とする) →6
……**ゼ**, ……**ゼ**; ……**ゼ**〖助〗(**ナクゼ**, **ナクゼ** 泣く~, **ヨムゼ** 読む~, **アカイゼ**, **アカイゼ** 赤い~, **シロイゼ** 白い~) →72, 74b
ゼアミ 世阿弥〖人〗→25
セイ★ 生,正,世,性,姓,制,静,勢,聖,精 →6 所為 →7d
セイ, **ゼー**, **セ** 背(~が高い) →1d
……**セイ★** …性(**アンゼンセイ** 安全~),…制(**テイ★ジセイ** 定時~),…製(**ニホンセイ★** 日本~),…生〖植物〗(**タネンセイ★** 多年~, **イチネンセイ★** 一年~) →14
……**セイ★** …生(=生徒・人。**イチネンセイ★** 一年~, **ケンキューセイ★** 研究~) →14a
ゼイ★ 税,贅(~を尽くす) →6
セイ★アツ 制圧,静圧 →8
セイ★アン 成案 →8
セイ★アン 西安〖地〗→21
セイイ 正意,誠意,征衣 →7
セイ★イキ 声域,聖域 →8
セイ★イキ, **サイイキ** 西域〖地〗→8
セイ★イク 生育,成育 →8
セイイイ・タイショーグン 征夷大将軍 →97
セイ★イチ, **セイ★イチ**, **セイ★イチ** 誠一・精一〖男名〗→25
セイ★イッパイ, **セイ★イッパイ** 精一杯 →99, 98

セイ★イン 正員,成員,成因 →8
セイ★ウ 晴雨(~にかかわらず) →18
セイ★ウケイ★, **セイ★ウケイ★** 晴雨計 →14
セイ★ウケンヨー 晴雨兼用 →98
セイ★ウチ, **セイ★ウチ** 海象<sivuch[露]〖動〗
セイ★ウン 青雲,星雲,盛運 →8
セイ★エイ 精鋭,清栄 →8
セイ★エキ 精液 →8
セイ★エン 凄艶,声援,盛宴,製塩 →8
セイ★オー 西欧〖地〗→21
セイ★オン 静穏,声音,聖恩 →8
セイ★オン, **セイ★オン** 清音 →8
セイ★カ 声価,正価,正貨,正課,成果,盛夏,聖火,聖歌,精華,生家,生花(お~),製菓,製靴 →7 青果 →18
セイ★カイ 正解,精解,政界,盛会 →8
セイ★カイケン 制海権 →14b
セイ★ガイハ 青海波《雅楽なども》→14b
セイ★ガク 生化学 →15
セイ★カク 正確,正格,性格 →8
セイ★カク, **セイ★キャク** 政客 →8
セイ★ガク 声楽 →8
ゼイ★ガク 税額 →8
セイ★ガクカ, **セイ★ガッカ** 声楽家 →14
セイ★カクハイユー 性格俳優 →15
セイ★カクビョーシャ 性格描写 →15
セイ★カゾク 聖家族 →15
セイ★カタイ 聖歌隊 →14
セイ★カ(・)タンデン 臍下丹田 →97, 98
セイ★カツ 生活 →8
セイ★カツカ 生活科 →14

ガギグゲゴは鼻濁音　カタカナ細字は母音の無声化　★は長音にもなる符号

セイカツ──セイケイ

セイカツカン, セイガッカン　生活感（～あふれる）→14c	セイキ　正規, 生起, 正気, 生気, 精気, 世紀, 西紀, 性器 →7
セイカツキュー, セイガッキュー　生活給 →14c	セイギ　正義, 精義, 盛儀 →7
セイカツキョードークミアイ　生活協同組合 →17	セイギグン, セイギグン　正規軍 →14
セイカック, セイガック　生活苦 →14c	セイキビョー　世紀病 →14
セイカッコー　背恰好 →15	セイキマツ　世紀末 →14
セイカッシドー　生活指導 →15	セイキマツテキ　世紀末的 →95
セイカツシャ　生活者 →14	セイキャク　政客 →8
セイカツシューカン　生活習慣 →15	セイキュー　性急, 請求 →8
セイカツシューカンビョー　生活習慣病 →14	セイキューガク　請求額 →14a
セイカツスイジュン　生活水準 →15	セイキューショ, セイキューショ　請求書 →14
セイカツセッケイ　生活設計 →15	セイキョ　逝去（ゴセイキョ 御～）→7, 92
セイカツタイド　生活態度 →15	セイギョ　制御, 生魚 →7
セイカツナン　生活難 →14	セイキョー　政況, 盛況, 清興 →8　生協<セイカツキョードークミアイ 生活協同組合 →10, 17
セイカツハイスイ　生活廃水 →15	セイキョー, セイキョー　正教 →8　政教（～分離）→18
セイカツハンノー　生活反応 →15	セイギョー　生業, 正業, 成業, 盛業, 聖業 →8
セイカツヒ, セイガッヒ　生活費 →14c	セイキョーイク　性教育 →15
セイカツホゴ　生活保護 →15	セイキョーイン　正教員 →15
セイカツリョク　生活力 →14	セイキョーカイ　正教会 →17
セイカブツ　青果物 →17	セイキョート　清教徒 →17
セイカランナー　聖火 runner →16	セイキョク　政局 →8
セイカリレー　聖火 relay →16	セイキン　精勤 →8
セイカン　精悍, 生還, 静観, 盛観, 清閑 →8	ゼイキン　税金 →8
セイガン　請願, 誓願, 正眼, 晴眼, 西岸 →8	セイク, セイク　成句 →7
ゼイカン　税関 →8	セイクーケン　制空権 →14a
セイガンザイ, セイガンザイ　制癌剤 →14a	セイクラベ　背比べ（どんぐりの～）→13
セイガンシャ　晴眼者 →14a	セイクン　請訓 →8
セイカントンネル　青函 tunnel →16	セイケイ　成形, 整形, 成型, 生計, 西経（↔東経）→8　政経<政治・経済 →10
セイカンレンラクセン　青函連絡船 →17	セイケイガクブ, セイケイガクブ　政経学部 →17
	セイケイゲカ　整形外科 →15

471　セイケイ──セイサン

セイ★ケイ★シュジュツ　整形手術 →15	セイ★サイ　制裁, 正妻, 生彩, 精彩, 精細 →8
セイ★ケイ★ヒ　生計費 →14b	セイ★ザイ　製材, 製剤 →8
セイ★ケツ　清潔 →8	セイ★ザイショ, セイ★ザイショ(ショはジョとも)　製材所 →14
セイ★ケン　政見, 政権, 成犬 →8	セイ★サク　制作, 製作, 政策 →8
セイ★ケン, セイ★ケン　聖賢 →18	セイ★サクシャ, セイ★サクシャ　製作者 →14c
セイ★ゲン　制限 →8	セイ★サクジョ, セイ★サクジョ(ジョはショとも)　製作所 →14
ゼイ★ゲン, ゼイ★ゲン　税源, 贅言 →8	セイ★サクヒ, セイ★サクヒ　製作費 →14c
セイ★ケンアラソイ　政権争い →13	セイ★サツ　制札, 省察, 精察 →8
セイ★ゲンジカン　制限時間 →15	セイ★サツヨダツ　生殺与奪(〜の権) →98
セイ★ケンホーソー　政見放送 →15	セイ★サン　悽惨, 生産, 清算, 成算, 精算, 正餐, 聖餐, 青酸 →8
セイ★ゴ　鯖〚魚〛 →1　成語 →7	セイ★ザン　青山 →8
セイ★ゴ, セイ★ゴ　生後 →7	セイ★サンカゴーブツ　青酸化合物 →17
セイ★ゴ　正誤 →18	セイ★サンカジョー, セイ★サンカジョー　生産過剰 →98, 99
ゼイ★ゴ　(鯵の〜を取る)	セイ★サンカリ　青酸カリ →16
セイ★コー　精巧, 生硬, 成功, 性交, 製鋼, 精鋼, 西郊, 性行, 性向, 政綱 →8	セイ★サンカンリ　生産管理 →15
セイ★ゴー　整合 →8	セイ★ザンケン　生産県 →14a
セイ★コーイ　性行為 →15	セイ★サンコスト　生産 cost →16
セイ★コーウドク　晴耕雨読 →99	セイ★サンシャ　生産者 →14a
セイ★コーカイ　聖公会 →15	セイ★サンシャカカク　生産者価格 →15
セイ★コージョ, セイ★コージョ　製鋼所 →14	セイ★サンシャベイ★カ　生産者米価 →15
セイ★ゴーセイ★　整合性 →14	セイ★サンショ, セイ★サンショ　精算書 →14
セイ★コートーテイ★　西高東低 →98	セイ★サンジョ, セイ★サンジョ(ジョはショとも)　精算所 →14
セイ★コーホー, セイ★コーホー　正攻法 →14a	セイ★サンセイ★　生産性 →14
セイ★コーリツ　成功率 →14a	セイ★サンダカ　生産高 →12a
セイ★コク, セイ★コー　正鵠 →8d	セイ★サンチ　生産地 →14a
セイ★コツ　整骨 →8	セイ★サンテキ　生産的 →95
セイ★コツイン　整骨院 →14	セイ★サンヒ　生産費 →14a
セイ★ゴヒョー　正誤表 →14	セイ★サンブツ　生産物 →14a
ゼイ★コミ　税込み →5	
セイ★コン　成婚(ゴセイ★コン 御〜) →8, 92	
ゼイ★コン, セイ★コン　精根, 精魂 →18	
セイ★サ　性差, 精査 →7	
セイ★ザ　星座 →7	
セイ★ザ, セイ★ザ　正座(坐), 静座(坐) →7	

ガギグゲゴは鼻濁音　カタカナ細字は母音の無声化　★は長音にもなる符号

セイサン──セイシン　472

セイサンリョー　生産量 →14a	ゼイシュー　税収 →8
セイサンリョク　生産力 →14a	ゼイシューニュー　税収入 →15
セイシ　制止, 静止, 製糸, 製紙, 整枝 →7	セイシュク　静粛, 星宿 →8
セイシ, ゼイシ　正視 →7	セイジュク　成熟 →8
セイシ　正史, 青史, 正使, 世子, 精子, 誓紙, 誓詞 →7　生死, 姓氏 →18	セイシュン　青春 →8
	セイジュン　清純 →8
セイジ　正字, 青磁, 政治 →7	セイショ　清書, 正書 →7
セイジ　政事, 盛事, 盛時 →7　誠二・清次〖男名〗→25	セイショ　聖書, 盛暑 →7
	セイジョ　聖女 →7
セイジイロ　青磁色 →12	セイショー　斉唱, 青松(白砂～), 清祥, 清勝, 正賞, 青商 →8
セイジウンドー　政治運動 →15	
セイシエイセイ　静止衛星 →15	セイジョー　正常, 清浄, 性情, 政情, 聖上 →8
セイジカ　政治家 →14	
セイジガク　政治学 →14	セイジョーカ, セイジョーカ　正常化 →95a
セイジカツドー　政治活動 →15	セイジョーガクエン　成城学園 →15
セイシキ　清拭(オセイシキ 御～) →8,92　正式 →95	セイジョーキ　星条旗 →14a
	セイショーナゴン　清少納言〖人〗→17
セイシギョー　製紙業 →14	セイショーネン　青少年 →17
セイジケンキン　政治献金 →15	セイショーネンキョク　青少年局 →14a
セイシコージョー　製糸工場, 製紙工場 →15	
	セイジョーヤサイ　清浄野菜 →15
セイジシキン, セイジシキン　政治資金 →15c	セイショク　生色, 生食, 生殖, 聖職 →8
	セイショク, ゼイショク　声色 →18
セイジセイメイ　政治生命(～をかける) →15	セイショクシャ, セイショクシャ　聖職者 →14c
セイジダンタイ　政治団体 →15	セイショッキ, セイショクキ, セイショクキ　生殖器 →14ac
セイシツ　正室, 性質, 声質 →8	
セイジツ　誠実 →8	セイショホー, セイショホー　正書法 →14
セイジテキ　政治的 →95	
セイジトーソー　政治闘争 →15	セイジリョク　政治力 →14
セイジハン　政治犯 →14	セイシン　清新, 西進, 星辰 →8
セイジモンダイ　政治問題 →15	セイシン　精神 →8
セイシャ, ゼイジャ　生者 →7	セイジン　成人 →8
セイジャ　聖者 →7　正邪 →18	セイジン, 《古は セイジン》聖人 →8
セイシャイン　正社員 →15	セイシンアンテイザイ　精神安定剤 →17
セイジャク　静寂 →8	
ゼイジャク　脆弱 →8	セイジンエイガ　成人映画 →15
セイシュ　清酒 →7	セイシンエイセイ　精神衛生 →15
セイジュー　西戎 →8	

 ̄ は高い部分　¨と¨は高低が変る部分　⌐は次が下がる符号　→は法則番号参照

473　　セイシン──ゼイタク

セイ★シンカ　精神科 →14
セイ★シンガンテイ★　精神鑑定 →15
セイジンシキ　成人式 →14a
セイ★シンショーガイ　精神障害 →15
セイ★シンジョータイ　精神状態 →15
セイ★シン(·)セイ★イ　誠心誠意 →97, 98
セイ★シンテキ　精神的 →95
セイ★シンネンレイ★　精神年齢 →15
セイ★ジンノヒ　成人の日 →19
セイ★シンハクジャク, セイ★シン(·)ハク
　ジャク　精神薄弱 →99, 98, 97
セイ★シンハクジャクジ　精神薄弱児
　→17
セイ★シンビョー　精神病 →14
セイ★ジンビョー　成人病 →14
セイ★シンビョーイン　精神病院 →15
セイ★シンブンセキ　精神分析 →15
セイ★シンブンレッショー, セイ★シンブ
　ンレッショー　精神分裂症 →17
セイ★シンリョク　精神力 →14a
セイ★シンロードー　精神労働 →15
セイ★ジンロン　精神論 →14a
セイ★ズ　製図, 星図 →7
セイ★スイ　清水, 聖水, 精粋 →8　盛衰
　→18
セイ★ズイ, セイ★ズイ　精髄 →8
セイ★スー　正数, 整数 →8
セイ★スル　制する, 製する, 征する →48
セイ★セイ★　済済(多士〜), 生生(〜発展)
　→58　生成, 精製 →8
セイ★セイ★　清清(〜する) →58
セイ★ゼイ★　精精 →68
ゼイ★セイ★　脆性, 税制, 税政 →8
ゼイ★セイガイカク　税制改革 →15
セイ★セイ★カツ　性生活 →15
ゼイ★セイ★チョーサカイ　税制調査会
　→17
セイ★セイ★ドードー, セイ★セイ★(·)ドード
　ー　正正堂堂 →59

セイ★セイ★ルテン　生生流転 →98, 99
セイ★セキ　成績, 聖跡(蹟) →8
セイ★セキジュン　成績順 →14
セイ★セキヒョー　成績表 →14
セイ★ゼツ　凄絶 →8
セイ★セッカイ　生石灰 →15
セイ★セン　生鮮, 精選, 征戦, 政戦, 聖戦
　→8
セイ★ゼン　整然 →56　生前 →8
セイ★センショクリョーヒン, セイ★セン
　ショクリョーヒン　生鮮食料品 →17
セイ★ゼンセツ　性善説 →14a
セイ★ソ　清楚, 世祖 →7
セイ★ソー　悽愴, 正装, 盛装, 盛粧, 清掃,
　政争, 精巣 →8　星霜 →18
セイ★ゾー　製造, 聖像 →8
セイ★ゾーギョー　製造業 →14a
セイ★ソーケン　成層圏 →14a
セイ★ソーシャ　清掃車 →14a
セイ★ゾーショ, セイ★ゾーショ　製造所
　→14
セイ★ゾーモト　製造元 →12
セイ★ソク　正則, 生息, 棲息 →8
セイ★ゾク　聖俗 →18
セイ★ゾロイ　勢揃い →13
セイ★ゾン　生存 →8
セイ★ゾンキョーソー　生存競争 →15
セイ★ゾンケン　生存権 →14a
セイ★ゾンシャ　生存者 →14a
セイ★タイ　生体, 成体, 政体, 整体, 生態,
　静態, 正対, 声帯, 臍帯, 青黛 →8
セイ★ダイ　正大, 盛大 →8
セイ★タイガク　生態学 →14b
セイ★タイケイ★　生態系 →14
セイ★タイモシャ　声帯模写 →15
セイ★タク　請託 →8
セイ★ダク, セイ★ダク　清濁 →18
ゼイ★タク, ゼイ★タク　贅沢 →8
ゼイ★タクザンマイ　贅沢三昧 →15

ガギグゲゴは鼻濁音　カタカナ細字は母音の無声化　★は長音にもなる符号

セイダス──セイハツ　474

セイダス　精出す →49	→95a
セイタン　生誕, 製炭, 西端 →8	セイドーキ　青銅器, 制動機 →14a
セイダン　政談, 清談, 星団, 聖断 →8	セイドーキジダイ　青銅器時代 →15
セイダンサイ　聖誕祭 →14a	セイドーシャ　青鞜社 →14a
セイチ　整地 →7	セイトーセイジ　政党政治 →15
セイチ　精緻, 生地, 聖地 →7	セイトーナイカク　政党内閣 →15
セイチク　箟竹 →8	セイトーハ　正統派 →14
セイチャ　製茶 →7	セイトーボーエイ　正当防衛 →15
セイチュー　成虫, 精虫, 掣肘 →8	セイドカ, セイドカ　制度化 →95
セイチョー　清澄, 生長, 成長, 清聴, 静聴, 正調, 声調, 成鳥, 性徴 →8	セイトカイ　生徒会 →14
セイチョー　清朝〖活字書体〗 →8	セイトク, ショートク　生得 →8
セイチョーカブ　成長株 →12a	セイドク　精読 →8
セイチョーキ　成長期 →14a	セイトシドー　生徒指導 →15
セイチョーザイ　整腸剤 →14a	セイトテチョー　生徒手帳 →15
セイチョーサンギョー　成長産業 →15	セイトン　整頓 →8
セイチョーリツ　成長率 →14a	セイナン　西南 →8
セイツー　精通 →8	セイナンセイ　西南西 →18
セイテイ　制定 →8	セイナンセンソー　西南戦争 →15
セイテキ　政敵 →8　性的, 静的 →95	セイナンノエキ　西南の役 →98
セイテツ　西哲, 聖哲, 製鉄, 精鉄 →8	セイニク　生肉, 精肉 →8
セイテツギョー　製鉄業 →14	ゼイニク　贅肉 →8
セイテツジョ, セイテツジョ(ジョは ショとも)　製鉄所 →14	セイニュー　生乳 →8
	ゼイヌキ　税抜き →5
セイテン　性典, 盛典, 聖典 →8	セイネン　成年, 青年, 盛年 →8
セイテン, セイテン　青天, 晴天 →8	セイネン, ショーネン　生年 →8
セイデン　正殿 →8	セイネンガッキュー　青年学級 →15
セイテンカン　性転換 →15	セイネンガッコー　青年学校 →15
セイデンキ　静電気 →15	セイネンガッピ, セイネンガッピ　生年月日 →17
セイテンノヘキレキ　青天の霹靂 →98	
セイテンハクジツ　青天白日 →98	セイネンキ　青年期 →14a
セイト　生徒, 聖徒, 征途 →7	セイネンシキ　成年式 →14a
セイド　制度, 精度 →7	セイネンダン　青年団 →14a
セイトー　正当, 正統, 正答, 征討, 製糖, 精糖, 政党, 青鞜 →8	セイノー　性能, 精農 →8
	セイハ　制覇 →7
セイドー　生動, 制動, 正道, 政道, 青銅, 精銅, 聖堂 →8	セイバイ　成敗(～する) →8
	セイハク　精白 →8　精薄<精神薄弱 →10
セイトーカ, セイトーカ　正当化	セイバク　精麦 →8
	セイハツ　整髪 →8

￣は高い部分　‥と‥は高低が変る部分　⌐は次が下がる符号　→は法則番号参照

セイバツ 征伐 →8	→14a
セイハツリョー 整髪料 →14	セイヘイ 精兵 →8
セイハン 製版,整版,正犯 →8	セイヘキ 性癖 →8
セイハンタイ 正反対 →15	セイベツ 生別,性別 →8
セイヒ 成否 →18	セイヘン 正編,政変 →8
セイビ 整備,精美,精微 →7	セイボ 歳暮(オセイボ 御～) →7,92
ゼイヒキ, ゼイビキ 税引き →5	セイボ 生母,聖母 →7
セイビシ 整備士 →14	セイホー 西方,製法 →8
セイヒツ 静謐 →8	セイボー 声望,制帽,製帽 →8
セイヒョー 製氷,青票(↔白票) →8	ゼイホー 税法 →8
セイビョー 性病,聖廟 →8	セイホーケイ 正方形 →14a
セイヒョーキ 製氷機 →14a　正表記 →15	セイホク 西北 →8
セイヒレイ 正比例 →15	セイホクセイ 西北西 →18
セイヒン 清貧,製品 →8	セイホルモン 性 Hormon〔独〕→16
セイフ 政府 →7　正負 →18	セイホン 製本,正本 →8
セイブ 西部 →7　西武〘鉄道・デパート〙→28	セイホンヤ 製本屋 →94
セイフアン 政府案 →14	セイマイ 精米 →8
セイフー 西風,清風 →8	セイマイジョ, セイマイジョ 精米所 →14
セイフーゾク 性風俗 →15	セイミツ 精密 →8
セイブエン 西武園 →14	セイミツキカイ, セイミツキカイ 精密機械 →15
セイフク 征服,制服,清福 →8	セイミツケンサ 精密検査 →15
セイフク 正副 →18	セイミョー 精妙 →8
セイブゲキ 西部劇 →14	セイム 政務 →7
セイフスジ 政府筋 →12	ゼイム 税務 →7
セイブセン 西武線＜西武新宿線・西武池袋線 →14	セイムカン 政務官 →14
セイブツ, セイブツ 静物 →8	セイムジカン 政務次官 →15
セイブツ,《古は セイブツ》 生物 →8	ゼイムショ, ゼイムショ, ゼイムショ 税務署 →14
セイブツガ 静物画 →14	セイメイ 声明,清明,声名,盛名 →8
セイブツガク 生物学 →14	セイメイ,《古は セイメイ》 生命 →8　姓名 →18
セイブツガクシャ 生物学者 →15	セイメイコーガク 生命工学 →15
セイブツヘイキ 生物兵器 →15	セイメイショ, セイメイショ 声明書 →14
セイブユーエンチ 西武遊園地 →19	セイメイセン, セイメイセン 生命線 →14b
セイフン 製粉 →8	セイメイハンダン 姓名判断 →15
セイブン 正文,成文 →8	
セイブン 成分,精分 →8	
セイブンポー, セイブンホー 成文法	

ガギグゲゴは鼻濁音　カタカナ細字は母音の無声化　★は長音にもなる符号

セイメイ──セーカッ　　476

セイメイブン, セイメイブン 声明文 →14b	→17a
セイメイホケン 生命保険 →15	セイリダンス 整理箪笥 →15
セイメイリョク 生命力 →14b	セイリツ 成立 →8
セイメン 西面,製麺 →8	ゼイリツ 税率 →8
セイモク 井目〘碁〙→8	セイリテキ 生理的 →95
セイモン 正門,声門,声紋,誓文 →8	セイリャク 政略 →8
セイヤ 聖夜 →7	セイリャクケッコン 政略結婚 →15
セイヤク 制約,誓約,製薬 →8	セイリュー 整流,清流 →8
セイヤクガイシャ 製薬会社 →15	セイリュートー 青竜刀 →14
セイヤクショ, セイヤクショ 誓約書 →14	セイリョー 清涼,声量 →8
セイユ 精油,製油,聖油 →7	セイリョーインリョースイ 清涼飲料水 →17
セイユー 清遊,声優,政友 →8 西友〘スーパーストア〙	セイリョーザイ, セイリョーザイ 清涼剤 →14a
セイユーカイ 政友会 →14a	セイリョーデン 清涼殿 →14a
セイヨー 静養 →8	セイリョク 勢力,精力(~絶倫) →8
セイヨー 西洋 →21	セイリョクアラソイ 勢力争い →13
セイヨーオンガク 西洋音楽 →15	セイリョクカ 精力家 →14
セイヨーガ 西洋画 →14	セイリョクケン, セイリョクケン 勢力圏 →14c
セイヨーカン, セイヨーカン 西洋館 →14a	セイリョクテキ 精力的 →95
セイヨーザラ 西洋皿 →12a	セイリョクハンイ 勢力範囲 →15
セイヨーシ 西洋史,西洋紙 →14a	ゼイルイ, セイルイ 声涙 →18
セイヨーシキ 西洋式 →95	セイレイ 精励,生霊,聖霊,精霊,制令,政令 →8
セイヨージン 西洋人 →14a	セイレイシテイトシ 政令指定都市 →15
セイヨーフー 西洋風 →95	セイレキ 西暦 →8
セイヨーリョーリ 西洋料理 →15	セイレツ 清洌,整列 →8
セイヨク, セイヨク 性欲 →8	セイレン 清廉,精練,精錬,製錬 →8
セイライ 生来 →8	セイロー 清朗,晴朗,青楼 →8
セイラン 青嵐,清覧 →8	セイロー, セイロ 蒸籠 →8d
セイリ 整理,生理 →7	ゼイロク, ゼイロク, ゼイロク 贅六(上方の~) →25
ゼイリ 税吏,税理 →7	セイロン 正論,政論 →8
セイリガク 生理学 →14	セイロン, セイロン Ceylon〘地〙→21
セイリキューカ 生理休暇 →15	セイワゲンジ 清和源氏 →27
セイリケン 整理券 →14	ゼウス Zeus〔希〕〘神〙→23
セイリゲンショー 生理現象 →15	セーカッコー 背恰好 →18
ゼイリシ 税理士 →14	
セイリショクエンスイ 生理食塩水	

─は高い部分　…と…は高低が変る部分　 ̄は次が下がる符号　→は法則番号参照

477　　セークラ──セキグン

セークラベ　背較べ →13	セカセカ　(〜する, 〜と) →57
ゼーゼー　(のどが〜, 〜と) →57	セカセル　急かせる →44
セーター　sweater →9	セカッコー, セカッコー, セーカッコー　背恰好 →18
セータカ　背高 →5	
セータカノッポ　背高のっぽ →12	ゼガヒデモ, ゼガ(・)ヒデモ　是が非でも →99, 97, 98
セーヌガワ　Seine 川〔仏〕→12	
セーノビ, セノビ　背伸び →5	セガム →43
セーフ　safe →9	セガレ　伜 →1
セーブ　save →9	セガワ　背革 →4
セーフティーネット　safety net →16	セカンド, 《新は セカンド》　second →9
セーフティーバント　safety bunt〔和〕→16	
	セカンドハウス　second house →16
セーラー　sailor →9	セキ　関, 堰 →2　寂(〜として), 席, 積, 籍 →6
セーラーフク　sailor 服 →14a	
セール　sale →9	セキ　関〔地・姓〕→21, 22
セールス　sales →9	セキ・タカカズ　〜孝和 →24
セールスポイント　sales point →16	セキ　咳, 塞〔碁〕→2
セールスマン　salesman →16	……せき　…隻〔数〕→34, 35, 62
セオイナゲ　背負投げ →13	……ゼキ　…関(フタバヤマゼキ 双葉山〜) →94
セオウ　背負う →46	
セオヨギ　背泳ぎ →13	セキアク　積悪 →8
セオリー　theory →9	セキアゲル, セキアゲル　咳き上げる, 塞き上げる →45
セカイ, 《古は セカイ》　世界 →8	
セカイイサン　世界遺産 →15	セキイル, 《新は セキイル》　咳き入る →45
セカイイチ　世界一 →39b	
セカイカン　世界観 →14b	セキウン　積雲 →8
セカイキロク　世界記録 →15	セキエイ, セキエイ　石英 →8
セカイギンコー　世界銀行 →15	セキガ　席画 →7
セカイコッカ　世界国家 →15	セキガイセン　赤外線 →14
セカイシ　世界史 →14b	セキガイセンフィルム　赤外線 film →16
セカイジュー　世界中 →95	
セカイゾー　世界像 →14b	セキガク　碩学 →8
セカイタイセン　世界大戦 →15	セキガシ　席貸し →5
セカイテキ　世界的 →95	セキガハラ　関ヶ原(〜の戦い) →19
セカイヘイワ　世界平和 →15	セキカン, セッカン　石棺 →8
セカイレンポー　世界連邦 →15	セキガン　隻眼 →8
セガキ, セガキ　施餓鬼(オセガキ 御〜) →15, 92	セキグチ, セキグチ, 《姓は セキグチ》　関口 →4, 22
セガス　急かす →44	セキグン　赤軍 →8

ガギグゲゴは鼻濁音　カタカナ細字は母音の無声化　★は長音にもなる符号

セキコミ──セキユ　　478

セキコミ　咳込み →5
セキコム，《新は セキコム》　急き込む，咳き込む →45
セキサイ　積載 →8
セキザイ，セキザイ　石材 →8
セキサイブツ　積載物 →14b
セキザイリョー　積載量 →14b
セキサン　積算 →8
セキシ　赤子 →7
セキジ　席次 →7
セキシツ　石室 →8
セキジツ　昔日(～のおもかげ) →8
セキシュ　赤手(～空拳⑫),隻手 →7
セキジュージ　赤十字 →15
セキシューリュー　石州流 →14
セキシュツ　析出 →8
セキジュン　石筍,席順 →8
セキショ　関所 →7
セキジョー　席上 →8
セキショク　赤色 →8
セキショヤブリ　関所破り →13
セキシン　赤心 →8
セキズイ　脊髄 →8
セキセイ　赤誠 →8
セキセイインコ　背黄青鸚哥〖鳥〗→15
セキセツ　積雪 →8
セキセツリョー　積雪量 →14
セキゼン　積善(～の家) →8
セキゾー　石造,石像 →8
セキダイ　席題 →8
セキダイ，セキダイ　席代 →8
セキタテル，セキタテル　急き立てる →45
セキタン　石炭 →8
セキタンガス　石炭 gas〖蘭〗→16
セキタンサン　石炭酸 →14
セキチク　石竹 →8
セキチュー　脊柱,石柱 →8
セキチン　赤沈＜赤血球沈降速度 →10

セキツイ，セキツイ　脊椎 →8
セキツイカリエス　脊椎 Karies〖独〗→16
セキツイドーブツ　脊椎動物 →15
セキテイ　石庭,席亭 →8
セキトー　石塔 →8
セキドー　赤道 →8
セキドーチョッカ　赤道直下 →15
セキドメ　咳止め →5
セキトメル，セキトメル　塞き止める →45
セキトリ，セキトリ　関取 →5
セキニン　責任 →8
セキニンカン　責任感 →14a
セキニンシャ　責任者 →14a
セキニンノガレ　責任逃れ →13
セキネン　積年,昔年 →8
セキノト　関の扉〖常磐津・舞踊〗→19
セキノヤマ　関の山(～だ) →19
セキハイ　惜敗 →8
セキバク　寂莫 →8
セキバライ　咳払い →13
セキハン，セキハン　赤飯(オセキハン 御～) →8,92
セキバン　石版,石盤 →8
セキバンガ　石版画 →14
セキヒ　石碑 →7
セキヒツ　石筆 →8
セキヒン　赤貧(～洗うが如し) →8
セキフダ，セキフダ　席札 →4
セキブツ　石仏 →8
セキブン　積分 →8
セキヘイ　積弊 →8
セキベツ　惜別 →8
セキボク　石墨 →8
セキム　責務 →7
セキメン　赤面,石綿 →8
セキモリ　関守 →4
セキユ　石油 →7

‾ は高い部分　… と ⋯ は高低が変る部分　⌐ は次が下がる符号　→ は法則番号参照

479　　　セキユカ──セセル

セキユカガク　石油化学 →15	**セケンナミ**　世間並 →95
セキユコンビナート　石油 kombinat〔露〕 →16	**セケンナレ**　世間慣れ →13
セキユストーブ　石油 stove →16	**セケンバナシ**　世間話 →12
セキユランプ　石油 lamp〔蘭〕 →16	**セケンバナレ**　世間離れ →13
セキュリティー　security →9	**セケンミズ**　世間見ず →13a
セキヨー　夕陽 →8	**セケン・ムネザンヨー, ～・ムナザンヨー**　世間胸算用〘書〙 →97
セキララ　赤裸裸 →11	**セコ**　勢子 →4　世故(～にたける) →7
セキランウン　積乱雲 →14a	**セコイ**　(～奴だ) →53
セキリ,《古は **セキリ**》赤痢 →7	**セコー**　施工 →8
セキリキン, セキリキン　赤痢菌 →14	**セコハン**　〘俗〙＜secondhand →10
セキリョー　寂寥 →8　責了＜責任校了 →10	**セコンド**　second →9
セキリョー, セキリョー　席料 →8	**セサイ**　世才 →8
セキレイ★,《新は **セキレイ★**》鶺鴒〘鳥〙 →8	**セザンヌ**　Cézanne〔仏〕〘人〙 →22
セキロー　石蠟 →8	**セジ**　世辞 →7
セキワケ　関脇 →4	**セジ**　世事(～にうとい) →7
セキワン　隻腕 →8	**セシメル**　〘俗〙(まんまと～) →43
セギン, セギン　世銀＜**セカイギンコー**　世界銀行 →10, 15	**セシュ,**《新は **セシュ**》施主 →7
セク　急く, 咳く, 塞く →43	**セシュー**　世襲 →8
セクシー　sexy →9	**セシューザイサン**　世襲財産 →15
セクショナリズム　sectionalism →9	**セシューム, セシウム**　cesium →9
セクション　section →9	**セジョー**　世上, 世情, 施錠 →8
セクター　sector →9	**セジン**　世人 →8
セクト　sect →9	**ゼスイットハ, ジェスイットハ**　Jesuit 派 →14
セクトシュギ　sect 主義 →15	**セスジ**　背筋 →4
セクハラ　＜**セクシャルハラスメント**　sexual harassment →10, 16	**ゼスチャー, ジェスチャー**　gesture →9
セケン　世間(**セケンサマ** ～様) →8, 94	**セスナ**　Cessna＜**セスナキ**　Cessna 機 →9, 14
ゼゲン　女衒 →8	**ゼセイ★**　是正 →8
セケンシ　世間師 →14a	**セセコマシイ★, セセッコマシイ★**　→54d
セケンシラズ　世間知らず →13	**ゼゼヒヒ**　是是非非 →18
セケンズレ　世間擦れ →13	**ゼゼヒヒシュギ**　是是非非主義 →15
セケンチ　世間知(智) →14a	**セセラギ**　細流 →2
セケンテイ★　世間体 →14	**セセラワライ**　嘲笑い →13
セケンテキ　世間的 →95	**セセラワラウ, セセラワラウ**　嘲笑う →45
	セセル　拵る →43

ガギグゲゴは鼻濁音　カタカナ細字は母音の無声化　★は長音にもなる符号

セソー──ゼッケイ　　480

セソー, セソー 世相 →8	セッカク 折角(〜来たのに) →61
セゾク 世俗 →8	セッカク 折角(〜だが) →8
セゾクテキ 世俗的 →95	セッカチ (〜な人だ) →94
セソン 世尊 →8	セッカッショク 赤褐色 →17
セソンジリュー 世尊寺流 →14	セッカン, セキカン 石棺 →8
セタイ, セタイ 世帯 →8	セッカン 折檻 →8 摂関<摂政・関白 →10
セダイ, セダイ 世代 →8	セツガン 切願, 接岸 →8
セダイガワリ 世代変り →13	ゼツガン 舌癌 →8
セダイコータイ 世代交代 →15	セツガンキョー 接眼鏡 →14
セタイヌシ, ショタイヌシ 世帯主 →12b	セッカンセイジ 摂関政治 →15
セタガヤ 世田谷〖地〗 →19	セツガンレンズ 接眼 lens →16
セタガヤク 世田谷区 →14	セッキ 石器 →7
セタガヤセン 世田谷線 →14	セキ 節気, 節季 →7
セタケ 背丈 →4	セキ, セツギ 節義 →7
セダン sedan〖車〗 →9	セッキジダイ 石器時代 →15
セチ 世知(智) →7	セッキャク 接客 →8
セチエ, セチエ 節会 →7	セッキャクギョー 接客業 →14
セチガライ 世知(智)辛い →54	セッキョー 説経 →8
セツ 切(〜に), 拙, 癤 →6	セッキョー, セッキョー,《古は セッキョー》 説教 →8
セツ,《古は セツ》 説, 節 →6	
ゼツ 絶 →6	ゼッキョー 絶叫 →8
セツエイ 設営 →8	セッキョーブシ 説経節 →12
セツエン 節煙 →8	セッキョク 積極 →8
ゼツエン 絶縁 →8	セッキョクセイ 積極性 →14
ゼツエンタイ 絶縁体 →14	セッキョクテキ 積極的 →95
ゼツエンブツ 絶縁物 →14a	セッキン 接近 →8
セッカ 赤化 →7	セック,《古は セック》 節句 →7
ゼッカ 絶佳(風光〜) →7	セツク, セツク, セツク 責付く〖俗〗 →45c
ゼッカ, ゼッカ 舌禍 →7	
セッカイ 石塊 →8	ゼック 絶句 →7
セッカイ 節介(お〜) →4 石灰 →8	セックス sex →9
セッカイ, セッカイ 切開 →8	セックスアピール sex appeal →16
セツガイ 雪害 →8	セックツ 石窟 →8
セツガイ,《古は セツガイ》 殺害 →8	セックバタラキ 節句働き(なまけ者の 〜) →13
ゼッカイ 絶海(〜の孤島) →8	
セッカイガン 石灰岩 →14b	ゼッケ 絶家 →7
セッカイスイ 石灰水 →14b	セッケイ 設計, 雪景, 雪渓 →8
セッカイチッソ 石灰窒素 →15	ゼッケイ 絶景(〜かな) →8

──は高い部分　 ⁀と⁀ は高低が変る部分　 ⌐は次が下がる符号　→は法則番号参照

481　　セッケイ──セツゾク

セッケイ╷シャ	設計者 →14b	
セッケイ╷ズ	設計図 →14b	
セッケイ╷モジ, セッケイ╷モンジ	楔形文字 →15	
セツゲッカ	雪月花 →17	
セッケッキュー	赤血球 →15	
セッケン	席巻, 接見, 節倹, 石鹼 →8	
セツゲン	切言, 節減, 雪原 →8	
ゼッケン	Zeichen〖独〗→9	
セッケンスイ	石鹼水 →14a	
セツコ	節子〖女名〗→25	
ゼツゴ	絶後(空前～) →7	
セッコー	斥候, 石工, 石膏 →8	
セッコー, ゼッコー	拙稿 →64	
セツゴー	接合 →8	
ゼッコー	絶交, 絶好 →8	
セツゴーザイ, セツゴーザイ	接合剤 →14a	
セッコーザイク	石膏細工 →15	
ゼッコージョー, ゼッコージョー	絶交状 →14a	
ゼッコーチョー	絶好調 →14a	
セツゴセン, セツゴセン	摂護腺 →14	
セッコツ	接骨 →8	
セッコツイ	接骨医 →14	
ゼッコン	舌根 →8	
セッサク	拙作, 拙策 →8	
セッサ・タクマ	切磋琢磨 →97	
ゼッサン	絶賛(讚) →8	
セッシ	切歯, 摂氏 →7	
セツジ	接辞 →7	
セツジツ	切実 →8	
セッシャ	接写 →7　拙者 →64	
セッシ(・)ヤクワン	切歯扼腕 →97, 98	
セッシュ	節酒 →7	
セッシュ	接種 →7	
セッシュ, セッシュ	摂取, 窃取 →7	
セツジュ	接受 →7	
セッシュー	接収 →8	

セッシュー	雪舟〖人〗→24	
セツジョ	切除(肺～) →7	
セッショー	折衝 →8	
セッショー	殺生 →8	
セッショー, セッショー	摂政 →8	
セツジョー	雪上 →8	
ゼッショー	絶唱, 絶勝 →8	
セッショーカイ	殺生戒 →14a	
セッショー(・)キンダン	殺生禁断 →97, 98	
セツジョーシャ	雪上車 →14a	
セッショーセキ	殺生石 →14a	
セッショク	接触, 節食, 摂食 →8	
セツジョク	雪辱 →8	
ゼッショク	絶食 →8	
セツジョクセン	雪辱戦 →14	
セッショクデンセン	接触伝染 →15	
セッション	session →9	
セッスイ	節水 →8	
セッスル, セッスル	接する, 摂する, 節する →48	
ゼッスル, ゼッスル	絶する →48	
セッセイ	摂生, 節制 →8	
セツゼイ	節税 →8	
ゼッセイ	絶世(～の美女) →8	
セツセツ	切切(～と) →58	
セッセト	(～通う) →57	
セッセン	接戦, 拙戦 →8	
セッセン	切線, 折線, 雪線, 接線 →8	
セツゼン	截然 →8	
ゼッセン	舌戦, 舌尖 →8	
セッソー	切創, 節奏, 節操 →8	
セッソー, セッソー	拙僧 →64	
セツゾー	雪像 →8	
セッソク	拙速 →8	
セツゾク	接続 →8	
ゼッソク	絶息 →8	
セツゾクシ, セツゾクシ	接続詞 →14c	

ガギグゲゴは鼻濁音　カタカナ細字は母音の無声化　★は長音にもなる符号

セッソク──セッポー　　482

セッソクドーブツ　節足動物 →15	ゼットー　絶倒(抱腹~), 舌頭 →8
セッタ, セキダ　雪駄 →d	セットーゴ　接頭語 →14
セッター　setter →9	セットーザイ, セットーザイ　窃盗罪 →14a
セッタイ　接待 →8	セットージ, セットージ　接頭辞 →14a
ゼッタイ　絶対, 舌苔 →8	
ゼツダイ　絶大, 舌代, 絶代 →8	
ゼッタイアンセイ　絶対安静 →98	セットク　説得 →8
セッタイガカリ　接待係 →12	セットクリョク　説得力 →14
ゼッタイシュギ　絶対主義 →15	セットポイント　set point →16
ゼッタイゼツメイ　絶体絶命 →98	セットリョコー　set 旅行 →15
ゼッタイタスー　絶対多数 →15	セットローション　<setting lotion →16
ゼッタイチ　絶対値 →14b	セツナ　刹那 →7
ゼッタイテキ　絶対的 →95	セツナイ　切ない →54
セッタイヒ　接待費 →14b	セツナシュギ　刹那主義 →15
ゼッタイリョー　絶対量 →14b	セツナル　切なる →63
セッタク　拙宅 →8	セツニ　切に →67
セツダン　切断, 截断 →8	セッパ　切羽 →4　説破 →7
ゼッタン　舌端(~火を吐く) →8	セッパク　切迫, 雪白 →8
セッチ, セッチ　接地, 設置 →7	セッパ(・)ツマル　切羽詰まる →49
セッチャク　接着 →8	セッパン, 《古は セッパン》　折半 →8
セッチャクザイ, セッチャクザイ　接着剤 →14	ゼッパン　絶版 →8
セッチュー　折衷, 雪中 →8	セツビ　設備 →7
セッチューアン　折衷案 →14a	ゼツビ　絶美(風光~) →7
セッチョ　拙著 →64	セツビゴ　接尾語 →14
ゼッチョー, ゼッチョー　絶頂 →8	セツビジ, セツビジ　接尾辞 →14
ゼッチョーキ　絶頂期 →14a	セツビシキン, セツビシキン　設備資金 →15c
セッチン　雪隠(=便所) →8	
セッチンズメ　雪隠詰め →13	ゼッピツ　絶筆 →8
セッツ, 《古は セッツ》　摂津(~の国) →21	セツビトーシ　設備投資 →15
セッツク, セッツク →45d	ゼッピン　絶品 →8
セッテイ　設定 →8	セップ　節婦 →7
セッテン　接点, 節点 →8	セップク　切腹, 説伏 →8
セツデン　節電, 雪田 →8	セツブン　節分, 拙文 →8
セット　set →9	セップン　接吻 →8
セツド　節度 →7	ゼッペキ　絶壁 →8
セットー, セットー　窃盗 →8	セッペン　雪片 →8
セツドー　雪洞 →8	セッペン, セッペン　切片 →8
	セツボー　切望 →8
	セッポー, セッポー, セッポー　説法

‾は高い部分　··· と ··· は高低が変る部分　‾は次が下がる符号　→は法則番号参照

483　　　　　　　　　　　　　　　　　　ゼツボー──ゼヒ

ゼツボー　絶望 →8

ゼッポー　舌鋒 →8

ゼツボーテキ　絶望的 →95

セツマイ　節米 →8

ゼツミョー　絶妙 →8

ゼツム　絶無 →7

セツメイ★　説明 →8

ゼツメイ★　絶命 →8

セツメイ★カイ　説明会 →14b

セツメイ★シャ　説明者 →14b

セツメイ★ショ, セツメイ★ショ　説明書 →14

セツメイ★ブン, セツメイ★ブン　説明文 →14b

ゼツメツ　絶滅 →8

セツメン　雪面 →8

セツモー　雪盲 →8

セツモン　設問 →8

セツヤク　節約 →8

セツユ, セツユ　説諭 →7

セツヨー　切要, 節用 →8

セツヨーシュー　節用集 →14a

セツリ　摂理(神の～), 節理 →7

セツリツ　設立 →8

セツリツシャ, セツリツシャ　設立者 →14c

ゼツリン　絶倫(精力～) →8

セツルメント, セッツルメント　settlement →9

セツレツ　拙劣 →8

セツロン　拙論 →8

セツワ　説話 →7

セツワブンガク　説話文学 →15

セト　瀬戸《地も。姓は セト も》 →4, 21, 22

セド, セド　背戸 →4

セトウチ　瀬戸内〖地〗 →21

セドーカ　旋頭歌 →14a

セドージンシン　世道人心 →98

セトギワ, セトギワ　瀬戸際 →12

セトナイカイ　瀬戸内海 →15

セトヒキ, セトヒキ, セトビキ　瀬戸引き →5

セトモノ　瀬戸物 →4

セトモノヤ　瀬戸物屋 →94

セナ, セナ　背 →4

セナカ　背中 →4

セナカアワセ　背中合せ →13

ゼニ　銭 →1

ゼニイレ, ゼニイレ　銭入れ →5

ゼニガタ　銭形 →95

ゼニカネ　銭金 →18

ゼニガメ　銭亀 →4

ゼニカンジョー　銭勘定 →15

ゼニバコ　銭箱 →4

ゼニモーケ　銭儲け →13

ゼニン　是認 →8

セヌイ　背縫 →5

セヌキ, セヌキ　背抜き〖衣〗 →5

ゼネコン　＜general contractor →10

ゼネスト, ゼネスト　＜general strike →10

ゼネレーション, ジェネレーション　generation →9

セノキミ　背の君 →19

セノビ, セーノビ　背伸び →5

セパード　shepherd ⇒シェパード

セバマル　狭まる →44

セバメル　狭める →44

セパレーツ, セパレーツ　separates →9

セパレート, セパレート　separate, ＜separate course →9

セバンゴー　背番号 →15

ゼヒ　施肥 →7

ゼヒ,《新は ゼヒ》　是非〖名〗(=是と非。～を論じる, ～に及ばず) →18

ゼヒ　是非〖副〗(=必ず・何とぞ) →61

ガギグゲゴは鼻濁音　カタカナ細字は母音の無声化　★は長音にもなる符号

セピア, セピヤ sepia →9

セピアイロ, セピヤイロ sepia色 →12

ゼヒトモ, ゼヒトモ 是非共 →67

セヒョー 世評 →8

セビラキ 背開き〚魚〛→13

セビル （金を〜）→43

セビレ,《新は セビレ》背鰭 →4

セビロ 背広＜civilian clothes

セブシ 背節 →4

セブミ 瀬踏み →5

ゼブラゾーン zebra zone →16

セブンイレブン 〚コンビニエンスストア〛→16

セボネ 背骨 →4

セマイ 施米 →8

セマイ 狭い セマカッタ, セマク, セマクテ,《新は セマクテ》, セマケレバ, セマシ →52

セマキモン 狭き門 →19

セマクルシイ., セマックルシイ. 狭(っ)苦しい →54d

セマル 迫る セマラナイ, セマロー, セマリマス, セマッテ, セマレバ, セマレ →43

セミ 蝉,滑車 →1

ゼミ ＜Seminar〔独〕→10

セミコロン semicolon, ; →16

セミシグレ 蝉時雨 →12

セミダブル semi double〔和〕→16

ゼミナー seminar →9

ゼミナール Seminar〔独〕→9

セミプロ ＜semiprofessional →10

セミマル 蝉丸〚人〛→25

セムシ 僂傴 →4

セメ 責め →2

セメアウ,《新は セメアウ》攻め合う,責め合う →45

セメイル,《新は セメイル》攻め入る →45

セメウマ, セメンマ 責め馬 →5

セメオトス, セメオトス 攻め落す,責め落す →45

セメカカル, セメカカル 攻め懸かる →45

セメカケル, セメカケル 攻め懸ける →45

セメク, セメグ 責苦 →7

セメグ 閨ぐ →44 攻め具,責め具 →7

セメコム,《新は セメコム》攻め込む →45

セメダイコ 攻め太鼓 →15

セメダイン Cemedine〚商標〛→9

セメタテル, セメタテル 攻め立てる,責め立てる →45

セメツケル, セメツケル 攻め付ける,責め付ける →45

セメテ （〜は,〜も）→67

セメドーグ 攻め道具,責め道具 →15

セメトル,《新は セメトル》攻め取る →45

セメヌク,《新は セメヌク》攻め抜く →45

セメバ 責め場 →5

セメヨセル, セメヨセル 攻め寄せる →45

セメヨル,《新は セメヨル》攻め寄る →45

セメル 攻める,責める セメナイ, セメヨー, セメマス, セメテ, セメレバ, セメロ →43

セメン ＜セメンシナ semencinae〔拉〕, ＜セメント cement →10, 16, 9

セモジ 背文字 →15

セモタレ 背凭れ →13

セモン 背紋 →8

ゼラチン, ゼラチン gelatine →9

セラピー therapy →9

セラピスト therapist →9
セリ 芹 →1 競(〜にかける), 迫〖劇場〗→2
セリアイ 競合い →5
セリアウ, 《新は セリアウ》 競り合う →45
セリアゲ 迫上げ →5
セリアゲル, セリアゲル 迫り上げる, 競り上げる →45
ゼリー, ジェリー jelly →9
セリーグ <セントラルリーグ Central League →16
セリイチ, セリイチ 競市 →5
セリウリ 競売り →5
セリオトス, セリオトス 競り落す →45
セリカツ, 《新は セリカツ》 競り勝つ →45
セリダシ 迫出し〖劇場〗→5
セリダス, 《新は セリダス》 迫り出す →45
セリフ, 《新は セリフ》 台詞
セリフマワシ 台詞回し →13
セリョー 施療 →8
セル 迫る, 競る →43 cell →9 <serge〖蘭〗→10
……セル; ……セル 〖助動〗(ナカセル 泣か〜, ヨマセル 読ま〜) →83
セルガ cell<celluloid 画〖和〗→7
セルフ self →9
セルフコントロール self-control →16
セルフサービス self-service →16
セルフタイマー self-timer →16
セルロイド celluloid →9
セルロース, セルローズ cellulose →9
セレクション selection →9
セレクト select →9
セレナーデ Serenade〖独〗→9
セレナード sérénade〖仏〗→9

セレブ <celebrity →10
セレモニー ceremony →9
セロ, チェロ cello →9
ゼロ zéro〖仏〗, 零 →9
ゼロサイ 零歳 →8
ゼロサイジ 零歳児 →14b
ゼロックス Xerox〖商標〗→9
セロテープ Cellotape〖商標〗→16
ゼロハイ 零敗 →8
セロハン, セロハン cellophane〖仏〗→9
セロリ, セロリー celery →9
セロン, セロン, ヨロン 世論 →8
セロンチョーサ, ヨロンチョーサ 世論調査 →15
セワ 世話 →7
セワキョーゲン 世話狂言 →15
セワシイ★ 忙しい →52
セワシナイ 忙しない →54
セワズキ, セワズキ 世話好き →5
セワタ 背腸〖魚〗→4
セワニョーボー 世話女房 →15
セワニン 世話人 →14
セワバ 世話場 →12
セワモノ, セワモノ 世話物 →12
セワヤキ, セワヤキ, セワヤキ 世話焼き →5
セワヤク 世話役 →14
セワリ 背割り →5
セン 先(〜に, 〜を越す), 線, 銭, 選, 撰, 栓, 腺 →6 千 →30
セン, セン 詮(〜がない) →6
……セン …船(ヒキアゲセン 引揚げ〜), …線〖鉄道〗(シンエツセン 信越〜), …銭(テンポーセン 天保〜) →14
……セン, ……セン …戦(ジキューセン, ジキューセン 持久〜) →14a
……セン; ……ゼン …千(イッセン

一～, **サンゼン** 三～) →31	**ゼンオク** 千億 →31
……せん …銭〚数〛 →34, 35, 62	**ゼンオン** 全音 →8
ゼン 膳(**オゼン**, **ゴゼン** 御～) →6, 92	**ゼンオンカイ** 全音階 →15
ゼン 全(～学生) →63 前(～に, ～首相) →6, 63 善, 禅, 漸 →6	**ゼンオンプ** 全音符 →15
……ゼン …前(**センソーゼン** 戦争～), …然(=…らしい様子。**タイカゼン** 大家～) →95	**センカ** 選歌, 選科, 専科, 泉下, 船架, 戦火, 戦果, 戦渦(～に巻き込まれる), 戦禍(～を被る) →7
……ぜん …膳〚数〛 →34, 35	**センカ, センカ** 選果 →7
ゼンアク 善悪 →18	**センガ** 線画 →7
センイ 遷移, 船医, 戦意, 繊維 →7	**ゼンカ** 全科, 前科, 禅家, 善果 →7
ゼンイ 善意 →7	**センカイ** 旋回, 浅海 →8
ゼンイキ 全域 →8	**センガイ, ゼンガイ** 選外 →8
センイコーギョー 繊維工業 →15	**センガイ** 船外 →8
センイシツ 繊維質 →14	**ゼンカイ** 全快, 全開, 全壊(潰) →8
センイセイヒン 繊維製品 →15	**センカイ, ゼンカイ** 前回 →8
センイソ 繊維素 →14	**ゼンカイイッチ, ゼンカイイッチ** 全会一致 →98, 99
センイチヤ 千一夜 →35	**センガイカサク, センガイカサク** 選外佳作 →99, 98
センイチヤモノガタリ 千一夜物語 →12	**センガキ** 線描き →5
センイツ, ゼンイツ 専一 →8	**センカク, ゼンカク** 先覚 →8
センイヒン, センイヒン 繊維品 →14	**センガク** 浅学(～菲才), 先学 →8
センイン, 《古は **センイン**》 船員 →8	**ゼンカク** 全角 →8
ゼンイン 全員(～一致) →8	**ゼンガク** 全額, 前額, 禅学 →8
センウン 戦雲 →8	**センガクジ** 泉岳寺 →14
センエイ 先(尖)鋭, 船影 →8	**センカクシャ, センカクシャ** 先覚者 →14c
ゼンエイ 前衛 →8	**ゼンガクブ, ゼンガクブ** 前額部 →17
センエイカ, センエイカ 先(尖)鋭化 →95b	**ゼンガクレン, ゼンガクレン** 全学連 <全日本学生自治会総連合 →10
ゼンエイビジュツ 前衛美術 →15	**センカシ** 仙花紙 →14
センエイブンシ 先(尖)鋭分子 →15	**センカタナイ** 詮方無い →54
センエキ, 《古は **センエキ**》 戦役 →8	**ゼンカモノ, ゼンカモノ** 前科者 →12
センエツ 僭越 →8	**センカワ** 千川〚地〛 →8
センエン, 《新は **センエン**》 千円 →34	**センカン** 戦艦, 潜函〚建〛 →8 選管<選挙管理委員会 →10
センエンサツ 千円札 →14a	**センガン** 洗眼, 洗顔 →8
センオー 専横 →8	**ゼンカン** 善感, 前官 →8
センオー, センオー 先王 →8	**ゼンカン, ゼンカン** 全巻, 全館 →8

‾ は高い部分　⌣ と ⌢ は高低が変る部分　⌐ は次が下がる符号　→は法則番号参照

センガンクリーム　洗顔 cream →16	→14
ゼンカンレイ｀グー, ゼンカンレイ｀＊グー	センキョニンメイ｀ボ　選挙人名簿 →15
前官礼遇 →99, 98	センキョホー, センキョホー　選挙法
センキ　疝気(〜を病む) →7	→14
センキ　戦記, 戦機 →7	センキョミン　選挙民 →14
センギ　先議 →7	センギリ, センギリ　千切り →5
センギ, センギ｀　詮議 →7	センキン　線金 →8　千金(直あた〜), 千
ゼンキ　前記, 前期, 全期, 全機 →7	鈞 →34
センキ｀スジ, センキスジ　疝気筋	ゼンキン, ゼンキン　前金 →8
→12c	ゼンキンダイ　前近代 →15
センギダテ　詮議立て →95	センク　選句 →7
センキブンガク　戦記文学 →15	センク　先駆 →7
センキモノ　戦記物 →12	セング　船具 →7
センキモノガタリ　戦記物語 →12	ゼンク　前駆, 全区, 全句 →7
センキャク　先客, 船客, 船脚 →8	セングー, セングー　遷宮 →8
センキャク(・)バンライ, センキャクバ	センクシャ　先駆者 →14
ンライ　千客万来 →39	センクチ,《古は センクチ》　先口 →4
センキュー　選球, 船級 →8	ゼンクツ　前屈 →8
ゼンキュー　全休 →8	センクン, センクン　先君 →94
センキョ　占拠, 選挙, 船渠 →7	ゼングン　全軍 →8
センギョ　鮮魚 →7	セングンバンバ　千軍万馬 →39
センキョイハン　選挙違反 →15	センケ　千家〖茶道〗 →22
センキョウンドー　選挙運動 →15	センゲ, センゲ　遷化 →7
センキョエンゼツ　選挙演説 →15	センゲ　宣下 →7
センキョー　宣教, 仙境, 船橋, 戦況 →8	ゼンケ, ゼンケ　禅家 →7
センギョー　専業, 賤業 →8	センケイ＊　扇形, 線形, 船型 →8
センキョーシ　宣教師 →14a	ゼンケイ＊　全形, 全景, 前景, 前掲, 前傾
センギョーシュフ　専業主婦 →15	→8
センギョーノーカ　専業農家 →15	センケツ　先決, 専決, 鮮血, 潜血 →8
センキョカンリイインカイ　選挙管理	センゲツ　先月 →8
委員会 →17	ゼンゲツ, ゼンゲツ　前月 →8
センキョク　選曲, 選局, 戦局 →8	センゲツマツ　先月末 →14
センキョク　選挙区 →14	センケツモンダイ　先決問題 →15
ゼンキョク　全曲 →8	センケリュー　千家流 →14
ゼンキョク, ゼンキョク　全局 →8	センケン　先見, 浅見, 先賢, 専権 →8
センキョケン　選挙権 →14	センゲン, センゲン　千言 →34
センギョショー　鮮魚商 →14	センゲン, センゲン　宣言 →8
センキョセン　選挙戦 →14	ゼンケン　全権 →8
センキョニン, センキョニン　選挙人	ゼンケン, ゼンケン　全県 →8

ゼンゲン──センジ　　488

ゼンゲン　漸減 →8	ゼンゴ・サユー　前後左右 →97
ゼンゲン, ゼンゲン　前言 →8	ゼンゴショー　前後賞 →14
ゼンケンイイン　全権委員 →15	ゼンゴショチ　善後処置 →15
センゲンショ, センゲンショ　宣言書 →14	センゴハ　戦後派 →14
センゲンジンジャ　浅間神社 →15	ゼンコ(・)フエキ　千古不易 →97, 98
センケンタイ　先遣隊 →14	ゼンゴ(・)フカク　前後不覚 →97, 98
ゼンケンタイシ　全権大使 →15	ゼンコン, ゼンコン　善根 →8
センコ　千古(〜の姿) →34	ゼンザ　前座《寄席》(↔真打ち。〜をつとめる) →7
センゴ, センゴ　戦後 →7	センサー　sensor →9
ゼンコ　全戸 →7	センサイ　繊細,先妻,浅才,戦災,戦債 →8
ゼンゴ　善後 →7　前後 →18	センザイ　潜在,洗剤,煎剤,前栽 →8 千歳《能・歌舞伎も》→34, 23　千載《書も》→34, 10
センコー　先行,専行,潜行,先攻,専攻,穿孔,銓衡(選考),潜航,選鉱,先考,浅紅,鮮紅,閃光,戦功 →8	ゼンサイ　前菜 →8
センコー, センコ　線香 →8d	ゼンザイ　善哉(=よいかな) →66
ゼンコー　善行 →8	ゼンザイ, ゼンザイ　善哉(=善哉もち) →3
ゼンコー, ゼンコー　全校,前項 →8	センザイイシキ　潜在意識 →15
センコーカ　専攻科 →14	センザイ(・)イチグー　千載一遇 →97, 98
ゼンコージ　善光寺 →14	センザイカンネン　潜在観念 →15
センコーショク　鮮紅色 →14a	センザイシツギョー, センザイシツギョー　潜在失業 →15c
センコーダイ　線香代 →14	センザイシャ　戦災者 →14b
センコーテイ*　潜航艇 →14	センザイシュー　千載集 →14b
センコーデンキュー　閃光電球 →15	センザイテキ　潜在的 →95
センコーハナビ　線香花火 →12	センサク　詮索,穿鑿 →8
センコク　先刻,宣告 →8	センサス　census →9
センゴク, センゴク　戦国《時代も》→8	センサ(・)バンベツ　千差万別 →97, 98
ゼンコク　全国 →8	センサマ　先様(=先客様) →94
ゼンコクク, ゼンコクク, ゼンコック　全国区 →14ca	ゼンザン　全山 →8
センゴクジダイ　戦国時代 →15	センザンコー　穿山甲《動》→14a
ゼンコクタイカイ　全国大会 →15	センシ　戦死 →7
ゼンコクテキ　全国的 →95	センシ　穿刺,先史,戦史,先師,戦士 →7
センゴクバラ　仙石原《地》→12	センジ　千住《地》⇒センジュ
センゴクブネ　千石船 →12	センジ, センジ　煎じ,煎汁 →2
ゼンコクホーソー　全国放送 →15	センジ　宣旨,戦時 →7
センコクライ　先刻来 →14	
ゼンゴサク　善後策 →14	

―は高い部分　¨と˙は高低が変る部分　⌐は次が下がる符号　→は法則番号参照

489　　　　　　　　　　　　　　　　　　　　　　　　ゼンシ──センジル

ゼンシ　前史, 前肢, 全市, 全紙, 全史　→7	センシューカ　専修科　→14
ゼンジ　漸次, 全治, 禅師　→7	センシューガッコー　専修学校　→15
センジカ　戦時下　→14	センジューシャ　先住者, 専従者　→14a
センジガク　先史学　→14	センジューミン　先住民　→14a
センジグスリ　煎じ薬　→12	センジューミンゾク　先住民族　→15
センジシャ　戦死者　→14	センシューラク　千秋楽　→14a
センジショク　戦時色　→14	センジュオーハシ　千住大橋　→19
センジチャ　煎じ茶　→14	センジュカンノン,《新は センジュカンノン》千手観音　→98, 15
センジチュー　戦時中　→14	
センシツ　船室　→8	センシュケン, センシュケン　選手権　→14
センシツ　先日　→8	
ゼンシツ　禅室　→8	センシュダン　選手団　→14
ゼンシツ, ゼンシツ　全室　→8	センシュツ　選出　→8
ゼンジツ　全日, 前日　→8	センジュツ　撰述, 仙術, 戦術　→8
センジツメル, センジツメル　煎じ詰める, 詮じ詰める　→45	ゼンシュツ　前出　→8
	ゼンジュツ　前述　→8
センジツライ　先日来　→14	センシュトッケン　先取特権　→15
ゼンジドー　全自動　→15	センシュボーエイ　専守防衛　→98
センシ(・)バンコー　千思万考, 千紫万紅　→97, 98	センシュムラ　選手村　→12
	ゼンショ　選書　→7
センジモン　千字文〔書〕　→14	センジョ, センニョ　仙女　→7
センシャ　洗車　→7	ゼンショ　善処　→7
センシャ　戦車　→7	ゼンショ, ゼンショ　全書　→7
センシャ, センシャ　選者, 撰者　→7	センショー　先唱, 先勝, 戦勝, 戦傷, 僭称　→8
ゼンシャ　前車, 前者　→7	
センシャク　繊弱　→8	センジョー　洗浄, 洗滌, 扇(煽)情, 僭上, 船上, 線上, 戦場, 線条　→8
ゼンシャク　前借　→8	
センシャクテイショー　浅酌低唱　→98	ゼンショー　全勝, 全焼, 前哨　→8
	ゼンジョー　禅定　→8
センシャタイ　戦車隊　→14	ゼンジョー　前条　→8
センジャフダ　千社札　→12	センショーコク　戦勝国　→14a
センシュ　先守, 先取, 船主, 船首, 選手, 繊手　→7	センショーシ　戦傷死　→14a
	ゼンショーセン　前哨戦　→14
センジュ　千住〔地〕　→21	センジョーテキ　扇(煽)情的　→95
センシュー　撰修, 選集, 先週　→8　専修《大学も》→8, 29　千秋　→34	ゼンショートー　前照灯　→15
	センショク　染色　→8
センシュー, センジュー　撰集　→8	ゼンショク, ゼンショク　前職　→8
センジュー　先住, 専従　→8	センショクタイ　染色体　→14
ゼンシュー　全集, 前週, 禅宗　→8	センジル, センジル　煎じる　→47

ガギグゲゴは鼻濁音　カタカナ細字は母音の無声化　★は長音にもなる符号

センシン　先進, 専心, 潜心, 線審 →8	の遺物) →15
センジン　先人, 先陣, 戦陣, 戦塵 →8	センセイクンシュ　専制君主 →15
千仞(～の谷) →34	ゼンセイジダイ　全盛時代 →15
ゼンシン　前進, 漸進, 全身, 前身, 前審 →8	センセイジュツ　占星術 →14b
ゼンシン, ゼンシン　善心 →8	センセイセイジ　専制政治 →15
ゼンジン　前人(～未踏) →8	センセーショナル　sensational →9
ゼンジンキョーイク　全人教育 →15	センセーション　sensation →9
センシンコク　先進国 →14a	ゼンセカイ　前世界 →15
ゼンシンザ　前進座 →14	ゼンセカイ, ゼンセカイ　全世界 →63
ゼンシンテキ　漸進的 →95	センセキ　船籍, 戦跡, 戦績 →8
センシン(・)バンク　千辛万苦 →97,98	ゼンセツ　前説 →8
ゼンシンマスイ　全身麻酔 →15	センセン　宣戦, 戦線 →8
ゼンシンヨク　全身浴 →14a	センゼン　戦前 →8
センス　扇子(オセンス　御～) →7, 92	ゼンセン　善戦, 全線, 前線 →8
センス　sense →9	ゼンゼン　全然 →56
ゼンズ　全図 →7	センセンキョーキョー　戦戦恐恐(兢兢) →59
センスイ　潜水, 泉水, 浅水 →8	センセンゲツ　先先月 →14a
センスイカン　潜水艦 →14	センセンシュー　先先週 →14
センスイビョー　潜水病 →14	センセンダイ　先先代 →14
センスイフ　潜水夫 →14b	センゼンハ　戦前派 →14
センスイフク　潜水服 →14b	センセンフコク　宣戦布告 →98
センスイボカン　潜水母艦 →15	センソ　践祚 →7
ゼンスー　全数 →8	センゾ　先祖(ゴセンゾサマ　御～様) →7, 94
ゼンスジ　千筋〘模様〙 →33	センソー　戦争, 船倉(艙), 船窓 →8
ゼンスベ, センスベ　詮術 →19	……センソー　…戦争(ナンボクセンソー　南北～) →15
センズル　宣する, 撰する →48	ゼンソー　前奏, 禅僧 →8
センズル　詮ずる →47	ゼンゾー　漸増 →8
センズルトコロ, センズルトコロ　詮ずる所 →98	ゼンソーキョク　前奏曲 →14a
ゼンセ, ゼンセイ　前世 →7	センソーゴッコ　戦争ごっこ →95
センセイ　先制, 専制, 専政, 宣誓 →8	センソージ　浅草寺 →14
センセイ　先生 →8	センソーハンザイ　戦争犯罪 →15
……センセイ;……センセイ　…先生(タナカセンセイ　田中～, サトーセンセイ　佐藤～) →94	センソーハンザイニン, センソーハンザイニン　戦争犯罪人 →17
ゼンセイ　善政 →8	センソーブンガク　戦争文学 →15
ゼンセイ, ゼンセイ　全盛 →8	センゾガエリ　先祖返り →13
ゼンセイキ　全盛期 →14b　前世紀(～	センゾク　専属 →8

491　センゾク──センチメ

センゾク　洗足, 千束〘地〙 →21	センタクカモク　選択科目 →15
ゼンソク　全速, 喘息 →8	センタクキ, センタクキ　洗濯機 →14c
センゾクイケ　洗足池 →12	センタクシ, センタクシ　選択肢 →14c
ゼンソクモチ, ゼンソクモチ　喘息持ち →13	センタクセッケン　洗濯石鹼 →15
ゼンソクリョク, ゼンソクリョク　全速力 →15	センタクソーダ　洗濯 soda〔蘭〕 →16
ゼンソン　全損 →8	センタクバ　洗濯場 →12
ゼンソン, ゼンソン　全村 →8	センタクバサミ　洗濯挟み →13
センダ　千田〘姓〙 →22	センタクモノ　洗濯物 →12
～(･)ゴレヤ, ～(･)ゴレヤ　～是也 →25, 27	センタクヤ　洗濯屋(～さん) →94
センター　center, centre →9	センダツ　先達 →8
センターポール　center pole →16	センダッテ　先達て〘名〙(～は失礼) →19
センターライン　center line →16	センダッテ　先達て〘副〙(～参りました) →61
センタイ　船隊 →8	ゼンダテ, ゼンダテ　膳立て(オゼンダテ 御～) →5, 92
センタイ, センタイ　船体 →8	ゼンダマ　善玉 →4
センダイ　船台 →8	センタン　洗炭, 選炭, 先端, 尖端, 戦端 →8
センダイ,《新は センダイ》　先代 →8	センダン　専断, 剪断, 栴檀, 船団 →8
センダイ　仙台〘地〙 →21	ゼンダン, ゼンダン　全段, 前段 →8
ゼンタイ　全体〘名〙(=全身・全部) →8	センタンテキ　尖端的 →95
ゼンタイ, ゼンタイ　全体〘副〙(一体～) →61	センダンマキ　千段巻 →13
ゼンダイ　前代 →8	センチ　戦地 →7　＜sentimental, ＜centimètre〔仏〕 →10
センダイシ　仙台市 →14b	……センチ　＜…centimètre〔仏〕(イッセンチ 一～, ゴセンチ 五～) →37
ゼンタイシュギ　全体主義 →15	ゼンチ　全治, 全知 →7
ゼンタイゾー　全体像 →14b	ゼンチク(･)ヤゴロー　善竹弥五郎 →22, 26, 27
センダイハギ　先代萩〈メイ.ボク(･)ゼンダイハギ, メイ.ボク・センダイハギ　伽羅先代萩〘浄瑠璃・歌舞伎〙 →12b, 97, 98	ゼンチシ　前置詞 →14
センダイヒラ,《古は センダイヒラ》　仙台平 →12b	ゼンチシキ　善知識 →15
センタイブツ　千体仏 →14b	ゼンチ(･)ゼンノー　全知全能 →97, 98
ゼンダイ(･)ミモン　前代未聞 →97, 98	センチメートル　centimètre〔仏〕 →9
センダガヤ　千駄ヶ谷〘地〙 →19	……センチメートル　…centimètre〔仏〕(イッセンチメートル 一～) →37
センダギ　千駄木〘地〙 →21	センチメンタリズム　sentimentalism
センタク　洗濯, 選択 →8	
センタクイタ　洗濯板 →12	

ガギグゲゴは鼻濁音　カタカナ細字は母音の無声化　★は長音にもなる符号

→9
センチメンタル sentimental →9
センチャ 煎茶 →7
センチャク 先着 →8
センチャクジュン 先着順 →14
センチュー 戦中 →8
センチュー 船中 →8
センチューハ 戦中派 →14
センチョー 船長 →8
ゼンチョー 全長, 前兆 →8
ゼンツー 全通 →8
センテ 先手 →4
センテイ★ 選定, 撰定, 剪定, 先帝, 船底 →8
ゼンテイ★ 前提, 前庭 →8　全逓＜全逓信労働組合 →10
ゼンテキ 全的 →95
センテツ 先哲 →8
センテツ, センテツ 銑鉄 →8
ゼンデラ 禅寺 →4
センデン 宣伝 →8
ゼンテン, ゼンテン 全店 →8
センデンカー, センデンカー 宣伝car →16a
ゼンテンス sentence →9
センテンセイ★ 先天性 →14
センデンセン 宣伝戦 →14
センテンテキ 先天的 →95
センデンヒ 宣伝費 →14a
セント 遷都 →7　cent →9
センド 先途, 鮮度, 繊度 →7
センド, センド 先度(=先頃) →7
ゼント 全都, 前途(～洋洋) →7
ゼンド 全土 →7
セントー 戦闘, 先登, 先頭, 尖塔 →8
セントー 銭湯 →8
センドー 先導, 扇(煽)動 →8
センドー 船頭 →8
ゼントー 前頭, 前灯 →8

ゼントー 全党 →8
ゼントー, ゼントー 全島 →8
ゼンドー 善導, 蠕動, 禅堂 →8
セントーイン 戦闘員 →14a
セントーキ 戦闘機 →14a
セントーボー 戦闘帽 →14a
ゼントク 善徳 →18
セントポーリア Saintpaulia〔拉〕〖植〗→9
セントラルヒーティング central heating →16
ゼント(·)リョーエン 前途遼遠 →97, 98
ゼントルマン, ジェントルマン gentleman →16
センナイ 船内 →8
センナイ 詮無い(～ことだ) →54
センナリビョータン 千成り瓢箪 →15
ゼンナン(·)ゼンニョ 善男善女 →97, 98
ゼンニ 禅尼 →7
センニク 鮮肉 →8
センニチ,《新は **センニチ**》 千日〖名詞的〗(～がたつ) →34
センニチ,《新は **センニチ**》 千日〖副詞的〗(～たつ) →62
ゼンニチセイ★ 全日制 →14
センニチテ, センニチテ 千日手 →12
ゼンニックー 全日空 →28
ゼン(·)ニッポン, ゼンニッポン 全日本 →63
ゼン(·)ニホン, ゼンニホン 全日本 →63
センニュー 潜入, 先入 →8
ゼンニュー 全入, 全乳 →8
センニューカン 先入観 →14a
ゼンニョ 仙女 →7
センニン 先任, 選任, 専任 →8
ゼンニン, ゼンニン 千人 →34

493　　センニン──センベイ

センニン	仙人 →8	センパン	戦犯 →8
ゼンニン	前任 →8	センパン	先般 →8
ゼンニン, ゼンニン	善人 →8	ゼンハン, ゼンパン	前半 →8
センニンギリ	千人切(斬)り →13	ゼンパン	全般 →8
センニンシャ	先任者 →14a	ゼンハンキ	前半期 →17
ゼンニンシャ	前任者 →14a	センバンコー, センバンコー	旋盤工 →14a
センニンバリ	千人針 →12	ゼンハンセイ★	前半生 →17
センニンリキ	千人力 →14	ゼンハンセン, ゼンハンセン	前半戦 →17
センヌキ, センヌキ	栓抜き →5	ゼンパンテキ	全般的 →95
センネツ	潜熱 →8	センビ	船尾, 戦備 →7
センネン	先年, 専念 →8	センビ	先非, 戦費 →7
センネン, 《新は センネン》	千年 →34	ゼンビ	善美 →18
ゼンネン	前年 →8	ゼンピ	前非 →7
ゼンネンド	前年度 →15	センビキ	線引き →5
センノー	洗脳 →8	センビョー	線描 →8
ゼンノー	全納, 前納, 全能 →8	センピョー	選評 →8
ゼンノ(·)リキュー, 《新は ～·リキュー》, センノリキュー	千利休 →22, 24, 27	センビョー, ゼンピョー	前表 →8
ゼンバ	前場 →4	センビョーシ	戦病死 →17
センバイ	専売 →8 千倍 →34	センビョーシツ	腺病質 →14a
センパイ	先輩, 戦敗 →8	センビン	先便, 船便 →8
ゼンパイ	全敗, 全廃 →8	ゼンビン	前便 →8
センバイキョク	専売局 →14b	ゼンピン	全品 →8
センバイコーシャ	専売公社＜日本専売公社 →15	センブ	宣撫, 先負 →7
センバイトッキョ	専売特許 →15	センプ	宣布, 先父, 先夫, 先婦 →7
センパク	浅薄 →8	ゼンブ	全部, 前部, 臀部 →7
センパク	船舶 →18	ゼンプ	前夫, 前婦 →7
ゼンパク	前膊 →8	センプー, センプー	旋風 →8
センバショ	先場所 →15	センプーキ	扇風機 →14a
センバヅル	千羽鶴 →12	センプク	潜伏, 船腹, 船幅 →8
センバツ	選抜 →8	ゼンプク	全幅(～の信頼) →8
センパツ	先発, 洗髪, 染髪 →8	センプクキ	潜伏期 →14
センパツタイ	先発隊 →14	センブリ	千振〔昆虫·植〕 →3
センバン	先晩, 先番, 旋盤 →8	センブン	線分 →8
ゼンバン	千万(迷惑～) →61　千番(～に一番の兼合い) →34	ゼンブン	全文, 前文 →8
		センブンノイチ	千分の一 →39
		センブンヒ	千分比 →14a
		ゼンベイ★, ゼンベ	煎餅 →8d

ガギグゲゴは鼻濁音　カタカナ細字は母音の無声化　★は長音にもなる符号

センペイ —— センヤイ

センペイ* 尖(先)兵 →8	センマンムリョー 千万無量 →99
ゼンベイ* 全米 →8	ゼンミ 禅味 →93
センベイ・ブトン, センベブトン 煎餅蒲団 →15	センミツ 千三＜センミツヤ 千三屋 →39, 94
センベツ 選別, 餞別 →8	センミョー, ゼンミョー 宣命 →8
センペン 先鞭(～をつける) →8	センミン, センミン 賤民 →8
ゼンペン, ゼンペン 全編(篇), 前編(篇) →8	センム 専務 →7
センペン(・)イチリツ, センペンイチリツ 千編(篇)一律 →97, 98	センム(・)トリシマリヤク, ～・トリシマリヤク 専務取締役 →97, 98
センペンバンカ 千変万化 →39	センメイ* 鮮明, 船名, 闡明 →8
センボー 羨望 →8	センメツ 殲滅 →8
センボー 先方, 先鋒, 旋法 →8	ゼンメツ 全滅 →8
センポー, ゼンポー 戦法 →8	センメン 洗面 →8
ゼンボー 全貌 →8	センメン, センメン 扇面 →8
ゼンポー, ゼンポー 前方 →8	ゼンメン, ゼンメン 全面, 前面 →8
センポーキョー 潜望鏡 →14	センメンキ 洗面器 →14a
ゼンポーコーエンフン 前方後円墳 →17	センメンジョ, センメンジョ 洗面所 →14
ゼンボーズ 禅坊主 →15	ゼンメンセンソー 全面戦争 →15
センボツ 戦没(歿), 潜没 →8	ゼンメンテキ 全面的 →95
センボツシャ, センボッシャ 戦没(歿)者 →14c	センメンドーグ 洗面道具 →15
ゼンポン, ゼンポン 善本 →8	センモー 旋毛, 繊毛, 戦盲 →8
センボンゴーシ 千本格子 →15	ゼンモー 全盲 →8
センボンザクラ 千本桜＜義経千本桜『浄瑠璃・歌舞伎』 →12	センモン 専門 →8
センボンマツバラ 千本松原 →12	ゼンモン 前門(～の虎ᵗᵒᵗ), 禅門, 全問 →8
センマイ 洗米, 饌米 →8	センモンイ 専門医 →14a
センマイ 千枚 →34	センモンカ 専門家 →14
ゼンマイ 薇『植』, 発条	センモンガイ 専門外 →14a
センマイズケ 千枚漬 →13	センモンガッコー 専門学校 →15
センマイドーシ 千枚通し →13	センモンゴ 専門語 →14
ゼンマイバカリ 発条秤 →12	センモンショク 専門職 →14a
センマイバリ 千枚張り →13	センモンテキ 専門的 →95
センマツ, センマツ, センマツ 千松『人』 →25	センモンテン 専門店 →14a
	ゼンモンドー 禅問答 →15
センマン 千万 →31	センモンブ 専門部 →14a
センマンニン 千万人 →35	センヤ, センヤ 先夜 →7
	ゼンヤ, ゼンヤ 前夜 →7
	センヤイチヤ 千夜一夜 →39

‾ は高い部分　˙˙と˙˙ は高低が変る部分　⌐は次が下がる符号　→ は法則番号参照

495　　センヤク──ソウ

センヤク　先約 →8	センリョーバコ　千両箱 →12a
ゼンヤク　全訳, 前約 →8	センリョーヤクシャ　千両役者 →15
ゼンヤサイ　前夜祭 →14	センリョク　戦力 →8
ゼンユ　全癒 →7	ゼンリョク　全力 →8
センユー　占有, 専有, 戦友 →8	ゼンリン　前輪, 善隣, 禅林 →8
ゼンユー　全優 →8	ゼンルイ　蘚類 →8
センユーケン　占有権 →14a	センレイ★　洗礼, 先例, 船齢 →8
センユーブツ　占有物 →14a	ゼンレイ★　全霊, 前例 →8
センユーリツ　占有率 →14a	センレキ　戦歴 →8
センヨー　占用, 専用, 宣揚 →8	ゼンレキ　前歴 →8
ゼンヨー　善用, 全容 →8	センレツ　戦列, 鮮烈 →8
センヨーケン　専用権 →14a	ゼンレツ　前列 →8
センヨーシャ　専用車 →14a	センレン　洗練 →8
ゼンラ, ゼンラ　全裸 →7	ゼンロ　線路 →7
センラン　戦乱 →8	センロッポン　千六本(〜に切る)
センリ　戦利 →7　千里 →34	→35a
センリガン, センリガン　千里眼 →14	ゼンワ　禅話 →7
センリツ　戦慄, 旋律 →8	
ゼンリッセン　前立腺 →14	
センリヒン, センリヒン　戦利品 →14	
センリャク, センリャク　戦略 →8	
ゼンリャク　前略(↔後略) →8	
ゼンリャク, ゼンリャク　前略〖手紙〗	
→8	
センリャクブッシ　戦略物資 →15	
センリャクヘイキ　戦略兵器 →15	

センリュー, センリュー,《古は セン	ソ　粗, 疎, 祖, 租 →6　楚〖国〗→21
リュー》川柳 →3	……ゾ, ……ゾ; ……ゾ　〖助〗(ナク
センリューテン　川柳点 →14a	ゾ, ナクゾ　泣く〜, ヨムゾ　読む〜,
センリョ　浅慮 →7　千慮(〜の一失)	アカイゾ, アカイゾ　赤い〜, シロイ
→34	ゾ　白い〜) →72, 74b
センリョー　占領, 選良 →8	ソアク　粗悪 →8
ゼンリョー　千両〖植物も〗→34	ソアクヒン, ソアクヒン　粗悪品 →14
センリョー　染料, 線量 →8	ソアン　素案, 礎案 →8
ゼンリョー　善良 →8	ソイ(・)ソショク　粗衣粗食 →97, 98
ゼンリョー, ゼンリョー　全量 →8	ソイツ　其奴(ソイツラ　〜等) →64, 94
センリョーグン, センリョーグン　占	ソイトゲル　添い遂げる →45
領軍 →14a	ソイネ　添い寝 →5
ゼンリョーセイ★　全寮制 →14	ソイブシ　添い臥し →5
	ソイン　素因, 訴因, 疎音 →8
	ソインスーブンカイ　素因数分解 →15
	ソウ　沿う, 添う, 副う　ソワナイ, ソ
	オー, ソイマス, ソッテ, ソエバ,
	ソエ,《終止形のみ新は ゾウ も》

ガギグゲゴは鼻濁音　カタカナ細字は母音の無声化　★は長音にもなる符号

そう——ゾーガク　　496

→43

……そう　…艘〖数〗→34, 35

ソウル, ソール　Seoul〖地〗→21　soul〖音楽〗, sole →9

ソエ　添え, 副え →2

ソエガキ　添え書 →5

ソエギ　添え木, 副え木 →5

ソエジ　添え乳 →5

ソエジョー, ソエジョー　添え状 →8

ソエモノ　添え物(オソエモノ 御~)→5, 92

ソエル　添える →44

ソエン　疎遠 →8

ソー　然う(~言えば、~した)→61

ソー　然う(~は行かない、~かしら、~だ)→76a, 86a　壮, 宗, 相, 草, 想, 躁, 層, 僧, 箏 →6　宋〖国〗→21

……ソー　…奏(シジューソー 四重~)、…荘(チンザンソー 椿山~)→14a

……ソー; ……(・)ソー　…そう〖伝聞を表わす助動詞〗(ナクソーダ 泣く~だ、ヨム(・)ソーダ 読む~だ、アカイソーダ 赤い~だ、シロイ(・)ソーダ 白い~だ)→82, 84

……ソー; ……ソー　…そう〖推量を表わす助動詞〗(ナキソーダ 泣き~だ、ヨミソーダ 読み~だ、アカソーダ 赤~だ、シロソーダ 白~だ)→83, 84

ゾー　象, 像, 増, 蔵, 贈(~正一位)→6

……ゾー, ……ゾー　…三・…蔵・…造(タツゾー, タツゾー 達三, マンゾー, マンゾー 万蔵)→25

ソーアイ　相愛 →8

ソーアゲ, ソーアゲ　総揚げ →5

ソーアタリ　総当り →13

ソーアン　草案, 創案, 草庵, 僧庵 →8

ソーイ　相違 →7

ゾーイ　創意(~工夫), 総意, 僧位, 僧衣,

創痍 →7

ゾーイ　贈位 →7

ソーイレバ　総入れ歯 →12

ソーイン　僧院, 総員 →8

ソーイン　宗因〖人〗→24

ゾーイン　増員 →8

ゾーイング, ソーイング　sewing →9

ソーウツビョー　躁鬱病 →14

ソーウラ　総裏〖衣〗→4

ソーウン　層雲 →8

ゾーエイ　造営 →8

ゾーエイザイ, ゾーエイザイ　造影剤 →14b

ソーエン, ショーエン　荘園 →8

ゾーエン　増援, 造園 →8

ソーエンチョー　総延長 →15

ゾーオ　憎悪 →7

ソーオー　相応 →8

ソーオク　草屋 →8

ソーオン　相恩, 騒音, 噪音 →8

ソーオン　宋音 →8

ソーカ　草加(~越谷千住の先よ)〖地〗→21

ソーカ　挿花 →7

ソーガ　爪牙(~にかかる)→18

ゾーカ　造花, 増加 →7

ゾーカ　《新は ゾーカ》 造化(~の神)→7

ソーカイ　壮快, 爽快, 掃海, 総会 →8

ソーガイ　霜害 →8

ソーガイ　窓外 →8

ゾーカイチク　増改築 →17

ソーカイテイ　掃海艇 →14

ソーカイヤ　総会屋 →94

ソーカガッカイ　創価学会 →15

ソーガカリ　総掛かり →13

ソーカク　総画 →8

ソーガク　奏楽, 総額 →8

ゾーガク　増額 →8

‾は高い部分　⋯と⋯は高低が変る部分　⌐は次が下がる符号　→は法則番号参照

ソーカツ 総括, 総轄 →8	ソーギョータンシュク, ソーギョーダンシュク 操業短縮 →98, 99
ソーカツシツモン, ソーカツシツモン 総括質問 →15c	ソーキョク 筝曲 →8
ソーガナ 草仮名, 総仮名 →12	ソーキョクセン, ソーキョクセン, ソーキョクセン 双曲線 →14c
ソーガラ 総柄 →4	
ソーガワ 総革 →4	ソーギリ 総桐(～の箪笥なが) →4
ソーカン 相関, 送還, 創刊, 壮観, 総監 →8	ソーキン 送金 →8
	ゾーキン 雑巾 →8
ゾーカン 増刊, 贈官 →8	ゾーキンガケ 雑巾掛け →13
ゾーガン, 《新は ゾーガン》 象眼(嵌) →8	ソーキンガワセ 送金為替 →12
	ソーク 走狗, 瘦軀 →7
ソーカンガンケイ★ 相関関係 →15	ソーグ 葬具, 装具 →7
ソーガンキョー 双眼鏡 →14	ソークー, ソークー 蒼空 →8
ソーガンゴー 創刊号 →14a	ソーグー 遭遇 →8
ソーガントク 総監督 →15	ソーグーセン, ソーグーセン 遭遇戦 →14a
ゾーキ 想起, 早期 →7	
ゾーギ 争議 →7 葬儀(ゴゾーギ 御～) →7, 92 宗祇〖人〗→24	ソーグズレ 総崩れ →13
	ソークツ 巣窟 →8
ゾーキ 雑木 →4	ソークワクチン Salk〔英〕+Vakzin〔独〕 →16
ゾーキ 臓器 →7	
ゾーキイショク, ゾーキイショク 臓器移植 →15, 98	ソーグン 総軍 →8
	ソーケ 宗家, 僧家 →7
ソーギケン 争議権 →14	ゾーゲ, ゾーゲ 象牙 →7
ソーギコーイ 争議行為 →15	ソーケイ★ 早計, 総計 →8
ソーギシャ 葬儀社 →14	ソーゲイ★ 送迎 →18
ソーキシンダン, ソーキシンダン 早期診断 →15, 98	ゾーケイ★ 造型, 造詣(～が深い) →8
	ソーケイコ 総稽古 →15
ソーギダン 争議団 →14	ソーケイ★セン 早慶戦 →14
ゾーキバヤシ 雑木林 →12	ソーゲイ★バス 送迎 bus →16
ソーギヤ 葬儀屋 →94	ゾーケイ★ビジュツ 造型美術 →15
ソーキュー 早急, 送球, 蒼穹 →8	ゾーゲザイク 象牙細工 →15
ゾーキュー 増給 →8	ソーケダツ 総毛立つ →46
ゾーキョ 壮挙 →7	ゾーケツ 造血, 増血, 増結 →8
ゾーキョ 草魚 →7	ゾーケツザイ, ゾーケツザイ 増血剤 →14
ソーギョー 創業, 操業, 早暁 →8	
ソーギョー, ソーギョー 僧形 →8	ソーケッサン 総決算 →15
ゾーキョー 増強 →8	ソーゲツリュー 草月流 →14
ソーキョーイク 早教育 →15	ゾーゲノトー 象牙の塔 →98
ソーギョーシャ 創業者 →14a	ゾーゲボリ 象牙彫り →13

ガギグゲゴは鼻濁音　カタカナ細字は母音の無声化　★は長音にもなる符号

ソーケン──ソージキ　498

ソーケン 壮健,送検,創建,総見,創見,双肩 →8	**ソーコン** 早婚 →8
ソーゲン 草原 →8	**ソーゴン** 荘厳 →8
ゾーゲン, ゾーゲン 造言,雑言 →8 増減 →18	**ゾーゴン** 雑言 →8
ソーコ 倉庫,操舵 →7	**ソーコンモクヒ, ソーコンボクヒ** 草根木皮 →98
ソーゴ 壮語(大言〜),相互 →7	**ソーサ** 捜査,操作 →7
ゾーゴ 造語 →7	**ゾーサ, ゾーサ** 造作 →7
ソーゴアンゼンホショー 相互安全保障 →17	**ソーサイ** 相殺,総裁 →8 葬祭 →18
ソーゴエンジョ 相互援助 →15	**ソーザイ,《新は ソーザイ》** 総菜(**オソーザイ** 御〜) →8,92
ソーコー 倉皇(〜として) →58 奏功,奏効,走行,壮行,装甲,送稿,糟糠 →8	**ソーザイリョーリ** 総菜料理 →15
ソーコー, ソーコー 草稿,操行 →8	**ソーサイン** 捜査員 →14
ソーコー 然う斯う →68	**ソーサク** 捜索,創作 →8
ソーゴー 総合,僧綱 →8	**ゾーサク, ゾーサク,《新は ゾーサク》** 造作 →8
ソーゴー, ソーゴー 相好(〜をくずす) →8	**ソーサクイン** 総索引 →15
ゾーゴー, ゾーゴー 贈号 →8	**ソーサクゲキ** 創作劇 →14
ソーコーカイ 壮行会 →14a	**ソーサクタイ** 捜索隊 →14
ソーゴーガクシュー 総合学習 →15	**ゾーサクツキ, ゾーサクツキ** 造作付き →13
ソーゴーカゼイ 総合課税 →15	**ソーサクネガイ** 捜索願い →13
ソーゴーゲイジュツ 総合芸術 →15	**ソーサクブヨー** 創作舞踊 →15
ソーゴーゲキ 総攻撃 →15	**ソーサクモノ** 創作物 →12
ソーゴーザッシ 総合雑誌 →15	**ソーサセン** 走査線 →14
ソーゴーシャ 装甲車 →14a	**ソーサツ, ソーサイ** 相殺 →8
ソーゴーショク 総合職 →14a	**ゾーサツ** 増刷 →8
ソーゴーダイガク 総合大学 →15	**ゾーサナイ** 造作無い →54
ソーゴーテキ 総合的 →95	**ソーザライ** 総復習 →13
ソーコーノツマ 糟糠の妻 →98	**ゾーザン** 早産 →8
ソーコギョー 倉庫業 →14	**ゾーサン** 増産 →8
ソーゴギンコー 相互銀行 →15	**ソーシ** 壮士,相思(〜の仲),操糸 →7
ソーコク 相克(剋) →8	**ソーシ, ソーシ** 創始,草紙,草子 →7
ソーゴクミアイ 相互組合 →12	**ソージ** 掃除,相似 →7 荘子〖人・書〗 →94
ソーコバン 倉庫番 →14	**ゾーシ** 増資 →7
ソーゴフジョ 相互扶助 →15	**ゾーシガヤ** 雑司ヶ谷〖地〗 →19
ソーゴホケン 相互保険 →15	**ソーシキ** 葬式 →8
ゾーゴリョク 造語力 →14	**ソーシキ** 総指揮 →15
ソーコワタシ 倉庫渡し →13	**ソージキ** 掃除機 →14

￣は高い部分　˙˙˙と˙˙˙は高低が変る部分　﹁は次が下がる符号　→は法則番号参照

499　ゾーシキ── ソーシン

ゾーシキ　雑色　→8
ソーシキマンジュー　葬式饅頭　→15
ソージケイ★　相似形　→14
ソージジ, ソージジ　総持寺　→14
ソーシシバイ　壮士芝居　→12
ソーシシャ　創始者　→14
ソージショク　総辞職　→15
ゾーシ・ソーアイ, ゾーシソーアイ
　相思相愛　→97,98
ソーシツ　喪失　→8
ソーシテ　然うして　→67
ゾージテ, ソージテ　総じて　→67
ソーシハイニン　総支配人　→17
ソーシボリ　総絞り〖衣〗　→13
ソーシホン　総資本　→15
ソージマイ　総仕舞　→13
ソージメ, ソージメ　総締め　→5
ソーシャ　操車　→7
ゾーシャ　掃射,壮者,走者,奏者,総社
　→7
ソージヤ　掃除屋　→94
ゾーシャ　増車　→7
ソーシャジョー　操車場　→14
ゾーシャル, ソーシャル　social　→9
ソーシャルワーカー　social worker
　→16
ソーシャルダンス, ソシアルダンス
　social dance　→16
ゾーシュ　双手,宗主,操守　→7
ゾーシュー　相州(=相模ミが)　→8
ソージュー　操縦　→8
ゾーシュー　増収　→8
ソージューシ　操縦士　→14a
ソージューセキ　操縦席　→14a
ソーシューニュー　総収入　→15
ソージューリョー　総重量　→15
ゾーシューワイ　贈収賄　→17
ソージュク　早熟　→8
ソーシュケン　宗主権　→14

ソーシュコク　宗主国　→14
ソーシュツ　送出　→8
ゾージュツ　槍術　→8
ソーシュン　早春　→8
ソーショ　草書　→7
ソーショ, ゾーショ　叢書　→7
ゾーショ　蔵書　→7
ゾーショイン　蔵書印　→14
ソーショー　総称,相称,創傷　→8
ソーショー, ソージョー　相承(師資～)
　→8
ゾーショー　宗匠　→8
ソージョー　相乗,奏上,騒擾,葬場,総状
　→8
ゾーショー　双調,僧正　→8
ゾーショー　蔵相　→8
ソージョーコーカ　相乗効果　→15
ソージョーザイ, ソージョーザイ　騒
　擾罪　→14a
ソージョーサヨー　相乗作用　→15
ゾージョージ　増上寺　→14
ソーシヨーショクブツ　双子葉植物
　→15
ゾージョーマン　増上慢　→14a
ゾーショカ　蔵書家　→14
ソーショク　草食,装飾,僧職　→8
ゾーショク　増殖　→8
ソーショクドーブツ　草食動物　→15
ソーショクヒン, ソーショクヒン　装
　飾品　→14
ソーショクヨー　装飾用　→14
ゾーショクロ　増殖炉　→14
ソーショタイ　草書体　→14
ソーシレイ★　総司令　→15
ソーシレイ★カン　総司令官　→17
ソーシレイ★ブ　総司令部　→17
ソーシン　送信,喪心,総身,痩身　→8
ゾーシン　増進　→8
ソーシンキ　送信機　→14a

ガギグゲゴは鼻濁音　カタカナ細字は母音の無声化　★は長音にもなる符号

ソージング 装身具 →14a

ソージンコー 総人口 →15

ソーシントレー 送信tray →16

ソージンバコ 送信箱 →12a

ソース sauce →9

ソーズ 僧都 →7

ソースイ 送水, 総帥 →8

ゾースイ 増水, 雑炊 →8

ソースー 総数 →8

ソースル 草する, 奏する →48

ゾースル 蔵する →48

ソーセイ★ 早世, 早逝, 創世, 叢生, 双生, 奏請, 創製 →8

ソーゼイ★, ソーゼイ★ 総勢 →8

ゾーセイ★ 造成, 増勢 →8

ゾーゼイ★ 増税 →8

ソーセイ★ジ 双生児, 早生児 →14b

ゾーセイ★チ 造成地 →14b

ソーセージ, ソーセージ sausage →9

ソーセキ 送籍, 僧籍 →8

ソーセキウン 層積雲 →14

ソーセツ 創設, 総説 →8

ソーゼツ 壮絶 →8

ゾーセツ 増設 →8

ソーセツシャ, ソーセツシャ 創設者 →14c

ソーゼメ 総攻め →5

ソーゼン 蒼然, 騒然 →56

ゾーセン 造船 →8

ソーセンキョ 総選挙 →15

ゾーセンギョー 造船業 →14a

ゾーセンジュツ 造船術 →14a

ゾーセンジョ, ゾーセンジョ 造船所 →14

ソーソー 蒼蒼, 錚錚(~たる人物) →58 早早(新年~), 草草, 匆匆, 忽忽 →68 草創, 送葬, 葬送 →8

ゾーゾー, ソーソー 然う然う(~良い顔もできない) →68

ソーソー 曹操〖人〗 →27

ゾーゾー 創造, 想像 →8

ソーソーキョク 葬送曲 →14a

ソーゾージイ 騒騒しい →53

ソーゾーリョク 創造力, 想像力 →14a

ソーソク 総則 →8

ソーゾク, 《古はソーゾク》 相続 →8

ゾーゾク 宗族 →8 僧俗 →18

ソーゾクケン, ソーゾクケン 相続権 →14c

ソーゾクゼイ★ 相続税 →14

ソーゾクニン, ソーゾクニン 相続人 →14

ソーゾクブン 相続分 →14

ソーゾクホー, ソーゾクホー 相続法 →14

ソーソツ 倉卒 →8

ソーゾフ 曽祖父 →15

ソーソフボ 曽祖父母 →17

ソーゾボ 曽祖母 →15

ソーソン 曽孫 →8

ゾーダ soda〖蘭〗 →9

ソータイ 総体, 早退, 相対, 草体, 僧体 →8

ソーダイ 壮大, 総代 →8 早大<ワセダダイガク 早稲田大学 →10, 15

ゾーダイ 増大 →8

ソーダイショー 総大将 →15

ソータイセイ★ゲンリ 相対性原理 →15

ソータイテキ 相対的 →95

ソーダカ, ソーダカ 総高 →4

ソーダガツオ 宗太鰹 →12

ソーダクラッカー soda cracker →16

ソータケ 総丈 →4

ソーダシュ 操舵手 →14

ソーダスイ soda水〖蘭〗 →14

ソーダチ 総立ち →5

ソーダツ 送達 →8

ソーダツ 争奪 →8

― は高い部分　＼と／ は高低が変る部分　「は次が下がる符号　→ は法則番号参照

ソーダッセン, ソーダッセン　争奪戦 →14	ソードー　騒動 →8
ソーダバイ　soda 灰〔蘭〕→12	ゾートー　贈答 →18
ソータン　送炭, 草炭 →8　操短＜操業短縮 →10	ソードーイン　総動員 →15
ソーダン　相談, 装弾, 僧団 →8	ソートーカン　相当官 →14a
ゾータン　増反, 増炭 →8	ソートーシュー　曹洞宗 →14a
ソーダンアイテ　相談相手 →12	ゾートーヒン, ゾートーヒン　贈答品 →14a
ソーダンイン　相談員 →14a	ソードーメイ★　総同盟 →15
ソーダンカイ　相談会 →14a	ゾートーヨー　贈答用 →14
ソーダンジョ, ソーダンジョ　相談所 →14	ソートーリョー　相当量 →14a
ソーダンヤク, ソーダンヤク　相談役 →14a	ソートク　総督 →8
ソーチ　装置 →7	ソートクフ　総督府 →14
ゾーチ, ソーチ　送致 →7	ゾートモ →66
ゾーチク　増築 →8	ソートンスー　総噸数 →15
ソーチャク　装着 →8	ソーナメ　総嘗め →5
ソーチョー　荘重, 早朝 →8	ソーナン　遭難 →8
ゾーチョー　総長, 曹長, 宋朝《活字書体も》→8	ソーナンシャ　遭難者 →14a
ゾーチョー　増長, 増徴 →8	ゾーニ　僧尼 →18
ゾーツカイ　象使い →13	ゾーニ, ゾーニ　雑煮(オゾーニ 御～) →5, 92
ソーデ　総出 →5	ソーニカイ　総二階 →39
ソーテイ★　送呈, 想定, 装丁(釘), 壮丁, 漕艇 →8	ソーニュー　挿入 →8
ゾーテイ★　贈呈 →8	ソーニョー　走繞(=走) →8
ソーテイ★ガイ　想定外(～の話) →14b	ソーニン　奏任 →8
ソーテン　装填, 早天, 蒼天 →8	ソーネン　早年, 壮年 →8
ソーテン, ゾーテン　総点 →8	ゾーネン, ソーネン　想念 →8
ゾーテン, ソーテン　争点 →8	ゾーハ　走破, 争覇, 掻爬 →7
ソーデン　送電, 相伝, 桑田 →8	ソーバ　相場 →4
ソーデンケン　総点検 →15	ゾーハイ　増配 →8
ソーデンセン　送電線 →14	ソーハイキリョー　総排気量 →17
ゾート　壮図, 壮途, 僧徒 →7	ソーハク　蒼白 →8
ゾート, 《新は ソート》　sort →9	ソーバシ　相場師 →14
ソートー　相当, 争闘, 想到, 掃蕩, 双頭, 総統 →8	ソーハセン, ソーハセン　争覇戦 →14
ソードー　草堂, 僧堂 →8	ソーハツ　早発, 双発, 総髪 →8
	ゾーハツ　増発 →8
	ソーハツキ, ソーハツキ　双発機 →14c
	ソーハツセイ★チホー　早発性痴呆 →15
	ソーバナ, ソーバナ　総花 →4

ガギグゲゴは鼻濁音　カタカナ細字は母音の無声化　★は長音にもなる符号

ソーバヒ ── ソーラン　　502

ソーバヒョー　相場表　→14

ソーバン　早晩　→61

ゾーハン　造反,蔵版　→8

ゾービ　装備,壮美,薔薇　→7

ソービギョー　総罷業　→15

ソービノキ　総檜　→12

ゾービビョー　象皮病　→14

ソーヒョー　総評《日本労働組合総評議
　会も》→8, 10

ソービョー　躁病　→8

ゾーヒョー　雑兵　→8

ゾーヒン　贓品　→8

ゾービン　増便　→8

ソーフ　総譜　→7

ソーフ, ソーフ　送付　→7

ゾーフ, ゾーフ　臓腑　→18

ソーフー　送風　→8

ソーフーキ　送風機　→14a

ソーフク　双幅,僧服　→8

ゾーフク　増幅　→8

ゾーフクキ, ゾーフクキ　増幅器
　→14c

ソーブセン　総武線　→14

ゾーブツ　造物,贓物　→8

ゾーブツシュ, ゾーブツシュ　造物主
　→14c

ソーヘイ　僧兵　→8

ゾーヘイ　増兵,造兵,造幣　→8

ゾーヘイキョク　造幣局　→14b

ソーヘイリョク　総兵力　→15

ソーヘキ　双璧　→8

ソーベツ　送別　→8

ソーベツカイ, ソーベツカイ　送別会
　→14c

ゾーホ, ゾーホ　増補　→7

ソーホー　走法,奏法　→8

ゾーホー　双方　→8

ソーボー　蒼茫　→58　忽忙,僧房,双眸,
　相貌,蒼氓　→8

ゾーホー　増俸,蔵鋒　→8

ソーホーコー　双方向　→15

ソーボーベン　僧帽弁　→14a

ソーホン　送本,草本　→8

ゾーホン　造本,蔵本　→8

ソーホンケ　総本家　→15

ソーホンザン　総本山　→15

ソーマクリ　総捲り　→13

ソーマトー　走馬灯　→14

ソーマトメ　総纏め　→13

ソーマヤキ　相馬焼　→13

ソーミ,《新は ソーミ》総身　→4

ソーム　双務,総務　→7

ソームショー　総務省　→14

ソーメイ,《古は ソーメイ》聡明　→8

ソーメツ　掃滅,勦滅　→8

ソーメッセン　掃滅戦　→14

ゾーメン　素麺＜索麪　→8

ソーモー　草莽(～の臣)　→8

ゾーモク, ソーモク　草木　→18

ソーモクロク　総目録　→15

ゾーモツ　臓物　→8

ソーモヨー　総模様　→15

ソーモン　奏聞,相聞,桑門,僧門,総門
　→8

ソーモンカ　相聞歌　→14a

ソーヤガイキョー　宗谷海峡　→15

ソーユ　送油　→7

ソーユー　曽遊(～の地)　→8

ゾーヨ　贈与　→7

ソーヨー　掻痒(隔靴～の感)　→8

ソーヨク　双翼　→8

ソーヨサン　総予算　→15

ゾーヨゼイ　贈与税　→14

ソーラーカー, ソーラーカー　solar car
　→16

ソーラン　奏覧,綜覧,総攬,騒乱,争乱
　→8

ソーランザイ, ソーランザイ　騒乱罪

‾ は高い部分　⋯ と ⋯ は高低が変る部分　「は次が下がる符号　→ は法則番号参照

→14a

ソーリ　総理 →7
ゾーリ　草履(オゾーリ　御～) →7, 92
ソーリダイジン　総理大臣 →15
ゾーリツ　創立 →8
ゾーリトリ　草履取り →13
ゾーリバキ　草履履き →13
ソーリフ　総理府 →14
ソーリョ　僧侶 →7
ソーリョー　爽涼, 総領(～の甚六) →8
ゾーリョー, ソーリョー　送料 →8
ゾーリョー, ソーリョー　総量 →8
ゾーリョー　増量 →8
ソーリョージ　総領事 →15
ソーリョージカン　総領事館 →17
ソーリョームスコ　総領息子 →12
ソーリョームスメ　総領娘 →12
ソーリョク, ゾーリョク　総力 →8
ゾーリョク　走力 →8
ソーリョクセン　総力戦 →14
ソーリン　相輪, 僧林, 叢林 →8
ゾーリン　造林 →8
ソールイ　走塁 →8
ゾールイ　藻類 →8
ソーレイ★　壮麗, 壮齢, 葬礼 →8
ソーレツ　壮烈, 葬列 →8
ゾーロ　走路, 草廬 →7
ソーロー　蹌踉(～として) →58　早老, 早漏 →8
ソーロー　候う, 候 →42d
ソーローブン, ソーローブン　候文 →14a
ソーロン, ソーロン　争論, 総論 →8
ソーワ　総和, 送話, 挿話 →7
ゾーワイ　贈賄 →8
ゾーワイザイ, ゾーワイザイ　贈賄罪 →14b
ソーワキ　送話器 →14
ソーワク　総枠 →8

ゾーン　zone →9
ゾカ　粗菓, 楚歌(四面～) →7
ソガ　曽我〚姓〛 →22
ソガノ(・)ゴロー　～五郎 →25, 27
ソガノ(・)ジューロー　～十郎 →25, 27
ソガ　蘇我〚姓〛 →22
ソガノ(・)イルカ,《古は ～(・)イルカ》　～入鹿 →24, 27
ソガノ(・)ウマコ　～馬子 →24, 27
ソガノ(・)エミシ　～蝦夷 →23, 27
ソカイ　疎開, 租界, 素懐(～をとげる) →8
ソガイ　阻害, 疎外 →8
ソカイチ　疎開地 →14b
ソガキョーダイ　曽我兄弟 →15
ソカク　組閣, 阻隔, 疎隔 →8
ソガモノガタリ　曽我物語 →12
ソガレル　殺がれる(気勢を～) →83
ソガン, ソガン　訴願 →8
ソギオトス, ソギオトス　削ぎ落す →45
ソギギリ　削ぎ切り →5
ソギダケ　殺ぎ竹 →5
ソギトル, ソギトル　削ぎ取る →45
ソキュー　遡及 →8
ソク　即 →65　足, 束〚数・歌舞伎〛, 息 →6
……そく　…足〚数〛 →34, 35, 62
ソグ　殺ぐ, 削ぐ →43
ゾク　俗(=俗人。～だ・な・に), 賊 →6
ゾク　俗(=風習), 族, 属, 続 →6
ゾクアク　俗悪 →8
ソクアツ　側圧 →8
ゾクイ, ゾクイ　即位 →7
ソグイ　続飯 →4d
ソクイシキ　即位式 →14
ソクイン　惻隠(～の情) →8
ゾクウケ　俗受け →5

ガギグゲゴは鼻濁音　カタカナ細字は母音の無声化　★は長音にもなる符号

ソクエイ. 即詠 →8	ゾクスル 属する →48
ゾクエイ. 続映 →8	ゾクセ 俗世 →7
ゾクエン 続演, 俗縁 →8	ソクセイ. 促成, 速成, 即製 →8
ソクオー 即応 →8	ゾクセイ. 族(簇)生, 俗世, 俗姓, 族制,
ソクオン, ソクオン 促音 →8	属性 →8
ソクオンキ 足温器 →14a	ソクセイ.サイバイ 促成栽培 →15
ソクオンビン 促音便 →15	ソクセキ 足跡, 即席 →8
ゾクガラ 続柄 →4	ソクセキメン 即席麺 →14
ゾクギイン 族議員 →15	ソクセキラーメン 即席老麺[華] →16
ソクギン 即吟 →8	ソクセキリョーリ 即席料理 →15
ゾクグン 賊軍 →8	ゾクセケン 俗世間 →15
ゾクケ, ゾクケ, ゾッケ 俗気 →7	ゾクセツ 俗説 →8
ゾクゲン 俗言, 俗諺 →8	ソクセン 側線 →8
ゾクゴ 俗語 →7	ソクセンリョク 即戦力 →14a
ゾクザ 即座 →7	ソクソク 惻惻(~と) →58
ソクサイ, ソクサイ 息災 →8	ゾクゾク, ゾクゾク 続続(~と) →58
ソクサン 測算, 速算 →8	ゾクゾク (~する, ~と) →57
ソクシ 即死 →7	ソクタイ, ソクタイ 束帯 →8
ゾクジ 即時, 即事 →7	ソクダイ 即題 →8
ゾクシ 賊子(乱臣~) →7	ゾクタイ 俗体, 俗諦 →8
ゾクジ 俗字 →7	ソクタツ 速達<速達郵便 →8
ゾクジ, ゾクジ 俗耳, 俗事 →7	ソクダン 即断, 速断 →8
ソクシツ 側室 →8	ソクチ 測地 →7
ソクジツ 即日 →8	ゾクチョー 族長, 続貂 →8
ソクジバライ 即時払い →13	ゾクッポイ 俗っぽい →96
ソクシャ 速射 →7	ソクテイ. 測定 →8
ソクシャホー, ソクシャホー 速射砲	ソクテイキ 測定器 →14b
→14	ゾクデン 俗伝 →8
ソクシュー 束脩 →8	ソクド 速度, 測度 →7
ゾクシュー 俗臭, 俗習 →8	ゾクト 賊徒 →7
ゾクシュツ 続出 →8	ソクトー 即答, 速答 →8
ゾクジョ 息女 →7	ゾクトー 属島, 賊党, 続投, 続騰 →8
ゾクショー 俗称, 族称, 賊将 →8	ソクドク 速読 →8
ソクシン 促進 →7	ソクドケイ., ソクドケイ. 速度計 →14
ゾクシン 俗信, 賊臣 →8	ゾクニ 俗に →67
ゾクジン 俗人, 俗塵 →8	ソクネツ 足熱(頭寒~) →8
ソクシンジョーブツ 即身成仏 →15	ゾクネン 俗念 →8
ゾクス, ゾクス, ゾクス 属す →48c	ソクノー 即納 →8
ソクスル 即する →48	ソクバイ 即売 →8

￣は高い部分　ﾞとﾞは高低が変る部分　｢は次が下がる符号　→は法則番号参照

505　ソクバイ──ソコヌケ

ソクバイカイ　即売会 →14b	ー, ゴソクロー　御~) →8, 92
ソクバク　束縛 →8	ゾクロン　俗論 →8
ソクハツ　束髪 →8	ソグワナイ　(現状に~) →83
ゾクハツ　続発 →8	ソクワン　側湾 →8
ゾクバナレ　俗離れ →13	ソクワンショー　側彎症 →14a
ゾクビ, ゾックビ, ソックビ　素(っ)首 →91d	ソケイブ　鼠蹊部 →14b
ゾクブ　足部 →7	ソゲキ　狙撃 →8
ゾクブツ　俗物 →8	ソゲキヘイ　狙撃兵 →14
ソクブツテキ　即物的 →95	ソケット, ゾケット　socket →9
ソクブン　側(仄)聞 →8	ソゲル　削げる →44
ゾクブン　俗文 →8	ゾケン　素絹 →8
ゾクヘイ　賊兵 →8	ソコ　其処 →64 底 →1
ソクヘキ　側壁 →8	ソゴ　齟齬,祖語 →7
ゾクヘン　続編 →8	ソコアゲ　底上げ →5
ゾクホ　速歩 →7	ソコイ, ソコイ　底意 →7
ソクホー　速報 →8	ソコイジ　底意地(~が悪い) →15
ゾクホー　続報 →8	ソコイラ　其処いら〚俗〛 →94b
ソクミョー　即妙(当意~) →8	ソコイレ　底入れ〚相場〛 →5
ゾクミョー, ゾグミョー　俗名〚仏教〛 →8	ソコウオ　底魚 →4
ゾクム　俗務 →7	ソコー　遡行,素行 →8
ゾクメイ　俗名,属名,賊名 →8	ソコカシコ　其処彼処 →68
ソクメン, ソクメン, ソグメン　側面 →8	ソコガワ　底革 →4
ソクメンカン　側面観 →14a	ソコキミ　底気味(~が悪い) →15
ソクメンコーゲキ　側面攻撃 →15	ゾコク　祖国 →8
ゾクヨー　俗用,俗謡 →8	ソコココ　其処此処(~に) →68
ゾクラク　続落 →8	ソコジカラ, ソコジカラ　底力 →12
ソクラテス　Sokrates〔希〕〚人〛 →23	ソコズミ　底積み →5
ゾクリ　俗吏 →7	ソコソコ, ソコソコ　(百円~,挨拶も ~に) →38, 57
ゾクリュー　俗流,粟粒 →8	ソコツ　粗忽 →8
ゾクリューケッカク　粟粒結核 →15	ソコツチ　底土 →4
ソクリョー, ソグリョー　測量 →8	ソコツモノ　粗忽者 →12
ゾクリョー　属領,属僚 →8	ソコデ　其処で〚接〛 →67
ソクリョーズ　測量図 →14a	ソコナウ　損う →44
ソクリョーセン　測量船 →14	ソコナシ　底無し(~の沼) →5
ソクリョク, ソグリョク　速力 →8	ソコナミ　底波(~にあう) →4
ソクロー, ソグロー　足労(ゴソクロ	ソコニ　底荷 →4
	ソコヌケ　底抜け →5
	ソコヌケサワギ　底抜け騒ぎ →13

ガギグゲゴは鼻濁音　カタカナ細字は母音の無声化　★は長音にもなる符号

ソコネ──ソダツ

ソコネ, ソコネ 底値 →4	ソショク 粗食 →8

ソコネ, ソコネ 底値 →4
ソコネル 損ねる →43
ソコノケ 其処退け(～・～お馬が通る, 本職～) →98, 5
ソコハカトナク →98
ソコヒ 底翳〖眼病〗 →4
ソコビエ 底冷え →5
ソコビカリ, ソコビカリ 底光り →13
ソコビキ 底引き →5
ソコビキアミ, ソコビキアミ 底引き網 →12
ソコホン 底本 →8
ソコマデ 其処まで →76, 67
ソコマメ 底豆 →4
ソコモト 其処許 →64
ソコラ 其処ら →94
ソコラアタリ 其処ら辺り →12
ソコワレ 底割れ〖相場〗 →5
ソサイ 蔬菜 →8
ソザイ 素材, 礎材 →8
ソザイルイ 蔬菜類 →14b
ソザツ 粗雑 →8
ソサン 粗餐 →8
ソシ 阻(沮)止, 素志, 祖師 →7
ソジ, ソジ 素地 →7
ソシキ 組織 →8
ソシキテキ 組織的 →95
ソシキモー 組織網 →14
ソシキリョク 組織力 →14
ソシツ 素質 →8
ソシテ 然して →67d
ソシナ, ソシナ 粗品 →4
ソシャク 咀嚼, 租借 →8
ソシャクチ, ソシャクチ 租借地 →14c
ソシュ, ソシュ 粗酒 →7
ソシュー 蘇州〖地〗 →21
ソショー 訴訟 →8
ソジョー 俎上(～の魚), 遡上, 訴状 →8

ソショク 粗食 →8
ソシラヌ(・)カオ, ソシラヌカオ 素知らぬ顔 →97, 98
ソシリ 謗り →2
ソシル 謗る →43
ソシン 祖神 →8
ソスイ 疎(疏)水 →8
ソスー 素数 →8
ソセイ 組成, 蘇生, 粗製, 塑性 →8
ソゼイ, ソゼイ 租税 →8
ソゼイヒン, ソゼイヒン 粗製品 →17
ソセイ(・)ランゾー 粗製濫造 →97, 98
ソセキ 礎石 →8
ソセン 祖先 →8
ソソ 楚々(～として) →58
ソソー 阻(沮)喪 →8
ソソー 粗相(～なこと。オソソー 御～) →8, 92
ソゾー 塑像 →8
ソソギ 注ぎ →2
ソソギコム 注ぎ込む →45
ソソグ, ソソグ 注ぐ, 雪ぐ, 濯ぐ →43
ソソクサ (～と帰る) →57
ソソケル (髪が～) →44
ソソッカシイ →53d
ソソノカス 唆す →44
ソソリ 〖歌舞伎〗 →2
ソソリタツ, 《古・強は ソソリタツ》 聳り立つ →45
ソソル, ソソル (涙を～) →43
ソゾロ, スズロ 漫ろ(～に) →55
ソゾロアルキ, スズロアルキ 漫ろ歩き →13
ソダ 粗朶 →7
ソダイゴミ 粗大芥 →12b
ソダチ 育ち(オソダチ 御～) →2, 92
ソダチザカリ 育ち盛り →12
ソダツ 育つ ソダタナイ, ソダトー, ソダチマス, ソダッテ, ソダテバ,

￣は高い部分　˙˙と˙˙は高低が変る部分　￢は次が下がる符号　→は法則番号参照

507　　ソダテア──ソッチョ

ソダテ →43

ソダテアゲル, ソダテアゲル 育て上
げる →45

ソダテノオヤ 育ての親 →98

ソダテル 育てる ソダテナイ, ソダ
テヨー, ソダテマス, ソダテテ, ソ
ダテレバ, ソダテロ →44

ソチ 其方 →64 措置 →7

ソチコチ, ソチコチ 其方此方 →68c

ソチャ, 《古は ソチャ》 粗茶(〜です
が) →7

ソチラ 其方 →64

ソツ (〜がない)

ソツ 卒(大学〜) →6

ソツイ 訴追 →8

ソツー 疎(疏)通(意志の〜) →8

ソツエン 卒園 →8

ソツエンシキ 卒園式 →14a

ゾッカ 足下 →7

ゾッカ 俗化, 俗歌 →7

ゾッカイ 俗界, 俗解 →8

ソッカン 速乾 →8

ゾッカン 俗間, 属官, 続刊 →8

ソッキ 速記 →7

ソッキシャ 速記者 →14

ソッキジュツ 速記術 →14

ゾッキボン ぞっき本 →14

ゾッキヤ ぞっき屋 →94

ソッキュー 速球 →8

ソッキョー 即興 →8

ソツギョー 卒業 →8

ソツギョーアルバム 卒業 album →16

ソッキョーキョク 即興曲 →14a

ソッキョーシ 即興詩 →14a

ソツギョーシキ 卒業式 →14a

ソッキョージジン 即興詩人《書も》
→15

ソツギョーショーショ 卒業証書 →15

ソツギョーセイ 卒業生 →14a

ソツギョーセイサク 卒業制作 →15

ソツギョーロンブン 卒業論文 →15

ゾッキョク 俗曲 →8

ソッキロク 速記録 →14

ソッキン 即金, 側近 →8

ソッキンシャ 側近者 →14a

ソックス socks →9

ゾックビ, ソックビ, ゾクビ 素(っ)首
→91d

ソックリ (〜渡す, 兄さんに〜) →55

ソックリカエル, ソックリカエル
反っくり返る →45

ソッケ 素っ気(味も〜もない) →7

ソッケツ 速決, 即決 →8

ソッケナイ 素っ気無い →54

ソッコー 即行, 測候, 即効, 速効, 速攻,
側溝 →8

ゾッコー 続行, 続稿 →8

ソッコージョ, ソッコージョ 測候所
→14

ソッコク 即刻 →8

ゾッコク 属国 →8

ソッコン, ソッコン 即今 →8

ゾッコン, ゾッコン 〚俗〛(〜ほれこむ)
→61

ソツジ, ソツジ 卒爾 →56

ソツジナガラ, ソツジナガラ 卒爾な
がら(〜お尋ねします) →76

ソツジュ 卒寿(〜の
祝) →7

ソッセン 率先 →8

ソツゼン 卒(率)然
→56

ソッチ 其方 →64

ソッチコッチ 其方此
方 →68

ソッチノケ 其方退け →13

ソッチュー, ソッチュー 卒中 →8

ソッチョク 率直 →8

卒寿

ガギグゲゴは鼻濁音　カタカナ細字は母音の無声化　★は長音にもなる符号

ソット―ソネミ　508

ソット (～言う，～しておく) →55	ソトズケ 外付け →5
ゾット (～する，～しない) →55	ソトズラ 外面 →4
ソットー 卒倒 →8	ソトゼイ* 外税 →8
ゾットノ・ヒン 率土の浜 →97	ソトデ 外出 →5
ゾッパ 反っ歯 →5d	ソトノリ 外法 →4
ゾップ sop〔蘭〕→9	ソトバ，ソトバ 卒塔婆
ゾッポ，ゾッポー 外方 →8d	ソトビラキ 外開き →13
ソツロン 卒論＜卒業論文 →10	ソトブタ 外蓋 →4
ソデ 袖(オソデ 御～)→1, 92	ソトブロ 外風呂 →4
ソデウラ 袖裏 →4	ソトベリ 外減り →4
ソテー sauté〔仏〕→9	ソトボリ 外堀 →4
ソデガキ，ソデガキ 袖垣 →4	ソトマゴ 外孫 →4
ソデグチ 袖口 →4	ソトマタ 外股(～に歩く) →4
ソデグリ 袖刳り →4	ソトマワリ 外回り →13, 12
ソデゴイ 袖乞い →5	ソトミ 外見 →5
ソデシタ 袖下 →4	ソトムキ 外向き →5
ソデタケ 袖丈 →4	ソトメ 外目 →4
ソデダタミ，ソデダタミ 袖畳み →13	ソトユ 外湯 →4
ソテツ 蘇鉄〔植〕→8	ソトワ 外輪(～に歩く) →4
ソデツケ 袖付け →5	ソトワク 外枠 →4
ソデナシ 袖無し →5	ソナー sonar →9
ソデノシタ 袖の下(～を使う) →19	ソナエ，ソナエ 供え，備え →2b
ソデハバ 袖幅 →4	ソナエツケ 備付 →13
ソデビョーブ 袖屏風 →15	ソナエツケル，ソナエツケル 備え付
ソデヤマ 袖山 →4	ける →45
ソテン 素点 →8	ソナエモチ 供え餅 →12
ソト 外 →1	ソナエモノ，ソナエモノ，ソナエモノ
ソトアルキ 外歩き →13	供え物 →12
ソトウミ 外海 →4	ソナエル，ソナエル 供える，備える
ソトー 粗糖 →8	→43b
ソドー，ゾドー 粗銅 →8	ソナタ sonata〔伊〕→9
ソトーバ 蘇東坡〔人〕→27 卒塔婆	ソナタ，《古は ソナタ》 其方 →64
⇒ソトバ	ソナチネ sonatine〔伊〕→9
ソトガケ 外掛け(～の勝) →5	ソナレマツ，ソナレマツ 磯馴松 →12
ソトガコイ 外囲い →13	ソナワル 備わる，具わる →44
ソトガマ 外釜 →4	ソニン，ソニン 訴人 →8
ソトガマエ 外構え →12	ソネザキシンジュー 曽根崎心中〔浄瑠
ソトガワ 外側 →4	璃・歌舞伎〕→15
ソドク 素読 →8	ソネミ 嫉み →2

― は高い部分　¨ と ¨ は高低が変る部分　⌐ は次が下がる符号　→ は法則番号参照

ソネ̅ム 嫉む →43	→3, 12
ソ̅ノ 其の(〜内, 〜本) →64 〖感〗(〜	ソノバ̅ノ̅ガレ 其の場逃れ →13
何ですよ, 実は〜) →66	ソ̅ノヒ̅ 其の日 →19
ソ̅ノ 園, 苑 →1	ソ̅ノヒ̅カセギ 其の日稼ぎ →13
ソ̅ノウエ 其の上〖副〗→61	ソ̅ノヒグ̅ラシ 其の日暮し →13
ソ̅ノウチ 其の内〖副〗→61	ソ̅ノヘ̅ン 其の辺(〜で) →19
ソ̅ノカダ, ソ̅ノ̅カダ 其の方(=其の人)	ソ̅ノホ̅ー, ソ̅ノ̅ホ̅ー 其の方 →19
→19	ソ̅ノ̅ホカ 其の外 →19
ソ̅ノカミ, 《古は ソ̅ノ̅カミ》 其の上	ソ̅ノマ̅マ 其の儘〖名〗(〜に, 〜では)
→19	→19
ソ̅ノカ̅ン, ソ̅ノ̅カン 其の間 →19	ソ̅ノマ̅マ 其の儘〖副〗(〜帰る) →61
ソ̅ノギ, ソ̅ノギ, ソ̅ノギ, ソ̅ノギ 其	ソ̅ノミチ 其の道(〜にかけては) →19
の儀(〜は, 〜ばかりは) →19	ソ̅ノムカシ 其の昔 →19, 61
ソ̅ノク̅セ 其の癖(=それでいて) →61	ソ̅ノム̅キ 其の向き →19
ソ̅ノクライ, ソ̅ノグライ 其の位	ソ̅ノ̅モト 其の許 →19
→19, 61	ソ̅ノモノ, ソ̅ノ̅モノ 其の物(熱心〜
ソ̅ノ̅コ 其の子 →19	だ), 其の者 →19
ソ̅ノゴ, ソ̅ノ̅ゴ 其の後 →19, 61	ソ̅ノヨ̅ー, ソ̅ノ̅ヨー 其の様 →19
ソ̅ノコ̅ロ 其の頃 →19	ソ̅ノ̅ヨシ 其の由 →19
ソ̅ノシ̅ート Sonosheet〖商標〗→16	ソ̅バ 側, 岨, 稜, 蕎麦 →1
ソ̅ノ̅ジツ 其の実 →61	ソ̅バガキ 蕎麦掻き →5
ソ̅ノジブン, ソ̅ノジブン 其の時分	ソ̅バカス 雀斑 →4
→19	ソ̅バガラ 蕎麦殻 →4
ソ̅ノ̅スジ 其の筋(〜のお達し) →19	ソ̅バキリ 蕎麦切り →5
ソ̅ノ̅セツ, ソ̅ノ̅セツ 其の節(〜はどう	ソ̅バコ̅ 蕎麦粉 →4
も) →19	ソ̅バズエ, ソ̅バズエ 側杖(〜を食う)
ソ̅ノ̅タ 其の他 →19	→4
ソ̅ノツギ, ソ̅ノ̅ツギ 其の次 →19	ソ̅バズカエ 側仕え →13
ソ̅ノ̅テ 其の手(〜は食わぬ) →19	ソ̅バダツ 峙つ →46
ソ̅ノ̅デン 其の伝(又〜で) →19	ソ̅バダテル 欹てる(耳を〜) →46
ソ̅ノ̅トーリ 其の通り →19	ソ̅バチョコ, ソ̅バチョク 蕎麦猪口
ソ̅ノ̅トキ, ソ̅ノ̅トキ 其の時 →19	→8
ソ̅ノ̅ノチ, ソ̅ノ̅ノチ 其の後〖名〗→19	ソ̅バ̅ドコロ 蕎麦処 →12
ソ̅ノ̅ノチ 其の後〖副〗→61	ソ̅バマンジュー 蕎麦饅頭 →15
ソ̅ノ̅バ, ソ̅ノ̅バ 其の場 →19	ソ̅バミチ 岨道 →4
ソ̅ノ̅バカギリ 其の場限り →13	ソ̅バメ̅ 側目 →4
ソ̅ノ̅バジ̅ノギ 其の場凌ぎ →13	ソ̅バメ, ソ̅バメ 側妻 →4
ソ̅ノ̅ハズ 其の筈 →19	ソ̅バメル 側める →44
ソ̅ノ̅ハチ 薗八<ソ̅ノ̅ハチブシ 薗八節	ソ̅バヤ 蕎麦屋(オ̅ソバヤ 御〜) →94,

ガギグゲゴは鼻濁音　カタカナ細字は母音の無声化　★は長音にもなる符号

ソバヤク──ソメモノ　510

92
ソバヤク　側役 →8
ソバユ　蕎麦湯 →4
ソバヨーニン　側用人 →15
ソハン　粗飯 →8
ソビエタツ,《古・強は ソビエタツ》
　聳え立つ →45
ソビエト, ソビエト, ソビエト <
　Soviet 連邦〖国〗→21
ソビエル　聳える →43
ソビヤカス　聳やかす(肩を~) →44
ソビョー　素描,粗描 →8
ソヒン　粗品 →8
ソフ　祖父,粗布 →7
ソファー　sofa →9
ソファーベッド　sofa bed →16
ソフト　soft →9
ソフトウェア　software →9
ソフトクリーム　soft cream〖和〗→16
ソフトドリンク　soft drinks →16
ソフトボー　ソフト帽 →14
ソフトボール　softball →16
ソフボ　祖父母 →17
ソフホーズ, ソホーズ　sovkhoz〖露〗
　→9
ソプラノ　soprano〖伊〗→9
ソブリ, ソブリ　素振り →95
ソボ　祖母 →7
ソホー　粗放,素封 →8
ソボー　粗暴 →8
ソホーカ　素封家 →14
ソボク　素朴 →8
ソボツ　濡つ →44
ソボフル　そぼ降る →46
ソボロ　〖食品〗→3
ソマツ　粗末(オソマツ 御~)→8,92
ソマビト, ソマビト　杣人 →4
ソマル　染まる　ソマラナイ, ソマロ
ー, ソマリマス, ソマッテ, ソマレ

バ, ソマレ →44
ソミツ　粗密 →18
ソミン(・)ショーライ, ソミンショーラ
イ　蘇民将来 →97,98,99
ソム　染む(ソマヌ)→43,83
ソムク　背く →46
ソムケル　背ける(目を~)→44
ソムリエ, ソムリエ　sommelier〖仏〗
　→9
ソメ　染め(~が悪い)→2
……ゾメ　…染め(サラサゾメ 更紗~)
　→13　…初め(ワタリゾメ 渡り~)
　→95
ソメアガリ　染め上がり →13
ソメアガル　染め上がる →45
ソメアゲ　染め上げ →5
ソメアゲル　染め上げる →45
ソメイヨシノ　染井吉野〖桜〗→12
ソメイロ　染色 →5
ソメカエ　染替え →5
ソメカエシ　染返し →13
ソメカエス　染め返す →45
ソメカエル, ソメカエル　染め替える
　→45b
ソメガスリ　染絣 →12
ソメガタ　染型 →5
ソメガラ, ソメガラ　染柄 →5
ソメカワ　染革 →5
ソメコ　染粉 →5
ソメダス　染め出す →45
ソメツキ　染付き →5
ソメツケ　染付け →5
ソメツケル　染め付ける →45
ソメナオシ　染直し →13
ソメナオス　染め直す →45
ソメヌキ　染抜き →5
ソメヌク　染め抜く →45
ソメムラ　染斑 →5
ソメモノ　染物 →5

￣は高い部分　¨と¨は高低が変る部分　￣は次が下がる符号　→は法則番号参照

511　　　　　　　　　　　　　ソメモノ──ソルフェ

ソメモノシ　染物師 →14
ソメモノヤ　染物屋(〜さん) →94
ソメモヨー　染め模様 →15
ソメモン, ソメモン　染め紋 →8
ソメル　染める　ソメナイ, ソメヨー,
　ソメマス, ソメテ, ソメレバ, ソメ
　ロ →44
ソメワケ　染分け →5
ソメワケル　染め分ける →45
ゾモ　抑〚接〛→65
ソモー　梳毛 →8
ゾモソモ　抑 →68, 3
ゾヤ　征矢 →4　粗野 →7
ソヤツ, ゾヤツ　其奴 →64
ソヨー　素養 →8
ソヨガス　戦がす →44
ソヨカゼ　微風 →5
ソヨギ　戦ぎ →2
ソヨグ　戦ぐ →44
ゾヨソヨ　(〜吹く, 〜と) →57
ソヨブク, ゾヨフク, ソヨフク　そよ
　吹く(〜風) →46
ゾラ　〚感〛(〜見ろ) →66　空 →1
ソラアイ, ソラアイ　空合 →4
ソライロ　空色 →4
ソラウソブク　空嘯く →91
ソラオソロシイ★　空恐ろしい →91
ソラオボエ　空覚え →13
ソラギキ　空聞き →5
ソラゴト, ソラゴト　空言 →4
ソラス　反す, 逸す →44
ソラゾラシイ★　空空しい →53
ソラダノミ　空頼み →13
ゾラデ　空で(〜覚える) →71, 67
ソラデ　空手〚病〛→4
ソラドケ　空解け →5
ソラトボケル, ソラットボケル　空(っ)
　惚ける →91d
ソラナキ, ソラナキ　空泣き →5

ソラナミダ　空涙 →12
ソラニ, ソラニ, ソラニ　空似(他人の
　〜) →5
ソラネ, ソラネ　空音 →4　空寝 →5
ソラネイリ　空寝入り →13
ソラネンブツ　空念仏 →15
ソラマメ　空豆, 蚕豆 →4
ソラミミ, ソラミミ　空耳 →4
ソラモヨー　空模様 →15
ソラユメ, ソラユメ　空夢 →4
ソランジル　諳じる →47
ソランズル　諳ずる →47
ゾリ　橇 →1
ゾリ　反り(〜を打つ, 〜が合わない), 剃
　り →2
ソリアジ　剃り味 →5
ソリオトス, ソリオトス　剃り落す
　→45
ソリカエル, ソリカエル　反り返る
　→45
ソリコミ　剃り込み →5
ソリコム, 《新は ソリコム》　剃り込む
　→45
ソリスト　soliste〔仏〕, soloist →9
ゾリゾリ　(〜剃る, 〜と) →57
ソリタテ　剃立て →95
ソリハシ　反橋 →5
ソリミ　反身 →5
ソリャ　〚接〛(=それは。〜聞えませぬ)
　→65
ゾリャ　〚感〛(=そら。〜来た) →66
ソリャク　粗略 →8
ソリューシ　素粒子 →15
ソリューション　solution →9
ソリン　疎林 →8
ゾル　反る, 剃る　ソラナイ, ソロー,
　ソリマス, ゾッテ, ゾレバ, ゾレ
　→43
ソルフェージュ　solfège〔仏〕→9

ガギグゲゴは鼻濁音　カタカナ細字は母音の無声化　★は長音にもなる符号

ソルベ──ソワソワ　512

ソルベ　sorbet〖仏〗→9	ソレバカリ　其れ許り →76, 67
ソルボンヌ　Sorbonne〖仏〗〘大学〙→28	ソレホド　其れ程 →76, 67
ソレ　其れ〖代〗→64	ソレマデ　其れ迄 →76, 67
ゾレ　〖感〗(〜来た、〜見ろ)→66　夫〖接〗(=そもそも)→65	ソレヤ　逸れ矢 →5
ソレガシ　某 →64	ソレユエ, ソレユエ　其れ故 →67
ソレカラ　其れから(〜行こう)→76, 67	ソレラ　其れ等 →94
ソレキリ, ソレギリ　其れ限り(〜見ない)→61	ソレル　逸れる →43
	ソレワソート　其れは然うと →98
ソレクライ, ソレグライ　其れ位 →19, 61	ゾレン　ソ連〈ソビエト連邦 →10
ソレコソ　其れこそ(〜大変)→76, 67	ゾロ　solo〖伊〗→9
ソレシキ, ソレシキ　其式(〜の事で)→95	ソロイ, ソロイ　揃い(オソロイ 御〜)→2b, 92
ソレシャ　其者 →7	ソロイモ・ソロッテ　揃いも揃って →97
ソレシャアガリ　其者上がり →95	ソロウ　揃う →43
ソレスラ　其れすら →76, 67	ソロエル　揃える →44
ソレソーオー　其れ相応 →98	ソロー　疎漏 →8
ソレソートー　其れ相当 →98	ゾロゾロ　(〜帰ろう、〜と)→57
ソレゾレ, ソレゾレ　其れ其れ →68	ゾロゾロ　(〜歩く、〜と)→57
ソレダカラ　其れだから →67	ゾロッペー,《古は ゾロッペー》〘俗〙(〜で困る)→94
ソレダケ　其れ丈(〜あれば)→61	ソロバン　算盤 →8
ソレダノニ　其れだのに →67	ソロバンウラナイ　算盤占い →13
ソレダマ, ソレダマ　逸れ丸 →5	ソロバンガンジョー　算盤勘定 →15
ソレッキリ　其れっ限り(〜見ない)→61d	ソロバンズク, ソロバンズク　算盤尽 →95
ソレデ　其れで〖接〗(〜どうした)→67	ソロバンダカイ　算盤高い →54
ソレデモ　其れでも →67	ソロバンダマ　算盤珠 →12
ソレデワ　其れでは →67	ゾロメ　ぞろ目
ソレドコロ　其れ処(〜か)→99	ゾロモン　Solomon〖人〗(〜の栄華)→23
ソレトナク　其れと無く →98	ソロリ, ソロリ　(〜と歩く)→55
ソレトモ　其れとも →76, 67	ゾロリ, ゾロリ　(〜と着る)→55
ソレナノニ　其れなのに →67	ゾロリ・シンザエモン,《新は ゾロリ・シンザエモン》曽呂利新左衛門 →26
ソレナラ　其れなら →76, 67	
ソレナリ　其成り →3	ソワセル,《新は ソワセル》添わせる →83
ソレナリケリ　其成りけり(〜になる)→3	
ソレニ　其れに〖接〗→67	ゾワゾワ　(〜する、〜と)→57
ソレニワ　其れには →77, 67	

￣は高い部分　¨と¨は高低が変る部分　￣は次が下がる符号　→は法則番号参照

513　　　　ソワツク──ソンブレ

ソワツク →96

ソワル 添わる →44

ゾン 村, 損 →6

ゾンイ 存意 →7

ソンエイ★ 村営, 尊影 →8

ゾンエキ 損益 →18

ソンエキカンジョー 損益勘定 →15

ソンカイ 損壊, 村会 →8

ソンガイ 損害 →8

ゾンガイ, ゾンガイ 存外 →8

ソンカイギイン 村会議員<村議会議員 →15

ソンガイバイショー, ソンガイバイショー 損害賠償 →99, 98

ソンガイホケン 損害保険 →15

ソンガン 尊顔(**ゴソンガン** 御~) →8, 92

ゾンキ 損気(短気は~) →7

ゾンギ, ゾンギ 村議<村議会議員 →10

ソンギカイ 村議会 →15

ゾンキョ 蹲踞 →7

ソンキン, ゾンキン 損金 →8

ソンケイ★ 尊敬 →8

ゾンケイ★ 尊兄 →64

ソンゲン 尊厳 →8

ソンゲンシ 尊厳死 →14a

ゾンコー 尊公 →94

ソンゴー, ソンゴー 尊号 →8

ソンゴクー, ソンゴクー, ゾンゴクー 孫悟空 →27

ソンザイ 存在 →8

ゾンザイ (~だ, ~にする)

ソンザイカン 存在感 →14b

ゾンシ 村史 →7　孫子〚人・書〛→94

ゾンジアゲル, ゾンジアゲル 存じ上げる →45

ソンシツ 損失 →8

ゾンシャ 村社 →7

ソンショー 損傷, 尊称 →8

ゾンジョー,《古は ゾンジョー》 存生(~のみぎり) →8

ソンショク, ゾンショク 遜色(~なし) →8

ソンジョソコラ, ゾンジョ(・)ソコラ 〚俗〛→99, 98, 97

ゾンジヨリ 存じ寄り →13

ソンジル, ソンジル 損じる →47

ゾンジル, ゾンジル 存じる →47

ソンスル 存する →48

ソンズル, ソンズル 損ずる →47

ゾンズル, ゾンズル 存ずる →47

ソンセイ★ 村政 →8

ソンゼイ★ 村税 →8

ソンゾー 尊像 →8

ソンゾク 存続 →8

ゾンゾク, ソンゾク 尊属 →8

ソンゾクサツジン 尊属殺人 →15

ソンダイ 尊大 →8

ソンタク, ゾンタク 忖度 →8

ゾンチ 存置 →7

ソンチョー 尊重 →8

ゾンチョー 村長(~さん) →8

ソンドー 村道, 村童 →8

ゾントク 損得 →18

ソンナ (~事はない) →63

ゾンナイ 村内 →8

ソンナコンナ (~で) →98

ソンナラ (=それなら) →67d

ゾンネン 存念 →8

ソンノー 尊皇 →8

ソンノージョーイ 尊皇攘夷 →98

ソンパイ 存廃 →18

ゾンピ 村費 →7　尊否, 尊卑 →18

ゾンプ 尊父(**ゴゾンプ** 御~) →64, 92

ソンプーシ 村夫子 →15

ソンブレロ, ソンブレロ sombrero〔西〕→9

――――――――――――――――
ガギグゲゴは鼻濁音　カタカナ細字は母音の無声化　★は長音にもなる符号

ソンブン―だい　514

ソンブン　孫文〖人〗→27

ゾンブン, ゾンブン　存分 →8

ソンボー　存亡 →18

ソンミン, ソンミン　村民 →8

ソンメイ　村名, 尊名 →8

ゾンメイ　存命 →8

ソンモー　損耗, 損亡 →8

ソンユー　村有 →8

ソンユーチ　村有地 →14a

ソンヨー　尊容 →8

ゾンラク, ソンラク　村落 →8

ソンリツ　存立, 村立 →8

ソンリョー,《新は ゾンリョー》　損料 →8

ソンリョーガシ　損料貸し →13

タ　田 →1　他, 多(～とする) →6

‥‥タ　…太(トータ 藤～, ゼンタ 善～) →25

‥‥タ; ‥‥タ　〖助動〗(ナイタ 泣い～, カッタ 買っ～, カイタ 書い～, トッタ 取っ～) →83

‥‥ダ; ‥‥ダ　〖助動〗(トンダ 飛ん～, ヨンダ 読ん～) →83

‥‥ダ; ‥‥ダ; ‥‥ダ　〖助動〗(トリダ 鳥～, ハナダ 花～, アメダ 雨～) →81

タアイ, タアイ, タワイ, タワイ　他愛(～が無い) →d

タアイナイ, タアイナイ, タワイナイ, タワイナイ　他愛無い →54

ダーウィン　Darwin〖人〗→22

ダークホース　dark horse →16

ターゲット　target →9

ターザン　Tarzan〖人〗→22

ダース　打＜dozen →9d

‥‥ダース　…打＜dozen(イチダース 一～, ゴダース 五～) →37

タータンチェック　tartan check〔和〕 →16

ダーツ　dart →9

タートルネック　turtleneck →16

ターバン　turban →9

ダービー　Derby →9

タービン　turbine →9

ターボ　turbo →9

ターミナル　terminal →9

ターミナルケア　terminal care →16

ターミナルデパート　＜terminal department store〔和〕 →16

タール　tar →9

ターン　turn →9

タイ　鯛 →1b　体, 対, 帯, 隊, 態 →6　他意 →7　Thai〖泰〗〖国〗→21　tie(ネクタイ も) →9

‥‥タイ　…隊(センパツタイ 先発～, ヨビタイ 予備～) →14

‥‥タイ; ‥‥ダイ　…度い〖助動〗(ナキタイ 泣き～, ヨミダイ 読み～) →83

ダイ　代(=代金。オダイ 御～) →6, 92

ダイ　第(～一位) →38　大, 代(=世代・治世・代人), 台, 題 →6

‥‥ダイ　…大(=大きさ・大学。タマゴダイ 卵～, トーダイ 東～, ジョシダイ 女子～) →95, 10

‥‥ダイ, ‥‥ダイ　…代(=代金。クスリダイ, クスリダイ 薬～), …台(チョーリダイ, チョーリダイ 調理～) →14

‥‥ダイ　…代…台〖年数の範囲〗(シジューダイ 四十～) →35a　…台〖値段の範囲〗(ヒャクエンダイ 百円～) →38a

‥‥だい　…代…台〖数〗→34, 35

̄は高い部分　˙˙と˙˙˙は高低が変る部分　「は次が下がる符号　→は法則番号参照

515　タイアタ──ダイカイ

タイアタリ　体当り →13
タイアツ　耐圧 →8
タイアップ　tie-up →16
ダイアミ　台網 →4
タイアン　大安(〜吉日),対案 →8
ダイアン　代案 →8
タイイ　退位,体位,大意 →7
タイイ,《旧海軍では ダイイ》　大尉 →7
ダイイ　題意 →7
タイイク　体育 →8
タイイクカイ, タイイクカイ,《新は タイイクカイ》　体育会 →14c
タイイクカン, タイイクカン　体育館 →14c
タイイクサイ, タイイクサイ　体育祭 →14c
タイイクノ(・)ヒ　体育の日 →97,98
ダイイシ, ダイイシ　台石 →4
ダイイチ,《第一中学校・第一交響曲などの略は ダイイチ》　第一 →38,10
ダイイチインショー　第一印象 →15
ダイ・イチギ, ダイイチギ　第一義 →38
ダイイチジセカイタイセン, ダイイチジ・セカイタイセン　第一次世界大戦 →99,97
ダイ・イチニンシャ, ダイイチニンシャ　第一人者 →38
ダイイチフジン　第一夫人 →15
ダイ(・)イチリュー　第一流 →97,98
ダイ(・)イッセン　第一線 →97,98
ダイ(・)イッポ　第一歩 →97,98
タイイホー, タイイホー　対位法 →14
タイイン　退院,隊員 →8
ダイイン　代印 →8
タイインレキ　太陰暦 →14a
タイウ　大雨 →7
タイエイ★　退嬰 →8

ダイエイ★　代詠,題詠 →8　大映〖映画〗 →10
ダイエイダン　大英断 →15
ダイエイテキ　退嬰的 →95
ダイエー　〖スーパーストア〗 →28
タイエキ　退役 →8
タイエキ　体液 →8
ダイエット　diet →9
ダイエン　代演 →8
タイオー　対応,滞欧 →8
ダイオー　大王,大黄 →8
タイオーサク　対応策 →14a
ダイオージョー　大往生 →15
ダイオキシン　dioxin →9
ダイオショー　大和尚 →15
タイオン　体温 →8
ダイオン, ダイオン　大音,大恩 →8
タイオンキ　体温器 →14a
タイオンケイ★, タイオンケイ★　体温計 →14a
ダイオンジョー　大音声 →15
ダイオンジン　大恩人 →15
タイカ　耐火 →7
タイカ,《新は タイカ》　大火 →7
タイカ　大家,大過,大化〖年号〗 →7
タイカ, タイカ　退化,対価,滞貨 →7
タイガ　大我,大河 →7
ダイカ, ダイカ　代価 →7
タイカイ　退会,大会 →8
タイカイ, タイカイ(タは古くダ)　大海 →8
タイガイ　大概,大害,対外 →8
タイガイ　体外 →8
ダイガイシャ　大会社 →15
タイガイジュセイ★　体外受精 →15
タイガイセイ★サク　対外政策 →15
ダイカイセン　大海戦 →15
タイガイテキ　対外的 →95
ダイカイテン　大回転 →15

ガギグゲゴは鼻濁音　カタカナ細字は母音の無声化　★は長音にもなる符号

ダイガエ 代替え〖俗〗→5
タイカク 体格 →8
タイガク 退学 →8
ダイガク 大学《書も》→8
……ダイガク …大学(トーキョーダイガク 東京~) →15
ダイガクイモ 大学芋 →12
ダイガクイン 大学院 →17
ダイガクキョージュ 大学教授 →15
タイカクケンサ 体格検査 →15
ダイガクシャ 大学者 →15
ダイガクセイ 大学生 →17
タイカクセン, タイカクセン, タイカクセン 対角線 →14c
ダイガクノート 大学 note<notebook →16
ダイガクビョーイン 大学病院 →15
ダイカグラ 太神楽〖芸能〗→12
タイカケンチク 耐火建築 →15
ダイカ(・)コーロー 大廈高楼 →97,98
ダイガシ 代貸 →5
タイガショーセツ 大河小説 →15
タイカセイ 耐火性 →14
ダイカゾク 大家族 →15
ダイカツ 大喝(～一声) →8
ダイガッコー 大学校 →15
タイカレンガ 耐火練(煉)瓦 →15
ダイガワリ 台替り,代替り →13
タイカン 退官,退館,大官,大観,大旱,大患,大鑑,大艦,体感,耐寒,戴冠 →8
タイガン 対顔,対岸 →8
ダイカン,《古は ダイガン》大寒 →8
ダイカン 代官 →8
ダイガン 代願 →8
ダイガン, ダイガン,《新は タイガン, タイガン》大願 →8
タイカンオンド 体感温度 →15
タイカンシキ 戴冠式 →14a
ダイガンジョージュ,《新は タイガンジョージュ》大願成就 →15
ダイカンミンコク 大韓民国 →17
ダイカンヤマ 代官山〖地〗→12
タイキ 大気,大器 →7
タイキ, タイキ 待機 →7
タイギ 大儀,大義,体技 →7
ダイギ 台木 →4
ダイギイン 代議員 →14
タイキオセン, ダイキオセン 大気汚染 →98,99
ダイキギョー 大企業 →15
タイキケン 大気圏 →14
タイギゴ 対義語 →14
ダイギシ 代議士 →14
タイキジドー 待機児童 →15
ダイギセイ 代議制 →14
ダイキチ, ダイキチ 大吉 →8
ダイキチニチ 大吉日 →14
タイキ(・)バンセイ 大器晩成 →97,98
ダイキボ 大規模 →15
タイギ(・)メイブン 大義名分 →97,98
タイキャク 退却 →8
タイギャク, ダイギャク 大逆 →8
タイキュー 耐久 →8
タイキュー 代休 →8
タイキュー, ダイキュー 大弓 →8
ダイキューシ 大休止,大臼歯 →15
タイキューショーヒザイ 耐久消費財 →17
タイキューセイ 耐久性 →14
ダイキューバ, ダイキューバ 大弓場 →12
タイキューリョク 耐久力 →14a
タイキョ 大挙,退去 →7
タイギョ 大魚 →7
タイキョー 滞京,退京,対共,胎教 →8 体協<タイイクキョーカイ 体育協会 →10,15
タイギョー 怠業,大業 →8

――は高い部分 ˝と˵は高低が変る部分 「は次が下がる符号 →は法則番号参照

517　ダイキョ──ダイコー

ダイキョー, ダイキョー　大凶 →8	→8
ダイキョージ,《古・浄瑠璃は ダイキョージ》 大経師 →15	タイゲン　体現 →8
タイキョク　対局,大局,大曲,太極 →8	タイゲン, タイゲン　大言 →8
タイキョクケン, タイキョクケン　太極拳 →14c	タイゲン　体言 →8
ダイキライ, ダイッキライ　大(っ)嫌い →91d	ダイケン　大検<大学入学資格検定 →10
タイキロク　tie記録 →15	ダイゲン　代言,題言 →8
ダイキロク　大記録 →15	タイケンコース　大圏 course, 体験 course →16
タイキン　退勤,大金 →8	タイケンシャ　体験者 →14a
ダイキン,《新は ダイキン》 代金 →8	ダイゲンスイ　大元帥 →15
ダイギンジョー　大吟醸 →15	タイゲンソーゴ　大言壮語 →98
ダイキンヒキカエ, ダイキンヒキカエ　代金引換 →98	タイコ　太鼓(オオタイコ 御～) →7, 92
ダイク　体軀 →7	タイコ　太古 →7
タイグ　大愚(大賢は～に似たり) →7	タイゴ　対語 →7
ダイク　大工 →7	タイゴ　隊伍 →7
ダイク,《第九中学校・第九交響曲などの略は ダイク》 第九 →38, 10	タイゴ, ダイゴ　大悟(～徹底) →7
タイクー　対空,滞空 →8	ダイコ, ダイコン　大根 →8d
タイグー　待遇,対偶 →8	ダイゴ,《第五中学校・第五交響曲などの略は ダイゴ》 第五 →38, 10
タイクージカン　滞空時間 →15	ダイゴ　醍醐 →7
タイクーヒコー, タイクーヒコー　滞空飛行 →15c	タイコー　対抗,対校,退校,退行,大功,大効,大綱,体腔,退(褪)紅 →8
ダイクシゴト　大工仕事 →12	タイコー　太閤 →8　大公,太公 →94
タイクツ　退屈 →8	タイゴー　大剛,大豪 →8
タイクツシノギ　退屈凌ぎ →13	ダイコー　代行,代講 →8
タイクツマギレ　退屈紛れ →13	ダイコー　乃公(～いでずんば) →94
タイグン　大軍,大群 →8	ダイゴー, ダイゴー　題号 →8
ダイケ　大家(ゴダイケ 御～) →7, 92	タイコーイシキ　対抗意識 →15
タイケイ　大兄,大計,大慶,大系,体系,体刑,体型,体形,隊形 →8	タイコーキ　太閤記〖書〗,太功記<絵本太功記〖浄瑠璃・歌舞伎〗 →14a
ダイケイ　台形 →8	タイコーサク　対抗策 →14a
ダイゲイコ　代稽古 →15	ダイコージ　大工事 →15
タイケイテキ　体系的 →95	タイコージアイ　対校試合,対抗試合 →12
タイケツ,《古・歌舞伎は ダイケツ》 対決 →8	タイコーシャ　対向車 →14a
タイケン　体験,帯剣,大圏,大権,大賢	タイコーシャセン　対向車線 →15
	タイコーショク　退(褪)紅色 →14a
	ダイコードー　大講堂 →15

ガギグゲゴは鼻濁音　カタカナ細字は母音の無声化　★は長音にもなる符号

タイコー──タイシツ　　518

タイコーバ　対抗馬 →14a	ダイザン　大山(〜鳴動),泰山 →8
ダイコーブツ　大好物 →15	ダイサン　代参 →8
タイコーボー　太公望 →27	ダイサン　《第三中学校・第三交響曲など の略は ダイサン》 第三 →38, 10
タイコク　大国 →8	
タイゴク　大獄(安政の〜) →8	ダイ・サンキ　第三期,第三紀 →38
ダイコク, ダイコク　大黒 →10	ダイ・サンゴク　第三国 →38
ダイコクサマ, ダイコクサマ　大黒様 →94	ダイサンゴクジン　第三国人 →14
	ダイサンジ　大惨事 →15
ダイコクズキン　大黒頭巾 →15	ダイ・サンシャ　第三者 →38
ダイコクテン, ダイコクテン　大黒天 →14c	ダイサンセイ　大賛成 →15
	ダイサンセクター　第三 sector →16
ダイゴクデン　大極殿 →14	タイサンボク　泰山木 →14a
ダイコクバシラ　大黒柱 →12	タイシ　大志,大使,太子 →7
タイコバシ　太鼓橋 →12	タイジ　退治 →7
タイコバラ　太鼓腹 →12	タイジ　対峙,対自,胎児 →7
タイコバン　太鼓判(〜を押す) →14	ダイシ　台紙,題詞 →7
ダイゴミ, ダイゴミ　醍醐味 →14	ダイシ　大士,大姉,大師(オダイシサマ 御〜様) →7, 94
タイコモチ　太鼓持,幇間 →13	
ダイコン　大根 →8	ダイシ　《第四中学校・第四交響曲などの 略は ダイシ》 第四 →38, 10
ダイコンオロシ, ダイコオロシ　大根 下し →13	
	ダイジ　題字,題辞 →7
ダイコンヒキ　大根引き →13a	ダイジ, ダイジ　大事(↔小事) →7
ダイコンヤクシャ　大根役者 →15	ダイジ　大事(=大切。〜を取る) →7
タイサ, 《旧海軍では ダイサ》 大佐 →7	ダイジェスト　digest →9
	タイシカン　大使館 →14
タイサ　大差 →7	ダイシキュー, ダイシキュー　大至急 →15c
タイザ　対座(坐),退座,胎座 →7	
ダイザ　台座 →7	ダイシキョー　大司教 →15
タイサイ　大才,大祭 →8	ダイジギョー　大事業 →15
タイザイ　滞在 →8	ダイジケン　大事件 →15
ダイザイ, タイザイ　大罪 →8	ダイジコ　大事故 →15
ダイザイ　題材 →8	ダイジシン, オージシン　大地震 →15
タイザイキャク　滞在客 →14b	ダイシゼン　大自然 →15
ダイザイニン, ダイザイニン　大罪人 →14b	タイシタ　(〜事はない,〜もんだ) →67
	ダイジダイヒ, ダイジ(・)ダイヒ　大慈 大悲 →99, 98, 97
タイサク　大作,対策 →8	
ダイサク　代作 →8	ダイシチ　《第七中学校・第七交響曲など の略は ダイシチ》 第七 →38, 10
タイサツ　大冊 →8	
タイサン　退散,耐酸 →8	タイシツ　対質,体質,耐湿,退室 →8

￣は高い部分　⁝と⁚は高低が変る部分　⌐は次が下がる符号　→は法則番号参照

ダイジッコー　代執行 →15	タイシューブンガク　大衆文学 →15
ダイジッパイ　大失敗 →15	タイシュームキ　大衆向き →13
タイシテ　（〜困らない）→67	タイシューロセン　大衆路線 →15
タイシドー　太子堂《地も》→14, 21	タイシュカ　大酒家 →14
ダイジナ　大事な →67	タイシュツ　退出 →8
タイジボー　体脂肪 →15	タイショ　退所 →7
ダイジホン　大資本 →15	ダイショ　大所(〜高所から), 対処, 対蹠, 太初, 大暑 →7
タイシャ　退社, 代赭 →7	ダイショ　代書, 代署 →7
タイシャ　大社, 大赦 →7	ダイジョ　大序《浄瑠璃》(忠臣蔵の〜) →7
タイシャ, タイシャ　代謝 →7	タイショー　大笑, 大勝, 大賞, 大捷, 大詔, 対称, 対象, 対照, 隊商, 大正《年号》→8
ダイシャ　代車, 台車 →7	ダイショー　大将 →8
ダイジャ　大蛇 →7	タイジョー　退場 →8
タイシャイロ　代赭色 →12	ダイショー　代償, 代将《階級》→8
タイシャク　貸借 →18	ダイショー　大小 →18
タイシャク(·)タイショーヒョー　貸借対照表 →97, 98	ダイジョー　大乗(↔小乗) →8
タイシャクテン, タイシャクテン　帝釈天 →14c	タイショーイケ　大正池 →12a
タイシャズクリ　大社造り →13	ダイジョーエ　大嘗会 →14a
ダイシャリン　大車輪 →15	ダイジョーカン　太政官 →14a
タイシュ　大酒 →7	タイショーグン, ダイショーグン　大将軍 →15
タイシュ　太守 →7	タイショーゴト　大正琴 →12
ダイジュ　大儒, 大樹(〜のかげ) →7	タイショージダイ　大正時代 →15
ダイシュ, ダイシュ　大衆(一山の〜) →7	タイショーシャ　対象者 →14a
タイシュー　大衆, 体臭 →8	ダイジョーダイジン, ダジョーダイジン　太政大臣 →15
タイジュー　体重 →8	ダイジョーダン　大上段 →15
ダイジュー,《第十中学校などの略は ダイジュー》第十 →38, 10	タイショーテキ　対照的 →95
ダイジュー　台十＜台十能 →10	ダイジョーテキ　大乗的 →95
タイシューウンドー　大衆運動 →15	タイショーテンノー　大正天皇 →94
タイシューカ, タイシューカ　大衆化 →95a	ダイジョーフ　大丈夫(=ますらお) →15
タイシューギョ　大衆魚 →14a	ダイジョーブ, (ダイジョブ)　大丈夫 →15d
タイジューケイ, タイジューケイ　体重計 →14a	ダイジョーブッキョー　大乗仏教 →15
タイシューサッカ　大衆作家 →15	ダイショーベン, ダイショーベン　大
タイシューシャ　大衆車 →14a	
タイシューショーセツ　大衆小説 →15	

ガギグゲゴは鼻濁音　カタカナ細字は母音の無声化　★は長音にもなる符号

小便 →17	ダイズアブラ 大豆油 →12
タイジョーホーシン 帯状疱疹 →15	タイスイ 大酔,耐水 →8
ダイジョーミャク 大静脈 →15	タイスー 対数,大数 →8
ダイショーリ 大勝利 →15	ダイスー 代数,台数 →8
タイショーリョーホー 対症療法 →15	ダイスーガク 代数学 →14a
タイショク 大食,退職,退(褪)色,体色 →8	ダイスーシキ 代数式 →14a
タイショクカン, タイショクカン, タイショッカン 大食漢 →14ca	ダイスキ 大好き →91
タイショクキン, タイショクキン, タイショクキン 退職金 →14c	タイスコア tie score →16
タイショクテアテ 退職手当 →12	ダイスミ 代済み →5
タイショッカン 大織冠(〜鎌足かまたり) →15	タイスル 対する,体する,帯する →48
タイショテキ 対蹠的 →95	ダイスル 題する →48
ダイショニン 代書人 →14	タイセイ 対生,胎生,大成,大声,大政,大聖,大勢(天下の〜),体勢,態勢,退(頽)勢,体制,耐性,泰西(=西洋) →8
ダイショヤ 代書屋 →94	タイゼイ, タイゼイ 大勢(=おおぜい) →8
ダイジリ 台尻 →4	ダイセイコー 大成功 →15
タイジル 退治る →44	ダイセイジカ 大政治家 →17
タイシン 対診,対審,大身,大震,耐震 →8	タイセイホーカン 大政奉還 →98
タイジン 対陣,退陣,大人,対人 →8	タイセイヨー 大西洋 →14b
ダイシン 代診 →8	タイセキ 対席,退席,滞積,堆積,大石,堆石 →8
ダイジン 大尽(お〜),大臣 →8	ダイセキ,《古はタイセキ》体積 →8
ダイジンアソビ 大尽遊び →13	タイセツ 大切,頽雪,体節 →8
ダイジンイン 大審院 →14a	タイセツ, ダイセツ 大雪 →8
ダイジンカゼ 大尽風 →12a	ダイセツザン, ダイセツザン(ダはタとも) 大雪山 →17
タイジンカンケイ 対人関係 →15	ダイセッセン 大接戦 →15
ダイジングー, ダイジングー,《古はダイジングー》大神宮 →15	タイセン 対戦,大戦,大船 →8
タイシンケンチク 耐震建築 →15	タイゼン 泰然(〜自若) →56 大全 →8
ダイジンコク 大人国 →14a	ダイセン 大山(伯耆ほうの〜) →8
ダイジンサイ 大震災 →15	ダイセンキョク 大選挙区 →17
ダイジンブツ 大人物 →15	ダイゼンテイ 大前提 →15
ダイジンブン 大新聞 →15	タイセンリョー 滞船料 →14a
ダイス 対す →48	ダイソ, タイソ 太祖 →7
ダイス 台子 →7	タイソー 体操,大喪,大宗,太宗,大葬 →8
ダイス dice, dies →9	ダイソー 大層 →61
ダイズ,《古はダイズ》大豆 →7	

￣は高い部分　…と…は高低が変る部分　｢は次が下がる符号　→は法則番号参照

タイゾー 退蔵 →8	ダイチョ 大著 →7
ダイソー 代走 →8	ダイチョー 退庁,体調,体長,隊長,退潮 →8
タイソーギ 体操着 →13a	ダイチョー 大腸 →8
ダイゾーキョー 大蔵経 →14	ダイチョー, ダイチョー 台帳 →8
ダイソーゲン 大草原 →15	ダイチョーカタル 大腸catarre〔蘭〕 →16
タイソージョー 体操場 →14	ダイチョーガン 大腸癌 →14a
ダイソージョー 大僧正 →15	ダイチョーキン, ダイチョーキン 大腸菌 →14a
タイソーフク 体操服 →14a	ダイツ tights →9
タイソーラジイ★ 大層らしい →96	ダイツー, ダイツー 大通(=本当の通・通人) →8
タイソク 大息 →8	ダイツキ 台付き →5
ダイソツ 大卒<大学卒業 →10	タイテイ★ 大抵,退廷 →8
ダイソレタ 大それた(～事) →67	タイテキ 大敵,対敵 →8
タイダ 怠惰 →7	タイテン 退転,大典 →8
ダイダ, ダイダ 代打 →7	タイデン 帯電 →8
ダイタイ 大体,大隊,大腿,代替 →8	ダイテング 大天狗 →15
ダイダイ 代代(先祖～) →11	タイト 泰斗 →7　tight →9
ダイダイ 橙 →3	タイド 態度 →7
ダイダイイロ 橙色 →12	タイトー 駘蕩,頽唐 →58　対等,対当,帯刀(～御免),台(擡)頭 →8　台東〖地〗→21
ダイダイカグラ 太太神楽 →12	タイドー 胎動,帯同 →8
ダイタイコツ 大腿骨 →14b	ダイトー, ダイトー 大刀 →8
ダイダイズ 橙酢 →12b	ダイドー 大同《年号も》 →8
ダイタイチ 代替地 →14b	ダイドー, タイドー 大道(～廃れて仁義あり) →8
ダイタイチョー 大隊長 →17	ダイドー, ダイドー, タイドー, タイドー 大道(=往来) →8
ダイダイテキ 大大的 →95	ダイドーアキナイ, ダイドーアキナイ 大道商い →12
ダイダイト 大大と(～する) →58	ダイトーアセンソー 大東亜戦争(=太平洋戦争) →15
ダイタイブ 大腿部 →14b	
ダイダイリ 大内裏 →15	ダイドーエキシャ 大道易者 →15
ダイダゲキ 大打撃 →15	
ダイタスー, ダイタスー 大多数 →15	ダイトーキョー 大東京 →15
ダイタバシ 代田橋〖橋・地〗 →12	タイトーク 台東区 →14a
タイダン 対談,退団 →8	ダイドーゲイ★, ダイドーゲイ★ 大道芸
ダイタン 大胆(～不敵) →8	
ダイダンエン 大団円 →15	
ダイタン(・)フテキ 大胆不敵 →97,98	
ダイチ 代置,代地,台地 →7	
ダイチ 大地 →7	
タイチャ 鯛茶<タイチャズケ 鯛茶漬 →10,12	
タイチュー 胎中 →8	

ガギグゲゴは鼻濁音　カタカナ細字は母音の無声化　★は長音にもなる符号

ダイドー──ダイハチ

→14a

ダイドーショーイ 大同小異 →98

ダイドーショーニン 大道商人 →15

ダイドーダンケツ, ダイドーダンケツ 大同団結 →98, 99

ダイドーミャク 大動脈 →15

ダイトーリョー 大統領 →15

ダイトカイ 大都会 →15

タイトク 体得 →8

ダイドク 胎毒 →8

ダイトク, ダイトコ 大徳 →8

ダイドク 代読 →8

ダイドク, ダイドク 大毒 →8

ダイトクジ, ダイトクジ 大徳寺 →14

ダイドコロ, ダイドコ 台所(オダイドコロ, オダイドコ 御~) →12, 4, 92

ダイドコログチ, ダイドコグチ 台所口 →12

ダイトシ 大都市 →15

タイトスカート tight skirt →16

タイトル title →9

タイトルマッチ title match →16

タイナイ 体内, 胎内 →8

タイナイクグリ 胎内潜り →13

タイナイテキ 対内的 →95

タイナイドケイ 体内時計 →15

タイナイブツ 胎内仏 →14b

ダイナゴン 大納言《小豆も》 →15

ダイナシ 台無し →5

ダイナマイト dynamite →9

ダイナミック dynamic →9

ダイナモ dynamo →9

ダイナリショーナリ 大なり小なり →99

ダイナン, ダイナン 大難(↔小難) →8

ダイニ, 《第二中学校・第二交響曲などの略は ダイニ》 第二 →38, 10

ダイ・ニギ 第二義 →38

ダイニクミアイ 第二組合 →12

ダイニゲイジュツ 第二芸術 →15

ダイニジ・セカイタイセン 第二次世界大戦 →97

タイニチ 滞日, 対日 →8

ダイニチニョライ 大日如来 →15

ダイニホンシ 大日本史〖書〗 →17

ダイニュー 代入 →8

タイニン 退任, 大任 →8

ダイニン 代任, 代人, 大人 →8

ダイニング dining →9

ダイニングキチン, ダイニングキッチン dining kitchen〔和〕 →16

ダイニングルーム dining room →16

タイネツ 耐熱 →8

タイネツガラス 耐熱 glas〔蘭〕 →16

ダイノ 大の(~好物) →63

タイノー 滞納, 怠納 →8

ダイノー 代納, 大農 →8

ダイノー, ダイノー 大脳 →8

ダイノーシキ 大農式 →95

タイノーシャ 滞納者 →14a

ダイノ(・)オトコ 大の男 →97, 98

ダイノーヒシツ 大脳皮質 →15

ダイノジ 大の字(~に寝る) →19

ダイノジナリ 大の字なり(~に) →95

ダイノツキ 大の月 →19

ダイノムシ 大の虫(~を生かす) →19

タイハ 大破 →7

ダイバ 台場(オダイバ 御~) →4, 92

ダイバー diver →9

タイハイ 大敗, 退(頽)廃, 大杯, 大盃 →8

タイハイテキ 退(頽)廃的 →95

ダイバカリ 台秤 →12

タイハク 太白〖砂糖・飴〗 →8

ダイハチ, 《第八中学校・第八交響曲などの略は ダイハチ》 第八 →38, 10

‾は高い部分 ¨と˙は高低が変る部分 ┐は次が下がる符号 →は法則番号参照

523　　ダイハチ──ダイホー

ダイハチグルマ　大八車 →12	ダイブキン　台布巾 →15
タイバツ，《古は タイバツ も》体罰 →8	ダイフク　大福 →8
ダイハツ　大発＜大型発動機艇 →10	ダイフクチョー　大福帳 →14
ダイハッカイ　大発会 →15	ダイフクモチ　大福餅 →12
タイハン　大藩 →8	タイブツ　対物 →8
タイハン，タイハン　大半 →8	ダイブツ，ダイブツ　大仏 →8
タイバン　胎盤 →8	タイブツキョー　対物鏡 →14
ダイバンジャク　大盤石 →15	ダイブツサマ，ダイブツサマ　大仏様 →94
ダイハンニャキョー　大般若経 →14	ダイブツデン　大仏殿 →14
タイヒ　貸費 →7	ダイブブン　大部分 →15
タイヒ，ダイヒ　待避, 退避, 対比, 堆肥 →7	タイプライター　typewriter →16
ダイヒキ　代引き →5	ダイブン　大分 →61
タイピスト　typist →9	タイブンスー，タイブンスー　帯分数 →15
タイヒセン　待避線 →14	タイヘイ★　太平, 泰平, 大兵 →8
ダイヒツ　代筆 →8	タイペイ★，タイホク　台北〖地〗→21
タイヒョー　体表 →8	タイヘイ★キ　太平記〖書〗→14b
タイビョー　大病 →8	タイヘイ★ヨー　太平洋 →14b
ダイヒョー　代表 →8	タイヘイ★ヨーセンソー　太平洋戦争 →15
ダイヒョー，ダイヒョー　大兵（～肥満）→8	タイヘイ★ラク　太平楽（～を並べる）→14b
ダイヒョーサク　代表作 →14a	タイベツ　大別 →8
ダイヒョーシャ　代表者 →14a	タイヘン　大変 →8, 61
ダイヒョーダン　代表団 →14a	タイヘン　対辺 →8
ダイヒョーテキ　代表的 →95	タイベン　胎便 →8
ダイヒョーデン　大票田 →15	ダイヘン　代返 →8
タイビョーニン　大病人 →14a	ダイベン　代弁 →8
ダイヒョーリジ　代理理事 →15	ダイベン　大便 →8
タイピン　tiepin →16	ダイホ　退歩, 逮捕 →7
ダイヒン　代品 →8	タイホー　大方（～の）, 大法, 大砲 →8
ダイビング　diving →9	タイボー　待望, 耐乏 →8
タイブ　退部 →7	タイボー，タイモー　大望 →8
タイブ　大部 →7	ダイボーアミ　大謀網 →12a
タイプ　type, ＜typewriter →9	ダイボーエ　大法会 →15
ダイブ　大分（～楽だ）→61	ダイホーシン　大方針 →15
ダイブ　dive →9	タイボーセイ★カツ　耐乏生活 →15
タイフー　台（颱）風（～一過）→8	ダイホーテイ★　大法廷 →15
タイフーノメ　台（颱）風の目 →98	

ガギグゲゴは鼻濁音　カタカナ細字は母音の無声化　★は長音にもなる符号

タイボク──タイヨー 524

タイボク 大木 →8	ダイメ, ロクダイメ 六〜) →38
ダイボサツ 大菩薩 →15	タイメイ 待命,大命 →8
ダイボサットーゲ 大菩薩峠《書も》 →12	タイメイ 題名 →8
	ダイメイシ 代名詞 →17
タイホジョー, タイホジョー 逮捕状 →14	タイメシ 鯛飯 →4
	タイメン 対面 →8
ダイホン 台本 →8	タイメン, タイメン 体面 →8
ダイホンエイ 大本営 →15	タイメンコーツー 対面交通 →15
ダイホンザン 大本山 →15	タイモー 大望,体毛 →8
タイマ 大麻 →7	ダイモク, ダイモク,《日蓮宗のは ダイモク, オダイモク》題目 →8
タイマー timer →9	
タイマイ, ダイマイ,《新は タイマイ》大枚(〜の金) →8	ダイモン 大門,大紋 →8
	ダイモンジ, ダイモンジ 大文字(京都の〜) →15
タイマイ,《新は タイマイ》瑇瑁 →8	ダイモンダイ 大問題 →15
タイマツ 松明 →5	タイヤ 逮夜(オタイヤ 御〜) →7, 92
ダイマル 大丸〖デパート〗 →28	タイヤ, ダイヤ tire →9
タイマン 怠慢 →8	ダイヤ, ダイヤ ＜diamond, ＜diagram →10
タイミソ 鯛味噌 →15	
ダイミャク 代脈 →8	タイヤキ 鯛焼 →5
ダイミョー 大名 →8	タイヤク 大約,対訳,大厄,大役 →8
ダイミョーギョーレツ 大名行列 →15	ダイヤク 代役 →8
ダイミョージン 大明神 →15	ダイヤモンド diamond →9
ダイミョーリョコー 大名旅行 →15	ダイヤル, ダイアル dial →9
タイミング timing →9	ダイヤルイン dial-in〔和〕 →16
タイム 隊務 →7 time, thyme〖植〗 →9	タイユー 大勇 →8
ダイム 代務 →7	ダイユーセイ 大遊星 →15
タイムカード time card →16	タイヨ 貸与 →7
タイムカプセル time capsule →16	タイヨー 大要,大洋,体様,態様 →8
タイムサービス time service〔和〕 →16	タイヨー 太陽 →8
タイムスイッチ, タイムスイッチ time switch →16	ダイヨー 代用 →8
	ダイヨーキョーイン 代用教員 →15
タイムトンネル time tunnel →16	タイヨーケイ, タイヨーケイ 太陽系 →14a
タイムマシン time machine →16	
タイムリー timely →9	タイヨージ 太陽時 →14a
タイムリミット time limit →16	タイヨーシュー 大洋州(洲)〖地〗 →14a
タイムレコーダー time recorder →16	
タイムレコード, タイムレコード time record →16	ダイヨーショク 代用食 →14a
……ダイメ, ……ダイメ …代目(ロク	タイヨーデンチ 太陽電池 →15

‾ は高い部分　⋯ と ⋯ は高低が変る部分　⌐ は次が下がる符号　→ は法則番号参照

525 タイヨー──タウエ

タイヨートー 太陽灯 →14	**ダイリニン, ダイリニン** 代理人 →14
タイヨーネツ 太陽熱 →14a	**ダイリビナ** 内裏雛 →12
タイヨーネンスー, タイヨーネンスー 耐用年数 →15	**タイリャク** 大略 →8
ダイヨーヒン, ダイヨーヒン 代用品 →14a	**タイリュー** 滞留, 対流 →8
	タイリューコー 大流行 →15
タイヨーレキ 太陽暦 →14a	**タイリョー** 大猟, 大漁 →8
タイヨク, ダイヨク 大欲 →8	**タイリョー, タイリョー** 大量, 体量 →8
タイラ 平ら(**オタイラニ** 御~に) →1	**タイリョーセイ・サン** 大量生産 →15
タイラ 平〔姓〕→22	**タイリョーバタ** 大漁旗 →12a
タイラノ・キヨモリ ~清盛 →24	**タイリョーブシ** 大漁節 →12
タイラノ・シゲモリ ~重盛 →24	**タイリョク** 体力 →8
タイラノ(・)マサカド ~将門 →24, 27	**タイリン, ダイリン** 大輪 →8
タイラカ, タイラカ 平らか →55	**タイリンザキ** 大輪咲き →13
タイラガイ, タイラガイ 平貝 →12	**タイル** tile →9
タイラグ 平らぐ →44	**タイルバリ** tile 張り →13
タイラゲル, タイラゲル 平らげる →44	**タイレイ★** 大礼(**ゴタイレイ★** 御~) →8, 92
タイラン 大乱 →8	**タイレイ★フク** 大礼服 →14b
ダイリ 大利(↔小利) →7	**ダイレクト** direct →9
ダイリ 代理 →7	**ダイレクトメール** direct mail →16
ダイリ, 《新は ダイリ》 内裏 →7	**タイレツ** 隊列 →8
ダイリーガー 大 leaguer →16	**タイレン** 体練 →8
ダイリキ, ダイリキ 大力 →8	**ダイレン** 大連〔地〕→21
ダイリキムソー, ダイリキムソー 大力無双 →99, 98	**ダイロ** 退路 →7
タイリク, 《古は タイリク》 大陸 →8	**タイロー, 《古は タイロー》** 大老 →8
タイリクカンダンドーダン, タイリクカンダンドーダン 大陸間弾道弾 →98, 99	**ダイロク, 《第六中学校・第六交響曲など の略は ダイロク》** 第六 →38, 10
	ダイ(・)ロッカン 第六感 →97, 98
タイリクセイ★ 大陸性 →14	**タイワ** 対話 →7
タイリクダナ, タイリクダナ, タイリクダナ, タイリクホー 大陸棚 →12, 14	**ダイワクセイ★** 大惑星 →15
	タイワゲキ 対話劇 →14
タイリクテキ 大陸的 →95	**ダイワレ** 台割れ〔相場〕→5
ダイリサマ, ダイリサマ 内裏様 →94	**タイワン, 《古は タイワン も》** 台湾 →21
ダイリセキ 大理石 →14	**タイワンボーズ** 台湾坊主 →15
タイリツ 対立 →8	**ダウ <ダウヘイ★キン** ダウ平均< Dow Jones 式平均株価 →15, 23
ダイリテン 代理店 →14	**タウエ** 田植 →5

ガギグゲゴは鼻濁音　カタカナ細字は母音の無声化　**★**は長音にもなる符号

タウエウタ　田植歌 →12

タウエドキ, タウエドキ　田植時 →12

ダウン　town →9

ダウン　down(～する、～の蒲団ﾄﾞﾝ) →9

ダウンシ　town誌 →14a

ダウンジャケット　down jacket →16

ダウンショー　Down症 →14a

タウンミーティング　town meeting →16

ダウンロード　download →16

タエ, タエ,《女名は タエ》　妙 →1, 23

タエイル,《新は タエイル》　絶え入る →45

タエガタイ　堪え難い →54

タエカネル, タエカネル　堪え兼ねる →45

ダエキ　唾液 →8

ダエコ　妙子・多恵子〘女名〙 →25

タエシノブ, タエシノブ,《古・強は タエシノブ》　堪え忍ぶ →45

タエズ　絶えず〘副〙 →67

タエダエ, タエダエ, タエダエ　絶え絶え →57

タエテ　絶えて →67

タエマ　絶え間 →5

タエマナイ　絶え間無い →54

タエル　耐える、堪える、絶える　タエナイ, タエヨー, タエマス, タエテ, タエレバ, タエロ →43

ダエン　楕円 →8

ダエンケイ.　楕円形 →14

タオス　倒す、斃す　タオサナイ, タオソー, タオシマス, タオシテ, タオセバ, タオセ →44

タオヤカ　(～な) →55

タオヤメ　手弱女 →12

ダオル　towel →9

タオル　手折る →46

タオルケット　＜towel＋blanket →16

タオレル　倒れる、斃れる　タオレナイ, タオレヨー, タオレマス, タオレテ, タオレバ, タオレロ →43

タカ　鷹 →1

タカ　他科、他課、多価 →7　多寡 →18　高＜高島田 →10

タカ, タカ　高(=数・額・程度) →3

タガ　箍(～がゆるむ、～をはずす) →1

ダガ　〘接〙(=けれども) →67

タカアガリ　高上がり →13

タカアシダ　高足駄 →12

タカイ　他界 →8

タカイ　高い　タカカッタ, タカク, タカクテ,《新は タカクテ》, タカケレバ, タカシ →52

タガイ　互い(オタガイ 御～) →2, 92

タガイセン, タガイセン　互先 →14b

タガイチガイ,《新は タガイチガイ》　互い違い →18b

タガイニ　互いに →67

タカイビキ　高鼾 →12

タガウ　違う →43

タガエル, タガエル　違える →44b

タカオ　孝夫・高雄・隆男〘男名〙 →25

タカオ　高雄〘地〙 →21　高尾〘地・人〙 →21, 24

タカオサン　高尾山 →14

タカオセン　高尾線 →14

タカガ, タカガ　高が(～百円ぐらい) →67

タカガリ　鷹狩 →5

タカギ　高木〘姓〙 →22

タカク　多角 →8

タガク　多額 →8

タカクケイ., タカクケイ., タカッケイ.　多角形 →14ca

タカクケイ.エイ.　多角経営 →15

タカグモリ, タカグモリ　高曇り →13

527　　　　　　　　　　　　　　　**タカゲタ――タカマガ**

タカゲタ, タカゲタ, タカゲタ 高下駄 →12	タカトビ, タカトビ, タカトビ 高飛び, 高跳 →5
タカコ 孝子・高子〖女名〗 →25	タカトビコミ 高飛び込み →13
タカゴエ, タカゴエ 高声 →5	タカドマ, タカドマ 高土間 →12
タカサ, タカサ 高さ →93	タカナ, タカナ 高菜 →5
タカサキ 高崎〖地〗 →21	タカナミ 高浪 →5
タカサゴ 高砂〖地・能・邦楽〗 →21	タカナリ, タカナリ, タカナリ 高鳴り(胸の～) →5
タカサゴゾク 高砂族 →14	タカナル 高鳴る →46
タカシ 孝・隆・喬〖男名〗 →23	タカナワ 高輪〖地〗 →21
ダガシ, ダガシ 駄菓子 →15	タカネ 高嶺(タカネノハナ ～の花) →5, 98
タカシオ 高潮 →5	タカネ 高音, 高値 →5
タカシマダ, 《もと タカシマダ》 高島田 →12	タガネ 鏨 →1
タカシマダイラ 高島平〖地〗 →12	タカネオロシ 高嶺嵐 →13
タカシマヤ 高島屋〖デパート・歌舞伎〗 →94	タガネル 綰ねる →43
ダガシヤ 駄菓子屋 →94	タカノゾミ, タカノゾミ 高望み →13
タカジョー 鷹匠 →8	タカノ・チョーエイ★ 高野長英 →22, 24
タカジョーシ 高調子 →15	
タカジョーチン 高提灯 →15	タカノツメ 鷹の爪〖唐辛子〗 →19
タカセブネ 高瀬船 →12	タカノハ 鷹の羽〖紋所〗 →19
タカゾラ 高空 →5	タカハ 鷹派 →7
タカダイ 高台 →8	タカバ, タカバ 高歯(～の下駄) →5
タカダカ, タカダカ, タカダカ 高高 (=せいぜい。～千円ぐらい) →68	タカハシ 高橋〖姓〗 →22
タカダカ 高高(～と差し上げる) →57	タカハマ, タカハマ 高浜〖姓〗 →22
タカタノババ, 《駅名は タカダノババ》 高田馬場〖地〗 →19	～・キョシ, タカハマキョシ ～虚子 →24, 27
タカチホノミネ 高千穂峰 →19	タカハリ, タカハリ 高張<タカハリジョーチン 高張提灯 →10, 15
タカチョーシ, タカッチョーシ, 《古は タカチョーシ, ダカッチョーシ》 高(っ)調子 →15d	タカヒク, 《新は タカヒク》 高低 →18
ダカツ 蛇蠍(～の如く) →18	タカビシャ 高飛車(～に出る) →15
タカツキ, タカツキ 高坏 →5	タカブル 高ぶる →96
ダガッキ 打楽器 →15	タカベ 鯖〖魚〗
ダガッケイ★ 多角形 →14a	タカベイ, タカベイ★ 高塀 →8
タカテコテ, タカテコテ, 《古は タカテコテ》 高手小手 →18	タカボーキ 高箒 →12
タカドノ 高殿 →5	タカボーキ, タケボーキ 竹箒 →12
	タカマガハラ, タカマガハラ 高天原

ガギグゲゴは鼻濁音　カタカナ細字は母音の無声化　★は長音にもなる符号

タカマキ――ダキスク　　528

→19

タカマキエ, タカマキエ　高蒔絵 →15
タカマクラ　高枕 →12
タカマゲ,《古は タカマゲ》 高髷 →5
タカマツ　高松〖地・姓〗→21, 22
タカマツシ, タカマツシ　高松市
　→14c
タカマリ, タカマリ, タカマリ　高ま
　り →2
タカマル　高まる →44
タカミ　高処(～の見物) →93
タカムラ　高村〖姓〗→22
　～(・)コータロー　～光太郎 →26, 27
タカメ, タカメ　高目 →95
タカメル　高める →44
タカモモ　高股 →5
タガヤス　耕す →46
タカヤマ　高山〖地・姓〗→21, 22
タカヨージ　高楊枝(武士は食わねど～)
　→15
タカラ　宝(オタカラ 御～) →1, 92
ダカラ　〖接〗(～いやよ) →67
タカラカ　高らか(声～に) →55
タカラクジ, タカラクジ　宝籤 →12
タカラサガシ　宝捜し →13
タカラジマ　宝島〖書〗→12
タカラズカ　宝塚〖地・歌劇団〗→21, 28
タカラズカゲキジョー　宝塚劇場 →15
タカラズクシ　宝尽し →95
タカラチョー　宝町〖地〗→14
タカラブネ　宝船 →12
タカラモノ, タカラモノ, タカラモノ
　宝物 →12
タカリ　集り →2
タカル　集る(人が～, 金を～) →43
……タガル, ……タガル; ……タガル
　〖助動〗(ナキタガル, ナキタガル 泣
　き～, ヨミタガル 読み～) →83
タカワライ　高笑い →13

タカン　多感 →8
ダカン　兌換 →8
ダカンケン　兌換券 →14a
ダカンシヘイ＊　兌換紙幣 →15
タキ　滝 →1
タキ　滝〖姓・女名〗→22, 23
　～(・)レンタロー　～廉太郎 →26, 27
タキ　多岐(～にわたる) →7
タギ　多義 →7
ダキ　唾棄, 惰気, 舵機 →7
ダキアウ　抱き合う →45
ダキアガル　炊き上がる →45
ダキアゲル　抱き上げる →45
タキアワセ　炊合せ →13
ダキアワセ　抱合せ →13
ダキアワセル　抱き合わせる →45
ダキオコス　抱き起す →45
タキオトシ　焚落し →13
ダキカカエル, ダキカカエル　抱き抱
　える →45b
タキガワ　滝川《姓も》→4, 22
タキギ　薪 →5
タキギノー　薪能 →14
ダキグセ　抱き癖 →5
タキグチ　焚口 →5
タキグチ, タキグチ,《姓は タキグチ》
　滝口 →4, 22
ダキコミ　抱込み →5
タキコミゴハン　炊込み御飯 →15
タキコム　炊き込む →45
ダキコム　抱き込む →45
タキザワ　滝沢〖姓〗→22
　～(・)オサム　～修 →23, 27
　～(・)バキン　～馬琴 →24, 27
タキシード　tuxedo →9
タキジマ　滝縞 →4
タキシメル　焚き染める →45
ダキシメル　抱き緊める →45
ダキスクメル　抱き竦める →45

￣は高い部分　˙˙˙と˙˙˙は高低が変る部分　￣は次が下がる符号　→は法則番号参照

529　　　　　　　　　　　　　　**タキダシ──ダクト**

タキダシ　炊出し,焚出し →5	タクイツ　択一 →8
タキタテ　炊き立て →95	タグウ　類う →43
ダキツク　抱き着く →45	タクエツ　卓越 →8
タキツケ　焚付け →5	ダクオン, ダクオン　濁音 →8
タキツケル　焚き付ける →45	ダクオンプ　濁音符 →14a
タキツボ,《古は タキツボ》滝壺 →4	タクサン　沢山(～ある,～下さい) →62
ダキトメル　抱き留める →45	タクサン　沢山(～の花,もう～だ,～に
ダキトル　抱き取る →45	頂く) →8
ダキネ　抱き寝 →5	タクシアゲル, タクシアゲル　たくし
タキノガワ　滝野川〖地〗→12	上げる(袖を～) →45
タキノボリ, タキノボリ　滝登り(鯉の	タクシー　taxi →9
～) →13	タクシキ　卓識 →8
タキビ　焚火 →5	タクシコム, タクシコム, タクシコム,
ダキマクラ　抱き枕 →12	タクシコム　たくし込む →45
タキモノ　焚物,薫物 →5	タクジショ, タクジショ　託児所 →14
ダキュー　打球,打毬 →8	ダクシュ, ダクシュ　濁酒 →7
タキョー, タキョー　他郷 →8	タクシュツ　卓出 →8
タギョー　他行(=外出) →8	タクジョー　卓上 →8
タギョー　た行 →8	タクショク　拓殖《大学も》→8,29
ダキョー　妥協 →8	タクシン　宅診 →8
タキョク　多極 →8	タクス, タクス, タクス　託す →48c
ダキヨセル　抱き寄せる →45	ダクスイ　濁水 →8
タギル　滾る →43	タクスル　託する →48
タク　炊く,焚く,薫く タカナイ, タ	ダクセ, ダクセ　濁世 →7
コー, タキマス, タイテ, タケバ,	タクセツ　卓説 →8
タケ →43 宅(オタク 御～) →6,92	タクゼツ　卓絶 →8
タク　鐸 →6 他区 →7	タクセン　託宣(ゴタクセン 御～)
タク,《新は タク》卓 →6	→8,92
タグ, タグ, タッグ　tag →9	タクゼン　卓然 →56
ダク　抱く ダカナイ, ダコー, ダキ	タクソー　託送,宅送 →8
マス, ダイテ, ダケバ, ダケ →43	ダクダク　諾諾 →58 (汗～だ・～に)
ダク　諾,濁 →6 駄句 →7 跑<ダク	→57
アシ, ダクアシ 跑足 →10,4	ダクダク　(汗が～,～と流れる) →57
タクアッカイ　宅扱い →13	タクチ　宅地 →7
タクアン, タクワン,《人は タクアン》	タグチ　田口〖姓〗→22
沢庵 →3d,25	タクチゾーセイ★　宅地造成 →15
タクアンズケ, タクワンズケ　沢庵漬	ダクテン, ダクテン　濁点 →8
→13	タクト　tact →9
タグイ, タグイ, タグイ　類,比い →2b	ダクト　duct →9

ガギグゲゴは鼻濁音　カタカナ細字は母音の無声化　★は長音にもなる符号

タクハイ ── タケダ

タクハイ 宅配 →8	……タケ; ……ダケ …岳…嶽(ヤツガタケ 八ヶ岳, タニガワダケ 谷川岳, デワガタケ 出羽嶽) →19, 12

タクハイ 宅配 →8
タクハイビン 宅配便 →14
タクハツ 托鉢 →8
タクバツ 卓抜 →8
ダクヒ 諾否 →18
タグボート tugboat →16
タクホン 拓本 →8
タクマ 琢磨 →7
タクマシイ★ 逞しい →52
タクマシュースル, タクマシュースル 逞しゅうする →48
タグマル (着物が~) →44
タクミ,《古は タクミ》 巧み(~に), 匠(飛騨の~) →2
タクム 巧む・工む(タクマザル 巧まざる) →43, 89
タクヨー 托葉 →8
タクラミ, タクラミ 企み →2
タクラム 企む →43
タグリコム, タグリコム,《古・強は タグリコム》 手繰り込む →45
タクリツ 卓立 →8
ダクリュー 濁流 →8
タグリヨセル, タグリヨセル,《古・強は タグリヨセル》 手繰り寄せる →45
タグル 手繰る →46
タクロー 宅浪〖俗〗<自宅浪人 →10
ダクロー 濁浪 →8
タクロン 卓論 →8
タクワエ, タクワエ, タクワエ 貯え, 蓄え →2b
タクワエル, タクワエル, タクワエル 貯える, 蓄える →43b
タグワン, タグアン 沢庵 →3d
タケ 竹, 茸 →1
ダケ 他家 →7 竹〖女名〗(オダケサン お~さん) →23, 94
タケ 丈, 岳 →1

……タケ; ……ダケ …岳…嶽(ヤツガタケ 八ヶ岳, タニガワダケ 谷川岳, デワガタケ 出羽嶽) →19, 12
……ダケ; ……ダケ, ……ダケ …丈〖助〗(ナクダケ 泣く~, ヨムダケ, ヨムダケ 読む~, アカイダケ 赤い~, シロイダケ, シロイダケ 白い~) →72, 74
……ダケ; ……ダケ, ……ダケ; ……ダケ, ……ダケ …丈〖助〗(トリダケ 鳥~, ハナダケ, ハナダケ 花~, アメダケ, アメダケ 雨~) →71
タケイ★,《新は タケイ★》 多芸(~多才) →8
タケウチ 竹内・武内〖姓〗 →22
タケウチ・セイ★ホー, タケウチセイ★ホー 竹内栖鳳 →24, 27
タケウマ, タケンマ 竹馬 →4
タケオ 武男・竹夫・武雄〖男名〗 →25
タケガキ, タケガキ 竹垣 →4
タケカゴ 竹籠 →4
タケガリ 茸狩 →5
タケガンムリ 竹冠(=⺮) →12
ダゲキ 打撃 →8
タケギレ, タケッキレ 竹(っ)切れ →4d
タケクギ, タケクギ 竹釘 →4
タケグラベ 丈比べ, たけくらべ〖書〗 →13
タケコ 竹子・武子〖女名〗 →25
タケザイク 竹細工 →15
タケザオ 竹竿 →4
タケシ 武・健・猛〖男名〗 →23
タケス 竹簀 →4
タケズツ 竹筒 →4
タケズッポ, タケズッポー, タケズッポー 竹筒 →94d
タケセイ★ヒン 竹製品 →17
タケダ,《古は タケダ》 竹田・武田〖姓〗

￣は高い部分　⋯と￣は高低が変る部分　￣｜は次が下がる符号　→法則番号参照

左段

→22
～・**イズモ**　竹田出雲　→23
～・**ジンゲン**　武田信玄　→24
タケダケシイ★　猛猛しい(ぬすっと～)　→53
タケツ　多血　→8
ダケツ　妥結　→8
タケツカン, **タケッカン**　多血漢　→14c
タケツシツ　多血質　→14
ダケド　〔接〕　→67d
ダケドモ　〔接〕　→67d
タケトリモノガタリ　竹取物語　→12
タケトンボ　竹蜻蛉　→12
タケナガ　丈長《元結も》　→5
タケナワ　酣, 闌　→1
タケノカワ　竹の皮　→19
タケノコ　筍　→19
タケノコイシャ　筍医者　→15
タケノコセイカツ　筍生活　→15
タケノコメシ, **タケノコメシ**　筍飯　→12
タケノソノー, **タケノソノー**　竹の園生　→19
タケバシ　竹橋《橋・地》　→12
タケバシ　竹箸　→4
タケヒサ　竹久《姓》　→22
～・**ユメジ**, **タケヒサユメジ**　～夢二　→25,27
タケベラ　竹箆　→4
タケボーキ, **タカボーキ**　竹箒　→12
タケミツ, **タケミツ**　竹光　→4
タケモト　竹本《姓》　→22
～(・)**ギダユー**　～義太夫　→26,27
タケヤ　竹屋《隅田川の渡しは **タケヤノ**(・)**ワタシ**　～の渡し》→94,97,98
タケヤブ　竹藪　→4
タケヤライ　竹矢来　→12
タケヤリ　竹槍　→4

右段

タケヨージ　竹楊枝　→15
タケリタツ, **タケリタツ**,《古・強は **タケリタツ**》　哮り立つ　→45
タケル　炊ける, 焚ける　→44　武・猛《男名》→23
タケル　哮る, 猛る, 闌ける　→43
ダケレド　〔接〕　→67
ダケレドモ　〔接〕　→67
タケン　他見　→8
ダケン　他県　→8
タゲン　多言, 多元　→8
ダケン　駄犬　→8
タゲンロン　多元論　→14a
タコ　蛸, 凧, 胼胝　→1
タゴ, **タゴ**　担桶　→1
タコアゲ, **タコアゲ**　凧上げ　→5
タコー　多幸(**ゴタコー** 御～)　→8,92
タコー　他校　→8
ダコー　蛇行　→8
タコク, **タコク**　他国　→8
タコクセキ　多国籍　→15
タコクセキキギョー　多国籍企業　→15
タコクモノ　他国者　→12
タゴサク　田吾作　→25
タコツボ　蛸壺　→4
タゴトノツキ　田毎の月　→98
タコニュードー,《古は **タコニュードー**, **タコニュードー**》　蛸入道　→15
タゴノウラ　田子ノ浦　→19
タコハイ　蛸配<**タコハイトー** 蛸配当　→10,15
タコボーズ　蛸坊主　→15
タコメーター　tachometer　→16
タコヤキ　蛸焼　→5
タコン　多恨(多情～)　→8
タゴン　他言(～は無用)　→8
タサイ　多彩, 多才, 多妻　→8
タザイ　多罪　→8
ダザイ(・)**オサム**　太宰治《人》→22,23,

ガギグゲゴは鼻濁音　カタカナ細字は母音の無声化　★は長音にもなる符号

ダザイフ──タスーハ　　　532

27

ダザイフ　大宰府〚史〛, 太宰府〚地〛 →14b

タサク　多作 →8

ダサク　駄作 →8

タサツ　他殺 →8

タサン　多産 →8

ダサン　打算 →8

タサンケイ★　多産系 →14

ダサンテキ　打算的 →95

ダザンノ(·)イシ, タザンノ(·)イシ　他山の石 →97,98

タシ　足し(生活の~に) →2

タシ　他紙, 他誌, 多子, 多士 →7

タジ　他事(~ながら), 多事 →7

ダシ　出し(~に使う), 出汁, 出車 →2

ダシアウ, 《新は ダシアウ》　出し合う →45

ダシイレ, ダシイレ　出し入れ →18

ダシオクレ　出し遅れ →13

ダシオシミ　出し惜しみ →13

タシカ　確か(~に) →55

タシカメル　確かめる →44

ダシガラ　出し殻 →5

ダシキル, 《新は ダシキル》　出し切る →45

ダシコブ, ダシコブ, ダシコンブ　出昆布

タシザン　足し算 →8

ダシシブル, ダシシブル　出し渋る →45

ダシジル, ダシジル　出し汁 →5

タシ(·)セイ,セイ★　多士済済 →59

タジ(·)タタン　多事多端 →97,98

タシツ　多湿 →8

タジツ　他日 →8

ダシッコ　出しっこ〚俗〛(~する) →94

タシナミ, タシナミ　嗜み →2

タシナム　嗜む →43

タシナメル　窘める →43

ダシヌク, 《新は ダシヌク》　出し抜く →45

ダシヌケ　出し抜け →5

タジマ　但馬(~の国) →21

タシマエ　足し前 →5

ダシモノ　出し物, 演し物 →5

タシャ　多謝, 他社, 他者 →7

ダシャ　打者 →7

タシュ　多種(~多様), 多趣 →7

ダシュ　舵手 →7

タシュー, 《古は タシュー》　他宗 →8

タジュージンカク　多重人格 →15

タシュツ　他出 →8

タシュミ　多趣味 →15

ダジュン　打順 →8

タショ　他所, 他書, 多書 →7

タショー　多少 →18,61　他生, 他称 →8

タジョー　多情(~多恨) →8

ダジョーカン　太政官 →14a

ダジョーダイジン　太政大臣 →15

タショーノエン　多(他)生の縁 →19

タショク　多色, 多食 →8

タショクズリ　多色刷り →13

タジログ →44

ダシン　打診 →8

タシンキョー　多神教 →14

タス　足す　タサナイ, タソー, タシマス, タシテ, タセバ, タセ →44

ダス　出す　ダサナイ, ダソー, ダシマス, ダシテ, ダセバ, ダセ →44　堕す →48

タスー　多数 →8

ダスー　打数 →8

タスーケツ　多数決 →14a

タスーハ　多数派 →14

 ̄は高い部分　¨と…は高低が変る部分　⌐は次が下がる符号　→は法則番号参照

533 **タスカル──タタキガ**

タ**ス**カル　助かる　タスカ**ラ**ナイ，タ**ス**カロ**ー**，タ**ス**カリ**マ**ス，タ**ス**カッ**テ**，タ**ス**カレバ，タ**ス**カレ →44	ダセイ★テキ　惰性的 →95
タ**ス**キ，タ**ス**キ▔　襷 →1	ダ**セ**キ　打席 →8
タ**ス**キガケ　襷掛け →13	タ**セ**ン　他薦 →8
▔**タ**スク　task →9	ダ**セ**ン　打線，唾腺 →8
タ**ス**クバー　task bar →16	タ**ソ**ガレ　黄昏 →3
タ**ズ**クリ　田作り《ごまめも》 →13	タ**ソ**ガレドキ，タ**ソ**ガレ▔ドキ　黄昏時 →12
タ**ズ**ケ▔　助け（**オ**タスケ　御～）→2, 92	ダ**ソ**ク　蛇足 →8
タ**ス**ケアイ　助け合い →13	タ**ソ**クルイ　多足類 →14
タ**ス**ケア**ウ**，タ**ス**ケア**ウ**　助け合う →45	タ**ソ**ン，▔**タ**ソン　他村 →8
タ**ス**ケダ**ス**，タ**ス**ケダ**ス**　助け出す →45	▔**タ**タ　多多（～有る）→68
タ**ス**ケブネ，《新は　タ**ス**ケブネ》　助け船 →12	▔**タ**ダ　唯・只〘副〙→61　只（=無料）→1
タ**ス**ケル　助ける　タ**ス**ケ▔ナイ，タ**ス**ケヨ**ー**，タ**ス**ケ**マ**ス，タ**ス**ケ**テ**，タ**ス**ケレバ，タ**ス**ケロ →43c	▔**ダ**ダ　駄駄（～をこねる）→11　dada〔仏〕→9
タ**ズ**サエ▔ル，タ**ズ**サ▔エル　携える →43b	タ**ダ**イ　多大 →8
タ**ズ**サワル　携わる →44	ダ**タ**イ　堕胎 →8
▔**ダ**スター　duster →9	ダダイコ　大太鼓 →15
ダ**ス**ターコート　duster coat →16	ダダイズム　Dadaism →9
ダ**ス**トシュート　dust chute →16	タ**ダ**イマ　只今（=今・すぐさま）→4
タ**ズ**ナ　手綱 →4	タ**ダ**イマ　只今〘感〙→66
タ**ズ**ネアテ▔ル，タ**ズ**ネア▔テル　尋ね当てる →45	タ**タ**エ▔ル，タ**タ**エ▔ル，タ▔**タ**エル　称える，湛える →43b
タ**ズ**ネダ**ス**，タ**ズ**ネダ**ス**　尋ね出す →45	▔**タ**ダオ　忠夫・忠雄〘男名〙→25
タ**ズ**ネ▔ビト　尋ね人 →12	タ**タ**カイ　戦い →2
タ**ズ**ネモ▔ノ，タ**ズ**ネモ▔ノ　尋ね物（**オ**タ**ズ**ネモ▔ノ　御～）→12, 92	タ**タ**カイヌク　戦い抜く →45
タ**ズ**ネ▔ル　尋ねる，訪ねる　タ**ズ**ネ▔ナイ，タ**ズ**ネヨ**ー**，タ**ズ**ネ**マ**ス，タ**ズ**ネ**テ**，タ**ズ**ネレバ，タ**ズ**ネロ →43	タ**タ**カウ　戦う　タ**タ**カワ**ナ**イ，タ**タ**カオ**ー**，タ**タ**カイ**マ**ス，タ**タ**カッ**テ**，タ**タ**カエバ，タ**タ**カエ →43
ダ**ズ**ル　堕する →48	タ**タ**カワス　戦わす →44
タ**ゼ**イ★　多勢（～に無勢）→8	タ**タ**カワセル　戦わせる →44
ダ**セ**イ★　惰性 →8	タ**タ**キ▔　叩き，敲き，三和土 →2
	タ**タ**キアゲ▔ル，タ**タ**キア▔ゲル，《古・強は　タ**タ**▔キアゲル》　叩き上げる →45
	タ**タ**キ▔ウリ　叩き売り →13
	タ**タ**キオコ▔ス，タ**タ**キオ▔コス，《古・強は　タ**タ**▔キオコス》　叩き起す →45
	タ**タ**キオト▔ス，タ**タ**キオ▔トス，《古・強は　タ**タ**▔キオトス》　叩き落す →45
	タ**タ**キ▔ガネ　敲鉦 →12

ガギグゲゴは鼻濁音　カタカナ細字は母音の無声化　★は長音にもなる符号

タタキキ──タダレル　　534

タタキキル, タタキキル, 《古・強は タダキキル》 叩き切る →45

タタキコム, タタキコム, 《古・強は タダキコム》 叩き込む →45

タタキコロス, タタキコロス, 《古・強は タダキコロス》 叩き殺す →45

タタキコワス, タタキコワス, 《古・強は タダキコワス》 叩き壊す →45

タタキダイ, タタキダイ 叩き台 →14

タタキダイク 叩き大工 →15

タタキダス, タタキダス, 《古・強は タダキダス》 叩き出す(=追い出す・追い払う) →45

タタキツケル, タタキツケル, 《古・強は タダキツケル》 叩き付ける →45

タタキノメス, タタキノメス, 《古・強は タダキノメス》 叩きのめす →45

タタク 叩く,敲く タタガナイ, タタコー, タタキマス, タタイテ, タタケバ, タタケ →43

タダゴト 徒事(~ではない) →4

タダサエ (~うるさいのに) →76, 67

タダザケ, タダザケ 只酒 →4

タダシ 但し →65 正〖男名〗 →23

タダシイ* 正しい タダシカッタ, タダシク, タダシクテ, タダシケレバ, タダシ →52

タダシガキ 但書 →13

タダシサ 正しさ →93c

タダス 正す,糺す →44

タタズマイ 佇まい →2

タタズム 佇む →44

タダタダ 只只 →68

タダチニ 直ちに →67

ダダッコ 駄々っ児 →12d

ダダッピロイ, ダダッピロイ, 《古・強は ダダッピロイ》 徒っ広い →54d

タダデサエ →77, 67

タダトリ, タダトリ, タダトリ, タダドリ, タダドリ 只取り →5

タダナカ, タダナカ 直中 →4

タダニ 啻に(~是のみならず) →67

タダノミ 只飲み →5

タダノリ 只乗り →5

タダバタラキ 只働き →13

タダビト 只人 →4

タタマル 畳まる →44

タタミ 畳 →2

タタミイワシ 畳鰯 →12

タタミオモテ 畳表 →12

タタミガエ, 《新は タタミガエ》 畳替え →13

タタミガエス 畳み返す →45

タタミカケル 畳み掛ける →45

タタミコム 畳み込む →45

タタミザン 畳算〖占〗 →14

タタミジキ 畳敷き →13

タタミショク 畳職 →14

タタミジワ 畳み皺 →12

タタミスイレン 畳水練 →15

タタミツキ 畳付き〖履物〗 →13

タタミベリ 畳縁 →12

タタミメ 畳目 →12

タタミヤ 畳屋(~さん) →94

タタム 畳む タタマナイ, タタモー, タタミマス, タタンデ, タタメバ, タタメ →43

タダモノ 只者(~でない) →4

タダヨウ 漂う →43

タダヨワス 漂わす →44

タタラ 蹈鞴(~を踏む)

タタリ 祟り →2

タタリメ, タタリメ, タタリメ 祟り目(弱り目に~) →12

タタル 祟る →43

タダレ 爛れ →2

タダレメ, タダレメ 爛れ目 →12

タダレル 爛れる →43

￣は高い部分 …と…は高低が変る部分 「は次が下がる符号 →は法則番号参照

タタン 多端, 他端 →8	タチカタ, タチカタ 立方(↔地方)→5 裁ち方 →95
タチ 質(〜が悪い), 館 →2	タチガレ 立枯れ →5
タチ,《古は タチ》太刀 →2	タチカワ 立川〖地・姓〗→21c, 22c
……タチ …達(コドモタチ 子供〜, オンナタチ 女〜)→94	タチカワリ 立代り(入り代り〜)→13
タチアイ 立合, 立会(オタチアイ 御〜)→5, 92	タチキ, タチキ 立木 →5
タチアイエンゼツ 立会演説 →15	タチギエ 立消え →5
タチアイニン 立会人 →14	タチギキ 立聞き →5
タチアウ,《新は タチアウ》 立ち会う →45	タチキル,《新は タチキル》 断ち切る →45
タチアオイ 立葵 →12	タチグイ 立食い →5
タチアガリ 立上がり, 裁上がり →13	タチグサレ 立腐れ →13
タチアガル, タチアガル 立ち上がる →45	タチクズ 裁ち屑 →5
タチアゲル, タチアゲル 立ち上げる 『コンピューター』→45	タチクラミ, タチグラミ 立暗み →13
タチイ, タチイ 立ち居・起居(〜振舞)→18	タチゲ 立毛 →5
タチイタ, タチイタ 裁ち板 →5	タチゲイコ 立ち稽古 →15
タチイタル, タチイタル 立ち至る →45	タチコメル, タチコメル 立ち込める →45
タチイリ 立入り →5	タチサキ, タチサキ, タチサキ 太刀先 →4
タチイリキンシ 立入り禁止 →98	タチサバキ 太刀捌き →13
タチイル,《新は タチイル》 立ち入る →45	タチサル,《新は タチサル》 立ち去る →45
タチウオ 太刀魚 →4	タチサワグ, タチサワグ 立ち騒ぐ →45
タチウチ, タチウチ 太刀打ち(〜ができない)→5	タチシゴト 立ち仕事 →12
タチウリ 立売り, 裁売り →5	タチショーベン 立ち小便 →15
タチエリ, タチエリ 立襟 →5	タチスガタ 立ち姿 →12
タチオージョー 立往生 →15	タチスクム, タチスクム 立ち竦む →45
タチオクレ 立後れ →13	タチスジ 太刀筋 →4
タチオクレル, タチオクレル 立ち後れる →45	タチズメ 立ち詰め →5
タチオヨギ 立泳ぎ →13	タチセキ, タチセキ 立ち席 →5
タチカエル, タチカエル 立ち返る →45	タチタカトビ, タチタカトビ 立高跳 →12
タチカゼ, タチカゼ 太刀風 →4c	タチダシ 裁ち出し →5
	タチダス,《新は タチダス》 裁ち出す →45
	タチツクス, タチツクス 立ち尽す

ガギグゲゴは鼻濁音　カタカナ細字は母音の無声化　★は長音にもなる符号

→45	タチビ　立ち日(=命日) →5

タチツズケ　立ち続け →13
タチツズケル, タチツズケル　立ち続ける →45
タチドーシ　立ち通し →95
タチドコロニ, タチドコロニ　立所に →67
タチドマル, タチドマル　立ち止まる →45
タチトリ, タチトリ　太刀取り →5
タチナオリ　立ち直り →13
タチナオル, タチナオル　立ち直る →45
タチナラブ, タチナラブ　立ち並ぶ →45
タチヌイ　裁ち縫い →18
タチノキ　立退き →5
タチノキサキ　立退先 →12
タチノキリョー　立退料 →14
タチノク, 《新は タチノク》　立ち退く →45
タチノボル, タチノボル　立ち上る →45
タチノミ　立飲み →5
タチバ, タチバ　立場 →5
タチバサミ　裁ち鋏 →12
タチハダカル, タチハダカル　立ちはだかる →45
タチハタラキ　立ち働き →13
タチハタラク, タチハタラク　立ち働く →45
タチバナ　橘〚姓も〛 →22
　タチバナノ・ハヤナリ, タチバナノハヤナリ　～逸勢 →24, 27
タチバナシ　立ち話 →12
タチバナヤ　橘屋〚歌舞伎〛 →94
タチハバトビ, タチハバトビ　立幅跳 →12
タチバン, タチバン　立ち番 →8

タチビナ　立ち雛 →5
タチフサガル, タチフサガル　立ち塞がる →45
タチブルマイ　立ち振舞(=立ち居振舞) →18
タチブルマイ　立ち振舞(=出発前のごちそう) →13
タチマチ　忽ち →61　立待<タチマチノツキ 立待の月 →5, 19
タチマワリ　立回り →13
タチマワル, タチマワル　立ち回る →45
タチミ　立見(芝居の～) →5
タチミセキ　立見席 →14
タチムカウ, タチムカウ　立ち向かう →45
タチモチ, タチモチ　太刀持ち →5
タチモドル, タチモドル　立ち戻る →45
タチモノ　断ち物, 裁ち物 →5
タチモノイタ, タチモノイタ　裁ち物板 →12
タチヤク　立役〚歌舞伎〛 →8
タチユク, 《新は タチユク》　立ち行く →45
ダチョー　駝鳥 →8
タチヨル, 《新は タチヨル》　立ち寄る →45
タチワザ　立技 →5
タチワル, 《新は タチワル》　断ち割る →45
ダチン　駄賃(オダチン 御～) →8, 92
タチンボー　立ん坊 →94
タツ　竜(龍), 辰〚十二支〛 →1
タツ　立つ, 建つ, 断つ, 絶つ, 裁つ, 截つ
　タタナイ, タトー, タチマス, タッテ, タテバ, タテ →43
タツイ, タツイ　達意 →7

￣は高い部分　⁀と⁀は高低が変る部分　⌐は次が下がる符号　→は法則番号参照

537　　　　　　　　　　　　　　　　　　ダツイ──ダッピ

ダツイ, ダツイ	脱衣 →7	ダッスイキ	脱水機 →14b
ダツイジョ, ダツイジョ	脱衣所 →14	タッスル, タッスル	達する →48
ダツイジョー	脱衣場 →14	ダッスル, ダッスル	脱する →48
タツオ	達夫・辰男・竜(龍)雄〖男名〗 →25	タッセ	立つ瀬(〜が無い) →19
ダッカイ	脱会, 奪回 →8	タッセイ	達成 →8
タッカン	達観 →8	ダツゼイ	脱税 →8
ダッカン	奪還 →8	ダッセン	脱線 →8
ダッキャク	脱却 →8	ダッソ	脱疽 →7
タッキュー	卓球 →8	ダッソー	脱走 →8
ダッキュー	脱臼 →8	ダツゾク	脱俗 →8
タッキュービン	宅急便〖商標〗→14	タッタ	唯〖副〗→61d
タック	tuck →9	タッタアゲ	竜(立)田揚げ →13
タッグ	tag →9	ダッタイ	脱退 →8
ダックスフント	Dackshund〔独〕→9	タッタイマ	唯今 →67
タックル	tackle →9	タツタガワ	竜(龍)田川, 立田川 →12
タッケン	卓見, 達見 →8	タツタヒメ	竜(龍)田姫, 立田姫 →12
ダッコ	抱っこ〖児〗→2	タッチ	立っち〖児〗(〜をする) →2
ダッコー	脱稿, 脱肛 →8		touch →9
ダッコク	脱穀 →8	タッチアウト	touch out →16
ダツゴク	脱獄 →8	タッチパネル	touch panel →16
ダツサラ	脱サラ＜脱 salary man →10	タッチュー	塔頭 →8
タッシ	達し(オタッシ 御〜) →2, 92	ダッチョー	脱腸 →8
ダッシ	脱脂 →7	タッツケ	裁着け〖衣〗→5
ダツジ	脱字 →7	ダッテ, タッテ	達て(〜の願い) →67
タッシキ	達識 →8	ダッテ	〖接〗(〜いやよ) →65
ダッシニュー	脱脂乳 →14	……ダッテ; ……ダッテ; ……ダッテ	〖助〗(トリダッテ 鳥〜, ハナダッテ 花〜, アメダッテ 雨〜) →71
ダッシフンニュー	脱脂粉乳 →15		
ダッシメン	脱脂綿 →14	ダット, ダット	脱兎(〜の如し) →7
タッシャ	達者 →7	タットイ	尊い →52
ダッシュ	dash →9	ダットー	脱党 →8
ダッシュ, ダッシュ	奪取 →7	タツドシ	辰年 →4
ダッシュー	脱臭 →8	タットブ	尊ぶ →44
ダッシューザイ, ダッシューザイ	脱臭剤 →14a	タツノオトシゴ	竜の落し子 →19
		タツノクチ	竜の口, 竜ノ口〖地〗→19
ダッシュツ	脱出 →8	ダッパー	＜タッパーウエア, タッパウェア Tupperware〖商標〗→9, 16
ダッショク	脱色 →8		
タツジン	達人 →8	ダッパン	脱藩 →8
ダッスイ	脱水 →8	ダッピ	脱皮 →7

ガギグゲゴは鼻濁音　カタカナ細字は母音の無声化　★は長音にもなる符号

タッピツ――タテトー　538

タッピツ 達筆 →8

タップ tap<**タップダンス** tap dance →9, 16

タップ, **タップ** tap〘工具〙 →9

タップリ (～した, ～と) →55

ダッフルコート duffle coat →16

ダップン 脱糞 →8

タツベン 達弁 →8

ダツボー 脱帽 →8

ダッポクシャ 脱北者 →14c

タツマキ 竜巻 →5

タツミ 辰巳〘地も〙, 巽 →4

ダツモー 脱毛 →8

ダツラク 脱落 →8

ダツリョク, **ダツリョク** 脱力 →8

ダツリン 脱輪〘自動車など〙 →8

ダツロー 脱漏 →8

タテ 縦, 竪, 盾, 楯, 館, 殺陣 →1　立< 立唄・立三味線・立役者 →10

……**タテ** …立て(=動作が終ったばかり の意。**ヤキタテ** 焼～, **モギタテ** 挘ぎ ～) →95

タデ 蓼(～食う虫も…) →1

ダテ, 《古は **ダテ**》 伊達 →2

ダテ 伊達〘姓〙 →22
　～(・)マサムネ ～政宗 →24, 27

……**ダテ** …立て(**トガメダテ** 咎め～, **ニトーダテ** 二頭～) →95, 38

タテアナ 竪穴 →4

タテアナジューキョ 竪穴住居 →15

タテアミ 建網 →5

タテイタニミズ 立て板に水 →98

タテイト 縦糸, 経糸 →4

タテウタ 立唄 →5

タテウリ 建売り →5

タテエボシ 立烏帽子 →15

タテエリ, **タテエリ** 立襟 →5

タテオヤマ, **タテオヤマ** 立女形 →12

タテカエ 立替 →5

タテカエル, **タテカエル**, **タテカエル** 立て替える, 建て替える →45b

タテガキ 縦書き →5

タテカケル, **タテカケル** 立て掛ける →45

タテガタ 縦型 →4

タテガミ, **タテガミ** 鬣 →5

タテカン 立看〘俗〙<**タテカンバン** 立 看板 →10, 15

タテギョージ 立行司 →15

タテキル, 《新は **タテキル**》 立て切る →45

タテグ 建具 →7

タテグショク 建具職 →14

タテグミ 縦組み →5

タテグヤ 建具屋 →94

タテコー 縦坑 →8

タテゴト 竪琴 →4

タテコム, 《新は **タテコム**》 立て込む →45

タテコモル, **タテコモル** 立て籠る →45

タテシ 殺陣師 →7

タテジク, **タテジク** 縦軸 →8

タテシナ, **タテシナ**, **タデシナ**, **タデ シナ** 蓼科〘地〙 →21

タテシナヤマ, **タデシナヤマ** 蓼科山 →12

タテジマ 縦縞 →4

ダテジメ 伊達締め〘和服〙 →5

タテシャカイ 縦社会 →15

タテジャミセン 立三味線 →17

ダテスガタ 伊達姿 →12

タテツク, **タテツク** 楯突く →49

タテツケ 立付け(～が悪い) →5

タテツズケ 立続け(～に) →13

タテツボ 立坪, 建坪 →5

タテトース, **タテトース** 立て通す →45

 ̄は高い部分　̈と ̇は高低が変る部分　 ̚は次が下がる符号　→は法則番号参照

539　　　　　　　　　　　　　　　　タテナオ――タナダ

タテナオシ　立直し,建て直し →13	タトイ, タトイ　仮令 →61b
タテナオス, タテナオ｀ス　立て直す,建て直す →45	タトエ, タトエ　仮令 →61b
タテナガ　縦長 →5	タトエ, タトイ　譬 →2b
タテネ　建値 →5	タトエバ　例えば →67
タテバ, タテバ　建場 →5	タトエバナシ　譬話 →12
タテヒキ, タテヒキ　立引き →18	タトエヨー, タトエヨー　例え様(～もない) →14
タテヒク,《新は タテヒ｀ク》　立て引く →45	タトエル　譬える →43
タテヒザ　立膝 →5	タトー　畳<タトーガミ　畳紙 →10, 12a
タテブエ, タテブエ, タテブエ　縦笛 →4	タドー　他動 →8
タテフダ　立札 →5	ダトー　妥当,打倒 →8
タテマエ　建前〖建〗(家の～) →5	タドーカイ　多島海 →14a
タテマエ　建前(=原則。～とする) →5	タドーシ　他動詞 →17
ダテマキ　伊達巻〖和服・食品〗 →5	ダトーセイ★　妥当性 →14
タテマシ　建て増し →5	タドク　多読 →8
タテマツル　奉る →43	タドコロ　田所 →12
タテムスビ　縦結び →13	タドタドシイ★　辿辿しい →53
ダテメガネ　伊達眼鏡 →12	タドリツク, タドリツク,《古・強は タドリツク》　辿り着く →45
タテモノ, タテモノ　建物 →5	タドル　辿る →43
ダテモヨー　伊達模様 →15	ダドン　炭団 →8d
タテヤクシャ　立て役者 →15	タナ　店(オタナ 御～),棚 →1, 92
タテヤノジ　竪やの字〖帯〗 →17	タナアゲ　棚上げ →5
タテヤマ　立山〖山〗 →12　館山〖地〗 →21	タナイタ　棚板 →4
タテユレ　縦揺れ →5	タナウケ　店請け →5
タテヨコ　縦横 →18	タナオロシ, タナオロシ, タナオロシ　店卸し →13
……ダテラ (オンナダテラニ 女～に) →95	タナカ　田中〖姓〗 →22
タテル　立てる,建てる,閉てる,点てる	タナコ　店子 →4
タテナイ, タテヨー, タテマス, タテテ, タテレバ, タテロ →44	タナゴ　鱮〖魚〗 →1
タデル, タデル (おできを～) →43	タナゴコロ, タナゴコロ, タナゴコロ　掌 →19
タテロ, タテロ　縦絽 →7	タナザライ　棚浚い →13
タテワキ　立涌 →5	タナザラエ　棚浚え →13
タテワリ　縦割り →5	タナザラシ, タナザラシ, タナザラシ　店晒し →13
ダテン　打点 →8	タナシ　田無〖地〗 →21
ダデン　打電 →8	タナダ　棚田 →4

ガギグゲゴは鼻濁音　カタカナ細字は母音の無声化　★は長音にもなる符号

タナダテ　店立て(〜を食う) →5
タナチン　店賃 →8
タナバタ　七夕 →4
タナバタサマ, タナバタサマ　七夕様 →94
タナバタツメ　棚機津女 →19
タナバタマツリ　七夕祭 →12
タナビク　棚引く →46
タナボタ　棚ぼた〖俗〗<棚から牡丹餅 →10
タナボタシキ　棚ぼた式 →95
タナモノ　店者,棚物 →4
タナラシ　田均し →13
タナン, タナン　多難 →8
タニ　谷〖姓〗→22
　〜・ブンチョー　〜文晁 →24
タニ　谷 →1
ダニ　壁蝨 →1
タニアイ　谷間 →4
タニカゼ　谷風《人も》→4, 23
タニガワ　谷川 →4
タニガワダケ　谷川岳 →12
タニク　多肉 →8
タニグチ　谷口〖姓〗→22
タニザキ　谷崎〖姓〗→22
　〜・ジュンイチロー, 〜・ジュンイチロー　〜潤一郎 →26
タニシ　田螺 →4
タニソコ, タニゾコ　谷底 →4
タニマ, タニマ　谷間 →4
ダニューブガワ　Danube川 →12
タニワタリ　谷渡り(うぐいすの〜) →13
タニン　他人 →8
タニンアツカイ　他人扱い →13
タニンギョーギ　他人行儀 →15
タニンサマ, タニンサマ　他人様 →94
タニンズ, タニンズー　多人数 →15
タヌキ　狸 →1

タヌキオヤジ　狸親父 →12
タヌキジジー　狸爺 →12
タヌキジル　狸汁 →12
タヌキネイリ　狸寝入り →13
タヌキババー　狸婆 →12
タヌキバヤシ　狸囃子 →12
タネ　種 →1
タネアカシ　種明かし →13
タネアブラ　種油 →12
タネイタ　種板 →4
タネイモ　種芋 →4
タネウシ, タネウシ　種牛 →4
タネウマ, タネンマ, タネウマ, タネンマ　種馬 →4
タネガシマ, 《もと タネガシマ》　種子島 →19
タネガミ　種紙 →4
タネギレ　種切れ →5
タネズミ　田鼠 →12
タネダシ　種出し →5
タネチガイ　種違い →13
タネツケ, タネツケ　種付け →5
タネトリ, タネトリ　種取り →5
タネナシ　種無し →5
タネビ, タネビ　種火 →4
タネヒコ　種彦〖人〗⇒リューテイ・〜
タネホン　種本 →8
タネマキ　種蒔き →5
タネモノ　種物 →4
タネモミ　種籾 →4
タネン, 《古は タネン》　他年,多年,他念 →8
タネンセイ　多年生〖植物〗→14
タネンセイソーホン　多年生草本 →15
タネンソー　多年草 →14
……ダノ; ……ダノ　〖助〗(ナクダノ 泣く〜, ヨムダノ 読む〜, アカイダノ 赤い〜, シロイダノ 白い〜) →72, 74b
……ダノ; ……ダノ; ……ダノ　〖助〗

541　　　　　　タノー──タビソー

（**トリダ̅ノ** 鳥～, **ハ̅ナ̅ダ̅ノ** 花～, **ア̅メ̅ダ̅ノ** 雨～）→71

タノー 多能 →8

タノク̅サ̅ト̅リ 田の草取り →13

タノシ̅イ★ 楽しい　**タ̅ノ̅シ̅カッタ**, **タ̅ノ̅シ̅ク**, **タ̅ノ̅シ̅クテ**, **タ̅ノ̅シ̅ケレバ**, **タ̅ノ̅シ̅** →52

タ̅ノ̅シ̅サ 楽しさ →93c

タ̅ノ̅シ̅ミ, **タ̅ノ̅シ̅ミ**, **タ̅ノ̅シ̅ミ** 楽しみ →2

タ̅ノ̅ジ̅ム 楽しむ →44

ダ̅ノ̅ニ 〔接〕→67

タ̅ノ̅ミ 頼み（=たよること。～にする, ～になる）→2

タ̅ノ̅ミ 頼み（=頼むこと。～がある）→2

タ̅ノ̅ミ̅コム, **タ̅ノ̅ミ̅コム**, 《古・強は **タ̅ノ̅ミ̅コ̅ム**》頼み込む →45

タ̅ノ̅ミ̅ス̅クナイ 頼み少ない →54

タ̅ノ̅ム 頼む　**タ̅ノ̅マナイ**, **タ̅ノ̅モー**, **タ̅ノ̅ミ̅マス**, **タ̅ノ̅ンデ**, **タ̅ノ̅メバ**, **タ̅ノ̅メ** →43

タ̅ノ̅モ 田面（～の月）→19

タ̅ノ̅モー 頼もう〔感〕→66

タ̅ノ̅モ̅シ 頼母子<**タ̅ノ̅モ̅シ̅コー** 頼母子講 →10, 14

タ̅ノ̅モ̅シ̅イ★ 頼もしい →53

タ̅バ 束 →1

……たば …束〔数〕→33, 62

ダ̅ハ 打破 →7

ダ̅バ 駄馬 →7

タ̅バ̅イ 多売 →8

タ̅バ̅カ̅ル 謀る →91

タ̅バ̅コ tabaco〔葡〕（煙草・莨）（**オ̅タ̅バ̅コ** 御～）→9, 92

タ̅バ̅コ̅イ̅レ 煙草入れ →13

タ̅バ̅コ̅セ̅ン, **タ̅バ̅コ̅セ̅ン** 煙草銭 →14

タ̅バ̅コ̅ダ̅イ, **タ̅バ̅コ̅ダ̅イ** 煙草代 →14

タ̅バ̅コ̅ボ̅ン 煙草盆（**オ̅タ̅バ̅コ̅ボ̅ン** 御

～）→14, 92

タ̅バ̅コ̅ヤ 煙草屋（～さん）→94

タ̅バ̅サ̅ム 手挟む →46

タ̅バ̅シ̅ル 迸る →91

タ̅バ̅ス̅コ, **タ̅バ̅ス̅コ** Tabasco〔商標〕→9

タ̅ハ̅タ 田畑 →18

タ̅バ̅タ 田端〔地〕→21

タ̅ハ̅ツ 多発 →8

タ̅バ̅ネ, **タ̅バ̅ネ** 束ね →2

タ̅バ̅ネ̅ル 束ねる →44

タ̅ビ 足袋 →1

タ̅ビ 旅, 度 →1

ダ̅ビ 茶毘（～に付す）→7

タ̅ビ̅ア̅キ̅ナイ, **タ̅ビ̅ア̅キ̅ナイ** 旅商い →12

タ̅ビ̅ア̅キ̅ンド 旅商人 →12

タ̅ビ̅オ̅カ tapioca〔蘭〕→9

タ̅ビ̅カ̅サ̅ナ̅ル, **タ̅ビ̅カ̅サ̅ナ̅ル** 度重なる →46

タ̅ビ̅カ̅セ̅ギ 旅稼ぎ →13

タ̅ビ̅ガ̅ラ̅ス 旅烏 →12

タ̅ビ̅ゲ̅イ̅ニ̅ン 旅芸人 →15

タ̅ビ̅コ̅ー̅ギ̅ョー 旅興行 →15

タ̅ビ̅ゴ̅コ̅ロ 旅心 →12

タ̅ビ̅ゴ̅ト, **タ̅ビ̅ゴ̅ト** 度毎（～に）→71

タ̅ビ̅サ̅キ, **タ̅ビ̅サ̅キ**, **タ̅ビ̅サ̅キ** 旅先 →4

タ̅ビ̅ジ, **タ̅ビ̅ジ** 旅路 →4

タ̅ビ̅ジ̅タ̅ク 旅支度 →15

タ̅ビ̅ジ̅バ̅イ 旅芝居 →12

タ̅ビ̅シ̅ョ 旅所（**オ̅タ̅ビ̅シ̅ョ** 御～）→7, 92

タ̅ビ̅シ̅ョ̅ー̅ゾ̅ク 旅装束 →15

タ̅ビ̅シ̅ョ̅ー̅ニ̅ン 旅商人 →15

タ̅ビ̅ス̅ガ̅タ 旅姿 →12

タ̅ビ̅ズ̅カ̅レ 旅疲れ →13

タ̅ビ̅ズ̅マ̅イ 旅住まい →13

タ̅ビ̅ソー 旅僧 →8

ガギグゲゴは鼻濁音　カタカナ細字は母音の無声化　★は長音にもなる符号

タビダチ, **タビダチ** 旅立ち →5
タビダツ 旅立つ →46
タビタビ 度度 →68
タビニッキ 旅日記 →15
タビニン 旅人 →8
タビネ, **タビネ** 旅寝 →5
タビハダシ 足袋跣足 →12
タビビト 旅人 →4
タビマクラ 旅枕 →12
タビマワリ 旅回り →13
タビヤ, 《新は **タビヤ**》 足袋屋 →94
タビヤクシャ 旅役者 →15
タビョー 多病 →8
ダビング, **ダビング** dubbing →9
タフ tough →9
タブー, **タブー** taboo →9
タフガイ, **タフガイ** tough guy →16
タブサ, **タブサ** 髻 →1
タフタ taffeta →9
ダブダブ (～だ・な・に) →57
ダブダブ (～する, ～と) →57
タブツ 他物 →8
ダブツク (服が～) →96
ダフヤ だふ屋〚俗〛 →94
タブラカス 誑かす →44
ダブリュシー, **ダブリューシー** WC <water closet →16
ダブル double →9
ダブル ダブる〚俗〛<double →44
ダブルキャスト double cast →16
ダブルス doubles →9
ダブルハバ double 幅 →12
ダブルパンチ double punch〔和〕 →16
ダブルプレー double play →16
ダブルヘッダー doubleheader →16
ダブルベッド, (**ダブルベット**) double bed →16
タブレット, **タブレット** tablet →9
タブロイド tabloid →9
タブロイドバン tabloid 版 →14
タブロー, **タブロー** tableau〔仏〕 →9
タブン 多分〚名〛(～に頂く), 他聞 →8
タブン 多分〚副〛(=おそらく。～来ない) →61
ダブン 駄文 →8
タベアキル, **タベアキル** 食べ飽きる →45
タベアルキ 食べ歩き →13
タベアワセ 食べ合せ →13
タベカケ 食べ掛け →95
タベカス, **タベカス** 食べ滓 →5
タベカタ, **タベカタ** 食べ方 →95
タベゴロ, **タベゴロ** 食べ頃 →5
タベザカリ 食べ盛り →12
タベスギ 食べ過ぎ →5
タベズギライ 食べず嫌い →19
タベスギル, **タベスギル** 食べ過ぎる →45
タペストリー, **タペストリー** tapestry →9
タベツケル, **タベツケル** 食べ付ける →45
タベデ 食べ出(～がある) →5
タベノコシ 食べ残し →13
タベノコス, **タベノコス** 食べ残す →45
タベノコリ 食べ残り →13
タベホーダイ 食べ放題 →95
タベモノ, **タベモノ**, **タベモノ** 食べ物 →5
タベモノヤ, **タベモノヤ**, **タベモノヤ** 食べ物屋 →94
タベル 食べる **タベナイ**, **タベヨー**, **タベマス**, **タベテ**, **タベレバ**, **タベロ** →43
ダベル 駄弁る〚俗〛 →44
タベン 多弁 →8
ダベン 駄弁 →8

543 タヘンケ──タマナシ

タヘンケー, タヘンケイ★ 多辺形 →14a	**タマゴイロ** 卵色 →12
ダボ 鬐 →1	**タマゴカケゴハン** 卵かけ御飯 →15
ダホ 拿捕 →7	**タマゴガタ** 卵形 →95
タホー 他方, 多方 →8	**タマゴキリ** 卵切り →13
タボー 多忙, 多望 →8	**タマゴザケ** 卵酒 →12
ダボー 打棒 →8	**タマゴドーフ** 玉子豆腐 →15
タホートー 多宝塔 →14	**タマゴトジ** 玉子綴じ →13
タホーメン, タホーメン 多方面 →15	**タマゴドンブリ** 玉子丼 →12
ダボク 打撲 →8	**タマゴナリ** 卵形 →95
ダボクショー, ダボクショー, ダボク ショー 打撲傷 →14c	**タマゴメ, タマゴメ** 玉込め →5
	タマゴヤキ 玉子焼 →13
ダボシャツ だぼ shirt →9	**タマサカ, タマサカ** 偶さか →55
ダボハゼ だぼ鯊〖魚〗 →4	**タマザン** 珠算 →8
ダボラ 駄法螺〖俗〗(〜を吹く) →4	**ダマシ** 騙し →2
ダホン 駄本 →8	**ダマシアイ** 騙し合い →13
タマ 偶・適(〜に, 〜の休み) →1	**ダマシー** 魂 →1
タマ 魂, 霊 →1 多摩〖地〗→21 玉 〖女名・猫名〗→23	**ダマシウチ** 騙し討ち →13
	ダマシエ 騙し絵 →14
タマ 玉, 球 →1	**ダマシコム, ダマシコム** 騙し込む →45
ダマ, ダマ 〖俗〗(=まま粉)	
タマアシ 球足(〜が早い) →4	**ダマシトル, ダマシトル** 騙し取る →45
タマイ 田儛 →4	
タマイシ, タマイシ 玉石 →4	**タマジャリ, タマジャリ** 玉砂利 →4
タマイト 玉糸 →4	**ダマス** 騙す →44
タマイレ, タマイレ, タマイレ 玉入 れ →5	**タマズサ** 玉章 →4
	タマスジ 球筋 →4
タマオクリ 球送り, 霊送り →13	**タマセン** 多摩線 →14
タマガキ 玉垣 →4	**タマタマ** 偶, 適 →68
ダマカス 騙かす〖俗〗→44	**タマチ** 田町〖地〗→12
タマガワ 多摩川, 玉川《大学も》→12	**タマツキ, タマツキ** 玉突き →5
タマガワジョースイ 玉川上水 →15	**タマツキダイ, タマツキダイ** 玉突台 →14
タマガワセン 多摩川線 →14	
タマキ 環 →1	**タマテバコ** 玉手箱 →12
タマグシ 玉串 →4	**タマドーブツエン** 多摩動物園＜**タマ ・ドーブツコーエン** 多摩動物公園 →17, 97
タマグシリョー 玉串料 →14	
ダマゲル 魂消る →46	
タマゴ, 《地域的に **タマゴ**》 卵, 玉子 →4	**タマドメ** 玉留め →13
	タマナ, タマナ 玉菜 →4
	タマナシ 玉無し(〜にする) →5

ガギグゲゴは鼻濁音　カタカナ細字は母音の無声化　★は長音にもなる符号

タマニ──タメラウ　544

タマ゚ニ　偶に〚副〛 →67	ダ゚ミ　民 →1
タマ゚ニ゚シカ　偶にしか →77, 67	ダ゚ミー　dummy →9
タマ゚ニ゚ワ　偶には →77, 67	タ゚ミクサ, タ゚ミ゚グサ　民草 →4
タマ゚ネ゚ギ　玉葱 →4	ダミ゚ゴエ, ダ゚ミ゚ゴエ　訛声, 濁声 →5
タマ゚ノア゚セ　玉の汗 →19	ダ゚ミン　惰眠(～をむさぼる) →8
タマ゚ノオ　玉の緒 →19	ダ゚ム　dam →9
タマ゚ノコシ, タマ゚ノコ゚シ　玉の輿 →19	タ゚ムケ　手向け →5
タマ゚ノリ, タマ゚ノ゚リ　玉乗り →5	タ゚ムケ゚グサ　手向草 →12
タマ゚ノレン　珠暖簾 →15	タ゚ムケ゚ヤマ　手向山 →12
タマ゚ハハキ　玉箒(酒は憂いの～) →12	タ゚ムケ゚ヤマジンジャ　手向山神社 →15
タマ゚ヒロイ　球拾い →13	タ゚ムケル　手向ける →46
タマ゚ブチ, タマ゚ブチ　玉縁 →4	タ゚ムシ　田虫〚病〛 →4
タマ゚マツリ　霊祭, 魂祭 →12	ダ゚ムラ　田村〚姓・能〛 →22
タマ゚ムカエ　霊迎え →13	タ゚ムロ　屯 →1
タマ゚ムシ　玉虫 →4	タ゚ムロスル, ダ゚ムロスル　屯する →48
タマ゚ムシイロ　玉虫色 →12	タメ゚　溜め →2
タマ゚ムスビ　玉結び →13	タ゚メ　為(～にする, ～になる) →1
タマ゚モノ, タマ゚モ゚ノ　賜物 →4	ダ゚メ　駄目(～を押す) →4
タ゚マ・モノレール　多摩モノレール →97	タメ゚イキ　溜息 →5
	タメ゚イケ　溜池(地も) →12
タ゚マヤ　霊屋(オ゚タマヤ 御～) →4, 92	ダ゚メージ, ダ゚メ゚ージ　damage →9
タマ゚ヤ　玉屋〚花火・清元・舞踊〛 →94	ダメ゚オシ, ダ゚メ゚オシ　駄目押し →5
タマ゚ユラ, タマ゚ユ゚ラ　玉響	タメ゚コム　溜め込む →45
タマ゚ヨケ, タマ゚ヨ゚ケ　弾除け →5	タメ゚シ　試し, 例 →2
タマ゚ラナイ　(これでは～) →83	タメ゚シガキ　試し書き →13
タマ゚リ　溜り《しょうゆも》 →2	タメ゚シギリ　試し切(斬)り →13
タマ゚リカネ゚ル　堪り兼ねる →45	タメ゚シズリ　試し刷り →13
ダ゚マリコク゚ル, ダ゚マリコグ゚ル　黙りこくる →45	タメ゚ス　試す →43
ダ゚マリコ゚ム, ダ゚マリコ゚ム　黙り込む →45	ダメ゚ダシ, ダ゚メ゚ダシ　駄目出し →5
タマ゚リバ　溜り場 →12	ダ゚メツ(・)スガ゚メツ　矯めつ眇めつ →97, 98
タマ゚リミズ　溜り水 →12	タメ゚ナガ・シュンスイ, タメ゚ナガシュ゚ンスイ　為永春水 →22, 23, 27
タマ゚ル　堪る, 溜る →44	タメ゚ニ　為に(=それゆえに) →67
ダ゚マル　黙る　ダ゚マラナイ, ダ゚マロー, ダ゚マリマス, ダ゚マッテ, ダ゚マレバ, ダ゚マレ →43	タメ゚ヌリ　溜塗り →5
	タメ゚ミズ　溜水 →5
タマ゚レ゙エン　多磨霊園 →15	タメ゚ライ, タメ゚ラ゚イ　躊躇 →2b
タマ゚ワル　賜わる →44	タメ゚ライキズ　ためらい傷 →12b
	タメ゚ラウ　躊躇う →43

‾ は高い部分　 ﹀ と ﹀ は高低が変る部分　｢ は次が下がる符号　→は法則番号参照

545　　**タメル――タリュー**

タメル 溜める タメナイ, タメヨー, タメマス, タメテ, タメレバ, タメロ →43	ダラク 堕落 →8
タメル 矯める →43	‥‥‥ダラケ （ドロダラケ 泥〜）→95
タメン 多面 →8	ダラケル, ダラケル →44
タメン, タメン 他面 →8	タラコ, タラコ 鱈子 →4
タメンタイ 多面体 →14	ダラシ （〜がない）<しだら →10
タメンテキ 多面的 →95	‥‥‥タラジイ★ （ミレンタラジイ★ 未練
タモ <タモアミ たも網 →10, 4	〜）→96
タモー 多毛 →8	タラシコム, タラシコム 垂らし込
タモー 給う, 賜う →42	む, 誑し込む →45
タモーサク 多毛作 →14a	ダラシナイ （〜人だ）→54
タモクテキ 多目的 →15	タラス 垂らす, 誑す →44
タモツ 保〖男名〗 →23	タラタラ （〜落ちる, 〜と）→57
タモツ 保つ →43	‥‥‥ダラタラ （ジマンダラタラ 自慢
タモト 袂 →4	〜, イヤミダラタラ 嫌味〜）→59
タモトクソ 袂糞 →12	ダラダラ （〜する, 〜と）→57
ダモノ 駄物 →4	ダラダラザカ だらだら坂 →12
タモン 他門 →8	タラチネ 垂乳根
タヤス 絶やす →44	タラップ, タラップ trap〔蘭〕→9
タヤスイ, タヤスイ 容易い →91	ダラニ 陀羅尼
タヤマ・ガタイ, タヤマガタイ 田山	タラバガニ 鱈場蟹 →12
花袋 →22, 24, 27	タラフク, タラフク 鱈腹(〜食う)
タユー 大夫, 太夫 →8	→61
タユーモト 太夫元 →12	ダラリ 垂帯(ダラリノオビ 〜の帯)
タユミ 弛み →2	→3, 99
タユム 弛む →43	ダラリ, ダラリ （〜とする）→55
タヨー 多様, 多用, 他用 →8	‥‥‥ダリ; ‥‥‥タリ 〖助〗(ナイタリ
タヨーセイ 多様性 →14	泣い〜, カッダリ 買っ〜, ガイタリ
タヨク 多欲 →8	書い〜, トッタリ 取っ〜) →73
タヨリ 便り, 頼り →5	‥‥‥ダリ; ‥‥‥ダリ 〖助〗(トンダリ
タヨリナイ 頼り無い →54	飛ん〜, ヨンダリ 読ん〜) →73
タヨル 頼る タヨラナイ, タヨロー, タヨリマス, タヨッテ, タヨレバ, タヨレ →43	ダリア, ダリヤ dahlia →9
	タリキ 他力(オダリキ 御〜) →8, 92
ダラ 鱈, 楤(〜の木) →1	タリキシュー, タリキシュー 他力宗 →14c
タライ 盥 →1	タリキホンガン 他力本願 →15
タライマワシ 盥回し →13	タリツ 他律 →8
ダラカン だら幹〖俗〗<堕落幹部 →10	ダリツ 打率 →8
	タリュー 他流 →8
	タリュージアイ 他流試合 →12

ガギグゲゴは鼻濁音　カタカナ細字は母音の無声化　★は長音にもなる符号

タリョー──タワムレ 546

タリョー 多量,他領 →8	タレマク, タレマク 垂れ幕 →5
ダリョク 打力,惰力 →8	タレメ 垂れ目 →5
タリル 足りる タリナイ, タリマス, タリテ, タリレバ, タリロ →43	ダレモ, ダレモ 誰も →67
タル 足る(タラヌ, タラズ) →42,89	タレル 垂れる,放れる タレナイ, タレヨー, タレマス, タレテ, タレレバ, タレロ →43
樽 →1	
ダルイ (体が~) →52	ダレル (=だらける・あきる) →44
タルガキ, タルガキ 樽柿 →4	タレント, ダレント talent →9
タルキ 垂木 →5	タロー 太郎〖男名〗→25
タルザケ 樽酒 →4	…タロー: ……タロー; ……タロー …太郎(ヤタロー 弥~, モモタロー 桃~, コータロー 光~, キンタロー 金~) →26
タルタルソース tartar sauce →16	
タルヌキ 樽抜き →5	
タルヒロイ 樽拾い →13	……ダロー, ……ダロー; ……ダロー …だろう〖助動〗(ナクダロー, ナクダロー 泣く~, ヨムダロー 読む~, アカイダロー, アカイダロー 赤い~, シロイダロー 白い~) →82, 84b
ダルマ 達磨(ダルマサン ~さん) →94	
ダルマダイシ 達磨大師 →15	
タルミ 弛み →2	
タルミコシ 樽神輿 →12	……ダロー; ……ダロー; ……ダロー …だろう〖助動〗(トリダロー 鳥~, ハナダロー 花~, アメダロー 雨~) →81
タルム 弛む →44	
タレ 誰(~かある) →64	
タレ 垂れ《汁も》→2	
ダレ 誰 →64	タローカジャ, タローカジャ 太郎冠者〖狂言〗→15a
ダレ 弛れ,惰れ →2	
タレガシ, タレガシ 誰某 →68	タワー tower →9
タレカレ, ダレカレ 誰彼 →68	タワーパーキング tower parking〔和〕→16
ダレギミ, ダレギミ 惰れ気味 →95	
タレコメル, タレコメル 垂れ籠める →45	ダワイ, ダワイ, ダアイ, ダアイ (~が無い) →d
タレサガル, タレサガル 垂れ下がる →45	ダワイナイ, ダワイナイ, ダアイナイ, ダアイナイ →54
ダレシモ, タレシモ 誰しも →67	タワケ 戯け(この~め) →2
ダレソレ, タレソレ 誰某 →68	タワケモノ, タワケモノ, タワケモノ 戯け者 →12
ダレダレ 誰誰 →68	
タレナガシ 垂流し →13	タワケル 戯ける →43
タレナガス, タレナガス 垂れ流す →45	タワゴト 戯言 →5
	タワシ 束子 →1
タレビト 誰人 →64	タワム 撓む →44
ダレヒトリ, ダレヒトリ, ダレヒトリ 誰一人 →64	タワムレ, タワムレ 戯れ →2

 ̄ は高い部分 と は高低が変る部分 は次が下がる符号 → は法則番号参照

547 **タワムレ──ダンコー**

タワムレル 戯れる →43

タワメル 撓める →44

タワラ 俵 →1

タワラマチ 田原町〖地〗 →12

タワラヤ(・)ソータツ, タワラヤ・～
俵屋宗達 →94, 24, 27

タワワ, タワワ (枝も～に) →57

タン 痰 →6

タン 丹, 胆, 単, 炭, 反, 段, 短, 嘆, 歎, 端 →6

ダン 団, 男, 段, 断, 暖, 談, 壇 →6

……ダン …団(シ**セツダン** 使節～),
…弾(**ショーイダン** 焼夷～), …談(**ゴ
ジツダン** 後日～) →14

……だん …段〖数〗 →34, 35

タンアタリ 反当り →12

ダンアツ 弾圧 →8

ダンアン 断案 →8

ダンイ 単位 →7

ダンイ 暖衣(～飽食), 段位 →7

タンイスー 単位数 →14

タンイツ 単一 →8

ダンイン 団員 →8

ダンウ 弾雨(砲煙～) →7

ダンウン 断雲 →7

タンオン, ダンオン 単音, 短音 →8

タンオンカイ 短音階 →15

タンカ 炭化, 啖呵(～を切る) →7

タンカ 担架, 単科, 単価, 短歌 →7

ダンカ 檀家 →7

ダンカ 団歌 →7

タンカー tanker →9

ダンカイ 段階, 団塊(～の世代) →8

ダンガイ 弾劾, 断崖 →8

ダンガイエンゼツ 弾劾演説 →15

ダンガザリ 段飾り〖雛人形など〗 →13

タンカスイソ 炭化水素 →15

タンカダイガク 単科大学 →15

タンガン 嘆(歎)願, 単願(↔併願), 単眼

→8

ダンカン 断簡 →8

ダンガン 弾丸 →8

タンキ 短気, 短期, 単記, 単軌, 単騎, 単
機 →7

ダンキ 暖気 →7

ダンギ, ダンギ 談義 →7

タンキカン, タンキカン 短期間 →15

タンキダイガク 短期大学 →15

タンキュー 探求, 究究, 単級 →8

ダンキュー 段丘 →8

タンキョリ 短距離 →15

ダンク 短軀 →7 tank →9

タングステン tungsten →9

タングツ 短靴 →4

タンクトップ tank top〖衣〗 →16

タンクローリー tank lorry〔和〕 →16

ダンケイ★ 端渓〖すずり〗 →3 湛慶
〖人〗 →24

タンゲイ★ 端倪(～すべからず) →8

ダンケイ★ 男系 →8

タンゲザゼン 丹下左膳 →27

ダンケツ 団結 →8

ダンケツシン, ダンケッシン 団結心
→14c

ダンケツリョク 団結力 →14

タンケン 探検, 短見, 短剣 →8

タンゲン, タンゲン 単元 →8

ダンゲン, ダンゲン 断言 →8

タンケンカ 探検家 →14

タンケンタイ 探検隊 →14

タンゴ 単語 →7

タンゴ 端午 →7 丹後(～の国) →21
tango →9

ダンコ 断乎 →56

ダンゴ 団子(**オダンゴ** 御～) →4, 92

タンコー 炭坑, 炭鉱, 探鉱, 鍛工 →8

ダンコー 断行, 断交, 男工 →8 団交<
団体交渉 →10

ガギグゲゴは鼻濁音　カタカナ細字は母音の無声化　★は長音にもなる符号

ダンゴー――タンショ　　548

ダンゴー　談合 →8	ダンジキ, ダンジキ, ダンジキ　断食 →8
タンコーショク　淡紅色 →14a	タンシキボキ　単式簿記 →15
タンコーボン　単行本 →14	タンジジツ　短時日 →15
ダンゴク　暖国 →8	タンシチュー　tongue stew〔和〕 →16
ダンゴバナ, ダンゴッパナ　団子(っ)鼻 →12d	タンシツ　炭質 →8
タンコブ, タンコブ　瘤 →4	タンジツゲツ, タンジツゲツ　短日月 →15
ダンゴムシ　団子虫 →12	ダンジテ,《新は ダンジテ》　断じて →67
ダンコン　弾痕, 男根 →8	ダンシフク　男子服 →14
タンサ　探査 →7	タンシャ　単車 →7
タンザ　端座(坐) →7	タンシャ　丹砂, 炭車 →7
タンサ, ダンサ　段差 →7	ダンシャク, ダンシャク　男爵《じゃが芋も》→8
ダンサー　dancer →9	ダンシュ　断種, 断酒 →7
タンサイ　淡彩, 単彩 →8	タンシュー　反収 →8
ダンザイ　断罪 →8	タンジュー　胆汁, 短銃 →8
タンサイガ　淡彩画 →14	ダンシュー　男囚 →8
タンサイボー　単細胞 →15	タンジューシツ　胆汁質 →14a
タンサク　探索, 単作 →8	タンシュク　短縮 →8
タンザク, タンザク, タンザク　短冊 →8	タンジュン　単純 →8
タンザクガタ　短冊形 →95	タンジュンカ, タンジュンカ　単純化 →95a
タンザニア, タンザニア　Tanzania〔国〕 →21	タンジュンセン, タンジュンセン　単純泉 →14a
タンザワ　丹沢 < タンザワヤマ　丹沢山 →21, 12	ダンショ　短所, 端緒 →7
タンサン　炭酸 →8　単三 < 単三型乾電池, 単産 < 産業別単一労働組合 →10	ダンジョ　男女 →18
タンサンインリョー　炭酸飲料 →15	タンショー　短小, 探勝, 嘆(歎)称, 嘆(歎)賞, 短章 →8
タンサンガス　炭酸 gas〔蘭〕→16	タンショー, タンジョー　誕生 →8
タンサンスイ　炭酸水 →14a	ダンショー　談笑, 男妾, 男娼, 断章 →8
タンサンセン, タンサンセン　炭酸泉 →14a	ダンジョー　壇上 →8
タンサンソーダ　炭酸 soda〔蘭〕→16	タンジョーイワイ　誕生祝 →12
タンシ　短詩 →7	タンショーシキ　単勝式 →95
タンシ　端子 →7	タンシヨーショクブツ　単子葉植物 →15
ダンシ　男子, 檀紙 →7	タンジョーセキ　誕生石 →14a
ダンジ　男児 →7	タンショートー　探照灯 →14
タンジカン　短時間 →15	
タンシキ　単式 →95	

￣は高い部分　 ‥ と ⁚ は高低が変る部分　 ⌐は次が下がる符号　→は法則番号参照

549　タンジョ──ダンダン

タンジョービ　誕生日　→12a	ダンセイ★ビ　男性美　→14b
タンジョーブツ　誕生仏　→14a	ダンセイ★ホルモン　男性 Hormon〔独〕 →16
ダンショーリ　談笑裏（〜に）→14a	
ダンジョ（・）キョーガク　男女共学 →97, 98	タンセキ, タンセキ　旦夕（命い〜に迫る）→18
タンショク　単色　→8	ダンセキ　胆石　→8　痰咳（ゴダンセキ御〜）→18, 92
ダンショク　男色, 暖色　→8	
ダンジョグミ　男女組　→12	ダンゼツ,《古は ダンゼツ》　断絶　→8
ダンジョ（・）ドーケン　男女同権　→97, 98	タンセン　単線　→8
	タンゼン　端然（〜と）→56
タンジル, タンジル　嘆（歎）じる　→47	タンゼン, ダンゼン　丹前〔和服〕→8
ダンジル, ダンジル, タンジル, タンジル　弾じる　→47	ダンセン　断線　→8
	ダンゼン　断然　→56
ダンジル, ダンジル　断じる, 談じる →47	タンソ　炭素, 炭疽　→7
	タンソー　炭層, 担送　→8
タンシン　単身, 短針, 短信, 誕辰　→8	ダンソー　男装, 弾奏, 断層, 断想　→8
タンシンフニン　単身赴任　→15	ダンソーサツエイ　断層撮影　→15
タンス　箪笥　→7	タンソク　嘆（歎）息, 短足　→8
ダンス　dance　→9	ダンゾク　断続　→8
タンスイ　淡水　→8	タンソセンイ　炭素繊維　→15
ダンスイ　断水　→8	ダンソンジョヒ　男尊女卑　→98
タンスイカブツ　炭水化物　→14	ダンダ　単打, 短打　→7
タンスイギョ　淡水魚　→14b	タンタイ　単体　→8
タンスー　単数　→8	タンダイ　探題　→8　短大＜短期大学 →10
ダンスパーティー　dance party　→16	
ダンスホール　dance hall　→16	ダンタイ　団体, 暖帯　→8
タンスヨキン　箪笥預金　→15	ダンタイキョーギ　団体競技　→15
タンズル, タンズル　嘆（歎）ずる　→47	ダンタイコーショー　団体交渉　→15
ダンズル, ダンズル, タンズル, タンズル　弾ずる　→47	ダンタイコードー　団体行動　→15
	ダンタイリョコー　団体旅行　→15
ダンズル, ダンズル　断ずる, 談ずる →47	ダンタイリン, ダンタイリン　暖帯林 →14b
	ダンダラ　段だら　→59
タンセイ★　端整, 嘆（歎）声　→8	ダンダラジマ　段だら縞　→12
タンセイ★　丹精, 丹誠　→8	ダンダラゾメ　段だら染め　→13
タンセイ★, タンセイ　端正　→8	ダンダラモヨー　段だら模様　→15
ダンセイ★　男声, 男性, 弾性　→8	タンタン　淡淡, 坦坦, 眈眈　→58
ダンセイ★ガッショー　男声合唱　→15	ダンダン　段段（=次第に。〜良くなる）→62
ダンセイ★タイ　弾性体　→14	
ダンセイ★テキ　男性的　→95	

ガギグゲゴは鼻濁音　カタカナ細字は母音の無声化　★は長音にもなる符号

ダンダン──タンパク　　550

ダンダン　段段(=次第に。～と，～に良くなる，～だ) →58

ダンダン　段段(=階段・条条。～を上がる，お申し越しの～) →11

ダンダンコ　断断乎(～として) →56a

ダンダンバタケ　段段畑 →12

ダンチ, タンチ　探知 →7

ダンチ　団地 →7

ダンチ　暖地 →7　〖俗〗＜ダンチガイ　段違い →10, 13

ダンチゾク　団地族 →14

ダンチョ　端緒 →7

タンチョー　単調, 丹頂, 探鳥 →8

タンチョー　短調(↔長調) →8

ダンチョー　断腸(～の思い) →8

ダンチョー,《古は ダンチョー》　団長 →8

タンチョーヅル　丹頂鶴 →12

ダンツー　段通〖織物〗

タンツバ, タンツバ　痰唾 →4

タンツボ, タンツボ　痰壺 →4

ダンテ　Dante〔伊〕〖人〗 →23

タンテイ　探偵, 短艇 →8

ダンテイ　断定 →8

ダンディー　dandy →9

タンテイショーセツ　探偵小説 →15

タンテキ　端的(～に言えば) →95

タンデキ　耽溺 →8

タンテツ　鍛鉄 →8

タンデン　丹田(臍下セイカ～),炭田 →8

タント　〖俗〗(=沢山。～無い) →55

ダント, ダント　檀徒 →7

タントー　担当, 反当 →8

タントー　短刀 →8

ダントー　暖冬, 弾頭, 断頭 →8

ダンドー　弾道 →8

ダントーイヘン　暖冬異変 →15

ダントーダイ　断頭台 →14

ダンドーダン, ダンドーダン　弾道弾

→14a

タントーチョクニュー　単刀直入 →98

タンドク　耽読, 単独 →8

ダンドク　丹毒 →8

タンドクコードー　単独行動 →15

タンドクコーワ　単独講和 →15

ダントツ　断トツ〖俗〗＜断然 top →10

ダンドリ, ダンドリ, ダンドリ　段取 →5

ダンナ　檀那,旦那 →7

ダンナゲイ, ダンナゲイ　旦那芸 →14

ダンナサマ, ダンナサマ, ダンナサマ　旦那様 →94

ダンナサン　旦那さん →94

ダンナデラ　檀那寺 →12

タンナトンネル　丹那 tunnel →16

ダンナル　単なる →63

タンニ　単二＜単二型乾電池 →10

タンニ　単に →67

タンニショー　歎異抄〖書〗 →14

タンニン　担任 →8

タンニン, タンニン　Tannin〔独〕 →9

ダンネツ　断熱 →8

ダンネツザイ, ダンネツザイ　断熱材 →14

タンネン　丹念 →8

ダンネン, ダンネン　断念 →8

タンネンド　単年度 →15

ダンノウラ　壇ノ浦 →19

タンノー　胆嚢 →8

タンノー,《古は ダンノー》　堪能(=練達。琴に～な人) →8

タンノーエン, タンノーエン　胆嚢炎 →14a

ダンバ　丹波(～の国) →21

タンパ　短波 →7

タンバイ　探梅 →8

タンパク, タンパク　淡泊, 蛋白 →8

タンパクシツ　蛋白質 →14

￣ は高い部分　 ˙˙ と ˙˙ は高低が変る部分　￢ は次が下がる符号　→ は法則番号参照

551　**タンパク──タンラク**

タンパクセキ, タンパクセキ　蛋白石　→14c	タンペンショーセツ　短編(篇)小説　→15
タンバグリ　丹波栗　→12	ダンペンテキ　断片的　→95
ダンバシゴ　段梯子　→12	タンボ　田圃　→7
タンパツ　単発　→8	ダンポ　担保　→7〖檎などの〗
ダンパツ　断髪　→8	タンボー　探訪　→8
ダンバナ　段鼻　→4	ダンボー　暖房　→8
タンバホーズキ　丹波酸漿　→12	ダンボーキグ　暖房器具　→15
タンパホーソー　短波放送　→15	ダンボール　段ボール<段 board　→16
タンバリン　tambourine　→9	ダンボールバコ　段ボール箱　→12
タンパン　短パン〖俗〗<短 pants　→10	タンポヒン, タンポヒン　担保品　→14
ダンパン　談判　→8	タンポポ　蒲公英〖植〗　→3
ダンビ　嘆(歎)美,耽美　→7	タンポミチ　田圃道　→12
タンビ　度〖俗〗(~に)　→1d	タンポヤリ　たんぽ槍　→12
タンビシュギ　耽美主義　→15	ダンポン　tampom　→9
ダンピツ　断筆　→8	タンホンイ　単本位　→15
タンピョー　短評　→8	ダンマ　〖児〗　→94
ダンビラ, ダンビラ, ダンビラ　段平〖刀〗	ダンマク　弾幕(~を張る)　→8
タンピン　単品　→8	タンマツ　端末　→8
ダンピング, 《新は ダンピング》 dumping　→9	ダンマツマ　断末魔　→15
……タンブ　…反歩(イッタンブ 一~, ゴタンブ 五~)　→36	タンマリ　(~もらう,~と)　→55
ダンプ　dump<ダンプカー, ダンプカー dump car　→9, 16	ダンマリ　黙り《歌舞伎も》　→2d
ダンプク, ダンフク　単複　→18	タンメイ, タンメイ　短命　→8
ダンブクロ, 《古は ダンブクロ》 段袋　→12	タンメン　湯麺[華]　→9
タンブラー　tumbler　→9	ダンメン, ダンメン　断面　→8
タンブン　探聞,単文,短文　→8	ダンメンズ　断面図　→14a
タンペイキュー, タンペイキュー　短兵急(~に)　→14b	ダンモ　袂(=女の子のことば)　→94
タンベツ　反別　→8	タンモー　短毛　→8
タンベツワリ　反別割り　→13	タンモノ　反物　→4
ダンベル, 《新は ダンベル》 dumbbell　→9	タンモノ　反物(↔疋物〖ひき〗)　→4
タンペン　短編(篇)　→8	ダンモノ, ダンモノ　段物〖邦楽〗　→4
ダンペン, ダンペン　断片　→8	タンモノヤ　反物屋　→94
	ダンヤク　弾薬　→8
	ダンヤクコ, ダンヤクコ　弾薬庫　→14c
	ダンユー　男優　→8
	タンヨー　単葉　→8
	タンヨーキ　単葉機　→14a
	タンラク　短絡　→8

ガギグゲゴは鼻濁音　カタカナ細字は母音の無声化　★は長音にもなる符号

ダンラク──チェンジ 552

ダンラク, ダンラク 段落 →8	チーサガタナ 小刀 →12
ダンラン 団欒(一家~) →8	チーサナ 小さな(~子) →63
タンリ 単利 →7	チーサメ 小さめ →93
タンリホー, タンリホー 単利法 →14	チーズ cheese →9
ダンリャク 胆略 →18	チーズキリ cheese切り →13
ダンリュー 暖流 →8	チーズケーキ cheesecake →16
タンリョ 短慮 →7	チータ, チーター cheetah〖動〗 →9
ダンリョク 胆力 →8	チーフ chief →9
ダンリョク, ダンリョク 弾力 →8	チーム team →9
ダンリョクセイ* 弾力性 →14	チームプレー team play →16
ダンリン 檀林, 談林 →8	チームワーク teamwork →16
ダンリンハ 談林派〖俳諧〗 →14	チウミ 血膿 →4
タンレイ*, タンレイ* 端麗 →8	チエ 知恵 →7
タンレン 鍛練(錬) →8	チェアマン, チェアマン chairman →16
ダンロ 暖炉 →7	
ダンロン 談論(~風発) →8	チェーン chain →9
ダンワ 談話 →7	チェーンストア chain store →16
	チェーンテン, チェーンテン chain店 →14a
	チエオクレ 知恵遅れ →13
	チエクラベ 知恵競べ →13

チ 血 →1	チェコ Czech〖国〗 →21
チ 乳〖旗・羽織・吊鐘など〗 →1 地, 治, 知, 智 →6	チエコ 智恵子・知恵子〖女名〗 →25
チアイ 血合〖魚肉〗 →4	チエシャ 知恵者 →14
チアガール cheer girl〖和〗 →16	チェス chess →9
チアノーゼ Zyanose〖独〗 →9	チェッカー checker →9
チアリーダー cheer leader →16	チェック check →9
チアン, チアン 治安 →8	チェックアウト check-out →16
チアンイジホー, チアンイジホー 治安維持法 →17	チェックイン, チェックイン check-in →16
チイ 地衣, 地位, 地異(天変~) →7	チエネツ 知恵熱 →14
チイキ 地域 →8	チエノワ, チエノワ, チエノワ 知恵の輪〖玩具〗 →19
チイキガイハツ 地域開発 →15	チエバ 知恵歯 →12
チイキキュー 地域給 →14	チエブクロ 知恵袋 →12
チイキシャカイ 地域社会 →15	チェリー cherry →9
チーク teak, cheek →9	チェロ, セロ cello →9
チイク, チイク 知育 →8	チエン 遅延, 地縁 →8
チーサイ 小さい →52	チェンジ change →9

‾は高い部分 ⋯と⋯は高低が変る部分 ⌐は次が下がる符号 →は法則番号参照

チェンバロ,《新は チェンバロ》 cembalo〔伊〕→9	チカシツ 地下室 →14
チオン, チオン 地温 →8	チカジッケン 地下実験 →15
チオンイン 知恩院 →14a	チカスイ 地下水 →14
チカ, チカ 地下,治下,地価 →7c	チカズキ 近付き(オチカズキ 御~) →5, 92
チカイ 地階 →8	チカズク 近付く →46
チカイ, チカイ 誓 →2b	チカズケル 近付ける →46
チガイ 近い チガカッタ, チガク, チガクテ, チガケレバ, チガシ →52c	チカソシキ 地下組織 →15
チガイ 違い →2	チガタナ, チガタナ 血刀 →12
チガイ, チガイ 稚貝 →4	チカタビ, ジカタビ 地下足袋 →12
チカイゴト, チカイゴト 誓言 →12	チカチカ,《新は チカチカ》(目が~ する,~と)→57c
チガイダナ 違棚 →12b	チカッテ, チカッテ 誓って〔副〕→61
チガイホーケン 治外法権 →15	チカテツ 地下鉄<チカテツドー 地下 鉄道 →10, 15
チガイメ 違い目 →12	チカドー 地下道 →14
チカウ, チカウ 誓う →43	チカマ, チカマ 近間 →5
チガウ 違う チガワナイ, チガイマ ス, チガッテ, チガエバ, チガエ →43	チカマツ・モンザエモン,《新は ～・モ ンザエモン》, チカマツモンザエモ ン 近松門左衛門 →22, 26, 27
チカウンドー 地下運動 →15	チカマワリ 近回り →13
チガエル 違える →44	チカミチ 近道 →5
チカガイ 地下街 →14	チカメ 近め →93
チカク 知覚 →8	チカメ 近眼 →5
チカク, チカク 地殻 →8c	チガヤ 茅萱 →4
チカク 近く〔名〕(=近所)→3c 〔副〕 (~伺う)→61c	チカヨセル, チカヨセル 近寄せる →46
チカク 地学 →8	チカヨル, チカヨル 近寄る →46
チカクヘンドー, チカクヘンドー 地 殻変動 →99,98	チカラ 力(オチカラ 御~)→1, 92
チカケイ★ 地下茎 →14	チカラアシ 力足(~をふむ)→12
チカゴー 地下壕 →14	チカライシ 力石 →12
チカコーサク 地下工作 →15	チカライッパイ 力一杯 →67
チカゴロ 近頃 →5	チカラウドン 力饂飩 →15
チカサ 近さ →93c	チカラオトシ 力落し →13
チカジイ★ 近しい →53	チカラオヨバズ, チカラオヨバズ 力 及ばず →99,98
チカジカ, チカジカ 近近(~に行く, ~伺う)→57	チカラガミ 力紙 →12
チカシゲン 地下資源 →15	チカラカンケイ★ 力関係 →15
	チカラクラベ 力競べ →13

ガギグゲゴは鼻濁音　カタカナ細字は母音の無声化　★は長音にもなる符号

チカラコ──チクノー

チカラコブ 力瘤 →12
チカラシゴト 力仕事 →12
チカラジマン 力自慢 →15
チカラズク, チカラズク 力尽 →95
チカラズク 力付く →46
チカラズケル 力付ける →46
チカラズモー 力相撲 →12
チカラズヨイ 力強い →54
チカラゾエ 力添え →13
チカラダノミ 力頼み →13
チカラダメシ 力試し →13
チカラヌケ 力抜け →13
チカラヌノ 力布〖衣〗 →12
チカラブソク 力不足 →15
チカラマカセ 力任せ(〜に) →13
チカラマケ,《古は チカラマケ》 力負け →13
チカラミズ 力水 →12
チカラモチ 力餅 →12
チカラモチ,《新は チカラモチ》 力持ち →13
チカラワザ, チカラワザ 力業 →12
チカン 置換,弛緩,痴漢 →8
チキ, チキ 知己,地気,稚気 →7c
チキ 千木 →4 遅疑,地祇 →7
チキュー 地久,地球 →8
チキューギ 地球儀 →14a
チキューセツ 地久節 →14a
チギョ 稚魚 →7
チキョー 地峡 →8
チギョー 知行 →8
チキョーダイ 乳兄弟 →15
チギョートリ 知行取り →13
チギリ, チギリ 契り(〜を結ぶ) →2
チギル 契る →43 千切る →46
チギレグモ ちぎれ雲 →12
チギレチギレ (〜になる) →57
チギレル 千切れる →46
チキン, チキン chicken →9c

チギン 地銀<地方銀行 →10
チキンライス chicken rice〔和〕 →16
チク, チク 馳駆,地区 →7c
チク,《新は チク》 築(〜十年) →10c
チグ 痴愚 →7
チクイチ, チグイチ 逐一 →61
チグー 知遇 →8
チクオンキ 蓄音機 →14a
チクゴ,《新は チクゴ, 古は チクゴ》 筑後(〜の国) →21c
チクゴガワ 筑後川 →12
チクゴヤク, チクゴヤク 逐語訳 →14
チグサ 千草,千種 →33
チクザイ 蓄財 →8
チクサン 畜産 →8
チクサンブツ 畜産物 →14a
チクジ, チクジ 逐次 →61c
チクジツ 逐日 →61
チクシャ, チクシャ 畜舎 →7c
チクショー,《感動詞は チキショー も》 畜生 →8,66d
チクジョー 逐条 →61 築城 →8
チクジョージンギ 逐条審議 →15
チクショードー 畜生道 →14a
チクセキ 蓄積 →8
チクゼン 筑前(〜の国) →21
チクゼンニ 筑前煮 →13
チクゼンビワ 筑前琵琶 →15
チクゾー 蓄蔵,築造 →8
チグチク,《新は チクチク》 (腹が〜する,〜と) →57c
チクテン, チクデン 逐電 →8
チクデン 蓄電 →8
チクデンキ 蓄電器 →14a
チクデンチ 蓄電池 →14a
チクネン 逐年 →8
チクノー 蓄膿 →8
チクノーショー, チクノーショー 蓄膿症 →14a

チグハグ, チグハグ （~になる） →57	チジク, チジク　地軸 →8
チクバノ・トモ, チクバノトモ　竹馬の友 →97, 99	チジクレル　縮くれる →44
チクビ, チクビ　乳首 →4c	チジコマル　縮こまる →44
チクブシマ　竹生島《邦楽も》→12	チシツ　知悉 →8
チクホー　筑豊<筑前・豊前ぶぜん →29	チシツ, チシツ　地質 →8
チクホータンデン　筑豊炭田 →15	チシツガク　地質学 →14
チクマガワ　千曲川 →12	チシマ,《新は チシマ》　千島<チシマレットー 千島列島 →21c, 15
チグリ, チクリ （~と） →55	チシマガイリュー　千島海流 →15
チクリン　竹林(~の七賢) →8	チジマル　縮まる →44
チクルイ　畜類 →8	チジミ　縮み《縮織も》→2
チクロ, チクロ　<Zyklo[独] →9	チジミアガル　縮み上がる →45
チクワ　竹輪 →4	チジム　縮む　チジマナイ, チジモー, チジミマス, チジンデ, チジメバ, チジメ →43
チクワブ　竹輪麩 →14	
チケイ　地形 →8	
チケイズ　地形図 →14b	チジメル　縮める →44
チケット, チケット　ticket →9	チシャ　萵苣《植》→1
チケムリ　血煙 →12	チシャ, チシャ　知者, 智者 →7c
チケン　知見, 治験 →8　地検<地方検察庁 →10	チショー　知将, 地象 →8
	チジョー　地上, 痴情 →8
チケンシャ　地権者 →14a	チジョーケン　地上権 →14a
チゴ, チゴ,《古は チゴ》　稚児(オチゴ 御~, チゴサン ~さん) →4, 92, 94	チジョク　恥辱 →8
	チジラス　縮らす →44
チコク　遅刻 →8	チジラセル　縮らせる →44
チゴワ　稚児輪《髪》→12	チシリョー　致死量 →14
チサ, チシャ　萵苣《植》→1	チジレ　縮れ →2
チサイ　地裁<地方裁判所 →10	チジレゲ, チジレッケ　縮れ(っ)毛 →12d
チサガリ　乳下がり《寸法》→12	
チサン　遅参, 治山(~治水), 稚蚕, 治産 →8	チジレル　縮れる →44
	チジン, チジン　知人, 痴人 →8
チシ　致仕, 地史, 地誌, 知歯, 致死 →7	チズ　地図 →7
チジ　千千(~に) →57　知事 →7	チスイ, チスイ　治水 →8
チシオ　血汐 →4	チスイコージ　治水工事 →15
チジカム　縮かむ →44	チズコ　千鶴子《女名》→25
チシキ　知識 →8	チスジ　血筋 →4
チジキ, チジキ　地磁気 →15	チセイ　地勢 →8
チシキカイキュー　知識階級 →15	チセイ, チセイ　治世 →8
チシキジン　知識人 →14	チセイ, チセイ, チセイ　知性 →8c
チシキヨク　知識欲 →14	チセイテキ　知性的 →95

ガギグゲゴは鼻濁音　カタカナ細字は母音の無声化　★は長音にもなる符号

チセキ──チナミ 556

チセキ 地籍,地積,治績 →8	→59
チセツ 稚拙 →8	チツ 帙,膣 →6
チソ, チソ 地租 →7c	チッキ check →9
チソー 馳走,地層 →8	チッキョ 蟄居 →7
チソー, チソー 地相 →8c	チック tic〖医〗 →9 <cosmetic →10
チソク, チソク 遅速 →18c	チッコー 築港 →8
チゾメ 血染め →5	チツジョ,《新は チツジョ》 秩序 →7
チソワリ 地租割 →5	チツズキ 血続き →12
チター, チター Zither〔独〕 →9c	チッソ 窒素 →7
チタイ 遅滞,痴態 →8	チッソク 窒息 →8
チタイ, チダイ,《新は チタイ》 地帯 →8c	チッソヒリョー 窒素肥料 →15
……チタイ, ……チタイ …地帯(アンゼンチタイ, アンゼンチタイ 安全～) →15	チッチャイ 小ちゃい〘俗〙⇒チーサイ
チダイ, ジダイ 地代 →8	チットモ 些とも →67
チタビ, チタビ 千度 →33c	チットヤソット 些とやそっと →98
チダラケ, チダラケ 血だらけ →95	チットワ 些とは(～考えろ) →67
チダルマ 血達磨 →15	チップ tip, chip →9
チタン, チタン Titan〔独〕 →9	チッポケ, チッポケ 〘俗〙(～なくせに) →94
チチ 父 →1c 乳(オチチ, オチチ 御～) →1c, 92	チテイ 地底 →8
チチ, チチ 遅遅(～として) →58c	チテキ 知的 →95
チチウエ 父上 →94	チテキザイサン 知的財産 →15
チチウシ, チチウシ 乳牛 →4	チデジ 地デジ<地上デジタル放送 →10
チチオサエ 乳押え →13	チテン, チテン,《新は チテン》 地点 →8c
チチオヤ 父親 →4	チト 些と(～お遊びに) →55
チチカタ 父方 →95	チドーセツ 地動説 →14a
チチギミ 父君 →94	チトク, チトク 知徳 →18c
チチクサイ 乳臭い →54	チトセ, チトセ 千歳 →33c
チチクル 乳繰る〘俗〙 →46	チトセアメ 千歳飴 →12
チチゴ 父御 →94	チドメ 血止め →5
チチノヒ 父の日 →19	チドリ 千鳥 →33, 3
チチハハ 父母 →18	チドリアシ 千鳥足 →12
チチブ 秩父〖地〗 →21c	チドリガケ 千鳥掛け →13
チチブメイセン 秩父銘仙 →15	チドリゴーシ 千鳥格子 →15
チチュー, チチュー 地中 →8c	チドン 遅鈍 →8
チチューカイ 地中海 →14a	チナマグサイ, チナマグサイ 血腥い →54
チチンプイプイ (～御代〈みよ〉の御宝〈たから〉)	チナミ 因(=ゆかり。～がある) →2

‾は高い部分 ⋯と⋯は高低が変る部分 ⌐は次が下がる符号 →は法則番号参照

チナミニ── チホーシ

チナミニ, チナミニ　因に →67

チナム　因む →43

チニク　血肉(〜を分けた…) →18, 8

チニチハ　知日派 →14

チヌキ　血抜き〖料理〗→5

チヌル　血塗る →46

チネツ, ジネツ　地熱 →8

チネツハツデン, ジネツハツデン　地熱発電 →15

チノアメ　血の雨(〜を降らす) →19

チノイケ　血の池 →19

チノウミ　血の海 →19

チノー　知能 →18

チノーケンサ　知能検査 →15

チノーシスー, チノージスー　知能指数 →15

チノーハン　知能犯 →14a

チノケ　血の気(〜が多い) →19

チノシオ　地の塩〖宗〗→98

チノナミダ　血の涙 →19

チノミゴ　乳呑児 →12

チノミチ　血の道(〜が起る) →19

チノメグリ　血の巡り(〜が悪い) →19

チノリ　血糊 →4

チノリ　地の利(〜を得る) →19

チバ,《古は チバ》　千葉〖地〗→21

チハイ　遅配 →8

チバケン　千葉県 →14

チバシ　千葉市 →14

チバシル　血走る →46

チバダイ　千葉大＜チバダイガク　千葉大学 →10, 15

チバナレ,《新は チチバナレ》　乳離れ →13

チハライ, チハライ　遅払い →12

チバン　地番(〜の変更) →8

チビ　(〜ちゃん) →3

チビチビ　(〜飲む, 〜と) →57

チヒツ　遅筆 →8

チビッコ, チビッコ,《新は チビッコ》　ちびっ子〖俗〗→4d

チビフデ　禿筆 →4

チヒョー　地表 →8

チビリチビリ　(〜飲む, 〜と) →59

チビル　禿びる(筆が〜) →43　〖俗〗(金を〜, 小便を〜) →44

チヒロ, チヒロ　千尋(〜の海) →33

チブ　恥部 →7

チブサ　乳房 →4

チフス, チブス　Typhus〔独〕→9

チブツ　地物 →8

チヘイ　地平 →8

チヘイセン　地平線 →14

チベット　Tibet(西蔵)〖地〗→21

チヘド　血反吐(〜を吐く) →4

チホ, チホ　地歩(〜を固める) →7c

チホー　痴呆 →8

チホー　地方 →8c

……チホー, ……チホー　…地方(カントーチホー, カントーチホー　関東〜) →15c

チボー, チボー　知謀 →8

チホーカン　地方官 →14a

チホーギカイ　地方議会 →15

チホーギョーセイ　地方行政 →15

チホーギンコー　地方銀行 →15

チホーク　地方区 →14a

チホーコーフゼイ　地方交付税 →17

チホーコームイン　地方公務員 →17

チホーサイ　地方債 →14a

チホーザイセイ　地方財政 →15

チホーサイバンショ, チホーサイバンショ　地方裁判所 →17

チホーシ　地方紙 →14a

チホージチ　地方自治 →15

チホーショー, チホーショー　痴呆症 →14a

チホーショク　地方色 →14a

ガギグゲゴは鼻濁音　カタカナ細字は母音の無声化　★は長音にもなる符号

チホーゼ──チャクエ 558

チホーゼイ﹡　地方税 →14a

チホーダンタイ　地方団体 →15

チホートシ　地方都市 →15

チホーバン　地方版 →14

チホーブンケン, チホーブンケン　地方分権 →99, 98

チホーマワリ　地方回り →13

チマキ　粽 →5

チマタ,《古は チマタ も》巷 →1

チマチマ　(〜した, 〜と) →57

チマツリ, チマツリ,《古は チマツリ》血祭 →12

チマナコ, チマナコ　血眼 →12

チマミレ, チマミレ,《古は チマミレ》血塗れ →95

チマメ　血豆 →4

チマヨウ　血迷う →46

チミ　地味(〜が肥えている) →7

チミチ　血道(〜を上げる) →4

チミツ　緻密 →8

チミドロ　血みどろ →95

チミ(・)モーリョー　魑魅魍魎 →59

チムール, ティムール　Tīmūr(帖木児)〖人〗 →23

チメイ﹡　知名, 地名 →8

チメイ﹡, チメイ﹡　知命(=五十歳) →8

チメイ﹡ショー, チメイ﹡ショー　致命傷 →14b

チメイ﹡ジン　知名人 →14b

チメイ﹡テキ　致命的 →95

チモク　地目 →8

チャ　茶(オチャ 御〜) →6, 92

チャージ　charge →9

チャーシュー　叉焼〖華〗 →9

チャーター　charter →9

チャータービン　charter 便 →14

チャーチ　church →9

チャーチル　Churchill〖人〗 →22

チャーハン　炒飯〖華〗 →9

チャーミング　charming →9

チャーム　charm →9

チャールストン　Charleston〖ダンス〗 →9

チャイコフスキー　Chaikovskii〖露〗〖人〗 →22

チャイナ　China〖国〗 →21

チャイム　chime →9

チャイルドシート　child seat →16

チャイレ, チャイレ　茶入れ →5

チャイロ　茶色 →4

チャイロイ　茶色い →53

チャウケ　茶請け(オチャウケ 御〜) →5, 92

チャウス　茶臼 →4

チャエン　茶園 →8

チャオンド　茶音頭〖箏〗 →15

チャカ, サカ　茶菓 →18

チャカイ　茶会 →8

チャガケ　茶掛け〖掛軸〗 →5

チャガシ　茶菓子(オチャガシ 御〜) →15, 92

チャガス　茶化す〖俗〗 →44

チャガッショク　茶褐色 →17

チャガマ, チャガマ,《新は チャガマ。チャマガ は避けたい》茶釜 →4

チャガユ　茶粥 →4

チャガラ　茶殻 →4

チャキ　茶気, 茶器 →7

チャキチャキ　(江戸っ子の〜だ) →57

チャキチャキ　(〜する, 〜と) →57

チャキン, チャキン　茶巾 →8

チャキンシボリ　茶巾絞り →13

チャキンズシ　茶巾鮨 →12a

チャク　着 →6

……ちゃく　…着〖数〗 →34, 35, 62

チャクイ, チャクイ　着衣, 着意 →7

チャクエキ, チャクエキ　着駅 →8

チャクエキバライ　着駅払い →13

￣は高い部分　˙˙と˙˙は高低が変る部分　「は次が下がる符号　→は法則番号参照

559　　　　　　　　　　チャクガ──チャッケ

チャクガン　着眼, 着岸 →8
チャクガンテン　着眼点 →14a
チャクザ　着座 →7
チャクシ　嫡子 →7
チャクジツ　着実 →8
チャクシュ, チャクシュ　着手 →7
チャクシュツ　嫡出 →8
チャクシュツシ　嫡出子 →14
チャクジュン　着順(=到着順) →8
チャクショー　着床 →8
チャクショク　着色 →8
チャクショクリョー　着色料 →14
チャクシン　着信 →8
チャクスイ　着水 →8
チャクスル　着する →48
チャクセイ★　着生 →8
チャクセキ　着席 →8
チャクセキジュン　着席順 →14
チャクセン　着船 →8
チャクソー　着想, 着装 →8
チャクソン　嫡孫 →8
チャクタイ　着帯(=岩田帯いわたをしめる)
　→8
チャクダツ　着脱 →18
チャクダン　着弾 →8
チャクダンキョリ　着弾距離 →15
チャクチ　着地 →7
チャクチャク　着着(〜と進む) →58
チャクデン　着電 →8
チャクトー　着到 →8
チャクナン　嫡男 →8
チャクニ, チャッカ　着荷 →4, 7
チャクニン　着任 →8
チャクバライ　着払い →13
チャクヒョー　着氷 →8
チャクフク　着服 →8
チャクブン　着分<一着分 →10
チャクミ, チャクミ　茶汲み(オチャクミ 御〜) →5, 92

チャクモク　着目 →8
チャクヨー　着用 →8
チャクリク　着陸 →8
チャクリュー　嫡流 →8
チャコ　〚洋裁用具〛<chalk →9d
チャコールグレー　charcoal grey →16
チャコシ　茶漉し →5
チャサジ　茶匙 →15
チャジ　茶事 →7
チャシツ　茶室(オチャシツ 御〜)
　→8, 92
チャシブ　茶渋 →4
チャシャク　茶杓 →8
チャジン　茶人(オチャジン 御〜)
　→8, 92
チャズケ　茶漬(オチャズケ 御〜)
　→5, 92
チャズツ　茶筒 →4
チャセキ　茶席(オチャセキ 御〜)
　→8, 92
チャセン, チャセン　茶筅 →8
チャセンガミ　茶筅髪 →12a
チャソバ　茶蕎麦 →4
チャダイ　茶代(オチャダイ 御〜)
　→8, 92
チャタク　茶托 →8
チャダチ　茶断ち →5
チャダナ　茶棚 →4
チャダンス, 《古は チャダンス》 茶簞
　笥 →15
チャチ　〚俗〛(=安っぽい) →1
チャチャ　茶茶〚俗〛(〜を入れる) →11
チャチャチャ　cha-cha-cha〚西〛 →3
チャツー　茶通〚菓子〛 →8
チャッカ　着荷, 着火 →7
チャッカリ　(〜した人, 〜と) →55
チャック　Chack〔和〕〚商標〛(=ジッパー)
　→9
チャッケン　着剣 →8

ガギグゲゴは鼻濁音　カタカナ細字は母音の無声化　★は長音にもなる符号

チャッコ──チャワン　　560

チャッコー　着工 →8	**チャプスイ, チャプスイ**　雑砕〔華〕→9
チャット　chat →9	**チャブダイ**　卓袱台 →14
チャップリン　Chaplin〖人〗→22	**チャペル**　chapel →9
チャツボ　茶壺 →4	**チャホージ, チャホージ**　茶焙じ →13
チャツミ, チャツミ　茶摘み →5	**チャボーズ,**《古は **チャボーズ**》 茶坊
チャツミウタ　茶摘歌 →12	主(**オチャボーズ** 御～) →15, 92
チャテイ　茶亭 →8	**ヂヤホヤ**　(～する, ～と) →57

チ

チャトー　茶湯(**オチャトー** 御～) →8, 92	**チャボン**　茶盆 →8
チャドー, サドー　茶道 →8	**チャミ**　茶味 →7
チャドーグ,《古は **チャドーグ**》 茶道具 →15	**チャミセ**　茶店 →4
チャドコロ　茶所(宇治は～) →12	**チャメ**　茶目(**オチャメ** 御～) →4, 92
チャノキ, チャノキ　茶の木 →19	**チャメシ**　茶飯 →4
チャノマ　茶の間(**オチャノマ** 御～) →19, 92	**チャメッケ, チャメッケ**　茶目っ気 →93
チャノミ　茶飲み →5	**チャヤ**　茶屋 →94
チャノミジャワン　茶飲み茶碗 →15	**チャヤアソビ**　茶屋遊び →13
チャノミトモダチ　茶飲み友達 →12	**チャヤオンナ**　茶屋女 →12
チャノミバナシ　茶飲み話 →12	**チャヤザケ**　茶屋酒 →12
チャノユ　茶の湯 →19	**チャラ**　〖俗〗(=帳消し。～にする) →3
チャバオリ　茶羽織 →12	**チャラチャラ**　(～させる, ～と) →57
チャバコ　茶箱 →4	**チャラッポコ, チャラッポコ**　〖俗〗(～を言う) →55
チャバシラ, チャバシラ,《古は **チャバシラ**》 茶柱 →12	**チャランポラン**　(～なことを言う) →59
チャバタケ　茶畑 →12	**チャリ**　茶利(～を入れる)
チャバナ　茶花 →4	**チャリティー**　charity →9
チャバナシ　茶話 →12	**チャリティーショー**　charity show →16
チャバラ　茶腹(～も一時 いっとき) →4	**チャリョー, サリョー**　茶寮 →8
チャバン　茶番 →8	**チャリンコ**　(～に乗る) →94
チャバンキョーゲン　茶番狂言 →15	**チャルメラ**　charamela〔葡〕→9
チャバンゲキ　茶番劇 →14a	**チャレンジ, チャレンジ**　challenge →9
チャビシャク,《古は **チャビシャク**》 茶柄杓 →15	**チャレンジャー**　challenger →9
チャビツ　茶櫃 →8	**チャワ, サワ**　茶話 →7
チャビン　茶瓶 →8	**チャワン**　茶碗(**オチャワン** 御～) →8, 92
チャブクサ　茶袱紗 →15	**チャワンザケ**　茶碗酒 →12a
チャブクロ,《古は **チャブクロ**》 茶袋 →12	

￣は高い部分　̈ と ̈は高低が変る部分　「は次が下がる符号　→は法則番号参照

561　　　　　　　　チャワン──チューカ

チャワンムシ，《新は チャワンムシ》
　茶碗蒸し →13
チャン　父 →1
⋯⋯チャン；⋯⋯チャン（オバチャ
　ン 小母~，マサオチャン 正男~，オ
　トーチャン 御父~，ハナコチャン
　花子~）→94d
チャンコナベ　ちゃんこ鍋 →12
チャンス　chance →9
チャンチャラオカシイ，《俗》→54
チャンチャン　（仕事を~とする）→57
チャンチャン ＜チャンチャンコ
　《和服》→3, 94
チャント　（~する）→55
チャンネル，《新は チャンネル》
　channel →9
チャンバラ ＜チャンチャンバラバ
　ラ，チャンチャンバラバラ 《俗》
　→10, 59
チャンピオン　champion →9
チャンポン　（~に飲む，~を食べる）
　→59, 9
チユ　治癒 →7
チュー　注，註 →6
チュー　中，忠，柱，誅 →6　酎＜焼酎
　→10
チュー，チュー　宙（~に浮く）→6
⋯⋯チュー　…中（コンゲツチュー 今
　月~，ジュンビチュー 準備~）→14
チユー，チユー　知友 →8
チユー　知勇（~兼備）→18
チューイ　注意，中位，中尉 →7
チューイガキ　注意書 →13
チューイジコー　注意事項 →15
チューイジンブツ　注意人物 →15
チューイチ　中一＜中学一年 →10
チューイブカイ　注意深い →54
チューイホー　注意報 →14
チューイリョク　注意力 →14

チューインガム，チューインガム
　chewing gum →16
チューエイ　中衛，虫癭 →8
チューオー　中央《枢軸・首府・地・大学》
　→8, 21, 29
チューオー，チューオー　中央(=まん
　中) →8
チューオーアルプス　中央 Alps →16
チューオーカンチョー　中央官庁 →15
チューオーク　中央区 →14a
チューオーグチ，チューオーグチ　中
　央口 →12a
チューオーコーソク　中央高速＜中央
　高速道路 →15
チューオーコーロン　中央公論《雑誌》
　→15
チューオーシューケン　中央集権 →15
チューオーセイフ　中央政府 →15
チューオーセン　中央線 →14
チューオーダイガク　中央大学 →15
チューオードー　中央道 →14a
チューオーブンリタイ　中央分離帯
　→17
チューオシ　中押し《碁》→5
チューオン　中音 →8
チューカ　中華 →21
チューカイ　仲介，注解，厨芥 →8
チューガイ　虫害 →8
チューガイ　中外 →18
チューカイシャ　仲介者 →14b
チューガエリ　宙返り →13
チューカガイ　中華街《地》→14
チューカク　中核 →8
チューガク　中学 →8
チューガクセイ　中学生 →17
チューガクネン，チューガクネン（ガ
　は ガ とも）　中学年 →17
チューカジンミンキョーワコク　中華
　人民共和国 →99

ガギグゲゴは鼻濁音　カタカナ細字は母音の無声化　★は長音にもなる符号

チューカ──チュージ　　562

チューカソバ 中華蕎麦 →12	**チューゲン, チューゲン** 忠言 →8
チューガタ 中型, 中形(ゆかたも) →4	**チューコ, チューコ** 中古(=中古品) →7
チューガッコー,《古は チューガッコー》 中学校 →17	**チューコ** 中古〖時代〗 →7
チューカナベ 中華鍋 →12	**チューコー** 中耕, 中興, 鋳鋼 →8
チューカミンコク 中華民国 →15	**チューコー** 忠孝, 中高<中学・高校 →18
チューカリョーリ 中華料理 →15	**チューコーショク** 昼光色 →14a
チューカン 忠諫, 中間, 昼間 →8	**チューコートー** 昼光灯 →14
チューカンサクシュ 中間搾取 →15	**チューコーネン** 中高年 →17
チューガンシ 中間子 →14a	**チューコク** 忠告 →8
チューガンショク 中間色 →14a	**チューゴク** 中国〖国・地〗 →8, 21
チューカンホーコク 中間報告 →15	**チューゴクゴ** 中国語 →14
チューキ 中気(=中風) →7	**チューゴクジン** 中国人 →14
チューキ 中期 →7	**チューゴクチホー, チューゴクチホー** 中国地方 →15c
チューキ, チューキ 注記 →7	**チューゴシ** 中腰 →4
チューギ 忠義 →7	**チューゴシャ** 中古車 →14
チューギダテ 忠義立て →95	**チューコヒン, チューコヒン** 中古品 →14
チューキヤミ 中気病み →13	**チューコンヒ** 忠魂碑 →14a
チューキュー 誅求, 中級 →8	**チューサ** 中佐 →7
チューキョー 中共<中国共産党 →10　中京(=名古屋市) →8	**チューザ** 中座 →7
チューキョーシン 中教審<中央教育審議会 →10	**チューサイ** 仲裁 →8
チューキョリ 中距離 →15	**チューザイ** 駐在 →8
チューキン,《古は チューキン》 忠勤 →8	**チューザイショ, チューザイショ** 駐在所 →14
チューキントー 中近東〖地〗 →21	**チューサイニン, チューサイニン** 仲裁人 →14b
チュークー 中空 →8	**チューザラ** 中皿 →4
チューグー 中宮 →8	**チューサン** 中産, 昼餐 →8　中三<中学三年 →10
チューグージ 中宮寺 →14	**チューサンカイキュー** 中産階級 →15
チューグシ 中串〖料理〗 →4	**チューシ** 中止 →7
チューグライ, チュークライ 中位 →12	**チューシ, チューシ** 注視 →7
チューケイ 中継 →8	**チューシ** 中支<中支那 →29
チューケイ,《古は チューケイ》 中啓 →8	**チュージ** 中耳 →7
チューケイホーソー 中継放送 →15	**チュージエン** 中耳炎 →14
チューケン 中堅, 忠犬 →8	**チュージキ** 昼食(オチュージキ 御
チューゲン 中元, 中原, 中間 →8	

‾は高い部分　⁀と⁀は高低が変る部分　⌐は次が下がる符号　→は法則番号参照

| | チューズリ　宙吊り →5 |

チュージ——チュート

チュージク　中軸 →8

チュージツ　忠実 →8

チューシャ　注射,駐車 →7

チューシャエキ　注射液 →14

チューシャキ　注射器 →14

チューシャキンシ　駐車禁止 →98

チューシャク, チューシャク　注釈 →8

チューシャジョー　駐車場 →14

チューシュー　仲秋,中秋(～の名月) →8

チューシュツ　抽出 →8

チュージュン　中旬 →8

チューショー　中傷,抽象 →8

チューショー　中小 →18

チュージョー　衷情 →8

チュージョー　中将 →8

チューショーキギョー　中小企業 →15

チューショーキギョーチョー　中小企業庁 →14a

チューショーゲイジュツ　抽象芸術 →15

チューショーテキ　抽象的 →95

チューショク　昼食 →8

チューシン　衷心,中心,中震 →8

チューシン, 《古は チューシン》　忠臣 →8　注進(ゴチューシン, ゴチューシン 御～) →8, 92

チューシングラ　忠臣蔵〖浄瑠璃・歌舞伎〗 →12

チューシンジンブツ　中心人物 →15

チューシンチ　中心地 →14a

チューシンテン　中心点 →14a

チューシンブ　中心部 →14a

チュースイ　注水 →8

チュースイエン, チュースイエン　虫垂炎 →14b

チュースー　中枢 →8

チューズリ　宙吊り →5

チュースル　注する,誅する →48

チューセイ　中正,忠誠,中性 →8

チューセイ　中世 →8

チューセイシ　中性子,中性紙 →14b

チューセイシボー　中性脂肪 →15

チューセイセンザイ　中性洗剤 →15

チューゼー　中背(中肉～) →4

チューセキ　柱石,沖積 →18

チューセキセイ, チューセキセイ　沖積世 →14c

チューセツ　忠節 →8

チューゼツ　中絶 →8

チューセン　抽籤 →8

チューセンキョク　中選挙区 →17

チューゼンジコ　中禅寺湖 →14

チューソー　中層 →8

チューゾー　鋳造 →8

チューソツ　中卒<中学校卒業> →10

チューソン　虫損 →8

チューソンジ　中尊寺 →14

チューター　tutor →9

チュータイ　中隊,紐帯 →8　中退<中途退学> →10

チューダイ　中大<中央大学> →10

チューダイチョー　中隊長 →17

チューダチ　中裁〖和服〗 →5

チューダン　中断,中段 →8

チューチュー　(～鳴る,～と) →57 〖児〗(=ねずみ) →3

チューチョ　躊躇 →7

チューッパラ　中っ腹 →4d

チューテイシャ　駐停車 →17

チューテン, チューテン　中天 →8

チュート　中途 →7

チュートー　中等,柱頭,偸盗 →8　中東〖地〗 →21

チュードー　中道 →8

チュートーガッコー　中等学校 →15

ガギグゲゴは鼻濁音　カタカナ細字は母音の無声化　★は長音にもなる符号

チュート──チューヨ　564

チュートーキョーイク　中等教育 →15	チューブ　中部 →7　tube →9
チュートーブ　中等部 →14a	チューブー，チューブ，チューフー
チュードク　中毒 →8	中風 →8d
チュードシマ　中年増 →12	チューフク　中腹 →8
チュートダイガク　中途退学 →15	チューブチホー，チューブチホー　中
チュートハンパ　中途半端 →12	部地方 →15c
チュートロ　中とろ〖鮨〗→4	チューブラリン　宙ぶらりん（～にな
チュートン　駐屯 →8	る）→59
チュートングン，チュートングン　駐	チューフリ　中振＜中振袖 →10
屯軍 →14a	チューブル　中古 →5
チューナー　tuner →9	チューヘイ　駐兵 →8
チューナゴン　中納言 →15	チューベイ　中米〖地〗→21
チューナンベイ　中南米〖地〗→17	チューヘン　中編（篇）→8
チューニ　中二＜中学二年 →10	チューボー　厨房 →8
チューニカイ　中二階 →39	チューボク　忠僕 →8
チューニク　中肉（～中背ぜい）→8	チューボソ　中細（～の毛糸）→5
チューニチ　駐日 →8	チューミツ　稠密 →8
チューニチ　中日（オチューニチ 御	チューモク　注目 →8
～）→8, 92	チューモノ　中物 →4
チューニュー　注入 →8	チューモン　中門 →8
チューニン　仲人 →8	チューモン，《古は チューモン も》
チューニング，《新は チューニング》	注文 →8
tuning →9	チューモンガキ　注文書 →13
チューネン　中年 →8	チューモンキキ　注文聞き →13a
チューネンブトリ　中年太り →13	チューモンサキ　注文先 →12
チューネンモノ　中年者 →12	チューモンショ，チューモンショ　注
チューノー　中脳，中農 →8	文書 →14
チューノリ　宙乗り →5	チューモントリ　注文取り →13a
チューハ　中破，中波 →7	チューモンナガレ　注文流れ →13
チューバ　tuba →9	チューモンヒン　注文品 →14
チューハイ　酎ハイ＜焼酎 highball	チューヤ　昼夜 →18
→10	チューヤオビ　昼夜帯 →12
チューバイカ　虫媒花 →14b	チューヤ(･)ケンコー　昼夜兼行 →97,
チューハバ　中幅 →4	98
チューハン　昼飯 →8	チューユ　注油 →7
チューバン　中盤 →8	チューユー，チューユー　忠勇 →18
チューバンセン　中盤戦 →14	チューヨー　中庸《書も》，中葉 →8
チュービ　中火 →4	チューヨードッキ　虫様突起 →15
チュービン　中瓶 →8	チューヨク　中翼 →8

‾ は高い部分　⁝と⁝ は高低が変る部分　˥は次が下がる符号　→ は法則番号参照

565　チューリ──チョーオ

チューリク　誅戮 →8
チューリツ　中立 →8
チューリッコク, チューリッコク　中立国 →14c
チューリツチタイ, チューリッチタイ　中立地帯 →15
チューリップ, チューリップ　tulip →9
チューリャク, チューリャク　中略 →8
チューリュー　駐留,中流 →8
チューリューカイキュー　中流階級 →15
チューリューグン, チューリューグン　駐留軍 →14a
チューリョー　忠良 →8
チューリン　駐輪 →8
チューリンジョー　駐輪場 →14
チューレイ★トー　忠霊塔 →14
チューロー　中老(↔初老) →8
チューロー,《古は チューロー》　中老・中﨟〘職名〙 →8
チューローイ　中労委<中央労働委員会 →10
チューワ　中和 →7
チューワザイ, チューワザイ　中和剤 →14
チュニジア, チュニジア(アはヤとも)　Tunisia〘国〙 →21
チュニック <チュニックコート　tunic coat →16
チュンチュン　(〜鳴く) →57
チョ　著,緒(〜につく) →6
チヨ　千代《女名も》 →33, 23
……チヨ　…千代(タケチヨ 竹〜, イヌチヨ 犬〜) →26
チョイス　choice →9
チョイチョイ　(=折折) →57
チョイト, チョイト　〘俗〙(〜良い) →55
チョイト, チョイト　〘呼びかけ〙(〜あんた) →66
……ちょう　…丁…町…挺〘数〙 →34, 35, 62
チョー　超(〜現実的) →6, 91　丁(↔半),庁,町,長,帳,帖,朝,腸,徴,調,疔,牒,蝶,寵 →6　兆 →6, 30
……チョー　…帳…帖(シャシンチョー 写真〜),…調(ビブンチョー 美文〜),…朝(ヨシノチョー 吉野〜) →14
……チョー　…庁(ケイシチョー 警視〜) →14
チョーアイ　丁合 →4
チョーアイ,《古は チョーアイ》　寵愛 →8
チョーアイ, チョーアイ　帳合 →4
チョーアン, チョーアン　長安〘地〙 →21
チョーイ　弔慰,弔意 →7
チョーイキン, チョーイキン　弔慰金 →14
チョーイン　調印 →8
チョーインシキ　調印式 →14a
チョーエイ★　町営 →8
チョーエキ　懲役 →8
チョーエツ　超越 →8
チョーエン　腸炎 →8
チョーエンケイ★　長円形 →14
チョーオン　重恩,朝恩,寵恩,調音〘音楽〙 →8
チョーオン, チョーオン　聴音,潮音 →8
チョーオン　長音,調音〘音声学〙 →8
チョーオンカイ　長音階 →15
チョーオンソク　超音速 →15
チョーオンパ　超音波 →15
チョーオンプ　長音符 →14a

ガギグゲゴは鼻濁音　カタカナ細字は母音の無声化　★は長音にもなる符号

チョーカ──チョージ

チョーカ 超過 →7	**チョーゲン** 調弦 →8
チョーカ 弔歌, 長歌, 長靴, 釣果, 弔花 →7	**チョー(·)ゲンジツハ, チョーゲンジツハ** 超現実派 →91
チョーカ 《古は **チョーカ**》 町家 →7	**チョーコー** 聴講, 長講(～一席), 長考, 徴(兆)候, 彫工 →8
チョーカイ 潮解, 懲戒, 町会, 朝会 →8	**チョーコー** 長江(=揚子江) →8
チョーガイ, チョーガイ 蝶貝 →4	**チョーゴー** 調合 →8
チョーカイギイン 町会議員 →15	**チョーコーセイ** 聴講生 →14a
チョーガイサン 鳥海山 →14b	**チョーゴーゼツ** 長広舌 →14a
チョーカイショブン 懲戒処分 →15	**チョーコーソー** 超高層 →15
チョーカイ(·)ボヘン 朝改暮変 →97, 98	**チョーコク** 彫刻, 超克 →8
チョーカク, チョーカク 聴覚 →8	**チョーコクカ** 彫刻家 →14
チョーガタル 腸 catarre[蘭] →16	**チョーコクトー** 彫刻刀 →14
チョーカン 長官, 朝刊, 鳥瞰 →8	**チョーサ** 調査 →7
チョーガンズ 鳥瞰図 →14a	**チョーザ, チョーザ** 長座 →7
チョーキ 弔旗, 長期 →7	**チョーザイ** 調剤 →8
チョーギ, チョーギ 町議<町議会議員 →10	**チョーサダン** 調査団 →14
チョーギカイ 町議会 →15	**チョーザメ** 蝶鮫 →4
チョーキカン, チョーキカン 長期間 →15	**チョーサンボシ** 朝三暮四 →39
チョーキセン, チョーキセン 長期戦 →14	**チョーシ** 銚子, 調子 →7 銚子〖地〗 →21
チョーキャク 弔客 →8	**チョーシ** 長子, 町史 →7
チョーキュー 長久 →8	**チョージ** 弔辞 →7
チョーキョー 調教 →8	**チョージ** 寵児 →7
チョーキョーシ 調教師 →14a	**チョージ** 《新は **チョージ**》 丁子 →7
チョーキヨホー 長期予報 →15	**チョージカン** 長時間 →15
チョーキョリ 長距離 →15	**チョーシズク** 調子付く →96
チョーキョリデンワ 長距離電話 →15	**チョーシハズレ, チョーシッパズレ** 調子(っ)外れ →13d
チョーキョリバス 長距離 bus →16	**チョージメ, チョージメ** 帳締め →5
チョーキン 彫金 →8 超勤<**チョーカキンム** 超過勤務 →10, 15	**チョーシモノ** 調子物, 調子者(お～) →12
チョーク 長駆, 長軀 →7 chalk →9	**チョーシャ** 庁舎 →7
チョーケイ 長兄 →8	**チョージャ, チョージャ** 長者 →7
チョーケシ, チョーケシ 帳消し →5	**チョーシュ, チョーシュ** 聴取 →7
チョーケツ 長欠<長期欠席(勤) →10	**チョージュ** 長寿 →7
チョーケッカク 腸結核 →15	**チョーシュー** 徴収, 徴集, 聴衆 →8
チョーケン 朝見, 長剣 →8	**チョーシュー** 長州(=長門なが) →8
	チョージュー 弔銃, 鳥銃 →8 鳥獣

‾ は高い部分 … と … は高低が変る部分 ﹁ は次が下がる符号 → は法則番号参照

→18

チョーシュシャ 聴取者 →14

チョージュバンズケ 長寿番付 →15

チョーシュリツ 聴取率 →14

チョーショ 長所, 調書 →7

チョージョ 長女 →7

チョーショー 嘲笑, 弔鐘, 徴証 →8

チョージョー 重畳, 長城(万里の〜), 長上 →8

チョージョー 頂上 →8

チョーショク 朝食 →8

チョージリ, チョージリ 帳尻 →4

チョージル, チョージル 長じる →47

チョーシン 調進, 聴診, 長身, 長針, 寵臣 →8

チョージン 鳥人, 超人 →8

チョージンキ 聴診器 →14a

チョージンケイ★ 聴神経 →15

チョージンテキ 超人的 →95

チョーシンルコツ 彫心鏤骨 →98

チョーズ 手水(**オチョーズ** 御〜) →4d, 92

チョーズー 丁数 →8

チョーズケ, チョーズケ(ズはツとも) 丁付, 帳付 →5

チョーズバ, チョーズバ 手水場 →12

チョーズバチ 手水鉢 →14

チョーズメ, チョーズメ 腸詰 →5

チョーズラ 帳面(〜を合わせる) →4

チョーズル 弔する, 徴する, 寵する →48

チョーズル, チョーズル 長ずる →47

チョーセイ★ 長生, 長逝, 調製, 調整, 町政, 朝政, 鳥声 →8

チョーゼイ★ 徴税, 町税 →8

チョーセキ 朝夕 →18

チョーセキ, チョーセキ 長石 →8 潮汐 →18

チョーセツ 調節 →8

チョーゼツ 超絶 →8

チョーセン 挑戦 →8

チョーセン 朝鮮〚地〛 →21

チョーゼン 超然, 悵然 →56 長髯 →8

チョーセンアサガオ 朝鮮朝顔 →12

チョーセンゴ 朝鮮語 →14

チョーセンシャ 挑戦者 →14a

チョーセンジン 朝鮮人 →14

チョーセンニンジン 朝鮮人参 →15

チョーセンハントー 朝鮮半島 →15

チョーソ 彫塑, 重祚 →7

チョーソー 鳥葬 →8

チョーゾー 彫像 →8

チョーソク 長足(〜の進歩) →8

チョーゾク 超俗 →8

チョーソン, チョーソン 町村 →18

チョーソンカイ 町村会 →17

チョーソンガッペイ, チョーソンガッペイ★ 町村合併 →98, 99

チョーソンゼイ★ 町村税 →17

チョーソンチョー 町村長 →17

チョーダ 長打, 長蛇(〜の列) →7

チョーダイ 長大 →8 頂戴(〜をする, 〜する) →8, 48

チョーダイ 頂戴(=下さい。早く〜, 〜な) →66

チョーダイコク 超大国 →15

チョーダイソク 長大息 →15

チョーダイモノ 頂戴物 →12

チョータク 彫琢 →8

チョータツ, チョーダツ 調達 →8

チョーダツ 超脱 →8

チョータン 長嘆(歎) →8

チョータン, チョータン 長短 →18

チョーダンパ 超短波 →15

チョーチフス, チョーチブス 腸 Typhus〚独〛 →16

チョーチャク, 《古は チョーチャク》 打擲 →8

ガギグゲゴは鼻濁音 カタカナ細字は母音の無声化 **★は長音にもなる符号**

チョーチ──チョーホ　　568

チョーチョー, チョーチョ,《新は チョーチョー, チョーチョ》 蝶蝶 →11d

チョーチョー, チョーチョー 喋喋(〜喃喃なん) →58

チョーチョー 町長, 長調(↔短調) →8

チョーチョー(・)パッシ, チョーチョー パッシ 打打発止 →59

チョーチン 提灯 →8

チョーチンギョーレツ 提灯行列 →15

チョーチンモチ 提灯持ち →13a

チョーチンヤ 提灯屋《書写も》 →94

チョーツガイ 蝶番 →12

チョーテイ 調停, 朝廷 →8

チョーテキ 朝敵 →8

チョーテン, チョーテン 頂点 →8

チョーデン 弔電 →8

チョーデンドー 超伝導 →15

チョート 打と(〜打つ) →55 長途 →7

チョード 丁度(=都合よく・まるで。〜良い) →55

チョード 丁度(=きっかり。時間〜に来る, 千円〜だ) →76, 86

チョード 調度 →7

チョートー 長刀 →8

チョードー 町道 →8

チョードーケン 聴導犬 →14

チョードーハ 超党派 →15

チョードキュー 超弩級(〜の台風) →15

チョードクサク 超特作 →15

チョートッキュー 超特急 →15

チョードヒン, チョードヒン 調度品 →14

チョーナ 手斧

チョーナイ 町内 →8

チョーナイカイ 町内会 →14b

チョーナン, チョーナン 長男 →8

チョーニン,《新は チョーニン》 町人

→8

チョーネクタイ 蝶 necktie →16

チョーネンゲツ 長年月 →15

チョーネンテン 腸捻転 →15

チョーノーリョク 超能力 →15

チョーハ 長波 →7

チョーバ 跳馬 →7

チョーバ 町場, 丁場 →4 帳場(オチョーバ 御〜) →4, 92

チョーバゴーシ 帳場格子 →15

チョーハツ 徴発, 挑発, 調髪, 長髪 →8

チョーバツ, チョーバツ 懲罰 →18

チョーハツテキ 挑発的 →95

チョーハナガタ 蝶花形 →12

チョーハン 丁半 →18

チョーフ 調布〖地〗 →21

……チョーブ …町歩(イッチョーブ 一〜, ゴチョーブ 五〜) →36

チョーフク 重複 →8

チョーブク 調伏 →8

チョーブツ 長物(無用の〜) →8

チョーブン 弔文, 長文 →8

チョーヘイ 徴兵 →8

チョーヘイケンサ 徴兵検査 →15

チョーヘイセイド 徴兵制度 →15

チョーヘイソク 腸閉塞 →15

チョーヘン 長編(篇) →8

チョーヘンショーセツ 長編(篇)小説 →15

チョーボ 徴募 →7 朝暮 →18

チョーボ,《新は チョーボ》 帳簿 →7

チョーホー 諜報, 弔砲 →8

チョーホー,《古は チョーホー》 重宝(御家の〜) →8

チョーホー 重宝・調法(〜だ・な・に, 〜する) →8, 48

チョーボー 眺望 →8

チョーホーケイ, チョーホーケイ 長方形 →14a

￣ は高い部分　…と…は高低が変る部分　「は次が下がる符号　→は法則番号参照

チョーホン, チョーホン　張本 →8
チョーホンニン　張本人 →14a
チョーマン　脹満〖病〗 →8
チョーマンイン　超満員 →15
チョーミ　調味 →7
チョーミリョー　調味料 →14
チョーミン　町民 →8
チョーミンゼイ★　町民税 →14a
チョームスビ　蝶結び →13
……チョーメ, ……チョーメ　…丁目
　（イッチョーメ, イッチョーメ 一〜）
　→38
チョーメイ★　町名, 朝命 →8
チョーメイ★　《新は チョーメイ★》 長命
　（ゴチョーメイ★ 御〜）→8, 92
チョーメイ★ジ　長命寺 →14
チョーメン　帳面 →8
チョーメンヅラ　帳面面 →12
チョーモク　鳥目（オチョーモク 御
　〜）→8, 92
チョーモト, チョーモト　帳元 →4
チョーモン　弔問, 聴聞, 頂門（〜の一針
　いっしん）→8
チョーモンカイ　聴聞会 →14a
チョーモンキャク　弔問客 →14a
チョーヤ　長夜 →7　朝野 →18
チョーヤク　跳躍 →8
チョーユー　町有 →8
チョーヨー　徴用, 重用, 重陽 →8　長幼
　（〜の序）→18
チョーライ　朝来 →8, 61
チョーラク　凋落 →8
チョーリ　調理 →7
チョーリシ　調理師 →14
チョーリダイ, チョーリダイ　調理台
　→14
チョーリツ　調律, 町立 →8
チョーリッシ, チョーリッシ　調律師
　→14c

チョーリニン　調理人 →14
チョーリュー　長流, 潮流 →8
チョーリョー　跳梁 →8
チョーリョー　張良〖人・能〗→27
チョーリョク　張力, 聴力 →8
チョールイ　鳥類, 蝶類 →8
チョーレイ★　朝礼 →8
チョーレイ★ボカイ　朝令暮改 →98
チョーレン　調練 →8
チョーロー　嘲弄, 長老 →8
チョーワ　調和 →7
チヨガミ　千代紙 →12
チョキ　猪牙＜チョキブネ, チョキブ
　ネ 猪牙船 →12
チョキ　〖じゃんけん〗→3
チョキチョキ　（〜切る, 〜と）→57
チョキン　貯金 →8
チョキンツーチョー　貯金通帳 →15
チョキンバコ　貯金箱 →12a
チョク　直（=気軽・安直。〜な人だ）→6
チョク　直（=正しい事・正道）, 勅 →6
チョク, チョコ　猪口 →6
チョクエイ★　直営 →8
チョクエイ★テン　直営店 →14b
チョクオーマイシン　直往邁進 →98
チョクオン　直音 →8
チョクゲキ　直撃 →8
チョクゲキダン, チョクゲキダン　直
　撃弾 →14
チョクゲン　直言 →8
チョクゴ　勅語 →7
チョクゴ　直後 →7
チョクサイ　直裁 →8
チョクシ, 《新は チョクシ》　直視, 勅
　使, 勅旨 →7
チョクジ, ショクジ　植字〖印刷〗→7d
チョクシャ　直写, 直射 →7
チョクシャコー　直射光 →14
チョクシャニッコー　直射日光 →15

ガギグゲゴは鼻濁音　カタカナ細字は母音の無声化　★は長音にもなる符号

チョクジ──チョッカ　570

チョクジョー　直上, 直情, 勅諚 →8	チョクリツエンジン　直立猿人 →15
チョクジョーケイコー　直情径行 →98	チョクリュー　直流 →8
チョクシン　直進 →8	チョクレツ　直列 →8
チョクセツ　直接 →8	チョゲン, ショゲン　緒言 →8
チョクセツ, チョクサイ　直截 →8	チョコ　猪口(オチョコ 御～) →92
チョクセツコードー　直接行動 →15	＜chocolate →10
チョクセツゼイ　直接税 →14	チョコ　千代子〖女名〗 →25
チョクセツテキ　直接的 →95	チョコザイ, チョコザイ　猪口才 →8
チョクセン　勅撰, 直線 →8	チョコチョコ　(～する, ～と) →57
チョクゼン　直前 →8	チョコット →55
チョクセンキョリ　直線距離 →15	チョコナン, チョコナン　(～と) →55
チョクセンコース　直線 course →16	チョコマカ　(～する, ～と) →57
チョクセンシュー　勅撰集 →14a	チョコレート　chocolate →9
チョクセンビ　直線美 →14a	チョコント →55
チョクセンワカシュー　勅撰和歌集 →17	チョサク　著作 →8
チョクソー　直送 →8	チョサクカ, チョサッカ　著作家 →14
チョクゾク　直属 →8	チョサクケン, チョサクケン, チョサッケン　著作権 →14ca
チョクダイ　勅題 →8	チョサクシャ, チョサクシャ　著作者 →14c
チョクチョー, チョクチョー　直腸 →8	チョサクブツ　著作物 →14
チョクチョク　(～来る, ～と) →57	チョシャ　著者 →7
チョクツー　直通 →8	チョジュツ　著述 →8
チョクツーレッシャ　直通列車 →15	チョジュツカ　著述家 →14
チョクトー　直答 →8	チョジュツギョー　著述業 →14
チョクニンカン　勅任官 →14a	チョショ　著書 →7
チョクハイ　直配 →8	チョスイ　貯水 →8
チョクバイ　直売 →8	チョスイチ　貯水池 →14b
チョクハン　直販＜直接販売 →10	チョゾー　貯蔵 →8
チョクヒ　直披〖手紙〗 →7	チョゾーコ　貯蔵庫 →14a
チョクホータイ　直方体 →14	チヨダ　千代田〖地〗 →21
チョクメイ　勅命 →8	チヨダク　千代田区 →14
チョクメン　直面 →8	チヨダジョー　千代田城 →14
チョクヤク　直訳 →8	チヨダセン　千代田線 →14
チョクユ　勅諭, 直喩 →7	チョタン　貯炭 →8
チョクユシュツ　直輸出 →15	チョチク　貯蓄 →8
チョクユニュー　直輸入 →15	チョッカ　直下 →7
チョクリツ　直立(～不動) →8	チョッカイ　〖俗〗(～を出す)
	チョッカガタ　直下型 →14

￣は高い部分　˙˙と˙˙は高低が変る部分　⌐は次が下がる符号　→は法則番号参照

チョッカ――チリジリ

チョッカガタジシン　直下型地震 →15	チョロマカス　〖俗〗(金を~) →44
チョッカク　直覚,直角 →8	チョン　(拍子木が~, ~と切る) →55
チョッカツ　直轄 →8	(馬鹿でも~でも) →3
チョッカッコー　直滑降 →15	チョンガー　総角[朝鮮]〖俗〗(まだ~だ)
チョッカン　直感,直観,直諫,勅勘 →8	→9
チョッカンテキ　直観的 →95	チョンギル　〖俗〗(はさみで~) →46
チョッキ　＜jaque〖葡〗 →9	チョンマゲ　丁髷 →5
チョッキュー　直球 →8	チョンマゲモノ　丁髷物 →12
チョッキョ　勅許 →7	チラカス　散らかす →44
チョッキリ　(~に来る, ~と) →55	チラカル　散らかる →44
チョッキン　直近 →8	チラシ　散らし →2
チョックラ　〖俗〗(~行ってくる) →55	チラシガキ　散らし書き →13
チョッケイ★　直系,直径 →8	チラシガミ　散らし髪 →12
チョッケイ★ゾンゾク　直系尊属 →15	チラシズシ　散らし鮨 →12
チョッケツ　直結 →8	チラシモヨー　散らし模様 →15
チョッコー　直行,直交,直航 →8	チラス　散らす →44
チョット, チョット　一寸(~待て, ~	チラチラ　(雪が~, ~と) →57
した) →55	チラツカセル　(刃物を~) →83
チョットミ　一寸見(~がいい) →13	チラツキ　(画面の~) →2
チョットヤソット, チョットヤソット	チラック　(雪が~) →96
一寸やそっと →98,99	チラト, チラト, チラット　(~見る)
チョッピリ　(~欲しい) →55	→55
チョトツモーシン,《新は チョトツモ	チラバル　散らばる →44
ーシン》猪突猛進 →98	チラホラ　(~する, ~と) →57
チョハッカイ　猪八戒 →27	チラリ, チラリ　(~と見る) →55
チョビヒゲ, チョビヒゲ　ちょび髭	チラン　治乱(~興亡) →18
→5	チリ　塵 →2
チョボ　点(=義太夫節の一派) →1	チリ　地利,地理 →7　chili〖料理〗 →3
チョボガタリ　ちょぼ語り →13	Chile〖国〗 →21
チョボクレ　〖芸能・人〗 →4	チリアクタ, チリアクタ　塵芥 →18
チョボチョボ　〖俗〗(成績が~だ) →57	チリアナ　塵穴 →4
チョボチョボ　(~と, ~生える) →57	チリカカル　散り掛かる →45
チョメイ★　著名,著明 →8	チリガク　地理学 →14
チョメイ★ジン　著名人 →14b	チリガミ　塵紙 →4
チョリツ　佇立 →8	チリガミコーカン　塵紙交換 →15
チョロイ　〖俗〗(~仕事) →53	チリシク　散り敷く →45
チョロギ, チョーロギ　〖植・食品〗	チリジリ　散り散り(~になる) →57
チョロズ, チョロズ　千万 →31	チリジリバラバラ, チリジリバラバラ
チョロチョロ　(~する, ~と) →57	(~になる) →59

ガギグゲゴは鼻濁音　カタカナ細字は母音の無声化　★は長音にもなる符号

チリソー──チンセキ　572

チリソース　chili sauce →16	チンキ　沈毅,珍奇 →7
チリチリ　(〜だ・な・に) →57	チンキャク　珍客 →8
チリチリ　(〜する、〜と) →57	チンキン　沈金〖蒔絵〗 →8
チリッパ　塵っ端〖俗〗(〜一つ無い) →4d	チンギン　沈吟 →8
チリトリ, チリトリ　塵取り →5	チンギン　賃銀,賃金 →8
チリナベ　ちり鍋 →4	チンギンカクサ　賃金格差 →15
チリノコル　散り残る →45	チンギンカット　賃金 cut →16
チリハテル　散り果てる →45	チンギンベース　賃金 base →16
チリバメル　鏤める →45	チンクシャ　狆くしゃ〖俗〗 →59
チリハライ　塵払い →13	チンクユ, チンクユ　Zink 油〔独〕 →14
チリホコリ, チリホコリ　塵埃 →18	チンゲンサイ　青梗菜〔華〕 →14a
チリメン　縮緬	チンコ　陰茎〖俗〗 →94
チリメンガミ　縮緬紙 →12a	チンゴ　鎮護 →7
チリメンジャコ　縮緬雑魚 →15	チンコー　沈降 →8
チリメンジワ　縮緬皺 →12	チンコロ　狆ころ →94
チリャク　知略 →8	チンコン　鎮魂 →8
チリョ　知慮 →7	チンコンカ　鎮魂歌 →14a
チリョー　治療 →8	チンコンキョク　鎮魂曲 →14a
チリョク　地力,知力 →8	チンザ　鎮座 →7
チリヨケ, チリヨケ　塵除け〖衣など〗 →5	チンサゲ　賃下げ →5
チリレンゲ　散蓮華〖匙〕 →15	チンシ　沈思(〜黙考) →7
チル　散る　チラナイ, チロー, チリマス, チッテ, チレバ, チレ →43	チンジ　珍事,椿事 →7
チルド　chilled〖料理〗 →9	チンジゴト　賃仕事 →12
チレキ　地歴<地理・歴史 →10	チンシャ　陳謝 →7
チロリ　銚釐〖酒器〗	チンシャク　賃借 →8
チロリアンハット　Tirolean hat →16	チンシャクケン, チンシャクケン　賃借権 →14c
チロル　Tirol〖地〗 →21	チンシュ　珍種 →7
チワゲンカ　痴話喧嘩 →15	チンジュ　鎮守(〜の森) →7
チン　朕 →64　珍,亭,狆 →6	チンジュー　珍獣 →8
チンアゲ　賃上げ →5	チンジュツ　陳述 →8
チンアツ　鎮圧 →8	チンジュフ　鎮守府 →14
チンウツ　沈鬱 →8	チンジョー　陳情,陳状 →8
チンカ, チンカ　鎮火,沈下 →7	チンズキ, チンズキ　賃搗き →5
チンカサイ　鎮火祭,鎮花祭 →14	チンセイ★　沈静,鎮静 →8
チンガシ　賃貸し →5	チンゼイ★★, チンゼイ★　鎮西(=九州) →8
チンガリ　賃借り →5	チンセイザイ, チンセイザイ　鎮静剤 →14b
	チンセキ　沈積 →8

￣ は高い部分　¨ と ¨ は高低が変る部分　⌐ は次が下がる符号　→ は法則番号参照

チン**セツ**, 《古は **チ**ン**セツ**》 珍説 →8	**チ**ンブ 鎮撫 →7
チンセン 沈潜 →8	**チ**ンプ 陳腐 →7
チンセン 賃銭 →8	**チ**ンブン 珍聞 →8
チンゾー 珍蔵 →8	**チ**ンプンカン 陳紛漢 →59
チンタイ 沈滞 →8	**チ**ンプンカンプン, **チ**ンプンカンプン (〜だ) →59
チンタイ, 《住宅は **チ**ンタイ も》 賃貸 →8	**チ**ンベン 陳弁 →8
チンダイ 鎮台 →8	**チ**ンポ 陰茎〖俗〗(お〜) →94
チンダイシャク 賃貸借 →17	**チ**ンポー 珍宝 →8
チンタオ 青島〔華〕〖地〗 →21	**チ**ンボツ 沈没 →8
チンダン 珍談 →8	**チ**ンポン 珍本 →8
チンチクリン, **チ**ンチクリン 〖俗〗 →59	**チ**ンマリ (〜した, 〜と) →55
チンチャク 沈着 →8	**チ**ンミ 珍味 →7
チンチョー 珍鳥 →8	**チ**ンミョー, 《古は **チ**ンミョー》 珍妙 →8
チンチョー, 《古は **チ**ンチョー》 珍重 →8	**チ**ンムルイ, **チ**ンムルイ 珍無類 →98, 99
チンチョーゲ, **ジ**ンチョーゲ 沈丁花 →14a	**チ**ンモク 沈黙 →8
チンチラ chinchilla〔西〕 →9	**チ**ンモチ 賃餅 →4
チンチロリン (=松虫とその鳴き声) →59, 3	**チ**ンモン 珍問 →8
チンチン (〜沸く, 〜と) →57 〖犬〗→3 〖児〗(**オチ**ンチン) →92	**チ**ンリョー, **チ**ンリョー 賃料 →8a
チンツー 沈痛, 鎮痛 →8	**チ**ンレツ 陳列 →8
チンツーザイ, **チ**ンツーザイ 鎮痛剤 →14a	**チ**ンレツシツ 陳列室 →14
チンテイ★ 鎮定 →8	**チ**ンレツダイ 陳列台 →14
チンデン 沈殿(澱) →8	**チ**ンレツダナ, **チ**ンレツダナ 陳列棚 →12
チンデンブツ 沈殿(澱)物 →14a	**チ**ンレッヒン, **チ**ンレツヒン 陳列品 →14
チントー 枕頭, 珍答 →8	**チ**ンレツマド 陳列窓 →12
チンドンヤ ちんどん屋 →94	
チンニュー 闖入 →8	
チンニューシャ 闖入者 →14a	
チンバ 跛〖俗〗	
チンパンジー chimpanzee →9	
チンピ, **チ**ンピ 陳皮 →7	**ツ** 津《地も》 →1, 21
チンピラ 〖俗〗(〜のくせに) →55, 3	**ツ**アー tour(〜で行く) →9
チンピン 珍品 →8	**ツ**イ 対(〜になる) →6
	ツイ (〜うっかりと, 〜今しがた) →61 終(〜の住処すみか) →1
	ツイード, 《新は **ツ**イード》 tweed →9

ガ ギ グ ゲ ゴは鼻濁音　カタカナ細字は母音の無声化　★は長音にもなる符号

ツイエ──ツーガク　574

ツイエ　費え →2
ツイエル, ツイエル　費える, 潰える →43
ツイオク　追憶 →8
ツイカ　追加 →7
ツイカイ　追懐 →8
ツイカヨサン　追加予算 →15
ツイカンバンヘルニア, ツイカンバンヘルニア　椎間板 hernia[拉] →16
ツイキ　追記 →7
ツイキュー　追及, 追求, 追究 →8
ツイク　対句 →7
ツイゲキ　追撃 →8
ツイゲキセン　追撃戦 →14
ツイコツ　椎骨 →8
ツイシ　墜死 →7　追試<追試験 →10
ツイジ　築地 →5d
ツイシケン, ツイジケン　追試験 →15c
ツイシュ　堆朱 →7
ツイジュー　追従(~を許さない) →8
ツイショー, ツイショー　追従(オツイショー 御~) →8, 92
ツイシン　追伸 →8
ツイズイ　追随 →8
ツイスト, 《新は ツイスト》　twist →9
ツイセキ　追跡 →8
ツイセキチョーサ　追跡調査 →15
ツイゼン　追善 →8
ツイゼンクヨー　追善供養 →15
ツイソ　追訴 →7
ツイゾ　終ぞ(~見ない) →67
ツイソー　追想 →8
ツイゾー　追贈 →8
ツイタイケン　追体験 →15
ツイタケ, ツイッタケ　衝(っ)丈 →5d
ツイタチ　朔日, 一日 →5d
ツイタテ　衝立 →5
ツイチョー　追弔, 追徴 →8
ツイチョーキン, ツイチョーキン　追

徴金 →14a
ツイッター　twitter[商標] →9
ツイテ　就いて(…に~) →73, 67
ツイデ　序(オツイデ 御~) →1, 92
ツイデ, ツイデ　次いで →73, 67
ツイテル →49
ツイテワ　就いては →67
ツイト, ツイト　(~立つ) →67
ツイトー　追討, 追悼 →8
ツイトーカイ　追悼会 →14a
ツイトツ　追突 →8
ツイナ　追儺
ツイニ　遂に, 終に →67
ツイニン　追認 →8
ツイノー　追納 →8
ツイバム　啄む →45
ツイヒ　追肥 →7
ツイフク　追福(=追善), 対幅 →8
ツイボ　追慕 →7
ツイホー　追放 →8
ツイホーレイ　追放令 →14a
ツイヤス, ツイヤス　費す →44
ツイラク　墜落 →8
ツイン　twin →9
ツー　通(その道の~だ) →6
……つう　…通[数] →34, 35, 62
ツーイン　痛飲, 痛院 →8
ツーウン, ツーウン　通運 →8
ツーエン　通園 →8
ツーカ　通過 →7
ツーカ　通貨 →7
ツーカー, ツーカー　[俗](彼とは~だ) →68
ツーカイ　痛快, 通解 →8
ツーカエキ　通過駅 →14
ツーカギレイ　通過儀礼 →15
ツーガク　通学 →8
ツーガクセイ　通学生 →17
ツーガクロ　通学路 →14

 ̄は高い部分　 ̈と ̈は高低が変る部分　 ̚は次が下がる符号　→は法則番号参照

575　　ツーカボ──ツーフー

ツーカ(·)ボーチョー　通貨膨張(脹)
　→97, 98

ツーガ˚ル　通がる →96

ツーカン　通観, 通関, 痛感 →8

ツーキ, ツーキ　通気 →7

ツーキコー　通気孔 →14

ツーキセイ˳　通気性 →14

ツーギョー　通暁 →8

ツーキン　通勤 →8

ツーキンジカン　通勤時間 →15

ツーク　痛苦 →7

ツーケイ　通計 →8

ツーゲキ　痛撃 →8

ツーゴ　通語 →7

ツーコー　通行 →8

ツーコーゼイ˳　通行税 →14a

ツーコードメ　通行止め →13

ツーコーニン　通行人 →14

ツーコク　通告, 痛哭 →8

ツーコン　痛恨 →8

ツーサン　通算 →8

ツーサンショー　通産省＜通商産業省,
　通産相 →14a

ツーシ　通史 →7

ツージ　通じ(～が良い。オツージ 御
　～) →2, 92

ツージ　通辞 →7

ツージグ˚スリ　通じ薬 →12

ツージテ　通じて →73, 67

ツーシャク　通釈 →8

ツーショー　通商, 通称 →8

ツージョー　通常 →8

ツージョーコッカイ　通常国会 →15

ツーショージョーヤク　通商条約 →15

ツージル　通じる →47

ツーシン　通信, 痛心 →8

ツージン　通人 →8

ツージンイン　通信員 →14a

ツーシンエイ˳セイ˳　通信衛星 →15

ツーシンキカン, ツーシンキカン　通
　信機関 →15

ツーシンキョーイク　通信教育 →15

ツーシンシャ　通信社 →14a

ツーシンセイ˳　通信制 →14

ツーシントー　通信筒 →14

ツーシンハンバイ　通信販売 →15

ツージンボ　通信簿 →14a

ツージンモー　通信網 →14a

ツーズル　通ずる →47

ツーセイ˳　通性 →8

ツーセキ　痛惜 →8

ツーセツ　痛切, 通説 →8

ツーソク　通則 →8

ツーゾク　通俗 →8

ツーゾクカ, ツーゾクカ, ツーゾクカ
　通俗化 →95c

ツーゾクショーセツ　通俗小説 →15

ツーゾクテキ　通俗的 →95

ツーダ　痛打 →7

ツーダツ,《古は ツーダツ》 通達 →8

ツータン　痛嘆(歎) →8

ツーチ　通知 →7

ツーチジョー　通知状 →14

ツーチヒョー　通知表 →14

ツーチボ　通知簿 →14

ツーチョー　通牒, 通帳 →8

ツーツー, ツーツー　〖俗〗(～の間柄)
　→68

ツードク　通読 →8

ツートンカラー　two-tone color →16

ツーネン　通年 →8

ツーネン　通念 →8

ツーバ　痛罵 →7

ツーハン, ツーハン　通販＜通信販売
　→10

ツーピース　two-piece →16

ツーフー　通風 →8

ツーフー, ツーフー　痛風 →8

ガギグゲゴは鼻濁音　カタカナ細字は母音の無声化　★は長音にもなる符号

ツーフーキ 通風器 →14a	ツカイコナス 使いこなす →45
ツーフン 痛憤 →8	ツカイコミ 遣い込み →13
ツーブン 通分〖数学〗 →8	ツカイコム 使い込む,遣い込む →45
ツーヘイ. 通弊 →8	ツカイスギ 遣い過ぎ →13
ヅーベン 通弁(=通訳) →8	ツカイスギル 遣い過ぎる →45
ツーホー 通報 →8	ツカイステ 使い捨て →13
ツーボー 通謀,痛棒 →8	ツガイチン, ツカイチン 使い賃 →14b
ツーヤク 通訳 →8	
ツーユー 通有 →8	ツカイテ 使い手 →12
ツーユーセイ. 通有性 →14	ツカイデ 使い出(~が無い) →12
ツーヨー 痛痒(~を感じない) →8	ツカイナレル 使い馴れる →45
ツーヨー, ヅーヨー 通用 →8	ツカイハシリ, ツカイハシリ, ツカイッパシリ, ツカイッパシリ 使い(っ)走り →13d
ツーヨーグチ 通用口 →12a	
ツーヨーモン 通用門 →14a	
ツーラン 通覧 →8	ツカイハタス 遣い果たす →45
ヅーリキ, ツーリキ 通力 →8	ツカイフルシ 使い古し →13
ヅーリスト, ツーリスト tourist →9	ツカイフルス 使い古す →45
ツーリング touring →9	ツカイマワシ 使い回し →13
ツールバー tool bar →16	ツカイミチ 使い道(~が無い) →12
ツーレイ. 通例 →8	ツカイモノ 使い物,遣い物 →12
ツーレツ 痛烈 →8	ツカイリョー, ツカイリョー, ツカイリョー 使い料 →14b
ヅーロ 通路 →7	
ツーロン 痛論,通論 →8	ツカイワケ 使い分け →13
ツーワ 通話 →7	ツカイワケル 使い分ける →45
ツーワキ 通話器 →14	ツカウ 使う,遣う ツカワナイ, ツカオー, ツカイマス, ツカッテ, ツカエバ, ツカエ →43
ツーワリョー 通話料 →14	
ヅエ 杖 →1	
ヅエハシラ 杖柱(~と頼む) →18	ツガウ 番う →43
ツカ 束,柄,塚 →1	ツカエ, ツカエ 支え,痞え(胸の~) →2b
ツガ, ヅガ 栂 →1	
ツカアナ 塚穴 →4	ツカエル 使える →44
ツカイ 使い(オツカイ 御~) →2,92	ツカエル, 《新は ツカエル, ツガエル》 仕える →43b
ツガイ 番 →2	
ツカイアルキ, ツカイアルキ 使い歩き →13	ツカエル, ツガエル 支える,痞える →43b
ツカイカタ 使い方 →12	ツガエル, 《新は ツガエル, ツガエル》 番える(矢を~) →44b
ツカイガッテ 使い勝手(~が悪い) →12	
ツカイキル 使い切る →45	ツカサ 司 →1
	ツカサドル 掌る →46

577 ツカス──ツキキズ

ツカ|ス　尽かす(あいそを~) →44

ツカ|ズ・ハ|ナ|レ|ズ,《新は ~・ハ|ナ|レ|
ズ》　即(付)かず離れず →97

ツカ|ッカ,《新は ヅ|カ|ッカ》　(~と)
→57c

ツカ|ヌコト　付かぬ事(~を伺います)
→98

ツカ|ネ|ル　束ねる(手を~) →44

ツカ|ノ|マ　束の間 →19

ツカ|マエ|ドコロ　捉まえ所 →12

ツカ|マエ|ル　捉まえる →44

ツカ|マ|ス　摑ます(金を~) →44

ツカ|マ|セ|ル　摑ませる →83

ツカ|マ|ツ|ル　仕る →45d

ツカ|マ|リ|ダチ　捉まり立ち →13

ツカ|マ|ル　捉まる,摑まる →44

ツカ|ミ|　摑み →2

ツカ|ミ|アイ　摑み合い →13

ツカ|ミ|アウ, ツカ|ミ|ア|ウ　摑み合う
→45

ツカ|ミ|ア|ライ　摑み洗い →13

ツカ|ミ|ダス, ツカ|ミ|ダス,《古・強は ツ
カ|ミ|ダス》　摑み出す →45

ツカ|ミ|ドコロ, ツカ|ミ|ド|コロ　摑み所
→12

ツカ|ミ|ドリ　摑み取り →13

ツカ|ミ|トル, ツカ|ミ|ト|ル　摑み取る
→45

ツカ|ム|　摑む　ツカ|マ|ナイ, ツカ|カ|モー,
ツカ|ミ|マス, ツカ|ンデ, ツカ|メバ,
ツカ|メ　→43

ツカ|ル　漬かる,浸かる →44

ヅ|ガ|ル　津軽〖地〗 →21

ツガ|ルガ|イ|キョー　津軽海峡 →15

ツガ|ルハ|ントー　津軽半島 →15

ツカ|レ　疲れ(オ|ツ|カ|レ 御~) →2,92

ツカ|レ|キル, ツカ|レ|ル,《古・強は ツ
カ|レ|キル》　疲れ切る →45

ツカ|レ|ハテル, ツカ|レ|ハ|テル,《古・強

は ツ|カ|レ|ハテル》　疲れ果てる →45

ツカ|レ|メ　疲れ目 →12

ツカ|レ|ル　疲れる →43　憑かれる →83

ツカ|ワシメ　使わしめ(=神仏の使い)
→12

ツカ|ワ|ス　遣わす →44

ツ|キ　突き →2

ツ|キ, ツ|キ|　尽き(運の~だ) →2

ツ|キ|　月,坏,槻 →1　付き,搗き,憑き
→2

……つき　…月〖数〗 →33,62

ツ|ギ　継ぎ(~をあてる) →2

ツ|ギ|　次(オ|ツギ 御~) →2,92

ツ|キ|アイ, ツ|キ|アイ　付合い →5

ツ|キ|アウ　付き合う →45

ツ|キ|ア|カリ　月明り →12

ツ|キ|アガリ　搗上がり →13

ツ|キ|アゲ　突き上げ →5

ツ|キ|ア|ゲ|ル　突き上げる →45

ツ|キ|アタリ　突当り →13

ツ|キ|ア|タ|ル　突き当たる →45

ツ|キ|ア|テル　突き当てる →45

ツ|キ|アワス　突き合わす →45

ツ|ギ|アワス　継ぎ合わす →45

ツ|キ|アワセ　突合せ →13

ツ|キ|アワ|セ|ル　突き合わせる →45

ツ|ギ|アワ|セ|ル　継ぎ合わせる →45

ツ|ギ|イト, ツ|ギ|イ|ト　継ぎ糸 →5

ツ|キ|ウ|ゴ|カ|ス　突き動かす →45

ツ|キ|オ|クレ　月遅れ(~の正月) →13

ツ|キ|オトシ　突落し →13

ツ|キ|オ|ト|ス　突き落す →45

ツ|キ|カ|エ|ス　突き返す →45

ツ|キ|カカル　突き掛かる →45

ツ|キ|カゲ, ツ|キ|カゲ　月影 →4

ツ|キ|カケ　月掛 →5

ツ|キ|ガ|ワリ　月代り →13

ツ|ギ|キ　接ぎ木 →5

ツ|キ|キズ　突き傷 →5

ガ|ギ|グ|ゲ|ゴは鼻濁音　カタカナ細字は母音の無声化　★は長音にもなる符号

ツ

ツキギメ──ツキマト　　　　578

ツキギメ 月極め →5	ツキデル 突き出る →45
ツキギョージ 月行事 →15	ツキトース 突き通す →45
ツキキリ，ツキッキリ 付(っ)切り →5d	ツキトール 突き通る →45
	ツキトバス 突き飛ばす →45
ツギキレ，ツギッキレ 継(っ)切れ →4d	ツキトメル 突き止める →45
	ツキナカ，ツキナカ 月中 →4
ツキクズス 突き崩す →45	ツキナカバ，ツキナカバ 月半ば →12
ツギクチ 注ぎ口 →5	ツキナミ 月並 →95
ツキゲ，ツキゲ 月毛〘馬〙→4	ツギニ 次に →67
ツキゴト，ツキゴト 月毎(~に) →71	ツキヌク 突き抜く →45
ツキコム 突き込む →45	ツキヌケル 突き抜ける →45
ツギコム 注ぎ込む →45	ツキノキ 槻の木 →19
ツキコロス 突き殺す →45	ツキノケル 突き除ける →45
ツギザオ 継ぎ竿，継ぎ棹 →5	ツギノマ 次の間 →19
ツキササル 突き刺さる →45	ツギノマツキ 次の間付 →13
ツキサス 突き刺す →45	ツキノモノ 月の物(=月経) →19
ツキジ 築地《地も》→7, 21	ツキノワ 月の輪〘熊の毛〙→19
ツキシマ 月島〘地〙→12	ツギハ 継端(話の~) →5
ツキシロ 月白 →5	ツギハ，ツギバ 継歯《下駄も》→5
ツキズエ，ツキズエ 月末 →4	ツギハギ 継ぎ接ぎ →18
ツキズキ，ツキズキ 月月 →11	ツキハジメ 月初め →12
ツキススム 突き進む →45	ツキハテル，ツキハテル 尽き果てる →45
ツキソイ 付添 →5	
ツキソイニン 付添人 →14	ツキハナ 月初 →4
ツキソイフ，ツキゾイフ 付添婦 →14b	ツキハナス 突き放す →45
	ツキバライ 月払い →13
ツキソウ，ツキゾウ 付き添う →45	ツキバン，ツキバン 月番 →8
ツキタオス 突き倒す →45	ツキヒ 月日 →18
ツキダシ 突出し →5	ツキビト 付人 →5
ツギタシ 継ぎ足し →5	ツキベツ 月別 →8
ツキダス 突き出す →45	ツキベリ 搗減り →5
ツギタス 継ぎ足す，注ぎ足す →45	ツギホ 接穂(話の~がない) →5
ツキタテル 突き立てる →45	ツキマイリ 月参り →13
ツキタラズ 月足らず →13	ツキマシテワ 就きましては →69
ツギツギ 次次(~に) →11	ツキマゼル，ツキマゼル 搗き混ぜる →45
ツキツケル 突き付ける →45	
ツキツメル 突き詰める →45	ツキマチ 月待ち →5
ツギテ 注ぎ手，接ぎ手，継ぎ手 →5	ツキマトウ，ツキマトウ 付き纏う →45
ツキテアテ 月手当 →12	

‾は高い部分　¨と˙は高低が変る部分　⌐は次が下がる符号　→は法則番号参照

ツキミ　月見(オツキミ　御～)　→5, 92
ツキミソー　月見草　→14
ツキミソバ　月見蕎麦　→12
ツキミダンゴ　月見団子　→12
ツギメ　継ぎ目　→5
ツキモーデ　月詣で　→13
ツキモノ　付き物, 憑き物　→5
ツギモノ　継ぎ物　→5
ツキヤブル　突き破る　→45
ツキヤマ　築山　→5
ツキユキハナ　月雪花　→17
ツキユビ　突き指　→5
ツキヨ　月夜　→4
ツキリョコー　月旅行　→15
ツキル, 《古は ツキル》　尽きる　→44
ツキロケット, ツキロケット　月 rocket　→16
ツキワリ　月割　→5
ツク　突く, 衝く, 築く, 漬く〖五活〗　ツカナイ, ツコー, ツキマス, ツイテ, ツケバ, ツケ　→43　尽く〖上二活〗→42
ツク, ツク　付く, 着く, 就く, 憑く, 吐く(嘘を～, 一息～), 搗く, つく(はねを～, まりを～)　ツカナイ, ツコー, ツキマス, ツイテ, ツケバ, ツケ　→43c
……ツク(ガタツク, ベタツク)　→96
ツグ　次ぐ, 継ぐ, 接ぐ, 注ぐ〖五活〗→43　告ぐ〖下二活〗→42
ツクエ　机　→1
ツクシ　土筆　→1
ツクシ, ツクジ　筑紫(～の国)　→21
ツクシヘイヤ　筑紫平野　→15
ツクシンボ　土筆　→94
ツクス, 《古は ツクス》　尽す　→44
ツクズク, ツグズク　熟(～見る, ～と)　→57
ツクダジマ　佃島〖地〗→12
ツクダニ　佃煮　→13

ツクダニヤ　佃煮屋　→94
ツクツクボーシ　つくつく法師〖蟬〗→15
ツグナイ, ツグナイ　償い　→2b
ツグナウ　償う　→43
ツクネ　捏〖料理〗→2
ツクネイモ　つくね薯　→12
ツクネヤキ　捏ね焼　→13
ツクネル, ツクネル　捏ねる　→44
ツクネン, ツクネン　(～と)　→55
ツクバ　筑波〖山・地・大学〗→21c, 29
ツクバイ, ツクバイ　蹲踞　→2
ツクバウ　蹲う　→43
ツクバ・エクスプレス, ツクバエクスプレス　つくばエクスプレス　→97
ツクバサン　筑波山　→14
ツクバシュー　菟玖波集　→14
ツクバネ　衝羽根　→5
ツグミ　鶫　→1
ツグム　噤む　→43
ツクリ　作り, 造り, 旁　→2
ツクリアゲル, ツクリアゲル　作り上げる　→45
ツクリオキ　作り置き　→13
ツクリカエ　作り替え　→13
ツクリカエル, ツクリカエル, ツクリカエル　作り替える　→45b
ツクリカタ, ツクリカタ　作り方　→95
ツクリゴエ　作り声　→12
ツクリゴト, ツクリゴト, ツクリゴト　作り事　→12
ツクリザカヤ　造り酒屋　→12
ツクリダス, ツクリダス, 《古・強は ツクリダス》　作り出す, 造り出す　→45
ツクリタテル, ツクリタテル, 《古・強は ツクリタテル》　作り立てる　→45
ツクリツケ　作り付け　→13
ツクリナオシ　作り直し　→13
ツクリナオス, ツクリナオス　作り直

ガギグゲゴは鼻濁音　カタカナ細字は母音の無声化　★は長音にもなる符号

ツクリバ——ツケヤキ　580

ツ

す →45	ツケコム, 《新は ツケコム》 付け込む →45
ツクリバナ 造り花 →12	ツケコム 漬け込む →45
ツクリバナシ 作り話 →12	ツケサゲ 付け下げ〖和服〗 →5
ツクリモノ, ツクリモノ, ツクリモノ 作り物 →12	ツケジル, ツケジル 付け汁 →5
ツクリワライ 作り笑い →13	ツケズメ 付け爪 →5
ツクル 作る,造る ツクラナイ, ツクロー, ツクリマス, ツクッテ, ツクレバ, ツクレ →43	ツケタシ 付け足し →5
	ツケダシ 付出し →5
ツクロイ 繕い →2b	ツケタス, 《新は ツケダス》 付け足す →45
ツクロウ 繕う →44	ツケタリ 付けたり(ほんの～) →3
ツケ 付け(～にする) →2	ツケツケ, 《新は ツケツケ》 (～言う, ～と) →57c
ツゲ 黄楊 →1 告げ(オツゲ 御～) →2,92	ツケドコロ, ツケドコロ 付け所 →12
ツケアガル, ツケアガル 付け上がる →45	ツケトドケ 付け届 →13
ツケアワセ 付合せ →13	ツケナ 漬菜 →5
ツケアワセル, ツケアワセル 付け合わせる →45	ツケネ 付値 →5
	ツケネ, ツケネ 付根(腕の～) →5
ツケイル, 《新は ツケイル》 付け入る →45	ツケネラウ, ツケネラウ 付け狙う →45
ツケウマ, ツケンマ, 《新は ツケウマ》 付け馬 →5	ツケバナ 付け鼻 →5
	ツケビ 付け火 →5
ツケウメ, ツケンメ 漬梅 →5	ツケヒゲ, 《新は ツケヒゲ》 付け髭 →5
ツケオチ 付落ち →5	ツケビト, 《古は ツケビト》 付け人 →5
ツケオトシ 付落し →13	
ツケオビ 付け帯 →5	ツケヒモ 付紐〖着物〗 →5
ツケカエル, ツケカエル, ツケカエル 付け替える →45b	ツケブミ, 《新は ツケブミ》 付け文 →5
ツケギ 付け木 →5	ツケマゲ, 《新は ツケマゲ》 付け髷 →5
ツケク 付句 →7	
ツケグスリ 付け薬 →12	ツケマツゲ 付け睫毛 →12
ツゲグチ 告げ口 →5	ツケマワス, ツケマワス 付け回す →45
ツケクワエル, ツケクワエル, ツケクワエル 付け加える →45b	
ツケゲ, ツケゲ 付け毛 →5	ツケメ 付目(そこが～だ) →5
ツケゲイキ 付け景気 →15	ツケメン 付け麺 →8
ツケゲンキ 付け元気 →15	ツケモノ 漬物 →5
	ツケモノヤ 漬物屋 →94
ツケコミ 付込み →5	ツケヤキ 付け焼 →5

￣は高い部分　¨と¨は高低が変る部分　｜は次が下がる符号　→は法則番号参照

ツケヤキバ　付け焼刃　→12

ツケル　漬ける　ツケナイ, ツケヨー, ツケマス, ツケテ, ツケレバ, ツケロ　→44

ツケル　付ける,着ける,点ける　ツケナイ, ツケヨー, ツケマス, ツケテ, ツケレバ, ツケロ　→44c

ツゲル　告げる　ツゲナイ, ツゲヨー, ツゲマス, ツゲテ, ツゲレバ, ツゲロ　→44

ツゴー　都合(〜が悪い)　→8

ツゴー　都合(=総計。〜千円)　→61

ツゴモリ　晦

ツシ　津市　→14

ツジ　辻《姓も》　→1, 22

ツジウラ　辻占　→4

ツジウラウリ　辻占売り　→13

ツジオンガクシ　辻音楽師　→17

ツジギミ, ツジギミ　辻君　→94

ツジギリ　辻切(斬)り　→5

ツジゴートー　辻強盗　→15

ツジセッポー, ツジゼッポー　辻説法　→15

ツジツジ　辻辻　→11

ツジツマ,《古は ツジツマ》　辻褄　→18

ツジドー　辻堂《地も》　→8, 21

ツジフダ, ツジフダ　辻札　→4

ツシマ,《新は ツシマ》　対馬《島》　→12c

ツシマカイキョー　対馬海峡　→15

ツシマカイリュー　対馬海流　→15

ツジマチ　辻待ち　→5

ツズ　十,十九(ツズヤ・ハタチ 十九や二十)　→97

ツズキ　続き　→2

ツズキアイ　続き間　→12

ツズキガラ　続き柄　→12

ツズキモノ　続き物　→12

ツズク　続く　ツズカナイ, ツズコー, ツズキマス, ツズイテ, ツズケバ, ツズケ　→43

ツズケガキ　続け書き　→13

ツズケザマ　続け様(〜に)　→12

ツズケジ　続け字　→14

ツズケル　続ける　ツズケナイ, ツズケヨー, ツズケマス, ツズケテ, ツズケレバ, ツズケロ　→44

ツズマヤカ　約やか　→55

ツズマル　約る　→44

ツズミ　鼓　→1

ツズメル　約める　→44

ツズラ　葛,葛籠　→1

ツズラオリ　葛折り　→13

ツズリ, ツズリ　綴り　→2

ツズリアワス, ツズリアワス　綴り合わす　→45

ツズリカタ, ツズリカタ　綴り方　→95

ツズリジ, ツズリジ　綴り字　→14

ツズル, ツズル　綴る　→43

ツズレ　綴れ　→2

ツズレオリ　綴織　→13

ツズレニシキ　綴錦　→12

ツタ,《新は ツタ》　蔦　→1

ツダ　津田《姓・大学》　→22, 29

ツタイアルキ, ツタイアルキ　伝い歩き　→13

ツタウ　伝う　→43

ツタエ　伝え　→2

ツタエキク, ツタエキク,《古・強は ツタエキク》　伝え聞く　→45

ツタエル　伝える　→44b

ツタカズラ　蔦葛　→12

ツダジュクダイガク　津田塾大学　→15

ツタナイ　拙い　→52

ツタワル　伝わる　→44

ツタンカーメン　Tutankhamen〔ホ〕〔王〕　→27

ガギグゲゴは鼻濁音　カタカナ細字は母音の無声化　★は長音にもなる符号

ツチ 土, 槌 →1c

ツチイジリ 土弄り →13

ツチイッショー・カネイッショー 土
一升金一升 →39

ツチイロ 土色 →4

ツチオト 槌音 →4

ツチカウ 培う →46

ツチガエル 土蛙 →12

ツチクサイ 土臭い →54

ツチグモ,《古及び能・歌舞伎は ツチグ
モ》 土蜘蛛・土蜘 →4

ツチクレ, ツチクレ 土塊 →4

ツチケイロ 土気色 →12

ツチケムリ 土煙 →12

ツチツカズ, ツチツカズ 土付かず
→13c

ツチニンギョー 土人形 →15

ツチノエ 戊〖十干〗 →19

ツチノト 己〖十干〗 →19

ツチフマズ 土踏まず →13

ツチヘン 土偏(=扌) →8

ツチボコリ 土埃 →12

ツチヨセ 土寄せ →5

ツチロー 土牢 →8

ツツ,《新は ツツ》 筒 →1

…ツツ; ツツ: ツツ, ……ツツ
〖助〗(ネツ寝~, ミツ見~, ナキ
ツツ, ナキツツ 泣き~, ヨミツツ,
ヨミツツ 読み~) →73

ツツイズツ 筒井筒 →12

ツツ(·)ウラウラ, ツツ(·)~, ツツウラ
ウラ(ツツはツズとも) 津津浦浦
→97, 98, 99

ツツオト 筒音 →4

ツッカイ 突っ支い →5

ツッカイボー 突っ支い棒 →14

ツッカエス 突っ返す →45

ツッカエル, ツッカエル 〖俗〗(胸に~)
→43db

ツッカカル 突っ掛かる →45

ツッカケ 突っ掛け(~をはく) →5

ツッカケル 突っ掛ける →45

ツツガナイ 恙無い →54

ツツガムシ 恙虫 →12

ツツギリ 筒切り →5

ツッキル 突っ切る →45

ツツク 突つく →45d

ツツグチ 筒口 →4

ツッケンドン 突っ慳貪 →15

ツッコミ 突っ込み →5

ツッコム 突っ込む →45

ツッコロバス,《古・強は ツッコロバ
ス》 突っ転ばす →45

ツツサキ 筒先 →4

ツッサス 突っ刺す →45

ツツジ,《新は ツツジ》 躑躅 →1c

ツツシミ, ツツシミ 慎み →2

ツツシミブカイ 慎み深い →54

ツツシム 慎む,謹む →43

ツツシンデ 謹んで(~申す) →67

ツツソデ, ツツソデ 筒袖 →4

ツッタツ 突っ立つ →45

ツッタテル 突っ立てる →45

ツッツク 突っ突く〖俗〗 →45

ツッポ 筒袖 →94

ツツヌケ 筒抜け →5

ツッパシル 突っ走る →45

ツッパナス 突っ放す →45

ツッパネル 突っ撥ねる →45

ツッパリ 突っ張り →5

ツッパル 突っ張る →45

ツップス 突っ伏す →45

ツツマシイ 慎ましい →53

ツツマシヤカ 慎ましやか →55

ツツミ 堤〖姓〗(~さん) →22c

ツツミ 包, 堤 →2

ツツミカクス,《古・強は ツツミカク
ス》 包み隠す →45

583　　　　　　　　　　ツツミガ──ツバゼリ

ツツミガネ　包み金 →12
ツツミガミ　包紙 →12
ツツミキン, ツツミキン　包み金 →14
ツツミコム　包み込む →45
ツツミモノ, ツツミモノ, ツツミモノ
　包み物 →12
ツツム　包む　ツツマナイ, ツツモー,
　ツツミマス, ツツンデ, ツツメバ,
　ツツメ →43
ツツモタセ　美人局 →13
ツテ　伝(～を求める) →2
ット, ット　(～見る) →55c
ット　苞,鬘 →1
ッド　都度(その～) →7
ツドイ, ツドイ　集い →2b
ツドウ　集う →43
ットニ　夙に →67
ットマル　勤まる →44
ットム　勉・務〖男名〗 →23
ットム　勉む, 務む →43
ットメ　勤め・務(オットメ　御～) →2,
　92
ットメアゲル, ットメアゲル　勤め上
　げる →45
ットメグチ, ットメグチ　勤口 →12
ットメサキ　勤先 →12
ットメテ　勉めて →67
ットメニン　勤人 →14
ットメムキ　勤向き →12
ットメル　努める, 勤める, 務める, 勉め
　る　ットメナイ, ットメヨー, ット
　メマス, ットメテ, ットメレバ, ッ
　トメロ →44
ツナ　tuna(=まぐろ) →9
ツナ, 《渡辺綱は ツナ》　綱 →1, 23
ツナガリ　繋がり →2
ツナガル　繋がる →44
ツナギ　繋ぎ →2
ツナギアワセル　繋ぎ合わせる →45

ツナギトメル　繋ぎ止める →45
ツナギメ　繋ぎ目 →12
ツナグ　繋ぐ　ツナガナイ, ツナゴー,
　ツナギマス, ツナイデ, ツナゲバ,
　ツナゲ →43
ツナゲル　繋げる →44
ツナトリ, ツナトリ　綱取り〖相撲〗
　→5
ツナヒキ, ツナヒキ　綱引 →5
ツナミ　津波 →4
ツナミケイ★ホー　津波警報 →15
ツナワタリ　綱渡り →13
ツネ　常 →1
ツネズネ　常常 →11
ツネニ　常に →67
ツネヒゴロ　常日頃 →98
ツネル　抓る →44d
ツノ　角(～を出す) →1
ツノガキ　角書 →13
ツノカクシ　角隠し →13
ツノザイク　角細工 →15
ツノズキアイ, ツノズキアイ, ツノッ
　キアイ, ツノッキアイ　角突き合い
　→13c
ツノダツ　角立つ →46
ツノダル, ツノダル　角樽 →4
ツノブエ, ツノブエ　角笛 →4
ツノマタ　角叉〖植〗 →4
ツノメダツ　角目立つ →46
ツノル　募る →43
ツバ　鍔 →1
ツバ, 《古は ツバ》　唾 →1
ツバキ　椿 →1
ツバキ　唾 →1
ツバキアブラ　椿油 →12
ツバキヒメ　椿姫 →12
ツバクラ, ツバクロ　燕 →1
ツバサ　翼 →1
ツバゼリアイ　鍔迫合い →13

ガギグゲゴは鼻濁音　カタカナ細字は母音の無声化　★は長音にもなる符号

ツバメ──ツマム　　584

左段

ツバメ　燕 →1
ツバモト, ツバモト　鍔元 →4
ツブ　粒 →1
ツブサニ　具に →67
ツブシ　潰し(〜がきく) →2　潰し＜ツブシジマダ　潰し島田 →10, 12
ツブシアイ　潰し合い →13
ツブシアン　潰し餡 →14
ツブス　潰す →44
ツブゾロイ　粒揃い →13
ツブツブ　粒粒 →11
ツブテ, ヅブテ　礫, 飛礫 →1
ツブヤキ, ツブヤキ, ツブヤキ　呟き →2
ツブヤク　呟く →43
ツブヨリ　粒選り →5
ツブラ,《古は ツブラ》　円(〜な目) →55
ツブル　瞑る(目を〜) →43
ツブレル　潰れる →43
ヅベコベ　(〜言うな, 〜と) →57
ツベルクリン, ツベルクリン　Tuberkulin[独] →9
ツベルクリンハンノー　Tuberkulin 反応[独] →15
ツボ　坪, 壺 →1
ツボアタリ　坪当り →12
ツボウチ・ショーヨー,《古は 〜(・)ショーヨー》, ツボウチショーヨー　坪内逍遥 →22, 23, 27
ツボガネ　壺金 →4
ツボサカ, ツボサカ　壺坂[地], ＜ツボサカ・レイ.ゲンキ, ツボサカレイ.ゲンキ　壺坂霊験記[浄瑠璃・歌舞伎] →21, 97, 99
ツボスー, ツボスー　坪数 →8
ツボニワ　坪庭 →4
ツボネ　局 →2
ツボマル　窄まる →44

右段

ツボミ　蕾, 莟(ツボミノハナ 〜の花) →2, 98
ツボム　窄む →44
ツボム　蕾む, 莟む →44
ツボメル　窄める(口を〜) →44
ツボヤキ　壺焼 →5
ツマ　妻 →1
ツマ　(刺身の〜), 妻(=切妻), 端, 褄 →1
ツマオト　爪音 →4
ツマガケ　爪掛け(=爪革) →5
ツマカワ　爪革(日和㌦下駄に〜を掛ける) →4
ツマグル　爪繰る(じゅずを〜) →46
ツマコ　妻子 →18
ツマサキ　爪先, 褄先 →4
ツマサキアガリ　爪先上がり →13
ツマサキダチ　爪先立ち →13
ツマサレル,《新は ツマサレル》　(身に〜) →83
ツマシイ.　倹しい →53
ツマズキ　躓き →2
ツマズク　躓く →46
ツマダツ　爪立つ →46
ツマダテル　爪立てる →46
ツマド　妻戸 →4
ツマドル　褄取る →46
ツマハジキ　爪弾き →13
ツマビキ, ツメビキ　爪弾き →5
ツマビラカ　詳らか →55
ツママレル　抓まれる(きつねに〜) →83
ツマミ　撮み, 抓み, 摘み →2
ツマミアライ　撮み洗い →13
ツマミグイ　撮み食い →13
ツマミコム　撮み込む →45
ツマミダス　撮み出す →45
ツマミナ　撮み菜 →12
ツマミモノ　撮み物(=おつまみ) →12
ツマム　撮む, 抓む, 摘む →44

￣は高い部分　⋯と⋅⋅⋅は高低が変る部分　⌐は次が下がる符号　→は法則番号参照

ツマヨ̄ージ 爪楊枝 →15	ツ̄ミブガイ 罪深い →54
ツマラ̄ナイ 詰まらない →83	ツ̄ミホロボシ 罪滅ぼし →13
ツ̄マリ 詰り〖名〗(身の～,布の～) →2	ツ̄ミレ 摘入れ〖食品〗 →5d
ツ̄マリ 詰り〖接〗(=結局・ついに) →65	ツ̄ム 摘む,積む ツマ̄ナイ, ツモ̄ー,
ツ̄マル 詰まる →44	ツ̄ミマス, ツ̄ンデ, ツ̄メバ, ツ̄メ̄
ツ̄マルトコロ 詰る所 →98	→43
ヅ̄ミ 罪 →1	ヅ̄ム 詰む →43 紡錘 →1
ツ̄ミ 詰〖将棋〗 →2	ツ̄ムギ,《新は ツ̄ムギ》 紬 →2
ツミア̄ゲル 積み上げる →45	ツ̄ムギイ̄ト 紬糸 →12
ツミイ̄レ, ツ̄ミレ 摘入れ〖食品〗 →5d	ツ̄ムギオ̄リ 紬織 →13
ツ̄ミオクリ 積送り →13	ツ̄ムグ 紡ぐ →44
ツ̄ミオロシ 積卸し →18	ツ̄ムジ 旋毛(～を曲げる) →1
ツ̄ミカエ 積替え →5	ツ̄ムジカゼ 旋風 →12
ツ̄ミカエル, ツ̄ミカ̄エル 積み替える	ツ̄ムジマ̄ガリ 旋毛曲り →13
→45b	ツ̄ムリ 頭(オツ̄ム 御～) →1, 92
ツ̄ミカサ̄ナル 積み重なる →45	ツ̄ムル 瞑る(目を～) ⇒ツブル
ツ̄ミカサネ 積み重ね →13	ツ̄メ 爪 →1
ツ̄ミカサネ̄ル 積み重ねる →45	ツ̄メ 詰(～が甘い) →2
ツ̄ミキ 積み木 →5	ツ̄メアト 爪痕(～を残す) →4
ツ̄ミ̄キン 積金 →8	ツ̄メアワセ 詰合せ →13
ツ̄ミクサ 摘み草 →5	ツ̄メイン 爪印 →8
ツ̄ミコミ 積込み →5	ツ̄メエリ 詰襟 →5
ツ̄ミコ̄ム 積み込む →45	ツ̄メカエ 詰替え →5
ツ̄ミダシ 積出し →5	ツ̄メカエル, ツメカ̄エル, ツ̄メカ̄エル
ツ̄ミダ̄ス 積み出す →45	詰め替える →45b
ツ̄ミタテ 積立 →5	ツ̄メカケル, ツメカ̄ケル 詰め掛ける
ツミタテキン, ツ̄ミタテキン 積立金	→45
→14	ツ̄メキリ, ツメ̄ッキリ 詰(っ)切り
ツ̄ミタテ̄ル 積み立てる →45	→5d
ツ̄ミッ̄クリ, ツ̄ミッ̄クリ 罪作り	ツ̄メキリ, ツメ̄キリ 爪切り →5
→13c	ツ̄メキル,《新は ツメ̄キル》 詰め切る
ヅ̄ミトガ 罪科 →18	→45
ツ̄ミト̄ル 摘み取る →45	ツ̄メ̄ゴ 詰め碁 →7
ツ̄ミナオシ 積み直し →13	ツ̄メコミ 詰込み →5
ツ̄ミナオ̄ス 積み直す →45	ツ̄メコミシュギ 詰込主義 →15
ツ̄ミニ 積み荷 →5	ツ̄メコ̄ム,《新は ツメ̄コム》 詰め込む
ツ̄ミノコシ 積み残し →13	→45
ツ̄ミノコ̄ス 積み残す →45	ツ̄メ̄ショ, ツメ̄ショ 詰所 →7
ツ̄ミビト, ツ̄ミビト 罪人 →4	ツ̄メショ̄ーギ 詰将棋 →15

ガギグゲゴは鼻濁音 カタカナ細字は母音の無声化 ★は長音にもなる符号

ツメタイ──ツラナル　586

ツメタイ　冷たい　ツメタカッタ, ツメタク, ツメタクテ, ツメタケレバ, ツメタシ →52c	ツユクサ　露草 →4
ツメバラ　詰腹(〜を切らせる) →5	ツユザム, ツユサム　梅雨寒 →5
ツメビキ　爪弾き →5	ツユゾラ　梅雨空 →4
ツメミガキ　爪磨き →13	ツユドキ　梅雨時 →4
ツメモノ　詰物 →5	ツユハライ　露払い →13
ツメヨル, 《新は ツメヨル》　詰め寄る →45	ツユバレ　梅雨晴れ →5
ツメル　詰める　ツメナイ, ツメヨー, ツメマス, ツメテ, ツメレバ, ツメロ →44	ツユホド　露程(〜も) →71, 67
ツメル, ツネル　抓る →44d	ツユモノ　汁物 →4
ツモリ　積り, 心算 →2	ツヨイ　強い　ツヨカッタ, ツヨク, ツヨクテ, 《新は ツヨクテ》, ツヨケレバ, ツヨシ →52
ツモリチョキン　積り貯金 →15	ツヨガリ, ツヨガリ, ツヨガリ　強がり →2
ツモル, 《新は ツモル》　積る　ツモラナイ, ツモロー, ツモリマス, ツモッテ, ツモレバ, ツモレ →44	ツヨガル　強がる →96
ツヤ　艶 →1	ツヨキ, ツヨキ, ツヨッキ　強(っ)気 →7d
ツヤ　通夜(オツヤ 御〜) →7d, 92	ツヨギン　強吟〖能〗 →8
ツヤケシ, ツヤケシ, ツヤケシ　艶消し →5	ツヨゴシ　強腰 →5
ツヤゴト　艶事 →4	ツヨサ　強さ →93
ツヤダシ　艶出し →5	ツヨビ　強火 →5
ツヤダネ　艶種 →4	ツヨフクミ, ツヨフグミ　強含み〖経〗 →13c
ツヤッポイ, ツヤッポイ　艶っぽい →96	ツヨマル　強まる →44
ツヤツヤ, ツヤツヤ　艶艶(〜する, 〜と) →57	ツヨミ　強味 →93
ツヤブキ　艶拭き →5	ツヨメ, ツヨメ　強め →93
ツヤブキン　艶布巾 →15	ツヨメル　強める →44
ツヤメク　艶めく →96	ツラ　面 →1
ツヤモノ　艶物 →4	ツラアカリ　面明り〖歌舞伎〗 →12
ツヤヤカ　艶やか(〜に) →55	ツラアテ, ツラアテ　面当て →5
ツユ　梅雨 →1	ツライ　辛い　ツラカッタ, ツラク, ツラクテ, ツラケレバ, ツラシ →52c
ツユ　露(〜の命, 〜知らず) →1, 61　汁(オツユ 御〜) →1, 92	ツラガマエ　面構え →12
	ツラサ　辛さ →93
ツユアケ, ツユアケ　梅雨明け →5	ツラダマシー　面魂 →12
ツユイリ　梅雨入り →5	ツラツキ, ツラツキ　面付 →4
	ツラツラ　熟(〜考えるに) →57
	ツラナリ, ツラナリ　連なり →2
	ツラナル　連なる →44

￣は高い部分　˙˙と¨は高低が変る部分　⌐は次が下がる符号　→は法則番号参照

ツラニク゚イ 面憎い →54	一）》 釣天井 →15
ツラヌ゚ク 貫く →46	ツリドーグ゚，《古は ツリドーグ゚》 釣道
ツラネ゚ 連〖歌舞伎〗→2	具 →15
ツラネ゚ル 連ねる →44	ツリドーロー，《古は ツリドーロー》
ツラノカワ 面の皮(～が厚い) →19	釣灯籠 →15
ツラヨ゚ゴシ，ツラヨゴシ 面汚し →13	ツリド゚コ 吊床 →5
ツララ 氷柱 →3	ツリト゚ダナ 吊戸棚 →12
ツラレ゚ル 釣られる →44	ツリド゚ノ 釣殿 →5
ツリ 釣(～が好き，オツリ 御～) →2,	ツリバ 釣場 →5
92	ツリバシ 吊橋 →5
ツリアイ 釣合い →5	ツリバナ 吊花,釣花 →5
ツリア゚ウ 釣り合う →45	ツリバリ，ツリバリ 釣針 →4
ツリアガ゚ル 釣り上がる →45	ツリビ゚ト 釣人 →5
ツリアゲ゚ル 釣り上げる,吊り上げる	ツリピモ 吊紐 →5
→45	ツリブ゚ネ 釣舟,吊船 →4
ツリイ゚ト 釣糸 →4	ツリボ゚リ 釣堀 →4
ツリオ゚ト゚ス 釣り落す →45	ツリメ 吊目 →5
ツリガ゚キ 釣書 →5	ツリワ 吊輪〖運動〗→5
ツリカ゚ゴ 釣り籠 →5	ツル 釣る,吊る,攣る ツラナイ，ツ
ツリガ゚ネ 吊鐘 →5	ロー，ツリマス，ツッテ，ツレバ，
ツリガネソ゚ー 釣鐘草 →14	ツレ →43
ツリカ゚ワ 吊革 →5	ツル 鶴〖姓・女名も〗→1, 22, 23
ツリギ゚ツネ 釣狐〖狂言〗→12	ツル，《ヅル は避けたい》 弦,鉉,蔓
ツリグ゚ 釣具 →5	→1
ツリゴ゚ーコク 吊り広告 →15	ツルオト，ツルオト 弦音 →4
ツリゴム 釣り込む(ツリコマレ゚ル)	ツルガ 敦賀〖地〗→21
→45, 83	ツルガオカハチマングー，ツルガオカ
ツリザ゚オ 釣竿 →4	ハチマングー 鶴岡八幡宮 →17
ツリサゲ゚ル 吊り下げる →45	ツルカメ 鶴亀〖能・長唄も〗→18
ツリシ 釣師 →7	ツルギ 剣<ツルギ゚ダケ 剣岳 →21, 12
ツリジ゚ノブ 釣忍 →12	ツルギ゚ 剣(ツルギ゚ノヤマ ～の山)
ツリセン，ツリセン 釣銭 →8	→1, 98
ツリダ゚イ 釣台 →8	ツルク゚サ，ツルクサ 蔓草 →4
ツリダ゚シ 吊出し〖相撲〗→5	ツルコ 鶴子〖女名〗→25
ツリダ゚ス 釣り出す,吊り出す →45	ツルザ゚ワ 鶴沢〖姓・浄瑠璃〗→22
ツリダ゚ナ 吊棚 →5	ツルシ 吊し →2
ツリテ 釣手,吊手〖蚊帳など〗→5	ツルシアゲ 吊し上げ →13
ツリテング゚ 釣天狗 →15	ツルシアゲ゚ル 吊し上げる →45
ツリテ゚ンジョー，《古は ツリテンジョ	ツルシ゚ガキ 吊し柿 →12

ガギグゲゴは鼻濁音　カタカナ細字は母音の無声化　★は長音にもなる符号

ツルシギリ 吊し切り(あんこうの~) →13	**ツングース** Tungus〖人種〗→21
ツルシンボー 吊しん坊〖俗〗→94	**ツンケン** (~する, ~と) →57
ツルス 吊す →44	**ツンザク** 劈く →45d
ツルツル (~だ・な・に) →57	**ツンツルテン, ツンツルテン,**《新は **ツンツルテン**》(~の着物) →59
ヅルヅル (~すべる, ~と) →57	
ツルハシ, ツルッパシ 鶴(っ)嘴 →4d	**ヅンヅン** (~する, ~と) →57
ツルバラ 蔓薔薇 →4	**ツンドク** 積ん読〖俗〗→8
ツルベ 釣瓶 →5	**ツンドラ** tundra〖露〗→9
ツルベウチ 連打ち, 釣瓶打ち →13	**ツンノメル** 突んのめる〖俗〗→45d
ツルベオトシ 釣瓶落し(秋の日は~) →13	**ツンボ** 聾(~の早耳) →1
ツルベナワ, ツルベナワ 釣瓶縄 →12	**ツンボサジキ** 聾桟敷 →12

ヅルミ 鶴見〖地〗→21	
ヅルム (犬が~) →43	**テ** 手(**オテ** 御~) →1, 92
ツルムラサキ 蔓紫〖植〗→12	……**テ**; ……**テ**〖助〗(**ナイテ** 泣い~, **カッテ** 買っ~, **カイテ** 書い~, **トッテ** 取っ~) →73
ツルヤ・ナンボク, ツルヤナンボク 鶴屋南北 →22, 23, 27	
ツレ 連れ, ツレ〖能〗→2	……**テ**; ……**テ**〖助〗(**アカクテ** 赤く~, **シロクテ** 白く~) →74c
ツレアイ, ツレアイ 連れ合い →5	
ツレコ, ツレッコ 連れ(っ)子 →5d	**デ** 出(水道の~が悪い, ~の着物, 九州の~だ) →2
ツレコミ 連込み →5	
ツレコミヤド 連込宿 →12	**デ** 出(~が無い, この菓子は~がある) →2
ツレコム 連れ込む →45	
ツレサル 連れ去る →45	……**デ**; ……**デ**〖助〗(**トンデ** 飛ん~, **ヨンデ** 読ん~) →73
ツレズレ, ツレズレ 徒然 →57, 3	
ツレズレグサ 徒然草〖書〗→12	……**デ**; ……**デ**; ……**デ**〖助〗(**トリデ** 鳥~, **ハナデ** 花~, **アメデ** 雨~) →71
ツレソウ 連れ添う →45	
ツレダス 連れ出す →45	**テアイ, テアイ,**《新は **テアイ**》 手合い(=仲間) →5
ツレダツ 連れ立つ →45	
ツレッコ, ツレコ 連れ(っ)子 →5d	**テアイ,**《新は **テアイ**》 手合い(=手合せ) →5
ツレナイ (~人だ) →54	
ツレビキ 連れ弾き →5	**デアイ** 出会い →5
ツレモドス 連れ戻す →45	**デアイガシラ** 出会頭 →12
ツレル 連れる, 吊れる, 攣れる, 釣れる →44	**デアウ,**《新は **デアウ**》 出会う →45
	テアカ 手垢 →4
ツワブキ 石蕗〖植〗→4	**テアキ** 手空き →5
ツワモノ 兵 →4	
ツワリ 悪阻 →2	

テアシ 手足 →18

デアシ 出足(〜がにぶる) →5

テアシマトイ 手足纏い →13

テアソビ 手遊び →13

テアタリ 手当り →12

テアタリシダイ 手当り次第 →95

テアツイ, テアヅイ 手厚い →54

テアテ 手当(お〜) →5

テアトル, テアトル théâtre〔仏〕 →9

テアブリ 手焙り〖火鉢〗 →13

テアミ 手編 →5

テアラ 手荒 →5

テアライ, テアライ 手荒い →54

テアライ 手洗い(オテアライ 御〜)
　→13, 92

テアライジョ, テアライジョ 手洗所
　→14

テアライバチ 手洗鉢 →14b

デアルク,《新は デアルク》 出歩く
　→45

テアワセ 手合せ →13

テイ 丁,体,底,弟,低,亭,艇 →6

……テイ …亭(スエヒロテイ 末広
　〜, フタバテイ 二葉〜),…邸(ヨシダ
　テイ 吉田〜) →14

テイアツ 低圧,定圧 →8

ティアラ tiara →9

テイアン 提案 →8

テイイ 低位,帝位 →7

ティー tea, tee〖ゴルフ〗 →9

ディーエヌエー DNA →16

ディーエム, ディーエム DM＜Direct
　Mail →16

ティーオービー TOB＜take over bid
　→10

ティーカップ teacup →16

ティーシャツ T shirt →16

ティースプーン, ティースプン tea-
　spoon →16

ディーゼル, ジーゼル diesel＜diesel
　engine, ＜diesel car →9

ディーゼルエンジン diesel engine
　→16

ディーゼルカー, ディーゼルカー
　diesel car →16

ディーゼルシャ diesel車 →14

ティータイム tea time →16

ディーディーティー DDT →16

ティーパーティー tea party →16

ティーバッグ tea bag →16

ディーピーイー DPE〔和〕 →16

ティービーエス TBS＜TBSテレビ, ＜
　TBSラジオ →16

ティーピーオー TPO →16

ディーブイ DV＜domestic violence
　→16

ディーブイディー DVD＜Digital
　Versatile Disc →16

ディーラー dealer →9

ディーリングルーム dealing room
　→16

ティールーム tearoom →16

テイイン 定員 →8

ティーンエージャー teen-ager →16

テイエン 庭園 →8

テイオー 帝王 →8

テイオーセッカイ 帝王切開 →15

テイオン 低音,低温,定温 →8

テイオンサッキン 低温殺菌 →15

テイオンブ 低音部 →14a

テイオンヤケド 低温火傷 →12

テイカ 定価 →7 定家〖能〗 ⇒フジワ
　ラノ〜

テイカ, テイカ 低下 →7

テイカイ 低回(低徊),停会 →8

テイカイシュミ 低回趣味 →15

テイカイハツ 低開発 →15

テイガク 停学,定額,低額 →8

ガギグゲゴは鼻濁音　カタカナ細字は母音の無声化　★は長音にもなる符号

テイガク──テイシュ　590

テイ★ガクショブン　停学処分 →15	→15
テイ★ガクチョキン　定額貯金 →15	テイ★ケン　定見 →8
テイ★ガクネン, テイ★ガクネン（ガはガとも）　低学年 →17	テイ★ゲン　低減 →8
テイ★カヒョー　定価表 →14	テイ★ゲン, テイ★ゲン　提言, 定言 →8
テイ★カン　諦観, 定款 →8	テイ★コー　抵抗 →8
テイ★キ　提起, 定規, 定期 →7	テイ★コーガイシャ　低公害車 →17
テイ★ギ　提議 →7	テイ★コーキ　抵抗器 →14a
テイ★ギ, テイ★ギ　定義 →7	テイ★コーリョク　抵抗力 →14a
テイ★キアツ　低気圧 →15	テイ★コク　定刻 →8
テイ★キイレ　定期入れ →13	テイ★コク,《古はテイ★コク》　帝国 →8
テイ★キケン　定期券 →14	テイ★コクシュギ　帝国主義 →15
テイ★キケンシン　定期検診 →15	テイ★コクダイガク　帝国大学 →15
テイ★キコークーロ　定期航空路 →17	テイ★コクホテル　帝国 Hotel →16
テイ★キコーロ　定期航路 →15	テイ★ザ, テイ★ザ　鼎座(坐) →7
テイ★キシケン, テイ★キシケン　定期試験 →15c	テイ★サイ　体裁 →8
テイ★キショーキュー　定期昇給 →15	テイ★サイブル　体裁振る →96
テイ★キセン　定期船, 定期戦 →14	テイ★サツ　偵察 →8
テイ★キトリヒキ, テイ★キトリヒキ　定期取引 →12	テイ★サツキ, テイ★サツキ　偵察機 →14c
テイ★キビン　定期便 →14	テイ★シ　停止 →7
テイ★キュー　低級, 涕泣, 定休, 庭球 →8	テイ★シ, テイ★シ　底止, 諦視 →7
テイ★キュービ　定休日 →12a	テイ★ジ, テイ★ジ　呈示, 提示 →7
テイ★キョー　提供 →8	テイ★ジ　定時, 低次 →7
テイ★ギョー　定業 →8	テイ★ジカン　定時間 →15
テイ★キョーダイガク　帝京大学 →15	テイ★シキ　定式 →7
テイ★キヨキン　定期預金 →15	テイ★ジケイ　丁字形 →14
テイ★キン　庭訓, 提琴 →8	テイ★ジゲン　低次元 →15
テイ★キンリ　低金利 →15	テイ★ジセイ　低姿勢 →15
テイ★クー　低空 →8	テイ★ジセイ　定時制 →14
テイ★クーヒコー, テイ★クーヒコー　低空飛行 →15c	テイ★ジセイコーコー　定時制高校 →15
テイケ, テイケ　手活け, 手生け →5	テイ★ジツ　定日 →8
テイ★ケイ　提携, 定型, 定形, 梯形 →8	テイ★シャ　停車 →7
テイ★ゲキ　帝劇＜テイ★コクゲキジョー　帝国劇場 →10, 15	テイ★シャジョー　停車場 →14
テイ★ケツ　貞潔, 締結 →8	テイ★シャバ　停車場 →12
テイ★ケツアツ, テイ★ケツアツ　低血圧	テイ★シュ　亭主, 艇首 →7
	テイ★シュー　定収 →8
	テイ★ジュー　定住 →8
	テイ★シューニュー　定収入 →15

‾は高い部分　⋯と⋯は高低が変る部分　⌐は次が下がる符号　→は法則番号参照

591　　テイシュ──テイトク

テイ⋆シュ—ハ　低周波 →15	テイ⋆ソー　逓送, 貞操, 低層 →8
テイ⋆シュガンパク　亭主関白 →15	テイ⋆ソク　定則, 低速 →8
テイ⋆シュク　貞淑 →8	テイ⋆ゾク　低俗 →8
テイ⋆シュツ　呈出, 提出 →8	テイ⋆ゾクスー, テイ⋆ソクスー　定足数 →14c
テイ⋆ジョ　貞女 →7	
テイ⋆ショー　低唱, 提唱 →8　定昇＜定期昇給 →10	テイ⋆タイ　停滞 →8
	テイダイ　手痛い →54
テイ⋆ジョー　呈上, 庭上 →8	テイ⋆ダイ　帝大＜帝国大学 →10
テイ⋆ショーガイ　低障害 →15	テイ⋆タク　邸宅 →8
テイ⋆ショク　定植, 抵触, 停職, 定職, 呈色, 定食 →8	テイ⋆タラク　為体 →93
	テイ⋆ダン　鼎談 →8
テイ⋆ジロ　丁字路 →14	ディ⋆タン　泥炭 →8
テイ⋆シン　挺身, 挺進, 廷臣 →8	テイ⋆チ　定置, 低地 →7
テイ⋆ジンショー　逓信省 →14a	テイ⋆チアミ, テイ⋆チアミ　定置網 →12
テイ⋆シンタイ　挺身隊, 挺進隊 →14	テイ⋆チギョギョー　定置漁業 →15
ディ⋆スイ　泥酔, 泥水 →8	テイ⋆チャク　定着 →8
ディスインフレ　＜disinflation →10	テイ⋆チョー　丁(鄭)重, 低調 →8
テイ⋆スー　定数 →8	テイ⋆チョー　艇長 →8
ディスカウント　discount →9	テイ⋆チンギン　低賃銀 →15
ディスカウントショップ　discount shop →16	ティッシュ　＜ティッシュペーパー tissue paper →9, 16
ディスカッション　discussion →9	テイ⋆ッパイ　手一杯 →15
ディスク　disk, disc →9	テイ⋆テイ⋆　亭亭(～とそびえる) →58
ディスクジョッキー　disk jockey →16	ディ⋆テール, ディ⋆テール　detail →9
ディスクロージャー　disclosure →9	テイ⋆テツ　蹄鉄 →8
ディスコ　＜discothèque〔仏〕→10	テイ⋆テン　帝展＜帝国美術院展覧会 →10
テイスト, テースト　taste →9	
ディズニー　Disney〖人〗22	テイ⋆テン　定点 →8
ディズニーランド　Disneyland →16	テイ⋆デン　停電 →8
ディスプレー, ディスプレー　display →9	テイ⋆テンカンソク　定点観測 →15
	テイ⋆ト　帝都 →7
テイ⋆スル　呈する, 挺する →48	テイ⋆ド　低度 →7
テイ⋆セイ⋆　訂正, 低声, 帝政 →8	テイ⋆ド, 《古は テイ⋆ド》　程度 →7
テイ⋆セイ⋆チョー　低成長 →15	ディ⋆ド　泥土 →7
テイ⋆セツ　定説 →8	テイ⋆トー　低頭(平身～), 抵当 →8
テイ⋆セツ, 《古は テイ⋆セツ》　貞節 →8	テイ⋆トーケン　抵当権 →14a
テイ⋆セン　停船, 停戦 →8	テイ⋆トーナガレ　抵当流れ →13
テイ⋆ゼン　庭前 →8	テイ⋆トク　提督 →8
テイ⋆ソ　提訴, 定礎 →7	テイ⋆トク, 《古は テイ⋆トク》　貞徳〖人〗

ガギグゲゴは鼻濁音　カタカナ細字は母音の無声化　★は長音にもなる符号

テイドモ──データバ　　592

→24	デイリ　出入り(=支出と収入) →18

テイ↓ドモンダイ　程度問題 →15

デイリグチ, デイリグチ　出入口 →12

テイトン　停頓 →8

テイリツ　鼎立, 低率, 定率, 定律 →8

ディナー　dinner →9

テイリツゼイ　定率税, 低率税 →14

テイナイ　邸内, 庭内, 艇内 →8

テイリュー　停留, 底流 →8

テイネイ　丁寧 →8

テイリュー　泥流 →8

テイネイ　泥濘 →8

テイリュージョ, テイリュージョ　停留所 →14

テイネン　丁年, 定(停)年 →8

テイネンセイ　定年制 →14

テイリュージョー　停留場 →14

テイノー　低能 →8

テイリョー, テイリョー　定量 →8

テイノージ　低能児 →14a

テイリョーブンセキ　定量分析 →15

テイハク　停(碇)泊 →8

テイレ　手入れ(〜をする) →5

テイハツ　剃髪 →8

テイレイ　定例 →8

テイバン　定番 →8

テイレイカクギ　定例閣議 →15

テイハンパツ　低反発 →15

ディレクター　director →9

テイピカル　typical →9

テイレツ　低劣 →8

テイヒョー　定評 →8

ディレッタント　dilettante →9

ディフェンス,《新は ディフェンス》 defense →9

テイレン　低廉 →8

ディレンマ, ジレンマ　dilemma →9

テイブッカ　低物価 →15

テイロン　定論 →8

ディベート,《新は ディベート》 debate →9

ディンクス　DINKS＜double income no kids →16

テイヘン　底辺 →8

ティンパニ, ティンパニー　timpani〔伊〕→9

テイボー　堤防 →8

テイボク　低木 →8

テウエ　手植(オテウエ 御〜) →5, 92

テイホン　定本, 底本 →8

テウス　手薄 →5

テイマイ　弟妹 →18

デウス　Deus〔葡〕→9

テイメイ　低迷, 締盟 →8

テウチ　手打, 手討 →5

テイメン, テイメン　底面 →8

テウチシキ　手打式 →14

テイメンセキ　底面積 →15

テウチソバ　手打蕎麦 →12

テイヤク　締約, 定訳 →8

テークアウト　takeout →16

テイヨー　提要 →8

デーケア, デイケア　day care →16

テイヨク　低翼 →8

デーゲーム, デイゲーム　day game〔和〕→16

テイヨク　体よく(〜断わる) →69

テイラク　低落 →8

デーサービス, デイサービス　day service〔和〕→16

テイラズ　手入らず →13

テイリ　低利, 定理 →7

データ,《新は データ》 data →9

デイリ　出入り(オデイリ, オデイリ 御〜) →5, 92

データツーシン　データ通信 →15

データバンク　data bank →16

￣は高い部分　¨と…は高低が変る部分　⌐は次が下がる符号　→は法則番号参照

593　　*データベ──テカテカ*

データベース data base →16	**テオモイ, テオモイ** 手重い →54
デート date →9	**テオリ, テオリ** 手織 →5
デーパック, デイパック day pack →16	**テオリモメン** 手織木綿 →15
テーピング taping →9	**テガイ** 手飼い →5
テープ tape →9	**デカイ, デッカイ** 〖俗〗(=大きい) →52d
テープカット tape cut〖和〗→16	**デガイチョー** 出開帳 →15
テーブル table →9	**テカガミ** 手鏡 →12
テーブルカケ table 掛け →13	**テガカリ** 手懸り →13
テーブルクロス, テーブルクロース tablecloth →16	**デカカル,《新は デカカル》** 出懸かる →45
テーブルスピーチ table speech〖和〗→16	**テカキ** 手書き(=能書家) →5
テーブルセンター table center〖和〗→16	**デカギ, テカギ** 手鉤 →4
	テガキ 手書き, 手描き →5
テーブルマナー table manners →16	**テカケ** 手掛, 妾 →5
テープレコーダー tape recorder →16	**デガケ** 出掛け →95
テーマ Thema〖独〗→9	**テガケル** 手懸ける →46
テーマオンガク Thema 音楽〖独〗→15	**デカケル** 出掛ける →45
テーマソング Thema〖独〗+song〖英〗→16	**テカゲン** 手加減 →15
	テカゴ 手籠 →4
テーマパーク theme park →16	**テカズ, テガズ** 手数 →4
テーマミュージック Thema〖独〗+music〖英〗→16	**デカス** 出来す(**デカシタ**) →45d, 83
	テカセ 手枷 →4
テーラー tailor →9	**デカセギ** 出稼ぎ →13
テーラード, テーラード tailored →9	**デカセギロードーシャ** 出稼ぎ労働者 →17
テール tail →9	
テールランプ tail lamp →16	**テガタ** 手形 →4
テオイ, テオイ 手負い →5	**デカタ** 出方〖劇場など〗→5
テオイジシ 手負猪 →12	**デカタ, デカタ** 出方(=態度) →95
テオクレ 手後れ →13	**テガタイ, テガタイ** 手堅い →54
デオクレル, デオクレル 出遅れる →45	**テガタカシツケ** 手形貸付 →12
	テガタコーカン 手形交換 →15
テオケ 手桶 →4	**テガタナ** 手刀(〜を切る) →12
テオシグルマ 手押車 →12	**デガタリ** 出語り〖浄瑠璃〗→13
テオチ, テオチ 手落ち →5	**テガタワリビキ** 手形割引 →12
デオックー, デオックー 出億劫 →15	**デカダン, デカダン** décadent〖仏〗→9
テオドリ 手踊り →12	**デカダンス, デカダンス** décadence〖仏〗→9
テオノ, テオノ 手斧 →4	**テカテカ** (〜だ・な・に) →57

ガギグゲゴは鼻濁音　カタカナ細字は母音の無声化　★は長音にもなる符号

テカテカ──テキスル 594

テカテカ （～する，～と）→57

デカデカ （～と書き立てる）→57

テガミ 手紙 →4

テガラ 手柄 →4　手絡〖日本髪〗→5

テガラガオ, テガラガオ 手柄顔 →12

デガラシ 出涸らし〖茶〗→13

テガラバナシ 手柄話 →12

テガル →44

テガル 手軽(～に) →5

テガルイ, テガルイ 手軽い →54

デカルト Descartes〖仏〗〖人〗→22

テガワリ 手替り →13

デガワリ 出替り →13

デカンショブシ でかんしょ節 →12

デカンタ, デカンタ, デカンター, デ
カンター decanter →9

テキ 敵 →6

テキ <ビフテキ beefsteak →10

……テキ …的(イッパンテキ 一般～,
シンシテキ 紳士～) →95

デキ 出来(～が悪い) →5

デキ 出来<デキアイ 出来合い →10,
5

デキアイ 溺愛 →8

デキアガリ 出来上がり →13

デキアガル, デキアガル 出来上がる
→45

デキアキ, デキアキ 出来秋 →12

テキイ, テキイ 敵意 →7

テキエイ 敵影 →8

テキオー 適応 →8

テキオーセイ 適応性 →14

テキオン 適温 →8

テキガイシン 敵愾心 →14b

デキカカル, デキカカル 出来掛かる
→45

テキカク, テッカク 的確,適確,適格
→8

テキカクシャ, テキカクシャ 適格者

→14c

テキガタ 敵方 →95

テキガワ 敵側 →4

テキカン 敵艦 →8

テキキ 手利き →5

テキギ, テキギ 適宜 →7

テキギョー 適業 →8

デキグアイ, デキグアイ 出来具合
→12

テキグン 敵軍 →8

テキゴー 適合 →8

テキコク 敵国 →8

デキゴコロ 出来心 →12

デキゴト 出来事 →12

テキザイ 適材(～適所) →8

テキサス Texas〖地〗→21

テキシ, テキシ 敵視 →7

テキジ 適時 →7

デキシ 溺死 →7

デキシシャ, デキシシャ 溺死者 →14

デキシタイ 溺死体 →14

デキシダイ 出来次第 →95

テキシャ 適者(～生存) →7

テキシュ 敵手 →7

テキシュー 敵襲 →8

テキシュツ 摘出,剔出 →8

テキショ 適所(適材～) →7

テキショー 敵将 →8

テキジョー 敵城,敵情 →8

テキショク 適職 →8

テキシン 摘心(芯)〖植物〗→8

テキジン 敵陣 →8

テキス, テキス, テキス 敵す,適す
→48c

テキズ 手傷(～を負う) →4

デキスギ 出来過ぎ →5

テキスト, テキスト text →9

テキストケイシキ テキスト形式 →15

テキスル 敵する,適する →48

￣ は高い部分　… と … は高低が変る部分　 は次が下がる符号　→ は法則番号参照

595　テキセイ──デクノボ

テキセイ★　適正, 適性, 敵性 →8	テキミカタ　敵味方 →18
テキゼイ　敵勢 →8	テキメン　覿面(天罰~) →8
テキセイ★ケンサ　適性検査 →15	デキモノ　出来者 →12
テキセツ　適切 →8	デキモノ, デキモノ, 《古は デキモノ》 出来物 →12
テキセン　敵船 →8	テキヤ, テキヤ　的屋(=香具師) →94
テキゼン　敵前 →8	テキヤク　適訳, 適役 →8
テキゼンジョーリク　敵前上陸 →15	テキヨー　適用, 摘要 →8
デキソコナイ　出来損い →13	テキリョー　適量 →8
デキソコナウ, デキソコナウ　出来損う →45	デキル　出切る(=出つくす) →45
テキタイ　敵対 →8	デキル　出来る →45d
テキタイコーイ　敵対行為 →15	テキルイ　敵塁 →8
デキダカ　出来高 →12	デキルダケ　出来る丈 →72
デキダカバライ　出来高払 →13	テギレ, 《新は テギレ》 手切れ →5
デキタテ　出来立て(~のほやほや) →95	テキレイ★　適例, 適齢 →8
テキダン　敵弾 →8	テギレイ★, 《古は テギレイ★》 手綺麗 →15
テキチ, テキチ　敵地 →7	テキレイ★キ　適齢期 →14b
テキチ　適地 →8	テギレキン, テギレキン　手切れ金 →14
テキチュー　的中, 適中, 敵中 →8	テギワ, 《新は テギワ》 手際 →4
テキド　適度 →7	デギワ　出際 →5
テキトー　適当 →8	テギワヨク　手際良く →67
テキニン　適任 →8	テキン　手金 →8
テキニンシャ　適任者 →14a	テク　徒歩〖俗〗 →3
テキハイ　敵背(~をつく) →8	デク　木偶
デキバエ, デキバエ　出来映え →12	デクシー　〖俗〗(=てくてく歩くこと) →9
テキパキ　(~している, ~と) →57	テグス, 《新は テグス》 天蚕糸
テキハツ　摘発 →8	テグスネヒク　手ぐすね引く →49
テキヒ　適否 →18	テクセ　手癖(~が悪い) →4
テキビシイ★, テキビシイ★　手厳しい →54	デクセ, デグセ　出癖(~がつく) →5
テキヒョー　適評 →8	テクダ　手管(手練~) →4
デキブツ　出来物(あの人は~だ) →14	テグチ　手口(=やり方) →4
テキフテキ, テキフテキ　適不適 →18	デグチ　出口 →5
デキフデキ　出来不出来 →18	テクテク　(~歩く, ~と) →57
テキヘイ★　敵兵 →8	テクニシャン　technician →9
テキホー　適法 →8	テクニック, テクニック　technic →9
テキホンシュギ　敵本主義 →15	デクノボー　木偶の坊 →19
テキマーク　適mark →16	

ガギグゲゴは鼻濁音　カタカナ細字は母音の無声化　★は長音にもなる符号

テクノポ──デシャバ　596

テクノポリス　technopolis →9
テクノロジー　technology →9
テクバリ　手配り →13
テクビ　手首 →4
テクラガリ,《新は テクラガリ》　手暗
　がり →12
テグリ, テグリ　手繰り →5
テグル　〖俗〗(=歩く) →44
テグルマ　手車 →12
デクワス,《新は デクワス》　出交す
　→45
デゲイコ　出稽古 →15
テコ　梃子 →4
デコ　凸(オデコ　御～) →1, 92
テコイレ, テコイレ　梃入れ →5
デゴーシ　出格子 →15
テゴコロ　手心(～を加える) →12
デコスケ　凸助〖俗〗 →25
テコズル　手子摺る →46
テゴタエ　手応え →13
テゴト　手事〖邦楽〗 →4
テコヘン　〖俗〗(=へんてこ) →10
デコボー　凸坊〖俗〗 →94
デコボコ　凸凹(～だ・な・に, ～がある)
　→57, 3
デコボコ　凸凹(～する, ～と) →57
テゴマ　手駒 →4
テコマイ　手古舞 →4
テゴメ,《古は テゴメ》　手込め, 手籠め
　→5
デコラ　Decola〖商標〗 →9
デコレーション　decoration →9
デコレーションケーキ　decoration cake
　→16
テゴロ　手頃 →4
テゴワイ　手強い →54
デザート　dessert →9
テザイク　手細工 →15
デザイナー,《新は デザイナー》　de-

signer →9
デザイン　design →9
デサカリ　出盛り →12
デサカル,《新は デサカル》　出盛る
　→45
テサキ　手先 →4
デサキ　出先 →5
デサキキカン, デサキキカン　出先機
　関 →15
テサギョー　手作業 →15
テサグリ　手探り →13
テサゲ　手提げ →5
テサゲカバン　手提鞄 →16
テサゲキンコ　手提金庫 →15
テサゲブクロ　手提袋 →12
テサバキ　手捌き →13
テザワリ　手触り →13
デシ　弟子(オデシ　御～) →7d, 92
デシイリ, デシイリ　弟子入り →5
テシオ, テシオ,《古は テシオ》　手塩
　→4
デシオ　出潮 →5
テシオザラ　手塩皿 →12
テヂカ　手近 →5
デジカメ　＜デジタルカメラ　digital
　camera →10, 16
テシゴト　手仕事 →12
テシタ　手下 →4
デジタル　digital →9
デジタルカ　デジタル化 →95
デジタルホーソー　デジタル放送 →15
テジナ　手品 →4
テジナシ　手品師 →14
テジナツカイ, テジナツカイ　手品遣
　い →13c
テジマイ　手仕舞 →13
テジメ　手締め →5
テジャク　手酌 →8
デシャバリ, デシャバリ, デシャバリ

￣は高い部分　˜と˜は高低が変る部分　￢は次が下がる符号　→は法則番号参照

出しゃばり →2	デスギル, 《新は デスギル》 出過ぎる →45
デシャバリヤ 出しゃばり屋 →94	デスク desk →9
デシャバル 出しゃばる〘俗〙 →45	デスクトップ desktop →16
テジュン, テジュン 手順 →8	テズクリ 手作り →13
テジョー, 《古は テジョー》 手錠 →8	デスクワーク desk work →16
……デショー, ……デショー; ……デショー …でしょう〘助動〙(ナクデショー, ナクデショー 泣く〜, ヨムデショー 読む〜, アカイデショー, アカイデショー 赤い〜, シロイデショー 白い〜) →82, 84b	テスサビ, テスサビ 手遊び →12c
	テスジ 手筋 →4
	テスター tester →9
	デズッパリ 出突っ張り →95
	テスト test →9
……デショー; ……デショー; ……デショー …でしょう〘助動〙(トリデショー 鳥〜, ハナデショー 花〜, アメデショー 雨〜) →81	テストケース test case →16
	テストパターン, テストパタン test pattern →16
テショク, テジョク 手職 →8	テズマ 手妻(=手品) →4
テショク, テジョク 手燭 →8	デスマスク death mask →16
デジロ 出城 →5	テズマリ 手詰り →13
デシン <crêpe de Chine〔仏〕 →10	テズメ, テズメ 手詰(〜の談判) →5
テジンゴー 手信号 →15	テスリ 手摺 →5
……デス; ……デス 〘助動〙(アカイデス 赤い〜, シロイデス 白い〜) →84b	テズリ, テズリ 手刷, 手釣 →5
	テズル 手蔓 →4
	テズレ, テズレ 手摩れ →5
	テセイ★ 手製 →8
……デス; ……デス; ……デス 〘助動〙(トリデス 鳥〜, ハナデス 花〜, アメデス 雨〜) →81	テゼイ★, 《古は テゼイ★》 手勢 →8
	デセール dessert〔仏〕〘菓子〙 →9
デズイラズ, 《古は デズイラズ》 出ず入らず →18	テゼマ 手狭 →5
	デセン 出銭 →8
デズイリ 手数入り〘相撲〙 →5	テソー 手相 →8
テスー 手数 →8	テソーミ, テソーミ 手相見 →13a
テスーリョー 手数料 →14a	テゾメ, テゾメ 手染め →5
デズカイ 出遣い〘文楽〙 →13	デゾメ 出初 →95
テズカミ 手摑み →13	デゾメシキ 出初式 →14
テズカラ 手ずから →67	テゾロイ 手揃い →13
デスカラ (=だから) →67	デソロウ, 《新は デソロウ》 出揃う →45
テスキ, テスキ 手隙 →4 手漉き →5	テダイ 手代 →8
デスギ 出過ぎ →5	テダシ 手出し(〜をする) →5
デスキ, デスキ 出好き →5	デダシ 出出し(〜は快調) →5
デスギモノ 出過者 →12	テダスケ 手助け →13

ガギグゲゴは鼻濁音　カタカナ細字は母音の無声化　★は長音にもなる符号

テダテ──テツジン　598

テダテ　手段 →5	→9
デダテ　出立て →95	テッキジダイ　鉄器時代 →15
デタトコショーブ　出たとこ勝負 →15	デッキチェア　deck chair →16
テダマ　手玉(オテダマ 御~) →4, 92	テッキャク　鉄脚 →8
テダマ,《新は テダマ》 手玉(~にとる) →4	テッキュー　鉄灸 →8
デタラメ　出鱈目 →12	テッキョ　撤去 →7
テダレ,《古は テダレ》 手練 →5	テッキョー　鉄橋 →8
テチガイ　手違い →13	テッキリ　(=きっと・必ず) →55
テチョー　手帳 →8	テッキン　鉄筋, 鉄琴 →8
テツ　鉄 →6	テッキンコンクリート　鉄筋 concrete →16
テツ　轍(~を踏む) →6	テックス　<texture →10
テツアレイ　鉄亜(啞)鈴 →15	テックズ, テックズ　鉄屑 →4
テツイタ　鉄板 →4	デックス, デックス　出尽くす →45
テツイデ　手序 →12	デックワス, デクワス, デックワス, デクワス　出(っ)交す〖俗〗 →45d
テツイロ　鉄色 →4	テツケ　手付(~をおく) →5
テツオナンド　鉄御納戸〖色〗 →17	テツケキン, テツケキン　手付金 →14
テッカ　鉄火(~な女だ) →7　鉄火<鉄火巻 →10	テッケツ　鉄血 →18
テッカイ　撤回 →8	テッケン　鉄拳 →8
デッカイ　〖俗〗(=大きい) →52d	テッケンセイサイ　鉄拳制裁 →99
テッカク　的確, 適確, 適格 →8	テッコー　鉄工, 鉄鉱, 鉄鋼 →8
テツガク, テツガク　哲学 →8	テッコー　手甲(~脚絆) →8d
テツガクシャ, テツガクシャ　哲学者 →17	テツゴーシ　鉄格子 →15
テツガクテキ　哲学的 →95	テッコージョ, テッコージョ　鉄工所 →14
テツカズ, テツカズ　手付かず →13c	テッコク, テキコク　敵国 →8
テッカドン　鉄火丼 →10	テッコツ　鉄骨 →8
テッカドンブリ　鉄火丼 →12	テッサ, テッサ　鉄鎖 →7
テッカブト　鉄兜(今のヘルメット) →12	テッサイ,《古は テッサイ》 鉄斎〖人〗 ⇒トミオカ~
テッカマキ　鉄火巻 →13	テツザイ, テツザイ　鉄材, 鉄剤 →8
テッカミソ　鉄火味噌 →15	テッサク　鉄索, 鉄柵 →8
テッカン　鉄管 →8	テッサン　鉄傘 →8
テッキ　鉄器 →7	デッサン　dessin〔仏〕 →9
テッキ　摘記, 敵機, 適期 →7	テッシュー　撤収 →8
テツキ　手付(~が良い) →4	テッショー　徹宵 →8
デッキ,《新は デッキ》 dek〔蘭〕(=甲板), deck(=客車の床・テープデッキ)	テツジョーモー　鉄条網 →14a
	テツジン　哲人, 鉄人 →8

￣は高い部分　¨と…は高低が変る部分　｢は次が下がる符号　→は法則番号参照

599　　テツヅキ──デドコ

テツヅキ　手続き →13	デッパ, デバ　出(っ)歯〖俗〗 →5d
テッスル, テッスル　徹する, 撤する →48	テッパイ　撤廃 →8
テッセイ★　鉄製 →8	テッパイプ　鉄 pipe →16
テッセキ　鉄石 →18	テッパツ　鉄鉢 →8
テッセン　鉄泉, 鉄扇, 鉄線((植も)) →8	デッパリ　出っ張り →5
テッソー　鉄窓 →8	デッパル, 《新は デッパル》　出っ張る →45d
テッソク　鉄則 →8	
テッタイ　撤退 →8	テッパン　鉄板 →8
テツダイ　手伝い(オテツダイ　御~) →13b, 92	テッパンヤキ　鉄板焼 →13
	テッピ, テッピ　鉄扉 →7
テツダウ　手伝う →46	テッピツ　鉄筆 →8
デッチ　丁稚	テツビン　鉄瓶 →8
デッチアゲ　でっち上げ →13	デップリ　(~太る, ~と) →55
デッチアゲル　でっち上げる →45	テツブン　鉄分 →8
デッチボーコー　丁稚奉公 →15	テップン　鉄粉 →8
テッチュー　鉄柱 →8	テッペイ★　撤兵 →8
テッチリ　鉄ちり(=ふぐちり) →4	テッペキ　鉄壁(~の守り) →8
デッチリ　出っ尻(鳩胸・~) →5d	テッペン　鉄片 →8
テッツイ　鉄槌(~を下す) →8	テッペン　天辺(頭の~) →8d
テッテイ★　徹底, 鉄蹄 →8	テッボー　鉄棒 →8
テッテイ★テキ　徹底的 →95	テッポー　鉄砲 →8
デッドエンド　dead-end →16	テッポーカジ　鉄砲鍛冶 →12a
テットー　鉄塔, 鉄桶 →8	テッポーキズ　鉄砲傷 →12a
テツドー　鉄道 →8	テッポーダマ　鉄砲玉 →12
テツドーイン　鉄道員 →14a	テッポーミズ　鉄砲水 →12a
テツドージサツ　鉄道自殺 →15	テッポーユリ　鉄砲百合 →12a
テツドーショー　鉄道省 →14a	テツムジ　鉄無地 →15
テットーテツビ　徹頭徹尾 →98	テツメンピ　鉄面皮 →15
テツドーバシャ　鉄道馬車 →15	テツモン　鉄門 →8
テツドービン, テツドービン　鉄道便 →14a	テツヤ　徹夜 →7
	テツリ　哲理 →7
テツドーモー　鉄道網 →14a	テツロ　鉄路 →7
デッドヒート　dead heat →16	テツワン　鉄腕 →8
デッドボール　dead ball[和] →16	テテ　手手(オテテ　御~) →11, 92
デッドライン　deadline →16	テテオヤ　父親 →4
テットリバヤイ　手取早い →54	テテゴ　父御 →94
デッドロック　deadlock →16	テテナシゴ　父無し子 →12
テツナベ　鉄鍋 →4	テドーグ　手道具 →15
	デドコ, デドコ　出所 →5

ガギグゲゴは鼻濁音　カタカナ細字は母音の無声化　★は長音にもなる符号

デドコロ──デバナ　　600

デド<u>コロ</u>, デ<u>ドコ</u>ロ　出所 →12	テヌ<u>ルイ</u>, テ<u>ヌル</u>イ　手緩い →54
テトラ<u>ポッド</u>, テトラ<u>ポット</u>　tetrapod〖商標〗 →9	テ<u>ノウチ</u>, テ<u>ノウ</u>チ　手の内(~を見せる) →19
テ<u>トリ</u>　手取〖相撲など〗 →5	テ<u>ノウラ</u>, テ<u>ノウ</u>ラ　手の裏(~を返す) →19
テ<u>ドリ</u>, テ<u>ドリ</u>　手取(=手取金), 手捕り →5	
テ<u>トロン</u>　Tetoron〖商標〗 →9	テ<u>ノール</u>　Tenor[独] →9
テ<u>ナー</u>　tenor →9	テ<u>ノコー</u>　手の甲 →19
テ<u>ナイショク</u>　手内職 →15	テ<u>ノスジ</u>, テ<u>アス</u>ジ　手の筋 →19
テ<u>ナオシ</u>　手直し →13	テ<u>ノヒラ</u>, テ<u>ノヒ</u>ラ　掌 →19
デ<u>ナオシ</u>　出直し →13	デ<u>ノミ</u>　<デ<u>ノミネー</u>ション　denomination →10, 9
デ<u>ナオス</u>,《新は デ<u>ナオ</u>ス》　出直す →45	
テ<u>ナガザル</u>　手長猿 →12	テ<u>ノモノ</u>　手の者 →19
テ<u>ナグサミ</u>　手慰み →13	テ<u>バ</u>　手羽(=手羽肉) →4
テ<u>ナゲダン</u>　手投げ弾 →14	デ<u>バ</u>　出端(~を失う) →5
テ<u>ナズケル</u>　手懐ける →46	デ<u>バ</u>　出刃 →5
テ<u>ナベ</u>,《新は テ<u>ナベ</u>》　手鍋(~さげても) →4	デ<u>バ</u>　出場(~がない) →5
	デ<u>パート</u>　<department store →10
テ<u>ナミ</u>　手並(オ<u>テナ</u>ミ　御~) →4, 92	テ<u>ハイ</u>, テ<u>ハ</u>イ　手配 →8
テ<u>ナライ</u>　手習(六十の~) →13	テ<u>ハイシ</u>　手配師 →14b
テ<u>ナレ</u>　手馴れ(~の品) →5	デ<u>ハイリ</u>　出遣入り(=出いり) →13
テ<u>ナレル</u>　手馴れる →46	デ<u>ハイリ</u>　出遣入り(=出たり入ったり) →18
テ<u>ナワ</u>　手縄 →4	
テ<u>ナント</u>　tenant →9	テ<u>バカリ</u>　手秤 →12
テ<u>ニオハ</u>　てにをは →17	テ<u>バコ</u>　手箱 →4
テ<u>ニス</u>　tennis →9	テ<u>バサキ</u>　手羽先 →4
テニス<u>コート</u>　tennis court →16	テ<u>ハジメ</u>　手始め →13
テ<u>ニテニ</u>　手に手に →98	デ<u>ハジメ</u>　出始め →13
テ<u>ニハ</u>　(=てにをは) →17	デ<u>バショ</u>, デ<u>バショ</u>　出場所 →15
デ<u>ニム</u>　denim〖布〗 →9	テ<u>ハズ</u>　手筈 →4
テ<u>ニモツ</u>　手荷物 →15	デ<u>ハズレ</u>　出外れ →12
テ<u>ヌイ</u>　手縫 →5	テ<u>バタ</u>, テ<u>バ</u>タ　手旗, 手機 →4
テ<u>ヌカリ</u>　手抜かり →13	テ<u>バタキ</u>　手拍き →13
テ<u>ヌキ</u>　手抜き →5	テ<u>バタシンゴー</u>　手旗信号 →15
テ<u>ヌグイ</u>　手拭(オ<u>テヌ</u>グイ　御~) →13, 92	テ<u>ハッチョー</u>　手八丁(口八丁・~) →39
	テ<u>バナ</u>　手鼻(~をかむ) →4
テ<u>ヌグイカケ</u>　手拭掛け →13b	デ<u>バナ</u>, デ<u>バ</u>ナ　出端(=でぎわ) →5
テ<u>ヌグイジ</u>　手拭地 →14	デ<u>バナ</u>　出花(番茶も~) →5
	デ<u>バナ</u>, デ<u>バ</u>ナ　出鼻・出端(~をくじ

‾は高い部分　ˋˋと˙˙は高低が変る部分　⌐は次が下がる符号　→は法則番号参照

テバナシ──テマツブ

く) →5

テバナシ 手放し →13

テバナス 手放す →46

テバナレ 手離れ →13

テバニク 手羽肉 →8

デバボーチョー 出刃包丁 →15

テバヤ 手早 →5

テバヤイ 手早い →54

デバヤシ 出囃子〖寄席〗 →12

デハラウ，《新は デハラウ》 出払う →45

テバリ 手張り →5

デバリ 出針(〜はするな) →5

テバル 手張る(仕事が〜) →46

デバル，《新は デバル》 出張る →45

デバン，デバン 出番 →8

テビカエ 手控え →13

テビカエル，テビカエル 手控える →46

テビキ 手引き →5

テビキショ，テビキショ 手引き書 →14

デビスカップ Davis cup〖テニス〗 →16

テヒドイ 手酷い →54

デビュー début〖仏〗 →9

テビョーシ 手拍子 →5

テビロ 手広(〜に) →5

テビロイ，テビロイ 手広い →54

デブ 〖俗〗 →1

テフーキン 手風琴 →15

デフォルメ déformer〖仏〗 →9

テフキ 手拭き(オテフキ 御〜) →5，92

テブクロ 手袋 →12

デブショー，デブショー 出不精 →15

テブソク 手不足 →15

テフダ 手札<手札型 →10

テフダ 手札(↔場札) →4

テフダガタ 手札型 →12

デフネ，デブネ 出船(↔入船) →5

テブラ 手ぶら(〜で行く) →5

テブリ 手振り，手風 →95

テブレ 手振れ〖写真〗 →5

デフレ <デフレーション deflation →10，9

テフロン Teflon〖商標〗 →9

テブンコ 手文庫 →15

デベソ 出臍 →5

デベロッパー developer →9

テヘン 手偏(＝扌) →8

テベントー 手弁当 →15

テボーキ 手箒 →12

デホーダイ 出放題 →95

デポジット deposit →9

テホドキ 手解き →13

テボリ，テボリ 手彫り →5

テホン 手本(オテホン 御〜) →8，92

テマ 手間(オテマ 御〜) →4，92

デマ <Demagogie〖独〗 →10

テマエ 手前《代名詞も》(オテマエ 御〜) →4，64，92

テマエ，テマエ 点前(オテマエ 御〜) →4，92

デマエ 出前 →5

テマエガッテ 手前勝手 →12

テマエドモ 手前共 →94

テマエミソ 手前味噌 →15

デマエモチ，《新は デマエモチ》 出前持ち →13b

デマカセ 出任せ(口から〜) →13

テマキ 手巻 →5

テマキズシ 手巻鮨 →12

テマクラ 手枕 →12

テマシゴト 手間仕事 →12

テマゾン 手間損 →14

テマダイ，テマダイ 手間代 →14

テマチン 手間賃 →14

テマツブシ 手間潰し →13

ガギグゲゴは鼻濁音　カタカナ細字は母音の無声化　★は長音にもなる符号

デマド──デヨ　602

デマド, デマ￣ド　出窓　→5

テマ￣トリ, テマト￣リ　手間取り　→5

テマド￣ル　手間取る　→46

テ￣マネ　手真似　→4

テマ￣ネキ　手招き　→13

テマネ￣ク　手招く　→46

テマ￣ヒマ　手間隙(~かけて)　→18

テ￣マメ　手忠実　→4

テ￣マリ　手鞠　→4

テマリ￣ウタ　手鞠唄　→12

デマ￣ル　出丸〖城〗　→5

テマ￣ワシ　手回し　→13

テマ￣ワリ　手回り　→13

デマ￣ワリ　出回り　→13

テマワリ￣ヒン, テマワリ￣ヒン　手回品　→14

デマ￣ワル, 《新は デマワ￣ル》　出回る　→45

テミ￣ジカ　手短　→13

テ￣ミズ　手水　→4

デ￣ミズ　出水　→5

デ￣ミセ　出店　→5

テミ￣ヤゲ　手土産　→12

テム￣カイ　手向かい　→13

テムカ￣ウ　手向かう　→46

デム￣カエ　出迎え　→13

デムカ￣エル, デムカ￣エル, デムカ￣エル　出迎える　→45b

デム￣ク, デム￣ク　出向く　→45

テムズ￣ガワ, テームズ￣ガワ　Thames 川　→12

デ￣メ　出目　→5

テメ￣ー　手前〖代・俗〗(=お前・自分)　→64d

デメ￣キン　出目金〖金魚〗　→10

デ￣メリット　demerit　→9

テ￣モ　〖感〗(=さても。~美しい)　→66

⋯⋯テ￣モ; ⋯⋯テ￣モ　〖助〗(ナイ￣テモ　泣い~, カ￣ッテモ　買っ~, ガ￣イテモ　書い~, ト￣ッテモ　取っ~)　→73

⋯⋯テ￣モ; ⋯⋯テ￣モ　〖助〗(アカ￣クテモ　赤く~, シ￣ロクテモ　白く~)　→74c

デ￣モ　〖接〗(=それでも)　→65　<demonstration　→10

⋯⋯デ￣モ; ⋯⋯デ￣モ　〖助〗(ト￣ンデモ　飛ん~, ヨ￣ンデモ　読ん~)　→73

⋯⋯デ￣モ; ⋯⋯デ￣モ; ⋯⋯デ￣モ　〖助〗(ト￣リデモ　鳥~, ハ￣ナデモ　花~, ア￣メデモ　雨~)　→71

デモクラ￣シー, デモクラ￣シー　democracy　→9

デモコ￣ーシン　デモ行進<demonstration行進　→15

デモ￣タイ　デモ隊　→8

テ￣モチ, 《新は テモ￣チ》　手持ち　→5

テモチ￣ヒン, テモチ￣ヒン　手持品　→14

テモチ￣ブサタ　手持無沙汰　→17

テ￣モト, テモ￣ト　手許, 手元　→4

テモ￣トキン　手許金　→14

デモ￣ドリ　出戻り　→13

デ￣モノ　出物　→5

テ￣モリ　手盛り(オ￣テモリ　御~)　→5, 92

デ￣モル　デモる〖俗〗(=demonstration をする)　→44

デモ￣ンストレーション, デモ￣ストレーション　demonstration　→9

テヤ￣キ　手焼　→5

テヤ￣スメ　手休め　→13

テ￣ヤリ　手槍　→4

デュ￣エット　duetto〔伊〕　→9

テ￣ユビ　手指　→4

⋯⋯テ￣ヨ; ⋯⋯テ￣ヨ　〖助〗(ナイ￣テヨ　泣い~, カ￣ッテヨ　買っ~, ガ￣イテヨ　書い~, ト￣ッテヨ　取っ~)　→73

⋯⋯デ￣ヨ; ⋯⋯デ￣ヨ　〖助〗(ト￣ンデヨ　飛ん~, ヨ￣ンデヨ　読ん~)　→73

￣は高い部分　⋯と⋯は高低が変る部分　┐は次が下がる符号　→は法則番号参照

デヨー 出様 →8	**テリツズク，テリツズク** 照り続く →45
デヨージョー，デヨージョー 出養生 →15	**デリバリー** delivery →9
テラ 寺(**オテラ** 御～) →1, 92	**テリフリ** 照り降り →18
……デラ …寺(**イシヤマデラ** 石山～，**キヨミズデラ** 清水～) →12	**テリヤ，テリア** terrier〖犬〗→9
テライ，テライ 衒い →2b	**テリヤキ** 照焼 →5
テラウ，テラウ 衒う(奇を～) →43	**テリューダン，シュリューダン** 手榴弾 →15
テラオトコ 寺男 →12	**テリョージ** 手療治 →15
テラコ 寺子 →4	**テリョーリ** 手料理 →15
テラコッタ terracotta〖伊〗→16	**デリンジャーゲンショー** Dellinger 現象 →15
テラコヤ 寺子屋，寺小屋 →12	**テル** 照る **テラナイ，テリマス，テッテ，テレバ，テレ** →43
テラザムライ 寺侍 →12	**……テル；……テル** (=…ている。**ナイテル** 泣い～，**カッテル** 買っ～，**カイテル** 書い～，**トッテル** 取っ～) →49d
テラシアワセル，テラシアワセル 照し合わせる →45	
テラシダス，テラシダス 照し出す →45	**デル** 出る **デナイ，デヨー，デマス，デテ，デレバ，デロ** →43
テラス terrace →9	**……デル；……デル** (=…でいる。**トンデル** 飛ん～，**ヨンデル** 読ん～) →49d
テラス 照す **テラサナイ，テラソー，テラシマス，テラシテ，テラセバ，テラセ** →44	
テラスハウス terrace house〖和〗→16	**テルオ** 照男・輝夫〖男名〗→25
テラセン，テラセン 寺銭 →8	**テルコ** 照子・輝子〖女名〗→25
デラックス de luxe〖仏〗→9	**デルタ** delta, Δ, δ →9
テラテラ (～する，～と) →57	**テルテルボーズ** 照照坊主 →15
テラマイリ 寺参り →13	**デルトコロ** 出る所(～へ出る) →98
テラマチ 寺町 →4	**デルトマケ** 出ると負け〖俗〗→19
テリ 照り →2	**テレガクシ** 照れ隠し →13
デリート delete →9	**テレクサイ** 照れ臭い →54
テリカエシ 照り返し →13	**テレコ** <tape recorder →10
テリカエス，テリカエス 照り返す →45	**テレショー，テレショー** 照れ性 →8
テリカガヤク，テリカガヤク 照り輝く →45	**テレックス** telex〖商標〗→9
デリカシー delicacy →9	**デレデレ** (～する，～と) →57
デリケート delicate →9	**テレパシー** telepathy →9
デリシャス Delicious〖りんご〗→9	**テレビ** <**テレビジョン** television →10, 9
テリッケル，テリッケル 照り付ける →45	**テレビアサヒ** テレビ朝日 →12

ガギグゲゴは鼻濁音　カタカナ細字は母音の無声化　★は長音にもなる符号

テレビカ──デンカイ　604

テレビカイギ　テレビ会議＜television 会議 →15
テレビカメラ　＜television＋camera →16
テレビキョク　テレビ局＜television 局 →14
テレビゲーム　＜television＋game →16
テレビデンワ　テレビ電話＜television 電話 →15
テレビドラマ　＜television＋drama →16
テレホンカード　telephone card →16
テレヤ　照れ屋 →94
テレル　照れる →44
テレンテクダ, テレン・テクダ　手練手管 →99, 97
テロ　＜テロリズム　terrorism →10, 9
テロップ, テロップ　telop〖もと商標〗 →9
テロリスト　terrorist →9
……テワ；……テワ　…ては〖助〗(ナイテワ 泣い～, カッテワ 買っ～, カイテワ 書い～, トッテワ 取っ～) →73
デワ　〖接〗(～さよなら) →67　出羽(～の国) →21
……デワ；……デワ　…では〖助〗(トンデワ 飛ん～, ヨンデワ 読ん～) →73
……デワ；……デワ；……デワ　…では〖助〗(トリデワ 鳥～, ハナデワ 花～, アメデワ 雨～) →71
テワケ　手分け →5
テワザ, テワザ　手業 →4
テワタシ　手渡し →13
テワタス　手渡す →46
テン　点 →6
デン　天, 転, 典(華燭ˡˡˣの～), 貂 →6　ten →9
……テン　…展(コーボテン 公募～,

ハツメイテン 発明～b.) →14
……テン, ……テン　…店(キッサテン, キッサテン 喫茶～) →14
……てん　…点〖数〗→34, 35, 62
デン　伝(～定家筆), 伝(＝流儀。例の～で), 殿 →6　電＜電話・電報(～・マツ ～待つ) →10
……デン　…殿(ホーモツデン 宝物～, セイリョーデン 清涼～) →14a
デンアツ　電圧 →8
デンアツケイ, デンアツケイ　電圧計 →14
テンイ　天意 →7
テンイ, テンイ　転位, 転移 →7
デンイ　電位 →7
デンイサ　電位差 →14
テンイチボー　天一坊〖人〗→14
テンイ(・)ムホー　天衣無縫 →97, 98
テンイン　店員, 転院 →8
テンウン　天運 →8
デンエン　田園 →8
デンエンチョーフ　田園調布〖地〗→19
デンエントシ　田園都市 →15
デンエントシセン　田園都市線 →14
テンカ　点火, 転化, 転科, 転訛 →7
テンカ, テンカ　添加 →7
テンカ, テンカ　転嫁 →7
テンカ　天下(テンカサマ ～様) →7, 94
テンガ　典雅 →7
テンガ, テンカ　天下 →7
デンカ　電化 →7
デンカ　伝家(～の宝刀), 殿下 →7
デンカ, デンカ　電荷 →7
テンカイ　展開, 転回 →8
テンガイ　天蓋 →8
テンガイ, テンガイ　天界 →8
テンガイ, テンガイ　天外, 天涯 →8
デンカイ　電解, 電界 →8

──は高い部分　̈と ̇は高低が変る部分　˥は次が下がる符号　→は法則番号参照

605 デンカイ──テンケイ

デンガイシツ　電解質 →14b	デンキショーセツ　伝奇小説, 伝記小説 →15
テンカ・イチ　天下一 →39	テンキズ　天気図 →14
テンカ(・)イッピン　天下一品 →97, 98	デンキスタンド　電気stand →16
テンカク　点画(=漢字の点と線) →18	デンキストーブ　電気stove →16
テンガク　転学 →8	デンキソーチ　電気装置 →15
デンガク, デンガク　田楽 →8	デンキダイ, デンキダイ　電気代 →14
デンガクザシ　田楽刺し →13	テンキツヅキ　天気続き →13
テンガシ　転貸し →5	デンキドケイ★　電気時計 →15
テンカス　天滓(=揚げ玉) →4	デンキブンカイ　電気分解 →15
テンカ(・)タイヘイ★　天下太平 →97, 98	デンキヤ　電気屋(～さん) →94
テンカトリ　天下取り →13	テンキュー　天球 →8
テンカビト　天下人 →12	デンキュー　電球 →8
テンカブツ　添加物 →14	テンキューギ　天球儀 →14a
テンカフン, テンカフン　天花粉 →14	テンキョ, デンキョ　転居 →7
テンカヤク　点火薬 →14	テンキョ　典拠 →7
テンカ(・)ワケメ　天下分け目 →97, 98	テンギョー　転業 →8
テンカン　展観, 転換 →8	デンギョーダイシ　伝教大師 →15
テンカン, テンカン　癲癇 →8	デンキョク　電極 →8
テンガン　点眼, 天顔 →8	テンキョサキ　転居先 →12
テンカンキ　転換期 →14a	テンキヨホー　天気予報 →15
テンガンキョー　天眼鏡 →14	デンキリョー　電気料, 電気量 →14
テンガンツー　天眼通 →14	デンキリョーキン　電気料金 →15
テンキ　転記 →7	デンキレイ★ゾーコ　電気冷蔵庫 →17
テンキ　天気, 天機, 転機, 転帰 →7	デンキロ　電気炉 →14
テンギ　転義 →7	テンキン　転勤, 天金〖製本〗 →8
デンキ　伝記 →7	テンク　転句 →7
デンキ　伝奇, 電気, 電機 →7	テング　天狗(テングサマ, テングサマ ～様) →7, 94
デンキアイロン　電気iron →16	
テンキアメ, テンキアメ　天気雨 →12	テンクー, テンクー　天空 →8
デンキイス　電気椅子 →15	テングサ　天草 →4
デンキガク　電気学 →14	テングタケ　天狗茸 →12
デンキガトリ　電気蚊取 →12	デングネツ　デング〔独〕熱 →8
デンキガマ　電気釜 →12	デングリガエシ　でんぐり返し →13
デンキガミソリ　電気剃刀 →12	デングリガエス　でんぐり返す →45
デンキキガンシャ　電気機関車 →17	デングリガエル　でんぐり返る →45
デンキキグ　電気器具 →15	テンケイ★　天刑, 天恵, 天啓, 典型, 点景 →8
デンキコーガク　電気工学 →15	
デンキゴタツ　電気炬燵 →15	テンケイ★テキ　典型的 →95
デンキコンロ　電気焜炉 →15	

ガギグゲゴは鼻濁音　カタカナ細字は母音の無声化　★は長音にもなる符号

デンゲキ 電撃 →8	テンジカイ 展示会 →14
テンケン 点検,天険 →8	デンシカルテ 電子Kalte[独] →16
デンゲン, デンゲン 電源 →8	デンジキ 電磁気 →15
デンゲンカイハツ, デンゲンカイハツ 電源開発 →99,98	テンジク 天竺 →8
テンコ 点呼,典故 →7	テンジクモメン 天竺木綿 →15
テンコー 転向,転校,天候 →8	デンシケイサンキ 電子計算機 →17
デンコー 電光 →8	デンシケンビキョー 電子顕微鏡 →17
テンコーセイ 転校生 →14a	デンシコーガク 電子工学 →15
デンコーセッカ 電光石火 →98	デンシジショ 電子辞書 →15
デンコーニュース 電光news →16	テンジシツ 展示室 →14
デンコーバン 電光板 →14	デンジシャク 電磁石 →15
テンコク 篆刻 →8	テンジジョー 展示場 →14
テンゴク 典獄 →8	デンショセキ 電子書籍 →15
テンゴク 天国 →8	テンジツ, テンジツ 天日 →8
デンゴン 伝言 →8	テンジツエン, テンピジオ 天日塩 →14, 12
デンゴンバン 伝言板 →14	デンシテチョー 電子手帳 →15
テンサ, テンサ 点差 →7	テンジテンノー 天智天皇 →94
テンサイ 転載,天才,天災,甜菜 →8	デンシドケイ 電子時計 →15
テンザイ 点在 →8	デンジハ 電磁波 →14
テンサイキョーイク 天才教育 →15	デンジバ 電磁場 →12
テンサイジ 天才児 →14b	テンジブロック 点字block →16
テンサイチヘン 天災地変 →98	デンシマネー 電子money →16
テンサイテキ 天才的 →95	デンシメール 電子mail →16
テンサイトー 甜菜糖 →14	テンシャ 転写 →7
テンサク 添削,転作 →8	テンジャ, テンジャ 点者 →7
テンサン 天蚕,天産 →8	デンシャ 殿舎 →7
デンサンキ 電算機 →14a	デンシャ, 《新は デンシャ》 電車 →7
テンザンサンミャク 天山山脈 →15	テンシャク 転借 →8
テンサンブツ 天産物 →17	デンシャチン 電車賃 →14
テンシ 天子(~様),天使,天資 →7	デンシャドーリ 電車通り →12
テンジ 点字,篆字 →7	デンシャミチ 電車道 →12
テンジ, テンジ 展示 →7	テンシュ 天主,店主 →7
テンジ 典侍 →7	テンシュ, テンシュ 天守 →7
デンシ 電子 →7	テンジュ 天寿,天授 →7
デンジ, デンジ, デンチ, デンチ 田地 →7	テンジュ, テンジュ 転手[三味線など] →7
デンシオルガン 電子organ →16	デンジュ, デンジュ 伝受,伝授 →7
デンシオン 電子音 →14	テンジュー 転住,填充 →8

　は高い部分　¨と‥は高低が変る部分　「は次が下がる符号　→は法則番号参照

607　　デンシュ──デンタツ

デンシュー　伝習 →8

テンシュカク　天守閣 →14

テンシュキョー　天主教 →14

テンシュツ　転出 →8

テンシュドー　天主堂 →14

テンショ　添書, 篆書 →7

テンジョ　天助 →7

テンジョー　天上, 殿上, 天井, 添乗 →8

デンショー　伝承, 伝誦 →8

テンジョーイタ　天井板 →12

テンジョーイン　添乗員 →14a

テンジョーウラ　天井裏 →12

テンジョーカイ　天上界 →14a

テンジョーサジキ　天井桟敷 →12

テンジョーシラズ　天井知らず →99

テンジョー(·)テンゲ　天上天下 →97, 98

テンジョービト　殿上人 →12a

テンショク　転職 →8

テンショク　天職 →8

デンショク　電飾 →8

デンショバト　伝書鳩 →12

テンション　tension →9

テンジル, テンジル　点じる, 転じる →47

デンシレンジ　電子 range〔和〕 →16

テンシン　天真, 転身, 転進 →8

テンシン, テンジン　天心(月～) →8

テンシン, テンジン　点心 →8

テンシン, テンジン　天津〔地〕 →21

テンジン　転軫〔三味線など〕 →8　天神(テンジンサマ, テンジンサマ ～様) →8, 94

テンジン, テンジン　天人(～共に許さず) →18

デンシン　電信 →8　田紳<田舎紳士 →10

デンシンキ　電信機 →14a

デンシンバシラ　電信柱 →12

テンシンランマン　天真爛漫 →59

テンスイ　天水(=雨水) →8

テンスイオケ　天水桶 →12

テンスー, テンスー　点数 →8

デンズーイン, 《古は デンズーイン, デンズイン》　伝通院 →14ad

デンスケ　伝助〔とばく・録音機〕 →25

テンズル, テンズル　点ずる, 転ずる →47

テンセイ★　転成, 点睛, 展性 →8

テンセイ★　天性 →8

テンセイ★, テンセイ★　天成 →8

テンセイゴ　転成語 →14

テンセキ　転籍 →8

テンセキ, デンセキ　典籍 →8

デンセツ　伝説 →8

テンセン　転戦, 点線 →8

テンゼン　恬然 →56

デンセン　伝染, 電線, 伝線 →8

デンセンセイ★　伝染性 →14

デンセンビョー　伝染病, 伝線病〔靴下〕 →14

テンソー　転送 →8

デンソー　伝奏, 伝送, 電送 →8

デンソーシャシン　電送写真 →15

テンソク　天測, 填塞, 纏足 →8

テンゾク　転属 →8

テンソンコーリン　天孫降臨 →98

テンタイ　転貸, 天体 →8

テンダイ　天台<天台山・天台宗 →10

テンダイシャク　転貸借 →17

テンタイシャシン　天体写真 →15

テンダイシュー　天台宗 →14b

テンタイボーエンキョー　天体望遠鏡 →17

テンタク　転宅 →8

デンタク　電卓<電子式卓上計算機 →10

デンタツ　伝達 →8

ガギグゲゴは鼻濁音　カタカナ細字は母音の無声化　★は長音にもなる符号

デンタツ──テンナイ　608

デンタツシキ　伝達式 →14	デンデンコーシャ　電電公社<ニホン・デンシンデンワコーシャ　日本電信電話公社 →29, 97
テンタン　恬淡 →58	
デンタン　電探<電波探知機 →10	
テンチ　転地 →7	デンデンダイコ,《新はデンデンダイコ》　でんでん太鼓 →15
テンチ　天地 →18	
デンチ, デンチ, デンジ, デンジ　田地 →7	テンデンバラバラ, テンデン(・)バラバラ →59
デンチ　電池 →7	テンテンハンソク　輾転反側 →98
デンチク　電蓄<電気蓄音機 →10	デンデンムシ　でんでん虫 →12a
テンチジン　天地人 →17	テント　奠都 →7　tent →9
テンチ(・)シンメイ　天地神明 →97, 98	デント　(～かまえる) →55
デンチ(・)デンパタ, デンチ(・)デンパタ (チはジとも)　田地田畑 →97, 98	テントー　点灯, 転(顛)倒, 店頭 →8
デンチドケイ　電池時計 →15	テントー　天道(=太陽。テントーサマ ～様) →8, 94
テンチムヨー　天地無用 →98	テンドー　天道 →8
テンチャ　点茶 →7	テントー　伝統, 電灯 →8
テンチュー　転注, 天誅 →8	デンドー　伝動, 伝道, 伝導, 電動, 殿堂 →8
デンチュー　電柱 →8	
デンチュー　殿中 →8	テントーカブ　店頭株 →12a
テンチューグミ　天誅組 →12	デンドーキ　電動機 →14a
テンチョー　転調, 天頂 →8	デントーコーゲイ　伝統工芸 →15
テンチョー　店長, 天朝(～様) →8	デンドーシ　伝道師, 電動子 →14a
テンチョーセツ　天長節 →14a	テンドーセツ　天動説 →14a
テンチリョーヨー　転地療養 →15	デントーセン　電灯線 →14
テンツケ, テンツケ　点付け →5	デントーテキ　伝統的 →95
テンツユ　天汁<天麩羅（てんぷら）つゆ →10	テントーボシ, テントーボシ　天道干し →13
テンデ　〖俗〗(～分からない) →67	
テンテイ　点綴, 天帝 →8	テントームシ　天道虫 →12a
テンテキ　天敵, 点滴 →8	デンドーリョー　電灯料 →14a
テンテコマイ　天手古舞 →12	デンドーリョク　電動力 →14a
テンテツ　点綴 ⇒テンテイ	テントーワタシ　店頭渡し →13
デンテツ　電鉄<電気鉄道 →10	テントシテ　恬として(～恥じない) →69
テンテツキ, テンテツキ　転轍機 →14c	
テンデニ, テンデニ　手手に →68d	テントリ, テントリ　点取り →5
テンテン, テンテン　転転, 輾転 →58 点点 →58, 3	テントリムシ　点取虫 →12
	デンドロビューム, デンドロビウム　Dendrobium〔拉〕〖洋蘭〗 →9
テンテン　〖児〗(=頭・手ぬぐい) →11	テンドン　天丼 →10
デンデン　(=義太夫) →3	テンナイ　店内 →8

テンナンショー, テンナンショー 天南星〖植〗→14a

テンニュー 転入 →8

デンニョ 天女 →7

テンニン 転任 →8

テンニン 天人 →8

デンネツ 電熱 →8

デンネッキ, デンネッキ 電熱器 →14c

テンネン 天然 →8

テンネンガス 天然 gas〖蘭〗→16

テンネンキネンブツ 天然記念物 →17

テンネンショク 天然色 →14a

テンネントー 天然痘 →14

テンネンヒリョー 天然肥料 →15

テンネンリン 天然林 →14a

テンノー 天王, 天皇 →8

……テンノー; ……テンノー, 《新は……テンノー》 …天皇(オージンテンノー 応神~, ジンムテンノー, ジンムテンノー 神武~)→94

テンノーザン 天王山 →14a

テンノーセイ★ 天皇制 →14

テンノーセイ★ 天王星 →14a

テンノー・タンジョービ 天皇誕生日 →97

テンノーハイ 天皇杯 →14a

テンノーヘイ★カ 天皇陛下 →15

テンバ 天馬 →7

デンパ 電波 →7

デンパ, デンパ 伝播 →7

テンバイ 転売 →8

デンパタ 田畑(田地~)→18

テンパツ 天罰(~覿面〖てきめん〗)→8

デンパツ 電髪 →8

テンバン 天板 →8

テンパン 天 pan →16

テンパン, テンパン 典範 →8

テンピ 天日, 天火 →4

テンビキ 天引 →5

テンビキチョキン 天引貯金 →15

テンビョー 点描 →8

テンビョー, テンビョー 天平〖年号〗→8

デンピョー 伝票 →8

テンピョージダイ 天平時代 →15

テンビン 天秤(~にかける)→8

テンピン 天稟 →8

テンビンボー 天秤棒 →14

テンブ 転部 →7

テンプ 天賦 →7

テンプ, テンプ 添付, 貼付 →7

デンブ 田麩〖食品〗, 臀部 →7

テンプク 転(顛)覆 →8

テンブクロ, テンブクロ 天袋 →12

デンプ(・)ヤジン 田夫野人 →97, 98

テンプラ 天麩羅 →9

テンプラソバ 天麩羅蕎麦 →12

テンブン, テンブン 天分 →8

デンブン 伝聞, 電文 →8

デンプン 澱粉 →8

デンプンシツ 澱粉質 →14a

テンペラ tempera〖伊〗→9

テンペラガ tempera 画〖伊〗→14

テンペン 転変(有為~), 天変 →8

テンペン(・)チイ 天変地異 →97, 98

テンポ 店舗 →7 tempo〖伊〗→9

テンボー 展望 →8

テンポー 天保〖年号〗(~の改革)→8

デンポー, デンボー, デンポー, デンポー 伝法(~な人だ)→8

デンポー 電報 →8

デンポーイン, 《古は デンボーイン, デンボイン。新は デンポーイン》 伝法院 →14a

デンポーガワセ 電報為替 →12

テンボーシャ 展望車 →14a

テンポーセン 天保銭 →14

テンボーダイ 展望台 →14	テンライ, テンライ 天来 →8
デンポーハダ, デンポーハダ 伝法肌 →12a	デンライ 伝来 →8
デンポーリョー 電報料 →14a	テンラク 転(顚)落 →8
テンマ 伝馬＜テンマセン 伝馬船 →7, 14	テンラン 展覧, 天覧 →8
テンマ 天魔, 天馬 →7	テンランカイ 展覧会 →14a
デンマーク Denmark《国》→21	テンリ 天理 →7
テンマク 天幕 →8	テンリキョー 天理教 →14
テンマツ, テンマツ 顚末 →18	デンリソー 電離層 →14
テンマド 天窓 →4	デンリュー 電流 →8
テンマングー 天満宮 →14a	テンリューガワ 天竜川 →12a
テンメイ* 店名 →8	デンリューケイ*, デンリューケイ 電流計 →14a
テンメイ*,《新は テンメイ*》 天命 →8	デンリョー 天領 →8
テンメツ 点滅 →18	デンリョク, デンリョク 電力 →8
テンメッキ, テンメッキ 点滅器 →14c	デンリョクガイシャ 電力会社 →15
テンメン 纏綿(情緒じょう〜) →58	デンリョクケイ*, デンリョクケイ*, デンリョクケイ* 電力計 →14c
テンモーカイカイ 天網恢恢(〜疎にして漏らさず) →98	テンレイ* 典礼, 典例, 典麗 →8
テンモク 天目＜テンモクジャワン 天目茶碗 →8, 15	デンレイ* 伝令, 電鈴 →8
テンモリ 天盛り →5	デンロ 電路 →7
テンモン 天文 →8	デンワ,《もと デンワ》 電話(オデンワ 御〜) →7, 92
テンモンガク 天文学 →14a	デンワキ 電話機 →14
テンモンガクシャ 天文学者 →15	デンワキョク 電話局 →14
テンモンガクテキスージ 天文学的数字 →98	デンワグチ, デンワグチ 電話口 →12
テンモンダイ 天文台 →14	デンワシツ 電話室 →14
デンヤ 田野 →18	デンワセン 電話線 →14
テンヤク 転訳, 点訳, 点薬 →8	デンワチョー 電話帳 →14
テンヤク, テンヤク 典薬 →8	デンワバンゴー 電話番号 →15
テンヤモノ 店屋物 →12	デンワボックス 電話 box →16
テンヤワンヤ, テンヤワンヤ,《古は テンヤワンヤ》 (〜だ) →59	デンワリョー 電話料 →14
テンユー 天佑 →8	
デンヨ 天与 →7	
テンヨー 転用 →8	
テンライ 天籟 →8	

ト 戸 →1	
ト 砥(〜の如ごし) →1　斗, 徒, 都, 途 (帰国の〜につく) →6　十 →30	
……ト; ……ト 《助》(ナクト 泣く〜,	

611　　　　　　　　　　　　　　ト──トーアサ

ヨムト 読む〜, アカイト 赤い〜, シロイト 白い〜) →72, 74

……ト; ……ト; ……ト 〖助〗(トリト 鳥〜, ハナト 花〜, アメト 雨〜) →71

ド 度(〜が過ぎる, 〜を失う, 〜が進む) →6

……ド; ……ド 〖助〗(ナゲド 泣け〜, ヨメド 読め〜, アカケレド 赤けれ〜, シロケレド 白けれ〜) →73, 74

……ど …度〖数〗→34, 35, 62

ドア door →9

ドアイ 度合 →4

ドアチェーン door chain →16

ドアマン doorman →16

トアミ 投網 →4

トアル (〜町角, 〜店) →63

トイ 問 →2

トイ 樋 →4

トイアワス, トイアワス 問い合わす →45

トイアワセ 問合せ →13

トイアワセル, トイアワセル 問い合わせる →45

……トイー; ……トイー; ……トイー …と言い(カオトイー 顔〜, アタマトイー 頭〜, ジンブツトイー 人物〜) →71

トイカエシ 問い返し →13

トイカエス, トイカエス 問い返す →45

トイカケ 問い掛け →2

トイカケル, トイカケル 問い掛ける →45

トイキ, トイキ, 《古は トイキ》 吐息 →4

トイシ 砥石 →4

トイタ 戸板 →4

トイタダス, トイタダス 問い質す

→45

ドイツ 何奴 →64 <Deutschland〔独〕〖国〗→21

ドイツゴ Deutsch 語〔独〕→14

ドイツジン Deutsch 人〔独〕→14

トイツメル, トイツメル 問い詰める →45

トイヤ, トンヤ 問屋 →94

トイレ <トイレット, トイレット toilet →10, 9

トイレットペーパー toilet paper →16

トイロ 十色(十人〜) →33

トウ, 《新は トウ》 問う, 訪う →43

トエイ★ 渡英, 都営 →8

トエイ★アパート 都営アパート<都営 apartment →16

トエイ★チカテツ 都営地下鉄 →17c

トエイ★バス 都営 bus →16

トエ(・)ハダエ 十重二十重 →39

トー 当(〜会場) →6, 63 刀, 東, 党, 塔, 頭, 糖, 灯(燈), 籐, 臺(〜がたつ) →6 唐〖国〗→21 十〖名詞的〗(〜もある) →30a

トー 十〖副詞的〗(〜ある) →62

……トー …刀(ニホントー 日本〜), …灯(ケイ★コートー 蛍光〜), …湯(カッコントー 葛根〜), …党(ロードートー 労働〜), …島(ルソントー 呂宋〜) →14 …等〖等級〗(イットー 一〜, ゴトー 五〜) →34

ドー 如何(〜して) →61 同(〜夫人) →6, 63 胴, 動, 銅, 筒 →6 堂(オドー, ミドー 御〜) →6, 92

……ドー …堂(コーカイドー 公会〜, ニガツドー 二月〜) →14

トーア 東亜〖地〗→21

ドーアゲ, ドーアゲ, ドーアゲ 胴揚げ →5

トーアサ 遠浅 →5

ガギグゲゴは鼻濁音　カタカナ細字は母音の無声化　★は長音にもなる符号

トーアツ──トーガラ　612

トーアツ 等圧 →8
トーアッセン 等圧線 →14
トーアルキ 遠歩き →13
トーアン 答案,偸安 →8
トーアンヨーシ 答案用紙 →15
トーイ 遠い トオカッタ, トーク, トオクテ, トオケレバ, トオシ, トーシ →52ca
トーイ 当為,等位,東夷 →7
ドーイ 同意 →7
ドーイ, ドーイ 同位 →7
ドーイ 胴衣 →7
ドーイゲンソ 同位元素 →15
ドーイゴ 同意語 →14
トーイジョー 糖衣錠 →14
トーイス, トーイス 籐椅子 →15
トーイソクミョー 当意即妙 →98
トーイツ 統一 →8
ドーイツ 同一 →8
ドーイッシ, ドーイッシ 同一視 →14c
トーイン 登院,党員,頭韻 →8
トーイン 当院(=この院・私どもの院) →8
ドーイン 動員,導引,同韻,動因 →8
ドーインレイ 動員令 →14a
ドーウ 堂宇 →7
ドーウラ, ドーウラ 胴裏〖和服〗 →4
トーエイ 投影,倒影,灯影 →8
トーエン 遠縁 →8
トーエンメイ 陶淵明〖人〗 →27
トオー 渡欧 →8
トーオー 東欧〖地〗 →21
トーオン 等温 →8
トーオン 唐音 →8
ドーオン 同音(異口~に) →8
ドーオンゴ 同音語 →14
トーオンセン 等温線 →14
トーカ 透過,糖化 →7 十日 →33

トーカ, トーカ 投下,等価 →7
トーカ 灯下,灯火,踏歌 →7
トーガ 唐画,冬芽 →7
トーガ, トーガン 冬瓜 →7d
ドーカ 同化 →7
ドーカ 如何か →67 道家,道歌,銅貨 →7
ドーガ 動画,童画 →7
トーカイ 倒壊(潰),韜晦,東海 →8
トーガイ 凍害 →8
トーガイ, トーガイ 当該 →63 等外 →8
トーカイダイガク 東海大学 →15
トーカイドー, 《古は トーカイドー》 東海道(〜・ゴジューサンツギ 〜五十三次) →17,97
トーカイドーシンカンセン 東海道新幹線 →17
トーカイドーセン 東海道線 →14
トーカイドーチュー・ヒザクリゲ 東海道中膝栗毛〖書〗 →97
トーカイムラ 東海村 →12
トーカカンセイ 灯火管制 →15
トーカク 倒閣,統覚,頭角(〜を現わす) →8 当確<当選確実 →10
ドーカク 同格 →8
ドーガク 道学,同学(〜の士),同額 →8
トーカクウンドー 倒閣運動 →15
ドーガクシャ 道学者 →17
ドーカコーカ 如何かこうか →68
ドーカサヨー 同化作用 →15
ドーカセン, ドーカセン 導火線 →14
トーカツ 統括,統轄 →8
ドーカツ 恫喝 →8
ドーガネ 銅金 →4
トーカノキク 十日の菊 →98
トーカラ 疾から →67
トーカラジ 遠からじ(春〜) →89
トーガラシ 唐辛子 →12

￣は高い部分　…と…は高低が変る部分　⌐は次が下がる符号　→は法則番号参照

613　　　　　　　　　　　　　　　　トーカラ──ドークツ

トーカラズ　遠からず →89, 67

トーカン　投函, 統監, 等閑, 盗汗 →8

トーガン　東岸 →8

トーガン　冬瓜 →7d

ドーカン　同感, 導管 →8

ドーガン　童顔 →8

トーキ　登記, 騰貴, 冬季, 冬期, 投機, 党紀, 党規, 陶器, 当期, 投棄 →7

トーギ　討議, 党議, 闘技 →7

ドーキ　動悸(〜がする) →7

ドーキ, ドーキ　動機 →7

ドーキ　銅器, 同期 →7

ドーギ　同義 →7

ドーギ　動議, 道義 →7

ドーギ　胴着 →5

トーキー　talkie →9

ドーギゴ　同義語 →14

トーキショ, トーキショ　登記所 →14

ドーギシン　道義心 →14

ドーキセイ　同期生 →14

トーキビ　唐黍 →4

トーキボ　登記簿 →14

トーキュー　投球, 討究, 等級 →8

トーキュー, トーキュー　東急〖鉄道・デパート〗→28, 29

トーギュー　闘牛 →8

ドーキュー　同級, 撞球 →8

トーギュージョー　闘牛場 →14

トーキュースト ア　東急ストア〖スーパーストア〗→16

ドーキューセイ　同級生 →14a

トーギョ　統御, 闘魚 →7

ドーキョ　同居 →7

トーキョー　東京〖地・新聞〗→21, 29

ドーキョー　同郷 →8

ドーキョー　道教 →8　道鏡〖人〗→24

ドーギョー　同業, 童形 →8

ドーギョー, ドーギョー　同行(〜二人 にん) →8

トーキョーエキ　東京駅 →14a

ドーギョークミアイ　同業組合 →12

トーキョーゲイ ジュツゲキジョー　東京芸術劇場 →17

トーキョーコー　東京港 →14a

ドーギョーシャ　同業者 →14a

トーキョージョシダイ　東京女子大<

トーキョージョシダイガク　東京女子大学 →17

トーキョースカイツリー　東京スカイツリー<東京 sky tree〖和〗→97

トーキョータワー　東京タワー<東京 tower →16

トーキョーッコ　東京っ子 →14d

トーキョート　東京都 →14a

トーキョーブ　頭胸部 →17

トーキョーモノレール　東京モノレール<東京 monorail →16

トーキョーワン　東京湾 →14a

トーキョク　当局 →8

トーキョクシャ, トーキョクシャ　当局者 →14c

ドーキョニン, ドーキョニン　同居人 →14

トーキョリ　等距離 →15

トーギリ, トーギリ　当限〖相場〗→5

ドーギリ, ドーギリ　胴切り →5

トーキリョーキン　冬季料金 →15

ドーキン　同衾 →8

トーク　遠く(〜離れる) →61　投句 →7

トーク　talk →9

トーグ　遠く(=遠所。〜へ行く) →3

ドーグ　道具(オドーグ 御〜) →7, 92

トーグー, トーグー　東宮 →8

ドーグカタ, ドーグカタ　道具方 →12

ドーグダテ, ドーグダテ　道具立 →13

トークツ　盗掘 →8

ドークツ　洞窟 →8

ガギグゲゴは鼻濁音　カタカナ細字は母音の無声化　★は長音にもなる符号

ドーグバコ, ドーグバコ 道具箱 →12
ドーグヤ 道具屋 →94
ドークン 同君 →8
トーケ 当家(ゴトーケ 御~) →7, 92
……トーゲ …峠(ウスイトーゲ 碓氷~, コボトケトーゲ 小仏~) →12
ドーケ 道家, 同家 →7
ドーケ, 《新は ドーケ》 道化 →7
トーケイ★ 統計, 東経, 闘鶏 →8
トーゲイ★ 陶芸 →8
ドーケイ★ 憧憬, 同系, 同形, 同型 →8
　同慶(ゴドーケイ★ 御~) →8, 92
トーケイガク 統計学 →14b
ドーケイショク 同系色 →14b
トーゲキ 東劇<トーキョーゲキジョー 東京劇場 →10, 15
ドーケシ 道化師 →14
トーケツ 凍結 →8
トーゲツ, トーゲツ 当月 →8
ドーケツ 洞穴 →8
ドーゲツ 同月(=同じ月) →8
ドーゲツ 同月(=その月) →8
ドーケモノ, ドーケモノ 道化者 →12
ドーケヤク 道化役 →14
ドーケル 道化る →44
トーケン 刀剣, 唐犬, 闘犬 →8
トーケン 当県 →8
ドーケン 同権, 同県(=同じ県) →8
ドーケン 同県(=その県) →8
ドーゲン 道元〖人〗→24
トーゲンキョー, トーゲンキョー 桃源郷 →14a
ドーケンジン, ドーケンジン 同県人 →14a
ドーコ 銅壺 →7
トーコー 投降, 投稿, 登校, 刀工, 陶工, 投光, 灯光 →8
トーゴー 投合, 統合, 等号 →8

トーゴー 東郷〖姓〗→22
ドーコー 動向, 銅鉱, 瞳孔, 同行, 同好, 同校(=同じ学校) →8
ドーコー 同校(=その学校) →8　如何斯う(~言う)→68
ドーコーイキョク, ドーコーイキョク 同工異曲 →99, 98
トーゴーイリョー 統合医療 →15
ドーコーカイ 同好会 →14a
トーコーキョヒ 登校拒否 →15
トーゴーシッチョーショー 統合失調症 →14a
ドーコーシャ 同行者, 同好者 →14a
トーコーセン 等高線 →14
トーゴク 投獄 →8
トーゴク 当国 →8
トーゴク, トーゴク 東国 →8
ドーコク 慟哭, 同国(=同じ国) →8
ドーコク 同国(=その国) →8
トーコツ 頭骨 →8
トーコン 刀痕, 闘魂 →8
トーコン 当今 →8
ドーコン 同根 →8
ドーコンシキ 銅婚式 →14a
トーサ 遠さ →93
トーサ 踏査 →7
トーサ, トーサ 等差 →7
トーザ 当座 →7
トーサ, ドーサ 礬水 →7
ドーサ, ドーサ 動作 →7
ドーザ 同座(=同席・連座・同じ座。~する) →7
トーサイ 登載, 搭載 →8
トーサイ 当歳(~とって十五歳) →8
トーザイ 東西 →18
ドーザイ 同罪 →8
トーザイセン 東西線 →14
トーザイナンボク 東西南北 →15
トーザガル 遠ざかる →46

615 **トーサク ── トーシャ**

トーサク 倒錯, 盗作 →8

トーサクショー, トーサクショー 倒錯症 →14c

トーザケル 遠ざける →46

トーザシノギ 当座凌ぎ →13

ドーサツ 洞察 →8

ドーサツリョク 洞察力 →14

トーザノガレ 当座逃れ →13

トーサマ 父様 →94

トーザヨキン 当座預金 →15

トーサン 倒産 →8

トーサン 父さん →94

トーザン 唐桟(〜を着る) →8

トーザン 当山 →8

ドーサン 動産 →8

ドーザン 銅山 →8

トーサンドー 東山道 →17

トーシ 凍死, 透視 →7

トーシ, トーシ 投資 →7

トーシ 闘士, 闘志 →7

トーシ, トーシ 唐紙, 唐詩 →7

トージ 通し(オトーシ 御〜) →2, 92 篩〖ふるい〗 →2

トージ 湯治, 答辞, 悼辞 →7

トージ, 《古は トージ》 冬至 →7

トージ 蕩児, 当時, 当事, 当寺, 東寺 →7 陶磁 →18 杜氏

トージ, トーチ 統治 →7

ドーシ 同視, 動詞, 童詩 →7

ドーシ 導師, 道士, 同士, 同志, 同氏, 同市 →7

……ドーシ …通し(=続けてする意。 ハタラキドーシ 働き〜, カキドーシ 書き〜) →95

……ドーシ …同士(トナリドーシ 隣 〜) →15 …通し(=通す意。ヨロイドーシ 鎧〜) →13

ドージ 童子 →7

ドージ, ドージ 同時 →7

ドージウチ, ドーシウチ 同士討ち →13

トーシカ 投資家 →14

トーシキ 等式 →8

トージキ 陶磁器 →17

トーシギップ 通し切符 →15

トーシキョーゲン 通し狂言 →15

トーシゲイコ 通し稽古 →15

トージコク 当事国 →14

ドージコク 同時刻 →15

トージシャ 当事者 →14

ドージシャ 同志社<ドーシシャダイガク 同志社大学 →29, 15

トーシシンタク 投資信託 →15

トーシセン 唐詩選〖書〗 →14

ドージダイ 同時代 →15

トーシツ 等質, 糖質 →8

トージツ 当日 →8

ドーシツ 同室(=同じ室), 同質 →8

ドージツ 同日(=同じ日) →8

ドージツ 同日(=その日) →8

ドージツーヤク 同時通訳 →15

ドーシテ 如何して →67

ドーシテモ, ドーシテモ 如何しても →67

ドージニ, ドージニ 同時に →67

トージバ 湯治場 →12

トーシバンゴー 通し番号 →15

トーシミ, トースミ 灯心〖とんぼ〗 →8d

ドージメ, ドージメ 胴締め →5

トーシャ 投射, 透写, 謄写 →7

トーシャ 当社 →7

トーシヤ 通し矢 →12

ドーシャ 同車(=同乗。〜する) →7

ドーシャ 道者, 同社(=その社), 堂舎 →7

ドージャク 瞠若(〜たらしめる) →56

トーシャバン 謄写版 →14

ガギグゲゴは鼻濁音 カタカナ細字は母音の無声化 ★は長音にもなる符号

トーシュ──ドーセイ　　616

トーシュ 当主, 投手, 党首, 頭首 →7	トージル, トージル 投じる →47
ドーシュ 同種(↔異種) →7	ドージル, ドージル 同じる, 動じる →47
トーシュー 踏襲 →8	トーシロ, トーシロー 藤四郎(=しろうと) →26d
トーシューサイ・シャラク 東洲斎写楽 →25a, 24	トーシン 東進, 答申, 投身, 刀身, 等身, 等親, 灯心, 盗心 →8 投信<トーシシンタク 投資信託 →10, 15
トーシューズ toeshoes →16	トージン 蕩尽, 党人 →8
トーシュク 投宿 →8	トージン, トージン 唐人(トージンノネゴト ~の寝言) →8, 98
ドーシュク 同宿 →8	ドーシン 同心, 童心, 道心 →8
トーシュセン 投手戦 →14	ドージン 同仁(一視~) →8
トーショ 投書 →7	ドージン, ドーニン 同人 →8
トーショ 頭書, 島嶼, 当初, 当所 →7	トージンアン 答申案 →14a
ドーショ 同所(=同じ所) →7	ドーシンエン 同心円 →14a
ドーショ 同所(=その所) →7	トージンオキチ, トージンオキチ 唐人お吉 →27
ドージョ 童女, 同女 →7	ドージンザッシ 同人雑誌 →15
トーショー 刀匠, 刀傷, 凍傷, 闘将 →8 東証<東京証券取引所 →10	トーシンジサツ 投身自殺 →15
トージョー 東上, 凍上, 登場, 搭乗, 党情 →8	トーシンダイ 等身大 →14
トージョー 東条〖姓〗 →22	トージンマゲ 唐人髷 →12a
ドージョー 同乗, 同情, 同上 →8	トース 通す トーサナイ, トーソー, トーシマス, トーシテ, トーセバ, トーセ →44a
ドージョー,《古は トーショー》 堂上 →8	トースイ 陶酔, 統帥 →8
ドージョー 道場 →8	トースイキョー 陶酔境 →14
トージョーイン 搭乗員 →14a	トースイケン 統帥権 →14b
トージョーカ 頭状花 →14a	トースー 頭数 →8
トーショーグー 東照宮 →14a	ドースー 同数 →8
ドージョージ 道成寺〖能〗 →14	トースター toaster →9
ドージョージ 道成寺〖寺・長唄・舞踊〗 →14	トースト, トースト toast →9
ドージョーシャ 同情者, 同乗者 →14a	トーズル, トーズル 投ずる →47
トージョージンブツ 登場人物 →15	ドーズル, ドーズル 同ずる, 動ずる →47
トージョーセン 東上線 →14	ドーセ 何うせ〖副〗 →67
トーショーダイジ 唐招提寺 →14b	トーセイ★ 東征, 統制, 党勢, 陶製 →8
ドージョーヤブリ 道場破り →13	トーセイ★ 当世 →8
トーショカ 投書家 →14	ドーセイ★ 同棲, 同性, 同姓, 動静, 銅製
トーショク 当職 →8	
ドーショク 同色, 同職(=同じ職) →8	
ドーショクブツ 動植物 →17	
トーショラン 投書欄 →14	

￣は高い部分　⁀と⁀は高低が変る部分　⌐は次が下がる符号　→は法則番号参照

617　ドーゼイ──トーチョ

→8
ドーゼイ★　同勢　→8
ドーセイ★アイ　同性愛　→14b
トーセイ★ケイザイ　統制経済　→15
トーセイ★フー　当世風　→95
トーセイ★ムキ　当世向き　→13
トーセイ★リュー　当世流　→14
トーセキ　投石,悼惜,党籍,透析　→8
ドーセキ　同席(=同じ席。~する)　→8
トーセツ　当節　→8
トーセン　当選,当籤,登仙(羽化~),盗泉　→8　当千(一騎~)　→39
トーゼン　当然,陶然,蕩然　→56　東漸　→8
ドーセン　銅線,導線,銅銭,同船(=同じ船。~する)　→8
ドーゼン　同然,瞠然　→56　同前　→8
トーセンシャ　当選者　→14a
トーセンボ, トーセンボー　通せん坊　→94d
ドーゾ　何卒(~よろしく)　→67
トーソー　逃走,闘争,党争,党葬,凍瘡,痘瘡　→8
ドーソー　同窓　→8
ドーゾー　銅像　→8
ドーソーカイ　同窓会　→14a
ドーソーセイ★　同窓生　→14a
トーソク　党則　→8
トーゾク　盗賊　→8
ドーゾク　同族　→8
ドーゾクガイシャ　同族会社　→15
ドーソジン　道祖神　→14
トーソツ　統率　→8
ドーソン　同村(=同じ村)　→8
ドーソン　同村(=その村)　→8
トータ　淘汰　→7
トーダ　遠田　→5
トーダイ　灯台　→8　東大<トーキョーダイガク　東京大学　→10, 15

トーダイ　当代(~切っての…)　→8
ドータイ　同体,導体,動態　→8
ドータイ　胴体　→8
トーダイジ　東大寺　→14
トーダイモリ　灯台守　→12b
ドータク　銅鐸　→8
トータツ　到達　→8
トータル　total　→9
トータン　東端　→8
トーダン　登壇　→8
ドーダン　同断(これと~だ)　→8
ドーダンツツジ, ドーダンツツジ　満天星　→12
トーチ, トーチ　倒置　→7
トーチ　当地(ゴトーチ 御~)　→7, 92　torch　→9
トーチ, トージ　統治　→7
ドーチ, ドーチ　同値　→7
ドーチ　同地(=その土地)　→7
トーチカ, トーチカ　tochka[露]　→9
トーチケン　統治権　→14
トーチホー, トーチホー　倒置法　→14
トーチャク　到着　→8
ドーチャク　撞着　→8
ドーチャク, ドーチャク　同着　→8
トーチャン　父ちゃん　→94
トーチュー　頭注　→8
ドーチュー　道中　→8
ドーチューキ　道中記　→14a
トーチューケン(・)クモエモン, ~・クモエモン　桃中軒雲右衛門　→14a, 26, 27
ドーチューザシ　道中差　→13
ドーチュースガタ　道中姿　→12
ドーチュースゴロク　道中双六　→15
ドーチュースジ, ドーチュースジ　道中筋　→12a
トーチョー　登庁,登頂,盗聴　→8
トーチョー　当町　→8

ガギグゲゴは鼻濁音　カタカナ細字は母音の無声化　★は長音にもなる符号

ドーチョー 同調 →8
ドーチョー 道庁, 同町 →8
ドーチョーシャ 同調者 →14a
トーチョク 当直 →8
トーチリメン, 《新は トーチリメン》 唐縮緬 →15
トーチン 陶枕 →8
トーツー 疼痛, 頭痛 →8
トーッパシリ, トーッパシリ 遠っ走り →13d
トーデ 遠出 →5
トーテイ 到底 →61
トーテイ 童貞, 道程 →8
ドーテイコ 洞庭湖 →14b
トーテキ 投擲 →8
ドーテキ 動的 →95
トーテツ 透徹 →8
ドーデモ, ドーデモ 何うでも →67
トーテン, トーテン 東天 →8
トーテン 読点, 当店 →8
トーデン 盗電, 答電 →8 東電<東京電力 →10
ドーテン 動転 →8
ドーテン, ドーテン 同点 →8
トーテンコー 東天紅〚鶏〛 →14a
トーテンポール, トーテムポール totem pole →16
トート 東都 →7
トード 唐土, 陶土, 凍土, 糖度 →7
トートイ 尊い →53
トートー 滔滔, 蕩蕩 →58
トートー 到頭(~駄目だ) →61
ドートー 同等, 同党(=同じ党派), 道統 →8
ドートー, ドートー 堂塔 →18
ドートー 同党(=その党) →8
ドードー 同道(~する) →8
ドードー, ドードー 堂堂 →58
ドードー (~流れる, ~と) →57

トートーミ 遠江(~の国) →21
ドードーメグリ 堂堂巡り →13
ドートク 道徳 →8
ドートクカ 道徳家 →14
ドートクシン, ドートクシン 道徳心 →14c
ドートクテキ 道徳的 →95
ドートクリツ 道徳律 →14
トートツ 唐突 →8
トートブ 尊ぶ →44
トードリ 頭取 →5
ドートンボリ 道頓堀〚地〛 →12
トーナイ 党内, 島内 →8
ドーナイ 堂内, 道内 →8
ドーナカ, ドーナカ, ドーナカ 胴中 →4
ドーナガ 胴長 →5
トーナス 唐茄子(=かぼちゃ) →4
ドーナツ, ドーナッツ doughnut →16
ドーナツバン doughnut 盤〚レコード〛 →14
トーナメント tournament →9
トーナリ 遠鳴り →5
トーナン 東南, 盗難 →8
トーナンアジア, トーナンアジヤ 東南 Asia〚地〛 →16
トーナントー 東南東 →18
トーニ 疾うに →67
ドーニイル, 《新は ドーニイル》 堂に入る →98
ドーニカ 如何にか →67
ドーニカ・ゴーニカ, ドーニカゴーニカ 如何にか斯うにか →97, 99
ドーニモ・ゴーニモ, ドーニモゴーニモ 如何にも斯うにも →97, 99
トーニュー 投入, 豆乳 →8
ドーニュー 導入 →8
ドーニューブ 導入部 →14a
トーニョー 糖尿 →8

― は高い部分 ¨ と ˙ は高低が変る部分 ⌐は次が下がる符号 →は法則番号参照

619　　　　　　　　　　　　　　　トーニョ ── トーブス

トーニョービョー 糖尿病 →14

トーニン 当人(ゴトーニン 御～) →8, 92

ドーニン, ドージン 同人(=同じ人・仲間) →8

ドーニン 同人(=その人) →8

ドーニンザッシ, ドージンザッシ 同人雑誌 →15

ドーヌキ, ドーヌキ 胴抜き〖和服〗 →5

トーネ 遠音 →5

トーネン 当年(～とって…歳) →8

ドーネン 同年(=同じ年・同じ年齢) →8

ドーネン 道念, 同年(=その年) →8

ドーネンパイ 同年輩 →15

トーノ 当の(～本人) →63

トーノク 遠退く →46

ドーノ・コーノ, ドーノコーノ 如何の斯うの →97,99

トーノリ 遠乗り →5

トーハ 踏破, 党派 →7

トーバ, トーバ 塔婆

ドーハ 同派(=同じ派) →7

ドーハ 道破, 同派(=その派) →7

ドーハイ 同輩, 銅牌 →8

トーハイゴー 統廃合 →17

トーバク 倒幕, 討幕 →8

トーハチケン, トーハチケン, トーハチケン 藤八拳 →14c

トーハツ 頭髪 →8

トーバツ 討伐, 盗伐, 党閥 →8

ドーパミン dopamine →9

トーハン 登攀, 登坂 →8

トーバン 登板, 陶板 →8

トーバン 当番(オトーバン 御～) →8, 92

ドーハン 同伴(ゴドーハン 御～) →8, 92 同藩(=同じ藩中), 同班(=同じ班) →8

ドーハン 同藩(=その藩), 同班(=その班) →8

ドーバン 銅板, 銅版, 銅盤 →8

トーバンイ 当番医 →14a

ドーバンガ 銅版画 →14

ドーハンシャ 同伴者 →14a

トーハンシャセン 登坂車線 →15

トーバンジャン 豆板醬〔華〕 →9

トーヒ, トーヒ 逃避 →7

トーヒ 橙皮, 頭皮, 党費, 等比 →7 唐檜 →4 当否 →18

トービ 遠火 →5

トービ 掉尾(～を飾る) →7d

トーヒコー 逃避行 →14

ドーヒツ 同筆(=同じ筆跡) →8

トーヒョー 投票 →8

トービョー 闘病, 投錨, 痘苗 →8

ドーヒョー 道標 →8

ドービョー 同病(=同じ病気) →8

トーヒョーシャ 投票者 →14a

トーヒョージョ, トーヒョージョ 投票所 →14

トーヒョーバコ 投票箱 →12a

トーヒョービ 投票日 →12a

トーヒョーヨーシ 投票用紙 →15

トーヒョーリツ 投票率 →14a

トーヒン 盗品 →8

ドーピング doping →9

トーフ, 《新は トーフ》 豆腐 →7

トーブ 東部, 頭部 →7 東武〖鉄道・デパート〗 →28

ドーブ 胴部 →7

トーフー 東風, 党風 →8

トーフー, トーフー 唐風 →95

ドーフー 同封, 同風 →8

トーフク 倒伏 →8

ドーフク 同腹 →8

ドーフク, ドーブク 道服 →8

トーブストア 東武ストア〖スーパース

ガギグゲゴは鼻濁音　カタカナ細字は母音の無声化　★は長音にもなる符号

トーブツ──トーミン　620

トア』 →16

トーブツ　唐物 →8
ドーブツ　動物 →8
ドーブツエン　動物園 →14
ドーブツカイ，**ドーブツカイ**　動物界 →14c
ドーブツガク　動物学 →14
ドーブツコーエン　動物公園 →15
ドーブツシツ　動物質 →14
ドーブツズカン　動物図鑑 →15
ドーブツセイ　動物性 →14
ドーブツテキ　動物的 →95
トーブツヤ　唐物屋 →94
ドーフボ　同父母 →17
トーフヤ　豆腐屋(～さん) →94
トーフル　TOEFL＜Test of English as a Foreign Language →9
ドーブルイ　胴震い →13
トーブン　当分 →61　等分 →8
トーブン　糖分 →8
ドーブン　同文(以下～) →8
トーヘイ　党弊 →8
トーヘキ　盗癖 →8
トーヘン　等辺 →8
トーベン　答弁 →8
トーヘンボク　唐変木(この～め) →15
トーボエ　遠吠え →5
トーホー　東方 →8
トーホー　当方 →8
トーボー　逃亡 →8
ドーホー　同邦 →8
ドーホー，**ドーボー**　同胞 →8
トーボーシャ　逃亡者 →14a
トーホク　東北 →8
トーボク　唐木，唐墨，倒木 →8
トーホクジドーシャドー　東北自動車道 →17
トーホクジン　東北人 →14
トーホクシンカンセン　東北新幹線

→17

トーホクセン　東北線 →14
トーホクダイ　東北大＜**トーホクダイガク**　東北大学 →10, 15
トーホクチホー，**トーホクチホー**　東北地方 →15c
トーホクトー　東北東 →18
トーホクドー　東北道 →14
ドーボネ，**ドーボネ**　胴骨 →4
トーホン　唐本，謄本 →8
トーホンセイソー　東奔西走 →98
トーマキ　遠巻き →5
ドーマキ，**ドーマキ**，《新は **ドーマキ**》胴巻 →5
ドーマゴエ，**ドーマゴエ**　胴間声 →12
トーマル　唐丸＜**トーマルカゴ**　唐丸籠 →5, 12
ドーマル　胴丸 →5
トーマワシ，**トーマワシ**，**トーマワシ**　遠回し →13
トーマワリ　遠回り →13
ドーマワリ　胴回り →12
トーマンジュー　唐饅頭 →15
トーミ　遠見 →5
トーミ，**トーミ**　唐箕 →4
トーミチ　遠路 →5
トーミツ　糖蜜 →8
ドーミャク，**ドーミャク**　動脈 →8
ドーミャクコーカ　動脈硬化 →15
ドーミャクリュー　動脈瘤 →14
トーミョー　灯明，豆苗〖野菜〗 →8
ドーミョー　同苗(=同じ苗字) →8
ドーミョージ　道明寺＜道明寺糒 →10
ドーミョージ　道明寺〖能・浄瑠璃〗 →14
ドーミョージ　道明寺〖寺〗 →14
トーミョーダイ　灯明台 →14
トーミン　冬眠，島民 →8

‾ は高い部分　¨ と ¨ は高低が変る部分　⌐ は次が下がる符号　→ は法則番号参照

トーム　党務　→7	ドーユー　如何いう(=どんな)　→98, 67
ドーム　dome　→9	トーユーシ　投融資　→17
トーメ　遠目　→5	トーユガミ, トーユガミ　桐油紙　→12
トーメイ★　透明,党名　→8　東名〈東名高速道路　→10	トーヨ　投与　→7
ドーメイ★　同盟,同名　→8	トーヨー　登用,登庸,盗用,当用,灯用　→8
ドーメイ★イジン, ドーメイ★イジン　同名異人　→98,99	トーヨー　東洋　→21
ドーメイ★キューコー　同盟休校　→15	ドーヨー　同様,動揺,童謡　→8
ドーメイ★コク　同盟国　→14b	トーヨーカンジ　当用漢字　→15
ドーメイ★ジョーヤク　同盟条約　→15	トーヨージン　東洋人　→14a
トーメイ★ド　透明度　→14b	トーヨーチョー　東陽町〘地〙　→14
トーメイ★ニンゲン　透明人間　→15	トーヨーニッキ　当用日記　→15
トーメガネ　遠眼鏡　→12	トーヨーフー　東洋風　→95
ドーメダル　銅medal　→16	ドーヨク, ドーヨク　胴欲(〜な人だ)　→8
トーメン　東面　→8	トーヨコ　東横〈トーヨコセン　東横線　→29,14
トーメン, トーメン　当面　→8	トーライ　到来,当来　→8
ドーモ　(〜有難う)　→67	トーライモノ　到来物　→12
ドーモー　獰猛　→8	トーラク　当落　→18
トーモク　頭目　→8	ドーラク, ドーラク　道楽　→8
ドーモク　瞳目　→8	ドーラクスコ　道楽息子　→12
ドーモト　胴元　→4	ドーラクモノ, ドーラクモノ, ドーラクモノ　道楽者　→12
ドーモリ, ドーモリ, ドーモリ　堂守　→4	ドーラン　動乱,胴乱　→8　Dohran〔独〕　→9
トーモロコシ　玉蜀黍　→12	トーリ　通り(…の〜 のように修飾語がつく場合。言う〜,その〜,元の〜)　→19　党利　→7　桃李　→18
ドーモン　同門,洞門(青の〜)　→8	トーリ　通り(〜が良い,〜に出る)　→2
トーヤ　遠矢　→5	……トーリ　…通り(ヒ トトーリ 一〜, フ タトーリ 二〜)　→33
トーヤ　陶冶,当夜　→7	ドーリ　道理　→7
ドーヤ　同夜　→7	……ドーリ　…通り(ヨ ソードーリ 予想〜, ギンザドーリ 銀座〜)　→95,12
トーヤク　投薬,湯薬　→8	トーリアメ　通り雨　→12
ドーヤク　同役(ゴドーヤク 御〜)　→8,92	トーリアワセル, トーリアワセル　通り合わせる　→45
トーヤコ　洞爺湖　→14	トーリイッペン　通り一遍　→39
トーヤマ　遠山《姓も》　→5,22	
ドーヤラ　如何やら　→67	
ドーヤラ・ゴーヤラ, ドーヤラゴーヤラ　如何やら斯うやら　→97,99	
トーユ　灯油,桐油　→7	
ドーユー　同友,同憂(〜の士)　→8	

ガギグゲゴは鼻濁音　カタカナ細字は母音の無声化　★は長音にもなる符号

トーリガカリ 通り掛かり →13	トーレキ 党歴 →8
トーリカカル, トーリカカル 通り掛かる →45	ドーレツ 同列 →8
トーリガケ 通り掛け →95	トーロ 当路 →7
トーリコス, トーリコス 通り越す →45	ドーロ 道路 →7
トーリコトバ 通り言葉 →12	トーロー 登楼,灯籠,蟷螂(~の斧おの) →8
トーリスガリ 通りすがり →13	トーローナガシ 灯籠流し →13
トーリスギル, トーリスギル 通り過ぎる →45	トーロク 登録 →8
トーリソーバ 通り相場 →12	トーロクショーヒョー 登録商標 →15
トーリツ 倒立 →8	ドーロコーダン 道路公団＜日本道路公団 →15
ドーリツ 同律,同率 →8	ドーロコーツーホー, ドーロコーツーホー 道路交通法 →17
ドーリデ, ドーリデ 道理で →67	ドーロヒョーシキ 道路標識 →15
トーリナ 通り名 →12	ドーロワキ 道路脇 →12
トーリヌケ 通り抜け →13	トーロン 討論 →8
トーリヌケル, トーリヌケル 通り抜ける →45	トーロンカイ 討論会 →14a
トーリマ 通り魔 →14	ドーワ 童話,道話 →7
トーリミチ 通り路 →12	ドーワキョーイク 同和教育 →15
トーリャク 党略 →8	トーワク 当惑 →8
トーリュー 逗留 →8	ドーワゲキ 童話劇 →14
トーリュー 当流 →8	ドーワスレ 胴忘れ →13
トーリューモン 登竜門 →14a	トーン tone →9
トーリョー 等量 →8	トカ 渡河,都下 →7
トーリョー 頭領,棟梁 →8	……トカ, ……トカ; ……トカ 〖助〗(カウトカ, カウトカ 買う~, ヨムトカ 読む~, アカイトカ, アカイトカ 赤い~, シロイトカ 白い~) →72, 74b
ドーリョー 同僚,同量 →8	……トカ; ……トカ; ……トカ 〖助〗(トリトカ 鳥~, ハナトカ 花~, アメトカ 雨~) →71
トーリョク 投力 →8	トガ 咎 →1 都雅 →7
ドーリョク, ドーリョク 動力 →8	トカイ 渡海,都会 →8
トール 透・徹〖男名〗→23	ドカイ 土塊,土芥 →8
トール 通る,透る トーラナイ, トーロー, トーリマス, トーッテ, トーレバ, トーレ →43a	ドガイ 度外 →8
トールイ 盗塁 →8	トカイギイン 都会議員 →15
トールイ 糖類 →8	ドガイシ 度外視 →14b
ドールイ, ドールイ 同類 →8	トカイジン 都会人 →14b
ドールイコー 同類項 →14b	トカイソダチ 都会育ち →13
トールペイント tole paint →16	
トーレイ* 答礼 →8	

￣は高い部分　…と…は高低が変る部分　「は次が下がる符号　→は法則番号参照

623　　　　　　　　　　　　　　　　　　　　　トカイビ──トキノコ

ト゚カイビョー　都会病 →14

トガキ　ト書 →5

ト゚カク　兎角 →68

ト゚ガクシ　戸隠＜**トガクシヤマ** 戸隠山
　→21, 12

ト゚カゲ　蜥蜴 →1

トガス　解かす, 梳かす, 溶かす, 熔かす,
　融かす →44

ドカス　退かす →44

ドカタ　土方 →4

ドカドカ　（～する, ～と）→57

ト゚ガニン　咎人 →8

ドカベン　どか弁＜土方弁当 →10

トガマ, ト゚ガマ　利鎌 →4

ドガマ　土釜, 土竈＜土竈炭 →4

トガメ　咎め（**オトガメ** 御～）→2, 92

トガメダテ　咎立て →95

トガメル　咎める →44

ドカユキ, ド゚カユキ　どか雪 →4

トガラス　尖らす →44

トガラセル　尖らせる →44

トガリ　尖り →2

トガ゚ル　尖る →43

ドカン　土管 →8

トキ, ト゚キ　土岐〖姓〗 →22

　トキ（・）ゼンマロ　～善麿 →25, 27

ト゚キ　鴇・朱鷺〖鳥〗 →1

ト゚キ　時, 閧（～を作る）→1　斎（**オトキ**
　御～）→1, 92

ト゚キ　都議＜都議会議員 →10

トギ, トギ　伽（**オトギ** 御～）→1, 92

トギ　《～に出すは **トギ, トギ**》 研ぎ
　→2

ド゚キ　土器, 度器, 怒気 →7

トキアカス, トキアカス　説き明かす
　→45

トキアライ　解き洗い →13

トキイロ　鴇色 →4

トキオコス, トキオコス　説き起す

　→45

トキオリ　時折 →61

トギカイ, トギカイ　都議会 →15

トキカタ, トキカタ　解き方 →95

トキガリ　時借り →5

トキキカセル, トキキカセル　説き聞
　かせる →45

トキギヌ　解き衣 →5

トキサトス, トキサトス　説き諭す
　→45

トギシ　研師 →7

トキシモ, トキシモ　時しも（～あれ）
　→67

トキシラズ　時知らず →13

**トギシル, トギシル, トギジル, トギ
　ジル**　磨ぎ汁（米の～）→5

トギスマス, トギスマス　研ぎ澄ます
　→45

トギダシ　研出し →5

トギタテ　研ぎ立て →95

トキタマ　時偶 →61

トキタマゴ, トキタマゴ　溶き卵 →12

ドギツイ, ドギツイ　→91

トキツケル, トキツケル　説き付ける
　→45

トキドキ　時時〖名〗(=その時その時。～
　の風次第）→11

トキドキ　時時〖名〗(=折折。～は行く)
　→3

トキドキ　時時〖副〗(=折折。～行く)
　→68

ドキドキ　（胸が～する, ～と）→57

トキトシテ　時として →69

トキナシ　時無し →5

トキナシダイコン　時無し大根 →15

トキニ　時に →67

トキニワ　時には →67

トキノウン　時の運 →19

トキノコエ　閧の声 →19

ガギグゲゴは鼻濁音　カタカナ細字は母音の無声化　★は長音にもなる符号

トキノヒ──ドクガ　624

トキノヒト　時の人　→19	トキワズブシ　常磐津節　→12
トキハナス, トキハナス　解き放す →45	トキン　鍍金, 頭巾　→8
トキフセル, トキフセル　説き伏せる →45	トギン　都銀<都市銀行　→10
トキホグス, トキホグス　解きほぐす →45	トク　得(オトク　御～)　→6, 92
ドギマギ　(～する, ～と)　→57	トク,《女名は トク》　徳　→6, 23
トギミズ　磨ぎ水　→5	トク　疾く　→61　解く, 溶く, 熔く, 融く, 説く　トカナイ, トコー, トキマス, トイテ, トケバ, トケ　→43
トキメカス　時めかす　→44	……トク; ……トク　(=…ておく。ナイトク　泣い～, カットク　買っ～, カイトク　書い～, トットク　取っ～) →49d
トキメキ, トキメキ, トキメキ　(胸の ～)　→2	
トキメク　(胸が～), 時めく　→96	
ドギモ　度肝(～を抜く)　→91	トグ　研ぐ, 磨ぐ　トガナイ, トゴー, トギマス, トイデ, トゲバ, トゲ →43
トキモノ　解き物　→5	
トギモノ　研ぎ物　→5	
トギヤ　研屋　→94	ドク　退く　ドカナイ, ドコー, ドキマス, ドイテ, ドケバ, ドケ　→43
ドキュメンタリー　documentary　→9	ドク　独<独逸　→6
ドキュメント　document　→9	ドク　毒　→6
トギョ　渡御　→7	……ドク; ……ドク　(=…でおく。ツンドク　積ん～, ヨンドク　読ん～) →49d
ドキョー　読経　→8	
ドキョー　度胸　→8	
トキョーソー　徒競走　→15	ドクアタリ　毒中り　→13
ドキョーダメシ　度胸試し　→13	トクイ, トクイ　特異　→7
トキヨ・ジセツ　時世時節　→97	トクイ, トクイ　得意(～満面。オトクイ　御～)　→7, 92
トギレ　途切れ・跡切れ(～がない)　→5	
トギレトギレ　途切れ途切れ, 跡切れ跡切れ　→57	トクイガオ　得意顔　→12
	トクイク, トクイク　徳育　→8
トギレル　途切れる, 跡切れる　→46	トクイゲ, トクイゲ　得意気　→93
トキワ　常磐(人も)　→4d, 23	トクイサキ　得意先　→12
トキワギ, トキワギ　常磐木　→12	トクイタイシツ　特異体質　→15
トキワケル, トキワケル　説き分ける, 解き分ける　→45	トクイマワリ　得意回り　→13
トキワゴゼン　常磐御前　→15	トクイマンメン　得意満面　→98
トキワズ　常磐津　→22	ドクイリ　毒入り　→5
～(・)マツオダユー　～松尾太夫 →26, 27	ドグー　土偶　→8
	ドクエキ, ドクエキ　毒液　→8
～(・)モジダユー　～文字太夫　→26, 27	ドクエン　独演　→8
	ドクエンカイ　独演会　→14a
	ドクガ, ドクガ　毒蛾　→7

 ̄は高い部分　˝ と ˵ は高低が変る部分　˥は次が下がる符号　→は法則番号参照

ド<u>ク</u>ガ, ド<u>ク</u>ガ　毒牙(〜にかかる) →7	ト<u>ク</u>サク　得策 →8
ド<u>ク</u>ガイ　毒害 →8	ト<u>ク</u>サツ　特撮<特殊撮影 →10
ト<u>ク</u>ガク　篤学, 督学 →8	ド<u>ク</u>サツ　毒殺 →8
ド<u>ク</u>ガク　独学 →8	ト<u>ク</u>サン　特産 →8
ド<u>ク</u>ガス　毒gas〚蘭〛→16	ト<u>ク</u>サンブツ　特産物 →17
ト<u>ク</u>ガワ　徳川〚姓〛→22	ト<u>ク</u>シ, ト<u>ク</u>シ　篤志, 特旨 →7
〜・イ<u>エ</u>ミツ, ト<u>ク</u>ガワイ<u>エ</u>ミツ ～家光 →24, 27	ト<u>ク</u>シ, ト<u>ク</u>シ　特使 →7
〜(・)イ<u>エ</u>ヤス,《新は 〜・イ<u>エ</u>ヤス》, ト<u>ク</u>ガワイ<u>エ</u>ヤス ～家康 →24, 27	ド<u>ク</u>シ　毒死 →7
〜・ミ<u>ツ</u>クニ, ト<u>ク</u>ガワミ<u>ツ</u>クニ ～光圀 →24c, 27	ド<u>ク</u>ジ　読字 →7
〜・ヨ<u>シ</u>ノブ, ト<u>ク</u>ガワヨ<u>シ</u>ノブ ～慶喜 →24, 27	ド<u>ク</u>ジ, ド<u>ク</u>ジ　独自 →7
〜・ヨ<u>シ</u>ムネ, ト<u>ク</u>ガワヨ<u>シ</u>ムネ ～吉宗 →24, 27	ト<u>ク</u>シカ　篤志家 →14
ト<u>ク</u>ガワ<u>ジ</u>ダイ　徳川時代 →15	ト<u>ク</u>シツ　特質 →8　得失 →18
ト<u>ク</u>ガワバクフ　徳川幕府 →15	ト<u>ク</u>ジツ　篤実 →8
ド<u>ク</u>ガンリュー, ド<u>ク</u>ガンリュー　独眼竜 →14a	ト<u>ク</u>シマ,《新は ト<u>ク</u>シマ》　徳島〚地〛(阿波の〜) →21c
ト<u>ク</u>ギ, ト<u>ク</u>ギ　特技, 徳義 →7	ト<u>ク</u>シマケン　徳島県 →14
ト<u>ク</u>ギシン　徳義心 →14	ト<u>ク</u>シマシ　徳島市 →14
ド<u>ク</u>キ<u>ノ</u>コ　毒茸 →12	ト<u>ク</u>シャ　特写, 特車 →7
ト<u>ク</u>ギョ　毒魚 →7	ト<u>ク</u>シャ, ト<u>ク</u>シャ　特赦 →7
ド<u>ク</u>ギン　独吟《能も》→8	ド<u>ク</u>シャ,《古は ド<u>ク</u>シャ》　読者 →7
ド<u>ク</u>グチ　毒口(〜をたたく) →4	ド<u>ク</u>ジャ　毒蛇(〜の口) →7
ド<u>ク</u>ケ　毒気(〜にあてられる) →93	ド<u>ク</u>シャク　独酌 →8
ド<u>ク</u>ケシ, ド<u>ク</u>ケシ, ド<u>ク</u>ケシ　毒消し →5	ド<u>ク</u>シャ<u>ソ</u>ー　読者層 →14
ド<u>ク</u>ゲン　独言 →8	ト<u>ク</u>シュ, ト<u>ク</u>シュ　特殊 →7
ド<u>ク</u>ゴ　独語 →7	ト<u>ク</u>ジュ　特需<特別需要 →10
ド<u>ク</u>ゴ, ド<u>ク</u>ゴ　読後 →7	ド<u>ク</u>シュ, ド<u>ク</u>シュ　毒手, 毒酒 →7
ド<u>ク</u>ゴカン　読後感 →14	ド<u>ク</u>ジュ　読誦 →7
ト<u>ク</u>サ　木賊〚植〛→4	ト<u>ク</u>シュー　特集(輯) →8
ド<u>ク</u>ザ　独座(坐) →7	ド<u>ク</u>シュー　独修, 独習 →8
ド<u>ク</u>サイ　独裁 →8	ト<u>ク</u>シュ<u>ー</u>ゴー　特集(輯)号 →14a
ド<u>ク</u>サイシャ　独裁者 →14b	ド<u>ク</u>シューショ, ド<u>ク</u>シュ<u>ー</u>ショ　独習書 →14
ド<u>ク</u>サイセイ<u>ジ</u>　独裁政治 →15	ト<u>ク</u>シュギジュツ　特殊技術 →15
ド<u>ク</u>サイテキ　独裁的 →95	ト<u>ク</u>シュギ<u>ノ</u>ー　特殊技能 →15
	ト<u>ク</u>シュキョ<u>ー</u>イク　特殊教育 →15
	ト<u>ク</u>シュコ<u>ー</u>カ　特殊効果 →15
	ト<u>ク</u>シュサツエイ★　特殊撮影 →15
	ト<u>ク</u>シュジジョー　特殊事情 →15
	ト<u>ク</u>シュセ<u>イ</u>★　特殊性 →14

ガギグゲゴは鼻濁音　カタカナ細字は母音の無声化　★は長音にもなる符号

トクシュ──トクテン　　626

ト_クシュ__ホージン	特殊法人 →15
ド_クショ, 《古は ド_クショ, ト_クショ》
読書 →7
ト_クショー	特称, 特賞 →8
ト_クジョー	特上 →8
ド_クショー	独唱 →8
ド_クショー_カイ	独唱会 →14a
ド_クショ_カイ	読書会 →14
ト_クショク	瀆職(=汚職), 特色 →8
ド_クショ_シツ	読書室 →14
ド_クショ_リョク	読書力 →14
ト_クシン	篤信, 特進, 瀆神 →8
ト_クシン, ト_クジン	得心 →8
ド_クシン	独身 →8
ド_クジン	毒刃 →8
ド_クシン_キゾク	独身貴族 →15
ド_クジン_シャ	独身者 →14a
ド_クジン_ジュツ	読心術, 読唇術 →14a
ト_クシン_ズク, ト_クシン_ズク	得心尽
(〜で) →95
ド_クシンセイ_カツ	独身生活 →15
ド_クジン_トー	独参湯 →14
ド_クズク	毒突く →46
ト_クスル	得する →48
ド_クスル	毒する →48
ト_クセイ_	特性, 徳性, 特製, 徳政 →8
ド_クセイ_	毒性 →8
ト_クセツ	特設 →8
ド_クゼツ	毒舌(〜をふるう) →8
ト_クセン	特選, 特撰 →8
ド_クセン	独占, 毒腺 →8
ド_クゼン	独善 →8
ド_クセン_カカク	独占価格 →15
ド_クセンキンシ_ホー, ド_クセンキンシ_
ホー	独占禁止法 →17
ド_クセン_シホン	独占資本 →15
ド_クゼン_シュギ	独善主義 →15
ド_クセン_ジョー	独擅場 →14
ト_クセン_タイ	督戦隊 →14

ド_クセン_テキ	独占的 →95
ド_クゼン_テキ	独善的 →95
ト_クセン_マイ	特選米 →14
ド_クソ	毒素 →7
ト_クソー	徳操 →8
ド_クソー	独走, 独奏, 独創, 毒草 →8
ド_クソー_テキ	独創的 →95
ド_クソー_リョク	独創力 →14a
ト_クソク	督促 →8
ト_クソク_ジョー, ト_クソク_ジョー	督
促状 →14
ド_クター	doctor →9
ド_クター_コース	doctor course →16
ド_クタース_トップ	doctor stop〔和〕
→16
ト_クダイ	特大 →8
ト_クダイセイ_	特待生 →14b
ド_クタケ, ド_クタケ	毒茸 →4
ト_クダ(・)_シューセイ_	徳田秋声 →22,
23, 27
ト_クダネ	特種 →4
ド_クダミ, ド_クダメ	〔植〕=d
ト_クダワラ	徳俵〔土俵〕 →12
ト_クダン	特段(〜の措置) →8
ド_クダン	独断 →8
ド_クダン_ジョー	独壇場(独擅場どくせんの
誤り) →14
ド_クダンセンコー	独断専行 →98
ド_クダン_テキ	独断的 →95
ト_グチ, ト_グチ	戸口 →4
ド_クチ, ド_クチ	毒血 →4
ト_クチュー	特注<特別注文 →10
ト_クチョー	特長, 特徴 →8
ト_クテイ_	特定 →8
ト_クテイ_メイ_ガラ	特定銘柄 →12
ト_クテン	特典 →8
ト_クテン, ト_クテン	得点 →8
ト_クデン	特電<特別電報 →10
ト_クテンサ	得点差 →14a

──は高い部分　…と…は高低が変る部分　⌐は次が下がる符号　→は法則番号参照

トクト　篤と〖副〗→67	ドクブンガク　独文学 →17
トクド　得度〖仏教〗→7	トクベツ　特別 →8
トクトー　禿頭, 特等 →8	トクベツアッカイ　特別扱い →13
トクトーセキ　特等席 →14a	トクベツガイケイ★　特別会計 →15
トクトク　得得(〜とする) →58	トクベッキ, トクベッキ　特別機 →14c
トクトク　疾く疾く →68	トクベツコッカイ　特別国会 →15
ドクトク　独特 →8	トクベツショク, トクベッショク　特別職, 特別食 →14c
ドクドク　(〜流れる, 血が〜と) →57	ドクヘビ　毒蛇 →4
ドクドクシイ★　毒毒しい →53	トクホー　特報 →8
トクトミ・ロカ, トクトミロカ　徳冨蘆花 →22, 23, 27	トクボー　徳望 →8
ドクトル　doctor[蘭] →9	ドクボー　独房 →8
トグナイ　都区内 →17	トクボーカ　徳望家 →14
トクニ　特に〖副〗→67	トクホン　読本 →8
トクニン　特任 →8　特認<特別承認 →10	ドグマ, ドグマ　dogma →9
トクノー　篤農 →8	ドクマンジュー　毒饅頭 →15
トクノーカ　篤農家 →14	ドクミ　毒味(オドクミ 御〜) →7, 92
トクハ　特派 →7	トクム　特務 →7
ドクハ　読破 →7	トクムキカン, トクムキカン　特務機関 →15
トクハイ　特配<特別配給・特別配当 →10	ドグムシ　毒虫 →4
トクバイ　特売 →8	トクメイ★　特命, 匿名 →8
トクバイジョー　特売場 →14	トクメイ★ゼンケンタイシ　特命全権大使 →17
トクバイビ　特売日 →12b	トクモク　徳目 →8
トクハイン　特派員 →14	ドグヤ, ドクヤ　毒矢 →4
ドクハク　独白 →8	トクヤク　特約 →8
トクバン　特番 →8	ドクヤク　毒薬 →8
トクヒツ　特筆, 禿筆 →8	トクヤクテン, トクヤクテン　特約店 →14c
ドクヒツ　毒筆 →8	トクユー　特有 →8
トクヒツダイショ　特筆大書 →99	トクヨー　徳用(お〜), 特用 →8
トクヒョー　得票 →8	トクヨーヒン, トクヨーヒン　徳用品 →14a
トクヒョースー　得票数 →14a	トクヨーマイ　徳用米 →14
トクヒョーリツ　得票率 →14a	トクリ, トックリ　徳利 →7d
ドクフ,《古はドクフ》　毒婦 →7	ドクリツ　独立(〜独歩) →8
トクフー　徳風 →8	ドクリツウンドー　独立運動 →15
ドクブツ, ドクブツ　毒物 →8	
トクブン　得分 →8	
ドクブン　独文 →8, 10	

ガギグゲゴは鼻濁音　カタカナ細字は母音の無声化　★は長音にもなる符号

ドクリッカオク 独立家屋 →15	トコ 床(オトコ 御～) →1, 92
ドクリッコク, ドクリッコク 独立国 →14c	トコ 所〚俗〛(…の～ のように修飾語がつく場合。君ん～,百円が～だ) →19
ドクリッサイサンセイ 独立採算制 →14	ドコ 何処 →64
ドクリッセンゲン 独立宣言 →15	ドゴ 土語 →7
ドクリッセンソー 独立戦争 →15	トコアゲ, トコアゲ 床上げ →5
ドクリョー 読了 →8	トコイタ 床板 →4
ドクリョク 独力 →8	トコイリ, トコイリ 床入り →5
トグルマ 戸車 →12	トコー 渡航 →8
トクレイ 督励,特例 →8	トコー 兎角(～するうち) →68
トグロ,《新は トグロ》 塒(～を巻く)	ドコー 土工 →8
ドクロ 髑髏 →7	ドゴー 怒号,土豪 →8
ドクワ 独話 →7 独和<独和辞典(↔和独) →10	ドゴーコク 土侯国 →14a
トゲ 刺 →1	ドゴール de Gaulle〔仏〕〚人〛 →22
トケアイ 解合い →5	トコカザリ 床飾り →12
トケアウ,《新は トケアウ》 解け合う →45	トコガマチ 床框 →12
トケイ 時計 →8	トコサカズキ 床杯 →12
トケイダイ 時計台 →14	トコシエニ, トコシナエニ 永久に →67
トケイテン 時計店 →14b	トコズレ 床擦れ →5
トケイマワリ 時計回り →13	ドコソコ 何処其処(～に) →68
トケイヤ 時計屋 →94	トコダタミ 床畳 →12
トケコム,《新は トケコム》 融け込む →45	トトコ (～歩く,～と) →57
ドゲザ, ドゲザ 土下座 →15	ドコドコ 何処何処(～に) →68
トケツ 吐血 →8	ドコトナク 何処と無く →67
トゲッポー 吐月峰(=灰吹き) →14a	トコトン (～まで) →3
トゲトゲシイ 刺刺しい →53	トコナツ 常夏〚植物も〛 →4
トゲヌキ, トゲヌキ 刺抜き →5	トコナメヤキ 常滑焼 →13
トケル 解ける,溶ける,熔ける,融ける	トコノマ 床の間 →19
トケナイ, トケヨー, トケマス, トケテ, トケレバ, トケロ →44	トコノマツキ 床の間付き →13
トゲル 遂げる →44	トコバシラ, トコバシラ,《古は トコバシラ》 床柱 →12
ドケル 退ける →44	トコバナレ, トコバナレ 床離れ →13
ドケン 土建<土木建築 →10	トコバライ 床払い →13
ドケンギョー 土建業 →14a	トコハル 常春(～の国) →4
ドケンヤ 土建屋 →94	トコブシ 常節〚貝〛 →4
	ドコマデ 何処迄 →76, 67
	トコミセ 床店 →4
	トコヤ 床屋(～さん) →94

￣は高い部分　‥と‥は高低が変る部分　｜は次が下がる符号　→は法則番号参照

トコヤマ 床山 →4

トコヤミ 常闇 →4

ドコヤラ 何処やら →67

トコヨ，トコヨ 常世(〜の国)，常夜 →4

トコロ 野老〚植〛 →1

トコロ，トコロ 所 →1

トコロ 所(…の〜 のように修飾語がつく場合。姉の〜へ，聞く〜によれば) →19, 67, 99

……ドコロ，……ドコロ …所(コメドコロ，コメドコロ 米〜) →12

……ドコロ；……ドコロ，……ドコロ …所〚助〛(ナクドコロカ 泣く〜か，ヨムドコロノ，ヨムドコロノ 読む〜の，アカイドコロカ 赤い〜か，シロイドコロノ，シロイドコロノ 白い〜の) →72, 74b

……ドコロ；……ドコロ，……ドコロ；……ドコロ，……ドコロ …所〚助〛(トリドコロカ 鳥〜か，ハナドコロカ，ハナドコロカ 花〜か，アメドコロノ，アメドコロノ 雨〜の) →71

トコロエガオ，トコロエガオ 所得顔 →12

トコロガ 所が〚接〛 →67

トコロガエ 所替え →13

トコロガキ 所書 →13

トコロカマワズ 所構わず →98

トコロガラ 所柄 →95

トコロキラワズ 所嫌わず →98

トコロザワ，トコロザワ 所沢〚地〛 →21

トコロセマシ 所狭し(〜と) →98

トコロデ 所で〚接〛 →67

トコロテン 心太 →14

トコロテンシキ 心太式 →95

トコロドコロ，トコロドコロ 所所 →11

トコロバンチ，トコロバンチ 所番地 →15

ドコンジョー ど根性 →91

トサ，《古は トサ》 土佐(〜の国) →21

トサイヌ 土佐犬 →4

トサエ 土佐絵 →7

ドザエモン 土左衛門〚俗〛 →26

トサカ，トサカ 鶏冠 →4

ドサクサ (〜に紛れて) →3

ドサクサマギレ どさくさ紛れ →13

トザス，トザス 閉ざす，鎖す →46

トサツ 塗擦，屠殺 →8

トサツジョー，トサツバ 屠殺場 →14, 12

トサニッキ 土佐日記 →15

トサハ 土佐派 →7

トサバンシ 土佐半紙 →15

トサブシ 土佐節〚食品・邦楽〛 →4, 12

トザマ 外様 →4

トザマダイミョー 外様大名 →15

ドサマワリ どさ回り →13

トザン，トザン 登山 →8

トザンカ 登山家 →14

トザングチ 登山口 →12a

トザンシャ 登山者 →14a

トザンタイ 登山隊 →14

トザンテツドー 登山鉄道 →15

トザンデンシャ 登山電車 →15

トシ 都市 →7 敏・俊〚女名〛 →23

トシ 年・歳(オトシ 御〜) →1, 92

トジ 途次，徒事 →7 刀自

トジ 綴じ →2

ドジ 〚俗〛(=失策。〜をふむ) →1

トシアケ 年明け →5

トジイト，トジイト 綴糸 →5

トシウエ 年上 →4

トシエ 敏江・俊江〚女名〛 →25

トシオ 敏夫・俊男〚男名〛 →25

トシオイル 年老いる →46

ガギグゲゴは鼻濁音　カタカナ細字は母音の無声化　★は長音にもなる符号

トシオトコ　年男 →12
トシカ　都市化(～が進む) →95
トシガイ, トシガイ　年甲斐(～もなく) →4
トシカイハツ　都市開発 →15
トシカサ　年嵩 →4
トシガス　都市 gas〔蘭〕 →16
ドシガタイ　度し難い →54
トシカッコー　年格(恰)好 →15
トシギンコー　都市銀行 →15
トシケイカク　都市計画 →15
トシコ　敏子・俊子〘女名〙 →25
トシゴ　年子 →4
トシコシ, トシコシ　年越し →5
トシコシソバ　年越蕎麦 →12
トシコッカ　都市国家 →15
トシゴト, トシゴト　年毎 →71
トジコミ　綴込み →5
トジコム, 《新は トジコム》　綴じ込む →45
トジコメル, トジコメル　閉じ込める →45
トジコモル, トジコモル　閉じ籠る →45
トシゴロ　年頃(～の娘) →4
トシゴロ　年頃(=年来) →4
トシシタ　年下 →4
トジシロ, トジシロ　綴代 →5
トシタイコー　都市対抗 →15
トシダマ　年玉(オトシダマ 御～) →4, 92
ドシツ　土質 →8
トシツキ　年月 →18
……トシテ; ……トシテ　〘助〙(ナクトシテ 泣く～, ヨムトシテ 読む～) →72
……トシテ; ……トシテ; ……トシテ　〘助〙(トモダチトシテ 友達～, オトコトシテ 男～, ヒトツトシテ 一つ～) →71
トシトク　歳徳 →8
トシトクジン　歳徳神 →14
トシドシ, トシドシ　年年(～に) →11
ドシドシ　(～言う, ～と) →57
トシトリ, トシトリ, 《新は トシトリ》 年取り(オトシトリ 御～) →5, 92
トシトル　年取る →46
トシナミ　年波(寄る～) →4
トシノイチ, トシノイチ　歳の市 →19
トシノウチ　年の内 →19
トシノクレ　年の暮れ →19
トシノコー　年の功 →19
トシノコロ　年の頃 →19
トシノセ　年の瀬 →19
トシノハ, トシノハ　年の端 →19
トシハ, 《新は トシハ》　年端(～も行かぬ) →4
トシバエ, トシバイ　年延 →5
トジバリ　綴針 →5
トジブタ, トジブタ　綴蓋(われなべに～) →5
トジホン　綴本 →5
トシマ　年増 →5　豊島〘地〙 →21
トシマエン　豊島園 →14
トシマク　豊島区 →14
トジマリ, トジマリ, 《古は トジマリ》 戸締り →13
トシマワリ　年回り →12
トジメ　綴目 →5
トシャ　吐瀉 →7
ドシャ　土砂(オドシャオカケル 御～をかける) →18, 98
ドシャクズレ　土砂崩れ →13
ドシャブリ　土砂降り →5
トシュ　斗酒, 徒手(～空拳くうけん) →7
トシュタイソー　徒手体操 →15
トショ　図書, 屠所(～の羊) →7
トショー　徒渉 →8

トジョー──トタンヤ

トジョー 途上 →8	ドスキン doeskin〖織物〗→9
トジョー,《古は トジョー》 登城 →8	ドスグロイ, ドスグロイ どす黒い →91
ドジョー 泥鰌 →8	ドストエフスキー Dostoevskii〔露〕〖人〗→22
ドジョー, ドジョー 土壌 →8	トスル 賭する →48
ドジョーインゲン 泥鰌隠元 →15	……トスル; ……トスル （キコートスル 聞こう～, ヨモートスル 読もう～, キクトスル 聞く～, ヨムトスル 読む～) →98
トジョーコク 途上国＜発展途上国 →14a	トセイ 都制 →8
トショージ 戸障子 →18	トセイ, トセイ 都政 →8
ドジョージル 泥鰌汁 →12	トセイ 渡世 →8
ドジョースクイ, ドジョースクイ 泥鰌掬い →13c	ドセイ 土星,土製,怒声 →8
ドジョーナベ 泥鰌鍋 →12	トセイニン 渡世人 →14
ドジョーヒゲ 泥鰌髭 →12a	ドセキリュー 土石流 →14
ドショーボネ, ドショッポネ 土性(っ)骨 →91d	トゼツ 途(杜)絶 →8
ドジョーヤ 泥鰌屋 →94	トセン 渡船 →8
トショカン 図書館 →14	トセンバ 渡船場 →12
トショカンチョー 図書館長 →17	トソ 屠蘇(オトソ 御～) →7, 92
トショク 徒食 →8	トソー 塗装 →8
トショケン 図書券 →14	ドソー 土葬 →8
トショシツ 図書室 →14	ドゾー,《古は ドゾー》 土蔵 →8
トショヨリ, トショヨリ 年寄(トショヨリノヒヤミズ ～の冷水) →5, 99	ドゾーズクリ 土蔵造り →13
トショリクサイ 年寄臭い →96	ドゾーヤブリ 土蔵破り →13
トショル 年寄る →46	トソキゲン 屠蘇機嫌 →15
トショワ 年弱 →5	ドソク 土足 →8
トジル 閉じる,綴じる →43	ドゾク 土俗 →8
トシワカ 年若 →5	トソサン 屠蘇散 →14
トシワスレ 年忘れ →13	ドダイ 土台 →8
トシン 都心 →8	トダエル, トダエル 跡絶える →46b
トジン 都塵 →8	ドタグツ どた靴〖俗〗→5
ドジン (～と) →55	ドタドタ (～歩く,～と) →57
ドジン 土人 →8	トダナ 戸棚 →4
トジンシ 都人士 →15	ドタバタ (～する,～と) →57
トシンブ 都心部 →14a	トタン 途端,塗炭 →8 ＜トタンイタ tutanaga 板〔葡〕→12
ドス 賭す →48 toss〖運動〗→9	ドタンバ 土壇場 →12
ドス,《新は ドス》(=短刀。～をのむ・～のきいた声) →1	トタンヤネ トタン屋根＜tutanaga 屋根
ドスー 度数 →8	

ガギグゲゴは鼻濁音　カタカナ細字は母音の無声化　★は長音にもなる符号

トチ──トツゲキ　632

〔葡〕→12
トチ　土地 →7
トチ,《新は トチ》 栃〖植〗→1
トチガイシャ　土地会社 →15
トチガラ　土地柄 →95
トチカン　土地勘 →14
トチギ,《古は トチギ》 栃木〖地〗→21
トチギケン　栃木県 →14
トチジ　都知事 →15
トチダイチョー　土地台帳 →15
トチッコ　土地っ子 →12d
トチナリキン　土地成金 →15
トチノキ, トチノキ　栃の木 →19
トチメンボー　とちめん坊・橡麺棒(〜を振る) →94
ドチャク　土着 →8
トチュー　途中 →8
ドチュー　土中 →8
トチューゲシャ　途中下車 →15
トチョー　徒長 →8
トチョー　都庁<東京都庁 →8
トチョーシ　徒長枝 →14a
ドチラ　何方(〜ですか) →64
トチリョー　土地利用 →15
トチル　〖俗〗(せりふを〜) →43
トツ(・)オイツ →97,98
トッカ　徳化 →7
トッカ, トッカ　特価,特化 →7
トツカ　戸塚〖地〗→21
ドッカ　何処か →64d
ドッカイ　読会,読解 →8
ドッカイリョク　読解力 →14b
トッカエ(・)ヒッカエ,《新は トッカエヒッカエ》 取っ替え引っ替え →97d, 98d, 99d
トッカカリ　取っ掛かり →13d
ドッカト　(〜腰をおろす) →55
トッカヒン　特価品 →14

ドッカリ　(〜すわる,〜と) →55
トッカン　突貫 →8
トッカンコージ　突貫工事 →15
トッキ　突起,凸起 →7
トッキ, トッキ　特記 →7
トツキ　十月(トツキトーカ 〜十日) →33, 39
ドッキ, ドッキ　毒気 →7
トツギサキ　嫁ぎ先 →12
トッキュー　特級 →8 特急<特別急行 →10
トッキューケン　特急券 →14a
トッキューシュ, トッキューシュ　特級酒 →14a
トッキョ,《古は トッキョ》 特許 →7
ドッキョ, ドッキョ　独居 →7
トッキョケン　特許権 →14
トッキョチョー　特許庁 →14
ドッキョロージン　独居老人 →15
ドッキリ　(〜する,〜と) →55
ドッキング,《新は ドッキング》 docking →9
ドッキンホー　独禁法<独占禁止法 →14
トック　特区 →7
トツグ　嫁ぐ →43
ドック　dok〔蘭〕→9
トックニ　疾っくに〖副〗→67
トックノムカシ, トックノムカシ　疾っくの昔 →98
トックミアイ　取っ組合い →13d
トックム,《新は トックム》 取っ組む →45d
トックリ, トクリ　徳利 →7d
トックリ　(〜考えよう,〜と) →55
トックン　特訓 →8
ドッケ, ドクケ　毒気 →93d
トッケイカンゼイ　特恵関税 →15
トツゲキ　突撃 →8

─は高い部分　… と … は高低が変る部分　「は次が下がる符号　→は法則番号参照

トッケン　特権 →8
トッケンカイキュー　特権階級 →15
トッコ, トッコ　独鈷〖仏具〗→7
ドッコイ　（おっと～）→66
ドッコイショ →66
ドッコイドッコイ　〖俗〗（～だ）→59
トッコー　特効, 徳行, 篤行 →8　特攻＜特別攻撃隊, 特高＜特別高等警察 →10
ドッコー　独行 →8
ドッコーセン　独航船 →14
トッコータイ　特攻隊 →14
トッコーヤク　特効薬 →14a
トッコニトル　取っこに取る →98
トッサ　咄嗟（～に）→7
ドッサリ　（～もらう, ～と）→55
ドッジボール, （ドッチボール）　dodge ball →16
トッシュツ　突出 →8
トツジョ　突如（～として）→56
ドッシリ　（～する, ～と）→55
トッシン　突進 →8
トツゼン　突然 →56
トツゼンシ　突然死 →14a
トツゼンヘンイ　突然変異 →15
トッタリ　〖相撲・歌舞伎〗→3
トッタン　突端 →8
ドッチ　何方 →64
ドッチツカズ, ドッチツカズ　何方付かず →13c
ドッチミチ　何方道（～だめだ）→61
トッチメル, トッチメル　〖俗〗→45d
トッツァン　父っつぁん →94
トッツカマエル, トッツカマエル,《古・強は トッツカマエル》　取っ捉まえる →45d
トッツカマル, トッツカマル,《古・強は トッツカマル》　取っ摑まる →45d
トッツキ　取っ付き →5d

トック,《新は トック》　取っ付く →45d
トッテ　取って（私に～, ～三十歳）→73, 67
トッテ, トッテ　取手 →5d
トッテイ★　突堤 →8
トッテオキ, （トットキ）　取っ（て）置き →2
トッテオク, （トットク）　取っ（て）置く →49d
トッテカエス, トッテカエス　取って返す →49
トッテクウ★, トッテグウ★　取って食う →49
トッテクル, トッテグル　取って来る →49
トッテツケ　取って付け →2
トッテツケル, トッテツケル　取って付ける →49
トッテモ　（～良い）→67d
ドット, ドット　（～集まる）→55
ドット,《新は ドット》　dot（=点）→9
トットツ　訥訥（～と話す）→58
トットト　（～失ゎせろ）→55
トットリ　鳥取〖地〗→21
トットリケン　鳥取県 →14
トットリシ　鳥取市 →14
トツニュー　突入 →8
トッパ, トッパ　突破 →7
トッパー　topper →9
トッパコー, トッパコー　突破口 →14
トッパツ　突発 →8
トッパツテキ　突発的 →95
トッパナ　突端 →91
トッパラウ, トッパラウ　取っ払う →45d
トッパン　凸版 →8
トッパンインサツ　凸版印刷 →15
トッピ　突飛（～な）→2d

ガギグゲゴは鼻濁音　カタカナ細字は母音の無声化　★は長音にもなる符号

トッピョ──ドナー　　　　　634

トッ**ピョ**ーシ　突拍子(〜もない) →91	**トトー**　渡唐, 徒党 →8
トッ**ピ**ング　topping →9	ド**トー**　怒濤 →8
トップ　top →9	ト**ドー**フ**ケ**ン, ト**ドー**フ**ケ**ン　都道府
ト**ップ**ー, **トッ**プー　突風 →8	県 →17c
トップ**ガイ**ダン　top 会談 →15	ト**トカ**ルチョ　totocalcio〔伊〕 →9
トップ**ス**ター　top star →16	ト**ドク**　届く　ト**ドカ**ナイ, ト**ドコ**ー,
トップ**ダ**ウン　top down →16	ト**ドキ**マス, ト**ドイ**テ, ト**ドケ**バ,
トップ**ニュ**ース　top news →16	ト**ドケ** →43
トップ**バッ**ター　top batter →16	ト**ドケ**　届け(**オトド**ケ　御〜) →2, 92
ト**ップ**リ　(〜暮れる, 〜と) →55	ト**ドケイ**デ　届出 →13
ド**ップ**リ　(墨を〜つける, 〜と) →55	ト**ドケサ**キ　届け先 →12
トップ**レ**ベル　top-level →16	ト**ドケズ**ミ　届済 →13
トツ**ベ**ン　訥弁 →8	ト**ドケ**デ　届出 →13
ドッポ　独歩(独立〜) →7	ト**ドケ**デル, ト**ドケデ**ル　届け出る
ドッ**ポ**ー, ド**クホ**ー　独法<独逸法学	→45
→10d	ト**ドケ**モノ, ト**ドケモ**ノ, ト**ドケモ**ノ
ト**ツメ**ン　凸面 →8	届け物 →12
トツメン**キョ**ー　凸面鏡 →14	ト**ドケ**ル　届ける　ト**ドケ**ナイ, ト**ド**
トツ**レ**ンズ　凸 lens →16	**ケ**ヨー, ト**ドケ**マス, ト**ドケ**テ, ト
……**トテ**, ……**トテ**; ……**トテ**　〔助〕	**ドケ**レバ, ト**ドケ**ロ →44
(**キ**ルトテ, **キ**ル**ト**テ 着る〜, **ヨ**ム**ト**	ト**ドコ**ーリ　滞り(〜無く) →2
テ 読む〜, **ア**ガ**イ**トテ, **ア**ガ**イ**ト**テ**	ト**ドコ**ール, ト**ドコ**ール　滞る →43a
赤い〜, **シ**ロ**イ**トテ 白い〜) →72, 74b	**ト**トサン　父さん →94
……**トテ**; ……**トテ**; ……**トテ**　〔助〕	ト**ド**ウ　整う, 調う →43
(**ト**リ**ト**テ 鳥〜, **ハ**ナ**ト**テ 花〜, **ア**メ	ト**ドノ**エル, ト**ドノエ**ル　整える, 調え
トテ 雨〜) →71	る →44b
ドテ　土手 →4	**ト**ドノ(・)ツ**マ**リ, ト**ドノツマ**リ　→97,
ト**テイ**☆　徒弟 →8	98, 99
ト**テ**シャン　〔俗〕<迚も schön〔独〕	ト**ドマ**ツ　椴松 →4
→10	ト**ドマ**ル　止る, 留る →44
ド**テッパ**ラ　土手っ腹〔俗〕 →12d	ト**ド**メ　止め(〜をさす) →2
トテツ**モナ**イ　途轍も無い →54	ド**ド**メ, ド**ド**メ　土留め →5
ト**テ**モ　迚も(〜きれい) →67	ト**ドメ**ル　止める, 留める →43
ド**テ**ラ　縕袍 →1	ト**ドロ**ガス　轟かす →44
ト**デ**ン　都電<都営電車 →10	ト**ドロ**キ　等々力〔地〕 →21
トト　魚〔児〕(**オ**ト**ト** 御〜) →3, 92	ト**ドロ**キ, ト**ドロ**キ　轟き →2
トト　父(〜様) →1d	ト**ドロ**ク　轟く →44
トド　椴〔植〕, 海馬〔獣〕, 鯔〔魚〕 →1	**ド**ナー　toner〔印刷〕 →9
ド**ド**イツ　都都逸 →3	**ド**ナー　donor →9

￣は高い部分　⁝と⁝は高低が変る部分　￢は次が下がる符号　→は法則番号参照

ドナーカード　donor card →16	トネリライナー　舎人ライナー →16

ドナーカード　donor card →16
トナイ　都内 →8
ドナウガワ, ドナウガワ　Donau 川〔独〕 →12b
トナエ, トナエ　唱え, 称え →2b
トナエゴト, トナエゴト　唱え言 →12
トナエル, トナエル　唱える, 称える →43b
トナカイ　tonakkai〔ズイ〕〔動〕→9
ドナタ　何方 →64
ドナベ　土鍋 →4
トナリ　隣(**オトナリ**　御~) →2,92
トナリアウ　隣り合う →45
トナリアワセ　隣合せ →13
トナリキンジョ　隣近所 →18
トナリグミ　隣組 →12
ドナリコム, ドナリコム,《古・強は **ドナリコム**》 怒鳴り込む →45
トナリザシキ　隣座敷 →12
ドナリチラス, ドナリチラス,《古・強は **ドナリチラス**》 どなり散らす →45
ドナリツケル, ドナリツケル,《古・強は **ドナリツケル**》 怒鳴り付ける →45
トナリムラ　隣村 →12
ドナル　怒鳴る →46
ドナルドダック　Donald Duck →27
トニカク　兎に角 →67
トニチ　渡日 →8
ドニチ　土日<土曜・日曜 →10
トニック　tonic →9
トニモ・カクニモ, ~・カクニモ　兎にも角にも →97
トニュー　吐乳 →8
トネ　利根〔地・川〕→21
トネガワ　利根川 →12
トネリ,《新は **トネリ**》 舎人 →1
トネリコ, トネリコ　秦皮〔植〕

トネリライナー　舎人ライナー →16
トノ　殿 →1
ドノ　何の →64
……ドノ, ……ドノ; ……ドノ　…殿(**ヤマダドノ, ヤマダドノ**　山田~, **サトードノ**　佐藤~) →94
トノイ,《新は **トノイ**》 宿直 →5
ドノー　土嚢 →8
トノガタ,《新は **トノガタ**》 殿方 →94
ドノクライ, ドノクライ　何の位 →19,61
トノコ,《新は **トノコ**》 砥の粉 →19
トノゴ, トノゴ,《新は **トノゴ**》 殿御 →94
ドノコ　何の子 →19
トノサマ　殿様 →94
トノサマアツカイ　殿様扱い →13
トノサマガエル　殿様蛙 →12
トノサマゲイ, トノサマゲイ　殿様芸 →14
ドノツラ　何の面(~下げて) →19
トノバラ, トノバラ　殿原 →94
ドノヘン　何の辺 →19
ドノミチ　何の道 →61
トノモ　外面 →19
ドノヨー, ドノヨー　何の様(~に) →19
トバ, トバ　賭場 →4
ドバ　駑馬 →7
トパーズ　topaze〔仏〕→9
トハイ, トハイ　徒輩 →8
トバエ　鳥羽絵 →7
トバク　賭博 →8
トバクチ　とば口〔俗〕→4
トバサレル　飛ばされる →44
ドバシ　土橋 →4
トバス　飛ばす　**トバサナイ, トバソー, トバシマス, トバシテ, トバセ**

ガギグゲゴは鼻濁音　カタカナ細字は母音の無声化　★は長音にもなる符号

バ, トバセ →44 都 bus →16
ドハズレ 度外れ →13
トバソージョー 鳥羽僧正 →94
ドハツ, ドハツ 怒髪(～天をつく) →8
トバッチリ 〖俗〗(～を食う) →5d
ドバト 土鳩 →4
トバリ 帳 →5
トハンシャセン, トーハンシャセン
　登坂車線 →15
トヒ 徒費 →7 都鄙 →18
トビ, トンビ 鳶 →1d
ドヒ 土匪 →7 奴婢 →18
トビアガリ 飛び上がり →13
トビアガル 飛び上がる →45
トビアルク 飛び歩く →45
トビイシ 飛び石 →5
トビイシヅタイ 飛び石伝い →13
トビイシレンキュー 飛び石連休 →15
トビイタ 飛板 →5
トビイリ 飛入り →5
トビイロ 鳶色 →4
トビウオ, トビウオ 飛魚 →5
トビウツル 飛び移る →45
トビオキル 飛び起きる →45
トビオリ 飛下り →5
トビオリジサツ 飛降り自殺 →15
トビオリル 飛び下りる →45
トビカウ 飛び交う →45
トビカカル 飛び掛かる →45
トビガシラ 鳶頭 →12
トビキュー 飛び級 →8
トビキリ 飛切り(～上等) →5
トビグチ 鳶口 →4
トビコエル 飛び越える →45
トビコス 飛び越す →45
トビコミ 飛込み →5
トビコミジサツ 飛込自殺 →15
トビコミダイ 飛込台 →14
トビコム 飛び込む →45

トビサル 飛び去る →45
トビショク 鳶職 →8
トビダシ 飛び出し →5
トビダシナイフ 飛び出し knife →16
トビダス 飛び出す →45
トビダツ 飛び立つ →45
トビチ 飛地 →7
トビチガウ 飛び違う →45
トビチル 飛び散る →45
トビツク 飛び付く →45
トピック topic →9
トビデル 飛び出る →45
トビドーグ 飛び道具 →15
トビトビ 飛び飛び(～に) →57
トビニンソク 鳶人足 →15
トビヌケル 飛び抜ける →45
トビノク 飛び退く →45
トビノモノ 鳶の者 →19
トビノリ 飛乗り →5
トビノル 飛び乗る →45
トビバコ 飛箱 →5
トビハナレル 飛び離れる →45
トビハネル 跳び跳ねる →45
トビヒ 飛び火 →5
トビマワル 飛び回る →45
ドビャクショー 土百姓 →91
ドヒョー 土俵 →8
ドヒョーイリ 土俵入り →13
ドヒョーギワ 土俵際 →12
トビラ 扉 →4
トビラエ, トビラエ 扉絵 →14
ドビン 土瓶 →8
ドビンシキ 土瓶敷 →13a
ドビンムシ 土瓶蒸し →13
トフ 塗布 →7
トブ 飛ぶ トバナイ, トボー, トビ
　マス, トンデ, トベバ, トベ →43
ドブ 溝 →1
ドブイケ 溝池 →4

￣は高い部分　⸜と⸝は高低が変る部分　⌐は次が下がる符号　→は法則番号参照

ドブイタ　溝板　→4	トマトケチャップ　tomato ketchup →16
ドブカワ　溝川　→4	トマトジュース　tomato juice →16
トブクロ, トブクロ,《古は トブクロ》 戸袋　→12	トマトソース　tomato sauce →16
ドブサライ　溝浚い　→13	トマトピューレ　tomato〔英〕＋purée 〔仏〕→16
ドブソージ　溝掃除　→15	トマブネ, トマブネ　苫舟　→4
トフツ　渡仏　→8	トマヤ, トマヤ　苫屋　→4
トブトリ　飛ぶ鳥（～を落す）→19	トマリ　止まり,留まり,泊まり　→2
ドブドロ　溝泥　→4	トマリアワセル　泊まり合わせる　→45
ドブネズミ　溝鼠　→12	トマリガケ　泊まり掛け　→95
トブライ　弔い　→2	トマリギ, トマリギ　止まり木　→12
トブラウ　弔う　→43	トマリキャク　泊まり客　→14
ドブロク　濁酒	トマリコミ　泊まり込み　→13
トベイ　渡米　→8	トマリコム　泊まり込む　→45
ドベイ, ドベイ　土塀　→8	トマリチン　泊まり賃　→14
ドベッツイ　土竈　→12	トマリバン, トマリバン　泊まり番 →14
トホ　徒歩　→7　杜甫〖人〗→27	トマル　止まる,留まる,泊まる　トマ
トホー　途方（～も無い）→8	ラナイ, トマロー, トマリマス, ト
ドボク　奴僕　→8　土木　→18	マッテ, トマレバ, トマレ →44
ドボクギョー　土木業　→14	トマレ　（＝ともあれ）→61
ドボクケンチク　土木建築　→15	トマレ(･)カグマレ →97,98
ドボクコーガク　土木工学　→15	ドマンジュー　土饅頭　→15
ドボクコージ　土木工事　→15	トミ　富＜富籤とみ →2
トボケ　恍・惚（オトボケ 御～）→2,92	トミ　富（＝財産・富むこと）→2
トボケル　恍ける　→43	トミオカ(･)テッサイ,《新は ～・テッ
トボシ, トボシ　灯　→2	サイ》, トミオカテッサイ　富岡鉄斎
トボシアブラ　灯油　→12	→22, 25, 27
トボシイ　乏しい　→52	トミクジ, トミクジ　富籤　→4
トボス, トボス　点す　→44	ドミグラスソース　demi-glace sauce
トボトボ　（～歩く、～と）→57	→16
トボル, トボル　点る　→44	トミコ　富子・登美子〖女名〗→25
トマ　苫　→1	トミ(･)ゴーミ　左見右見（～する）
ドマ　土間　→4	→97,98
トマエ　戸前〖土蔵〗→4	ドミトリー　dormitory →9
トマス　富ます　→44	トミニ　頓に〖副〗→67
トマツ　塗抹　→8	ドミニカ, ドミニカ　Dominica〖国〗
トマト,《古は トマト》 tomato →9	→21
トマドイ, トマドイ　戸惑い　→13	ドミノ　domino →9
トマドウ　戸惑う　→46	

ガギグゲゴは鼻濁音　カタカナ細字は母音の無声化　★は長音にもなる符号

トミモト　富本＜トミモトブシ　富本節　→22, 12	……トモ, ……トモ; ……トモ　〖助〗（キルトモ, キルトモ　着る〜、ヨムトモ　読む〜、アガイトモ, アカイトモ　赤い〜、シロイトモ　白い〜）→72, 74b
トミン　都民　→8	
ドミン　土民　→8	
トミンゲキジョー　都民劇場　→15	……トモ; ……トモ; ……トモ　〖助〗（トリトモ　鳥〜、ハナトモ　花〜、アメトモ　雨〜）→71
トム　富む　→43	
トムネ, トムネ　と胸（〜をつく）→91	
トムライ　弔い　→2	……ドモ　…共〖接尾〗（テマエドモ　手前〜、ワタクシドモ　私〜、オトコドモ　男〜）→94
トムライガッセン　弔い合戦　→15	
トムラウ　弔う　→43	
トメ　止め、留め　→2	……ドモ; ……ドモ　〖助〗（ナケドモ　泣け〜、ヨメドモ　読め〜）→73
ドメイン　domain　→9	
トメオキ　留め置き　→5	トモアレ　兎も有れ　→69
トメオク, トメオク　留め置く　→45	トモウラ　共裏　→4
トメオトコ　留め男　→12	トモエ　巴《人も》→1, 23
トメガキ　留め書　→5	トモエリ　共襟　→4
トメガネ　留め金　→5	トモカク　兎も角　→67
トメグ, トメグ　留め具　→5	トモカクモ　兎も角も　→69
ドメスティックバイオレンス　domestic violence　→16	トモガシラ　供頭　→12
	トモカセギ, トモカセギ,《古は トモカセギ》共稼ぎ　→13
トメソデ, トメソデ　留め袖　→5	
トメダテ　留め立て（〜するな）→95	トモガラ, トモガラ　輩　→4
トメド　止処（〜がない）→5	トモギレ　共切れ　→4
トメバリ　留め針　→5	トモグイ　共食い　→5
トメヤマ　留山（オトメヤマ　御〜）→5, 92	トモコ　知子・智子・友子〖女名〗→25
トメユ　留め湯　→5	トモシ, トモシ　灯　→2
トメル　止める、留める、泊める　トメナイ, トメヨー, トメマス, トメテ, トメレバ, トメロ　→43	トモシアブラ　灯油　→12
	トモシビ, トモシビ　灯火　→12
トモ　共（＝共布）→1	トモシラガ, トモシラガ,《古は トモシラガ》共白髪　→12
トモ　鞆〖弓〗→1	
トモ,《古は トモ》友、伴　→1　供（＝従者。オトモ　御〜）→1, 92	トモス, トモス　点す　→44
	トモズナ　纜　→4
トモ　艫〖船〗→1	トモズリ　友釣　→4
……トモ　…共〖接尾〗（ミッカトモ　三日〜、ヨニントモ　四人〜）→38	トモスレバ　→69
	トモゾロイ, トモゾロエ　供揃　→13
……トモ, ……トモ　…共〖助〗（フロクトモ, フロクトモ　付録〜）→71	トモダオレ, トモダオレ　共倒れ　→13
	トモダチ　友達　→4
	トモダチガイ　友達甲斐　→12
	トモダチヅキアイ　友達付合　→13

639　　　　　　　　　　　　　　　　　　トモドモ——ドライヤ

トモドモ, トモドモ 共共〖副〗→68	干し →13
トモナウ 伴う →46	**トヨクニ**, 《古は **トヨクニ**》 豊国〖人〗
トモナリ 共鳴り →5	⇒ウタガワ〜
トモニ, トモニ 共に →67	**トヨコ** 豊子・登代子〖女名〗→25
トモヌノ 共布 →4	**トヨザワ** 豊沢〖姓・浄瑠璃〗→22
トモネ 共寝 →5	**〜(・)ダンペイ★** 〜団平 →25, 27
トモバタラキ 共働き →13	**トヨタ** 豊田〖地〗〖姓は多く **トヨダ**》
トモビキ 友引 →5	→21, 22
トモビト 供人 →4	**トヨダ** 豊田〖地〗→21
トモブタ 共蓋 →4	**トヨトミ(・)ヒデヨシ**, 《新は **〜(・)ヒデ**
トモマチ, トモマチ 供待 →5	**ヨシ**》 豊臣秀吉 →22, 24, 27
トモマワリ 供回り →12	**トヨハシ** 豊橋〖地〗→21
トモライ 弔い ⇒**トムライ**	**ドヨミ** 響み(観衆の〜) →2
ドモリ 土盛り〖工事〗→5	**ドヨム, トヨム** 響む(〜歓声) →43
ドモリ 吃り →2	**ドヨメキ, ドヨメキ** 響めき(聴衆の〜)
ドモリ, ドモリ 度盛 →5	→2
トモル, トモル 点る →43	**ドヨメク** 響めく →96
ドモル 吃る →43	**ドヨモス** 響す →44
トモン 十文〖足袋ⓈⓈ〗→34	**トラ** 虎, 寅〖十二支〗→1
トモンハン 十文半〖足袋ⓈⓈ〗→38	**ドラ, ドラ** 銅鑼(〜を打つ) →7
トヤ 鳥屋, 塒(〜につく) →4	**ドラ** 〖感〗(〜見せて) →66 道楽 →1
ドヤガイ どや街〖俗〗→8	**トライ** 渡来 →8
トヤカク 兎や角(〜言うな) →69	**トライ** try →9
ドヤキ, ドヤキ 土焼 →5	**ドライ** dry →9
ドヤシツケル, 《古・強は **ドヤ**シツケ	**ドライアイス** dry ice →16
ル》→45	**トライアスロン** triathlon →16
ドヤス 〖俗〗→43	**トライアングル** triangle →16
ドヤツ 何奴 →64	**ドライカレー** dry curry〖和〗→16
ドヤドヤ (〜入る, 〜と) →57	**ドライクリーニング** dry cleaning →16
トヤマ 外山 →4 富山〖地〗→21	**ドライバー**, 《新は **ドライバー**》 driv-
トヤマケン 富山県 →14	er →9
トヤマシ 富山市 →14	**ドライブ** drive →9
トヨ 樋 ⇒**トイ**	**ドライブイン, ドライブイン** drive-in
ドヨー, 《古は **ドヨー**》 土曜 →8	→16
ドヨー 土用(**ドヨーノウシノヒ** 〜の	**ドライブウエー** driveway →16
丑の日) →8, 99	**ドライフラワー** <dried flower →16
ドヨーナミ 土用波 →12a	**ドライフルーツ** <dried fruit →16
ドヨービ 土曜日 →12a	**ドライミルク** dry milk →16
ドヨーボシ, 《古は **ドヨーボシ**》 土用	**ドライヤー**, 《新は **ドライヤー**》 dry-

ガギグゲゴは鼻濁音　カタカナ細字は母音の無声化　★は長音にもなる符号

トラウマ──トリアワ　　640

er →9
ト￢ラウマ Trauma〔独〕→9
トラエドコロ 捕え所 →12
ト￢ラエル，ト￢ラエル 捕える →43b
ト￢ラガリ 虎刈り，虎狩 →5
ドラ￢キュラ，《新は ド￢ラキュラ》
　Dracula →23
ト￢ラクター tractor →9
ト￢ラゲ 虎毛 →4
ドラゴ￢エ，ドラ￢ゴエ どら声 →5
トラコ￢ーマ trachoma →9
ド￢ラゴン dragon →9
ト￢ラスト trust →9
ト￢ラセル 取らせる →83
ト￢ラック track, truck →9
ド￢ラッグ drug →9
ド￢ラッグス￢トア drugstore →16
トラヅ￢グミ 虎鶫 →12
ト￢ラッド trad →9
ト￢ラップ trap →9
ト￢ラドシ 寅年 →4
ドラ￢ネコ どら猫 →5
ト￢ラノイ￢ 虎の威（～を借るきつね）
　→19
ト￢ラノ￢オ 虎の尾〔植〕→19
ト￢ラノ￢コ 虎の子 →19
トラノマ￢キ，トラ￢ノマキ 虎の巻 →19
ト￢ラノモン 虎の門〔地〕→19
ト￢ラピ￢スト Trappist →9
ト￢ラフ 虎斑 →4
ト￢ラフグ 虎河豚 →4
ド￢ラフト，《新は ド￢ラフト》 draft →9
ド￢ラフトセ￢イ・ draft 制 →14
ト￢ラブル trouble →9
ト￢ラベル travel →9
トラホ￢ーム Trachom〔独〕→9
ド￢ラマ drama →9
ド￢ラマー，ド￢ラマー drummer →9
ド￢ラマチ￢ック dramatic →9

ド￢ラム，《新は ド￢ラム》 drum →9
ド￢ラムカン drum 缶 →16
ド￢ラム￢スコ どら息子 →12
ド￢ラヤキ 銅鑼焼 →5
ト￢ラワレ，ト￢ラワレ 囚われ →2
ト￢ラワレ￢ル 囚われる →44
トランキ￢ライザー tranquilizer →9
ト￢ランク trunk →9
ト￢ランクス trunks →9
ト￢ランクル￢ーム trunk room →16
トランシ￢ーバー transceiver →9
トランジ￢スター，トランジ￢スタ tran-
　sistor →9
トラ￢ンジット，ト￢ランジット transit
　→9
ト￢ランス <transformer →10
ト￢ランプ trump →9
トランペ￢ット trumpet →9
トランポ￢リン，トランポ￢リン trampo-
　line〔商標〕→9
ト￢リ 鳥，鶏，酉〔十二支〕→1
ト￢リ￢ (=真打ち) →2
ド￢リ (=鳥類の肺臓)
ド￢リア doria〔仏〕→9
トリア￢イ 取合い →5
トリア￢ウ，《新は トリア￢ウ》 取り合う
　→45
トリア￢エズ，トリア￢エズ 取敢えず
　→67
トリア￢ゲ 取り上げ →5
トリア￢ゲバ￢バ 取上げ婆 →12
トリア￢ゲル，トリア￢ゲル 取り上げる
　→45
トリア￢ツカイ 取扱 →13
トリア￢ツカ￢イテン 取扱店 →14b
トリア￢ツカウ，トリア￢ツカウ 取り扱
　う →45
トリア￢ミ 鳥網 →4
トリア￢ワセ 取合せ →13

￣は高い部分　‥と‥は高低が変る部分　￢は次が下がる符号　→は法則番号参照

641　　トリアワ――トリコミ

トリアワセル，トリアワセル　取り合わせる →45

ドリアン　durian〔果物〕 →9

トリイ　鳥居 →5

トリイソギ　取り急ぎ(～御礼まで) →69

トリイソグ，トリイソグ　取り急ぐ →45

トリートメント　treatment →9

トリイル，《新は トリイル》　取り入る →45

トリイレ　取入れ →5

トリイレル，トリイレル　取り入れる →45

トリウチ　鳥打ち＜トリウチボー，トリウチボー　鳥打帽 →10, 14

トリエ　取得 →5

トリオ　trio〔伊〕 →9

トリオイ，トリオイ　鳥追い →5

トリオイウタ，トリオイウタ　鳥追い歌 →12b

トリオキ　取置き →5

トリオク，トリオク　取り置く →45

トリオコナウ，トリオコナウ　執り行なう →45

トリオサエル，トリオサエル，トリオサエル　取り抑える →45b

トリオドシ　鳥威し →13

トリオトス，トリオトス　取り落す →45

トリオロス，トリオロス　取下ろす →45

トリガイ　鳥貝 →4

トリカエ　取替え →5

トリカエシ　取返し →13

トリカエス，トリカエス　取り返す →45

トリカエル　取り替える →45

トリカカル，トリカカル　取り掛かる

→45

トリカゲ　鳥影 →4

トリカゴ　鳥籠 →4

トリカコム，トリカコム　取り囲む →45

トリカジ，トリカジ　取舵 →5

トリカタ，トリカタ　捕方 →5　取り方 →95

トリカタヅケ　取片付け →13

トリカタヅケル，トリカタヅケル　取り片付ける →45

トリカブト　鳥兜〔舞楽・植〕 →12

トリガラ，トリガラ　鶏がら →4

トリカワス，トリカワス　取り交す →45

トリキ，トリキ　取木 →5

トリキメ　取決め,取極め →5

トリキメル，トリキメル　取り決める,取り極める →45

トリクズシ　取崩し →13

トリクズス，トリクズス　取り崩す →45

トリクチ　取口 →5

トリクミ　取組 →5

トリクム，《新は トリクム》　取り組む →45

トリケシ　取消 →5

トリケス，《新は トリケス》　取り消す →45

トリコ，《新は トリコ》　虜 →5

トリコ，トリコ　取粉 →5

トリゴエ　鳥声 →4

トリコシグロー，トリコシグロー　取越し苦労 →15

トリコット　tricot →9

トリコボシ　取零し →13

トリコボス，トリコボス　取り零す →45

トリコミ　取込み →5

ガギグゲゴは鼻濁音　カタカナ細字は母音の無声化　★は長音にもなる符号

トリコミ──トリツケ　642

トリコミゴト　取込事 →12	→45
トリコミサギ　取込詐欺 →15	トリスマス，トリスマス　取り澄ます →45
トリコム，《新は トリコム》　取り込む →45	トリソコナウ，トリソコナウ　取り損う →45
トリゴヤ　鳥小屋 →12	トリソロエル，トリソロエル，トリソロエル　取り揃える →45b

トリコミゴト　取込事 →12
トリコミサギ　取込詐欺 →15
トリコム，《新は トリコム》　取り込む →45
トリゴヤ　鳥小屋 →12
トリコロス，トリコロス　取り殺す →45
トリコワシ　取毀し →13
トリコワス，トリコワス　取り毀す →45
トリザオ　鳥竿 →4
トリザカナ　取肴 →12
トリサゲ　取下げ →5
トリサゲル，トリサゲル　取り下げる →45
トリサシ，トリサシ，トリサシ　鳥刺し →5
トリザタ，トリザタ　取沙汰 →15
トリサバク，トリサバク　取り捌く →45
トリザラ　取り皿(オトリザラ 御～) →5,92
トリサル，《新は トリサル》　取り去る →45
トリシキル，トリシキル　取り仕切る →45
トリシズメル，トリシズメル　取り静める →45
トリシマリ　取締り →13
トリシマリヤク，トリシマリヤク　取締役 →14
トリシマル，トリシマル　取り締る →45
トリシラベ　取調 →13
トリシラベル，トリシラベル　取り調べる →45
トリスガル，トリスガル　取り縋る →45
トリステル，トリステル　取り捨てる →45

トリスマス，トリスマス　取り澄ます →45
トリソコナウ，トリソコナウ　取り損う →45
トリソロエル，トリソロエル，トリソロエル　取り揃える →45b
トリダカ，トリダカ　取り高 →5
トリダシグチ　取出し口 →12
トリダス，《新は トリダス》　取り出す →45
トリタテ　取立て →5,95
トリタテル，トリタテル　取り立てる →45
トリダメ　取り溜め,撮り溜め →5
トリチガエ　取り違え →13
トリチガエル，トリチガエル，トリチガエル　取り違える →45b
トリチラカス，トリチラカス　取り散らかす →45
トリチラス，トリチラス　取り散らす →45
トリツ　都立 →8
トリッカレル，トリッカレル　取り憑かれる →45
トリツキ　取り付き →5
トリツギ　取次 →5
トリツギテン　取次店 →14
トリック，トリック　trick →9
トリツク，《新は トリツク》　取り付く(～しまもない),取り憑く →45
トリツグ，《新は トリツグ》　取り次ぐ →45
トリツクス，トリツクス　取り尽す →45
トリツクロイ　取繕い →13
トリツクロウ，トリツクロウ　取り繕う →45
トリツケ　取付け →5

‾は高い部分　⋯と⋯は高低が変る部分　⌐は次が下がる符号　→は法則番号参照

643 トリツケ──トリマク

トリッケサワギ 取付け騒ぎ →13

トリッケル，トリッケル 取り付ける →45

トリッコ 取りっこ〚俗〛→94

トリツコーコー 都立高校 →15

トリツダイ 都立大＜**トリツダイガク** 都立大学 →10, 15

ドリップ drip →9

トリツブシ 取り潰 →13

トリツブス，トリツブス 取り潰す →45

トリテ 取手，捕手 →5

トリデ，トリデ 砦 →5

トリテキ 取的〚相撲〛→94

トリドク，トリドク 取り得 →8

トリドコロ，トリドコロ 取り所 →12

トリドシ 酉年 →4

トリトメ 取留め(〜がない) →5

トリトメル，トリトメル 取り留める (一命を〜) →45

トリドリ，トリドリ，トリドリ 取り取り →57

トリナオシ 取り直し，撮り直し →13

トリナオス，トリナオス 取り直す →45

トリナシ 取成し，執成し →5

トリナス，《新は トリナス》 取り成す →45

トリナベ 鳥鍋 →4

トリナワ，《古は トリナワ》 捕縄 →5

トリニガス，トリニガス 取り逃がす →45

トリニク 鳥肉 →8

トリノイチ，トリノイチ 酉の市 →19

トリノケ 取除け →5

トリノケル，トリノケル 取り除ける →45

トリノコ 鳥の子《紙・餅も》→19

トリノコガミ，トリノコガミ 鳥の子紙 →12

トリノコシ 取残し →13

トリノコス，トリノコス 取り残す →45

トリノコモチ 鳥の子餅 →12

トリノゾク，トリノゾク 取り除く →45

トリバイ 取り灰 →5

トリハカライ 取計い →13

トリハカラウ，トリハカラウ 取り計らう →45

トリハコビ 取り運び →13

トリハコブ，トリハコブ 取り運ぶ →45

トリバシ，トリバシ 取り箸(**オトリバシ** 御〜) →5, 92

トリハズシ 取外し →13

トリハズス，トリハズス 取り外す →45

トリハダ 鳥肌(〜がたつ) →4

トリハライ 取払い →13

トリハラウ，トリハラウ 取り払う →45

トリヒキ，《古は トリヒキ》 取引 →18

トリヒキサキ 取引先 →12

トリヒキジョ，トリヒキジョ 取引所 →14

トリフダ 取札 →5

トリプル triple →9

ドリブル，《新は ドリブル》 dribble →9

トリブン 取分 →8

トリホーダイ 取り放題 →95

トリマエ 取前 →5

トリマキ 取巻き →5

トリマギレル，トリマギレル 取り紛れる →45

トリマク，《新は トリマク》 取り巻く

ガギグゲゴは鼻濁音　カタカナ細字は母音の無声化　★は長音にもなる符号

トリマゼ──トレーシ　　644

→45

トリマゼル, トリマゼル　取り混ぜる →45

トリマトメ　取り纏め →13

トリマトメル, トリマトメル　取り纏める →45

トリマワシ　取回し →13

トリミダス, トリミダス　取り乱す →45

トリミング,《新は **トリミング**》 trimming →9

トリムスブ, トリムスブ　取り結ぶ →45

トリメ　鳥目 →4

トリメシ　鳥飯 →4

トリモチ　取持 →5

トリモチ, トリモチ　鳥黐 →4

トリモツ,《新は **トリモツ**》 取り持つ →45

トリモドス, トリモドス　取り戻す →45

トリモナオサズ, トリモ・ナオサズ　取りも直さず →99, 97

トリモノ,《新は **トリモノ**》 捕物 →5

トリモノチョー, トリモノチョー　捕物帳 →14

トリヤ　鳥屋 →94

ドリャ　〘感〙→66

トリヤメ　取止め →5

トリヤメル, トリヤメル　取り止める →45

トリョー, トリョー　塗料 →8

ドリョー, ドリョー　度量 →18

ドリョーコー　度量衡 →17

ドリョク　努力 →8

ドリョクカ　努力家 →14

トリヨセ　鳥寄せ →5

トリヨセル, トリヨセル　取り寄せる →45

トリリョーリ　鳥料理 →15

ドリル　drill →9

トリワケ　取分け →5, 61

トリワケル, トリワケル　取り分ける →45

ドリンク　drink →9

ドリンクザイ, ドリンクザイ　drink 剤 →14

トル　取る, 採る, 執る, 捕る, 撮る　**トラナイ, トロー, トリマス, トッテ, トレバ, トレ** →43

ドル　弗<dollar →9

……どる　…弗〘数〙→37

ドルイ　土塁 →8

ドルウリ　ドル売り<dollar 売り →5

トルエン, トルエン　toluene →9

ドルカイ(カはガとも)　ドル買い<dollar 買い →5

トルコ　Turco〔葡〕〘国〙→21

トルコイシ　Turco 石〔葡〕→12

トルコキキョー　Turco 桔梗〔葡〕→15

トルコダマ　Turco 玉〔葡〕→12

トルコブロ, トルコブロ　Turco 風呂〔葡〕→12

トルコボー　Turco 帽〔葡〕→14

トルストイ　Tolstoi〔露〕〘人〙→22

トルソー　torso〔伊〕→9

ドルソーバ　ドル相場<dollar 相場 →12

ドルダカ　ドル高<dollar 高 →5

ドルバコ　ドル箱<dollar 箱 →4

ドルフィン　dolphin →9, <**ドルフィンキック** dolphin kick →16

ドルヤス　ドル安<dollar 安 →5

ドレ　何れ〘代・感〙→64, 66

ドレイ　奴隷, 土鈴 →8

トレイン　train →9

トレー　tray →9

トレーシングペーパー　tracing paper

──は高い部分　と は高低が変る部分　⌐は次が下がる符号　→は法則番号参照

645　トレース──トロフィ

→16

トレース, 《新は トレース》　trace →9

トレーダー, トレーダー　trader →9

トレード　trade →9

トレードマーク　trademark →16

トレーナー　trainer(＝コーチなど) →9

トレーナー, 《新は トレーナー》
trainer〖衣〗 →9

トレーニング　training →9

トレーニングパンツ　training pants〔和〕
→16

ドレープ　drape →9

トレーラー　trailer →9

トレーラーバス　trailer bus →16

ドレス　dress →9

ドレスアップ　dress up →16

ドレスメーカー　dressmaker →16

トレダカ, トレダカ　取れ高 →5

ドレダケ, ドレダケ　何れ丈 →64

トレタテ　取れ立て →95

トレッキング, 《新は トレッキング》
trekking →9

ドレッサー　dresser →9

ドレッシー　dressy →9

ドレッシング　dressing →9

ドレドレ　〖感〗→68

トレパン　＜トレーニングパンツ
training pants →10, 16

ドレホド, ドレホド　何れ程 →76, 67

ドレミ　do re mi〔伊〕 →17

ドレモ, ドレモ　何れも →76

トレモロ　tremolo〔伊〕 →9

トレル　取れる →44

トレンチコート　trench coat →16

トレンディー　trendy →9

トレンド, 《新は トレンド》　trend →9

トロ　(まぐろの～), 瀞 →3　吐露(心中
を～する) →7　＜truck →10

ドロ　泥(～をはく) →1

ドロアシ, ドロアシ　泥足 →4

トロイ　Troy〖地〗→21

トロイ　弱い(火が～, ～人) →53

トロイカ　troika〔露〕→9

トロイセキ　登呂遺跡 →15

ドロウミ, ドロウミ　泥海 →4

ドロエノグ　泥絵の具 →17

トロー　徒労 →8

トローチ　troche〖錠剤〗→9

トローリング, 《新は トローリング》
trawling →9

トロール　trawl →9

トロールギョギョー　trawl 漁業 →15

トロールセン　trawl 船 →14

トロカス, トロカス　蕩かす →44

ドロガメ　泥亀 →4

ドロクサイ　泥臭い →54

ドログツ, ドログツ　泥靴 →4

トロケル, トロケル　蕩ける →44

ドロジアイ　泥試合 →12

ドロタ　泥田 →4

ドロダラケ　泥だらけ →95

ドロダンゴ　泥だんご →12

ドロッコ, トロッコ　truck →9

ドロツチ　泥土 →4

トロット　trot →9

ドロップ, ドロップ　drop →9

ドロップアウト　dropout →16

トロトロ　(目が～だ, ～な・に) →57

トロトロ　(～する, ～と) →57

ドロドロ　(～だ・な・に) →57

ドロドロ　(～する, ～と) →57

ドロナワ　泥縄 →4

ドロヌマ　泥沼 →4

トロバコ　トロ箱 →12

ドロハッチョー　瀞八丁〖地〗→39

トロビ　とろ火 →5

トロピカル　tropical →9

トロフィー　trophy →9

ガギグゲゴは鼻濁音　カタカナ細字は母音の無声化　★は長音にもなる符号

ドロボー──ドンタク　646

ドロボー　泥棒 →8
ドロボーネコ　泥棒猫 →12
ドロマミレ　泥塗れ →95
トロミ, トロミ　(〜をつける) →93
ドロミズ　泥水 →4
ドロミチ　泥道 →4
ドロヨケ, ドロヨケ, ドロヨケ　泥除け →5
トロリ, トロリ　(〜とする) →55
トロリーバス　trolley bus →16
トロロ　(=とろろ芋・とろろ汁) →3
トロロイモ　とろろ芋 →12
トロロコブ, トロロコンブ　とろろ昆布
トロロジル　とろろ汁 →12
トロン　(目が〜とする) →55
ドロン　(〜と, 〜をきめる) →55, 3
ドロンゲーム　drawn game →16
ドロンコ　泥んこ(〜の道) →94
トロンボーン, トロンボーン　trombone →9
ドロンワーク　drawn work《手芸》→16
トワ　永久(〜に) →1
トワイエ　とは言え →98
トワズガタリ　問わず語り《書も》→19
ドワスレ　度忘れ →91
トワダコ　十和田湖 →14
トン　(〜とたたく) →55 《児》(〜をするよ) →3　豚 →6　ton, 噸 →9
……とん　…ton…噸《数》→37
ドン　(〜と突く) →55　(=午砲。〜が鳴る) →3　鈍, 貪 →6
トンエイ　屯営 →8
ドンカ, ドンカ　鈍化 →7
ドンカク, ドンカク　鈍角 →8
トンカチ　《俗》(=かなづち) →3
トンカツ　豚カツ<豚cutlet →10
トンガラカス　尖らかす《俗》→44d
トンガラカル　尖らかる《俗》→44d

トンガラス　尖らす《俗》→44d
トンガリボーシ　尖り帽子 →15
トンガル　尖る《俗》→43d
ドンカン　鈍感 →8
ドンキ　鈍器 →7
ドンキホーテ　Don Quijote[西]《人》→27
トンキョー　頓狂 →8
トング　tongs →9
ドングリ, ドングリ　団栗 →4
ドングリマナコ　団栗眼 →12
ドンコ　冬菇《椎茸とか》, 鈍甲《魚》
トンコー　敦煌《地》→21
ドンコー　鈍行(↔急行) →8
トンコツ　豚骨 →8
ドンコン　鈍根 →8
トンザ, トンザ　頓挫 →7
トンサイ　頓才 →8
ドンサイ　鈍才 →8
トンシ　頓死 →7
トンジ　豚児, 遁辞 →7
トンジャク, トンチャク　頓着 →8
トンシュ　頓首(〜再拝) →7
ドンジュー　鈍重 →8
トンショ, トンショ　屯所 →7
ドンショク　貪食 →8
ドンジリ, ドンジリ　《俗》→91
トンジル, ブタジル　豚汁 →4
ドンス　緞子 →7
トンスー　ton 数 →8
ドンズマリ　どん詰まり《俗》→91
ドンスル　鈍する(貧すれば〜) →48
トンセイ　遁世 →8
トンソー　遁走 →8
トンソーキョク　遁走曲 →14a
ドンゾコ　どん底 →91
トンダ　(〜こと, 〜災難) →63
ドンタク　<Zondag[蘭](=日曜・休日) →9d

──は高い部分　˙˙と˙˙は高低が変る部分　˥は次が下がる符号　→は法則番号参照

トンチ──ナース

トンチ 頓知(智) →7	**トンプクヤク** 頓服薬 →14
トンチキ 頓痴気〖俗〗→94	**ドンブツ** 鈍物 →8
トンチャク, トンジャク 頓着 →8	**ドンブリ** 丼 →1
ドンチャン (〜騒ぐ) →57	**ドンブリカンジョー** 丼勘定 →15
ドンチャンサワギ どんちゃん騒ぎ →13	**ドンブリコ, ドンブラコ** →94
ドンチョー 緞帳 →8	**ドンブリバチ** 丼鉢 →14
ドンチョーシバイ 緞帳芝居 →12	**ドンブリメシ, ドンブリメシ** 丼飯 →12
ドンチョーヤクシャ 緞帳役者 →15	**トンボ** 蜻蛉 →1
トンチンカン 頓珍漢〖俗〗→59	**トンボ** 筋斗〖歌舞伎〗(〜をかえる) →10
ドンツー 鈍痛 →8	**トンボガエリ** 蜻蛉返り →10, 13
ドンツク 〖太鼓〗→57, 3 鈍付〖俗〗(=のろま・鈍付布子ぬのこ。太神楽の〜) →94	**トンボツリ** 蜻蛉釣り →13
トンデモナイ →54	**トンマ** 頓馬〖俗〗→94
ドンテン, ドンテン 曇天 →8	**ドンマ** 鈍麻, 鈍磨 →7
ドンデンガエシ どんでん返し →13	**トンヤ** 問屋 →94d
トンデンヘイ★ 屯田兵 →14a	……**ドンヤ** …問屋(**オロシドンヤ** 卸〜, **コメドンヤ** 米〜) →12
トント, トント 頓と(〜分からない) →55	**ドンヨク,《古は ドンヨク》** 貪欲 →8
ドント 呑吐 →18	**ドンヨリ** (目が〜する, 〜と) →55
ドントー 鈍刀 →8	**ドンラン** 貪婪 →8
ドンドヤキ どんど焼〖行事〗→13	
トントン, トントン (〜になる) →57	
トントン (〜たたく, 〜と) →57	
ドンドン (〜進む, 〜と) →57	
トントンビョーシ とんとん拍子 →15	**ナ** 名(**オナ** 御〜) →1, 92
トントンブキ とんとん葺き〖屋根〗→13	**ナ** 汝(〜が) →64 菜(〜を漬ける) →1
ドンナ (〜人, 〜に) →63	……**ナ** 〖命令を表わす助詞〗(**ユキナ** 行き〜, **タベナ** 食べ〜) →73
トンニク, ブタニク 豚肉 →8	……**ナ; ……ナ** 〖詠嘆を表わす助詞〗(**サクナ** 咲く〜, **フルナ** 降る〜, **アカイナ** 赤い〜, **ウレシイ★ナ** 嬉しい〜) →72, 74
トンネル tunnel →9	
トンネルガイシャ tunnel 会社 →15	
トンビ 鳶《コートも》→1d	
トンビアシ 鳶足 →12	……**ナ; ……ナ** 〖禁止を表わす助詞〗(**ナクナ** 泣く〜, **ヨムナ** 読む〜) →72
ドン(・)ピシャリ (=ぴったり一致) →97, 98	
ドンファン Don Juan〔西〕→27	**ナー** 〖感〗(=おい。〜兄弟) →66
トンプク 頓服 →8	**ナース** nurse →9

ガギグゲゴは鼻濁音　カタカナ細字は母音の無声化　★は長音にもなる符号

ナースコ──ナイシン　648

ナースコール　nurse call〔和〕→16	ナイケン　内見(ゴナイケン　御~) →8, 92
ナースステーション　nurse station →16	ナイゲンカン　内玄関 →15
ナアテ　名宛, 名当て →5	ナイコー　内向, 内攻, 内証, 内港 →8
ナアテニン, ナアテニン　名宛人 →14	ナイコーセイ　内向性 →14
ナーナー, ナーナー　(~になる) →57	ナイコーテキ　内向的 →95
ナーバス　nervous →9	ナイコク　内国 →8
ナイ　無い　ナカッタ, ナク, ナクテ,	ナイサイ　内済, 内妻, 内債 →8
ナケレバ, ナシ →52	ナイザイ　内在 →8
……ナイ; ……ナイ　〔助動〕(ナカナ	ナイシ　乃至 →65　内侍 →7
イ　泣か~, ヨマナイ　読ま~) →83	ナイジ, ナイジ　内示 →7
ナイアガラ　Niagara〖滝〗→21	ナイジ　内耳 →7
ナイイ　内意 →7	ナイシキョー　内視鏡 →14
ナイーブ　naive →9	ナイジェリア, ナイジェリア　Nigeria
ナイイン　内院, 内因 →8	〖国〗→21
ナイエン　内縁, 内苑 →8	ナイジエン　内耳炎 →14
ナイオー　内応 →8	ナイシツ　内室(ゴナイシツ　御~)
ナイカ, ナイカ　内科 →7	→8, 92
ナイカイ　内海 →8	ナイジツ　内実 →8
ナイガイ　内外 →18	ナイシドコロ　内侍所 →12
ナイカク　内角, 内郭 →8	ナイジュ, ナイジュ　内需 →7
ナイカク　内閣 →8	ナイシュー　内周 →8
ナイカクカンボー　内閣官房 →16	ナイシューゲン　内祝言 →15
ナイカク・カンボーチョーカン　内閣	ナイシュッケツ　内出血 →15
官房長官 →97	ナイショ　内証, 内緒 →8d
ナイカク・ソーリダイジン　内閣総理	ナイジョ　内助 →7
大臣 →97	ナイショー, ナイショー　内証 →8
ナイカクフ, ナイカクフ　内閣府	ナイジョー　内情 →8
→14c	ナイショク　内職 →8
ナイカク・フシンニンアン　内閣不信	ナイショゴト, ナイショゴト　内証
任案 →97	事, 内緒事 →12
ナイガシロ, ナイガシロ　蔑 →19d	ナイショバナシ　内証話, 内緒話 →12
ナイカン　内観, 内患 →8	ナイシン　内申, 内診, 内心〖数学〗→8
ナイキ, ナイキ　内規 →7	ナイシン, 《古は　ナイシン》　内心(=心
ナイギ　内儀(オナイギ　御~) →7, 92	中) →8
ナイキョク　内局 →8	ナイジン, 《古は　ナイジン》　内陣 →8
ナイキン　内勤 →8	ナイシンショ, ナイシンショ　内申書
ナイグー, ナイクー　内宮 →8	→14
ナイクン　内訓 →8	ナイシンノー　内親王 →15
ナイケイ　内径 →8	

￣は高い部分　¨と¨は高低が変る部分　┐は次が下がる符号　→は法則番号参照

649 　ナイス──ナエドコ

ナイス	nice(～だ) →9	ナイフン	内紛 →8
ナイセイ★	内省, 内政 →8	ナイブン	内分・内聞(ゴナイブンニ 御～に) →8, 92
ナイセイ★カンショー	内政干渉 →15		
ナイセツ	内接〖数学〗→8	ナイブンピ	内分泌 →15
ナイセン	内戦, 内線 →8	ナイヘキ	内壁 →8
ナイソー	内争, 内装 →8	ナイホー	内報, 内包, 内方 →8
ナイゾー	内蔵, 内臓 →8	ナイマク, ウチマク	内幕 →8
ナイゾージボー	内臓脂肪 →15	ナイマゼ	綯い交ぜ →5
ナイター	nighter〔和〕→9	ナイミツ	内密 →8
ナイダイジン	内大臣 →15	ナイム	内務 →7
ナイダク	内諾 →8	ナイムショー	内務省 →14
ナイタツ	内達 →8	ナイメイ★	内命 →8
ナイダン	内談 →8	ナイメン, ナイメン	内面 →8
ナイチ	内地 →7	ナイメンテキ	内面的 →95
ナイチマイ	内地米 →14	ナイモノネダリ	無い物ねだり →13
ナイチンゲール	nightingale〖鳥〗→9 Nightingale〖人〗→22	ナイヤ	内野 →7
		ナイヤク	内約 →8
ナイツー	内通 →8	ナイヤシュ	内野手 →14
ナイテイ★	内定, 内偵, 内廷 →8	ナイユー	内憂(～外患) →8
ナイテキ	内敵 →8 内的 →95	ナイユーセイ★	内遊星 →15
ナイト	knight, night →9	ナイヨー	内用, 内容 →8
ナイトー	内藤〖姓〗→22	ナイヨーショーメイ★	内容証明 →15
ナイトガウン	nightgown →16	ナイヨーミホン	内容見本 →15
ナイトキャップ	nightcap →16	ナイヨーヤク	内用薬 →14a
ナイドキン	内帑金 →14	ナイラン	内覧, 内乱 →8
ナイトクラブ	nightclub →16	ナイリク	内陸 →8
ナイトゲーム	night game →16	ナイリンザン	内輪山 →14a
ナイトショー, ナイトショー	night show〔和〕→16	ナイルガワ	Nile 川 →12
		ナイレ	名入れ →5
ナイナイ	内内 →11, 68	ナイロン	nylon →9
ナイナイ	無い無い〖児〗(～する) →11	ナイワクセイ★	内惑星 →15
ナイネンキカン, ナイネンキカン	内燃機関 →15	ナイワン	内湾 →8
		ナイン	nine →9
ナイヒ	内皮 →7	ナウ	綯う →43
ナイフ	knife →9	ナウイ	ナウい〖俗〗＜now い →53
ナイブ	内部 →7	ナウテ	有名(～の人) →5
ナイフク	内福, 内服 →8	ナエ	苗 →1
ナイフクヤク	内服薬 →14	ナエギ, ナエギ	苗木 →4
ナイブヒバク	内部被曝 →15	ナエドコ	苗床 →4

ガギグゲゴは鼻濁音　カタカナ細字は母音の無声化　★は長音にもなる符号

ナエル──ナカゴロ　　650

ナエル　萎える →43
ナオ　猶,尚 →61, 65
ナオエツ, ナオエツ　直江津〖地〗→21
ナオカツ　尚且つ →67
ナオキショー　直木賞 →14
ナオザムライ　直侍〖歌舞伎〗→12
ナオサラ,《古は ナオサラ》　尚更
　→67
ナオザリ　等閑(~にする) →5
ナオシ　直し〖名〗→2
ナオシモノ, ナオシモノ, ナオシモノ
　直し物 →12
ナオス　直す,治す　ナオサナイ, ナオ
　ソー, ナオシマス, ナオシテ, ナオ
　セバ, ナオセ →44
ナオナオ　尚尚,猶猶 →68
ナオナオガキ　尚尚書 →13
ナオノコト　尚の事 →71
ナオマタ　尚又 →67
ナオモ　尚も →67
ナオライ　直会 →13d
ナオリ　直り,治り(~が早い) →2
ナオル　直る,治る　ナオラナイ, ナオ
　ロー, ナオリマス, ナオッテ, ナオ
　レバ, ナオレ →44
ナオレ, ナオレ　名折れ →5
ナカ　中,仲《吉原も》→1
ナガ　長(=長いこと。~のいとま)→51
　長<長裃ながかみしも・長袴ながばかま →10
ナガアミ　長編 →5
ナガアメ, ナガアメ　長雨 →5
ナカイ　中井〖地〗→21
ナカイ,《古は ナガイ》　仲居(~さん)
　→5
ナガイ　永井・長井〖姓〗→22
　~・カフー, ナガイカフー　永井荷
　風 →24, 27
ナガイ　長い　ナガカッタ, ナガク,
　ナガクテ,《新は ナガクテ》, ナガケ

レバ, ナガシ →52
ナガイ, ナガイ　長居 →5
ナガイキ, ナガイキ　長生き →5
ナガイス　長椅子 →15
ナガイタ　長板 →5
ナガイメ　長い目(~で見る) →19
ナガイモ　長芋 →5
ナカイリ, ナカイリ,《新は ナカイリ》
　中入り →5
ナガウタ　長唄 →5
ナガウタ　長歌 →5
ナカウチ, ナカウチ　中打ち →5
ナカウリ　中売り →5
ナガエ　長柄,轅 →5
ナガオイ, ナガオイ　長追い →5
ナガオカ　長岡〖地〗→21
ナガオシ　長押し →5
ナカオチ, ナカオチ, ナカオチ　中落
　ち(かつおの~)→5
ナガオドリ　長尾鶏 →12
ナカオモテ　中表 →12
ナカオレ　中折<中折帽子 →10
ナカオレボー, ナカオレボー　中折れ
　帽<ナカオレボーシ　中折れ帽子
　→14, 15
ナカガイ, ナカガイ　仲買 →5
ナカガイニン, ナカガイニン　仲買人
　→14b
ナガガミシモ　長裃 →12
ナカガワ　中側 →4
ナカガワ　中川〖川・姓〗→12, 22
ナガキ　長き(~にわたって)→51
ナガギセル　長煙管 →16
ナガグツ　長靴 →5
ナカグロ　中黒 →5
ナカゴ, ナカゴ　中子(刀の~,重箱の
　~)→4
ナガコージョー　長口上 →15
ナカゴロ, ナカゴロ　中頃 →4

￣は高い部分　˙˙と˙˙は高低が変る部分　「は次が下がる符号　→は法則番号参照

651　　ナガサ──ナガナガ

ナガサ　長さ →93

ナガサキ　長崎〖地〗 →21

ナガサキケン, ナガサキケン　長崎県 →14c

ナガサキシ, ナガサキシ　長崎市 →14c

ナカザワ　中沢〖姓〗 →22

ナガシ　仲仕

ナガシ　流し(あんま・新内・タクシー・琴・能・華道・湯屋の〜) →2

ナガジ　流し(台所・井戸端の〜) →2

ナガシアミ, ナガジアミ　流し網 →12

ナガシイタ　流し板 →12

ナガジカク　長四角 →15

ナカジキ　中敷 →5

ナカジキリ　中仕切り →13

ナガシコム, ナガシコム　流し込む →45

ナガシダイ　流し台 →14

ナガシバ　流し場 →12

ナガジバン, ナガジュバン　長襦袢 →16

ナカジマ　中島〖姓も〗 →4, 22

ナガシ・ミジカシ,《新は 〜・ミジカシ》　長し短し →97

ナカジメ　中締め →5

ナガシメ, ナガジメ　流し目 →12

ナガシモト, ナガシモト　流し元 →12

ナカス　中州(洲) →4

ナカズ　中洲〖地〗 →21

ナガス　流す　ナガサナイ, ナガソー, ナガシマス, ナガシテ, ナガセバ, ナガセ →44

ナガスクジラ　長須鯨 →12

ナカズトバズ　鳴かず飛ばず →98

ナガズボン　長ズボン＜長 jupon〖仏〗 →16

ナカズリ　中吊り →5

……ナカセ　…泣かせ(イシャナカセ

医者〜, オヤナカセ　親〜) →13

ナカセキ　中席〖寄席〗 →8

ナカセル　泣かせる(〜話) →83

ナカセンドー,《古は ナカセンドー》　中仙(山)道 →17

ナカゾコ　中底〖鍋〗 →4

ナガソデ, ナガソデ　長袖 →5

ナカゾラ　中空 →4

ナガゾリ, ナガゾリ　中剃り →5

ナカタ, ナカダ　中田〖姓〗 →22

ナガタ　永田・長田〖姓〗 →22

ナカダカ　中高 →5

ナカダガイ　仲違い →13

ナカダチ, ナカダチ　仲立 →5

ナガタチョー　永田町〖地〗 →14

ナガタビ, ナガタビ　長旅 →5

ナガタラシイ★, ナガッタラシイ★　長(っ)たらしい →96d

ナカダルミ, ナカダルミ　中弛み →13

ナガダンギ　長談義 →15

ナガチョーバ, ナガッチョーバ　長(っ)丁場 →12d

ナカツギ, ナカツギ, ナカヅギ　中継ぎ →5

ナガツキ　長月 →5

ナカツギボーエキ　中継ぎ貿易 →15

ナガツズキ　長続き →13

ナガッチリ, ナガッチリ　長っ尻〖俗〗 →5d

ナガッポソイ　長っ細い →54d

ナカテ, ナカテ　中手, 中稲 →4

ナガデンワ　長電話 →15

ナガト　長門(〜の国) →21

ナカドーリ　中通り →12

ナカトジ　中綴じ →5

ナカナオリ　仲直り →13

ナカナカ　中中(〜良い, 〜できない) →68

ナガナガ　長長(=長い様子。〜と寝そべ

ガギグゲゴは鼻濁音　カタカナ細字は母音の無声化　★は長音にもなる符号

ナガナガ──ナガヤミ　652

る) →57

ナガナガ, ナガナガ　長長(=長い時間。~お世話になった) →57
ナガナキ, ナガナキ　長鳴き →5
ナガナキドリ　長鳴鳥 →12
ナニモ　中にも →67
ナカニワ, ナカニワ　中庭 →4
ナカニワ　中には →67
ナカヌキ, ナカヌキ　中抜き →5
ナカヌリ, ナカヌリ, ナカヌリ　中塗り →5
ナガネ　中値 →4
ナガネギ, ナガネギ　長葱 →5
ナガネン　長年 →8
ナカノ　中野〖地・姓〗→21, 22
ナガノ, ナガノ　長の・永の(~年月) →63
ナガノ, 《もと ナガノ》　長野〖地〗→21
ナガノ　永野・長野〖姓〗→22
ナカノオーエノ・オージ, ナカノオーエノオージ　中大兄皇子 →27, 97, 99
ナカノク　中野区 →14
ナガノケン　長野県 →14
ナガノシ　長野市 →14
ナカノマ　中の間 →19
ナカバ, ナカバ, ナカバ　半ば →4
ナガバカマ　長袴 →12
ナカバスギ, ナカバスギ　半ば過ぎ →38
ナカバタラキ　仲働き →13
ナガバナシ　長話 →12
ナカビ　中日 →4
ナカビク　中低 →5
ナガビク　長引く →46
ナガビツ　長櫃 →5
ナガヒバチ　長火鉢 →15
ナカブタ　中蓋 →4
ナガブロ　長風呂 →5
ナガホソイ, ナガッポソイ　長(っ)細い

→54d

ナカホド, ナカホド　中程 →4
ナカボネ　中骨 →4
ナカマ　仲間(オナカマ 御~) →4, 92
ナカマイリ　仲間入り →13
ナカマウチ　仲間内 →12
ナガマク　中幕 →8
ナカマハズレ　仲間外れ →13
ナカマワレ　仲間割れ →13
ナガミ　中身 →4
ナカミセ　仲見世(浅草の~) →4
ナガミチ, ナガミチ　長路 →5
ナガムシ　長虫(=蛇) →5
ナカムラ　中村〖姓〗→22
　~(・)ウタエモン, ~(・)ウタエモン　~歌右衛門 →26b, 27
　~(・)カンザブロー　~勘三郎 →26, 27
　~・キチエモン, ~(・)キチエモン　~吉右衛門 →26, 27
　~(・)ジガン　~芝翫 →24c, 27
　~(・)トキゾー　~時蔵 →25, 27
　~(・)フクスケ　~福助 →25, 27
ナカムラヤ　中村屋〖歌舞伎など〗→94
ナガメ　眺め →2
ナガメ, ナガメ　長目 →93
ナカメグロ　中目黒〖地〗→21
ナガメル　眺める　ナガメナイ, ナガメヨー, ナガメマス, ナガメテ, ナガメレバ, ナガメロ →44
ナガモチ, ナガモチ　長持ち(~がする),長持〖家具〗→5
ナガモノガタリ　長物語 →12
ナガヤ　長屋 →5
ナガヤズマイ　長屋住まい →13
ナカヤスミ　中休み →12
ナカヤマ　中山〖地・姓〗→21, 22
ナガヤミ　長病み →5

─は高い部分　┈と┄は高低が変る部分　┐は次が下がる符号　→は法則番号参照

ナガヤモン　長屋門　→14
ナガユ　長湯　→5
ナガユビ　中指　→4
ナカユルシ　中許し〖伝授〗　→13
ナカヨシ　仲好し(〜こよし)　→5
ナガヨジョー　長四畳　→39
ナガラ, ナカラ　半　→94
……ナガラ; ……ナガラ　〖助〗(ナキナガラ 泣き〜, ヨミナガラ 読み〜)　→72
……ナガラ, ……ナガラ　〖助〗(テキナガラ, テキナガラ 敵〜, オンナナガラ, オンナナガラ 女〜, ザンネンナガラ, ザンネンナガラ 残念〜)　→71
ナガラエル, ナガラエル　長らえる, 存える　→44b
ナガラガワ　長良川　→12
ナガラク　長らく　→61
ナガラゾク　ながら族　→14
ナガレ, 《古は ナカレ》　勿れ　→51
ナガレ　流れ　→2
ナガレオチル, ナガレオチル　流れ落ちる　→45
ナガレガイサン　流れ解散　→15
ナガレギ　流れ木　→12
ナガレコム, ナガレコム, 《古・強はナガレコム》　流れ込む　→45
ナガレサギョー　流れ作業　→15
ナガレズクリ　流れ造り〖屋根〗　→13
ナガレダス, ナガレダス, 《古・強はナガレダス》　流れ出す　→45
ナガレダマ, ナガレダマ　流れ弾　→12
ナガレツク, ナガレツク, 《古・強はナガレツク》　流れ着く　→45
ナガレデル, ナガレデル　流れ出る　→45
ナガレボシ　流れ星　→12
ナガレモノ, ナガレモノ, ナガレモノ　流れ者　→12
ナガレヤ　流れ矢　→12
ナガレル　流れる　ナガレナイ, ナガレヨー, ナガレマス, ナガレテ, ナガレレバ, ナガレロ　→43
ナガローカ　長廊下　→15
ナガワキザシ　長脇差　→12
ナガワズライ　長患い　→13
ナカワタ　中綿　→4
ナカンズク,《新は ナカンズク》　就中　→67
ナキ　泣き(〜をみせる), 鳴き　→2
ナキ　無き(〜に等しい), 亡き(〜者)　→51
ナギ　梛(〜の木)　→1
ナギ　凪　→2
ナキアカス　泣き明かす　→45
ナキオトコ　泣き男　→12
ナキオトシ　泣き落し　→13
ナキオトシセンジュツ　泣落し戦術　→15
ナキオトス　泣き落す　→45
ナキオンナ　泣き女　→12
ナキガオ, ナキガオ　泣き顔　→5
ナキカズ　亡き数(〜にいる)　→19
ナキカナシム　泣き悲しむ　→45
ナキガラ　亡骸　→5
ナキカワス　鳴き交す　→45
ナキクズレル　泣き崩れる　→45
ナキクラス　泣き暮す　→45
ナキクルウ　泣き狂う　→45
ナキゴエ, ナキゴエ　泣き声, 鳴き声　→5
ナキゴト　泣き言　→5
ナキコム　泣き込む　→45
ナギサ,《古は ナギサ, ナギサ》　渚, 汀　→1
ナキサケブ　泣き叫ぶ　→45
ナキシキル　鳴き頻る　→45

ガギグゲゴは鼻濁音　カタカナ細字は母音の無声化　★は長音にもなる符号

ナキシズ──ナゲイレ　654

ナキシズム　泣き沈む →45	ナキワメク　泣き喚く →45
ナキジャクル　泣き嚔る →45	ナキワライ　泣き笑い →13
ナキジョーゴ　泣き上戸 →15	ナク　泣く,鳴く,啼く　ナカナイ, ナ
ナキスガル　泣き縋る →45	コー, ナキマス, ナイテ, ナケバ,
ナキスナ　鳴き砂 →5	ナケ →43
ナギタオス, ナギタオス　薙ぎ倒す	ナグ　凪ぐ,和ぐ,薙ぐ →43
→45	ナグサミ　慰み →2
ナキダス　泣き出す,鳴き出す →45	ナグサミゴト　慰み事 →12
ナキタマ　亡き魂 →19	ナグサミモノ　慰み者,慰み物 →12
ナキツク　泣き付く →45	ナグサム, ナグサム　慰む →43
ナキツラ, ナキッツラ　泣き(っ)面	ナグサメ　慰め →2
→5d	ナグサメガオ, ナグサメガオ　慰め顔
ナキドコロ　泣き所(弁慶の~) →12	→12
ナキナキ, ナキナキ　泣き泣き →68	ナグサメル, ナグサメル　慰める →44
ナギナタ, ナギナタ　薙刀 →5	ナクシモノ　無くし物 →12
ナギナタホーズキ　薙刀酸漿 →12	ナクス　無くす,亡くす →48
ナキニシモ・アラズ　無きにしも非ず	ナクスル　無くする,亡くする →48
→97	ナクナク, ナグナク　泣く泣く →68
ナキヌレル　泣き濡れる →45	ナクナス　無くなす,亡くなす →49
ナキネイリ, ナキネイリ, ナキネイリ	ナクナル　無くなる,亡くなる →49
泣き寝入り →13	ナクモガナ　無くもがな →74
ナキノナミダ　泣きの涙 →99	ナグリアイ　殴り合い →13
ナギハラウ, ナギハラウ　薙ぎ払う	ナグリガキ　殴り書き →13
→45	ナグリコミ　殴り込み →13
ナキハラス　泣き腫らす →45	ナグリコム, ナグリコム,《古・強は
ナキヒト　亡き人 →19	ナグリコム》　殴り込む →45
ナキフス　泣き伏す →45	ナグリツケル, ナグリツケル,《古・強
ナキベソ　泣きべそ(~をかく) →5	は ナグリツケル》　殴り付ける →45
ナキボクロ　泣き黒子 →12	ナグリトバス, ナグリトバス,《古・強
ナキマネ　泣き真似 →5	は ナグリトバス》　殴り飛ばす →45
ナキミソ　泣き味噌 →95	ナグル　殴る,擲る　ナグラナイ, ナグ
ナキムシ, ナキムシ　泣き虫 →5	ロー, ナグリマス, ナグッテ, ナグ
ナキモノ　亡き者(~にする) →19	レバ, ナグレ →43
ナキヤム　泣き止む,鳴き止む →45	ナゲ, ナゲ　無げ(人も~な,事も~に)
ナギョー　な行 →8	→93
ナキヨリ　泣き寄り(親ﾞは~) →5	ナゲ　投げ(~を打つ) →2
ナキリボーチョー, ナッキリボーチョ	ナゲイレ　投入れ〖生け花〗 →5
ー　菜(っ)切り包丁 →15d	ナゲイレル, ナゲイレル　投げ入れる
ナキワカレ　泣き別れ →13	→45

‾ は高い部分　˙˙˙ と ˙˙˙ は高低が変る部分　⌐ は次が下がる符号　→ は法則番号参照

ナゲウツ，ナゲウツ 擲つ →45	**ナコード** 仲人 →4
ナゲウリ 投げ売り →5	**ナコードグチ** 仲人口 →12
ナゲカケル，ナゲカケル 投げ掛ける →45	**ナコソ** 勿来〖地〗(〜の関) →21
ナゲカワシイ 嘆(歎)かわしい →53	**ナゴム** 和む →44
ナゲキ 嘆(歎)き →2	**ナゴヤ** 名古屋〖地〗 →21
ナゲキス，ナゲキッス 投げkiss →16	**ナゴヤオビ** 名古屋帯 →12
ナゲク 嘆(歎)く **ナゲカナイ，ナゲコー，ナゲキマス，ナゲイテ，ナゲケバ，ナゲケ** →43	**ナゴヤカ** 和やか →55
	ナゴヤシ 名古屋市 →14
	ナゴヤジョー 名古屋城 →14
ナゲクビ 投げ首(思案〜) →5	**ナゴリ，ナゴリ** 名残，余波 →2
ナゲコミ 投げ込み →5	**ナゴリオシイ** 名残惜しい →54
ナゲコミデラ 投込み寺 →12	**ナゴリキョーゲン** 名残狂言 →15
ナゲコム，《新は ナゲコム》 投げ込む →45	**ナゴリノツキ** 名残の月 →19
ナゲシ 長押 →1	**ナサ** 無さ(意気地じの〜) →93　NASA (=米国航空宇宙局) →16
ナゲシマダ 投げ島田 →12	
ナゲステル，ナゲステル 投げ捨てる →45	**ナサケ** 情 →1
	ナサケゴコロ 情心 →12
ナゲセン，ナゲセン 投げ銭 →8	**ナサケシラズ** 情知らず →13
ナゲダス，《新は ナゲダス》 投げ出す →45	**ナサケナイ** 情無い →54
	ナサケブカイ 情深い →54
ナゲツケル，ナゲツケル 投げ付ける →45	**ナサケヨーシャ** 情容赦(〜も無い) →18
ナゲット nugget →9	**ナザシ** 名指し(**オナザシ** 御〜) →5, 92
ナゲトバス，ナゲトバス 投げ飛ばす →45	
	ナザシニン，ナザシニン 名指人 →14
ナケナシ，《古は ナケナシ》 (〜の金) →19	**ナザス** 名指す →46
	ナサヌ(·)ナカ 生さぬ仲 →97, 98
ナゲナワ 投げ縄 →5	**ナサル** 為さる →44
ナゲブシ，ナゲブシ 投節 →5	**ナシ** 無し，亡し →51
ナゲブミ，ナゲブミ 投げ文 →5	**ナシ，《新は ナシ》** 梨 →1
ナゲモノ 投物 →5	**ナシクズシ** 済崩し →13
ナゲヤリ 投げ遣り(〜にする) →5	**ナシジ** 梨子地 →7
ナケル 泣ける →44	**ナシトゲル，ナシトゲル** 為し遂げる →45
ナゲル 投げる **ナゲナイ，ナゲヨー，ナゲマス，ナゲテ，ナゲレバ，ナゲロ** →43	
	ナシノツブテ，ナシノツブテ 梨の礫 →98
	ナジミ 馴染(**オナジミ** 御〜) →2, 92
ナゲワザ 投技 →5	**ナジミキャク** 馴染客 →14
	ナジミブカイ 馴染深い →54

ガギグゲゴは鼻濁音　カタカナ細字は母音の無声化　★は長音にもなる符号

ナジム　馴染む →45d
ナショナリスト　nationalist →9
ナショナリズム　nationalism →9
ナショナルトラスト　national trust →16
ナジル　詰る →43
ナス,《新は ナス も》 那須〘地〙 →21
　ナスノヨイチ　～余一 →25, 27
ナス　成す, 生す, 作す, 為す, 済す →44
　茄子 →1　<ボーナス bonus →10, 9
ナズク　名付く →46
ナズケ,《新は ナズケ》 名付け, 菜漬 →5
ナズケオヤ, ナズケオヤ　名付親 →12
ナズケル　名付ける →46
ナスコン　茄子紺 →8
ナズナ　薺〘植〙 →1
ナスビ　茄子〘西日本方言〙 →1
ナズム　泥む →43
ナスリツケル, ナスリツケル,《古・強は ナスリツケル》 擦り付ける →45
ナスル　擦る →43
ナゼ　何故 →64
ナゼナラ　何故なら →67
ナゼル　撫ぜる ⇒ナデル
ナゾ　謎 →1
……なぞ　〘助〙 ⇒……ナド
ナゾカケ, ナゾカケ　謎掛 →5
ナゾナゾ　謎謎 →11
ナゾメク　謎めく →46
ナゾラエル, ナゾラエル　準える →43b
ナゾル　擦る →43
ナタ　鉈(～をふるう) →1
ナダ　灘《地も》(～の生一本) →1, 21
……ナダ　…灘(ハリマナダ 播磨～, ゲンカイナダ 玄界～) →12b
ナダイ　名題, 名代 →8
ナダイカンバン　名題看板 →15
ナダイシタ　名題下 →12
ナダイヤクシャ　名題役者 →15
ナダカイ　名高い →54
ナダタル　名だたる →63
ナタデココ　nata de coco →9
ナタネ　菜種 →4
ナタネアブラ　菜種油 →12
ナタネズユ　菜種梅雨 →12
ナタマメ　鉈豆 →4
ナタマメギセル　鉈豆煙管 →16
ナダメル　宥める →43
ナダラカ →55
ナダレ,《新は ナダレ》 傾れ, 雪崩 →2
ナダレコム, ナダレコム,《古・強は ナダレコム》 傾れ込む →45
ナダレル　傾れる, 雪崩れる →43
ナチ　那智〘地〙 →21　Nazi〔独〕 →9
ナチス　Nazis〔独〕 →9
ナチズム　Nazism →9
ナチノタキ　那智の滝 →98
ナチュラリスト　naturalist →9
ナチュラル　natural →9
ナツ,《女名は ナツ》 夏 →1, 23
ナツイン　捺印 →8
ナツオビ　夏帯 →4
ナツガケ　夏掛け →5
ナツカシイ★　懐かしい →53
ナツカシガル　懐かしがる →96
ナツカシム　懐かしむ →44
ナツカゼ　夏風邪 →4
ナツガタ　夏型 →4
ナツガレ　夏枯れ →5
ナツカン　夏柑 →8
ナツギ　夏着 →5
ナツキョーゲン　夏狂言 →15
ナツク, ナツク,《古は ナツク》 懐く →43c
ナツクサ　夏草 →4
ナツグモ　夏雲 →4

657　　ナックル──ナド

ナックル ＜knuckle ball →9	ナツマケ 夏負け →5
ナツゲ 夏毛 →4	ナツマツリ 夏祭 →12
ナツコ 夏子〖女名〗→25	ナツマツリ・ナニワカガミ 夏祭浪花鑑〖浄瑠璃・歌舞伎〗→97
ナツゴ, ナヅゴ 夏子,夏蚕 →4	ナツミカン 夏蜜柑 →15
ナツゴダチ 夏木立 →12	ナツムキ 夏向き →5
ナツゴロモ 夏衣 →12	ナツメ 棗 →1
ナツサク 夏作 →8	ナツメク 夏めく →96
ナツザシキ 夏座敷 →12	ナツメグ, ナッツメッグ nutmeg →16
ナツジカン 夏時間 →15	ナツメ(・)ソーセキ 夏目漱石 →22, 24, 27
ナツジバイ 夏芝居 →12	
ナツジャワン 夏茶碗 →15	ナツメヤシ 棗椰子 →15
ナッショ 納所 →7	ナツメロ 懐メロ〖俗〗＜懐かしの melody →10
ナッショボーズ 納所坊主 →15	
ナッシング nothing →9	ナツモノ 夏物 →4
ナツスガタ 夏姿 →12	ナツヤサイ 夏野菜 →15
ナツゼミ 夏蟬 →4	ナツヤスミ 夏休み →12
ナッセン, ナセン 捺染 →8d	ナツヤセ 夏痩せ →5
ナツゾラ, ナツゾラ 夏空 →4	ナツヤマ 夏山 →4
ナツダイコン 夏大根 →15	ナデアゲル, ナデアゲル 撫で上げる →45
ナツダヨリ 夏便り →12	
ナッツ nuts(～を食べる) →9	ナデオロス, ナデオロス 撫で下す(胸を～) →45
ナツッコイ 懐っこい →96d	
ナッツバキ 夏椿 →12	ナデガタ, ナデガタ 撫肩 →5
ナット nut(～で締める) →9	ナデギリ 撫切(斬)り →5
ナットー 納豆 →8	ナデシコ 撫子〖植〗→19c
ナットーヤ 納豆屋 →94	ナデツケ 撫付け →5
ナットク 納得 →8	ナデツケガミ 撫付髪 →12
ナツドリ, ナツドリ 夏鳥 →4	ナデツケル, ナデツケル 撫で付ける →45
ナツバ 夏場 →4	
ナッパ 菜っ葉 →4d	ナデビン 撫で鬢 →8
ナツバオリ 夏羽織 →12	ナデボトケ 撫で仏 →12
ナツバショ 夏場所 →15	ナデマワス, ナデマワス 撫で回す →45
ナツバテ 夏ばて〖俗〗→5	
ナッパフク 菜っ葉服 →14	ナデモノ 撫で物 →5
ナツビ 夏日 →4	ナデル 撫でる →43
ナツフク 夏服 →8	……ナド; ……ナド …等〖助〗(ナク ナド 泣く～, ヨムナド 読む～, アカ イナド 赤い～, シロイナド 白い～)
ナップザック, (ナップザック) Knappsack〖独〗→16	
ナツフユ 夏冬 →18	

ガギグゲゴは鼻濁音　カタカナ細字は母音の無声化　★は長音にもなる符号

ナド──ナナビョ　　658

→72, 74b

……ナド; ……ナド; ……ナド　…等〖助〗(トリナド 鳥~, ハナナド 花~, アメナド 雨~) →71

ナトー　NATO(=北大西洋条約機構) →16

ナドコロ　名所 →12

ナトリ, ナトリ　名取り →5

ナトリューム, ナトリウム　Natrium〔独〕→9

ナナ　七(~・八㌍) →30

なな……　七… ⇨しち……

ナナイロ　七色 →33

ナナイロトーガラシ　七色唐辛子 →17

ナナエ　七重(~・八重) →33

ナナエン　七円 →34

ナナカイ　七階 →34

ナナカイ　七回 →34

ナナガゲツ　七箇月 →39

ナナガマド　七竈〖植〗→33

ナナクサ　七草, 七種 →33

ナナクサガユ　七種粥 →12

ナナクセ　七癖(無くて~) →33

ナナコ　魚子, 斜子 →19d

ナナコマチ　七小町〖箏〗→33

ナナコロビ・ヤオキ,《新は ナナコロビ・~》七転び八起き →39

ナナサイ　七歳 →34

ナナシ, ナナシ　名無し →5

ナナジッサイ, ナナジュッサイ,《新は ナナジッサイ, ナナジュッサイ》七十歳 →35da

ナナシノゴンベー　名無しの権兵衛 →27

ナナシャク　七尺, 七勺 →34

ナナジュー　七十 →31

ナナジューエン,《新は ナナジューエン》七十円 →35a

ナナジューニン,《新は ナナジューニ ン》七十人 →35a

ナナジューネン,《新は ナナジューネン》七十年 →35a

ナナジューマン,《新は ナナジューマン》七十万 →32a

ナナショク　七色 →34

ナナスン　七寸 →34

ナナゼン　七千 →31

ナナセンエン　七千円 →35

ナナセンニン　七千人 →35

ナナソジ　七十路 →33

ナナタビ　七度 →33

ナナチョーメ, ナナチョーメ　七丁目 →38

ナナツ　七つ →30

ナナツキ　七月 →33

ナナツサガリ　七つ下がり〖時刻・衣など〗→33

ナナツドーグ　七つ道具 →36

ナナツヤッツ　七つ八つ →39

ナナド　七度 →34

ナナトコロ　七所 →33

ナナトセ　七年 →33

ナナナヌカ, ナナナノカ　七七日(=四十九日) →39

ナナバイ　七倍 →34

ナナバン　七番 →34

ナナヒカリ,《新は ナナヒカリ》七光(親の光は~) →33

ナナヒャク　七百 →31

ナナヒャクエン,《新は ナナヒャクエン》七百円 →35

ナナヒャクニン,《新は ナナヒャクニン》七百人 →35

ナナヒャクネン,《新は ナナヒャクネン》七百年 →35

ナナヒャクマン,《新は ナナヒャクマン》七百万 →32

ナナビョー　七秒 →34

￣は高い部分　… と … は高低が変る部分　「は次が下がる符号　→は法則番号参照

ナナフシギ, 《新は **ナナフシギ**》 七不思議 →36

ナナフン 七分 →34

ナナホン 七本 →34

ナナマイ 七枚 →34

ナナマガリ 七曲り →33

ナナマン 七万 →31

ナナメ 斜め →1

ナナメナラズ, **ナナメナラズ** 斜めならず →99,98

ナナメヨミ 斜め読み →13

ナナヤッツ 七八つ(~の子) →39

ナニ 何(=あの物・あの人。~を取ってくれ) →64

ナニ 何(~か、~を言う、~こっちの事さ) →64,66

ナニオ 何を〖感〗 →66

ナニオー 名に負う →99

ナニオカ 何をか(~言わんや) →77

ナニカ 何か →64

ナニガシ, **ナニガシ** 某(何の~) →64

ナニガシ, **ナニガシ** (=何ほどか。~かの金) →3

ナニカシラ, **ナニカシラ** 何かしら →64,67

ナニカト, **ナニカト** 何彼と →67

ナニガ・ナンデモ, **ナニガナンデモ** 何が何でも →97,99

ナニカニ, **ナニカニ** 何彼に(~つけ) →67

ナニカノ, **ナニカノ** 何かの →67

ナニカラ・ナニマデ 何から何まで →97

ナニクソ 何糞〖俗〗 →66

ナニクレ, **ナニクレ** 何呉(~となく) →64

ナニクワヌカオ, **ナニクワヌカオ** 何食わぬ顔 →99,98

ナニゲナイ 何気無い →54

ナニゴコロナク 何心無く →67

ナニゴト 何事 →4

ナニサマ 何様〖名〗(~じゃあるまいし) →94

ナニサマ, **ナニサマ** 何様〖副〗(=いかにも。~そうだ) →61

ナニシオー 名にし負う →99

ナニシニ 何しに(~きた) →64

ナニシロ 何しろ →64

ナニセ, **ナンセ** 何せ〖各地の方言形〗 →64

ナニトゾ 何卒 →64

ナニナニ, **ナニナニ** 何何〖代〗(=何と何) →68

ナニナニ 何何〖感〗(=何事か) →68

ナニビト, **ナンピト** 何人 →64

ナニヒトツ, **ナニヒトツ** 何一つ →64

ナニブン 何分(~にも) →8

ナニボー 何某 →64

ナニホド, **ナニホド** 何程 →64

ナニモ, **ナニモ** 何も →64

ナニモ(･)カモ, **ナニモカモ** 何も彼も →97,98,99

ナニモノ 何物,何者 →64

ナニヤツ, **ナニヤツ** 何奴 →64

ナニユエ, **ナニユエ** 何故 →64

ナニヨービ, **ナンヨービ** 何曜日 →12a

ナニヨリ, **ナニヨリ** 何より →64

ナニワ 難波・浪速〖地〗 →21

ナニワ(･)サテオキ 何は扨置き →97,98

ナニワズ 難波津〖地〗 →21

ナニワ(･)トモアレ 何は兎も有れ →97,98

ナニワ(･)トモカク 何は兎も角 →97,98

ナニワブシ 浪花節 →12

ナヌカ, **ナヌカ** 七日〖名詞的〗(~に行

ガギグゲゴは鼻濁音　カタカナ細字は母音の無声化　★は長音にもなる符号

ナヌカ──ナマキ

く）→33
ナヌカ 七日〖副詞的〗（～行く）→62
ナヌカショーガツ 七日正月 →15
ナヌシ 名主 →4
ナノ nano〖接頭〗→9
ナノカ, ナノカ 七日〖名詞的〗（～に行く）→33
ナノカ 七日〖副詞的〗（～行く）→62
ナノテク ＜ナノテクノロジー nano ＜nanotechnology →9
ナノハ 菜の葉 →19
ナノハナ 菜の花 →19
ナノリ, ナノリ 名乗り →5
ナノリアウ, ナノリアウ 名乗り合う →45
ナノリデル, ナノリデル 名乗り出る →45
ナノル 名乗る →46
ナハ 那覇〖地〗→21
ナバカリ 名ばかり（～の社長）→71
ナハシ 那覇市 →14
ナバタケ 菜畑 →12
ナバナ 菜花 →4
ナビカス 靡かす →44
ナビク 靡く →43
ナビゲーター navigator →9
ナビロメ, ナビロメ 名弘め →13
ナプキン,（ナフキン）napkin →9d
ナフダ 名札 →4
ナフタリン Naphthalin〖独〗→9
ナブリゴロシ, ナブリゴロシ 嬲り殺し →13
ナブリモノ, ナブリモノ, ナブリモノ 嬲り物 →12
ナブル 嬲る →43
ナベ 鍋（オナベ, オナベ 御～）→1, 92
ナベカマ 鍋釜 →18
ナベシキ 鍋敷 →5

ナベズミ, ナベズミ 鍋墨 →4
ナベズル, ナベズル 鍋鉉 →4
ナベズル, ナベズル 鍋鶴 →4
ナベゾコ 鍋底 →4
ナベツカミ 鍋攫み →13
ナベテ 並べて〖副〗→67
ナベブギョー 鍋奉行〖俗〗→15
ナベブタ 鍋蓋 →4
ナベモノ 鍋物 →4
ナベヤキ 鍋焼 →5
ナベヤキウドン 鍋焼饂飩 →15
ナベリョーリ 鍋料理 →15
ナヘン 那辺（～にありや）→64
ナホトカ, ナホトカ Nakhodka〖露〗〖地〗→21
ナポリ Napoli〖伊〗〖地〗→21
ナポリタン napolitain〖仏〗→9
ナポレオン Napoléon〖仏〗〖人〗→22
ナマ 生（オナマ 御～）→1, 92
ナマアクビ 生欠伸 →12
ナマアゲ, ナマアゲ 生揚げ →5
ナマアタタカイ 生暖かい →91
ナマイキ 生意気 →15
ナマイキザカリ 生意気盛り →12
ナマウオ, ナマザカナ 生魚 →4, 12
ナマエ 名前（オナマエ 御～）→4, 92
ナマエマケ 名前負け →13
ナマエンソー 生演奏 →15
ナマオボエ 生覚え →13
ナマガクモン, ナマガクモン 生学問 →15
ナマガシ 生菓子 →15
ナマガジリ, ナマガジリ 生噛り, 生齧り →13
ナマカベ, ナマカベ 生壁 →4
ナマカワ 生皮 →4
ナマガワキ, ナマガワキ 生乾き →13
ナマキ, ナマキ, ナマキ 生木（～を裂く）→4

￣は高い部分 ¨と˙は高低が変る部分 ￬は次が下がる符号 →は法則番号参照

ナマギキ　生聞き →5	ナマチューケイ★　生中継 →15
ナマキズ　生傷(～が絶えない) →4	ナマチョコ　生 choco<chocolate →10
ナマグサ　生臭 →5	ナマッカジリ, ナマッカジリ　生っ噛り・生っ齧り〘俗〙 →13d
ナマグサイ　生臭い →54	
ナマグサボーズ　生臭坊主 →15	ナマッチロイ, ナマッチロイ,《古・強は ナマッチロイ》　生っ白い〘俗〙 →91d
ナマグサモノ　生臭物 →12	
ナマクビ,《古は ナマクビ》　生首 →4	ナマツバ, ナマツバ　生唾 →4
ナマクラ,《古は ナマクラ》　鈍 →55	ナマナカ　生半 →4
ナマクラガタナ　鈍刀 →12	ナマナマ　生生(～と) →57
ナマクリーム　生 cream →16	ナマナマシイ★　生生しい →53
ナマケモノ, ナマケモノ　怠け者,樹懶〘動〙 →12	ナマニエ　生煮え →5
ナマヌル　生温 →5	
ナマケル　怠ける,懈ける →43	ナマヌルイ, ナマヌルイ　生温い →91
ナマコ　生子,海鼠 →4	ナマノミコミ　生呑込み →91
ナマコイタ　海鼠板 →12	ナマハム　生 ham →16
ナマコガタ　海鼠形 →95	ナマハンカ, ナマハンカ,《古・強は ナマハンカ》　生半可 →91
ナマコカベ　海鼠壁 →12	
ナマゴミ, ナマゴミ　生芥 →4	ナマビール　生 bier[蘭] →16
ナマゴメ, ナマゴメ　生米 →4	ナマビョーホー,《古は ナマビョーホー》　生兵法 →15,91
ナマコモチ　海鼠餅 →12	
ナマゴロシ, ナマゴロシ　生殺し →13	ナマブシ　生節 →4
ナマコン　生コン<生 concrete →10	ナマヘンジ　生返事 →15
ナマザカナ　生魚 →12	ナマホーソー　生放送 →15
ナマザケ, ナマザケ　生酒 →4	ナマボシ, ナマボシ　生干し →5
ナマザケ, ナマジャケ　生鮭 →4	ナマミ　生身 →4
ナマジー, ナマジ　愁〘副〙 →61d	ナマミズ　生水 →4
ナマジッカ　愁っか →61d	ナマムギ　生麦 →4
ナマショク　生食(～の牡蠣(かき)) →8	ナマメカシイ★　艶めかしい →96
ナマジロイ　生白い →54	ナマメク　艶めく →96
ナマス, ナマス　膾(オナマス 御～) →1,92	ナマメン, ナマメン　生麺 →8
ナマモノ　生物 →4	
ナマス　炸す(鉄を～) →43	ナマモノシリ　生物知り →91
ナマズ　鯰,癜 →1	ナマヤキ　生焼き →5
ナマズケ　生漬 →5	ナマヤケ　生焼け →5
ナマズヒゲ　鯰髭 →12	ナマヤサイ　生野菜 →15
ナマズメ, ナマズメ　生爪(～をはがす) →4	ナマヤサシイ★, ナマヤサシイ★,《古・強は ナマヤサシイ★》　生易しい →91
ナマタマゴ, ナマタマゴ　生卵 →12	
ナマチ, ナマチ　生血 →4	ナマユデ, ナマユデ　生茹で →5

ガギグゲゴは鼻濁音　カタカナ細字は母音の無声化　★は長音にもなる符号

ナマヨイ──ナメル

ナマヨイ 生酔い →5	ナミトー 並等 →8
ナマリ 鉛 →1 生<ナマリブシ 生節 →10, 12	ナミナミ 並並(~の人間) →11
ナマリ 訛り →2	ナミナミ (酒を~つぐ, ~と) →57
ナマリイロ 鉛色 →12	ナミノコ 波の子〖貝〗 →19
ナマル 訛る、鈍る →44	ナミノハナ 波の花《塩も》 →19
ナマワクチン 生 Vakzin〔独〕 →16	ナミノリ, ナミノリ, 《新は ナミノリ》 波乗り →5
ナミ 並 →2	ナミハズレ 並外れ →13
ナミ 波、浪 →1	ナミハズレル, ナミハズレル 並外れる →46
……ナミ …並(=同類・同等。セケンナミ 世間~, ジューニンナミ 十人~) →95, 38	ナミハバ, ナミハバ 並幅 →4
ナミアシ 並足 →4	ナミヒトトーリ 並一通り(~の) →39
ナミイタ 波板 →4	ナミマ, ナミマ 波間 →4
ナミイル, ナミイル 並み居る →45	ナミマクラ 波枕 →12
ナミウチギワ 波打際 →12	ナミモノ 並物 →4
ナミウツ 波打つ →46	ナミヨケ, ナミヨケ, ナミヨケ 波除け →5
ナミオト, ナミオト 波音 →4	ナム 南無 →66
ナミガシラ 波頭 →12	ナムアミダブツ, ナム・アミダブツ 南無阿弥陀仏 →99, 97
ナミカゼ 波風(~をたてる) →18	ナムサン, ナムサン 南無三 →66
ナミガタ 並型 →4 波形 →95	ナムサンボー, ナムサンボー 南無三宝 →98, 99, 66
ナミキ 並木《姓も》 →5, 22	ナムミョーホーレンゲキョー, ナム・ミョーホーレンゲキョー 南無妙法蓮華経 →99, 97
〜(·)ゴヘイ☆ 〜五瓶 →24, 27	ナムル 〔朝鮮〕 →9
〜(·)ソースケ 〜宗輔 →25, 27	ナメクジ 蛞蝓〖動〗
ナミキミチ 並木道 →12	ナメコ, ナメコ 滑子〖きのこ〗 →5
ナミコ 浪子・波子〖女名〗 →25	ナメシ 菜飯 →4
ナミジ 波路(~はるか) →4	ナメシ 鞣し →2
ナミシブキ 波飛沫 →12	ナメシガワ, ナメシガワ 鞣皮 →12
ナミセイ☆ 並製 →8	ナメス 鞣す →44
ナミダ 涙(お~) →1	ナメズル 舐めずる
ナミダアメ, 《新は ナミダアメ》 涙雨 →12	ナメミソ, ナメミソ 嘗め味噌 →15
ナミタイテイ☆ 並大抵 →18	ナメモノ, ナメモノ 嘗め物 →5
ナミダキン, ナミダキン 涙金 →14	ナメラカ 滑らか →55
ナミダグマシイ☆ 涙ぐましい →53	ナメル 嘗める ナメナイ, ナメヨー, ナメマス, ナメテ, ナメレバ, ナメ
ナミダグム 涙ぐむ →96	
ナミダゴエ 涙声 →12	
ナミダツ 波立つ →46	
ナミダモロイ 涙脆い →54	

￣ は高い部分 ⁼ と ⁚ は高低が変る部分 ⌐ は次が下がる符号 → は法則番号参照

ロ →43

ナヤ 納屋 →4

ナヤマシイ★ 悩ましい →53

ナヤマス 悩ます →44

ナヤミ 悩み →2

ナヤム 悩む ナヤマナイ, ナヤモー, ナヤミマス, ナヤンデ, ナヤメバ, ナヤメ →43

ナヤメル 悩める →44

ナヨタケ 弱竹 →5

ナヨナヨ (〜する, 〜と) →57

ナラ 楢 →1 奈良〖地・時代〗→21

ナライ 習い(世の〜) →2b

ナライゴト, ナライゴト 習い事 →12

ナラウ 習う, 倣う ナラワナイ, ナラオー, ナライマス, ナラッテ, ナラエバ, ナラエ →43

ナラク, 《新は ナラク。劇場のは ナラク》奈落(〜の底) →8

ナラケン 奈良県 →14

ナラシ 均し(=平均。〜百円) →2

ナラシ 奈良市 →14

ナラジダイ 奈良時代 →15

ナラス 鳴らす ナラサナイ, ナラソー, ナラシマス, ナラシテ, ナラセバ, ナラセ →44

ナラス 慣らす, 馴らす, 生らす, 均す →44

ナラズケ 奈良漬 →5

ナラズモノ 破落戸 →12

ナラチョー 奈良朝 →8

ナラナイ (しては〜, 見ては〜) →83

ナラヌ (〜堪忍) →89

ナラビ 並び →2

ナラビダイミョー 並び大名 →15

ナラビダツ 並び立つ(両雄〜) →45

ナラビナイ 並び無い →54

ナラビニ 並びに →67

ナラブ 並ぶ ナラバナイ, ナラボー,

ナラビマス, ナランデ, ナラベバ, ナラベ →43

ナラベタテル 並べ立てる →45

ナラベル 並べる ナラベナイ, ナラベヨー, ナラベマス, ナラベテ, ナラベレバ, ナラベロ →44

ナラボンチ 奈良盆地 →15

ナラワシ, ナラワジ 習わし →2

ナラワス 習わす, 慣わす →44

ナラワセル 習わせる →83

ナリ 鳴り →2

ナリ 生り, 成り, 形(〜が悪い) →2

……ナリ (マガリナリ 曲り〜, ミカズキナリ 三日月〜, イーナリ 言い〜, ヘタナリ 下手〜) →95

……ナリ; ……ナリ 〖助動〗(ナクナリ 泣く〜, ヨムナリ 読む〜) →89

……ナリ; ……ナリ; ……ナリ …也 〖助動〗(トリナリ 鳥〜, ハナナリ 花〜, アメナリ 雨〜) →89

……ナリ; ……ナリ 〖助〗(=…なりと・…するとすぐ。ナクナリ 泣く〜, ヨムナリ 読む〜) →72

……ナリ; ……ナリ; ……ナリ 〖助〗(=…なりと。…でも。トリナリ 鳥〜, ハナナリ 花〜, アメナリ 雨〜) →71

ナリアガリ 成上がり →13

ナリアガリモノ 成上がり者 →12

ナリアガル, ナリアガル 成り上がる →45

ナリカカル, ナリカカル 成り掛かる →45

ナリカワル, ナリカワル 成り代る →45

ナリキル, 《新は ナリキル》 成り切る →45

ナリキン 成金 →8

ナリコマヤ 成駒屋〖歌舞伎〗→94

ナリサガル, ナリサガル 成り下がる

ガギグゲゴは鼻濁音 カタカナ細字は母音の無声化 ★は長音にもなる符号

ナリスマ──ナンイ　664

→45

ナリスマス, ナリスマス　成り済ます →45

ナリタ　成田〚地〛 →21

ナリタクーコー　成田空港(=新東京国際空港) →15

ナリタサン, 《新は ナリタサン》　成田山 →14

ナリタチ　成立ち →5

ナリタツ, 《新は ナリタツ》　成り立つ →45

ナリタヤ　成田屋〚歌舞伎〛 →94

ナリテ　為り手 →5

ナリドシ　生り年 →5

ナリハテル, ナリハテル　成り果てる →45

ナリヒビク　鳴り響く →45

ナリヒラ　業平〚人〛⇒アリワラノ〜

ナリフリ　形振り(〜かまわず) →18

ナリマス　成増〚地〛 →21

ナリモノ　鳴り物 →5

ナリモノ　生り物 →5

ナリモノイリ　鳴り物入り →13

ナリユキ　成行 →5

ナリユク, 《新は ナリユク》　成り行く →45

ナリワイ, ナリワイ　生業

ナリワタル　鳴り渡る →45

ナル　鳴る　ナラナイ, ナロー, ナリマス, ナッテ, ナレバ, ナレ →43

ナル　成る,生る,為る　ナラナイ, ナロー, ナリマス, ナッテ, ナレバ, ナレ →43

ナルカミ　鳴神〚歌舞伎も〛 →19

ナルコ　鳴子 →19

ナルシシズム　narcissism →9

ナルタケ　成丈 →61

ナルト　鳴門〚鳴門海峡・鳴門巻も〛 →19

ナルトカイキョー　鳴門海峡 →15

ナルベク, ナルベク　成可く →67

ナルホド　成程 →61

ナルミジボリ　鳴海絞り →12

ナレ　汝 →64

ナレ　慣れ,熟れ →2

ナレアイ　馴合い →5

ナレアウ, 《新は ナレアウ》　馴れ合う →45

ナレーション, 《新は ナレーション》　narration →9

ナレーター, 《新は ナレーター》　narrator →9

ナレズシ　熟鮨 →5

ナレソメ　馴初め →95

ナレッコ　慣れっこ →94

ナレナレシイ　馴れ馴れしい →53

ナレノハテ, ナレノハテ　成れの果て →19

ナレル　慣れる,馴れる,狎れる,熟れる　ナレナイ, ナレヨー, ナレマス, ナレテ, ナレバ, ナレロ →43

ナワ　縄(オナワ 御〜) →1, 92

ナワアミ　縄編 →5

ナワシロ, 《古は ナワシロ, ナワシロ》　苗代 →4

ナワシロミズ　苗代水 →12

ナワスダレ　縄簾 →12

ナワツキ, ナワツキ　縄付き →5

ナワテ　畷 →4

ナワトビ, ナワトビ　縄跳び →5

ナワヌケ, ナワヌケ　縄脱け →5

ナワノビ, ナワノビ　縄延び →5

ナワノレン　縄暖簾 →15

ナワバシゴ　縄梯子 →12

ナワバリ, ナワバリ　縄張り →5

ナワメ, ナワメ　縄目 →4

ナン　何(〜か, 〜だ) →64d　南,難 →6

naan〔ビン/ジニー〕 →9

ナンイ　南緯 →7　難易 →18　何位

‾ は高い部分　˙˙と˙˙は高低が変る部分　⌐は次が下がる符号　→ は法則番号参照

→38

ナンイド 難易度 →14

ナンエン 何円 →38

ナンオー 南欧〖地〗→21

ナンカ 南下, 軟化 →7

ナンカ 何か(〜下さい) →64

……**ナンカ**; ……**ナンカ**; ……**ナンカ** 〖助〗(**トリナンカ** 鳥〜, **ハナナンカ** 花〜, **アメナンカ** 雨〜) →71

ナンガ 南画 →7

ナンカイ 難解 →8 南海《南海電気鉄道も》→8, 28

ナンカイ, ナンガイ 何階 →38

ナンカイ 何回 →38

ナンカイドー 南海道 →17

ナンカゲツ 何箇月 →39

ナンカショ 何箇所 →39

ナンガツ 何月 →38

ナンカネン 何箇年 →39

ナンカン 難関 →8

ナンガン 南岸 →8

ナンギ, ナンギ 難儀(**ゴナンギ** 御〜) →7, 92

ナンキツ 難詰 →8

ナンキュー 軟球 →8

ナンギョー 難行, 難業 →8

ナンギョークギョー 難行苦行 →99

ナンキョク 難曲, 難局, 南極 →8

ナンキョク 何曲 →38

ナンキョクカイ, ナンキョクカイ 南極海 →14c

ナンキョクケン, ナンキョクケン 南極圏 →14c

ナンキョクセイ, ナンキョクセイ 南極星 →14c

ナンキョクタイリク 南極大陸 →15

ナンキン 軟禁 →8

ナンキン 南京〖地〗→21

ナンキンジョー 南京錠 →14a

ナンキンダマ 南京玉 →12

ナンキンブクロ 南京袋 →12

ナンキンマメ 南京豆 →12a

ナンキンムシ 南京虫 →12a

ナンク 難句 →7

ナンクセ 《古は **ナンクセ** も》難癖 →4

ナングン 南軍 →8

ナンケン 難件 →8

ナンゲン 南限 →8

ナンコ 何個 →38

ナンゴ 難語, 喃語 →7

ナンコー 難航, 軟膏 →8

ナンコー 楠公(=楠木正成くすのきまさしげ) →94

ナンゴー 何号 →38

ナンコーガイ 軟口蓋 →15

ナンコージ 難工事 →15

ナンコーフラク, ナンコーフラク 難攻不落 →99, 98

ナンゴク 南国 →8

ナンコツ 軟骨 →8

ナンサイ 何歳 →38

ナンザン 難産, 南山 →8

ナンシ 南支<南支那 →29

ナンジ 難字 →7

ナンジ, ナンジ 汝 →64 難治 →7

ナンジ 難事 →7 何時 →38

ナンジカン 何時間 →38

ナンシキ 軟式 →95

ナンシキヤキュー 軟式野球 →15

ナンジギョー 難事業 →15

ナンジャク 軟弱 →8

ナンジュー 難渋 →8

ナンジュー 何十 →38

ナンシューガ 南宗画 →14

ナンジューニン, 《新は **ナンジューニン**》何十人 →38a

ナンショ, ナンジョ 難所 →7

ナンジョー, 《新は **ナンジョー**》何畳

ナンショ──ナンナン　666

→38
ナンショク　男色, 難色 →8
ナンジル, ナンジル　難じる →47
ナンシン　南進 →8
ナンスイ　軟水 →8
ナンズル, ナンズル　難ずる →47
ナンセイ　南西, 軟性 →8
ナンセイキ　何世紀 →38
ナンセイショトー　南西諸島 →15
ナンセン　難船, 難戦 →8
ナンゼン　何千 →38
ナンゼンエン　何千円 →38
ナンゼンジ　南禅寺 →14
ナンセンス　nonsense →9
ナンゼンニン　何千人 →38
ナンセンホクバ　南船北馬 →99
ナンゾ　何ぞ →64
ナンダ　何だ(=はばかり・ためらう時にいう。つまり~) →86
ナンダ　何だ(=不明・反発などの時にいう。これは~) →86, 66
ナンタイ　男体 →8
ナンダイ, ナンダイ　難題 →8
ナンダイサン　男体山 →14b
ナンタイドーブツ　軟体動物 →15
ナンダイモン　南大門 →15
ナンダカ　何だか →64
ナンダカンダ　何だかんだ(~言っても) →68
ナンタン　南端 →8
ナンダン　何段 →38
ナンチャクリク　軟着陸 →15
ナンチュー　南中 →8
ナンチョー　軟調, 難聴 →8
ナンチョー, ナンチョー　南朝(↔北朝) →8
ナンチョーメ, ナンチョーメ　何丁目 →38
ナンテ　何て →64, 66

……ナンテ; ……ナンテ　〖助〗(ナクナンテ 泣く~, ヨムナンテ 読む~, アカイナンテ 赤い~, シロイナンテ 白い~) →72, 74b
……ナンテ; ……ナンテ; ……ナンテ　〖助〗(トリナンテ 鳥~, ハナナンテ 花~, アメナンテ 雨~) →71
ナンデ　何で〖副〗 →64
ナンデモ　何でも →64
ナンデモナイ　何でもない →54
ナンデモヤ　何でも屋 →94
ナンテン　南天《植物も》 →8
ナンテン, ナンテン　難点 →8
ナンテン　何点 →38
ナント　何と →64, 66　南都 →7
ナンド　納戸 →4
ナンド　何度 →38　難度 →7
ナンドイロ　納戸色 →12
ナントー　南東 →8　何等 →38
ナントカ　何とか(~して) →64
ナンドキ　何時 →38
ナンドク　難読 →8
ナントナク　何と無く →67
ナントナレバ　何となれば →69
ナントモ　何とも(=何事も。~ない) →64
ナントモ　何とも(=全く・いかにも。~申し訳ない) →64
ナントモナイ　何ともない →54
ナンドヤク, ナンドヤク　納戸役 →14
ナントヤラ　何とやら →64
ナンナク　難無く →67
ナンナラ　何なら →67
ナンナリト　何なりと(~も) →67
ナンナン, ナンナン　喃喃(チョーチョー・~ 喋喋~) →58, 59
ナンナンセイ　南南西 →18
ナンナントー　南南東 →18
ナンナントス　垂んとす →49

￣は高い部分　¨ と ¨ は高低が変る部分　⌐は次が下がる符号　→は法則番号参照

ナンニチ　何日　→38	ナンピョーヨー　南氷洋　→14a
ナンニチゴロ　何日頃　→12	ナンブ　何部　→38
ナンニモ　何にも〖否定表現〗(〜ない)　→64	ナンブ,《旧南部領は　ナンブ》　南部　→7, 21
ナンニョ　男女　→18	ナンプー, ナンプー　南風, 軟風, 難風　→8
ナンニン　何人　→38	ナンブセン　南武線　→14
ナンネン　難燃　→8	ナンブツ　難物　→8
ナンネン　何年　→38	ナンプン　何分　→38
ナンネンセイ★　難燃性　→95	ナンブンガク　軟文学　→15
ナンノ　何の　→64, 66	ナンベイ★　南米〖地〗→21
ナンノ・カノ　何の彼の(〜と)　→97	ナンベン　軟便　→8
ナンノソノ　何のその　→98	ナンベン　何遍　→38
ナンノ・ナニガシ, 〜・ナニガシ　何の某　→97	ナンポー　南方　→8
ナンパ　難破　→7	ナンボク　南北　→18　南北〖人〗⇒ツルヤ〜
ナンパ, ナンパ　軟派(↔硬派)　→7	ナンボクセン　南北線　→14
ナンバー　number　→9	ナンボクセンソー　南北戦争　→15
ナンバープレート　number plate　→16	ナンボクチョー, ナンボクチョー, ナンボクチョー　南北朝　→17
ナンバーワン　number one　→16	ナンボクモンダイ　南北問題　→15
ナンバイ　何倍　→38	ナンボ・ナンデモ　なんぼ何でも　→97
ナンパセン　難破船　→14	ナンボン　何本　→38
ナンバリング,《新は　ナンバリング》　<numbering machine　→9	ナンマイ　何枚　→38
ナンバン, ナンバン　南蛮　→8	ナンマイダブ　「南無阿弥陀仏」の変化した形。→10
ナンバン　何番　→38	ナンマン, ナンマン　何万　→38
ナンバンセン　南蛮船　→14	ナンマンエン　何万円　→38
ナンバンチ　何番地　→38	ナンマンニン　何万人　→38
ナンバンボーエキ　南蛮貿易　→15	ナンミン, ナンミン　難民　→8
ナンビキ　何匹　→38	ナンメン　南面　→8
ナンピト, ナンビト　何人　→64	ナンモン　難問　→8
ナンビャク　何百　→38	ナンモンダイ　難問題　→15
ナンビャクエン,《新は　ナンビャクエン》　何百円　→38	ナンヤカンヤ　何や彼んや(〜言っても)　→68
ナンビャクニン,《新は　ナンビャクニン》　何百人　→38	ナンヤク　難役　→8
ナンビャクネン,《新は　ナンビャクネン》　何百年　→38	ナンヨー　南洋〖地〗→21
ナンビョー　難病　→8	ナンヨービ, ナニヨービ　何曜日　→12a
ナンビョー　何秒　→38	

ガギグゲゴは鼻濁音　カタカナ細字は母音の無声化　★は長音にもなる符号

ナンラ──ニカイ　　　668

ナ̄ンラ, ナ̄ンラ 何等 →64	**ニ̄マクラ** 新枕 →12
ナ̄ンロ 難路 →7	**ニ̄レングス** kneelength →16
	ニインセ̄イ 二院制 →14
	ニ̄ウケ, ニウケ 荷受け →5
	ニ̄ウケニン, ニウケニン 荷受人 →14
	ニ̄ウゴキ 荷動き →13

ニ 煮(〜が足りない) →2	**ニ̄ウマ, ニ̄ンマ** 荷馬 →4
ニ̄ 荷, 丹 →1 二 →30	**ニ̄エ** 煮え, 沸〚刀〛 →2
……ニ …尼(**アブツニ** 阿仏〜) →14	**ニ̄エ** 贄
……ニ; ……ニ̄ 〖助〗(**ナ̄クニ** 泣く〜, **ヨ̄ムニ** 読む〜) →72	**ニエアガル** 煮え上がる →45
……ニ; ……ニ̄; ……ニ 〖助〗(**トリ̄ニ** 鳥〜, **ハナ̄ニ** 花〜, **ア̄メニ** 雨〜) →71	**ニエガエル** 煮え返る →45
	ニエガゲン 煮え加減 →15
	ニエキラナイ 煮え切らない →83
ニ̄アイ 似合い →5	**ニエクリカエル,《古・強は ニエクリカエル》** 煮え繰り返す →45
ニ̄アウ 似合う →45	
ニ̄アガリ 二上り〚三味線〛 →13	**ニエタギル** 煮え滾る →45
ニアガリシンナイ 二上り新内 →15	**ニエダツ** 煮え立つ →45
ニ̄アガル 煮上がる →45	**ニエユ** 煮え湯(〜を飲まされる) →5
ニ̄アゲ, ニアゲ 荷上げ →5	**ニエル** 煮える **ニエナイ, ニエマス, ニエテ, ニエレバ, ニエロ** →44
ニ̄アシ 荷足 →4	
ニ̄アツカイ 荷扱い →13	**ニエン** 二円 →34
ニ̄アミス near miss →16	**ニ̄オ** 鳰(〜の浮き巣) →1
ニアワシ̄イ 似合わしい →53	**ニ̄オイ** 匂い, 臭い〜 →2b
ニ̄イ 二位 →34	**ニ̄オイブクロ** 匂袋 →12
ニ̄イガタ 新潟〚地〛 →21	**ニ̄オウ** 匂う, 臭う **ニオワナイ, ニオイマス, ニオッテ, ニオエバ, ニオエ** →43
ニ̄イガタケン 新潟県 →14	
ニ̄イガタシ 新潟市 →14	**ニ̄オー,《新は ニ̄オー》** 仁王(〜様) →3
ニ̄イサマ 兄様 →94	
ニ̄イサン 兄さん →94	**ニ̄オーダチ** 仁王立ち →13
ニ̄ーズ needs(〜にこたえる) →9	**ニ̄オーモン** 仁王門 →14a
ニ̄ーズマ 新妻 →4	**ニ̄オクリ** 荷送り →13
ニ̄ーチェ Nietzsche〚独〛〚人〛 →22	**ニ̄オモ** 荷重 →5
ニ̄ート NEET < Not in Employment, Education or Training →9	**ニ̄オヤカ, ニオイヤカ** 匂やか →55
	ニ̄オロシ 荷下し →13
ニ̄ーナメサイ,《古は ニ̄ーナメサイ》 新嘗祭 →14	**ニ̄オワス** 匂わす, 臭わす →44
	ニオワセル 匂わせる, 臭わせる →83
ニ̄ーニーゼミ にいにい蟬 →12a	**ニ̄カイ** 二回〚名詞的〛(〜で終る) →34
ニ̄ーボン,《新は ニ̄ーボン》 新盆 →8	**ニ̄カイ** 二回〚副詞的〛(〜終る) →62

――は高い部分　…と…は高低が変る部分　⌐は次が下がる符号　→は法則番号参照

669　　　　ニガイ――ニクガ

二階(オニカイ　御～)　→34, 92

ニガイ　苦い　ニガカッタ, ニガク,
　ニガクテ, 《新は ニガクテ》, ニガケ
　レバ, ニガシ →52

ニカイザシキ　二階座敷 →12

ニカイズクリ　二階造り →13

ニガイセン　二回戦 →14b

ニガイダテ　二階建 →13

ニガイヤ　二階家 →12b

ニガウリ　苦瓜 →5

ニカエシ　煮返し →13

ニカエス　煮返す →45

ニガオ　似顔 →5

ニガオエ, ニガオエ　似顔絵 →14

ニガオカキ　似顔書き →13

ニカカイ　二科会〚美術〛→14

ニガケツ　二箇月 →39

ニガサ　苦さ →93

ニガス　逃がす　ニガサナイ, ニガソ
　ー, ニガシマス, ニガシテ, ニガセ
　バ, ニガセ →44

ニカタ　煮方〚方法・程度・職〛→5, 95

ニガツ, 《副詞的には ニガツ》　二月
　→34, 62

ニガツドー　二月堂《机も》 →14

ニガテ, 《新は ニガテ》　苦手 →5

ニガニガシイ★　苦苦しい →53

ニカネン　二箇年 →39

ニガミ　苦味 →93

ニガミバシル　苦味走る →46

ニガムシ　苦虫(～をかみつぶす) →5

ニカヨウ　似通う →45

ニカラグア, ニカラグア　Nicaragua
　〚国〛→21

ニガリ　苦汁 →2

ニガリキル, ニガリキル, 《古・強は
　ニガリキル》　苦り切る →45

ニカワ　膠 →5

ニガワセ　荷為替 →12

ニガワライ　苦笑い →13

ニガンレフ　二眼レフ＜二眼 reflex
　→16

ニキ　二季, 二期 →34

ニキサク　二期作 →14

ニギニギ　握握〚児など〛→3

ニギニギシイ★　賑賑しい →53

ニキビ　面皰

ニギヤカ　賑やか →55

ニキューシュ, ニキューシュ　二級酒
　→14a

ニキョクカ　二極化 →95

ニギリ　握り〚器具・碁・鮨〛→2

ニギリコブシ　握り拳 →12

ニギリシメル　握り締める →45

ニギリズシ　握り鮨 →12

ニギリツブシ　握り潰し →13

ニギリツブス　握り潰す →45

ニギリバサミ　握り鋏 →12

ニギリバシ　握り箸 →12

ニギリメシ　握り飯(オニギリ　御～)
　→12, 92

ニギリヤ　握り屋 →94

ニギル　握る　ニギラナイ, ニギロー,
　ニギリマス, ニギッテ, ニギレバ,
　ニギレ →43

ニギワイ, ニギワイ　賑い →2b

ニギワウ　賑わう →44

ニギワシイ★　賑わしい →53

ニギワス　賑わす →44

ニク　肉(オニク　御～) →6, 92

ニクアツ　肉厚 →5

ニクイ　憎い　ニクカッタ, ニクク,
　ニククテ, 《新は ニククテ》, ニクケ
　レバ, ニクシ →52

……ニクイ　…悪い(キキニクイ　聞き
　～, カキニクイ　書き～) →54

ニクイロ　肉色 →4

ニクガ　肉芽 →7

ガギグゲゴは鼻濁音　カタカナ細字は母音の無声化　★は長音にもなる符号

ニクカイ──ニゲカエ 670

ニクカイ 肉塊 →8
ニクカラズ 憎からず(~思う) →51
ニクガン 肉眼 →8
ニクギュー 肉牛 →8
ニクキリボーチョー 肉切包丁 →15
ニクサ 憎さ(~も憎し) →93
ニクジキサイタイ 肉食妻帯 →98
ニクシツ 肉質 →8
ニクジバン, ニクジュバン 肉襦袢 →16
ニクシミ, ニクシミ, ニクジミ 憎しみ →2
ニクジャガ 肉じゃが<肉じゃが薯 →10
ニクシュ, ニクシュ 肉腫 →7
ニクジュー, ニクジル 肉汁 →8, 4
ニクショク 肉食 →8
ニクショクドーブツ 肉食動物 →15
ニクシン 肉親 →8
ニクズキ, ニクズキ 肉付き →5
ニクズキ 肉月(=月) →4
ニクズク, ニクズク 肉豆蔲 →8
ニクズケ, ニクズケ 肉付け →5
ニクズレ, ニクズレ 煮崩れ →13
ニクズレ 荷崩れ →13
ニクセイ 肉声 →8
ニクタイ 肉体 →8
ニクタイテキ 肉体的 →95
ニクタイビ 肉体美 →14b
ニクタイロードー 肉体労働 →15
ニクタラシイ 憎たらしい →53
ニクダン 肉弾 →8
ニクダンゴ 肉団子 →12
ニクチ, 《新は ニクチ》 肉池(=印肉入れ) →7
ニクテイ, 《新は ニクテイ》 憎体(~に言う) →8
ニクナベ 肉鍋 →4
ニクナン 肉南<ニクナンバン 肉南蛮

→10, 15
ニクニクシイ 憎憎しい →53
ニクハク 肉薄 →8
ニクバナレ 肉離れ →13
ニクヒツ 肉筆 →8
ニクブト 肉太(~の字) →5
ニクブトン 肉蒲団 →15
ニクヘン 肉片 →8
ニクボソ 肉細(~の字) →5
ニクマレグチ 憎まれ口 →12
ニクマレッコ 憎まれっ子 →12d
ニクマレモノ, ニクマレモノ 憎まれ者 →12
ニクマレヤク, ニクマレヤク 憎まれ役 →14
ニクマレル 憎まれる →83
ニクマン 肉饅<ニクマンジュー 肉饅頭 →10, 15
ニクミ 憎み →2
ニクム 憎む ニクマナイ, ニクモー, ニクミマス, ニクンデ, ニクメバ, ニクメ →44
ニクヤ 肉屋(~さん) →94
ニクヨク 肉欲 →8
ニクラ 荷鞍 →4
ニクラシイ 憎らしい →96
ニクリョーリ 肉料理 →15
ニクルイ 肉類 →8
ニグルマ 荷車 →12
ニグロ, ニグロ Negro →9
ニクロムセン nichrome 線 →14
ニグン 二軍〚野球〛 →34
ニゲ 逃げ(~を打つ, ~を張る) →2
ニゲアシ, ニゲアシ 逃げ足 →5
ニゲウセル, ニゲウセル 逃げ失せる →45
ニゲオクレル, ニゲオクレル 逃げ後れる →45
ニゲカエル, ニゲカエル 逃げ帰る

──は高い部分 ⁝と⁝は高低が変る部分 ⌐は次が下がる符号 →は法則番号参照

671　ニゲカク──ニサンド

→45

ニゲカクレ，《古・強は ニゲカクレ》
逃げ隠れ（～はしない）→18

ニゲキル，《新は ニゲキル》逃げ切る
→45

ニゲグチ　逃げ口 →5

ニゲコージョー　逃げ口上 →15

ニゲコシ，ニゲコシ　逃げ腰 →5

ニゲコトバ　逃げ言葉 →12

ニゲコム，《新は ニゲコム》逃げ込む
→45

ニゲジタク　逃げ支度 →15

ニゲダス，《新は ニゲダス》逃げ出す
→45

ニゲナイ　似気無い →54

ニゲノビル，ニゲノビル　逃げ延びる
→45

ニゲバ　逃げ場（～を失う）→5

ニゲマドウ，ニゲマドウ　逃げ惑う
→45

ニゲマワル，ニゲマワル　逃げ回る
→45

ニゲミズ　逃げ水（武蔵野の～）→5

ニゲミチ　逃げ路 →5

ニゲル　逃げる　ニゲナイ，ニゲヨー，
ニゲマス，ニゲテ，ニゲレバ，ニゲ
ロ →43

ニゲン　二元 →34

ニゲンキン　二弦(絃)琴 →14

ニゲンロン　二元論 →14a

ニコー　尼公 →94

ニゴー　二号 →34

ニゴー，《副詞的には ニゴー》二合
→34

ニコゲ　和毛 →5

ニコゴリ　煮凝り →13

ニゴシラエ　荷拵え →13

ニゴス　濁す（お茶を～）→44

ニコチン　nicotine →9

ニコチンチュードク　nicotine 中毒
→15

ニコニコ　（～笑う，～と）→57

ニコニコガオ　にこにこ顔 →12

ニコボレル　煮零れる →45

ニコポン　〖俗〗＜にこにこぽん →10

ニコミ　煮込み →5

ニコミオデン　煮込おでん →12

ニコム　煮込む →45

ニコヤカ　（～に笑う）→55

ニコヨン　二個四〖俗〗(＝日雇労務者)
→3

ニコラス　濁らす →44

ニコリ，ニコリ　（～と笑う）→55

ニゴリ　濁り《酒も》→2

ニゴリエ　濁り江，にごりえ〖書〗→12

ニゴリザケ　濁り酒 →12

ニゴル　濁る　ニゴラナイ，ニゴロー，
ニゴリマス，ニゴッテ，ニゴレバ，
ニゴレ →43

ニコロガシ，ニッコロガシ(ガはバと
も）煮(っ)転がし →13d

ニゴン　二言（～はない）→34

ニサイ　二歳 →34

ニサイコマ　二歳駒 →12b

ニザカナ，ニザカナ，《古は ニザカナ》
煮魚 →12

ニサツ　二冊 →34

ニザバキ　荷捌き →13

ニザマシ，ニザマシ　煮冷し →13

ニサン　二三(ニジュー 二十～)→39

ニサンカイ　二三回 →39

ニサンカゲツ　二三箇月 →39

ニサンカタンソ　二酸化炭素 →15

ニサンサツ　二三冊 →39

ニサンジカン　二三時間 →39

ニサンチ，《新は ニサンチ》二三日
→39da

ニサンド　二三度 →39

ガギグゲゴは鼻濁音　カタカナ細字は母音の無声化　★は長音にもなる符号

ニサンニ──ニシャク　　672

ニサンニチ,《新は ニサンニチ》二三日 →39a	ニジジン　西陣〖地・織物〗→21

ニサンニチ,《新は ニサンニチ》二三日 →39a
ニサンニン　二三人 →39
ニサンネン　二三年 →39
ニサンベン　二三遍 →39
ニサンボン　二三本 →39
ニシ,《姓は ニシ》西 →1, 22
ニシ　螺 →1　二死〖野球〗→34
ニジ,《古は ニジ》虹 →1
ニジ　二次, 二字, 二時 →34
ニシインドショトー　西印度諸島 →15
ニシオギ　西荻<ニシオギクボ, ニシオギクボ　西荻窪〖地〗→29, 21
ニジカイ,《新は ニジカイ》二次会 →14
ニシカゼ, ニシカゼ, ニシカゼ　西風 →4
ニシガタ　西方 →95
ニシガハラ　西ヶ原〖地〗→19
ニシカワ　西川〖姓・舞踊〗→22c
ニシガワ　西側 →4
ニシカワリュー　西川流 →14
ニジカン　二時間 →36
ニジカンメ　二時間目 →38
ニシキ　錦 →1
ニジキ　二食 →34
ニシキエ　錦絵 →14
ニシキギ　錦木〖植〗→12
ニシキゴイ, ニシキゴイ　錦鯉 →12
ニシキタ　西北 →4
ニシキタマゴ, ニシキタマゴ　錦卵 →12
ニシキヘビ, ニシキヘビ　錦蛇 →12
ニシグチ　西口 →4
ニジグチ　二字口〖土俵〗→12
ニジゲン　二次元 →36
ニシコクブンジ　西国分寺〖地〗→21
ニジシケン, ニジシケン　二次試験 →15c

ニジジン　西陣〖地・織物〗→21
ニシジンオリ　西陣織 →13
ニジセイチョー　二次性徴 →15
ニシタマ　西多摩〖地〗→21
ニシタマグン, ニシタマグン　西多摩郡 →14
ニジッサイ, ニジュッサイ,《新は ニジッサイ, ニジュッサイ》二十歳 →35da
ニジッセイキ, ニジュッセイキ　二十世紀《梨も》→36d
ニジップン, ニジュップン,《新は ニジップン, ニジュップン》二十分 →35da
ニジッポン, ニジュッポン,《新は ニジッポン, ニジュッポン》二十本 →35da
ニジテキ　二次的 →95
ニシドイツ　西ドイツ<西 Deutschland〔独〕→21
ニシドナリ, ニシドナリ　西隣 →12
ニシニホン　西日本 →15
ニシノウチ　西の内〖紙〗→19
ニシノマル　西の丸 →19
ニシノミヤ　西宮〖地〗→19
ニシハンキュー　西半球 →15
ニシビ　西日 →4
ニジホーテイシキ　二次方程式 →17
ニシホンガンジ　西本願寺 →17
ニジマス, ニジマス　虹鱒 →4
ニジミデル, ニジミデル　滲み出る →45
ニジム　滲む →43
ニシムキ　西向き →5
ニシメ　煮染(オニシメ 御~) →5, 92
ニシメル　煮染める →45
ニシャ　二者(~択一) →34
ニシャク　二尺・二勺〖名詞的〗(~を買う) →34

￣は高い部分　⁝と⁝は高低が変る部分　￣は次が下がる符号　→は法則番号参照

ニシャク 二尺・二勺〖副詞的〗(〜買う)
→62

ニシャクザシ 二尺差〖物差〗 →12

ニシヤマ 西山《姓も》 →12, 22

ニシュ 二種 →34

ニジュー 二重 →34

ニジュー 二十 →31

ニジュー・イチダイシュー 二十一代
集 →97

ニジュー(・)イチニチ, ニジュー(・)イチ
ンチ 二十一日〖名詞的〗(〜に行く)
→35d

ニジュー(・)イチニチ, ニジュー(・)イチ
ンチ 二十一日〖副詞的〗(〜行く)
→62d

ニジューウッシ 二重写し →13

ニジューエン, 《新は ニジューエン》
二十円 →35a

ニジューカカク 二重価格 →15

ニジュー(・)クニチ, ニジュー(・)クンチ
二十九日 →35d

ニジュー(・)ゴニチ, ニジュー(・)ゴンチ
二十五日 →35d

ニジュー(・)サンニチ, 《新は ニジュー・
サンニチ》, ニジュー(・)サンチ 二
十三日〖名詞的〗(〜に行く) →35d

ニジュー(・)サンニチ, 《新は ニジュー・
サンニチ》, ニジュー(・)サンチ 二
十三日〖副詞的〗(〜行く) →62d

ニジューシコー 二十四孝《浄瑠璃も》
→35

ニジュー(・)シチニチ, ニジュー(・)シチ
ンチ 二十七日〖名詞的〗(〜に行く)
→35d

ニジュー(・)シチニチ, ニジュー(・)シチ
ンチ 二十七日〖副詞的〗(〜行く)
→62d

ニジューショー 二重唱 →17

ニジュージンカク 二重人格 →15

ニジューセイカツ 二重生活 →15

ニジューソー 二重奏 →17

ニジューダイ, 《新は ニジューダイ》
二十台 →35a

ニジューダイ 二十代・二十台〖年代〗
→35a

ニジューチョーボ 二重帳簿 →15

ニジュードリ 二重取り →13

ニジュー(・)ニニチ, ニジュー(・)ニンチ
二十二日〖名詞的〗(〜に行く) →35d

ニジュー(・)ニニチ, ニジュー(・)ニンチ
二十二日〖副詞的〗(〜行く) →62d

ニジューニン, 《新は ニジューニン》
二十人 →35a

ニジューネン, 《新は ニジューネン》
二十年 →35a

ニジューバシ 二重橋〖皇居〗 →12a

ニジュー(・)ハチニチ, ニジュー(・)ハチ
ンチ 二十八日〖名詞的〗(〜に行く)
→35d

ニジュー(・)ハチニチ, ニジュー(・)ハチ
ンチ 二十八日〖副詞的〗(〜行く)
→62d

ニジューハッシュク 二十八宿 →35

ニジュービョー, 《新は ニジュービョ
ー》 二十秒 →35a

ニジューブタ, ニジューブタ 二重蓋
→12a

ニジューマド 二重窓 →12

ニジューマル 二重丸 →12a

ニジューマワシ 二重回し〖外套(がいとう)〗
→13

ニジューマン, ニジューマン, 《新は
ニジューマン》 二十万 →32a

ニジュー・ヨジカン 二十四時間
→31, 36

ニジュー(・)ヨッカ 二十四日 →35

ニジュー(・)ロクニチ, ニジュー(・)ロク
ンチ 二十六日〖名詞的〗(〜に行く)

ガギグゲゴは鼻濁音　カタカナ細字は母音の無声化　★は長音にもなる符号

ニジュー──ニチジョ　674

→35d

ニジュー(・)ロクニチ, ニジュー(・)ロクンチ　二十六日〖副詞的〗(~行く) →62d

ニジョー　二乗〖数学〗→34

ニジョー　二条((地・姓も))→34, 21, 22

ニジョー, 《新は ニジョー》　二畳 →34

ニジョージョー　二条城 →14a

ニショク　二色, 二食 →34

ニジリグチ　躙口〖茶室〗→12

ニジリデル, ニジリデル　躙り出る →45

ニジリヨル, ニジリヨル, 《古・強は ニジリヨル》　躙り寄る →45

ニジル, ニシル　煮汁 →5

ニジル　躙る →43

ニジルシ　荷印 →12

ニシン　二心, 二伸(=追伸) →34

ニシン　鯡 →1

ニシントー　二親等 →17

ニシンホー　二進法 →14

ニス　<varnish →10

ニスイ　二水(=冫) →8

ニズクリ　荷造 →13

ニズミ, ニズミ　荷積み →5

ニスン　二寸〖名詞的〗(~に切る) →34

ニスン　二寸〖副詞的〗(~切る) →62

ニセ　贋, 偽 →2

ニセ, 《新は ニセ》　二世(~の固め) →34

ニセアカシア, ニセアカシア　贋 acacia →16

ニセイ*　二世 →34

ニセガネ　贋金 →4

ニセクビ　贋首 →4

ニセサツ　贋札 →8

ニセモノ　贋者, 贋物 →4

ニセル　似せる →44

ニセン　二千 →31

ニセンエン　二千円 →35

ニセンニン　二千人 →35

ニソー, ニソー　尼僧 →8

ニソクサンモン　二束三文 →39

ニソクノ(・)ワラジ　二足の草鞋 →97, 98

ニダイ　荷台 →8

ニダイ　二代, 二台 →34

ニダイメ, ニダイメ　二代目 →38

ニタキ　煮焚き →18

ニダシ　煮出し →5

ニダシジル　煮出汁 →12

ニダス　煮出す →45

ニタタス　煮立たす →44

ニタツ　煮立つ →45

ニタテル　煮立てる →45

ニタニタ　(~笑う, ~と) →57

ニタモノフーフ　似た者夫婦 →15

ニタリ　荷足<荷足船 →10

ニタリ・ヨッタリ, ニタリヨッタリ, ニタリヨッタリ　似たり寄ったり →97, 99

ニダン　二段 →34

ニダンガマエ　二段構え →13

ニダンヌキ　二段抜き →13

ニダンメ　二段目 →38

……にち　…日〖数〗→34, 35, 62

ニチエイ*　日英<日本・英吉利 →29

ニチギン, ニチギン　日銀<日本銀行 →10

ニチギンタンカン　日銀短観<日本銀行全国企業短期経済観測調査 →10

ニチゲキ　日劇<日本劇場 →10

ニチゲン　日限 →8

ニチジ, 《古は ニチジ》　日時 →18

ニチジョー　日常 →8

ニチジョーサハン　日常茶飯 →15

ニチジョーサハンジ　日常茶飯事 →17

￣は高い部分　̈と ̇は高低が変る部分　」は次が下がる符号　→は法則番号参照

ニチジョーセイ★カツ　日常生活 →15	ニッキブンガク　日記文学 →15
ニチダイ　日大＜ニホンダイガク　日本大学 →10, 15	ニッキュー　日給 →8
	ニッキューゲッキュー　日給月給 →15
ニチドク　日独＜日本・独逸 →29	ニッキョー　日響＜日本交響楽団 →10
ニチニチ　日日 →11	ニッキョーソ　日教組＜日本教職員組
ニチニチソー　日日草 →14	合 →10
ニチブ, ニチブ　日舞＜日本舞踊 →10	ニッキン　日勤 →8
ニチフツ　日仏＜日本・仏蘭西 →29	ニックネーム　nickname →16
ニチベ★　日米＜日本・亜米利加 →29	ニツケ　煮付け →5
ニチボツ　日没 →8	ニッケイ★　日系, 日計 →8　日経＜日本
ニチヤ,《古は ニチヤ》　日夜 →18	経済新聞 →10
ニチヨー　日用 →8	ニッケイ★, ニッケイ★, ニッケ, ニッキ
ニチヨー, 《古は ニチヨー》　日曜 →8	肉桂 →8d
ニチヨーガカ　日曜画家 →15	ニッケイ★ヒョー　日計表 →14
ニチヨーガッコー　日曜学校 →15	ニッケイ★レン　日経連＜日本経営者団
ニチヨーダイク　日曜大工 →15	体連盟 →10
ニチヨービ　日曜日 →12a	ニッケル,《古は ニッケル》　nickel
ニチヨーヒン, ニチヨーヒン　日用品	→9
→14a	ニツケル　煮付ける →45
ニチョーメ, ニチョーメ　二丁目 →38	ニッコー　日航＜日本航空株式会社
ニチリン, ニチリン　日輪 →8	→10
ニチレン, ニチレン　日蓮〖人〗 →24	ニッコー　日光《地も》 →8, 21
ニチレンシュー　日蓮宗 →14a	ニッコーガイドー　日光街道 →15
ニチレンショーニン, ニチレンショー	ニッコーヨク　日光浴 →14a
ニン　日蓮上人 →94	ニッコリ　（～する, ～と）→55
ニチロセンソー　日露戦争 →15	ニッサン　日産 →8
ニッカ　日課 →7	ニッサン,《新は ニッサン》　日参 →8
ニッカー　knickers＜ニッカーボッカ	ニッシ　日誌 →7
ー　knickerbockers →9, 16	ニッシ　日子(＝日数) →7
ニッカイ　肉塊 →8	ニッシャ　日射 →7
ニッカヒョー　日課表 →14	ニッシャビョー　日射病 →14
ニッカワシイ★　似つかわしい →53	ニッシュー　日収 →8
ニッカン　日刊, 肉感 →8	ニッショー　日照, 日商 →8
ニッカン　日韓＜日本・韓国 →29	ニッショーキ　日章旗 →14a
ニッカンシ　日刊紙 →14a	ニッショーケン　日照権 →14a
ニッカンシンブン　日刊新聞 →15	ニッショク　日食(蝕) →8
ニッカンテキ　肉感的 →95	ニッシンゲッポ　日進月歩 →98
ニッキ　日記 →7	ニッシンセンソー　日清戦争 →15
ニッキチョー　日記帳 →14	ニッスー　日数 →8

*ガギグゲゴ*は鼻濁音　カタカナ細字は母音の無声化　★は長音にもなる符号

ニッセイ・ゲキジョー　日生劇場 →15	ニツメル　煮詰める →45
ニッセキ　日赤＜日本赤十字社 →10	ニディーケー　2DK＜2＋dining kitchen →16
ニッセキ, ニッセキ　日夕 →18	ニテヒ　似而非(〜なるもの) →19
ニッソ　日ソ＜日本・ソ連 →29	ニト　二兎(〜を追う者), 二途 →34
ニッタ・ヨシサダ, ニッタ(・)ヨシサダ　新田義貞 →22, 24c, 27	ニド　二度〚温度・角度・経緯度など〛(温度が〜上がる) →34
ニッチ　niche →9	ニド　二度〚名詞的〛(=二回。〜に読む, 〜としない) →34
ニッチモ・サッチモ　二進も三進も →97	ニド　二度〚副詞的〛(=二回。〜読む) →62
ニッチュー　日中(=昼間) →8	ニトー, ニトー　二等 →34
ニッチュー　日中＜日本・中国 →29	ニトーシン　二等親 →17
ニッチョク　日直 →8	ニトーダテ　二頭立て〚馬〛 →38
ニッテイ　日程 →8	ニトーブン　二等分 →36
ニッテン　日展＜日本美術展覧会 →10	ニトーヘイ　二等兵 →14a
ニット　knit →9	ニトーリュー　二刀流 →14
ニットー　入唐, 日当 →8	ニドザキ　二度咲き →5
ニッパー　nippers →9	ニドサンド　二度三度 →39
ニッポー　日報 →8	ニドデマ　二度手間 →12
ニッポリ　日暮里〚地〛 →21	ニドトフタタビ　二度と再び →98
ニッポン, ニホン　日本 →21d	ニドトモ　二度共 →38
ニッポンイチ, ニホンイチ　日本一 →39a	ニドネ　二度寝 →38
ニッポン(・)エイタイグラ　日本永代蔵〚書〛 →97, 98	ニドノツトメ　二度の勤め →98
ニッポンギンコー, ニホンギンコー　日本銀行 →15	ニトベ(・)イナゾー　新渡戸稲造〚人〛 →22, 25, 27
ニッポンゴ, ニホンゴ　日本語 →14	ニドメ, ニドメ　二度目 →38
ニッポンコク, ニホンコク　日本国 →14a	ニトログリセリン, ニトログリセリン　nitroglycerine →16
ニッポンジン, ニホンジン　日本人 →14	ニナ　蜷 →1
ニッポンダンジ, ニホンダンジ　日本男児 →15	ニナイテ, ニナイテ　担い手 →12
ニッポンバレ, ニホンバレ　日本晴れ →13	ニナウ　担う →43
ニッポンホーソー　ニッポン放送 →15	ニニングミ, フタリグミ　二人組 →38
ニッポン・ホーソーキョーカイ　日本放送協会 →97	ニニンサンキャク　二人三脚 →39
ニツマル　煮詰まる →45	ニニンショー　二人称 →36
	ニニンマエ　二人前 →38
	ニヌキ　煮抜き →5
	ニヌシ, ニヌシ　荷主 →4
	ニヌリ　丹塗り →5

677 ニネン──ニホンギ

ニ|ネン 二年 →34	ニ|ヒャクハツ|カ 二百二十日 →39
ニ|ネンセイ★ 二年生〖植物〗 →14	ニ|ヒャクマン 二百万 →32
ニ|ネンセイ★ 二年生(中学の～) →14a	ニ|ビョー 二秒 →34
ニ|ネンメ 二年目 →38	ニ|ヒリスト nihilist →9
ニ|ノアシ 二の足(～をふむ) →19	ニ|ヒリズム nihilism →9
ニ|ノウデ, ニノウデ 二の腕 →19	ニ|ヒル nihil →9
ニ|ノカワリ 二の替り〖歌舞伎〗→19	ニ|ブ 二部 →34
ニ|ノク, ニノク 二の句(～が継げない) →19	ニ|ブイ 鈍い ニ|ブカッタ, ニ|ブク, ニ|ブクテ,《新は ニ|ブクテ》, ニ|ブケレバ, ニ|ブシ →52
ニ|ノジ 二の字 →19	ニ|ブガッショー 二部合唱 →15
ニ|ノゼン, ニノゼン 二の膳 →19	ニ|フクメル 煮含める →45
ニ|ノツギ 二の次 →19	ニ|ブサク 二部作 →14
ニ|ノトリ,《新は ニ|ノトリ》二の酉 →19	ニ|フダ, ニフダ 荷札 →4
ニ|ノマイ 二の舞 →19	ニ|ブネ 荷船 →4
ニ|ノマル 二の丸 →19	ニ|ブル 鈍る →44
ニ|ノミヤ・ソントク, ニノミヤソントク 二宮尊徳 →22, 24, 27	ニ|フン 二分 →34
ニ|ノヤ, ニノヤ 二の矢 →19	ニ|ブン 二分(～する) →34
ニ|ハイ 二杯(一杯・～) →34	ニ|ブンノイチ 二分の一 →39
ニ|バイ 二倍 →34	ニ|ベ, ニ|べ 鮸〖魚〗, 鰾膠〖にかわ〗(～もない) →1
ニ|ハイズ 二杯酢 →12b	ニ|ホー 二方 →34
ニ|バコ 荷箱 →4	ニ|ボシ 煮干 →5
ニ|バシャ 荷馬車 →15	ニ|ホン 二本 →34
ニ|バナ 煮花 →5	ニ|ホン, ニッポン 日本 →21d
ニ|バン 二番 →34	ニ|ホンアルプス, ニッポンアルプス 日本 Alps →16
ニ|バンセンジ 二番煎じ →13	ニ|ホンイチ 日本一 →14a
ニ|バンチャ 二番茶 →14a	ニ|ホンガ 日本画 →14
ニ|バンメ 二番目 →38	ニ|ホンカイ, ニッポンカイ 日本海 →14a
ニ|ビイロ 鈍色 →4	
ニ|ビタシ,《古は ニ|ビタシ》煮浸し →13	ニ|ホンカイコー 日本海溝 →15
ニ|ヒャク 二百〖名詞的〗(～もある) →31	ニ|ホンガイシ 日本外史〖書〗→15
ニ|ヒャク 二百〖副詞的〗(～ある) →62	ニ|ホンガイリュー 日本海流 →15
ニ|ヒャクエン 二百円 →35	ニ|ホンガミ 日本髪 →12
ニ|ヒャクトーカ 二百十日 →39	ニ|ホンキイン 日本棋院 →15
ニ|ヒャクニン 二百人 →35	ニ|ホンキロク, ニッポンキロク 日本記録 →15
ニ|ヒャクネン 二百年 →35	ニ|ホンギンコー, ニッポンギンコー

ガギグゲゴは鼻濁音　カタカナ細字は母音の無声化　★は長音にもなる符号

ニホンケ──ニューイ　　678

日本銀行 →15	ニホンボー　二本棒 →14a
ニホンケン　日本犬 →14	ニホンマ　日本間 →12
ニホンケンチク　日本建築 →15	ニホンリョーイキ, ニホンレイイキ
ニホンゴ, ニッポンゴ　日本語 →14	日本霊異記〖書〗→17
ニホンコークー　日本航空 →15	ニホンリョーリ　日本料理 →15
ニホンゴキョーイク　日本語教育 →15	ニホンレットー, ニッポンレットー
ニホンザシ　二本差し →13	日本列島 →15
ニホンザル　日本猿 →12	ニマイ　二枚 →34
ニホンサンケイ　日本三景 →39	ニマイオチ　二枚落ち〖将棋〗→13b
ニホンシ, ニホンシ　日本史,日本紙 →14a	ニマイオリ　二枚折り →13
ニホンシキ, ニッポンシキ　日本式 →95	ニマイガイ　二枚貝 →12b
ニホンジシュー　日本刺繍 →15	ニマイガサネ　二枚重ね →13
ニホンシュ　日本酒 →14	ニマイカンバン　二枚看板 →15
ニホンショキ　日本書紀〖書〗→15	ニマイグシ　二枚櫛 →12b
ニホンジョシダイ　日本女子大＜ニホンジョシダイガク　日本女子大学 →17	ニマイジタ　二枚舌 →12b
ニホンシリーズ　日本 series →16	ニマイメ　二枚目 →38
ニホンジン, ニッポンジン　日本人 →14	ニマメ　煮豆 →5
ニホンセイ, ニッポンセイ　日本製 →14	ニマン　二万 →31
ニホンダービー　日本 Derby →16	ニメイ　二名 →34
ニホンダテ　二本立て →38	ニメン　二面 →34
ニホンチャ　日本茶 →14	ニモーサク　二毛作 →14a
ニホンテイエン　日本庭園 →15	ニモツ　荷物(オニモツ 御〜) →8,92
ニホンテヌグイ　日本手拭 →12	ニモツハコビ　荷物運び →13
ニホンテレビ　日本テレビ →16	ニモノ　煮物 →5
ニホントー, ニッポントー　日本刀 →14	ニャーニャー　(〜鳴く) →57 〖児〗(=猫) →3
ニホンノーエン　日本脳炎 →15	ニヤキ　煮焼き →18
ニホンバシ　日本橋〖橋・地〗→12	ニヤク, ニヤク　荷役 →8
ニホンバレ, ニッポンバレ　日本晴れ →13	ニヤケル　→44d
ニホンフー　日本風 →95	ニヤス　煮やす(業を〜) →44
ニホンブヨー　日本舞踊 →15	ニヤッカイ　荷厄介 →15
ニホンブンガク　日本文学 →15	ニヤニヤ　(〜笑う, 〜と) →57
	ニヤリ, ニヤリ　(〜とする) →55
	ニュアンス　nuance〖仏〗→9
	ニュー　new(オニュー 御〜) →9,92
	ニューイン　入院 →8
	ニューインカンジャ　入院患者 →15
	ニューインヒ　入院費 →14a
	ニューインリョー　乳飲料 →15

￣ は高い部分　…と… は高低が変る部分　⌐ は次が下がる符号　→ は法則番号参照

ニューエイ★ 入営 →8	ニュージ 乳児 →7
ニューエキ 乳液 →8	ニュージーランド New Zealand〖国〗→21
ニューエン 入園 →8	ニュージイン 乳児院 →14
ニューエンリョー 入園料 →14a	ニューシツ 入室 →8
ニューカ 入荷,乳化 →7	ニュージボー 乳脂肪 →15
ニューカイ 入会 →8	ニューシャ 入社,入舎,入車 →7
ニューカイシャ 入会者 →14b	ニュージャク 柔弱 →8
ニューカク 入閣 →8	ニューシャシケン, ニューシャシケン
ニューガク 入学 →8	入社試験 →15
ニューガクシキ 入学式 →14	ニューシュ, ニューシュ 入手 →7
ニューガクシケン, ニューガクシケン	ニュージュー 乳汁 →8
入学試験 →15	ニュージュク 入塾 →8
ニューガクナン 入学難 →14	ニューショ 入所 →7
ニューカン 入棺,入館 →8 入管<入	ニューショー 入賞,入省 →8
国管理(事務所) →10	ニュージョー 入定,入城,入場,乳状
ニューガン 乳癌 →8	→8
ニューギニア, ニューギニア New	ニュージョーケン 入場券 →14a
Guinea〖地〗→21	ニュージョーシキ 入場式 →14a
ニューギュー 乳牛 →8	ニュージョーシャ 入場者 →14a
ニューキョ 入居 →7	ニュージョーゼイ★ 入場税 →14a
ニューキョー 入京 →8	ニュージョーリョー 入場料 →14a
ニューギョー 乳業 →8	ニューショク 入植 →8
ニューキョク 入局 →8	ニューシン 入信,入神(～の技) →8
ニューキョシャ 入居者 →14	ニュース news →9
ニューキン 入金 →8	ニュースイ 入水〖水泳など〗→8
ニューコ 入庫 →7	ニュースエイガ news映画 →15
ニューコー 入校,入港,入構,入貢 →8	ニュースキャスター newscaster →16
ニューコク 入国 →8	ニュースショー, ニュースショー
ニューゴク 入獄 →8	news show →16
ニューコクカンリ 入国管理 →15	ニュースソース news source →16
ニューコン 入魂 →8	ニュースバリュー news value →16
ニューザイ, ニューザイ 乳剤 →8	ニューセイヒン 乳製品 →17
ニューサツ 入札 →8	ニューセキ 入籍 →8
ニューサン 乳酸 →8	ニューセン 入船,入選,乳腺 →8
ニューザン 入山 →8	ニュータイ 入隊 →8
ニューサンキン, ニューサンキン 乳	ニュータイイン 入退院 →17
酸菌 →14a	ニュータウン new town →16
ニューシ 入試<入学試験 →10	ニューダン 入団 →8
ニューシ 乳歯 →7	

ガギグゲゴは鼻濁音　カタカナ細字は母音の無声化　★は長音にもなる符号

ニューチ──ニョッキ　　680

ニューチョー　入朝 →8　入超＜輸入超過 →10
ニューテイ　入廷 →8
ニューテン　入店 →8
ニューデン　入電 →8
ニュートー　入党, 入湯, 入刀〖結婚式〗, 入島, 乳糖, 乳頭 →8
ニュードー,《古は ニュードー》　入道 →8
ニュードーグモ, ニュードーグモ　入道雲 →12a
ニュートラル　neutral →9
ニュートリノ　neutrino →9
ニュートロン　neutron →9
ニュートン　Newton〖人〗→22
ニューネン　入念 →8
ニューバイ　入梅 →8
ニューハクショク　乳白色 →17
ニューバチ　乳鉢 →8
ニューヒ　入費 →7
ニューフ　入夫, 入府 →7
ニューブ　入部 →7
ニューファッション　new fashion →16
ニューフェース　new face →16
ニューボー, ニューボー　乳房 →8
ニューボー　乳棒 →8
ニューマク　入幕 →8
ニューミュージック　new music →16
ニューム　＜aluminium →10
ニューメツ　入滅 →8
ニューメディア　new media →16
ニューメン　入麺＜煮麺 →8
ニューモン　入門 →8
ニューモンショ, ニューモンショ　入門書 →14
ニューヨー　入用 →8
ニューヨーク　New York〖地〗→21
ニューヨージ　乳幼児 →17
ニューヨク　入浴 →8

ニューヨクザイ, ニューヨクザイ　入浴剤 →14
ニューライ　入来(ゴニューライ 御～) →8, 92
ニューラク　入洛, 乳酪 →8
ニューリョー　入寮 →8
ニューリョク　入力 →8
ニュールック　new look →16
ニューロー　入牢 →8
ニューワ　柔和 →7
ニョイ　如意 →7
ニョイボー, ニョイボー　如意棒 →14
ニョイリンガンノン　如意輪観音 →15
ニョイン　女院 →8
ニョー　尿 →6
ニョーイ　尿意 →7
ニョーゴ　女御 →7d
ニョーサン　尿酸 →8
ニョーシッキン　尿失禁 →15
ニョーソ　尿素 →7
ニョードー　尿道 →8
ニョードクショー, ニョードクショー　尿毒症 →14c
ニョーボー, ニョーボ　女房 →8d
ニョーボーコトバ　女房詞 →12
ニョーボーモチ, ニョーボーモチ, ニョーボーモチ　女房持ち →13a
ニョーボーヤク, ニョーボーヤク　女房役 →14a
ニョカン, ジョカン　女官 →8
ニョキニョキ　(～出る, ～と) →57
ニョゴガシマ,《古は ニョゴガシマ》　女護ヶ島 →19
ニョゴノシマ,《古は ニョゴノシマ》　女護の島 →19
ニョジツ, ニョジツ　如実 →8
ニョショー　女性 →8
ニョタイ　女体 →8
ニョッキリ　(～出る, ～と) →55

￣は高い部分　…と…は高低が変る部分　￣｜は次が下がる符号　→は法則番号参照

ニョニン 女人 →8
ニョニンキンゼイ、 ニョニンキンゼイ 女人禁制 →98
ニョボン 女犯 →8
ニョライ, ニョライ 如来 →8
ニヨリ 似寄り（～の人）→5
ニョロニョロ （～する, ～と）→57
ニラ,《新は ニラ》韮 →1
ニラミ 睨み →2
ニラミアイ 睨合い →13
ニラミアウ, ニラミアウ 睨み合う →45
ニラミアワセル, ニラミアワセル 睨み合わせる →45
ニラミツケル, ニラミツケル,《古・強は ニラミツケル》睨み付ける →45
ニラム 睨む ニラマナイ, ニラモー, ニラミマス, ニランデ, ニラメバ, ニラメ →43
ニラメッコ 睨めっこ →94
ニランセイ、 二卵性 →14
ニリッ(・)ハイハン, ニリッハイハン 二律背反 →97,98
ニリュー 二流 →34
ニリンシャ 二輪車 →14a
ニル 似る, 煮る ニナイ, ニヨー, ニマス, ニテ, ニレバ, ニロ →43
ニルイ,《新は ニルイ》二塁 →34
ニルイシュ 二塁手 →14b
ニルイダ 二塁打 →14b
ニレ,《新は ニレ も》楡（ニレノキ ～の木）→1, 19
ニレツ 二列 →34
ニレンジュー 二連銃 →14
ニロクジチュー 二六時中 →14
ニワ 庭（オニワ 御～）→1, 92
ニワ 二羽 →33
ニワイシ 庭石 →4
ニワイジリ 庭弄り →13

ニワカ 俄（～に）→55 俄・仁輪加＜ニワカキョーゲン 俄狂言 →10, 15
ニワカアメ,《新は ニワカアメ》俄雨 →12
ニワカゴシラエ 俄拵え →13
ニワカジコミ 俄仕込み →13
ニワカナリキン 俄成金 →15
ニワカメクラ 俄盲 →12
ニワキ 庭木 →4
ニワキド 庭木戸 →12
ニワクサ 庭草 →4
ニワグチ 庭口 →4
ニワゲタ 庭下駄 →4
ニワサキ 庭先 →4
ニワシ 庭師 →7
ニワシゴト 庭仕事 →3
ニワズタイ 庭伝い →13
ニワソージ 庭掃除 →15
ニワツクリ, ニワツクリ, ニワズクリ 庭作り →13c
ニワツズキ 庭続き →13
ニワツチ 庭土 →4
ニワトコ 接骨木〔植〕→4
ニワトリ 鶏 →4
ニワリ 二割 →33
ニン 人（～を見て法を説け）, 任 →6
……ニン, ……ニン …人（カンゴニン, カンゴニン 看護～）→14
……にん …人〔数〕→34, 35, 62
ニンイ, ニンイ 任意 →7
ニンイシュットー, ニンイシュットー 任意出頭 →99,98
ニンカ, ニンカ 認可 →7
ニンガイ 人界 →8
ニンカン 任官 →8
ニンキ 人気 →7
ニンキ, ニンキ 任期 →7
ニンキカギョー 人気稼業 →15
ニンキショーバイ 人気商売 →15

ガギグゲゴは鼻濁音　カタカナ細字は母音の無声化　★は長音にもなる符号

ニンキト──ニントー　682

ニンキトーヒョー　人気投票 →15	ニンシキフソク, ニンシキブソク　認識不足 →98, 99
ニンキトリ　人気取り →13	ニンシキロン　認識論 →14
ニンキモノ　人気者 →12	ニンジャ　忍者 →7
ニンキヤクシャ　人気役者 →15	ニンジュー　忍従 →8
ニンキョ　認許 →7	ニンジュツ　忍術 →8
ニンギョ　人魚 →7	ニンショー　認証, 人証, 人称 →8
ニンキョー　任侠 →8	ニンジョー　刃傷, 人情 →8
ニンギョー　人形(オニンギョー 御～) →8, 92	ニンジョーザタ　刃傷沙汰 →15
ニンギョーゲキ　人形劇 →14a	ニンショーシキ　認証式 →14a
ニンギョーシバイ　人形芝居 →12	ニンジョーバナシ　人情嘲 →12
ニンギョージョールリ　人形浄瑠璃 →15	ニンジョーボン　人情本 →14
ニンギョーチョー　人形町〔地〕→14	ニンジョーミ, ニンジョーミ, ニンジョーミ　人情味 →93a
ニンギョーツカイ, ニンギョーツカイ　人形遣い →13c	ニンジル, ニンジル　任じる →47
ニンギョーブリ　人形振り〔歌舞伎〕→12	ニンシン　妊娠 →8
ニンギョヒメ　人魚姫 →12	ニンジン　人参 →8
ニンク　忍苦 →7	ニンシンチューゼツ, ニンシンチューゼツ　妊娠中絶 →98, 99
ニンゲン　人間 →8	ニンズー, ニンズ　人数 →8d
ニンゲンカンケイ★　人間関係 →15	ニンズル, ニンズル　任ずる →47
ニンゲンギライ　人間嫌い →13	ニンソー　人相 →8
ニンゲンコーガク　人間工学 →15	ニンソーガキ　人相書 →13
ニンゲンコクホー　人間国宝 →15	ニンソーミ　人相見 →13a
ニンゲンセイ★　人間性 →14	ニンソク　人足 →8
ニンゲンゾー　人間像 →14a	ニンタイ　忍耐 →8
ニンゲンテキ　人間的 →95	ニンタイリョク　忍耐力 →14b
ニンゲンドック　人間dok〔蘭〕→16	ニンチ　二日〔名詞的〕(～に行く) →34d
ニンゲンナミ　人間並 →95	ニンチ　二日〔副詞的〕(～行く) →62d
ニンゲンバナレ　人間離れ →13	ニンチ　《新は ニンチ》 認知 →7
ニンゲンミ, ニンゲンミ　人間味 →93a	ニンチ　任地 →7
ニンゲンワザ　人間業 →12	ニンチショー　認知症 →14
ニンゴク, ニンゴク　任国 →8	ニンチュー, ニンチュー(ニはジとも)　人中(=鼻みぞ) →8
ニンサンバケシチ, ニンサンバケシチ　人三化七 →39	ニンテイ★　認定 →8
ニンサンプ　妊産婦 →17	ニンテイ★　人体 →8
ニンシキ　認識 →8	ニンドー　忍冬〔植〕→8
	ニントーゼイ★, ジントーゼイ★　人頭税 →14a

￣は高い部分　˙˙と˙˙は高低が変る部分　￢は次が下がる符号　→は法則番号参照

ニントク──ヌカヨロ

ニントク, ジントク　人徳 →8

ニントクテンノー,《新は ニントクテンノー》　仁徳天皇 →94

ニンニク　忍辱, 大蒜〖植〗→8

ニンノー, ニンノー　人皇 →8

ニンピ　認否 →18

ニンピニン, ニンピニン　人非人 →14

ニンフ　nymph →9

ニンプ　人夫, 妊婦 →7

ニンベツ　人別 →8

ニンベツチョー　人別帳 →14

ニンベン　人偏(=亻) →8

ニンポー　忍法 →8

ニンマリ　(～笑う, ～と) →55

ニンム　任務 →7

ニンメイ★　任命 →8

ニンメン　任免 →18

ニンメンジューシン, ジンメンジューシン　人面獣心 →98

ニンヨー　任用, 認容 →8

ヌ

ヌイ　縫い(=縫いとり・ししゅう) →2b

ヌイアガル　縫い上がる →45

ヌイアゲ, ヌイアゲ　縫い上げ →5

ヌイアゲル, ヌイアゲル　縫い上げる →45

ヌイアワセル, ヌイアワセル　縫い合わせる →45

ヌイイト, ヌイイト,《新は ヌイイト》　縫い糸 →5b

ヌイカエシ　縫い返し →13

ヌイカエス, ヌイカエス　縫い返す →45

ヌイカタ, ヌイカタ　縫い方 →95

ヌイグルミ　縫い包み →13

ヌイコ　縫い子(～さん) →5

ヌイコミ　縫い込み →5

ヌイコム,《新は ヌイコム》　縫い込む →45

ヌイシロ, ヌイシロ,《新は ヌイシロ》　縫い代 →5b

ヌイツケル, ヌイツケル　縫い付ける →45

ヌイドマリ　縫い止まり →13

ヌイトリ　縫い取り →5

ヌイナオシ　縫い直し →13

ヌイナオス, ヌイナオス　縫い直す →45

ヌイハク　縫い箔 →8

ヌイハリ　縫い針(=裁縫) →18

ヌイバリ, ヌイバリ　縫い針〖針〗→5b

ヌイメ　縫い目 →5

ヌイモノ, ヌイモノ　縫い物 →5b

ヌイモン, ヌイモン　縫い紋 →8b

ヌウ　縫う　ヌワナイ, ヌオー, ヌイマス, ヌッテ, ヌエバ, ヌエ →43

ヌード　nude →9

ヌードル　noodle →9

ヌーボー, ヌーボー　nouveau〖仏〗→9

ヌエ　鵺 →1

ヌエタイジ　鵺退治 →15

ヌカ　糠(～にくぎ), 額 →1

ヌガー　nougat〖仏〗→9

ヌカアメ　糠雨 →4

ヌカス　抜かす, 吐かす(=言う)　ヌカサナイ, ヌカソー, ヌカシマス, ヌカシテ, ヌカセバ, ヌカセ →44

ヌカズク　額突く →46

ヌカズケ　糠漬 →5

ヌカドコ　糠床 →4

ヌカバタラキ　糠働き →13

ヌカブクロ　糠袋 →12

ヌカミソ　糠味噌 →15

ヌカミソズケ　糠味噌漬 →13

ヌカヨロコビ　糠喜び →13

ガギグゲゴは鼻濁音　カタカナ細字は母音の無声化　★は長音にもなる符号

ヌカリ──ヌケメ

ヌカリ 抜かり(～はない) →2	ヌキモン 抜き紋 →8
ヌカル 抜かる, 泥濘る →44	ヌキヨミ 抜き読み →5
ヌカルミ 泥濘 →93	ヌキワタ 抜き綿 →5
ヌカルム 泥濘るむ →44	ヌキンデル 抜きん出る, 抽んでる →45d
ヌキ 貫, 緯 →2	ヌク 抜く ヌカナイ, ヌコー, ヌキマス, ヌイテ, ヌケバ, ヌケ →43
ヌキ 抜き(=抜くこと・物。～にする, どじょうの～) →2, 10	ヌグ 脱ぐ ヌガナイ, ヌゴー, ヌギマス, ヌイデ, ヌゲバ, ヌゲ →43
……ヌキ …抜き(ゴボーヌキ 牛蒡～, ゴニンヌキ 五人～) →13, 38	ヌグイサル, ヌグイサル,《古・強は ヌグイサル》 拭い去る →45
ヌキアシ 抜き足 →5	ヌグイトル, ヌグイトル,《古・強は ヌグイトル》 拭い取る →45
ヌキアシ(・)サシアシ,《新は ヌキアシサシアシ》 抜き足差し足 →97, 98	ヌグウ 拭う →43
ヌキアワセル 抜き合わせる →45	ヌクヌク (～する, ～と) →57
ヌキイト, ヌキイト 緯糸 →4 抜き糸 →5	ヌクマリ, ヌクマリ 温まり →2
ヌキウチ 抜打ち →5	ヌクマル 温まる →44
ヌキウチカイサン 抜打ち解散 →15	ヌクミ 温味 →93
ヌキエモン 抜き衣紋 →15	ヌクム 温む →44
ヌキエリ 抜き襟 →5	ヌクメル 温める →44
ヌキガキ 抜書き →5	ヌクモリ, ヌクモリ 温もり →2
ヌギキ 脱ぎ着 →18	ヌクモル 温もる →44
ヌキサシ, ヌキサシ, ヌキサシ 抜き差し(～ならぬ) →18c	ヌケ 抜け →2
ヌキサル 抜き去る →45	ヌケアガル 抜け上がる →45
ヌギステ 脱ぎ捨て →5	ヌケアナ 抜け穴 →5
ヌギステル, ヌギステル 脱ぎ捨てる →45	ヌケウラ 抜け裏 →5
ヌキズリ 抜刷 →5	ヌケガケ 抜け駆け(～の功名) →5
ヌキダス 抜き出す →45	ヌケガラ 抜け殻 →5
ヌキツ・ヌカレツ 抜きつ抜かれつ →73	ヌケカワル 抜け代る →45
ヌキテ, ヌキデ 抜き手〖水泳〗 →5	ヌケゲ 抜け毛 →5
ヌキトース 貫き通す →45	ヌケサク 抜作〖俗〗(彼は～だ) →25
ヌキトリ 抜取り →5	ヌケジ 抜け字 →7
ヌキトル 抜き取る →45	ヌケダス 抜け出す →45
ヌキニ 抜き荷 →5	ヌケデル 抜け出る →45
ヌキハナス 抜き放す →45	ヌケニ 抜け荷 →5
ヌキハナツ 抜き放つ →45	ヌケヌケ, ヌケヌケ (～と言う) →57
ヌキミ 抜身〖刀〗 →5	ヌケマイリ 抜け参り →13
	ヌケミチ 抜け道 →5
	ヌケメ 抜け目(～がない) →5

‾ は高い部分　¨ と ¨ は高低が変る部分　⌐は次が下がる符号　→は法則番号参照

685　　　　　　　　　　　　　ヌケル──ヌリタテ

ヌケル　抜ける　ヌケナイ, ヌケヨー，
　ヌケマス, ヌケテ, ヌケレバ, ヌケ
　ロ　→44

ヌゲル　脱げる　ヌゲナイ, ヌゲマス，
　ヌゲテ, ヌゲレバ　→44

ヌサ　幣〚～〛→1

ヌシ　主(～さん)　→1, 64　塗師　→7

ヌシヤ　塗師屋　→94

ヌスット, ヌスット　盗人　→5d

ヌスビト　盗人　→5

ヌスミ　盗み　→2

ヌスミアシ　盗み足　→12

ヌスミギキ　盗み聞き　→13

ヌスミグイ, ヌスミグイ　盗み食い
　→13

ヌスミグセ　盗み癖　→12

ヌスミゴコロ　盗み心　→12

ヌスミダス, ヌスミダス,《古・強は ヌ
　スミダス》　盗み出す　→45

ヌスミトル, ヌスミトル　盗み取る
　→45

ヌスミミ　盗み見　→13

ヌスミミル, ヌスミミル　盗み見る
　→45

ヌスミヨミ　盗み読み　→13

ヌスミワライ　盗み笑い　→13

ヌスム　盗む　ヌスマナイ, ヌスモー，
　ヌスミマス, ヌスンデ, ヌスメバ，
　ヌスメ　→43

ヌタ　饅〚料理〛→3

ヌタクル　塗たくる〚俗〛→45d

ヌット, ヌット　(～出る)　→55

ヌノ　布　→1

ヌノキレ　布切れ　→5

ヌノコ　布子　→4

ヌノザラシ, ヌノザラシ　布晒し　→13

ヌノジ　布地　→7

ヌノビキ　布引き　→5

ヌノブクロ　布袋　→12

ヌノメ　布目　→4

ヌバタマ, ウバタマ, ムバタマ　射干
　玉〚植〛(～の)　→4

ヌマ　沼　→1

……ヌマ　…沼(インバヌマ 印旛～, オ
　ゼヌマ 尾瀬～)　→12

ヌマズ　沼津〚地・浄瑠璃・歌舞伎〛→21

ヌマチ　沼地　→7

ヌメ　絖〚布〛→3

ヌメ　滑　→3

ヌメリ　滑り　→2

ヌメル　滑る　→44

ヌラクラ　(～する, ～と)　→57

ヌラス　濡らす　ヌラサナイ, ヌラソ
　ー, ヌラシマス, ヌラシテ, ヌラセ
　バ, ヌラセ　→44

ヌラヌラ　(～する, ～と)　→57

ヌラリ(・)クラリ　(～と)　→59

ヌリ　塗り　→2

……ヌリ　…塗(ウルシヌリ 漆～，
　シュンケイ★ヌリ 春慶～)　→13

ヌリアゲ　塗り上げ　→5

ヌリアゲル　塗り上げる　→45

ヌリイタ　塗り板　→5

ヌリエ　塗り柄　→5　塗り絵　→7

ヌリカエ　塗り替え　→5

ヌリカエル, ヌリカエル　塗り替える
　→45b

ヌリガサ　塗り笠　→5

ヌリグスリ　塗り薬　→12

ヌリケス　塗り消す　→45

ヌリゲタ　塗り下駄　→5

ヌリコクル　塗りこくる　→45

ヌリコメ　塗籠　→5

ヌリコメル　塗り込める　→45

ヌリシ, ヌシ　塗師　→7

ヌリタクル　塗りたくる　→45

ヌリタテ　塗り立て　→95

ヌリタテル　塗り立てる　→45

ガギグゲゴは鼻濁音　　カタカナ細字は母音の無声化　　★は長音にもなる符号

ヌリツケル	塗り付ける →45
ヌリツブス	塗り潰す →45
ヌリナオス	塗り直す →45
ヌリバシ, ヌリバシ	塗箸 →5
ヌリボン, ヌリボン	塗盆 →8
ヌリモノ	塗物 →5
ヌリワン	塗椀 →8
ヌル	塗る ヌラナイ, ヌロー, ヌリマス, ヌッテ, ヌレバ, ヌレ →43
ヌルイ	温い ヌルカッタ, ヌルク, ヌルクテ,《新は ヌルクテ》, ヌルケレバ, ヌルシ →52
ヌルカン	温燗 →8
ヌルデ	白膠木〖植〗
ヌルヌル	(〜だ・な・に) →57
ヌルスル	(〜する, 〜と) →57
ヌルマユ	微温湯 →12
ヌルム	温む(水〜) →44
ヌルユ, ヌルユ	微温湯 →5
ヌルリ, ヌルリ	(〜とすべる) →55
ヌレ	濡れ →2
ヌレイロ	濡れ色 →5
ヌレエン, ヌレエン	濡れ縁 →8
ヌレオチバ	濡れ落ち葉 →12
ヌレガミ	濡れ紙, 濡れ髪 →5
ヌレギヌ, ヌレギヌ	濡れ衣 →5
ヌレゴト	濡れ事 →5
ヌレゴトシ	濡れ事師 →14
ヌレソボツ	濡れそぼつ →45
ヌレツバメ	濡れ燕 →12
ヌレテ	濡れ手(〜で粟ᵃʷ) →5
ヌレネズミ,《古は ヌレネズミ》	濡れ鼠 →12
ヌレバ	濡れ場 →5
ヌレバイロ	濡羽色(烏ᵏᵃʳᵃの〜) →12
ヌレブキン	濡れ布巾 →15
ヌレボトケ	濡れ仏 →12
ヌレル	濡れる ヌレナイ, ヌレヨー, ヌレマス, ヌレテ, ヌレレバ, ヌレ

ロ	→43

ネ	音, 値, 子〖十二支〗(ネノトシ 〜の歳) →1, 19 寝(〜が足りない) →2
ネ	根 →1
……ネ; ……ネ	〖助〗(ナクネ 泣く〜, ヨムネ 読む〜, アカイネ 赤い〜, シロイネ 白い〜) →72, 74
……ネ; ……ネ; ……ネ	〖助〗(トリネ 鳥〜, ハナネ 花〜, アメネ 雨〜) →71
ネアガリ	値上り →13
ネアガリ	根上り〖木・髪〗→13
ネアガリマツ	根上り松 →12
ネアキル	寝飽きる →45
ネアゲ	値上げ →5
ネアセ	寝汗 →5
ネイキ	寝息 →5
ネイジツ	寧日(〜なし) →8
ネイス	寝椅子 →15
ネイチャー	nature →9
ネイティブ	native →9
ネイモ, ネイモ	根芋 →4
ネイリコム, ネイリコム	寝入り込む →45
ネイリバナ	寝入り端 →95
ネイル	寝入る →45
ネイロ	音色 →4
ネウゴキ	値動き →13
ネウチ	値打 →5
ネー	〖感〗(〜あなた, 〜帰ろう) →66
ネーサマ	姉様 →94
ネーサン	姉さん, 姐さん →94
ネーサンカブリ	姉さん被り →13
ネービーブルー	navy blue →16
ネーブル	<navel orange →9

687 ネーミン──ネコ

ネーミング naming →9	ネカス 寝かす →44
ネーム name →9	ネカセル 寝かせる →83, 44
ネームバリュー name value →16	ネカタ, ネカタ 根方 →4
ネーヤ 姉や →94	ネガッタリ・カナッタリ, ネガッタリ
ネール, ネールー Nahrū〖人〗→22	カナッタリ 願ったり叶ったり
ネール, ネイル, 《新は ネール, ネイ	→97, 99
ル》 nail →9	ネガティブ negative →9
ネオ 根緒 →4	ネカブ 根株 →4
ネオイ 根生い →5	ネガラ 音柄(〜が良い) →4
ネオキ 寝起き(=目ざめ。〜が悪い)	ネガワクワ, ネガワクワ 願わくは
→5	→69
ネオキ 寝起き(=起臥。〜している)	ネガワシイ★ 願わしい →53
→18	ネカン, ネガン 寝棺 →8
ネオシ 寝圧し →5	ネギ 葱 →1 禰宜 →2
ネオン neon →9	ネギシ 根岸〖地〗→21
ネオンサイン neon sign →16	ネギシセン 根岸線 →14
ネガ <negative(↔ポジ) →10	ネギバタケ 葱畑 →12
ネガイ 願(オネガイ 御〜) →2b, 92	ネギボーズ 葱坊主 →15
ネガイアゲル, ネガイアゲル, 《古・強	ネギマ, ネギマ 葱鮪 →10
は ネガイアゲル》 願い上げる →45	ネギライ, ネギライ 犒い →2b
ネガイイデ 願い出で →13	ネギラウ 犒う →43
ネガイゴト, ネガイゴト, ネガイゴト	ネキリ 根切り(〜にする) →5
願い事 →12	ネキリムシ 根切虫 →12
ネガイサゲ 願い下げ →13	ネギル, 《新は ネギル》 値切る →46
ネガイサゲル, ネガイサゲル 願い下	ネギワ 寝際 →5
げる →45	ネグサレ 根腐れ →13
ネガイデ 願い出 →13	ネクズレ 値崩れ →13
ネガイデル, ネガイデル 願い出る	ネグセ 寝癖(〜がつく) →5
→45	ネクタイ necktie →16
ネガイヌシ, ネガイヌシ 願い主	ネクタイピン necktie pin〖和〗→16b
→12b	ネクタレガミ 寝腐れ髪 →12
ネガウ 願う ネガワナイ, ネガオー,	ネクビ 寝首(〜をかく) →5
ネガイマス, ネガッテ, ネガエバ,	ネグラ 塒 →5
ネガエ →43	ネグリジェ, ネグリジェ négligé〖仏〗
ネガエリ, ネガエリ 寝返り →13	→9
ネガエル, ネガエル 寝返る →45b	ネグルシイ★ 寝苦しい →54
ネガオ 寝顔 →5	ネグレクト neglect →9
ネガケ 根掛け〖髪〗→5	ネコ 猫(ネコモ・シャクシモ 〜も杓
ネガサ 値嵩 →4	子も) →1, 97

ガギグゲゴは鼻濁音　カタカナ細字は母音の無声化　★は長音にもなる符号

ネコアシ──ネスゴス 688

ネコアシ 猫脚 →4	→45
ネコイタ 猫板 →4	ネジアゲル, ネジアゲル 捩上げる →45
ネコイラズ 猫要らず〖薬・商標〗→13	ネジキル, 《新は ネジキル》捩切る →45
ネコカブリ, ネコッカブリ 猫(っ)被り →13d	ネジクギ 捩子釘 →4
ネコカワイガリ, ネコッカワイガリ 猫(っ)可愛がり〖俗〗→13d	ネジクル 捩くる →44
ネコギ 根扱ぎ(〜にする) →5	ネジクレル 拗くれる →44
ネゴコチ, ネゴコチ 寝心地 →12	ネジケル 拗ける →44
ネゴザ, ネゴザ 寝茣蓙 →15	ネジコム, 《新は ネジコム》捩込む →45
ネコジタ, ネコジタ 猫舌 →4	ネシズマル 寝静まる →45
ネコジャラシ 猫じゃらし〖植〗→13	ネシナ 寝しな →95
ネコゼ 猫背 →4	ネジハチマキ 捩鉢巻 →12
ネコソギ, ネコソギ 根刮ぎ →67	ネジフセル, ネジフセル 捩伏せる →45
ネコッカブリ 猫っ被り →13d	ネジマゲル, ネジマゲル 捩曲げる →45
ネゴト 寝言 →5	ネジマワシ 捩子回し →13
ネコナデゴエ 猫撫で声 →12	ネジムケル, ネジムケル 捩向ける →45
ネコノ(・)ヒタイ 猫の額 →97, 98	ネジメ 音締(〜が良い) →5
ネコノメ 猫の目 →98	ネジメ 根締〖木・髪〗→5
ネコババ 猫糞(〜をきめる) →4	ネジモドス, ネジモドス 捩戻す →45
ネコミ, ネゴミ 寝込み(〜をおそう) →5	ネジヤマ 捩子山 →5
ネゴム 寝込む →45	ネショーガツ 寝正月 →15
ネコヤナギ 猫柳 →12	ネショーベン 寝小便 →15
ネゴロ 値頃 →4	ネジリハチマキ 捩り鉢巻 →12
ネコロガル, ネッコロガル 寝(っ)転がる →45d	ネジル 捩る →43
ネコロブ 寝転ぶ →45	ネジレ 捩れ →2
ネサガリ 値下り →13	ネジレル 捩れる →44
ネサゲ 値下げ →5	ネジロ, 《古は ネジロ》根城 →4
ネザケ 寝酒 →5	ネズ 杜松〖植〗→1 鼠 →10 根津〖地・姓〗→21, 22
ネザサ 根笹 →4	ネスガタ 寝姿 →12
ネザシ 音差(=音色。〜が良い) →95	ネスギル 寝過ぎる →45
ネザシ 根差し, 根挿し →5	ネズク 根付く →46
ネザス 根差す →46	ネズコー 鼠公 →94
ネザメ 寝覚め(〜が悪い) →5	ネスゴス 寝過ごす →45
ネザヤ 値鞘 →4	
ネジ 螺子, 捩子 →2	
ネジアケル, ネジアケル 捩開ける	

￣ は高い部分 ⋯と⋯ は高低が変る部分 「は次が下がる符号 →は法則番号参照

ネズノバン 寝ずの番 →19	**ネツイ** 熱意 →7
ネズマリ 根詰まり →13	**ネツイ** 〖俗〗(=しつこい・熱心だ。~人) →52
ネズミ 鼠 →1	
ネズミイラズ 鼠入らず〖食器棚〗 →13	**ネツエネルギー, ネツエネルギー** 熱 Energie〔独〕 →16
ネズミイロ 鼠色 →12	
ネズミオトシ 鼠落し →13	**ネツエン** 熱演 →8
ネズミガエシ 鼠返し →13	**ネッカチーフ** neckerchief →16
ネズミコー 鼠講 →14	**ネッカラ, ネカラ, ネカラ** 根(っ)から →67d
ネズミコゾー 鼠小僧(~次郎吉) →15	
ネズミザン 鼠算 →14	**ネツガン** 熱願 →8
ネズミトリ 鼠捕り →13	**ネッキ** 熱気 →7
ネズミナキ 鼠鳴き →13	**ネツキ** 寝付き →5
ネズモリ 値積り →13	**ネツギ** 根接ぎ, 根継ぎ →5
ネズヨイ 根強い →54	**ネツキカン, ネツキカン** 熱機関 →15
ネゾー 寝相(~が悪い) →8	**ネッキキュー, ネツキキュー** 熱気球 →15
ネソビレル 寝そびれる →45	
ネソベル 寝そべる →45	**ネッキョー** 熱狂 →8
ネタ (=種。~が割れる) →10	**ネッキョーテキ** 熱狂的 →95
ネダ 根太	**ネック** neck →9
ネダイ 寝台 →8	**ネツク, ネツク,《古は ネツグ》** 寝付く →45c
ネダイタ 根板板 →12	
ネタキリ, ネタッキリ 寝た(っ)切り →72d	**ネックレス** necklace →16
	ネツケ 根付 →5 熱気 →93
ネタバ 寝刃(~を合わす) →5	**ネツケツ** 熱血 →8
ネタバコ 寝煙草 →16	**ネツゲン, ネツゲン** 熱源 →8
ネタマシイ★ 妬ましい →53	**ネッケツカン, ネッケツカン** 熱血漢 →14c
ネタミ 妬み →2	
ネタム 妬む →43	**ネッコ** 根っ子(松の~) →94
ネダメ 寝溜め →5	**ネッサ** 熱砂 →7
ネダヤシ, ネダヤシ 根絶やし →13	**ネツサマシ** 熱冷まし →13
ネダリ 強請 →2	**ネッシャビョー** 熱射病 →14
ネダル,《新は ネダル》 強請る →43	**ネッショー** 熱唱 →8
ネダン 値段(**オネダン** 御~) →8, 92	**ネツジョー** 熱情 →8
ネダンヒョー 値段表 →14	**ネツジョーテキ** 熱情的 →95
ネチガエル, ネチガエル 寝違える →45b	**ネツショリ** 熱処理 →15
	ネッシン, ネッシン 熱心 →8
ネチネチ (~する, ~と) →57	**ネッスル, ネッスル** 熱する →48
ネツ 熱(**オネツ** 御~) →1, 92	**ネッセイ★** 熱誠, 熱性 →8
ネツアイ 熱愛 →8	**ネッセン** 熱戦, 熱線 →8

ガギグゲゴは鼻濁音　カタカナ細字は母音の無声化　★は長音にもなる符号

ネツゾー──ネフロー　　690

ネツゾー　捏造 →8	ネトマリ　寝泊り →13
ネッタイ　熱帯 →8	ネトリ　寝鳥,音取り →5
ネッタイウリン　熱帯雨林 →15	ネトル　寝取る →45
ネッタイギョ　熱帯魚 →14b	ネナオス　寝直す →45
ネッタイショクブツ　熱帯植物 →15	ネナシ, ネナシ　根無し →5
ネッタイチホー, ネッタイチホー　熱帯地方 →15c	ネナシグサ　根無草 →12
	ネノクニ　根の国 →19
ネッタイテイ・キアツ　熱帯低気圧 →17	ネノヒ　子の日 →19
ネッタイヤ　熱帯夜 →14b	ネパール　Nepal〖国〗→21
ネッチュー　熱中 →8	ネバツク　粘着く →96
ネッチューショー　熱中症 →14	ネバッコイ　粘っこい →96d
ネッチリ　(〜と) →55	ネバツチ　粘土 →5
ネッツッポイ　熱っぽい →96	ネバネバ　(〜する,〜と) →57
ネッテツ　熱鉄(〜の涙) →8	ネハバ　値幅 →4
ネツデンドー　熱伝導 →15	ネバリ　粘り(〜がある) →2
ネット　net →9	ネバリケ, ネバリケ　粘り気 →93
ネット　<internet →10	ネバリズヨイ　粘り強い →54
ネツド, ネツド　熱度 →7	ネバリツク, ネバリツク,《古・強は ネバリツク》粘り付く →45
ネットウラ　net裏 →12	
ネットー　熱湯,熱闘,熱投 →8	ネバリッケ, ネバリッケ　粘りっ気 →93d
ネットリ　(〜する,〜と) →55	
ネットワーク　network →16	ネバリヌク, ネバリヌク　粘り抜く →45
ネッパ　熱波 →7	
ネツバム　熱ばむ →96	ネバル　粘る →44
ネツビョー, ネツビョー　熱病 →8	ネハン,《新は ネハン》涅槃
ネップー, ネップー　熱風 →8	ネハンエ　涅槃会 →14a
ネツベン　熱弁 →8	ネビエ　寝冷え →5
ネツボー　熱望 →8	ネビエシラズ　寝冷知らず〖衣〗→13
ネツリョー　熱量 →8	ネビキ　値引き →5
ネツルイ　熱涙 →8	ネビキ　根引き(=身請け) →5
ネツレツ　熱烈 →8	ネビキ　根引き(=ねこぎ) →5
ネテモ(・)サメテモ　寝ても覚めても →97,98	ネビラキ　値開き →13
	ネブカイ　根深い →54
ネドイ・ハドイ　根問い葉問い →97	ネブクロ, ネブクロ　寝袋 →12
ネドーグ　寝道具 →15	ネブソク, ネブソク　寝不足 →15
ネドコ　寝床,寝所 →5	ネフダ　値札 →4
ネドシ　子年 →4	ネブト　根太〖病〗→5
ネトネト　(〜する,〜と) →57	ネブミ　値踏み →5
ネトボケル　寝惚ける →45	ネフローゼ　Nephrose〖独〗→9

 ̄は高い部分　 …と… は高低が変る部分　 ̄は次が下がる符号　→は法則番号参照

691　　　　　　　　　　　　　　　　　　　ネベヤ──ネリナオ

ネベヤ　寝部屋 →12
ネボー　寝坊 →10
ネボケガオ　寝惚顔 →12
ネボケズラ　寝惚面 →12
ネボケマナコ　寝惚眼 →12
ネボケル　寝惚ける →45
ネボスケ　寝坊助〖俗〗 →25d
ネボトケ　寝仏 →12
ネホリ・ハホリ, ネホリハホリ　根掘
　り葉掘り →97,99
ネマ　寝間(オネマ　御~) →5
ネマキ　寝巻 →5
ネマチ　寝待<ネマチノツキ　寝待の月
　→5, 19
ネマワシ　根回し →12
ネマワリ　根回り →12
ネミダレガミ　寝乱れ髪 →12
ネミミ　寝耳(~に水) →5
ネム, ネブ　合歓〖植〗(~の木) →2d
ネムイ　眠い　ネムカッタ, ネムク,
　ネムクテ, ネムケレバ, ネムシ
　→52c
ネムケ　眠気 →93
ネムケザマシ　眠気覚まし →13
ネムタイ　眠たい →53
ネムノキ, ネブノキ　合歓木〖植〗 →19
ネムラス　眠らす →44
ネムラセル　眠らせる →83
ネムリ　眠り →2
ネムリグサ　眠り草 →12
ネムリグスリ　眠り薬 →12
ネムリコケル　眠りこける →45
ネムリコム　眠り込む →45
ネムリビョー　眠り病 →14
ネムル　眠る　ネムラナイ, ネムロー,
　ネムリマス, ネムッテ, ネムレバ,
　ネムレ →44
ネムレル　眠れる(~獅子と) →83
ネメッケル, ネメッケル　睨め付ける

→45
ネモト　根本 →4
ネモノガタリ　寝物語 →12
ネヤ　閨 →5
ネユキ, ネユキ　根雪 →4
ネライ　狙い →2
ネライウチ　狙い撃ち →13
ネライドコロ　狙い所 →12
ネラウ　狙う　ネラワナイ, ネラオー,
　ネライマス, ネラッテ, ネラエバ,
　ネラエ →43
ネリ　練り,煉り,邉り →2
ネリアゲル, ネリアゲル　練(煉)り上
　げる →45
ネリアシ, ネリアシ　練(邉)足 →5
ネリアルク, ネリアルク　練(邉)り歩
　く →45
ネリアワス, ネリアワス　練(煉)り合
　わす →45
ネリアワセル, ネリアワセル　練(煉)
　り合わせる →45
ネリアン　練(煉)り餡 →8
ネリイト, ネリイト　練り糸 →5
ネリウニ, ネリウニ　練(煉)り雲丹
　→5
ネリエ, ネリエ　練(煉)り餌 →5
ネリオシロイ　練(煉)白粉 →12
ネリカタメル, ネリカタメル　練(煉)
　り固める →45
ネリガラシ　練(煉)り辛子 →12
ネリギヌ　練り絹 →5
ネリキリ　煉り切り →5
ネリグスリ　練(煉)り薬 →12
ネリグヨー　練(邉)り供養 →15
ネリコー　練(煉)り香 →8
ネリコム,《新は ネリコム》　練(煉)り
　込む →45
ネリセイヒン　練(煉)り製品 →17
ネリナオシ　練り直し →13

ガギグゲゴは鼻濁音　カタカナ細字は母音の無声化　★は長音にもなる符号

ネリナオ──ネンセイ　692

ネリナオス, ネリナオス　練り直す →45	ネンカン　年刊,年間,年鑑 →8
ネリハミガキ　練(煉)歯磨 →12	ネンガン, ネンガン　念願 →8
ネリベイ☆,《新は ネリベイ☆》　練(煉)塀 →8	ネンキ　年季,年期,年忌 →7
ネリマ　練馬〖地〗→21	ネンキアケ　年季明け,年期明け →13
ネリマク　練馬区 →14	ネンキボーコー　年季奉公 →15
ネリマダイコン　練馬大根 →15	ネンキュー　年給 →8
ネリミソ　練(煉)り味噌 →15	ネンギョ　年魚(=鮎・鮭) →7
ネリモノ　練物,煉物,邌物 →5	ネンギョク　年玉 →8
ネリヨーカン　練(煉)羊羹 →15	ネンキン　年金 →8
ネル　寝る　ネナイ, ネヨー, ネマス, ネテ, ネレバ, ネロ →43	ネング, ネング　年貢 →7
ネル　練る,煉る,錬る,邌る　ネラナイ, ネロー, ネリマス, ネッテ, ネレバ, ネレ →43 ＜flannel →10	ネングマイ　年貢米 →14
ネレル　練れる(気が～) →44	ネンゲツ　年月 →18
ネワケ　根分け →5	ネンゲン　年限 →8
ネワザ　寝技 →5	ネンコー　年功 →8
ネワラ　寝藁 →5	ネンゴー　年号 →8
ネン　年 →6	ネンコージョレツ　年功序列 →15
ネン,《新は ネンオイレル ～を入れる》　念 →6	ネンゴロ　懇(～に) →55
……ねん　…年〖数〗→34, 35	ネンザ　捻挫 →7
ネンアキ　年明き →5	ネンサン　年産 →8
ネンアケ　年明け →5	ネンシ　年始,年歯,撚糸 →7
ネンイリ, ネンイリ　念入り →5	ネンジ　年次 →7
ネンエキ, ネンエキ　粘液 →8	ネンシキ　年式〖車〗→8
ネンエキシツ　粘液質 →14	ネンジブツ　念持仏 →14
ネンオシ　念押し →5	ネンシマワリ　年始回り →13
ネンガ, ネンガ　年賀 →7	ネンジュ　念珠,念誦 →7
ネンカイ　年回,年会 →8	ネンシュー　年収 →8
ネンガク　年額 →8	ネンジュー　年中 →8
ネンガジョー, ネンガジョー　年賀状 →14	ネンジューギョージ, ネンチューギョージ　年中行事 →15
ネンガッピ, ネンガッピ　年月日 →17	ネンシュツ　捻出 →8
ネンガハガキ　年賀葉書 →12	ネンショ　念書(～を取る) →7
ネンガラ(・)ネンジュー, ネンガラネンジュー　年がら年中 →97, 98, 99	ネンショ　年初 →7
	ネンショー　年少,燃焼 →8
	ネンショーシャ　年少者 →14a
	ネンジヨサン　年次予算 →15
	ネンジル, ネンジル　念じる →47
	ネンスー　年数 →8
	ネンズル, ネンズル　念ずる →47
	ネンセイ　粘性 →8

￣は高い部分　… と ￣は高低が変る部分　￣は次が下がる符号　→は法則番号参照

ネンダイ――ノーアウ

ネ́ンダイ 年代 →8	ネンブツドー 念仏堂 →14
ネ́ンダ̄イキ 年代記 →14b	ネ́ンベツ 年別 →8
ネ́ンダ̄イモノ 年代物 →12	ネ́ンポー 年俸,年報 →8
ネンチャク 粘着 →8	ネ́ンマク 粘膜 →8
ネンチャ̄クリョク 粘着力 →14	ネ́ンマツ 年末 →8
ネンチョー 年長 →8	ネ́ンマッチョ̄ーセイ★ 年末調整 →15
ネンチョ̄ーシャ 年長者 →14a	ネ́ンユ 燃油 →7
ネンテン 捻転 →8	ネ́ンライ, ネンライ 年来 →8
ネ́ンド 年度,粘度,粘土 →7	ネンリ, ネ́ンリ 年利 →7
ネントー 年頭,念頭 →8	ネンリキ, ネ́ンリキ, ネンリキ́ 念力 →8
ネ́ンドガ̄ワリ 年度替り →13	ネンリツ 年率 →8
ネ́ンドザ̄イク 粘土細工 →15	ネンリョー 燃料 →8
ネ́ンドハ̄ジメ 年度初め →12	ネンリン 年輪 →8
ネ́ンドマツ 年度末 →14	ネンレイ★ 年齢 →8
ネ́ンナイ 年内 →8	ネンレイ★ソー 年齢層 →14b
ネ́ンネ 〚児〛(=寝ること。～する) →2	
ネ́ンネ, ネンネ̄ー (=赤ん坊。まだ～で困る) →2d	
ネ́ンネコ (=寝ること・半纏(はん)) →94	
ネ́ンネコバ̄ンテン ねんねこ半纏 →15	ノ́ 野 →1
ネンネン 年年,念念 →11	……ノ; ……ノ 〚助〛(ナクノ 泣く～, ヨ́ムノワ 読む～は, アガ́イノ 赤い～, シロ́イノガ 白い～が) →72, 74b
ネンネンサイサイ 年年歳歳 →98	
ネンノタメ́ 念の為〚名詞的〛→19	……ノ; ……ノ 〚助〛(トリノ 鳥～, ハナノ 花～, ア́メノ 雨～) →71
ネンノタメ́ 念の為〚副詞的〛→62	
ネ́ンパイ 年輩(ゴネ́ンパイ 御～) →8, 92	ノアザミ 野薊 →12
ネンバライ 年払い →13	ノアソビ 野遊び →13
ネンバラシ 念晴らし →13	ノ́アノハ̄コブネ Noahの方舟 →98
ネンバンガン 粘板岩 →14a	ノイズ,《新は ノイズ》 noise →9
ネ́ンピ 燃費<燃料消費率 →10	ノイ́チゴ 野苺 →12
ネ́ンビャク(·)ネ̄ンジュー, ネンビャク ネ̄ンジュー 年百年中 →97, 98, 99	ノイバラ 野茨 →12
	ノイローゼ Neurose[独] →9
ネンピョー 年表 →8	ノウサギ 野兎 →12
ネ́ンプ 年賦,年譜 →7	ノ́ー 喃〚感〛→66 農,膿,脳,能(～が無い) →6 悩(ゴノ́ー 御～), 能(=能楽。オノ́ー 御～) →6, 92 no →9
ネンブツ 念仏(オネ́ンブツ 御～) →8, 92	
ネンブツザンマイ 念仏三昧 →15	ノーアイロン no-iron →16
ネンブ́ツシュー, ネンブッシュー 念仏宗 →14c	ノーアウト no out〚野球〛→16

ガギグゲゴは鼻濁音　カタカナ細字は母音の無声化　★は長音にもなる符号

ノーイシ──ノーズイ　694

ノーイショー　能衣装 →15	ノーゲイカガク　農芸化学 →15
ノーイッケツ　脳溢血 →15	ノーゲーム　no game →16
ノーエン　濃艶,脳炎,農園 →8	ノーゲカ　脳外科 →15
ノーカ　農科,農家 →7	ノーケッセン　脳血栓 →15
ノーカイ　納会 →8	ノーコー　濃厚,農耕 →8　農工 →18
ノーカウント　no count →16	ノーコーソク　脳梗塞 →15
ノーガキ, ノーガキ, ノーガキ　能書き →5	ノーコツ　納骨 →8
ノーガク　能楽 →8	ノーコツドー　納骨堂 →14
ノーガク, ノーガク　農学 →8	ノーコメント　no comment →16
ノーガクシ, ノーガクシ　農学士 →17	ノーコン　濃紺 →8
ノーガクシ, ノーガクシ　能楽師 →14c	ノーサイ　能才,納采(〜の儀) →8
ノーガクドー　能楽堂 →14	ノーサイボー　脳細胞 →15
ノーガクハクシ, ノーガクハカセ　農学博士 →15	ノーサギョー　農作業 →15
ノーガクブ, ノーガクブ　農学部 →17	ノーサク　農作 →8
ノーカスイタイ, ノーカスイタイ　脳下垂体 →17	ノーサクブツ　農作物 →17
ノーガッコー, ノーガッコー　農学校 →17	ノーサツ　悩殺,納札 →8
ノーカン　納棺,能管,脳幹 →8	ノーサン　農産 →8
ノーカンキ　農閑期 →14a	ノーサンキュー　No, Thank you →16
ノーキ　納期,農期 →7	ノーサンソン　農山村 →17
ノーキグ　農機具 →15	ノーサンブツ　農産物 →17
ノーキョー　膿胸 →8　農協<農業協同組合 →10	ノーシ, ノーシ　脳死 →7
ノーギョー,《古は ノーギョー》　農業 →8	ノーシ　直衣 →2
ノーギョーキョードークミアイ　農業協同組合 →12	ノージ　能事,農事,農時 →7
ノーギョーゲン　能狂言 →15	ノージシケンジョー　農事試験場 →17
ノーギョーシケンジョー　農業試験場 →17	ノーシュ　嚢腫,膿腫 →7
ノーギョーコーコー　農業高校 →15	ノージューケツ　脳充血 →15
ノーギョーヨースイ　農業用水 →15	ノーシュク　濃縮 →8
ノーキン　納金 →8	ノーシュクウラン　濃縮 Uran[独] →16
ノーグ　農具 →7	ノーシュッケツ　脳出血 →15
ノーゲイ, ノーゲイ　農芸 →8	ノーシュヨー　脳腫瘍 →15
	ノーショ　能書 →7
	ノーショー　脳症,脳漿,農相 →8
	ノージョー, ノージョー　農場 →8
	ノージョーシュ　農場主 →14a
	ノーショーゾク　能装束 →15
	ノーシンケイ　脳神経 →15
	ノーシントー　脳震盪 →15
	ノーズイ　脳髄 →8

‾は高い部分　˙˙と˙˙は高低が変る部分　⌐は次が下がる符号　→は法則番号参照

ノースイショー 農水省<農林水産省 →14b	ノーナシ 能無し →5
ノースモーキング no smoking →16	ノーナシザル 能無し猿 →12
ノースリーブ no sleeve〔和〕 →16	ノーナンカショー 脳軟化症 →17
ノーセイ★ 農政 →8	ノーニュー 納入 →8
ノーゼイ★ 納税 →8	ノーネクタイ no necktie →16
ノーゼイ★シャ 納税者 →14b	ノーノー (～する, ～と) →57
ノーセイ★マヒ 脳性麻痺 →15	ノーハ 脳波 →7
ノーセキズイマクエン 脳脊髄膜炎 →14	ノーハウ know-how →16
ノーゼンカズラ 凌霄花〔植〕 →12	ノーハンキ 農繁期 →14a
ノーゾッチュー 脳卒中 →15	ノーヒツ,《古は ノーヒツ》 能筆 →8
ノーソン 農村 →8	ノーヒット no hit →16
ノーソンブ 農村部 →14a	ノービヘイヤ 濃尾平野 →15
ノーソンモンダイ 農村問題 →15	ノービョー 脳病, 膿病 →8
ノーダイ 農大<ノーギョーダイガク 農業大学 →10, 15	ノーヒン 納品 →8
ノータイム no time〔和〕 →16	ノーヒンケツ 脳貧血 →15
ノータッチ no touch〔和〕 →16	ノーヒンショ, ノーヒンショ 納品書 →14
ノータン, ノータン, ノータン 濃淡 →18	ノーフ, ノーフ 納付 →7
ノーチ 農地 →7	ノーフ 農夫, 農婦 →7
ノーチイインカイ 農地委員会 →17	ノーフキン 納付金 →14
ノーチガイカク 農地改革 →15	ノーブタイ 能舞台 →15
ノーチュー 嚢中(～の錐), 脳中 →8	ノーブル noble →9
ノーテン 脳天 →8	ノーブン 能文 →8
ノーテンキ 脳天気 →15	ノーヘイ★ 農兵 →8
ノート note →9	ノーベルショー Nobel 賞 →14
ノード 農奴, 濃度 →7	ノーベン,《古は ノーベン》 能弁 →8
ノードー 能動 →8	ノーホー 農法 →8
ノードーテキ 能動的 →95	ノーホン 納本 →8
ノードック 脳ドック →16	ノーホンシュギ 農本主義 →15
ノートパソコン <notebook personal computer →16	ノーマクエン 脳膜炎 →14
ノートブック note book →16	ノーマル normal →9
ノートルダム Notre-Dame〔仏〕〔寺院〕 →16	ノーミソ 脳味噌 →15
ノートレ 脳 training →10	ノーミツ 濃密 →8
ノーナイシュッケツ 脳内出血 →15	ノーミン 農民 →8
	ノーミンブンガク 農民文学 →15
	ノーム 農務, 濃霧 →7
	ノーメン 能面 →8
	ノーモア, ノーモア no more(～広島) →16

ガギグゲゴは鼻濁音　カタカナ細字は母音の無声化　★は長音にもなる符号

ノーヤク　農薬 →8
ノーヤクシャ　能役者 →15
ノーヨーチ　農用地 →15
ノーラン　悩乱 →8
ノーラン　no run →16
ノーリ　脳裏, 能吏 →7
ノーリツ　能率 →8
ノーリツキュー, ノーリッキュー　能率給 →14c
ノーリョー　納涼 →8
ノーリョク　能力 →8
ノーリョクキュー, ノーリョクキュー　能力給 →14c
ノーリョクシャ, ノーリョクシャ　能力者 →14c
ノーリン　農林 →18
ノーリンショー　農林省 →14a
ノーリンスイサンショー　農林水産省 →17
ノガイ　野飼い →5
ノガス　逃す →44
ノカゼ　野風 →4
ノガレル　逃れる, 遁れる →43
ノキ　軒 →1
ノギ　芒 →1
ノギク　野菊 →8
ノギザカ, ノギザカ　乃木坂〖地〗→12
ノキサキ　軒先 →4
ノキシタ　軒下 →4
ノキシノブ　軒忍 →12
ノギス, ノギス　<Nonius〖独〗(～で計る) →9
ノギツネ　野狐 →12
ノキドイ　軒樋 →4
ノキナミ　軒並 →4
ノキナラビ　軒並び →13
ノキバ, ノキバタ　軒端 →4
ノギヘン　禾偏(=禾) →14
ノク　退く →43

ノグサ　野草 →4
ノクターン　nocturne →9
ノグチ　野口〖姓〗→22
　～(･)ヒデヨ　～英世 →25, 27
ノケゾル　仰け反る →45
ノケモノ　除者 →5
ノケル　退ける, 除ける →44
ノコ　鋸〖俗〗
ノコギリ, ノコギリ　鋸 →5
ノコギリビキ　鋸挽き →13
ノコクズ　鋸屑 →4
ノコス　残す　ノコサナイ, ノコソー, ノコシマス, ノコシテ, ノコセバ, ノコセ →44
ノコノコ　(～出る, ～と) →57
ノコラズ　残らず〖副〗→67
ノコリ　残り →2
ノコリオオイ, ノコリオーイ　残り多い →54
ノコリオシイ　残り惜しい →54
ノコリガ　残り香 →12
ノコリガス　残り滓 →12
ノコリスクナ, ノコリスクナ　残り少な →54c
ノコリスクナイ　残り少ない(～人生) →54
ノコリビ　残り火 →12
ノコリモノ, ノコリモノ, ノコリモノ　残り物 →12
ノコル　残る　ノコラナイ, ノコロー, ノコリマス, ノコッテ, ノコレバ, ノコレ →43
ノコンノ　残んの(～月, ～雪) →71d
ノサバル →46
ノザラシ　野晒し →13
ノザワ　野沢〖地･姓〗→22
ノザワナ　野沢菜 →12
ノシ　伸し, 熨斗 →2
ノジ　野路 →4

ノシアガル, ノシアガル 伸し上がる →45	ノゾク 除く,覗く ノゾカナイ, ノゾコー, ノゾキマス, ノゾイテ, ノゾケバ, ノゾケ →43
ノシアゲル, ノシアゲル 伸し上げる →45	ノソダチ 野育ち →13
ノシアワビ 熨斗鮑 →12	ノソノソ (~歩く,~と) →57
ノシイカ 熨斗烏賊 →5	ノゾマシイ★, ノゾマシイ★ 望ましい →53
ノシカカル, ノシカカル 伸し掛かる →45	ノゾミ, ノゾミ 望み →2 のぞみ〖新幹線〗→2
ノシガミ 熨斗紙 →12	ノゾミウス 望み薄 →13
ノシブクロ 熨斗袋 →12	ノゾミゴー のぞみ号 →14
ノジマザキ 野島崎 →12	ノゾミシダイ 望み次第 →95
ノシメ 熨斗目〖織物〗→5	ノゾミテ, ノゾミテ 望み手 →12
ノシモチ 伸餅 →5	ノゾミドーリ 望み通り →95
ノジュク 野宿 →8	ノゾム,《新は ノゾム》望む,臨む →43
ノシロ 能代〖地〗→21	ノゾムラクワ 望むらくは →69
ノシロヌリ 能代塗 →13	ノダイコ 野幇間 →15
ノス 伸す,熨す →44	ノタウチマワル, ノタウチマワル, 《古・強は ノタウチマワル》のたうち回る →45
ノズエ, ノズエ 野末 →4	
……ノスケ: ……ノスケ …之介……之輔…之助(ヨノスケ 世之介, クラノスケ 内蔵助, ウラミノスケ 恨之介) →26	ノタウツ →46
	ノタクル 〖俗〗(みみずが~) →44
	ノダチ 野太刀 →4
ノスタルジア, ノスタルジア nostalgia →9	ノダテ, ノダテ 野点,野立て →5
	ノタマワク 宣わく,日わく →93
ノスタルジー nostalgie〖仏〗→9	ノタモー, ノタマウ 宣う →45d
ノズミ 野積み →5	ノダリ(·)ノダリ →59
ノズラ, ノズラ 野面 →4	ノタレジニ, ノタレジニ 野垂死 →13
ノズル,《新は ノズル》nozzle →9	ノチ, ノチ 後 →1
ノセル 乗せる,載せる ノセナイ, ノセヨー, ノセマス, ノセテ, ノセレバ, ノセロ →44	ノチザン 後産 →8
	ノチジテ 後シテ〖能〗→12
	ノチゾイ 後添い →5
ノゾカセル 覗かせる →83	ノチノチ 後後 →11
ノゾキ 覗き →2	ノチノツキ, ノチノツキ 後の月 →19
ノゾキアナ, ノゾキアナ 覗き穴 →12	ノチノヨ, ノチノヨ, ノチノヨ 後の世 →19
ノゾキカラクリ 覗き機関 →12	
ノゾキコム 覗き込む →45	ノチホド 後程 →71, 67
ノゾキマド 覗き窓 →12	
ノゾキミ 覗き見 →13	
ノゾキメガネ 覗き眼鏡 →12	ノッカル 乗っかる〖俗〗→44

ガギグゲゴは鼻濁音　カタカナ細字は母音の無声化　★は長音にもなる符号

ノッキル──ノベ　698

ノッキル　乗っ切る〚俗〛 →45d	……ノニ; ……ノニ　〚助〛(ナクノニ 泣く〜,ヨムノニ 読む〜,アカイノニ 赤い〜,シロイノニ 白い〜) →72, 74b

ノック　knock →9
ノックアウト　knockout →16
ノックダウン　knockdown →16
ノッケ, ノッケ　仰〚俗〛(〜に,〜から) →2d
ノッケル　乗っける〚俗〛 →44
ノッソリ　(〜歩く,〜と) →55
ノット　knot →9
ノットリ　乗っ取り →5
ノットル　則る,乗っ取る →45d
ノッパラ, ノハラ　野(っ)原 →4d
ノッピキ　退っ引き(〜ならない) →5d
ノッペイ, ノッペイ　濃餅・能平〚料理〛
ノッペラボー, ノッペラボー, ノッペラポー, ノッペラポー　野篦坊 →14
ノッペリ　(〜した人,〜と) →55
ノッポ　〚俗〛(彼は〜だ) →94
……ノデ; ……ノデ　〚助〛(ナクノデ 泣く〜,ヨムノデ 読む〜,アカイノデ 赤い〜,シロイノデ 白い〜) →72, 74b
ノテン　野天 →8
ノテンブロ　野天風呂 →12
ノト　能登(〜の国) →21
ノド　喉 →1
ノドカ　長閑 →55
ノドクビ　喉首(頸) →4
ノドゴシ　喉越し(〜がいい) →95
ノドジマン　喉自慢 →15
ノドチンコ　喉ちんこ〚俗〛 →12
ノトハントー　能登半島 →15
ノドビコ, ノドビコ　喉彦 →4
ノドブエ, ノドブエ　喉笛 →4
ノドボトケ　喉仏 →12
ノドモト, ノドモト　喉元 →4
ノドヤカ　長閑 →55
ノドワ　喉輪 →4
ノナカ,《新は ノナカ》　野中(〜の一軒家) →4

ノネズミ　野鼠 →12
ノノサマ, ノノサマ　のの様〚児〛 →94
ノノジ　のの字 →19
ノノシリ, ノノシリ　罵り →2
ノノシル　罵る →46
ノバカマ　野袴 →12
ノバス　延ばす,伸ばす →44
ノバト　野鳩 →4
ノバナ　野花 →4
ノバナシ　野放し →13
ノハラ　野原 →4
ノバラ　野薔薇 →4
ノビ　野火 →4
ノビ　延び,伸び →2
ノビアガル, ノビアガル　伸び上がる →45
ノビザカリ　伸び盛り →13
ノビチジミ, ノビチジミ,《古は ノビチジミ》　伸び縮み →18
ノビナヤミ　伸び悩み →13
ノビナヤム, ノビナヤム　伸び悩む →45
ノビノビ　延び延び(〜だ・に) →57
ノビノビ　伸び伸び(〜する,〜と) →57
ノビヤカ　伸びやか →55
ノビル, ノビル　野蒜 →4
ノビル　延びる,伸びる　ノビナイ, ノビヨー, ノビマス, ノビテ, ノビレバ, ノビロ →43
ノブ　knob →9
ノブオ　信夫・延男・伸雄〚男名〛 →25
ノブコ　信子・延子・伸子〚女名〛 →25
ノブシ, ノブシ　野武士 →15
ノブドー　野葡萄 →15
ノブレバ　陳者〚手紙〛 →73
ノベ　延べ(=総計。〜千人,〜十日) →2

￣は高い部分　⌣と⌢は高低が変る部分　⌐は次が下がる符号　→は法則番号参照

野辺（〜の送り）→4

ノベ　延べ（＝延べること・物）→2

ノベイタ　延べ板 →5

ノベウチ　延打ち →5

ノベオクリ　野辺送り →13

ノベガネ, ノベガネ　延べ金 →5

ノベギセル　延べ煙管（金の〜）→16

ノベキン　延べ金 →8

ノベザオ　延竿〖釣竿〗, 延棹〖三味線〗
→5

ノベジンイン　延べ人員 →15

ノベタラ　〖俗〗（〜だ・に）→59

ノベツ　（〜だ・に）→61

ノベツボ　延べ坪 →5

ノベツ(・)マクナシ　のべつ幕無し
→97, 98

ノベニッスー, ノベニッスー　延べ日
数 →15

ノベボー, ノベボー　延べ棒 →8

ノベル　延べる, 伸べる, 述べる　ノベ
ナイ, ノベヨー, ノベマス, ノベテ,
ノベレバ, ノベロ →44

ノホーズ　野放図（〜な）→15

ノボセ　逆上 →2

ノボセアガル　逆上せ上がる →45

ノボセル　上せる, 逆上せる →44

ノボトケ　野仏 →12

ノホホン　（〜と）→55

ノボリ　上り, 登り, 昇り, 幟 →2

ノボリオリ　上り下り →18

ノボリガマ　登り窯 →12

ノボリキル　上り切る, 登り切る →45

ノボリクダリ, ノボリクダリ　上り下
り →18

ノボリグチ, ノボリグチ　上り口, 登り
口 →12

ノボリザカ　上り坂, 登り坂 →12

ノボリセン　上り線 →14

ノボリジョーシ　上り調子 →15

ノボリツメル　上り詰める, 登り詰める
→45

ノボリト　登戸〖地〗→21

ノボリベツ　登別〖地〗→21

ノボリレッシャ　上り列車 →15

ノボル　上る, 登る, 昇る　ノボラナ
イ, ノボロー, ノボリマス, ノボッ
テ, ノボレバ, ノボレ →43　登・昇〖男
名〗→23

ノマス　飲ます →44

ノマズクワズ, ノマズ(・)クワズ　飲ま
ず食わず →99, 98, 97

ノマセル　飲ませる →83

ノミ　鑿 →1

ノミ　蚤 →1　飲み, 呑み →2

……ノミ; ……ノミ　〖助〗（ナクノミ
泣く〜, ヨムノミ　読む〜, アカイノミ
赤い〜, シロイノミ　白い〜）→72, 74

……ノミ; ……ノミ; ……ノミ　〖助〗
（トリノミ　鳥〜, ハナノミ　花〜, アメ
ノミ　雨〜）→71

ノミアカス, ノミアカス　飲み明かす
→45

ノミアルク, ノミアルク　飲み歩く
→45

ノミオト, ノミオト, ノミオト　鑿音
→4

ノミカイ, 《新は　ノミカイ》　飲み会
→8

ノミカケ　飲み掛け →95

ノミカケル, ノミカケル　飲み掛ける
→45

ノミクイ, ノミクイ　飲み食い →18

ノミグスリ　飲み薬 →12

ノミクダス, ノミクダス　飲み下す
→45

ノミクチ　飲み口（〜が良い, 彼は〜だ）
→5

ノミグチ　呑み口（樽な・煙管きせるの〜）→5

ガギグゲゴは鼻濁音　カタカナ細字は母音の無声化　★は長音にもなる符号

ノミコー──ノリアワ　700

ノミコーイ　呑み行為 →15	→45
ノミコミ　呑込み →5	ノミミズ　飲み水 →5
ノミコム,《新は ノミコム》　呑み込む →45	ノミモノ　飲み物 →5
ノミサシ　飲みさし →95	ノミヤ　飲み屋,呑み屋 →94
ノミシロ, ノミシロ　飲み代 →5	ノミリョー　飲み料 →8
ノミスギ　飲み過ぎ →5	ノム　飲む,呑む　ノマナイ, ノモー,
ノミスギル, ノミスギル　飲み過ぎる →45	ノミマス, ノンデ, ノメバ, ノメ →43
ノミスケ　飲み助 →25	ノムラ　野村〖姓〗→22
ノミダイ, ノミダイ　飲み代 →14	~(・)マンゾー, ~(・)マンゾー　~万
ノミタオス, ノミタオス　飲み倒す →45	蔵 →25, 27
ノミチ　野道 →4	ノメス →44
ノミツブス, ノミツブス　飲み潰す →45	ノメノメ, ノメノメ　(=おめおめ。~と) →57
ノミツブレル, ノミツブレル　飲み潰れる →45	ノメヤ(・)ウタエ　飲めや歌え →97, 98
ノミデ　飲み手 →5	ノメリコム, ノメリコム　のめり込む →45
ノミデ, ノミデ　飲み出(~がある) →5	ノメル　(前へ~) →43
ノミトモダチ　飲み友達 →12	ノモンハン　Nomonkhan〔露〕〖地〗→21
ノミトリ, ノミトリ　蚤取り →5	ノヤキ, ノヤキ　野焼き →5
ノミトリコ, ノミトリコ　蚤取り粉 →12	ノヤマ　野山 →18
ノミトリマナコ　蚤取り眼 →12	ノラ　(=なまけ(者)・道楽(者)・野良犬など) →3
ノミナカマ　飲み仲間 →12	ノラ　野良(~に出る) →94
ノミナラズ, ノミナラズ　〖接〗→98, 67	ノライヌ　野良犬 →4
ノミニクイ　飲み難い →54	ノラギ, ノラギ　野良着 →5
ノミニゲ　飲み逃げ →5	ノラクラ　(~する, ~と) →57
ノミネート　nominate →9	ノラジゴト　野良仕事 →12
ノミノイチ, ノミノイチ　蚤の市 →19	ノラネコ　野良猫 →4
ノミノフーフ　蚤の夫婦 →98	ノラムスコ　のら息子 →12
ノミホス,《新は ノミホス》　飲み干す →45	ノラリクラリ　(~する, ~と) →57
ノミマワシ　飲回し →13	ノリ　乗り →2
ノミマワス, ノミマワス　飲み回す →45	ノリ　糊,生血,海苔 →1　法,則 →2
ノミマワル, ノミマワル　飲み回る	ノリアイ　乗合 →5
	ノリアイジドーシャ　乗合自動車 →17
	ノリアイバシャ　乗合馬車 →15
	ノリアイブネ　乗合船 →12
	ノリアゲル　乗り上げる →45
	ノリアワス　乗り合わす →45

‾は高い部分　˙˙と˙は高低が変る部分　⌐は次が下がる符号　→は法則番号参照

ノリアワセル 乗り合わせる →45
ノリイレ 乗入れ →5
ノリイレ, ノリイレ 糊入れ →5
ノリイレル 乗り入れる →45
ノリウチ 乗打ち →5
ノリウツル 乗り移る →45
ノリオキ, ノリオキ 糊置き〔染物〕→5
ノリオクレル 乗り後れる →45
ノリオリ 乗り降り →18
ノリカエ 乗換 →5
ノリカエル, ノリカエル 乗り換える →45b
ノリカカル 乗り掛かる →45
ノリカケル 乗り掛ける →45
ノリキ 乗り気 →7
ノリキル 乗り切る →45
ノリクミ 乗組 →5
ノリクミイン 乗組員 →14
ノリクム 乗り組む →45
ノリクラ 乗鞍<ノリクラダケ 乗鞍岳 →21, 12
ノリコ 典子・紀子・則子〔女名〕→25
ノリコエル, ノリコエル 乗り越える →45b
ノリゴコチ, ノリゴコチ 乗り心地 →12
ノリコシ 乗越し →5
ノリコス 乗り越す →45
ノリコミ 乗込み →5
ノリコム 乗り込む →45
ノリシロ, ノリシロ, ノリシロ 糊代 →4
ノリズケ, ノリズケ 糊付け →5
ノリスゴス 乗り過ごす →45
ノリステ 乗捨て →5
ノリステル 乗り捨てる →45
ノリズメ 乗り詰め →95
ノリスル, ノリスル 糊する(口を～)

→48
ノリソコナウ 乗り損う →45
ノリダス 乗り出す →45
ノリチャ 海苔茶<ノリチャズケ 海苔茶漬 →10, 12
ノリツグ 乗り継ぐ →45
ノリッケ, ノリッケ 糊付け →5
ノリツケル 乗り付ける →45
ノリツブス 乗り潰す →45
ノリテ 乗り手 →5
ノリト 祝詞 →5
ノリトル 乗り取る →45
ノリナラス 乗り馴らす →45
ノリナレル 乗り慣れる →45
ノリニゲ 乗り逃げ →5
ノリヌキ, ノリヌキ, ノリヌキ 糊抜き →5
ノリバ 乗場 →5
ノリバケ 糊刷毛 →4
ノリベン 海苔弁<海苔弁当 →10
ノリマキ 海苔巻 →5
ノリマワス 乗り回す →45
ノリマワル 乗り回る →45
ノリモノ 乗物 →5
ノル 乗る ノラナイ, ノロー, ノリマス, ノッテ, ノレバ, ノレ →43
ノルウェー, ノルウェー Norway〔国〕→21
ノルカ・ソルカ, ノルカソルカ 伸るか反るか →97, 99
ノルマ norma〔露〕→9
ノレン 暖簾 →8
ノレンシ 暖簾師 →14a
ノレンワケ 暖簾分け →13
ノロ 鈍 →3
ノロイ, ノロイ 呪い →2b
ノロイ 鈍い ノロカッタ, ノロク, ノロクテ, 《新は ノロクテ》, ノロケレバ, ノロシ →53

ガギグゲゴは鼻濁音　カタカナ細字は母音の無声化　★は長音にもなる符号

ノロウ——パーソナ

ノロウ 呪う →43
ノロクサ 〖俗〗(～する,～と) →57
ノロケ 惚気(オノロケ 御～) →2, 92
ノロケバナシ 惚気話 →12
ノロケル, ノロケル 惚ける →44
ノロシ, ノロシ 狼煙 →1
ノロノロ (～する,～と) →57
ノロマ 鈍間(～の一寸) →5
ノロマニンギョー 野呂松人形 →15
ノロワシイ★ 呪わしい →53
ノワキ, ノワキ, ノワキ(キはケとも)
　野分 →5
ノンアルコール non alcohol →16
ンキ 呑気,暢気 →7
ノンキモノ, ノンキモノ, ノンキモノ
　呑気者,暢気者 →12
ノンキャリア non career〔和〕→16
ノンストップ nonstop →16
ノンダクレ 飲んだくれ →94
ノンバンク nonbank →16
ノンビリ (～する,～と) →55
ノンフィクション nonfiction →16
ノンブル, ンブル nombre〔仏〕→9
ノンプロ <nonprofessional →10
ンベー, ンベ 飲兵衛 →25d
ノンベンダラリ, ノンベンダラリ (～
　と) →59
ノンポリ <nonpolitical →10

ハ

ハ 羽,葉 →1
ハ 刃,歯 →1　覇(～を競う),破〖雅楽〗
　→6
ハ, ハ 端 →1　派 →6
……ハ …派(シンニチハ 親日～, カノ
　ーハ 狩野～) →14
……は 〖助〗⇒……ワ

バ 場 →1
……バ; ……バ 〖助〗(ナケバ 泣け～,
　ヨメバ 読め～) →73
……バ 〖助〗(アカケレバ 赤けれ～, シ
　ロケレバ 白けれ～) →74
バー bar →9
パー 〖じゃんけん〗→1　par →9
バアイ 場合 →4
パーカ, パーカー, 《新は パーカー》
　parka〖コート〗→9
パーキング parking →9
パーキングエリア parking area →16
パーキングメーター parking meter
　→16
パーキンソンビョー Parkinson 病
　→14
ハアク 把握 →8
パーク park →9
ハーケン <Mauerhaken〔独〕〖登山〗→9
バーゲン bargain<バーゲンセール
　bargain sale →9, 16
バーコード bar code →16
パーゴラ pergola →9
パーコレーター percolator →9
パーサー purser →9
バーサン 婆さん・祖母さん(オバーサ
　ン 御～) →94,92
パージ purge →9
バージョン, 《新は バージョン》 ver-
　sion →9
バージン virgin →9
バースデー birthday →16
バースデーケーキ birthday cake →16
パーセンテージ percentage →9
パーセント percent →9
……パーセント …percent(イッパー
　セント 一～) →37
パーソナリティー personality →9
パーソナル personal →9

703 バーター──バイウ

バーター barter〔経〕 →9
バアタリ, バアタリ 場当り →13
バーチャル virtual →9
パーツ,《新は パーツ》 parts →9
バーディー birdie〔ゴルフ〕 →9
パーティー party →9
パーティーケン パーティー券 →14a
バーテン <バーテンダー bartender →10, 9
ハート,《古は ハート》 heart →9
ハード hard →9
パート,《新は パート》 part, <part-timer →9, 10
バードウイーク bird week →16
ハードウエア hardware →16
バードウオッチング birdwatching →16
パートタイマー part-timer →16
パートタイム part time →16
ハードディスク hard disk →16
ハードトップ hard top →16
ハードトレーニング hard training →16
パートナー partner →9
ハードボイルド hard-boiled →16
ハードボード hard board →16
ハードル hurdle →9
バーナー burner →9
ハーバード, ハーバード Harvard〔大学〕 →22
バーバリ Burberry〔商標〕 →9
バーバリズム barbarism →9
ハーフ half →9
ハーブ herb →9
ハープ harp →9
パーフェクト perfect →9
ハーフコート half coat〔和〕 →16
ハーフサイズ half size →16
ハープシコード harpsichord →9
ハーフタイム half time →16

ハーブティー, ハーブティー herb tea →16
ハーフメード, ハーフメイド <half＋ready-made →16
バーベキュー barbecue →9
バーベル barbell →16
バーボン <bourbon whiskey →9
パーマ, パーマネント <パーマネントウエーブ permanent wave →10, 9, 16
パーマネントプリーツ permanent pleats →16
ハーモニー harmony →9
ハーモニカ, ハモニカ harmonica →9
バーヤ,《新は バーヤ》 婆や →94
パーラー parlor, parlour →9
ハアリ 羽蟻 →4
バール <crowbar(=かなてこ) →9
パール pearl →9
ハーレム, ハレム harem →9
ハイ 灰 →1 肺 →6
ハイ, ハエ 蠅 →1d
ハイ 〔感〕(～そうです, ～どうぞ) →66 杯,拝,敗,廃,輩,胚,牌 →6
……はい …敗…杯〔数〕 →34, 35
バイ,《新は バイ》 倍 →6
……バイ …倍(ゴバイ 五～, ヒャクバイ 百～) →34, 35
パイ 〔児〕(=捨てること。～する) →3 牌〔華〕, π, pie →9
ハイアガル, ハイアガル 這い上がる →45
バイアス, バイヤス bias →9
バイアスロン biathlon →9
ハイアン 廃案 →8
ハイイ 配意 →7
ハイイロ 灰色 →4
ハイイン 敗因 →8
バイウ 梅雨 →7

ガギグゲゴは鼻濁音　カタカナ細字は母音の無声化　★は長音にもなる符号

ハイウエ──ハイク 704

ハイウエー highway →16	ハイカキ, ハイカキ 灰掻き →5
バイウゼンセン 梅雨前線 →15	ハイカキョー 拝火教 →14
ハイエイ 背泳 →8	バイガク 倍額 →8
ハイエキ 廃液 →8	ハイガグラ 灰神楽(〜を上げる) →12
ハイエツ 拝謁 →8	ハイガス 排gas〔蘭〕, 廃gas〔蘭〕 →16
ハイエナ hyena〔動〕 →9	ハイカツリョー 肺活量 →15
バイエル Beyer〔独〕〔人・書〕 →22	ハイガマイ 胚芽米 →14
ハイエン 肺炎, 梅園 →8	ハイカラ <high collar →10
バイエン 梅園, 煤煙 →8	バイカルコ Baikal 湖〔露〕 →14
バイオ bio<バイオテクノロジー bio-technology →9, 16	ハイカン 拝観, 配管, 廃刊, 廃官, 廃艦, 肺患 →8
ハイオク 廃屋 →8	ハイガン 拝顔, 肺癌 →8
ハイオク, ハイオクタン <high octane gasoline →10, 16	ハイガンシャ 拝観者 →14a
ハイオトシ, ハイオトシ 灰落し →13	ハイガンリョー 拝観料 →14a
パイオニア, パイオニア pioneer →9	ハイキ 排気 →7
バイオネンリョー bio 燃料 →15	ハイキ, ハイキ 廃棄 →7
バイオリズム biorhythm →16	ハイキガス 排気gas〔蘭〕 →16
バイオリニスト violinist →9	ハイキコー, ハイキコー 排気坑, 排気口 →14
バイオリン violin →9	
バイオレット, バイオレット violet →9	ハイキシュ 肺気腫 →15
	ハイキブツ 廃棄物 →14
バイオン 倍音 →8	バイキャク 売却 →8
ハイカ 廃家, 配下 →7	ハイキュー 配給, 廃休, 排球, 配球 →8
ハイガ 俳画 →7	バイキュー 倍旧 →8
ハイガ 拝賀 →7	ハイキュージョ, ハイキュージョ 配給所 →14
ハイガ, ハイガ 胚芽 →7	
バイカ 倍加 →7	ハイキョ 廃墟 →7
バイカ 売価, 買価, 梅花 →7	ハイキョー 背教〔宗教〕 →8
ハイカー hiker →9	ハイギョー 廃業 →8
ハイカイ 俳徊 →8	ハイキョク 敗局, 廃曲 →8
ハイカイ, 《古は ハイカイ》 俳諧 →8	ハイキリョー 排気量 →14
ハイガイ 拝外, 排外 →8	ハイキン 拝金, 背筋 →8
バイカイ 媒介 →8 売買 →18	バイキン 黴菌 →8
ハイガイシ 俳諧師 →14b	ハイキング, ハイキング hiking →9
ハイガイシソー 拝外思想, 排外思想 →15	バイキング Viking →9
	ハイキングコース hiking course →16
ハイカイレンガ 俳諧連歌 →15	ハイキンシュー 拝金宗 →14a
バイガエシ 倍返し →13	ハイキンリョク 背筋力 →14a
	ハイク, ハイク 俳句 →7

 ̄は高い部分 ˙˙と˙˙は高低が変る部分 ⌐は次が下がる符号 →は法則番号参照

705　　　　　　　　　　ハイク──ハイスイ

ハイク　hike →9	ハイシャ　配車, 廃車 →7
ハイグ　拝具〖手紙〗 →7	ハイシャ　拝謝, 敗者(～復活) →7　歯医者 →15b
バイク　bike＜motorbike →9	
ハイグー　配偶 →8	ハイシャク　拝借 →8
ハイグーシャ　配偶者 →14a	バイシャク　媒酌 →8
ハイグラス　high-class →16	バイシャクニン, バイシャクニン　媒酌人 →14
ハイグン　敗軍(～の将) →8	
ハイケイ★　背景 →8	ハイジャック　hijack →9
ハイケイ★　拝啓〖手紙〗 →8	ハイジュ　拝受 →7
ハイゲキ　排撃 →8	バイシュー　買収 →8
バイケツ　売血, 買血 →8	ハイシュツ　排出, 輩出 →8
ハイケッカク　肺結核 →15	ハイシュツケン, ハイシュツケン　排出権 →14c
ハイケッショー, ハイケッショー　敗血症 →14c	
	ハイシュミ　俳趣味 →15
ハイケン　拝見, 佩剣 →8	バイシュン　売春, 買春 →8
ハイゴ　廃語 →7	バイシュンフ　売春婦 →14a
ハイゴ　背後 →7	ハイショ, ハイショ　俳書 →7
ハイコー　廃校, 廃坑, 廃鉱 →8	ハイショ, ハイショ　配所(ハイショノツキ ～の月) →7, 98
ハイゴー　配合 →8	
ハイゴー, ハイゴー　俳号 →8	ハイジョ　排除 →7
ハイゴーヒリョー　配合肥料 →15	ハイショー　拝承, 拝誦, 敗将, 廃娼 →8
ハイゴカンケイ★　背後関係 →15	バイショー　賠償, 売笑 →8
バイコク　売国 →8	バイジョー　陪乗 →8
バイコクド, バイコクド　売国奴 →14	バイショーキン, バイショーキン　賠償金 →14a
ハイコム, 《新は ハイコム》　這い込む →45	
	バイショーフ　売笑婦 →14a
ハイザイ　配剤(天の～), 廃材 →8	ハイショク　配色, 配食, 敗色 →8
ハイサツ　拝察 →8	バイショク　陪食(ゴバイショク 御～) →8, 92
ハイザラ　灰皿 →4	
ハイザン　敗残, 廃残(～の身), 廃山 →8	ハイシン　背進, 背信 →8
ハイザンヘイ★　敗残兵 →14a	ハイジン　俳人, 廃人, 配陣 →8
ハイシ　廃止 →7	バイシン　陪臣, 陪審 →8
ハイシ　胚子, 稗史 →7	バイシンイン　陪審員 →14a
ハイジ　拝辞, 廃寺 →7	ハイジンジュン　肺浸潤 →15
ハイシーズン　high season →16	ハイス　拝す, 配す, 排す, 廃す →48
ハイジストマ　肺 Distoma〔独〕 →16	ハイスイ　配水, 排水, 廃水 →8
ハイシツ　肺疾, 廃疾 →8	ハイスイカン, ハイスイカン　配水管, 排水管 →14b
バイシツ　媒質 →8	
ハイジマセン　拝島線 →14	ハイスイコー, ハイスイコー　排水

ガギグゲゴは鼻濁音　カタカナ細字は母音の無声化　★は長音にもなる符号

ハイスイ――ハイトー   706

孔, 排水溝 →14b

ハイスイトンスー 排水噸数 →15

ハイスイノジン 背水の陣 →98

ハイスイリョー 排水量 →14b

バイスー 倍数 →8

ハイスクール high school →16

ハイスピード high-speed →16

ハイズリマワル, 《古・強は ハイズリマ
ワル》 這いずり回る →45

ハイスル 拝する, 配する, 排する, 廃する →48

ハイズル 這いずる →45

バイスル 倍する(旧に～…) →48

ハイセイ★ 俳聖(～芭蕉), 敗勢 →8

ハイセキ 排斥 →8

バイセキ 陪席 →8

ハイセツ 排泄, 排雪 →8

ハイゼツ 廃絶 →8

ハイセツブツ 排泄物 →14

ハイセン 配船, 廃船, 廃線, 配線, 敗戦,
杯洗〖器〗, 肺尖 →8

ハイゼン 沛然 →56 配膳 →8

バイセン 媒染, 焙煎 →8

ハイセンカタル 肺尖 catarre[蘭] →16

ハイセンス high sense[和] →16

ハイセンバン 配線盤 →14

ハイソ 敗訴 →7

ハイソー 背走, 敗走, 配送 →8

ハイゾー 肺臓 →8

バイゾー 倍増(所得の～) →8

ハイゾク 配属 →8

バイソク 倍速 →8

ハイソックス high socks[和] →16

ハイソン 廃村 →8

ハイタ 歯痛 →5 排他 →7

バイタ, バイタ 売女(この～め)

ハイタイ 胚胎, 敗退 →8

バイタイ 媒体 →8

バイダイ 倍大 →8

ハイタシン 排他心 →14

ハイダス, 《新は ハイダス》 這い出す →45

ハイタタキ, ハイタタキ 蠅叩き →13

ハイタツ 配達 →8

ハイタツショーメイ★ 配達証明 →15

ハイタツリョー 配達料 →14

ハイダラケ, ハイダラケ 灰だらけ →95

バイタリティー vitality →9

ハイダン 俳壇 →8

ハイチ, 《古は ハイチ》 配置 →7

ハイチ Haiti〖国〗 →21

ハイチテンカン 配置転換 →15

ハイチャイ, ハイチャ 〖児〗(=さよな
ら) →66d

ハイチャク 廃嫡, 敗着 →8

ハイチョー 拝聴, 蠅帳 →8

バイチョー 陪聴 →8

ハイツ heights →9

ハイックバウ, ハイックバウ 這い蹲
う →45

ハイテイ★ 拝呈, 廃帝 →8

ハイティーン high teens[和] →16

ハイテク high-tech＜high technology →10

ハイデル, 《新は ハイデル》 這い出る →45

ハイテン 配転, 配点 →8

ハイデン 配電, 拝殿 →8

バイテン 売店 →8

ハイデンショ, ハイデンショ 配電所 →14

ハイデンバン 配電盤 →14

バイト ＜アルバイト Arbeit[独] →10, 9

バイト, 《新は バイト》 byte〖コンピュ
ーター〗 →9

ハイトー 配当, 佩刀, 廃刀 →8

￣ は高い部分 ˜ と ˙˙˙ は高低が変る部分 ⌐ は次が下がる符号 → は法則番号参照

707　　　　　　　　　　　　　　　　　　　ハイトー──ハイボー

ハイトーオチ	配当落 →13	ハイビ	拝眉(〜の上),配備 →7
ハイトーキン, ハイトーキン　配当金		ハイヒール	high heels →16
→14a		ハイビジョン	High-Vision〔和〕→16
ハイドーミャク	肺動脈 →15	ハイビスカス	hibiscus →9
ハイトーリツ	配当率 →14a	ハイピッチ	<high pitched →16
ハイトーレイ★	廃刀令 →14a	ハイビョー	肺病 →8
ハイトク	背(悖)徳 →8	ハイヒン	廃品 →8
ハイドク	拝読 →8	バイヒン	売品,陪賓 →8
バイドク, バイドク　梅毒,黴毒 →8		ハイヒンカイシュー	廃品回収 →98
ハイトクシャ, ハイトクシャ　背(悖)		ハイフ, ハイフ　配付,配布,肺腑 →7
徳者 →14c		ハイブ	廃部 →8
ハイトリ, ハイトリ　蠅取り →5		ハイブ	背部 →7
ハイトリガミ	蠅取紙 →12	パイプ, パイプ　pipe →9
ハイドン	Haydn〔独〕〔人〕→22	ハイファイ	hi-fi<high fidelity →16
パイナップル	pineapple →16	ハイフー	俳風 →8
ハイナラシ, ハイナラシ　灰均し →13		パイプオルガン	pipe organ →16
バイニク	梅肉 →8	ハイフキ, ハイフキ, ハイフキ　灰吹
ハイニチ	排日(↔親日) →8	→5c
ハイニュー	胚乳 →8	ハイフク, ハイフク　拝復〔手紙〕→8
ハイニョー	排尿 →8	ハイブツ	廃物 →8
ハイニン	背任 →8	ハイブツキシャク, ハイブツキシャク
ハイニンザイ, ハイニンザイ　背任罪		排仏毀釈 →99,98
→14a		ハイブツリョー	廃物利用 →15
ハイネ	Heine〔独〕〔人〕→22	パイプライン	pipeline →16
ハイネツ	廃熱,排熱 →8	ハイブリッド	hybrid →9
ハイネック	<high-necked →16	ハイブリッドシャ	hybrid 車 →14
ハイノー	肺囊,背囊 →8	バイブル	Bible〔書〕→9
ハイハイ	這い這い〔児〕(〜する) →11	ハイフルイ	灰篩 →12
バイバイ	倍倍 →11	バイブレーター	vibrator →9
バイバイ	売買 →18　bye-bye →68	バイプレーヤー	byplayer〔和〕→16
パイパイ	〔児〕(=乳) →11	ハイフン	hyphen →9
ハイハイニンギョー	這這人形 →15	ハイブン	配分,俳文 →8
バイパス	bypass →16	バイブン	売文 →8
ハイハン	背反 →8	ハイヘイ★	廃兵 →8
ハイバン	杯盤,廃盤〔レコード〕→8	ハイベン	排便 →8
ハイハンチケン, ハイハンチケン　廃		バイベン	買弁(辦) →8
藩置県 →99c		ハイホー	肺胞,敗報 →8
ハイバンローゼキ, ハイバンローゼキ		ハイボー	敗亡 →8
杯盤狼藉 →98		ハイボール	highball →16

ガギグゲゴは鼻濁音　カタカナ細字は母音の無声化　★は長音にもなる符号

ハイボク──ハエカワ　708

ハイボク 敗北 →8	ハイリョ 配慮(ゴハイリョ 御~) →7,92
バイボク 売ト →8	ハイリョー, 《古は ハイリョー》 拝領 →8
ハイボクシュギ 敗北主義 →15	バイリョー, バイリョー 倍量 →8
ハイホン 配本 →8	バイリン 梅林 →8
バイマシ 倍増 →5	バイリンガル bilingual →9
ハイマツ, ハイマツ 這松 →5b	ハイル 這入る ハイラナイ, ハイロー, ハイリマス, ハイッテ, ハイレバ, ハイレ →45b 配流 →7
ハイマミレ 灰塗れ →95	
ハイマワル, ハイマワル 這い回る →45	パイル pile →9
ハイミ, ハイミ 俳味 →7	ハイレ 歯入れ(下駄の~) →5
ハイメイ 拝命,俳名 →8	ハイレイ 拝礼 →8
バイメイ 売名 →8	ハイレツ 配列,排列 →8
ハイメツ 敗滅 →8	ハイレベル high-level →16
ハイメン, ハイメン 背面 →8	ハイロ, ハイロ 廃炉 →7
ハイメンズ 背面図 →14a	パイロット, パイロット pilot →9
ハイモン 肺門 →8	ハイロン 俳論 →8
ハイモンリンパセン, ハイモンリンパセン 肺門淋巴腺 →17	バイロン Byron〖人〗→22
	パイン <pineapple →10
ハイヤー hire →9	パインジュース <pineapple juice →16
バイヤー buyer →9	バインダー binder →9
ハイヤク 配役 →8	ハウ 這う →43
バイヤク 売約,売薬 →8	ハウス house →9
バイヤクズミ 売約済 →13	ハウスキーパー housekeeper →16
バイヤス, バイアス bias →9	ハウスサイバイ house 栽培 →15
ハイユ 廃油 →7	ハウスダスト house dust →16
ハイユー 俳友,俳優 →8	ハウタ 端唄 →4
ハイユーザ 俳優座〖劇団〗→14	パウダー powder →9
ハイヨー 佩用,肺葉,胚葉 →8	バウチャー, バウチャー voucher →9
バイヨー 培養 →8	ハウチワ, ハウチワ 羽団扇 →12
ハイヨル, 《新は ハイヨル》 這い寄る →45	ハウトゥーモノ how-to もの →12
ハイライト highlight →16	バウムクーヘン Baumkuchen〖独〗→16
ハイラン 排卵 →8	バウンド bound →9
ハイリ 背離,背(悖)理 →7	パウンドケーキ pound cake →16
ハイリグチ, ハイリクチ 這入口 →12	ハエ, ハイ 蠅 →1d
ハイリコム, ハイリコム 這入り込む →45	ハエ 映え,栄え →2
ハイリツ 廃立,排律 →8	ハエアル, ハエアル 栄えある →49
バイリツ 倍率 →8	ハエカワル, ハエカワル 生え変る

 ̄は高い部分　 と は高低が変る部分　「は次が下がる符号　→は法則番号参照

→45

ハエギワ, ハエギワ 生え際 →5
ハエタタキ, ハエタタキ 蠅叩き →13
ハエトリ, ハエトリ 蠅取り →5
ハエトリガミ 蠅取り紙 →12
ハエナワ 延縄 →5
ハエナワギョギョー 延縄漁業 →15
ハエヌキ 生抜き →5
パエリヤ paella[西]〚料理〛 →9
ハエル 生える、映える ハエナイ, ハエヨー, ハエマス, ハエテ, ハエレバ, ハエロ →43
パオズ 包子[華] →9
ハオト 羽音、葉音、刃音 →4
ハオリ 羽織(オハオリ 御~) →5, 92
ハオリシタ 羽織下 →12
ハオリハカマ 羽織袴 →18
ハオル 羽織る →44
ハカ 捗(~が行く) →1 墓(オハカ 御~) →1, 92
バカ 馬鹿
バカアソビ 馬鹿遊び →13
ハカイ 破壊、破戒 →8
ハガイ 羽交 →5
ハカイカツドー 破壊活動 →15
ハカイシ 墓石 →4
ハガイジメ 羽交締め →13
ハカイブンシ 破壊分子 →15
ハカイリョク 破壊力 →14b
バカウケ 馬鹿受け →5
バカガイ 馬鹿貝 →12
ハガキ 葉書(オハガキ 御~) →5, 92
ハカク 破格 →8
バカクサイ 馬鹿臭い →96
ハガクレ, ハガクレ 葉隠れ →13
ハカゲ 葉陰 →4
バカゲル 馬鹿げる →44
バカサレル 化かされる →83
バカサワギ 馬鹿騒ぎ →13

ハガシ 剥がし〚器具〛 →2
バカジカラ 馬鹿力 →12
ハカショ, ハカショ 墓所(オハカショ 御~) →7, 92
バカショージキ 馬鹿正直 →15
ハカジルシ 墓標 →12
ハガス 剥がす →44
バカス 化かす →44
バカズ, バカズ 場数(~を踏む) →4
バカズラ 馬鹿面 →12
ハカセ, ハクシ 博士 →7
ハカゼ, ハカゼ 羽風、葉風 →4
ハカタ 博多[地・織物] →21
ハガタ 歯型(~をとる) →4
ハガタ, ハガタ 歯形(~がつく) →4
ハカタオビ 博多帯 →12
ハカタオリ 博多織 →13
ハカタニンギョー 博多人形 →15
ハガタメ 歯固め →5
バカテイ★ネイ, バカッテイ★ネイ 馬鹿(っ)丁寧 →15d
ハカドコロ 墓所 →12
ハカドル 捗る →46
ハカナイ 果無い →54
ハカナム 果無む →44
バカニスル, バカニスル 馬鹿にする →49
バカニ・ナラナイ, バカニナラナイ 馬鹿にならない →97, 99
ハガネ 鋼 →4
ハカバ 墓場 →4
パカパカ (馬が~と) →57
ハカバカジィ 捗捗しい →53
バカバカジィ 馬鹿馬鹿しい →53
バカバナシ 馬鹿話 →12
バカバヤシ 馬鹿囃子 →12
ハカブ 端株 →4
バガボンド, バガボンド vagabond →9

ガギグゲゴは鼻濁音　カタカナ細字は母音の無声化　★は長音にもなる符号

ハカマ──ハキチラ 710

ハカマ, 《地域的に ハガマ》 袴(オハカマ 御~) →1, 92

ハカマイリ 墓参り →13

ハカマジ 袴地 →14

ハガミ, ハガミ 歯噛み →5

バカモノ 馬鹿者 →12

ハカモリ, ハカモリ 墓守 →4

バカヤス 馬鹿安 →5

バカヤロー, バカヤロー 馬鹿野郎 →15, 66

ハガユイ 歯痒い →54

ハカライ, ハカライ 計らい →2b

ハカラウ 計らう →44

バカラシイ 馬鹿らしい →96

ハカラズモ, 《新は ハカラズモ》 図らずも →89, 78

ハカリ 計り, 量り, 秤 →2

……バカリ, ……バカリ …許り〚接尾〛(ミッカバカリ, ミッカバカリ 三日~, ヒャクエンバカリ, ヒャクエンバカリ 百円~) →38

……バカリ; ……バカリ, ……バカリ …許り〚助〛(ナクバカリ 泣く~, ヨムバカリ, ヨムバカリ 読む~, アカイバカリ 赤い~, シロイバカリ, シロイバカリ 白い~) →72, 74

……バカリ; ……バカリ; ……バカリ …許り〚助〛(トリバカリ 鳥~, ハナバカリ 花~, アメバカリ 雨~) →71

ハカリウリ, ハカリウリ 計り売り, 量り売り →13

ハカリゴト, ハカリゴト, ハカリゴト 謀 →12

ハカリコム, ハカリコム 量り込む →45

ハカリシレナイ, ハカリシレナイ 計り知れない →83

ハカリベリ 計り減り →13

ハカリメ, ハカリメ 秤目 →12

ハカル 計る, 測る, 量る, 図る ハカラナイ, ハカロー, ハカリマス, ハカッテ, ハカレバ, ハカレ →43

ハガレル 剥れる →44

バカワライ 馬鹿笑い →13

ハガン(・)イッショー 破顔一笑 →97, 98

バカンス vacances〔仏〕 →9

ハキ 破棄, 破毀, 覇気 →7

ハギ 接ぎ →2

ハギ, ハギ, 《新・地は ハギ》 萩 →1, 21

ハギ 脛 →1

ハギアワス 接ぎ合わす →45

ハギアワセ 接合せ →13

ハギアワセル 接ぎ合わせる →45

バギー buggy →9

ハキカエ 履替え →5

ハキキヨメル, ハキキヨメル 掃き清める →45

ハキクダシ, ハキクダシ 吐き下し →18c

ハキケ 吐き気 →93

ハギシリ 歯軋 →13

パキスタン Pakistan〚国〛 →21

ハキステル, ハキステル 吐き捨てる →45

ハキソージ 掃き掃除 →15

ハキダシ 掃出し →5

ハキダシマド 掃出し窓 →12

ハキダス, 《新は ハキダス》 吐き出す, 掃き出す →45

ハキタテ 掃立て →5, 95

ハキダメ 掃溜(~に鶴ゐ) →5

ハキチガエル, ハキチガエル 履き違える →45b

ハキチラス, ハキチラス 吐き散らす →45

￢は高い部分 ⁀と⁀は高低が変る部分 ￢は次が下がる符号 →は法則番号参照

ハギトル, 《新は ハギトル》 剝ぎ取る →45	バクエイ 幕営 →8
ハギノモチ 萩の餅 →19	ハクエン 白煙 →8
ハキハキ (～する, ～と) →57	ハクオシ, ハクオシ 箔押し →5
ハギメ 接ぎ目 →5	バクオン 爆音 →8
ハキモノ 履物 →5	ハクガ 博雅(～の君子) →7
ハキモノヤ 履物屋 →94	バクガ 麦芽 →7
ハキャク 破却 →8	ハクガイ 迫害 →8
バキャク 馬脚(～をあらわす) →8	ハクガク 博学 →8
ハキュー 波及 →8	バクガトー 麦芽糖 →14
バキュームカー, バキュームカー vacuum car[和] →16	ハクガン 白眼 →8
ハキョー 破鏡 →8	ハクガンシ 白眼視 →14a
ハギョー は行 →8	ハグキ 歯茎 →4
ハギョー, ハギョー 覇業 →8	バクギャク 莫逆(～の友) →8
ハキョク 破局 →8	ハクギン, ハクギン 白銀 →8
ハギレ 端切れ →4	ハググム 育む →46
ハギレ 歯切れ(～が良い) →5	ハクゲキ 迫撃 →46
バキン 馬琴[人] ⇒タキザワ～	バクゲキ 爆撃 →8
ハク 佩く, 穿く, 履く ハカナイ, ハコー, ハキマス, ハイテ, ハケバ, ハケ →43	バクゲキキ, バクゲキキ 爆撃機 →14c
ハク 吐く, 掃く ハカナイ, ハコー, ハキマス, ハイテ, ハケバ, ハケ →43 伯, 白(～一色), 拍 →6	ハクゲキホー, ハクゲキホー 迫撃砲 →14
ハク, ハク, 《～がつくは ハク, ハク》 箔(=金箔など) →6	ハクゲンガク 博言学 →14a
ハグ 接ぐ(布を～) →43	ハクサイ 舶載 →8
ハグ 剝ぐ(皮を～) →43	ハクサイ, ハクサイ 白菜 →8
バク 漠(～として), 縛, 貘[動] →6	バクサイ 爆砕 →8
バグ 馬具 →7	ハクサン 白山(加賀の～) →14c
ハクア 白亜(堊) →7	ハクシ 白紙(～に返す) →7
ハクアイ 博愛 →8	ハクシ 薄志 →7
ハクアカン 白亜(堊)館 →14	ハクシ, ハカセ 博士 →7
ハクイ 白衣 →7	ハクジ 白磁 →7
ハクイ(・)シュクセイ 伯夷叔斉 →24, 27	バクシ 爆死 →7
ハクインボーショー 博引旁証 →98	ハクシイニンジョー, ハクシイニンジョー 白紙委任状 →17
ハクウン 白雲 →8	ハクシキ 博識 →8
	ハクシゴー, ハカセゴー 博士号 →14
	ハクシ(・)ジャッコー 薄志弱行 →97, 98
	ハクジツ 白日 →8
	ハクジツム 白日夢 →14

ガギグゲゴは鼻濁音　カタカナ細字は母音の無声化　★は長音にもなる符号

ハクシテ──ハクネツ　712

ハクシテッカイ　白紙撤回　→15	バクセイ　幕政　→8
ハクシモンジュー　白氏文集　→15	ハクセキ　白皙　→8　白石〖人〗⇒アライ～
ハクシャ　拍車(～をかける)　→7	ハクセツ　白雪　→8
ハクシャ, ハクシャ　薄謝　→7	ハクセン　白扇,白線,白癬　→8
ハクジャ　白蛇　→7	ハクゼン　白髯　→8
ハクシャク　伯爵　→8	バクゼン　漠然　→56
ハクジャク　薄弱　→8	ハクソ　歯屎　→4
ハクシャ(･)セイショー　白砂青松　→97,98	ハクソー　博捜(文献を～する)　→8
ハクシュ　拍手　→7	バクダイ　莫大　→8
ハクジュ　白寿(=九十九歳の祝)　→7	ハクダク　白濁　→8
バクシュー　麦秋　→8	ハクダツ　剝脱,剝奪　→8
ハクジュージ　白十字　→15	バグダッド　Baghdad〖地〗　→21
ハクシュ(･)カッサイ　拍手喝采　→97,98	ハクタン　白炭　→8
ハクショ　白書　→7	バクダン　爆弾　→8
バクショ, バクショ　曝書　→7	ハクチ　白痴　→7
ハクジョー　薄情　→8	バクチ　博打　→5d
ハクジョー　白状　→8	バクチウチ　博打打ち　→13
バクショー　爆笑　→8	バクチク　爆竹　→8
ハクジョーモノ, ハクジョーモノ　薄情者　→12	ハクチズ, ハクチズ　白地図　→15
ハクショク　白色　→8	ハクチビ　白痴美　→14
ハクショクジンシュ　白色人種　→15	ハクチュー　伯仲,白昼　→8
ハクショクレグホン　白色 leghorn　→16	ハクチューム　白昼夢　→14a
ハクシン　迫真　→8	ハクチョー　白鳥　→8
ハクジン　白人,白刃　→8	ハクチョー, ハクチョー　白丁,白張　→8
バクシン　驀進,幕臣,爆心　→8	バクチン　爆沈　→8
ハクジンシュ　白人種　→17	パクツク　〖俗〗(御飯を～)　→96
ハクシンリョク　迫真力　→14a	バクテリア, バクテリア　bacteria　→9
ハクス, ハクス,《古は ハクス》　博す　→48c	ハクド　白土　→7
バクス, バクス,《古は バクス》　縛す,駁す　→48c	バクト　博徒　→7
ハクスー　拍数　→8	ハクトー　白桃,白頭,白糖　→8
ハクスル　博する　→48	ハクドー　白銅,拍(搏)動,白道　→8
バクスル　縛する,駁する　→48	ハクドーカ　白銅貨　→14a
ハクセイ　剝製　→8	ハクナイショー, ハクナイショー　白内障　→15
	ハクネツ　白熱　→8
	ハクネツセン　白熱戦　→14
	ハクネツテキ　白熱的　→95

￣は高い部分　⃛と⃛は高低が変る部分　⌐は次が下がる符号　→は法則番号参照

713　　　　　　　　　　　　　　　　ハクネツ——ハゲ

ハクネットー　白熱灯 →14

ハクバ　白馬 →7

バクハ, バクハ　爆破 →7

ハクバイ　白梅 →8

バグパイプ　bagpipe →16

バクバク　漠漠(空空～) →58

バクバク　(～する、～と) →57

パクパク　(～する、～と) →57

ハクハツ　白髪(～三千丈) →8

バクハツ　爆発 →8

バクハツブツ　爆発物 →14

バクハツリョク　爆発力 →14

ハクハン　白斑 →8

ハクビ　白眉 →7

ハクヒョー　白票,薄氷 →8

ハクビョー　白描 →8

ハクフ, ハクフ　白布 →7

バクフ, 《古は バクフ》　幕府,瀑布 →7

バクフー　爆風 →8

ハクブツ　博物 →8

ハクブツガク　博物学 →14

ハクブツカン, ハクブッカン　博物館
　→14c

ハクブツシ, ハクブッシ　博物誌
　→14c

ハクブン　白文,博聞 →8

ハクヘイ★　白兵 →8

ハクヘイ★セン　白兵戦 →14

ハクヘキ　白壁 →8

ハクヘン　薄片 →8

ハクボ　薄暮 →7

ハクホー　白鳳〖年号〗 →8

ハクホージダイ　白鳳時代 →15

ハクボク　白墨 →8

ハグマイ, ハクマイ　白米 →8

バクマツ　幕末 →8

ハクメイ★　薄明 →8

ハクメイ★, 《古は ハグメイ★》　薄命 →8

ハクメン　白面 →8

ハクヤ, ビャクヤ　白夜 →7

バクヤク　爆薬 →8

ハクライ　舶来 →8

バクライ　爆雷 →8

ハクライヒン　舶来品 →14

ハグラカス →44

ハクラク　剥落 →8

バクラク, ハクラク　伯楽 →8

ハクラクテン　白楽天〖人〗 →27

ハクラン　博覧 →8

ハクランカイ　博覧会 →14a

ハクランキョーキ　博覧強記 →98

ハクリ　薄利(～多売) →7

ハクリ, ハクリ　剥離 →7

パクリ, パクリ　(～と食べる) →55

ハクリキコ, ハクリキコ　薄力粉 →14

バクリョー　幕僚,曝涼 →8

ハグリョク, ハクリョク　迫力 →8

ハグル　剥ぐる(ページを～) →44

パクル　パクる〖俗〗 →44

ハグルマ　歯車 →12　羽車(オハグル
　マ 御～) →12,92

バクレツ　爆裂 →8

ハグレル　逸れる →43

ハグレン　白蓮(=白い蓮はす・白木蓮もくれん)
　→8

バクレン　莫連 →8

ハクロ　白露 →7

バクロ　暴露 →7

ハクロー　白蠟 →8

バクロー, バクロー　博労 →8

ハクロービョー　白蠟病 →14

ハグロサン　羽黒山 →14

バクロン　駁論 →8

ハクワ　白話 →7

ハクワショーセツ　白話小説 →15

ハゲ　刷毛, 捌け(水の～, 商品の～) →2

ハゲ　禿 →2

ハゲ　剝げ →2

ガギグゲゴは鼻濁音　カタカナ細字は母音の無声化　★は長音にもなる符号

ハゲアガ──ハゴロモ　　714

ハゲアガル, ハゲアガル　禿げ上がる →45	ハコ　箱 →1
ハゲアタマ　禿頭 →12	……はこ　…箱〖数〗→33, 62
ハケイ＊　波形 →8	ハゴ, ハゴ　羽子 →4
ハゲイトー　葉鶏頭 →15	ハゴイタ, ハゴイタ　羽子板 →12
バケーション　vacation →9	ハゴイタイチ　羽子板市 →12
バケガク　化学〖俗〗→8	ハコイリ　箱入り →5
ハゲクチ, ハゲグチ　捌け口 →5	ハコイリムスメ　箱入り娘 →12
ハゲシイ＊　激しい, 烈しい →52	ハコガキ　箱書き →5
ハゲタカ　禿げ鷹 →5	ハゴク　破獄 →8
ハゲチャビン, ハゲチャビン　禿茶瓶 →15	ハコシ　箱師〖すり〗→7
ハゲチョロ　禿ちょろ〖俗〗→59	ハコシ　葉越し（〜の月）→95
ハゲチョロケ　禿ちょろけ〖俗〗→59	ハコズメ　箱詰 →5
バケツ　馬穴＜bucket →9	ハコセコ　筥迫 →4
バゲット, バケット　baguette〖仏〗〖パン〗→9	パゴダ　pagoda →9
パケット　packet →9	ハゴダイ, ハゴダイ　箱代 →8
バケネコ　化け猫 →5	ハゴタエ　歯応え →13
バケノカワ　化けの皮 →19	ハコダテ　函館〖地〗→21
ハゲマシ　励まし →2	ハコニワ　箱庭 →4
ハゲマス　励ます →44	ハコネ　箱根〖地〗→21
ハゲミ　励み →2	ハコネザイク　箱根細工 →15
ハゲム　励む →43	ハコネヤマ　箱根山 →12
ハケメ, ハケメ　刷毛目 →4	ハコビ　運び（オハコビ　御〜）→2, 92
バケモノ, バケモノ　化け物 →5	ハコビイレル　運び入れる →45
バケモノヤシキ　化け物屋敷 →12	ハコビコム　運び込む →45
ハゲヤマ　禿山 →5	ハコヒダ　箱襞〖衣〗→4
ハゲル　捌ける（水が〜, 商品が〜）→43	ハコビダス　運び出す →45
ハゲル　禿げる →43　剝げる →44　ハゲナイ, ハゲヨー, ハゲマス, ハゲテ, ハゲレバ, ハゲロ	ハコビテ　運び手 →12
	ハコビバチ　箱火鉢 →15
バケル　化ける →43	ハコビヤ　運び屋 →94
ハゲワシ　禿げ鷲 →5	ハコブ　運ぶ　ハコバナイ, ハコボー, ハコビマス, ハコンデ, ハコベバ, ハコベ →43
ハケン　派遣, 覇権（〜を握る）→8	
バケン　馬券 →8	ハコブネ　方舟（ノアの〜）→4
ハケンギリ　派遣切り →13	ハコベ, ハコベラ　〖植〗
ハケングン, ハケングン　派遣軍 →14a	ハコベン　箱弁＜箱弁当 →10
	ハコボレ　刃毀れ →13
	ハコマクラ　箱枕 →12
	ハコヤ　箱屋 →94
	ハゴロモ　羽衣 →12

‾は高い部分　⋯と⋯は高低が変る部分　┐は次が下がる符号　→は法則番号参照

バザー bazaar →9	ハシカ 麻疹 →1
ハサイ 破砕 →8	ハシガカリ 橋懸り〚能〛 →12
ハザカイ 端境 →12	ハシガキ 端書 →5
ハザカイキ 端境期 →14b	ハシガミ 箸紙 →4
ハサキ, ハサキ 刃先 →4	ハシカラ 端から →67
ハザクラ,《古は ハザクラ》 葉桜 →12	ハジキ 弾き〚俗〛(=ピストル) →2
ハザシ 葉挿し, ハ刺し〚縫物〛 →5	ハジキ 弾き(=はじくこと。オハジキ 御~) →2, 92
バサシ 馬刺し →10	ハジキガネ 弾き金 →12
バサック ぱさ付く(髪が~) →96	ハジキダス, ハジキダス,《古・強は ハジキダス》 弾き出す →45
バサバサ (髪が~だ, ~な・に) →57	
バサバサ (~する, ~と) →57	ハシギレ 端切れ →4
パサパサ (~だ・な・に) →57	ハジク 弾く →43
パサパサ (~する, ~と) →57	ハシグイ 橋杭 →4
ハザマ 狭間 →4	ハシクヨー 橋供養 →15
ハサマル 挟まる →44	ハシクレ, ハシックレ 端(っ)くれ →94d
ハサミ 挟み, 鋏, 螯(かにの~) →2	
ハサミウチ 挟み撃ち →13	ハシケ,《新は ハシケ》 艀くはしけ船 →10
ハサミコム, ハサミコム 挟み込む →45	
	ハシゲタ, ハシゲタ 橋桁 →4
ハサミショーギ 挟み将棋 →15	ハジケル 弾ける →44
ハサミバコ 挟み箱 →12	ハシゴ 梯子 →4
ハサミムシ 鋏虫 →12	ハシコイ, ハシッコイ →52d
ハサム 挟む, 鋏む ハサマナイ, ハサモー, ハサミマス, ハサンデ, ハサメバ, ハサメ →43	ハシゴザケ 梯子酒 →12
	ハシゴシャ 梯子車 →14
	ハシゴダン 梯子段 →14
ハザワリ 歯触り(~がいい) →13	ハシゴノミ 梯子飲み →13
ハサン 破産, 破算 →8	ハシゴノリ, ハシゴノリ 梯子乗り →13
ハシ 端 →1	
ハシ 箸(オハシ 御~) →1, 92 嘴(い すかの~) →1	ハジサラシ 恥曝し →13
	ハシジカ 端近 →5
ハシ 橋 →1	ハジシラズ 恥知らず →13
ハジ 端〚俗〛 →1	ハシズメ 橋詰 →5
ハジ 恥 →2	ハシタ 端 →4
ハシアライ 箸洗い〚料理〛 →13	ハシタガネ, ハシタガネ 端金 →12
ハシイ 端居 →5	ハシタテ, ハシタテ, ハシタテ 箸立 →5c
ハジイル,《新は ハジイル》 恥じ入る →45	
	ハシタナイ 端ない →54
ハジオキ, ハシオキ 箸置 →5	ハシタメ 端女 →12

ガギグゲゴは鼻濁音　カタカナ細字は母音の無声化　★は長音にもなる符号

ハジッコ――ハシリタ

ハジッコ, ハシッコ　端っこ →94	バジュツ　馬術 →8
ハシッコイ　〖俗〗→52d	ハシュツジョ, ハシュツジョ　派出所 →14
バジ(・)トーフー　馬耳東風 →97, 98	ハシュツフ　派出婦 →14
ハジナク, ハジナク　端無く(~も) →67	バショ　場所 →7
ハシヌイ　端縫い →5	バショイリ　場所入り〖相撲〗→5
ハシバコ, ハシバコ　箸箱 →4	ハジョー　波状 →8
ハシバシ　端端(言葉の~) →11	バショー　芭蕉《人も》→8, 23
ハシバミ　榛〖植〗→35	バジョー　馬上 →8
ハシベンケイ★　橋弁慶〖能・歌舞伎〗→27	ハジョーコーゲキ　波状攻撃 →15
ハジマリ　始まり, 初まり →2	ハジョースト, ハジョースト　波状スト<波状 strike →16c
ハジマル　始まる　ハジマラナイ, ハジマロー, ハジマリマス, ハジマッテ, ハジマレバ, ハジマレ →44	バショーフ　芭蕉布 →14a
ハシムコー　橋向う →12	ハショーフー　破傷風 →14
ハジメ　初め, 始め →2　―・肇〖男名〗→23	バショガラ　場所柄 →95
ハジメテ　初めて〖副〗(~会う) →67	バショク　馬食(牛飲~) →8
ハジメマシテ　初めまして →66	バショダイ　場所代 →14
ハジメル　始める　ハジメナイ, ハジメヨー, ハジメマス, ハジメテ, ハジメレバ, ハジメロ →43	バショフサギ　場所塞 →13
ハシモト　橋本〖地・姓〗→21, 22	ハショリ　端折り〖和服〗(オハショリ御~) →2, 92
~(・)ガホー　~雅邦 →24, 27	ハショル　端折る →46d
ハシャ　覇者 →7	ハシラ, 《新はハシラ》柱 →1
ハジャ, ハチャ, バチャ　葉茶 →7	……はしら　…柱〖数〗→33
ハジャ　破邪(~の剣) →7	ハジライ, ハジライ　恥じらい →2b
バシャ　馬車 →7	ハジラウ　恥じらう →44
バシャウマ, バシャンマ　馬車馬 →12	ハシラカケ　柱掛け →13
ハシャグ　燥ぐ →43	ハシラゴヨミ　柱暦 →12
ハシヤスメ　箸休め →13	ハシラス　走らす →44
パジャマ　pajamas →9	ハシラセル　走らせる →83
バシャミチ　馬車道〖地〗→12	ハシラドケイ★　柱時計 →15
ハジャヤ　葉茶屋 →94	ハジラミ　羽蝨 →12
バシャヤ　馬車屋 →94	ハシリ　走り →2
ハシュ　播種 →7	ハシリガキ　走り書き →13
バシュ　馬首(~をめぐらす), 馬主 →7	バジリコ, バジリコ　basilico〖伊〗→9
ハシュツ　派出 →8	ハシリコム, ハシリコム,《古・強はハジリコム》走り込む →45
	ハシリズカイ, ハシリツカイ　走り使い →13
	ハシリタカトビ, ハシリタカトビ　走

‾は高い部分　¨と¨は高低が変る部分　「は次が下がる符号　→は法則番号参照

717　ハシリダ━━ハゼ

高跳 →12

ハシリダス, ハシリダス　走り出す →45

ハシリデル, ハシリデル　走り出る →45

ハシリハバトビ, ハシリハバトビ　走幅跳 →12

ハシリマワル, ハシリマワル, 《古・強は ハシリマワル》　走り回る →45

ハシリヨル, ハシリヨル　走り寄る →45

ハジル　走る　ハシラナイ, ハシロー, ハシリマス, ハシッテ, ハシレバ, ハシレ →43

ハジル　恥じる　ハジナイ, ハジヨー, ハジマス, ハジテ, ハジレバ, ハジロ →43

バジル　basil →9

ハシワタシ　橋渡し →13

ハス　斜(〜に), 蓮 →1

ハズ　筈(行く〜, そんな〜はない) →1

ハズ　筈〖弓〗→1　<ハズバンド husband →10, 9

バス　bass, bath, bus →9

パス　pass →9　PAS〖薬〗→16

ハスイ　破水 →8

ハスイケ　蓮池 →4

ハスイト　蓮糸 →4

ハスー　端数 →8

バズーカ　bazooka<バズーカホー bazooka砲 →9, 14

ハズエ　葉末 →4

バスエ　場末 →4

バスガール　bus girl〖和〗→16

ハスカイ, ハスッカイ　斜(っ)交 →4d

バスガイド　bus guide〖和〗→16

ハスカケ, ハスッカケ　斜(っ)掛け →5d

ハズカシイ★　恥ずかしい →53

ハズカシガリヤ　恥ずかしがり屋 →94

ハズカシガル　恥ずかしがる →96

ハズカシサ　恥ずかしさ →93c

ハズカシメ, ハズカシメ　辱しめ →2

ハズカシメル　辱しめる →44

パスカル　Pascal〖仏〗〖人〗→22

ハズキ　葉月 →4

ハスキー　husky(〜な声) →9

ハスギレ　斜切れ →4

ハズクロイ　羽繕い →13

バスケット　basket →9

バスケットボール　basketball →16

バスコダガマ　Vasco da Gama〖葡〗〖人〗→27

ハズス　外す →44

パスタ　pasta〖伊〗→9

バスタオル　bath towel →16

バスタブ　bathtub →16

パスツール, パストゥール　Pasteur〖仏〗〖人〗→22

ハスッパ　蓮っ葉 →4d

バステイ★　bus停 →10

パステル, 《新は パステル》　pastel →9

パステルカラー　pastel color →16

バスト　bust →9

パスポート　passport →16

ハズマセル　弾ませる(胸を〜) →44

ハズミ　弾み, 勢み →2

ハズミグルマ　弾み車 →12

ハズム　弾む →43

ハスムカイ　斜向かい →13

パズル　puzzle →9

バスルーム　bathroom →16

ハズレ　外れ →2　葉擦れ →5

バスレーン　bus lane →16

ハズレル　外れる →43

バスローブ　bathrobe →16

パスワード　password →16

ハゼ　鯊(沙魚)〖魚〗→1

ガギグゲゴは鼻濁音　カタカナ細字は母音の無声化　★は長音にもなる符号

ハゼ──ハタケチ　718

ハゼ, ハジ　黄櫨(～の木) →1
ハセイ　派生 →8
バセイ　罵声 →8
ハセガワ　長谷川〚姓〛 →22
バセキ　場席 →8
ハセサンジル, ハセサンジル　馳せ参じる →45
ハセツケル, ハセツケル　馳せ着ける →45
バセドービョー, バセドーシビョー　Basedow(氏)病 →14
パセリ　parsley →9
ハセル　馳せる →43
ハゼル　爆ぜる →43
ハセン　波線, 破線, 破船, 端銭 →8
バセン　場銭 →8
バゼン　馬前(ゴバゼン　御～) →8, 92
ハソク　把捉 →8
バゾク　馬賊 →8
パソコン　＜personal computer →10
パソコンツーシン　パソコン通信＜personal computer 通信 →15
バソリ　馬橇 →4
ハソン　破損 →8
ハタ　端, 傍 →1
ハタ, 《新は ハタ》　畑, 畠 →1
ハタ　将 →61, 65　畑・秦〚姓〛 →22
ハタ　旗(ミハタ　御～) →1, 92　機, 幡 →1
ハダ　肌, 膚 →1
バター, バタ　butter →9
パター　putter〚ゴルフ〛 →9
ハダアイ, ハダアイ　肌合い →4
ハタアゲ, ハタアゲ, ハタアゲ　旗揚げ →5
バタアシ　ばた足〚水泳〛 →5
バターナイフ, バタナイフ　butter knife →16
ハダアレ　肌荒れ →5

バターロール, バタロール　butter roll →16
パターン, パタン　pattern →9
バダイ　場代 →8
ハタイロ, ハタイロ　旗色 →4
ハダイロ, ハダイロ　肌色 →4
ハタエ　二十重(十重とえ～) →33
ハタエ, ハダエ, ハダエ　肌, 膚 →4
ハタオリ, ハタオリ　機織り →5
ハダカ　裸 →5d
ハダカイッカン, ハダカイッカン　裸一貫 →39
ハダカウマ, ハダカンマ　裸馬 →12
ハダカオドリ　裸踊り →12
ハダカケ　肌掛け →5
ハダカケブトン　肌掛布団 →15
ハタガシラ　旗頭 →12
ハタカゼ　旗風 →4
ハダカデンキュー　裸電球 →15
ハダカニンギョー　裸人形 →15
ハダカマイリ　裸参り →13
ハダカムギ　裸麦 →12
ハダカムシ　裸虫(～の洗濯) →12
ハタガヤ　幡ヶ谷〚地〛 →19
ハダカル, ハダカル　(胸が～) →44
ハダカンボー, ハダカンボ　裸ん坊〚俗〛 →94d
ハタキ　叩き →2
ハダギ, ハダギ　肌着 →5
ハタキオトス, 《古・強は ハタキオトス》　叩き落とす →45
ハタキコミ　叩き込み →13
ハタギョーレツ　旗行列 →15
ハタク　叩く, 払く, 砕く →43
バタクサイ　butter 臭い →54
ハタケ　畑, 畠, 疥〚病〛 →1
ハタケシゴト　畑仕事 →12
ハタケスイレン　畑水練 →15
ハタケチガイ　畑違い →13

‾ は高い部分　˙˙ と ˙˙ は高低が変る部分　⌐ は次が下がる符号　→ は法則番号参照

719　ハタケミ──ハチアワ

ハタケミチ 畑道 →12	バタボール butter ball〔和〕→16
ハダケル （胸を〜）→44	ハタマタ 将又 →68
ハタゴ 旅籠 →4	ハダマモリ 肌守 →12
ハタゴセン, ハタゴセン 旅籠銭 →14	ハダミ, ハダミ 肌身（〜はなさず）→18
ハタゴヤ 旅籠屋 →94	ハタメ 傍目 →4
ハタザオ 旗竿 →4	ハタメイ★ワク 傍迷惑 →15
ハタサク 畑作 →8	ハタメク （風に〜）→96
ハタサシモノ, ハタサシモノ 旗指物 →12	ハタモチ, ハタモチ 旗持ち →5
ハダサム 肌寒 →5	ハタモト 旗本 →4
ハダサムイ 肌寒い →54	ハタモト, ハタモト 機元 →4
ハダザワリ 肌触り →13	ハタモトヤッコ 旗本奴 →12
ハダシ 跣 →4d	ハタヤ, ハタヤ 機屋 →94
ハタシアイ 果し合い →13	ハタヤ 旗屋 →94
ハタシジョー, ハタシジョー 果し状 →14	バタヤ ばた屋 →94
ハダシテ 果して〖副〗→67	バタヤキ butter 焼 →5
ハダシマイリ 跣参り →13	ハタラカス 働かす →44
ハダジュバン, ハダジバン 肌襦袢 →16	ハタラキ 働き →2
ハタジルシ 旗標 →12	ハタラキカケ 働き掛け →13
ハダス 果す →44	ハタラキカケル 働き掛ける →45
ハタセルカナ 果せる哉 →72	ハタラキグチ 働き口 →12
ハタチ 畑地 →7	ハタラキザカリ 働き盛り →12
ハタチ 二十 →31	ハタラキテ 働き手 →12
バタチ, バダチ 場立ち →5	ハタラキバチ 働き蜂 →12
バタック （バタッカセル）→96, 83	ハタラキモノ 働き者 →12
ハタト 礑と（〜当惑する）→55	ハタラク 働く　ハタラカナイ, ハタラコー, ハタラキマス, ハタライテ, ハタラケバ, ハタラケ →43
ハタトリ, ハタトリ 旗取り →5	ハタン 破綻 →8
ハダヌギ, ハダヌギ, ハダヌギ 肌脱ぎ →5	ハダン 破談 →8
ハダヌグ 肌脱ぐ →46	ハタンキョー 巴旦杏 →14
ハタバコ 葉煙草 →16	ハチ 蜂 →1
ハタハタ, ハタハタ 鰰〖魚〗→3	ハチ 鉢（オハチ 御〜）→6,92　八 →30
ハタハタ （〜翻る, 〜と）→57	……はち …八〖男名〗→30
バタバタ （〜する, 〜と）→57	バチ 桴, 撥, 罰 →6
バタパタ （〜する, 〜と）→57	ハチアゲ 鉢上げ →5
ハタビ, ハタビ 旗日 →4	バチアタリ 罰当り →13
バタフライ butterfly →9	ハチアワセ 鉢合せ →13

八

ガギグゲゴは鼻濁音　カタカナ細字は母音の無声化　★は長音にもなる符号

ハチウエ――ハチマン　　　　720

ハチウエ, ハチウエ　鉢植　→5

ハチエン　八円　→34

ハチオージ　八王子〖地〗→21

バチオト, バチオト　撥音　→4

ハチカイ　八回〖名詞的〗(～で終る)
　→34

ハチカイ　八回〖副詞的〗(～終る)　→62
　八階　→34

バチガイ　場違い　→13

ハチガケ　八掛け　→38

ハチカゲツ, ハッカゲツ　八箇月　→39

ハチガツ,《副詞的には ハチガツ》　八
　月　→34, 62

ハチカネン, ハッカネン　八箇年　→39

バチカン　Vatican〖伊〗〖国〗→21

ハチキレル　はち切れる　→45

ハチク　破竹(～の勢い), 淡竹　→8

パチクリ　(～する, ～と)　→57

バチサバキ　撥捌き　→13

ハチジ　八時　→34

ハチジカン　八時間　→36

ハチジッサイ, ハチジュッサイ　八十
　歳　→35da

ハチジヒゲ　八字髭　→12

ハチジュー　八十〖名詞的〗(～もある)
　→31

ハチジュー　八十〖副詞的〗(～ある)
　→62

ハチジューエン　八十円　→35a

ハチジューニチ, ハチジューニチ,《新
　は ハチジューニチ》　八十日　→35a

ハチジューニン　八十人　→35a

ハチジューネン　八十年　→35a

ハチジューハチカショ, ハチジュー
　ハッカショ　八十八箇所　→39

ハチジューハチヤ　八十八夜　→35

ハチジューマン,《新は ハチジューマ
　ン》　八十万　→32

ハチジョー, ハチジョー　八丈<八丈

島・八丈絹・八丈縞〖縞〗→21, 10

ハチジョー　八丈〖長さ〗→34

ハチジョー,《新は ハチジョー》　八畳
　→34

ハチジョージマ　八丈島　→12a

ハチス　蜂巣, 蓮　→4

ハチダイシュー　八代集　→14b

バチダコ, バチダコ　撥胼胝　→4

ハチタタキ　鉢叩き〖仏教〗→13

ハチダン　八段　→34

ハチド　八度　→34

ハチドー　八道　→34

ハチニン　八人　→34

ハチネン　八年　→34

ハチノキ　鉢の木《能も》→19

ハチノコ　蜂の子　→19

ハチノジ　八の字(～をよせる)→19

ハチノス　蜂の巣　→19

ハチノヘ　八戸〖地〗→19

ハチハイ　八杯<ハチハイドーフ　八
　杯豆腐　→10, 15

ハチバイ　八倍　→34

パチパチ　(～たたく, ～と)　→57

ハチバン　八番　→34

ハチビョー　八秒　→34

ハチブ　八分　→34

ハチフン　八分　→34

ハチブンメ, ハチブンメ　八分目　→38

ハチホン　八本　→34

ハチマイ　八枚　→34

ハチマキ　鉢巻　→5

ハチマン　八幡(ハチマンサマ　～様)
　→3, 94

ハチマン　八万　→31

ハチマングー, ハチマングー　八幡宮
　→14a

ハチマンタイ　八幡平〖地〗→12a

ハチマン・ダイボサツ, ハチマンダ
　イボサツ　八幡大菩薩　→97, 99

¯は高い部分　˙˙と˙˙˙は高低が変る部分　˥は次が下がる符号　→は法則番号参照

ハチミツ──ハツカン

ハチミツ　蜂蜜　→8	ハツオンビン　撥音便　→15
ハチミリ　8 milli〔仏〕　→3	ハツオンフゴー　発音符号　→15
ハチメン(・)レイ★ロー, ハチメン(・)レイ★ロー　八面玲瓏　→59	ハッカ　発火, 薄荷　→7
ハチメンロッピ　八面六臂　→39	ハツカ　二十日　→33
ハチモノ　鉢物　→4	ハツガ　発芽　→7
ハチモンジ　八文字　→36	ハッカー　hacker〔コンピューター〕　→9
ハチュールイ　爬虫類　→14a	ハッカイ　八回〔名詞的〕(~で終る)　→34
ハチョー　波長, 破調　→8	ハッカイ　八回〔副詞的〕(~終る)　→62
ハチョー　ハ調　→8	八階　→34　発会　→8
バチルス　Bazillus〔独〕　→9	ハツカイ　初買い　→5
ハチロー　蜂蠟　→8	ハッカイシキ　発会式　→14b
ハチロー, ハチロー　八郎〔男名〕　→25	ハツカエビス　二十日恵比須　→12
……ハチロー, ……ハチロー　…八郎 (ヘイ★ハチロー, ヘイ★ハチロー　平~)　→26	ハツガオ　初顔　→4
ハチローガタ　八郎潟　→12a	ハツガオアワセ　初顔合せ　→13
パチンコ　〔遊び〕　→94	ハッカク　発覚　→8
パチンコヤ　パチンコ屋　→94	ハッカク　八角〔香辛料も〕　→34
ハチンチ　八日〔名詞的〕(~に行く)　→34d	ハッカクケイ★, ハッカクケイ★, ハッカッケイ★　八角形　→14ca
ハチンチ　八日〔副詞的〕(~行く)　→62d	ハッカケ　八掛け(=すそまわし)　→33
ハツ　発　→6	ハッカゲツ　八箇月　→39
ハツ　初(オハツ　御~)　→1, 92	ハツカショーガツ　二十日正月　→15
……はつ　…発〔数〕　→34, 35, 62	バッカス　Bacchus〔拉〕〔神〕　→23
バツ　(~が悪い, ~を合わせる)	ハッカスイ　薄荷水　→14
バツ　罰, 閥, 跋(↔序文)　→6　(=×点)	ハッカソーチ　発火装置　→15
ハツアキ, ハツアキ　初秋　→4	ハツカダイコン　二十日大根　→15
ハツアン　発案　→8	ハツガツオ　初鰹　→12
ハツイ, ハツイ　発意　→7	ハッカッケイ★　八角形　→14a
ハツイク　発育　→8	ハッカテン　発火点　→14
ハツウマ, ハツンマ　初午　→4	ハッカトー　薄荷糖　→14
ハツウリ　初売り　→5	ハツカネズミ　二十日鼠　→12
ハツエキ, ハツエキ　発駅　→8	ハッカパイプ　薄荷 pipe　→16
ハツエン　発煙　→8	ハツガマ　初釜〔茶道〕　→4
ハツエントー　発煙筒　→14	ハツガミナリ　初雷　→12
ハツオン　発音　→8	ハツカリ, ハツカリ　初雁　→4
ハツオン　撥音　→8	ハッカン　発刊, 発汗　→8
ハツオンキゴー　発音記号　→15	ハッカンザイ, ハッカンザイ　発汗剤　→14a
	ハッカンセツ　初冠雪　→15

八

ガギグゲゴは鼻濁音　カタカナ細字は母音の無声化　★は長音にもなる符号

ハッキ──ハッシャ

ハッキ 発揮 →7	ハツゲンケン 発言権 →14a
ハッキ 白旗 →7	ハッケンデン,《新は ハッケンデン》
ハツギ, ハツギ 発議 →7	八犬伝<南総里見八犬伝〖書〗→14a
ハッキュー 白球, 発給, 薄給 →8	ハツゲンリョク 発言力 →14a
ハッキョー 発狂 →8	ハツゴ 初子 →4 発語 →7
ハツキョーゲン 初狂言 →15	バッコ 跋扈 →7
ハッキリ (~する, ~と) →55	ハツコイ 初恋 →4
ハッキン 発禁, 白金 →8	ハッコー 薄幸(倖), 発向, 発行, 発光, 発
バッキン 罰金 →8	効, 発(醱)酵, 白光 →8
バッキンガム Buckingham〖宮殿〗→22	ハッコーシャ 発行者 →14a
パッキング,《新は パッキング》	ハッコージョ, ハッコージョ 発行所
packing →9	→14
ハック 八苦(四苦~)→34 八九(=八	ハッコーダ 八甲田<ハッコーダサン
か九。年は~)→39	八甲田山 →21, 14
バック back →9	ハッコータイ 発光体 →14
バッグ bag →9	ハッコーダカ 発行高 →12a
パック pack →9	ハッコーニン 発行人 →14
バックアップ backup →16	ハツコーハン 初公判 →15
バックグラウンド background →16	ハッコービ 発行日 →12a
バックスキン buckskin →16	ハツゴーリ 初氷 →12
ハックツ 発掘 →8	ハッコツ 白骨 →8
パックツアー <package tour →16	ハッサイ 八歳 →34
バックナンバー back number →16	バッサイ 伐採 →8
バックネット back net〖和〗→16	ハッサク 八朔《果物も》→8
ハックブドーリ 八九分通り →39	バッサリ (~やる, ~と)→55
バックボーン backbone →16	ハッサン 発散 →8
バックミラー back mirror〖和〗→16	ハツザン 初産 →8
バックル, バックル buckle →9	ハッシ 発止(~と受ける)→55
バツグン 抜群 →8	バッシ 抜糸, 抜歯, 末子 →7
ハッケ, ハッケ 八卦(当るも~)→34	バッジ,《新は バッジ》(ジはチとも)
ハッケイ 八景, 白系 →34	badge →9d
ハッケイロジン 白系露人 →15	ハツシオ 初潮 →4
パッケージ package →9	ハツシグレ 初時雨 →12
ハッケッキュー 白血球 →15	ハツシモ 初霜 →4
ハッケツビョー 白血病 →14	ハッシャ 発車, 発射 →7
ハッケヨイ 八卦良い〖相撲〗→66	ハッシャク 八尺・八勺〖名詞的〗(~を買
ハッケン 発見, 発券, 白鍵 →8	う) →34
ハツゲン 発言, 発現 →8	ハッシャク 八尺・八勺〖副詞的〗(~を買
バッケン 抜剣 →8	う) →62

￣は高い部分 ¨と…は高低が変る部分 ｢は次が下がる符号 →は法則番号参照

723　　　　　ハッシュ──ハッテン

ハッシュー　八宗 →34

ハッシュー(·)ケンガク, ハッシューケンガク　八宗兼学 →97, 98, 99

ハッショー　発祥(〜の地), 発症 →8

ハツジョー　発情 →8

ハツジョー, ハツジョー　発条 →8

バッショー　跋渉(山野を〜する) →8

ハツジョーキ　発情期 →14a

ハッショーチ　発祥地 →14a

ハッショク　発色 →8

バッション　passion →9

ハッシン　発信, 発疹 →8

ハッシンキ　発信機 →14a

ハッシンキョク　発信局 →14a

バッシング, 《新は バッシング》　bashing →9

ハッシンチフス　発疹 Typhus〔独〕 →16

ハッシンニン, ハッジンニン　発信人 →14a

ハッスイ　発水, 撥水 →8

バッスイ　抜粋(萃) →8

ハツズリ　初刷り →5

ハッスル, 《新は ハッスル》　発する →48

ハッスル　hustle(〜する) →9

バッスル, バッスル　罰する →48

ハッスン　八寸〔名詞的〕(〜に切る) →34　八寸〔料理〕 →3

ハッスン　八寸〔副詞的〕(〜切る) →62

ハッセイ★　発生, 発声 →8

ハッセイキ★　発声器 →14b

ハッセイ★ホー　発声法 →14

ハッセキ　初席 →4

バッセキ, マッセキ　末席 →8

ハツゼック　初節句 →15

ハッセン　八千 →31

ハッセンエン　八千円 →35

ハッセンニン　八千人 →35

ハッソー　発走, 発送, 発想 →8　八双

(〜の構え) →34

ハッソク, ホッソク　発足 →8

バッソク　罰則 →8

バッソン, マッソン　末孫 →8

バッタ　飛蝗〔昆虫〕 →3

バッター　batter →9

バッターボックス　batter's box →16

ハツダイ　初台〔地〕 →21

ハツダイケン, ショダイケン　初体験 →15

ハツタケ　初茸 →4

ハッタツ　発達 →8

ハッタリ　(〜をかける) →3

バッタリ　(〜会う, 〜と) →55

パッタリ　(〜倒れる, 〜と) →55

ハッタン　八端〔織物〕 →3

ハッチ　hatch →9

パッチ　(〜をはく) →9

バッチイ★　〔児〕 →53

ハッチャク　発着 →18

ハッチュー　発注 →8

ハッチョー　八挺(口も〜手も〜) →34

ハッチョーボリ　八丁堀〔地〕 →12

ハッチョーミソ　八丁味噌 →15

ハッチョーメ, ハッチョーメ　八丁目 →38

ハッチョーロ　八挺櫓 →14a

パッチリ　(目が〜する, 〜と) →55

パッチワーク　patchwork →16

バッテイ★, マッテイ★　末弟 →8

バッティング　batting, butting →9

バッテキ　抜擢 →8

バッテラ　bateira〔葡〕 →9

バッテリー, 《新は バッテリー》　battery →9

ハッテン　発展 →8

ハツデン　発電 →8

バッテン　罰点 →8

ハッテンカ　発展家 →14

──────────────

ガギグゲゴは鼻濁音　カタカナ細字は母音の無声化　★は長音にもなる符号

ハツデン――ハッポー　　　724

ハツデンキ　発電機 →14a	バッパイ　罰杯 →8
ハツデンショ, ハツデンショ　発電所 →14	ハツバイキンシ　発売禁止 →98
ハッテンセイ　発展性 →14	ハツバイモト　発売元 →12
ハッテントジョーコク　発展途上国 →17	ハッパク　八白〖九星〗→34
ハット, ハット （～驚く）→55　法度 →7	ハツバショ　初場所 →15
ハット　hat →9	ハツハナ　初花 →4
バット　bat, vat, <golden bat〖煙草だば〗→9	ハツハル, ハツハル　初春 →4
パット　（～しない）→55	ハツヒ　初日 →4
パット, パット （～散る）→55	ハッピ　法被 →7
パット　putt〖ゴルフ〗→9	ハッピー　happy →9
パット, パッド　pad〖衣〗→9d	ハッピーエンド　<happy ending →16
ハツドー　発動 →8	ハツビナ, ハツビナ　初雛 →4
バットー　抜刀 →8	ハツヒノデ　初日の出 →17
ハツドーキ　発動機 →14a	ハッピャク　八百〖名詞的〗（～もある）→31
ハツドーキセン　発動機船 →14	ハッピャク　八百〖副詞的〗（～ある）→62
ハットーシン　八頭身 →36	ハッピャクエン　八百円 →35
ハットーセン　初当選 →15	ハッピャクニン　八百人 →35
ハットトリック　hat trick →16	ハッピャクネン　八百年 →35
パットミ　ぱっと見（～がいい）→13	ハッピャクマン　八百万 →32
ハットリ　服部〖姓〗→22	ハッピャクヤチョー　八百八町 →35
ハツトリ　初酉 →4	ハツビョー　発病 →8
ハツナツ　初夏 →4	ハッピョー　発表 →8
ハツナリ　初生り →5	ハッピョーカイ　発表会 →14a
ハツニ　初荷 →4	ハップ, ハップ　発布 →7
ハツネ　初音,初子,初値 →4	パップ, ハップ　pap[蘭]〖薬〗→9d
ハツネツ　発熱 →8	ハツブタイ　初舞台 →15
ハツノボリ　初幟 →12　初登り,初上り →13	ハツフユ　初冬 →4
ハツノリ　初乗り →5	ハップン　発憤 →8
ハツバ　発馬 →7	ハップン　八分 →34
ハッパ　発破（～をかける）→7　葉っぱ〖俗〗	バツブン　跋文 →8
バッハ　Bach〖独〗〖人〗→22	ハツホ　初穂 →4
パッパ　（～使う, ～と）→57	ハッポー　発砲,発泡 →8
ハツバイ　発売 →8	ハッポー　八方 →34
	バッポー　罰俸 →8
	ハッポーシュ, ハッポーシュ　発泡酒 →14a
	ハッポースチロール　発泡 Styrol[独]

― は高い部分　··· と ''' は高低が変る部分　「 は次が下がる符号　→ は法則番号参照

→16

ハッポーダシ	八方出し →12
ハッポーニラミ	八方睨み →13
ハッポービジン	八方美人 →15
ハッポーフサガリ	八方塞がり →13
ハッポーヤブレ	八方破れ →13
バツボク	伐木 →8
ハツボン	初盆 →8
ハッポン	八本 →34
バッポンテキ	抜本的 →95
ハツマイリ	初参り →13
ハツマゴ	初孫 →4
ハツミミ	初耳 →4
ハツメイ*	発明（～する）→8
ハツメイ*	発明（＝利口。～な子）→8
ハツメイ*カ	発明家 →14
ハツモー	発毛 →8
ハツモーデ	初詣で →13
ハツモノ	初物 →4
ハツモノグイ	初物食い →13
ハツモン	発問 →8
ハツヤク	初役 →8
ハツユ	初湯 →4
ハツユキ	初雪 →4
ハツユメ	初夢 →4
ハツヨー	発揚 →8
ハツラツ	溌剌 →58
バツリュー, マツリュー	末流 →8
ハツル	果つる（文化～所）→42
ハツレイ*	発令 →8
ハツロ	発露 →7
ハテ	〖感〗（＝はてな）→66
ハテ	果て →2
ハデ	派手
パテ	putty →9
バテイ*	馬丁, 馬蹄 →8
バテイ*ケイ	馬蹄形 →14
ハテシ, ハテシ	果てし（～がない）→5
ハテシナイ	果てし無い →54

ハデズキ, ハデズキ	派手好き →5
ハテナ	〖感〗→66
ハデヤカ	派手やか →55
ハテル	果てる →43
バテル	〖俗〗（＝疲れ果てる）→44
バテレン	伴天連 →9
ハテンコー	破天荒 →15
パテント	patent →9
ハト	鳩 →1
ハトー	波頭, 波濤 →8
ハドー	波動 →8
バトー	罵倒, 馬頭 →8
ハトーガラシ	葉唐辛子 →17
バトーカンノン	馬頭観音 →15
パトカー, パトカー	＜patrol car →10
ハトコ	再従兄弟・再従姉妹（＝またいとこ）
ハトズエ, ハトズエ	鳩杖 →4
パドック, パドック	paddock →9
ハトドケイ*	鳩時計 →15
ハトハ	鳩派 →7
ハトバ	波止場 →4
ハトバイロ	鳩羽色 →12
ハトブエ, ハトブエ	鳩笛 →4
ハトポッポ	鳩ぽっぽ〖児〗→59
バドミントン, （バトミントン）	badminton →9
ハトムギ, ハトムギ, ハトムギ	鳩麦 →4
ハトムネ	鳩胸 →4
ハトメ, ハトメ	鳩目〖金具〗→4
ハドメ, ハドメ	歯止め →5
バトル	battle →9
パドル	paddle →9
パトロール	patrol →9
パトロールカー, パトロールカー	patrol car →16
パトロン, パトロン	patron →9
ハトロンシ	ハトロン紙＜Patrone 紙

ガギグゲゴは鼻濁音　カタカナ細字は母音の無声化　★は長音にもなる符号

バトン──ハナシア

[独] →14a
バトン, バトン baton →9
バトンガール baton girl[和] →16
バトンタッチ baton touch[和] →16
ハナ 鼻・洟(オハナ 御~) →1,92
ハナ, ハナ 端(=はし) →1
ハナ 端(=最初。~から) →1 花[女名](オハナ お~) →23,92
ハナ 花・華・纒頭(オハナ 御~) →1,92
……バナ …端(ネイリバナ 寝入り~) →95
ハナアカリ 花明り →12
ハナアヤメ 花菖蒲 →12
ハナアラシ 花嵐 →12
ハナアワセ 花合せ →13
ハナイキ 鼻息(~が荒い) →4
ハナイケ, ハナイケ, ハナイケ 花生け →5
ハナイバラ 花茨 →12
ハナイレ, ハナイレ, ハナイレ 花入れ →5
ハナイロ 花色 →4
ハナイロモメン 花色木綿 →15
ハナウタ 鼻唄 →4
ハナウタマジリ 鼻唄交じり →13
ハナウリ, ハナウリ 花売り →5
ハナウリムスメ 花売り娘 →12
ハナオ 鼻緒 →4
ハナオズレ 鼻緒擦れ →13
ハナオチ, ハナオチ 花落ち →5
ハナカゴ, ハナカゴ 花籠 →4
ハナガサ, 《古はハナガサ》 花笠 →4
ハナカゼ, ハナカゼ, ハナカゼ 鼻風邪 →4
ハナガタ, 《新はハナガタ》 花形 →4
ハナガタヤクシャ 花形役者 →15
ハナガツオ 花鰹 →12
ハナガミ 鼻紙 →4
ハナガメ, 《新はハナガメ》 花瓶 →4

ハナカラ, ハナッカラ 端(っ)から →71,67d
ハナガラ 花柄 →4
ハナガルタ 花歌留多 →16
ハナガワド 花川戸[地](~の助六) →21
ハナカンザシ 花簪 →12
ハナギ 鼻木 →4
ハナギレ, ハナギレ 花布[製本] →4
ハナキン 花金<花の金曜日 →10
ハナグシ 花櫛 →4
ハナグスリ 鼻薬(~を利かせる) →12
ハナクソ 鼻糞,鼻屎 →4
ハナクビ, ハナクビ 花首 →4
ハナグモリ, ハナグモリ 花曇り →13
ハナクヨー 花供養 →15
ハナグルマ 花車 →12
ハナゲ 鼻毛 →4
ハナコ, 《狂言はハナゴ》 花子[女名] →25
ハナゴエ, ハナゴエ 鼻声 →4
ハナゴーリ 花氷 →12
ハナゴザ, 《新はハナゴザ》(ゴはゴとも) 花莫蓙 →15
ハナコトバ 花言葉 →12
ハナゴヨミ 花暦 →12
ハナコン 花紺 →8
ハナサカジジー 花咲爺 →12
ハナザカリ 花盛り →12
ハナサキ, ハナッサキ 鼻(っ)先 →4d
ハナザクラ 花桜 →12
ハナシ 歯無し →5
ハナシ 話,咄,噺 →2
ハナジ 鼻血 →4
……パナシ …放し(ヤリッパナシ 遣りっ~) →95d
ハナシアイ 話合い →13
ハナシアイテ 話相手 →12
ハナシアウ, ハナシアウ 話し合う

─は高い部分 ¨と¨は高低が変る部分 ⌐は次が下がる符号 →は法則番号参照

	ハナシカ──ハナドキ

→45

ハナシカ 咄家 →14

ハナシガイ，ハナシガイ 放し飼い →13

ハナシカケル，ハナシカケル 話し掛ける →45

ハナシカタ，ハナシカタ 話し方 →95

ハナシクチ，ハナシクチ 話し口 →12

ハナシゴエ，ハナシゴエ 話し声 →12

ハナシコトバ 話し言葉 →12

ハナシコム，ハナシコム 話し込む →45

ハナシジョーズ 話上手 →15

ハナシズキ，ハナシズキ 話好き →13

ハナシダス，ハナシダス 話し出す →45

ハナシチュー 話中 →14

ハナシテ，ハナシテ 話し手 →12

ハナシハンブン，ハナシハンブン 話半分 →95

ハナシベタ，ハナシベタ 話し下手 →12

ハナショーブ 花菖蒲 →15

ハナジョーチン 鼻提灯 →15

ハナジル 鼻汁 →4

ハナジロム 鼻白む →46

ハナス 話す →43　離す，放す →44
　　ハナサナイ，ハナソー，ハナシマス，
　　ハナシテ，ハナセバ，ハナセ

ハナズクシ 花尽し →95

ハナスジ 鼻筋(～が通る) →4

ハナススキ 花薄 →12

ハナズツ，《新は ハナズツ》 花筒 →4

ハナズナ 鼻綱(牛の～) →4

ハナズマリ，ハナズマリ 鼻詰り →13

ハナズモー 花相撲 →12

ハナズラ 鼻面 →4

ハナセル 話せる →44

ハナゼンセン 花前線 →15

ハナゾノ，ハナゾノ 花園 →4

ハナゾメ 花染め →5

ハナダ 縹 →1

ハナダイ，ハナダイ 花代 →8

ハナダイロ 縹色 →12

ハナタカ 鼻高 →5

ハナタカダカ，ハナタカダカ 鼻高高 →59

ハナタケ 鼻茸 →4

ハナタチバナ 花橘 →12

ハナタテ，ハナタテ，ハナタテ 花立 →5

ハナタバ，ハナタバ 花束 →4

ハナダヨリ 花便り →12

ハナタラシ，ハナタラシ，ハナッタラシ，ハナッタラシ 洟(っ)垂し →13d

ハナタレ，ハナタレ，ハナッタレ，ハナッタレ 洟(っ)垂れ →5d

ハナタレコゾー 洟垂れ小僧 →15

ハナツ 放つ →44

ハナッカゼ，ハナッカゼ，ハナッカゼ 鼻っ風邪 →4d

ハナツキ 鼻付き(=鼻の形) →4

ハナツキ，ハナツキ 花付き(～がいい) →5

ハナヅクリ，ハナヅクリ 花作り →13c

ハナッツマミ，ハナッツマミ，ハナッツマミ 鼻っ摘み →13d

ハナッツラ，ハナズラ 鼻(っ)面 →4d

ハナッパシ 鼻っぱし(～が強い) →4d

ハナッパシラ 鼻っ柱 →12d

ハナッパリ 鼻っ張り →5d

ハナツマミ，ハナヅマミ，ハナツマミ 鼻摘み →13

ハナツマリ，ハナツマリ 鼻詰り →13

ハナツミ，ハナツミ 花摘み →5

ハナデンシャ 花電車 →15

ハナドキ，ハナドキ 花時 →4

ガギグゲゴは鼻濁音　カタカナ細字は母音の無声化　★は長音にもなる符号

ハナドケ──ハナヤグ　728

ハナドケイ* 花時計 →15	ハナミ, ハナミ 花実(死んで～が咲くものか) →18
バナナ banana →9	
ハナヌスビト 花盗人 →12	ハナミ, ハナミ 歯並み →4
ハナノ 花(=秋の野) →4	
ハナノサキ 鼻の先 →19	ハナミ 花見(オハナミ 御～) →5, 92
ハナノシタ 鼻の下(～が長い) →19	
ハナノミヤコ 花の都 →19	ハナミキャク 花見客 →14
ハナノヤマ 花の山 →19	ハナミザケ 花見酒 →12
ハナバサミ 花鋏 →12	ハナミズ, ハナミズ 鼻水 →4
ハナバシラ, ハナバシラ, ハナバシラ 鼻柱 →12	ハナミズキ 花見月(=陰暦三月),花水木〖植〗→12
ハナハズカシイ* 花恥ずかしい →54	ハナミゾ 鼻溝 →4
ハナハダ 甚だ〖副〗→61	ハナミチ 花道 →4
ハナバタケ 花畑(オハナバタケ 御～) →12, 92	ハナミドー 花御堂〖花祭〗→15
ハナハダシイ* 甚だしい →53	ハナミドキ, ハナミドキ 花見時 →12
ハナバナシイ* 花花しい →53	ハナムケ, ハナムケ 餞 →5
ハナビ 花火 →4	ハナムコ, 《新は ハナムコ》 花婿 →4
ハナビエ 花冷え →5	ハナムシロ 花筵 →12
ハナビシ 花菱 →4	ハナムスビ 花結び →13
ハナビタイカイ 花火大会 →15	ハナメ 花芽 →4
ハナビラ, ハナビラ, ハナビラ 花弁 →4	ハナメガネ 鼻眼鏡 →12
ハナブサ, 《古は ハナブサ》 花房 →4	ハナモーセン 花毛氈 →15
ハナブサ(·)イッチョー, ハナブサイッチョー 英一蝶 →22, 24, 27	ハナモジ, ハナモジ 花文字 →15
ハナフダ 花札 →4	ハナモチ 鼻持ち(～ならぬ) →5
ハナフブキ 花吹雪 →12	ハナモチ, ハナモチ 花持ち(～がいい) →5
ハナペチャ 鼻ぺちゃ〖俗〗→59	ハナモト 鼻元 →4
パナマ Panama〖地·国·草·帽子〗→21	ハナモノ 花物 →4
パナマウンガ Panama 運河 →15	ハナモミジ 花紅葉 →12
ハナマガリ, ハナマガリ, ハナマガリ 鼻曲り →13	ハナモヨー 花模様 →15
ハナマキ, ハナマキ 花巻〖蕎麦〗→5	ハナモリ 花守 →4
ハナマキ 花巻〖地〗→21	ハナヤ 花屋 →94
ハナマチ 花街 →4	ハナヤカ 花やか →55
ハナマツリ 花祭 →12	ハナヤギ 花柳〖姓·舞踊〗→22
パナマボー Panama 帽 →14	～(·)ショータロー ～章太郎 →26, 27
ハナマル 花丸〖児·きゅうり〗→4	ハナヤギリュー 花柳流 →14
	ハナヤグ 花やぐ →96

花丸

￣は高い部分　‥と‥は高低が変る部分　￣は次が下がる符号　→は法則番号参照

ハナヤサイ　花椰菜(=カリフラワー) →15	ハヌイ　端縫 →5
ハナヤシキ　花屋敷(浅草の〜) →12	ハヌケ　羽抜け →5
ハナヨテン　花四天〖歌舞伎〗 →15	ハヌケ　歯抜け →5
ハナヨメ　花嫁 →4	ハネ　羽, 羽根 →4
ハナヨメゴ　花嫁御 →94	ハネ　跳ね(〜があがる, 芝居の〜), 撥ね →2
ハナヨメゴリョー　花嫁御寮 →15	バネ　発条 →2d
ハナヨリ(·)ダンゴ　花より団子 →97, 98	ハネアガリ　跳ね上り →13
ハナラビ　歯並び →13	ハネアガル, ハネアガル　跳ね上がる →45
ハナレ　離れ＜離れ座敷 →2	ハネアゲル, ハネアゲル　跳ね上げる →45
ハナレ　離れ(=離れること) →2	ハネオキル, ハネオキル　跳ね起きる →45
バナレ　場馴れ(〜がする) →5	
ハナレウマ, ハナレンマ　放れ馬 →12	ハネカエシ　跳ね返し →13
ハナレコジマ　離れ小島 →12	ハネカエス, ハネカエス, ハネッカエ
ハナレザシキ　離れ座敷 →12	ス, ハネッカエス　跳ね(っ)返す
ハナレジマ　離れ島 →12	→45
ハナレバナレ　離れ離れ →11	ハネカエリ　跳ね返り →13
ハナレモノ, ハナレモノ, ハナレモノ	ハネカエル, ハネカエル, ハネッカエ
離れ物(合わせ物は〜) →12	ル, ハネッカエル　跳ね(っ)返る
ハナレヤ　離れ家 →12	→45
ハナレル　離れる　ハナレナイ, ハナ	ハネカザリ　羽飾り →12
レヨー, ハナレマス, ハナレテ, ハ	ハネカス　跳ねかす →44
ナレレバ, ハナレロ →43	ハネカル　跳ねかる →44
ハナレワザ, ハナレワザ, ハナレワザ	バネジカケ　発条仕掛け →13
離れ技 →12	ハネズミ　跳ね炭 →5
ハナワ　花輪, 花環, 鼻輪 →4	ハネダ　羽田〖地〗 →21
ハナワ(·)ホキノイチ, 〜(·)ホキイチ	ハネダクーコー　羽田空港(=東京国際
塙保己一 →22, 26, 25, 27	空港) →15
ハニカミヤ　はにかみ屋 →94	ハネッカエリ　跳ねっ返り →13d
ハニカム →43	ハネツキ, ハネツキ　羽子突き →5
ハニク　歯肉 →8	ハネツケル, ハネツケル　撥ね付ける
バニク　馬肉 →8	→45
バニシングクリーム　vanishing cream	ハネツルベ　撥ね釣瓶 →12
→16	ハネトバス, ハネトバス　跳ね飛ばす
パニック, パニック　panic →9	→45
ハニュー　埴生(〜の宿) →4	ハネノケル, ハネノケル　撥ね除ける
バニラ　vanilla →9	→45
ハニワ　埴輪 →4	

ガギグゲゴは鼻濁音　カタカナ細字は母音の無声化　★は長音にもなる符号

ハネバシ──ハブラシ　　730

ハネバシ　跳ね橋 →5

ハネブトン　羽蒲団 →15

ハネボーキ　羽箒 →12

ハネマワル, ハネマワル　跳ね回る
→45

ハネムーン, ハニムーン　honeymoon
→16

パネラー,《新は パネラー》　paneler
〔和〕 →9

パネリスト　panelist →9

ハネル　跳ねる, 撥ねる, 刎ねる　ハネ
ナイ, ハネヨー, ハネマス, ハネテ,
ハネレバ, ハネロ →43

パネル,《新は パネル》　panel →9

パネルディスカッション　panel discus-
sion →16

パネルヒーター　panel heater →16

ハノネ　歯の根(～が合わぬ) →19

パノラマ　panorama →9

ハハ,《古は ハハ》　母 →1

ハバ　幅 →1

ババ,《古は ババ》　婆, 祖母 →1

ババ,《姓は ババ》　馬場 →4, 22

ババ　屎・糞〔児〕 →1

パパ　papa →9

ババー　婆〔俗〕 →1d

パパイヤ　papaya →9

ハハウエ　母上 →94

ハハオヤ　母親 →4

ハハカタ　母方 →95

ハバカリ　憚り(～がある, ～に行く)
→2

ハバカリサマ　憚り様 →94

ハバカリナガラ, ハバカリナガラ　憚
りながら →73

ハバカル,《新は ハバカル》　憚る
→46

ハバキ　脛巾 →5

ハバキキ, ハバキキ　幅利き →5

ハハギミ　母君 →94

ハハゴ, ハハゴ　母御 →94

ハハコグサ　母子草 →12

ハバタキ, ハバタキ　羽撃き →13

ハバタク　羽撃く →46

ハバツ　派閥 →8

ババッチイ★　〔児〕(=きたない) →54

ハバトビ, ハバトビ, ハバトビ　幅跳
→5

ババヌキ, ババヌキ　婆抜き →5

ハハノヒ　母の日 →19

ハハビト, ハハビト　母人 →4

ハハビロ　幅広 →5

ハハビロイ　幅広い →54

ハバム　阻む →43

ハハモノ　母物 →4

ハバヨセ　幅寄せ〔車〕 →5

ババロア　bavarois〔仏〕 →9

バハンセン　八幡船 →14

ハビコル　蔓延る →43

バヒツ　馬匹 →8

パビリオン, パビリオン　pavilion →9

パピルス　papyrus〔拉〕 →9

ハフ　破風〔建〕 →7d

ハブ　波布〔蛇〕 →1

パフ　puff →9

パブ　pub(～で飲む) →9

パプア　Papua〔島〕 →21

パフェー, パフェ　parfait〔仏〕 →9

パフォーマンス　performance →9

ハブク　省く　ハブカナイ, ハブコー,
ハブキマス, ハブイテ, ハブケバ,
ハブケ →43

ハブケル　省ける →44

ハブタエ, ハブタイ, ハブタエ　羽二
重 →39d

ハブチャ　波布茶 →7

ハプニング　happening →9

ハブラシ　歯 brush →16

￣は高い部分　¨と¨は高低が変る部分　「は次が下がる符号　→は法則番号参照

731 ハブリ──ハメル

ハブリ, ハブリ 羽振り（〜が良い）→5	ハママツ 浜松〖地〗→21
パプリカ paprika →9	ハママッチョー, ハママッチョー 浜松町〖地〗→14c
パブリシティ publicity →9	ハマヤ 破魔矢 →4
パブリック, パブリック public →9	ハマヤキ 浜焼（鯛などの〜）→5
バブル bubble（〜がはじける）→9	ハマユー 浜木綿〖植〗→4
パブロフ Pavlov〖露〗〖人〗（〜の犬）→22	ハマユミ 破魔弓 →4
バフン 馬糞 →8	ハマリキュー 浜離宮 →15
ハヘイ 派兵 →8	ハマリヤク 填り役 →14
ハベル 侍る →43	ハマル 嵌まる, 填まる →44
バベルノ(・)トー Babel の塔 →97, 98	ハミ, ハミ 食み, 馬銜 →2
ハヘン 破片 →8	ハミガキ 歯磨 →13
ハボーキ 羽箒 →12	ハミガキコ, ハミガキコ 歯磨粉 →12c
ハボーホー, ハボーホー 破防法＜破壊活動防止法 →14a	ハミズ 葉水（〜をやる）→4
ハボタン 葉牡丹 →15	ハミダス, 《新は ハミダス》 食み出す →45
ハホン 端本 →8	ハミデル, 《新は ハミデル》 食み出る →45
ハマ 浜 →1	ハミング humming →9
……ハマ: ……ハマ …浜（シラハマ 白〜, クリハマ 久里〜, クジュークリハマ 九十九里〜）→12	ハム 食む →43 ham, hum(=放送などの雑音)→9
ハマオギ, ハマオギ 浜荻（伊勢の〜）→4	……バム （アセバム 汗〜, ケシキバム 気色〜）→96
ハマカイドー 浜街道 →15	ハムエッグ ＜ham and eggs →16
ハマカゼ 浜風 →4	ハムカイ 歯向かい →13
ハマキ 葉巻 →5	ハムカウ 歯向かう →46
ハマグリ 蛤 →4	ハムサンド ＜ham sandwich →16
ハマヅタイ 浜伝い →13	ハムシ 羽虫, 葉虫 →4
ハマダラカ, ハマダラカ 羽斑蚊 →12	ハムスター, ハムスター hamster →9
ハマチ 鰤(=養殖ぶり。もと関西方言)	ハムレット Hamlet〖人〗→23
ハマチドリ 浜千鳥 →12	ハメ 羽目（〜をはずす）→2
ハマチョー, 《古は ハマチョー》 浜町〖地〗→14	ハメイタ 羽目板 →4
ハマナコ 浜名湖 →14	ハメコミ 嵌込み →5
ハマナス, ハマナス 浜茄子 →4	ハメコム 嵌め込む →45
ハマナットー 浜納豆 →15	ハメコロシ 嵌殺し〖建〗→13
ハマナベ 蛤鍋 →10	ハメツ 破滅 →8
ハマベ, ハマベ 浜辺 →4	ハメテ 填め手 →5
ハマボーフー 浜防風〖植〗→15	ハメル 嵌める, 填める ハメナイ, ハ

ガギグゲゴは鼻濁音　カタカナ細字は母音の無声化　★は長音にもなる符号

メヨー, ハメマス, ハメテ, ハメレバ, ハメロ →43	ハヤクモ 早くも →67
バメン, バメン 場面 →8	ハヤゴ 早碁 →5
ハモ 鱧〖魚〗 →1	ハヤコトバ 早言葉 →12
ハモニカ, ハーモニカ harmonica →9	ハヤゴハン 早御飯 →15
ハモノ 葉物, 端物 →4	ハヤサ 早さ →93
ハモノ 刃物 →4	ハヤザキ 早咲き →5
ハモノザンマイ 刃物三昧 →15	ハヤシ 囃子(オハヤシ 御~) →2, 92
ハモン 破門, 波紋 →8	ハヤシ, 《新・姓は ハヤシ》 林 →1, 22
ハモンドオルガン Hammond organ〖商標〗 →16	ハヤシカタ, ハヤシカタ 囃子方〖邦楽〗 →12
ハヤ 早〖副〗 →61 早(=早打) →10 甲矢 →4 鮠〖魚〗 →1	ハヤシコトバ 囃子詞 →12
ハヤアシ 早足 →5	ハヤシタテル, ハヤシタテル 囃し立てる →45
ハヤイ 早い, 速い ハヤカッタ, ハヤク, ハヤクテ, 《新は ハヤクテ》, ハヤケレバ, ハヤシ →52	ハヤジニ, ハヤジニ, ハヤジニ 早死 →5
ハヤイモノガチ, ハヤイモノガチ 早い者勝 →12	ハヤジマイ 早仕舞 →13
ハヤウチ, ハヤウチ, ハヤウチ 早打ち →5	ハヤジモ 早霜 →5
ハヤウマ, ハヤンマ, ハヤウマ, ハヤンマ 早馬 →5	ハヤシライス <hashed beef and rice →16
ハヤウマレ, ハヤンマレ 早生まれ →13	ハヤス 生やす, 囃す →44
ハヤオキ 早起き →5	ハヤスギル, ハヤスギル 早過ぎる →46
ハヤオクリ 早送り →13	ハヤズクリ 早作り →13
ハヤオケ 早桶〖棺桶〗 →5	ハヤセ 早瀬 →5
ハヤオヒル 早御昼 →12	ハヤダシ 早出し →5
ハヤガエリ 早帰り →13	ハヤダチ 早立ち →5
ハヤカゴ 早駕籠 →5	ハヤテ, ハヤテ, 《新は ハヤテ》 疾風 →5
ハヤガテン, ハヤガッテン 早合点 →15	ハヤデ 早出 →5
ハヤガネ, ハヤガネ 早鐘 →5	ハヤテマワシ, ハヤデマワシ 早手回し →13
ハヤガワリ 早変り →13	ハヤト 隼人 →5d
ハヤク 破約, 端役 →8	ハヤトチリ 早とちり →13
ハヤク 早く〖副〗 →61	ハヤヌイ 早縫い →5
ハヤクチ 早口 →5	ハヤネ 早寝(~早起き) →5
ハヤクチコトバ 早口言葉 →12	ハヤノミコミ 早呑込み →13
	ハヤバ 早場 →5
	ハヤバマイ 早場米 →14
	ハヤバヤ 早早(~と) →57

ハヤバン 早番 →8

ハヤビキ 早退き →5

ハヤビケ 早退け →5

ハヤビョーシ 早拍子 →15

ハヤヒル 早昼 →5

ハヤブサ 隼〖鳥〗 →5

ハヤブネ, ハヤフネ 早舟 →5

ハヤベン 早弁〖俗〗<早弁当 →10

ハヤボリ 早掘り →5

ハヤマ 葉山〖地〗 →21

ハヤマル 早まる →44

ハヤミチ 早道 →5

ハヤミヒョー 早見表 →14

ハヤミミ, ハヤミミ 早耳 →5

ハヤメ, ハヤメ 早目(~に) →93

ハヤメシ 早飯 →5

ハヤメル 早める →44

ハヤラス 流行らす →44

ハヤラセル 流行らせる →83

ハヤリ 流行 →2

ハヤリウタ 流行歌 →12

ハヤリカゼ 流行風邪 →12

ハヤリコトバ 流行言葉 →12

ハヤリスタリ 流行り廃り →18

ハヤリタツ, ハヤリタツ 逸り立つ →45

ハヤリッコ 流行っ児 →12d

ハヤリメ 流行眼 →12

ハヤリモノ, ハヤリモノ, ハヤリモノ 流行物 →12

ハヤリモンク 流行文句 →15

ハヤリヤマイ 流行病 →12

ハヤル 逸る, 流行る →44

ハヤワカリ 早分かり →13

ハヤワザ, ハヤワザ 早技 →5

ハラ 原 →1 原〖姓〗(**ハラサン, ハラサン** ~さん) →22, 94

ハラ 腹・肚(**オハラ** 御~) →1, 92

バラ 荊棘, 薔薇 →1

バラ 散(~で売る) →3

ハラアテ, ハラアテ 腹当て →5

バラード, バラード ballade〖仏〗 →9

ハラアワセ 腹合せ〖帯〗 →13

ハライ 払い・祓(**オハライ** 御~) →2b, 92

ハライキヨメル, ハライキヨメル 祓い清める →45

ハライコミ 払込み →13

ハライコム, ハライコム 払い込む →45

ハライサゲ 払下げ →13

ハライサゲル, ハライサゲル 払い下げる →45

ハライセ, ハライセ 腹癒せ →5

ハライタ 腹痛 →5

ハライダシ 払出し →13

ハライッパイ, ハライッパイ 腹一杯 →15, 98

ハライノケル, ハライノケル 払い除ける →45

ハライモドシ 払戻し →13

ハライモドス, ハライモドス 払い戻す →45

ハライモノ, ハライモノ 払い物 →12

バライロ 薔薇色 →4

ハライワタシ 払渡し →13

ハラウ 払う, 祓う **ハラワナイ, ハラオー, ハライマス, ハラッテ, ハラエバ, ハラエ** →43

バラウリ 散売り →5

ハラエ 祓 →2

バラエティー variety →9

ハラオビ, ハラオビ 腹帯 →4

ハラガケ 腹掛 →5

ハラガマエ 腹構え →13

ハラカラ, ハラカラ 同胞 →4

ハラギタナイ 腹穢い →54

ハラキリ, ハラキリ 腹切り →5

ガギグゲゴは鼻濁音　カタカナ細字は母音の無声化　★は長音にもなる符号

ハラキリ──ハラリ　　734

ハラキリガタナ　腹切り刀　→12	ハラチガイ　腹違　→13
ハラグアイ　腹具合　→12	パラチフス　Paratyphus〖独〗　→16
パラグアイ, パラグアイ　Paraguay〖国〗→21	バラツキ　(~がある)　→5
ハラクダシ, ハラックダシ　腹(っ)下し→13d	バラック　barrack　→9
ハラクダリ, ハラックダリ　腹(っ)下り→13d	バラツク　(髪が~)　→96
パラグライダー　paraglider　→16	バラツク　(雨が~)　→96
パラグラフ　paragraph　→9	ハラツズミ, 《ハラズツミ は避けたい》腹鼓(~を打つ)　→12
ハラグロ　腹黒　→5	ハラッパ　原っぱ →94
ハラグロイ　腹黒い　→54	ハラドケイ　腹時計　→15
ハラゲイ, ハラゲイ(ゲはゲとも)　腹芸　→8	パラドックス　paradox　→9
ハラゴシラエ　腹拵え　→13	バラニク, バラニク　肋肉　→5
ハラゴナシ　腹ごなし　→13	パラノイア　paranoia　→9
パラシュート　parachute　→9	ハラノカワ　腹の皮(~をよる)　→19
ハラジュク, 《新は ハラジュク》　原宿〖地〗　→21	ハラノナカ　腹の中　→19
ハラス　腫す　→44	ハラノムシ　腹の虫(~が納まらない)→19
ハラス　晴らす(恨みを~)　→44	ハラバイ, ハラバイ, ハランバイ, ハランバイ　腹(ん)這い　→5d
バラス, 《新は バラス》　ballast　→9	ハラバウ　腹這う　→46
バラス　〖俗〗(=ばらばらにする・殺す・あばく・売払う)　→44	ハラハチブ　腹八分　→39
ハラズツミ　腹鼓　⇒ハラツズミ	ハラハラ　(~する, ~と)　→57
バラスト, 《新は バラスト》　ballast→9	バラバラ　(~だ・な・に)　→57
バラズミ　散積み　→5	バラバラ　(~落ちる, ~と)　→57
ハラズモリ　腹積り　→13	パラパラ　(~だ・な・に)　→57
バラセン　散銭　→8	パラパラ　(~降る, ~と)　→57
パラソル, パラソル　parasol　→9	ハラビレ　腹鰭　→4
ハラダ　原田〖姓〗　→22	バラフ　散斑〖べっこうなど〗　→5
パラダイス, パラダイス　paradise　→9	パラフィン, パラフィン　paraffin　→9
ハラダタシイ　腹立たしい　→53	ハラペコ　腹ぺこ　→59
ハラダチ, ハラダチ　腹立ち　→5	パラボラ　<パラボラアンテナ parabola antenna　→9, 16
ハラダツ　腹立つ　→46	ハラマキ　腹巻　→5
ハラダテル　腹立てる　→46	バラマク　散蒔く　→46
バラダマ　散弾　→5	ハラム　孕む　→44
パラチオン　Parathion〖独〗　→9	ハラモチ, ハラモチ, ハラモチ　腹持ち　→5
	バラモンキョー　婆羅門教　→14
	ハラリ, ハラリ　(~と)　→55

￣は高い部分　…と‥は高低が変る部分　﹂は次が下がる符号　→は法則番号参照

パラリ, パラリ （〜と）→55	ハリキル 張り切る →45
パラリンピック Paralympics →9	ハリクヨー 針供養 →15
パラレル parallel →9	バリケード barricade →9
ハラワタ, ハラワタ, ハラワタ 腸 →4	ハリケーン hurricane →9
ハラン, ハラン 波瀾(〜万丈),葉蘭 →8	ハリコ 張り子(〜の虎)→5
バランス balance →9	ハリコミ 張り込み →5
バランスシート balance sheet →16	ハリコム 張り込む →45
ハリ 張り(〜がある)→2	パリサイ Paris 祭〔仏〕→14
ハリ 針,鉤,鍼 →1 玻璃 →7	ハリサケル 張り裂ける →45
ハリ 梁 →1	ハリサシ, ハリサシ 針刺し →5
……バリ …張り(ピカソバリ Picasso 〜）→95	パリジェンヌ parisienne〔仏〕→9
パリ, パリー Paris〔仏〕〖地〗→21	ハリジゴト 針仕事 →12
バリア barrier →9	パリジャン parisien〔仏〕→9
ハリアイ 張合い →5	ハリショーガ 針生姜 →15
ハリアイヌケ 張合抜け →13	バリ(·)ゾーゴン 罵詈雑言 →97,98
ハリアウ 張り合う →45	ハリタオス 張り倒す →45
ハリアゲル 張り上げる →45	ハリダシ 張り出し,貼り出し →5
バリアフリー barrier-free →16	ハリダシオーゼキ 張出し大関 →12
ハリイ 鍼医 →7	ハリダシマド 張出し窓 →12
パリーグ ＜パシフィックリーグ Pacific League →16	ハリダショコズナ 張出し横綱 →12
ハリイシャ 鍼医者 →15	ハリダス 張り出す →45
ハリイタ, ハリイタ 張板 →5	ハリツク 張り付く →45
ハリウッド, ハリウッド Hollywood 〖地〗→21	ハリツケ 張付け,磔 →5
ハリエ 貼絵 →7	ハリツケル 張り付ける →45
バリエーション variation →9	バリット （〜する）→55
ハリオーギ 張り扇 →12	パリット （〜する）→55
ハリカエ 張り替え →5	ハリツメル 張り詰める →45
ハリカエル, ハリカエル 張り替える →45b	ハリテ 張手〖相撲〗→5
ハリガネ 針金 →4	ハリトバス 張り飛ばす →45
ハリガミ 張紙 →5	バリトン baritone〖音楽〗→9
バリカン ＜Bariquand et Marre 〔仏〕〖社名〗→9	ハリネズミ 針鼠 →12
バリキ 馬力 →8	ハリバコ 針箱 →4
	ハリハリ, ハリハリ 〖大根〗→3
	バリバリ （〜だ・な・に）→57
	バリバリ （〜鳴る,〜と）→57
	パリパリ （〜だ・な・に）→57
	パリパリ （〜する,〜と）→57
	ハリバン, ハリバン 張り番 →8
	ハリフダ, ハリフダ, ハリフダ 張札

ガギグゲゴは鼻濁音　カタカナ細字は母音の無声化　★は長音にもなる符号

ハリボテ──パレス　　736

→5
ハリボテ　張りぼて(=張り子)　→5
ハリマ　播磨(～の国)　→21
ハリマゼ　張り交ぜ　→5
ハリマヤ　播磨屋〖歌舞伎〗　→94
ハリミセ　張り店　→5
ハリメ　針目　→4
ハリメグラス　張り巡らす　→45
ハリモノ　張り物　→5
ハリヤマ　針山　→4
バリュー　value　→9
バリューム, バリウム　Barium〖独〗(～を飲む)　→9
ハル　張る,貼る　**ハラナイ, ハロー, ハリマス, ハッテ, ハレバ, ハレ**　→43
ハル　春《女名も》　→1, 23
……バル　(**ケンシキバル**　見識～, **シカクバル**　四角～)　→96
ハルアキ　春秋　→18
ハル・イチバン　春一番　→97
ハルエ　春枝・治江・晴江〖女名〗　→25
ハルオ　春男・治雄・晴夫〖男名〗　→25
ハルカ　遥か(～に)　→55
ハルガスミ　春霞　→12
バルカン　Balkan〖半島〗　→21
ハルギ, ハルギ　春着　→5
バルク　bulk　→9
ハルクサ　春草　→4
ハルゲシキ　春景色　→15
ハルコ　春子・治子・晴子〖女名〗　→25
ハルゴ, ハルゴ　春子,春蚕　→4
ハルゴエ, ハルゴエ　春肥　→4
バルコニー　balcony　→9
ハルゴマ,《古は ハルゴマ》　春駒　→4
ハルゴロ　春頃　→4
ハルサキ, ハルサキ, ハルサキ　春先　→4

バルザック　Balzac〖仏〗〖人〗　→22
バルサミコ　balsamico　→9
ハルサメ　春雨　→4
パルス　pulse　→9
ハルゼミ　春蟬　→4
パルチザン　partisan〖仏〗　→9
ハルナ　榛名<**ハルナサン**　榛名山　→21, 14
ハルノ・ナナクサ　春の七草　→97
ハルバショ　春場所　→15
ハルバル, ハルバル　遥遥(～と)　→57
バルブ　valve　→9
パルプ　pulp　→9
ハルマキ　春蒔き,春巻　→5
ハルミ　晴海〖地〗　→21
ハルメク　春めく　→96
ハルモノ, ハルモノ　春物　→4
ハルヤサイ　春野菜　→15
ハルヤスミ　春休み　→12
ハルヤマ　春山《姓も》　→4, 22
ハルヨ　春代・治代〖女名〗　→25
ハレ　腫れ　→2
ハレ　晴　→2
ハレアガル, ハレアガル　晴れ上がる　→45
ハレアガル　腫れ上がる　→45
バレイ　馬齢(～を加える)　→8
バレイショ, バレイショ　馬鈴薯　→14b
ハレイショー　晴れ衣装(裳)　→15
バレー　ballet〖仏〗　→9
バレー, バレー　volley<**バレーボール**　volleyball　→9, 16
ハレーション　halation　→9
ハレースイセイ　Halley彗星　→15
パレード, パレード　parade　→9
ハレガマシ　晴れがましい　→96
ハレギ, ハレギ　晴れ着　→5
パレス　palace　→9

──は高い部分　‥‥と‥‥は高低が変る部分　⌐は次が下がる符号　→は法則番号参照

ハレスガタ　晴れ姿 →12	業安定所) →16
パレスチナ, パレスチナ　Palestina〖地〗 →21c	ハロゲン　Halogen〔独〕 →9
ハレツ　破裂 →8	バロック, バロック　baroque〔仏〕 →9
ハレツオン　破裂音 →14	パロディー　parody →9
パレット, パレット　palette →9	バロメーター　barometer →16
ハレテ　晴れて〖副〗 →67	パワー　power →9
ハレノ…　晴れの…(～場所, ～試合) →71	パワーアップ　power up〔和〕 →16
ハレバレ　晴れ晴れ(～と) →57	ハワイ　Hawaii〖地〗 →21
ハレバレシイ★　晴れ晴れしい →53	ハワイアン　Hawaiian →9
ハレブタイ　晴舞台 →15	ハワタリ　刃渡り →13
ハレボッタイ, ハレボッタイ　腫れぼったい →54	パワフル　powerful →9
ハレマ, ハレマ　晴れ間 →5	ハン　反(～社会的) →6, 91　半, 判, 版, 班, 斑, 煩, 飯, 範, 繁, 藩 →6
ハレム, ハーレム　harem →9	バン　晩 →6
ハレモノ　腫物 →5	バン　判, 板, 番, 盤, 鷭 →6　万(～あるまい) →30　van〖車〗 →9
ハレヤカ　晴れやか(～に) →55	
バレリーナ　ballerina〔伊〕 →9	……バン　…判(キクバン 菊～), …版 (シュクサツバン 縮刷～, ゲンダイバン 現代～), …盤(ショーギバン 将棋～) →8, 14
ハレル　腫れる　ハレナイ, ハレマス, ハレテ, ハレレバ, ハレロ →43	
ハレル　晴れる　ハレナイ, ハレマス, ハレテ, ハレレバ, ハレロ →43	……ばん　…番〖数〗 →34, 35
バレル　barrel →9	パン　pão〔葡〕, pan〖鍋・映画〗 →9
バレル　〖俗〗(秘密が～) →43	ハンイ　反(叛)意, 犯意, 範囲 →7
ハレルヤ　hallelujah →9	ハンイナイ　範囲内 →14
ハレワタル, ハレワタル　晴れ渡る →45	ハンエイ★　反映, 繁栄, 半影 →8
バレン　馬棟, 馬簾 →8	ハン(・)エイ★キュー, ハンエイ★キュー　半永久 →97, 98, 15
バレンタインデー, バレンタインデー ＜St. Valentine's Day →16	ハン(・)エイ★キューテキ, ハンエイ★キューテキ　半永久的 →97, 98, 95
ハレンチ　破廉恥 →15	ハンエリ　半襟 →4
ハレンチザイ, ハレンチザイ　破廉恥罪 →14	ハンエン　半円 →8
	ハンエンケイ★, ハンエンケイ★　半円形 →14a
ハロー　破牢, 波浪 →8	ハンオン　半音 →8
ハロー　hello →9	ハンオンカイ　半音階 →15
ハローウィン, ハローウィン　Halloween →9	ハンカ　半可
	ハンカ, ハンカ　繁華(～な) →7
	ハンカ　反歌, 半価 →7
ハローワーク　Hello Work〔和〕(=公共職	ハンガ　版画 →7

ガギグゲゴは鼻濁音　カタカナ細字は母音の無声化　★は長音にもなる符号

バンカ 晩夏, 挽歌 →7	版木 →4
ハンガー hanger →9	バンキ 万機, 晩期 →7
バンカー banker, bunker →9	バンギク, バンギク 晩菊 →4
ハンガーストライキ hunger strike →16	ハンキチ, ハンキチ 半吉 →8
ハンガーボード hanger board〔和〕→16	ハンキボーコー 半季奉公 →15
ハンカイ 半開, 半壊, 半解(一知～) →8	ハンギャク 反逆 →8
バンカイ 挽回 →8	ハンギャクジ 反逆児 →14
バンガイ 番外 →8	ハンキュー 半休, 半球 →8
ハンガエシ 半返し →13	ハンキュー, ハンキュー 半弓 →8
ハンカガイ 繁華街 →14	ハンキュー 阪急〔鉄道・デパート〕→29, 28
ハンカク 反核, 半角 →8	ハンキョー 反響, 反共 →8
ハンガク 半額 →8	ハンキョーラン 半狂乱 →15
バンガク 晩学 →8	ハンギョク 半玉(↔一本) →8
ハンカクメイ 反革命 →15	ハンキン, ハンキン 半金 →8
バンガサ, バンガサ 番傘 →4	ハンピン 半斤 →34
バンカズ, バンカズ 番数 →4	バンキン 板金 →8 万鈞(～の重み) →34
バンガタ 晩方 →95	ハンク 半句(一言～) →34
ハンカチ, ハンガチ, ハンカチ <ハンカチーフ handkerchief →10, 16	バンク bank →9
ハンカツー, ハンカツー 半可通 →14	パンク (タイヤが～する)<puncture →10
ハンカネン 半箇年 →39	パンク punk →9
バンカラ 蛮カラ<蛮 collar →10	ハンググライダー, ハングライダー hang glider →16
ハンガリー, ハンガリー Hungary〔国〕→21	パンズ pão 屑〔葡〕→4
バンガロー, バンガロー bungalow →9	ハンクチ, 《副詞的には ハンクチ》 半口 →33, 62
ハンガワキ 半乾き →13	バングミ, 《新は バングミ, 古は バングミ も》 番組 →5
ハンカン 反感, 半官 →8	バングラデシュ Bangladesh〔国〕→21
ハンガン 半眼(～に見開く) →8	ハングリー hungry →9
ハンガン 判官 →8	ハングル 〔朝鮮〕→9
バンカン 万感 →8	バングルワセ 番狂わせ →13
ハンカン(・)バンミン 半官半民 →97, 98	ハングン 反軍 →8
ハンガンビーキ, ホーガンビーキ 判官晶屓 →15	ハンゲ 半夏 →7
ハンキ 反旗, 半旗 →7 半季, 半期 →34	ハンケイ 半径 →8
ハンギ, 《新は ハンギ, 古は ハンギ》	パンケーキ pancake →16
	ハンゲキ 反撃, 繁劇 →8

― は高い部分　‥ と ‥ は高低が変る部分　「 は次が下がる符号　→ は法則番号参照

ハンゲ'ショー　半夏生《植物も》→14	ハンゴロシ, ハンゴロシ　半殺し →13
ハンケチ, ハンケチ, ハンケチ　＜ handkerchief ⇒ハンカチ	ハンコン　瘢痕 →8
	バンコン　晩婚 →8
ハンケツ　判決, 半欠 →8	ハンゴンコー, ハンゴンコー　反魂香
ハンゲツ　半月(=弦月・半月形) →8	《浄瑠璃も》→14a
ハンゲツ'　半月(=はんつき)	ハンゴンタン　反魂丹 →14a
ハンゲツバン　半月板 →14	ハンサ　煩瑣(~な) →7
ハンケン　半券, 版権 →8	ハンサイ　半裁, 半截 →8
ハンゲン　半減, 半舷 →8	ハンサイ, バンサイ　半歳 →34
バンケン　番犬 →8	ハンザイ　犯罪 →8
ハンゲンジョーリク　半舷上陸 →15	バンザイ　万歳(~を三唱, もう~するよ
ハンコ　判子(~で押したよう) →4	りない) →66, 3
ハンゴ　反語 →7	ハンザイシャ　犯罪者 →14b
バンコ　万古《焼物も》→7	ハンザイニン　犯罪人 →14
パンコ　pão 粉〔葡〕→4	ハンザキ　半裂き →5
ハンコー　反攻, 反抗, 犯行, 版行(=刊行・ 版木) →8	バンサク　万策 →8
	ハンザツ　煩雑, 繁雑 →8
ハンコー　藩侯 →8	ハンサム　handsome →9
ハンコー, ハンコー　藩校 →8	ハンサヨー　反作用 →15
ハンコー　版行(=印形) →8	パンザラ　pão 皿〔葡〕→4
ハンゴー, ハンゴー　飯盒 →8	バンサン　晩餐 →8
バンコー　蛮行 →8	バンサンカイ　晩餐会 →14a
バンゴー　番号 →8	ハンシ　半死, 半紙, 判士, 範士, 藩士 →7
ハンコーキ　反抗期 →14a	ハンジ　判事 →7
バンゴージュン　番号順 →14	バンシ　万死 →34
ハンコーテキ　反抗的 →95	バンジ　万事(~休す) →7
ハンコート, ハンゴート　半 coat →16	バンジー　pansy →9
バンゴーフダ　番号札 →12a	ハンジエ, ハンジエ　判じ絵 →14
バンコク　万国 →34	ハンシタ, ハンシタ　版下 →4
バンコク, バンコック　Bangkok〔地〕 →21	ハンシ(・)ハンショー　半死半生 →97, 98
ハンコツ　反骨 →8	ハンジモノ, ハンジモノ, ハンジモノ
バンコツ　蛮骨 →8	判じ物 →12
バンコツ, バンコツ　万骨(~枯る) →34	ハンシャ　反射 →7
	バンシャ　万謝, 蕃社, 蛮社(~の獄) →7
バンコッキ　万国旗 →17	ハンシャウンドー　反射運動 →15
バンゴハン　晩御飯 →15	ハンシャキョー　反射鏡 →14
バンコヤ　番小屋 →12	バンシャク　晩酌 →8
バンコヤキ　万古焼 →13	バンジャク　磐石 →8

ガギグゲゴは鼻濁音　カタカナ細字は母音の無声化　★は長音にもなる符号

ハンシャ──ハンソデ

ハンシャサヨー 反射作用 →15	古は バンズイイン》 幡随院 →14bd
ハンシャテキ 反射的 →95	~・チョーベー ~長兵衛 →25
ハンシュ 藩主 →7	ハンスー 反芻 →8
ハンシュー 半周 →34	ハンスー 半数 →34
バンシュー 晩秋 →8	バンズケ, バンズケ 番付 →5
バンシュー 播州(=播磨はりま) →8	ハンスト <ハンガーストライキ
ハンジュク 半熟 →8	hunger strike →10, 16
ハンシュツ 搬出 →8	ハンズボン 半ズボン<半 jupon〔仏〕
バンシュン 晩春 →8	→16
バンショ 板書 →7	ハンスル 反する →48
バンショ 番所 →7	ハンズル, ハンズル 判ずる →47
ハンショー 反証, 半焼, 汎称 →8	ハンセイ 反省, 半醒, 藩政 →8
ハンショー, ハンショー 半鐘 →8	ハンセイ, ハンセイ 半生 →8
ハンジョー 繁盛 →8	バンセイ 晩生, 晩成, 蛮声, 蛮性 →8
ハンジョー 半畳(畳~, ~を入れる)	バンセイ 万世(~一系) →34
→34, 3	バンゼイ 万歳(千秋~) →34
バンショー 万象, 万障, 晩鐘 →8	ハンセイヒン 半製品 →17
バンジョー 万丈, 万乗(~の君), 板上,	ハンセキ 犯跡 →8
盤上, 板状 →8	ハンセキ, バンセキ 版籍 →18
バンジョー banjo →9	ハンセツ 反切, 半切, 半截 →8
ハンショードロボー 半鐘泥棒〖俗〗(=	バンセツ 晩節(~を全うする) →8
のっぽ) →15	ハンセン 反戦, 帆船 →8
ハンショク 繁殖 →8	ハンゼン 判然 →56
バンショク 伴食, 晩食 →8	バンゼン 万全(~を期す) →8
パンショク pão 食〔葡〕 →8	ハンセンテキ 反戦的 →95
ハンジル, ハンジル 判じる →47	ハンセンビョー, ハンセンシビョー
ハンシン 半身 →8	Hansen(氏)病 →14
ハンシン 阪神〖地・鉄道・デパート〗	ハンソ 反訴, 藩祖 →7
→29, 28	ハンソー 帆走, 搬送 →8 半双〖屏風
バンジン, バンジン 蛮人, 蕃人 →8	びょうぶ〗 →34
バンジン, バンジン, バンニン, バン	バンソー 伴走, 伴奏, 晩霜 →8
ニン 万人 →34	バンソーコー 絆創膏 →14
ハンシンハンギ 半信半疑 →98	ハンゾーモン 半蔵門 →14a
ハンシンフズイ, ハンシンフズイ 半	ハンゾーモンセン 半蔵門線 →14
身不随 →98, 99	ハンソク 反則, 反側 →8
ハンジンヨク 半身浴 →14a	ハンゾク 反俗 →8
ハンジンロン 汎神論 →14a	バンソツ 番卒 →8
ハンスイ 半酔, 半睡 →8	ハンソデ, ハンソデ 半袖 →4
バンズイイン, 《新は バンズイイン,	ハンソデシャツ 半袖 shirt →16

 ̄は高い部分 ˙˙と˙˙は高低が変る部分 ⌐は次が下がる符号 →は法則番号参照

741　ハンタ──バンドー

ハンタ　煩多, 繁多 →7	ハンチュー　範疇 →8
ハンダ　半田(〜をつける)	ハンチョー　班長 →8　半町 →34
バンダ　万朶(〜の桜) →7	バンチョー　番長 →8
パンダ　panda →9	ハンチング　hunting〖帽子〗→9
ハンター　hunter →9	パンツ　pants《ズボンは パンツ も》
ハンダース　半打<半 dozen →37	→9
ハンタイ　反対 →8	ハンツキ,《副詞的には ハンツキ》　半
ハンダイ　飯台 →8　阪大<オーサ	月 →33, 62
カダイガク　大阪大学 →10, 15	ハンツキマイ　半搗米 →14
ハンダイ, バンダイ　盤台 →8	ハンデ　<handicap →9
バンダイ　番台 →8	バンテ　番手 →4
バンダイ　磐梯<バンダイサン　磐梯山	ハンテイ,　判定, 反帝, 藩邸 →8
→21, 14b	ハンディー　handy →9
バンダイ, バンダイ　万代 →34	パンティー　panty, pantie →9
ハンタイウンドー　反対運動 →15	ハンテイガチ　判定勝 →13
ハンタイショク　反対色 →14b	ハンディキャップ, ハンデキャップ
ハンタイジンモン　反対尋問 →15	handicap →9
ハンタイセイ★　反体制 →15	パンティーストッキング　panty stock-
ハンタイハ　反対派 →14	ing〖和〗→16
ハンダクオン, ハンダクオン　半濁音	ハンティング　hunting(=狩猟) →9
→17	ハンテン　反転 →8
パンタグラフ　pantograph →16	ハンテン　半纏 →8
ハンダズケ　半田付け →13	ハンテン, ハンテン　斑点 →8
バンダナ　bandanna →9	ハント　半途, 版図, 反(叛)徒 →7　hunt
パンダネ, パンダネ　pão 種〖葡〗→4	(〜する) →9
バンタムキュー　bantam 級 →14	バント　bunt〖野球〗→9
パンタロン　pantalon〖仏〗→9	バンド　band〖衣〗→9
ハンダン, ハンダン　判断 →8	バンド, バンド　band〖音楽〗→9
バンタン, バンタン　万端 →8	パント　punt〖ラグビー〗→9
ハンダンリョク　判断力 →14a	ハンドア, ハンドア　半 door →16
バンチ　番地 →7	ハントー　反騰, 半島 →8
バンチ　蕃地 →7	……ハントー　…半島(ミウラハント
パンチ　punch →9	ー　三浦〜, ノトハントー　能登〜)
パンチカード　punch card →16	→15
ハンチク　半ちく〖俗〗→94	ハンドー　反動 →8
パンチパーマ　<punch permanent〖和〗	バントー　番頭, 晩冬, 晩稲 →8
→16	バンドー,《古は バンドー》　坂東〖地・
バンチャ　番茶 →7	姓・舞踊〗→21, 22
パンチャー　puncher →9	〜・ヒコサブロー　〜彦三郎 →26

ガギグゲゴは鼻濁音　カタカナ細字は母音の無声化　★は長音にもなる符号

〜・ミツゴロー 〜三津五郎 →26

ハンドータイ 半導体 →15

バンドータロー 坂東太郎 →27

ハンドーテキ 反動的 →95

バンドームシャ 坂東武者 →15

ハントーメイ 半透明 →15

バンドーリュー 坂東流 →14

ハンドーリョク 反動力 →14a

ハントキ,《副詞的には ハントキ》 半時 →33, 62

ハンドク 判読, 繙読 →8

ハンドクリーム hand cream →16

ハントシ,《副詞的には ハントシ》 半年 →33, 62

ハンドバッグ,（ハンドバック）handbag →16

ハンドブック handbook →16

ハンドボール handball →16

パントマイム pantomime →9

バンドマン bandsman →16

ハンドメード handmade →16

パンドラ, パンドラ Pandora〔希〕(〜の箱) →23

ハントリ, ハントリ 判取 →5

ハントリチョー 判取帳 →14

ハンドル handle →9

ハンドン 半ドン<半 zondag〔蘭〕 →10

ハンナガ 半長 →5

ハンナキ 半泣き →5

ハンナマ 半生〖菓子〗 →4

バンナン 万難 →34

ハンニエ 半煮え →5

ハンニチ,《副詞的には ハンニチ》 半日 →34, 62

ハンニャ 般若 →7

ハンニャシンギョー 般若心経 →15

ハンニャトー 般若湯 →14

ハンニュー 搬入 →8

ハンニン 犯人 →8

バンニン, バンニン 万人 →34

バンニン 番人 →8

ハンニンカン 判任官 →14a

ハンニンマエ 半人前 →38

バンニンムキ 万人向き →13

ハンネ, ハンネ 半値 →4

ハンネン, ハンネン 半年 →34

バンネン 晩年 →8

ハンノー 反応, 半納, 半農 →8

バンノー 万能 →8

バンノーセンシュ 万能選手 →15

バンノーヤク 万能薬 →14a

ハンノキ 榛の木 →19

ハンバ 飯場 →4

ハンパ 半端 →4

バンバ 輓馬 →7

バンパ 万波(千波〜) →34

バンパー,（バンバー）bumper〖車〗 →9

ハンバーガー hamburger →9

ハンバーグ,（ハンバーク）<ハンバーグステーキ,（ハンバークステーキ）Hamburg steak →9, 16

ハンバイ 販売 →8

ハンバイイン 販売員 →14b

ハンバイシャ 販売者 →14b

ハンバイショ, ハンバイショ 販売所 →14

ハンバイテン 販売店 →14b

ハンバイヒン, ハンバイヒン 販売品 →14b

ハンバク, ハンバク 反駁 →8

ハンパク 半白〖髪〗(髪は〜) →8

バンパク 万博<万国博覧会 →10

ハンパシゴト 半端仕事 →12

ハンバツ 藩閥 →8

ハンパツ 反発(撥) →8

ハンパツリョク 反発(撥)力 →14

ハンハバ, ハンハバ 半幅 →4

 ̄は高い部分 ̈と ̈は高低が変る部分 「は次が下がる符号 →は法則番号参照

743 ハンハバ──ハンリョ

ハンハバオビ　半幅帯 →12	ハンボー　繁忙, 半紡 →8
ハンパモノ　半端物 →12	ハンポン, ハンポン　版本 →8
ハンバリ　半張り〖靴〗 →5	ハンマ, ハンマ　半間〖俗〗 →4
ハンハン, ハンハン　半半(〜にする) →11	ハンマー, ハンマ　hammer →9
バンバン, バンバン, バンバン　万万 →68	ハンマーナゲ　hammer 投 →13
バンパン, バンパン　万般 →8	ハンマイ　飯米 →8
パンパン　<パンパンガール　パンパン girl →16	ハンミ　半身 →4
バンバンザイ　万万歳 →15	ハンミチ, ハンミチ, ハンミチ　半道 →4
ハンビョーニン,《新は ハンビョーニン》半病人 →15	ハンミョー　斑猫〖甲虫〗 →8
ハンビラキ, ハンビラキ, ハンビラキ　半開き →13	バンミン, バンミン　蛮民 →8　万民 →34
ハンピレイ　反比例 →15	ハンメイ☆　判明, 藩命 →8
ハンプ, ハンプ　頒布 →7	バンメシ　晩飯 →4
バンプ　万夫 →7　vamp →9	ハンメン, ハンメン　反面, 半面 →8
バンプー　蛮風 →8	バンメン, バンメン　盤面 →8
パンプキン　pumpkin(=かぼちゃ) →9	ハンメンキョーシ　反面教師 →15
ハンプク　反復, 反覆 →8	ハンモ　繁茂 →7
パンプス　pumps →9	ハンモク　反目 →8
バンブツ　万物(〜の霊長) →34	ハンモック　hammock →9
パンフレット, パンフレット　pamphlet →9	ハンモト, ハンモト　版元 →4
ハンブン,《副詞的には ハンブン》半分 →8, 62	ハンモモヒキ　半股引 →12
……ハンブン　…半分(アソビハンブン　遊び〜) →95	ハンモン　反問, 煩悶, 斑紋 →8
ハンブンジョクレイ☆　繁文縟礼 →98	ハンヤ　半夜 →34
ハンブンズツ　半分宛 →38	バンヤ　番屋 →4
ハンペイ☆　藩屏 →8	パンヤ, パンヤ　panha〔葡〕→9
バンペイ☆　番兵 →8	パンヤ　pão 屋〔葡〕→94
ハンベー　半兵衛(知らぬ顔の〜) →25	ハンヤク　反訳 →8
ハンベソ　半べそ〖俗〗(〜をかく) →4	ハンヤケ　半焼け →5
ハンベツ　判別 →8	バンユー　蛮勇, 万有 →8
バンベツ　万別 →34	バンユーインリョク　万有引力 →15
ハンベル　侍る →43d	ハンヨー　汎用, 繁用 →8
ハンペン　半平〖食品〗	ハンラ, ハンラ　半裸 →7
	バンライ　万来(千客〜), 万雷, 万籟 →8
	ハンラク　反落 →8
	ハンラン　反乱, 氾濫 →8
	ハンリ　半里 →34
	バンリ　万里(〜の長城) →34
	ハンリョ　伴侶 →7

ガギグゲゴは鼻濁音　カタカナ細字は母音の無声化　★は長音にもなる符号

バンリョク, バンリョク 万緑, 蛮力 →8

ハンレイ☆ 凡例, 反例, 判例, 範例 →8

ハンロ 販路 →7

ハンロー 煩労, 藩老 →8

ハンロン 反論 →8

ハンロン, ハンロン 汎論, 藩論 →8

ハンワリ 半割り(〜にする) →5

ヒ

ヒ 日(〜が沈む, 〜に焼ける, 〜が長い, 〜が立つ) →1 碑, 緋(〜の衣) →6

ヒ 日(時代・一日・場合及び, …の〜 のように修飾語がつく場合。過ぎ去った〜 は, 〜に三度, 失敗した〜には, ユキノ ヒニ 雪の〜に) →1, 19 火, 灯, 杼, 樋 →1 比, 妃, 否, 秘, 婢, 脾 →6 非(〜 現実的) →6, 91

ビ 尾, 美, 微(〜に入り…) →6

……ビ …日(アンソクビ 安息〜, キンヨービ 金曜〜) →12a

ヒアイ, ヒアイ 悲哀 →8

ビアガーデン, ビヤガーデン beer garden →16

ヒアガル, 《新は ヒアガル》 乾上がる →45

ヒアシ 日脚, 火脚(=火の回り) →4

ピアス <pierced earring →9

ヒアソビ 火遊び →13

ヒアタリ 日当り →13

ピアニカ pianica →9

ピアニスト pianist →9

ピアノ, 《古は ピアノ, ピヤノ》 piano →9

ピアノセン piano 線 →14

ヒアブリ 火炙り →13

ヒアリング, 《新は ヒアリング》

hearing →9

ヒアワイ 庇間 →12

ヒー 一(〜・ふう・みい) →30

ビイ 美衣, 微意 →7

ピーアール PR<public relations →16

ビーエス, ビーエス BS<broadcasting satellite →16

ビーカー beaker →9

ビーガタカンエン B型肝炎 →15

ヒーキ 贔屓(ゴヒーキ 御〜) →2d, 92

ヒーキスジ, ヒーキスジ 贔屓筋 →12

ヒーキメ, ヒーキメ 贔屓目 →12

ピーク peak →9

ピーケーオー PKO<Peacekeeping Operations →16

ヒーサマ 姫様 →94

ピーシー PC<personal computer →16

ビージーエム BGM<Background Music〔和〕 →16

ヒージーサン, 《古は ヒージーサン》 曽祖父さん →94

ビーシージー BCG →16

ビイシキ 美意識 →15

ヒイジリ 火弄り →13

ビーズ beads →9

ピース peace →9

ヒーター heater →9

ピーターパン Peter Pan →27

ピーターラビット Peter Rabbit →27

ヒイタズラ 火悪戯 →12

ビーダマ ビー玉<vidro 玉〔葡〕 →4

ビーチ beach →9

ヒ・イチニチ, ヒ・〜 日一日(〜と) →39

ビーチパラソル beach parasol〔和〕 →16

ヒーテ, ヒーテ 延いて〔副〕 →67

ピーティーエー PTA<Parent-Teacher Association →16

￣は高い部分 ﹅と﹅は高低が変る部分 ⌐は次が下がる符号 →は法則番号参照

745　　　　　　　　　　　　　　　　　　　　　ヒーデル──ピカイチ

ヒーデル　秀でる →43	ヒウン　非運,悲運,飛雲 →8
ヒーテワ，ヒーテワ　延いては →67	ヒエ，《ヒエ は避けたい》　稗 →1
ビート　beet(=砂糖大根) →9	ヒエ　冷え →2
ビート，《新は ビート》　beat →9	ヒエイ＊　比叡＜ヒエイ＊ザン　比叡山 →21, 14b
ビートバン　beat 板 →14	ヒエイ＊セイ＊　非衛生 →91
ビードロ　vidro〔葡〕 →9	ヒエキ，ヒエキ　裨益 →8
ビーナス，ヴィーナス　Venus〘神〙 →23	ヒエキル，《新は ヒエキル》　冷え切る →45
ピーナッツ，ピーナツ　peanuts →16	ヒエコミ　冷込み →5
ピーナッツバター，ピーナツバター peanut butter →16	ヒエコム，《新は ヒエコム》　冷え込む →45
ビーバー　beaver〘動〙 →9	ヒエショー，ヒエショー　冷え性 →8
ヒーバーサン，《古は ビーバーサン》 曽祖母さん →94	ヒエジンジャ　日吉神社,日枝神社 →15
ピーピー　(〜している,〜と泣く) →57	ヒエバラ，ヒエバラ　冷え腹 →5
ピーピー　(=貧乏。〜だ) →3	ヒエビエ　冷え冷え(〜する,〜と) →57
ピーピーエム　ppm＜parts per million →16	ヒエル　冷える　ヒエナイ，ヒエヨー， ヒエマス，ヒエテ，ヒエレバ，ヒエ ロ →43
ビーフ　beef →9	
ビーフシチュー　beef stew →16	ピエロ　pierrot〔仏〕 →9
ビーフステーキ　beefsteak →16	ビエン　鼻炎 →8
ビーフン，《新は ビーフン》　米粉〔華〕 →9	ヒオイ　日覆い →13d
	ヒオー　秘奥 →8
ピーマン　piment〔仏〕 →9	ヒオーイ，ヒオーイ　日覆い →13
ヒーラギ　柊	ヒオーギ　檜扇〘植物も〙 →12
ヒール　heel →9	ヒオケ，ヒオケ，ヒオケ　火桶 →4
ビール　bier〔蘭〕 →9	ヒオドシ　緋縅 →12
ビールス　Virus〔独〕 →9	ビオラ，《新は ビオラ》　viola〔伊〕 →9
ビールビン　bier 瓶〔蘭〕 →14	ビオン　美音,鼻音,微温 →8
ヒイレ　火入れ →5	ビオンテキ　微温的 →95
ヒイロ　緋色 →4	ビオントー　微温湯 →14
ヒイロ，ヒイロ　火色 →4	ヒカ，ピカ　皮下,悲歌,花花 →7c
ヒーロー　hero →9	ヒガ　非我 →7　彼我 →18
ビウ　微雨,眉宇 →7	ビカ　美化,美花,美果 →7
ヒウチ　燧＜ヒウチガタケ　燧ヶ岳 →21, 19	ヒガイ，《古は ヒガイ》　被害 →8
ヒウチ　火打 →5	ヒガイシャ　被害者 →14b
ヒウチイシ　火打石 →12	ヒガイチ　被害地 →14b
ヒウツリ　火移り →13	ピカイチ，ピカイチ　ぴかー →39

ガギグゲゴは鼻濁音　カタカナ細字は母音の無声化　★は長音にもなる符号

ヒガイモ──ヒカリ　746

ヒガイモーソー, ヒガイ(・)モーソー 被害妄想 →99, 98, 97	ヒガシドナリ 東隣 →12
ヒカエ, ヒカエ,《新は ヒカエ》 控え →2b	ヒガシナカノ 東中野〖地〗 →21
ヒカエシツ, ヒカエシツ 控室 →14b	ヒガシニホン 東日本 →15
ヒカエジョ, ヒカエジョ 控所 →14	ヒガシハンキュー 東半球 →15
ヒカエメ, ヒカエメ 控え目 →95	ヒカシボー 皮下脂肪 →15
ヒガエリ, ヒガエリ 日帰り →13	ヒガシホンガンジ 東本願寺 →17
ヒカエル, ヒカエル 控える →43b	ヒガシミナミ, ヒガシミナミ 東南 →12
ヒカガクテキ 非科学的 →91	ヒガシヤマ 東山〖山・地〗 →12, 21
ヒカガミ 膕 →13	ヒカス 引かす,落籍す →44
ヒガキ 檜垣 →4	ヒカズ 日数 →4
ヒカク 比較,非核 →8	ヒカゼイ⋆ 非課税 →91
ヒカク, ヒカク 皮革 →8c	ピカソ Picasso〔西〕〖人〗 →22c
ビカク 美学 →8	ヒガタ 干潟 →5
ヒカクサンゲンソク 非核三原則 →17	ビカタル 鼻catarre〔蘭〕 →16
ヒカクテキ 比較的 →95	ヒカチューシャ 皮下注射 →15
ヒカクブンガク 比較文学 →15	ビカチョー, ビカチョー 鼻下長〖俗〗 →14
ヒカゲ 日陰,日影 →4	ピカドン (=原子爆弾) →3
ヒガケ 日掛 →5	ヒガナイチニチ, ヒガナイチニチ,《古は ヒガナイチニチ》 日がな一日 →98
ヒカゲノカズラ, ヒカゲノカズラ 日陰の葛 →19	ヒガネ 日金 →4
ヒカゲモノ 日陰者 →12	ヒガノコ, ヒガノコ 緋鹿の子 →17
ヒカゲン 火加減 →15	ピカピカ (～だ・な,～に光る) →57
ヒガゴト, ヒガゴト 僻事 →4	ピカピカ,《新は ピカピカ》 (～光る, ～と) →57c
ヒガサ 日傘,檜笠 →4	ヒガミ 日髪(ヒガミヒブロ ～日風呂) →4, 98
ヒカサレル 引かされる(情に～) →83	ヒガミ 僻み →2
ヒガシ 干菓子 →15	ヒガミコンジョー 僻み根性 →15
ヒガシ,《新は ヒガシ, 姓は ヒガシ》 東 →1, 22	ヒガミミ 僻耳 →4
ヒガシカゼ, ヒガシカゼ, ヒガシカゼ 東風 →12	ヒガム 僻む →43
ヒガシガタ 東方 →95	ヒガメ, ヒガメ 僻目 →4
ヒガシガワ 東側 →12	ヒガラ 日柄(オヒガラ 御～) →4, 92
ヒガシキタ, ヒガシキタ 東北 →12	ヒカラス 光らす →44
ヒガシグチ 東口 →12	ヒカラビル, ヒカラビル 乾涸びる →45
ヒガシシナカイ 東支那海 →14	ヒカリ 光,ひかり〖新幹線〗 →2
ヒガシドイツ 東ドイツ＜東 Deutschland〔独〕 →21	

 ̄は高い部分　⋯と¨は高低が変る部分　「は次が下がる符号　→は法則番号参照

ピカリ, ピカリ (〜と) →55

ヒカリガオカ 光が丘〖地〗 →19

ヒカリカガヤク 光り輝く →45

ヒカリゴー ひかり号 →14

ヒカリゴケ 光苔 →12

ヒカリドー 光堂 →14

ヒカリファイバー 光 fiber →16

ヒカリモノ, ヒカリモノ, ヒカリモノ 光物 →12

ヒカル 光る ヒカラナイ, ヒカロー, ヒカリマス, ヒカッテ, ヒカレバ, ヒカレ →43

ヒカルゲンジ 光源氏〖人〗 →27

ヒカレモノ 引かれ者 (〜の小唄) →12

ヒカレル 引かれる →44

ヒカワジンジャ 氷川神社 →15

ヒガワリ 日替り →13

ヒカン 悲観, 避寒 →8

ヒガン 悲願 →8

ヒガン, ヒガン 彼岸 (オヒガン 御〜) →8, 92

ビカン 美感, 美観 →8

ビガン 美顔 →8

ヒガンエ 彼岸会 →14a

ヒガンザクラ 彼岸桜 →12

ビガンジュツ 美顔術 →14a

ビガンスイ 美顔水 →14a

ヒカンテキ 悲観的 →95

ヒガンバナ 彼岸花 →12a

ヒガンロン 悲観論 →14a

ヒキ 引き →2

ヒキ 疋 →1 匹・疋〖反物〗 →6

ヒキ, ヒキ 悲喜 (〜こもごも) →18c

……ひき …匹〖数〗 →34, 62

ヒギ 秘技, 秘儀, 被疑〖法律〗 →7

ビキ 美肌, 美姫 →7

ビギ 美技, 美妓 →7

ヒキアイ 引合い →5

ヒキアウ 引き合う →45

ヒキアゲ 引上げ, 引揚げ →5

ヒキアゲシャ 引揚者 →14

ヒキアゲル 引き上げる, 引き揚げる →45

ヒキアテ 引当て →5

ヒキアテル 引き当てる →45

ヒキアミ 引き網 →5

ヒキアワス 引き合わす →45

ヒキアワセ 引合せ →13

ヒキアワセル 引き合わせる →45

ヒキイル 引き入る, 率いる →45

ヒキイレル 引き入れる →45

ヒキウケ 引受け →5

ヒキウケニン, ヒキウケニン 引受人 →14

ヒキウケル 引き受ける →45

ヒキウス, ヒキウス 碾臼 →5

ヒキウタ 引き歌〖和歌〗 →5

ヒキウタイ 弾歌い →13

ヒキウツル 引き移る →45

ヒキオコス 引き起す →45

ヒキオトシ 引落し →13

ヒキオトス 引き落す →45

ヒキオロス 引き下す →45

ヒキカエ 引替え〖名〗(=交換) →5

ヒキカエシ 引返し →13

ヒキカエス 引き返す →45

ヒキカエル, ヒキカエル 引き替える →45b

ヒキガエル 蟇蛙 →12

ヒキガシ 引菓子 →15

ヒキガタリ 弾語り →13

ヒキガネ 引き金 →5

ヒキキル 引き切る →45

ヒキギワ 引き際 (〜が大切) →5

ヒキグス 引き具す →45

ヒキクラベル 引き比べる →45

ヒキゲキ 悲喜劇 →17

ヒキコミセン 引込線 →14

ガギグゲゴは鼻濁音　カタカナ細字は母音の無声化　★は長音にもなる符号

ヒ**キコム** 引き込む →45	ヒ**キタテル** 引き立てる →45
ヒ**キコモル** 引き籠る →45	ヒ**キチガイ** 引き違い〘戸〙→13
ヒ**キコロス** 轢き殺す →45	ヒ**キチギル** 引き千切る →45
ヒ**キサガル** 引き下がる →45	ヒ**キチャ** 挽茶 →7
ヒ**キサク** 引き裂く →45	ヒ**キツギ** 引継 →5
ヒ**キサゲ** 引下げ →5	ヒ**キツグ** 引き継ぐ →45
ヒ**キサゲル** 引き下げる →45	ヒ**キツケ** 引付け →5
ヒ**キサル** 引き去る →45	ヒ**キツケル** 引き付ける，惹き付ける →45
ヒ**キザン** 引算 →8	ヒ**キツズキ** 引続き〘副〙→61
ヒ**キシオ** 引き潮 →5	ヒ**キツズク** 引き続く →45
ヒ**キシボル** 引き絞る →45	ヒ**キツリ** 引攣り →5
ヒ**キシマル** 引き締まる →45	ヒ**キツル** 引き攣る →45
ヒ**キシメ** 引締め →5	ヒ**キツレル** 引き連れる，引き攣れる →45
ヒ**キシメル** 引き締める →45	ヒ**キテ** 引き手，弾き手 →5
ヒ**ギ**シャ 被疑者 →14	ヒ**キテジャヤ** 引手茶屋 →12
ヒ**キスエル** 引き据える →45	ヒ**キデモノ** 引出物 →12
ヒ**キズナ** 引き綱 →5	ヒ**キド**，ヒ**キド** 引き戸 →5
ヒ**キズリ** 引摺り（**オ**ヒ**キズリ** 御〜）→5, 92	ヒ**キドキ** 引き時 →5
ヒ**キズリオロス**，《古・強は ヒ**キズリオロス**》引摺り下す →45	ヒ**キトメル** 引き留める →45
ヒ**キズリコム**，《古・強は ヒ**キズリコム**》引摺り込む →45	ヒ**キトリ** 引取り →5
ヒ**キズリダス**，《古・強は ヒ**キズリダス**》引摺り出す →45	ヒ**キトリテ**，ヒ**キトリテ** 引取手 →12
ヒ**キズリマワス**，《古・強は ヒ**キズリマワス**》引摺り回す →45	ヒ**キトル** 引き取る →45
ヒ**キズル** 引き摺る →45	ビ**ギナー**，ビ**ギナー**，《新は ビ**ギナー**》beginner →9
ヒ**キゾメ** 弾初め（**オ**ヒ**キゾメ** 御〜）→95, 92	ヒ**キナオシ** 引直し，弾き直し →13
ヒ**キタオシ** 引倒し（ひいきの〜）→13	ヒ**キナオス** 引き直す，弾き直す →45
ヒ**キタオス** 引き倒す →45	ヒ**キナガシ** 弾き流し →13
ヒ**キダシ** 引出し →5	ヒ**キナワ** 引き縄 →5
ヒ**キダス** 引き出す →45	ビ**キニ** Bikini〘島〙→21 bikini〘水着〙→3
ヒ**キタツ** 引き立つ →45	ヒ**キニク** 挽肉 →8
ヒ**キタテ** 引立（**オ**ヒ**キタテ** 御〜）→5, 92	ヒ**キニゲ** 轢逃げ →5
ヒ**キタテヤク**，ヒ**キタテヤク** 引立役 →14	ヒ**キヌキ** 引抜き →5
	ヒ**キヌク** 引き抜く →45
	ヒ**キノバシ** 引伸ばし，引延ばし →13
	ヒ**キノバス** 引き伸ばす，引き延ばす →45

749　　ヒキハガ──ヒグレガ

ヒキハガス　引き剝がす →45
ヒキハナス　引き離す →45
ヒキハラウ　引き払う →45
ヒキフダ, ヒキフダ　引き札 →5
ヒキフネ　引き船,曳き船 →5
ヒキマク　引き幕 →8
ヒキマド, ヒキマド　引窓 →5
ヒキマユ　引き眉 →5
ヒキマワシ　引回し〖刑罰・能も〗→13
ヒキマワス　引き回す →45
ヒキメ(・)カギハナ(ハはバとも)　引目鈎鼻〖絵画〗→97,98
ヒキモ(・)キラズ　引きも切らず →97,98
ヒキモドシ　引戻し〖歌舞伎も〗→13
ヒキモドス　引き戻す →45
ヒキモノ　引き物,挽き物 →5
ヒキモノ　疋物(↔反物) →4
ヒキャク　飛脚 →8
ビキャク　美脚 →8
ヒキャクヤ　飛脚屋 →94
ヒキヤブル　引き破る →45
ヒキュー　飛球 →8
ビキョ　美挙 →7
ヒキョー　悲況,比況,秘境,悲境 →8
ヒキョー　卑怯 →8c
ヒギョー, ビギョー　罷業 →8
ヒキョーモノ, ヒキョーモノ, ヒキョーモノ　卑怯者 →12
ヒキョク, ヒキョク　秘曲,悲曲 →8c
ヒキヨセル　引き寄せる →45
ヒキョリ　飛距離 →15
ヒギリ　日限 →5
ヒキワケ　引分け →5
ヒキワケル　引き分ける →45
ヒキワタ　引き綿 →5
ヒキワタシ　引渡し →13
ヒキワタス　引き渡す →45
ヒキワリ　碾割り,挽割り →5

ヒキワリムギ　挽割り麦 →12
ヒキン　卑近 →8
ビギン　微吟 →8
ヒキンゾク　卑金属 →15　非金属 →91
ヒク　引く,退く,弾く,挽く,碾く,轢く　ヒカナイ, ヒコー, ヒキマス, ヒーテ, ヒケバ, ヒケ →43
ビク　魚籠 →1　比丘
ヒグイ　低い　ヒクカッタ, ヒクク, ヒククテ, ヒクケレバ, ヒクシ →52c
ヒグイドリ　火食鳥 →12b
ヒクサ　低さ →93c
ビクショー　微苦笑 →15
ヒグチ　火口 →4
ヒグチ, 《姓は ヒグチ》　樋口 →4,22
ヒグチ(・)イチヨー　～一葉 →23,27
ヒクツ　卑屈 →8
ビクツク →96
ヒクテ　引く手 →19
ヒクテアマタ　引く手数多 →98
ビクトモ　(～しない) →67
ビクニ, 《新は ビクニ》　比丘尼
ピクニック, ピクニック　picnic →9
ヒグヒク, 《新は ヒクヒク》　(～する, ～と) →57c
ビクビク　(～する, ～と) →57
ピクピク, 《新は ピクピク》　(～する, ～と) →57c
ビクビクモノ　(～だ) →12
ヒグマ　羆 →4
ヒクマル　低まる →44
ヒクメ, ヒクメ　低目 →93
ヒクメル　低める →44
ヒグラシ　日暮し →13　蜩〖蟬〗→3
ピクリ, ピクリ　(～と動く) →55
ピクルス, ピックルス　pickles →9
ヒグレ　日暮 →4
ヒグレガタ　日暮方 →95

ガギグゲゴは鼻濁音　カタカナ細字は母音の無声化　★は長音にもなる符号

ビクン──ヒコン　750

ビクン 微醺(〜を帯びる) →8	**ヒゴ**,《古は **ヒゴ**》 肥後(〜の国) →21
ヒケ 引け →2	**ヒゴ** 籤 →1
ヒゲ 髭(**オヒゲ** 御〜) →1, 92	**ヒゴイ** 緋鯉 →4
ヒゲ 卑下 →7	**ヒコー** 披講, 肥厚, 飛行, 非行, 罷工 →8
ピケ,《新は **ピケ**》 piqué〔仏〕 →9c ＜picket →10	**ヒゴー**,《古は **ヒゴー**》 非業(〜の最期) →8
ヒケアト 引け跡 →5	**ビコー** 尾行, 微行, 備考, 備荒, 微光, 鼻孔, 鼻腔 →8　美校＜東京美術学校 →10
ビケイ⋆ 美形, 美景 →8	
ヒゲキ 悲劇 →8	**ヒコーカ** 飛行家 →14
ヒゲキテキ 悲劇的 →95	**ヒコーカイ** 非公開 →91
ヒケギワ 引け際 →5	**ヒコーキ** 飛行機 →14a
ヒケシ,《人は **ヒケシ** も》 火消し →5c	**ヒコーキグモ** 飛行機雲 →12
ヒゲシツボ, **ヒケシツボ** 火消し壺 →12c	**ヒコーキノリ** 飛行機乗り →13
ヒケスギ 引け過ぎ(間夫は〜) →5	**ヒコーシ** 飛行士 →14a
ヒゲズラ, **ヒゲッツラ** 髭(っ)面 →4d	**ヒコージカン** 飛行時間 →15
ヒケゾーバ 引相場 →12	**ヒコーシキ** 非公式 →91
ヒゲソリ, **ヒゲソリ** 髭剃り →5	**ヒコージョー** 飛行場 →14
ヒゲダイモク 髭題目 →15	**ヒコーショーネン** 非行少年 →15
ヒケツ 否決, 秘結(=便秘), 秘訣 →8	**ヒコーセン** 飛行船 →14
ピケット picket →9	**ヒコータイ** 飛行隊 →14
ヒケドキ 引け時 →5	**ヒコーテイ**⋆ 飛行艇 →14
ヒケネ 引値 →5	**ヒコーニン** 非公認 →91
ヒゲネ 髭根 →4	**ヒコーフク** 飛行服 →14a
ピケボー piqué 帽〔仏〕 →8	**ヒゴーホー**, **ヒゴーホー** 非合法 →91
ヒゲムシャ, **ヒゲムシャ** 髭武者 →15	**ヒゴーリ**, **ヒゴーリ** 非合理 →91
ヒケメ 引け目 →5	**ヒコク** 被告 →8
ヒゲモジャ 髭もじゃ →59	**ヒコクニン** 被告人 →14
ピケライン ＜picket line →16	**ヒコクミン**, **ヒコクミン** 非国民 →91
ヒケラカス, **ヒケラカス** →44	**ビコツ**, **ビコツ** 尾骨, 鼻骨 →8
ヒケル 引ける →44	**ピコット** picot〔飾り〕 →9
ヒケン 比肩, 披見, 卑見 →8	**ヒゴト**, **ヒゴト** 日毎(〜に) →71
ヒゲンギョー 非現業 →91	**ヒコネ** 彦根〔地〕 →21
ヒゲンシャ 被験者, 被検者 →14a	**ヒゴノカミ** 肥後守〔ナイフ〕 →19
ヒコ, **ヒコ** 曽孫 →1	**ヒコバエ** 蘖 →5
……**ヒコ** …彦(**ウミ**ヒコ 海〜, **フミ**ヒコ 文〜, **サルダ**ヒコ 猿田〜) →25	**ヒコボシ** 彦星 →4
	ヒゴヨミ 日暦 →12
ヒゴ 庇護, 卑語, 飛語 →7	**ヒゴロ** 日頃 →4
	ヒコン 非婚 →8

￣は高い部分　¨と¨は高低が変る部分　｜は次が下がる符号　→は法則番号参照

751　　　　　　　　ヒザ──ビジネス

ヒザ 膝 →1	ヒザマクラ 膝枕 →12
ビザ visa →9	ヒザマズク 跪く →46
ピザ, ピッツァ pizza〔伊〕→9	ヒサメ 氷雨 →4
ヒサイ 被災,非才,菲才 →8	ヒザモト 膝元 →4
ビサイ 微細 →8	ヒザラ 火皿 →4
ビザイ 微罪 →8	ヒサン 悲惨,飛散 →8
ヒサイシャ 被災者 →14b	ヒシ 菱(〜の実)→1
ヒサイチ 被災地 →14b	ヒシ 皮脂,秘史 →7
ヒザオクリ 膝送り(オヒザオクリ 御〜)→13, 92	ヒジ 秘事 →7
ヒザカケ, ヒザカケ, ヒザカケ 膝掛け →5	ヒジ 肘,肱 →1
ヒザガシラ, ヒザガシラ,《古は ヒザガシラ》膝頭 →12	ビジ 美辞(〜麗句)→7
ヒサカタブリ, ヒサカタブリ 久方振り →38	ヒシオ 醬 →5
ヒザカリ, ヒザカリ, ヒザカリ 日盛り →12	ヒジカケ, ヒジカケ, ヒジカケ 肘掛け →5
ヒサク 秘策 →8	ヒジカケイス 肘掛椅子 →15
ヒサグ 鬻ぐ(春を〜)→43	ヒジカケマド 肘掛窓 →12
ヒザグリゲ 膝栗毛 →12	ヒシガタ 菱形 →95
ヒサコ 久子〘女名〙→25c	ヒジガネ 肘金 →4
ヒサゴ 瓠 →1	ヒシカワ(・)モロノブ,《古は 〜(・)モロノブ》菱川師宣 →22, 24, 27
ヒザコゾー, ヒザッコゾー 膝(っ)小僧 →15d	ヒジキ 肘木 →4
ヒサシ 庇,廂 →5	ヒジキ 鹿尾菜〘海藻〙→1
ヒザシ 日差し,日指し →5	ヒシグ 拉ぐ →43
ヒサシイ 久しい →52	ヒシゲル, ヒシゲル 拉げる →44
ヒサシガミ 庇髪 →12	ヒシショクブツ 被子植物 →15
ヒサシブリ, ヒサシブリ 久し振り →95	ビジター visitor →9
ヒザズメ 膝詰 →5	ビシツ 美質 →8
ヒザズメダンパン 膝詰談判 →15	ヒジツキ, ヒジツキ 肘突 →5
ピザパイ, ピザパイ pizza〔伊〕+pie〔英〕→16	ビシテキ 微視的 →95
ヒサビサ, ヒサビサ 久久 →57	ヒジテツ 肘鉄〘俗〙<ヒジデッポー 肘鉄砲 →10, 15
ヒザビョーシ,《古は ヒザビョーシ》膝拍子 →15	ヒシト 犇と(〜抱きしめる)→55
ヒザボネ 膝骨 →4	ビジネス business →9
	ビジネスクラス business class〔和〕→16
	ビジネスセンター business center →16
	ビジネスホテル business hotel〔和〕→16
	ビジネスマン businessman →16

ガギグゲゴは鼻濁音　カタカナ細字は母音の無声化　★は長音にもなる符号

| ヒシヒシ──ヒシンケ | 752 |

ヒシヒシ, ビシヒシ 犇犇 →57c	ヒジョー 非常(～に), 非情 →8
ビシビシ (～しかる, ～と) →57	ビショー 微小, 微少, 微笑, 微傷, 美称 →8
ピシピシ, ピシピシ (～しかる, ～と) →57c	ビジョー 尾錠 →8
ヒジマクラ 肘枕 →12	ヒジョーカイダン 非常階段 →15
ヒシメキアウ 犇めき合う →45	ヒジョーキン 非常勤 →91
ヒシメク 犇めく →96	ヒジョーグチ, ヒジョーグチ 非常口 →12a
ヒシモチ 菱餅 →4	ヒジョーケイカイ 非常警戒 →15
ヒシャ 飛車〖将棋〗→7	ヒジョーコック 非常 cock →16
ヒシャク 柄杓 →8	ヒジョージ 非常時 →14a
ビジャク 微弱 →8	ヒジョーシキ 非常識 →91
ヒシャゲル, ヒシャゲル 〖俗〗→44	ヒジョージタイ 非常事態 →15
ヒシャタイ 被写体 →14	ヒジョーシュダン 非常手段 →15
ビシャモン 毘沙門<ビシャモンテン 毘沙門天 →14a	ビショージョ 美少女 →15
ピシャリ, ピシャリ (～と言う) →55	ヒジョーショク 非常食 →14a
ビシュ 美酒 →7	ヒジョーセン 非常線 →14
ヒシュー 悲愁(～にとざされる) →8	ビショーネン 美少年 →15
ヒジュー 比重 →8	ビジョーフ 美丈夫 →15
ビシュー, ビシュー 美醜 →18	ヒジョーベル 非常 bell →16
ビシュー 尾州(=尾張) →8	ヒジョーリ 非条理 →91
ヒジューケイ 比重計 →14	ヒショーリョク 飛翔力 →14a
ヒジュツ 秘術 →8	ヒショカ 秘書課 →14
ビジュツ 美術 →8	ヒショカン 秘書官 →14
ビジュツカ 美術家 →14	ヒショク 非職 →8
ビジュツガッコー 美術学校 →15	ビショク 美食 →8
ビジュツカン, ビジュツカン 美術館 →14c	ヒショチ 避暑地 →14
ビジュツシ, ビジュツシ 美術史 →14c	ビショヌレ びしょ濡れ →5
ビジュツヒン, ビジュツヒン 美術品 →14	ビショビショ (～だ・な・に) →57
ビジュツブ 美術部 →14	ビショビショ (～する, ～と) →57
ヒジュン 批准 →8	ビジョン vision →9
ヒショ 避暑 →7c	ヒジリ, ヒジリ 聖
ヒショ, ビショ 秘書 →7c	ヒジリメン,《新は ヒジリメン》緋縮緬 →15
ビジョ 美女 →7	ビジ(・)レイク 美辞麗句 →97,98
ヒショー 費消, 飛翔, 卑称, 卑小, 悲傷 →8	ビシン 微震 →8
	ビジン 美人 →8
	ビジンガ 美人画 →14
	ヒシンケイ 披針形 →14

‾は高い部分 ‥と‥は高低が変る部分 「は次が下がる符号 →は法則番号参照

753　　ヒジンドー──ヒタイツ

ヒジンドー　非人道　→91
ヒス　比す,秘す　→48　＜Hysterie[独]　→10
ビス　vis[仏]　→9
ヒスイ, ヒスイ　翡翠　→8c
ヒズケ　日付　→5
ビスケット　biscuit　→9
ヒズケヘンコーセン　日付変更線　→17
ヒスタミン, ヒスタミン　histamine　→9
ヒステリー, ヒステリー　Hysterie[独]　→9
ヒステリック　hysteric　→9
ピストル　pistol　→9
ヒストルゴートー　pistol 強盗　→15
ピストン　piston　→9
ピストンユソー　piston 輸送　→15
ヒスパニック, ヒスパニック　Hispanic(～の人)　→9
ヒズミ　歪み　→2
ヒズム, ヒズム　歪む　→43
ヒズメ,《古は **ヒズメ**》蹄　→4
ヒスル　比する,秘する　→48
ヒセイ★　批正(**ゴヒセイ★** 御～)　→8,92
ビセイ★　美声　→8
ヒセイ★キヨヨー　非正規雇用　→15
ビセイ★ネン　美青年　→15
ビセイ★ブツ　微生物　→15
ヒセキ　秘跡,碑石　→8
ビセキ　微積＜微分・積分　→10
ビセキブン, ビセキブン　微積分　→17
ヒゼニ　日銭　→4
ヒゼメ, ヒゼメ　火攻め,火責め　→5
ヒセン　卑賤　→8
ヒゼン　肥前(～の国)　→21
ビセン　微賤　→8
ビセン　美髯(～を蓄える)　→8
ビゼン　備前(～の国)　→21
ヒセンキョケン　被選挙権　→17

ヒセンキョニン, ヒセンキョニン　被選挙人　→17
ヒセントーイン　非戦闘員　→91
ビゼンモノ　備前物〖刀〗　→12
ビゼンヤキ　備前焼　→13
ヒゼンロン　非戦論　→14a
ヒソ, ヒソ　砒素　→7c
ヒソー　皮相,悲壮,悲愴　→8
ヒゾー　脾臓　→8
ヒゾー,《古は **ヒゾー**》秘蔵　→8
ヒソービ　悲壮美　→14a
ヒゾームスコ　秘蔵息子　→12
ヒソカ,《新は **ヒソカ**》密か(～に)　→55c
ヒゾク　卑俗　→8
ヒゾク　匪賊,卑属　→8
ビゾク　美俗　→8
ヒゾッコ,《新は **ヒゾッコ**》秘蔵っ子　→12d
ヒソヒソ,《新は **ヒソヒソ**》(～話す,～と)　→57c
ヒソヒソバナシ　ひそひそ話　→12
ヒソマル　潜まる　→44
ヒソミ　顰み(～にならう)　→2
ヒソム　潜む,顰む　→43
ヒソメル　潜める,顰める　→44
ヒソヤカ　密やか　→55
ヒダ　襞　→1　飛驒(～の国)　→21
ビタ　鐚(～一文)　→10
ヒタアヤマリ　直謝り　→13
ヒタイ　額　→1
ヒダイ　肥大　→8
ヒダイ　干鯛　→5
ビタイ　媚態　→8
ヒタイガミ　額髪　→12
ヒタイギワ　額際　→12
ビタ(・)イチモン, ビタイチモン　鐚一文　→39
ヒタイツキ, ヒタイツキ　額付　→12

ガギグゲゴは鼻濁音　カタカナ細字は母音の無声化　★は長音にもなる符号

ヒタオシ──ヒッカエ

ヒタオシ，ヒタオシ 直押し →5
ヒダカガワ 日高川 →12
ヒタカクシ，ヒタカクシ 直隠し →13
ビダクオン，ビダクオン 鼻濁音 →17
ヒダコ 火胼胝 →4
ピタゴラス Pythagoras〔希〕〖人〗(〜の定理) →23
ヒタシ 浸し(オヒタシ 御〜) →2,92c
ヒタシモノ，ヒタシモノ 浸し物 →12
ヒタス 浸す →44
ヒタスラ，ヒタスラ 只管 →67
ビタセン 鐚銭 →8
ヒタタレ 直垂 →5
ヒタチ，《新は ヒタチ》 常陸(〜の国)・日立〖地〗 →21c
ヒダチ 肥立ち(オヒダチ 御〜) →2, 92
ヒダツ 肥立つ →46
ヒダテ 日建て →5
ヒダネ，《新は ヒダネ》 火種 →4
ヒタバシリ，ヒタバシリ，ヒタハシリ，ヒタハシリ 直走り →13
ヒタヒタ (〜だ・な・に) →57
ヒタヒタ，《新は ヒタヒタ》(水が〜と) →57c
ヒダマ 火玉 →4
ヒダマリ，ヒダマリ，ヒダマリ 日溜り →13
ビタミン vitamin →9
ヒタムキ 直向き →5
ヒダラ 干鱈 →5
ヒダリ 左 →1
ピタリ，ピタリ (〜と) →55
ヒダリアシ 左足 →12
ヒダリウチワ，ヒダリウチワ 左団扇 →12
ヒダリガワ 左側 →12
ヒダリガワツーコー 左側通行 →15
ヒダリキキ，ヒダリキキ 左利き →13

ヒダリギッチョ，ヒダリギッチョ 左ぎっちょ →12
ヒダリジンゴロー 左甚五郎〖人〗 →27
ヒダリヅマ，ヒダリヅマ 左褄 →12
ヒダリテ 左手 →12
ヒダリドナリ 左隣 →12
ヒダリマエ，ヒダリマエ 左前 →12
ヒダリマキ 左巻き →13
ヒダリマワリ 左回り →13
ヒダリミギ 左右 →18
ヒダリムキ 左向き →13
ヒダリヨツ 左四つ〖相撲〗 →12
ヒタル，ヒタル 浸る →43
ヒダルイ 饑るい →54
ヒダルマ 火達磨 →15
ヒタン 悲嘆(歎) →8
ヒダン 被弾 →8
ビダン 美談 →8
ビダンシ，ビナンシ 美男子 →17
ピチカート，ピッチカート pizzicato〔伊〕 →9
ビチク 備蓄 →8
ピチピチ (〜だ・な・に) →57
ピチピチ，《新は ピチピチ》(〜する，〜と) →57c
ビチャビチャ (〜だ・な・に) →57
ビチャビチャ (〜する，〜と) →57
ピチャピチャ，《新は ピチャピチャ》(〜する，〜と) →57c
ヒチュー 秘中(〜の秘) →8
ビチュー，ビチュー 微衷 →8
ヒチョー 飛鳥(〜の如く) →8
ビチョーセイ 微調整 →15
ヒチリキ，ヒチリキ 篳篥 →8
ヒツ 櫃(オヒツ 御〜) →1,92
ヒツアツ 筆圧(〜が弱い) →8
ヒツー 悲痛 →8
ヒッカ 筆禍 →7
ヒッカエ 引っ替え(金と〜に) →5d

‾は高い部分 ‥と‥は高低が変る部分 ｢は次が下がる符号 →は法則番号参照

755 ヒッカエ──ヒツジュ

ヒッカ゚エ 引っ替え(取っ替え〜) →41d	ピッケル,《新は ピッケル》 Pickel〔独〕 →9
ヒッカ゚エシ 引っ返し →13d	ヒッケン 必見 →8 筆硯 →18
ヒッカ゚エス 引っ返す →45d	ビッコ 跛 →1
ヒッカ゚カリ 引っ掛かり →13d	ヒッコー 筆耕 →8
ヒッカ゚カル 引っ掛かる →45d	ヒッコシ 引っ越し →5d
ヒッカ゚キマワス,《古・強は ヒッカ゚キマワス》 引っ掻き回す →45d	ヒッコシサキ 引っ越先 →12
ヒッカ゚ク 引っ掻く →45d	ヒッコシソバ 引っ越蕎麦 →12
ヒッカ゚ケ 引っ掛け《帯も》 →5d	ヒッコス 引っ越す →45d
ヒッカ゚ケル 引っ掛ける →45d	ヒッコヌク 引っこ抜く →45d
ヒッカ゚ツグ 引っ担ぐ →45d	ヒッコマス 引っ込ます →45d
ヒッカ゚ブル 引っ被る →45d	ヒッコミ 引っ込み《歌舞伎も》 →5d
ヒッキ 筆記 →7	ヒッコミジアン 引っ込思案 →15
ヒツキ, ヒッキ 火付き →5	ヒッコミセン, ヒキコミセン 引(っ)込線 →14
ヒツギ 柩 →4 日嗣 →5	
ヒッキグ 筆記具 →14	ヒッコム 引っ込む →45d
ヒッキシケン, ヒッキシケン 筆記試験 →15	ヒッコメル 引っ込める →45d
	ヒッコモル 引っ籠る →45d
ヒッキタイ 筆記体 →14	ピッコロ,《新は ピッコロ》 piccolo〔伊〕 →9
ヒッキチョー 筆記帳 →14	
ヒッキョー 畢竟 →8	ヒッサク 引っ裂く →45d
ヒッキリナシ, ヒッキリナシ 引っ切り無し(〜に・だ) →13	ヒッサゲル 提げる →45d
	ヒッサツ 必殺 →8
ピックアップ pickup →16	ヒッサン 筆算 →8
ヒックク゚ル 引っ括る →45d	ヒッシ 必至,必死 →7
ビッグニュース big news →16	ヒッシ, ヒッシ 筆紙(〜に尽くしがたい) →18
ビッグバン big bang →16	
ビックリ 吃驚 →55	ヒツジ 羊,未《十二支》 →1
ヒックリカ゚エス,《古・強は ヒックリカ゚エス》 引っ繰り返す →45	ヒツジカイ 羊飼 →13
	ヒツジグサ 未草 →12
ヒックリカ゚エル,《古・強は ヒックリカ゚エル》 引っ繰り返る →45	ヒツジサル 未申・坤《方位》 →12
	ヒツジドシ 未年 →12
ビックリ(・)ギョーテン 吃驚仰天 →97,98	ヒッシャ 筆写 →7
	ヒッシャ, ヒッシャ 筆者 →7
ビックリバコ 吃驚箱 →12	ヒツジュ 必需 →7
ビックリミズ 吃驚水《料理》 →12	ヒッシュー 必修 →8
ヒックルメル 引っ括める →45d	ヒツジュヒン, ヒツジュヒン 必需品 →14
ヒツケ゚, ヒツケ゚ 火付け →5	
ヒッケイ★ 必携 →8	ヒツジュン 筆順 →8

*ガギグゲゴ*は鼻濁音　カタカナ細字は母音の無声化　★は長音にもなる符号

ヒッショー　必勝 →8
ヒツジョー　必定 →8
ヒッショク　筆触 →8
ビッショリ　(～ぬれる, ～と) →55
ビッシリ　(～つまる, ～と) →55
ヒツジン　筆陣(～を張る) →8
ヒッス　必須 →7
ヒッスカモク　必須科目 →15
ヒッセイ★　畢生, 筆生, 筆勢 →8
ヒッセキ　筆跡 →8
ヒツゼツ　筆舌(～に尽くしがたい) →18
ヒッセン　筆洗, 筆戦 →8
ヒツゼン　必然 →56
ヒツゼンセイ★　必然性 →14
ヒツゼンテキ　必然的 →95
ヒッソク　逼塞 →8
ヒッソリ　(～する, ～と) →55
ヒッタ　疋田・匹田<ヒッタシボリ 疋田絞り →10, 12
ヒッタカノコ, ヒッタガノコ　疋田鹿の子 →17
ヒッタクリ　引っ手繰り →13d
ヒッタクル　引っ手繰る →45d
ヒッタツ　引っ立つ →45d
ヒッタテル　引っ立てる →45d
ピッタリ　(～する, ～と) →55
ヒツダン　筆談 →8
ヒッチ, ヒッチ　筆致 →7
ピッチ　pitch →9
ヒッチハイク　hitchhike →16
ピッチャー　pitcher →9
ヒッチャク　必着 →8
ヒッチュー　必中, 筆誅 →8
ビッチュー, 《新は ビッチュー》 備中(～の国) →21
ビッチューモノ　備中物〘刀〙 →12
ピッチング, ピッチング　pitching →9
ヒッツカマエル, 《古・強は ヒッツカマエル》 引っ捉まえる →45d
ヒッツカム　引っ摑む →45d
ヒッツク　引っ付く →45d
ヒッツケル　引っ付ける →45d
ヒッツメ　引っ詰め〘髪〙 →5d
ヒッツリ　引っ攣り →5d
ヒッツレ　引っ攣れ →5d
ヒッティング, ヒッティング　hitting →9
ヒッテキ　匹敵 →8
ヒット, 《古は ヒット も》 hit →9c
ビット, 《新は ビット》 bit<binary digit →9
ヒットー　筆答, 筆頭 →8
ヒツドク　必読 →8
ヒットソング　hit song →16
ヒットラー, ヒットラー　Hitler〔独〕〘人〙 →22
ヒットラエル, ヒットラエル　引っ捕える →45
ヒッパク　逼迫 →8
ヒッパタク　引っ叩く →45d
ヒッパリ　引っ張り →5d
ヒッパリアウ, ヒッパリアウ　引っ張り合う →45
ヒッパリコム, 《古・強は ヒッパリコム》 引っ張り込む →45
ヒッパリダコ　引っ張り凧 →12
ヒッパリダス, ヒッパリダス, 《古・強は ヒッパリダス》 引っ張り出す →45
ヒッパリマワス, 《古・強は ヒッパリマワス》 引っ張り回す →45
ヒッパル　引っ張る →45d
ヒッピー　hippie →9
ヒップ　匹夫, 匹婦 →7　hip →9
ビップ　VIP<very important person →16
ヒップホップ　hip-hop →16
ヒッポー　筆法, 筆鋒 →8

757　ヒツボク――ヒトカカ

ヒ**ツボク**　筆墨 →18

ヒ**ツメイ**｡　筆名 →8

ヒ**ツメツ**　必滅(生者とょう～) →8

ヒ**ツヨー**　必要, 必用 →8

ヒ**ツヨーアク**　必要悪 →14a

ヒ**ツヨーケイヒ**　必要経費 →15

ヒ**ツヨージョーケン**　必要条件 →15

ヒ**ツヨーセイ**｡　必要性 →14

ヒ**ツヨーヒン**　必要品 →14

ヒ**ヅリョク**　筆力 →8

ヒ**ツロク**　筆録 →8

ヒ**デ**　英・秀〖女名〗 →23

ビ**デ**　bidet〖仏〗 →9

ヒ**テイ**｡　否定 →8

ビ**テイ**｡**コツ**　尾骶骨 →14b

ヒ**デオ**　英男・秀夫〖男名〗 →25

ビ**デオ**　video →9

ビ**デオテープ**　video tape →16

ビ**デオデッキ**　video deck →16

ビ**テキ**　美的 →95

ヒ**デコ**　英子・秀子〖女名〗 →25

ヒ**デリ, ヒデリ**　旱 →5

ヒ**デリアメ**　日照雨 →12

ヒ**デリツズキ**　旱続き →13

ヒ**デン**　秘伝 →8

ビ**テン**　美点 →8

ビ**デン**　美田(～を買わず) →8

ヒ**デンイン**　悲田院 →14a

ヒ**デンカ**　妃殿下 →15

ヒ**ト**　人(～がいる) →1

ヒ**ト**　人(…の～ のように修飾語がつく
　場合。あんな～は, 隣の～に) →19
　一 →30c

ヒ**トアシ**　人足(～が絶える) →4

ヒ**トアシ**　一足 →33

ヒ**トアジ**　一味(～違う) →33

ヒ**トアシヒトアシ**　一足一足 →39

ヒ**トアシライ**　人あしらい →13

ヒ**トアセ**　一汗(～かく) →33

ヒ**トアタリ, ヒトアタリ, ヒトアタリ**
　人当り(～が良い) →12

ヒ**トアタリ**　一当り(～当る) →33

ヒ**トアテ**　一当て →33

ヒ**トアナ**　人穴 →4

ヒ**トアメ**　一雨(～来る) →33

ヒ**トアメヒトアメ**　一雨一雨 →39

ヒ**トアレ**　一荒れ →33

ヒ**トアワ**　一泡(～吹かせる) →33

ヒ**トアンシン,** 《新は ヒ**トアンシン**》
　一安心 →36

ヒ**ドイ**　酷い　ヒ**ドカッタ,** ヒ**ドク,**
　ヒ**ドクテ,** 《新は ヒ**ドクテ**》, ヒ**ドケ
　レバ,** ヒ**ドシ** →53

ヒ**トイキ**　一息(～入れる) →33

ヒ**トイキレ**　人いきれ →12

ヒ**トイクサ,** 《新は ヒ**トイクサ**》　一軍
　→33

ヒ**トイチバイ, ヒトイチバイ**　人一倍
　→39

ヒ**トイロ**　一色 →33

ヒ**トウケ**　人受け →5

ヒ**トウチ**　一打ち →33

ヒ**トエ**　一重, 単, 単衣 →33

ヒ**トエオビ**　単帯 →12

ヒ**トエダ**　一枝 →33

ヒ**トエニ**　偏に →67

ヒ**トエバオリ**　単羽織 →12

ヒ**トエモノ, ヒトエモノ**　単物 →12

ヒ**ドー,** 《新は ヒ**ドー**》　非道 →8

ビ**トー**　尾灯 →8

ビ**ドー**　微動, 美童 →8

ヒ**トオシ**　一押し(もう～だ) →33

ヒ**トオジ**　人怖じ →5

ヒ**トオモイ,** 《新は ヒ**トオモイ**》　一思
　い(～に) →33

ヒ**トオリ**　一折(菓子～) →33

ヒ**トカイ, ヒトカイ**　人買い →5

ヒ**トカカエ**　一抱え →33

ガギグゲゴは鼻濁音　カタカナ細字は母音の無声化　★は長音にもなる符号

ヒトガキ──ヒトシズ　758

ヒトガキ　人垣　→4
ヒトカゲ, ヒトカゲ　人影　→4
ヒトカケラ　一欠片　→33
ヒトカズ　人数　→4
ヒトカセギ　一稼ぎ　→33
ヒトガタ　人形　→95
ヒトカタケ　一片食　→33
ヒトカタナラズ　一方ならず　→67
ヒトカタマリ,《新は ヒトガタマリ》　一塊　→33
ヒトカド, ヒトカド　一廉　→33
ヒトガラ　人柄　→4
ヒトカワ　一皮(〜むけば)　→33
ヒトギキ　人聞き(〜が悪い)　→5
ヒトキシャ　一汽車(〜おくれる)　→36
ヒトギライ　人嫌い　→13
ヒトキリ, ヒトッキリ　一(っ)切り　→33
ヒトキリボーチョー　人斬り包丁(=刀)　→15
ヒトキレ　一切れ　→33
ヒトキワ,《新は ヒトキワ》　一際　→61
ヒトク　秘匿　→8
ビトク, ビトク　美徳　→8
ヒトクイジンシュ　人食い人種　→15
ヒトクギリ,《新は ヒトクギリ》　一区切り　→33
ヒトククリ,《新は ヒトククリ》　一括り　→33
ヒトクサ　一種　→33
ヒトクサイ　人臭い　→54
ヒトクサリ　一齣(〜うたう)　→33
ヒトクセ　一癖(〜ある)　→33
ヒトクダリ,《新は ヒトクダリ》　一行　→33
ヒトクチ　一口　→33
ヒトクチバナシ　一口話　→12
ヒトクフー　一工夫(〜ありたい)　→36

ヒトクミ　一組　→33
ヒトクロー,《新は ヒトクロー》　一苦労　→36
ヒトケ　人気　→93
ヒドケイ★　日時計　→15
ヒトケタ　一桁　→33
ヒトコイシイ★　人恋しい　→54
ヒトコエ　一声(鶴の〜)　→33
ヒトゴエ　人声　→4
ヒトコキュー　一呼吸(〜おく)　→36
ヒトゴコチ, ヒトゴコチ　人心地　→12
ヒトゴコロ　人心　→12
ヒトコシ　一越〚縮緬〛,一腰〚刀〛　→33
ヒトコト　一言　→33
ヒトゴト　人言,他人事・人事(〜で無い)　→4
ヒトゴト　人毎(〜に)　→71
ヒトコマ　一齣　→33
ヒトゴマラセ　人困らせ　→13
ヒトゴミ　人込み　→5
ヒトコロ　一頃　→33
ヒトゴロシ, ヒトゴロシ　人殺し　→13
ヒトサカリ　一盛り　→33
ヒトサシ　一差し(〜舞う)　→33
ヒトサシユビ　人差指　→12
ヒトザト　人里　→4
ヒトサマ　人様　→94
ヒトサラ　一皿　→33
ヒトサライ　人攫い　→13
ヒトサワガセ　人騒がせ　→13
ヒトシイ★　等しい　→52
ヒトシオ　一塩〚料理〛　→33
ヒトシオ,《新は ヒトシオ》　一入　→61
ヒトシキリ　一頻り　→33
ヒトシゴト,《新は ヒトシゴト》　一仕事　→33
ヒトシゴト　人仕事　→12
ヒトシズク　一雫　→33

‾は高い部分　…と…は高低が変る部分　「は次が下がる符号　→は法則番号参照

ヒ**トジチ** 人質 →8

ヒ**トシナ** 一品 →33

ヒ**トジニ** 人死(〜が出る) →5

ヒ**トシバイ** 一芝居(〜打つ) →36

ヒ**トシレズ** 人知れず →67

ヒ**トズカイ**, ヒ**トズカイ** 人使い(〜が荒い) →13

ヒ**トズキ** 人付, 人好き →5

ヒ**トズキアイ** 人付合 →12

ヒ**トスクイ** 一掬い →33

ヒ**トズクリ** 人作り →13

ヒ**トスジ** 一筋 →33

ヒ**トスジナワ**, ヒ**トスジナワ** 一筋縄 →12

ヒ**トズテ** 人伝 →4

ヒ**トズマ** 人妻 →4

ヒ**トズレ** 人擦れ →5

ヒ**トソロイ** 一揃い →33

ヒ**トダカリ**, ヒ**トダカリ**, ヒ**トダカリ** 人集り →13

ヒ**トダスケ**, ヒ**トダスケ**, ヒ**トダスケ** 人助け →13

ヒ**トタチ** 人達 →94 一太刀 →33

ヒ**トダチ** 人立ち(〜がする) →5

ヒ**トダノミ**, ヒ**トダノミ**, ヒ**トダノミ** 人頼み →13

ヒ**トタビ** 一度 →33

ヒ**トダマ** 人魂 →4

ヒ**トタマリ**, 《新は ヒ**トタマリ**》 一溜り(〜もない) →33

ヒ**トチガイ** 人違い →13

ヒ**トツ** 一つ →30c

ヒ**トツアナ** 一つ穴(〜のむじな) →33

ヒ**トツオボエ** 一つ覚え →33

ヒ**トツガイ** 一番(〜の鳩) →33

ヒ**トツガキ** 一つ書き →33

ヒ**トッカマ** 一つ釜(〜の飯) →33

ヒ**トッカミ** 一撮み →33

ヒ**トッキ** 一突き, 一月 →33

ヒ**トッキリ** 一っ切り →61d

ヒ**トッコ** 人っ子 →4d

ヒ**トッコヒトリ** 人っ子一人(〜いない) →39

ヒ**トツズキ**, 《新は ヒ**トヅズキ**》 一続き →33

ヒ**トツダケ** 一つ丈 →71, 67

ヒ**トットビ** 一っ飛 →33

ヒ**トツバシ** 一橋〖御三卿の一・地・大学〗 →12, 29

ヒ**トツバシ** 一つ橋(=丸木橋) →33

ヒ**トツバシガクエン** 一橋学園 →15

ヒ**トッパシリ** 一っ走り →33d

ヒ**トツバナシ** 一つ話 →33

ヒ**トツヒトツ**, ヒ**トツビトツ** 一つ一つ →39

ヒ**トツブ** 一粒(〜の麦) →33

ヒ**トツフタツ** 一つ二つ →39

ヒ**トツブダネ** 一粒種 →12

ヒ**トツブヨリ** 一粒選り →13

ヒ**トツボシ** 一つ星(〜見付けた) →33

ヒ**トツマミ** 一撮み →33

ヒ**トツミ** 一つ身〖着物〗 →33

ヒ**トツメ** 一つ目(=一番目) →38

ヒ**トツメコゾー** 一つ目小僧 →15

ヒ**トツモン** 一つ紋 →14

ヒ**トツヤ** 一つ家(=一軒家) →33

ヒ**トデ** 一手 →33

ヒ**トデ** 人手, 海星〖動〗 →4 人出 →5

ヒ**トデナシ**, ヒ**トデナシ** 人で無し(=人非人) →3

ヒ**トデブソク** 人手不足 →15

ヒ**トトーリ** 一通り →33

ヒ**トドーリ** 人通り →12

ヒ**トトキ** 一時 →33

ヒ**トトコロ** 一所 →33

ヒ**トトセ** 一年 →33

ヒ**トトナリ** 為人 →3

ヒ**トトビ** 一飛び →33

ヒトナカ──ヒトミシ 760

ヒ￣トナカ　人中　→4	ヒ￣トバンジュー　一晩中　→14
ヒ￣トナカセ, ヒ￣トナカセ, ヒ￣トナカセ　人泣かせ　→13	ヒ￣トヒ　一日　→33
ヒ￣トナガレ　一流れ(～の旗)　→33	ヒ￣トビト　人人　→11
ヒ￣トナダレ, ヒ￣トナダレ, ヒ￣トナダレ　人なだれ　→12	ヒ￣トヒネリ　一捻り　→33
ヒ￣トナツ　一夏　→33	ヒ￣トヒラ　一片　→33
ヒ￣トナツコイ, ヒ￣トナツッコイ　人懐(っ)こい　→54	ヒ￣トフシ　一節　→33
ヒ￣トナヌカ, ヒ￣トナノカ　一七日(=初七日)　→39	ヒ￣トフデ　一筆　→33
ヒ￣トナミ　人並,人波　→4	ヒ￣トフデガキ　一筆書き　→13
ヒ￣トナレ　人馴れ　→5	ヒ￣トフネ　一舟(さしみ～)　→33
ヒ￣トナレル　人馴れる　→46	ヒ￣トフユ　一冬　→33
ヒ￣トニギリ　一握り　→33	ヒ￣トフリ　一降り　→33
ヒ￣トネイリ　一寝入り　→33	ヒ￣トフロ　一風呂(～浴びる)　→33
ヒ￣トネムリ　一眠り　→33	ヒ￣トフンバリ　一踏張り(もう～)　→33
ヒ￣トノコ　人の子　→19	ヒ￣トフンベツ　一分別　→36
ヒ￣トノミ　一呑み　→33	ヒ￣トベラシ, ヒ￣トベラシ　人減らし　→13
ヒ￣トハ　一葉　→33	ヒ￣トホネ　一骨(～折る)　→33
ヒ￣トハコ　一箱　→33	ヒ￣トマ　一間　→33
ヒ￣トハシ　一端,一箸　→33	ヒ￣トマエ　人前　→4
ヒ￣トバシ　人橋　→4	ヒ￣トマカセ, ヒ￣トマカセ, ヒ￣トマカセ　人任せ　→13
ヒ￣トバシラ, ヒ￣トバシラ, ヒ￣トバシラ　人柱　→12	ヒ￣トマキ　一巻　→33
ヒ￣トハシリ, ヒ￣トッパシリ　一(っ)走り　→33d	ヒ￣トマク　一幕　→34
ヒ￣トハタ　一旗(～揚げる)　→33	ヒ￣トマクミ, ヒ￣トマクミ　一幕見　→13
ヒ￣トハダ　人肌(燗は～)　→4	ヒ￣トマクモノ　一幕物　→12
ヒ￣トハダ　一肌(～脱ぐ)　→33	ヒ￣トマクリ　一捲り　→33
ヒ￣トハタラキ,《新は ヒ￣トハタラキ》　一働き　→33	ヒ￣トマジワリ　人交わり　→13
ヒ￣トハチ　一鉢　→34	ヒ￣トマズ　一先ず　→33
ヒ￣トハナ　一花(～咲かせる)　→33	ヒ￣トマゼ　人交ぜ　→5
ヒ￣トハバ　一幅　→33	ヒ￣トマタギ　一跨ぎ　→33
ヒ￣トハバモノ　一幅物　→12	ヒ￣トマチガオ　人待ち顔　→12
ヒ￣トハラ　一腹(たらこ～)　→33	ヒ￣トマトマリ　一纏まり　→33
ヒ￣トバライ　人払い　→13	ヒ￣トマトメ　一纏め　→33
ヒ￣トバン　一晩　→34	ヒ￣トマネ　人真似　→4
	ヒ￣トマワリ　一回り　→33
	ヒ￣トミ　瞳　→1
	ヒ￣トミゴクー, ヒ￣トミゴクー　人身御供　→15
	ヒ￣トミシリ, ヒ￣トミシリ, ヒ￣トミシリ

￣は高い部分　ﾞと ﾞは高低が変る部分　｢は次が下がる符号　→は法則番号参照

人見知り →13

ヒ┐トミチ 一道 →33

ヒ┐トムカシ 一昔(十年～) →33

ヒ┐トムキ 一向き →33

ヒ┐トムチ 一鞭(～当てる) →33

ヒ┐トムネ 一棟 →33

ヒ┐トムラ 一村,一叢 →33

ヒ┐トムレ 人群れ →4

ヒ┐トムレ 一群れ →33

ヒ┐トメ 人目(～をしのぶ) →4

ヒ┐トメ 一目(～会いたい) →33

ヒ┐トメ╻ワク 人迷惑 →15

ヒ┐トメグリ 一巡り →33

ヒ┐トメボレ 一目惚れ →13

ヒ┐トモーケ 一儲け →33

ヒ┐トモジ 人文字 →15

ヒ┐トモジ 一文字 →36

ヒ┐トモシゴロ 火点し頃 →12

ヒ┐トヤ 獄(=人屋) →4

ヒ┐トヤ 一矢 →33

ヒ┐トヤク 一役(～買う) →34

ヒ┐トヤスミ 一休み →33

ヒ┐トヤマ 人山(～を築く) →4

ヒ┐トヤマ 一山(～百円) →33

ヒ┐トヨ 一夜 →33

ヒ┐トヨギリ, ヒ┐トヨ┐ギリ 一節切〖楽器〗
→13

ヒ┐トヨセ 人寄せ →5

ヒ┐ドラジ╻ッド hydrazide〖商標〗 →9

ヒ┐トリ, ヒ┐トリ┐ 火取り →5

ヒ┐トリ 一人,独り →33c

ヒ┐ドリ 日取 →5

ヒ┐トリアタマ 一人頭 →12

ヒ┐トリアルキ 独り歩き →13

ヒ┐トリアンナイ 独り案内 →15

ヒ┐トリイ 独り居 →13

ヒ┐トリウラナイ 独り占い →13

ヒ┐トリオヤ 一人親 →12

ヒ┐トリガチ 独り勝ち →13, 95

ヒ┐トリガテン 独り合点 →15

ヒ┐トリギメ, ヒ┐トリギ┐メ 独り決め
→13

ヒ┐トリグチ, ヒ┐トリグ┐チ 一人口 →12

ヒ┐トリグラシ 一人暮し →13

ヒ┐トリゲ╻コ 独り稽古 →15

ヒ┐トリゴ 独り子 →12

ヒ┐トリゴト, ヒ┐トリゴ┐ト, ヒ┐トリゴ┐ト
独り言 →12

ヒ┐トリシバイ 独り芝居 →12

ヒ┐トリジメ, ヒ┐トリジ┐メ 独り占め
→13

ヒ┐トリズマイ 独り住まい →13

ヒ┐トリズモー 独り相撲 →12

ヒ┐トリダチ, ヒ┐トリダ┐チ 独り立ち
→13

ヒ┐トリ┐タビ 一人旅 →12

ヒ┐トリッコ 独りっ子 →12d

ヒ┐トリデニ 〖副〗→67

ヒ┐トリデンカ 一人天下 →15

ヒ┐トリネ, ヒ┐トリ┐ネ 一人寝,独り寝
→13

ヒ┐トリノコラズ 一人残らず →67

ヒ┐トリビ┐トリ, ヒ┐トリヒ┐トリ 一人一
人 →39

ヒ┐トリブタイ 独り舞台 →15

ヒ┐トリボッチ, ヒ┐トリボ┐ッチ 独り法
師 →15d

ヒ┐トリマエ 一人前 →38

ヒ┐トリマケ, ヒ┐トリマ┐ケ 独り負け
→13

ヒ┐トリ┐ミ, ヒ┐トリミ 独り身 →12

ヒ┐トリ┐ムシ 火取虫 →12

ヒ┐トリム╻スコ 一人息子 →12

ヒ┐トリムスメ 一人娘 →12

ヒ┐トリモ 一人も(～いない) →67

ヒ┐トリモ┐ノ, ヒ┐トリモノ, ヒ┐トリモ┐ノ
独り者 →12

ヒ┐トリヨ┐ガリ 独り善がり →13

ガギグゲゴは鼻濁音　カタカナ細字は母音の無声化　★は長音にもなる符号

ヒトリワ──ヒノキブ

ヒトリワライ　独り笑い →13	ヒニチ　日日 →11
ヒトワタリ,《新は ヒトワタリ》 一渉り →33	ヒニヒニ, ヒニヒニ　日に日に →68
ヒトワル　人悪 →5	ヒニマシ　日に増し →67
ビナ　鄙,雛(〜の節句) →1	ヒニョーキ　泌尿器 →14a
ビナアソビ　雛遊び →13	ビニロン　vinylon〔和〕 →9
ヒナアラレ　雛霰 →12	ヒニン　否認,避妊,非人 →8
ヒナウタ　鄙歌 →4	ヒニンジョー　非人情 →91
ヒナカ　日中 →4	ビネ　陳 →2
ヒナガ　日永 →5	ヒネクリマワス,《古・強は ヒネクリマワス》 捻くり回す →45
ヒナガシ　雛菓子 →15	ヒネクル　捻くる →44
ヒナガタ, ヒナガタ　雛形,雛型 →95	ヒネクレル　陳くれる,捻くれる →44
ヒナギク　雛菊 →8	ヒネコビル, ヒネッコビル　陳(っ)こびる →46d
ヒナゲシ　雛罌粟 →15	
ヒナシ　日済し →5	ヒネコメ　陳米 →5
ヒナタ　日向 →4	ヒネショーガ　陳生薑 →12
ヒナタクサイ　日向臭い →54	ヒネツ　比熱 →8
ヒナタボッコ　日向ぼっこ	ビネツ　微熱 →8
ヒナダミズ　日向水 →12	ヒネッコビレル　陳っこびれる →44
ヒナダン, ヒナダン　雛壇 →8	ヒネモス　終日 →1
ヒナドリ　雛鳥 →4	ヒネリ　捻り,拈り →2
ヒナニンギョー　雛人形 →15	ヒネリダス, ヒネリダス,《古・強は ヒネリダス》 捻り出す →45
ヒナビル　鄙びる →96	
ヒナマツリ　雛祭 →12	ヒネリツブス, ヒネリツブス,《古・強は ヒネリツブス》 捻り潰す →45
ヒナミ　日並み(オヒナミ 御〜) →4, 92	
ヒナラズ　日ならず(〜して) →67	ヒネリマワス, ヒネリマワス,《古・強は ヒネリマワス》 捻り回す →45
ヒナワ　火縄 →4	
ヒナワジュー　火縄銃 →14	ヒネル　捻る,拈る,陳る →43
ビナン　非難,避難 →8	ヒノ　日野〔地〕 →21
ビナン　美男 →8	ビノアメ　火の雨(〜をくぐる) →19
ビナンシ　美男子 →17	ヒノイリ　日の入り →19
ヒナンミン　避難民 →14a	ヒノエ　丙〔十干〕 →19
ビニール　vinyl →9	ヒノエウマ, ヒノエンマ　丙午 →12
ヒニク　皮肉(〜を言う) →8	ビノカミ　火の神 →19
ヒニク, ビニク　脾肉(〜の嘆) →8	ヒノキ, ビノキ　檜 →19
ビニク　皮肉(=皮と肉) →18	ビノキオ, ピノキオ　Pinocchio〔伊〕 →23
ヒニクヤ　皮肉屋 →94	ヒノキガサ　檜笠 →12
ヒニクル　皮肉る →44	ヒノキブタイ　檜舞台 →15

‾は高い部分　˙˙と˙˙は高低が変る部分　˥は次が下がる符号　→は法則番号参照

ヒノクルマ, ヒノクルマ　火の車《仏教語は ヒノクルマ》→19

ヒノクレ　日の暮れ →19

ヒノケ　火の気(〜が無い) →19

ヒノコ　火の粉 →19

ヒノコロモ　緋の衣 →19

ヒノシ　火熨斗 →5

ヒノシタカイサン　日の下開山 →15

ヒノタマ, ヒノタマ　火の玉 →19

ヒノテ　火の手(〜が上がる) →19

ヒノデ　日の出 →19

ヒノト　丁〖十干〗 →19

ヒノハカマ　緋の袴 →19

ヒノバン　火の番 →19

ヒノベ　日延べ →5

ヒノマル　日の丸 →19

ヒノマルベントー　日の丸弁当 →15

ヒノミ　火の見< ヒノミヤグラ　火の見櫓 →19,12

ヒノメ　日の目(〜を見ない) →19

ヒノモト　火の元 →19

ヒノモト, ヒノモト　日の本 →19

ヒノヨージン　火の用心 →19

ヒバ　檜葉 →4　乾葉 →5　肥馬 →7

ビバーク　bivouac〔仏〕 →9

ヒバイ　非売 →8

ヒバイヒン, ヒバイヒン　非売品 →14b

ヒバク　被爆,被曝 →8

ヒバク, ヒバク　飛瀑 →8

ビハク　美白 →8

ヒバクシャ, ヒバクシャ　被爆者 →14c

ヒバコ　火箱 →4

ヒバシ　火箸 →4

ヒバシラ　火柱 →12

ビハダ　美肌 →4

ヒバチ　火鉢(オヒバチ 御〜) →8,92

ビハツ　美髪 →8

ヒバナ　火花(〜を散らす) →4

ヒバラ　脾腹 →4

ヒバライ　日払い →13

ヒバリ　雲雀 →1

ヒハン, ヒハン　批判 →8

ヒバン　非番 →8

ヒハンテキ　批判的 →95

ビビ　霏霏(〜と) →58　沸沸 →11

ビビ　簁(=魚・のり用道具) →1　日日 →11

ヒビ　皸・皹(〜がきれる), 罅(〜がはいる) →1

ビビ　微微(〜たる) →58

ヒビカス　響かす →44

ヒビカセル　響かせる →83

ヒビキ　響き →2

ヒビキワタル, ヒビキワタル,《古・強は ヒビキワタル》響き渡る →45

ヒビク　響く　ヒビカナイ, ヒビコー, ヒビキマス, ヒビーテ, ヒビケバ, ヒビケ →43

ビビシイ★　美美しい →53

ビビッド　vivid →9

ヒビヤ　日比谷〖地〗 →21

ヒビヤコーエン　日比谷公園 →15

ヒビヤコーカイドー　日比谷公会堂 →17

ヒビヤセン　日比谷線 →14

ヒヒョー　批評 →8

ヒビョーイン　避病院 →15

ヒヒョーカ　批評家 →14

ヒヒョーガン　批評眼 →14a

ヒビワレ　罅割れ →5

ヒビワレル　罅割れる →46

ビヒン　備品 →8

ヒフ　被布(オヒフ 御〜) →7,92

ヒフ, ヒフ　皮膚 →7

ヒブ　日歩 →7

ビフー　微風 →8

ガギグゲゴは鼻濁音　カタカナ細字は母音の無声化　★は長音にもなる符号

ビフー──ヒメギミ　764

ビフー, ビフー　美風 →8	ヒマシ　日増し(=日増し物) →5
ヒフカ　皮膚科 →14	ヒマシニ, ヒマシニ　日増しに →67
ヒフキダケ　火吹竹 →12	ヒマシユ, ヒマシユ　蓖麻子油 →14
ビフク, ヒフク　被覆, 被服 →8	ヒマジン　隙人 →8
ビフク, ビフク　美服 →8	ヒマチ, ヒマチ　日待ち →5
ヒフクヒ　被服費 →14	ヒマツ, ヒマツ　飛沫 →8
ヒブクレ　火脹れ →13	ヒマツデンセン　飛沫伝染 →15
ヒフコキュー　皮膚呼吸 →15	ヒマツブシ, ヒマツブシ, ヒマツブシ
ヒブソー　非武装 →91	暇潰し →13
ヒブタ　火蓋(〜を切る) →4	ヒマツリ　火祭(鞍馬の〜) →12
ヒブツ, ヒブツ　秘仏 →8	ヒマドル　暇取る →46
ビフテキ　<ビーフステーキ beef-steak →10, 16	ヒマヒマ, ヒマヒマ　隙隙(〜に) →11
ヒフビョー　皮膚病 →14	ヒマラヤ　Himalaya[山脈] →21
ビブラート　vibrato[伊] →9	ヒマワリ　向日葵 →13
ヒブロ　日風呂 →4	ヒマン　肥満 →8
ヒフン, ヒフン　悲憤(〜慷慨) →8	ビマン　瀰漫 →8
ヒブン　碑文 →8	ヒマンジ　肥満児 →14a
ビブン　美文, 微分 →8	ヒマンタイ　肥満体 →14
ビブンチョー　美文調 →14	ビミ　美味 →7
ヒヘイ　疲弊 →8	ヒミコ　卑弥呼[女王]
ヒヘン　日偏(=日), 火偏(=火) →8	ヒミズ　火水(〜の中) →18
ヒホー　非法, 秘法, 秘方, 秘宝, 秘峰, 悲報, 飛報 →8	ヒミツ　秘密 →8
ヒボー　誹謗, 非望 →8	ヒミツガイコー　秘密外交 →15
ビホー　弥縫, 備砲 →8	ヒミツケッシャ　秘密結社 →15
ビボー　美貌, 備忘 →8	ヒミツショルイ　秘密書類 →15
ビホーサク　弥縫策 →14a	ヒミツセンキョ　秘密選挙 →15
ビボーロク　備忘録 →14a	ヒミツヘイキ　秘密兵器 →15
ヒホケンシャ　被保険者 →17	ビミョー　美妙, 微妙 →8
ヒボシ, ヒボシ　日干し, 干乾し, 火乾し →5	ヒムロ　氷室 →4
ヒホン　秘本 →8	ヒメ　姫(オヒメサマ 御〜様) →1, 92
ヒボン　非凡 →8	……ヒメ: ……ヒメ　…姫(センヒメ 千〜, ユキヒメ 雪〜, タツダヒメ 竜田〜, カグヤヒメ 赫夜〜) →12
ビホン　美本 →8	ヒメイ　悲鳴 →8
ヒマ　暇, 隙 →1	ヒメイ, ヒメイ　碑銘 →8
ヒマ　蓖麻[植] →7	ヒメイ　非命 →8
ヒマク　皮膜, 被膜 →8	ビメイ, ビメイ　美名 →8
ヒマゴ,《古は ヒマゴ》　曽孫 →4	ヒメガキ　姫垣 →4
	ヒメギミ　姫君(〜様) →94

￣は高い部分　˙と˙˙は高低が変る部分　⌐は次が下がる符号　→は法則番号参照

765 ヒメキョ──ヒャクト

ヒメキョ￣ーダイ	姫鏡台 →15
ヒメ￣クリ	日捲り →13
ヒメ￣ゴ	姫御 →94
ヒメ￣ゴゼ, ヒメ￣ゴゼ(ゴはゴとも)	姫御前(〜のあられもない) →15d
ヒメ￣ゴト, ヒメ￣ゴト	秘め事 →5
ヒメ￣コマツ	姫小松 →12
ヒメジ,《新は ヒ￣メジ》	姫路〖地〗 →21
ヒメ￣ジジョー	姫路城 →14
ヒメ￣ノリ	姫糊 →4
ヒメ￣マス	姫鱒 →4
ヒメ￣マツ	姫松 →4
ヒメ￣ユリ	姫百合 →4
ヒメ￣ル	秘める →43
ヒメ￣ン	罷免 →8
ヒメ￣ンケン	罷免権 →14a
ヒ￣モ	紐 →1
ヒモカ￣ワ	紐革《うどんも》 →4
ヒモカワ￣ウドン	紐革饂飩 →15
ヒモ￣ク, ヒモ￣ク	費目 →8
ビモ￣ク(・)シュ￣ーレイ★	眉目秀麗 →97, 98
ヒモジ￣イ★	餓じい →52
ヒモスガ￣ラ	終日(↔よもすがら) →67
ヒ￣モチ	日保ち →5
ヒ￣モチ	火保ち →5
ヒモ￣ツキ, ヒモ￣ツキ	紐付き →5
ヒ￣モト	火元 →4
ヒモ￣ドク, ヒモ￣ドク	繙く →46
ヒ￣モノ	干物 →5
ヒ￣ヤ	火矢 →4　冷(オ￣ヒ￣ヤ 御〜) →10, 92
ヒヤ￣セ	冷汗 →5
ビヤガ￣ーデン	beer garden →16
ヒヤ￣カシ, ヒヤ￣カシ	冷かし →2
ヒヤ￣カス	冷かす →44
ヒャ￣ク	百〖名詞的〗(〜承知) →30
ヒャク￣	百〖副詞的〗(〜ある) →62
ヒヤ￣ク	飛躍 →8

ヒ￣ヤク, ヒ￣ヤク	秘薬, 秘鑰 →8
ビ￣ヤク, ビ￣ヤク	媚薬 →8
ビャク￣エ, ビャク￣エ	白衣 →7
ヒャク￣エン	百円 →34
ヒャク￣エンサツ	百円札 →14a
ヒャ￣クオク	百億 →31
ヒャ￣クガイ	百害 →34
ヒャ￣クサイ	百歳 →34c
ヒャクシャクカ￣ントー	百尺竿頭 →98
ヒャ￣クシュ, ヒャ￣クシュ	百首 →34c
ヒャクジューノオ￣ー	百獣の王 →19
ヒャクジューキュ￣ーバン	百十九(=119)番 →35
ヒャ￣クシュツ	百出(議論〜) →34
ヒャク￣ショー	百姓(オヒャクショー￣ 御〜) →8, 92
ヒャク￣ショーイッキ	百姓一揆 →15
ヒャク￣ショーヤ	百姓家 →12a
ヒャク￣ショーヨミ	百姓読み →13
ヒャ￣クセン	百戦 →34
ヒャ￣クセン	百千 →39
ヒャ￣クセンカイ	百選会 →14a
ヒャクセンヒャク￣ショー	百戦百勝 →39
ヒャ￣クセンマン	百千万 →39
ヒャ￣クセンレンマ	百戦錬磨 →99
ヒャク￣ソー	百草(オヒャクソー￣ 御〜) →34, 92
ヒャ￣クタイ, ヒャ￣クタイ	百態 →34
ヒャ￣クダイ	百代, 百台 →34
ビャク￣ダン, ビャク￣ダン	白檀 →8
ヒャク￣テン	百点〖名詞的〗(〜をとる) →34
ヒャク￣テン	百点〖副詞的〗(〜とる) →62
ヒャクテンマ￣ンテン	百点満点 →39
ヒャク￣ド	百度(オヒャクド￣ 御〜) →34, 92
ヒャク￣トーバン	百十(=110)番 →35

ガギグゲゴは鼻濁音　カタカナ細字は母音の無声化　★は長音にもなる符号

ヒャクド──ヒャッカ　　766

ヒャクドマイリ　百度参り →13
ヒャクニチ, ヒャクンチ　百日〖名詞的〗（〜がたつ）→34d
ヒャクニチ, ヒャクンチ　百日〖副詞的〗（〜たつ）→62d
ヒャクニチカズラ　百日鬘 →12
ヒャクニチゼキ　百日咳 →12
ヒャクニチソー　百日草 →14
ヒャクニン　百人 →34
ヒャクニンイッシュ　百人一首 →39
ヒャクニンシュ　＜百人一首 →14a
ヒャクニンリキ　百人力 →14
ヒャクネン　百年 →34
ヒャクネンサイ　百年祭 →14a
ヒャクネンメ　百年目(ここで会ったが〜) →38
ヒャクパーセント　100 percent →37
ヒャクバイ　百倍 →34
ヒャクハチジュード　百八十度 →35
ヒャクハチボンノー, ヒャクハチボンノー　百八煩悩 →15
ヒャクバン　百番 →34
ヒャクブン　百分, 百聞 →34
ヒャクブンノイチ　百分の一 →39
ヒャクブンヒ　百分比 →14a
ヒャクブンリツ　百分率 →14a
ヒャクマイ　百枚 →34
ヒャクマン　百万 →31
ヒャクマンゲン　百万言 →35
ヒャクマンダラ　百万陀羅 →59
ヒャクマンチョージャ　百万長者 →15
ヒャクマントー　百万塔 →35
ヒャクマンニン　百万人 →35
ヒャクマンベン　百万遍 →35
ヒャクミ　百味 →34
ヒャクメ　百匁〖名詞的〗（〜を買う）→33
ヒャクメ　百匁〖副詞的〗（〜買う）→62
ヒャクメローソク　百目蠟燭 →15

ヒャクメンソー　百面相 →36
ヒャクモノガタリ　百物語 →33
ビャクヤ　白夜 →7
ヒャクヤク　百薬（〜の長）→34
ヒャクヨーバコ, ヒャクヨーソー　百葉箱 →12a, 14
ヒャクライ　百雷 →34
ヒャクリ　百里 →34
ヒャクリョー,《新は ヒャクリョー》百両 →34
ビャクレン, ビャクレン　白蓮 →8
ヒヤケ　日焼け →5
ヒヤケドメ　日焼止め →13
ヒヤザケ, ヒヤザケ　冷酒 →5
ヒヤシ　冷やし →2
ヒヤシチューカ　冷し中華 →15
ヒヤシンス　hyacinth →9
ヒヤス　冷やす →44
ビヤダル　beer 樽 →4
ヒャッカ　百花, 百科, 百貨 →34
ヒャッカイ　百回〖名詞的〗（〜で終る）→34
ヒャッカイ　百回〖副詞的〗（〜終る）→62
ヒャッカエン　百花園＜向島百花園 →14
ヒャッカジショ　百科辞書 →15
ヒャッカジテン　百科事典 →15
ヒャッカジョー　百箇条 →39
ヒャッカ(・)セイ★ホー　百花斉放 →97, 98
ヒャッカゼンショ　百科全書 →15
ヒャッカ(・)ソーメイ★　百家争鳴 →97, 98
ヒャッカテン　百貨店 →14
ヒャッカニチ, ヒャッカンチ,《新は ヒャッカニチ》百箇日 →39d
ヒャッカ(・)リョーラン　百花繚乱 →97, 98

￣は高い部分　…と˙˙˙は高低が変る部分　￣|は次が下がる符号　→は法則番号参照

767　　ヒャッカ──ヒョーカ

ヒャッカン, ヒャッカン　百官 →34	ヒューマン　human →9
ヒャッカン　百貫 →34	ヒューマンエラー　human error →16
ヒャッキ(･)ヤコー, 〜(･)ヤギョー　百鬼夜行 →97, 98	ピューリタン, ピューリタン　Puritan →9
ヒャッケイ★　百計, 百景 →34	ピューレ　purée〔仏〕→9
ビャッコ　白狐 →7	ビューロー　bureau →9
ヒヤッコイ　冷っこい〚俗〛→96	ヒュッテ　Hütte〔独〕→9
ヒャッコー　百行 →34	ビュッフェ　buffet〔仏〕→9
ビャッコタイ　白虎隊 →14	ヒョー　表, 票, 評 →6
ヒャッパツヒャクチュー　百発百中 →39	ヒョー　俵, 豹, 雹 →6
ヒャッパン　百般(武芸〜) →34	……ヒョー　…表(イチランヒョー 一覧〜, チョーサヒョー 調査〜), …標(リテイ★ヒョー 里程〜) →14
ヒャッポ　百歩 →34	
ヒャッポン　百本 →34	ヒヨー　飛揚, 日傭 →8
ヒヤトイ, ヒヤトイ,《新は ヒヤトイ》　日雇 →13	ヒヨー　費用 →8
	ビョー　秒, 鋲, 廟 →6
ヒヤトイロードーシャ　日雇労働者 →17	……ビョー　…病(ヒフビョー 皮膚〜, イチョービョー 胃腸〜) →14
ヒヤヒヤ　冷冷(〜だ・な・に) →57	……びょう　…秒〚数〛→34, 35
ヒヤヒヤ　冷冷(〜する, 〜と) →57	ビヨー　美容, 微恙 →8
Hear！Hear！(=謹聴) →68	ヒョーイツ　飄逸 →8
ビヤホール　beer hall →16	ヒョーイモジ　表意文字 →15
ヒヤミズ　冷水(年寄の〜) →5	ビョーイン　病因 →8
ヒヤムギ, ヒヤムギ　冷麦 →5	ビョーイン,《古は ビョーイン》　病院 →8
ヒヤメシ　冷飯 →5	
ヒヤメシグイ, ヒヤメシクイ　冷飯食い →13c	……ビョーイン　…病院(ダイガクビョーイン 大学〜) →15
ヒヤメシゾーリ　冷飯草履 →15	ビヨーイン　美容院 →14a
ヒヤヤカ　冷やか →55	ビョーインセン　病院船 →14
ヒヤヤッコ　冷奴 →12	ビョーインチョー　病院長 →14a
ヒヤリ, ヒヤリ　(〜とする) →55	ヒョーオン　表音, 氷温 →8
ヒユ　莧〚植〛→1　譬喩, 比喩 →7	ヒョーオンシキ　表音式 →95
ピュア　pure →9	ヒョーオンモジ　表音文字 →15
ヒューガ　日向(〜の国) →21	ヒョーカ　氷菓 →7
ヒューズ　fuse →9	ヒョーカ, ヒョーカ　評価 →7
ピューピュー　→57	ヒョーガ　氷河 →7
ヒューマニスト　humanist →9	ビョーガ　病臥 →7
ヒューマニズム　humanism →9	ヒョーカイ　氷解, 氷海, 氷塊 →8
ヒューマニティー　humanity →9	

ガギグゲゴは鼻濁音　カタカナ細字は母音の無声化　★は長音にもなる符号

ヒョーガ──ビョーシ　768

ヒョーガイ　電害 →8	ヒョーゴケン　兵庫県 →14
ビョーガイ　病害 →8	ビョーコン　病根 →8
ビョーガイチュー　病害虫 →14b	ビョーサイ　病妻 →8
ヒョーガジダイ　氷河時代 →15	ヒョーサツ　表札 →8
ヒョーガタメ　票固め →13	ヒョーザン　氷山(~の一角) →8
ビヨーガッコー　美容学校 →15	ヒョージ, 《新は ヒョーシ》　拍子, 表紙 →7
ビョーカン　病患, 病間 →8	ヒョージ, ヒョージ　表示, 標示 →7
ヒョーキ, ヒョーキ　表記(文字の~, ~の誤り), 標記 →7	ビョーシ　病死 →7
ヒョーキ　表記(=表書き。~の所) →7	ビヨーシ　美容師 →14a
ヒョーギ　評議 →7	ビョージ　病児 →7
ビョーキ　病気 →7	ヒョーシキ　表式, 標識 →8
ヒョーギイン　評議員 →14	ヒョージキ　拍子木 →12
ヒョーキホー　表記法 →14	ヒョーシツ　氷室 →8
ビョーキミマイ　病気見舞 →12	ビョーシツ　病室 →8
ビョーキュー　病休<病気休暇 →10	ビヨーシツ　美容室 →14a
ヒョーキン　剽軽(~な人) →8	ヒョーシヌケ, ヒョーシヌケ　拍子抜け →13
ビョーキン　病菌 →8	
ヒョーキンモノ, ヒョーキンモノ　剽軽者 →12	ヒョージバン　表示板 →14
ヒョーグ, ヒョーグ　表具 →7	ヒョーシャ　評者 →7
ビョーク　病苦, 病軀 →7	ビョーシャ　描写 →7
ヒョーグシ　表具師 →14	ビョーシャ　病舎, 病者 →7
ヒョーグヤ　表具屋 →94	ヒョーシャク　評釈 →8
ヒョーケイ　表敬 →8	ビョージャク　病弱 →8
ヒョーケイホーモン　表敬訪問 →15	ヒョーシュツ　表出 →8
ヒョーケツ　氷結, 表決, 評決, 票決 →8	ビヨージュツ　美容術 →14a
ビョーケツ　病欠<病気欠席(勤) →10	ヒョージュン　標準 →8
ヒョーゲン　氷原, 評言 →8	ヒョージュンゴ　標準語 →14
ヒョーゲン, ヒョーゲン　表現 →8	ヒョージュンジ　標準時 →14a
ビョーゲン, ビョーゲン　病原, 病源 →8	ビョーショ　廟所 →7
ビョーゲンキン, ビョーゲンキン　病原菌 →14a	ヒョーショー　表象, 表彰, 標章 →8
	ヒョージョー　氷上, 兵仗 →8
ビョーゲンタイ　病原体 →14	ヒョージョー, ヒョージョー　評定, 表情 →8
ヒョーゴ　評語, 標語 →7	
ヒョーゴ　兵庫〖地〗 →21	ビョーショー　病床, 病症 →8
ビョーゴ, ビョーゴ　病後 →7	ビョージョー　病状 →8
ヒョーコー　標高 →8	ビョーシン　秒針 →8
	ビョーシン, 《古は ビョーシン》　病身 →8

￣は高い部分　⌣と⌢は高低が変る部分　⌐は次が下がる符号　→は法則番号参照

ヒョ￣ース	表す, 評す →48	ビョ￣ードーイン, ビョ￣ードーイン	平等院 →14a
ヒョ￣ースー	票数 →8	ビョ￣ードク	病毒 →8
ヒョ￣ースル	表する, 評する →48	ヒョ￣ートリ	日傭取り →13a
ビョ￣ーセイ★	病勢 →8	ビョ￣ーニン	病人(ゴビョ￣ーニン, ゴビョ￣ーニン 御～) →8, 92
ビョ￣ーセイ★ケイ★	美容整形 →15		
ヒョ￣ーセツ	剽窃, 評説 →8 氷雪(～に閉ざされる) →18	ヒョ￣ーノー	氷嚢 →8
		ヒョ￣ーハク	表白, 漂白, 漂泊 →8
ヒョ￣ーゼン	飄然 →56	ヒョ￣ーハクザイ, ヒョ￣ーハクザイ	漂白剤 →14
ヒョ￣ーソ, ヒョ￣ーソー	瘭疽 →7d		
ヒョ￣ーソー	表装, 表層 →8	ヒョ￣ーバン	評判 →8
ビョ￣ーソー	病巣 →8	ヒョ￣ーバンキ	評判記 →14a
ヒョ￣ーソーナダレ	表層雪崩 →12	ヒョ￣ーヒ	表皮 →7
ヒョ￣ーソク	平仄(～が合わない) →18	ヒョ￣ーヒョー	飄飄 →58
ビョ￣ーソク	秒速 →8	ヒョ￣ービョー	縹渺 →58
ヒョ￣ーダイ	表題 →8	ビョ￣ービョー	渺渺 →58
ビョ￣ータイ	病体 →8	ビョ￣ーフ	病夫, 病父, 病婦 →7
ビョ￣ータイ, ビョ￣ータイ	病態 →8	ビョ￣ーブ	屏風 →8d
ビョ￣ータイソー	美容体操 →15	ビョ￣ーブイワ	屏風岩 →12
ヒョ￣ータン, ヒョ￣ータン	氷炭(～相容れず) →18	ビョ￣ーヘイ★	病兵, 病弊 →8
		ヒョ￣ーヘキ	氷壁 →8
ヒョ￣ータン	瓢箪 →8	ビョ￣ーヘキ	病癖 →8
ヒョ￣ータンナマズ	瓢箪鯰 →12	ヒョ￣ーヘン	豹変 →8
ヒョ￣ーチャク	漂着 →8	ビョ￣ーヘン	病変 →8
ヒョ￣ーチュー	氷柱, 標柱, 評注, 標注 →8	ヒョ￣ーホー, ヒョ￣ーホー	兵法 →8
		ヒョ￣ーボー	標榜 →8
ビョ￣ーチュー, ビョ￣ーチュー	病中 →8	ビョ￣ーボー	渺茫 →58
ビョ￣ーチューガイ	病虫害 →17	ビョ￣ーボツ	病没(歿) →8
ヒョ￣ーチョー	表徴, 漂鳥 →8	ヒョ￣ーホン	標本 →8
ヒョ￣ーテイ★	評定 →8	ビョ￣ーマ	病魔 →7
ヒョ￣ーテキ	標的 →8	ヒョ￣ーム	氷霧 →7
ビョ￣ーテキ	病的 →95	ヒョ￣ーメイ★	表明 →8
ヒョ￣ーテン	評点 →8	ビョ￣ーメイ★	病名 →8
ヒョ￣ーテン, ヒョ￣ーテン	氷点 →8	ヒョ￣ーメン	表面 →8
ヒョ￣ーデン	評伝, 票田 →8	ヒョ￣ーメンセキ	表面積 →15
ヒョ￣ーテンカ	氷点下 →14a	ヒョ￣ーメンチョーリョク	表面張力 →15
ヒョ￣ード	表土 →7		
ビョ￣ートー	病棟 →8	ヒョ￣ーヤ	氷野 →7
ビョ￣ードー	平等, 廟堂 →8	ビョ￣ーユ	病友 →8

ガギグゲゴは鼻濁音　カタカナ細字は母音の無声化　★は長音にもなる符号

ヒョーヨ──ヒラク　770

ヒョーヨミ 票読み →5
ビョーヨミ 秒読み →5
ヒョーリ 表裏(〜一体) →18
ビョーリ 病理 →7
ビョーリガク 病理学 →14
ヒョーリュー 漂流 →8
ビョーレキ 病歴 →8
ヒョーロー 兵糧,漂浪 →8
ヒョーローゼメ 兵糧攻め →13
ヒョーロクダマ 表六玉 →12
ヒョーロン 評論 →8
ヒョーロンカ 評論家 →14
ヒヨク 肥沃 →8 比翼<ヒヨクジタテ 比翼仕立〖衣〗→10, 12
ヒヨク,《古は ビヨク》比翼(〜の鳥) →8
ビヨク 尾翼,鼻翼 →8
ヒヨクヅカ 比翼塚 →12
ヒヨクモン 比翼紋 →14
ヒヨクレンリ, ヒヨク・レンリ 比翼連理 →98, 97
ヒヨケ 日除け →5
ヒヨケ 火除け →5
ヒヨケチ 火除け地 →14
ヒヨコ, ヒヨッコ 雛 →5d
ヒョコヒョコ (〜歩く,〜と) →57
ピョコン (〜と頭を下げる) →55
ヒヨシ 日吉〖地〗→21
ヒョックリ (〜帰る,〜と) →55
ヒョッコリ (〜来る,〜と) →55
ヒョットコ (おかめに〜)
ヒヨドリ, ヒヨドリ 鵯 →4
ヒヨドリゴエ, ヒヨドリゴエ 鵯越〖地〗→13
ピヨピヨ (〜鳴く,〜と) →57
ヒヨメキ 顋門 →2
ヒヨリ 日和(〜が良い,〜を見る。オヒヨリ 御〜) →5, 92
ヒヨリ, ヒヨリ 日和<ヒヨリゲタ,

ヒヨリゲタ 日和下駄 →10
ヒヨリミ 日和見 →13
ヒヨリミシュギ 日和見主義 →15
ヒョロック (足が〜) →96
ヒョロナガイ, ヒョロナガイ ひょろ長い →54
ヒョロヒョロ (〜だ・な・に) →57
ヒョロヒョロ (〜する,〜と) →57
ヒヨワ ひ弱 →91
ヒヨワイ, ヒヨワイ ひ弱い →91
ヒョンナ (〜ことで) →63
ピョンピョン (〜飛ぶ) →57
ヒラ 平(↔役付き) →1 平(=平椀。ひらわん。オヒラ 御〜) →1, 92
ビラ 片(〜をまく)
ヒラアヤマリ 平謝り →13
ヒライ 飛来,避雷 →8 平井〖地〗→21
ヒライシン, ヒライシン 避雷針 →14b
ヒライズミ 平泉〖地〗→21
ヒラウチ, ヒラウチ 平打ち(《紐・かんざしも》) →5
ヒラオシ 平押し →5
ヒラオヨギ 平泳ぎ →13
ヒラオリ 平織 →5
ヒラガ(・)ゲンナイ, ヒラガゲンナイ 平賀源内 →22, 25, 27
ヒラガナ, ヒラガナ,《古は ヒラガナ》平仮名 →12
ヒラキ 開き(オヒラキ 御〜) →2, 92
……ビラキ …開き(カワビラキ 川〜, ブタイビラキ 舞台〜) →13
ヒラキド 開き戸 →12
ヒラキナオル, ヒラキナオル,《古・強は ヒラキナオル》開き直る →45
ヒラギヌ, ヒラギヌ 平絹 →5
ヒラキフー, ヒラキフー 開き封 →14
ヒラク 開く ヒラカナイ, ヒラコー, ヒラキマス, ヒライテ, ヒラケバ,

￣ は高い部分 ⌣ と ⌢ は高低が変る部分 ⌐ は次が下がる符号 → は法則番号参照

771　　ヒラグケ──ヒルガエ

ヒラケ →43	ヒラメク　閃く →96
ヒラグケ　平絎 →5	ヒラヤ　平屋 →5
ヒラグモ　平蜘蛛(〜のように) →5	ヒラヤズクリ　平屋造り →13
ヒラケル　開ける →44	ヒラヤダテ　平屋建 →13
ヒラザラ　平皿 →5	ヒラリ, ヒラリ　(〜と) →55
ヒラシャイン　平社員 →15	ヒラワン, ヒラワン　平椀 →8
ピラシャラ　(〜する, 〜と) →57	ビラン　糜爛 →8
ヒラジョイン　平書院 →15	ビリ　(=最後) →1
ヒラジロ　平城 →5	ピリオド　period(〜を打つ) →9
ヒラズミ　平積み →5	ヒリキ, ヒリキ　非力 →8
ヒラタ, ヒラタ　平田〖姓〗 →22	ビリケン　Billiken →23
ヒラタ(・)アツタネ　〜篤胤 →24c, 27	ヒリツ　比率 →8
ヒラタイ　平たい →53	ヒリツク　(=ひりひりする) →96
ヒラタク　平たく(〜言えば) →52	ビリッケツ, ビリッケツ　びりっ尻〖俗〗 →8d
ヒラチ　平地 →7	ビリッコ　〖俗〗 →94
ヒラツカ　平塚〖地〗 →21	ピリヒリ　(〜痛む, 〜と) →57
ヒラテ　平手 →5	ビリビリ　(〜する, 〜と) →57
ピラティス　Pilates →9	ピリピリ　(〜する, 〜と) →57
ヒラテウチ　平手打ち →13	ビリヤード　billiards →9
ヒラデマエ　平点前〖茶道〗 →12	ヒリュー　飛竜 →8
ヒラドマ　平土間〖12〗	ビリュー　微粒 →8
ヒラナベ, ヒラナベ　平鍋 →5	ビリューシ　微粒子 →17
ヒラニ　平に(〜お許し) →67	ヒリョー, 《古は ヒリョー》　肥料 →8
ピラニア　piranha〖葡〗 →9	ビリョー　微量, 鼻梁 →8
ヒラヌイ　平縫 →5	ビリョク, ビリョク　微力 →8
ヒラバ　平場 →5	ピリリ, ピリリ　(〜と辛い) →55
ヒラヒモ　平紐 →5	ヒル　干る, 放る, 簸る →43　蛭, 蒜 →1
ヒラヒラ　(〜させる, 〜と) →57	ヒル　昼(オヒル 御〜) →1, 92
ピラフ　pilaf〖仏〗 →9	ビル　bill →9　＜building →10
ヒラベッタイ, ヒラベッタイ　平べったい →54	……ビル　(オトナビル 大人〜, イナカビル 田舎〜)) →96
ヒラマク　平幕〖相撲〗 →5	ピル　pill →9
ヒラマサ　平政〖魚〗 →5	ヒルアンドン　昼行灯 →15
ピラミッド　pyramid →9	ヒルイ, 《新は ヒルイ》　比類 →8
ヒラムギ, ヒラムギ　平麦 →5	ビルガイ　ビル街＜building 街 →8
ヒラメ　平目〖魚〗 →5	ヒルガエス　翻す →44
ヒラメカス　閃かす →44	ヒルガエッテ　翻って →67
ヒラメキ, ヒラメキ, ヒラメキ　閃き →2	ヒルガエル　翻る →46

ガギグゲゴは鼻濁音　カタカナ細字は母音の無声化　★は長音にもなる符号

ヒルガオ──ヒロシマ　772

ヒルガオ　昼顔　→4

ビルカゼ　ビル風＜building 風　→4

ヒルゲ　昼餉　→4

ヒルゴハン　昼御飯　→15

ヒルゴロ　昼頃　→4

ヒルサガリ　昼下がり　→13

ヒルスギ, ヒルスギ　昼過ぎ　→38

ヒルセキ　昼席〖寄席〗　→8

ビルディング　building　→9

ビルトイン　built-in　→16

ヒルドキ　昼時　→4

ヒルナカ　昼中　→4

ヒルヌキ, ヒルヌキ　昼抜き　→5

ヒルネ　昼寝　→5

ヒルヒナカ, ヒルヒナカ,《古・強は ヒルヒナカ》　昼日中　→18

ヒルマ　昼間　→4

ビルマ　Burma〖国〗　→21

ヒルマエ　昼前　→4

ヒルム　怯む　→43

ヒルメシ　昼飯　→4

ヒルヤスミ　昼休み　→12

ヒレ　filet〔仏〕　→9

ヒレ, ヒレ　鰭, 領巾　→1

ヒレイ★　比例　→8

ヒレイ★, ヒレイ★　非礼　→8

ビレイ★　美麗　→8

ヒレイ★ダイヒョー　比例代表　→15

ヒレイ★ハイブン　比例配分　→15

ヒレキ　披瀝　→8

ヒレザケ, ヒレザケ　鰭酒　→4

ヒレツ　卑劣　→8

ビレッジ　village　→9

ヒレニク, ヒレニク　filet 肉〔仏〕　→8

ヒレフス, ヒレフス　平伏す　→46

ヒレン, ビレン　悲恋　→8

ヒロ　尋　→1

ヒロイ　拾い　→2

ヒロイ　広い　ビロカッタ, ビロク,

ヒロクテ,《新は ヒロクテ》, ビロケレバ, ビロシ　→52

ヒロイアゲル　拾い上げる　→45

ヒロイズム　heroism　→9

ヒロイダス　拾い出す　→45

ヒロイック　heroic　→9

ヒロイモノ　拾い物　→12

ヒロイヨミ　拾い読み　→13

ヒロイン　heroine　→9

ヒロウ　拾う　ヒロワナイ, ヒロオー, ヒロイマス, ヒロッテ, ヒロエバ, ヒロエ　→43

ヒロエリ　広襟　→5

ヒロエン, ヒロエン　広縁　→8

ヒロー　疲労　→8

ヒロー　披露（ゴヒロー 御～）　→8, 92

ヒロオ　広尾〖地〗　→21

ビロー　尾籠　→8

ヒローエン　披露宴　→14a

ビロード　天鵞絨＜veludo〔葡〕　→9

ヒロガリ　広がり　→2

ヒロガル　広がる　→44

ビロク,《古は ビロク》　美禄（天の～）, 微禄　→8

ヒロクチ　広口　→5

ピローケース　pillowcase　→16

ヒロゲル　広げる　ヒロゲナイ, ヒロゲヨー, ヒロゲマス, ヒロゲテ, ヒロゲレバ, ヒロゲロ　→44

ヒロコ　弘子・寛子・博子〖女名〗　→25

ヒロコージ　広小路〖地〗　→21

ヒロサ　広さ　→93

ヒロサキ　弘前〖地〗　→21

ヒロシ　弘・浩・寛・博〖男名〗　→23

ピロシキ, ピロシキ　pirozhki〔露〕　→9

ヒロシゲ,《古は ヒロシゲ》　広重〖人〗 ⇒アンドー～

ヒロシマ　広島〖地〗　→21

ヒロシマケン　広島県　→14

‾は高い部分　⋯と⋯は高低が変る部分　⌐は次が下がる符号　→は法則番号参照

ヒロシマシ 広島市 →14
ヒロソデ, **ヒロソデ** 広袖 →5
ヒロダイ 広大<**ヒロシマダイガク** 広島大学 →10, 15
ヒロッパ 広っぱ →5d
ピロティ pilotis〔仏〕→9
ヒロニワ 広庭 →5
ヒロバ,《古は **ヒロバ**》 広場 →5
ヒロハバ 広幅 →5
ヒロハバモノ 広幅物 →12
ヒロビロ 広広(～する, ～と) →57
ヒロブタ 広蓋 →5
ヒロポン, **ヒロポン** Philopon〖商標〗→9
ヒロマ 広間 →5
ヒロマル 広まる →44
ヒロメ 広め・披露目(**オヒロメ** 御～) →2, 92
ヒロメヤ 広め屋(=広告屋) →94
ヒロメル 広める →44
ヒワ 鶸 →1 秘話, 悲話 →7
ビワ 枇杷, 琵琶 →7
ヒワイ 卑猥, 鄙猥 →8
ヒワイロ 鶸色 →4
ビワコ 琵琶湖 →14
ヒワダ 檜皮 →4
ヒワダブキ 檜皮葺き →13
ビワホーシ 琵琶法師 →15
ヒワリ 日割 →5
ヒワリカンジョー 日割勘定 →15
ヒワリケイ★サン 日割計算 →15
ヒワレ 日割れ, 干割れ →5
ヒワレル 干割れる(田が～) →45
ヒン 品(～が良い) →6
ヒン 貧, 賓 →6
……ヒン, **……ヒン** …品(**ガクヨーヒン**, **ガクヨーヒン** 学用～) →14a
ビン 敏, 便, 瓶, 壜, 鬢 →6
ピン <pinta〔葡〕(～からきりまで), pin →9
ヒンイ 品位, 賓位 →7
ピンカール pin curl →16
ビンカキ, **ビンカキ** 鬢掻き →5
ヒンカク 品格 →8
ビンガタ 紅型 →4
ビンカツ 敏活 →8
ピンカラ・キリマデ →97
ビンカン 敏感 →8
ヒンキャク, **ヒンカク** 賓客 →8
ヒンキュー 貧窮 →8
ヒンク 貧苦 →7
ピンク pink →9
ヒンケツ 貧血 →8
ヒンケツショー, **ヒンケツショー**, **ヒンケツショー** 貧血性 →14c
ビンゴ 備後(～の国) →21 bingo →9
ヒンコー 品行, 貧鉱 →8
ヒンコーホーセイ★ 品行方正 →98
ビンゴオモテ 備後表 →12
ヒンコン 貧困 →8
ヒンコンシャ 貧困者 →14a
ヒンシ 品詞 →7
ヒンシ, **ヒンシ** 瀕死 →7
ヒンシツ 品質 →8
ヒンジャ 貧者(～の一灯) →7
ヒンジャク 貧弱 →8
ピンシャン (～する, ～と) →57
ヒンシュ 品種 →7
ヒンシュク 顰蹙(～を買う) →8
ヒンシュツ 頻出 →8
ビンショー 敏捷, 憫笑(～を買う) →8
ビンジョー 便乗 →8
ビンスー 便数 →8
ヒンズーキョー Hindu 教 →14
ビンズメ, **ビンズメ**, **ビンズメ** 瓶詰 →5
ヒンスル 貧する, 瀕する →48
ビンズル 賓頭廬(**オビンズルサマ** 御

ヒンセイ	品性, 稟性 →8
ピンセット	pincet〚蘭〛 →9
ヒンセン	貧賤 →8
ビンセン	便船, 便箋 →8
ビンゼン	憫然 →56
ヒンソー	貧相 →8
ビンソク	敏速 →8
ヒンソン	貧村 →8
ビンタ	(〜を張る)
ピンタック	pin tack →16
ピンチ	pinch →9
ピンチヒッター	pinch hitter →16
ビンチョー	備長〚炭〛 →10
ビンツケ, ビンヅケ	鬢付け →5
ビンツケアブラ	鬢付油 →12
ビンテージ, ビンテージ	vintage →9
ヒント	hint →9
ヒンド	貧土, 頻度 →7
ピント	(〜来る, 〜なる) →55 ＜brand-punt〚蘭〛(〜が狂う) →10
ピント, ピント	(〜はね上がる, 糸を〜張る) →55
ヒントー	品等 →8
ヒンドスー, ヒンドスー	頻度数 →17
ピントハズレ	ピント外れ →13
ピンナップ	pinup →9
ヒンニョー	頻尿 →8
ヒンノー	貧農 →8
ヒンバ	牝馬 →7
ヒンパツ	頻発 →8
ビンパツ	鬢髪 →8
ピンハネ	ピン撥ね〚俗〛 →5
ヒンパン	頻繁 →8
ヒンピョー	品評 →8
ヒンピョーカイ	品評会 →14a
ヒンピン, ヒンピン	頻頻(〜と) →58
ピンピン	(〜する, 〜と) →57
ヒンプ	貧富 →18
ビンボー	貧乏 →8
ビンボーガミ, ビンボーガミ	貧乏神 →12a
ビンボークジ, ビンボークジ	貧乏籤 →12a
ビンボーグラシ	貧乏暮し →13
ビンボーショー, ビンボーショー, ビンボーショー	貧乏性 →14a
ビンボージョタイ	貧乏所帯 →15
ビンボータラシイ, ビンボッタラシイ	貧乏(っ)たらしい〚俗〛 →96
ビンボードクリ, ビンボードックリ	貧乏徳利 →15
ビンボーニン	貧乏人 →14
ビンボーユスリ	貧乏揺すり →13
ビンボーユルギ	貧乏揺るぎ →13
ピンボケ	(写真が〜だ) →10
ピンポン	ping-pong(=卓球) →9
ヒンマガル	ひん曲がる →45
ヒンマゲル	ひん曲げる →45
ヒンミン	貧民 →8
ヒンミンガイ	貧民街 →14a
ヒンミンクツ	貧民窟 →14a
ヒンムク	ひん剝く →45
ヒンメイ	品名 →8
ヒンモク	品目 →8
ヒンヤリ	(〜する, 〜と) →55
ビンラン	紊乱 →8 便覧 ⇒ベンラン
ビンロージ	檳榔子 →14a
ビンワン	敏腕 →8
ビンワンカ	敏腕家 →14

フ	斑(〜がはいる) →1 歩〚将棋〛, 譜, 腑(〜に落ちない) →6 麩(**オフ** 御〜) →6, 92
フ	府, 負, 賦, 訃 →6

…‥‥フ …夫(**ソージフ** 掃除～),…婦
(**スイジフ** 炊事～) →14

ブ 分(～が厚い),分・歩(～が悪い) →6

ブ 武(～を好む) →6

ブ, ブ 部 →6

…‥‥ブ …部(=部分・区分。**チュージン
ブ** 中心～, **チョーサブ** 調査～)
→14a

…‥‥ぶ …分…・部〖数〗→34, 35

プア poor →9

ファースト, ファースト first →9

ファーストクラス first class →16

ファーストフード fast food →16

ファーブル Fabre〔仏〕〖人〗→22

ブアイ 歩合 →4

ブアイキョー 無愛敬 →91

ブアイセイ★ 歩合制 →14

ブアイソー 無愛想 →91

ブアイダカ, ブアイダカ 歩合高
→12b

ファイト,《新は ファイト》 fight →9

ファイナル final →9

ファイナンス finance →9

ファイバー fiber →9

ファイバースコープ fiberscope →16

ファイル file →9

ファインダー finder →9

ファインプレー fine play →16

ファウスト Faust〔独〕〖人・書〗→22

ファウル foul →9

ファクシミリ, ファクシミリ facsim-
ile →9

ファクター factor →9

ファゴット fagotto〔伊〕→9

ファジー fuzzy →9

ファシスト fascist →9

ファシズム fascism →9

ファスナー fastener →9

ブアツ 分厚 →5

ブアツイ, ブアツイ 分厚い →54

ファックス, ファクス fax＜facsimile
→9

ファッショ fascio〔伊〕→9

ファッション fashion →9

**ファッションショー, ファッション
ショー** fashion show →16

ファッションモデル fashion model
→16

ファミコン ＜family computer〔和〕〖商
標〗→10

ファミリー family →9

ファミリーレストラン family restau-
rant〔和〕→16

ファン fan(=換気扇) →9

ファン,(ファン) fan(=愛好者) →9

フアン 不安 →8

フアンシン 不安心 →91

ファンタジー fantasy →9

ファンタジック fantasy＋ic →9

**ファンタスティック, ファンタス
ティック** fantastic →9

フアンテイ★ 不安定 →91

ファンデーション foundation →9

ファンド fund →9

フアンナイ 不案内 →91

ファンヒーター fan heater →16

ファンファーレ Fanfare〔独〕→9

ファンレター fan letter →16

フイ 不意(～に, ～を食う) →7

フイ (努力が～になる) →55 布衣
→7

ブイ 武威,部位 →7 buoy →9

ブイアイピー VIP＜Very Important
Person →16

フィアンセ fiancé(e)〔仏〕→9

フィート feet →9

フィードバック feedback →16

フィーバー fever →9

ガギグゲゴは鼻濁音　カタカナ細字は母音の無声化　★は長音にもなる符号

フィーリ──フーケイ　776

フィーリング　feeling（～があわない）→9
フィールド　field →9
フィールドアスレチック　field athletic〔和〕〔商標〕→16
フィールドキョーギ　フィールド競技 →15
フイウチ　不意打ち →5
ブイキ　不意気 →91
フィギュア　figure →9
フイク，フイク　扶育，傅育 →8
フィクション　fiction →9
フイゴ，《古は フイゴ》　鞴 →1
ブイサイン　V sign →16
フィジカル　physical →9
フイチョー　吹聴 →8
フイツ　不一〔手紙〕→8
フィッシング，《新は フィッシング》　fishing →9
フイッチ　不一致 →91
フィット　fit →9
フィットネス　fitness →9
フィナーレ　finale〔伊〕→9
フィニッシュ　finish →9
ブイネック　V neck →16
フイフイキョー　回回教 →14
ブイヤベース　bouillabaisse〔仏〕→9
フィヨルド　fjord〔ノルウェー〕→9
ブイヨン　bouillon〔仏〕→9
フィラメント　filament →9
フィラリア　filaria →9
フイリ　不入り，斑入り →5
フィリピン，フィリピン，フィリッピン　Philippine〔国〕→21
フィルター，《新は フィルター》　filter →9
フィルハーモニー　Philharmonie〔独〕→16
フィルム，《古は フイルム》　film →9

フィレンツェ　Firenze〔伊〕〔地〕→21
フイン　訃音 →8
ブイン　無音（**ゴブイン** 御～）→8, 92
ブイン，ブイン　部員 →8
フィンガーボール　finger bowl →16
フィンランド，フィンランド　Finland〔国〕→21
フー　封，風 →6　二（ひい・～・みい）→30
……フー，……フー　…風〔気象〕（キセツフー，キセツフー 季節～）→14
……フー　…風(=風体・様式。**トーキョーフー** 東京～）→95
フーアイ，フーアイ　風合(布の～が良い）→4
フーアツ　風圧 →8
フーイ　風位，諷意 →7
フーイン　封印，風韻 →8
フーウ　風雨 →18
フーウン　風雲（～急を告げる）→18
フーウンジ　風雲児 →14a
フーエイ★　諷詠 →8
フーカ　風化 →7
フーガ　fuga〔伊〕→9
フーガ　風雅 →7
フーガイ　風害 →8
フーカク　風格 →8
フーカサヨー　風化作用 →15
フーガワリ　風変り →13
フーカン　諷諫，封緘 →8
フーカンハガキ　封緘葉書 →12
フーキ　風気，風紀 →7　富貴 →18
フーキョー　風狂（～の人）→8
フーキリ　封切 →5
フーキリカン　封切館 →14
フーキル　封切る →46
フーキン　風琴 →8
ブーケ　bouquet〔仏〕→9
フーケイ★　風景 →8

￣は高い部分　¨と¨は高低が変る部分　˥は次が下がる符号　→は法則番号参照

777　フーケイ──フーフー

フーケイ☆ガ　風景画 →14	フーセンダマ　風船玉 →12
フーケツ　風穴 →8	フーソー　風葬 →8　風霜 →18
フーゲツ　風月(花鳥〜) →18	フーソク　風速 →8
フーコー　風向 →8	フーゾク　風俗 →8
フーコー，《古は フーコー》　風光 →18	フーゾクエイ☆ギョー　風俗営業 →15
フーコーメイ☆ビ　風光明媚 →99	フーゾクガ　風俗画 →14
フーサ，フーサ　封鎖 →7	フーソクケイ☆，フーソクケイ☆　風速計 →14
フーサイ　風災 →8	フーゾクシ，フーゾクシ　風俗史 →14c
フーサイ，《古は フーサイ》　風采 →8	
フーサツ　封殺 →8	フーゾクショーセツ　風俗小説 →15
フーシ　風刺 →7	フータイ　風体，風帯，風袋 →8
フーシ　夫子，風姿 →7	プータロー　風太郎 →26
フージ　封じ →2	フーチ　風致 →7
フーシカデン，フーシカデン　風姿花伝〚書〛 →98	フーチチク，フーチチク　風致地区 →15
フージコメ　封じ込め →13	フーチョー　風鳥，風潮 →8
フージコメル　封じ込める →45	フーチリン　風致林 →14
フーシショーセツ　風刺小説 →15	フーチン　風鎮(=掛軸のおもり) →8
フージテ，フージテ　封じ手 →12	ブーツ　boots →9
フージメ，フージメ　封じ目 →12	フーテイ☆　風体 →8
フーシャ，《新は フーシャ》　風車 →7	フーテン　瘋癲 →8
フージャ，フージャ　風邪 →7	フード　風土，風度 →7　hood, food →9
フーシュ　風趣 →7	フートー　封筒 →8
フーシュー　風習 →8	フードー　風洞 →8
フーショ　封書 →7	フートーボク　風倒木 →14a
フーショク　風食(蝕) →8	フードビョー　風土病 →14
フージル，フージル　封じる →47	プードル　poodle〚犬〛 →9
フーシン　風疹 →8	フーニュー　封入 →8
フージン　風神，風塵 →8	フーハ　風波 →18
ブース　booth →9	フーバイカ　風媒花 →14b
フースイガイ　風水害 →17	フーバギュー，フーバギュー　風馬牛 →15
フースル　諷する →48	
フーズル，フーズル　封ずる →47	フーハツ　風発(談論〜) →8
フーセイ☆　風声，風勢 →8	フービ　風靡 →7
フーセツ　風説 →8　風雪 →18	フーヒョー　風評 →8
フーセン　風船 →8	フーヒョーヒガイ　風評被害 →15
フーゼン　風前(〜のともし火) →8	フーフ　夫婦(ゴフーフ 御〜) →18, 92
フーセンガム　風船 gum →16	フーフー　(〜吹く，〜と) →57

ガギグゲゴは鼻濁音　カタカナ細字は母音の無声化　★は長音にもなる符号

ブーブー──フォーム　778

ブーブー （〜怒る,〜と） →57	→15
フーフゲンカ 夫婦喧嘩 →15	フエキ 不易（〜流行）→8
フーフズレ 夫婦連れ →13	フェザーカット feather cut →16
フーブツ 風物 →8	フェザーキュー feather 級 →14
フーブツシ, フーブツシ 風物詩,風物誌 →14c	フェスティバル festival →9
フーフナカ, フーフナカ 夫婦仲 →12	フエテ, フエテ 不得手 →91
フーフモノ, フーフモノ, フーフモノ 夫婦者 →12	フェニックス, フェニックス phoenix〔拉〕→9
フーフヤクソク 夫婦約束 →15	フエフキ, フエフキ 笛吹き →5
フーフヨーシ 夫婦養子 →15	フェミニスト feminist →9
フーフワカレ 夫婦別れ →13	フェミニズム feminism →9
フーブン 風聞 →8	フェリー ＜フェリーボート ferry-boat →9, 16
フーボー 風貌 →8	
フーミ, フーミ 風味 →7	フエル 増える,殖える フエナイ, フエヨー, フエマス, フエテ, フエレバ, フエロ →43
ブーム boom →9	
ブーメラン boomerang →9	
フーモン 風紋 →8	フェルト, フエルト felt →9d
フーライボー 風来坊 →14b	フェルトペン, フエルトペン,《新は フェルトペン》 felt pen〔和〕→16
フーリュー 風流 →8	
フーリュージン 風流人 →14a	フェロー fellow →9
フーリョク 風力 →8	フェロモン pheromone →9
フーリン 風鈴 →8	フエン 敷衍 →8
プール pool →9	フエン 不縁（つり合わぬは〜のもと）→8
プールサイド poolside →16	
フーロー 封蠟 →8 風浪 →18	フェンシング fencing →9
ブウン 不運 →8	フェンス fence →9
ブウン 武運（〜長久）→8	ブエンリョ 無遠慮 →91
フエ 笛,吭(=のどぶえ), 鏢 →1	フォアグラ foie gras〔仏〕→9
フエ 不壊 →7	フォアボール, フォアボール four balls →16
フェア fair →9	
フェアプレー fair play →16	フォーカス focus →9
フェイク fake →9	フォーク, ホーク fork →9
フェイス face →9	フォークソング folk song →16
フェイスブック facebook〘商標〙→9	フォークダンス folk dance →16
フエイ.セイ. 不衛生 →91	フォークリフト forklift →9
フェイント feint →9	フォーマット format →9
フェーン Föhn〔独〕〘気象〙→9	フォーマル formal →9
フェーンゲンショー Föhn 現象〔独〕	フォーマルウエア formal wear →16
	フォーム form →9

￣ は高い部分　 ˙˙ と ˙˙˙ は高低が変る部分　 ⌐ は次が下がる符号　→は法則番号参照

フォーラ──プカプカ

フォーラム　forum →9	フガク　富岳(嶽)(～百景) →8
フォールト　fault →9	ブガク　舞楽 →8
フォッサマグナ　Fossa Magna[拉] →16	フガクジツ　不確実 →91
フォト　photo →9	フガクダイ　不拡大 →91
フォトアルバム　photo album →16	フカグツ, フガグツ　深靴 →5
フォトグラファー　photographer →16	フガクテイ★　不確定 →91
ブオトコ　醜男 →91	ブガクメン　舞楽面 →14
フォルテ　forte[伊] →9	フガケイ★　付加刑 →14
フォルム　forme[仏] →9	フガケツ　不可欠 →17
フォロー　follow(～する) →9	フガゲン　不加減 →91
フォン　不穏 →8	フカコーリョク　不可抗力 →14a
フォンデュ, フォンデュー　fondue[仏] →9	フガサ　深さ →93c
フオントー　不穏当 →91	フカザケ, フカザケ　深酒 →5
ブオンナ　醜女 →91	フカシ　蒸かし →2
フカ,《新は フカ》　鱶 →1	フカシイモ　蒸かし芋 →12
フカ, フカ　浮華,付加,負荷,賦課,孵化,不可,府下,富家 →7c	フガシギ　不可思議 →17
ブカ　部下 →7	フガシン　不可侵 →17
フカアミガサ　深編笠 →12	フカシンジョーヤク　不可侵条約 →15
フカイ　付会 →8	フカス　更かす,吹かす,蒸かす →44
フカイ　深い　フカカッタ, フカク, フカクテ, フカケレバ, フカシ →52c	フカズメ, フカズメ　深爪 →5
フカイ, フカイ　不快 →8	フガゼイ★　付加税 →14
フガイ,《古は フガイ》　腑甲斐(～がない)	フガチ　不可知 →17
ブカイ　部会 →8	ブカツ　部活＜部活動 →10
ブガイ　部外 →8	ブガッコー　不恰好 →91
フカイシスー, フカイシスー　不快指数 →15c	フガッテ　不勝手 →91
フガイナイ　腑甲斐無い →54	フガッパツ　不活発 →91
フカイリ, フカイリ　深入り →5	フカデ, フカデ　深手・深傷(～を負う) →5
フカオイ, フカオイ　深追い →5b	フカナサケ　深情(悪女の～) →12
フカカイ　不可解 →17	フカノー　不可能 →17
フカカチ　付加価値 →15	フガヒ　不可避 →17
フカカチゼイ★　付加価値税 →17	フカフカ　(～だ・な・に) →57
フカガワ　深川〖地〗 →21	フガフカ,《新は フカフカ》　(～する, ～と) →57c
フカク　不覚 →8	フカブカ　深深(～と) →57
	ブカブカ　(～だ・な・に) →57
	ブカブカ　(～する,～と) →57
	プガプカ,《新は プカプカ》　(～吹かす,～と) →57c

ガギグゲゴは鼻濁音　カタカナ細字は母音の無声化　★は長音にもなる符号

フカブン──フキデモ　780

フカブン　不可分 →17	フキオロス, フキオロス　吹き下す →45
フカマ, フカマ　深間 →5	フギカイ, フギカイ　府議会 →15
フカマル　深まる →44	フキカエ　吹替え, 葺替え →5
フカミ　深み(〜がない) →2	フキカエス, フキカエス　吹き返す →45
フカミ, フカミ　深み(〜に落ちる, 〜にはまる) →93	フキカケル, フキカケル　吹き掛ける →45
フカミドリ　深緑 →12	フキキヨメル　拭き清める →45
フカメル　深める →44	フキケス, 《新は フキケス》　吹き消す →45
フカヨイ　深酔い →5	フギゲン　不機嫌 →91
フカヨミ　深読み →5	フキコボレ　吹きこぼれ →2
フカン　俯瞰 →8	フキコボレル, フキコボレル　吹き溢れる →45
ブカン　武官 →8　武漢〔地〕 →21	フキコミ　吹込み →5
フカンショー, フカンショー　不感症 →14a	フキコム, 《新は フキコム》　吹き込む →45
フカンゼン　不完全 →91	フキコム　拭き込む →45
フカンゼンネンショー　不完全燃焼 →15	フキサラシ, フキッサラシ　吹(っ)曝し →13d
フキ　蕗 →1	フキスサブ, フキスサブ　吹き荒ぶ →45
フキ, フキ　袘〔和服〕 →2	フキソ　不起訴 →91
フキ　吹き →2	フキソージ　拭き掃除 →15
フキ, フキ　不軌, 不羈, 付記, 不帰 →7c	フキソク, フキソク　不規則 →91c
フギ　付議, 不義 →7　府議<府議会議員 →10	フキタオス, フキタオス　吹き倒す →45
ブキ　武器 →7	フキダス, 《新は フキダス》　吹き出す →45
ブギ　武技, 舞妓 →7	フキダマリ　吹溜り →13
フキアガル, フキアガル　吹き上がる →45	フキチラス, フキチラス　吹き散らす →45
フキアゲ　吹上げ →5	フキツ　不吉 →8
フキアゲギョエン　吹上御苑 →15	フキツケル, フキツケル　吹き付ける →45
フキアゲル, フキアゲル　吹き上げる →45	ブキッチョ, ブキッチョ　不器用 →91d
フキアレル, フキアレル　吹き荒れる →45	フキデモノ　吹出物 →12
フキイタ, フキイタ　葺板 →5	
フキイド　吹き井戸 →12	
ブギウギ, ブギウギ　boogie-woogie →11	
フキオクル, フキオクル　吹き送る →45	

 ̄は高い部分　 ̈と ̈は高低が変る部分　˥は次が下がる符号　→は法則番号参照

フキデル, 《新は フキデル》 吹き出る →45

フキトース, フキトース 吹き通す →45

フキトバス, フキトバス 吹き飛ばす →45

フキトブ, 《新は フキトブ》 吹き飛ぶ →45

フキトル 拭き取る →45

フキナガシ 吹流し →13

フキナラス, フキナラス 吹き鳴らす →45

フキヌキ 吹貫, 吹抜き →5

フキヌケ 吹抜け →5

フキヌケル, フキヌケル 吹き抜ける →45

フキノトー, フキノトー 蕗の薹 →19

フキハラウ, フキハラウ 吹き払う →45

フキブリ, 《新は フキブリ》 吹き降り →18

フキマクル, フキマクル 吹き捲る →45

フキマメ 富貴豆 →5

フキマワシ 吹回し →13

ブキミ, 《新は ブキミ》 無気味 →91

フギモノ 不義者 →4

フキヤ 吹き矢 →5

フキュー 不急, 不朽, 腐朽, 普及, 不休 →8

フキューバン 普及版 →14

フキョー 不況, 布教, 不興 →8　富強《富国強兵の略も》→8, 10

フギョー 俯仰(~天地に恥じず) →18

ブギョー 不器用 →91

ブギョー, 《もと ブギョー》 奉行(オブギョーサマ 御~様) →8, 94

フギョーギ 不行儀 →91

フキョーシ 布教師 →14a

ブギョーショ, ブギョーショ 奉行所 →14

フギョージョー, フギョージョー 不行状 →91

フギョーセキ, フギョーセキ 不行跡 →91

フキョーワオン 不協和音 →14

フキョカ 不許可 →91

ブキョク 部局, 舞曲 →8

フキヨセ 吹寄せ →5

フキヨセル, フキヨセル 吹き寄せる →45

フギリ, フギリ (ギはギとも) 不義理 →91

フギリツ 不規律 →91

ブギリョー, フギリョー 不器量 →91

フキワタル, フキワタル 吹き渡る →45

フキン 布巾 →8c

フキン, 《新は フキン》 付近 →8c

フキンコー 不均衡 →91

フキンシン 不謹慎 →91

フク 拭く, 葺く(屋根を~) フカナイ, フコー, フキマス, フイテ, フケバ, フケ →43

フグ 服, 副, 幅, 福, 腹, 複 →6

フグ, ブク 吹く, 噴く フカナイ, フコー, フキマス, フイテ, フケバ, ブケバ, フケ, ブケ →43c

フグ 河豚 →1　不具 →7

ブグ 武具 →7

フグアイ 不具合 →91

フクアン 腹案 →8

フクイ 福井〖姓〗 →22

フクイ 復位 →7

フクイ, フクイ 福井〖地〗 →21c

フクイク 馥郁(~たる) →58

フクイケン 福井県 →14

フクイシ 福井市 →14

ガギグゲゴは鼻濁音　カタカナ細字は母音の無声化　★は長音にもなる符号

フクイン──フクセキ　782

フ**クイン** 復員,幅員,副因,福音 →8	フ**クシキボキ** 複式簿記 →15
フ**クインショ**, フ**クインショ** 福音書 →14	フ**クシコッカ** 福祉国家 →15
フ**クインチョー** 副院長 →15	フ**クジテキ** 副次的 →95
フ**グー** 不遇 →8	フ**クシネンキン** 福祉年金 →15
フ**クウン** 福運 →8	フ**クシマ** 福島〔地・姓〕→21, 22
フ**クエキ** 服役 →8	フ**クシマケン** 福島県 →14
フ**クエン** 復縁,復円 →8	フ**クシマシ** 福島市 →14
フ**グオカ** 福岡〔地〕→21	フ**クシャ** 複写,輻射 →7
フ**クオカケン** 福岡県 →14	フ**グシャ** 不具者 →14
フ**クオカシ** 福岡市 →14	フ**クシャキ** 複写機 →14
フ**クオン** 複音 →8	フ**クシャシ** 複写紙 →14
フ**クオンセイ** 副音声 →15	フ**クシャチョー** 副社長 →15
フ**クカイチョー** 副会長 →15	フ**クシャネツ** 輻射熱 →14
フ**クガク** 復学 →8	フ**クシュ** 副手 →7
フ**クカン**, フッ**カン** 復刊,副官 →8	フ**クシュー** 復習,復讐 →8
フ**クガン** 複眼 →8	フ**クジュー** 服従 →8
フ**クギチョー** 副議長 →15	フ**クシューニュー** 副収入 →15
フ**クギョー** 副業 →8	フ**クジュソー** 福寿草 →14
フ**クキョーザイ** 副教材 →15	フ**クショ** 副署,副書 →7
フ**クゲン** 復元,復原 →8	フ**クショー** 復誦,副将,副賞,複勝 →8
フ**クゲンリョク** 復元力 →14a	フ**グジョーチン**, フ**グチョーチン** 河豚提灯 →15
フ**クゴー** 複合 →8	フ**クショク** 復職,服飾,副食 →8
フ**クゴーゴ** 複合語 →14	フ**クショクヒン** 服飾品 →14
フ**クサ** 袱紗 →7	フ**クショクブツ** 副食物 →14
フ**クザイ** 伏在,服罪 →8	フ**クシン** 副審,覆審,腹心 →8
フ**クササバキ** 袱紗捌き →13	フ**クジン** 副腎 →8
フ**グサシ** 河豚刺し →10	フ**クジンズケ** 福神漬 →13
フ**クザツ** 複雑 →8	フ**グス** 服す,復す →48
フ**クサヨー** 副作用 →15	フ**クスイ** 腹水 →8
フ**クザワ**(·)**ユキチ** 福沢諭吉 →22, 25, 27	フ**グスイ**, フ**クスイ** 覆水(～盆に返らず) →8
フ**クサンブツ** 副産物 →17	フ**グスー** 複数 →8
フ**クシ** 副詞 →7	フ**グスケ** 福助〔人形〕→25
フ**グシ**, フ**クシ** 福祉,副使 →7	フ**クスル** 伏する,服する,復する →48
フ**クジ** 服地 →7	フ**クセイ** 複製,服制,復姓 →8
フ**クシキ** 複式 →95	フ**クセイヒン**, フ**クセイヒン** 副製品 →15 複製品 →14b
フ**クシキカザン** 複式火山 →15	フ**クセキ** 復席,復籍 →8
フ**クシキコキュー** 腹式呼吸 →15	

￣は高い部分　¨と¨は高低が変る部分　¬は次が下がる符号　→は法則番号参照

フクセン──フクラハ

フ**クセン** 伏線, 複線 →8	フ**クフクセン** 複複線〚線路〛 →14
フ**クソー** 副葬, 輻輳, 服装 →8	フ**クブクロ** 福袋 →12
フ**クソー** 福相 →8	フ**クブン** 復文, 複文 →8
フ**クゾー** 腹蔵(~なく) →8	フ**クベ**, フ**クベ** 瓢 →1
フ**クソーサイ** 副総裁 →15	フ**クヘイ** 伏兵 →8
フ**クソーヒン**, フ**クゾーヒン** 副葬品 →14a	フ**クヘキ** 腹壁 →8
フ**クソーリ** 副総理 →15	フ**クボク** 副木 →8
フ**クゾーリ** 福草履 →15	フ**クホン** 副本, 複本 →8
フ**クゾク** 服属 →8	フ**クマク** 腹膜 →8
フ**クダ** 福田〚姓〛 →22	フ**クマクエン**, フ**クマクエン** 腹膜炎 →14
フ**クタイ** 腹帯 →8	フ**クマス** 含ます →44
フ**クダイ** 副題 →8	フ**クマセ** 含ませ(栗⑤の~) →2
フ**グ(·)タイテン** 不倶戴天 →97,98	フ**クマデン** 伏魔殿 →14
フ**クチジ** 副知事 →15	フ**クマメ** 福豆 →4
フ**クチャ**, フ**クジャ** 福茶 →7	フ**クマレル** 含まれる →83
フ**クチュー**, フ**グチュー** 腹中 →8	フ**クミ** 含み →2
フ**クチョー** 復調 →8	フ**クミゴエ** 含み声 →12
フ**クチョー**, フ**クチョー** 副長 →8	フ**クミシサン** 含み資産 →15
フ**グチリ** 河豚ちり →4	フ**クミミ** 福耳 →4
フ**クツ** 不屈 →8	フ**クミワタ** 含み綿 →12
フ**クツー** 腹痛 →8	フ**クミワライ** 含み笑い →13
フ**クトー** 復答 →8	フ**クム** 含む フ**クマナイ**, フ**クモー**,
フ**クトク**, フ**クトク** 福徳 →18	フ**クミマス**, フ**クンデ**, フ**クメバ**,
フ**クドク** 服毒, 復読 →8	フ**クメ** →43 服務 →7
フ**クドクホン** 副読本 →15	フ**クメイ** 復命 →8
フ**クトシン** 副都心 →15	フ**クメニ** 含め煮 →13
フ**クトシンセン** 副都心線 →14	フ**クメル** 含める →44
フ**クニン** 復任 →8	フ**クメン** 覆面 →8
フ**クノカミ** 福の神 →19	フ**クメン**, フ**クメン** 腹面 →8
フ**クハイ** 復配 →8 腹背(~に敵) →18	フ**グモ** 服喪 →4
フ**クビキ** 福引 →5	フ**クヤク** 服薬 →8
フ**クビキケン**, フ**クビキケン** 福引券 →14c	フ**クヨー** 服用, 服膺, 複葉 →8
フ**クビレイ** 複比例 →15	フ**グヨカ** 脹よか →55
フ**グブ** 腹部 →7	フ**クラシコ** 脹し粉 →12
ブ**クブク** (~沈む, ~と) →57	フ**クラス** 脹す →44
フ**クブクシイ** 福福しい →53	フ**クラスズメ** 脹雀((帯·髪型も)) →12
	フ**クラハギ**, フ**クラハギ**, フ**クラッパギ** 脹(っ)脛 →12d

ガギグゲゴは鼻濁音　カタカナ細字は母音の無声化　★は長音にもなる符号

フ**クラマ**──フ**ゴーカ**　　　784

フ**クラマス**　脹ます →44	ブ**ケ**，《新は　ブ**ケ**》　武家(**オブケサマ**,
フ**クラマセル**　脹ませる →83	**オブケサ**マ　御～様) →7, 94
フ**クラミ**　脹み →2	フ**ケイ**▴　父系 →8
フ**クラム**　脹む →44	フ**ケイ**▴　不敬 →8c　父兄 →18c
フ**クラメル**　脹める →44	フ**ケイ**▴, フ**ケイ**▴　婦警<婦人警察官
フ**クリ**　複利 →7　福利 →18	→10c
フ**クリュースイ**　伏流水 →14a	ブ**ゲイ**▴　武芸(～十八般) →8
フ**クリン**　覆輪 →8	フ**ケイ**▴**カイ**　父兄会 →14b
フ**クレ**　脹れ →2	フ**ケイ**▴**キ**　不景気 →91
フ**クレアガル**　膨れ上がる →45	フ**ケイ**▴**ザイ**　不経済 →91　不敬罪
フ**クレッツラ**　膨れっ面 →12d	→14b
フ**クレル**　膨れる, 脹れる →43	ブ**ゲイ**▴**シャ**　武芸者 →14b
フ**グロ**　復路 →7	フ**ケコム**,《新は　フ**ケコム**》　老け込む
フ**クロ**　袋 →1	→45
フ**クロイリ**　袋入り →13	ブ**ケジダイ**　武家時代 →15
フ**クロー**, フ**クロー**　梟 →1	フ**ケシュー**　普化宗 →14
フ**クロオビ**　袋帯 →12	ブ**ケズクリ**　武家造り →13
フ**クロカケ**　袋掛け →13	ブ**ケセイジ**　武家政治 →15
フ**クロクジュ**, フ**クログジュ**　福禄寿	フ**ケツ**　不潔 →8
〖七福神〗→17	フ**ケトリ**, フ**ケトリ**　雲脂取り →5
フ**クロクジン**　福禄人(=福禄寿) →14	フ**ケヤク**　老け役 →8
フ**クロコージ**　袋小路 →12	ブ**ケヤシキ**　武家屋敷 →12
フ**クロズメ**　袋詰め →13	フ**ケル**　化ける, 老ける, 深ける, 更ける,
フ**クロダタキ**　袋叩き →13	耽る →43
フ**クロド**　袋戸 →12	フ**ケン**　夫権, 父権 →8
フ**クロトジ**, フ**クロトジ**　袋綴じ →13	フ**ケン**,《新は　フ**ケン**》　府県 →18c
フ**クロトダナ**　袋戸棚 →12	フ**ケン**　付言 →8
フ**クロヌイ**, フ**クロヌイ**　袋縫い →13	フ**ケンコー**　不健康 →91
フ**クロハリ**　袋貼り →13	フ**ケンシキ**　不見識 →91
フ**クロミミ**　袋耳 →12	フ**ゲン**(・)**ジッコー**, フ**ゲンジッコー**
フ**クロモノ**, フ**クロモノ**　袋物 →12	不言実行 →97, 98
フ**クワウチ・オニワソト**　福は内鬼は	ブ**ゲンシャ**　分限者 →14a
外 →97	フ**ケンゼン**　不健全 →91
フ**クワジュツ**　腹話術 →14	フ**ケンチジ**　府県知事 →17
フ**クワライ**　福笑い〖遊び〗→13	フ**ゲンボサツ**　普賢菩薩 →15
フ**グン**,《新は　フ**クン**》　夫君, 父君	フ**コー**　不孝, 不幸 →8c
→94c	フ**ゴー**　符合, 符号, 富豪 →8
ブ**クン**, ブ**クン**　武勲 →8	ブ**コー**　武功 →8
フ**ケ**　雲脂 →1	フ**ゴーカク**, フ**ゴーカク**　不合格 →91

──は高い部分　`¨`と`¨`は高低が変る部分　`「`は次が下がる符号　→は法則番号参照

フ**コーヘイ**。 不公平 →91	フ**サリョーリ**, フ**チャリョーリ** 普茶料理 →15
フ**コーモノ**, フ**コーモノ**, フ**コーモノ** 不孝者 →12	フ**サワシイ**。 相応しい →53
フ**ゴーリ**, フ**ゴーリ** 不合理 →91	フ**サン** 不参 →8
フ**コク** 布告 →8	ブ**ザン**, ブ**サン** 釜山〔地〕 →21
ブ**コク** 誣告 →8	フ**サンカ** 不参加 →91
フ**コク**(·)**キョーヘイ**。 富国強兵 →97, 98	フ**サンセイ**。 不賛成 →91
ブ**コクザイ**, ブ**コクザイ** 誣告罪 →14	フ**シ**, フ**ジ** 五倍子〔虫こぶ〕
フ**ゴコロエ** 不心得 →91	ブ**シ**, フ**ジ** 父子 →18c
ブ**コツ** 無骨 →8	フ**ジ** 節 →1
ブ**コツモノ** 無骨者 →12	フ**ジ**, フ**シ** 不死 →7c
フ**サ** 総・房〔女名も〕 →1, 23c	フ**ジ**, 《女名は フ**ジ**》 藤 →1, 23
ブ**ザー** buzzer →9	フ**ジ** 不二, 不時, 不治 →7 富士(フ**ジノヤマ** ~の山) →21, 19
フ**サイ** 不才, 負債 →8	ブ**シ** 武士 →7
フ**サイ**, 《新は フ**サイ**》 夫妻(ゴフ**サイ** 御~) →18c, 92	……ブ**シ** …節(ヤスギ**ブシ** 安来~, イッチュー**ブシ** 一中~) →12
フ**ザイ** 不在 →8	ブ**ジ** 無事(ゴ**ブジ** 御~) →7, 92
フ**サイカ** 不裁可 →91	ブ**ジ** 武事 →7
ブ**サイク** 不細工 →91	フ**シアナ** 節穴 →4
フ**ザイジヌシ** 不在地主 →12	フ**シアワセ** 不仕合せ →91
フ**ザイトーヒョー** 不在投票 →15	フ**ジイロ** 藤色 →4
フ**サガザリ** 房飾り →12	フ**シオガム**, フ**シオガム** 伏し拝む →45
フ**サガリ** 塞がり →2	ブ**シカタギ** 武士気質 →12
フ**サガル** 塞がる →44	フ**ジガワ**, 《地元では フ**ジカワ**》 富士川 →12
フ**サギ** 塞ぎ →2	フ**シギ** 不思議<不可思議 →10
フ**サギコム** 塞ぎ込む →45	フ**ジギヌ**, フ**ジギヌ** 富士絹 →4
フ**サギノムシ** 塞ぎの虫 →19	フ**シクレ** 節榑 →4
フ**サク** 不作 →8	フ**シクレダツ** 節榑立つ →46
フ**サグ** 塞ぐ →43	フ**ジコ** 藤子・富士子〔女名〕 →25
フ**サクイ** 不作為 →91	フ**ジゴコ** 富士五湖 →39
フ**サゲル** 塞げる →44	フ**ジゴロモ** 藤衣 →12
ブ**ザケル** 巫山戯る →43	フ**ジサワ** 藤沢〔地〕 →21
ブ**サタ** 無沙汰(ゴ**ブサタ** 御~) →91, 92	フ**ジサン** 富士山 →14
フ**サフサ**, 《新は フ**サフサ**》 房房(~する, ~と) →57c	フ**シズケ**, フ**シズケ** 節付け →5
ブ**サホー** 無作法 →91	フ**ジズル** 藤蔓 →4
ブ**ザマ**, ブ**ザマ** 無様 →91	フ**ジゼン** 不自然 →91

ガギグゲゴは鼻濁音 カタカナ細字は母音の無声化 ★は長音にもなる符号

フジダナ──フジワラ　786

フジダナ　藤棚 →4
フジダラ　不しだら(～な人だ) →91
フジチャク　不時着 →14
フシチョー　不死鳥 →14
フジツ, フジツ　不実 →8
フジツ　不日 →8
ブシツ　部室 →8
ブシッケ, ブシッケ　不躾 →91
フジツモノ　不実者 →12
フシテ　伏して →67
フジテレビ　＜フジテレビジョン →16
フシド　臥所 →5
ブシドー, ブシドー　武士道 →14
フジトザン　富士登山 →15
フジナミ　藤波 →4
フジバカマ, 《もと フジバカマ》　藤袴 →12
フジビタイ　富士額 →12
フシブシ　節節(～が痛む) →11
フジマ　藤間〖姓・舞踊〗→22
フシマツ　不始末 →91
フジマリュー　藤間流 →14
フシマワシ　節回し →13
フシミ　伏見〖地〗→21
フジミ　不死身 →12
フシミジョー　伏見城 →14
フジムスメ　藤娘〖絵・舞踊〗→12
フジムラサキ　藤紫 →12
フシメ, フシメ　伏し目 →5
フシメ　節目 →4
フシメガチ　伏し目がち →95
フシュ, フシュ　浮腫 →7c
ブシュ　部首 →7
フシュー　腐臭, 俘囚 →8
フジュー, (フジュー)　不自由 →91d
ブシュー　武州(=武蔵なし) →8
ブシューギ　不祝儀 →91
フジューブン　不十分 →91
ブシュカン, ブシュカン　仏手柑 →14

フジュク　不熟, 腐熟 →8
ブジュツ　武術 →8
フシュビ　不首尾 →91
フジュン　不純, 不順 →8
フジュンブツ　不純物 →14a
フジョ　扶助, 婦女 →7
ブショ　部署 →7
フショー　不肖, 不祥, 不詳, 不承, 負傷 →8
フジョー　浮上, 不定, 不浄 →8
ブショー, ブショー　武将, 部将 →8
ブショー　無精, 不精 →8
フショーカ　不消化 →91
フショージ　不祥事 →14a
フショージキ　不正直 →91
フショーシャ　負傷者 →14a
フショーチ　不承知 →91
ブショーヒゲ　不精髭 →12a
フショーブショー　不承不承 →11
フショー(・)フズイ, フショー(・)フズイ　夫唱婦随 →97, 98
フショーヘイ　負傷兵 →14a
ブショーモノ, ブショーモノ, ブショーモノ　不精者 →12
フジョーモン　不浄門 →14a
フジョーヤクニン　不浄役人 →15
フジョーリ　不条理 →91
フジョキン, フジョキン　扶助金 →14
フショク　腐食(蝕), 扶植, 腐植 →8
ブジョク　侮辱 →8
フショクド　腐植土 →14
フジョシ　婦女子 →18
フショゾン　不所存 →91
フジョリョー　扶助料 →14
フジワラ　藤原〖姓〗→22
フジワラノ(・)カマタリ, 《古は ～(・)カマタリ》　～鎌足 →24, 27
フジワラノ(・)コーゼイ, ～(・)ユキナリ　～行成 →24, 27

￣は高い部分　″と‴は高低が変る部分　「は次が下がる符号　→は法則番号参照

フジワラノ(・)サリ, ～(・)スケマサ ～佐理 →24, 27

フジワラノ(・)シュンゼイ, ～(・)トシナリ ～俊成 →24, 27

フジワラノ(・)テイカ,《新は ～(・)テイ.カ》, ～(・)サダイエ ～定家 →24, 27

フジワラノ(・)ヒデヒラ ～秀衡 →24, 27

フジワラノ(・)ミチナガ,《古は ～(・)ミチナガ》 ～道長 →24, 27

フジワラキョー, フジワラキョー 藤原京 →14

フジワラジダイ 藤原時代 →15

フシン 不信, 不振, 不審, 腐心, 普請 →8

フジン 布陣, 不尽, 夫人 →8 婦人(ゴフジン 御～) →8, 92

ブジン 武人 →8

フジンウンドー 婦人運動 →15

フジンカ 婦人科 →14

フジンカイ 婦人会 →14a

フジンガッキュー 婦人学級 →15

フジンガミ 不審紙 →12a

フジンカン 不信感 →14a

フジングツ 婦人靴 →14a

フジンケイ.カン 婦人警官 →15

フジンコー 不信仰 →91

フジンザッシ 婦人雑誌 →15

フジンジン, ブジンジン 不信心 →91

フジンセツ 不親切 →91

フジンニン 不信任 →91

フシンニンアン 不信任案 →14a

フシンバ 普請場 →12

フジンバン, フジンバン 不寝番 →14a

フジンビ 不審火 →12a

フジンビョー 婦人病 →14

フジンフク 婦人服 →14a

フジンボー 婦人帽 →14a

フジンモノ 婦人物 →12

フジンモンダイ 婦人問題 →15

フジンヨー 不信用 →91

フジンヨー 婦人用 →14

フス, フズ 伏す, 臥す →43c 付す →48c

フズ 付図 →7

ブス 付子・附子《狂言は 附子》 →7 〚俗〛(=不美人) →3

フズイ 付随, 不随 →8

ブスイ, ブスイ 無粋 →8

フズイイキン, フズイイキン 不随意筋 →14

フスー 負数 →8

ブスー 部数 →8

フズキ 文月 →4

ブスキ 不好き(好き～) →91

フズクエ 文机 →12

フスマ, フスマ 衾, 襖, 麩 →1

フスマガミ 襖紙 →12

フスマゴシ 襖越し →95

フスル 付する →48

フセ 伏せ(～をする) →2

フセ, フセ 布施(オフセ 御～) →7, 92

フセイ 不整, 不正, 父性 →8

フゼイ 風情 →8

フゼイ, フゼイ 府税 →8

ブゼイ, ブゼイ 無勢(多勢に～) →8

フセイアイ 父性愛 →14b

フセイカク 不正確 →91

フセイコー 不成功 →91

フセイコーイ 不正行為 →15

フセイサン 不生産 →91

フセイジツ 不誠実 →91

フセイシュダン 不正手段 →15

フセイシュツ 不世出 →91

フセイセキ 不成績 →91

フセイトン 不整頓 →91

フセイミャク 不整脈 →14b

ガギグゲゴは鼻濁音　カタカナ細字は母音の無声化　★は長音にもなる符号

フセイリ ── フタケタ　788

フセイ.リツ　不成立　→91
フセキ　布石　→8
フセギ　防ぎ、禦ぎ　→2
フセグ　防ぐ、禦ぐ　フセガナイ、フセゴー、フセギマス、フセイ.デ、フセゲバ、フセゲ →43
フセジ　伏せ字　→7
フセツ　付設、敷設、浮説、符節　→8
フセッセイ.　不摂生　→91
フセヌイ　伏せ縫い　→5
フセル　伏せる（フセテ）、臥せる（フセッテ）→44
フセン　不戦、付箋　→8　普選＜普通選挙、婦選＜婦人選挙権　→10
フゼン　不全、不善（～をなす）→8
ブゼン　憮然　→56
ブゼン　豊前（～の国）→21
フセンショー　不戦勝　→14
フセンジョーヤク　不戦条約　→15
フセンパイ　不戦敗　→14
フセンメイ.　不鮮明　→91
フソ、フソ　父祖　→18c
ブソー　武装　→8
フソーオー　不相応　→91
ブソーカイジョ　武装解除　→15
フソク　不足、不測、付則　→8
フゾク　付属　→8
ブゾク、ブゾク　部族、部属　→8
フゾクゴ　付属語　→14
フゾクヒン、フゾクヒン　付属品　→14
フゾクブツ　付属物　→14
フソクフリ　不即不離　→98
フゾロイ、フゾロイ　不揃い　→91
フソン　不遜　→8
ブソン　蕪村〚人〛⇒ヨサ～
フタ　蓋　→1
フダ　札　→1
ブタ　豚　→1
フタアケ　蓋明け　→5

フタアシミアシ　二足三足　→39
フタイ　付帯　→8
フダイ、フダイ　譜代　→8
ブタイ　部隊、舞台　→8
ブタイイショー　舞台衣装（裳）→15
ブタイウラ　舞台裏　→12
ブタイガオ、ブタイガオ　舞台顔　→12b
ブタイカントク　舞台監督　→15
ブタイゲイコ　舞台稽古　→15
ブタイゲキ　舞台劇　→14b
ブタイケツギ　付帯決議　→15
フタイジョーケン　付帯条件　→15
ブタイスガタ　舞台姿　→12
ブタイソーチ　舞台装置　→15
フダイダイミョー　譜代大名　→15
ブタイチューケイ.　舞台中継　→15
ブタイチョー　部隊長　→17
フタイテン　不退転　→91
ブタイドキョー　舞台度胸　→15
フタイトコ、フタイトコ　二従兄弟、二従姉妹　→12
ブタイビラキ　舞台開き　→13
ブタイメン　舞台面　→14b
フタイロ、《新は　フタイロ》　二色〚名詞的〛（～がある）→33
フタイロ、《新は　フタイロ》　二色〚副詞的〛（～ある）→62
フタエ、フタエ　二重　→33
フタエマブタ　二重瞼　→12
フタオヤ　二親　→33
フタカワメ　二皮目　→12
フタク　付託　→8
ブタクサ　豚草　→4
フタクミ、《新は　フタクミ》　二組〚名詞的〛（～を買う）→33
フタクミ、《新は　フタクミ》　二組〚副詞的〛（～買う）→62
フタケタ、《新は　フタケタ》　二桁〚名

詞的〗（〜を足す）→33

フタケタ，《新は フタケタ》 二桁〖副詞的〗（〜足す）→62

フタゴ 双子 →33

フタゴコロ，フタゴコロ 二心 →33

フタコタマガワ 二子玉川〖地〗→19

フタコトミコト 二言三言 →39

フタコトメ 二言目（〜には）→38

ブタゴヤ 豚小屋 →12

フダサシ，フダサシ，フダサシ 札差 →5

フタシカ 不確か →91

フタシナ 二品 →33

フタジュー 二十 →31

フダショ，フダショ 札所 →7

フタスジ，《新は フタスジ》 二筋〖名詞的〗（〜を引く）→33

フタスジ，《新は フタスジ》 二筋〖副詞的〗（〜引く）→62

フタスジミチ 二筋道 →12

フタセン 二千 →31

フタタビ 再び →62

フタツ 二つ〖名詞的〗（〜もある）→30

フタツ 二つ〖副詞的〗（〜ある）→62
　布達 →8

フタツオリ 二つ折り →33

フタツキ 蓋付き →5

フタツキ，《新は フタツキ》 二月〖名詞的〗（〜がたつ）→33

フタツキ，《新は フタツキ》 二月〖副詞的〗（〜たつ）→62

フダツキ，フダツキ 札付 →5

フタツキミツキ 二月三月 →39

フタツギリ 二つ切り →33

フタツドモエ 二つ巴 →33

フタツナガラ，フタツナガラ 二つながら →71

フタツヘンジ 二つ返事 →15

フタツミツ，フタツミッツ 二つ三つ →39

フタツメ 二つ目〖寄席〗→38

フタツメ 二つ目（=二番目）→38

フタツワケ 二つ分け →33

フタツワリ 二つ割り →33

フタテ，フタテ 二手 →33

ブダテ 部立 →5

フタトーリ 二通り →33

フタトセ，《新は フタトセ》 二年〖名詞的〗（〜がたつ）→33

フタトセ，《新は フタトセ》 二年〖副詞的〗（〜たつ）→62

フダドメ，フダドメ 札止め →5

フタナヌカ，フタナヌカ，フタナノカ，フタナノカ 二七日 →39

ブタニク 豚肉 →8

フタノ，フタノ 二幅〖布・衣〗→33

フタバ，《新は フタバ》 二葉,双葉 →33

ブタバコ 豚箱 →4

フタバテイ(・)シメイ★ 二葉亭四迷 →14, 24, 27

フタバン，フタバン，《新は フタバン》 二晩〖名詞的〗（〜も泊まる）→34

フタバン，《新は フタバン》 二晩〖副詞的〗（〜泊まる）→62

フダヒャク 二百 →31

フタマタ，フタマタ 二股 →33

フタマタゴーヤク 二股膏薬 →15

フタマン 二万 →31

フタミガウラ 二見ヶ浦 →19

フタミチ，フタミチ 二道 →33

フタメ 不為（=不利益）→91

フタメ，フタメ，《新は フタメ》 二目（〜と見られない）→33

フタモノ 蓋物 →4

フタヤク，《新は フタヤク》 二役 →34

フタリ 二人〖名詞的〗（〜が行く。オフ

ガギグゲゴは鼻濁音　カタカナ細字は母音の無声化　★は長音にもなる符号

フタリ──ブッカダ　　790

タリ　御~) →33, 92	ブチマケル, ブチマケル　打ちまける〖俗〗→45
フタリ　二人〖副詞的〗(~行く) →62	フチャク　付着, 不着 →8
フタリズレ　二人連れ →13	フチャリョーリ　普茶料理 →15
フタリトモ　二人共 →38	フチュー　不忠 →8c　府中〖地〗→21c
フタリマエ　二人前 →38	フチューイ　不注意 →91
フタン　負担 →8	フチューケイバ　府中競馬 →15
フダン, フダン　不断(=絶えず) →8	フチョー　不調(~に終る), 符丁 →8
フダン　不断(=平生) →61	フチョー,《新は フチョー》 府庁, 婦長(~さん) →8c
ブダン, ブダン　武断 →8	ブチョー,《古は ブチョー》 部長(~さん) →8
フダンギ,《新は フダンギ》 不断着 →13a	ブチョーホー　不調法 →91
ブダンセイジ　武断政治 →15	フチョーワ　不調和 →91
フダンソー　不断草 →14	フチン, フチン　浮沈 →18c
フチ　縁, 淵 →1　扶持 →7c	フツ, フツ　仏<仏蘭西 →6c
フチ, フジ　不治(~の病) →7c	ブツ　打つ →43d　仏, 物〖俗〗→6　ぶっくぶつ切り →10
ブチ　斑 →1	フツイン　仏印「仏領インドシナ」の略 →10
ブチアゲル, ブチアゲル　ぶち上げる →45	フツー　普通, 不通 →8
ブチアタル, ブチアタル　ぶち当たる →45	フツーカ　普通科 →14
フチカガリ　縁かがり →13	フツーキョーイク　普通教育 →15
ブチコム,《新は ブチコム》 打ち込む〖俗〗→45	フツージン　普通人 →14a
ブチコロス, ブチコロス　打ち殺す〖俗〗→45	フツーセンキョ　普通選挙 →15
ブチコワシ　打ち壊し →13	フツーメイシ　普通名詞 →15
ブチコワス, ブチコワス　打ち壊す〖俗〗→45	フツーヨキン　普通預金 →15
フチジ　府知事 →15	ブツエン　仏縁 →8
フチセ, フチセ　淵瀬 →18	フツカ　二日 →33
フチドリ, フチドリ, フチトリ　縁取り →5	ブッカ　物価 →7
フチドル　縁取る →46	ブッカ　仏果 →7
ブチヌク,《新は ブチヌク》 打ち抜く〖俗〗→45	ブツガ　仏画 →7
ブチノメス, ブチノメス　打ちのめす〖俗〗→45	ブッカキ　打っ欠き(氷の~) →5d
プチブル　<petit-bourgeois〔仏〕→10	ブッカク　仏閣 →8
フチマイ　扶持米 →14	フッカケル, フッカケル　吹っ掛ける →45d
	ブッカシスー, ブッカシスー　物価指数 →15c
	ブッカダカ　物価高 →13

￣は高い部分　⁝と⁝は高低が変る部分　⌐は次が下がる符号　→は法則番号参照

791　フッカツ──ブツゾー

フッカツ　復活 →8
フッカツサイ, フッカツサイ　復活祭 →14c
フツカメ　二日目 →38
フツカヨイ　二日酔い →13
ブッカル, ブッツカル →44d
フッカン　復刊, 副官 →8
フッキ, フッキ　復帰 →7
フッキ, フーキ　富貴 →18d
ブツギ　物議(〜をかもす) →7
フッキュー　復旧, 復仇 →8
フッキューコージ　復旧工事 →15
フツギョー　払暁 →8
ブッキョー,《古は ブッキョー》　仏教 →8
ブッキョーオンガク　仏教音楽 →15
ブッキョート　仏教徒 →14a
ブッキョービジュツ　仏教美術 →15
ブッキラボー, ブッキラボー →14
ブッキリ　打っ切り〖飴〗 →5d
ブツギリ　ぶつ切り(〜にする) →5
ブッキリアメ　打っ切り飴 →12
フッキル,《新は フッキル》　吹っ切る →45d
フッキレル, フッキレル　吹っ切れる →45d
フッキン　腹筋 →8
ブック　hook →9
ブック　仏供(オブック 御〜) →7, 92
ブック　book →9
ブツグ, ブツグ　仏具 →7
ブックカバー　book cover〖和〗 →16
ブックサ　(〜言う, 〜と) →57
フックラ　(〜した, 〜と) →55
ブッケル, ブッツケル　打(っ)つける →45d
フッケン　復権 →8
ブッケン　物件, 物権 →8
フッコ, フッコ　復古 →7

フツゴ　仏語(=フランス語) →7
ブッコ, ブッコ　物故 →7
ブツゴ　仏語(=仏教用語) →7
フッコー　復校, 復興, 腹腔 →8
フツゴー　不都合 →91
ブッコー　仏工 →8
フッコーチョー　復興庁 →14a
フッコク　復刻, 覆刻 →8
フッコチョー　復古調 →14
フッコム,《新は フッコム》　吹っ込む〖俗〗 →45d
ブッコム,《新は ブッコム》　打っ込む〖俗〗 →45d
ブッコロス, ブッコロス　打っ殺す〖俗〗 →45d
ブッサン　仏参, 物産 →8
ブッシ　物資 →7
ブッシ, ブッシ　仏師 →7
ブツジ, ブツジ　仏事 →7
ブッシキ　仏式 →8
ブッシツ　物質 →8
ブッシツテキ　物質的 →95
ブッシャリ　仏舎利
プッシュホン　push phone〖和〗 →16
ブッショー　物象, 物証 →8
ブツジョー　物情(〜騒然) →8
ブッショーエ　仏生会 →14a
フッショク　払拭 →8
ブッショク　物色 →8
ブッシン, ブッシン　仏心, 仏身 →8
ブッシン, ブッシン　物心(〜両面) →18
ブッセイ★　物性 →8
ブツゼイ★　物税 →8
ブツゼン　仏前(ゴブツゼン 御〜) →8, 92
フッソ　弗素 →7
ブッソー　物騒 →8
ブツゾー,《古は ブツゾー》　仏像 →8

ガギグゲゴは鼻濁音　カタカナ細字は母音の無声化　★は長音にもなる符号

ブッソクセキ 仏足石 →14
ブッソン 物損 →8
ブッダ, ブッダ 仏陀
ブッタイ 仏体, 物体 →8
ブッタオス 打っ倒す〔俗〕→45d
ブッタオレル 打っ倒れる〔俗〕→45d
ブッタギル 打った切る〔俗〕→45d
ブッタクル 打っ手繰る〔俗〕→45d
ブッタマゲル 打っ魂消る〔俗〕→45d
ブツダン 仏壇 →8
ブッチガイ 打っ違い →13d
ブッチョーズラ 仏頂面 →12
フツツカ 不束
フツツカモノ, フツツカモノ 不束者 →12
ブッツケ 打っ付け〔俗〕→5d
ブッツケホンバン 打っ付け本番 →98
ブッツケル 打っ付ける〔俗〕→45d
ブッツヅケ 打っ続け〔俗〕→13d
フツヅリ (~あきらめる, ~と) →55
ブッヅリ, ブッツリ (~切れる) →55
フッテイ 払底 →8
ブッテキ 仏敵 →8 物的 →95
ブッテキショーコ, ブッテキショーコ 物的証拠 →98, 15
ブツデシ 仏弟子 →15
フッテン, フッテン 沸点 →8
ブッテン 仏典 →8
ブツデン 仏殿 →8
ブット 仏徒 →7
フットー 沸騰 →8
ブットー 仏塔 →8
ブツドー 仏堂 →8
ブツドー, ブツドー 仏道 →8
ブットーシ 打っ通し →13d
ブットース, ブットース 打っ通す →45d
フットーテン 沸騰点 →14a
フットバス, フットバス 吹っ飛ばす 〔俗〕→45d
ブットバス, ブットバス 打っ飛ばす 〔俗〕→45d
フットブ 吹っ飛ぶ〔俗〕→45d
フットボール football →16
フットライト footlights (~を浴びる) →16
フットワーク footwork →16
ブツノー 物納 →8
ブツバチ 仏罰 →8
ブッパナス, ブッパナス 打っ放す〔俗〕→45d
ブッピン 物品 →8
ブッピンゼイ 物品税 →14a
フツフツ, 《新は フツフツ》 (~煮る, ~と) →57c
ブツブツ (~だ・な・に, ~ができた) →57, 3
ブツブツ (~言う, ~と) →57
ブツブツコーカン 物々交換 →15
フツブン 仏文 →8, 10
フツブンガク 仏文学 →17
フツホー 仏法<仏蘭西法学 →10
ブッポー 仏法(=仏道) →8
ブッポーソー 仏法僧《鳥も》→17, 3
ブツボサツ 仏菩薩 →18
ブツマ 仏間 →4
ブツメツ 仏滅 →8
ブツモン 仏門 →8
フツヤク 仏訳 →8
ブツヨク, ブツヨク 物欲 →8
ブツリ 物理 →7
フツリアイ 不釣合い →91
ブツリカガク 物理化学 →15
ブツリガク 物理学 →14
ブツリテキ 物理的 →95
ブツリヘンカ 物理変化 →15
ブツリュー 物流<物的流通 →10
フツリョー 仏領 →8

ブツリョー 物療＜物理療法 →10
ブツリョー, ブツリョー 物量 →8
ブツリリョーホー 物理療法 →15
フツワ 仏和＜仏和辞典(↔和仏) →10
プツン, プッツン (～と切れる) →55
フデ, 《女名は フデ》 筆 →1, 23
フテイ★ 不逞(～のやから), 不定, 不貞 →8
ブテイ★, ブテイ★ 武帝(漢の～) →25
フテイ★キ 不定期 →91
フテイ★キセン, フテイ★キセン 不定期船 →14
フテイ★サイ, ブテイ★サイ 不体裁 →91
フテイシューソ 不定愁訴 →15
ブティック, ブティック boutique〔仏〕 →9
フデイレ, フデイレ, フデイレ 筆入れ →5
プディング pudding →9
フデガシラ 筆頭 →12
フテキ 不敵, 不適 →8
ブデキ 不出来(↔上出来) →91
フテキカク, フテッカク 不適格 →91
フテキセツ 不適切 →91
フテキトー 不適当 →91
フテキニン 不適任 →91
フテギワ 不手際 →91
フテクサル, フテクサル 不貞腐る →45
フテクサレ 不貞腐れ →13
フテクサレル, フテクサレル 不貞腐れる →45
フデクセ, フデグセ 筆癖 →4
フデサキ, フデサキ 筆先(オフデサキ 御～) →4, 92
フデズカ 筆塚 →4
フデズカイ 筆遣い →13
フデズツ 筆筒 →4
フデタテ, フデタテ 筆立 →5

フデツキ 筆付き →4
フテッテイ★ 不徹底 →91
フテネ 不貞寝 →5
フデバコ 筆箱 →4
フデブショー, フデブショー 筆不精 →15
フテブテジイ★ 太太しい →53
フデブト 筆太 →5
フデペン 筆pen →16
フデマキ, フデマキ 筆巻 →5
フデマメ 筆忠実 →4
フデヤ 筆屋 →94
フト, フト 〖副〗(～見る) →55
フト 太(↔細) →3c
フトイ 太い フトカッタ, フトク, フトクテ, フトケレバ, フトシ →52c
フトー 不等, 不当, 埠頭 →8
フドー 不同, 浮動, 不動(～の姿勢) →8
フドー 婦道 →8 不動(オフドーサマ 御～様) →92, 94
ブトー 舞踏 →8
ブドー 葡萄 →8
ブドー 武道 →8
フドーイ 不同意 →91
フトーイツ 不統一 →91
ブドーイロ 葡萄色 →12
フトーエキ 不凍液 →14a
ブトーカイ 舞踏会 →14a
フドーカブ 浮動株 →12a
ブドーカン 武道館 →14a
フトーコー 不凍港 →14a 不登校 →15
フドーサン, フドーサン 不動産 →14a
フトーシキ 不等式 →14a
ブドーシュ 葡萄酒 →14a
フドーシン 不動心 →14a
フドーソン 不動尊 →14a

ガギグゲゴは鼻濁音　カタカナ細字は母音の無声化　★は長音にもなる符号

フドータ──フナカ　794

フドータイ　不導体 →14	フトコロデ　懐手 →12
ブドーダナ　葡萄棚 →12	フトサ, フトサ　太さ →93c
ブドートー　葡萄糖 →14	フトザオ　太棹〖三味線〗→5
フドートク　不道徳 →91	フトジ　太字 →7
フドーヒョー　浮動票 →14	フトシタ, フトシタ　(～事で) →63
ブトービョー　舞踏病 →14	フトッチョ, フトッチョ　太っちょ〖俗〗→94c
フトーヒョージ　不当表示 →15	フトッパラ, フトッパラ　太っ腹 →5d
フトーフクツ　不撓不屈 →98	フトドキ　不届き →91
フドーミョーオー, フドーミョーオー 不動明王 →94	フトドキモノ, フトドキモノ　不届者 →12
フトーメイ　不透明 →91	フトマキ　太巻(～のすし。↔細巻) →5
フトオリ　太織 →5	ブドマリ　歩留り →13
フドーリ　不道理 →91	フトメ, フトメ　太目(～に切る) →93
フトーリトク　不当利得 →15	フトモノ　太物 →5
フトーロードーコーイ　不当労働行為 →17	フトモモ, フトモモ　太股 →5
フトガキ　太書き →5	フトリジシ　太り肉 →12
フドキ　風土記 →14	フトル　太る　フトラナイ, フトロー, フトリマス, フトッテ, フトレバ, フトレ →44
フトク　不徳 →8	フトン　蒲団 →8
フトク, フトク　婦徳 →8c	フトンホシ　蒲団干し →13a
ブトク　武徳 →8	フトンムシ　蒲団蒸し →13
フトクイ　不得意 →91	フトンヤ　蒲団屋 →94
フトクカン, フトクカン　不徳漢 →14c	フトンワタ, フトンワタ　蒲団綿 →12a
フトクギ, フトクギ　不徳義 →91	フナ　鮒 →1
フトクサク　不得策 →91	ブナ　橅(～の木) →1
フトクシン　不得心 →91	フナアシ, フナアシ　船脚(～が早い) →4
フトクテイ　不特定 →91	フナアソビ　船遊び →13
フトクテイタスー　不特定多数 →15	フナイ　府内(ゴフナイ 御～) →8,92
フトクヨーリョー, フトクヨーリョー 不得要領 →15	ブナイ　部内 →8
フトコロ　懐 →1	フナイクサ　船軍 →12
フトコロガタナ　懐刀 →12	フナイタ　船板 →4
フトコロガミ, フトコロガミ　懐紙 →12	フナイタベイ　船板塀 →14
フトコロカンジョー　懐勘定 →15	フナウタ　舟唄, 船歌 →4
フトコログアイ, フトコログアイ　懐具合 →12	フナオサ, フナオサ　船長 →4
フトコロツゴー　懐都合 →15	フナカ, フナカ　不仲(～になる) →4

￣は高い部分　…と…は高低が変る部分　¬は次が下がる符号　→は法則番号参照

フナガイシャ　船会社 →15	フナヨイ, フナヨイ　船酔い →5
フナカジ, フナカジ　船火事 →15	フナレ　不慣れ,不馴れ →91
フナグ　船具 →7	フナワタシ　船渡し →13
フナグラ　船蔵,船倉 →4	ブナン, 《新は ブナン》　無難 →91
フナコ, フナコ　船子 →4	フニアイ　不似合い →91
フナゴヤ　船小屋 →12	フニク, フニク　腐肉 →8
フナジ, フナジ　船路 →4	フニャフニャ　（～だ・な・に）→57
フナジルシ　船印 →12	フニャフニャ　（～する,～と）→57
フナズシ　鮒鮨 →4	フニョイ　不如意(手もと～) →91
フナズミ, フナズミ　船積み →5	フニン　赴任,不妊 →8
フナゾコ　船底 →4	ブニン　無人 →91
フナダイク　船大工 →15	フニンカ　不認可 →91
フナタビ　船旅 →4	フニンキ　不人気 →91
フナダマ　船霊 →4	フニンショー, フニンショー　不妊症 →14a
フナダマリ　船溜り →13	フニンジョー　不人情 →91
フナチン　船賃 →8	フヌケ, フヌケ　腑抜け →5
フナツキ, フナツキ　船着き →5	フネ　船・舟(オフネ 御～) →1, 92
フナツキバ, フナツキバ　船着場 →12	フネン　不燃 →8
フナデ, フナデ　船出 →5	フネンゴミ　不燃芥 →12a
フナドコ　船床 →4	フネンジュータク　不燃住宅 →15
フナドメ　船留め →5	フネンセイ★　不燃性 →14
フナドンヤ　船問屋 →12	フネンブツ　不燃物 →14a
フナニ, フナニ　船荷 →4	フノー　不能,不納,富農 →8
フナヌシ　船主 →4	フノリ　布海苔 →4
フナノリ　船乗り →5	フハイ　腐敗,不敗 →8
フナバシ　船橋(地も) →4, 21	フバイ　不買 →8
フナバタ　船端 →4	フバイウンドー　不買運動 →15
フナバラ　船腹 →4	フバイドーメイ★　不買同盟 →15
フナビト, フナビト　船人 →4	フハク　浮薄 →8
フナビン, フナビン　船便 →8	フハク, フハク　布帛 →18
フナベリ　船縁 →4	フバコ　文箱 →4
フナベンケイ★　船弁慶〔能・歌舞伎〕 →27	フハツ　不発 →8
フナマチ, フナマチ　船待ち →5	フバツ　不抜(堅忍～) →8
フナムシ　船虫 →4	フハツダン　不発弾 →14
フナモリ　船盛り〔刺身など〕 →5	フバライ　不払 →91
フナモリ　船守 →4	ブバル　武張る →96
フナヤド, フナヤド　船宿 →4	フビ　不備 →7
フナユーレイ★　船幽霊 →15	ブビキ, ブビキ　歩引き →5

ガギグゲゴは鼻濁音　カタカナ細字は母音の無声化　★は長音にもなる符号

フビジン──フミコム　796

フビジン　不美人 →91	フホーコーイ　不法行為 →15
フヒツヨー, フヒツヨー　不必要 →91c	フホーショジ　不法所持 →15
フヒョー　不評,付票,付表,譜表,歩兵《将棋も》,浮氷,浮標 →8	フホーゼンキョ　不法占拠 →15
フビョードー　不平等 →91	フボカイ　父母会 →14
フヒョーバン　不評判 →91	フボン　不犯 →8
フビン　不敏 →8	フホンイ　不本意 →91
フビン　不憫,不愍 →8	ブマ　不間《俗》(=まぬけ・へま) →4
ブヒン　部品 →8	フマエドコロ, フマエドコロ　踏まえ所 →12
フヒンコー　不品行 →91	フマエル, フマエル　踏まえる →44b
ブフーリュー　無風流 →91	ブマシ　歩増し《経》 →5
フブキ　吹雪 →2	フマジメ　不真面目 →91
フフク　不服 →8	フマン　不満 →8
フブク　吹雪く →43	フマンゾク　不満足 →91
フブン　不文 →8	フミ,《古は フミ》　文,書 →1
ブブン　部分 →8	フミ　不味 →7　文・富美《女名》 →23
ブブンショク　部分食(蝕) →14a	フミアト　踏跡 →5
ブブンテキ　部分的 →95	フミアラス　踏み荒す →45
ブブンヒン, ブブンヒン　部分品 →14a	フミイシ　踏石 →5
ブブンホー, フブンホー　不文法 →14a	フミイタ, フミイタ　踏板 →5
フブンリツ　不文律 →14a	フミイレル　踏み入れる →45
フヘイ　不平 →8	フミエ　踏絵 →7　文枝・富美江《女名》 →25
フヘイカ　不平家 →14	フミオ　文夫・文雄《男名》 →25
フヘイキン　不平均 →91	フミカタメル　踏み固める →45
ブベツ　侮蔑 →8	フミガラ　文殻 →4
フヘン　不変,不偏,普遍 →8	フミキリ　踏切 →5
フベン　不便 →8	フミキリバン, フミキリバン　踏切番 →14
フベンキョー　不勉強 →91	フミキル　踏み切る →45
フヘンジホン　不変資本 →15	フミクダク　踏み砕く →45
フヘンショク　不変色 →14a	フミコ　文子・富美子《女名》 →25
フヘンセイ　普遍性 →14	フミコエル　踏み越える →45
フヘンテキ　普遍的 →95	フミコシ　踏越し →5
フヘンフトー　不偏不党 →98	フミコス　踏み越す →45
フボ　父母 →18	フミコタエル, フミコタエル　踏み堪える →45
フホー　不法,訃報 →8	フミコミ　踏込み →5
フホーカンキン　不法監禁 →15	フミコム　踏み込む →45

── は高い部分　　¨と¨は高低が変る部分　⌐は次が下がる符号　→は法則番号参照

フミコロス　踏み殺す →45
フミシダク　踏み拉く →45
フミシメル　踏み締める →45
フミズカイ　文使い →12
フミズキ, フズキ　文月 →4
フミズクエ　文机 →12
フミダイ　踏台 →8
フミタオス　踏み倒す →45
フミダス　踏み出す →45
フミダン　踏段 →8
フミツケ　踏付け →5
フミツケル　踏み付ける →45
フミツブス　踏み潰す →45
フミド　踏所(〜がない) →5
フミドコロ, フミドコロ　踏所 →12
フミトドマル　踏み止まる →45
フミナラス　踏み鳴らす, 踏み均す →45
フミニジル　踏み躙る →45
フミヌキ　踏抜き →5
フミヌク　踏み抜く →45
フミバ　踏場(〜がない) →5
フミバコ, フバコ　文箱 →4
フミハズシ　踏外し →13
フミハズス　踏み外す →45
フミマドウ　踏み惑う →45
フミマヨウ　踏み迷う →45
フミモチ　不身持 →91
フミヤブル　踏み破る →45
フミワケル　踏み分ける →45
フミン　不眠 →8
フミンショー, フミンショー　不眠症 →14a
フミンフキュー　不眠不休 →98
フム　踏む　フマナイ, フモー, フミマス, フンデ, フメバ, フメ →43
ブムキ　不向き →91
フメイ★　不明 →8
ブメイ★　武名 →8
フメイ★スー　不名数 →17

フメイ★ヨ　不名誉 →91
フメイ★リョー　不明瞭 →91
フメイ★ロー　不明朗 →91
フメツ　不滅 →8
フメン　譜面 →8
ブメン　部面 →8
フメンダイ　譜面台 →14
フメンボク　不面目 →91
フモー　不毛(〜の地) →8
フモト　麓 →1
フモン　不問(〜に付す) →8
ブモン　武門, 部門 →8
フヤカス　潤かす →44
フヤケル　潤ける →44
フヤジョー　不夜城 →14
フヤス　殖す →44
フユ, 《女名は フユ》　冬 →1, 23
ブユ, ブヨ　蚋〖昆虫〗 →1
フユー　富裕, 浮遊(游) →8
ブユー　武勇 →8
ブユーデン　武勇伝 →14a
フユーブツ　浮遊物 →14a
フユカイ　不愉快 →91
フユガコイ　冬囲い →13
フユガタ　冬型 →4
フユガレ　冬枯れ →5
フユキ　冬木 →4
フユギ, フユギ　冬着 →5
フユキトドキ, 《新は フユキトドキ》　不行届き →91
フユクサ　冬草 →4
フユゲシキ　冬景色 →15
フユゲショー　冬化粧 →15
フユゴシ　冬越し →5
フユコダチ　冬木立 →12
フユゴモリ　冬籠り →13
フユジタク　冬仕度 →15
フユショーグン　冬将軍 →15
フユゾラ, フユゾラ　冬空 →4

ガギグゲゴは鼻濁音　カタカナ細字は母音の無声化　★は長音にもなる符号

フユドリ──ブラック　798

フユドリ, フユドリ　冬鳥 →4
フユバ　冬場 →4
フユバレ　冬晴れ →5
フユビ　冬日(=冬の日ざし。～がさす) →4
フユビ　冬日〖気象〗(今日は～だ) →4
フユフク　冬服 →8
フユムキ　冬向き →5
フユモノ　冬物 →4
フユヤスミ　冬休み →12
フユヤマ　冬山 →4
フヨ　付与, 賦与 →7
ブヨ, ブユ　蚋〖昆虫〗 →1
フヨー　不用, 不要, 不溶, 扶養, 浮揚, 芙蓉 →8
ブヨー　舞踊 →8
フヨーイ　不用意 →91
ブヨーカ　舞踊家 →14
フヨーカゾク　扶養家族 →15
ブヨーゲキ　舞踊劇 →14a
フヨーシャ　扶養者 →14a
フヨージョー, 《古は フヨージョー》 不養生(医者の～) →91
ブヨージン　不用心 →91
フヨーセイ　不溶性 →14
フヨード　腐葉土 →14a
フヨーヒン　不用品 →14
ブヨブヨ　(～だ・な・に) →57
ブヨブヨ　(～する, ～と) →57
ブラームス　Brahms〖独〗〖人〗 →22
フライ, 《古は フライ》 fly, fry →9
ブライ　無頼(～の徒) →8
フライガエシ　fry 返し →13
ブライカン, ブライカン　無頼漢 →14b
フライキュー　fly 級 →14
プライス　price →9
フライト　flight →9
プライド　pride →9

フライドチキン　fried chicken →16
プライバシー　privacy →9
フライパン　<frying pan →16
プライベート, プライベート　private →9
ブラインド, ブラインド　blind →9
フラウ　Frau〖独〗 →9
ブラウス　blouse →9
ブラウン　brown →9
ブラウンカン　Braun 管 →14
ブラウンソース　brown sauce →16
プラカード　placard →9
ブラク　部落 →8
プラグ, 《新は プラグ》 plug →9
フラクション　fraction →9
プラゴミ　<plastic ごみ →12
プラザ　plaza →9
ブラサガリ　ぶら下がり →13
ブラサガル　ぶら下がる →46
ブラサゲル　ぶら下げる →46
ブラシ, 《新は ブラシ》 brush →9
ブラジャー　brassière〖仏〗 →9
ブラジル　Brazil〖国〗 →21
フラス　降らす →44
プラス, プラス　plus →9
プラスアルファ　＋α<plus alpha〖和〗 →16
フラスコ　frasco〖葡〗 →9
プラスチック　plastics →9
フラストレーション　frustration →9
ブラスバンド　brass band →16
プラズマ, プラズマ　plasma →9
プラスマイナス　plus minus〖和〗 →18
プラタナス　platanus〖植〗 →9
フラダンス　hula dance →16
フラチ　不埒 →8
プラチナ　platina〖西〗 →9
フラック　(足が～) →96
ブラック　black →9

￣は高い部分　̈と̈は高低が変る部分　⌐は次が下がる符号　→は法則番号参照

799　　　　　　　ブラック──フリー

ブラック （銀座を～）→96	**ブランコ，ブランコ** 鞦韆
ブラックホール black hole →16	**フランス** France〔仏〕〖国〗→21
ブラックユーモア black humor →16	**フランスカクメイ**★ France 革命〔仏〕→15
ブラックリスト blacklist →16	**フランスゴ** France 語〔仏〕→14
ブラッシング，《新は **ブラッシング**》 brushing →9	**フランスジシュー** France 刺繍〔仏〕→15
フラット flat →9	**フランスジン** France 人〔仏〕→14
フラット （～出かける）→55	**フランスパン，フランスパン** France〔仏〕＋pão〔葡〕→16
プラットホーム platform →16	**フランスリョーリ** France 料理〔仏〕→15
フラッパー flapper →9	**プランター，**《新は **プランター**》 planter →9
プラトニック Platonic →9	**ブランチ** brunch（～をとる）→9
プラトニックラブ Platonic love →16	**ブランデー，**《新は **ブランデー**》 brandy →9
プラトン Platon〔希〕〖人〗→23	**プラント，プラント** plant →9
プラネタリューム planetarium →9	**ブランド** brand →9
フラノ ＜flannel〖布地〗→9d	**プラントユシュツ** plant 輸出 →15
プラハ，プラハ Praha〖地〗→21	**プランナー** planner →9
フラフラ （～だ・な，～になる）→57	**フランネル** flannel →9
フラフラ （～する，～と）→57	**フリ** 振り(=振ること。～の客，袖ｿﾞの～)→2
ブラブラ （～する，～と）→57	**ブリ** 不利 →7
ブラボー bravo〔仏〕→66	**フリ** 風・振り(寝た～，見て見ぬ～をする)，振り〖舞踊〗(～をつける)，降り(～が強い)→2
フラミンゴ flamingo →9	**ブリ** 鰤 →1
プラム plum →9	**……ブリ，……ブリ** …振り(ヒサシブリ，ヒサシブリ 久し～，イチネンブリ，イチネンブリ 一年～)→95, 38
フラメンコ flamenco〔西〕→9	**フリアイ** 振合 →5
プラモデル ＜plastic model〖商標〗→16	**フリアウ** 振り合う →45
フラリ，フラリ （～と）→55	**フリアオグ** 振り仰ぐ →45
ブラリ，ブラリ （～と）→55	**フリアゲル** 振り上げる →45
フラレル 振られる →83	**フリアテル** 振り当てる →45
フラワーポット flower pot →16	**フリアライ** 振り洗い →13
フラン 腐乱(爛)，孵卵 →8	**フリー** free →9
フラン franc〔仏〕→9	
プラン plan →9	
フランキ 孵卵器 →14a	
フランク frank →9	
ブランク blank →9	
プランクトン，プランクトン plankton →9	
フランケンシュタイン Frankenstein〖書〗→22	

ガギグゲゴは鼻濁音　カタカナ細字は母音の無声化　★は長音にもなる符号

フリーザ――フリツケ　　800

フリーザー　freezer →9	フリカタ　振り方(身の〜) →95
フリーサイズ　free size[和] →16	フリガナ, フリガナ　振り仮名 →12
フリース, フリース　fleece →9	フリカブル　振りかぶる →45
フリーズ　freeze →9	ブリキ　blik[蘭] →9
フリースタイル　freestyle →16	ブリキイタ　blik 板[蘭] →12
フリーター,《新は フリーター》〖俗〗	ブリキヤ　blik 屋[蘭] →94
＜free[英]＋Arbeiter[独] →9	フリキル　振り切る →45
フリータイム　free time →16	プリクラ　＜print club〖商標〗 →10
フリーダイヤル　free dial[和] →16	フリゲートカン　frigate 艦 →14
ブリーチ　bleach →9	フリコ　振子 →5
プリーツ　pleats →9	フリコー　不履行 →91
フリートーキング　free talking[和]	フリゴト　振事〖舞踊〗(=所作事) →5
→16	フリコドケイ★　振子時計 →15
フリーパス　free pass →16	フリコマ　振り駒 →5
フリーハンド　freehand →16	フリコミ　振込 →5
ブリーフ　brief →9	フリコム,《新は フリコム》降り込む
フリーマーケット　flea market →16	→45
フリーランサー　free-lancer →16	フリコム　振り込む →45
フリウゴカス　振り動かす →45	フリコメル, フリコメル　降り籠める
フリウリ　振売り →5	→45
フリエキ　不利益 →91	フリシキル, フリシキル　降り頻る
フリオトス　振り落す →45	→45
フリオロス　振り下す →45	フリシボル　振り絞る(声を〜) →45
フリカエ　振替 →5	フリショー, フリショー　降り性 →8
フリカエキュージツ　振替え休日 →15	フリステル　振り捨てる →45
フリカエコーザ　振替口座 →15	フリスビー　Frisbee〖商標〗 →9
ブリカエシ　ぶり返し →13	プリズム,《新は プリズム》prism →9
ブリカエス, ブリカエス　ぶり返す	フリソソグ, フリソソグ　降り注ぐ
→45	→45
フリカエル　振り返る →45	フリソデ, フリソデ　振袖 →5
フリカエル, フリカエル　振り替える	フリソデスガタ　振袖姿 →12
→45b	フリダシ　振出し →5
フリカカル, フリカカル　降り懸る	フリダシニン　振出人 →14
→45	フリダス,《新は フリダス》降り出す
フリカカル　振り懸る →45	→45
フリカケ　振掛け〖食品〗 →5	フリダス　振り出す →45
フリカケル　振り掛ける →45	フリタテル　振り立てる →45
フリカザス　振り翳す →45	フリツ, フリツ　府立 →8
	フリツケ　振付 →5

―― は高い部分　⊤と⊥は高低が変る部分　⌐は次が下がる符号　→は法則番号参照

フ<u>リツケ</u>シ	振付師 →14	
フ<u>リツケ</u>ル	振り付ける →45	
ブ<u>リ</u>ッコ	ぶりっ子〖俗〗 →5d	
ブ<u>リ</u>ッジ	bridge →9	
フ<u>リツズ</u>ク, フ<u>リツヅ</u>ク	降り続く →45	
フ<u>リツ</u>ム,《新は フ<u>リツ</u>ム》	降り積む →45	
フ<u>リツモ</u>ル, フ<u>リツモ</u>ル	降り積る →45	
フ<u>リトバ</u>ス	振り飛ばす →45	
フ<u>リハジ</u>メ	降り始め →13	
フ<u>リハナ</u>ス	振り放す, 振り離す →45	
フ<u>リハラ</u>ウ	振り払う →45	
プ<u>リプリ</u>	(~おこる, ~と) →57	
プ<u>リプリ</u>	(~する, ~と) →57	
フ<u>リペードカー</u>ド	prepayed card〖和〗 →16	
フ<u>リホド</u>ク	振り解く →45	
フ<u>リマ</u>ク	振り撒く →45	
プ<u>リマド</u>ンナ	prima donna〖伊〗 →16	
フ<u>リマワ</u>ス	振り回す →45	
フ<u>リミダ</u>ス	振り乱す →45	
プ<u>リミ</u>(·)フ<u>ラズミ</u>, ~(·)フ<u>ラズミ</u>	降りみ降らずみ →97, 98	
フ<u>リム</u>ク	振り向く →45	
フ<u>リムケ</u>ル	振り向ける →45	
プ<u>リムラ</u>, プ<u>リムラ</u>	Primula〖拉〗〖植〗 →9	
ブ<u>リャ</u>ク	武略 →8	
フ<u>リヤ</u>ム,《新は フ<u>リヤ</u>ム》	降り止む →45	
フ<u>リュ</u>ー	浮流 →8	
フ<u>リュ</u>ー	風流〖芸能〗 →8	
ブ<u>リュッ</u>セル	Bruxelles〖地〗 →21	
フ<u>リョ</u>	不慮, 俘虜 →7	
フ<u>リョ</u>ー	不良, 不漁, 不猟 →8	
ブ<u>リョ</u>ー	無聊 →8	
フ<u>リョーケ</u>ン	不料簡 →91	

フ<u>リョーサイケ</u>ン	不良債券 →15	
フ<u>リョーショージョ</u>	不良少女 →15	
フ<u>リョーショーネ</u>ン	不良少年 →15	
フ<u>リョーセ</u>イ★	不良性 →14	
フ<u>リョーヒ</u>ン	不良品 →14	
フ<u>リョ</u>ク	浮力 →8	
ブ<u>リョ</u>ク	武力 →8	
ブ<u>リョク</u>コーシ	武力行使 →15	
フ<u>リ</u>ル	frill →9	
フ<u>リワ</u>ケ	振分け →5	
フ<u>リワケガ</u>ミ	振分髪 →12	
フ<u>リワケ</u>ル	振り分ける →45	
フ<u>リ</u>ン	不倫 →8	
プ<u>リ</u>ン, プ<u>リ</u>ン	<pudding →9	
プ<u>リ</u>ンス	prince →9	
プ<u>リンスメ</u>ロン	prince melon〖和〗 →16	
プ<u>リ</u>ンセス	princess →9	
プ<u>リ</u>ンター,《新は プ<u>リ</u>ンター》	printer →9	
プ<u>リ</u>ント	print →9	
フ<u>ル</u>	振る フ<u>ラナ</u>イ, フ<u>ロ</u>ー, フ<u>リマ</u>ス, フ<u>ッテ</u>, フ<u>レバ</u>, フ<u>レ</u> →43	
フ<u>ル</u>	降る フ<u>ラナ</u>イ, フ<u>ロ</u>ー, フ<u>リマ</u>ス, フ<u>ッテ</u>, フ<u>ッテ</u>, フ<u>レバ</u>, フ<u>レ</u> →43c 古(オ<u>フル</u> 御~) →3, 92	
フ<u>ル</u>	full →9	
ブ<u>ル</u>	振る(ブ<u>ッテ</u>ル) →43 <bourgeois 〖仏〗, <bulldog →10	
……ブ<u>ル</u>	…振る(ガ<u>クシャブ</u>ル 学者~, タ<u>イカブ</u>ル 大家~) →96	
フ<u>ル</u>イ	篩(~にかける), 震い →2	
フ<u>ル</u>イ	古い フ<u>ルカッ</u>タ, フ<u>ル</u>ク, フ<u>ルク</u>テ,《新は フ<u>ルク</u>テ》, フ<u>ルケ</u>レバ, フ<u>ル</u>シ →52	
ブ<u>ル</u>イ, ブ<u>ル</u>イ	部類 →8	
フ<u>ルイオコ</u>ス	振い起す →45	
フ<u>ルイオド</u>ス	振い落す, 篩い落す →45	
フ<u>ルイ</u>ケ	古池 →5	

ガギグゲゴは鼻濁音　カタカナ細字は母音の無声化　★は長音にもなる符号

フルイタ──フルホン　802

フル<ruby>イタ<rt></rt></ruby>ツ 奮い立つ →45	**ブル<ruby>ジョ<rt></rt></ruby>ア** bourgeois〔仏〕 →9
フル<ruby>イ<rt></rt></ruby>ツク 震い付く →45	**ブル<ruby>ジョ<rt></rt></ruby>アジー** bourgeoisie〔仏〕 →9
フル<ruby>イ<rt></rt></ruby>ド 古井戸 →12	**フル<ruby>ジ<rt></rt></ruby>ンブン** 古新聞 →15
フル<ruby>イ<rt></rt></ruby>ワケ 篩い分け →13	**フルス，フルス** 古巣 →5
フル<ruby>イ<rt></rt></ruby>ワケル 篩い分ける →45	**フル<ruby>ズ<rt></rt></ruby>ケ** 古漬 →5
フルウ 奮う，震う，振う，篩う →43	**フルス<ruby>ピ<rt></rt></ruby>ード** full speed →16
ブル<ruby>ー<rt></rt></ruby> blue →9	**ブル<ruby>ゾ<rt></rt></ruby>ン** blouson〔仏〕 →9
ブル<ruby>ーガ<rt></rt></ruby>ラー blue-collar →16	**フル<ruby>タ<rt></rt></ruby>イム** full-time →16
ブル<ruby>ー<rt></rt></ruby>ス blues →9	**フル<ruby>ダ<rt></rt></ruby>ヌキ** 古狸 →12
フル<ruby>ー<rt></rt></ruby>ツ fruits →9	**フル<ruby>チ<rt></rt></ruby>** 古血 →5
フル<ruby>ー<rt></rt></ruby>ツケーキ fruitcake →16	**フル<ruby>ッ<rt></rt></ruby>テ** 奮って(〜参加する) →67
フル<ruby>ー<rt></rt></ruby>ツパーラー fruit parlour〔和〕 →16	**フルツ<ruby>ワ<rt></rt></ruby>モノ，フルツ<ruby>ワ<rt></rt></ruby>モノ** 古兵 →12
フル<ruby>ー<rt></rt></ruby>ツポンチ fruit punch →16	**フルテ，フルテ** 古手 →5
フル<ruby>ー<rt></rt></ruby>ト，フリュ<ruby>ー<rt></rt></ruby>ト flute →9	**フルデラ，フル<ruby>デ<rt></rt></ruby>ラ** 古寺 →5
ブル<ruby>ー<rt></rt></ruby>ベリー blueberry →16	**フル<ruby>ド<rt></rt></ruby>ーグ，フル<ruby>ド<rt></rt></ruby>ーグ** 古道具 →15
フル<ruby>エ<rt></rt></ruby> 震え(〜が来る) →2	**フル<ruby>ド<rt></rt></ruby>ーグヤ** 古道具屋 →94
フルエ<ruby>ア<rt></rt></ruby>ガル 震え上がる →45	**ブル<ruby>ド<rt></rt></ruby>ーザー，(ブル<ruby>ト<rt></rt></ruby>ーザー)** bull-dozer →9
フル<ruby>エ<rt></rt></ruby>ゴエ，フル<ruby>エ<rt></rt></ruby>ゴエ 震え声 →12	**ブル<ruby>ド<rt></rt></ruby>ック，(ブル<ruby>ド<rt></rt></ruby>ック)** bulldog →16
フル<ruby>エ<rt></rt></ruby>ル 震える →44	**プル<ruby>ト<rt></rt></ruby>ップ** pull top〔和〕〔缶詰〕 →16
プル<ruby>オ<rt></rt></ruby>ーバー pullover →16	**プルト<ruby>ニ<rt></rt></ruby>ューム，プルト<ruby>ニ<rt></rt></ruby>ウム** plu-tonium →9
フル<ruby>ガ<rt></rt></ruby>イテン full 回転 →15	**フル<ruby>ト<rt></rt></ruby>リ** 隹(=隹) →5
フル<ruby>ガ<rt></rt></ruby>オ 古顔 →5	**フル<ruby>ナ<rt></rt></ruby>ジミ** 古馴染 →12
フル<ruby>カ<rt></rt></ruby>ネ 古鉄 →5	**フル<ruby>ネ<rt></rt></ruby>ーム** full name →16
フル<ruby>カ<rt></rt></ruby>ブ，フル<ruby>カ<rt></rt></ruby>ブ 古株 →5	**フル<ruby>バ<rt></rt></ruby>ック，フル<ruby>バ<rt></rt></ruby>ック** fullback →16
ブル<ruby>ガ<rt></rt></ruby>リア Bulgaria〔国〕 →21	**フル<ruby>ビ<rt></rt></ruby>ル** 古びる →96
フル<ruby>カ<rt></rt></ruby>ワ 古川《姓も》 →5, 22	**フル<ruby>フ<rt></rt></ruby>ク** 古服 →8
フルギ，フルギ 古着 →5	**ブルブル** (〜だ・な・に) →57
フルキズ，フルキズ 古傷 →5	**ブルブル** (〜する，〜と) →57
フル<ruby>ギ<rt></rt></ruby>ツネ 古狐 →12	**フル<ruby>ベ<rt></rt></ruby>ース，フル<ruby>ベ<rt></rt></ruby>ース** full base〔和〕 →16
フル<ruby>ギ<rt></rt></ruby>ヤ 古着屋 →94	**ブル<ruby>ペ<rt></rt></ruby>ン** bullpen →16
ブル<ruby>ク<rt></rt></ruby> 古く(=久しく) →61	**フル<ruby>ボ<rt></rt></ruby>ーシ** 古帽子 →15
フルク<ruby>サ<rt></rt></ruby>イ 古臭い →54	**フル<ruby>ボ<rt></rt></ruby>ケル** 古惚ける →46
フル<ruby>コ<rt></rt></ruby>ース full course →16	**フル<ruby>ホ<rt></rt></ruby>ン** 古本 →8
フルサ 古さ →93	
ブルサ<ruby>ゲ<rt></rt></ruby>ル ぶる下げる《俗》 →46	
フル<ruby>サ<rt></rt></ruby>ト，《古は フル<ruby>サ<rt></rt></ruby>ト》 古里，故郷 →5	
フル<ruby>シ<rt></rt></ruby>キ 風呂敷 ⇒**フロシキ**	

‾ は高い部分　˙˙と˙˙は高低が変る部分　˥は次が下がる符号　→は法則番号参照

フルホンヤ 古本屋 →94

ブルマー, ブルマ <bloomers →9

フルマイ, フルマイ 振舞 →2b

フルマイザケ 振舞酒 →12b

フルマウ 振舞う →45

フルマラソン full marathon〔和〕 →16

フルメカシイ★ 古めかしい →96

フルモノ 古物 →5

フルワス 震わす →44

フルワセル 震わせる →44

フレ 振れ(〜が大きい) →2

フレ, フレ 触れ(オフレ 御〜) →2,92

ブレ 〘俗〙(カメラ・株などの〜) →2

フレアイ 触合い →5

フレアウ 触れ合う →45

フレイ★ 布令,府令 →8 不例(ゴフレ
イ★ 御〜) →8,92

ブレイ★ 無礼(ゴブレイ★ 御〜) →8,92

ブレイ★コー 無礼講 →14

フレー hurray →66

プレー, プレイ play →9

ブレーカー, 《新は ブレーカー》
breaker →9

プレーガイド, プレイガイド play
guide〔和〕 →16

ブレーキ brake →9

フレーズ phrase →9

プレート plate →9

フレーバー flavor →9

プレーボーイ, プレイボーイ playboy
→16

プレーボール, プレーボール play ball
→16

フレーム, 《新は フレーム》 frame →9

プレーヤー player →9

ブレーン brain →9

プレーン plain →9

プレーンソーダ, プレンソーダ plain
〔英〕+soda〔蘭〕 →16

フレガキ 触れ書 →5

フレキシブル flexible →9

フレコミ 触込み →5

フレコム 触れ込む →45

ブレザー blazer →9

ブレザーコート blazer coat〔和〕 →16

フレジョー 触れ状 →8

プレス, プレス press →9

フレスコ fresco〔伊〕 →9

プレスセンター press center →16

ブレスト, ブレスト breast, <breast
stroke →9

プレスハム <pressed ham →16

ブレスレット bracelet →9

プレゼント present →9

フレダイコ 触れ太鼓 →15

プレタポルテ prêt-à-porter〔仏〕 →17

フレックスタイム <flextime 制〔和〕
→16

プレッシャー, 《新は プレッシャー》
pressure →9

フレッシュ fresh →9

フレッシュマン freshman →16

プレハブ prefab →10

フレマワル 触れ回る →45

プレミア <プレミアム, 《新は プレ
ミアム》 premium →10,9

フレヤー, フレアー flare →9

プレリュード, プレリュード prelude
→9

フレル 触れる,狂れる(気が〜) →43

ブレル (=カメラが動く) →43

フレンゾクセン 不連続線 →14

フレンチ French →9

フレンチドレッシング French dressing
→16

ブレンド blend →9

フロ, 《新は フロ》 風呂(オフロ 御〜)
→1,92 風炉 →7

ガギグゲゴは鼻濁音　カタカナ細字は母音の無声化　★は長音にもなる符号

プロ──プロヤキ　804

プロ <prolétariat〔仏〕, <production, < professional, <program →10

フロア, フロアー floor →9

フロイト, フロイト(トは古くドとも) Freud〔独〕〖人〗→22

ブロイラー broiler(=食用若鶏わかとり) →9

フロー 浮浪, 不老(～長寿) →8

ブローカー broker →9

ブロークン broken →9

フロオケ 風呂桶 →4

フロージ 浮浪児 →14a

フローシャ 浮浪者 →14a

フローショトク 不労所得 →15

ブローチ brooch →9

フローチャート flow chart →16

フローチョージュ 不老長寿 →15

フロート float →9

ブロード <broadcloth →9

ブロードバンド broadband →16

フローニン 浮浪人 →14

フローフシ 不老不死 →98

フローリング, 《新は フローリング》 flooring →9

フロガマ, フロガマ 風呂釜 →4

フロク 付録 →8

ブログ blog<weblog →9

プログラマー, プログラマー programmer →9

プログラム program →9

プロジェクト, プロジェクト project →9

フロシキ 風呂敷 →5

フロシキズツミ 風呂敷包 →12

プロセス process →9

プロセスチーズ process cheese →16

フロセン 風呂銭 →8

フロダイ, フロダイ 風呂代 →8

フロタキ, フロタキ, フロタキ 風呂

焚き →5

プロダクション production →9

フロック fluke, frock →9

ブロック bloc〔仏〕, block →9

ブロックケイザイ bloc 経済〔仏〕 →15

フロックコート frock coat →16

ブロックベイ★ block 塀 →14

ブロッコリー broccoli〔伊〕 →9

プロット plot →9

フロッピー <フロッピーディスク floppy disk →16

プロテイン protein →9

プロテクター protector →9

プロテスタント Protestant →9

プロデューサー producer →9

フロバ 風呂場(オフロバ 御～) →4, 92

プロパー proper →9

プロパガンダ propaganda →9

フロバン, フロバン 風呂番 →8

プロパン Propan〔独〕 →9

プロパンガス Propan〔独〕+gas〔蘭〕 →16

プロフィール, プロフィル profile →9

プロフェッサー professor →9

プロフェッショナル professional →9

フロフキ 風呂吹き〖大根〗 →5

プロペラ, プロペラ propeller →9

プロポーション proportion →9

プロポーズ propose →9

ブロマイド, (プロマイド) bromide →9

プロムナード promenade〔仏〕 →9

プロモーション promotion →9

プロモーター promoter →9

フロヤ 風呂屋 →94

プロヤキュー プロ野球<professional 野球 →15

￣は高い部分　⋯と⋯は高低が変る部分　⌐は次が下がる符号　→は法則番号参照

プロレス <professional wrestling →10	**ブンカ** 文化, 文科 →7
プロレタリア prolétariat〔仏〕→9	**フンガイ** 憤慨 →8
プロローグ prologue →9	**ブンカイ** 分解, 分界, 分会 →8
フロン flon〔和〕→9	**ブンカイサン** 文化遺産 →15
フロンガス flon〔和〕+gas〔蘭〕→16	**ブンカイソージ** 分解掃除 →15
ブロンズ, ブロンズ bronze →9	**ブンカエィガ** 文化映画 →15
フロンティア frontier →9	**ブンカカイ** 分科会 →14
フロント front →9	**ブンカカガク** 文化科学 →15
ブロンド, ブロンド blond →9	**ブンカク** 文革<文化大革命 →10
プロンプター prompter →9	**ブンガク** 文学 →8
フワ 不和, 付和(～雷同) →7 不破	**ブンガクカイ, ブンガクカイ** 文学界
〖地〗(～の関) →21	→14c
フワク, フワク 不惑(=四十歳) →8	**ブンガクザ** 文学座〖劇団〗→14
フワケ, フワケ 腑分け →5	**ブンガクサンポ** 文学散歩 →15
ブワケ, ブワケ 部分け →5	**ブンガクシ, ブンガクシ** 文学士 →17
フワタリ, フワタリ 不渡 →13	**ブンガクシ, ブンガクシ** 文学史
フワタリテガタ 不渡手形 →12	→14c
フワフワ (～だ・な・に) →57	**ブンガクシャ, ブンガクシャ** 文学者
フワフワ (～する, ～と) →57	→17
フワ(·)ライドー 付和雷同 →97, 98	**ブンガクショー, ブンガクショー** 文
フン 分, 吻, 糞 →6	学賞 →14c
……ふん …分〖数〗→34, 35	**ブンガクセィネン** 文学青年 →15
ブン 文, 分 →6	**ブンガクハクシ, ブンガクハカセ** 文
……ブン, ……ブン …文(キコーブ	学博士 →15
ン, キコーブン 紀行～) →14a	**ブンガクブ, ブンガクブ** 文学部 →17
……ブン …分(=部分・成分・関係。ゾ	**ブンガクロン** 文学論 →14
ーカブン 増加～, シボーブン 脂肪	**ブンカクンショー** 文化勲章 →15
～, ムスメブン 娘～) →14a	**ブンカケィ** 文化系 →14
……ブン …分(=分量。イッショクブ	**フンカコー, フンカコー** 噴火口 →14
ン 一食～, ヨニンブン 四人～) →38	**ブンカコーローシャ** 文化功労者 →17
ブンアン 文案 →8	**ブンカコッカ** 文化国家 →15
ブンイ 文意 →7	**ブンカサイ** 文化祭 →14
フンイキ 雰囲気 →14	**ブンカザイ** 文化財 →14
ブンイン 分院 →8	**フンカザン** 噴火山 →14
ブンウン 文運 →8	**ブンカシ** 文化史 →14
フンエン 噴煙 →8	**ブンカジギョー** 文化事業 →15
ブンエン 分煙, 文苑 →8	**ブンカジン** 文化人 →14
フンカ 噴火 →7	**ブンカジンルィガク** 文化人類学 →17
ブンカ, ブンカ 分化, 分科, 分課 →7	**ブンカセィカツ** 文化生活 →15

ガギグゲゴは鼻濁音　カタカナ細字は母音の無声化　★は長音にもなる符号

ブンカチ──ブンシュ 806

フ

ブンカチョー 文化庁 →14

ブンカツ 分割, 分轄 →8

ブンカツバライ 分割払い →13

ブンカテキ 文化的 →95

ブンカノヒ 文化の日 →19

ブンカ(・)ブンセイ 文化文政〔年号〕 →97, 98

ブンカホーソー 文化放送 →15

ブンガラン 文化欄 →14

ブンカン 文官, 分館 →8

フンキ 奮起, 噴気 →7

フンギ 紛議 →7

ブンキ, ブンキ 分岐 →7

ブンキテン 分岐点 →14

フンキュー 紛糾 →8

ブンキョー 文教(~の府) →8 文京 〔地〕 →21

ブンギョー 分業 →8

ブンキョーク 文京区 →14a

ブンキョージョー 分教場 →14

ブンキョーチク, ブンキョーチク 文教地区 →15

ブンキョク 分局, 分極 →8

フンギリ 踏ん切り(~がつかない) →5d

フンギル 踏ん切る〔俗〕 →45d

ブンキン 文金<ブンキンシマダ 文金島田 →10, 12

ブンキンタカシマダ 文金高島田 →17

ブング, ブング 文具 →7

ブンケ 分家 →7

フンケイ 刎頸(~の交わり) →8

ブンケイ 文系, 文型 →8

ブンゲイ, ブンゲイ 文芸 →18

ブンゲイガク 文芸学 →14b

ブンゲイシュンジュー 文芸春秋〔雑誌〕 →15

ブンゲイフッコー 文芸復興 →15

ブンゲイラン 文芸欄 →14b

フンゲキ 憤激, 奮激, 奮撃 →8

ブンケツ, ブンゲツ 分蘖 →8

ブンケン 分権, 文献 →8

ブンゲン 分限 →8

ブンケンガク 文献学 →14a

ブンコ 文庫 →7

⋯⋯ブンコ ⋯文庫(ガッキューブン コ 学級~) →15

ブンゴ 文語 →7

ブンゴ 豊後(~の国) →21

フンゴー 吻合 →8

ブンコー 分校 →8

ブンゴー 文豪 →8

ブンコーキ 分光器 →14a

ブンゴスイドー 豊後水道 →15

ブンゴタイ 文語体 →14

ブンコツ 分骨 →8

フンコツサイシン 粉骨砕身 →98

ブンコバン 文庫判 →14

ブンゴブシ 豊後節 →12

ブンゴブン, ブンゴブン 文語文 →14

ブンコボン 文庫本 →14

フンサイ 粉砕 →8

ブンサイ 文才 →8

ブンザイ, ブンザイ 分際 →8

ブンサツ 分冊 →8

ブンサン 分散 →8

フンシ 憤死 →7

ブンシ 分子, 文士 →7

ブンジ 文治, 文事, 文辞 →7

ブンシゲキ 文士劇 →14

ブンシシキ 分子式 →14

フンシツ 紛失 →8

ブンシツ 分室 →8

フンジバル ふん縛る〔俗〕 →45d

フンシャ 噴射 →7

ブンジャク 文弱 →8

ブンシュー 文集 →8

ブンシュク 分宿 →8

‾は高い部分 ⋯と⋯は高低が変る部分 ⌐は次が下がる符号 →は法則番号参照

フンシュツ　噴出　→8
フンショ　焚書　→7
ブンショ　文書　→7
ブンショ, ブンショ　分署　→7
ブンショー　分掌, 文相　→8
ブンショー　文章　→8
ブンジョー　分乗, 分譲, 分場　→8
ブンショーカ　文章家　→14
ブンショータイ　文章体　→14
ブンジョーチ　分譲地　→14a
フンショク　粉飾, 粉食　→8
ブンショク　文飾　→8
フンショクケッサン　粉飾決算　→15
フンショ・コージュ, フンショコージュ　焚書坑儒　→97, 99
ブンシリョー　分子量　→14
フンシン　奮進　→8
フンジン　粉塵, 奮迅(獅子ヒ～)　→8
ブンシン　分身, 文臣　→8
ブンジン　文人　→8
ブンジンガ　文人画　→14
フンスイ　噴水　→8
ブンスイ　分水　→8
ブンスイレイ★　分水嶺　→14b
ブンスー　分数　→8
フンズケル　踏ん付ける〚俗〛→45d
フンズマリ, フンズマリ, フンズマリ　糞詰まり　→13
フンスル　扮する　→48
ブンセイ★　文勢　→8
ブンセキ　分析, 文責　→8
ブンセツ　分節, 文節　→8
フンセン　奮戦, 噴泉　→8
フンゼン　紛然, 憤然, 奮然　→56
ブンセン　文選　→8
ブンセンコー　文選工　→14
フンソー　紛争, 扮装　→8
ブンソー　文藻　→8
ブン(·)ソーオー　分相応　→97, 98

フンゾリカエル,《古・強は フンゾリカエル》　踏ん反り返る　→45
ブンソン　分村　→8
ブンタイ　文体, 分隊　→8
ブンダイ　文台, 文題　→8
ブンタイチョー　分隊長　→17
フンダクル　〚俗〛→45d
フンダリケッタリ　踏んだり蹴ったり　→99
フンタン　粉炭　→8
ブンタン　分担　→8
ブンタン, ブンダン　文旦〔華〕→9
ブンダン　分団, 文談, 文壇　→8
フンダンニ,《新は フンダンニ》（～ある, ～使う）→67d
ブンチュー, ブンチュー　文中　→8
ブンチョー,《古は ブンチョー》　文鳥　→8
ブンチン　文鎮　→8
ブンツー　文通　→8
ブンテン　分店, 文典　→8
フンド, フンヌ　憤怒　→7
プント　（～する, ～におう）→55
フントー　奮闘　→8
フンドー　分銅　→8
ブントー　文頭　→8
ブンドキ　分度器　→14
フンドシ　褌
フンドシカツギ　褌担ぎ　→13
ブンドリ　分捕り　→5
ブンドリヒン, ブンドリヒン　分捕品　→14
ブンドル　分捕る　→46
ブンナグル, ブンナグル　打ん殴る〚俗〛→45d
フンニュー　粉乳　→8
フンニョー　糞尿　→18
フンヌ, フンド　憤怒　→7
ブンノー　分納　→8

ガギグゲゴは鼻濁音　カタカナ細字は母音の無声化　★は長音にもなる符号

ブンパ, ブンパ 分派 →7	ブンボーグヤ, ブンポーグヤ 文房具屋 →94
ブンバイ 分売 →8	フンポン 粉本 →8
ブンパイ 分配 →8	フンマエル, フンマエル 踏んまえる〖俗〗→45db
ブンパカツドー 分派活動 →15	フンマツ 粉末 →8
フンパツ 奮発 →8	ブンマツ 文末 →8
フンバリ, フンバリ 踏張り →5d	ブンマワシ ぶん回し(=コンパス) →13
フンバル 踏ん張る →45d	フンマン 憤懣 →8
フンパン 噴飯 →8	ブンミャク 分脈, 文脈 →8
ブンパン 文範 →8	ブンミン 文民 →8
フンパンモノ 噴飯物 →12	フンム 噴霧 →7
ブンピ, ブンピツ 分泌 →7,8	フンムキ 噴霧器 →14
ブンピツ 文筆 →8	ブンメイ 分明, 文明, 文名 →8
ブンピツギョー 文筆業 →14	ブンメイカイカ 文明開化 →99
ブンピブツ, ブンピツブツ 分泌物 →14	ブンメイコク 文明国 →14b
フンビョー 分秒(～を争う) →18	ブンメイジン 文明人 →14b
ブンブ 文武 →18	ブンメイビョー 文明病 →14
ブンプ, ブンプ 分布 →7	ブンメン, ブンメン 文面 →8
ブンブク(・)チャガマ 文福茶釜 →97,98	フンモン 噴門 →8
ブンプズ 分布図 →14	ブンヤ 聞屋〖俗〗(=新聞記者) →10 文弥<ブンヤブシ 文弥節 →25,12
ブンブツ 文物 →8	ブンヤ 分野 →7 文屋〖姓・舞踊〗→22
フンプン 紛紛(諸説～), 芬芬(香気～) →58	フンユ 噴油 →7
ブンブン (～うなる, ～と) →57	ブンヨ 分与 →7
プンプン (～だ・な・に) →57	ブンラク 文楽 →28
プンプン (～する, ～と) →57	フンラン 紛乱 →8
ブンベツ 分別(=考え・わきまえ) →8	ブンリ, ブンリ 分離 →7
ブンベツ 分別(=分類・区別) →8	ブンリ 文理 →7,18
フンベツガオ 分別顔 →12	ブンリガクブ, ブンリガクブ 文理学部 →17
フンベックサイ 分別臭い →96	ブンリカゼイ 分離課税 →15
フンベツザカリ 分別盛り →12	ブンリダイ 文理大<ブンリカダイガク 文理科大学 →10,15
フンベン 糞便 →8	ブンリツ 分立 →8
ブンベン 分娩 →8	フンリュー 噴流 →8
フンボ 墳墓(～の地) →7	ブンリュー 分流, 分溜 →8
ブンボ 分母 →7	フンリューシキ 噴流式 →14
ブンポー 分封, 文法 →8	ブンリョー 分量 →8
ブンボーグ, ブンポーグ 文房具 →14a	

￣は高い部分　　と　は高低が変る部分　　「は次が下がる符号　　→は法則番号参照

ブンルイ 分類 →8
ブンルイガク 分類学 →14b
フンレイ 奮励 →8
ブンレイ 文例 →8
ブンレツ 分列, 分裂 →8
ブンレツシキ 分列式 →14
ブンレツショー, ブンレッショー 分裂症 →14c
フンワリ (〜する, 〜と) →55

ヘ 辺, 屁 →1
……ヘ 〘助〙⇒……エ
ヘア, ヘヤ hair →9
ベア <ベースアップ base up〔和〕 →10, 16
ペア, ペアー pair(=対○), pear(=洋なし) →9
ヘアカラー haircolor →9
ヘアクリーム hair cream →16
ヘアスタイル hairstyle →16
ヘアスプレー, ヘアスプレー hair spray →16
ヘアダイ, ヘアダイ hair dye →16
ヘアトニック, ヘアトニック hair tonic →16
ヘアバンド hair band →16
ヘアピース hairpiece →16
ヘアピン, ヘアピン hairpin →16
ベアリング, ベアリング bearing →9
ヘイ 塀 →6
ヘイ 〘感〙(=はい) →66 丙, 兵, 弊, 幣 →6
…ヘイ; ……ヘイ; ……ペイ …平 (ゴヘイ 五〜, マタヘイ 又〜, カンペイ 勘〜) →25
ベイ 米<亜米利加 →6

ペイ pay(〜する) →9
ヘイアン 平安(地・時代も) →8, 21
ヘイアンキョー, ヘイアンキョー 平安京 →14a
ヘイアンジダイ 平安時代 →15
ヘイアンジングー, ヘイアンジングー 平安神宮 →15
ヘイアンチョー, ヘイアンチョー 平安朝 →14a
ヘイイ, ヘイイ 平易 →7
ヘイイ(·)ハボー 弊衣破帽 →97, 98
ヘイイン 閉院, 兵員 →8
ヘイエイ 兵営 →8
ヘイエキ 兵役 →8
ヘイエン 閉園 →8
ベイエン 米塩(〜の資) →18
ペイオフ payoff →16
ヘイオン 平穏, 平温 →8
ヘイカ 平価, 兵火, 兵科, 兵家, 兵戈, 陛下 →7
ベイカ 米価 →7
ヘイカイ 閉会 →8
ヘイガイ 弊害 →8
ヘイカイシキ 閉会式 →14b
ヘイカ(·)キリサゲ 平価切下げ →97, 98
ヘイガク, ベイガク 兵学 →8
ベイカシンギカイ 米価審議会 →17
ヘイカツ 平滑 →8
ヘイガッコー, ヘイガッコー 兵学校 →17
ヘイカン 閉館 →8
ヘイガン 併願〘受験〙 →8
ヘイキ 平気 →7
ヘイキ 兵器 →7
ヘイキ, ヘイキ 併記, 並記 →7
ヘイキノヘイザ 平気の平左〘俗〙 →27
ヘイギョー 閉業 →8
ヘイキョク 平曲 →8

ガギグゲゴは鼻濁音　カタカナ細字は母音の無声化　★は長音にもなる符号

ヘイキン──ヘイソク

ヘイキン 平均 →8	ヘイシ, ヘイジ 瓶子 →7
ヘイキンジュミョー 平均寿命 →15	ヘイジ 平時,兵事,平治〖年号〗 →7
ヘイキンダイ, ヘイキンダイ 平均台 →14a	ヘイシツ 閉室 →8
ヘイキンチ 平均値 →14a	ヘイジツ 平日 →8
ヘイキンテン 平均点 →14a	ヘイジモノガタリ 平治物語 →12
ヘイキンヨイ 平均余命 →15	ヘイシャ 兵舎,弊社 →7
ヘイキンリツ 平均率 →14a	ヘイシュ 兵種,丙種 →7
ヘイケ 平家 →7	ベイジュ 米寿 →7
ヘイケイ 閉経 →8	ヘイシュー 弊習 →8
ヘイゲイ 睥睨 →8	ベイシュー 米収 →8
ヘイケガニ 平家蟹 →12	ヘイジュツ, ヘイジュツ 兵術 →8
ヘイケビワ 平家琵琶 →15	ヘイショ 兵書 →7
ヘイケボタル 平家蛍 →12	ヘイジョ, ヘイジョ 平叙 →7
ヘイケモノガタリ 平家物語 →12	ヘイショー 併称 →8
ヘイゲン 平原 →8	ヘイジョー 平常,閉場 →8 平壌〖地〗 →21
ベイゴ 米語 →7	ヘイジョー, ヒョージョー 兵仗 →8
ヘイコー 平行,並行,閉口,閉校,平衡 →8	ヘイジョーキョー, ヘイジョーキョー 平城京 →14a
ヘイゴー 併合 →8	ヘイジョーシン 平常心 →14a
ヘイコーカンカク 平衡感覚 →15	ヘイジョーテン 平常点 →14a
ヘイコーシヘンケイ 平行四辺形 →17	ベイショク 米食 →8
ヘイコーセン, ヘイコーセン 平行線 →14a	ヘイジョブン 平叙文 →14
ヘイコーボー 平行棒 →14a	ヘイシン 並進,平信〖手紙〗 →8
ベイコク 米国,米穀 →8	ヘイシンテイトー 平身低頭 →98
ベイコクネンド 米穀年度 →15	ベイスギ 米杉 →4
ヘイゴシ 塀越し →95	ヘイスル 聘する →48
ベイゴマ 貝独楽 ⇒ベーゴマ	ヘイセイ 平静,兵制,幣制,弊政,平成〖年号〗 →8
ヘイコラ 〖俗〗(〜する,〜と) →57	ヘイゼイ 平生 →8
ヘイサ 閉鎖 →7	ヘイセキ 兵籍 →8
ベイザイ 米材 →8	ヘイセツ 併設 →8
ヘイサク 平作 →8	ヘイセン 兵船 →8
ベイサク 米作 →8	ヘイゼン 平然 →56
ヘイサツ 併殺 →8	ヘイソ 平素 →7
ヘイザン 閉山 →8	ベイソ 米ソ<亜米利加・ソ連 →29
ヘイシ 閉止,斃死 →7	ヘイソー 兵曹 →8
ヘイシ 兵士,平氏 →7	ヘイソーチョー 兵曹長 →14a
	ヘイソク 閉塞,屏息 →8

ヘイゾク	平俗 →8	ヘイマク	閉幕 →8
ヘイソツ	兵卒 →8	ベイマツ	米松 →4
ヘイタイ	兵隊 →8	ヘイミャク	平脈 →8
ヘイタン	平淡,平坦,兵站 →8	ヘイミン	平民 →8
ヘイダン	兵団 →8	ヘイミンテキ	平民的 →95
ヘイダンブ	平坦部,兵站部 →14a	ヘイメイ	平明 →8
ヘイチ	平地 →7	ヘイメン, ヘイメン	平面 →8
ヘイチ, ヘイチ	併置 →7	ヘイメンキョー	平面鏡 →14
ヘイチャラ	平ちゃら〔俗〕→55	ヘイメンズ	平面図 →14a
ヘイチョー	兵長 →8	ヘイメンズケイ	平面図形 →15
ヘイテイ	平定,閉廷 →8	ヘイメンテキ	平面的 →95
ヘイテン	閉店 →8	ヘイモツ	幣物 →8
ヘイテン	弊店 →8	ヘイモン	閉門 →8
ヘイドク	併読 →8	ヘイヤ, ヘイヤ	平野 →7
ヘイドン	併呑 →8	……ヘイヤ	…平野(カントーヘイヤ 関東~)→15
ヘイネツ	平熱 →8	ヘイユ, ヘイユ	平癒 →7
ヘイネン	平年 →8	ヘイユー	併有 →8
ヘイネンサク	平年作 →14a	ヘイヨー	併用 →8
ヘイネンナミ	平年並 →95	ヘイラン	兵乱 →8
ヘイバ	兵馬 →18	ヘイリ	弊履・敝履(~のごとく)→7
ヘイハク	幣帛 →8	ベイリーフ	bayleaf →9
ベイバク	米麦 →18	ヘイリツ	並立 →8
ヘイハツ	併発 →8	ヘイリャク	兵略 →8
ペイバック	payback →16	ヘイリョク	兵力 →8
ヘイハン, ヘイハン	平版〔印刷〕→8	ヘイレツ	並列 →8
ヘイバン	平板 →8	ヘイワ	平和 →7
ベイハン	米飯 →8	ヘイワウンドー	平和運動 →15
ヘイビ	兵備 →7	ヘイワカイギ	平和会議 →15
ヘイフー	弊風 →8	ヘイワキョーソン	平和共存 →98
ヘイフク	平伏,平服 →8	ヘイワジョーヤク	平和条約 →15
ベイフン	米粉 →8	ペインクリニック	pain clinic →16
ヘイヘイ	(~する,~と) →57	ペイント, 《新は ペイント》	paint →9
ペイペイ	〔俗〕→11	ヘー	へえ〔感〕(=はい)→66
ヘイヘイタンタン	平平坦坦 →59	…ヘー: ……ベー: …ベー	…兵衛(リヘー 利~,マタベー 又~,ゴンベー 権~,ゲンゴベー 源五~)→25
ヘイヘイボンボン	平平凡凡 →59	ベーカリー	bakery →9
ヘイホー	平方 →8	ベーキングパウダー	baking powder
ヘイホー, ヘイホー	兵法 →8		
ヘイホーコン	平方根 →14a		
ヘイボン	平凡 →8		

ベークラ──ベシ　812

→16

ベークライト　Bakelite〚商標〛→9

ベーグル　bagel →9

ヘーゲル　Hegel〔独〕〚人〛→22

ベーゴマ　貝独楽 →4d

ヘーコラ　〚俗〛(～する,～と) →57

ベーコン　bacon →9

ベーコンエッグ　bacon egg →16

ページ　page →9

ページェント　pageant →9

ベーシック, ベーシック　basic, BASIC
〚コンピューター〛→9

ベージュ, ベージュ　beige〔仏〕→9

ベース,《新は ベース》　base, bass →9

ペース　pace →9

ベースアップ　base up〔和〕→16

ベースキャンプ　base camp →16

ペースト,《新は ペースト》　paste →9

ベースボール　baseball →16

ペースメーカー　pacemaker →16

ペーソス　pathos →9

ベータカロチン　βカロチン<β-
carotene →16

ベーチェットビョー　Behçet 病〚ﾄﾙ〛
→14

ベートーベン, ベートーヴェン
Beethoven〔独〕〚人〛→22

ペーハー　pH〔独〕→16

ペーパー,《新は ペーパー》　paper →9

ペーパータオル　paper towel →16

ペーパードライバー　paper driver〔和〕
→16

ペーパープラン　paper plan →16

ペーブメント　pavement →9

ヘーヘー　(～する,～と) →57

ベール　veil →9

ベオグラード　Beograd〚地〛→21

ヘオンキゴー　ヘ音記号 →15

ペガサス　Pegasus →9

ベカラズ　可からず →89

ヘキ　癖(～がある) →6

ヘギ　折,片木 →2

ベキ　冪〚数学〛→6

ヘギイタ, ヘギイタ　折板 →5

ヘキエキ　辟易 →58

ヘキエン　僻遠(～の地) →8

ヘキガ　壁画 →7

ヘキカン　壁間 →8

ヘキガン　碧眼(紅毛～) →8

ヘキギョク　碧玉 →8

ヘキスー　僻陬(～の地) →8

ヘキソン　僻村 →8

ヘキチ, ヘキチ　僻地 →7

ヘキトー　劈頭 →8

ヘキメン, ヘキメン　壁面 →8

ヘキレキ　霹靂(青天の～) →58

ペキン　北京〔華〕〚地〛→21

ペキンカンワ　北京官話 →15

ペキンゲンジン　北京原人 →15

ペキンダック　北京 duck →16

ヘグ　剝ぐ →43

ヘクタール　hectare →9

ベクトル,《新は ベクトル》　Vektor
〔独〕→9

ベクレル　Bq<becquerel〚単位〛→9

ヘゲモニー, ヘゲモニー　Hegemonie
〔独〕→9

ヘコオビ　兵児帯 →4

ヘコタレル　→46

ベゴニア　begonia →9

ペコペコ　(～だ・な・に) →57

ペコペコ　(～する,～と) →57

ヘコマス　凹ます →44

ヘコマセル　凹ませる →44

ヘコミ　凹み →2

ヘコム, ヘッコム　凹む →44d

ヘサキ, ヘサキ　舳先 →4

……ベシ; ……ベシ　…可し〚助動〛(ナ

‾は高い部分　˙˙と˙˙は高低が変る部分　˥は次が下がる符号　→は法則番号参照

813　ヘシオル──ベッカク

クベシ　泣く～，　ヨムベシ　読む～）→89	ヘダタル　隔たる →44
ヘシオル，ヘシオル，ヘショル　圧し折る →45d	ベタツク　(=べたべたする) →96
ベジタブル　vegetable →9	ヘダテ　隔て →2
ベジタリアン　vegetarian →9	ヘダテガマシイ★　隔てがましい →96
ペシミスト　pessimist →9	ヘダテゴコロ　隔て心 →12
ペシミズム　pessimism →9	ヘダテル　隔てる →43
ペシャンコ，ペシャンコ →94	ベタヌリ　べた塗り〖俗〗→5
ベスト　best(～を尽す)，vest →9	ヘタバル　〖俗〗(=弱る) →46
ペスト　pest〖蘭〗→9	ベタヘタ　(～すわる，～と) →57
ベストセラー　best seller →16	ベタベタ　(～だ・な・に) →57
ベストテン，ベストテン　best ten〖和〗→16	ベタベタ　(～する，～と) →57
ベストドレッサー　best dresser →16	ベタボメ　べた誉め →5
ベストメンバー　best member〖和〗→16	ベタボレ　べた惚れ →5
ヘズル　剝ずる →44	ベタユキ，ベタユキ　べた雪 →5
ヘソ　臍(オヘソ　御～) →1, 92	ヘタリコム　へたり込む →45
ベソ　(～をかく) →3	ペダル，ペダル，(ペタル)　pedal →9
ヘソクリ，ヘソクリ　臍繰り →5	ペダンチック　pedantic →9
ヘソクリガネ　臍繰金 →12	ペチカ，ペーチカ　pechka〖露〗→9
ヘソグル　臍繰る →46	ペチコート，ペチコート(チはティとも)　petticoat →16
ヘソチャ　臍茶〖俗〗→7	
ヘソノオ，ヘソノオ，ヘソノオ　臍の緒 →19	ヘチマ　糸瓜 →1
ヘソマガリ，ヘソマガリ，ヘソマガリ　臍曲り →13	ヘチマエリ　糸瓜襟 →12
	ペチャクチャ　(～しゃべる，～と) →57
ヘタ　端，蒂(なすの～)，厴(巻貝の～) →1	ペチャペチャ　(～しゃべる，～と) →57
ヘタ　下手(ヘタノヨコズキ　～の横好き) →1, 71, 98	ペチャンコ　〖俗〗→94
ベター　better →9	ベツ　別(=特別・除外・異なること。君は～だ，～にする，～の話) →6
ベターハーフ　better half →16	ベツ，ベツ　別(=区別。男女の～) →6
ベタイチメン　べた一面 →39	……ベツ　…別(ガッコーベツ　学校～，ダンジョベツ　男女～) →14
ヘタクソ，ヘタクソ，ヘタクソ　下手糞 →4	ベツアツラエ　別誂え →13
ベタグミ　べた組み〖印刷〗→5	ベツイン　別院 →8
	ベツウリ　別売 →5
ヘダタリ，ヘダタリ，ヘダタリ　隔たり →2	ベッカ，ベッカ　別科 →7
	ベッカク　別格 →8
	ベツガク　別学 →8
	ベッカクカンペイシャ★　別格官幣社

ガギグゲゴは鼻濁音　カタカナ細字は母音の無声化　★は長音にもなる符号

→17

ベッカッコー, ベッガッコー, ベッカンコ, ベッガンコ 〖俗〗→d

ベッカン 別館, 別巻 →8

ベッカンジョー 別勘定 →15

ベッキ, ベッキ 別記 →7

ベッキョ 別居 →7

ベツギョー 別行, 別業 →8

ベツグー, ベツグー 別宮 →8

ベツクチ 別口 →4

ベツグン 別軍 →8

ベッケ 別家 →7

ベッケン 瞥見, 別件 →8

ベツゲン 別言 →8

ベッケンタイホ 別件逮捕 →15

ベッコ, ベッコ 別個(〜に) →7

ベツゴ 別後 →7

ベッコー, ベツコー 別項 →8

ベッコー, ベッコー 鼈甲 →8

ベツゴー 別号 →8

ベツコードー 別行動 →15

ベッコン 別懇 →8

ベッサツ 別冊 →8

ベツザラ 別皿 →4

ベッシ, ベッシ 蔑視, 別紙 →7

ベッジ 別事 →7

ベツジタテ 別仕立 →13

ベッシツ 別室 →8

ベッシテ 別して〖副〗→67

ベッシュ 別種 →7

ベッショー 別称, 蔑称 →8

ベツジョー 別状・別条(〜はない) →8

ベツジン 別人 →7

ベツズリ 別刷 →5

ベッセイ 別製, 別姓 →8

ベッセカイ 別世界 →15

ベッセキ 別席 →8

ベッソー 別送 →8

ベッソー, 《古は ベッソー》 別荘 →8

ベッソーバン, ベッソーバン 別荘番 →14a

ベッタク 別宅 →8

ヘッタクレ 〖俗〗(約束も〜もあるものか) →94

ベツダテ 別立て →5

ベッタライチ べったら市 →12

ベッタラズケ べったら漬 →13

ベッタリ (〜つく, 〜と) →55

ベツダン 別段〖副〗→61

ベッタンコ 〖俗〗→94

ヘッチャラ, ヘイチャラ 〖俗〗(〜だ) →55

ペッチャンコ 〖俗〗→94

ベッチン 別珍<velveteen →8

ヘッツイ 竈 →1d

ベッテイ 別邸 →8

ベツデン 別殿 →8

ベッテンチ 別天地 →15

ヘット vet〔蘭〕(=牛脂) →9

ヘッド head →9

ベット, ベット 別途 →7

ベッド, (ベット) bed →9

ペット pet →9

ベットー 別当 →8

ベツドータイ 別働隊 →14

ベッドタウン, (ベットタウン) bed town〔和〕→16

ヘッドハンター head hunter →16

ペットボトル PET bottle →16

ヘッドホン, ヘッドホーン headphone →16

ヘッドライト headlight →16

ヘッドランプ head lamp →16

ベットリ (〜つく, 〜と) →55

ベッドルーム bed room →16

ベツヌノ 別布 →4

ベツノー 別納 →8

ベッパ, ベッパ 別派 →7

￣ は高い部分 ··· と ··· は高低が変る部分 ⌐ は次が下がる符号 → は法則番号参照

ペッパー pepper →9	ヘナチョコ 埴猪口〚俗〛(=未熟者)
ベッパイ 別杯,別盃 →8	ヘナツチ 粘土 →4
ベツバラ 別腹 →4	ヘナヘナ (~だ・な・に) →57
ベッピョー 別表 →8	ヘナヘナ (~する,~と) →57
ヘッピリゴシ, ヘッピリゴシ 屁っ放	ペナルティー penalty →9
り腰 →12d	ペナルティーキック penalty kick →16
ベツビン 別便 →8	ペナント,《新は ペナント》 pennant
ベッピン 別嬪,別品 →8	→9
ベップ 別府〚地〛 →21	ベニ 紅 →1
ベップー 別封 →8	ベニイロ 紅色 →4
ベツベツ 別別 →11	ベニオシロイ, ベニオシロイ 紅白粉
ベッポー 別法,別報 →8	→18
ヘッポコ 〚俗〛 →55	ベニガラ 紅殻 ⇨ベンガラ
ベッポン 別本 →8	ベニザケ, ベニザケ 紅鮭 →4
ベツマ 別間 →4	ベニザラ 紅皿 →4
ベツムネ 別棟 →4	ベニショーガ 紅生薑 →15
ベツメイ 別名,別命 →8	ペニシリン penicillin →9
ベツモノ 別物 →4	ベニス Venice〚地〛 →21
ベツモンダイ 別問題 →15	ペニス penis〚拉〛 →9
ベツヨー 別様 →95	ベニゾメ 紅染め →5
ヘツライ 諂い →2b	ベニバナ 紅花 →4
ヘツラウ 諂う →43	ベニフデ 紅筆 →4
ベツリ 別離 →7	ベニマス, ベニマス 紅鱒 →4
ベツルイ 別類,別涙 →8	ベニヤ veneer →9
ベツワク 別枠 →4	ベニヤイタ veneer 板 →12
ヘディング, ヘッディング heading	ベネチア Venezia〚伊〛〚地〛 →21
→9	ヘノ(・)カッパ 屁の河童〚俗〛 →97, 98
ベテラン veteran →9	ペパーミント, ペパーミント pepper-
ペテン 〚俗〛(~に掛ける)	mint →16
ペテンシ ぺてん師 →14a	ヘバリツク,《古・強は ヘバリック》
ヘド,《古は ヘド》 反吐	へばり付く →45
ベトコン Vietcong →29	ヘバル 〚俗〛(ヘバッタ) →43
ベトツク →96	ヘビ 蛇 →1
ベトナム Viet Nam〚国〛(越南) →21	ヘビー heavy →9
ヘトヘト (~だ・な・に) →57	ベビー baby →9
ベトベト (~だ・な・に) →57	ベビーカー, ベビーカー baby car〚和〛
ベトベト (~する,~と) →57	→16
ヘドモド (~する,~と) →57	ヘビーキュー heavy 級 →14
ヘドロ へ泥(~の浚渫しゅんせつ)	ベビーサークル baby circle〚和〛 →16

*ガギグゲゴ*は鼻濁音　カタカナ細字は母音の無声化　★は長音にもなる符号

ベビーシッター baby-sitter →16	→19
ヘビースモーカー heavy smoker →16	ヘラダイ, ヘラダイ 箆台 →8
ベビーダンス baby箪笥 →15	ヘラブナ 箆鮒 →4
ヘビイチゴ 蛇苺 →12	ヘラヘラ (～笑う、～と) →57
ベビーパウダー baby powder →16	ベラベラ (～だ・な・に) →57
ベビーフク baby服 →14a	ベラベラ (～しゃべる、～と) →57
ヘビツカイ, ヘビツカイ 蛇遣い →13c	ペラペラ (～だ・な・に) →57
ベベ (=着物。オベベ 御～) →11, 92	ペラペラ (～しゃべる、～と) →57
ヘヘノノ(・)モヘジ, ヘヘノノモヘジ, 《新は ヘノヘノモヘジ》→97, 98, 99	ベラボー 箆棒〖俗〗(～に高い) →8
ヘベレケ 〖俗〗(～に酔う) →55	ベラボーメ 箆棒奴〖俗〗(この～) →94
ペペロンチーノ peperoncino[伊]→9	ベランダ veranda(h) →9
ヘボ 〖俗〗(=下手) →1	ベランメー,《体言は ベランメー》〖俗〗→66, 3
ヘボン Hepburn〖人〗→22	ベランメーコトバ べらんめえ言葉 →12
ヘボンシキ Hepburn式 →95	ヘリ 減り →2
ヘマ 〖俗〗(～をやる) →1	ヘリ <helicopter →10
ヘマムショニュードー, ヘマムシニュードー ヘマムシ(ョ)入道 →15	ヘリ 縁 →1
ヘム hem〖洋裁〗→9	……ベリ …縁(コーライベリ 高麗～, タマガワベリ 多摩川～) →12
ヘモグロビン, ヘモグロビン Hämoglobin[独]→9	ペリカン pelican →9
ヘヤ 部屋(オヘヤ 御～) →4, 92	ヘリクダル, ヘリクダル 遜る →45
ヘヤギ, ヘヤギ 部屋着 →5	ヘリクツ 屁理屈(窟) →15
ヘヤズミ 部屋住み →5	ヘリコプター helicopter →9
ヘヤダイ, ヘヤダイ 部屋代 →14	ヘリナシ 縁無し →5
ヘヤボシ 部屋干し →5	ヘリポート heliport →16
ヘヤワリ 部屋割り →5	ヘリューム, ヘリウム Helium[独] →9
ヘラ 箆 →1	ヘル 減る ヘラナイ, ヘリマス, ヘッテ, ヘレバ →43
ベラ 〖魚〗→1	ヘル 経る →43 <helmet, <Mohär[独] →10
ペラ <半ぺら(～十枚) →10	ベル bell →9
ヘラクレス Herakles[希]〖神〗→23	ペルー Peru〖国〗→21
ヘラス 減らす →44	ベルギー Belgium〖国〗→21
ヘラズグチ, ヘラズグチ 減らず口	ベルサイユ Versailles[仏]〖地・宮殿〗→21
	ヘルシー healthy →9
	ペルシャ Persia〖地・国〗→21

817　　ペルシャ──ヘンキン

ペルシャネコ　Persia 猫 →12

ヘルスセンター　health center〔和〕→16

ヘルツ　Hertz〔独〕→9

ベルツスイ　Bälz 水〔独〕→14

ベルト　belt →9

ベルトコンベヤー　belt conveyor →16

ヘルニア, ヘルニヤ　hernia〔拉〕→9

ヘルパー　helper →9

ヘルペス　Herpes〔独〕→9

ベルベット　velvet →9

ヘルメット　helmet →9

ベルモット　vermout(h)〔仏〕→9

ベルリン, ベルリン, 《古は ベルリン》
　Berlin〔独〕〔地〕→21

ベレー　béret＜ベレーボー béret 帽
　〔仏〕→9, 14a

ヘレンケラー　Helen Keller〔人〕→27

ベロ　《俗》(＝舌。～を出す) →3

ヘロイン　Heroin〔独〕→9

ベロベロ　(～だ・な・に) →57

ベロベロ　(～なめる, ～と) →57

ペロペロ　(～だ・な・に) →57

ペロペロ　(～なめる, ～と) →57

ペロリ, ペロリ　(～と) →55

ヘン　辺(＝ほとり・程度), 偏(↔つくり)
　→6

ヘン　辺〖数学〗, 変, 編, 篇 →6

……ヘン　…辺(マンナカヘン 真中～,
　ナゴヤヘン 名古屋～) →14

……ヘン　…偏(＝部首。イトヘン 糸～,
　ケモノヘン 獣～) →14

ベン　弁, 便 →6

……ベン　…弁(＝辯。トーホクベン 東
　北～, ナゴヤベン 名古屋～) →14

……ベン, ……ベン　…弁(＝瓣。ア
　ンゼンベン, アンゼンベン 安全～)
　→14a

ペン　pen →9

ヘンアイ　偏愛 →8

ヘンアツ　変圧 →8

ヘンアツキ, ヘンアツキ　変圧器
　→14c

ヘンアツジョ, ヘンアツジョ　変圧所
　→14

ヘンイ　変位, 変異, 変移 →7

ベンイ　便意 →7

ヘンイキ　変域 →8

ベンイタイ　便衣隊 →14

ヘンウン　片雲 →8

ヘンエイ★　片影 →8

ヘンカ　変化, 返歌 →7

ペンガ　pen 画 →7

ヘンカイ　辺海 →8

ヘンカイ, ヘンガイ　変改 →8

ベンカイ　弁解 →8

ヘンカキュー　変化球 →14

ヘンカク　変革, 変格 →8

ヘンガク　扁額 →8

ベンガク　勉学 →8

ベンガラ　Bengala〔蘭〕(弁柄) →9

ベンガラジマ　弁柄縞 →12

ヘンカン　返還, 変換 →8

ベンキ　便器 →7

ベンギ　便宜 →7

ペンキ　＜pek〔蘭〕→9

ベンギジョー　便宜上 →14

ベンギテキ　便宜的 →95

ペンキヤ　ペンキ屋 →94

ヘンキャク　返却 →8

ヘンキュー　返球 →8

ヘンキョー　偏狭, 辺境 →8

ベンキョー　勉強 →8

ベンキョーカ　勉強家 →14

ベンキョーカイ　勉強会 →14a

ベンキョーズクエ　勉強机 →12

ベンキョーベヤ　勉強部屋 →12

ヘンキョク　変曲, 編曲 →8

ヘンキン　返金 →8

ガギグゲゴは鼻濁音　カタカナ細字は母音の無声化　★は長音にもなる符号

ペンギン──ヘンセツ　　818

ペンギン　penguin →9
ペンギンチョー　penguin鳥 →14
ヘンクツ,《新は ヘンクツ》 偏屈 →8
ペングラブ　PEN Club →16
ヘンゲ,《古は ヘンゲ》 変化 →7
ヘンケイ　変形,変型 →8
ベンケイ　弁慶《道具も》→24, 3
ベンケイジマ　弁慶縞 →12
ヘンケン　偏見 →8
ヘンゲン　変幻 →8
ヘンゲン,ヘンゲン　片言 →8
ヘンゲンセキゴ　片言隻語 →99
ヘンゲンセック,ヘンゲンセキク　片言隻句 →99
ベンゴ　弁護 →7
ヘンコー　変更,偏向,偏光 →8
ヘンコーバン　偏光板 →14
ベンゴシ　弁護士 →14
ベンゴダン　弁護団 →14
ベンゴニン,ベンゴニン　弁護人 →14
ヘンサ　偏差 →7
ベンザ　便座 →7
ヘンサイ　返済 →8
ヘンザイ　偏在,遍在 →8
ベンサイ　弁済,弁才 →8
ベンザイテン　弁才天,弁財天 →14b
ペンサキ,ペンサキ　pen先 →4
ヘンサチ　偏差値 →14
ヘンサン　編纂 →8
ヘンシ　変死 →7
ヘンジ,《もと ヘンシ》 片時 →7
ヘンジ　変事 →7
ヘンジ　返事(オヘンジ 御〜) →7, 92
ベンシ　弁士 →7
ペンジ　pen字 →7
ペンジク　pen軸 →8
ヘンシツ　変質 →8
ヘンシツシャ　変質者 →14
ヘンシャ,ヘンジャ　編者 →7

ヘンシュ　変種 →7
ヘンシュー　編集(輯),編修,偏執 →8
ヘンシューキョー,ヘンシツキョー　偏執狂 →14
ペンシュージ　pen習字 →15
ヘンシューシャ　編集者 →14a
ヘンシューチョー　編集長 →14a
ヘンショ,ヘンショ　返書 →7
ベンジョ　便所 →7
ヘンジョー　返上 →8
ベンショー　弁証,弁償 →8
ベンショーホー,ベンショーホー　弁証法 →14a
ヘンショク　変色,偏食 →8
ペンション　pension →9
ヘンジル,ヘンジル　変じる →47
ベンジル,ベンジル　弁じる,便じる →47
ペンシル　pencil →9
ヘンシン　変心,変身,返信 →8
ヘンジン　変人,偏人 →8
ベンジン　benzine →9
ヘンシンリョー　返信料 →14a
ヘンスー　辺陬(〜の地) →8
ヘンスー　変数 →8
ヘンズツー　偏頭痛 →15
ヘンズル　偏する →48
ヘンズル,ヘンズル　変ずる →47
ベンズル　便する →48
ベンズル,ベンズル　弁ずる,便ずる →47
ヘンセイ　編成,編制,変性 →8
ヘンセイガン　変成岩 →14b
ヘンセイキ　変声期 →14b
ヘンセイフー　偏西風 →14
ヘンセツ　変節,変説 →8
ベンゼツ,《古は ベンゼツ》 弁舌 →8
ヘンセツカン,ヘンセツカン　変節漢 →14c

‾は高い部分　̈と ̈は高低が変る部分　⌐は次が下がる符号　→は法則番号参照

819　　ヘンセン──ペンフレ

ヘンセン　変遷 →8
ベンゼン　benzene →9
ヘンソー　返送, 変装 →8
ヘンゾー　変造 →8
ヘンソーキョク　変奏曲 →14a
ベンゾール　benzol →9
ヘンソク　変則, 変速 →8
ヘンタイ　変態, 変体, 編隊 →8
ヘンタイガナ, ヘンタイガナ　変体仮名 →12b
ペンダコ, ペンダコ　pen 胼胝 →4
ペンタゴン　Pentagon →9
ベンタツ　鞭撻(ゴベンタツ 御~) →8, 92
ペンダント　pendant →9
ヘンチ　辺地 →7
ベンチ　bench →9
ペンチ　<pinchers〖工具〗 →9
ベンチャービジネス　venture business 〔和〕 →16
ヘンチキリン, ヘンチクリン　〖俗〗 →59
ベンチャーキギョー　venture 企業 →15
ベンチャラ　〖俗〗(~を言う。オベンチャラ 御~) →3, 92
ヘンチョ　編著 →7
ヘンチョー　偏重, 変調 →8
ベンチレーター　ventilator →9
ヘンツー　変通(~自在) →8
ベンツー　便通 →8
ペンディング, 《新は ペンディング》 pending →9
ヘンテコ　変挺 →59
ヘンテコリン　変挺りん〖俗〗 →59
ヘンテツ　変哲(何の~もない) →8
ヘンテン　変転 →8
ヘンデン　返電 →8
ベンテン, ベンテン　弁天(ベンテン

サマ, ベンテンサマ ~様) →10, 94
ベンテンコゾー　弁天小僧〖歌舞伎〗 →15
ヘンデンショ, ヘンデンショ　変電所 →14
ヘンド　辺土 →7
ベント　vent →9
ヘントー, ヘントー　返答 →8
ヘンドー　変動 →8
ベントー　弁当(オベントー 御~) →8, 92
ヘンドーキ　変動期 →14a
ヘントーセン　扁桃腺 →14
ベントーバコ　弁当箱 →12a
ベントーモチ　弁当持ち →13a
ベントーヤ　弁当屋 →94
ヘンニュー　編入 →8
ヘンニューシケン, ヘンニューシケン　編入試験 →15c
ペンネ　penne〔伊〕 →9
ペンネーム　pen name →16
ヘンネンシ　編年史 →14a
ヘンネンタイ　編年体 →14
ヘンノー　返納, 片脳 →8
ヘンノーユ, ヘンノーユ　片脳油 →14a
ヘンパ　偏頗 →7
ヘンパイ　返杯(ゴヘンパイ 御~) →8, 92
ベンパク　弁駁 →8
ベンパツ　弁(辮)髪 →8
ペンパル　pen pal →16
ヘンピ　辺鄙 →7
ベンピ　便秘 →7
ヘンピン　返品 →8
ヘンプ　返付 →7
ヘンプク　辺幅 →8
ヘンブツ　変物, 偏物 →8
ペンフレンド　pen-friend →16

ガギグゲゴは鼻濁音　カタカナ細字は母音の無声化　★は長音にもなる符号

ヘンペイ 扁平 →8
ヘンペイソク 扁平足 →14b
ベンベツ 弁別 →8
ベンベルグ, ベンベルグ Bemberg[独]〘商標〙→9
ヘンペン, ヘンペン 片片 →58
ベンベン, ベンベン 便便(〜と日を送る) →58
ペンペン (=三味線の音・三味線) →57, 3
ペンペングサ ぺんぺん草 →12a
ヘンボー 変貌 →8 偏旁・偏傍(〜冠脚) →18
ヘンポー, ヘンポー 返報 →8
ベンポー 便法 →8
ヘンポン 翻翻(〜と) →58 返本 →8
ベンマク, ベンマク 弁膜 →8
ベンマクショー, ベンマクショー 弁膜症 →14c
ベンムカン 弁務官 →14
ヘンメイ 変名 →8
ベンメイ 弁明 →8
ベンモー 鞭毛, 弁蒙 →8
ヘンヤク 変約 →8
ヘンヨー 変容 →8
ペンライト penlight →16
ヘンラン 変乱 →8
ベンラン 便覧 →8
ベンリ 便利 →7
ベンリシ 弁理士 →14
ベンリヤ 便利屋 →94
ヘンリョー 変量 →8
ヘンリン 片鱗(〜を示す) →8
ヘンレイ, 《古は ヘンレイ》 返礼 →8
ベンレイ 勉励 →8
ヘンレキ 遍歴 →8
ヘンロ 遍路(オヘンロサン 御〜さん) →7, 92
ベンロン 弁論 →8

ホ, 《新は ホ》 帆 →1
ホ 穂 →1 歩, 補 →6
ボ 戊 →6
ホアシ 帆足 →4
ホアン 保安 →8
ホアンカン 保安官 →14a
ホアンジョーレイ 保安条例 →15
ホアンヨーイン 保安要員 →15
ホアンリン, ホアンリン 保安林 →14a
ホイ 〘感〙→66 補遺, 布衣, 本意(〜なし) →7
……ポイ, ……ポイ; ……ポイ (ミズッポイ, ミズッポイ 水っ〜, ワスレッポイ, ワスレッポイ 忘れっ〜, イロッポイ 色っ〜, ヤスッポイ 安っ〜) →96
ホイール wheel →9
ホイク, ホイク 保育, 哺育 →8
ホイクエン 保育園 →14
ホイクキ, ホイクキ 保育器 →14c
ホイクジョ, ホイクジョ(ジョはショとも) 保育所 →14
ボイコット boycott →9
ボイス voice →9
ポイステ ぽい捨て →5
ホイッスル whistle →9
ホイップ whip →9
ホイップクリーム whip cream →16
ホ・イッポ 歩一歩 →39
ボイラー boiler →9
ホイル foil →9
ボイル boil, voile →9
ホイロ 焙炉 →7
ボイン 母音, 拇印 →8
ボイン 〘俗〙(〜と) →55, 3

821　　ポインセ──ボーエン

ポインセチア poinsettia →9	**ホーイ**, **ホーイ** 包囲 →7
ポインター, 《新は **ポインター**》	**ボーイ**, **ボーイ** boy(=給仕) →9
pointer〖犬〗→9	**ボーイ** 暴威 →7 boy(=少年) →9
ポイント point →9	**ホーイガク** 法医学 →17
ポイントカード point card →16	**ホーイコーゲキ** 包囲攻撃 →15
ポエジー poésie〔仏〕→9	**ボーイスカウト** Boy Scouts →28
ホエヅラ, **ホエヅラ** 吠え面(～をかく	**ホーイソプラノ** boy soprano →16
な) →5	**ホーイツ** 放逸 →8
ホエタテル, **ホエタテル** 吠え立てる	**ボーイッシュ**, **ボーイッシュ** boyish
→45	→9
ホエツク, 《新は **ホエツク**》 吠え付く	**ボーイフレンド** boy friend →16
→45	**ホーイン** 法印 →8
ポエム poem →9	**ボーイン** 暴飲 →8
ホエル 吠える →43	**ボーイン(·)ボーショク** 暴飲暴食
ホー 法 →6	→97, 98
ホー, **ホー** 報 →6	**ホーエ**, **ホーイ** 法衣 →7
ホー 朴(～の木) →1 砲, 苞, 袍, 鵬	**ホーエ**, **ホーエ** 法会 →7
→6 方(～十里) →6, 38	**ホーエイ★** 放映 →8
ホー, **ホホ** 頬 →1d	**ボーエイ★** 防衛 →8
……ホー, **……ホー** …法(キンシホ	**ボーエイ★ショー** 防衛省 →14b
ー, **キンシホー** 禁止～) →14	**ボーエイ★ダイガッコー** 防衛大学校
ボー 棒(～に振る) →6	→17
ボー 某(～方面) →6, 63 亡, 忙, 坊,	**ボーエイ★チョー** 防衛庁 →14b
房, 帽, 暴 →6	**ボーエイ★ヒ** 防衛費 →14b
……ボー …坊〖僧〗(**ムサシボー** 武蔵	**ボーエキ** 貿易, 防疫 →8
～, **ホーガイボー** 法界～) →14b	**ボーエキショー**, **ボーエキショー** 貿
……ボー …坊〖児〗(**ヨシボー** 良～,	易商 →14c
ショーボー 正～) →94	**ボーエキテガタ** 貿易手形 →12
……ボー; **……ボー** …坊〖親称・蔑称〗	**ボーエキフー**, **ボーエキフー** 貿易風
(**サクランボー** 桜ん～, **アバレンボ**	→14
ー 暴れん～, **オコリンボー** 怒りん	**ボーエキマサツ** 貿易摩擦 →15
～) →94a	**ホーエツ** 法悦 →8
ボーアツ 暴圧, 防圧 →8	**ホーエム**, **ホホエム** 微笑む →46d
ホーアテ 頬当 →13	**ホーエン** 豊艶, 法縁, 砲煙 →8
ボーアミ 棒編み →5	**ボーエン** 防炎(焔), 防煙, 望遠 →8
ホーアン 奉安, 法案 →8	**ボーエンキョー** 望遠鏡 →14
ボーアンキ 棒暗記 →15	**ホーエン(·)ダンウ** 砲煙弾雨 →97, 98
ホーイ 方位 →7	**ホーエンノウツワ** 方円の器 →98
ホーイ, **ホーエ** 法衣 →7	**ボーエンレンズ** 望遠 lens →16

ガギグゲゴは鼻濁音　カタカナ細字は母音の無声化　★は長音にもなる符号

ホーオー──ホーギン　822

ホーオー　訪欧　→8
ホーオー　法王, 法皇, 鳳凰　→8
ホーオードー　鳳凰堂　→14
ボーオク　茅屋　→8
ボーオシ, ボーオシ, ボーオシ　棒押し　→5
ホーオン　報恩　→8
ボーオン　忘恩, 防音　→8
ボーオンソーチ　防音装置　→15
ボーオンヘキ　防音壁　→14a
ホーカ　放下, 放火, 放課　→7
ホーカ　放歌(～高吟), 法科, 法家, 邦家, 法貨, 邦貨, 砲火, 烽火, 砲架　→7
ホーガ　邦画　→7
ホーガ　萌芽, 奉加　→7
ボーカ　防火　→7
ボーガ　忘我(～の境)　→7
ポーカー　poker　→9
ポーカーフェース　poker face　→16
ホーカイ　抱懐, 崩壊(潰)　→8
ホーカイ, ホッカイ　法界　→8
ホーガイ,《新は ホーガイ》　法外(～な値段)　→8
ボーガイ　妨害, 望外　→8
ホーガイセキ　方解石　→14b
ホーガク　方角, 邦楽, 法学　→8
ホーガクシ, ホーガクシ　法学士　→17
ホーガクチガイ　方角違い　→13
ホーガクハクシ, ホーガクハカセ　法学博士　→15
ホーガクブ, ホーガクブ　法学部　→17
ホーカゴ　放課後　→14
ボーカザイ, ボーカザイ　防火剤　→14
ボーカセン　防火線　→14
ホーガチョー　奉加帳(～を回す)　→14
ホーカツ　包括　→8
ホーカツテキ　包括的　→95
ボーカトビラ　防火扉　→12
ホーガブリ, ホーガムリ, ホッカムリ

頬被り　→13d
ボーカヘキ　防火壁　→14
ホーカマ　放火魔　→14
ボーカヨースイ　防火用水　→15
ボーカリン　防火林　→14
ボーカル,《新は ボーカル》　vocal　→9
ホーカン　奉還, 宝冠, 法官, 砲艦　→8
ホーカン, ホーカン　幇間　→8
ホーガン　包含, 砲丸　→8
ホーガン, ハンガン　判官　→8
ボーカン　傍観, 坊間, 防寒, 暴漢　→8
ボーカング　防寒具　→14a
ホーガンシ　方眼紙　→14a
ボーカンシャ　傍観者　→14a
ボーカンテキ　傍観的　→95
ホーガンナゲ　砲丸投　→13
ホーキ　放(抛)棄, 蜂起, 宝器, 法器, 法規, 芳紀　→7　伯耆(～の国)　→21
ホーキ,《新は ホーキ》　箒, 帚　→1
ボーギ　謀議　→7
ホーキボシ　箒星　→12
ホーキメ, ホーキメ　箒目　→12
ホーキャク　訪客　→8
ボーキャク　忘却　→8
ボーギャク　暴虐　→8
ホーキュー　俸給　→8
ホーキューセイ*カッシャ, ホーキューセイ*カッシャ　俸給生活者　→17
ホーキュービ　俸給日　→12a
ホーギョ　崩御　→7
ボーギョ　暴挙　→7
ボーギョ　防御(禦)　→7
ホーキョー　豊頬, 豊胸　→8　豊凶(～を占う)　→18
ボーキョー　防共, 望郷　→8
ホーギョク　宝玉　→8
ボーキレ, ボーッキレ　棒(っ)切れ　→4d
ホーギン　放吟(高歌～)　→8

ホ

￣ は高い部分　…と… は高低が変る部分　￢ は次が下がる符号　→ 法則番号参照

823　　　　　　　　　　　　　　　　ホーク──ホーシ

ホーク, フォーク　fork →9

ボーク　balk →9

ポーク　pork →9

ボーグ　防具 →7

ボーグイ　棒杭 →4

ボークー　防空 →8

ボークーエンシュー　防空演習 →15

ボークーグンレン　防空訓練 →15

ボークーゴー　防空壕 →14a

ボークーズキン　防空頭巾 →15

ポークソテー　pork〔英〕+sauté〔仏〕
　→16

ボーグミ　棒組(=仲間・印刷の組方) →4

ボーグラフ　棒 graph →16

ボークン　傍訓 →8

ボークン　亡君, 某君 →94

ボークン, ボークン　暴君 →94

ホーケイ★　方形, 包茎 →8

ホーゲイ★　奉迎 →8

ボーケイ★　亡兄, 傍系, 謀計 →8

ボーケイ★ガイシャ　傍系会社 →15

ホーゲキ　砲撃 →8

ホーゲタ, ホーゲタ, ホーゲタ　頬桁
　→4

ボーゲツ　某月 →8

ホーゲル　惚ける →43d

ホーケン　奉献, 宝剣, 封建 →8

ホーゲン　放言 →8

ホーゲン, ホゲン　保元〔年号〕 →8

ホーゲン, ホーゲン　法眼 →8

ホーゲン　方言 →8

ボーケン　冒険, 剖検, 望見 →8

ボーゲン, ボーゲン　暴言, 妄言 →8

ボーゲン　Bogen〔独〕 →9

ホーケンジダイ　封建時代 →15

ホーケンシャカイ　封建社会 →15

ホーケンシュギ　封建主義 →15

ボーケンショーセツ　冒険小説 →15

ホーケンセイド　封建制度 →15

ボーケンダン　冒険談 →14a

ホーケンテキ　封建的 →95

**ホーゲンモノガタリ, ホゲンモノガタ
リ**　保元物語 →12

ホーコ　宝庫 →7

ホーゴ　邦語, 法語 →7

ボーゴ　防護 →7

ホーコー　放校, 彷徨, 咆哮, 方向, 芳香,
　砲口 →8

ホーコー　奉公(**ゴホーコー** 御～)
　→8, 92

ホーゴー　抱合, 縫合 →8

ホーゴー　法号 →8

ボーコー　暴行, 膀胱 →8

ホーコーオンチ　方向音痴 →15

ホーコーグチ, ホーコーグチ　奉公口
　→12a

ホーコーサキ　奉公先 →12

ホーコーテンカン　方向転換 →15

ホーコーニン　奉公人 →14

ホーコク　報告, 報国 →8

ボーコク　亡国 →8

ボーコク　某国 →8

ホーコクショ, ホーコクショ　報告書
　→14

ボーゴヘキ　防護壁 →14

ホーコン, ホーコン　方今 →8

ボーコン, ボーコン　亡魂 →8

ホーザ　法座, 砲座 →7

ボーサ, ボーサ　防砂 →7

ボーサイ　亡妻, 防災(～の日), 防塞 →8

ボーサイマップ　防災 map →16

ボーサキ　棒先 →4

ホーサク　方策, 豊作 →8

ボーサツ　忙殺, 謀殺 →8

ホーサン　放散, 奉賛, 宝算, 硼酸 →8

ボーサン　坊さん(**オボーサン** 御～)
　→94, 92

ホーシ　放恣, 芳志, 法師, 法嗣, 胞子 →7

ガギグゲゴは鼻濁音　カタカナ細字は母音の無声化　★は長音にもなる符号

ホーシ, ホーシ　奉仕　→7
……ホーシ　…法師(ビワホーシ 琵琶～, サイギョーホーシ 西行～)　→15
ホージ　法事(ゴホージ 御～)　→7,92
ホージ, ホージ　焙じ　→2
ホージ　捧持　→7
ボーシ　防止　→7　帽子(オボーシ 御～)　→7,92
ボーシ　某氏,某紙,某誌　→7
ボージカケ　帽子掛　→13
ホーシキ　方式,法式　→8
ホージチャ, ホージチャ　焙じ茶　→14
ボーシツ　亡失　→8
ボージツ　某日　→8
ボーシバリ　棒縛〖狂言・歌舞伎〗→13
ボージマ　棒縞　→4
ホーシャ　放射　→7
ホーシャ　砲車,硼砂　→7　報謝(ゴホーシャ 御～)　→7,92
ボーシヤ　帽子屋　→94
ボージャクブジン　傍若無人　→98
ホーシャジョー　放射状　→14
ホーシャセイ*　放射性　→14
ホーシャセン　放射線　→14
ホーシャノー　放射能　→14
ホーシャレイキャク　放射冷却　→15
ホーシュ　法主　→7
ホーシュ, ホージュ　宝珠(～の玉)　→7
ホーシュ　砲手　→7
ボージュ　傍受　→7
ホーシュー　報酬　→8
ホージュー　放縦　→8
ホーシュー　防臭　→8
ボーシュー　房州(=安房)　→8
ボーシューザイ, ボーシューザイ　防臭剤　→14a
ホーシュク　奉祝　→8
ボーシュク　防縮　→8

ボーシュクカコー　防縮加工　→15
ホーシュツ　放出　→8
ホージュツ　方術,砲術　→8
ボージュツ　棒術　→8
ホーシュツブッシ　放出物資　→15
ホージュン　芳醇,豊潤　→8
ホーショ　奉書　→7
ホージョ　幇助　→7
ボーショ　某所,防暑　→7
ボージョ　某女,防除　→7
ホーショー　報償,報奨,褒章,褒賞,法相　→8
ホーショー, ホージュー　放縦　→8
ホーショー　宝生〖能〗→22
　～・クロー　～九郎　→25
ホージョー　豊饒,豊穣,方丈,放生,芳情,法帖,褒状　→8
ホージョー　北条〖姓〗→22
　～(・)トキマサ　～時政　→24,27
　～(・)トキムネ　～時宗　→24,27
　～(・)トキヨリ　～時頼　→24,27
　～(・)マサコ　～政子　→25,27
ボーショー　傍証,帽章　→8
ボージョー　棒状,暴状　→8
ホージョーエ　放生会　→14a
ホージョーキ　方丈記〖書〗→14a
ホーショーキン　報奨金　→14
ホーショーリュー　宝生流　→14
ホーショガミ, ホーショガミ　奉書紙　→12
ホーショク　奉職,飽食,宝飾　→8
ボーショク　暴食,紡織,防食(蝕)　→8
ホーショヤキ　奉書焼　→13
ホージル, ホージル　奉じる,報じる,焙じる　→47
ホージロ　頬白〖鳥〗→5
ホーシン　放心,芳心,方針,砲身,疱疹　→8
ホーシン, ホッシン　法身　→8

‾ は高い部分　˙˙ と ˙˙ は高低が変る部分　⌐ は次が下がる符号　→ は法則番号参照

ホージン 方陣, 邦人, 法人 →8

ボーシン 謀臣 →8

ボージン 防塵 →8

ホージンゼイ★ 法人税 →14a

ホース hose →9

ホーズ 方図(〜がない) →7

ボーズ 坊主 →7

ポーズ pause, pose →9

ボーズアタマ 坊主頭 →12

ホースイ 放水, 豊水 →8

ボースイ 防水, 紡錘 →8

ボースイケイ★ 紡錘形 →14

ボースイカコー 防水加工 →15

ホースイロ 放水路 →14b

ホーズエ, ホーズエ 頬杖(〜をつく) →4

ボーズガリ 坊主刈り →13

ホーズキ 酸漿 →5

ホーズキイチ 酸漿市 →12

ボーズマクラ 坊主枕 →12

ホーズリ, ホーズリ 頬摺り →5

ホーズル, ホーズル 奉ずる, 封ずる, 崩ずる, 報ずる →47

ホースン 方寸(〜の地) →8

ホーセイ★ 方正, 法制, 法政, 砲声, 縫製 →8 法政<**ホーセイ★ダイガク** 法政大学 →29, 15

ボーセイ★ 暴政 →8

ホーセイ★カ 法制化 →95

ホーセキ 宝石 →8

ボーセキ 紡績 →8

ボーセキガイシャ 紡績会社 →15

ボーセキギョー 紡績業 →14

ボーセキコージョー 紡績工場 →15

ボーセツ 防雪, 暴説 →8

ボーセツリン, ボーセツリン 防雪林 →14

ホーセン 砲戦 →8

ホーゼン 宝前(**ゴホーゼン** 御〜) →8, 92

ボーセン 防戦, 防染, 棒線, 傍線 →8

ボーゼン 茫然(〜自失), 呆然 →56

ホーセンカ 鳳仙花 →14a

ホーソー 包装, 放送, 奉送, 法曹 →8

ホーソー 疱瘡 →8

ホーゾー 包蔵, 宝蔵 →8

ボーソー 暴走 →8 房総<安房_あ・上総_{かず} →29

ホーソー, モーソー 妄想 →8

ホーソーエイ★セイ★ 放送衛星 →15

ホーソーカイ 法曹界 →14a

ホーソーキョク 放送局 →14a

ホーソーゲキ 放送劇 →14a

ホーソーシ 包装紙 →14a

ホーソーシツ 放送室 →14a

ボーソーゾク 暴走族 →14a

ホーソーダイガク 放送大学 →15

ボーソーハントー 房総半島 →15

ホーソーモー 放送網 →14a

ホーソク 法則 →8

ボーダ 滂沱(涙〜として) →58

ポーター porter →9

ボーダーライン borderline →16

ボーダーレス, ボーダーレス borderless →9

ホータイ 奉戴, 包(繃)帯 →8

ホーダイ 砲台 →8

……ホーダイ …放題(**クイホーダイ** 食い〜, **シタイホーダイ** 為たい〜) →95

ボーダイ 膨(厖)大, 傍題 →8

ボーダオシ, ボーダオシ 棒倒し →13

ボーダカトビ, ボーダカトビ 棒高跳 →12

ボーダチ 棒立ち(〜になる) →5

ポータブル, ポータブル portable →9

ボーダラ 棒鱈 →4

ホータン, ホータン 放胆 →8

ガギグゲゴは鼻濁音　カタカナ細字は母音の無声化　★は長音にもなる符号

ホーダン──ホーノキ　826

| ホーダン | 放談, 法談, 砲弾 →8 |

ホーダン　放談, 法談, 砲弾 →8

ボーダン　防弾 →8

ボーダンチョッキ　防弾 jaque〔葡〕 →16

ホーチ, ホーチ,《新聞は ホーチ》報知 →7, 29

ホーチ, ホーチ　放置 →7

ボーチ　某地 →7

ポーチ　porch →9

ホーチク　放逐 →8

ホーチコク　法治国 →14

ホーチコッカ　法治国家 →15

ホーチジテンシャ　放置自転車 →17

ホーチャク　逢着 →8

ボーチュー　防虫, 傍注 →8

ボーチュー, ボーチュー　忙中(～閑あり) →8

ボーチューザイ, ボーチューザイ　防虫剤 →14a

ホーチョー　放鳥, 包(庖)丁 →8

ボーチョー　傍聴, 膨脹, 防諜 →8

ボーチョーセキ　傍聴席 →14a

ボーチョーテイ★　防潮堤 →14

ホーチョーニン　包丁人 →14

ボーチョーニン　傍聴人 →14

ホーテイ★　奉呈, 捧呈, 法廷, 法定 →8

ホーテイ★シキ　方程式 →14b

ホーテイ★ダイリニン　法定代理人 →17

ホーテイ★デンセンビョー　法定伝染病 →17

ホーテキ　放擲, 法敵 →8　法的(～根拠) →95

ホーテン　法典, 宝典 →8

ホーデン　放電 →8

ボーテン　傍点 →8

ホーデンカン　放電管 →14

ホート　方途 →7

ボート　暴徒 →7　boat →9

ボード,《新は ボード》board →9

ホートー　奉答, 放蕩, 宝刀, 宝塔, 砲塔, 法統, 法灯 →8

ホードー　報道 →8

ボートー　冒頭, 暴投, 暴騰 →8

ボードー　暴動 →8

ホードーキカン, ホードーキカン　報道機関 →15

ホードージン　報道陣 →14a

ボートーチンジュツ　冒頭陳述 →15

ホートク　報徳 →8

ホードク　奉読, 捧読 →8

ボートク　冒瀆 →8

ボードク　防毒 →8

ボードクマスク　防毒 mask →16

ボードクメン　防毒面 →14

ボートピープル　boat people →16

ボードビリアン　vaudevillian →9

ボードビル　vaudeville〔仏〕 →9

ボートレース　boat race →16

ポートレート　portrait →9

ボードレール　Baudelaire〔仏〕�’〚人〛 →22

ポートワイン　port wine →16

ボーナス　bonus →9

ホーナン　法難 →8

ホーニチ　訪日 →8

ホーニョー　放尿 →8

ホーニン　放任 →8

ホーニンシュギ　放任主義 →15

ホーネツ　放熱 →8

ホーネン　放念, 豊年 →8

ホーネン　法然〚人〛 →24

ボーネン　忘年(～の友) →8

ボーネンカイ　忘年会 →14a

ホーネンショーニン　法然上人 →94

ホーネンムシ　豊年虫 →12a

ホーノー　奉納 →8

ホーノージアイ　奉納試合 →12

ホーノーズモー　奉納相撲 →12

ホーノキ　朴の木 →19

‾ は高い部分　‥ と ⋅⋅⋅ は高低が変る部分　⌐ は次が下がる符号　→ は法則番号参照

ホ

ホーバ　朴歯〖下駄〗→4	物線 →14c
ボーハ, ボーハ　防波 →7	ボーフラ, ボーフリ　子子〖蚊〗→5
ホーハイ　澎湃 →58　奉拝 →8	ホーブン　邦文,法文 →8
ホーバイ,《古は ホーバイ》傍輩,朋輩 →8	ホーヘイ★　奉幣 →8
ボーハク　傍白〖せりふ〗→8	ホーヘイ★　砲兵 →8
ボーバク　茫漠 →58	ホーベイ★　訪米 →8
ホーハツ　蓬髪 →8	ボーヘキ　防壁 →8
ボーハツ　暴発 →8	ホーベニ, ホーベニ　頬紅 →4
ボーハテイ★　防波堤 →14	ボーベニ　棒紅 →4
ボーバリ　棒針(=編棒) →4	ホーベン　方便(ゴホーベン 御~) →8, 92
ホーバル　頬張る →46	ホーホー　方法 →8
ボーハン　防犯 →8	ホーボー, ホーボー　魴鮄〖魚〗
ホーヒ　放屁,包皮 →7	ホーボー　方方(~様) →11
ホービ　褒美(ゴホービ 御~) →7, 92	ボーボー　茫茫 →58
ボービ　防備 →7	ボーボー　(~茂る,~と) →57　某某 →68
ボービキ　棒引き →5	ホーホーノテイ★　這這の体 →98
ホーヒゲ,《新は ホーヒゲ, ホオヒゲ》頬髭 →4	ホーホーロン　方法論 →14a
ボーヒョー　暴評,妄評 →8	ホーボク　放牧,芳墨 →8
ホーフ, ホーフ　豊富,抱負 →7	ホーボネ,《新は ホーボネ》頬骨 →4
ホーブ, ホーブ　邦舞 →10	ホーマー　homer →9
ホープ　hope →9	ホーマツ　泡沫 →8
ボーフ　防腐 →7	ホーマツガイシャ　泡沫会社 →15
ボーフ　亡夫,亡父,暴富 →7	ホーマツコーホ　泡沫候補 →15
ボーフー,《植物は ボーフー》防風 →8	ホーマン　放漫,豊満,飽満 →8
ボーフー　暴風 →8	ホーマンザイセイ★　放漫財政 →15
ボーフーウ　暴風雨 →17	ホーミョー,《古は ホーミョー》法名 →8
ボーフーケイホー　暴風警報 →15	ホーム　法務 →7　home →9　＜home base →10
ボーフーケン　暴風圏 →14a	ホーム, フォーム　＜platform →10
ボーフーリン, ボーフーリン　防風林 →14a	ホームイン　home in〔和〕→16
ホーフク　報復,法服 →8	ホームグラウンド　home ground →16
ホーフクシュダン　報復手段 →15	ホームシック　homesick →16
ホーフクゼットー　抱腹絶倒 →98	ホームショー　法務省 →14
ボーフザイ, ボーフザイ　防腐剤 →14	ホームステイ　homestay →16
ホーフツ　髣髴(~と) →58	ホームスパン, ホームスパン　homespun →9
ホーブッセン, ホーブッセン　放(抛)	

ガギグゲゴは鼻濁音　カタカナ細字は母音の無声化　★は長音にもなる符号

ホームセ──ホーリョ　828

ホームセンター　home center →16	ホーユー　朋友 →8
ホームソング　home song〔和〕→16	ボーユー　亡友, 暴勇 →8
ホームドクター　home doctor〔和〕→16	ホーヨー　包容, 抱擁, 法要 →8
ホームドラマ　home drama〔和〕→16	ボーヨー　茫洋 →8
ホームドレス　home dress →16	ホーヨーリョク　包容力 →14a
ホームプレート　home plate →16	ホーヨク　豊沃, 鵬翼 →8
ホームページ　home page →16	ボーヨミ　棒読み →5
ホームヘルパー　home helper〔和〕→16	ボーラー　bowler →9
ホームメード　home made →16	ポーラー, ポーラ　poral〔もと商標〕 →9
ホームラン　home run →16	ホーライ　蓬莱 →8
ホームル　葬る →43	ホーライサン　蓬莱山 →14b
ホームルーム　homeroom →16	ホーラク　崩落, 法楽〔仏教〕→8
ホームレス　homeless →9	ホーラク　法楽・放楽(見るは～) →8
ホーメイ　芳名(ゴホーメイ　御～) →8, 92	ボーラク　暴落 →8
ボーメイ　亡命 →8	ホーラツ,《古は ホーラツ》放埒 →8
ボーメイシャ　亡命者 →14b	ホーラン　抱卵 →8
ホーメイロク　芳名録 →14b	ポーランド, ポーランド　Poland〔国〕→21
ホーメン　放免 →8	ホーリ　方理, 法理 →7
ホーメン　方面 →8	ボーリ　暴利 →7
……ホーメン, ……ホーメン　…方面(トーキョーホーメン, トーキョーホーメン　東京～) →15	ホーリアゲル　放り上げる →45
ホーモー　法網(～をくぐる) →8	ホーリキ,《古は ホーリキ》法力 →8
ボーモー　紡毛 →8	ホーリコム　放り込む →45
ボーモーシ　紡毛糸 →14a	ホーリダス　放り出す →45
ホーモツ　宝物 →8	ホーリツ　法律 →8
ホーモツデン　宝物殿 →14	ホーリツカ　法律家 →14
ホーモン　訪問, 法門, 砲門 →8	ホーリツガク　法律学 →14
ホーモンカイゴ　訪問介護 →15	ホーリツケル　放り付ける →45
ホーモンカンゴ　訪問看護 →15	ホーリツコーイ　法律行為 →15
ホーモンギ, ホーモンギ　訪問着 →13a	ホーリツジムショ　法律事務所 →17
ホーモンキャク　訪問客 →14a	ホーリナゲル　放り投げる →45
ホーモンサキ　訪問先 →12	ホーリャク, ホーリャク　方略 →18
ホーモンシャ　訪問者 →14a	ボーリャク, ボーリャク　謀略 →8
ホーモンハンバイ　訪問販売 →15	ホーリュー　放流 →8
ボーヤ　坊や(～ちゃん) →94	ボーリュー　傍流 →8
ホーヤク　邦訳 →8	ホーリュージ, ホーリュージ　法隆寺 →14
	ホーリョー　豊漁 →8

‾は高い部分　``と``は高低が変る部分　｢は次が下がる符号　→は法則番号参照

ボーリョク 暴力 →8	ポカ 〖俗〗(=失敗) →3
ボーリョクコーイ 暴力行為 →15	ホカク 捕獲 →8
ボーリョクザタ 暴力沙汰 →15	ホカゲ,ホカゲ 帆影,火影 →4
ボーリョクダン 暴力団 →14	ホカケブネ 帆掛船 →12
ホーリン 法輪 →8	ホカシ 量し →2
ボーリング bowling, boring →9	ホカス 量す →43
ホール 放る,抛る →43	ホカナラヌ 他ならぬ →63
ホール hall, hole〖ゴルフ〗→9	ホカホカ,ホッカホカ (〜の弁当) →57
ボール board →9	
ホール,ボール ball, bowl →9	ポカポカ (〜だ・な・に) →57
ホール,ボール pole →9	ポカポカ (〜する,〜となぐる) →57
ホールイ 堡塁 →8	ホガラカ 朗らか →55
ホールインワン hole in one →17	ホカン 保管 →8
ボールカウント ball count →16	ボカン 母艦 →8
ボールガミ board紙 →12	ホカンリョー 保管料 →14a
ホールドアップ holdup →16	ボキ 補記 →7
ボールバコ board箱 →12	ボキ,ボキ 簿記 →7
ボールペン <ball-point pen〔和〕→16	ポキポキ (〜折る,〜と) →57
ホーレイ★ 豊麗,法令,法例 →8	ボキャブラリー vocabulary →9
ホーレイ★ 亡霊,暴戻 →8	ホキュー 補給,捕球,哺球 →8
ホーレツ 芳烈,放列(カメラの〜),砲列 →8	ホキューキン 補給金 →14
ホーレン,ホーレン 鳳輦 →8	ホキョー 補強 →8
ホーレンソー ほうれん草 →14a	ホキン 保菌 →8
ボーロ,ボーロ bolo〔葡〕〖菓子〗→9	ボキン 募金 →8
ホーロー 放浪,琺瑯 →8	ホキンシャ 保菌者 →14a
ボーロー 望楼 →8	ホグ,ホゴ,《古は ホグ,ホゴ》 反故 (〜にする) →7
ホーローシツ 琺瑯質 →14a	
ホーローセイ★カツ 放浪生活 →15	ボク 木(=古木・植木) →6
ホーロービキ 琺瑯引き →13	ボク 僕(=しもべ) →6
ホーローヘキ 放浪癖 →14a	ボク,ボク 僕〖代〗→64
ホーロク,ホーロク 俸禄 →18	ホクイ,ホクイ 北緯 →7
ホーログ,ホーロク 焙烙〖土鍋など〗→8	ホクオー 北欧〖地〗→21
	ホクガン 北岸 →8
ボーロン 暴論 →8	ホクグン 北軍 →8
ホーワ 飽和,法話 →7	ホクゲン 北限 →8
ホオン 保温 →8	ボクサー boxer →9
ボオン 母音 ⇒ボイン	ホクサイ,ホクサイ,《新は ホクサイ》 北斎〖人〗⇒カツシカ〜
ホカ 外,他 →1	ボクサツ 撲殺 →8

ガギグゲゴは鼻濁音　カタカナ細字は母音の無声化　★は長音にもなる符号

ホクシ ── ホゲイセ　　　　830

ホクシ　北支<北支那 →29	ボクドー　牧童 →8
ボクシ, ボクシ　牧師 →7	ホクトシチセイ★　北斗七星 →39
ボクシャ　牧舎, 牧者 →7	ホクトセイ★　北斗星 →14
ボクシュ　墨守 →7	ボクトツ　朴訥 →8
ホクシュー　北州〖清元〗→8c	ボクネンジン, ボクネンジン　朴念仁
ボクジュー　墨汁 →8	→14a
ボクショ　墨書 →7	ホクブ　北部 →7
ホクジョー　北上 →8	ボクフ　牧夫 →7
ボクジョー　牧場 →8	ホクフー　北風 →8
ボクショク　墨色 →8	ホクベイ★　北米〖地〗→21
ホクシン　北進 →8	ホクヘン　北辺 →8
ボクシン　牧神 →8	ホクホク　(～だ・な・に) →57
ボクシング　boxing →9	ホクホク　(～する, ～と) →57
ホグス　解す(糸のもつれ・肩こりなどを	ボクポク　(～たたく, ～と) →57
～) →44	ホクホクセイ★　北北西 →18
ボクスル　卜する →48	ホクホクトー　北北東 →18
ホクセイ★　北西 →8	ホクマン　北満<北満州(洲) →29
ボクゼイ★　卜筮 →8	ボクメツ　撲滅 →8
ボクセキ　墨跡, 墨蹟 →8　木石 →18	ホクメン　北面(～の武士) →8
ホクセン　北鮮<北朝鮮 →29	ボクヤ　牧野 →7
ホクソエム　北曳笑む →46	ホクヨー　北洋 →8
ボクソー　牧草 →8	ボクヨー　牧羊 →8
ホクソーセン　北総線 →14	ホクヨーギョギョー　北洋漁業 →15
ボクソーチ　牧草地 →14a	ボクラ　僕等 →94
ホクダイ　北大<ホッカイドーダイガ	ホクリク, ホクロク　北陸<ホクリク
ク　北海道大学 →10, 15	ドー, ホクロクドー　北陸道 →10, 17
ボクタク　木鐸 →8	ホクリクチホー, ホクリクチホー　北
ホクタン　北端 →8	陸地方 →15
ホクチ　北地 →7	ホグレ　解れ →2
ホクチ, ホクチ　火口 →4	ホクレイ★　北嶺 →8
ボクチク　牧畜 →8	ホグレル　解れる →44
ホクチョー　北朝(↔南朝) →8	ホクロ, 《新は ホクロ》　黒子 →1
ボクチョク　朴直 →8	ボケ　木瓜 →7d
ボクテイ★　墨堤(=隅田川の堤) →8	ボケ, ボケ　惚け →2
ホクテキ　北狄 →8	ホゲイ★　捕鯨 →8
ボクテキ　牧笛 →8	ボケイ★　母系, 母型, 暮景 →8
ホクト　北斗, 北都 →7	ボケイ★セイ　母系制 →14
ホクトー　北東 →8	ボケイ★セイ★ド　母系制度 →15
ボクトー, ボクトー　木刀 →8	ホゲイ★セン　捕鯨船 →14

‾は高い部分　˙˙と˙˙は高低が変る部分　⌐は次が下がる符号　→は法則番号参照

ホケキョー　法華経 →14

ホゲタ, ホゲタ　帆桁 →4

ホケツ　補欠 →8

ボケツ　墓穴（～を掘る）→8

ホケツセンキョ　補欠選挙 →15

ポケット, ポケット,《古は ポッケット》 pocket →9

ポケットガタ　pocket 型 →12

ポケットバン　pocket 判 →14

ポケットブック　pocketbook →16

ポケットベル　pocket bell〔和〕〚商標〛 →16

ポケットマネー　pocket money →16

ホケツニューガク　補欠入学 →15

ボケナス　惚け茄子〚俗〛（この～め）→5

ポケベル　＜pocket bell〔和〕→10

ボケボーシ　ぼけ防止 →15

ボケル　惚ける, 呆ける, 暈ける →43d

ホケン　保健, 保険 →8

ボケン　母権 →8

ホケンイ　保険医 →14a

ホケンガイシャ　保険会社 →15

ホケンキン, ホケンキン　保険金 →14a

ホケンシ　保健士, 保健師 →14a

ホケンシャ　保険者 →14a

ホケンジョ, ホケンジョ　保健所 →14

ホケンフ　保健婦 →14a

ホケンリョー　保険料 →14a

ホコ　矛, 鉾 →1

ホゴ　保護 →7

ホゴ, ホグ,《古は ホゴ, ホグ》 反故 →7

ボゴ　母語 →7

ホコー　歩行, 補講 →8

ボコー　母校, 母港 →8

ホコーキ　歩行器 →14a

ホコーシャ　歩行者 →14a

ホゴカンサツ　保護観察 →15

ホゴカンゼイ　保護関税 →15

ボコク　母国 →8

ボコクゴ　母国語 →14

ホゴコク　保護国 →14

ホコサキ, ホコサキ, ホコサキ　矛先 →4

ホゴシ　保護司 →14

ホゴシャ　保護者 →14

ホゴショク　保護色 →14

ホゴス　解す →44

ホゴスイイキ　保護水域 →15

ホゴチョー　保護鳥 →14

ホコテン　＜歩行者天国〚俗〛→10

ホゴネガイ　保護願 →13

ホゴボーエキ　保護貿易 →15

ホコラ　祠 →1

ホコラカ　誇らか（～に）→55

ホコラシイ　誇らしい →53

ホコリ　埃 →1

ホコリ,《新は ホコリ》 誇 →2

ホコリッポイ, ホコリッポイ　埃っぽい →96

ホコリヨケ　埃除け →13

ホゴリン　保護林 →14

ホコル　誇る →43

ホコロバス　綻ばす（ホコロバセル）→44

ホコロビ, ホコロビ, ホコロビ　綻び →2

ホコロビル　綻びる →44

ホコロブ　綻ぶ →43

ホサ　補（輔）佐 →7

ホサキ, ホサキ　穂先 →4

ホザク　〚俗〛（＝言う）→43

ホサツ　捕殺 →8

ボサツ　菩薩 →8

ホサニン　補（輔）佐人 →14

ボサボサ　（～だ・な・に）→57

ボサボサ　（～する, ～と）→57

ガギグゲゴは鼻濁音　カタカナ細字は母音の無声化　★は長音にもなる符号

ホサヤク──ボシュン　832

ホサヤク　補(輔)佐役 →14	ポジション　position →9
ボサン　墓参 →8	ホシジルシ　星印 →12
ボサンダン　墓参団 →14a	ホシズキヨ, ホシズキヨ　星月夜 →12
ホシ,《姓は ホシ》 星(オホシサマ, オホシサマ 御〜様) →1, 94, 22	ホシゾラ, ホシゾラ　星空 →4
ホシ　干し,乾し →2	ホシダイコン　干し大根 →15
ホジ　保持 →7	ホシダラ, ホシダラ　干し鱈 →5
ボシ　墓誌,拇指 →7　母子 →18	ホシツ　保湿 →8
ポジ　<positive(↔ネガ) →10	ホシツザイ, ホシツザイ　保湿剤 →14
ホシアカリ　星明り →12	ポジティブ　positive →9
ホシアワビ　干し鮑 →12	ボシテチョー　母子手帳 →15
ホシアン　干し餡 →8	ホシトリ, ホシトリ, ホシトリ　星取り →5
ホシイ　糒,乾飯 →5d	
ホシイ* 欲しい ホシカッタ, ホシク, ホシクテ,《新は ホシクテ》, ホシケレバ, ホシ →52	ホシトリヒョー　星取表 →14
	ホシナ　干し菜 →5
ホシイー, ホシイ　乾飯,糒 →5d	ボシネンキン　母子年金 →15
ホシーママ　恋(〜に) →19	ホシノリ　乾海苔 →5
ホシイモ, ホシイモ　干し芋 →5	ホシバ　干し場 →5
ホシウオ　干し魚 →5	ホシブドー　干し葡萄 →15
ホシウドン　干し饂飩 →15	ホシマツリ　星祭 →12
ホシウラナイ　星占い →13	ホシマワリ　星回り →12
ポシェット, ポシェット　pochette〔仏〕 →9	ホシメ　星眼〔病〕→4
	ボシメイ* 墓誌銘 →14
ホシエビ　干し海老 →5	ホシモノ, ホシモノ, ホシモノ　干し物 →5
ホシカ　干鰯 →5	
ホシガキ　干し柿 →5	ホシャク　保釈 →8
ホシカゲ, ホシカゲ　星影 →4	ホシャクキン　保釈金 →14
ボシカテイ* 母子家庭 →15	ホシュ　保守,捕手 →7
ホシガル　欲しがる →96	ホシュー　補修,補習 →8
ホシガレイ* 干し鰈 →12	ホジュー　補充 →8
ボシカンセン　母子感染 →15	ボシュー　募集 →8
ホシクサ　星草 →4　干し草 →5	ホシューカ　補習科 →14
ホシクズ, ホシクズ　星屑 →4	ボシューダン　母集団 →15
ホジクリダス, ホジクリダス,《古・強は ホジクリダス》穿り出す →45	ホシューヒ　補修費 →14a
	ホシュケイ* 保守系 →14
ホジグル　穿る →44	ホシュシュギ　保守主義 →15
ホシサ　欲しさ →93	ホシュテキ　保守的 →95
ホジシャ　保持者 →14	ホシュトー　保守党 →14
	ホシュハ　保守派 →14
	ボシュン　暮春 →8

￣ は高い部分　… と … は高低が変る部分　┐は次が下がる符号　→は法則番号参照

833　　　　　　　　　　　　　　　ホジョ──ホソク

ホジョ　補助 →7	ポスト　post →9
ボショ　墓所 →7	ボストン　Boston〖地〗 →21
ホジョイス　補助椅子 →15	ボストンバッグ，（ボストンバック）
ホショー　保証，保障，補償，歩哨 →8	Boston bag →16
ホジョー　捕縄 →8	ホズナ　帆綱 →4
ボジョー　慕情 →8	ボスピス　hospice →9
ホショーキン　保証金，補償金 →14	ホスル　保する，補する →48
ホショーショ，ホショーショ　保証書	ホセイ★　補正，補整 →8
→14	ホゼイ★　保税 →8
ホショーツキ，ホショーツキ　保証付	ボセイ★　母性 →8
き →13a	ボセイ★アイ　母性愛 →14b
ホショーニン　保証人 →14	ホセイ★ヨサン　補正予算 →15
ホジョカヘイ　補助貨幣 →15	ホセキ　舗(鋪)石 →8
ホジョキカン，ホジョキカン　補助機	ボセキ　墓石 →8
関 →15	ホセツ　補説 →8
ホジョキン，ホジョキン　補助金 →14	ホセン　保線 →8
ホショク　補色，補職，捕食 →8	ホゼン　保全 →8
ボショク，ボショク　暮色 →8	ボセン　母船，母線 →8
ホジョセキ　補助席 →14	ボゼン　墓前 →8
ホジョヒ　補助費 →14	ホセンク　保線区 →14a
ホジョヨク　補助翼 →14	ホソ　細 →3
ボシリョー　母子寮 →14	ホゾ，《古は ホゾ》　柄，臍(～をかむ)
ホジル　穿る →43	→1
ホシン　保身(～の術) →8	ホソイ　細い　ホソカッタ，ホソク，
ホシンジュツ　保身術 →14a	ホソクテ，《新は ホソクテ》，ホソケ
ボシンセンソー　戊辰戦争 →15	レバ，ホソシ →52
ホス　干す，乾す　ホサナイ，ホソー，	ホソイト　細糸 →5
ホシマス，ホシテ，ホセバ，ホセ	ホソウデ　細腕(女の～で) →5
→43	ホソー　舗(鋪)装 →8
ボス　boss →9	ホゾオチ，ホゾオチ　臍落ち →5
ホスイリョク　保水力 →14b	ホソードーロ　舗(鋪)装道路 →15
ホスー　歩数 →8	ホソオビ　細帯 →5
ポスター　poster →9	ホソオモテ　細面 →12
ポスターカラー　poster color →16	ホソガキ　細書き →5
ポスターバリュー　poster value〔和〕	ホゾカワ，《古は ホソカワ》　細川〖姓〗
→16	→22
ポスティング　posting →9	～・ユーサイ，ホソカワユーサイ
ホステス　hostess →9	～幽斎 →25，27
ホスト　host →9	ホソク　歩測，捕捉，補足，補則 →8

ガギグゲゴは鼻濁音　　カタカナ細字は母音の無声化　　★は長音にもなる符号

ホソクビ　細首(頸)　→5

ホソゴシ, ホソゴシ　細腰　→5

ホソサ　細さ→93

ホソザオ　細棹〚三味線〛　→5

ホソジ　細乳→5　細字→7

ホソズクリ　細作り(さよりの〜)　→13

ホソッコイ　細っこい〚俗〛→96

ホソドノ　細殿　→5

ホソナガイ, ホソナガイ　細長い →54

ホソビキ　細引〚縄〛→5

ホソボソ　細細(〜暮す, 〜と)→57

ボソボソ　(〜だ・な・に)→57

ボソボソ　(〜話す, 〜と)→57

ホソマキ　細巻(↔太巻)→5

ホソミ　細身(〜の刀)→5

ホソミチ　細道(奥の〜)→5

ホソメ　細目(戸を〜にあける, 〜に切る)→93

ホソメ, ホソメ　細目〚目〛(〜で見る)→5

ホソメル　細める(目を〜)→44

ホソル　細る(身も〜)→44

ホゾン　保存→8

ホゾンショク　保存食→14a

ホタ, ホダ　榾(〜を焚たく)→1d

ポタージュ　potage〚仏〛→9

ボタイ　母体, 母胎→8

ボダイ　菩提→8

ボダイジ, ボダイジ, ボダイジ　菩提寺→14b

ボダイジュ　菩提樹→14b

ボダイショ, ボダイショ　菩提所→14

ボダイシン　菩提心→14b

ホタカ　穂高<ホタカダケ　穂高岳→21, 12

ホダサレル, ホダサレル　絆される→83

ホダシ, ホダシ　絆し→2

ホダス　絆す→43

ホタテガイ　帆立貝 →12

ホダテル, ホダテル　攪てる→46

ボタボタ　(〜たれる, 〜と)→57

ポタポタ　(〜たれる, 〜と)→57

ボタヤマ　ぼた山→4

ボタモチ　牡丹餅(棚なから〜)→12d

ホタル　蛍→1

ホタルイカ　蛍烏賊→12

ホタルガリ, ホタルガリ　蛍狩→13

ホタルビ　蛍火→12

ホタルブクロ　蛍袋〚植〛→12

ボタン, ボタン　botão〚葡〛(釦)→9

ボタン　牡丹→8

ボタンアナ, ボタンアナ　釦穴→12a

ボタンドーロー　牡丹灯籠〚怪談〛→15

ボタンバケ　牡丹刷毛→12a

ボタンホール　buttonhole→16

ボタンユキ　牡丹雪→12a

ボチ, 《古は ボチ も》　墓地→7

ポチ　(=小点・犬の名)→3, 23

ホチキス, ホッチキス　Hotchkiss〚商標〛→9

ボチボチ　〚俗〛(〜やってる)→57

ポチャポチャ　(〜泳ぐ, 〜と)→57

ポチャポチャ　(〜した顔, 〜と。ポチャポチャット　〜っと)→57

ホチュー　補注→8

ホチューアミ, ホチューモー　捕虫網→12a, 14a

ホチョー　歩調→8

ホチョーキ　補聴器→14a

ボツ　没, 歿→6

ボッカ, ボッカ　牧歌→7

ボツガ　没我(〜の境)→7

ホッカイ　法界, 北海(海名も)→8

ホッカイドー　北海道〚地〛→17

ホッカイドーチホー, ホッカイドーチホー　北海道地方→15c

ボッカテキ　牧歌的→95

￣は高い部分　̈と̈は高低が変る部分　⌐は次が下がる符号　→は法則番号参照

ホッカブリ, ホッカムリ　頬被り〖俗〗
　→13d
ポッカリ　(~浮ぶ, ~と) →55
ホツガン　発願 →8
ホッキ　発起(イチネン・ホッキスル
　一念・~する, イチネンホッキ, イチ
　ネンホッキ 一念発起) →7, 98, 99
ホツギ　発議 →7
ボッキ　勃起 →7
ホッキガイ　北寄貝<poki-se[ｱｲ] →12
ホッキニン　発起人 →14
ボッキャク　没却 →8
ホッキョク　北極 →8
ホッキョクカイ, ホッキョクカイ　北
　極海 →14c
ホッキョクグマ, ホッキョクグマ　北
　極熊 →12
ホッキョクケン, ホッキョクケン　北
　極圏 →14c
ホッキョクセイ★, ホッキョクセイ★　北
　極星 →14c
ポッキリ　(~折れる, ~と, ヒャクエ
　ン・ポッキリデ 百円・~で) →55, 97
……ポッキリ　(ヒトツポッキリ 一つ
　~, ヒャクエンポッキリ 百円~)
　→38
ホック, 《古は ホッグ》　発句 →7
ホック　hook →9
ボックス　box →9
ポックリ, ポックリ　木履 →7d
ポックリ　(~死ぬ, ~と) →55
ポックリビョー　ぽっくり病 →14
ホッケ　法華〖宗派〗 →7
ホッケ, ホッケ　鰰 →7
ホッケー　hockey →9
ホッケザンマイ　法華三昧 →15
ホッケシュー　法華宗 →14
ボッケン　木剣 →8
ボツゴ, ボツゴ　没(歿)後 →7

ボッコー　勃興 →8
ボッコーショー, ボツコーショー　没
　交渉 →15
ホッコク　北国 →8
ボッコン　墨痕(~あざやかに) →8
ホッサ　発作 →7
ホッサテキ　発作的 →95
ホッシ, ホーシ　法師 →7
ホッシュ, ホッス　法主 →7
ボッシュー　没収 →8
ボツシュミ　没趣味(↔多趣味) →15
ボッショ　没書 →7
ホッシン　発疹, 法身 →8
ホッシン, ホッシン,《古は ホッジン》
　発心 →8
ホッス　払子 →7　欲す →42
ボッス　没す, 歿す →42
ホッスル, ホッスル　欲する →48
ボッスル, ボッスル　没する, 歿する
　→48
ボツゼン　勃然 →56　没(歿)前 →8
ホッソーシュー　法相宗 →14a
ホッソク　発足 →8
ホッソリ　(~した人, ~と) →55
ホッタイ, ホータイ　法体 →8
ホッタテ　掘立 →5
ホッタテゴヤ　掘立小屋 →12
ポツダムセンゲン　Potsdam 宣言 →15
ホッタラカシ　〖俗〗(~にする) →2
ホッタラカス, ホッタラカス　〖俗〗
　→45
ホッタン,《古は ホッタン》　発端 →8
……ボッチ; ……ポッチ　(ヒト
　リボッチ 独り~, コレッポッチ 此
　れっ~) →38
ポッチャリ　(~した顔) →55
ボッチャン　坊ちゃん(オボッチャン
　御~) →94, 92
ボッチャンソダチ　坊ちゃん育ち →13

ガギグゲゴは鼻濁音　カタカナ細字は母音の無声化　★は長音にもなる符号

ボッチャ──ボドー　　　　　　836

ボッチャンボッチャンスル　坊ちゃん
　坊ちゃんする →48

ポッチリ　（〜ある，〜だ）→55

ホッツキアルク　ほっつき歩く〖俗〗
　→45

ホッツク　〖俗〗（町を〜）→96

ポッテリ　（〜した，〜と）→55

ホット，ホット　（〜する）→55

ホット　hot →9

ポット　pot →9

ホットー　発頭 →8

ポットー　没頭 →8

ホットーニン，ホットーニン　発頭人
　→14a

ホットカーペット　hot carpet〖和〗→16

ホトク　放っとく〖俗〗＜ホッテオク
　→49d

ホットケーキ　hot cake →16

ホットコーヒー，ホットコーヒー　hot
　〔英〕＋koffie〔蘭〕→16

ホットジャズ　hot jazz →16

ポットデ　ぽっと出 →19

ホットドッグ，（ホットドック）　hot
　dog →16

ホットニュース　hot news →16

ホットプレート　hot plate →16

ホットライン　hot line →16

ボツニュー　没入 →8

ボツネン　没(歿)年 →8

ボツネン，ボツネン　（〜と）→55

ボッパツ　勃発 →8

ホッピョーヨー　北氷洋 →14a

ホップ　hop〖植〗→9

ポップアート　pop art →16

ポップコーン　popcorn →16

ポップス　pops →9

ホッペ　頬っぺ〖児〗→10

ホッペタ　頬っぺた〖俗〗→4d

ポッポ　（〜する，〜と）→57　〖俗・児〗

　（＝ふところ・鳩・汽車）→3

ホッポー　北方 →8

ホッポーリョード　北方領土 →15

ボツボツ　勃勃 →58　（〜がある）→3

ボツボツ　（〜出かけよう，〜と）→57

ポツポツ　（〜降る，〜と）→57

ボツラク　没落 →8

ホツレ　解れ →2

ホツレゲ　解れ毛 →12

ホツレル　解れる →44

ホテイ.　補訂 →8　布袋（ホテイ.サマ，
　ホテイ.サマ　〜様）→24, 94

ホテイ.，ホテツ　補綴 →8

ボディー　body →9

ボディーガード　bodyguard →16

ボディーチェック　body check →16

ボディービル　＜body building →16

ホテイ.オショー　布袋和尚 →15

ホテイ.バラ　布袋腹 →12

ポテト　potato →9

ポテトチップ　potato chips →16

ボテフリ　棒手振り →5

ホテリ　火照り →2

ホテル　hotel →9

ホテル　火照る（頬{ほほ}が〜）→43

……ホテル　…Hotel（テイ.コクホテル
　帝国〜）→16

ホテン　補填 →8

ホド　程（〜がある）→1

……ホド；……ホド　…程〖助〗（ナク
　ホド　泣く〜，ヨムホド　読む〜，アカ
　イホド　赤い〜，シロイホド　白い〜）
　→72, 74

……ホド；……ホド；……ホド　…程
　〖助〗（トリホド　鳥〜，ハナホド　花〜，
　アメホド　雨〜）→71

ホドアイ，ホドアイ　程合 →4

ホドー　補(輔)導，歩道，舗(鋪)道 →8

ボドー，ボドー　母堂（ゴボドーサマ

⎺は高い部分　˙˙と˙˙は高低が変る部分　⎤は次が下がる符号　→は法則番号参照

御～様）→8, 92

ホドーキョー　歩道橋　→14

ホドガヤ　保土ヶ谷〖地〗→19

ホドキモノ, ホドキモノ, ホドキモノ
解き物　→12

ホドク　解く　**ホドカナイ, ホドコー,
ホドキマス, ホドイテ, ホドケバ,
ホドケ**　→43

ホトケ, ホトケ　仏（**ホトケサマ, ホト
ケサマ**　～様, **ミホトケ**　御～）→1,
94, 92

ホトケゴコロ　仏心　→12

ホトケショー　仏性　→14

ホトケノザ　仏の座〖植〗→19

ホドケル　解ける　→44

ホドコシ, ホドコシ, ホドコシ　施し
→2

**ホドコシモノ, ホドコシモノ, ホドコ
シモノ**　施し物　→12

ホドコス, ホドコス　施す　→44

ポトス　pothos[拉]〖植〗→9

ホドチガイ　程近い　→54

ホドトーイ, ホドトーイ　程遠い
→54a

ホトトギス　時鳥, 杜鵑, 不如帰

ホドナク, ホドナク　程無く　→67

ホトバシル　迸る　→46

ポトフ　pot-au-feu[仏]→9

ホトホト, ホトホト, ホトホト　殆と
→68

ホドホド　程程（～に）→11

ホトボリ, ホトボリ　熱（～がさめる）
→2

ボトムアップ　bottom up →16

ホドヨイ　程好い　→54

ホドヨク　程好く　→67

ホトリ, ホトリ　辺　→1

ボトル　bottle →9

ボトルキープ　bottle keep[和]→16

ホトンド　殆ど　→68d

ホナミ　穂並み, 穂波　→4

ポニー　pony →9

ポニーテール　ponytail →16

ホニュー　哺乳　→8

ボニュー　母乳　→8

ホニュードーブツ　哺乳動物　→15

ホニュービン　哺乳瓶　→14a

ホニュールイ　哺乳類　→14a

ホヌノ　帆布　→4

ホネ　骨（～が折れる）→1

ホネオシミ, ホネオシミ　骨惜しみ
→13

ホネオリ, ホネオリ　骨折り　→5

ホネオリゾン　骨折り損　→14

ホネオル　骨折る　→46

ホネグミ, ホネグミ, ホネグミ　骨組
→5

ホネチガイ　骨違い　→13

ホネツギ, ホネツギ, ホネツギ　骨接
ぎ　→5

ホネップシ, ホネップシ　骨っ節　→4d

ホネッポイ　骨っぽい　→96

ホネナシ　骨無し　→5

ホネヌキ, ホネヌキ, ホネヌキ　骨抜
き　→5

ホネバル　骨張る　→96

ホネブシ, ホネブシ　骨節　→4

ホネブト　骨太　→5

ホネミ, ホネミ, ホネミ　骨身（～を惜
しまず）→18

ホネヤスミ　骨休み　→13

ホネヤスメ　骨休め　→13

ホノオ, 《古は ホノオ, ホノオ》　炎, 焔
→19

ホノカ　仄か（～に）→55

ホノグライ, ホノグライ　仄暗い　→54

ホノジロイ, ホノジロイ　仄白い　→54

ホノボノ　仄仄（～と）→57

ガギグゲゴは鼻濁音　カタカナ細字は母音の無声化　★は長音にもなる符号

ホノメカ──ホユーリ　838

ホノメカス　仄めかす →44	ホホエム，ホーエム　微笑む →46
ホノメク　仄めく →96	ポマード　pomade →9
ホバークラフト　Hovercraft〘商標〙 →16	ホマエセン　帆前船 →14
ポパイ　Popeye →23	ホマチ，ホマチ　(=臨時の収入・へそくり) →5
ホバク　捕縛 →8	ホマレ，ホマレ　誉 →1
ホバシラ，《古は ホバシラ》　帆柱 →12	ホムラ，ホムラ　炎 →4
ホハバ　歩幅 →4	ホメ　誉め(オホメ 御～) →2, 92
ホヒ，ホヒ　墓碑 →7	ホメコトバ　誉め言葉 →12
ホヒツ　補筆，補(輔)弼 →8	ホメゴロシ　誉め殺し →13
ボヒメイ　墓碑銘 →14	ホメソヤス，ホメソヤス　誉めそやす →45
ポピュラー　popular →9	
ポピュラーソング　popular song →16	ホメタタエル，ホメタタエル，ホメタタエル　誉め称える →45
ポピュラーミュージック　popular music →16	
ボヒョー　墓表，墓標 →8	ホメタテル，ホメタテル　誉め立てる →45
ボビン　bobbin →9	
ホフ　保父(～さん) →7	ホメチギル，ホメチギル　誉めちぎる →45
ホブ　歩武(～堂堂) →7	
ボブ，ボッブ　bob〘髪型〙 →9	ホメモノ，ホメモノ，ホメモノ　誉め者 →5
ホフク　匍匐 →8	
ホフクゼンシン　匍匐前進 →15	ホメル　誉める，褒める　ホメナイ，ホメヨー，ホメマス，ホメテ，ホメレバ，ホメロ →43
ホブネ　帆船 →4	
ホフマンホーシキ　Hoffmann 方式〘独〙 →15	ホメロス，ホメロス　Homeros〔希〕〘人〙 →23
ポプラ　poplar →9	ホモ　〘俗〙＜homosexual →10
ポプリ　pot-pourri〔仏〕 →9	ホモサピエンス　Homo sapiens〔拉〕 →16
ポプリン，ポプリン　poplin →9	
ホフル　屠る →43	ホヤ　海鞘〘動〕 →1　火屋 →4
ホヘイ　歩兵 →8	ボヤ　小火 →3　暮夜 →7
ホヘイ　募兵 →8	ボヤカス　(話を～) →44
ボヘミアン，ボヘミヤン　Bohemian →9	ボヤク　〘俗〙(=ぐずぐず言う) →44
	ボヤケル　(=ぼんやりする) →44
ホホ，ホー　頬 →1d	ホヤホヤ　(～だ・な・に) →57
ホボ　略 →61　保母・保姆(～さん) →7	ホヤホヤ　(～する，～と) →57
ホホエマシイ　微笑ましい →53	ボヤボヤ　(～するな，～と) →57
ホホエミ，ホホエミ，ホーエミ，ホーエミ　微笑み →2	ホユー　保有 →8
	ホユーマイ　保有米 →14
	ホユーリョー　保有量 →14a

￣ は高い部分　\`\`\` と ´´´ は高低が変る部分　⌐ は次が下がる符号　→ は法則番号参照

839　　　　　　　　　　　　　　　　　ホヨー──ホル

ホヨー　保養 →8

ホヨージョ, ホヨージョ　保養所 →14

ホヨーチ　保養地 →14a

ホラ　〖感〗(～見ろ) →66　法螺(～を吹く)

ホラ, 《新は **ホラ**》　洞 →1

ボラ　鯔〖魚〗 →1

ホラー　horror →9

ホラアナ　洞穴 →4

ホラガイ　法螺貝 →4

ホラガトーゲ　洞ヶ峠(～をきめこむ) →19

ホラフキ　法螺吹き →5

ポラロイド　＜Polaroid Land Camera〖商標〗 →9

ボランティア　volunteer →9

ホリ, ホリ　堀〖姓〗 →22

ホリ　捕吏 →7

ホリ　堀, 掘り, 彫り(～が深い) →2

ポリ　＜polyethylene, ＜police →10

ホリアテル, ホリアテル　掘り当てる →45

ホリイド　掘井戸 →12

ポリープ, ポリプ　Polyp〖独〗 →9

ホリエ　堀江《姓も》 →5, 22

ポリエステル　Polyester〖独〗 →9

ポリエチレン, 《新は **ポリエチレン**》 polyethylene →9

ポリオ　polio〖病〗 →9

ホリオコス, ホリオコス　掘り起す →45

ホリカエス, ホリカエス　掘り返す →45

ホリキリ　堀切〖地〗 →21

ホリキリショーブエン　堀切菖蒲園 →19

ホリクズス, ホリクズス　掘り崩す →45

ホリゴタツ　掘り炬燵 →15

ホリコム, 《新は **ホリコム**》　掘り込む →45

ホリサゲル, ホリサゲル　掘り下げる →45

ホリシ　彫師 →7

ポリシー　policy →9

ポリス　police →9

ホリダシモノ　掘出し物 →12

ホリダス, 《新は **ホリダス**》　掘り出す →45

ホリツケル, ホリツケル　彫り付ける →45

ホリデー　holiday →9

ホリヌキ　掘抜き＜**ホリヌキイド**　掘抜き井戸 →5, 12

ホリヌク, 《新は **ホリヌク**》　掘り抜く →45

ポリネシア　Polynesia〖島〗 →21

ポリバケツ　＜polyethylene bucket〔和〕〖商標〗 →16

ホリバタ　堀端 →4

ボリビア, ボリビア　Bolivia〖国〗 →21

ポリフェノール　polyphenol →9

ポリブクロ　ポリ袋＜polyethylene 袋 →12

ボリボリ　(～掻かく, ～と) →57

ポリポリ　(～噛かむ, ～と) →57

ホリモノ, ホリモノ, 《古は **ホリモノ**》 彫り物 →5

ホリモノシ　彫物師 →14

ボリヤ　暴利屋〖俗〗 →94

ホリュー　保留, 蒲柳(～の質) →8

ボリューム, 《新は **ボリューム**》　volume →9

ホリョ　捕虜 →7

ホリワリ　掘割 →5

ホル　掘る, 彫る　**ホラナイ, ホロー, ホリマス, ホッテ, ホレバ, ホレ** →43

ホ

ガギグゲゴは鼻濁音　カタカナ細字は母音の無声化　★は長音にもなる符号

ボル──ホンイン　　840

| ボル 〖俗〗＜暴利（あの店は〜）→44
ボルガ Volga〔露〕〖川〗（〜の舟唄）→21
ポルカ polka〖舞曲〗→9
ボルシェビキ Bol'sheviki〔露〕→9
ボルシチ，《新は ボルシチ》 borshch〔露〕→9
ホルスタイン Holstein〔独〕→9
ホルダー holder →9
ボルテージ voltage（〜が上がる）→9
ボルト bolt →9
ボルト，ボルト volt →9
ボルドーエキ Bordeaux 液〔仏〕→14a
ポルトガル Portugal〔葡〕〖国〗→21
ボルネオ Borneo〖地〗→21
ポルノ ＜pornographie〔仏〕→10
ホルマリン，フォルマリン Formalin〔独〕→9
ホルモン Hormon〔独〕→9
ホルン Horn〔独〕→9
ホレアウ 惚れ合う →45
ホレイコ 保冷庫 →14b
ホレイシャ 保冷車 →14b
ホレコム 惚れ込む →45
ホレボレ 惚れ惚れ（〜する，〜と）→57
ホレル 惚れる →43
ボレロ bolero〔西〕→9
ホロ 幌，母衣 →1
ボロ 襤褸 →3 梵論〖僧〗
ポロ polo →9
ボロイ 〖俗〗（京阪方言から）（〜もうけ）→53
ボロイチ 襤褸市 →4
ホロー 歩廊 →8
ホロガヤ 母衣蚊帳 →12
ボロギレ，ボロギレ，ボロッキレ 襤褸（っ）切れ →4d
ボロクソ 襤褸糞〖俗〗（〜に言う）→4
ポロシャツ polo shirt →16
ホロット （〜とする）→55

ホロニガイ，ホロニガイ ほろ苦い →54
ポロネーズ polonaise〔仏〕→9
ホロバシャ 幌馬車 →15
ホロビル，ホロビル 滅びる，亡びる →44
ホロブ，ホロブ 滅ぶ，亡ぶ →43
ホロボス，ホロボス 滅ぼす，亡ぼす →44
ホロホロ （〜泣く，〜と）→57
ボロボロ （〜だ・な・に）→57
ボロボロ （〜こぼれる，〜と）→57
ポロポロ （〜落ちる，〜と）→57
ホロホロチョー ほろほろ鳥 →14
ボロモーケ ぼろ儲け →13
ホロヨイ 微酔い →5
ホロヨイキゲン 微酔い機嫌 →15
ホロリ，ホロリ （〜とする）→55
ポロリ，ポロリ （〜と）→55
ホワイト white →9
ホワイトカラー white-collar →16
ホワイトソース white sauce →16
ホワイトハウス White House →16
ホン 本（〜を買う，〜大会）→6, 63
……ほん …本〖数〗→34, 35
ボン 盆〖道具〗（オボン 御〜）→6, 92
ボン 凡，梵 →6 盆（=うら盆。オボン 御〜）→6, 92
……ボン …本（キコーボン 希（稀）覯〜，マエダケボン 前田家〜）→14
ホンアミ（・）コーエツ，ホンナミ（・）〜 本阿弥（彌）光悦 →26, 24, 27
ホンアン 翻案 →8
ホンアン 本案（=この案）→8
ホンイ 本位，本意 →7
ホンイカヘイ 本位貨幣 →15
ホンイン 本院（↔分院）→8
ホンイン 本院（=この院）→8
ホンインボー 本因坊〖碁〗→14a

ホ

￣は高い部分　˜と˷は高低が変る部分　⌐は次が下がる符号　→は法則番号参照

841　　ホンエイ──ホンショ

ホンエイ★ 本営 →8	ホンケン 本絹 →8
ボンオドリ 盆踊り →12	ホンケン 本県(=当県),本件(=この件) →8
ホンカ 本科 →7	
ホンカイ, ホンカイ 本懐 →8	ホンゲン, ホンゲン 本源 →8
ホンカイギ 本会議(衆議院~) →15	ホンゲンチク 本建築 →15
ホンカク 本格 →8	ボンゴ 梵語 →7
ホンカクテキ 本格的 →95	ボンゴ bongo →9
ホンカクハ 本格派 →14	ホンコー 本校(↔分校) →8
ホンガッテ 本勝手(↔逆勝手) →12	ホンコー 本校(=当校) →8
ホンガドリ, ホンガトリ 本歌取り →13	ホンゴー 本郷〖地・姓〗→21, 22
ホンガワ 本革 →4	ホンコク 翻刻 →8
ホンカン 本官〖名〗,本館(↔別館) →8	ホンゴク 本国 →8
ホンカン 本官〖代〗 →64 本館(=この館) →8	ホンゴシ 本腰 →4
ホンガン, ホンガン 本願 →8	ポンコツ 〖俗〗
ポンカン, ポンカン ぽん柑 →8	ボンゴレ vongole[伊] →9
ホンガンジ, ホンガンジ 本願寺 →14	ホンコン, 《古は ホンコン》 香港[華]〖地〗→21
ホンキ 本気 →7	ホンサイ 本妻 →8
ホンギ, ホンギ 本義 →7	ボンサイ 凡才,盆栽,梵妻 →8
ホンギマリ, ホンギマリ, ホンギマリ 本極まり →13	ホンサイヨー 本採用 →15
ホンキュー 本給 →8	ボンサク 凡作(↔秀作),凡策 →8
ホンキョ 本拠 →7	ホンザン 本山 →8
ホンギョー, ホンギョー 本業 →8	ホンシ 本旨,本志,本紙,本誌 →7
ホンキョク 本曲(↔変曲),本局(↔支局) →8	ホンジ 本字,翻字 →7
ホンキョク 本曲(=この曲),本局(=この局) →8	ボンジ 梵字 →7
ホンキン 本金(=純金) →8	ホンシキ 本式 →95
ボング 凡愚 →7	ホンシケン, ホンシケン 本試験 →15
ホングミ 本組み →5	ホンシツ 本質 →8
ホングモリ, ホングモリ 本曇り →13	ホンジツ 本日 →8
ボンクラ 盆暗〖俗〗(彼は~だ) →5	ホンシツテキ 本質的 →95
ボンクレ 盆暮(~の付け届) →18	ホンシャ 本社 →7
ホンケ 本家 →7	ホンシュー 本州〖地〗 →8
ボンケイ★ 盆景 →8	ホンシュツ 奔出 →8
ホンケガエリ 本卦還り →13	ホンショ 本初,本書,本署,本所(=当所) →7
ホンゲツ 本月 →8	ホンジョ 本所〖地〗 →21
	ホンショー, ボンショー 本省(=中央官庁) →8
	ホンショー 本省(=この省) →8

ホ

ガギグゲゴは鼻濁音　カタカナ細字は母音の無声化　★は長音にもなる符号

ホンショー, ホンショー　本性 →8	ホンゾク　本属 →8
ホンジョー　本城(=本丸) →8	ボンゾク　凡俗 →8
ホンジョー　本状(=この手紙。～持参の方) →8	ホンゾン　本尊(ゴホンゾン 御～) →8, 92
ホンジョー, ホンジョー　本性(～を現わす) →8	ホンダ　本田・本多〖姓〗→22
ボンショー　梵鐘 →8	ボンダ　凡打 →7
ホンジョーゾー　本醸造 →15	ホンタイ, ホンタイ　本体, 本隊(↔支隊) →8
ボンジョーチン　盆提灯 →15	ホンダイ, ボンダイ　本題 →8
ホンショク　本色, 本職(=本業) →8	ボンダイ　本代 →8
ホンショク　本職〖代〗(=本官) →64	ボンタイ　凡退 →8
ホンシン　本震 →8	ホンタク　本宅 →8
ホンシン,《古は ホンジン》　本心 →8	ホンダチ　本裁(↔四つ身) →5
ホンジン　本陣 →8	ホンダテ　本立 →5
ボンジン, ボンジン　凡人 →8	ホンダナ　本棚 →4
ポンズ　ポン酢 <pons〖蘭〗→4	ホンダワラ　馬尾藻〖海藻〗→12
ホンスー　本数 →8	ボンタン, ボンタン　文橙・文旦〖華〗→9
ホンスジ　本筋 →4	ボンチ　盆地 →7
ホンズリ　本刷 →5	ポンチ　punch →9
ホンセイ　本性 →8	ポンチエ, ポンチエ　Punch絵 →14
ホンセイ, ホンセイ　本姓 →8	ホンチャン　本チャン〖俗〗
ホンセキ　本夕(=今日の夕), 本席(=この会場) →8	ポンチョ　poncho〖西〗→9
ホンセキ, ホンセキ　本籍 →8	ホンチョー　本朝, 本庁 →8
ボンセキ　盆石 →8	ホンチョーシ, ホンチョーシ,《古は ホンチョージ》　本調子〖三味線〗→15
ホンセキチ, ホンセキチ　本籍地 →14c	ホンチョーモンズイ　本朝文粋〖書〗→15
ホンセン　本選(↔予選) →8	ホンツヤ　本通夜 →15
ホンセン, ボンセン　本船(=主船), 本線(↔支線) →8	ホンテ,《邦楽は多く ホンデ》　本手 →4
ホンゼン　翻然 →56　本然(～の姿) →8	ホンテイ　本邸 →8
ボンゼン　本膳 →8	ホンテン　本天〖織物〗, 本店(↔支店) →8
ボンセン　凡戦 →8	ボンテン　本店(=当店) →8
ホンソ　本訴 →7	ホンデン　本殿 →8
ホンソー　奔走, 本葬 →8	ボンテン, ボンテン　梵天 →8
ホンゾー, ボンゾー　本草 →8	ホント, ホントー　本当 →8d
ホンゾーガク　本草学 →14a	
ホンソク　本則 →8	

843　　　　　　　　　　　　　　　　　**ホンド──ホンヤ**

ホンド　本土 →7	ポンプ　pomp〔蘭〕→9
ボンド　Bond →9	ホンプク，《古は **ホンブク，ホンブク**》
ポンド　pond〔蘭〕→9	本復 →8
‥‥‥ポンド　…pond〔蘭〕(**ハンポンド**	ホンブシ　本節〚鰹節かつお〛→4
半～，**イッポンド** 一～) →37	ホンブシン　本普請 →15
ホントー　本当，本島(=中心の島)，奔騰	ホンブタイ　本舞台 →15
→8	ホンブリ　本降り →5
ホントー　本島(=この島) →8	ホンブン，**ホンモン**　本文 →8
ホンドー　本道(～を歩く) →8	ホンブン，**ホンブン**　本分 →8
ホンドー　本堂 →8	ボンベ　Bombe〔独〕→9
ホンドーリ　本通り →12	ホンポ　本舗 →7
ボンドーロー　盆灯籠 →15	ホンポー　奔放 →8
ホンドコ　本床〚床の間〛→4	ホンポー　本邦，本俸 →8
ホントジ　本綴じ →5	ボンボリ　雪洞
ホンニン　本人 →8	ボンボン　bonbon〔仏〕→9
ホンヌリ　本塗り →5	ポンポン　(～言う，～と) →57　〚児〛(=
ホンネ　本音(～を吐く) →4	腹。～が痛い) →3
ボンネット，**ボンネット**　bonnet →9	ポンポンダリア，**ポンポンダリヤ**
ホンネル　本ネル<本 flannel →10	pompon dahlia →16
ホンネン　本然(～の姿) →8	ボンボンドケイ★　ぼんぼん時計 →15
ホンネン　本年 →8	ホンマ　本間《姓も》→4, 22
ホンノ　(～少し，～おしるし) →63	ボンマエ　盆前 →4
ホンノー，**ホンノー**　本能 →8	ホンマツ　本末 →18
ボンノー，**ボンノー**　煩悩 →8	ホンマツ(・)テントー　本末転倒 →97,
ホンノージ，**ホンノージ**　本能寺 →14	98
ボンノクボ，**ボンノクボ**　盆の窪 →19	ホンマツリ　本祭 →12
ホンノリ　仄り(～と) →55	ホンマル　本丸 →4
ホンバ　本場 →4	ホンミチ，**ホンミチ**　本道 →4
ホンバ　奔馬 →7	ホンミョー　本名 →8
ホンバコ　本箱 →4	ホンム　本務 →7
ホンバショ，**ホンバショ**　本場所 →15	ホンメイ★　本命《競馬》，奔命 →8
ホンバモノ　本場物 →14	ホンモー，**ホンモー**，《古は **ホンモー**》
ホンバン　本番 →8	本望 →8
ポンビキ，**ポンピキ，ポンビキ，ポン**	ホンモクテイ★　本牧亭 →14
ピキ ぽん引き〚俗〛→5	ホンモト　本元(本家～) →4
ボンピャク　凡百 →8	ホンモノ　本物 →4
ホンブ　本部 →7	ホンモン　本文 →8
ホンプ　本譜 →7	ホンモンジ　本門寺 →14
ボンプ，**ボンプ**　凡夫 →7	ホンヤ　本屋(～さん) →94

ガギグゲゴは鼻濁音　カタカナ細字は母音の無声化　★は長音にもなる符号

ホンヤク──マイクロ　　844

ホンヤク　翻訳 →8	マーキュロ，マーキロ　＜Mercuro-chrome〚商標〛→10
ホンヤクケン，ホンヤクケン　翻訳権 →14c	マーク　mark →9
ホンヤクモノ　翻訳物 →12	マークシート　mark sheet〔和〕→16
ボンヤスミ　盆休み →12	マーケット，マーケット　market →9
ホンヤトイ　本雇い →13	マーケティング，《新は マーケティング》　marketing →9
ボンヤリ　(～する，～と) →55	
ホンユー　本有 →8	マーケティングリサーチ　marketing research →16
ボンヨー　凡庸 →8	
ホンヨサン　本予算 →15	マアジ　真鯵 →91
ホンヨミ，ホンヨミ　本読み →5	マージャン，《新は マージャン》　麻雀〔華〕→9
ホンライ　本来 →8	
ホンラン　本欄 →8	マージャンヤ　麻雀屋 →94
ホンリュー　本流(=主流・本格)，奔流 →8	マージン　margin →9
	マアタラシイ　真新しい →91
ホンリョー，ホンリョー，ホンリョー　本領(～を発揮する) →8	マーチ　march →9
	マーボードーフ，マーボドーフ　麻婆〔華〕+豆腐 →15
ホンルイ，ホンルイ　本塁 →8	
ホンルイダ　本塁打 →14b	マーマレード，ママレード　marmalade →9
ボンレスハム　boneless ham →16	
ホンロー　翻弄 →8	マイ　舞(～を舞う) →2
ホンロン　本論 →8	……マイ　…米(ハヤバマイ 早場～，ネングマイ 年貢～) →14
ホンワカ　〚俗〛(～した，～と) →55	
ホンワリ　本割り〔相撲〕→5	……マイ　〚助動〛(ナクマイ 泣く～，ヨムマイ 読む～) →82
	……まい　…枚〚数〛→34, 35
	マイアガル　舞い上がる →45
	マイアサ　毎朝 →4
マ　真(～に受ける)，間(～が抜ける，～が悪い) →1	マイオーギ　舞扇 →12
	マイオサメ　舞納め →13
マ，《新は マ》　魔(～が差す) →6	マイオサメル　舞い納める →45
……ま　…間〚数〛→33, 62	マイカー　my car〔和〕→16
マー　〚感・副〛→66, 61	マイカイ　毎会，毎回 →8
マアイ　間合 →4	マイキョ　枚挙(～にいとまなし) →7
マーカー　marker →9	マイク　mike＜マイクロホン，マイクロフォン microphone →9, 16
マーガリン，マーガリン　margarine →9	
	マイクロ　micro →9
マーガレット，マーガレット　marguerite〚植〛→9　Margaret〚女名〛→23	マイクロバス　microbus →16
	マイクロフィルム　microfilm →16

￣ は高い部分　｀ と ´ は高低が変る部分　｢ は次が下がる符号　→ は法則番号参照

845　　マイゲツ──マウンテ

マイゲツ 毎月 →8
マイコ 舞子・舞妓(～さん) →5
マイゴ 迷子 →5
マイゴー 毎号 →8
マイコツ 埋骨 →8
マイゴフダ 迷子札 →12
マイコム 舞い込む →45
マイコン ＜microcomputer →10
マイジ, マイジ 毎時, 毎次 →7
マイジカン 毎時間 →15
マイシュー 毎週 →8
マイショク 毎食 →8
マイシン 邁進 →8
マイス, マイス 売僧 →7
マイスー 枚数 →8
マイスガタ 舞姿 →12
マイスター Meister[独] →9
マイズル 舞鶴[地] →21
マイセツ 埋設 →8
マイソー 埋葬 →8
マイゾー 埋蔵 →8
マイゾーブンカザイ, マイゾーブンカザイ 埋蔵文化財 →17
マイタケ 舞茸 →5
マイチモンジ 真一文字 →91
マイチョー 毎朝 →8
マイツキ 毎月 →4
マイド 毎度 →7
マイトシ 毎年 →4
マイナー, 《新は マイナー》 minor(↔メジャー) →9
マイナイ 賂い →5
マイナス minus(↔プラス) →9
マイナスイオン minus ion[和] →16
マイニチ 毎日＜マイニチシンブン 毎日新聞 →29, 15
マイニチ 毎日 →8
マイネン 毎年 →8
マイバン, マイバン 毎晩 →8

マイビト 舞人 →5
マイヒメ, マイヒメ 舞姫 →5
マイビョー 毎秒 →8
マイフン 毎分 →8
マイペース my pace[和] →16
マイホーム my home[和] →16
マイボツ 埋没 →8
マイマイ 毎毎 →68
マイマイ, マイマイ ＜マイマイツブロ 舞舞螺(=かたつむり) →10, 12
マイモドリ 舞戻り →13
マイモドル 舞い戻る →45
マイヤ, マイヤ 毎夜 →7
マイユー 毎夕 →4
マイヨ, マイヨ 毎夜 →4
マイラス 参らす(マイラセソロ 参らせ候) →44, 49d
マイル 参る マイラナイ, マイロー, マイリマス, マイッテ, マイレバ, マイレ →43b mile →9
……マイル …mile (イチマイル 一～, ゴマイル 五～) →37
マイルド mild →9
マイレージ mileage →9
マインドコントロール mind control [和] →16
マウ 舞う, 眩う(目が～) マワナイ, マオー, マイマス, マッテ, マエバ, マエ →43
マウエ 真上 →91
マウシロ 真後ろ →91
マウス mouse〖コンピューター〗 →9
マウスピース mouthpiece →16
マウラ, マウラ 真裏 →91
マウンテンバイク mountain bike[和] →16

ガギグゲゴは鼻濁音　カタカナ細字は母音の無声化　★は長音にもなる符号

マウンド――マガウ　　846

マウンド, マウンド　mound →9

マエ　前 →1

……マエ　…前(=以前。ショクジマエ 食事~, フツカマエ 二日~) →12, 38

……マエ　…前(=割当分。ニケンマエ 二軒~, サンニンマエ 三人~) →38

マエアガリ　前上がり →13

マエアキ　前明き →5

マエアシ, マエアシ　前足 →4b

マエイワイ　前祝 →12

マエウシロ　前後ろ →18

マエウタ　前歌, 前唄 →4

マエウリ　前売 →5

マエウリギップ　前売切符 →15

マエウリケン　前売券 →14

マエオキ, マエオキ　前置き(~が長い) →5

マエカガミ, マエカガミ　前屈み →13

マエガキ,《古は マエガキ》前書 →5

マエカケ,(マイカケ)前掛 →5d

マエガシ　前貸し →5

マエガシラ　前頭〖相撲〗→12

マエガミ　前髪 →4

マエガリ　前借り →5

マエカンジョー　前勘定 →15

マエキン　前金 →8

マエク　前句 →7

マエゲイキ　前景気 →15

マエコージョー　前口上 →15

マエコゴミ, マエコゴミ　前屈み →13

マエコシ　前腰(袴の~)→4b

マエサガリ　前下がり →13

マエジテ　前シテ〖能〗→12

マエジラセ, マエジラセ　前知らせ →13

マエヅケ　前付 →5

マエストロ　maestro〖伊〗→9

マエズモー　前相撲 →12

マエセンデン　前宣伝 →15

マエダ　前田〖姓〗→22

~(·)トシイエ　~利家 →24, 27

マエダオシ, マエダオシ　前倒し →13

マエダテ, マエダテ　前立て →5

マエダレ　前垂れ →5

マエツボ, マエツボ　前壺(=前鼻緒) →4b

マエニワ　前庭 →4

マエノトシ　前の年 →19

マエノバン　前の晩 →19

マエノヒ, マエノヒ　前の日 →19

マエノメリ　前のめり →13

マエノ・リョータク　前野良沢 →22, 24

マエバ　前歯 →4b

マエバシ　前橋〖地〗→21b

マエバシシ, マエバシシ　前橋市 →14c

マエバナオ　前鼻緒 →12

マエバネ　前羽 →4b

マエハバ,《新は マエハバ》前幅 →4b

マエバライ　前払 →13

マエビキ, マエビキ　前弾き →5

マエブレ, マエブレ　前触れ →5

マエマエ　前前(~から)→11

マエミゴロ　前身頃 →12

マエムキ　前向き →5

マエモッテ, マエモッテ　前以て →67

マエヤク　前厄 →8b

マエワタシ　前渡し →13

マオー　魔王 →8

マオトコ　間男 →12

マカイ　魔界 →8

マガイ　紛い →2b

マガイブツ　磨崖仏 →14b

マガイモノ, マガイモノ, マガイモノ 紛い物 →12

マガウ　紛う →43

‾ は高い部分　‥ と ‥ は高低が変る部分　｜ は次が下がる符号　→ は法則番号参照

847　　　　　　　　　　　マガエ──マキチラ

マガエ　紛え →2b
マガエル，マガエル　紛える →44b
マカオ　Macao〖地〗(澳門) →21
マガオ，マガオ　真顔 →91
マガキ　籬 →4
マガシ　間貸し →5
マガジン　magazine →9
マガジンラック　magazine rack →16
マカス　負かす →44
マカス　任す →43
マカズ，マカズ　間数 →4
マカゼ，マカゼ　魔風(～恋風) →4
マカセル　任せる　マカセナイ，マカ
　セヨー，マカセマス，マカセテ，マ
　カセレバ，マカセロ →44
マガタマ　勾玉 →4
マカナイ，マカナイ　賄い →2b
マカナイツキ，マカナイツキ　賄付き
　→13b
マカナイリョー　賄料 →14b
マカナウ　賄う →43
マガネ，マガネ　真金 →4
マカ(・)フシギ　摩訶不思議 →97, 98
マガモ　真鴨 →91
マガリ　曲り →2　間借り →5
マガリカド，マガリカド　曲り角 →12
マガリクネル　曲りくねる →45
マガリコス　罷り越す →45
マカリデル，《古・強は　マカリデル》
　罷り出る →45
マカリトール，《古・強は　マカリトー
　ル》　罷り通る →45
マカリナラヌ，《古・強は　マカリナラ
　ヌ》　罷り成らぬ →89
マガリナリ　曲り形(～にも) →95
マカリマチガウ，《古・強は　マカリ・マ
　チガウ，マカリ・マチガッテモ》　罷
　り間違う →45, 49
マカリマチガエバ，《古・強は　マカリ・

マチガエバ》　罷り間違えば →45, 49
マガリミチ　曲り道 →12
マガリメ　曲り目 →12
マカル　負かる(マカラナイ) →44
マカル　罷る(マカラズ) →43, 89
マガル　曲る　マガラナイ，マガロー，
　マガリマス，マガッテ，マガレバ，
　マガレ →43
マカロニ　macaroni〖仏〗 →9
マカロニグラタン　＜macaroni au gratin
　〖仏〗 →16
マキ　薪 →1　巻き(～が少ない) →2
マキ　牧 →1　槙, 真木 →4　巻(=巻物。
　～の一) →2, 38
マキアゲ　巻上げ →5
マキアゲル　巻き上げる, 捲き上げる
　→45
マキアミ　巻網 →5
マキエ　撒餌 →5　蒔絵 →7
マキオコス　巻き起す →45
マキオコル　巻き起る →45
マキガイ　巻貝 →5
マキカエシ　巻き返し →13
マキカエス　巻き返す →45
マキガミ　巻紙, 巻髪 →5
マキガリ　巻狩(富士の～) →5
マキゲ　巻毛 →5
マキコム　巻き込む →45
マキジタ　巻舌 →5
マキシマム，マクシマム　maximum
　→9
マキジャク　巻尺 →8
マキスカート　巻きスカート →16
マキズシ，マキズシ　巻鮨 →5
マキゾエ　巻き添え(～を食う) →5
マキタ　真北 →91
マキタバコ　巻き煙草 →16
マキチラス，マキチラス　撒き散らす
　→45

ガギグゲゴは鼻濁音　カタカナ細字は母音の無声化　★は長音にもなる符号

マキツク 巻き付く →45
マキツケ 蒔付け →5
マキツケル 巻き付ける →45
マキトリ 巻取り →5
マキトリシ 巻取紙 →14
マキトル 巻き取る →45
マキナオシ 蒔直し(新規〜) →13
マキナオス, マキナオス 蒔き直す →45
マキナオス 巻き直す →45
マキノ 牧野〖姓〗→22
マキバ 牧場 →4
マキヒゲ 巻鬚(朝顔の〜) →5
マキミズ 撒き水 →5
マキモドシ 巻き戻し →13
マキモドス 巻き戻す →45
マキモノ 巻物 →5
マキモノ 撒物(おさらいの〜) →5
マキヤ 薪屋 →94
マギャク 真逆 →8
マキュー 魔球 →8
マキョー 魔境 →8
マギョー ま行 →8
マギラス 紛らす →44
マギラワシイ★ 紛らわしい →53
マギラワス 紛らわす(淋しさを〜) →44
マギル 紛る →42　間切る →46
マギレ 紛れ(〜もない) →2
マギレコム, マギレコム, 《古・強は マギレコム》 紛れ込む →45
マギレル 紛れる →44
マギワ 間際 →4
マキワラ 巻藁 →5
マキワリ, マキワリ, マキワリ 薪割り →5
マク 巻く, 捲く マカナイ, マコー, マキマス, マイテ, マケバ, マケ →43

マク 蒔く, 撒く(水を〜, 尾行者を〜, 連れを〜) マカナイ, マコー, マキマス, マイテ, マケバ, マケ →43
マク 幕, 膜 →6
マクアイ, 《新は マクアイ》 幕間(マクマは誤読) →4
マクアキ, マクアキ 幕開き →5
マクアケ, マクアケ 幕開け →5
マクウチ, マクウチ 幕内 →4
マグカップ mug cup〔和〕→16
マクギレ, マクギレ 幕切れ →5
マグサ 秣 →4
マクシタ, マクシタ 幕下 →4
マクシタテル 捲し立てる →45
マクジリ, マクジリ 幕尻 →4
マグソ 馬糞 →4
マクダマリ 幕溜り〖劇場〗→13
マグチ 間口 →4
マクツ 魔窟 →8
マグナカルタ Magna Carta〔拉〕→16
マクナシ 幕無し(のべつ〜) →5
マグニチュード, マグニチュード magnitude →9
マグネシューム, マグネシウム magnesium →9
マグネット magnet →9
マクノウチ 幕の内〖相撲・弁当〗→19
マクノウチベントー 幕の内弁当 →15
マクヒキ, マクヒキ 幕引き →5
マグマ magma →9
マクラ 枕 →1
マクラアテ 枕当て →13
マクラオーイ 枕覆い →13
マクラカケ 枕掛け →13
マクラカバー 枕 cover →16
マクラガミ 枕上, 枕紙 →12
マクラギ 枕木 →12
マクラギョー, マクラギョー 枕経 →14

￣ は高い部分　˙˙ と ˙˙ は高低が変る部分　┐は次が下がる符号　→ は法則番号参照

849 　　　　　　　　マクラコ──マサオカ

マ**クラコ**トバ 枕詞 →12	マ**ケバラ** 負け腹(～をたてる) →5
マ**クラサガシ** 枕捜し →13	マ**ケブリ**, マ**ケップリ** 負け(っ)振り →95d
マ**クラナオシ** 枕直し →13	
マ**クラノソーシ**, マ**クラノソーシ** 枕草子〖書〗 →99, 98	マ**ケボシ** 負け星 →5
マ**クラビョーブ** 枕屏風 →15	マ**ゲモノ** 䭾物 →4 曲げ物 →5
マ**クラベ** 枕辺 →12	マ**ケル** 負ける マ**ケナイ**, マ**ケヨー**, マ**ケマス**, マ**ケテ**, マ**ケレバ**, マ**ケロ** →43
マ**クラメ** macramé〖仏〗〖手芸〗 →9	
マ**クラモト** 枕元 →12	マ**ゲル** 曲げる マ**ゲナイ**, マ**ゲヨー**, マ**ゲマス**, マ**ゲテ**, マ**ゲレバ**, マ**ゲロ** →43
マ**クリアゲル** 捲り上げる →45	
マ**クル** 捲る →43	
マ**グレ**, マ**グレ** 紛れ →2	マ**ケンキ** 負けん気 →19d
マ**グレアタリ** 紛れ当り →13	マ**ゴ** 馬子(～にも衣装) →4
マ**クレル** 捲れる →44	マ**ゴ** 孫(**オマゴサン** 御～さん) →1, 94
マ**グレル** 紛れる →44	
マ**クロ** macro(↔ミクロ) →9	マ**ゴイ** 真鯉 →4
マ**グロ** 鮪 →5	マ**ゴウタ** 馬子唄 →12
マ**グワ** 馬鍬 →4	マ**ゴー** 紛う(～方なく) →42
マ**クワウリ** 真桑瓜 →12	マ**ゴコ** 孫子(～の代まで) →18
マ**ケ** 負け →2	マ**ゴコロ** 真心 →12
マ**ゲ** 曲げ, 䭾(～を結う) →2	マ**ゴタロームシ**, マ**ゴタロムシ** 孫太郎虫 →12ad
マ**ケイクサ** 負け軍 →12	
マ**ケイヌ** 負け犬 →5	マ**ゴツク** (=まごまごする) →96
マ**ケイロ** 負け色 →5	マ**ゴデシ** 孫弟子 →15
マ**ケオシミ** 負け惜しみ →13	マ**コト** 誠・実・真〖男名も〗 →4, 23
マ**ゲキ** 曲木 →5	マ**コトシヤカ** 実しやか(～に) →59
マ**ゲキザイク** 曲木細工 →15	マ**コトニ** 誠に →67
マ**ケギライ** 負け嫌い →13	マ**ゴノテ**, マ**ゴノテ** 孫の手〖道具〗 →3
マ**ケグセ** 負け癖(～がつく) →5	
マ**ケグミ** 負け組 →5	マ**ゴビキ** 孫引き →5
マ**ケコシ** 負け越し →5	マ**ゴマゴ** (～する, ～と) →57
マ**ケコス** 負け越す →45	マ**ゴムスメ** 孫娘 →12
マ**ケジダマシー** 負けじ魂 →19	マ**コモ** 真菰 →91
マ**ケズオトラズ**, マ**ケズオトラズ** 負けず劣らず →99, 98	マ**サ** 正 →1 柾〈柾目・柾目紙 →10
	マ**ザー** mother →9
マ**ケズギライ** 負けず嫌い →19	マ**サエ** 正江・政枝・真佐江〖女名〗 →25
マ**ゲテ** 枉げて(～お願いする) →67	マ**サオ** 正男・政雄・雅夫〖男名〗 →25
マ**ケトーシュ** 負け投手 →15	マ**サオカ・シキ**, マ**サオカシキ** 正岡子規 →22, 23c, 27
マ**ケヌキ** 負けぬ気 →19	

ガギグゲゴは鼻濁音　カタカナ細字は母音の無声化　★は長音にもなる符号

マサカ──マジログ　850

マサカ　真逆 →61
マサカキ　真榊 →91
マサカド　将門〖人・常磐津・舞踊〗 →27
マサカリ,《新は マサカリ》　鉞 →1
マサキ　柾 →4
マサグル　弄る →91
マサコ　正子・政子・雅子・真佐子〖女名〗 →25
マサゴ　真砂 →91
マザコン　＜mother complex〔和〕 →10
マサシク　正しく〖副〗 →61
マサツ　摩擦 →8
マサツオン　摩擦音 →14
マサニ　正に, 当に, 将に →67
マザマザ, マザマザ　(~と) →57
マサムネ　正宗〖人・刀・酒・姓〗 →24, 3, 22
　～(・)ハクチョー, マサムネハクチョー　～白鳥 →23, 27
マサメ, マサメ　柾目 →4
マサメガミ　柾目紙 →12
マサユメ　正夢 →4
マサリオトリ, マサリオトリ　優り劣り →18
マザリモノ, マザリモノ, マザリモノ　混ざり物 →12
マサル　勝・優・賢〖男名〗 →23
マサル, マサル　増さる, 勝る, 優る →44
マザル　混ざる, 雑ざる →44
マシ　増し(死んだ方が~だ) →2
マジエル　交える →43
マジカ, マジカ　間近(~に) →5
マジカイ　間近い →54
マシカク, マシカク　真四角 →91c
マジキリ　間仕切り →13
マジシャン　magician →9
マシタ　真下 →91
マジック, マジック　magic →9

マジックアイ　Magic Eye →16
マジックインキ　Magic Ink〔和〕〖商標〗 →16
マジックミラー　magic mirror →16
マシテ　況して〖副〗 →67
マジナイ, マジナイ　呪い →2b
マジナウ, マジナウ　呪う →46
マジマジ, マジマジ　(~と見る) →57
マシマス　在す →45
マシマロ, マシュマロ　marshmallow →9
マシミズ, マシミズ　増し水 →5
マジミズ　真清水 →91
マジメ　真面目 →1
マジメクサル　真面目腐る →46
マジャク　間尺(~に合わない) →8
マシュ　魔手 →7
マシューコ　摩周湖 →14a
マジュツ　魔術 →8
マジュツシ, マジュツシ　魔術師 →14c
マジョ　魔女 →7
マショー　魔性, 魔障 →8
マショーメン, マショーメン　真正面 →91
マジョガリ　魔女狩 →5
マシラ, マシラ　猿 →1
マジライ, マジライ　交じらい →2
マジリ　混じり, 交じり, 雑じり →2
マジリケ, マジリケ, マジリッケ　混じり(っ)気 →93d
マジリモノ, マジリモノ, マジリモノ　混じり物 →12
マジル　混じる, 交じる, 雑じる　マジラナイ, マジロー, マジリマス, マジッテ, マジレバ, マジレ →44
マジロギ, マジロギ, マジロギ　瞬ぎ(~もせず) →2
マジログ　瞬ぐ →46

‾ は高い部分　˙˙ と ˙˙ は高低が変る部分　⌐は次が下がる符号　→ は法則番号参照

マジワリ──マゼル

マジワリ, マジワリ, マジワリ 交わり →2

マジワル 交わる →44

マシン machine →9

マシン 麻疹 →8

マジン, マシン 魔神 →8

マシンガン machine gun →16

マス 増す マサナイ, マソー, マシマス, マシテ, マセバ, マセ →43

マス 在す,坐す →42 摩す →48 mass →9

マス 升,斗,枡(=枡席),鱒 →1

……マス 〖助動〗(ナキマス 泣き〜, ヨミマス 読み〜) →83

マズ 先ず →61

マスイ 麻酔 →8

マズイ 不味い,拙い マズカッタ, マズク, マズクテ, 《新は マズクテ》, マズケレバ, マズシ →52

マスイザイ, マスイザイ 麻酔剤 →14b

マスイヤク 麻酔薬 →14b

マスオトシ 升落し〖しかけ〗 →13

マスガタ 枡形,斗形〖建〗 →4

マスカット muscat →9

マスカラ mascara →9

マスク mask →9

マスグミ 枡組 →5

マスクメロン muskmelon →16

マスゲーム mass game →16

マスコット, マスコット mascot →9

マスコミ <mass communication →10

マズサ 不味さ,拙さ →93

マスザケ 升酒 →4

マズシイ★ 貧しい マズシカッタ, マズシク, マズシクテ, マズシケレバ, マズシ →52

マスセキ, マスセキ 枡席 →4

マスダ 増田〖姓〗 →22

マスター master →9

マスターキー master key →16

マスタード mustard →9

マスタープラン master plan →16

マスト mast →9

マスプロ <マスプロダクション mass production →10, 16

マスマス 益益 →68

マズマズ 先ず先ず →68

マスメ, マスメ 枡目 →4

マスメディア mass media →16

マズ(・)モッテ, 《新は マズモッテ》 先ず以て →69

マスラオ, マスラオ 丈夫 →12

マズル 摩する →48

マズルカ mazurka〖ポーランド〗 →9

マセ 老成,早熟(オマセ 御〜) →2, 92

マゼアワセル, マゼアワセル 混ぜ合わせる →45

マゼオリ 交ぜ織 →5

マゼオリモノ, マゼオリモノ 交ぜ織物 →17

マゼカエシ, マゼッカエシ 雑(っ)返し →13d

マゼカエス, マゼカエス, マゼッカエス, マゼッカエス 雑(っ)返す →45d

マセガキ 籬垣 →4

マゼガキ 交ぜ書き →5

マゼコゼ (〜だ・な・に) →57

マゼゴハン 混ぜ御飯 →15

マゼモノ, マゼモノ, マゼモノ 混ぜ物 →5

マゼラン Magellan〖人〗 →22

マゼランカイキョー Magellan 海峡 →15

マセル 老成る →43

マゼル 交ぜる,雑ぜる,混ぜる マゼナイ, マゼヨー, マゼマス, マゼテ, マゼレバ, マゼロ →43

ガギグゲゴは鼻濁音　カタカナ細字は母音の無声化　★は長音にもなる符号

マゾ──マチイシ　852

マゾ <マゾヒスト masochist マゾヒズム masochism →10, 9	マタデシ 又弟子 →15
マタ 又・復〚副〛(～雨だ,～どうぞ) →61	マタト 又と(～ない) →67
マタ, マタ 又〚接〛(山～山,学者にして～政治家だ) →65 亦〚副〛(君も～行くのか,日本も～) →61	マタドナリ 又隣 →12
マタ 叉,股,又(=別・次の意。～の名,～にしよう) →1	マタニティー <マタニティードレス maternity dress →9, 16
マダ 未だ →61	マタノトシ 又の年 →19
マダイ 真鯛 →91 間代 →8	マタノナ, マタノナ 又の名 →19
マタイトコ, マタイトコ 又従兄弟,又従姉妹 →12	マタノヒ 又の日 →19
マタウツシ 又写し →13	マタノヨ 又の世 →19
マタガシ 又貸し →5	マタビ 股火 →4
マタガミ 股上(↔股下) →4	マタビバチ 股火鉢 →15
マタガリ 又借り →5	マタマタ, マタマタ 又又 →68
マタガル 跨る →44	マダマダ 未だ未だ →68
マタギキ 又聞き →5	マダム madame〚仏〛 →9
マタグ 跨ぐ →43	マタモ 又も →67
マタグラ 股座 →4	マタモノ 又者 →4
マダケ, マダケ 真竹 →91	マタモヤ 又もや →67
マタゲライ 又家来 →15	マダラ 斑 →55 真鱈 →91
マダコ, マダコ 真蛸 →91	マダルイ 間怠い →54
マタシタ, マタシタ 股下 →4	マダルッコイ 間怠っこい →96
マタシテモ 又しても →67	マダルッコシイ, マドロッコシイ 間怠っこしい〚俗〛 →96
マダシモ 未だしも →67	マダレ 麻垂(=广) →4
マタズレ, マタズレ 股擦れ →5	マタワ, マタワ 又は →67
マタセル 待たせる →83	マチ 襠〚衣〛 →1
マダゾロ, マタゾロ 又候(=又しても) →67	マチ 町,街 →1 待ち →2
マタタキ, マタタキ, マタタキ 瞬き →2	マチアイ 待合 →5
マタタク 瞬く →46	マチアイシツ 待合室 →14b
マタタクマ 瞬く間 →19	マチアカス, マチアカス 待ち明かす →45
マタダノミ 又頼み →13	マチアグム, マチアグム 待ちあぐむ →45
マタタビ, マタタビ 股旅 →4	マチアワス, マチアワス 待ち合わす →45
マタタビ, マタタビ 木天蓼〚植〛	マチアワセ 待合せ →13
マタタビモノ 股旅物 →12	マチアワセル, マチアワセル 待ち合わせる →45
	マチイ 町医 →7
	マチイシャ, 《新は マチイシャ》 町医

￣は高い部分　⁀と⁀は高低が変る部分　「は次が下がる符号　→法則番号参照

者 →15

マチウケガメン 待ち受け画面 →15

マチウケル，マチウケル 待ち受ける →45

マチガイ 間違い →2b

マチガウ 間違う →46

マチガエ 間違え →2b

マチガエル，マチガエル 間違える →46b

マチカタ 町方 →4

マチカド 町角 →4

マチカネル，マチカネル 待ち兼ねる →45

マチカマエル，マチカマエル，マチカマエル 待ち構える →45b

マチギ 町着 →5

マチキレナイ，マチキレナイ 待ち切れない →83

マチクタビレル，マチクタビレル 待ち草臥れる →45

マチクラス，マチクラス 待ち暮す →45

マチゲイシャ 町芸者 →15

マチコ 真知子・町子・待子〘女名〙 →25

マチコーバ 町工場 →15

マチコガレル，マチコガレル 待ち焦れる →45

マチジカン 待ち時間 →15

マチジュー 町中 →8

マチジョロー，《古は マチジョロー》 待女郎 →15

マチス Matisse〔仏〕〘人〙 →22

マチスジ 町筋 →4

マチズマイ 町住まい →13

マチソダチ 町育ち →13

マチダ 町田〘地〙 →21

マチッコ 町っ子〘俗〙 →4d

マチツズキ 町続き →12

マチドー，マチドー 待遠 →51

マチドオイ，マチドーイ 待ち遠い →54a

マチドーシイ★ 待ち遠しい →53

マチドージョー 町道場 →15

マチドショリ 町年寄 →12

マチナカ 町中 →4

マチナミ，マチナミ 町並 →4

マチニ(・)マッタ，マチニマッタ 待ちに待った(〜卒業式) →97, 98

マチネー，マチネー matinée〔仏〕 →9

マチノゾム，マチノゾム 待ち望む →45

マチハズレ 町外れ →12

マチハバ，マチハバ 町幅 →4

マチバリ 待針 →5

マチビト，マチビト 待ち人 →5

マチブギョー 町奉行 →15

マチブセ 待ち伏せ →5

マチブセル，マチブセル 待ち伏せる →45

マチボーケ，マチボケ 待ち惚け →5d

マチマチ 町町 →11

マチマチ，マチマチ 区区 →57

マチムスメ 待ち娘 →12

マチモーケル，マチモーケル 待ち設ける →45

マチヤ 町家 →4 町屋〘地〙 →21

マチヤクバ 町役場 →12

マチヤッコ 町奴 →12

マチワビル，マチワビル 待ち侘びる →45

マチワリ 町割 →4

マツ 待つ **マタナイ，マトー，マチマス，マッテ，マテバ，マテ** →43 末 →6 松《女名も》 →1, 23

……**マツ**，……**マツ**，……**マツ** …松(**センマツ，センマツ，センマツ** 千〜) →25

マツイ 松井〘姓〙 →22

ガギグゲゴは鼻濁音　カタカナ細字は母音の無声化　★は長音にもなる符号

マツイ──マッター　854

～(･)スマコ　～須磨子 →25, 27

マツイ　末位 →7

マツエ　松江〔地〕→21　松江・松枝〔女名〕→25

マツエイ★　末裔 →8

マツエシ　松江市 →14

マツオ(･)バショー　松尾芭蕉 →22, 23, 27

マッカ　真赤 →91

マツガク　末学 →8

マツカゲ　松陰, 松影 →4

マツカサ　松毬 →4

マツカザリ　松飾り →12

マツカゼ　松風〔能なども〕→4c

マッキ　末期 →7

マツギ　末技 →7

マッキテキ　末期的 →95

マッキントッシュ　Macintosh〔商標〕→9

マツクイムシ　松食虫 →12b

マックラ　真暗 →91

マックラガリ, マックラガリ　真暗がり →91

マックラヤミ, マックラヤミ　真暗闇 →91

マックロ　真黒 →91

マックロイ　真黒い →91

マックロケ, マックロケ, マックロケ　真黒け →93

マツゲ　睫 →19

マツケムシ　松毛虫 →12

マツコ　松子〔女名〕→25

マツゴ, マツゴ　末期(～の水) →7

マッコー, マッコー　抹香 →8

マッコー　真向(～から) →91

マッコークサイ　抹香臭い →54

マッコークジラ　抹香鯨 →12

マツザ, マツザ　末座 →7

マッサージ　massage →9

マッサイチュー　真最中 →91

マッサオ　真青 →91d

マッサカサマ　真逆様 →91

マッサカヤ, マッサカヤ　松坂屋〔デパート〕→94

マッサカリ, マサカリ　真(っ)盛り →91

マッサキ, マッサキ　真先 →91

マッサツ　抹殺 →8

マッサラ, マッサラ　真っ新 →91

マッシ　末子 →7

マッジ, マッジ　末寺 →7

マッシカク, マッシカク　真っ四角 →91c

マッシグラ　驀地 →95

マッジツ　末日 →8

マッシマ, マッシマ　松島〔地・姓〕→12, 22c

マツシマヤ　松島屋〔歌舞伎〕→94

マッシャ　末社 →7

マッシュポテト　＜mashed potatoes →16

マッシュルーム　mushroom →16

マッショー　抹消, 末梢 →8

マッショージキ　真正直 →91

マッショーシンケイ★　末梢神経 →15

マッショーテキ　末梢的 →95

マッショーメン, マッショーメン　真っ正面 →91

マッシロ　真白 →91

マッシロイ　真白い →91

マッスグ　真直ぐ →91

マッセ, マッセ　末世 →7

マッセキ　末席(～をけがす) →8

マッセツ　末節(枝葉～) →8

マッタ　又〔接〕→65d　待った(～をする) →83

マツダ　松田〔姓〕→22

マッターホルン, マッターホーン

￣は高い部分　‥と‥は高低が変る部分　「は次が下がる符号　→は法則番号参照

855　マツダイ──マツリ

Matterhorn〖山〗 →16

マツダイ　末代(名は～) →8

マツダイラ,《古は マツダイラ》　松平〖姓〗→22

　～・サダノブ　～定信 →24

マッタク　全く(～困る)→61

マツタケ, マツダケ　松茸 →4

マツタケ　松竹(～を立てる)→18

マツタケガリ, マツタケガリ, マツダケガリ, マツダケガリ　松茸狩 →13

マッタシ　全し →51

マッタダナカ, マッタダナカ　真直中 →91

マッタナシ, マッタナシ　待ったなし(～だ)→19

マッタン　末端 →8

マッチ　match →9

マッチバコ　match箱 →12

マッチポイント　match point →16

マッチャ　抹茶 →7

マッツグ　真直ぐ〖俗〗→91

マッテイ★　末弟 →8

マット　mat →9

マツド　松戸〖地〗→21

マットー, マットー　(=実直。～な人だ)

マットースル　全うする →48

マットレス　mattress →9

マツナガ　松永〖姓・長唄〗→22

マツナミキ　松並木 →12

マツノウチ, マツノウチ, マツノウチ　松の内 →19

マツノキ,《古は マツノキ》　松の木 →19

マツノハ　松の葉(=寸志)→19

マツノミ　松の実 →19

マッハ　Mach〖独〗→9

マッパ　末派 →7

マツバ　松葉 →4

マッパイ　末輩 →8

マツバガニ　松葉蟹 →12

マツバズエ　松葉杖 →12

マッパダカ　真裸 →91

マツバボタン　松葉牡丹 →15

マツバメ　松羽目〖歌舞伎〗→12

マツバメモノ　松羽目物 →12

マツバヤシ　松林 →12

マツバラ　松原(姓も)→4, 22

マツビ, マツビ　末尾 →7

マッピツ　末筆 →8

マッピツナガラ, マッピツナガラ　末筆ながら →71

マッピラ　真っ平(～御免, ～だ)→91

マッピルマ　真昼間(～から)→91

マップ　map →9

マップタツ　真っ二つ →91

マツブン　末文 →8

マッポー　末法 →8

マツボックリ, マツボクリ　松毬 →12d

マツマイ　末妹 →8

マツマエ,《古は マツマエ》　松前〖地〗→21

マツマルタ　松丸太 →12

マツムシ　松虫 →4

マツモト　松本〖地・姓〗→21, 22

　～・コーシロー　～幸四郎 →26, 27

　～・セイチョー　～清張 →24, 27

マツヤ　松屋〖デパート〗→94

マツヤニ　松脂 →4

マツヤマ　松山 →4

マツヤマ　松山〖地・姓〗→21, 22

マツヤマシ　松山市 →14

マツヨイグサ　待宵草 →12b

マツヨー　末葉 →8

マツリ, マツリ　祭(オマツリ 御～)→2, 92

……マツリ　…祭(アキマツリ 秋～,

ガギグゲゴは鼻濁音　カタカナ細字は母音の無声化　★は長音にもなる符号

マツリア──マナジリ　856

サンジャマツリ　三社～）　→12
マツリアゲル　祭り上げる　→45
マツリゴト　政　→12
マツリヌイ　まつり縫　→13
マツリバヤシ　祭囃子　→12
マツリュー　末流　→8
マツル，マツル　（裾を～），祭る　→43
マツロ　末路　→7
マツワリツク，マツワリツク，《古・強
　は　マツワリツク》　纏り付く　→45
マツワル　纏わる　→44
……マデ；……マデ　…迄〖助〗（ナク
　マデ　泣く～，ヨムマデ　読む～，アカ
　イマデ　赤い～，シロイマデ　白い～）
　→72，74
……マデ；……マデ；……マデ　…迄
　〖助〗（トリマデ　鳥～，ハナマデ　花～，
　アメマデ　雨～）　→71
マテキ　魔笛　→8
マテ(・)ジバシ　待て暫し（～が無い）
　→97，98
マテド(・)クラセド　待てど暮せど
　→97，98
マテリアル　material　→9
マテンロー　摩天楼　→14a
マト　的　→1
マド　窓（～の雪）　→1
マドアカリ　窓明り　→12
マトイ　纏（火消しの～）　→2
マドイ　惑い　→2b
マドイ，マドイ　円居　→5
マトイツク，マトイツク，《古・強は　マ
　トイツク》　纏い付く　→45
マトイモチ　纏持ち　→13b
マトウ，マトウ　纏う　→43
マドウ　惑う　→43
マドー　間遠　→5　魔道　→8
マドーイ，マドオイ　間遠い　→54a
マドカ　円か　→55

マドカケ　窓掛　→5
マドガラス　窓 glas〔蘭〕　→16
マドギワ　窓際　→4
マドギワゾク　窓際族　→14
マドグチ　窓口　→4
マドゴシ　窓越し　→95
マトバ　的場　→4
マトハズレ　的外れ　→13
マドフキ　窓拭き　→5
マトマリ　纏まり　→2
マトマル　纏まる　→44
マトメ　纏め　→2
マトメヤク　纏め役　→14
マトメル　纏める　→43
マトモ　真面（～に見る，～だ）　→91
マドモアゼル　mademoiselle〔仏〕　→9
マトヤ，マトヤ　的矢　→4
マドリ　間取り　→5
マドリード　Madrid〔西〕〖地〗　→21
マドレーヌ　madeleine〔仏〕　→9
マドロス，マドロス　matroos〔蘭〕　→9
マドロスパイプ　matroos〔蘭〕＋pipe
　〔英〕　→16
マドロム　微睡む　→46
マドワク　窓枠　→4
マドワス　惑わす　→44
マトワル，マツワル　纏わる　→44
マトン　mutton　→9
マドンナ　Madonna〔伊〕　→9
マナー　manners　→9
マナーモード　manner mode　→16
マナイタ，マナイタ，《古は　マナイタ》
　俎板　→4
マナガツオ　真魚鰹　→12
マナコ　眼　→19
マナザシ，マナザシ，マナザシ　眼差
　し　→95
マナジリ，マナジリ，マナジリ　眦
　→19

￣は高い部分　˙˙と˙˙は高低が変る部分　￢は次が下がる符号　→は法則番号参照

857 マナズル──マホー

マナズル, マナズル, 《地は マナヅル》 真鶴 →4, 21

マナツ 真夏 →91

マナツビ 真夏日 →12

マナデシ, マナデシ 愛弟子 →15

マナビ 学び(〜の道) →2

マナビヤ 学舎 →12

マナブ 学ぶ マナバナイ, マナボー, マナビマス, マナンデ, マナベバ, マナベ →43

マナムスメ 愛娘 →12

マニア mania →9

マニアイ 間に合い →19

マニアウ 間に合う →49

マニアック maniac →9

マニアワセ 間に合せ →19

マニウケル 真に受ける →19

マニキュア, マニキュア manicure →9

マニシ 真西 →91

マニマニ, マニマニ, マニマニ 間に間に(波の〜) →68

マニュアル, 《新は マニュアル》 manual →9

マニラ Manila〔地〕 →21

マニラアサ Manila麻 →12

マニンゲン 真人間 →91

マヌカレル, マヌガレル 免れる →43

マヌカン mannequin〔仏〕 →9

マヌケ 間抜け →5

マヌケヅラ 間抜け面 →12

マヌルイ, マヌルイ 間緩い →54

マネ 真似 →1

マネージメント management →9

マネージャー, マネージャー, 《新は マネージャー》 manager →9

マネービル <money building〔和〕〔商標〕 →16

マネキ 招き<マネキカンバン 招看板〔歌舞伎〕 →15

マネキ 招き(オマネキ 御〜) →2, 92

マネキネコ 招き猫 →12

マネキン mannequin →9

マネク 招く →43

マネゴト 真似事(ほんの〜で) →4

マネル 真似る →44

マノアタリ 目の当り →19

マノテ 魔の手(〜が伸びる) →19

マノビ 間延び →5

マノロイ, マノロイ 間鈍い →54

マバタキ 瞬き →2

マバタク 瞬く →46

マバユイ 目映い →54

マバラ 疎 →55

マヒ, 《古は マヒ》 麻痺 →7

マヒガシ 真東 →91

マビキ, マビキ 間引き →5

マビキナ 間引き菜 →12

マビク 間引く →46

マビサシ 目庇 →12

マビョーシ 間拍子 →15

マヒル 真昼 →91

マフ, マッフ muff →9

マブ 間夫(=情夫。〜は引け過ぎ) →7

マフィア Mafia〔伊〕 →9

マフィン muffin →9

マブカ, マブカ 目深(〜に) →5

マブジ, マブシ 蔟 →5

マブジイ★ 眩しい →52

マブス 塗す(きな粉を〜) →43

マブタ 瞼(〜の母) →4

マフタツ, 《新は マフタツ》, マップタツ 真(っ)二つ →91c

マブチ 目縁 →4

マフユ 真冬 →91

マフユビ 真冬日 →12

マフラー muffler →9

マホ 真帆(〜片帆) →91

マホー 魔法 →8

ガギグゲゴは鼻濁音 カタカナ細字は母音の無声化 ★は長音にもなる符号

マホーツカイ, マホーツカイ 魔法使 →13c
マホービン 魔法瓶 →14a
マホガニー mahogany →9
マホメット, モハメット Mahomet[蘭]〖人〗→22
マホメットキョー Mahomet 教[蘭] →14
マボロシ 幻
マホロバ 真秀ろば(国の～) →93
ママ, ママ 間間(～あること) →68
ママ 飯 →1 mam(m)a →9
ママ 儘(意の～にする) →1
ママオヤ 継親 →4
ママコ 継粉(=だま) →4
ママコ, ママッコ 継(っ)子 →4d
ママコアツカイ 継子扱い →13
ママコイジメ 継子虐め →13
ママゴト 飯事(オママゴト, オママゴト 御～) →4,92
ママゴトアソビ 飯事遊び →13
ママチチ 継父 →4
ママニ 儘に(～ならぬ) →67
ママハハ 継母 →4
ママヨ, ママヨ 儘よ →66
マミエ 眉(=まゆげ) →4
マミエル 見える →46
マミズ 真水 →91
マミナミ 真南 →91
マミレル 塗れる →43
マムカイ 真向かい →91
マムコー 真向こう →91
マムシ 蝮 →4
マムシザケ 蝮酒 →12
マムスビ 真結び →91
マメ 忠実,健康(オマメデ 御～で) →1,92
マメ 豆(オマメ 御～) →1,92 肉刺 →1

マメイタ 豆板〖銀貨・菓子〗→4
マメイリ, マメイリ, マメイリ 豆炒り →5
マメガシ 豆菓子 →15
マメカス, マメカス 豆粕 →4
マメガラ, マメガラ 豆幹 →4
マメジドーシャ 豆自動車 →17
マメジボリ 豆絞り(～の手拭) →12
マメゾー 豆蔵 →25
マメタイフー, マメタイフー 豆台(颱)風 →15
マメタン 豆炭 →8
マメツ 磨滅 →8
マメツブ 豆粒 →4
マメデッポー 豆鉄砲 →15
マメデンキュー 豆電球 →15
マメホン 豆本 →8
マメマキ, マメマキ, 《古は マメマキ》豆撒き →5
ママメメジイ 忠実忠実しい →53
マメメイゲツ 豆名月 →15
マメモチ 豆餅 →4
マメヤカ 忠実やか →55
マモー 磨耗 →8
マモナク 間も無く →67
マモノ 魔物 →4
マモリ 守り(オマモリ 御～) →2,92
マモリガタナ 守り刀 →12
マモリガミ 守神 →12
マモリヌク, マモリヌク 守り抜く →45
マモリブクロ 守り袋 →12
マモリフダ 守り札 →12
マモリホンゾン 守り本尊 →15
マモル 守・護〖男名〗→23
マモル 守る, 護る マモラナイ, マモロー, マモリマス, マモッテ, マモレバ, マモレ →43
マヤカシ, マヤカシ →2

──は高い部分 ¨と˙は高低が変る部分 ⌐は次が下がる符号 →は法則番号参照

マヤカシ──マルク

マヤカシモノ, マヤカシモノ まやかし物 →12	マリツキ, マリツキ 鞠突き →5
マヤク 麻薬 →8	マリツキウタ 鞠突き唄 →12
マユ 繭, 眉 →1	マリナゲ, マリナゲ 鞠投げ →5
マユゲ 眉毛 →4	マリネ mariné〔仏〕 →9
マユジリ, マユジリ, マユジリ 眉尻 →4	マリファナ marihuana〔西〕 →9
マユズミ 眉墨 →4	マリモ 毬藻 →4
マユダマ 繭玉 →4	マリョク 魔力 →8
マユツバ 眉唾 →4	マル, 《骨抜きしないどじょうは マル》 丸 →1, 10
マユツバモノ 眉唾物 →12	……マル: ……マル …丸〔人・船・刀〕 (キクマル 菊~, ランマル 蘭~, ヒヨジマル 日吉~, ヒカワマル 氷川~, クモキリマル 蜘蛛切~) →25, 12
マユネ 眉根 →4	マルアキ 丸明き →5
マユハキ 眉掃き →5	マルアライ 丸洗い →13
マユフデ 眉筆 →4	マルアンキ 丸暗記 →15
マユミ, マユミ 真弓, 檀 →91	マルイ 丸い, 円い マルカッタ, マルク, マルクテ, マルケレバ, マルシ →53c 丸井〔デパート〕 →28
マヨイ 迷い →2b	マルウチ 丸打ち(↔平打ち) →5
マヨウ 迷う マヨワナイ, マヨオー, マヨイマス, マヨッテ, マヨエバ, マヨエ →43	マルウツシ, マルウツシ 丸写し →13
マヨケ, マヨケ 魔除け →5	マルエリ 丸襟 →4
マヨコ, マヨコ 真横 →91	マルオビ 丸帯 →4
マヨナカ 真夜中 →91	マルガオ, マルガオ 丸顔 →4
マヨネーズ mayonnaise〔仏〕 →9	マルガカエ, マルガカエ 丸抱え →13
マヨワス 迷わす →44	マルカジリ, マルッカジリ 丸(っ)囓り →13d
マラソン marathon →9	マルガタ 円形 →95
マラソンキョーソー marathon 競走 →15	マルガリ 丸刈り →5
マラヤ Malaya〔地・国〕 →21	マルガワラ 丸瓦 →12
マラリア, マラリヤ Malaria〔独〕 →9	マルキ 丸木 →4
マリ, 《女名は マリ》 鞠, 毬 →1, 23	マルキシズム, マルクシズム Marxism →9
マリア, マリヤ Maria〔拉〕〔人〕 →23	マルキスト Marxist →9
マリー Mary〔女名〕 →23	マルキバシ 丸木橋 →12
マリーアントワネット Marie Antoinette〔仏〕〔人〕 →27	マルキブネ 丸木船 →12
マリーナ marina〔港〕 →9	マルキリ, マルッキリ 丸(っ)切り →61d
マリウタ 鞠唄 →4	マルク Mark〔独〕 →9
マリオネット marionette〔仏〕 →9	
マリコ 鞠子・真理子〔女名〕 →25	
マリシテン 摩利支天〔神〕 →14	

ガギグゲゴは鼻濁音　カタカナ細字は母音の無声化　★は長音にもなる符号

マルグケ──マロ　860

マルグケ　丸絎 →5	マルビル　丸ビル＜丸の内 building →10
マルクス　Marx〔独〕〖人〗→22	の内 building →10
マルクスシュギ　Marx 主義〔独〕→15	マルボーズ, マルボーズ　丸坊主 →15
マルクビ　丸首 →4	マルボシ　丸干し →5
マルクビシャツ　丸首 shirt →16	マルポチャ　丸ぽちゃ
マルコー　丸公 →8	〖俗〗→59
マルゴシ　丸腰 →4	マルホン　丸本 →8
マルゴト　丸毎 →95	マルボン　丸盆 →8
マルコポーロ　Marco Polo〔伊〕〖人〗→27	マルマゲ, マルマゲ　丸髷 →4
マルジ　丸字 →7	マルマッチイ★　丸まっちい〖俗〗→53d
マルズケ　丸漬 →5	マルマド　丸窓 →4
マルソデ, マルソデ　丸袖 →4	マルマル　丸まる〖動詞〗→44　丸丸
マルゾメ　丸染め →5	〖副〗(=全く。〜損だ) →68　丸丸〖名〗
マルゾン　丸損 →8	(行先は○○だ) →11
マルタ　丸太	マルマル　丸丸〖副〗(〜太る, 〜と) →57
マルダシ　丸出し →5	マルミ　丸味, 円味 →93
マルタンボー　丸太ん棒 →19d	マルミエ　丸見え →5
マルチショーホー　マルチ商法＜multiple 商法 →15	マルムギ, マルムギ　丸麦 →4
マルチメディア　multimedia →16	マルメコム　丸め込む →45
マルッキリ　丸っ切り →61d	マルメル　丸める →44
マルッコイ　丸っこい →96	マルモーケ, マルモーケ, マルモーケ
マルツブレ, マルツブレ, マルツブレ	丸儲け(坊主〜だ) →13
丸潰れ →13	マルモジ　丸文字 →15
マルデ　丸で(〜違う) →67	マルモチ　丸持ち →5
マルテンジョー,《古は マルテンジョー》円天井 →15	マルヤキ　丸焼き →5
マルドリ　丸取り →5	マルヤケ　丸焼け →5
マルナゲ　丸投 →5	マルヤネ　丸屋根 →4
マルネ　丸寝 →5	マルヤマ　円山・丸山〖地・姓〗→21, 22
マルノウチ　丸之内・丸の内〖地〗→19	〜(・)オーキョ,《古は 〜(・)オーキョ》
マルノウチセン　丸ノ内線 →14	円山応挙 →24, 27
マルノミ　円鑿 →4　丸呑み →5	マルユー　丸優 →8
マルハダカ　丸裸 →12	マレ, マレ　稀(〜に) →1
マルバツ　○× →18	マレー, マライ　Malay〖地〗(馬来) →21
マルバツシキ　○×式 →95	マレーシア, マレーシヤ　Malaysia〖国〗→21
マルヒ　丸秘 →7	マロ　麻呂・麿〖代〗→64
マルヒモ　丸紐 →5	……マロ: ……マロ …麻呂…麿(ヒトマロ 人〜, ウタマロ 歌麿, タムラ

丸秘　㊙

‾ は高い部分　‥ と ∵ は高低が変る部分　‾| は次が下がる符号　→ は法則番号参照

861　　マロニエ——マンシャ

マロ　田村～）→25
マロニエ　marronnier〔仏〕→9
マロヤカ　円やか →55
マロングラッセ　marrons glacés〔仏〕
　→16
マワシ　回し →2
マワシモノ　回し者 →12
マワス　回す　マワサナイ, マワソー,
　マワシマス, マワシテ, マワセバ,
　マワセ →44
マワタ　真綿 →91
マワリ　回り →2
……マワリ　…回り(ドーマワリ 胴～,
　ネンシマワリ 年始～, ミナミマワリ
　南～) →12, 13
マワリアワセ　回り合せ →13
マワリエン　回り縁 →14
マワリクドイ, マワリックドイ　回り
　(っ)諄い →54d
マワリクネル　回りくねる →45
マワリコム　回り込む →45
マワリショーギ　回り将棋 →15
マワリドーロー　回り灯籠 →15
マワリバン, マワリバン　回り番 →14
マワリブタイ　回り舞台 →15
マワリマワッテ　回り回って →98
マワリミチ, マワリミチ　回り道 →12
マワリモチ　回り持ち →13
マワル　回る　マワラナイ, マワロー,
　マワリマス, マワッテ, マワレバ,
　マワレ →43
マワレミギ　回れ右 →98
マン　万 →30　満(～を持す, ～十歳)
　→6, 38
……まん　…万〔数〕→31, 32
マンイチ　万一 →39
マンイン　満員 →8
マンインデンシャ　満員電車 →15
マンエツ　満悦(ゴマンエツ 御～)

　→8, 92
マンエン　蔓延 →8
マンガ　漫画 →7
マンカイ　満開, 満会 →8
マンガ(・)イチ, マンガイチ　万が一(～
　にも) →39
マンガカ　漫画家 →14
マンガク　満額 →8
マンガボン　漫画本 →14
マンカン　満干 →18
マンガン　Mangan〔独〕→9
マンガン　満願 →8　万巻(～の書)
　→34
マンカンショク　満艦飾 →14a
マンキ, マンキ　満期 →7
マンキツ　満喫 →8
マンキン　万金, 万鈞(～の重み) →34
マンギン　漫吟 →8
マンキンタン　万金丹 →14a
マングローブ　mangrove →9
マンゲキョー　万華鏡 →14
マンゲツ　満月 →8
マンゲン　漫言 →8　万言 →34
マンコー　満腔(～の敬意) →8
マンゴー　mango〔植〕→9
マンゴスチン　mangosteen〔植〕→9
マンザ, マンザ　満座 →7
マンサイ　満載 →8
マンザイ　万歳, 漫才 →3
マンザイラク　万歳楽〔雅楽〕→14b
マンサク　満作(豊年だ～だ) →8　万作
　〔植〕
マンザラ　満更 →61
マンザン　満山(～のもみじ) →8
マンジ, マンジ　卍
マンシツ　満室 →8
マンジドモエ, マンジドモエ, マンジ
　トモエ　卍巴 →99, 98
マンシャ　満車 →7

ガギグゲゴは鼻濁音　カタカナ細字は母音の無声化　★は長音にもなる符号

マンシュ──マンマ　862

マンシュー　満州(洲)〖地〗 →21	マンドコロ, マンドコロ　政所 →12
マンジュー　饅頭 →8	マンドリン　mandolin →9
マンジューガサ　饅頭笠 →12	マントルピース　mantelpiece →16
マンシュージヘン　満州(洲)事変 →15	マンナカ　真中 →91
マンジュシャゲ, マンジュシャゲ　曼珠沙華 →15	マンニョー, マンヨー　万葉<マンニョーシュー, マンヨーシュー　万葉集 →10, 14da
マンジョー　満場 →8	マンニン, マンニン　万人 →34
マンジョーイッチ, マンジョーイッチ　満場一致 →98, 99	マンニンムキ　万人向き →13
マンション　mansion →9	マンネリ　<マンネリズム　mannerism →10, 9
マンジリ　(~ともせず) →55	マンネン, マンネン　万年(鶴るは千年, 亀かめは~) →34
マンシン　慢心, 満身(~創痍そう) →8	
マンスイ　満水 →8	マンネングサ　万年草 →12a
マンスジ　万筋〖模様〗 →33	マンネンドコ　万年床 →12a
マンセイ★　蔓生, 慢性 →8	マンネンヒツ　万年筆 →14a
マンセイ★バシ　万世橋 →12b	マンネンベイ★　万年塀 →14a
マンセキ　満席 →8	マンネンムスメ　万年娘 →12
マンゼン　漫然 →56	マンネンユキ　万年雪 →12a
マンゾク　満足(ゴマンゾク　御~) →8, 92	マンネンレイ★　満年齢 →15
マンダラ　曼陀羅	マンノー, バンノー　万能 →8
マンダラゲ, マンダラゲ　曼陀羅華 →14	マンノー　万能〖農具〗 →3
マンタン　満タン<満 tank →10	マンバ　漫罵, 慢罵 →7
マンダン　漫談 →8	マンパイ　満杯 →8
マンダンカ　漫談家 →14	マンビキ, マンビキ, マンビキ　万引 →5
マンチャク　瞞着 →8	
マンチョー　満潮 →8	マンピツ　漫筆 →8
マンチョージ　満潮時 →14a	マンビョー　万病(~のもと) →34
マンツーマン　man-to-man →17	マンピョー　漫評, 満票(~で当選) →8
マンテイ★　満廷, 満庭 →8	マンプク　満腹 →8
マンテン, マンテン　満天(~の星) →8	マンブン　漫文 →8
	マンブンノイチ　万分の一(~でも) →39
マンテン　満点 →8	
マンテンカ　満天下 →15	マンベンナク　満遍無く →67
マント　満都 →7　manteau〖仏〗 →9	マンボ　mambo〖西〗 →9
マンドー　満堂 →8	マンポ　漫歩 →7
マンドー　万灯 →8	マンホール　manhole →16
マンドーエ　万灯会 →14a	マンポケイ★　万歩計 →14
	マンマ　飯(オマンマ　御~) →1d, 92

‾は高い部分　 ̈ と ̈ は高低が変る部分　 ⌐は次が下がる符号　→は法則番号参照

863　　　　　　　　　　　　　　マンマ──ミウラ

マンマ, ママ　儘(その〜にする) →1d
マンマエ　真前 →91
マンマク,《新は マンマク》　幔幕 →8
マンマト, マンマト　(〜だまされた) →55
マンマル, マンマル　真丸 →91
マンマルイ, マンマルイ　真丸い →91
マンマン, マンマン　満満, 漫漫 →58
マンマンイチ　万万一 →39
マンマンナカ　真真中 →91
マンメン, マンメン　満面 →8
マンモス　mammoth →9
マンユー　漫遊 →8
マンヨー　万葉<マンヨーシュー 万葉集 →10, 14a
マンヨーガナ, マンヨーガナ　万葉仮名 →12a
マンヨーチョー　万葉調 →14
マンリキ, マンリキ, マンリキ　万力〖器具〗→8
マンリョー　満了 →8
マンリョー　万両〖金額・植〗→34, 3
マンルイ　満塁 →8
マンロク　漫録 →8

ミ　身, 実, 巳〖十二支〗(ミアトシ 〜の歳) →1, 19
ミ　箕 →1　三 →30
ミアイ　見合い →5
ミアイケッコン　見合結婚 →15
ミアイシャシン　見合写真 →15
ミアウ,《新は ミアウ》　見合う →45
ミアカシ　御明かし, 御灯明 →92
ミアキル,《新は ミアキル》　見飽きる →45
ミアゲル,《新は ミアゲル》　見上げる →45
ミアタル,《新は ミアタル》　見当る →45
ミアヤマリ　見誤り →13
ミアヤマル, ミアヤマル　見誤まる →45
ミアラワス, ミアラワス　見顕わす →45
ミアワス,《新は ミアワス》　見合わす →45
ミアワセ　見合せ →13
ミアワセル, ミアワセル　見合わせる →45
ミー　三(ひい・ふう・〜) →30
ミイクサ　御軍 →92
ミイダス,《新は ミイダス》　見出だす →45
ミーチャンハーチャン →99
ミイツ　御稜威 →92
ミーティング, ミーティング　meeting →9
ミイデラ　三井寺 →12
ミート　meat, meet →9
ミートソース　meat sauce →16
ミーハー　くみいちゃんはあちゃん →18
ミーラ　mirra〔葡〕(木乃伊) →9
ミイリ　実入り(〜が良い) →5
ミイル,《新は ミイル》　見入る →45
ミイル　魅入る →45
ミイロ　三色 →33
ミイワイ　身祝 →12
ミウケ　身請け →5
ミウケル,《新は ミウケル》　見受ける →45
ミウゴキ　身動き →13
ミウシナウ, ミウシナウ　見失う →45
ミウチ　身内 →4
ミウラ　三浦〖地・姓〗→21, 22

ガギグゲゴは鼻濁音　カタカナ細字は母音の無声化　★は長音にもなる符号

ミウラハ──ミカズキ　864

ミウラハントー　三浦半島　→15
ミウラミサキ　三浦三崎〚地〛→21
ミウリ　身売り →5
ミエ　三重〚地〛→21
ミエ　見え,見栄,見得(～を切る) →2
ミエ,《新は ミエ》三重 →33
ミエイ⋆, ミエイ⋆　御影 →92
ミエガクレ, ミエガクレ　見え隠れ →18
ミエケン　三重県 →14
ミエコ　三枝子・美恵子〚女名〛→25
ミエスク　見え透く →45
ミエッパリ, ミエッパリ　見えっ張り →5d
ミエバル　見え張る →45
ミエボー　見え坊 →94
ミエミエ　見え見え〚俗〛→68
ミエル　見える　ミエナイ, ミエマス, ミエテ, ミエレバ →44
ミオ, ミオ　澪 →4
ミオクリ　見送り(オミオクリ 御～) →13,92
ミオクリニン, ミオクリニン　見送人 →14
ミオクル,《新は ミオクル》見送る →45
ミオサメ　見収め →13
ミオトシ　見落し →13
ミオトス,《新は ミオトス》見落す →45
ミオトリ　見劣り →13
ミオボエ　見覚え →13
ミオボエル, ミオボエル　見覚える →45
ミオモ　身重 →5
ミオロス,《新は ミオロス》見下す →45
ミカイ　未開 →8
ミカイケツ　未解決 →15

ミカイジン　未開人 →14b
ミカイタク　未開拓 →15
ミカイチ　未開地 →14b
ミカイハツ　未開発 →15
ミカエシ　見返し →13
ミカエス,《新は ミカエス》見返す →45
ミカエリ　見返り →13
ミカエリシキン　見返資金 →15
ミカエリブッシ　見返物資 →15
ミカエリヤナギ　見返り柳 →12
ミカエル,《新は ミカエル》見返る →45
ミカキ, ミガキ　身欠き<ミカキニシン, ミガキニシン　身欠き鰊 →5,12
ミガキ　磨き・研き(～をかける) →2
ミガキアゲル　磨き上げる →45
ミガキコ　磨き粉 →12
ミガキズナ　磨き砂 →12
ミガキタテル　磨き立てる →45
ミカギリ　見限り(オミカギリ 御～) →13,92
ミカギル,《新は ミカギル》見限る →45
ミカク　味覚 →8
ミガク　磨く,研く　ミガカナイ, ミガコー, ミガキマス, ミガイテ, ミガケバ, ミガケ →43
ミカクニン　未確認 →15
ミカグラ　御神楽 →92
ミカケ　見掛け →5
ミカゲ　<ミカゲイシ　御影石 →10,12
ミカケダオシ　見掛倒し →13
ミカケル,《新は ミカケル》見掛ける →45
ミカサヤマ　三笠山 →12
ミカジメ　見かじめ・見ケ〆〚俗〛
ミカズキ　三日月 →12

￣ は高い部分　⋯ と ⋯ は高低が変る部分　「は次が下がる符号　→は法則番号参照

865　　　　　　　　　　　ミカズキ──ミグルミ

ミカズキガタ　三日月形 →95	ミキサーシャ　ミキサー車＜mixer車 →14a
ミカタ　味方（〜は小勢）→4	ミギテ　右手 →4
ミカタ, ミガタ　見方（ものの〜）→95	ミギドナリ　右隣 →12
ミガッテ　身勝手 →12	ミギヒダリ, ミギヒダリ　右左 →18
ミカド　帝＜御門＞92	ミギマエ　右前（↔左前）→4
ミカネル,《新は ミカネル》見兼ねる →45	ミギマキ　右巻き →5
	ミギマワリ　右回り →13
ミガマエ, ミガマエ　身構え →13b	ミギヨコ　右横 →4
ミガマエル, ミガマエル　身構える →46b	ミギヨツ　右四つ →4
	ミギヨリ　右寄り →5
ミガラ　身柄 →4	ミキリ　見切（〜をつける）→5
ミガル　身軽 →5	ミギリ, ミギリ　砌 →5
ミガルイ, ミガルイ　身軽い →54	ミキリハッシャ　見切発車 →15
ミカワ,《新は ミカワ》三河（〜の国）→21	ミキリヒン　見切品 →14
ミカワス,《新は ミカワス》見交す →45	ミキリモノ　見切物 →12
ミカワマンザイ　三河万歳 →15	ミキル,《新は ミギル》見切る →45
ミカワモメン　三河木綿 →15	ミギレイ★　身綺麗, 見綺麗 →15
ミガワリ, ミガワリ　身代り →12	ミギワ, ミギワ　汀 →4
ミカン　未刊, 未完 →8	ミキワメ　見極め →13
ミカン　蜜柑 →8	ミキワメル, ミキワメル　見極める →45
ミカンセイ★　未完成 →15	
ミカンバコ　蜜柑箱 →12a	ミクサー　mixer〖放送〗→9
ミカンバタケ　蜜柑畑 →12	ミクジ　御籤 →92
ミカンヤマ　蜜柑山 →12	ミグシ　御首, 御髪 →92
ミキ,《新は ミキ》神酒（オミキ 御〜）→92	ミクズ　水屑 →4
ミキ,《古は ミキ》幹 →1	ミクダス,《新は ミクダス》見下す →45
ミギ　右（↔左）→1	ミクダリハン　三行半（＝離縁状）→38
ミギ　右（＝前行・前条。〜の通り, 〜お礼まで）→1	ミクニ　御国 →92
ミギアシ　右足 →4	ミクニトーゲ　三国峠 →12
ミギウデ　右腕 →4	ミクビル,《新は ミクビル》見縊る →45
ミギガワ　右側 →4	ミクミ　三組 →33
ミギガワツーコー　右側通行 →15	ミクラベル, ミクラベル　見較べる →45
ミキキ　見聞き（〜する）→18	ミグルシイ★　見苦しい →54
ミギキキ　右利き →5	ミグルミ, ミグルミ　身ぐるみ（〜脱いで）→95
ミキサー　mixer〖器具〗→9	

ガギグゲゴは鼻濁音　カタカナ細字は母音の無声化　★は長音にもなる符号

ミクロ──ミジョー　866

ミクロ micro〔仏〕(〜の世界) →9
ミクロン micron〔仏〕→9
ミケ 御饌 →92
ミケ 三毛(猫の〜) →33
ミケイケン 未経験 →15
ミケイケンシャ 未経験者 →14a
ミケシキ 御気色 →92
ミケタ 三桁 →33
ミケツ 未決 →8
ミケツシュー, ミケッシュー 未決囚 →14c
ミケネコ 三毛猫 →12
ミケランジェロ Michelangelo〔伊〕〖人〗→23
ミケン 眉間 →8
ミコ,《新は ミコ》 御子, 巫女, 巫子 →92
ミゴーカイ 未公開 →15
ミゴーシャ 見巧者 →15
ミコシ, ミコシ 神輿(オミコシ 御〜) →92
ミコシノマツ 見越しの松 →99
ミゴシラエ 身拵え →13
ミコス,《新は ミコス》 見越す →45
ミゴタエ, ミゴタエ 見ごたえ →13
ミコト 尊,命 →1
ミゴト 見事(オミゴト 御〜) →5,92
ミコトノリ 詔 →13
ミゴナシ, ミゴナシ 身ごなし →12
ミコミ 見込 →5
ミコミキャク 見込客 →14
ミコミチガイ 見込違い →13
ミコミハズレ 見込外れ →13
ミコム,《新は ミコム》 見込む →45
ミゴモル 身籠る →46
ミゴロ 身頃 →4
ミゴロ, ミゴロ, ミゴロ 見頃 →5
ミゴロシ, ミゴロシ 見殺し →13
ミコン 未婚, 未墾 →8

ミコンシャ 未婚者 →14a
ミサ missa〔拉〕→9
ミサイ 未済 →8
ミサイル missile →9
ミサオ 操(女名も)→1, 23
ミサカイ,《古は ミサカイ も》 見境 (〜がない) →12
ミサキ 岬 →92
……ミサキ …岬(ムロトミサキ 室戸〜, シオノミサキ 潮〜) →12, 19
ミサゲハテル 見下げ果てる →45
ミサゲル,《新は ミサゲル》 見下げる →45
ミサゴ 鶚, 雎鳩〖鳥〗→1
ミササギ 陵 →92
ミサダメ 見定め →13
ミサダメル, ミサダメル 見定める →45
ミザル・キカザル・イワザル 見猿聞か猿言わ猿 →97
ミジカ 身近 →5
ミジカイ 短い →52　身近い →54
ミジカヨ 短夜 →12
ミシシッピ Mississippi〖地・川〗→21
ミジタク 身仕度 →15
ミシナ,《新は サンシナ》 三品 →33
ミシマ 三島〖地・姓〗→21, 22
　〜(・)ユキオ 〜由紀夫 →25, 27
ミジマイ 身仕舞 →13
ミシミシ (〜鳴る, 〜と) →57
ミジメ 惨め →19
ミシュー 未収 →8
ミシューガク 未就学 →15
ミジュク 未熟 →8
ミジュクジ 未熟児 →14
ミジュクモノ 未熟者 →12
ミシュラン Michelin〔仏〕〖商標〗→9
ミショー 未詳, 実生 →8
ミジョー 身性(〜が悪い) →8

‾は高い部分　˙˙と˙˙は高低が変る部分　⌐は次が下がる符号　→は法則番号参照

867　　ミショー——ミズグキ

ミショーリュー　未生流 →14
ミショリ　未処理 →15
ミジラズ，《柿は ミシラズ，ミジラズ》
　身知らず →13
ミシリ　見知り →5
ミシリゴシ　見知り越し →95
ミシル，《新は ミジル》　見知る →45
ミジロギ，ミジロギ，ミジロギ　身動
　ぎ →13
ミジログ　身動ぐ →46
ミシン　＜sewing machine →9
ミジン　微塵 →8
ミジンギリ　微塵切り →13
ミジンコ　微塵粉，微塵子〖動〗 →12
ミシンメ，ミシンメ　machine 目 →12
ミス　御簾 →92
ミス　Miss, miss →9　＜mistake →10
ミズ　水(オミズ 御〜) →1, 92
ミズ　見ず(森を〜) →89　Ms. →9
ミズアカ　水垢 →4
ミズアゲ，ミズアゲ，《古は ミズアゲ》
　水揚げ →5
ミズアサギ　水浅葱 →12
ミズアソビ　水遊び →13
ミズアタリ，《古は ミズアタリ》　水中
　り →13
ミズアビ，ミズアビ，ミズアビ　水浴
　び →5
ミズアブラ　水油 →12
ミズアメ，ミズアメ，《古は ミズアメ》
　水飴 →4
ミズアライ　水洗い →13
ミスイ　未遂 →8
ミズイタズラ　水悪戯 →12
ミズイモ　水芋 →4
ミズイラズ　水入らず →13
ミズイリ　水入り →5
ミズイレ，ミズイレ　水入れ →5
ミズイロ　水色 →4

ミズウミ　湖 →4
ミズエ　水絵 →7
ミズエノグ　水絵の具 →17
ミスエル，《新は ミスエル》　見据える
　→45
ミズオケ，ミズオケ　水桶 →4
ミズオシロイ　水白粉 →12
ミズオチ　水落ち，鳩尾 →5
ミズオト　水音 →4
ミズガイ　水貝〖料理〗 →4
ミズカガミ　水鏡(書も) →12
ミズガキ，ミズカキ，ミズカキ　水掻
　き，蹼〖水鳥・蛙など〗 →5
ミズカギョー　水稼業 →15
ミズカケロン　水掛論 →14
ミズカゲン　水加減 →15
ミズカサ　水嵩 →4
ミスカシ　見透かし →13
ミズガシ　水菓子(=果物) →15
ミズガシヤ　水菓子屋 →94
ミスカス，《新は ミスカス》　見透かす
　→45
ミズガミ　水髪 →4
ミズガメ　水瓶 →4
ミズカラ　自ら →64, 61
ミズガレ　水涸れ →5
ミスギ　身過ぎ，見過ぎ →5
ミズギ，ミズギ　水着 →5
ミズキキン，ミズキキン　水飢饉
　→15c
ミスキャスト　miscast →16
ミスギヨスギ，ミスギヨスギ　身過ぎ
　世過ぎ →98, 99
ミズキリ，ミズキリ　水切り(〜をする)
　→5
ミズギレ，ミズギレ　水切れ →5
ミズギワ　水際 →4
ミズギワダツ　水際立つ →49
ミズグキ　水茎(〜の跡) →4

ガギグゲゴは鼻濁音　カタカナ細字は母音の無声化　★は長音にもなる符号

ミズクサ 水草 →4
ミズクサイ, ミズクサイ 水臭い →54
ミズグスリ,《もと ミズグスリ》 水薬 →12
ミズグチ 水口 →4
ミズクミ, ミズクミ, ミズクミ 水汲み →5
ミズグルマ,《もと ミズグルマ》 水車 →12
ミズクロイ 身繕い →13
ミズケ 水気 →93
ミズゲイ, ミズゲイ(ゲはゲとも) 水芸 →8
ミズケムリ 水煙 →12
ミズコ 水子 →4
ミズゴエ 水肥 →4
ミズコクヨー 水子供養 →15
ミズゴケ 水苔 →4
ミズゴコロ 水心(魚心あれば~) →12
ミズコシ, ミズコシ 水漉し →5
ミズゴス,《新は ミズゴス》 見過ごす →45
ミズコボシ 水翻し(=建水) →13
ミズゴリ 水垢離 →15
ミズサイバイ 水栽培 →15
ミズサカズキ 水盃, 水杯 →12
ミズサキ, ミズサキ 水先 →4
ミズサキアンナイ 水先案内 →15
ミズサシ, ミズサシ 水差し, 水指〖茶道具〗 →5
ミスジ 三筋(~の糸) →33
ミズシ 水仕
ミズシゲン 水資源 →15
ミズシゴト 水仕事 →12
ミズシブキ 水飛沫(~をあげる) →12
ミズジャヤ, ミズチャヤ 水茶屋 →12
ミズショー, ミズショー 水性 →8
ミズジョーシ, ミズジョーシ(ジョはチョとも) 水調子 →15

ミズショーバイ 水商売 →15
ミズシラズ 見ず知らず →98
ミズスマシ 水澄まし〖昆虫〗 →13
ミズセッケン 水石鹸 →15
ミズゼメ 水攻め, 水責め →5
ミズタ 水田 →4
ミスター Mr.＜mister →9
ミズタキ 水炊き →5
ミズタニ 水谷〖姓〗 →22
 ~・ヤエコ, ミズタニヤエコ ~八重子 →25, 27
ミズタマ 水玉 →4
ミズタマモヨー 水玉模様 →15
ミズタマリ,《古は ミズタマリ》, ミズッタマリ 水(っ)溜り →13d
ミズダラケ, ミズダラケ 水だらけ →95
ミズッパナ, ミズッパナ, ミズッパナ 水っ洟 →4d
ミズッポイ, ミズッポイ 水っぽい →96
ミステーク, ミステイク mistake →16
ミズデッポー 水鉄砲 →15
ミステリー mystery →9
ミステル,《新は ミステル》 見捨てる →45
ミズテン 不見転〖俗〗 →19
ミズドケイ 水時計 →15
ミズトリ 水鳥 →4
ミズナ 水菜 →4
ミズニ 水煮 →5
ミズノアワ 水の泡 →19
ミズノエ 壬〖十干〗 →19
ミズノト 癸〖十干〗 →19
ミズノミ, ミズノミ 水呑み →5
ミズノミビャクショー 水呑百姓 →15
ミズバ 水場 →4
ミズバカリ,《もと ミズバカリ》 水計, 水秤 →12

869 ミズハキ──ミセビラ

ミズハキ, ミズハキ	水吐き →5
ミズハケ, ミズハケ	水捌け →5
ミズバシラ	水柱 →12
ミズバショー	水芭蕉 →15
ミズバナ, ミズバナ	水洟 →4
ミズバラ	水腹 →4
ミズバレ	水腫れ →5
ミズヒキ	水引《植物も》→5
ミズヒキマク	水引幕 →14
ミズビタシ, ミズビタシ, ミズビタシ 水浸し →13
ミズブキ	水拭き →5
ミズブクレ, ミズブクレ, ミズブクレ 水脹れ →13
ミズブソク	水不足 →15
ミズブトリ, ミズブトリ	水太り →13
ミズブネ	水船, 水槽 →4
ミスプリ <ミスプリント misprint →10, 16
ミズブロ	水風呂 →4
ミズベ	水辺 →4
ミズホ, ミズホ	瑞穂 →4
ミズボーソー	水疱瘡 →15
ミズホノクニ, ミズホノクニ, ミズホノクニ 瑞穂の国 →98, 99
ミスボラシイ★, ミスボラシイ★,《古・強は ミスボラシイ★》見窄らしい →54
ミズマキ, ミズマキ	水撒き →5
ミズマクラ	水枕 →12
ミズマシ	水増し →5
ミスマス,《新は ミスマス》 見澄ます →45
ミスミス	見す見す《副》→68
ミズミズシイ★	瑞瑞しい →53
ミズミマイ	水見舞 →12
ミズムシ	水虫《病》→4
ミズムシ, ミズムシ	水虫《昆虫》→4
ミズメガネ	水眼鏡 →12
ミズモチ, ミズモチ, ミズモチ 水餅

	→4
ミズモノ	水物 →4
ミズモレ	水漏れ →5
ミズヤ 水屋(オミズヤ 御~)→4, 94, 92
ミズヤリ, ミズヤリ	水遣り →5
ミズヨーカン	水羊羹 →15
ミズラ, ミズラ	角髪 →1
ミスル	魅する →48
ミズロー	水牢 →8
ミズワリ	水割り →5
ミセ 店(オミセ 御~)→2, 92
ミセイネン	未成年 →15
ミセイネンシャ	未成年者 →14a
ミセイヒン, ミセイヒン	未製品 →17
ミセイリ	未整理 →15
ミセウリ	店売り →5
ミセカケ	見せ掛け →5
ミセカケル, ミセカケル 見せ掛ける →45
ミセガネ, ミセガネ	見せ金 →5
ミセガマエ	店構え →12
ミセグチ, ミセグチ	店口 →4
ミセケチ	見せ消ち →5
ミセゴシラエ	店拵え →13
ミセサキ, ミセサキ, ミセサキ 店先 →4
ミセジマイ	店仕舞 →13
ミセシメ	見せしめ →2
ミセス	Mrs. <mistress →9
ミセツ	未設 →8
ミセツケル, ミセツケル 見せ付ける →45
ミセドコロ, ミセドコロ 見せ所(腕の~)→12
ミゼニ	身銭(~を切る)→4
ミセバ	見せ場 →5
ミセバン	店番 →8
ミセビラカス	見せびらかす →45

ガギグゲゴは鼻濁音　カタカナ細字は母音の無声化　★は長音にもなる符号

ミセビラ──ミタリ　　870

ミセビラキ　店開き →13
ミセモノ, ミセモノ　見世物 →5
ミセモノゴヤ　見世物小屋 →12
ミセヤ　店屋(オミセヤサン　御~さん) →94, 92
ミセラレル　魅せられる →83
ミセル　見せる　ミセナイ, ミセヨー, ミセマス, ミセテ, ミセレバ, ミセロ →44
ミゼン　未然 →8
ミゼンケイ　未然形 →14
ミソ　味噌(オミソ　御~) →7, 92
ミゾ　溝 →1
ミソアエ, ミソアエ, ミソアエ　味噌和え →5
ミゾー, ミゾウ　未曽有(古今~の) →d
ミゾオチ, ミズオチ　鳩尾 →5d
ミソカ　三十日, 晦日 →33
ミソカソバ　晦日蕎麦 →12
ミソギ　禊
ミソクソ　味噌糞(~に言う) →94
ミソコージ　味噌麹 →12
ミソコシ　味噌漉し →5
ミソコシザル　味噌漉笊 →12
ミソコナイ　見損い →13
ミソコナウ, ミソコナウ　見損う →45
ミソサザイ　鷦鷯〖鳥〗 →12
ミソジ, 《新は ミソジ》　三十路 →33
ミソシキ　未組織 →15
ミソシル　味噌汁 →4
ミソズケ　味噌漬 →5
ミソスリ, ミソスリ　味噌擂り →5
ミソスリボーズ　味噌擂坊主 →15
ミソッカス　味噌っ滓 →4d
ミソッパ　味噌っ歯 →4d
ミソニ, ミソニ　味噌煮 →5
ミソハギ, ミゾハギ　溝萩, 禊萩, 千屈菜 →4
ミソヒトモジ, ミソ・ヒトモジ　三十
一文字 →39
ミソマメ　味噌豆 →12
ミソメル, 《新は ミソメル》　見初める →45
ミソラ, ミゾラ　身空(若い~で) →4
ミゾレ　霙 →1
ミゾレマジリ　霙交じり →13
ミタ　三田〖地・姓〗 →21, 22
ミダ　弥陀<阿弥陀 →10
……ミタイ; ……ミタイ　〖助動〗(ナクミタイ　泣く~, ヨムミタイ　読む~, アカイミタイ　赤い~, シロイミタイ　白い~) →82, 84
……ミタイ; ……ミタイ; ……ミタイ　〖助動〗(トリミタイ　鳥~, ハナミタイ　花~, アメミタイ　雨~) →81
ミダイドコロ, ミダイドコロ　御台所 →92
ミタカ　三鷹〖地〗 →21
ミタケ　身丈 →4
ミダシ　見出し →5
ミダシナミ, 《古は ミダシナミ》　身嗜み →12
ミダス　満たす, 充たす →44
ミダス, 《新は ミダス》　見出す →45
ミダス　乱す →44
ミタセン　三田線 →14
ミタテ　見立 →5　御楯(醜との~) →92
ミタテル, 《新は ミタテル》　見立てる →45
ミダナイ　満たない(定員に~) →83
ミタビ　三度 →33
ミタマ　御霊 →92
ミタマヤ　御霊屋 →92
ミタメ, 《新は ミタメ》　見た目(~が良い) →19
ミダラ, 《新は ミダラ》　淫ら →55
ミタラシ　御手洗 →92
ミタリ　三人 →33

‾は高い部分　¨と¨は高低が変る部分　⌐は次が下がる符号　→は法則番号参照

ミダリ —— ミツキ

ミダリ 妄り(〜に) →2	ミチノリ 道程 →4
ミダレ 乱れ →2	ミチバタ 道端 →4
ミダレアシ 乱れ足 →12	ミチハバ 道幅 →4
ミダレガキ 乱れ書き →13	ミチヒ 満干(潮の〜) →18
ミダレカゴ 乱れ籠 →12	ミチビキ, ミチビキ 導き(オミチビキ 御〜) →5, 92
ミダレガミ 乱れ髪, みだれ髪〚書〛 →12	ミチビク 導く →46
ミダレバコ 乱れ箱 →12	ミチビラキ, ミチビラキ 道開き →13
ミダレル 乱れる ミダレナイ, ミダレヨー, ミダレマス, ミダレテ, ミダレレバ, ミダレロ →43	ミチブシン 道普請 →15
	ミチミチ, ミチミチ 道道 →11
ミチ,《女名は ミチ》 道, 路 →1, 23	ミチミチテ 満ち満ちて(〜いる) →73
ミチ 未知 →7	ミチミチル 満ち満ちる(力が〜) →45
ミチアンナイ 道案内 →15	ミチャク 未着 →8
ミチオ 道夫・道雄〚男名〛 →25	ミチユキ 道行 →5
ミチガイ 見違い →13	ミチユキモノ 道行物 →12
ミチガエ 見違え →13	ミチル 満ちる →44
ミチガエル, ミチガエル, ミチガエル 見違える →45b	ミツ 満つ →43 褌〚相撲〛 →3 密, 蜜 →6 光〚女名〛(オミツ 御〜) →23, 92
ミチカケ, ミチカケ,《新は ミチカケ》 満ち欠け(月の〜) →18	ミツ, ミツ 三つ →30
ミチクサ 道草(〜を食う) →4	ミツアミ 三つ編み〚髪〛 →5
ミチコ 道子・路子・美知子〚女名〛 →25	ミツイ 三井〚姓・財閥〛 →22
ミチシオ 満ち潮 →5	ミツウン 密雲 →8
ミチジュン 道順 →8	ミツエ 光江・満枝・美津枝〚女名〛 →25
ミチシルベ,《古は ミチシルベ》 道標 →12	ミツエリ 三つ襟〚着物〛 →33
ミチスー, ミチスー 未知数 →14c	ミツオ 光雄・光夫・満男〚男名〛 →25
ミチスガラ, ミチスガラ 道すがら →67	ミツオリ 三つ折り →33
ミチスジ 道筋 →4	ミッカ 三日 →33
ミチズレ 道連れ →5	ミツガ 密画 →7
ミチタリル, ミチタリル 満ち足りる →45	ミッカイ 密会 →8
ミチトセ 三千歳〚清元〛 →23	ミツガサネ,《新は ミツガサネ》 三つ重ね →33
ミチナカ 道中 →4	ミッカテンカ, ミッカデンカ 三日天下 →15
ミチナラヌ 道ならぬ(〜恋) →63	ミツカド 三つ角 →33
ミチナリ 道形(〜に行く) →95	ミッカバシカ 三日麻疹 →12
ミチノク, ミチノク 陸奥〚地〛 →19d	ミッカボーズ 三日坊主 →15
ミチノベ, ミチノベ 道の辺 →19	ミッカメ 三日目 →38
	ミツカル 見付かる →44
	ミツキ 見付き(〜が悪い) →5

ガギグゲゴは鼻濁音　カタカナ細字は母音の無声化　★は長音にもなる符号

ミツキ —— ミツメギ　　872

ミ￣ツキ　三月 →33
ミツ￣ギ　貢 →2
ミ￣ツギ　密儀, 密議 →7
ミ￣ッキー￣マウス　Mickey Mouse →27
ミツ￣ギモノ　貢物 →12
ミ￣ッキョー, ミ￣ッキョー　密教 →8
ミツ￣グ,《新は ミ￣ツグ》貢ぐ →45
ミ￣ックス　mix →9
ミツクチ　兎唇 →33
ミ￣ツグミ　三つ組 →33
ミ￣ックロイ　見繕い →13
ミ￣ックロウ, ミ￣ックロウ　見繕う →45
ミツ￣ケ　見付《地も》→5, 21
ミツケイ＊　密計 →8
ミツ￣ケダス　見付け出す →45
ミツ￣ゲツ, ミツ￣ゲツ　蜜月 →8
ミツ￣ケル　見付ける →45
ミ￣ッコ　光子・満子・美津子《女名》→25
ミツ￣ゴ　三つ子(〜の魂(たましい))→33
ミ￣ツゴ, ミツ￣ゴ　密語 →7
ミ￣ッコー　密行, 密航 →8
ミ￣ッコク　密告 →8
ミツ￣コシ　三越《デパート》→28c
ミ￣ッサツ　密殺 →8
ミ￣ッシ　密使 →7
ミ￣ツジ　密事 →7
ミ￣ッシツ　密室 →8
ミ￣ッシュー　密集 →8
ミ￣ッシュー　密宗 →8
ミ￣ッシュッコク　密出国(↔密入国) →15
ミ￣ッショ, ミ￣ッショ　密書 →7
ミ￣ッション　mission →9
ミ￣ッションスクール　mission school →16
ミッセイ＊　密生 →8
ミ￣ッセツ　密接 →8
ミ￣ッセン　蜜腺, 密栓 →8
ミ￣ッソ, ミ￣ッソ　密訴 →7

ミ￣ッソー　密葬 →8
ミ￣ッゾー　密造 →8
ミ￣ッゾロイ,《新は ミ￣ツゾロイ》三つ揃い《服》→33
ミ￣ツダン　密談 →8
ミ￣ッチャク　密着 →8
ミ￣ッチリ, ミ￣ッシリ　(〜しこむ, 〜と) →55
ミ￣ッツ　三つ《名詞的》(〜もある) →30
ミ￣ッツ　三つ《副詞的》(〜ある) →62
ミ￣ッツー　密通 →8
ミ￣ッツヨッツ　三つ四つ →39
ミツテイ＊　密偵 →8
ミ￣ット　mitt →9
ミ￣ツド　密度 →7
ミ￣ツドモエ,《新は ミ￣ツドモエ》三巴 →33
ミ￣ットモナイ →54d
ミ￣ツニューコク　密入国(↔密出国) →15
ミ￣ツバ　三つ葉, 三葉《野菜》→33
ミ￣ツバアオイ　三葉葵 →12
ミ￣ツバイ　密売 →8
ミ￣ツバイバイ　密売買 →17
ミ￣ツバチ　蜜蜂 →4
ミ￣ツビシ　三菱《財閥》→28
ミ￣ップー　密封 →8
ミッペイ＊　密閉 →8
ミ￣ツボー　密謀 →8
ミ￣ツボーエキ　密貿易 →15
ミ￣ツボシ　三つ星《星座・紋》→33
ミ￣ツマタ, ミツ￣マタ　三叉 →33
ミ￣ツマタ, ミツ￣マタ　三椏《植》→3
ミ￣ツマメ　蜜豆 →4
ミ￣ツミ　三つ身《着物》→33
ミ￣ツミツ　密密 →58
ミ￣ツメ　三つ目(〜の祝) →33
ミツメイ＊　密命(〜を帯びる) →8
ミ￣ツメギリ, ミツ￣メギリ　三つ目錐

￣は高い部分　…と∵は高低が変る部分　￣は次が下がる符号　→は法則番号参照

873 ミツメコ──ミナオス

ミツメコゾー　三つ目小僧　→15

ミツメル,《新は ミツメル》　見詰める
　→45

ミツモノ　三つ物　→33

ミツモリ　見積り　→13

ミツモリショ, ミツモリショ　見積書
　→14

ミツモル,《新は ミツモル》　見積る
　→45

ミツモン　三紋　→34

ミツヤク　密約　→8

ミツユ　密輸　→10

ミツユシュツ　密輸出　→15

ミツユニュー　密輸入　→15

ミツユビ　三つ指(～ついて)　→33

ミツユヒン　密輸品　→14

ミツヨ　光代・美津代〖女名〗→25

ミツリョー　密猟, 密漁　→8

ミツリン　密林　→8

ミツロー　蜜蠟　→8

ミツワ　三つ輪〖紋・髪〗→33

ミテ　三手(～に分れる)　→33

ミテ　見手(～がない)　→5

ミテイ★　未定　→8

ミディアム　medium　→9

ミテイ★コー, ミテイコー　未定稿
　→14b

ミテクレ　見て呉れ〖俗〗(=みかけ。～が
　良い)　→3

ミテトル　見て取る　→49

ミト　水戸〖地〗→21

　～(・)ゴーモン　～黄門　→8, 27

ミトー　未到, 未踏　→8

ミドー　御堂　→92

ミトーシ　見通し(オミトーシ 御～)
　→13, 92

ミトース,《新は ミトース》　見通す
　→45

ミトガメ　見咎め　→13

ミトガメル, ミトガメル　見咎める
　→45

ミドキ, ミドキ　見時(桜の～)　→5

ミトク　味得　→8

ミドク　味読, 未読　→8

ミトコロ　三所　→33

ミドコロ, ミドコロ,《古は ミドコロ》
　見所(～がある)　→12

ミトコンドリア　mitochondria　→9

ミトシ　水戸市　→14

ミドシ　巳年　→4

ミトセ　三年　→33

ミトドケル, ミトドケル　見届ける
　→45

ミトメ　認め<ミトメイン 認印　→2,
　14

ミトメル　認める ミトメナイ, ミト
　メヨー, ミトメマス, ミトメテ, ミ
　トメレバ, ミトメロ →43

ミドモ　身共　→64

ミトリ　見取り, 看取り　→5

ミドリ　緑《女名も》→1, 23

ミドリイロ　緑色　→12

ミドリゴ　嬰児　→12

ミトリズ　見取図　→14

ミドリノオバサン　緑のおばさん　→98

ミトル,《新は ミトル》　見取る, 看取る
　→45

ミドル　middle　→9

ミドルキュー　middle 級　→14

ミトレル,《新は ミトレル》　見惚れる
　→45

ミトン　mitten〖手袋〗→9

ミナ, ミナ　皆〖副〗(～揃う)　→61

ミナ　皆〖名〗(～が揃う)　→3

ミナオシ　見直し　→13

ミナオス,《新は ミナオス》　見直す
　→45

ガギグゲゴは鼻濁音　カタカナ細字は母音の無声化　★は長音にもなる符号

ミナカミ　水上《地・姓も》→19, 21, 22	ミナミマワリ　南回り《航路》→13
ミナガミナ, ミナガミナ　皆が皆 →98	ミナモト　源《姓も》→19, 22
ミナギル　漲る →43	ミナモトノ(・)サネトモ　～実朝 →24, 27
ミナクチ, ミナクチ　水口 →19	ミナモトノ(・)ダメトモ　～為朝 →24, 27
ミナゲ, ミナゲ　身投げ →5	ミナモトノ(・)ヨシイエ　～義家 →24, 27
ミナゴロシ, ミナゴロシ　皆殺し →13	ミナモトノ(・)ヨシツネ, ミナモトノ(・)ヨシツネ　～義経 →24c, 27
ミナサマ　皆様 →94	ミナモトノ(・)ヨシナカ　～義仲 →24, 27
ミナサマガタ　皆様方 →94	ミナモトノ(・)ヨリトモ　～頼朝 →24, 27
ミナサン　皆さん →94	ミナライ　見習 →13
ミナサンガタ　皆さん方 →94a	ミナライセイ　見習生 →14b
ミナシゴ, ミナシゴ　孤児 →19	ミナラウ,《新は ミナラウ》見習う →45
ミナス,《新は ミナス》見做す →45	ミナリ　身形 →4
ミナヅキ　水無月 →12	ミナレル,《新は ミナレル》見慣れる →45
ミナソコ, ミナゾコ　水底 →19	ミナワ　水泡 →19
ミナト　港・湊《地も。姓は ミナト》→19, 21, 22	ミニ　mini(=ミニスカートなど) →9
ミナトイリ　港入り →13	ミニカー, ミニカー　minicar →16
ミナトク　港区 →14	ミニクイ　醜い, 見悪い →54
ミナトグチ, ミナトグチ　港口 →12	ミニコミ　<mini＋communication →10
ミナトマチ　港町 →12	ミニスカート　miniskirt →16
ミナヌカ, ミナノカ　三七日 →39	ミニチュア　miniature →9
ミナノシュー, ミナノシュー　皆の衆 →19	ミニトマト　mini tomato〔和〕→16
ミナマタ　水俣《地》→21	ミニマム　minimum →9
ミナマタビョー　水俣病 →14	ミヌク,《新は ミヌク》見抜く →45
ミナミ,《姓は ミナミ》南 →1, 22	ミネ,《新は ミネ》峰, 刀背 →1
ミナミアメリカ　南America《地》→16	ミネイリ　峰入り →5
ミナミアルプス　南Alps →16	ミネウチ　峰打ち〔刀〕(～をくれる) →5
ミナミカゼ, ミナミカゼ, ミナミカゼ　南風 →12	ミネズタイ　峰伝い →13
ミナミガワ　南側 →12	ミネラル　mineral →9
ミナミグチ　南口 →12	ミネラルウオーター　mineral water →16
ミナミシナカイ　南支那海 →14	ミノ　蓑 →1
ミナミジュージセイ　南十字星 →17	
ミナミタマ　南多摩《地》→21	
ミナミナ　皆皆 →11	
ミナミナサマ,《新は ミナミナサマ》皆皆様 →94	
ミナミハンキュー　南半球 →15	

― は高い部分　¨ と ˙ は高低が変る部分　¬ は次が下がる符号　→ は法則番号参照

875　　　　　　　　　　　　　　　　ミノ──ミブン

ミ￣ノ, 《古は ミ￣ア》 美濃(～の国) →21
ミ￣ア, ミ￣ノ 三幅 →33
ミ￣ノウエ, ミ￣ノウエ 身の上 →19
ミ￣ノウエソーダン 身上相談 →15
ミ￣ノウエバナシ 身上話 →12
ミ￣ノウエハンダン 身上判断 →15
ミ￣ノー 未納 →8
ミ￣ノカサ 蓑笠 →18
ミ￣ノガシ 見逃し →13
ミ￣ノガス, 《新は ミ￣ノガス》 見逃す →45
ミ￣ノガミ 美濃紙 →4
ミ￣ノガメ 蓑亀 →4
ミ￣ノカワ 身の皮(～をはぐ) →19
ミ￣ノケ, 《古は ミ￣ノケ》 身の毛(～もよだつ) →19
ミ￣ノコシ 見残し →13
ミ￣ノコス, 《新は ミ￣ノコス》 見残す →45
ミ￣ノシロ, ミ￣ノシロ 身の代 →19
ミ￣ノシロキン, ミ￣ノシロキン 身の代金 →14
ミ￣ノタケ 身の丈 →19
ミ￣ノバン 美濃判 →8
ミ￣ノブ 身延<ミ￣ノブサン, 《古は ミ￣ノブサン》身延山 →21, 14
ミ￣ノブトン 三幅蒲団 →15
ミ￣ノフリカタ 身の振方 →98
ミ￣ノホド, ミ￣ノホド 身の程 →19
ミ￣ノマワリ 身の回り →19
ミ￣ノムシ 蓑虫 →4
ミ￣ノモ 水面 →19
ミ￣ノリ 実り →2
ミ￣ノル, 《新は ミ￣ノル》 実る →43
ミ￣ノル 実・稔〔男名〕→23
ミ￣ノワ 三ノ輪〔地〕→21
ミ￣バ 見場(～が良い) →5
ミ￣ハイ 未配 →8
ミ￣バエ 実生え →5

ミ￣バエ, ミ￣バエ 見映え(～がする) →5b
ミ￣ハカライ 見計らい →13
ミ￣ハカラウ, ミ￣ハカラウ 見計らう →45
ミ￣ハツ 未発 →8
ミ￣ハッケン 未発見 →15
ミ￣ハッコー 未発行 →15
ミ￣ハッタツ 未発達 →15
ミ￣ハッピョー 未発表 →15
ミ￣ハテヌ, ミ￣ハテヌ 見果てぬ(～夢) →63
ミ￣ハナス, 《新は ミ￣ハナス》 見離す →45
ミ￣ハバ 身幅 →4
ミ￣ハライ, ミ￣ハライ 未払 →12
ミ￣ハラシ 見晴らし →13
ミ￣ハラシダイ 見晴らし台 →14
ミ￣ハラス, 《新は ミ￣ハラス》 見晴らす →45
ミ￣ハラヤマ 三原山 →12
ミ￣ハリ 見張り →5
ミ￣ハリジョ 見張所 →14
ミ￣ハリニン, ミ￣ハリニン 見張人 →14
ミ￣ハリバン 見張番 →14
ミ￣ハル 見張る, 瞠る →45
ミ￣ハルカス, ミ￣ハルカス 見霽かす →45
ミ￣ビーキ 身贔屓 →12
ミ￣ヒツ 未必(～の故意) →8
ミ￣ヒトツ 身一つ(全くの～) →39
ミ￣ヒラキ 見開き →13
ミ￣ヒラク, 《新は ミ￣ヒラク》 見開く →45
ミ￣フタツ, ミ￣フタツ 身二つ(～になる) →39c
ミ￣ブリ, ミ￣ブリ 身振り →95
ミ￣ブルイ 身震い →13
ミ￣ブン 身分(～相応) →8

ガギグゲゴは鼻濁音　カタカナ細字は母音の無声化　★は長音にもなる符号

ミブンカ──ミメ　　　876

ミブンカ　未分化 →15	ミミ　耳(オミミ　御耳) →1, 92

ミブンカ　未分化 →15
ミブンショーメイ　身分証明 →15
ミブンショーメイ、ショ, ミブンショーメイ、ショ　身分証明書 →17
ミブンチガイ　身分違い →13
ミボージン,《古はビボージン》　未亡人 →14a
ミホトケ　御仏 →92
ミホノマツバラ　三保松原 →99
ミホレル, ミホレル　見惚れる →45
ミホン　見本 →8
ミホンイチ　見本市 →12a
ミホンヒン　見本品 →14
ミマイ　見舞(オミマイ　御〜) →5, 92
ミマイキャク　見舞客 →14b
ミマイキン　見舞金 →14
ミマイジョー　見舞状 →14
ミマイヒン, ミマイヒン　見舞品 →14b
ミマウ,《新はミマウ》　見舞う →45
ミマエ　御前(神の〜) →92
ミマガウ, ミマゴー　見紛う(花と〜) →45
ミマカル　身罷る →46
ミマサカ　美作(〜の国) →21
ミマチガイ　見間違い →13
ミマチガエル, ミマチガエル, ミマチガエル　見間違える →45
ミマナ　任那〚国〛 →21
ミマモル,《新はミマモル》　見守る →45
ミマワス,《新はミマワス》　見回す →45
ミマワリ　見回り →13
ミマワリヒン, ミマワリヒン　見回品 →14
ミマワル,《新はミマワル》　見回る →45
ミマン　未満 →8

ミミ　耳(オミミ　御耳) →1, 92
ミミアカ, ミミアカ　耳垢 →4
ミミアタラジイ　耳新しい →54
ミミアテ, ミミアテ　耳当て →5
ミミウチ, ミミウチ, ミミウチ　耳打ち →5
ミミカキ, ミミカキ　耳掻き →5
ミミガクシ　耳隠し〚髪〛 →13
ミミガクモン, ミミガクモン　耳学問 →15
ミミカザリ　耳飾 →12
ミミクソ　耳糞,耳屎 →4
ミミコスリ　耳擦り →13
ミミザトイ　耳聡い →54
ミミザワリ　耳障り →13
ミミズ　蚯蚓 →1
ミミズク,《古はミミズク》　木菟〚鳥〛 →4
ミミズバレ　蚯蚓脹れ →13
ミミセン　耳栓 →8
ミミソージ　耳掃除 →15
ミミダツ　耳立つ →46
ミミダブ, ミミダボ　耳朶 →4d
ミミダレ　耳垂れ →5
ミミッチイ　〚俗〛(〜人) →53
ミミドオイ, ミミドーイ　耳遠い →54a
ミミドシマ　耳年増 →12
ミミナリ, ミミナリ, ミミナリ　耳鳴り →5
ミミナレル　耳慣れる →46
ミミヘン　耳偏(=耳) →8
ミミモト, ミミモト, ミミモト　耳元 →4
ミミヨリ　耳寄り(〜な話) →5
ミミワ　耳輪 →4
ミムキ, ミムキ　見向き(〜もしない) →5
ミメ,《新はミメ》　見目(〜より心)

￣は高い部分　˙˙と˙˙は高低が変る部分　￣|は次が下がる符号　→は法則番号参照

877　　　　　　　　　　　　ミメイ──ミヤマイ

→5

ミ＼メイ★　未明 →8

ミ＼メウルワ＼シイ★　見目麗しい →54

ミ＼メカタチ,《新は ミ＼メカタチ》　見目
　形 →18

ミ＼メヨ＼イ, ミ＼メ＼ヨイ　見目良い →54

ミ＼モザ　mimosa〖植〗 →9

ミ＼モダエ　身悶え →13

ミ＼モチ, ミ＼モ＼チ　身持 →5

ミ＼モ＼ト, ミ＼モ＼ト　身許 →4

ミ＼モトシラ＼ベ　身許調べ →13

ミ＼モトヒキウケ＼ニン, ミ＼モトヒキウケ＼
　ニン　身許引受人 →17

ミ＼モトホショ＼ー　身許保証 →15

ミ＼モトホショ＼ーニン　身元保証人 →17

ミ＼モノ　実物(↔花物) →4

ミ＼モ＼ノ　見物 →5

ミ＼モフタモ＼ナイ　身も蓋もない →98

ミ＼モン　未聞(前代～) →8

ミ＼ヤ　宮(オ＼ミヤ 御～) →1, 92

ミ＼ヤイ　宮居 →5

ミ＼ヤガワ　宮川〖姓〗 →22

ミ＼ヤギ　宮城〖地・姓〗 →21, 22

　～(・)ミ＼チオ　～道雄 →25, 27

ミ＼ヤギケン　宮城県 →14

ミ＼ャク　脈(～がある) →6

ミ＼ャクウツ　脈打つ →46

ミ＼ャクドー　脈動(新世紀の～) →8

ミ＼ャクハク　脈搏, 脈拍 →8

ミ＼ャクミャク　脈脈(～と) →58

ミ＼ャクラク　脈絡(～がない) →8

ミ＼ヤケ　三宅〖地・姓〗 →21, 22

ミ＼ヤケ,《新は ミ＼ヤケ》　宮家 →7

ミ＼ヤゲ　土産(オ＼ミヤゲ 御～) →4, 92

ミ＼ヤケジマ　三宅島 →12

ミ＼ヤゲバ＼ナシ　土産話 →12

ミ＼ヤゲモ＼ノ　土産物 →12

ミ＼ヤコ　都 →4

ミ＼ヤコイリ　都入り →13

ミ＼ヤコオ＼ージ　都大路 →12

ミ＼ヤコオチ　都落ち →13

ミ＼ヤコオ＼ドリ　都踊り →12

ミ＼ヤコ＼ジ　都路 →12

ミ＼ヤコジマ, ミ＼ヤコ＼ジマ　宮古島 →12

ミ＼ヤコソダチ　都育ち →13

ミ＼ヤコ＼ドリ　都鳥 →12

ミ＼ヤコフ＼ー　都風 →95

ミ＼ヤコワ＼スレ　都忘れ〖植〗 →13

ミ＼ヤザキ　宮崎〖地・姓〗 →21, 22

ミ＼ヤザキケン, ミ＼ヤザキケン　宮崎県
　→14c

ミ＼ヤザキシ, ミ＼ヤザキシ　宮崎市
　→14c

ミ＼ヤサマ　宮様 →94

ミ＼ヤザワ(・)ケ＼ンジ　宮沢賢治 →22, 25,
　27

ミ＼ヤシバイ　宮芝居 →12

ミ＼ヤジマ　宮島(安芸の～) →12

ミ＼ヤ＼シロ　御社 →92

ミ＼ヤス＼イ, ミ＼ヤスイ　見易い →54

ミ＼ヤズカエ　宮仕え →13

ミ＼ヤズクリ　宮造り →13

ミ＼ヤスド＼コロ　御息所 →12d

ミ＼ヤゾノ　宮薗<ミ＼ヤゾノブシ 宮薗節
　→22, 12

ミ＼ヤダ＼イク　宮大工 →15

ミ＼ヤッカン　脈管 →8

ミ＼ヤ＼ツクチ, ミ＼ヤックチ　身八つ口〖和
　服〗 →12

ミ＼ヤバシラ　宮柱 →12

ミ＼ヤビ,《新は ミ＼ヤビ》　雅(～な) →2

ミ＼ヤビト　宮人 →4

ミ＼ヤビヤ＼カ　雅やか →55

ミ＼ヤブル,《新は ミ＼ヤブル》　見破る
　→45

ミ＼ヤマ　深山 →91

ミ＼ヤマ＼イリ　宮参り(オ＼ミヤマ＼イリ 御
　～) →13, 92

ガ ギ グ ゲ ゴは鼻濁音　カタカナ細字は母音の無声化　★は長音にもなる符号

ミヤマザ──ミラー　　　　878

ミヤマザクラ　深山桜　→12
ミヤモト　宮本〚姓〛→22
　～(・)ムサシ　～武蔵　→23, 27
ミヤル,《新は ミヤル》　見遣る　→45
ミャンマー　Myanmar〚国〛→21
ミュージアム, ミュージアム　museum →9
ミュージカル　musical →9
ミュージシャン, ミュージシャン　musician →9
ミュージック　music →9
ミュージックホール　music hall →16
ミューズ　Muse〚神〛→23
ミユキ　深雪 →91　行幸 →92
ミュンヘン　München〚独〛〚地〛→21
ミヨ　美代〚女名〛→23
ミヨ, ミヨ　御代,御世 →92
ミヨイ, ミイイ★　見好い →54
ミョー　妙 →6
ミョー, ミョー　明(～五日) →38
ミヨー　見様 →8
ミョーアサ　明朝 →4
ミョーアン　妙案 →8
ミョーオー　明王 →8
ミョーオン　妙音 →8
ミョーガ　茗荷
ミョーガ　冥加(～に余る) →7
ミョーガキン　冥加金 →14
ミョーガダニ　茗荷谷〚地〛→12
ミョーギ　妙技 →7　妙義＜ミョーギサン　妙義山 →21, 14
ミョーケイ★　妙計 →8
ミョーゴ, ミョーゴ　明後 →7
ミョーコー　妙高＜ミョーコーサン　妙高山 →21, 14a
ミョーゴー, ミョーゴー　名号 →8
ミョーゴニチ, ミョーゴンチ　明後日 →14d
ミョーゴネン, ミョーゴネン　明後年

→14
ミョーサク　妙策 →8
ミョージ　苗字(～帯刀) →7
ミョーシュ　妙手,妙趣 →7
ミョーシュン　明春 →8
ミョージョー　明星 →8
ミョージン　明神 →8
ミョージンサマ, ミョージンサマ　明神様 →94
ミョーセキ　名跡 →8
ミョーダイ　名代 →8
ミョーチキ　妙ちき〚俗〛→59
ミョーチキリン　妙ちきりん〚俗〛→59
ミョーチョー　明朝 →8
ミョート, ミョート　夫婦 →18d
ミョートジャワン　夫婦茶碗 →15
ミョートズレ　夫婦連れ →13
ミョートビナ　夫婦雛 →12
ミョートマツ, ミョートマツ　夫婦松 →12
ミョーニ　妙に →67
ミョーニチ　明日 →8
ミョーネン, ミョーネン　明年 →8
ミョーネンド　明年度 →17
ミョーバン　明礬 →8
ミョーバン　明晩 →8
ミョーミ, ミョーミ　妙味 →93
ミヨー・ミマネ, ミョーミマネ　見様見真似 →97, 99
ミョーモク, メイモク　名目 →8
ミョーヤ　明夜 →7
ミョーヤク　妙薬 →8
ミョーリ　名利,冥利 →7
ミョーレイ★　妙齢 →8
ミヨコ　美代子〚女名〛→25
ミヨシ　船首,舳 →5d
ミヨリ　身寄り →5
ミヨリタヨリ　身寄り頼り →98
ミラー　mirror →9

‾は高い部分　¨と¨は高低が変る部分　˥は次が下がる符号　→は法則番号参照

879　　　　　　　　　　　　　　　　　　　ミライ──ミンシュ

ミライ　味蕾　→8
ミライ　未来　→8
ミライ(･)エイゴー　未来永劫　→97, 98
ミライハ　未来派　→14
ミラノ　Milano〔伊〕〚地〛　→21
ミリ　milli-〔仏〕＜millimètre〔仏〕など →9
ミリグラム　milligramme〔仏〕　→9
ミリタリズム　militarism　→9
ミリメートル　millimètre〔仏〕　→9
ミリョー　魅了, 未了　→8
ミリョク,《古は ミリョク》　魅力　→8
ミリン　味醂　→8
ミリンボシ　味醂干し　→13
ミル　見る　ミナイ, ミヨー, ミマス, ミテ, ミレバ, ミロ →43　海松〚海藻〛 →1
ミルガイ　みる貝　→4
ミルカゲ　見る影(～もない) →19
ミルカラ　見るから(～に) →67
ミルク　milk　→9
ミルクキャラメル　milk caramel〔和〕 →16
ミルクコーヒー, ミルクコーヒー　milk〔英〕＋koffie〔蘭〕 →16
ミルクセーキ　milk shake →16
ミルクホール　milk hall〔和〕 →16
ミルニ(･)ミカネテ　見るに見兼ねて →97, 98
ミルマニ　見る間に →67
ミルミル　見る見る(～うち, ～と) →68
ミレン　未練　→8
ミレンガマシイ★　未練がましい →96
ミロク,《新は ミロク》　弥勒
ミロクボサツ　弥勒菩薩 →15
ミワク　魅惑　→8
ミワケ　見分け →5
ミワケル,《新は ミワケル》　見分ける →45

ミワスレ　見忘れ →13
ミワスレル, ミワスレル　見忘れる →45
ミワタス,《新は ミワタス》　見渡す →45
ミワタスカギリ　見渡す限り →99
ミン　明〚国〛 →21
ミンイ　民意 →7
ミンエイ★　民営 →8
ミンカ　民家 →7
ミンカン　民間 →8
ミンカンイタク　民間委託 →15
ミンカンジン　民間人 →14a
ミンカンシンコー　民間信仰 →15
ミンカンデンショー　民間伝承 →15
ミンカンホーソー　民間放送 →15
ミンカンリョーホー　民間療法 →15
ミンギョー　民業 →8
ミンク　mink →9
ミング　民具 →7
ミンゲイ★　民芸《劇団も》 →8, 28
ミンゲイヒン, ミンゲイヒン　民芸品 →14b
ミンケン　民権 →8
ミンコク　民国＜中華民国 →10
ミンゴト　見ん事 →5d
ミンジ　民事 →7
ミンジサイバン　民事裁判 →15
ミンジソショー　民事訴訟 →15
ミンシャ　民社＜ミンシャトー 民社党 →10, 14
ミンシュ　民主 →7
ミンジュ　民需 →7
ミンシュー　民衆 →8
ミンシュカ, ミンシュカ　民主化 →95
ミンシュク　民宿 →8
ミンシュコク　民主国 →14
ミンシュシュギ　民主主義 →15
ミンシュセイジ　民主政治 →15

ガギグゲゴは鼻濁音　カタカナ細字は母音の無声化　★は長音にもなる符号

ミンシュテキ	民主的 →95
ミンシュトー	民主党 →14
ミンジョー	民情 →8
ミンシン	民心 →8
ミンセイ⋆	民生, 民政 →8
ミンセイ⋆イイン	民生委員 →15
ミンセン	民選(↔官選) →8
ミンソ	民訴<民事訴訟 →10
ミンゾク	民族, 民俗 →8
ミンゾクガク	民俗学, 民族学 →14
ミンゾクゲイ⋆ノー	民俗芸能 →15
ミンゾク(·)ジケツ	民族自決 →97, 98
ミンゾクシュギ	民族主義 →15
ミンゾクセイ⋆	民族性 →14
ミンチョー	明朝《活字書体も》→8
ミント	mint →9
ミンド	民度 →7
ミンナ	皆〖副〗(~行く) →61d
ミンナ	皆〖名〗(~が行く) →3d
ミンパク	民博<国立民族学博物館, 民泊<民家宿泊 →10
ミンペイ⋆, ミンペイ⋆	民兵 →8
ミンポー	民放<ミンカンホーソー 民間放送 →10, 15
ミンポー	民法 →8
ミンミン <ミンミンゼミ	みんみん蝉 →3, 12a
ミンユー	民有 →8
ミンユーチ	民有地 →14a
ミンヨー	民謡 →8
ミンリョク	民力 →8
ミンロン	民論 →8
ミンワ	民話 →7

ム	無 →6 六 →30
ムイ	無位(~無官), 無為(~無策), 無医 →7
ムイカ	六日(~のあやめ) →33
ムイギ	無意義 →15
ムイシキ	無意識 →15
ムイソン	無医村 →14
ムイチモツ, ムイチブツ	無一物 →39
ムイチモン, ムイチモン	無一文 →39
ムイミ	無意味 →15
ムイン	無韻 →8
ムー	六(いつ・~・なな) →30
ムース	mousse〔仏〕 →9
ムード	mood →9
ムードミュージック	mood music →16
ムートン	mouton〔仏〕 →9
ムービー	movie →9
ムーブメント	movement →9
ムーミン	Moomin〔フィンランド〕 →23
ムームー	muumuu〔ハワ〕 →9
ムーランルージュ	Moulin Rouge〔仏〕 →16
ムールガイ	moule 貝〔仏〕 →12
ムエキ	無益 →8
ムエン	無煙, 無塩, 無縁 →8
ムエンシャカイ	無縁社会 →15
ムエンボチ	無縁墓地 →15
ムエンボトケ	無縁仏 →12
ムオン	無音 →8
ムガ	無我(~の境) →7
ムカイ	向かい(オムカイ 御~) →2, 92 迎い ⇨ ムカエ
ムガイ	無蓋 →8
ムガイ	無害 →8
ムカイアイ	向かい合い →13
ムカイアウ	向かい合う →45
ムカイアワセ, ムカイアワセ	向かい合せ →13
ムカイアワセル	向かい合わせる →45
ムガイガシャ	無蓋貨車 →15
ムカイカゼ, ムカイカゼ, ムカイカゼ	

向い風 →12b
ムカイガワ 向い側 →12
ムカイザケ, ムカイザケ, ムカイザケ 向い酒 →12b
ムガイシャ 無蓋車 →14b
ムカウ 向かう ムカワナイ, ムカオー, ムカイマス, ムカッテ, ムカエバ, ムカエ →44
ムカエ 迎え(オムカエ 御~) →2, 92
ムカエイレル 迎え入れる →45
ムカエウチ 迎え撃ち →13
ムカエウツ 迎え撃つ →45
ムカエザケ, ムカエザケ, ムカエザケ 迎え酒 →12b
ムカエビ, ムカエビ 迎え火(↔送り火) →12
ムカエミズ, ムカエミズ, ムカエミズ 迎え水 →12b
ムカエル 迎える ムカエナイ, ムカエヨー, ムカエマス, ムカエテ, ムカエレバ, ムカエロ →44
ムガク 無学(~文盲) →8
ムカゴ 零余子〚植〛 →4
ムカシ 昔 →1
ムカシカタギ 昔気質 →12
ムカシガタリ 昔語り →13
ムガシツ 無過失 →15
ムカシナジミ 昔馴染 →12
ムカシバナシ 昔話 →12
ムカシフー 昔風 →95
ムカシムカシ 昔昔 →11
ムカシモノ 昔者 →12
ムガチ 無価値 →15
ムカツク (胸が~) →96
ムカッパラ 向かっ腹〚俗〛 →5d
ムカデ 百足〚動〛
ムカムカ (胸が~する, ~と) →57
ムガ(・)ムチュー 無我夢中 →97, 98
ムカン, ムカン 無冠(~の帝王) →8

ムカン 無官 →8
ムカンガエ 無考え →12
ムカンカク 無感覚 →15
ムカンケイ 無関係 →15
ムカンサ 無鑑査 →15
ムカンシン 無関心 →15
ムカンノ(・)タユー, ムカンノタユー 無官の大夫 →97, 98, 99
ムキ 向き(~を変える, 御希望の~は, ~になる) →2 無季, 無期, 無機 →7
ムギ 麦 →1
ムキアウ 向き合う →45
ムギアキ, ムギアキ 麦秋 →4
ムギウチ, ムギウチ, ムギウチ 麦打ち →5
ムキエビ, ムキエビ 剥き海老 →5
ムキ(・)エンキ 無期延期 →97, 98
ムキカガク 無機化学 →15
ムキカゴーブツ 無機化合物 →17
ムギカリ 麦刈り →5
ムキゲン 無期限 →15
ムキゲンスト, ムキゲンスト 無期限スト<無期限 strike →16c
ムギコ 麦粉 →4
ムギコー 無技巧 →15
ムギコガシ 麦焦し →13
ムギコキ, ムギコキ 麦扱き →5
ムギゴハン 麦御飯 →15
ムギサク 麦作 →8
ムキシツ 無機質 →14
ムキズ 無傷 →4
ムキダシ 剥き出し →5
ムキダス 剥き出す(歯を~) →45
ムギチャ 麦茶 →7
ムキチョーエキ, ムキチョーエキ 無期懲役 →15, 98
ムキドー 無軌道 →15
ムギトロ 麦とろ〚料理〛 →10
ムキナオル 向き直る →45

ガギグゲゴは鼻濁音　カタカナ細字は母音の無声化　★は長音にもなる符号

ムギバタ──ムゲンソ　882

ムギバタケ　麦畑 →12

ムギブエ, ムギブエ, ムギブエ　麦笛
　→4

ムギブツ　無機物 →14

ムギフミ, ムギフミ, ムギフミ　麦踏
　み →5

ムキ(·)ブムキ　向き不向き(～がある)
　→18

ムギマキ, ムギマキ, ムギマキ　麦蒔
　き →5

ムキミ　剝身(あさりの～) →5

ムキミヤ　剝身屋(～さん)《はんてんも》
　→94

ムキムキ, ムキムキ　向き向き →11

ムキメイ☆　無記名 →15

ムキメイ☆トーヒョー　無記名投票 →15

ムギメシ　麦飯 →4

ムギユ　麦湯 →4

ムキュー　無窮, 無休, 無給 →8

ムキョーイク　無教育 →15

ムキョーソー　無競争 →15

ムキョク　無極 →8

ムキリョク　無気力 →15

ムギワラ, ムギワラ　麦藁 →4

ムギワラザイク　麦藁細工 →15

ムギワラトンボ　麦藁蜻蛉 →12

ムギワラボー　麦藁帽 →14

ムギワラボーシ　麦藁帽子 →15

ムキン　無菌 →8

ムキンシツ　無菌室 →14a

ムク　向く, 剝く　ムカナイ, ムコー,
　ムキマス, ムイテ, ムケバ, ムケ
　→43

ムク　無垢 →7 ＜むくろじ, 尨, ＜尨毛・
　尨犬, 椋, ＜椋の樹・椋鳥 →10

ムクイ, ムクイ　報い, 酬い →2b

ムクイヌ　尨犬 →4

ムクイル, ムクイル　報いる →43

ムクウ　報う(ムクワレヌ) →42, 89

ムクゲ　尨毛 →4　木槿《植》

ムクチ　無口 →4

ムクツケキ　(＝「むくつけし」の連体形。
　～男) →51

ムクドリ, 《古は ムクドリ》　椋鳥 →4

ムクノキ　椋の樹 →19

ムクミ　浮腫 →2

ムクム　浮腫む →43

ムクムク　(～起きる, ～と) →57

ムグラ　葎 →1

ムクレル　剝れる《俗》(＝ふくれる) →44

ムクロ, ムクロ　軀, 骸 →1

ムクロジ, ムクロジ　無患子《植》 →14

……ムケ　…向け(コドモムケ 子供～,
　ニホンムケ 日本～) →13

ムゲ　無下(～に) →7

ムケイ☆　無形 →8

ムゲイ☆　無芸(～大食) →8

ムケイ☆カク　無計画 →15

ムゲイ☆(·)タイショク　無芸大食 →97,
　98

ムケイ☆ブンカザイ, ムケイ☆ブンカザイ
　無形文化財 →17

ムケツ　無欠 →8

ムケツ, ムケツ　無血 →8

ムゲツ　無月 →8

ムケツカクメイ☆　無血革命 →15

ムケッキン　無欠勤 →15

ムケッセキ　無欠席 →15

ムケナオス　向け直す →45

ムケル　向ける, 剝ける　ムケナイ, ム
　ケヨー, ムケマス, ムケテ, ムケレ
　バ, ムケロ →44

ムゲン　無限, 夢幻 →8

ムゲンキドー　無限軌道 →15

ムケンジゴク, ムゲンジゴク　無間地
　獄 →15

ムゲンセキニン　無限責任 →15

ムゲンソク　無原則 →15

￣ は高い部分　 ̈ と ̇ は高低が変る部分　� ̄は次が下がる符号　→ は法則番号参照

ムゲンダイ　無限大　→14
ムゲンテキ　夢幻的　→95
ムコ　婿, 智　→1　無辜(～の民)　→7
ムゴイ　惨い　→52
ムコイリ, ムコイリ　婿入り　→5
ムコエラビ　婿選び　→13
ムコー　無効　→8
ムコー,《新は ムコー》向こう(～に回す,～の山。オムコー 御～)　→2, 92
ムコーイキ, ムコーイキ　向う意気(～が強い)　→15
ムコーガシ　向う河岸　→12
ムコーガワ　向う側　→12
ムコーギシ　向う岸　→12
ムコーキズ　向う傷　→12a
ムコーサンゲン(·)リョードナリ, ～·リョードナリ　向う三軒両隣　→97, 98
ムコージマ　向島〖地〗　→21
ムコージョーメン　向う正面　→15
ムコーズケ　向付〖料理〗　→13
ムコーズチ　向う槌　→12
ムコーズネ　向う臑　→12
ムコーズラ, ムコーッツラ　向う(っ)面〖俗〗　→12d
ムコーッキ, ムコッキ　向こ(う)っ気〖俗〗　→14d
ムコーハチマキ　向う鉢巻　→12
ムコーバライ　向う払い　→13
ムコーマエ　向う前　→12a
ムコーミズ　向う見ず　→13a
ムコームキ　向う向き　→13
ムコーモチ　向う持ち　→13
ムコガネ, ムコガネ　婿がね　→95
ムコクセキ　無国籍　→15
ムコシ　無腰　→4
ムゴタラシ★　惨たらしい　→53
ムコトリ, ムコトリ, ムコトリ　婿取り　→5

ムコヨーシ　婿養子　→15
ムコン　無根(事実～)　→8
ムゴン　無言　→8
ムゴンゲキ　無言劇　→14a
ムサイ　無才, 無妻　→8
ムザイ　《俗》(～所ですが)　→52
ムザイ　無罪(～放免)　→8
ムサク, ムサク　無策　→8
ムサクイ　無作為　→15
ムサクルジ★　むさ苦しい　→54
ムササビ,《古は ムササビ》鼯鼠〖動〗
ムサシ　六指〖遊び〗　→33　武蔵〖地·人〗　→21, 23
ムサシサカイ　武蔵境〖地〗　→21
ムサシノ　武蔵野　→12
ムサシノセン　武蔵野線　→14
ムサベツ　無差別　→15
ムサボル　貪る　→46
ムザムザ　(～と)　→57
ムサン　無産, 霧散　→8
ムザン　無残(慘)　→8
ムサンガイキュー　無産階級　→15
ムサンシャ　無産者　→14a
ムシ　虫　→1
ムシ　無私, 無視, 無死, 無始, 夢死　→7
ムシ　蒸し(～が足りない)　→2
ムジ　無地　→7
ムシアツイ, ムシアツイ　蒸し暑い　→54
ムシウリ, ムシウリ　虫売り　→5
ムシオクリ　虫送り　→13
ムシオサエ　虫押え　→13
ムシカエシ　蒸し返し　→13
ムシカエス, ムシカエス　蒸し返す　→45
ムシカク, ムシカク　無資格　→15c
ムジカク　無自覚　→15
ムシカゴ　虫籠　→4
ムシガシ　蒸し菓子　→15

ガギグゲゴは鼻濁音　カタカナ細字は母音の無声化　★は長音にもなる符号

ムシガレ──ムシロ　884

ムシガレイ☆　虫鰈, 蒸し鰈 →12	ムジャキ　無邪気 →15
ムシキ, ムシキ　蒸し器 →7c	ムシャクシャ　(〜する, 〜と) →57
ムシクイ, ムシグイ　虫食い →5	ムシャシュギョー　武者修行 →15
ムシクダシ, ムシクダシ　虫下し〖薬〗　→13	ムシャニンギョー　武者人形 →15
ムシケ　虫気(〜もなく) →93	ムシャブリ　武者振り →95
ムシケラ　虫螻 →18	ムシャブリツク, 《古・強は ムシャブリツク》 武者振り付く →45
ムシケン, ムシケン　無試験 →15c	ムシャブルイ　武者震い →13
ムジコ　無事故 →15	ムシャマド　武者窓 →12
ムシササレ　虫刺され →13	ムシャムシャ　(〜だ・な・に) →57
ムシシグレ　虫時雨 →12	ムシャムシャ　(〜食う, 〜と) →57
ムシズ　虫酸・虫唾(〜が走る) →4	ムシュー　無臭 →8
ムシズシ　蒸し鮨 →5	ムジュー　無住(〜の寺) →8
ムシタオル　蒸し towel →16	ムシューキョー　無宗教 →15
ムジツ　無実(〜の罪) →8	ムシューニュー　無収入 →15
ムシトリ, ムシトリ　虫捕り →5	ムジューリョク　無重力 →15
ムジナ, 《新は ムジナ》 貉 →1	ムシュギ　無主義 →15
ムシナベ, ムシナベ　蒸し鍋 →5	ムシュク　無宿(上州〜) →8
ムシニ, ムシニ　蒸し煮 →5	ムシュクモノ, ムシュクモノ　無宿者 →12
ムシノイキ　虫の息 →19	ムシュミ　無趣味 →15
ムシノシラセ　虫の知らせ →98	ムジュン　矛盾 →8
ムシノネ　虫の音 →19	ムショー　無償 →8
ムシバ　虫歯 →4	ムジョー　無上, 無常, 無情 →8
ムシバム　蝕む →46	ムショーカン　蒸し羊羹 →15
ムシバラ　虫腹 →4	ムジョーカン　無常観 →14a
ムシパン　蒸し pão〔葡〕 →16	ムジョーケン　無条件 →15
ムジヒ, ムジヒ　無慈悲 →15	ムショーニ　無性に(〜悲しい) →67
ムシピン　虫 pin →16	ムショク　無色, 無職 →8
ムシフージ, ムシフージ　虫封じ →13	ムシヨケ, ムシヨケ, ムシヨケ　虫除け →5
ムシブロ　蒸し風呂 →5	ムショゾク　無所属 →15
ムシヘン　虫偏(=虫) →8	ムショメイ☆　無署名 →15
ムシボシ　虫干 →5	ムシリトル　毟り取る →45
ムシムシ　蒸し蒸し(〜する, 〜と) →57	ムシリョ　無思慮 →15
ムシメガネ　虫眼鏡 →12	ムシル　毟る →43
ムシモノ, ムシモノ　蒸し物 →5	ムジルシ　無印 →12
ムシャ　武者 →7	ムシロ　寧ろ →61
ムシヤ　虫屋 →94	ムシロ　筵, 蓆 →1
ムシャエ　武者絵 →14	
ムシヤキ　蒸し焼 →5	

￣は高い部分　⁀と⁀は高低が変る部分　「は次が下がる符号　→は法則番号参照

ムシロバタ, ムシロバタ 筵旗 →12

ムシン 無心 →8

ムジン 無人, 無尽 →8

ムジンケイ 無神経 →15

ムジンゾー 無尽蔵 →14a

ムジントー 無人島 →14

ムジンロン 無神論 →14a

ムス 蒸す ムサナイ, ムソー, ムシ
マス, ムシテ, ムセバ, ムセ →43

ムスイナベ 無水鍋 →12

ムスー, ムスー 無数 →8

ムズカシイ, ムズカシイ★ 難しい →52

ムズカシヤ 難し屋 →94

ムズガユイ, ムズガユイ むず痒い
→54

ムズカル,《新は ムズカル》 憤る
→44

ムスコ 息子(ムスコサン ～さん)
→1, 94

ムスット →55

ムスバレル 結ばれる →44

ムスビ 結び →2 握飯(オムスビ 御
～) →2, 92

ムスビガミ 結び髪 →12

ムスビキリ, ムスビッキリ 結び(っ)切
り →13d

ムスビコンブ 結び昆布

ムスビタマ, ムスビッタマ 結び(っ)玉
→12d

ムスビツキ 結び付き →13

ムスビツク 結び付く →45

ムスビツケル 結び付ける →45

ムスビノガミ 産霊神, 結びの神 →19

ムスビブミ, ムスビブ
ミ 結び文 →12

ムスビメ 結び目
→12

ムスブ 結ぶ, 掬ぶ
ムスバナイ, ムスボ

ー, ムスビマス, ムスンデ, ムスベ
バ, ムスベ →43

ムスブノカミ 結ぶの神 →19

ムスボレル 結ばれる →44

ムズムズ (～する, ～と) →57

ムスメ 娘(ムスメサン ～さん) →1,
94

ムスメガタ 娘形 →95

ムスメギダユー 娘義太夫 →15

ムスメゴ 娘御 →94

ムスメゴコロ 娘心 →12

ムスメザカリ 娘盛り →12

ムスメッコ 娘っ子〘俗〙 →12d

ムスメドージョージ 娘道成寺〘長唄・
舞踊〙 →17

ムスメブン 娘分 →14

ムスメムコ 娘婿 →12

ムセイ★ 夢精, 無声, 無性 →8

ムゼイ★ 無税 →8

ムセイエイガ★ 無声映画 →15

ムセイオン 無声音 →14b

ムセイカ, ムセイカ 無声化 →95b

ムセイゲン 無制限 →15

ムセイフシュギ 無政府主義 →15

ムセイブツ 無生物 →14b

ムセイラン 無精卵 →14b

ムセカエル 噎せ返る →45

ムセキ, ムセキ 無籍 →8

ムセキニン, ムセキニン 無責任 →15

ムセキモノ, ムセキモノ 無籍者 →12

ムセッソー 無節操 →15

ムセビナキ 噎せ泣き →13

ムセビナク 噎せ泣く →45

ムセブ,《新は ムセブ》 噎ぶ, 咽ぶ(涙
に～) →44

ムセル,《新は ムセル》 噎せる →43

ムセン 無線, 無銭 →8

ムセンインショク 無銭飲食 →15

ムセンキョク 無線局 →14a

ムセンシ──ムテッポ　886

ムセンシツ　無線室 →14a
ムセンソージュー　無線操縦 →15
ムセンデンシン　無線電信 →15
ムセンデンワ　無線電話 →15
ムセンマイ　無洗米 →14
ムセンリョコー　無銭旅行 →15
ムソー　夢想, 無想, 無双《無双仕立も》 →8
ムソーカ　夢想家 →14
ムゾーサ　無造作 →15
ムソーマド　無双窓 →12
ムソジ, 《新は ムソジ》 六十路 →33
ムダ　徒, 無駄 →1
ムダアシ　無駄足 →4
ムタイ　無袋 →8
ムタイ　無体(ゴムタイ 御～) →8, 92
ムダイ, ムダイ　無題 →8
ムダイ　無代 →8
ムダガキ　無駄書き →5
ムダガネ　無駄金 →4
ムダグイ　無駄食い →5
ムダグチ　無駄口(～を叩く) →4
ムダゲ　無駄毛(～をそる) →4
ムダジニ　徒死 →5
ムダズカイ　無駄遣い →13
ムダバナ　無駄花・徒花(～を咲かせる) →4
ムダバナシ　無駄話 →12
ムダボネ　無駄骨(～を折る) →4
ムダボネオリ　無駄骨折り →12
ムダメシ　無駄飯(～を食う) →4
ムダン, ムダン　無断 →8
ムタンポ　無担保 →15
ムチ　鞭 →1　無知, 無恥 →7
ムチウチ　鞭打ち<ムチウチショー, ムチウチショー 鞭打ち症 →5, 14
ムチウツ, ムチウツ　鞭打つ →49
ムチコク, ムチコク　無遅刻(～無欠勤) →15c

ムチツジョ, ムチツジョ　無秩序 →15c
ムチ(・)モンモー　無知文盲 →97, 98
ムチャ　無茶 →55, 3
ムチャグイ　無茶食い →5
ムチャクチャ　無茶苦茶 →57
ムチャクリク, ムチャクリク　無着陸 →15
ムチュー　夢中, 霧中(五里～) →8
ムチン, 《古は ムチン》　無賃 →8
ムチンジョーシャ　無賃乗車 →15
ムツ　鯥〖魚〗 →1　陸奥(～の国) →21
ムツ　六つ →30
ムツー　無痛 →8
ムツーブンベン　無痛分娩 →15
ムツキ　睦月 →4　六月 →33　襁褓
ムックリ　(～起き上がる, ～と) →55
ムツゴト, ムツゴト　睦言 →4
ムツゴロー　鯥五郎〖魚〗 →26
ムッチリ　(～した, ～と) →55
ムッツ　六つ〖名詞的〗(～もある) →30
ムッツ　六つ〖副詞的〗(～ある) →62
ムッツリ　(～した, ～と) →55
ムッツリヤ　むっつり屋 →94
ムット, ムット　(～する) →55
ムツブ　睦ぶ →43
ムツマジイ　睦まじい →53
ムツム　睦む →43
ムテ, ムテ　無手 →4
ムテイケイ, ムテイケイ　無定形, 無定型 →15
ムテイケン, ムテイケン　無定見 →15
ムテイコー　無抵抗 →15
ムテイコーシュギ　無抵抗主義 →15
ムテイトー　無抵当 →15
ムテカツリュー　無手勝流 →14
ムテキ　霧笛 →8
ムテキ, ムテキ　無敵 →8
ムテッポー　無鉄砲 →15

￣は高い部分　‥‥と‥‥は高低が変る部分　｢は次が下がる符号　→法則番号参照

887 ムデン──ムヒハン

ム￢デン　無電＜無線電信　→10	￢ムニ・￢ムザン，ムニ￢ムザン，￢ムニ・￢ムサン，ム￢ニム￢サン　無二無三　→39
ム￢テンカ　無添加　→15	
ム￢トー　無刀，無党，無答，無灯，無糖，無頭　→8	￢ムニャムニャ　（〜言う，〜と）→57
￢ムドー　無道　→8	ム￢ニン　無人　→8
ム￢トーカ　無灯火　→15	ム￢ニンカ　無認可（〜の保育所）→15
ム￢トーハ　無党派　→15	ム￢ニンショダイジン　無任所大臣　→15
ム￢トーヒョー　無投票　→15	ム￢ネ，《新は ム￢ネ》　棟，刀背　→1
ム￢トー(・)￢ムハ　無党無派　→97,98	ム￢ネ　胸，旨(=趣旨)　→1
ム￢トーレンニュー　無糖練(煉)乳　→15	ム￢ネ，￢ムネ　宗・旨(質素を〜とする)　→1
￢ムドク　無毒　→8	
￢ムトセ　六年　→33	……む￢ね　…棟〖数〗→33,62
ム￢トドケ　無届　→13	ムネア￢ゲ，ム￢ネアゲ，ム￢ネアゲ　棟上げ　→5
ム￢トンチャク，ム￢トンジャク　無頓着　→15	
	ムネア￢テ，ム￢ネアテ　胸当て　→5
ム￢ナイタ　胸板　→4	ム￢ネガザリ　胸飾り　→12
ム￢ナガワラ　棟瓦　→12	ム￢ネクソ，ム￢ネクソ￢　胸糞(〜が悪い)　→4
ム￢ナギ　棟木　→4	
ム￢ナクソ，ム￢ナクソ￢　胸糞(〜が悪い)　→4	ム￢ネサンズン　胸三寸　→39
	ム￢ネヅヅキ　棟続き　→13
ム￢ナグラ，ム￢ナグラ￢　胸倉　→4	ム￢ネハバ　胸幅　→4
ム￢ナグルシイ★　胸苦しい　→54	ム￢ネマワリ　胸回り　→12
ム￢ナゲ　胸毛　→4	ムネヤ￢ケ，ム￢ネヤケ　胸焼け　→5
ム￢ナサキ，ム￢ナサキ￢　胸先　→4	ム￢ネワリナガヤ　棟割長屋　→12
ム￢ナサワギ，《古は ム￢ナサワギ￢》　胸騒ぎ　→13	￢ムネン　無念　→8
	￢ムネン(・)￢ムソー，《新は ム￢ネンム￢ソー》　無念無想　→97,98
ム￢ナザンヨー　胸算用　→15	
ム￢ナジイ★，ム￢ナシイ★　空しい　→52	ム￢ノー　無能　→8
ム￢ナジサ，ム￢ナシサ　空しさ　→93c	ム￢ノーシャ　無能者　→14a
ム￢ナズモリ　胸積り(=胸算用)　→13	ム￢ノーリョク　無能力　→15
ム￢ナソコ　胸底　→4	ム￢ノーリョクシャ，ム￢ノーリョ￢クシャ　無能力者　→14c
ム￢ナダカ　胸高(〜に締める)　→5	
ム￢ナツキハッチョー　胸突き八丁　→99	ム￢ハイ　無配，無敗　→8
ム￢ナビレ　胸鰭　→4	ム￢ハイトー　無配当　→15
ム￢ナモト，ム￢ナモト￢　胸元　→4	ム￢ハンノー　無反応　→15
ムナヤ￢ケ，ム￢ナヤケ　胸焼け　→5	ム￢バンソー　無伴奏　→15
￢ムニ　無二(〜の親友)　→39	￢ムヒ　無比　→7
￢ムニエル　meunière[仏](鯛の〜)　→9	￢ムビ　夢寐(〜にも忘れぬ)　→7
￢ムニスル，ム￢ニスル　無にする　→49	￢ムヒツ　無筆　→8
	ム￢ヒハン，ム￢ヒハン　無批判　→15c

ガギグゲゴは鼻濁音　カタカナ細字は母音の無声化　★は長音にもなる符号

ムヒョー──ムリカイ　　　888

ムヒョー　無票, 霧氷　→8	ムヨク　無欲　→8
ムビョー　無病　→8	ムラ　斑　→1
ムヒョージョー　無表情　→15	ムラ　村, 群　→1
ムビョー(·)ソクサイ　無病息災　→97, 98	……ムラ　…村(トナリムラ 隣～, シラカワムラ 白川～)　→12
ムフー　無風, 無封　→8	ムラオコシ　村興し　→13
ムフージョータイ　無風状態　→15	ムラカミ, ムラカミ　村上〖姓〗→22
ムフータイ　無風帯　→14	ムラガル　群がる　→44
ムフーチタイ, ムフーチタイ　無風地帯　→15c	ムラキ, ムラギ　斑気　→7
ムフンベツ　無分別　→15	ムラクモ　叢雲(月に～)　→4
ムベ　宜(～なるかな)　→61　郁子〖植〗→1	ムラザカイ　村境　→12
ムヘン　無辺　→8	ムラサキ　紫〖植·色〗((醬油も))
ムホー　無法　→8	ムラサキイロ　紫色　→12
ムボー　無謀, 無帽　→8	ムラサキシキブ　紫式部〖人·植〗→15
ムホーシュー　無報酬　→15	ムラサキシキブニッキ　紫式部日記　→15
ムボービ　無防備　→15	ムラサキズイショー　紫水晶　→15
ムホーモノ　無法者　→12	ムラザト, ムラザト　村里　→4
ムホン　謀叛　→8	ムラサメ　村雨　→4
ムホンニン, ムホンニン　謀叛人　→14a	ムラシグレ　村時雨　→12
ムマ　夢魔　→7	ムラシバイ　村芝居　→12
ムミ　無味(～無臭)　→7	ムラジュー, ムラジュー　村中　→8
ムミ(·)カンソー　無味乾燥　→97, 98	ムラス　蒸らす　→44
ムミョー　無明(～の闇)　→8	ムラスズメ　群雀　→12
ムメイ　無名　→8	ムラズモー　村相撲　→12
ムメイ, ムメイ　無銘　→8	ムラダツ　群立つ　→46
ムメイシ　無名氏　→94b	ムラハズレ　村外れ　→12
ムメイスー　無名数　→17	ムラハチブ　村八分　→39
ムメイセンシ　無名戦士(～の墓)　→15	ムラビト, ムラビト　村人　→4
ムメンキョ　無免許　→15	ムラマサ　村正(～の刀)　→24
ムメンキョウンテン　無免許運転　→15	ムラマツリ　村祭　→12
ムモクテキ　無目的　→15	ムラムラ　(～する, ～と)　→57
ムモン, ムモン　無紋　→8	ムラムラ　村村　→11
ムヤミ　無闇(～に)　→4	ムラヤクニン　村役人　→15
ムヤミ(·)ヤタラ　無闇矢鱈(～に)　→59	ムラヤクバ　村役場　→12
ムユービョー　夢遊病　→14	ムリ　無理(ゴムリ 御～)　→7, 92
ムヨー, ムヨー　無用(～の長物)　→8	ムリオージョー　無理往生　→15
	ムリオシ　無理押し　→5
	ムリカイ　無理解　→15

‾ は高い部分　 ⌣ と ⌢ は高低が変る部分　 ⌐ は次が下がる符号　 → は法則番号参照

ムリサンダン 無理算段 →15
ムリシ 無利子 →15
ムリジー, ムリジー 無理強い →5
ムリジンジュー 無理心中 →15
ムリスー 無理数 →14
ムリソー 無理想 →15
ムリソク 無利息 →15
ムリ(・)ナンダイ 無理難題 →97,98
ムリ(・)ムタイ 無理無体 →97,98
ムリヤリ, ムリヤリ 無理遣り →57
ムリョ 無慮(~十万) →7
ムリョー 無量 →8
ムリョー, ムリョー 無料 →8
ムリョク 無力 →8
ムルイ,《新は ムルイ》 無類 →8
ムレ 群れ,蒸れ →2
ムレダツ, ムレダツ 群れ立つ →45,46
ムレル 群れる,蒸れる →44
ムロ 室 →1
ムロアジ 室鯵 →4
ムロク 無禄 →8
ムロザキ 室咲き →5
ムロト 室戸<ムロトザキ, ムロトミサキ 室戸岬 →21, 12
ムロマチ 室町〖地・時代〗 →21
ムロマチジダイ 室町時代 →15
ムロマチバクフ 室町幕府 →15
ムロラン 室蘭〖地〗 →21
ムロン 無論 →8
ムンズト, ムンズト (~組む) →55d
ムンムン (~する,~と) →57

メ 目,眼,芽,女 →1
……メ …目(=…初め。アガリメ 上がり~) →95

……メ;……メ,……メ …目〖程度〗(アツメ 厚~,ハヤメ,ハヤメ 早~) →93
……メ …目・…匁〖目方〗(ゴヒャクメ 五百~) →33 …目〖順序〗(サンバイメ 三杯~, クダイメ 九代~) →38
メアカシ, メアカシ 目明かし →13
メアキ 目明き(~千人) →5
メアタラシイ 目新しい →54
メアテ 目当て(お~) →5
メアワス 妻わす,娶わす →46
メアワセル 妻せる,娶せる →46
メイ,《新は メイ》 姪 →1b
メイ 命,明,盟,銘 →6
……めい …名〖数〗 →34, 35
メイアン 名案 →8 明暗(~を分ける) →18
メイイ 名医 →7
メイウツ 銘打つ →49
メイウン 命運 →8
メイエン 名園,名演 →8
メイオーセイ, メイオーセイ 冥王星 →14a
メイカ 名花,名家,名歌,名菓,銘菓 →7
メイガ 名画,螟蛾 →7
メイカイ 明快,明解,冥界 →8
メイカク 明確 →8
メイガラ 銘柄 →4
メイカン 名鑑 →8
メイキ 明記,銘記,名器,明器 →7
メイギ 名妓 →7
メイギ,《新は メイギ》 名義 →7
メイギカキカエ, メイギカキカエ 名義書替え →99, 98
メイギニン, メイギニン 名義人 →14
メイキュー 迷宮 →8 盟休<同盟休校 →10
メイキューイリ 迷宮入り →13
メイキョー 明鏡 →8

メイキョ──メイソー　890

メイ｀キョージスイ　明鏡止水　→99	メイ｀シバン　名刺判　→14
メイ｀キョク　名曲　→8	メイ｀ジムラ　明治村　→12
メイ｀キン　鳴禽　→8	メイ｀シャ　名車　→7
メイ｀ギン　名吟　→8	メイ｀シャ　目医者　→15b
メイク, メイ｀ク　名句　→7	メイ｀シュ　名酒,銘酒　→7
メイ｀クン, メイ｀クン　名君,明君　→94	メイ｀シュ　名手,名主,盟主　→7
メイ｀ゲツ　名月,明月　→8	メイ｀シュヤ　銘酒屋　→94
メイ｀ケン　名犬,名剣　→8	メイ｀ショ, メイ｀ショ　名所　→7
メイ｀ゲン　明言,名言,鳴弦　→8	メイ｀ショアンナイ　名所案内　→15
メイ｀ゴ, メイ｀ゴ　姪御(～さん)　→94	メイ｀ショー　明証,名匠,名相,名称,名将,名勝　→8
メイ｀コー　名工,名香　→8	メイ｀ジョー　名状(～すべからず),名城　→8
メイ｀コンビ　名コンビ<名 combination　→16	メイ｀ショキューセキ　名所旧跡　→98
メイ｀サイ　明細,迷彩　→8	メイ｀ショク　明色　→8
メイ｀サイガキ　明細書　→13	メイ｀ショズエ　名所図会　→15
メイ｀サイショ, メイ｀サイショ　明細書　→14	メイ｀ジル, メイ｀ジル　命じる,銘じる　→47
メイ｀サイフク　迷彩服　→14b	メイ｀シン　名臣,迷信　→8
メイ｀サク　名作　→8	メイ｀シン, メイ｀シン　名神<名神高速道路　→10
メイ｀サツ　明察,名刹　→8	メイ｀ジン　名人　→8
メイ｀サン　名産　→8	メイ｀シンカ　迷信家　→14
メイ｀ザン　名山　→8	メイ｀ジンカイ　名人会　→14a
メイ｀シ　名刺,名詞　→7	メイ｀ジンカタギ　名人気質　→12
メイ｀シ　明視,名士　→7	メイ｀ジンゲイ　名人芸　→14a
メイ｀ジ　名辞　→7	メイ｀ジンセン　名人戦　→14
メイ｀ジ　明治〘年号・大学〙　→7, 29	メイ｀ジンハダ　名人肌　→12a
メイ｀ジ, メイ｀ジ　明示　→7	メイ｀スイ　名水　→8
メイ｀ジイシン　明治維新　→15	メイ｀スー　名数,命数(～が尽きる)　→8
メイ｀ジイレ　名刺入れ　→13	メイ｀スル　銘する,瞑する(モッテ・メイ｀スベシ)　→48,97
メイ｀シウケ　名刺受け　→13	メイ｀ズル, メイ｀ズル　命ずる,銘ずる　→47
メイ｀シガタ　名刺型　→12	メイ｀セイ　名声　→8
メイ｀ジザ　明治座　→14	メイ｀セキ　明晰,名跡　→8
メイ｀ジジダイ　明治時代　→15	メイ｀セツ　名節,名説　→8
メイ｀ジジングー, メイ｀ジジングー　明治神宮　→15	メイ｀セン　銘仙
メイ｀ジツ, メイ｀ジツ　名実(～共に)　→18	メイ｀ソー　瞑想,名僧,迷走　→8
メイ｀ジテンノー, 《古は メイ｀ジテンノー》　明治天皇　→94	

￣は高い部分　˙˙と˙˙は高低が変る部分　｜は次が下がる符号　→は法則番号参照

メイ★ソーシンケイ★　迷走神経　→15	メイ★ブン　名文,明文,名分,名聞　→8
メイ★ダイ　命題　→8　明大＜メイ★ジダイガク　明治大学, 名大＜ナゴヤダイガク　名古屋大学　→10,15	メイ★ブンカ, メイ★ブンカ　明文化(〜する)　→95a
メイ★ダン　明断　→8	メイ★ボ　名簿　→7
メイ★チ　明知　→7	メイ★ホー　名宝,名峰,盟邦　→8
メイ★チャ　銘茶　→7	メイ★ボー　名望,明眸　→8
メイ★チュー　命中,螟虫　→8	メイ★ボーカ　名望家　→14
メイ★チョ　名著　→7	メイ★ボー(・)コーシ　明眸皓歯　→97,98
メイ★チョー　名鳥,迷鳥,鳴鳥,明澄,明徴　→8	メイ★ボク　銘木　→8
メイ★チョーシ　名調子　→15	メイ★ボク,《古は メイ★ボク》　名木　→8
メイ★ッコ, メイ★ッコ　姪っ子〖俗〗→4d	メイ★ボクヤ　銘木屋　→94
メイ★ッパイ　目一杯　→67	メイ★ミャク　命脈　→8
メイ★テイ★　酩酊　→8	メイ★ム　迷夢,迷霧　→7
メイ★テツ　明哲　→8	メイ★メイ★　命名　→8
メイ★テン　名店　→8	メイ★メイ★　銘銘　→11d
メイ★テンガイ　名店街　→14a	メイ★メイ★ザラ　銘銘皿　→12b
メイ★ド　冥途(〜のみやげ)　→7	メイ★メイ★シキ　命名式　→14b
メイ★ド　明度　→7	メイ★メイ★(・)バクハク　明明白白　→59
メイ★トー　明答(〜を避ける),名答,名湯,名刀,銘刀　→8	メイ★メツ　明滅　→8
メイ★ドー　鳴動　→8	メイ★モー　迷妄　→8
メイ★トク　明徳　→8	メイ★モク　瞑目,名目　→8
メイ★ニチ　命日(ゴメイ★ニチ 御〜)　→8,92	メイ★モクチンギン　名目賃金　→15
メイ★バ　名馬　→7	メイ★モン　名門　→8
メイ★ハク　明白　→8	メイ★モンコー　名門校　→14a
メイ★バン　銘板,名盤　→8	メイ★ヤク　名訳,盟約　→8
メイ★ビ　明媚(風光〜)　→7	メイ★ユー　名優,盟友　→8
メイ★ヒツ　名筆　→8	メイ★ヨ　名誉　→7
メイ★ヒン　名品　→8	メイ★ヨキソン, メイ★ヨキソン　名誉毀損　→15
メイ★ビン　明敏　→8	メイ★ヨキョージュ　名誉教授　→15
メイ★フ　冥府　→7	メイ★ヨジミン　名誉市民　→15
メイ★フク　冥福(ゴメイ★フク 御〜)　→8,92	メイ★ヨショク　名誉職　→14
メイ★ブツ　名物　→8	メイ★ヨシン　名誉心　→14
メイ★ブツオトコ　名物男　→12	メイ★ヨバンカイ　名誉挽回　→15
メイ★ブツギレ　名物切　→12	メイ★ヨヨク　名誉欲　→14
	メイ★リ, ミョーリ　名利　→18
	メイ★リュー　名流　→8
	メイ★リョー　明瞭　→8
	メイル　滅入る(気が〜)　→45

ガギグゲゴは鼻濁音　カタカナ細字は母音の無声化　★は長音にもなる符号

メイレイ──メキシコ

メイレイ 命令 →8	main street →16
メイレイケイ 命令形 →14	メーンディッシュ, メインディッシュ
メイレキ 明暦〖年号〗(〜の大火) →8	main dish →16
メイロ 目色 →4	メーンテーブル, メインテーブル
メイロ 迷路 →7	main table →16
メイロー 明朗 →8	メーンバンク, メインバンク main
メイロン 名論,迷論 →8	bank →16
メイロンタクセツ 名論卓説 →98	メガ mega →9
メイワク 迷惑(ゴメイワク 御〜)	メガオ 目顔(〜で知らせる) →4
→8, 92	メカクシ 目隠し →13
メイワクメール 迷惑メール →16	メカクシオニ 目隠し鬼 →12
メイン, メーン main →9	メカケ 妾(オメカケ 御〜) →5, 92
メウエ, メウエ 目上 →4	メカケバラ 妾腹 →12
メウシ, メウシ 牝牛 →4	メカケボーコー 妾奉公 →15
メウチ, メウチ 目打 →5	メガケル 目掛ける →46
メウツリ 目移り →13	メカゴ 目籠 →4
メーカー,《新は メーカー》 maker	メカシコム, メカシコム めかし込む
→9	→45
メーキャップ makeup →16	メカシヤ めかし屋 →94
メーク make →9	メガシラ 目頭 →12
メーター,《新は メーター》 meter →9	メカス (=しゃれる) →43
……メーター …meter(イチメーター	メカズラ 目鬘 →12
一〜, ゴメーター 五〜) →37	メカタ 目方 →4
メーデー May Day →16	メガタキ 女敵 →12
メード,《新は メード》 maid →9	メカド 目角(〜を立てる) →4
メートル mètre〖仏〗(〜を上げる) →9	メガトン, メガトン megaton →9
……メートル …mètre〖仏〗(イチメー	メカニズム mechanism →9
トル 一〜, ゴメートル 五〜) →37	メガネ 眼鏡(オメガネ 御〜) →4, 92
メートルホー mètre法〖仏〗→14	メガネゴシ 眼鏡越し →95
メーリングリスト mailing list →16	メガネチガイ 眼鏡違い →13
メール,《新は メール》 mail〖コンピュ	メガネバシ 眼鏡橋 →12
ーター〗→9	メガネヤ 眼鏡屋 →94
メールオーダー mailing order →16	メカブ 和布蕪,雌株 →4
メールボックス mailbox →16	メガホン, メガホン megaphone →9
メーンイベント, メインイベント	メカマセン 目蒲線 →14
main event →16	メガミ 女神 →4
メーンスタンド, メインスタンド	メキキ, メキキ 目利き →5
main stand →16	メキキチガイ 目利き違い →13
メーンストリート, メインストリート	メキシコ, メキシコ Mexico〖国〗→21

メキメキ （～上達する，～と）→57

……メク （イナカメク 田舎～，ハルメク 春～）→96

メキャベツ 芽cabbage →16

メギレ 目切れ →5

メクギ 目釘 →4

メクサレガネ 目腐れ金 →12

メクジラ 目くじら（～を立てる）→12

メグスリ 目薬 →12

メクソ 目糞,目屎 →4

メクチ 目口 →18

メクバセ 目配せ →13

メクバリ 目配り →13

メグマレル 恵まれる（才能に～）→83

メグミ 恵み（～の雨）→2

メグム，《古は メグム》 恵む →43

メグム 芽ぐむ →96

メクラ 盲（オメクラサン 御～さん）→5, 92

メクラオニ 盲鬼 →12

メクラサガシ 盲捜し →13

メクラジマ 盲縞 →12

メグラス，《新は メグラス》 巡らす，回らす →44

メクラバン 盲判 →14

メクラヘビ 盲蛇 →12

メクラメッポー，メクラメッポー 盲滅法〔俗〕→15

メクリ 捲り →2

メグリ 巡り,回り →2

メグリアイ 巡り合い →13

メグリアウ 巡り合う →45

メグリアワセ 巡り合せ →13

メグリアワセル 巡り合わせる →45

メクル 捲る →43d

メグル 巡る →43

メクルメク 目眩めく →46

メクレル 捲れる →44

メグロ 目黒〔地〕→21

メグロク 目黒区 →14

メゲル （=弱る。メゲズ）→43, 89

メコボシ 目溢し（オメコボシ 御～）→13, 92

メサキ 目先 →4

メザシ 目刺し →5

メザシ，メザシ 芽挿し →5

メザス 目指す,目差す,芽差す →46

メザトイ 目敏い →54

メザマシ 目覚し →13

メザマシイ★ 目覚しい →53

メザマシドケイ★ 目覚し時計 →15

メザメ 目覚め（オメザメ 御～）→5, 92

メザメル 目覚める →46

メザル 目笊 →4

メサレル 召される →83, 44

メザワリ 目障り →13

メシ 飯 →2 召し（=呼び出し・招き。オメシ 御～）→2, 92

メジ （=めじまぐろ）→1 目路 →4 目地〔建〕→7

メシア，メシヤ Messiah〔ｼﾞ〕→9

メシアガリモノ 召上がり物 →12

メシアガル，メシアガル 召し上がる（メシアガレ）→45, 41

メシアゲル，メシアゲル 召し上げる →45

メシー 盲 →5

メシカエ 召替え →5

メシカカエル，メシカカエル，メシカカエル 召し抱える →45b

メシガマ，メシガマ 飯釜 →4

メシジャワン 飯茶碗 →15

メシタ，メシタ 目下 →4

メシダイ，メシダイ 飯代 →8

メシタキ，メシタキ，メシタキ 飯炊き →5

メシダス，《新は メシダス》 召し出す

ガギグゲゴは鼻濁音　カタカナ細字は母音の無声化　★は長音にもなる符号

メシツカ──メッキリ 894

→45
メシツカイ, メシツカイ 召使 →13
メシツカウ, メシツカウ 召し使う →45
メシツブ 飯粒 →4
メシドキ 飯時 →4
メシトル,《新は メシトル》 召し捕る →45
メシビツ, メシビツ 飯櫃 →4
メシベ 雌蘂 →4
メシマエ 飯前 →4
メジマグロ めじ鮪 →12
メシモノ 召物 →5
メシモリ, メシモリ 飯盛り →5
メシモリオンナ 飯盛り女 →12
メシヤ 飯屋 →94
メジャー measure(=巻尺) →9
メジャー,《新は メジャー》 major(↔マイナー) →9
メジャーリーグ major league →16
メシャガル 召しゃがる(メシャガレ) ⇒メシアガル
メシュード 召人, 囚人 →5
メショー 目性(~が悪い) →8
メジリ 目尻 →4
メジルシ 目印 →12
メジロ 目白〖鳥〗 →5
メジロ, メジロ 目白〖地〗 →21
メジロオシ 目白押し →13
メス 召す →43 mes〔蘭〕 →9
メス 雌, 牝 →1
メスオス, メスオス 雌雄 →18
メズマリ 目詰まり →13
メズラシイ 珍しい →53
メズラシガル 珍しがる →96
メセン 目線 →8
メゾソプラノ mezzo soprano〔伊〕 →16
メソッコ, メソッコ 〖うなぎ・ののしり語〗→94

メソポタミア, メソポタミヤ Mesopotamia〖地〗→21
メソメソ (~する, ~と) →57
メダカ 目高〖魚〗→5
メダキ 雌滝, 女滝 →4
メダケ 雌竹 →4
メダシ 芽出し →5
メダシボー 目出し帽 →14
メタセコイア metasequoia →16
メダチ 芽立ち →5
メダツ 目立つ, 芽立つ →46
メタテ 目立て(鋸の~) →5
メダマ 目玉 →4
メダマショーヒン 目玉商品 →15
メダマヤキ 目玉焼 →13
メダリスト medalist →9
メタリック metalic →9
メタル, (メダル) metal →9
メダル, メダル, (メタル, メタル) medal →9
メタン Methan〔独〕→9
メタンガス Methan〔独〕+gas〔蘭〕→16
メチール, メチル Methyl〔独〕→9
メチールアルコール, メチルアルコール Methylalkohol〔独〕→16
メチガイ 目違い →13
メチャ 芽茶 →7 滅茶 →55, 3
メチャクチャ 滅茶苦茶 →57
メチャメチャ 滅茶滅茶 →57
メチョー 雌蝶(雄蝶~) →8
メッカ Mecca〖地〗→21
メッカチ 目っかち →94
メッカル, メッカル 目付かる ⇒ミツカル
メッキ 鍍金
メッキ 目付 →4
メッキャク 滅却 →8
メッキリ 目っ切り(~寒くなった, ~と) →55

── は高い部分 ¨ と ¨ は高低が変る部分 ⌐は次が下がる符号 →は法則番号参照

メッキン 滅菌 →8

メッケ, メッケ 目付(オメッケ 御～) →5, 92

メッケモノ 目付物〖俗〗→12d

メッケヤク, メッケヤク 目付役 →14

メッケル 目っける ⇒ミッケル

メツザイ 滅罪 →8

メッシ 滅私 →7

メッシツ 滅失 →8

メッシ・ホーコー 滅私奉公 →97

メッシュ mesh〖靴など〗→9

メッスル, メッスル 滅する →48

メッセージ message →9

メッセンジャー messenger →9

メッセンジャーボーイ messenger boy →16

メッソー 滅相(～な, ～もない) →8

メッタ 滅多(～な・に) →55

メッタウチ 滅多打ち →13

メッタ(・)ヤタラ 滅多矢鱈(～に) →59

メツブシ 目潰し →13

メツボー 滅亡 →8

メッポー 滅法〖俗〗(～寒い) →61

メッポーカイ 滅法界〖俗〗→61

メツレツ 滅裂(支離～) →58

メテ 馬手(=右手) →4

メディア media →9

メディカル medical →9

メデタイ 目出度い(オメデタイ 御～) →54, 92

メデタサ, 《新は メデタサ》 目出度さ →93

メデタシ・メデタシ, 《新は メデタシ・メデタシ》 目出度し目出度し →97

メデル 愛でる →43

メド 目処(～がつく), 針孔 →4

メドーシ 目通し(オメドーシ 御～) →13, 92

メドーリ, メドーリ 目通り(オメドー

リ, オメドーリ 御～) →13, 92

メドハギ 蓍萩 →4

メドル 娶る →46

メドレー medley →9

メドレーリレー medley relay →16

メトロ métro〖仏〗→9

メトロノーム Metronom〖独〗→9

メトロポリス metropolis →9

メナミ 女波・女浪(↔男波おなみ) →4

メナレル 目慣れる →46

メニュー menu〖仏〗→9

メヌエット Menuett〖独〗→9

メヌキ, メヌキ 目抜き(～の通り) →5

メヌキ 目貫(刀の～) →4

メヌキドーリ 目抜通り →12

メヌリ, メヌリ 目塗り →5

メネジ 雌螺子 →4

メノイロ, メノイロ 目の色(～が変る) →19

メノー, 《古は メノー》 瑪瑙 →8

メノカタキ 目の敵(～にする) →19

メノコカンジョー 目の子勘定 →15

メノコザン 目の子算 →14

メノサキ, メノサキ 目の前 →19

メノシタ, メノシタ 目の下〖魚の大きさ〗(～一尺) →19

メノ(・)シタ 目の下(=眼下) →97, 98

メノタマ, メノタマ 目の玉(～が飛び出る) →19

メノト, メノト 乳母 →19

メノドク 目の毒 →19

メノマエ 目の前 →19

メバエ, メバエ, メバエ 芽生え →5b

メバエル, メバエル 芽生える →46b

メハシ 目端(～が利く) →4

メバタキ, マバタキ 瞬き →13

メハチブ, メハチブン 目八分 →39

メハナ 目鼻(～がつく) →18

メバナ 雌花 →4

ガギグゲゴは鼻濁音　カタカナ細字は母音の無声化　★は長音にもなる符号

メハナダ――メンオリ　896

メハナダチ, メハナダチ 目鼻立 →12	ド merry-go-round →17
メバリ, メバリ 目張り, 目貼り →5	メリケン <American →9d
メバル 眼張〖魚〗→3	メリケンコ メリケン粉<American 粉 →12
メヒキ(·)ソデヒキ 目引き袖引き →97, 98	メリケンバリ メリケン針<American 針 →12
メビナ 女雛 →4	
メブク 芽吹く →46	メリコム, メリコム 減り込む →45
メブンリョー 目分量 →15	メリット merit →9
メベリ, メベリ 目減り →5	メリハリ 乙張, 減張 →18
メボシ 目星(〜をつける) →4	メリメリ (〜こわれる, 〜と) →57
メボシイ★ 目星い(〜物) →53	メリヤス medias〖西〗〖織物〗(莫大小) →9 めりやす〖邦楽〗
メマイ 眩暈 →5b	メリヤスアミ medias 編〖西〗→13
メマグルシイ★ 目紛しい →54	メリンス merinos〖西〗→9
メマゼ 目交ぜ →5	メルトダウン melt down →16
メマツ 雌松 →4	メルトン melton →9
メミエ, メミエ 目見得(オメミエ 御 〜) →5, 92	メルヘン Märchen〖独〗→9
メメシイ★ 女女しい →53	メルボルン Melbourne〖地〗→21
メモ memo<メモランダム memoran- dum →9	メレンゲ, メレンゲ meringue〖仏〗→9
メモ(·)アテラレナイ 目も当てられな い →97, 98	メロー, メロー 女郎〖俗〗→8
	メロディー melody →9
メモチョー memo 帳 →8	メロドラマ melodrama →16
メモト 目許, 目元 →4	メロメロ (〜になる) →57
メモリ 目盛り →5	メロン melon →9
メモリアルホール memorial hall →16	メロンパン melon パン〖和〗→16
メモリー memory《コンピューターは メモリー も》→9	メン 面〖仮面・顔面・剣道・建築〗(オメン 御〜, メントムカウ 〜と向かう) →6, 92
メヤス, メヤス 目安 →5	
メヤニ 目脂 →4	メン 面〖表面・方面・数学〗, 綿, 棉, 麺 →6
メラニン,《新は メラニン》melanin →9	……メン …面(=方面・文面。ショー ショメン 証書〜, ケイザイメン 経 済〜) →14b
メラメラ (〜燃える, 〜と) →57	
メランコリー, メランコリー melan- choly →9	……めん …面〖数〗(琴・鏡など) →34, 35
メリ 乙, 減 →2	メンエキ 免疫, 免役 →8
メリークリスマス Merry Christmas →16	メンエキセイ★ 免疫性 →14
	メンエキタイ 免疫体 →14
メリーゴーラウンド, メリーゴーラン	メンオリモノ, メンオリモノ 綿織物

‾は高い部分　﹉と﹎は高低が変る部分　｢は次が下がる符号　→は法則番号参照

メンカ──メンペキ

→17

メンカ 綿(棉)花 →7
メンカイ 面会 →8
メンカイニン 面会人 →14
メンカイビ 面会日 →12b
メンカヤク 綿火薬 →15
メンカン 免官 →8
メンキツ 面詰 →8
メンキョ 免許 →7
メンキョ(・)カイデン 免許皆伝 →97, 98
メンキョショー, メンキョショー 免許証 →14
メンキョジョー, メンキョジョー 免許状 →14
メングイ, メンクイ 面食い →5
メンクラウ, 《新は メンクラウ》 面食う →46
メンコ 面子(~で遊ぶ) →94
メンザイ 免罪 →8
メンザイフ 免罪符 →14b
メンシ 綿糸 →7
メンシキ 面識 →8
メンジューフクハイ 面従腹背 →98
メンジョ 免除 →7
メンジョー 面上 →8
メンジョー, メンジョー 免状 →8
メンショク 免職 →8
メンショク 面色(~変る) →8
メンジル, メンジル 免じる →47
メンシン 免震 →8
メンシンコーゾー 免震構造 →15
メンス ＜Menstruation〔独〕 →10
メンスル 面する →48
メンズル, メンズル 免ずる →47
メンゼイ★ 免税 →8
メンゼイ★テン 免税点, 免税店 →14b
メンゼイ★ヒン 綿製品 →15
メンセキ 面責, 免責 →8

メンセキ 面積 →8
メンセツ 面接 →8
メンゼン, メンゼン 面前 →8
メンソ 免租, 免訴 →7
メンソー 面相(ゴメンソー 御~) →8, 92
メンソーフデ 面相筆 →12a
メンソール menthol →9
メンソレ ＜メンソレータム Mentholatum〔和〕〘商標〙 →10, 9
メンタイコ 明太子 →12b
メンタリティー mentality →9
メンタルテスト mental test →16
メンダン 面談 →8
メンチカツ ＜mince cutlet〔和〕 →16
メンチボール mince ball〔和〕 →16
メンチョー 面疔 →8
メンツ 面子〔華〕 →9
メンテイ★ 免停＜免許停止 →10
メンテイ★, 《新は メンテイ★》 面体 →8
メンテナンス maintenance →9
メンデル Mendel〘人〙 →22
メンドー 面倒 →8d
メンドークサイ, メンドクサイ 面倒臭い →96d
メントリ, メントリ 面取り〘材木・料理〙 →5
メンドリ 雌鳥 →4
メンネル 綿ネル＜綿 flannel →10
メンバ 面罵 →7
メンバー member →9
メンハブタエ 綿羽二重 →12
メンピ 面皮(~をはぐ) →7
メンビロード 綿天鵞絨 →16
メンブ 面部 →7
メンプ 綿布 →7
メンプク 綿服 →8
メンペキ, 《古は メンペキ》 面壁(~九年) →8

ガギグゲゴは鼻濁音　カタカナ細字は母音の無声化　★は長音にもなる符号

メンボー	面貌 →8　綿紡＜綿糸紡績 →10
メンボー, メンボー	面頬 →4
メンボー	麺棒, 綿棒 →8
メンボク, メンモク	面目 →8
メンボクシダイ, メンボクシダイ	面目次第(〜もない) →99, 98
メンボクダマ, メンモクダマ	面目玉(〜がつぶれる) →12
メンボクナイ, メンモクナイ	面目無い →54
メンマ	麺麻[華] →9
メンミツ	綿密 →8
メンメン, メンメン	綿綿(〜と) →58
メンメン	面面 →11
メンモク	面目(〜を一新する) →8
メンヨー	面容, 緬羊 →8
メンヨー, メンヨー	面妖(はて〜な) →8
メンルイ	麺類 →8

モ	喪, 裳, 藻 →1
……モ	〚総括・全然の意味を表わす助詞〛(ダレモ 誰〜, ナニモ 何〜, ヒトリモ 一人〜) →76, 71
……モ; ……モ	〚助〛(ナクモ 泣く〜, ヨムモ 読む〜) →72
……モ, ……モ; ……モ	〚助〛(アカクモ, アカクモ 赤く〜, シロクモ 白く〜) →74
……モ; モ; ……モ	〚助〛(トリモ 鳥〜, ハナモ 花〜, アメモ 雨〜) →71
モイスチャー	moisture →9
モエ	燃え →2
モエアガル	燃え上がる →45
モエアト	燃え跡 →5
モエウツル	燃え移る →45
モエカス	燃え滓 →5
モエガラ	燃え殻 →5
モエギ	萌葱, 萌黄 →5
モエクサ	燃え種 →5
モエサカル	燃え盛る →45
モエサシ	燃え差し →5
モエダス	燃え出す, 萌え出す →45
モエタツ	燃え立つ, 萌え立つ →45
モエツキ	燃え付き →5
モエツキル	燃え尽きる →45
モエツク	燃え付く →45
モエデル	萌え出る →45
モエノコリ	燃え残り →13
モエノコル	燃え残る →45
モエヒロガル	燃え広がる →45
モエル	燃える, 萌える　モエナイ, モエヨー, モエマス, モエテ, モエレバ, モエロ →43
モー	(＝更に。〜一度, 〜少し) →61
モー, モー	(＝もはや。〜だめだ) →61
モー	毛, 蒙(〜を開く) →6
モーアイ	盲愛 →8
モーアガッコー	盲唖学校 →15
モーアク	猛悪 →8
モーイ	猛威 →7
モーイチド	もう一度 →67
モーカ	真岡＜モーカモメン 真岡木綿 →21, 15
モーカ	猛火, 孟夏 →7
モーガッコー, モーガッコー	盲学校 →15
モーカル	儲る →44
モーカン	毛管 →8
モーカンゲンショー	毛管現象 →15
モーカンジューソー	盲管銃創 →15
モーキノ(・)フボク	盲亀の浮木 →97, 98
モーキン	猛禽 →8

モー**キ**ンルイ　猛禽類 →14a

モーグル　mogul〖スキー〗→9

モーキンレン　猛訓練 →15

モーケ　設け, 儲け →2

モーゲキ　猛撃 →8

モーケグチ, **モーケ**グチ　儲け口 →12

モーケシゴト　儲け仕事 →12

モーケモノ, **モーケ**モノ, **モーケ**モノ
儲け物 →12

モーケヤク　儲け役 →14

モーケル　設ける, 儲ける　**モー**ケナ
イ, **モー**ケヨー, **モー**ケマス, **モー**
ケテ, **モー**ケレバ, **モー**ケロ →43

モーケン　猛犬 →8

モーゲン　妄言 →8

モーコ　猛虎 →7　蒙古〖地〗→21

モーコー　猛攻 →8

モーコジン　蒙古人 →14

モーコハン　蒙古斑 →14

モーコン　毛根 →8

モーサイカン, **モー**サイカン　毛細管
→14b

モーサイケッカン　毛細血管 →15

モーシ　孟子〖人・書〗→94

モーシ　申し〖感〗→66

モーシアゲル, **モー**シアゲル　申し上
げる →45

モーシアワセ　申合せ →13

モーシアワセル, **モー**シアワセル　申
し合わせる →45

モーシイデ　申し出 →13

モーシイレ　申入れ →13

モーシイレル, **モー**シイレル　申し入
れる →45

モーシウケル, **モー**シウケル　申し受
ける →45

モーシオクリ　申し送り →13

モーシオクル, **モー**シオクル　申し送
る →45

モーシオクレル, **モー**シオクレル　申
し遅れる →45

モーシカネル, **モー**シカネル　申し兼
ねる(**モー**シカネマスガ) →45

モージキ　もう直(〜来る) →67

モーシキカセル, **モー**シキカセル　申
し聞かせる →45

モーシゴ　申し子 →12

モーシコシ　申越し →13

モーシコミ　申込 →13

モーシコミシャ　申込者 →14

モーシコミジュン　申込順 →14

モーシコミショ, **モー**シコミショ　申
込書 →14

モーシコム, **モー**シコム　申し込む
→45

モーシタテ　申立 →13

モーシタテル, **モー**シタテル　申し立
てる →45

モーシツギ　申次ぎ →13

モーシツケ　申し付け →13

モーシツケル, **モー**シツケル　申し付
ける →45

モーシデ　申し出 →13

モーシデル, **モー**シデル　申し出る
→45

モーシノベル, **モー**シノベル　申し述
べる →45

モーシヒラキ　申し開き →13

モーシヒラク, **モー**シヒラク　申し開
く →45

モーシブン, **モー**シブン　申し分(〜な
い) →14

モーシャ, **モー**シャ　猛射 →7

モージャ　亡者 →7

モーシュー　猛襲, 妄執 →8

モージュー　盲従, 猛獣 →8

モーショ　猛暑 →7

モーショー　猛将 →8

ガギグゲゴは鼻濁音　カタカナ細字は母音の無声化　★は長音にもなる符号

モージョ──モガク　　　　　900

モージョー　網状 →8	モード　mode〔仏〕→9
モーショビ　猛暑日 →12	モートー　毛頭(～ない) →61
モーション　motion →9	モードー　妄動(軽挙～) →8
モーシワケ　申し訳 →12	モードーケン　盲導犬 →14
モーシワケナイ　申し訳無い →54	モードク　猛毒 →8
モーシワタシ　申し渡し →13	モーニング　morning<モーニングコート　morning coat →9, 16
モーシワタス, モーシワタス　申し渡す →45	モーニングコール　morning call →16
モーシン　盲信,妄信,盲進,猛進 →8	モーニングサービス　morning service〔和〕→16
モージン, モージン　盲人 →8	
モース　申す　モーサナイ, モーソー, モーシマス, モーシテ, モーセバ, モーセ →43a	モーネン, モーネン,《古は モーネン》妄念 →8
モースコシ　もう少し →67	モーバク　盲爆,猛爆 →8
モーゼ, モーセ　Moses〔人〕(～の十誡じっかい) →23	モーハツ　毛髪 →8
	モーハンゲキ　猛反撃 →15
モーセイ　猛省 →8	モーヒツ　毛筆 →8
モーゼルジュー　Mauser 銃〔独〕→14	モーヒツガ　毛筆画 →14
モーセン　毛氈 →8　もう先(=ずっと以前) →67	モーヒョー　妄評 →8
	モーフ　毛布 →7
モーゼン　猛然 →56	モーフブキ　猛吹雪 →12
モーソー　妄想 →8	モーボ　孟母(～三遷) →7
モーソーチク　孟宗竹 →14a	モーマイ　蒙昧 →58
モーダ　猛打 →7	モーマク, モーマク　網膜 →8
モーター　motor →9	モーマクハクリ　網膜剥離 →15
モーターバイク　motorbike →16	モーモー, モーモー　濛濛 →58
モーターボート　motorboat →16	モーモク　盲目 →8
モーダクトー　毛沢東〔人〕→27	モーモクテキ　盲目的 →95
モータリゼーション　motorization →9	モーユー　猛勇 →8
モーダン　妄断 →8	モーラ　網羅 →7
モーチョー　猛鳥 →8	モーリ　毛利〔姓〕→22
モーチョー　盲腸 →8	～・モトナリ　～元就 →24
モーチョーエン, モーチョーエン　盲腸炎 →14a	モール　moor〔蘭〕, mall →9
	モールスフゴー　Morse 符号 →15
モーツァルト　Mozart〔独〕〔人〕→22	モーレツ　猛烈 →8
モーテル　motel →9	モーレンシュー　猛練習 →15
モーデル　詣でる →44	モーロー　朦朧 →58
モーテン, モーテン, モーテン　盲点(～をつく) →8	モーロク　耄碌 →8
	モカ　mocha →9
	モガク　踠く →43

──は高い部分　‥‥と⁑は高低が変る部分　⌐は次が下がる符号　→は法則番号参照

901 モガミガ──モクモク

モガミガワ 最上川 →12	モクゼン 黙然 →56 目前 →8
モギ 模擬 →7	モクソー 目送,黙想 →8
モギシケン, モギシケン 模擬試験 →15c	モクゾー 木造 →8
モギテン, モギテン 模擬店 →14	モクゾー, モクゾー 木像 →8
モギドー 没義道 →14	モクゾーケンチク 木造建築 →15
モギトル, 《新は モギトル》 捥ぎ取る →45	モクソク 目測 →8
モギル 捥る →44	モクタン 木炭 →8
モク 木(=樹木・木目) →6 (=たばこ) →10	モクタンガ 木炭画 →14
モク 目,木(=木曜) →6	モクタンシ 木炭紙 →14a
モグ 捥ぐ →43	モクタンシャ 木炭車 →14a
モクアミ 黙阿彌〖人〗⇒カワタケ～	モクチョー 木彫 →8
モクギョ, 《新は モクギョ》 木魚 →7	モクテキ 目的 →8
モクグー 木偶 →8	モクテキイシキ 目的意識 →15
モクゲキ 目撃,黙劇 →8	モクテキチ, モクテキチ 目的地 →14c
モクゲキシャ, モクゲキシャ 目撃者 →14c	モクテキブツ 目的物 →14
モグサ, モグサ 艾	モクテキロン 目的論 →14
モクザイ, モクザイ 木材 →8	モクト 目途,目睹 →7
モグサエン 百草園 →14	モクトー 黙禱 →8
モクサク 木柵,木酢 →8	モクドー 木道 →8
モクサツ 黙殺 →8	モクドク 黙読 →8
モクサン 目算 →8	モクニン 黙認 →8
モクシ, モクジ 黙示 →7	モクネジ 木螺子 →4
モクシ, モクジ 黙視,黙止 →7	モクネン 黙然 →56
モクジ 目次 →7	モクバ 木馬 →7
モクシツ 木質 →8	モクハイ 木杯 →8
モクシツブ 木質部 →14	モクハン 木版 →8
モクジュー 木銃 →8	モクハンズリ 木版刷り →13
モクショー 木匠 →8 目睫(～の間) →18	モクヒ, モクヒ 黙秘 →7
モクシロク, モクジロク 黙示録 →14	モクヒ 木皮(草根～) →7
モグス, モグス, モクス 目す →48c	モクヒケン, モクヒケン 黙秘権 →14c
モクズ, 《古は モクズ》 藻屑 →4	モクヒツ 木筆 →8
モクスル 目する,黙する →48	モクヒョー 目標 →8
モクセイ★ 木星,木精,木製 →8	モクヒロイ もく拾い →13
モクセイ★, モクセイ★ 木犀 →8	モクヘン 木片 →8
	モクホン 木本(↔草本) →8
	モクメ, モクメ 木目 →4
	モクモク 黙黙(～と働く) →58

ガギグゲゴは鼻濁音　カタカナ細字は母音の無声化　★は長音にもなる符号

モクモク　(煙が～出る，～と) →57
モグモグ　(口を～する，～と) →57
モクヤク　黙約 →8
モクヨー，《古は モクヨー》　木曜 →8
モクヨービ　木曜日 →12a
モクヨク　沐浴 →8
モグラ　土竜〖動〗
モグラタタキ　土竜叩き →13
モグラモチ，モグラモチ　土竜〖動〗→12
モクリ　木理 →7
モグリ　潜り (～の医者，彼は～だ) →2
モグリコム，モグリコム　潜り込む →45
モグル　潜る　モグラナイ，モグロー，モグリマス，モグッテ，モグレバ，モグレ →43
モクレイ★　目礼，黙礼 →8
モクレン，モグレン　木蓮 →8
モクレンガ　木練(煉)瓦 →15
モクロー　木蠟 →8
モクロク　目録 →8
モクロミ，モクロミ　目論，目論見 →2
モクロム　目論む →44
モケイ★　模型 →8
モゲル　捥げる →44
モコ　模糊 (～とした) →58
モコモコ　(～と，～する) →57
モゴモゴ　(～と，～する) →57
モサ　猛者 →7d
モザイク　mosaic →9
モザイクビョー　mosaic 病 →14
モサク　模(摸)作，模(摸)索 →8
モサット　(～した人) →55
モシ　〖感〗(～あなた) →66　若し →61　模試＜模擬試験 →10
モジ　門司〖地〗→21
モジ，モンジ　文字 →7d
モシオ　藻塩 →4

モシオグサ　藻塩草 →12
モシカ　若しか (～すると) →67
モジカ　文字化 →95
モシカシタラ　若しかしたら →69
モシカシテ　若しかして →69
モシカスルト　若しかすると →69
モシクワ　若しくは →67
モジズラ　文字面 →4
モジドーリ　文字通り →95
モジバン　文字盤 →8
モジホーソー　文字放送 →15
モシモ　若しも (～のこと) →67
モシモシ　〖感〗→68
モジモジ　(～する，～と) →57
モシャ，モシャ　模(摸)写 →7
モシヤ　若しや →67
モジャモジャ　(頭が～だ，～な・に) →57
モジャモジャ　(～した頭，～と) →57
モシュ，モシュ　喪主 →7
モジュール　module →9
モショー　喪章 →8
モジヨミ　文字読み →5
モジリ　鋤り〖道具〗(=袖がらみ) →2
モジリ　捩り〖言語遊戯・男性コート〗→2
モジル　捩る →43
モス　燃す　モサナイ，モソー，モシマス，モシテ，モセバ，モセ →44
モス　模す →48　＜muslin →10
モズ　鵙・百舌〖鳥〗→1
モスク　mosque →9
モズク，モズク　水雲〖海藻〗→1
モスクワ　Moskva〖露〗〖地〗→21
モスコー　Moscow〖地〗(=モスクワの英語名) →21
モスコシ　も少し →67
モスソ　裳裾 →4
モスリン　muslin →9

― は高い部分　⌢ と ⌢ は高低が変る部分　⌐は次が下がる符号　→ は法則番号参照

モ￣スル 模する →48
モ￣ゾー 模造 →8
モ￣ゾーシ 模造紙 →14a
モ￣ゾーヒン, モゾーヒン 模造品 →14a
モ￣ゾット →55
モ￣ゾモゾ (〜する, 〜と) →57
モ￣ダエ, モダエ 悶え →2b
モ￣ダエル, モダエル 悶える →43b
モ￣タゲル, モタゲル 擡げる →45d
モ￣ダス 持たす →44
モ￣ダス 黙す →43
モ￣タセカケル, モタセカケル 持たせ掛ける →45
モ￣タセル 持たせる, 凭せる(背を〜) →83
モ￣タック 〖俗〗 →96
モ￣ダニズム modernism →9
モ￣タモタ (〜する, 〜と) →57
モ￣タラス 齎らす →44
モ￣タレ 凭れ →2
モ￣タレカカル, モタレカカル 凭れ掛かる →45
モ￣タレル 凭れる →44
モ￣ダン, 《古は モ￣ダン》 modern →9
モ￣ダンアート modern art →16
モ￣ダンガール modern girl〔和〕 →16
モ￣ダンジャズ modern jazz →16
モ￣ダンバレー modern ballet →16
モ￣ダンボーイ modern boy〔和〕 →16
モ￣チ 糯, 餅(オ￣モチ 御〜) →1, 92
モ￣チ 望(〜の月), 縺 →1 〖俗〗＜勿論 →10
モ￣チ 持ち →2
モ￣チアイ 持合い →5
モ￣チアガリ 持上がり →13
モ￣チアガル, モチアガル 持ち上がる →45
モ￣チアゲル, モチアゲル 持ち上げる

→45
モ￣チアジ 持味 →5
モ￣チアミ 餅網 →4
モ￣チアルク, モチアルク 持ち歩く →45
モ￣チアワ 糯粟 →4
モ￣チアワス, モチアワス 持ち合わす →45
モ￣チアワセ 持合せ →13
モ￣チアワセル, モチアワセル 持ち合わせる →45
モ￣チイエ, モチイエ 持ち家 →5
モ￣チーフ, モ￣チーフ motif〔仏〕 →9
モ￣チール, 《新は モ￣チイル》 用いる →43
モ￣チオモリ 持重り →13
モ￣チカエリ 持帰り →13
モ￣チカエル, モチカエル 持ち帰る →45
モ￣チカエル, モチカエル, モチカエル 持ち替える →45b
モ￣チカケル, モチカケル 持ち掛ける →45
モ￣チガシ 餅菓子 →15
モ￣チカブ, モチカブ 持株 →5
モ￣チキリ 持切り →5
モ￣チキル, 《新は モ￣チキル》 持ち切る →45
モ￣チグサ 餅草 →4
モ￣チグサレ 持腐れ(宝の〜) →13
モ￣チクズス, モチクズス 持ち崩す(身を〜) →45
モ￣チコシ 持越し →5
モ￣チコス, 《新は モ￣チコス》 持ち越す →45
モ￣チコタエ 持堪え →13
モ￣チコタエル, モチコタエル, モチコダエル 持ち堪える →45b
モ￣チゴマ, モチゴマ 持駒 →5

ガギグゲゴは鼻濁音　カタカナ細字は母音の無声化　★は長音にもなる符号

モチコミ ── モッテコ　　904

モチコミ　持込み →5	モチャゲル　持ちゃげる〖俗〗＜持ち上げる →45d
モチコム，《新は モチコム》 持ち込む →45	モチュー　喪中 →8
モチゴメ　糯米 →4	モチヨリ　持寄り →5
モチザオ，モチザオ　糯竿 →4	モチヨル，《新は モチヨル》 持ち寄る →45
モチサル，《新は モチサル》 持ち去る →45	モチロン　勿論 →61
モチジカン　持ち時間 →15	モツ　持つ モタナイ，モトー，モチマス，モッテ，モテバ，モテ →43
モチズキ　望月《姓も》→4, 22	＜臓物 →10
モチダシ　持出し →5	モッカ　黙過 →7
モチダス，《新は モチダス》 持ち出す →45	モッカ　目下(～のところ) →7
モチツキ，モチツキ，モチツキ　餅搗き →5	モッカン　木管，木環，木簡 →8
	モッカンガッキ　木管楽器 →15
モチツ・モタレツ　持ちつ持たれつ →73	モッキョ　黙許 →7
	モッキリ　盛切り〖俗〗→5d
モチナオス，モチナオス　持ち直す →45	モッキン　木琴 →8
	モッケ，モッケ　勿怪(～の幸い)
モチニゲ　持逃げ →5	モッケイ＊　黙契 →8
モチヌシ　持ち主 →5	モッコ，モッコ　畚(～に乗る) →5d
モチノキ　糯の木 →19	モッコー　黙考(沈思～)，木工 →8
モチバ　持場 →5	モッコク　木斛〖植〗→8
モチハコビ　持運び →13	モッコツ　木骨 →8
モチハコブ，モチハコブ　持ち運ぶ →45	モッサリ　(～した人，～と) →55
	モッソーメシ　物相飯 →12a
モチハダ　餅肌 →4	モッタイ，モッタイ　勿体(～をつける) →8
モチバナ　餅花 →4	
モチフダ　持ち札 →5	モッタイナイ　勿体無い →54
モチブン　持ち分 →8	モッタイブル　勿体振る →96
モチマエ，モチマエ　持前 →5	モッテ　以て →73, 67
モチマワリ　持回り →13	モッテイク，モッテイク　持って行く →49
モチマワル，モチマワル　持ち回る →45	
	モッテウマレタ　持って生れた →98
モチモノ，モチモノ　持ち物 →5	モッテキテ　持って来て(…のところへ ～) →49c
モチヤ　餅屋(餅は～) →94	
モチヤ，モチヤ　持ち家 →5	モッテク，モッテク　持ってく〖俗〗＜持って行く →49d
モチャガル　持ちゃがる〖俗〗＜持ち上がる →45d	モッテグル　持って来る →49
モチヤク，モチヤク　持ち役 →8	モッテコイ　持って来い(彼には～だ)

￣ は高い部分　 ゛ と ゜ は高低が変る部分　 ⌐ は次が下がる符号　 → は法則番号参照

905　モッテノ──モトチョ

→49	モデル　model →9
モッテノホカ, モッテノホカ　以ての外 →99	モデルカー, モデルカー　model car →16
モッテマワル　持って回る(モッテマワッタ…) →49	モデルケース　model case →16
モット　(〜悪い) →55	モデルチェンジ　model change〔和〕 →16
モットイ, モトユイ　元結 →5d	モト　元(=資本・元値。〜がかかる, 〜を切る) →1
モットー　motto →9	モト　元・旧(=以前・昔。〜私は, 〜のさや) →1
モットモ　尤も(〜だ) →3　尤も(=ただし) →65	モト　許(親の〜を), 下(木の〜で, 約束の〜に) →1
モットモ, モットモ　最も(〜多い) →61	モト, モト　元・本(酒が〜で死ぬ, 国の〜だ, 〜をただせば, 〜も子もない), 素(スープの〜) →1
モットモラシイ★　尤もらしい →96	モトイ　基 →5
モッパラ, 《新は モッパラ》　専ら →55d	モトウケ　元請け →5
モップ, 《新は モップ》　mop →9	モトウリ　元売り →5
モツヤキ　もつ焼 →5	モトオリ・ノリナガ, 《古は 〜(・)ノリナガ》, モトオリノリナガ　本居宣長 →22, 24, 27
モツリョーリ　もつ料理 →15	モドカシイ★ →53
モツレ, 《新は モツレ》　縺れ →2	モトキ　本木(↔末木うら) →4
モツレコム, モツレコム　縺れ込む →45	モドキ　擬き〖芸能〗 →2
モツレル　縺れる →43	……モドキ　…擬き(シバイモドキ 芝居〜, ガンモドキ 雁〜) →95
モテアソブ, モテアソブ　弄ぶ →49	モトキン, モトキン　元金 →8
モテアツカウ, モテアツカウ　持て扱う →49	モトゴエ　基肥 →4
モテアマシ　持て余し →13	モドシ　戻し →2
モテアマシモノ　持て余し者,持て余し物 →12	モドシゼイ★　戻し税 →14
モテアマス, モテアマス　持て余す →49	モトジメ, モトジメ　元締 →5
モテナシ　持成し →2	モドス　戻す　モドサナイ, モドソー, モドシマス, モドシテ, モドセバ, モドセ →44
モテナス, 《新は モテナス》　持て成す →49	
モテハヤス, モテハヤス　持て囃す →49	モトズク　基づく →46
モデム, 《新は モデム》　MODEM《コンピューター》 →9	モトヅメ　元詰め →5
モテモテ →57	モトセン　元栓 →8
モテル　持てる(モテナイ) →44, 83	モトダカ, モトダカ　元高 →4
	モトチョー　元帳 →8

ガギグゲゴは鼻濁音　カタカナ細字は母音の無声化　★は長音にもなる符号

モトデ, モトデ　元手 →4	モノアワレ　物哀れ →12
モトドーリ, モトドーリ　元通り →95	モノイー　物言い(〜がつく) →5
モトドリ, モトドリ　髻 →5	モノイミ, モノイミ　物忌み →5
モトナリ　本生り(↔うらなり) →5	モノイリ, モノイリ, モノイリ　物入り →5
モトネ　元値 →4	モノイレ, モノイレ, モノイレ　物入れ →5
モトノ(・)モクアミ　元の木阿弥 →97, 98	モノウイ　物憂い →54
モトブネ　本船 →4	モノウゲ　物憂げ →93
モトム　求む →42	モノウリ, モノウリ, モノウリ　物売り →5
モトメ　求め →2	……モノオ; ……(・)モノオ　…ものを〔助〕(=…のに。ユクモノオ 行く〜, ヨム(・)モノオ 読む〜, アカイモノオ 赤い〜, シロイ(・)モノオ 白い〜) →72, 74
モトメル　求める　モトメナイ, モトメヨー, モトメマス, モトメテ, モトメレバ, モトメロ →44	モノオキ, モノオキ　物置 →5
モトモト　元元 →11, 68	モノオキゴヤ　物置小屋 →12
モトユイ, モットイ　元結 →5d	モノオキバ　物置場 →12
モトヨリ, モトヨリ　固より →67	モノオジ, モノオジ, モノオジ　物怖じ →5
モドリ　戻り →2	モノオシミ　物惜しみ →13
モドリアシ　戻り足 →12	モノオト, モノオト　物音 →4
モドリガケ　戻り掛け →95	モノオボエ　物覚え →13
モドリガツオ　戻り鰹 →12	モノオモイ　物思い →13
モドリグルマ　戻り車 →12	……モノカ; ……(・)モノカ　〔助〕(ナクモノカ 泣く〜, ヨム(・)モノカ 読む〜, アカイモノカ 赤い〜, シロイ(・)モノカ 白い〜) →72, 74
モドリズユ　戻り梅雨 →12	モノカキ, モノカキ　物書き →5
モドリミチ　戻り道 →12	モノカゲ, モノカゲ　物陰, 物影 →4
モトル　悖る(理に〜) →43	モノガタイ　物堅い →54
モドル　戻る　モドラナイ, モドロー, モドリマス, モドッテ, モドレバ, モドレ →43	モノガタリ　物語 →13
モナカ　最中《菓子も》 →4	……モノガタリ　…物語(ゲンジモノガタリ 源氏〜) →12
モナコ　Monaco《国》 →21	モノガタル　物語る →46
モナリザ　Monna Lisa〔伊〕《絵》 →27	モノガナシイ*, モノガナシイ*　物悲しい →54
モニター　monitor →9	モノグサ　物臭 →5
モニュメント　monument →9	
モヌケ, モヌケ　蛻 →2	
モヌケノカラ　蛻の殻 →99	
モノ　物(=然るべきもの。〜にする, 〜になる, 〜が〜だから) →1	
モノ　物(〜を言う, 〜は相談), 者 →1	
モノアツカイ　物扱い →13	
モノアラソイ　物争い →13	

907　　モノグサ──モノワカ

モノグサイ　物臭い →54
モノグサタロー　物臭太郎 →27
モノグルイ　物狂い →13
モノクロ　＜モノクローム　mono-
　chrome →10, 9
モノゴイ, モノゴイ　物乞い →5b
モノゴコロ　物心(～がつく) →12
モノゴシ　物越し(～に) →95
モノゴシ, モノゴシ　物腰(～が穏やか)
　→4
モノゴト　物事 →4
モノサジ, モノサシ　物差 →5
モノサビシイ★, モノサビシイ★　物寂し
　い →54
モノシズカ　物静か →59
モノシラズ　物知らず(門徒～) →13
モノシリ, モノシリ　物知り →5
モノシリガオ　物知り顔 →12
モノス　物す(一文を～) →48
モノズキ, モノズキ, モノズキ　物好
　き →5
モノズクシ　物尽し →95
モノスゴイ　物凄い →54
モノスサマジイ★　物凄じい →54
モノスル, モノスル　物する →48
モノダネ, モノダネ　物種(命あっての
　～) →4
モノタリナイ, モノタリナイ　物足り
　ない →54
モノトーン　monotone →9
モノドモ　者共 →94
モノトリ, モノトリ, モノトリ　物取
　り →5
モノナレル　物慣れる →46
モノネタミ　物妬み →13
モノノ　物の(～五分も) →71
……モノノ; ……モノノ　〔助〕(=けれ
　ども。ナクモノノ 泣く～, ヨムモノ
　ノ 読む～, アカイモノ 赤い～,

シロイモノノ 白い～) →72, 74
モノノアワレ　物の哀れ →98
モノノカズ　物の数(～でない) →98
モノノグ　物の具 →19
モノノケ　物の怪 →19
モノノフ　武士 →19
モノノベ　物部〔氏〕→22
モノノホン　物の本 →98
モノノミゴト　物の見事(～に) →98
モノビ　物日 →4
モノホシ, モノホシ　物干 →5
モノホシザオ　物干竿 →12
モノホシダイ, モノホシダイ　物干台
　→14
モノホシバ, モノホシバ　物干場 →12
モノマネ　物真似 →4
モノミ　物見 →5
モノミダイ, モノミダイ　物見台 →14
モノミダカイ　物見高い →54
モノミヤグラ　物見櫓 →12
モノミユサン　物見遊山 →18
モノメズラシイ★, モノメズラシイ★　物
　珍しい →54
モノモース, モノモース　物申す →49
モノモーデ　物詣で →13
モノモチ, モノモチ, モノモチ　物持
　ち(～が良い) →5
モノモチ, モノモチ　物持ち(あの人は
　～だ) →5
モノモノシイ★　物物しい →53
モノモライ　物貰い →13
モノヤワラカ, モノヤワラカ　物柔ら
　か →59
モノユー　物言う →49
モノレール　monorail →16
モノローグ　monologue →16
モノワカリ, モノワカリ　物分り(～が
　良い) →13
モノワカレ　物別れ →13

ガギグゲゴは鼻濁音　カタカナ細字は母音の無声化　★は長音にもなる符号

モノワス──モヤウ　　908

モノワスレ　物忘れ →13
モノワライ　物笑い →13
モバイル　mobile →9
モハヤ　最早 →61
モハン　模範 →8
モハンジアイ　模範試合 →12
モハンセイ，　模範生 →14a
モハンテキ　模範的 →95
モヒ　＜モルヒネ　morphine〔蘭〕→10,9
モビール　mobile〔仏〕→9
モフク　喪服 →8
モヘア，モヘヤ　mohair →9
モホー　模倣 →8
モマレル　揉まれる（荒波に～）→83
モミ，《モミ は避けたい》籾 →1
モミ　樅,紅絹 →1
モミアイ　揉合い →5
モミアウ　揉み合う →45
モミアゲ　揉上げ〔髪〕→5
モミアライ　揉洗い →13
モミウラ　紅裏 →4
モミガラ　籾殻 →4
モミクシャ　揉みくしゃ →59
モミクチャ　揉みくちゃ →59
モミケシ　揉消し →5
モミケス　揉み消す →45
モミジ　紅葉 →1
モミジオロシ　紅葉下し →13
モミジガリ，《新は モミジガリ。邦楽・舞踊は モミジガリ》紅葉狩 →13
モミジバ　紅葉 →12
モミスリ，モミスリ，モミスリ　籾摺り →5
モミダネ，モミダネ　籾種 →4
モミデ　揉手 →5
モミヌカ　籾糠 →4
モミノリ，モミノリ　揉み海苔 →5
モミホグス　揉み解す（肩を～）→45

モミリョージ，モミリョージ　揉み療治 →15
モム　揉む　モマナイ，モモー，モミマス，モンデ，モメバ，モメ →43
モメ　揉め〔名〕→2
モメゴト　揉め事 →5
モメル　揉める（気が～）→44
モメン　木綿 →8
モメンイト，モメンイト　木綿糸 →12a
モメンハバ　木綿幅 →12a
モメンバリ，モメンバリ　木綿針 →12a
モメンモノ，モメンモノ　木綿物 →12a
モメンワタ　木綿綿 →12a
モモ　桃 →1
モモ　股,腿 →1　桃〔女名〕→23
モモイロ　桃色 →4
モモイロユーギ　桃色遊戯 →15
モモクリサンネン・カキハチネン　桃栗三年柿八年 →97
モモダチ，《古は モモダチ》股立（～を取る）→5
モモタロー　桃太郎〔人〕→26
モモトセ　百歳 →33
モモニク　股肉 →8
モモノセック　桃の節句 →98
モモヒキ　股引 →5
モモヤマ　桃山〔地・時代・菓子〕→4,3
モモヤマジダイ　桃山時代 →15
モモワレ　桃割れ →5
モモンガ，《古は モモンガ》〔動〕
モモンガー，《古は モモンガー》〔動・遊び〕
モヤ　靄 →1　母屋 →4
モヤイ　舫,催合 →2
モヤイブネ　舫い船 →12
モヤウ，《古は モヤウ》舫う,催合う

― は高い部分　‥ と ‥ は高低が変る部分　「 は次が下がる符号　→ は法則番号参照

909　　　　モヤシ──モル

→43

モヤシ, モヤシ　萌し →2

モヤシッコ, モヤシッコ　萌しっ子〖俗〗
　→12a

モヤス　燃やす →44

モヤモヤ　(～する, ～と) →57

……モヨイ　…催(アメモヨイ 雨～,
　ユキモヨイ 雪～) →13

モヨー　模様 →8

モヨーアミ　模様編み →13

モヨーガエ　模様替え →13

モヨーシ　催し →2

モヨーシモノ　催し物 →12

モヨース, モヨオス　催す →43

モヨリ　最寄り →5

モライ　貰い →2

モライウケル　貰い受ける →45

モライゴ, モライッコ　貰い(っ)子
　→12d

モライジチ, モライジチ　貰い乳
　→12b

モライテ　貰い手 →12

モライナキ　貰い泣き →13

モライビ, モライビ, モライビ　貰い
　火 →12b

モライブロ, モライブロ　貰い風呂
　→12

モライミズ, モライミズ, モライミズ
　貰い水 →12b

モライモノ　貰い物 →12

モライユ　貰い湯 →12

モラウ　貰う　モラワナイ, モラオー,
　モライマス, モラッテ, モラエバ,
　モラエ →43

モラス　漏らす →44

モラトリアム　moratorium →9

モラリスト　moralist →9

モラル　moral →9

モリ　盛り →2　森, 銛 →1

モリ, 《新は モリ》　森〖姓〗 →22

　モリ(・)オーガイ　～鷗外 →24, 27

モリ　守(オモリ 御～) →2, 92

モリ　漏り →2

モリアガル　盛り上がる →45

モリアゲル　盛り上げる →45

モリアワセ　盛合せ →13

モリオカ　盛岡〖地〗 →21

モリオカシ　盛岡市 →14

モリカエシ　盛り返し →13

モリカエス　盛り返す →45

モリガシ　盛り菓子 →15

モリキリ　盛切り →5

モリコム　盛り込む →45

モリコロス　盛り殺す →45

モリジオ　盛り塩 →5

モリシタ　森下〖地〗 →21

モリズナ　盛り砂 →5

モリソバ　盛り蕎麦 →5

モリタ　森田・守田〖姓〗 →22

モリダクサン, モリダクサン　盛り沢
　山 →15

モリタザ　森田座 →14

モリタテル, モリタテル　守り立てる
　→45

モリツケ　盛付け →5

モリツケル　盛り付ける →45

モリッコ　守っ子 →4d

モリツチ　盛り土 →5

モリツブス　盛り潰す →45

モリバチ　盛り鉢 →5

モリバナ　盛り花 →5

モリブデン, モリブデン　Molybdän
　〔独〕 →9

モリモノ　盛り物(オモリモノ 御～)
　→5, 92

モリモリ　(～食う) →57

モリヤク, モリヤク　守役 →8

モル　盛る　モラナイ, モロー, モリ

ガギグゲゴは鼻濁音　カタカナ細字は母音の無声化　★は長音にもなる符号

モル──モンシロ　910

マス, モッテ, モレバ, モレ →43

モル　漏る, 洩る　モラナイ, モリマス, モッテ, モレバ, モレ →43

モルタル, モルタル　mortar →9

モルヒネ　morphine〔蘭〕→9

モルモット　marmot →9

モレ　漏れ, 洩れ →2

モレキク, 《強は モレキク》　漏れ聞く →45

モレナク　漏れ無く〔副〕→67

モレル　漏れる, 洩れる →44

モロイ　脆い →52

モロキュー　＜もろみ・きゅうり →18

モロコ　諸子〔魚〕→4

モロコシ　唐土 →21　蜀黍〔植〕→3

モロザシ　諸差し →5

モロッコ, モロッコ　Morocco〔地〕→21

モロテ　諸手 →4

モロトモ　諸共(～に) →4

モロニ　〔副〕(～ぶつかる) →67

モロハ　諸刃(～の剣ぽる) →4

モロハク　諸白〔酒〕→8

モロハダ　諸肌(～を脱ぐ) →4

モロヒザ　諸膝 →4

モロビト　諸人 →4

モロヘイヤ　molokheiya〔瑶〕→9

モロミ, モロミ　醪, 諸味 →4

モロモロ　諸諸 →11

モン　文, 門, 紋 →6

……モン　…門(ナガヤモン　長屋～, サクラダモン　桜田～) →14

……もん　…文〔銭・足袋分〕…問〔数〕→34, 35

モンエイ　門衛 →8

モンオメシ　紋御召 →12

モンオリ　紋織 →5

モンカ　門下 →7

……モンカ; ……(・)モンカ　〔助〕(ナ

クモンカ　泣く～, ヨムモンカ　読む～, アカイモンカ　赤い～, シロイ(・)モンカ　白い～) →72, 74d

モンガイ　門外(～不出) →8

モンガイカン　門外漢 →14b

モンガイ(・)フシュツ　門外不出 →97, 98

モンカショー　文科省＜文部科学省 →10

モンカセイ　門下生 →14

モンガマエ　門構え →12

モンガラ, モンガラ　紋柄 →4

モンカン　門鑑 →8

モンキー　monkey →9

モンキリガタ, モンキリガタ　紋切り型 →12

モンク　文句 →7

モンクナシ, モンクナシ　文句無し →13

モンゲン　門限 →8

モンコ　門戸 →18

モンゴー　紋甲＜モンゴーイカ　紋甲烏賊 →8, 12a

モンコ(・)カイホー　門戸開放 →97, 98

モンゴル　Mongol〔国〕→21

モンゴン, モンゴン　文言 →8

モンサツ　門札 →8

モンシ　悶死 →7

モンシ　門歯 →7

モンジ, モジ　文字 →7d

モンシャ　紋紗 →7

モンジヤキ　文字焼 →13

モンジャヤキ　もんじゃ焼 →13

モンシュ, モンシュ　門主 →7

モンジュ　文殊(～の知恵)

モンジュボサツ　文殊菩薩 →15

モンショー　紋章 →8

モンシロチョー, モンシロチョー　紋白蝶 →14, 15

￣は高い部分　˙˙と˙˙˙は高低が変る部分　￢は次が下がる符号　→は法則番号参照

モンシン──ヤ

モンシン 問診 →8	モンドコロ, モンドコロ 紋所 →12
モンジン, モンジン 門人 →8	モントシュー 門徒宗 →14
モンスー 文数(足袋の～) →8	モンドリ, モンドリ 翻筋斗(～をうつ) →2d
モンスーン monsoon →9	
モンスター monster →9	モンナイ 門内 →8
モンセイ★ 門生 →8	モンナシ 文無し →5
モンセキ 問責 →8	モンパ 紋羽〘織物〙 →4
モンゼキ 門跡(ゴモンゼキ 御～) →8, 92	モンパウラ 紋羽裏 →12
	モンバツ 門閥 →8
モンゼツ 悶絶 →8	モンハブタエ 紋羽二重 →12
モンゼン 文選〘書〙 →8	モンバン 門番 →8
モンゼン, モンゼン 門前(モンゼンノコゾー ～の小僧) →8, 98	モンビ, モンピ 紋日 →4d
	モンピ 門扉 →7
モンゼンジャクラ 門前雀羅 →99	モンピョー 門標 →8
モンゼンナカチョー 門前仲町〘地〙 →21	モンブカガクショー, モンブカガクショー 文部科学省 →17
モンゼンバライ 門前払い →13	モンプク 紋服 →8
モンゼンマチ 門前町 →12a	モンブショー 文部省 →14
モンタージュ montage〘仏〙 →9	モンブダイジン 文部大臣 →15
モンタージュシャシン montage 写真〘仏〙 →15	モンブラン Mont Blanc〘仏〙〘山〙 →16
モンダイ 問題 →8	モンペ, モンペ (～をはく)
モンダイガイ 問題外 →14b	モンメ 匁 →4
モンダイサク 問題作 →14b	……もんめ …匁〘数〙 →33, 62
モンダイテン 問題点 →14b	モンモー 文盲 →8
モンチ 門地 →7	モンモーリツ 文盲率 →14a
モンチャク, モンチャク 悶着(～を起す) →8	モンモン 悶悶(～として) →58
	モンヨー 文様,紋様,門葉 →8
モンチュー 門柱 →8	モンリュー 門流 →8
モンチョー 紋帖 →8	モンロ 紋絽 →7
モンチリメン,《新は モンチリメン》紋縮緬 →15	モンローシュギ Monroe 主義 →15

モンツキ 紋付 →5	
モンテイ★,《古は モンテイ★》 門弟 →8	
モント 門徒(=門徒宗・門徒宗徒) →10	ヤ 矢,屋,輻 →1 八 →30 野(～に下る) →6
モント 門徒(=門人・宗徒) →7	……ヤ …屋…家…舎〘雅号・家号〙(ヤナギヤ 柳家, スズノヤ 鈴の屋, ハルノヤ 春廼舎) →94
モントー 門灯 →8	
モンドー,《新は モンドー》 問答 →18	

ガギグゲゴは鼻濁音　カタカナ細字は母音の無声化　★は長音にもなる符号

ヤ──ヤガラ

……ヤ; ……ヤ …屋〖店舗名・屋号・蔑称〗(タマヤ 玉~, コリヤ 凝り~, ミカワヤ 三河~, タカシマヤ 高島~, オトワヤ 音羽~, ヒニクヤ 皮肉~) →94	ヤエコ 八重子〖女名〗→25

……ヤ; ……ヤ …屋〖店舗名・屋号・蔑称〗(タマヤ 玉~, コリヤ 凝り~, ミカワヤ 三河~, タカシマヤ 高島~, オトワヤ 音羽~, ヒニクヤ 皮肉~) →94

……ヤ; ……ヤ …屋〖職業名〗(トコヤ 床~, サカナヤ 魚~, コメヤ 米~, ソバヤ 蕎麦~, リョーリヤ 料理~) →94

……ヤ, 《新は……ヤ》 …也…弥…哉(チューヤ 忠弥, リキヤ 力弥, ナオヤ, ナオヤ 直哉, タクヤ 拓也) →25

……ヤ; ……ヤ 〖呼び掛けを表わす助詞〗(ハルエヤ 春江~, タローヤ 太郎~) →71

……ヤ; ……ヤ 〖助〗(キクヤ(・)イナヤ 聞く~否~, ウタエヤ 歌え~, ノメヤ 飲め~, アカイヤ 赤い~, シロイヤ 白い~) →72, 73, 74b

……ヤ; ……ヤ; ……ヤ 〖助〗(トリヤ 鳥~, ハナヤ 花~, アメヤ 雨~) →71

ヤー 〖感〗→66 八(なな・~) →30

ヤード yard →9

ヤール <yard〖織物の長さ〗→9

……ヤール <…yard(イチヤール 一~, ゴヤール 五~) →37

ヤールハバ ヤール幅<yard 幅 →12

ヤアワセ 矢合せ →13

ヤイ 〖感〗→66

ヤイト 灸 →5d

ヤイノ・ヤイノ (~と) →69

ヤイバ, 《新は ヤイバ》 刃 →5

ヤイヤイ (~言われる, ~と) →68

ヤイン, ヤイン 夜陰(~に乗じて) →8

ヤウツリ 家移り →13

ヤエ, 《新および女名は ヤエ》 八重 →33, 23

ヤエイ, 夜営, 野営 →8

ヤエコ 八重子〖女名〗→25

ヤエザキ 八重咲き →5

ヤエザクラ 八重桜 →12

ヤエス 八重洲〖地〗→21

ヤエバ, 《新は ヤエバ》 八重歯 →12

ヤエムグラ 八重葎 →12

ヤエン 夜宴, 野猿 →8

ヤオチョー 八百長 →29

ヤオモテ 矢面(~に立つ) →12

ヤオヤ 八百屋(~さん) →94

ヤオヤオシチ, ヤオヤオシチ 八百屋お七 →27

ヤオヤモノ 八百屋物 →12

ヤオヨロズ, ヤオヨロズ 八百万(~の神) →32

ヤオラ, ヤオラ (~立ち上がる) →61

ヤカイ 夜会 →8

ヤガイ, ヤガイ 野外 →8

ヤガイゲキ 野外劇 →14b

ヤカイフク 夜会服 →14b

ヤカイマキ 夜会巻 →13

ヤカイムスビ 夜会結び →13

ヤガク 夜学 →8

ヤカズ, ヤカズ 矢数 →4

ヤガスリ 矢絣 →12

ヤカタ, 《新は ヤカタ》 館・屋形(オヤカタ 御~) →4, 92

ヤカタブネ 屋形船 →12

ヤガッコー 夜学校 →15

ヤガテ 軈て →61

ヤカマシイ 喧しい →52

ヤカマシヤ 喧し屋 →94

ヤカラ, ヤカラ, 《古は ヤカラ》 族, 輩 →4

ヤガラ 矢柄 →4

ヤカン 薬缶(罐) →8
ヤカン, ヤカン 夜間 →8
ヤカンアタマ 薬缶(罐)頭〖俗〗 →12
ヤカンコーコー 夜間高校 →15
ヤカンサツエイ 夜間撮影 →15
ヤカンチューガク 夜間中学 →15
ヤカンヒコー, ヤカンヒコー 夜間飛行 →15c
ヤガンブ 夜間部 →14a
ヤキ 焼き(～が回る) →2
ヤキ 夜気 →7
……ヤキ …焼(イマガワヤキ 今川～, キヨミズヤキ 清水～) →13
ヤギ 山羊 →1
ヤキアミ 焼網 →5
ヤキイモ 焼芋 →5
ヤキイレ 焼入れ →5
ヤキイロ 焼き色(～が付く) →5
ヤキイン 焼き印 →8
ヤキウチ 焼討ち →5
ヤキウドン 焼き饂飩 →15
ヤキガネ 焼き金 →5
ヤキキリ 焼切り →5
ヤキキル 焼き切る →45
ヤキグシ 焼き串 →5
ヤキグリ, ヤキグリ 焼き栗 →5
ヤキゴテ 焼き鏝 →5
ヤキゴメ 焼き米 →5
ヤキコロス 焼き殺す →45
ヤキザカナ, ヤキザカナ, 《古は ヤキザカナ》 焼き魚 →12
ヤキシオ 焼き塩 →5
ヤキスギ 焼き過ぎ →5
ヤキステル 焼き捨てる →45
ヤキソバ 焼蕎麦 →5
ヤキタテ 焼立て →5, 95
ヤキダマ 焼玉 →5
ヤキダマエンジン 焼玉 engine →16
ヤキダンゴ 焼き団子 →12

ヤキツギ 焼接ぎ →5
ヤキツク 焼き付く →45
ヤキツクス 焼き尽す →45
ヤキツケ 焼付 →5
ヤキツケル 焼き付ける →45
ヤキドーフ, 《古は ヤキドーフ》 焼き豆腐 →15
ヤキトリ 焼鳥 →5
ヤキナオシ 焼直し →13
ヤキナオス 焼き直す →45
ヤキナマシ 焼鈍し →13
ヤキニク 焼肉 →8
ヤキノリ 焼海苔 →5
ヤキバ 焼刃, 焼場 →5
ヤキハタ, ヤキバタ 焼畑 →5
ヤキハマグリ 焼き蛤 →12
ヤキハラウ 焼き払う →45
ヤギヒゲ 山羊髭 →4
ヤキフ 焼麩 →7
ヤギブシ 八木節 →12
ヤキブタ 焼豚 →5
ヤキマシ 焼増し →5
ヤキミソ 焼味噌 →15
ヤキミョーバン 焼き明礬 →15
ヤキメシ 焼飯 →5
ヤキモキ (～する, ～と) →57
ヤキモチ, ヤキモチ 焼餅 →5
ヤキモチヤキ, ヤキモチヤキ 焼餅焼き →13
ヤキモドシ 焼戻し →13
ヤキモドス 焼き戻す →45
ヤキモノ 焼物 →5
ヤキュー 野球 →8
ヤギュー 野牛 →8 柳生〖地・姓〗 →21, 22
ヤキュージョー 野球場 →14
ヤギョー 夜業 →8
ヤキョク 夜曲 →8
ヤキリンゴ 焼林檎 →15

ガギグゲゴは鼻濁音　カタカナ細字は母音の無声化　★は長音にもなる符号

ヤキン──ヤクタタ　　914

ヤキン　夜勤, 冶金, 野禽　→8	ヤクシドー　薬師堂　→14
ヤク　焼く, 妬く　ヤカナイ, ヤコー, ヤキマス, ヤイテ, ヤケバ, ヤケ　→43	ヤクシニョライ　薬師如来　→15
ヤク　約　→6, 61　訳, 葯, 薬〖俗〗(=麻薬)　→6　yak〖動〗→9	ヤクジホー, ヤクジホー　薬事法　→14
ヤク　厄　→6　役(オヤク　御~)　→6, 92	ヤクシマ, ヤクシマ　屋久島　→12c
ヤグ　夜具　→7	ヤクシャ　役者　→7
……ヤグ　(ハナヤグ　花~, ワカヤグ　若~)　→96	ヤクシャ　訳者　→7
ヤグイン, ヤクイン　役員　→8	ヤクシャコドモ　役者子供　→12
ヤクエキ, ヤクエキ　薬液　→8	ヤクシュ, ヤクシュ　薬種　→7
ヤクエン　薬園　→8	ヤクシュショー　薬種商　→14
ヤクオトシ　厄落し　→13	ヤクシュツ　訳出　→8
ヤクガイ　薬害　→8	ヤクジュツ　訳述　→8
ヤグガイ　夜久貝　→4	ヤクショ, ヤクショ　訳書　→7
ヤクガエ, ヤクガエ　役替え　→5	ヤクショ　役所(オヤクショ　御~)　→7, 92
ヤクガク, ヤクガク　薬学　→8	ヤクジョ　躍如(面目~と)　→56
ヤクガクシ, ヤクガクシ　薬学士　→17	ヤクジョー　約定　→8
ヤクガクハクシ, ヤクガクハカセ　薬学博士　→15	ヤクジョーズミ　約定済　→13
ヤクガクブ, ヤクガクブ　薬学部　→17	ヤクショク　役職　→8
ヤクガラ, ヤクガラ, ヤクガラ　役柄　→4	ヤクシン　躍進　→8
ヤクギ, ヤクギ　役儀　→7	ヤクス, ヤクス, ヤクス　約す, 訳す, 扼す　→48c
ヤクゲン　約言　→8	ヤクスー　約数　→8
ヤクゴ　訳語　→7	ヤクズキ, ヤクズキ　役付き　→5
ヤクザ　(~になる, ~の世界)	ヤクズクリ　役作り　→13
ヤクザイ, ヤクザイ　薬剤　→8	ヤクスル　約する, 訳する, 扼する　→48
ヤクザイシ　薬剤師　→14b	ヤクセキ　薬石(~効なく)　→18
ヤクサツ　薬殺, 扼殺　→8	ヤクセン　薬専<薬学専門学校　→10
ヤクザモノ　やくざ者　→12	ヤクゼン　薬膳<ヤクゼンリョーリ　薬膳料理　→8, 15
ヤクシ　訳詩, 訳詞　→7	ヤクソー　薬草　→8
ヤクシ　薬師(オヤクシサマ　御~様)　→92	ヤクソー, ヤクソー　役僧　→8
ヤクジ, ヤクジ　薬餌(~に親しむ)　→18	ヤクソク　約束　→8
ヤクシジ, ヤクシジ, ヤクシジ　薬師寺　→14	ヤクソクゴト　約束事　→12
	ヤクソクテガタ　約束手形　→12
	ヤクダイ　薬大<ヤッカダイガク　薬科大学　→10, 15
	ヤクダイ, ヤクダイ　薬代　→8
	ヤクタク　役宅　→8
	ヤクタタズ　役立たず　→13

 ̄は高い部分　⁀と⁀は高低が変る部分　┐は次が下がる符号　→は法則番号参照

ヤクダツ 役立つ →46
ヤクダテル 役立てる →46
ヤグチノワタシ 矢口の渡し →98
ヤクチュー 訳注 →8
ヤクテ 約手＜約束手形 →10
ヤクトー 薬湯 →8
ヤクドー 躍動 →8
ヤクトク 役得 →8
ヤクドク 訳読, 薬毒 →8
ヤクドコ, ヤクドコロ, ヤクドコロ
　役所 →4, 12
ヤクドシ 厄年 →4
ヤクナン, ヤグナン 厄難 →8
ヤクニン 役人(オヤクニン 御～)
　→8, 92
ヤクバ 役場 →4
ヤクハライ 厄払い →13
ヤクビ 厄日 →4
ヤクビョー 疫病 →8
ヤクビョーガミ, ヤクビョーガミ 疫
　病神 →12a
ヤクヒン 薬品 →8
ヤクブソク 役不足 →15
ヤクブツ, ヤグブツ 薬物 →8
ヤクブン 約分, 訳文 →8
ヤクホー 薬方, 薬包 →8
ヤクホーシ 薬包紙 →14a
ヤクホン 訳本 →8
ヤクマエ 厄前 →4
ヤクマケ, ヤグマケ 厄負け →5
ヤクマワリ 役回り →12
ヤクミ, ヤグミ 薬味 →7
ヤクムキ 役向き →4
ヤクメ 役目(オヤクメ 御～) →4, 92
ヤクメイ★ 役名, 薬名 →8
ヤクメガラ 役目柄 →95
ヤクモゴト 八雲琴 →12
ヤグヤク 役役 →11
ヤクヨー 薬用 →8

ヤクヨーショクブツ 薬用植物 →15
ヤクヨーセッケン 薬用石鹸 →15
ヤクヨケ, ヤクヨゲ 厄除け →5
ヤグラ 櫓 →4
ヤグラシタ 櫓下 →12
ヤグラダイコ 櫓太鼓 →15
ヤグラモン 櫓門 →14
ヤクリ 薬理 →7
ヤクリガク 薬理学 →14
ヤクリョー, ヤグリョー 薬量 →8
ヤクリョー 訳了 →8
ヤグルマ 矢車 →12
ヤグルマギク 矢車菊 →14
ヤグルマソー 矢車草 →14
ヤクロー 薬籠 →8
ヤクワリ, ヤクワリ, ヤクワリ 役割
　→5
ヤクワン 扼腕(切歯～) →8
ヤケ 焼け →2
ヤケ 自棄(～を起す) →2
ヤケアト 焼け跡 →5
ヤケアナ 焼け穴 →5
ヤケイ★ 夜景, 夜警 →8
ヤケイシ 焼け石(～に水) →5
ヤケオチル 焼け落ちる →45
ヤケキル 焼け切る →45
ヤケクソ 自棄糞 →4
ヤケコガシ, ヤケッコガシ 焼け(っ)焦
　がし →13d
ヤケコゲ, ヤケッコゲ 焼け(っ)焦げ
　→5d
ヤケザケ, ヤゲザケ 自棄酒 →4
ヤケジニ 焼け死 →5
ヤケジヌ 焼け死ぬ →45
ヤケダサレ 焼け出され →13
ヤケダサレル 焼け出される →45
ヤケツク 焼け付く →45
ヤケツチ 焼け土 →5
ヤケッパチ, ヤケッパチ 自棄っぱち

ガギグゲゴは鼻濁音　カタカナ細字は母音の無声化　★は長音にもなる符号

ヤケド──ヤショク　916

→25d
ヤケド　火傷　→5
ヤケノ　焼け野(〜のきぎす)　→5
ヤケノガハラ, ヤケノガハラ　焼野が原　→19
ヤケノコリ　焼け残り　→13
ヤケノコル　焼け残る　→45
ヤケノハラ　焼け野原　→12
ヤケノ(･)ヤンパチ, 〜(･)ヤンパチ, 〜(･)ヤンパチ　自棄のやん八　→97,98
ヤケヒバシ　焼け火箸　→12
ヤケブトリ, ヤケブトリ, ヤケブトリ　焼け太り　→13
ヤケボックイ　焼け棒杙　→12
ヤケヤマ　焼け山　→5
ヤケル　焼ける,妬ける　ヤケナイ, ヤケヨー, ヤケマス, ヤケテ, ヤケレバ, ヤケロ　→44
ヤケン　野犬　→8
ヤゲン　薬研　→8
ヤケンガリ　野犬狩　→13
ヤゲンボリ　薬研堀〖地〗　→12
ヤゴ　水薑(=とんぼの幼虫)
ヤコー　夜行,夜光　→8
ヤゴー　野合　→8
ヤゴー　屋号　→8
ヤコーセイ　夜行性　→14
ヤコーチュー, ヤコーチュー　夜光虫　→14a
ヤコードケイ　夜光時計　→15
ヤコートリョー　夜光塗料　→15
ヤコーノタマ　夜光の珠　→98
ヤコーレッシャ　夜行列車　→15
ヤコゼン　野狐禅　→14
ヤサイ　野菜(オヤサイ 御〜)　→8,92
ヤサイイタメ　野菜炒め　→13
ヤサイサラダ　野菜 salad　→16
ヤサイモノ　野菜物　→12
ヤサオトコ　優男　→12

ヤサガシ　家捜し　→13
ヤサガタ　優形　→95
ヤサカニノ(･)マガタマ　八尺瓊の勾玉　→97,98
ヤサキ, ヤサキ　矢先　→4
ヤサケビ, ヤタケビ　矢叫び　→13
ヤサシイ　優しい,易しい　ヤサシカッタ, ヤサシク, ヤサシクテ, 《新は ヤサシクテ》, ヤサシケレバ, ヤサシ　→52c
ヤサシサ, ヤサシサ　優しさ　→93c
ヤサシミ　優しみ　→93
ヤサスガタ　優姿　→12
ヤザマ　矢狭間　→12
ヤシ　椰子,香具師　→7
ヤジ　弥次(〜を飛ばす)
ヤジウマ, ヤジンマ　弥次馬　→4
ヤシキ　屋敷(オヤシキ 御〜)　→5,92
ヤシキアト　屋敷跡　→12
ヤシキズトメ　屋敷勤め　→13
ヤジキタ, ヤジキタ　弥次喜多　→29
ヤジキタドーチュー　弥次喜多道中　→15
ヤシキボーコー　屋敷奉公　→15
ヤシキマチ　屋敷町　→12
ヤシナイ　養い　→2
ヤシナウ　養う　→43
ヤシマ　八州　→33　屋島〖地〗,八島〖能・筝曲〗　→21
ヤシャ　夜叉
ヤシャゴ　玄孫(マゴヒコ・〜 孫曽孫〜)
ヤシュ　野手,野趣　→7
ヤシュ, ヤシュ　椰子油　→14
ヤシュー　夜襲　→8
ヤシュー　野州(=下野 しもつけ)　→8
ヤジュー　野獣　→8
ヤショク　夜食　→8
ヤショク　夜色　→8

￣は高い部分　…と…は高低が変る部分　「は次が下がる符号　→法則番号参照

917　　　　　　　　　　　　　　　　　　　　ヤジリ──ヤセオト

ヤジリ, ヤジリ　鏃　→4

ヤジル　弥次る　→44

ヤジルシ　矢印　→12

ヤシロ　社(オヤシロ　御〜)　→4, 92

ヤジロベー　弥次郎兵衛〖人・玩具〗　→25

弥次郎兵衛

ヤシン, ヤシン　野心(〜満満)　→8

ヤジン　野人　→8

ヤシンカ　野心家　→14

ヤシンサク　野心作　→14a

ヤス　簎〖漁具〗

ヤスアガリ　安上がり　→13

ヤスイ　安井〖姓〗　→22

ヤスイ　安い, 易い　ヤスカッタ, ヤスク, ヤスクテ, 《新は ヤスクテ》, ヤスケレバ, ヤスシ　→52

……ヤスイ　…易い(カイヤスイ　買い〜, ヨミヤスイ　読み〜)　→54

ヤスウケアイ　安請合い　→13

ヤスウリ　安売り　→5

ヤスオ　保夫・康雄・靖夫〖男名〗　→25

ヤスカロー・ワルカロー　安かろう悪かろう　→84, 97

ヤスギブシ, (ヤスキブシ)　安来節　→12

ヤスクニジンジャ　靖国神社　→15

ヤズクリ　家作り　→13

ヤスケ　弥助(=すし)　→25

ヤスゲッキュー　安月給　→15

ヤスゲッキュートリ　安月給取り　→17

ヤスコ　康子・靖子・泰子〖女名〗　→25

ヤスザケ　安酒　→5

ヤスサラリーマン　安 salaried man　→16

ヤスシ　靖・泰〖男名〗　→23

ヤスダ　安田・保田〖姓〗　→22

ヤズツ　矢筒　→4

ヤスッポイ　安っぽい　→96

ヤスデ　馬陸〖動〗　→4　安手　→5

ヤスナ, ヤスナ　保名〖清元・舞踊〗　→24

ヤスネ, ヤスネ　安値　→5

ヤスブシン　安普請　→15

ヤスマル　休まる　→44

ヤスミ　休み(オヤスミ　御〜)　→2, 92

ヤスミジカン　休み時間　→15

ヤスミチュー　休中　→14

ヤスミヤスミ　休み休み(馬鹿も〜言え)　→68

ヤスム　休む　ヤスマナイ, ヤスモー, ヤスミマス, ヤスンデ, ヤスメバ, ヤスメ　→43

ヤスメ, ヤスメ　安目　→95

ヤスメ　休め(=号令。↔気を付け)　→66

ヤスメル　休める　→44

ヤスモノ　安物　→5

ヤスモノカイ　安物買い(〜の銭失い)　→13

ヤスヤス　安安・易易(〜と)　→57

ヤスヤド　安宿　→5

ヤスラウ　休らう　→44

ヤスラカ　安らか　→55

ヤスラギ　安らぎ(〜を求める)　→2

ヤスラグ　安らぐ　→44

ヤスリ, ヤスリ　鑢　→5

ヤスリガミ　鑢紙　→12

ヤスンジル　安んじる　→47

ヤスンズル　安んずる　→47

ヤセ　痩せ(〜が目立つ)　→2

ヤセ　痩せ(ヤセノ・オーグイ　〜の大食い。オヤセ　御〜)　→2, 97, 92

ヤセイ★　野生, 野性　→8

ヤセイテキ　野性的　→95

ヤセウデ　痩せ腕　→5

ヤセウマ, ヤセンマ　痩せ馬　→5

ヤセオトロエル, ヤセオトロエル　痩

ガギグゲゴは鼻濁音　カタカナ細字は母音の無声化　★は長音にもなる符号

せ衰える →45
ヤセガタ 痩形 →95
ヤセガマン 痩せ我慢 →15
ヤセギス 痩せぎす →59
ヤセコケル, ヤセッコケル 痩せ(っ)こける →45d
ヤセチ 痩せ地 →7
ヤセツチ 痩せ土 →5
ヤセッポチ, ヤセッポチ 痩せっぽち →94
ヤセホソル 痩せ細る →45
ヤセヤマ 痩山 →5
ヤセル 痩せる **ヤセナイ, ヤセヨー, ヤセマス, ヤセテ, ヤセレバ, ヤセロ** →43
ヤセローニン 痩せ浪人 →15
ヤセン, ヤセン 夜戦, 野戦 →8
ヤゼン, ヤゼン 夜前 →8
ヤセンビョーイン 野戦病院 →15
ヤソ 耶蘇
ヤソー 野草 →8
ヤゾー, ヤゾー 弥蔵(~をきめる) →25
ヤソーキョク 夜想曲 →14a
ヤソカイ 耶蘇会 →8
ヤソキョー 耶蘇教 →8
ヤソジ,《新は ヤソジ》 八十路 →33
ヤタイ 屋台 →8
ヤダイジン 矢大臣 →15
ヤタイバヤシ 屋台囃子 →12
ヤタイボネ, ヤタイボネ 屋台骨 →12b
ヤタイミセ 屋台店 →12b
ヤタガラス 八咫烏 →12
ヤタケニ, ヤタケニ 弥猛に →67
ヤダケビ 矢叫び →13
ヤダテ 矢立 →5
ヤダネ, ヤダネ 矢種 →4
ヤタノカガミ, ヤタノカガミ 八咫の

鏡 →99, 98
ヤダマ, ヤダマ 矢玉(~をくぐる) →18
ヤタラ 矢鱈(~に) →55
ヤタラジマ 矢鱈縞 →12
ヤタラヅケ 矢鱈漬 →13
ヤチ, ヤツ 谷地, 谷
ヤチュー, ヤチュー 夜中 →8
ヤチヨ, ヤチヨ,《女名は ヤチヨ》 八千代 →33
ヤチョー 野鳥, 野帳 →8
ヤチョク 夜直 →8
ヤチン 家賃 →8
ヤツ 八つ〖写真〗 →10 奴 →1, 64
ヤツ 八つ〖時刻〗(**オヤツ** 御~) →30, 92
ヤツアタリ, ヤツアタリ 八つ当り →33
ヤッカ 薬科 →7
ヤッカ, ヤッカ 薬価 →7
ヤッカ 薬禍 →7
ヤッカイ 訳解 →8
ヤッカイ 厄介(**ゴヤッカイ** 御~) →8, 92
ヤッカイバライ 厄介払い →13
ヤッカイモノ, ヤッカイモノ, ヤッカイモノ 厄介者 →12
ヤッカキジュン 薬価基準 →15
ヤツガシラ, ヤツガシラ,《古は ヤツガシラ》 八つ頭〖芋〗 →33
ヤツガタケ 八ヶ岳 →19
ヤッカム →40
ヤツガレ 僕 →64
ヤッカン 約款 →8
ヤッキ, ヤッキ 躍起(~となる) →7
ヤッキ 八月 →33
ヤツギバヤ 矢継早(~に) →13
ヤッキョー 薬莢 →8
ヤッキョク 薬局 →8

‾は高い部分 ⌣と⌣は高低が変る部分 「は次が下がる符号 →法則番号参照

ヤッキョクホー	薬局方 →14
ヤツギリ	八つ切り〚写真〛→33
ヤツクチ	八つ口〚和服〛→33
ヤッケ	Jacke〚独〛→9
ヤッコ	奴 →19d
ヤッコー	薬効 →8
ヤッコサン	奴さん《代名・芸能も》→94
ヤッコダコ	奴凧 →12
ヤッコドーフ	奴豆腐 →15
ヤツザキ	八つ裂き →33
ヤッサモッサ, ヤッサモッサ	→59
ヤツシ	窶し〚芸能〛→2
ヤツス, ヤッス, ヤッス	窶す →44c
ヤッチャバ	やっちゃ場(=東京で青物市場) →12
ヤッツ	八つ〚名詞的〛(~もある) →30
ヤッツ	八つ〚副詞的〛(~ある) →62
ヤッツケシゴト	遣っ付け仕事 →12
ヤッツケル	遣っ付ける →45
ヤツデ	八つ手〚植〛→33
ヤッテイル, ヤッテル	遣って(居)る (元気で~) →49
ヤッテクル	遣って来る →49
ヤット	(~できた) →55
ヤットー	〚俗〛(=剣道) →3
ヤツドキ	八つ時(=八つ) →33
ヤットク	遣っとく〚俗〛<**ヤッテオク** 遣って置く →49d
ヤットコ	鋏
ヤットコサ	〚俗〛(=ようやく) →67
ヤットコスットコ	〚俗〛→69
ヤットノコトデ, ヤットノコトデ	やっとの事で →99, 98
ヤツハシ, ヤツハシ	八つ橋〚橋・文様・人・菓子〛→33c
ヤッパシ	⇒**ヤッパリ**
ヤッパリ	矢っ張り →61d
ヤツボ	矢壺 →4
ヤツメウナギ	八つ目鰻 →12
ヤツラ	奴等 →94
ヤツレ	窶れ →2
ヤツレル	窶れる →43
ヤデモ・テッポーデモ	矢でも鉄砲でも(~持ってこい) →97
ヤト, ヤツ	谷戸, 谷
ヤド	宿(**オヤド** 御~) →1, 92
ヤトイ	雇(**オヤトイ** 御~) →2b, 92
ヤトイイレ	雇入れ →13
ヤトイイレル, ヤトイイレル	雇い入れる →45
ヤトイキリ	雇切り →13
ヤトイニン, ヤトイニン	雇い人 →14b
ヤドイヌシ, ヤトイヌシ	雇い主 →12b
ヤトウ	雇う **ヤトワナイ, ヤトオー, ヤトイマス, ヤトッテ, ヤトエバ, ヤトエ** →43
ヤトー, ヨトー	夜盗 →8
ヤトー, ヤトー	野党 →8
ヤトームシ, ヨトームシ	夜盗虫 →12a
ヤドガエ	宿替え →5
ヤドカリ,《古は ヤドカリ》	宿借り〚動〛→5
ヤドサガリ	宿下がり →13
ヤドス	宿す →44
ヤトセ	八年 →33
ヤドセン	宿銭 →8
ヤドチョー	宿帳 →8
ヤドチン	宿賃 →8
ヤドナシ	宿無し →5
ヤドヌシ	宿主 →4

八つ橋

ヤドヒキ──ヤブサメ　　920

ヤ゚ドヒキ　宿引き →5
ヤ゚ドモト　宿許 →4
ヤ゚ドヤ　宿屋(～さん) →94
ヤ゚ドリ　宿り(仮の～) →2
ヤ゚ドリギ, ヤドリギ　寄生木 →12
ヤ゚ドル　宿る →44
ヤ゚ドロク　宿六〖俗〗(うちの～) →25
ヤ゚ドワリ　宿割り →5
ヤ゚ナ　梁 →1
ヤ゚ナカ　谷中〖地・しょうが〗→21
ヤ゚ナガワ　柳川〖地・姓・鍋〗→21, 22
ヤ゚ナガワナベ　柳川鍋 →12
ヤ゚ナギ　柳 →1
ヤ゚ナギ　柳〖姓〗→22
　～・ムネヨシ　～宗悦 →24
ヤ゚ナギゴーリ, ヤナギゴリ　柳行李
　→15
ヤ゚ナギゴシ　柳腰 →12
ヤ゚ナギタ(・)グニオ　柳田国男 →22, 25,
　27
ヤ゚ナギダル　柳樽(書も) →12
ヤ゚ナギチョー　柳町 →14
ヤ゚ナギバ, ヤナギバ　柳刃〖包丁〗→12
ヤ゚ナギバシ　柳橋〖橋・地〗→12
ヤ゚ナギヤ　柳家〖家号〗→94
ヤ゚ナギワラ　柳原〖地・姓〗→21, 22
ヤ゚ナグイ　胡籙 →4
ヤ゚ナミ, ヤナミ　家並(～が揃う) →4
ヤ゚ナリ　家鳴り →5
ヤ゚ナリシンドー　家鳴り震動 →98
ヤ゚ニ　脂 →1
ヤ゚ニサガル, ヤニサガル　脂下がる
　→46
ヤ゚ニッコイ　脂っこい →96
ヤ゚ニョーショー, ヤニョーショー　夜
　尿症 →14a
ヤ゚ニワニ　矢庭に →67
ヤ゚ヌシ　家主 →4
ヤ゚ネ　屋根 →4

ヤ゚ネイタ　屋根板 →12
ヤ゚ネウラ　屋根裏 →12
ヤ゚ネガワラ　屋根瓦 →12
ヤ゚ネズタイ　屋根伝い →13
ヤ゚ネブネ, ヤネブネ　屋根船 →12
ヤ゚ネヤ　屋根屋 →94
ヤ゚ノアサッテ, ヤナアサッテ　弥明後
　日 →19
ヤ゚ノ・サイソク　矢の催促 →97
ヤ゚ノジ　やの字<ヤノジムスビ　やの字
　結び〖帯〗→19, 13
ヤ゚ノネ,《歌舞伎は ヤノネ も》　矢の根
　→19
ヤ゚バ, ヤバ　矢場 →4
ヤ゚バイ　〖俗〗→52
ヤ゚バケイ★, ヤバケイ★　耶馬渓〖地〗→14
ヤ゚ハズ　矢筈 →4
ヤ゚バネ　矢羽根 →4
ヤ゚ハリ　矢張り →61
ヤ゚ハン, ヤハン　夜半 →8
ヤ゚バン　野蛮 →8
ヤ゚バンジン　野蛮人 →14
ヤ゚ハンスギ　夜半過ぎ →13
ヤ゚ヒ　野卑(鄙) →7
ヤ゚ブ　藪 →1
ヤ゚ブイシャ　藪医者 →15
ヤ゚ブイチクアン　藪医竹庵〖俗〗(=藪医
　者) →27
ヤ゚ブイリ, ヤブイリ　藪入り →5
ヤ゚ブウグイス　藪鶯 →12
ヤ゚ブカ, ヤブッカ　藪(っ)蚊 →4d
ヤ゚ブカラボー　藪から棒(～に) →98
ヤ゚ブク　破く →44
ヤ゚ブケル　破ける →44
ヤ゚ブコージ, ヤブコージ　藪柑子〖植〗
　→15
ヤ゚ブサカ, ヤブサカ　吝か(～でない)
　→55
ヤ゚ブサメ　流鏑馬

￣は高い部分　˵と˶は高低が変る部分　￢は次が下がる符号　→は法則番号参照

ヤブスマ　矢衾　→12
ヤブソバ　藪蕎麦　→4
ヤブダタミ　藪畳《大道具も》→12
ヤブツバキ　藪椿　→12
ヤブニラミ，ヤブニラミ，ヤブニラミ
　藪睨み（=斜視）→13
ヤブヘビ　藪蛇　→4
ヤブミ，ヤブミ　矢文　→4
ヤブル　破る,敗る　ヤブラナイ，ヤブ
　ロー，ヤブリマス，ヤブッテ，ヤブ
　レバ，ヤブレ　→43
ヤブレ　破れ　→2
ヤブレガサ　破れ傘　→12
ヤブレカブレ，ヤブレカブレ　破れか
　ぶれ　→59
ヤブレゴロモ　破れ衣　→12
ヤブレショージ　破れ障子　→15
ヤブレメ，ヤブレメ，ヤブレメ　破れ
　目　→12
ヤブレル　破れる,敗れる　ヤブレナ
　イ，ヤブレョー，ヤブレマス，ヤブ
　レテ，ヤブレレバ，ヤブレロ　→44
ヤブン　夜分　→8
ヤボ　野暮　→1
ヤホー　野砲　→8
ヤボー　野望　→8
ヤホータイ　野砲隊　→14
ヤボッタイ　野暮ったい　→53
ヤボテン　野暮天《俗》(=野暮・野暮な人)
ヤボヨー　野暮用　→8
ヤマ　山(オヤマ　御～)　→1, 92
……ヤマ　…山(ハコネヤマ　箱根～,
　フタバヤマ　双葉～)　→12
ヤマアイ，ヤマアイ　山間　→4
ヤマアラシ　山嵐　→12　山荒し《動》
　→13
ヤマアルキ　山歩き　→13
ヤマイ　病　→2
ヤマイコーコー　病膏肓　→98

ヤマイシラズ　病知らず　→13
ヤマイダレ　病垂(=疒)　→12
ヤマイヌ　山犬,病犬　→4
ヤマイモ　山芋　→4
ヤマウバ，ヤマンバ，《新は　ヤマウバ，
　ヤマンバ》　山姥　→4d
ヤマオク　山奥　→4
ヤマオトコ　山男　→12
ヤマオロシ　山嵐　→12
ヤマガ，ヤマガ　山家　→4
ヤマカイ　山峡　→4
ヤマカガシ，《もと　ヤマカガシ》　山か
　がし《蛇》→12
ヤマカケ，ヤマカケ　山掛け《料理も》
　→5
ヤマカゲ，ヤマカゲ　山陰　→4
ヤマカゴ　山駕籠　→4
ヤマカジ，ヤマカジ　山火事　→15
ヤマカゼ　山風　→4
ヤマガソダチ　山家育ち　→13
ヤマガタ　山形(～の紋)　→95
ヤマガタ　山形《地》→21　山県《姓》
　→22
ヤマガタケン　山形県　→14
ヤマガタシ　山形市　→14
ヤマガタナ　山刀　→12
ヤマガラ，ヤマガラ　山雀　→4
ヤマガリ　山狩　→5
ヤマガリュー　山鹿流(～の陣太鼓)
　→14
ヤマカワ　山川(=山と川)　→18　山川
　《姓》→22
ヤマガワ　山川(=山中の川),山側　→4
ヤマカン　山勘《俗》
ヤマガンムリ　山冠(=⼳)　→12
ヤマギ，ヤマギ，ヤマギ　山気　→7
ヤマギシ，《姓は　ヤマギシ》　山岸
　→4, 22
ヤマギリ　山桐,山霧　→4

ガギグゲゴは鼻濁音　カタカナ細字は母音の無声化　★は長音にもなる符号

ヤマギワ──ヤマトヤ

ヤマギワ 山際 →4	ゴーサク ～耕作 →25, 27
ヤマクジラ 山鯨(=いのしし肉) →12	ヤマダイ 山台〖大道具〗 →8
ヤマクズレ 山崩れ →13	ヤマダイコク 邪馬台国 →14b
ヤマグチ 山口〖地・姓〗 →21, 22	ヤマタカ 山高<ヤマタカボーシ 山高帽子 →10, 15
ヤマグチケン, ヤマグチケン 山口県 →14c	ヤマタカボー 山高帽 →14
ヤマグチシ, ヤマグチシ 山口市 →14c	ヤマダシ 山出し →5
ヤマグニ 山国 →4	ヤマタノオロチ 八岐の大蛇 →99
ヤマケ, ヤマケ, ヤマッケ, ヤマッケ 山(っ)気 →7d	ヤマダリュー 山田流 →14
ヤマゴエ 山越え →5	ヤマッケ, ヤマッケ 山っ気 →7d
ヤマゴシ 山越し(~に見る) →95	ヤマツズキ 山続き →13
ヤマゴシ, ヤマゴシ 山越し(~をする) →5	ヤマツツジ, ヤマツツジ 山躑躅 →12c
ヤマコトバ 山詞 →12	ヤマツナミ 山津波 →12
ヤマゴボー 山牛蒡 →15	ヤマテ, ヤマテ 山手 →4
ヤマゴモリ 山籠り →13	ヤマテセン 山手線 ⇒ヤマノテセン
ヤマゴヤ 山小屋 →12	ヤマデラ, 《古は ヤマデラ》 山寺 →4
ヤマサカ 山坂(~越えて) →18	ヤマト 大和(~の国) →21
ヤマザキ 山崎〖地・姓〗 →21, 22	ヤマトイモ 大和芋 →12
ヤマザクラ 山桜 →12	ヤマトウタ 大和歌 →12
ヤマザト, 《新は ヤマザト》 山里 →4	ヤマトエ, ヤマトエ 大和絵 →14
ヤマザル, ヤマザル 山猿 →4	ヤマトゴコロ 大和心 →12
ヤマシ 山師 →7	ヤマトゴト 大和琴 →12
ヤマジ, 《新は ヤマジ》 山路 →4	ヤマトコトバ 大和言葉 →12
ヤマシイ 疚しい →53	ヤマトジダイ 大和時代 →15
ヤマシゴト 山仕事 →12	ヤマトシマネ 大和島根 →12
ヤマシタ 山下〖地も〗 →4, 21	ヤマト(・)タケルノミコト, ヤマトタケルノミコト, ヤマトタケルノミコト 日本武尊 →97, 98
ヤマシタ 山下〖姓〗 →22	
ヤマシロ, ヤマシロ, 《古は ヤマシロ》 山城(~の国) →21	
ヤマスソ 山裾 →4	ヤマトダマシー 大和魂 →12
ヤマズタイ 山伝い →13	ヤマトナデシコ 大和撫子 →12
ヤマズミ 山積み →5	ヤマトニ 大和煮 →13
ヤマゾイ 山沿い →5	ヤマトニシキ 大和錦 →12
ヤマソダチ 山育ち →13	ヤマトマイ, ヤマトマイ 倭舞 →12
ヤマダ 山田《姓も》 →4, 22	ヤマトミンゾク 大和民族 →15
～(・)ゴーサク, ～(・)ゴーサク, ～(・)	ヤマドメ, ヤマドメ 山止め,山留め →5
	ヤマトモノガタリ 大和物語 →12
	ヤマトヤ 大和屋〖歌舞伎など〗 →94

‾ は高い部分　⁝ と ⁝ は高低が変る部分　⌐は次が下がる符号　→ は法則番号参照

ヤマドリ　山鳥 →4
ヤマナカ　山中(姓も)→4, 22
ヤマナカコ　山中湖 →14
ヤマナカブシ　山中節 →12
ヤマナシ　山梨〘地〙→21
ヤマナシケン, ヤマナシケン　山梨県
　→14c
ヤマナミ　山並 →4
ヤマナリ, ヤマナリ　山鳴り →5
ヤマネコ　山猫 →4
ヤマノイエ　山の家 →19
ヤマノイモ, ヤマノイモ　山の芋 →19
ヤマノウエノ(・)オクラ, ヤマノエノ(・)
　～, ヤマノウエノオクラ, ヤマノエ
　ノオクラ　山上憶良 →22, 24, 27
ヤマノカミ, ヤマノカミ, 《古は ヤマ
　ノカミ》　山の神 →19
ヤマノサチ　山の幸 →19
ヤマノテ, 《新は ヤマノテ》　山の手
　→19
ヤマノテセン　山の手線 →14
ヤマノハ, ヤマノハ　山の端 →19
ヤマノボリ　山登り →13
ヤマバ　山場(交渉の～) →4
ヤマハダ　山肌 →4
ヤマバタ, ヤマハタ　山畑 →4
ヤマバト, ヤマバト　山鳩 →4
ヤマバトイロ　山鳩色 →12
ヤマバン, ヤマバン　山番 →8
ヤマビコ, ヤマビコ　山彦 →3
ヤマヒダ　山襞 →4
ヤマビト, ヤマビト　山人 →4
ヤマビラキ　山開き →13
ヤマブキ　山吹 →5
ヤマブキイロ　山吹色 →12
ヤマブシ　山伏 →5
ヤマフトコロ, ヤマフトコロ, ヤマフ
　トコロ　山懐 →12c
ヤマベ　〘魚〙(=おいかわ) →4d

ヤマベ, ヤマベ　山辺 →4
ヤマベ　山辺・山部〘姓〙→22
　ヤマベノ・アカヒト, ヤマベノアカ
　ヒト　山部赤人 →24, 27
ヤマヘン　山偏(=山) →8
ヤマホーシ　山法師 →15
ヤマボコ, ヤマボコ　山鉾 →4
ヤマホド　山程(～ある) →67
ヤマホトトギス　山時鳥 →12
ヤママユ　山繭 →4
ヤマミズ　山水 →4
ヤマミチ　山道 →4
ヤマムラリュー　山村流 →14
ヤマメ, ヤマベ　山女〘魚〙→4
ヤマメグリ　山巡り →13
ヤマモチ, ヤマモチ　山持ち →5
ヤマモト　山元, 山下 →4　山本〘姓〙
　→22
ヤマモリ　山盛り →5
ヤマモリ　山守 →4
ヤマヤキ　山焼き →5
ヤマヤマ　山山(欲しいのは～だが)
　→57
ヤマヤマ　山山(伊豆の～) →11
ヤマユリ　山百合 →4
ヤマワケ, ヤマワケ　山分け →5
ヤマンバ, 《新は ヤマンバ》　山姥
　→4d
ヤミ　闇 →1
ヤミアガリ　病み上がり →13
ヤミイチ, ヤミイチ　闇市 →4
ヤミウチ　闇討ち →5
ヤミウリ　闇売り →5
ヤミキンユー　闇金融 →15
ヤミクモ　闇雲〘俗〙(～に働く) →4
ヤミジ, ヤミジ　闇路 →4
ヤミジル, ヤミジル　闇汁 →4
ヤミソーバ　闇相場 →12
ヤミツキ　病付き(～になる) →5

ガギグゲゴは鼻濁音　カタカナ細字は母音の無声化　★は長音にもなる符号

ヤミツク──ヤリクリ　924

ヤミツク，《新は ヤミヅク》 病み付く →45

ヤミトリヒキ，ヤミトリヒキ 闇取引 →12

ヤミネ，ヤミネ 闇値 →4

ヤミノオンナ 闇の女 →98

ヤミブッシ 闇物資 →15

ヤミホーケル 病み惚ける →45

ヤミヤ 闇屋 →94

ヤミヤミ，ヤミヤミ 闇闇(~と) →57

ヤミヨ 闇夜 →4

ヤミルート 闇 route →16

ヤミワズライ，ヤミワズライ，《古・強は ヤミワズライ》 病煩い →18

ヤム 止む ヤマナイ，ヤミマス，ヤンデ，ヤメバ，ヤメ →43

ヤム 病む(タビニ・ヤンデ 旅に病んで) →43, 97

ヤムオエズ 止むを得ず →99

ヤムオエナイ 止むを得ない →99

ヤムチャ，ヤムチャ 飲茶[華]

ヤムナク，ヤムナク 止むなく(~帰る) →67

ヤメ 止め →2

ヤメル 止める，罷める ヤメナイ，ヤメヨー，ヤメマス，ヤメテ，ヤメレバ，ヤメロ →44

ヤメル 病める(後腹が~) →44

ヤモオ 鰥夫 →4

ヤモーショー，ヤモーショー 夜盲症 →14a

ヤモ(・)ダテモ 矢も盾も(~たまらず) →97, 98

ヤモメ 寡，鰥 →4

ヤモメグラシ 寡暮し，鰥暮し →13

ヤモリ 守宮[動] →4

ヤモン 八文[足袋] →34

ヤモンハン 八文半[足袋] →38

ヤヤ 稍 →68

ヤヤッコシイ，《ヤヤコシイ は中部以西方言》 →52d

ヤヤモスルト 動もすると →98

ヤヤモ(・)スレバ 動もすれば →97, 98

ヤユ 揶揄 →7

ヤヨイ 弥(彌)生《女名も》 →5d, 23

ヤヨイシキドキ 弥生式土器 →15

ヤヨイジダイ 弥生時代 →15

……ヤラ; ……ヤラ 〖助〗(ナクヤラ 泣く~，ヨムヤラ 読む~，アカイヤラ 赤い~，シロイヤラ 白い~) →72, 74b

……ヤラ; ……ヤラ; ……ヤラ 〖助〗(トリヤラ 鳥~，ハナヤラ 花~，アメヤラ 雨~) →71

ヤライ 矢来 →2

ヤライ，ヤライ 夜来(~の雨) →8

ヤラカス，ヤラカス 遣らかす〖俗〗 →44

ヤラズノアメ 遣らずの雨 →19

ヤラズ(・)ブッタクリ 遣らずぶったくり〖俗〗 →97, 98

ヤラセ 遣らせ〖テレビなど〗 →2

ヤラセル 遣らせる →44

ヤリ 槍 →1

ヤリアウ 遣り合う →45

ヤリイカ，ヤリイカ 槍烏賊 →4

ヤリガイ 遣り甲斐 →5

ヤリカエシ 遣返し →13

ヤリカエス 遣り返す →45

ヤリカエル，ヤリカエル 遣り替える →45b

ヤリカケ 遣掛け →95

ヤリカタ 遣り方 →95

ヤリガタケ 槍ヶ岳 →19

ヤリキレナイ 遣り切れない →83

ヤリクチ，ヤリクチ 遣り口 →5

ヤリクリ，ヤリクリ 遣繰り(~がつかない) →5

ヤリクリサンダン 遣繰算段 →15

￣は高い部分　…と˙˙は高低が変る部分　￣は次が下がる符号　→は法則番号参照

ヤリクル 遣り繰る →45
ヤリコナス 遣りこなす(立派に～) →45
ヤリコメル 遣り込める →45
ヤリサキ 槍先 →4
ヤリサビ 槍錆〘端唄〙 →4
ヤリスギ 遣り過ぎ →5
ヤリスギル 遣り過ぎる →45
ヤリスゴス 遣り過ごす →45
ヤリソコナイ 遣損い →13
ヤリソコナウ 遣り損う →45
ヤリダス 遣り出す →45
ヤリダマ 槍玉(～にあげる) →4
ヤリツケル 遣り付ける →45
ヤリッパナシ 遣っ放し →95
ヤリテ 遣手 →5
ヤリテババ, ヤリテババー 遣手婆 →12
ヤリド, ヤリド 遣戸 →5
ヤリトース 遣り通す →45
ヤリトゲル 遣り遂げる →45
ヤリトリ 遣取り →18
ヤリナオシ 遣直し →13
ヤリナオス 遣り直す →45
ヤリナゲ, ヤリナゲ, ヤリナゲ 槍投 →5
ヤリヌク 遣り抜く →45
ヤリバ 遣場 →5
ヤリブスマ 槍衾(～を作る) →12
ヤリミズ, ヤリミズ 遣水 →5
ヤリモチ, ヤリモチ, ヤリモチ 槍持ち →5
ヤリヨー 遣様 →8
ヤル 遣る ヤラナイ, ヤロー, ヤリマス, ヤッテ, ヤレバ, ヤレ →43
ヤルカタ 遣る方(～ない) →19
ヤルキ 遣る気 →5
ヤルセ 遣瀬 →19
ヤルセナイ 遣瀬無い →54

ヤレ 〘感〙(～さて) →66
ヤレ 破れ →2
ヤレヤレ 〘感〙 →68
ヤロー, ヤロー 野郎 →8
ヤローカブキ 野郎歌舞伎 →12
ヤワ 柔 →51 夜話 →7
ヤワタ,《北九州市は ヤハタ》 八幡〘地〙 →21
ヤワタノヤブシラズ 八幡の藪知らず →98
ヤワハダ 柔肌 →5
ヤワラ 柔(=柔道) →3
ヤワラカ 柔らか(～に) →55
ヤワラカイ 柔らかい →53
ヤワラカミ 柔らかみ →93
ヤワラカモノ 柔らか物 →12
ヤワラグ 和らぐ →44
ヤワラゲル 和らげる →44
ヤンキー Yankee〘俗〙 →9
ヤンキース Yankees〘野球〙 →28
ヤング young →9
ヤンゴトナシ 止ん事無し(ヤンゴトナキ) →51
ヤンチャ, ヤンチャ 〘俗〙(あの子は～だ)
ヤンマ 〘とんぼ〙
ヤンヤ (～とはやす) →66
ヤンワリ (～と) →55

ユ 湯(オユ 御～) →1, 92
ユアカ 湯垢 →4
ユアガリ 湯上がり →13
ユアガリダオル 湯上がり towel →16
ユアゲ 湯上げ →5
ユアゲタオル 湯上げ towel →16
ユアタリ 湯中り →13

ユアツ──ユーカン

ユアツ 油圧 →8	ユーウツショー, ユーウツショー, ユーウツショー 憂鬱症 →14c
ユアミ 湯浴み →5	ユーエイ 遊泳 →8
ユイ 結(=結うこと。農作業などは ユイ) →2	ユーエイキンシ 遊泳禁止 →98
ユイアゲル 結い上げる →45	ユーエキ 有益 →8
ユイイツ,(ユイツ) 唯一 →8d	ユーエスエー USA →16
ユイガ(・)ドクソン 唯我独尊 →97,98	ユーエスビー USB →16
ユイガハマ,《新は ユイガハマ》 由比ヶ浜 →19	ユーエツ 優越 →8
ユイガミ 結髪 →5	ユーエツカン, ユーエッカン 優越感 →14c
ユイゴン 遺言 →8	ユーエン 幽艶,悠遠,優婉,遊園 →8
ユイゴンジョー 遺言状 →14	ユーエンチ 遊園地 →14a
ユイショ 由緒 →7	ユーオーマイシン 勇往邁進 →98
ユイシンロン 唯心論 →14a	ユーガ 優雅 →7
ユイタテ, イータテ 結立て →95d	ユーカイ 誘拐,融解,幽界 →8
ユイツケル 結い付ける →45	ユーガイ 言甲斐(～が無い) →19 有害,有蓋 →8
ユイノー 結納 →8	ユーガイカシャ 有蓋貨車 →15
ユイビシュギ 唯美主義 →15	ユーカイザイ, ユーカイザイ 誘拐罪 →14b
ユイブツシカン, ユイブツジカン 唯物史観 →15	ユーガイテン 融解点 →14b
ユイブツベンショーホー, ユイブツベンショーホー 唯物弁証法 →17	ユーガイネツ 融解熱 →14b
ユイブツロン 唯物論 →14	ユーガオ 夕顔 →4
ユイワタ, イーワタ 結綿 →5d	ユーガオダナ, ユーガオダナ 夕顔棚 →12
ユー 言う イワナイ, イオー, イーマス, イッテ, イエバ, イエ →43	ユーカク 遊郭 →8
ユー, ユー 夕 →1	ユーカク, ユーキャク 遊客 →8
ユー 木綿 →1 友,優,尤,有,勇,雄 →6	ユーガク 遊学 →8
ユウ 結う →43	ユーカゲ, ユーカゲ 夕影 →4
ユーアイ 友愛 →8	ユーカショーケン 有価証券 →15
ユーアカリ 夕明り →12	ユーガスミ 夕霞 →12
ユーアク 優渥 →8	ユーカゼ 夕風 →4
ユーイ 有為,雄偉,優位,有意 →7	ユーガタ 夕方 →95
ユーイギ 有意義 →15	ユーガトー 誘蛾灯 →14
ユーイサ 有意差 →14	ユーガブツ 有価物 →14
ユーイン 誘引,誘因 →8	ユーカラ Yukar[アイ/ヌ] →9
ユーウツ 憂鬱 →8	ユーカリ <eucalyptus【植】 →9
ユーウツシツ 憂鬱質 →14	ユーカン 夕刊,有閑,勇敢,憂患 →8
	ユーカンガイキュー 有閑階級 →15

‾は高い部分 ‥と‥は高低が変る部分 ⌐は次が下がる符号 →は法則番号参照

ユーカン──ユーシオ

ユーカンフジン　有閑夫人 →15

ユーカンマダム　有閑 madame〔仏〕
　→16

ユーキ　結城〖地・織物〗→21

ユーキ　有期, 有機, 勇気, 幽鬼 →7

ユーギ　遊戯, 遊技, 友誼 →7

ユーキカガク　有機化学 →15

ユーキカゴーブツ　有機化合物 →17

ユーキサイバイ　有機栽培 →15

ユーキシツ　有機質 →14

ユーギジョー　遊技場 →14

ユーキスイギン　有機水銀 →15

ユーキタイ　有機体 →14

ユーキツムギ　結城紬 →12

ユーキテキ　有機的 →95

ユーギテキ　遊戯的, 友誼的 →95

ユーキノーホー　有機農法 →15

ユーキヒリョー　有機肥料 →15

ユーキブツ　有機物 →14

ユーキモメン　結城木綿 →15

ユーキュー　悠久, 遊休, 有給 →8

ユーキューキューカ　有給休暇 →15

ユーキューシセツ, ユーキューシセツ
　遊休施設 →15

ユーキューチ　遊休地 →14a

ユーキョー　遊侠(～の徒), 幽境 →8

ユーキョー, 《古は ユーキョー》　遊興
　→8

ユーキョーゼイ★　遊興税 →14a

ユーギリ　夕霧《人も》→4, 23

ユーキン　遊金 →8

ユーギン　遊吟 →8

ユーグ　遊具 →7

ユーグー　優遇 →8

ユーグモ, ユーグモ　夕雲 →4

ユーグモリ, ユーグモリ　夕曇り →13

ユーグレ　夕暮 →4

ユーグレガタ　夕暮方 →95

ユークン　遊君 →94

ユーグン　友軍, 遊軍 →8

ユーゲ　夕餉 →4

ユーケイ★　夕景, 有形, 雄鶏 →8

ユーゲイ★, 《新は ユーゲイ★》　遊芸 →8

ユーゲキ　遊撃 →8

ユーゲキシュ, ユーゲキシュ　遊撃手
　→14c

ユーゲキセン　遊撃戦 →14

ユーゲキタイ　遊撃隊 →14

ユーゲシキ　夕景色 →15

ユーゲショー　夕化粧 →15

ユーゲムリ, ユーゲムリ　夕煙 →12

ユーケン　勇健, 郵券 →8

ユーゲン　幽玄, 有限 →8

ユーゲンガイシャ　有限会社 →15

ユーケンシャ　有権者 →14a

ユーコー　有効, 友好, 有功, 遊行 →8

ユーゴー　融合 →8

ユーコーキカン, ユーコーキカン　有
　効期間 →15

ユーコーコク　友好国 →14a

ユーコーセイブン　有効成分 →15

ユーコク　夕刻, 幽谷(深山～), 憂国 →8

ユーゴスラビア　Yugoslavia〖国〗→21

ユーゴハン　夕御飯 →15

ユーコン　雄渾, 幽魂 →8

ユーザー　user →9

ユーザイ　有罪 →8

ユーサンカイキュー　有産階級 →15

ユーザンス　usance →9

ユーシ　遊資, 遊子, 有史, 有志, 雄志, 雄
　姿, 勇姿, 勇士 →7

ユーシ, ユーシ　融資 →7

ユージ　有事(～の際) →7

ユーシ・イゼン, ユーシイゼン　有史
　以前 →97, 99

ユーシ・イライ, ユーシイライ　有史
　以来 →97, 99

ユーシオ　夕潮 →4

ガギグゲゴは鼻濁音　カタカナ細字は母音の無声化　★は長音にもなる符号

ユーシカ――ユーソク　　928

ユーシカイヒコー　有視界飛行 →15	ユースー　有数 →8
ユージガク　融資額 →14	ユーズー　融通 →8
ユーシキ　有識(～の士) →8	ユーズーテガタ　融通手形 →12
ユーシキシャ　有識者 →14	ユーズーネンブツシュー, ユーズーネンブツシュー　融通念仏宗 →17
ユージグレ　夕時雨 →12	ユーズー(・)ムゲ　融通無碍 →97,98
ユーシテッセン　有刺鉄線 →15	ユーズキ　夕月 →4
ユーシャ　勇者 →7	ユーズキヨ, ユーズキヨ　夕月夜 →12
ユーシュー　優秀,有終(～の美),幽囚,幽愁,憂愁 →8	ユースズ　夕涼 →5
ユージュー　優柔 →8	ユースズミ, ユースズミ　夕涼み →13
ユージューフダン, ユージュー(・)フダン　優柔不断 →99,98,97	ユーズツ　夕星 →4
ユーシュツ　湧出 →8	ユースホステル　youth hostel →16
ユージョ　宥恕,佑助,遊女 →7	ユースル　有する →48
ユーショー　優勝,優賞,有償,勇将 →8	ユーセイ　優勢,優生,優性,雄性,遊星 →8
ユージョー　友情 →8	ユーセイ, ユーセイ　郵政 →8
ユーショーキ　優勝旗 →14a	ユーゼイ　遊説,有税,郵税 →8
ユーショーコー　優勝校 →14a	ユーセイオン　有声音 →14b
ユーショーシャ　優勝者 →14a	ユーセイガク　優生学 →14b
ユーショーセン, ユーショーセン　優勝戦 →14a	ユーセイショー　郵政省 →14b
ユーショーハイ　優勝杯 →14a	ユーセイダイジン　郵政大臣 →15
ユーショーレッパイ　優勝劣敗 →98	ユーセイホゴホー　優生保護法 →17
ユーショク　夕食,有色,憂色 →8	ユーセツ　融雪 →8
ユーショク, ユーソク　有職 →8d	ユーセン　勇戦,優先 →8　郵船<郵便船《会社名は ユーセン》→10,29
ユーショクジンシュ　有色人種 →15	ユーセン, ユーセン　有線 →8
ユーショクヤサイ　有色野菜 →15	ユーゼン　悠然,油然 →56
ユージョグルイ　遊女狂い →13	ユーゼン　友禅 →3
ユージョヤ　遊女屋 →94	ユーゼンカブ　優先株 →12a
ユージリッポー　有事立法 →15	ユーセンケン　優先権 →14a
ユーシン　雄心(～勃勃ぼつ) →8	ユーセンジュンイ　優先順位 →15
ユージン　友人 →8	ユーゼンゾメ　友禅染め →13
ユージンロケット, ユージンロケット　有人 rocket →16	ユーゼンチリメン　友禅縮緬 →15
ユージンロン　有神論 →14a	ユーセンテキ　優先的 →95
ユース　有す →48	ユーセンホーソー　有線放送 →15
ユースイ　湧水,幽邃 →8	ユーゼンモヨー　友禅模様 →15
ユーズイ　雄蕊 →8	ユーソー　勇壮,郵送 →8
ユースイチ　遊水池 →14b	ユーソーリョー　郵送料 →14a
	ユーソク　有職 →8

― は高い部分　… と … は高低が変る部分　「は次が下がる符号　→は法則番号参照

929　ユーソク━━ユーベン

ユーソクコジツ　有職故実　→99	ユーバリ　夕張〚地〛　→21
ユーゾラ　夕空　→4	ユーバレ　夕晴れ　→5
ユーダ　遊惰　→7	ユーハン　夕飯(オユーハン　御～)
ユーターン　U-turn　→16	→8, 92
ユータイ　勇退, 優待, 郵袋　→8	ユーハン　雄藩　→8
ユーダイ　雄大　→8	ユーヒ　夕日　→4
ユーダイケン　優待券　→14b	ユーヒ　雄飛　→7
ユーダチ　夕立　→5	ユービ　優美　→7
ユーダチグモ　夕立雲　→12	ユービエ　夕冷え　→5
ユーダン　勇断　→8	ユーヒカゲ, ユーヒカゲ　夕日影
ユーダンシャ　有段者　→14a	→12c
ユーチ, ユーチ　誘致　→7	ユーヒツ　雄筆　→8
ユーチョー　悠長　→8	ユーヒツ　右筆, 祐筆　→8
ユーティリティー　utility　→9	ユービン　郵便　→8
ユーテン　融点　→8	ユービンウケ　郵便受け　→13a
ユーテンジ　祐天寺〚地〛　→14a	ユービンガワセ　郵便為替　→12
ユート　雄図　→7	ユービンキッテ　郵便切手　→12
ユートー　遊蕩, 優等, 友党　→8	ユービンキョク　郵便局　→14a
ユードー　誘導　→8	ユービンチョキン　郵便貯金　→15
ユードーエンボク　遊動円木　→15	ユービンネンキン　郵便年金　→15
ユートージ　遊蕩児　→14a	ユービンハイタツ　郵便配達　→15
ユートーショー　優等賞　→14a	ユービンハガキ　郵便葉書　→12
ユードージンモン　誘導訊問　→15	ユービンバコ　郵便箱　→12a
ユードーセイ★　優等生　→14a	ユービンバンゴー　郵便番号　→15
ユードータイ　誘導体　→14	ユービンブツ　郵便物　→14a
ユードーダン, ユードーダン　誘導弾	ユービンポスト　郵便 post　→16
→14a	ユービンヤ　郵便屋(～さん)　→94
ユートク, ウトク　有徳　→8	ユービンリョー　郵便料　→14a
ユードク　有毒　→8	ユーフ　有夫　→7
ユードクショクブツ　有毒植物　→15	ユーブ　勇武　→7
ユートピア　Utopia　→9	ユーフォー, ユーエフオー　UFO　→16
ユーナギ　夕凪　→4	ユーフク, ユーフク　裕福　→8
ユーナミ　夕波　→4	ユーブツ　尤物　→8
ユーナリ　言うなり(～になる)　→95	ユーベ, 《副詞的には ユーベ》　夕, 昨夜
ユーニ　優に(～やさしい)　→67	→4, 62
ユーノー　有能　→8	ユーヘイ★　幽閉　→8
ユーバエ　夕映え　→5	ユーヘン　雄編(篇)　→8
ユーハツ　誘発　→8	ユーベン, ユーベン　雄弁　→8
ユーパック　郵 pack　→16	ユーベンカ　雄弁家　→14

ガギグゲゴは鼻濁音　カタカナ細字は母音の無声化　★は長音にもなる符号

ユーホ――ユーワ　　930

ユーホ　遊歩 →7	悠悠自適 →97, 98
ユーホー　友邦, 雄峰 →8	ユーヨ　猶予 →7
ユーボー　有望 →8	……ユーヨ　…有余（ゴジュー¬ユーヨ
ユーボク　遊牧 →8	五十～, イ¬チネンユーヨ　一年～）
ユーボクミン　遊牧民 →14	→38
ユーホジョー, ユーホジョー　遊歩場	ユーヨー　悠揚 →58　有用 →8
→14	ユーラク　遊楽 →8
ユーホドー　遊歩道 →14	ユーラクザ　有楽座 →14
ユーマグレ　夕間暮れ →12	ユーラクチョー, ユーラクチョー　有
ユーミン　遊民 →8	楽町〖地〗 →14c
ユーメイ　有名, 勇名, 幽冥 →8	ユーラクチョーセン　有楽町線 →14
ユーメイ, ユーメイ　幽明（～境さかを異	ユーラシア　Eurasia →9
にする）→18	ユーラン　遊覧 →8
ユーメイカイ　幽冥界 →14b	ユーランキャク　遊覧客 →14a
ユーメイコー　有名校 →14b	ユーランケン　遊覧券 →14a
ユーメイジン　有名人 →14b	ユーランシャ　遊覧者 →14a
ユーメイゼイ　有名税 →14b	ユーランセン　遊覧船 →14
ユーメイヒン, ユーメイヒン　有名品	ユーランバス　遊覧 bus →16
→14b	ユーリ　有利, 遊里 →7
ユーメイムジツ　有名無実 →98	ユーリ, ユーリ　遊離 →7
ユーメシ　夕飯 →4	ユーリスー　有理数 →14
ユーメン　宥免 →8	ユーリョ　憂慮 →7
ユーモア　humor, humour →9	ユーリョー　優良, 遊猟, 有料 →8
ユーモアショーセツ　humor 小説 →15	ユーリョーカブ　優良株 →12a
ユーモー　勇猛 →8	ユーリョーコー　優良校 →14a
ユーモーシン　勇猛心 →14a	ユーリョージ　優良児 →14a
ユーモヤ　夕靄 →4	ユーリョードーロ　有料道路 →15
ユーモラス　humorous →9	ユーリョク　有力 →8
ユーモン　憂悶, 幽門 →8	ユーリョクシ, ユーリョクシ　有力視
ユーヤク　勇躍 →8	→14c
ユーヤク　釉薬 →8	ユーリョクシャ, ユーリョクシャ　有
ユーヤケ　夕焼け →5	力者 →14c
ユーヤケコヤケ　夕焼け小焼け →98	ユーレイ　幽霊 →8
ユーヤミ　夕闇 →4	ユーレイガイシャ　幽霊会社 →15
ユーヤロー　遊冶郎 →25	ユーレイジンコー　幽霊人口 →15
ユーユー, ユーユー　悠悠 →58	ユーレキ　遊歴 →8
ユーユー(·)カンカン, ユーユーカンカ	ユーレツ, ユーレツ　優劣 →18
ン　悠悠閑閑 →59	ユーロ　Euro →9
ユーユー(·)ジテキ, ユーユージテキ	ユーワ　融和, 宥和 →7

￣は高い部分　｀｀と´´は高低が変る部分　¬は次が下がる符号　→は法則番号参照

931　　ユーワク──ユキガカ

ユーワク 誘惑 →8
ユーワサク 宥和策 →14
ユエ 故 →1
……**ユエ**, ……**ユエ**; ……**ユエ** …故〖助〗(**ナクユエ**, **ナクユエ** 泣く～, **ヨムユエ** 読む～, **アカイユエ**, **アカイユエ** 赤い～, **シロイユエ** 白い～) →72, 74
……**ユエ**, ……**ユエ**; ……**ユエ**; ……**ユエ** …故〖助〗(**トリユエ**, **トリユエ** 鳥～, **ハナユエ** 花～, **アメユエ** 雨～) →71
ユエツ 愉悦 →8
ユエナシ, **ユエナシ** 故無し(～としない) →51
ユエニ, 《新は **ユエニ**》 故に →67
ユエン 油煙 →8　所以
ユエンズミ, **ユエンズミ** 油煙墨 →12a
ユオー, **イオー** 硫黄 →8d
ユオーカ, **イオーカ** 硫黄華 →14
ユオーセン, **イオーセン** 硫黄泉 →14
ユオケ, **ユオケ** 湯桶 →4
ユカ 床 →1
ユカイ 愉快 →8
ユカイタ 床板 →4
ユカウエ 床上 →4
ユカウエジンスイ 床上浸水 →15
ユカウンドー 床運動 →15
ユガク 湯掻く →46
ユガケ 弓懸 →5
ユカゲン 湯加減 →15
ユカシイ★ 懐しい, 床しい →52
ユカシタ 床下 →4
ユカタ 浴衣<**ユカタビラ** 湯帷子 →10, 12
ユカタオビ 浴衣帯 →12
ユカタガケ 浴衣掛け →13
ユカタジ 浴衣地 →14

ユカダンボー 床暖房 →15
ユカバリ 床張り →5
ユカホン 床本〖浄瑠璃〗→8
ユガミ, 《新は **ユガミ**》 歪み →2
ユガム, 《新は **ユガム**》 歪む →43
ユガメル, 《新は **ユガメル**》 歪める →44
ユカメンセキ 床面積 →15
ユカリ, 《古・食品は **ユカリ**》 縁 →1
ユガワラ 湯河原〖地〗→21
ユカン, 《新は **ユカン**》 湯灌 →8
ユキ 桁 →1
ユキ, **イキ** 行き →2
ユキ, 《地唄・箏・女名は **ユキ**》 雪 →1, 23
……**ユキ** …行き(**オンセンユキ** 温泉～), …行(**ナガノユキ** 長野～) →13
行き～の **ユキ～** は **イキ～** とも
ユギ 靫 →1
ユキアウ 行き合う →45
ユキアカリ 雪明り →12
ユキアソビ 雪遊び →13
ユキアタリバッタリ, **ユキアタリバッタリ** 行き当りばったり →59
ユキアタル 行き当る →45
ユキアナ 雪穴 →4
ユキアワセル 行き合わせる →45
ユキウサギ 雪兎 →12
ユキエ 雪枝・幸江〖女名〗→25
ユキオ 幸夫・行男・由起雄〖男名〗→25
ユキオーイ 雪覆い →13
ユキオコシ 雪起し〖雷〗→13
ユキオトコ 雪男 →12
ユキオレ, **ユキオレ** 雪折れ →5
ユキオロシ 雪下し →13
ユキオンナ 雪女 →12
ユキカウ 行き交う →45
ユキカエリ 行き返り, 行き帰り →18
ユキガカリ 行き掛かり →13

ガギグゲゴは鼻濁音　カタカナ細字は母音の無声化　★は長音にもなる符号

ユキガカ──ユキミチ 932

ユキガカリジョー 行掛かり上 →14	**ユキタケ, ユキタケ** 裄丈(〜を合わす) →18c
ユキカカル 行き掛かる →45	**ユキダマ** 雪玉 →4
ユキカキ, ユキカキ 雪掻き →5	**ユキダルマ** 雪達磨 →15
ユキガケ 行き掛け(〜の駄賃) →95	**ユキチガイ** 行き違い →13
ユキガコイ 雪囲い →13	**ユキチガウ** 行き違う →45
ユキカタ 行き方(=やりかた) →95	**ユキチガエル, ユキチガエル** 行き違える →45b
ユキガタ 行方(=ゆくえ) →5 雪形 →4	**ユキツク, ユキツク** 行き着く →45
ユキガタシレズ 行方知れず →13	**ユキツブテ** 雪礫 →12
ユキガッセン 雪合戦 →15	**ユキツ・モドリツ** 行きつ戻りつ →73
ユキカヨイ 行通い →18	**ユキツリ, ユキツリ** 雪釣り〘遊び〙 →5
ユキキ, ユキキ, ユキキ 行き来 →18c	**ユキドケ, ユキドケ** 雪解け →5
ユキギエ 雪消え →5	**ユキドケミズ** 雪解け水 →12
ユキグツ 雪靴 →4	**ユキドコロ** 行き所 →12
ユキグニ 雪国 →4	**ユキトドク** 行き届く →45
ユキグモ, ユキグモ 雪雲 →4	**ユキドマリ** 行き止まり →13
ユキグモリ 雪曇り →13	**ユキドマル** 行き止まる →44
ユキクレル 行き暮れる →45	**ユキナゲ, ユキナゲ, ユキナゲ** 雪投げ →5
ユキゲ 雪消(〜の水) →5	**ユキナダレ** 雪雪崩 →12
ユキゲシキ 雪景色 →15	**ユキナヤミ** 行き悩み →13
ユキゲショー 雪化粧 →15	**ユキナヤム** 行き悩む →45
ユキケムリ 雪煙 →12	**ユキヌケ** 行き抜け →5
ユキコ 雪子・幸子〘女名〙 →25	**ユキノシタ** 雪の下〘植〙 →19
ユキコロガシ 雪転がし →13	**ユキバ** 行き場 →5
ユキサキ 行き先 →5	**ユキバカマ** 雪袴 →12
ユキサラシ 雪晒し →13	**ユキバレ** 雪晴れ →5
ユキジタク 雪支度 →15	**ユキビサシ** 雪庇 →12
ユキシツ 雪質 →8	**ユキビヨリ** 雪日和 →12
ユキシナ 行きしな(〜に) →95	**ユキヒラ** 行平〘人・鍋〙 →24, 3
ユキジョロー 雪女郎 →15	**ユキフミ, ユキフミ** 雪踏み →5
ユキスギ 行過ぎ →5	**ユキフリ, ユキフリ** 雪降り →5
ユキスギル 行き過ぎる →45	**ユキマ, ユキマ** 雪間 →4
ユキズマリ 行詰まり →13	**ユキマツリ** 雪祭 →12
ユキズマル 行き詰まる →44	**ユキミ** 雪見 →5
ユキズリ 行き摩り →5	**ユキミザケ** 雪見酒 →12
ユキズリ, ユキズリ(ズはツとも) 雪吊り(松の〜) →5	**ユキミチ** 行き道 →5
ユキゾラ, ユキゾラ 雪空 →4	
ユキダオレ 行き倒れ →13	

‾は高い部分　⋯と⋯は高低が変る部分　⌐は次が下がる符号　→は法則番号参照

933　　　　　　　　　　ユキミチ──ユズリジ

ユキ˥ミチ 雪道 →4	ユサ˥ブル 揺さ振る →46
ユキミド˥ーロー 雪見灯籠 →15	ユザ˥マシ 湯冷まし →13
ユキミ˥マイ 雪見舞 →12	ユザ˥メ 湯冷め(~がする) →5
ユキ˥ムシ 雪虫 →4	ユ˥サユサ (~ゆする, ~と) →57
ユキ˥ムスメ 雪娘 →12	ユサン, ユサン 遊山 →8
ユキモ˥ドリ 行き戻り →18	ユサンキ˥ブン 遊山気分 →15
ユキモ˥ヨイ 雪催 →13	ユサンブ˥ネ 遊山船 →12
ユキモ˥ヨー 雪模様 →15	ユ˥シ 諭示, 諭旨, 油紙 →7　油脂 →18
ユキヤケ, ユキヤケ 雪焼け →5	ユシ˥タイ˥ガク, ユ˥シタイガク 諭旨退
ユキヤ˥ナギ 雪柳 →12	学 →15,98
ユキヤマ 雪山 →4	ユ˥シマ 湯島〖地〗 →21
ユ˥ギョー 遊行 →8	ユシュツ 輸出 →8
ユキヨケ, ユキヨケ 雪除け →5	ユシュツキ˥セイ★ 輸出規制 →15
ユキワ˥タル 行き渡る →45	ユシュツ˥コク 輸出国 →14
ユキワリソー 雪割草 →14	ユシュツ˥サキ 輸出先 →12
ユク, イク 行く, 逝く　ユカ˥ナイ, ユ	ユシュツチョ˥ーカ 輸出超過 →15
コ˥ー, ユキマ˥ス, イッ˥テ, ユケ˥バ,	ユシュツニュー 輸出入 →17
ユケ˥(ユはイとも) →43	ユシュツヒン, ユシュツヒン 輸出品
ユクエ 行方 →19	→14
ユクエ˥シレズ 行方知れず →13	ユジョー 油状 →8
ユクエフ˥メイ★ 行方不明 →15	ユ˥ズ 柚 →1
ユク˥サキ 行く先 →19	ユズ˥カレ 湯疲れ →13
ユクサキ˥ザキ 行く先先 →19	ユス˥ギ 濯ぎ(~が足りない) →2
ユクスエ 行く末 →19	ユスグ 濯ぐ →43
ユ˥グチ 湯口 →4	ユズケ, ユズケ 湯漬 →5
ユク˥テ, ユクテ˥ 行く手 →19	ユスブル 揺す振る →46
ユクトシ 行く年 →19	ユズミソ, ユズミ˥ソ 柚味噌 →15
ユクユク 行く行く(~は) →68	ユズ˥ユ 柚湯(冬至の~) →4
ユクリ˥ナク (~も) →67	ユスラ˥ウメ, ユスラ˥ンメ 梅桃〖植〗
ユ˥ゲ 湯気 →7	→12
ユ˥ゲタ 湯桁 →4	ユ˥スリ 揺すり, 強請 →2
ユケツ 輸血 →8	ユ˥ズリ 譲り(オユ˥ズリ 御~) →2,92
ユ˥ゲムリ 湯煙 →12	ユズリアイ 譲り合い →13
ユゴー 癒合 →8	ユズリア˥ウ 譲り合う →45
ユコク 諭告 →8	ユスリア˥ゲル 揺すり上げる →45
ユコ˥ボシ 湯零し →13	ユズリウ˥ケル 譲り受ける →45
ユサ˥イ 油彩 →8	ユスリオ˥コス 揺すり起す →45
ユサブリ 揺振り(~をかける) →2	ユズリジョー, ユズリ˥ジョー 譲状
ユサブリセ˥ンジュツ 揺振り戦術 →15	→14

ガ゚ギ゚グ゚ゲ゚ゴ゚は鼻濁音　カタカナ細字は母音の無声化　★は長音にもなる符号

ユズリハ──ユノハナ

ユズリハ 譲葉 →12
ユズリワタス 譲り渡す →45
ユスル 揺する,強請る →44
ユズル 譲る ユズラナイ, ユズロー, ユズリマス, ユズッテ, ユズレバ, ユズレ →43
ユズル 弓弦 →4
ユスレル 揺すれる(=揺れる) →44
ユセイ★ 油井,油性 →8
ユセン 湯銭 →8
ユセン, ユセン 湯煎 →8
ユソー 輸送,油槽 →8
ユソーセン 輸送船,油槽船 →14
ユソーヒ 輸送費 →14a
ユソーリョー 輸送料,輸送量 →14a
ユソーリョク 輸送力 →14a
ユダ Judas〔拉〕〖人〗→23
ユタカ 豊か →55 豊〖男名〗→23
ユダキ 湯滝 →4
ユダネル 委ねる →43
ユダマ, ユダマ 湯玉 →4
ユダヤ Judaea〔拉〕〖国〗→21
ユダヤジン Judaea 人〔拉〕→14
ユダル 茹る →44
ユタン, ユタン 油単(~をかける) →8
ユダン 油断 →8
ユダン(・)ダイテキ 油断大敵 →97,98
ユタンポ 湯湯婆 →15
ユチャ 湯茶(~の接待) →18
ユチャク 癒着 →8
ユックリ 緩り(~する,~と) →55
ユッタリ 寛り(~する,~と) →55
ユツボ 湯壺 →4
ユデ 茹で →2
ユデアガル, ユデアガル 茹で上がる →45
ユデアゲル, ユデアゲル 茹で上げる →45
ユデアズキ 茹小豆 →12

ユデグリ 茹栗 →5
ユデコボス, ユデコボス 茹で溢す →45
ユデダコ, ユデダコ 茹蛸 →5
ユデタマゴ, ユデタマゴ 茹玉子 →12
ユデメン, ユデメン 茹麺 →8
ユデル 茹でる →43
ユデン 油田 →8
ユトー 湯桶 →8
ユドーシ 湯通し →13
ユドーフ 湯豆腐 →15
ユトーヨミ 湯桶読み →13
ユドノ, 《新は ユドノ》 湯殿(オユドノ 御~) →4, 92
ユトリ (=余裕)
ユナ 湯女 →4
ユニ 湯煮 →5
ユニーク unique →9
ユニオン union →9
ユニオンジャック Union Jack →16
ユニオンショップ union shop →16
ユニセフ UNICEF →16
ユニット, ユニット unit →9
ユニットカグ unit 家具 →15
ユニットバス unit bath〔和〕→16
ユニバーシアード Universiade →9
ユニホーム, ユニホーム, ユニフォーム, ユニフォーム uniform →9
ユニュー 輸入 →8
ユニューコク 輸入国 →14a
ユニューゼイ★ 輸入税 →14a
ユニューチョーカ 輸入超過 →15
ユニューヒン, ユニューヒン 輸入品 →14a
ユニョーカン, ユニョーカン 輸尿管 →14a
ユネスコ, ユネスコ UNESCO →16
ユノジ 湯熨し →5
ユノハナ, ユノハナ 湯の華 →19

￣は高い部分 ˙˙と˙˙˙は高低が変る部分 ⌐は次が下がる符号 →は法則番号参照

935　　　　　　　　　　　　　　　　ユノミ──ユヤバン

ユノミ 湯呑 →5	ユミハリズキ 弓張月 →12
ユノミジャワン 湯呑茶碗 →15	ユミヒク 弓引く →49
ユバ 湯葉 →4	ユミヤ 弓矢 →18
ユバラ 湯腹(～も一時いっとき) →4	ユミヤハチマン 弓矢八幡 →98
ユバリ 尿 →1	ユムキ 湯剥き →5
ユバン 湯番 →8	ユメ, ユメ 努(=決して。～疑うなかれ) →61
ユビ 指 →1	ユメ 夢 →1
ユビオリ, ユビオリ 指折り →5	ユメアワセ 夢合せ →13
ユビキ 湯引き〖料理〗→5	ユメウツツ, ユメウツツ, ユメウツツ 夢現 →18
ユビキリ, ユビキリ 指切り(～をする) →5	ユメウラ 夢占 →4
ユビキリゲンマン, ユビキリゲンマン, ユビキリゲンマン 指切りげんまん →98	ユメウラナイ 夢占い →13
ユビク 湯引く →46	ユメゴコチ 夢心地 →12
ユビサキ, ユビサキ, ユビサキ 指先 →4	ユメサラ 夢更(～疑わず) →67
ユビサシ, ユビサシ 指差し →5	ユメジ, ユメジ 夢路 →4
ユビサス 指差す →46	ユメジラセ 夢知らせ →13
ユビシャク 指尺 →8	ユメドノ 夢殿(法隆寺の～) →4
ユビズカイ 指遣い →13	ユメニモ 夢にも →67
ユビズモー 指相撲 →12	ユメノシマ 夢の島〖地〗→19
ユビニンギョー 指人形 →15	ユメハンダン 夢判断 →15
ユビヌキ, ユビヌキ 指貫 →4	ユメマクラ 夢枕(～に立つ) →12
ユビハメ, ユビハメ 指嵌め →5	ユメマボロシ, ユメマボロシ 夢幻 →18
ユビブエ, ユビブエ 指笛 →4	ユメミ 夢見(～が悪い) →5
ユビワ 指輪 →4	ユメミゴコチ 夢見心地 →12
ユブネ 湯船 →4	ユメミル, ユメミル 夢見る →49
ユベシ 柚餅子	ユメモノガタリ 夢物語 →12
ユマキ 湯巻 →5	ユメユメ, ユメユメ, ユメユメ 努努 →68
ユマク 油膜 →8	ユモジ, ユモジ 湯文字 →94
ユミ, 《女名は ユミ》 弓 →1, 23	ユモト 湯本〖地〗→21
ユミガタ 弓形 →95	ユモト, 《地は ユモト, ユモト》 湯元, 湯本 →4, 21
ユミシ 弓師 →7	ユヤ 熊野〖能など〗→23
ユミズ 湯水(～のように使う) →18	ユヤ, ユーヤ 湯屋(オユヤ, オユーヤ 御～) →94, 92
ユミトリ, ユミトリ 弓取 →5	ユヤセ, ユヤセ 湯痩せ →5
ユミナリ 弓形 →95	ユヤバン, ユヤバン 湯屋番 →14
ユミハリ, ユミハリ 弓張 →5	
ユミハリジョーチン 弓張提灯 →15	

ユ

ガギグゲゴは鼻濁音　カタカナ細字は母音の無声化　★は長音にもなる符号

ユユシイ ── ヨ　　　　　936

ユユシイ⋆　由由しい →53
ユライ　由来〖名〗(=来歴) →8
ユライ　由来〖副〗(=元来) →61
ユラク　愉楽 →8
ユラグ, ユラグ　揺らぐ →44
ユラス　揺らす →44
ユラメク　揺らめく →96
ユラユラ　揺ら揺ら(~揺れる, ~と) →57
ユラリ, ユラリ　(~と) →55
ユランカン, ユランカン　輸卵管 →14a
ユリ　百合 →1　揺り →2
ユリアゲル　揺り上げる →45
ユリウゴカス　揺り動かす →45
ユリオコス　揺り起す →45
ユリカエシ　揺り返し →13
ユリカエス　揺り返す →45
ユリカゴ　揺り籠 →5
ユリカモメ　百合鷗 →12
ユリコ　百合子〖女名〗→25
ユリネ　百合根 →4
ユリモドシ　揺り戻 →13
ユリョー, ユリョー　湯量 →8
ユル　揺る →43
ユルイ　緩い　ユルカッタ, ユルク, ユルクテ, 《新は ユルクテ》, ユルケレバ, ユルシ →52
ユルガス, ユルガス　揺るがす →44
ユルガセ　忽せ(~にする) →2
ユルギ, ユルギ　揺るぎ →2
ユルギナイ　揺るぎ無い →54
ユルグ, ユルグ　揺るぐ →44
ユルシ　許し(オユルシ 御~) →2,92
ユルシナ　許し名 →12
ユルシモノ, ユルシモノ, ユルシモノ　許し物 →12
ユルス　許す　ユルサナイ, ユルソー, ユルシマス, ユルシテ, ユルセバ,

ユルセ →43
ユルミ　緩み →2
ユルム　緩む →44
ユルメル　緩める →44
ユルヤカ　緩やか →55
ユルユル　緩緩(~と) →57
ユレ　揺れ(~が大きい) →2
ユレウゴク　揺れ動く →45
ユレカタ　揺れ方(~が烈しい) →95
ユレル　揺れる　ユレナイ, ユレヨー, ユレマス, ユレテ, ユレレバ, ユレロ →43
ユワエツケル, ユワエツケル, 《古・強は ユワエッケル》　結わえ付ける →45
ユワエル, ユワエル　結わえる →44b
ユワカシ　湯沸かし →13
ユワカシキ, ユワカシキ　湯沸かし器 →14c
ユワク　結わく →44
ユンデ, ユンデ　弓手(=左手) →4

ヨ

ヨ　夜, 節 →1　余・予〖代〗(=我) →64　四 →30
ヨ, 《古は ヨ》　世・代(ヨガヨナラバ 世が世ならば) →1　余(~の儀) →6
……ヨ　…代…世(カズヨ 和代, ヒデヨ 英世) →25
……ヨ; ……ヨ　〖呼び掛けを表わす助詞〗(ハルエヨ 春江~, タローヨ 太郎~) →71　〖告示を表わす助詞〗(ナクヨ 泣く~, ヨムヨ 読む~, アカイヨ 赤い~, シロイヨ 白い~) →72,74
……ヨ; ……ヨ　〖命令を表わす助詞〗(ナケヨ 泣け~, ヨメヨ 読め~) →73

‾は高い部分　 ̈と ̈ ̈は高低が変る部分　‾|は次が下がる符号　→は法則番号参照

……ヨ; ……ヨ; ……ヨ 〖助〗(トリヨ 鳥~, ハナヨ 花~, アメヨ 雨~) →71

よ…… 四… ⇒し……, よん……

ヨアカシ, ヨアカシ, 《古は ヨアカシ》 夜明かし →13

ヨアキナイ, ヨアキナイ 夜商い →12

ヨアキンド 夜商人 →12

ヨアケ 夜明け →5

ヨアケガタ 夜明け方 →95

ヨアケゴロ 夜明け頃 →12

ヨアケマエ 夜明け前 →12

ヨアソビ 夜遊び →13

ヨアラシ 夜嵐 →12

ヨアルキ 夜歩き →13

ヨイ 宵 →1

ヨイ, イイ★ 良い, 好い, 善い ヨカッタ, ヨク, ヨクテ, ヨケレバ, ヨシ →52d

ヨイ, 《新は ヨイ》 酔い →2b

……ヨイ, ……イイ★ …良い…好い (キキヨイ, キキイイ★ 聞き~, ヨミヨイ, ヨミイイ★ 読み~) →54

ヨイゴコチ, ヨイゴコチ 酔い心地 →12

ヨイゴシ 宵越し(~の金) →5

ヨイサ 〖感〗→66

ヨイザマシ, ヨイザマシ 酔い醒し →13

ヨイザメ 酔い醒め(~の水) →5

ヨイショ 〖感〗→66

ヨイシレル, ヨイシレル 酔い痴れる →45

ヨイダオレ 酔い倒れ →13

ヨイッパリ 宵っ張り →5d

ヨイツブレル, ヨイツブレル 酔い潰れる →45

ヨイトマケ, ヨイトマケ 〖俗〗→3

ヨイドメ 酔い止め →5

ヨイドレ 酔いどれ →5d

ヨイネ 宵寝 →5

ヨイノクチ 宵の口 →19

ヨイノミョージョー, ヨイノミョージョー 宵の明星 →19

ヨイマチグサ 宵待草 →12

ヨイマツリ 宵祭 →12

ヨイミヤ 宵宮 →4

ヨイヤミ 宵闇 →4

ヨイヨイ 〖病・俗〗→3

ヨイン 余韻 →8

ヨインジョージョー 余韻嫋嫋 →59

ヨウ 酔う ヨワナイ, ヨオー, ヨイマス, ヨッテ, ヨエバ, ヨエ →43

ヨウチ 夜討ち →5

ヨウチアサガケ 夜討ち朝駆け →98

ヨエイ★ 余栄, 余映 →8

ヨエン 余炎, 余煙 →8

ヨエン 四円 →34

ヨー 〖感〗(~しばらく) →66 様(雪の~), 用, 幼, 洋, 要, 陽, 杳(~として), 癰 →6 四(みい・~) →30

……ヨー …用(フジンヨー 婦人~) →14 …様(=様式・状。カラヨー 唐~, ジョーダイヨー 上代~) →95

……ヨー; ……ヨー …様(=しかた。ヤリヨー 遣り~, カキヨー 書き~) →8

……ヨー …洋(タイヘイヨー 太平~, インドヨー 印度~) →14b

……ヨー, ……ヨー …曜(ニチヨー, ニチヨー 日~) →8

……ヨー 〖助動〗(アゲヨー 上げ~, ウケヨー 受け~) →83

……ヨー; ……(・)ヨー …様〖助動〗(ナクヨーダ 泣く~だ, ヨム(・)ヨーダ 読む~だ, アカイヨーダ 赤い~だ, シロイ(・)ヨーダ 白い~だ) →82, 84

ガギグゲゴは鼻濁音　カタカナ細字は母音の無声化　★は長音にもなる符号

ヨーイ ── ヨーサン　　　　938

ヨーイ 容易 →7	ヨーキョー 容共(↔反共) →8
ヨーイ 用意(〜周到) →7	ヨーギョー,《新は ヨーギョー》窯業 →8
ヨーイオン 陽ion →16	ヨーキョク 陽極,謡曲 →8
ヨーイク 養育 →8	ヨーギョジョー 養魚場 →14
ヨーイクヒ 養育費 →14	ヨーギョチ 養魚池 →14
ヨーイン 要因,要員 →8	ヨーキン 用金,洋琴 →8
ヨーエイ 揺曳 →8	ヨーギン,ヨーギン 洋銀 →8
ヨーエキ 葉腋 →8	ヨーグ 用具,要具 →7
ヨーエキ 溶液 →8	ヨーグルト Yoghurt〔独〕 →9
ヨーエン 妖艶 →8	ヨークン 幼君 →94
ヨーオン 拗音 →8	ヨーケイ 養鶏 →8
ヨーカ 沃化 →7 八日 →33	ヨーケイジョー 養鶏場 →14
ヨーカ,ヨーカ 養家 →7	ヨーゲキ 要撃,邀撃 →8
ヨーガ 洋画,陽画 →7	ヨーケン 洋犬 →8
ヨーカイ 溶解,容喙,妖怪 →8	ヨーケン,《古は ヨーケン》用件,要件 →8
ヨーガイ 要害 →8	
ヨーカイド 溶解度 →14b	ヨーゲン 揚言,要言 →8
ヨーカイネツ 溶解熱 →14b	ヨーゲン 用言 →8
ヨーカイヘンゲ 妖怪変化 →99	ヨーコ 洋子・陽子・容子〖女名〗 →25
ヨーガク 洋学,洋楽 →8	ヨーゴ 用語 →7
ヨーガサ 洋傘 →4	ヨーゴ 養護,擁護 →7
ヨーガシ 洋菓子 →15	ヨーコー 洋行,要項,要綱,要港,陽光 →8
ヨーガラシ 洋芥子 →12	
ヨーカン 洋館,腰間 →8	ヨーコーロ 溶(熔)鉱炉 →14a
ヨーカン 羊羹 →8	ヨーゴガッキュー 養護学級 →15
ヨーガン,ヨーガン 溶(熔)岩 →8	ヨーゴガッコー 養護学校 →15
ヨーカンイロ 羊羹色 →12	ヨーゴキョーユ 養護教諭 →15
ヨーガンリュー 溶岩流 →14a	ヨーゴシセツ, ヨーゴシセツ 養護施設 →15c
ヨーキ 陽気(〜が良い,〜な人) →7	
ヨーキ 揚棄,用器,容器,陽気(〜発する所),妖気,妖姫 →7	ヨーコソ (〜いらっしゃいました) →66
ヨーギ 容儀(〜を正す) →7	ヨーサイ 洋裁,洋菜,葉菜,要塞 →8
ヨーギ,ヨーギ 容疑 →7	ヨーザイ 用材,溶剤 →8
ヨーキガ,ヨーキガ 用器画 →14	ヨーサイガッコー 洋裁学校 →15
ヨーギシャ 容疑者 →14	ヨーサイチタイ, ヨーサイチタイ 要塞地帯 →15
ヨーキヒ 楊貴妃〔人〕 →27	
ヨーキュー 要求 →8	ヨーザラ 洋皿 →4
ヨーキュー,ヨーキュー 楊弓 →8	ヨーサン 養蚕,葉酸 →8
ヨーギョ 幼魚,養魚 →7	

 ̄は高い部分　˙と˙は高低が変る部分　｢は次が下がる符号　→は法則番号参照

ヨーシ 洋紙, 養子 →7	ヨージンボー 用心棒 →14a
ヨーシ 要旨, 容姿, 陽子 →7	ヨース 様子, 容子 →7
ヨーシ, ヨーシ 用紙 →7	ヨース 要す(急を~) →48
ヨージ 用字, 用事, 楊枝 →7	ヨースイ, ヨースイ 用水, 羊水 →8
ヨージ 幼児, 幼時 →7	ヨースイオケ, ヨースイオケ 用水桶 →12b
ヨージ, ヨージ 要事 →7	ヨースイボリ 用水堀 →12
ヨーシエングミ, ヨーシエングミ 養子縁組 →12	ヨースイロ 用水路 →14b
ヨーシキ 要式, 様式 →8 洋式 →95	ヨースコー 揚子江 →14
ヨージキ 幼児期 →14	ヨーズミ 用済み →5
ヨージゴ 幼児語 →14	ヨースル 要する, 擁する →48
ヨーシサキ 養子先 →12	ヨースルニ 要するに →67
ヨーシシ 養嗣子 →15	ヨーセイ★ 要請, 養成, 夭逝, 幼生, 陽性, 妖星, 妖精 →8
ヨーシツ 洋室 →8	ヨーセイ★ジョ, ヨーセイ★ジョ 養成所 →14
ヨーシャ 幼者 →7 容赦・用捨(ゴヨーシャ 御~) →7, 92	ヨーセキ 容積 →8
ヨージャク 幼弱 →8	ヨーセツ 溶(熔)接, 夭折 →8
ヨーシュ 洋酒, 洋種 →7	ヨーセン 傭船, 用箋, 用船 →8
ヨーシュ 幼主 →7	ヨーソ 要素, 沃素 →7
ヨージュツ, 《新は ヨージュツ》 妖術 →8	ヨーソー 洋装, 様相 →8
ヨーシュン 陽春 →8	ヨータイ 要諦, 様態 →8
ヨーショ 洋書 →7	ヨーダイ, 《新は ヨーダイ》 容体, 様体 →8
ヨーショ, ヨーショ 要所 →7	ヨータシ, ヨータシ 用足し, 用達 →5
ヨージョ 幼女, 養女, 妖女 →7	ヨーダテ, ヨーダテ, ヨーダテ 用立て(ゴヨーダテ 御~) →5, 92
ヨーショー 幼少, 要衝 →8	ヨーダテル 用立てる →46
ヨージョー 洋上 →8	ヨーダン 用談, 要談 →8
ヨージョー 養生 →8	ヨーダンス 用簞笥, 洋簞笥 →15
ヨージョークン 養生訓〚書〛 →14a	ヨーチ, ヨーチ 幼稚, 用地, 要地 →7
ヨーショク 養殖, 洋食, 要職 →8	ヨーチエン 幼稚園 →14
ヨーショク, 《古は ヨーショク》 容色 →18	ヨーチュー 幼虫 →8
ヨーショクヤ 洋食屋 →94	ヨーチューイ 要注意 →15
ヨーショヨーショ 要所要所 →99	ヨーチョー 窈窕 →58 羊腸, 幼鳥, 膺懲 →8
ヨーシン 葉身 →8	ヨーチン <ヨードチンキ Jodtinktur〔独〕 →10, 16
ヨージン 要人 →8	
ヨージン 用心(ゴヨージン 御~) →8, 92	
ヨージンブカイ 用心深い →54	ヨーツイ, ヨーツイ 腰椎 →8

ガギグゲゴは鼻濁音　カタカナ細字は母音の無声化　★は長音にもなる符号

ヨーツー──ヨーメイ　940

ヨーツー　腰痛　→8	ヨーヒンテン　洋品店　→14a
ヨーテイ., ヨータイ　要諦　→8	ヨーフ　用布,妖婦　→7
ヨーデル　Jodel[独]　→9	ヨーフ, ヨーフ　養父　→7
ヨーテン　陽転＜陽性転移　→10	ヨーブ, ヨーブ　洋舞＜西洋舞踊　→10
ヨーテン, ヨーテン　要点　→8	ヨーブ　腰部　→7
ヨーデンキ　陽電気　→15	ヨーフー　洋風　→95
ヨーデンシ　陽電子　→15	ヨーフートー　洋封筒　→15
ヨート　用途　→7	ヨーフク　洋服　→8
ヨード　用度,用土　→7　Jod[独](沃度)　→9	ヨーフクカケ　洋服掛け　→13
ヨードー　幼童　→8	ヨーフクダンス　洋服箪笥　→15
ヨートー(·)グニク, ヨートークニク　羊頭狗肉　→97,98,99	ヨーフクバコ　洋服箱　→12
ヨードーサクセン　陽動作戦　→15	ヨーフクヤ　洋服屋　→94
ヨードガカリ　用度係　→12	ヨーフボ　養父母　→17
ヨートジ　洋綴じ　→5	ヨーブン　養分　→8
ヨートシテ　杳として　→69	ヨーヘイ.　用兵,傭兵,葉柄　→8
ヨードチンキ　＜Jodtinktur[独]　→16	ヨーベン, ヨーベン　用弁,用便　→8
ヨードホルム　Jodoform[独]　→16	ヨーボ, ヨーボ　養母　→7
ヨートン　養豚　→8	ヨーホー　用法,陽報(陰徳あれば～あり),養蜂　→8
ヨーナシ　洋梨　→4	ヨーボー　要望,容貌　→8
ヨーナシ, ヨーナシ　用無し　→5	ヨーボーショ, ヨーボーショ　要望書　→14
ヨーナマ　洋生＜洋生菓子　→10	ヨーボク　幼木　→8
ヨーニク　羊肉　→8	ヨーホゴ　要保護　→15
ヨーニン　容認,傭人　→8	ヨーマ　洋間　→4
ヨーニン　用人　→8	ヨーマ　妖魔　→7
ヨーネン　幼年　→8	ヨーマク, ヨーマク　羊膜　→8
ヨーネンガッコー　幼年学校　→15	ヨーミャク, ヨーミャク　葉脈　→8
ヨーネンキ　幼年期　→14a	ヨーミョー, 《古は ヨーミョー》　幼名　→8
ヨーネンジダイ　幼年時代　→15	ヨーム　用務,要務　→7
ヨーハイ　遥拝　→8	ヨームイン　用務員　→14
ヨーバイ　溶媒　→8	ヨームキ, ヨームキ, ヨームキ　用向き(ゴヨームキ 御～)　→4,92
ヨーハツ　洋髪　→8	ヨーメイ.　用命(ゴヨーメイ. 御～)　→8,92
ヨーバナ　洋花　→4	ヨーメイ., 《古は ヨーメイ.》　幼名　→8
ヨーヒ　羊皮　→7	ヨーメイガク　陽明学　→14b
ヨービ　曜日　→4	ヨーメイモン　陽明門　→14b
ヨーヒシ　羊皮紙　→14	
ヨーヒツ　用筆　→8	
ヨーヒン　用品,洋品　→8	

￣は高い部分　···と···は高低が変る部分　「は次が下がる符号　→は法則番号参照

ヨーメン──ヨクシュ

ヨーメン, ヨーメン 葉面 →8

ヨーモー 羊毛 →8

ヨーモーザイ, ヨーモーザイ 養毛剤 →14a

ヨーモク 要目 →8 洋もく〚俗〛(=外国製たばこ)

ヨーヤク 漸く →61 要約 →8

ヨーヤット 〚副〛 →67

ヨーユー 溶(熔)融 →8

ヨーヨー 漸う →68 要用 →8

ヨーヨー, ヨーヨー 洋洋(前途~), 揚揚(意気~) →58

ヨーヨー yo-yo〚玩具〛 →9

ヨーラク, 《新は ヨーラク》 瓔珞 →8

ヨーラン 要覧, 揺籃, 洋蘭 →8

ヨーランキ 揺籃期 →14a

ヨーリク 揚陸 →8

ヨーリツ 擁立 →8

ヨーリャク 要略 →8

ヨーリュー 楊柳 →8

ヨーリョー 要領 →8

ヨーリョー, ヨーリョー 用量, 容量 →8

ヨーリョク 揚力 →8

ヨーリョクソ, ヨーリョクソ 葉緑素 →14c

ヨーリョクタイ 葉緑体 →14

ヨーレイ★ 用例 →8

ヨーレキ 陽暦 →8

ヨーロ 要路, 溶(熔)炉 →7

ヨーロー 養老(年号・能も) →8

ヨーローイン 養老院 →14a

ヨーローネンキン 養老年金 →15

ヨーローノタキ 養老の滝 →98

ヨーローホケン 養老保険 →15

ヨーロッパ Europa〚葡〛〚地〛 →21

ヨオー, ヨオー 余殃(↔余慶) →8

ヨカ 予科, 余暇 →7

ヨガ, ヨーガ Yoga〚梵〛 →9

ヨカク 予覚 →8

ヨカゼ 夜風(~にあたる) →4

ヨガタリ 夜語り →13

ヨガラス 夜鳥 →12

ヨカラヌ 良からぬ(~事) →63

ヨカレ・アシカレ, ヨカレアシカレ, ヨカレアシカレ 善かれ悪しかれ →97, 99

ヨガレン, ヨガレン 予科練<海軍飛行予科練習生 →10

ヨカン 予感, 余寒 →8

ヨキ 予期 →7

ヨギ 夜着 →5 余技, 余儀 →7

ヨギシャ, ヨギシャ 夜汽車 →15

ヨギナイ, ヨギナイ 余儀無い(**ヨギナク, ヨギナク**) →54

ヨキョー 余興 →8

ヨギョー 余業 →8

ヨギリ 夜霧 →4

ヨギル 過ぎる →43

ヨキン 預金 →8

ヨキンシャ 預金者 →14a

ヨク, ヨク 翌(~十日) →38

ヨク 良く・善く・能く〚副〛 →61 翼 →6

ヨク 欲, 慾 →6

ヨクアサ 翌朝 →4

ヨクアツ 抑圧 →8

ヨクウツショー, ヨクウツショー 抑鬱症 →14

ヨクギョー 翌暁 →8

ヨクゲツ 翌月 →8

ヨクゴ, ヨクゴ 浴後 →7

ヨクサン 翼賛 →8

ヨクシ, ヨクシ 抑止 →7

ヨクシツ 浴室 →8

ヨクジツ 翌日 →8

ヨクシュー 翌秋, 翌週 →8

ヨクシュン 翌春 →8

ガギグゲゴは鼻濁音　カタカナ細字は母音の無声化　★は長音にもなる符号

ヨクジョ──ヨコクヘ　942

ヨクジョー　浴場, 欲情 →8
ヨクシリョク　抑止力(核の〜) →14
ヨクジン, ヨクシン　欲心 →8
ヨクスル　能くする(書を〜) →48
ヨクスル　浴する →48
ヨクセイ　抑制 →8
ヨクセキ　〚俗〛(〜のことだ)
ヨクソー　浴槽 →8
ヨクチ, ヨクチ　沃地 →7
ヨクチョー　翌朝 →8
ヨクド　沃土 →7
ヨクトー　翌冬, 浴湯 →8
ヨクトク, ヨクトク　欲得 →18c
ヨクトクズク, ヨクトクズク　欲得尽 →95
ヨクトシ　翌年 →4
ヨクナシ, ヨクナシ　欲無し →5
ヨクナル　良くなる →49
ヨクネン　翌年 →8
ヨクネン, ヨクネン　欲念 →8
ヨクノカワ　欲の皮(〜が突っ張る) →19
ヨクバリ, ヨクバリ　欲張り →5
ヨクバル　欲張る →46
ヨクバン　翌晩 →8
ヨクフカ　欲深 →5
ヨクフカイ　欲深い →54
ヨクボー　欲望 →8
ヨクメ, ヨクメ　欲目(親の〜で) →4
ヨクモ　善くも(〜やったな) →67
ヨクヤ　沃野 →7
ヨクヨー　抑揚, 浴用 →8
ヨクヨーセッケン　浴用石鹸 →15
ヨクヨク　善く善く(〜のことだ) →68
　翼翼(小心〜) →58
ヨクヨクゲツ, ヨクヨクゲツ　翌翌月 →17
ヨクヨクジツ, ヨクヨクジツ　翌翌日 →17

ヨクヨクネン, ヨクヨクネン　翌翌年 →17
ヨクリュー　抑留 →8
ヨクリューシャ　抑留者 →14a
ヨケイ　余計 →8
ヨケイ, ヨケイ　余慶(↔余殃) →8
ヨケイモノ, ヨケイモノ　余計者 →12b
ヨケツ　預血 →8
ヨケル　避ける　ヨケナイ, ヨケヨー, ヨケマス, ヨケテ, ヨケレバ, ヨケロ →43
ヨケン　予見 →8
ヨゲン　予言,預言 →8
ヨゲンシャ　予言者,預言者 →14a
ヨコ　横 →1
ヨゴ　予後 →7
ヨコアイ　横合(〜から口を出す) →4
ヨコアナ　横穴 →4
ヨコアルキ　横歩き →13
ヨコイジ　横意地(〜を張る) →15
ヨコイト　横糸,緯糸 →4
ヨコー　予行,余光,余香 →8
ヨコーエンシュー　予行演習 →15
ヨコオヨギ　横泳ぎ(=のし) →13
ヨコガオ　横顔 →4
ヨコガキ　横書き →5
ヨコカゼ　横風(〜を受ける) →4
ヨコガタ　横型 →4
ヨコガミ　横紙(〜を破る) →4
ヨコガミヤブリ　横紙破り →13
ヨコギ　横木 →4
ヨコギキ　横聞き →5
ヨコギル　横切る →46
ヨコギレ　横切れ(〜がする) →5　横布 (〜を使う) →4
ヨコク　予告 →8
ヨコグシ　横櫛 →4
ヨコクヘン, ヨコクヘン　予告編 →14

‾は高い部分　¨と¨は高低が変る部分　⌐は次が下がる符号　→は法則番号参照

ヨコグミ ── ヨコヤマ

ヨコグミ　横組み →5
ヨコグモ，ヨコグモ　横雲 →4
ヨコグルマ，《古は ヨコグルマ，ヨコグルマ》　横車（～を押す）→12
ヨココー　横坑 →8
ヨコザキ　横裂き →5
ヨコサマ，ヨコザマ　横様（～に）→4
ヨコザン　横桟 →8
ヨコシ　汚し →2
ヨコジク　横軸 →8
ヨコシマ　邪 →4
ヨコジマ　横縞 →4
ヨコス　寄越す →44
ヨコス　汚す　ヨコサナイ，ヨコゾー，ヨコシマス，ヨコシテ，ヨコセバ，ヨコセ →44
ヨコスカ　横須賀〖地〗→21
ヨコスカセン　横須賀線 →14
ヨコズキ　横好き（へたの～）→5
ヨコズケ　横付け →5
ヨコスジ　横筋 →4
ヨコズナ　横綱 →4
ヨコスベリ，ヨコスベリ　横滑り →13
ヨコズワリ，ヨコズワリ　横座（坐）り →13
ヨコセン　横線 →8
ヨコゾッポー，ヨコゾッポ，ヨコズッポー，ヨコズッポ　横外方〖俗〗→94d
ヨコタエル，ヨコダエル　横たえる →46b
ヨコタオシ，ヨコッタオシ　横（っ）倒し →13d
ヨコダオレ　横倒れ →13
ヨコダキ　横抱き →5
ヨコタテ　横縦 →18
ヨコタワル　横たわる →46
ヨコチョー　横町，横丁 →8
ヨコッチョ　横っちょ〖俗〗→94

ヨコッツラ，ヨコツラ　横（っ）面 →4d
ヨコッパラ　横っ腹〖俗〗→4d
ヨコテ，《地は ヨコテ》　横手（=横の方向）→4, 21
ヨコデ　横手（～を打つ）→4
ヨゴト　夜毎 →71
ヨコトジ　横綴じ →5
ヨコトビ，ヨコトビ，ヨコットビ　横（っ）飛び →5d
ヨコドリ　横取り →5
ヨコナガ　横長 →5
ヨコナガシ，ヨコナガシ　横流し →13
ヨコナガレ，ヨコナガレ　横流れ →13
ヨコナグリ，ヨコナグリ　横殴り →13
ヨコナミ　横波 →4
ヨコナラビ　横並び →13
ヨコネ　横根（病気も）→4
ヨコバイ　横這い →5
ヨコハバ，ヨコハバ　横幅 →4
ヨコハマ　横浜〖地〗→21
ヨコハマシ　横浜市 →14
ヨコハマセン　横浜線 →14
ヨコバラ　横腹 →4
ヨコフー　横封 < ヨコフートー　横封筒 →10, 15
ヨコブエ，ヨコブエ　横笛 →4
ヨコブトリ，ヨコブトリ　横太り →13
ヨコブリ　横降り →5
ヨコブレ　横振れ →5
ヨコマゲ　横曲げ →5
ヨコミ，ヨコミ　横見 →5
ヨコミチ　横道（～にそれる）→4
ヨコムキ　横向き →5
ヨコメ　横目 →4
ヨコモジ　横文字 →15
ヨコモノ　横物 →4
ヨコヤマ　横山〖姓〗→22
　～・ダイカン，《古は ～（・）ダイカン》，ヨコヤマダイカン　～大観 →24, 27

─────────────────────────────
ガギグゲゴは鼻濁音　カタカナ細字は母音の無声化　★は長音にもなる符号

ヨコヤリ──ヨジョー

ヨコヤリ, ヨコヤリ 横槍(～を入れる) →4
ヨコユレ 横揺れ →5
ヨゴレ 汚れ →2
ヨゴレメ 汚れ目 →12
ヨゴレモノ 汚れ物 →12
ヨゴレヤク 汚れ役 →14
ヨゴレル 汚れる ヨゴレナイ, ヨゴレヨー, ヨゴレマス, ヨゴレテ, ヨゴレレバ, ヨゴレロ →43
ヨコレンボ 横恋慕 →15
ヨコロ 横絽 →7
ヨコワケ 横分け →5
ヨサ 善さ(人の～) →93
ヨザイ 余罪 →8
ヨザカリ 世盛り →12
ヨザクラ 夜桜 →12
ヨサコイブシ よさこい節 →12
ヨサノ(・)アキコ 与謝野晶子 →22, 25, 27
ヨサ・ブソン 与謝蕪村 →22, 24
ヨサム, ヨザム 夜寒 →5
ヨサン, 《新は ヨサン》 予算 →8
ヨサンアン 予算案 →14a
ヨサンヘンセイ 予算編成 →15
ヨシ 由 →1
ヨシ 良し・好し・善し〖形〗→51 〖感〗(～来た)→66 縦し〖副〗→61
ヨシ, アシ 葦 →1
ヨジ, ヨシ 止し〖名〗(～にする) →2
ヨジ 予示 →7 四時 →34
ヨジ, ヨジ 余事 →7
ヨシアシ, ヨジアシ 善し悪し →18
ヨシオ 好夫・義男・良雄〖男名〗→25
ヨシカワ, 《新は ヨシカワ》 吉川〖姓〗→22c
　～・エイジ, ヨシカワエイジ ～英治 →25, 27
ヨジカン 四時間 →36

ヨシキリ, ヨシキリ 葦切〖鳥〗→5
ヨジゲン 四次元 →36
ヨシコ 良子・好子〖女名〗→25
ヨジジュクゴ 四字熟語 →15
ヨシズ, ヨシズ 葦簾 →4
ヨシズバリ 葦簾張り →13
ヨシズミ 吉住〖姓・長唄〗→22
ヨシダ 吉田〖姓〗→22
　～(・)ケンコー ～兼好 →24, 27
　～(・)シゲル ～茂 →23, 27
　～(・)ショーイン ～松陰 →24, 27
ヨジツ, ヨジツ 余日 →8
ヨシツネ・センボンザクラ 義経千本桜〖浄瑠璃・歌舞伎〗→97
ヨシド 葦戸 →4
ヨシナ, 《新は ヨンシナ》 四品 →33
ヨシナイ, ヨシナイ 由無い(～事) →54
ヨシナニ, ヨシナニ (～頼む) →67
ヨシノ, 《古は ヨシノ》 吉野〖地〗→21
ヨシノ 吉野〖姓〗→22
ヨシノガミ 吉野紙 →12
ヨシノガワ 吉野川 →12
ヨシノクズ 吉野葛 →12
ヨシノザクラ 吉野桜 →12
ヨシノスギ 吉野杉 →12
ヨシノチョー 吉野朝 →14
ヨシノチョージダイ 吉野朝時代 →15
ヨジノボル, ヨジノボル 攀じ登る →45
ヨシノヤマ 吉野山 →12
ヨシミ, ヨシミ 誼 →93
ヨシムラ 吉村〖姓〗, 芳村〖姓・長唄〗→22
ヨシュー 予習, 余臭 →8
ヨジュー 夜中 →8
ヨジューム, ヨジウム jodium〔蘭〕→9
ヨジョー 余情, 余剰 →8

¯は高い部分　ˆと˘は高低が変る部分　⌐は次が下がる符号　→は法則番号参照

945　　　　　　　　　　ヨジョー──ヨソモノ

ヨ|ジョー,《新は ヨ|ジョー, ヨ|ンジョー》 四畳 →34
ヨ|ジョーカチ 余剰価値 →15
ヨ|ジョーハン 四畳半 →38a
ヨ|ジョーマイ 余剰米 →14
ヨ|ショク 余色 →8
ヨ|ジル 捩る,攀じる →43
ヨ|ジレル 捩れる →44
ヨ|シワラ 吉原〖遊郭〗 →21
ヨ|シワルシ, ヨ|シ・ワルシ 善し悪し →99, 97
ヨ|シン 予審,予震,余震 →8
ヨ|ジン 余燼 →8
ヨ|ジン, ヨ|ジン 余人(〜は知らず) →8
ヨ|ジンバ 縦しんば →67
ヨ|ス 寄す →42
ヨ|ス 止す ヨ|サナイ, ヨ|ソー, ヨ|シマス, ヨ|シテ, ヨ|セバ, ヨ|セ →43
ヨ|スガ, ヨ|スガ 縁 →5
ヨ|スギ, ヨ|スギ 世過ぎ →5
ヨ|スギル, ヨ|スギル 良過ぎる →46
ヨ|ステビト 世捨て人 →12
ヨ|スミ 四隅 →33
ヨ|ズメ 夜爪 →4
ヨ|ズメ 夜詰 →5
ヨ|ズリ 夜釣り →5
ヨ|セ 寄せ,寄席 →2
ヨ|セアウ 寄せ合う(肩を〜) →45
ヨ|セアツメ 寄せ集め →13
ヨ|セアツメル 寄せ集める →45
ヨ|セイ★ 余勢(〜を駆る) →8
ヨ|セイ★, ヨ|セイ★ 余生 →8
ヨ|セウエ 寄せ植え →5
ヨ|セカエル 寄せ返る →45
ヨ|セガキ 寄せ書き →5
ヨ|セカケル 寄せ掛ける →45
ヨ|セギ 寄木 →5
ヨ|セギザイク 寄木細工 →15
ヨ|セギレ 寄せ切れ →5

ヨ|セクル 寄せ来る →45
ヨ|セザン 寄算 →8
ヨ|セダイコ 寄せ太鼓 →15
ヨ|セツケル 寄せ付ける →45
ヨ|セテ 寄手 →5
ヨ|セナベ 寄せ鍋 →5
ヨ|セムネ 寄せ棟 →5
ヨ|セモノ 寄せ物 →5
ヨ|セル 寄せる ヨ|セナイ, ヨ|セヨー, ヨ|セマス, ヨ|セテ, ヨ|セレバ, ヨ|セロ →44
ヨ|セン 予選 →8
ヨ|ゼン 余喘(〜を保つ) →8
ヨ|ソ,《新は ヨ|ソ》 余所(ヨ|ソノコ 〜の子, ヨ|ソノヒト 〜の人) →4, 19
ヨ|ソイ 装い →2b
ヨ|ソイキ, ヨ|ソユキ 余所行き →5
ヨ|ソウ (=盛る。飯を〜) →43
ヨ|ソウ 装う(=よそおう。身を〜) →43
ヨ|ソエル, ヨ|ソエル 寄そえる →44
ヨ|ソー 予想 →8
ヨ|ソオイ, ヨ|ソーイ 装い →2b
ヨ|ソオウ 装う →44
ヨ|ソーガイ 予想外 →14a
ヨ|ソードーリ 予想通り →95
ヨ|ソーヤ 予想屋 →94
ヨ|ソギキ 余所聞き →5
ヨ|ソク 予測 →8
ヨ|ソゴト, ヨ|ソゴト 余所事 →12
ヨ|ソサマ 余所様 →94
ヨ|ソジ, ヨ|ソジ,《新は ヨ|ソジ》 四十路 →33
ヨ|ソナガラ, ヨ|ソナガラ 余所乍ら →71
ヨ|ソホカ 余所外 →12
ヨ|ソミ, ヨ|ソミ 余所見(〜をする) →5
ヨ|ソメ, ヨ|ソメ 余所目 →12
ヨ|ソモノ 余所者 →12

ガギグゲゴは鼻濁音　カタカナ細字は母音の無声化　★は長音にもなる符号

ヨソユキ──ヨテイヒ

ヨソユキ, ヨソイキ 余所行き →5	ヨッキューフマン, ヨッキューフマン 欲求不満 →98, 99
ヨソヨソシイ★ 余所余所しい →53	
ヨゾラ, ヨゾラ 夜空 →4	ヨツギリ 四つ切り →33
ヨタ 与太〖俗〗(~を飛ばす) →29	ヨツゴ 四つ子 →33
ヨタカ 夜鷹 →4	ヨツズモー 四つ相撲 →12
ヨタカソバ 夜鷹蕎麦 →12	ヨツダケ 四つ竹 →33
ヨタク 預託, 余沢 →8	ヨツダマ 四つ球, 四つ珠 →33
ヨタクリ (~歩く, ~と) →57	ヨッタリ 四人〖名詞的〗(~が行く) →33
ヨダチ 夜立ち →5	
ヨダツ 与奪(生殺~) →8	ヨッタリ 四人〖副詞的〗(~行く) →62
ヨダツ 弥立つ(身の毛も~) →46	ヨッツ 四つ〖名詞的〗(~もある) →30
ヨタバナシ 与太話〖俗〗→12	ヨッツ 四つ〖副詞的〗(~ある) →62
ヨタビ 四度 →33	ヨッツジ 四辻 →33
ヨタモノ, ヨタモン 与太者〖俗〗→4d	ヨッテ 因って, 仍て(~件の如し) →67
ヨタヨタ (~になる) →57	
ヨタヨタ (~歩く, ~と) →57	ヨツデ 四つ手 →33
ヨダレ 涎 →1	ヨツデアミ 四つ手網 →12
ヨダレカケ 涎掛け →13	ヨツデカゴ 四つ手駕籠 →12
ヨダレクリ 涎繰り →13	ヨッテタカッテ 寄って集って →98
ヨタロー 与太郎〖俗〗→26	ヨット yacht →9
ヨダン 予断, 余談 →8 四段 →34	ヨツバ 四つ葉(~のクローバー) →33
ヨチ 予知 →7	ヨッパライ 酔っ払い →13
ヨチ, ヨチ 余地(立錐の~もない) →7	ヨッパラウ 酔っ払う →45
ヨチョー 予兆 →8	ヨッピテ, ヨッピテ (=夜通し) →61d
ヨチョキン 預貯金 →17	ヨッポド 余っ程 →61d
ヨチヨチ (~歩く, ~と) →57	ヨツミ 四つ身〖着物〗→33
ヨチヨチアルキ よちよち歩き →13	ヨツメ 四つ目 →33
ヨツ 《相撲・写真は ヨツ》 四つ →30, 10	ヨツメガキ 四つ目垣 →12
	ヨツメギリ, ヨツメギリ 四つ目錐 →12
ヨツアシ 四つ足 →33	ヨツヤ 四谷〖地〗→21
ヨッカ 四日 →33	ヨツヤカイダン 四谷怪談<東海道四谷怪談〖歌舞伎〗→15
ヨッカイチ 四日市〖地〗→12	
ヨッカカル 寄っ掛かる〖俗〗→45d	ヨツユ 夜露 →4
ヨツカド 四つ角 →33	ヨツワリ 四つ割り →5
ヨツキ 四月 →33	ヨツンバイ 四つん這い →33d
ヨツギ, ヨツギ 世継ぎ →5	ヨテイ★ 予定 →8
ヨッキャク 浴客 →8	ヨテイビ 予定日 →12b
ヨッキュー 欲求 →8	ヨテイヒョー 予定表 →14

― は高い部分　…と…は高低が変る部分　「は次が下がる符号　→ 法則番号参照

947　　　　　　　　　ヨテキ──ヨビコム

ヨテ̄キ　余滴 →8
ヨド̄　淀 →1
ヨト̄ー, ヤト̄ー　夜盗 →8
ヨト̄ー, ヨト̄ー　与党 →8
ヨド̄ーシ　夜通し →67
ヨト̄ームシ, ヤト̄ームシ　夜盗虫
　→12a
ヨド̄ガワ　淀川 →12
ヨド̄トギ, 《新は ヨト̄ギ, ヨト̄ギ》　夜伽
　→4
ヨド̄ギミ, 《古は ヨド̄ギミ》　淀君〖人〗
　→94
ヨト̄ク　余得, 余徳 →8
ヨト̄セ　四年 →33
ヨド̄バシ　淀橋〖橋・地〗 →12
ヨド̄ミ, ヨド̄ミ　淀み →2
ヨド̄ム　淀む →44
ヨナ̄オシ　世直し →13
ヨナ̄カ　夜中 →4
ヨナ̄ガ　夜長(秋の～) →5
ヨナ̄カゴロ　夜中頃 →12
ヨナ̄キ　夜泣き, 夜啼き →5
ヨナ̄キウドン　夜啼き饂飩 →15
ヨナ̄キソバ　夜啼き蕎麦 →12
ヨナ̄ゴ　米子〖地〗 →21
ヨナ̄ベ　夜なべ →5
ヨナ̄ヨナ, ヨナ̄ヨナ　夜な夜な →68
ヨナ̄レル　世慣れる, 世馴れる →46
ヨニ̄　世に(=とりわけて) →67
ヨニ̄ゲ　夜逃げ →5
ヨニ̄モ　世にも(～恐ろしい) →67
ヨニ̄ン　四人〖名詞的〗(～が行く) →34
ヨニ̄ン　四人〖副詞的〗(～行く) →62
ヨニ̄ンノリ　四人乗り →13
ヨネ̄　米(ヨネ̄ノ(・)イワ̄イ ～の祝)
　→1, 97, 98
ヨネ̄ザワ　米沢〖地・織物〗 →21
ヨネ̄ザワオリ　米沢織 →13
ヨネ̄ザワツムギ　米沢紬 →12

ヨネ̄ツ　余熱, 予熱 →8
ヨネ̄ヤマジンク　米山甚句 →15
ヨネ̄ン　余念 →8　四年 →34
ヨネ̄ンセイ　四年生 →14a
ヨネ̄ンナイ　余念無い →54
ヨノ̄　四幅 →33
ヨノ̄ツネ, ヨノ̄ツネ　世の常 →19
ヨノ̄ナカ　世の中 →19
ヨノ̄ブトン　四幅蒲団 →15
ヨノ̄メ　夜の目(～も寝ずに) →19
ヨハ̄　余波(～を受ける) →7
ヨバ̄イ　四倍 →34
ヨバ̄イ　夜這い →5b
ヨハ̄ク　余白 →8
ヨバ̄タラキ　夜働き →13
ヨバ̄ナシ　夜話 →12
ヨバ̄レル　呼ばれる →83
ヨバ̄ワル　呼ばわる →44
ヨバ̄ン　四番 →34
ヨバ̄ン　夜番 →8
ヨビ̄　呼び(～にやる) →2
ヨビ̄　予備 →7
ヨビ̄アウ　呼び合う →45
ヨビ̄アゲル　呼び上げる →45
ヨビ̄アツメル　呼び集める →45
ヨビ̄イレル　呼び入れる →45
ヨビ̄エキ　予備役 →14
ヨビ̄オコス　呼び起す →45
ヨビ̄カエス　呼び返す →45
ヨビ̄カケ　呼び掛け →5
ヨビ̄カケル　呼び掛ける →45
ヨビ̄カワス　呼び交す →45
ヨビ̄キン, ヨビ̄キン　予備金 →14
ヨビ̄コ, ヨブ̄コ　呼子 →5, 19
ヨビ̄ゴエ, ヨビ̄ゴエ　呼び声 →5
ヨビ̄コー, ヨビ̄コー　予備校 →14
ヨビ̄コーショー　予備交渉 →15
ヨビ̄コミ　呼び込み →5
ヨビ̄コム　呼び込む →45

ガギグゲゴは鼻濁音　カタカナ細字は母音の無声化　★は長音にもなる符号

ヨビサマ──ヨミカタ　948

ヨビサマス　呼び覚ます →45
ヨビジオ　呼び塩 →5
ヨビシケン, ヨビシケン　予備試験 →15
ヨビステ　呼び捨て →5
ヨビセンキョ　予備選挙 →15
ヨビタイ　予備隊 →14
ヨビダシ　呼出し →5
ヨビダシオン　呼出し音 →14
ヨビダシジョー　呼出し状 →14
ヨビダシデンワ　呼出電話 →15
ヨビダス　呼び出す →45
ヨビタテル　呼び立てる →45
ヨビチシキ　予備知識 →15
ヨビッケ　呼付け →5
ヨビッケル　呼び付ける →45
ヨビツズケル　呼び続ける →45
ヨビトメル　呼び止める →45
ヨビナ　呼び名 →5
ヨビナレル　呼び慣れる →45
ヨビニクイ　呼び悪い →54
ヨビネ　呼び値 →5
ヨビヒ　予備費 →14
ヨビミズ　呼び水 →5
ヨビモドシ　呼戻し →13
ヨビモドス　呼び戻す →45
ヨビモノ　呼び物 →5
ヨビヤ　呼び屋〖俗〗 →94
ヨビョー　余病 →8
ヨビヨセル　呼び寄せる →45
ヨビリン　呼び鈴 →8
ヨブ　呼ぶ　ヨバナイ, ヨボー, ヨビマス, ヨンデ, ヨベバ, ヨベ →43
ヨフカシ, ヨフカシ　夜更かし →13c
ヨフケ　夜更け →5
ヨブコ, ヨビコ　呼子 →19,5
ヨブコドリ　呼子鳥 →12
ヨブネ, ヨブネ(ブはフとも)　夜船 →4

ヨフン　余憤 →8
ヨブン　余分,余聞 →8
ヨヘイ　余弊 →8
ヨホー　予報 →8
ヨボー　予防,興望(~をになう) →8
ヨボーセッシュ　予防接種 →15
ヨボーセン　予防線(~を張る) →14
ヨボーチューシャ　予防注射 →15
ヨボーホー, ヨボーホー　予防法 →14a
ヨホド　余程 →61
ヨボヨボ　(~だ・な・に) →57
ヨボヨボ　(~する,~と) →57
ヨマイ　四枚 →34
ヨマイゴト, ヨマイゴト, ヨマイゴト　世迷言 →12b
ヨマツリ　夜祭 →12
ヨマワリ　夜回り →13
ヨミ　黄泉
ヨミ　読み(~が深い) →2
ヨミアゲザン　読上げ算 →14
ヨミアゲル, ヨミアゲル　読み上げる →45
ヨミアヤマリ　読み誤り →13
ヨミアワセ　読み合せ →13
ヨミアワセル, ヨミアワセル　読み合わせる →45
ヨミウリ　読売り →5　読売<ヨミウリシンブン　読売新聞 →29,15
ヨミオワル, ヨミオワル　読み終る →45
ヨミカエス, ヨミカエス　読み返す →45
ヨミガエリ　蘇り →13
ヨミガエル, ヨミガエル　蘇る →46
ヨミカキ,《新は ヨミカキ》　読み書き(~そろばん) →18
ヨミカケ　読み掛け →95
ヨミカタ, ヨミカタ　読み方 →95

‾は高い部分　…と…は高低が変る部分　‾|は次が下がる符号　→は法則番号参照

ヨ**ミガナ** 読み仮名 →12

ヨ**ミキカセ** 読み聞かせ →13

ヨ**ミキカセル**, ヨ**ミキカセル** 読み聞かせる →45

ヨ**ミキリ** 読切り →5

ヨ**ミキル**,《新は ヨ**ミキル**》 読み切る →45

ヨ**ミクセ**, ヨ**ミクセ**, ヨ**ミグセ** 読み癖 →5

ヨ**ミクダシ** 読み下し →13

ヨ**ミクダス**, ヨ**ミクダス** 読み下す →45

ヨ**ミゴタエ**, ヨ**ミゴタエ** 読み応え →13

ヨ**ミコナス**, ヨ**ミコナス** 読みこなす →45

ヨ**ミコム**,《新は ヨ**ミコム**》 読み込む →45

ヨ**ミサシ** 読みさし →95

ヨ**ミジ**, ヨ**ミジ** 黄泉路 →4

ヨ**ミステ** 読み捨て →5

ヨ**ミステル**, ヨ**ミステル** 読み捨てる →45

ヨ**ミスル**, ヨ**ミスル** 嘉する →48

ヨ**ミセ** 夜店 →4

ヨ**ミセアキンド** 夜店商人 →12

ヨ**ミソコナウ**, ヨ**ミソコナウ** 読み損う →45

ヨ**ミダス**,《新は ヨ**ミダス**》 読み出す →45

ヨ**ミチ** 夜道 →4

ヨ**ミチガイ** 読み違い →13

ヨ**ミチガエ** 読み違え →13

ヨ**ミテ** 読み手 →5

ヨ**ミデ** 読み出(～がある) →5

ヨ**ミトース**, ヨ**ミトース** 読み通す →45

ヨ**ミトリ** 読取り →5

ヨ**ミトル**,《新は ヨ**ミトル**》 読み取る

→45

ヨ**ミナオス**, ヨ**ミナオス** 読み直す →45

ヨ**ミナガス**, ヨ**ミナガス** 読み流す →45

ヨ**ミナレル**, ヨ**ミナレル** 読み慣れる →45

ヨ**ミニクイ** 読み悪い →54

ヨ**ミノクニ** 黄泉の国 →98

ヨ**ミビト**, ヨ**ミビト** 詠み人,読み人 →5

ヨ**ミビトシラズ** 詠み人知らず →13

ヨ**ミフケル**, ヨ**ミフケル** 読み耽る →45

ヨ**ミフダ** 読み札 →5

ヨ**ミホン** 読本 →8

ヨ**ミモノ**, ヨ**ミモノ**, ヨ**ミモノ** 読み物 →5

ヨ**ミヤ** 夜宮,宵宮 →4

ヨ**ミヤスイ** 読み易い →54

ヨ**ム** 読む,詠む ヨ**マナイ**, ヨ**モー**, ヨ**ミマス**, ヨ**ンデ**, ヨ**メバ**, ヨ**メ** →43

ヨ**メ** 嫁(オ**ヨメサン** 御～さん) →1, 94

ヨ**メ** 夜目(～にも) →4

ヨ**メイ★**, ヨ**メイ★** 余命 →8

ヨ**メイビリ** 嫁いびり →13

ヨ**メイリ** 嫁入り →5

ヨ**メイリジタク** 嫁入支度 →15

ヨ**メイリドーグ** 嫁入道具 →15

ヨ**メイリマエ** 嫁入り前 →12

ヨ**メイル** 嫁入る →46

ヨ**メゴ**, ヨ**メゴ** 嫁御 →94

ヨ**メゴリョー**, ヨ**メゴリョー** 嫁御寮 →15

ヨ**メジョ**, ヨ**メジョ** 嫁女 →94

ヨ**メトーメ・ガサノウチ** 夜目遠目笠の内 →97

ガギグゲゴは鼻濁音　カタカナ細字は母音の無声化　★は長音にもなる符号

ヨメトリ──ヨリヌク　　950

ヨメトリ, ヨメトリ 嫁取り →5	ヨリアツマリ 寄り集まり →13
ヨメナ 嫁菜 →4	ヨリアツマル 寄り集まる →45
ヨメル 読める →44	ヨリアワセル, ヨリアワセル 縒り合わせる →45
ヨモ 〖副〗(=よもや) →67 四方(〜の海) →33	ヨリイ 寄居〖地〗 →21
ヨモギ 蓬 →1	ヨリイト 縒糸 →5
ヨモギモチ 蓬餅 →12	……ヨリカ, ……ヨリカ; ……ヨリカ 〖助〗(ナクヨリカ, ナクヨリカ 泣く〜, ヨムヨリカ 読む〜, アカイヨリカ, アカイヨリカ 赤い〜, シロイヨリカ 白い〜) →72,74b
ヨモスガラ, ヨモスガラ 終夜 →67	
ヨモヤ 〖副〗(〜あるまい) →67	
ヨモヤマ,《古は ヨモヤマ》 四方山(〜の話) →18d	……ヨリカ; ……ヨリカ; ……ヨリカ 〖助〗(トリヨリカ 鳥〜, ハナヨリカ 花〜, アメヨリカ 雨〜) →71
ヨモヤマバナシ 四方山話 →12	
ヨヤク 予約 →8	ヨリカカリ 寄懸り →13
ヨヤクキン, ヨヤクキン, ヨヤクキン 予約金 →14c	ヨリカカル 寄り懸る →45
ヨヤクズミ 予約済 →13	ヨリキ 与力 →8
ヨヤクハンバイ 予約販売 →15	ヨリキリ 寄切り →5
ヨヤトー 与野党 →17	ヨリキル 寄り切る →45
ヨユー 余裕 →8	ヨリケリ, ヨリケリ (人に〜だ) →89
ヨヨ 〖感〗(〜と泣く) →66 世世,代代,夜夜 →11	ヨリゴノミ 選り好み →13
	ヨリシロ 依代(神の〜だ) →5
ヨヨギ 代々木〖地〗 →21	ヨリスガル 寄り縋る →45
ヨヨギコーエン 代々木公園 →15	ヨリスグル, ヨリスグル 選りすぐる →45
ヨラバ・ダイジュノ・カゲ 寄らば大樹の陰 →42,97	
	ヨリソウ 寄り添う →45
ヨリ 寄り(〜が少ない,あせもの〜) →2	ヨリタオシ 寄倒し〖相撲〗 →13
	ヨリタオス 寄り倒す →45
ヨリ, ヨリ 〖副〗(〜多く) →61	ヨリダス,《新は ヨリダス》 選り出す →45
ヨリ 選り,縒り(〜を戻す) →2	
……ヨリ, ……ヨリ; ……ヨリ 〖助〗(ナクヨリ, ナクヨリ 泣く〜, ヨムヨリ 読む〜, アカイヨリ, アカイヨリ 赤い〜, シロイヨリ 白い〜) →72,74b	ヨリツキ 寄付 →5
	ヨリツク 寄り付く →45
	ヨリドコロ, ヨリドコロ 拠り所 →12
	ヨリドリ 選取り →5
……ヨリ; ……ヨリ; ……ヨリ 〖助〗(トリヨリ 鳥〜, ハナヨリ 花〜, アメヨリ 雨〜) →71	ヨリドリミドリ 選取り見取り →99
	ヨリニ(·)ヨッテ, ヨリニ(·)〜 選りに選って →97,98
ヨリアイ 寄合い →5	
ヨリアイジョタイ 寄合所帯 →15	ヨリヌキ 選抜き →5
ヨリアウ 寄り合う →45	ヨリヌク,《新は ヨリヌク》 選り抜く

951　　　ヨリミチ──ヨワフク

→45

ヨリミチ　寄り道 →5

ヨリメ　寄り目 →5

……ヨリモ, ……ヨリモ; ……ヨリモ
〖助〗(**ナグヨリモ, ナクヨリモ** 泣く
〜, **ヨムヨリモ** 読む〜, **アガイヨリ
モ, アカイヨリモ** 赤い〜, **シロイヨ
リモ** 白い〜) →72, 74b

……ヨリモ; ……ヨリモ; ……ヨリモ
〖助〗(**トリヨリモ** 鳥〜, **ハナヨリモ**
花〜, **アメヨリモ** 雨〜) →71

ヨリュード　寄人 →5

ヨリヨイ　より良い →54

ヨリョク, ヨリョク　余力 →8

ヨリヨリ　寄り寄り(〜相談する) →68

ヨリワケル, ヨリワケル　選り分ける
→45

ヨル　因る, 拠る, 寄る **ヨラナイ, ヨ
ロー, ヨリマス, ヨッテ, ヨレバ,
ヨレ** →43

ヨル　選る, 縒る **ヨラナイ, ヨロー,
ヨリマス, ヨッテ, ヨレバ, ヨレ**
→43 夜 →1

ヨルガタ　夜型 →4

ヨルゴハン　夜御飯 →15

ヨルダン　Jordan〖国〗→21

ヨルトサワルト　寄ると触ると →98

ヨルヒル　夜昼(〜無しに) →18

ヨルベ, ヨルベ　寄辺 →19

ヨルベナイ　寄辺無い →54

ヨルヨナカ　夜夜中 →18

ヨレイ★　予鈴 →8

ヨレツ, ヨンレツ　四列 →34

ヨレヨレ　(服が〜だ, 〜な・に) →57

ヨレル　縒れる →44

ヨロイ　鎧 →2

ヨロイイタ　鎧板 →12

ヨロイカブト　鎧兜 →18

ヨロイド, ヨロイド　鎧戸 →12

ヨロイドーシ　鎧通し〖短刀〗→13

ヨロイビツ, ヨロイビツ　鎧櫃 →12

ヨロイムシャ　鎧武者 →15

ヨロク　余禄(〜がある), 余録 →8

ヨロケル →43

ヨロコバシイ★　喜ばしい →53

ヨロコバス　喜ばす →44

ヨロコバセル　喜ばせる →83

ヨロコビ, ヨロコビ, ヨロコビ　喜び
→2

ヨロコビゴト, ヨロコビゴト　喜び事
→12

ヨロコブ　喜ぶ **ヨロコバナイ, ヨロ
コボー, ヨロコビマス, ヨロゴンデ,
ヨロコベバ, ヨロコベ** →43

ヨロシイ★　宜しい →52

ヨロシク★　宜しく →61

ヨロズ, 《古は ヨロズ》　万 →30

ヨロズヤ　万屋 →94

ヨロメキ, ヨロメキ →2

ヨロメク →96

ヨロヨロ　(〜する, 〜と) →57

ヨロン　世(輿)論 →8

ヨロンチョーサ　世(輿)論調査 →15

ヨワ　夜半 →4　余話 →7

ヨワイ　弱い **ヨワカッタ, ヨワク,
ヨワクテ, 《新は ヨワクテ》, ヨワケ
レバ, ヨワシ** →52

ヨワイ, ヨワイ　齢 →1

ヨワイモノイジメ　弱い者苛め →13

ヨワキ, ヨワキ　弱気 →7

ヨワキ　弱き(〜者よ, 〜を助け) →51

ヨワギン　弱吟〖能〗→8

ヨワゴシ, ヨワゴシ　弱腰 →5

ヨワサ　弱さ →93

ヨワタリ　世渡り →13

ヨワネ, ヨワネ　弱音(〜を吐く) →5

ヨワビ　弱火 →5

ヨワフクミ, ヨワフグミ　弱含み〖経〗

ガギグゲゴは鼻濁音　カタカナ細字は母音の無声化　★は長音にもなる符号

ヨワマル──ヨンリン　952

→13c

ヨワマル　弱まる →44

ヨワミ　弱味（～を見せる）→93

ヨワムシ　弱虫 →5

ヨワメル　弱める →44

ヨワヨワシイ　弱弱しい →53

ヨワリ　弱り →2

ヨワリキル, ヨワリキル,《古・強は ヨワリキル》 弱り切る →45

ヨワリヌク, ヨワリヌク,《古・強は ヨワリヌク》 弱り抜く →45

ヨワリハテル, ヨワリハテル,《古・強は ヨワリハテル》 弱り果てる →45

ヨワリメ, ヨワリメ, ヨワリメ　弱り目（～にたたり目）→12

ヨワル　弱る →44

ヨン　四 →30

よん……　四…　⇨よ……, し……

ヨンカイ　四階 →34

ヨンカイ　四回 →34

ヨンカゲツ　四箇月 →39

ヨンカネン　四箇年 →39

ヨンサイ　四歳 →34

ヨンジッサイ, ヨンジュッサイ,《新は ヨンジッサイ, ヨンジュッサイ》 四十歳 →35da

ヨンジップン, ヨンジュップン,《新は ヨンジップン, ヨンジュップン》 四十分 →35da

ヨンシャク　四尺, 四勺 →34

ヨンシュ　四種 →34

ヨンジュー　四十 →31

ヨンジューエン,《新は ヨンジューエン》 四十円 →35a

ヨンジューダイ,《新は ヨンジューダイ》 四十台 →35a

ヨンジューダイ　四十代・四十台〖年代〗 →35a

ヨンジュード,《新は ヨンジュード》 四十度 →35a

ヨンジューニチ,《新は ヨンジューニチ》 四十日 →35a

ヨンジューニン,《新は ヨンジューニン》 四十人 →35a

ヨンジューネン,《新は ヨンジューネン》 四十年 →35a

ヨンジュービョー,《新は ヨンジュービョー》 四十秒 →35a

ヨンジューマン, ヨンジューマン,《新は ヨンジューマン》 四十万 →32

ヨンスン　四寸 →34

ヨンセン　四千 →31

ヨンセンエン　四千円 →35

ヨンセンニン　四千人 →35

ヨンチョーメ, ヨンチョーメ　四丁目 →38

ヨンド　四度 →34

ヨンドコロナイ　拠ん所無い →54

ヨンバイ　四倍 →34

ヨンバン　四番 →34

ヨンヒャク　四百 →31

ヨンヒャクエン,《新は ヨンヒャクエン》 四百円 →35

ヨンヒャクニン,《新は ヨンヒャクニン》 四百人 →35

ヨンヒャクネン,《新は ヨンヒャクネン》 四百年 →35

ヨンヒャクマン, ヨンヒャクマン　四百万 →32

ヨンビョー　四秒 →34

ヨンビョーシ, シビョーシ　四拍子 →36

ヨンプン　四分 →34

ヨンホン　四本 →34

ヨンマイ　四枚 →34

ヨンマン　四万 →31

ヨンリングドー　四輪駆動 →15

ヨンリンシャ　四輪車 →14a

￣ は高い部分　　 ̈と ̈は高低が変る部分　 ￣｜は次が下がる符号　　→は法則番号参照

……ラ; ……ラ …等(ソレラ 其れ〜, オトコラ 男〜, ワレラ 我〜)→94
ラーゲル, ラーゲリ lager〔露〕→9
ラード lard →9
ラーメン 老麺〔華〕→9
ラーユ 辣油〔華〕→7
ライ 雷, 癩 →6
……ライ …来(=以来。サクネンライ 昨年〜, スージツライ 数日〜)→14a
ライイ 来意 →7
ライイン 来院 →8
ライウ 雷雨 →7
ライウン 雷雲 →8
ライエン 来援, 来演 →8
ライオン, 《古は ライオン》 lion →9
ライオンズクラブ Lions Club →16
ライカ 雷火 →7
ライガ 来駕(ゴライガ 御〜)→7, 92
ライカイ 来会 →8
ライガクネン, ライガクネン 来学年 →17
ライガッキ 来学期 →15
ライカン 来館, 来観, 雷管 →8
ライガンシャ 来館者, 来観者 →14a
ライキ 来期, 来季, 礼記〔書〕→7
ライキャク 来客 →8
ライギョ 雷魚 →7
ライゲキ 雷撃 →8
ライゲツ 来月 →8
ライコー 来貢, 来校, 来航, 来寇 →8
ライコー, 《古は ライコー》 来光, 雷光 →8
ライコー, ライコー 雷公〔俗〕→94
ライゴー, 《古は ライゴー》 来迎 →8
ライサン 礼賛(讃) →8
ライサンシャ 礼賛(讃)者 →14a
ライ・サンヨー, 《古は 〜(・)サンヨー》, ライサンヨー 頼山陽 →22, 24, 27
ライシ 来旨 →7
ライシャ 来社 →7
ライシュー 来秋, 来週, 来集, 来襲 →8
ライジュー 雷獣 →8
ライシュン 来春 →8
ライジョー 来場, 来状 →8
ライシン 来診, 来信 →8
ライジン 雷神 →8
ライジンシ 頼信紙 →14a
ライス rice →9
ライスカレー rice curry〔和〕→16
ライセ, ライセ 来世 →7
ライセンス license →9
ライダ 懶惰 ⇒ランダ
ライター lighter, writer →9
ライダー rider →9
ライタク 来宅 →8
ライダン 来談 →8
ライチャク 来着 →8
ライチョー 来朝, 来聴, 雷鳥 →8
ライテン 来店(ゴライテン 御〜) →8, 92
ライデン 来電 →8 雷電《人も》→18, 23
ライト light, right →9
ライトアップ light up →16
ライドー 雷同(付和〜) →8
ライトキュー light 級 →14
ライトキョーダイ Wright 兄弟 →15
ライトバン light van〔和〕→16
ライトヘビーキュー light heavy 級 →14
ライトモチーフ, ライトモチーフ Leitmotiv〔独〕→16
ライナー liner →9
ライニチ 来日 →8
ライニン 来任 →8

ライネン―ラクダイ　954

ライネン 来年 →8	→9
ライネンド 来年度 →17	**ラウンド**,《新は **ラウンド**》 round →9
ライハイ 礼拝 →8	**ラオ**, **ラウ** 羅宇〖煙管ぎせ〗<Laos →9
ライハイドー 礼拝堂 →14	**ラオス** Laos〖国〗→21
ライハル, **ライハル** 来春 →4	**ラオチュー**, **ラオチュー** 老酒〔華〕 →9
ライバル rival →9	
ライビョー 癩病 →8	**ラオヤ** 羅宇屋 →94
ライヒン 来賓 →8	**ラガー** rugger →9
ライヒンセキ 来賓席 →14a	**ラカン** 羅漢
ライフ life →9	**ラガン** 裸眼 →8
ライブ live →9	**ラギョー** ら行 →8
ライフサイクル life cycle →16	**ラク** 洛 →6　楽<楽焼・千秋楽 →10
ライフスタイル life style →16	**ラク** 楽(~をする。**オラクニ** 御~に) →6, 92
ライブハウス live house〔和〕→16	**ラクイン** 烙印, 落胤 →8
ライフライン lifeline →16	**ラクインキョ** 楽隠居 →15
ライブラリー library →9	**ラクエン** 楽園 →8
ライフル rifle<**ライフルジュー** rifle	**ラクガイ** 洛外(↔洛中) →8
銃 →9, 14	**ラクガキ** 落書き →5
ライフワーク lifework →16	**ラクガミ** 楽髪(苦爪らゅ~) →4
ライホー 来訪, 来報 →8	**ラクガン** 落雁 →8
ライホーシャ 来訪者 →14a	**ラクゴ** 落伍, 落語 →7
ライム lime〖植〗→9	**ラクゴカ** 落語家 →14
ライムギ, **ライムギ** rye 麦 →4	**ラクゴシャ** 落伍者 →14
ライムライト limelight →16	**ラクサ** 落差 →7
ライメイ 来名, 雷名, 雷鳴 →8	**ラクサツ** 落札 →8
ライユー 来遊 →8	**ラクジツ** 落日 →8
ライヨケ, **ライヨケ**, **ライヨケ** 雷除	**ラクシュ**, **ラクシュ** 落手, 落首 →7
け →5	**ラクショ**, **ラクショ** 落書 →7
ライラク,《古は **ライラク**》 磊落 →8	**ラクショー** 落掌, 楽勝 →8
ライラック lilac〖植〗→9	**ラクジョー** 落城 →8
ライリン 来臨 →8	**ラクショク** 落飾〖仏教〗→8
ライレキ 来歴 →8	**ラクセイ** 落成 →8
ライン line →9	**ラクセイシキ** 落成式 →14b
ラインアップ, **ラインナップ** lineup	**ラクセキ** 落石, 落籍 →8
→16	**ラクセツ** 落雪 →8
ラインガワ Rhein 川〖独〗→12a	**ラクセン** 落選 →8
ラインダンス line dance〔和〕→16	**ラクダ** 駱駝 →7
ラウドスピーカー loudspeaker →16	**ラクダイ** 落第 →8
ラウンジ,《新は **ラウンジ**》 lounge	

￣は高い部分　⌣と⌢は高低が変る部分　｢は次が下がる符号　→は法則番号参照

ラクダイセイ★ 落第生 →14b	**ロイラシイ**★, **シロイラシイ**★ 白い〜) →82, 84
ラクダイテン 落第点 →14b	
ラクタン 落胆 →8	……**ラジイ**★; ……**ラジイ**★, ……**ラシ**
ラクチャク 落着(一件〜) →8	**イ**★; ……**ラジイ**★, ……**ラシイ**★ 〖助
ラクチュー, ラクチュー 洛中(↔洛外) →8	動〗(=…のようだ。**トリラジイ**★ 鳥〜,
	ハナラジイ★, **ハナラシイ**★ 花〜, **アメ**
ラクチョー 落丁 →8	**ラジイ**★, **アメラシイ**★ 雨〜) →81
ラクチン, ラクチン 楽ちん →57	……**ラジイ**★ 〖接尾〗(=…にふさわしい・
ラクテンカ 楽天家 →14	…に似ている。**コドモラジイ**★ 子供
ラクテンシュギ 楽天主義 →15	〜, **オトコラジイ**★ 男〜, **バカラジ**
ラクテンチ 楽天地 →14a	**イ**★ 馬鹿〜) →96
ラクテンテキ 楽天的 →95	**ラジエーター** radiator →9
ラクド 楽土 →7	**ラジオ** radio →9
ラグナイ 洛内(=洛中) →8	**ラジオゾンデ** Radiosonde〔独〕 →16
ラクノー 酪農 →8	**ラジオタイソー** radio 体操 →15
ラクバ 落馬 →7	**ラジオドラマ** radio drama →16
ラクバイ 落梅 →8	**ラジカセ** <radio cassette〔和〕 →10
ラクハク 落魄 →8	**ラジカル** radical →9
ラクハツ 落髪 →8	……**ラジゲ** (**オトコラジゲ** 男〜, **ニ**
ラクバン 落盤(磐) →8	**クラジゲ** 憎〜) →93
ラクビ 楽日(=千秋楽) →4	**ラジコン** <radio control →10
ラグビー rugby →9	……**ラシサ** (**コドモラシサ** 子供〜,
ラクホク 洛北 →8	**オンナラシサ** 女〜) →93c
ラクメイ★ 落命 →8	**ラショクブツ** 裸子植物 →15
ラクヤキ 楽焼 →5	**ラシャ** 羅紗<raxa〔葡〕 →9
ラクヨー 落葉,落陽 →8 洛陽〖地〗 →21	**ラシャガミ, ラシャガミ** 羅紗紙 →4
	ラシャメン 洋妾<羅紗綿
ラクヨージュ 落葉樹 →14a	**ラジューム, ラジウム** Radium〔独〕 →9
ラクヨーショー 落葉松 →14a	
ラクライ 落雷 →8	**ラシュツ** 裸出 →8
ラクラク 楽楽(〜と) →58	**ラショーモン** 羅生門 →14a
ラグラン, ラグラン raglan →9	**ラジョーモン** 羅城門 →14a
ラクルイ 落涙 →8	**ラシン** 裸身 →8
ラクロー 楽浪〖地〗 →21	**ラシンギ** 羅針儀 →14a
ラケット, ラケット racket →9	**ラシンバン** 羅針盤 →14
……**ラジイ**★; ……**ラジイ**★, ……**ラシ**	**ラスク** rusk〖菓子〗 →9
イ★ 〖助動〗(=…のようだ。**カウラジ**	**ラスト** last →9
イ★ 買う〜, **ヨムラジイ**★, **ヨムラシ**	**ラストシーン** last scene →16
イ★ 読む〜, **アカイラジイ**★ 赤い〜, **シ**	**ラストスパート** last spurt →16

ガギグゲゴは鼻濁音　カタカナ細字は母音の無声化　★は長音にもなる符号

ラストヘ──ラリコッ　956

ラストヘビー　last heavy〔和〕→16

ラスベガス　Las Vegas〖地〗→21

ラセツ　羅刹

ラセン　螺旋　→8

ラセンカイダン　螺旋階段　→15

ラセンケイ＊　螺旋形　→14

ラゾー　裸像　→8

ラタイ　裸体　→8

ラタイガ　裸体画　→14

ラチ　埒（～も無い）→6

ラチ，ラッチ　拉致　→7d

ラチガイ　埒外　→8

ラッカ，ラッカ　落下　→7

ラッカ　落花　→7

ラッカー　lacquer　→9

ラッカサン　落下傘　→14

ラッカサンブタイ　落下傘部隊　→15

ラッカセイ＊　落花生　→14

ラッカブツ　落下物　→14

ラッカン　楽観，落款　→8

ラッカンテキ　楽観的　→95

ラッキー　lucky　→9

ラッキーセブン　lucky seventh　→16

ラッキュー　落球　→8

ラッキョー　辣韮〖植〗→8

ラッケイ＊　落慶　→8

ラッケイ＊シキ　落慶式　→14b

ラッコ，ラッコ　猟虎＜rakko〔アイ/ヌ〕〖動〗→9

ラッシュ　rush　→9

ラッシュアワー　rush hour　→16

ラッセル　＜Rasselgeräusch〔独〕, russel →9

ラッセルシャ　russel 車　→14

ラッチ，ラチ　拉致　→7d

ラッパ　喇叭

ラッパシュ　喇叭手　→14

ラッパノミ　喇叭飲み　→13

ラッパフキ　喇叭吹き　→13

ラッパブシ　喇叭節　→12

ラッピング　wrapping　→9

ラップ，《新は ラップ》　lap（～をはかる），wrap（～をかける），rap（～を聞く）→9

ラップタイム　lap time　→16

ラツワン　辣腕　→8

ラツワンカ　辣腕家　→14

ラディッシュ　radish　→9

ラテン，ラテン　Latin〖言語・民族〗→21

ラデン，ラデン　螺鈿　→8

ラテンアメリカ　Latin America〖地〗→16

ラテンゴ　Latin 語　→14

ラノリン，ラノリン　Lanolin〔独〕→9

ラバ　騾馬　→7

ラバ，ラバー　rubber　→9

ラバゾール　rubber sole　→16

ラフ　裸婦　→7　rough　→9

ラブ　love　→9

ラファエロ，ラファエロ　Raffaello〔伊〕〖人〗→23

ラブシーン　love scene　→16

ラプソディー　rhapsody　→9

ラブソング　love song　→16

ラブレター　love letter　→16

ラベル，ラベル　label　→9

ラベンダー　lavender〖植〗→9

ラボ　＜ラボラトリー　laboratory →10, 9

ラマキョー　喇嘛教　→8

ラム　rum, lamb　→9

ラムシュ　rum 酒　→7

ラムネ　＜lemonade　→10

ラメ　lamé〔仏〕→9

ラリー　rally　→9

ラリコッパイ，ラリコッパイ　乱離骨灰（～になる）→98

￣は高い部分　⋯と⋱は高低が変る部分　￣｜は次が下がる符号　→は法則番号参照

ラリョーオー 羅陵王〖雅楽〗	**ランザツ** 乱雑 →8
ラレツ 羅列 →8	**ランザ, ランシ** 乱視 →7
……ラレル; ……ラレル 〖助動〗 (**キラレル** 着~, **ミラレル** 見~) →83	**ランシ** 卵子 →7
	ランジェリー lingerie〖仏〗→9
ラワン lauan〖フフ〗〖植〗→9	**ランジショク** 藍紫色 →14
ラン 乱, 卵, 欄, 蘭 →6 run →9	**ランシャ** 乱射 →7
ランイ 蘭医 →7	**ランジャ** 蘭麝(~のかおり) →18
ランウン 乱雲 →8	**ランジャタイ** 蘭奢待〖香〗→14
ランオー 卵黄 →8	**ランシュ** 乱酒 →7
ランガイ 欄外 →8	**ランジュク** 爛熟 →8
ランガイハツ 乱開発 →15	**ランシュツ** 濫出 →8
ランカク 乱獲, 濫獲, 卵殻 →8	**ランジュホーショー** 藍綬褒章 →15
ランガク 蘭学 →8	**ランジョ** 乱序〖能・雅楽〗→7
ランガクコトハジメ 蘭学事始〖書〗 →98	**ランショー** 濫觴 →8
	ランシン 乱心, 乱臣(~賊子) →8
ランガクシャ, ランガクシャ 蘭学者 →17	**ランスイ** 乱酔 →8
	ランスー 乱数 →8
ランカン 欄干 →8	**ランスーヒョー** 乱数表 →14
ランギク 乱菊 →8	**ランセイ★** 卵生 →8
ランギャク 乱逆 →8	**ランセイ★, ランセ** 乱世 →8
ランギョー 乱行(**ゴランギョー** 御 ~) →8, 92	**ランセン** 乱戦 →8
	ランソー 卵巣 →8
ランギリ 乱切り, 卵切り〖蕎麦〗→5	**ランゾー** 乱造, 濫造 →8
ランキリュー 乱気流 →15	**ランダ** 乱打, 懶惰 →7
ランキング, 《新は ランキング》 ranking →9	**ランダム** random →9
	ランタン, ランタン lantern →9
ランク rank →9	**ランチ** launch, lunch →9
ラングイ 乱杭 →4	**ランチキサワギ** 乱痴気騒ぎ →13
ラングイバ 乱杭歯 →12b	**ランチュー, ランチュー** 蘭鋳〖金魚〗 →8
ランクツ 乱掘, 濫掘 →8	
ラングン 乱軍 →8	**ランチョー** 乱丁, 乱調 →8
ランケイ★ 卵形 →8	**ランチョー** 蘭蝶〖新内〗→24
ランゲージ language →9	**ランチョーシ** 乱調子 →15
ランコー 乱交, 乱行 →8	**ランチョンマット** luncheon mat〖和〗 →16
ランコーゲ 乱高下 →15	
ランコン 乱婚 →8	**ランデブー** rendez-vous〖仏〗→16
ランサイボー 卵細胞 →15	**ラントー** 乱闘, 卵塔 →8
ランサク 乱作, 濫作 →8	**ラントーバ** 卵塔場(=墓地) →12
	ランドク 乱読, 濫読 →8

ガギグゲゴは鼻濁音 カタカナ細字は母音の無声化 ★は長音にもなる符号

ランドサ──リール　　958

ランドサット Landsat(=地球資源探査衛星) →16
ランドセル, ランドセル <ransel[蘭] →9
ランドリ, ランドリ 乱取り →5
ランドリー laundry →9
ランナー runner →9
ランナイ 欄内 →8
ランニュー 乱入 →8
ランニング, 《古は ランニング》 running[運動・シャツ] →9
ランニングシャツ running shirt[和] →16
ランバイ 乱売 →8
ランパク 卵白 →8
ランバツ 乱伐, 濫伐 →8
ランパツ 乱発, 濫発, 乱髪 →8
ランハンシャ 乱反射 →15
ランピ, ランピ 濫費 →7
ランピツ 乱筆(~乱文お許し下さい) →8
ランビョーシ, ランビョーシ 乱拍子[能] →15
ランブ 乱舞 →7
ランプ lamp[蘭], ramp →9
ランブン 乱文 →8
ランボー 乱暴 →8
ランボー 蘭方 →8
ランボーモノ 乱暴者 →12
ランマ 欄間 →4
ランマ 乱麻(快刀~を断つ) →7
ランマン 爛漫 →58
ランミャク 乱脈 →8
ランヨー 乱用, 濫用 →8
ランラン, ランラン 爛爛(~と) →58
ランリツ 乱立 →8
ランリョーオー 蘭陵王[雅楽]
ランリン 乱倫 →8
ランル 襤褸 →7

リ

リ, 《新は リ》 利(~を生む), 理(~の当然) →6
リ 吏, 里, 浬 →6
·····リ ···吏(**ゼイカンリ** 税関~), ···裏·····裡(**ソーガクリ** 奏楽~) →14a
·····り ···里[数] →34, 35
リアエンジン rear engine →16
リアオー, リヤオー Lear 王[書] →94
リアクション, 《新は リアクション》 reaction →9
リアゲ, リアゲ 利上げ →5
リアスシキ rias 式 →95
リアリスト realist →9
リアリズム realism →9
リアリティー reality →9
リアル real →9
リアルタイム real time →16
リーク leak →9
リーグ league →9
リーグセン league 戦 →14
リース lease →9
リーゼント regent<**リーゼントスタイル** regent style →9, 16
リーダー leader →9
リーダー, 《新は リーダー》 reader →9
リーダーシップ leadership →16
リーチ reach →9
リーディング, リーディング reading →9
リート, 《新は リート》 Lied[独] →9
リード lead, reed →9
リーフレット, リーフレット leaflet →9
リーベ Liebe[独] →9
リール, 《新は リール》 reel →9

￣ は高い部分　¨ と ˙˙ は高低が変る部分　⌐ は次が下がる符号　→ は法則番号参照

959　リイン──リクジョ

リイン　吏員　→8	リキトー　力投,力闘　→8
リウン　利運,理運　→8	リキミカエル　《古・強は **リキミカエル**》　力み返る　→45
リエキ　利益　→8	
リエキシャカイ　利益社会　→15	リキム　力む　→44
リエン　離縁,梨園　→8	リキュー　離宮　→8
リエンジョー, リエンジョー　離縁状　→14a	リキュー,《新は **リキュー**》　利休〖人〗⇒センノ～
リオチ　利落ち　→5	……リキュー　…離宮(カツラリキュー 桂～, ハマリキュー 浜～)　→15
リオデジャネイロ　Rio de Janeiro[葡]〖地〗→21	
リカ　理科　→7	リキューネズミ　利休鼠〖色〗→12
リカイ　理解　→8	リキューバシ　利休箸　→12
リガイ　理外(～の理)　→8　利害　→18	リキュール　liqueur[仏]　→9
リガイカンケイ★　利害関係　→15	リキョー　離京,離郷　→8
リガイ(・)トクシツ　利害得失　→97,98	リキリョー, リキリョー　力量　→8
リガイリョク　理解力　→14b	リク,《新は **リク**》　陸　→6
リカガク　理化学　→17	リクアゲ, リクアゲ, リクアゲ　陸揚げ　→5
リガク　理学　→8	
リガクシ, リガクシ　理学士　→17	リグイ　利食い　→5
リガクハクシ, リガクハカセ　理学博士　→15	リクウン　陸運　→8
リガクブ　理学部　→17	リクウンギョー　陸運業　→14a
リガクリョーホーシ　理学療法士　→17	リクエスト　request　→9
リカケイ★　理科系　→14	リクカイ, リクカイ　陸海　→18c
リカノカンムリ　李下の冠　→98	リクカイクー　陸海空　→17
リカン　離間,罹患　→8	リクカイグン　陸海軍　→17
リガン　離岸　→8	リクギ　六義　→34
リガンサク　離間策　→14a	リクギエン　六義園　→14
リキ　力(～がある)　→6　利器　→7	リクグン　陸軍　→8
リキエイ★　力泳　→8	リクグンシカン, リクグンシカン　陸軍士官　→15c
リキエン　力演　→8	リクグン・シカンガッコー　陸軍士官学校　→97
リキガク, リキガク　力学　→8	
リキサク　力作　→8	リクグンショー　陸軍省　→14a
リキシ, リキシ　力士　→7	リクグンダイジン　陸軍大臣　→15
リキセツ　力説　→8	リクグンビョーイン　陸軍病院　→15
リキセン　力戦　→8	リクゲイ★　六芸　→34
リキソー　力走,力漕　→8	リクサン　陸産　→8
リキッド　liquid　→9	リクショー　陸将,陸相　→8
リキテン, リキテン　力点　→8c	リクジョー　陸上　→8
	リクジョーキ　陸上機　→14a

ガギグゲゴは鼻濁音　カタカナ細字は母音の無声化　★は長音にもなる符号

リクジョーキョーギ　陸上競技　→15	リコーダー,《新は リコーダー》　recorder　→9
リクジョージエイタイ　陸上自衛隊　→17	リコーモノ　利口者　→12
リクセイ　陸棲　→8	リコール　recall　→9
リクセン　陸戦　→8	リコシュギ　利己主義　→15
リクゼン　陸前〖地〗　→21	リコシン　利己心　→14
リクセンタイ　陸戦隊　→14	リコン, リコン　離婚　→8
リクソー　陸送　→8	リサーチ　research　→9
リクゾク　陸続　→58	リザーブ　reserve　→9
リクダナ, リクホー　陸棚　→4, 8	リサイ　罹災　→8
リクチ　陸地　→7	リザイ, リザイ　理財　→8
リクチュー　陸中〖地〗　→21	リザイカ　理財家　→14
リクチョー　六朝　→34	リサイクル　recycle　→9
リクツ　理屈(窟)　→8	リサイシャ　罹災者　→14b
リクツズキ　陸続き　→12	リサイタル　recital　→9
リクツッポイ　理屈(窟)っぽい　→96	リサゲ　利下げ　→5
リクツヤ　理屈(窟)屋　→94	リサツ　利札　→8
リクトー　陸島, 陸稲　→8	リザヤ　利鞘　→4
リクフー　陸風, 陸封　→8	リサン　離散　→8
リクヤネ, ロクヤネ　陸屋根　→12	リシ　利子　→7
リクライニングシート　reclining seat　→16	リジ　理事　→7
リクリ　陸離(光彩〜)　→58	リジカイ　理事会　→14
リクリエーション, レクリエーション　recreation　→9	リジコク　理事国　→14
リクルート　recruit　→9	リジシャ　理事者　→14
リクロ　陸路　→7	リジチョー　理事長　→14
リケイ　理系　→8	リシュー　履修, 離愁　→8
リケッチア　rickettsia　→9	リジュン　利潤　→8
リケン　利権　→8	リショー　離床, 離昇, 離礁, 利生　→8
リゲン　俚言, 俚諺　→8	リショク　利殖, 離職　→8
リケンヤ　利権屋　→94	リス　栗鼠　→1
リコ　利己　→7	リスイ　利水　→8
リゴ　俚語　→7	リスー　理数(=理科・数学)　→18
リコー　利口, 利巧, 履行　→8	リスー　里数　→8
リゴー　離合(〜集散)　→18	リスーカ　理数科　→14
リコーガクブ, リコーガクブ　理工学部　→17	リスク　risk　→9
	リスト　list　→9
リコーケイ　理工系　→14	リストアップ　list up〔和〕　→16
	リストラ　＜restructuring　→10
	リスニング, リスニング　listening　→9

‾は高い部分　⋯と⋯は高低が変る部分　⌐は次が下がる符号　→は法則番号参照

リスボン　Lisbon〖地〗→21	**リ**ツ　率 →6
リズミカル, **リ**ズミカル　rhythmical →9	**リ**ツ,《雅楽部では **リ**ツ》　律 →6
リズム　rhythm →9	リツアン　立案 →8
リズメ　理詰め →5	**リ**ッカ　立夏 →7
リスリン　＜glycerine →9	**リ**ッカ, **リ**ッカ　立花 →7
リスル　利する →48	リツガン　立願 →8
リセイ⋆, **リ**セイ⋆　理性 →8	**リ**ツキ, **リ**ツキ　利付 →5
リセイ⋆テキ　理性的 →95	**リ**ッキャク　立脚 →8
リセキ　離籍 →8	**リ**ッキャクチ, **リ**ッキャクチ　立脚地 →14c
リセット　reset →9	**リ**ッキャクテン, **リ**ッキャクテン　立脚点 →14c
リセン　離船 →8	**リ**ッキョー　陸橋 →8　立教＜**リ**ッキョーダイガク　立教大学 →29, 15
リソー　理想 →8	
リソーカ　理想家 →14	**リ**ッケン　立憲, 立件 →8
リソーカ, リソーカ　理想化 →95a	リツゲン　立言 →8
リソーガタ　理想型 →12	**リ**ッケンクンシュコク　立憲君主国 →17
リソーキョー, リソーキョー　理想郷 →14a	
リソーシュギ　理想主義 →15	**リ**ッケンクンシュセイ⋆　立憲君主制 →17
リソーテキ　理想的 →95	
リゾート　resort →9	**リ**ッケンコク　立憲国 →14a
リゾートウエア　resort wear →16	**リ**ッケンセイ⋆ジ　立憲政治 →15
リゾートハウス　resort house〔和〕→16	**リ**ッケンセイ⋆タイ　立憲政体 →15
リゾール　Lysol〔独〕→9	**リ**ッコー　力行(苦学～), 立后 →8
リソク　利息 →8	**リ**ッコーホ　立候補 →15
リソン　離村 →8	**リ**ッコーホシャ　立候補者 →14
リタ　利他 →7	**リ**ッコク　立国 →8　六国 →34
リターン　return →9	**リ**ッシ　律師 →7
リダイア　retire →9	**リ**ッシ, **リ**ッシ　立志 →7
リダイアル　redial →9	**リ**ッシデン　立志伝 →14
リダツ　離脱 →8	**リ**ッシュー,《古は **リ**ッシュー》　立秋 →8
リチ　理知 →18	
リチギ, リチギ,《古は **リ**チギ》　律義 →7	**リ**ッシュー, **リ**ッシュー　律宗 →8
リチギモノ, リチギモノ　律義者 →12	**リ**ッシュン,《古は **リ**ッシュン》　立春 →8
リチテキ　理知的 →95	
リチャクリク, リチャクリク　離着陸 →17	**リ**ッショー　立証 →8　立正〖大学〗→29
リチョー　李朝 →8	**リ**ッショーコーセイ⋆カイ　立正佼成会 →14b

ガギグゲゴは鼻濁音　カタカナ細字は母音の無声化　★は長音にもなる符号

リッショク 立食 →8	リツリョー 律令 →8
リッシン 立身 →8	リツレイ 立礼 →8
リッシン(・)シュッセ 立身出世 →97, 98	リツロン 立論 →8
リッシンベン 立心偏(=忄) →14a	リテイ 里程 →8
リッスイ 立錐(〜の余地) →8	リテイヒョー 里程標 →14
リッスル, リッスル 律する →48	リテキコーイ 利敵行為 →15
リツゼン 慄然 →56	リテン 利点 →8
リツゾー 立像 →8	リトー 離党, 離島 →8
リッタイ 立体 →8	リドー 吏道 →8
リッタイエイガ 立体映画 →15	リトク 利得 →8
リッタイオンガク 立体音楽 →15	リトマスシケンシ litmus 試験紙 →17
リッタイキカ, リッタイキカ 立体幾何 →15	リニアモーターカー, リニアモーターカー linear motor car →16
リッタイコーサ 立体交差(叉) →15	リニチ 離日 →8
リッタイシ 立太子 →15	リニュー 離乳 →8
リッタイテキ 立体的 →95	リニューアル renewal →9
リッタイハ 立体派 →14	リニューキ 離乳期 →14a
リッチ 立地 →7	リニョー 利尿 →8
リッチ rich →9	リニョーザイ, リニョーザイ 利尿剤 →14a
リットー 立刀(=刂) →8	リニン 離任 →8
リットー, 《古は リットー》 立冬 →8	リネン 理念 →8 linnen[蘭] →9
リツドー 律動 →8	リノー 離農 →8
リットル litre[仏] →9	リノリューム, リノリウム linoleum →9
……リットル …litre[仏](イチリットル ー〜, ゴリットル 五〜) →37	リハーサル, 《新は リハーサル》 rehearsal →9
リッパ 立派 →7	リバーシブル reversible →9
リップ lip →9	リバイバル revival →9
リップク 立腹 →8	リハク, 《古は リハク》 李白[人] →27
リップクリーム lip cream →16	リハツ 利発, 理髪 →8
リッポー 立方,立法,律法 →8	リハツギョー 理髪業 →14
リッポーキカン, リッポーキカン 立法機関 →15	リハツシ, リハツシ 理髪師 →14c
リッポーケン 立法権 →14a	リハッチャク 離発着 →15
リッポーコン 立方根 →14a	リハツテン, リハツテン 理髪店 →14c
リッポータイ 立方体 →14	リハツモノ 利発者 →12
リッポーフ 立法府 →14a	リハバ 利幅 →4
リツメイ 立命 →8	リハビリ <リハビリテーション re-
リツリョ 律呂 →18	

￣は高い部分　‥と‥は高低が変る部分　⌐は次が下がる符号　→は法則番号参照

habilitation →10, 9	リメーク remake →9
リバライ 利払い →13	リメン，《新は リメン》裏面 →8
リハン 離反 →8	リモコン ＜リモートコントロール
リヒ 理非 →18	remote control →10, 16
リビア，リビヤ Libya〖国〗→21	リヤカー，リヤカー，リヤカ rear car
リピート repeat →9	〔和〕→16d
リビョー 罹病 →8	リャク 略 →6
リビング living →9	リヤク 利益（ゴリヤク 御～）→8, 92
リビングキッチン，リビングキチン	リャクガ 略画 →7
living kitchen〔和〕→16	リャクギ，リャクギ 略儀 →7
リビングルーム living room →16	リャクギナガラ，リャクギナガラ 略
リファイン refine →9	儀ながら →71
リフォーム reform →9	リャクゴ 略語 →7
リフジン 理不尽 →15	リャクゴー 略号 →8
リフダ 利札 →4	リャクジ 略字 →7
リフト lift →9	リャクシキ 略式 →95
リフレイン，リフレーン refrain →9	リャクシュ 略取 →7
リフレッシュ refresh →9	リャクジュ，リャクジュ 略綬 →7
リベート，《新は リベート》rebate	リャクジュツ 略述 →8
→9	リャクショー 略称，略章 →8
リベツ，リベツ 離別 →8	リャクス，リャクス，リャクス 略す
リベット rivet →9	→48c
リベラリスト liberalist →9	リャクズ 略図 →7
リベラリズム liberalism →9	リャクスル 略する →48
リベラル liberal →9	リャクセツ 略説 →8
リベン 利便（～が悪い）→8	リャクソー 略装 →8
リベンカ 離弁花 →14a	リャクタイ 略体 →8
リホー，リホー 理法 →8	リャクダツ 略（掠）奪 →8
リポーター，《新は リポーター》（リは	リャクデン 略伝 →8
レとも）reporter →9	リャクフ 略譜 →7
リポート，《新は リポート》（リはレと	リャクフク 略服 →8
も）report →9	リャクブン 略文 →8
リボバライ リボ払い＜revolving 払い	リャクボー 略帽 →8
→13	リャクホンレキ 略本暦 →15
リボン ribbon →9	リャクレキ 略歴 →8
リマワリ 利回り →12	リャッカイ 略解 →8
リミット limit →9	リャッキ，リャッキ 略記 →7
リムーバー，リムーバー remover →9	リュー 竜，龍，流 →6
リムジン limousine →9	……リュー …流（ジコリュー 自己～，

ガギグゲゴは鼻濁音　カタカナ細字は母音の無声化　★は長音にもなる符号

ニトーリュー 二刀~, フジマリュー 藤間~) →14 …流(イチリュー 一~, ニリュー 二~) →34

リューー 理由 →8

リューアン, リューアン 硫安 →10

リューアンカメイ, リューアンカメイ 柳暗花明(~の巷ちまた) →98

リューイ, リューイ 留意 →7

リューイキ 流域 →8

リューイン 溜飲(~が下がる) →8

リューエイ 柳営 →8

リューオー 竜王 →8

リューカ 琉歌 →7

リューカイ 流会 →8

リューガク 留学 →8

リューガクセイ 留学生 →17

リューカスイソ 硫化水素 →15

リューカン 流汗 →8 流感＜流行性感冒 →10

リューガン 竜顔 →8

リューガン, リューガン 竜眼〖植〗 →8

リューガンニク 竜眼肉 →14a

リューカンリンリ 流汗淋漓 →59

リューキ, リューキ 隆起 →7

リューギ, リューギ 流儀 →7

リューキヘイ 竜騎兵 →15

リューキュー 琉球〖地・織物〗 →21

リューキューレットー 琉球列島 →15

リューキン 琉金〖金魚〗 →8

リューグー 竜宮 →8

リューグージョー, リューグージョー 竜宮城 →14a

リューケイ, ルケイ 流刑 →8

リューケツ 流血 →8

リューゲン, リューゲン 流言 →8

リューゲンヒゴ 流言飛語 →98

リューコ, リョーコ 竜虎 →18

リューコー 流行 →8

リューコーオクレ 流行後れ →13

リューコーカ 流行歌 →14a

リューコーカシュ 流行歌手 →15

リューコーゴ 流行語 →14

リューコージ 流行児 →14a

リューコーセイカンエン 流行性肝炎 →15

リューコーセイカンボー 流行性感冒 →15

リューコービョー 流行病 →14

リューコツ, リューコツ 竜骨 →8

リューサ 流砂 →7

リューサン 硫酸 →8

リューザン 流産 →8

リューシ 粒子 →7

リューシツ 流失 →8

リューシュツ 流出, 溜出 →8

リュージョ 柳絮 →7

リューショー 隆昌 →8

リュージョー 粒状 →8

リューショク 粒食 →8

リュージン 竜神 →8

リューズ, リューズ,《時計のは リューズ》竜頭 →7

リュースイ 流水 →8

リューズマキ 竜頭巻 →13

リューセイ 隆盛, 流星 →8

リューセツ 流説 →8

リューゼツラン 竜舌蘭 →14

リューセン 流線 →8

リューセンケイ, リューセンガタ 流線型 →14, 12

リューソク 流速 →8

リュータイ 流体 →8

リュータツブシ 隆達節 →12

リューダン 流弾, 榴弾 →8

リューチ, リューチ 留置 →7

リューチジョー 留置場 →14

リューチョー 留鳥 →8

――は高い部分 ……と……は高低が変る部分 ┐は次が下がる符号 →は法則番号参照

リューチョー 流暢 →8	リューリョー, リューリョー 流量 →8
リューツー 流通 →8	リューレイ★ 流麗, 立礼 →8
リューツーカクメイ★ 流通革命 →15	リューロ 流露 →7
リューツージジョー 流通市場 →15	リュック <リュックサック Rucksack〔独〕 →9, 16
リューツーセンター 流通センター →16	リョ 呂〔音楽〕 →6
リューテイ★(·)ダネヒコ 柳亭種彦 →14, 25, 27	リョー 了, 諒, 両, 良, 料, 量, 涼, 領, 陵, 猟, 漁, 糧, 稜 →6
リュート 〔俗〕(~した身なり) →55	リョー, 《別宅は リョー》 寮 →6
リュートー 竜灯(燈) →8	‥‥‥リョー …料(デンワリョー 電話 ~), …寮(クレタケリョー 呉竹~), …領(イギリスリョー Inglez ~〔葡〕) →14
リュードー 流動 →8	
リュードージホン 流動資本 →15	
リュードーショク 流動食 →14a	
リュードータイ 流動体 →14	‥‥‥りょう …両・…輛〔数〕 →34, 35, 62
リュートーダビ 竜頭蛇尾 →98	リョー 利用, 里(俚)謡 →8 理容 →18
リュードーテキ 流動的 →95	リョーアシ 両足 →4
リュードーブツ 流動物 →14a	リョーアン 良案, 諒闇 →8
リュードスイ 竜吐水 →14	リョーイ 良医 →7
リューニュー 流入 →8	リョーイキ, リョーイキ 領域 →8
リューニン 留任 →8	リョーイク 療育 →8
リューネン 留年 →8	リョーイン, リョーイン 両院 →8
リューノー 竜脳 →8	リョーウデ 両腕 →4
リューハ 流派 →7	リョーエン 遼遠(前途~), 良縁 →8
リュービ 柳眉(~を逆立てる) →7 劉 備〔人〕 →27	リョーカ 良貨, 寮歌 →7
リュービジュツ 隆鼻術 →14	リョーカ, リョーケ 良家 →7
リューヒョー 流氷 →8	リョーガ 凌駕 →7
リューホ 留保 →7	リョーカイ 了解, 諒解, 領会, 領海 →8
リューホー 劉邦〔人〕 →27	リョーカイセン 領海線 →14
リューボク 流木 →8	リョーガエ, 《新は リョーガエ》 両替 →5
リューマチ, リョーマチ <リューマ チス rheumatism →10, 9	リョーガエヤ 両替屋 →94
リューミン 流民 →8	リョーカク 稜角 →8
リューヨー 流用 →8	リョーガチ 利用価値 →15
リューリ 流離 →7	リョーガワ 両側 →4
リューリュー, リューリュー 隆隆(筋 骨~) →58 流流(細工は~) →11	リョーカン 量感, 猟官, 僚艦 →8
リューリューシンク 粒粒辛苦 →99	リョーカン 良寛〔人〕 →24
リューリョー 嚠喨(~たる音) →58	リョーガン 両岸, 両眼 →8
	リョーガン, リューガン 竜顔 →8

ガギグゲゴは鼻濁音 カタカナ細字は母音の無声化 ★は長音にもなる符号

リョーカ──リョーセ　966

リョーカンウンドー　猟官運動 →15

リョーキ　涼気, 猟奇, 猟期, 漁期 →7

リョーキテキ　猟奇的 →95

リョーキャク　両脚 →8

リョーキョク　両極 →8

リョーキョクタン, リョーキョクタン
両極端 →17

リョーギリ　両切〖煙草だば〗→5

リョーキン,《古は リョーキン》料金
→8

リョーキンジョ, リョーキンジョ　料
金所 →14

リョーク　猟区 →7

リョーグ　猟具 →7

リョークー　領空 →8

リョークージンパン　領空侵犯 →15

リョークン　両君 →8

リョーグン　両軍 →8

リョーケ　良家(〜の子女) →7　両家
(ゴリョーケ　御〜) →7, 92

リョーケイ　良計, 菱形, 量刑 →8

リョーケン　猟犬 →8

リョーケン　料簡, 了見 →8

リョーゲン　燎原(〜の火) →8

リョーケンチガイ　料簡違い →13

リョーコ　両虎, 竜虎 →7

リョーコー　良好, 良港 →8

リョーコー　両校 →8

リョーコク, リョーコク　両国(=両方
の国) →8

リョーゴク　両国〖地〗→21

リョーゴク, リョーゴク　領国 →8

リョーゴクバシ　両国橋 →12

リョーサイ　良妻 →8

リョーザイ　良材, 良剤 →8

リョーサイケンボ　良妻賢母 →98

リョーサク　良策 →8

リョーサツ　了(諒)察 →8

リョーサン　量産 →8

リョーザンパク　梁山泊 →14a

リョーシ　両氏, 猟師, 漁師, 料紙, 量子
→7

リョーシ　理容師 →14a

リョージ　療治 →7

リョージ　聊爾 →56　領事 →7

リョージカン　領事館 →14

リョーシキ　良識 →8

リョーシツ　良質 →8

リョージツ　両日(=二日) →8

リョーシャ　両者, 寮舎 →7

リョーシャ　利用者 →14a

リョーシュ　良主, 領主 →7

リョーシュ, リョーシュ　良酒, 良種,
両種 →7

リョーシュー　領収, 領袖 →8

リョージュー　猟銃 →8

リョーシューショ, リョーシューショ
領収書 →14

リョーシューショー, リョーシュー
ショー　領収証 →14a

リョーショ　良書 →7　両所(ゴリョー
ショ　御〜) →7, 92

リョージョ　了(諒)恕 →7

リョーショー　了承, 諒承, 領掌, 良相
→8

リョーショク　猟色, 糧食 →8

リョージョク　凌辱 →8

リョーシン　良心 →8　両親(ゴリョー
シン　御〜) →8, 92

リョージン　良人, 猟人 →8

リョーシンテキ　良心的 →95

リョージンピショー　梁塵秘抄〖書〗
→15

リョースイ　領水 →8

リョースル　了する, 領する →48

リョーセイ　良性, 両性, 両生(棲), 寮生
→8

リョーセイドーブツ　両生(棲)動物

──は高い部分　˙˙˙と˙˙˙は高低が変る部分　「は次が下がる符号　→は法則番号参照

→15
リョーセイ,バイ　両成敗 →15
リョーセイ,ルイ　両生(棲)類 →14b
リョーゼツ　両舌 →8
リョーセン　稜線 →8
リョーゼン　瞭然 →56　両全 →8
リョーゾク　良俗 →8
リョーソデ　両袖 →4
リョーダテ　両建 →5
リョーダメ　両為 →4
リョータン, リョータン　両端 →8
リョーダン　両断(一刀~) →8
リョーチ　了知,料地,領地 →7
リョーチョー　猟鳥 →8
リョーチョー　両朝(南北~),寮長 →8
リョーテ　両手 →4
リョーテイ★　料亭,僚艇 →8
リョーテキ　量的 →95
リョーテニ(·)バナ　両手に花 →97,98
リョーテン　両天 →8
リョーテンビン, リョーテンビン　両天秤 →15
リョード　両度,領土 →7
リョートー　両刀,両統,両頭 →8
リョートー　両党 →8
リョードー　糧道 →8
リョートーセイ,ジ　両頭政治 →15
リョードータイ, リョードータイ　良導体 →14a
リョートーツカイ, リョートーツカイ, リョートーズカイ　両刀遣い →13c
リョートク　両得 →8
リョードケン　領土権 →14
リョードシュケン, リョードシュケン　領土主権 →15c
リョードナイ　領土内 →14
リョードナリ, リョードナリ　両隣 →12

リョーナイ　領内 →8
リョーニン　両人(ゴリョーニン 御~) →8,92
リョーバ　両刃 →4
リョーバ　良馬 →7
リョーバ, リョーバ　猟場,漁場 →4
リョーハシ, リョーハジ　両端 →4
リョーハン　量販 →8
リョーハンキュー　両半球 →15
リョーハンテン　量販店 →14a
リョーヒ　寮費 →7　良否 →18
リョーヒジ　両肘 →4
リョービラキ, リョービラキ　両開き →13
リョーヒン　良品 →8
リョーフ　両夫(~にまみえず) →7
リョーブ　両部 →7
リョーフー　良風 →8
リョーフー, リョーフー　涼風 →8
リョーブシントー　両部神道 →15
リョーブタ　両蓋 →4
リョーブン　領分 →8
リョーヘイ,カ　両陛下 →15
リョーボ　陵墓,寮母 →7
リョーホー　良法,療法 →8
リョーホー, リョーホー　両方 →8
リョーボク　良木 →8
リョーマイ　糧米 →8
リョーマツ　糧秣 →8
リョーミ, リョーミ　涼味 →93
リョーミミ　両耳 →4
リョーミン　良民 →8
リョーメ　両目(~が明く) →4
リョーメ, リョーメ　量目 →4
リョーメイ★　両名 →8
リョーメン, リョーメン　両面 →8
リョーメンテープ　両面tape →16
リョーヤ　良夜,涼夜 →7
リョーヤク　良薬(~は口に苦し) →8

ガギグゲゴは鼻濁音　カタカナ細字は母音の無声化　★は長音にもなる符号

リョーユー ── リョジン　　968

リョーユー　領有,両雄,良友,僚友,療友 →8	リョク　利欲 →8
リョーユーケン　領有権 →14a	リョクイ　緑衣 →7
リョーヨー　療養,両用,両様 →8	リョクイン　緑陰 →8
リョーヨージョ, リョーヨージョ　療養所 →14	リョクウ　緑雨 →7
リョーヨク　両翼 →8	リョグー　旅寓 →8
リョーラン　繚乱(百花～) →58	リョクオーショクヤサイ　緑黄色野菜 →15
リョーリ　料理 →7	リョクカ, リョッカ　緑化 →7
リョーリカタ, リョーリカタ　料理方 →12	リョクジュ　緑樹 →7
リョーリガッコー　料理学校 →15	リョクジュージ　緑十字 →15
リョーリツ　両立 →8	リョクジュホーショー　緑綬褒章 →15
リョーリテン　料理店 →14	リョクショク　緑色 →8
リョーリニン, リョーリニン　料理人 →14	リョクソー　緑草,緑藻 →8
リョーリバ, リョーリバ　料理場 →12	リョクチ, リョクチ　緑地 →7
リョーリバン, リョーリバン　料理番 →14	リョクチタイ, リョクチタイ　緑地帯 →17
リョーリホー　料理法 →14	リョクチャ　緑茶 →7
リョーリヤ　料理屋 →94	リョクド　緑土 →7
リョーリョー　両両(～相まって) →68 喨喨,稜稜(気骨～) →58	リョクナイショー　緑内障 →15
リョーリョー, リョーリョー　寥寥 →58	リョクヒ, リョクヒ　緑肥 →7
リョーリン　両輪 →8	リョクフー　緑風 →8
リョーロン　両論 →8	リョクフーカイ　緑風会 →14a
リョーワキ　両脇 →4	リョクベン　緑便 →8
リョガイ　慮外 →8	リョクヤ　緑野 →7
リョガイモノ　慮外者 →12	リョケン　旅券 →8
リョカク　旅客 →8	リョコー　旅行 →8
リョガッキ　旅客機 →14a	リョコーアンナイ　旅行案内 →15
リョカン　旅館 →8	リョコーカ　旅行家 →14
……リョカン　…旅館(シテイ*リョカン 指定～, フジヤリョカン 富士屋～) →15	リョコーカバン　旅行鞄 →16
リョキャク, リョカク　旅客 →8	リョコーキ　旅行記 →14a
……リョク　…力(ハガイリョク 破壊～, ドクショリョク 読書～) →14b	リョコーキャク　旅行客 →14a
	リョコーサキ　旅行先 →12
	リョコーシャ　旅行者,旅行社 →14a
	リョコーダイリテン　旅行代理店 →17
	リョコーフク　旅行服 →14a
	リョシュー　旅愁,虜囚 →8
	リョジュン　旅順〖地〗 →21
	リョジョー　旅情 →8
	リョジン　旅人 →8

― は高い部分　¨ と ˙ は高低が変る部分　⌐ は次が下がる符号　→ は法則番号参照

リョジンヤド 旅人宿 →12
リョソー 旅装 →8
リョダン 旅団 →8
リョチュー 旅中 →8
リョッカ 緑化 →7
リョッカウンドー 緑化運動 →15
リョテイ★ 旅亭, 旅程 →8
リョヒ 旅費 →7
リョヨー 旅用 →8
リョリョク 膂力 →8
リラ lilas〔仏〕(～の花) →9
リラックス relax →9
リリース release →9
リリーフ relief →9
リリク 離陸 →8
リリジイ★ 凛凛しい →53
リリシズム lyricism →9
リリツ, リリツ 利率 →8
リリヤン, リリヤン(ヤはアとも) ＜
 lily yarn →16
リレー, 《新は リレー》 relay →9
リレキ 履歴 →8
リレキショ, リレキショ, リレキショ
 履歴書 →14c
リロ 理路(～整然) →7
リロン, リロン 理論 →8
リロンカ 理論家 →14
リロンテキ 理論的 →95
リロンブツリガク 理論物理学 →17
リン 厘, 鈴, 輪, 燐 →6
……りん …厘…輪〔数〕 →34
リンウ 霖雨 →7
リンカ 隣家, 燐火, 輪禍 →7
リンカーン, リンカーン Lincoln〔人〕
 →22
リンカイ 臨海, 臨界(～に達する) →8
リンカイガッコー 臨海学校 →15
リンカイセン りんかい線 →14
リンカク 輪郭 →8

リンガク 林学 →8
リンガクハクシ, リンガクハカセ 林
 学博士 →15
リンカン 林間 →8
リンカンガッコー 林間学校 →15
リンキ 悋気, 臨機 →7
リンギ 稟議 →7d
リンキ(・)オーヘン 臨機応変 →97, 98
リンギョ 臨御 →7
リンギョー, 《新は リンギョー》 林業
 →8
リンキン 淋菌 →8
リンク link, rink →9
リング ring →9
リンクセイ★ link 制 →14
リンケイ★ 輪形, 鱗形, 鱗茎 →8
リンゲツ 臨月 →8
リンゲル ＜Ringer 氏溶液 →9
リンケン 臨検, 隣県 →8
リンゲン 綸言(～汗のごとし) →8
リンコ 凛乎(～として) →56
リンゴ 林檎 →7
リンゴエン 林檎園 →14
リンコー 輪講, 隣好, 臨幸, 燐光, 燐鉱
 →8
リンコーセン 臨港線 →14
リンゴク, リンゴク 隣国 →8
リンゴシュ, リンゴシュ 林檎酒 →14
リンザイシュー 臨済宗 →14b
リンサク 輪作 →8
リンサン 林産, 燐酸 →8
リンサンセッカイ 燐酸石灰 →15
リンサンヒリョー 燐酸肥料 →15
リンシ 臨死 →7
リンジ 臨時 →7
リンジ, リンシ 綸旨 →7
リンジキューギョー 臨時休業 →15
リンジコッカイ 臨時国会 →15
リンジシケン, リンジシケン 臨時試

ガギグゲゴは鼻濁音　カタカナ細字は母音の無声化　★は長音にもなる符号

	験 →15c
リンジショーシュー	臨時召集 →15
リンシダイケン	臨死体験 →15
リンシツ	淋疾, 隣室 →8
リンジヒ	臨時費 →14
リンジビン	臨時便 →14
リンジヤトイ	臨時雇 →13
リンジュー	臨終 →8
リンショ	臨書 →8
リンショー	輪唱, 臨床 →8
リンジョー	臨場, 輪状, 鱗状 →8
リンショーイガク	臨床医学 →15
リンジョーカン	臨場感 →14a
リンショーシンリガク	臨床心理学 →17
リンショーシンリシ	臨床心理士 →17
リンショク,《新は リンショク》	吝嗇 →8
リンショクカ	吝嗇家 →14
リンジン	隣人 →8
リンジンアイ	隣人愛 →14a
リンス	rinse →9
リンズ	綸子 →7
リンセイ	輪生, 林政 →8 稟請(ヒンセイの慣用読み) →8d
リンセキ	臨席, 隣席 →8
リンセツ	隣接 →8
リンセッチ, リンセッチ	隣接地 →14c
リンセン	林泉 →8
リンゼン	凛然 →56
リンソン	隣村 →8
リンタク	輪タク<輪タクシー(タクはタクシーの略) →10
リンチ	林地, 臨地 →7 lynch →9
リンテンキ	輪転機 →14a
リント, リント	凜と(~する) →55
リンドー	林道 →8
リンドー	竜胆 →8

リンドク	輪読, 淋毒 →8
リンネ	輪廻 →7
リンネル, リンネル	linière[仏] →9
リンパ	淋巴<lymph →9
リンパエキ	淋巴液 →14
リンパカン, リンパカン	淋巴管 →14
リンパセン, リンパセン	淋巴腺 →14
リンバツ	輪伐 →8
リンバン	輪番 →8
リンバンセイ	輪番制 →14
リンピ	燐肥<燐酸肥料 →10
リンビョー	淋病 →8
リンブ	輪舞 →7
リンプン	鱗粉 →8
リンペン	鱗片 →8
リンポ	隣保 →7
リンポー	隣邦 →8
リンポカン	隣保館 →14
リンモ, リンボ	臨模 →7
リンモー	厘毛, 鱗毛 →8
リンヤ	林野 →18
リンヤチョー	林野庁 →14
リンラク, リンラク	淪落 →8
リンリ	淋漓(流汗~) →58 倫理 →7
リンリガク	倫理学 →14
リンリツ	林立 →8
リンリン, リンリン	凛凛(勇気~) →58
リンリン	(~鳴る, ~と) →57
リンレツ	凜冽 →58

ルアー	lure[釣針] →9
ルイ	累, 塁, 類 →6
ルイエン	類縁 →8
ルイエンカンケイ	類縁関係 →15
ルイオンゴ	類音語 →14

971　ルイカ──ルネサン

ルイカ　累加, 類火 →7	ルート　root, route〔仏〕→9
ルイギゴ　類義語 →14	ループ　loop →9
ルイク　類句 →7	ルーブル　ruble →9　Louvre〔仏〕〖美術館〗→28
ルイケイ★　累計, 類型 →8	
ルイケイ★テキ　類型的 →95	ルーペ　Lupe〔独〕→9
ルイゴ　類語 →7	ルーマニア, ルーマニヤ　Rumania〖国〗→21
ルイジ　類似, 類字 →7	
ルイジ　累次 →7	ルーム　room →9
ルイジテン　類似点 →14	ルームクーラー　room cooler〔和〕→16
ルイジヒン　類似品 →14	ルームサービス　room service →16
ルイショ, ルイショ　類書 →7	ルームメート　roommate →16
ルイショー　類焼 →8	ルール　rule →9
ルイジョー　累乗〖数学〗→8	ルーレット　roulette〔仏〕→9
ルイシン　累進, 塁審 →8	ルクス, ルックス　lux〔仏〕→9
ルイジンエン　類人猿 →14a	ルケイ★　流刑 →8
ルイシンカゼイ★　累進課税 →15	ルゴール　Lugol〔仏〕→9
ルイジンゼイ★　累進税 →14a	ルコツ　鏤骨 →8
ルイスイ　類推 →8	ルザイ, ルザイ　流罪 →8
ルイスル　類する →48	ルシャナブツ　盧遮那仏 →14
ルイセキ　累積 →8	ルス　留守(オルス　御~) →7, 92
ルイセキアカジ　累積赤字 →15	ルスイ　留守居(オルスイ　御~) →12, 92
ルイセン　涙腺 →8	
ルイゾー　累増 →8	ルスタク　留守宅 →14
ルイダイ　類題 →8	ルスチュー　留守中 →14
ルイダイ, ルイダイ　累代(~の墓) →8	ルスデン　留守電＜ルスバンデンワ　留守番電話 →10, 15
ルイハン　累犯 →8	ルスバン　留守番 →14
ルイヒ　類比 →7	ルセツ　縷説, 流説 →8
ルイベツ　類別 →8	ルソー　Rousseau〔仏〕〖人〗→22
ルイラン　累卵(~の危うき) →8	ルソン　呂宋＜Luzon〔西〕〖地〗→21
ルイルイ　累累(~と) →58	ルソントー　呂宋島 →14
ルイレイ★　類例 →8	ルター　Luther〔独〕〖人〗→22
ルイレキ　瘰癧〖病〗→8	ルタク　流謫 →8
ルーキー　rookie →9	ルックス, 《新は ルックス》　looks →9
ルージュ　rouge〔仏〕→9	ルツボ　坩堝 →4
ルーズ　loose →9	ルテン, 《もと ルテン》　流転 →8
ルーズベルト　Roosevelt〖人〗→22	ルニン　流人 →8
ルーズリーフ　loose-leaf →16	ルネサンス, ルネッサンス　Renaissance〔仏〕→9
ルーツ　roots →9	

ガギグゲゴは鼻濁音　カタカナ細字は母音の無声化　★は長音にもなる符号

ルノアール Renoir〔仏〕〖人〗→22	**レイ★オン** 冷温 →8
ルバシカ, ルバシカ, (**ルバシカ, ルパシカ**) rubashka〔露〕→9	**レイ★カ** 冷菓,冷夏,零下 →7
ルパン Lupin〔仏〕〖人〗→22	**レイ★カイ** 例解,例会,霊界 →8
ルビ ruby〖活字〗→9	**レイ★ガイ** 冷害,例外 →8
ルビー ruby(=紅玉) →9	**レイ★ガエシ** 礼返し →13
ルフ 流布 →7	**レイ★カン** 冷汗(〜三斗),霊感 →8
ルフボン 流布本 →14	**レイ★キ, レイ★キ** 例規 →7
ルポ <**ルポルタージュ** reportage〔仏〕→10, 9	**レイ★キ** 冷気,霊気 →7
ルミン 流民 →8	**レイ★ギ** 礼儀 →7
ルリ, 《新は **ルリ**》 瑠璃 →7	**レイ★ギサホー** 礼儀作法 →15
ルリイロ 瑠璃色 →12	**レイ★キャク** 冷却 →8
ルリコーニョライ 瑠璃光如来 →15	**レイ★キャクキ, レイ★キャクキ** 冷却器 →14c
ルリチョー 瑠璃鳥 →14	**レイ★キャクキカン, レイ★キャクキカン** 冷却期間 →15
ルル 縷縷(〜と) →58	**レイ★キャクスイ, レイ★キャクスイ** 冷却水 →14c
ルロー 流浪(〜の民) →8	**レイ★キューシャ** 霊柩車 →14a
ルンバ rumba〔西〕→9	**レイ★キン** 礼金 →8
ルンペン Lumpen〔独〕→9	**レイ★ク** 麗句(美辞〜) →7
	レイ★グー 礼遇,冷遇 →8

レア rare〖料理〗→9	**レイ★ケイ** 令兄・令閨(ゴレイ★ケイ★ 御〜) →8, 92
レアアース <rare earth elements →16	**レイ★ケツ** 冷血 →8
レアモノ レア物<rare な物 →5	**レイ★ゲツ** 例月 →8
レイ★ 礼(=謝礼。**オレイ★** 御〜) →6, 92	**レイ★ケツカン, レイ★ケツカン** 冷血漢 →14c
レイ★ 令,礼(=敬礼・礼儀・儀式),例,鈴,零,霊,隷 →6	**レイ★ケツドーブツ** 冷血動物 →15
レイ★ lei →9	**レイ★ケン** 霊剣 →8
レイアウト, レーアウト layout →16	**レイ★ゲン** 冷厳,例言 →8
レイ★アンシツ 霊安室 →14a	**レイ★ゲン, レイ★ケン** 霊験 →8
レイ★アンショ 冷暗所(〜に置く) →14a	**レイ★コ** 礼子・令子・麗子〖女名〗→25
レイ★イ 霊位,霊威,霊異 →7	**レイ★コー** 励行 →8
レイ★イキ 霊域 →8	**レイ★コク** 冷酷,例刻 →8
レイ★ウ 冷雨 →7	**レイ★コン** 霊魂(〜不滅) →8
レイ★エン 霊園 →8	**レイ★サイ** 零細,例祭 →8
レイオフ layoff →16	**レイ★サイキギョー** 零細企業 →15
	レイ★ザン 霊山 →8
	レイ★シ 令姉,令嗣,麗姿,茘枝,霊芝 →7

‾ は高い部分　¨¨ と ¨¨ は高低が変る部分　｀ は次が下がる符号　→ は法則番号参照

レイシ――レイボー

レイシ, リョージ　令旨 →7	レイタン　冷淡 →8
レイジ　例示 →7	レイダンボー　冷暖房 →17
レイジ　零時 →34	レイチ　霊地 →7
レイシキ　礼式 →8	レイチョー　霊長, 霊鳥 →8
レイシツ　霊室, 麗質 →8　令室(ゴレイシツ 御～) →8,92	レイチョールイ　霊長類 →14a
レイジツ　例日 →8	レイテイ　令弟(ゴレイテイ 御～) →8,92
レイシュ　冷酒 →7	レイテツ　冷徹 →8
レイジュー　隷従 →8	レイテン　零点(=氷点) →8
レイショ　隷書 →7	レイテン, レイテン　零点(↔満点) →34
レイショ, レイショ　令書 →7	レイド　零度 →34
レイショー　冷笑, 冷床, 例証 →8	レイトー　冷凍 →8
レイジョー　令状, 礼状, 礼譲, 霊場 →8　令嬢(ゴレイジョー 御～) →8,92	レイトーギョ　冷凍魚 →14a
レイショク　令色(巧言～) →8	レイトーコ　冷凍庫 →14a
レイジン　麗人, 伶人, 霊神 →8	レイトーシャ　冷凍車 →14a
レイスイ　冷水 →8	レイトーショクヒン　冷凍食品 →15
レイスイ, レイスイ　霊水 →8	レイトーレイゾーコ　冷凍冷蔵庫 →17
レイスイイキ　冷水域 →14b	レイニク　冷肉 →8
レイスイキ　冷水器 →14b	レイニク　霊肉(～一致) →18
レイスイマサツ　冷水摩擦 →15	レイニュー　戻入 →8
レイスイヨク　冷水浴 →14b	レイネン　例年 →8
レイセイ　冷静, 令媛, 厲声(～一番) →8	レイハイ, ゼロハイ　零敗 →34
レイセキ　霊跡 →8	レイハイ, ライハイ　礼拝 →8
レイセツ　礼節 →8	レイバイ　冷媒, 霊媒 →8
レイセン　冷泉, 霊泉, 冷戦 →8	レイハイドー　礼拝堂 →14
レイゼン　冷然 →56　霊前(ゴレイゼン 御～) →8,92	レイヒツ　麗筆 →8
レイソー　礼装 →8	レイヒョー　冷評 →8
レイゾー　冷蔵, 霊像 →8	レイビョー　霊廟 →8
レイゾーコ　冷蔵庫 →14a	レイプ　rape →9
レイゾーシャ　冷蔵車 →14a	レイフー　冷風 →8
レイソク　令息(ゴレイソク 御～) →8,92	レイフク　礼服 →8
レイゾク　隷属 →8	レイフジン　令夫人 →15
レイソン　令孫 →8	レイブン　例文 →8
レイダイ　例題 →8	レイホー　礼法, 礼砲, 霊峰(～富士) →8
レイダイサイ　例大祭 →15	レイボー　冷房, 礼帽 →8
	レイボーコー　礼奉公 →15

ガギグゲゴは鼻濁音　カタカナ細字は母音の無声化　★は長音にもなる符号

レイボー──レギンス　974

レイ★ボーソーチ　冷房装置 →15
レイ★ボービョー　冷房病 →14
レイ★ボク　霊木 →8
レイ★マイ　令妹(ゴレイ★マイ 御〜)
　→8, 92
レイ★マイリ　礼参り →13
レイ★マワリ　礼回り →13
レイ★ミョー　霊妙 →8
レイ★ム　霊夢 →7
レイ★メイ★　令名, 黎明 →8
レイ★メイ★キ　黎明期 →14b
レイ★メン　冷麺 →8
レイ★モツ　礼物 →8
レイ★ヤク, レイ★ヤク　霊薬 →8
レイ★ヨー　麗容, 羚羊 →8
レイ★ラク,《古は レイ★ラク》零落 →8
レイ★リ　怜悧 →7
レイ★リョー　冷涼 →58
レイ★リョク　霊力 →8
レイ★レイ★, レイ★レイ★　麗麗(〜と) →58
レイ★レイ★シイ★　麗麗しい →53
レイ★ロー　玲瓏 →58
レインコート, レーンコート　raincoat
　→16
レインジャー, レーンジャー　Ranger
　→9
レインシューズ, レーンシューズ
　rain shoes[和] →16
レインハット, レーンハット　rainhat
　→16
レインボー　rainbow →9
レーサー　racer →9
レーザー　LASER[光線] →16
レーザーディスク　laser disk →16
レーシングカー, レーシングカー
　racing car →16
レース　lace, race →9
レーズン　raisin →9
レーダー　radar →9

レート,《新は レート》rate →9
レーニン　Lenin[露][人] →22
レーヨン　rayon[仏] →9
レール,《新は レール》rail →9
レーン　lane →9
レオタード　leotard →9
レオナルド・ダビンチ, レオナルド
　ダビンチ　Leonardo da Vinci[伊][人]
　→23, 22, 27
レガッタ, レガッタ　regatta →9
レキガン, レキガン　礫岩 →8
レキサツ　轢殺 →8
レキシ　轢死, 歴史 →7
レキシカ　歴史家 →14
レキシガ　歴史画 →14
レキシガク　歴史学 →14
レキシジョー　歴史上 →14
レキシショーセツ　歴史小説 →15
レキシテキ　歴史的 →95
レキシテキカナズカイ　歴史的仮名遣
　い →17
レキスー, レキスー　暦数 →8
レキセイ★　歴世, 瀝青 →8
レキセイ★タン, レキセイ★タン　瀝青炭
　→14b
レキセン　歴戦 →8
レキゼン　歴然 →56
レキダイ, レキダイ　歴代 →8
レキテイ★　歴程(天路〜) →8
レキド　礫土 →7
レキニン　歴任 →8
レキネン　歴年, 暦年 →8
レキホー　歴訪, 暦法 →8
レギュラー　regular →9
レキラン　歴覧 →8
レキレキ　歴歴(オレキレキ 御〜)
　→58, 11, 92
レギンス　leggings →9

￣は高い部分　…と…は高低が変る部分　￣は次が下がる符号　→法則番号参照

975　　レクイエ──レットー

レクイエム requiem →9	**レタリング**,《新は **レタリング**》 lettering →9
レクチャー lecture →9	**レツ** 列, 劣 →6
レグホーン, **レグホン** Leghorn →9	**レツアク** 劣悪 →8
レクリエーション, **リクリエーション** recreation →9	**レッカ** 劣化(〜する) →7
	レッカ 列火(=ﾊﾞ) →7
レコ 〖代・俗〗(=これ) →10	**レッカ**, **レッカ** 烈火(〜の如ごく) →7
レコーダー,《新は **レコーダー**》 recorder →9	**レッカーシャ** wrecker車 →14a
レコーディング,《新は **レコーディング**》 recording →9	**レッキ**, **レッキ** 列記 →7
	レッキト, **レッキト**, **レッキト** 歴と(〜した) →67d
レコード, **レコード** record →9	**レッキョ**, **レッキョ** 列挙 →7
レコードプレーヤー record player →16	**レッキョー** 列強 →8
レコードホルダー record holder →16	**レッグウォーマー** leg warmer →16
レコードヤブリ record破り →13	**レッコク** 列国 →8
レザー leather, razor →9	**レッザ**, **レツザ** 列座 →7
レザークロス leather cloth →16	**レッシ** 烈士 →7 列子〖人・書〗→94
レザーコート leather coat →16	**レツジツ** 烈日 →8
レジ <**レジスター**, **レジスター** register →10, 9	**レッシャ**,《古は **レッシャ**》 列車 →7
レシート receipt →9	**レツジャク** 劣弱 →8
レシーバー receiver →9	**レツジョ** 烈女 →7
レシーブ receive →9	**レッショー** 裂傷 →8
レジスタンス résistance〖仏〗→9	**レッジョー** 劣情 →8
レジデンス residence →9	**レッシン** 烈震 →8
レシピ recipe →9	**レッスル**, **レッスル** 列する →48
レジブクロ レジ<cash register袋 →12	**レッスン** lesson →9
レジャー leisure →9	**レッセイ★** 列世, 列聖, 劣性, 劣勢 →8
レジュメ, **レジメ** résumé〖仏〗→9	**レッセキ** 列席 →8
レズ 〖俗〗<Lesbian →10	**レッセキシャ**, **レッセキシャ** 列席者 →14c
レスキュータイ rescue隊 →14	
レストハウス rest house →16	**レッテル** letter〖蘭〗→9
レストラン restaurant〖仏〗→9	**レツデン** 列伝 →8
レスラー wrestler →9	**レッド** red →9
レスリング wrestling →9	**レットー** 劣等, 列島 →8
レセプション reception →9	……**レットー** …列島(**ニホンレットー** 日本〜, **チシマレットー** 千島〜) →15
レター letter →9	
レターペーパー letter paper →16	**レットーカン** 劣等感 →14a
レタス lettuce →9	**レットーセイ★** 劣等生 →14a

ガギグゲゴは鼻濁音　カタカナ細字は母音の無声化　★は長音にもなる符号

レッドカ──レンゴー　976

レッドカード　red card →16	tea →16
レッドパージ　red purge →16	レリーフ　relief →9
レッパイ　劣敗 →8	……レル; ……レル　〖助動〗(ナカレル　泣か～, ヨマレル　読ま～) →83
レッパク　裂帛(～の気合い) →8	
レップ　烈婦 →7	レン　連, 廉, 聯, 簾 →6
レップー, レップー　烈風 →8	……レン　…連(=連中。オンナレン　女～, ブンシレン　文士～) →14
レツリツ　列立 →8	
レツレツ　烈烈(～たる闘志) →58	……れん　…連・…嗹〖数〗→34, 35
レディー　lady →9	レンアイ　恋愛 →8
レディーファースト　ladies first →16	レンアイカンケイ★　恋愛関係 →15
レディーメード　ready-made →16	レンアイケッコン　恋愛結婚 →15
レトリック, レトリック　rhetoric →9	レンアイショーセツ　恋愛小説 →15
レトルト,《新は レトルト》　retort[蘭]　→9	レンカ　廉価, 恋歌 →7
	レンガ　連火(=灬), 連歌, 練(煉)瓦 →7
レトルトショクヒン　retort 食品 →15	レンガズクリ　練(煉)瓦造り →13
レトロ　retro →9	レンカン　連関 →8
レバー　lever, liver →9	レンキ, レンキ　連記 →7
レパートリー　repertory →9	レンキセイ★　連記制 →14
レバノン, レバノン　Lebanon〖国〗　→21	レンキトーヒョー　連記投票 →15
	レンキュー　連休 →8
レビュー　revue[仏] →9	レンギョー　連翹〖植〗→8
レビュー　review →9	レンギン　連吟 →8
レファレンス　reference →9	レンキンジュツ　錬金術 →14a
レフェリー　referee →9	レンク　連句, 聯句 →7
レフト　left →9	レンゲ　蓮華(さじも) →7
レプラ　Lepra[独] →9	レンケイ★　連携, 連係(繋) →8
レプリカ　replica →9	レンゲソー　蓮華草 →14
レベル,《新は レベル》　level →9	レンケツ　廉潔, 連結 →8
レベルアップ　level up[和] →16	レンケツキ, レンケツキ　連結器　→14c
レポ ＜レポート　report, ＜レポーター, レポーター　reporter →10, 9	
	レンコ　連呼 →7
レムスイミン　rem＜rapid eye movement 睡眠 →15	レンゴ　連語 →7
	レンコー　連行 →8
レモネード　lemonade →9	レンゴー　連合 →8
レモン, レモン　lemon →9	レンゴーカイ　連合会 →14a
レモンスイ　lemon 水 →14a	レンゴーカンタイ　連合艦隊 →15
レモンスカッシュ, レモンスカッシ　lemon squash →16	レンゴーグン, レンゴーグン　連合軍　→14a
レモンティー, レモンティー　lemon	レンゴーコク　連合国 →14a

‾は高い部分　⋯と˙˙˙は高低が変る部分　⌐は次が下がる符号　→は法則番号参照

レンゴク　煉獄　→8

レンコン　蓮根　→8

レンサ　連鎖　→7

レンザ, レンザ　連座(坐)　→7

レンサイ　連載　→8

レンサク　連作　→8

レンサゲキ　連鎖劇　→14

レンザセイ★　連座制　→14

レンサハンノー　連鎖反応　→15

レンザン　連山　→8

レンシ　錬士〖剣道〗→7　連枝(ゴレン
　シ 御~)　→7, 92

レンジ　櫺子　→7

レンジ　range　→9

レンジシ　連獅子〖長唄・舞踊〗→15

レンジツ　連日(レンジツレンヤ ~連
　夜)　→8, 98

レンジマド　櫺子窓　→12

レンジャー, レーンジャー　ranger　→9

レンジャク　連尺　→8

レンシュ　連取　→7

レンジュ, レンジュ　連珠　→7

レンシュー　練習　→8

レンジュー　連中　→8

レンシューキョク　練習曲　→14a

レンシューセイ★　練習生　→14a

レンシューチョー　練習帳　→14

レンシューモンダイ　練習問題　→15

レンシューリョー　練習量　→14a

レンショ, レンショ　連署　→7

レンショー　連勝　→8

レンジョー　恋情　→8

レンショーシキ　連勝式　→95

レンズ　lens〖蘭〗→9

レンセイ★　錬成　→8

レンセツ　連接　→8

レンセン　連戦　→8

レンセンレンショー　連戦連勝　→98

レンソー　連想　→8

レンゾク　連続　→8

レンゾクショーセツ　連続小説　→15

レンゾクドラマ　連続 drama　→16

レンダ　連打　→7

レンタイ　連帯,連隊　→8

レンダイ　蓮台,輦台　→8

レンタイカン　連帯感　→14b

レンタイケイ★　連体形　→14

レンタイシ　連体詞　→14b

レンタイセキニン　連帯責任　→15

レンタイチョー　連隊長　→17

レンタイホショーニン　連帯保証人
　→17

レンタカー, レンタカー　rent-a-car
　→16

レンダク　連濁　→8

レンタツ　練達(~の士)　→8

レンタル　rental　→9

レンタン　練(煉)炭　→8

レンダン　連弾　→8

レンチ　廉恥　→7　wrench　→9

レンチシン　廉恥心　→14

レンチャク　恋着　→8

レンチャン　連荘〔華〕〖麻雀〗

レンチュー　連中　→8

レンチュー　簾中(ゴレンチュー 御
　~)　→8, 92

レンチョク　廉直　→8

レンテツ　錬鉄　→8

レントー　連投　→8

レンドー　連動　→8

レントゲン, レントゲン　Röntgen〔独〕
　(=X 線)　→9

レンニュー　練(煉)乳　→8

レンネン　連年　→8

レンパ　連破,連覇　→7

レンバイ　廉売　→8

レンパイ　連敗　→8

レンパク　連泊　→8

ガギグゲゴは鼻濁音　カタカナ細字は母音の無声化　★は長音にもなる符号

ロ

レンパツ 連発 →8

レンパツジュー, レンパツジュー 連発銃 →14

レンバン 連番 →8

レンバン, レンパン 連判 →8

レンバンジョー, レンバンジョー(バはパとも) 連判状 →14a

レンビン 憐憫 →8

レンブ 練武 →7

レンペィ, レンペィ 連袂 →8

レンペィ, レンペィ 練兵 →8

レンペィジショク, レンペィジショク 連袂辞職 →15

レンペィジョー 練兵場 →14

レンボ 恋慕 →7

レンポー 連(聯)邦, 連峰 →8

レンボナガシ 恋慕流し →13

レンマ 錬磨 →7

レンメィ 連名, 連盟 →8

レンメィコク 連盟国 →14b

レンメン 連綿 →58

レンヤ, レンヤ 連夜 →7

レンヨー 運用 →8

レンヨーケィ 運用形 →14

レンラク 連絡 →8

レンラクカイ, レンラクカイ 連絡会 →14c

レンラクセン 連絡船 →14

レンラクチョー 連絡帳 →14

レンラクビン 連絡便 →14

レンラクモー 連絡網 →14

レンリ 連理(~の枝) →7

レンリツ 連立 →8

レンリツナイカク 連立内閣 →15

レンリツホーティシキ 連立方程式 →17

レンルイ 連累 →8

レンレン, レンレン 恋恋(~の情, ~とする) →58

ロ 炉, 絽, 櫓 →6

ロ 露<露西亜 →6

ロアク 露悪 →8

ロアクシュミ 露悪趣味 →15

ロアシ 櫓脚 →4

ロイドメガネ Lloyd眼鏡 →12

ロイヤルボックス royal box →16

ロイロ 蝋色<ロイロヌリ 蝋色塗り →4d, 13

ロエィ 露営 →8

ロー 老, 労, 廊, 楼, 牢, 陋, 蝋, 鑞 →6

……ロー …楼(サンスイロー 山水~, マテンロー 摩天楼), …老(ヨシダロー 吉田~, タカハシロー 高橋~) →14ba

…ロー: ……ロー, ……ロー …郎(ゴロー 五~, タロー 太~, イチロー, イチロー 一~) →25

ローア, ローア 聾唖 →18

ローアガッコー 聾唖学校 →15

ローアシャ 聾唖者 →14

ローエィ 朗詠, 漏洩 →8

ローエキ, ローエキ 労役 →8

ローオー 老鶯 →8

ローオー 老王 →8

ローオー, ローオー 老翁 →8

ローオク 陋屋 →8

ローオン 労音<勤労者音楽協議会 →10

ローカ 老化, 廊下 →7

ローカイ 老獪 →8

ローガイ 労咳, 老害〔俗〕 →8

ローカク 楼閣 →8

ローカゲンショー 老化現象 →15

ローガッコー, ローガッコー 聾学校 →15

ローカトンビ 廊下とんび〔俗〕 →12	**ローコスト** low-cost →16
ローガミ 蠟紙 →4	**ローコツ** 老骨 →8
ローカル local →9	**ローサイ** 老妻 →8 労災＜労働者災害
ローカルカラー local color →16	補償保険 →10
ローカルシ local 紙 →14	**ローザイク** 蠟細工 →15
ローカルセン local 線 →14	**ローサク** 労作 →8
ローカルニュース local news →16	**ローシ** 老死, 牢死 →7 老子〔人・書〕
ローカン 蠟管, 琅玕〔宝石〕 →8	→94
ローガン 老眼 →8	**ローシ** 老師, 浪士 →7 労使（～代表）,
ローガンキョー 老眼鏡 →14	労資（～協調） →18
ローギ 老妓 →7	**ロージ** 聾児 →7
ローキホー 労基法＜労働基準法 →14	**ロージグン** 娘子軍 ⇒ジョーシグン
ローキュー 老朽, 籠球 →8	**ローシャ** 老者, 聾者, 牢舎 →7
ローキューカ, ローキューカ 老朽化	**ロージャク, ロージャク** 老若 →18
→95a	**ロージャクダンジョ** 老若男女 →98
ローキョ 籠居 →7	**ローシュ** 老手, 楼主 →7
ローキョー 老境 →8	**ロージュ** 老樹, 老儒 →7
ローキョク 浪曲 →8	**ローシュー** 老醜, 陋習 →8
ローキョクシ, ローキョクシ 浪曲師	**ロージュー** 老中 →8
→14c	**ロージュク** 老熟 →8
ローキン 労金＜ロードーキンコ 労	**ローシュツ** 漏出 →8
働金庫 →10, 15	**ロージョ** 老女 →7
ローギン 朗吟 →8	**ローショー** 朗唱(誦), 老松, 老将, 労相
ローギン, ローギン 労銀 →8	→8 老少（～を問わず） →18
ローク 労苦, 老軀 →7	**ロージョー** 老嬢, 楼上 →8
ロークミ, ローソ 労組＜労働組合	**ロージョー,《古は ロージョー》** 籠城
→10	→8
ローケツ, ローケチ 﨟纈 →8	**ローショーフジョー, ローショーフ**
ローゲツ 臘月(＝十二月) →8	**ジョー** 老少不定 →99
ローケツゾメ, ローケチゾメ 﨟纈染	**ローション** lotion →9
め →13	**ローシン** 老親, 老身 →8
ローケン 老犬 →8	**ローシン,《古は ローシン》** 老臣 →8
ローコ 牢乎（～として）, 牢固 →56	**ロージン, ロージン** 老人（ゴロージ
ローゴ 老後 →7	**ン** 御～） →8, 92
ローコー 老巧, 陋巷 →8	**ロージンシ** 老紳士 →15
ローコー 老公（ゴローコー 御～）	**ロージンビョー** 老人病 →14
→94, 92	**ロージンホーム** 老人 home →16
ローコク 漏刻 →8	**ロース** 労す, 弄す →48 ＜roast →9
ローゴク 牢獄 →8	**ローズ** 〔俗〕(＝傷物・売残り品)

ガギグゲゴは鼻濁音　カタカナ細字は母音の無声化　★は長音にもなる符号

ローズ rose →9	ローデン 漏電 →8
ロースイ 老衰,漏水 →8	ロート 漏斗 →7
ロースクール law school →16	ロード load →9
ローズケ, ローズケ, ローズケ 鑞付け →5	ロードー 労働 →8
ロースター roaster →9	ロードー,《新は ロードー, ロートー》 郎等・郎党(家の子～) →8
ロースト roast →9	ロードーウンドー 労働運動 →15
ローストチキン roast chicken →16	ロードーカ 労働歌 →14a
ローストビーフ roast beef →16	ロードーキジュンキョク 労働基準局 →17
ロースハム ＜roast ham →16	ロードーキジュンホー, ロードーキジュンホー 労働基準法 →17
ローズマリー rosemary〖植〗 →16	ロードーキョーヤク 労働協約 →15
ロースル 労する,弄する,聾する →48	ロードークミアイ 労働組合 →12
ローセイ★ 老成 →8	ロードージカン 労働時間 →15
ローセイ★ 老生〖代〗 →64	ロードーシャ 労働者 →14a
ローセキ, ローセキ 蠟石 →8	ロードーショー 労働省 →14a
ローゼキ,《古は ローゼキ》 狼藉 →8	ロードーソーギ 労働争議 →15
ローゼキモノ, ローゼキモノ 狼藉者 →12	ロードーダイジン 労働大臣 →15
ローセンセイ★ 老先生 →15	ロードーハクショ 労働白書 →15
ローソ, ロークミ 労組＜労働組合 →10	ロードーモンダイ 労働問題 →15
ローソー 老僧 →8 老荘＜老子・荘子 →29	ロードーリョク 労働力 →14a
ローソク, ローソク 蠟燭 →8	ロードク 朗読 →8
ローソクタテ, ローソクタテ 蠟燭立て →13c	ロードショー, ロードショー road show →16
ローゾメ 蠟染め →5	ロードマップ road map →16
ロータイ,《もと ロータイ》 老体(ゴロータイ 御～) →8,92	ロートル 老頭児[華]〖俗〗 →9
ロータイカ 老大家 →15	ロードレース road race →16
ロータイコク 老大国 →15	ローナヌシ 牢名主 →12
ロータク 浪宅 →8	ローニャク, ローニャク 老若 →18
ロータケル 﨟たける →44	ローニャクナンニョ 老若男女 →98
ロータリー rotary →9	ローニン 浪人,牢人 →8
ロータリークラブ Rotary Club →16	ローニンギョー 蠟人形 →15
ローダン 壟断(利益を～する) →8	ローネン 老年 →8
ローチン 労賃 →8	ローネンキ 老年期 →14a
ローティーン low teens →16	ローノー 労農(=労働者と農民) →18
ローテーション rotation →9	ローノーハ 労農派 →14
	ローバ 老馬,老婆 →7
	ローハイ 老廃 →8

￣は高い部分　˙˙˙と˙˙˙は高低が変る部分　「は次が下がる符号　→は法則番号参照

ローバイ 狼狽, 老梅, 臘梅 →8	**ローユー** 老友, 老雄, 老優 →8
ローハイブツ 老廃物 →14b	**ローヨー** 老幼 →18
ローバシン 老婆心 →14	**ローラー** roller →9
ローヒ, ローヒ 浪費 →7	**ローラーカナリヤ** roller canary〔和〕 →16
ローヒール low heels →16	
ローヒカ 浪費家 →14	**ローラースケート** roller-skate →16
ロービキ, ロービキ 蠟引き →5	**ローライ, ローライ** 老来 →8
ロービョー 老病 →8	**ローラク** 籠絡 →8
ローフ 老父, 老夫, 老婦 →7	**ローリョク** 労力 →8
ロープ rope →9	**ローリング,《新は ローリング》** rolling →9
ロープウエー ropeway →16	
ローフーフ 老夫婦 →15	**ロール,《新は ロール》** roll →9
ローヘイ 老兵 →8	**ロールキャベツ** ＜rolled cabbage〔和〕 →16
ローホ 老舗(=しにせ) →7	
ローボ 老母 →7	**ロールモデル** role model →16
ローホー 朗報 →8	**ローレイ** 老齢 →8
ローボク 老木, 老僕 →8	**ローレイカ** 老齢化(～が進む) →95
ローマ Roma〔葡〕〔国・地〕→21	**ローレイネンキン** 老齢年金 →15
ローマキョー Roma 教〔葡〕 →14	**ローレツ** 陋劣 →8
ローマキョーカイ Roma 教会〔葡〕 →15	**ローレン** 老練 →8
	ローロー 浪浪(～の身) →58
ローマジ, ローマジ Roma 字〔葡〕 →14	**ローロー, ローロー** 朗朗(音吐～) →58
ローマスージ Roma 数字〔葡〕 →15	**ローローカイゴ** 老老介護 →15
ローマホーオー Roma 法王〔葡〕 →94	**ローワ** 朗話 →7
ローマンシュギ 浪漫主義 →15	**ローン** loan, lawn(=芝生・布) →9
ローマンテキ 浪漫的 →95	**ロカ** 濾過 →7
ローマンハ 浪漫派 →14	**ロカイ** 櫓櫂 →18
ローム 労務 →7	**ロガキ** 濾過器 →14
ロームカンリ 労務管理 →15	**ロカコーエン** 芦花公園 →15
ロームシャ 労務者 →14	**ロカセイビョーゲンタイ** 濾過性病原体 →17
ローモー 老耄 →8	
ローモン 楼門 →8	**ロカタ, ロケン** 路肩 →4, 8
ローヤ 老爺 →7	**ロガビリー** rockabilly →16
ローヤ 牢屋 →4	**ロギン** 路銀 →8
ローヤクニン 牢役人 →15	**ロク** 碌・陸(～な事はない, ～に) →6
ローヤブリ 牢破り →13	**ロク, ロク** 禄(～を食む) →6
ローヤルゼリー, ロイヤルゼリー royal jelly →16	**ロク** 六 →30
	……ロク …録(コーギロク 講義～,

ガギグゲゴは鼻濁音　カタカナ細字は母音の無声化　★は長音にもなる符号

ロク──ロクバイ　982

ザンゲロク　懺悔～）→14	ロクジューニン　六十人 →35a

…ロク：……ロク，……ロク，……ロク …六（コロク 小～，セイ★ロク，セイ★ロク，セイ★ロク 清～）→25

ロクエン　六円 →34

ロクオン　録音 →8

ロクオンキ　録音機 →14a

ロクオンテープ　録音tape →16

ロクオンバン　録音盤 →14

ロクガ　録画 →7

ロクガツ，《副詞的には ロクガツ》 六月 →34, 62

ロクゴー　六号 →34　六郷〖地〗→21

ロクサイ　鹿砦（=さかもぎ）→8

ロクサイ，ロクサイ　六歳 →34c

ロクサンセイ★　六三制 →39

ロクジ　六時，六字（～の名号ごう）→34

ロクジカン　六時間 →36

ロクジゾー　六地蔵 →36

ロクシチ　六七（=六か七。年は～）→39

ロクジッサイ，ロクジュッサイ　六十歳 →35da

ロクジップン，ロクジュップン　六十分 →35da

ロクシャク　六尺・六勺〖名詞的〗（～を買う）→34　六尺（=かごかき・六尺ふんどし）→3

ロクシャク　六尺・六勺〖副詞的〗（～買う）→62

ロクシャクボー　六尺棒 →14

ロクジュー　六十〖名詞的〗（～をたす）→31

ロクジュー　六十〖副詞的〗（～たす）→62

ロクジューエン　六十円 →35a

ロクジューダイ　六十代，六十台 →35a

ロクジューニチ，ロクジューニチ，《新は ロクジューニチ》 六十日 →35a

ロクジューニン　六十人 →35a

ロクジューネン　六十年 →35a

ロクジュービョー　六十秒 →35a

ロクジューマン，《新は ロクジューマン》 六十万 →32

ロクジューヨシュー　六十余州 →14

ロクジューロクブ　六十六部 →35

ロクショー　緑青 →8

ロクジョー，《新は ロクジョー》 六畳 →34

ロクスッポ，ロクスッポー　〖俗〗（=ろくに）→94d

ロクスル　録する →48

ロクスン　六寸〖名詞的〗（～に切る）→34

ロクスン　六寸〖副詞的〗（～切る）→62

ロクセン　六千 →31

ロクセンエン　六千円 →35

ロクセンニン　六千人 →35

ロクダイガク　六大学 →36

ロクダイシュー　六大州（洲）→17

ロクダカ，ロクダカ　禄高 →4

ロクダン　六段《箏きも》→34

ロクダンメ　六段目 →38

ロクチョーメ，ロクチョーメ　六丁目 →38

ロクデナシ　碌でなし・陸でなし〖俗〗（この～奴め）→3

ロクド　六度 →34

ロクドー　六道 →34

ロクドーセン，ロクドーセン　六道銭〖仏教〗→14a

ロクニ　碌に・陸に（～できもしない）→67

ロクニン　六人 →34

ロクヌスビト　禄盗人 →12

ロクネン　六年 →34

ロクネンセイ★　六年生 →14a

ロクバイ　六倍 →34

￣ は高い部分　… と … は高低が変る部分　｢ は次が下がる符号　→ 法則番号参照

983　　**ログハウ──ロッカイ**

ログハウス　log house →16	ロコー　露光 →8
ロクハラ, ログハラ　六波羅〖地〗→21c	ロココシキ　rococo式〖仏〗→95
ロクバン　六番 →34	ロゴス　logos〖希〗→9
ログビョー　六秒 →34	ロコツ　露骨 →8
ログブ　六部<六十六部 →34	ロザ　露座(坐) →7
ロクブンギ　六分儀 →14a	ロザシ　絽刺し →5
ロクボク　肋木 →8	ロザリオ, ロザリオ　rosario〖葡〗→9
ロクマイ　禄米 →8	ロサンゼルス　Los Angeles〖地〗→21
ログマイ　六枚 →34	ロシ　濾紙 →7
ロクマク　肋膜 →8	ロジ　路地, 露地, 路次 →7
ロクマクエン, ロクマクエン　肋膜炎 →14	ロシア, ロシヤ　Rossiya〖露〗〖国〗→21
ロクマン　六万 →31	ロシアゴ, ロシヤゴ　Rossiya語〖露〗→14
ロクメイカン　鹿鳴館 →14b	ロシアジン, ロシヤジン　Rossiya人〖露〗→14
ロクメンタイ　六面体 →14	ロジウラ　路地裏 →4
ロクヤネ, リクヤネ　陸屋根 →12	ロジカル　logical →9
ロクレンパツ　六連発 →14	ロジサイバイ　露地栽培 →15
ロクロ, ロクロ　轆轤 →7	ロジック　logic →9
ロクロー, ロクロー　六郎〖男名〗→25	ロジモノ, ロジモノ　露地物 →4
……ログロー, ……ロクロー　…六郎 (ゲンログロー, ゲンロクロー　源~) →26	ロシュツ　露出 →8
ロクロク　碌碌・陸陸(~見ない) →58	ロシュツケイ　露出計 →14
ロクロクビ, ロクロックビ　轆轤(っ)首 →12d	ロシュツヒョー　露出表 →14
ロクンチ　六日〖名詞的〗(~に行く) →34d	ロジョー　路上 →8
ロクンチ　六日〖副詞的〗(~行く) →62d	ロシン　炉心 →8
ロケ　<ロケーション　location →10, 9	ロス　loss →9 <Los Angeles〖地〗→10
ロケット　locket〖装身具〗→9	ロゼ　rosé〖仏〗〖ワイン〗→9
ロケット, ロケット　rocket(~を打ち上げる) →9	ロセン　路線 →8
ロケットダン, ロケットダン　rocket弾 →14	ロセンカ　路線価 →14a
ロケハン　<location hunting〖和〗→10	ロセンバス　路線bus →16
ロケン　露見, 路肩 →8	ロソクタイ　路側帯 →14
ロゴ　露語 →7	ロダイ　露台 →8
ロゴ, 《新は ロゴ》　logo<logotype →9	ロダン　Rodin〖仏〗〖人〗→22
	ロチリメン, 《新は ロチリメン》　絽縮緬 →15
	ロッカー　locker →9
	ロッカイ　六回〖名詞的〗(~も行く) →34
	ロッカイ　六回〖副詞的〗(~行く) →62

ガギグゲゴは鼻濁音　カタカナ細字は母音の無声化　★は長音にもなる符号

ロッカク——ロボコン　984

六階 →34

ロッカク‾ 六角 →34

ロッカク‾ケイ．, ロッカ‾クケイ．, ロッ‾ガッケイ． 六角形 →14ca

ロッカ‾ゲツ 六箇月 →39

ロッカ‾セン 六歌仙 →36

ロッカ‾ネン 六箇年 →39

ロッカンシンケイ．ツー, ロッカンシン‾ケイ．ツー 肋間神経痛 →17

ロッキーサンミャク Rocky 山脈 →15

ロ‾ック 六区〘地〙(浅草の～) →34
　lock(=施錠), rock(=岩石) →9　＜ロッ‾クンロール rock'n'roll →10, 16　＜on the rocks →10

ロックア‾ウト lockout →16

ロックガ‾ーデン rock garden →16

ロッククラ‾イミング rock-climbing →16

ロ‾ッコー 六甲＜ロッコ‾ーザン 六甲山 →21, 14a

ロッコ‾ツ 肋骨 →8

ロッコンショージョー, ロッコンショ‾ージョー 六根清浄 →98

ロ‾ッジ lodge →9

ロ‾ット, ロ‾ット lot →9

ロッパ‾ク 六白〘九星〙→34

ロッピャ‾ク 六百〘名詞的〙(～をたす) →31

ロッピャ‾ク 六百〘副詞的〙(～たす) →62

ロッピャ‾クエン 六百円 →35

ロッピャ‾クニン 六百人 →35

ロッピャ‾クネン 六百年 →35

ロ‾ッピャクマン 六百万 →32

ロ‾ップ, ロ‾ップ 六腑(五臓～) →34

ロ‾ップン 六分 →34

ロ‾ッポー, ロ‾ッポー 六法〘法律〙→34

ロ‾ッポー 六方〘方角〙→34　六方〘歌舞伎〙(～を踏む) →3

ロッポーゼ‾ンショ 六法全書 →15

ロ‾ッポン 六本 →34

ロッポ‾ンギ 六本木〘地〙→21

ロテイ．露呈, 路程 →8

ロ‾デオ rodeo〔西〕→9

ロ‾テキ 蘆荻 →18

ロ‾テン 露天, 露店, 露点 →8

ロテ‾ンショー 露天商 →14a

ロテンショ‾ーニン 露天商人 →15

ロテ‾ンブロ 露天風呂 →12

ロ‾テンボリ 露天掘り →13

ロ‾トー 露頭 →8

ロ‾トー, 《古は ロ‾トー》 路頭(～に迷う) →8

ロ‾ドン 魯鈍 →8

ロ‾ナワ 櫓縄 →4

ロ‾ハ 〘俗〙(=只と・無料)

ロ‾バ 驢馬 →7

ロ‾バタ 炉端 →4

ロバタヤ‾キ 炉端焼 →13

ロ‾バン 路盤, 露盤 →8

ロ‾ビー lobby →9

ロ‾ヒョー 路標 →8

ロビョ‾ーシ 櫓拍子 →15

ロビラ‾キ, ロ‾ビラキ 炉開き →13

ロビンソンクルーソー Robinson Crusoe〘人〙→27

ロ‾フサギ 炉塞ぎ →13

ロ‾ブスター lobster →9

ロ‾ブツ 露仏 →8

ロ‾ブン 露文 →8, 10

ロブ‾ンガク 露文学 →17

ロ‾ベソ 櫓臍 →4

ロ‾ベリア lobelia〘植〙→9

ロ‾ヘン 炉辺, 路辺 →8

ロ‾ヘンダンワ 炉辺談話 →15

ロ‾ボ 鹵簿 →7

ロ‾ボー 路傍 →8

ロ‾ボコン ＜robot contest →10

‾ は高い部分　…‾ と ‾… は高低が変る部分　‾｜は次が下がる符号　→ は法則番号参照

985　ロボット——ロンリテ

ロボット, ロボット　robot →9	ロンコー　論功, 論考 →8
ロボトミー　Lobotomie〔独〕→9	ロンコーコーショー　論功行賞 →15
ロマネスク　Romanesque →9	ロンコク　論告 →8
ロマン　roman〔仏〕→9	ロンゴヨミノ・ロンゴシラズ　論語読みの論語知らず →97
ロマンス, ロマンス　romance →9	
ロマンスカー, ロマンスカー　romance car〔和〕→16	ロンザイ　論罪 →8
	ロンシ　論旨 →7
ロマンスグレー　romance grey〔和〕→16	ロンシャ, ロンジャ　論者 →7
	ロンシュー　論集 →8
ロマンスシート　romance seat〔和〕→16	ロンジュツ　論述 →8
	ロンショー　論証 →8
ロマンチシズム, ロマンティシズム　romanticism →9	ロンジル, ロンジル　論じる →47
	ロンジン　論陣(～を張る) →8
ロマンチスト, ロマンティスト　romanticist →9	ロンズル, ロンズル　論ずる →47
	ロンセツ　論説 →8
ロマンチック, ロマンティック　romantic →9	ロンセン　論戦 →8
	ロンソー　論争, 論叢 →8
ロム　ROM＜Read Only Memory →16	ロンソーテン　論争点 →14a
ロメイ★, 《新は ロメイ★》 露命 →8	ロンダイ　論題 →8
ロメン, ロメン　路面 →8	ロンダン　論断, 論壇 →8
ロメンデンシャ　路面電車 →15	ロンチョー　論調 →8
ロヨー　路用(=旅費) →8	ロンテキ　論敵 →8
ロレツ　呂律(～が回らない) →8d	ロンテン, ロンテン, ロンテン　論点 →8
ロン　論 →6	
ロンガイ, ロンガイ　論外 →8	ロンド　rondo〔伊〕(=回旋曲), ronde〔仏〕(=輪舞) →9
ロンカク, ロンキャク　論客 →8	
ロンギ　論議 →7	ロンドン　London〔地〕→21
ロンキツ　論詰 →8	ロンナン　論難 →8
ロンキュー　論及, 論究 →8	ロンパ　論破 →7
ロンキョ　論拠 →7	ロンパース, ロンパス　rompers →9
ロング　long →9	ロンバク　論駁 →8
ロングスカート　long skirt →16	ロンパン　論判 →8
ロングセラー　long seller〔和〕→16	ロンピョー　論評 →8
ロングドレス　long dress →16	ロンブン　論文 →8
ロングヒット　long hit →16	ロンベン　論弁 →8
ロングラン, ロングラン　long-run →16	ロンポー　論法, 論鋒 →8
	ロンリ　論理 →7
ロンケツ　論決 →8	ロンリガク　論理学 →14
ロンゴ, 《古は ロンゴ》　論語〔書〕→7	ロンリテキ　論理的 →95

ガギグゲゴは鼻濁音　カタカナ細字は母音の無声化　★は長音にもなる符号

ワ──ワカギミ

ワ 輪 →1 和 →6

……ワ; ……ワ …は〖助〗(ナキワ 泣き〜, ヨミワ 読み〜) →73

……ワ; ……ワ …は〖助〗(アカクワ, アカクワ 赤く〜, シロクワ 白く〜) →74

……ワ; ……ワ; ……ワ …は〖助〗(トリワ 鳥〜, ハナワ 花〜, アメワ 雨〜) →71

……ワ; ……ワ 〖助〗(イルワ・イルワ 居る〜居る〜, ヨムワ 読む〜, アガイワ 赤い〜, シロイワ 白い〜) →72, 74b

……わ …羽…把〖数〗→33, 34, 35

ワーキングホリデー working holiday →16

ワークシェアリング work sharing →16

ワークショップ workshop →16

ワークブック workbook →16

ワードローブ wardrobe →16

ワープロ ＜ワードプロセッサー word processor →10, 16

ワールドカップ World Cup →16

ワールドシリーズ, ワールドシリーズ World Series →16

ワーワー (〜泣く, 〜と) →57

ワイエムシーエー YMCA →16

ワイキョク 歪曲 →8

ワイク 矮軀 →7

ワイザツ 猥雑 →8

ワイシャツ ＜white shirt〖和〗→16

ワイショー 矮小 →8

ワイジロ Y字路 →14

ワイセツ 猥褻 →8

ワイダブリューシーエー, ワイダブリュー ーシーエー YWCA →16

ワイダン 猥談 →8

ワイド wide →9

ワイドショー, ワイドショー wide show〖和〗→16

ワイドスクリーン wide-screen →16

ワイパー wiper →9

ワイフ wife →9

ワイファイ Wi-Fi →16

ワイホン 猥本 →8

ワイヤ wire →9

ワイヤレス wireless →16

ワイヤレスマイク wireless mike →16

ワイヤロープ wire rope →16

ワイロ 賄賂 →7

ワイワイ (〜騒ぐ, 〜と) →57

ワイン wine →9

ワイングラス wineglass →16

ワエイ 和英＜和英辞典(↔英和) →10

ワエイジショ 和英辞書 →15

ワエイジテン 和英辞典 →15

ワオン 和音〖音楽〗→8

ワカ 若(〜様) →3 和歌 →7

ワガ 我が →63

ワカアユ, ワカアユ 若鮎 →5

ワカイ 和解 →8

ワカイ 若い ワカカッタ, ワカク, ワカクテ, 《新は ワカクテ》, ワカケレバ, ワカシ →52

ワカイシュ 若い衆 →19d

ワカイモノ 若い者 →19

ワカインキョ 若隠居 →15

ワカエダ, ワカエダ 若枝 →5

ワカオクサン 若奥さん →12

ワカガエリ 若返り →13

ワカガエリホー 若返り法 →14

ワカガエル 若返る →46

ワカギ, ワカギ 若木 →5

ワカギミ 若君 →94

──は高い部分 …と…は高低が変る部分 ┐は次が下がる符号 →は法則番号参照

ワガ̄ク 和学,和楽 →8	ワカト̄ノサマ 若殿様 →12
ワ̄カ̄クサ 若草 →5	ワカト̄ノバラ, ワカトノバラ 若殿原 →12
ワ̄カクサヤマ 若草山 →12	
ワガ̄クニ 我が国 →19	ワガ̄ドリ 若鶏 →5
ワカゲ 若気(〜の至り) →93	ワ̄カナ,《古は ワ̄ガナ》 若菜 →5
ワ̄ガコ 我が子 →19	ワカ̄ナシュー 若菜集 →14
ワ̄カゴケ 若後家 →15	ワガ̄ネル 綰ねる →43
ワ̄カサ 若さ →93 若狭(〜の国) →21	ワ̄カノウラ 和歌浦 →19
ワカザカリ 若盛り →12	ワ̄カバ,《古は ワ̄ガバ》 若葉 →5
ワ̄カサギ, ワカサギ 公魚 →5	ワ̄パハイ 我が輩 →19
ワ̄カサギリョー 公魚漁 →14	ワ̄カバマーク 若葉 mark →16
ワ̄カサマ 若様 →94	ワカフーフ 若夫婦 →15
ワカザムライ 若侍 →12	ワ̄ガホー 我が方 →19
ワガ̄ザリ 輪飾り(正月の〜) →12	ワ̄ガマツ 若松(地も)→5, 21
ワ̄ガシ 和菓子 →15	ワ̄パママ, ワ̄パママ 我が儘 →19
ワ̄カジニ, ワカジニ, ワカジニ 若死 →5	ワ̄ガミ 我が身 →19
	ワ̄ガミズ 若水 →5
ワ̄ガシュ 若衆 →8d	ワ̄カミドリ 若緑 →12
ワ̄カシユ, ワカシユ 沸かし湯 →12	ワ̄ガミヤ 若宮 →5
ワ̄カシュガブキ 若衆歌舞伎 →12	ワ̄カムキ 若向き →5
ワ̄カジラガ, ワカジラガ 若白髪 →12	ワ̄カムシャ, ワカムシャ 若武者 →15
ワカス 沸かす,湧かす →44	ワ̄カムラサキ 若紫 →12
ワ̄カズ 分かず(昼夜を〜)→89	ワ̄カメ,《新は ワ̄カメ》 若布 →5
ワカズクリ 若作り →13	ワ̄カメ,《新は ワ̄カメ, ワカメ》 若芽 →5
ワ̄カズマ 若妻 →5	
ワカセンセイ 若先生 →15	ワ̄カモノ 若者 →5
ワ̄カゾー, ワカゾー 若造,若僧 →25	ワ̄パモノ 我が物 →19
ワ̄ガタケ 若竹 →5	ワ̄パモノガオ 我が物顔(〜に)→12
ワカ̄ダンナ 若旦那 →15	ワ̄ガヤ 我が家 →19
ワ̄ガチ 別ち,分ち →2	ワ̄カヤギ 若柳〖舞踊〗 →22
ワ̄ガチアウ, ワ̄ガチアウ 分ち合う →45	ワ̄カヤギリュー 若柳流 →14
	ワ̄カヤグ 若やぐ →96
ワ̄ガチガキ 分ち書き →13	ワ̄ガヤマ 和歌山〖地〗 →21
ワ̄ガツ 別つ,分つ,頒つ →44	ワ̄カヤマケン 和歌山県 →14
ワカテ, ワ̄カテ 若手 →5	ワ̄カヤマシ 和歌山市 →14
ワ̄カトー, ワカトー 若党 →8	ワ̄ガヤマ・ボ̄クスイ,《古は 〜(・)ボ̄グスイ》, ワカヤマボ̄クスイ 若山牧水 →22, 24, 27
ワ̄カド̄コロ 和歌所 →12	
ワ̄カドショリ 若年寄 →12	
ワ̄カトノ, ワ̄カトノ 若殿 →5	ワ̄カラズヤ 分からず屋 →94

ガギグゲゴは鼻濁音　カタカナ細字は母音の無声化　★は長音にもなる符号

ワカリ──ワクラバ

ワカリ 分かり（〜が良い）→2
ワカリキッタ, ワカリキッタ,《古・強は **ワカリキッタ**》 分かり切った（〜話だ）→83
ワカリッコ 分かりっこ〖俗〗（〜ない）→94
ワカリニクイ 分かり悪い →54
ワカリヤスイ 分かり易い →54
ワカリヨイ, ワカリイイ★ 分かり良い →54
ワガル 分かる **ワカラナイ, ワカロー, ワカリマス, ワガッテ, ワガレバ, ワガレ** →44
ワカレ 別れ（**オワカレ** 御〜）→2, 92
ワカレジ 別れ路 →12
ワカレジモ 別れ霜（八十八夜の〜）→12
ワカレバナシ 別れ話 →12
ワカレミチ 別れ道 →12
ワカレメ, ワカレメ, ワカレメ 別れ目 →12
ワカレル 別れる, 分れる **ワカレナイ, ワカレヨー, ワカレマス, ワカレテ, ワカレレバ, ワカレロ** →43
ワカレワカレ 別れ別れ →11
ワカワカシイ★ 若若しい →53
ワカン 和漢 →18
ワガンムリ ワ冠(=⌐) →12
ワガンヨー, ワカンヨー 和漢洋 →17
ワカンローエイシュー 和漢朗詠集 →17
ワキ 沸き, 湧き →2
ワキ 和気（〜あいあい）→7
ワキ 脇, ワキ〖能〗(↔シテ), 腋 →1
ワギ 和議 →7
ワキアガル 沸き上がる, 湧き上がる →45
ワキオコル 湧き起る →45
ワキガ, ワキガ 腋臭 →4

ワキカエル 沸き返る →45
ワキキョーゲン 脇狂言 →15
ワキゲ, ワキゲ 腋毛 →4
ワキザシ, ワキザシ,《新は **ワキザシ**》 脇差 →5
ワキジ 脇士〖像〗→7
ワキズケ 脇付〖手紙〗→5
ワキズレ ワキツレ〖能〗→4
ワキダチ 脇立 →5
ワキタツ 沸き立つ, 湧き立つ →45
ワキデル 湧き出る →45
ワキヌイ 脇縫 →5
ワキノー 脇能 →8
ワキノシタ 脇の下 →19
ワキバラ, ワキバラ 脇腹 →4
ワキボーショー 脇宝生〖能〗→22
ワキマエ, ワキマエ 弁え →2b
ワキマエル, ワキマエル 弁える →46b
ワキミ, ワキミ 脇見 →5
ワキミズ 湧水 →5
ワキミチ, ワキミチ 脇道 →4
ワキメ, ワキメ 脇目（〜もふらず）→4
ワキヤク 脇役 →8
ワギュー 和牛 →8
ワギョー わ行 →8
ワギリ, ワギリ 輪切り →5
ワキン 和金〖金魚〗→8
ワク 沸く, 湧く **ワカナイ, ワコー, ワキマス, ワイテ, ワケバ, ワケ** →43
ワク 枠, 框 →1
ワクガイ 枠外 →8
ワクグミ, ワクグミ 枠組み →5
ワクセイ★ 惑星 →8
ワクチン Vakzin〔独〕→9
ワクデキ 惑溺 →8
ワクナイ 枠内 →8
ワクラバ, ワクラバ 病葉 →12

──は高い部分　 と は高低が変る部分　 は次が下がる符号　→ は法則番号参照

ワクラン　惑乱 →8	ワゴン　wagon →9
ワクワク　(胸が～する, ～と) →57	ワコン(・)カンサイ　和魂漢才 →97, 98
ワクン　和訓 →8	ワゴンシャ　wagon 車 →14a
ワケ　訳 →2	ワザ　技, 業 →1
ワケ　分け(=引分け) →2	ワザアリ　技有り〖柔道〗→98
ワケアイ, ワケアイ　訳合 →4	ワサイ　和裁 →8
ワケアタエル, ワケアタエル　分け与える →45	ワザクラベ　業競べ →13
ワケアリ　訳有り →5	ワザクレ, ワザクレ →94
ワゲイ★　話芸 →8	ワザシ　業師 →7
ワケイル, 《新は ワケイル》　分け入る →45	ワザト　態と →67
ワケガラ, ワケガラ　訳柄 →4	ワザトラシイ★　態とらしい →96
ワケギ　分葱 →5	ワサビ　山葵 →1
ワゲサ　輪袈裟 →15	ワサビオロシ　山葵下し →13
ワケシリ, ワケシリ　訳知り →5	ワサビジョーユ　山葵醬油 →15
ワケテ　別けて(=格別に。～も) →67	ワサビズケ　山葵漬 →13
ワケドリ, ワケドリ　分け取り →5	ワザモノ, ワザモノ　業物 →4
ワケノ(・)キヨマロ　和気清麻呂 →22, 25, 27	ワザワイ　災, 禍
ワケヘダテ, ワケヘダテ　別け隔て →18	ワザワイスル　災いする →48
ワケマエ, ワケマエ　分け前 →5	ワザワザ　態態 →68
ワケメ, ワケメ　分け目 →5	ワサン, ワサン　和算 →8
ワゲモノ　縮物 →5	ワサン　和讃〖仏教〗→8
ワケル　分ける,別ける　ワケナイ, ワケヨー, ワケマス, ワケテ, ワケレバ, ワケロ →43	ワサンボン, ワサンボン　和三盆〖砂糖〗→15
ワケン　和犬 →8	ワシ　私, 儂 →64　鷲 →1
ワコ　和子(ワコサマ ～様) →4, 94	ワシ　和紙 →7
ワゴ　和語 →7	ワシキ　和式 →95
ワコー　倭寇,和光 →8	ワシズカミ, ワシズカミ　鷲摑み →13
ワゴー　和合 →8	ワシツ　和室 →8
ワコーシ　和光市〖地〗→14a	ワシバナ, ワシッパナ　鷲(っ)鼻 →4d
ワコード　若人 →5	ワジマ　輪島〖地〗→21
ワゴト, ワゴト　和事〖歌舞伎〗→4	ワシャ　話者 →7
ワゴトシ　和事師 →14	ワジュツ　話術 →8
ワゴム　輪 gom〔蘭〕→16	ワショ　和書 →7
ワゴン　和琴 →8	ワジョー　和尚,和上 →8
	ワショク　和食 →8
	ワジン　和人,倭人 →8
	ワジントン　Washington〖人・地〗→22, 21
	ワス　和す →48

ガギグゲゴは鼻濁音　カタカナ細字は母音の無声化　★は長音にもなる符号

ワズカ 僅か(〜に) →55	ワダカマル, ワダカマル 蟠る →43
ワズライ 煩い,患い →2	ワタクシ 私 →1, 64
ワズライヅク 煩い付く →45	ワタクシゴト 私事 →12
ワズラウ 煩う,患う →43	ワタクシショーセツ 私小説 →15
ワズラワシイ, ワズラワシイ 煩わしい →53	ワタクシスル 私する(=私物化する) →48
ワズラワス, ワズラワス 煩わす →44	ワタクシタチ 私達 →94
ワズラワセル, ワズラワセル 煩わせる →83	ワタクシドモ 私共 →94
ワスル 和する →48	ワタクシリツ 私立 →14
ワスレガタイ 忘れ難い →54	ワタクズ, ワタクズ 綿屑 →4
ワスレガタミ 忘れ形見 →12	ワタグモ, ワタグモ 綿雲 →4
ワスレジモ 忘れ霜(=別れ霜) →12	ワタクリ, ワタクリ 綿繰り →5
ワスレッポイ, ワスレッポイ 忘れっぽい →96	ワタゲ, ワタゲ 綿毛 →4
ワスレナグサ 勿忘草 →12	ワタシ 私 →64d 渡し →2
ワスレモノ 忘れ物 →12	ワタシセン 渡し銭 →14
ワスレル 忘れる ワスレナイ, ワスレヨー, ワスレマス, ワスレテ, ワスレレバ, ワスレロ →43	ワタシタチ, ワタシタチ 私達 →94c
ワセ 早生,早稲 →1	ワタシチン, ワタシチン 渡し賃 →14c
ワセイ 和製 →8	ワタシドモ 私共 →94
ワセイ 和声 →8	ワタシバ 渡し場 →12
ワセイエイゴ 和製英語 →15	ワタシブネ 渡し船 →12
ワセダ 早稲田〖地・大学〗 →21, 29	ワタシモリ 渡し守 →12
ワセリン Vaselin〖独〗 →9	ワタス 渡す ワタサナイ, ワタソー, ワタシマス, ワタシテ, ワタセバ, ワタセ →44
ワセン 和船 →8	ワダチ, 《古は ワダチ》 轍 →5
ワセン 和戦(〜両様) →18	ワタツミ, ワタツミ 海神,海 →19
ワソー 和装 →8	ワタツミ, ワタツミ 綿摘み →5
ワダ 綿,棉,腸 →1	ワタナベ 渡辺〖姓〗 →22
ワダ 和田〖姓〗 →22	〜(・)ガザン 〜華山 →24, 27
ワタイ 私〖俗〗 →64d	ワタナベノ(・)ツナ 〜綱 →23, 27
ワダイ 話題 →8	ワタヌキ, ワタヌキ, ワタヌキ 綿抜き,腸抜き →5
ワタイレ, ワタイレ 綿入れ →5	ワタノハラ, ワタノハラ 海の原 →19
ワタイレバオリ 綿入羽織 →12	ワタボーシ 綿帽子 →15
ワタウチ, ワタウチ, ワタウチ 綿打ち →5	ワタボコリ 綿埃 →12
ワタガシ 綿菓子 →15	ワタヤ 綿屋 →94
ワダカマリ 蟠り →2	ワダユキ 綿雪 →4
	ワタリ 渡り,径 →2

991　　　　　　　　　ワタリア──ワヨーセ

ワタリアウ　渡り合う →45	**ワニグチ**　鰐口 →4
ワタリアルク　渡り歩く →45	**ワニザメ**　鰐鮫 →4
ワタリゼリフ, ワタリゼリフ　渡り台 詞〖歌舞伎〗 →12	**ワニス**　＜varnish →9
ワタリゾメ　渡り初め →95	**ワヌケ**　輪抜け →5
ワタリドリ　渡り鳥 →12	**ワノリ, ワノリ**　輪乗り →5
ワタリボーコー　渡り奉公 →15	**ワビ**　詫び(**オワビ** 御～) →2, 92
ワタリモノ　渡り者,渡り物 →12	**ワビ**　侘 →2
ワタリローカ　渡り廊下 →15	**ワビイル**　詫び入る →45
ワタル　渡る,亘る　**ワタラナイ, ワタ** **ロー, ワタリマス, ワタッテ, ワタ** **レバ, ワタレ** →43	**ワビゴト**　詫言 →5
	ワビシイ　侘しい →53
	ワビシゲ　侘しげ →93
ワチュー(・)キョードー　和衷協同 →97, 98	**ワビジョー, ワビジョー**　詫状 →8
ワッカナイ　稚内〖地〗 →21	**ワビジョーモン**　詫証文 →15
ワックス　wax →9	**ワビスケ**　侘助〖椿〗 →25
ワッショイ　(=かけ声。～・～) →66	**ワビズマイ**　侘住まい →13
ワット　watt →9	**ワビチャ**　侘び茶 →7
ワッパ　童 →1d	**ワビテガミ**　詫手紙 →12
ワップ, カップ　割賦 →7	**ワビル**　詫びる　**ワビナイ, ワビヨー,** **ワビマス, ワビテ, ワビレバ, ワビ** **ロ** →43
ワッフル, ワップル　waffle →9d	
ワッペン　Wappen〔独〕 →9	**ワビル**　侘びる →43
ワトー　話頭 →8	**ワフー**　和風 →95
ワドー　和銅〖年号〗 →8	**ワフク**　和服 →8
ワドーガイチン, ワドーガイホー　和 同開珎 →15	**ワフツ**　和仏＜和仏辞典(↔仏和) →10
	ワブン　和文 →8
ワドク　和読 →8　和独＜和独辞典(↔ 独和) →10	**ワブンエイヤク**　和文英訳 →15
	ワヘイ　話柄 →8
ワトジ　和綴じ →5	**ワヘイ**　和平 →8
ワドメ, ワドメ　輪留め →5	**ワボク**　和睦 →8
ワナ　罠,輪奈 →1	**ワホン**　和本 →8
ワナゲ　輪投げ →5	**ワメイ**　和名 →8
ワナナク　戦く →43	**ワメク**　喚く →43
ワナムスビ　わな結び →13	**ワヤク**　和訳 →8
ワナリ　輪形 →95	**……ワヨ; ……ワヨ**　〖助〗(**ナクワヨ** 泣く～,**ヨムワヨ** 読む～,**アガイワヨ** 赤い～,**シロイワヨ** 白い～) →72, 74b
ワナワナ　(～震える,～と) →57	
ワニ　鰐 →1	**ワヨー**　和様 →95
ワニアシ, ワニアシ　鰐足 →4	**ワヨー, ワヨー**　和洋 →18
ワニガワ　鰐皮 →4	**ワヨーセッチュー, ワヨーセッチュ**

ガギグゲゴは鼻濁音　カタカナ細字は母音の無声化　★は長音にもなる符号

ワラ──ワリゼリ　992

ー，ワヨー(・)セッチュー　和洋折衷 →99, 98, 97

ワラ　藁 →1

ワライ　笑い(オワライ　御~) →2, 92

ワライガオ　笑い顔 →12

ワライグサ　笑い種(オワライグサ　御~) →12, 92

ワライゴエ，ワライゴエ　笑い声 →12

ワライコケル　笑い転る →45

ワライゴト，ワライゴト　笑い事 →12

ワライジョーゴ　笑い上戸 →15

ワライダス　笑い出す →45

ワライトバス　笑い飛ばす →45

ワライバナシ　笑い話 →12

ワライモノ　笑い者 →12

ワラウ　笑う　ワラワナイ，ワラオー，ワライマス，ワラッテ，ワラエバ，ワラエ →43

ワラガミ，ワラガミ　藁紙 →4

ワラク，ワラク　和楽 →8

ワラグツ　藁沓 →4

ワラサ　稚鰤〔魚〕 →1

ワラザイク　藁細工 →15

ワラジ　草鞋 →1

ワラジガケ　草鞋掛け →13

ワラジセン　草鞋銭 →14

ワラジバキ　草鞋履き →13

ワラシベ，ワラシベ　藁稭 →4

ワラジムシ　草鞋虫 →12

ワラズト　藁苞 →4

ワラゾーリ　藁草履 →15

ワラタバ，ワラタバ　藁束 →4

ワラナワ　藁縄 →4

ワラニンギョー　藁人形 →15

ワラバイ　藁灰 →4

ワラバンシ　藁半紙 →15

ワラビ　蕨〔地も〕 →1

ワラビ　藁火 →4

ワラビモチ　蕨餅 →12

ワラブキ　藁葺き →5

蕨(文様)

ワラブキヤネ　藁葺屋根 →12

ワラブトン　藁蒲団 →15

ワラベ　童 →1

ワラベウタ　童歌 →12

ワラヤ，ワラヤ　藁屋 →4

ワラヤネ　藁屋根 →12

ワラワ　妾 →64　童 →1

ワラワス　笑わす →44

ワラワセル　笑わせる →44

ワラワレモノ　笑われ者 →12

ワラワレル　笑われる →83

ワリ　割 →2

……わり　…割〔数〕 →33

ワリアイ　割合(~に) →5, 61

ワリアテ　割当 →5

ワリアテル　割り当てる →45

ワリイシ　割石 →5

ワリイン　割印 →8

ワリガキ　割書き →5

ワリカタ　割方〔副〕 →61

ワリカン　割勘〔俗〕<割前勘定 →10

ワリキ　割木 →5

ワリキル　割り切る →45

ワリキレナイ　割り切れない →83

ワリキレル　割り切れる →45

ワリグリ　割栗<割栗石 →10

ワリゲスイ，ワリゲスイ　割下水〔地も〕 →15

ワリゴ　破子，破籠 →5

ワリコミ　割込み →5

ワリコム　割り込む →45

ワリザン　割算 →8

ワリシタ　割下〔料理〕<割下地 →10

ワリゼリフ，ワリゼリフ　割台詞〔歌舞伎〕 →12

￣は高い部分　˙と˙˙は高低が変る部分　「は次が下がる符号　→は法則番号参照

993　　　　ワリダカ——ワレワレ

ワリダカ　割高 →5	ワルクスルト　悪くすると →72
ワリダケ　割竹 →5	ワルクチ, ワルグチ　悪口 →5
ワリダシ　割出し →5	ワルサ　悪戯 →93
ワリダス　割り出す →45	ワルサワギ　悪騒ぎ →13
ワリチュー　割注 →8	ワルジエ, ワルジエ　悪知恵 →15
ワリツケ　割付 →5	ワルジャレ　悪洒落 →5
ワリツケル　割り付ける →45	ワルシャワ　Warszawa[ポーラ]〚地〛→21
ワリナイ　理無い(～仲) →54	ワルズレ, ワルズレ　悪擦れ →5
ワリニ　割に →67	ワルダクミ　悪巧み →13
ワリバシ, ワリバシ　割箸 →5	ワルダッシャ　悪達者 →15
ワリハン　割判 →8	ワルツ　waltz →9
ワリビキ　割引 →5	ワルドキョー　悪度胸 →15
ワリビキケン　割引券 →14	ワルドメ, ワルドメ　悪止め →5
ワリビキテガタ　割引手形 →12	ワルノリ　悪乗り →5
ワリビキリョー　割引料 →14	ワルビレル　悪怯れる →46
ワリビク　割り引く →45	ワルフザケ　悪巫山戯 →13
ワリフ　割符 →7	ワルモノ　悪者 →5
ワリフリ　割振り(～をつける) →5	ワルヨイ　悪酔い →5
ワリフル　割り振る →45	ワレ　割れ, 破れ →2
ワリボシダイコン　割干し大根 →15	ワレ　我, 吾 →1, 64
ワリマエ　割前 →5	ワレガエル　割れ返る →45
ワリマシ　割増 →5	ワレガチ　我勝ち(～に) →95
ワリマシキン, ワリマシキン　割増金 →14	ワレガネ　破鐘 →5
ワリムギ, ワリムギ　割麦 →5	ワレ・カンセズ　我関せず →97
ワリモドシ　割戻し →13	ワレサキニ, ワレサキニ　我先に →67
ワリモドス　割り戻す →45	ワレシラズ, ワレシラズ　我知らず →67
ワリヤス　割安 →5	ワレナガラ, ワレナガラ, ワレナガラ　我乍ら →71
ワル　割る　ワラナイ, ワロー, ワリマス, ワッテ, ワレバ, ワレ →43	ワレナベ　破鍋(～にとじぶた) →5
ワル　悪〚俗〛(=悪者・悪童) →3	ワレヒト　我人(～共に) →18
ワルアガキ　悪足掻き →13	ワレメ　割れ目 →5
ワルアソビ　悪遊び →13	ワレモコー　吾木香・吾亦紅〚植〛
ワルイ　悪い　ワルカッタ, ワルク, ワルクテ, 《新は ワルクテ》, ワルケレバ, ワルシ →52	ワレモノ　割れ物, 破れ物 →5
ワルイタズラ　悪戯 →12	ワレラ　我等 →94
ワルガシコイ　悪賢い →54	ワレル　割れる, 破れる　ワレナイ, ワレヨー, ワレマス, ワレテ, ワレレバ, ワレロ →44
ワルギ, ワルギ　悪気 →7	ワレワレ　我我 →68

ガギグゲゴは鼻濁音　カタカナ細字は母音の無声化　★は長音にもなる符号

ワン 椀・碗(**オワン** 御~) →6, 92
ワン 湾,腕 →6
……ワン …湾(**オーサカ**ワン 大阪~, **サガミ**ワン 相模~) →14
ワンガイ 湾外 →8
ワンガン 湾岸 →8
ワンガンドーロ 湾岸道路 →15
ワンキョク 湾(彎)曲 →8
ワンギリ ワン切り →5
ワンゲル, ワンゲル ＜ワンダーフォーゲル Wandervogel〔独〕→10, 9
ワンコー 湾口 →8
ワンコー わん公 →94
ワンコツ 腕骨 →8
ワンサ (～と押しかける) →55 ＜ワンサガール わんさ girl →3, 16
ワンサイドゲーム ＜one-sided game →16
ワンショー 腕章 →8
ワンセグ ＜1Seg 放送 →10
ワンセット one set →16
ワンタッチ one touch〔和〕→16
ワンダネ, ワンダネ 椀種 →4
ワンダフル wonderful →9
ワンタン 雲呑〔華〕→9
ワントー 湾頭 →8
ワンナイ 湾内 →8
ワンニュー 湾入 →8
ワンパク,《古は ワンパク》 腕白 →8
ワンパクコゾー 腕白小僧 →15
ワンパクザカリ 腕白盛り →12
ワンパクモノ, ワンパクモノ 腕白者 →12
ワンパターン, ワンパダン one pattern〔和〕→16
ワンピース one-piece →16
ワンポイント one point →16
ワンマン one-man →16
ワンマンカー, ワンマンカー one-man car →16
ワンマンショー, ワンマンショー one-man show →16
ワンモリ 椀盛り →5
ワンリュー 湾流 →8
ワンリョク, ワンリョク 腕力 →8
ワンリョクザタ 腕力沙汰 →15
ワンルーム one room →16
ワンルームマンション one-room mansion〔和〕→16
ワンワン (犬が~) →57 〖児〗(=犬) →3

……を 〖助〗⇒……オ

……ン; ……ン 〖助〗(**キミントコロ** 君~所, **ヤマンナカ** 山~中, **アメンナカ** 雨~中) →71d
……ン; ……ン 〖助〗(**ナクンデ** 泣く~で, **ヨムンダ** 読む~だ, **アカインデ** 赤い~で, **シロインダ** 白い~だ) →72, 74b
……ン 〖推量・意志の助動〗(**ユカン** 行か~, **ヨマン** 読ま~) →89
……んぼう, ……んぼ …ん坊 →94

目 次

付

東京アクセントの法則について……………………………………… (2) (3)

アクセント習得法則目次…………………………………………… (4) (5)

音韻とアクセントとの関係の法則………………………………… (6)〜(10)

東京アクセントの習得法則………………………………………… (10)〜(116)

資料　結合名詞の後部 一覧 ……………………………………… (117)〜(125)

『明解日本語アクセント辞典』初版・第二版あとがき ………………… (126)

『新明解日本語アクセント辞典』編纂にあたって ……………………… (127)

『新明解日本語アクセント辞典 CD付き』刊行にあたって …………… (127)

『新明解日本語アクセント辞典 第2版 CD付き』刊行にあたって ……(128)

監修者・編者紹介……………………………………………………… (129)

東京アクセントの法則について

　東京で日常用いられる語は，何万とある。その語をひとりひとりの東京人は，同じようなアクセントで発音している。これは決していちいち周囲の人のアクセントを耳に聞き，それを覚えてゆくのではない。それが証拠には，新しい単語ができても，東京人である限り，大体同じアクセントで発音される。これはなぜかというと，前もって頭の中にアクセントの法則のようなものを心得ていて，その法則にあわせて発音しているからである。その法則が各個人を通じて同じであるから，大体同じアクセントになる。

　実は，この本文に掲げたすべての単語のアクセントも同様で，基本的な幾つかの語のアクセントをよく覚え，あとはその語のアクセントとアクセント法則によって，他の語のアクセントも類推しているのである。ここにおいて，東京アクセントをマスターするための近道は，**"基本的な単語のアクセントを覚えること""東京アクセントの法則を覚えること"** ということになる。

　アクセントの法則は，例えば，名詞であるとか，動詞であるとかいう品詞によって異なり，また，その語が複合語であるとか，転成語であるとか，畳語・省略語であるとかいう語のでき方によって異なる。なおまた，その語が和語とか，漢語とか，外来語とかの語の出自によっても異なるし，その語の拍数が何拍であるとかによっても違う。

　東京アクセントは，他の方言アクセントにくらべて法則が比較的はっきりしているので，それらの法則を徐徐に習得してゆけば，個個の単語のアクセントを丸暗記するよりもずっと楽に，東京アクセントをものにすることができる。ここでは，それら東京アクセントの法則をグループ別に **0** から **99** までの項に収め，本文から各の単語に関係する番号を参照させた。（但し，語源に諸説あるものについては番号の注記を省略した。）

　なお，アクセントの法則を考える場合，語は次のように分類される。

単純語——複合していない語で，それ以上小さな語に分けられないようなもの。
　　　　〔例〕　木，葉，五，秋，雨，風，草，七，物，桜，クリーム，言う，見る，上がる，晴れる，青い

　癒合語——複合の度合がもっとも強く，もとの語のアクセントの影響があまりみられないようなもの。
　　　　　　〔例〕　青葉，七くさ，秋物，秋晴れ

結合語——複合の度合が中間で，もとの語のアクセントによって定まるもの。

東京アクセントの法則について (3)

複合語
〔例〕 葉桜，七草がゆ，雨上がり，七五調，アイスクリーム，晴れ上がる，青白い，物すごい

接合語——複合の度合がもっとも弱く，前部の語のアクセントを生かす傾向があるもの。
〔例〕 木の葉，青い鳥，我が子，雨風あめかぜ，七つ八つ，物言う，見て取る

転成語——主として和語の単純語が，形を変えて，他の品詞及び他の用法に転じるもの。もとの語のアクセントによって定まるものが多い。
〔例〕 晴，上がり，光，鮨すし，見える，細める，暖かい，喜ばしい，黄色い，甚だしい

分離語——前部の語と（中部の語）後部の語が複合せず，息の切れめがあって，それぞれのアクセントをそのまま生かすもの。
〔例〕 秋の七草，奥の細道，春一番，猫も杓子も

アクセント習得法則目次

音韻とアクセントとの関係の法則………(6)

a. 特殊な拍とアクセントとの関係………(6)

b. 二重母音の拍とアクセントとの関係…(6)

c. 母音の無声化する拍とアクセントとの関係………(8)

d. 音変化並びに拍数変化とアクセントとの関係………(9)

東京アクセントの習得法則………(10)

0 名詞の一般について………(10)

1. 和語の単純名詞………(12)
2. 転成名詞——動詞からのもの………(13)
3. 転成名詞——形容詞その他からのもの………(13)
4. 名詞＋和語名詞 の癒合名詞………(14)
5. 動詞・形容詞などとの和語の癒合名詞………(16)
6. 漢語の単純名詞………(17)
7. 後部が漢字一字一拍(漢字音)の癒合名詞………(18)
8. 後部が漢字一字二拍(漢字音)の癒合名詞………(19)
9. 外来語の単純名詞………(20)
10. 省略語・倒置語………(20)
11. 畳語………(21)
12. 後部が和語名詞でできた結合名詞……(22)
13. 後部が動詞・形容詞などでできた結合名詞………(24)
14. 後部が漢語一字の結合名詞………(25)
15. 後部が漢語二字の結合名詞………(26)
16. 後部が外来語の癒合・結合名詞………(27)
17. 三つ以上の語が複合した結合名詞……(27)
18. 対照・対立・並立する語の連なった名詞………(28)
19. 接合名詞………(29)
20 固有名詞の一般について………(30)
21. 地 名………(31)
22. 姓………(33)
23. 単純語・転成語の 男・女子名………(34)
24. 癒合語の 男・女子名………(35)
25. 決まった単純語を後部とした男・女子名………(36)
26. 複合語を後部とした 男・女子名……(37)
27. 複合の人名………(39)
28. 会社などの団体名………(40)
29. 固有名詞の 省略語・対立語・倒置語…(40)
30 数詞・助数詞の一般について………(41)
31. 結合数詞………(42)
32. 接合数詞………(43)
33. 和語の助数詞がつく場合………(44)
34. 漢字一字の漢語助数詞が，単純数詞につく場合………(46)
35. 漢字一字の漢語助数詞が，結合数詞・接合数詞につく場合………(48)
36. 漢字二字以上の助数詞がつく場合……(50)
37. 外来語の助数詞がつく場合………(51)
38. 接頭辞・接尾辞の類についた数詞・助数詞の類………(52)
39. 畳語的な数詞 その他………(53)
40 動詞の一般について………(55)
41. 口語動詞の活用形（表**1**）………(58)
42. 文語動詞について（表**2**）………(58)
43. 口語の単純動詞………(59)
44. 転成動詞………(59)
45. 動詞＋動詞 の結合動詞………(60)
46. 形容詞・名詞などの結合動詞………(61)
47. 「ずる」「じる」のつく結合動詞………(62)

(5) アクセント習得法則目次

48. 「する」「す」のつく結合・接合動詞…⑥2

49. 接合動詞……………………………⑥3

50. 形容詞，及び特殊な形の擬声・
擬態語の一般について……………⑥4

51. 文語形容詞について（表3）…………⑥4

52. 口語の単純形容詞 及び 口語形容詞の
活用形（表4）………………………⑥6

53. 転成形容詞…………………………⑥8

54. 結合・接合形容詞…………………⑥8

55. 決まった和語の語尾をもつ擬声・
擬態語の類…………………………⑥9

56. 決まった漢語の語尾をもつ擬声・
擬態語の類…………………………⑦0

57. 同じ語，または相似した語が重複した
三・四拍の和語……………………⑦0

58. 同じ語，または相似した語が重複した
二・三・四拍の漢語…………………⑦1

59. 擬声・擬態語を後部とする語………⑦2

60. 副詞，指示・疑問を表わす語，接続詞，
感動詞などについて………………⑦2

61. 副詞……………………………………⑦3

62. 名詞・数詞からの転成副詞…………⑦3

63. 連体詞………………………………⑦4

64. 指示・疑問を表わす語………………⑦5

65. 接続詞………………………………⑦5

66. 感動詞………………………………⑦6

67. 結合してできた副詞類………………⑦6

68. 畳語・対立語の形をとった副詞類……⑦7

69. 接合してできた副詞類………………⑦7

70. 助詞の一般について…………………⑦8

71. 助詞が名詞類についたもの（表5）……⑦8

72. 助詞が動詞の終止形・連体形についた
もの（表6，7）……………………⑦9

73. 助詞が動詞の終止形・連体形以外の
活用形についたもの（表6，7）………88

74. 助詞が形容詞についたもの（表8）……88

75. 助詞が擬声・擬態語の類についたもの…88

76. 助詞が副詞，連体詞，指示・疑問を表わす
語，接続詞，感動詞の類についたもの…89

77. 助詞が助詞についたもの………………89

78. 助詞が助動詞についたもの……………89

79. センテンスや語句の切れめの最後に
くる助詞………………………………90

80. 助動詞の一般について………………90

81. 助動詞が名詞類についたもの（表9）…92

82. 助動詞が動詞の終止形・連体形に
ついたもの（表10）…………………92

83. 助動詞が動詞の終止形・連体形以外の
活用形についたもの（表11，12）………92

84. 助動詞が形容詞についたもの（表13）…97

85. 助動詞が擬声・擬態語の類についた
もの……………………………………97

86. 助動詞が副詞，連体詞，指示・疑問を
表わす語，接続詞，感動詞の類につい
たもの…………………………………98

87. 助動詞が助詞についたもの……………98

88. 助動詞が助動詞についたもの…………98

89. 助動詞の活用形（表14）………………99

90. 接頭辞・接尾辞などの一般について （102）

91. 程度を表わす接頭辞のついたもの…（102）

92. 敬語・丁寧語について………………（103）

93. 接尾辞がついて名詞をつくるもの…（106）

94. 人名及び一般名詞などについて意味を
そえるもの……………………………（108）

95. 自立できぬ語がついて，名詞や
形容動詞的な語をつくるもの………（111）

96. 接尾辞がついて動詞・形容詞を
つくるもの……………………………（112）

文節のアクセントの法則…………………（113）

97. 分離文節………………………………（113）

98. 接合文節………………………………（114）

99. 結合文節………………………………（115）
文節一覧…………………………………（116）

アクセント習得法則 a—b　　　(6)

音韻とアクセントとの関係の法則

　東京語では，次に述べるように，その語の音韻とアクセントの間に密接な関係がある。
　これは，**0～99**に述べる東京アクセントの習得法則すべてに対して，縦糸横糸の関係でからみあってゆくものであるから，あとの法則をよく理解していただくために，ここに掲げておく。
　この"音韻とアクセントとの関係の法則"は，個個の語がなるべく発音されやすいようなアクセントの型をとる法則である。
　例えば，**a.b.c.**及び次頁の地図に示すように，東京語を含めた大部分の方言は，独立性の少ない音韻にアクセントの高さの切れめがきた時，アクセントの高さの山を前後にずらす傾向がある。つまり，「日曜日」は法則**12**の，「ふとん干し」は法則**13**のあとにそれぞれ**a.**を添えて，アクセントの高さの山がうつったことを示した。同様に，「習い」「匂い」は法則**2**の，「熱帯魚」は法則**14**のあとに**b.**を，「父」は法則**1**の，「機械」は法則**8**のあとに**c.**を添えた。母音の無声化の地図は省略したが，御自身の発音から チ`チ` は `チ`チ の，キ`カイ` は `キ`カイ からアクセントの高さの山がずれたことを推測していただきたい。せっかくアクセントの習得法則を覚えても，この現象をつかんでいないと，個個の語のアクセントの習得はむずかしいので，まず初めによく理解しておくことが必要である。(但し，「象_{ぞう}」「蠟_{ろう}」など一字の漢語については注記を省略した。)

a　特殊な拍とアクセントとの関係

　引き音(ー)，撥音(ン)，促音(ッ)のような拍はアクセントの頂点がおきにくい。そのため，アクセントの高さの切れめがそこにくると，その位置が原則として前にずれる。

　例えば，「電話」＋「機」の語は，漢語の結合名詞の法則(**14**参照)により，デ`ンワキ` のように，前部の語の最後の拍まで高い型になる。同じく「飛行」＋「機」は ヒ`コーキ` となるべきものだが，前部の語の最後の拍が引き音のため，アクセントの高さの切れめがおきにくく，前の拍にずれて ヒ`コ`ーキ となってしまう。同様にして，「日本海」は，法則では ニ`ホン`カイ になるべきだが ニ`ホ`ンカイ に，「三角形」は サ`ンカッケイ` になるべきだが サ`ン`ガッケイ˪ と，それぞれアクセントが変化する。以下にあげた例も同様である。

(1) 引き音
　(ニ`チョービ` →)ニ`チ`ョービ　　(日曜日)
　(ドー`ソーカイ`→)ドー`ソ`ーカイ　(同窓会)
　(コー`ツーヒ` →)コー`ツ`ーヒ　　(交通費)
　(ゴ`ジューダイ`→)ゴ`ジ`ューダイ　(五十代)

　(ゲ`ッキュー`トリ→)ゲ`ッキュ`ートリ
　　　　　　　　　　　　　　　　　　(月給取り)
　▷トー`キョート`(東京都)
　　ニ`ジューマル`(二重丸)

(2) 撥音
　(シ`ンブンシャ`→)シ`ンブ`ンシャ(新聞社)
　(セ`イ`ネンダン→)セ`イ`ネンダン(青年団)
　(イ`チバンノリ`→)イ`チバ`ンノリ(一番乗り)
　▷サ`ンネンセイ`(三年生)
　　コ`キンシュー`(古今集)

(3) 促音
　(ジュー`イッ`サイ→)ジュー`イ`ッサイ(十一歳)
　(シ`カッ`ケイ˪→)シ`ガ`ッケイ˪(四角形)

b　二重母音の拍とアクセントとの関係

　前の拍の母音といっしょになって，二重母音のように発音される **イ**，**ウ**，**エ** のような拍は，アクセントの頂点がおきにくい。そのため，アクセントの高さの切れめがそこにくると，その位置が原則として前にずれる。

　例えば，「記憶」＋「力」は漢語の結合名詞の

法則(14参照)により，**キオグリョク**のように前部の最後の拍まで高い型になる。同じく「経済」+「力」は**ケイ₊ザイリョク**となるべきものだが，前部の語の最後の拍が前の母音といっしょになって二重母音のように発音されるため，アクセントの高さの切れめがおきにくく，前の拍にずれて**ケイザイリョク**となってしまう。同様にして，「進水式」は，法則では**シンスイシキ**となるべきだが**シンスイシキ**に，「厚生省」は，**コーセイ₊ショー**になるべきだが**コーセイショー**に，それぞれアクセントが変化する。

同様に，起伏動詞**オモウ**からの転成名詞は，ヒカル→ヒカリ(光)，イノル→イノリ(祈り)のように，尾高型**オモイ**になるべき(2参照)だが，アクセントの高さの山が前にずれて**オモイ**(思い)のように変化する。

以下にあげた例も同様である。

(ナライ　→)ナライ　　　　(習い)
(ニオイ　→)ニオイ　　　　(匂い)

(カンガエ　→)カンガエ　　(考え)
(ネッタイギョ→)ネッタイギョ(熱帯魚)
(チガウノデ→)チガウノデ(違うので)
▷サンバイズ　(三杯酢)
　ショタイヌシ　(所帯主)
　マツヨイグサ　(待宵草)
　タンスイギョ　(淡水魚)

注意① 但し，新しい傾向として，複合語の場合に高さの山が前にずれることの少ない人もいる。例えば，**ヤトイヌシ**(雇い主)といわずに**ヤトイヌシ**のように発音する。

注意② 但し，この法則b.のために，アクセントのずれた語を複合語の後部とするものは，ずれる以前のアクセントでの複合法則が現われる傾向がある。例えば，「国」+「境」は，「境」が中高型であるから，和語の結合名詞の法則(12参照)により，**クニザカイ**になりそうなものである。しかし，アクセントがずれる以前の型**サカイ**(尾高型)が複合した**クニザカイ**の型になる。

音韻とアクセントとの関係

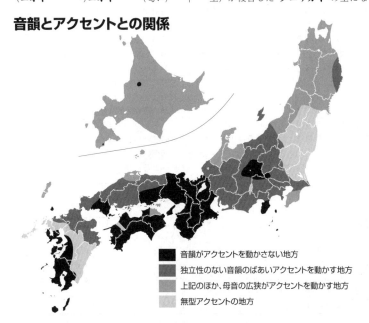

■ 音韻がアクセントを動かさない地方
■ 独立性のない音韻のばあいアクセントを動かす地方
■ 上記のほか，母音の広狭がアクセントを動かす地方
■ 無型アクセントの地方

アクセント習得法則 b－c　　(8)

ウチイワイ(内祝)も同様である。

注意③「厚生省」のように、二重母音(**コーゼイショー**)にも、引き音(**コーゼーショー**)にも発音するものは、本来ならば、本文の中でb.とa.の両様を併記すべきであるが、便宜上b.のみに送った。b.参照で★印のあるものは、引き音に発音した場合、a.の法則により前にずれるわけである。(解説「引き音について」24ページ参照)

C 母音の無声化する拍とアクセントとの関係

　母音の無声化するような拍は、アクセントの頂点がおきにくい。そのため。アクセントの高さの切れめがそこにくると、その位置が原則として後にずれる。

　例えば、連用形が **ガイテ**(書いて)、**スンデ**(住んで)というアクセントの型をもつ語の終止形は、動詞活用形の法則(41参照)により、**カク**、**スム**のように頭高型である。同様に、**フイテ**(吹いて)の終止形も頭高型であるが、**フ**の母音が **カ** 行音の前で無声化するために、後の拍にずれて東京の高年層では **フク** よりも **フク** と発音されやすい。また終止形が **トル**(取る)、**ミル**(見る)というアクセントの型をもつ語の連用形は、**トッテ**(取って)、**ミテ**(見て)と頭高型である。同様に、**フル**(降る)の連用形も頭高型だが、**フ** の母音が促音をはさんで **タ** 行音の前で無声化するために、後にずれて東京の高年層では **フッテ** よりも **フッテ** と発音されやすい。

以下にあげた例も同様である。

(**チチ** →	**チチ**	(父)
(**ツク** →	**ツク**	(付く)
(**キテ** →	**キテ**	(来て)
(**ヒクシ** →	**ヒクシ**	(低し)
(**キシャ** →	**キシャ**	(汽車)
(**シケン** →	**シケン**	(試験)
(**フサコ** →	**フサコ**	(房子)
(**ビクビク** →	**ビクビク**	

注 但し、近年首都圏の若年層の中には、無声化してもアクセントをずらさないで、**ツク**、**フッタ**、**ビクビク** のように発音する人もある。ここでは語により《新は…》として新しい傾向のアクセントも示しておいた。

注意① 但し、この法則c.のために、アクセントのずれた語を複合語の後部とするものは、ずれる以前のアクセントでの複合法則が現われる傾向がある。

　例えば、「医療」+「器械」は、「器械」が中高型であるから、漢語の結合名詞の法則(15)により、**イリョーキカイ** となる。しかし、アクセントがずれる以前の型 **キカイ**(頭高型)が複合した **イリョーキカイ** の型もよくみられる。**カントーチホー**、**カントーチホー**(関東地方)も同様である。

注意② 但し、アクセントの高さの切れめが、複合語の前部の語の最後の拍にきた場合は、原則として前にずれる。

　例えば、「長野」+「県」は漢語の結合名詞の法則(14)により、**ナガノケン** のように、前部の語の最後の拍まで高い型になる。ところが「長崎」+「県」は、前部の語の

規 則 型	変　化　型		
	aによる	bによる	cによる
オヨグ(泳), **カクス**(隠)	**トール**, **トース**(通)	**ハイル**(入), **カエル**(帰)	**カクス**(隠)
カチ(勝), ヒ**カリ**(光)	**ウレー**(憂・愁)	**コイ**(恋), **ネガイ**(願)	
キョートシ(京都市)	**カイナンシ**(海南市)	**センダイシ**(仙台市)	**タカマツシ**(高松市)
ナガサキシ(長崎市)	**シングーシ**(新宮市)	**ハクイシ**(羽咋市)	**ナガサキシ**(長崎市)
シキシャ(指揮者)	**ヘンシューシャ**(編集者)	**チューガイシャ**(仲介者)	**カイセツシャ**(解説者)
キオクリョク(記憶力)	**ロードーリョク**(労働力)	**ケイザイリョク**(経済力)	
セイジリョク(政治力)	**キューインリョク**(吸引力)	**ホスイリョク**(保水力)	

(9) アクセント習得法則 c—d

最後の拍の母音が，**カ**行音の前で無声化するため，高さの切れめがおきにくく，前の拍にずれて **ナガサ͞キ͞ケン** よりも **ナガザ͞キケン** と発音されやすい傾向がある。

　但し，前部の語が二拍以下で前に移りにくいときは，例外的に後部語の第一拍まで高い型となる場合がある。

ショ͞キ͞チョー → ショ͞キ͞チョ͞ー(書記長)

注意 二拍めから上がる語で，第二拍が引き音や撥音，二重母音副音の場合，無造作な発音の折や個人によって第一拍から高くなることがある。例えば，**ト͞ーキョー** を **ト͞ーキョ͞ー**，**シンブンシャ** を **シンブンシャ͞**，**カイシャ** を **カ͞イシャ** のように。

　また，具体的発音では，促音はその前の拍と同じ高さを保とうとする。例えば，**ゲッキュー** は **ゲッキュー**，**ハッキリ** は **ハッキ͞リ**，**イ͞ッサイ** は **イ͞ッサイ** のように。本書ではアクセント体系から考えて，以上の表示はすべて割愛してある。

d 音変化並びに拍数変化とアクセントとの関係

　拍の数や音が変化しても，原則としてアクセントの式や下がりめの拍は変らない。

Ⅰ 音変化

　拍の数は変らないが，音の変るもの──おもに俗語に多く現われる。

サジ	→ シャジ	(匙)
シンジュク	→ シンジク	(新宿)
ウ͞ツ	→ ブ͞ツ	(打つ)
ナデル	→ ナゼル	(撫でる)
アタタガイ	→ アッタガイ	(暖かい)
ジ͞ゴニチ	→ ジ͞ゴンチ	(四五日)
タグアン	→ タグワン	(沢庵)
オマ͞エ	→ オメ͞ー	(お前)
ワタシ͞ワ	→ ワタシャ͞ー	(私は)
シラナイ	→ シラネ͞ー	(知らない)
ヤリナザ͞イ	→ ヤンナザ͞イ	(遣りなさい)
オカエリナザ͞イ	→ オカエンナザ͞イ	

（お帰りなさい）

ベ͞ッド	→ ベ͞ット	(bed)
ハンドバ͞ッグ	→ ハンドバ͞ック	(handbag)

Ⅱ 拍数変化

(1) 音は変らず，ちがう拍の加わるもの。

セ͞	→ セ͞ー	(背)
ト͞ビ	→ ト͞ンビ	(鳶)
(ジ͞カ	→)ジ͞ーカ	(詩歌)
アマリ	→ アンマリ	(余り)
イ͞シコロ	→ イ͞シッコ͞ロ	(石塊)
シャバケ	→ シャバッケ	(娑婆気)
トガ͞ル	→ トンガ͞ル	(尖る)

(2) 音はほとんど変らないが，拍の数の減るもの。

ニンギョー	→ ニンギョ	(人形)
ダイコン	→ ダイコ	(大根)
ニョ͞ーボー	→ ニョ͞ーボ	(女房)
ダイジョ͞ーブ	→ ダイジョ͞ブ	(大丈夫)
ワタシャ͞ー	→ ワタシャ͞	(私は)
オ͞ショーサン	→ オ͞ショサン	(和尚さん)

Ⅲ 音及び拍数変化

音も拍の数も変るもの。

ニ͞ッポン	→ ニ͞ポン	(日本)
アグラ͞バナ	→ アグラ͞ッパナ	(あぐら鼻)
コンニチワ	→ コンチワ	(今日は)
キミノウ͞チ	→ キミ͞ンチ	(君の家)
ヤッテオク	→ ヤットグ	(遣っておく)
モチアゲル	→ モチャゲ͞ル	(持ち上げる)
シンデシマ͞ウ→シンジマ͞ウ, シンジャ͞ウ		

（死んでしまう）

ファ͞ン	→ ブア͞ン	(fan)

例外 ノ͞ッテイタ，ノッテイタ(乗っていた)，シンデイタ，シンデイタ(死んでいた) などの類は ノッテ͞タ，シンデ͞タ となり，平板型は現われない。

注意① Ⅰ，Ⅱ，Ⅲを通じ，本文中では外来語に関するいちいちの法則注記を省略し，望ましくない方を( )に入れて示した。(解説「外来語について」27ページ参照)

注意② 音変化の中には，以上のように個別的なもののほかに，ごく一般的な現象として連濁がある。これは複合語の後部語の語

アクセント習得法則　d―0　　　(10)

頭が清音(カサタハ行)だと，前部語末尾の母音の影響で濁音(ガザダバ行)に変化するもの(春がすみ，曇りぞら，桜ばな…)で，複合度合の強弱やアクセントと関係が深い。

　例えば，次のように複合の度合が比較的弱いものは連濁しにくく，前部の語のアクセントによって全体のアクセントが定まる。(法則18，30，45，57など)

　　クザキ(草木)　　　ウエシタ(上下)
　　ミキキ(見聞き)　　タカヒク(高低)
　　トリカエル(取り替える)
　　フリガエル(振り返る)
　　ニジューシチ(二十七)　ヒトツキ(一月)
　　コロコロ　　ザラサラ　　トントン

また，語の複合のしかたによってアクセントや連濁の有無が異なることがある。(法則13参照)

　　サンニンガケ(三人掛け)
　　ボーシカケ(帽子掛け)

　なお，複合の度合やアクセントと直接の関係はないが，前部語の末尾の拍が撥音や引き音だと連濁しやすく，促音になるときは連濁しない。

　また，後部の語に濁音拍を含むときは，「手かがみ，合かぎ，春かぜ，大さわぎ，袋とじ，横はば…」のように連濁しない。このほか，連濁には多くの法則や例外があるので，アクセントとともに習得していただきたい。

東京アクセントの習得法則

0　名詞の一般について

　名詞のアクセントについては，巻頭「解説」の第1表「名詞の型一覧表」(18，19ページ)をみていただきたい。

　名詞にはあらゆる型の語彙が見出だされる。例えば三拍語に **平板型**(○○○)と **尾高型**(○○○)と **中高型**(○○○)と **頭高型**(○○○)という四つの型が見出だされるように，**名詞の型の数は拍数より一つだけ多い**といえる。この点，動詞や形容詞などと異なる。一拍語から六拍語に至る型の中では，次のような所属語彙の片寄りがある。どのような単語が，どのアクセントになるかは，**1～19の法則**を参照していただきたい。

一拍語
　平板型…頭高型にくらべて少なく，一拍語の約三割強。日常語としてよく使われる語(例，胃い・蚊・蛾が・毛・子・詩・血・茶・戸・名・葉・日・実…)や，慣用句の一部(例，気・朱・度・身…)は変化しないが，それ以外は人により頭高型に変化する(例，香・愚・五・九・巣・帆・魔…)傾向がある。
　頭高型…一拍語の約七割弱はこの型。漢語・日常用いない語彙・新造語は，ほとんどこの型。

二拍語
　平板型…二拍語の二割弱で，外来語ではごく少数。
　尾高型…二拍語の約二割。和語では，平板型(例，北・鹿しか・虹にじ…)や頭高型(例，熊くま・鮨すし・匙さじ・友・母・風呂・千葉・土佐…)に転向する語彙が多い。漢語は非常に少ない(例，一・毒・肉・服・楽らく…)が，無声化してアクセントのずれによるもの(例，汽車・四季・悲喜…)は多い。外来語はごく少数。
　頭高型…二拍語の約六割強をしめる。漢語・外来語・日常用いない語彙・新造語は，ほとんどこの型。

<table>
<tr><td>

三拍語

平板型…所属語彙が多く，三拍語の優に半数をしめる。

尾高型…所属語彙は少なく，一割にもみたない。更に，平板型(例，いくさ・豆腐・林・東…)や頭高型(例，会議・信濃ⁿ・長野・爺や・婆や…)に転向する語彙が多い。

中高型…古くは所属語彙も少なくなかったが，多く頭高型(例，青葉・朝日・黄粉ⁿ…)に転向し，現在では複合語か，アクセントのずれによるもの(例，機械・試験・布巾ⁿ…)がほとんどで，三拍語中もっとも少なく一割にもみたない。

頭高型…三拍語の約四割弱で，漢語・外来語は，平板型か，この型がほとんど。

四拍語

平板型…所属語彙が多く，四拍語の七割弱をしめる。

尾高型…所属語彙はもっとも少なく，大部分は，平板型にも中高型にも発音される。

中高 型…〇〇＋〇〇，〇〇〇＋〇の複合語のものが多い。約一割弱。

中高 型…所属語彙は約一割強だが，多少平板型へ転向するものもある。

頭高型…所属語彙は約一割弱で，平板型(例，洪水・襲名・親類・相続・立秋…)や，中高型(例，狩人ⁿ・素人ⁿ…)に転向するものが多い。漢語・外来語には比較的多い。

五拍語

平板型… 型に続く有力な型だが，約三割弱。

尾高型…古くは所属語彙も少なくなかったが，現在は極めて少ない。多くが 型や平板型に転向し，現在も盛んに転向中。

中高 型…〇〇〇＋〇〇，〇〇〇〇＋〇の複合語が多い。所属語彙は少なく一割弱。

</td><td>

六拍語

中高 型…所属語彙は極めて多く，約五割をしめ，現在も他の型から移入中。

中高 型…所属語彙は少数で約一割。外来語や〇＋〇〇〇〇の複合語には比較的多い。

頭高型…所属語彙は極めて少ないが，外来語には比較的多い。
型(例，赤とんぼ・影法師・肩車・陣太鼓・松平…)に転向中のものが多い。

平板型…所属語彙は約二割。〇〇〇〇＋〇の複合語に多く，しかも後部が限られた語にみられる。

尾高型…所属語彙は極めて少数。〇〇〇〇＋〇〇の複合語で，後部が限られた語にみられ，型にも平板型にも発音されるものが大部分。

中高 型…所属語彙は一割にもみたない。〇〇〇〇＋〇〇，〇〇〇〇〇＋〇の複合語のものが多い。

中高 型…所属語彙は約三割五分をしめ，他の型からも移入中。

中高 型…所属語彙は約三割五分だが，第四拍に頂点のおきにくい 型からの転向が多い。

中高 型…所属語彙は極めて少数。

頭高型…所属語彙は極めて少数。
型(例，食いしんぼう・ひいじいさん・三十年・何十人・東海道…)，型(例，小一時間・三百円・何百人…)に転向中のものが多い。

</td></tr>
</table>

注① 古くからの伝統的な語の中には，現在の法則にはあてはまらないものもある。若い人たちの多くは，規則的なアクセントで発音するが，高年層の人たちの間では，次

のように伝統的なアクセントで発音するものがある。

これらのうち、まだ高年層で使われているものには《古は…》と、すでにはほとんど使われなくなったものには《もと…》と注記して理解の助けとした。

(i) 五拍語の結合名詞には尾高型，六拍語には○○○○○○型がみられる。

> イシダタミ（石畳）
> ミズグルマ（水車）
> ヤキドーフ（焼き豆腐）
> スモートリ（相撲取）
> イシドーロー（石灯籠）
> アオダイショー（青大将）
> アオテンジョー（青天井）

(ii) 人間の種類・名，人格的，神秘的，恐怖的なもの，特に強調を表わす，主として五拍以上の語には，頭高型がみられる。

> ウミボーズ（海坊主）
> カゲボーシ（影法師）
> オニガシマ（鬼ヶ島）
> シャレコーベ（髑髏）
> クイシンボー（食いしんぼう）
> ▷鬼瓦・鬼ばばあ・おいなりさん・鎌いたち・ひいじいさん・ひいばあさん…

注② 四拍語・五拍語・六拍語の尾高型には，尾高型のほかに，終りから二拍まで高い型及び，平板型がみられる傾向がある。これらの多くは尾高型が古い型で平板型が新しい型だが，煩雑なため《古は…》《新は…》の注記を省略した。

> オサマリ，オサマリ，オサマリ（収まり）

注意 作品名などと同じ語が見出しにあり，アクセント及び表記が同一の場合は〖 〗内の補注を原則として割愛した。

> 例，心・細雪ささめ・田園・破戒・舞姫…

1 和語の単純名詞

和語の単純名詞には，法則らしいものがない。それゆえ個別的に覚えることが望ましい。しかし，各自が所有している方言のアクセントをもとにして，類推することができる。例えば，

(1) 東京式アクセントの地方 —— 大部分の単語はそのままでよい。三拍語のうち「命」「姿」の類に注意。東京ではイノチ，スガタだが，イノチ，スガタが表れる地域がある。また，地方によっては二拍語の「石」「音」「川」の類に注意。東京ではイシ，オト，カワだが，イシ，オト，カワが表れる地域がある。

(2) 東京式アクセントに準じる地方 ——(1)の地方に準じる。但し，(1)にあげた語彙のほかに，二拍語の「糸」「笠」「肩」「雨」「声」「琴」など，最後がア段・エ段・オ段で終わるものは，イト，カサ，カタ，アメ，コエ，コトとなる地域がある。また，三拍語の「兎」「狐」の類に注意。東京ではウサギ，キツネだが，ウサギ，キツネとなる地域がある。

(3) 京阪式アクセントの地方 —— 東京式アクセントとの間には，次のような規則的な対応関係がみられる。

京阪式		東京式
トー，トーガ	（戸・柄・蚊・子・血・帆・実・身…）	→ トガ
ナー，ナーガ	（名・菜・日・藻…）	→ ナガ
テー，テーガ	（手・尾・木・粉・田・根・野・火・目・湯…）	→ テガ
トリ，トリガ	（鳥・飴・牛・柿・風・口・竹・窪・摩・水…）	→ トリガ
ハナ，ハナガ	（花・犬・色・髪・山…・石・音・川・橋・旗…）	→ ハナガ
イト，イトガ	（糸・海・笠・扉・空・箸・舟・松・麦…）	→ イトガ
アメー，アメガ	（雨・秋・声・琴・猿・窓・春…）	→ アメガ
アタマ（京都） アタマ（大阪）	（頭・扇*・男・鏡・刀・光*・一・小豆・女・毛抜*・娘…）	→ アタマガ
イノチ	（命・姿・涙・錦・まなこ*・…あわび・みそぎ*・わさび…）	→ イノチガ
カブト	（兜・かいこ*・たより*・椿・やまい*…）	→ カブトガ
ウサギ	（兎・狐・すすき・雀・景・左・ひばり・誠*…）	→ ウサギガ
カタチ	（形・鰯・飾り・霞*・水*・衣・魚・柑・隣*・都*・柳…）	→ カタチガ

注① 新造語は次の傾向がある。
　一・二拍語は頭高型，三拍語は平板型か頭高型，四拍語は多く平板型。

注② 親愛・軽蔑の意味を含み，人間の種類を表わす二・三拍語は頭高型。　$\overline{ケ}$チ　$\overline{デ}$ブ

注意① 複合語のうち，現在その語源が忘れられて複合意識の薄れたもの（鍋・魚），及び古く入ってきて漢語の意識の薄れたもの（馬・梅・鬼）などはここに含めた。

注意② 対照表のうち＊印を付けたものは，他の法則に送ってあるが，対照の便を考えてここに含めた。

注意③ 解説の「各地アクセント一覧表」（20ページ）及び見返しの「アクセント分布図」を参照してほしい。

2　転成名詞——動詞からのもの

I　単純動詞から——原則として，もとのアクセントが平板式なら平板式，起伏式なら起伏式（ほとんど尾高型）になる。もとのアクセントの式を変えない。

$ア\overline{ク}→ア\overline{キ}$（明き）　$\overline{カ}ツ→\overline{カ}\overline{チ}$（勝）
$マ\overline{ク}→マ\overline{キ}$（巻き）　$\overline{セ}ク→セ\overline{キ}$（咳）
$ク\overline{レル}→ク\overline{レ}$（暮れ）　$オ\overline{チル}→オ\overline{チ}$（落ち）
$ア\overline{ソブ}→ア\overline{ソビ}$（遊び）ヒ$\overline{カ}ル→$ヒ$\overline{カ}\overline{リ}$（光）
$タ\overline{タカウ}→タ\overline{タカイ}$　$ア\overline{ツマル}→ア\overline{ツマリ}$
　　　　　（戦い）　　　　　（集り）

▷平板型——荒れ・生き・生み・暮れ・染み・釣・泣き・行き…　明り・教え・踊り・代り・嫌い・煙・氷・畳・使い・隣…

▷尾高型——飽き・受け・落ち・組・刷り・垂れ・恥…　焦り・痛み・祈り・扇・泳ぎ・曇り・頼み(=頼むこと)・疲れ・眺め・休み…

注 但し，「集り」のような○○○◯型の語は，○○○◯型にも，また，若い層では平板型にも発音される傾向がある。

$ア\overline{ツマリ}$，$ア\overline{ツマリ}$，$ア\overline{ツマリ}$

▷現われ・誤り・驚き・悲しみ・苦しみ・断わり・強がり・交わり・喜び…

特例① もとの動詞から意義が大きく変化したもの，その語のさす実体がなくなり，読んで覚えるようになった文語的な語などは，頭高型の傾向がある。

$\overline{ム}ク→\overline{ム}キ$（向き）$\overline{セ}ク→\overline{セ}キ$（塞く）→$\overline{セ}キ$（関）
$\overline{ヌ}ク→\overline{ヌ}キ$（抜き）　$\overline{ト}ム→\overline{ト}ミ$（富。財産）
$\overline{マ}ク→\overline{マ}キ$（=巻物）　$\overline{ワ}ク→\overline{ワ}ケ$（訳）
$\overline{カ}ギリ$（限り）　$\overline{カ}セギ$（稼ぎ）
$\overline{サ}ワギ$（騒ぎ）　$\overline{タ}タリ$（祟り）
$\overline{ハ}ジキ$（弾き。ピストル）　$\overline{ハ}ナレ$（離れ。座敷）
$\overline{ザ}ガリ$（=和服など）　$\overline{タ}ノミ$（=頼むこと）

特例② 促音（ッ）や撥音（ン）が間に入り，なまって転成したものは頭高型。

$\overline{ダ}ッコ$（抱っこ）　$\overline{タ}ッチ$（立っち）
$\overline{オ}ンブ$（～する）　$\overline{ネ}ンネ$（寝んね）

特例③ ～する人（・物），及び親愛・軽蔑・嫌悪の意を含んだ人間などを表わす語は，頭高型の傾向がある。

$\overline{ス}リ$（掏摸）　$\overline{ヤ}セ$（痩せ。～の大食い）
$\overline{カ}カリ$（係）　$\overline{ド}モリ$（吃り）　$\overline{モ}グリ$（潜り）
$\overline{ナ}ガシ$（流し。新内・あんま・車など）

注意① この中には名詞先行のものもあるが，ひきやすさを考えて，ここに含めた。

II　結合・接合動詞から——原則として平板型。

$ウ\overline{ッテツケ}$（打って付け）
$ト\overline{ッテオキ}$（取って置き）

注意② 動詞＋動詞の複合名詞「似合い」「見込み」「売出し」「取調」「聞き違い」…などは，便宜上複合名詞の法則（**5, 13**）の各条に送ったので，参照してほしい。

3　転成名詞——形容詞その他からのもの

I　形容詞から

(1) **口語形容詞から**——平板式は原則として尾高型，起伏式は形容詞の連用形と同じ型になる。

$ト\overline{ーイ} → ト\overline{ーク}$（遠くを見る）
$フ\overline{ルイ} → \overline{フ}ルク$（ずっと古くは…）

(2) **文語形容詞から**——二拍語は尾高型，三

拍語は平板型になる傾向がある。

ズシ(ズイ) → スジ(鮨)
アガシ(アカイ) → アカシ(灯)
オモシ(オモイ) → オモシ(重石)
ガラシ(カライ) → カラシ(芥子)

(3) 形容詞の語幹をそのまま使うもの——すべて頭高型になる。

アカ(赤)　アオ(青)　クロ(黒)
シロ(白)　フル(古)　ワカ(若)

II(1) 擬声・擬態語など特殊のもの、及びその語根から——二拍語は新造語の法則によって頭高型が多い。四拍語は平板型になるもののほかに、擬声語など尾高型・○○○○型の両様になるものがある。

パイ(捨てること)　バラ(散)　ポカ　ポロ
ゴタゴタ(=もめごと)　ゴロゴロ(=雷)
ガラガラ、ガラガラ(=おもちゃ)
カナカナ、カナカナ(=ひぐらし)
ピーピー(=貧乏)　ミンミン(=蝉)
デンデン(=義太夫)

　　但し、幼児語など、もとの意識が強いものは、もとのアクセントのままの傾向がある。

チューチュー(=鼠)　ニャーニャー(=猫)
ワンワン(=犬)　ポンポン(=腹)
ポッポ(鳩)

(2) 固有名詞・数詞・感動詞から——原則としてもとのアクセントを生かす。

シンナイ(新内)　ケイアン(桂庵)
シチリン(七厘)　アワレ(哀れ)
インゲン(隠元。豆)
キントキ(金時。食品)
マサムネ(正宗。刀など)
ハッスン(八寸。料理)

　　但し、もとの意義から著しく離れたものなどは、複合語の法則(8など参照)に準じる。

注意① 固有名詞・数詞からの転成は、原則としてアクセントを同じくするので、転成語の番号を省略したものがある。

クルメ(久留米。地・絣)
ニシジン(西陣。地・織物)

III 副詞などから——おおむね、もとのアクセントを生かすが、平板型副詞は尾高型の名詞になりやすい。(法則76参照)

ソモソモ(抑)　シバラク(暫。歌舞伎)
トキドキ(時時。折折)

IV 接尾辞の類がついたものから——ほとんど語源意識のないものが多く、新造語(1参照)、複合語の法則に準じる。

注意② 接尾辞がついて名詞をつくるものは、接尾辞の項(法則93)を参照してほしい。

4　名詞＋和語名詞 の癒合名詞（前・後部とも二拍以下の語）

　東京アクセントを通じ、このグループがもっとも法則を立てにくい。特に日常多く用いられる語には例外が多い。二拍語では頭高型が五割強を、三・四拍語では平板型が約六割をしめる。更に起伏式のものが、多数形である平板型に近年変化する傾向にある。

　一般の語では**複合語の前部のアクセントの型・後部のアクセントの型の組合せによって決まる**という法則がみられ、前部のアクセントの式によって決まる傾向がある。すなわち、**前部が平板式の語は平板式に、前部が起伏式の語は起伏式になる**傾向がある。

I 後部が一拍の語
(1) 前部が一拍の語——前部平板型は全体が平板型に、前部頭高型は全体が頭高型になる。

カ → カヤ(蚊帳)　ハ → ハネ(羽根)
ケ → ケバ(毛羽)　イ → イド(井戸)
キ → キド(木戸)　ノ → ノビ(野火)
ユ → ユバ(湯葉)　ヨ → ヨメ(夜目)

(2) 前部が二拍の語
　(イ) 前部平板式——平板型。

サト→サトゴ(里子)　コシ→コシユ(腰湯)
トリ→トリメ(鳥目)　クチ→クチビ(口火)
　▷首輪・鼻血・右手・水屋・横目…

　(ロ) 前部起伏式——多く中高型。

タマ→タマゴ(玉子)　ツキ→ツキヨ(月夜)
イロ→イロメ(色目)　スミ→スミビ(炭火)

(15) アクセント習得法則 4　付

○○→○○○　年子・夏日・花芽・物日・闇夜…
アメ→アマド(雨戸)　ソバ→ソバユ(蕎麦湯)
アメ→アマヨ(雨夜)　ダネ→タネビ(種火)
○○○→　朝湯・板戸・中身…
　　　　○○○　松葉・眉毛…

注① 但し, 前部頭高型の語は全体が頭高型に, 前部尾高型の語は全体が平板型(時に頭高型)にも発音される。
アサ→アサヒ(朝日)　ムネ→ムナゲ(胸毛)
マツ→マツバ(松葉)　ユビ→ユビワ(指輪)
マユ→マユゲ(眉毛)　ハナ→ハナビ(花火)

II　後部が二拍の語

(1) 前部が一拍の語

(イ) 前部平板型——多く平板型。
コウシ(子牛)　ケアシ(毛脚)　ケイト(毛糸)
トダナ(戸棚)　コイヌ(子犬)　ナマエ(名前)
チャバコ(茶箱)　ネイロ(音色)　ヒカゲ(日陰)

注② 但し, 後部頭高型はまれに中高型。
ヒガサ(日傘)　　　コネコ(子猫)

(ロ) 前部頭高型——多く起伏式。頭高型が多いが, 後部が尾高型のものには尾高型が, 後部が頭高型のものには中高型がみられる。
テクビ(手首)　メガネ(眼鏡)　ヒバナ(火花)
メボシ(目星)　ノハラ(野原)　ヨツユ(夜露)
テシタ(手下)　ネモト(根元)　メダマ(目玉)
ナタネ(菜種)　ヒダネ(火種)　ユオケ(湯桶)

注③ 但し, 「小」のつくものは, 平板型と頭高型の両様。
コウタ(小唄)　コウマ(小馬)　コユビ(小指)
コカブ(小蕪)　コカベ(小壁)　コダチ(小太刀)
コミチ, コミチ(小道)

注④ 「手」のつくものは多く頭高型。
テキズ(手傷)　テジナ(手品)　テハズ(手筈)

(2) 前部が二拍の語

(イ) 前部平板型——多く平板型。
○○○+○○ → 平板型
　　　　　(傷口・桐箱・竹籠・鶏・鼻水)
○○○+○○ → 平板型
　　　　　(飴玉・里親・城山・庭石・水音)
○○○+○○ → 平板型だが○○○○型も。

ハナイキ(鼻息)　ミズウミ(湖)
ヒトナカ(人中)　タケバシ(竹箸)

(ロ) 前部尾高型——多く中高型だが平板型も。
○○+○○ → ○○○○型だが平板型も。
エリクビ(襟首)　ハナヨメ(花嫁)
ヤマドリ(山鳥)　ヤマミチ(山道)
イモガユ(芋粥)　アミダナ(網棚)
○○+○○ → ○○○○型だが平板型も。
コナユキ(粉雪)　ヤマイヌ(山犬)
イロガミ(色紙)　カワシモ(川下)
モノゴト(物事)　カワオト(川音)
○○+○○ → ○○○○型及び平板型。
ハナムコ(花婿)　オヤブネ(親船)
マメツブ(豆粒)　カワカミ(川上)
タマネギ(玉葱)　アサイト(麻糸)

(ハ) 前部頭高型
○○+○○ → ○○○○型。
アサガオ(朝顔)　イトグチ(糸口)
ハルカゼ(春風)　マツムシ(松虫)
○○+○○ → ○○○○型及び平板型。
ハトムネ(鳩胸)　ソトマゴ(外孫)
ソラマメ(空豆)　ソラミミ(空耳)
○○+○○ → ○○○○型及び平板型。
アマガサ(雨傘)　キヌイト(絹糸)
マツカゲ(松陰)　テンマド(天窓)

注⑤ 前部が起伏式の漢語及び第二拍が特殊な拍のものには頭高型がみられる。
ギンガミ(銀紙)　トーナス(唐茄子)
マイアサ(毎朝)　カンヌシ(神主)
ジンミ(親身)　オーテ(王手・大手)
ホーバ(朴歯)

注⑥ 複合の度合の強いものは, 平板型になる傾向がある。
ハルサメ(春雨)　コダマ(木霊)
ケモノ(獣)　オナゴ(女子)
ポンズ(ポン酢)

注⑦ 「穴」「犬・戌」「色」「型」「組」「時」「年」「鍋」「箱」「山」などがつくものは, 平板型になる傾向がある。
タテアナ(竪穴)　ユキヤマ(雪山)
▷横穴・山犬・水色・黄色・星型・月組・

アクセント習得法則 4—5　　　（16）

付

花時・戌_{いぬ}年・子_ね年・鉄鍋・土鍋・桐箱・箸箱・人山・冬山…

5 動詞・形容詞などとの和語の癒合名詞（前・後部とも二拍以下の語）

複雑であるが，複合語の前部のアクセントの型・後部のアクセントの型の組合せによって決まる 傾向がある。三拍語は平板型が六割強をしめ，尾高型が二割五分でそれに次ぐ。四拍語も平板型は六割強で，尾高型がそれに次ぎ約一割四分，○○○○型・○○○○型が一割強でほぼ同数。ともに両様のものが多い。

I 名詞と動詞との組合せ

(1) 名詞＋動詞 の形

(イ) 三拍語——名詞が平板式ならば平板型に，起伏式ならば尾高型になる傾向があるが平板型もみられる。

前部平板式 → 平板型

キモチ(気持)　　**シタギ**(下着)

▷蚊遣り・気兼ね・血止め・名指し・値下げ・値引き・日差し・日照り・間抜け・身売り…

飴煮・味見・下見・人出・水着…

前部起伏式 → 多く尾高型だが平板型も。

タウエ(田植)　　**ハナミ**(花見)

▷鵜呑み・絵描き・手付_づき・根こぎ・火入れ・矢立・湯呑み…

塩煮・月見・胴着…

（平板型も）酒漬・手落ち・野焼き…

注① 但し，一拍名詞が頭型型の時，「絵巻」「手付_づき」「手振り」「目付_づき」など全体が頭高型になるものがある。

(ロ) 四拍語——名詞が平板式ならば多く平板型だが，時に尾高型・○○○○型も。名詞が尾高型ならば，尾高型・○○○○型の両様，頭高型ならば多く○○○○型だが時に○○○○型も。但し，ともに平板型がみられる。

前部平板型

平板型——顔出し・顔向け・釜茹で・人聞き・水入り・道行・虫干・嫁入り…

尾高型と○○○○型——金入れ・酒飲み・水入れ・嫁取り…

前部尾高型

尾高型と○○○○型——芋掘り・草刈り・年寄・花摘み・耳掻き・物差…

○○○○型——腹巻・脇縫い・山伏…

前部頭高型

○○○○型——雨降り・稲刈り・渦巻・種蒔き・船乗り・窓拭き…

○○○○型と○○○○型——汗拭き・たこ上げ・種取り・箸置…

(2) 動詞＋名詞 の形

動詞が平板式の場合には全体が平板式になり，動詞が起伏式の場合には全体が起伏式になる傾向がある。

(イ) 一般グループ——前部が平板式の三・四拍語は全体が平板型，前部が起伏式の三・四拍語は多く○○○型・○○○○型となる。

平板式——平板型

イーネ(言い値)　　**アゲゾコ**(上げ底)
ウキワ(浮き輪)　　**ツミクサ**(摘み草)
タキビ(焚火)　　**モリバナ**(盛り花)
マキゲ(巻毛)　　**ヤキトリ**(焼鳥)

起伏式——○○○型・○○○○型

アミド(編戸)　　**イリマメ**(炒豆)
キリビ(切り火)　　**イケバナ**(生花)
ツケネ(付値)　　**ノミミズ**(飲み水)
マキエ(撒餌)　　**モチヌシ**(持ち主)

(ロ) 特殊グループ——起伏式動詞に「手」「場」「間」_ま「身」「目」「物」のつく二・三拍語は尾高型に，「物」のつく四拍語は○○○○型のほかに尾高型・○○○○型になる傾向がある。平板式動詞の場合はすべて平板型。

前部平板式

キテ　(着手)　　**ウリテ**(売手)
ウリバ(売場)　　**カシマ**(貸間)
ツギメ(継ぎ目)　　**キモノ**(着物)

カイモノ(買物)　ヤキモノ(焼物)
前部起伏式
　キテ(来手)　　　　ミテ(見手)
　ミバ(見場)　　　　デバ(出端)
　タチバ(立場)　　　カキテ(書き手)
　キリミ(切り身)　　キレマ(切れ間)
　ツケメ(付目)　　　ミモノ(見物)
　カケアシ(駆け足)　スリモノ(刷り物)
　クイモノ, クイモノ(食い物)

注② 頭高型名詞がつくと，○○○○型になる傾向がある。
　ナキゴエ(泣き声)　タメイキ(溜息)
　タチグズ(裁ち屑)　ツケオビ(付け帯)

注③ (1), (2)を通じ，○○○○型は○○○○型にも平板型にも発音される傾向がある。

II 名詞と形容詞との組合せ
(1) 名詞+形容詞の語幹 の形——原則として平板型。
　キナガ(気長)　　ハバビロ(幅広)
　テウス(手薄)　　ホオジロ(頬白)
　メダカ(目高)　　コワダカ(声高)

(2) 形容詞の語幹+名詞 の形——前部の形容詞が平板式のものは平板型に，起伏式三拍語は中高型に，起伏式四拍語は平板型と○○○○型の両様。
前部平板式
　アカゲ(赤毛)　　アカツチ(赤土)
　アマズ(甘酢)　　アマザケ(甘酒)
　ウスメ(薄目)　　オソジモ(晩霜)
前部起伏式
　クロメ　(黒目)　クロシオ(黒潮)
　タカネ　(高値)　タカナミ(高浪)
　ワカメ　(若布)　ワカモノ(若者)
　ワカクサ(若草)　シロウリ(白瓜)

III 動詞+動詞 の形——原則として平板型。
　シアイ(試合)　　ウリダシ(売出し)
　シタテ(仕立)　　ウケトリ(受取)
　ミコミ(見込)　　トリケシ(取消)

IV 形容詞の語幹+形容詞の語幹 の形——原則として平板型。
　トーアサ(遠浅)　ウスアカ(薄赤)

V 形容詞の語幹+動詞の連用形 の形——

原則として平板型。
　ウスギ(薄着)　トーミ(遠見)　ハヤデ(早出)
　ウスギリ(薄切り)　カルヤキ(軽焼)
　クロヌリ(黒塗り)　フトマキ(太巻)

VI 特殊な形の擬声・擬態語+動詞の連用形の形——原則として平板型。
　ゴロネ(転寝)　ビショヌレ(びしょ濡れ)
　ベタボメ(べた誉め)　バラツキ(~がある)

注① 前部が「大」のものは頭高型が出る傾向がある。
　オーヤ(大家)　　　オーアザ(大字)
　▷大戸・狼煙・大川・大潮・大関…

注② 前部が「小」のもののうち，感情のこもった接頭辞の場合は法則**91**に送った。

6　漢語の単純名詞(漢字一字　一・二拍の語)

大半は頭高型。
全体に頭高型が多く，耳なれない語には特にその傾向が強い。日常親しく使われる語は，和語と同じく各方言の間でよく対応するので，それぞれの方言から類推してほしい。

I 一拍語——約六割八分が頭高型。新しい語や，日常あまり使用されない三割二分の平板型のものは，頭高型になる傾向がある。(*を付した)

　○型——胃・我・蛾が・気き・九*・義*・愚*・具(料理)・五*・詩・痔じ・朱・序・図・頭ず・茶・碑・緋ひ・譜・麩ふ・分ぶ・魔*・炉・絽ろ・櫓ろ…

　〇型——医・絵・技・句・苦・碁・左・市・死・字・蛇・邪・祖・地ち・智・妃・非・美・府・負・武・和…

II 二拍語——七割七分が頭高型。
　テン(天)　　アイ(愛)　　シュー(週)

注① 「式」「敵」「客」「肉」「服」「吉」「骨」のような キ, ク, チ, ツ で終る漢語は，尾高型・平板型の語が比較的多い。
　○ク型——額(書画の~)・客・逆・酌・

アクセント習得法則 6−7　　　(18)

癩_と・食（〜が細い）・賊・俗・
宅・得・徳・木_{ぼく}…
○ツ型——こつ（=要領）・札_さ・雑（=粗雑）・
質_ち・鉄・別（=特別・異）…
○キ型——易_え・直_ね・敵…
○ク型——菊・軸・尺・毒・肉・百・福・
服・副・幕・膜・脈・役_{やく}・厄・
欲・楽・六…
○子型——吉・一・七・質_ち・八・鉢・
撥_{ばち}・罰_{ばち}…
○ツ型——骨（=ほね）・失・室・実・術…
○キ型——式・足_{そく}（〜で買う）…

注② 古くからの語，及び日常頻繁に用いら
れるものでアクセントの相違が語義の区別
に役立つもの，及び慣用句の一部として用
いられるものなどには，平板型が残る。
▷韻・音・勘・癇・甲_{かん}（音楽）・根（=根気）・
三・産（=出産）・順・膳・痰・点・晩・
品・辺・盆_{ぼん}（道具）・面（=仮面・顔面）・
椀_{わん}…
▷灸・急（〜に）・経・興_{きょう}・情・錠・注・
表・棒…
▷菜・対_{つい}・肺・塀・礼（=代金）…

7 後部が漢字一字一拍（漢字音）の癒合名詞（前部が漢字一字または二拍以下のもの）

多くのものはⅠの一般原則に従う。但し，
後部に限られた語がくる場合には，Ⅱの特殊
法則に従う。二拍語では八割弱が，三拍語で
は六割七分が頭高型。二拍語では無声化によ
ってずれた語を含む尾高型が，三拍語では平
板型がそれに次ぐ。

Ⅰ　一般グループ

(1) **前部が漢字一拍のもの**——ほとんどが頭
高型。
イキ（意気）　チリ（地理）　リカ（理科）

注① 古くからの語には，平板型・尾高型が少
数みられる。
○○型——医者・椅子・公家・愚痴・外
科・下痢・胡麻_{ごま}・紫蘇_{しそ}・邪

魔・棕櫚_{しゅろ}・土地・場所・被
布_ふ・無事…
○○型——意地・餓鬼・義理・怪我・虚
仮_け・数珠・世話・知恵・弟子
…

注② 尾高型は，頭高型の第一拍が無声化の
ためにずれてできたものに多い。（**c.**参照）
キカ（気化）　キシャ（汽車）　シキ（指揮）
チカ（地下）　ヒショ（避暑）　フカ（不可）

(2) **前部が漢字二拍のもの**——ほとんどが頭
高型か平板型。

(イ) 名詞的意味をもつ語には頭高型が多い。
セイシ（正史，正使，世子，誓紙，誓詞）
▷愛児・運河・願書・旧家・近所・軍
部・国家…

(ロ) 動詞的意味をもつ語には平板型が多い。
セイシ（制止，静止，正視，製糸，製紙）
▷悪化・暗記・一致・延期・遠慮・出
世・入居…

注③ 前部が起伏式の和語には中高型がみら
れる。
アマグ（雨具）　　ヤマシ（山師）
カゲエ（影絵）　　マチイ（町医）
ムギチャ（麦茶）

注④ 古くからの語には，まれに尾高型・中高
型がみられる。
○○○型——脚気_{かっ}・行者・関所・道具・
道理・袱紗_{ふくさ}・返事・役所…
○○○型——覚悟*・極意*・式部・秩序*
（*は頭高型も）

注⑤ 中高型は，頭高型の第一拍が無声化の
ためにずれてできたものに多い。（**c.**参照）
シツイ（失意）　シュクシャ（宿舎）

Ⅱ　**特殊グループ**——次のようなものは，後
部の語によりアクセントが決定される傾向
がある。

(1) **平板化グループ**——前部二拍語に「化」
「科」「家」「画」「語」「書」「派（=派閥）」「話」
などのつくもの。
アッカ（悪化）　　ヤッカ（薬科）
マンガ（漫画）　　エイゴ（英語）
ジュクゴ（熟語）　カイショ（楷書）

(19)　　　　　　　　　アクセント習得法則 7－8

タカハ（鷹派）　　**シンワ**（神話）

(2) **尾高化グループ**──「議」「義」「所」など
　のつくもの。

カイギ┐（会議）　　**コ━ギ┐**（講義）
ヤ┐クショ（役所）　　**ベンジョ┐**（便所）

注⑥ 「各」「貴」「諸」「同」「本」「明ミョゥ」「両」
　などが連体詞的につく語は，頭高型になり
　やすい。（法則**8**の**注⑧**参照）

ガ┐クショ（各所）　　**ショ┐シ**（諸氏）
ド┐ーチ（同地）　　**ホ┐ンシ**（本誌）
ミ┐ョーヤ（明夜）　　**リョ┐ーケ**（両家）

8　後部が漢字一字二拍（漢字音）の癒合名詞（前部が漢字一字または二拍以下のもの）

　多くのものはⅠの一般原則に従う。但し，
後部に限られた語がくる場合には，Ⅱの特殊
法則に従う。名詞の中でもっとも所属語数が
多いグループである。三拍語では約七割四分
が，四拍語では約八割五分が平板型で，頭高
型がそれに次ぐ。

Ⅰ　一般グループ

(1) **前部が漢字一拍のもの**──ほとんどが頭
　高型か平板型。
　(イ) 名詞的意味をもつ語には頭高型が多い。
　(ロ) 動詞的意味をもつ語には平板型が多い。

注① 古くからの語には，尾高型・中高型がみ
　られる。
　　中高型は語末が特殊な拍のものに多い
　（**a.b.**参照）。尾高型の例はまれ。
　　○○○型──乞食・地獄…
　　○○○型──絵本・手本・下品・頭巾・
　　　　　　　自由・手数・化粧・胡椒ショゥ・
　　　　　　　砂糖・無精ブショゥ…

注② 中高型は，頭高型の第一拍が無声化の
　ためにずれてできたものに多い（**c.**参照）。

キガ┐イ（機械）　　**クジ┐ン**（苦心）
チホ┐ー（地方）　　**シケ┐ン**（試験）
キシュ┐ー（紀州）　　**フギ┐ン**（布巾）

(2) **前部が漢字二拍のもの**──ほとんどは平
　板型。新造語，及び複合の度合の強い語は，

ほとんどこの型で，近年他の型からも移り
つつある。

頭高型→平板型
開運・糾明・洪水・襲名・親類・
相続・対決・立秋・籠城…

注③ 古くからの語，及び複合の度合の弱い
　語などには，頭高型が多くみられる。

ガ┐イシャク（解釈，介錯）　**コ┐ーコー**（孝行）
ジ┐ンルイ（人類）　　**ダ┐ンメイ**（短命）
　▷挨拶・運命・往生・介抱・堪忍・勘弁・
　　金閣・信州・長州…

注④ 古くからの語には，尾高型がまれにみ
　られる。

ショーガツ┐（正月）　　**ゴクラク┐**（極楽）

注⑤ ○○○○型の語は，○○○○型にも（平
　板型にも）発音される傾向がある。

ド┐ーラク，ドーラク　　（道楽）
コ┐ンニャク，コンニャク（蒟蒻）
ゴ┐クラク，ゴクラク　　（極楽）

注⑥ 複合の度合の弱い語，及び前部が和語
　のものには，○○○○型が多くみられる。

コク┐ナイ（国内）　　**スズ┐ラン**（鈴蘭）
ヒキ┐ザン（引算）　　**トリ┐ブン**（取分）
　▷上げ膳・兄分・江戸城・組員・昨日・
　　肉類・宿賃…

Ⅱ　特殊グループ──次のようなものは，後
部の語により，アクセントが決定される傾
向がある。

(1) **平板化グループ**──「級」「順」「症」「状」
　「場」「性ショゥ」「体」「談」「段」「党」「等」「堂」
　「板」「判」「版」「盤」「病」「役」「連」など
　のつくもの（○○○○型も時にみられる）。

平板型──高級・席順・重症・粒状・球場・
　　　　女性・団体・雑談・上段・政党・
　　　　上等・殿堂・黒板・美濃判ミノ・
　　　　石版・音盤・肺病・子役・常連

(2) ○○○○**化グループ**──「王」「后」「数」
　「皇」「料」などのつくもの。

コクオ┐ー（国王）　　**コーゴ┐ー**（皇后）
サンス┐ー（算数）　　**テンノ┐ー**（天皇）

注⑦ 「形ケイ」「宮」「言」「号」「状」「像」「天」

付

アクセント習得法則 8—10　　(20)

「面」「曜」「量」などのつくものは，(1)(2)の
両様になりやすい。

ゲツヨー，ゲツヨー(月曜)

ソーギョー，ソーギョー(僧形)

▷新宮・宣言・称号・症状・仏像・炎天・
海面・分量…

注⑧「以」「各」「貴」「旧」「現」「故」「今」
「諸」「新」「先」「前」「全」「当」「同」「某」
「本」「明」「両」などが連体詞的につくもの
は，頭高型になりやすい。

ショケイ(諸兄)　　ゼンゲツ　(先月)

イセイ(以西)　　ミョーバン(明晩)

▷以東・各人・貴殿・旧教・現代・故人・
今日・新教・前世・全校・当人・同党・
某日・本日・明日・両人…

注⑨　人格・位を表わす語は，頭高型になりや
すい。

ダイジン(大臣)　　ニョーボー(女房)

▷関白・元帥・太閤・大将・院長・村長・
上人・権現…

9　外来語の単純名詞(転成名詞及び外国語的造語を含む)

Ⅰ(1)　二拍語——原則として頭高型。

ジャム　バタ　パイ　ショー　ピン

(2)　三拍語——原則として頭高型。但し，引
き音で終るものは，原語のアクセントが影
響する傾向がある。

グラス　ケーキ　ダンス　ゼット
グレー　スター　タブー　フリー

(3)　四拍語——頭高型が過半数に近いが，次い
で○○○○型が，次に平板型がこれに続く。

エンジン　トースト　サイダー　ライバル
アパート　オレンジ　クリーム　ビタミン
アンテナ　オムレツ　キャラメル　サボテン

(4)　五拍以上の語——終りから三拍めまで高
い型が多い。

エゴイスト　　　チョコレート
ビスケット　　　ヨーグルト
アルファベット　オリンピック
ジャーナリズム　ダイヤモンド

注①　但し，終りから三拍めが引き音・撥音・
促音などで，そこにアクセントの高さの切
れめがくると，その切れめが前にずれる。

ストーリー　　　ハンバーガー
スポンサー　　　プリンセス
ドレッサー　　　クロワッサン

Ⅱ　古く入った語や，日常頻繁に使われてい
る三・四・五拍語(時に六拍語)は，平板型に
なる傾向がある。

ガラス　　バケツ　　フライ　　ボタン
アイロン　アルバム　オルガン　テーブル
アルコール　ハーモニカ　バイオリン

注②　専門家や若年層の多用する語で，近年
平板化したものには《新は…》と注記した
が，人により平板化に差が多い場合は，平
板型注記を割愛したものがある。

メール，《新は メール》

ドラム，《新は ドラム》

サークル，《新は サークル》

マネージャー，《新は マネージャー》

Ⅲ　新しく入った語などで，十分日本語化し
ていないものや，外国語に親しい人の発音
には，原語のアクセントが影響する傾向が
強い。

オーディオ　　パラソル　　サクセス
アクセント　　サイクリング
アセスメント　ストッキング

注③　接頭辞など造語成分を含むものは，複合
名詞のアクセントに準じる。(法則**16**参照)

10　省略語・倒置語

A．省略語——一般的に，拍の数及び，省略
のされ方によって，アクセントが定まる。

Ⅰ　単純名詞の省略——外来語名詞に多くみ
られ，上略より下略が多い。

(1)　一・二拍語——原則として頭高型。

［下略］

イ(医学)　　ムク(尨犬)　　ケイ(経済)

シャミ(三味線)　モチ(勿論)

アマ(アマチュア)　チョコ(チョコレート)

デモ(デモンストレーション)

(21) アクセント習得法則 10—11

ヘリ(ヘリコプター)　ロケ(ロケーション)
〔上略〕
　チュー(焼酎)　　ズカ(宝塚)
　テキ(ビーフステーキ)

(2) 三拍語——ほとんど外来語名詞で、多く頭高型。但し、古く入った語や、日常頻繁に使われるものは、平板化する傾向がある。
　パーマ(パーマネント)
　ニューム, アルミ(アルミニウム)
　ホーム(プラットホーム)
　ケット(ブランケット)
　ダイヤ→ダイヤ
　　　　　(ダイヤモンド, ダイヤグラム)

(3) 四拍語——ほとんど外来語名詞で、原則として平板型。
　インフレ(インフレーション)
　アナクロ(アナクロニズム)
　アスパラ(アスパラガス)

注意① 和語は厳密には省略語といえないので、複合以前のアクセントの型を生かす。

II 複合名詞の省略・短縮
(1) 二拍語——頭高型。
　シギ, ジギ(市議会議員)
　キキ, キキ(古事記・日本書紀)
　ベア(ベースアップ)　モボ(モダンボーイ)

(2) 三拍語——和語は原則として平板型。
　キザラ(黄ざらめ)　　ジタマ(地卵)
　漢語は省略意識の薄れるものが多く、癒合名詞の法則に準じる。
　ゲンポ(健康保険)　ローソ(労働組合)
　カセン(科学繊維)　クーユ(空中輸送)
　外来語のうち、古く入ったものは平板型が多いが、新語や省略意識のないものには頭高型が多くみられる。
　バイト　パンク　ピント　ラムネ
　コンビ　デレコ　テレビ　トイレ

(3) 四拍語——原則として平板型。
　ムギトロ(麦とろろ)　ゴムナガ(ゴム長靴)
　ウナドン(鰻丼)　　トッキュー(特別急行)
　コーコー(高等学校)　ロークミ(労働組合)
　アルチュー(アルコール中毒)
　マスコミ (マスコミュニケーション)

エアコン　(エアコンディショナー)
ラジカセ　(ラジオカセット)
セコハン　(セカンドハンド)

注① 政治家・労働組合用語からきたものには、強めによってできた頭高型がみられる。
　シュントー(春季闘争)

(4) 五拍以上の語——中高型になる。
　ニッキョーソ(日本教員組合)
　ニッケイレン(日本経営者団体連盟)
　ハムザンド　　ディスインフレ

注② 数の含まれるもの、「大」(大学の略)のつくものは平板型になる。
　イッチュー(一中)　コーサン(高三)
　ダイク(第九)　　イチロー(一浪)
　シダイ(私大)　　トーダイ(東大)
　ジョシダイ(女子大)ガイゴダイ(外語大)

注意② 省略の意識が薄れたもの、及び省略語であっても外国語として独立できる語などは、それぞれの名詞の法則を参照されたい。

B. 倒置語——俗語・隠語に多く、原則として平板式。
　ネタ(種)　　レコ(此)　　ドヤ(宿)
　モク (煙草)　ノガミ (上野)
　ダラシ(しだら)　テコヘン(へんてこ)

11 畳　語

原則として連濁する。
I 一拍語の畳語——頭高型になる。
　キギ(木木)　ヒビ(日日)　ヨヨ(世世・夜夜)
　ココ(個個・戸戸)　　ショショ(処処)

II 二拍語の畳語
(1) 和　語
　(イ) 平板型・尾高型の連なったものは、原則として○○○○型。複合の度合いの強いものや、よく言いなれた語には平板型も現われる。
　サキザキ(先先)　ヒビト(人人)
　クニグニ(国国)　イエイエ(家家)
　シモジモ(下下)　スキズキ(好き好き)
　ナゾナゾ(謎謎)　ホドホド(程程)

アクセント習得法則 11−12　　(22)

（ロ）頭高型の連なったものは，原則として平板型と○￣○○○型の両様。

　　○○○○型――あとあと，粒粒，前前，元元

　　○￣○○○型――神神，隅隅，常常，向き向き

注① ウ￣マウマ（=食べ物），ガ￣ンカン（=髪），バ￣イバイ（=乳），パ￣ンパン（=パン）などの幼児語は原則として頭高型になる。但し，ナイナ￣イ（無い無い），イヤイ￣ヤ（否否）などはもとの語のアクセントが生きる傾向がある。

(2) **漢　語**――原則として平板型。時に○○○￣○型も現われる。

　　ニチニチ（日日）　　　ナイナ￣イ（内内）

　　ネンネン（年年）　　　メンメ￣ン（面面）

　　ジョージョー，ジョージョー￣（上上）

注② 但し，複合の度合の弱い場合は，前の部分のアクセントが生きる傾向がある。

　　カ￣ズカズ（数数）　　　ダ￣イダイ（代代）

　　ス￣ミズミ（隅隅）　　　ダ￣ンダン（段段）

　　ム￣キムキ（向き向き）　　ホ￣ーボー（方方）

Ⅲ　**三拍以上の語の畳語**――結合名詞・結合文節の法則に準じる。

　　ハナレバ￣ナレ（離れ離れ）

　　オイデオ￣イデ（御出で御出で）

　　フショープ￣ショー（不承不承）

　　ショーバイ￣ショーバイ（商売商売）

注③ 特殊な形のいわゆる擬声・擬態語の類の畳語は，法則**57, 58**の項を，指示・疑問を表わす語の畳語は**68**の項を，それぞれ参照されたい。

注④ 畳語の複合語は，名詞の複合法則及び文節の法則に準じる。

12　後部が和語名詞でできた結合名詞（原則として前・後部ともに二拍以下のものを除く）

　原則として，前部に関係なく後部によってアクセントが定まる。

Ⅰ　**後部が一・二拍語のもの**（前部三拍以上）

(1) **一般グループ**――普通の場合には前部の最後の拍までが高い。

（イ）後部一拍語

　　ミ￣ドリゴ（嬰児）　　　ア￣ワゼズ（合わせ酢）

　　ナ￣ワシロダ（苗代田）　ク￣グリド（潜り戸）

　　イ￣トキリバ（糸切歯）　ア￣ブラナ（油菜）

　　シ￣ンサツビ（診察日）　ノ￣コリビ（残り火）

（ロ）後部二拍語

　　ア￣キタイヌ（秋田犬）コ￣モリウタ（子守歌）

　　ス￣ミダガワ（隅田川）ニ￣ギリズシ（握り鮨）

　　ハ￣リマナダ（播磨灘）オ￣ーデマチ（大手町）

　　ク￣ツワムシ（轡虫）ヒ￣トサシユビ（人差指）

　　タ￣ニガワダケ（谷川岳）

　　▷千束池<small>せんぞく</small>・四日市・からす瓜・油紙・信濃川・卵酒・消息筋・むしろ旗・飯田橋・桂浜<small>かつらはま</small>・かぐや姫・柏餅…

(2) **特殊グループ**――後部の語により決定される。

（イ）**平板化グループ**――「芋」「色」「形<small>がた</small>・型」「髪」「側」「切れ」「際<small>ぎわ</small>」「種<small>だね</small>」「組」「腰」「先」「縞」「玉」「面<small>づら</small>」「寺」「沼」「腹」「節<small>ぶし</small>」「縁<small>べり</small>」「骨」「村」「山」「小屋」「部屋」など（多く○○○型の語）がつく場合。

　　ミドリイロ（緑色）　ニホンガミ（日本髪）

　　ハコネヤマ（箱根山）トナリムラ（隣村）

　　▷さつま芋・卵形・左側・高野切れ・往生際・笑い種<small>だね</small>・五人組・取引先・格子縞<small>じま</small>・四十面・シャボン玉・清水寺・太鼓腹・黒田節・高麗縁<small>べり</small>・あばら骨・明日香村・双葉山・芝居小屋・隣部屋…

注① 「手」「場」「目」「湯」などのつくものは平板型になりやすい。

　　オ￣トコデ（男手）　　シ￣ゴトバ（仕事場）

　　キ￣ザミメ（刻み目）　オ￣ンナユ（女湯）

（ロ）……○○￣化グループ――後部が頭高型の「汗」「雨」「糸」「笠・傘」「粕<small>かす</small>」「黍<small>きび</small>」「雲」「声」「頃」「空」「汁」「杖」「鶴」「凧<small>たこ</small>」「船」「前」「窓」「麦」「婿」などがつく場合。

　　ア￣ブラアセ（脂汗）　　ニ￣ワカアメ（俄雨）

　　ガ￣ラスマド（glas 窓）　ム￣スメムコ（娘婿）

　　ニ￣ュードーグモ（入道雲）

　　▷小町糸・相合傘・油粕<small>かす</small>・砂糖黍<small>きび</small>・話

(ハ) その他、「物」「者」などがついて尾高型になるものがあるが、これらは人により○○○○型や平板型になる傾向がみられる。

し声・十日頃・うしお汁・曇り空・松葉杖まつばづえ・千羽鶴せんばづる・奴凧やっこだこ・渡し船・食事前・からす麦…

> ツクリモノ, ツクリモノ, ツクリモノ (作り物)
> ヒトリモノ, ヒトリモノ(独り者)

注② 「口」などがつくものは人により、(1)にも(2)(イ)にも、「顔」のつくものは、人により語により、(1)にも(2)(イ)(ロ)にも発音される。

> ジョーシャグチ, ジョーシャグチ (乗車口)
> ナキガオ, ナキガオ(泣き顔)
> ウリザネガオ, ウリザネガオ(瓜実顔)

注③ 「腰」「坂」「島」「沼」などのつくものは平板型が多いが、語によって(1)になるものもある。

平板型(連濁する)

> ヤナギゴシ(柳腰) ノボリザカ(登り坂)
> サクラジマ(桜島) インバヌマ(印旛沼)
> カワナカジマ(川中島)
> ▷及び腰・宝島・三宅島・石垣島…

○…○○○型

> ギックリゴシ(ぎっくり腰)
> イツクシマ(厳島) ゴシキヌマ(五色沼)
> ショードシマ(小豆島)
> ▷へっぴり腰・神楽坂・神津島こうづしま・八丈島(a.)…

注④ 「池」「川」「島」「橋」「浜」「姫」「村」「山」などのつく固有名詞のものも、以上の法則に従うが若干の例外がある。Ⅰ(1)にあげた「川」「橋」「町」には以下のような平板型がみられる。

○○…○○型……江戸川, 衣川, 滝野川…, 京橋, 水道橋, 太鼓橋, 日本橋, 柳橋, 両国橋…, 麹町こうじまち, 信濃町…

Ⅰ(2)にあげた「山」には前部の最後の拍まで高い型がみられる。

○○…○○型──河内山こうちやま, 郡山こおりやま, 畠山はたけやま, 常陸山ひたちやま, かちかち山…

なお、前部が漢字一字または二拍のものも便宜上ここに送ったが、多く平板型。

> タメイケ(溜池) トネガワ(利根川)
> ツキシマ(月島) ヨコハマ(横浜)
> センヒメ(千姫) シロヤマ(城山)

注⑤ 特殊グループの(ロ)から一般化グループに転向しつつあるものもある。

> サトーキビ → サトーキビ(a.)(砂糖黍)
> ニュードーグモ → ニュードーグモ(a.) (入道雲)

Ⅱ 後部が三拍以上の語(前部の拍数には無関係)

(1) 一般グループ

(イ) 後部が平板型・尾高型・頭高型のもの──普通の場合、後部の最初の一拍までが高い。

後部平板型

> メグスリ(目薬) ニグルマ(荷車)
> ハルガスミ(春霞) ミズケムリ(水煙)
> ヤマザクラ(山桜) ユキヤナギ(雪柳)
> オンナザカリ(女盛り)
> ロードーグミアイ(労働組合)
> ▷白兎しろうさぎ・雨蛙あまがえる・粉薬・造り酒屋・大仕事・目印・青畳・男友達・ぬれねずみ・火柱・胴回り・火事見舞・手みやげ…

後部尾高型

> ゴガタキ(碁敵) コバナシ(小話・小咄)
> イシアタマ(石頭) ウラドーリ(裏通り)
> ナツヤスミ(夏休み)
> シューギブクロ(祝儀袋)
> ▷話し相手・ゆで小豆・畳表・出世ばしら・商売がたき・小切手・花言葉・馬鹿力・十国峠・銀座通り・茶飲み話・正月休み…

後部頭高型

> ハレスガタ(晴れ姿) カンツバキ(寒椿)
> キミドリ(黄緑) ハナダヨリ(花便り)
> ヤマトダマシー(大和魂)
> ▷送り狼おおかみ・旅がらす・青ぎなこ・鉄

アクセント習得法則 12—13　　(24)

かぶと・嬉し涙・佐賀錦・焼け火箸・
寝ぼけまなこ・黒めがね・草もみじ…

(ロ) 後部が中高型の語——普通の場合，もとの高さの切れめまで高い。但し，複合の度合の強いもの，拍数の多いものや，音韻a.b.c.の法則などによって中高型になったものは，高さの切れめが前にずれる傾向がある。

ヒガサ　→オンバヒガサ(乳母日傘)
モノガタリ→イセモノガタリ(伊勢物語)
サカイ　→クニザカイ(国境)
マゴコロ(真心)　ヤキハマグリ(焼き蛤)
エドムラサキ(江戸紫)
シブウチワ，シブウチワ(渋団扇)

(2) **特殊グループ**——平板化グループ，尾高化グループなどがあるが，ほとんどは，一般グループのようにも発音され，中年層・若年層は特にその傾向が強い。

○○○○○型 (または ○○○○○型)
　　　　　　　　　　→○○○○○型
ミズグスリ → ミズグスリ(水薬)
ヤキドーフ → ヤキドーフ(焼き豆腐)
▷石畳・水車・傷薬…

注⑥「魚」「所」「心地」などがつくものは人により，(1)にも(2)にも発音される。
ヤキザカナ → ヤキザカナ，ヤキザカナ
　　　　　　　　　　　　　　　(焼き魚)
ニザカナ → ニザカナ，ニザカナ(煮魚)

注意 後部が転成名詞か動詞か疑問のものは，便宜上，法則13の項に送った。

13　後部が動詞・形容詞などでできた結合名詞(原則として前・後部ともに二拍以下のものを除く)

　原則として，前部に関係なく後部によってアクセントが定まる。規則的。
Ⅰ　**動詞のつくもの**
(1) **後部が二拍以下のもの**
　(イ) 前部が後部に修飾的，副詞的にかかるものは，原則として平板型になる。連濁する。

サンニンガケ(三人掛け)
フクロトジ(袋綴じ)
ゴボーヌキ(牛蒡抜き)
ウグイスバリ(鶯張り)
▷つくだ煮・うたた寝・青田売り・西陣織・信用がし・盗みぎき・みじんぎり・一輪ざし・畳じき・七分づき・砂糖漬・一本づり・嬉し泣き・みみずばれ・土用ぼし・ふとん蒸し・お好み焼・湯桶(ゆとう)読み…

　(ロ) 後部が前部を目的格とする他動詞(「…で…するもの・こと・ひと」のような意のある時)は，原則として前部の最後の拍まで高い。連濁しない。

ボーシカケ(帽子掛け)
タマゴトジ(卵綴じ)
クーキヌキ(空気抜き)
ショージハリ(障子張り)
▷薬売り・安物かい・高利かし・御用きき(a.)・チーズきり・油さし・土瓶しき(a.)・鉛筆たて・尾頭つき・魚つり・人気とり・ふとん干し(a.)・御飯蒸し(a.)・論語読み…

(2) **後部が三拍以上のもの**——原則として後部の第一拍まで高い。多く連濁する。

メザマシ(目覚し)　テザグリ(手探り)
オヤオモイ(親思い)　ヤマビラキ(山開き)
ヒトリグラシ(一人暮し)
▷安あがり・船遊び・子供あつかい・歌うたい・親掛かり・馬鹿騒ぎ・店じまい・美人ぞろい・人だすけ・人ちがい・人づかい・家つづき・親泣かせ・観音びらき・命びろい・年始回り・雨宿(あまやど)り・大喜び・物忘れ・苦笑い…

注 但し，「居眠り」「気休め」「日帰り」などの四拍語は，語により平板型・尾高型・○○○○型の両様または三様に，「力負け」「心待ち」「食あたり」のような五拍語は平板型・尾高型になる傾向がある。

Ⅱ　**動詞+動詞 の形**——原則として平板型。
オモイキリ　(思い切り)
キキチガイ　(聞き違い)

ツ**キアタリ**（突当り）　**トリアツカイ**（取扱）
▷続け書き・払込み・使い捨て・痛み止め・思いやり…　染め上がり・切り落し・切り通し・書き直し・受け流し…

III　形容詞の語幹がつくもの——原則として平板型。

キノ**リウス**（気乗り薄）　**テ**ミ**ジカ**（手短）
ノゾ**ミウス**（望み薄）　**キ**ミ**ジカ**（気短）

注意　I の中には動詞が既に転成名詞になっているものもあり，II，III の中には複合動詞・複合形容詞から転じたとみられるものもあるが，厳密に分けがたいため，便宜上この項に含めてある。

14　後部が漢語一字の結合名詞（原則として，前部が漢字二字以上，または三拍以上のもの）

後部の語の種類によって全体のアクセントが決定される。

I　一般グループ——普通の場合には前部の最後の拍まで高い。

(1) 後部が一拍の語のうち，「医」「下」「記」「期」「器」「機」「鬼」「魚」「区」「湖」「士」「氏」(うじを表わす)「誌」「紙」「師」「址」「市」「児」「車」「社」「者」「手」「地」「尼」「費」「比」「夫」「婦」「府」「部」「簿」「吏」「裏」などのようなものがつく場合。

デンワキ　（電話機）**チヨダク**（千代田区）
オーサカシ（大阪市）**チョーサブ**（調査部）

▷外科医・監視下・消火器・選挙区・十和田湖・計理士・徳川氏・アート紙・雑誌社・避難地・阿仏尼・図書費・掃除夫・看護婦・出席簿・秘密裏…

(2) 後部が二拍の語のうち，「案」「庵」「員」「院」「駅」「園」「会」「界」「海」「街」「外」「閣」「学」「館」「感」「間」「観」「業」「局」「郡」「県」「券」「圏」「権」「軒」「江」「校」「港」「号」「債」「作」「山」「式」(=儀式・数式)」「室」「質」「州」「宗」「集」「省」「商」「抄」「賞」「城」「嬢」「色」「職」「心」「人」「水」「生」(=生徒・人)「税」「荘」「像」

「族」「団」「談」「弾」「庁」「長」「展」「伝」「殿」「内」「熱」「班」「犯」「服」「分」「坊」「面」「門」「洋」「来」「率」「律」「料」「量」「領」「寮」「力」「老」「楼」「録」「湾」などのようなものがつく場合。

カカリイン（係員）　**ウエ**ノ**エキ**（上野駅）
デンワキョク（電話局）**アワグン**（安房郡）
サイタマケン（埼玉県）**ギジロク**（議事録）

▷衆議院・幼稚園・試写会・有明海・繁華街・動物学・映画館・印刷業・北多摩郡・神奈川県・首都圏・選挙権・横浜港・一月号・処女作・高野山・入学式・事務室・浄土宗・拾遺集・文部省・雑貨商・大坂(阪)城・管理職・好奇心・中国人・地下水・本科生・一年生(a.)・暴力団・警視庁・武蔵坊・印度洋・調味料・講義録・相模湾…

II　特殊グループ——後部の語により決定される。次のような特殊の語の場合には平板型になる。

(1) 後部が一拍の語のうち，「科」「家」「課」「画」「語」「座」「派」などのようなものがつく場合。

セイジ**カ**（政治家）　**ニホンゴ**　（日本語）
カブキザ（歌舞伎座）**シンニチハ**（親日派）

▷社会科・人事課・日本画・外国語・文学座・吉田派…

(2) 後部が二拍の語のうち，「艦」「鏡」「教」「経」「犬」「産」「中」「上」「状」(=状態)「場」「生」(植物)「性」「制」「製」「船」「線」「銭」「隊」「中」「鳥」「帳」「調」「朝」「亭」「邸」「刀」「党」「島」「灯」(燈)「糖」「湯」「堂」「判」「版」「盤」「表」「標」「病」「別」「偏」「弁」(辯)「本」「米」「役」「用」「力」「流」「連」などのようなものがつく場合。

ウンドージョー（運動場）
シンエッセン　（信越線）
シャカイトー　（社会党）
トーキョーベン（東京弁）

▷顕微鏡・キリスト教・警察犬・外国産・世界中・一身上・安全性・定時制・フ

アクセント習得法則 14—15　　(26)

ランス製・貨物船・準備中・七面鳥・平安朝・日本刀・蛍光灯・公会堂・現代版・一覧表・糖尿病・獣医・漫画本・男女別・徳用米・婦人用…

注① 尾高化グループ，……○○化グループは例外的なもので，まれにみられる。

注② 「絵」「家い」「油ゅ」「炎」「管」「眼」「金」「計」「剤」「罪」「状(=手紙)」「戦」「帯」「代」「台」「店」「人ん」「品」「風(気象)」「文」「弁(瓣)」「法」などがつくものは，人により，ⅠにもⅡにも発音される。

　サラダユ，サラダユ(salad油)
　ウキヨエ，ウキヨエ(浮世絵)
　ロクマクエン，ロクマクエン(肋膜炎)
　▷中川家・千里眼・身の代金・温度計・消化剤・傷害罪(**b.**)・公開状(**b.**)・持久戦(**a.**)・薬代・調理台・喫茶店・看護人・特選品・季節風・紀行文(**a.**)・安全弁(**a.**)・禁止法…

注③ 「所」「書」のつくものは原則として平板型・尾高型の両様に，「寺」のつくものは頭高型が多いが語によって尾高型になる傾向がある。

　インサツジョ，インサツジョ(印刷所)
　ギンカクジ(金閣寺)　ゴコクジ(護国寺)

注④ 「山」「院」のつくものの中には，前部の語のアクセントを生かして，低く平らにつくものがある。

　フジサン(富士山)　ナリタサン(成田山)

注⑤ 「人」が撥音に続く時，例外的にアクセントの高さの山が一拍後にずれるものがある。

　ニホンジン(日本人)　ヤバンジン(野蛮人)

注意 「区」「市」「県」「山」などのつく固有名詞のものも，ここにあげた法則に従う。

15 後部が漢語二字の結合名詞

　前部には関係なく，後部によりアクセントが決定される。すべて規則型のみ。

Ⅰ　多くの場合，すなわち**後部が平板型・尾高型・頭高型**の語は，後部の最初の第一拍まで高い。

(1) 平板型のもの
　ニッキ　　→ エニッキ　　　　(絵日記)
　ジダイ　　→ エドジダイ　　　(江戸時代)
　カイシャ→ ホケンガイシャ(保険会社)
　ガッコー→ コートーガッコー(高等学校)
　コーエン→ コクリツコーエン(国立公園)
　▷選挙運動・伊豆温泉・学士会館・市民会館・津軽海峡・甲州街道・日本海流・文化学院・自由学園・産業革命・マラソン競走・日本銀行・国立劇場・志賀高原・大隈記念講堂・奥羽山脈・顔写真・大衆食堂・学校新聞・私生活・南北戦争・短期大学・常磐炭田・砂時計・能登半島・総合病院・沖縄本島・指定旅館・日本列島…

(2) 尾高型のもの
　サイク　　→ タケザイク　　　(竹細工)
　ジゴク　　→ ジュケンジゴク　(受験地獄)
　ドーグ　　→ ハナヨメドーグ　(花嫁道具)
　ショーガツ → ハッカショーガツ
　　　　　　　　　　　　　　　(二十日正月)
　▷紙細工・蟻地獄・聞き上手・小道具・大道具・着道楽・旧正月・水洗便所…

(3) 頭高型のもの
　カシ　　　→ ヒガシ　　　　　(干菓子)
　シュギ　　→ リコシュギ　　　(利己主義)
　モジ　　　→ カシラモジ　　　(頭文字)
　リョーリ　→ ニホンリョーリ(日本料理)
　▷義兄弟・寒稽古・内玄関・静御前・朝御飯・熊野権現・社会事業・伊豆諸島・春日神社・弘法大師・工業都市・江戸幕府・西行法師…

注 但し，前・後部とも二拍以下の語には例外が多いが，四拍語は多く平板型になる。
　コモジ　(小文字)　　ヨコモジ(横文字)
　ザイス　(座椅子)　　シンデシ(新弟子)
　メイシャ(目医者)　　シロミソ(白味噌)

Ⅱ　後部が中高型の語の場合に限り，もとの高さの切れめまで高い。但し，この場合も拍数の多いものや，無声化で中高型になった語などは，高さの切れめが前にずれる。

(27) アクセント習得法則 15—17　付

ニポン	→ ニシニポン	（西日本）
ショクブツ	→ ラシショクブツ	（裸子植物）
ショーペン	→ ネショーペン	（寝小便）
チョーチン	→ ボンジョーチン	（盆提灯）
タクサン	→ コダクサン	（子沢山）
チポー	→ カントーチポー,	
	カントーチポー	（関東地方）
ジングー	→ イセジングー,	
	イセジングー	（伊勢神宮）
例外　サトー	→ カクザトー	（角砂糖）
ショダイ	→ シンジョダイ	（新所帯）

16　後部が外来語の癒合・結合名詞（外国語的複合を含む）

　外来語名詞は，複合の度合の強いものが多く，接合名詞的なアクセントはみられない。大多数は五・六・七拍語で，そのうちもっとも多いのは後ろから二拍めから下がる中高型（○○…○○○型）である。

Ⅰ　**外来語＋外来語　の形**
(1) 癒合名詞（前・後部とも二拍以下の語）
　──外来語単純名詞の法則（9）に準じる。

　　ワンマン　　　　ネクタイ

(2) 結合名詞──後部が平板型・頭高型の語は，後部の第一拍まで，中高型のものはアクセントの高さの切れめまで高い。

テーブル	→	メーンテーブル
アルコール	→	メチルアルコール
テレビ	→	カラーテレビ
ケーキ	→	ホットケーキ
クリーム	→	アイスクリーム
スイッチ	→	タイムスイッチ

　但し，後部が二拍語で最後の拍が撥音（ン），引き音（ー）などで終る複合の度合の強い語は，後部の第一拍から下がる傾向がみられる。

ホームラン	クリームパン
セールスマン	サンドイッチマン
ハーブティー,	ハーブティー
ドライブイン,	ドライブイン
パトカー,	パトカー

注① 但し，拍数が多くなると，アクセントが前にずれる傾向がある。

注② 但し，新しく入った語などで日本語化していないもの，及び外国語に親しい人の発音には，もとの強めのアクセントを高く変えて発音する傾向が強いが，慣用のもの以外はいちいちの注記を省略した。

ペンパル	イヤリング
ガードマン	

注③ 古く入った語や日常頻繁に使われている語の中には，平板化しているものがある。

フライパン	ライトバン
クリームパン	ボールペン

Ⅱ　**日本語＋外来語　の形**
(1) 癒合名詞（前・後部とも二拍以下の語）
　──平板型になりやすい。

トバス（都 bus）	ワゴム（輪 gom）
トシガス（都市 gas）	ムシピン（虫 pin）
カシパン（菓子 pão）	フデペン（筆 pen）

(2) 結合名詞──Ⅰの(2)に準じる。

ガラス	→	マドガラス　　（窓 glas）
アイロン	→	デンキアイロン（電気 iron）
ガス	→	タンサンガス　（炭酸 gas）
クリーム	→	ナマクリーム　（生 cream）

キタアメリカ	デンシレンジ
キタアルプス	トーナンアジア

Ⅲ　**後部がローマ字読みのもの**──末尾のローマ字のアクセントに従う。但し，ローマ字二字で四拍の語には平板型になるものもある。

オービー（OB）	ジーアイ（GI）
ピーティーエー（PTA）	シーディー（CD）
サンディーケー（3DK）	ニジー（ⅡC）
ワイエムシーエー（YMCA）	
エスエフ（SF）	エルエル（LL）

注④ ローマ字のつづり読みは，拍数により外来語単純名詞の法則に準じる。（9参照）

　　ユネスコ, ユネスコ（UNESCO）

17　三つ以上の語が複合した結合名詞

Ⅰ　**後部がすでに複合語の場合**──結合名詞

のアクセントに似るが，後部が平板型・尾高型の語は後部名詞のアクセントを生かす。但し，拍数が多くなるとアクセントの高さの切れめが前にずれる傾向がある。（12〜16参照）

オーマツヨイグサ 大 ＋(待宵＋草)
デンキキカンシャ 電気＋(機関＋車)
トーキョーガイコクゴダイガク
　　　　　　　東京＋(外国語＋大学)
ヤスサラリーマン 安＋(サラリー＋マン)
シンニホンガミ 新＋(日本＋髪)
デンシケンビキョー 電子＋(顕微＋鏡)

II(1) 三部以上からなる語——中高型になる。但し，複合の度合の弱いものは前部のアクセントが生きて，接合文節(98)のようになる傾向がある。

イノシカチョー(猪鹿蝶)
ジョハキュー(序破急)
セツゲッカ(雪月花)
シチョーソン(市町村)
ショーチクバイ(松竹梅)

複合の弱いもの

ツキユキハナ(月雪花)
イヌサルキジ(犬猿雉)
ワガンヨー，ワカンヨー(和漢洋)

(2) 前・後部に分れにくい語——中高型になる。但し，結合名詞と区別しにくいものは両様のアクセントになる。

ヒキゲキ(悲喜劇) カンコーリ(官公吏)
カンコーチョー(官庁)
コクブンガク(国文学)
ゲンジューショ(現住所)
サンジューソウ(三重奏)
ブンガクブ，ブンガクブ(文学部)

注① 仮名三・四拍語は平板型の傾向がある。

テニハ　ドレミ　ハホト
テニオハ　コソアド

注② 仮名五拍以上の語は中高型の傾向がある。

アイウエオ　アカサタナ

注③ 外来語で三部以上からなるものが少数あるが，後部が外来語の結合名詞の法則(16

のI(2))に準じ，すべて中高型になる。

アラガルト　プレタポルテ
マンツーマン

18 対照・対立・並立する語の連なった名詞

すべてを通じて前の語のアクセントを生かす傾向があり，次の類の接合名詞のアクセントに似る。原則として連濁はしない。

I 和 語

(1) 名詞＋名詞 の形

(イ) 前部が平板型のもの——原則として平板型だが，複合の度合の強いものは，前部の最後の拍まで高い型になりやすい。

モモクリ(桃栗) ウシウマ(牛馬)
トリケモノ(鳥獣) サケサカナ(酒肴)
ウエシタ(上下) ウシロマエ(後ろ前)

(ロ) 前部が尾高型のもの——前部の最後の拍まで高い。

ツキヒ(月日) クサキ(草木)
ホネミ(骨身) イロコイ(色恋)
トシツキ(年月) ナツフユ(夏冬)
イエヤシキ(家屋敷) ユメウツツ(夢現)
▷孫子・父母・山川・骨皮…

(ハ) 前部が頭高型のもの——原則として頭高型。

テアシ(手足) カタミ(肩身)
タハタ(田畑) アメカゼ(雨風)
マエウシロ(前後ろ) ウミヤマ(海山)
▷目鼻・鶴亀・春秋・雨あられ・陰ひなた・神ほとけ

(ニ) 前部が中高型のもの——前部の語のアクセントを生かして中高型。

ジジババー(爺婆)

(2) 動詞からのもの——名詞の場合に似る。

(イ) 前部が平板式のもの——前部の最後の拍まで高い。

ネオキ(寝起き) アケタテ(開け閉て)
ウリカイ(売り買い)
ノリオリ(乗り降り)
アガリオリ(上がり下り)

アクセント習得法則 18—19

(ロ) 前部が起伏式のもの——頭高型または前部の最後の拍まで高い。

ミ̄キキ(見聞き)　デ̄ハイリ(出這入り)
ヨ̄ミカキ　(読み書き)
ス̄ギキライ(好き嫌い)
ダ̄シイレ, ダ̄ジイレ(出し入れ)
ア̄ミクイ, ノ̄ミクイ(飲み食い)

(3) 形容詞からのもの——原則として,前部の語のアクセントを生かすが,前部の最後の拍まで高い型もある。

ヨ̄シアシ, ヨ̄ジアシ(善し悪し)

(4) 形容詞の語幹からのもの——原則として頭高型。

ア̄カシロ(赤白)　タ̄カヒク(高低)
ジ̄ロクロ(白黒をつける。目を白黒する)

注① 後部のみが形容詞のものも同じ。

ア̄ルナシ(有る無し)

Ⅱ　漢語＋漢語 の形——二・三拍語は原則として頭高型。

リ̄ヒ(理非)　テ̄ンチ(天地)
ク̄ラク(苦楽)　フ̄ーウ(風雨)

四拍語はもとの意義が薄れて熟語となったものが多く,頭高型と平板型の両様。

キンギン(金銀)　サ̄ンスイ(山水)
ジ̄ンキュー(新旧)　ゼ̄ンアク(善悪)
エンキン(遠近)　ショーハイ(勝敗)
シュッケツ(出欠)　フ̄ーセツ(風雪)

注② 和語と漢語の複合したものは,おおむねⅠに準じる。

テ̄キ→テ̄キミカタ(敵味方)
ケ̄サ→ケ̄サコロモ(袈裟衣)
ア̄サ→ア̄サバン(朝晩)
ウ̄ジ→ウ̄ジスジョー(氏素姓)

注意① Ⅰ,Ⅱを通じて対照・対立・並立の意義が薄れたり,熟語となったりしたものや,五・六拍語(時に四拍語)には,平板型が出る傾向がある。

ウラオモテ(裏表がある)
ユメウ̄ツツ(夢現)
デハイリ　(出這入りの人)
ウキシズミ(人生の浮き沈み)
ス̄キキライ(好き嫌いが多い)

アゲオロシ(箸の上げ下しにも)
シロクロ　(白黒。写真・映画など)

注意② Ⅰ,Ⅱを通じて,拍数が多くなるにつれて,結合名詞の法則(12,15)に準じる傾向がある。

イエヤ̄シキ　(家屋敷)
ユメウ̄ツツ　(夢現)
オヤブンコブン(親分子分)
ギリニ̄ンジョー(義理人情)

Ⅲ　外来語＋外来語 の形——和語・漢語の場合と異なり,複合の度合が強く,結合名詞的であり,結合名詞の法則に準じる。(16参照)

プラスマイナス　ゴースト̄ップ

注意③ Ⅰ,Ⅱ,Ⅲを通じ,数詞に関するものは法則39を参照。

19 接合名詞

結合名詞よりも複合の度合の弱いもので,文節接合の法則に準じ,前の語のアクセントを生かす。但し,複合の度合の強いものは結合名詞の法則に準じる傾向がある。(法則98〜99参照)

Ⅰ　前部が動詞のもの

ト̄ブ→トブトリ(飛ぶ鳥)
ヒ̄ク→ヒ̄クテ̄(引く手)
タ̄ツ→タ̄ッセ　(立つ瀬がない)
サ̄ス→サ̄ステ(指す手)
ミ̄ル→ミ̄ルカゲ(見る影もない)

Ⅱ　前部が形容詞のもの

イ̄ィ　→イ̄ーコ　(好い子)
ナ̄キ　→ナ̄キモノ　(亡き者)
アカイ→アカイハネ(赤い羽根)
アオイ→アオイトリ(青い鳥)

Ⅲ　助動詞で連なるもの

ウカヌ→ウカヌカオ(浮かぬ顔)
キ̄ータ→キ̄ータフー(利いた風)
ミ̄タ　→ミ̄タメ　(見た目)
ク̄ワズ→クワズギライ(食わず嫌い)

例外 複合の度合の強いものは中高型になる傾向がある。

シラ̄ンカオ(知らん顔)

アクセント習得法則 19—20　　(30)

IV　前部が連体詞のもの

コノ　→ コ￣ノゴロ(此の頃)
　　　　　コ￣ノツギ, コノヅギ(此の次)
ウミノ → ウミ￣ノオヤ(生みの親)
アクル → ア￣クルアサ(明くる朝)
ワガ　→ ワ￣ガヤ(我が家)
　　　　　ワ￣ガクニ(我が国)
ドノ　→ ド￣ノコ(何の子)
イナ　→ イ￣ナモノ(異な物)

V　助詞で連なるもの——「の」「が」などで連なるもの。(法則71を参照されたい)

前部平板式

ヒノデ(日の出)　キミガヨ(君が代)
ミズノアワ(水の泡)　スズガモリ(鈴ヶ森)
ウエツガタ(上つ方)ニテヒ(似て非)

前部起伏式

ヒ￣ノコ(火の粉)テ￣ノヒラ(掌)
ハ￣ノネ(歯の根)エ￣ンノシタ(縁の下)
ナ￣ノハナ(菜の花)フ￣ジノヤマ(富士の山)
ア￣メガシタ(天が下)
ココ￣ロノハナ(心の花)
(名詞尾高型)
イ￣チノトリ(一の酉)
ト￣シノコー(年の功)
オ￣ーギノマト(扇の的)
オ￣ンナノヒト(女の人)

例外　次のようなものは，尾高型名詞に「の」が低く接続する。

チ￣チノヒ(父の日)　ツ￣ギノヒ(次の日)
ヨ￣ソノヒト(余所の人)
ミ￣ナノシュー(皆の衆)
オ￣トコノコ(=男児)　オ￣ンナノコ(=女児)

注①　IV，Vを通じ，複合の度合の強いものは，助詞まで高い中高型になる傾向がある。

「の」で連なるもの

○○￣○型——此の子・其の他・喜の字
○○￣○○型——此の度・其の人・酢の物・てのひら・二の膳・日の本・火の元
○○○￣○型——麻の葉(模様)・芦ノ湖・奥の手・柿の木・かめの子・山の手・みずのえ・つちのと

○○○○￣○型——足の裏・味の素・天の川・一ノ谷(地)・縁の下・福の神・雪の下(植物)・脇の下

「が」で連なるもの

○○￣○○○型——種子島・賤ヶ岳・檜ヶ岳・関ヶ原・霧ヶ峰
○○○￣○○型——お玉ヶ池・浅茅ヶ原・霞ヶ関・忍ヶ岡
○○○○￣○○型——美ヶ原

但し，「…ヶ谷」は助詞の前まで高い型となることが多い。

イ￣チガヤ(市ヶ谷)ゾ￣ージガヤ(雑司ヶ谷)

注②　IV，Vを通じ，前部名詞が○￣型の場合は複合が強く，後部名詞のアクセントを生かす傾向がある。(*印は○○○○型も)

ヒ￣ノタマ(火の玉)メ￣ノタマ*(目の玉)
メ￣ノマエ(目の前)メ￣ノカタキ(目の敵)
ヒ￣ノクルマ(火の車)ワ￣ガママ*(我が儘)

注③　「あくる日」「内の人」などのように，○○…型をもつ修飾語がつき，後部名詞が平板型(特に，「日」「上」「うち」「下」「人」「所」)のものは尾高型に変化する傾向がある。

ヒ　→アクルヒ￣(明くる日)
ヒ￣→ウチノヒ￣(内の人)
ハナノシタ(鼻の下)　ミズノウエ(水の上)

注④　「芦ノ湖」「関ヶ原」のような地名もこの法則に従う。

注意　名詞＋名詞は文節接合の法則に準じる(113ページからの「文節のアクセントの法則」参照)。

20　固有名詞の一般について

ここには**地名・国名・姓・名・人名・会社名**などの固有名詞の類を含めた。固有名詞は普通名詞とアクセントの傾向や法則の異なるものがあるので，別に示すこととした。

I　普通名詞の型にくらべ，型の種類が少ない。例えば，尾高型，○…○○型が少ないなど。

II　転成したものは，もとのアクセントを変

えないものが多いが、一定の形をもつものは、規則的に固有名詞の型にはめこんで変化してゆく傾向がある。

注① 外来語は外来語名詞の法則(**9,16**)に準じるが、外来語名詞に多い新しい平板化現象は固有名詞には少ない。「北アメリカ」「東南アジア」などの複合語は便宜上、法則**16**に送った。

注② 固有名詞に「川」「山」「市」「県」「寺」「会社」「大学」「屋」など、普通名詞または接尾辞がついて、複合固有名詞をつくるものは、結合名詞及び接尾辞のアクセント法則に準じるので、便宜上各項に送り、ここでは省略した。
　例えば、「隅田川」「三宅島」「日本橋」「かぐや姫」「麹町」「箱根山」は法則**12**に、「京都市」「埼玉県」「文部省」「東京湾」は法則**14**に、「千駄ヶ谷」「一ノ谷」「高田馬場」は法則**19**に送るなど。

注③ 固有名詞が普通名詞に転成したものは、ほとんどアクセントが変化しないので、転成名詞或いは固有名詞の番号を省略したものが多い。

注④ 動植物名を含め、擬人語は「姓」「名」の法則に準じるので、それぞれの項に送った。例えば、犬名の「ポチ」、猫名の「タマ」は法則**23**に、普通名詞の「三助」「佐助」は法則**25**に、「小言幸兵衛」「平気の平左」は法則**27**に送るなど。

21 地　名

全般的に **姓** のアクセント法則(**22**)に準じる。本文の見出しは、都道府県名・県庁所在地名・旧国名・名所旧跡などを中心に、多用される地名を掲げた。東京アクセントで発音されることが望ましい東京都区内に限り、区名(旧区名を含む)、主要駅名などを示した。
東京以外の地名は地元のアクセント及び発音と一致しないことが多い。「名古屋」は東京で **ナゴヤ**、地元では **ナゴヤ**、静岡県の「富士川」も東京は **フジガワ**、地元は **フジカワ**

である。本書ではあまりに複雑になるため、地元のアクセントは割愛し東京語のアクセントのみ掲げたが、地元では地元の発音・アクセントで発音することが望ましい。

日本の地名

I　単純語・癒合語

(1)　普通地名

(イ) 一・二拍語は、ほとんど頭高型。

ツ(津)	クレ(呉)	イセ(伊勢)
ウジ(宇治)	サガ(佐賀)	シガ(滋賀)
ズシ(逗子)	ナダ(灘)	ナハ(那覇)
ナラ(奈良)	ハギ(萩)	ミエ(三重)

但し、「江戸」「水戸」「岐阜」「三田」などは平板型。「千葉」は古くは尾高型だが、現在はほとんど頭高型に変化した。

(ロ) 三拍語では平板型と頭高型のいずれか。

コーフ(甲府)	シブヤ(渋谷)
ハコネ(箱根)	マツエ(松江)
アタミ(熱海)	オーツ(大津)
コーベ(神戸)	ツガル(津軽)
ナゴヤ(名古屋)	ナリタ(成田)

府県名は、ほとんど頭高型。

アイチ(愛知)	アキタ　(秋田)
イワテ(岩手)	キョート(京都)
グンマ(群馬)	トヤマ(富山)

▷愛媛・香川・高知・島根・兵庫・宮城

但し、「栃木」「長野」は古くは尾高型だが、現在ほとんど頭高型に変化した。「福井」は平板型と**c.**による中高型の両様。

(ハ) 四拍語では○○○○型が多いが、平板型も。

カナザワ　(金沢)	タカマツ(高松)
マツヤマ(松山)	モリオカ(盛岡)
トーキョー(東京)	ヨコハマ(横浜)
オーサカ　(大阪)	カワサキ(川崎)

県名は○○○○型の方が平板型よりやや多い。

アオモリ　(青森)	オカヤマ(岡山)
カナガワ(神奈川)	ヤマナシ(山梨)

▷茨城・静岡・長崎・福岡・福島・宮崎・山形・山口・和歌山(徳島は**c.**に

アクセント習得法則 21

より **ト⌐クシマ**）
ニー⌐ガタ（新潟）　　**ヒロ⌐シマ**（広島）
▷石川・沖縄・鹿児島・熊本・鳥取
但し、「埼玉」「大分」は平板型と頭高型の両様。

注 東京人がよく使う東京及び近接の地名には以下のように平板型が多い。

▷江戸・三田… 麻布・上野・王子・神田・銀座・下谷・渋谷・千住・築地・中野・練馬・羽田・晴海・日比谷・本所・三鷹・四谷・代々木… 赤羽・浅草・江戸川・大久保・大塚・大森・荻窪・国立・駒込・品川・不忍・芝浦・新宿・杉並・世田谷・高輪・西荻・日暮里・深川・両国…
但し、三拍語の中には以下のように頭高型のものもある。

▷恵比寿・蒲田・巣鴨・田端・千代田・根岸・目黒
但し、四拍語の「青山」「赤坂」「板橋」「蔵前」は○⌐○○○型。

(2) 旧国名

(イ) 二拍語・三拍語は多く頭高型。そのほかも、現在ほとんどが頭高型に変化しつつある。

イ⌐セ（伊勢）　**カ⌐ガ**（加賀）　**ア⌐ト**（能登）
▷安芸・阿波・安房・伊賀・壱岐・伊予・隠岐・甲斐・紀伊・佐渡・志摩・飛騨・陸奥…

ア⌐ワジ（淡路）　　**オ⌐ーミ**（近江）
▷出雲・河内・丹波・長門・日向・豊前・武蔵・大和・若狭…
古くからの尾高型は頭高型に転向中。
トサ→ト⌐サ（土佐）　**ミ⌐ノ→ミ⌐ノ**（美濃）
オワリ→オ⌐ワリ（尾張）
ミカワ→ミ⌐カワ（三河）
▷肥後・上総・熊野・薩摩・讃岐・信濃・駿河・摂津・吉野
但し、「筑後」は尾高型からc.により中高型と新しい傾向の頭高型へ、「越後」は尾高型から中高型・頭高型へ転向中。

(ロ) 四拍語は○⌐○○○型が多い。

ミ⌐マサカ（美作）　　**チ⌐クゼン**（筑前）
▷越前・下野・陸前
古くからの尾高型・平板型は○○⌐○○型に変化しつつある。

ヤマ⌐シロ、ヤマ⌐シロ→ヤ⌐マシロ（山城）
▷岩代・下総
但し、「越中」「備中」「陸中」「琉球」は○○⌐○○型、「大隅」「上野」は頭高型。

Ⅱ **結合語**——結合名詞の法則（12〜15）に準じる。

トコロ⌐ザワ（所沢）、**イケ⌐ブクロ**（池袋）、**ヒ⌐ライズミ**（平泉）など。

Ⅲ **接合語**——後部普通名詞の接合語がほとんどで、接合名詞の法則（19）に準じる。これらは便宜上接合名詞に送り、ここでは省略する。

「お茶の水」「佐渡ヶ島」「高田馬場」など。

注意① 「川」「橋」「山」の名などから転成した地名は、もとのアクセントに準じるので、ここでは省略する。

「旭川」「日本橋」「東山」など。

注意② 普通名詞、接尾辞などがついてできたものは、普通名詞の法則に準じるので、ここでは省略する。

「大手町」「千葉県」「横浜市」など。

外国の地名

(1) 中国・東洋など、漢語の地名・国名は、漢語癒合名詞の法則（7,8）に準じ、原則として頭高型となる。

ゴ⌐（呉）　　　**ソ⌐**（楚）　　　**タ⌐イ**（泰）
カ⌐ン（漢・韓）　**ゲ⌐ン**（元）　　**ト⌐ー**（唐）
イ⌐ンド（印度）　**セ⌐イアン**（西安）

(2) 片仮名で表わす地名・国名は、外来語名詞の法則（9,16）に準じる。二・三拍語は頭高型、多拍語のうち古く入った地名は平板型が多いが、その他は終りから三拍めまで高い中高型が多い。但し、その拍が特殊な拍の場合は前の拍にずれる。

ジャ⌐バ、パ⌐リ、カ⌐ナダ、ス⌐イス、ハ⌐ワイ、ロ⌐シア
イギ⌐リス、イタ⌐リア、エジ⌐プト、フランス、

アクセント習得法則 21－22

ポルトガル
スペイン, チベット, ネパール
ニューヨーク, ヨーロッパ, ワシントン,
スウェーデン

22 姓

複合語と一般名詞・地名からの転成語とがある。この中には，複合語とみるか転成語とみるか，区別のつきにくいものもあるが，便宜上いずれか習得しやすい方に含めた。

I 癒合語──後部の語によって，全体のアクセントが定まる傾向がある。

(1) 二拍語──平板型と頭高型がみられる。
- (イ) 後部が「田」「野」「賀」「我」の複合語は多く平板型。
  - ▷ 小田・織田・佐田・須田・津田・戸田・三田・和田…
  - 宇野・小野・佐野・瀬野・日野・真野・矢野…
  - 古賀・志賀・芳賀… 曾我・蘇我…
- (ロ) 後部が「井」「木」の複合語は頭高型。
  - ▷ 伊井・田井・由井… 乃木・三木・真木…

(2) 三拍語
- (イ) 後部が「井」「木」「田（ダ）」「沢」「島」の複合語は比較的平板型が多い。
  - ▷ 浅井・荒井・石井・今井・河井・武井・松井・安井…(但し，酒井・永井・三井などは頭高型)
  - 青木・鈴木・高木・並木・松木…(但し，荒木・植木などは頭高型)
  - 飯田・池田・石田・上田・植田・内田・岡田・奥田・神田・幸田・真田・島田・下田・竹田・土田・中田・福田・本田・前田・増田・松田・安田・山田・吉田…(但し，原田・黒田などは頭高型)
  - 小沢・田沢・湯沢… 木島・小島・三島…
- (ロ) 後部が「田（ダ）」「野」「上（カ・ガ）」「川」「口」「崎」「山」のものは比較的頭高型が多い。
  - ▷ 秋田・生田・窪田・久保田・坂田・柴田・滝田・富田・藤田・水田・森田…(但し，太田・永田・村田などは平板型)

上野・大野・永野・牧野・森野・吉野…
(但し，浅野は平板型)

根上・野上・三上…

阿川・田川・戸川・湯川…

田口・野口・樋口…

江崎・尾崎・田崎・矢崎…

木山・小山・佐山…

(3) 四拍語
- (イ) 後部が「上（カ）」「川（ガワ）」「沢」「島」「本」「山」の複合語は，比較的平板型が多い。
  - ▷ 川上・村上・山上…
  - 赤川・北川・笹川・品川・滝川・長谷川・宮川・柳川…(但し，徳川・中川などは○○○○型)
  - 滝沢・中沢・福沢…
  - 大島・川島・倉島・築島・中島…
  - 岩本・岡本・川本・坂本・橋本・宮本・松本・山本…(但し，杉本・吉本などは○○○○型)
  - 石山・内山・大山・片山・杉山・高山・遠山・中山・丸山…(但し，秋山・横山などは○○○○型)
- (ロ) 後部が「内」「川（カワ）」「口」「崎」「下」「永」「橋」「原」「森」の複合語は，多く中高型。(○○○○型)
  - ▷ 竹内・松内・宮内…
  - 黒川・鶴川・古川・細川・山川・花川…は○○○○型。
  - 秋川・市川・立川・夏川・西川・安川・吉川きちかわ・よしかわ…はc.により○○○○型。(但し，浅川・荒川・石川などは平板型)
  - 川口・関口・山口… 岡崎・谷崎・山崎…
  - 杉下・松下・山下… 富永・松永・森永…
  - 倉橋・高橋・松橋… 上原・中原・松原…
  - 杉森・竹森・藤森…

注① 前部の語が漢語のものや第二拍が特殊な拍の四拍語は，頭高型と平板型のいずれかになる。
- 頭高型 ▷ 安藤・遠藤・本藤・東郷・本郷・西条・中条・東条・藤堂など。
- 平板型 ▷ 斎藤・内藤・北条ほうじょうなど。

II 結合語──規則的。結合名詞の法則(12

アクセント習得法則 22—23　　　(34)

付

～15)に準じる。多く中高型。

アクダガワ(芥川)　サクラガワ(桜川)
オーバヤシ(大林)　ワカバヤシ(若林)
サカキバラ(榊原)　オーガワラ(大河原)
マツダイラ《古は マツダイラ》(松平)

Ⅲ　**接合語**——接合名詞の法則(19)に準じる
が，複合の度合が強く，前部のアクセント
にかかわらず中高型になるものが多い。

タケノウチ(武内)
ヤマノウチ(山内)
コーノイケ《古は コーノイケ》(鴻池)

Ⅳ　**転成語**——規則的。(複合名詞の転成は，
便宜上Ⅰ，Ⅱ，Ⅲに含めた)

(1) 二拍語は多く頭高型。

イケ(池)　イセ(伊勢)　オカ(岡・丘)
オキ(沖)　カモ(鴨・賀茂)　キド(木戸)
クボ(久保・窪)　シバ(芝)　シマ(島)
スギ(杉)　セキ(関)　セト(瀬戸)
タキ(滝)　タニ(谷)　ツル(鶴)　ニシ(西)
ネズ(根津)　ハタ(畑・秦)　ホシ(星)
キシ，c.により キシ(岸)

　但し，「伊達」「辻」「馬場」「堀」「森」など
は平板型。うち，「堀」「森」は現在頭高型に
も。また，「木戸」「芝」「久保」は現在平板
型にも。

(2) 三拍語は多く頭高型。

アズマ，ヒガシ(東)　　　カツラ(桂)
タイラ(平)　ミナト(湊)　ミナミ(南)
ヤナギ(柳)　ウエキ(植木)　シマネ(島根)
シミズ(清水)　ミヤギ(宮城)
c.により ツツミ(堤)

　但し，「林」「小川」などは平板型。

注②「紀ノ」「千ノ」「平ノ」「源ノ」など「の」
がついて名前に続くものは，「の」がつかな
い型のアクセントを生かし，「の」は平らに
接続する。

ソガ(曾我)　→ ソガノ
セン(千)　→ センノ
タイラ(平)　→ タイラノ
フジワラ(藤原)→ フジワラノ
ミナモト(源)　→ ミナモトノ

注③ 外国人の姓は外来語名詞の法則(9)に準

じる。但し，中国・韓国(から)人名の日本読み
は頭高型になる。

リ，イー(李)　オー(王)
キン，キム(金)　チン(陳)

カタカナで表わす姓は以下のようになる。
二・三拍語は原則として頭高型になる。

ショー，ゲーテ，ゴッホ，ショパン，
スミス，ニーチェ，ネール，バッハ，
マチス，ルソー，ルター，ロダン，
ピカソ(c.による)…

四拍語では特殊拍を含むものが多く，原則
として頭高型だが，まれに中高型(○○○○
型)もみられる。

エジソン，ガンジー，キューリー，
ザルトル，ダーウィン，チャーチル，
ニュートン，マルクス，メンデル，
デカルト，ドゴール…

五拍以上の語では頭高型が多いが，それ以
外は後ろから三拍めまで高い中高型になるこ
とが多い。但し，そこが特殊な拍の場合は原
則として前の拍にずれる。

シューベルト，シューベルト，
クレオパトラ

23　単純語・転成語の 男・女子名 (擬人名などを含む)

規則的である。

Ⅰ　**一・二拍語**——すべて頭高型。(「千恵」
「美代」などの二字二拍の女子名は，便宜上
ここに含めた)

アヤ(文・綾)　キヨ(清)　タエ(妙)
ツル(鶴)　ハナ(花)　フミ(文)
モモ(桃)　ユキ(雪)　ユミ(弓)
キ(毅)　カン(寛)　ケン(謙・賢・健)
ジュン(純・潤・淳)　テツ(哲)
サヨ(小夜)　スミ(寿美)　チエ(千恵)
ミヨ(美代)　ヤエ(八重)　テル　マリ
タマ　ポチ

Ⅱ　**三拍以上の語**

(1) **名詞から**——もとのアクセントを生かす。

イワオ　(巌)　カスミ(霞)

サナエ　(早苗)　トキワ (常磐)
トモエ　(巴)　　マコト (誠)
ミサオ　(操)　　ヤヨイ (弥生)
バショー (芭蕉)　ヒバリ (雲雀)
イズモ　(出雲)　ミドリ (緑)
タマキ　(環)　　チドリ (千鳥)
サザエ　(栄螺)　例外　サクラ (桜)

(2) 動詞から——すべて平板型。

イサム (勇)　　　カオル (薫)
シゲル (茂・滋)　ススム (進・晋)
タケル (武・猛)　タモツ (保)
トール (透・徹)　ノボル (登・昇)
ハジメ (一・肇)　マサル (勝・優・賢)
マモル (守・護)　ミノル (実・稔)

(3) 形容詞・形容動詞から——すべて頭高型。

キヨシ (清)　　　　　アキラ (明・章)
タカシ (孝・隆)　　　サヤカ
タケシ (武・健・猛)　シズカ (静)
タダシ (正)　　　　　ハルカ (遥)
ヒロシ (弘・寛・比呂志)　ユタカ (豊・裕)
ヤスシ (靖・也寸志)

注　外国人名は外国語名詞の法則 (9) に準じる。
二・三拍語は原則として頭高型。

イブ, ジョン, アダム, アンネ, カント,
ジョージ, ダンテ, マリア, マリー

四拍以上の語は多く頭高型か中高型になることが多い。

24 癒合語の 男・女子名

漢字二字を原則とする。後部成素の一定していない結合語・接合語も、便宜上ここに含めた。

I 和語

(1) 三拍語——ほとんど男子名で頭高型。

カツミ (克巳)　ヒデキ (秀樹)
ヨシト (義人)　マブチ (真淵)
アヤカ (文香・綾香。女子名)

但し、カタカナ・ひらがなで用いられるような女子名には平板型が現われる。

ヒロミ　ナオミ　マスミ

(2) 四拍語——多く中高型。(○○○○型)

ノブツナ (信綱)　シゲナリ (重成)
ヒロブミ (博文)　トキマサ (時政)
マサミチ (政道)　マサムネ (正宗)
タカモリ (隆盛)　ナリヒラ (業平)
ヒデヒラ (秀衡)　マサユキ (正幸)

但し、古くからの名、特に名乗りや、画家・文人などの名には、平板型が多い。だが現在それらも ○○○○型 に変化しつつある。

キヨマサ (清正)　マサシゲ (正成)
マサツラ (正行)　マサカド (将門)
イエヤス → イエヤス (家康)
ノブナガ → ノブナガ (信長)
ノリナガ → ノリナガ (宣長)
ヒデヨシ → ヒデヨシ (秀吉)
ヒロシゲ → ヒロシゲ (広重)

注① 但し、「朝」のつく四拍語は平板型。

ヨリトモ (頼朝)　サネトモ (実朝)
ヨシトモ (義朝)　タメトモ (為朝)

注② 後部が三拍以上の語は中高型になり、ほぼ結合名詞の法則 (12) に準じる。

ナリアキラ (斉彬)　ヨシアキラ (嘉明)
タマニシキ (玉錦)　サダヤッコ (貞奴)

注③ 助詞「…が…」「…の…」で複合した力士名などは、複合の度合が強く、接合名詞の法則 (19) の注①に準じる。

アキノウミ (安芸ノ海)
ホキノイチ (保己一)
デワガタケ (出羽嶽)

II 漢語

(1) 二拍語——まれだが、すべて頭高型。

サリ　(佐理)　ソラ (曾良)
キョシ (虚子)　ロカ (蘆花)

(2) 三拍語——頭高型が多い。

カフー　(荷風)　ソホー　(蘇峰)
キョライ (去来)　シャラク (写楽)
ソライ　(徂徠)　ブソン　(蕪村)
ギョーキ (行基)　ソーギ　(宗祇)
トージュ (藤樹)　ケイキ　(慶喜)

但し、古くからの名、特に画家・文人・芸人などの名には平板型が多い。だが現在それらも頭高型に変化しつつある。

アクセント習得法則 24—25

キカク(其角)　　キセン(喜撰)
サンバ(三馬)　　バキン(馬琴)
テイカ →テイカ (定家)
オーキョ →オーキョ(応挙)
イック →イック(一九)
リキュー →リキュー(利休)

(3) **四拍語**——二拍めはほとんど引き音・撥音・二重母音副音などで頭高型。その他は○○○○型になる。

オーガイ 　(鷗外)　　トーソン(藤村)
ザイギョウ(西行)　　ザイカク(西鶴)
シュンゼイ(俊成)　　ベンケイ(弁慶)
チクデン 　(竹田)
ニチレン、ニチレン(日蓮)

　頭高型　▷海舟、空海、宗因、道鏡、
　　　　　道元、法然、栄西（ようさい）、良寛…
　　　　　契沖、西行、最澄（さいちょう）…
　　　　　雪舟、鉄舟…
　　　　　隠元、運慶、鑑真（がんじん）、金時、
　　　　　俊寛、親鸞（しんらん）…

但し、画家・文人・芸人などの名には平板型、○○○○型も多くみられるが、現在それらも頭高型に変化しつつある。

ギョクショー(玉章)
テイトク→テイトク(貞徳)
バイコー(梅幸)　　リューキョー(柳橋)
エンショー(円生)　　エンチョー(円朝)
シンショー(志ん生)　　ランチョー(蘭蝶)

25 決まった単純語を後部とした男・女子名（擬人名などを含む）

　結合語。後部によって全体のアクセントが定まる。規則的。
I 平板型・尾高型をつくる傾向のもの
(1) 次のものがつくと平板型になる。
(イ) …江,…枝,…恵　　…代,…世
　　…夫,…男,…雄　　…也,…弥,…哉
マサエ 　(正江)　　カズエ(和枝)
マサヨ 　(正代)　　カズヨ(和世)
マサオ 　(正夫)　　カズオ(一男)
リキヤ 　(力弥)　　クーヤ(空也)

チューヤ(忠弥)　　ブンヤ(文弥)
　但し、「…ヤ」の一般男子名は、現在頭高型に変化した。
ナオヤ→ナオヤ(直哉)
マサヤ→マサヤ(正也・正哉)
カズヤ(和也)　　タクヤ(拓哉)

(ロ) …平　　…内
カンペイ(勘平)　　サンペイ(三平)
ゲンナイ(源内)　　バンナイ(伴内)
　但し、前部一拍語は頭高型。
ゴヘイ(五平)　　タヘイ(太平)
サナイ(左内)

(2) 次のものがつくと、前部二拍語は平板型・尾高型・○○○○型の三様となる。
(イ) …吉　…作　…六　…七　…八
サンキチ, サンキチ, サンキチ(三吉)
シンサク, シンサク, シンサク(晋作)
　▷長吉・保吉・甚六・半七・新七・権八・又八…
　但し、助六, 宿六, 抜作（ぬけさく）の類は平板型のみ。
　但し、前部一拍語は平板型。
モキチ(茂吉)　　ヨサク(与作)
サシチ(佐七)　　ヤハチ(弥八)

(ロ) …一, …市　　…松
カンイチ, カンイチ, カンイチ(貫一)
センマツ, センマツ, センマツ(千松)
　但し、前部一拍語は頭高型。
ヤイチ(八一)　　ヨイチ(与一)
タイチ(太市)
　但し、前部二拍が和語の場合、○○○○型になる傾向がある。
ヒサマツ(久松)　　ミキマツ(三亀松)
サワイチ(沢市)

(3) 次のものがつくと、前部二拍語は平板型・○○○○型の両様となる。
(イ) …三, …蔵, …造
タツゾー, タツゾー(達三)
マンゾー, マンゾー(万蔵)
ワカゾー, ワカゾー(若造)
　前部一拍語も同様。
ヤゾー, ヤゾー(弥蔵)

(37)　アクセント習得法則 25−26

(ロ) …郎

イチロー, イチロー	（一郎）
サブロー, サブロー	（三郎）
ロクロー, ロクロー	（六郎）
シチロー, シチロー	（七郎）
ハチロー, ハチロー	（八郎）
ジューロー, ジューロー	（十郎）

但し、前部一拍語は頭高型。

タロー（太郎）	ジロー（二郎・次郎）
ゴロー（五郎）	ジロー（四郎・司朗）
クロー（九郎）	

II　頭高型・中高型をつくる傾向のもの

(1) 次のものは前部二拍以下の語につき頭高型をつくるのが普通だが、前部三拍以上の語につくときは、前部の最後の拍まで高い。

(イ) …子　…香　…吾　…二, …次, …治　…太

ハナコ（花子）	ミチコ（道子・美智子）
アヤカ（彩香）	フミカ（文香）
ゲンゴ（源吾）	ユメジ（夢二）
コージ（浩二）	ケンジ（賢治）
ザンタ（三太）	ゼンタ（善太）
サクラコ（桜子）	サダンジ（左団次）(a.)

(ロ) …兵衛

ヨヘー（与兵衛）	タヘー（太兵衛）
マタベー（又兵衛）	チューベー（忠兵衛）
ゴンベー（権兵衛）	
ゲンゴベー（源五兵衛）	
サブロベー（三郎兵衛）	

(ハ) …斎

ユーサイ（幽斎）	アンサイ（闇斎）
ガンサイ（寛斎）	ロクムサイ（六無斎）
イットーサイ（一刀斎）(a.)	
イチリューサイ（一龍斎）(a.)	

但し、古くからの文人・画家などの四拍語の名には平板型、○○○○型が多いが、現在では頭高型に変化しつつある。

ホクサイ, ホクサイ→ホクサイ（北斎）
テッサイ　　　　→テッサイ（鉄斎）

(2) 次のものがつくと、前部の最後の拍まで高い型になる。

(イ) …彦

ウミヒコ（海彦）　　タネヒコ（種彦）
ハルヒコ（春彦）　　フミヒコ（文彦）
サルタヒコ（猿田彦）

(ロ) …丸　…麿, …麻呂

ヒヨジマル（日吉丸）
ヒカワマル（氷川丸）
タムラマロ（田村麻呂）
ウシワカマル（牛若丸）

但し、前部二拍以下の語は平板型。

キクマル（菊丸）	ウタマロ（歌麿）
ランマル（蘭丸）	ヒトマロ（人麿）
セミマル（蟬丸）	ゼンマロ（善麿）

(ハ) …助, …介, …輔

イマスケ（今輔）	タカスケ（高助）
フクスケ（福助）	ワビスケ（侘助）

但し、前部一拍の語は平板型、前部漢語二拍の語は頭高型。また、前部三拍以上の語は、前部の最後の拍まで高い。

タスケ　　（太助）	サスケ　　（佐助）
キョースケ（京助）	ショースケ（庄助）
ザンスケ（三助）	デンスケ（伝助）
ネボスケ（寝坊助）(d.)	
サブロースケ（三郎助）(a.)	

注① 阿弥(彌)陀号の「阿弥(彌)」のつく名は三拍・四拍語ともに平板型となる。

ゼアミ　　（世阿彌）	カンアミ（観阿彌）
ソーアミ（相阿彌）	モクアミ（黙阿彌）
ラクアミ（楽阿彌）	

ちなみに、世阿、観阿と略す時は頭高型となる。

注② 力士名の「…山」「…川」「…嶽」などは、便宜上結合名詞の法則に送った。(**12**参照)

26　複合語を後部とした 男・女子名

結合語。後部によって全体のアクセントが定まる。規則的。

I　後部が …郎 の形のもの

(1) 後部三拍語は前部によりアクセントが変化し、前部一拍語は平板型に、前部二拍語は前部の最後の拍まで高い型になる。

アクセント習得法則 26　　　　　(38)

(イ)　…太郎　…四郎　…九郎

ヨタロー(与太郎)**モモタロー**(桃太郎)
ヨシロー(与四郎)**サダクロー**(定九郎)
　　但し、前部第二拍が引き音・撥音・二重母音副音の場合は平板型。
コータロー(光太郎)**コーシロー**(幸四郎)
トークロー(藤九郎)**キンタロー**(金太郎)
サンシロー(三四郎)**ゲンクロー**(源九郎)
ケイタロー(啓太郎)**ヘイクロー**(平九郎)

(ロ)　…二郎、…次郎

ヨジロー(与次郎)**マサジロー**(政二郎)
ヤジロー(弥次郎)**オトジロー**(音二郎)
　　但し、前部第二拍が引き音・撥音・二重母音副音の場合は頭高型。
ヨージロー(洋次郎)**キンジロー**(金次郎)
ユージロー(裕次郎)**ガンジロー**(鴈治郎)

(ハ)　…五郎

ヨゴロー(与五郎)**ハチゴロー**(八五郎)
コゴロー(小五郎)**ムツゴロー**(鯥五郎)
　　但し、前部第二拍が引き音・二重母音副音の場合は頭高型、撥音の場合は平板型。
ソーゴロー(宗五郎)**エイゴロー**(英五郎)
チョーゴロー(長五郎)**ダイゴロー**(大五郎)
ゲンゴロー(源五郎)**サンゴロー**(三五郎)
例外　但し、歌舞伎芸名の「菊五郎」「染五郎」「三津五郎」などは平板型。

(2)　後部四拍語は前部によるアクセントの変化がなく、後部によって定まる。
(イ)　すべて平板型。　…十郎
トミジューロー(富十郎)
セイジューロー(清十郎)
トージューロー(藤十郎)
ダンジューロー(団十郎)
(ロ)　後部第二拍及び第一拍まで高い型の両様。
　　…一郎　…六郎　…七郎　…八郎　…吉郎
ジュンイチロー, ジュンイチロー
　　　　　　　　　　　　　(潤一郎)
ヘイハチロー, ヘイハチロー(平八郎)
トーキチロー, トーキチロー(藤吉郎)
(ハ)　後部第一拍まで高いが、前部が特殊拍で連濁した時は平板型。　…三郎

ヨザブロー　　(与三郎)
コザブロー　　(小三郎)
シバザブロー　(柴三郎)
マゴザブロー　(孫三郎)
ダイザブロー　(大三郎)
リューザブロー（竜三郎）
カンザブロー　(勘三郎)
ゲンザブロー　(源三郎)

II　…之…　の形の複合語
(1)　「之」まで高い。　…之丞
ユキノジョー(雪之丞)
キクノジョー(菊之丞)
(2)　前部が一・二拍語は平板型。三拍以上の語は「之」まで高い。(表記では「之」を省くことも多い)
　　　…之介、…之助、…之輔
ヨノスケ（世之介）**タノスケ**(田之助)
クラノスケ(内蔵助)**シカノスケ**(鹿之助)
リューノスケ　(龍之介)
エンノスケ　(猿之助)
ウラミノスケ（恨之介）
コーズケノスケ(上野介)

III　…右衛門、…左衛門、…太夫　の形のもの
　　前部一・二拍語は多く平板型。但し、前部二拍語は、後部の第一拍まで高い型もある。前部が三拍以上の語、及び全般的な新しい傾向としては、後部第一拍まで高い型になる。

(1)　…右衛門　…太夫(大夫)
ゴエモン(五右衛門)**ヨエモン**(与右衛門)
クダユー(九太夫)　**ギダユー**(義太夫)
ツナタユー(綱大夫)
モジタユー(文字太夫)
キチエモン, キチエモン(吉右衛門)
エンジュダユー　(延寿太夫)
サンショーダユー(山椒太夫)
　　但し、前部第二拍が引き音・撥音・二重母音の場合は頭高型。なお、新しい傾向では中高型。
ガンエモン → カンエモン (勘右衛門)
ヘイエモン → ヘイエモン(平右衛門)
サンダユー → サンダユー (三太夫)

(39)　　アクセント習得法則 26—27

付

(2) …左衛門

　ドザエモン(土左衛門)
　ヒコ**ザエモン**→ヒ**コザエモン**(彦左衛門)
　タローザエモン(太郎左衛門)

　但し、前部第二拍が引き音・二重母音の場合は頭高型、撥音の場合も頭高型だが、まれに平板型の場合もある。なお、新しい傾向では中高型。

　トーザエモン→**トーザエモン**(藤左衛門)
　モンザエモン→**モンザエモン**(門左衛門)
　ヘイザエモン→ヘ**イザエモン**(平左衛門)

27 複合の人名

　続けて発音する場合には、前部と後部をはっきり区切っていう場合(分離語)と、複合部で切れず、前部のアクセントを生かしていう場合(接合語)と、前部のアクセントにかかわりなく、後部のアクセントの高さの切れめまで高くいう場合(結合語)とがある。おおむね文節の法則(97〜99)に準じる。

I　姓＋名 の形

　「姓」と「名」を離して発音する場合と、区切らずに発音する場合とあり、ほぼ文節の法則に準じる。分離する時は、「姓」も「名」も単独の場合のアクセントと同じで問題ないので、本文では番号を省略した。区切らないときは「姓」と「名」のアクセントで複合のしかたが異なる。

(1) **分離した場合**——次のようになる。

　(イ)「名」が頭高型のもの
　　ヤマダ・タロー　　（山田太郎）
　　ヤマシタ・タロー　（山下太郎）
　　タムラ・タロー　　（田村太郎）

　(ロ)「名」が中高型のもの
　　ヤマダ・カズヒコ　（山田一彦）
　　ヤマシタ・カズヒコ（山下一彦）
　　タムラ・カズヒコ　（田村一彦）

　(ハ)「名」が平板型のもの
　　ヤマダ・マサオ　　（山田正男）
　　ヤマシタ・マサオ　（山下正男）
　　タムラ・マサオ　　（田村正男）

　(ニ)「名」が尾高型のもの
　　ヤマダ・コーイチ　（山田孝一）
　　ヤマシタ・コーイチ（山下孝一）
　　タムラ・コーイチ　（田村孝一）

(2) **複合した場合**——次のようになる。

　(イ)「名」が頭高型・中高型の場合には、「名」のアクセントの高さの切れめまで高い。
　　（　）内は、分離して発音する場合が多く、複合して発音することが少ないもの。

　　ヤマダタロー　　**ヤマダカズヒコ**
　　（**ヤマシタダロー**）（**ヤマシタカズヒコ**）
　　（**タムラタロー**）　（**タムラカズヒコ**）

　(ロ)「名」が平板型、及び尾高型の場合には、
　　(i)「姓」が平板型ならば、全体が一つの平板型及び尾高型になる。

　　　ヤマダマサオ　**ヤマダコーイチ**

　　(ii)「姓」が起伏式ならば、「姓」のアクセントの高さの切れめまで高い。

　　　ヤマシタマサオ　**ヤマシタコーイチ**
　　　タムラマサオ　　**タムラコーイチ**

注① 歴史的な人物・有名人などで、「姓」と「名」を続けて発音する場合の多いものは複合の度合が強い。例えば(2)(イ)の傾向が強い。

　　アシカガ・タカウジ→**アシカガタカウジ**
　　　　　　　　　　　　　　　　（足利尊氏）
　　ナガイ・カフー→**ナガイカフー**
　　　　　　　　　　　　　　　　（永井荷風）

　また、「名」が平板型の場合、最後から三拍めまで高くなる傾向がある。

　　トクガワ・イエヤス→**トクガワイエヤス**
　　　　　　　　　　　　　　　　（徳川家康）
　　トヨトミ・ヒデヨシ→**トヨトミヒデヨシ**
　　　　　　　　　　　　　　　　（豊臣秀吉）

注② 「姓」も「名」も、頭高型か中高型の場合は、「姓」のアクセントの高さの切れめまで高く発音する場合がある。

　　ヤマシタタロー　**ヤマシタカズヒコ**
　　タムラタロー　　**タムラカズヒコ**

注③ 「姓」の尾高型は、母音の無声化によってアクセントの移った「喜多」「岸」などごくまれで、平板型に似る。但し、これに続

付

アクセント習得法則 27—29　(40)

く「名」が平板型の場合には、「姓」の最後の拍まで高く、「名」が頭高型以外の場合は低く続く傾向がみられる。

キタ・ロッペイタ（喜多六平太）
キタ・ミノル → キタミノル（喜多実）

II　称号・屋号の類＋名 の形

前部と後部を離して発音する場合と区切らずに続けて発音する場合とあり、ほぼ 姓＋名 の法則に準じる。

ゲンザンミ・ヨリマサ　　　　（源三位頼政）
ノトノカミ・ノリツネ　　　　（能登守教経）
イチリュウサイ・テイザン（一龍斎貞山）
ゼニヤ・ゴヘー，ゼニヤゴヘー
　　　　　　　　　　　　　　（銭屋五兵衛）
シオバラ・タスケ，シオバラタスケ
　　　　　　　　　　　　　　（塩原多助）

III　名＋名 の形

前部と後部を離して発音する場合もあるが、区切らずに続けて発音する場合の方が一般的である。ほぼ 姓＋名 の法則に準じる。

オガルカンペイ，オガル・カンペイ
　　　　　　　　　　　　　　（お軽勘平）
コハルジヘー，コハル・ジヘー
　　　　　　　　　　　　　　（小春治兵衛）
▷お夏清十郎・梅川忠兵衛・貫一お宮…

IV　姓または名に修飾語がついた場合

一般に前部と後部を区切らずに続けて発音し、ほぼ接合文節の法則に準じる。（**98**参照）

キラレヨサ　　　　（切られ与三）
サンニンキチサ　　（三人吉三）
ナナシノゴンペー（名無しの権兵衛）
　　　▷一心太助・小言幸兵衛・唐人お吉・鼠
　　　小僧次郎吉・平気の平左・物臭太郎…

但し、固有名詞的な観念から遠ざかったものは、多くは結合名詞のアクセント（法則**12，15**）に準じる。

フナベンケイ（船弁慶）
セイワゲンジ（清和源氏）

注④ 中国人名など、漢字表記の日本語よみは複合の度合が強い。漢字二字のものは頭高型、三字のものは中高型になる。

トホ（杜甫）　リハク（李白）　コーウ（項羽）

ソーソー（曹操）　　ヨーキヒ（楊貴妃）
シバセン（司馬遷）　ソドーバ（蘇東坡）
ハクラクテン（白楽天）
モータクトー（毛沢東）

注⑤ カタカナ表記の外国人名は複合の度合が強く、外来語複合名詞の法則（**16**参照）に準じるが、複合の意識のないものは外来語の単純名詞の法則（**9**参照）に準じる。

ジャンヌダルク　　ヘレンケラー
ドンキホーテ　　　マルコポーロ
シャーロックホームズ

28　会社などの団体名

原則として、名詞の法則に準じる。それぞれの形に応じて名詞の法則を参照していただきたい。なお「日航」や「主婦連」「公労委」などは法則**10**に、「朝日新聞」「ラジオ東京」などは**15**に、「NHK」「日本テレビ」などは**16**に送ってあるので、それらも参照していただきたい。

団体名は、名詞・固有名詞（まれに数詞）などから転成してできたものが多く、原則としてもとのアクセントを生かす。

注意 辞典という性格上、会社名・商品名は省く方針をとった。但し、デパート・劇場・劇団・大学・鉄道・新聞社などといった半ば公共的なものや、普通名詞のように思われている商品名などは、本文に採録する方針をとった。このうち商品名が会社名と同一のところもあるが、一部の会社名だけをとり上げようとしたわけではないことをお断わりしておく。

29　固有名詞の 省略語・対立語・倒置語

それぞれ名詞の法則に準じる。省略語・倒置語の法則（**10**参照）及び、対照・対立・並立する語の法則（**18**参照）に準じる。規則的。

I　二拍語——原則として頭高型。
(1) 三拍以上の語を省略する場合。人名には

「さん」などをつけて使う。

- ズカ(宝塚)　ジュク(新宿)
- ババ(高田馬場)　ヨタ(与太郎)
- クマサン (熊五郎さん)
- ハッツァン(八五郎さん)
- エビサマ(海老蔵様)
- ヤマサン (山田さん・山口さん)
- デコチャン, ヒデチャン(秀子ちゃん)

(2) 人名の第一拍をのばしたり、つめたりして呼ぶ場合。「さん」などをつけて使う。

- マーチャン, マッチャン(正男ちゃん)
- ザーサン(佐藤さん・佐佐木さん)

Ⅱ 三・四拍語——原則として平板型。

(1) 上略・中略・下略語

- アキハ, アキバ(秋葉原)
- ラクチョー(有楽町)　ブクロ(池袋)
- サンチャ(三軒茶屋)　ニシオギ(西荻窪)

注意① 但し、複合語の後部が省略されてできたものは、前部のアクセントを生かす傾向がある。しかし、名詞の法則に従い、三拍語は頭高型、四拍語は平板型になる傾向がある。

- メイジ(明治大学)　ケイオー(慶応大学)
- アサヒ(朝日新聞)　マイニチ(毎日新聞)

(2) 二語が省略して連なったもの

(イ) 個人名

- キブン(紀伊国屋文左衛門)
- ゼニゴ(銭屋五兵衛)
- エノケン(榎本健一)
- ウオマサ(魚屋政五郎)

(ロ) 並立するもの

- ボーソー(房総=安房・上総)
- ゲンペイ(源平=源氏・平氏)
- ローソー(老荘=老子・荘子)
- ヤジキタ, ヤジキダ(弥次郎兵衛・喜多八)
- ▷京葉(東京・千葉)・東横(東京・横浜)・孔孟(孔子・孟子)…

注意② 但し、旧国名・国名など対立する意識のある漢語のものは名詞の対称・対立・並立する語の法則(18参照)に準じる。

- ドヒ (土肥=土佐・肥前)

- コーロ(紅露=紅葉・露伴)
- ベイソ(米ソ=亜米利加・ソ連)
- ニチベイ(日米=日本・亜米利加)
- サッチョー(薩長=薩摩・長門)

注意③ 倒置語は名詞の倒置語の法則(10参照)に準じる。原則として平板型。

- ノガミ(=上野)　ザギン(=銀座)

Ⅲ 五拍以上の語——中高型。結合名詞・接合名詞の法則に準じる。

- ワカバリマ (若播磨屋)
- ケイハンシン(京阪神=京都・大阪・神戸)
- ジョーシンエツ(上信越=上野・信濃・越後)
- ゲンペイ・トーキツ(源平藤橘=源氏・平氏・藤原氏・橘氏)

注 ヒトツバシ(一橋大学)は、注意①に同じ。

30 数詞・助数詞の一般について

数詞及び助数詞のアクセントの性質は、名詞や接尾辞の性質とは著しく異なる。複合数詞のアクセント法則は、複合名詞とは全く異なるし、助数詞がつく場合も、名詞に接尾辞がつくときのように簡単ではない。

例えば、数詞が単純語か、複合語かで、また、助数詞が和語か、漢語か、外来語かで、また助数詞の拍数などで大きく異なり、それぞれのグループの中でまとまった法則をつくっている。複合法則が異なるのはアクセントばかりではない。「五」が複合して語頭以外にきた場合も、名詞のように**鼻音化すること**はない。また、複合して語頭以外にきた「三、四、八、二…」や、助数詞の「…月、…切」なども**連濁しない**。連濁するのは「三千、三百」のようにごく一部の数詞や、「三葉、双子、三つぞろい…」のように数の意義が薄くなったもののみである。これは要するに、数詞の一つ一つをきわだたせて発音させたいところからきたもので、名詞にくらべて**複合の度合が弱い**ことに原因する。

だが、若年層にとって日常馴染みのない助

アクセント習得法則 30—31　　(42)

数詞の場合は，複合名詞の法則から類推して発音することが多い。将来はもっと単純化すると思われるが，現在は伝統的なアクセントや発音を習得しておくことが望ましい。

そこでまず，基本的な数詞のアクセントと発音を覚えることから出発して，それぞれの法則を習得していただきたい。

単純数詞

Ⅰ 和語——単語として使われるものと，造語成分として助数詞がついて使われるものとがある。

　㋑ **単語として使われるもの**——促音を含むもの及び「二つ」は尾高型，他はすべて中高型。

　　ヒトツ，イヅツ，イツツ，ナナツ，コノッ

　　フタツ，ミッツ，ヨッツ，ムッツ，ヤッツ

　　なお，ミツ，ヨツ，ヤツは尾高型になる。

　㋺ **造語成分として使われるもの**——一・二拍語は，「ふた」の尾高型を除きすべて頭高型。

　　ヒト(c.)，イツ，ナナ　　　フタ

　　ミ，ヨ，ム，ヤ，ト　　　（ココノ）

注① ヒト の尾高型は無声化の法則により，アクセントが後にずれたもの。

注② 次のようなものは，すべて頭高型。

　　ヒ，ヲ，ミ，ヨ，イ，ム，ナ，ヤ，コ，ト

　　ヒー，フー，ミー，ヨー，イー，ムー，

　　ナー，ヤー，コノ，トー　　　ヨン

Ⅱ **漢語**——その語の性質により，次のように分けられる。

　❶ 一拍語は頭高型——　ニ(二)　　シ(四)

　　二拍語は尾高型——**イチ**(一)　**ロク**(六)

　　　　　シチ(七)　**ハチ**(八)　**ヒャク**(百)

　◉ 平板型——**サン**(三)

　🅝 古くは平板型だが，新しいアクセントでは頭高型。（複合の場合には，もとの平板型を生かしたアクセントになる。）——

　　　ゴ→ゴ(五)　　**ク→ク**(九)

　　但し，「九^{きゅう}」「十^{じゅう}」「千」「万」「億」「兆」は漢語名詞の法則により，頭高型になる。

注③ 外来語は外来語名詞の法則(**9**)に準じる。

　　ゼロ（zéro，零）

注④ 副詞的に用いられる場合については，副詞の法則(**62**)を参照していただきたい。

注⑤ 数詞＋助数詞 のうち，数概念から遠ざかったものは，助数詞のアクセント法則によらず，複合名詞の法則に準じる傾向がある。例えば，忌日の「三十五日(＝五七日)」は **サンジュー・ゴニチ** でなく，**サンジューゴニチ** となるなど。

　　また，数観念から遠ざかりつつあるものは，数詞・名詞同様のアクセントを示す傾向がある。例えば，ヒトカタマリ(一塊)のほかに ヒトカタマリ，**ナナ**ヒカリ(七光)のほかに **ナナ**ヒカリ となるなど。

31 結合数詞

ほとんどが漢語。規則的。

Ⅰ 「十一」から「十九」まで

　[い] 単純数詞❶のつくものは尾高型。

　　ジューニ（十二）　**ジューシ**（十四）

　　ジューイチ(十一)　**ジューロク**(十六)

　　ジューシチ(十七)　**ジューハチ**(十八)

　[ろ] 単純数詞◉のつくものは頭高型。

　　ジューサン(十三)

　[は] 単純数詞🅝のつくものは頭高型。

　　ジューゴ（十五）　ジューク（十九）

注意① **ジューナナ**(十七)，**ジューヨン**(十四)，**ジューキュー**(十九)は中高型。

Ⅱ 「十」を後部とするもの

　[い] 単純数詞❶につくものは中高型。

　　シジュー（四十）　**ロクジュー**(六十)

　　シチジュー(七十)　**ハチジュー**(八十)

　　但し，ニジュー(二十)のみ頭高型。

　[ろ] 単純数詞◉につくものは頭高型。

　　サンジュー(三十)

　[は] 単純数詞🅝につくものは中高型。

　　ゴジュー（五十）　**クジュー**（九十）

注意② **ヨンジュー**(四十)，**キュージュー**(九十) は頭高型，**ナナ**ジュー(七十)は中高

アクセント習得法則 31—32

型。

Ⅲ 「百」に単純数詞のつくもの

後部のアクセントを生かす。

ヒャ｜クイチ(百一)

ヒャ｜クニ(百二)

ヒャ｜クサン(百三)

ヒャ｜クシ, **ヒャクヨ｜ン**(百四)

ヒャ｜クゴ, **ヒャクゴ｜**(百五)

ヒャ｜クロク(百六)

ヒャ｜クシチ(百七)

ヒャ｜クハチ(百八)

ヒャ｜クキュー(**ヒャ｜クク**, **ヒャ｜クク**)
　　　　　　　　　　　　　　　　(百九)

ヒャ｜クジュー(百十)

Ⅳ 単純数詞に「百」のつくもの

ⓘ 単純数詞❶につくものは尾高型。

　(**イ｜ッピャク**(一百)) **ニヒャク｜**　(二百)

　(**シ｜ヒャク**(四百)) **ロ｜ッピャク**(六百)

　(**シ｜ヒャク**(七百)) **ハ｜ッピャク**(八百)

ⓢ 単純数詞❸につくものは頭高型。

　サ｜ンビャク(三百)

ⓗ 単純数詞❺につくものは尾高型。

　ゴヒャク｜(五百)　(**クヒャク｜**(九百))

注意③ 「七百」には(**シ｜ヒャク**)も。なお( )
内はあまり用いられず、下記が普通。

　ヒャ｜ク　　(百)　 **ヨ｜ンヒャク**(四百)

　ナナ｜ヒャク(七百)　 **キュ｜ーヒャク**(九百)

Ⅴ 「千」「万」を後部とするもの——後部の
第一拍まで高い。くわしくは**34**の(2)参照。

ニ｜セン	(二千)	**ニ｜マン**	(二万)
ゴ｜セン	(五千)	**ゴ｜マン**	(五万)
ロクセ｜ン	(六千)	**ロクマ｜ン**	(六万)
イッセ｜ン	(一千)	**イチマ｜ン**	(一万)
ハッセ｜ン	(八千)	**ハチマ｜ン**	(八万)
サンゼ｜ン	(三千)	**サンマ｜ン**	(三万)
ジュ｜ーマン	(十万)	**ヒャクマ｜ン**	(百万)
セ｜ンマン	(千万)		

注意④ 四, 七, 九については下記が普通。

ヨ｜ンセン	(四千)	**ヨ｜ンマン**	(四万)
ナナ｜セン	(七千)	**ナナ｜マン**	(七万)
キュ｜ーセン(九千)		**キュ｜ーマン**	(九万)

注意⑤ 金額の時「ふた」を用いることがある

が, アクセントは「なな」の複合に準じる。

　フ｜タジュー(二十)　 **フ｜タヒャク**(二百)

　フ｜タセン　(二千)　 **フ｜タマン**(二万)

注 外来語は外来語名詞の法則(**9**, **16**)に準じる。

　ワンミ｜リオン　(1 million)

---

32 接合数詞

ほとんどが漢語。規則的。

Ⅰ 単純数詞と結合数詞の接合語

(1) 結合数詞＋単純数詞 の形

(イ) 結合数詞の中高型〖い〗〖は〗及び尾高型
ⓘⓗを前部とするもの——常に一語のよ
うに続けて発音され, 後部が平板式のも
のは全体が平板式, 後部が起伏式のもの
はその高さの切れめまで高い。

〖い〗〖は〗につくもの——

シジュ｜ーサン	**ゴジュ｜ーイチ**
(四十三)	(五十一)
クジュ｜ーク	**ハチジュ｜ーハチ**
(九十九)	(八十八)

ⓘⓗにつくもの——

ニヒャクサ｜ン	**ゴヒャクイ｜チ**
(二百三)	(五百一)

(ロ) 結合数詞の頭高型〖ろ〗ⓢを前部とする
もの——はっきり二語のように発音した
場合, 前・後部が切れて, 前部と後部の
アクセントを生かす。一語のように発音
した場合には, 前部のアクセントを生か
して後部は低く, 全体は一語になる傾向
が強い。

〖ろ〗につくもの——

サ｜ンジュー・イ｜チ, **サ｜ンジューイチ**
(三十一)
サ｜ンジュー・サ｜ン, **サ｜ンジューサン**
(三十三)

ⓢにつくもの——

サ｜ンビャク・イ｜チ, **サ｜ンビャクイチ**
(三百一)
サ｜ンビャク・サ｜ン, **サ｜ンビャクサン**
(三百三)

付

アクセント習得法則 32－33　　(44)

注 但し、「万」のつくものは次のようになる。くわしくは法則35のⅠ、Ⅱ、Ⅲの(2)参照。

〔い〕〔は〕につくものは後部第一拍まで高いが、若い人人は接合部まで高い型にいう傾向がある。——

ロクジューマン, ロクジューマン
(六十万)

ゴジューマン, ゴジューマン
(五十万)

〔ろ〕につくものは頭高型と、後部第一拍まで高い型があるが、若い人人は接合部まで高い型にいう傾向がある。——

サンジューマン, サンジューマン,
サンジューマン(三十万)

〔い〕〔は〕には後部第一拍まで高い型——

ロッピャクマン(六百万)
ゴヒャクマン　(五百万)

〔ろ〕には頭高型のほかに後部第一拍まで高い型がある——

サンビャクマン, サンビャクマン
(三百万)

九百万・四百万も同じ。
但し、「七百万」は下記が普通。

ナナヒャクマン, ナナヒャクマン

(2) 単純数詞＋結合数詞 の形

(イ) 百を前部とするものは、(1)の(イ)に準じ、後部のアクセントを生かす。
ヒャクジューイチ(百十一)
ヒャクゴジュー　(百五十)

(ロ) 千を前部とするものは、(1)の(ロ)に準じる。
ゼン・ゴヒャク, ゼンゴヒャク(千五百)

例外 運動競技などで慣用のものは、後部のアクセントを生かす傾向がある。
センゴヒャク

Ⅱ 結合数詞の二つが接合したもの——Ⅰ(1)の法則に準じる。

(イ) ゴヒャクジューイチ(五百十一)
ニヒャクゴジュー　(二百五十)

(ロ) サンビャク・ジューイチ,
サンビャクジューイチ　(三百十一)

サンビャク・ゴジュー,
サンビャクゴジュー　(三百五十)

Ⅲ 接合数詞が更に接合したもの

これは単純数詞、または複合数詞の三部分以上に分けられるものだが、そのうち、アクセントのまとまりやすいものは、なるべく結合して一まとまりになろうとする性質がある。

(イ) 前部または中央部が尾高型、中高型のものはⅠ(1)の(イ)に準じる。
ニヒャクゴジューイチ　(二百五十一)
ゴヒャクロクジューサン(五百六十三)

(ロ) 前部(中部)が頭高型のものは、二語なり三語なりに切って発音した場合、それぞれもとのアクセントを生かす。一語のようになる場合には、Ⅰ(1)の(ロ)に準じる。
サンビャク・ゴジューイチ,
サンビャクゴジューイチ(三百五十一)

33 和語の助数詞がつく場合

規則的である。

Ⅰ 和語につくもの

(1) 助数詞が二拍以下のもの——「手」「人・合」「色」「切れ」「組」「言」「差し」「筋」「束」「月」「粒」「年・歳」「箱」「棟」「山」など。

(イ) ヒト, フタ, ミ…類(単純数詞Ⅰの(ロ))につく場合——原則として助数詞の前の拍まで高い。

例えば「…月」の場合
ヒトツキ, イツツキ, ナナツキ,
ミッキ, ヨッキ, ムッキ, ヤッキ,
トツキ　　　ココノツキ

上にあげた助数詞をそれぞれあてはめれば次のようになる。

ヒトテ, ヒトリ, 　ミタリ, ヒトイロ,
ミイロ, ヒトキレ, ミキレ, ヒトクミ,
ミクミ, ヒトコト, ミコト, ヒトサシ,
ミスジ, ヒトスジ, ミツブ, ヒトツブ,
ミトセ, ヒトトセ, ミハコ, ヒトハコ,
ミムネ, ヒトムネ, ミヤマ, ヒトヤマ

(45)　アクセント習得法則 33

付

但し、「二」がつく場合に限り尾高型だが，若い人は四拍語を上記と同様に発音する傾向がある。
フ**タリ**(二人)
フ**タツキ**→フ**タ**ツキ(二月)
フ**タクミ**→フ**タ**クミ(二組)

注① 古くからの語には、尾高型がみられる。
ミ**エ**(三重)　　ヤ**エ**(八重)
ミ**マ**(三間)　　ヨッ**タリ**(四人)

但し、若い層では多く頭高型となる。
ミエ　　**ヤ**エ　　**ミ**マ

注②「日か」がつく語は平板型。但し、「五日いつか」「七日なのか・なぬか」「九日ここのか」は尾高型が現われる。
フ**ツカ**(二日)、ミッ**カ**(三日)
イッカ，イッ**カ**(五日)

注③「半」に(1)のような助数詞がつくと、尾高型になる傾向がある。
ハンツキ(半月)　　**ハントシ**(半年)

(ロ) ヒ**トツ**、フ**タツ**…類(法則30単純数詞Iの(イ))につく場合——原則として助数詞の前の拍まで高い。
ヒ**トヅボシ**(一つ星)ヒ**トヅ**ミ(一つ身)
ミ**ツボシ**(三つ星)　ヤ**ツハシ**(八つ橋)

注④「一つ」が連体詞「同じ」の意のように用いられた場合、「一つ」のアクセントを生かす。
ヒ**ト**ットコロ(一つ所)
ヒ**ト**ッカマ　(一つ釜)
ヒ**ト**ッコト　(一つ言しかいわない)
ヒ**ト**ッハナシ(一つ話しかしない)

注意① 数詞の意義が薄くなったものは、名詞などの法則に準じる。なお、四拍以下の語は平板型になりやすい。
フ**タゴ**(双子)　　**ヤツギリ**(八つ切)
フ**タバ**(二葉)　　**ヤックチ**(八つ口)
ミ**ツバ**(三葉)　　**ミツユビ**(三つ指)
ヨ**ツミ**(四つ身)　**ヨツアシ**(四つ足)
ヤツデ(八つ手)　**イツツゴ**(五つ児)

(2) 助数詞が三拍以上のもの——「件くだ」「番つがい」「攝つかみ」「続き」「撮つまみ」「所」「柱(神・遺骨などを数える場合)」「昔」など。

(イ) 数詞が一拍のもの——助数詞の第一拍が高い。例えば「…柱」は
ミ**ハ**シラ，ヨ**ハ**シラ，ム**ハ**シラ，
ヤ**ハ**シラ(但し、地名は**ヤハシラ**)

(ロ) 数詞が二拍のもの——原則として助数詞の前の拍まで高い。
ヒ**トハシラ**，イツ**ハシラ**，ナナ**ハシラ**
ヒ**トムカシ**(一昔)　ナナ**ヒカリ**(七光)
ヒ**トツヅキ**(一続き)
但し、「二」に限り尾高型。
フ**タハシラ**(二柱)　フ**タムカシ**(二昔)

注意② 新しい傾向として、これらを一般名詞の複合のようなアクセントで発音することがある。
ヒ**ト**ムカシ，ナナ**ヒ**カリ，ヒ**ト**ヅキ

注意③ 数詞の意義が薄くなったものは、名詞などの法則に準じる。
ヒ**ト**ツオボエ(一つ覚え)
ヒ**ト**ツバナシ(一つ話。決まった得意話)
ミ**ツ**ゾロイ(三つ揃い)
ミ**ツ**ドモエ(三つ巴)
ナナガマド(七竈。植物)

II 漢語につくもの
(1) 助数詞が二拍以下のもの——「手」「羽わ」「組」「割」など。

(イ) 単純数詞につく場合——34の(1)のアクセントに準じる。例えば「…割」の場合
イ**チ**ワリ，**ニ**ワリ，**ザン**ワリ，
(**ヨン**ワリ)，**ゴ**ワリ，ロ**ク**ワリ，
シ**チ**ワリ，ハ**チ**ワリ，**グ**ワリ，
キューワリ，**ジュー**ワリ
但し、熟語のようになったものは、結合名詞の法則に準じる。
ハチガケ(八掛け)

(ロ) 結合数詞・接合数詞につく場合——35の(1)のアクセントに準じる。例えば「…割」の場合
ジューイ**チ**ワリ　　ロクジュー**ワリ**
ジュー**サン**ワリ　　**サンジューワリ**
ジュー**ゴ**ワリ　　**ゴジューワリ**
シ**ジュー**カタ(四十肩)(a.)

アクセント習得法則 33—34　　(46)

付

ゴジューサンツギ(五十三次)(a.)

注意④　助数詞によって数詞の発音が変化することがある。

イチワ，イッパ(一羽)

ロクワ，ロッパ(六羽)

ハチクミ，ハックミ(八組)

ジューワ，ジッパ(十羽)

ジッククミ(十組)　ヒャククミ(百組)

注⑤　「半」に(1)のような助数詞がつく場合，頭高型の傾向がある。　ハンクミ

(2)　助数詞が三拍以上のもの——すべて，複合名詞の法則(12)に準じる。

ジューゴハシラ　(十五柱)

ゴジューハシラ　(五十柱)

ジューニヒトエ　(十二単)

ヒャクモノガタリ(百物語)

注⑥　「匁」のつくものはすべて尾高型。

イチモンメ　　ジューゴモンメ

34　漢字一字の漢語助数詞が，単純数詞につく場合

数詞の性質と助数詞の性質とによって，全体のアクセントが定まる。

数詞の性質は前にも触れたように，次の三種がある。(30参照)

❶　一，二，四ヒ，六，七，八，百

◨　三

Ⓐ　五，九ク

注①　原則として，数詞が「千」「万」のものは◨に，「四ょ」はⒶに準じる。

昔からの助数詞がつくものは，助数詞の性質により複雑であるが，新しくできた助数詞がつくものは規則的である。大体，全体が(1)から(6)までのタイプに分けられる。

(1)　**一般グループ**——比較的数詞のアクセントを生かすもの。新しくできた助数詞に多い。

「位」「区」「個」「時」「首」「度(温度・角度・経緯度など)」「分ぶ(割合・厚さ)」「部(部数)」「里」「把」「億」「斤」「号」「歳(才)」「章」「秒」「分(時間)」「文も(銭)」「両(輛)」「厘」

「輪」など。

❶につく場合……　　型

イチゴー，ニゴー　イチイ，ニイ

◨につく場合……　　型

サンゴー　　サンイ

Ⓐにつく場合……　　型

ゴゴー　　ゴイ

但し，促音・引き音・撥音につく場合は　　型

イッコ　　キューゴー　　ヨンゴー

七なは❶に準じる。　ナナゴー　　ナナイ

注②　「曲」「冊」「隻」「足」「発」「匹・疋」などのつくもの——(1)に準じるが，次のような点が異なる。

促音及び「六む」につく場合　　型

イッサツ　　イッソク　　ロッピキ

ロクサツ　　ロクソク　　ロクセキ

注③　「軒」「艘そ」「台」「代」「丁」「町」「杯」「票」「俵」「本」「枚」「名」「面」「問」などのつくもの——(1)に準じるが，次のような点が異なる。

Ⓐにつく場合　　型

ゴマイ　　クマイ

(助数詞及び人により　　型も)

注④　「半」に(1)のような助数詞がつくと，頭高型になる傾向がある。

ハンリ(半里)　　ハンギン(半斤)

(2)　「千」「万」「畳」などのつくもの——例が少ない。(本文からは便宜上，結合数詞(31)に送った)

❶につく場合……　　型　　型

イチマン，　ニマン

イッセン，　ニセン

ロクジョー，　ニジョー

◨につく場合……　　型

サンマン　　サンゼン　　サンジョー

Ⓐにつく場合……　　型

ゴマン　　ゴゼン　　ゴジョー

促音・引き音・撥音(四な)・七な・二たにつく場合も，すべて　　型

イッセン　　キューマン

ヨンマン　　ナナマン

アクセント習得法則 34

　フタ**ゼン**　　　フ**タマ**ン

注意① 但し，単独では **シマ**ン，**シゼ**ン はすたれ **ヨンマ**ン，**ヨンゼ**ン になったが，**シ**マンロク**ゼ**ンニチ(四万六千日)，**シセ**ンリョー(四千両) などに使用のあとが残る。なお「四畳」は **ヨジョ**ー のみ。

注⑤ 「回」「巻」「貫」「銭」「通ℊ」「点」などのつくもの──(2)に準じるが次のような点が異なる。

　四ℓ・九ℊｩｳ につく場合…… 型
　ヨンカイ，　**キュ**ーカイ

　七ℓ につく場合…… 型
　ナ**ナ**カイ　　ナ**ナ**テン

注⑥ 「合(酒など)」「寸」「十」「両(金)」のつくもの──(2)に準じるが，次のような点が異なる。(十は便宜上，本文からは結合数詞(31)に送った)

　⊜を含む撥音すべて，及び引き音につく場合…… 型
　サンゴー，　**キュ**ーゴー

　七ℓ につく場合…… 型
　ナ**ナ**ゴー　　ナ**ナ**スン

注意② 「五合」には **ゴゴ**ー のほか **ゴ**ンゴー もある。「四合」は古くからの **シゴ**ー はすたれたが，**シゴ**ービン(四合瓶) などに使用のあとが残る。

注⑦ 「人」のつくもの──(2)に準じるが，次のような点が異なる。

　❶につく場合…… 型
　イチニン，　**ニ**ニン

　引き音につく場合…… 型
　キューニン

　七ℓ につく場合…… 型
　ナ**ナ**ニン

(3)「着(到着の順序)」などのつくもの──すべて尾高型になる。 型 型
　ロクチャク，**サン**チャク，**ゴ**チャク

　但し，(5)のようにも発音される傾向がある。

注⑧ 「日ℓ」などのつくもの──(3)に準じるが，次のような点が異なる。

　⊛につく場合…… 型

　ゴ**ニ**チ，　　ク**ニ**チ

注⑨ 「尺」「角」などのつくもの──(3)に準じるが，次のような点が異なる。

　⊜を含む撥音すべて，及び引き音につく場合…… 型
　サンカク　　**キュ**ーシャク

　七ℓ につく場合…… 型
　ナ**ナ**シャク

(4)「階」「級」「校(校正)」「週」「周」「重」「勝」「戦」「層」「等」「敗」「倍」「分ℊ(等分)」「連(聯)」などのつくもの──すべて平板型。

　ニトー，**シチ**トー，**サン**トー，**ゴ**トー，**イッ**トー，**ヨン**トー，**キュ**ートー

　ニカイ(二階)　　　**サン**ガイ(三階)
　ニハイ(二敗)　　　**サン**パイ(三敗)
　ゴカイ (五階)　　　**イッ**キュー(一級)
　ゴショー(五勝)　　**イッ**パイ (一敗)

注⑩ 「円」などのつくもの──(4)に準じるが，次のような点が異なる。

　Ⓝにつく場合…… 型
　ゴエン，　　**ヨ**エン

　九ℊｩｳ・四ℓ につく場合…… 型
　キューエン，　（**ヨ**ンエン）

　七ℓ・二ℓ につく場合…… 型
　ナ**ナ**エン，　（フ**タ**エン）

　但し，十につく場合は **ジュ**ーエン になる。なお，( )内はあまり用いられない。

(5)「月ℊ」「着(衣服)」などのつくもの──

　❶につく場合…… 型 型
　イチガツ，　　**ニ**ガツ

　⊜につく場合…… 型　**サン**ガツ
　Ⓝにつく場合…… 型　**ゴ**ガツ
　引き音・撥音につく場合は…… 型
　キューチャク，　**ヨ**ンチャク
　促音につく場合は…… 型
　イッチャク
　七ℓ につく場合は…… 型
　ナ**ナ**チャク，　（ナ**ナ**ガツ）

　但し，「十月」は❶と同じ型で **ジュ**ーガツ。

(6)「升」「段」「番」「年」などのつくもの──

　❶につく場合…… 型
　イチネン，　　**ニ**ネン

(47)

アクセント習得法則 34—35　(48)

◉につく場合…… ●—●—○ 型
サンネン,　　　センネン
サンバン,　　　サンダン

ハにつく場合…… 型
ゴネン,　　　ヨネン
ゴバン,　　　クダン

　　但し、引き音・促音・撥音につく場合は
型
キューネン　イッショー　ヨンバン
七(なな)・二(ふた)につく場合は❶に準じる。
ナナネン,　　　（フタバン）

注意③ 「ひと」「ふた」など、和語につくものが若干みられるが、おおむね、次のようになる。
ヒトハチ（一鉢）　　　フタハチ（二鉢）

注意④ 数詞の意義が薄くなって熟語のようになった四拍語は、平板型になりやすい。
▷一体・一本(ある書物・異本)・一対・一律・一流・三方(さんぽう)(台)・三盆(砂糖)・三枚(料理)・六芸(りくげい)・六朝(りくちょう)…

35 漢字一字の漢語助数詞が、結合数詞・接合数詞につく場合

　数詞の性質と助数詞の性質とによって、全体のアクセントが定まる。

I 結合数詞I(十一～十九)につく場合
——結合数詞Iの性質は、前にも触れたように、次の三種がある。(31のI参照)
〔い〕 十一、十二、十四(し)、十六、十七(しち)、十八(便宜上 十七(なな)も)
〔ろ〕 十三(便宜上 十四(よん)、十九(きゅう)も)
〔は〕 十五、十九(く)(便宜上 十四(よ)も)
　このうち〔ろ〕は、助数詞がついた場合〔い〕に準じる傾向が強い。

(1) 一般グループ——「位」「回」「合」「号」「歳」「冊」「尺」「通(つう)」「人(にん)」「年」「枚」など、(2)の特殊グループを除くほとんどの助数詞がつくものは、次のような規則的なアクセントの型になる。
　〔い〕〔ろ〕につく場合…… 型
ジューニネン,　　　ジューニサイ,

ジューイチネン,　　　ジューロクネン,
ジューシチネン,　　　ジューハチネン,
ジューサンネン,　　　ジューサンサイ,
ジューヨネン,　　　ジューヨンサイ,
ジューキューネン,　　　ジューキューサイ,
ジューイッカイ,　　　ジューイッサイ,
　〔は〕につく場合…… 型
ジューゴネン,　　　ジュークネン,
ジューゴサイ,　　　ジューヨネン,

注① 「十三年」「十九年」「十一回」などは、撥音・引き音・促音のため、アクセントの高さの切れめが前にずれたもの。(a.参照)
(2) 特殊グループ——次のようなものは、助数詞によってアクセントが定まるが、アクセントは34のそれぞれの法則と同様である。
(イ) 34の(2)の類(万などのつくもの)——すべて 型
ジューイチマン,　　　ジューサンマン,
ジューゴマン,　　　ジューキューマン
　但し、〔は〕には 型も現われる。
ジューゴマン,　　　ジュークマン
(本文からは便宜上、接合数詞(32)に送った)
(ロ) 34の(3)の類(着(到着順)などのつくもの)——すべて 型
ジューイッチャク,ジューサンチャク,
ジューゴチャク
　但し、〔ろ〕には 型、
　　　〔は〕には 型も。
ジューサンチャク,　　　ジューゴチャク
(ハ) 34の(4)の類(「階」「級」「勝」「敗」「倍」などのつくもの)——すべて
型
ジューイチバイ,　　　ジューサンバイ,
ジューゴバイ,　　　ジューイッショー
注意① 但し、「階」など人により(1)の一般グループのようにも。
ジューイッカイ,　　　ジューゴカイ
(ニ) 34の(3)の注⑧「日(にち)」のつくもの
　〔い〕につく場合…… 型
ジューイチニチ,　　　ジューニニチ

アクセント習得法則 35

［ろ］につく場合…… ●—●—●—○ 型
だが若い人人は ●—●—○—○ 型にいう傾向がある。

ジューサンニチ,　　ジューサンニチ

［は］につく場合…… ●—●—●—○ 型
ジューゴニチ

注② 34の(5)「月」のつくものは、「十一月」「十二月」のみで尾高型になる。

ジューイチガツ,　　ジューニガツ

注意② 一般に数詞［い］［ろ］につくものは中高型を，［は］につくものは頭高型になろうとする傾向がみられる。

II 結合数詞II（十を後部とするもの）につく場合——結合数詞IIの性質は，前にも触れたように，次の三種がある。(31のII参照)

［い］四十，六十，七十，八十
［ろ］三十（便宜上 二十，四十，九十も）
［は］五十，九十

このうち［は］は，助数詞がついた場合，［い］に準じる傾向が強い。

(1) 一般グループ——「位」「回」「号」「歳」「冊」「尺」「通」「人」「年」「枚」など，次の特殊グループを除くほとんどの助数詞がつくものは，次のような規則的なアクセントの型になる。

［い］［は］につく場合……

●—●—●—○—○ 型　　●—●—●—○—○ 型
ロクジューネン,　　ゴジューネン
ロクジッサイ,　　ゴジッサイ

［ろ］につく場合…… ●—●—●—●—○ 型
ザンジューネン,　　ニジッサイ
キュージューネン,　　キュージッサイ

但し，若い人人は，［ろ］につくものを中高型にいう傾向がある。

●—●—○—○—○ 型，　●—●—○—○—○ 型
サンジューネン,　　ニジッサイ
キュージューネン,　　キュージッサイ

注③ 但し「六十年」「五十歳」などの型は，助数詞の前の拍まで高いアクセントの高さの切れめが，引き音・促音のため，前に一拍ずれたもの。(**a.**参照)

(2) 特殊グループ——次のようなものは助数詞によってアクセントが定まるが，アクセントはIの(2)に似る。

(イ) 34の(2)の類（万などのつくもの）——

〔い〕〔は〕につく場合…… ●—●—●—○—○ 型
だが，若い人人は ●—●—○—○—○ 型，
●—●—○—○—○ 型にいう傾向がある。

ロクジューマン, ロクジューマン
ゴジューマン, ゴジューマン

〔ろ〕につく場合…… ●—●—●—●—○ 型
及び ●—●—●—○—○ 型だが，若い人人は ●—●—○—○—○ 型，●—●—○—○—○ 型にいう傾向がある。

ザンジューマン, サンジューマン,
サンジューマン
ニジューマン, ニジューマン,
ニジューマン

（本文からは便宜上，接合数詞(32)に送った）

(ロ) 34の(3)の類（着（到着順）などのつくもの）——すべて ●—●—●—●—○ 型
ロクジッチャク,　　ゴジッチャク
サンジッチャク,　　ニジッチャク

但し，〔ろ〕には頭高型と中高型，〔は〕には中高型がみられる。

(ハ) 34の(4)の類（「階」「級」「勝」「敗」「倍」などのつくもの）——
すべて ●—●—●—●—○ 型
ロクジューバイ,　　ゴジューバイ
サンジューバイ,　　ニジッカイ

(ニ) 34の(3)の注⑧（「日」のつくもの）——

〔い〕〔は〕につく場合…… ●—●—●—●—○ 型及び ●—●—●—○—○ 型の両様
ロクジューニチ, ロクジューニチ
ゴジューニチ, ゴジューニチ

〔ろ〕につく場合…… ●—●—●—●—○ 型
ザンジューニチ,　　ニジューニチ

注意③ 一般に数詞〔い〕〔ろ〕〔は〕につくものは，若い人人の間では中高型になろうとする傾向がみられる。

ロクジューニチ,　　サンジューニチ,
ゴジューニチ

アクセント習得法則 35—36　　(50)

付

III　**結合数詞III（百を後部とするもの）につく場合**——結合数詞IIIの性質は前にも触れたように次の三種がある。（31のIII参照）

ⓘ一百，二百，四百，六百，七百，八百
ⓡ三百（便宜上，九百，四百も）
ⓗ五百，九百

(1) **一般グループ**——「位」「回」「号」「冊」「尺」「通」「人」「年」「枚」など，(2)の特殊グループを除くほとんどの助数詞がつくものは，次のように規則的なアクセントの型になる。

ⓘ ⓗにつく場合……　　　　型
ロッピャクネン　　ゴヒャクネン
ニヒャクゴー　　　ゴヒャクサツ

ⓡにつく場合……　　　　型
サンビャクネン，　キューヒャクネン
ヨンビャクニン，　サンビャクニン

注意④　ⓡは若い人々の間では中高型になろうとする傾向がみられる。

サンビャクネン，　キューヒャクネン
ヨンビャクニン，　サンビャクニン

(2) **特殊グループ**——次のようなものは，助数詞によってアクセントが定まるが，アクセントはIの(2)に似る。

(イ) 34の(2)の類（万などのつくもの）——
ⓘ ⓗにつく場合……　　　　型
ロッピャクマン，　ゴヒャクマン

ⓡにつく場合……　　　　型及び
　　　　　型の両様，
サンビャクマン，サンビャクマン

（本文からは便宜上，接合数詞(32)に送った）

(ロ) 34の(4)の類（「階」「倍」などのつくもの）——すべて　　　　型
ロッピャクバイ，　　　ゴヒャクバイ，
サンビャクバイ，　　　ヨンヒャクバイ

注意⑤　但し，ⓘ ⓗには助数詞の前の拍まで高い中高型，ⓡには頭高型が現われる傾向がある。

(ハ) 34の(3)の注⑧（「日」のつくもの）——
ⓘ ⓗにつく場合……　　　　型
ロッピャクニチ，　　　ゴヒャクニチ

ⓡにつく場合……　　　　型
サンビャクニチ，　　　ヨンヒャクニチ

注意⑥　但し，若い人々の間では
　　　　型にいう傾向がある。
ロッピャクニチ，　　ゴヒャクニチ，
サンビャクニチ，　　ヨンヒャクニチ

IV　31のIV（「千」「万」を後部とするもの）に「円」「回」「人」「台」「年」「倍」「票」「本」「枚」などがつく場合——原則として平板型になる。

ニセンネン　　　　サンマンエン
ジューマンマイ　　ヒャクマンエン

▷二千倍，三千本，五千円，一万台，二万票，五万枚，十万円，百万人

注意⑦　接合数詞(32)につく場合は，前部（及び中部）は変えずに，結合数詞とか，単純数詞とかの最終のアクセントのまとまりに助数詞がついた型になる。つきかたは，それぞれの　数詞＋助数詞　の条を参照してほしい。

サンビャク・ロクジューゴニチ
センキューヒャク・ハチジューイチネン
ニジュー・ゴサイ　　ニセン・イチネン

但し，「円」がつく場合，単純数詞❶ ●について平板型（イチエン，サンエン）だったものが次のように変化する。

❶につく場合　…　　　　型
　　　　　　　　　　（…イチエン）

●につく場合　…　　　　型
　　　　　　　　　　（…サンエン）

サンジュー・イチエン
ゴジューサンエン
サンビャク・サンエン
ヒャクジューイチエン

36　漢字二字以上の助数詞がつく場合

すべて規則的である。

I　**単純数詞・結合数詞につく場合**——原則として助数詞の第一拍まで高い。

ヨジゲン　　　（四次元）
ゴキナイ　　　（五畿内）

(51) アクセント習得法則 36—37

付

ゴチョーブ　　（五町歩）
イチジカン　　（一時間）
イッタンブ　　（一反歩）
イチダンラク　（一段落）
ロクジゾー　　（六地蔵）
サンジゲン　　（三次元）
ニジッカイリ　（二十海里）
ジューキューセイキ（十九世紀）

Ⅱ　接合数詞につく場合

(1) 常に一語のように発音するもの(32Ⅰ, Ⅱ, Ⅲの(イ))につく時は，助数詞の第一拍まで高い。

　　ゴジューイチジカン（五十一時間）
　　ニヒャクゴカイリ　（二百五海里）
　　ニヒャクサンコーチ（二百三高地）
　　ニヒャクゴジュージカン（二百五十時間）
　　ゴヒャクロクジューサンジカン
　　　　　　　　　　　　（五百六十三時間）

(2) 二語なり三語なりに発音できるようなもの(32Ⅰ, Ⅱ, Ⅲの(ロ))につくときは，前部（または中部），後部で切れて最終のアクセントのまとまりに助数詞がつく形となる。

　　ニジュー・ヨジカン　（二十四時間）
　　ニジュー・イッセイキ（二十一世紀）
　　サンジュー・ニタンイ（三十二単位）
　　サンビャク・ゴジュージカン
　　　　　　　　　　　　（三百五十時間）

注　但し，「文字」は34(1), 35(1)に準じる。

37 外来語の助数詞がつく場合

きわめて規則的であり，助数詞の拍によってアクセントが定まる。

Ⅰ　助数詞が二拍以下のもの——「キロ」「ドル」「トン」などがつく場合。

(1) 単純数詞につく場合——34の(1)に準じる。すなわち，助数詞の前の拍まで高く，引き音・撥音・促音は頭高型になる。

　　イチキロ，ニキロ，ゴキロ
　　キューキロ，サンキロ，ヨンキロ，
　　イッキロ

(2) 結合数詞につく場合——35のⅠ, Ⅱ, Ⅲ,

Ⅳの一般グループに準じる。

　　ジューニドル，　ジューゴドル，
　　ジューサンドル
　　ロクジュードル，ゴジュードル，
　　サンジュードル，（サンジュードル）
　　ロッピャクドル，ゴヒャクドル
　　サンビャクドル，（サンビャクドル）
　　イッセンドル，ヒャクマンドル

Ⅱ　助数詞が三拍・四拍のもの——「インチ」「オンス」「グラム」「センチ」「ダース」「ノット」「ポンド」「サイクル」「メートル」「リットル」などがつく場合。

単純数詞・結合数詞につく場合——助数詞の第一拍まで高い。

　　イチインチ　ヒャクグラム（ヒャクグラム）　ニセンチ　サンダース　イッポンド
　　ジューメートル　ジューロクオンス
　　ゴジューダース　ジューゴメートル
　　イチマンメートル

Ⅲ　助数詞が五拍以上のもの——「キログラム」「キロサイクル」「キロメートル」「センチメートル」「パーセント」などがつく場合。

単純数詞・結合数詞につく場合——助数詞のアクセントの高さの切れめまで高い。

　　イチキログラム　　ヒャクパーセント
　　ゴジッパーセント

注意　Ⅰ, Ⅱ, Ⅲを通じて，接合数詞(32)につく場合は次のようになる。

　　常に一語のように発音するものは，その最後のまとまりに，それぞれの助数詞がつく型になる。

　　ゴジューイチキロ　ヒャクニジッポンド

　　二語なり三語なりに発音できるものは，アクセントがそこで切れて，最終のアクセントのまとまりに助数詞がつく型になる。

　　サンジュー・サンキロ
　　ヨンジュー・ゴパーセント

例外　中国語の助数詞がつく場合は，上記にはあてはまらない

アクセント習得法則 38　　　(52)

38 接頭辞・接尾辞の類についた数詞・助数詞の類

名詞につく接頭・接尾辞の類が、一語としてのまとまりを持とうとするのにくらべて、これは、数詞をきわだたせようという働きがうかがわれる。

Ⅰ 接頭辞・連体詞などのついたもの

接頭辞・連体詞などのアクセントを生かす。後部が起伏式であったり、二語のように発音したりすると、接合部で切れて、前部・後部のアクセントを生かす傾向がある。

　マキイチ, マキ・イチ（巻一）
　キタルミッカ, キタル・ミッカ
　　　　　　　　　　　　　（来たる三日）
　ダイイッセン, ダイ・イッセン（第一戦）
　キン・ゴセンエン（金五千円）

その他、「去る（十日）」「昨（十二日）」「正（八時）」「方（十里）」「明（五日）」「翌（十日）」など。

注意①「幾」「数」「何」のつくものは、以下のように必ず一語に発音される。

❶ 数詞につく場合はほとんど頭高型。

　スージュー（数十）
　イクヒャク（幾百）
　スーヒャク（数百）
　ナンビャク（何百）

但し、「千」「万」がつくときに限り、スーセン, ナンゼン, イクマン, スーマン, ナンマン の型も現われる。

❷ 漢字一字の助数詞にすぐ続く場合は、多く頭高型。

　イクサイ（幾歳）　　イククミ（幾組）
　ナンテン（何点）　　ナンワリ（何割）
　ナンコ（何個）　　スーコ（数個）

このうち、「数」のつく四拍語は平板型に発音する傾向が強いが、若い人人の発音には頭高型がみられる。

　スージツ → スージツ（数日）
　スーネン → スーネン（数年）
　スーニン → スーニン（数人）

但し、34の(4)にあげた助数詞がつく場

合に限り、すべて平板型。

　ナンガイ（何階）　　ナンキュー（何級）
　スーバイ（数倍）　　イクバイ（幾倍）

例外 ナンドキ（何時）（法則64参照）

❸「幾」「数」「何」＋「十」「百」「千」「万」＋助数詞 のものは、ほぼ35Ⅱ、Ⅲの(1)の〔ろ〕⑤につく場合、及びⅣの場合に準じる。

　スージューネン → スージューネン
　ナンジューニン → ナンジューニン
　ナンビャクメイ → ナンビャクメイ
　スーマンニン,　　ナンゼンニン
　スーセンエン,　　ナンマンエン

❹ 漢字二字以上、及び外来語助数詞につくときは36、37の法則に準じる。

　ナンジカン　　（何時間）
　ナンシューカン（何週間）
　スージカン　　（数時間）
　スーシューカン（数週間）
　ナンキロ, ナンドル, ナングラム,
　スーメートル　　ナンセンチメートル

Ⅱ 接尾辞のついたもの

(1) 和語のつくもの

（イ）二拍以下のもの——接尾辞が、平板式ならば全体の形が平板式、起伏式ならば起伏式の傾向があるが、複合名詞の法則(12,13)にも影響される。

　サンバイメ（三杯目）
　ヒャクジョージキ（百畳敷き）
　ゴジスギ（五時過ぎ）
　イチネンブリ, イチネンブリ
　　　　　　　　　　　　　（一年振り）

（ロ）三・四拍語のもの——接尾辞の第一拍まで高い中高型。但し四拍語では接尾辞の第三拍まで高い中高型とのいずれか。

　シジューアマリ（四十余り）
　トーカガカリ（十日掛かり）
　ゴジューガラミ（五十がらみ）
　センエンキッカリ（千円きっかり）

その他、「ぽっち（独り〜）」「かっきり（十時〜）」「ちょっきり（百円〜）」「ぽっきり（千円〜）」など。

(2) **漢語のつくもの**——接尾辞の第一拍まで高い中高型になる。

　　ゴジハン(五時半)　トモンハン(十文半)

　　センエンイカ(千円以下)

　　その他，「強(千円~)」「弱(千円~)」「以上(五十~)」「見当(三十人~)」「有余(五十~)」など。

　　例外 複合の度合の強いものは，結合名詞の法則(**14,15**)に準じる。

　　　ヨジョーハン(四畳半)

(3) **外来語のつくもの**——接尾辞のアクセントの高さの切れめまで高い型になる。

　　ゴジュービョーフラット

注意② 但し，(1)(2)(3)を通じて複合の度合が弱く，複合部で切れるときは，前部・後部のアクセントを生かす。

　　ゴジュービョー・フラット

　　サンジュー・ソコソコ

　　サンビャクエン・キョー

　　ジュージ・キッカリ

注① 但し，「付_{づけ}」「共_{とも}」「前_{まえ}」「分_{ぶん}」のつくものは平板型になる傾向がある。

　　フツカヅケ(二日付)

　　ゴニンマエ(五人前)

　　ニショクブン(二食分)

　　ゴニンブン(五人分)

注② 但し，「宛_{ずつ}」のつくものは，接尾辞の第一拍まで高い型と，接尾辞の前の拍まで高い型の両様となる。

　　ヒトツズツ，ヒトツズツ(一つ宛)

注③ 但し，「方_{がた}」「どた(取引用語)」のつくものは接尾辞の前の拍まで高い。

　　ニワリガタ　　　(二割方)

　　ゴジューエンダタ(五十円どた)(a.)

---

39 畳語的な数詞　その他

I　畳語的・並立的のもの

(1) 数の重なったもの

　(イ) 和語——複合の度合が弱く，前部の数詞のアクセントを生かし，後部の数詞のアクセントが消える。

　　ヒトツフタツ(一つ二つ)

　　フタツミッツ，フタヅミツ(二つ三つ)

　　ナナヤッツ(七八つ)

　(ロ) 漢語——複合の度合が強く，前部の数詞の最後の拍まで高い。

　　ジゴ　(四五)　クク,クク(九九)(c.)

　　イチニ(一二)　ニサン　　(二三)

　　ゴロク(五六)　シチハチ(七八)

　　ハック(八九)

　　但し，熟語になったものは，名詞の法則に準じる傾向がある。イチニ(一二)など。

注意①「五六十」「七八百」「四五千」「五十五六」「三十七八」のような語は，畳語の部分のアクセントを上記のように発音する。そのため，年齢の「二十五六」「三十七八」など，頭高型の語がつく場合は，畳語の前で切れる。

　　ゴロクジュー，シチハッピャク，

　　ジゴセン，ゴジューゴロク，

　　ニジュー・ゴロク

　　サンジュー・シチハチ

　(ハ) (1)(ロ)に「個」「度(温度など)」「回」「軒」「歳」「冊」「台」「町」「人」「年」「杯」「匹」「票」「本」「枚」「名」「問」など漢字一字の助数詞がつくと，平板型になることが多い。

　　シゴサイ，イチニケン，ニサンカイ，

　　ゴロクサイ，　　　サンヨニン，

　　シチハチマイ，　　ハックニン，

　　ゴロッパイ，　　　シチハッポン

例外「日_{にち}」は原則として頭高型になるが，新しい傾向としては平板型や中高型が現われる。

　　ニサンニチ，ニザンニチ　　(二三日)

　　ジゴニチ，シゴニチ，シゴニチ(四五日)

　　ゴロクニチ，ゴロクニチ　(五六日)

　(ニ) 外来語——複合の度合が強く，外来語名詞の法則(**16**)に準じる。

　　ツースリー

(2) 数詞＋助数詞　の重なったもの

　　一般に複合の度合が弱く，接合文節・分離

アクセント習得法則 39　　(54)

文節の法則(**98**, **97**)に準じる。

(イ) 複合の度合の弱いもの——前の語のアクセントが起伏式ならば後の語のアクセントが消え，前の語が平板式ならば，後の語のアクセントの高さの切れめまで高い。

　　ヒトリフタリ　　　　（一人二人）
　　イチジューイッサイ（一汁一菜）
　　サンパイキューハイ（三拝九拝）
　　ニショーサンパイ　（二勝三敗）

　但し，前部が漢語尾高型は，前部平板型と同様になる傾向がある。

　　ニドサンド　　　　　（二度三度）
　　シカクシメン　　　　（四角四面）

例外　次のようなものは，前の語が平板型だが，前部尾高型と同様になる。

　　フツカミッカ　　　　（二日三日）
　　ミッカヨッカ　　　　（三日四日）

(ロ) 複合せず前部と後部が分かれるもの——前部・後部の語のアクセントをそれぞれ生かす。

　　ジューニン・トイロ（十人十色）
　　イッセ・イチダイ（一世一代）
　　イッシャ・ゼンリ（一瀉千里）
　　ナナコロビ・ヤオキ，新は ナナコロビ・ヤオキ（七転び八起き）

(ハ) 言い慣れたもの，熟語となったもの——複合の度合が強く，結合文節の法則(**99**)に準じ，中高型になる傾向がある。

　　ゴジッポヒャッポ（五十歩百歩）
　　シチブサンブ　　（七分三分）
　　クスンゴブ　　　（九寸五分）
　　イチブイチリン　（一分一厘）
　　イッパイイッパイ（一杯一杯）
　　イッシャゼンリ　（一瀉千里）

Ⅱ　数詞または助数詞，及び数詞＋助数詞が後部の語となったもの

(1) 複合の度合が強く結合名詞の法則(**12**〜**15**)に準じるものと，接合名詞の法則(**19**)に準じるものとある。

　　ショナノカ　　　（初七日）
　　ソーニカイ　　　（総二階）

　　ドロハッチョー（泥八丁）
　　ビタイチモン　　（鐚一文）
　　カブキジューハチバン（歌舞伎十八番）
　　コンゲツイッパイ（今月一杯）
　　ビタイチモン　　（鐚一文）
　　コーイッツイ　　（好一対）
　　コーイッテン　　（紅一点）

　但し，強めの意を含むときは，前部と後部に分かれる場合もある。

　　ビタ・イチモン
　　コー・イッツイ
　　コー・イッテン，コー・イッテン

(2) 助詞その他でつながるもの

(イ) 助詞の入るもの——複合の度合が強い。「が」「の」で複合するものは，接合名詞の法則(**19**)に準じる。

　　ヒャクブンノイチ（百分の一）
　　マンガ・イチ，マンガイチ（万が一）

(ロ) 造語成分の入るもの——前部数詞と造語成分とが複合し，後の数詞は分離する場合と，前の複合のアクセントが生きて，後の数詞のアクセントが消える場合とがある。

　　ロクタイ・イチ，ロクタイイチ
　　　　　　　　　　　　　　　　（六対一）
　　イチコンマ・サン，イチコンマサン
　　　　　　　　　　　　　　　　（一コンマ三）

注①　但し，熟語のようになって複合の度合の強いものは，結合文節に準じ，中高型になる。

　　マンガイチ　　（万が一）
　　ロクタイイチ（六対一）

注②　「箇」の入るものは「箇」まで高い型になる。

　　イッカゲツ　（一箇月）
　　ゴカネン　　（五箇年）
　　イッカショ　（一箇所）
　　ゴカジョー（五箇条）

注意②　分離文節にも接合文節にもなる以下のような語は，便宜上文節の法則(**97**, **98**)に送った。

　　サンジュー(・)サンゲンドー（三十三間堂）

40 動詞の一般について

動詞は名詞にくらべて型の数が少ない。**連体形**についていうと，原則として次のような型しかない。

二拍語には平板型と 頭高型
三拍語には平板型と 中高 ○￣○型
四拍語には平板型と 中高 ○￣○○型
五拍語には平板型と 中高 ○￣○○○型

以上のように **拍の数にかかわらず二種類の型しかない** のが原則である。つまり平板型と最後から二番めの拍まで高い型とである（但し，接合動詞はこの限りでない）。

また，拍の数に関係なく，型の同じ語はそれぞれ似た性質をもっている。例えば，同じ平板式の ナ￣ク（泣く），ワラ￣ウ（笑う）の活用形は ナ￣カナイ，ワ￣ラワナイ，ナ￣イテ，ワ￣ラッテ と同じように平板式となり，同じ起伏式の ト￣ル（取る），イ￣キル（生きる），ナガ￣レル（流れる）は，ト￣ラナイ，イ￣キナイ，ナガ￣レナイ，ト￣ッテ，イ￣キテ，ナガ￣レテ と同じように起伏式となる。

二つの動詞が，拍数も型も活用形式も同じならば，各活用形を通じて同じアクセントを持つ。それゆえ，基本的な活用形を一つ覚えれば，他はすべて類推することができる。この辞典では，終止形・連体形をあげ，よく使われる語にはその活用形を掲げた。活用形の示してない語については，41の口語動詞の活用表（表1）から類推していただきたい。

どのような単語が，どのアクセントになるかは，41〜49を参照してほしい。

注① 以上の型のほかに，尾高型の語が少数ある。また，三拍以上の語には，頭高型，及び ○￣○○型 の語が少数見出だされる。これは音韻の法則によりアクセントの高さの切れめがずれてできたものである。

例えば，フ￣ク（吹く），カ￣クス（隠す）は フ￣ク，カ￣クス が母音の無声化によってアクセントの高さの切れめが後にずれたもの，ト￣ール（通る），カ￣エル（帰る），カンガ￣エル（考える）は ト￣オル，カ￣エル，カンガ￣

エル が引き音・二重母音などのためアクセントの高さの切れめが前にずれたものである。（法則a.b.c.参照）

注② 動詞＋動詞 の複合語で意味を強めて発音するものには，前部のアクセントを生かす傾向がある。これについては法則45を参照してほしい。

注③ 強調の意のある接頭辞がつくときには，頭高型が出る傾向があるが，これは接頭辞の項（91）を参照してほしい。

注④ 畳語は，もとの動詞が平板式のときは前部の終りまで高い型，起伏式のときは前部のアクセントを生かす。但し，「て」をつけて用いるときは必ず中高型になる。

ナ￣ギナギ（泣き泣き）　ガ￣キカキ（汗を〜）
ド￣モリドモリ（吃り吃り）
ユ￣キユキテ（行き行きて）
ナガ￣レナガレテ（流れ流れて）
ジ￣ーシー（為い為い。心配〜）（d.）
ミ￣ーミー（見い見い。顔を〜）（d.）

（副詞となったものは法則68を参照）

注⑤ 連用形に助詞「は・に」などがつく場合は，転成名詞と語形が同じだが，アクセントが異なる点に注意。

動詞	転成名詞
ナ￣キ（ワシナイ）	ナキ（オ￣ミセル）（泣）
ヨ￣ミ（ニユク）	ヨ￣ミ（ガ・フカ￣イ）（読）
タノ￣ミ（モシナイ）	タノ￣ミ（ガアル）（頼）

注⑥ 新造語，語源不明の語は中高型。また次のような日常あまり耳にしない平板型の語は，中高型に変化する傾向がみられる。

▷怒る・勇む・至る・うせる・劣る・きざす・悟る・しさる・忍ぶ・示す・尽きる・つもる・てらう・ともす・とる・まとう・みつぐ・もやう…

注⑦ 活用形式により，以下の傾向がみられる。

(i) バ行五段式には平板式のものが多い。

▷飛ぶ・呼ぶ　遊ぶ・浮ぶ・及ぶ・並ぶ・運ぶ・学ぶ・結ぶ…

例外 叫ぶ・滅ぶ・睦ぶ　綻ぶ・喜ぶ

(ii) タ行五段式は起伏式になる。（二拍語は

付

表1　41. 口語動詞の活用形のアクセント

動詞の種類		活用形		終止形 連体形	未然形	連用形 音便形	仮定形	命令形
五段式動詞		二拍語	泣く	ナク / ナク(モノ)	ナカ(ナイ) / ナコ(ー)	ナキ(ワシナイ) / ナイ(テ) / ナキ(マス)	ナケ(バ)	ナケ
		三拍語	笑う	ワラウ / ワラウ(モノ)	ワラワ(ナイ) / ワラオ(ー)	ワライ(ワシナイ) / ワラッ(テ) / ワライ(マス)	ワラエ(バ)	ワラエ
		四拍語	働く	ハタラク / ハタラク(モノ)	ハタラカ(ナイ) / ハタラコ(ー)	ハタラキ(ワシナイ) / ハタライ(テ) / ハタラキ(マス)	ハタラケ(バ)	ハタラケ
平板式動詞	一段式動詞 上一段	二拍語	着る	キル / キル(モノ)	キ(ナイ) / キ(ヨー)	キ(ワシナイ) / キ(テ) / キ(マス)	キレ(バ)	キロ / キヨ / キヨ
		三拍語	浴びる	アビル / アビル(モノ)	アビ(ナイ) / アビ(ヨー)	アビ(ワシナイ) / アビ(テ) / アビ(マス)	アビレ(バ)	アビロ / アビヨ
		四拍語	用いる	モチール / モチール(モノ)	モチー(ナイ) / モチー(ヨー)	モチイ(ワシナイ) / モチー(ワシナイ) / モチー(テ) / モチー(マス)	モチーレ(バ)	モチーロ / モチイヨ / モチーヨ
	一段式動詞 下一段	二拍語	寝る	ネル / ネル(モノ)	ネ(ナイ) / ネ(ヨー)	ネ(ワシナイ) / ネ(テ) / ネ(マス)	ネレ(バ)	ネロ / ネヨ / ネヨ
		三拍語	消える	キエル / キエル(モノ)	キエ(ナイ) / キエ(ヨー)	キエ(ワシナイ) / キエ(テ) / キエ(マス)	キエレ(バ)	キエロ / キエヨ
		四拍語	並べる	ナラベル / ナラベル(モノ)	ナラベ(ナイ) / ナラベ(ヨー)	ナラベ(ワシナイ) / ナラベ(テ) / ナラベ(マス)	ナラベレ(バ)	ナラベロ / ナラベヨ
	サ行変格動詞	二拍語	為る	スル / スル(モノ)	シ(ナイ) / シ(ヨー)	シ(ワシナイ) / シ(テ) / シ(マス)	スレ(バ)	シロ / セヨ
		四拍語	論ずる*	ロンズル / ロンズル(モノ)	ロンジ(ナイ) / ロンジ(ヨー)	ロンジ(ワシナイ) / ロンジ(テ) / ロンジ(マス)	ロンズレ(バ)	ロンジロ / ロンゼヨ

アクセント習得法則　表1

*は，幾通りもアクセントがあるものを示す。但し，本文では望ましい型のみを掲げた場合が多い。

動詞の種類 / 活用形					終止形 連体形	未然形	連用形 音便形	仮定形	命令形
頭高型		五段式動詞		読む	ヨム / ヨム(モノ)	ヨマ(ナイ) / ヨモ(ー)	ヨミ(ワシナイ) / ヨン(デ) / ヨミ(マス)	ヨメ(バ)	ヨメ
		一段式動詞	上一段 下一段 二拍語	見る	ミル / ミル(モノ)	ミ(ナイ) / ミ(ヨー)	ミ(ワシナイ) / ミ(テ) / ミ(マス)	ミレ(バ)	ミロ / ミヨ
				出る	デル / デル(モノ)	デ(ナイ) / デ(ヨー)	デ(ワシナイ) / デ(テ) / デ(マス)	デレ(バ)	デロ / デヨ
		カ行変格動詞		来る	クル / クル(モノ)	コ(ナイ) / コ(ヨー)	キ(ワシナイ) / キ(テ) / キ(マス)	クレ(バ)	コイ
起伏式動詞	中高型	五段式動詞	三拍語	泳ぐ	オヨグ / オヨグ(モノ)	オヨガ(ナイ) / オヨゴ(ー)	オヨギ(ワシナイ) / オヨイ(デ) / オヨギ(マス)	オヨゲ(バ)	オヨゲ
			四拍語	喜ぶ	ヨロコブ / ヨロコブ(モノ)	ヨロコバ(ナイ) / ヨロコボ(ー)	ヨロコビ(ワシナイ) / ヨロコン(デ) / ヨロコビ(マス)	ヨロコベ(バ)	ヨロコベ
		一段式動詞	上一段 三拍語	起きる	オキル / オキル(モノ)	オキ(ナイ) / オキ(ヨー)	オキ(ワシナイ) / オキ(テ) / オキ(マス)	オキレ(バ)	オキロ / オキヨ
			四拍語	率いる	ヒキイル / ヒキイル(モノ)	ヒキイ(ナイ) / ヒキイ(ヨー)	ヒキー(ワシナイ) / ヒキー(テ) / ヒキー(マス)	ヒキイレ(バ)	ヒキイロ / ヒキイヨ
			下一段 三拍語	晴れる	ハレル / ハレル(モノ)	ハレ(ナイ) / ハレ(ヨー)	ハレ(ワシナイ) / ハレ(テ) / ハレ(マス)	ハレレ(バ)	ハレロ / ハレヨ
			四拍語	調べる	シラベル / シラベル(モノ)	シラベ(ナイ) / シラベ(ヨー)	シラベ(ワシナイ) / シラベ(テ) / シラベ(マス)	シラベレ(バ)	シラベロ / シラベヨ
		サ行変格動詞	四拍語	論ずる*	ロンズル / ロンズル(モノ)	ロンジ(ナイ) / ロンジ(ヨー)	ロンジ(ワシナイ) / ロンジ(テ) / ロンジ(マス)	ロンズレ(バ)	ロンジロ / ロンゼヨ / ロンゼヨ
		サ行混合変格動詞	三拍語	課する	カスル / カスル(モノ)	カサ(ナイ) / カソ(ー)	ガシ(ワシナイ) / ガシ(テ) / カシ(マス)	カスレ(バ) / カセ(バ)	ガセ / ガセヨ / カゼヨ
			四拍語	愛する	アイスル / アイスル(モノ)	アイサ(ナイ) / アイソ(ー)	アイシ(ワシナイ) / アイシ(テ) / アイシ(マス)	アイスレ(バ) / アイセ(バ)	アイセ / アイセヨ / アイゼヨ

アクセント習得法則 40―42・表2　(58)

頭高型，三・四拍語は中高型。）
▷打つ・勝つ・立つ・断つ・待つ・持つ…
うがつ・育つ・保つ・放つ・分つ…
(iii) 上一段三拍語には中高型のものが多い。
▷飽きる・生きる・起きる・落ちる・下りる・悔いる・懲りる・さびる・強いる・過ぎる・出来る・閉じる・延びる・恥じる…
例外　浴びる・黴びる・染みる・足りる・握る・詫びる

41　口語動詞の活用形（表1）

活用形のアクセントについては，56，57ページの動詞の口語活用表（表1）を参照していただきたい。本文中に示した終止形のアクセントからそれぞれあてはめて類推すれば，他の活用形のアクセントも容易に知ることができよう。

42　文語動詞について（表2）

文語動詞は，口語動詞と同じアクセントの**式**をもつので，口語から類推することができ

表2　42. 文語動詞の活用形のアクセント

終止形・連体形	未然形	連用形	已然形	命令形
（泣く） ナク ナク（ラン） ナク（モノ）	ナカ（ズ） ナカ（ヌ） ナカ（ン） ナカ（バ）	ナキ（テ），《新はナキ（テ）》 ナキ（ヌ） ナキ（タリ），《新はナキ（タリ）》	ナケ（ドモ）	ナケ ナケヨ
（笑ふ） ワロー ワロー（ラン） ワロー（モノ）	ワラワ（ズ） ワラワ（ヌ） ワラワ（ン） ワラワ（バ）	ワライ（テ），〈ワライ（テ）〉，《新はワライ（テ）》 ワライ（ヌ），〈ワライ（ヌ）〉 ワライ（タリ），〈ワライ（タリ）〉，《新はワライ（タリ）》	ワラエ（ドモ）	ワラエ ワラエヨ
（読む） ヨム ヨム（ラン）， 《新はヨム（ラン）》 ヨム（モノ）	ヨマ（ズ） ヨマ（ヌ） ヨマ（ン） ヨマ（バ）	ヨミ（テ） ヨミ（ヌ） ヨミ（タリ）	ヨメ（ドモ）	ヨメ ヨメヨ
（泳ぐ） オヨグ オヨグ（ラン）， 《新はオヨグ（ラン）》 オヨグ（モノ）	オヨガ（ズ） オヨガ（ヌ） オヨガ（ン） オヨガ（バ）	オヨギ（テ） オヨギ（ヌ） オヨギ（タリ）	オヨゲ（ドモ）	オヨゲ オヨゲヨ

注　（ ）でくくったものは，二重母音のために高さの切れめが前にずれたもの。

(59)　アクセント習得法則 42—44

る。(41の口語動詞の活用表参照)

例えば終止形で、口語と文語と語形の同じものは、同じアクセントで問題はない。形の異なるものは、平板式は平板式、起伏式は起伏式になる。ここでは文語特有の形について述べる。

例えば、終止形は次のようになる。

活用形については、文語動詞の活用表(表2)からそれぞれ類推してほしい。

	口語		文語	
平板式	ワラウ	→	ワロー	(笑ふ)
	アビル	→	アブ	(浴ぶ)
	アゲル	→	アグ	(上ぐ)
	カンズル	→	カンズ	(感ず)
起伏式	アル	→	アリ	(有り)
	オモウ	→	オモー	(思ふ)
	オキル	→	オク	(起く)
	ウケル	→	ウク	(受く)
	オサメル	→	オサム	(治む)
	アイスル	→	アイス	(愛す)

注 現在日常生活で使われる文語動詞の類は、熟語・ことわざ・慣用句などに多い。次のような例から他を類推していただきたい。

平板式	起伏式
ネズノ(寝ずの番)	ミズ(山を見ず)
フマズ(師の影を踏まず)	タタズ(後悔 先に立たず)
シラズ(大海を知らず)	ノマズ・クワズ(飲まず食わず)
アタラズト(当らずと言えども)	ニゴサズ(あとを濁さず)
イヌ(鬼の居ぬ間に)	ミヌ(見ぬもの清し)
キカヌ(きかぬ気)	ツカヌ(つかぬ事)
サワラヌ(触らぬ神に)	ナラワヌ(習わぬ経をよむ)
キガバ(聞かばこそ)	スマバ(住まば都)
ワラワバ(笑わば笑え)	イソガバ(急がば回れ)

43 口語の単純動詞

単純動詞には法則らしいものがない。二拍

動詞五段式のみ平板式と起伏式とで大差がないが、他は起伏式が多く、平板式から起伏式への移行がみられる、というくらいである。それでも、各自が所有している方言のアクセントをもとにして類推することができる。例えば

(1) 東京式アクセント及び東京式に準じる地方の人はおおむねそのままでよい。(但し、トール、トース、カエル、カエス、ハイル、マイル が頭高型である点に注意。)

(2) 京阪式アクセントの地方——東京式アクセントとの間には、次のような規則的な対応関係がみられる。

京阪式		東京式
ナク	(泣く・売る・買う・聞く・着る・寝る…)	→ ナク
ヨム	(読む・合う・書く・切る・来る・見る…)	→ ヨム
オドル	(踊る・上げる・洗う・借りる…)	→ オドル
オモウ	(思う・動く・恨む・作る・光る…)	→ オモウ
イキル	(生きる・起きる・上げる・来る…)	→ イキル

注 京阪式で「踊る・洗う」の類は、名詞に転成した場合、ほとんど オドリ、アライ となる。「思う・光る」の類は、名詞に転成した場合、原則として、京都では オモイ、ヒカリ の型となり、大阪では オモイ、ヒガリ の型となり区別があるものが多いので、動詞のアクセントを類推することが可能である。なお、京阪地方の周辺部では「踊る・洗う」は オドル、アラウ に「思う・光る」は オモウ、ヒカル となって、東京式アクセントに平行した区別がみられ、こちらは類推が更に容易である。

44 転成動詞

原則として、もとの語のアクセントの式を生かす傾向がある。規則的。つまりもとの語が平板式ならば平板式、起伏式ならば起伏式となる。

注① 但し、拍数の多いものや 新語・俗語 の類は中高型になりやすい。

アクセント習得法則 44—45　(60)

付

I　動詞から

ウク　　→ ウカブ(浮ぶ)
ウル　　→ ウレル(売れる)
キル　　→ キセル(着せる)
ナル　　→ ナラス(鳴らす)
アゲル　→ アガル(上がる)
キル　　→ キレル(切れる)
ミル　　→ ミエル(見える)
ナル　　→ ナラス(生らす)
モドル　→ モドス(戻す)

注②　本来,助動詞がついてできたものもここに含めた。

ワラウ　→ ワラワセル(笑わせる)
クルウ　→ クルワセル(狂わせる)

II　形容詞(語幹)から

カタイ　→ カタメル(固める)
マルイ　→ マルメル(丸める)
オシイ　→ オシム　(惜しむ)
ホソイ　→ ホソメル(細める)

例外　「広い」は中高型だが,ヒロゲル,ヒロガルは平板型。

例外　「悲しい」「卑しい」は平板型だが,カナシム,イヤシム,イヤシムのように,マ行五段活用になるものは中高型になりやすい。

III　特殊な形の擬声・擬態語の類から──すべて中高型。

ヤワラカ　→ ヤワラグ(和らぐ)
ヤスラカ　→ ヤスラグ(安らぐ)
ウネウネ　→ ウネル(波が〜)
テクテク　→ テクル　(=歩く)
バクリ,バクリ　→ バクル

IV　名詞から

(1) **和語・漢語から**──もとの語のアクセントの式を生かす。

ツマ　→ ツマム(撮む)
クボ　→ クボム(窪む)
タイジ → タイジル(退治る)
ハラ　→ ハラム(孕む)
クモ　→ クモル(曇る)
カゲ　→ カゲル(陰る)
ヤド　→ ヤドル(宿る)
ゲビ　→ ゲビル(下卑る)

ボーリ　→ ボル(<暴利)
ギュージ → ギュージル(牛耳る)

注③　但し,俗語の類は中高型になる傾向がある。

ダベン　→ ダベル(駄弁る)
グチ　　→ グチル,グチル(愚痴る)

注④　名詞・動詞どちらを先行とするか迷うものも多いが適宜判断した。例えば,キカエル(着替える)は 動詞+動詞 の結合動詞(法則45)だが,キガエルは名詞 キガエ からととるなど。

(2) **外来語から**──すべて三拍語。中高型。

アジ(agitation)　　　→ アジル
デモ(demonstration) → デモル
サボ(sabotage)　　　→ サボル
ダブル(double)　　　→ ダブル

45　動詞+動詞 の結合動詞

前部動詞のアクセントによって決定される。規則的。原則として連濁しない。

I　前部が平板式動詞──原則として中高型。

(1) 平板式+平板式

キカエル(着替える)　キオワル(着終る)
ナキヤム(泣き止む)　カイアゲル(買い上げる)
カタリアカス(語り明かす)

(2) 平板式+起伏式

ナキダス(泣き出す)　キコム(着込む)
カイナオス(買い直す)　ネナオス(寝直す)

II　前部が起伏式動詞──原則として平板型。但し,中年層・若年層の人は中高型に発音する傾向が強い。

(1) 起伏式+平板式

カキヤム(書き止む)　ミオワル(見終る)
ヨミアゲル(読み上げる)
トリカエル(取り替える)
ウゴキハジメル(動き始める)

新しくは

カキヤム　　　　ミオワル
ヨミアゲル　　　ウゴキハジメル

(2) 起伏式+起伏式

(61) アクセント習得法則 45—46

　　カキダス（書き出す）**ミコム**（見込む）
　　ヨミナオス（読み直す）**デナオス**（出直す）
　　ツクリタテル（作り立てる）
　新しくは　**カキダス**　　　**ミコム**
　　　　　　ヨミナオス　　**デナオス**
　　　　　　ツクリタテル
注意①　全体が四拍語まではそれぞれに《新は…》と注記したが，五拍以上では中高型に発音される傾向が高いところから，《新は…》の注記をやめ，平板型・中高型を併記することにした。
例外　**スル**（擦る）は起伏式だが　**スリムク**，**スリムケル**のみなど。**ツグ**（継ぐ，注ぐ）は平板式だが　**ツギダス**，**ツギタス**の両様。
注意②　但し，強めの意をもつ結合動詞は，前部動詞のアクセントを生かす傾向がある。
　　モレキク（漏れ聞く）
　　ゴキツカウ（扱き使う）
　　オゾレイル（恐れ入る）
　　カジリツク（囓り付く）
　　タタキツケル（叩き付ける）
　　ヒキズリダス（引摺り出す）
　　ヒッパリマワス（引っ張り回す）
　これら前部動詞のアクセントを残す型は，古くはごく一般的なアクセントで，高年層では個人により今でもごくふつうに使われるが，中・若年層では強めの時にのみ使われることが多い。そこで本文ではそれぞれ《強は…》と記しておいた。またこれらに助詞・助動詞がつく場合は，一続きに発音するほかに，前部・後部で切れて，付属語が後部動詞につく型になりやすい。
　　オゾレイル，**オゾレイリマス**，
　　　　　　オゾレ・イリマス
　　オモイキル，**オモイキッテ**，
　　　　　　オモイ・キッテ，
　　　　　　オモイ・キッテ
注①　前部語の中には「うち…」「たち…」のように，接頭辞に入れるべきものもあるが，アクセント法則としてはほとんど変らないので便宜上すべてここに含めた。時に連濁する（例　**タチドマル**）。

注②　「…あがる」の転じた俗語は，次のようになる。
　　ミヤガル，**ミヤガル**，**ミヤーガル**

46　形容詞・名詞などの結合動詞

　複合の度合が強く，多く中高型になる傾向がある。規則的。
Ⅰ　**形容詞の語幹＋動詞**　の形——原則として中高型だが，時に平板型も現われる。
　　タカナル（高鳴る）**アオザメル**（青ざめる）
　　ナガビク（長引く）**アラダテル**（荒立てる）
　　トーノク（遠退く）**ウスグモル**（薄曇る）
注①　「…過ぎる」は平板型。但し，若年層の人人は中高型の傾向がある。
　　オースギル，**オースギル**（多過ぎる）
　　タカスギル，**タカスギル**（高過ぎる）
Ⅱ　**擬声・擬態語（の語根）＋動詞**　の形
(1)　三・四拍語は中高型。
　　ドナル　　　　**ガナル**　　　　**ウナル**
　　ソボフル（そぼ降る）
　　ソヨフク，**ソヨフク**（そよ吹く）
(2)　五拍以上の語は多く平板型だが，若年層の人人は中高型に発音する傾向が強い。
　　ブラサガル（ぶら下がる）
　　ショボタレル，**ショボタレル**
注②　「きらめく」「がたつく」などは，接尾辞の条をみられたい。（**96**参照）
Ⅲ　**名詞＋動詞**　の形——三拍語は中高型が多いが，名詞が平板型のものには平板型が少数みられる。四拍以上の語は原則として中高型。多く連濁する。
　　キバル（気張る）　　　**メザス**（目指す）
　　ネギル，**ネギル**（値切る）**メドル**（娶る）
　　マビク（間引く）　　　**ユガク**（湯掻く）
　　キズカウ（気遣う）　　**テツダウ**（手伝う）
　　チバシル（血走る）　　**メガケル**（目掛ける）
　　サキダツ（先立つ）　　**カサバル**（嵩張る）
　　ミチビク（導く）　　　**ウズマク**（渦巻く）
　　ヨコギル（横切る）**イキズマル**（息詰まる）
　　キズツケル（傷付ける）**ウラガエス**（裏返す）
　　サッキダツ（殺気立つ）**ココロザス**（志す）

アクセント習得法則 46－48　　　(62)

注③ 語根や造語成分＋動詞 のものは 中高型が多いが，動詞が平板型のものには平板型の現われることが多い。

　アオムク，アオムク(仰向く)
　ウツムケル，ウツムケル(俯ける)

注④ 複合の度合の弱いものは，接合動詞の項をみられたい。(**49**参照)

47 「ずる」「じる」のつく結合動詞

ほとんどが漢語名詞につくもので，複合の度合が強い。現在若い人人は，すべて中高型に発音する傾向が強い。規則的。

Ⅰ　引き音(二重母音eiを含む)で終る一字漢語につくもの——原則として平板型。時に中高型(○○○○型)も現われる。

　ツージル(通じる)　ツーズル(通ずる)
　ドージル，ドージル (動じる)
　ドーズル，ドーズル (動ずる)
　メイジル，メイジル(命じる)

Ⅱ　撥音で終る一字漢語につくもの——原則として，平板型と，中高型(○○○○型)の両様。

　エンジル，エンジル(演じる)
　エンズル，エンズル(演ずる)
　シンジル，シンジル(信じる)
　シンズル，シンズル(信ずる)

注　撥音便についてできた形のものは，多く中高型だが，まれに平板型も現われる。
　(i) 形容詞からの転成動詞の連用形を撥音便に変えてつくもの。
　　アマンジル，アマンジル(甘んじる)
　　オモンズル，オモンズル(重んずる)
　　ヤスンズル(安んずる)
　(ii) 助詞「に」を撥音便に変えてつくもの。
　　サキンジル(先んじる)
　　ソランジル(諳んじる)
　　ガエンズル(肯んずる)

48 「する」「す」のつく結合・接合動詞

漢語名詞につくものが大部分。前部の語によって結合動詞と，接合動詞とに分けられる。規則的。

Ⅰ　結合動詞をつくるもの——漢字一字の漢語名詞につき，複合の度合が強い。

(1) 一拍語につくもの——二拍語は頭高型，三拍語はすべて中高型。

　ガス，カスル(化・科・嫁・課)
　ゴス，ゴスル(期・伍)
　ビス，ヒスル(比・秘)
　キスル(期する) シスル(死する・資する)

(2) 二拍語につくもの

　(イ) 第二拍が促音便のものは平板型になる傾向があるが，若年層の人人は中高型(○○○○型)に発音する傾向が強い。
　　アッスル，アッスル(圧する)
　　タッスル，タッスル(達する)

　(ロ) 第二拍が促音便のものを除いて，原則として中高型(○○○○型)。
　　アイスル(愛する)　カンスル(関する)
　　ハクスル(博する)キュースル(窮する)

Ⅱ　接合動詞をつくるもの——複合の度合が弱く，前部のアクセントの型を生かす。

(1) 漢語名詞につくもの

　(イ) 漢字一字の語につくもの
　　トク　→トクスル　(得する)
　　ラク　→ラクスル　(楽する)
　　ソン　→ソンスル　(損する)
　(ロ) 漢字二字の語につくもの
　　ジャマ　→ジャマスル　(邪魔する)
　　チョーダイ→チョーダイスル
　　　　　　　　　　　　　(頂戴する)
　　セワ　→セワスル　(世話する)
　　アンナイ→アンナイスル(案内する)
　　キョカ　→キョカスル　(許可する)
　　グロー　→グロースル　(苦労する)
　　チョーホー→チョーホースル
　　　　　　　　　　　　　(重宝する)

(2) 和語名詞につくもの

ツギ	→ ツギスル	（継ぎする）
ワタクシ	→ ワタクシスル	（私する）
タビ	→ タビスル	（旅する）
ノリ	→ ノリスル	（糊する）
アセ	→ アセスル	（汗する）
コイ	→ コイスル	（恋する）
ココロ	→ ココロスル	（心する）
ナミダ	→ ナミダスル	（涙する）
ダッコ	→ ダッコスル	（抱っこする）

注① 但し，複合の度合の強いものには結合動詞である中高型（……スル）も現われる。

コイスル（恋する）　**ノリスル**（糊する）

(3) 外来語名詞につくもの

マーク	→ マークスル	（markする）
オミット	→ オミットスル	（omitする）
ハッスル	→ ハッスルスル	（hustleする）

(4) お＋動詞連用形 につくもの——平板型になる。（**92注③参照**）

オマチスル	（お待ちする）
オサソイスル	（お誘いする）

(5) 形容詞につくもの
　(イ) 連用形につくもの

アカク	→ アカクスル	（赤くする）
ヨク	→ ヨクスル	（能くする）
例外 ナク	→ ナクスル	（無くする）

　(ロ) 連用形のウ音便になった語につくもの

マットー	→ マットースル（全うする）
ヒトシュー	→ ヒトシュースル
	（等しゅうする）

(6) 特殊な形の擬声・擬態語の類につくもの

ガタガタ	→ ガタガタスル
ドキドキ	→ ドキドキスル
シンミリ	→ シンミリスル
ガッカリ	→ ガッカリスル

注② 動詞につくもの——まれにみられる。起伏式。

ヨミスル，ヨミスル（嘉する）

注意 Ⅱの場合，「する」のつくいちいちの語を見出し語とはしていない。前部の語からそれぞれを類推してほしい。

49　接合動詞

　複合の度合が弱く，複合部に助詞を入れても意味の変化しないもの，また，助詞「て」がすでに入っているようなものは，原則として前部のアクセントの型を生かす。**前部が平板式の語は，後部のアクセントの高さまで高く，前部が起伏式の語は，前部のアクセントの高さまで高い。**

Ⅰ　名詞＋動詞 の形

モノ	→ モノユー	（物言う）
ユメ	→ ユメミル	（夢見る）
タテ	→ タテツク	（楯突く）
ムチ	→ ムチウツ	（鞭打つ）
セイ	→ セイダス	（精出す）

Ⅱ　形容詞連用形＋動詞 の形

アカク	→ アカクナル	（赤くなる）
ヨク	→ ヨクナル	（良くなる）

Ⅲ　助詞でつながるもの

シテ	→ シテヤル	（為て遣る）
ミテ	→ ミテトル	（見て取る）
ヤッテクル		（やって来る）
ウッテカワル		（打って変る）
モッテマワル		（持って回る）
ムニスル		（無にする）
バカニスル		（馬鹿にする）

注 「…て(で)おく」「…て(で)いる」のつまった「…とく，…どく」「…てる，…でる」は，つまる以前のアクセントの型を生かす。

イッテオク	→ イットク	（言っとく）
ヨンデオク	→ ヨンドク	（読んどく）
ヨンデイル	→ ヨンデル	（呼んでる）
カイテイル	→ カイテル	（書いてる）

Ⅳ　御……＋動詞 の形（92注③参照）

オカキイタダク	（御書き頂く）
オヤスミナサイ	（御休みなさい）
ゴメンコームル	（御免蒙る）
ゴメンクダサイ	（御免下さい）

注意① 慣用句その他，複合の度合が強くて結合動詞のようになったものは，結合動詞のアクセントに準じる。

ナクナル（無くなる・亡くなる）

アクセント習得法則 49—51　　　(64)

ユメミル(夢見る)　タテツク(楯突く)
ムチウツ　(鞭打つ)
モッテクル(持って来る)
モッテコイ(持って来い)
ムニスル　(無にする)
バカニスル(馬鹿にする)

注意② 前部が起伏式で，拍数の多い語は複
合の度合が弱く，複合部で切って二語に分
けて発音する傾向がある。

セッパ・ツマル(切羽詰まる)
コビ・ヘツラウ(媚び諂う)

50　形容詞，及び特殊な形の擬声・擬態語の一般について

Ⅰ　形容詞の一般について

形容詞のアクセントは，動詞にやや似る。
名詞にくらべて型の数が少ない。

　　二拍語には頭高型
　　三拍語には平板型と　中高 ○○○型
　　四拍語には平板型と　中高 ○○○○型
　　五拍語には平板型と　中高 ○○○○○型

以上のように，**二拍語は一種類，三拍以
上の語は各の拍数について二種類の型しか
ない** のが原則である。つまり，平板型と
最後から二番めの拍まで高い型とである。

拍の数に関係なく，型の同じ語はそれぞ
れ似た性質を持っている。例えば，同じ平
板式の アカイ(赤い)，ツメタイ(冷たい)
の連用形は，アカク，ツメタク のように同
じく平板式となり，同じ起伏式の ヨイ(良
い)，シロイ(白い)，ウレシイ*(嬉しい)は，
ヨク，シロク，ウレシク のように同じく起
伏式となる。

二つの形容詞が，拍数も型も活用形式も
同じならば，各活用形を通じて同じアクセ
ントとなる。それゆえ基本的な活用形を一
つ覚えれば，他はすべて類推することがで
きる。この辞典では終止形・連体形をあげ，
よく使われる語にはその活用形を掲げた。
活用形の示してない語については**52**の口語
形容詞の活用表(**表4**)から類推してほしい。

どのような単語が，どのアクセントにな
るかは**51~54**を参照してほしい。

注 以上の型のほかに，三拍以上の語には頭
高型，及び○…○○型の語が少数見出さ
れる。これは音韻の法則**a.**により，アクセ
ントの高さの切れめがずれてできたもので
ある。例えば，オーイ(多い)，マチドーイ
(待ち遠い)は，オオイ，マチドオイ が引
き音のためアクセントが前にずれたもの。

注意① 感情のこもったものや強調の意のあ
る接頭辞がつくと，頭高型になる傾向があ
る。

コウルサイ(小煩い)，ナマヤサシイ*(生
易しい)の類は接頭辞の項(**91**)を参照され
たい。

注意② 新造語は中高型。日常あまり耳にし
ない平板型の語も，中高型に変化する傾向
がある。

Ⅱ　特殊な形をもつ擬声・擬態語の類一般に
ついて

その語の形によって，それぞれのアクセ
ント法則に従う。例えば，和語で決まった
語尾をもつもの，漢語で決まった語尾をも
つもの，和語で重複した形のもの，漢語で
重複した形のもの，その他である。これら
は規則的で，**55~59**を参照してほしい。特
に**55，57**の類は語数が多く，本文ではそれ
ら多くを割愛せざるを得なかった。法則か
ら類推していただきたい。

注意③ 学校文法で説く形容動詞の多くは，
Ⅱの類に収めた。また，「鳩ぽっぽ・雨こん
こん」のように，擬声・擬態語がついて複
合名詞をつくるようなものも，便宜上この
類に収めておいた。

51　文語形容詞について(表3)

文語形容詞は，口語形容詞から類推するこ
とができる。ここでは文語特有の形について
述べる。

注① 現在日常生活で使われる文語形容詞の
類は，熟語・ことわざ・慣用句などに多い。

以下，例文に補足を加え理解の便をはかった。

I 活用形

例えば，**終止形**のアクセントは次のようになる。その他の活用形については，文語形容詞の活用表（表3）からそれぞれ類推してほしい。

(1) 口語平板式——後部から二拍めまで高い中高型。

アカイ → アガシ（赤し）
カナシイ → カナシ（悲し）
ツメタイ → ツメタシ（冷たし）

(2) 口語起伏式——すべて起伏式。

(イ) 口語頭高型——すべて頭高型。

ナイ → ナシ（無し）ヨイ → ヨシ（良し）

(ロ) 口語中高型——アクセントの高さの切れめが一拍前へずれた型になる。つまり，口語三拍語の文語はすべて頭高型。

イタイ → イタシ （痛し）
オシイ → オシ（惜し）

シロイ → ジロシ （白し）
ナガイ → （タスキニ）ナガシ（長し）
ホシイ → ホシ （欲し）

口語四・五・六拍語の文語はすべて中高型。

ウレシイ → ウレシ（嬉し）
ミジカイ → （オビニ）ミジカシ（短し）
メデタイ → メデタシ（目出度し）
イサギヨイ → イサギヨシ
（潔しとしない）

但し，新しい傾向として ミジカシ，メデタシ の型がある。

注意 命令形は終止形の語幹部分のアクセントが生きる。但し，新しい傾向として「カ」（まで）が高い型がみられる。

ナシ → ナカレ，ナガレ（勿れ）
ヨシ → ヨカレ，ヨガレ（善かれ）
アシ → アシカレ，アシガレ（悪しかれ）
オソシ → オソカレ，オソガレ（遅かれ）
オーシ → オーカレ，オーガレ（多かれ）

表3　51. 文語形容詞の活用形のアクセント

終止形	連体形	未然形	命令形
（赤し） アガシ	アガキ(モノ) アガカル(ベシ)	アガク(バ) アガガラ(ズ) アガガラ(ン)	アガカレ （アガガレ)
（悲し） カナシ	カナシキ(モノ) カナシカル(ベシ)	カナシク(バ) カナシガラ(ズ) カナシガラ(ン)	カナシカレ （カナシガレ)
（良し） ヨシ	ヨキ(モノ) ヨカル(ベシ)	ヨク(バ) ヨガラ(ズ) ヨガラ(ン)	ヨカレ （ヨガレ)
（白し） ジロシ	ジロキ(モノ) シロカル(ベシ)	ジロク(バ) シロガラ(ズ) シロカラ(ン)	ジロカレ （シロガレ)
（嬉し） ウレシ	ウレシキ(モノ) ウレシカル(ベシ)	ウレシク(バ) ウレシガラ(ズ) ウレシガラ(ン)	ウレシカレ （ウレシガレ)

アクセント習得法則 51—52　　(66)

付

Ⅱ　連体形の名詞的用法——格助詞の類をつ
けて用いるもの。
(1) 文語連体形が平板型のもの——尾高型,
または中高型になる。
　　オモキ, オモキ(重きを置く)
　　カルキ, カルキ(軽きに泣きて)
(2) 文語連体形が頭高型・中高型のもの——
同じアクセントの型になる。
　　ナキ　　　(無きに等しい)
　　ヨキ　　　(良きに計らえ)
　　アシキ　　(悪しきにつけ)
　　ヨワキ　　(弱きを助け)
　　ツヨキ　　(強きをくじく)
　　ナガキ　　(長きにわたる)
　　オモシロキ(面白きを見て)
Ⅲ　語幹がそのままの形で用いられるもの
(連体形の「き」をとった語形)——原則と
して,もとの型と同じになる。
　トオ(遠のみかど)　　**アヤシ**(怪しい男)
　ツメタ(冷た)　　　　**オモシロ**(面白)
　ナガ(長のいとま)　　**コワ**(おお,怖)
　サム(おお,寒)《新は **コワ**, **サム**》
　マチドー, マチドー(待遇)
　注② 但し,もとの形容詞から意義が変化
　　したものや慣用句となったものは,一語
　　としてのまとまりのあるアクセントにな
　　りやすい。
　　ガシコ, ガシク(畏)

52 口語の単純形容詞 及び 口語形
容詞の活用形(表4)

Ⅰ　単純形容詞では,二拍語はすべて頭高型
で問題はない。
　コイ(濃い)　**ナイ**(無い)　**ヨイ**(良い)
　三拍語以上には,法則らしいものがない
が,それでも多くの方言では,その方言の
アクセントをもとにして類推することがで
きる。例えば,
(1) **東京式アクセントの地方** の人は,大体そ
のままでよい。
(2) **東京式アクセントに準じる地方** の人は,

「白く」「白かった」のような活用形に注意。
(3) **京阪式アクセントの地方**——京都では次
のように一つの型があるのみであるから,
東京アクセントの習得はなかなか困難であ
る。
　　○‾○○,　○‾○○○○,　○‾○○○○○,
　　○‾○○○○○○
　しかし,近畿周辺の地方では次のように
東京アクセントと対応関係がみられるの
で,それぞれのアクセントから類推するこ
とが可能である。
　例えば,三拍語では **アカイ, クライ** の類
(赤い・暗い・厚い・重い・堅い…)は,東京
式では **アカイ, クライ** の型に, **シロイ,
アオイ** の類(白い・青い・熱い・黒い・寒
い…)は **シロイ, アオイ** の型になる。
　四拍語では, **ツメタイ, カナシイ★** の類(冷
たい・悲しい・あぶない・重たい・優しい
…)は,東京式では **ツメタイ, カナシイ★** の
型に, **ミジカイ, ウレシイ★** の類(短い・嬉し
い・大きい・苦しい・小さい…)は, **ミジカ
イ, ウレシイ★** の型になる。
　また,平板式形容詞はほんの少しで,ほ
とんどが中高型であるから,下に示す平板
式の語を暗記すれば,後はほとんど最後か
ら二拍めまで高い中高型だと思ってよい。
(便宜上,法則53の例を含む)
　▷赤い・浅い・厚い・甘い・荒い・薄い・
　遅い・重い・堅い・硬い・軽い・きつ
　い・暗い・煙い・つらい・遠い・眠い・
　丸い
　明るい・あぶない・怪しい・いかつい・
　おいしい・重たい・悲しい・黄色い・煙
　たい・冷たい・眠たい・平たい・優しい・
　易しい・よろしい
　くすぐったい・むずかしい
注 このうち,四拍以上の語で近年中高型に発
　音されることの多いものには,本文中平板
　型・中高型の両型を掲げてある。(**52**の**注意**
　参照)
Ⅱ　活用形のアクセントについては,67ペー
ジの口語形容詞の活用表(表**4**)を参照して

(67) アクセント習得法則　表4

付

表4　　52. 口 語 形 容 詞 の 活 用 形 の ア ク セ ン ト

形容詞の種類			活用形	連 体 形 終 止 形	未 然 形	連 用 形 音 便 形	仮 定 形
平板式形容詞		三拍語	赤い	アカイ(モノ)/アカイ	アカカロ(ー)	アカク／アコー／アカク(テ)／アカカッ(タ)	アカケレ(バ)
		四拍語	冷たい	ツメタイ(モノ)/ツメタイ	ツメタカロ(ー)	ツメタク／ツメトー／ツメタク(テ)／ツメタカッ(タ)	ツメタケレ(バ)
			悲しい	カナシー(モノ)/カナシイ*	カナシカロ(ー)	カナシク／カナシュー／カナシク(テ)／《新は カナシク(テ)》／カナシカッ(タ)	カナシケレ(バ)
起伏式形容詞	頭高型	二拍語	良い	ヨイ(モノ)/ヨイ	ヨカロ(ー)	ヨク／ヨー／ヨク(テ)／ヨカッ(タ)	ヨケレ(バ)
		三拍語	白い	シロイ(モノ)/シロイ	シロカロ(ー)	シロク／シロー／シロク(テ)／《新は シロク(テ)》／シロカッ(タ)	シロケレ(バ)
	中高型		惜しい	オシー(モノ)/オシイ*	オシカロ(ー)	オシク／オシュー／オシク(テ)／《新は オシク(テ)》／オシカッ(タ)	オシケレ(バ)
		四拍語	短い	ミジカイ(モノ)/ミジカイ	ミジカカロ(ー)	ミジカク／《新は ミジカク》／ミジコー／《新は ミジコー》／ミジカク(テ)／《新は ミジカク(テ)》／ミジカカッ(タ)／《新は ミジカカッ(タ)》	ミジカケレ(バ)／《新は ミジカケレ(バ)》
			嬉しい	ウレシー(モノ)/ウレシイ*	ウレシカロ(ー)	ウレシク／ウレシュー／《新は ウレシュー》／ウレシク(テ)／ウレシカッ(タ)	ウレシケレ(バ)

アクセント習得法則 52—54　　　(68)

いただきたい。本文中に示した終止形のアクセントからそれぞれあてはめて類推すれば、他の活用形のアクセントも容易に知ることができよう。

注意 近年、若い人人の間では次の(i)(ii)のような中高化傾向がみられる。しかし、形容詞に平板式と起伏式の別があるほうが、語の弁別ができて望ましいと考える。

その上、連体形は **アカイモノ**, **シロイモノ** のように平板式と起伏式の区別があって動かない。そこで本辞典では**連体形のアクセント**を重視し、必ずしも新しい変化型を注記しない方針をとった。若年層のアクセントの傾向をあげれば次のようである。

(i) 平板式形容詞の終止形を中高型に発音する。

アカイ オモイ ツメタイ カナシイ を
アカイ オモイ ツメタイ カナシイ のように。

(ii) 起伏式形容詞の連用形・仮定形のアクセントの高さの山を一拍後にずらして発音する。

シロク, シロクテ を
シロク, シロクテ のように。
ミジカク, ミジカクテ を
ミジカク, ミジカクテ のように。
シロカッタ, シロケレバ を
シロカッタ, シロケレバ のように。
ミジカカッタ, ミジカケレバ を
ミジカカッタ, ミジカケレバ のように。

---

53 転成形容詞

原則として、もとのアクセントが平板式のものは平板式、起伏式のものは中高型になる傾向がある。但し、シク活用になるものはほとんどが中高型。

I　形容詞から
オモイ → オモタイ （重たい）
ネムイ → ネムタイ （眠たい）
キタナイ → キタナラシイ（汚らしい）

II　特殊な形の擬声・擬態語から——すべて

中高型。
オロカ → オロカシイ （愚かしい）
ヤワラカ → ヤワラカイ （柔らかい）
アタタカ → アタタカイ （暖かい）
チョロイ（〜やつ）　　**トロイ**（火が〜）

III　動詞から
アカル → アカルイ （明るい）
クスグル → クスグッタイ （擽ったい）
サワグ → サワガシイ （騒がしい）
ウラム → ウラメシイ （恨めしい）
ヨロコブ → ヨロコバシイ（喜ばしい）
キズカウ → キズカワシイ（気遣わしい）

IV　名詞から
マル → マルイ （丸い）
キイロ → キイロイ（黄色い）
シカク → シカクイ, シカクイ（四角い）
ヒドー（非道）**→ヒドイ**（酷い）

V　畳語に「しい(し)」がつくもの——すべて中高型。
メメシイ（女女しい）
オオシイ（雄雄しい）
ナレナレシイ（馴れ馴れしい）
ヨワヨワシイ（弱弱しい）
ドクドクシイ（毒毒しい）
コーゴーシイ（神神しい）
ズーズーシイ（図図しい）
バカバカシイ（馬鹿馬鹿しい）
▷美美しい　　重重しい　　物物しい

VI　副詞その他から——すべて中高型。
ハナハダシイ（甚だしい）
イカガワシイ（如何わしい）

注意 但し、若い人人の間では平板式の語を中高型にいう傾向がある。（**52**の**注意**参照）

---

54 結合・接合形容詞

I　結合形容詞——多く連濁する。
(1) 形容詞の語幹＋形容詞 の形——平板型を原則とするが、若い人人の間では、また一般に拍数の多い語は、中高型の傾向がある。
ウスグライ, ウスグライ（薄暗い）
アオジロイ, アオジロイ（青白い）

ワルガシコイ（悪賢い）

(2) **動詞＋形容詞 の形**——接尾辞的な傾向の形容詞が多いが，ほとんど中高型。但し，形容詞が平板式のものは，中高型と平板型の両様になる。

アツイ	→ **ムシアツイ**（蒸し暑い）	
ニクイ	→ **ミニクイ**（見悪い・醜い）	
クサイ	→ **コゲクサイ**（焦げ臭い）	
クルシイ★	→ **ネグルシイ**★（寝苦しい）	
ツライ	→ **キキズライ，キキズライ**	
		（聞き辛い）

(3) **名詞＋形容詞 の形**——形容詞が平板式のものは平板型と中高型の両様に，起伏式のものは中高型になる傾向がある。

アライ	→ **テアライ，テアライ**（手荒い）	
カルイ	→ **ミガルイ，ミガルイ**（身軽い）	
トーイ	→ **ホドトーイ，ホドトーイ**	
		（程遠い）
カナシイ→**モノガナシイ**★，		
	モノガナシイ★（物悲しい）	

▷手厚い 口軽い 後ろぐらい

ナイ	→ **ナサケナイ**（情無い）	
スゴイ	→ **モノスゴイ**（物凄い）	
チカイ	→ **マジカイ**（間近い）	
クルシイ★	→ **イキグルシイ**★（息苦しい）	

▷水くさい 草ぶかい 我慢づよい

(4) **特殊な形の擬声・擬態語の語幹＋形容詞の形**——多くは平板型。一般に拍数の多い語や，若い人人の発音では，中高型の傾向がある。形容詞が中高型の語は特にその傾向が強い。

ホノグライ，ホノグライ（仄暗い）	
ヒョロナガイ，ヒョロナガイ	
	（ひょろ長い）
ムズガユイ，ムズガユイ（むず痒い）	
ホロニガイ，ホロニガイ（ほろ苦い）	

注意① 軽蔑・憎しみの意の接頭辞「小」「生」のつくもの，及び「図太い」「か弱い」など接頭辞のつくものは，接頭辞の項（**91**）を参照されたい。

注意② 接尾辞的な傾向をもつ語は，接尾辞のアクセントに準じる傾向がある。（**96**参

照）

Ⅱ **接合形容詞**

接合動詞とよく似る（**49**参照）。前部の語のアクセントを生かす。但し，複合の度合が強くて，結合形容詞のようになったものは，各結合形容詞の法則に準じる。

ムシガイイ★（虫が良い）	
ショーガナイ（仕様がない）	
オヤスクナイ（御安くない）	
イクジガナイ（意気地がない）	
アラレモナイ，アラレモナイ	
	（有られも無い）

---

55 決まった和語の語尾をもつ擬声・擬態語の類

Ⅰ **すでに「と」がついているもの**

(1) **二・三拍語**

(イ) 第二拍が引き音・促音・撥音，または二重母音のものは頭高型。

ワット	**ガット**	**デント**
ポント	**ブイト**	**チョート**

但し，擬声・擬態の意識が薄れたものは平板型。

キット（〜来る）	**ソット**（〜言う）
カット，チャント（〜する）	

(ロ) 第二拍が引き音・促音・撥音・二重母音以外のものは，頭高型と中高型の両様。

チラト，チラト（〜見る）

(2) **四拍以上の語**——語尾が促音化して，助詞「と」がついたものは，促音の前の拍まで高い。但し，第二拍が引き音のものは，平板型になる傾向がある。

カラット	**チラット**	
ピリット	**ケロット**	
キラリット	**ピリリット**	**ゴロリット**
ヒューット	**カーット**（〜する）	
フーット（〜なる）	**ポーット**（〜している）	

Ⅱ **「と」がつきうるもの**

(1) **「り」で終るもの，及びそれに助詞「と」がついて用いられるもの。**

(イ) 三拍語——中高型・尾高型の両様。

アクセント習得法則 55—57　　　(70)

ニコリ(ト)，　ニコリ(ト)
ヒヤリ(ト)，　ヒヤリ(ト)
ピリリ(ト)，　ピリリ(ト)
フラリ(ト)，　フラリ(ト)
ゴロリ(ト)，　ゴロリ(ト)

(ロ) 四拍語で，第二拍が促音または撥音のものは ○○○○型。

ウッドリ(ト)　　ウンザリ(ト)
ガッカリ(ト)　　コンモリ(ト)
サッパリ(ト)　　ションボリ(ト)

(2) 「ん」で終わるもの，及びそれに助詞「と」がついて用いられるもの——二拍語は多く頭高型。三拍語・四拍語はともに中高型(○○型，○○○○型)となる。

チョン(ト)　ドン(ト)　ドン(ト)
ガタン(ト)　　　ガッタン(ト)
ブツン(ト)　　　ブッツン(ト)
ゴトン(ト)　　　スットン(ト)
ブラリン(ト)　　コロリン(ト)
ノホホン(ト)

注① 四拍語のうち，擬声・擬態の色彩を濃く表現したものには，頭高型が出る傾向がある。

ギッタン　　バッタン　　コックリ

注② ポツネン，チョコナン のように，状態を表わすもので，平板型になる傾向のものが少数だがある。

Ⅲ　「な」「に」のつくもの

(1) 「か」で終わるもの
　(イ) 三拍語は頭高型。

オロカ(愚か)　　ガスカ(幽か)
シズカ(静か)　　ユタカ(豊か)

　(ロ) 四拍以上の語は中高型(○○○○型，○○○○型)。

コマヤカ(細やか)　ニギヤカ(賑やか)
ウララカ(麗か)　　ヤスラカ(安らか)
オロソカ(疎か)　　アダタカ(暖か)
ミヤビヤカ(雅やか)
ツマビラカ(詳らか)

注③ 但し，次のものは形容詞の型への類推で，○○○○型になる傾向がある。

ヤワラカ(柔らか)　アタタカ(暖か)

(2) 「ら」「れ」「ろ」で終わるもの——平板型になる。

マバラ　(疎)　　ハダレ　(斑)
ウツロ　(空)　　ソゾロ　(漫)
イタズラ(徒)　　ネンゴロ(懇)
グータラ

注④ これらのほかにも次のような平板型になるものがある。

ヘベレケ

56　決まった漢語の語尾をもつ擬声・擬態語の類

Ⅰ　「乎・固」「爾」「如」のつくもの
(1) 三拍語——原則としてすべて頭高型。

ガッコ(確乎たる)　ガンジ(莞爾と)
ダンコ(断乎たる)　ソツジ(卒爾ながら)
ガンコ(頑固な)　　トツジョ(突如として)
ヤクジョ(面目躍如たるもの)

(2) 四拍以上の語——すべて中高型。

ダンダンコ(断断乎)(a.)
キッキュージョ(鞠躬如)(a.)

Ⅱ　「然・爾」のつくもの——平板型。

アゼン(啞然)　　ガゼン(俄然)
キゼン(毅然)　　ブゼン(憮然)
シゼン，ジネン(自然)
ゴーゼン(轟然)　トーゼン(陶然)
ダンゼン(断然)　トツゼン(突然)
コツゼン，コツネン(忽然)
モクゼン，モクネン(黙然)

Ⅲ　「若」のつくもの——平板型の傾向がある。

ジジャク(自若)　ドージャク(瞠若)

57　同じ語，または相似した語が重複した三・四拍の和語

Ⅰ　擬声・擬態語
　複合の度合が弱く，**連濁しない**。またガ行鼻音にも，ハ行音がワ行音にもならない。

(1) 助詞「と」のつくもの
　(イ) 次のようなものは頭高型になる。

ガンカン(ト)　　ゴロゴロ(ト)

ドキドキ(ト)　　モジモジ(ト)
ジタバタ(ト)　　チラホラ(ト)
ウロチョロ(ト)　ヘドモド(ト)
ムシャクシャ(ト)　ヤキモキ(ト)
ガッカ(ト)　ゼッセ(ト)　パッパ(ト)

注意 シグシク、スタスタ、ピカピカ の○
￣○○型は、無声化によって高さの切れ
めが後にずれたもの。(c.参照)

(ロ) 語尾が促音化して「と」のついたもの
——促音の前の拍まで高い。
ゴロゴロット　　ドキドキット
フラフラット　　ブルブルット

注 本文中、(～する)など、動詞のつく用例の
あるものは、他の動詞のつく場合も同様の
アクセントである。
ゴロゴロナル　　(～鳴る)
トボトボ・アルク(～歩く)
チラホラサク　　(～咲く)

(2)「だ」「に」のつくもの——すべて平板型。
(イ) カンカン(ダ)　　ゴワゴワ(ニ)
ツルツル(ダ)　　サラサラ(ニ)
メチャメチャ(ダ)　メチャクチャ(ニ)
(ロ) ウラウラ、ホロホロ など(1)の(イ)のつ
まってできた語は原則として平板だ
が、頭高型も現われる。
ウララ　シトド(～にぬれる)　ホロロ
ウタタ、ウタタ
タワワ、タワワ

II **擬声・擬態語的な語**——単独、及び決ま
った助詞などがついて用いられる。複合の
度合が強く、**連濁する**。
(1)「と」のつくもの——中高型。
(イ)「と」「する」がつき、「は」がつかぬも
の——○￣○○○型になる。
ハレバレ(ト)(晴れ晴れと)
ノビノビ(ト)(伸び伸びと)
クログロ(ト)(黒黒と)
マルマル(ト)(丸丸と)
(ロ)「と」がつき、「は」「する」がつかぬも
の——多く ○○○○型 だが、時に ○
￣○○型 も現われる。
アリアリ(ト)　タカダカ(ト)(高高と)

ツクズク(ト)　ハヤバヤ(ト)(早早と)
ハルバル(ト)、ハルバル(ト)(遥遥と)
サメザメ(ト)　サメザメ(ト)(～泣く)
(2)「だ」「に」の類がつき、「と」「する」「は」
がつかぬもの——平板型になる傾向があ
る。
アツアツ(ダ)(熱熱だ)
チカジカ(ニ)(近近に)
トビトビ(ニ)(飛び飛びに)
ヤマヤマ(ダ)(山山だ)

58　同じ語、または相似した語が重複した二・三・四拍の漢語

I **二拍語**——すべて頭高型。
ココ(呱呱の声)　ジシ(孜孜とはげむ)
ヒヒ(霏霏と降る)　ルル(縷縷と尽きない)
注 キキ、キキ(奇奇・嬉嬉)、チチ、チチ(遅遅)
などの尾高型は、無声化によって高さの切
れめが後にずれたもの。(c.参照)
II **三拍語**——すべて頭高型。
ジクジ(忸怩たる)
ボーダ(涙滂沱として)
リンリ(淋漓と)
III **四拍語**——多くは平板型。
(1) 同じ語の重複——平板型だが ○○○○型
にも発音されるものが多い。
モクモク(黙黙)　ガクガク(諤諤)
タンタン(淡淡)　コーコー(皓皓・煌煌)
ユーユー、ユーユー(悠悠)
ケイケイ、ケイケイ(炯炯)
メンメン、メンメン(綿綿)
(2) 相似した語の重複——すべて平板型。
ランマン(爛漫)　サンラン(燦爛)
テンメン(纏綿)　フクイク(馥郁)
ソーコー(倉皇)　モーロー(朦朧)
コーコツ(恍惚)　ウツボツ(鬱勃)
注意① 外来語は名詞(9、16)の法則に準じる。
注意② 学校文法で形容動詞といわれるもの
の中で、特殊な形をもたない漢語(=56～58
には含まれない漢語)は、一般の漢語名詞

アクセント習得法則 58—60　　　(72)

の法則が適用されるので、その条(6～8)に送った。「杳ら」「快活」「円満」など。

59　擬声・擬態語を後部とする語

その語の複合の度合によって異なる。原則として文節の法則に準じる。(97～99参照)

I　前部の語と後部の語が複合しないもの——前・後部のアクセントを生かす。分離文節の法則に準じる。(97参照)

　　ノダリ・ノダリ　　ヌラリ・クラリ
　　ガタン・ピシャン
　　テンデン・バラバラ
　　イイ・ダクダク　　(唯唯諾諾)
　　キョーミ・シンシン(興味津津)
　　キソク・エンエン　(気息奄奄)

II　複合の度合が弱いもの——前部の語のアクセントを生かす。接合文節の法則に準じる。(98参照)

　　ノダリノダリ　　　ヌラリクラリ
　　チビリチビリ　　　ズキンズキン
　　ガタンピシャン　　チチンプイプイ
　　チリジリバラバラ　テンデンバラバラ
　　ザックバラン　　　アップアップ
　　アメコンコン　　(雨こんこん)
　　ハトポッポ　　　(鳩ぽっぽ)
　　スッタモンダ　　(擦った揉んだ)
　　イイダクダク　　(唯唯諾諾)
　　キョーミシンシン(興味津津)
　　キソクエンエン　(気息奄奄)

III　複合の度合が強く一語としてのまとまりをもつもの——結合文節の法則に準じる。(99参照)

(1)　八拍語のもの——多く ○○○○○○○○型。
　　チリジリバラバラ　　テンデンバラバラ
　　ズルズルベッタリ　　ドッコイドッコイ
　　シンネリムッツリ，シンネリムッツリ

(2)　六拍語のもの
　(イ)　第二拍が撥音のもの——多く ○○○○○○型。
　　チンチグリン　　ツンツルテン

注①　但し、第四拍に高さの切れめをおきにくい語などは、アクセントの切れめが原則として前にずれる。
　　トンチンカン　　チンプンカン

(ロ)　第二拍が促音のもの——多く ○○○○○○型。
　　オッチョコチョイ　　スッカラカン
　　スッテンテン　　　　スッポンポン

(ハ)　前二拍が漢語のもの——平板型。
　　チューブラリン　(宙ぶらりん)
　　ヘンテコリン　(変梃りん)
　　ミョーチキリン　(妙ちきりん)

注②　前部が名詞や形容詞語幹などからなる四拍語は、平板型の傾向がある。
　　アセダク　　(汗だく)
　　シワクチャ　(皺苦茶)
　　ハラペコ　　(腹ぺこ)
　　ヒゲモジャ　(髭もじゃ)
　　マルポチャ　(丸ぽちゃ)
　　キンピカ　　(金ぴか)
　　ウスノロ　　(薄鈍)

注③　後部の語が「か」「やか」「らか」で終り、「な」「に」のつく五・六拍語は、後部の語の高さの切れめまで高い中高型となる。
　　ココロシズカ(心静か)
　　アダオロソカ(徒疎か)
　　マコトシヤカ(実しやか)
　　イロアザヤカ(色鮮やか)
　　モノヤワラカ，モノヤワラカ
　　　　　　　　　(物柔らか)

60　副詞，指示・疑問を表わす語，接続詞，感動詞などについて

これらの類は他にくらべて一見法則がないようだが、それでも副詞、指示・疑問を表わす語、接続詞、感動詞など、それぞれのグループの中でまとまった法則をつくっている。

この類の語の中には、転成してできたものや複合によるものが多く、厳密にはその成立過程を推定することがむずかしい。しかし、

アクセント習得法則 60—62

複合によるものは品詞の違いにかかわらず、すべて同じような複合のしかたをするので、便宜的に、法則67〜69にまとめて掲げておいた。

また、このグループの中で、同じ語がまたがって用いられる場合、同じアクセントであればいずれかの番号を省略することがある。なお副詞類であっても語構成から擬声・擬態語などのグループ（法則55〜59）に送ったものもある。

フ￢ト	モ￢ット	ユ￢ックリ（緩り）
ユ￢ッタリ（寛り）	アオ￢アオ（青青）	
ダ￢ンゼン（断然）	ド￢ードー（堂堂）	
ア￢ップアップ	ノ￢タリ(・)ノ￢タリ	

これらのグループは、おおむね平板型・中高型が多く、尾高型は現われない。但し、感動詞は特別な性格をもち、注意を要する。

61 副詞

I 副詞には拍数によって次のような傾向がみられる。

(1) 二拍語——ほとんど頭高型。まれに平板型がみられる。

カ￢ク（斯く）	カ￢ツ（且）	ゴ￢ク（極く）
ツ￢イ（〜先程）	ナ￢オ（猶・尚）	ハ￢ヤ（早）
ホ￢ボ（略）	マ￢ズ（先ず）	マ￢ダ（未だ）
ム￢べ（宜）	モ￢シ（若し）	ユ￢メ（努）
コ￢ー（斯う）	モ￢ー（=更に）	ジ￢キ（直）

(2) 三拍語——頭高型が多いが平板型もみられる。

ア￢マタ（数多）	ケ￢ダシ（蓋し）	
シ￢バシ（暫し）	ム￢シロ（寧ろ）	
モ￢ハヤ（最早）	ヤ￢オラ，ヤオ￢ラ（〜立つ）	

注① 四拍語の平板型がつまったものは平板型になる。

イ￢ッソー → イ￢ッソ（一層）
オ￢ーヨソ → オ￢ヨソ（凡そ）
サ￢スガニ → サ￢スガ（流石）
ダ￢イブン → ダ￢イブ（大分）
ナ￢マジイ*→ ナ￢マジ（憖）

(3) 四拍語——平板型が多いが、○○○○型

もみられる。

アイニ￢ク（生憎）	アナガ￢チ（強ち）
タチマ￢チ（忽ち）	ハナハ￢ダ（甚だ）
マンザ￢ラ（満更）	イッコ￢ー（一向）
シバ￢ラク（暫く）	モチ￢ロン（勿論）

II 転成語——もとの語のアクセントに準じる。

ヨ￢シ（縦し）	ヨ￢ク（良く）	ハヤ￢ク（早く）
ヨロ￢シク（宜しく）	シタ￢シク（親しく）	
オ￢ソラク（恐らく）	イキ￢ナリ（行き成り）	
オ￢ッツケ（追っ付け）	トリワ￢ケ（取分け）	
イ￢マ（今）	ツ￢ユ（露）	ヤ￢ク（約）
サイワ￢イ（幸）	ドノミ￢チ（何の道）	

但し、名詞が尾高型のものは、副詞では平板型になる。

ア￢マリ，ア￢ンマリ（余り）	ト￢ーク（遠く）	
コノ￢ウエ（此の上）	ミ￢ナ，ミ￢ンナ（皆）	
ココロ￢モチ（心持）	ケッキョ￢ク（結局）	
アリノ￢ママ（有りの儘）		

注② 完全に転成したものは、副詞本来の型に移る傾向がある。

ツ￢マリ（詰り）　　ツゴ￢ー（都合）
ユ￢ライ（由来）　　ケッコ￢ー（結構）

注③ 名詞・形容詞などと同一の形のものはそれぞれのアクセント法則に準じるので、原則として本文の番号及び解説を省略した。

サイワ￢イ（幸）　　ジ￢ジツ（事実）
ス￢ゴク（凄く）

62 名詞・数詞からの転成副詞

「数」「時」「量」を表わす名詞・数詞が副詞的に用いられるときは、一般には変化しないことを原則とする。但し、尾高型のもの、及び最後の拍が引き音・撥音・二重母音副音でその前の拍まで高いものは、平板型に変る傾向がある。本文では名詞的用法と区別して〖副詞的〗と記し、それぞれ例を示した。今比較のために名詞的用法を左に、副詞的用法を右に、例をつけて掲げておく。

注意 ＊印は他のアクセントがあることを示す。

アクセント習得法則 62—63

I 名詞・数詞が尾高型のもの

(1) 和語

トー(a.)	→ トーアル	(十ある)
フタツ	→ フタツアル	(二つある)
ミッツ	→ ミッツカッタ	(三つ買った)
フタリ	→ フタリユク	(二人行く)
フタクミ*	→ フタクミカウ	(二組買う)
フタイロ*	→ フタイロアル	(二色ある)
フタツキ*	→ フタツキスギタ	(二月過ぎた)
ハンツキ	→ ハンツキタツ	(半月たつ)
ハントシ	→ ハントシマツ	(半年待つ)
ナツ	→ ナツユク	(夏行く)
フユ	→ フユカエル	(冬帰る)
アス	→ アスユク	(明日行く)
アシタ	→ アシタカエル	(明日帰る)
ユーベ	→ ユーベミタ	(昨夜見た)
アクルヒ	→ アクルヒマツ	(明くる日待つ)

注 但し、若い層では **ナツユク** のように変化しない傾向も現われる。

(2) 漢語

ヒャク	→ ヒャクアル	(百ある)
ゴヒャク	→ ゴヒャクアル	(五百ある)
ジューイチ	→ ジューイチカウ	(十一買う)
ジューニ	→ ジューニウル	(十二売る)
イチド	→ イチドミタ	(一度見た)
イチニチ	→ イチニチマッタ	(一日待った)
ニガツ	→ ニガツカエル	(二月帰る)
ショーガツ	→ ショーガツユク	(正月行く)

II 名詞・数詞が中高型のもの

(1) 引き音で終る

キノー	→ キノーミタ	(昨日見た)
ゴジュー	→ ゴジューカウ	(五十買う)
ロクジュー	→ ロクジュースギタ	(六十過ぎた)
イチゴー*	→ イチゴーノンダ	(一合飲んだ)

(2) 撥音で終る

タクサン	→ タクサンカウ	(沢山買う)
ダンダン	→ ダンダンヨクナル	(段段良くなる)
ハンブン	→ ハンブンモツ	(半分持つ)
ゴニン	→ ゴニンカエル	(五人帰る)
クニン	→ クニンイタ	(九人居た)

(3) 二重母音で終る

ニカイ	→ ニカイオワル	(二回終る)
サンガイ	→ サンガイデタ	(三回出た)
オトトイ	→ オトトイコイ	(一昨日来い)

63 連体詞

おおむね規則的で、尾高型はみられない。
転成してできたものは、もとの語のアクセントを生かす。複合してできたものは、助詞・助動詞がついた形のものが多く、それらはそれぞれの形に助詞・助動詞がつく場合のアクセントに準じる。

I 和語

例えば、起伏式動詞 **アル**(有る) に、文語の助動詞「ぬ」がついた形の「有らぬ」は、助動詞が動詞につく場合のアクセントに準じ、**アラヌ** のようになる。(89参照)

また、動詞の活用形からの転成は、もとの活用形のアクセントを生かし **アル**(或日)、**サル**(然る者)、**カカル**(斯かる不都合) のようになる。(41参照)

同様にして、文語動詞から **アクル**(明くる三日)、**キタル**(来たる十日)、**イケル**(生ける屍(しかばね))、**アリシ**(在りし昔) などができる。

また、指示・疑問を表わす連体詞は、**64** I、IIの法則に従い、次のようになる。

コンナ　ソンナ　アンナ　ドンナ

その他の語もそれぞれの法則から類推されたい。

注意 連体詞が体言に続くアクセントについては、接合名詞及び文節の法則に準じる(19,97,98参照)。数詞に続く場合は、法則38に送る。

アルヒ(或日)

(75) アクセント習得法則 63—65

アクルアサ(明くる朝)
トンダコト(とんだ事)
ミハテヌ・ユメ(見果てぬ夢)
カクタル・コト(確たる事)
オーキナ・カオ(大きな顔)
カカル・ジタイ(斯かる事態)
アラユル・シュダン(あらゆる手段)

Ⅱ 漢　語

漢字一字の転成語のみ。すべて頭高型になる。

コ・ダイカン(故大観)
カク・コジン(各個人)
ドー・フジン(同夫人)
ゲン・シュショー(現首相)
ゼンセカイ(全世界)
ゼン・ニッポン(全日本)

その他、今(段階)、全(学生)、前(首相)、当(会場)、某(方面)、本(大会)など。

但し、複合の度合が強く、結合名詞のようになったものは結合名詞の法則**13**に準じる。

ゼンセカイ　　(全世界)
ゼンニッポン(全日本)

64 指示・疑問を表わす語（人称代名詞もここに含める）

Ⅰ 指示を表わす語——平板型が多い。

ココ	コレ	コノ	コチラ
ソコ	ソレ	ソノ	ソチラ
アソコ	アレ	アノ	アチラ

注① 一拍語は助詞をつけて用いられ、頭高型になる。(**67**参照)

コハ(是は)　　　ザノミ(然のみ)

注② 複合的なものは頭高型・中高型になる。

カナタ, カナタ　　アナタ, アナタ

注③ 促音を含むものは尾高型になる。

コッチ　　ソッチ　　アッチ

Ⅱ 疑問を表わす語——原則として頭高型。

ドコ	ドレ	ドノ	ドチラ	ドッチ
ドナタ	イクラ	イクツ	イツ	ダレ
ナニ	ナゼ	ナンデ		

注④ 「何か」「何だか」など「何」がつく語は頭高型。但し、「何人とも」「何とぞ」「何ゆえ」など複合の度合が強いものは平板型になる傾向がある。

Ⅲ 人称代名詞

(1) 和　語——ほとんどが転成語。もとの語のアクセントに準じる。

キミ(君)　テマエ(手前)　ワタクシ(私)
カレ(彼)　ヌシ(主)　　ヤツ(奴)
ワレ(我)　アナタ(貴方)

(2) 漢　語——一・二拍語はすべて頭高型。

ヨ(予)　　　チン　(朕)
ボク(僕)　キジョ(貴女)

注⑤ 但し、使用度の高い「僕」は平板型も現われる。

注⑥ 語頭に「貴」「尊」「拙」のつく漢語はキジョ(貴女), ソンプ(尊父), ソンケイ(尊兄), セッチョ(拙著), セッソー(拙僧)のように頭高型だが、謙称の意識の薄れた「拙…」は「拙者」「拙宅」のように平板型になる傾向がある。但し、キケイ(貴兄)などの中高型は、無声化によりキケイが一拍後にずれたもの(**c.**参照)。なお「貴…」は便宜上漢語の癒合名詞(**7,8**)の項に送った。

65 接続詞

ほとんどが転成語と複合語であり、原則として、もとの語のアクセントを生かす。

カツ(且)　ヨモ(抑)　ジャー(〜やめた)
デモ(〜行かない)　ダッテ(〜いやよ)
タダシ(但し)　シカシ(然し)
ナイシ(乃至)　スナワチ(即ち)
オナジク(同じく)
マタ(又)　オヨビ(及び)　スルト

但し、語頭にきて、以下を言いおこす漢文口調の時は、頭高型が現われる傾向がある。

ソレ(夫日本は…)
マタ(又わが党としては)
オヨビ(及び)　ツマリ(詰り)　ナオ(猶)
ハタ(将)　サテ(扠て)

注意 複合語は、法則**67,68,69**に送る。

アクセント習得法則 66―67　　(76)

付

66 感動詞

　感動詞のアクセントはイントネーションによって影響されることが多い。だが、この傾向は諸方言に共通のものだから、いろいろ覚える必要はない。

Ⅰ　**単純語**——感情の表出を表わす典型的な感動詞は、ことにイントネーションに影響されやすいが、おおむね頭高型になる。

　　アー(驚いた)　　マー(～あきれた)
　　イザ(～鎌倉)　　オヤ(～大変)
　　オット(～あぶない)　　ヨイショ

　また、呼びかけや応答を表わすものは、原則として頭高型になる。

　　アー　ナー　ヨー　オイ　ハイ　ヤイ
　　モシ　コラ　コレ　ソラ　ソレ　ドラ
　　ホラ　ウン

　　但し、これらが疑問の意味を含んで発音した場合、尾高型のように発音される傾向がある。

　　オヤ？(～雪かしら)
　　エー？(～何か言った)

Ⅱ　**転成語**——転成した語は、原則としてもとのアクセントを生かす。

　　ヨシ(～来た)　ザテワ　　ヨーコソ
　　ヤスメ(休め)　シツレイ(失礼)

　その他、「万歳」「馬鹿野郎」「どれ(～見せろ)」「御機嫌よう」「おめでとう」「頼もう」など。

　　但し、「只今！」「今日は！」など、呼びかけの意が強いものは尾高型のように発音されるが、末尾が特殊な拍のものなど一拍前から下がる傾向がある。

　　タダイマ！　　コンニチワ！
　　サヨナラ！　　チョーダイ！

67 結合してできた副詞類

　副詞・接続詞・連体詞の類は、結合語からの転成語でできている場合がほとんどである。

　その前部と後部の組合せによって、結合の法則が異なるが、それぞれ名詞・動詞などに助詞などがつく場合の法則に準じる。

　例えば、名詞に助詞「に」がついたものは、名詞＋助詞 の法則に従い、次のようになる。(71参照)

　　タマニ(偶に)　　マサニ(正に)
　　キューニ(急に)　ダンニ(単に)
　　マコトニ(誠に)　ジツニ(実に)
　　イマダニ(未だに)　イチドニ(一度に)

　動詞に助詞「て」がついたものは、動詞＋助詞 の法則に従い、次のようになる。(73参照)

　　アゲテ(挙げて)　ガネテ(予て)
　　オッテ(追って)　スベテ(凡て)
　　ケッシテ(決して)　マシテ(況して)
　　キワメテ(極めて)　カエッテ(却って)

注①　但し、もとの形が平板型の場合、○○○○型 になる傾向がある。

　　ハジメテ(初めて)

　その他、形容詞に助詞がつく場合は、74に準じ、ヨクモ(善くも)、カラクモ(辛くも)のようになり、助詞がついているものに、更に助詞がつく場合は77に準じ、次のようになる。

　　ソレデワ(其れでは)　チットモ(些とも)
　　タマニワ(偶には)　　マタモヤ(又もや)

　以上のように、すべてそれぞれの形にあてはめて類推してほしい。

注意①　名詞・副詞類両用のものは、本文ではいちいち副詞類の番号を示さなかったことが多い。これは名詞の場合とアクセントが変らないことを表わす。

注意②　「では」「だが」「だから」「けれど」「けれども」などは、「其れでは」「雨だから」などの前部が省略されてできたものである。これらは「で」「だ」など前の助詞・助動詞のアクセントを生かす。

　「所が」「所で」なども同様に、「…の所が」などの前の語が落ちてきたものである。そのため平板型にならず、**……ノトコロガ**のアクセントを残し、**トコロガ**のようになる。

68 畳語・対立語の形をとった副詞類

それぞれの形により，名詞・動詞・数詞などの，畳語・対立語の法則（**11，18，39，40，57，58**）に似る。但し，一般に中高型になるべきものが，平板型に発音される傾向がある。また拍数の多いものは複合の度合が強く，後部の第一拍まで高く発音する傾向がある。

Ⅰ 二・三拍語——すべて頭高型になる。

ママ	（間間）	ヤヤ	（稍）
ジジ	（時時）	タタ	（多多）
ジジュー	（始終）	トコー	（兎角）

但し，畳語・対立語の意識が薄れたものは平板型になる傾向がある。

ママ（間間）　　　　トカク（兎角）

Ⅱ 四拍語

(1) **副詞**——もとの語が頭高型のものは頭高型に，平板型・尾高型のものは，○○○○型 になる傾向がある。

カズカズ（数数）	ワザワザ（態態）
シバシバ（屢）	ショーショー（少少）
サラサラ（更更）	マズマズ
	（先ず先ず）
バイバイ（bye-bye）	ヒヤヒヤ
	（Hear!Hear!）
オフオフ（各）	カタガタ（旁）
オリオリ（折折）	イヨイヨ（愈愈）
マスマス（益益）	ナクナク
	（泣く泣く）

但し，畳語・対立語の意識が薄れたものは平板型になる傾向がある。

ユクユク（行く行く）	ナクナク（泣く泣く）
ウスウス（薄薄）	ヨクヨク（善く善く）
ミスミス（見す見す）	イヤイヤ（〜行く）
オリオリ（折折）	タビタビ（度度）
サイサイ（再再）	マイマイ（毎毎）

注 古くからの語には，時に ○○○○型 が現われる。

カネガネ，カネガネ	（予予）
コモゴモ，コモゴモ	（交）
ジュージュー，ジュージュー	（重重）

(2) 感動詞・疑問を表わす語・接続詞——すべて頭高型。

モシモシ	ヤレヤレ	イヤハヤ
オヤオヤ	コレコレ（〜待て）	サテサテ
ナニナニ（何何）	ダレダレ（誰誰）	
ダレソレ（誰某）	ドコソコ（何処其処）	
ゾモソモ（抑）	ハタマタ（将又）	

(3) **指示を表わす語**——前部が平板型のものは ○○○○型 に，頭高型のものは頭高型になる。

アレコレ（彼是）	ソコココ（其処此処）
ココレコレ（此此）	カレコレ（彼此）

Ⅲ 五拍以上の語——おおむね接合文節（**98**），対照・対立・並立する語の連なった名詞（**18**），接合名詞（**19**）の法則に準じる。

コレワコレワ（此は此は）	
ココガシコ（此処彼処）	
アッチコッチ（彼方此方）	
ドイツコイツ（何奴此奴）	
シダイシダイ（次第次第）	

但し，複合の度合が強いものは，結合文節の法則（**99**）に準じる。動詞からきたものには特にこの傾向が強い。

オソルオソル（恐る恐る）	
シダイシダイ（次第次第）	
ヤスミヤスミ（休み休み。馬鹿も〜言え）	

注意 複合の度合の弱いものは接合してできた副詞類の法則（**69**）に送る。

69 接合してできた副詞類

副詞類のうち拍数の多いものには，複合の度合が弱く，いかにも連語のようなものが若干ある。これらは原則として前部の語のアクセントを生かす。その接合のしかたは接合文節の法則（**98**）に準じる。

トモアレ	（兎も有れ）
マズモッテ	（先ず以て）
アサナユーナ	（朝な夕な）
イクヒサシク	（幾久しく）
トキトシテ	（時として）

但し，非常に複合の度合の弱いものは分離

アクセント習得法則 69—71　　(78)

文節(**97**)のように，また複合の度合が強くな
ったものは結合文節(**99**)のように発音され
る。

ヤ゙イノ・ヤ゙イノ（〜とせかす）

ア゙サナ(・)ア゙サナ（朝な朝な）

マ゙ズ・モ゙ッテ（先ず以て）

アサナア゙サナ（朝な朝な）

イクヒザ゙シク（幾久しく）

70 助詞の一般について

　助詞は，常に名詞や動詞などと結合・接合
して使われるものであるから，その助詞固有
のアクセントの型は，日常の会話では原則と
して現われない。多くの語に助詞がついた場
合，前部の語のアクセントは変化せず，変化
するのは助詞のほうである。

　助詞のついた全体の形のアクセントは，**前
部の語が名詞であるとか，動詞であるとか，
形容詞であるとか，また平板式か起伏式かな
ど，前部の語のグループと，助詞のグループ
の組合せによって定まる。**その決まり方はお
おむね規則的で，各グループの基本的なつき
方を一つ覚えれば，他はすべて類推すること
ができる。

　この辞典では，本文の中で各の助詞の項に，
基本的な単語と複合したアクセントの型をあ
げ，更にその法則を参照させた。どのような
助詞が，どのような単語について，どのアク
セントになるかは，**71〜79**の法則によって理
解していただきたい。

注意①　表の＊印は幾通りもアクセントがあ
るものを示す。但し，本文では望ましい型
のみを掲げた場合が多い。

注意②　終助詞の類はイントネーションによ
って変化しやすいので，特に注意が必要で
ある。

71 助詞が名詞類についたもの(表5)

　ほとんど名詞類のアクセントの型は変らな
い。おもに型が変るのは助詞のほうである。
規則的。

Ⅰ　名詞についた場合

　本文中では，それぞれの助詞について，
「鳥」「花」「雨」についた場合のアクセント
の型を掲げたが，**ドリ**は平板型名詞を，**ハ
ナ゙**は尾高型名詞を，**ア゙メ**は頭高型名詞の
ほかに，中高型名詞をも代表させたものであ
る。これらをまとめると80〜81ページの
表5に示すようになる。

　例えば，「が」のグループでは，**ウジ**(牛)
のような平板式名詞には高く平らに，**ヤマ゙**
(山)，**ア゙サガオ**(朝顔)，**イ゙ノチ**(命)のよう
な起伏式名詞には低く下がってつく。助詞
の種類の欄と備考とによく注意してほし
い。つまり，同じ種類の助詞が，同じアクセ
ントの型の名詞についた場合，同様のア
クセントの型になる。そこで，その名詞及
び助詞が，どのようなグループであるかを
まず考慮し，表の代表例にあてはめてみて，
それぞれ類推していただきたい。

Ⅱ　固有名詞・数詞についた場合——Ⅰの名
詞についた場合に準じる

ヤマダ（山田）→**ヤマダガ，ヤマダヨリ**

ザトー（佐藤）→**ザトーガ，ザトーヨリ**

ヤマ゙シタ(山下)→**ヤマ゙シタガ，**

　　　　　　　　　　　ヤマ゙シタヨリ

コーフ（甲府）→**コーフガ，コーフヨ**リ

ドサ（土佐）→**ドサガ，ドサヨリ**

ギョート(京都)→**ギョートガ，**

　　　　　　　　　　　ギョートヨリ

イ゙チ　（一）　→**イ゙チガ，イ゙チヨリ**

ニ゙ジュー(二十)→**ニ゙ジューガ，**

　　　　　　　　　ニ゙ジューヨリ

数詞＋助数詞　につく場合も同様である。

ニ゙カイ（二階）→**ニカイガ，ニカイヨ゙リ**

イヂニチ(一日)→**イヂニチガ，**

　　　　　　　　　　イチニヂヨリ

注意①　「の」が次のようなものにつく時は，平

(79) アクセント習得法則 71—72

板型に変化させる傾向がある。

㋑ 尾高型の語につく場合。

ナツ → ナツノオワリ (夏の終り)
ハナ → ハナノクモ (花の雲)
ヤマ → ヤマノナカ (山の中)
オトコ → オトコノヒト (男の人)
ヤスミ → ヤスミノヒ (休みの日)
オトート → オトートノトモダチ
(弟の友達)

㋺ 独立性の少ない音韻(ー、ン、イなど)が最後の拍にきて、その前の拍まで高い中高型の語につく場合。

キアー → キノーノ (昨日の)
リューキュー → リューキューノ
(琉球の)
ニホン → ニホンノ (日本の)
タイワン → タイワンノ (台湾の)
オトトイ → オトトイノ (一昨日の)

注意② 但し、「の」が次のようなものにつく時は、平板型に変化しない。

㋑ 旧国名や数を表わす尾高型の語及び特殊な尾高型の語。

トサ → トサノクニ (土佐の国)
シナノ → シナノノクニ (信濃の国)
ミッツ → ミッツノコ (三つの子)
シチ → シチノヒ (七の日)
ヒャク → ヒャクノヒト (百の人)
ニド → ニドノツトメ (二度の勤め)
ツギ → ツギノヒト (次の人)
ヨソ → ヨソノクニ (余所の国)
イチニチ → イチニチノシゴト
(一日の仕事)
ヘタ → ヘタノヨコズキ (下手の横好き)

㋺ 独立性の少ない音韻が最後の拍にきて、その前の拍まで高い中高型の語のうち、数・量・芸名などを表わすもの。

ゴニン → ゴニンノコ (五人の子)
オーゼイ → オーゼイノヒト
(大勢の人)
タクサン → タクサンノハナ
(沢山の花)
ヒャクマン → ヒャクマンノミカタ

(百万の味方)

エンチョー → エンチョーノハナシ
(円朝の噺)
バイコー → バイコーノ・ゲイ
(梅幸の芸)

㋥ 無声化のためにアクセントが一拍ずれて、尾高型や中高型になった語。

シキ → シキノウタ (四季の歌)
シケン → シケンノヒ (試験の日)
クジン → クジンノサク (苦心の作)

注意③ 無声化によるアクセントのずれがあまり意識されない尾高型の語や、尾高型のアクセントが一拍前にずれて中高型になった転成名詞は、①②の両様になる傾向がある。

チチ → チチノヘヤ、
チチノヘヤ (父の部屋)
キシャ → キシャノナカ、
キシャノナカ (汽車の中)
オモイ → オモイノ・タケ、
オモイノタケ (思いの丈)
ネガイ → ネガイノコト、
ネガイノコト (願いの事)

72 助詞が動詞の終止形・連体形についたもの(表6,7)

ほとんど動詞のアクセントの型は変らない。おもに型が変るのは助詞のほうである。規則的。

本文中では、それぞれの助詞について、「泣く」「読む」についた場合のアクセントの型を掲げたが、**ナク** は平板式動詞を、**ヨム** は起伏式動詞を代表させたものである。これらをまとめると、82〜85ページの表6,7に示すようになる。

例えば、「まで」のグループでは、**ナク** のような平板式動詞には助詞の第一拍まで高く、第二拍から下がってつき、**ヨム** のような起伏式動詞には動詞の型を変えず低く下がってつく。助詞の種類の欄と備考とによく注意してほしい。つまり、同じ種類の助詞が、同じ

表5　　　　　　　　　　　　　　　　71. 名　詞　＋

名詞の種類 ＼ 助詞の種類 ＼ でき上がりの型	「が」「と※1」「も」「か」「に」「や」「さ」「は」「よ」「で」「へ」「を」 ……○ ; ……○ ; ……○	「から」「ほど」「きり」「しか※2」「だけ*」　※3 ……○○ ; ……○○ ; ……○○	「の(ん)」※4 ……○ ; ……○
平板式名詞　一拍語　ヒ（日）	ヒガ	ヒカラ	ヒノ
平板式名詞　二拍語　ウシ（牛）	ウシガ	ウシカラ	ウシノ
平板式名詞　三拍語　サクラ（桜）	サクラガ	サクラカラ	サクラノ
平板式名詞　四拍語　トモダチ（友達）	トモダチガ	トモダチカラ	トモダチノ
起伏式名詞　尾高型　二拍語　ヤマ（山）	ヤマガ	ヤマカラ	ヤマノ
起伏式名詞　尾高型　三拍語　オトコ（男）	オトコガ	オトコカラ	オトコノ
起伏式名詞　尾高型　四拍語　オトート（弟）	オトートガ	オトートカラ	オトートノ
起伏式名詞　中高型　三拍語　ココロ（心）	ココロガ	ココロカラ	ココロノ
起伏式名詞　中高型　四拍語　ミズウミ（湖）	ミズウミガ	ミズウミカラ	ミズウミノ
起伏式名詞　中高型　四拍語　アサガオ（朝顔）	アサガオガ	アサガオカラ	アサガオノ
起伏式名詞　頭高型　一拍語　キ（木）	キガ	キカラ	キノ
起伏式名詞　頭高型　二拍語　ソラ（空）	ソラガ	ソラカラ	ソラノ
起伏式名詞　頭高型　三拍語　イノチ（命）	イノチガ	イノチカラ	イノチノ
起伏式名詞　頭高型　四拍語　コーモリ（蝙蝠）	コーモリガ	コーモリカラ	コーモリノ
備　　考	名詞の型を変えない。平板式には高く平らに，起伏式には低く下がってつく。		「か」類に似る。但し，尾高型には高く平らにつく点で異なる。

注　※1　但し，引用の「と」は平板式名詞には低く下がってつくことが多い。
　　　※2　平板式名詞につく時は上記のほか，助詞の第一拍から低く下がってつく場合がある。
　　　　　　ウシシカ　　　サクラシカ
　　　※3　「として」は「から」類に，「くらい(ぐらい)」「どころ」「ばかり」「なんか」「なんて」「よりか」「よりも」は「かしら」類に含まれる。但し，「くらい(ぐらい)」「どころ」「ばかり」は，起伏式名詞を高く平らに変え，すべてに助詞の第一拍まで高く，二拍より下がってつく傾向がある。
　　　　　　イノチグライ　　　オトコバカリ

助　詞

「ね」	「かな(疑問)」 「かね」 「ゆえ*」	「より」「さえ」「でも」「のみ」 「かい」「しも」「とて」「まで」 「かしら」「すら」「とも」「やら」 「かな(感動)」「だって」「など」「ゆえ*」 「こそ」「だの」「なり」「では」「ねえ」　※3	「だけ*」
……◯⌐ ; ……◯ ; ……◯	……◯◯⌐ ; ……◯◯ ; ……◯◯	……◯ …◯ ; ……◯ …◯ ; ……◯ …◯	……◯◯
ヒネ	ヒカナ	ヒヨリ	ヒダケ
ウシネ	ウシカナ	ウシヨリ	ウシダケ
サクラネ	サクラカナ	サクラヨリ	サクラダケ
トモダチネ	トモダチカナ	トモダチヨリ	トモダチダケ
ヤマネ	ヤマカナ	ヤマヨリ	ヤマダケ
オトコネ	オトコカナ	オトコヨリ	オトコダケ
オトートネ	オトートカナ	オトートヨリ	オトートダケ
ココロネ	ココロカナ	ココロヨリ	ココロダケ
ミズウミネ	ミズウミカナ	ミズウミヨリ	ミズウミダケ
アサガオネ	アサガオカナ	アサガオヨリ	アサガオダケ
キネ	キカナ	キヨリ	キダケ
ソラネ	ソラカナ	ソラヨリ	ソラダケ
イノチネ	イノチカナ	イノチヨリ	イノチダケ
コーモリネ	コーモリカナ	コーモリヨリ	コーモリダケ
「か」「から」類に似る。但し,平板式につく時に注意。		名詞の型を変えない。平板式には助詞の第一拍まで高く,二拍から下がり,起伏式には低く下がってつく。	起伏式名詞の型を高く平らに変え,すべてに高く平らにつく。

※4　話し言葉では「の」は「ん」に変化することがある。例えば,
　　「雨の中」は **アメンナカ**,「山の中」は **ヤマンナカ**,「心の中」は **ココロンナカ**,「友達の所」
　　は **トモダチントコロ** のようになる。

*は,幾通りもアクセントがあるものを示す。但し,本文では望ましい型のみを掲げた場合が多い。

アクセント習得法則　表6　　(82)

付

表6　　　　　　　　　　72. 73.　動　詞　＋

助詞の種類 ＼ 動詞の種類	連用形・音便形につくもの					
	「て(で)」	「たり(だり)」「さえ*」「つつ*」「ては(では)」「ても(でも)」「てよ(でよ)」	「は(〜しない)」「さえ*」「つつ*」「に※1」	「ながら」	「な」	「と※2」「が*(格助)」「な(詠嘆)」「に*」「は*」「も*」「よ*」「を*」
（でき上がりの型）	‥‥○◯	‥‥◯○○	‥‥◯○(○)	‥‥◯○○○	‥‥◯○	‥‥◯○
五段式動詞　二拍語　ナク(泣く)	ナイテ	ナイタリ	ナギワ	ナキナガラ	ナキナ	ナクト
五段式動詞　三拍語　ワラウ(笑う)	ワラッテ	ワラッタリ	ワライワ	ワライナガラ	ワライナ	ワラウト
五段式動詞　四拍語　ハタラク(働く)	ハタライテ	ハタライタリ	ハタラギワ	ハタラキナガラ	ハタラキナ	ハタラクト
上下一段式動詞　二拍語　キル(着る/寝る)	キテ	キタリ	ギワ	キナガラ	キナ	キルト
上下一段式動詞　三拍語　アビル(浴びる/消える)	アビテ	アビタリ	アビワ	アビナガラ	アビナ	アビルト
上下一段式動詞　四拍語　モチール(用いる/並べる)	モチーテ	モチータリ	モチイワ	モチーナガラ	モチーナ	モチールト
サ行変格動詞　二拍語　スル(為る)	シテ	シタリ	ジワ	シナガラ	シナ	スルト
サ行変格動詞　四拍語　ロンズル(論ずる)*	ロンジテ	ロンジタリ	ロンジワ	ロンジナガラ	ロンジナ	ロンズルト
備　考	動詞の型を変えない。高く平らにつく。	動詞の型を変えない。助詞の第一拍まで高く、二拍から下がる。	助詞の第一拍から低く下がってつく。	動詞の型を変えない。高く平らにつく。	動詞の型を変えない。高く平らにつく。	動詞の型を低く平らにつく。

注　※1　ナキニユク　ハタラキニデル　などのように，目的を表わす「に」が平板式動詞につく時は，高く平らにつく。

　　※2　但し，引用の「と」は平板式動詞には低く下がってつくことが多い。
　　　　　ナクト　アビルト

　　※3　「かな(感動)」「くらい(ぐらい)」「どころ」「ばかり」は「まで」類に含まれる。

　　※4　「よりか」「よりも」は，「まで」「より」類，「より」「かしら」類の両様に，「んで」「なんて」「けれども」は「ので」「けれど」類に含まれる。

(83)　　　　　アクセント習得法則　表6

付

助　詞　（その1）

終止形・連体形につくもの						仮定形につくもの	命令形につくもの
「ほど」「きり」「しか*」「だけ*」「ものの」	「ね」「ぜ*」「ぞ*」「ゆえ*」	「まで」「さえ*」「すら*」「とか*」「とて*」「とも*」「なあ」「ねえ」「のみ」「ゆえ*」「より*」※3,4	「か」「な（禁止）」「が（接続助・格助*）」「さ」「に*」「さえ*」「し」「の」「は*」「すら*」「ぜ*」「も*」「ぞ*」「や」「と*」「よ*」「を*」「とか*」「とて*」	「かい」「とか*」「かしら」「とて*」「かな」「とも*」（疑問）「など」「かね」「なり」「から」「ので」「けれど」「のに」「しか*」「やら」「すら*」「より*」「だの」「わよ」※4	「だけ*」	「ば」「ど」「ども」	「よ」「と」「や」
……○…○	……○⌐	……○○	…○⌐	…○…○	……○○	…○(○)	…○
ナクホド	ナクネ	ナクマデ	ナクカ	ナクカイ	ナクダケ	ナケバ	ナケヨ
ワラウホド	ワラウネ	ワラウマデ	ワラウカ	ワラウカイ	ワラウダケ	ワラエバ	ワラエヨ
ハタラクホド	ハタラクネ	ハタラクマデ	ハタラクカ	ハタラクカイ	ハタラクダケ	ハタラケバ	ハタラケヨ
キルホド	キルネ	キルマデ	キルカ	キルカイ	キルダケ	キレバ	キロヨ
アビルホド	アビルネ	アビルマデ	アビルカ	アビルカイ	アビルダケ	アビレバ	アビロヨ
モチールホド	モチールネ	モチールマデ	モチールカ	モチールカイ	モチールダケ	モチーレバ	モチーロヨ
スルホド	スルネ	スルマデ	スルカ	スルカイ	スルダケ	スレバ	シロヨ
ロンズルホド	ロンズルネ	ロンズルマデ	ロンズルカ	ロンズルカイ	ロンズルダケ	ロンズレバ	ロンジロヨ
変えない。高く。	動詞の型を変えない。	動詞の型を変えない。助詞の第一拍まで高く二拍から下がる。	助詞の第一拍から、低く下がってつく。		動詞の型を変えない。高く平らにつく。	助詞の第一拍から、低く下がってつく。	助詞の第一拍から、低く下がってつく。

※5　「ものを」「ものか」「ものかい」がつく時は、動詞の型を変えない。助詞の第二拍まで高く平らに、三拍から下がる。「もんか」「もんかい」も同様だが、法則a.により助詞の第一拍まで高く、二拍から下がる型になる。
　　　　ナクモノカ　　　ナクモンカ

*は、幾通りもアクセントがあるものを示す。但し、本文では望ましい型のみを掲げた場合が多い。

アクセント習得法則　表7　　　　　(84)

付

表7　　　　　　　　　　　　　　　72. 73. 動　詞　＋

助詞の種類＼動詞の種類（でき上がりの型）	連用形・音便形につくもの					
	「て（で）」	「たり（だり）」「さえ*」「ては（では）」「ても（でも）」「てよ（でよ）」	「は（～しない）」「さえ*」「つつ*※1」「に」	「ながら」「つつ*」	「な」	「と」「な（詠嘆）」「よ」
	……○	……○○	……○(○)	‾○‾…‾○	‾○‾…○	……○
頭高型 起伏式 動詞　五段式動詞 上一段・下一段動詞 カ行変格　二拍語　ヨ|ム（読む）	ヨ|ンデ	ヨ|ンダリ	ヨ|ミワ	ヨミナ|ガラ	ヨミ|ナ	ヨ|ムト
ミ|ル（見る・出る）	ミ|テ	ミ|タリ	ミ|ワ	ミナ|ガラ	ミ|ナ	ミ|ルト
ク|ル（来る）	キ|テ, ‾キ‾テ ※5	キ|タリ ※5	‾キ‾ワ	キナ|ガラ	キ|ナ	ク|ルト
中高型 起伏式 動詞　五段式動詞　三拍語　オヨ|グ（泳ぐ）	オヨ|イデ	オヨ|イダリ	オヨ|ギワ	オヨギナ|ガラ	オヨギ|ナ	オヨ|グト
四拍語　ヨロコ|ブ（喜ぶ）	ヨロコ|ンデ	ヨロコ|ンダリ	ヨロコ|ビワ	ヨロコビナ|ガラ	ヨロコビ|ナ	ヨロコ|ブト
上一段式動詞　三拍語　オキ|ル（起きる・晴れる）	‾オ‾キテ	‾オ‾キタリ	‾オ‾キワ	オキナ|ガラ	オキ|ナ	オキ|ルト
四拍語　ヒキ|イ|ル（率いる・調べる）	ヒ‾キー‾テ	ヒ‾キー‾タリ	ヒ‾キー‾ワ	ヒキーナ|ガラ	ヒキー|ナ	ヒキ|イルト
サ行変格　四拍語　ロンズ|ル（論ずる）*	ロンジ|テ	ロンジ|タリ	ロンジ|ワ	ロンジナ|ガラ	ロンジ|ナ	ロンズ|ルト
備考	動詞の式を変えない。低く下がってつく。	動詞の式を変えない。低く下がってつく。	動詞の式を変えない。低く下がってつく。	動詞の型を高く平らに変え、助詞の第一拍まで高く二拍から下がってつく。	動詞の型を高く平らに変え、高く平らにつく。	動詞の型を低く下がってつく。

注　※1　「つつ」は動詞が一拍の時は動詞のアクセントの型を生かす。しかし二拍以上の時は，動詞のアク
　　　　セントにかかわらず助詞の直前まで高い型と，助詞の第一拍まで高い型の両様になる傾向がある。
　　　　　　ネ|ツツ　　ミ|ツツ　　ナキ|ツツ　　ナキツ|ツ　　ヨミ|ツツ　　ヨミツ|ツ
　　※2　「かな（感動）」「くらい（ぐらい）」「どころ」「ばかり」は「まで」類に含まれる。但し，動詞の型を
　　　　高く平らに変え，助詞の第一拍まで高く，二拍から下がってつく傾向がある。
　　　　　　ヨムグ|ライ　　オヨグド|コロ
　　※3　「よりか」「よりも」は「まで」「より」類，「かしら」「より」類の両様に，「んで」「なんて」「けれ

助　詞　（その2）

終止形・連体形につくもの						仮定形につくもの	命令形につくもの
「ほど」「きり」「しか*」「だけ*」「ものの」	「ね」「ぜ*」「ぞ*」	「まで」「さえ*」「すら*」「とか*」「とて*」「とも*」「なあ」「ねえ」「のみ」「ゆえ」「より*」 ※2,3	「か」「が(接続助・格助)」「さ」「し」「ぜ*」「ぞ*」「な(禁止)」「に」「の」「は」「も」「や」「を*」	「かい」「とか*」「かしら」「とて*」「かな(疑問)」「など」「かね」「なり」「から」「ので」「けれど」「のに」「しか*」「やら」「すら*」「より*」「だの」「わよ」 ※3	「だけ*」	「ば」「ど」「ども」	「よ」「と」「や」
……○…○	……○	……○○	……○	……○…○	‾‾○○	……○(○)	……○
ヨムホド	ヨムネ	ヨムマデ	ヨムカ	ヨムカイ	ヨムダケ	ヨメバ	ヨメヨ
ミルホド	ミルネ	ミルマデ	ミルカ	ミルカイ	ミルダケ	ミレバ	ミロヨ
クルホド	クルネ	クルマデ	クルカ	クルカイ	クルダケ	クレバ	コイヨ
オヨグホド	オヨグネ	オヨグマデ	オヨグカ	オヨグカイ	オヨグダケ	オヨゲバ	オヨゲヨ
ヨロコブホド	ヨロコブネ	ヨロコブマデ	ヨロコブカ	ヨロコブカイ	ヨロコブダケ	ヨロコベバ	ヨロコベヨ
オキルホド	オキルネ	オキルマデ	オキルカ	オキルカイ	オキルダケ	オキレバ	オキロヨ
ヒキイルホド	ヒキイルネ	ヒキイルマデ	ヒキイルカ	ヒキイルカイ	ヒキイルダケ	ヒキイレバ	ヒキイロヨ
ロンズルホド	ロンズルネ	ロンズルマデ	ロンズルカ	ロンズルカイ	ロンズルダケ	ロンズレバ	ロンジロヨ
変えない。低くつく。	動詞の型を変えない。低く下がってつく。	動詞の型を変えない。低く下がってつく。	動詞の型を変えない。低く下がってつく。	動詞の型を変えない。低く下がってつく。	動詞の型を高く平らに変え、高く平らにつく。	動詞の型を変えない。低く下がってつく。	動詞の型を変えない。低く下がってつく。

ども」は「ので」「けれど」類に含まれる。

※4　キデ, キタリ (来)は無声化によってアクセントが一拍後にずれたもの。同様にして「降る」「切る」は フッテ, キッテ のほかに フッテ, キッテ が現われる。(法則c.参照)

※5　「ものを」「ものか(もんか)」「ものかい(もんかい)」がつく時は、動詞の型を変えず、低く下がってつく場合と、助詞の前で切れて、助詞のアクセントが出る場合との両様がある。

　　　　ヨムモノカ　ヨムモンカ　　ヨム・モノカ　ヨム・モンカ

*は、幾通りもアクセントがあるものを示す。但し、本文では望ましい型のみを掲げた場合が多い。

アクセント習得法則　表8　(86)

付

表8　　　　　　　　　　　　　　　　　　　　　　　74.　形　容　詞

形容詞の種類 ＼ 助詞の種類・でき上がりの型	終止形・連体形			
	「と」「な(詠嘆)」「よ(告示)」	「ほど」「だけ*」「ものの」	「ね」「ぜ*」「ぞ*」	「さえ」「なあ」「とか*」「ねえ」「とて*」「のみ」「とも*」「まで」「ゆえ」「より*」 ※1,2
	……○; ……○○	……○..○; ……○..○	……○⌐; ……○○	……○○; ……○○
平板式形容詞　三拍語　アカイ(赤い)	アカイト	アカイホド	アカイネ	アカイナー
四拍語　ツメタイ(冷たい)	ツメタイト	ツメタイホド	ツメタイネ	ツメタイナー
カナシイ*(悲しい)	カナシート	カナシーホド	カナシーネ	カナシーナー
起伏式形容詞　頭高型　二拍語　ヨイ(良い)	ヨイト／イート	ヨイホド／イーホド	ヨイネ／イーネ	ヨイナー／イーナー
中高型　三拍語　シロイ(白い)	シロイト	シロイホド	シロイネ	シロイナー
オシイ*(惜しい)	オシート	オシーホド	オシーネ	オシーナー
四拍語　ミジカイ(短い)	ミジカイト	ミジカイホド	ミジカイネ	ミジカイナー
ウレシイ*(嬉しい)	ウレシート	ウレシーホド	ウレシーネ	ウレシーナー
備　考	形容詞の型を変えない。平板式には高く平らに、起伏式には低く下がってつく。		形容詞の型を変えない。平板式には高く平らに、起伏式には低く下がってつく。	形容詞の型を変えない。平板式には、助詞の第一拍まで高く二拍から下がり、起伏式には低く下がってつく。

注　※1　「くらい(ぐらい)」「どころ」「ばかり」は、「なあ」類に含まれる。但し、「くらい(ぐらい)」「どころ」「ばかり」は、起伏式形容詞の型を高く平らに変え、助詞の第一拍まで高く、二拍から下がってつく傾向がある。

　　　　シロイクライ, シロイグライ　　ミジカイドコロ, ミジカイドコロ

※2　「よりか」「よりも」は、「より」類、「より」「かしら」類の両様に、「んで」「なんて」「けれども」は、「ので」「けれど」類に含まれる。

※3　「は」「も」は、上記のほか、平板式形容詞の型を高く平らに変え、助詞の第一拍から低く下がってつく傾向がある。

(87)　アクセント習得法則　表8

付

＋　助　詞

に　つ　く　も　の			連用形に つくもの	仮定形に つくもの
「か」　「の」 「が」　「は」 「さ」　「も」 「し」　「や」 「ぜ*」「を」 「ぞ*」	「かい」「けれど」「なり」 「かしら」「だの」「ので」 「かな （疑問)」「とか*」「のに」 「とて*」「やら」 「かね」「とも*」「より*」 「から」「など」「わよ」 　　　　　　　　※2	「だけ*」	「は※3」 「て」 「ても」 「も※3」	「ば」 「ど」 「ども」
‥‥‥￣◯ ； ‥‥‥◯	‥‥‥￣◯‥◯ ； ‥‥‥◯‥◯	‥‥‥◯◯	‥‥‥◯(◯)	‥‥‥◯(◯)
アガ￣イカ	アガ￣イカイ	アカイダ￣ケ	アガ￣クワ	アガ￣ケレバ
ツメダ￣イカ	ツメダ￣イカイ	ツメタイダ￣ケ	ツメダ￣クワ	ツメダ￣ケレバ
カナ￣シーカ	カナ￣シーカイ	カナシーダ￣ケ	カナ￣シクワ	カナ￣シケレバ
ヨ￣イカ イ￣ーカ	ヨ￣イカイ イ￣ーカイ	ヨ￣イダケ イ￣ーダケ	ヨ￣クワ	ヨ￣ケレバ
シロ￣イカ	シロ￣イカイ	シロイダ￣ケ	ジ￣ロクワ	ジ￣ロケレバ
オジ￣ーカ	オジ￣ーカイ	オシーダ￣ケ	オ￣シクワ	オ￣シケレバ
ミジガ￣イカ	ミジガ￣イカイ	ミジカイダ￣ケ	ミジ￣カクワ ミジガ￣クワ	ミジ￣カケレバ ミジガ￣ケレバ
ウレ￣シーカ	ウレ￣シーカイ	ウレシーダ￣ケ	ウレ￣シクワ	ウレ￣シケレバ
法則a. b. により平板式形容詞の最後の拍を低く変え，すべてに低く下がってつく。		起伏式形容詞の型を高く平らに変え，すべてに高く平らにつく。	平板式形容詞の最後の拍を低く変え，すべてに低く，下がってつく。	形容詞の型を変えない。低く下がってつく。

アガ￣クワ，ツメダ￣クワ　　アガ￣クモ，ツメダ￣クモ

※4　「ものを」「ものか」「ものかい」がつく時は形容詞の型を変えない。平板式には助詞の第二拍まで高く三拍から下がり，起伏式には低く下がってつく場合と助詞の前で切れて助詞のアクセントが出る場合との両様がある。「もんか」「もんかい」も同様だが，法則a.により，平板式には助詞の第一拍まで高く二拍から下がる型になる。

アカ￣イモノカ　　アカ￣イモ￣ンカ
シロ￣イモノカ　　シロイ・モ￣ノカ　　シロ￣イモ￣ンカ　　シロイ・￣モンカ

*は，幾通りもアクセントがあるものを示す。但し，本文では望ましい型のみを掲げた場合が多い。

アクセント習得法則 72—75　　　(88)

アクセントの型の動詞についた場合，同様の
アクセントの型になる。そこで，その動詞及
び助詞が，どのようなグループであるかをま
ず考慮し，表の代表例にあてはめてみて，そ
れぞれ類推していただきたい。

73 助詞が動詞の終止形・連体形以外の活用形についたもの（表6，7）

　ほとんど動詞のアクセントの型は変らな
い。おもに型が変るのは助詞のほうである。
規則的。

　本文中では，それぞれの助詞について，「泣
く」「読む」の活用形についた場合のアクセン
トの型を掲げたが，**ナク** は平板式動詞を，**ヨ
ム** は起伏式動詞を代表させたものである。
これらをまとめると，82〜85ページの表**6，7**に
示すようになる。つまり，同じ種類の助詞が，
同じアクセントの型の動詞についた場合，同
様のアクセントの型になる。そこで，その動
詞及び助詞が，どのようなグループであるか
をまず考慮し，表の代表例にあてはめてみて，
それぞれ類推していただきたい。

74 助詞が形容詞についたもの（表8）

　ほとんど形容詞のアクセントの型は変らな
い。おもに型が変るのは助詞のほうである。
規則的。

　本文中では，それぞれの助詞について，「赤
い」「白い」についた場合のアクセントの型を
掲げたが，**アカイ** は平板式形容詞を，**シロイ**
は起伏式形容詞を代表させたものである。こ
れらをまとめると，86〜87ページの表**8**に示
すようになる。

　例えば，「ほど」のグループでは，**アカイ** の
ような平板式形容詞には高く平らに，**シロイ**，
ミジカイ のような起伏式形容詞には低く下
がってつく。助詞の種類の欄と備考とによく
注意してほしい。つまり，同じ種類の助詞が，
同じアクセントの型の形容詞についた場合，
同様のアクセントの型になる。そこで，その

形容詞及び助詞が，どのようなグループであ
るかをまず考慮し，表の代表例にあてはめて
みて，それぞれ類推していただきたい。

75 助詞が擬声・擬態語の類についたもの

　これらには，すでに助詞がついているもの
と，まだついていないものとがある。

(1) **助詞がついていない形のものに，助詞がつ
く場合，そのつき方はおおむね，名詞に助
詞がついた場合のアクセントに準じる。**
（71参照）

　例えば，「と」「に」などがつく場合，擬
声・擬態語の類のアクセントの型を変えず，
平板式には高く平らに，起伏式には低く下
がってつく。

　トーゼン → トーゼント（陶然と）
　カンカン → カンカンニ
　ピッタリ → ピッタリト
　ガッコ　 → ガッコト（確乎と）
　シズカ　 → シズカニ（静かに）
　キラキラ → キラキラト

注意 擬声・擬態語の類には，助詞「と」がつ
いて用いられるものと，「に」がついて用い
られるものとがある。特に，同じ語または
相似した語が重複した和語は，「と」のつく
用法と，「に」のつく用法によってアクセン
トが異なるので注意してほしい。（57参照）

　ガンカント　　　　　　**カンカンニ**
　　（〜叩く）　　　　　　（〜怒る）
　フラフラト　　　　　　**フラフラニ**
　　（〜歩く）　　　　　　（〜なる）
　ツルツルト　　　　　　**ツルツルニ**
　　（〜すべる）　　　　　（〜みがく）

(2) **すでに助詞「と」がついているものに，更
に助詞がつく場合は，助詞に助詞がつく場
合のつき方に準じ，常に低くつくのを原則
とする。**（77参照）

　キット　　　→ **キットカイ**
　ソット　　　→ **ソットデモ**
　チラット　　→ **チラットシカ**

キチント　　　→ キチントワ
ションボリト → ションボリトモ
ザット　　　→ ザットワ

76　助詞が副詞，連体詞，指示・疑問を表わす語，接続詞，感動詞の類についたもの

これらには，すでに助詞がついているものと，まだついていないものとがある。

(1) 助詞がついていない形のものに，助詞がつく場合，そのつき方はおおむね，名詞に助詞がついた場合のアクセントに準じる。(**71**参照)

例えば，起伏式につく場合は，副詞類のアクセントを生かして低く下がってつく。

ツギツギ → ツギツギニ(次次に)
ダレ　　　→ ダレカシラ(誰かしら)
アマタ　　→ アマタノ(数多の)

平板式につくときには高く平らにつき，助詞の高さの切れめまで高い。但し，副詞につく場合に限り，低く下がってつく場合との両様である。

コレ(此) → コレワ，コレマデ，
　　　　　　　　　　コレバカリ
ソレ(其) → ソレコソ，ソレナラ，
　　　　　　　　　　ソレバカリ
トキドキ(時時) → トキドキワ，
　　　　　　　　　　　　　トキドキワ
マッタク(全く) → マッタクノ，
　　　　　　　　　　　　　マッタクノ

(2) すでに助詞がついているものに，更に助詞がつく場合は，助詞に助詞がつく場合のつき方に準じる。(**77**参照)

コレカラ → コレカラデモ(此からでも)
イッカ　　→ イッカワ(何時かは)
モシヤ　　→ モシヤト(若しやと)

77　助詞が助詞についたもの

助詞がついたものに更に助詞がつくと，次のようになる。

原則として低く下がってつく。前の助詞がすでに低く下がっている場合には，低く平らにつく。規則的。

例えば トリデ(鳥で)，ハナデ(花で) に助詞「さえ」がつくと トリデサエ，ハナデサエのようになる。また，ナイテ(泣いて)，ヨンデ(読んで) に助詞「から」がつくと，ナイテカラ，ヨンデカラ のようになる。

コレニ → コレニワ(此には)
タマニ → タマニシカ(偶にしか)
ナニオ → ナニオカ(何をか)
イツモ → イツモノ(何時もの)

注意 助詞二つが結合した助詞は，単語で発音した場合でも必ず後部の助詞が低く発音される。

デモ　デモ　トカ　トモ　ニモ　アデ

但し，「と」「きり」「しか」「だけ」は，前の助詞が高く平らについている場合，下がらずに高く平らにつく傾向がみられる。

トリガト，トリガト
ナイテデダケ，ナイテデダケ
ワラウトシカ，ワラウトシカ

また，「くらい」「どころ」「ばかり」は，助詞の前が平板型か尾高型であれば，助詞の高低にかかわらず，その第一拍まで高く発音される傾向がみられる。

ヒトトバカリ，ヒトトバカリ
ナイテバカリ，ナイテバカリ
ウチニバカリ，ウチニバカリ

78　助詞が助動詞についたもの

助動詞に助詞がつく場合には，その助動詞の種類によってつき方が異なる。(**89**の表14参照)

その助動詞が，名詞型であるとか，動詞型であるとか，形容詞型であるとかで，名詞・動詞・形容詞に助詞がついた場合のアクセントの法則に準じる。規則的。(**71～74**参照)

例えば，動詞型につく場合を考えてみる。動詞の ナラベル(並べる) に助詞「と」「て」がつくと，ナラベルト，ナラベテ と平板型に

アクセント習得法則 78—80　　　(90)

なる。同様に「泣く」に助動詞「れる」のついた **ナカレル**(泣かれる) に助詞「と」「て」がつくと, **ナカレルト**, **ナカレテ** のように同じ型になる。同じく **シラベル**(調べる) に「と」「て」がつくと, **シラベルト**, **シラベテ** となるが, **ヨマレル**(読まれる) に「と」「て」がついた場合も, **ヨマレルト**, **ヨマレテ** のように全く同じアクセントの型になる。

次に, 形容詞型につく場合を考えてみる。**ツメタイ**(冷たい) のような平板式形容詞に助詞「か」「し」がつくと, **ツメダイカ**, **ツメダイシ** と音韻法則b.により形容詞の最後の拍を低く変え, 低く下がってつく。同様に「泣く」に助動詞「たい」のついた **ナキタイ**(泣きたい) に助詞「か」「し」がつくと, **ナキダイカ**, **ナキダイシ** のように同じ型になる。同じく **ミジカイ**(短い) のような起伏式形容詞に「か」「し」がつくと, **ミジガイカ**, **ミジガイシ** と低く下がってつくが, **ヨミタイ**(読みたい) に「か」「し」がついた場合も, **ヨミダイカ**, **ヨミダイシ** のように全く同じアクセントの型になる。

それゆえ, その助動詞及び助詞がどのようなグループに含まれるかをまず考慮し, 表の代表例にあてはめてみて, それぞれ類推していただきたい。

助動詞の特殊型につく場合には, おおむね, 動詞に助詞がついた場合のアクセント法則 (**72**,**73**)に準じる。

注意 但し, 平板式動詞+「う」「よう」「まい」に「と」がついた場合は, 平板式になる傾向がある。

ナコートスル (泣こうとする)
キヨートスル (着ようとする)
ナクマイトスル(泣くまいとする)

79 センテンスや語句の切れめの最後にくる助詞

いわゆる終助詞の類は, 他の語にくらべてアクセントの性質が異なる。これらは, これらの助詞がつく名詞や動詞のアクセントを変

えない点では一般の助詞と変りがないが, 次のような傾向をもつ点で異なる。

(1) 助詞自体もはっきりしたアクセントをとること。

(2) イントネーションの影響をうけて, 高低さまざまの姿をとること。

例えば, 「読むねえ」を, 強く同意を求める気持で発音するときには, **ヨム・ネー** と **ネ** を更に高く発音する。ところが相手の質問に応じて, つき離して発音するときとか, ひとり言でいうときとかは, **ヨムネー** と **ネ** が更に下がって発音される。

これは, この種の助詞が感動詞的な性格をもっている事実を反映する。

80 助動詞の一般について

助動詞は, 常に動詞や形容詞などと結合・接合して使われるものであるから, その助動詞固有のアクセントの型は, 日常の会話では原則として現われない。多くの語に助動詞がついた場合, ほとんど前部の語のアクセントは変化せず, 変化するのは助動詞のほうである。助動詞のついた全体の形のアクセントは, **前部の語が名詞であるとか, 動詞であるとか, 形容詞であるとか, また平板式か起伏式かなど, 前部の語のグループと助動詞のグループの組合せによって定まる。**その決まり方はおおむね規則的で, 各グループの基本的なつき方を一つ覚えれば, 他はすべて類推することができる。

助動詞の中には, 一般に複合の度合が強く, 結合して一つの語のようにまとまる, いかにも助動詞らしい助動詞と, 複合の度合が弱く, 接合して, もとのアクセントを生かす傾向のものとがある。

また助動詞は, 活用の形式から名詞型・動詞型・形容詞型・特殊型に分けられるが, そのアクセントの性質は名詞・動詞。形容詞など, それぞれに似ている。

この辞典では, 本文の中で各の助動詞の項に, 基本的な単語と複合したアクセントの型

(91)　　　　アクセント習得法則　表9

表9　　　　　　81. 名 詞 ＋ 助 動 詞

助動詞の種類 でき上がりの型 名詞の種類	「だ」	「です」 「みたい※1」	「だろう」「らしい*」 「でしょう」	「らしい*」
	……◯； ￣◯； ……◯	……◯…◯； ￣◯…◯； ……◯…◯	……◯◯◯； ￣◯◯◯； ……◯◯◯	……￣◯◯◯
平板式名詞 一拍語 ヒ (日)	ヒダ	ヒデス	ヒダロー	ヒラジイ*
二拍語 ウシ (牛)	ウシダ	ウシデス	ウシダロー	ウシラジイ*
三拍語 サクラ (桜)	サクラダ	サクラデス	サクラダロー	サクララジイ*
起伏式名詞 尾高型 二拍語 ヤマ (山)	ヤマダ	ヤマデス	ヤマダロー	ヤマラジイ*
尾高型 三拍語 オトコ (男)	オトコダ	オトコデス	オトコダロー	オトコラジイ*
中高型 三拍語 ココロ (心)	ココロダ	ココロデス	ココロダロー	ココロラジイ*
中高型 四拍語 ミズウミ (湖)	ミズウミダ	ミズウミデス	ミズウミダロー	ミズウミラジイ*
中高型 四拍語 アサガオ (朝顔)	アサガオダ	アサガオデス	アサガオダロー	アサガオラジイ*
頭高型 一拍語 キ (木)	キダ	キデス	キダロー	キラジイ*
頭高型 二拍語 ソラ (空)	ソラダ	ソラデス	ソラダロー	ソララジイ*
頭高型 三拍語 イノチ (命)	イノチダ	イノチデス	イノチダロー	イノチラジイ*
備　考	名詞の型を変えない。平板式には高く平らに、起伏式には低く下がってつく。	名詞の型を変えない。平板式には助動詞の第一拍まで高く、二拍から下がり、起伏式には低く下がってつく。	名詞の型を変えない。平板式には助動詞の第二拍まで高く、三拍から下がり、起伏式には低く下がってつく。	起伏式名詞の型を変えない。平板式すべてに助動詞の第二拍まで高く、三拍から下がってつく。

注　※1　起伏式につく場合には，上記のほか，助動詞の前で切れて，助動詞のアクセントが出る傾向がある。
　　　　ソラ・ミタイ　　ミズウミ・ミタイ

　　*は，幾通りもアクセントがあるものを示す。但し，本文では望ましい型のみを掲げた場合が多い。

アクセント習得法則 80―83　　(92)

をあげ，更にその法則を参照させた。どのような助詞が，どのような単語について，どのアクセントになるかは，81～89の法則によって理解していただきたい。

注意　表の＊印は幾通りもアクセントがあるものを示す。但し，本文では望ましい型のみを掲げた場合が多い。

81 助動詞が名詞類についたもの（表9）

　複合の度合が弱く，接合的であり，ほとんど名詞類のアクセントの型は変らない。規則的。

Ⅰ　名詞についた場合

　本文中では，それぞれの助動詞について，「鳥」「花」「雨」についた場合のアクセントを掲げたが，**トリ** は平板型名詞を，**ハナ** は尾高型名詞を，**アメ** は頭高型名詞のほかに，中高型名詞をも代表させたものである。

　これらをまとめると，91ページの表9に示すようになる。

　例えば，「です」のグループでは，**ウシ**(牛)のような平板式名詞には助動詞の第一拍まで高く，第二拍から下がるが，**ヤマ**(山)，**アサガオ**(朝顔)，**イノチ**(命)のような起伏式名詞には低く下がってつく。助動詞の種類の欄と備考とによく注意してほしい。つまり，同じ種類の助動詞が，同じアクセントの型の名詞についた場合，同様のアクセントの型になる。そこで，その名詞及び助動詞がどのようなグループであるかをまず考慮し，表の代表例にあてはめてみて，それぞれ類推していただきたい。

Ⅱ　固有名詞，数詞につく場合――Ⅰの名詞についた場合に準じる。

ヤマダ(山田)　→**ヤマダダ**，**ヤマダデス**
サトー(佐藤)　→**サトーダ**，**サトーデス**
ヤマシタ(山下)→**ヤマシタダ**，
　　　　　　　　　　ヤマシタデス
コーフ(甲府)　→**コーフダ**，**コーフデス**
トサ(土佐)　　→**トサダ**，**トサデス**

キョート(京都)→**キョートダ**，
　　　　　　　　　　キョートデス
イチ(一)　　　→**イチダ**，**イチデス**
ニジュー(二十)→**ニジューダ**，
　　　　　　　　　　ニジューデス

数詞＋助数詞の場合も同様である。

ニカイ(二階)→**ニカイダ**，**ニカイデス**
イチニチ(一日)→**イチニチダ**，
　　　　　　　　　　イチニチデス

82 助動詞が動詞の終止形・連体形についたもの（表10）

　複合の度合が弱く，接合的であり，「まい」に続く場合を除きほとんど動詞のアクセントの型は変らない。規則的。

　本文中では，それぞれの助動詞について，「泣く」「読む」についた場合のアクセントの型を掲げたが，**ナク** は平板式動詞を，**ヨム** は起伏式動詞を代表させたものである。これらをまとめると，93ページの表10に示すようになる。

　例えば，「だろう」のグループでは，**ナク** のような平板式動詞には助動詞の第二拍まで高く第三拍から下がるほかに，低く下がってつく傾向もみられる。**ヨム**，**オヨグ** のような起伏式動詞には低く下がってつく。

ナクダロー，**ナクダロー**
ヨムダロー，**オヨグダロー**

　助動詞の種類の欄と備考とによく注意してほしい。つまり，同じ種類の助動詞が，同じアクセントの型の動詞についた場合，同様のアクセントの型になる。その動詞及び助動詞が，どのようなグループであるかをまず考慮し，表の代表例にあてはめてみて，それぞれ類推していただきたい。

83 助動詞が動詞の終止形・連体形以外の活用形についたもの（表11, 12）

　複合の度合が強く，結合して，全体が一つ

表10　82. 動　詞　＋　助　動　詞　（そ　の　1）

助動詞の種類・でき上がりの型 ＼ 動詞の種類			終止形・連体形につくもの			
			「そう(だ)(伝聞)」「よう(だ)」 ※1	「みたい※1」	「だろう※2」「でしょう※2」「らしい※3」	「まい」
			……○̄○ ； ……○○	……○̄○○ ； ……○○○	……○○̄○ ； ……○○○	……○̄○
平板式動詞	二拍語	ナク（泣く）	ナクヨー(ダ)	ナクミタイ	ナクダロー	ナクマイ
	三拍語	ワラウ（笑う）	ワラウヨー(ダ)	ワラウミタイ	ワラウダロー	ワラウマイ
	四拍語	ハタラク（働く）	ハタラクヨー(ダ)	ハタラクミタイ	ハタラクダロー	ハタラクマイ
起伏式動詞	頭高型　二拍語	ヨム（読む）	ヨムヨー(ダ)	ヨムミタイ	ヨムダロー	ヨムマイ
	中高型　三拍語	オヨグ（泳ぐ）	オヨグヨー(ダ)	オヨグミタイ	オヨグダロー	オヨグマイ
	中高型　四拍語	ヨロコブ（喜ぶ）	ヨロコブヨー(ダ)	ヨロコブミタイ	ヨロコブダロー	ヨロコブマイ
備　考			動詞の型を変えない。平板式には、助動詞の第一拍まで高く二拍から下がり、起伏式には低く下がってつく。		動詞の型を変えない。平板式には、助動詞の第二拍まで高く三拍から下がり、起伏式には低く下がってつく。	起伏式動詞の型を高く平らに変え、すべてに助動詞の第一拍まで高く、二拍から下がってつく。

注　※1　起伏式につく場合には、上記のほか、助動詞の前で切れて、助動詞のアクセントが出る傾向がある。
　　　　　　ヨム・ヨーダ　　　オヨグ・ソーダ　　　ヨム・ミタイ　　　オヨグ・ミタイ

　　　※2　平板式につく場合には、上記のほか、助動詞の第一拍から低く下がってつく傾向がある。
　　　　　　ナクダロー　　　ワラウデショー

　　　※3　起伏式につく場合には、上記のほか、動詞の型を高く平らに変え、助動詞の第二拍まで高く三拍から下がってつく場合がある。
　　　　　　ヨムラシイ★　　　オヨグラシイ★

表 11　　　　　83. 動　詞 ＋ 助　動　詞（その 2）

助動詞の種類／できあがりの型　動詞の種類	未然形につくもの			連用形・音便形につくもの		
	「せる」「させる」「れる」「られる」	「ない」	「う※1」「よう※1」「まい」	「た（だ）」	「たい」「そう（だ）（推量）」	「ます」
五段式動詞 二拍語 ナク（泣く）	ナカセル	ナカナイ	ナゴー	ナイタ	ナキタイ	ナキマス
五段式動詞 三拍語 ワラウ（笑う）	ワラワセル	ワラワナイ	ワラオー	ワラッタ	ワライタイ	ワライマス
五段式動詞 四拍語 ハタラク（働く）	ハタラカセル	ハタラカナイ	ハタラゴー	ハタライタ	ハタラキタイ	ハタラキマス
上下一段式動詞 二拍語 キル（着る）（寝る）	キサセル	キナイ	キヨー	キタ	キタイ	キマス
上下一段式動詞 三拍語 アビル（浴びる）（消える）	アビサセル	アビナイ	アビヨー	アビタ	アビタイ	アビマス
上下一段式動詞 四拍語 モチール（用いる）（並べる）	モチーサセル	モチーナイ	モチーヨー	モチータ	モチータイ	モチーマス
サ行変格動詞 二拍語 スル（為る）	サセル	シナイ	ショー	シタ	シタイ	シマス
サ行変格動詞 四拍語 ロンズル（論ずる）※	ロンジサセル	ロンジナイ	ロンジョー	ロンジタ	ロンジタイ	ロンジマス
備　考	動詞の型を変えない。高く平らにつく。	動詞の型を変えない。高く平らにつく。	動詞の型を変えない。すべて最後から二拍めまで高い型になる。	動詞の型を変えない。高く平らにつく。	動詞の型を変えない。高く平らにつく。	動詞の型を変えない。助動詞の第一拍まで高く、二拍めから下がってつく。

注　※1　平板式動詞について，言いきりにならない形の時は，上記のほか，高く平らにつく傾向がある。
　　　　　ナコートスル　　ネヨートオモウ　　ショーハズガナイ

　　※2　動詞の未然形につく「しめる」は，起伏式動詞の型を高く平らに変え，すべてに助動詞の第二拍まで高く，三拍より下がってつく。　　ナカシメル　　ヨマシメル

　　※3　動詞の連用形につく「たがる」は，起伏式動詞の型を高く平らに変え，すべてに助動詞の第二拍

(95) アクセント習得法則 表12

付

表12　　83. 動 詞 ＋ 助 動 詞（その 3）

助動詞の種類／でき上がりの型　　動詞の種類	未然形につくもの			連用形・音便形につくもの		
	「せる」「させる」「れる」「られる」	「ない」	「う※1」「よう※1」「まい」	「た(だ)」	「たい」「そう(だ)」(推量)」	「ます」
起伏式動詞　頭高型　二拍語　五段動詞　ヨム（読む）	ヨマセル	ヨマナイ	ヨモー	ヨンダ	ヨミダイ	ヨミマス
上一段下一段動詞　ミル（見る・出る）	ミサセル	ミナイ	ミヨー	ミタ	ミタイ	ミマス
カ行変格動詞　クル（来る）	コサセル	コナイ	コヨー	キタ，キタ ※4	キタイ	キマス
中高型　三拍語　五段動詞　オヨグ（泳ぐ）	オヨガセル	オヨガナイ	オヨゴー	オヨイダ	オヨギダイ	オヨギマス
四拍語　四段動詞　ヨロコブ（喜ぶ）	ヨロコバセル	ヨロコバナイ	ヨロコボー	ヨロコンダ	ヨロコビダイ	ヨロコビマス
高型　三拍語　上一段下一段動詞　オキル（起きる・晴れる）	オキサセル	オキナイ	オキヨー	オキタ	オキタイ	オキマス
四拍語　ヒキイル（率いる・調べる）	ヒキーサセル	ヒキイナイ	ヒキーヨー	ヒキータ	ヒキーダイ	ヒキーマス
サ格行変詞　四拍語　ロンズル（論ずる）*	ロンジサセル	ロンジナイ	ロンジョー	ロンジタ	ロンジダイ	ロンジマス
備考	動詞の型を高く平らに変え、すべて最後まで高い型になる。	動詞の型を高く平らに変え、助動詞の第一拍から低く下がってつく。	動詞の型を高く平らに変え、すべて最後から二拍めまで高い型になる。	動詞の型を変えない。低く下がってつく。	動詞の型を高く変え、助動詞の第一拍まで高く、二拍から下がってつく。	動詞の型を高く平らに変え、助動詞の第一拍から高く、二拍から下がってつく。

まで高く、三拍より下がってつく。また平板式につく時は、最後まで高く平らに発音する場合がある。　ナキタガル, ナキタガル　　ヨミタガル

※4　キタ（来た）は無声化によってアクセントが一拍後にずれたもの。同様にして、「降る」「切る」は、フッタ, キッタ のほかに フッタ, キッタ が現われる。（法則 c. 参照）

*は、幾通りもアクセントがあるものを示す。但し、本文では望ましい型のみを掲げた場合が多い。

アクセント習得法則　表13　　　　　(96)

付

表13　　　　84. 形 容 詞 ＋ 助 動 詞

助動詞の種類／形容詞の種類	未然形につくもの	終止形・連体形につくもの			
	「う」	「そう(だ)(伝聞)」「よう(だ)」「みたい」　※1	「だろう*」「でしょう*」「らしい*」	「です」「だろう*」「でしょう*」	「らしい*」
	‥‥‥◯◠	‥‥‥◠‥◯；‥‥‥◯‥◯	‥‥‥◯◯◯；‥‥‥◯◯◯	◠◯◯；‥‥‥◯◯	‥‥‥◯◯◯
平板式形容詞 三拍語 アカイ (赤い)	アカカロー	アカイソー(ダ)	アカイダロー	アカイデス	アカイラジイ*
四拍語 ツメタイ (冷たい)	ツメタカロー	ツメタイソー(ダ)	ツメタイダロー	ツメタイデス	ツメタイラジイ*
四拍語 カナシイ* (悲しい)	カナシカロー	カナシーソー(ダ)	カナシーダロー	カナシーデス	カナシーラジイ*
起伏式形容詞 頭高型 二拍語 ヨイ (良い)	ヨカロー	ヨイソー(ダ)／イーソー(ダ)	ヨイダロー／イーダロー	ヨイデス／イーデス	ヨイラジイ*／イーラジイ*
中高型 三拍語 シロイ (白い)	シロカロー	シロイソー(ダ)	シロイダロー	シロイデス	シロイラジイ*
中高型 三拍語 オシイ* (惜しい)	オシカロー	オシーソー(ダ)	オシーダロー	オシーデス	オシーラジイ*
中高型 四拍語 ミジカイ (短い)	ミジカカロー	ミジカイソー(ダ)	ミジカイダロー	ミジカイデス	ミジカイラジイ*
中高型 四拍語 ウレシイ* (嬉しい)	ウレシカロー	ウレシーソー(ダ)	ウレシーダロー	ウレシーデス	ウレシーラジイ*
備　考	起伏式形容詞の型を高く平らに変え，すべて助動詞の第一拍から低く下がってつく。	形容詞の型を変えない。平板式には助動詞第一拍まで高く，二拍から下がり，起伏式には低く下がってつく。	形容詞の型を変えない。平板式には助動詞の第二拍まで高く，三拍から下がり，起伏式には低く下がってつく。	法則a.b.により平板式形容詞の最後の拍を低く変え，すべて低く下がってつく。	起伏式形容詞の型を高く平らに変え，すべて助動詞の第二拍まで高く，三拍から下がってつく。

注　※1　起伏式形容詞につく時は，助動詞の前で切れて，助動詞のアクセントが出る傾向がある。

シロイ・ソーダ　　ミジカイ・ミタイ

※2　「た」は形容詞の型を変えない。低く平らにつく。67ページの表4を参照。

アカカッタ　　シロカッタ

＊は，幾通りもアクセントがあるものを示す。但し，本文では望ましい型のみを掲げた場合が多い。

の動詞のようになる。ほとんど動詞のもとの
アクセントの式を生かす。規則的。

　本文中では、それぞれの助動詞について、
「泣く」「読む」の活用形についた場合のアクセント
の型を掲げたが、**ナク** は平板式動詞を、
ヨ゛ム は起伏式動詞を代表させたものである。
これらをまとめると、94,95ページの表11,12
に示すようになる。例えば「せる」のグループ
では、**ナカセ゛ル**、キ**サセ゛ル**（着）、**ヨマセ゛ル**、コ
サセ゛ル（来）のようになる。つまり、同じ種
類の助動詞が、同じアクセントの型の動詞に
ついた場合、同様のアクセントの型になる。
そこで、その動詞及び助動詞がどのようなグ
ループであるかをまず考慮し、表の代表例に
あてはめてみてそれぞれ類推していただきた
い。

84 助動詞が形容詞についたもの（表13）

　形容詞の終止形・連体形につくか、未然形
につくかによって複合の度合が異なる。**終止
形・連体形につくときは、複合の度合が弱く
接合的であり、ほとんど形容詞のアクセント
の型は変らない。未然形につくときは、複合
の度合が強く結合的なものが多く、ほとんど
形容詞のもとのアクセントの式を生かす。規
則的。**

　本文中では、それぞれの助動詞について、
「赤い」「白い」についた場合のアクセントの
型を掲げたが、**アカイ** は平板式形容詞を、**シ
ロ゛イ** は起伏式形容詞を代表させたものであ
る。これらをまとめると、96ページの表13に
示すようになる。

　例えば、「です」のグループでは、**アカイ** の
ような平板式形容詞につくと音韻法則a.b.に
より最後の拍を低く変え低く下がってつく。
シロ゛イ のような起伏式形容詞につく時も同
じく低く下がってつく。

　　アカイ　→ **アガイ゛デス**（赤いです）
　　カナシイ★→ **カナジ゛ーデス**（悲しいです）
　　シロ゛イ　→ **シロ゛イデス**（白いです）

　　ミジカイ → **ミジカイ゛デス**（短いです）

　助動詞の種類の欄と備考とによく注意して
ほしい。つまり、同じ種類の助動詞が、同じ
アクセントの型の形容詞についた場合、同様
のアクセントの型になる。そこで、その形容
詞及び助動詞がどのようなグループであるか
をまず考慮し、表の代表例にあてはめてみて、
それぞれ類推していただきたい。

注 推量の助動詞「そう（だ）」が形容詞の語幹
　につく場合は、形容詞の終止形が平板式の
　ものには高く平らにつき、起伏式のものに
　は助動詞の第一拍まで高く、第二拍から低
　く下がってつく。

　　アカソ゛ー（ダ）　　　**シロソ゛ー**（ダ）
　　ツメタソ゛ー（ダ）　　**ミジカソ゛ー**（ダ）
　　カナシソ゛ー（ダ）　　**ウレシソ゛ー**（ダ）

85 助動詞が擬声・擬態語の類についたもの

　これらには、すでに助詞がついているもの
と、まだついていないものとがある。

(1) 助詞がついていない形のものに、助動詞
がつく場合、そのつき方はおおむね、名詞
に助動詞がついた場合のアクセントに準じ
る。(81参照)

　例えば、「だ」「です」などがつく場合、
擬声・擬態語の類のアクセントの型を変え
ず、平板式には高く平らに、起伏式には低
く下がってつく。

　　カンカン　→ **カンカンダ**
　　マバラ　　→ **マバラデス**
　　ピッタ゛リ → **ピッタ゛リデス**
　　ニギヤカ　→ **ニギヤカダ**（賑やかだ）
　　シ゛ズカ　→ **シ゛ズカダ**（静かだ）
　　ガ゛ンコ　→ **ガ゛ンコデス**（頑固です）

(2) すでに助詞「と」がついているものに、助
動詞がつく場合は、助詞に助動詞がつく場
合のつき方に準じ、常に低くつくのを原則
とする。(87参照)

　　キット　→ **キット゛ダ**
　　ソット　→ **ソット゛デス**

アクセント習得法則 85—88　　(98)

チラット → チラットデス
バット → バットダ

86 助動詞が副詞，連体詞，指示・疑問を表わす語，接続詞，感動詞の類についたもの

　これらには，すでに助詞がついているものと，まだついていないものとがある。

(1) 助詞がついていない形のものに，助動詞がつく場合，そのつき方はおおむね，名詞に助動詞がついた場合のアクセントに準じる。(81参照)

　例えば，「だ」「です」などが起伏式につく場合は，副詞類のアクセントを生かして低く下がってつく。

シカシ　　→ シカシダ　　（然しだ）
アナタ　　→ アナタデス（貴方です）
ダレ　　　→ ダレダロー（誰だろう）
ダカラ　　→ ダカラデス

　平板式につくときには高く平らにつき，助動詞の高さの切れめまで高い。但し，副詞につく場合に限り，低く下がってつく場合との両様である。

コレ　　　→ コレダロー　（此だろう）
ヨホド　　→ ヨホドデス，
　　　　　　 ヨホドデス　（余程です）
マッタク　→ マッタクダ　（全くだ）
セッカク　→ セッカクデスガ
　　　　　　　　　　　　　（折角ですが）

(2) すでに助詞がついているものに助動詞がつく場合は，助詞に助動詞がつく場合のつき方に準じる。(87参照)

ソコデ　　→ ソコデダ
コレカラ　→ コレカラダロー
ナニヨリ → ナニヨリダ（何よりだ）

87 助動詞が助詞についたもの

　助詞がついたものに，助動詞がつくと，原則として低く下がってつく。前の助詞がすでに低く下がっている場合には，低く平らにつ

く。規則的。

　例えば，キミノ(君の)，アナタノ(貴方の)に助動詞「です」がつくと，キミノデス，アナタノデス のようになる。また，ナクト(泣くと)，ヨムト(読むと)に助動詞「だ」がつくと，ナクトダ，ヨムトダ のようになる。

ナクノ　　→ ナクノダロー
ヨムノ　　→ ヨムノダロー
ナクマデ → ナクマデデス
ヨムマデ → ヨムマデデス

　但し，拍数が多くなるに従い，また特に前部が起伏式のものは助詞の前で切れて，助詞と助動詞が続いて発音される傾向がある。

ナラベルダケダロー，
ナラベル・ダケダロー
ガクダケデス，ガク・ダケデス

　また，「ようだ」「らしい」「ごとし」は，助詞の前が平板型か尾高型であれば，助詞の高低にかかわらず，助動詞の高さの切れめまで高く発音する傾向がみられる。

トリトラシイ*，　　トリトラシイ*
ハナトラシイ*，　　ハナトラシイ*

88 助動詞が助動詞についたもの

　助動詞に助動詞がつく場合には，その助動詞の種類によってつき方が異なる。(89の表14参照)

　前部の助動詞が，名詞型であるとか，動詞型であるとか，形容詞型であるとかで，名詞・動詞・形容詞に助動詞がついた場合のアクセントの法則に準じる。規則的。(81〜84参照)

　例えば，動詞型につく場合を考えてみる。動詞の ナラベル(並べる)に助動詞「た」がつくと，ナラベタ のように平板型になる。同様に「泣く」に助動詞「せる」のついた ナカセル(泣かせる)に更に助動詞「た」がつくと，ナカセタ のように同じ型になる。同じく シラベル(調べる)に「た」がつくと，シラベタ となるが，カカセル(書かせる)に「た」がついた場合も，カカセタ のように全く同じアクセントの型になる。

次に，形容詞型につく場合を考えてみる。**ツメタイ**（冷たい）に助動詞「だろう」がつくと，**ツメタイダロー**となる。同様に「泣く」に助動詞「たい」のついた**ナキタイ**に助動詞「だろう」がつくと，**ナキタイダロー**のように同じ型になる。同じく**ミジカイ**（短い）に「だろう」がつくと，**ミジカイダロー**となるが，**ヨミタイ**（読みたい）に「だろう」がついた場合も**ヨミタイダロー**のように全く同じアクセントの型になる。

それゆえ，その助動詞がどのようなグループに含まれるかをまず考慮し，表の代表例にあてはめてみて，それぞれ類推していただきたい。

89 助動詞の活用形（表14）

助動詞はその形によって名詞型・形容詞型・動詞型・特殊型に分けられる。

名詞型は名詞に似てほとんど活用しないが，形容詞型は形容詞の活用（52参照）に，動詞型は動詞の活用（41参照）に似たものとなり，活用形のアクセントも同じようになる。100～101ページにおもな助動詞の活用表（表14）を掲げておいたので，参照してほしい。

なお，**文語助動詞の終止形**は次のようになる。

Ⅰ **原則として前部の語のアクセントを反映するもの**

(1)「る」「らる」「す」「さす」「ぬ（打消）」——前部の語が平板式なら平板型に，起伏式なら中高型に，全体が一つの新しい動詞のようなアクセントになる。

　　ナカル（泣かる）　　**ヨマル**（読まる）
　　キラル（着らる）　　**ミラル**（見らる）
　　ナカス（泣かす）　　**ヨマス**（読ます）
　　ナカヌ（泣かぬ）　　**ヨマヌ**（読まぬ）

(2)「ず」——前部の語が平板式ならば平板型に，起伏式には低く下がってつく。

　　キズ　　（着ず）　　**ミズ**　　（見ず）
　　ナカズ　（泣かず）　**ヨマズ**（読まず）
　　シラズ（知らず）　　**ノマズ**（飲まず）

ヤラズ（遣らず）　　**クワズ**（食わず）
ワラワズ（笑わず）　**オモワズ**（思わず）

(3)「たし」「まし」——すべて次のような中高型になる。

　　シニタシ，《新は**シニタシ**》（死にたし）
　　ヨミタシ，《新は**ヨミタシ**》（読みたし）

(4)「き」「つ」「たり」「なり」

(イ) 動詞・形容詞の平板式には助動詞の前の拍まで高く，起伏式には低く下がってつく。

　　シニキ（死にき）　　**ヨミツ**（読みつ）
　　シヌナリ（死ぬなり）**ヨムナリ**（読むなり）
　　シニタリ，《新は**シニタリ**》（死にたり）
　　ヨミタリ（読みたり）
　　オヨギタリ（泳ぎたり）

(ロ) 名詞の平板式には，助動詞の第一拍まで高く，起伏式には低く下がってつく。

　　トリナリ（鳥なり）　　**ハナナリ**（花なり）
　　アメナリ（雨なり）**ミズウミナリ**（湖なり）

(5)「けん」「らん」「らし」「べし」「まじ」「ごとし」

(イ) 動詞・形容詞の平板式には助動詞の第一拍まで高く，第二拍から下がるが，起伏式には低く下がってつく。ほかに，助動詞の第一拍まで高い中高型になる傾向がある。

　　ナクラン（泣くらん）**チルラン**（散るらん）
　　シルベシ（知るべし）**ナクマジ**（泣くまじ）
　　ヨムラン，**ヨムラン**（読むらん）
　　アルベシ，**アルベシ**（有るべし）
　　トルマジ，**トルマジ**（取るまじ）

(ロ) 名詞につくときは，「なり」類と同じ。

　　トリラシ（鳥らし）　　**ハナラシ**（花らし）
　　アメラシ（雨らし）**ミズウミラシ**（湖らし）

注 「ごとし」はその他，助詞「が」「の」などに続いて，次のようなつき方がよくみられる。

　　ナクガゴトシ（泣くがごとし）
　　ヨムガゴトシ，**ヨムガ・ゴトシ**
　　　　　　　　　　　　　　（読むがごとし）

Ⅱ **前部の語のアクセントを反映しないもの**

「り」「ぬ（完了）」「ん（推量・意志）」「ざ

表14　89. 口語助動詞の活（用）

助動詞の種類		活用形	未然形	連用形	終止形	連体形
名詞型助動詞	そう(だ)(推量)	ナク(泣く)	ナキソーダロ(ー)	ナキソーダッ(タ)／ナキソーデ(アル)／ナキソーニ(ナル)	ナキソーダ	ナキソーナ(トキ)
		ヨム(読む)	ヨミソーダロ(ー)	ヨミソーダッ(タ)／ヨミソーデ(アル)／ヨミソーニ(ナル)	ヨミソーダ	ヨミソーナ(トキ)
	よう(だ)	ナク(泣く)	ナクヨーダロ(ー)	ナクヨーダッ(タ)／ナクヨーデ(アル)／ナクヨーニ(ナル)	ナクヨーダ	ナクヨーナ(トキ)
	そう(だ)(伝聞)	ヨム(読む)	ヨム(・)ヨーダロ(ー)	ヨム(・)ヨーダッ(タ)／ヨム(・)ヨーデ(アル)／ヨム(・)ヨーニ(ナル)	ヨム(・)ヨーダ	ヨム(・)ヨーナ(トキ)
形容詞型助動詞	ない	ナク(泣く)	ナカナカロ(ー)	ナカナカッ(タ)／ナカナク(テ)	ナカナイ	ナカナイ(トキ)
		ヨム(読む)	ヨマナカロ(ー)	ヨマナカッ(タ)／ヨマナク(テ)	ヨマナイ	ヨマナイ(トキ)
	たい	ナク(泣く)	ナキタカロ(ー)	ナキタカッ(タ)／ナキタク(テ)	ナキタイ	ナキタイ(トキ)
		ヨム(読む)	ヨミタカロ(ー)	ヨミタカッ(タ)／ヨミタク(テ)	ヨミタイ	ヨミタイ(トキ)
	らしい	ナク(泣く)		ナクラシカッ(タ)／ナクラシク(テ)	ナクラシイ★	ナクラシー(トキ)
		ヨム(読む)		ヨムラシカッ(タ)／ヨムラシカッ(タ)／ヨムラシク(テ)／ヨムラシク(テ)	ヨムラシイ★／ヨムラシイ★	ヨムラシー(トキ)／ヨムラシー(トキ)
動詞型助動詞 ※	下一型　れる せる	ナク(泣く)	ナカレ(ナイ)	ナカレ(テ)	ナカレル	ナカレル(トキ)
		ヨム(読む)	ヨマレ(ナイ)	ヨマレ(テ)	ヨマレル	ヨマレル(トキ)
	下一型　られる させる	キル(着る)	キラレ(ナイ)	キラレ(テ)	キラレル	キラレル(トキ)
		ミル(見る)	ミラレ(ナイ)	ミラレ(テ)	ミラレル	ミラレル(トキ)
	サ変型　ます	ナク(泣く)	ナキマセ(ン)／ナキマショ(ー)	ナキマシ(タ)	ナキマス	ナキマス(トキ)
		ヨム(読む)	ヨミマセ(ン)／ヨミマショ(ー)	ヨミマシ(タ)	ヨミマス	ヨミマス(トキ)

（101）　アクセント習得法則　表14

付

用形のアクセント

仮定形	命令形
ナキソーナラ(バ)	
ヨミソーナラ(バ)	
ナクヨーナラ(バ)	
ヨム(・)ヨーナラ(バ)	
ナカナケレ(バ)	
ヨマナケレ(バ)	
ナキタケレ(バ)	
ヨミタケレ(バ)	
ナクラシケレ(バ)	
ヨムラシケレ(バ) ヨムラシケレ(バ)	
ナカレレ(バ)	ナカレロ ナカレヨ
ヨマレレ(バ)	ヨマレロ ヨマレヨ
キラレレ(バ)	キラレロ キラレヨ
ミラレレ(バ)	ミラレロ ミラレヨ
ナキマスレ(バ)	ナキマセ
ヨミマスレ(バ)	ヨミマセ

活用形／助動詞の種類			未然形	終止形	連体形	仮定形
特殊型助動詞	た	ナク(泣く)	ナイタロ(ー)	ナイタ	ナイタ(トキ)	ナイタラ(バ)
		ヨム(読む)	ヨンダロ(ー)	ヨンダ	ヨンダ(トキ)	ヨンダラ(バ)
	う	ナク(泣く)		ナコー	《ナコー(ハズガ)》 ナコー(トスル)	
		ヨム(読む)		ヨモー	《ヨモー(ハズガ)》 ヨモー(トスル)	
	よう	キル(着る)		キヨー	《キヨー(ハズガ)》 キヨー(トスル)	
		ミル(見る)		ミヨー	《ミヨー(ハズガ)》 ミヨー(トスル)	
	まい	ナク(泣く)		ナクマイ	《ナクマイ(コトカ)》 ナクマイ(トスル) ナクマイ(トスル)	
		ヨム(読む)		ヨムマイ	《ヨムマイ(コトカ)》 ヨムマイ(トスル)	
	だ	ナク(泣く)	ナクダロ(ー)			ナクナラ(バ)
		ヨム(読む)	ヨムダロ(ー)			ヨムナラ(バ)
	です	ナク(泣く)	ナクデショ(ー)			
		ヨム(読む)	ヨムデショ(ー)			

※1　下一型「しめる」は，平板式・起伏式動詞について，すべてを中高型にする。
　　　ナカシメナイ　　ナカシメル
　　　ヨマシメナイ　　ヨマシメル

※2　五段型「たがる」は，平板式動詞について中高型・平板型を，起伏式について中高型をつくる。
　　　ナキタガラナイ，ナキタガラナイ
　　　ナキタガル，ナキタガル
　　　ヨミタガラナイ　　　ヨミタガル

アクセント習得法則　89—91　　　(102)

り」「しむ」——古く滅びたものに多く、全
体が最後から二拍めまで高い型になる。

ナ$\overline{ケ}$**リ**（泣けり）　**ヨ**$\overline{メ}$**リ**（読めり）
サ$\overline{キ}$**ヌ**（咲きぬ）　**カ**$\overline{キ}$**ヌ**（書きぬ）
ユ$\overline{カ}$**ン**（行かん）　**ヨ**$\overline{マ}$**ン**（読まん）
シラシ$\overline{ジ}$**ム**（知らしむ）**カカジ**$\overline{ム}$**ム**（書かしむ）
キ$\overline{カザ}$**ル**（聞かざる）**ヨマザ**$\overline{ル}$**ル**（読まざる）

90 接頭辞・接尾辞などの一般について

接頭辞・接尾辞は、常に他の語と結合・接
合して使われるので、接頭辞・接尾辞単独の
アクセントが消えることが多い。**全体のアク
セントは、接頭辞・接尾辞のグループと、ど
のような語につくか、その組合せによって定
まる。**

一般に接頭辞・接尾辞などがついた場合、
複合の度合が強く、結合して一つの語のよう
にまとまる傾向のものと、複合の度合が弱く、
接合してもとのアクセントを生かす傾向のも
のとがある。

例えば、接尾辞がついて動詞・形容詞をつ
くる場合は、前部の語のもとのアクセントに
関係なく、接尾辞によってアクセントが決定
する。ところが、助動詞がついて動詞・形容
詞をつくる場合は、前部の語のもとのアクセ
ントの式を生かしてつく。この点、接尾辞と
助動詞とは大きく異なる。

それぞれのグループ別の法則については、
91～96を参照していただきたい。

91 程度を表わす接頭辞のついたもの

**接頭辞の類の意味内容によって、アクセン
トが異なる傾向がある。**
Ⅰ　**情緒をそえたりするもの**——「純粋の」
「本当に」「何となく」などの意味をもつも
のが多く、一般にそれぞれの形に似た複合
語の法則に準じる。
　　例えば、「生娘」「素踊り」は和語の結合

名詞の法則(**12**)に準じ、「素町人」「不調法」
は漢語の結合名詞の法則(**15**)に準じ、それ
ぞれ、**キ**$\overline{ムス}$**メ**、**ス**$\overline{ヲド}$**リ**、ス**チョ**$\overline{ー}$**ニン**、
ブチョ$\overline{ー}$**ホー**のようになる。

「空恐ろしい」「まん丸い」「か弱い」など
は結合形容詞の法則(**54**)に準じ、**ズブ**$\overline{ド}$**イ**、
ソラオソロ$\overline{ジ}$**イ**★、**マン**$\overline{マル}$**イ**、**カ**$\overline{ヨワ}$**イ**
のようになる。

「い行く」「た走る」などは結合動詞の法
則(**46**)に準じ、**イ**$\overline{ユ}$**ク**、**タ**$\overline{バシ}$**ル**のように
なる。
注①　「相^{あい}」が語調をととのえたり、荘重さを
加えたりするのに用いられる時は、全体が
頭高型になるか、「相」で切れて二文節にな
るかである。

$\overline{ア}$**イツグ**（相次ぐ）
$\overline{ア}$**イ・タ**$\overline{イ}$**スル**（相対する）

注②　「素^{す}」「不$^{ふ・ぶ}$」のつく三拍名詞は、多く
頭高型になる。

$\overline{ス}$**アシ**（素足）　　$\overline{フ}$**ナレ**（不慣れ）
$\overline{ス}$**ガオ**（素顔）　　$\overline{フ}$**デキ**（不出来）
$\overline{ス}$**ハダ**（素肌）　　$\overline{ブ}$**スキ**（不好き）

注③　「真^{ま}」のつく三拍名詞は多く平板型、四
拍以上は名詞の法則(**12,15**)に準じ多く○
$\overline{○○}$○型。「真っ」のつく四拍以上は、名詞
の法則(**12,15**)に準じ多く　○$\overline{○○}$…○型
になる。

マ$\overline{ヒル}$　（真昼）　　**マ**$\overline{フユ}$　（真冬）
マ$\overline{ミズ}$　（真水）　　**マ**$\overline{ナツ}$　（真夏）
マ$\overline{ウ}$**シロ**（真後ろ）**マ**$\overline{ヨ}$**ナカ**（真夜中）
マッ$\overline{グ}$**ロ**（真黒）　　**マッ**$\overline{サ}$**オ**（真青）
マッ$\overline{ス}$**グ**（真直ぐ）　**マッ**$\overline{コー}$（真向）
マッ$\overline{ピル}$**マ**（真昼間）
マッ$\overline{ザ}$**イチュー**（真最中）

Ⅱ　**感情のこもったもの**——軽蔑^{べつ}・憎し
み・強めの意のあるものが多く、頭高型に
なる傾向がある。

$\overline{ゴ}$**ウルサイ**（小煩い）
$\overline{ゴ}$**ヤカマシイ**★（小喧しい）
$\overline{ゴ}$**ナマイキ**（小生意気）
$\overline{ゴ}$**メンドー**（小面倒）
$\overline{ゴ}$**イチジカン**（小一時間）

(103) アクセント習得法則 91−92

ナマヤサシイ(生易しい)
ダイキライ(大嫌い)
ダイスキ(大好き)
オーバカ(大馬鹿)

　但し，拍数の多いものや熟語のようになったものは一般に，また，若い人人の間ではそれ以外のものも，それぞれの形に似た複合語の法則に準じる傾向がある。

コヤカマシイ，コヤカマシイ(小喧しい)
コメンドー(小面倒)
コイチジカン(小一時間)
オーバカ，オーバカ(大馬鹿)

注意　伝統的アクセントではあるが，現在高年層でもあまり使われなくなったものの場合，頭高型注記を割愛したものがある。

ナマビョーホー(生兵法)
イケズーズーシイ(いけ図図しい)

注④　「準」「純」「超」「反」「非」などが，形容詞的な語につくものは，頭高型になる場合と，接頭辞の直後で切れて，前部・後部の語のアクセントを生かす場合とがある。
　更に複合の度合が強くなると，それぞれ複合名詞の法則に準じる傾向がある。

ジュンニホンフー，ジュン・ニホンフー
　　　　　　　　　　　　　　　(純日本風)
ハンシャカイテキ，ハン・シャカイテキ
　　　　　　　　　　　　　　　(反社会的)
チョー・コッカシュギ，
　　　　チョーコッカシュギ(超国家主義)
ヒ・シャコーテキ(非社交的)
ヒゴーホー，ヒゴーホー(非合法)
ヒジョーシキ(非常識)

92　敬語・丁寧語について　(「お」「おん」「ご」などのついたもの)

　敬語・丁寧語の類によって，また，もとの語のアクセントによって，全体のアクセントが定まる。一般に規則的である。

I　「御」のつくもの——名詞・人名・形容詞などにつく。規則的なものと不規則的なものとがある。

注意①　「お…さま」「お…さん」「お…ちゃん」の類は，接尾辞の法則(94)を参照されたい。

注意②　もとの語が複合名詞のものの中には，(お＋前部成素)＋後部成素　とも考えられるものもあるが，便宜上ここに収めた。

オヒザオクリ，オヒザオクリ
　　　　　　　　　　　　　　　(御膝送り)

(1) 一般の名詞につく場合

(イ) 一拍語につくもの——もとのアクセントのいかんにかかわらず，平板型になる。

コ　→ オコ(御子)　ス → オス(御酢)
チャ → オチャ(御茶)　メ → オメ(御目)
ハ　→ オハ(御葉)　ユ → オユ(御湯)

(ロ) 二拍語につくもの

(i) もとのアクセントが平板型のものは，平板型になる。

サケ　→ オサケ(御酒)
ヨメ　→ オヨメ(御嫁)
キャク → オキャク(御客)
ゼン　→ オゼン(御膳)
オサト(御里)　　オカネ(御金)
オニワ(御庭)　　オミヤ(御宮)

(ii) もとのアクセントが尾高型のものは多く平板型になるが，中高型も相当みられる。

コメ → オコメ(御米)
テラ → オテラ(御寺)
ヘヤ → オヘヤ(御部屋)
オイモ(御芋)　　オクラ(御蔵)
オトシ(御年)　　オハカ(御墓)
オハナ(御花)　　オヤマ(御山)
スシ → オスシ(御鮨・御寿司)
ニク → オニク(御肉)
ヒル → オヒル(御昼)
オケガ(御怪我)　オコナ(御粉)

(iii) もとのアクセントが頭高型のものは多く中高型になるが，平板型も相当みられる。

ツユ → オツユ(御汁)
ハシ → オハシ(御箸)

アクセント習得法則 92　　　　　（104）

カシ → オカシ（御菓子）
オガサ（御傘）　　オカミ（御上）
オコト（御琴）　　オミソ（御味噌）
フネ → オフネ（御船）
ザル → オサル（御猿）
オカゲ（御蔭）　　オコエ（御声）
オナカ（=腹）　　オヤド（御宿）

　　但し、若い人人の間では、平板型の語も中高型に発音する傾向がみられる。

オハリ → オハリ（御針。=針仕事）
オナベ → オナベ（御鍋）

(ハ) 三拍語につくもの——平板化グループと、結合名詞の法則に準じるグループとがある。

(i) もとのアクセントが平板型のもの——結合名詞の法則(12,15)に準じ、名詞類の第一拍が高い中高型になるものが多いが、古くから使われている語には平板型が相当みられる。

クルマ → オクルマ（御車）
シゴト → オシゴト（御仕事）
オカラダ（御体）　　オキモノ（御着物）
オサカキ（御榊）　　オセナカ（御背中）
オテガミ（御手紙）　オハオリ（御羽織）
オハガキ（御葉書）　オボーシ（御帽子）
サカナ → オサカナ（御魚）
ダンゴ → オダンゴ（御団子）
オシンコ（御糝粉，御新香）
オシュート（御舅）

(ii) もとのアクセントが尾高型のもの——原則として平板型になる。

コトバ → オコトバ（御言葉）
タカラ → オタカラ（御宝）
セック → オセック（御節句）
オカガミ（=鏡餅）　オザシキ（御座敷）
オチカラ（御力）　　オハカマ（御袴）
オハナミ（御花見）　オフクロ（御袋）

(iii) もとのアクセントが頭高型のもの——原則として結合名詞の法則(12,15)に準じ、名詞類の第一拍が高い中高型になる。

ガイコ → オガイコ（御蚕）
テンキ → オテンキ（御天気）
ザンジ → オザンジ（御三時）
オイノチ（御命）　　オスガタ（御姿）
オカグラ（御神楽）　オナミダ（御涙）
但し、時に平板型も現われる。
イクツ → オイクツ（御幾つ）

(iv) もとのアクセントが中高型のもの——平板型が多いが、結合名詞の法則(12,15)に準じ、もとのアクセントの高さの切れめまで高い中高型も現われる。

ココロ → オココロ（御心）
テホン → オテホン（御手本）
サトー → オサトー（御砂糖）
シケン → オシケン（御試験）
フキン → オフキン（御布巾）

注① 法則a.b.c.により、アクセントの高さの山がずれて中高型になった名詞につく場合は、もとのアクセントにつく場合の法則による。例えば、頭高型が無声化のために中高型になったシケン、フキンなどに「お」がつくと、(iv)の法則により中高型になるなど。

(ニ) 四拍以上の語につく場合

(i) もとのアクセントが平板型のもの——平板型になるものが多いが、結合名詞の法則(12,15)に準じ、もとの語の第一拍が高い中高型になるものがある。

カンムリ → オカンムリ
　　　　　　　（御冠。=不きげん）
ソーシキ → オソーシキ（御葬式）
オチューゲン（御中元）
オトシダマ（御年玉）
オトモダチ（御友達）
オニンギョー（御人形）
オハキモノ（御履物）
テヌグイ → オテヌグイ（御手拭）
ドンブリ → オドンブリ（御丼）
オセンタク（御洗濯）

(ii) もとのアクセントが頭高型のもの

──結合名詞の法則(12,15)に準じ，もとのアクセントを生かして，中高型になる。

コズカイ → オコズカイ(御小遣)
トーバン → オドーバン(御当番)
ダイジン → オダイジン(御大尽)

(iii) もとのアクセントが中高型のもの
──結合名詞の法則(12,15)に準じ，もとのアクセントを生かして，中高型になる。

テアライ　 → オテアライ(御手洗い)
ジョーヒン → オジョーヒン(御上品)
ソーザイ　 → オソーザイ(御総菜)

注② 尾高型のもの──例が少ない。尾高型，及び平板型になる傾向がある。

オドーラク，オドーラク(御道楽)

(2) 動詞からの転成名詞につく場合，及び動詞の連用形について名詞をつくる場合──原則として平板型。

ツリ　 → オツリ(御釣)
ハナシ → オハナシ(御話)
ヤスミ → オヤスミ(御休み)
マツリ → オマツリ(御祭)
イワイ → オイワイ(御祝)
オタチ(御立ち)　　オカエリ(御帰り)
オトーシ(御通し)　オトナリ(御隣)
オマネキ(御招き)　オムカエ(御迎え)
オタノシミ(御楽しみ)
オヨロコビ(御喜び)

注③「お～になる」「お～なさる」などの時は，「お～」の部分は平板型となってあとに続き，全体が一まとまりの接合動詞(49)のようになる。

ナク(泣く)→ オナキニナル
　　　　　　オナキナサル
ヨム(読む)→ オヨミニナル
　　　　　　オヨミナサル　オヨミスル
オワライニナル　オカエリニナル
オカエリナサイ(御帰りなさい)

注④ 次のような特別な物・事・人を表わすときは，もとの名詞の第一拍が高い中高型になる。

オガワリ(御代り)　　オネダリ(～する)
オサガリ(御下がり) オシャベリ(御喋り)
オヒラキ(御開き。散会)
オユズリ(御譲り。兄さんの～)
オマワリ(御巡り。～さん)
オノボリ(お上り。～さん)
オムスビ(御結び。握り飯)

注⑤ 時・数を表わす語につくときは，もとのアクセントを生かす傾向がある。

オヒトリ(御一人)　オフタリ(御二人)
オショーガツ(御正月) オミッツ(御三つ)

(3)「お」がついて名詞の後部が省略されるもの──すべてもとの名詞の第一拍が高い中高型になる。

オウナ(お＋うなぎ)　オタマ(お＋玉子)
オスベリ(お＋滑り台)
オコタ(お＋こたつ) オサゲ(お＋下げ髪)
オサツ(お＋さつまいも)
オバケ(お＋化け物)　オデン(お＋田楽)
オセン(お＋煎餅)　オジュー(お＋重箱)

(4) 二拍の女子名につく場合(「お」がついて名の後部が省略されるものを含む)──すべて中高型。

サト → オサト(お里)
ツル → オツル(お鶴)
ハナ → オハナ(お花)
ミヤ → オミヤ(お宮)

注⑥ 無声化によるアクセントのすべりで，尾高型が若干みられる。(法則c.参照)

オキチ(お吉)　　　オフク(御福)

(5) 形容詞につく場合(音便形も含む)──原則として平板型。

ヤサシイ　 → オヤサシイ(御優しい)
チーサイ　 → オチーサイ(御小さい)
ヨロシク　 → オヨロシク(御宜しく)
タカク　　 → オタカク(御高く)
ヤサシュー → オヤサシュー
　　　　　　　　　　　　(御優しゅう)
ヤカマシュー → オヤカマシュー
　　　　　　　　　　　　(御喧しゅう)
オネムイ(御眠い) オヨロシイ(御宜しい)
オアツイ(御暑い，御熱い)

アクセント習得法則 92—93　　(106)

オメデタイ(御目出度い)
オウックシイ*(御美しい)

注⑦　擬態語などにつく場合はおおむね平板型。但し，新しい傾向として中高型がみられる。

オシズカ(御静か)　**オアツアツ**(御熱熱)
オニギヤカ, **オニギヤカ**(御賑やか)

II　「御」のつくもの——原則として頭高型になる。

オンチ(御地)　　　**オンテ**(御手)
オンミ(御身)　　　**オントシ**(御年)
オンマエ(御前)　　**オンタケ**(御嶽)
オンミズカラ(御自ら)

但し，拍数の多いものは複合部で分離して，前部・後部のアクセントを生かす傾向がある。

オン・タイショー(御大将)
オン・ミズカラ(御自ら)
オン・オビジ(御帯地)

また，熟語のようになったものは中高型の傾向がある。

オンゾーシ(御曹司)

III　「御」のつくもの
(1) 二拍以下の語につくもの——原則として平板型。

ミス(御簾)　**ミナ**(御名)　**ミテ**(御手)
ミカド(帝)　**ミコエ**(御声)　**ミタマ**(御霊)
ミテラ(御寺)　**ミマエ**(御前)　**ミユキ**(行幸)

(2) 三拍以上の語につくもの——一般に平板型。

ミココロ(御心)　　　**ミホトケ**(御仏)
ミアカシ(御灯明)　　**ミタラシ**(御手洗)

但し，新しい傾向として，中高型がみられる。

ミスガタ(御姿)　　　**ミヤシロ**(御社)

注⑧　「おみ」のつくものは次の通り。

オミアシ(おみ足)
オミオツケ(=味噌汁)
オミオーギイ*, **オミオーキイ***
　　　　　　　　　　(おみ大きい)

IV　「御」のつくもの——主として漢語名詞。原則として，もとの名詞が平板式ならば全体が平板式，起伏式ならばもとのアクセントの高さの切れめまで高い。

ブジ　　　→ **ゴブジ**　　　(御無事)
チソー　　→ **ゴチソー**　　(御馳走)
アンシン　→ **ゴアンシン**　(御安心)
ゴキゲン(御機嫌)　**ゴフジン**(御婦人)
ゴブサタ(御無沙汰)**ゴブツゼン**(御仏前)
オン　　　→ **ゴオン**　　　(御恩)
ゾンジ　　→ **ゴゾンジ**　　(御存じ)
モットモ　→ **ゴモットモ**　(御尤も)
ジョーダン → **ゴジョーダン**(御冗談)
ゴクロー(御苦労)**ゴリョーシン**(御両親)

V　「御」のつくもの——漢語の単純名詞のみ。
(1) 一拍語につくもの——一般に頭高型。

ギョウ(御宇)　　　**ギョジ**(御璽)

(2) 二拍語につくもの——平板型になる傾向が強い。語によって頭高型も現われる。

ギョカン(御感)　　**ギョセイ**(御製)
ギョタイ(御体)　　**ギョダイ**(御題)
ギョエン, **ギョエン**(御苑)

93　接尾辞(さ, み, け・げ, め, く)がついて名詞をつくるもの

転成名詞に似る。原則として前部の語のアクセントの式を生かす。

I　「さ」のつくもの——形容詞(形容詞型活用のものを含む)の語幹，及び形容動詞につく。

(1) 形容詞についたもの
(イ) 平板式形容詞につくと原則として平板式。但し，拍数が多くなるに従い，中高型になる傾向が強く，その型は(ロ)に同じ。

アツイ　→ **アツサ**(厚さ)
オモイ　→ **オモサ**(重さ)
カタイ　→ **カタサ**(固さ)
カナシイ* → **カナシサ**, **カナシサ**
　　　　　　　　　　　　　　(悲しさ)
ムズカシイ* → **ムズカシサ**(難しさ)

(ロ) 中高型形容詞につくと原則として起伏式。三拍語は頭高型に，四拍以上の語は

「さ」の前の拍まで高い型と、後から三拍めまで高い型との両様になる。

タカイ → タカサ(高さ)
フルイ → フルサ(古さ)
ツヨイ → ツヨサ(強さ)
メデタイ → メデタサ, メデタサ
　　　　　　　　　　(目出度さ)
オモシロイ→オモシロサ, オモシロサ
　　　　　　　　　　(面白さ)

注① 但し、およその程度を表わす場合、及び言いなれた三拍語には、平板型のでる傾向がある。
　　例えば、「湯の熱さ、暑さ寒さも彼岸まで」のような時は規則的に アツサ となるが、「暑さに向かう、暑さにあたる」のような時は アツサ が現われる。以下も同じ。
　　ツヨサ(強さ)　　タカサ(高さが高い)

注② 但し、シク活用につく場合、「さ」の前の拍まで高い型は、無声化のためにずれて、後から三拍めまで高い型のみとなる。
　　クルジイ → クルシサ(苦しさ)
　　アタラジイ → アタラシサ(新しさ)

(2) **いわゆる形容動詞，決まった語尾をもつ語についたもの**——原則として前部のアクセントが平板式ならば平板式に，起伏式ならば「さ」の前の拍まで高い中高型になる。
　アイマイ → アイマイサ(曖昧さ)
　アワレ → アワレサ(哀れさ)
　オロカ → オロカサ(愚かさ)
　スコヤカ → スコヤカサ(健やかさ)
　ガンコサ(頑固さ)　　ユタカサ(豊かさ)

II **「み」のつくもの**——形容詞の語幹，及び形容動詞につく。
(イ) 前の語が平板式ならば原則として平板式。
　アカイ → アカミ(赤味)
　アマイ → アマミ(甘味)
　マルイ → マルミ(丸味，円味)
　アカルイ → アカルミ(明るみ)
(ロ) 前の語が起伏式ならば原則として尾高

型になるが、「み」の前の拍まで高い中高型及び平板型のでることがある。
　ツヨイ → ツヨミ(強味)
　ヨワイ → ヨワミ(弱味)
　カライ → カラミ(辛味)
　イヤ → イヤミ, イヤミ(嫌味)
　アリガタイ → アリガタミ,
　　　　アリガタミ, アリガタミ(有難味)

III **「け」「げ」のつくもの**——名詞，いわゆる形容動詞，形容詞，動詞などにつく。
(イ) 前の語が平板式ならば原則として平板式。
　ミズ → ミズケ(水気)
　カゼ → カゼケ, カザケ(風邪気)
　ヒト → ヒトケ, ヒトゲ(人気)
　ネムイ → ネムケ(眠気)
　オトナ → オトナゲ(大人気)
　アブラケ(油気)　　オボロゲ(朧気)
(ロ) 前の語が起伏式ならば，三拍語は多く尾高型，四拍以上の語は中高型になる。
　イロ → イロケ(色気)
　サムイ → サムケ(寒気)
　オジイ → オシゲ(惜気)
　クウ → クイケ(食気)
　ハク → ハキケ(吐き気)
　ウレジイ → ウレシゲ(嬉しげ)
　ナツカジイ→ナツカシゲ(懐かし気)

IV **程度を表わす「め」のつくもの**——形容詞の語幹につく。三拍語は原則として，前の語が平板式ならば平板式，起伏式ならば尾高型と平板型の両様となる。四拍語は平板型。
　カタイ → カタメ(固め)
　カライ → カラメ, カラメ(辛め)
　オーキメ(大きめ)　　チーサメ(小さめ)
　スクナメ(少なめ)

注③ 用言について名詞をつくる「く」は，後から三拍めまで高い型になる。
　イワク(日く)　　ノタマワク(宣わく)
　オシムラク(惜しむらく)

アクセント習得法則 94　　　(108)

94 人名及び一般名詞などについて意味をそえるもの

　前の語のアクセントと，接尾辞のグループによって全体のアクセントが定まる。

Ⅰ　人名などについたもの──尊敬・愛称・親しみなどを表わす接尾辞がつく。原則として，人名のアクセントを生かす傾向がある。

(1)「様」「さん」「ちゃん」「どん」「や」などがつくもの──前の語が平板式ならば全体が平板式，起伏式ならば前部の語のアクセントを生かす。

　　ヤマ\ ̄ダサマ(山田様)
　　ト\ ̄ク\ガワサマ(徳川様)
　　 ̄ザトーサマ(佐藤様)
　　オ\ ̄ジサマ(伯父様)　　オ\バサン(小母さん)
　　 ̄カーサン(母さん)　　 ̄ニーサン(兄さん)
　　マ\ ̄サオチャン(正男ちゃん)
　　 ̄ハナコチャン(花子ちゃん)
　　タ\ケドン(竹どん)
　　 ̄ハナヤ(花や)　　タ\ケヤ(竹や)
　　 ̄ネーヤ(姉や)　　 ̄ボーヤ(坊や)

注①　但し，「爺や」「婆や」は ○○○型 だが，新しくは ○○○型。

(2) 敬称の「氏し」「氏ぢ」などがつくもの──前の語が平板式ならば，接尾辞の前の拍まで高く，起伏式ならば前部の語のアクセントを生かす。

　　ヤマ\ ̄ダシ(山田氏)　　タナ\ガ\ウジ(田中氏)
　　 ̄ザトーシ(佐藤氏)　　ナ\ガガワシ(中川氏)

注②　但し，「氏ぢ」が起伏式につく場合は，接尾辞の前の拍まで高い型もみられる。

　　クロ\ダウジ，　 ̄クロダウジ(黒田氏)

注意①　「うじ」を表わす「氏し」がつく場合は，法則14を参照。例．ト\クガワシ(徳川氏)

(3)「君ぢ」のつくもの──(1)に準じる。但し，平板式の姓につくと，接尾辞の前の拍まで高い型にもなる。

　　マ\ ̄サオクン(正男君)　　ア\キラクン(明君)
　　ヤマ\ ̄ダクン，ヤマ\ダクン(山田君)
　　ナ\ガガワクン(中川君)

　　 ̄ザトークン(佐藤君)

(4)「殿」のつくもの──(1)に準じる。但し，平板式につくと，接尾辞の第一拍まで高い型にもなる。

　　ヤマ\ ̄ダドノ，ヤマ\ダドノ(山田殿)
　　ナ\ ̄カガワドノ(中川殿)
　　 ̄ザトードノ(佐藤殿) ̄ハナコドノ(花子殿)

(5) 敬称の「公」がつくもの──(3)に準じる。但し，起伏式につくときは，接尾辞の前の拍まで高い型にもなり，慣用のものはそれが一般的。

　　ミ\トコー，ミ\ ̄トコー　　(水戸公)
　　 ̄ジマズコー，シマ\ ̄ズコー(島津公)
　　コ\ノエコー　　　　　(近衛公)
　　サイオ\ンジコー(西園寺公)

注意②　「公」「君ぢ」のつく漢字二字の語は原則として頭高型。代名詞・普通名詞も便宜的にここに収めた。

　　カ\ンコー(菅公)　　ナ\ンコー(楠公)
　　ロ\ーコー(老公)　　グ\コー　(愚公)
　　サ\イクン(細君)　　ユ\ークン(遊君)

(6) 親愛の意を表わす「公」「坊」及び，敬称の「王」などがつくもの──接尾辞の第一拍まで高い型になる。

　　クマ\ ̄コー(熊公)　　ハチ\ ̄コー　(八公)
　　ヨシ\ ̄ボー(良坊)　　ショ\ ̄ボー(正坊)
　　ズシ\ ̄オー(厨子王)　　ヤシャ\ ̄オー(夜叉王)
　　ガンク\ツオー(巌窟王) ̄リアオー(リア王)

注意③　僧房や僧侶の人名などにつく「坊」は法則14を参照。

(7)「君ぢ」のつくもの──原則として接尾辞の前の拍まで高い型になる。

　　ヨ\ ̄ドギミ(淀君)ツルチ\ ̄ヨギミ(鶴千代君)

(8)「女」のつくもの──ほとんどが三拍以下の語で，頭高型になる。

　　チ\ヨジョ(千代女)　　ツ\ルジョ(鶴女)
　　シ\ジョ(紫女)　　セ\イょジョ(清女)

(9)「先生」「博士」「大臣」「大将」「大使」「課長」「部長」「校長」「船長」「公爵」「天皇」「皇后」「親王」「法皇」「明王」「首相」「僧上」「僧都ぢ」「上人」など，職名・称号の類のつくもの──前の語が平板式ならば接

尾辞のアクセントの高さの切れめまで高
い。前の語が起伏式ならば前の語のアクセ
ントを生かすが，接尾辞が起伏式の場合で
慣用のもの一般，及び若い人人の間では，
接尾辞の高さの切れめまで高い型で発音す
る傾向がみられる。

ヤマダセンセイ★(山田先生)
ナガワセンセイ★，**ナガワセンセイ**★
(中川先生)
サトーセンセイ★，**サトーセンセイ**★
(佐藤先生)
オージンテンノー(応神天皇)
ジンムテンノー，**ジンムテンノー**
(神武天皇)
ヤマダカチョー (山田課長)
ナガワカチョー(中川課長)
サトーカチョー (佐藤課長)

(10)「屋・家・舎」など，「雅号」「家号」を表
わす語のつくもの――原則として接尾辞の
前の拍まで高い型になる。
ヤナギヤ(柳家)　**スズノヤ**(鈴の屋)
ハルノヤ(春廼舍)　**ソガノヤ**(曾我廼家)

Ⅱ　商店名・店舗名・屋号などを表わすもの
(1) 姓に「商店」「商会」「医院」「洋服店」「理
髪店」などがつくもの――Ⅰの(9)に準じる。
ヤマダショーテン(山田商店)
ナガワショーテン，
　　　　ナガワショーテン(中川商店)
サトーショーテン，**サトーショーテン**
(佐藤商店)

(2)「店舗名」「屋号」を表わす「屋」のつくも
の――前部が二拍の語は，接尾辞の前の拍
まで高く，前部が三拍以上の語は平板型に
なる。
タマヤ　(玉屋)　**カギヤ**　(鍵屋)
ミカワヤ(三河屋)**ハリマヤ**(播磨屋)
タカシマヤ(高島屋)**オモダカヤ**(沢瀉屋)

Ⅲ　一般名詞などについたもの
(1) 愛称・蔑称などを表わすもの
(イ)「こ」「ま」「っぽ」のつくもの――三拍
語は頭高型，四拍以上の語は前の語が平
板型・尾高型ならば原則として平板型に

なる。中高型・頭高型ならば原則として
前の語のアクセントを生かす。
アンコ　**エンコ**　**ジッコ**(=尿)
ダンマ　**ドンマ**　**アッポ**
ドロンコ　**アテッコ**　**ヤリッコ**
スミッコ　**ビリッコ**　**カケッコ**
タベッコ　**トリッコ**　**チャンチャンコ**
カラッポ　**ツツッポ**(=筒袖)
ミトッポ　(水戸っぽ)
ショセッポ(書生っぽ)
ロクスッポ(=ろくに)
サツマッポ，**サツマッポ**(薩摩っぽ)

(ロ)「ころ」のつくもの――原則として接尾
辞の第一拍まで高いが，時に尾高型も現
われる。
イシコロ(石ころ)　**アンコロ**(餡ころ)
サイコロ(賽子)　**チンコロ**(狆ころ)
イヌコロ，**イヌコロ**(犬ころ)

(ハ)「かち」「ちき」「つく」「ぽち」「ちょ」
のつくもの――原則として四拍以下の語
は頭高型，五拍以上の語は中高型だが，
時に尾高型も現われる。
ゼッカチ　**ドンチキ**　**ダンツク**
ギッチョ　**チビッチョ**　**コンコンチキ**
ヤセッポチ，**ヤセッポチ**

(ニ)「桜ん坊」「おこりん坊」など，「坊」の
つくもの――前部の語が平板式ならば平
板式，起伏式ならば原則として前の語の
アクセントを生かし，頭高型か中高型と
なる。
ツルシンボー(吊るしん坊)
ミエボー(見え坊)
サクランボー，**サクランボ**(桜ん坊)
オコリンボー，**オコリンボ**(怒りん坊)
ゲチンボー，**ゲチンボ**
ジワンボー，**ジワンボ**
　但し，頭高型は新しい中高型に変りつ
つある。
ケチンボー，**ケチンボ**

(ホ) 蔑称を表わす「屋」のつくもの――Ⅱの
(2)に準じる。
コリヤ(凝り屋)　**ジムヤ**(事務屋)

アクセント習得法則 94

キドリヤ(気取屋)　ワカラズヤ
(分からず屋)

(2) 敬称を表わすもの

(イ)「様」「さん」などのつくもの——前の語が平板式ならば全体が平板式、起伏式ならば前の語のアクセントを生かして低くつく。但し、「様」のつく五拍以上の語で平板型・尾高型のものは、尾高型にも○○…○○型にも発音する傾向がある。

オコ(御子)　　→オコサマ、オコサン
ヤオヤ(八百屋)→ヤオヤサン
オク(奥)　　　→オクサマ、オクサン
ハナヤ(花屋)　→ハナヤサン
オキャク(お客)→オキャクサマ、
　　　　　　　　オキャクサマ
ホトケ(仏)→ホトケサマ、ホトケサマ

注意④「お…様」「お…さん」「お…ちゃん」の類は、「お」+「…様、…さん」と考えられるものも多いが、便宜上、本文からはこの項に送ってある。法則92も参照していただきたい。

カミサン → オカミサン(お上さん)
ヒメサマ → オヒメサマ(お姫様)
オトーサマ、オトーサン(お父様)
オイセサン(お伊勢さん)
オボッチャン(お坊ちゃん)

(ロ)「上」「君」のつくもの——接尾辞の前の拍まで高い。
ハハウエ(母上)　　アネウエ(姉上)
チチギミ(父君)　　ワカギミ(若君)

(ハ)「御」のつくもの——三拍語では平板型が多く、四拍以上では接尾辞の前の拍まで高い型となる。
アネゴ　　(姉御)　チチゴ　(父御)
イモートゴ(妹御)　ムスメゴ(娘御)
ハナヨメゴ(花嫁御)

注③「貴」のつくものは、Ⅰの(1)に同じ。
オジキ(伯父貴)　　アニキ(兄貴)

(3)「職業名」を表わす「屋」のつくもの——原則として前部の語が平板式のものは全体が平板式、起伏式のものは接尾辞の前の拍まで高い。

(イ) 前部平板式 → 全体が平板式。
サケ　　→ サカヤ(酒屋)
トリ　　→ トリヤ(鳥屋)
ウナギ　→ ウナギヤ(鰻屋)
クスリ　→ クスリヤ(薬屋)
サカナ　→ サカナヤ(魚屋)
オチャ　→ オチャヤ(御茶屋。=葉茶屋)
シンブン→ シンブンヤ(新聞屋)

▷飴屋・駕籠屋・株屋・下駄屋・竹屋・床屋・箱屋・筆屋・餅屋…
油屋・うどん屋・うなぎ屋・かつら屋・ガラス屋・薬屋・車屋・氷屋・雑貨屋・畳屋・たばこ屋・ちぢみ屋・時計屋・ふとん屋…
印刷屋・運送屋・金物屋・乾物屋・材木屋・水道屋・洗濯屋・染物屋・瀬戸物屋・てんぷら屋・古本屋・郵便屋・洋服屋…

(ロ) 前部起伏式
(i) 三拍語——原則として、全体が接尾辞の前の拍まで高い中高型になる。
前部尾高型
コメ → コメヤ(米屋)
ハナ → ハナヤ(花屋)
▷紙屋・皮屋・靴屋・粉屋・質屋・鮨屋・炭屋・肉屋・風呂屋・綿屋…
前部頭高型
カサ → カサヤ(傘屋)
ソバ → ソバヤ(蕎麦屋)
▷くず屋・種屋・苗屋・屋根屋…
但し、接尾辞の前にアクセントの高さの切れめがおきにくい時は、原則として一拍前にずれる。
パンヤ(パン屋)　ホンヤ(本屋)
ガイヤ、カイヤ(貝屋)
例外 コンヤ、コーヤ(紺屋)
　　 ギューヤ(牛屋)

注④ 但し、古くからの語で前部の語が起伏式のものの中には、平板式に発音するものが若干みられる。
イト → イトヤ(糸屋)
オケ → オケヤ(桶屋)

$\overline{タ}$ビ → $\overline{タ}$ビヤ (足袋屋)
$\overline{オ}$ビ → $\overline{オ}$ビヤ (帯屋)
$\overline{ヤ}$ド → $\overline{ヤ}$ドヤ (宿屋)
$\overline{イ}$ジ → $\overline{イ}$シヤ (石屋)

但し，若い人人の間では，これらを多数形である中高型に発音しようとする傾向がみられる。

イ$\overline{ド}$ヤ　オ$\overline{ゲ}$ヤ　タ$\overline{ビ}$ヤ　オ$\overline{ビ}$ヤ

(ii) **四拍以上の語**——前部が尾高型の語は平板型になる。前部が頭高型・中高型の語も平板型が多いが，接尾辞の前の拍まで高い中高型も若干みられる。なお，新しくできた語は，多数形である平板型に発音する傾向が強い。

平板型になるもの

カ$\overline{タナ}$　→ カ$\overline{タナヤ}$ (刀屋)
フル$\overline{ギ}$　→ フル$\overline{ギヤ}$ (古着屋)
オ$\overline{ーギヤ}$ (扇屋)　ハ$\overline{サミヤ}$ (鋏屋)
カ$\overline{ガミヤ}$ (鏡屋)　ハ$\overline{カマヤ}$ (袴屋)
$\overline{キ}$ンギョ → $\overline{キ}$ンギョヤ (金魚屋)
$\overline{イ}$ショー → $\overline{イ}$ショーヤ (衣装屋)
メ$\overline{ガネヤ}$ (眼鏡屋)
デン$\overline{キヤ}$ (電気屋)
タ$\overline{テグ}$　→ タ$\overline{テグヤ}$ (建具屋)
タ$\overline{マゴ}$　→ タ$\overline{マゴヤ}$ (卵屋)
サ$\overline{トー}$　→ サ$\overline{トーヤ}$ (砂糖屋)
オ$\overline{デン}$　→ オ$\overline{デンヤ}$ (御田屋)
チョー$\overline{チン}$ → チョー$\overline{チンヤ}$ (提灯屋)
オ$\overline{モチャヤ}$ (玩具屋)
レ$\overline{コードヤ}$ (レコード屋)
ブン$\overline{ボーグヤ}$ (文房具屋)
ク$\overline{リーニングヤ}$ (クリーニング屋)

中高型になるもの

前部頭高型
$\overline{リ}$ョーリ → $\overline{リ}$ョー$\overline{リ}$ヤ (料理屋)

前部中高型
ミ$\overline{ズガシ}$ → ミ$\overline{ズガシ}$ヤ (水菓子屋)
ア$\overline{オモノ}$ → ア$\overline{オモノヤ}$, ア$\overline{オモノ}$ヤ
(青物屋)

Ⅳ　**複数になるもの**

(1)「等$_{ら}$」「達$_{たち}$」のつくもの——接尾辞の前の拍まで高いが，前部の語が頭高型のものは，前部のアクセントを生かして低くつく。

キ$\overline{ミ}$ラ　(君等)　キ$\overline{ミ}$タチ (君達)
オ$\overline{トコ}$ラ (男等)　コ$\overline{ドモ}$タチ (子供達)
$\overline{ボ}$クラ (僕等)　ア$\overline{ナタ}$タチ (貴方達)
$\overline{ワ}$レラ (我等)　$\overline{ボ}$クタチ (僕達)

(2)「ども」のつくもの——接尾辞の第一拍まで高いが，前部の語が頭高型のものは，前部のアクセントを生かして低くつく傾向もみられる。

テ$\overline{マエ}$ドモ　(手前共)
ワ$\overline{タシ}$ドモ　(私共)
オ$\overline{トコ}$ドモ　(男共)
ニョー$\overline{ボ}$ドモ (女房共)
$\overline{ジ}$ンジャドモ (信者共)

但し，四拍語では ○$\overline{○○}$○型 がでる傾向がある。

モ$\overline{ノ}$ドモ (者共)　マ$\overline{ゴ}$ドモ (孫共)
$\overline{ト}$リドモ, ト$\overline{リ}$ドモ (鳥共)

(3)「方$_{がた}$」「輩・原$_{ばら}$」のつくもの——平板型と，接尾辞の前の拍まで高い型とがみられる。

オ$\overline{マエガタ}$, オ$\overline{マエ}$ガタ (御前方)
ヤ$\overline{ツバラ}$, ヤ$\overline{ツ}$バラ (奴原)
ヤ$\overline{クニンバラ}$, ヤ$\overline{クニン}$バラ (役人輩)(a.)

95 自立できぬ語がついて，名詞や形容動詞的な語をつくるもの

おおむね規則的である。

Ⅰ　**二拍以下の語がつくもの**——原則として平板型。

カ$\overline{クシダテ}$ (隠し立て)
セ$\overline{ケンナミ}$ (世間並)
シ$\overline{ンポテキ}$ (進歩的)
ア$\overline{ガリメ}$　(上がり目)

以下も同様である。

▷…掛け(帰り〜)　…方$_{がた}$(=係.調査〜)
　…方$_{がた}$(大阪〜)　…勝ち(休み〜)
　…柄(役目〜)　…気味(下がり〜)
　…越し(垣根〜)　…ごと(皮〜,財布〜)
　…式(自動〜)　…しな(寝〜,帰り〜)
　…中$_{じゅう}$(世界〜)　…立て(焼き〜)
　…中$_{じゅう}$(授業〜)

アクセント習得法則 95−96

…なり(曲り〜，へた〜)
…ばな(寝入り〜)…張り(ピカソ〜)
…風(関西〜)　…様(唐太〜，上代〜)

注① 「…前」「…然」は，後部の第一拍まで高い中高型になる。

キゲンゼン (紀元前)
センソーゼン (戦争前)
ガクセイゼン (学生然)
タイカゼン (大家然)

注② 「…化」は平板型が多く，前部の語の最後の拍まで高い中高型にもなる。

エイガカ，エイガカ (映画化)
カンソカ，カンソカ (簡素化)
ブンメイカ，ブンメイカ (文明化)(b.)

注③ 「…尽く」「…ぶり」「…っぷり」は，全体が平板型と尾高型両様の傾向がある。

チカラズク，チカラズク (力尽)
ヒサシブリ，ヒサシブリ (久し振り)
オンナップリ，オンナップリ (女っ振り)

注④ 「…方(方法)」は前部の語が平板式ならば平板式，起伏式ならば尾高型と，後から二拍めまで高い中高型の傾向がある。

ヤリカタ (遣り方)　オシエカタ (教え方)
タベカタ，タベカタ (食べ方)
ツクリカタ，ツクリカタ (作り方)

注⑤ 「…競べ」は前部の語が平板式ならば平板式，起伏式ならば前部の最後の拍まで高い中高型になる。

オシクラ (押し競)カケックラ (駆けっ競)

II　三拍以上の語がつくもの――原則として後部の第一拍まで高い型になる。

キョーアタリ (今日当り)
ショーバイアガリ (商売上がり)
カエリジダイ (帰り次第)
キヌズクメ (絹尽くめ)
アソビハンブン (遊び半分)
ノミホーダイ (飲み放題)

以下も同様である。

▷…掛かり(芝居〜)　…限り(この場〜)
　…加減(俯き〜)　　…がてら(遊び〜)
　…ごかし(お為〜)　…ごっこ(汽車〜)
　…ごなし(頭〜)　　尽し(国〜)

…だてら(女〜)　…だらけ(埃〜)
…通り(予想〜)　…まみれ(泥〜)
…みずく(汗〜)　…みどろ(汗〜)
…くんだり(樺太〜)

例外 「汗みどろ」「汗みずく」は頭高型も。「血みどろ」は平板型，「血だらけ」は尾高型・平板型の両様。

注⑥ 但し，「…通し」「…放し」は平板型。

カケドーシ　(駆け通し)
ヤリッパナシ (遣りっ放し)
▷働き通し・書き通し・書きっぱなし・ほうりっぱなし…

注⑦ 「…様様」は，前部の語が平板式ならば全体が尾高型に，前部の語が起伏式ならば前後で分離して，前・後部のアクセントを生かす。

カイシャサマサマダ　(会社様様だ)
オテンキ・サマサマダ(お天気様様だ)

96　接尾辞がついて動詞・形容詞をつくるもの

接尾辞の性質によってアクセントが定まるが，大多数が中高型をつくる傾向がある。活用形のアクセントは，動詞・形容詞の各活用形に準じる。

I　動詞をつくるもの――原則として最後から二拍めまで高い中高型になる。

イヤガル (嫌がる)カナシガル (悲しがる)
アセバム (汗ばむ)ケシキバム (気色ばむ)
シカクバル (四角ばる)
カクシバル (格式張る)
オトナビル (大人びる)フルビル (古びる)
ハルメク (春めく)　キラメク (煌めく)
ハナヤグ (花やぐ)　ワカヤグ (若やぐ)
シバイガカル (芝居掛かる)

以下も同様である。

▷…付く(怖気〜，調子〜)
　…ぶる(学者〜，体裁〜，勿体〜)
　…染みる(所帯〜，田舎〜，子供〜)

注① 但し，「…つく」は四拍語をつくり平板型になる。

アクセント習得法則 96—97

ゴタック	ベタック	マゴック
パラック	フラック	ブラック

Ⅱ 形容詞をつくるもの——原則として最後
から二拍めまで高い中高型になる。

マルッゴイ　（丸っこい）
オトコラジイ，（男らしい）
フルメカジイ，（古めかしい）
イナカクザイ，**イナカック**ザイ
　　　　　　　　　　（田舎(っ)臭い）

以下も同様である。
　▷…こい（油っ～，なつっ～，まだるっ～）
　　…らしい（子供～，馬鹿～，女～）
　　…がましい（指図～，押付け～）
　　…たらしい（未練～，貧乏臭っ～）
　　…めかしい（今～，今更～）

注② 「…ぽい」は，原則として最後から二拍
めまで高い中高型になるが，前部の語が平
板式の中には時に平板型が現われる。

ミズ → **ミ**ズッポイ，**ミ**ズッポイ
　　　　　　　　　　　　　　　（水っぽい）
コドモ → **コ**ドモッポイ（子供っぽい）
アライ → **ア**ラッポイ，**ア**ラッポイ
　　　　　　　　　　　　　　　（荒っぽい）
　▷しめっぽい・忘れっぽい…
イロ → **イ**ロッポイ（色っぽい）
ヤズイ → **ヤ**スッポイ（安っぽい）
オコル → **オ**コリッポイ（怒りっぽい）
　▷黒っぽい・白っぽい・筋っぽい・骨っ
　　ぽい…

文節のアクセントの法則

　以上は主として，単語のアクセントに関する法則を述べてきた。次の三節では，いわゆる学
校文法で文節とよぶものが，続けて用いられる場合のアクセントの法則について触れておく。
なお，ここではいわゆる四字熟語（四字漢語）の類も含めてある。また人名関係（法則27），数詞
関係（法則39），動詞（法則49），形容詞（法則54），擬声・擬態語関係（法則59），副詞類（法則69）
については，それぞれ（　）内の法則に送ったので，合わせて参照していただきたい。特に結合
文節（法則99）・接合文節（法則98）と接合名詞（法則19）との間には，厳密な区別をつけにくいも
のが多い。本文からは，それぞれのアクセントに応じて，適宜いずれかの法則に送ってあるの
で，合わせて参照していただきたい。なお，それぞれの文節のアクセントにあてはまる例を，
結合文節のあとに表にまとめてあげておいた。
　注意　分離文節（法則97）にも接合文節（法則98）にも発音され，接合した場合に後部のアクセ
ントが変化するものがある。これらはスペースの関係上 `‥‥` `‥‥`（・）を使用して両様を示
してある。これについては，「この辞典を使う人のために」2.　a.(2)③(8ページ)を参照してほ
しい。なお，表中〔　〕内は本文中に示した形，（　）内はその形で発音されることの少ないも
のを示す。

97 分離文節

　二つ以上の文節が続けて用いられる場合，
一つ一つの意味をはっきり表わすように発音
すれば，各の文節が分離してそのアクセント
どおりに発音される。

Ⅰ 前部の文節が平板式のもの
トリガ・ナク　（鳥が鳴く）
トーイ・ヤマ　（遠い山）
ヒガ・オチル　（日が落ちる）
ホシガ・デル　（星が出る）
ヒガシノ・ソラ（東の空）

アクセント習得法則 97—98　　　(114)

付

Ⅱ 前部の文節が起伏式のもの
　ハナ・サク　　　（花咲く）
　ナガレル・ミズ　（流れる水）
　ハルガ・キタ　　（春が来た）
　メガ・デル　　　（芽が出る）

Ⅲ 分離文節の具体例
　日常の会話などでは，文節が接合及び結合して変化をおこす場合が多い。(98,99参照)
　以下の例でも，「分離文節のみ」としたものは，前後の文節を離して発音するのがふつうであるが，それ以外は特に後部の文節を強調しようとしない限り，全体が一続きになってしまう。分離文節のみのものは，原則として前部・後部とも起伏式であることのほかに，前部と後部が対等の関係にあるもの，前後の文節が長くて，一続きに発音しにくいものなどがあげられよう。

(1) 分離文節のみの例
　ゴムリ・ゴモットモ(御無理御尤も)
　アイソモ・コソモ(愛想もこそも)
　アケテモ・クレテモ(明けても暮れても)
　オヤヒトリ・コヒトリ(親一人子一人)
　ネコモ・シャクシモ(猫も杓子も)
　ウントモ・ズントモ(〜言わない)
　アキノ・ナナクサ(秋の七草)
　オクノ・ホソミチ(奥の細道)
　オメズ・オクセズ(怖めず臆せず)
　ニジュー・イチダイシュー(二十一代集)
　セイイ・タイショーグン(征夷大将軍)
　ナイカク・ソーリダイジン
　　　　　　　　　　　　(内閣総理大臣)
　ヤデモ・テッポーデモ(矢でも鉄砲でも)
注意 多く分離文節の形で発音される数詞関係のものは，それぞれ数詞の条を参照していただきたい。
　ニセン・イチネン　　(二千一年)　→35
　ニジュー・ヨジカン(二十四時間)→36
　サンジュー・ゴキロ(三十五キロ)→37
　キン・ゴセンエン　　(金五千円)　→38
　サンジュー・ソコソコ(三十そこそこ)→38
　ジューニン・トイロ(十人十色)　→39

(2) 接合文節と両様あるもの——この形がもっとも多い。
　ユダン・タイテキ　（油断大敵）
　イレカワリ・タチカワリ
　　　　　　　　　　（入れ代り立ち代り）
　リョーテニ・ハナ　（両手に花）
　ゼンナン・ゼンニョ（善男善女）
　オニニ・カナボー　（鬼に金棒）
　ハナヨリ・ダンゴ　（花より団子）
　シツギ・オートー　（質疑応答）
　カナデホン・チューシングラ
　　　　　　　　　　（仮名手本忠臣蔵）
　オスナ・オスナ　　（押すな押すな）
　ネテモ・ザメテモ　（寝ても覚めても）
　イワヌガ・ハナ　　（言わぬが花）
　アマノ・ハシダテ　（天の橋立）
　ムビョー・ソクサイ（無病息災）
　サンジュー・サンゲンドー(三十三間堂)
　マテド・クラセド　（待てど暮せど）
　ノメヤ・ウタエ　　（飲めや歌え）
　ヤモ・タテモ　　　（矢も盾も）

(3) 結合文節と両様あるもの
　ネガッタリ・カナッタリ
　　　　　　　　　　（願ったり叶ったり）
　イヤガ・ウエニ　　（弥が上に）
　イタレリ・ツクセリ（至れり尽くせり）
　ノルカ・ソルカ　　（伸るか反るか）
　クーヤ・クワズ　　（食うや食わず）
　ネホリ・ハホリ　　（根掘り葉掘り）
　イタシ・カユシ　　（痛し痒し）
　ウオー・ザオー　　（右往左往）
　テレン・テクダ　　（手練手管）
　カチョー・フーゲツ（花鳥風月）

98 接合文節

　日常の会話では，一つ一つの文節をきり離して発音するよりも，軽く続けて一語のように発音する場合が多い。このように文節が接合される場合には，前部の文節はアクセントどおり発音されるが，後部の文節は特に強調しようとしない限り，次のように型の変化をおこす場合が多い。

アクセント習得法則 98－99

Ⅰ **前部の文節が平板式のもの**——次にくる文節のアクセントの高さの切れめまで高い。

(1) 後部の文節が，平板型・尾高型・中高型のものは，後部の第一拍が高く変化する。

トリガ＋ナク→トリガナク(鳥が鳴く)
トーイ＋ヤマ→トーイヤマ(遠い山)
ヒガ＋オチル→ヒガオチル(日が落ちる)

(2) 後部の文節が頭高型のものは変化しない。

ホシガ＋デル　→ホシガデル(星が出る)
ヒガシノ＋ソラ→ヒガシノソラ(東の空)

注意①　これら両様のアクセントを示す場合，本文では以下のような簡略表記をとっている。

トリガ(・)ナク　　トーイ(・)ヤマ
ヒガ(・)オチル
ホシガ(・)デル　　ヒガシノ(・)ソラ

Ⅱ **前部の文節が起伏式のもの**——前部の文節のアクセントの高さの切れめまで高く，後部にくる文節のアクセントはすべて低く変化する。

ハナ＋サク　　→ハナサク(花咲く)
ナガレル＋ミズ→ナガレルミズ
　　　　　　　　　　　　(流れる水)
ハルガ＋キタ→ハルガキタ(春が来た)
メガ＋デル　→メガデル(芽が出る)

注意②　これら両様のアクセントを示す場合，本文では以下のような簡略表記をとっている。

ハナ(・)サク　　ナガレル(・)ミズ
ハルガ(・)キタ　メガ(・)デル

Ⅲ **接合文節の具体例**

拍数の多いもの，また後部の文節が頭高型のものは接合しにくく，分離する傾向がある。(**97**参照)

97の分離文節Ⅲ(2)の例と比較しながら，変化のしかたを理解してほしい。

分離文節と両様あるもの
ユダンタイテキ(油断大敵)
イレカワリタチカワリ
　　　　　　　(入れ代り立ち代り)
リョーテニハナ　(両手に花)

ゼンナンゼンニョ(善男善女)
オニニカナボー　(鬼に金棒)
ハナヨリダンゴ　(花より団子)
シツギオートー　(質疑応答)
カナデホンチューシングラ
　　　　　　　(仮名手本忠臣蔵)
オスナオスナ　(押すな押すな)
ネテモサメテモ(寝ても覚めても)
イワヌガハナ　(言わぬが花)
アマノハシダテ(天の橋立)
ムビョーソクサイ(無病息災)
サンジューサンゲンドー(三十三間堂)
マテドクラセド　(待てど暮せど)
ノメヤウタエ　(飲めや歌え)
ヤモタテモ　　(矢も盾も)

99 結合文節

まれに慣用句などで，二つ以上の文節が続いて固定した意味を表わすようなものには，いつもひと続きに発音する傾向がある。この場合は，後部の文節が平板式ならば後部の第一拍まで高く，後部の文節が起伏式ならば後部の文節のアクセントの高さの切れめまで高くなる。特に前部が平板式のものは結合文節となりやすく，全体が中高型になるものが多い。

97の分離文節Ⅲ(3)の例と比較しながら，変化のしかたを理解してほしい。

ネガッタリ＋カナッタリ→
　ネガッタリカナッタリ(願ったり叶ったり)
イタレリ＋ツクセリ→イタレリツクセリ
　　　　　　　　　　(至れり尽くせり)
イヤガウエニ　(弥が上に)
ノルカソルカ　(伸るか反るか)
クーヤクワズ　(食うや食わず)
ネホリハホリ　(根掘り葉掘り)
イタシカユシ　(痛し痒し)
ウオーサオー　(右往左往)
テレンテクダ　(手練手管)
カチョーフーゲツ(花鳥風月)

このような場合，**98注意①②**に示したよう

アクセント習得法則 99　(116)

な簡略表記はせず結合文節全体の形を示している。

結合文節のみの例

アブハチトラズ	(虻蜂取らず)
サヨーシガラバ	(然様然らば)
スルコトナスコト	(為ること為すこと)
ヨリドリミドリ	(選取り見取り)
コワイモノミタサ	(怖い物見たさ)
アイエンキエン	(合縁奇縁)
ナンギョーグギョー	(難行苦行)
フーコーメイビ	(風光明媚)
ユーソクコジツ	(有職故実)

注意　文節法則の例外

平板型である「日・上・うち・下・人・所」

の前に修飾語がつくと，次のように尾高型に変化する傾向があるので，注意してほしい。
（法則19の**注**③参照）。

ヤスミノヒワ	(休みの日は)
ツクエノウエニ	(机の上に)
キミノウチニ	(君のうちに)
ハシノシタニワ	(橋の下には)
シラナイヒトガ	(知らない人が)
トモダチノトコロニ	(友達の所に)
サイゴノ・ヒワ	(最後の日は)
キノ・ウエニ	(木の上に)
アナタノ・ウチニ	(貴方のうちに)
アオゾラノ・シタデ	(青空の下で)
オーゼイノ・ヒトガ	(大勢の人が)
センセイノ・トコロデ	(先生の所で)

文 節 一 覧

	分離文節 (97)	接合文節 (98)	結合文節 (99)
自 縄 自 縛	ジジョー・ジバク　〔ジジョー(・)ジバク〕	ジジョージバク	〔ジジョージバク〕
自 由 自 在	ジユー・ジザイ　〔ジユー(・)ジザイ〕	ジユージザイ	〔ジユージザイ〕
青 息 吐 息	アオイキ・トイキ　〔アオイキ(・)トイキ〕	アオイキトイキ	〔アオイキトイキ〕
白 河 夜 船	シラカワ・ヨフネ　〔シラカワ(・)ヨフネ〕	シラカワヨフネ	〔シラカワヨフネ〕
否 が 応 で も	イヤガ・オーデモ	(イヤガオーデモ)	〔イヤガオーデモ〕
言 わ ぬ が 花	イワヌガ・ハナ　〔イワヌガ(・)ハナ〕	イワヌガハナ	〔イワヌガハナ〕
是 が 非 で も	ゼガ・ヒデモ　〔ゼガ(・)ヒデモ〕	ゼガヒデモ	〔ゼガヒデモ〕
飲まず食わず	ノマズ・クワズ　〔ノマズ(・)クワズ〕	ノマズクワズ	〔ノマズクワズ〕
年 が ら 年 中	ネンガラ・ネンジュー　〔ネンガラ(・)ネンジュー〕	ネンガラネンジュー	〔ネンガラネンジュー〕
件 の 如 し	(クダンノ・ゴトシ)	クダンノゴトシ	〔クダンノゴトシ〕

注　〔　〕内は本文中に示した形。（　）内はその形で発音されることの少ないもの。

資料　結合名詞の後部 一覧

「東京アクセントの習得法則」12～15で取り上げた結合名詞の後部の例を，発音の五十音順で並べ，一覧化した。習得法則を調べる際のひとつの手がかりとしていただきたい。

配列は，発音　表記 →法則番号　語例　の順。習得法則では，連濁の有無の表示や同音異漢字表記の可能性も考慮して表記を平仮名書きにしているものがあるが，ここでは一部漢字仮名交じりに改めた。法則番号には，探しやすいように下位分類の番号も入れた。語例は習得法則の中で取り上げているものを掲げ，辞典本文中にある例から一部補った。(a.) (b.) (c.)は「音韻とアクセントとの関係の法則」によってアクセントが変化していることを示している。

なお，ここに挙げている結合名詞後部の例および結合名詞の語例は，辞典本文中に収めているもののすべてではないことをおことわりしておく。また，ここに載せた語例には複数のアクセントを持つものもあるが，ここでは望ましい形をもとに選んだ。

【ア行】

アイテ　…相手 →12Ⅱ(1)(イ)　話し相手

アガリ　…上がり →13Ⅰ(2)　安上がり,尻上がり

アガリ　…上がり →13Ⅱ　染め上がり,仕上がり

アズキ　…小豆 →12Ⅱ(1)(イ)　ゆで小豆

アセ　…汗 →12Ⅰ(2)(ロ)　脂汗

アソビ　…遊び →13Ⅰ(2)　船遊び

アタマ　…頭 →12Ⅱ(1)(イ)　石頭,白髪頭

アタリ・アタリ　…中り・当り →13Ⅰ(2)注　暑気中り,食中り

アタリ　…当り →13Ⅱ　突当り

アツカイ　…扱 →13Ⅱ　取扱

アツカイ　…扱い →13Ⅰ(2)　特別扱い,子供扱い

アメ　…雨 →12Ⅰ(2)(ロ)　にわか雨

アン　…案 →14Ⅰ(2)　決議案

アン　…庵 →14Ⅰ(2)　芭蕉庵(a.)

イ　…医 →14Ⅰ(イ)　外科医

イケ　…池 →12Ⅰ(1)(ロ)　千束池

イケ　…池 →12注④　溜池

イシャ　…医者 →15Ⅰ(3)注　目医者

(b.),町医者

イス　…椅子 →15Ⅰ(3)注　座椅子

イチ　…市 →12Ⅰ(1)(ロ)　四日市

イト　…糸 →12Ⅰ(2)(ロ)　小町糸

イヌ　…犬 →12Ⅰ(1)(ロ)　秋田犬

イモ　…芋 →12Ⅰ(2)(イ)　薩摩芋

イロ　…色 →12Ⅰ(2)(イ)　緑色

イン　…員 →14Ⅰ(2)　係員

イン　…院 →14Ⅰ(2)　衆議院

ウサギ　…兎 →12Ⅱ(1)(イ)　白兎

ウス　…薄 →13Ⅲ　気乗り薄,望み薄

ウタ　…歌 →12Ⅰ(1)(ロ)　子守歌

ウタイ　…うたい →13Ⅰ(2)　歌うたい

ウチワ・ウチワ　…団扇 →12Ⅱ(1)(ロ)　渋団扇

ウリ　…売り →13Ⅰ(1)(イ)　青田売り

ウリ　…瓜 →12Ⅰ(1)(ロ)　からす瓜

ウリ　…売り →13Ⅰ(1)(ロ)　薬売り

ウンドー　…運動 →15Ⅰ(1)　選挙運動

エ・エ　…絵 →14注②　浮世絵

エキ　…駅 →14Ⅰ(2)　上野駅

エン　…園 →14Ⅰ(2)　幼稚園

資料　結合名詞の後部 一覧　　　(118)

………エン・………エン …炎 →14 注② 肋膜炎

………オーカミ …狼 →12Ⅱ(1)(イ) 送り狼

………オトシ …落し →13Ⅱ 切り落し

………オモイ …思い →13Ⅰ(2) 親思い

………オモテ …表 →12Ⅱ(1)(イ) 畳表

………オリ …織 →13Ⅰ(1)(イ) 西陣織

………オンセン …温泉 →15Ⅰ(1) 伊豆温泉

【 カ行 】

………カ …科 →14Ⅱ(1) 社会科

………カ …家 →14Ⅱ(1) 政治家

………カ …課 →14Ⅱ(1) 人事課

………カ …下 →14Ⅰ(1) 監視下

………ガ …画 →14Ⅱ(1) 日本画

………カイ …買い →13Ⅰ(1)(ロ) 安物買い

………カイ …会 →14Ⅰ(2) 試写会

………カイ …界 →14Ⅰ(2) 経済界(b.), 自然界(a.)

………カイ …海 →14Ⅰ(2) 有明海

………ガイ …街 →14Ⅰ(2) 繁華街

………ガイ …外 →14Ⅰ(2) 問題外(b.), 時間外(a.), 予想外(a.)

………ガイカン …会館 →15Ⅰ(1) 学士会館, 市民会館

………ガイキョー …海峡 →15Ⅰ(1) 津軽海峡

………ガイシャ …会社 →15Ⅰ(1) 保険会社

………ガイドー …街道 →15Ⅰ(1) 甲州街道

………ガイリュー …海流 →15Ⅰ(1) 日本海流

…ガエリ・…ガエリ …帰り →13Ⅰ注 日帰り

………ガエル …蛙 →12Ⅱ(1)(イ) 雨蛙

……ガオ・………ガオ …顔 →12 注② 泣き顔, 瓜実顔

………ガカリ …掛かり →13Ⅰ(2) 親掛か

り

………ガキ …書き →13Ⅱ 続け書き

………カク …閣 →14Ⅰ(2) 天守閣

………ガク …学 →14Ⅰ(2) 動物学

………ガクイン …学院 →15Ⅰ(1) 文化学院

………ガクエン 学園 →15Ⅰ(1) 自由学園

………カクメイ 革命 →15Ⅰ(1) 産業革命

………カケ …掛け →13Ⅰ(1)(ロ) 帽子掛け

………ガケ …掛け →13Ⅰ(1)(イ) 三人掛け

………ガサ …傘・笠 →12Ⅰ(2)(ロ) 相合傘

………カシ …貸し →13Ⅰ(1)(ロ) 高利貸し

………ガシ …貸し →13Ⅰ(1)(ロ) 信用貸し

………ガシ …菓子 →15Ⅰ(3) 干菓子

………ガシラ …頭 →12Ⅱ(1)(イ) 出世頭

………ガス …粕 →12Ⅰ(2)(ロ) 油粕

………ガスミ …霞 →12Ⅱ(1)(イ) 春霞

………ガタ …型・形 →12Ⅰ(2)(イ) 卵形

………ガタキ …敵 →12Ⅱ(1)(イ) 碁敵, 商売敵

……ガッコー・………ガッコー …学校 →15Ⅰ(1) 高等学校

………ガブト …兜 →12Ⅱ(1)(イ) 鉄兜

……ガミ・………ガミ …紙 →12Ⅰ(1)(ロ) 油紙

………ガミ …髪 →12Ⅰ(2)(イ) 日本髪

………ガラス …烏 →12Ⅱ(1)(イ) 旅烏

………ガワ …川 →12Ⅰ(1)(ロ) 隅田川, 信濃川

………ガワ …川 →12注④ 木曾川, 江戸川, 滝野川, 利根川

………ガワ …側 →12Ⅰ(2)(イ) 左側

………カン …艦 →14Ⅱ(2) 巡洋艦

………カン・………カン …管 →14 注② 消化管

………カン …館 →14Ⅰ(2) 映画館

………カン …感 →14Ⅰ(2) 危機感

(119)　資料　結合名詞の後部 一覧

──────カン　…間 →14 I (2)　三日間

──────カン　…観 →14 I (2)　人生観(b.)

───ガン・──────ガン　…眼 →14 注②　千里眼

──────キ　…記 →14 I (1)　一代記

──────キ　…期 →14 I (1)　過渡期, 潜伏期

──────キ　…器 →14 I (1)　消火器

──────キ　…機 →14 I (1)　電話機

───キ　…鬼 →14 I (1)　吸血鬼(c.), 殺人鬼(a.)

──────キキ　…きき →13 I (1)(ロ)　御用聞き(a.)

───ギキ　…ぎき →13 I (1)(イ)　盗み聞き

───キッテ・──────ギッテ　…切手 →12 II (1)(イ)　小切手, 郵便切手

──────ギナコ　…黄粉 →12 II (1)(イ)　青黄粉

───キビ・──────キビ　…黍 →12 I (2)(ロ), 注⑤　砂糖黍(a.)

──────ギョ　…魚 →14 I (1)　回遊魚(a.)

───キョー　…鏡 →14 II (2)　顕微鏡, 双眼鏡

───キョー　…教 →14 II (2)　キリスト教

──────キョー・──────ギョー　…経 →14 II (2)　観音経

───ギョー　…業 →14 I (2)　印刷業

──────キョーソー　…競走 →15 I (1)　マラソン競走

──────キョーダイ　…兄弟 →15 I (3)　義兄弟

───キョク　…局 →14 I (2)　電話局

──────キリ　…切り →13 II　思い切り

───キリ　…切り →13 I (1)(ロ)　チーズ切り

──────ギリ　…切り →13 I (1)(イ)　みじん切り

───ギレ　…切れ →12 I (2)(イ)　高野切れ

──────ギワ　…際 →12 I (2)(イ)　往生際

──────キン・──────キン　…金 →14 注②　身の代金

──────ギンコー　…銀行 →15 I (1)　日本銀行

───ク　…区 →14 I (1)　千代田区, 選挙区

───グサ　…種 →12 I (2)(イ)　笑い種

───グスリ・──────グスリ　…薬 →12 II (1)(イ), (2)　目薬, 粉薬, 水薬

───グチ・──────グチ　…口 →12 注②　乗車口

───グミ　…組 →12 I (2)(イ)　五人組

───グミアイ　…組合 →12 II (1)(イ)　労働組合

───グモ・──────グモ　…雲 →12 I (2)(ロ), 注⑤　入道雲(a.)

───グラシ　…暮し →13 I (2)　一人暮し

───グルマ　…車 →12 II (1)(イ)　荷車

───グン　…郡 →14 I (2)　北多摩郡

──────ケ・──────ケ　…家 →14 注②　中川家

──────ケイ・──────ケイ　…計 →14 注②　温度計

───ゲイコ　…稽古 →15 I (3)　寒稽古

──────ゲキジョー　…劇場 →15 I (1)　国立劇場

──────ケムリ　…煙 →12 II (1)(イ)　水煙

──────ケン　…犬 →14 II (2)　警察犬

──────ケン　…県 →14 I (1)　神奈川県

──────ケン　…券 →14 I (1)　乗車券

──────ケン　…圏 →14 I (1)　首都圏

──────ケン　…権 →14 I (1)　選挙権

──────ケン　…軒 →14 I (2)　精養軒(a.)

──────ゲンカン　…玄関 →15 I (3)　内玄関

───コ　…湖 →14 I (1)　十和田湖

───ゴ　…語 →14 II (2)　日本語, 外国語

───ゴエ　…声 →12 I (2)(ロ)　話し声

───コー　…江 →14 I (2)　揚子江

───コー　…校 →14 I (2)　出身校(a.)

───コー　…港 →14 I (2)　横浜港

───ゴー　…号 →14 I (2)　一月号

──────コーエン　…公園 →15 I (1)　国立公園

──────コーゲン　…高原 →15 I (1)　志賀高

資料　結合名詞の後部 一覧　　　（120）

原
………コードー …講堂 →15Ⅰ(1)　大隈講堂
………ゴコチ・………ゴコチ …心地 →12注⑥　着心地
………ゴコロ …心 →12Ⅱ(1)(ロ)　真心, 親心
……ゴシ …腰 →12注③　柳腰, 及び腰
……ゴシ …腰 →12注③　ぎっくり腰
……ゴゼン …御前 →15Ⅰ(3)　静御前
……コトバ …言葉 →12Ⅱ(1)(イ)　花言葉
……ゴハン …御飯 →15Ⅰ(3)　朝御飯
……コミ …込み →13Ⅱ　払込み
……ゴヤ …小屋 →12Ⅰ(2)(イ)　芝居小屋
……ゴロ …頃 →12Ⅰ(2)(ロ)　十日頃
……ゴンゲン …権現 →15Ⅰ(3)　熊野権現

【サ行】

………ザ …座 →14Ⅱ(1)　歌舞伎座, 文学座
………サイ …債 →14Ⅰ(2)　地方債(a.)
………ザイ・………ザイ …剤 →14注②　消化剤
………ザイ …罪 →14注②　傷害罪(b.)
………ザイク …細工 →15Ⅰ(2)　紙細工, 竹細工
………ザカ …坂 →12Ⅰ注③　登り坂
………ザカ …坂 →12Ⅰ注③　神楽坂
………ザカイ …境 →12Ⅱ(1)(ロ)　国境
………ザカナ・………ザカナ …魚 →12注⑥　煮魚, 焼き魚
………ザカヤ …酒屋 →12Ⅰ(1)(イ)　造り酒屋
………ザカリ …盛り →12Ⅱ(1)(イ)　女盛り
………サキ …先 →12Ⅰ(2)(イ)　取引先
………サク …作 →14Ⅰ(2)　処女作
………ザクラ …桜 →12Ⅱ(1)(イ)　山桜

………ザグリ …探り →13Ⅰ(2)　手探り
………ザケ …酒 →12Ⅰ(1)(ロ)　卵酒
………サシ …さし →13Ⅰ(1)(ロ)　油差し
………ザシ …ざし →13Ⅰ(1)(イ)　一輪挿し
………ザトー …砂糖 →15Ⅱ例外　角砂糖
………ザマシ …覚し →13Ⅰ(2)　目覚し
………ザワギ …騒ぎ →13Ⅰ(2)　馬鹿騒ぎ
………サン …産 →14Ⅱ(2)　外国産
………サン …山 →14注④　富士山, 成田山
………サン …山 →14Ⅰ(2)　高野山
………サンミャク …山脈 →15Ⅰ(1)　奥羽山脈
………シ …士 →14Ⅰ(1)　計理士
………シ …氏(うじを表わす) →14Ⅰ(1)　徳川氏
………シ …誌 →14Ⅰ(1)　情報誌(a.), 博物誌(c.)
………シ …紙 →14Ⅰ(1)　アート紙
………シ …師 →14Ⅰ(1)　看護師, 手品師
………シ …址 →14Ⅰ(1)　住居址
………シ …市 →14Ⅰ(1)　大阪市
………ジ …寺 →14注③　金閣寺
………ジ …児 →14Ⅰ(1)　未熟児
………ジ …寺 →14注③　護国寺
………ジカラ …力 →12Ⅱ(1)(イ)　馬鹿力
………シキ …敷 →13Ⅰ(1)(ロ)　土瓶敷(a.)
………シキ …式(=儀式, 数式) →14Ⅰ(2)　入学式
………ジキ …敷き →13Ⅰ(1)(イ)　畳敷き
………ジギョー …事業 →15Ⅰ(3)　社会事業
………ジゴク …地獄 →15Ⅰ(2)　受験地獄
………ジゴト …仕事 →12Ⅱ(1)(イ)　大仕事
………ジダイ …時代 →15Ⅰ(1)　江戸時代
………シツ …室 →14Ⅰ(2)　事務室
………シツ …質 →14Ⅰ(2)　有機質
………シマ …島 →12注④　月島
………シマ …島 →12注③　厳島, 小豆島, 神津島

(121) 資料 結合名詞の後部 一覧

ジマ …縞 →12 I (2)(イ) 格子縞

ジマ …島 →12注③ 桜島, 三宅島, 宝島

ジマ …島 →12注③ 八丈島(a.)

ジマイ …仕舞 →13 I (2) 店仕舞

シャ …車 →14 I (1) 中古車

シャ …社 →14 I (1) 雑誌社

シャ …者 →14 I (1) 容疑者

シャシン・ジャシン …写真 →15 I (1) 空中写真, 顔写真

シュ …手 →14 I (1) 外野手

シュー …州 →14 I (2) 六十余州

シュー …宗 →14 I (2) 浄土宗

シュー …集 →14 I (2) 拾遺集

ジュー …中 →14 II (2) 世界中

シュギ …主義 →15 I (3) 利己主義

ショ・ショ …書 →14注③ 説明書

ショ・ショ・ジョ …所 →14注③ 裁判所,印刷所

ショー …省 →14 I (2) 財務省

ショー …商 →14 I (2) 雑貨商

ショー …抄 →14 I (2) 歎異抄

ショー …賞 →14 I (2) 直木賞

ジョー …上 →14 II (2) 一身上

ジョー …場 →14 II (2) 運動場

ジョー …状(=状態) →14 II (2) 播鉢状

ジョー・ジョー …状(=手紙) →14注② 案内状(b.),公開状(b.)

ジョー …城 →14 I (2) 大坂(阪)城

ジョー …嬢 →14 I (2) 案内嬢(b.)

ショーガツ …正月 →15 I (2) 二十日正月,旧正月

ジョーズ …上手 →15 I (2) 聞き上手

ジョーチン …提灯 →15 II 盆提灯

ショーベン …小便 →15 II 寝小便

ショク …色 →14 I (2) 保護色

ショク …職 →14 I (2) 管理職

ショクドー …食堂 →15 I (1) 大衆食堂

ショクブツ …植物 →15 II 裸子植物

ジョタイ …所帯 →15 II 例外 新所帯

ショトー …諸島 →15 I (3) 伊豆諸島

ジル …汁 →12 I (2)(ロ) 潮汁

ジルシ …印 →12 II (1)(イ) 目印

シン …心 →14 I (2) 好奇心

ジン …人 →14 I (2) 中国人

ジン …人 →14注⑤ 日本人, 野蛮人

ジングー・ジングー …神宮 →15 II 伊勢神宮

ジンジャ …神社 →15 I (3) 春日神社

シンブン …新聞 →15 I (1) 学校新聞

ズ …酢 →12 I (1)(イ) 合わせ酢

スイ …水 →14 I (2) 地下水

ズエ …杖 →12 I (2)(ロ) 松葉杖

ズカイ …づかい →13 I (2) 人づかい

スガタ …姿 →12 II (1)(イ) 晴れ姿

ズキ …搗き →13 I (1)(イ) 七分搗き

ズケ …漬 →13 I (1)(イ) 砂糖漬

スジ …筋 →12 I (1)(ロ) 消息筋

ズシ …鮨・寿司 →12 I (1)(ロ) 握り鮨

ステ …捨て →13 II 使い捨て

ズラ …面 →12 I (2)(イ) 四十面

ズリ …づり →13 I (1)(イ) 一本づり

ズル …鶴 →12 I (2)(ロ) 千羽鶴

セイ …生(=生徒・人) →14 I (2) 一年生(a.),本科生

セイ …生(=植物) →14 II (2) 多年生

セイ …性 →14 II (2) 安全性

セイ …制 →14 II (2) 定時制

セイ …製 →14 II (2) フランス製

資料　結合名詞の後部 一覧　　　（122）

付

ゼイ＊　…税　→14 I (2)　所得税

セイ,カツ　…生活　→15 I (1)　私生活

セン　…船　→14 II (2)　貨物船

セン　…線　→14 II (2)　信越線

セン　…銭　→14 II (2)　天保銭

セン・セン　…戦　→14注②　持久戦(a.)

センソー　…戦争　→15 I (1)　南北戦争

ソー　…荘　→14 I (2)　弘文荘(a.)

ゾー　…像　→14 I (2)　人間像(a.)

ゾク　…族　→14 I (2)　暴走族(a.)

ブラ　…空　→12 I (2)(ロ)　曇り空

ゾロイ　…揃い　→13 I (2)　美人揃い

【タ行】

ダ　…田　→12 I (1)(イ)　苗代田

タイ　…隊　→14 II (2)　聖歌隊

タイ・タイ　…帯　→14注②　時間帯

ダイ・ダイ　…代　→14注②　薬代

ダイ　…台　→14注②　調理台

ダイガク　…大学　→15 I (1)　短期大学

ダイシ　…大師　→15 I (3)　弘法大師

ダクサン　…沢山　→15 II　子沢山

ダケ　タケ　…岳　→12 I (1)(ロ)　谷川岳, 八ヶ岳

ダコ　…凧　→12 I (2)(ロ)　奴凧

ダスケ　…助け　→13 I (2)　人助け

ダタミ　…畳　→12 II (1)(イ)　青畳

タテ　…立て　→13 I (1)(ロ)　鉛筆立て

ダマ　…玉　→12 I (2)(イ)　シャボン玉

ダマシー　…魂　→12 II (1)(イ)　大和魂

ダヨリ　…便り　→12 II (1)(イ)　花便り

ダン　…団　→14 I (2)　暴力団

ダン　…談　→14 I (2)　後日談

ダン　…弾　→14 I (2)　焼夷弾

ダンデン　…炭田　→15 I (1)　常磐炭田

チ　…地　→14 I (1)　避暑地

チガイ　…違い　→13 II　聞き違い

チガイ　…違い　→13 I (2)　人違い, 見当違い

チホー・チホー　…地方　→15 II　関東地方

チュー　…中　→14 II (2)　準備中

チョー　…鳥　→14 II (2)　七面鳥

チョー　…帳　→14 II (2)　過去帳

チョー　…調　→14 II (2)　美文調

チョー　…朝　→14 II (2)　平安朝

チョー　…庁　→14 I (2)　警視庁

チョー　…長　→14 I (2)　事務長

ツキ　…付き　→13 I (1)(ロ)　尾頭付き

ツズキ　…続き　→13 I (2)　家続き

ツバキ　…椿　→12 II (1)(イ)　寒椿

ツリ　…つり　→13 I (1)(ロ)　魚つり

デ　…手　→12注①　男手

テイ　…亭　→14 II (2)　本牧亭

テイ　…邸　→14 II (2)　御用邸

デシ　…弟子　→15注　新弟子

デラ　…寺　→12 I (2)(イ)　清水寺

テン　…展　→14 II (2)　発明展

テン・テン　…店　→14注②　喫茶店

デン　…伝　→14 I (2)　自叙伝

デン　…殿　→14 I (2)　宝物殿

ド　…戸　→12 I (1)(イ)　潜り戸

トー　…刀　→14 II (2)　日本刀

トー　…党　→14 II (2)　社会党

トー　…島　→14 II (2)　無人島

トー　…灯(燈)　→14 II (2)　蛍光灯

トー　…糖　→14 II (2)　麦芽糖

トー　…湯　→14 II (2)　般若湯

ドー　…堂　→14 II (2)　公会堂

ドーグ　…道具　→15 I (2)　花嫁道具

具, 小道具, 大道具

········ド̄ーゲ …峠 →12Ⅱ(1)(イ) 十国峠

········ド̄ーシ …通し →13Ⅱ 切り通し

········ド̄ーラク …道楽 →15Ⅰ(2) 着道楽

········ド̄ーリ …通り →12Ⅱ(1)(イ) 裏通り,銀座通り

········ド̄ケイ …時計 →15Ⅰ(1) 砂時計

········ト̄シ …都市 →15Ⅰ(3) 工業都市

········ト̄ジ …綴じ →13Ⅰ(1)(イ) 袋綴じ

········ト̄ジ …綴じ →13Ⅰ(1)(ロ) 卵綴じ

········ド̄メ …止め →13Ⅱ 痛み止め

········ト̄モダチ …友達 →12Ⅱ(1)(イ) 男友達

········ト̄リ …とり →13Ⅰ(1)(ロ) 人気とり

【ナ行】

········ナ̄ …菜 →12Ⅰ(1)(イ) 油菜

········ナ̄イ …内 →14Ⅰ(2) 区域内

········ナ̄オシ …直し →13Ⅱ 書き直し

········ナ̄ガシ …流し →13Ⅱ 受け流し

········ナ̄カセ …泣かせ →13Ⅰ(2) 親泣かせ

········ナ̄キ …泣き →13Ⅰ(1)(イ) 嬉し泣き

········ナ̄ダ …灘 →12Ⅰ(1)(ロ) 播磨灘

········ナ̄ミダ …涙 →12Ⅱ(1)(イ) 嬉し涙

········ニ̄ …煮 →13Ⅰ(1)(イ) つくだ煮

········ニ̄ …尼 →14Ⅰ(1) 阿仏尼

········ニ̄シキ …錦 →12Ⅱ(1)(イ) 佐賀錦

········ニ̄ッキ …日記 →15Ⅰ(1) 絵日記

········ニ̄ホン …日本 →15Ⅱ 西日本

········ニ̄ン・········ニ̄ン …人 →14注② 看護人

········ヌ̄キ …抜き →13Ⅰ(1)(イ) 牛蒡抜き

········ヌ̄キ …抜き →13Ⅰ(1)(ロ) 空気抜き

········ヌ̄マ …沼 →12注③ 印旛沼

········ヌ̄マ …沼 →12注③ 五色沼

········ネ̄ …寝 →13Ⅰ(1)(イ) うたた寝

········ネ̄ズミ …鼠 →12Ⅱ(1)(イ) 濡れ鼠

········ネ̄ツ …熱 →14Ⅰ(2) 輻射熱

···ネ̄ムリ・···ネ̄ムリ …眠り →13注 居眠り

【ハ行】

········ハ̄ …派 →14Ⅱ(1) 親日派,吉田派

········バ̄ …場 →12注① 仕事場

········バ̄ …歯 →12Ⅰ(1)(イ) 糸切歯

········バ̄クフ …幕府 →15Ⅰ(3) 江戸幕府

········バ̄シ …橋 →12注④ 京橋,水道橋,太鼓橋,日本橋,柳橋,両国橋

········バ̄シ …橋 →12Ⅰ(1) 飯田橋,永代橋(b.)

········バ̄シラ …柱 →12Ⅱ(1)(イ) 火柱

········バ̄タ …旗 →12Ⅰ(1)(ロ) むしろ旗

········バ̄ナシ ……話・咄 →12Ⅱ(1)(イ) 小話,小咄,茶飲み話

········ハ̄マ …浜 →12注④ 横浜

········ハ̄マ …浜 →12Ⅰ(1)(イ) 桂浜

········ハ̄マグリ …蛤 →12Ⅱ(1)(ロ) 焼き蛤

········バ̄ラ …腹 →12Ⅰ(2)(イ) 太鼓腹

········ハ̄リ …張り →13Ⅰ(1)(ロ) 障子張り

········バ̄リ …張り →13Ⅰ(1)(イ) 鴬張り

········バ̄レ …腫れ →13Ⅰ(1)(イ) みみず腫れ

········ハ̄ン …班 →14Ⅰ(2) 救護班

········ハ̄ン …犯 →14Ⅰ(2) 政治犯

········バ̄ン …判 →14Ⅱ(2) 太鼓判

········バ̄ン …版 →14Ⅱ(2) 現代版

········バ̄ン …盤 →14Ⅱ(2) 羅針盤

········ハ̄ントー …半島 →15Ⅰ(1) 能登半島

········ヒ̄ …費 →14Ⅰ(1) 図書費

········ヒ̄ …比 →14Ⅰ(1) 百分比(a.)

········ビ̄ …日 →12Ⅰ(1)(イ) 診察日

········ビ̄ …火 →12Ⅰ(1)(イ) 残り火

········ヒ̄ガサ …日傘 →12Ⅰ(1)(ロ) 乳母日傘

········ヒ̄バシ …火箸 →12Ⅱ(1)(イ) 焼け火箸

資料　結合名詞の後部 一覧　(124)

……ヒメ …姫 →12Ⅰ(1)(ロ) かぐや姫
……ヒメ …姫 →12注④ 千姫
……ヒョー …表 →14Ⅱ(2) 一覧表
……ヒョー …標 →14Ⅱ(2) 里程標
……ビョー …病 →14Ⅱ(2) 糖尿病
……ビョーイン …病院 →15Ⅰ(1) 総合病院
……ビラキ …開き →13Ⅰ(2) 山開き, 観音開き
……ビロイ …拾い →13Ⅰ(2) 命拾い
……ヒン・……ヒン …品 →14注② 特価品
……フ …夫 →14Ⅰ(1) 掃除夫
……フ …婦 →14Ⅰ(1) 看護婦
……フ …府 →14Ⅰ(1) 内閣府
……ブ …部 →14Ⅰ(1) 司令部(b.) 夜間部(a.)
……フー・……フー …風(気象) →14注② 季節風
……フク …服 →14Ⅰ(2) 燕尾服
……ブシ …節 →12Ⅰ(2)(イ) 黒田節
……ブネ …船 →12Ⅰ(2)(ロ) 渡し船
……ブン・……ブン …文 →14注② 紀行文(a.)
……ブン …分 →14Ⅰ(2) 相続分
……ベツ …別 →14Ⅱ(2) 男女別
……ベヤ …部屋 →12Ⅰ(2)(イ) 隣部屋
……ベリ …縁 →12Ⅰ(2)(イ) 高麗縁
……ヘン …偏 →14Ⅱ(2) 獣偏
……ベン …弁(辯) →14Ⅱ(2) 東京弁
……ベン 弁(瓣) →14注② 安全弁(a.)
……ベンジョ …便所 →15Ⅰ(2) 水洗便所
……ボ …簿 →14Ⅰ(1) 出席簿
……ホー・……ホー …法 →14注② 禁止法
……ボー …坊 →14Ⅰ(1) 武蔵坊
……ホーシ …法師 →15Ⅰ(3) 西行法師
……ホシ …干し →13Ⅰ(1)(ロ) ふとん干し(a.)
……ボシ …干し →13Ⅰ(1)(イ) 土用干し

……ボネ …骨 →12Ⅰ(2)(イ) あばら骨
……ボン …本 →14Ⅱ(2) 漫画本
……ポントー …本島 →15Ⅰ(1) 沖縄本島

【 マ行 】

……マイ …米 →14Ⅱ(2) 徳用米
……マエ …前 →12Ⅰ(2)(ロ) 食事前
……マケ・……マケ …負け →13注 力負け
……マチ …町 →12注④ 麹町
……マチ・……マチ …待ち →13注 心待ち
……マチ …町 →12Ⅰ(1)(ロ) 大手町
……マド …窓 →12Ⅰ(2)(ロ) ガラス(glas)窓
……マナコ …眼 →12Ⅱ(1)(イ) 寝惚眼
……マワリ …回り →12Ⅱ(1)(イ) 胴回り
……マワリ …回り →13Ⅰ(2) 年始回り
……ミジカ …短 →13Ⅲ 手短, 気短
……ミソ …味噌 →15注 白味噌
……ミドリ …緑 →12Ⅱ(1)(イ) 黄緑
……ミマイ …見舞 →12Ⅱ(1)(イ) 火事見舞
……ミヤゲ …土産 →12Ⅱ(1)(イ) 手土産
……ムギ …麦 →12Ⅰ(2)(ロ) からす麦
……ムコ …婿 →12Ⅰ(2)(ロ) 娘婿
……ムシ …蒸し →13Ⅰ(1)(イ) ふとん蒸し
……ムシ …虫 →12Ⅰ(1)(ロ) 蠐螬虫
……ムシ …蒸し →13Ⅰ(1)(ロ) 御飯蒸し(a.)
……ムラ …村 →12Ⅰ(2)(イ) 隣村,明日香村
……ムラサキ …紫 →12Ⅱ(1)(ロ) 江戸紫
……メ …目 →12注① 刻み目
……メガネ …眼鏡 →12Ⅱ(1)(イ) 黒眼鏡
……メン …面 →14Ⅰ(2) 社会面(b.)

(125) 資料　結合名詞の後部　一覧

付

モジ …文字 →15Ⅰ(3)　頭文字
モジ …文字 →15注　小文字, 横文字
モチ …餅 →12Ⅰ(1)(ロ)　柏餅
モノ・**モノ** …者 →12Ⅰ(2)(ハ)　独り者
モノ・**モノ**・**モノ** …物 →12Ⅰ(2)(ハ)　作り物
モノガタリ …物語 →12Ⅱ(1)(ロ)　伊勢物語
モミジ …紅葉 →12Ⅱ(1)(イ)　草紅葉
モン …門 →14Ⅰ(2)　大手門

【 ヤ行 】

ヤキ …焼 →13Ⅰ(1)(イ)　お好み焼
ヤク …役 →14Ⅱ(2)　相手役
ヤスミ …休み →12Ⅱ(1)(イ)　夏休み, 正月休み
ヤスメ …休め →13注　気休め
ヤドリ …宿り →13Ⅰ(2)　雨宿り
ヤナギ …柳 →12Ⅰ(1)(イ)　雪柳
ヤマ …山 →12Ⅰ(2)　箱根山, 双葉山 →12注④　城山
ヤマ …山 →12注④　河内山, 郡山, 畠山, 常陸山, かちかち山
ヤリ …やり →13Ⅱ　思いやり
ユ …湯 →12注①　女湯
ユ・**ユ** …油 →14注②　サラダ(salad)油
ユビ …指 →12Ⅰ(1)(ロ)　人差指
ヨー …用 →14Ⅱ(2)　婦人用
ヨー …洋 →14Ⅰ(2)　印度洋
ヨミ …読み →13Ⅰ(1)(イ)　湯桶読み
ヨミ …読み →13Ⅰ(1)(ロ)　論語読み
ヨロコビ …喜び →13Ⅰ(2)　大喜び

【 ラ行 】

ライ …来 →14Ⅰ(2)　昨年来(a.), 数日来
リ …吏 →14Ⅰ(1)　税関吏(a.)

リ …裏 →14Ⅰ(1)　秘密裏
リキ …力 →14Ⅰ(2)　百人力
リツ …率 →14Ⅰ(2)　合格率
リツ …律 →14Ⅰ(2)　因果律
リュー …流 →14Ⅱ(2)　土石流
リョー …料 →14Ⅰ(2)　調味料
リョー …量 →14Ⅰ(2)　積載量(b.)
リョー …領 →14Ⅰ(2)　自治領
リョー …寮 →14Ⅰ(2)　母子寮
リョーリ …料理 →15Ⅰ(3)　日本料理
リョカン …旅館 →15Ⅰ(1)　指定旅館
リョク …力 →14Ⅰ(2)　注意力
レットー …列島 →15Ⅰ(1)　日本列島
レン …連 →14Ⅱ(2)　文士連
ロー …老 →14Ⅰ(2)　吉田老
ロー …楼 →14Ⅰ(2)　蜃気楼
ロク …録 →14Ⅰ(2)　議事録, 講義録

【 ワ行 】

ワスレ …忘れ →13Ⅰ(2)　物忘れ
ワライ …笑い →13Ⅰ(2)　苦笑い
ワン …湾 →14Ⅰ(2)　相模湾

『明解日本語アクセント辞典』初版あとがき

　従来,自分の方言のほかに標準アクセントをただ丸暗記するような行き方がとられてきたが,これではあまりに負担が重過ぎる。そこで何とか標準アクセントを法則的にまとめたならば,その習得に役立ちはしないかと思った。

　この辞典では,本文の一つ一つの語彙のもとに **0** から**99**までの番号をつけ巻末の法則を参照させたが,番号の指示する法則を見られれば,その単語のアクセントの習得はかなり容易になる筈である。ただスペースの都合上,法則の説明が簡略にすぎて分かりにくい点もありはしないかと思う。この法則の大綱については,金田一先生の御教示と御指導によるところが極めて多い。しかし,細部については私の責任である。

　なお文法の術語を使うに際しては,現行の学校文法の慣用と多少違ってこざるを得なかった。例えば,代名詞・形容動詞という項をたてて説明しなかったこと,数詞・固有名詞を名詞と切りはなしたこと,また助動詞や接頭・接尾辞の扱いなどである。

(33. 5. 5 秋 永 一 枝 記)

『明解日本語アクセント辞典』第二版にあたり

　初版以来二十数年,この時期における日本人の生活様式の変りようは,否応なく新しい単語をふやしていった。特に,漢語・外来語に於てそれは著しく,折にふれて拾い集めた新語は一万を越えた。その中から,日常生活に使われる四千語余りを選び加え,殆ど使用されなくなった若干の語彙を削除して改訂にふみ切った。この間に,アクセントや発音に変化のみられるものもあり,現状に即した訂正を行なった。

　かつて,盲蛇の類で一語一語本文から送った「アクセント習得法則」も,用例が少なく活字が小さくて分かりにくいという声があり,再版では大幅に用例を加え活字を少し大きくして,利用者の便をはかった。但し,これはあくまでも東京アクセントを覚えるための便宜的なものとお考え頂きたい。

　この法則は,山田美妙・佐久間鼎・三宅武郎・神保格ら諸先覚の論によるところすこぶる大きく,更に金田一春彦先生の諸論考を加え,私論を加えて,体系的な形にまとめたものである。

　今回の改訂に当っても,金田一先生には法則を通覧して頂き,こまかい御教示を受けたことを明記する。ただ,先生監修の御名を汚すことを恐れる。また,初版の際お手伝い頂いた 早稲田大学講師 戸田香执子氏には,外来語その他ですっかりお世話になり,まことにありがたかった。終りに,三省堂国語辞書出版部長 倉島節尚氏の御援助と,担当者 塩野谷嘉子氏の惜しまぬ御協力にも合せて感謝したい。

　　昭和五十六年三月三日　　　　　　　　　　　　　　　　　秋 永 一 枝

『新明解日本語アクセント辞典』編纂にあたって

　この十年というもの，新しい語の収集とアクセント調査などに始終目と耳を使ってきた。その結果，追加項目には外来語が多くなり，識者の憂える外来語の平板型もとり入れざるを得なくなった。その平板化したものの多くは《新は…》の形で処理したが，中には初めから放送で平板型発信のものもあり，それらには《新は…》注記ができないという，甚だ不釣合なことになった。

　また，この辞書では，その語に馴染みのある人のアクセントを重視したので，周辺地域の方や若い方々には何で今更古めかしいアクセントを記載するのか，という疑問が出るかもしれない。然し，専門語・職業語などは，日常その言葉に馴染みのない人々の類推したアクセントよりも，生きて使われているアクセントこそがその言葉本来の姿なのだと考えている。また日常語では，東京都区内では古めかしくなってしまったアクセントが，多くの東京式アクセントの地域では今も生きて使われている現実も重んじたい。更にまた，研究者にとっては東京アクセントの変化の過程を示すことは有意義であると考え，個別的な変化にはなるべく，《もと…》《古は…》《強は…》《新は…》の注記を付すことにした。

　それぞれの項目から送った習得法則には，非常に規則的なものもあれば，それほど規則的ではないものもある。またそれぞれの法則に所属する語数にはばらつきが甚だしい。更に付属語のように，規則的だが東京式アクセント以外の方々には運用のむずかしいものもある。第二版のあとがきにも述べたように，これらの法則には先賢の論によるものが多いが私見も含む。辞書という性格から誰々の論と紹介することはできなかったが，いずれその詳細について報告したいと思っている。

　さてこの二年間は，本書の執筆と校正に終始した，ある意味で充実した時であった。数年前より追加項目の整理に 牧野晶氏，礎稿への記入に 秋川佳代氏をたのみ，校正の段階での発音調査や固有名詞の選定などに，坂本清恵氏 及び 佐藤栄作氏・佐藤昭子氏の助けを得た。校正では 佐藤守氏，栗原野里子氏，広地ひろ子氏に送り仮名や表記の統一など細部にわたって丁寧に見て頂いた。ともにありがたいことであった。先の版に引き続き今回も担当してくださった三省堂出版局の 塩野谷嘉子氏には，解説やアクセントの疑問点などをいちいち指摘して頂き，真にありがたかった。この一年間，定期便と称するファックスが毎日数回往復したほどで，正に追いつ追われつの緊張の持続が春の刊行にこぎ着ける原動力だったと言ってよい。また，面倒な組版をこちらの希望にそっておやり下さった（株）ローヤル企画の方々にも感謝したい。

　今回調査させて頂いた方々はあまりに多く，そのお名前をいちいち記すことはできないが，終りに当りその御厚意に感謝の意を表するとともに，永年お見守り下さった 金田一春彦先生に厚く御礼申しあげる。

　2001年1月1日　　　　　　　　　　　　　　　　　　　　　　　　　　　秋　永　一　枝

『新明解日本語アクセント辞典CD付き』刊行にあたって

　サクラと示しても京・大阪人はサクラとまっ平らに発音してしまう。反対にサクラのように初めから高く平らに発音するのは東京人には苦手である。電話でいくら説明しても分かってもらえないことが多い。そんな時CDが付いていたらと思うことしきりであった。今度急に習得法則に音声をつけようという話になった。作成に当り，お手伝い下さった方々に感謝申し上げる。

　2010年6月23日　　　　　　　　　　　　　　　　　　　　　　　　　　秋　永　一　枝

『新明解日本語アクセント辞典 第2版 CD付き』刊行にあたって

　ここ十余年の間で新たに使われるようになった新語・外来語は，数え切れないほど
だ。しかし，新しい言葉は，グローバル化・ネットワーク化という社会の趨勢とは裏
腹に，使っている人自身が考えているよりもずっと狭い範囲の人々にのみ使われてい
るものが多いような気がしてならない。そこで，今回の改訂では，あれもこれもと追
うことはせず，広い世代で日常的に使われるようになったと考えられるものを取り上
げようと，新語の収集とアクセントの調査にあたった。東京中心部に生まれ育った
方々のアクセントを基本とし，専門的な言葉はその言葉に馴染みのある方が実際に
使っているアクセントを優先するというやり方は変えずに進めた。その結果は序文に
記したとおりである。

　追加項目・修正項目の整理や礎稿への記入には，前回に引き続き 牧野晶氏・秋川佳
代氏をたのみ，巻頭の解説やアクセント習得法則の見直しには 坂本清恵氏の助けを
得た。校正では，秋川・坂本両氏に本文を通して読んで頂き，疑問の点はさらに確認・
修正して頂いた。校正者の 大田容子氏には誤植のチェックや表記の統一だけでなく，
一般読者としての目からもわかりにくいところはないか丁寧に見て頂いた。まことに
ありがたいことであった。

　今回担当して下さった三省堂辞書出版部の 吉村三恵子氏・木下朗氏からは，判型を
初版よりもひと回り大きくする提案を頂いた。これに合わせて見出し語の文字もひと
回り大きくし，行の折り返しなどに余裕を持たせるようにした。また，解説の文字を，
ユニバーサルデザインの考え方を踏まえた書体に変えた。アクセント習得法則や別冊
も読みやすくなるよう色々と試みて頂いたが，物理的な制約はいかんともしがたく，
書体の変更のほかには組み方の大きな変更はできなかった。初版の途中から別冊とし
て取り入れた音声CDも今回は微細な修正を行うにとどめた。いずれも次回改訂の課
題としたい。

　組版には自動組版のシステムが使われた。組版用の原稿データを整備し，データ上
でさまざまな確認作業をして下さった 三省堂辞書出版部データ編集室の方々，アク
セント辞典の特殊な組み方に対応するプログラムを作り，組版にあたって下さった
(株)アイワードの方々にも感謝申し上げたい。

　このほかにも数多くの方々の御協力を得た。お名前をいちいち記すことはできない
が，その御厚意に厚く感謝申し上げるとともに，永年にわたり辞典作りをお導き下さっ
た 金田一春彦先生の御冥福を謹んでお祈り申し上げる。

　2014（平成26）年2月1日

　　　　　　　　　　　　　　　　　　　　　　　　　　秋　永　一　枝

監修者・編者 紹介

【監 修 者】

金 田 一 春 彦 （きんだいち はるひこ）

　1913年（大正2年）— 2004年（平成16年）

　東京都文京区本郷に生まれ，同地で生育。

　東京大学文学部卒業（1937年），同大学大学院に進む。

　東京外国語大学・上智大学教授等を歴任。

　「四座講式の研究」で文学博士（1962年）。

　〈主要著書〉『日本語』（1957年　岩波書店），『四座講式の研究』（1964年　三省堂），『日本語音韻の研究』（1967年　東京堂出版），『国語アクセントの史的研究 原理と方法』（1974年　塙書房），『日本の方言　アクセントの変遷とその実相』（1975年　教育出版），『平曲考』（1997年　三省堂）『日本語音韻音調史の研究』（2001年　吉川弘文館），『金田一春彦著作集』（2003-2006年　玉川大学出版部）他。

【編　　者】

秋 永 一 枝 （あきなが かずえ）

　1928年（昭和3年）— 2017年（平成29年）

　東京都墨田区両国に生まれ，同地で生育。

　早稲田大学第一文学部卒業（1951年），後に同大学大学院修士課程・博士課程に進む。

　「古今和歌集声点本の研究」で博士号取得（1991年），平成3年度新村出賞を受賞。早稲田大学名誉教授。

　〈主要著書〉『古今和歌集声点本の研究　資料篇・索引篇・研究篇上・研究篇下』（1972・1974・1980・1991年　校倉書房），『東京弁は生きていた』（1995年　ひつじ書房），『東京弁アクセントの変容』（1999年　笠間書院），『東京弁辞典』（2004年　東京堂出版），『日本語音韻史・アクセント史論』（2009年　笠間書院），共編『日本語アクセント史総合資料 索引篇・研究篇』（1997・1998年　東京堂出版）他。

1958年6月25日　明解日本語アクセント辞典発行
1981年4月20日　明解日本語アクセント辞典第二版発行
2001年3月20日　新明解日本語アクセント辞典発行
2010年9月10日　新明解日本語アクセント辞典CD付き発行
2014年4月10日　新明解日本語アクセント辞典第2版CD付き発行
2025年4月 1日　新明解日本語アクセント辞典第2版新装版発行

新明解日本語アクセント辞典 第2版 新装版

2025年4月1日　第1刷発行

監　　修	金田一春彦（きんだいち　はるひこ）
編　　者	秋　永　一　枝（あきなが　かずえ）
発　行　者	株式会社 三省堂　代表者 瀧本多加志
印　刷　者	三省堂印刷株式会社
発　行　所	株式会社 三省堂

〒102-8371
東京都千代田区麹町五丁目7番地2
電話　(03)3230-9411
https://www.sanseido.co.jp/
商標登録番号　6323684

〈2版新装新明解アクセント・1,152pp.〉

落丁本・乱丁本はお取り替えいたします。　　　　ISBN978-4-385-13468-0

本書を無断で複写複製することは，著作権法上の例外を除き，禁じられています。また，本書を請負業者等の第三者に依頼してスキャン等によってデジタル化することは，たとえ個人や家庭内での利用であっても一切認められておりません。

本書の内容に関するお問い合わせは，弊社ホームページの「お問い合わせ」フォーム
（https://www.sanseido.co.jp/support/）にて承ります。

アクセント習得法則目次

音韻とアクセントとの関係の法則…………(6)

a. 特殊な拍とアクセントとの関係………(6)

b. 二重母音の拍とアクセントとの関係…(6)

c. 母音の無声化する拍とアクセントとの関係…………(8)

d. 音変化並びに拍数変化とアクセントとの関係…………(9)

東京アクセントの習得法則…………(10)

[0] 名詞の一般について…………(10)

1. 和語の単純名詞…………(12)
2. 転成名詞──動詞からのもの…………(13)
3. 転成名詞──形容詞その他からのもの…………(13)
4. 名詞＋和語名詞 の癒合名詞…………(14)
5. 動詞・形容詞などとの和語の癒合名詞…………(16)
6. 漢語の単純名詞…………(17)
7. 後部が漢字一字一拍(漢字音)の癒合名詞…………(18)
8. 後部が漢字一字二拍(漢字音)の癒合名詞…………(19)
9. 外来語の単純名詞…………(20)
10. 省略語・倒置語…………(20)
11. 畳 語…………(21)
12. 後部が和語名詞でできた結合名詞……(22)
13. 後部が動詞・形容詞などでできた結合名詞…………(24)
14. 後部が漢語一字の結合名詞…………(25)
15. 後部が漢語二字の結合名詞…………(26)
16. 後部が外来語の癒合・結合名詞………(27)
17. 三つ以上の語が複合した結合名詞……(27)
18. 対照・対立・並立する語の連った名詞…………(28)
19. 接合名詞…………(29)
20. 固有名詞の一般について…………(30)
21. 地 名…………(31)
22. 姓…………(33)
23. 単純語・転成語の 男・女子名…………(34)
24. 癒合語の 男・女子名…………(35)
25. 決まった単純語を後部とした 男・女子名…………(36)
26. 複合語を後部とした 男・女子名……(37)
27. 複合の人名…………(39)
28. 会社などの団体名…………(40)
29. 固有名詞の 省略語・対立語・倒置語…………(40)
30. 数詞・助数詞の一般について…………(41)
31. 結合数詞…………(42)
32. 接合数詞…………(43)
33. 和語の助数詞がつく場合…………(44)
34. 漢字一字の漢語助数詞が，単純数詞につく場合…………(46)
35. 漢字一字の漢語助数詞が，結合数詞・接合数詞につく場合…………(48)
36. 漢字二字以上の助数詞がつく場合……(50)
37. 外来語の助数詞がつく場合…………(51)
38. 接頭辞・接尾辞の類についた数詞・助数詞の類…………(52)
39. 畳語的な数詞 その他…………(53)
40. 動詞の一般について…………(55)
41. 口語動詞の活用形 (表1)…………(58)
42. 文語動詞について (表2)…………(58)
43. 口語の単純動詞…………(59)
44. 転成動詞…………(59)
45. 動詞＋動詞 の結合動詞…………(60)
46. 形容詞・名詞などの結合動詞…………(61)
47. 「ずる」「じる」のつく結合動詞………(62)